中华人民共和国
会计和税收
法律法规讲解
（含优惠政策）

上 册

翟继光 聂兴凯
◎ 编

ACCOUNTING AND TAXATION

Explanation of laws and regulations

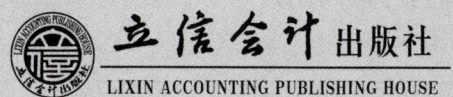

图书在版编目（CIP）数据

中华人民共和国会计和税收法律法规讲解：含优惠政策 / 翟继光，聂兴凯编 . -- 上海：立信会计出版社，2023.3

ISBN 978-7-5429-7303-0

Ⅰ . ①中… Ⅱ . ①翟… ②聂… Ⅲ . ①会计法—法律解释—中国 ②税法—法律解释—中国 Ⅳ . ① D922.265 ② D922.220.5

中国版本图书馆 CIP 数据核字（2023）第 048689 号

责任编辑　蔡伟莉

中华人民共和国会计和税收法律法规讲解（含优惠政策）
ZHONGHUA RENMIN GONGHEGUO KUAIJI HE SHUISHOU FALV FAGUI JIANGJIE

出版发行	立信会计出版社			
地　　址	上海市中山西路 2230 号		邮政编码	200235
电　　话	（021）64411389		传　　真	（021）64411325
网　　址	www.lixinaph.com		电子邮箱	lixinaph2019@126.com
网上书店	http://lixin.jd.com			http://lxkjcbs.tmall.com
经　　销	各地新华书店			
印　　刷	三河市中晟雅豪印务有限公司			
开　　本	787 毫米 ×1092 毫米　1/16			
印　　张	136			
字　　数	3611 千字			
版　　次	2023 年 3 月第 1 版			
印　　次	2023 年 3 月第 1 次			
书　　号	ISBN 978-7-5429-7303-0 /D			
定　　价	968.00 元（上下）			

如有印订差错，请与本社联系调换

前　言

各类单位，包括企业和行政事业单位，其财会活动是整个经济运行过程的反映和控制手段，无论是领导者还是一般员工，无论是财务人员还是非财业务人员，只有掌握财会和税收相关法规，才能在工作和生活中掌握自己的方向。为了帮助广大企事业单位财务人员更好地学习和遵守财会和税收法规，帮助广大税务干部更好地执行税法，我们组织相关专家以及相关业务主管人员编写了这本《中华人民共和国会计和税收法律法规讲解（含优惠政策）》。

本书共分为上下两册，其中：

上册为会计法规汇编，分为四编，第一编为综合性会计法规，包括统驭性会计法规、综合性会计基础工作管理法规、综合性会计电算化管理相关法规、会计人员管理法规四章；第二编为企业会计相关法规，包括企业会计准则、企业税收政策通知、个人所得税法规、税收违法查处相关法规、上市公司通用性会计法规、国资委颁布的中央企业合规与风险管理相关法规六章；第三编为行政事业单位法规汇编，包括财政总预算会计相关法规、政府会计基本准则与具体准则、行政事业单位预算与绩效管理相关法规、政府采购相关法规、行政事业单位日常公用经费管理法规、行政事业单位内部控制相关法规、行政事业单位资产管理相关法规、基本建设财务相关法规八章；第四编为审计相关法规，包括国家审计综合性法规一章。

下册为税收法规汇编，以现行的十八个税种为线索，分为五编，共十九章。在每一章中，我们都是先编写相关的法律，再编写相关的行政法规。在没有法律的情况下，我们先编写行政法规，再编写财政部或者国家税务总局针对该行政法规所制定的系统解释的规章。对于其他规范性文件，我们按照文件发布时间的先后顺序进行排列。为了便于广大读者将数量庞大的税收法律法规和规范性文件联系起来，下册对法律法规的主要条款以及主要规范性文件都加了注释。通过注释，读者可以找到与该条款或者文件相关的其他条款或者文件。由于对相关性的判断见仁见智，我们仅就主要相关的文件加了注释，并没有穷尽所有相关的文件和条款。

由于会计和税收法律法规及规范性文件数量巨大，可能还有少量规范性文件没有编入本书，但财务人员、税务干部常用的基本法律法规和规范性文件都已经编入本书。本书所收录的法律法规和规范性文件的发布时间截至 2022 年 12 月 31 日。

因篇幅有限，本书编者将部分法律法规制作成了电子文档，读者可扫描书后的二维码下载阅读，带来的不便还请您多多体谅和包涵。

本书编者具有多年实务经验和理论功底，对所有法规都进行了认真筛查，剔除了失效的法规，仅仅保留重要程度更高的法规，因此收录的法规具有一定的主观性，如果与您的工作匹配程度不够，希望您多提宝贵意见和建议，力争在下一版修订时优化，联系邮箱为 wengao6@126.com。

编者

2023 年 1 月

目　录

第一编　综合性会计法规

第一章　统驭性会计法规 003
1. 中华人民共和国会计法（2017年修正） 003
2. 会计改革与发展"十四五"规划纲要（2021年颁布） 008

第二章　综合性会计基础工作管理法规 019
1. 会计档案管理办法（2015年颁布） 019
2. 关于规范电子会计凭证报销入账归档的通知（2020年颁布） 025
3. 代理记账管理办法（2019年修订） 026
4. 关于开展电子非税收入一般缴款书试点的通知（2021年颁布） 029

第三章　综合性会计电算化管理相关法规 034
1. 会计信息化发展规划（2021—2025年）（2021年颁布） 034
2. 中华人民共和国密码法（2019年颁布） 040
3. 中华人民共和国电子签名法（2019年修正） 044
4. 云计算服务安全评估办法（2019年颁布） 047

第四章　会计人员管理法规 049
1. 会计人员管理办法（2018年颁布） 049
2. 会计行业人才发展规划（2021—2025年）（2021年颁布） 050
3. 关于深化会计人员职称制度改革的指导意见（2019年修订） 057
4. 会计专业技术人员继续教育规定（2018年颁布） 061
5. 财政部专家工作室管理办法（试行）（2021年颁布） 064
6. 关于印发《会计人员继续教育专业科目指南（2022年版）》的通知（2022年颁布） 068
7. 关于印发《关于加强新时代注册会计师行业人才工作的指导意见》的通知（2022年颁布） 073

第二编　企业会计相关法规

第五章　企业会计准则 ········· 083

1. 企业会计准则——基本准则（2014年修订） ········· 083
2. 企业会计准则第1号——存货（2006年颁布） ········· 086
3. 企业会计准则第2号——长期股权投资（2014年修订） ········· 088
4. 企业会计准则第3号——投资性房地产（2006年颁布） ········· 091
5. 企业会计准则第4号——固定资产（2006年颁布） ········· 093
6. 企业会计准则第5号——生物资产（2006年颁布） ········· 095
7. 企业会计准则第6号——无形资产（2006年颁布） ········· 098
8. 企业会计准则第7号——非货币性资产交换（2019年修订） ········· 100
9. 企业会计准则第8号——资产减值（2006年颁布） ········· 103
10. 企业会计准则第9号——职工薪酬（2014年修订） ········· 109
11. 企业会计准则第10号——企业年金基金（2006年颁布） ········· 113
12. 企业会计准则第11号——股份支付（2006年颁布） ········· 115
13. 企业会计准则第12号——债务重组（2019年修订） ········· 117
14. 企业会计准则第13号——或有事项（2006年颁布） ········· 119
15. 企业会计准则第14号——收入（2017年修订） ········· 121
16. 企业会计准则第16号——政府补助（2017年修订） ········· 129
17. 企业会计准则第17号——借款费用（2006年颁布） ········· 131
18. 企业会计准则第18号——所得税（2006年颁布） ········· 133
19. 企业会计准则第19号——外币折算（2006年颁布） ········· 135
20. 企业会计准则第20号——企业合并（2006年颁布） ········· 137
21. 企业会计准则第21号——租赁（2018年修订） ········· 140
22. 企业会计准则第22号——金融工具确认和计量（2017年修订） ········· 149
23. 企业会计准则第23号——金融资产转移（2017年修订） ········· 164
24. 企业会计准则第24号——套期会计（2017年修订） ········· 170
25. 企业会计准则第25号——保险合同（2020年发布） ········· 178
26. 企业会计准则第27号——石油天然气开采（2006年颁布） ········· 195
27. 企业会计准则第28号——会计政策、会计估计变更和差错更正（2006年颁布） ········· 198
28. 企业会计准则第29号——资产负债表日后事项（2006年颁布） ········· 200
29. 企业会计准则第30号——财务报表列报（2006年颁布） ········· 201
30. 企业会计准则第31号——现金流量表（2006年颁布） ········· 208
31. 企业会计准则第32号——中期财务报告（2006年颁布） ········· 210

32. 企业会计准则第 33 号——合并财务报表（2014 年修订） …………………… 212
33. 企业会计准则第 34 号——每股收益（2006 年颁布） …………………………… 220
34. 企业会计准则第 35 号——分部报告（2006 年颁布） …………………………… 221
35. 企业会计准则第 36 号——关联方披露（2006 年颁布） ………………………… 224
36. 企业会计准则第 37 号——金融工具列报（2017 年修订） ……………………… 226
37. 企业会计准则第 38 号——首次执行企业会计准则（2006 年颁布） …………… 245
38. 企业会计准则第 39 号——公允价值计量（2014 年颁布） ……………………… 247
39. 企业会计准则第 40 号——合营安排（2014 年颁布） …………………………… 255
40. 企业会计准则第 41 号——在其他主体中权益的披露（2014 年颁布） ………… 257
41. 企业会计准则第 42 号——持有待售的非流动资产、处置组和终止经营
  （2017 年颁布） ………………………………………………………………………… 261

第六章　企业税收政策通知 ……………………………………………………………… 265
1. 中华人民共和国企业所得税法（2018 年修订） ……………………………………… 265
2. 中华人民共和国企业所得税法实施条例（2019 年颁布） …………………………… 270
3. 国家税务总局关于优化若干税收征管服务事项的通知（2022 年颁布） …………… 284
4. 国家税务总局关于企业所得税年度纳税申报有关事项的公告
  （2022 年颁布） ………………………………………………………………………… 291

第七章　个人所得税法规 ………………………………………………………………… 292
1. 中华人民共和国个人所得税法（2018 年修订） ……………………………………… 292
2. 中华人民共和国个人所得税法实施条例（2018 年修订） …………………………… 296
3. 国家税务总局关于修订发布《个人所得税专项附加扣除操作办法
  （试行）》的公告（2022 年修订） …………………………………………………… 301
4. 财政部　税务总局关于延续实施有关个人所得税优惠政策的公告
  （2023 年颁布） ………………………………………………………………………… 305
5. 关于个人养老金有关个人所得税政策的公告（2022 年颁布） ……………………… 305

第八章　税收违法查处相关法规 ………………………………………………………… 306
1. 税务稽查案件办理程序规定（2021 年颁布） ………………………………………… 306
2. 重大税务案件审理办法（2021 年修订） ……………………………………………… 315
3. 重大税收违法失信主体信息公布管理办法（2021 年颁布） ………………………… 319

第九章　上市公司通用性会计法规 ……………………………………………………… 323
1. 中华人民共和国证券法（2019 年修订） ……………………………………………… 323

2. 上市公司章程指引（2022年修订） ………………………………… 349
3. 上市公司股东大会规则（2022年修订） ……………………………… 372
4. 上市公司股份回购规则（2022年颁布） ……………………………… 379
5. 上市公司分拆规则（试行）（2022年颁布） ………………………… 385
6. 上市公司股票停复牌规则（2022年颁布） …………………………… 388
7. 创业板首次公开发行股票注册管理办法（试行）（2020年修订） …… 391
8. 创业板上市公司证券发行注册管理办法（试行）（2020年修订） …… 401
9. 关于修改《创业板上市公司证券发行管理暂行办法》的决定
   （2020年颁布） ………………………………………………………… 412
10. 创业板上市公司持续监管办法（试行）（2020年颁布） …………… 421
11. 科创板首次公开发行股票注册管理办法（试行）（2020年颁布） … 424
12. 科创板上市公司证券发行注册管理办法（试行）（2020年颁布） … 433
13. 证券投资基金托管业务管理办法（2020年颁布） …………………… 444
14. 深圳证券交易所债券交易实施细则（2020年修订） ………………… 450
15. 可转换公司债券管理办法（2020年颁布） …………………………… 456

第十章　国资委颁布的中央企业合规与风险管理相关法规 ……… 458

1. 国务院国资委关于印发《中央企业全面风险管理指引》的通知
   （2006年颁布） ………………………………………………………… 458
2. 关于印发《中央企业合规管理指引（试行）》的通知（2018年颁布） … 472
3. 中央企业违规经营投资责任追究实施办法（试行）（2018年颁布） … 476
4. 国务院国有资产监督管理委员会关于印发《关于加强中央企业内部控制
   体系建设与监督工作的实施意见》的通知（2019年颁布） ………… 486
5. 国务院国有资产监督管理委员会关于印发《中央企业重大经营风险事件
   报告工作规则》的通知（2021年颁布） ……………………………… 489
6. 关于印发《关于加强地方国有企业债务风险管控工作的指导意见》的通知
   （2021年颁布） ………………………………………………………… 491
7. 《国务院国资委关于印发〈国资监管责任约谈工作规则〉的通知》
   （2021年颁布） ………………………………………………………… 493
8. 中央企业合规管理办法（2022年颁布） ……………………………… 497

第三编　行政事业单位法规汇编

第十一章　财政总预算会计相关法规 ……………………………… 503
财政总会计制度（2022年修订） ……………………………………… 503

第十二章　政府会计基本准则与具体准则 — 577

1. 政府会计准则——基本准则（2015年颁布） — 577
2. 政府会计准则第1号——存货（2016年颁布） — 581
3. 政府会计准则第2号——投资（2016年颁布） — 583
4. 政府会计准则第3号——固定资产（2016年颁布） — 585
5. 政府会计准则第4号——无形资产（2016年颁布） — 588
6. 政府会计准则第5号——公共基础设施（2017年颁布） — 590
7. 政府会计准则第6号——政府储备物资（2017年颁布） — 594
8. 政府会计准则第7号——会计调整（2018年颁布） — 596
9. 政府会计准则第8号——负债（2018年颁布） — 599
10. 政府会计准则第9号——财务报表编制和列报（2018年颁布） — 603
11. 政府会计准则第10号——政府和社会资本合作项目合同（2019年颁布） — 612

第十三章　行政事业单位预算与绩效管理相关法规 — 616

1. 中华人民共和国预算法（2018年修正） — 616
2. 中华人民共和国预算法实施条例（2020年修订） — 627
3. 财政部关于印发《预算管理一体化规范（试行）》的通知（2020年颁布） — 637
4. 关于印发《中央财政预算管理一体化资金支付管理办法（试行）》的通知（2022年颁布） — 638
5. 关于印发《预算指标核算管理办法（试行）》的通知（2022年颁布） — 643
6. 关于印发《社会保险基金预算绩效管理办法》的通知（2022年颁布） — 708

第十四章　政府采购相关法规 — 711

1. 中华人民共和国政府采购法（2014年修订） — 711
2. 中华人民共和国政府采购法实施条例（2015年颁布） — 719
3. 中华人民共和国招标投标法（2017年修订） — 728
4. 中华人民共和国招标投标法实施条例（2019年修订） — 734
5. 关于印发《政府采购品目分类目录》的通知（2022年颁布） — 743

第十五章　行政事业单位日常公用经费管理法规 — 925

1. 党政机关厉行节约反对浪费条例（2013年颁布） — 925
2. 因公临时出国经费管理办法（2013年颁布） — 933
3. 因公短期出国培训费用管理办法（2014年颁布） — 936
4. 中央和国家机关差旅费管理办法（2013年颁布） — 938

5. 中央和国家机关培训费管理办法（2016年修订） ………………………… 943
6. 国务院办公厅关于改革完善中央财政科研经费管理的若干意见
   （2021年颁布） ……………………………………………………………… 946

第十六章　行政事业单位内部控制相关法规 ………………………………… 950
1. 行政事业单位内部控制规范（试行）（2012年颁布） ……………………… 950
2. 行政事业单位内部控制报告管理制度（试行）（2017年颁布） …………… 957

第十七章　行政事业单位资产管理相关法规 ………………………………… 960
1. 行政事业性国有资产管理条例（2021年颁布） ……………………………… 960
2. 关于做好《行政事业性国有资产管理条例》贯彻实施工作的通知
   （2021年颁布） ……………………………………………………………… 965
3. 国有资产报告编报工作暂行办法（2021年颁布） …………………………… 966
4. 事业单位国有资产管理暂行办法（2019年修订） …………………………… 967
5. 关于加强行政事业单位固定资产管理的通知（2020年颁布） ……………… 974
6. 罚没财物管理办法（2020年颁布） …………………………………………… 976
7. 国有文物资源资产管理暂行办法（2021年颁布） …………………………… 979

第十八章　基本建设财务相关法规 …………………………………………… 987
1. 基本建设财务规则（2016年颁布） …………………………………………… 987
2. 基本建设项目建设成本管理规定（2016年颁布） …………………………… 993
3. 中央基本建设项目竣工财务决算审核批复操作规程（2018年颁布） ……… 995

第四编　审计相关法规

第十九章　国家审计综合性法规 ……………………………………………… 1003
1. 中华人民共和国审计法（2021年修正） ……………………………………… 1003
2. 中华人民共和国审计法实施条例（2010年颁布） …………………………… 1008
3. 审计署工作规则（2013年颁布） ……………………………………………… 1015
4. 中华人民共和国国家审计准则（2010年修订） ……………………………… 1021
5. 党政主要领导干部和国有企事业单位主要领导人员经济责任审计规定
   （2019年修订） ……………………………………………………………… 1042
6. 关于完善审计制度若干重大问题的框架意见（2015年颁布） ……………… 1049
7. 政府财务报告审计办法（试行）（2020年颁布） …………………………… 1051
8. 审计机关审计听证规定（2021年修订） ……………………………………… 1053

9. 关于加快推进银行函证规范化、集约化、数字化建设的通知
   （2022年颁布） 1056
10. 审计署 人民银行 银保监会 证监会关于审计机关查询单位和个人在
    金融机构账户和存款有关问题的通知（2022年颁布） 1061

电子目录

第一章　统驭性会计法规···001
1. 关于加强国家统一的会计制度贯彻实施工作的指导意见 ·················001
2. 中华人民共和国外商投资法（2019 年颁布）·················003
3. 中华人民共和国外商投资法实施条例（2019 年颁布）·················007

第二章　综合性会计基础工作管理法规···013
1. 会计基础工作规范（2019 年修订）·················013
2. 人民币银行结算账户管理办法（2020 年修订）·················023
3. 人民币银行结算账户管理办法实施细则（2005 年颁布）·················032
3. 发票管理办法（2019 年修订）·················037
4. 中华人民共和国发票管理办法实施细则（2018 年修正）·················041

第三章　综合性会计电算化管理相关法规···045
电子商业汇票业务管理办法（2009 年颁布）·················045

第四章　会计人员管理法规···053
1. 关于对会计领域违法失信相关责任主体实施联合惩戒的合作备忘录
　（2018 年颁布）·················053
2. 总会计师条例（2011 年修正）·················072
3. 代理记账行业协会管理办法（2018 年颁布）·················074

第五章　企业会计准则解释···077
1. 企业会计准则解释第 1 号（2007 年颁布）·················077
2. 企业会计准则解释第 2 号（2008 年颁布）·················079
3. 企业会计准则解释第 3 号（2009 年颁布）·················081
4. 企业会计准则解释第 4 号（2010 年颁布）·················084
5. 企业会计准则解释第 5 号（2012 年颁布）·················086
6. 企业会计准则解释第 6 号（2014 年颁布）·················088
7. 企业会计准则解释第 7 号（2015 年颁布）·················089
8. 企业会计准则解释第 8 号（2015 年颁布）·················092
9. 企业会计准则解释第 9 号——关于权益法下有关投资净损失的会计处理
　（2017 年颁布）·················094

10. 企业会计准则解释第 10 号——关于以使用固定资产产生的收入为基础的折旧方法（2017 年颁布） …… 095
11. 企业会计准则解释第 11 号——关于以使用无形资产产生的收入为基础的摊销方法（2017 年颁布） …… 096
12. 企业会计准则解释第 12 号——关于关键管理人员服务的提供方与接受方是否为关联方（2017 年颁布） …… 097
13. 企业会计准则解释第 13 号（2019 年颁布） …… 097
14. 企业会计准则解释第 14 号（2021 年颁布） …… 099
15. 企业会计准则解释第 15 号（2021 年颁布） …… 102
16. 企业会计准则解释第 16 号（2022 年颁布） …… 104

第六章　企业会计准则配套核算法规 …… 107

1. 企业财务会计报告条例（2000 年颁布） …… 107
2. 监管规则适用指引——会计类第 1 号（2020 年颁布） …… 112
3. 监管规则适用指引——会计类第 2 号（2021 年颁布） …… 127
4. 金融负债与权益工具的区分及相关会计处理规定（2014 年颁布） …… 132
5. 商品期货套期业务会计处理暂行规定（2015 年颁布） …… 140
6. 增值税会计处理规定（2016 年颁布） …… 147
7. 企业破产清算有关会计处理规定（2016 年规定） …… 152
8. 永续债相关会计处理的规定（2019 年修订） …… 157
9. 关于修订印发 2019 年度一般企业财务报表格式的通知（2019 年颁布） …… 159
10. 关于修订印发合并财务报表格式（2019 版）的通知（2019 年颁布） …… 179
11. 关于修订印发 2023 年度保险公司财务报表格式的通知（2022 年颁布） …… 190
12. 碳排放权交易有关会计处理暂行规定（2019 年修订） …… 200
13. 财政部　银保监会关于进一步贯彻落实新金融工具相关会计准则的通知（2020 年颁布） …… 201
14. 财政部会计司发布会计准则实施问答（2020 年颁布） …… 204
15. 住宅专项维修资金会计核算办法（2020 年颁布） …… 205
16. 新冠肺炎疫情相关租金减让会计处理规定（2020 年颁布） …… 217
17. 关于适用《新冠肺炎疫情相关租金减让会计处理规定》相关问题的通知（2022 年颁布） …… 219
18. 律师事务所相关业务会计处理规定（2021 年颁布） …… 220
19. 财政部关于划转部分国有资本充实社保基金后企业增资财务处理有关事项的通知（2021 年颁布） …… 222
20. 企业安全生产费用提取和使用管理办法（2022 年颁布） …… 223

21. 资产管理产品相关会计处理规定（2022年颁布）……………………………………… 236

第七章　企业成本核算会计法规……………………………………………………… 254
1. 企业产品成本核算制度（试行）（2013年颁布）……………………………………… 254
2. 企业产品成本核算制度——石油石化行业（2014年颁布）…………………………… 260
3. 企业产品成本核算制度——钢铁行业（2015年颁布）………………………………… 269
4. 企业产品成本核算制度——煤炭行业（2016年颁布）………………………………… 273
5. 企业产品成本核算制度——电网经营行业（2018年颁布）…………………………… 277
6. 企业产品成本核算制度——油气管网行业（2021年颁布）…………………………… 280

第八章　管理会计指引体系……………………………………………………………… 284
1. 管理会计基本指引（2016年颁布）……………………………………………………… 284
2. 管理会计应用指引第100号——战略管理（2017年颁布）…………………………… 286
3. 管理会计应用指引第101号——战略地图（2017年颁布）…………………………… 288
4. 管理会计应用指引第200号——预算管理（2017年颁布）…………………………… 291
5. 管理会计应用指引第201号——滚动预算（2017年颁布）…………………………… 293
6. 管理会计应用指引第202号——零基预算（2018年颁布）…………………………… 295
7. 管理会计应用指引第203号——弹性预算（2018年颁布）…………………………… 296
8. 管理会计应用指引第204号——作业预算（2018年颁布）…………………………… 297
9. 管理会计应用指引第300号——成本管理（2017年颁布）…………………………… 299
10. 管理会计应用指引第301号——目标成本法（2017年颁布）……………………… 301
11. 管理会计应用指引第302号——标准成本法（2017年颁布）……………………… 303
12. 管理会计应用指引第303号——变动成本法（2017年颁布）……………………… 306
13. 管理会计应用指引第304号——作业成本法（2017年颁布）……………………… 309
14. 管理会计应用指引第400号——营运管理（2017年颁布）………………………… 313
15. 管理会计应用指引第401号——本量利分析（2017年颁布）……………………… 316
16. 管理会计应用指引第402号——敏感性分析（2017年颁布）……………………… 318
17. 管理会计应用指引第403号——边际分析（2017年颁布）………………………… 320
18. 管理会计应用指引第404号——内部转移定价（2018年颁布）…………………… 323
19. 管理会计应用指引第405号——多维度盈利能力分析（2018年颁布）…………… 325
20. 管理会计应用指引第500号——投融资管理（2017年颁布）……………………… 328
21. 管理会计应用指引第501号——贴现现金流法（2017年颁布）…………………… 330
22. 管理会计应用指引第502号——项目管理（2017年颁布）………………………… 333
23. 管理会计应用指引第503号——情景分析（2017年颁布）………………………… 337
24. 管理会计应用指引第504号——约束资源优化（2017年颁布）…………………… 338

25. 管理会计应用指引第600号——绩效管理（2017年颁布） …… 340
26. 管理会计应用指引第601号——关键绩效指标法（2017年颁布） …… 343
27. 管理会计应用指引第602号——经济增加值法（2017年颁布） …… 347
28. 管理会计应用指引第603号——平衡计分卡（2017年颁布） …… 350
29. 管理会计应用指引第604号——绩效棱柱模型（2018年颁布） …… 356
30. 管理会计应用指引第700号——风险管理（2018年颁布） …… 358
31. 管理会计应用指引第701号——风险矩阵（2018年颁布） …… 360
32. 管理会计应用指引第702号——风险清单（2018年颁布） …… 362
33. 管理会计应用指引第801号——企业管理会计报告（2017年颁布） …… 366
34. 管理会计应用指引第802号——管理会计信息系统（2017年颁布） …… 369
35. 管理会计应用指引第803号——行政事业单位（2018年颁布） …… 375
36. 财政部关于全面推进管理会计体系建设的指导意见（2014年颁布） …… 378

第九章 企业财务管理与绩效评价相关法规 …… 381

1. 关于中央企业加快建设世界一流财务管理体系的指导意见（2022年颁布） …… 381
2. 企业国有资本与财务管理暂行办法（2001年颁布） …… 386
3. 中央企业国有资本收益收取管理暂行办法（2007年颁布） …… 391
4. 企业财务通则（2006年修订） …… 393
5. 中央企业综合绩效评价实施细则（2006年颁布） …… 401
6. 中央国有资本经营预算编报办法（2017年修订） …… 408
7. 中央企业财务预算管理暂行办法（2007年颁布） …… 411
8. 中央国有资本经营预算管理暂行办法（2016年颁布） …… 416
9. 中央企业负责人经营业绩考核办法（2019年修订） …… 418
10. 关于加强中央企业商誉管理的通知（2022年颁布） …… 423
11. 关于进一步加强国有金融企业财务管理的通知（2022年颁布） …… 426
12. 金融企业绩效评价办法（2016年颁布） …… 430
13. 商业银行绩效评价办法（2020年颁布） …… 446
14. 商业保险公司绩效评价办法（2022年颁布） …… 450
15. 国有科技型企业股权和分红激励暂行办法（2016年颁布） …… 455
16. 降低实体经济企业成本工作方案（2016年颁布） …… 461

第十章 企业会计信息化相关法规 …… 468

1. 企业会计信息化工作规范（2013年颁布） …… 468
2. 企业会计准则通用分类标准编报规则（2015年颁布） …… 471

第十一章　企业投资及监管相关法规 479

1. 企业国有资产监督管理暂行条例（2019年颁布） 479
2. 企业投资项目事中事后监管办法（2018年颁布） 483
3. 企业境外投资管理办法（2017年颁布） 486
4. 国有金融资本出资人职责暂行规定（2019年颁布） 493

第十二章　财政部等五部委颁布的内部控制相关法规 498

1. 企业内部控制基本规范（2008年颁布） 498
2. 企业内部控制应用指引第1号——组织架构（2010年颁布） 503
3. 企业内部控制应用指引第2号——发展战略（2010年颁布） 505
4. 企业内部控制应用指引第3号——人力资源（2010年颁布） 506
5. 企业内部控制应用指引第4号——社会责任（2010年颁布） 507
6. 企业内部控制应用指引第5号——企业文化（2010年颁布） 509
7. 企业内部控制应用指引第6号——资金活动（2010年颁布） 510
8. 企业内部控制应用指引第7号——采购业务（2010年颁布） 513
9. 企业内部控制应用指引第8号——资产管理（2010年颁布） 515
10. 企业内部控制应用指引第9号——销售业务（2010年颁布） 517
11. 企业内部控制应用指引第10号——研究与开发（2010年颁布） 518
12. 企业内部控制应用指引第11号——工程项目（2010年颁布） 520
13. 企业内部控制应用指引第12号——担保业务（2010年颁布） 523
14. 企业内部控制应用指引第13号——业务外包（2010年颁布） 525
15. 企业内部控制应用指引第14号——财务报告（2010年颁布） 526
16. 企业内部控制应用指引第15号——全面预算（2010年颁布） 528
17. 企业内部控制应用指引第16号——合同管理（2010年颁布） 530
18. 企业内部控制应用指引第17号——内部信息传递（2010年颁布） 532
19. 企业内部控制应用指引第18号——信息系统（2010年颁布） 533
20. 企业内部控制评价指引（2010年颁布） 535
21. 企业内部控制审计指引（2010年颁布） 537
22. 关于进一步深化法治央企建设的意见（2021年颁布） 542

第十三章　企业内部控制相关法规 546

1. 企业内部控制规范体系实施中相关问题解释第1号（2012年颁布） 546
2. 企业内部控制规范体系实施中相关问题解释第2号（2012年颁布） 551
3. 关于加强中央企业内部控制体系建设与监督工作的实施意见（2019年颁布） 554

第十四章　上市公司通用性会计法规·· 558

1. 证券期货规章制定程序规定（2020年修订）·································· 558
2. 关于修改部分证券期货规章的决定（2021年颁布）···························· 562
3. 关于修改《首次公开发行股票并上市管理办法》的决定（2020年颁布）·········· 584
4. 证券发行上市保荐业务管理办法（2020年修订）······························ 590
5. 合格境外机构投资者和人民币合格境外机构投资者境内证券期货投资
   管理办法（2020年颁布）·· 601
6. 公开募集证券投资基金销售机构监督管理办法（2020年颁布）·················· 604
7. 期货公司监督管理办法（2019年颁布）······································ 614
8. 期货公司分类监管规定（2019修订）·· 632

第十五章　证券期货法规·· 641

1. 上市公司治理准则（2018年修订）·· 641
2. 关于修改部分证券期货规章的决定（2020年颁布）···························· 649
3. 关于修改《上市公司证券发行管理办法》的决定（2020年颁布）················ 749
4. 科创板首次公开发行股票注册管理办法（试行）（2020年颁布）················ 758
5. 科创板上市公司持续监管办法（试行）（2019年颁布）························ 767
6. 科创板上市公司重大资产重组特别规定（2019年颁布）························ 771
7. 关于在上海证券交易所设立科创板并试点注册制的实施意见
   （2019年修订）·· 772
8. 上海证券交易所科创板股票交易特别规定（2019年颁布）······················ 775
9. 上海证券交易所科创板股票盘后固定价格交易指引（2019年颁布）·············· 779
10. 上海证券交易所科创板上市公司重大资产重组审核规则
    （2019年颁布）··· 780
11. 科创板证券上市公告书内容与格式指引（2019年修订）······················· 792
12. 公开募集证券投资基金投资信用衍生品指引（2019年颁布）··················· 800
13. 关于修订《深圳证券交易所交易规则》第3.1.4条的通知
    （2019年发布）··· 801
14. 上市公司重大资产重组管理办法（2020年修订）····························· 802
15. 关于上市公司内幕信息知情人登记管理制度的规定（2021年颁布）············· 814
16. 公开发行证券的公司信息披露内容与格式准则第2号——年度报告的
    内容与格式（2021年修订）··· 816
17. 公开发行证券的公司信息披露内容与格式准则第3号——半年度报告的
    内容与格式（2021年修订）··· 838
18. 上市公司现场检查规则（2022年颁布）····································· 852

19. 上市公司监管指引第 3 号——上市公司现金分红（2022 年修订） 855
20. 上市公司独立董事规则（2022 年颁布） 857

第十六章　政府综合财务报告相关法规 861
1. 政府财务报告编制办法（试行）（2019 年修订） 861
2. 政府部门财务报告编制操作指南（试行）（2019 年修订） 866
2. 政府综合财务报告编制操作指南（试行）（2019 年修订） 912
3. 关于进一步明确政府部门财务报告编制合并范围的通知（2021 年颁布） 980

第十七章　民间非营利组织会计相关法规 982
1. 事业单位成本核算具体指引——科学事业单位（2022 年颁布） 982
2. 事业单位成本核算具体指引——高等学校（2022 年颁布） 990

第十八章　民间非营利组织会计相关法规 998
1. 民间非营利组织会计制度（2004 年颁布） 998
2. 《民间非营利组织会计制度》若干问题的解释（2020 年颁布） 1011

第十九章　农村集体及农民专业合作社会计相关法规 1015
1. 农村集体经济组织财务制度（2021 年颁布） 1015
2. 关于印发《农民专业合作社财务制度》的通知（2022 年颁布） 1018
3. 关于印发《农民专业合作社会计制度》的通知（2021 年颁布） 1023
4. 关于印发《农民专业合作社新旧会计制度有关衔接问题的处理规定》的
通知（2021 年颁布） 1060

第二十章　其他行政事业单位会计核算与管理制度 1066
1. 财政总预算会计制度（2015 年颁布） 1066
2. 社会保险基金会计制度（2017 年颁布） 1109
3. 关于印发《道路交通事故社会救助基金会计核算办法》的通知
（2022 年颁布） 1145
4. 关于印发《中央专项彩票公益金支持大学生创新创业教育项目资金管理
办法》的通知（2022 年颁布） 1157

第二十一章　政府采购相关法规 1160
1. 政府采购需求管理办法（2021 年颁布） 1160

2. 关于在政府采购活动中落实平等对待内外资企业有关政策的通知
（2021年颁布） ………………………………………………………… 1165
3. 关于做好政府采购框架协议采购工作有关问题的通知（2022年颁布） ……… 1165

第二十二章　行政事业单位预算与绩效管理相关法规 …………………… 1168
1. 预算绩效评价共性指标体系框架（2013年修订） ……………………… 1168
2. 中央部门预算绩效目标管理办法（2015年修订） ……………………… 1179
3. 中央级科研事业单位绩效评价暂行办法（2017年颁布） ………………… 1198
4. 财政管理工作绩效考核与激励办法（2018年修订） …………………… 1202
5. 地方财政预算执行支出进度考核办法（2018年颁布） ………………… 1205

第二十三章　行政事业单位日常公用经费管理法规 ……………………… 1207
1. 中央和国家机关会议费管理办法（2016年颁布） ……………………… 1207
2. 党政机关办公用房管理办法（2017年颁布） …………………………… 1211
3. 党政机关公务用车管理办法（2017年颁布） …………………………… 1216
4. 党政机关会议定点管理办法（2015年颁布） …………………………… 1220
5. 关于调整中央和国家机关差旅住宿费标准等有关问题的通知
（2015年颁布） ………………………………………………………… 1222
6. 关于规范差旅伙食费和市内交通费收交管理有关事项的通知
（2019年颁布） ………………………………………………………… 1223

第二十四章　行政事业单位资产管理相关法规 …………………………… 1224
1. 行政单位国有资产管理暂行办法（2006年颁布） ……………………… 1224
2. 中央行政事业单位国有资产配置管理办法（2018年颁布） ……………… 1228
3. 地方行政单位国有资产处置管理暂行办法（2014年颁布） ……………… 1231
4. 行政事业单位资产清查核实管理办法（2016年颁布） ………………… 1234

第二十五章　基本建设财务相关法规 ……………………………………… 1247
基本建设项目竣工财务决算管理暂行办法（2016年颁布） ………………… 1247

第二十六章　国家审计综合性法规 ………………………………………… 1250
1. 关于实行审计全覆盖的实施意见（2015年颁布） ……………………… 1250
2. 中央预算执行情况审计监督暂行办法（1995年颁布） ………………… 1252

第二十七章　政府会计制度——行政事业单位会计科目和报表（2017 年颁布）　1254

1. 第一部分　总说明　1254
2. 第二部分　会计科目名称和编号　1255
3. 第三部分　会计科目使用说明　1259
4. 第四部分　报表格式　1323
5. 第五部分　报表编制说明　1331
6. 附录：主要业务和事项账务处理举例　1355

第二十八章　政府会计准则指南与解释　1433

1. 《政府会计准则第 3 号——固定资产》应用指南（2017 年颁布）　1433
2. 《政府会计准则第 10 号——政府和社会资本合作项目合同》应用指南（2020 年颁布）　1435
3. 政府会计准则制度解释第 1 号（2019 年颁布）　1441
4. 政府会计准则制度解释第 2 号（2019 年颁布）　1445
5. 政府会计准则制度解释第 3 号（2020 年颁布）　1450
6. 政府会计准则制度解释第 4 号（2021 年颁布）　1453
7. 政府会计准则制度解释第 5 号（2022 年颁布）　1458
8. 关于进一步加强市政基础设施政府会计核算的通知（2022 年颁布）　1460

第二十九章　注册会计师审计相关法规（2016 年修订）　1476

1. 中国注册会计师鉴证业务基本准则（2022 年修订）　1476
2. 中国注册会计师审计准则第 1101 号——注册会计师的总体目标和审计工作的基本要求（2022 年修订）　1484
3. 中国注册会计师审计准则第 1111 号——就审计业务约定条款达成一致意见（2022 年修订）　1488
4. 中国注册会计师审计准则第 1121 号——对财务报表审计实施的质量控制（2020 年修订）　1490
5. 中国注册会计师审计准则第 1131 号——审计工作底稿（2022 年修订）　1496
6. 中国注册会计师审计准则第 1141 号——财务报表审计中与舞弊相关的责任（2022 年修订）　1499
7. 中国注册会计师审计准则第 1142 号——财务报表审计中对法律法规的考虑（2022 年修订）　1505
8. 中国注册会计师审计准则第 1151 号——与治理层的沟通（2022 年修订）　1509
9. 中国注册会计师审计准则第 1152 号——向治理层和管理层通报内部控制缺陷（2022 年修订）　1512

10. 中国注册会计师审计准则第1153号——前任注册会计师和后任注册会计师的沟通（2010年修订） …… 1514
11. 中国注册会计师审计准则第1201号——计划审计工作（2022年修订） …… 1516
12. 中国注册会计师审计准则第1211号——重大错报风险的识别和评估（2022年修订） …… 1517
13. 中国注册会计师审计准则第1221号——计划和执行审计工作时的重要性（2019年修订） …… 1523
14. 中国注册会计师审计准则第1231号——针对评估的重大错报风险采取的应对措施（2022年修订） …… 1525
15. 中国注册会计师审计准则第1241号——对被审计单位使用服务机构的考虑（2022年修订） …… 1528
16. 中国注册会计师审计准则第1251号——评价审计过程中识别出的错报（2022年修订） …… 1532
17. 中国注册会计师审计准则第1301号——审计证据（2022年修订） …… 1534
18. 中国注册会计师审计准则第1311号——对存货、诉讼和索赔、分部信息等特定项目获取审计证据的具体考虑（2019年修订） …… 1536
19. 中国注册会计师审计准则第1312号——函证（2010年修订） …… 1538
20. 中国注册会计师审计准则第1313号——分析程序（2022年修订） …… 1540
21. 中国注册会计师审计准则第1314号——审计抽样（2010年修订） …… 1542
22. 中国注册会计师审计准则第1321号——会计估计和相关披露的审计（2022年修订） …… 1544
23. 中国注册会计师审计准则第1323号——关联方（2022年修订） …… 1549
24. 中国注册会计师审计准则第1324号——持续经营（2022年修订） …… 1553
25. 中国注册会计师审计准则第1311号——对存货、诉讼和索赔、分部信息等特定项目获取审计证据的具体考虑（2019年修订） …… 1556
26. 中国注册会计师审计准则第1331号——首次审计业务涉及的期初余额（2022年修订） …… 1558
27. 中国注册会计师审计准则第1332号——期后事项（2016年修订） …… 1560
28. 中国注册会计师审计准则第1341号——书面声明（2022年修订） …… 1563
29. 中国注册会计师审计准则第1401号——对集团财务报表审计的特殊考虑（2022年修订） …… 1565
30. 中国注册会计师审计准则第1411号——利用内部审计人员的工作（2022年修订） …… 1573
31. 中国注册会计师审计准则第1421号——利用专家的工作（2022年修订） …… 1578

32. 中国注册会计师审计准则第1501号——对财务报表形成审计意见和出具审计报告（2022年修订） …… 1580

33. 中国注册会计师审计准则第1502号——在审计报告中发表非无保留意见（2019年修订） …… 1586

34. 中国注册会计师审计准则第1503号——在审计报告中增加强调事项段和其他事项段（2022年修订） …… 1589

35. 中国注册会计师审计准则第1504号——在审计报告中沟通关键审计事项（2016年颁布） …… 1592

36. 中国注册会计师审计准则第1511号——比较信息：对应数据和比较财务报表（2019年修订） …… 1594

37. 中国注册会计师审计准则第1601号——审计特殊目的财务报表的特殊考虑（2022年修订） …… 1596

38. 中国注册会计师审计准则第1602号——验资（2006年发布） …… 1598

39. 中国注册会计师审计准则第1603号——审计单一财务报表和财务报表特定要素的特殊考虑（2021年修订） …… 1601

40. 中国注册会计师审计准则第1604号——对简要财务报表出具报告的业务（2021年修订） …… 1604

41. 中国注册会计师审计准则第1611号——商业银行财务报表审计（2006年发布） …… 1608

42. 中国注册会计师审计准则第1612号——银行间函证程序（2006年发布） …… 1615

43. 中国注册会计师审计准则第1613号——与银行监管机构的关系（2006年发布） …… 1617

44. 中国注册会计师审计准则第1631号——财务报表审计中对环境事项的考虑（2022年修订） …… 1621

45. 中国注册会计师审计准则第1632号——衍生金融工具的审计（2006年发布） …… 1626

46. 中国注册会计师审计准则第1633号——电子商务对财务报表审计的影响（2022修订） …… 1635

47. 中国注册会计师审阅准则第2101号——财务报表审阅（2006年发布） …… 1640

48. 中国注册会计师其他鉴证业务准则第3101号——历史财务信息审计或审阅以外的鉴证业务（2006年发布） …… 1645

49. 中国注册会计师其他鉴证业务准则第3111号——预测性财务信息的审核（2006年发布） …… 1653

50. 中国注册会计师相关服务准则第4101号——对财务信息执行商定程序

（2006年发布） ····· 1658

51. 中国注册会计师相关服务准则第4111号——代编财务信息
（2006发布） ····· 1660

52. 会计师事务所质量管理准则第5101号——业务质量管理
（2020年修订） ····· 1663

53. 会计师事务所质量管理准则第5102号——项目质量复核
（2020年颁布） ····· 1678

第三十章 注册会计师审计准则解答及最新相关法规 ····· 1683

1. 中国注册会计师审计准则问题解答第1号——职业怀疑（2019年修订） ····· 1683
2. 中国注册会计师审计准则问题解答第2号——函证（2019年修订） ····· 1694
3. 中国注册会计师审计准则问题解答第3号——存货监盘（2013年颁布） ····· 1702
4. 中国注册会计师审计准则问题解答第4号——收入确认（2019年修订） ····· 1707
5. 中国注册会计师审计准则问题解答第5号——重大非常规交易
（2013年颁布） ····· 1716
6. 中国注册会计师审计准则问题解答第6号——关联方（2019年修订） ····· 1720
7. 中国注册会计师审计准则问题解答第7号——会计分录测试
（2014年颁布） ····· 1728
8. 中国注册会计师审计准则问题解答第8号——重要性及评价错报
（2014年颁布） ····· 1732
9. 中国注册会计师审计准则问题解答第9号——项目质量控制复核
（2014年颁布） ····· 1736
10. 中国注册会计师审计准则问题解答第10号——集团财务报表审计
（2014年颁布） ····· 1739
11. 中国注册会计师审计准则问题解答第11号——会计估计
（2014年颁布） ····· 1742
12. 中国注册会计师审计准则问题解答第12号——货币资金审计
（2019年修订） ····· 1748
13. 中国注册会计师审计准则问题解答第13号——持续经营
（2014年颁布） ····· 1754
14. 中国注册会计师审计准则问题解答第14号——关键审计事项
（2018年颁布） ····· 1756
15. 中国注册会计师审计准则问题解答第15号——其他信息
（2018年颁布） ····· 1758
16. 中国注册会计师审计准则问题解答第16号——审计报告中的非无保留

意见（2021年颁布） ··· 1758

第三十一章　注册会计师职业道德守则·· 1766

1. 中国注册会计师职业道德守则第1号——职业道德基本原则
（2020年修订） ··· 1766
2. 中国注册会计师职业道德守则第2号——职业道德概念框架
（2020年修订） ··· 1771
3. 中国注册会计师职业道德守则第3号——提供专业服务的具体要求
（2020年修订） ··· 1776
4. 中国注册会计师职业道德守则第4号——审计和审阅业务对独立性的要求
（2020年修订） ··· 1794
5. 中国注册会计师职业道德守则第5号——其他鉴证业务对独立性的要求
（2020年修订） ··· 1828
6. 中国注册会计师职业道德守则术语表（2020年修订） ································· 1843
7. 中国注册会计师协会非执业会员职业道德守则（2020年修订） ····················· 1846
8. 中国注册会计师协会非执业会员职业道德守则术语表（2020年修订） ··········· 1865

第三十二章　其他注册会计师管理法规·· 1866

1. 关于印发《会计师事务所一体化管理办法》的通知（2022年颁布） ············· 1866
2. 关于加强会计师事务所执业管理 切实提高审计质量的实施意见
（2020年颁布） ··· 1869
3. 会计师事务所从事证券服务业务备案管理办法（2020年颁布） ····················· 1871
4. 中国注册会计师协会关于在新冠肺炎疫情下执行审计工作的指导意见
（2020年颁布） ··· 1878
5. 银行函证及回函工作操作指引（2020年颁布） ··· 1887
6. 关于推进会计师事务所函证数字化相关工作的指导意见（2020年颁布） ········ 1908
7. 国务院办公厅关于进一步规范财务审计秩序促进注册会计师行业健康发展
的意见（2021颁布） ··· 1911
8. 中国注册会计师协会会员执业违规行为惩戒办法（2021修订） ···················· 1914
9. 中国注册会计师协会执业质量检查人员管理办法（2021年修订） ················· 1919
10. 中国注册会计师协会惩戒委员会工作规则（2021年修订） ························· 1926
11. 中国注册会计师协会申诉委员会工作规则（2021年修订） ························· 1927
12. 关于印发《会计师事务所监督检查办法》的通知（2022年颁布） ··············· 1929
13. 上市公司年报审计监管工作规程（2021年修订） ····································· 1933
14. 监管规则适用指引——审计类第1号（2021年颁布） ································· 1935

15. 中国注册会计师协会关于印发《关于地方注协开展会计师事务所综合评价工作的指导意见》的通知（2022年颁布） ………………………… 1938
16. 中国注册会计师继续教育制度（2021年修订） ……………………………… 1940
17. 中国注册会计师协会非执业会员继续教育制度（2021年修订） …………… 1945
18. 中国注册会计师行业人才胜任能力指南（2022年颁布） …………………… 1951
19. 注册会计师转所规定（2022年修订） ………………………………………… 1992

第三十三章　内部审计相关法规 …………………………………………… 1997

1. 内部审计质量评估机构管理暂行办法（2012年颁布） ……………………… 1997
2. 内部审计质量评估办法（2014年颁布） ……………………………………… 1998
3. 商业银行内部审计指引（2016年颁布） ……………………………………… 1999

第一编

综合性会计法规

第一章 统驭性会计法规

1. 中华人民共和国会计法（2017年修正）

（1985年1月21日第六届全国人民代表大会常务委员会第九次会议通过　根据1993年12月29日第八届全国人民代表大会常务委员会第五次会议《关于修改〈中华人民共和国会计法〉的决定》第一次修正　根据1999年10月31日第九届全国人民代表大会常务委员会第十二次会议修订　根据2017年11月4日第十二届全国人民代表大会常务委员会第三十次会议《关于修改〈中华人民共和国会计法〉等十一部法律的决定》第二次修正）

第一章　总　则

第一条　为了规范会计行为，保证会计资料真实、完整，加强经济管理和财务管理，提高经济效益，维护社会主义市场经济秩序，制定本法。

第二条　国家机关、社会团体、公司、企业、事业单位和其他组织（以下统称单位）必须依照本法办理会计事务。

第三条　各单位必须依法设置会计账簿，并保证其真实、完整。

第四条　单位负责人对本单位的会计工作和会计资料的真实性、完整性负责。

第五条　会计机构、会计人员依照本法规定进行会计核算，实行会计监督。

任何单位或者个人不得以任何方式授意、指使、强令会计机构、会计人员伪造、变造会计凭证、会计账簿和其他会计资料，提供虚假财务会计报告。

任何单位或者个人不得对依法履行职责、抵制违反本法规定行为的会计人员实行打击报复。

第六条　对认真执行本法，忠于职守，坚持原则，做出显著成绩的会计人员，给予精神的或者物质的奖励。

第七条　国务院财政部门主管全国的会计工作。

县级以上地方各级人民政府财政部门管理本行政区域内的会计工作。

第八条　国家实行统一的会计制度。国家统一的会计制度由国务院财政部门根据本法制定并公布。

国务院有关部门可以依照本法和国家统一的会计制度制定对会计核算和会计监督有特殊要求的行业实施国家统一的会计制度的具体办法或者补充规定，报国务院财政部门审核批准。

中国人民解放军总后勤部可以依照本法和国家统一的会计制度制定军队实施国家统一的会计制度的具体办法，报国务院财政部门备案。

第二章　会计核算

第九条　各单位必须根据实际发生的经济业务事项进行会计核算，填制会计凭证，登记会计账簿，编制财务会计报告。

任何单位不得以虚假的经济业务事项或者资料进行会计核算。

第十条　下列经济业务事项，应当办理会计手续，进行会计核算：

（一）款项和有价证券的收付；
（二）财物的收发、增减和使用；
（三）债权债务的发生和结算；
（四）资本、基金的增减；
（五）收入、支出、费用、成本的计算；
（六）财务成果的计算和处理；
（七）需要办理会计手续、进行会计核算的其他事项。

第十一条 会计年度自公历1月1日起至12月31日止。

第十二条 会计核算以人民币为记账本位币。

业务收支以人民币以外的货币为主的单位，可以选定其中一种货币作为记账本位币，但是编报的财务会计报告应当折算为人民币。

第十三条 会计凭证、会计账簿、财务会计报告和其他会计资料，必须符合国家统一的会计制度的规定。

使用电子计算机进行会计核算的，其软件及其生成的会计凭证、会计账簿、财务会计报告和其他会计资料，也必须符合国家统一的会计制度的规定。

任何单位和个人不得伪造、变造会计凭证、会计账簿及其他会计资料，不得提供虚假的财务会计报告。

第十四条 会计凭证包括原始凭证和记账凭证。

办理本法第十条所列的经济业务事项，必须填制或者取得原始凭证并及时送交会计机构。

会计机构、会计人员必须按照国家统一的会计制度的规定对原始凭证进行审核，对不真实、不合法的原始凭证有权不予接受，并向单位负责人报告；对记载不准确、不完整的原始凭证予以退回，并要求按照国家统一的会计制度的规定更正、补充。

原始凭证记载的各项内容均不得涂改；原始凭证有错误的，应当由出具单位重开或者更正，更正处应当加盖出具单位印章。原始凭证金额有错误的，应当由出具单位重开，不得在原始凭证上更正。

记账凭证应当根据经过审核的原始凭证及有关资料编制。

第十五条 会计账簿登记，必须以经过审核的会计凭证为依据，并符合有关法律、行政法规和国家统一的会计制度的规定。会计账簿包括总账、明细账、日记账和其他辅助性账簿。

会计账簿应当按照连续编号的页码顺序登记。会计账簿记录发生错误或者隔页、缺号、跳行的，应当按照国家统一的会计制度规定的方法更正，并由会计人员和会计机构负责人（会计主管人员）在更正处盖章。

使用电子计算机进行会计核算的，其会计账簿的登记、更正，应当符合国家统一的会计制度的规定。

第十六条 各单位发生的各项经济业务事项应当在依法设置的会计账簿上统一登记、核算，不得违反本法和国家统一的会计制度的规定私设会计账簿登记、核算。

第十七条 各单位应当定期将会计账簿记录与实物、款项及有关资料相互核对，保证会计账簿记录与实物及款项的实有数额相符、会计账簿记录与会计凭证的有关内容相符、会计账簿之间相对应的记录相符、会计账簿记录与会计报表的有关内容相符。

第十八条 各单位采用的会计处理方法，前后各期应当一致，不得随意变更；确有必要变更的，应当按照国家统一的会计制度的规定变更，并将变更的原因、情况及影响在财务会计报告中说明。

第十九条 单位提供的担保、未决诉讼等或有事项，应当按照国家统一的会计制度的规定，在财务会计报告中予以说明。

第二十条 财务会计报告应当根据经过审核的会计账簿记录和有关资料编制，并符合本法和国家统一的会计制度关于财务会计报告的编制要求、提供对象和提供期限的规定；其他法律、行政法规另有规定的，从其规定。

财务会计报告由会计报表、会计报表附注和财务情况说明书组成。向不同的会计资料使用者提供的财务会计报告，其编制依据应当一致。有关法律、行政法规规定会计报表、会计报表附注和财务情况说明书须经注册会计师审计的，注册会计师及其所在的会计师事务所出具的审计报告应当随同财务会计报告一并提供。

第二十一条 财务会计报告应当由单位负责人和主管会计工作的负责人、会计机构负责人（会计主管人员）签名并盖章；设置总会计师的单位，还须由总会计师签名并盖章。

单位负责人应当保证财务会计报告真实、完整。

第二十二条 会计记录的文字应当使用中文。在民族自治地方，会计记录可以同时使用当地通用的一种民族文字。在中华人民共和国境内的外商投资企业、外国企业和其他外国组织的会计记录可以同时使用一种外国文字。

第二十三条 各单位对会计凭证、会计账簿、财务会计报告和其他会计资料应当建立档案，妥善保管。会计档案的保管期限和销毁办法，由国务院财政部会同有关部门制定。

第三章 公司、企业会计核算的特别规定

第二十四条 公司、企业进行会计核算，除应当遵守本法第二章的规定外，还应当遵守本章规定。

第二十五条 公司、企业必须根据实际发生的经济业务事项，按照国家统一的会计制度的规定确认、计量和记录资产、负债、所有者权益、收入、费用、成本和利润。

第二十六条 公司、企业进行会计核算不得有下列行为：

（一）随意改变资产、负债、所有者权益的确认标准或者计量方法，虚列、多列、不列或者少列资产、负债、所有者权益；

（二）虚列或者隐瞒收入，推迟或者提前确认收入；

（三）随意改变费用、成本的确认标准或者计量方法，虚列、多列、不列或少列费用、成本；

（四）随意调整利润的计算、分配方法，编造虚假利润或者隐瞒利润；

（五）违反国家统一的会计制度规定的其他行为。

第四章 会 计 监 督

第二十七条 各单位应当建立、健全本单位内部会计监督制度。单位内部会计监督制度应当符合下列要求：

（一）记账人员与经济业务事项和会计事项的审批人员、经办人员、财物保管人员的职责权限应当明确，并相互分离、相互制约；

（二）重大对外投资、资产处置、资金调度和其他重要经济业务事项的决策和执行的相互监督、相互制约程序应当明确；

（三）财产清查的范围、期限和组织程序应当明确；

（四）对会计资料定期进行内部审计的办法和程序应当明确。

第二十八条 单位负责人应当保证会计机构、会计人员依法履行职责，不得授意、指使、

强令会计机构、会计人员违法办理会计事项。

会计机构、会计人员对违反本法和国家统一的会计制度规定的会计事项，有权拒绝办理或者按照职权予以纠正。

第二十九条 会计机构、会计人员发现会计账簿记录与实物、款项及有关资料不相符的，按照国家统一的会计制度的规定有权自行处理的，应当及时处理；无权处理的，应当立即向单位负责人报告，请求查明原因，作出处理。

第三十条 任何单位和个人对违反本法和国家统一的会计制度规定的行为，有权检举。收到检举的部门有权处理的，应当依法按照职责分工及时处理；无权处理的，应当及时移送有权处理的部门处理。收到检举的部门、负责处理的部门应当为检举人保密，不得将检举人姓名和检举材料转给被检举单位和被检举人个人。

第三十一条 有关法律、行政法规规定，须经注册会计师进行审计的单位，应当向受委托的会计师事务所如实提供会计凭证、会计账簿、财务会计报告和他会计资料以及有关情况。

任何单位或者个人不得以任何方式要求或者示意注册会计师及其所在的会计师事务所出具不实或者不当的审计报告。

财政部门有权对会计师事务所出具审计报告的程序和内容进行监督。

第三十二条 财政部门对各单位的下列情况实施监督：

（一）是否依法设置会计账簿；

（二）会计凭证、会计账簿、财务会计报告和其他会计资料是否真实、完整；

（三）会计核算是否符合本法和国家统一的会计制度的规定；

（四）从事会计工作的人员是否具备专业能力、遵守职业道德。

在对前款第（二）项所列事项实施监督，发现重大违法嫌疑时，国务院财政部门及其派出机构可以向与被监督单位有经济业务往来的单位和被监督单位开立账户的金融机构查询有关情况，有关单位和金融机构应当给予支持。

第三十三条 财政、审计、税务、人民银行、证券监管、保险监管等部门应当依照有关法律、行政法规规定的职责，对有关单位的会计资料实施监督检查。

前款所列监督检查部门对有关单位的会计资料依法实施监督检查后，应当出具检查结论。有关监督检查部门已经作出的检查结论能够满足其他监督检查部门履行本部门职责需要的，其他监督检查部门应当加以利用，避免重复查账。

第三十四条 依法对有关单位的会计资料实施监督检查的部门及其工作人员对在监督检查中知悉的国家秘密和商业秘密负有保密义务。

第三十五条 各单位必须依照有关法律、行政法规的规定，接受有关监督检查部门依法实施的监督检查，如实提供会计凭证、会计账簿、财务会计报告和他会计资料以及有关情况，不得拒绝、隐匿、谎报。

第五章 会计机构和会计人员

第三十六条 各单位应当根据会计业务的需要，设置会计机构，或者在有关机构中设置会计人员并指定会计主管人员；不具备设置条件的，应当委托经批准设立从事会计代理记账业务的中介机构代理记账。

国有的和国有资产占控股地位或者主导地位的大、中型企业必须设置总会计师。总会计师的任职资格、任免程序、职责权限由国务院规定。

第三十七条 会计机构内部应当建立稽核制度。

出纳人员不得兼任稽核、会计档案保管和收入、支出、费用、债权债务账目的登记工作。

第三十八条 会计人员应当具备从事会计工作所需要的专业能力。

担任单位会计机构负责人（会计主管人员）的，应当具备会计师以上专业技术职务资格或者从事会计工作三年以上经历。

本法所称会计人员的范围由国务院财政部门规定。

第三十九条 会计人员应当遵守职业道德，提高业务素质。对会计人员的教育和培训工作应当加强。

第四十条 因有提供虚假财务会计报告，做假账，隐匿或者故意销毁会计凭证、会计账簿、财务会计报告，贪污，挪用公款，职务侵占等与会计职务的有关违法行为被依法追究刑事责任的人员，不得再从事会计工作。

第四十一条 会计人员调动工作或者离职，必须与接管人员办清交接手续。

一般会计人员办理交接手续，由会计机构负责人（会计主管人员）监交；会计机构负责人（会计主管人员）办理交接手续，由单位负责人监交，必要时主管单位可以派人会同监交。

第六章　法律责任

第四十二条 违反本法规定，有下列行为之一的，由县级以上人民政府财政部门责令限期改正，可以对单位并处三千元以上五万元以下的罚款；对其直接负责的主管人员和其他直接责任人员，可以处二千元以上二万元以下的罚款；属于国家工作人员的，还应当由其所在单位或者有关单位依法给予行政处分：

（一）不依法设置会计账簿的；

（二）私设会计账簿的；

（三）未按照规定填制、取得原始凭证或者填制、取得的原始凭证不符合规定的；

（四）以未经审核的会计凭证为依据登记会计账簿或者登记会计账簿不符合规定的；

（五）随意变更会计处理方法的；

（六）向不同的会计资料使用者提供的财务会计报告编制依据不一致的；

（七）未按照规定使用会计记录文字或者记账本位币的；

（八）未按照规定保管会计资料，致使会计资料毁损、灭失的；

（九）未按照规定建立并实施单位内部会计监督制度或者拒绝依法实施的监督或者不如实提供有关会计资料及有关情况的；

（十）任用会计人员不符合本法规定的。

有前款所列行为之一，构成犯罪的，依法追究刑事责任。

会计人员有第一款所列行为之一，情节严重的，五年内不得从事会计工作。

有关法律对第一款所列行为的处罚另有规定的，依照有关法律的规定办理。

第四十三条 伪造、变造会计凭证、会计账簿，编制虚假财务会计报告，构成犯罪的，依法追究刑事责任。

有前款行为，尚不构成犯罪的，由县级以上人民政府财政部门予以通报，可以对单位并处五千元以上十万元以下的罚款；对其直接负责的主管人员和其他直接责任人员，可以处三千元以上五万元以下的罚款；属于国家工作人员的，还应当由其所在单位或者有关单位依法给予撤职直至开除的行政处分；其中的会计人员，五年内不得从事会计工作。

第四十四条 隐匿或者故意销毁依法应当保存的会计凭证、会计账簿、财务会计报告，构成犯罪的，依法追究刑事责任。

有前款行为，尚不构成犯罪的，由县级以上人民政府财政部门予以通报，可以对单位并处五千元以上十万元以下的罚款；对其直接负责的主管人员和其他直接责任人员，可以处三千元以上五万元以下的罚款；属于国家工作人员的，还应当由其所在单位或者有关单位依法给予撤职直至开除的行政处分；其中的会计人员，五年内不得从事会计工作。

第四十五条 授意、指使、强令会计机构、会计人员及其他人员伪造、变造会计凭证、会计账簿，编制虚假财务会计报告或者隐匿、故意销毁依法应当保的会计凭证、会计账簿、财务会计报告，构成犯罪的，依法追究刑事责任；尚不构成犯罪的，可以处五千元以上五万元以下的罚款；属于国家工作人员的，还应当由其所在单位或者有关单位依法给予降级、撤职、开除的行政处分。

第四十六条 单位负责人对依法履行职责、抵制违反本法规定行为的会计人员以降级、撤职、调离工作岗位、解聘或者开除等方式实行打击报复，构成犯罪的，依法追究刑事责任；尚不构成犯罪的，由其所在单位或者有关单位依法给予行政处分。对受打击报复的会计人员，应当恢复其名誉和原有职务、级别。

第四十七条 财政部门及有关行政部门的工作人员在实施监督管理中滥用职权、玩忽职守、徇私舞弊或者泄露国家秘密、商业秘密，构成犯罪的，依法追究刑事责任；尚不构成犯罪的，依法给予行政处分。

第四十八条 违反本法第三十条规定，将检举人姓名和检举材料转给被检举单位和被检举人个人的，由所在单位或者有关单位依法给予行政处分。

第四十九条 违反本法规定，同时违反其他法律规定的，由有关部门在各自职权范围内依法进行处罚。

第七章 附 则

第五十条 本法下列用语的含义：

单位负责人，是指单位法定代表人或者法律、行政法规规定代表单位行使职权的主要负责人。

国家统一的会计制度，是指国务院财政部门根据本法制定的关于会计核算、会计监督、会计机构和会计人员以及会计工作管理的制度。

第五十一条 个体工商户会计管理的具体办法，由国务院财政部门根据本法的原则另行规定。

第五十二条 本法自 2000 年 7 月 1 日起施行。

2. 会计改革与发展"十四五"规划纲要（2021年颁布）

（财会〔2021〕27号）

为科学规划、全面指导"十四五"时期的会计改革与发展，根据《中共中央关于制定国民经济和社会发展第十四个五年规划和二〇三五年远景目标的建议》《中华人民共和国国民经济和社会发展第十四个五年规划和2035年远景目标纲要》《财政"十四五"规划》（财综〔2021〕38号）和《国务院办公厅关于进一步规范财务审计秩序促进注册会计师行业健康发展的意见》（国办发〔2021〕30号）有关精神，我们制定了本规划纲要。

一、面临的形势与挑战

（一）"十三五"时期会计改革与发展回顾。

"十三五"时期是会计改革与发展推陈出新、成果丰硕、具有重要意义的五年，《会计改革与发展"十三五"规划纲要》（财会〔2016〕19号）确定的各项任务基本完成，为会计工作进入新的高质量发展阶段打下坚实基础。

——会计法治建设成效显著。《中华人民共和国会计法》《中华人民共和国注册会计师法》修订取得阶段性进展，《会计档案管理办法》（财政部国家档案局令第79号）、《会计师事务所执业许可和监督管理办法》（财政部令第89号）等4项部门规章修订并有效实施，《财政部关于加强国家统一的会计制度贯彻实施工作的指导意见》（财会〔2019〕17号）等16项规范性文件相继出台，会计人员诚信建设扎实推进，良法促进发展保障善治的会计法治环境正在逐步形成。

——政府会计改革全面推进。从无到有，包括1项基本准则、10项具体准则及2项应用指南、1项统一的政府会计制度和3项解释在内的具有中国特色的政府会计准则制度体系基本建成并稳步实施，为深化权责发生制政府综合财务报告制度改革夯实制度基础，为开展政府信用评级、加强资产负债管理、改进政府绩效监督考核、防范财政风险等提供支撑。

——企业会计标准持续完善。坚持与国际财务报告准则持续趋同的总基调，收入、金融工具等11项具体准则及5项准则解释修订印发并得到有效实施，建立企业会计准则实施机制以积极回应并解决会计准则实施中的技术问题，为助力供给侧结构性改革、服务经济社会和资本市场健康发展提供高质量会计信息支持。

——社会审计标准更加健全。保持与国际审计准则、国际会计师职业道德守则的持续动态趋同，修订33项注册会计师审计准则以及会计师事务所质量管理准则、注册会计师职业道德守则，完成注册会计师审计报告改革，推动会计师事务所建立健全质量管理体系，大力提升注册会计师执业质量和职业道德水平。

——会计职能转型实现突破。着眼于服务各类单位提高内部管理水平和风险防范能力，管理会计指引体系基本建成并得到广泛应用，内部控制建设防风险、防舞弊的作用日益显现，电子会计凭证应用全面推开，统一的会计数据标准更加健全，会计职能实现从传统的算账、记账、核账、报账向价值管理、资本运营、战略决策辅助等职能持续转型升级。

——会计人才素质明显提升。会计人才培养方式持续创新，职称制度改革深入推进，人员队伍结构持续向好，具备初、中、高级资格会计人员分别达到670.20万人、242.02万人和20.57万人，重点人才培养工程陆续推出，高端人才培养力度持续加大，为行业改革与发展提供人才保障。

——会计服务市场更加繁荣。以无纸化、"零跑路"为重点，持续深化会计领域"放管服"改革，积极打造更友好的营商环境。大力倡导质量优先发展，狠抓服务质量整治，会计审计业监管不断加强，会计审计工作质量得到有效改善。注册会计师行业收入年均增长率超过10%，代理记账行业收入年均增长率达到31%，会计服务市场活力得到充分激发。

——对外交流合作不断深化。全面参与会计国际标准的制定和重要会计国际机构治理，不断增强我国在会计国际规则制定的话语权，会计合作写入金砖国家领导人厦门宣言，"一带一路"国家会计准则合作论坛成功举办，双边、多边会计合作进展显著，我国在会计领域的国际影响力得到显著提升。

在肯定会计改革与发展取得成绩的同时，应当正视会计工作中存在的问题和不足，主要表现在会计审计标准体系建设仍需加强、会计服务市场管理仍需创新、会计审计工作质量仍需提升、高端人才供给仍显不足、法治建设仍有差距、数字化转型仍需加快，这些问题需要在"十四五"时期通过制度创新、体制优化、机制变革切实加以解决。

（二）"十四五"时期会计改革与发展面临的形势与挑战。

"十四五"时期是会计工作实现高质量发展的关键时期，会计作为宏观经济管理和市场资源配置的基础性工作，在我国全面深化改革和深度融入经济全球化的进程中，面临难得的发展机遇，同时也面临着诸多挑战。

——从国际看，一方面，世界正经历百年未有之大变局，国际形势的不稳定性不确定性明显增加。新冠肺炎疫情大流行影响广泛深远，经济全球化遭遇逆流，外部环境面临深刻而复杂的变化，将会深刻影响现有国际会计秩序。另一方面，和平与发展仍然是时代主题，人类命运共同体深入人心，多边主义仍是国际关系主流，全球贸往来频繁，跨境资本流动规模增加，跨境会计、审计合作及监管面临新的挑战。

——从国内看，一方面，我国已开启了向第二个百年奋进的新征程，经济增长已由高速增长阶段转向高质量发展阶段，制度优势和治理优势不断凸显，市场配置资源的决定性作用显著增强，公平的营商环境持续优化，宏观经济政策不断完善，宏观治理手段不断丰富。会计信息在经济发展、营商环境优化和宏观经济决策方面发挥着越来越重要的作用。另一方面，随着新一轮科技革命和产业变革深入发展，经济转型升级和创新发展中新的商业模式层出不穷，将深刻影响会计政策的发展与走向，会计工作在职能职责、组织方式、处理流程、工具手段等方面发生着重大而深刻的变化，挑战与机遇并存。

面对这些新情况、新问题、新挑战、新机遇，要求会计法治、会计标准不断健全完善、有效实施，要求会计人员持续提升素质、加速转型，要求会计管理部门继续转变观念、创新管理、改进方法，在认真总结过去五年会计工作成绩经验基础上，准确把握新发展阶段、深入贯彻新发展理念、加快构建新发展格局，助推会计工作运用新技术、融入新时代、实现新突破，扎实推进会计改革与发展各项工作，助力国家治理体系和治理能力现代化。

二、总体要求

（一）指导思想。

"十四五"时期，会计改革与发展的指导思想是：深入学习贯彻习近平新时代中国特色社会主义思想和党的十九大以及十九届二中、三中、四中、五中、六中全会精神，增强"四个意识"、坚定"四个自信"、做到"两个维护"，紧紧围绕服务经济社会发展大局和财政管理工作全局，立足新发展阶段、贯彻新发展理念、构建新发展格局，以推动高质量发展为主题，以深化供给侧结构性改革为主线，以改革创新为根本动力，以维护市场经济秩序和公众利益为根本目的，统筹国内国际两个大局，牢牢把握会计审计标准制定和实施"两个重点"、切实抓好行业和人才队伍"两个管理"、持续强化法治化和数字化"两个支撑"、努力实现会计职能对内对外"两个拓展"，积极推动我国会计事业取得新成绩、实现新跨越，为推进国家治理体系和治理能力现代化，实现社会主义现代化和第二个百年奋斗目标作出新的更大贡献。

（二）基本原则。

——坚持党的领导。坚持党对会计改革与发展的全面领导，完善党领导下会计管理工作的制度机制，提高会计工作贯彻新发展理念、服务构建新发展格局的能力和水平，为实现会计改革与发展目标任务提供根本政治保证。

——坚持依法治理。坚持强化会计法治建设，按照科学立法、民主立法原则，持续推动会计立法、普法、执法工作，建立健全会计法律制度体系，加强会计监督、加大违法惩处力度，加快推进职业道德建设，有效发挥法治固根本、强根基、利长远的保障作用。

——坚持创新变革。贯彻新发展理念，不断推进会计管理制度创新，推动会计管理体制机制变革，破解会计管理工作中的重点难点问题，破除会计改革与发展中的制度性障碍，持续推动会计事业健康有序发展。

——坚持融合发展。坚持将会计工作摆到经济社会发展大局和财政管理工作全局中去布局、去谋划，以数字化技术为支撑，推动会计工作与国家宏观经济管理工作、单位经营管理活动深度融合，充分发挥会计工作基础性服务功能，不断提高会计工作服务经济社会发展的效能。

——坚持开放包容。坚持开放、包容、普惠、平衡、共赢的发展原则，践行习近平总书记"构建人类命运共同体"重要思想，统筹国内国际两个大局，深度参与会计领域国际治理和国际标准制定，持续加强会计领域国际交流与合作，不断提高我国在会计领域的国际话语权和影响力。

（三）总体目标。

"十四五"时期，会计改革与发展的总体目标是：主动适应我国经济社会发展客观需要，会计审计标准体系建设得到持续加强，会计审计业发展取得显著成效，会计人员素质得到全面提升，会计法治化、数字化进程取得实质性成果，会计基础性服务功能得到充分发挥，以实现更高质量、更加公平、更可持续的发展，更好服务我国经济社会发展大局和财政管理工作全局。

——会计审计标准更加科学。会计准则体系、管理会计指引体系、内部控制规范体系、会计信息化标准体系以及注册会计师职业准则体系等各类会计审计标准体系得到进一步完善，对基层会计实务工作的指导更加精准，对标准实施情况的跟踪反应机制更加及时高效，切实推动各类标准体系得到有效实施。

——会计审计业实现高质量发展。会计审计领域"放管服"改革进一步深化，会计审计秩序进一步规范，执业环境得到明显改善，服务能力和水平持续提升，行业信誉度不断增强，跨部门、多维度的行业监管体制机制进一步健全，监管合力进一步增强，国际化发展步伐进一步加快，培育出一批具有国际竞争力的会计服务机构，在持续推进更高水平的对外开放中发挥积极作用。

——人才队伍结构持续优化。以经济发展需求和行业发展趋势为导向，建立健全分层次、分类型的会计人才能力框架体系，持续创新会计人才培养方式方法，持续改进会计人才评价体系和评价手段，持续丰富会计人员继续教育内容，推动会计人员专业技能和职业道德素养全面提升，会计人才结构更加优化、会计人才队伍不断壮大。

——会计法治更具约束刚性。推动加快修订《中华人民共和国会计法》《中华人民共和国注册会计师法》，同步加强相关配套规章制度立法工作，切实提高立法工作质量和水平。贯彻实施国家统一的会计制度的刚性要求和法律约束得到强化，会计监督体系更加健全有效，会计监督执法力量得到充实，会计监督检查方式得到丰富，执法必严、违法必究的法治氛围不断浓厚，为经济平稳运行和市场健康发展提供有效法治保障。

——会计职能实现拓展升级。以数字化技术为支撑，以推动会计审计工作数字化转型为抓手，健全完善各种数据标准和安全使用规范，形成对内提升单位管理水平和风险管控能力、对外服务财政管理和宏观经济治理的会计职能拓展新格局。

三、主要任务

（一）持续推动会计审计标准体系高质量建设与实施。

1.持续完善企业会计准则体系的建设与实施。

全面梳理并修订我国企业会计准则体系，明晰体系内各层级准则制度的框架和内容。

加强企业会计准则前瞻性研究，主动应对新经济、新业态、新模式的影响，积极谋划会计准则未来发展方向。紧密跟踪国际财务报告准则项目进展和国内实务发展，找准企业会计准则国际趋同和解决我国实际问题之间的平衡点和结合点，更好地促进我国企业创新和经济高质量发展。根据国内实务发展和国际趋同需要，定期更新准则汇编、应用指南汇编，研究制定企业会计准则解释，研究修订会计科目和报表格式。整合社会多方力量参与企业会计准则制定的研究工作，加强企业会计准则与监管、税收等政策的协调，增强企业会计准则制定的针对性和适用性。健全完善适用于中小型企业的会计准则体系。加强会计准则委员会的建设，充分发挥会计准则委员会在企业会计准则制定中的作用。

完善企业会计准则制度执行的运行框架，加强企业会计准则实施前模拟测试，建立适合我国的企业会计准则实施评估机制，确保企业会计准则体系的有效运行。优化企业会计准则实施快速反应机制，及时跟踪企业会计准则实施情况，进一步建立健全企业会计准则实施问题收集渠道，做好上市公司财报分析工作，加强企业会计准则应用案例、实施问答等实务指导，及时回应市场关切。继续发挥由政府监管部门、企业、会计师事务所、理论学者等多方参与的企业会计准则实施机制的作用，探索建立常态化联合解决问题机制，加强信息共享与沟通，提高企业会计准则执行效果。

2.继续深化政府及非营利组织会计改革。

根据政府会计改革与发展需要，继续健全完善政府会计准则制度体系并推进全面有效实施。全面系统梳理政府会计准则制度体系并确立体系维护机制。加强对自然资源资产、文物文化资产、政府收入等政府会计问题的研究，制定有关政府会计具体准则。研究制定公立医院、高等学校、科学事业单位成本核算具体指引，扎实推进事业单位开展成本核算，研究行政单位成本核算相关问题。按年度制定发布政府会计准则制度解释，进一步明确准则制度中的相关规定。适时出台有关实施通知，进一步加强公共基础设施政府会计核算。加强对政府会计准则制度的宣传和培训，强化政府会计准则制度应用案例、实施问答等实务指导，及时回应和解决政府会计准则制度实施中的问题。健全完善政府会计准则制度建设与实施机制，积极发挥相关机制作用，推进政府会计准则制度全面有效实施。

适应非营利组织改革发展需要，修订完善非营利组织会计制度。修订发布工会会计制度及相关新旧衔接规定。适时修订民间非营利组织会计制度。加强对非营利组织会计制度的宣传和培训，推进相关会计制度全面有效实施。

进一步建立健全基金（资金）类会计标准，更好地满足相关改革发展需要。研究制定机关事业单位职业年金基金相关业务会计处理规定。配合相关基金（资金）管理改革需要，研究修订或制定相关基金（资金）类会计核算办法。加强对基金（资金）会计制度的宣传和培训，推进相关会计制度全面有效实施。

3.不断完善和有效实施注册会计师职业准则体系。

与时俱进完善注册会计师职业准则体系，充分发挥其对注册会计师专业服务的规范和引领作用。深入研究新技术对注册会计师行业服务手段、服务质量、服务效率和服务风险的影响，制定或修订风险评估、会计估计审计、集团审计、温室气体排放鉴证、特殊目的审计、服务机构鉴证、商定程序等注册会计师执业准则。

紧密跟踪注册会计师职业准则的实施情况，指导会计师事务所建立健全质量管理体系，积极发挥技术咨询作用，及时回应行业关切。做好注册会计师审计实务指南和问题解答工作，提高会计师事务所理解和执行注册会计师职业准则的能力。持续完善注册会计师职业道德守则，加强审计职业道德体系建设，强化注册会计师职业道德准则的贯彻实施，筑牢执业道德底线，稳固诚信执业生命线。

（二）全面推动会计审计业高质量发展。

1. 依法整治行业秩序。

坚持系统思维、点面结合、综合施策，加强会计师事务所审计秩序整顿规范，紧抓质量提升主线，守住诚信操守底线，筑牢法律法规红线。建立健全监管合作机制，实现财会监督与其他监督有机贯通、协同发力。加强对会计师事务所与企业串联违规造假行为的惩戒，对弄虚作假、配合企业蒙骗监管部门和投资者的会计师事务所和注册会计师严惩重罚。严肃查处违法违规行为并曝光典型案例，着力整肃会计师事务所无证经营、网络售卖审计报告、注册会计师挂名执业、注册会计师超出胜任能力执业等行业乱象。按照"双随机、一公开"原则，加强代理记账机构及其从事代理记账业务情况的监督检查，坚决依法惩处代理记账机构违法违规行为。

2. 强化行业日常管理。

全面深化"放管服"改革，推动简政放权纵深发展。贯彻落实行政审批制度改革和简政放权要求，积极推进会计师事务所及其分所和代理记账机构执业许可行政审批制度改革，切实做好自贸区"证照分离"改革试点工作，进一步简化会计师事务所、注册会计师、代理记账机构审批业务流程、便利申请手续。探索建立审计报告数据单一来源制度，推动实现全国范围"一码通"。加强会计师事务所股东（合伙人）新增退出备案管理。调整完善市场禁入措施，积极推动改善执业环境，稳定会计师事务所发展预期。坚持问题导向，规范会计资料、审计底稿出境，保障会计审计数据安全。多措并举，进一步激发现代会计服务业市场主体活力。

充分发挥注册会计师协会、代理记账行业协会等社会组织自我服务、自律管理作用，加强行业协会管理，加强财政部门对行业协会的监督、指导，促进行业协会健康有序发展，做好相关行业的成长发展与监督约束。完善现代会计服务业政府行政管理、行业自律管理相互协调、相互配合、相互支撑的监管格局，加强行政监管队伍建设和能力建设，推动行政管理部门间的跨部门监管信息共享、共用，形成监管合力。

3. 优化行业执业环境。

推动建立质量导向的会计师事务所选聘机制，着力解决注册会计师行业恶性竞争问题。完善会计师事务所风险保障机制，采取建立风险保障基金和注册会计师执业责任保险等方式，督促会计师事务所提升风险防御能力。加强会计师事务所一体化管理，出台一体化管理办法，建立可衡量、可比较的指标体系，引导会计师事务所在人员调配、财务安排、业务承接、技术标准和信息化建设方面实行统一管理。推动注册会计师行业、代理记账行业电子证照的应用推广，实现电子证照跨地区、跨部门共享和全国范围内互信互认。继续推动解决合伙制会计师事务所取消地域名问题，促进会计师事务所跨地域发展。支持中西部经济欠发达地区会计审计业发展。

4. 提升行业服务能力。

结合大、中、小型会计师事务所特点，每年从一体化管理、信息化管理、"专精特"发展等方面树立典型示范，推广先进经验。着力培育一批国内领先、国际上有影响力的会计师事务所，助力更多自主品牌会计师事务所走向世界，积极打造注册会计师行业国际合作交流平台，服务中国经济参与和融入全球经济发展。创新继续教育方式，围绕专业胜任能力、职业技能、职业价值、职业道德等重点，丰富完善教育内容。充分利用信息技术手段，切实提高培训效果，持续保持和强化注册会计师专业胜任能力和职业道德操守，促进审计质量提升。

（三）培养造就高水平会计人才队伍。

1. 健全会计人才评价体系。

探索建立以诚信评价、专业评价、能力评价为维度的会计人才综合评价体系，引导和教育广大会计人员诚信执业、提升能力。完善会计专业技术资格考试评价制度，做好会计专业技术资格考试和评审工作，充分发挥会计人才评价的导向作用。推动会计专业技术资格考试与注册会计师等职业资格考试科目互认、与会计专业学位研究生教育相互衔接，畅通各类会计人员流动、提升的渠道。

2. 提高会计人员继续教育质量。

以经济发展需求和行业发展趋势为导向，以能力框架为指引，制定会计人员继续教育专业科目指南。修订中国注册会计师胜任能力指南。丰富继续教育内容和方式。积极推进继续教育信息化平台建设和应用。

3. 抓好会计人才培养重大工程。

重点做好企业总会计师、行政事业单位财务负责人、会计师事务所合伙人等高端财会人才培训培养工作。继续做好国际化高端会计人才培养工程、会计名家培养工程等长期人才培养项目。组织开展会计人才能力框架研究工作。健全会计人才使用机制，加强会计人才库建设，使高端会计人才更好服务于会计事业改革与经济社会发展。积极支持各地区、各部门因地制宜开展高端会计人才培养使用工作。

4. 推动学科发展和学历教育改革。

构建适应经济发展、产业结构调整、新技术革命和国家治理能力现代化等新形势的会计学科专业体系。配合教育部门深化会计学历教育改革，依托部分高校，聚焦直接影响会计学科专业建设的关键因素，从师资、课程、教材、教学内容与教学方式和实践基地等方面进行教改研究和探索。按照"产、学、研"一体化发展思路，优化会计学历教育人才培养结构，完善会计应用型人才培养机制。积极推进设立会计博士专业学位，完善会计专业学位体系，加强核心课程教材建设和会计专业学位教育质量认证，持续提升会计专业学位研究生培养质量。

5. 加强会计人才培养基地建设。

充分发挥国家会计学院、会计行业组织（团体）在会计人才培养上的重要作用。积极推动国家会计学院"国际一流、中国特色"学院建设，支持国家会计学院开展高端财会人才培养、会计专业研究生教育、新型财经智库建设、财经国际交流合作等。加强国家会计学院建设发展情况的定期评价工作。加强对会计行业组织（团体）的指导和监督，支持其加强会员管理，开展会员培训。鼓励和引导高校、科研院所、企业等参与会计人才培养，共同提高会计人员能力水平。

（四）全面推进会计法治建设。

1. 加快完善会计法治体系。

推动加快修订《中华人民共和国会计法》《中华人民共和国注册会计师法》及其配套规章制度，落实会计审计工作的主体责任，丰富行政监管手段，畅通单位内外部会计监督衔接渠道，加大对违法行为的惩处力度，完善民事责任承担机制，为持续推动会计审计工作法治化、规范化奠定制度基础。引导社会各方面广泛参与会计立法，在立法过程中同步推进释法宣法普法工作。创新运用多种方式开展会计普法教育，加强对新出台法律法规规章的解读，指导督促会计人员掌握法规制度、依法开展会计审计工作。通过立法普法，完善会计法治体系，构建科学立法、严格执法、公正司法、全民守法的会计法治体系。

2. 切实加强会计执法检查。

围绕深化财会监督的要求，依法加大对上市公司、国有企业、金融企业等实体及相关会计师事务所检查力度，加大对违法违规行为的行政处罚力度和公开曝光力度。优化执法检查机制，统一执法标准、统筹执法计划、统合执法力量，提升执法检查的专业性、权威性。

进一步强化部门协作机制,避免重复多头检查,切实做到有法必依执法必严、违法必究。

3. 持续推进会计诚信建设。

深入开展会计诚信教育,将会计职业道德作为会计人才培养、评价、继续教育的重要内容,推动财会类专业教育加强职业道德课程建设,不断提升会计人员诚信素养。加强会计诚信机制建设,依托会计管理信息平台,实现跨层级、跨部门、跨系统数据互联互通。加强会计诚信体系建设,全面建立会计行业信用记录,继续完善守信联合激励和失信联合惩戒机制。根据国家有关规定,加强对于诚实守信、忠于职守、坚持原则、作出显著成绩的会计人员的表彰奖励工作。加大会计诚信宣传力度,加强会计诚信文化建设,把法律规范和道德规范结合起来,以道德滋养法治精神,加强德治与法治的衔接与贯通,营造全行业守法、合规、诚信的向善向上氛围。

(五)切实加快会计审计数字化转型步伐。

1. 积极推动会计工作数字化转型。

做好会计工作数字化转型顶层设计。修订《企业会计信息化工作规范》,将会计信息化工作规范的适用范围从企业扩展至行政事业单位,实现会计信息化对单位会计核算流程和管理的全面覆盖。加强会计数据标准体系建设,研究制定涵盖输入、处理和输出等会计核算和管理全流程、各阶段的统一的企业会计数据标准。进一步健全对企业业务全流程数据的收集、治理、分析和利用机制,推动统一的企业会计数据标准应用。探索建立跨平台、结构化的会计数据共享机制。制定、试点并逐步推广电子凭证会计数据标准,推动电子会计凭证开具、接收、入账和归档全程数字化和无纸化。推动企业将内控制度和流程嵌入信息系统,推动行政事业单位借助信息化手段确保内部控制制度有效实施,推动地方试点乡镇街道等基层行政单位借助信息化手段提升内部控制。研究信息化新技术应用于会计基础工作、管理会计实践、财务会计工作和单位财务会计信息系统建设。

2. 积极推动审计工作数字化转型。

鼓励会计师事务所积极探索注册会计师审计工作数字化转型。大力推进函证数字化工作,加快推进函证集约化、规范化、数字化进程。积极推进函证数字化试点工作,制定、完善函证业务、数据等标准,加快函证电子化平台建设并规范、有序、安全运行,利用信息技术手段解决函证不实等问题,以提升审计效率效果、防范金融风险。研究制定注册会计师审计数字化转型相关指引,鼓励会计师事务所依法依规利用数字化审计技术。

3. 积极推动会计管理工作数字化转型。

优化全国统一会计人员管理服务平台,持续采集更新会计人员信息,完善会计人员信用信息,有效发挥平台社会服务功能,提高会计人员管理效率。完善财政会计行业管理系统,加大会计师事务所信息披露力度,满足企事业单位选聘会计师事务所信息需求。升级全国代理记账机构管理系统,积极探索依托信息化手段,实现对行业发展状况的实时动态跟踪,完善对代理记账机构的信用信息公示,提升事中事后监管效能。稳步推进会计行业管理信息化建设,发挥会计数据标准的作用,打通不同平台之间的数据接口,运用会计管理大数据,为提升国家治理体系和治理能力现代化提供数据支撑。

(六)大力推动会计职能拓展。

1. 推动会计职能对内拓展。

加强对企业管理会计应用的政策指导、经验总结和应用推广,推进管理会计在加速完善中国特色现代企业制度、促进企业有效实施经营战略、提高管理水平和经济效益等方面发挥积极作用。加强管理会计在行政事业单位的政策指导、经验总结和应用推广,为行政事业单位提升内部治理水平作出有益探索。全面修订完善内部控制规范体系,有针对性地加强内部控制规范的政策指导和监督检查，强化上市公司、国有企业、行政事业单位建立并有效实施内部控制的责任，为各类单位加强内部会计监督、有效开展风险防控、确保财务报告真实完整夯实基础。贯彻绿色发展理念，按照国家落实"碳达峰、碳中和"目标的政策方针和决策部署，加强可持续报告准则的研究，适时推动建立我国可持续报告制度。

2. 推动会计职能对外拓展。

服务政府预算管理、资产管理、债务管理、绩效管理等需要，推动有关各方加强对政府会计信息的分析应用，为提升政府部门财务管理水平和财政可持续性提供信息支撑。服务宏观经济管理需要，推动企业财务数据的有效分析运用，为财政部门及相关方面评估国家宏观经济运行和财政税收政策效果、做好相关政策决策等提供信息支撑。服务政府监管需要，探索企业财务报表数据共享试点，以会计数据库为基础，开发分析模型，分阶段形成非现场监管能力，支持会计准则高质量实施、审计质量提升以及其他监管工作，为会计监管数字化提供支撑。服务企业可持续发展需要，探索、总结、推广现代会计服务业在推动社会价值创造中的实践经验，及时总结推广数据增信缓解中小微企业融资难、融资贵等会计改革创新成果，充分发挥会计职能在市场资源配置中的作用，为企业创新发展提供支撑。

（七）全面参与会计国际治理。

1. 深度参与国际会计标准制定。

全面参与企业会计准则国际治理体系建设，实现在企业会计准则国际治理体系各个层级中有中方代表参与、在双边多边会计交流合作国际场合中反映中国声音、在支撑参与国际治理的各项基础能力建设工作中夯实制度基础，建立健全并严格执行准则项目研究报告制度、国际会计人才培养制度和涉外人员管理协同制度，有效提升参与企业会计准则国际治理能力。积极参与国际公共部门会计准则制定。

全面系统梳理会计国际治理层级，科学研究确立各层级参与策略，不断加大参与力度。全面参与国际财务报告准则基金会监督委员会、受托人、国际会计准则理事会、咨询委员会等治理层、核心技术层和战略层的各项事务，及时就会计国际治理体系改革重大问题加强协调沟通。加强国际会计技术前瞻性研究，广泛动员力量，积极发挥会计准则委员会作用，形成"目标统领、工作统筹、力量统合、口径统一"的整体工作格局。通过国际会计准则理事会解释委员会、会计准则咨询论坛、新兴经济体工作组及相关咨询工作组、全球主要会计学术组织等，多层次多渠道深度参与国际财务报告准则制定，密切跟踪国际可持续准则制定相关工作进展，充分发挥中方代表作用，在重大会计技术议题上阐明中方观点，影响国际准则制定。

2. 持续深化多边双边会计交流合作。

积极发展全球会计领域伙伴关系，不断扩大会计国际交流合作范围。持续深化《"一带一路"国家关于加强会计准则合作的倡议》下的会计交流合作，提升"一带一路"国家准则建设和实施能力，定期召开合作论坛会议，相互宣传本国会计准则、法规和监管政策等，共同探索解决会计准则建设实施过程中面临的问题，更好地支持"一带一路"建设，实现互利共赢。充分利用亚洲——大洋洲会计准则制定机构组、世界准则制定机构会议、会计准则制定机构国际论坛、中日韩三国会计准则制定机构、国际会计师联合会、亚太会计师联合会等多边机制，协调立场，发挥参与技术研究、引领议题讨论等作用。继续推进与其他国家或地区会计准则制定机构的多边双边合作交流，争取支持，为我国企业会计准则建设和国际趋同创造有利环境。

3. 稳妥推进会计服务市场双向开放。

秉持平等互利、合作共赢的原则，积极开展会计服务市场开放谈判，全面落实《关于建立更紧密经贸关系的安排》（CEPA）、《海峡两岸经济合作框架协议》（ECFA），积极参与自由贸易区、自由贸易港建设。继续加强与其他国家或地区的会计审计跨境监管合作，在互相尊重主权和法律尊严的前提下，寻求灵活务实的跨境监管合作途径和方式，降低监管成本，提高监管效率。

4. 研究资本市场开放相关会计审计政策。

适应资本市场开放要求，持续研究制定境外机构在华投融资会计审计标准适用政策。巩固与欧盟、英国、俄罗斯、中国香港会计准则等效成果。稳步推进中国—瑞士等会计审计准则等效互认磋商，加快推进中国—俄罗斯和中国—英国等审计准则等效互认磋商。

（八）加强会计理论和实务研究。

1. 组织会计理论攻关。

围绕会计改革与发展重点任务开展前瞻性、战略性研究。围绕会计法规制度建设、会计工作转型发展等主题开展重大项目、重点课题研究，加快推出系列成果，切实促进学术成果转化应用，为有关政策的制定完善和有效实施提供科学论证和决策参考。

2. 完善理论研究机制。

完善学术年会、专题研讨、专门论坛等学术活动机制，创新理论研究成果的转化应用机制，优化期刊选稿用稿、论文评选呈报、人才选拔推荐等学术评价机制，加强对政策导向和实务工作相关问题的研究，建立各级各类会计学会及其所属机构分工合作的学术工作机制，逐步形成以中国会计学会为引领、服务全国、协同高效的会计理论研究体系，结合会计改革发展进程组织开展案例研究，讲好中国故事。

3. 深化国际学术交流。

充分发挥中国会计学会、国家会计学院等在深化会计国际学术交流中的平台作用，有效运用"一带一路"财经发展研究中心等国际合作机制，配合国家对外开放发展战略开展学术交流合作，更好地服务于经贸往来和资本流动。

四、保障措施

（一）加强组织领导。

要结合本规划纲要的内容，重点抓好《会计信息化发展规划（2021—2025年）》《会计行业人才发展规划（2021—2025年）》和《注册会计师行业发展规划（2021—2025年）》三项子规划的编制实施，积极推动重点改革发展任务落地见效。各级财政部门和中央有关主管部门要重视和加强会计管理工作，统筹规划，组织协调，确保规划纲要的有效落实；指导、督促会计管理机构、会计行业组织、会计学会等加强协作、抓好落实，共同推进会计管理工作，促进本地区（部门）会计管理工作水平不断迈上新台阶。各地区（部门）应当积极推动规划纲要中重大的会计改革与发展举措与本地区（部门）的国民经济和社会发展"十四五"规划、财政"十四五"规划的有效衔接，充分发挥会计在推动经济社会发展中的基础性服务功能。有条件的地区（部门），可以结合实际研究制定本地区（部门）会计"十四五"规划或配套政策措施，确保有关重大会计改革任务如期完成、取得实效。

（二）健全会计管理机构。

各级财政部门要高度重视会计管理机构和队伍建设，进一步健全会计管理机构，充实会计管理队伍，落实会计管理经费，为会计改革与发展提供重要的组织、人力资源和资金保障。各级会计管理机构要增强服务意识，用好工作联系点制度，抓好窗口建设，进一步提升会计管理工作效能和服务质量。

（三）积极营造良好社会氛围。

各级财政部门和中央有关部门应当采取多种形式，广泛宣传规划纲要的基本内容，广泛宣传"十四五"时期会计改革与发展的目标任务，争取社会各界对会计改革与发展的理解、重视、支持，为全面深化会计改革与发展营造良好的社会氛围。

（四）建立健全考核检查机制。

各级财政部门和中央有关部门要对规划纲要确定的目标任务进行分解，并督促落实。要定期检查、评估纲要的落实情况，针对存在问题及时采取有效措施，确保规划纲要确定的各项目标任务落到实处、取得实效。

附录

"十四五"时期会计改革与发展指标

指标	2025年	属性
注册会计师行业规模		
（1）注册会计师行业从业人员数量	40万人	预期性
（2）有国际竞争力影响力的会计师事务所数量	10家	预期性
（3）注册会计师行业年收入规模	1 900亿元	预期性
代理记账行业规模		
（4）代理记账机构执业人数	30万人	预期性
（5）代理记账机构数量	7.5万家	预期性
（6）代理记账行业年收入规模	300亿元	预期性
会计人员队伍规模		
（7）具备初级资格会计人员数量	>900万人	预期性
（8）具备中级资格会计人员数量	>300万人	预期性
（9）具备高级资格会计人员数量	>25万人	预期性
高端人才培养数量		
（10）国际化高端人才数量	150人	预期性
（11）会计名家数量	15人	预期性
（12）大中型企业总会计师、行政事业单位财务负责人年均培训人数	3 600人	预期性
（13）会计师事务所合伙人年培训人数	1 000人	预期性

第二章 综合性会计基础工作管理法规

1. 会计档案管理办法（2015年颁布）

（中华人民共和国财政部 国家档案局令第79号）

第一条 为了加强会计档案管理，有效保护和利用会计档案，根据《中华人民共和国会计法》《中华人民共和国档案法》等有关法律和行政法规，制定本办法。

第二条 国家机关、社会团体、企业、事业单位和其他组织（以下统称单位）管理会计档案适用本办法。

第三条 本办法所称会计档案是指单位在进行会计核算等过程中接收或形成的，记录和反映单位经济业务事项的，具有保存价值的文字、图表等各种形式的会计资料，包括通过计算机等电子设备形成、传输和存储的电子会计档案。

第四条 财政部和国家档案局主管全国会计档案工作，共同制定全国统一的会计档案工作制度，对全国会计档案工作实行监督和指导。

县级以上地方人民政府财政部门和档案行政管理部门管理本行政区域内的会计档案工作，并对本行政区域内会计档案工作实行监督和指导。

第五条 单位应当加强会计档案管理工作，建立和完善会计档案的收集、整理、保管、利用和鉴定销毁等管理制度，采取可靠的安全防护技术和措施，保证会计档案的真实、完整、可用、安全。

单位的档案机构或者档案工作人员所属机构（以下统称单位档案管理机构）负责管理本单位的会计档案。单位也可以委托具备档案管理条件的机构代为管理会计档案。

第六条 下列会计资料应当进行归档：

（一）会计凭证，包括原始凭证、记账凭证；

（二）会计账簿，包括总账、明细账、日记账、固定资产卡片及其他辅助性账簿；

（三）财务会计报告，包括月度、季度、半年度、年度财务会计报告；

（四）其他会计资料，包括银行存款余额调节表、银行对账单、纳税申报表、会计档案移交清册、会计档案保管清册、会计档案销毁清册、会计档案鉴定意见书及其他具有保存价值的会计资料。

第七条 单位可以利用计算机、网络通信等信息技术手段管理会计档案。

第八条 同时满足下列条件的，单位内部形成的属于归档范围的电子会计资料可仅以电子形式保存，形成电子会计档案：

（一）形成的电子会计资料来源真实有效，由计算机等电子设备形成和传输；

（二）使用的会计核算系统能够准确、完整、有效接收和读取电子会计资料，能够输出符合国家标准归档格式的会计凭证、会计账簿、财务会计报表等会计资料，设定了经办、审核、审批等必要的审签程序；

（三）使用的电子档案管理系统能够有效接收、管理、利用电子会计档案，符合电子档案的长期保管要求，并建立了电子会计档案与相关联的其他纸质会计档案的检索关系；

（四）采取有效措施，防止电子会计档案被篡改；

（五）建立电子会计档案备份制度，能够有效防范自然灾害、意外事故和人为破坏的影响；

（六）形成的电子会计资料不属于具有永久保存价值或者其他重要保存价值的会计档案。

第九条 满足本办法第八条规定条件，单位从外部接收的电子会计资料附有符合《中华人民共和国电子签名法》规定的电子签名的，可仅以电子形式归档保存，形成电子会计档案。

第十条 单位的会计机构或会计人员所属机构（以下统称单位会计管理机构）按照归档范围和归档要求，负责定期将应当归档的会计资料整理立卷，编制会计档案保管清册。

第十一条 当年形成的会计档案，在会计年度终了后，可由单位会计管理机构临时保管一年，再移交单位档案管理机构保管。因工作需要确需推迟移交的，应当经单位档案管理机构同意。

单位会计管理机构临时保管会计档案最长不超过三年。临时保管期间，会计档案的保管应当符合国家档案管理的有关规定，且出纳人员不得兼管会计档案。

第十二条 单位会计管理机构在办理会计档案移交时，应当编制会计档案移交清册，并按照国家档案管理的有关规定办理移交手续。

纸质会计档案移交时应当保持原卷的封装。电子会计档案移交时应当将电子会计档案及其元数据一并移交，且文件格式应当符合国家档案管理的有关规定。特殊格式的电子会计档案应当与其读取平台一并移交。

单位档案管理机构接收电子会计档案时，应当对电子会计档案的准确性、完整性、可用性、安全性进行检测，符合要求的才能接收。

第十三条 单位应当严格按照相关制度利用会计档案，在进行会计档案查阅、复制、借出时履行登记手续，严禁篡改和损坏。

单位保存的会计档案一般不得对外借出。确因工作需要且根据国家有关规定必须借出的，应当严格按照规定办理相关手续。

会计档案借用单位应当妥善保管和利用借入的会计档案，确保借入会计档案的安全完整，并在规定时间内归还。

第十四条 会计档案的保管期限分为永久、定期两类。定期保管期限一般分为10年和30年。

会计档案的保管期限，从会计年度终了后的第一天算起。

第十五条 各类会计档案的保管期限原则上应当按照本办法附表执行，本办法规定的会计档案保管期限为最低保管期限。

单位会计档案的具体名称如有同本办法附表所列档案名称不相符的，应当比照类似档案的保管期限办理。

第十六条 单位应当定期对已到保管期限的会计档案进行鉴定，并形成会计档案鉴定意见书。经鉴定，仍需继续保存的会计档案，应当重新划定保管期限；对保管期满，确无保存价值的会计档案，可以销毁。

第十七条 会计档案鉴定工作应当由单位档案管理机构牵头，组织单位会计、审计、纪检监察等机构或人员共同进行。

第十八条 经鉴定可以销毁的会计档案，应当按照以下程序销毁：

（一）单位档案管理机构编制会计档案销毁清册，列明拟销毁会计档案的名称、卷号、册数、起止年度、档案编号、应保管期限、已保管期限和销毁时间等内容。

（二）单位负责人、档案管理机构负责人、会计管理机构负责人、档案管理机构经办人、会计管理机构经办人在会计档案销毁清册上签署意见。

（三）单位档案管理机构负责组织会计档案销毁工作，并与会计管理机构共同派员监销。监销人在会计档案销毁前，应当按照会计档案销毁清册所列内容进行清点核对；在会计档案销毁后，应当在会计档案销毁清册上签名或盖章。

电子会计档案的销毁还应当符合国家有关电子档案的规定，并由单位档案管理机构、会计管理机构和信息系统管理机构共同派员监销。

第十九条 保管期满但未结清的债权债务会计凭证和涉及其他未了事项的会计凭证不得销毁，纸质会计档案应当单独抽出立卷，电子会计档案单独转存，保管到未了事项完结时为止。

单独抽出立卷或转存的会计档案，应当在会计档案鉴定意见书、会计档案销毁清册和会计档案保管清册中列明。

第二十条 单位因撤销、解散、破产或其他原因而终止的，在终止或办理注销登记手续之前形成的会计档案，按照国家档案管理的有关规定处置。

第二十一条 单位分立后原单位存续的，其会计档案应当由分立后的存续方统一保管，其他方可以查阅、复制与其业务相关的会计档案。

单位分立后原单位解散的，其会计档案应当经各方协商后由其中一方代管或按照国家档案管理的有关规定处置，各方可以查阅、复制与其业务相关的会计档案。

单位分立中未结清的会计事项所涉及的会计凭证，应当单独抽出由业务相关方保存，并按照规定办理交接手续。

单位因业务移交其他单位办理所涉及的会计档案，应当由原单位保管，承接业务单位可以查阅、复制与其业务相关的会计档案。对其中未结清的会计事项所涉及的会计凭证，应当单独抽出由承接业务单位保存，并按照规定办理交接手续。

第二十二条 单位合并后原各单位解散或者一方存续其他方解散的，原各单位的会计档案应当由合并后的单位统一保管。单位合并后原各单位仍存续的，其会计档案仍应当由原各单位保管。

第二十三条 建设单位在项目建设期间形成的会计档案，需要移交给建设项目接受单位的，应当在办理竣工财务决算后及时移交，并按照规定办理交接手续。

第二十四条 单位之间交接会计档案时，交接双方应当办理会计档案交接手续。

移交会计档案的单位，应当编制会计档案移交清册，列明应当移交的会计档案名称、卷号、册数、起止年度、档案编号、应保管期限和已保管期限等内容。

交接会计档案时，交接双方应当按照会计档案移交清册所列内容逐项交接，并由交接双方的单位有关负责人负责监督。交接完毕后，交接双方经办人和监督人应当在会计档案移交清册上签名或盖章。

电子会计档案应当与其元数据一并移交，特殊格式的电子会计档案应当与其读取平台一并移交。档案接受单位应当对保存电子会计档案的载体及其技术环境进行检验，确保所接收电子会计档案的准确、完整、可用和安全。

第二十五条 单位的会计档案及其复制件需要携带、寄运或者传输至境外的，应当按照国家有关规定执行。

第二十六条 单位委托中介机构代理记账的，应当在签订的书面委托合同中，明确会计档案的管理要求及相应责任。

第二十七条 违反本办法规定的单位和个人,由县级以上人民政府财政部门、档案行政管理部门依据《中华人民共和国会计法》《中华人民共和国档案法》等法律法规处理处罚。

第二十八条 预算、计划、制度等文件材料,应当执行文书档案管理规定,不适用本办法。

第二十九条 不具备设立档案机构或配备档案工作人员条件的单位和依法建账的个体工商户,其会计档案的收集、整理、保管、利用和鉴定销毁等参照本办法执行。

第三十条 各省、自治区、直辖市、计划单列市人民政府财政部门、档案行政管理部门,新疆生产建设兵团财务局、档案局,国务院各业务主管部门,中国人民解放军总后勤部,可以根据本办法制定具体实施办法。

第三十一条 本办法由财政部、国家档案局负责解释,自2016年1月1日起施行。1998年8月21日财政部、国家档案局发布的《会计档案管理办法》(财会字〔1998〕32号)同时废止。

附表:
1. 企业和其他组织会计档案保管期限表
2. 财政总预算、行政单位、事业单位和税收会计档案保管期限表

附表1

企业和其他组织会计档案保管期限表

序号	档案名称	保管期限	备注
一	会计凭证		
1	原始凭证	30年	
2	记账凭证	30年	
二	会计账簿		
3	总账	30年	
4	明细账	30年	
5	日记账	30年	
6	固定资产卡片		固定资产报废清理后保管5年
7	其他辅助性账簿	30年	
三	财务会计报告		
8	月度、季度、半年度财务会计报告	10年	
9	年度财务会计报告	永久	

（续表）

序号	档案名称	保管期限	备注
四	其他会计资料		
10	银行存款余额调节表	10年	
11	银行对账单	10年	
12	纳税申报表	10年	
13	会计档案移交清册	30年	
14	会计档案保管清册	永久	
15	会计档案销毁清册	永久	
16	会计档案鉴定意见书	永久	

附表2

财政总预算、行政单位、事业单位和税收会计档案保管期限表

序号	档案名称	保管期限			备注
		财政总预算	行政单位事业单位	税收会计	
一	会计凭证				
1	国家金库编送的各种报表及缴库退库凭证	10年		10年	
2	各收入机关编送的报表	10年			
3	行政单位和事业单位的各种会计凭证		30年		包括原始凭证、记账凭证和传票汇总表
4	财政总预算拨款凭证和其他会计凭证	30年			包括拨款凭证和其他会计凭证
二	会计账簿				
5	日记账		30年	30年	
6	总账	30年	30年	30年	
7	税收日记账（总账）			30年	
8	明细分类、分户账或登记簿	30年	30年	30年	

（续表）

序号	档案名称	保管期限			备注
		财政总预算	行政单位事业单位	税收会计	
9	行政单位和事业单位固定资产卡片				固定资产报废清理后保管5年
三	财务会计报告				
10	政府综合财务报告	永久			下级财政、本级部门和单位报送的保管2年
11	部门财务报告		永久		所属单位报送的保管2年
12	财政总决算	永久			下级财政、本级部门和单位报送的保管2年
13	部门决算		永久		所属单位报送的保管2年
14	税收年报（决算）			永久	
15	国家金库年报（决算）	10年			
16	基本建设拨、贷款年报（决算）	10年			
17	行政单位和事业单位会计月、季度报表		10年		所属单位报送的保管2年
18	税收会计报表			10年	所属税务机关报送的保管2年
四	其他会计资料				
19	银行存款余额调节表	10年	10年		
20	银行对账单	10年	10年	10年	
21	会计档案移交清册	30年	30年	30年	
22	会计档案保管清册	永久	永久	永久	
23	会计档案销毁清册	永久	永久	永久	
24	会计档案鉴定意见书	永久	永久	永久	

注：税务机关的税务经费会计档案保管期限，按行政单位会计档案保管期限规定办理。

2. 关于规范电子会计凭证报销入账归档的通知
（2020年颁布）

（财会〔2020〕6号）

党中央有关部门财务部门、档案部门，各省、自治区、直辖市、计划单列市财政厅（局）、档案局，新疆生产建设兵团财政局、档案局，国务院各部委财务部门、档案部门，财政部各地监管局，有关人民团体财务部门、档案部门，中央企业财务部门、档案部门：

为适应电子商务、电子政务发展，规范各类电子会计凭证的报销入账归档，根据国家有关法律、行政法规，现就有关事项通知如下。

一、本通知所称电子会计凭证，是指单位从外部接收的电子形式的各类会计凭证，包括电子发票、财政电子票据、电子客票、电子行程单、电子海关专用缴款书、银行电子回单等电子会计凭证。

二、来源合法、真实的电子会计凭证与纸质会计凭证具有同等法律效力。

三、除法律和行政法规另有规定外，同时满足下列条件的，单位可以仅使用电子会计凭证进行报销入账归档：

（一）接收的电子会计凭证经查验合法、真实；

（二）电子会计凭证的传输、存储安全、可靠，对电子会计凭证的任何篡改能够及时被发现；

（三）使用的会计核算系统能够准确、完整、有效接收和读取电子会计凭证及其元数据，能够按照国家统一的会计制度完成会计核算业务，能够按照国家档案行政管理部门规定格式输出电子会计凭证及其元数据，设定了经办、审核、审批等必要的审签程序，且能有效防止电子会计凭证重复入账；

（四）电子会计凭证的归档及管理符合《会计档案管理办法》（财政部、国家档案局令第79号）等要求。

四、单位以电子会计凭证的纸质打印件作为报销入账归档依据的，必须同时保存打印该纸质件的电子会计凭证。

五、符合档案管理要求的电子会计档案与纸质档案具有同等法律效力。除法律、行政法规另有规定外，电子会计档案可不再另以纸质形式保存。

六、单位和个人在电子会计凭证报销入账归档中存在违反本通知规定行为的，县级以上人民政府财政部门、档案行政管理部门应当依据《中华人民共和国会计法》《中华人民共和国档案法》等有关法律、行政法规处理处罚。

七、本通知由财政部、国家档案局负责解释，并自发布之日起施行。

财政部
国家档案局
2020年3月23日

3. 代理记账管理办法（2019年修订）

（中华人民共和国财政部令第98号）

第一条 为了加强代理记账资格管理，规范代理记账活动，促进代理记账行业健康发展，根据《中华人民共和国会计法》等法律、行政法规，制定本办法。

第二条 代理记账资格的申请、取得和管理，以及代理记账机构从事代理记账业务，适用本办法。

本办法所称代理记账机构是指依法取得代理记账资格，从事代理记账业务的机构。

本办法所称代理记账是指代理记账机构接受委托办理会计业务。

第三条 除会计师事务所以外的机构从事代理记账业务，应当经县级以上地方人民政府财政部门（以下简称审批机关）批准，领取由财政部统一规定样式的代理记账许可证书。具体审批机关由省、自治区、直辖市、计划单列市人民政府财政部门确定。

会计师事务所及其分所可以依法从事代理记账业务。

第四条 申请代理记账资格的机构应当同时具备以下条件：

（一）为依法设立的企业；

（二）专职从业人员不少于3名；

（三）主管代理记账业务的负责人具有会计师以上专业技术职务资格或者从事会计工作不少于三年，且为专职从业人员；

（四）有健全的代理记账业务内部规范。

代理记账机构从业人员应当具有会计类专业基础知识和业务技能，能够独立处理基本会计业务，并由代理记账机构自主评价认定。

本条第一款所称专职从业人员是指仅在一个代理记账机构从事代理记账业务的人员。

第五条 申请代理记账资格的机构，应当向所在地的审批机关提交申请及下列材料，并对提交材料的真实性负责：

（一）统一社会信用代码；

（二）主管代理记账业务的负责人具备会计师以上专业技术职务资格或者从事会计工作不少于三年的书面承诺；

（三）专职从业人员在本机构专职从业的书面承诺；

（四）代理记账业务内部规范。

第六条 审批机关审批代理记账资格应当按照下列程序办理：

（一）申请人提交的申请材料不齐全或不符合规定形式的，应当在5日内一次告知申请人需要补正的全部内容，逾期不告知的，自收到申请材料之日起即视为受理；申请人提交的申请材料齐全、符合规定形式的，或者申请人按照要求提交全部补正申请材料的，应当受理申请。

（二）受理申请后应当按照规定对申请材料进行审核，并自受理申请之日起10日内作出批准或者不予批准的决定。10日内不能作出决定的，经本审批机关负责人批准可延长10日，并应当将延长期限的理由告知申请人。

（三）作出批准决定的，应当自作出决定之日起10日内向申请人发放代理记账许可证书，并向社会公示。审批机关进行全覆盖例行检查，发现实际情况与承诺内容不符的，依法撤销审批并给予处罚。

（四）作出不予批准决定的，应当自作出决定之日起 10 日内书面通知申请人。书面通知应当说明不予批准的理由，并告知申请人享有依法申请行政复议或者提起行政诉讼的权利。

第七条 申请人应当自取得代理记账许可证书之日起 20 日内通过企业信用信息公示系统向社会公示。

第八条 代理记账机构名称、主管代理记账业务的负责人发生变更，设立或撤销分支机构，跨原审批机关管辖地迁移办公地点的，应当自作出变更决定或变更之日起 30 日内依法向审批机关办理变更登记，并应当自变更登记完成之日起 20 日内通过企业信用信息公示系统向社会公示。

代理记账机构变更名称的，应当向审批机关领取新的代理记账许可证书，并同时交回原代理记账许可证书。

代理记账机构跨原审批机关管辖地迁移办公地点的，迁出地审批机关应当及时将代理记账机构的相关信息及材料移交迁入地审批机关。

第九条 代理记账机构设立分支机构的，分支机构应当及时向其所在地的审批机关办理备案登记。

分支机构名称、主管代理记账业务的负责人发生变更的，分支机构应当按照要求向其所在地的审批机关办理变更登记。

代理记账机构应当在人事、财务、业务、技术标准、信息管理等方面对其设立的分支机构进行实质性的统一管理，并对分支机构的业务活动、执业质量和债务承担法律责任。

第十条 未设置会计机构或配备会计人员的单位，应当委托代理记账机构办理会计业务。

第十一条 代理记账机构可以接受委托办理下列业务：

（一）根据委托人提供的原始凭证和其他相关资料，按照国家统一的会计制度的规定进行会计核算，包括审核原始凭证、填制记账凭证、登记会计账簿、编制财务会计报告等；

（二）对外提供财务会计报告；

（三）向税务机关提供税务资料；

（四）委托人委托的其他会计业务。

第十二条 委托人委托代理记账机构代理记账，应当在相互协商的基础上，订立书面委托合同。委托合同除应具备法律规定的基本条款外，应当明确下列内容：

（一）双方对会计资料真实性、完整性各自应当承担的责任；

（二）会计资料传递程序和签收手续；

（三）编制和提供财务会计报告的要求；

（四）会计档案的保管要求及相应的责任；

（五）终止委托合同应当办理的会计业务交接事宜。

第十三条 委托人应当履行下列义务：

（一）对本单位发生的经济业务事项，应当填制或者取得符合国家统一的会计制度规定的原始凭证；

（二）应当配备专人负责日常货币收支和保管；

（三）及时向代理记账机构提供真实、完整的原始凭证和其他相关资料；

（四）对于代理记账机构退回的，要求按国家统一的会计制度的规定进行更正、补充的原始凭证，应当及时予以更正、补充。

第十四条 代理记账机构及其从业人员应当履行下列义务：

（一）遵守有关法律、法规和国家统一的会计制度的规定，按照委托合同办理代理记账业务；

（二）对在执行业务中知悉的商业秘密予以保密；

（三）对委托人要求其作出不当的会计处理，提供不实的会计资料，以及其他不符合法律、法规和国家统一的会计制度行为的，予以拒绝；

（四）对委托人提出的有关会计处理相关问题予以解释。

第十五条 代理记账机构为委托人编制的财务会计报告，经代理记账机构负责人和委托人负责人签名并盖章后，按照有关法律、法规和国家统一的会计制度的规定对外提供。

第十六条 代理记账机构应当于每年4月30日之前，向审批机关报送下列材料：

（一）代理记账机构基本情况表（附表，略）；

（二）专职从业人员变动情况。

代理记账机构设立分支机构的，分支机构应当于每年4月30日之前向其所在地的审批机关报送上述材料。

第十七条 县级以上人民政府财政部门对代理记账机构及其从事代理记账业务情况实施监督，随机抽取检查对象、随机选派执法检查人员，并将抽查情况及查处结果依法及时向社会公开。

对委托代理记账的企业因违反财税法律、法规受到处理处罚的，县级以上人民政府财政部门应当将其委托的代理记账机构列入重点检查对象。

对其他部门移交的代理记账违法行为线索，县级以上人民政府财政部门应当及时予以查处。

第十八条 公民、法人或者其他组织发现有违反本办法规定的代理记账行为，可以依法向县级以上人民政府财政部门进行举报，县级以上人民政府财政部门应当依法进行处理。

第十九条 代理记账机构采取欺骗、贿赂等不正当手段取得代理记账资格的，由审批机关撤销其资格，并对代理记账机构及其负责人给予警告，记入会计领域违法失信记录，根据有关规定实施联合惩戒，并向社会公告。

第二十条 代理记账机构在经营期间达不到本办法规定的资格条件的，审批机关发现后，应当责令其在60日内整改；逾期仍达不到规定条件的，由审批机关撤销其代理记账资格。

第二十一条 代理记账机构有下列情形之一的，审批机关应当办理注销手续，收回代理记账许可证书并予以公告：

（一）代理记账机构依法终止的；

（二）代理记账资格被依法撤销或撤回的；

（三）法律、法规规定的应当注销的其他情形。

第二十二条 代理记账机构违反本办法第七条、第八条、第九条、第十四条、第十六条规定，由县级以上人民政府财政部门责令其限期改正，拒不改正的，将代理记账机构及其负责人列入重点关注名单，并向社会公示，提醒其履行有关义务；情节严重的，由县级以上人民政府财政部门按照有关法律、法规给予行政处罚，并向社会公示。

第二十三条 代理记账机构及其负责人、主管代理记账业务负责人及其从业人员违反规定出具虚假申请材料或者备案材料的，由县级以上人民政府财政部门给予警告，记入会计领域违法失信记录，根据有关规定实施联合惩戒，并向社会公告。

第二十四条 代理记账机构从业人员在办理业务中违反会计法律、法规和国家统一的会计制度的规定，造成委托人会计核算混乱、损害国家和委托人利益的，由县级以上人民政府财政部门依据《中华人民共和国会计法》等有关法律、法规的规定处理。

代理记账机构有前款行为的，县级以上人民政府财政部门应当责令其限期改正，并给予警告；有违法所得的，可以处违法所得3倍以下罚款，但最高不得超过3万元；没有违法所得的，可以处1万元以下罚款。

第二十五条 委托人向代理记账机构隐瞒真实情况或者委托人会同代理记账机构共同提供虚假会计资料的，应当承担相应法律责任。

第二十六条 未经批准从事代理记账业务的单位或者个人，由县级以上人民政府财政部门按照《中华人民共和国行政许可法》及有关规定予以查处。

第二十七条 县级以上人民政府财政部门及其工作人员在代理记账资格管理过程中，滥用职权、玩忽职守、徇私舞弊的，依法给予行政处分；涉嫌犯罪的，移送司法机关处理。

第二十八条 代理记账机构依法成立的行业组织，应当维护会员合法权益，建立会员诚信档案，规范会员代理记账行为，推动代理记账信息化建设。

代理记账行业组织应当接受县级以上人民政府财政部门的指导和监督。

第二十九条 本办法规定的"5日""10日""20日""30日"均指工作日。

第三十条 省级人民政府财政部门可以根据本办法制定具体实施办法，报财政部备案。

第三十一条 外商投资企业申请代理记账资格，从事代理记账业务按照本办法和其他有关规定办理。

第三十二条 本办法自2016年5月1日起施行，财政部2005年1月22日发布的《代理记账管理办法》（财政部令第27号）同时废止。

4. 关于开展电子非税收入一般缴款书试点的通知（2021年颁布）

（财库〔2021〕31号）

党中央有关部门，国务院各部委、各直属机构，全国人大常委会办公厅，全国政协办公厅，最高人民法院，最高人民检察院，有关人民团体，财政部各地监管局：

为进一步深化非税收入收缴领域"放管服"改革，提高非税收入一般缴款书（以下简称缴款书）监管水平和工作效率，充分利用现代信息化管理手段，推动企业和群众缴纳非税收入"一网、一门、一次"，财政部决定在中央部门和单位开展电子缴款书试点，现将有关事宜通知如下。

一、高度重视试点工作

电子缴款书是指由财政部监管、执收单位依法收缴政府非税收入时，运用计算机和信息网络技术开具、存储、传输和接收的数字电文形式的凭证，是以电子数据形式表现的财政票据，电子缴款书和纸质缴款书具有同等法律效力。

通过非税收入收缴管理系统开具的电子缴款书，以数字信息代替纸质缴款书，以电子签名代替手工签章，实现缴款书电子开票、自动核销、全程跟踪、源头控制，有利于节约社会资源和成本，方便缴款人保存使用，提高财政监管水平和效率，进一步规范单位财务管理。

财政部负责组织实施电子缴款书试点工作，确定电子缴款书试点单位和实施步骤，建立健全相关管理制度。执收单位要提高认识，高度重视，加强组织实施，确保试点工作稳步推进。

二、试点内容

电子缴款书由财政部制定技术规范，依托非税收入收缴管理系统进行管理，基本要素包括：缴款码、执收单位编码、执收单位名称、票据代码、票据号码、校验码、填制日期、付款人（全称、账号、开户银行）、收款人（全称、账号、开户银行）、项目编码、收入项目名称、单位、数量、收缴标准、金额、执收单位签章、财政部门监制签章等。

财政部负责发放电子缴款书；执收单位负责开具电子缴款书并发送至缴款人；缴款人可通过服务平台等查验电子缴款书真伪；执收单位和缴款人可使用真实有效的电子缴款书进行入账处理；电子缴款书可分别由财政部、执收单位和缴款人进行归档保存。基本管理流程如下：

（一）制样。财政部通过非税收入收缴管理系统财政端制作形成电子缴款书票据模板文件，实行全国统一的票据式样（附件1）、编码规则（附件2）和数据规范。电子缴款书数据规范包括数据要素、数据结构、数据格式和防伪方法等内容。电子缴款书应当套印全国统一式样的财政票据监制章。

（二）赋码。由财政部向执收单位发放电子缴款书票号，保证票号唯一性。赋码模式原则上为执收单位开票时系统按照财政部设定规则自动分配。对确有需要的执收单位，由执收单位向财政部申请后，财政部向执收单位预发票号，执收单位按顺序使用。

（三）生成。执收单位通过非税收入收缴管理系统开具电子缴款书（仅有缴款通知功能），包含单位电子签名。缴款人持电子缴款书上携带的缴款码，通过代理银行向财政缴纳款项后，财政端验证电子票号唯一性、执收单位签名有效性，追加财政监制电子签名，生成完整的电子缴款书。执收单位具有业务系统的，可与非税收入收缴管理系统对接，通过其业务系统开具电子缴款书。

（四）传输。执收单位可使用非税收入收缴管理系统，通过系统自带的通知方式（电子邮件）发送电子缴款书给缴款人；也可将电子缴款书下载后，通过短信、电子邮件等多种方式发送至缴款人。传输过程中发生的形式变化不得影响电子缴款书内容的真实性和完整性。

（五）查验。缴款人通过服务平台等查验电子缴款书的真伪。

（六）入账。执收单位和缴款人可凭电子缴款书进行入账、报销等财务处理。执收单位、缴款人及有记账需要的其他受票单位不得使用电子缴款书重复记账。

（七）核销。执收单位应按照票据管理规定，定期对已使用电子缴款书开票金额和实际执收金额进行核对，确保一致后申请核销，上传财政端自动审核。

（八）归档。财政部、执收单位、缴款人分别按照《会计档案管理办法》有关规定进行归档，形成符合长期保管要求的电子会计档案。执收单位以电子缴款书的纸质打印件作为报销入账归档依据的，必须同时保存打印该纸质件的电子会计凭证。财政部归档作为备查依据，执收单位归档可作为记账依据，缴款人归档可作为报销凭据。符合档案管理要求的电子会计档案与纸质档案具有同等法律效力。除法律、行政法规另有规定外，电子会计档案可不再另以纸质形式保存。

三、试点步骤

（一）筹备启动（2021年8月）。各试点中央部门和单位积极做好试点筹备工作，结合实际细化任务措施。完成非税收入收缴管理系统相关功能升级优化，满足试点工作需求。

（二）组织实施（2021年9月起）。各试点中央部门和单位正式启用电子缴款书，出现问题应及时向财政部反馈。财政部密切跟踪试点情况，履行电子缴款书的监督管理职责，根据试点工作情况，适时调整工作要求，完善配套措施，全力推进试点顺利开展。

（三）总结提升（2021年12月起）。各试点中央部门和单位总结梳理电子缴款书试点工作情况，包括主要做法和成效、存在的问题和工作建议等，于2021年12月15日前将试点工作总结报送财政部。财政部将全面总结、分析和提炼试点经验，及时调整完善，形成可推广可复制的经验和做法，逐步在中央部门和单位全面推广电子缴款书。

四、其他要求

各试点中央部门和单位（附件3）要加强系统用户数字证书（UKEY）的管理，不得转让、出借，业务人员变更后应及时回收并申请注销；要规范开具电子缴款书，确保信息真实、完整、可用和安全，保证开票信息与非税收入收缴信息内容一致。

在全面实施缴款书无纸化前，执收单位应按缴款人需求提供换开纸质缴款书服务，换开的纸质缴款书按照相关办法及规定管理。

各试点中央部门和单位应建立健全内部控制制度，强化电子缴款书使用管理，报销入账归档应严格执行《会计档案管理办法》（财政部 国家档案局令第79号）和《财政部 国家档案局关于规范电子会计凭证报销入账归档的通知》（财会〔2020〕6号）规定。

本通知自印发之日起实施。

附件：1. 电子缴款书式样
   2. 电子缴款书编码规则
   3. 第一期电子缴款书管理试点单位情况表

财 政 部

2021年8月16日

附件1：

电子缴款书式样

非税收入一般缴款书（电子）

缴款码：
执收单位编码：　　　　　　　　　　票据代码：　　　　校验码：
执收单位名称：　　　　　　　　　　票据号码：　　　　填制日期：

付款人	全　称		收款人	全　称	
	账　号			账　号	
	开户银行			开户银行	

币种：	金额（大写）			（小写）	
项目编码	收入项目名称	单位	数量	收缴标准	金　额
执行单位（盖章）　　　经办人（盖章）			备注：		

说明

1. 票面要素。票面要素包括：电子《非税收入一般缴款书》名称、电子《非税收入一般缴款书》监制章、缴款码、执收单位编码、执收单位名称、票据代码、票据号码、校验码、填制日期、二维码、付款人信息（全称、账号、开户银行）、收款人信息（全称、账号、开户银行）、币种、金额（大写）/（小写）、项目编码、收入项目名称、单位、数量、收缴标准、金额、执收单位（盖章）、经办人（盖章）、备注等。

2. 字体字号。标题为华文中宋，居中；正文字体为华文中宋。

3. 颜色、套章等要求。文字和表格颜色：棕色；在标题正中位置套财政票据监制章（正红色）。

附件2：

电子缴款书编码规则

电子缴款书编码由票据代码和票据号码两部分组成，票据代码和票据号码组合，可以在全国范围内唯一识别某份电子缴款书。

（一）电子缴款书代码。

电子缴款书代码设计为8位，由电子缴款书监管机构行政区划编码、电子缴款书分类编码、电子缴款书种类编码、电子缴款书年度编码4部分组成。

编码序号	1	2	3	4	5	6	7	8
说明	电子缴款书监管机构行政区划编码2位		固定03		固定01		电子缴款书年度编码2位	

第一部分：电子缴款书监管机构行政区划编码（2位），中央用"00"。

第二部分：电子缴款书分类编码（2位），固定值03。

第三部分：电子缴款书种类编码（2位），固定值01。

第四部分：电子缴款书年度编码（2位），用于区分电子缴款书赋码年度，使用数字表示。如"21"表示2021年度。

（二）电子缴款书号码。

电子缴款书号码（10位）。采用顺序号，用于反映电子缴款书赋码顺序，使用数字表示。如"0000000001"表示第一份电子缴款书。

附件3：

第一期电子缴款书管理试点单位情况表

序号	中央部门	试点单位
1	人力资源社会保障部	职业技能鉴定中心
2	证监会	证监会本级
3	工业和信息化部	国家无线电监测中心
4	工业和信息化部	清算中心
5	工业和信息化部	北京市通信管理局

第三章 综合性会计电算化管理相关法规

1. 会计信息化发展规划（2021—2025年）（2021年颁布）

（财会〔2021〕36号）

为科学规划"十四五"时期会计信息化工作，指导国家机关、企业、事业单位、社会团体和其他组织（以下统称单位）应用会计数据标准，推进会计数字化转型，支撑会计职能拓展，推动会计信息化工作向更高水平迈进，根据《中华人民共和国国民经济和社会发展第十四个五年规划和2035年远景目标纲要》《财政"十四五"规划》和《会计改革与发展"十四五"规划纲要》有关精神，制定本规划。

一、面临的形势与挑战

（一）"十三五"时期会计信息化工作回顾。

——会计信息化建设有序推进，夯实了会计转型升级基础。各单位积极推进会计信息化建设，部分单位实现了会计核算的集中和共享处理，推动会计工作从传统核算型向现代管理型转变。单位内部控制嵌入信息系统的程度不断提升，为实施精准有效的内部会计监督奠定了基础。

——业财融合程度逐步加强，提升了单位经营管理水平。会计信息系统得到普遍推广应用，为单位会计核算工作提供了有力保障。企业资源计划（ERP）逐步普及，促进了会计信息系统与业务信息系统的初步融合，有效提升了单位服务管理效能和经营管理水平。

——新一代信息技术得到初步应用，推动了会计工作创新发展。大数据、人工智能、移动互联、云计算、物联网、区块链等新技术在会计工作中得到初步应用，智能财务、财务共享等理念以及财务机器人等自动化工具逐步推广，优化了会计机构组织形式，拓展了会计人员工作职能，提升了会计数据的获取和处理能力。

——电子会计资料逐步推广，促进了会计信息深度应用。企业会计准则通用分类标准持续修订完善，在国资监管、保险监管等领域有效实施；修订《会计档案管理办法》，出台电子会计凭证报销入账归档相关规定，推动电子会计资料普遍推广，促进了会计信息的深度应用。

在会计信息化工作取得一定成效的同时，还应当正视存在的问题和不足，主要表现在：会计信息化发展水平不均衡，部分单位会计信息系统仅满足传统会计核算需要，未能对业务和管理形成支撑和驱动，业财融合程度有待进一步加强；有些行业和单位仍存在"信息孤岛"现象，会计数据未能有效共享，无法充分发挥会计数据作用；会计数据标准尚未完全统一，制约了会计数字化转型进程，未能对会计、审计工作起到应有的支撑作用；对会计信息安全的实践和理论研究不够，会计信息化工作的创新发展受到制约；社会合力推进会计信息化的氛围不浓，会计信息化对会计职能拓展的支撑不够有力；会计信息化资金投入和人才培养不足。这些问题需要在"十四五"时期切实加以解决。

（二）"十四五"时期会计信息化工作面临的形势与挑战。

——经济社会数字化转型全面开启。随着大数据、人工智能等新技术创新迭代速度加快，经济社会数字化转型全面开启，对会计信息化实务和理论提出了新挑战，也提供了新机遇。运用新技术推动会计工作数字化转型，需要加快解决标准缺失、制度缺位、人才缺乏等问题。

——单位业财融合需求更加迫切。一方面，业务创新发展和新技术创新迭代不断提出新的业财融合需求；另一方面，多数单位业财融合仍处于起步或局部应用阶段，推动业财深度融合的需求较为迫切。

——会计数据要素日益重要。随着数字经济和数字社会发展，数据已经成为五大生产要素之一。会计数据要素是单位经营管理的重要资源。通过将零散的、非结构化的会计数据转变为聚合的、结构化的会计数据要素，发挥其服务单位价值创造功能，是会计工作实现数字化转型的重要途径。进一步提升会计数据要素服务单位价值创造的能力是会计数字化转型面临的主要挑战。

——会计数据安全风险不容忽视。随着基于网络环境的会计信息系统的广泛应用，会计数据在单位内部、各单位之间共享和使用，会计数据传输、存储等环节存在数据泄露、篡改及损毁的风险，会计信息系统和会计数据安全风险不断上升，需要采取有效的防范措施。

二、总体要求

（一）指导思想。

以习近平新时代中国特色社会主义思想为指导，全面贯彻党的十九大和十九届历次全会精神，立足新发展阶段，完整、准确、全面贯彻新发展理念，构建新发展格局，推动高质量发展，紧紧围绕服务经济社会发展大局和财政管理工作全局，积极支持加快数字化发展、建设数字中国，提升会计信息化水平，推动会计数字化转型，构建形成国家会计信息化发展体系，充分发挥会计信息在服务宏观经济管理、政府监管、会计行业管理、单位内部治理中的重要支撑作用。

（二）基本原则。

——立足大局、服务发展。准确把握全球信息化脉搏和趋势，贯彻落实国家有关信息化、数字化、智能化发展战略部署，服务我国经济社会发展、财政管理工作、会计管理工作和单位会计数字化转型。

——问题导向、精准发力。直面"十三五"期间会计信息化发展中的痛点难点问题，充分把握新时代会计数字化转型的新形势、新机遇，集中力量解决会计信息化进程中面临的重点难点问题。

——统筹谋划、分步实施。坚持系统化发展理念，注重统筹谋划、合理布局，坚持重点突破、分步实施，逐步建立会计信息化可持续协调发展的长效机制。

——鼓励创新、包容共享。以技术和管理创新为动力，鼓励社会各方在符合相关法律、法规和制度的前提下，利用新一代信息技术开展各种会计信息化应用探索，促进会计信息化工作创新发展。

——稳妥有序、确保安全。在全国会计信息化水平仍不均衡的条件下，推动各地区、各部门根据不同发展阶段实际需要，有序开展会计信息化建设。加强会计信息安全风险防范，确保我国会计信息系统总体安全。

（三）总体目标。

"十四五"时期，我国会计信息化工作的总体目标是：服务我国经济社会发展大局和财政管理工作全局，以信息化支撑会计职能拓展为主线，以标准化为基础，以数字化为突破口，引导和规范我国会计信息化数据标准、管理制度、信息系统、人才建设等持续健康发展，积极推动会计数字化转型，构建符合新时代要求的国家会计信息化发展体系。

——会计数据标准体系基本建立。结合国内外会计行业发展经验以及我国会计数字化转型需要，会同相关部门逐步建立健全覆盖会计信息系统输入、处理、输出等各环节的会计数据标准，形成较为完整的会计数据标准体系。

——会计信息化制度规范持续完善。落实《中华人民共和国会计法》等国家相关法律法规的新要求，顺应会计工作应用新技术的需要，完善会计信息化工作规范、软件功能规范等配套制度规范，健全会计信息化安全管理制度和安全技术标准。

——会计数字化转型升级加快推进。加快推动单位会计工作、注册会计师审计工作和会计管理工作数字化转型。鼓励各部门、各单位探索会计数字化转型的实现路径，运用社会力量和市场机制，逐步实现全社会会计信息化应用整体水平的提升。

——会计数据价值得到有效发挥。提升会计数据的质量、价值与可用性，探索形成服务价值创造的会计数据要素，有效发挥会计数据在经济资源配置和单位内部管理中的作用，支持会计职能对内对外拓展。

——会计监管信息实现互通共享。通过数据标准、信息共享机制和信息交换平台等方面的基础建设，在安全可控的前提下，初步实现监管部门间会计监管数据的互通和共享，提升监管效率，形成监管合力。

——会计信息化人才队伍不断壮大。完善会计人员信息化方面能力框架，丰富会计人员信息化继续教育内容，创新会计信息化人才培养方式，打造懂会计、懂业务、懂信息技术的复合型会计信息化人才队伍。

三、主要任务

（一）加快建立会计数据标准体系，推动会计数据治理能力建设。

统筹规划、制定和实施覆盖会计信息系统输入、处理和输出等环节的会计数据标准，为会计数字化转型奠定基础。

——在输入环节，加快制定、试点和推广电子凭证会计数据标准，统筹解决电子票据接收、入账和归档全流程的自动化、无纸化问题。到"十四五"时期末，实现电子凭证会计数据标准对主要电子票据类型的有效覆盖。

——在处理环节，探索制定财务会计软件底层会计数据标准，规范会计核算系统的业务规则和技术标准，并在一定范围进行试点，满足各单位对会计信息标准化的需求，提升相关监管部门获取会计数据生产系统底层数据的能力。

——在输出环节，推广实施企业财务报表会计数据标准，推动企业向不同监管部门报送的各种报表中的会计数据口径尽可能实现统一，降低编制及报送成本、提高报表信息质量，增强会计数据共享水平，提升监管效能。

（二）制定会计信息化工作规范和软件功能规范，进一步完善配套制度机制。

推动修订《中华人民共和国会计法》，为单位开展会计信息化建设、推动会计数字化转型提供法制保障。完善会计信息化工作规范和财务软件功能规范，规范信息化环境下的会计工作，提高财务软件质量，为会计数字化转型提供制度支撑。探索建立会计信息化工作分级分类评估制度和财务软件功能第三方认证制度，督促单位提升会计信息化水平，推动会计数据标准全面实施。

（三）深入推动单位业财融合和会计职能拓展，加快推进单位会计工作数字化转型。

通过会计信息的标准化和数字化建设，推动单位深入开展业财融合，充分运用各类信息技术，探索形成可扩展、可聚合、可比对的会计数据要素，提升数据治理水平。夯实单位应用管理会计的数据基础，助推单位开展个性化、有针对性的管理会计活动，加强绩效管理，增强价值创造力。完善内部控制制度的信息化配套建设，推动内部控制制度有效实施。推动乡镇街道等基层单位运用信息化手段，提升内部控制水平。发挥会计信息化在单位可持续报告编报中的作用，加强社会责任管理。

（四）加强函证数字化和注册会计师审计报告防伪等系统建设，积极推进审计工作数字化转型。

围绕注册会计师行业审计数据采集、审计报告电子化、行业管理服务数据、电子签章与证照等领域，构建注册会计师行业数据标准体系。鼓励会计师事务所积极探索全流程的智能审计作业平台及辅助工具，逐步实现远程审计、大数据审计和智能审计。大力推进审计函证数字化工作，制定、完善审计函证业务规范和数据标准，加快函证集中处理系统建设，鼓励函证数字平台发展和规范、有序、安全运行。探索建立审计报告单一来源制度，推动实现全国范围"一码通"，从源头上治理虚假审计报告问题。

（五）优化整合各类会计管理服务平台，切实推动会计管理工作数字化转型。

优化全国统一的会计人员管理服务平台，完善会计人员信用信息，有效发挥平台的监督管理和社会服务作用。构建注册会计师行业统一监管信息平台，加强日常监测，提升监管效率和水平，加大信息披露力度。升级全国代理记账机构管理系统，实现对行业发展状况的实时动态跟踪，完善对代理记账机构的奖惩信息公示，提升事中事后监管效能。系统重塑会计管理服务平台，稳步推进会计行业管理信息化建设，运用会计行业管理大数据，为国家治理体系和治理能力现代化提供数据支撑。

（六）加速会计数据要素流通和利用，有效发挥会计信息在服务资源配置和宏观经济管理中的作用。

以会计数据标准为抓手，支持各类票据电子化改革，推进企业财务报表数字化，推动企业会计信息系统数据架构趋于一致，制定实施小微企业会计数据增信标准，助力缓解融资难、融资贵问题，促进会计数据要素的流通和利用，发挥会计信息在资源配置中的支撑作用。利用大数据等技术手段，加强会计数据与相关数据的整合分析，及时反映宏观经济总体运行状况及发展趋势，为财政政策、产业发展政策以及宏观经济管理决策提供参考，发挥会计信息对宏观经济管理的服务作用。

（七）探索建立共享平台和协同机制，推动会计监管信息的互通共享。

积极推动会计数据标准实施，在安全可控的前提下，探索建立跨部门的会计信息交换机制和共享平台。到"十四五"时期末，初步实现各监管部门在财务报表数据层面和关键数据交换层面上的数据共享和互认，基本实现财务报表数据的标准化、结构化和单一来源，有效降低各监管部门间数据交换和比对核实的成本，提升监管效能。

（八）健全安全管理制度和安全技术标准，加强会计信息安全和跨境会计信息监管。

坚持积极防御、综合防范的方针，在全面提高单位会计信息安全防护能力的同时，重点保障各部门监管系统中会计信息的安全。针对不同类型的单位，建立健全会计信息分级分类安全管理制度、安全技术标准和监控体系，加强对会计信息系统的审计，建立信息安全的有效保障机制和应急处理机制。探索跨境会计信息监管标准、方法和路径，防止境内外有关机构和个人通过违法违规和不当手段获取、传输会计信息，切实保障国家信息安全。

（九）加强会计信息化人才培养，繁荣会计信息化理论研究。

各单位要加强复合型会计信息化人才培养，高等院校要适当增加会计信息化课程内容的比重，加大会计信息化人才培养力度。在会计人员能力框架、会计专业技术资格考试大纲、会计专业高等和职业教育大纲中增加对会计信息化和会计数字化转型的能力要求。推动理论界研究会计数字化转型的理论与实践、机遇与挑战、安全与伦理等基础问题，研究国家会计数据管理体系等重大课题，开展会计信息化应用案例交流，形成一批能引领时代发展的会计信息化研究成果。

四、实施保障

（一）强化组织领导，明确职责分工。

财政部要加强与中央有关主管部门的统筹协调，建立健全运行高效、职能明确、分工清晰的会计信息化工作机制，实现政策制定和政策实施的联动协调，形成推进合力。有条件的地区（部门）可以结合实际，制定本地区（部门）的会计信息化发展规划或实施方案，切实将规划各项任务落到实处。注册会计师协会要以行业信息化战略为引领,指导和推动会计师事务所数字化转型,推进行业高质量发展。充分发挥全国会计信息化标准化技术委员会的作用,加快制定会计信息化国家标准。

（二）精心推动实施,形成工作合力。

单位负责人是本单位会计信息化工作的第一责任人,总会计师（或分管财务会计工作负责人）和财务会计部门要落实分管责任和具体责任。各单位要结合实际需要,制定会计信息化工作方案,加强组织实施和经费保障,切实推动本单位会计信息化工作。代理记账机构要积极探索会计资源共享服务理念,探索打造以会计数据为核心的数据聚合平台,支持中小微企业会计数据价值创造。财务软件和相关咨询行业要切实加强对会计信息化系列软件产品的研发,探索新技术在会计信息化工作中的具体应用,积极助力会计数字化转型。中国会计学会等专业学会协会和理论界要加强会计信息化最新理论研究,为会计数字化转型提供智力支持。

（三）加强监督考核,确保落地见效。

各级财政部门和中央有关主管部门要对规划确定的目标任务进行细化分解,明确进度,落实责任,加强对会计信息化建设的指导、督促与落实。要定期检查、评估规划的落实情况,推广先进经验,针对存在问题及时采取有效措施,确保会计信息化规划确定的各项目标任务落到实处、取得实效。

附录1

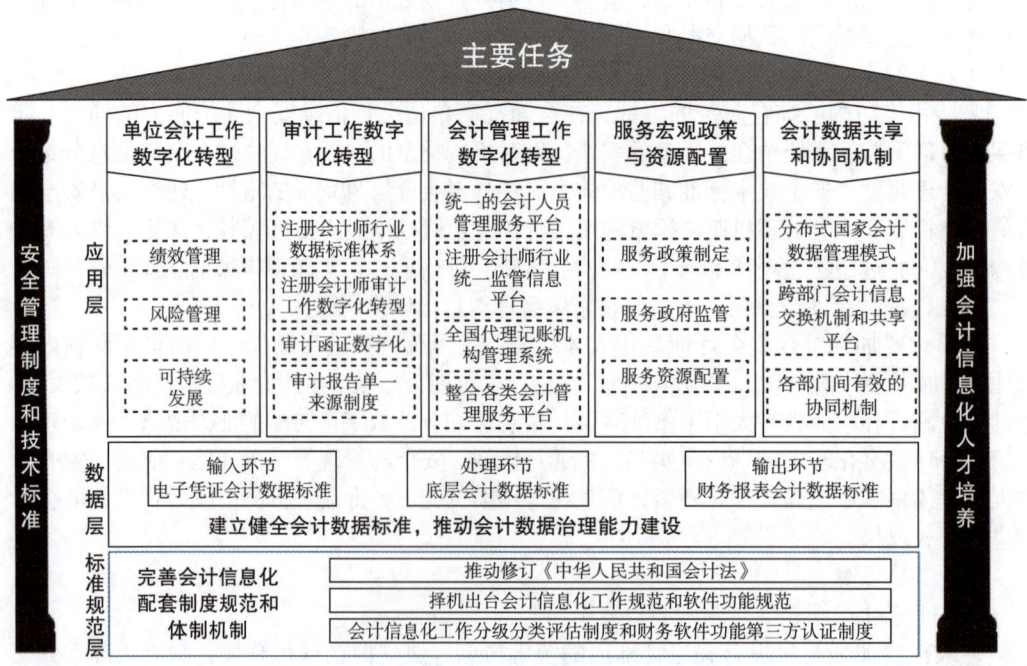

国家会计信息化发展体系图

附录 2

会计数据标准体系图

```
                    建立健全会计数据标准
                    推动会计数据治理能力建设

   输入环节            处理环节            输出环节            其他
电子凭证数据标准    底层会计数据标准      报表数据标准      会计数据标准
```

各类原始凭证数据	记账凭证数据	各类报表数据	其他数据
税务发票、财政票据、铁路客票、机票行程单、银行回单银行对账单、海关电子缴款书……	记账凭证、总账、分类账、各类外部监管所需的数据	按照会计准则制度编制的财务报表数据、按照监管要求向机构报送报表中的财务数据	小微企业融资会计数据增信数据标准、审计函证数据标准
发挥电子凭证会计数据标准在会计信息化中的基础性作用	满足穿透式监管和审计从企业数据生产系统中获取底层数据的需求，优化企业财务系统数据结构	加快制定和实施基于企业会计准则通用分类标准的各类财务报表会计数据标准	支持会计职能对外拓展，帮助会计数据在资源配置中发挥应有作用

会计数据标准体系图

附录 3

"十四五"时期会计信息化发展指标表

指标	指标值	属性
1.应用电子凭证会计数据标准的原始凭证类型占所有原始凭证类型的比例	50%	预期性
2.应用电子凭证会计数据标准的单位数量占非手工会计核算单位数量的比例	50%	预期性
3.数字化银行函证数量占所有银行函证数量的比例	60%	预期性
4.纳入审计报告防伪系统的审计报告数量占所有审计报告数量的比例	100%	预期性

2. 中华人民共和国密码法（2019年颁布）

（主席令2019年第35号）

第一章 总 则

第一条 为了规范密码应用和管理，促进密码事业发展，保障网络与信息安全，维护国家安全和社会公共利益，保护公民、法人和其他组织的合法权益，制定本法。

第二条 本法所称密码，是指采用特定变换的方法对信息等进行加密保护、安全认证的技术、产品和服务。

第三条 密码工作坚持总体国家安全观，遵循统一领导、分级负责，创新发展、服务大局，依法管理、保障安全的原则。

第四条 坚持中国共产党对密码工作的领导。中央密码工作领导机构对全国密码工作实行统一领导，制定国家密码工作重大方针政策，统筹协调国家密码重大事项和重要工作，推进国家密码法治建设。

第五条 国家密码管理部门负责管理全国的密码工作。县级以上地方各级密码管理部门负责管理本行政区域的密码工作。

国家机关和涉及密码工作的单位在其职责范围内负责本机关、本单位或者本系统的密码工作。

第六条 国家对密码实行分类管理。

密码分为核心密码、普通密码和商用密码。

第七条 核心密码、普通密码用于保护国家秘密信息，核心密码保护信息的最高密级为绝密级，普通密码保护信息的最高密级为机密级。

核心密码、普通密码属于国家秘密。密码管理部门依照本法和有关法律、行政法规、国家有关规定对核心密码、普通密码实行严格统一管理。

第八条 商用密码用于保护不属于国家秘密的信息。

公民、法人和其他组织可以依法使用商用密码保护网络与信息安全。

第九条 国家鼓励和支持密码科学技术研究和应用，依法保护密码领域的知识产权，促进密码科学技术进步和创新。

国家加强密码人才培养和队伍建设，对在密码工作中作出突出贡献的组织和个人，按照国家有关规定给予表彰和奖励。

第十条 国家采取多种形式加强密码安全教育，将密码安全教育纳入国民教育体系和公务员教育培训体系，增强公民、法人和其他组织的密码安全意识。

第十一条 县级以上人民政府应当将密码工作纳入本级国民经济和社会发展规划，所需经费列入本级财政预算。

第十二条 任何组织或者个人不得窃取他人加密保护的信息或者非法侵入他人的密码保障系统。

任何组织或者个人不得利用密码从事危害国家安全、社会公共利益、他人合法权益等违法犯罪活动。

第二章 核心密码、普通密码

第十三条 国家加强核心密码、普通密码的科学规划、管理和使用，加强制度建设，完善管理措施，增强密码安全保障能力。

第十四条 在有线、无线通信中传递的国家秘密信息，以及存储、处理国家秘密信息的信息系统，应当依照法律、行政法规和国家有关规定使用核心密码、普通密码进行加密保护、安全认证。

第十五条 核心密码、普通密码科研、生产、服务、检测、装备、使用和销毁等工作的机构（以下统称密码工作机构）应当按照法律、行政法规、国家有关规定以及核心密码、普通密码标准的要求，建立健全安全管理制度，采取严格的保密措施和保密责任制，确保核心密码、普通密码的安全。

第十六条 密码管理部门依法对密码工作机构的核心密码、普通密码工作进行指导、监督和检查，密码工作机构应当配合。

第十七条 密码管理部门根据工作需要会同有关部门建立核心密码、普通密码的安全监测预警、安全风险评估、信息通报、重大事项会商和应急处置等协作机制，确保核心密码、普通密码安全管理的协同联动和有序高效。

密码工作机构发现核心密码、普通密码泄密或者影响核心密码、普通密码安全的重大问题、风险隐患的，应当立即采取应对措施，并及时向保密行政管理部门、密码管理部门报告，由保密行政管理部门、密码管理部门会同有关部门组织开展调查、处置，并指导有关密码工作机构及时消除安全隐患。

第十八条 国家加强密码工作机构建设，保障其履行工作职责。

国家建立适应核心密码、普通密码工作需要的人员录用、选调、保密、考核、培训、待遇、奖惩、交流、退出等管理制度。

第十九条 密码管理部门因工作需要，按照国家有关规定，可以提请公安、交通运输、海关等部门对核心密码、普通密码有关物品和人员提供免检等便利，有关部门应当予以协助。

第二十条 密码管理部门和密码工作机构应当建立健全严格的监督和安全审查制度，对其工作人员遵守法律和纪律等情况进行监督，并依法采取必要措施，定期或者不定期组织开展安全审查。

第三章 商用密码

第二十一条 国家鼓励商用密码技术的研究开发、学术交流、成果转化和推广应用，健全统一、开放、竞争、有序的商用密码市场体系，鼓励和促进商用密码产业发展。

各级人民政府及其有关部门应当遵循非歧视原则，依法平等对待包括外商投资企业在内的商用密码科研、生产、销售、服务、进出口等单位（以下统称商用密码从业单位）。国家鼓励在外商投资过程中基于自愿原则和商业规则开展商用密码技术合作。行政机关及其工作人员不得利用行政手段强制转让商用密码技术。

商用密码的科研、生产、销售、服务和进出口，不得损害国家安全、社会公共利益或者他人合法权益。

第二十二条 国家建立和完善商用密码标准体系。

国务院标准化行政主管部门和国家密码管理部门依据各自职责，组织制定商用密码国家标准、行业标准。

国家支持社会团体、企业利用自主创新技术制定高于国家标准、行业标准相关技术要求的商用密码团体标准、企业标准。

第二十三条 国家推动参与商用密码国际标准化活动，参与制定商用密码国际标准，推进商用密码中国标准与国外标准之间的转化运用。

国家鼓励企业、社会团体和教育、科研机构等参与商用密码国际标准化活动。

第二十四条 商用密码从业单位开展商用密码活动，应当符合有关法律、行政法规、商用密码强制性国家标准以及该从业单位公开标准的技术要求。

国家鼓励商用密码从业单位采用商用密码推荐性国家标准、行业标准，提升商用密码的防护能力，维护用户的合法权益。

第二十五条 国家推进商用密码检测认证体系建设，制定商用密码检测认证技术规范、规则，鼓励商用密码从业单位自愿接受商用密码检测认证，提升市场竞争力。

商用密码检测、认证机构应当依法取得相关资质，并依照法律、行政法规的规定和商用密码检测认证技术规范、规则开展商用密码检测认证。

商用密码检测、认证机构应当对其在商用密码检测认证中所知悉的国家秘密和商业秘密承担保密义务。

第二十六条 涉及国家安全、国计民生、社会公共利益的商用密码产品，应当依法列入网络关键设备和网络安全专用产品目录，由具备资格的机构检测认证合格后，方可销售或者提供。商用密码产品检测认证适用《中华人民共和国网络安全法》的有关规定，避免重复检测认证。

商用密码服务使用网络关键设备和网络安全专用产品的，应当经商用密码认证机构对该商用密码服务认证合格。

第二十七条 法律、行政法规和国家有关规定要求使用商用密码进行保护的关键信息基础设施，其运营者应当使用商用密码进行保护，自行或者委托商用密码检测机构开展商用密码应用安全性评估。商用密码应用安全性评估应当与关键信息基础设施安全检测评估、网络安全等级测评制度相衔接，避免重复评估、测评。

关键信息基础设施的运营者采购涉及商用密码的网络产品和服务，可能影响国家安全的，应当按照《中华人民共和国网络安全法》的规定，通过国家网信部门会同国家密码管理部门等有关部门组织的国家安全审查。

第二十八条 国务院商务主管部门、国家密码管理部门依法对涉及国家安全、社会公共利益且具有加密保护功能的商用密码实施进口许可，对涉及国家安全、社会公共利益或者中国承担国际义务的商用密码实施出口管制。商用密码进口许可清单和出口管制清单由国务院商务主管部门会同国家密码管理部门和海关总署制定并公布。

大众消费类产品所采用的商用密码不实行进口许可和出口管制制度。

第二十九条 国家密码管理部门对采用商用密码技术从事电子政务电子认证服务的机构进行认定，会同有关部门负责政务活动中使用电子签名、数据电文的管理。

第三十条 商用密码领域的行业协会等组织依照法律、行政法规及其章程的规定，为商用密码从业单位提供信息、技术、培训等服务，引导和督促商用密码从业单位依法开展商用密码活动，加强行业自律，推动行业诚信建设，促进行业健康发展。

第三十一条 密码管理部门和有关部门建立日常监管和随机抽查相结合的商用密码事中事后监管制度，建立统一的商用密码监督管理信息平台，推进事中事后监管与社会信用体系相衔接，强化商用密码从业单位自律和社会监督。

密码管理部门和有关部门及其工作人员不得要求商用密码从业单位和商用密码检测、认证机构向其披露源代码等密码相关专有信息，并对其在履行职责中知悉的商业秘密和个人隐私严格保密，不得泄露或者非法向他人提供。

第四章　法律责任

第三十二条 违反本法第十二条规定，窃取他人加密保护的信息，非法侵入他人的密码保障系统，或者利用密码从事危害国家安全、社会公共利益、他人合法权益等违法活动的，由有关部门依照《中华人民共和国网络安全法》和其他有关法律、行政法规的规定追究法律责任。

第三十三条 违反本法第十四条规定，未按照要求使用核心密码、普通密码的，由密码管理部门责令改正或者停止违法行为，给予警告；情节严重的，由密码管理部门建议有关国家机关、单位对直接负责的主管人员和其他直接责任人员依法给予处分或者处理。

第三十四条 违反本法规定，发生核心密码、普通密码泄密案件的，由保密行政管理部门、密码管理部门建议有关国家机关、单位对直接负责的主管人员和其他直接责任人员依法给予处分或者处理。

违反本法第十七条第二款规定，发现核心密码、普通密码泄密或者影响核心密码、普通密码安全的重大问题、风险隐患，未立即采取应对措施，或者未及时报告的，由保密行政管理部门、密码管理部门建议有关国家机关、单位对直接负责的主管人员和其他直接责任人员依法给予处分或者处理。

第三十五条 商用密码检测、认证机构违反本法第二十五条第二款、第三款规定开展商用密码检测认证的，由市场监督管理部门会同密码管理部门责令改正或者停止违法行为，给予警告，没收违法所得；违法所得三十万元以上的，可以并处违法所得一倍以上三倍以下罚款；没有违法所得或者违法所得不足三十万元的，可以并处十万元以上三十万元以下罚款；情节严重的，依法吊销相关资质。

第三十六条 违反本法第二十六条规定，销售或者提供未经检测认证或者检测认证不合格的商用密码产品，或者提供未经认证或者认证不合格的商用密码服务的，由市场监督管理部门会同密码管理部门责令改正或者停止违法行为，给予警告，没收违法产品和违法所得；违法所得十万元以上的，可以并处违法所得一倍以上三倍以下罚款；没有违法所得或者违法所得不足十万元的，可以并处三万元以上十万元以下罚款。

第三十七条 关键信息基础设施的运营者违反本法第二十七条第一款规定，未按照要求使用商用密码，或者未按照要求开展商用密码应用安全性评估的，由密码管理部门责令改正，给予警告；拒不改正或者导致危害网络安全等后果的，处十万元以上一百万元以下罚款，对直接负责的主管人员处一万元以上十万元以下罚款。

关键信息基础设施的运营者违反本法第二十七条第二款规定，使用未经安全审查或者安全审查未通过的产品或者服务的，由有关主管部门责令停止使用，处采购金额一倍以上十倍以下罚款；对直接负责的主管人员和其他直接责任人员处一万元以上十万元以下罚款。

第三十八条 违反本法第二十八条实施进口许可、出口管制的规定，进出口商用密码的，由国务院商务主管部门或者海关依法予以处罚。

第三十九条 违反本法第二十九条规定，未经认定从事电子政务电子认证服务的，由密码管理部门责令改正或者停止违法行为，给予警告，没收违法产品和违法所得；违法所得三十万元以上的，可以并处违法所得一倍以上三倍以下罚款；没有违法所得或者违法所得不足三十万元的，可以并处十万元以上三十万元以下罚款。

第四十条 密码管理部门和有关部门、单位的工作人员在密码工作中滥用职权、玩忽职守、徇私舞弊，或者泄露、非法向他人提供在履行职责中知悉的商业秘密和个人隐私的，依法给予处分。

第四十一条 违反本法规定，构成犯罪的，依法追究刑事责任；给他人造成损害的，依法承担民事责任。

第五章　附　　则

第四十二条 国家密码管理部门依照法律、行政法规的规定，制定密码管理规章。

第四十三条 中国人民解放军和中国人民武装警察部队的密码工作管理办法，由中央军事委员会根据本法制定。

第四十四条 本法自 2020 年 1 月 1 日起施行。

3. 中华人民共和国电子签名法（2019 年修正）

（2004 年 8 月 28 日第十届全国人民代表大会常务委员会第十一次会议通过 根据 2015 年 4 月 24 日第十二届全国人民代表大会常务委员会第十四次会议《关于修改〈中华人民共和国电力法〉等六部法律的决定》第一次修正 根据 2019 年 4 月 23 日第十三届全国人民代表大会常务委员会第十次会议《关于修改〈中华人民共和国建筑法〉等八部法律的决定》第二次修正）

第一章 总 则

第一条 为了规范电子签名行为，确立电子签名的法律效力，维护有关各方的合法权益，制定本法。

第二条 本法所称电子签名，是指数据电文中以电子形式所含、所附用于识别签名人身份并表明签名人认可其中内容的数据。

本法所称数据电文，是指以电子、光学、磁或者类似手段生成、发送、接收或者储存的信息。

第三条 民事活动中的合同或者其他文件、单证等文书，当事人可以约定使用或者不使用电子签名、数据电文。

当事人约定使用电子签名、数据电文的文书，不得仅因为其采用电子签名、数据电文的形式而否定其法律效力。

前款规定不适用下列文书：

（一）涉及婚姻、收养、继承等人身关系的；

（二）涉及停止供水、供热、供气等公用事业服务的；

（三）法律、行政法规规定的不适用电子文书的其他情形。

第二章 数 据 电 文

第四条 能够有形地表现所载内容，并可以随时调取查用的数据电文，视为符合法律、法规要求的书面形式。

第五条 符合下列条件的数据电文，视为满足法律、法规规定的原件形式要求：

（一）能够有效地表现所载内容并可供随时调取查用；

（二）能够可靠地保证自最终形成时起，内容保持完整、未被更改。但是，在数据电文上增加背书以及数据交换、储存和显示过程中发生的形式变化不影响数据电文的完整性。

第六条 符合下列条件的数据电文，视为满足法律、法规规定的文件保存要求：

（一）能够有效地表现所载内容并可供随时调取查用；

（二）数据电文的格式与其生成、发送或者接收时的格式相同，或者格式不相同但是能够准确表现原来生成、发送或者接收的内容；

（三）能够识别数据电文的发件人、收件人以及发送、接收的时间。

第七条 数据电文不得仅因为其是以电子、光学、磁或者类似手段生成、发送、接收或者储存的而被拒绝作为证据使用。

第八条 审查数据电文作为证据的真实性，应当考虑以下因素：

（一）生成、储存或者传递数据电文方法的可靠性；

（二）保持内容完整性方法的可靠性；
（三）用以鉴别发件人方法的可靠性；
（四）其他相关因素。

第九条 数据电文有下列情形之一的，视为发件人发送：
（一）经发件人授权发送的；
（二）发件人的信息系统自动发送的；
（三）收件人按照发件人认可的方法对数据电文进行验证后结果相符的。
当事人对前款规定的事项另有约定的，从其约定。

第十条 法律、行政法规规定或者当事人约定数据电文需要确认收讫的，应当确认收讫。发件人收到收件人的收讫确认时，数据电文视为已经收到。

第十一条 数据电文进入发件人控制之外的某个信息系统的时间，视为该数据电文的发送时间。
收件人指定特定系统接收数据电文的，数据电文进入该特定系统的时间，视为该数据电文的接收时间；未指定特定系统的，数据电文进入收件人的任何系统的首次时间，视为该数据电文的接收时间。
当事人对数据电文的发送时间、接收时间另有约定的，从其约定。

第十二条 发件人的主营业地为数据电文的发送地点，收件人的主营业地为数据电文的接收地点。没有主营业地的，其经常居住地为发送或者接收地点。
当事人对数据电文的发送地点、接收地点另有约定的，从其约定。

第三章　电子签名与认证

第十三条 电子签名同时符合下列条件的，视为可靠的电子签名：
（一）电子签名制作数据用于电子签名时，属于电子签名人专有；
（二）签署时电子签名制作数据仅由电子签名人控制；
（三）签署后对电子签名的任何改动能够被发现；
（四）签署后对数据电文内容和形式的任何改动能够被发现。
当事人也可以选择使用符合其约定的可靠条件的电子签名。

第十四条 可靠的电子签名与手写签名或者盖章具有同等的法律效力。

第十五条 电子签名人应当妥善保管电子签名制作数据。电子签名人知悉电子签名制作数据已经失密或者可能已经失密时，应当及时告知有关各方，并终止使用该电子签名制作数据。

第十六条 电子签名需要第三方认证的，由依法设立的电子认证服务提供者提供认证服务。

第十七条 提供电子认证服务，应当具备下列条件：
（一）取得企业法人资格；
（二）具有与提供电子认证服务相适应的专业技术人员和管理人员；
（三）具有与提供电子认证服务相适应的资金和经营场所；
（四）具有符合国家安全标准的技术和设备；
（五）具有国家密码管理机构同意使用密码的证明文件；
（六）法律、行政法规规定的其他条件。

第十八条 从事电子认证服务，应当向国务院信息产业主管部门提出申请，并提交符合本法第十七条规定条件的相关材料。国务院信息产业主管部门接到申请后经依法审查，征求国务院商务主管部门等有关部门的意见后，自接到申请之日起四十五日内作出许可或者不予许可的决定。予以许可的，颁发电子认证许可证书；不予许可的，应当书面通知申请人并告知理由。

取得认证资格的电子认证服务提供者，应当按照国务院信息产业主管部门的规定在互联网上公布其名称、许可证号等信息。

第十九条 电子认证服务提供者应当制定、公布符合国家有关规定的电子认证业务规则，并向国务院信息产业主管部门备案。

电子认证业务规则应当包括责任范围、作业操作规范、信息安全保障措施等事项。

第二十条 电子签名人向电子认证服务提供者申请电子签名认证证书，应当提供真实、完整和准确的信息。

电子认证服务提供者收到电子签名认证证书申请后，应当对申请人的身份进行查验，并对有关材料进行审查。

第二十一条 电子认证服务提供者签发的电子签名认证证书应当准确无误，并应当载明下列内容：

（一）电子认证服务提供者名称；
（二）证书持有人名称；
（三）证书序列号；
（四）证书有效期；
（五）证书持有人的电子签名验证数据；
（六）电子认证服务提供者的电子签名；
（七）国务院信息产业主管部门规定的其他内容。

第二十二条 电子认证服务提供者应当保证电子签名认证证书内容在有效期内完整、准确，并保证电子签名依赖方能够证实或者了解电子签名认证证书所载内容及其他有关事项。

第二十三条 电子认证服务提供者拟暂停或者终止电子认证服务的，应当在暂停或者终止服务九十日前，就业务承接及其他有关事项通知有关各方。

电子认证服务提供者拟暂停或者终止电子认证服务的，应当在暂停或者终止服务六十日前向国务院信息产业主管部门报告，并与其他电子认证服务提供者就业务承接进行协商，作出妥善安排。

电子认证服务提供者未能就业务承接事项与其他电子认证服务提供者达成协议的，应当申请国务院信息产业主管部门安排其他电子认证服务提供者承接其业务。

电子认证服务提供者被依法吊销电子认证许可证书的，其业务承接事项的处理按照国务院信息产业主管部门的规定执行。

第二十四条 电子认证服务提供者应当妥善保存与认证相关的信息，信息保存期限至少为电子签名认证证书失效后五年。

第二十五条 国务院信息产业主管部门依照本法制定电子认证服务业的具体管理办法，对电子认证服务提供者依法实施监督管理。

第二十六条 经国务院信息产业主管部门根据有关协议或者对等原则核准后，中华人民共和国境外的电子认证服务提供者在境外签发的电子签名认证证书与依照本法设立的电子认证服务提供者签发的电子签名认证证书具有同等的法律效力。

第四章　法律责任

第二十七条 电子签名人知悉电子签名制作数据已经失密或者可能已经失密未及时告知有关各方、并终止使用电子签名制作数据，未向电子认证服务提供者提供真实、完整和准确的信息，或者有其他过错，给电子签名依赖方、电子认证服务提供者造成损失的，承担赔偿责任。

第二十八条 电子签名人或者电子签名依赖方因依据电子认证服务提供者提供的电子签名认证服务从事民事活动遭受损失,电子认证服务提供者不能证明自己无过错的,承担赔偿责任。

第二十九条 未经许可提供电子认证服务的,由国务院信息产业主管部门责令停止违法行为;有违法所得的,没收违法所得;违法所得三十万元以上的,处违法所得一倍以上三倍以下的罚款;没有违法所得或者违法所得不足三十万元的,处十万元以上三十万元以下的罚款。

第三十条 电子认证服务提供者暂停或者终止电子认证服务,未在暂停或者终止服务六十日前向国务院信息产业主管部门报告的,由国务院信息产业主管部门对其直接负责的主管人员处一万元以上五万元以下的罚款。

第三十一条 电子认证服务提供者不遵守认证业务规则、未妥善保存与认证相关的信息,或者有其他违法行为的,由国务院信息产业主管部门责令限期改正;逾期未改正的,吊销电子认证许可证书,其直接负责的主管人员和其他直接责任人员十年内不得从事电子认证服务。吊销电子认证许可证书的,应当予以公告并通知工商行政管理部门。

第三十二条 伪造、冒用、盗用他人的电子签名,构成犯罪的,依法追究刑事责任;给他人造成损失的,依法承担民事责任。

第三十三条 依照本法负责电子认证服务业监督管理工作的部门的工作人员,不依法履行行政许可、监督管理职责的,依法给予行政处分;构成犯罪的,依法追究刑事责任。

第五章 附 则

第三十四条 本法中下列用语的含义:

(一)电子签名人,是指持有电子签名制作数据并以本人身份或者以其所代表的人的名义实施电子签名的人;

(二)电子签名依赖方,是指基于对电子签名认证证书或者电子签名的信赖从事有关活动的人;

(三)电子签名认证证书,是指可证实电子签名人与电子签名制作数据有联系的数据电文或者其他电子记录;

(四)电子签名制作数据,是指在电子签名过程中使用的,将电子签名与电子签名人可靠地联系起来的字符、编码等数据;

(五)电子签名验证数据,是指用于验证电子签名的数据,包括代码、口令、算法或者公钥等。

第三十五条 国务院或者国务院规定的部门可以依据本法制定政务活动和其他社会活动中使用电子签名、数据电文的具体办法。

第三十六条 本法自 2005 年 4 月 1 日起施行。

4. 云计算服务安全评估办法(2019年颁布)

(国家互联网信息办公室 国家发展和改革委员会 工业和信息化部 财政部公告
2019年第2号)

第一条 为提高党政机关、关键信息基础设施运营者采购使用云计算服务的安全可控水平,制定本办法。

第二条 云计算服务安全评估坚持事前评估与持续监督相结合,保障安全与促进应用相统一，依据有关法律法规和政策规定，参照国家有关网络安全标准，发挥专业技术机构、专家作用，客观评价、严格监督云计算服务平台（以下简称"云平台"）的安全性、可控性，为党政机关、关键信息基础设施运营者采购云计算服务提供参考。

本办法中的云平台包括云计算服务软硬件设施及其相关管理制度等。

第三条 云计算服务安全评估重点评估以下内容：

（一）云平台管理运营者（以下简称"云服务商"）的征信、经营状况等基本情况；

（二）云服务商人员背景及稳定性，特别是能够访问客户数据、能够收集相关元数据的人员；

（三）云平台技术、产品和服务供应链安全情况；

（四）云服务商安全管理能力及云平台安全防护情况；

（五）客户迁移数据的可行性和便捷性；

（六）云服务商的业务连续性；

（七）其他可能影响云服务安全的因素。

第四条 国家互联网信息办公室会同国家发展和改革委员会、工业和信息化部、财政部建立云计算服务安全评估工作协调机制（以下简称"协调机制"），审议云计算服务安全评估政策文件，批准云计算服务安全评估结果，协调处理云计算服务安全评估有关重要事项。

云计算服务安全评估工作协调机制办公室（以下简称"办公室"）设在国家互联网信息办公室网络安全协调局。

第五条 云服务商可申请对面向党政机关、关键信息基础设施提供云计算服务的云平台进行安全评估。

第六条 申请安全评估的云服务商应向办公室提交以下材料：

（一）申报书；

（二）云计算服务系统安全计划；

（三）业务连续性和供应链安全报告；

（四）客户数据可迁移性分析报告；

（五）安全评估工作需要的其他材料。

第七条 办公室受理云服务商申请后，组织专业技术机构参照国家有关标准对云平台进行安全评价。

第八条 专业技术机构应坚持客观、公正、公平的原则，按照国家有关规定，在办公室指导监督下，参照《云计算服务安全指南》《云计算服务安全能力要求》等国家标准，重点评价本办法第三条所述内容，形成评价报告，并对评价结果负责。

第九条 办公室在专业技术机构安全评价基础上，组织云计算服务安全评估专家组进行综合评价。

第十条 云计算服务安全评估专家组根据云服务商申报材料、评价报告等，综合评价云计算服务的安全性、可控性，提出是否通过安全评估的建议。

第十一条 云计算服务安全评估专家组的建议经协调机制审议通过后，办公室按程序报国家互联网信息办公室核准。

云计算服务安全评估结果由办公室发布。

第十二条 云计算服务安全评估结果有效期3年。有效期届满需要延续保持评估结果的，云服务商应在届满前至少6个月向办公室申请复评。

有效期内，云服务商因股权变更、企业重组等导致实控人或控股权发生变化的，应重新申请安全评估。

第十三条 办公室通过组织抽查、接受举报等形式，对通过评估的云平台开展持续监督，重点监督有关安全控制措施有效性、重大变更、应急响应、风险处置等内容。

通过评估的云平台已不再满足要求的，经协调机制审议、国家互联网信息办公室核准后撤销通过评估的结论。

第十四条 通过评估的云平台停止提供服务时，云服务商应至少提前6个月通知客户和办公室，并配合客户做好迁移工作。

第十五条 云服务商对所提供申报材料的真实性负责。在评估过程中拒绝按要求提供材料或故意提供虚假材料的，按评估不通过处理。

第十六条 未经云服务商同意，参与评估工作的相关机构和人员不得披露云服务商提交的未公开材料以及评估工作中获悉的其他非公开信息，不得将云服务商提供的信息用于评估以外的目的。

第十七条 本办法自2019年9月1日起施行。

第四章　会计人员管理法规

1. 会计人员管理办法（2018年颁布）

（财会〔2018〕33号）

第一条　为加强会计人员管理，规范会计人员行为，根据《中华人民共和国会计法》及相关法律法规的规定，制定本办法。

第二条　会计人员，是指根据《中华人民共和国会计法》的规定，在国家机关、社会团体、企业、事业单位和其他组织（以下统称单位）中从事会计核算、实行会计监督等会计工作的人员。

会计人员包括从事下列具体会计工作的人员：

（一）出纳；
（二）稽核；
（三）资产、负债和所有者权益（净资产）的核算；
（四）收入、费用（支出）的核算；
（五）财务成果（政府预算执行结果）的核算；
（六）财务会计报告（决算报告）编制；
（七）会计监督；
（八）会计机构内会计档案管理；
（九）其他会计工作。

担任单位会计机构负责人（会计主管人员）、总会计师的人员，属于会计人员。

第三条　会计人员从事会计工作，应当符合下列要求：

（一）遵守《中华人民共和国会计法》和国家统一的会计制度等法律法规；
（二）具备良好的职业道德；
（三）按照国家有关规定参加继续教育；
（四）具备从事会计工作所需要的专业能力。

第四条　会计人员具有会计类专业知识，基本掌握会计基础知识和业务技能，能够独立处理基本会计业务，表明具备从事会计工作所需要的专业能力。

单位应当根据国家有关法律法规和本办法有关规定，判断会计人员是否具备从事会计工作所需要的专业能力。

第五条 单位应当根据《中华人民共和国会计法》等法律法规和本办法有关规定，结合会计工作需要，自主任用（聘用）会计人员。

单位任用（聘用）的会计机构负责人（会计主管人员）、总会计师，应当符合《中华人民共和国会计法》《总会计师条例》等法律法规和本办法有关规定。

单位应当对任用（聘用）的会计人员及其从业行为加强监督和管理。

第六条 因发生与会计职务有关的违法行为被依法追究刑事责任的人员，单位不得任用（聘用）其从事会计工作。

因违反《中华人民共和国会计法》有关规定受到行政处罚五年内不得从事会计工作的人员，处罚期届满前，单位不得任用（聘用）其从事会计工作。

本条第一款和第二款规定的违法人员行业禁入期限，自其违法行为被认定之日起计算。

第七条 单位应当根据有关法律法规、内部控制制度要求和会计业务需要设置会计岗位，明确会计人员职责权限。

第八条 县级以上地方人民政府财政部门、新疆生产建设兵团财政局、中央军委后勤保障部、中共中央直属机关事务管理局、国家机关事务管理局应当采用随机抽取检查对象、随机选派执法检查人员的方式，依法对单位任用（聘用）会计人员及其从业情况进行管理和监督检查，并将监督检查情况及结果及时向社会公开。

第九条 依法成立的会计人员自律组织，应当依据有关法律法规和其章程规定，指导督促会员依法从事会计工作，对违反有关法律法规、会计职业道德和其章程的会员进行惩戒。

第十条 各省、自治区、直辖市、计划单列市财政厅（局），新疆生产建设兵团财政局、中央军委后勤保障部、中共中央直属机关事务管理局、国家机关事务管理局可以根据本办法制定具体实施办法，报财政部备案。

第十一条 本办法自2019年1月1日起施行。

2. 会计行业人才发展规划（2021—2025年）（2021年颁布）

（财会〔2021〕34号）

为深入实施新时代人才强国战略，培养造就高素质专业化会计人才队伍，为高质量发展提供人才支撑，根据《中华人民共和国国民经济和社会发展第十四个五年规划和2035年远景目标纲要》《财政"十四五"规划》和《会计改革与发展"十四五"规划纲要》有关精神，结合会计人才工作实际，制定本规划。

一、发展情况和面临形势

（一）会计人才发展情况。

会计人才是我国人才队伍的重要组成部分，是维护市场经济秩序、促进经济社会发展、推动会计改革发展的重要力量。《会计行业中长期人才发展规划（2010—2020年）》实施以来，财政部门会同相关部门加快完善会计人才各项制度，有效实施会计人才培养重大工程，积极营造会计人才发展良好环境，会计人才规模有序增长、人才结构不断优化、人才竞争力明显提升，会计人才在推动各单位提高现代化管理水平、引导社会资源合理配置、保障社会公众利益、维护国家经济安全和市场经济秩序中发挥了重要作用。一是会计人才建设各项制度不断健全。制定出台《会计人员管理办法》《会计专业技术人员继续教育规定》《中国注册会计师继续教育制度》《关于深化会计人员职称制度改革的指导意见》《关于加强会计人员诚信建设的指导意见》等，修订印发《全国会计专业技术资格无纸化考试考务规则》《全国会计专业技术资格考试评卷工作规则》等。二是会计人才队伍规模不断壮大。通过加强会计专业技术资格管理、注册会计师资格管理，有序推进会计人员、注册会计师继续教育和能力评价工作，加强会计学历教育和师资队伍建设，我国会计人才队伍规模稳步增长，整体素质明显提升。截至2020年底，我国共有670.20万人取得初级会计专业技术资格，242.02万人取得中级会计专业技术资格，20.57万人通过高级会计专业技术资格考试；我国注册会计师行业从业人员近40万人，会计师事务所合伙人（股东）3.6万人；在开设本科以上学历教育的高校及科研单位中从事会计教学科研工作的人员超过1.3万人。三是会计人才培养重大工程成效显著。实施一系列会计人才培养项目，加强对企业总会计师、行政事业单位财务负责人、会计师事务所合伙人、会计教学科研人才和国际化高端会计人才的培养，发挥高端会计人才的引领辐射作用，带动和推进各级各类会计人才队伍建设。截至2020年底，共有1 802人入选全国高端会计人才培养工程，毕业1 071人；实施大中型企事业单位总会计师素质提升工程，培训6.7万人次；实施国际化高端会计人才培养工程，招收90名学员；实施会计名家培养工程，70人入选，39人获得"会计名家"称号；全国会计硕士专业学位研究生培养单位从最初的24家发展到269家，已累计招生超过12万人，授予学位超过8万人。四是会计人才发展环境不断改善。会计职能作用得到有效发挥，国家级会计人才培养基地加快建设，区域重点会计人才支持政策相继推出，增设正高级会计师，会计职业发展空间进一步拓展。

（二）"十四五"时期会计人才发展面临的形势。

"十四五"时期是我国全面建成小康社会、实现第一个百年奋斗目标之后，乘势而上开启全面建设社会主义现代化国家新征程、向第二个百年奋斗目标进军的第一个五年，会计人才工作面临新的机遇和挑战。

从机遇看，一是我国已转入高质量发展阶段，加快构建以国内大循环为主体、国内国际双循环相互促进的新发展格局，推进国家治理体系和治理能力现代化，将促使广大会计人才在挖掘经济增长潜能、优化经济结构、加强财会监督、防范化解重大风险、提升会计服务业发展能级和竞争力，推动经济社会持续健康发展等方面发挥更大作用。二是我国将深入实施新时代人才强国战略，加快建设世界重要人才中心和创新高地，深化人才发展体制机制改革，加快建立以创新价值、能力、贡献为导向的人才评价体系，全方位培养、引进、用好人才，将为我国会计人才干事创业营造更加积极的政策环境。

从挑战看，一是以信息技术、数字技术、人工智能为代表的新一轮技术革命催生了新产业、新业态、新模式，对会计理论、会计职能、会计组织方式、会计工具手段等产生了重大而深远的影响，需要会计理论工作者加强会计基础理论研究，推动我国会计理论创新发展；需要会计实务工作者深入应用新技术，推动会计审计工作数字化转型；需要会计管理工作者加强会计数据相关标准建设，推动会计数据资源开发利用。二是我国会计人才队伍区域发展差异较大，结构性失衡问题仍然存在，中西部地区会计人才队伍整体素质有待提高，基层行政事业单位会计力量亟需增强，高端会计人才仍然缺乏，难以满足高质量发展对创新型、复合型、国际化人才的要求。

二、总体要求

（一）指导思想。

以习近平新时代中国特色社会主义思想为指导，深入贯彻党的十九大和十九届历次全会精神，增强"四个意识"，坚定"四个自信"，做到"两个维护"，全面贯彻习近平总书记关于新时代人才工作新理念新战略新举措，立足新发展阶段，贯彻新发展理念，服务构建新发展格局，推动高质量发展，坚持党管人才，坚持正确政治方向，坚持人才引领发展，加大人才发展投入，构建科学规范、开放包容、运行高效的会计人才培养体系，建立以诚信评价、专业评价、能力评价为维度的会计人才综合评价体系，形成识才爱才敬才用才的良好环境和政策优势，推动我国会计人才战略思维提升、创新能力发展、数字智能转型，提升我国会计人才教育培养综合实力和会计人才资源竞争优势，为全面建设社会主义现代化国家提供有力人才保障。

（二）基本原则。

——坚持党管人才。坚持党对会计人才工作的全面领导，强化党组织领导和把关作用，全方位培养、引进、用好会计人才，突出会计人才政治能力建设，引导广大会计人才矢志爱国奉献、勇于创新创造。

——坚持立德树人。将立德树人作为会计人才教育培养的根本任务，弘扬社会主义核心价值观，加强会计法治教育、诚信自律教育、职业精神培育和专业能力建设，增强责任意识，提高担当本领，打造德才兼备、以德为先的会计人才队伍。

——强化顶层设计。围绕构建新发展格局和推动质量变革、效率变革、动力变革目标，有效整合会计人才政策措施，理顺政府、市场、社会、用人主体关系，明确各自功能定位，构建梯次分明、定位清晰、科学合理的会计人才发展工作体系。

——聚焦高端群体。面向经济主战场、面向国家重大战略需求，培养高层次会计人才，重点加强企业总会计师、行政事业单位财务负责人、会计师事务所合伙人、会计教学科研人才、国际化会计人才的培养，突出点上聚焦、以点带面、高端引领。

——注重整体提升。加大基层会计人才培养力度，重视青年人才培养，加强人才梯队建设，构建包括继续教育和学历教育等在内的终身学习培养体系，形成分层次、分类型、差异化的会计人才培养长效机制。

——加强协同推进。政府部门强化组织领导、政策支持、投入保障，激发高校、科研院所、企事业单位、社会团体和机构等参与会计人才建设工作的积极性和活力，构建政府、社会、市场协同推进的会计人才发展大格局。

（三）发展目标。

"十四五"时期，通过深化改革，会计人才发展体制机制改革取得突破性进展，会计人才培养、评价、使用体系更加健全，会计人才创新活力充分激发，会计职业发展环境更加优化，会计人才对我国经济社会发展的支撑作用明显增强。

——会计人才结构不断优化，人才布局与经济社会发展更加协调。会计人才资源总量稳步增长，会计人才分布、层次和类别等结构更趋合理，中西部地区会计人才素质明显提升，行政事业单位会计人才队伍不断充实，高端会计人才数量比"十三五"期末增长35%，建设一批高水平会计人才高地和高层次会计人才聚集平台，在会计理论前沿领域有一批开拓者，在主要会计国际组织有一批决策参与者和专家团队，在企业、行政事业单位、会计师事务所的关键岗位有一批核心骨干力量。

——会计教育培养体系不断健全，人才培养效能显著提升。以提升职业素养、创新能力为重点，完善会计专业技术资格考试和职称评审、注册会计师考试、继续教育、学历教育等；优化会计人员教育培养布局结构，基本形成各级财政部门、用人单位、高校和科研院所、行业协会等共同参与的开放、协同、联动的会计人员终身学习教育培训体系，不断提高会计人才队伍的能力素质和整体水平，促进各级各类会计人才认真履行岗位职责、规范执行财经法规、有效维护社会主义市场经济秩序。

——会计人才评价体系不断完善，人才评价作用有效发挥。围绕新时代推进高质量发展对会计工作的新要求，完善会计人才评价标准，突出评价职业道德、能力素质和工作业绩，充分发挥会计专业技术资格考试评价在会计人才评价方面的重要作用，促进评价结果与会计人才培养、使用相结合。

——会计人才使用机制不断创新，人才使用效能明显提升。加强与组织部门、人才主管部门、用人单位联动，推动会计人才信息整合、数据共享，积极为会计人才拓展事业和实现价值提供机会、条件和平台，促进会计人才有效流动和优化配置，充分发挥会计人才在经济业务、经营活动、监督管理等业务关口的作用。

三、主要任务

（一）加强会计诚信建设。

诚信是会计职业道德的重要内容，也是对会计行业的最基本要求。要加强会计法治建设，为会计诚信建设提供法律保障。通过修订会计法律制度、制定会计人员职业道德规范，修订完善注册会计师职业道德守则等，强化会计诚信意识，支持会计人员依法履职尽责，保护会计人员合法权益；完善会计法律责任体系，提高会计违法成本。要建立涵盖事前、事中和事后全过程的会计诚信体系，建立会计人员信用信息管理制度，规范信用信息归集、评价、利用，探索诚信积分管理机制，健全会计人员守信联合激励和失信联合惩戒机制，加强与有关部门合作，实现信用信息的互换、互通和共享，将会计人员信用信息作为会计人才选拔、培养、评价、使用的重要依据。支持会计相关行业协会建立健全信用承诺制度，加强行业自律。要加强会计法治教育、会计诚信教育和思政教育，将会计职业道德作为会计人才培养教育的重要内容，推动财会类专业教育加强职业道德和课程思政建设。要加大会计诚信宣传，组织开展先进会计工作者评选表彰，健全评选表彰机制，宣传先进事迹，鼓励会计人才主动担负起时代赋予的使命责任；加强对典型失信案例的警示教育。

（二）构建会计人才能力框架。

会计人才能力框架是从事会计工作或履行会计相关岗位职责应具备的能力和要求的组合，包括知识、技能、价值观等。以经济发展需求和行业发展趋势为导向，遵循人才成长规律，把握会计职业特点，针对不同层次、不同类别的会计人才分别构建能力框架，强化对会计信息化能力的要求，推动各级各类会计人才适应会计工作数字化转型。以能力框架为指引，制定会计人员继续教育科目指南，修订中国注册会计师胜任能力指南，构建高端会计人才培养核心课程体系，积极引导广大会计人员根据职业发展要求，持续加强能力建设，推动会计工作更好地服务高质量发展。

（三）健全会计人才评价体系。

会计人才评价是会计人才发展体制机制的重要部分，是会计人才资源开发管理和使用的前提。探索建立以诚信评价、专业评价、能力评价为维度的会计人才综合评价体系，充分发挥会计人才评价对会计人才教育培养的导向作用，促进广大会计人员提升能力、诚信执业。完善会计专业技术资格考试评价制度，修订会计专业技术资格考试大纲，加强会计专业技术资格考试组织实施管理，探索推进初级会计专业技术资格考试一年多考。加大对高级和正高级会计专业技术资格评审工作的指导力度，向艰苦边远地区适当放宽评审标准。研究会计专业技术资格考试、评审与注册会计师等职业资格考试科目互认、与会计专业学位研究生教育衔接的机制、与高端会计人才培养衔接的机制，减少重复评价，畅通各类会计人才流动、提升的渠道。

（四）完善继续教育管理体制机制。

开展继续教育是建设高素质专业化会计人才队伍的基础性战略性工作。紧密结合经济社会和会计行业发展要求，以能力建设为核心，完善继续教育制度，丰富继续教育内容，创新继续教育方式，突出继续教育的针对性、差异化、实用性和前瞻性，持续提高继续教育质量。充分利用云计算、大数据、虚拟现实、人工智能等新技术，推进继续教育信息化平台建设和应用，提供标准统一、内容规范、质量优秀的会计人员继续教育课程和注册会计师胜任能力全要素模块课程，开展继续教育师资库建设。将继续教育完成情况作为参加会计人才评价、会计人才选拔、先进会计工作者评选的重要依据。加强对继续教育机构的指导和监督，鼓励继续教育机构提供优质继续教育课程资源。各地财政部门应加强对本地区基层会计人员继续教育的管理。各业务主管部门、用人单位应支持和保障会计人员、注册会计师参加继续教育。会计人员、注册会计师应主动适应岗位需要和职业发展要求完成继续教育，不断完善知识结构，增强创新能力，提高专业水平。

（五）加强高端会计人才培训培养。

健全高端会计人才培训培养的有关制度安排，重点对大中型企业总会计师、行政事业单位财务负责人、会计师事务所合伙人等高端财会群体及其后备人员进行培训培养。完善以职业需求为导向、以实践能力为重点的高端会计人才培训培养模式，课上讲授与课下研讨相结合，课堂教学与现场教学相结合，线上培训与线下培训相结合，增强培训的实践性和实用性。财政部重点对中央单位和省级单位开展培训，设置短期培训和长期培训两个类别，短期培训聚焦岗位能力培训，长期培训着重加强中青年人才培养，有关培训资源将适当向艰苦边远地区倾斜。鼓励和支持各地财政部门加强对本地区单位重点群体的培训，并注重加强对本地区中小企业、民营企业、基层行政事业单位财务负责人和财政总预算会计以及代理记账机构负责人的培训。财政部推动全国高端会计人才培养纳入国家高端人才培养体系，各地财政部门应推动本地区高端会计人才培养纳入本级政府高端人才培养体系。各业务主管部门和用人单位应根据行业发展需求，有针对性地培养本行业、本领域、本单位的高端会计人才和涉外会计人才。各用人单位应鼓励和支持会计人员参加培训，并提供必要保障。

（六）推进会计学科专业体系建设。

会计学科专业是会计人才培养的基础和载体。构建适应经济发展、产业结构调整、新技术革命、国家治理体系和治理能力现代化等新形势的会计学科专业体系，积极推进论证会计学一级学科申报和建设。把握数字化、网络化、智能化融合发展的契机，促进会计学科与其他学科的交叉融合。适当增加政府会计、管理会计、会计信息化相关课程内容的比重。财政部门配合教育部门深化会计学历教育改革，依托部分高校，聚焦直接影响会计学科专业体系建设的关键因素，从师资、课程、教材、教学内容、教学方式和实践基地等方面进行以战略思维、业财融合、数字智能为导向的教改研究和探索，推动产学研一体化发展。增强会计职业教育适应性，进一步完善培养机制。加强会计基础理论研究，争做国际学术前沿并行者乃至领跑者，开展战略性、全局性、前瞻性问题研究，创新科研组织模式，建立重点研究基地，打造一批新型高校智库，为重大会计政策制定提供支持。

（七）提升会计专业学位研究生教育质量。

会计专业学位研究生教育主要培养具有较强专业能力、职业素养和创新思维的应用型会计人才。财政部会同国家教育主管部门、人才主管部门，面向会计行业当前及未来人才重大需求，开展会计硕士专业学位核心课程建设、教材建设、教学案例库建设和教育质量认证等工作；积极推进会计硕士专业学位教育与会计专业技术中级资格的衔接；积极推进设立会计博士专业学位，完善会计专业学位体系；优化跨院校的教师、学生之间的交流沟通学习平台，推进培养单位与实务部门在课程建设、实习实践和科学研究方面的合作。各培养单位要加大教学投入，健全教学激励机制，加强国际合作，建立培养方案动态调整机制，着力增强研究生实践能力、创新能力；培养优秀师资，引入和配备具有丰富实务经验、大数据分析等学科背景的会计青年教师；丰富课堂形式，采用案例教学、沙盘模拟、情景模拟、翻转课堂、整合性学习、线上线下混合式教学等教学方法；规范实习实践基地管理，与实践基地深入合作，开展符合实务导向要求的课外综合素质活动。

（八）搭建会计人员管理服务平台。

搭建会计人员管理服务平台是贯彻落实"放管服"改革要求，加强会计人员事中事后管理的重要手段。财政部建设全国统一的会计人员管理服务平台，对会计人员的基础信息、信用信息、继续教育信息等进行采集、管理和维护，建设全国会计人才数据库，动态掌握会计人才发展状况。各省级财政部门建立本地区会计人员管理服务平台，为本地区会计人员提供特色服务。财政部门应充分利用信息化技术，加强会计人员信息的分析、查询、利用，推动会计人员信息互联与共享，为会计考试报名、证书办理、继续教育登记等提供便捷高效政务服务，注重保护会计人员信息安全；建立高端会计人才数据库，搭建高端会计人才交流平台，吸收优秀人才加入会计专业咨询委员会提供决策咨询、担任师资、开展课题研究，发挥会计人才专业力量。逐步建立起行业主管部门、组织部门、人才主管部门、用人单位、会计人才共同参与的会计人才服务体系。

（九）加大会计人才培养基地建设。

会计人才培养基地是对会计人才进行知识更新和能力提升的服务平台。财政部加强国家会计学院建设，推动国家会计学院坚守高端培训办学使命，开展高端会计人才培养、会计专业学位研究生教育，创新培养模式、提高师资水平，打造高端会计人才培养主阵地；坚定特色发展办学方向，在高端会计人才培养、学位教育、智库建设中突出优势领域，形成差异定位协同发展新格局；坚持整合资源办学策略，切实发挥学院董事会、战略咨询委员会的咨询和支持作用，加强高质量在线学习平台建设，共建携手共进合作共赢大平台。鼓励和支持在北京、上海、粤港澳大湾区建设高水平会计人才高地，在高端会计人才集中的中心城市建设吸引和集聚会计人才的平台。鼓励和支持各地区重点针对地区、行业中急需紧缺的会计人才开展培训，为社会各单位和会计人员提供精细化的业务培训、能力提升等服务。鼓励和引导企业、高校、科研院所等参与会计人才联合培养，注重发挥会计行业组织（团体）在会计人才培养方面的作用，支持会计行业组织（团体）搭建会计学术交流、实践交流平台。

四、重大工程

为培养各领域的高端会计人才，财政部实施一系列重大会计人才培养工程，着力培养符合新时代高质量发展要求的大中型企业高端会计人才，符合新时代行政事业单位管理要求的高端会计人才，符合国家建设要求的注册会计师，符合教育改革要求、贴近会计实务的会计教学科研人才和学术带头人，符合会计国际交流合作需要的国际化高端会计人才。

（一）大中型企业总会计师培养工程。

通过实施大中型企业总会计师培养工程，着力培养符合新时代高质量发展要求的大中型企业高端会计人才，即具有良好职业操守、新时代发展理念、管理创新能力、全球战略眼光、社会责任感，能够站在时代前沿和战略全局思考问题，为实现企业战略目标出谋划策；能够形成与企业发展相适应的财务管理模式，有效发挥财务工作对企业发展战略和经营决策的支撑作用，不断提升价值创造能力；能够充分利用国际国内两个市场、两种资源，为企业发展提出全球性解决方案；能够有效识别、研判和应对经营风险，为企业健康持续发展提供支持和保障；能够引领带动企业会计人才队伍发展。具体培养计划为：对中央企业一二三级企业、省级国有企业一二级企业、上市公司和地方重点企业总会计师开展轮训，提升总会计师岗位能力素质，每年培训约2 900人，五年共培训约14 500人；选拔一批大中型企业优秀中青年会计人才进行重点培养，培养周期三年，每两年选拔1次，五年共选拔培养约240人。

（二）行政事业单位财务负责人培养工程。

通过实施行政事业单位财务负责人培养工程，着力培养符合新时代行政事业单位管理要求的高端会计人才，即具有较高政治素养、专业水平、管理能力，能够有效实施政府会计准则制度体系，规范行政事业单位会计核算，提高会计信息质量；能够加强部门预算管理、资产负债管理和成本绩效管理，积极推进预算管理一体化，为进一步深化预算管理制度改革提供支持；能够加强单位内控建设、信息化建设和管理会计应用，推动单位会计人才队伍建设，有效提升单位规范化、科学化管理水平，提高公共服务的效率和效果。具体培养计划为：对国家和省级行政事业单位财务负责人开展轮训，提升财务负责人岗位能力素质，每年培训约 720 人，五年共培训约 3 600 人；选拔一批行政事业单位优秀中青年会计人才进行重点培养，培养周期三年，每两年选拔 1 次，五年共选拔培养约 120 人。

（三）会计师事务所合伙人培养工程。

通过实施会计师事务所合伙人培养工程，着力培养符合国家建设要求的注册会计师，即符合"政治型、职业型、专业型、复合型、国际型"要求，能够带头践行"独立、客观、公正"的职业精神，持续提升专业胜任能力，熟悉市场规则，具有国际视野，既"专"又"博"发挥辐射效应，推动价值提升；能够在规范会计服务市场，优化执业环境，提升会计师事务所治理水平、审计质量和服务国家建设能力，增强我国注册会计师行业国际竞争力等方面发挥重要作用。具体培养计划为：对会计师事务所合伙人开展轮训，提升会计师事务所合伙人执业能力和管理能力，每年培训约 1 000 人，五年共培训约 5 000 人；选拔一批会计师事务所优秀中青年人才进行重点培养，培养周期三年，每年选拔 1 次，五年共选拔培养约 180 人。

（四）会计教学科研人才培养工程。

通过实施会计教学科研人才培养工程，着力培养符合教育改革要求、贴近会计实务的会计教学科研人才和学术带头人，会计教学科研人才应当具有良好师德师风、科研成果或教学效果突出，能够在加强会计理论和实践应用研究，推动会计学术创新和理论成果转化，融入国际学术前沿，创新教育教学方法，培养优秀会计人才，优化会计学科体系，提升会计学科地位等方面发挥重要作用；学术带头人应当在会计学术领域造诣深、成就突出、享有较高声誉。具体培养计划为：选拔一批从事会计教学科研工作的优秀中青年人才进行重点培养，培养周期三年，每两年选拔 1 次，五年共选拔培养约 120 人；实施会计名家工程，发现、培养、举荐约 15 名造诣高深、成就突出、影响广泛的杰出会计理论与实务工作者。

（五）国际化高端会计人才培养工程。

通过实施国际化高端会计人才培养工程，着力培养符合会计国际交流合作需要的国际化高端会计人才，即具有开阔的国际视野、丰富的实务经验、突出的专业能力、娴熟的英语技能，能够运用综合战略思维，参与企业会计准则国际治理；能够利用开放的会计国际交流与合作机制，在多双边会计国际场合中踊跃"发声"，积极影响国际会计标准制定；能够凭借过硬的专业能力，深入研究国际财务报告准则项目，为我国会计准则建设贡献智慧和力量。具体培养计划为：选拔培养约 150 名国际化高端会计人才，通过参与国际会计标准制定和国际交流合作、发表会计专业意见、担任财政部企业会计准则咨询委员会委员等方式，为我国参与国际会计标准制定建言献策，提高我国在国际会计领域的话语权和影响力。

五、实施保障

（一）加强组织领导。

财政部负责本规划的统筹协调、宏观指导和组织实施工作，制定重点工程实施办法。各级财政部门和中央有关主管部门要重视会计人才工作，支持开展会计人才培养，加强政策协调，健全工作机制，切实抓好规划的贯彻落实。各地区（部门）可以结合实际，制定本地区（部门）的会计人才发展规划或制定支持本地区（部门）会计人才发展的政策措施。各用人单位要重视会计人才队伍建设，优化本单位会计人才发展环境，为会计人才成长提供必要的平台和经费支持，切实发挥会计人才作用。

（二）加大宣传引导。

各级财政部门和中央有关主管部门要通过各种渠道和形式大力宣传规划的重大意义、指导思想、基本原则、目标任务、重大工程，积极回应社会关切，及时宣传实施中的典型经验、做法和成效，引导社会各界关注会计人才，支持会计人才工作，营造全社会关心尊重会计人才、重视支持会计人才发展的良好氛围。

（三）强化管理队伍。

财政部加强对会计管理人才、财会监督检查人才的培训培养，通过组织承担重点专项任务、重大课题等，提升各级会计管理人才、财会监督检查人才的专业素质、管理能力和服务水平。各地财政部门和中央有关主管部门要加强本地区（部门）会计管理、财会监督队伍的建设，更好发挥会计管理人才、财会监督检查人才在推动会计法律法规和国家统一的会计制度的贯彻实施、加强财会监督检查、提升会计服务管理水平、营造良好会计环境等方面的作用。

（四）做好跟踪反馈。

各省级财政部门和中央有关主管部门要及时跟踪、总结规划实施情况，对于形成的先进经验、创新做法以及取得的成效等形成书面材料报财政部，财政部采取适当方式进行总结推广。各省级财政部门和中央有关主管部门要及时了解规划实施中出现的情况和问题，及时调整完善政策措施，确保各项任务和要求落实到位。

3. 关于深化会计人员职称制度改革的指导意见（2019年修订）

（人社部发〔2019〕8号）

各省、自治区、直辖市及新疆生产建设兵团人力资源社会保障厅（局）、财政厅（局），中央和国家机关各部委、各直属机构人事部门，中央军委政治工作部干部局、后勤保障部财务局，各中央企业人事部门：

会计人员是维护社会主义市场经济秩序的重要力量。深化会计人员职称制度改革，完善符合会计工作职业特点的评价机制，对于提高会计人员专业能力，加强会计人员队伍建设，更好地服务经济高质量发展具有重要意义。为贯彻落实中共中央办公厅、国务院办公厅印发的《关于深化职称制度改革的意见》，现就深化会计人员职称制度改革提出如下指导意见。

一、总体要求

（一）指导思想

以习近平新时代中国特色社会主义思想为指导，全面贯彻落实党的十九大和十九届二中、三中全会精神，认真落实党中央、国务院决策部署，围绕人才强国战略和创新驱动发展战略，遵循会计人员成长规律，健全完善符合会计工作职业特点的职称制度，为科学评价会计人员专业能力提供制度保障，为用人单位择优聘任会计人员提供重要依据，为促进经济社会持续健康发展提供会计人才支撑。

（二）基本原则

1.坚持服务发展。围绕新时代推进高质量发展对会计工作提出的新要求，充分发挥职称评价在会计人员能力评价方面的指挥棒和方向标作用，着力提升会计人员专业能力和职业素养，统筹推进会计人员队伍建设，为经济社会发展提供会计人才支撑。

2.坚持科学评价。完善会计人员评价标准，科学设置评价标准条件，突出评价会计人员职业道德、能力素质和工作业绩，创新评价机制，丰富评价方式，充分调动会计人员干事创业的积极性、创造性。

3.坚持以用为本。促进评价结果与会计人员培养、使用相结合，鼓励用人单位将选人用人制度与会计人员职称制度相衔接，引导用人单位根据工作需要择优聘任具有相应职称的会计人员。

二、主要内容

通过健全评价体系、完善评价标准、创新评价机制、促进职称制度与会计人员培养、使用相结合等措施，建立科学化、规范化、社会化的会计人员职称制度。

（一）健全评价体系

1.完善会计人员职称层级。初级职称只设助理级，高级职称分设副高级和正高级，形成初级、中级、高级层次清晰、相互衔接、体系完整的会计人员职称评价体系。初级、中级、副高级和正高级职称名称依次为助理会计师、会计师、高级会计师和正高级会计师。

2.会计人员各级别职称分别与事业单位专业技术岗位等级相对应。正高级对应专业技术岗位一至四级，副高级对应专业技术岗位五至七级，中级对应专业技术岗位八至十级，初级对应专业技术岗位十一至十三级。

（二）完善评价标准

1.突出评价会计人员职业道德。坚持把职业道德放在评价首位，引导会计人员遵纪守法、勤勉尽责、参与管理、强化服务，不断提高专业胜任能力；要求会计人员坚持客观公正、诚实守信、廉洁自律、不做假账，不断提高职业操守。完善守信联合激励和失信联合惩戒机制，违反《中华人民共和国会计法》第四十条有关规定，以及剽窃他人研究成果，存在学术不端行为的，在会计人员职称评价过程中实行"一票否决制"。对通过弄虚作假取得的职称一律撤销。

2.充分体现会计工作职业特点。注重对会计人员能力素质和实际贡献的评价，引导会计人员全面掌握经济与管理理论、财务会计理论，熟练运用会计业务技能，不断提高专业判断和分析能力，有效参与经营管理和决策。切实改变唯学历、唯资历、唯论文、唯奖项倾向。论文不作为会计人员职称评审的限制性条件。外语和计算机应用能力不作统一要求，由用人单位或评审机构根据需要自主确定。

3.实行国家标准、地区标准和单位标准相结合。人力资源社会保障部、财政部负责制定《会计人员职称评价基本标准条件》（附后）。各地区人力资源社会保障部门、财政部门可根据本地区经济社会发展情况，制定地区标准。具有自主评审权的用人单位可结合本单位实际，制定单位标准。地区标准、单位标准不得低于国家标准。

4.向优秀会计人员和艰苦边远地区会计人员倾斜。对在经济社会各项事业发展中作出重大贡献的优秀会计人员，可适当放宽学历、资历、年限等条件限制，建立职称评审绿色通道。对长期在艰苦边远地区工作的会计人员，重点考察其实际工作业绩，适当放宽学历和科研能力要求，引导会计人员扎根基层。

（三）创新评价机制

1.丰富评价方式。综合采用考试、评审、考评结合等多种评价方式，建立适应不同层级会计工作职业特点的评价机制。助理会计师、会计师实行全国统一的会计专业技术资格考试，不断提高考试的科学性、安全性、公平性和规范性。助理会计师的考试日期、考试频次等管理权限，根据报考人数增长趋势等因素逐步下放，探索实行常态化考试、一年多考。高级会计师采取考试与评审相结合方式，正高级会计师一般采取评审方式。

2.建立同行专家评审制度。完善评审专家遴选机制，加强评审委员会建设，积极吸纳高等院校、科研机构、大中型企事业单位的高水平会计人员担任评审专家。建立评审专家责任制，实行动态管理。各省（自治区、直辖市）、国务院有关部门、中央企业可按规定成立高级职称评审委员会。国务院有关部门和中央企业成立的高级职称评审委员会报人力资源社会保障部核准备案，其他高级职称评审委员会报省级人力资源社会保障部门核准备案。健全评审委员会工作程序和评审规则，明确界定参加评审的人员范围，加强对评审委员会的组织管理。建立评审公开制度，实行政策公开、标准公开、程序公开、结果公开，确保会计人员职称评审客观公正。

3. 下放评审权限。科学界定、合理下放职称评审权限，逐步将副高级职称评审权限下放至符合条件的企事业单位、社会组织或市地。自主评审单位组建的高级职称评审委员会应当按照管理权限报送省级以上人力资源社会保障部门核准备案。对于自主评审的单位，评审结果应当报送人力资源社会保障部门和财政部门备案。加强对自主评审工作的监管，对于不能正确行使评审权、不能确保评审质量的，将暂停自主评审工作直至收回评审权。

（四）促进职称制度与会计人员培养、使用相结合

1. 促进职称制度与会计人员培养相结合。充分发挥职称制度对会计人员培养质量的导向作用，推动会计人员职称制度与高端会计人才培养、会计专业学位研究生教育等有机衔接。探索建立注册会计师、资产评估师等职业资格与会计专业技术资格考试相同或相近科目互认互免等衔接措施，减少重复评价，减轻会计人员负担，探索建立会计与审计、经济等属性相近职称系列（专业）的衔接措施。

2. 促进职称制度与会计人员使用相结合。用人单位应当结合用人需求，根据职称评价结果合理使用会计人员，实现职称评价结果与会计人员聘用、考核、晋升等用人制度相衔接。全面实行岗位管理的事业单位，一般应在岗位结构比例内，组织或推荐符合条件的会计人员参加职称评审，聘用具有相应职称的会计人员到相应会计岗位。不实行事业单位岗位管理的用人单位，可根据内部管理和会计工作需要，择优聘任具有相应职称的会计人员从事相关岗位会计工作。

3. 加强会计人员继续教育。继续教育是实现会计人员知识更新、能力提升的重要制度，用人单位应当保障本单位会计人员参加继续教育的权利。要按照《会计专业技术人员继续教育规定》（财会〔2018〕10号）有关要求，创新和丰富会计人员继续教育内容和手段，促进会计人员更新知识、拓展技能。

三、组织实施

会计人员职称制度改革政策性强，涉及面广，改革工作比较复杂，社会高度关注，必须按照国家统一部署要求开展工作，确保各项改革任务顺利实施。

（一）加强组织领导，抓好贯彻落实。要充分认识会计人员职称制度改革的重要意义，坚持党管人才原则，切实加强党委和政府对会计人员职称制度改革工作的统一领导。各级人力资源社会保障部门、财政部门具体负责会计人员职称制度改革的政策制定、组织实施和监督检查工作。各地、各有关部门和单位应当根据本指导意见要求，抓紧制定具体实施方案和配套办法。在推进改革过程中，要深入开展调查研究，细化工作措施，完善工作预案，确保改革顺利进行。

（二）加强政策衔接，稳妥有序推进。要抓紧清理与会计人员职称制度有关的政策文件，保证会计人员职称制度的协调统一。要妥善做好新老人员过渡和新旧政策衔接工作，确保改革顺利有序推进。国家增设正高级会计师之前，各地自行试点评审的会计系列正高级职称，要按照有关规定通过一定程序进行确认。在会计人员职称评审工作中，不得随意降低评价标准，不得擅自扩大评审范围。

（三）加强宣传引导，推动社会参与。各级人力资源社会保障部门、财政部门要加强宣传，搞好政策解读，引导会计人员积极参与会计人员职称制度改革，引导社会各有关方面支持会计人员职称制度改革，营造有利于推进改革的良好氛围。

本指导意见适用于国家机关、社会团体、公司、企业、事业单位和其他组织的会计人

员。公务员符合条件的可以参加会计专业技术资格考试，但不得参加会计人员职称评审。

军队可结合自身实际制定会计人员职称评价的具体办法。

附件：会计人员职称评价基本标准条件

人力资源社会保障部　财政部
2019 年 1 月 11 日

附件：

会计人员职称评价基本标准条件

一、遵守《中华人民共和国会计法》和国家统一的会计制度等法律法规。

二、具备良好的职业道德，无严重违反财经纪律的行为。

三、热爱会计工作，具备相应的会计专业知识和业务技能。

四、按照要求参加继续教育。

五、会计人员参加各层级会计人员职称评价，除必须达到上述标准条件外，还应分别具备以下标准条件：

（一）助理会计师

1. 基本掌握会计基础知识和业务技能。

2. 能正确理解并执行财经政策、会计法律法规和规章制度。

3. 能独立处理一个方面或某个重要岗位的会计工作。

4. 具备国家教育部门认可的高中毕业（含高中、中专、职高、技校）以上学历。

（二）会计师

1. 系统掌握会计基础知识和业务技能。

2. 掌握并能正确执行财经政策、会计法律法规和规章制度。

3. 具有扎实的专业判断和分析能力，能独立负责某领域会计工作。

4. 具备博士学位；或具备硕士学位，从事会计工作满 1 年；或具备第二学士学位或研究生班毕业，从事会计工作满 2 年；或具备大学本科学历或学士学位，从事会计工作满 4 年；或具备大学专科学历，从事会计工作满 5 年。

（三）高级会计师

1. 系统掌握和应用经济与管理理论、财务会计理论与实务。

2. 具有较高的政策水平和丰富的会计工作经验，能独立负责某领域或一个单位的财务会计管理工作。

3. 工作业绩较为突出，有效提高了会计管理水平或经济效益。

4. 有较强的科研能力，取得一定的会计相关理论研究成果，或主持完成会计相关研究课题、调研报告、管理方法或制度创新等。

5. 具备博士学位，取得会计师职称后，从事与会计师职责相关工作满 2 年；或具备硕士学位，或第二学士学位或研究生班毕业，或大学本科学历或学士学位，取得会计师职称后，从事与会计师职责相关工作满 5 年；或具备大学专科学历，取得会计师职称后，从事与会计师职责相关工作满 10 年。

（四）正高级会计师

1. 系统掌握和应用经济与管理理论、财务会计理论与实务，把握工作规律。

2. 政策水平高，工作经验丰富，能积极参与一个单位的生产经营决策。

3. 工作业绩突出，主持完成会计相关领域重大项目，解决重大会计相关疑难问题或关键性业务问题，提高单位管理效率或经济效益。

4. 科研能力强，取得重大会计相关理论研究成果，或其他创造性会计相关研究成果，推动会计行业发展。

5. 一般应具有大学本科及以上学历或学士以上学位，取得高级会计师职称后，从事与高级会计师职责相关工作满 5 年。

省级高端会计人才培养工程毕业学员，视同具备前述第 1 至第 4 项标准条件，满足第 5 项条件，即可申报评审正高级会计师职称。全国高端会计人才培养工程毕业学员，按程序由正高级职称评审委员会认定取得正高级会计师职称。

4. 会计专业技术人员继续教育规定（2018 年颁布）

（财会〔2018〕10 号）

第一章　总　　则

第一条　为了规范会计专业技术人员继续教育，保障会计专业技术人员合法权益，不断提高会计专业技术人员素质，根据《中华人民共和国会计法》和《专业技术人员继续教育规定》（人力资源社会保障部令第 25 号），制定本规定。

第二条　国家机关、企业、事业单位以及社会团体等组织（以下称单位）具有会计专业技术资格的人员，或不具有会计专业技术资格但从事会计工作的人员（以下简称会计专业技术人员）继续教育，适用本规定。

第三条　会计专业技术人员继续教育应当紧密结合经济社会和会计行业发展要求，以能力建设为核心，突出针对性、实用性，兼顾系统性、前瞻性，为经济社会和会计行业发展提供人才保证和智力支持。

第四条　会计专业技术人员继续教育工作应当遵循下列基本原则：

（一）以人为本，按需施教。会计专业技术人员继续教育面向会计专业技术人员，引导会计专业技术人员更新知识、拓展技能、完善知识结构、全面提高素质。

（二）突出重点，提高能力。把握会计行业发展趋势和会计专业技术人员从业基本要求，引导会计专业技术人员树立诚信理念、提高职业道德和业务素质，全面提升专业胜任能力。

（三）加强指导，创新机制。统筹教育资源，引导社会力量参与继续教育，不断丰富继续教育内容，创新继续教育方式，提高继续教育质量，形成政府部门规划指导、社会力量积极参与、用人单位支持配合的会计专业技术人员继续教育新格局。

第五条　用人单位应当保障本单位会计专业技术人员参加继续教育的权利。

会计专业技术人员享有参加继续教育的权利和接受继续教育的义务。

第六条　具有会计专业技术资格的人员应当自取得会计专业技术资格的次年开始参加继续教育，并在规定时间内取得规定学分。

不具有会计专业技术资格但从事会计工作的人员应当自从事会计工作的次年开始参加继续教育，并在规定时间内取得规定学分。

第二章　管理体制

第七条　财政部负责制定全国会计专业技术人员继续教育政策，会同人力资源社会保障部监督指导全国会计专业技术人员继续教育工作的组织实施，人力资源社会保障部负责对全国会计专业技术人员继续教育工作进行综合管理和统筹协调。

除本规定另有规定外，县级以上地方人民政府财政部门、人力资源社会保障部门共同负责本地区会计专业技术人员继续教育工作。

第八条 新疆生产建设兵团按照财政部、人力资源社会保障部有关规定，负责所属单位的会计专业技术人员继续教育工作。中共中央直属机关事务管理局、国家机关事务管理局（以下统称中央主管单位）按照财政部、人力资源社会保障部有关规定，分别负责中央在京单位的会计专业技术人员继续教育工作。

第三章　内容与形式

第九条 会计专业技术人员继续教育内容包括公需科目和专业科目。

公需科目包括专业技术人员应当普遍掌握的法律法规、政策理论、职业道德、技术信息等基本知识，专业科目包括会计专业技术人员从事会计工作应当掌握的财务会计、管理会计、财务管理、内部控制与风险管理、会计信息化、会计职业道德、财税金融、会计法律法规等相关专业知识。

财政部会同人力资源社会保障部根据会计专业技术人员能力框架，定期发布继续教育公需科目指南、专业科目指南，对会计专业技术人员继续教育内容进行指导。

第十条 会计专业技术人员可以自愿选择参加继续教育的形式。会计专业技术人员继续教育的形式有：

（一）参加县级以上地方人民政府财政部门、人力资源社会保障部门，新疆生产建设兵团财政局、人力资源社会保障局，中共中央直属机关事务管理局，国家机关事务管理局（以下统称继续教育管理部门）组织的会计专业技术人员继续教育培训、高端会计人才培训、全国会计专业技术资格考试等会计相关考试、会计类专业会议等；

（二）参加会计继续教育机构或用人单位组织的会计专业技术人员继续教育培训；

（三）参加国家教育行政主管部门承认的中专以上（含中专，下同）会计类专业学历（学位）教育；承担继续教育管理部门或行业组织（团体）的会计类研究课题，或在有国内统一刊号（CN）的经济、管理类报刊上发表会计类论文；公开出版会计类书籍；参加注册会计师、资产评估师、税务师等继续教育培训；

（四）继续教育管理部门认可的其他形式。

第十一条 会计专业技术人员继续教育采用的课程、教学方法，应当适应会计工作要求和特点。同时，积极推广网络教育等方式，提高继续教育教学和管理的信息化水平。

第四章　学分管理

第十二条 会计专业技术人员参加继续教育实行学分制管理，每年参加继续教育取得的学分不少于90学分。其中，专业科目一般不少于总学分的三分之二。

会计专业技术人员参加继续教育取得的学分，在全国范围内当年度有效，不得结转以后年度。

第十三条 参加本规定第十条规定形式的继续教育，其学分计量标准如下：

（一）参加全国会计专业技术资格考试等会计相关考试，每通过一科考试或被录取的，折算为90学分；

（二）参加会计类专业会议，每天折算为10学分；

（三）参加国家教育行政主管部门承认的中专以上会计类专业学历（学位）教育，通过当年度一门学习课程考试或考核的，折算为90学分；

（四）独立承担继续教育管理部门或行业组织（团体）的会计类研究课题，课题结项的，每项研究课题折算为90学分；与他人合作完成的，每项研究课题的课题主持人折算为90学分，其他参与人每人折算为60学分；

（五）独立在有国内统一刊号（CN）的经济、管理类报刊上发表会计类论文的，每篇论文折算为30学分；与他人合作发表的，每篇论文的第一作者折算为30学分，其他作者每人折算为10学分；

（六）独立公开出版会计类书籍的，每本会计类书籍折算为90学分；与他人合作出版的，每本会计类书籍的第一作者折算为90学分，其他作者每人折算为60学分；

（七）参加其他形式的继续教育，学分计量标准由各省、自治区、直辖市、计划单列市财政厅（局）（以下称省级财政部门）、新疆生产建设兵团财政局会同本地区人力资源社会保障部门、中央主管单位制定。

第十四条 对会计专业技术人员参加继续教育情况实行登记管理。

用人单位应当对会计专业技术人员参加继续教育的种类、内容、时间和考试考核结果等情况进行记录，并在培训结束后及时按照要求将有关情况报送所在地县级以上地方人民政府财政部门、新疆生产建设兵团财政局或中央主管单位。

省级财政部门、新疆生产建设兵团财政局、中央主管单位应当建立会计专业技术人员继续教育信息管理系统，对会计专业技术人员参加继续教育取得的学分进行登记，如实记载会计专业技术人员接受继续教育情况。

继续教育登记可以采用以下方式：

（一）会计专业技术人员参加继续教育管理部门组织的继续教育和会计相关考试，县级以上地方人民政府财政部门、新疆生产建设兵团财政局或中央主管单位应当直接为会计专业技术人员办理继续教育事项登记；

（二）会计专业技术人员参加会计继续教育机构或用人单位组织的继续教育，县级以上地方人民政府财政部门、新疆生产建设兵团财政局或中央主管单位应当根据会计继续教育机构或用人单位报送的会计专业技术人员继续教育信息，为会计专业技术人员办理继续教育事项登记；

（三）会计专业技术人员参加继续教育采取上述（一）（二）以外其他形式的，应当在年度内登陆所属县级以上地方人民政府财政部门、新疆生产建设兵团财政局或中央主管单位指定网站，按要求上传相关证明材料，申请办理继续教育事项登记；也可持相关证明材料向所属继续教育管理部门申请办理继续教育事项登记。

第五章 会计继续教育机构管理

第十五条 会计继续教育机构必须同时符合下列条件：

（一）具备承担继续教育相适应的教学设施，面授教育机构还应有相应的教学场所；

（二）拥有与承担继续教育相适应的师资队伍和管理力量；

（三）制定完善的教学计划、管理制度和其他相关制度；

（四）能够完成所承担的继续教育任务，保证教学质量；

（五）符合有关法律法规的规定。

应当充分发挥国家会计学院、会计行业组织（团体）、各类继续教育培训基地（中心）等在开展会计专业技术人员继续教育方面的主渠道作用，鼓励、引导高等院校、科研院所等单位参与会计专业技术人员继续教育工作。

第十六条 会计继续教育机构应当认真实施继续教育教学计划，向社会公开继续教育的范围、内容、收费项目及标准等情况。

第十七条 会计继续教育机构应当按照专兼职结合的原则，聘请具有丰富实践经验、较高理论水平的业务骨干和专家学者，建立继续教育师资库。

第十八条 会计继续教育机构应当建立健全继续教育培训档案，根据考试或考核结果如实出具会计专业技术人员参加继续教育的证明，并在培训结束后及时按照要求将有关情况报送所在地县级以上地方人民政府财政部门、新疆生产建设兵团财政局或中央主管单位。

第十九条 会计继续教育机构不得有下列行为：
（一）采取虚假、欺诈等不正当手段招揽生源；
（二）以会计专业技术人员继续教育名义组织旅游或者进行其他高消费活动；
（三）以会计专业技术人员继续教育名义乱收费或者只收费不培训。

第六章 考核与评价

第二十条 用人单位应当建立本单位会计专业技术人员继续教育与使用、晋升相衔接的激励机制，将参加继续教育情况作为会计专业技术人员考核评价、岗位聘用的重要依据。

会计专业技术人员参加继续教育情况，应当作为聘任会计专业技术职务或者申报评定上一级资格的重要条件。

第二十一条 继续教育管理部门应当加强对会计专业技术人员参加继续教育情况的考核与评价，并将考核、评价结果作为参加会计专业技术资格考试或评审、先进会计工作者评选、高端会计人才选拔等的依据之一，并纳入其信用信息档案。

对未按规定参加继续教育或者参加继续教育未取得规定学分的会计专业技术人员，继续教育管理部门应当责令其限期改正。

第二十二条 继续教育管理部门应当依法对会计继续教育机构、用人单位执行本规定的情况进行监督。

第二十三条 继续教育管理部门应当定期组织或者委托第三方评估机构对所在地会计继续教育机构进行教学质量评估，评估结果作为承担下年度继续教育任务的重要参考。

第二十四条 会计继续教育机构发生本规定第十九条行为，继续教育管理部门应当责令其限期改正，并依法依规进行处理。

第七章 附 则

第二十五条 中央军委后勤保障部会计专业技术人员继续教育工作，参照本规定执行。

第二十六条 省级财政部门、新疆生产建设兵团财政局可会同本地区人力资源社会保障部门根据本规定制定具体实施办法，报财政部、人力资源社会保障部备案。

中央主管单位可根据本规定制定具体实施办法，报财政部、人力资源社会保障部备案。

第二十七条 本规定自 2018 年 7 月 1 日起施行。财政部 2013 年 8 月 27 日印发的《会计人员继续教育规定》（财会〔2013〕18 号）同时废止。

5.财政部专家工作室管理办法（试行）（2021 年颁布）

（财人〔2021〕47 号）

第一章 总 则

第一条 为全面贯彻中央人才工作有关精神，落实新时代党的组织路线，规范财政部专家工作室管理，根据《财政部关于加强财政系统人才队伍建设的意见》等有关规定，结合工作实际，制定本办法。

第二条 财政部专家工作室（以下简称专家工作室）是经财政部党组批准组建，聚焦中央重大决策部署和财政中心工作，整合财政系统人才和系统外专家资源，承担财政全局性战略性前瞻性问题研究、培养财政系统优秀干部人才、服务党和国家事业发展、助力构建新发展格局的工作平台。

第三条 基本原则：

（一）坚持党的领导，把握正确方向。以习近平新时代中国特色社会主义思想为指导，强化部党组的领导和把关作用，始终坚持以人民为中心的发展思想，从国家整体利益和长远利益出发，积极为党和国家事业发展建言献策。

（二）坚持事业为上，服务中心大局。从战略和全局的高度把握新时代新形势新任务新要求，紧紧围绕中央重大决策部署和财政改革发展重大课题研究攻坚，鼓励探索创新，注重研究实效，全面提升服务党和国家事业发展的能力。

（三）坚持人才为本，强化人才培养。遵循人才成长规律，结合财政系统人才特点和需求，让政治过硬、本领高强、潜力较大的干部人才在攻坚克难中增长才干，源源不断为党和国家事业发展培养储备优秀干部和财经专业人才。

第四条 专家工作室的统一命名方式为"财政部＋相关领域＋专家工作室"。

第五条 专家工作室由财政部党组批准设立、调整或撤销。

第二章 专家工作室职责

第六条 专家工作室职责主要包括：

（一）研究攻坚。聚焦中央重大决策部署和财政中心工作，承担跨区域、跨领域、跨部门、跨司局财政重大改革发展问题和实践中迫切需要解决的前沿政策问题研究。

（二）人才培养。加强系统内外干部人才实践锻炼，及时发现人才，合理使用人才，培养储备优秀干部和财经专业人才。

第七条 专家工作室工作任务主要包括：

（一）研究确定并及时完成总体目标、阶段性目标和年度目标。

（二）组织专家工作室成员集中办公，深度嵌入财政业务工作，带领财政系统年轻干部跟班学习。

（三）每年提供不少于5篇与研究方向、工作目标等相关的研究报告或调研报告。

（四）每年举办不少于4次与研究方向、工作目标等相关的座谈会。

（五）每年举办不少于1次相关研讨会，鼓励不同领域专家工作室之间交流研讨。

（六）每年在适当范围内举办不少于2次的讲座讲课，专家牵头人、执行牵头人应优先参加。

（七）撰写与研究方向、工作目标等相关的论文、教材、专著等。

（八）参与与研究方向、工作目标等相关的改革、政策制定与解读等。

第三章 专家工作室组建程序

第八条 专家工作室挂靠牵头司局，实行双牵头人负责制。部内牵头人由牵头司局的主要负责同志担任，专家牵头人由专家担任。

第九条 专家工作室组建程序如下：

（一）提出初步建议研究方向。牵头司局研究提出专家工作室初步建议研究方向和子课题，工作层面商人事教育司后，报分管部领导同意。

（二）组织专家论证。牵头司局会同人事教育司组织召开论证会，请权威专家和相关司局负责同志对初步建议研究方向和子课题进行论证，并推荐专家牵头人。

（三）确定建议研究方向。牵头司局根据论证情况进一步修改完善并报分管部领导同意后，确定专家工作室建议研究方向。

（四）部党组会议审定。人事教育司按程序提请部党组会议审定专家工作室研究方向和双牵头人。

第十条 专家牵头人应当具备以下基本条件：

（一）政治立场坚定，具有爱国奉献精神。

（二）具有正高级职称，一般具有博士学位。

（三）长期从事财经相关领域研究工作，取得国内外同行公认的成就。

（四）具有较强的领导协调和创新研究能力，能够较好地组织研究团队开展跨单位、跨部门、跨学科研究活动。

<h2 style="text-align:center">第四章 专家工作室运行管理</h2>

第十一条 根据部党组审定的研究方向，专家工作室双牵头人会同参与司局研究提出工作方案，明确工作目标、任务分工、成员构成、工作形式等，报分管部领导审定。

第十二条 工作目标包括总体目标、阶段性目标以及年度目标。

第十三条 专家工作室任务分工主要包括：

（一）牵头人。专家工作室双牵头人负责把控方向、加强督导。部内牵头人负责协调部内有关单位和地方财政部门支持专家工作室深度嵌入业务工作；专家牵头人负责统筹提出年度研究选题建议，安排所在工作室专家参与研究工作、协调工作室以外的专家提供智力支持等。

（二）牵头司局。牵头司局负责组织协调，与人事教育司、参与司局、专家做好沟通联系，及时汇总报送和传达情况。牵头司局和参与司局负责具体协调部内有关单位和地方财政部门支持专家工作室全程参与研究方向相关重要会议和改革、政策制定，提供研究所需资料、配合开展调研等。

（三）参与司局。参与司局负责承担或配合牵头司局，支持专家工作室全程参与研究方向相关重要会议和改革、政策制定，提供研究所需资料、配合开展调研等。

（四）人事教育司。人事教育司负责专家工作室的统筹协调、管理制度体系建设、服务保障、信息交流和年度考核，指导省级财政部门专家工作室管理工作。

第十四条 专家工作室成员主要包括固定成员和培养锻炼人员。每个专家工作室成员人数上限为40人，其中培养锻炼人员人数上限为10人。

（一）固定成员。主要通过组织推荐、专家推荐、本人自荐等方式选派，由部内有关单位干部、地方财政部门业务骨干、系统外专家各占一定比例组成，并根据工作目标完成情况动态调整。

（二）培养锻炼人员。主要由牵头司局、参与司局和人事教育司从有关领域人才库中选调优秀干部进入专家工作室跟班学习。培养锻炼人员不占用相关司局借调人员名额。

每个专家工作室，人事教育司选派1—2名干部参与。

第十五条 专家工作室建立统分结合、线上与线下相结合等研究机制，在课题研究期间主要采取集中办公形式开展工作。财政系统固定成员和培养锻炼人员原则上集中办公，系统外专家定期参与集中办公。

第十六条 专家工作室激励机制主要包括：

（一）每年按规定安排一定规模的专项经费支持。

（二）积极推荐专家工作室专家参与国家重大项目和重点工程，以及国家高层次人才评选。

（三）对表现优秀的专家工作室专家，及时向所在单位或其主管部门通报研究成果及运用情况，必要时给予适当表彰，优先在其所在单位挂牌设立财政部有关研究基地。

（四）对参加专家工作室的财政部干部，有关经历记入个人档案，表现特别优秀、取得突出成绩的在年度考核、职级晋升等方面予以优先考虑；对参加专家工作室的地方财政干部，表现特别优秀、取得突出成绩的，及时向所在单位通报表彰。

（五）根据专家工作室年度考核结果，按照相关规定对相关成员给予适当奖励。

（六）对支持专家工作室工作的地方，在相关研究成果转化时，优先在当地开展政策试点。

第五章 监督管理

第十七条 专家工作室要严格有关保密要求，加强涉密设备和资料管理。

第十八条 专家工作室工作经费在"财政系统人才工作专项经费"中列支。

牵头司局会同参与司局按照过紧日子的要求，合理确定经费需求，编制年度经费预算，按有关规定安排使用经费，商人事教育司后报办公厅审批。

第十九条 专家工作室经费支出范围主要包括委托业务费、劳务费、培训费、会议费、差旅费、印刷费和其他费用支出。

第六章 考核评价与结果应用

第二十条 专家工作室实行年度考核评价制度，考核评价工作在财政部党组领导下组织实施。

第二十一条 牵头司局负责会同参与司局制定本领域专家工作室考核评价办法，每年对专家工作室全体成员开展考核评价，于2月底前将上年度考核评价结果反馈人事教育司。

第二十二条 人事教育司负责每年根据相关司局考核评价结果，组织对财政部各专家工作室开展年度考核。

第二十三条 年度考核坚持问题导向、目标导向、结果导向和正向激励，主要内容包括任务完成、成果产出、质量效果等指标。

牵头司局会同参与司局及时汇总任务完成、成果产出、质量效果等情况，按季度形成台账，报送人事教育司。

第二十四条 年度考核实行评分制，考核结果分为优秀、合格、不合格三个等次。得分90分以上（含）为优秀；得分60分以上（含）、90分以下为合格；得分60分以下为不合格。

第二十五条 根据专家工作室年度考核结果，每年评选优秀专家工作室、突出贡献专家和优秀干部：

（一）对于年度考核结果为优秀、评分排名为前2名的专家工作室，评为年度优秀专家工作室。

（二）从年度优秀专家工作室中各评选2名年度突出贡献专家。

（三）给予年度优秀专家工作室相关司局各1名干部年度考核优秀等次名额（不占所在司局优秀等次数量）。

第二十六条 评选优秀专家工作室、突出贡献专家和优秀干部的程序为：

（一）由人事教育司根据上述规定酝酿提名年度优秀专家工作室。

（二）年度优秀专家工作室相关司局提名年度突出贡献专家、年度考核优秀等次干部名单，征求人事教育司意见。

（三）人事教育司综合分析研判，报请部党组审定。

（四）人事教育司以适当方式通报表扬。

第二十七条 对于年度考核结果为不合格的,请相关司局加强督促指导并组织整改;连续两年考核结果为不合格的,予以摘牌撤销。

第七章 附 则

第二十八条 各省级财政部门应当结合实际,参照本办法制定本省(区、市)财政专家工作室制度规定。

第二十九条 本办法自印发之日起施行,由财政部人事教育司负责解释。

6. 关于印发《会计人员继续教育专业科目指南（2022年版）》的通知（2022年颁布）

（财会〔2022〕35号）

各省、自治区、直辖市、计划单列市财政厅（局），新疆生产建设兵团财政局，中直管理局财务管理办公室，国管局财务管理司，中央军委后勤保障部财政局：

为深入实施科教兴国战略、人才强国战略，全面提升会计人员继续教育质量，不断提高会计人员能力素质和专业水平，根据《会计专业技术人员继续教育规定》（财会〔2018〕10号）、《会计改革与发展"十四五"规划纲要》（财会〔2021〕27号）等有关要求，财政部制定了《会计人员继续教育专业科目指南（2022年版）》，现予印发，自2023年1月1日起施行。本指南将根据会计改革发展情况和实务需要，适时调整更新。

附件：会计人员继续教育专业科目指南（2022年版）

财 政 部
2022年12月22日

附件：

会计人员继续教育专业科目指南（2022年版）

第一条 为深入实施科教兴国战略、人才强国战略，全面提升会计人员继续教育质量，不断提高会计人员能力素质和专业水平，根据《会计专业技术人员继续教育规定》（财会〔2018〕10号）、《会计改革与发展"十四五"规划纲要》（财会〔2021〕27号）等有关要求，制定本指南。

第二条 本指南主要用于指导县级以上地方人民政府财政部门，新疆生产建设兵团财政局，中直管理局，国管局（以下统称继续教育管理部门）组织开展会计人员继续教育工作。

中央军委后勤保障部组织开展会计人员继续教育工作，继续教育学习内容可以参照本指南执行。

用人单位自行组织会计人员继续教育培训的，学习内容参照本指南执行。

第三条 会计人员继续教育内容分为公需科目和专业科目。本指南主要明确会计人员继续教育专业科目及其重点学习内容。会计人员继续教育公需科目内容另行制定。

第四条 会计人员继续教育专业科目分为专业通识知识、专业核心知识和专业拓展知识三个类别。

第五条 专业通识知识包括会计职业道德、会计法治、会计改革与发展三个科目。

会计职业道德科目的重点学习内容主要是会计职业道德与诚信体系建设有关内容。会计法治科目的重点学习内容主要是会计法律法规、部门规章及会计管理、监督有关制度文件。会计改革与发展科目的重点学习内容主要是新时期会计改革与发展、新中国会计发展沿革有关内容。

第六条 专业核心知识包括企业财务会计、政府及非营利组织会计、农村会计、管理会计、内部控制、财务管理、税收实务、会计信息化八个科目。

企业财务会计科目的重点学习内容主要是企业会计准则、小企业会计准则有关内容。政府及非营利组织会计科目的重点学习内容主要是政府会计准则制度、非营利组织及基金类会计制度有关内容。农村会计科目的重点学习内容主要是农村会计制度有关内容。管理会计科目的重点学习内容主要是管理会计理论与应用有关内容。内部控制科目的重点学习内容主要是内部控制理论与应用有关内容。财务管理科目的重点学习内容主要是财务管理理论与应用有关内容。税收实务科目的重点学习内容主要是税收法律法规制度和实务应用有关内容。会计信息化科目的重点学习内容主要是会计数据标准应用、数字技术在会计与财务工作中的应用有关内容。

专业核心知识的重点学习内容中，应当包括当年新制定修订或实施的会计准则制度、管理会计指引、内部控制制度、税收法律法规制度等内容。

第七条 专业拓展知识包括可持续信息披露、审计基础、金融基础、财经相关法规、其他财会财经热点五个科目。

可持续信息披露科目的重点学习内容主要是可持续披露准则及相关热点问题有关内容。审计基础科目的重点学习内容主要是审计的基本理论、程序和方法有关内容。金融基础科目的重点学习内容主要是金融风险防范、金融科技与监管有关内容。财经相关法规科目的重点学习内容主要是与会计工作相关的财政金融领域、公司治理领域和其他领域的法律法规。其他财会财经热点科目的重点学习内容主要是会计与财务前沿问题和财税体制改革热点问题有关内容。

第八条 结合会计人员工作岗位和会计职称层级，会计人员继续教育专业科目重点学习内容分为初级学习内容、中级学习内容、高级学习内容。

初级学习内容主要适用于在一线从事会计基础工作的人员，或具有初级会计职称的人员。中级学习内容主要适用于管理单位会计工作的中层管理人员、会计主管人员，或具有中级会计职称的人员。高级学习内容主要适用于管理单位会计工作的高层管理人员，或具有副高级、正高级会计职称的人员。

会计人员结合自身工作岗位、会计职称层级等，选择相应层级的学习内容，也可以根据自身工作学习需要，拓展学习其他层级的学习内容。

第九条 继续教育管理部门应当根据继续教育工作的特点，不断优化组织方式和教学方法，强化实务指导，加大案例教学，鼓励区分继续教育对象所在单位类型和行业领域，设置具体课程，不断提高继续教育的针对性和实效性。

第十条 本指南自 2023 年 1 月 1 日起施行。

附：会计人员继续教育专业科目重点学习内容

会计人员继续教育专业科目重点学习内容

类型	科目	序号	子科目	初级学习内容	中级学习内容	高级学习内容
专业通用知识	会计职业道德	1	会计职业道德与诚信体系建设	商业伦理与会计职业道德、信用建设与会计诚信、严重会计失信行为、财务造假与会计舞弊典型案例分析等		
	会计法治	2	会计法律法规制度	会计法、注册会计师法、总会计师条例、企业财务会计报告条例等会计法律法规、有关会计基础工作、会计人员管理、会计服务市场监管、财政监督等部门规章、制度文件		
	会计改革与发展	3	新时代我国会计改革与发展	会计改革与发展"十四五"规划纲要及系列解读、会计信息化发展规划（2021—2025年）、注册会计师行业发展规划（2021—2025年）、会计行业人才发展规划（2021—2025年）等		
		4	新中国会计发展沿革	会计史、我国会计准则制度演进与经验启示等		
专业核心知识	企业财务会计	5	企业会计准则	我国企业会计准则体系概况、当年新制订或实施的企业会计准则	企业会计准则具体准则、准则解释及会计处理规定的应用	具体企业会计政策的分析、判断及企业会计准则具体准则的综合运用
		6	小企业会计准则	企业会计准则基本准则、企业常见业务的会计处理；企业产品成本核算	企业会计准则具体准则、准则解释制度修订或实施的应用	
	政府及非营利组织会计	7	政府会计准则制度	我国政府会计准则制度体系概况，当年新制订修订或实施的政府会计准则制度、准则制度解释及会计处理规定的应用，行政事业单位业务的会计处理；事业单位成本核算基本指引	政府会计准则、准则制度应用、行政事业单位业务的会计处理指引	政府会计准则制度的综合运用
				政府综合财务报告编制、部门预决算编制、行政事业单位预算执行分析		

类别	序号	项目	内容
专业核心知识	8	政府及非营利组织会计	非营利组织及基金类会计制度；民间非营利组织的会计核算，工会的会计核算，社会保险基金等基金（资金）的会计核算
	9	农村会计	农村会计制度；农民专业合作社的会计核算，农村集体经济组织的会计核算
	10	管理会计	管理会计理论与应用；我国管理会计体系概况，业财融合实践，当年新制定修订实施的管理会计指引；管理会计基本指引，管理会计应用指引，管理会计典型案例分析；管理会计工具与方法的综合运用
	11	内部控制	内部控制理论与应用；我国内部控制体系概况，当年新制定修订实施的内部控制有关制度；企业内部控制基本规范、小企业内部控制规范；行政事业单位内部控制基础知识；企业内部控制应用指引、评价指引；行政事业单位内部控制规范与报告管理制度；企业、行政事业单位内部控制体系建设、内部控制应用指引、评价指引的综合运用
	12	财务管理	财务管理理论与应用；企业财务管理基础知识，行政事业单位财务制度和资产管理基础知识；企业筹资管理、资金管理、投资管理、营运资金管理、财务报表分析等实践和行政事业单位财务制度和资产管理制度；财务管理知识在企业、行政事业单位的综合运用
	13	税收实务	税收法律法规制度与实务应用；我国税收法律体系概况，当年新制定修订实施的税收法律法规制度；主要税种基本知识，税收征收管理；流转税、所得税等税种重点难点问题，税务与会计相关问题；税收知识在企业、行政事业单位的应用及税收筹划与管理；国际税收法律法规及征管实践；税务违法失信典型案例分析
专业核心知识	14	会计信息化	会计数据标准应用	会计数据标准介绍及企业、行政事业单位中的应用
	15		数字技术在会计与财务工作中的应用	会计信息化、数字化相关制度，数字技术在会计与财务工作中的应用，预算管理一体化

（续表）

类型	专业科目 科目	专业科目 子科目	序号	初级学习内容	中级学习内容	高级学习内容
专业拓展知识	可持续信息披露	可持续信息披露研究动态	16	可持续披露准则相关情况、环境、社会与公司治理（ESG）信息披露专题及相关热点问题		
专业拓展知识	审计基础	审计基础知识	17	审计的基本理论、程序和方法等基础知识及相关热点问题		
专业拓展知识	金融基础	金融基础知识	18	金融风险防范、金融科技与监管、数字金融、国际金融等基础知识及相关热点问题		
专业拓展知识	财经相关法规	财政金融法律法规	19	国有资产管理、预算、证券、保险、政府采购等领域的法律制度		
专业拓展知识	财经相关法规	公司治理法律法规	20	公司、合伙企业、个人独资、外商投资企业等不同企业类别法律制度、票据法律制度、破产法律制度等		
专业拓展知识	财经相关法规	其他法律法规	21	民法典中与经济业务事项相关的法律知识等		
专业拓展知识	其他财会财经热点	会计与财务前沿问题	22	会计国际治理体系、国际会计准则最新发展、商业模式创新与新会计变革、智能财务与财务共享中心建设、"双碳"政策与会计行业发展等热点与财务问题		
专业拓展知识	其他财会财经热点	财税体制改革热点问题	23	财税体制改革背景、历程与展望、财税体制改革相关理论、财税体制改革主要内容等		

注：本指南对专业科目的划分只作为指导继续教育管理部门组织开展会计人员继续教育时进行课程归类、确定课程内容。

7. 关于印发《关于加强新时代注册会计师行业人才工作的指导意见》的通知（2022年颁布）

（财会〔2022〕21号）

各省、自治区、直辖市、计划单列市财政厅（局），新疆生产建设兵团财政局，北京国家会计学院、上海国家会计学院、厦门国家会计学院，有关单位：

为全面贯彻习近平总书记关于做好新时代人才工作的重要思想和党中央、国务院决策部署，进一步加强新时代注册会计师行业人才工作，我部制定了《关于加强新时代注册会计师行业人才工作的指导意见》。现印发给你们，请结合本地实际，认真贯彻落实。

附件：关于加强新时代注册会计师行业人才工作的指导意见

财政部
2022年6月22日

附件

关于加强新时代注册会计师行业人才工作的指导意见

注册会计师是服务国家建设的一支重要专业力量，人才是行业的第一资源，是行业高质量发展的基础和支撑。在党中央、国务院的亲切关怀下，在财政部党组的坚强领导下，行业始终坚持党对人才工作的全面领导，坚持以人才战略引领行业发展，行业人才建设取得了显著成绩，基本建立涵盖人才"选、用、管、育、留"各环节的制度体系和工作体系，人才队伍规模快速扩大，人才素质不断提升。同时，面对新形势新任务，行业人才队伍还不能完全满足服务国家建设和行业高质量发展的客观需要。为进一步推动行业人才工作整体上台阶，更好服务国家建设，现就加强新时代注册会计师行业人才工作提出以下意见。

一、总体要求

（一）指导思想。

以习近平新时代中国特色社会主义思想为指导，全面贯彻习近平总书记关于做好新时代人才工作的重要思想和党中央、国务院关于新时代人才工作的重大决策部署，贯彻落实《国家"十四五"期间人才发展规划》，全面加强党对人才工作的领导，牢固确立人才引领发展的战略地位，深入实施新时代人才强国战略，紧紧围绕服务国家建设这个主题和诚信建设这条主线，充分运用"全生命周期"理论的闭环管理、精准施策思维，提高行业人才建设的战略性、系统性谋划，不断完善、提升行业人才工作制度建设和工作体系建设的各个方面，推动行业人才工作整体上台阶，形成育才、聚才、用才的良好环境，提升行业自律性、公正性和专业化水平，推动行业高质量发展，更好服务国家建设。

（二）基本原则。

坚持党管人才。坚持为党育人、为国育才，在财政部党组和财政部人才工作领导小组领导下,将政治标准放在行业人才工作的首要位置,将政治引领贯穿于行业人才工作的始终,确保行业人才队伍和各级注册会计师协会(以下简称各级注协)干部队伍"两支队伍"正确的政治方向。

坚持服务发展。把服务国家建设作为行业人才工作的根本宗旨,面向经济主战场、面向国家重大需求、面向未来,把行业"两支队伍"聚集到服务"五位一体"总体布局和"四个全面"战略布局的各环节、各领域,以行业的高质量发展服务国家经济社会的高质量发展。

坚持以人为本。遵循人才成长规律,立足行业职业特点,以实现行业人才职业道德和胜任能力全面提升为目标,形成有利于发现人才的选拔机制、助力成长的培养机制、人尽其才的使用机制、各展其能的激励机制,做到人才为本、信任人才、尊重人才、善待人才、包容人才。

坚持以德为先。始终把推动诚信建设作为行业人才工作的核心价值导向,坚持诚信为本、诚以力行、信以修身,将诚信建设贯穿行业人才工作的各环节,完善行业诚信建设体系,夯实行业诚信文化基础,加强常态化诚信教育和失信惩戒,全面提升行业职业道德水平。

坚持问题导向。在继承行业人才工作现有体制机制优势的基础上,系统梳理行业人才工作中的问题和不足,科学研判、找准病因、综合施策、守正创新,改进和完善行业人才工作体制机制,优化、创新行业人才工作管理和服务内容,建立健全基于闭环管理的制度体系和全流程系统性的工作体系,推动行业人才工作迈上新台阶。

坚持闭环管理。围绕行业人才"选、用、管、育、留",统筹抓好学历教育、资格考试、注册管理、继续教育、人才留储、人才使用、人才监管各环节(以下简称行业人才工作各环节)的制度安排和工作安排,打造适应市场经济发展需求,被市场和公众普遍认可、专业倚重、道德信赖的行业人才队伍。

二、建立健全行业人才工作体制机制

行业人才工作体制机制是行业人才工作正常推进和各项任务有效落实的重要保障。建立健全行业人才工作体制机制,明确行业人才工作各主体的关系、职责,统筹推进行业人才各项工作,形成行业人才工作"全国一盘棋"的管理格局。

(一)建立健全各方支持、上下贯通、协调一致的行业人才工作管理体制。财政部是全国行业主管部门,财政部人才工作领导小组加强对行业人才工作的统筹与指导,增强与国家人才工作主管部门、国家教育主管部门及中央统战部门的沟通,确保行业人才工作的正确方向。省级财政部门是地方行业主管部门,要统筹本地区行业人才工作,积极争取各级人才工作主管部门、教育主管部门、统战部门等对行业人才工作的支持,大力营造行业人才发展的良好环境。要进一步完善行业人才工作实施体系,建立包括各级财政部门、各级注册会计师协会、国家会计学院、会计师事务所和注册会计师专业方向院校、社会职业培训机构在内的多层次、系统性的行业人才工作实施体系,合力确保行业人才工作各项政策措施落地见效。

(二)建立健全全流程、系统性的行业人才工作体系。结合行业特点和实际,围绕行业人才的"选、用、管、育、留",健全完善"学历教育、资格考试、注册管理、继续教育、人才留储、人才使用、人才监管"的工作框架,梳理行业人才工作各环节以及各环节衔接的薄弱点,统筹实施,补短板、强弱项,保证行业人才工作规划和执行的有机衔接。要建立健全行业人才工作执行机制和责任承担机制,建立统一规划、统一部署、统一推进、统一考核"四统一"的工作执行机制,夯实"明责、履责、追责"的责任承担机制,畅通人才工作渠道、压实各方主体工作职责。

(三)建立健全闭环管理的行业人才制度体系。以建立健全涵盖人才"选、用、管、育、留"等各方面、全链条的行业人才工作制度体系为着眼点，持续完善"制定——实施——评估——完善"的制度体系闭环管理机制。制度的制定，要坚持开门问政，主动加强同有关部门的协调、与业内人士的沟通，切实提高制度制定的科学性、有效性和可行性；制度的实施，要加强对制度执行情况的指导与跟踪，确保各项政策措施得到不折不扣的落实；制度的评估和修订，要坚持定期对制度实施效果开展评估，及时发现制度存在的问题和短板，及时启动相关制度的修订工作，推动制度的建立与实施在闭环管理机制下良性有效运行。

三、健全完善行业人才工作体系和制度体系

行业人才工作体系和制度体系建设贯穿于行业人才工作的始终，是推动行业人才工作向上向好的根本保障。要健全完善行业人才工作体系和制度体系，进一步理顺行业人才各环节之间的关系，加强行业人才工作的系统性和前瞻性，促进行业人才工作各环节制度持续完善、工作有机衔接。

（一）建立行业人才工作前瞻性引导机制。做好行业人才供需发展指引，建立分析国内外政治经济、科学技术、社会发展形势对行业人才的供需影响的机制，定期发布行业人才供需影响分析报告，为行业及时调整人才工作相关政策提供参考。完善行业人才能力发展指引，面向未来经济社会发展对行业的需求，着眼于提升行业人才诚信道德水平和专业技能水平，适时更新我国注册会计师胜任能力指南，指导资格前教育、注册会计师资格考试、注册会计师继续教育等环节的工作。做好行业人才职业发展指引，深入分析行业人才职业生涯发展阶段、发展目标、需要的能力、面临的困境，适时发布注册会计师职业发展指引，指导各级注协和会计师事务所针对处于准备、探索、成长、成熟、超越、退出等不同阶段的人才，制定针对性扶持政策，并提供必要的资源支持。

（二）加强注册会计师专业方向学历教育与行业需求的衔接。大力提升注册会计师专业方向人才培养质量，引导注册会计师专业方向院校参照注册会计师胜任能力指南，持续完善注册会计师专业方向的课程体系，筑牢行业后备人才的专业知识基础，强化信息化、数字化等方面的技能储备，提升沟通、协作、创新等方面的能力素养，使得行业后备人才的教育培养与行业高质量发展需求紧密衔接、相互促进，推动注册会计师专业方向学科建设向"产学研"深度融合发展。加强中国注册会计师协会、注册会计师专业方向院校、国家会计学院、会计师事务所在师资培训、共建实习基地等方面的合作，健全完善行业后备人才联合培养模式。探索推动行业后备人才本、硕、博各阶段学历教育有机衔接，畅通行业后备人才能力素质持续提升渠道。

（三）稳中求进深化注册会计师考试体制机制改革。紧扣国家对注册会计师人才的需求，对标国际一流水平，坚持职业导向、原理导向和考生友好导向，进一步完善考试基本制度、组织管理制度和质量保证制度。持续优化组织实施流程，明晰压实各级财政部门、注册会计师考试委员会、注册会计师考试委员会办公室的责任，不断完善考试组织管理工作机制，提升考试管理工作的科学化、精细化水平。持续推进考试题库建设工作，在抓好命题专家队伍建设的同时，不断完善试题开发、审核、修改、入库、更新与维护机制，到2025年建立初具规模、动态调整、安全便捷的题库管理系统。加强中国注册会计师资质的国际推介，大力提升中国注册会计师资质的国际影响力和认可度。

（四）严格行业准入与退出管理。推动修订《中华人民共和国注册会计师法》及其配套制度，严格行业准入和退出管理。以现行注册管理制度体系为基础，完善个人会员（包括注册会计师和非执业会员）注册（登记）、任职资格检查（会员年检）、转所（转会）等规定，增强制度衔接。探索建立任职资格检查日常审查制度，建立清理注册会计师兼职挂名情况的长效机制。完善行业退出管理手段，探索建立健全以执业质量检查结果为导向的执业人员强制退出机制，将违法违规人员依法依规清理出行业队伍。

（五）持续推动注册会计师继续教育体制机制创新。加强对全国注册会计师继续教育工作（含非执业会员继续教育工作，下同）的统筹，逐步实现行业继续教育工作统一谋划、分级部署、分类实施、各司其职的工作格局。深化注册会计师继续教育体制机制改革，持续完善注册会计师教育制度，构建网络化、数字化、个性化、终身化的继续教育体系，推动培训理念由规模化向个性化转变，切实提升培训的针对性；推动培训从"学时达标"的基本要求向"学有成效"的更高标准转变，切实提升培训的实效性；推动培训工作数字化转型，搭建远程继续教育平台，提供移动化、自主化培训支持，切实提升培训的便利性；推动培训供给侧改革，适时引入多方参与的职业培训机构市场竞争机制，切实提升培训的多样性。坚持重点布局、梯次推进，推动北京、上海、粤港澳大湾区等行业人才聚集地区采取有力措施，坚持高标准，努力打造行业人才高地示范区，持续加强对西部地区行业人才工作的支持，加快形成行业人才培养的战略支点和雁阵格局。聚焦行业发展短板，加快重点人才培养培训工作，推动合伙人和后备人才、国际化人才的培养工作，加强与港澳会计职业组织的合作，合作推动港澳青年会计师的培养。

（六）创新行业人才留储体制机制建设。加强对行业人才留储工作的统筹指导，在畅通行业人才落户绿色通道、纳入地方人才培养体系、争取人才扶持优惠政策等方面积极寻求人才工作主管部门、教育主管部门等相关部门的支持。在合理界定行业法律责任、营造良好执业环境等方面积极推动修订相关法律法规，探索建立职业责任鉴定委员会，切实保障行业人才合法权益。逐步完善会计师事务所选聘机制，遏制恶性低价竞争行为，让会计师事务所业务收入回归正常预期，真正体现行业专业服务的价值，大力改善行业营商环境。针对行业人才流失问题，坚持综合施策，研究出台专项工作方案。推动各级注协加强行业人才留储机制探索，强化行业人才服务功能，搭建行业人才服务平台、行业人才推介交流平台和行业人才知识汇集分享平台，不断提升服务质量，拓展服务的深度、广度和内涵，持续增强行业的凝聚力和归属感。推动行业人才工作数字化转型，完善行业管理相关系统建设，上线"注册会计师"App，打造"一站式"服务平台。加大对行业履行社会责任、服务国家建设的价值贡献的宣传力度，提升行业价值和社会声誉，增强行业的人才吸引力。引导会计师事务所切实担负留住人才的主体责任，深化内部治理，制定适应会计师事务所发展的人才发展战略，建立合理的人才培养制度、薪酬激励制度，形成科学的职务晋升体系，为搭建梯次化人才结构提供必要的资源保障，夯实行业留储人才的基石基础。

（七）持续优化行业人才使用机制建设。加强各级注协专门专业委员会建设，围绕服务行业发展需要，探索建立更加灵活的专门专业委员会增减机制；改革各专门专业委员会委员遴选机制和退出机制，完善专门专业委员会委员考核评价办法，把真正有能力、有热情的行业人才选出来、用起来，参与行业治理工作。充分借助现代化信息数字技术，建立健全行业人才档案，逐步形成行业人才大数据信息库，全方位记录人才专业背景信息、流动信息、执业信息、专业特长等，健全基于行业人才大数据信息、自荐与推荐相结合的人才遴选机制，为发现人才、推荐人才、使用人才奠定数据基础。加大对行业各类人才的使用力度，根据新时期财政工作需求，积极推荐优秀人才加入各级财政人才库。

（八）严格行业人才监管，优化行业人才发展环境。健全行业监管合作机制，深化各级财政部门间的协调配合，完善与立法机关、司法机关以及其他监管部门的沟通协调。加快行业统一监管平台和行业举报受理平台建设，推动监管协作与信息共享，强化对行业从业人员执业行为的日常监督。充分发挥各级注协贴近行业、身处一线的自律监管优势，建立健全全流程、全链条的行业自律监管体系，用好自律监管手段，坚持抓早抓小、防微杜渐，着力净化行业生态。坚持从严查处、惩教结合，对受到行政处罚、行业惩戒的注册会计师，强制增加继续教育学时，加大继续教育培训力度。加强行业诚信建设，研究修订行业诚信建设纲要,健全完善行业从业人员诚信档案,加大诚信教育在学历教育、职业教育中的比重,持续推动行业诚信文化建设,办好年度行业诚信论坛,积极引导广大行业人才坚持操守、诚信执业。

四、着力加强行业人才培养载体建设

人才培养载体担负着深化行业人才培养工作、推动行业人才能力素质持续提升的主渠道作用。要加强对行业人才培训资源的统筹,着力加强行业人才培训载体建设,充分调动各级各类行业人才培训载体的积极性和主动性,切实提升行业人才培训工作的针对性和有效性。

(一)抓好行业党校建设。各级行业党校是行业开展党支部书记、党务工作者、党员骨干教育培训工作的主要载体。要建立行业党校校委会章程、学员管理办法等制度,健全党校教学体系和课程体系,完善行业党校管理体制机制。要充分调动行业党校办学的积极性,依托各级党校(行政学院)和红色学院建立行业党员教育培训基地,举办各类示范培训班,提升行业党校办学水平。要着力提升各级行业党校办学的针对性,加强分类指导,建立分层级行业党校培训体系。

(二)抓细行业继续教育。国家会计学院和职业培训机构是行业针对广大注册会计师和非执业会员开展基础类继续教育的主要载体。要充分发挥国家会计学院在行业人才培养中的主渠道作用,支持国家会计学院特色化发展。针对行业的"急需紧缺"打造继续教育"招牌"课程,针对行业重点人才培养打造"精品高端"课程。要加强对社会职业培训机构的引导,鼓励社会职业培训机构依法依规参与继续教育培训工作,拓宽行业继续教育培训渠道,合力办好行业继续教育培训。要做好行业继续教育培训规划,结合行业实际和国家社会发展需求,制定行业年度培训计划,统筹国家会计学院和职业培训机构的培训课程供给。要创新继续教育手段,利用互联网信息技术,建立全国统一的继续教育线上培训平台,实现继续教育"线上看""掌上学",逐步提高线上继续教育在继续教育中所占比重,切实提高继续教育的便利性。要持续改进继续教育质量考核制度,形成"能进能出"的继续教育培训机构动态调整机制,督促承担行业继续教育教学任务的培训机构持续加强教学管理、师资建设和课程开发。

(三)抓深会计师事务所培养载体建设。会计师事务所是行业人才职业发展、成长成才的基础阵地。要指导会计师事务所加强内部人才培养体制机制建设,按照一体化管理要求,建立符合自身发展的人力资源体系和梯次化的人才培养机制,建立健全内部培训制度,并将员工参加培训的情况纳入员工职务晋升考核评价体系,确保培训效率效果。要建立健全对具有培训资格的会计师事务所的认定、考核和评价机制,指导具有培训资格的会计师事务所提升培训能力、优化培训资源、改进培训方式、确保培训效果。要积极探索建立"人才培养示范所"经验交流机制,示范推动全国会计师事务所建立健全人才培养和评价体制机制。要推动会计师事务所优质培训资源的共享,指导和鼓励具备条件的会计师事务所创建人才培养学院。要健全完善会计师事务所综合评价制度,将会计师事务所人才培养、人才国际化情况,以及参与行业建设、服务国家建设的情况,纳入会计师事务所综合评价体系,引导会计师事务所加大对人才工作的投入。

(四)抓实注册会计师专业方向院校建设。注册会计师专业方向院校是行业后备人才的重要来源。要深化行业与注册会计师专业方向院校的务实合作,持续推动会计师事务所与注册会计师专业方向院校建立产学研联盟,开展多方位战略合作。要优化注册会计师专业方向境外实习项目形式,畅通学生到国内大中型会计师事务所实习的渠道。要强化注册会计师专业方向核心课程师资培训,提升核心课程师资的理论和实务经验。要鼓励行业高端人才在注册会计师专业方向院校担任校外导师,推动注册会计师专业方向院校教育与行业人才需求有效对接。

五、持续打造行业人才领头羊和生力军

深入开展会计师事务所合伙人、行业国际化人才、执业机构党组织书记、行业代表人士、行业青年人才等培养工程，不断完善培养工程的体制机制，不断提升培养工程的效率效果，持续打造行业发展的领头羊和生力军，引领行业高质量发展。

（一）着力推进会计师事务所合伙人培养工程。聚焦培养符合"政治型、职业型、专业型、复合型、国际型"要求的会计师事务所合伙人及后备人才，着力打造会计师事务所发展的领头羊。对会计师事务所合伙人开展轮训，计划每年培训约1 000人，五年共培训约5 000人，持续提升政治素养和职业道德，持续拓宽战略眼光和国际视野，持续提高综合管理能力。建立合伙人后备人才选拔机制，选拔政治素养高、执业能力强且具备一定管理能力的会计师事务所优秀中青年人才进行重点培养，每年选拔1次，培养周期三年，五年共计划选拔培养约180人，持续提升专业胜任能力，着重培养管理能力、提升战略眼光和国际视野，为会计师事务所合伙人选拔做好人才储备。坚持学用结合，打通人才培养和使用路径，为合伙人及后备人才搭建平台，调动其服务行业和服务国家建设的积极性。建立健全合伙人及后备人才的考核评价机制，全面评价考核其职业道德、专业胜任能力、国际视野、综合素质以及为行业建设和国家建设所作的贡献。

（二）着力推进行业国际化人才建设工程。聚焦培养符合"高素质、国际化、复合型"要求的行业国际化人才，着力打造行业国际交流合作和行业国际化发展的先行者。充分利用行业人才培养项目，提高全球化、国际化等宏观性、战略性课程的比重，提供包括英语技能、专业英语、宏观性战略性等定制化的培训内容，提升学员的战略眼光，延展学员的国际视野，为行业深入实施国际化战略储备人才。加强行业国际化人才的使用，积极支持其参与行业准则国际趋同研究、行业国际交流合作等相关工作，切实发挥好行业国际化人才智库作用。

（三）着力推进执业机构党组织书记培养工程。聚焦培养符合"守信念、讲奉献、有本领、重品行"要求的会计师事务所党支部书记、党务工作者、党员骨干，锻造一支政治上强、热爱党的工作、熟悉群众工作的行业党务工作人才队伍。依托各级行业党校开展行业党务工作者轮训，提升全国各级行业党委党务工作者的政治理论水平，指导实践、推动工作。依托各级行业党校开展对事务所党组织书记的轮训，充分发挥事务所党组织书记的基层引领、引导作用，推动党建和业务紧密结合。依托各级行业党校和红色学院开展党员骨干培训，教育引导行业党员从业人员用党的创新理论武装头脑，起到示范带头作用。

（四）着力推进行业党外代表人士培养工程。聚焦培养符合"政治坚定、业绩突出、群众认同"要求的行业党外代表人士，培养一支有贡献、有影响的行业党外代表人士队伍。拓宽选人渠道，完善推荐程序，建立行业党组织定期向统战部门推荐输送行业党外代表人士的机制，重点从会计师事务所合伙人、业务骨干及后备人才中，有组织有计划地物色、选拔行业党外代表人士。各级行业党组织要充分利用各类资源加强行业党外代表人士培训培养，紧扣行业特点制定行业党外代表人士培训规划和培训大纲，充分发挥行业党校在行业党外代表人士培训中主阵地作用，分级分类、科学施训，注重提高行业党外代表人士的政治理论素养和参政议政能力。建立科学规范的提名考察机制，根据有关规定提名推荐行业党外代表人士参选人大代表、担任政协委员和政府参事等，支持行业党外代表人士担任群团组织的兼职领导、代表大会代表、委员会委员，到有关国际组织担任职务。

（五）着力推进行业青年素质提升工程。聚焦培养符合"信念坚定、重实重干、与时俱进"要求的行业青年人才，打造一支道德品行优秀、专业能力过硬的行业建设生力军。利用团中央基层团干部培训班和行业党校各类培训班，对各级行业团委干部、综合排名前100家事务

所团干部、受表彰行业青年等开展培训，指导地方协会利用省级行业党校、团省委培训班等开展青年培训。持续开展行业"优秀共青团员、五四红旗团支部""青年文明号"等评比表彰，选树先优典型、发挥榜样作用。

六、组织保障

（一）坚持党的全面领导。在财政部党组和财政部人才工作领导小组领导下，切实加强各级行业党委和行业协会党组织建设，发挥党总揽全局、协调各方的领导作用，切实履行管宏观、管政策、管协调、管服务职责，做好新时代"两支队伍"建设的宏观谋划和顶层设计。各级行业党委和行业协会党组织要强化主体责任，完善党管人才工作格局，充分认识加强行业人才工作的重要性，加强对行业人才工作的领导，统筹推进人才工作重大举措落地生效；要结合实际研究制定实施意见，加强政策解读和舆论引导，形成关心支持行业人才发展的良好氛围；要定期研究行业人才发展体制机制改革中遇到的新情况新问题，及时制定修订制度，及时解决重大问题。

（二）强化服务保障。要持续改革完善行业人才治理架构，加强行业人才工作的组织保障、人力保障、资金保障和制度保障。要重视行业人才工作者队伍建设，以构建政治强、专业精、视野宽、本领高的"通才+专才"干部队伍为目标，健全各级注协干部考核评价体系和培训培养体系，强化干部队伍梯队建设，推动人力资源优化，提高服务保障能力。

（三）做好考核评估反馈。建立健全行业人才工作跟踪问效机制，细化任务分工、明确时间节点，加强工作中的督查督导，对发现的问题要及时纠偏，对工作不力的部门和个人要严肃问责。建立健全对行业人才工作的考核机制，以考核传导压力，以压力推动落实，并将贯彻落实本指导意见各项政策情况列入财政部门对注协领导班子工作考核的重要内容，将会计师事务所人才培养情况纳入会计师事务所党组织工作考核的重要内容，确保目标任务落到实处、取得实效。

第二编

企业会计相关法规

第五章　企业会计准则

1. 企业会计准则——基本准则（2014年修订）

（2006年2月15日财政部令第33号公布　2014年7月23日根据《财政部关于修改〈企业会计准则——基本准则〉的决定》修改）

第一章　总　则

第一条　为了规范企业会计确认、计量和报告行为，保证会计信息质量，根据《中华人民共和国会计法》和其他有关法律、行政法规，制定本准则。

第二条　本准则适用于在中华人民共和国境内设立的企业（包括公司，下同）。

第三条　企业会计准则包括基本准则和具体准则，具体准则的制定应当遵循本准则。

第四条　企业应当编制财务会计报告（又称财务报告，下同）。财务会计报告的目标是向财务会计报告使用者提供与企业财务状况、经营成果和现金流量等有关的会计信息，反映企业管理层受托责任履行情况，有助于财务会计报告使用者作出经济决策。

财务会计报告使用者包括投资者、债权人、政府及其有关部门和社会公众等。

第五条　企业应当对其本身发生的交易或者事项进行会计确认、计量和报告。

第六条　企业会计确认、计量和报告应当以持续经营为前提。

第七条　企业应当划分会计期间，分期结算账目和编制财务会计报告。

会计期间分为年度和中期。中期是指短于一个完整的会计年度的报告期间。

第八条　企业会计应当以货币计量。

第九条　企业应当以权责发生制为基础进行会计确认、计量和报告。

第十条　企业应当按照交易或者事项的经济特征确定会计要素。会计要素包括资产、负债、所有者权益、收入、费用和利润。

第十一条　企业应当采用借贷记账法记账。

第二章　会计信息质量要求

第十二条　企业应当以实际发生的交易或者事项为依据进行会计确认、计量和报告，如实反映符合确认和计量要求的各项会计要素及其他相关信息，保证会计信息真实可靠、内容完整。

第十三条　企业提供的会计信息应当与财务会计报告使用者的经济决策需要相关，有助于财务会计报告使用者对企业过去、现在或者未来的情况作出评价或者预测。

第十四条　企业提供的会计信息应当清晰明了，便于财务会计报告使用者理解和使用。

第十五条　企业提供的会计信息应当具有可比性。

同一企业不同时期发生的相同或者相似的交易或者事项，应当采用一致的会计政策，不得随意变更。确需变更的，应当在附注中说明。

不同企业发生的相同或者相似的交易或者事项，应当采用规定的会计政策，确保会计信息口径一致、相互可比。

第十六条　企业应当按照交易或者事项的经济实质进行会计确认、计量和报告，不应仅以交易或者事项的法律形式为依据。

第十七条 企业提供的会计信息应当反映与企业财务状况、经营成果和现金流量等有关的所有重要交易或者事项。

第十八条 企业对交易或者事项进行会计确认、计量和报告应当保持应有的谨慎，不应高估资产或者收益、低估负债或者费用。

第十九条 企业对于已经发生的交易或者事项，应当及时进行会计确认、计量和报告，不得提前或者延后。

第三章 资　　产

第二十条 资产是指企业过去的交易或者事项形成的、由企业拥有或者控制的、预期会给企业带来经济利益的资源。

前款所指的企业过去的交易或者事项包括购买、生产、建造行为或其他交易或者事项。预期在未来发生的交易或者事项不形成资产。

由企业拥有或者控制，是指企业享有某项资源的所有权，或者虽然不享有某项资源的所有权，但该资源能被企业所控制。

预期会给企业带来经济利益，是指直接或者间接导致现金和现金等价物流入企业的潜力。

第二十一条 符合本准则第二十条规定的资产定义的资源，在同时满足以下条件时，确认为资产：

（一）与该资源有关的经济利益很可能流入企业；

（二）该资源的成本或者价值能够可靠地计量。

第二十二条 符合资产定义和资产确认条件的项目，应当列入资产负债表；符合资产定义、但不符合资产确认条件的项目，不应当列入资产负债表。

第四章 负　　债

第二十三条 负债是指企业过去的交易或者事项形成的、预期会导致经济利益流出企业的现时义务。

现时义务是指企业在现行条件下已承担的义务。未来发生的交易或者事项形成的义务，不属于现时义务，不应当确认为负债。

第二十四条 符合本准则第二十三条规定的负债定义的义务，在同时满足以下条件时，确认为负债：

（一）与该义务有关的经济利益很可能流出企业；

（二）未来流出的经济利益的金额能够可靠地计量。

第二十五条 符合负债定义和负债确认条件的项目，应当列入资产负债表；符合负债定义、但不符合负债确认条件的项目，不应当列入资产负债表。

第五章 所 有 者 权 益

第二十六条 所有者权益是指企业资产扣除负债后由所有者享有的剩余权益。

公司的所有者权益又称为股东权益。

第二十七条 所有者权益的来源包括所有者投入的资本、直接计入所有者权益的利得和损失、留存收益等。

直接计入所有者权益的利得和损失，是指不应计入当期损益、会导致所有者权益发生增减变动的、与所有者投入资本或者向所有者分配利润无关的利得或者损失。

利得是指由企业非日常活动所形成的、会导致所有者权益增加的、与所有者投入资本无关的经济利益的流入。

损失是指由企业非日常活动所发生的、会导致所有者权益减少的、与向所有者分配利润无关的经济利益的流出。

第二十八条 所有者权益金额取决于资产和负债的计量。

第二十九条 所有者权益项目应当列入资产负债表。

第六章 收 入

第三十条 收入是指企业在日常活动中形成的、会导致所有者权益增加的、与所有者投入资本无关的经济利益的总流入。

第三十一条 收入只有在经济利益很可能流入从而导致企业资产增加或者负债减少、且经济利益的流入额能够可靠计量时才能予以确认。

第三十二条 符合收入定义和收入确认条件的项目,应当列入利润表。

第七章 费 用

第三十三条 费用是指企业在日常活动中发生的、会导致所有者权益减少的、与向所有者分配利润无关的经济利益的总流出。

第三十四条 费用只有在经济利益很可能流出从而导致企业资产减少或者负债增加、且经济利益的流出额能够可靠计量时才能予以确认。

第三十五条 企业为生产产品、提供劳务等发生的可归属于产品成本、劳务成本等的费用,应当在确认产品销售收入、劳务收入等时,将已销售产品、已提供劳务的成本等计入当期损益。

企业发生的支出不产生经济利益的,或者即使能够产生经济利益但不符合或者不再符合资产确认条件的,应当在发生时确认为费用,计入当期损益。

企业发生的交易或者事项导致其承担了一项负债而又不确认为一项资产的,应当在发生时确认为费用,计入当期损益。

第三十六条 符合费用定义和费用确认条件的项目,应当列入利润表。

第八章 利 润

第三十七条 利润是指企业在一定会计期间的经营成果。利润包括收入减去费用后的净额、直接计入当期利润的利得和损失等。

第三十八条 直接计入当期利润的利得和损失,是指应当计入当期损益、会导致所有者权益发生增减变动的、与所有者投入资本或者向所有者分配利润无关的利得或者损失。

第三十九条 利润金额取决于收入和费用、直接计入当期利润的利得和损失金额的计量。

第四十条 利润项目应当列入利润表。

第九章 会 计 计 量

第四十一条 企业在将符合确认条件的会计要素登记入账并列报于会计报表及其附注(又称财务报表,下同)时,应当按照规定的会计计量属性进行计量,确定其金额。

第四十二条 会计计量属性主要包括:

(一)历史成本。在历史成本计量下,资产按照购置时支付的现金或者现金等价物的金额,或者按照购置资产时所付出的对价的公允价值计量。负债按照因承担现时义务而实际收到的款项或者资产的金额,或者承担现时义务的合同金额,或者按照日常活动中为偿还负债预期需要支付的现金或者现金等价物的金额计量。

(二)重置成本。在重置成本计量下,资产按照现在购买相同或者相似资产所需支付的现金或者现金等价物的金额计量。负债按照现在偿付该项债务所需支付的现金或者现金等价物的金额计量。

(三)可变现净值。在可变现净值计量下,资产按照其正常对外销售所能收到现金或者现金等价物的金额扣减该资产至完工时估计将要发生的成本、估计的销售费用以及相关税费后的金额计量。

（四）现值。在现值计量下，资产按照预计从其持续使用和最终处置中所产生的未来净现金流入量的折现金额计量。负债按照预计期限内需要偿还的未来净现金流出量的折现金额计量。

（五）公允价值。在公允价值计量下，资产和负债按照市场参与者在计量日发生的有序交易中，出售资产所能收到或者转移负债所需支付的价格计量。

第四十三条 企业在对会计要素进行计量时，一般应当采用历史成本，采用重置成本、可变现净值、现值、公允价值计量的，应当保证所确定的会计要素金额能够取得并可靠计量。

第十章 财务会计报告

第四十四条 财务会计报告是指企业对外提供的反映企业某一特定日期的财务状况和某一会计期间的经营成果、现金流量等会计信息的文件。

财务会计报告包括会计报表及其附注和其他应当在财务会计报告中披露的相关信息和资料。会计报表至少应当包括资产负债表、利润表、现金流量表等报表。

小企业编制的会计报表可以不包括现金流量表。

第四十五条 资产负债表是指反映企业在某一特定日期的财务状况的会计报表。

第四十六条 利润表是指反映企业在一定会计期间的经营成果的会计报表。

第四十七条 现金流量表是指反映企业在一定会计期间的现金和现金等价物流入和流出的会计报表。

第四十八条 附注是指对在会计报表中列示项目所作的进一步说明，以及对未能在这些报表中列示项目的说明等。

第十一章 附 则

第四十九条 本准则由财政部负责解释。

第五十条 本准则自 2007 年 1 月 1 日起施行。

2. 企业会计准则第 1 号——存货（2006 年颁布）

（财会〔2006〕3 号）

第一章 总 则

第一条 为了规范存货的确认、计量和相关信息的披露，根据《企业会计准则——基本准则》，制定本准则。

第二条 下列各项适用其他相关会计准则：

（一）消耗性生物资产，适用《企业会计准则第 5 号——生物资产》。

（二）通过建造合同归集的存货成本，适用《企业会计准则第 15 号——建造合同》。

第二章 确 认

第三条 存货，是指企业在日常活动中持有以备出售的产成品或商品、处在生产过程中的在产品、在生产过程或提供劳务过程中耗用的材料和物料等。

第四条 存货同时满足下列条件的，才能予以确认：

（一）与该存货有关的经济利益很可能流入企业；

（二）该存货的成本能够可靠地计量。

第三章 计　　量

第五条　存货应当按照成本进行初始计量。存货成本包括采购成本、加工成本和其他成本。

第六条　存货的采购成本，包括购买价款、相关税费、运输费、装卸费、保险费以及其他可归属于存货采购成本的费用。

第七条　存货的加工成本，包括直接人工以及按照一定方法分配的制造费用。

制造费用，是指企业为生产产品和提供劳务而发生的各项间接费用。企业应当根据制造费用的性质，合理地选择制造费用分配方法。

在同一生产过程中，同时生产两种或两种以上的产品，并且每种产品的加工成本不能直接区分的，其加工成本应当按照合理的方法在各种产品之间进行分配。

第八条　存货的其他成本，是指除采购成本、加工成本以外的，使存货达到目前场所和状态所发生的其他支出。

第九条　下列费用应当在发生时确认为当期损益，不计入存货成本：

（一）非正常消耗的直接材料、直接人工和制造费用。

（二）仓储费用（不包括在生产过程中为达到下一个生产阶段所必需的费用）。

（三）不能归属于使存货达到目前场所和状态的其他支出。

第十条　应计入存货成本的借款费用，按照《企业会计准则第17号——借款费用》处理。

第十一条　投资者投入存货的成本，应当按照投资合同或协议约定的价值确定，但合同或协议约定价值不公允的除外。

第十二条　收获时农产品的成本、非货币性资产交换、债务重组和企业合并取得的存货的成本，应当分别按照《企业会计准则第5号——生物资产》《企业会计准则第7号——非货币性资产交换》《企业会计准则第12号——债务重组》和《企业会计准则第20号——企业合并》确定。

第十三条　企业提供劳务的，所发生的从事劳务提供人员的直接人工和其他直接费用以及可归属的间接费用，计入存货成本。

第十四条　企业应当采用先进先出法、加权平均法或者个别计价法确定发出存货的实际成本。

对于性质和用途相似的存货，应当采用相同的成本计算方法确定发出存货的成本。

对于不能替代使用的存货、为特定项目专门购入或制造的存货以及提供劳务的成本，通常采用个别计价法确定发出存货的成本。

对于已售存货，应当将其成本结转为当期损益，相应的存货跌价准备也应当予以结转。

第十五条　资产负债表日，存货应当按照成本与可变现净值孰低计量。

存货成本高于其可变现净值的，应当计提存货跌价准备，计入当期损益。

可变现净值，是指在日常活动中，存货的估计售价减去至完工时估计将要发生的成本、估计的销售费用以及相关税费后的金额。

第十六条　企业确定存货的可变现净值，应当以取得的确凿证据为基础，并且考虑持有存货的目的、资产负债表日后事项的影响等因素。

为生产而持有的材料等，用其生产的产成品的可变现净值高于成本的，该材料仍然应当按照成本计量；材料价格的下降表明产成品的可变现净值低于成本的，该材料应当按照可变现净值计量。

第十七条　为执行销售合同或者劳务合同而持有的存货，其可变现净值应当以合同价格为基础计算。

企业持有存货的数量多于销售合同订购数量的，超出部分的存货的可变现净值应当以一般销售价格为基础计算。

第十八条 企业通常应当按照单个存货项目计提存货跌价准备。

对于数量繁多、单价较低的存货，可以按照存货类别计提存货跌价准备。

与在同一地区生产和销售的产品系列相关、具有相同或类似最终用途或目的，且难以与其他项目分开计量的存货，可以合并计提存货跌价准备。

第十九条 资产负债表日，企业应当确定存货的可变现净值。以前减记存货价值的影响因素已经消失的，减记的金额应当予以恢复，并在原已计提的存货跌价准备金额内转回，转回的金额计入当期损益。

第二十条 企业应当采用一次转销法或者五五摊销法对低值易耗品和包装物进行摊销，计入相关资产的成本或者当期损益。

第二十一条 企业发生的存货毁损，应当将处置收入扣除账面价值和相关税费后的金额计入当期损益。存货的账面价值是存货成本扣减累计跌价准备后的金额。

存货盘亏造成的损失，应当计入当期损益。

第四章 披　　露

第二十二条 企业应当在附注中披露与存货有关的下列信息：

（一）各类存货的期初和期末账面价值。

（二）确定发出存货成本所采用的方法。

（三）存货可变现净值的确定依据，存货跌价准备的计提方法，当期计提的存货跌价准备的金额，当期转回的存货跌价准备的金额，以及计提和转回的有关情况。

（四）用于担保的存货账面价值。

3. 企业会计准则第 2 号——长期股权投资（2014 年修订）

（财会〔2014〕14 号）

第一章 总　　则

第一条 为了规范长期股权投资的确认、计量，根据《企业会计准则——基本准则》，制定本准则。

第二条 本准则所称长期股权投资，是指投资方对被投资单位实施控制、重大影响的权益性投资，以及对其合营企业的权益性投资。

在确定能否对被投资单位实施控制时，投资方应当按照《企业会计准则第 33 号——合并财务报表》的有关规定进行判断。投资方能够对被投资单位实施控制的，被投资单位为其子公司。投资方属于《企业会计准则第 33 号——合并财务报表》规定的投资性主体且子公司不纳入合并财务报表的情况除外。

重大影响，是指投资方对被投资单位的财务和经营政策有参与决策的权力，但并不能够控制或者与其他方一起共同控制这些政策的制定。在确定能否对被投资单位施加重大影响时，应当考虑投资方和其他方持有的被投资单位当期可转换公司债券、当期可执行认股权证等潜在表决权因素。投资方能够对被投资单位施加重大影响的，被投资单位为其联营企业。

在确定被投资单位是否为合营企业时，应当按照《企业会计准则第 40 号——合营安排》的有关规定进行判断。

第三条 下列各项适用其他相关会计准则：

（一）外币长期股权投资的折算，适用《企业会计准则第 19 号——外币折算》。

（二）风险投资机构、共同基金以及类似主体持有的、在初始确认时按照《企业会计准则第 22 号——金融工具确认和计量》的规定以公允价值计量且其变动计入当期损益的金融资产，投资性主体对不纳入合并财务报表的子公司的权益性投资，以及本准则未予规范的其他权益性投资，适用《企业会计准则第 22 号——金融工具确认和计量》。

第四条 长期股权投资的披露，适用《企业会计准则第 41 号——在其他主体中权益的披露》。

第二章 初始计量

第五条 企业合并形成的长期股权投资，应当按照下列规定确定其初始投资成本：

（一）同一控制下的企业合并，合并方以支付现金、转让非现金资产或承担债务方式作为合并对价的，应当在合并日按照被合并方所有者权益在最终控制方合并财务报表中的账面价值的份额作为长期股权投资的初始投资成本。长期股权投资初始投资成本与支付的现金、转让的非现金资产以及所承担债务账面价值之间的差额，应当调整资本公积；资本公积不足冲减的，调整留存收益。

合并方以发行权益性证券作为合并对价的，应当在合并日按照被合并方所有者权益在最终控制方合并财务报表中的账面价值的份额作为长期股权投资的初始投资成本。按照发行股份的面值总额作为股本，长期股权投资初始投资成本与所发行股份面值总额之间的差额，应当调整资本公积；资本公积不足冲减的，调整留存收益。

（二）非同一控制下的企业合并，购买方在购买日应当按照《企业会计准则第 20 号——企业合并》的有关规定确定的合并成本作为长期股权投资的初始投资成本。

合并方或购买方为企业合并发生的审计、法律服务、评估咨询等中介费用以及其他相关管理费用，应当于发生时计入当期损益。

第六条 除企业合并形成的长期股权投资以外，其他方式取得的长期股权投资，应当按照下列规定确定其初始投资成本：

（一）以支付现金取得的长期股权投资，应当按照实际支付的购买价款作为初始投资成本。初始投资成本包括与取得长期股权投资直接相关的费用、税金及其他必要支出。

（二）以发行权益性证券取得的长期股权投资，应当按照发行权益性证券的公允价值作为初始投资成本。与发行权益行证券直接相关的费用，应当按照《企业会计准则第 37 号——金融工具列报》的有关规定确定。

（三）通过非货币性资产交换取得的长期股权投资，其初始投资成本应当按照《企业会计准则第 7 号——非货币性资产交换》的有关规定确定。

（四）通过债务重组取得的长期股权投资，其初始投资成本应当按照《企业会计准则第 12 号——债务重组》的有关规定确定。

第三章 后续计量

第七条 投资方能够对被投资单位实施控制的长期股权投资应当采用成本法核算。

第八条 采用成本法核算的长期股权投资应当按照初始投资成本计价。追加或收回投资应当调整长期股权投资的成本。被投资单位宣告分派的现金股利或利润，应当确认为当期投资收益。

第九条 投资方对联营企业和合营企业的长期股权投资，应当按照本准则第十条至第十三条规定，采用权益法核算。

投资方对联营企业的权益性投资，其中一部分通过风险投资机构、共同基金、信托公司或包括投连险基金在内的类似主体间接持有的，无论以上主体是否对这部分投资具有重大影响，投资方都可以按照《企业会计准则第 22 号——金融工具确认和计量》的有关规定，对间接持有的该部分投资选择以公允价值计量且其变动计入损益，并对其余部分采用权益法核算。

第十条 长期股权投资的初始投资成本大于投资时应享有被投资单位可辨认净资产公允价值份额的，不调整长期股权投资的初始投资成本；长期股权投资的初始投资成本小于投资时应享有被投资单位可辨认净资产公允价值份额的，其差额应当计入当期损益，同时调整长期股权投资的成本。

被投资单位可辨认净资产的公允价值，应当比照《企业会计准则第20号——企业合并》的有关规定确定。

第十一条 投资方取得长期股权投资后，应当按照应享有或应分担的被投资单位实现的净损益和其他综合收益的份额，分别确认投资收益和其他综合收益，同时调整长期股权投资的账面价值；投资方按照被投资单位宣告分派的利润或现金股利计算应享有的部分，相应减少长期股权投资的账面价值；投资方对于被投资单位除净损益、其他综合收益和利润分配以外所有者权益的其他变动，应当调整长期股权投资的账面价值并计入所有者权益。

投资方在确认应享有被投资单位净损益的份额时，应当以取得投资时被投资单位可辨认净资产的公允价值为基础，对被投资单位的净利润进行调整后确认。

被投资单位采用的会计政策及会计期间与投资方不一致的，应当按照投资方的会计政策及会计期间对被投资单位的财务报表进行调整，并据以确认投资收益和其他综合收益等。

第十二条 投资方确认被投资单位发生的净亏损，应当以长期股权投资的账面价值以及其他实质上构成对被投资单位净投资的长期权益减记至零为限，投资方负有承担额外损失义务的除外。

被投资单位以后实现净利润的，投资方在其收益分享额弥补未确认的亏损分担额后，恢复确认收益分享额。

第十三条 投资方计算确认应享有或应分担被投资单位的净损益时，与联营企业、合营企业之间发生的未实现内部交易损益按照应享有的比例计算归属于投资方的部分，应当予以抵销，在此基础上确认投资收益。

投资方与被投资单位发生的未实现内部交易损失，按照《企业会计准则第8号——资产减值》等的有关规定属于资产减值损失的，应当全额确认。

第十四条 投资方因追加投资等原因能够对被投资单位施加重大影响或实施共同控制但不构成控制的，应当按照《企业会计准则第22号——金融工具确认和计量》确定的原持有的股权投资的公允价值加上新增投资成本之和，作为改按权益法核算的初始投资成本。原持有的股权投资分类为可供出售金融资产的，其公允价值与账面价值之间的差额，以及原计入其他综合收益的累计公允价值变动应当转入改按权益法核算的当期损益。

投资方因追加投资等原因能够对非同一控制下的被投资单位实施控制的，在编制个别财务报表时，应当按照原持有的股权投资账面价值加上新增投资成本之和，作为改按成本法核算的初始投资成本。购买日之前持有的股权投资因采用权益法核算而确认的其他综合收益，应当在处置该项投资时采用与被投资单位直接处置相关资产或负债相同的基础进行会计处理。购买日之前持有的股权投资按照《企业会计准则第22号——金融工具确认和计量》的有关规定进行会计处理的，原计入其他综合收益的累计公允价值变动应当在改按成本法核算时转入当期损益。在编制合并财务报表时，应当按照《企业会计准则第33号——合并财务报表》的有关规定进行会计处理。

第十五条 投资方因处置部分股权投资等原因丧失了对被投资单位的共同控制或重大影响的，处置后的剩余股权应当改按《企业会计准则第22号——金融工具确认和计量》核算，其在丧失共同控制或重大影响之日的公允价值与账面价值之间的差额计入当期损益。原股权投资因采用权益法核算而确认的其他综合收益，应当在终止采用权益法核算时采用与被投资单位直接处置相关资产或负债相同的基础进行会计处理。

投资方因处置部分权益性投资等原因丧失了对被投资单位的控制的，在编制个别财务报表时,处置后的剩余股权能够对被投资单位实施共同控制或施加重大影响的,应当改按权益法核算,并对该剩余股权视同自取得时即采用权益法核算进行调整;处置后的剩余股权不能对被投资单位实施共同控制或施加重大影响的,应当改按《企业会计准则第22号——金融工具确认和计量》的有关规定进行会计处理,其在丧失控制之日的公允价值与账面价值间的差额计入当期损益。在编制合并财务报表时,应当按照《企业会计准则第33号——合并财务报表》的有关规定进行会计处理。

第十六条 对联营企业或合营企业的权益性投资全部或部分分类为持有待售资产的,投资方应当按照《企业会计准则第4号——固定资产》的有关规定处理,对于未划分为持有待售资产的剩余权益性投资,应当采用权益法进行会计处理。

已划分为持有待售的对联营企业或合营企业的权益性投资,不再符合持有待售资产分类条件的,应当从被分类为持有待售资产之日起采用权益法进行追溯调整。分类为持有待售期间的财务报表应当作相应调整。

第十七条 处置长期股权投资,其账面价值与实际取得价款之间的差额,应当计入当期损益。采用权益法核算的长期股权投资,在处置该项投资时,采用与被投资单位直接处置相关资产或负债相同的基础,按相应比例对原计入其他综合收益的部分进行会计处理。

第十八条 投资方应当关注长期股权投资的账面价值是否大于享有被投资单位所有者权益账面价值的份额等类似情况。出现类似情况时,投资方应当按照《企业会计准则第8号——资产减值》对长期股权投资进行减值测试,可收回金额低于长期股权投资账面价值的,应当计提减值准备。

第四章 衔接规定

第十九条 在本准则施行日之前已经执行企业会计准则的企业,应当按照本准则进行追溯调整,追溯调整不切实可行的除外。

第五章 附 则

第二十条 本准则自2014年7月1日起施行。

4. 企业会计准则第3号——投资性房地产(2006年颁布)

(财会〔2006〕3号)

第一章 总 则

第一条 为了规范投资性房地产的确认、计量和相关信息的披露,根据《企业会计准则——基本准则》,制定本准则。

第二条 投资性房地产,是指为赚取租金或资本增值,或两者兼有而持有的房地产。

投资性房地产应当能够单独计量和出售。

第三条 本准则规范下列投资性房地产:

(一)已出租的土地使用权。

(二)持有并准备增值后转让的土地使用权。

(三)已出租的建筑物。

第四条 下列各项不属于投资性房地产:

(一)自用房地产,即为生产商品、提供劳务或者经营管理而持有的房地产。

(二)作为存货的房地产。

第五条 下列各项适用其他相关会计准则:

（一）企业代建的房地产，适用《企业会计准则第 15 号——建造合同》。
（二）投资性房地产的租金收入和售后租回，适用《企业会计准则第 21 号——租赁》。

第二章　确认和初始计量

第六条　投资性房地产同时满足下列条件的，才能予以确认：
（一）与该投资性房地产有关的经济利益很可能流入企业；
（二）该投资性房地产的成本能够可靠地计量。

第七条　投资性房地产应当按照成本进行初始计量。
（一）外购投资性房地产的成本，包括购买价款、相关税费和可直接归属于该资产的其他支出。
（二）自行建造投资性房地产的成本，由建造该项资产达到预定可使用状态前所发生的必要支出构成。
（三）以其他方式取得的投资性房地产的成本，按照相关会计准则的规定确定。

第八条　与投资性房地产有关的后续支出，满足本准则第六条规定的确认条件的，应当计入投资性房地产成本；不满足本准则第六条规定的确认条件的，应当在发生时计入当期损益。

第三章　后续计量

第九条　企业应当在资产负债表日采用成本模式对投资性房地产进行后续计量，但本准则第十条规定的除外。

采用成本模式计量的建筑物的后续计量，适用《企业会计准则第 4 号——固定资产》。

采用成本模式计量的土地使用权的后续计量，适用《企业会计准则第 6 号——无形资产》。

第十条　有确凿证据表明投资性房地产的公允价值能够持续可靠取得的，可以对投资性房地产采用公允价值模式进行后续计量。采用公允价值模式计量的，应当同时满足下列条件：
（一）投资性房地产所在地有活跃的房地产交易市场；
（二）企业能够从房地产交易市场上取得同类或类似房地产的市场价格及其他相关信息，从而对投资性房地产的公允价值作出合理的估计。

第十一条　采用公允价值模式计量的，不对投资性房地产计提折旧或进行摊销，应当以资产负债表日投资性房地产的公允价值为基础调整其账面价值，公允价值与原账面价值之间的差额计入当期损益。

第十二条　企业对投资性房地产的计量模式一经确定，不得随意变更。成本模式转为公允价值模式的，应当作为会计政策变更，按照《企业会计准则第 28 号——会计政策、会计估计变更和差错更正》处理。

已采用公允价值模式计量的投资性房地产，不得从公允价值模式转为成本模式。

第四章　转　换

第十三条　企业有确凿证据表明房地产用途发生改变，满足下列条件之一的，应当将投资性房地产转换为其他资产或者将其他资产转换为投资性房地产：
（一）投资性房地产开始自用。
（二）作为存货的房地产，改为出租。
（三）自用土地使用权停止自用，用于赚取租金或资本增值。
（四）自用建筑物停止自用，改为出租。

第十四条　在成本模式下，应当将房地产转换前的账面价值作为转换后的入账价值。

第十五条　采用公允价值模式计量的投资性房地产转换为自用房地产时，应当以其转换当日的公允价值作为自用房地产的账面价值，公允价值与原账面价值的差额计入当期损益。

第十六条 自用房地产或存货转换为采用公允价值模式计量的投资性房地产时，投资性房地产按照转换当日的公允价值计价，转换当日的公允价值小于原账面价值的，其差额计入当期损益；转换当日的公允价值大于原账面价值的，其差额计入所有者权益。

第五章 处　　置

第十七条 当投资性房地产被处置，或者永久退出使用且预计不能从其处置中取得经济利益时，应当终止确认该项投资性房地产。

第十八条 企业出售、转让、报废投资性房地产或者发生投资性房地产毁损，应当将处置收入扣除其账面价值和相关税费后的金额计入当期损益。

第六章 披　　露

第十九条 企业应当在附注中披露与投资性房地产有关的下列信息：
（一）投资性房地产的种类、金额和计量模式。
（二）采用成本模式的，投资性房地产的折旧或摊销，以及减值准备的计提情况。
（三）采用公允价值模式的，公允价值的确定依据和方法，以及公允价值变动对损益的影响。
（四）房地产转换情况、理由，以及对损益或所有者权益的影响。
（五）当期处置的投资性房地产及其对损益的影响。

5. 企业会计准则第 4 号——固定资产（2006 年颁布）

（财会〔2006〕3 号）

第一章 总　　则

第一条 为了规范固定资产的确认、计量和相关信息的披露，根据《企业会计准则——基本准则》，制定本准则。

第二条 下列各项适用其他相关会计准则：
（一）作为投资性房地产的建筑物，适用《企业会计准则第 3 号——投资性房地产》。
（二）生产性生物资产，适用《企业会计准则第 5 号——生物资产》。

第二章 确　　认

第三条 固定资产，是指同时具有下列特征的有形资产：
（一）为生产商品、提供劳务、出租或经营管理而持有的；
（二）使用寿命超过一个会计年度。
使用寿命，是指企业使用固定资产的预计期间，或者该固定资产所能生产产品或提供劳务的数量。

第四条 固定资产同时满足下列条件的，才能予以确认：
（一）与该固定资产有关的经济利益很可能流入企业；
（二）该固定资产的成本能够可靠地计量。

第五条 固定资产的各组成部分具有不同使用寿命或者以不同方式为企业提供经济利益，适用不同折旧率或折旧方法的，应当分别将各组成部分确认为单项固定资产。

第六条 与固定资产有关的后续支出，符合本准则第四条规定的确认条件的，应当计入固定资产成本；不符合本准则第四条规定的确认条件的，应当在发生时计入当期损益。

第三章 初始计量

第七条 固定资产应当按照成本进行初始计量。

第八条 外购固定资产的成本，包括购买价款、相关税费、使固定资产达到预定可使用状态前所发生的可归属于该项资产的运输费、装卸费、安装费和专业人员服务费等。

以一笔款项购入多项没有单独标价的固定资产，应当按照各项固定资产公允价值比例对总成本进行分配，分别确定各项固定资产的成本。

购买固定资产的价款超过正常信用条件延期支付，实质上具有融资性质的，固定资产的成本以购买价款的现值为基础确定。实际支付的价款与购买价款的现值之间的差额，除按照《企业会计准则第17号——借款费用》应予资本化的以外，应当在信用期间内计入当期损益。

第九条 自行建造固定资产的成本，由建造该项资产达到预定可使用状态前所发生的必要支出构成。

第十条 应计入固定资产成本的借款费用，按照《企业会计准则第17号——借款费用》处理。

第十一条 投资者投入固定资产的成本，应当按照投资合同或协议约定的价值确定，但合同或协议约定价值不公允的除外。

第十二条 非货币性资产交换、债务重组、企业合并和融资租赁取得的固定资产的成本，应当分别按照《企业会计准则第7号——非货币性资产交换》《企业会计准则第12号——债务重组》《企业会计准则第20号——企业合并》和《企业会计准则第21号——租赁》确定。

第十三条 确定固定资产成本时，应当考虑预计弃置费用因素。

第四章 后续计量

第十四条 企业应当对所有固定资产计提折旧。但是，已提足折旧仍继续使用的固定资产和单独计价入账的土地除外。

折旧，是指在固定资产使用寿命内，按照确定的方法对应计折旧额进行系统分摊。

应计折旧额，是指应当计提折旧的固定资产的原价扣除其预计净残值后的金额。已计提减值准备的固定资产，还应当扣除已计提的固定资产减值准备累计金额。

预计净残值，是指假定固定资产预计使用寿命已满并处于使用寿命终了时的预期状态，企业目前从该项资产处置中获得的扣除预计处置费用后的金额。

第十五条 企业应当根据固定资产的性质和使用情况，合理确定固定资产的使用寿命和预计净残值。

固定资产的使用寿命、预计净残值一经确定，不得随意变更。但是，符合本准则第十九条规定的除外。

第十六条 企业确定固定资产使用寿命，应当考虑下列因素：

（一）预计生产能力或实物产量；

（二）预计有形损耗和无形损耗；

（三）法律或者类似规定对资产使用的限制。

第十七条 企业应当根据与固定资产有关的经济利益的预期实现方式，合理选择固定资产折旧方法。

可选用的折旧方法包括年限平均法、工作量法、双倍余额递减法和年数总和法等。

固定资产的折旧方法一经确定，不得随意变更。但是，符合本准则第十九条规定的除外。

第十八条 固定资产应当按月计提折旧，并根据用途计入相关资产的成本或者当期损益。

第十九条 企业至少应当于每年年度终了，对固定资产的使用寿命、预计净残值和折旧方法进行复核。

使用寿命预计数与原先估计数有差异的，应当调整固定资产使用寿命。

预计净残值预计数与原先估计数有差异的，应当调整预计净残值。

与固定资产有关的经济利益预期实现方式有重大改变的，应当改变固定资产折旧方法。

固定资产使用寿命、预计净残值和折旧方法的改变应当作为会计估计变更。

第二十条　固定资产的减值，应当按照《企业会计准则第8号——资产减值》处理。

第五章　处　　置

第二十一条　固定资产满足下列条件之一的，应当予以终止确认：

（一）该固定资产处于处置状态。

（二）该固定资产预期通过使用或处置不能产生经济利益。

第二十二条　企业持有待售的固定资产，应当对其预计净残值进行调整。

第二十三条　企业出售、转让、报废固定资产或发生固定资产毁损，应当将处置收入扣除账面价值和相关税费后的金额计入当期损益。固定资产的账面价值是固定资产成本扣减累计折旧和累计减值准备后的金额。

固定资产盘亏造成的损失，应当计入当期损益。

第二十四条　企业根据本准则第六条的规定，将发生的固定资产后续支出计入固定资产成本的，应当终止确认被替换部分的账面价值。

第六章　披　　露

第二十五条　企业应当在附注中披露与固定资产有关的下列信息：

（一）固定资产的确认条件、分类、计量基础和折旧方法。

（二）各类固定资产的使用寿命、预计净残值和折旧率。

（三）各类固定资产的期初和期末原价、累计折旧额及固定资产减值准备累计金额。

（四）当期确认的折旧费用。

（五）对固定资产所有权的限制及其金额和用于担保的固定资产账面价值。

（六）准备处置的固定资产名称、账面价值、公允价值、预计处置费用和预计处置时间等。

6. 企业会计准则第5号——生物资产（2006年颁布）

（财会〔2006〕3号）

第一章　总　　则

第一条　为了规范与农业生产相关的生物资产的确认、计量和相关信息的披露，根据《企业会计准则——基本准则》，制定本准则。

第二条　生物资产，是指有生命的动物和植物。

第三条　生物资产分为消耗性生物资产、生产性生物资产和公益性生物资产。

消耗性生物资产，是指为出售而持有的、或在将来收获为农产品的生物资产，包括生长中的大田作物、蔬菜、用材林以及存栏待售的牲畜等。

生产性生物资产，是指为产出农产品、提供劳务或出租等目的而持有的生物资产，包括经济林、薪炭林、产畜和役畜等。

公益性生物资产，是指以防护、环境保护为主要目的的生物资产，包括防风固沙林、水土保持林和水源涵养林等。

第四条　下列各项适用其他相关会计准则：

（一）收获后的农产品，适用《企业会计准则第1号——存货》。

（二）与生物资产相关的政府补助，适用《企业会计准则第16号——政府补助》。

第二章 确认和初始计量

第五条 生物资产同时满足下列条件的，才能予以确认：

（一）企业因过去的交易或者事项而拥有或者控制该生物资产；

（二）与该生物资产有关的经济利益或服务潜能很可能流入企业；

（三）该生物资产的成本能够可靠地计量。

第六条 生物资产应当按照成本进行初始计量。

第七条 外购生物资产的成本，包括购买价款、相关税费、运输费、保险费以及可直接归属于购买该资产的其他支出。

第八条 自行栽培、营造、繁殖或养殖的消耗性生物资产的成本，应当按照下列规定确定：

（一）自行栽培的大田作物和蔬菜的成本，包括在收获前耗用的种子、肥料、农药等材料费、人工费和应分摊的间接费用等必要支出。

（二）自行营造的林木类消耗性生物资产的成本，包括郁闭前发生的造林费、抚育费、营林设施费、良种试验费、调查设计费和应分摊的间接费用等必要支出。

（三）自行繁殖的育肥畜的成本，包括出售前发生的饲料费、人工费和应分摊的间接费用等必要支出。

（四）水产养殖的动物和植物的成本，包括在出售或入库前耗用的苗种、饲料、肥料等材料费、人工费和应分摊的间接费用等必要支出。

第九条 自行营造或繁殖的生产性生物资产的成本，应当按照下列规定确定：

（一）自行营造的林木类生产性生物资产的成本，包括达到预定生产经营目的前发生的造林费、抚育费、营林设施费、良种试验费、调查设计费和应分摊的间接费用等必要支出。

（二）自行繁殖的产畜和役畜的成本，包括达到预定生产经营目的（成龄）前发生的饲料费、人工费和应分摊的间接费用等必要支出。达到预定生产经营目的，是指生产性生物资产进入正常生产期，可以多年连续稳定产出农产品、提供劳务或出租。

第十条 自行营造的公益性生物资产的成本，应当按照郁闭前发生的造林费、抚育费、森林保护费、营林设施费、良种试验费、调查设计费和应分摊的间接费用等必要支出确定。

第十一条 应计入生物资产成本的借款费用，按照《企业会计准则第17号——借款费用》处理。消耗性林木类生物资产发生的借款费用，应当在郁闭时停止资本化。

第十二条 投资者投入生物资产的成本，应当按照投资合同或协议约定的价值确定，但合同或协议约定价值不公允的除外。

第十三条 天然起源的生物资产的成本，应当按照名义金额确定。

第十四条 非货币性资产交换、债务重组和企业合并取得的生物资产的成本，应当分别按照《企业会计准则第7号——非货币性资产交换》《企业会计准则第12号——债务重组》和《企业会计准则第20号——企业合并》确定。

第十五条 因择伐、间伐或抚育更新性质采伐而补植林木类生物资产发生的后续支出，应当计入林木类生物资产的成本。

生物资产在郁闭或达到预定生产经营目的后发生的管护、饲养费用等后续支出，应当计入当期损益。

第三章 后续计量

第十六条 企业应当按照本准则第十七条至第二十一条的规定对生物资产进行后续计

量，但本准则第二十二条规定的除外。

第十七条 企业对达到预定生产经营目的的生产性生物资产，应当按期计提折旧，并根据用途分别计入相关资产的成本或当期损益。

第十八条 企业应当根据生产性生物资产的性质、使用情况和有关经济利益的预期实现方式，合理确定其使用寿命、预计净残值和折旧方法。可选用的折旧方法包括年限平均法、工作量法、产量法等。生产性生物资产的使用寿命、预计净残值和折旧方法一经确定，不得随意变更。但是，符合本准则第二十条规定的除外。

第十九条 企业确定生产性生物资产的使用寿命，应当考虑下列因素：

（一）该资产的预计产出能力或实物产量；

（二）该资产的预计有形损耗，如产畜和役畜衰老、经济林老化等；

（三）该资产的预计无形损耗，如因新品种的出现而使现有的生产性生物资产的产出能力和产出农产品的质量等方面相对下降、市场需求的变化使生产性生物资产产出的农产品相对过时等。

第二十条 企业至少应当于每年年度终了对生产性生物资产的使用寿命、预计净残值和折旧方法进行复核。使用寿命或预计净残值的预期数与原先估计数有差异的，或者有关经济利益预期实现方式有重大改变的，应当作为会计估计变更，按照《企业会计准则第28号——会计政策、会计估计变更和差错更正》处理，调整生产性生物资产的使用寿命或预计净残值或者改变折旧方法。

第二十一条 企业至少应当于每年年度终了对消耗性生物资产和生产性生物资产进行检查，有确凿证据表明由于遭受自然灾害、病虫害、动物疫病侵袭或市场需求变化等原因，使消耗性生物资产的可变现净值或生产性生物资产的可收回金额低于其账面价值的，应当按照可变现净值或可收回金额低于账面价值的差额，计提生物资产跌价准备或减值准备，并计入当期损益。上述可变现净值和可收回金额，应当分别按照《企业会计准则第1号——存货》和《企业会计准则第8号——资产减值》确定。

消耗性生物资产减值的影响因素已经消失的，减记金额应当予以恢复，并在原已计提的跌价准备金额内转回，转回的金额计入当期损益。

生产性生物资产减值准备一经计提，不得转回。

公益性生物资产不计提减值准备。

第二十二条 有确凿证据表明生物资产的公允价值能够持续可靠取得的，应当对生物资产采用公允价值计量。采用公允价值计量的，应当同时满足下列条件：

（一）生物资产有活跃的交易市场；

（二）能够从交易市场上取得同类或类似生物资产的市场价格及其他相关信息，从而对生物资产的公允价值作出合理估计。

第四章　收获与处置

第二十三条 对于消耗性生物资产，应当在收获或出售时，按照其账面价值结转成本。结转成本的方法包括加权平均法、个别计价法、蓄积量比例法、轮伐期年限法等。

第二十四条 生产性生物资产收获的农产品成本，按照产出或采收过程中发生的材料费、人工费和应分摊的间接费用等必要支出计算确定，并采用加权平均法、个别计价法、蓄积量比例法、轮伐期年限法等方法，将其账面价值结转为农产品成本。收获之后的农产品，应当按照《企业会计准则第1号——存货》处理。

第二十五条 生物资产改变用途后的成本，应当按照改变用途时的账面价值确定。

第二十六条 生物资产出售、盘亏或死亡、毁损时，应当将处置收入扣除其账面价值和相关税费后的余额计入当期损益。

第五章 披　　露

第二十七条　企业应当在附注中披露与生物资产有关的下列信息：
（一）生物资产的类别以及各类生物资产的实物数量和账面价值。
（二）各类消耗性生物资产的跌价准备累计金额，以及各类生产性生物资产的使用寿命、预计净残值、折旧方法、累计折旧和减值准备累计金额。
（三）天然起源生物资产的类别、取得方式和实物数量。
（四）用于担保的生物资产的账面价值。
（五）与生物资产相关的风险情况与管理措施。

第二十八条　企业应当在附注中披露与生物资产增减变动有关的下列信息：
（一）因购买而增加的生物资产；
（二）因自行培育而增加的生物资产；
（三）因出售而减少的生物资产；
（四）因盘亏或死亡、毁损而减少的生物资产；
（五）计提的折旧及计提的跌价准备或减值准备；
（六）其他变动。

7. 企业会计准则第 6 号——无形资产（2006 年颁布）

（财会〔2006〕3 号）

第一章 总　　则

第一条　为了规范无形资产的确认、计量和相关信息的披露，根据《企业会计准则——基本准则》，制定本准则。

第二条　下列各项适用其他相关会计准则：
（一）作为投资性房地产的土地使用权，适用《企业会计准则第 3 号——投资性房地产》。
（二）企业合并中形成的商誉，适用《企业会计准则第 8 号——资产减值》和《企业会计准则第 20 号——企业合并》。
（三）石油天然气矿区权益，适用《企业会计准则第 27 号——石油天然气开采》。

第二章 确　　认

第三条　无形资产，是指企业拥有或者控制的没有实物形态的可辨认非货币性资产。
资产满足下列条件之一的，符合无形资产定义中的可辨认性标准：
（一）能够从企业中分离或者划分出来，并能单独或者与相关合同、资产或负债一起，用于出售、转移、授予许可、租赁或者交换。
（二）源自合同性权利或其他法定权利，无论这些权利是否可以从企业或其他权利和义务中转移或者分离。

第四条　无形资产同时满足下列条件的，才能予以确认：
（一）与该无形资产有关的经济利益很可能流入企业；
（二）该无形资产的成本能够可靠地计量。

第五条　企业在判断无形资产产生的经济利益是否很可能流入时，应当对无形资产在预计使用寿命内可能存在的各种经济因素作出合理估计，并且应当有明确证据支持。

第六条　企业无形项目的支出，除下列情形外，均应于发生时计入当期损益：

（一）符合本准则规定的确认条件、构成无形资产成本的部分；

（二）非同一控制下企业合并中取得的、不能单独确认为无形资产、构成购买日确认的商誉的部分。

第七条 企业内部研究开发项目的支出，应当区分研究阶段支出与开发阶段支出。

研究是指为获取并理解新的科学或技术知识而进行的独创性的有计划调查。

开发是指在进行商业性生产或使用前，将研究成果或其他知识应用于某项计划或设计，以生产出新的或具有实质性改进的材料、装置、产品等。

第八条 企业内部研究开发项目研究阶段的支出，应当于发生时计入当期损益。

第九条 企业内部研究开发项目开发阶段的支出，同时满足下列条件的，才能确认为无形资产：

（一）完成该无形资产以使其能够使用或出售在技术上具有可行性；

（二）具有完成该无形资产并使用或出售的意图；

（三）无形资产产生经济利益的方式，包括能够证明运用该无形资产生产的产品存在市场或无形资产自身存在市场，无形资产将在内部使用的，应当证明其有用性；

（四）有足够的技术、财务资源和其他资源支持，以完成该无形资产的开发，并有能力使用或出售该无形资产；

（五）归属于该无形资产开发阶段的支出能够可靠地计量。

第十条 企业取得的已作为无形资产确认的正在进行中的研究开发项目，在取得后发生的支出应当按照本准则第七条至第九条的规定处理。

第十一条 企业自创商誉以及内部产生的品牌、报刊名等，不应确认为无形资产。

第三章 初始计量

第十二条 无形资产应当按照成本进行初始计量。外购无形资产的成本，包括购买价款、相关税费以及直接归属于使该项资产达到预定用途所发生的其他支出。

购买无形资产的价款超过正常信用条件延期支付，实质上具有融资性质的，无形资产的成本以购买价款的现值为基础确定。实际支付的价款与购买价款的现值之间的差额，除按照《企业会计准则第17号——借款费用》应予资本化的以外，应当在信用期间内计入当期损益。

第十三条 自行开发的无形资产，其成本包括自满足本准则第四条和第九条规定后至达到预定用途前所发生的支出总额，但是对于以前期间已经费用化的支出不再调整。

第十四条 投资者投入无形资产的成本，应当按照投资合同或协议约定的价值确定，但合同或协议约定价值不公允的除外。

第十五条 非货币性资产交换、债务重组、政府补助和企业合并取得的无形资产的成本，应当分别按照《企业会计准则第7号——非货币性资产交换》《企业会计准则第12号——债务重组》《企业会计准则第16号——政府补助》和《企业会计准则第20号——企业合并》确定。

第四章 后续计量

第十六条 企业应当于取得无形资产时分析判断其使用寿命。

无形资产的使用寿命为有限的，应当估计该使用寿命的年限或者构成使用寿命的产量等类似计量单位数量；无法预见无形资产为企业带来经济利益期限的，应当视为使用寿命不确定的无形资产。

第十七条 使用寿命有限的无形资产，其应摊销金额应当在使用寿命内系统合理摊销。

企业摊销无形资产，应当自无形资产可供使用时起，至不再作为无形资产确认时止。

企业选择的无形资产摊销方法，应当反映与该项无形资产有关的经济利益的预期实现方式。无法可靠确定预期实现方式的，应当采用直线法摊销。

无形资产的摊销金额一般应当计入当期损益，其他会计准则另有规定的除外。

第十八条 无形资产的应摊销金额为其成本扣除预计残值后的金额。已计提减值准备的无形资产，还应扣除已计提的无形资产减值准备累计金额。使用寿命有限的无形资产，其残值应当视为零，但下列情况除外：

（一）有第三方承诺在无形资产使用寿命结束时购买该无形资产。

（二）可以根据活跃市场得到预计残值信息，并且该市场在无形资产使用寿命结束时很可能存在。

第十九条 使用寿命不确定的无形资产不应摊销。

第二十条 无形资产的减值，应当按照《企业会计准则第 8 号——资产减值》处理。

第二十一条 企业至少应当于每年年度终了，对使用寿命有限的无形资产的使用寿命及摊销方法进行复核。无形资产的使用寿命及摊销方法与以前估计不同的，应当改变摊销期限和摊销方法。

企业应当在每个会计期间对使用寿命不确定的无形资产的使用寿命进行复核。如果有证据表明无形资产的使用寿命是有限的，应当估计其使用寿命，并按本准则规定处理。

第五章 处置和报废

第二十二条 企业出售无形资产，应当将取得的价款与该无形资产账面价值的差额计入当期损益。

第二十三条 无形资产预期不能为企业带来经济利益的，应当将该无形资产的账面价值予以转销。

第六章 披 露

第二十四条 企业应当按照无形资产的类别在附注中披露与无形资产有关的下列信息：

（一）无形资产的期初和期末账面余额、累计摊销额及减值准备累计金额。

（二）使用寿命有限的无形资产，其使用寿命的估计情况；使用寿命不确定的无形资产，其使用寿命不确定的判断依据。

（三）无形资产的摊销方法。

（四）用于担保的无形资产账面价值、当期摊销额等情况。

（五）计入当期损益和确认为无形资产的研究开发支出金额。

8. 企业会计准则第 7 号——非货币性资产交换
（2019 年修订）

（财会〔2019〕8 号）

第一章 总 则

第一条 为了规范非货币性资产交换的确认、计量和相关信息的披露，根据《企业会计准则——基本准则》，制定本准则。

第二条 非货币性资产交换，是指企业主要以固定资产、无形资产、投资性房地产和长期股权投资等非货币性资产进行的交换。该交换不涉及或只涉及少量的货币性资产（即补价）。

货币性资产，是指企业持有的货币资金和收取固定或可确定金额的货币资金的权利。

非货币性资产，是指货币性资产以外的资产。

第三条 本准则适用于所有非货币性资产交换，但下列各项适用其他相关会计准则：

（一）企业以存货换取客户的非货币性资产的，适用《企业会计准则第 14 号——收入》。

（二）非货币性资产交换中涉及企业合并的，适用《企业会计准则第 20 号——企业合并》《企业会计准则第 2 号——长期股权投资》和《企业会计准则第 33 号——合并财务报表》。

（三）非货币性资产交换中涉及由《企业会计准则第 22 号——金融工具确认和计量》规范的金融资产的，金融资产的确认、终止确认和计量适用《企业会计准则第 22 号——金融工具确认和计量》和《企业会计准则第 23 号——金融资产转移》。

（四）非货币性资产交换中涉及由《企业会计准则第 21 号——租赁》规范的使用权资产或应收融资租赁款等的，相关资产的确认、终止确认和计量适用《企业会计准则第 21 号——租赁》。

（五）非货币性资产交换的一方直接或间接对另一方持股且以股东身份进行交易的，或者非货币性资产交换的双方均受同一方或相同的多方最终控制，且该非货币性资产交换的交易实质是交换的一方向另一方进行了权益性分配或交换的一方接受了另一方权益性投入的，适用权益性交易的有关会计处理规定。

第二章 确　　认

第四条 企业应当分别按照下列原则对非货币性资产交换中的换入资产进行确认，对换出资产终止确认：

（一）对于换入资产，企业应当在换入资产符合资产定义并满足资产确认条件时予以确认；

（二）对于换出资产，企业应当在换出资产满足资产终止确认条件时终止确认。

第五条 换入资产的确认时点与换出资产的终止确认时点存在不一致的，企业在资产负债表日应当按照下列原则进行处理：

（一）换入资产满足资产确认条件，换出资产尚未满足终止确认条件的，在确认换入资产的同时将交付换出资产的义务确认为一项负债。

（二）换入资产尚未满足资产确认条件，换出资产满足终止确认条件的，在终止确认换出资产的同时将取得换入资产的权利确认为一项资产。

第三章 以公允价值为基础计量

第六条 非货币性资产交换同时满足下列条件的，应当以公允价值为基础计量：

（一）该项交换具有商业实质；

（二）换入资产或换出资产的公允价值能够可靠地计量。换入资产和换出资产的公允价值均能够可靠计量的，应当以换出资产的公允价值为基础计量，但有确凿证据表明换入资产的公允价值更加可靠的除外。

第七条 满足下列条件之一的非货币性资产交换具有商业实质：

（一）换入资产的未来现金流量在风险、时间分布或金额方面与换出资产显著不同。

（二）使用换入资产所产生的预计未来现金流量现值与继续使用换出资产不同，且其差额与换入资产和换出资产的公允价值相比是重大的。

第八条 以公允价值为基础计量的非货币性资产交换，对于换入资产，应当以换出资产的公允价值和应支付的相关税费作为换入资产的成本进行初始计量；对于换出资产，应当在终止确认时，将换出资产的公允价值与其账面价值之间的差额计入当期损益。

有确凿证据表明换入资产的公允价值更加可靠的，对于换入资产，应当以换入资产的公允价值和应支付的相关税费作为换入资产的初始计量金额；对于换出资产，应当在终止确认时，将换入资产的公允价值与换出资产账面价值之间的差额计入当期损益。

第九条 以公允价值为基础计量的非货币性资产交换，涉及补价的，应当按照下列规定进行处理：

（一）支付补价的，以换出资产的公允价值，加上支付补价的公允价值和应支付的相关税费，作为换入资产的成本，换出资产的公允价值与其账面价值之间的差额计入当期损益。

有确凿证据表明换入资产的公允价值更加可靠的，以换入资产的公允价值和应支付的相关税费作为换入资产的初始计量金额，换入资产的公允价值减去支付补价的公允价值，与换出资产账面价值之间的差额计入当期损益。

（二）收到补价的，以换出资产的公允价值，减去收到补价的公允价值，加上应支付的相关税费，作为换入资产的成本，换出资产的公允价值与其账面价值之间的差额计入当期损益。

有确凿证据表明换入资产的公允价值更加可靠的，以换入资产的公允价值和应支付的相关税费作为换入资产的初始计量金额，换入资产的公允价值加上收到补价的公允价值，与换出资产账面价值之间的差额计入当期损益。

第十条 以公允价值为基础计量的非货币性资产交换，同时换入或换出多项资产的，应当按照下列规定进行处理：

（一）对于同时换入的多项资产，按照换入的金融资产以外的各项换入资产公允价值相对比例，将换出资产公允价值总额（涉及补价的，加上支付补价的公允价值或减去收到补价的公允价值）扣除换入金融资产公允价值后的净额进行分摊，以分摊至各项换入资产的金额，加上应支付的相关税费，作为各项换入资产的成本进行初始计量。

有确凿证据表明换入资产的公允价值更加可靠的，以各项换入资产的公允价值和应支付的相关税费作为各项换入资产的初始计量金额。

（二）对于同时换出的多项资产，将各项换出资产的公允价值与其账面价值之间的差额，在各项换出资产终止确认时计入当期损益。

有确凿证据表明换入资产的公允价值更加可靠的，按照各项换出资产的公允价值的相对比例，将换入资产的公允价值总额（涉及补价的，减去支付补价的公允价值或加上收到补价的公允价值）分摊至各项换出资产，分摊至各项换出资产的金额与各项换出资产账面价值之间的差额，在各项换出资产终止确认时计入当期损益。

第四章 以账面价值为基础计量

第十一条 不满足本准则第六条规定条件的非货币性资产交换，应当以账面价值为基础计量。对于换入资产，企业应当以换出资产的账面价值和应支付的相关税费作为换入资产的初始计量金额；对于换出资产，终止确认时不确认损益。

第十二条 以账面价值为基础计量的非货币性资产交换，涉及补价的，应当按照下列规定进行处理：

（一）支付补价的，以换出资产的账面价值，加上支付补价的账面价值和应支付的相关税费，作为换入资产的初始计量金额，不确认损益。

（二）收到补价的，以换出资产的账面价值，减去收到补价的公允价值，加上应支付的相关税费，作为换入资产的初始计量金额，不确认损益。

第十三条 以账面价值为基础计量的非货币性资产交换，同时换入或换出多项资产的，应当按照下列规定进行处理：

（一）对于同时换入的多项资产，按照各项换入资产的公允价值的相对比例，将换出资产的账面价值总额（涉及补价的，加上支付补价的账面价值或减去收到补价的公允价值）分摊至各项换入资产，加上应支付的相关税费，作为各项换入资产的初始计量金额。换入资产的公允价值不能够可靠计量的，可以按照各项换入资产的原账面价值的相对比例或其他合理的比例对换出资产的账面价值进行分摊。

（二）对于同时换出的多项资产，各项换出资产终止确认时均不确认损益。

第五章 披 露

第十四条 企业应当在附注中披露与非货币性资产交换有关的下列信息：
（一）非货币性资产交换是否具有商业实质及其原因。
（二）换入资产、换出资产的类别。
（三）换入资产初始计量金额的确定方式。
（四）换入资产、换出资产的公允价值以及换出资产的账面价值。
（五）非货币性资产交换确认的损益。

第六章 衔 接 规 定

第十五条 企业对 2019 年 1 月 1 日至本准则施行日之间发生的非货币性资产交换，应根据本准则进行调整。企业对 2019 年 1 月 1 日之前发生的非货币性资产交换，不需要按照本准则的规定进行追溯调整。

第七章 附 则

第十六条 本准则自 2019 年 6 月 10 日起施行。
第十七条 2006 年 2 月 15 日财政部印发的《财政部关于印发〈企业会计准则第 1 号——存货〉等 38 项具体准则的通知》（财会〔2006〕3 号）中的《企业会计准则第 7 号——非货币性资产交换》同时废止。
财政部此前发布的有关非货币性资产交换会计处理规定与本准则不一致的，以本准则为准。

9. 企业会计准则第 8 号——资产减值（2006 年颁布）

（财会〔2006〕3 号）

第一章 总 则

第一条 为了规范资产减值的确认、计量和相关信息的披露，根据《企业会计准则——基本准则》，制定本准则。

第二条 资产减值，是指资产的可收回金额低于其账面价值。
本准则中的资产，除了特别规定外，包括单项资产和资产组。
资产组，是指企业可以认定的最小资产组合，其产生的现金流入应当基本上独立于其他资产或者资产组产生的现金流入。

第三条 下列各项适用其他相关会计准则：
（一）存货的减值，适用《企业会计准则第 1 号——存货》。
（二）采用公允价值模式计量的投资性房地产的减值，适用《企业会计准则第 3 号——投资性房地产》。
（三）消耗性生物资产的减值，适用《企业会计准则第 5 号——生物资产》。
（四）建造合同形成的资产的减值，适用《企业会计准则第 15 号——建造合同》。

（五）递延所得税资产的减值，适用《企业会计准则第 18 号——所得税》。

（六）融资租赁中出租人未担保余值的减值，适用《企业会计准则第 21 号——租赁》。

（七）《企业会计准则第 22 号——金融工具确认和计量》规范的金融资产的减值，适用《企业会计准则第 22 号——金融工具确认和计量》。

（八）未探明石油天然气矿区权益的减值，适用《企业会计准则第 27 号——石油天然气开采》。

第二章　可能发生减值资产的认定

第四条　企业应当在资产负债表日判断资产是否存在可能发生减值的迹象。

因企业合并所形成的商誉和使用寿命不确定的无形资产，无论是否存在减值迹象，每年都应当进行减值测试。

第五条　存在下列迹象的，表明资产可能发生了减值：

（一）资产的市价当期大幅度下跌，其跌幅明显高于因时间的推移或者正常使用而预计的下跌。

（二）企业经营所处的经济、技术或者法律等环境以及资产所处的市场在当期或者将在近期发生重大变化，从而对企业产生不利影响。

（三）市场利率或者其他市场投资报酬率在当期已经提高，从而影响企业计算资产预计未来现金流量现值的折现率，导致资产可收回金额大幅度降低。

（四）有证据表明资产已经陈旧过时或者其实体已经损坏。

（五）资产已经或者将被闲置、终止使用或者计划提前处置。

（六）企业内部报告的证据表明资产的经济绩效已经低于或者将低于预期，如资产所创造的净现金流量或者实现的营业利润（或者亏损）远远低于（或者高于）预计金额等。

（七）其他表明资产可能已经发生减值的迹象。

第三章　资产可收回金额的计量

第六条　资产存在减值迹象的，应当估计其可收回金额。

可收回金额应当根据资产的公允价值减去处置费用后的净额与资产预计未来现金流量的现值两者之间较高者确定。

处置费用包括与资产处置有关的法律费用、相关税费、搬运费以及为使资产达到可销售状态所发生的直接费用等。

第七条　资产的公允价值减去处置费用后的净额与资产预计未来现金流量的现值，只要有一项超过了资产的账面价值，就表明资产没有发生减值，不需再估计另一项金额。

第八条　资产的公允价值减去处置费用后的净额，应当根据公平交易中销售协议价格减去可直接归属于该资产处置费用的金额确定。

不存在销售协议但存在资产活跃市场的，应当按照该资产的市场价格减去处置费用后的金额确定。资产的市场价格通常应当根据资产的买方出价确定。

在不存在销售协议和资产活跃市场的情况下，应当以可获取的最佳信息为基础，估计资产的公允价值减去处置费用后的净额，该净额可以参考同行业类似资产的最近交易价格或者结果进行估计。

企业按照上述规定仍然无法可靠估计资产的公允价值减去处置费用后的净额的，应当以该资产预计未来现金流量的现值作为其可收回金额。

第九条　资产预计未来现金流量的现值，应当按照资产在持续使用过程中和最终处置时所产生的预计未来现金流量，选择恰当的折现率对其进行折现后的金额加以确定。

预计资产未来现金流量的现值，应当综合考虑资产的预计未来现金流量、使用寿命和折现率等因素。

第十条 预计的资产未来现金流量应当包括下列各项：

（一）资产持续使用过程中预计产生的现金流入。

（二）为实现资产持续使用过程中产生的现金流入所必需的预计现金流出（包括为使资产达到预定可使用状态所发生的现金流出）。

该现金流出应当是可直接归属于或者可通过合理和一致的基础分配到资产中的现金流出。

（三）资产使用寿命结束时，处置资产所收到或者支付的净现金流量。该现金流量应当是在公平交易中，熟悉情况的交易双方自愿进行交易时，企业预期可从资产的处置中获取或者支付的、减去预计处置费用后的金额。

第十一条 预计资产未来现金流量时，企业管理层应当在合理和有依据的基础上对资产剩余使用寿命内整个经济状况进行最佳估计。

预计资产的未来现金流量，应当以经企业管理层批准的最近财务预算或者预测数据，以及该预算或者预测期之后年份稳定的或者递减的增长率为基础。企业管理层如能证明递增的增长率是合理的，可以以递增的增长率为基础。

建立在预算或者预测基础上的预计现金流量最多涵盖5年，企业管理层如能证明更长的期间是合理的，可以涵盖更长的期间。

在对预算或者预测期之后年份的现金流量进行预计时，所使用的增长率除了企业能够证明更高的增长率是合理的之外，不应当超过企业经营的产品、市场、所处的行业或者所在国家或者地区的长期平均增长率，或者该资产所处市场的长期平均增长率。

第十二条 预计资产的未来现金流量，应当以资产的当前状况为基础，不应当包括与将来可能会发生的、尚未作出承诺的重组事项或者与资产改良有关的预计未来现金流量。

预计资产的未来现金流量也不应当包括筹资活动产生的现金流入或者流出以及与所得税收付有关的现金流量。

企业已经承诺重组的，在确定资产的未来现金流量的现值时，预计的未来现金流入和流出数，应当反映重组所能节约的费用和由重组所带来的其他利益，以及因重组所导致的估计未来现金流出数。其中重组所能节约的费用和由重组所带来的其他利益，通常应当根据企业管理层批准的最近财务预算或者预测数据进行估计；因重组所导致的估计未来现金流出数应当根据《企业会计准则第13号——或有事项》所确认的因重组所发生的预计负债金额进行估计。

第十三条 折现率是反映当前市场货币时间价值和资产特定风险的税前利率。该折现率是企业在购置或者投资资产时所要求的必要报酬率。

在预计资产的未来现金流量时已经对资产特定风险的影响作了调整的，估计折现率不需要考虑这些特定风险。如果用于估计折现率的基础是税后的，应当将其调整为税前的折现率。

第十四条 预计资产的未来现金流量涉及外币的，应当以该资产所产生的未来现金流量的结算货币为基础，按照该货币适用的折现率计算资产的现值；然后将该外币现值按照计算资产未来现金流量现值当日的即期汇率进行折算。

第四章 资产减值损失的确定

第十五条 可收回金额的计量结果表明，资产的可收回金额低于其账面价值的，应当将资产的账面价值减记至可收回金额，减记的金额确认为资产减值损失，计入当期损益，同时计提相应的资产减值准备。

第十六条 资产减值损失确认后，减值资产的折旧或者摊销费用应当在未来期间作相应调整，以使该资产在剩余使用寿命内，系统地分摊调整后的资产账面价值（扣除预计净残值）。

第十七条 资产减值损失一经确认，在以后会计期间不得转回。

第五章　资产组的认定及减值处理

第十八条　有迹象表明一项资产可能发生减值的，企业应当以单项资产为基础估计其可收回金额。企业难以对单项资产的可收回金额进行估计的，应当以该资产所属的资产组为基础确定资产组的可收回金额。

资产组的认定，应当以资产组产生的主要现金流入是否独立于其他资产或者资产组的现金流入为依据。同时，在认定资产组时，应当考虑企业管理层管理生产经营活动的方式（如是按照生产线、业务种类还是按照地区或者区域等）和对资产的持续使用或者处置的决策方式等。

几项资产的组合生产的产品（或者其他产出）存在活跃市场的，即使部分或者所有这些产品（或者其他产出）均供内部使用，也应当在符合前款规定的情况下，将这几项资产的组合认定为一个资产组。

如果该资产组的现金流入受内部转移价格的影响，应当按照企业管理层在公平交易中对未来价格的最佳估计数来确定资产组的未来现金流量。

资产组一经确定，各个会计期间应当保持一致，不得随意变更。

如需变更，企业管理层应当证明该变更是合理的，并根据本准则第二十七条的规定在附注中作相应说明。

第十九条　资产组账面价值的确定基础应当与其可收回金额的确定方式相一致。

资产组的账面价值包括可直接归属于资产组与可以合理和一致地分摊至资产组的资产账面价值，通常不应当包括已确认负债的账面价值，但如不考虑该负债金额就无法确定资产组可收回金额的除外。

资产组的可收回金额应当按照该资产组的公允价值减去处置费用后的净额与其预计未来现金流量的现值两者之间较高者确定。

资产组在处置时如要求购买者承担一项负债（如环境恢复负债等）、该负债金额已经确认并计入相关资产账面价值，而且企业只能取得包括上述资产和负债在内的单一公允价值减去处置费用后的净额的，为了比较资产组的账面价值和可收回金额，在确定资产组的账面价值及其预计未来现金流量的现值时，应当将已确认的负债金额从中扣除。

第二十条　企业总部资产包括企业集团或其事业部的办公楼、电子数据处理设备等资产。总部资产的显著特征是难以脱离其他资产或者资产组产生独立的现金流入，而且其账面价值难以完全归属于某一资产组。

有迹象表明某项总部资产可能发生减值的，企业应当计算确定该总部资产所归属的资产组或者资产组组合的可收回金额，然后将其与相应的账面价值相比较，据以判断是否需要确认减值损失。

资产组组合，是指由若干个资产组组成的最小资产组组合，包括资产组或者资产组组合，以及按合理方法分摊的总部资产部分。

第二十一条　企业对某一资产组进行减值测试，应当先认定所有与该资产组相关的总部资产，再根据相关总部资产能否按照合理和一致的基础分摊至该资产组分别下列情况处理。

（一）对于相关总部资产能够按照合理和一致的基础分摊至该资产组的部分，应当将该部分总部资产的账面价值分摊至该资产组，再据以比较该资产组的账面价值（包括已分摊的总部资产的账面价值部分）和可收回金额，并按照本准则第二十二条的规定处理。

（二）对于相关总部资产中有部分资产难以按照合理和一致的基础分摊至该资产组的，应当按照下列步骤处理：

首先，在不考虑相关总部资产的情况下，估计和比较资产组的账面价值和可收回金额，并按照本准则第二十二条的规定处理。

其次，认定由若干个资产组组成的最小的资产组组合，该资产组组合应当包括所测试的资产组与可以按照合理和一致的基础将该部分总部资产的账面价值分摊其上的部分。

最后，比较所认定的资产组组合的账面价值（包括已分摊的总部资产的账面价值部分）和可收回金额，并按照本准则第二十二条的规定处理。

第二十二条 资产组或者资产组组合的可收回金额低于其账面价值的（总部资产和商誉分摊至某资产组或者资产组组合的，该资产组或者资产组组合的账面价值应当包括相关总部资产和商誉的分摊额），应当确认相应的减值损失。减值损失金额应当先抵减分摊至资产组或者资产组组合中商誉的账面价值，再根据资产组或者资产组组合中除商誉之外的其他各项资产的账面价值所占比重，按比例抵减其他各项资产的账面价值。

以上资产账面价值的抵减，应当作为各单项资产（包括商誉）的减值损失处理，计入当期损益。抵减后的各资产的账面价值不得低于以下三者之中最高者：该资产的公允价值减去处置费用后的净额（如可确定的）、该资产预计未来现金流量的现值（如可确定的）和零。

因此而导致的未能分摊的减值损失金额，应当按照相关资产组或者资产组组合中其他各项资产的账面价值所占比重进行分摊。

第六章　商誉减值的处理

第二十三条 企业合并所形成的商誉，至少应当在每年年度终了进行减值测试。商誉应当结合与其相关的资产组或者资产组组合进行减值测试。

相关的资产组或者资产组组合应当是能够从企业合并的协同效应中受益的资产组或者资产组组合，不应当大于按照《企业会计准则第35号——分部报告》所确定的报告分部。

第二十四条 企业进行资产减值测试，对于因企业合并形成的商誉的账面价值，应当自购买日起按照合理的方法分摊至相关的资产组；难以分摊至相关的资产组的，应当将其分摊至相关的资产组组合。

在将商誉的账面价值分摊至相关的资产组或者资产组组合时，应当按照各资产组或者资产组组合的公允价值占相关资产组或者资产组组合公允价值总额的比例进行分摊。公允价值难以可靠计量的，按照各资产组或者资产组组合的账面价值占相关资产组或者资产组组合账面价值总额的比例进行分摊。

企业因重组等原因改变了其报告结构，从而影响到已分摊商誉的一个或者若干个资产组或者资产组组合构成的，应当按照与本条前款规定相似的分摊方法，将商誉重新分摊至受影响的资产组或者资产组组合。

第二十五条 在对包含商誉的相关资产组或者资产组组合进行减值测试时，如与商誉相关的资产组或者资产组组合存在减值迹象的，应当先对不包含商誉的资产组或者资产组组合进行减值测试，计算可收回金额，并与相关账面价值相比较，确认相应的减值损失。再对包含商誉的资产组或者资产组组合进行减值测试，比较这些相关资产组或者资产组组合的账面价值（包括所分摊的商誉的账面价值部分）与其可收回金额，如相关资产组或者资产组组合的可收回金额低于其账面价值的，应当确认商誉的减值损失，按照本准则第二十二条的规定处理。

第七章　披　　露

第二十六条 企业应当在附注中披露与资产减值有关的下列信息：
（一）当期确认的各项资产减值损失金额。
（二）计提的各项资产减值准备累计金额。

（三）提供分部报告信息的，应当披露每个报告分部当期确认的减值损失金额。

第二十七条 发生重大资产减值损失的，应当在附注中披露导致每项重大资产减值损失的原因和当期确认的重大资产减值损失的金额。

（一）发生重大减值损失的资产是单项资产的，应当披露该单项资产的性质。提供分部报告信息的，还应披露该项资产所属的主要报告分部。

（二）发生重大减值损失的资产是资产组（或者资产组组合，下同）的，应当披露：

1. 资产组的基本情况。
2. 资产组中所包括的各项资产于当期确认的减值损失金额。
3. 资产组的组成与前期相比发生变化的，应当披露变化的原因以及前期和当期资产组组成情况。

第二十八条 对于重大资产减值，应当在附注中披露资产（或者资产组，下同）可收回金额的确定方法。

（一）可收回金额按资产的公允价值减去处置费用后的净额确定的，还应当披露公允价值减去处置费用后的净额的估计基础。

（二）可收回金额按资产预计未来现金流量的现值确定的，还应当披露估计其现值时所采用的折现率，以及该资产前期可收回金额也按照其预计未来现金流量的现值确定的情况下，前期所采用的折现率。

第二十九条 第二十六条（一）（二）和第二十七条（二）第2项信息应当按照资产类别予以披露。资产类别应当以资产在企业生产经营活动中的性质或者功能是否相同或者相似为基础确定。

第三十条 分摊到某资产组的商誉（或者使用寿命不确定的无形资产，下同）的账面价值占商誉账面价值总额的比例重大的，应当在附注中披露下列信息：

（一）分摊到该资产组的商誉的账面价值。

（二）该资产组可收回金额的确定方法。

1. 可收回金额按照资产组公允价值减去处置费用后的净额确定的，还应当披露确定公允价值减去处置费用后的净额的方法。资产组的公允价值减去处置费用后的净额不是按照市场价格确定的，应当披露：

（1）企业管理层在确定公允价值减去处置费用后的净额时所采用的各关键假设及其依据。

（2）企业管理层在确定各关键假设相关的价值时，是否与企业历史经验或者外部信息来源相一致；如不一致，应当说明理由。

2. 可收回金额按照资产组预计未来现金流量的现值确定的，应当披露：

（1）企业管理层预计未来现金流量的各关键假设及其依据。

（2）企业管理层在确定各关键假设相关的价值时，是否与企业历史经验或者外部信息来源相一致；如不一致，应当说明理由。

（3）估计现值时所采用的折现率。

第三十一条 商誉的全部或者部分账面价值分摊到多个资产组、且分摊到每个资产组的商誉的账面价值占商誉账面价值总额的比例不重大的，企业应当在附注中说明这一情况以及分摊到上述资产组的商誉合计金额。

商誉账面价值按照相同的关键假设分摊到上述多个资产组、且分摊的商誉合计金额占商誉账面价值总额的比例重大的，企业应当在附注中说明这一情况，并披露下列信息：

（一）分摊到上述资产组的商誉的账面价值合计。

（二）采用的关键假设及其依据。

（三）企业管理层在确定各关键假设相关的价值时，是否与企业历史经验或者外部信息来源相一致；如不一致，应当说明理由。

10. 企业会计准则第 9 号——职工薪酬（2014 年修订）

（财会〔2014〕8 号）

第一章　总　　则

第一条　为了规范职工薪酬的确认、计量和相关信息的披露，根据《企业会计准则——基本准则》，制定本准则。

第二条　职工薪酬，是指企业为获得职工提供的服务或解除劳动关系而给予的各种形式的报酬或补偿。职工薪酬包括短期薪酬、离职后福利、辞退福利和其他长期职工福利。企业提供给职工配偶、子女、受赡养人、已故员工遗属及其他受益人等的福利，也属于职工薪酬。

短期薪酬，是指企业在职工提供相关服务的年度报告期间结束后十二个月内需要全部予以支付的职工薪酬，因解除与职工的劳动关系给予的补偿除外。短期薪酬具体包括：职工工资、奖金、津贴和补贴，职工福利费，医疗保险费、工伤保险费和生育保险费等社会保险费，住房公积金，工会经费和职工教育经费，短期带薪缺勤，短期利润分享计划，非货币性福利以及其他短期薪酬。

带薪缺勤，是指企业支付工资或提供补偿的职工缺勤，包括年休假、病假、短期伤残、婚假、产假、丧假、探亲假等。利润分享计划，是指因职工提供服务而与职工达成的基于利润或其他经营成果提供薪酬的协议。离职后福利，是指企业为获得职工提供的服务而在职工退休或与企业解除劳动关系后，提供的各种形式的报酬和福利，短期薪酬和辞退福利除外。

辞退福利，是指企业在职工劳动合同到期之前解除与职工的劳动关系，或者为鼓励职工自愿接受裁减而给予职工的补偿。

其他长期职工福利，是指除短期薪酬、离职后福利、辞退福利之外所有的职工薪酬，包括长期带薪缺勤、长期残疾福利、长期利润分享计划等。

第三条　本准则所称职工，是指与企业订立劳动合同的所有人员，含全职、兼职和临时职工，也包括虽未与企业订立劳动合同但由企业正式任命的人员。

未与企业订立劳动合同或未由其正式任命，但向企业所提供服务与职工所提供服务类似的人员，也属于职工的范畴，包括通过企业与劳务中介公司签订用工合同而向企业提供服务的人员。

第四条　下列各项适用其他相关会计准则：

（一）企业年金基金，适用《企业会计准则第 10 号——企业年金基金》。

（二）以股份为基础的薪酬，适用《企业会计准则第 11 号——股份支付》。

第二章　短　期　薪　酬

第五条　企业应当在职工为其提供服务的会计期间，将实际发生的短期薪酬确认为负债，并计入当期损益，其他会计准则要求或允许计入资产成本的除外。

第六条　企业发生的职工福利费，应当在实际发生时根据实际发生额计入当期损益或相关资产成本。职工福利费为非货币性福利的，应当按照公允价值计量。

第七条　企业为职工缴纳的医疗保险费、工伤保险费、生育保险费等社会保险费和住房公积金，以及按规定提取的工会经费和职工教育经费，应当在职工为其提供服务的会计期间，根据规定的计提基础和计提比例计算确定相应的职工薪酬金额，并确认相应负债，计入当期损益或相关资产成本。

第八条　带薪缺勤分为累积带薪缺勤和非累积带薪缺勤。企业应当在职工提供服务从而增加了其未来享有的带薪缺勤权利时，确认与累积带薪缺勤相关的职工薪酬，并以累积未行使权利而增加的预期支付金额计量。企业应当在职工实际发生缺勤的会计期间确认与非累积带薪缺勤相关的职工薪酬。

累积带薪缺勤，是指带薪缺勤权利可以结转下期的带薪缺勤，本期尚未用完的带薪缺勤权利可以在未来期间使用。

非累积带薪缺勤，是指带薪缺勤权利不能结转下期的带薪缺勤，本期尚未用完的带薪缺勤权利将予以取消，并且职工离开企业时也无权获得现金支付。

第九条 利润分享计划同时满足下列条件的，企业应当确认相关的应付职工薪酬：

（一）企业因过去事项导致现在具有支付职工薪酬的法定义务或推定义务；

（二）因利润分享计划所产生的应付职工薪酬义务金额能够可靠估计。属于下列三种情形之一的，视为义务金额能够可靠估计：

1. 在财务报告批准报出之前企业已确定应支付的薪酬金额。
2. 该短期利润分享计划的正式条款中包括确定薪酬金额的方式。
3. 过去的惯例为企业确定推定义务金额提供了明显证据。

第十条 职工只有在企业工作一段特定期间才能分享利润的，企业在计量利润分享计划产生的应付职工薪酬时，应当反映职工因离职而无法享受利润分享计划福利的可能性。

如果企业在职工为其提供相关服务的年度报告期间结束后十二个月内，不需要全部支付利润分享计划产生的应付职工薪酬，该利润分享计划应当适用本准则其他长期职工福利的有关规定。

第三章 离职后福利

第十一条 企业应当将离职后福利计划分类为设定提存计划和设定受益计划。

离职后福利计划，是指企业与职工就离职后福利达成的协议，或者企业为向职工提供离职后福利制定的规章或办法等。其中，设定提存计划，是指向独立的基金缴存固定费用后，企业不再承担进一步支付义务的离职后福利计划；设定受益计划，是指除设定提存计划以外的离职后福利计划。

第十二条 企业应当在职工为其提供服务的会计期间，将根据设定提存计划计算的应缴存金额确认为负债，并计入当期损益或相关资产成本。

根据设定提存计划，预期不会在职工提供相关服务的年度报告期间结束后十二个月内支付全部应缴存金额的，企业应当参照本准则第十五条规定的折现率，将全部应缴存金额以折现后的金额计量应付职工薪酬。

第十三条 企业对设定受益计划的会计处理通常包括下列四个步骤：

（一）根据预期累计福利单位法，采用无偏且相互一致的精算假设对有关人口统计变量和财务变量等做出估计，计量设定受益计划所产生的义务，并确定相关义务的归属期间。企业应当按照本准则第十五条规定的折现率将设定受益计划所产生的义务予以折现，以确定设定受益计划义务的现值和当期服务成本。

（二）设定受益计划存在资产的，企业应当将设定受益计划义务现值减去设定受益计划资产公允价值所形成的赤字或盈余确认为一项设定受益计划净负债或净资产。

设定受益计划存在盈余的，企业应当以设定受益计划的盈余和资产上限两项的孰低者计量设定受益计划净资产。其中，资产上限，是指企业可从设定受益计划退款或减少未来对设定受益计划缴存资金而获得的经济利益的现值。

（三）根据本准则第十六条的有关规定，确定应当计入当期损益的金额。

（四）根据本准则第十六条和第十七条的有关规定，确定应当计入其他综合收益的金额。

在预期累计福利单位法下，每一服务期间会增加一个单位的福利权利，并且需对每一个单位单独计量，以形成最终义务。企业应当将福利归属于提供设定受益计划的义务发生的期间。这一期间是指从职工提供服务以获取企业在未来报告期间预计支付的设定受益计划福利开始，至职工的继续服务不会导致这一福利金额显著增加之日为止。

第十四条 企业应当根据预期累计福利单位法确定的公式将设定受益计划产生的福利义务归属于职工提供服务的期间，并计入当期损益或相关资产成本。

当职工后续年度的服务将导致其享有的设定受益计划福利水平显著高于以前年度时，企业应当按照直线法将累计设定受益计划义务分摊确认于职工提供服务而导致企业第一次产生设定受益计划福利义务至职工提供服务不再导致该福利义务显著增加的期间。在确定该归属期间时，不应考虑仅因未来工资水平提高而导致设定受益计划义务显著增加的情况。

第十五条 企业应当对所有设定受益计划义务予以折现，包括预期在职工提供服务的年度报告期间结束后的十二个月内支付的义务。折现时所采用的折现率应当根据资产负债表日与设定受益计划义务期限和币种相匹配的国债或活跃市场上的高质量公司债券的市场收益率确定。

第十六条 报告期末，企业应当将设定受益计划产生的职工薪酬成本确认为下列组成部分：

（一）服务成本，包括当期服务成本、过去服务成本和结算利得或损失。其中，当期服务成本，是指职工当期提供服务所导致的设定受益计划义务现值的增加额；过去服务成本，是指设定受益计划修改所导致的与以前期间职工服务相关的设定受益计划义务现值的增加或减少。

（二）设定受益计划净负债或净资产的利息净额，包括计划资产的利息收益、设定受益计划义务的利息费用以及资产上限影响的利息。

（三）重新计量设定受益计划净负债或净资产所产生的变动。

除非其他会计准则要求或允许职工福利成本计入资产成本，上述第（一）项和第（二）项应计入当期损益；第（三）项应计入其他综合收益，并且在后续会计期间不允许转回至损益，但企业可以在权益范围内转移这些在其他综合收益中确认的金额。

第十七条 重新计量设定受益计划净负债或净资产所产生的变动包括下列部分：

（一）精算利得或损失，即由于精算假设和经验调整导致之前所计量的设定受益计划义务现值的增加或减少。

（二）计划资产回报，扣除包括在设定受益计划净负债或净资产的利息净额中的金额。

（三）资产上限影响的变动，扣除包括在设定受益计划净负债或净资产的利息净额中的金额。

第十八条 在设定受益计划下，企业应当在下列日期孰早日将过去服务成本确认为当期费用：

（一）修改设定受益计划时。

（二）企业确认相关重组费用或辞退福利时。

第十九条 企业应当在设定受益计划结算时，确认一项结算利得或损失。

设定受益计划结算，是指企业为了消除设定受益计划所产生的部分或所有未来义务进行的交易，而不是根据计划条款和所包含的精算假设向职工支付福利。设定受益计划结算利得或损失是下列两项的差额：

（一）在结算日确定的设定受益计划义务现值。

（二）结算价格，包括转移的计划资产的公允价值和企业直接发生的与结算相关的支付。

第四章 辞退福利

第二十条 企业向职工提供辞退福利的，应当在下列两者孰早日确认辞退福利产生的职工薪酬负债，并计入当期损益：

（一）企业不能单方面撤回因解除劳动关系计划或裁减建议所提供的辞退福利时。

（二）企业确认与涉及支付辞退福利的重组相关的成本或费用时。

第二十一条 企业应当按照辞退计划条款的规定，合理预计并确认辞退福利产生的应付职工薪酬。辞退福利预期在其确认的年度报告期结束后十二个月内完全支付的，应当适用短期薪酬的相关规定；辞退福利预期在年度报告期结束后十二个月内不能完全支付的，应当适用本准则关于其他长期职工福利的有关规定。

第五章 其他长期职工福利

第二十二条 企业向职工提供的其他长期职工福利，符合设定提存计划条件的，应当适用本准则第十二条关于设定提存计划的有关规定进行处理。

第二十三条 除上述第二十二条规定的情形外，企业应当适用本准则关于设定受益计划的有关规定，确认和计量其他长期职工福利净负债或净资产。在报告期末，企业应当将其他长期职工福利产生的职工薪酬成本确认为下列组成部分：

（一）服务成本。

（二）其他长期职工福利净负债或净资产的利息净额。

（三）重新计量其他长期职工福利净负债或净资产所产生的变动。

为简化相关会计处理，上述项目的总净额应计入当期损益或相关资产成本。

第二十四条 长期残疾福利水平取决于职工提供服务期间长短的，企业应当在职工提供服务的期间确认应付长期残疾福利义务，计量时应当考虑长期残疾福利支付的可能性和预期支付的期限；长期残疾福利与职工提供服务期间长短无关的，企业应当在导致职工长期残疾的事件发生的当期确认应付长期残疾福利义务。

第六章 披　　露

第二十五条 企业应当在附注中披露与短期职工薪酬有关的下列信息：

（一）应当支付给职工的工资、奖金、津贴和补贴及其期末应付未付金额。

（二）应当为职工缴纳的医疗保险费、工伤保险费和生育保险费等社会保险费及其期末应付未付金额。

（三）应当为职工缴存的住房公积金及其期末应付未付金额。

（四）为职工提供的非货币性福利及其计算依据。

（五）依据短期利润分享计划提供的职工薪酬金额及其计算依据。

（六）其他短期薪酬。

第二十六条 企业应当披露所设立或参与的设定提存计划的性质、计算缴费金额的公式或依据，当期缴费金额以及期末应付未付金额。

第二十七条 企业应当披露与设定受益计划有关的下列信息：

（一）设定受益计划的特征及与之相关的风险。

（二）设定受益计划在财务报表中确认的金额及其变动。

（三）设定受益计划对企业未来现金流量金额、时间和不确定性的影响。

（四）设定受益计划义务现值所依赖的重大精算假设及有关敏感性分析的结果。

第二十八条 企业应当披露支付的因解除劳动关系所提供辞退福利及其期末应付未付金额。

第二十九条 企业应当披露提供的其他长期职工福利的性质、金额及其计算依据。

第七章 衔 接 规 定

第三十条 对于本准则施行日存在的离职后福利计划、辞退福利、其他长期职工福利，除本准则三十一条规定外,应当按照《企业会计准则第 28 号——会计政策、会计估计变更和差错更正》的规定采用追溯调整法处理。

第三十一条 企业比较财务报表中披露的本准则施行之前的信息与本准则要求不一致的,不需要按照本准则的规定进行调整。

第八章 附 则

第三十二条 本准则自 2014 年 7 月 1 日起施行。

11. 企业会计准则第 10 号——企业年金基金(2006 年颁布)

(财会〔2006〕3 号)

第一章 总 则

第一条 为了规范企业年金基金的确认、计量和财务报表列报,根据《企业会计准则——基本准则》,制定本准则。

第二条 企业年金基金,是指根据依法制定的企业年金计划筹集的资金及其投资运营收益形成的企业补充养老保险基金。

第三条 企业年金基金应当作为独立的会计主体进行确认、计量和列报。

委托人、受托人、托管人、账户管理人、投资管理人和其他为企业年金基金管理提供服务的主体,应当将企业年金基金与其固有资产和其他资产严格区分,确保企业年金基金的安全。

第二章 确认和计量

第四条 企业年金基金应当分别资产、负债、收入、费用和净资产进行确认和计量。

第五条 企业年金基金缴费及其运营形成的各项资产包括:货币资金、应收证券清算款、应收利息、买入返售证券、其他应收款、债券投资、基金投资、股票投资、其他投资等。

第六条 企业年金基金在运营中根据国家规定的投资范围取得的国债、信用等级在投资级以上的金融债和企业债、可转换债、投资性保险产品、证券投资基金、股票等具有良好流动性的金融产品,其初始取得和后续估值应当以公允价值计量:

(一)初始取得投资时,应当以交易日支付的成交价款作为其公允价值。发生的交易费用直接计入当期损益。

(二)估值日对投资进行估值时,应当以其公允价值调整原账面价值,公允价值与原账面价值的差额计入当期损益。

投资公允价值的确定,适用《企业会计准则第 22 号——金融工具确认和计量》。

第七条 企业年金基金运营形成的各项负债包括:应付证券清算款、应付受益人待遇、应付受托人管理费、应付托管人管理费、应付投资管理人管理费、应交税金、卖出回购证券款、应付利息、应付佣金和其他应付款等。

第八条 企业年金基金运营形成的各项收入包括:存款利息收入、买入返售证券收入、公允价值变动收益、投资处置收益和其他收入。

第九条 收入应当按照下列规定确认和计量:

(一)存款利息收入,按照本金和适用的利率确定。

(二)买入返售证券收入,在融券期限内按照买入返售证券价款和协议约定的利率确定。

(三)公允价值变动收益,在估值日按照当日投资公允价值与原账面价值(即上一估值日投资公允价值)的差额确定。

（四）投资处置收益，在交易日按照卖出投资所取得的价款与其账面价值的差额确定。

（五）风险准备金补亏等其他收入，按照实际发生的金额确定。

第十条 企业年金基金运营发生的各项费用包括：交易费用、受托人管理费、托管人管理费、投资管理人管理费、卖出回购证券支出和其他费用。

第十一条 费用应当按照下列规定确认和计量：

（一）交易费用，包括支付给代理机构、咨询机构、券商的手续费和佣金及其他必要支出，按照实际发生的金额确定。

（二）受托人管理费、托管人管理费和投资管理人管理费，根据相关规定按实际计提的金额确定。

（三）卖出回购证券支出，在融资期限内按照卖出回购证券价款和协议约定的利率确定。

（四）其他费用，按照实际发生的金额确定。

第十二条 企业年金基金的净资产，是指企业年金基金的资产减去负债后的余额。资产负债表日，应当将当期各项收入和费用结转至净资产。

净资产应当分别企业和职工个人设置账户，根据企业年金计划按期将运营收益分配计入各账户。

第十三条 净资产应当按照下列规定确认和计量：

（一）向企业和职工个人收取的缴费，按照收到的金额增加净资产。

（二）向受益人支付的待遇，按照应付的金额减少净资产。

（三）因职工调入企业而发生的个人账户转入金额，增加净资产。

（四）因职工调离企业而发生的个人账户转出金额，减少净资产。

第三章 列　　报

第十四条 企业年金基金的财务报表包括资产负债表、净资产变动表和附注。

第十五条 资产负债表反映企业年金基金在某一特定日期的财务状况，应当按照资产、负债和净资产分类列示。

第十六条 资产类项目至少应当列示下列信息：

（一）货币资金；

（二）应收证券清算款；

（三）应收利息；

（四）买入返售证券；

（五）其他应收款；

（六）债券投资；

（七）基金投资；

（八）股票投资；

（九）其他投资；

（十）其他资产。

第十七条 负债类项目至少应当列示下列信息：

（一）应付证券清算款；

（二）应付受益人待遇；

（三）应付受托人管理费；

（四）应付托管人管理费；

（五）应付投资管理人管理费；

（六）应交税金；

（七）卖出回购证券款；

（八）应付利息；
（九）应付佣金；
（十）其他应付款。

第十八条 净资产类项目列示企业年金基金净值。

第十九条 净资产变动表反映企业年金基金在一定会计期间的净资产增减变动情况，应当列示下列信息：

（一）期初净资产。

（二）本期净资产增加数，包括本期收入、收取企业缴费、收取职工个人缴费、个人账户转入。

（三）本期净资产减少数，包括本期费用、支付受益人待遇、个人账户转出。

（四）期末净资产。

第二十条 附注应当披露下列信息：

（一）企业年金计划的主要内容及重大变化。

（二）投资种类、金额及公允价值的确定方法。

（三）各类投资占投资总额的比例。

（四）可能使投资价值受到重大影响的其他事项。

12. 企业会计准则第 11 号——股份支付（2006 年颁布）

（财会〔2006〕3 号）

第一章 总 则

第一条 为了规范股份支付的确认、计量和相关信息的披露，根据《企业会计准则——基本准则》，制定本准则。

第二条 股份支付，是指企业为获取职工和其他方提供服务而授予权益工具或者承担以权益工具为基础确定的负债的交易。

股份支付分为以权益结算的股份支付和以现金结算的股份支付。

以权益结算的股份支付，是指企业为获取服务以股份或其他权益工具作为对价进行结算的交易。

以现金结算的股份支付，是指企业为获取服务承担以股份或其他权益工具为基础计算确定的交付现金或其他资产义务的交易。

本准则所指的权益工具是企业自身权益工具。

第三条 下列各项适用其他相关会计准则：

（一）企业合并中发行权益工具取得其他企业净资产的交易，适用《企业会计准则第 20 号——企业合并》。

（二）以权益工具作为对价取得其他金融工具等交易，适用《企业会计准则第 22 号——金融工具确认和计量》。

第二章 以权益结算的股份支付

第四条 以权益结算的股份支付换取职工提供服务的，应当以授予职工权益工具的公允价值计量。

权益工具的公允价值，应当按照《企业会计准则第 22 号——金融工具确认和计量》确定。

第五条 授予后立即可行权的换取职工服务的以权益结算的股份支付，应当在授予日按照权益工具的公允价值计入相关成本或费用，相应增加资本公积。

授予日，是指股份支付协议获得批准的日期。

第六条 完成等待期内的服务或达到规定业绩条件才可行权的换取职工服务的以权益结算的股份支付，在等待期内的每个资产负债表日，应当以对可行权权益工具数量的最佳估计为基础，按照权益工具授予日的公允价值，将当期取得的服务计入相关成本或费用和资本公积。

在资产负债表日，后续信息表明可行权权益工具的数量与以前估计不同的，应当进行调整，并在可行权日调整至实际可行权的权益工具数量。

等待期，是指可行权条件得到满足的期间。

对于可行权条件为规定服务期间的股份支付，等待期为授予日至可行权日的期间；对于可行权条件为规定业绩的股份支付，应当在授予日根据最可能的业绩结果预计等待期的长度。

可行权日，是指可行权条件得到满足、职工和其他方具有从企业取得权益工具或现金的权利的日期。

第七条 企业在可行权日之后不再对已确认的相关成本或费用和所有者权益总额进行调整。

第八条 以权益结算的股份支付换取其他方服务的，应当分别下列情况处理：

（一）其他方服务的公允价值能够可靠计量的，应当按照其他方服务在取得日的公允价值，计入相关成本或费用，相应增加所有者权益。

（二）其他方服务的公允价值不能可靠计量但权益工具公允价值能够可靠计量的，应当按照权益工具在服务取得日的公允价值，计入相关成本或费用，相应增加所有者权益。

第九条 在行权日，企业根据实际行权的权益工具数量，计算确定应转入实收资本或股本的金额，将其转入实收资本或股本。

行权日，是指职工和其他方行使权利、获取现金或权益工具的日期。

第三章 以现金结算的股份支付

第十条 以现金结算的股份支付，应当按照企业承担的以股份或其他权益工具为基础计算确定的负债的公允价值计量。

第十一条 授予后立即可行权的以现金结算的股份支付，应当在授予日以企业承担负债的公允价值计入相关成本或费用，相应增加负债。

第十二条 完成等待期内的服务或达到规定业绩条件以后才可行权的以现金结算的股份支付，在等待期内的每个资产负债表日，应当以对可行权情况的最佳估计为基础，按照企业承担负债的公允价值金额，将当期取得的服务计入成本或费用和相应的负债。

在资产负债表日，后续信息表明企业当期承担债务的公允价值与以前估计不同的，应当进行调整，并在可行权日调整至实际可行权水平。

第十三条 企业应当在相关负债结算前的每个资产负债表日以及结算日，对负债的公允价值重新计量，其变动计入当期损益。

第四章 披 露

第十四条 企业应当在附注中披露与股份支付有关的下列信息：

（一）当期授予、行权和失效的各项权益工具总额。

（二）期末发行在外的股份期权或其他权益工具行权价格的范围和合同剩余期限。

（三）当期行权的股份期权或其他权益工具以其行权日价格计算的加权平均价格。

（四）权益工具公允价值的确定方法。

企业对性质相似的股份支付信息可以合并披露。

第十五条 企业应当在附注中披露股份支付交易对当期财务状况和经营成果的影响，至少包括下列信息：

（一）当期因以权益结算的股份支付而确认的费用总额。

（二）当期因以现金结算的股份支付而确认的费用总额。

（三）当期以股份支付换取的职工服务总额及其他方服务总额。

13. 企业会计准则第 12 号——债务重组（2019 年修订）

（财会〔2019〕9 号）

第一章 总 则

第一条 为了规范债务重组的确认、计量和相关信息的披露，根据《企业会计准则——基本准则》，制定本准则。

第二条 债务重组，是指在不改变交易对手方的情况下，经债权人和债务人协定或法院裁定，就清偿债务的时间、金额或方式等重新达成协议的交易。

本准则中的债务重组涉及的债权和债务是指《企业会计准则第 22 号——金融工具确认和计量》规范的金融工具。

第三条 债务重组一般包括下列方式，或下列一种以上方式的组合：

（一）债务人以资产清偿债务；

（二）债务人将债务转为权益工具；

（三）除本条第一项和第二项以外，采用调整债务本金、改变债务利息、变更还款期限等方式修改债权和债务的其他条款，形成重组债权和重组债务。

第四条 本准则适用于所有债务重组，但下列各项适用其他相关会计准则：

（一）债务重组中涉及的债权、重组债权、债务、重组债务和其他金融工具的确认、计量和列报，分别适用《企业会计准则第 22 号——金融工具确认和计量》和《企业会计准则第 37 号——金融工具列报》。

（二）通过债务重组形成企业合并的，适用《企业会计准则第 20 号——企业合并》。

（三）债权人或债务人中的一方直接或间接对另一方持股且以股东身份进行债务重组的，或者债权人与债务人在债务重组前后均受同一方或相同的多方最终控制，且该债务重组的交易实质是债权人或债务人进行了权益性分配或接受了权益性投入的，适用权益性交易的有关会计处理规定。

第二章 债权人的会计处理

第五条 以资产清偿债务或者将债务转为权益工具方式进行债务重组的，债权人应当在相关资产符合其定义和确认条件时予以确认。

第六条 以资产清偿债务方式进行债务重组的，债权人初始确认受让的金融资产以外的资产时，应当按照下列原则以成本计量：

存货的成本，包括放弃债权的公允价值和使该资产达到当前位置和状态所发生的可直接归属于该资产的税金、运输费、装卸费、保险费等其他成本。

对联营企业或合营企业投资的成本，包括放弃债权的公允价值和可直接归属于该资产的税金等其他成本。

投资性房地产的成本，包括放弃债权的公允价值和可直接归属于该资产的税金等其他成本。

固定资产的成本，包括放弃债权的公允价值和使该资产达到预定可使用状态前所发生的可直接归属于该资产的税金、运输费、装卸费、安装费、专业人员服务费等其他成本。

生物资产的成本，包括放弃债权的公允价值和可直接归属于该资产的税金、运输费、保险费等其他成本。

无形资产的成本，包括放弃债权的公允价值和可直接归属于使该资产达到预定用途所发生的税金等其他成本。

放弃债权的公允价值与账面价值之间的差额，应当计入当期损益。

第七条 将债务转为权益工具方式进行债务重组导致债权人将债权转为对联营企业或合营企业的权益性投资的，债权人应当按照本准则第六条的规定计量其初始投资成本。放弃债权的公允价值与账面价值之间的差额，应当计入当期损益。

第八条 采用修改其他条款方式进行债务重组的，债权人应当按照《企业会计准则第22号——金融工具确认和计量》的规定，确认和计量重组债权。

第九条 以多项资产清偿债务或者组合方式进行债务重组的，债权人应当首先按照《企业会计准则第22号——金融工具确认和计量》的规定确认和计量受让的金融资产和重组债权，然后按照受让的金融资产以外的各项资产的公允价值比例，对放弃债权的公允价值扣除受让金融资产和重组债权确认金额后的净额进行分配，并以此为基础按照本准则第六条的规定分别确定各项资产的成本。放弃债权的公允价值与账面价值之间的差额，应当计入当期损益。

第三章 债务人的会计处理

第十条 以资产清偿债务方式进行债务重组的，债务人应当在相关资产和所清偿债务符合终止确认条件时予以终止确认，所清偿债务账面价值与转让资产账面价值之间的差额计入当期损益。

第十一条 将债务转为权益工具方式进行债务重组的，债务人应当在所清偿债务符合终止确认条件时予以终止确认。债务人初始确认权益工具时应当按照权益工具的公允价值计量，权益工具的公允价值不能可靠计量的，应当按照所清偿债务的公允价值计量。所清偿债务账面价值与权益工具确认金额之间的差额，应当计入当期损益。

第十二条 采用修改其他条款方式进行债务重组的，债务人应当按照《企业会计准则第22号——金融工具确认和计量》和《企业会计准则第37号——金融工具列报》的规定，确认和计量重组债务。

第十三条 以多项资产清偿债务或者组合方式进行债务重组的，债务人应当按照本准则第十一条和第十二条的规定确认和计量权益工具和重组债务，所清偿债务的账面价值与转让资产的账面价值以及权益工具和重组债务的确认金额之和的差额，应当计入当期损益。

第四章 披 露

第十四条 债权人应当在附注中披露与债务重组有关的下列信息：

（一）根据债务重组方式，分组披露债权账面价值和债务重组相关损益。

（二）债务重组导致的对联营企业或合营企业的权益性投资增加额，以及该投资占联营企业或合营企业股份总额的比例。

第十五条 债务人应当在附注中披露与债务重组有关的下列信息：

（一）根据债务重组方式，分组披露债务账面价值和债务重组相关损益。

（二）债务重组导致的股本等所有者权益的增加额。

第五章 衔接规定

第十六条 企业对 2019 年 1 月 1 日至本准则施行日之间发生的债务重组，应根据本准则进行调整。企业对 2019 年 1 月 1 日之前发生的债务重组，不需要按照本准则的规定进行追溯调整。

第六章 附则

第十七条 本准则自 2019 年 6 月 17 日起施行。

第十八条 2006 年 2 月 15 日财政部印发的《财政部关于印发〈企业会计准则第 1 号——存货〉等 38 项具体准则的通知》（财会〔2006〕3 号）中的《企业会计准则第 12 号——债务重组》同时废止。

财政部此前发布的有关债务重组会计处理规定与本准则不一致的，以本准则为准。

14. 企业会计准则第 13 号——或有事项（2006 年颁布）

（财会〔2006〕3 号）

第一章 总则

第一条 为了规范或有事项的确认、计量和相关信息的披露，根据《企业会计准则——基本准则》，制定本准则。

第二条 或有事项，是指过去的交易或者事项形成的，其结果须由某些未来事项的发生或不发生才能决定的不确定事项。

第三条 职工薪酬、建造合同、所得税、企业合并、租赁、原保险合同和再保险合同等形成的或有事项，适用其他相关会计准则。

第二章 确认和计量

第四条 与或有事项相关的义务同时满足下列条件的，应当确认为预计负债：

（一）该义务是企业承担的现时义务；

（二）履行该义务很可能导致经济利益流出企业；

（三）该义务的金额能够可靠地计量。

第五条 预计负债应当按照履行相关现时义务所需支出的最佳估计数进行初始计量。

所需支出存在一个连续范围，且该范围内各种结果发生的可能性相同的，最佳估计数应当按照该范围内的中间值确定。

在其他情况下，最佳估计数应当分别下列情况处理：

（一）或有事项涉及单个项目的，按照最可能发生金额确定。

（二）或有事项涉及多个项目的，按照各种可能结果及相关概率计算确定。

第六条 企业在确定最佳估计数时，应当综合考虑与或有事项有关的风险、不确定性和货币时间价值等因素。

货币时间价值影响重大的，应当通过对相关未来现金流出进行折现后确定最佳估计数。

第七条 企业清偿预计负债所需支出全部或部分预期由第三方补偿的，补偿金额只有在基本确定能够收到时才能作为资产单独确认。确认的补偿金额不应当超过预计负债的账面价值。

第八条 待执行合同变成亏损合同的，该亏损合同产生的义务满足本准则第四条规定的，应当确认为预计负债。

待执行合同，是指合同各方尚未履行任何合同义务，或部分地履行了同等义务的合同。

亏损合同，是指履行合同义务不可避免会发生的成本超过预期经济利益的合同。

第九条 企业不应当就未来经营亏损确认预计负债。

第十条 企业承担的重组义务满足本准则第四条规定的，应当确认预计负债。同时存在下列情况时，表明企业承担了重组义务：

（一）有详细、正式的重组计划，包括重组涉及的业务、主要地点、需要补偿的职工人数及其岗位性质、预计重组支出、计划实施时间等；

（二）该重组计划已对外公告。

重组，是指企业制定和控制的，将显著改变企业组织形式、经营范围或经营方式的计划实施行为。

第十一条 企业应当按照与重组有关的直接支出确定预计负债金额。

直接支出不包括留用职工岗前培训、市场推广、新系统和营销网络投入等支出。

第十二条 企业应当在资产负债表日对预计负债的账面价值进行复核。有确凿证据表明该账面价值不能真实反映当前最佳估计数的，应当按照当前最佳估计数对该账面价值进行调整。

第十三条 企业不应当确认或有负债和或有资产。

或有负债，是指过去的交易或者事项形成的潜在义务，其存在须通过未来不确定事项的发生或不发生予以证实；或过去的交易或者事项形成的现时义务，履行该义务不是很可能导致经济利益流出企业或该义务的金额不能可靠计量。

或有资产，是指过去的交易或者事项形成的潜在资产，其存在须通过未来不确定事项的发生或不发生予以证实。

第三章 披 露

第十四条 企业应当在附注中披露与或有事项有关的下列信息：

（一）预计负债。

1. 预计负债的种类、形成原因以及经济利益流出不确定性的说明。

2. 各类预计负债的期初、期末余额和本期变动情况。

3. 与预计负债有关的预期补偿金额和本期已确认的预期补偿金额。

（二）或有负债（不包括极小可能导致经济利益流出企业的或有负债）。

1. 或有负债的种类及其形成原因，包括已贴现商业承兑汇票、未决诉讼、未决仲裁、对外提供担保等形成的或有负债。

2. 经济利益流出不确定性的说明。

3. 或有负债预计产生的财务影响，以及获得补偿的可能性；无法预计的，应当说明原因。

（三）企业通常不应当披露或有资产。但或有资产很可能会给企业带来经济利益的，应当披露其形成的原因、预计产生的财务影响等。

第十五条 在涉及未决诉讼、未决仲裁的情况下，按照本准则第十四条披露全部或部分信息预期对企业造成重大不利影响的，企业无须披露这些信息，但应当披露该未决诉讼、未决仲裁的性质，以及没有披露这些信息的事实和原因。

15. 企业会计准则第 14 号——收入（2017 年修订）

（财会〔2017〕22 号）

第一章　总　　则

第一条　为了规范收入的确认、计量和相关信息的披露，根据《企业会计准则——基本准则》，制定本准则。

第二条　收入，是指企业在日常活动中形成的、会导致所有者权益增加的、与所有者投入资本无关的经济利益的总流入。

第三条　本准则适用于所有与客户之间的合同，但下列各项除外：

（一）由《企业会计准则第 2 号——长期股权投资》《企业会计准则第 22 号——金融工具确认和计量》《企业会计准则第 23 号——金融资产转移》《企业会计准则第 24 号——套期会计》《企业会计准则第 33 号——合并财务报表》以及《企业会计准则第 40 号——合营安排》规范的金融工具及其他合同权利和义务，分别适用《企业会计准则第 2 号——长期股权投资》《企业会计准则第 22 号——金融工具确认和计量》《企业会计准则第 23 号——金融资产转移》《企业会计准则第 24 号——套期会计》《企业会计准则第 33 号——合并财务报表》以及《企业会计准则第 40 号——合营安排》。

（二）由《企业会计准则第 21 号——租赁》规范的租赁合同，适用《企业会计准则第 21 号——租赁》。

（三）由保险合同相关会计准则规范的保险合同，适用保险合同相关会计准则。

本准则所称客户，是指与企业订立合同以向该企业购买其日常活动产出的商品或服务（以下简称"商品"）并支付对价的一方。

本准则所称合同，是指双方或多方之间订立有法律约束力的权利义务的协议。合同有书面形式、口头形式以及其他形式。

第二章　确　　认

第四条　企业应当在履行了合同中的履约义务，即在客户取得相关商品控制权时确认收入。

取得相关商品控制权，是指能够主导该商品的使用并从中获得几乎全部的经济利益。

第五条　当企业与客户之间的合同同时满足下列条件时，企业应当在客户取得相关商品控制权时确认收入：

（一）合同各方已批准该合同并承诺将履行各自义务；

（二）该合同明确了合同各方与所转让商品或提供劳务（以下简称"转让商品"）相关的权利和义务；

（三）该合同有明确的与所转让商品相关的支付条款；

（四）该合同具有商业实质，即履行该合同将改变企业未来现金流量的风险、时间分布或金额；

（五）企业因向客户转让商品而有权取得的对价很可能收回。

在合同开始日即满足前款条件的合同，企业在后续期间无需对其进行重新评估，除非有迹象表明相关事实和情况发生重大变化。合同开始日通常是指合同生效日。

第六条 在合同开始日不符合本准则第五条规定的合同，企业应当对其进行持续评估，并在其满足本准则第五条规定时按照该条的规定进行会计处理。

对于不符合本准则第五条规定的合同，企业只有在不再负有向客户转让商品的剩余义务，且已向客户收取的对价无需退回时，才能将已收取的对价确认为收入；否则，应当将已收取的对价作为负债进行会计处理。没有商业实质的非货币性资产交换，不确认收入。

第七条 企业与同一客户（或该客户的关联方）同时订立或在相近时间内先后订立的两份或多份合同，在满足下列条件之一时，应当合并为一份合同进行会计处理：

（一）该两份或多份合同基于同一商业目的而订立并构成一揽子交易。

（二）该两份或多份合同中的一份合同的对价金额取决于其他合同的定价或履行情况。

（三）该两份或多份合同中所承诺的商品（或每份合同中所承诺的部分商品）构成本准则第九条规定的单项履约义务。

第八条 企业应当区分下列三种情形对合同变更分别进行会计处理：

（一）合同变更增加了可明确区分的商品及合同价款，且新增合同价款反映了新增商品单独售价的，应当将该合同变更部分作为一份单独的合同进行会计处理。

（二）合同变更不属于本条（一）规定的情形，且在合同变更日已转让的商品或已提供的服务（以下简称"已转让的商品"）与未转让的商品或未提供的服务（以下简称"未转让的商品"）之间可明确区分的，应当视为原合同终止，同时，将原合同未履约部分与合同变更部分合并为新合同进行会计处理。

（三）合同变更不属于本条（一）规定的情形，且在合同变更日已转让的商品与未转让的商品之间不可明确区分的，应当将该合同变更部分作为原合同的组成部分进行会计处理，由此产生的对已确认收入的影响，应当在合同变更日调整当期收入。

本准则所称合同变更，是指经合同各方批准对原合同范围或价格作出的变更。

第九条 合同开始日，企业应当对合同进行评估，识别该合同所包含的各单项履约义务，并确定各单项履约义务是在某一时段内履行，还是在某一时点履行，然后，在履行了各单项履约义务时分别确认收入。

履约义务，是指合同中企业向客户转让可明确区分商品的承诺。履约义务既包括合同中明确的承诺，也包括由于企业已公开宣布的政策、特定声明或以往的习惯做法等导致合同订立时客户合理预期企业将履行的承诺。企业为履行合同而应开展的初始活动，通常不构成履约义务，除非该活动向客户转让了承诺的商品。

企业向客户转让一系列实质相同且转让模式相同的、可明确区分商品的承诺，也应当作为单项履约义务。

转让模式相同，是指每一项可明确区分商品均满足本准则第十一条规定的、在某一时段内履行履约义务的条件，且采用相同方法确定其履约进度。

第十条 企业向客户承诺的商品同时满足下列条件的，应当作为可明确区分商品：

（一）客户能够从该商品本身或从该商品与其他易于获得资源一起使用中受益；

（二）企业向客户转让该商品的承诺与合同中其他承诺可单独区分。

下列情形通常表明企业向客户转让该商品的承诺与合同中其他承诺不可单独区分：

1. 企业需提供重大的服务以将该商品与合同中承诺的其他商品整合成合同约定的组合产出转让给客户。

2. 该商品将对合同中承诺的其他商品予以重大修改或定制。

3. 该商品与合同中承诺的其他商品具有高度关联性。

第十一条 满足下列条件之一的，属于在某一时段内履行履约义务；否则，属于在某一时点履行履约义务：

（一）客户在企业履约的同时即取得并消耗企业履约所带来的经济利益。

（二）客户能够控制企业履约过程中在建的商品。

（三）企业履约过程中所产出的商品具有不可替代用途，且该企业在整个合同期间内有权就累计至今已完成的履约部分收取款项。

具有不可替代用途，是指因合同限制或实际可行性限制，企业不能轻易地将商品用于其他用途。

有权就累计至今已完成的履约部分收取款项，是指在由于客户或其他方原因终止合同的情况下，企业有权就累计至今已完成的履约部分收取能够补偿其已发生成本和合理利润的款项，并且该权利具有法律约束力。

第十二条 对于在某一时段内履行的履约义务，企业应当在该段时间内按照履约进度确认收入，但是，履约进度不能合理确定的除外。企业应当考虑商品的性质，采用产出法或投入法确定恰当的履约进度。其中，产出法是根据已转移给客户的商品对于客户的价值确定履约进度；投入法是根据企业为履行履约义务的投入确定履约进度。对于类似情况下的类似履约义务，企业应当采用相同的方法确定履约进度。

当履约进度不能合理确定时，企业已经发生的成本预计能够得到补偿的，应当按照已经发生的成本金额确认收入，直到履约进度能够合理确定为止。

第十三条 对于在某一时点履行的履约义务，企业应当在客户取得相关商品控制权时点确认收入。在判断客户是否已取得商品控制权时，企业应当考虑下列迹象：

（一）企业就该商品享有现时收款权利，即客户就该商品负有现时付款义务。

（二）企业已将该商品的法定所有权转移给客户，即客户已拥有该商品的法定所有权。

（三）企业已将该商品实物转移给客户，即客户已实物占有该商品。

（四）企业已将该商品所有权上的主要风险和报酬转移给客户，即客户已取得该商品所有权上的主要风险和报酬。

（五）客户已接受该商品。

（六）其他表明客户已取得商品控制权的迹象。

第三章 计 量

第十四条 企业应当按照分摊至各单项履约义务的交易价格计量收入。

交易价格，是指企业因向客户转让商品而预期有权收取的对价金额。企业代第三方收取的款项以及企业预期将退还给客户的款项，应当作为负债进行会计处理，不计入交易价格。

第十五条 企业应当根据合同条款，并结合其以往的习惯做法确定交易价格。在确定交易价格时，企业应当考虑可变对价、合同中存在的重大融资成分、非现金对价、应付客户对价等因素的影响。

第十六条 合同中存在可变对价的，企业应当按照期望值或最可能发生金额确定可变对价的最佳估计数，但包含可变对价的交易价格，应当不超过在相关不确定性消除时累计已确认收入极可能不会发生重大转回的金额。企业在评估累计已确认收入是否极可能不会发生重大转回时，应当同时考虑收入转回的可能性及其比重。

每一资产负债表日，企业应当重新估计应计入交易价格的可变对价金额。可变对价金额发生变动的，按照本准则第二十四条和第二十五条规定进行会计处理。

第十七条 合同中存在重大融资成分的，企业应当按照假定客户在取得商品控制权时即以现金支付的应付金额确定交易价格。该交易价格与合同对价之间的差额,应当在合同期间内采用实际利率法摊销。

合同开始日,企业预计客户取得商品控制权与客户支付价款间隔不超过一年的,可以不考虑合同中存在的重大融资成分。

第十八条 客户支付非现金对价的,企业应当按照非现金对价的公允价值确定交易价格。非现金对价的公允价值不能合理估计的,企业应当参照其承诺向客户转让商品的单独售价间接确定交易价格。非现金对价的公允价值因对价形式以外的原因而发生变动的,应当作为可变对价,按照本准则第十六条规定进行会计处理。

单独售价,是指企业向客户单独销售商品的价格。

第十九条 企业应付客户(或向客户购买本企业商品的第三方,本条下同)对价的,应当将该应付对价冲减交易价格,并在确认相关收入与支付(或承诺支付)客户对价二者孰晚的时点冲减当期收入,但应付客户对价是为了向客户取得其他可明确区分商品的除外。

企业应付客户对价是为了向客户取得其他可明确区分商品的,应当采用与本企业其他采购相一致的方式确认所购买的商品。企业应付客户对价超过向客户取得可明确区分商品公允价值的,超过金额应当冲减交易价格。向客户取得的可明确区分商品公允价值不能合理估计的,企业应当将应付客户对价全额冲减交易价格。

第二十条 合同中包含两项或多项履约义务的,企业应当在合同开始日,按照各单项履约义务所承诺商品的单独售价的相对比例,将交易价格分摊至各单项履约义务。企业不得因合同开始日之后单独售价的变动而重新分摊交易价格。

第二十一条 企业在类似环境下向类似客户单独销售商品的价格,应作为确定该商品单独售价的最佳证据。单独售价无法直接观察的,企业应当综合考虑其能够合理取得的全部相关信息,采用市场调整法、成本加成法、余值法等方法合理估计单独售价。在估计单独售价时,企业应当最大限度地采用可观察的输入值,并对类似的情况采用一致的估计方法。

市场调整法,是指企业根据某商品或类似商品的市场售价考虑本企业的成本和毛利等进行适当调整后,确定其单独售价的方法。

成本加成法,是指企业根据某商品的预计成本加上其合理毛利后的价格,确定其单独售价的方法。

余值法,是指企业根据合同交易价格减去合同中其他商品可观察的单独售价后的余值,确定某商品单独售价的方法。

第二十二条 企业在商品近期售价波动幅度巨大,或者因未定价且未曾单独销售而使售价无法可靠确定时,可采用余值法估计其单独售价。

第二十三条 对于合同折扣,企业应当在各单项履约义务之间按比例分摊。

有确凿证据表明合同折扣仅与合同中一项或多项(而非全部)履约义务相关的,企业应当将该合同折扣分摊至相关一项或多项履约义务。

合同折扣仅与合同中一项或多项(而非全部)履约义务相关,且企业采用余值法估计单独售价的,应当首先按照前款规定在该一项或多项(而非全部)履约义务之间分摊合同折扣,然后采用余值法估计单独售价。

合同折扣,是指合同中各单项履约义务所承诺商品的单独售价之和高于合同交易价格的金额。

第二十四条 对于可变对价及可变对价的后续变动额,企业应当按照本准则第二十条至第二十三条规定,将其分摊至与之相关的一项或多项履约义务,或者分摊至构成单项履约义务的一系列可明确区分商品中的一项或多项商品。

对于已履行的履约义务,其分摊的可变对价后续变动额应当调整变动当期的收入。

第二十五条 合同变更之后发生可变对价后续变动的，企业应当区分下列三种情形分别进行会计处理：

（一）合同变更属于本准则第八条（一）规定情形的，企业应当判断可变对价后续变动与哪一项合同相关，并按照本准则第二十四条规定进行会计处理。

（二）合同变更属于本准则第八条（二）规定情形，且可变对价后续变动与合同变更前已承诺可变对价相关的，企业应当首先将该可变对价后续变动额以原合同开始日确定的基础进行分摊，然后再将分摊至合同变更日尚未履行履约义务的该可变对价后续变动额以新合同开始日确定的基础进行二次分摊。

（三）合同变更之后发生除本条（一）（二）规定情形以外的可变对价后续变动的，企业应当将该可变对价后续变动额分摊至合同变更日尚未履行的履约义务。

第四章　合同成本

第二十六条 企业为履行合同发生的成本，不属于其他企业会计准则规范范围且同时满足下列条件的，应当作为合同履约成本确认为一项资产：

（一）该成本与一份当前或预期取得的合同直接相关，包括直接人工、直接材料、制造费用（或类似费用）、明确由客户承担的成本以及仅因该合同而发生的其他成本；

（二）该成本增加了企业未来用于履行履约义务的资源；

（三）该成本预期能够收回。

第二十七条 企业应当在下列支出发生时，将其计入当期损益：

（一）管理费用。

（二）非正常消耗的直接材料、直接人工和制造费用（或类似费用），这些支出为履行合同发生，但未反映在合同价格中。

（三）与履约义务中已履行部分相关的支出。

（四）无法在尚未履行的与已履行的履约义务之间区分的相关支出。

第二十八条 企业为取得合同发生的增量成本预期能够收回的，应当作为合同取得成本确认为一项资产；但是，该资产摊销期限不超过一年的，可以在发生时计入当期损益。

增量成本，是指企业不取得合同就不会发生的成本（如销售佣金等）。

企业为取得合同发生的、除预期能够收回的增量成本之外的其他支出（如无论是否取得合同均会发生的差旅费等），应当在发生时计入当期损益，但是，明确由客户承担的除外。

第二十九条 按照本准则第二十六条和第二十八条规定确认的资产（以下简称"与合同成本有关的资产"），应当采用与该资产相关的商品收入确认相同的基础进行摊销，计入当期损益。

第三十条 与合同成本有关的资产，其账面价值高于下列两项的差额的，超出部分应当计提减值准备，并确认为资产减值损失：

（一）企业因转让与该资产相关的商品预期能够取得的剩余对价；

（二）为转让该相关商品估计将要发生的成本。

以前期间减值的因素之后发生变化，使得前款（一）减（二）的差额高于该资产账面价值的，应当转回原已计提的资产减值准备，并计入当期损益，但转回后的资产账面价值不应超过假定不计提减值准备情况下该资产在转回日的账面价值。

第三十一条 在确定与合同成本有关的资产的减值损失时，企业应当首先对按照其他相关企业会计准则确认的、与合同有关的其他资产确定减值损失；然后，按照本准则第三十条规定确定与合同成本有关的资产的减值损失。

企业按照《企业会计准则第 8 号——资产减值》测试相关资产组的减值情况时,应当将按照前款规定确定与合同成本有关的资产减值后的新账面价值计入相关资产组的账面价值。

第五章 特定交易的会计处理

第三十二条 对于附有销售退回条款的销售,企业应当在客户取得相关商品控制权时,按照因向客户转让商品而预期有权收取的对价金额(即,不包含预期因销售退回将退还的金额)确认收入,按照预期因销售退回将退还的金额确认负债;同时,按照预期将退回商品转让时的账面价值,扣除收回该商品预计发生的成本(包括退回商品的价值减损)后的余额,确认为一项资产,按照所转让商品转让时的账面价值,扣除上述资产成本的净额结转成本。

每一资产负债表日,企业应当重新估计未来销售退回情况,如有变化,应当作为会计估计变更进行会计处理。

第三十三条 对于附有质量保证条款的销售,企业应当评估该质量保证是否在向客户保证所销售商品符合既定标准之外提供了一项单独的服务。企业提供额外服务的,应当作为单项履约义务,按照本准则规定进行会计处理;否则,质量保证责任应当按照《企业会计准则第 13 号——或有事项》规定进行会计处理。在评估质量保证是否在向客户保证所销售商品符合既定标准之外提供了一项单独的服务时,企业应当考虑该质量保证是否为法定要求、质量保证期限以及企业承诺履行任务的性质等因素。客户能够选择单独购买质量保证的,该质量保证构成单项履约义务。

第三十四条 企业应当根据其在向客户转让商品前是否拥有对该商品的控制权,来判断其从事交易时的身份是主要责任人还是代理人。企业在向客户转让商品前能够控制该商品的,该企业为主要责任人,应当按照已收或应收对价总额确认收入;否则,该企业为代理人,应当按照预期有权收取的佣金或手续费的金额确认收入,该金额应当按照已收或应收对价总额扣除应支付给其他相关方的价款后的净额,或者按照既定的佣金金额或比例等确定。

企业向客户转让商品前能够控制该商品的情形包括:

(一)企业自第三方取得商品或其他资产控制权后,再转让给客户。

(二)企业能够主导第三方代表本企业向客户提供服务。

(三)企业自第三方取得商品控制权后,通过提供重大的服务将该商品与其他商品整合成某组合产出转让给客户。

在具体判断向客户转让商品前是否拥有对该商品的控制权时,企业不应仅局限于合同的法律形式,而应当综合考虑所有相关事实和情况,这些事实和情况包括:

(一)企业承担向客户转让商品的主要责任。

(二)企业在转让商品之前或之后承担了该商品的存货风险。

(三)企业有权自主决定所交易商品的价格。

(四)其他相关事实和情况。

第三十五条 对于附有客户额外购买选择权的销售,企业应当评估该选择权是否向客户提供了一项重大权利。企业提供重大权利的,应当作为单项履约义务,按照本准则第二十条至第二十四条规定将交易价格分摊至该履约义务,在客户未来行使购买选择权取得相关商品控制权时,或者该选择权失效时,确认相应的收入。客户额外购买选择权的单独售价无法直接观察的,企业应当综合考虑客户行使和不行使该选择权所能获得的折扣的差异、客户行使该选择权的可能性等全部相关信息后,予以合理估计。

客户虽然有额外购买商品选择权,但客户行使该选择权购买商品时的价格反映了这些商品单独售价的，不应被视为企业向该客户提供了一项重大权利。

第三十六条 企业向客户授予知识产权许可的，应当按照本准则第九条和第十条规定评估该知识产权许可是否构成单项履约义务，构成单项履约义务的，应当进一步确定其是在某一时段内履行还是在某一时点履行。

企业向客户授予知识产权许可，同时满足下列条件时，应当作为在某一时段内履行的履约义务确认相关收入；否则，应当作为在某一时点履行的履约义务确认相关收入：

（一）合同要求或客户能够合理预期企业将从事对该项知识产权有重大影响的活动；

（二）该活动对客户将产生有利或不利影响；

（三）该活动不会导致向客户转让某项商品。

第三十七条 企业向客户授予知识产权许可，并约定按客户实际销售或使用情况收取特许权使用费的，应当在下列两项孰晚的时点确认收入：

（一）客户后续销售或使用行为实际发生；

（二）企业履行相关履约义务。

第三十八条 对于售后回购交易，企业应当区分下列两种情形分别进行会计处理：

（一）企业因存在与客户的远期安排而负有回购义务或企业享有回购权利的，表明客户在销售时点并未取得相关商品控制权，企业应当作为租赁交易或融资交易进行相应的会计处理。其中，回购价格低于原售价的，应当视为租赁交易，按照《企业会计准则第21号——租赁》的相关规定进行会计处理；回购价格不低于原售价的，应当视为融资交易，在收到客户款项时确认金融负债，并将该款项和回购价格的差额在回购期间内确认为利息费用等。企业到期未行使回购权利的，应当在该回购权利到期时终止确认金融负债，同时确认收入。

（二）企业负有应客户要求回购商品义务的，应当在合同开始日评估客户是否具有行使该要求权的重大经济动因。客户具有行使该要求权重大经济动因的，企业应当将售后回购作为租赁交易或融资交易，按照本条（一）规定进行会计处理；否则，企业应当将其作为附有销售退回条款的销售交易，按照本准则第三十二条规定进行会计处理。

售后回购，是指企业销售商品的同时承诺或有权选择日后再将该商品（包括相同或几乎相同的商品，或以该商品作为组成部分的商品）购回的销售方式。

第三十九条 企业向客户预收销售商品款项的，应当首先将该款项确认为负债，待履行了相关履约义务时再转为收入。当企业预收款项无需退回，且客户可能会放弃其全部或部分合同权利时，企业预期将有权获得与客户所放弃的合同权利相关的金额的，应当按照客户行使合同权利的模式按比例将上述金额确认为收入；否则，企业只有在客户要求其履行剩余履约义务的可能性极低时，才能将上述负债的相关余额转为收入。

第四十条 企业在合同开始（或接近合同开始）日向客户收取的无需退回的初始费（如俱乐部的入会费等）应当计入交易价格。企业应当评估该初始费是否与向客户转让已承诺的商品相关。该初始费与向客户转让已承诺的商品相关，并且该商品构成单项履约义务的，企业应当在转让该商品时，按照分摊至该商品的交易价格确认收入；该初始费与向客户转让已承诺的商品相关，但该商品不构成单项履约义务的，企业应当在包含该商品的单项履约义务履行时，按照分摊至该单项履约义务的交易价格确认收入；该初始费与向客户转让已承诺的商品不相关的，该初始费应当作为未来将转让商品的预收款，在未来转让该商品时确认为收入。

企业收取了无需退回的初始费且为履行合同应开展初始活动，但这些活动本身并没有向客户转让已承诺的商品的，该初始费与未来将转让的已承诺商品相关，应当在未来转让该商品时确认为收入，企业在确定履约进度时不应考虑这些初始活动；企业为该初始活动发生的支出应当按照本准则第二十六条和第二十七条规定确认为一项资产或计入当期损益。

第六章 列 报

第四十一条 企业应当根据本企业履行履约义务与客户付款之间的关系在资产负债表中列示合同资产或合同负债。企业拥有的、无条件（即，仅取决于时间流逝）向客户收取对价的权利应当作为应收款项单独列示。

合同资产，是指企业已向客户转让商品而有权收取对价的权利，且该权利取决于时间流逝之外的其他因素。如企业向客户销售两项可明确区分的商品，企业因已交付其中一项商品而有权收取款项，但收取该款项还取决于企业交付另一项商品的，企业应当将该收款权利作为合同资产。

合同负债，是指企业已收或应收客户对价而应向客户转让商品的义务。如企业在转让承诺的商品之前已收取的款项。

按照本准则确认的合同资产的减值的计量和列报应当按照《企业会计准则第22号——金融工具确认和计量》和《企业会计准则第37号——金融工具列报》的规定进行会计处理。

第四十二条 企业应当在附注中披露与收入有关的下列信息：

（一）收入确认和计量所采用的会计政策、对于确定收入确认的时点和金额具有重大影响的判断以及这些判断的变更，包括确定履约进度的方法及采用该方法的原因、评估客户取得所转让商品控制权时点的相关判断，在确定交易价格、估计计入交易价格的可变对价、分摊交易价格以及计量预期将退还给客户的款项等类似义务时所采用的方法、输入值和假设等。

（二）与合同相关的下列信息：

1. 与本期确认收入相关的信息，包括与客户之间的合同产生的收入、该收入按主要类别（如商品类型、经营地区、市场或客户类型、合同类型、商品转让的时间、合同期限、销售渠道等）分解的信息以及该分解信息与每一报告分部的收入之间的关系等。

2. 与应收款项、合同资产和合同负债的账面价值相关的信息，包括与客户之间的合同产生的应收款项、合同资产和合同负债的期初和期末账面价值、对上述应收款项和合同资产确认的减值损失、在本期确认的包括在合同负债期初账面价值中的收入、前期已经履行（或部分履行）的履约义务在本期调整的收入、履行履约义务的时间与通常的付款时间之间的关系以及此类因素对合同资产和合同负债账面价值的影响的定量或定性信息、合同资产和合同负债的账面价值在本期内发生的重大变动情况等。

3. 与履约义务相关的信息，包括履约义务通常的履行时间、重要的支付条款、企业承诺转让的商品的性质（包括说明企业是否作为代理人）、企业承担的预期将退还给客户的款项等类似义务、质量保证的类型及相关义务等。

4. 与分摊至剩余履约义务的交易价格相关的信息，包括分摊至本期末尚未履行（或部分未履行）履约义务的交易价格总额、上述金额确认为收入的预计时间的定量或定性信息、未包括在交易价格的对价金额（如可变对价）等。

（三）与合同成本有关的资产相关的信息，包括确定该资产金额所做的判断、该资产的摊销方法、按该资产主要类别（如为取得合同发生的成本、为履行合同开展的初始活动发生的成本等）披露的期末账面价值以及本期确认的摊销及减值损失金额等。

（四）企业根据本准则第十七条规定因预计客户取得商品控制权与客户支付价款间隔未超过一年而未考虑合同中存在的重大融资成分，或者根据本准则第二十八条规定因合同取得成本的摊销期限未超过一年而将其在发生时计入当期损益的，应当披露该事实。

第七章 衔接规定

第四十三条 首次执行本准则的企业,应当根据首次执行本准则的累积影响数,调整首次执行本准则当年年初留存收益及财务报表其他相关项目金额,对可比期间信息不予调整。企业可以仅对在首次执行日尚未完成的合同的累积影响数进行调整。同时,企业应当在附注中披露,与收入相关会计准则制度的原规定相比,执行本准则对当期财务报表相关项目的影响金额,如有重大影响的,还需披露其原因。

已完成的合同,是指企业按照与收入相关会计准则制度的原规定已完成合同中全部商品的转让的合同。尚未完成的合同,是指除已完成的合同之外的其他合同。

第四十四条 对于最早可比期间期初之前或首次执行本准则当年年初之前发生的合同变更,企业可予以简化处理,即无需按照本准则第八条规定进行追溯调整,而是根据合同变更的最终安排,识别已履行的和尚未履行的履约义务、确定交易价格以及在已履行的和尚未履行的履约义务之间分摊交易价格。

企业采用该简化处理方法的,应当对所有合同一致采用,并且在附注中披露该事实以及在合理范围内对采用该简化处理方法的影响所作的定性分析。

第八章 附 则

第四十五条 本准则自2018年1月1日起施行。

16. 企业会计准则第16号——政府补助（2017年修订）

（财会〔2017〕15号）

第一章 总 则

第一条 为了规范政府补助的确认、计量和列报,根据《企业会计准则——基本准则》,制定本准则。

第二条 本准则中的政府补助,是指企业从政府无偿取得货币性资产或非货币性资产。

第三条 政府补助具有下列特征:

（一）来源于政府的经济资源。对于企业收到的来源于其他方的补助,有确凿证据表明政府是补助的实际拨付者,其他方只起到代收代付作用的,该项补助也属于来源于政府的经济资源。

（二）无偿性。即企业取得来源于政府的经济资源,不需要向政府交付商品或服务等对价。

第四条 政府补助分为与资产相关的政府补助和与收益相关的政府补助。

与资产相关的政府补助,是指企业取得的、用于购建或以其他方式形成长期资产的政府补助。

与收益相关的政府补助,是指除与资产相关的政府补助之外的政府补助。

第五条 下列各项适用其他相关会计准则:

（一）企业从政府取得的经济资源,如果与企业销售商品或提供服务等活动密切相关,且是企业商品或服务的对价或者是对价的组成部分,适用《企业会计准则第14号——收入》等相关会计准则。

（二）所得税减免,适用《企业会计准则第18号——所得税》。

政府以投资者身份向企业投入资本，享有相应的所有者权益，不适用本准则。

第二章 确认和计量

第六条 政府补助同时满足下列条件的，才能予以确认：

（一）企业能够满足政府补助所附条件；

（二）企业能够收到政府补助。

第七条 政府补助为货币性资产的，应当按照收到或应收的金额计量。

政府补助为非货币性资产的，应当按照公允价值计量；公允价值不能可靠取得的，按照名义金额计量。

第八条 与资产相关的政府补助，应当冲减相关资产的账面价值或确认为递延收益。与资产相关的政府补助确认为递延收益的，应当在相关资产使用寿命内按照合理、系统的方法分期计入损益。按照名义金额计量的政府补助，直接计入当期损益。

相关资产在使用寿命结束前被出售、转让、报废或发生毁损的，应当将尚未分配的相关递延收益余额转入资产处置当期的损益。

第九条 与收益相关的政府补助，应当分情况按照以下规定进行会计处理：

（一）用于补偿企业以后期间的相关成本费用或损失的，确认为递延收益，并在确认相关成本费用或损失的期间，计入当期损益或冲减相关成本；

（二）用于补偿企业已发生的相关成本费用或损失的，直接计入当期损益或冲减相关成本。

第十条 对于同时包含与资产相关部分和与收益相关部分的政府补助，应当区分不同部分分别进行会计处理；难以区分的，应当整体归类为与收益相关的政府补助。

第十一条 与企业日常活动相关的政府补助，应当按照经济业务实质，计入其他收益或冲减相关成本费用。与企业日常活动无关的政府补助，应当计入营业外收支。

第十二条 企业取得政策性优惠贷款贴息的，应当区分财政将贴息资金拨付给贷款银行和财政将贴息资金直接拨付给企业两种情况，分别按照本准则第十三条和第十四条进行会计处理。

第十三条 财政将贴息资金拨付给贷款银行，由贷款银行以政策性优惠利率向企业提供贷款的，企业可以选择下列方法之一进行会计处理：

（一）以实际收到的借款金额作为借款的入账价值，按照借款本金和该政策性优惠利率计算相关借款费用。

（二）以借款的公允价值作为借款的入账价值并按照实际利率法计算借款费用，实际收到的金额与借款公允价值之间的差额确认为递延收益。递延收益在借款存续期内采用实际利率法摊销，冲减相关借款费用。

企业选择了上述两种方法之一后，应当一致地运用，不得随意变更。

第十四条 财政将贴息资金直接拨付给企业，企业应当将对应的贴息冲减相关借款费用。

第十五条 已确认的政府补助需要退回的，应当在需要退回的当期分情况按照以下规定进行会计处理：

（一）初始确认时冲减相关资产账面价值的，调整资产账面价值；

（二）存在相关递延收益的，冲减相关递延收益账面余额，超出部分计入当期损益；

（三）属于其他情况的，直接计入当期损益。

第三章 列 报

第十六条 企业应当在利润表中的"营业利润"项目之上单独列报"其他收益"项目，计入其他收益的政府补助在该项目中反映。

第十七条 企业应当在附注中单独披露与政府补助有关的下列信息：

（一）政府补助的种类、金额和列报项目；
（二）计入当期损益的政府补助金额；
（三）本期退回的政府补助金额及原因。

第四章　衔接规定

第十八条　企业对 2017 年 1 月 1 日存在的政府补助采用未来适用法处理，对 2017 年 1 月 1 日至本准则施行日之间新增的政府补助根据本准则进行调整。

第五章　附　则

第十九条　本准则自 2017 年 6 月 12 日起施行。

第二十条　2006 年 2 月 15 日财政部印发的《财政部关于印发〈企业会计准则第 1 号——存货〉等 38 项具体准则的通知》（财会〔2006〕3 号）中的《企业会计准则第 16 号——政府补助》同时废止。

财政部此前发布的有关政府补助会计处理规定与本准则不一致的，以本准则为准。

17. 企业会计准则第 17 号——借款费用（2006 年颁布）

（财会〔2006〕3 号）

第一章　总　则

第一条　为了规范借款费用的确认、计量和相关信息的披露，根据《企业会计准则——基本准则》，制定本准则。

第二条　借款费用，是指企业因借款而发生的利息及其他相关成本。

借款费用包括借款利息、折价或者溢价的摊销、辅助费用以及因外币借款而发生的汇兑差额等。

第三条　与融资租赁有关的融资费用，适用《企业会计准则第 21 号——租赁》。

第二章　确认和计量

第四条　企业发生的借款费用，可直接归属于符合资本化条件的资产的购建或者生产的，应当予以资本化，计入相关资产成本；其他借款费用，应当在发生时根据其发生额确认为费用，计入当期损益。

符合资本化条件的资产，是指需要经过相当长时间的购建或者生产活动才能达到预定可使用或者可销售状态的固定资产、投资性房地产和存货等资产。

第五条　借款费用同时满足下列条件的，才能开始资本化：

（一）资产支出已经发生，资产支出包括为购建或者生产符合资本化条件的资产而以支付现金、转移非现金资产或者承担带息债务形式发生的支出；

（二）借款费用已经发生；

（三）为使资产达到预定可使用或者可销售状态所必要的购建或者生产活动已经开始。

第六条　在资本化期间内，每一会计期间的利息（包括折价或溢价的摊销）资本化金额，应当按照下列规定确定：

（一）为购建或者生产符合资本化条件的资产而借入专门借款的，应当以专门借款当期实际发生的利息费用，减去将尚未动用的借款资金存入银行取得的利息收入或进行暂时性投资取得的投资收益后的金额确定。

专门借款，是指为购建或者生产符合资本化条件的资产而专门借入的款项。

（二）为购建或者生产符合资本化条件的资产而占用了一般借款的，企业应当根据累计资产支出超过专门借款部分的资产支出加权平均数乘以所占用一般借款的资本化率，计算确定一般借款应予资本化的利息金额。资本化率应当根据一般借款加权平均利率计算确定。

资本化期间，是指从借款费用开始资本化时点到停止资本化时点的期间，借款费用暂停资本化的期间不包括在内。

第七条 借款存在折价或者溢价的，应当按照实际利率法确定每一会计期间应摊销的折价或者溢价金额，调整每期利息金额。

第八条 在资本化期间内，每一会计期间的利息资本化金额，不应当超过当期相关借款实际发生的利息金额。

第九条 在资本化期间内，外币专门借款本金及利息的汇兑差额，应当予以资本化，计入符合资本化条件的资产的成本。

第十条 专门借款发生的辅助费用，在所购建或者生产的符合资本化条件的资产达到预定可使用或者可销售状态之前发生的，应当在发生时根据其发生额予以资本化，计入符合资本化条件的资产的成本；在所购建或者生产的符合资本化条件的资产达到预定可使用或者可销售状态之后发生的，应当在发生时根据其发生额确认为费用，计入当期损益。

一般借款发生的辅助费用，应当在发生时根据其发生额确认为费用，计入当期损益。

第十一条 符合资本化条件的资产在购建或者生产过程中发生非正常中断且中断时间连续超过3个月的，应当暂停借款费用的资本化。在中断期间发生的借款费用应当确认为费用，计入当期损益，直至资产的购建或者生产活动重新开始。如果中断是所购建或者生产的符合资本化条件的资产达到预定可使用或可销售状态必要的程序，借款费用的资本化应当继续进行。

第十二条 购建或者生产符合资本化条件的资产达到预定可使用或者可销售状态时，借款费用应当停止资本化。在符合资本化条件的资产达到预定可使用或者可销售状态之后所发生的借款费用，应当在发生时根据其发生额确认为费用，计入当期损益。

第十三条 购建或者生产符合资本化条件的资产达到预定可使用或者可销售状态，可从下列几个方面进行判断：

（一）符合资本化条件的资产的实体建造（包括安装）或者生产工作已经全部完成或者实质上已经完成。

（二）所购建或者生产的符合资本化条件的资产与设计要求、合同规定或者生产要求相符或者基本相符，即使有极个别与设计、合同或者生产要求不相符的地方，也不影响其正常使用或者销售。

（三）继续发生在所购建或生产的符合资本化条件的资产上的支出金额很少或者几乎不再发生。

购建或者生产符合资本化条件的资产需要试生产或者试运行的，在试生产结果表明资产能够正常生产出合格产品或者试运行结果表明资产能够正常运转或者营业时，应当认为该资产已经达到预定可使用或者可销售状态。

第十四条 购建或者生产的符合资本化条件的资产的各部分分别完工，且每部分在其他部分继续建造过程中可供使用或者可对外销售，且为使该部分资产达到预定可使用或可销售状态所必要的购建或者生产活动实质上已经完成的，应当停止与该部分资产相关的借款费用的资本化。

购建或者生产的资产的各部分分别完工，但必须等到整体完工后才可使用或者可对外销售的，应当在该资产整体完工时停止借款费用的资本化。

第三章 披　　露

第十五条　企业应当在附注中披露与借款费用有关的下列信息：
（一）当期资本化的借款费用金额。
（二）当期用于计算确定借款费用资本化金额的资本化率。

18. 企业会计准则第 18 号——所得税（2006 年颁布）

（财会〔2006〕3 号）

第一章 总　　则

第一条　为了规范企业所得税的确认、计量和相关信息的列报，根据《企业会计准则——基本准则》，制定本准则。

第二条　本准则所称所得税包括企业以应纳税所得额为基础的各种境内和境外税额。

第三条　本准则不涉及政府补助的确认和计量，但因政府补助产生暂时性差异的所得税影响，应当按照本准则进行确认和计量。

第二章 计 税 基 础

第四条　企业在取得资产、负债时，应当确定其计税基础。资产、负债的账面价值与其计税基础存在差异的，应当按照本准则规定确认所产生的递延所得税资产或递延所得税负债。

第五条　资产的计税基础，是指企业收回资产账面价值过程中，计算应纳税所得额时按照税法规定可以自应税经济利益中抵扣的金额。

第六条　负债的计税基础，是指负债的账面价值减去未来期间计算应纳税所得额时按照税法规定可予抵扣的金额。

第三章 暂 时 性 差 异

第七条　暂时性差异，是指资产或负债的账面价值与其计税基础之间的差额；未作为资产和负债确认的项目，按照税法规定可以确定其计税基础的，该计税基础与其账面价值之间的差额也属于暂时性差异。

按照暂时性差异对未来期间应税金额的影响，分为应纳税暂时性差异和可抵扣暂时性差异。

第八条　应纳税暂时性差异，是指在确定未来收回资产或清偿负债期间的应纳税所得额时，将导致产生应税金额的暂时性差异。

第九条　可抵扣暂时性差异，是指在确定未来收回资产或清偿负债期间的应纳税所得额时，将导致产生可抵扣金额的暂时性差异。

第四章 确　　认

第十条　企业应当将当期和以前期间应交未交的所得税确认为负债，将已支付的所得税超过应支付的部分确认为资产。

存在应纳税暂时性差异或可抵扣暂时性差异的，应当按照本准则规定确认递延所得税负债或递延所得税资产。

第十一条　除下列交易中产生的递延所得税负债以外，企业应当确认所有应纳税暂时性差异产生的递延所得税负债：
（一）商誉的初始确认。

（二）同时具有下列特征的交易中产生的资产或负债的初始确认：

1. 该项交易不是企业合并；

2. 交易发生时既不影响会计利润也不影响应纳税所得额（或可抵扣亏损）。

与子公司、联营企业及合营企业的投资相关的应纳税暂时性差异产生的递延所得税负债，应当按照本准则第十二条的规定确认。

第十二条 企业对与子公司、联营企业及合营企业投资相关的应纳税暂时性差异，应当确认相应的递延所得税负债。但是，同时满足下列条件的除外：

（一）投资企业能够控制暂时性差异转回的时间；

（二）该暂时性差异在可预见的未来很可能不会转回。

第十三条 企业应当以很可能取得用来抵扣可抵扣暂时性差异的应纳税所得额为限，确认由可抵扣暂时性差异产生的递延所得税资产。但是，同时具有下列特征的交易中因资产或负债的初始确认所产生的递延所得税资产不予确认：

（一）该项交易不是企业合并；

（二）交易发生时既不影响会计利润也不影响应纳税所得额（或可抵扣亏损）。

资产负债表日，有确凿证据表明未来期间很可能获得足够的应纳税所得额用来抵扣可抵扣暂时性差异的，应当确认以前期间未确认的递延所得税资产。

第十四条 企业对与子公司、联营企业及合营企业投资相关的可抵扣暂时性差异，同时满足下列条件的，应当确认相应的递延所得税资产：

（一）暂时性差异在可预见的未来很可能转回；

（二）未来很可能获得用来抵扣可抵扣暂时性差异的应纳税所得额。

第十五条 企业对于能够结转以后年度的可抵扣亏损和税款抵减，应当以很可能获得用来抵扣可抵扣亏损和税款抵减的未来应纳税所得额为限，确认相应的递延所得税资产。

第五章 计 量

第十六条 资产负债表日，对于当期和以前期间形成的当期所得税负债（或资产），应当按照税法规定计算的预期应交纳（或返还）的所得税金额计量。

第十七条 资产负债表日，对于递延所得税资产和递延所得税负债，应当根据税法规定，按照预期收回该资产或清偿该负债期间的适用税率计量。

适用税率发生变化的，应对已确认的递延所得税资产和递延所得税负债进行重新计量，除直接在所有者权益中确认的交易或者事项产生的递延所得税资产和递延所得税负债以外，应当将其影响数计入变化当期的所得税费用。

第十八条 递延所得税资产和递延所得税负债的计量，应当反映资产负债表日企业预期收回资产或清偿负债方式的所得税影响，即在计量递延所得税资产和递延所得税负债时，应当采用与收回资产或清偿债务的预期方式相一致的税率和计税基础。

第十九条 企业不应当对递延所得税资产和递延所得税负债进行折现。

第二十条 资产负债表日，企业应当对递延所得税资产的账面价值进行复核。如果未来期间很可能无法获得足够的应纳税所得额用以抵扣递延所得税资产的利益，应当减计递延所得税资产的账面价值。

在很可能获得足够的应纳税所得额时，减记的金额应当转回。

第二十一条 企业当期所得税和递延所得税应当作为所得税费用或收益计入当期损益，但不包括下列情况产生的所得税：

（一）企业合并。

（二）直接在所有者权益中确认的交易或者事项。

第二十二条 与直接计入所有者权益的交易或者事项相关的当期所得税和递延所得税，应当计入所有者权益。

第六章 列　　报

第二十三条 递延所得税资产和递延所得税负债应当分别作为非流动资产和非流动负债在资产负债表中列示。

第二十四条 所得税费用应当在利润表中单独列示。

第二十五条 企业应当在附注中披露与所得税有关的下列信息：

（一）所得税费用（收益）的主要组成部分。

（二）所得税费用（收益）与会计利润关系的说明。

（三）未确认递延所得税资产的可抵扣暂时性差异、可抵扣亏损的金额（如果存在到期日，还应披露到期日）。

（四）对每一类暂时性差异和可抵扣亏损，在列报期间确认的递延所得税资产或递延所得税负债的金额，确认递延所得税资产的依据。

（五）未确认递延所得税负债的，与对子公司、联营企业及合营企业投资相关的暂时性差异金额。

19. 企业会计准则第19号——外币折算（2006年颁布）

（财会〔2006〕3号）

第一章 总　　则

第一条 为了规范外币交易的会计处理、外币财务报表的折算和相关信息的披露，根据《企业会计准则——基本准则》，制定本准则。

第二条 外币交易，是指以外币计价或者结算的交易。外币是企业记账本位币以外的货币。外币交易包括：

（一）买入或者卖出以外币计价的商品或者劳务；

（二）借入或者借出外币资金；

（三）其他以外币计价或者结算的交易。

第三条 下列各项适用其他相关会计准则：

（一）与购建或生产符合资本化条件的资产相关的外币借款产生的汇兑差额，适用《企业会计准则第17号——借款费用》。

（二）外币项目的套期，适用《企业会计准则第24号——套期保值》。

（三）现金流量表中的外币折算，适用《企业会计准则第31号——现金流量表》。

第二章 记账本位币的确定

第四条 记账本位币，是指企业经营所处的主要经济环境中的货币。

企业通常应选择人民币作为记账本位币。业务收支以人民币以外的货币为主的企业，可以按照本准则第五条规定选定其中一种货币作为记账本位币。但是，编报的财务报表应当折算为人民币。

第五条 企业选定记账本位币，应当考虑下列因素：

（一）该货币主要影响商品和劳务的销售价格，通常以该货币进行商品和劳务的计价和结算；

（二）该货币主要影响商品和劳务所需人工、材料和其他费用，通常以该货币进行上述费用的计价和结算；

（三）融资活动获得的货币以及保存从经营活动中收取款项所使用的货币。

第六条 企业选定境外经营的记账本位币，还应当考虑下列因素：

（一）境外经营对其所从事的活动是否拥有很强的自主性；

（二）境外经营活动中与企业的交易是否在境外经营活动中占有较大比重；

（三）境外经营活动产生的现金流量是否直接影响企业的现金流量、是否可以随时汇回；

（四）境外经营活动产生的现金流量是否足以偿还其现有债务和可预期的债务。

第七条 境外经营，是指企业在境外的子公司、合营企业、联营企业、分支机构。

在境内的子公司、合营企业、联营企业、分支机构，采用不同于企业记账本位币的，也视同境外经营。

第八条 企业记账本位币一经确定，不得随意变更，除非企业经营所处的主要经济环境发生重大变化。

企业因经营所处的主要经济环境发生重大变化，确需变更记账本位币的，应当采用变更当日的即期汇率将所有项目折算为变更后的记账本位币。

第三章 外币交易的会计处理

第九条 企业对于发生的外币交易，应当将外币金额折算为记账本位币金额。

第十条 外币交易应当在初始确认时，采用交易发生日的即期汇率将外币金额折算为记账本位币金额；也可以采用按照系统合理的方法确定的、与交易发生日即期汇率近似的汇率折算。

第十一条 企业在资产负债表日，应当按照下列规定对外币货币性项目和外币非货币性项目进行处理：

（一）外币货币性项目，采用资产负债表日即期汇率折算。因资产负债表日即期汇率与初始确认时或者前一资产负债表日即期汇率不同而产生的汇兑差额，计入当期损益。

（二）以历史成本计量的外币非货币性项目，仍采用交易发生日的即期汇率折算，不改变其记账本位币金额。

货币性项目，是指企业持有的货币资金和将以固定或可确定的金额收取的资产或者偿付的负债。

非货币性项目，是指货币性项目以外的项目。

第四章 外币财务报表的折算

第十二条 企业对境外经营的财务报表进行折算时，应当遵循下列规定：

（一）资产负债表中的资产和负债项目，采用资产负债表日的即期汇率折算，所有者权益项目除"未分配利润"项目外，其他项目采用发生时的即期汇率折算。

（二）利润表中的收入和费用项目，采用交易发生日的即期汇率折算；也可以采用按照系统合理的方法确定的、与交易发生日即期汇率近似的汇率折算。

按照上述（一）（二）折算产生的外币财务报表折算差额，在资产负债表中所有者权益项目下单独列示。

比较财务报表的折算比照上述规定处理。

第十三条 企业对处于恶性通货膨胀经济中的境外经营的财务报表，应当按照下列规定进行折算：

对资产负债表项目运用一般物价指数予以重述，对利润表项目运用一般物价指数变动予以重述，再按照最近资产负债表日的即期汇率进行折算。

在境外经营不再处于恶性通货膨胀经济中时,应当停止重述,按照停止之日的价格水平重述的财务报表进行折算。

第十四条 企业在处置境外经营时,应当将资产负债表中所有者权益项目下列示的、与该境外经营相关的外币财务报表折算差额,自所有者权益项目转入处置当期损益;部分处置境外经营的,应当按处置的比例计算处置部分的外币财务报表折算差额,转入处置当期损益。

第十五条 企业选定的记账本位币不是人民币的,应当按照本准则第十二条规定将其财务报表折算为人民币财务报表。

第五章 披 露

第十六条 企业应当在附注中披露与外币折算有关的下列信息:

(一)企业及其境外经营选定的记账本位币及选定的原因,记账本位币发生变更的,说明变更理由。

(二)采用近似汇率的,近似汇率的确定方法。

(三)计入当期损益的汇兑差额。

(四)处置境外经营对外币财务报表折算差额的影响。

20. 企业会计准则第 20 号——企业合并(2006 年颁布)

(财会〔2006〕3 号)

第一章 总 则

第一条 为了规范企业合并的确认、计量和相关信息的披露,根据《企业会计准则——基本准则》,制定本准则。

第二条 企业合并,是指将两个或者两个以上单独的企业合并形成一个报告主体的交易或事项。

企业合并分为同一控制下的企业合并和非同一控制下的企业合并。

第三条 涉及业务的合并比照本准则规定处理。

第四条 本准则不涉及下列企业合并:

(一)两方或者两方以上形成合营企业的企业合并。

(二)仅通过合同而不是所有权份额将两个或者两个以上单独的企业合并形成一个报告主体的企业合并。

第二章 同一控制下的企业合并

第五条 参与合并的企业在合并前后均受同一方或相同的多方最终控制且该控制并非暂时性的,为同一控制下的企业合并。

同一控制下的企业合并,在合并日取得对其他参与合并企业控制权的一方为合并方,参与合并的其他企业为被合并方。

合并日,是指合并方实际取得对被合并方控制权的日期。

第六条 合并方在企业合并中取得的资产和负债,应当按照合并日在被合并方的账面价值计量。合并方取得的净资产账面价值与支付的合并对价账面价值(或发行股份面值总额)的差额,应当调整资本公积;资本公积不足冲减的,调整留存收益。

第七条 同一控制下的企业合并中,被合并方采用的会计政策与合并方不一致的,合并方在合并日应当按照本企业会计政策对被合并方的财务报表相关项目进行调整,在此基础上按照本准则规定确认。

第八条 合并方为进行企业合并发生的各项直接相关费用,包括为进行企业合并而支付的审计费用、评估费用、法律服务费用等,应当于发生时计入当期损益。

为企业合并发行的债券或承担其他债务支付的手续费、佣金等,应当计入所发行债券及其他债务的初始计量金额。企业合并中发行权益性证券发生的手续费、佣金等费用,应当抵减权益性证券溢价收入,溢价收入不足冲减的,冲减留存收益。

第九条 企业合并形成母子公司关系的,母公司应当编制合并日的合并资产负债表、合并利润表和合并现金流量表。

合并资产负债表中被合并方的各项资产、负债,应当按其账面价值计量。因被合并方采用的会计政策与合并方不一致,按照本准则规定进行调整的,应当以调整后的账面价值计量。

合并利润表应当包括参与合并各方自合并当期期初至合并日所发生的收入、费用和利润。被合并方在合并前实现的净利润,应当在合并利润表中单列项目反映。

合并现金流量表应当包括参与合并各方自合并当期期初至合并日的现金流量。

编制合并财务报表时,参与合并各方的内部交易等,应当按照《企业会计准则第33号——合并财务报表》处理。

第三章 非同一控制下的企业合并

第十条 参与合并的各方在合并前后不受同一方或相同的多方最终控制的,为非同一控制下的企业合并。

非同一控制下的企业合并,在购买日取得对其他参与合并企业控制权的一方为购买方,参与合并的其他企业为被购买方。

购买日,是指购买方实际取得对被购买方控制权的日期。

第十一条 购买方应当区别下列情况确定合并成本:

(一)一次交换交易实现的企业合并,合并成本为购买方在购买日为取得对被购买方的控制权而付出的资产、发生或承担的负债以及发行的权益性证券的公允价值。

(二)通过多次交换交易分步实现的企业合并,合并成本为每一单项交易成本之和。

(三)购买方为进行企业合并发生的各项直接相关费用也应当计入企业合并成本。

(四)在合并合同或协议中对可能影响合并成本的未来事项作出约定的,购买日如果估计未来事项很可能发生并且对合并成本的影响金额能够可靠计量的,购买方应当将其计入合并成本。

第十二条 购买方在购买日对作为企业合并对价付出的资产、发生或承担的负债应当按照公允价值计量,公允价值与其账面价值的差额,计入当期损益。

第十三条 购买方在购买日应当对合并成本进行分配,按照本准则第十四条的规定确认所取得的被购买方各项可辨认资产、负债及或有负债。

(一)购买方对合并成本大于合并中取得的被购买方可辨认净资产公允价值份额的差额,应当确认为商誉。

初始确认后的商誉,应当以其成本扣除累计减值准备后的金额计量。商誉的减值应当按照《企业会计准则第8号——资产减值》处理。

(二)购买方对合并成本小于合并中取得的被购买方可辨认净资产公允价值份额的差额,应当按照下列规定处理:

1. 对取得的被购买方各项可辨认资产、负债及或有负债的公允价值以及合并成本的计量进行复核;

2. 经复核后合并成本仍小于合并中取得的被购买方可辨认净资产公允价值份额的,其差额应当计入当期损益。

第十四条 被购买方可辨认净资产公允价值,是指合并中取得的被购买方可辨认资产的公允价值减去负债及或有负债公允价值后的余额。被购买方各项可辨认资产、负债及或有负债，符合下列条件的，应当单独予以确认：

（一）合并中取得的被购买方除无形资产以外的其他各项资产（不仅限于被购买方原已确认的资产），其所带来的经济利益很可能流入企业且公允价值能够可靠地计量的，应当单独予以确认并按照公允价值计量。

合并中取得的无形资产，其公允价值能够可靠地计量的，应当单独确认为无形资产并按照公允价值计量。

（二）合并中取得的被购买方除或有负债以外的其他各项负债，履行有关的义务很可能导致经济利益流出企业且公允价值能够可靠地计量的，应当单独予以确认并按照公允价值计量。

（三）合并中取得的被购买方或有负债，其公允价值能够可靠地计量的，应当单独确认为负债并按照公允价值计量。或有负债在初始确认后，应当按照下列两者孰高进行后续计量：

1. 按照《企业会计准则第 13 号——或有事项》应予确认的金额；

2. 初始确认金额减去按照《企业会计准则第 14 号——收入》的原则确认的累计摊销额后的余额。

第十五条 企业合并形成母子公司关系的，母公司应当设置备查簿，记录企业合并中取得的子公司各项可辨认资产、负债及或有负债等在购买日的公允价值。编制合并财务报表时，应当以购买日确定的各项可辨认资产、负债及或有负债的公允价值为基础对子公司的财务报表进行调整。

第十六条 企业合并发生当期的期末，因合并中取得的各项可辨认资产、负债及或有负债的公允价值或企业合并成本只能暂时确定的，购买方应当以所确定的暂时价值为基础对企业合并进行确认和计量。

购买日后 12 个月内对确认的暂时价值进行调整的，视为在购买日确认和计量。

第十七条 企业合并形成母子公司关系的，母公司应当编制购买日的合并资产负债表，因企业合并取得的被购买方各项可辨认资产、负债及或有负债应当以公允价值列示。母公司的合并成本与取得的子公司可辨认净资产公允价值份额的差额，以按照本准则规定处理的结果列示。

第四章 披 露

第十八条 企业合并发生当期的期末，合并方应当在附注中披露与同一控制下企业合并有关的下列信息：

（一）参与合并企业的基本情况。

（二）属于同一控制下企业合并的判断依据。

（三）合并日的确定依据。

（四）以支付现金、转让非现金资产以及承担债务作为合并对价的，所支付对价在合并日的账面价值；以发行权益性证券作为合并对价的，合并中发行权益性证券的数量及定价原则，以及参与合并各方交换有表决权股份的比例。

（五）被合并方的资产、负债在上一会计期间资产负债表日及合并日的账面价值；被合并方自合并当期期初至合并日的收入、净利润、现金流量等情况。

（六）合并合同或协议约定将承担被合并方或有负债的情况。

（七）被合并方采用的会计政策与合并方不一致所作调整情况的说明。

（八）合并后已处置或准备处置被合并方资产、负债的账面价值、处置价格等。

第十九条 企业合并发生当期的期末，购买方应当在附注中披露与非同一控制下企业合并有关的下列信息：

（一）参与合并企业的基本情况。

（二）购买日的确定依据。

（三）合并成本的构成及其账面价值、公允价值及公允价值的确定方法。

（四）被购买方各项可辨认资产、负债在上一会计期间资产负债表日及购买日的账面价值和公允价值。

（五）合并合同或协议约定将承担被购买方或有负债的情况。

（六）被购买方自购买日起至报告期期末的收入、净利润和现金流量等情况。

（七）商誉的金额及其确定方法。

（八）因合并成本小于合并中取得的被购买方可辨认净资产公允价值的份额计入当期损益的金额。

（九）合并后已处置或准备处置被购买方资产、负债的账面价值、处置价格等。

21. 企业会计准则第 21 号——租赁（2018 年修订）

（财会〔2018〕35 号）

第一章 总 则

第一条 为了规范租赁的确认、计量和相关信息的列报，根据《企业会计准则——基本准则》，制定本准则。

第二条 租赁，是指在一定期间内，出租人将资产的使用权让与承租人以获取对价的合同。

第三条 本准则适用于所有租赁，但下列各项除外：

（一）承租人通过许可使用协议取得的电影、录像、剧本、文稿等版权、专利等项目的权利，以出让、划拨或转让方式取得的土地使用权，适用《企业会计准则第 6 号——无形资产》。

（二）出租人授予的知识产权许可，适用《企业会计准则第 14 号——收入》。

勘探或使用矿产、石油、天然气及类似不可再生资源的租赁，承租人承租生物资产，采用建设经营移交等方式参与公共基础设施建设、运营的特许经营权合同，不适用本准则。

第二章 租赁的识别、分拆和合并

第一节 租赁的识别

第四条 在合同开始日，企业应当评估合同是否为租赁或者包含租赁。如果合同中一方让渡了在一定期间内控制一项或多项已识别资产使用的权利以换取对价，则该合同为租赁或者包含租赁。

除非合同条款和条件发生变化，企业无需重新评估合同是否为租赁或者包含租赁。

第五条 为确定合同是否让渡了在一定期间内控制已识别资产使用的权利，企业应当评估合同中的客户是否有权获得在使用期间内因使用已识别资产所产生的几乎全部经济利益，并有权在该使用期间主导已识别资产的使用。

第六条 已识别资产通常由合同明确指定，也可以在资产可供客户使用时隐性指定。但是，即使合同已对资产进行指定，如果资产的供应方在整个使用期间拥有对该资产的实质性替换权，则该资产不属于已识别资产。

同时符合下列条件时，表明供应方拥有资产的实质性替换权：

（一）资产供应方拥有在整个使用期间替换资产的实际能力；

（二）资产供应方通过行使替换资产的权利将获得经济利益。

企业难以确定供应方是否拥有对该资产的实质性替换权的，应当视为供应方没有对该资产的实质性替换权。

如果资产的某部分产能或其他部分在物理上不可区分，则该部分不属于已识别资产，除非其实质上代表该资产的全部产能，从而使客户获得因使用该资产所产生的几乎全部经济利益。

第七条 在评估是否有权获得因使用已识别资产所产生的几乎全部经济利益时，企业应当在约定的客户可使用资产的权利范围内考虑其所产生的经济利益。

第八条 存在下列情况之一的，可视为客户有权主导对已识别资产在整个使用期间内的使用：

（一）客户有权在整个使用期间主导已识别资产的使用目的和使用方式。

（二）已识别资产的使用目的和使用方式在使用期开始前已预先确定，并且客户有权在整个使用期间自行或主导他人按照其确定的方式运营该资产，或者客户设计了已识别资产并在设计时已预先确定了该资产在整个使用期间的使用目的和使用方式。

第二节 租赁的分拆和合并

第九条 合同中同时包含多项单独租赁的，承租人和出租人应当将合同予以分拆，并分别各项单独租赁进行会计处理。

合同中同时包含租赁和非租赁部分的，承租人和出租人应当将租赁和非租赁部分进行分拆，除非企业适用本准则第十二条的规定进行会计处理，租赁部分应当分别按照本准则进行会计处理，非租赁部分应当按照其他适用的企业会计准则进行会计处理。

第十条 同时符合下列条件的，使用已识别资产的权利构成合同中的一项单独租赁：

（一）承租人可从单独使用该资产或将其与易于获得的其他资源一起使用中获利；

（二）该资产与合同中的其他资产不存在高度依赖或高度关联关系。

第十一条 在分拆合同包含的租赁和非租赁部分时，承租人应当按照各租赁部分单独价格及非租赁部分的单独价格之和的相对比例分摊合同对价，出租人应当根据《企业会计准则第14号——收入》关于交易价格分摊的规定分摊合同对价。

第十二条 为简化处理，承租人可以按照租赁资产的类别选择是否分拆合同包含的租赁和非租赁部分。承租人选择不分拆的，应当将各租赁部分及与其相关的非租赁部分分别合并为租赁，按照本准则进行会计处理。但是，对于按照《企业会计准则第22号——金融工具确认和计量》应分拆的嵌入衍生工具，承租人不应将其与租赁部分合并进行会计处理。

第十三条 企业与同一交易方或其关联方在同一时间或相近时间订立的两份或多份包含租赁的合同，在符合下列条件之一时，应当合并为一份合同进行会计处理：

（一）该两份或多份合同基于总体商业目的而订立并构成一揽子交易，若不作为整体考虑则无法理解其总体商业目的。

（二）该两份或多份合同中的某份合同的对价金额取决于其他合同的定价或履行情况。

（三）该两份或多份合同让渡的资产使用权合起来构成一项单独租赁。

第三章 承租人的会计处理

第一节 确认和初始计量

第十四条 在租赁期开始日，承租人应当对租赁确认使用权资产和租赁负债，应用本准则第三章第三节进行简化处理的短期租赁和低价值资产租赁除外。

使用权资产，是指承租人可在租赁期内使用租赁资产的权利。

租赁期开始日，是指出租人提供租赁资产使其可供承租人使用的起始日期。

第十五条 租赁期，是指承租人有权使用租赁资产且不可撤销的期间。

承租人有续租选择权，即有权选择续租该资产，且合理确定将行使该选择权的，租赁期还应当包含续租选择权涵盖的期间。

承租人有终止租赁选择权，即有权选择终止租赁该资产，但合理确定将不会行使该选择权的，租赁期应当包含终止租赁选择权涵盖的期间。

发生承租人可控范围内的重大事件或变化，且影响承租人是否合理确定将行使相应选择权的，承租人应当对其是否合理确定将行使续租选择权、购买选择权或不行使终止租赁选择权进行重新评估。

第十六条 使用权资产应当按照成本进行初始计量。该成本包括：

（一）租赁负债的初始计量金额；

（二）在租赁期开始日或之前支付的租赁付款额，存在租赁激励的，扣除已享受的租赁激励相关金额；

（三）承租人发生的初始直接费用；

（四）承租人为拆卸及移除租赁资产、复原租赁资产所在场地或将租赁资产恢复至租赁条款约定状态预计将发生的成本。前述成本属于为生产存货而发生的，适用《企业会计准则第 1 号——存货》。

承租人应当按照《企业会计准则第 13 号——或有事项》对本条第（四）项所述成本进行确认和计量。

租赁激励，是指出租人为达成租赁向承租人提供的优惠，包括出租人向承租人支付的与租赁有关的款项、出租人为承租人偿付或承担的成本等。

初始直接费用，是指为达成租赁所发生的增量成本。增量成本是指若企业不取得该租赁，则不会发生的成本。

第十七条 租赁负债应当按照租赁期开始日尚未支付的租赁付款额的现值进行初始计量。

在计算租赁付款额的现值时，承租人应当采用租赁内含利率作为折现率；无法确定租赁内含利率的，应当采用承租人增量借款利率作为折现率。

租赁内含利率，是指使出租人的租赁收款额的现值与未担保余值的现值之和等于租赁资产公允价值与出租人的初始直接费用之和的利率。

承租人增量借款利率，是指承租人在类似经济环境下为获得与使用权资产价值接近的资产，在类似期间以类似抵押条件借入资金须支付的利率。

第十八条 租赁付款额，是指承租人向出租人支付的与在租赁期内使用租赁资产的权利相关的款项，包括：

（一）固定付款额及实质固定付款额，存在租赁激励的，扣除租赁激励相关金额；

（二）取决于指数或比率的可变租赁付款额，该款项在初始计量时根据租赁期开始日的指数或比率确定；

（三）购买选择权的行权价格，前提是承租人合理确定将行使该选择权；

（四）行使终止租赁选择权需支付的款项，前提是租赁期反映出承租人将行使终止租赁选择权；

（五）根据承租人提供的担保余值预计应支付的款项。

实质固定付款额，是指在形式上可能包含变量但实质上无法避免的付款额。

可变租赁付款额，是指承租人为取得在租赁期内使用租赁资产的权利，向出租人支付的因租赁期开始日后的事实或情况发生变化（而非时间推移）而变动的款项。取决于指数或比率的可变租赁付款额包括与消费者价格指数挂钩的款项、与基准利率挂钩的款项和为反映市场租金费率变化而变动的款项等。

第十九条 担保余值,是指与出租人无关的一方向出租人提供担保,保证在租赁结束时租赁资产的价值至少为某指定的金额。

未担保余值,是指租赁资产余值中,出租人无法保证能够实现或仅由与出租人有关的一方予以担保的部分。

第二节 后续计量

第二十条 在租赁期开始日后,承租人应当按照本准则第二十一条、第二十二条、第二十七条及第二十九条的规定,采用成本模式对使用权资产进行后续计量。

第二十一条 承租人应当参照《企业会计准则第 4 号——固定资产》有关折旧规定,对使用权资产计提折旧。

承租人能够合理确定租赁期届满时取得租赁资产所有权的,应当在租赁资产剩余使用寿命内计提折旧。无法合理确定租赁期届满时能够取得租赁资产所有权的,应当在租赁期与租赁资产剩余使用寿命两者孰短的期间内计提折旧。

第二十二条 承租人应当按照《企业会计准则第 8 号——资产减值》的规定,确定使用权资产是否发生减值,并对已识别的减值损失进行会计处理。

第二十三条 承租人应当按照固定的周期性利率计算租赁负债在租赁期内各期间的利息费用,并计入当期损益。按照《企业会计准则第 17 号——借款费用》等其他准则规定应当计入相关资产成本的,从其规定。

该周期性利率,是按照本准则第十七条规定所采用的折现率,或者按照本准则第二十五条、二十六条和二十九条规定所采用的修订后的折现率。

第二十四条 未纳入租赁负债计量的可变租赁付款额应当在实际发生时计入当期损益。按照《企业会计准则第 1 号——存货》等其他准则规定应当计入相关资产成本的,从其规定。

第二十五条 在租赁期开始日后,发生下列情形的,承租人应当重新确定租赁付款额,并按变动后租赁付款额和修订后的折现率计算的现值重新计量租赁负债:

(一)因依据本准则第十五条第四款规定,续租选择权或终止租赁选择权的评估结果发生变化,或者前述选择权的实际行使情况与原评估结果不一致等导致租赁期变化的,应当根据新的租赁期重新确定租赁付款额;

(二)因依据本准则第十五条第四款规定,购买选择权的评估结果发生变化的,应当根据新的评估结果重新确定租赁付款额。

在计算变动后租赁付款额的现值时,承租人应当采用剩余租赁期间的租赁内含利率作为修订后的折现率;无法确定剩余租赁期间的租赁内含利率的,应当采用重估日的承租人增量借款利率作为修订后的折现率。

第二十六条 在租赁期开始日后,根据担保余值预计的应付金额发生变动,或者因用于确定租赁付款额的指数或比率变动而导致未来租赁付款额发生变动的,承租人应当按照变动后租赁付款额的现值重新计量租赁负债。在这些情形下,承租人采用的折现率不变;但是,租赁付款额的变动源自浮动利率变动的,使用修订后的折现率。

第二十七条 承租人在根据本准则第二十五条、第二十六条或因实质固定付款额变动重新计量租赁负债时,应当相应调整使用权资产的账面价值。使用权资产的账面价值已调减至零,但租赁负债仍需进一步调减的,承租人应当将剩余金额计入当期损益。

第二十八条 租赁发生变更且同时符合下列条件的,承租人应当将该租赁变更作为一项单独租赁进行会计处理:

(一)该租赁变更通过增加一项或多项租赁资产的使用权而扩大了租赁范围;

(二)增加的对价与租赁范围扩大部分的单独价格按该合同情况调整后的金额相当。

租赁变更,是指原合同条款之外的租赁范围、租赁对价、租赁期限的变更,包括增加或终止一项或多项租赁资产的使用权，延长或缩短合同规定的租赁期等。

第二十九条 租赁变更未作为一项单独租赁进行会计处理的，在租赁变更生效日，承租人应当按照本准则第九条至第十二条的规定分摊变更后合同的对价，按照本准则第十五条的规定重新确定租赁期，并按照变更后租赁付款额和修订后的折现率计算的现值重新计量租赁负债。

在计算变更后租赁付款额的现值时，承租人应当采用剩余租赁期间的租赁内含利率作为修订后的折现率；无法确定剩余租赁期间的租赁内含利率，应当采用租赁变更生效日的承租人增量借款利率作为修订后的折现率。租赁变更生效日，是指双方就租赁变更达成一致的日期。

租赁变更导致租赁范围缩小或租赁期缩短的，承租人应当相应调减使用权资产的账面价值，并将部分终止或完全终止租赁的相关利得或损失计入当期损益。其他租赁变更导致租赁负债重新计量的，承租人应当相应调整使用权资产的账面价值。

第三节　短期租赁和低价值资产租赁

第三十条 短期租赁，是指在租赁期开始日，租赁期不超过 12 个月的租赁。
包含购买选择权的租赁不属于短期租赁。

第三十一条 低价值资产租赁，是指单项租赁资产为全新资产时价值较低的租赁。
低价值资产租赁的判定仅与资产的绝对价值有关，不受承租人规模、性质或其他情况影响。低价值资产租赁还应当符合本准则第十条的规定。
承租人转租或预期转租租赁资产的，原租赁不属于低价值资产租赁。

第三十二条 对于短期租赁和低价值资产租赁，承租人可以选择不确认使用权资产和租赁负债。

作出该选择的，承租人应当将短期租赁和低价值资产租赁的租赁付款额，在租赁期内各个期间按照直线法或其他系统合理的方法计入相关资产成本或当期损益。其他系统合理的方法能够更好地反映承租人的受益模式的，承租人应当采用该方法。

第三十三条 对于短期租赁，承租人应当按照租赁资产的类别作出本准则第三十二条所述的会计处理选择。

对于低价值资产租赁，承租人可根据每项租赁的具体情况作出本准则第三十二条所述的会计处理选择。

第三十四条 按照本准则第三十二条进行简化处理的短期租赁发生租赁变更或者因租赁变更之外的原因导致租赁期发生变化的，承租人应当将其视为一项新租赁进行会计处理。

第四章　出租人的会计处理

第一节　出租人的租赁分类

第三十五条 出租人应当在租赁开始日将租赁分为融资租赁和经营租赁。
租赁开始日，是指租赁合同签署日与租赁各方就主要租赁条款作出承诺日中的较早者。
融资租赁，是指实质上转移了与租赁资产所有权有关的几乎全部风险和报酬的租赁。其所有权最终可能转移，也可能不转移。
经营租赁，是指除融资租赁以外的其他租赁。
在租赁开始日后，出租人无需对租赁的分类进行重新评估，除非发生租赁变更。租赁资产预计使用寿命、预计余值等会计估计变更或发生承租人违约等情况变化的，出租人不对租赁的分类进行重新评估。

第三十六条 一项租赁属于融资租赁还是经营租赁取决于交易的实质，而不是合同的形式。如果一项租赁实质上转移了与租赁资产所有权有关的几乎全部风险和报酬，出租人应当将该项租赁分类为融资租赁。

一项租赁存在下列一种或多种情形的，通常分类为融资租赁：

（一）在租赁期届满时，租赁资产的所有权转移给承租人。

（二）承租人有购买租赁资产的选择权，所订立的购买价款与预计行使选择权时租赁资产的公允价值相比足够低，因而在租赁开始日就可以合理确定承租人将行使该选择权。

（三）资产的所有权虽然不转移，但租赁期占租赁资产使用寿命的大部分。

（四）在租赁开始日，租赁收款额的现值几乎相当于租赁资产的公允价值。

（五）租赁资产性质特殊，如果不作较大改造，只有承租人才能使用。

一项租赁存在下列一项或多项迹象的，也可能分类为融资租赁：

（一）若承租人撤销租赁，撤销租赁对出租人造成的损失由承租人承担。

（二）资产余值的公允价值波动所产生的利得或损失归属于承租人。

（三）承租人有能力以远低于市场水平的租金继续租赁至下一期间。

第三十七条 转租出租人应当基于原租赁产生的使用权资产，而不是原租赁的标的资产，对转租赁进行分类。

但是，原租赁为短期租赁，且转租出租人应用本准则第三十二条对原租赁进行简化处理的，转租出租人应当将该转租赁分类为经营租赁。

第二节 出租人对融资租赁的会计处理

第三十八条 在租赁期开始日，出租人应当对融资租赁确认应收融资租赁款，并终止确认融资租赁资产。

出租人对应收融资租赁款进行初始计量时，应当以租赁投资净额作为应收融资租赁款的入账价值。

租赁投资净额为未担保余值和租赁期开始日尚未收到的租赁收款额按照租赁内含利率折现的现值之和。

租赁收款额，是指出租人因让渡在租赁期内使用租赁资产的权利而应向承租人收取的款项，包括：

（一）承租人需支付的固定付款额及实质固定付款额，存在租赁激励的，扣除租赁激励相关金额；

（二）取决于指数或比率的可变租赁付款额，该款项在初始计量时根据租赁期开始日的指数或比率确定；

（三）购买选择权的行权价格，前提是合理确定承租人将行使该选择权；

（四）承租人行使终止租赁选择权需支付的款项，前提是租赁期反映出承租人将行使终止租赁选择权；

（五）由承租人、与承租人有关的一方以及有经济能力履行担保义务的独立第三方向出租人提供的担保余值。

在转租的情况下，若转租的租赁内含利率无法确定，转租出租人可采用原租赁的折现率（根据与转租有关的初始直接费用进行调整）计量转租投资净额。

第三十九条 出租人应当按照固定的周期性利率计算并确认租赁期内各个期间的利息收入。该周期性利率，是按照本准则第三十八条规定所采用的折现率，或者按照本准则第四十四条规定所采用的修订后的折现率。

第四十条 出租人应当按照《企业会计准则第22号——金融工具确认和计量》和《企业会计准则第23号——金融资产转移》的规定，对应收融资租赁款的终止确认和减值进行会计处理。

出租人将应收融资租赁款或其所在的处置组划分为持有待售类别的，应当按照《企业会计准则第 42 号——持有待售的非流动资产、处置组和终止经营》进行会计处理。

第四十一条 出租人取得的未纳入租赁投资净额计量的可变租赁付款额应当在实际发生时计入当期损益。

第四十二条 生产商或经销商作为出租人的融资租赁，在租赁期开始日，该出租人应当按照租赁资产公允价值与租赁收款额按市场利率折现的现值两者孰低确认收入，并按照租赁资产账面价值扣除未担保余值的现值后的余额结转销售成本。

生产商或经销商出租人为取得融资租赁发生的成本，应当在租赁期开始日计入当期损益。

第四十三条 融资租赁发生变更且同时符合下列条件的，出租人应当将该变更作为一项单独租赁进行会计处理：

（一）该变更通过增加一项或多项租赁资产的使用权而扩大了租赁范围；

（二）增加的对价与租赁范围扩大部分的单独价格按该合同情况调整后的金额相当。

第四十四条 融资租赁的变更未作为一项单独租赁进行会计处理的，出租人应当分别下列情形对变更后的租赁进行处理：

（一）假如变更在租赁开始日生效，该租赁会被分类为经营租赁的，出租人应当自租赁变更生效日开始将其作为一项新租赁进行会计处理，并以租赁变更生效日前的租赁投资净额作为租赁资产的账面价值；

（二）假如变更在租赁开始日生效，该租赁会被分类为融资租赁的，出租人应当按照《企业会计准则第 22 号——金融工具确认和计量》关于修改或重新议定合同的规定进行会计处理。

第三节　出租人对经营租赁的会计处理

第四十五条 在租赁期内各个期间，出租人应当采用直线法或其他系统合理的方法，将经营租赁的租赁收款额确认为租金收入。其他系统合理的方法能够更好地反映因使用租赁资产所产生经济利益的消耗模式的，出租人应当采用该方法。

第四十六条 出租人发生的与经营租赁有关的初始直接费用应当资本化，在租赁期内按照与租金收入确认相同的基础进行分摊，分期计入当期损益。

第四十七条 对于经营租赁资产中的固定资产，出租人应当采用类似资产的折旧政策计提折旧；对于其他经营租赁资产，应当根据该资产适用的企业会计准则，采用系统合理的方法进行摊销。

出租人应当按照《企业会计准则第 8 号——资产减值》的规定，确定经营租赁资产是否发生减值，并进行相应会计处理。

第四十八条 出租人取得的与经营租赁有关的未计入租赁收款额的可变租赁付款额，应当在实际发生时计入当期损益。

第四十九条 经营租赁发生变更的，出租人应当自变更生效日起将其作为一项新租赁进行会计处理，与变更前租赁有关的预收或应收租赁收款额应当视为新租赁的收款额。

第五章　售后租回交易

第五十条 承租人和出租人应当按照《企业会计准则第 14 号——收入》的规定，评估确定售后租回交易中的资产转让是否属于销售。

第五十一条 售后租回交易中的资产转让属于销售的，承租人应当按原资产账面价值中与租回获得的使用权有关的部分，计量售后租回所形成的使用权资产，并仅就转让至出租人的权利确认相关利得或损失；出租人应当根据其他适用的企业会计准则对资产购买进行会计处理，并根据本准则对资产出租进行会计处理。

如果销售对价的公允价值与资产的公允价值不同，或者出租人未按市场价格收取租金，则企业应当将销售对价低于市场价格的款项作为预付租金进行会计处理，将高于市场价格的款项作为出租人向承租人提供的额外融资进行会计处理；同时，承租人按照公允价值调整相关销售利得或损失，出租人按市场价格调整租金收入。

在进行上述调整时，企业应当基于以下两者中更易于确定的项目：销售对价的公允价值与资产公允价值之间的差额、租赁合同中付款额的现值与按租赁市价计算的付款额现值之间的差额。

第五十二条 售后租回交易中的资产转让不属于销售的，承租人应当继续确认被转让资产，同时确认一项与转让收入等额的金融负债，并按照《企业会计准则第 22 号——金融工具确认和计量》对该金融负债进行会计处理；出租人不确认被转让资产，但应当确认一项与转让收入等额的金融资产，并按照《企业会计准则第 22 号——金融工具确认和计量》对该金融资产进行会计处理。

第六章 列 报

第一节 承租人的列报

第五十三条 承租人应当在资产负债表中单独列示使用权资产和租赁负债。其中，租赁负债通常分别非流动负债和一年内到期的非流动负债列示。

在利润表中，承租人应当分别列示租赁负债的利息费用与使用权资产的折旧费用。租赁负债的利息费用在财务费用项目列示。

在现金流量表中，偿还租赁负债本金和利息所支付的现金应当计入筹资活动现金流出，支付的按本准则第三十二条简化处理的短期租赁付款额和低价值资产租赁付款额以及未纳入租赁负债计量的可变租赁付款额应当计入经营活动现金流出。

第五十四条 承租人应当在附注中披露与租赁有关的下列信息：

（一）各类使用权资产的期初余额、本期增加额、期末余额以及累计折旧额和减值金额；

（二）租赁负债的利息费用；

（三）计入当期损益的按本准则第三十二条简化处理的短期租赁费用和低价值资产租赁费用；

（四）未纳入租赁负债计量的可变租赁付款额；

（五）转租使用权资产取得的收入；

（六）与租赁相关的总现金流出；

（七）售后租回交易产生的相关损益；

（八）其他按照《企业会计准则第 37 号——金融工具列报》应当披露的有关租赁负债的信息。

承租人应用本准则第三十二条对短期租赁和低价值资产租赁进行简化处理的，应当披露这一事实。

第五十五条 承租人应当根据理解财务报表的需要，披露有关租赁活动的其他定性和定量信息。此类信息包括：

（一）租赁活动的性质，如对租赁活动基本情况的描述；

（二）未纳入租赁负债计量的未来潜在现金流出；

（三）租赁导致的限制或承诺；

（四）售后租回交易除第五十四条第（七）项之外的其他信息；

（五）其他相关信息。

第二节 出租人的列报

第五十六条 出租人应当根据资产的性质，在资产负债表中列示经营租赁资产。

第五十七条 出租人应当在附注中披露与融资租赁有关的下列信息：

（一）销售损益、租赁投资净额的融资收益以及与未纳入租赁投资净额的可变租赁付款额相关的收入；

（二）资产负债表日后连续五个会计年度每年将收到的未折现租赁收款额，以及剩余年度将收到的未折现租赁收款额总额；

（三）未折现租赁收款额与租赁投资净额的调节表。

第五十八条 出租人应当在附注中披露与经营租赁有关的下列信息：

（一）租赁收入，并单独披露与未计入租赁收款额的可变租赁付款额相关的收入；

（二）将经营租赁固定资产与出租人持有自用的固定资产分开，并按经营租赁固定资产的类别提供《企业会计准则第 4 号——固定资产》要求披露的信息；

（三）资产负债表日后连续五个会计年度每年将收到的未折现租赁收款额，以及剩余年度将收到的未折现租赁收款额总额。

第五十九条 出租人应当根据理解财务报表的需要，披露有关租赁活动的其他定性和定量信息。此类信息包括：

（一）租赁活动的性质，如对租赁活动基本情况的描述；

（二）对其在租赁资产中保留的权利进行风险管理的情况；

（三）其他相关信息。

第七章 衔接规定

第六十条 对于首次执行日前已存在的合同，企业在首次执行日可以选择不重新评估其是否为租赁或者包含租赁。选择不重新评估的，企业应当在财务报表附注中披露这一事实，并一致应用于前述所有合同。

第六十一条 承租人应当选择下列方法之一对租赁进行衔接会计处理，并一致应用于其作为承租人的所有租赁：

（一）按照《企业会计准则第 28 号——会计政策、会计估计变更和差错更正》的规定采用追溯调整法处理。

（二）根据首次执行本准则的累积影响数，调整首次执行本准则当年年初留存收益及财务报表其他相关项目金额，不调整可比期间信息。采用该方法时，应当按照下列规定进行衔接处理：

1. 对于首次执行日前的融资租赁，承租人在首次执行日应当按照融资租入资产和应付融资租赁款的原账面价值，分别计量使用权资产和租赁负债。

2. 对于首次执行日前的经营租赁，承租人在首次执行日应当根据剩余租赁付款额按首次执行日承租人增量借款利率折现的现值计量租赁负债，并根据每项租赁选择按照下列两者之一计量使用权资产：

（1）假设自租赁期开始日即采用本准则的账面价值（采用首次执行日的承租人增量借款利率作为折现率）；

（2）与租赁负债相等的金额，并根据预付租金进行必要调整。

3. 在首次执行日，承租人应当按照《企业会计准则第 8 号——资产减值》的规定，对使用权资产进行减值测试并进行相应会计处理。

第六十二条 首次执行日前的经营租赁中，租赁资产属于低价值资产且根据本准则第三十二条的规定选择不确认使用权资产和租赁负债的，承租人无需对该经营租赁按照衔接规定进行调整，应当自首次执行日起按照本准则进行会计处理。

第六十三条 承租人采用本准则第六十一条第（二）项进行衔接会计处理时，对于首次执行日前的经营租赁，可根据每项租赁采用下列一项或多项简化处理：

1. 将于首次执行日后 12 个月内完成的租赁，可作为短期租赁处理。

2. 计量租赁负债时，具有相似特征的租赁可采用同一折现率；使用权资产的计量可不包含初始直接费用。

3. 存在续租选择权或终止租赁选择权的，承租人可根据首次执行日前选择权的实际行使及其他最新情况确定租赁期，无需对首次执行日前各期间是否合理确定行使续租选择权或终止租赁选择权进行估计。

4. 作为使用权资产减值测试的替代，承租人可根据《企业会计准则第 13 号——或有事项》评估包含租赁的合同在首次执行日前是否为亏损合同，并根据首次执行日前计入资产负债表的亏损准备金额调整使用权资产。

5. 首次执行本准则当年年初之前发生租赁变更的，承租人无需按照本准则第二十八条、第二十九条的规定对租赁变更进行追溯调整，而是根据租赁变更的最终安排，按照本准则进行会计处理。

第六十四条 承租人采用本准则第六十三条规定的简化处理方法的，应当在财务报表附注中披露所采用的简化处理方法以及在合理可能的范围内对采用每项简化处理方法的估计影响所作的定性分析。

第六十五条 对于首次执行日前划分为经营租赁且在首次执行日后仍存续的转租赁，转租出租人在首次执行日应当基于原租赁和转租赁的剩余合同期限和条款进行重新评估，并按照本准则的规定进行分类。按照本准则重分类为融资租赁的，应当将其作为一项新的融资租赁进行会计处理。

除前款所述情形外，出租人无需对其作为出租人的租赁按照衔接规定进行调整，而应当自首次执行日起按照本准则进行会计处理。

第六十六条 对于首次执行日前已存在的售后租回交易，企业在首次执行日不重新评估资产转让是否符合《企业会计准则第 14 号——收入》作为销售进行会计处理的规定。

对于首次执行日前应当作为销售和融资租赁进行会计处理的售后租回交易，卖方（承租人）应当按照与首次执行日存在的其他融资租赁相同的方法对租回进行会计处理，并继续在租赁期内摊销相关递延收益或损失。

对于首次执行日前应当作为销售和经营租赁进行会计处理的售后租回交易，卖方（承租人）应当按照与首次执行日存在的其他经营租赁相同的方法对租回进行会计处理，并根据首次执行日前计入资产负债表的相关递延收益或损失调整使用权资产。

第六十七条 承租人选择按照本准则第六十一条第（二）项规定对租赁进行衔接会计处理的，还应当在首次执行日披露以下信息：

首次执行日计入资产负债表的租赁负债所采用的承租人增量借款利率的加权平均值；

首次执行日前一年度报告期末披露的重大经营租赁的尚未支付的最低租赁付款额按首次执行日承租人增量借款利率折现的现值，与计入首次执行日资产负债表的租赁负债的差额。

第八章 附　　则

第六十八条 本准则自 2019 年 1 月 1 日起施行。

22. 企业会计准则第 22 号——金融工具确认和计量（2017 年修订）

（财会〔2017〕7 号）

第一章 总　　则

第一条 为了规范金融工具的确认和计量，根据《企业会计准则——基本准则》，制定本准则。

第二条 金融工具，是指形成一方的金融资产并形成其他方的金融负债或权益工具的合同。

第三条 金融资产，是指企业持有的现金、其他方的权益工具以及符合下列条件之一的资产：

（一）从其他方收取现金或其他金融资产的合同权利。

（二）在潜在有利条件下，与其他方交换金融资产或金融负债的合同权利。

（三）将来须用或可用企业自身权益工具进行结算的非衍生工具合同，且企业根据该合同将收到可变数量的自身权益工具。

（四）将来须用或可用企业自身权益工具进行结算的衍生工具合同，但以固定数量的自身权益工具交换固定金额的现金或其他金融资产的衍生工具合同除外。其中，企业自身权益工具不包括应当按照《企业会计准则第37号——金融工具列报》分类为权益工具的可回售工具或发行方仅在清算时才有义务向另一方按比例交付其净资产的金融工具，也不包括本身就要求在未来收取或交付企业自身权益工具的合同。

第四条 金融负债，是指企业符合下列条件之一的负债：

（一）向其他方交付现金或其他金融资产的合同义务。

（二）在潜在不利条件下，与其他方交换金融资产或金融负债的合同义务。

（三）将来须用或可用企业自身权益工具进行结算的非衍生工具合同，且企业根据该合同将交付可变数量的自身权益工具。

（四）将来须用或可用企业自身权益工具进行结算的衍生工具合同，但以固定数量的自身权益工具交换固定金额的现金或其他金融资产的衍生工具合同除外。企业对全部现有同类别非衍生自身权益工具的持有方同比例发行配股权、期权或认股权证，使之有权按比例以固定金额的任何货币换取固定数量的该企业自身权益工具的，该类配股权、期权或认股权证应当分类为权益工具。其中，企业自身权益工具不包括应当按照《企业会计准则第37号——金融工具列报》分类为权益工具的可回售工具或发行方仅在清算时才有义务向另一方按比例交付其净资产的金融工具，也不包括本身就要求在未来收取或交付企业自身权益工具的合同。

第五条 衍生工具，是指属于本准则范围并同时具备下列特征的金融工具或其他合同：

（一）其价值随特定利率、金融工具价格、商品价格、汇率、价格指数、费率指数、信用等级、信用指数或其他变量的变动而变动，变量为非金融变量的，该变量不应与合同的任何一方存在特定关系。

（二）不要求初始净投资，或者与对市场因素变化预期有类似反应的其他合同相比，要求较少的初始净投资。

（三）在未来某一日期结算。

常见的衍生工具包括远期合同、期货合同、互换合同和期权合同等。

第六条 除下列各项外，本准则适用于所有企业各种类型的金融工具：

（一）由《企业会计准则第2号——长期股权投资》规范的对子公司、合营企业和联营企业的投资，适用《企业会计准则第2号——长期股权投资》，但是企业根据《企业会计准则第2号——长期股权投资》对上述投资按照本准则相关规定进行会计处理的，适用本准则。企业持有的与在子公司、合营企业或联营企业中的权益相联系的衍生工具，适用本准则；该衍生工具符合《企业会计准则第37号——金融工具列报》规定的权益工具定义的，适用《企业会计准则第37号——金融工具列报》。

（二）由《企业会计准则第9号——职工薪酬》规范的职工薪酬计划形成的企业的权

利和义务,适用《企业会计准则第 9 号——职工薪酬》。

(三)由《企业会计准则第 11 号——股份支付》规范的股份支付,适用《企业会计准则第 11 号——股份支付》。但是,股份支付中属于本准则第八条范围的买入或卖出非金融项目的合同,适用本准则。

(四)由《企业会计准则第 12 号——债务重组》规范的债务重组,适用《企业会计准则第 12 号——债务重组》。

(五)因清偿按照《企业会计准则第 13 号——或有事项》所确认的预计负债而获得补偿的权利,适用《企业会计准则第 13 号——或有事项》。

(六)由《企业会计准则第 14 号——收入》规范的属于金融工具的合同权利和义务,适用《企业会计准则第 14 号——收入》,但该准则要求在确认和计量相关合同权利的减值损失和利得时应当按照本准则规定进行会计处理的,适用本准则有关减值的规定。

(七)购买方(或合并方)与出售方之间签订的,将在未来购买日(或合并日)形成《企业会计准则第 20 号——企业合并》规范的企业合并且其期限不超过企业合并获得批准并完成交易所必需的合理期限的远期合同,不适用本准则。

(八)由《企业会计准则第 21 号——租赁》规范的租赁的权利和义务,适用《企业会计准则第 21 号——租赁》。但是,租赁应收款的减值、终止确认,租赁应付款的终止确认,以及租赁中嵌入的衍生工具,适用本准则。

(九)金融资产转移,适用《企业会计准则第 23 号——金融资产转移》。

(十)套期会计,适用《企业会计准则第 24 号——套期会计》。

(十一)由保险合同相关会计准则规范的保险合同所产生的权利和义务,适用保险合同相关会计准则。因具有相机分红特征而由保险合同相关会计准则规范的合同所产生的权利和义务,适用保险合同相关会计准则。但对于嵌入保险合同的衍生工具,该嵌入衍生工具本身不是保险合同的,适用本准则。

对于财务担保合同,发行方之前明确表明将此类合同视作保险合同,并且已按照保险合同相关会计准则进行会计处理的,可以选择适用本准则或保险合同相关会计准则。该选择可以基于单项合同,但选择一经作出,不得撤销。否则,相关财务担保合同适用本准则。

财务担保合同,是指当特定债务人到期不能按照最初或修改后的债务工具条款偿付债务时,要求发行方向蒙受损失的合同持有人赔付特定金额的合同。

(十二)企业发行的按照《企业会计准则第 37 号——金融工具列报》规定应当分类为权益工具的金融工具,适用《企业会计准则第 37 号——金融工具列报》。

第七条 本准则适用于下列贷款承诺:

(一)企业指定为以公允价值计量且其变动计入当期损益的金融负债的贷款承诺。如果按照以往惯例,企业在贷款承诺产生后不久即出售其所产生资产,则同一类别的所有贷款承诺均应当适用本准则。

(二)能够以现金或者通过交付或发行其他金融工具净额结算的贷款承诺。此类贷款承诺属于衍生工具。企业不得仅仅因为相关贷款将分期拨付(如按工程进度分期拨付的按揭建造贷款)而将该贷款承诺视为以净额结算。

(三)以低于市场利率贷款的贷款承诺。

所有贷款承诺均适用本准则关于终止确认的规定。企业作为贷款承诺发行方的,还适用本准则关于减值的规定。

贷款承诺,是指按照预先规定的条款和条件提供信用的确定性承诺。

第八条 对于能够以现金或其他金融工具净额结算,或者通过交换金融工具结算的买入或卖出非金融项目的合同,除了企业按照预定的购买、销售或使用要求签订并持有旨在收取或交付非金融项目的合同适用其他相关会计准则外，企业应当将该合同视同金融工具，适用本准则。

对于能够以现金或其他金融工具净额结算，或者通过交换金融工具结算的买入或卖出非金融项目的合同，即使企业按照预定的购买、销售或使用要求签订并持有旨在收取或交付非金融项目的合同的，企业也可以将该合同指定为以公允价值计量且其变动计入当期损益的金融资产或金融负债。企业只能在合同开始时做出该指定，并且必须能够通过该指定消除或显著减少会计错配。该指定一经作出，不得撤销。

会计错配，是指当企业以不同的会计确认方法和计量属性，对在经济上相关的资产和负债进行确认或计量而产生利得或损失时，可能导致的会计确认和计量上的不一致。

第二章 金融工具的确认和终止确认

第九条 企业成为金融工具合同的一方时，应当确认一项金融资产或金融负债。

第十条 对于以常规方式购买或出售金融资产的，企业应当在交易日确认将收到的资产和为此将承担的负债，或者在交易日终止确认已出售的资产，同时确认处置利得或损失以及应向买方收取的应收款项。

以常规方式购买或出售金融资产，是指企业按照合同规定购买或出售金融资产，并且该合同条款规定，企业应当根据通常由法规或市场惯例所确定的时间安排来交付金融资产。

第十一条 金融资产满足下列条件之一的，应当终止确认：

（一）收取该金融资产现金流量的合同权利终止。

（二）该金融资产已转移，且该转移满足《企业会计准则第23号——金融资产转移》关于金融资产终止确认的规定。

本准则所称金融资产或金融负债终止确认，是指企业将之前确认的金融资产或金融负债从其资产负债表中予以转出。

第十二条 金融负债（或其一部分）的现时义务已经解除的，企业应当终止确认该金融负债（或该部分金融负债）。

第十三条 企业（借入方）与借出方之间签订协议，以承担新金融负债方式替换原金融负债，且新金融负债与原金融负债的合同条款实质上不同的，企业应当终止确认原金融负债，同时确认一项新金融负债。

企业对原金融负债（或其一部分）的合同条款做出实质性修改的，应当终止确认原金融负债，同时按照修改后的条款确认一项新金融负债。

第十四条 金融负债（或其一部分）终止确认的，企业应当将其账面价值与支付的对价（包括转出的非现金资产或承担的负债）之间的差额，计入当期损益。

第十五条 企业回购金融负债一部分的，应当按照继续确认部分和终止确认部分在回购日各自的公允价值占整体公允价值的比例，对该金融负债整体的账面价值进行分配。分配给终止确认部分的账面价值与支付的对价（包括转出的非现金资产或承担的负债）之间的差额，应当计入当期损益。

第三章 金融资产的分类

第十六条 企业应当根据其管理金融资产的业务模式和金融资产的合同现金流量特征，将金融资产划分为以下三类：

（一）以摊余成本计量的金融资产。

（二）以公允价值计量且其变动计入其他综合收益的金融资产。

（三）以公允价值计量且其变动计入当期损益的金融资产。

企业管理金融资产的业务模式,是指企业如何管理其金融资产以产生现金流量。业务模式决定企业所管理金融资产现金流量的来源是收取合同现金流量、出售金融资产还是两者兼有。企业管理金融资产的业务模式,应当以企业关键管理人员决定的对金融资产进行管理的特定业务目标为基础确定。企业确定管理金融资产的业务模式,应当以客观事实为依据,不得以按照合理预期不会发生的情形为基础确定。

金融资产的合同现金流量特征,是指金融工具合同约定的、反映相关金融资产经济特征的现金流量属性。企业分类为本准则第十七条和第十八条规范的金融资产,其合同现金流量特征,应当与基本借贷安排相一致。即相关金融资产在特定日期产生的合同现金流量仅为对本金和以未偿付本金金额为基础的利息的支付,其中,本金,是指金融资产在初始确认时的公允价值,本金金额可能因提前还款等原因在金融资产的存续期内发生变动;利息包括对货币时间价值、与特定时期未偿付本金金额相关的信用风险以及其他基本借贷风险、成本和利润的对价。其中,货币时间价值是利息要素中仅因为时间流逝而提供对价的部分,不包括为所持有金融资产的其他风险或成本提供的对价,但货币时间价值要素有时可能存在修正。在货币时间价值要素存在修正的情况下,企业应当对相关修正进行评估,以确定其是否满足上述合同现金流量特征的要求。此外,金融资产包含可能导致其合同现金流量的时间分布或金额发生变更的合同条款(如包含提前还款特征)的,企业应当对相关条款进行评估(如评估提前还款特征的公允价值是否非常小),以确定其是否满足上述合同现金流量特征的要求。

第十七条 金融资产同时符合下列条件的,应当分类为以摊余成本计量的金融资产:

(一)企业管理该金融资产的业务模式是以收取合同现金流量为目标。

(二)该金融资产的合同条款规定,在特定日期产生的现金流量,仅为对本金和以未偿付本金金额为基础的利息的支付。

第十八条 金融资产同时符合下列条件的,应当分类为以公允价值计量且其变动计入其他综合收益的金融资产:

(一)企业管理该金融资产的业务模式既以收取合同现金流量为目标又以出售该金融资产为目标。

(二)该金融资产的合同条款规定,在特定日期产生的现金流量,仅为对本金和以未偿付本金金额为基础的利息的支付。

第十九条 按照本准则第十七条分类为以摊余成本计量的金融资产和按照本准则第十八条分类为以公允价值计量且其变动计入其他综合收益的金融资产之外的金融资产,企业应当将其分类为以公允价值计量且其变动计入当期损益的金融资产。

在初始确认时,企业可以将非交易性权益工具投资指定为以公允价值计量且其变动计入其他综合收益的金融资产,并按照本准则第六十五条规定确认股利收入。该指定一经作出,不得撤销。企业在非同一控制下的企业合并中确认的或有对价构成金融资产的,该金融资产应当分类为以公允价值计量且其变动计入当期损益的金融资产,不得指定为以公允价值计量且其变动计入其他综合收益的金融资产。

金融资产或金融负债满足下列条件之一的,表明企业持有该金融资产或承担该金融负债的目的是交易性的:

(一)取得相关金融资产或承担相关金融负债的目的,主要是为了近期出售或回购。

(二)相关金融资产或金融负债在初始确认时属于集中管理的可辨认金融工具组合的一部分,且有客观证据表明近期实际存在短期获利模式。

(三)相关金融资产或金融负债属于衍生工具。但符合财务担保合同定义的衍生工具以及被指定为有效套期工具的衍生工具除外。

第二十条 在初始确认时，如果能够消除或显著减少会计错配，企业可以将金融资产指定为以公允价值计量且其变动计入当期损益的金融资产。该指定一经作出，不得撤销。

第四章 金融负债的分类

第二十一条 除下列各项外，企业应当将金融负债分类为以摊余成本计量的金融负债：

（一）以公允价值计量且其变动计入当期损益的金融负债，包括交易性金融负债（含属于金融负债的衍生工具）和指定为以公允价值计量且其变动计入当期损益的金融负债。

（二）金融资产转移不符合终止确认条件或继续涉入被转移金融资产所形成的金融负债。对此类金融负债，企业应当按照《企业会计准则第23号——金融资产转移》相关规定进行计量。

（三）不属于本条（一）或（二）情形的财务担保合同，以及不属于本条（一）情形的以低于市场利率贷款的贷款承诺。企业作为此类金融负债发行方的，应当在初始确认后按照依据本准则第八章所确定的损失准备金额以及初始确认金额扣除依据《企业会计准则第14号——收入》相关规定所确定的累计摊销额后的余额孰高进行计量。

在非同一控制下的企业合并中，企业作为购买方确认的或有对价形成金融负债的，该金融负债应当按照以公允价值计量且其变动计入当期损益进行会计处理。

第二十二条 在初始确认时，为了提供更相关的会计信息，企业可以将金融负债指定为以公允价值计量且其变动计入当期损益的金融负债，但该指定应当满足下列条件之一：

（一）能够消除或显著减少会计错配。

（二）根据正式书面文件载明的企业风险管理或投资策略，以公允价值为基础对金融负债组合或金融资产和金融负债组合进行管理和业绩评价，并在企业内部以此为基础向关键管理人员报告。

该指定一经作出，不得撤销。

第五章 嵌入衍生工具

第二十三条 嵌入衍生工具，是指嵌入非衍生工具（即主合同）中的衍生工具。嵌入衍生工具与主合同构成混合合同。该嵌入衍生工具对混合合同的现金流量产生影响的方式，应当与单独存在的衍生工具类似，且该混合合同的全部或部分现金流量随特定利率、金融工具价格、商品价格、汇率、价格指数、费率指数、信用等级、信用指数或其他变量变动而变动，变量为非金融变量的，该变量不应与合同的任何一方存在特定关系。

衍生工具如果附属于一项金融工具但根据合同规定可以独立于该金融工具进行转让，或者具有与该金融工具不同的交易对手方，则该衍生工具不是嵌入衍生工具，应当作为一项单独存在的衍生工具处理。

第二十四条 混合合同包含的主合同属于本准则规范的资产的，企业不应从该混合合同中分拆嵌入衍生工具，而应当将该混合合同作为一个整体适用本准则关于金融资产分类的相关规定。

第二十五条 混合合同包含的主合同不属于本准则规范的资产，且同时符合下列条件的，企业应当从混合合同中分拆嵌入衍生工具，将其作为单独存在的衍生工具处理：

（一）嵌入衍生工具的经济特征和风险与主合同的经济特征和风险不紧密相关。

（二）与嵌入衍生工具具有相同条款的单独工具符合衍生工具的定义。

（三）该混合合同不是以公允价值计量且其变动计入当期损益进行会计处理。

嵌入衍生工具从混合合同中分拆的，企业应当按照适用的会计准则规定，对混合合同的主合同进行会计处理。企业无法根据嵌入衍生工具的条款和条件对嵌入衍生工具的公允价值进行可靠地计量的,该嵌入衍生工具的公允价值应当根据混合合同公允价值和主合同公允价值之间的差额确定。使用了上述方法后,该嵌入衍生工具在取得日或后续资产负债表日的公允价值仍然无法单独计量的,企业应当将该混合合同整体指定为以公允价值计量且其变动计入当期损益的金融工具。

第二十六条 混合合同包含一项或多项嵌入衍生工具,且其主合同不属于本准则规范的资产的,企业可以将其整体指定为以公允价值计量且其变动计入当期损益的金融工具。但下列情况除外:

(一)嵌入衍生工具不会对混合合同的现金流量产生重大改变。

(二)在初次确定类似的混合合同是否需要分拆时,几乎不需分析就能明确其包含的嵌入衍生工具不应分拆。如嵌入贷款的提前还款权,允许持有人以接近摊余成本的金额提前偿还贷款,该提前还款权不需要分拆。

第六章 金融工具的重分类

第二十七条 企业改变其管理金融资产的业务模式时,应当按照本准则的规定对所有受影响的相关金融资产进行重分类。

企业对所有金融负债均不得进行重分类。

第二十八条 企业发生下列情况的,不属于金融资产或金融负债的重分类:

(一)按照《企业会计准则第24号——套期会计》相关规定,某金融工具以前被指定并成为现金流量套期或境外经营净投资套期中的有效套期工具,但目前已不再满足运用该套期会计方法的条件。

(二)按照《企业会计准则第24号——套期会计》相关规定,某金融工具被指定并成为现金流量套期或境外经营净投资套期中的有效套期工具。

(三)按照《企业会计准则第24号——套期会计》相关规定,运用信用风险敞口公允价值选择权所引起的计量变动。

第二十九条 企业对金融资产进行重分类,应当自重分类日起采用未来适用法进行相关会计处理,不得对以前已经确认的利得、损失(包括减值损失或利得)或利息进行追溯调整。

重分类日,是指导致企业对金融资产进行重分类的业务模式发生变更后的首个报告期间的第一天。

第三十条 企业将一项以摊余成本计量的金融资产重分类为以公允价值计量且其变动计入当期损益的金融资产的,应当按照该资产在重分类日的公允价值进行计量。原账面价值与公允价值之间的差额计入当期损益。

企业将一项以摊余成本计量的金融资产重分类为以公允价值计量且其变动计入其他综合收益的金融资产的,应当按照该金融资产在重分类日的公允价值进行计量。原账面价值与公允价值之间的差额计入其他综合收益。该金融资产重分类不影响其实际利率和预期信用损失的计量。

第三十一条 企业将一项以公允价值计量且其变动计入其他综合收益的金融资产重分类为以摊余成本计量的金融资产的,应当将之前计入其他综合收益的累计利得或损失转出,调整该金融资产在重分类日的公允价值,并以调整后的金额作为新的账面价值,即视同该金融资产一直以摊余成本计量。该金融资产重分类不影响其实际利率和预期信用损失的计量。

企业将一项以公允价值计量且其变动计入其他综合收益的金融资产重分类为以公允价值计量且其变动计入当期损益的金融资产的,应当继续以公允价值计量该金融资产。同时,企业应当将之前计入其他综合收益的累计利得或损失从其他综合收益转入当期损益。

第三十二条 企业将一项以公允价值计量且其变动计入当期损益的金融资产重分类为以摊余成本计量的金融资产的，应当以其在重分类日的公允价值作为新的账面余额。

企业将一项以公允价值计量且其变动计入当期损益的金融资产重分类为以公允价值计量且其变动计入其他综合收益的金融资产的，应当继续以公允价值计量该金融资产。

按照本条规定对金融资产重分类进行处理的，企业应当根据该金融资产在重分类日的公允价值确定其实际利率。同时，企业应当自重分类日起对该金融资产适用本准则关于金融资产减值的相关规定，并将重分类日视为初始确认日。

第七章 金融工具的计量

第三十三条 企业初始确认金融资产或金融负债，应当按照公允价值计量。对于以公允价值计量且其变动计入当期损益的金融资产和金融负债，相关交易费用应当直接计入当期损益；对于其他类别的金融资产或金融负债，相关交易费用应当计入初始确认金额。但是，企业初始确认的应收账款未包含《企业会计准则第14号——收入》所定义的重大融资成分或根据《企业会计准则第14号——收入》规定不考虑不超过一年的合同中的融资成分的，应当按照该准则定义的交易价格进行初始计量。

交易费用，是指可直接归属于购买、发行或处置金融工具的增量费用。增量费用，是指企业没有发生购买、发行或处置相关金融工具的情形就不会发生的费用，包括支付给代理机构、咨询公司、券商、证券交易所、政府有关部门等的手续费、佣金、相关税费以及其他必要支出，不包括债券溢价、折价、融资费用、内部管理成本和持有成本等与交易不直接相关的费用。

第三十四条 企业应当根据《企业会计准则第39号——公允价值计量》的规定，确定金融资产和金融负债在初始确认时的公允价值。公允价值通常为相关金融资产或金融负债的交易价格。金融资产或金融负债公允价值与交易价格存在差异的，企业应当区别下列情况进行处理：

（一）在初始确认时，金融资产或金融负债的公允价值依据相同资产或负债在活跃市场上的报价或者以仅使用可观察市场数据的估值技术确定的，企业应当将该公允价值与交易价格之间的差额确认为一项利得或损失。

（二）在初始确认时，金融资产或金融负债的公允价值以其他方式确定的，企业应当将该公允价值与交易价格之间的差额递延。初始确认后，企业应当根据某一因素在相应会计期间的变动程度将该递延差额确认为相应会计期间的利得或损失。该因素应当仅限于市场参与者对该金融工具定价时将予考虑的因素，包括时间等。

第三十五条 初始确认后，企业应当对不同类别的金融资产，分别以摊余成本、以公允价值计量且其变动计入其他综合收益或以公允价值计量且其变动计入当期损益进行后续计量。

第三十六条 初始确认后，企业应当对不同类别的金融负债，分别以摊余成本、以公允价值计量且其变动计入当期损益或以本准则第二十一条规定的其他适当方法进行后续计量。

第三十七条 金融资产或金融负债被指定为被套期项目的，企业应当根据《企业会计准则第24号——套期会计》规定进行后续计量。

第三十八条 金融资产或金融负债的摊余成本，应当以该金融资产或金融负债的初始确认金额经下列调整后的结果确定：

（一）扣除已偿还的本金。

（二）加上或减去采用实际利率法将该初始确认金额与到期日金额之间的差额进行摊销形成的累计摊销额。

（三）扣除累计计提的损失准备（仅适用于金融资产）。

实际利率法，是指计算金融资产或金融负债的摊余成本以及将利息收入或利息费用分摊计入各会计期间的方法。

实际利率，是指将金融资产或金融负债在预计存续期的估计未来现金流量，折现为该金融资产账面余额或该金融负债摊余成本所使用的利率。在确定实际利率时，应当在考虑金融资产或金融负债所有合同条款（如提前还款、展期、看涨期权或其他类似期权等）的基础上估计预期现金流量，但不应当考虑预期信用损失。

第三十九条　企业应当按照实际利率法确认利息收入。利息收入应当根据金融资产账面余额乘以实际利率计算确定，但下列情况除外：

（一）对于购入或源生的已发生信用减值的金融资产，企业应当自初始确认起，按照该金融资产的摊余成本和经信用调整的实际利率计算确定其利息收入。

（二）对于购入或源生的未发生信用减值、但在后续期间成为已发生信用减值的金融资产，企业应当在后续期间，按照该金融资产的摊余成本和实际利率计算确定其利息收入。企业按照上述规定对金融资产的摊余成本运用实际利率法计算利息收入的，若该金融工具在后续期间因其信用风险有所改善而不再存在信用减值，并且这一改善在客观上可与应用上述规定之后发生的某一事件相联系（如债务人的信用评级被上调），企业应当转按实际利率乘以该金融资产账面余额来计算确定利息收入。

经信用调整的实际利率，是指将购入或源生的已发生信用减值的金融资产在预计存续期的估计未来现金流量，折现为该金融资产摊余成本的利率。在确定经信用调整的实际利率时，应当在考虑金融资产的所有合同条款（例如提前还款、展期、看涨期权或其他类似期权等）以及初始预期信用损失的基础上估计预期现金流量。

第四十条　当对金融资产预期未来现金流量具有不利影响的一项或多项事件发生时，该金融资产成为已发生信用减值的金融资产。金融资产已发生信用减值的证据包括下列可观察信息：

（一）发行方或债务人发生重大财务困难；

（二）债务人违反合同，如偿付利息或本金违约或逾期等；

（三）债权人出于与债务人财务困难有关的经济或合同考虑，给予债务人在任何其他情况下都不会作出的让步；

（四）债务人很可能破产或进行其他财务重组；

（五）发行方或债务人财务困难导致该金融资产的活跃市场消失；

（六）以大幅折扣购买或源生一项金融资产，该折扣反映了发生信用损失的事实。

金融资产发生信用减值，有可能是多个事件的共同作用所致，未必是可单独识别的事件所致。

第四十一条　合同各方之间支付或收取的、属于实际利率或经信用调整的实际利率组成部分的各项费用、交易费用及溢价或折价等，应当在确定实际利率或经信用调整的实际利率时予以考虑。

企业通常能够可靠估计金融工具（或一组类似金融工具）的现金流量和预计存续期。在极少数情况下，金融工具（或一组金融工具）的估计未来现金流量或预计存续期无法可靠估计的，企业在计算确定其实际利率（或经信用调整的实际利率）时，应当基于该金融工具在整个合同期内的合同现金流量。

第四十二条　企业与交易对手方修改或重新议定合同，未导致金融资产终止确认，但导致合同现金流量发生变化的,应当重新计算该金融资产的账面余额,并将相关利得或损失计入当期损益。重新计算的该金融资产的账面余额,应当根据将重新议定或修改的合同现金流量按金融资产的原实际利率(或者购买或源生的已发生信用减值的金融资产的经信用调整的实际利率)或按《企业会计准则第24号——套期会计》第二十三条规定的重新计算的实际利率(如适用)折现的现值确定。对于修改或重新议定合同所产生的所有成本或费用,企业应当调整修改后的金融资产账面价值,并在修改后金融资产的剩余期限内进行摊销。

第四十三条 企业不再合理预期金融资产合同现金流量能够全部或部分收回的,应当直接减记该金融资产的账面余额。这种减记构成相关金融资产的终止确认。

第四十四条 企业对权益工具的投资和与此类投资相联系的合同应当以公允价值计量。但在有限情况下,如果用以确定公允价值的近期信息不足,或者公允价值的可能估计金额分布范围很广,而成本代表了该范围内对公允价值的最佳估计的,该成本可代表其在该分布范围内对公允价值的恰当估计。

企业应当利用初始确认日后可获得的关于被投资方业绩和经营的所有信息,判断成本能否代表公允价值。存在下列情形(包含但不限于)之一的,可能表明成本不代表相关金融资产的公允价值,企业应当对其公允价值进行估值:

(一)与预算、计划或阶段性目标相比,被投资方业绩发生重大变化。

(二)对被投资方技术产品实现阶段性目标的预期发生变化。

(三)被投资方的权益、产品或潜在产品的市场发生重大变化。

(四)全球经济或被投资方经营所处的经济环境发生重大变化。

(五)被投资方可比企业的业绩或整体市场所显示的估值结果发生重大变化。

(六)被投资方的内部问题,如欺诈、商业纠纷、诉讼、管理或战略变化。

(七)被投资方权益发生了外部交易并有客观证据,包括发行新股等被投资方发生的交易和第三方之间转让被投资方权益工具的交易等。

第四十五条 权益工具投资或合同存在报价的,企业不应当将成本作为对其公允价值的最佳估计。

第八章 金融工具的减值

第四十六条 企业应当按照本准则规定,以预期信用损失为基础,对下列项目进行减值会计处理并确认损失准备:

(一)按照本准则第十七条分类为以摊余成本计量的金融资产和按照本准则第十八条分类为以公允价值计量且其变动计入其他综合收益的金融资产。

(二)租赁应收款。

(三)合同资产。合同资产,是指《企业会计准则第14号——收入》定义的合同资产。

(四)企业发行的分类为以公允价值计量且其变动计入当期损益的金融负债以外的贷款承诺和适用本准则第二十一条(三)规定的财务担保合同。

损失准备,是指针对按照本准则第十七条计量的金融资产、租赁应收款和合同资产的预期信用损失计提的准备,按照本准则第十八条计量的金融资产的累计减值金额以及针对贷款承诺和财务担保合同的预期信用损失计提的准备。

第四十七条 预期信用损失,是指以发生违约的风险为权重的金融工具信用损失的加权平均值。

信用损失,是指企业按照原实际利率折现的、根据合同应收的所有合同现金流量与预期收取的所有现金流量之间的差额,即全部现金短缺的现值。其中,对于企业购买或源生的已发生信用减值的金融资产,应按照该金融资产经信用调整的实际利率折现。由于预期信用损失考虑付款的金额和时间分布，因此即使企业预计可以全额收款但收款时间晚于合同规定的到期期限，也会产生信用损失。

在估计现金流量时，企业应当考虑金融工具在整个预计存续期的所有合同条款（如提前还款、展期、看涨期权或其他类似期权等）。企业所考虑的现金流量应当包括出售所持担保品获得的现金流量，以及属于合同条款组成部分的其他信用增级所产生的现金流量。

企业通常能够可靠估计金融工具的预计存续期。在极少数情况下，金融工具预计存续期无法可靠估计的，企业在计算确定预期信用损失时，应当基于该金融工具的剩余合同期间。

第四十八条 除了按照本准则第五十七条和第六十三条的相关规定计量金融工具损失准备的情形以外，企业应当在每个资产负债表日评估相关金融工具的信用风险自初始确认后是否已显著增加，并按照下列情形分别计量其损失准备、确认预期信用损失及其变动：

（一）如果该金融工具的信用风险自初始确认后已显著增加，企业应当按照相当于该金融工具整个存续期内预期信用损失的金额计量其损失准备。无论企业评估信用损失的基础是单项金融工具还是金融工具组合，由此形成的损失准备的增加或转回金额，应当作为减值损失或利得计入当期损益。

（二）如果该金融工具的信用风险自初始确认后并未显著增加，企业应当按照相当于该金融工具未来12个月内预期信用损失的金额计量其损失准备，无论企业评估信用损失的基础是单项金融工具还是金融工具组合，由此形成的损失准备的增加或转回金额，应当作为减值损失或利得计入当期损益。

未来12个月内预期信用损失，是指因资产负债表日后12个月内（若金融工具的预计存续期少于12个月，则为预计存续期）可能发生的金融工具违约事件而导致的预期信用损失，是整个存续期预期信用损失的一部分。

企业在进行相关评估时，应当考虑所有合理且有依据的信息，包括前瞻性信息。为确保自金融工具初始确认后信用风险显著增加即确认整个存续期预期信用损失，企业在一些情况下应当以组合为基础考虑评估信用风险是否显著增加。整个存续期预期信用损失，是指因金融工具整个预计存续期内所有可能发生的违约事件而导致的预期信用损失。

第四十九条 对于按照本准则第十八条分类为以公允价值计量且其变动计入其他综合收益的金融资产，企业应当在其他综合收益中确认其损失准备，并将减值损失或利得计入当期损益，且不应减少该金融资产在资产负债表中列示的账面价值。

第五十条 企业在前一会计期间已经按照相当于金融工具整个存续期内预期信用损失的金额计量了损失准备，但在当期资产负债表日，该金融工具已不再属于自初始确认后信用风险显著增加的情形的，企业应当在当期资产负债表日按照相当于未来12个月内预期信用损失的金额计量该金融工具的损失准备，由此形成的损失准备的转回金额应当作为减值利得计入当期损益。

第五十一条 对于贷款承诺和财务担保合同，企业在应用金融工具减值规定时，应当将本企业成为作出不可撤销承诺的一方之日作为初始确认日。

第五十二条 企业在评估金融工具的信用风险自初始确认后是否已显著增加时，应当考虑金融工具预计存续期内发生违约风险的变化，而不是预期信用损失金额的变化。企业应当通过比较金融工具在资产负债表日发生违约的风险与在初始确认日发生违约的风险，以确定金融工具预计存续期内发生违约风险的变化情况。

在为确定是否发生违约风险而对违约进行界定时，企业所采用的界定标准，应当与其内部针对相关金融工具的信用风险管理目标保持一致，并考虑财务限制条款等其他定性指标。

第五十三条 企业通常应当在金融工具逾期前确认该工具整个存续期预期信用损失。企业在确定信用风险自初始确认后是否显著增加时，企业无须付出不必要的额外成本或努力即可获得合理且有依据的前瞻性信息的，不得仅依赖逾期信息来确定信用风险自初始确认后是否显著增加；企业必须付出不必要的额外成本或努力才可获得合理且有依据的逾期信息以外的单独或汇总的前瞻性信息的，可以采用逾期信息来确定信用风险自初始确认后是否显著增加。

无论企业采用何种方式评估信用风险是否显著增加，通常情况下，如果逾期超过 30 日，则表明金融工具的信用风险已经显著增加。除非企业在无须付出不必要的额外成本或努力的情况下即可获得合理且有依据的信息，证明即使逾期超过 30 日，信用风险自初始确认后仍未显著增加。如果企业在合同付款逾期超过 30 日前已确定信用风险显著增加，则应当按照整个存续期的预期信用损失确认损失准备。

如果交易对手方未按合同规定时间支付约定的款项，则表明该金融资产发生逾期。

第五十四条 企业在评估金融工具的信用风险自初始确认后是否已显著增加时，应当考虑违约风险的相对变化，而非违约风险变动的绝对值。在同一后续资产负债表日，对于违约风险变动的绝对值相同的两项金融资产，初始确认时违约风险较低的金融工具比初始确认时违约风险较高的金融工具的信用风险变化更为显著。

第五十五条 企业确定金融工具在资产负债表日只具有较低的信用风险的，可以假设该金融工具的信用风险自初始确认后并未显著增加。

如果金融工具的违约风险较低，借款人在短期内履行其合同现金流量义务的能力很强，并且即便较长时期内经济形势和经营环境存在不利变化但未必一定降低借款人履行其合同现金流量义务的能力，该金融工具被视为具有较低的信用风险。

第五十六条 企业与交易对手方修改或重新议定合同，未导致金融资产终止确认，但导致合同现金流量发生变化的，企业在评估相关金融工具的信用风险是否已经显著增加时，应当将基于变更后的合同条款在资产负债表日发生违约的风险与基于原合同条款在初始确认时发生违约的风险进行比较。

第五十七条 对于购买或源生的已发生信用减值的金融资产，企业应当在资产负债表日仅将自初始确认后整个存续期内预期信用损失的累计变动确认为损失准备。在每个资产负债表日，企业应当将整个存续期内预期信用损失的变动金额作为减值损失或利得计入当期损益。即使该资产负债表日确定的整个存续期内预期信用损失小于初始确认时估计现金流量所反映的预期信用损失的金额，企业也应当将预期信用损失的有利变动确认为减值利得。

第五十八条 企业计量金融工具预期信用损失的方法应当反映下列各项要素：

（一）通过评价一系列可能的结果而确定的无偏概率加权平均金额。

（二）货币时间价值。

（三）在资产负债表日无须付出不必要的额外成本或努力即可获得的有关过去事项、当前状况以及未来经济状况预测的合理且有依据的信息。

第五十九条 对于适用本准则有关金融工具减值规定的各类金融工具，企业应当按照下列方法确定其信用损失：

（一）对于金融资产，信用损失应为企业应收取的合同现金流量与预期收取的现金流量之间差额的现值。

（二）对于租赁应收款项，信用损失应为企业应收取的合同现金流量与预期收取的现金流量之间差额的现值。其中，用于确定预期信用损失的现金流量，应与按照《企业会计准则第 21 号——租赁》用于计量租赁应收款项的现金流量保持一致。

（三）对于未提用的贷款承诺，信用损失应为在贷款承诺持有人提用相应贷款的情况下，企业应收取的合同现金流量与预期收取的现金流量之间差额的现值。企业对贷款承诺预期信用损失的估计，应当与其对该贷款承诺提用情况的预期保持一致。

（四）对于财务担保合同，信用损失应为企业就该合同持有人发生的信用损失向其作出赔付的预计付款额，减去企业预期向该合同持有人、债务人或任何其他方收取的金额之间差额的现值。

（五）对于资产负债表日已发生信用减值但并非购买或源生已发生信用减值的金融资产，信用损失应为该金融资产账面余额与按原实际利率折现的估计未来现金流量的现值之间的差额。

第六十条 企业应当以概率加权平均为基础对预期信用损失进行计量。企业对预期信用损失的计量应当反映发生信用损失的各种可能性，但不必识别所有可能的情形。

第六十一条 在计量预期信用损失时，企业需考虑的最长期限为企业面临信用风险的最长合同期限（包括考虑续约选择权），而不是更长期间，即使该期间与业务实践相一致。

第六十二条 如果金融工具同时包含贷款和未提用的承诺，且企业根据合同规定要求还款或取消未提用承诺的能力并未将企业面临信用损失的期间限定在合同通知期内的，企业对于此类金融工具（仅限于此类金融工具）确认预期信用损失的期间，应当为其面临信用风险且无法用信用风险管理措施予以缓释的期间，即使该期间超过了最长合同期限。

第六十三条 对于下列各项目，企业应当始终按照相当于整个存续期内预期信用损失的金额计量其损失准备：

（一）由《企业会计准则第 14 号——收入》规范的交易形成的应收款项或合同资产，且符合下列条件之一：

1. 该项目未包含《企业会计准则第 14 号——收入》所定义的重大融资成分，或企业根据《企业会计准则第 14 号——收入》规定不考虑不超过一年的合同中的融资成分。

2. 该项目包含《企业会计准则第 14 号——收入》所定义的重大融资成分，同时企业做出会计政策选择，按照相当于整个存续期内预期信用损失的金额计量损失准备。企业应当将该会计政策选择适用于所有此类应收款项和合同资产，但可对应收款项类和合同资产类分别做出会计政策选择。

（二）由《企业会计准则第 21 号——租赁》规范的交易形成的租赁应收款，同时企业做出会计政策选择，按照相当于整个存续期内预期信用损失的金额计量损失准备。企业应当将该会计政策选择适用于所有租赁应收款，但可对应收融资租赁款和应收经营租赁款分别做出会计政策选择。

在适用本条规定时，企业可对应收款项、合同资产和租赁应收款分别选择减值会计政策。

第九章 利得和损失

第六十四条 企业应当将以公允价值计量的金融资产或金融负债的利得或损失计入当期损益，除非该金融资产或金融负债属于下列情形之一：

（一）属于《企业会计准则第 24 号——套期会计》规定的套期关系的一部分。

（二）是一项对非交易性权益工具的投资，且企业已按照本准则第十九条规定将其指定为以公允价值计量且其变动计入其他综合收益的金融资产。

（三）是一项被指定为以公允价值计量且其变动计入当期损益的金融负债，且按照本准则第六十八条规定，该负债由企业自身信用风险变动引起的其公允价值变动应当计入其他综合收益。

（四）是一项按照本准则第十八条分类为以公允价值计量且其变动计入其他综合收益的金融资产，且企业根据本准则第七十一条规定，其减值损失或利得和汇兑损益之外的公允价值变动计入其他综合收益。

第六十五条 企业只有在同时符合下列条件时，才能确认股利收入并计入当期损益：

（一）企业收取股利的权利已经确立；

（二）与股利相关的经济利益很可能流入企业；

（三）股利的金额能够可靠地计量。

第六十六条 以摊余成本计量且不属于任何套期关系的一部分的金融资产所产生的利得或损失，应当在终止确认、按照本准则规定重分类、按照实际利率法摊销或按照本准则规定确认减值时，计入当期损益。如果企业将以摊余成本计量的金融资产重分类为其他类别，应当根据本准则第三十条规定处理其利得或损失。

以摊余成本计量且不属于任何套期关系的一部分的金融负债所产生的利得或损失，应当在终止确认时计入当期损益或在按照实际利率法摊销时计入相关期间损益。

第六十七条 属于套期关系中被套期项目的金融资产或金融负债所产生的利得或损失，应当按照《企业会计准则第 24 号——套期会计》相关规定进行处理。

第六十八条 企业根据本准则第二十二条和第二十六条规定将金融负债指定为以公允价值计量且其变动计入当期损益的金融负债的，该金融负债所产生的利得或损失应当按照下列规定进行处理：

（一）由企业自身信用风险变动引起的该金融负债公允价值的变动金额，应当计入其他综合收益；

（二）该金融负债的其他公允价值变动计入当期损益。

按照本条（一）规定对该金融负债的自身信用风险变动的影响进行处理会造成或扩大损益中的会计错配的，企业应当将该金融负债的全部利得或损失（包括企业自身信用风险变动的影响金额）计入当期损益。

该金融负债终止确认时，之前计入其他综合收益的累计利得或损失应当从其他综合收益中转出，计入留存收益。

第六十九条 企业根据本准则第十九条规定将非交易性权益工具投资指定为以公允价值计量且其变动计入其他综合收益的金融资产的，当该金融资产终止确认时，之前计入其他综合收益的累计利得或损失应当从其他综合收益中转出，计入留存收益。

第七十条 指定为以公允价值计量且其变动计入当期损益的金融负债的财务担保合同和不可撤销贷款承诺所产生的全部利得或损失，应当计入当期损益。

第七十一条 按照本准则第十八条分类为以公允价值计量且其变动计入其他综合收益的金融资产所产生的所有利得或损失，除减值损失或利得和汇兑损益之外，均应当计入其他综合收益，直至该金融资产终止确认或被重分类。但是，采用实际利率法计算的该金融资产的利息应当计入当期损益。该金融资产计入各期损益的金额应当与视同其一直按摊余成本计量而计入各期损益的金额相等。

该金融资产终止确认时，之前计入其他综合收益的累计利得或损失应当从其他综合收益中转出，计入当期损益。

企业将该金融资产重分类为其他类别金融资产的，应当根据本准则第三十一条规定，对之前计入其他综合收益的累计利得或损失进行相应处理。

第十章 衔 接 规 定

第七十二条 本准则施行日之前的金融工具确认和计量与本准则要求不一致的，企业应当进行追溯调整，但本准则第七十三条至第八十三条另有规定的除外。在本准则施行日已经终止确认的项目不适用本准则。

第七十三条 在本准则施行日，企业应当按照本准则的规定对金融工具进行分类和计量（含减值），涉及前期比较财务报表数据与本准则要求不一致的，无需调整。金融工具原账面价值和在本准则施行日的新账面价值之间的差额，应当计入本准则施行日所在年度报告期间的期初留存收益或其他综合收益。同时，企业应当按照《企业会计准则第37号——金融工具列报》的相关规定在附注中进行披露。

企业如果调整前期比较财务报表数据，应当能够以前期的事实和情况为依据，且比较数据应当反映本准则的所有要求。

第七十四条 在本准则施行日，企业应当以该日的既有事实和情况为基础，根据本准则第十七条（一）或第十八条（一）的相关规定评估其管理金融资产的业务模式是以收取合同现金流量为目标，还是以既收取合同现金流量又出售金融资产为目标，并据此确定金融资产的分类，进行追溯调整，无须考虑企业之前的业务模式。

第七十五条 在本准则施行日，企业在考虑具有本准则第十六条所述修正的货币时间价值要素的金融资产的合同现金流量特征时，需要对特定货币时间价值要素修正进行评估的，该评估应当以该金融资产初始确认时存在的事实和情况为基础。该评估不切实可行的，企业不应考虑本准则关于货币时间价值要素修正的规定。

第七十六条 在本准则施行日，企业在考虑具有本准则第十六条所述提前还款特征的金融资产的合同现金流量特征时，需要对该提前还款特征的公允价值是否非常小进行评估的，该评估应当以该金融资产初始确认时存在的事实和情况为基础。该评估不切实可行的，企业不应考虑本准则关于提前还款特征例外情形的规定。

第七十七条 在本准则施行日，企业存在根据本准则相关规定应当以公允价值计量的混合合同但之前未以公允价值计量的，该混合合同在前期比较财务报表期末的公允价值应当等于其各组成部分在前期比较财务报表期末公允价值之和。在本准则施行日，企业应当将整个混合合同在该日的公允价值与该混合合同各组成部分在该日的公允价值之和之间的差额，计入本准则施行日所在报告期间的期初留存收益或其他综合收益。

第七十八条 在本准则施行日，企业应当以该日的既有事实和情况为基础，根据本准则的相关规定，对相关金融资产进行指定或撤销指定，并追溯调整：

（一）在本准则施行日，企业可以根据本准则第二十条规定，将满足条件的金融资产指定为以公允价值计量且其变动计入当期损益的金融资产。但企业之前指定为以公允价值计量且其变动计入当期损益的金融资产，不满足本准则第二十条规定的指定条件的，应当解除之前作出的指定；之前指定为以公允价值计量且其变动计入当期损益的金融资产继续满足本准则第二十条规定的指定条件的，企业可以选择继续指定或撤销之前的指定。

（二）在本准则施行日，企业可以根据本准则第十九条规定，将非交易性权益工具投资指定为以公允价值计量且其变动计入其他综合收益的金融资产。

第七十九条 在本准则施行日，企业应当以该日的既有事实和情况为基础，根据本准则的相关规定，对相关金融负债进行指定或撤销指定，并追溯调整：

（一）在本准则施行日，为了消除或显著减少会计错配，企业可以根据本准则第二十二条（一）的规定，将金融负债指定为以公允价值计量且其变动计入当期损益的金融负债。

（二）企业之前初始确认金融负债时，为了消除或显著减少会计错配，已将该金融负债指定为以公允价值计量且其变动计入当期损益的金融负债,但在本准则施行日不再满足本准则规定的指定条件的,企业应当撤销之前的指定;该金融负债在本准则施行日仍然满足本准则规定的指定条件的,企业可以选择继续指定或撤销之前的指定。

第八十条　在本准则施行日,企业按照本准则规定对相关金融资产或金融负债以摊余成本进行计量、应用实际利率法追溯调整不切实可行的,应当按照以下原则进行处理:

(一)以金融资产或金融负债在前期比较财务报表期末的公允价值,作为企业调整前期比较财务报表数据时该金融资产的账面余额或该金融负债的摊余成本;

(二)以金融资产或金融负债在本准则施行日的公允价值,作为该金融资产在本准则施行日的新账面余额或该金融负债的新摊余成本。

第八十一条　在本准则施行日,对于之前以成本计量的、在活跃市场中没有报价且其公允价值不能可靠地计量的权益工具投资或与该权益工具挂钩并须通过交付该工具进行结算的衍生金融资产,企业应当以其

在本准则施行日的公允价值计量。原账面价值与公允价值之间的差额,应当计入本准则施行日所在报告期间的期初留存收益或其他综合收益。

在本准则施行日,对于之前以成本计量的、与在活跃市场中没有报价的权益工具挂钩并须通过交付该权益工具进行结算的衍生金融负债,企业应当以其在本准则施行日的公允价值计量。原账面价值与公允价值之间的差额,应当计入本准则施行日所在报告期间的期初留存收益。

第八十二条　在本准则施行日,企业存在根据本准则第二十二条规定将金融负债指定为以公允价值计量且其变动计入当期损益的金融负债,并且按照本准则第六十八条(一)规定将由企业自身信用风险变动引起的该金融负债公允价值的变动金额计入其他综合收益的,企业应当以该日的既有事实和情况为基础,判断按照上述规定处理是否会造成或扩大损益的会计错配,进而确定是否应当将该金融负债的全部利得或损失(包括企业自身信用风险变动的影响金额)计入当期损益,并按照上述结果追溯调整。

第八十三条　在本准则施行日,企业按照本准则计量金融工具减值的,应当使用无须付出不必要的额外成本或努力即可获得的合理且有依据的信息,确定金融工具在初始确认日的信用风险,并将该信用风险与本准则施行日的信用风险进行比较。

在确定自初始确认后信用风险是否显著增加时,企业可以应用本准则第五十五条的规定根据其是否具有较低的信用风险进行判断,或者应用本准则第五十三条第二段的规定根据相关金融资产逾期是否超过30日进行判断。企业在本准则施行日必须付出不必要的额外成本或努力才可获得合理且有依据的信息的,企业在该金融工具终止确认前的所有资产负债表日的损失准备应当等于其整个存续期的预期信用损失。

第十一章　附　　则

第八十四条　本准则自2018年1月1日起施行。

23. 企业会计准则第23号——金融资产转移(2017年修订)

(财会〔2017〕8号)

第一章　总　　则

第一条　为了规范金融资产(包括单项或一组类似金融资产)转移和终止确认的会计处理,根据《企业会计准则——基本准则》,制定本准则。

第二条 金融资产转移，是指企业（转出方）将金融资产（或其现金流量）让与或交付给该金融资产发行方之外的另一方（转入方）。

金融资产终止确认，是指企业将之前确认的金融资产从其资产负债表中予以转出。

第三条 企业对金融资产转入方具有控制权的，除在该企业个别财务报表基础上应用本准则外，在编制合并财务报表时，还应当按照《企业会计准则第33号——合并财务报表》的规定合并所有纳入合并范围的子公司（含结构化主体），并在合并财务报表层面应用本准则。

第二章　金融资产终止确认的一般原则

第四条 金融资产的一部分满足下列条件之一的，企业应当将终止确认的规定适用于该金融资产部分，除此之外，企业应当将终止确认的规定适用于该金融资产整体：

（一）该金融资产部分仅包括金融资产所产生的特定可辨认现金流量。如企业就某债务工具与转入方签订一项利息剥离合同，合同规定转入方有权获得该债务工具利息现金流量，但无权获得该债务工具本金现金流量，终止确认的规定适用于该债务工具的利息现金流量。

（二）该金融资产部分仅包括与该金融资产所产生的全部现金流量完全成比例的现金流量部分。如企业就某债务工具与转入方签订转让合同，合同规定转入方拥有获得该债务工具全部现金流量一定比例的权利，终止确认的规定适用于该债务工具全部现金流量一定比例的部分。

（三）该金融资产部分仅包括与该金融资产所产生的特定可辨认现金流量完全成比例的现金流量部分。如企业就某债务工具与转入方签订转让合同，合同规定转入方拥有获得该债务工具利息现金流量一定比例的权利，终止确认的规定适用于该债务工具利息现金流量一定比例的部分。

企业发生满足本条（二）或（三）条件的金融资产转移，且存在一个以上转入方的，只要企业转移的份额与金融资产全部现金流量或特定可辨认现金流量完全成比例即可，不要求每个转入方均持有成比例的份额。

第五条 金融资产满足下列条件之一的，应当终止确认：

（一）收取该金融资产现金流量的合同权利终止。

（二）该金融资产已转移，且该转移满足本准则关于终止确认的规定。

第三章　金融资产转移的情形及其终止确认

第六条 金融资产转移，包括下列两种情形：

（一）企业将收取金融资产现金流量的合同权利转移给其他方。

（二）企业保留了收取金融资产现金流量的合同权利，但承担了将收取的该现金流量支付给一个或多个最终收款方的合同义务，且同时满足下列条件：

1. 企业只有从该金融资产收到对等的现金流量时，才有义务将其支付给最终收款方。企业提供短期垫付款，但有权全额收回该垫付款并按照市场利率计收利息的，视同满足本条件。

2. 转让合同规定禁止企业出售或抵押该金融资产，但企业可以将其作为向最终收款方支付现金流量义务的保证。

3. 企业有义务将代表最终收款方收取的所有现金流量及时划转给最终收款方，且无重大延误。企业无权将该现金流量进行再投资，但在收款日和最终收款方要求的划转日之间的短暂结算期内，将所收到的现金流量进行现金或现金等价物投资，并且按照合同约定将此类投资的收益支付给最终收款方的，视同满足本条件。

第七条 企业在发生金融资产转移时，应当评估其保留金融资产所有权上的风险和报酬的程度，并分别下列情形处理：

（一）企业转移了金融资产所有权上几乎所有风险和报酬的，应当终止确认该金融资产,并将转移中产生或保留的权利和义务单独确认为资产或负债。

(二)企业保留了金融资产所有权上几乎所有风险和报酬的,应当继续确认该金融资产。

(三)企业既没有转移也没有保留金融资产所有权上几乎所有风险和报酬的[即除本条(一)(二)之外的其他情形],应当根据其是否保留了对金融资产的控制,分别下列情形处理:

1. 企业未保留对该金融资产控制的,应当终止确认该金融资产,并将转移中产生或保留的权利和义务单独确认为资产或负债。

2. 企业保留了对该金融资产控制的,应当按照其继续涉入被转移金融资产的程度继续确认有关金融资产,并相应确认相关负债。

继续涉入被转移金融资产的程度,是指企业承担的被转移金融资产价值变动风险或报酬的程度。

第八条 企业在评估金融资产所有权上风险和报酬的转移程度时,应当比较转移前后其所承担的该金融资产未来净现金流量金额及其时间分布变动的风险。

企业承担的金融资产未来净现金流量现值变动的风险没有因转移而发生显著变化的,表明该企业仍保留了金融资产所有权上几乎所有风险和报酬。如将贷款整体转移并对该贷款可能发生的所有损失进行全额补偿,或者出售一项金融资产但约定以固定价格或者售价加上出借人回报的价格回购。

企业承担的金融资产未来净现金流量现值变动的风险相对于金融资产的未来净现金流量现值的全部变动风险不再显著的,表明该企业已经转移了金融资产所有权上几乎所有风险和报酬。如无条件出售金融资产,或者出售金融资产且仅保留以其在回购时的公允价值进行回购的选择权。

企业通常不需要通过计算即可判断其是否转移或保留了金融资产所有权上几乎所有风险和报酬。在其他情况下,企业需要通过计算评估是否已经转移了金融资产所有权上几乎所有风险和报酬的,在计算和比较金融资产未来现金流量净现值的变动时,应当考虑所有合理、可能的现金流量变动,对于更可能发生的结果赋予更高的权重,并采用适当的市场利率作为折现率。

第九条 企业在判断是否保留了对被转移金融资产的控制时,应当根据转入方是否具有出售被转移金融资产的实际能力而确定。转入方能够单方面将被转移金融资产整体出售给不相关的第三方,且没有额外条件对此项出售加以限制的,表明转入方有出售被转移金融资产的实际能力,从而表明企业未保留对被转移金融资产的控制;在其他情形下,表明企业保留了对被转移金融资产的控制。

在判断转入方是否具有出售被转移金融资产的实际能力时,企业考虑的关键应当是转入方实际上能够采取的行动。被转移金融资产不存在市场或转入方不能单方面自由地处置被转移金融资产的,通常表明转入方不具有出售被转移金融资产的实际能力。

转入方不大可能出售被转移金融资产并不意味着企业(转出方)保留了对被转移金融资产的控制。但存在看跌期权或担保而限制转入方出售被转移金融资产的,转出方实际上保留了对被转移金融资产的控制。如存在看跌期权或担保且很有价值,导致转入方实际上不能在不附加类似期权或其他限制条件的情形下将该被转移金融资产出售给第三方,从而限制了转入方出售被转移金融资产的能力,转入方将持有被转移金融资产以获取看跌期权或担保下相应付款的,企业保留了对被转移金融资产的控制。

第十条 企业认定金融资产所有权上几乎所有风险和报酬已经转移的,除企业在新的交易中重新获得被转移金融资产外,不应当在未来期间再次确认该金融资产。

第十一条 在金融资产转移不满足终止确认条件的情况下,如果同时确认衍生工具和被转移金融资产或转移产生的负债会导致对同一权利或义务的重复确认，则企业（转出方）与转移有关的合同权利或义务不应当作为衍生工具进行单独会计处理。

第十二条 在金融资产转移不满足终止确认条件的情况下，转入方不应当将被转移金融资产全部或部分确认为自己的资产。转入方应当终止确认所支付的现金或其他对价，同时确认一项应收转出方的款项。企业（转出方）同时拥有以固定金额重新控制整个被转移金融资产的权利和义务的（如以固定金额回购被转移金融资产），在满足《企业会计准则第22号——金融工具确认和计量》关于摊余成本计量规定的情况下，转入方可以将其应收款项以摊余成本计量。

第十三条 企业在判断金融资产转移是否满足本准则规定的金融资产终止确认条件时，应当注重金融资产转移的实质。

（一）企业转移了金融资产所有权上几乎所有风险和报酬，应当终止确认被转移金融资产的常见情形有：

1. 企业无条件出售金融资产。
2. 企业出售金融资产，同时约定按回购日该金融资产的公允价值回购。
3. 企业出售金融资产，同时与转入方签订看跌期权合同（即转入方有权将该金融资产返售给企业）或看涨期权合同（即转出方有权回购该金融资产），且根据合同条款判断，该看跌期权或看涨期权为一项重大价外期权（即期权合约的条款设计，使得金融资产的转入方或转出方极小可能会行权）。

（二）企业保留了金融资产所有权上几乎所有风险和报酬，应当继续确认被转移金融资产的常见情形有：

1. 企业出售金融资产并与转入方签订回购协议，协议规定企业将回购原被转移金融资产，或者将予回购的金融资产与售出的金融资产相同或实质上相同、回购价格固定或原售价加上回报。
2. 企业融出证券或进行证券出借。
3. 企业出售金融资产并附有将市场风险敞口转回给企业的总回报互换。
4. 企业出售短期应收款项或信贷资产，并且全额补偿转入方可能因被转移金融资产发生的信用损失。
5. 企业出售金融资产，同时与转入方签订看跌期权合同或看涨期权合同，且根据合同条款判断，该看跌期权或看涨期权为一项重大价内期权（即期权合约的条款设计，使得金融资产的转入方或转出方很可能会行权）。

（三）企业应当按照其继续涉入被转移金融资产的程度继续确认被转移金融资产的常见情形有：

1. 企业转移金融资产，并采用保留次级权益或提供信用担保等方式进行信用增级，企业只转移了被转移金融资产所有权上的部分（非几乎所有）风险和报酬，且保留了对被转移金融资产的控制。
2. 企业转移金融资产，并附有既非重大价内也非重大价外的看涨期权或看跌期权，导致企业既没有转移也没有保留所有权上几乎所有风险和报酬，且保留了对被转移金融资产的控制。

第四章　满足终止确认条件的金融资产转移的会计处理

第十四条 金融资产转移整体满足终止确认条件的，应当将下列两项金额的差额计入当期损益：

（一）被转移金融资产在终止确认日的账面价值。

（二）因转移金融资产而收到的对价，与原直接计入其他综合收益的公允价值变动累计额中对应终止确认部分的金额（涉及转移的金融资产为根据《企业会计准则第22号——金融工具确认和计量》第十八条分类为以公允价值计量且其变动计入其他综合收益的金融资产的情形）之和。企业保留了向该金融资产提供相关收费服务的权利（包括收取该金融资产的现金流量，并将所收取的现金流量划转给指定的资金保管机构等），应当就该服务合同确认一项服务资产或服务负债。如果企业将收取的费用预计超过对服务的充分补偿的，应当将该服务权利作为继续确认部分确认为一项服务资产，并按照本准则第十五条的规定确定该服务资产的金额。如果将收取的费用预计不能充分补偿企业所提供服务的，则应当将由此形成的服务义务确认一项服务负债，并以公允价值进行初始计量。

企业因金融资产转移导致整体终止确认金融资产，同时获得了新金融资产或承担了新金融负债或服务负债的，应当在转移日确认该金融资产、金融负债（包括看涨期权、看跌期权、担保负债、远期合同、互换等）或服务负债，并以公允价值进行初始计量。该金融资产扣除金融负债和服务负债后的净额应当作为上述对价的组成部分。

第十五条 企业转移了金融资产的一部分，且该被转移部分整体满足终止确认条件的，应当将转移前金融资产整体的账面价值，在终止确认部分和继续确认部分（在此种情形下，所保留的服务资产应当视同继续确认金融资产的一部分）之间，按照转移日各自的相对公允价值进行分摊，并将下列两项金额的差额计入当期损益：

（一）终止确认部分在终止确认日的账面价值。

（二）终止确认部分收到的对价，与原计入其他综合收益的公允价值变动累计额中对应终止确认部分的金额（涉及转移的金融资产为根据《企业会计准则第22号——金融工具确认和计量》第十八条分类为以公允价值计量且其变动计入其他综合收益的金融资产的情形）之和。对价包括获得的所有新资产减去承担的所有新负债后的金额。

原计入其他综合收益的公允价值变动累计额中对应终止确认部分的金额，应当按照金融资产终止确认部分和继续确认部分的相对公允价值，对该累计额进行分摊后确定。

第十六条 根据本准则第十五条的规定，企业将转移前金融资产整体的账面价值按相对公允价值在终止确认部分和继续确认部分之间进行分摊时，应当按照下列规定确定继续确认部分的公允价值：

（一）企业出售过与继续确认部分类似的金融资产，或继续确认部分存在其他市场交易的，近期实际交易价格可作为其公允价值的最佳估计。

（二）继续确认部分没有报价或近期没有市场交易的，其公允价值的最佳估计为转移前金融资产整体的公允价值扣除终止确认部分的对价后的差额。

第五章　继续确认被转移金融资产的会计处理

第十七条 企业保留了被转移金融资产所有权上几乎所有风险和报酬而不满足终止确认条件的，应当继续确认被转移金融资产整体，并将收到的对价确认为一项金融负债。

第十八条 在继续确认被转移金融资产的情形下，金融资产转移所涉及的金融资产与所确认的相关金融负债不得相互抵销。在后续会计期间，企业应当继续确认该金融资产产生的收入（或利得）和该金融负债产生的费用（或损失），不得相互抵销。

第六章　继续涉入被转移金融资产的会计处理

第十九条 企业既没有转移也没有保留金融资产所有权上几乎所有风险和报酬，且保留了对该金融资产控制的，应当按照其继续涉入被转移金融资产的程度继续确认该被转移金融资产，并相应确认相关负债。被转移金融资产和相关负债应当在充分反映企业因金融资产转移所保留的权利和承担的义务的基础上进行计量。企业应当按照下列规定对相关负债进行计量：

（一）被转移金融资产以摊余成本计量的，相关负债的账面价值等于继续涉入被转移金融资产的账面价值减去企业保留的权利（如果企业因金融资产转移保留了相关权利）的摊余成本并加上企业承担的义务（如果企业因金融资产转移承担了相关义务）的摊余成本；相关负债不得指定为以公允价值计量且其变动计入当期损益的金融负债。

（二）被转移金融资产以公允价值计量的，相关负债的账面价值等于继续涉入被转移金融资产的账面价值减去企业保留的权利（如果企业因金融资产转移保留了相关权利）的公允价值并加上企业承担的义务（如果企业因金融资产转移承担了相关义务）的公允价值，该权利和义务的公允价值应为按独立基础计量时的公允价值。

第二十条 企业通过对被转移金融资产提供担保方式继续涉入的，应当在转移日按照金融资产的账面价值和担保金额两者的较低者，继续确认被转移金融资产，同时按照担保金额和担保合同的公允价值（通常是提供担保收到的对价）之和确认相关负债。担保金额，是指企业所收到的对价中，可被要求偿还的最高金额。

在后续会计期间，担保合同的初始确认金额应当随担保义务的履行进行摊销，计入当期损益。被转移金融资产发生减值的，计提的损失准备应从被转移金融资产的账面价值中抵减。

第二十一条 企业因持有看涨期权或签出看跌期权而继续涉入被转移金融资产，且该金融资产以摊余成本计量的，应当按照其可能回购的被转移金融资产的金额继续确认被转移金融资产，在转移日按照收到的对价确认相关负债。

被转移金融资产在期权到期日的摊余成本和相关负债初始确认金额之间的差额，应当采用实际利率法摊销，计入当期损益，同时调整相关负债的账面价值。相关期权行权的，应当在行权时，将相关负债的账面价值与行权价格之间的差额计入当期损益。

第二十二条 企业因持有看涨期权或签出看跌期权（或两者兼有，即上下限期权）而继续涉入被转移金融资产，且以公允价值计量该金融资产的，应当分别以下情形进行处理：

（一）企业因持有看涨期权而继续涉入被转移金融资产的，应当继续按照公允价值计量被转移金融资产，同时按照下列规定计量相关负债：

1.该期权是价内或平价期权的，应当按照期权的行权价格扣除期权的时间价值后的金额，计量相关负债。

2.该期权是价外期权的，应当按照被转移金融资产的公允价值扣除期权的时间价值后的金额，计量相关负债。

（二）企业因签出看跌期权形成的义务而继续涉入被转移金融资产的，应当按照该金融资产的公允价值和该期权行权价格两者的较低者，计量继续涉入形成的资产；同时，按照该期权的行权价格与时间价值之和，计量相关负债。

（三）企业因持有看涨期权和签出看跌期权（即上下限期权）而继续涉入被转移金融资产的，应当继续按照公允价值计量被转移金融资产，同时按照下列规定计量相关负债：

1.该看涨期权是价内或平价期权的，应当按照看涨期权的行权价格和看跌期权的公允价值之和，扣除看涨期权的时间价值后的金额，计量相关负债。

2.该看涨期权是价外期权的，应当按照被转移金融资产的公允价值和看跌期权的公允价值之和，扣除看涨期权的时间价值后的金额，计量相关负债。

第二十三条 企业采用基于被转移金融资产的现金结算期权或类似条款的形式继续涉入的，其会计处理方法与本准则第二十一条和第二十二条中规定的以非现金结算期权形式继续涉入的会计处理方法相同。

第二十四条 企业按继续涉入程度继续确认的被转移金融资产以及确认的相关负债不应当相互抵销。企业应当对继续确认的被转移金融资产确认所产生的收入（或利得），对相关负债确认所产生的费用（或损失），两者不得相互抵销。继续确认的被转移金融资产以公允价值计量的，在后续计量时对其公允价值变动应根据《企业会计准则第 22 号——金融工具确认和计量》第六十四条的规定进行确认，同时相关负债公允价值变动的确认应当与之保持一致，且两者不得相互抵销。

第二十五条 企业对金融资产的继续涉入仅限于金融资产一部分的，企业应当根据本准则第十六条的规定，按照转移日因继续涉入而继续确认部分和不再确认部分的相对公允价值，在两者之间分配金融资产的账面价值，并将下列两项金额的差额计入当期损益：

（一）分配至不再确认部分的账面金额（以转移日计量的为准）；

（二）不再确认部分所收到的对价。

如果涉及转移的金融资产为根据《企业会计准则第 22 号——金融工具确认和计量》第十八条分类为以公允价值计量且其变动计入其他综合收益的金融资产的，不再确认部分的金额对应的原计入其他综合收益的公允价值变动累计额计入当期损益。

第七章　向转入方提供非现金担保物的会计处理

第二十六条 企业向金融资产转入方提供了非现金担保物（如债务工具或权益工具投资等）的，企业（转出方）和转入方应当按照下列规定进行处理：

（一）转入方按照合同或惯例有权出售该担保物或将其再作为担保物的，企业应当将该非现金担保物在财务报表中单独列报。

（二）转入方已将该担保物出售的，转入方应当就归还担保物的义务，按照公允价值确认一项负债。

（三）除因违约丧失赎回担保物权利外，企业应当继续将担保物确认为一项资产。

企业因违约丧失赎回担保物权利的，应当终止确认该担保物；转入方应当将该担保物确认为一项资产，并以公允价值计量。转入方已出售该担保物的，应当终止确认归还担保物的义务。

第八章　衔　接　规　定

第二十七条 在本准则施行日，企业仍继续涉入被转移金融资产的，应当按照《企业会计准则第 22 号——金融工具确认和计量》及本准则关于被转移金融资产确认和计量的相关规定进行追溯调整，再按照本准则的规定对其所确认的相关负债进行重新计量，并将相关影响按照与被转移金融资产一致的方式在本准则施行日进行调整。追溯调整不切实可行的除外。

第九章　附　　则

第二十八条 本准则自 2018 年 1 月 1 日起施行。

24. 企业会计准则第 24 号——套期会计（2017 年修订）

（财会〔2017〕9 号）

第一章　总　　则

第一条 为了规范套期会计处理，根据《企业会计准则——基本准则》，制定本准则。

第二条 套期，是指企业为管理外汇风险、利率风险、价格风险、信用风险等特定风险引起的风险敞口，指定金融工具为套期工具，以使套期工具的公允价值或现金流量变动，预期抵销被套期项目全部或部分公允价值或现金流量变动的风险管理活动。

第三条 套期分为公允价值套期、现金流量套期和境外经营净投资套期。

公允价值套期，是指对已确认资产或负债、尚未确认的确定承诺，或上述项目组成部分的公允价值变动风险敞口进行的套期。该公允价值变动源于特定风险，且将影响企业的损益或其他综合收益。其中，影响其他综合收益的情形，仅限于企业对指定为以公允价值计量且其变动计入其他综合收益的非交易性权益工具投资的公允价值变动风险敞口进行的套期。

现金流量套期，是指对现金流量变动风险敞口进行的套期。该现金流量变动源于与已确认资产或负债、极可能发生的预期交易，或与上述项目组成部分有关的特定风险，且将影响企业的损益。

境外经营净投资套期，是指对境外经营净投资外汇风险敞口进行的套期。境外经营净投资，是指企业在境外经营资产中的权益份额。

对确定承诺的外汇风险进行的套期，企业可以将其作为公允价值套期或现金流量套期处理。

第四条 对于满足本准则第二章和第三章规定条件的套期，企业可以运用套期会计方法进行处理。

套期会计方法，是指企业将套期工具和被套期项目产生的利得或损失在相同会计期间计入当期损益（或其他综合收益）以反映风险管理活动影响的方法。

第二章 套期工具和被套期项目

第五条 套期工具，是指企业为进行套期而指定的、其公允价值或现金流量变动预期可抵销被套期项目的公允价值或现金流量变动的金融工具，包括：

（一）以公允价值计量且其变动计入当期损益的衍生工具，但签出期权除外。企业只有在对购入期权（包括嵌入在混合合同中的购入期权）进行套期时，签出期权才可以作为套期工具。嵌入在混合合同中但未分拆的衍生工具不能作为单独的套期工具。

（二）以公允价值计量且其变动计入当期损益的非衍生金融资产或非衍生金融负债，但指定为以公允价值计量且其变动计入当期损益、且其自身信用风险变动引起的公允价值变动计入其他综合收益的金融负债除外。

企业自身权益工具不属于企业的金融资产或金融负债，不能作为套期工具。

第六条 对于外汇风险套期，企业可以将非衍生金融资产（选择以公允价值计量且其变动计入其他综合收益的非交易性权益工具投资除外）或非衍生金融负债的外汇风险成分指定为套期工具。

第七条 在确立套期关系时，企业应当将符合条件的金融工具整体指定为套期工具，但下列情形除外：

（一）对于期权，企业可以将期权的内在价值和时间价值分开，只将期权的内在价值变动指定为套期工具。

（二）对于远期合同，企业可以将远期合同的远期要素和即期要素分开，只将即期要素的价值变动指定为套期工具。

（三）对于金融工具，企业可以将金融工具的外汇基差单独分拆，只将排除外汇基差后的金融工具指定为套期工具。

（四）企业可以将套期工具的一定比例指定为套期工具，但不可以将套期工具剩余期限内某一时段的公允价值变动部分指定为套期工具。

第八条 企业可以将两项或两项以上金融工具（或其一定比例）的组合指定为套期工具（包括组合内的金融工具形成风险头寸相互抵销的情形）。

对于一项由签出期权和购入期权组成的期权（如利率上下限期权），或对于两项或两项以上金融工具（或其一定比例）的组合，其在指定日实质上相当于一项净签出期权的，不能将其指定为套期工具。只有在对购入期权（包括嵌入在混合合同中的购入期权）进行套期时，净签出期权才可以作为套期工具。

第九条 被套期项目，是指使企业面临公允价值或现金流量变动风险，且被指定为被套期对象的、能够可靠计量的项目。企业可以将下列单个项目、项目组合或其组成部分指定为被套期项目：

（一）已确认资产或负债。

（二）尚未确认的确定承诺。确定承诺，是指在未来某特定日期或期间，以约定价格交换特定数量资源、具有法律约束力的协议。

（三）极可能发生的预期交易。预期交易，是指尚未承诺但预期会发生的交易。

（四）境外经营净投资。

上述项目组成部分是指小于项目整体公允价值或现金流量变动的部分，企业只能将下列项目组成部分或其组合指定为被套期项目：

（一）项目整体公允价值或现金流量变动中仅由某一个或多个特定风险引起的公允价值或现金流量变动部分（风险成分）。根据在特定市场环境下的评估，该风险成分应当能够单独识别并可靠计量。风险成分也包括被套期项目公允价值或现金流量的变动仅高于或仅低于特定价格或其他变量的部分。

（二）一项或多项选定的合同现金流量。

（三）项目名义金额的组成部分，即项目整体金额或数量的特定部分，其可以是项目整体的一定比例部分，也可以是项目整体的某一层级部分。若某一层级部分包含提前还款权，且该提前还款权的公允价值受被套期风险变化影响的，企业不得将该层级指定为公允价值套期的被套期项目，但企业在计量被套期项目的公允价值时已包含该提前还款权影响的情况除外。

第十条 企业可以将符合被套期项目条件的风险敞口与衍生工具组合形成的汇总风险敞口指定为被套期项目。

第十一条 当企业出于风险管理目的对一组项目进行组合管理、且组合中的每一个项目（包括其组成部分）单独都属于符合条件的被套期项目时，可以将该项目组合指定为被套期项目。

在现金流量套期中，企业对一组项目的风险净敞口（存在风险头寸相互抵销的项目）进行套期时，仅可以将外汇风险净敞口指定为被套期项目，并且应当在套期指定中明确预期交易预计影响损益的报告期间，以及预期交易的性质和数量。

第十二条 企业将一组项目名义金额的组成部分指定为被套期项目时，应当分别满足下列条件：

（一）企业将一组项目的一定比例指定为被套期项目时，该指定应当与该企业的风险管理目标相一致。

（二）企业将一组项目的某一层级部分指定为被套期项目时，应当同时满足下列条件：

1. 该层级能够单独识别并可靠计量。

2. 企业的风险管理目标是对该层级进行套期。

3. 该层级所在的整体项目组合中的所有项目均面临相同的被套期风险。

4. 对于已经存在的项目（如已确认资产或负债、尚未确认的确定承诺）进行的套期，被套期层级所在的整体项目组合可识别并可追踪。

5. 该层级包含提前还款权的，应当符合本准则第九条项目名义金额的组成部分中的相关要求。

本准则所称风险管理目标，是指企业在某一特定套期关系层面上，确定如何指定套期工具和被套期项目，以及如何运用指定的套期工具对指定为被套期项目的特定风险敞口进行套期。

第十三条 如果被套期项目是净敞口为零的项目组合（即各项目之间的风险完全相互抵销），同时满足下列条件时，企业可以将该组项目指定在不含套期工具的套期关系中：

（一）该套期是风险净敞口滚动套期策略的一部分，在该策略下，企业定期对同类型的新的净敞口进行套期；

（二）在风险净敞口滚动套期策略整个过程中，被套期净敞口的规模会发生变化，当其不为零时，企业使用符合条件的套期工具对净敞口进行套期，并通常采用套期会计方法；

（三）如果企业不对净敞口为零的项目组合运用套期会计，将导致不一致的会计结果，因为不运用套期会计方法将不会确认在净敞口套期下确认的相互抵销的风险敞口。

第十四条 运用套期会计时，在合并财务报表层面，只有与企业集团之外的对手方之间交易形成的资产、负债、尚未确认的确定承诺或极可能发生的预期交易才能被指定为被套期项目；在合并财务报表层面，只有与企业集团之外的对手方签订的合同才能被指定为套期工具。对于同一企业集团内的主体之间的交易，在企业个别财务报表层面可以运用套期会计，在企业集团合并财务报表层面不得运用套期会计，但下列情形除外：

（一）在合并财务报表层面，符合《企业会计准则第33号——合并财务报表》规定的投资性主体与其以公允价值计量且其变动计入当期损益的子公司之间的交易，可以运用套期会计。

（二）企业集团内部交易形成的货币性项目的汇兑收益或损失，不能在合并财务报表中全额抵销的，企业可以在合并财务报表层面将该货币性项目的外汇风险指定为被套期项目。

（三）企业集团内部极可能发生的预期交易，按照进行此项交易的主体的记账本位币以外的货币标价，且相关的外汇风险将影响合并损益的，企业可以在合并财务报表层面将该外汇风险指定为被套期项目。

第三章 套期关系评估

第十五条 公允价值套期、现金流量套期或境外经营净投资套期同时满足下列条件的，才能运用本准则规定的套期会计方法进行处理：

（一）套期关系仅由符合条件的套期工具和被套期项目组成。

（二）在套期开始时，企业正式指定了套期工具和被套期项目，并准备了关于套期关系和企业从事套期的风险管理策略和风险管理目标的书面文件。该文件至少载明了套期工具、被套期项目、被套期风险的性质以及套期有效性评估方法（包括套期无效部分产生的原因分析以及套期比率确定方法）等内容。

（三）套期关系符合套期有效性要求。

套期有效性，是指套期工具的公允价值或现金流量变动能够抵销被套期风险引起的被套期项目公允价值或现金流量变动的程度。套期工具的公允价值或现金流量变动大于或小于被套期项目的公允价值或现金流量变动的部分为套期无效部分。

第十六条 套期同时满足下列条件的，企业应当认定套期关系符合套期有效性要求：

（一）被套期项目和套期工具之间存在经济关系。该经济关系使得套期工具和被套期项目的价值因面临相同的被套期风险而发生方向相反的变动。

（二）被套期项目和套期工具经济关系产生的价值变动中，信用风险的影响不占主导地位。

（三）套期关系的套期比率，应当等于企业实际套期的被套期项目数量与对其进行套期的套期工具实际数量之比，但不应当反映被套期项目和套期工具相对权重的失衡，这种失衡会导致套期无效，并可能产生与套期会计目标不一致的会计结果。例如，企业确定拟采用的套期比率是为了避免确认现金流量套期的套期无效部分，或是为了创造更多的被套期项目进行公允价值调整以达到增加使用公允价值会计的目的，可能会产生与套期会计目标不一致的会计结果。

第十七条　企业应当在套期开始日及以后期间持续地对套期关系是否符合套期有效性要求进行评估，尤其应当分析在套期剩余期限内预期将影响套期关系的套期无效部分产生的原因。企业至少应当在资产负债表日及相关情形发生重大变化将影响套期有效性要求时对套期关系进行评估。

第十八条　套期关系由于套期比率的原因而不再符合套期有效性要求，但指定该套期关系的风险管理目标没有改变的，企业应当进行套期关系再平衡。

本准则所称套期关系再平衡，是指对已经存在的套期关系中被套期项目或套期工具的数量进行调整，以使套期比率重新符合套期有效性要求。基于其他目的对被套期项目或套期工具所指定的数量进行变动，不构成本准则所称的套期关系再平衡。

企业在套期关系再平衡时，应当首先确认套期关系调整前的套期无效部分，并更新在套期剩余期限内预期将影响套期关系的套期无效部分产生原因的分析，同时相应更新套期关系的书面文件。

第十九条　企业发生下列情形之一的，应当终止运用套期会计：

（一）因风险管理目标发生变化，导致套期关系不再满足风险管理目标。

（二）套期工具已到期、被出售、合同终止或已行使。

（三）被套期项目与套期工具之间不再存在经济关系，或者被套期项目和套期工具经济关系产生的价值变动中，信用风险的影响开始占主导地位。

（四）套期关系不再满足本准则所规定的运用套期会计方法的其他条件。在适用套期关系再平衡的情况下，企业应当首先考虑套期关系再平衡，然后评估套期关系是否满足本准则所规定的运用套期会计方法的条件。

终止套期会计可能会影响套期关系的整体或其中一部分，在仅影响其中一部分时，剩余未受影响的部分仍适用套期会计。

第二十条　套期关系同时满足下列条件的，企业不得撤销套期关系的指定并由此终止套期关系：

（一）套期关系仍然满足风险管理目标；

（二）套期关系仍然满足本准则运用套期会计方法的其他条件。在适用套期关系再平衡的情况下，企业应当首先考虑套期关系再平衡，然后评估套期关系是否满足本准则所规定的运用套期会计方法的条件。

第二十一条　企业发生下列情形之一的，不作为套期工具已到期或合同终止处理：

（一）套期工具展期或被另一项套期工具替换，而且该展期或替换是企业书面文件所载明的风险管理目标的组成部分。

（二）由于法律法规或其他相关规定的要求，套期工具的原交易对手方变更为一个或多个清算交易对手方（例如清算机构或其他主体），以最终达成由同一中央交易对手方进行清算的目的。如果存在套期工具其他变更的，该变更应当仅限于达成此类替换交易对手方所必需的变更。

第四章　确认和计量

第二十二条　公允价值套期满足运用套期会计方法条件的，应当按照下列规定处理：

（一）套期工具产生的利得或损失应当计入当期损益。如果套期工具是对选择以公允价值计量且其变动计入其他综合收益的非交易性权益工具投资（或其组成部分）进行套期的，套期工具产生的利得或损失应当计入其他综合收益。

（二）被套期项目因被套期风险敞口形成的利得或损失应当计入当期损益，同时调整未以公允价值计量的已确认被套期项目的账面价值。被套期项目为按照《企业会计准则第22号——

金融工具确认和计量》第十八条分类为以公允价值计量且其变动计入其他综合收益的金融资产（或其组成部分）的，其因被套期风险敞口形成的利得或损失应当计入当期损益，其账面价值已经按公允价值计量，不需要调整；被套期项目为企业选择以公允价值计量且其变动计入其他综合收益的非交易性权益工具投资（或其组成部分）的，其因被套期风险敞口形成的利得或损失应当计入其他综合收益，其账面价值已经按公允价值计量，不需要调整。

被套期项目为尚未确认的确定承诺（或其组成部分）的，其在套期关系指定后因被套期风险引起的公允价值累计变动额应当确认为一项资产或负债，相关的利得或损失应当计入各相关期间损益。当履行确定承诺而取得资产或承担负债时，应当调整该资产或负债的初始确认金额，以包括已确认的被套期项目的公允价值累计变动额。

第二十三条 公允价值套期中，被套期项目为以摊余成本计量的金融工具（或其组成部分）的，企业对被套期项目账面价值所作的调整应当按照开始摊销日重新计算的实际利率进行摊销，并计入当期损益。该摊销可以自调整日开始，但不应当晚于对被套期项目终止进行套期利得和损失调整的时点。被套期项目为按照《企业会计准则第 22 号——金融工具确认和计量》第十八条分类为以公允价值计量且其变动计入其他综合收益的金融资产（或其组成部分）的，企业应当按照相同的方式对累计已确认的套期利得或损失进行摊销，并计入当期损益，但不调整金融资产（或其组成部分）的账面价值。

第二十四条 现金流量套期满足运用套期会计方法条件的，应当按照下列规定处理：

（一）套期工具产生的利得或损失中属于套期有效的部分，作为现金流量套期储备，应当计入其他综合收益。现金流量套期储备的金额，应当按照下列两项的绝对额中较低者确定：

1. 套期工具自套期开始的累计利得或损失；
2. 被套期项目自套期开始的预计未来现金流量现值的累计变动额。

每期计入其他综合收益的现金流量套期储备的金额应当为当期现金流量套期储备的变动额。

（二）套期工具产生的利得或损失中属于套期无效的部分（即扣除计入其他综合收益后的其他利得或损失），应当计入当期损益。

第二十五条 现金流量套期储备的金额，应当按照下列规定处理：

（一）被套期项目为预期交易，且该预期交易使企业随后确认一项非金融资产或非金融负债的，或者非金融资产或非金融负债的预期交易形成一项适用于公允价值套期会计的确定承诺时，企业应当将原在其他综合收益中确认的现金流量套期储备金额转出，计入该资产或负债的初始确认金额。

（二）对于不属于本条（一）涉及的现金流量套期，企业应当在被套期的预期现金流量影响损益的相同期间，将原在其他综合收益中确认的现金流量套期储备金额转出，计入当期损益。

（三）如果在其他综合收益中确认的现金流量套期储备金额是一项损失，且该损失全部或部分预计在未来会计期间不能弥补的，企业应当在预计不能弥补时，将预计不能弥补的部分从其他综合收益中转出，计入当期损益。

第二十六条 当企业对现金流量套期终止运用套期会计时，在其他综合收益中确认的累计现金流量套期储备金额，应当按照下列规定进行处理：

（一）被套期的未来现金流量预期仍然会发生的，累计现金流量套期储备的金额应当予以保留，并按照本准则第二十五条的规定进行会计处理。

（二）被套期的未来现金流量预期不再发生的，累计现金流量套期储备的金额应当从其他综合收益中转出，计入当期损益。被套期的未来现金流量预期不再极可能发生但可能预期仍然会发生，在预期仍然会发生的情况下，累计现金流量套期储备的金额应当予以保留，并按照本准则第二十五条的规定进行会计处理。

第二十七条 对境外经营净投资的套期，包括对作为净投资的一部分进行会计处理的货币性项目的套期，应当按照类似于现金流量套期会计的规定处理：

（一）套期工具形成的利得或损失中属于套期有效的部分，应当计入其他综合收益。

全部或部分处置境外经营时，上述计入其他综合收益的套期工具利得或损失应当相应转出，计入当期损益。

（二）套期工具形成的利得或损失中属于套期无效的部分，应当计入当期损益。

第二十八条 企业根据本准则第十八条规定对套期关系作出再平衡的，应当在调整套期关系之前确定套期关系的套期无效部分，并将相关利得或损失计入当期损益。

套期关系再平衡可能会导致企业增加或减少指定套期关系中被套期项目或套期工具的数量。企业增加了指定的被套期项目或套期工具的，增加部分自指定增加之日起作为套期关系的一部分进行处理；企业减少了指定的被套期项目或套期工具的，减少部分自指定减少之日起不再作为套期关系的一部分，作为套期关系终止处理。

第二十九条 对于被套期项目为风险净敞口的套期，被套期风险影响利润表不同列报项目的，企业应当将相关套期利得或损失单独列报，不应当影响利润表中与被套期项目相关的损益列报项目金额（如营业收入或营业成本）。

对于被套期项目为风险净敞口的公允价值套期，涉及调整被套期各组成项目账面价值的，企业应当对各项资产和负债的账面价值做相应调整。

第三十条 除本准则第二十九条规定外，对于被套期项目为一组项目的公允价值套期，企业在套期关系存续期间，应当针对被套期项目组合中各组成项目，分别确认公允价值变动所引起的相关利得或损失，按照本准则第二十二条的规定进行相应处理，计入当期损益或其他综合收益。涉及调整被套期各组成项目账面价值的，企业应当对各项资产和负债的账面价值做相应调整。

除本准则第二十九条规定外，对于被套期项目为一组项目的现金流量套期，企业在将其他综合收益中确认的相关现金流量套期储备转出时，应当按照系统、合理的方法将转出金额在被套期各组成项目中分摊，并按照本准则第二十五条的规定进行相应处理。

第三十一条 企业根据本准则第七条规定将期权的内在价值和时间价值分开，只将期权的内在价值变动指定为套期工具时，应当区分被套期项目的性质是与交易相关还是与时间段相关。被套期项目与交易相关的，对其进行套期的期权时间价值具备交易成本的特征；被套期项目与时间段相关的，对其进行套期的期权时间价值具备为保护企业在特定时间段内规避风险所需支付成本的特征。企业应当根据被套期项目的性质分别进行以下会计处理：

（一）对于与交易相关的被套期项目，企业应当按照本准则第三十二条的规定，将期权时间价值的公允价值变动中与被套期项目相关的部分计入其他综合收益。对于在其他综合收益中确认的期权时间价值的公允价值累计变动额，应当按照本准则第二十五条规定的与现金流量套期储备金额相同的会计处理方法进行处理。

（二）对于与时间段相关的被套期项目，企业应当按照本准则第三十二条的规定，将期权时间价值的公允价值变动中与被套期项目相关的部分计入其他综合收益。同时，企业应当按照系统、合理的方法，将期权被指定为套期工具当日的时间价值中与被套期项目相关的部分，在套期关系影响损益或其他综合收益（仅限于企业对指定为以公允价值计量且其变动计入其他综合收益的非交易性权益工具投资的公允价值变动风险敞口进行的套期）的期间内摊销，摊销金额从其他综合收益中转出，计入当期损益。若企业终止运用套期会计，则其他综合收益中剩余的相关金额应当转出，计入当期损益。

期权的主要条款（如名义金额、期限和标的）与被套期项目相一致的，期权的实际时间价值与被套期项目相关；期权的主要条款与被套期项目不完全一致的，企业应当通过对主要条款与被套期项目完全一致的期权进行估值确定校准时间价值，并确认期权的实际时间价值中与被套期项目相关的部分。

第三十二条 在套期关系开始时，期权的实际时间价值高于校准时间价值的，企业应当以校准时间价值为基础，将其累计公允价值变动计入其他综合收益，并将这两个时间价值的公允价值变动差额计入当期损益；在套期关系开始时，期权的实际时间价值低于校准时间价值的，企业应当将两个时间价值中累计公允价值变动的较低者计入其他综合收益，如果实际时间价值的累计公允价值变动扣减累计计入其他综合收益金额后尚有剩余的，应当计入当期损益。

第三十三条 企业根据本准则第七条规定将远期合同的远期要素和即期要素分开、只将即期要素的价值变动指定为套期工具的，或者将金融工具的外汇基差单独分拆、只将排除外汇基差后的金融工具指定为套期工具的，可以按照与前述期权时间价值相同的处理方式对远期合同的远期要素或金融工具的外汇基差进行会计处理。

第五章 信用风险敞口的公允价值选择权

第三十四条 企业使用以公允价值计量且其变动计入当期损益的信用衍生工具管理金融工具（或其组成部分）的信用风险敞口时，可以在该金融工具（或其组成部分）初始确认时、后续计量中或尚未确认时，将其指定为以公允价值计量且其变动计入当期损益的金融工具，并同时作出书面记录，但应当同时满足下列条件：

（一）金融工具信用风险敞口的主体（如借款人或贷款承诺持有人）与信用衍生工具涉及的主体相一致；

（二）金融工具的偿付级次与根据信用衍生工具条款须交付的工具的偿付级次相一致。

上述金融工具（或其组成部分）被指定为以公允价值计量且其变动计入当期损益的金融工具的，企业应当在指定时将其账面价值（如有）与其公允价值之间的差额计入当期损益。如该金融工具是按照《企业会计准则第22号——金融工具确认和计量》第十八条分类为以公允价值计量且其变动计入其他综合收益的金融资产的，企业应当将之前计入其他综合收益的累计利得或损失转出，计入当期损益。

第三十五条 同时满足下列条件的，企业应当对按照本准则第三十四条规定的金融工具（或其一定比例）终止以公允价值计量且其变动计入当期损益：

（一）本准则第三十四条规定的条件不再适用，例如信用衍生工具或金融工具（或其一定比例）已到期、被出售、合同终止或已行使，或企业的风险管理目标发生变化，不再通过信用衍生工具进行风险管理。

（二）金融工具（或其一定比例）按照《企业会计准则第22号——金融工具确认和计量》的规定，仍然不满足以公允价值计量且其变动计入当期损益的金融工具的条件。

当企业对金融工具（或其一定比例）终止以公允价值计量且其变动计入当期损益时，该金融工具（或其一定比例）在终止时的公允价值应当作为其新的账面价值。同时，企业应当采用与该金融工具被指定为以公允价值计量且其变动计入当期损益之前相同的方法进行计量。

第六章 衔接规定

第三十六条 本准则施行日之前套期会计处理与本准则要求不一致的，企业不作追溯调整，但本准则第三十七条所规定的情况除外。

在本准则施行日，企业应当按照本准则的规定对所存在的套期关系进行评估。在符合本准则规定的情况下可以进行再平衡，再平衡后仍然符合本准则规定的运用套期会计方法条件的，将其视为持续的套期关系，并将再平衡所产生的相关利得或损失计入当期损益。

第三十七条 下列情况下，企业应当按照本准则的规定，对在比较财务报表期间最早的期初已经存在的以及在此之后被指定的套期关系进行追溯调整：

（一）企业将期权的内在价值和时间价值分开，只将期权的内在价值变动指定为套期工具。

（二）本准则第二十一条（二）规定的情形。

此外，企业将远期合同的远期要素和即期要素分开、只将即期要素的价值变动指定为套期工具的，或者将金融工具的外汇基差单独分拆、只将排除外汇基差后的金融工具指定为套期工具的，可以按照与本准则关于期权时间价值相同的处理方式对远期合同的远期要素和金融工具的外汇基差的会计处理进行追溯调整。如果选择追溯调整，企业应当对所有满足该选择条件的套期关系进行追溯调整。

第七章 附 则

第三十八条 本准则自 2018 年 1 月 1 日起施行。

25. 企业会计准则第 25 号——保险合同（2020 年发布）

（财会〔2020〕20 号）

第一章 总 则

第一条 为了规范保险合同的确认、计量和相关信息的列报，根据《企业会计准则——基本准则》，制定本准则。

第二条 保险合同，是指企业（合同签发人）与保单持有人约定，在特定保险事项对保单持有人产生不利影响时给予其赔偿，并因此承担源于保单持有人重大保险风险的合同。

保险事项，是指保险合同所承保的、产生保险风险的不确定未来事项。

保险风险，是指从保单持有人转移至合同签发人的除金融风险之外的风险。

第三条 本准则适用于下列保险合同：

（一）企业签发的保险合同（含分入的再保险合同）；

（二）企业分出的再保险合同；

（三）企业在合同转让或非同一控制下企业合并中取得的上述保险合同。

签发保险合同的企业所签发的具有相机参与分红特征的投资合同适用本准则。

再保险合同，是指再保险分入人（再保险合同签发人）与再保险分出人约定，对再保险分出人由对应的保险合同所引起的赔付等进行补偿的保险合同。

具有相机参与分红特征的投资合同，是指赋予特定投资者合同权利以收取保证金额和附加金额的金融工具。附加金额由企业（合同签发人）基于特定项目回报相机决定，且预计构成合同利益的重要部分。

第四条 下列各项适用其他相关会计准则：

（一）由《企业会计准则第 6 号——无形资产》《企业会计准则第 14 号——收入》和《企业会计准则第 21 号——租赁》规范的基于非金融项目未来使用情况等形成的合同权利或义务，分别适用《企业会计准则第 6 号——无形资产》《企业会计准则第 14 号——收入》和《企业会计准则第 21 号——租赁》。

（二）由《企业会计准则第 9 号——职工薪酬》和《企业会计准则第 11 号——股份支付》规范的职工薪酬计划、股份支付等形成的权利或义务，分别适用《企业会计准则第 9 号——职工薪酬》和《企业会计准则第 11 号——股份支付》。

（三）由《企业会计准则第 14 号——收入》规范的附有质量保证条款的销售，适用《企业会计准则第 14 号——收入》。

（四）生产商、经销商和零售商提供的余值担保，以及租赁合同中由承租方提供的余值担保，分别适用《企业会计准则第 14 号——收入》和《企业会计准则第 21 号——租赁》。

（五）企业合并中的或有对价，适用《企业会计准则第 20 号——企业合并》。

（六）财务担保合同，适用《企业会计准则第 22 号——金融工具确认和计量》《企业会计准则第 23 号——金融资产转移》《企业会计准则第 24 号——套期会计》和《企业会计准则第 37 号——金融工具列报》（以下统称"金融工具相关会计准则"）。企业明确表明将此类合同视作保险合同，并且已按照保险合同相关会计准则进行会计处理的，应当基于单项合同选择适用本准则或金融工具相关会计准则。选择一经作出，不得撤销。

（七）符合保险合同定义的信用卡合同或类似合同，如果定价时未单独评估和反映单一保单持有人的保险风险，合同条款中除保险保障服务以外的部分，适用金融工具相关会计准则或其他相关会计准则。

第五条 符合保险合同定义但主要以固定收费方式提供服务的合同，同时符合下列条件的，企业可以选择适用《企业会计准则第 14 号——收入》或本准则：

（一）合同定价不反映对单个保单持有人的风险评估；

（二）合同通过提供服务而非支付现金补偿保单持有人；

（三）合同转移的保险风险主要源于保单持有人对服务的使用而非服务成本的不确定性。

该选择应当基于单项合同，一经作出，不得撤销。

第六条 符合保险合同定义但对保险事项的赔偿金额仅限于清算保单持有人因该合同而产生的支付义务的合同（如包含死亡豁免条款的贷款合同），企业可以选择适用金融工具相关会计准则或本准则。该选择应当基于保险合同组合，一经作出，不得撤销。

第二章　保险合同的识别、合并和分拆

第七条 企业应当评估各单项合同的保险风险是否重大，据此判断该合同是否为保险合同。对于合同开始日经评估符合保险合同定义的合同，后续不再重新评估。

第八条 企业基于整体商业目的而与同一或相关联的多个合同对方订立的多份保险合同，应当合并为一份合同进行会计处理，以反映其商业实质。

第九条 保险合同中包含多个组成部分的，企业应当将下列组成部分予以分拆，并分别适用相关会计准则：

（一）符合《企业会计准则第 22 号——金融工具确认和计量》分拆条件的嵌入衍生工具，适用金融工具相关会计准则。

（二）可明确区分的投资成分，适用金融工具相关会计准则，但与投资成分相关的合同条款符合具有相机参与分红特征的投资合同定义的，应当适用本准则。

（三）可明确区分的商品或非保险合同服务的承诺，适用《企业会计准则第 14 号——收入》。

保险合同经上述分拆后的剩余组成部分，适用本准则。

投资成分，是指无论保险事项是否发生均须偿还给保单持有人的金额。

保险合同服务，是指企业为保险事项提供的保险保障服务、为不具有直接参与分红特征的保险合同持有人提供的投资回报服务，以及代具有直接参与分红特征的保险合同持有人管理基础项目的投资相关服务。

第十条 企业应当根据保险合同分拆情况分摊合同现金流量。合同现金流量扣除已分拆嵌入衍生工具和可明确区分的投资成分的现金流量后，在保险成分（含未分拆嵌入衍生工具、不可明确区分的投资成分和不可明确区分的商品或非保险合同服务的承诺，下同）和可明确区分的商品或非保险合同服务的承诺之间进行分摊，分摊至保险成分的现金流量适用本准则。

第三章 保险合同的分组

第十一条 企业应当将具有相似风险且统一管理的保险合同归为同一保险合同组合。

第十二条 企业应当将同一合同组合至少分为下列合同组：

（一）初始确认时存在亏损的合同组；

（二）初始确认时无显著可能性在未来发生亏损的合同组；

（三）该组合中剩余合同组成的合同组。

企业不得将签发时间间隔超过一年的合同归入同一合同组。

第十三条 企业可以按照获利水平、亏损程度或初始确认后在未来发生亏损的可能性等，对合同组作进一步细分。

第十四条 企业应当以合同组合中单项合同为基础，逐项评估其归属的合同组。但有合理可靠的信息表明多项合同属于同一合同组的，企业可以多项合同为基础评估其归属的合同组。

第十五条 企业针对不同特征保单持有人设定不同价格或承诺不同利益水平的实际能力因法律法规或监管要求而受到限制，并将因此限制而导致合同组合中的合同被归入不同合同组的，企业可以不考虑相关限制的影响，将这些合同归入同一合同组。

第四章 确 认

第十六条 企业应当在下列时点中的最早时点确认其签发的合同组：

（一）责任期开始日；

（二）保单持有人首付款到期日，或者未约定首付款到期日时企业实际收到首付款日；

（三）发生亏损时。

合同组合中的合同符合上述时点要求时，企业应当根据本准则第三章相关规定评估其归属的合同组，后续不再重新评估。

责任期，是指企业向保单持有人提供保险合同服务的期间。

第十七条 企业应当将合同组确认前已付或应付的、系统合理分摊至相关合同组的保险获取现金流量，确认为保险获取现金流量资产。

保险获取现金流量，是指因销售、核保和承保已签发或预计签发的合同组而产生的，可直接归属于其对应合同组合的现金流量。

第十八条 合同组合中的合同归入其所属合同组时，企业应当终止确认该合同对应的保险获取现金流量资产。

第十九条 资产负债表日，如果事实和情况表明保险获取现金流量资产可能存在减值迹象，企业应当估计其可收回金额。保险获取现金流量资产的可收回金额低于其账面价值的，企业应当计提资产减值准备，确认减值损失，计入当期损益。导致以前期间减值因素已经消失的，应当转回原已计提的资产减值准备，计入当期损益。

第五章 计 量

第一节 一般规定

第二十条 企业应当以合同组作为计量单元。

企业应当在合同组初始确认时按照履约现金流量与合同服务边际之和对保险合同负债进行初始计量。

合同服务边际，是指企业因在未来提供保险合同服务而将于未来确认的未赚利润。

本准则第六章对分出的再保险合同组确认和计量另有规定的，从其规定。

第二十一条 履约现金流量包括下列各项：

（一）与履行保险合同直接相关的未来现金流量的估计；

（二）货币时间价值及金融风险调整；

（三）非金融风险调整。

非金融风险调整，是指企业在履行保险合同时，因承担非金融风险导致的未来现金流量在金额和时间方面的不确定性而要求得到的补偿。

履约现金流量的估计不考虑企业自身的不履约风险。

第二十二条 企业可以在高于合同组或合同组合的汇总层面估计履约现金流量，并采用系统合理的方法分摊至合同组。

第二十三条 未来现金流量的估计应当符合下列要求：

（一）未来现金流量估计值为无偏的概率加权平均值；

（二）有关市场变量的估计应当与可观察市场数据一致；

（三）以当前可获得的信息为基础，反映计量时存在的情况和假设；

（四）与货币时间价值及金融风险调整分别估计，估计技术适合合并估计的除外。

第二十四条 企业估计未来现金流量时应当考虑合同组内各单项合同边界内的现金流量，不得将合同边界外的未来现金流量用于合同组的计量。

企业有权要求保单持有人支付保费或者有实质性义务向保单持有人提供保险合同服务的，该权利或义务所产生的现金流量在保险合同边界内。

存在下列情形之一的，表明企业无实质性义务向保单持有人提供保险合同服务：

（一）企业有实际能力重新评估该保单持有人的风险，并据此可重新设定价格或承诺利益水平以充分反映该风险。

（二）企业有实际能力重新评估该合同所属合同组合的风险，并据此可重新设定价格或承诺利益水平以充分反映该风险，且重新评估日前对应保费在定价时未考虑重新评估日后的风险。

第二十五条 企业应当采用适当的折现率对履约现金流量进行货币时间价值及金融风险调整，以反映货币时间价值及未包含在未来现金流量估计中的有关金融风险。适当的折现率应当同时符合下列要求：

（一）反映货币时间价值、保险合同现金流量特征以及流动性特征；

（二）基于与保险合同具有一致现金流量特征的金融工具当前可观察市场数据确定，且不考虑与保险合同现金流量无关但影响可观察市场数据的其他因素。

第二十六条 企业在估计履约现金流量时应当考虑非金融风险调整，以反映非金融风险对履约现金流量的影响。

企业应当单独估计非金融风险调整，不得在未来现金流量和折现率的估计中隐含非金融风险调整。

第二十七条 企业应当在合同组初始确认时计算下列各项之和：

（一）履约现金流量；

（二）在该日终止确认保险获取现金流量资产以及其他相关资产或负债对应的现金流量；

（三）合同组内合同在该日产生的现金流量。

上述各项之和反映为现金净流入的，企业应当将其确认为合同服务边际；反映为现金净流出的，企业应当将其作为首日亏损计入当期损益。

第二十八条 企业应当在资产负债表日按照未到期责任负债与已发生赔款负债之和对保险合同负债进行后续计量。

未到期责任负债包括资产负债表日分摊至保险合同组的、与未到期责任有关的履约现金流量和当日该合同组的合同服务边际。

已发生赔款负债包括资产负债表日分摊至保险合同组的、与已发生赔案及其他相关费用有关的履约现金流量。

第二十九条 对于不具有直接参与分红特征的保险合同组，资产负债表日合同组的合同服务边际账面价值应当以期初账面价值为基础，经下列各项调整后予以确定：

（一）当期归入该合同组的合同对合同服务边际的影响金额；

（二）合同服务边际在当期计提的利息，计息利率为该合同组内合同确认时、不随基础项目回报变动的现金流量所适用的加权平均利率；

（三）与未来服务相关的履约现金流量的变动金额，但履约现金流量增加额超过合同服务边际账面价值所导致的亏损部分，以及履约现金流量减少额抵销的未到期责任负债的亏损部分除外；

（四）合同服务边际在当期产生的汇兑差额；

（五）合同服务边际在当期的摊销金额。

第三十条 企业应当按照提供保险合同服务的模式，合理确定合同组在责任期内各个期间的责任单元，并据此对根据本准则第二十九条（一）至（四）调整后的合同服务边际账面价值进行摊销，计入当期及以后期间保险服务收入。

第三十一条 企业因当期提供保险合同服务导致未到期责任负债账面价值的减少额，应当确认为保险服务收入；因当期发生赔案及其他相关费用导致已发生赔款负债账面价值的增加额，以及与之相关的履约现金流量的后续变动额，应当确认为保险服务费用。

企业在确认保险服务收入和保险服务费用时，不得包含保险合同中的投资成分。

第三十二条 企业应当将合同组内的保险获取现金流量，随时间流逝进行系统摊销，计入责任期内各个期间的保险服务费用，同时确认为保险服务收入，以反映该类现金流量所对应的保费的收回。

第三十三条 企业应当将货币时间价值及金融风险的影响导致的未到期责任负债和已发生赔款负债账面价值变动额，作为保险合同金融变动额。

企业可以选择将货币时间价值及金融风险的影响导致的非金融风险调整变动额不作为保险合同金融变动额。

第三十四条 企业应当考虑持有的相关资产及其会计处理，在合同组合层面对保险合同金融变动额的会计处理做下列会计政策选择：

（一）将保险合同金融变动额全额计入当期保险财务损益。

（二）将保险合同金融变动额分解计入当期保险财务损益和其他综合收益。选择该会计政策的，企业应当在合同组剩余期限内，采用系统合理的方法确定计入各个期间保险财务损益的金额，其与保险合同金融变动额的差额计入其他综合收益。

保险财务损益，是指计入当期及以后期间损益的保险合同金融变动额。保险财务损益包括企业签发的保险合同的承保财务损益和分出的再保险合同的财务损益。

第三十五条 企业应当将非金融风险调整账面价值变动中除保险合同金融变动额以外的金额计入当期及以后期间损益。

第三十六条 对于本准则适用范围内的具有相机参与分红特征的投资合同，企业应当按照本准则有关保险合同的规定进行会计处理，但下列各项特殊规定除外：

（一）初始确认的时点为企业成为合同一方的日期。

（二）企业有支付现金的实质性义务的，该义务所产生的现金流量在合同边界内。企业有实际能力对其支付现金的承诺进行重新定价以充分反映其承诺支付现金的金额及相关风险的，表明企业无支付现金的实质性义务。

（三）企业应当按照投资服务的提供模式，在合同组期限内采用系统合理的方法对合同服务边际进行摊销，计入当期及以后期间损益。

第三十七条 对于中期财务报表中根据本准则作出的相关会计估计处理结果，企业应当就是否在本年度以后中期财务报表和年度财务报表中进行调整做出会计政策选择，并一致应用于本准则适用范围内的合同组。

第三十八条 企业对产生外币现金流量的合同组进行计量时，应当将保险合同负债视为货币性项目，根据《企业会计准则第19号——外币折算》有关规定处理。

资产负债表日，产生外币现金流量的合同组的汇兑差额应当计入当期损益。企业根据本准则第三十四条规定选择将保险合同金融变动额分解计入当期保险财务损益和其他综合收益的，与计入其他综合收益的金额相关的汇兑差额，应当计入其他综合收益。

第二节 具有直接参与分红特征的保险合同组计量的特殊规定

第三十九条 企业应当在合同开始日评估一项合同是否为具有直接参与分红特征的保险合同，后续不再重新评估。

第四十条 具有直接参与分红特征的保险合同，是指在合同开始日同时符合下列条件的保险合同：

（一）合同条款规定保单持有人参与分享清晰可辨认的基础项目；

（二）企业预计将基础项目公允价值变动回报中的相当大部分支付给保单持有人；

（三）预计应付保单持有人金额变动中的相当大部分将随基础项目公允价值的变动而变动。

第四十一条 企业应当按照基础项目公允价值扣除浮动收费的差额，估计具有直接参与分红特征的保险合同组的履约现金流量。

浮动收费，是指企业因代保单持有人管理基础项目并提供投资相关服务而取得的对价，等于基础项目公允价值中企业享有份额减去不随基础项目回报变动的履约现金流量。

第四十二条 对于具有直接参与分红特征的保险合同组，资产负债表日合同组的合同服务边际账面价值应当以期初账面价值为基础，经下列调整后予以确定：

（一）当期归入该合同组的合同对合同服务边际的影响金额。

（二）基础项目公允价值中企业享有份额的变动金额，但以下情形除外：

1.企业使用衍生工具或分出再保险合同管理与该金额变动相关金融风险时，对符合本准则规定条件的，可以选择将该金额变动中由货币时间价值及金融风险的影响导致的部分计入当期保险财务损益。但企业将分出再保险合同的保险合同金融变动额分解计入当期保险财务损益和其他综合收益的，该金额变动中的相应部分也应予以分解。

2.基础项目公允价值中企业享有份额的减少额超过合同服务边际账面价值所导致的亏损部分。

3.基础项目公允价值中企业享有份额的增加额抵销的未到期责任负债的亏损部分。

（三）与未来服务相关且不随基础项目回报变动的履约现金流量的变动金额，但以下情形除外：

1.企业使用衍生工具、分出再保险合同或以公允价值计量且其变动计入当期损益的非衍生金融工具管理与该履约现金流量变动相关金融风险时，对符合本准则规定条件的，可以选择将该履约现金流量变动中由货币时间价值及金融风险的影响导致的部分计入当期保险财务损益。但企业将分出再保险合同的保险合同金融变动额分解计入当期保险财务损益和其他综合收益的，该履约现金流量变动中的相应部分也应予以分解。

2.该履约现金流量的增加额超过合同服务边际账面价值所导致的亏损部分。

3.该履约现金流量的减少额抵销的未到期责任负债的亏损部分。

（四）合同服务边际在当期产生的汇兑差额。

（五）合同服务边际在当期的摊销金额。企业应当按照提供保险合同服务的模式，合理确定合同组在责任期内各个期间的责任单元，并据此对根据本条（一）至（四）调整后的合同服务边际账面价值进行摊销，计入当期及以后期间保险服务收入。

企业可以对本条（二）和（三）中的变动金额进行合并调整。

第四十三条 企业采用风险管理措施对具有直接参与分红特征的保险合同产生的金融风险予以缓释时，同时符合下列条件的，对于本准则第四十二条（二）和（三）相关金额变动中由货币时间价值及金融风险的影响导致的部分，可以选择不调整合同服务边际：

（一）企业制定了关于风险管理目标和策略的书面文件；

（二）保险合同与用于风险管理的衍生工具、分出再保险合同或以公允价值计量且其变动计入当期损益的非衍生金融工具之间存在经济抵销关系；

（三）经济抵销关系产生的价值变动中，信用风险的影响不占主导地位。

企业不再符合上述条件时，应当自不符合之日起，将本准则第四十二条（二）和（三）相关金额变动中由货币时间价值及金融风险的影响导致的部分调整合同服务边际，之前已经计入保险财务损益的金额不予调整。

第四十四条 对于企业不持有基础项目的具有直接参与分红特征的保险合同组，企业应当根据本准则第三十四条规定，对保险合同金额变动额进行会计处理。

对于企业持有基础项目的具有直接参与分红特征的保险合同组，企业根据本准则第三十四条规定，选择将保险合同金融变动额分解计入当期保险财务损益和其他综合收益的，计入当期保险财务损益的金额应当等于其持有的基础项目按照相关会计准则规定计入当期损益的金额。

本准则第四十二条对保险合同金融变动额的会计处理另有规定的，从其规定。

第四十五条 分入和分出的再保险合同不适用本节规定。

第三节 亏损保险合同组计量的特殊规定

第四十六条 合同组在初始确认时发生首日亏损的，或合同组合中的合同归入其所属亏损合同组而新增亏损的，企业应当确认亏损并计入当期保险服务费用，同时将该亏损部分增加未到期责任负债账面价值。

初始确认时，亏损合同组的保险合同负债账面价值等于其履约现金流量。

第四十七条 发生下列情形之一导致合同组在后续计量时发生亏损的，企业应当确认亏损并计入当期保险服务费用，同时将该亏损部分增加未到期责任负债账面价值：

（一）因与未来服务相关的未来现金流量或非金融风险调整的估计发生变更，导致履约现金流量增加额超过合同服务边际账面价值。

（二）对于具有直接参与分红特征的保险合同组，其基础项目公允价值中企业享有份额的减少额超过合同服务边际账面价值。

第四十八条 企业在确认合同组的亏损后，应当将未到期责任负债账面价值的下列变动额，采用系统合理的方法分摊至未到期责任负债中的亏损部分和其他部分：

（一）因发生保险服务费用而减少的未来现金流量的现值；

（二）因相关风险释放而计入当期损益的非金融风险调整的变动金额；

（三）保险合同金融变动额。

分摊至亏损部分的金额不得计入当期保险服务收入。

第四十九条 企业在确认合同组的亏损后，应当按照下列规定进行后续计量：

（一）将因与未来服务相关的未来现金流量或非金融风险调整的估计变更所导致的履约现金流量增加额，以及具有直接参与分红特征的保险合同组的基础项目公允价值中企业享有份额的减少额，确认为新增亏损并计入当期保险服务费用，同时将该亏损部分增加未到期责任负债账面价值。

（二）将因与未来服务相关的未来现金流量或非金融风险调整的估计变更所导致的履约现金流量减少额，以及具有直接参与分红特征的保险合同组的基础项目公允价值中企业享有份额的增加额，减少未到期责任负债的亏损部分，冲减当期保险服务费用；超出亏损部分的金额，确认为合同服务边际。

第四节　保险合同组计量的简化处理规定

第五十条　符合下列条件之一的，企业可以采用保费分配法简化合同组的计量：

（一）企业能够合理预计采用本节简化处理规定与根据本准则前述章节规定计量合同组未到期责任负债的结果无重大差异。企业预计履约现金流量在赔案发生前将发生重大变化的，表明该合同组不符合本条件。

（二）该合同组内各项合同的责任期不超过一年。

第五十一条　企业对其签发的保险合同采用保费分配法时，应当假设初始确认时该合同所属合同组组内不存在亏损合同，该假设与相关事实和情况不符的除外。

第五十二条　企业采用保费分配法时，合同组内各项合同初始确认时的责任期均不超过一年的，可以选择在保险获取现金流量发生时将其确认为费用，计入当期损益。

第五十三条　企业采用保费分配法计量合同组时，初始确认时未到期责任负债账面价值等于已收保费减去初始确认时发生的保险获取现金流量（根据本准则第五十二条规定选择在发生时计入当期损益的除外），减去（或加上）在合同组初始确认时终止确认的保险获取现金流量资产以及其他相关资产或负债的金额。

资产负债表日未到期责任负债账面价值等于期初账面价值加上当期已收保费，减去当期发生的保险获取现金流量（根据本准则第五十二条规定选择在发生时计入当期损益的除外），加上当期确认为保险服务费用的保险获取现金流量摊销金额和针对融资成分的调整金额，减去因当期提供保险合同服务而确认为保险服务收入的金额和当期已付或转入已发生赔款负债中的投资成分。

第五十四条　合同组内的合同中存在重大融资成分的，企业应当按照合同组初始确认时确定的折现率，对未到期责任负债账面价值进行调整，以反映货币时间价值及金融风险的影响。

合同组初始确认时，如果企业预计提供保险合同服务每一部分服务的时点与相关保费到期日之间的间隔不超过一年，可以不考虑合同中存在的重大融资成分。

第五十五条　相关事实和情况表明合同组在责任期内存在亏损时，企业应当将该日与未到期责任相关的履约现金流量超过按照本准则第五十三条确定的未到期责任负债账面价值的金额，计入当期保险服务费用，同时增加未到期责任负债账面价值。

第五十六条　企业应当根据与已发生赔案及其他相关费用有关的履约现金流量计量已发生赔款负债。相关履约现金流量预计在赔案发生后一年内支付或收取的，企业可以不考虑货币时间价值及金融风险的影响，且一致应用于本准则第五十五条规定的相关履约现金流量的计算。

第五十七条　企业应当将已收和预计收取的保费，在扣除投资成分并根据本准则第五十四条规定对重大融资成分进行调整后，分摊至当期的金额确认为保险服务收入。

企业应当随时间流逝在责任期内分摊经调整的已收和预计收取的保费；保险合同的风险在责任期内不随时间流逝为主释放的，应当以保险服务费用预计发生时间为基础进行分摊。

第六章　分出的再保险合同组的确认和计量

第五十八条　企业对分出的再保险合同组进行确认和计量，除本章另有规定外，应当按照本准则有关保险合同的其他相关规定进行处理，但本准则第五章关于亏损合同组计量的相关规定不适用于分出的再保险合同组。

第五十九条 企业应当将同一分出的再保险合同组合至少分为下列合同组：

（一）初始确认时存在净利得的合同组；

（二）初始确认时无显著可能性在未来产生净利得的合同组；

（三）该组合中剩余合同组成的合同组。

企业可以按照净成本或净利得水平以及初始确认后在未来产生净利得的可能性等，对分出的再保险合同组作进一步细分。

企业不得将分出时间间隔超过一年的合同归入同一分出的再保险合同组。

第六十条 企业应当在下列时点中的最早时点确认其分出的再保险合同组：

（一）分出的再保险合同组责任期开始日；

（二）分出的再保险合同组所对应的保险合同组确认为亏损合同组时。

第六十一条 分出的再保险合同组分出成比例责任的，企业应当在下列时点中的最早时点确认该合同组：

（一）分出的再保险合同组责任期开始日和任一对应的保险合同初始确认时点中较晚的时点；

（二）分出的再保险合同组所对应的保险合同组确认为亏损合同组时。

第六十二条 企业在初始确认其分出的再保险合同组时，应当按照履约现金流量与合同服务边际之和对分出再保险合同资产进行初始计量。

分出再保险合同组的合同服务边际，是指企业为在未来获得再保险分入人提供的保险合同服务而产生的净成本或净利得。

第六十三条 企业在估计分出的再保险合同组的未来现金流量现值时，采用的相关假设应当与计量所对应的保险合同组保持一致，并考虑再保险分入人的不履约风险。

第六十四条 企业应当根据分出的再保险合同组转移给再保险分入人的风险，估计非金融风险调整。

第六十五条 企业应当在分出的再保险合同组初始确认时计算下列各项之和：

（一）履约现金流量；

（二）在该日终止确认的相关资产或负债对应的现金流量；

（三）分出再保险合同组内合同在该日产生的现金流量；

（四）分保摊回未到期责任资产亏损摊回部分的金额。

企业应当将上述各项之和所反映的净成本或净利得，确认为合同服务边际。净成本与分出前发生的事项相关的，企业应当将其确认为费用并计入当期损益。

第六十六条 企业应当在资产负债表日按照分保摊回未到期责任资产与分保摊回已发生赔款资产之和对分出再保险合同资产进行后续计量。

分保摊回未到期责任资产包括资产负债表日分摊至分出的再保险合同组的、与未到期责任有关的履约现金流量和当日该合同组的合同服务边际。

分保摊回已发生赔款资产包括资产负债表日分摊至分出的再保险合同组的、与已发生赔款及其他相关费用的摊回有关的履约现金流量。

第六十七条 对于订立时点不晚于对应的保险合同确认时点的分出的再保险合同，企业在初始确认对应的亏损合同组或者将对应的亏损保险合同归入合同组而确认亏损时，应当根据下列两项的乘积确定分出再保险合同组分保摊回未到期责任资产亏损摊回部分的金额：

（一）对应的保险合同确认的亏损；

（二）预计从分出再保险合同组摊回的对应的保险合同赔付的比例。

企业应当按照上述亏损摊回部分的金额调整分出再保险合同组的合同服务边际，同时确认为摊回保险服务费用，计入当期损益。

企业在对分出的再保险合同组进行后续计量时，应当调整亏损摊回部分的金额以反映对应的保险合同亏损部分的变化，调整后的亏损摊回部分的金额不应超过企业预计从分出再保险合同组摊回的对应的保险合同亏损部分的相应金额。

第六十八条 资产负债表日分出的再保险合同组的合同服务边际账面价值应当以期初账面价值为基础，经下列各项调整后予以确定：

（一）当期归入该合同组的合同对合同服务边际的影响金额；

（二）合同服务边际在当期计提的利息，计息利率为该合同组内合同确认时、不随基础项目回报变动的现金流量所适用的加权平均利率；

（三）根据本准则第六十七条第一款计算的分保摊回未到期责任资产亏损摊回部分的金额，以及与分出再保险合同组的履约现金流量变动无关的分保摊回未到期责任资产亏损摊回部分的转回；

（四）与未来服务相关的履约现金流量的变动金额，但分摊至对应的保险合同组且不调整其合同服务边际的履约现金流量变动而导致的变动，以及对应的保险合同组采用保费分配法计量时因确认或转回亏损而导致的变动除外；

（五）合同服务边际在当期产生的汇兑差额；

（六）合同服务边际在当期的摊销金额。企业应当按照取得保险合同服务的模式，合理确定分出再保险合同组在责任期内各个期间的责任单元，并据此对根据本条（一）至（五）调整后的合同服务边际账面价值进行摊销，计入当期及以后期间损益。

第六十九条 再保险分入人不履约风险导致的履约现金流量变动金额与未来服务无关，企业不应当因此调整分出再保险合同组的合同服务边际。

第七十条 企业因当期取得再保险分入人提供的保险合同服务而导致分保摊回未到期责任资产账面价值的减少额，应当确认为分出保费的分摊；因当期发生赔款及其他相关费用的摊回导致分保摊回已发生赔款资产账面价值的增加额，以及与之相关的履约现金流量的后续变动额，应当确认为摊回保险服务费用。

企业应当将预计从再保险分入人收到的不取决于对应的保险合同赔付的金额，作为分出保费的分摊的减项。企业在确认分出保费的分摊和摊回保险服务费用时，不得包含分出再保险合同中的投资成分。

第七十一条 符合下列条件之一的，企业可以采用保费分配法简化分出的再保险合同组的计量：

（一）企业能够合理预计采用保费分配法与不采用保费分配法计量分出再保险合同组的结果无重大差异。企业预计履约现金流量在赔案发生前将发生重大变化的，表明该合同组不符合本条件。

（二）该分出的再保险合同组内各项合同的责任期不超过一年。

第七十二条 企业采用保费分配法计量分出的再保险合同组时，根据本准则第六十七条第一款计算的亏损摊回部分的金额应当调整分出再保险合同组的分保摊回未到期责任资产账面价值，同时确认为摊回保险服务费用，计入当期损益。

第七章　合同转让或非同一控制下企业合并中取得的保险合同的确认和计量

第七十三条 企业对合同转让或非同一控制下企业合并中取得的保险合同进行确认和计量，除本章另有规定外，应当适用本准则其他相关规定。

第七十四条 企业在合同转让或非同一控制下企业合并中取得的保险合同，应当视为在转让日（或购买日）订立该合同，并根据本准则相关规定将该合同归入其所属合同组。

第七十五条 企业在合同转让或非同一控制下企业合并中为取得保险合同而收到或支

付的对价,应当视为收取或支付的保费。

第七十六条 企业在合同转让或非同一控制下企业合并中取得保险合同的会计处理适用《企业会计准则第 20 号——企业合并》等其他会计准则的,应当根据相关会计准则进行处理。

第八章 保险合同的修改和终止确认

第七十七条 保险合同条款的修改符合下列条件之一的,企业应当终止确认原合同,并按照修改后的合同条款确认一项新合同:

(一)假设修改后的合同条款自合同开始日适用,出现下列情形之一的:
1. 修改后的合同不属于本准则的适用范围。
2. 修改后的合同应当予以分拆且分拆后适用本准则的组成部分发生变化。
3. 修改后的合同的合同边界发生实质性变化。
4. 修改后的合同归属于不同的合同组。

(二)原合同与修改后的合同仅有其一符合具有直接参与分红特征的保险合同的定义。

(三)原合同采用保费分配法,修改后的合同不符合采用保费分配法的条件。

保险合同条款的修改不符合上述条件的,企业应当将合同条款修改导致的现金流量变动作为履约现金流量的估计变更进行处理。

第七十八条 保险合同约定的义务因履行、取消或到期而解除的,企业应当终止确认保险合同。

第七十九条 企业终止确认一项保险合同,应当按照下列规定进行处理:

(一)调整该保险合同所属合同组的履约现金流量,扣除与终止确认的权利义务相关的未来现金流量现值和非金融风险调整。

(二)调整合同组的合同服务边际。

(三)调整合同组在当期及以后期间的责任单元。

第八十条 企业修改原合同并确认新合同时,应当按照下列两项的差额调整原合同所属合同组的合同服务边际:

(一)因终止确认原合同所导致的合同组履约现金流量变动金额;

(二)修改日订立与新合同条款相同的合同预计将收取的保费减去因修改原合同而收取的额外保费后的保费净额。

企业在计量新合同所属合同组时,应当假设于修改日收到本条(二)中的保费净额。

第八十一条 企业因合同转让而终止确认一项保险合同的,应当按照因终止确认该合同所导致的合同组履约现金流量变动金额与受让方收取的保费之间的差额,调整该合同所属合同组的合同服务边际。

第八十二条 企业因合同修改或转让而终止确认一项保险合同时,应当将与该合同相关的、由于会计政策选择而在以前期间确认为其他综合收益的余额转入当期损益;但对于企业持有基础项目的具有直接参与分红特征的保险合同,企业不得仅因终止确认该保险合同而进行上述会计处理。

第九章 列 报

第一节 资产负债表和利润表相关项目的列示及披露

第八十三条 企业应当根据自身实际情况,合理确定列报保险合同的详细程度,避免列报大量不重要信息或不恰当汇总实质性不同信息。

企业可以按照合同类型、地理区域或报告分部等对保险合同的信息披露进行恰当汇总。

第八十四条 企业应当在资产负债表中分别列示与保险合同有关的下列项目：

（一）保险合同资产；

（二）保险合同负债；

（三）分出再保险合同资产；

（四）分出再保险合同负债。

企业签发的保险合同组合账面价值为借方余额的，列示为保险合同资产；分出的再保险合同组合账面价值为贷方余额的，列示为分出再保险合同负债。

保险获取现金流量资产于资产负债表日的账面价值应当计入保险合同组合账面价值。

第八十五条 企业应当在利润表中分别列示与保险合同有关的下列项目：

（一）保险服务收入；

（二）保险服务费用；

（三）分出保费的分摊；

（四）摊回保险服务费用；

（五）承保财务损益；

（六）分出再保险财务损益。

第八十六条 企业应当在附注中分别就签发的保险合同和分出的再保险合同，单独披露未到期责任负债（或分保摊回未到期责任资产）和已发生赔款负债（或分保摊回已发生赔款资产）余额调节表，以反映与保险合同账面价值变动有关的下列信息：

（一）保险合同负债和保险合同资产（或分出再保险合同资产和分出再保险合同负债）的期初和期末余额及净额，及净额调节情况；

（二）未到期责任负债（或分保摊回未到期责任资产）当期变动情况，亏损部分（或亏损摊回部分）应单独披露；

（三）已发生赔款负债（或分保摊回已发生赔款资产）当期变动情况，采用保费分配法的保险合同应分别披露未来现金流量现值和非金融风险调整；

（四）当期保险服务收入；

（五）当期保险服务费用，包括当期发生赔款及其他相关费用、保险获取现金流量的摊销、亏损部分的确认及转回和已发生赔款负债相关履约现金流量变动；

（六）当期分出保费的分摊；

（七）当期摊回保险服务费用，包括摊回当期发生赔款及其他相关费用、亏损摊回部分的确认及转回和分保摊回已发生赔款资产相关履约现金流量变动；

（八）不计入当期损益的投资成分，保费返还可以在此项合并披露；

（九）与当期服务无关但影响保险合同账面价值的金额，包括当期现金流量、再保险分入人不履约风险变动额、保险合同金融变动额、其他与保险合同账面价值变动有关的金额。当期现金流量应分别披露收到保费（或支付分出保费）、支付保险获取现金流量、支付赔款及其他相关费用（或收到摊回赔款及其他相关费用）。

第八十七条 对于未采用保费分配法的保险合同，企业应当在附注中分别就签发的保险合同和分出的再保险合同，单独披露履约现金流量和合同服务边际余额调节表，以反映与保险合同账面价值变动有关的下列信息：

（一）保险合同负债和保险合同资产（或分出再保险合同资产和分出再保险合同负债）的期初和期末余额及净额，及净额调节情况；

（二）未来现金流量现值当期变动情况；

（三）非金融风险调整当期变动情况；

（四）合同服务边际当期变动情况；

（五）与当期服务相关的变动情况，包括合同服务边际的摊销、非金融风险调整的变动、当期经验调整；

（六）与未来服务相关的变动情况，包括当期初始确认的保险合同影响金额、调整合同服务边际的估计变更、不调整合同服务边际的估计变更；

（七）与过去服务相关的变动情况，包括已发生赔款负债（或分保摊回已发生赔款资产）相关履约现金流量变动；

（八）与当期服务无关但影响保险合同账面价值的金额，包括当期现金流量、再保险分入人不履约风险变动额、保险合同金融变动额、其他与保险合同账面价值变动有关的金额。当期现金流量应分别披露收到保费（或支付分出保费）、支付保险获取现金流量、支付赔款及其他相关费用（或收到摊回赔款及其他相关费用）。

第八十八条　企业应当在附注中披露关于保险获取现金流量资产的下列定量信息：

（一）保险获取现金流量资产的期初和期末余额及其调节情况；

（二）保险获取现金流量资产减值准备当期计提和当期转回情况；

（三）期末保险获取现金流量资产预计在未来按适当的时间段终止确认的相关信息。

第八十九条　对于未采用保费分配法的保险合同，企业应当在附注中分别就签发的保险合同和分出的再保险合同，披露当期初始确认的保险合同对资产负债表影响的下列信息：

（一）未来现金流出现值，保险获取现金流量的金额应单独披露；

（二）未来现金流入现值；

（三）非金融风险调整；

（四）合同服务边际。

对于当期初始确认的亏损合同组以及在合同转让或非同一控制下企业合并中取得的保险合同，企业应当分别披露其对资产负债表影响的上述信息。

第九十条　对于未采用保费分配法的签发的保险合同，企业应当在附注中披露与本期确认保险服务收入相关的下列定量信息：

（一）与未到期责任负债变动相关的保险服务收入，分别披露期初预计当期发生的保险服务费用、非金融风险调整的变动、合同服务边际的摊销、其他金额（如与当期服务或过去服务相关的保费经验调整）；

（二）保险获取现金流量的摊销。

第九十一条　对于未采用保费分配法的保险合同，企业应当在附注中分别就签发的保险合同和分出的再保险合同，披露期末合同服务边际在剩余期限内按适当的时间段摊销计入利润表的定量信息。

第九十二条　企业应当披露当期保险合同金融变动额的定量信息及其解释性说明，包括对保险合同金融变动额与相关资产投资回报关系的说明。

第九十三条　企业应当披露与具有直接参与分红特征的保险合同相关的下列信息：

（一）基础项目及其公允价值；

（二）根据本准则第四十二条和第四十三条规定，将货币时间价值及金融风险的影响金额计入当期保险财务损益或其他综合收益对当期合同服务边际的影响。

第九十四条　对于具有直接参与分红特征的保险合同组，企业选择将保险合同金融变动额分解计入当期保险财务损益和其他综合收益的，根据本准则第四十四条规定，因是否持有基础项目的情况发生变动导致计入当期保险财务损益的计量方法发生变更的，应当披露变更原因和对财务报表项目的影响金额，以及相关合同组在变更日的账面价值。

第二节　与保险合同计量相关的披露

第九十五条　企业应当披露与保险合同计量所采用的方法、输入值和假设等相关的下列信息：

（一）保险合同计量所采用的方法以及估计相关输入值的程序。企业应当披露相关输入值的定量信息，不切实可行的除外。

（二）本条（一）中所述方法和程序的变更及其原因，以及受影响的合同类型。

（三）与保险合同计量有关的下列信息：

1. 对于不具有直接参与分红特征的保险合同，区分相机抉择与其他因素导致未来现金流量估计变更的方法；

2. 确定非金融风险调整的计量方法及计量结果所对应的置信水平，以及非金融风险调整变动额根据本准则第三十三条在利润表中的列示方法；

3. 确定折现率的方法，以及用于不随基础项目回报变动的现金流量折现的收益率曲线（或收益率曲线范围）；

4. 确定投资成分的方法；

5. 确定责任单元组成部分及相对权重的方法。

第九十六条 企业选择将保险合同金融变动额分解计入当期保险财务损益和其他综合收益的，应当披露确定保险财务损益金额的方法及其说明。

第九十七条 对于采用保费分配法计量的保险合同组，企业应当披露下列信息：

（一）合同组适用保费分配法的判断依据；

（二）未到期责任负债（或分保摊回未到期责任资产）和已发生赔款负债（或分保摊回已发生赔款资产）的计量是否反映货币时间价值及金融风险的影响；

（三）是否在保险获取现金流量发生时将其确认为费用。

第三节　与风险相关的披露

第九十八条 企业应当披露与保险合同产生的保险风险和金融风险等相关的定性和定量信息。金融风险包括市场风险、信用风险、流动性风险等。

第九十九条 对于保险合同产生的各类风险，企业应当按类别披露下列信息：

（一）风险敞口及其形成原因，以及在本期发生的变化。

（二）风险管理的目标、政策和程序以及计量风险的方法及其在本期发生的变化。

（三）期末风险敞口的汇总数据。该数据应当以向内部关键管理人员提供的相关信息为基础。期末风险敞口不能反映企业本期风险敞口变动情况的，企业应当进一步提供相关信息。

（四）风险集中度信息，包括企业确定风险集中度的说明和参考因素（如保险事项类型、行业特征、地理区域、货币种类等）。

第一百条 企业应当披露相关监管要求（如最低资本要求、保证利率等）对本准则适用范围内的合同的影响。保险合同分组时应用本准则第十五条规定的，企业应当披露这一事实。

第一百零一条 企业应当对保险风险和市场风险进行敏感性分析并披露下列信息：

（一）资产负债表日保险风险变量和各类市场风险变量发生合理、可能的变动时，将对企业损益和所有者权益产生的影响。

对于保险风险，敏感性分析应当反映对企业签发的保险合同及其经分出的再保险合同进行风险缓释后的影响。

对于各类市场风险，敏感性分析应当反映保险合同所产生的风险变量与企业持有的金融资产所产生的风险变量之间的关联性。

（二）本期进行敏感性分析所使用的方法和假设，以及在本期发生的变化及其原因。

第一百零二条 企业为管理保险合同所产生的风险，采用不同于本准则第一百零一条中所述方法进行敏感性分析的，应当披露下列信息：

（一）用于敏感性分析的方法、选用的主要参数和假设；
（二）所用方法的目的，以及该方法提供信息的局限性。

第一百零三条 企业应当披露索赔进展情况，以反映已发生赔款的实际赔付金额与未经折现的预计赔付金额的比较信息，及其与资产负债表日已发生赔款负债账面价值的调节情况。

索赔进展情况的披露应当从赔付时间和金额在资产负债表日仍存在不确定性的重大赔付最早发生期间开始，但最长披露期限可不超过十年。赔付时间和金额的不确定性在未来一年内将消除的索赔进展信息可以不披露。

第一百零四条 企业应当披露与保险合同所产生的信用风险相关的下列信息：
（一）签发的保险合同和分出的再保险合同分别于资产负债表日的最大信用风险敞口；
（二）与分出再保险合同资产的信用质量相关的信息。

第一百零五条 企业应当披露与保险合同所产生的流动性风险相关的下列信息：
（一）对管理流动性风险的说明。
（二）对资产负债表日保险合同负债和分出再保险合同负债的到期期限分析。

到期期限分析应当基于合同组合，所使用的时间段至少应当为资产负债表日后一年以内、一年至两年以内、两年至三年以内、三年至四年以内、四年至五年以内、五年以上。列入各时间段内的金额可以是未来现金流量现值或者未经折现的合同剩余净现金流量。

到期期限分析可以不包括采用保费分配法计量的保险合同负债和分出再保险合同负债中与未到期责任相关的部分。

（三）保单持有人可随时要求偿还的金额。企业应当说明该金额与相关保险合同组合账面价值之间的关联性。

第十章　衔 接 规 定

第一百零六条 首次执行日之前的保险合同会计处理与本准则规定不一致的，企业应当按照《企业会计准则第28号——会计政策、会计估计变更和差错更正》的规定采用追溯调整法处理，但本准则另有规定的除外。

企业进行追溯调整的，无须披露当期和各个列报前期财务报表受影响项目和每股收益的调整金额。

第一百零七条 企业采用追溯调整法时，应当在过渡日按照下列规定进行衔接处理：
（一）假设一直按照本准则要求识别、确认和计量保险合同组；
（二）假设一直按照本准则要求识别、确认和计量保险获取现金流量资产，但无须估计该资产于过渡日前的可收回金额；
（三）确认追溯调整对所有者权益的累积影响数；
（四）不得在过渡日前运用本准则第四十三条规定的风险管理缓释选择权。

过渡日是指本准则首次执行日前最近一个会计年度的期初，企业列报经调整的更早期间的比较信息的，过渡日是更早比较期间的期初。

第一百零八条 对合同组采用追溯调整法不切实可行的，企业应当采用修正追溯调整法或公允价值法。对合同组采用修正追溯调整法也不切实可行的，企业应当采用公允价值法。

修正追溯调整法，是指企业在对本章所涉及相关事项采用追溯调整法不切实可行时，使用在过渡日无须付出不必要的额外成本或努力即可获得的合理可靠的信息，以获得接近追溯调整法结果为目标，在衔接处理上按本准则规定进行简化的方法。

公允价值法，是指以过渡日合同组公允价值与履约现金流量的差额确定合同组在该日的合同服务边际或未到期责任负债亏损部分，以及在衔接处理上按本准则规定进行简化的方法。

企业在过渡日前符合本准则第四十三条规定条件，使用衍生工具、分出的再保险合同或以公允价值计量且其变动计入当期损益的非衍生金融工具管理合同组产生的金融风险，并自过渡日起采用未来适用法运用风险管理缓释选择权进行会计处理的，企业可以对该合同组采用公允价值法进行衔接处理。

第一百零九条　企业采用修正追溯调整法时，应当在过渡日根据本准则规定识别下列事项并进行衔接处理：

（一）保险合同组，但在按照本准则规定进行保险合同分组时无法获得合理可靠的信息的，企业可以将签发或分出时间间隔超过一年的合同归入同一合同组；

（二）具有直接参与分红特征的保险合同；

（三）不具有直接参与分红特征的保险合同中的相机抉择现金流量；

（四）具有相机参与分红特征的投资合同。

企业采用修正追溯调整法时，对于在合同转让或非同一控制下企业合并中取得的保险合同，应当将该类合同在转让日或购买日前已发生的赔付义务确认为已发生赔款负债。

第一百一十条　对不具有直接参与分红特征的保险合同组在过渡日的合同服务边际或未到期责任负债亏损部分采用修正追溯调整法时，企业应当按照下列规定进行衔接处理：

（一）以过渡日或更早日期（如适用）估计的未来现金流量为基础，根据合同组初始确认时至过渡日或更早日期（如适用）发生的现金流量进行调整，确定合同组在初始确认时的未来现金流量；

（二）基于过渡日前最近至少三个会计年度可观察数据，考虑该数据与本准则第二十五条规定的折现率的相似性或差异，采用适当方法确定合同组在初始确认时或以后的折现率；

（三）以过渡日估计的非金融风险调整金额为基础，根据在过渡日签发或分出的类似保险合同的相关风险释放方式，估计过渡日之前合同组非金融风险调整的变动金额，确定合同组在初始确认时的非金融风险调整金额；

（四）采用与过渡日后一致的方法将过渡日前已付或应付的保险获取现金流量系统合理地分摊至过渡日确认和预计将于过渡日后确认的合同组，分别调整过渡日合同服务边际和确认为保险获取现金流量资产。企业无法获得合理可靠的信息进行上述处理的，则不应调整合同服务边际或确认保险获取现金流量资产；

（五）合同组在初始确认时根据本条（一）至（四）确认合同服务边际的，应当按照本条（二）确定的初始确认时折现率计提利息，并基于过渡日合同组中的剩余责任单元和该日前的责任单元，确定过渡日前计入损益的合同服务边际；

（六）合同组在初始确认时根据本条（一）至（四）确认未到期责任负债亏损部分的，应当采用系统合理的方法，确定分摊至过渡日前的亏损部分；

（七）对于订立时点不晚于对应的亏损保险合同确认时点的分出的再保险合同，应当根据过渡日对应的亏损保险合同的未到期责任负债亏损部分乘以预计从分出的再保险合同组摊回的对应的保险合同赔付的比例，计算分出再保险合同组分保摊回未到期责任资产在过渡日的亏损摊回部分金额，企业无法获得合理可靠的信息确定该亏损摊回部分金额的，则不应确认亏损摊回部分。

第一百一十一条　对具有直接参与分红特征的保险合同组在过渡日的合同服务边际或未到期责任负债亏损部分采用修正追溯调整法时，企业应当按照下列规定进行衔接处理：

（一）以过渡日基础项目公允价值减去该日履约现金流量的金额为基础，根据过渡日前相关现金流量以及非金融风险调整的变动进行恰当调整；

（二）采用与过渡日后一致的方法将过渡日前已付或应付的保险获取现金流量系统合理地分摊至过渡日确认和预计将于过渡日后确认的合同组，分别调整过渡日合同服务边际和确认为保险获取现金流量资产。企业无法获得合理可靠的信息进行上述处理的，则不应调整

合同服务边际或确认保险获取现金流量资产;

（三）合同组根据本条（一）和（二）确认合同服务边际的,应当基于过渡日合同组中的剩余责任单元和该日前的责任单元,确定过渡日前计入损益的合同服务边际;

（四）合同组根据本条（一）和（二）确认未到期责任负债亏损部分的,应当将该亏损部分调整为零,同时将该亏损部分增加过渡日未到期责任负债账面价值。

第一百一十二条　企业对过渡日保险合同金融变动额采用修正追溯调整法时,应当按照下列规定进行衔接处理:

（一）根据本准则第一百零九条（一）规定将签发或分出时间相隔超过一年的合同归入同一合同组的,可以在过渡日确定合同组初始确认时或以后适用的折现率。企业根据本准则第三十四条选择将保险合同金融变动额分解计入保险财务损益和其他综合收益的,应当采用适当方法确定过渡日计入其他综合收益的累计金额。

（二）未将签发或分出时间相隔超过一年的合同归入同一合同组的,应当按照本准则第一百一十条（二）估计合同组初始确认时或以后适用的折现率。企业根据本准则第三十四条选择将保险合同金融变动额分解计入保险财务损益和计入其他综合收益的,应当采用适当方法确定过渡日计入其他综合收益的累计金额。

第一百一十三条　企业根据本准则第三十七条规定选择不调整中期财务报表有关会计估计处理结果的会计政策的,应当在过渡日对该会计政策采用追溯调整法处理。采用追溯调整法不切实可行的,企业可以采用修正追溯调整法,对保险合同金融变动额和不具有直接参与分红特征的保险合同的合同服务边际或未到期责任负债亏损部分进行衔接处理时,视同过渡日前未编制中期财务报表。

第一百一十四条　企业采用公允价值法时,可以使用在合同开始日或初始确认时根据合同条款和市场状况可确定的合理可靠的信息,或使用在过渡日可获得的合理可靠的信息,根据本准则规定识别下列事项并进行衔接处理:

（一）保险合同组,企业可以将签发或分出时间间隔超过一年的合同归入同一合同组;

（二）具有直接参与分红特征的保险合同;

（三）不具有直接参与分红特征的保险合同中的相机抉择现金流量;

（四）具有相机参与分红特征的投资合同。

企业采用公允价值法时,对于在合同转让或非同一控制下企业合并中取得的保险合同,可以将该类合同在转让日或购买日前已发生的赔付义务确认为已发生赔款负债。

第一百一十五条　企业采用公允价值法时,按照下列规定进行衔接处理:

（一）企业可以在过渡日确定合同组初始确认时或以后适用的折现率;

（二）对于分出的再保险合同组对应亏损保险合同的,应当根据过渡日对应的亏损保险合同的未到期责任负债亏损部分乘以预计从分出的再保险合同组摊回的对应的保险合同赔付的比例,计算分出再保险合同组分保摊回未到期责任资产在过渡日的亏损摊回部分金额;

（三）企业根据本准则第三十四条选择将保险合同金融变动额分解计入保险财务损益和其他综合收益的,应当采用适当方法确定过渡日计入其他综合收益的累计金额;

（四）对保险获取现金流量资产采用追溯调整法不切实可行时,企业应当采用适当方法确定过渡日的保险获取现金流量资产。

第一百一十六条　企业应当在附注中披露与衔接处理相关的下列信息:

（一）在采用修正追溯调整法和公允价值法的保险合同的存续期间,说明该类保险合同在过渡日的衔接处理;

（二）在本准则第八十六条和第八十七条规定的调节表中,分别就过渡日采用修正追溯调整法和公允价值法的保险合同,在该类保险合同存续期间单独披露其对保险服务收入和

合同服务边际的影响;

（三）企业根据本准则第一百一十二条和第一百一十五条（三）的规定，采用修正追溯调整法或公允价值法确定过渡日计入其他综合收益的累计金额的，在该金额减计为零之前的期间，应当披露以公允价值计量且其变动计入其他综合收益的相关金融资产计入其他综合收益的累计金额自期初至期末的调节情况。

第一百一十七条 企业无须披露比首次执行日前最近一个会计年度更早期间的信息。企业选择披露未经调整的更早期间的比较信息的，应当列示该类信息并说明其编制基础。

企业可以选择不披露未公开的、比首次执行日前四个会计年度更早期间发生的索赔进展情况，但应当披露这一选择。

第一百一十八条 企业在本准则首次执行日前执行金融工具相关会计准则的，应当在本准则首次执行日对金融资产进行下列处理：

（一）企业可以对管理金融资产的业务模式进行重新评估并确定金融资产分类，但为了与本准则适用范围内合同无关的活动而持有的金融资产除外；

（二）在首次执行日前被指定为以公允价值计量且其变动计入当期损益的金融资产，因企业执行本准则而不再符合指定条件时，应当撤销之前的指定；

（三）金融资产因企业执行本准则而符合指定条件的，可以指定为以公允价值计量且其变动计入当期损益的金融资产；

（四）企业可以将非交易性权益工具投资指定为以公允价值计量且其变动计入其他综合收益的金融资产或撤销之前的指定。

企业应当以本准则首次执行日的事实和情况为基础进行上述处理，并追溯调整首次执行本准则当年年初留存收益或权益的其他部分。企业无须调整可比期间信息。企业选择调整可比期间信息的，应当以前期事实和情况为基础，以反映金融工具相关会计准则的要求。

第一百一十九条 企业根据本准则第一百一十八条规定进行处理的，应当披露下列信息：

（一）根据本准则第一百一十八条（一）对管理相关金融资产的业务模式进行重新评估并确定金融资产分类的标准；

（二）相关金融资产列报类型和账面价值的变化；

（三）撤销之前指定为以公允价值计量且其变动计入当期损益的金融资产的期末账面价值；

（四）指定或撤销指定以公允价值计量且其变动计入当期损益的相关金融资产的原因。

第十一章 附　　则

第一百二十条 本准则自 2023 年 1 月 1 日起施行。

26. 企业会计准则第 27 号——石油天然气开采（2006 年颁布）

（财会〔2006〕3 号）

第一章 总　　则

第一条 为了规范石油天然气（以下简称油气）开采活动的会计处理和相关信息的披露，根据《企业会计准则——基本准则》，制定本准则。

第二条 油气开采活动包括矿区权益的取得以及油气的勘探、开发和生产等阶段。

第三条 油气开采活动以外的油气储存、集输、加工和销售等业务的会计处理，适用其他相关会计准则。

第二章　矿区权益的会计处理

第四条　矿区权益，是指企业取得的在矿区内勘探、开发和生产油气的权利。

矿区权益分为探明矿区权益和未探明矿区权益。探明矿区，是指已发现探明经济可采储量的矿区；未探明矿区，是指未发现探明经济可采储量的矿区。

探明经济可采储量，是指在现有技术和经济条件下，根据地质和工程分析，可合理确定的能够从已知油气藏中开采的油气数量。

第五条　为取得矿区权益而发生的成本应当在发生时予以资本化。企业取得的矿区权益，应当按照取得时的成本进行初始计量：

（一）申请取得矿区权益的成本包括探矿权使用费、采矿权使用费、土地或海域使用权支出、中介费以及可直接归属于矿区权益的其他申请取得支出。

（二）购买取得矿区权益的成本包括购买价款、中介费以及可直接归属于矿区权益的其他购买取得支出。

矿区权益取得后发生的探矿权使用费、采矿权使用费和租金等维持矿区权益的支出，应当计入当期损益。

第六条　企业应当采用产量法或年限平均法对探明矿区权益计提折耗。采用产量法计提折耗的，折耗额可按照单个矿区计算，也可按照若干具有相同或类似地质构造特征或储层条件的相邻矿区所组成的矿区组计算。计算公式如下：

探明矿区权益折耗额＝探明矿区权益账面价值 × 探明矿区权益折耗率

$$探明矿区权益折耗率 = \frac{探明矿区当期产量}{探明矿区期末探明经济可采储量 + 探明矿区当期产量}$$

第七条　企业对于矿区权益的减值，应当分别不同情况确认减值损失：

（一）探明矿区权益的减值，按照《企业会计准则第 8 号——资产减值》处理。

（二）对于未探明矿区权益，应当至少每年进行一次减值测试。

单个矿区取得成本较大的，应当以单个矿区为基础进行减值测试，并确定未探明矿区权益减值金额。单个矿区取得成本较小且与其他相邻矿区具有相同或类似地质构造特征或储层条件的，可按照若干具有相同或类似地质构造特征或储层条件的相邻矿区所组成的矿区组进行减值测试。

未探明矿区权益公允价值低于账面价值的差额，应当确认为减值损失，计入当期损益。未探明矿区权益减值损失一经确认，不得转回。

第八条　企业转让矿区权益的，应当按照下列规定进行处理：

（一）转让全部探明矿区权益的，将转让所得与矿区权益账面价值的差额计入当期损益。

转让部分探明矿区权益的，按照转让权益和保留权益的公允价值比例，计算确定已转让部分矿区权益账面价值，转让所得与已转让矿区权益账面价值的差额计入当期损益。

（二）转让单独计提减值准备的全部未探明矿区权益的，转让所得与未探明矿区权益账面价值的差额，计入当期损益。

转让单独计提减值准备的部分未探明矿区权益的，如果转让所得大于矿区权益账面价值，将其差额计入当期损益；如果转让所得小于矿区权益账面价值，以转让所得冲减矿区权益账面价值，不确认损益。

（三）转让以矿区组为基础计提减值准备的未探明矿区权益的，如果转让所得大于矿区权益账面原值，将其差额计入当期损益；如果转让所得小于矿区权益账面原值，以转让所得冲减矿区权益账面原值，不确认损益。

转让该矿区组最后一个未探明矿区的剩余矿区权益时，转让所得与未探明矿区权益账面价值的差额，计入当期损益。

第九条　未探明矿区（组）内发现探明经济可采储量而将未探明矿区（组）转为探明

矿区（组）的，应当按照其账面价值转为探明矿区权益。

第十条 未探明矿区因最终未能发现探明经济可采储量而放弃的，应当按照放弃时的账面价值转销未探明矿区权益并计入当期损益。因未完成义务工作量等因素导致发生的放弃成本，计入当期损益。

第三章 油气勘探的会计处理

第十一条 油气勘探，是指为了识别勘探区域或探明油气储量而进行的地质调查、地球物理勘探、钻探活动以及其他相关活动。

第十二条 油气勘探支出包括钻井勘探支出和非钻井勘探支出。

钻井勘探支出主要包括钻探区域探井、勘探型详探井、评价井和资料井等活动发生的支出；非钻井勘探支出主要包括进行地质调查、地球物理勘探等活动发生的支出。

第十三条 钻井勘探支出在完井后，确定该井发现了探明经济可采储量的，应当将钻探该井的支出结转为井及相关设施成本。

确定该井未发现探明经济可采储量的，应当将钻探该井的支出扣除净残值后计入当期损益。

确定部分井段发现了探明经济可采储量的，应当将发现探明经济可采储量的有效井段的钻井勘探支出结转为井及相关设施成本，无效井段钻井勘探累计支出转入当期损益。

未能确定该探井是否发现探明经济可采储量的，应当在完井后一年内将钻探该井的支出予以暂时资本化。

第十四条 在完井一年时仍未能确定该探井是否发现探明经济可采储量，同时满足下列条件的，应当将钻探该井的资本化支出继续暂时资本化，否则应当计入当期损益：

（一）该井已发现足够数量的储量，但要确定其是否属于探明经济可采储量，还需要实施进一步的勘探活动；

（二）进一步的勘探活动已在实施中或已有明确计划并即将实施。

钻井勘探支出已费用化的探井又发现了探明经济可采储量的，已费用化的钻井勘探支出不作调整，重新钻探和完井发生的支出应当予以资本化。

第十五条 非钻井勘探支出于发生时计入当期损益。

第四章 油气开发的会计处理

第十六条 油气开发，是指为了取得探明矿区中的油气而建造或更新井及相关设施的活动。

第十七条 油气开发活动所发生的支出，应当根据其用途分别予以资本化，作为油气开发形成的井及相关设施的成本。

油气开发形成的井及相关设施的成本主要包括：

（一）钻前准备支出，包括前期研究、工程地质调查、工程设计、确定井位、清理井场、修建道路等活动发生的支出；

（二）井的设备购置和建造支出，井的设备包括套管、油管、抽油设备和井口装置等，井的建造包括钻井和完井；

（三）购建提高采收率系统发生的支出；

（四）购建矿区内集输设施、分离处理设施、计量设备、储存设施、各种海上平台、海底及陆上电缆等发生的支出。

第十八条 在探明矿区内，钻井至现有已探明层位的支出，作为油气开发支出；为获取新增探明经济可采储量而继续钻至未探明层位的支出，作为钻井勘探支出，按照本准则第十三条和第十四条处理。

第五章 油气生产的会计处理

第十九条 油气生产,是指将油气从油气藏提取到地表以及在矿区内收集、拉运、处理、现场储存和矿区管理等活动。

第二十条 油气的生产成本包括相关矿区权益折耗、井及相关设施折耗、辅助设备及设施折旧以及操作费用等。操作费用包括油气生产和矿区管理过程中发生的直接和间接费用。

第二十一条 企业应当采用产量法或年限平均法对井及相关设施计提折耗。井及相关设施包括确定发现了探明经济可采储量的探井和开采活动中形成的井,以及与开采活动直接相关的各种设施。采用产量法计提折耗的,折耗额可按照单个矿区计算,也可按照若干具有相同或类似地质构造特征或储层条件的相邻矿区所组成的矿区组计算。计算公式如下:

探明矿区权益折耗额 = 探明矿区权益账面价值 × 探明矿区权益折耗率

$$探明矿区权益折耗率 = \frac{探明矿区当期产量}{探明矿区期末探明经济可采储量 + 探明矿区当期产量}$$

探明已开发经济可采储量,包括矿区的开发井网钻探和配套设施建设完成后已全面投入开采的探明经济可采储量,以及在提高采收率技术所需的设施已建成并已投产后相应增加的可采储量。

第二十二条 地震设备、建造设备、车辆、修理车间、仓库、供应站、通讯设备、办公设施等辅助设备及设施,应当按照《企业会计准则第 4 号——固定资产》处理。

第二十三条 企业承担的矿区废弃处置义务,满足《企业会计准则第 13 号——或有事项》中预计负债确认条件的,应当将该义务确认为预计负债,并相应增加井及相关设施的账面价值。

不符合预计负债确认条件的,在废弃时发生的拆卸、搬移、场地清理等支出,应当计入当期损益。

矿区废弃,是指矿区内的最后一口井停产。

第二十四条 井及相关设施、辅助设备及设施的减值,应当按照《企业会计准则第 8 号——资产减值》处理。

第六章 披 露

第二十五条 企业应当在附注中披露与石油天然气开采活动有关的下列信息:

(一)拥有国内和国外的油气储量年初、年末数据。

(二)当期在国内和国外发生的矿区权益的取得、油气勘探和油气开发各项支出的总额。

(三)探明矿区权益、井及相关设施的账面原值,累计折耗和减值准备累计金额及其计提方法;与油气开采活动相关的辅助设备及设施的账面原价,累计折旧和减值准备累计金额及其计提方法。

27. 企业会计准则第 28 号——会计政策、会计估计变更和差错更正(2006 年颁布)

(财会〔2006〕3 号)

第一章 总 则

第一条 为了规范企业会计政策的应用、会计政策、会计估计变更和前期差错更正的确认、计量和相关信息的披露,根据《企业会计准则——基本准则》,制定本准则。

第二条 会计政策变更和前期差错更正的所得税影响，适用《企业会计准则第18号——所得税》。

第二章 会 计 政 策

第三条 企业应当对相同或者相似的交易或者事项采用相同的会计政策进行处理。但是，其他会计准则另有规定的除外。

会计政策，是指企业在会计确认、计量和报告中所采用的原则、基础和会计处理方法。

第四条 企业采用的会计政策，在每一会计期间和前后各期应当保持一致，不得随意变更。但是，满足下列条件之一的，可以变更会计政策：

（一）法律、行政法规或者国家统一的会计制度等要求变更。

（二）会计政策变更能够提供更可靠、更相关的会计信息。

第五条 下列各项不属于会计政策变更：

（一）本期发生的交易或者事项与以前相比具有本质差别而采用新的会计政策。

（二）对初次发生的或不重要的交易或者事项采用新的会计政策。

第六条 企业根据法律、行政法规或者国家统一的会计制度等要求变更会计政策的，应当按照国家相关会计规定执行。

会计政策变更能够提供更可靠、更相关的会计信息的，应当采用追溯调整法处理，将会计政策变更累积影响数调整列报前期最早期初留存收益，其他相关项目的期初余额和列报前期披露的其他比较数据也应当一并调整，但确定该项会计政策变更累积影响数不切实可行的除外。

追溯调整法，是指对某项交易或事项变更会计政策，视同该项交易或事项初次发生时即采用变更后的会计政策，并以此对财务报表相关项目进行调整的方法。

会计政策变更累积影响数，是指按照变更后的会计政策对以前各期追溯计算的列报前期最早期初留存收益应有金额与现有金额之间的差额。

第七条 确定会计政策变更对列报前期影响数不切实可行的，应当从可追溯调整的最早期间期初开始应用变更后的会计政策。

在当期期初确定会计政策变更对以前各期累积影响数不切实可行的，应当采用未来适用法处理。

未来适用法，是指将变更后的会计政策应用于变更日及以后发生的交易或者事项，或者在会计估计变更当期和未来期间确认会计估计变更影响数的方法。

第三章 会计估计变更

第八条 企业据以进行估计的基础发生了变化，或者由于取得新信息、积累更多经验以及后来的发展变化，可能需要对会计估计进行修订。会计估计变更的依据应当真实、可靠。

会计估计变更，是指由于资产和负债的当前状况及预期经济利益和义务发生了变化，从而对资产或负债的账面价值或者资产的定期消耗金额进行调整。

第九条 企业对会计估计变更应当采用未来适用法处理。

会计估计变更仅影响变更当期的，其影响数应当在变更当期予以确认；既影响变更当期又影响未来期间的，其影响数应当在变更当期和未来期间予以确认。

第十条 企业难以对某项变更区分为会计政策变更或会计估计变更的，应当将其作为会计估计变更处理。

第四章 前期差错更正

第十一条 前期差错，是指由于没有运用或错误运用下列两种信息，而对前期财务报表造成省略漏或错报。

（一）编报前期财务报表时预期能够取得并加以考虑的可靠信息。

（二）前期财务报告批准报出时能够取得的可靠信息。

前期差错通常包括计算错误、应用会计政策错误、疏忽或曲解事实以及舞弊产生的影响以及存货、固定资产盘盈等。

第十二条 企业应当采用追溯重述法更正重要的前期差错，但确定前期差错累积影响数不切实可行的除外。

追溯重述法，是指在发现前期差错时，视同该项前期差错从未发生过，从而对财务报表相关项目进行更正的方法。

第十三条 确定前期差错影响数不切实可行的，可以从可追溯重述的最早期间开始调整留存收益的期初余额，财务报表其他相关项目的期初余额也应当一并调整，也可以采用未来适用法。

第十四条 企业应当在重要的前期差错发现当期的财务报表中，调整前期比较数据。

第五章 披 露

第十五条 企业应当在附注中披露与会计政策变更有关的下列信息：

（一）会计政策变更的性质、内容和原因。

（二）当期和各个列报前期财务报表中受影响的项目名称和调整金额。

（三）无法进行追溯调整的，说明该事实和原因以及开始应用变更后的会计政策的时点、具体应用情况。

第十六条 企业应当在附注中披露与会计估计变更有关的下列信息：

（一）会计估计变更的内容和原因。

（二）会计估计变更对当期和未来期间的影响数。

（三）会计估计变更的影响数不能确定的，披露这一事实和原因。

第十七条 企业应当在附注中披露与前期差错更正有关的下列信息：

（一）前期差错的性质。

（二）各个列报前期财务报表中受影响的项目名称和更正金额。

（三）无法进行追溯重述的，说明该事实和原因以及对前期差错开始进行更正的时点、具体更正情况。

第十八条 在以后期间的财务报表中，不需要重复披露在以前期间的附注中已披露的会计政策变更和前期差错更正的信息。

28. 企业会计准则第29号——资产负债表日后事项（2006年颁布）

（财会〔2006〕3号）

第一章 总 则

第一条 为了规范资产负债表日后事项的确认、计量和相关信息的披露，根据《企业会计准则——基本准则》，制定本准则。

第二条 资产负债表日后事项，是指资产负债表日至财务报告批准报出日之间发生的有利或不利事项。财务报告批准报出日，是指董事会或类似机构批准财务报告报出的日期。

资产负债表日后事项包括资产负债表日后调整事项和资产负债表日后非调整事项。

资产负债表日后调整事项，是指对资产负债表日已经存在的情况提供了新的或进一步证据的事项。

资产负债表日后非调整事项，是指表明资产负债表日后发生的情况的事项。

第三条 资产负债表日后事项表明持续经营假设不再适用的，企业不应当在持续经营基础上编制财务报表。

第二章　资产负债表日后调整事项

第四条 企业发生的资产负债表日后调整事项，应当调整资产负债表日的财务报表。

第五条 企业发生的资产负债表日后调整事项，通常包括下列各项：

（一）资产负债表日后诉讼案件结案，法院判决证实了企业在资产负债表日已经存在现时义务，需要调整原先确认的与该诉讼案件相关的预计负债，或确认一项新负债。

（二）资产负债表日后取得确凿证据，表明某项资产在资产负债表日发生了减值或者需要调整该项资产原先确认的减值金额。

（三）资产负债表日后进一步确定了资产负债表日前购入资产的成本或售出资产的收入。

（四）资产负债表日后发现了财务报表舞弊或差错。

第三章　资产负债表日后非调整事项

第六条 企业发生的资产负债表日后非调整事项，不应当调整资产负债表日的财务报表。

第七条 企业发生的资产负债表日后非调整事项，通常包括下列各项：

（一）资产负债表日后发生重大诉讼、仲裁、承诺。

（二）资产负债表日后资产价格、税收政策、外汇汇率发生重大变化。

（三）资产负债表日后因自然灾害导致资产发生重大损失。

（四）资产负债表日后发行股票和债券以及其他巨额举债。

（五）资产负债表日后资本公积转增资本。

（六）资产负债表日后发生巨额亏损。

（七）资产负债表日后发生企业合并或处置子公司。

第八条 资产负债表日后，企业利润分配方案中拟分配的以及经审议批准宣告发放的股利或利润，不确认为资产负债表日的负债，但应当在附注中单独披露。

第四章　披　　露

第九条 企业应当在附注中披露与资产负债表日后事项有关的下列信息：

（一）财务报告的批准报出者和财务报告批准报出日。

按照有关法律、行政法规等规定，企业所有者或其他方面有权对报出的财务报告进行修改的，应当披露这一情况。

（二）每项重要的资产负债表日后非调整事项的性质、内容，及其对财务状况和经营成果的影响。无法做出估计的，应当说明原因。

第十条 企业在资产负债表日后取得了影响资产负债表日存在情况的新的或进一步的证据，应当调整与之相关的披露信息。

29. 企业会计准则第 30 号——财务报表列报（2006 年颁布）

（财会〔2014〕7 号）

第一章　总　　则

第一条 为了规范财务报表的列报，保证同一企业不同期间和同一期间不同企业的财务报表相互可比，根据《企业会计准则——基本准则》，制定本准则。

第二条 财务报表是对企业财务状况、经营成果和现金流量的结构性表述。财务报表至少应当包括下列组成部分：

（一）资产负债表；

（二）利润表；

（三）现金流量表；

（四）所有者权益（或股东权益，下同）变动表；

（五）附注。

财务报表上述组成部分具有同等的重要程度。

第三条 本准则适用于个别财务报表和合并财务报表，以及年度财务报表和中期财务报表，《企业会计准则第 32 号——中期财务报告》另有规定的除外。合并财务报表的编制和列报，还应遵循《企业会计准则第 33 号——合并财务报表》；现金流量表的编制和列报，还应遵循《企业会计准则第 31 号——现金流量表》；其他会计准则的特殊列报要求，适用其他相关会计准则。

第二章　基本要求

第四条 企业应当以持续经营为基础，根据实际发生的交易和事项，按照《企业会计准则——基本准则》和其他各项会计准则的规定进行确认和计量，在此基础上编制财务报表。企业不应以附注披露代替确认和计量，不恰当的确认和计量也不能通过充分披露相关会计政策而纠正。

如果按照各项会计准则规定披露的信息不足以让报表使用者了解特定交易或事项对企业财务状况和经营成果的影响时，企业还应当披露其他的必要信息。

第五条 在编制财务报表的过程中，企业管理层应当利用所有可获得信息来评价企业自报告期末起至少 12 个月的持续经营能力。

评价时需要考虑宏观政策风险、市场经营风险、企业目前或长期的盈利能力、偿债能力、财务弹性以及企业管理层改变经营政策的意向等因素。

评价结果表明对持续经营能力产生重大怀疑的，企业应当在附注中披露导致对持续经营能力产生重大怀疑的因素以及企业拟采取的改善措施。

第六条 企业如有近期获利经营的历史且有财务资源支持，则通常表明以持续经营为基础编制财务报表是合理的。

企业正式决定或被迫在当期或将在下一个会计期间进行清算或停止营业的，则表明以持续经营为基础编制财务报表不再合理。在这种情况下，企业应当采用其他基础编制财务报表，并在附注中声明财务报表未以持续经营为基础编制的事实、披露未以持续经营为基础编制的原因和财务报表的编制基础。

第七条 除现金流量表按照收付实现制原则编制外，企业应当按照权责发生制原则编制财务报表。

第八条 财务报表项目的列报应当在各个会计期间保持一致，不得随意变更，但下列情况除外：

（一）会计准则要求改变财务报表项目的列报。

（二）企业经营业务的性质发生重大变化或对企业经营影响较大的交易或事项发生后，变更财务报表项目的列报能够提供更可靠、更相关的会计信息。

第九条 性质或功能不同的项目，应当在财务报表中单独列报，但不具有重要性的项目除外。

性质或功能类似的项目，其所属类别具有重要性的，应当按其类别在财务报表中单独列报。

某些项目的重要性程度不足以在资产负债表、利润表、现金流量表或所有者权益变动表中单独列示，但对附注却具有重要性，则应当在附注中单独披露。

第十条 重要性，是指在合理预期下，财务报表某项目的省略或错报会影响使用者据此作出经济决策的，该项目具有重要性。

重要性应当根据企业所处的具体环境，从项目的性质和金额两方面予以判断，且对各项目重要性的判断标准一经确定，不得随意变更。判断项目性质的重要性，应当考虑该项目在性质上是否属于企业日常活动、是否显著影响企业的财务状况、经营成果和现金流量等因素；判断项目金额大小的重要性，应当考虑该项目金额占资产总额、负债总额、所有者权益总额、营业收入总额、营业成本总额、净利润、综合收益总额等直接相关项目金额的比重或所属报表单列项目金额的比重。

第十一条 财务报表中的资产项目和负债项目的金额、收入项目和费用项目的金额、直接计入当期利润的利得项目和损失项目的金额不得相互抵销，但其他会计准则另有规定的除外。

一组类似交易形成的利得和损失应当以净额列示，但具有重要性的除外。

资产或负债项目按扣除备抵项目后的净额列示，不属于抵销。

非日常活动产生的利得和损失，以同一交易形成的收益扣减相关费用后的净额列示更能反映交易实质的，不属于抵销。

第十二条 当期财务报表的列报，至少应当提供所有列报项目上一个可比会计期间的比较数据，以及与理解当期财务报表相关的说明，但其他会计准则另有规定的除外。

根据本准则第八条的规定，财务报表的列报项目发生变更的，应当至少对可比期间的数据按照当期的列报要求进行调整，并在附注中披露调整的原因和性质，以及调整的各项目金额。对可比数据进行调整不切实可行的，应当在附注中披露不能调整的原因。

不切实可行，是指企业在作出所有合理努力后仍然无法采用某项会计准则规定。

第十三条 企业应当在财务报表的显著位置至少披露下列各项：

（一）编报企业的名称。

（二）资产负债表日或财务报表涵盖的会计期间。

（三）人民币金额单位。

（四）财务报表是合并财务报表的，应当予以标明。

第十四条 企业至少应当按年编制财务报表。年度财务报表涵盖的期间短于一年的，应当披露年度财务报表的涵盖期间、短于一年的原因以及报表数据不具可比性的事实。

第十五条 本准则规定在财务报表中单独列报的项目，应当单独列报。其他会计准则规定单独列报的项目，应当增加单独列报项目。

第三章　资产负债表

第十六条 资产和负债应当分别流动资产和非流动资产、流动负债和非流动负债列示。

金融企业等销售产品或提供服务不具有明显可识别营业周期的企业，其各项资产或负债按照流动性列示能够提供可靠且更相关信息的，可以按照其流动性顺序列示。从事多种经营的企业，其部分资产或负债按照流动和非流动列报、其他部分资产或负债按照流动性列示能够提供可靠且更相关信息的，可以采用混合的列报方式。

对于同时包含资产负债表日后一年内（含一年，下同）和一年之后预期将收回或清偿金额的资产和负债单列项目，企业应当披露超过一年后预期收回或清偿的金额。

第十七条 资产满足下列条件之一的，应当归类为流动资产：

（一）预计在一个正常营业周期中变现、出售或耗用。

（二）主要为交易目的而持有。

（三）预计在资产负债表日起一年内变现。

（四）自资产负债表日起一年内，交换其他资产或清偿负债的能力不受限制的现金或现金等价物。

正常营业周期，是指企业从购买用于加工的资产起至实现现金或现金等价物的期间。正常营业周期通常短于一年。因生产周期较长等导致正常营业周期长于一年的，尽管相关资产往往超过一年才变现、出售或耗用，仍应当划分为流动资产。正常营业周期不能确定的，应当以一年（12个月）作为正常营业周期。

第十八条 流动资产以外的资产应当归类为非流动资产，并应按其性质分类列示。被划分为持有待售的非流动资产应当归类为流动资产。

第十九条 负债满足下列条件之一的，应当归类为流动负债：

（一）预计在一个正常营业周期中清偿。

（二）主要为交易目的而持有。

（三）自资产负债表日起一年内到期应予以清偿。

（四）企业无权自主地将清偿推迟至资产负债表日后一年以上。负债在其对手方选择的情况下可通过发行权益进行清偿的条款与负债的流动性划分无关。

企业对资产和负债进行流动性分类时，应当采用相同的正常营业周期。企业正常营业周期中的经营性负债项目即使在资产负债表日后超过一年才予清偿的，仍应当划分为流动负债。经营性负债项目包括应付账款、应付职工薪酬等，这些项目属于企业正常营业周期中使用的营运资金的一部分。

第二十条 流动负债以外的负债应当归类为非流动负债，并应当按其性质分类列示。被划分为持有待售的非流动负债应当归类为流动负债。

第二十一条 对于在资产负债表日起一年内到期的负债，企业有意图且有能力自主地将清偿义务展期至资产负债表日后一年以上的，应当归类为非流动负债；不能自主地将清偿义务展期的，即使在资产负债表日后、财务报告批准报出日前签订了重新安排清偿计划协议，该项负债仍应当归类为流动负债。

第二十二条 企业在资产负债表日或之前违反了长期借款协议，导致贷款人可随时要求清偿的负债，应当归类为流动负债。

贷款人在资产负债表日或之前同意提供在资产负债表日后一年以上的宽限期，在此期限内企业能够改正违约行为，且贷款人不能要求随时清偿的，该项负债应当归类为非流动负债。

其他长期负债存在类似情况的，比照上述第一款和第二款处理。

第二十三条 资产负债表中的资产类至少应当单独列示反映下列信息的项目：

（一）货币资金；

（二）以公允价值计量且其变动计入当期损益的金融资产；

（三）应收款项；

（四）预付款项；

（五）存货；

（六）被划分为持有待售的非流动资产及被划分为持有待售的处置组中的资产；

（七）可供出售金融资产；

（八）持有至到期投资；

（九）长期股权投资；

（十）投资性房地产；

（十一）固定资产；

（十二）生物资产；

（十三）无形资产；

（十四）递延所得税资产。

第二十四条 资产负债表中的资产类至少应当包括流动资产和非流动资产的合计项目，按照企业的经营性质不切实可行的除外。

第二十五条 资产负债表中的负债类至少应当单独列示反映下列信息的项目：

（一）短期借款；

（二）以公允价值计量且其变动计入当期损益的金融负债；

（三）应付款项；

（四）预收款项；

（五）应付职工薪酬；

（六）应交税费；

（七）被划分为持有待售的处置组中的负债；

（八）长期借款；

（九）应付债券；

（十）长期应付款；

（十一）预计负债；

（十二）递延所得税负债。

第二十六条 资产负债表中的负债类至少应当包括流动负债、非流动负债和负债的合计项目，按照企业的经营性质不切实可行的除外。

第二十七条 资产负债表中的所有者权益类至少应当单独列示反映下列信息的项目：

（一）实收资本（或股本，下同）；

（二）资本公积；

（三）盈余公积；

（四）未分配利润。

在合并资产负债表中，应当在所有者权益类单独列示少数股东权益。

第二十八条 资产负债表中的所有者权益类应当包括所有者权益的合计项目。

第二十九条 资产负债表应当列示资产总计项目，负债和所有者权益总计项目。

第四章 利　润　表

第三十条 企业在利润表中应当对费用按照功能分类，分为从事经营业务发生的成本、管理费用、销售费用和财务费用等。

第三十一条 利润表至少应当单独列示反映下列信息的项目，但其他会计准则另有规定的除外：

（一）营业收入；

（二）营业成本；

（三）营业税金及附加；

（四）管理费用；

（五）销售费用；

（六）财务费用；

（七）投资收益；

（八）公允价值变动损益；

（九）资产减值损失；

（十）非流动资产处置损益；

（十一）所得税费用；

（十二）净利润；

（十三）其他综合收益各项目分别扣除所得税影响后的净额；

（十四）综合收益总额。

金融企业可以根据其特殊性列示利润表项目。

第三十二条 综合收益，是指企业在某一期间除与所有者以其所有者身份进行的交易之外的其他交易或事项所引起的所有者权益变动。综合收益总额项目反映净利润和其他综合收益扣除所得税影响后的净额相加后的合计金额。

第三十三条 其他综合收益，是指企业根据其他会计准则规定未在当期损益中确认的各项利得和损失。

其他综合收益项目应当根据其他相关会计准则的规定分为下列两类列报：

（一）以后会计期间不能重分类进损益的其他综合收益项目，主要包括重新计量设定受益计划净负债或净资产导致的变动、按照权益法核算的在被投资单位以后会计期间不能重分类进损益的其他综合收益中所享有的份额等；

（二）以后会计期间在满足规定条件时将重分类进损益的其他综合收益项目，主要包括按照权益法核算的在被投资单位以后会计期间在满足规定条件时将重分类进损益的其他综合收益中所享有的份额、可供出售金融资产公允价值变动形成的利得或损失、持有至到期投资重分类为可供出售金融资产形成的利得或损失、现金流量套期工具产生的利得或损失中属于有效套期的部分、外币财务报表折算差额等。

第三十四条 在合并利润表中，企业应当在净利润项目之下单独列示归属于母公司所有者的损益和归属于少数股东的损益，在综合收益总额项目之下单独列示归属于母公司所有者的综合收益总额和归属于少数股东的综合收益总额。

第五章 所有者权益变动表

第三十五条 所有者权益变动表应当反映构成所有者权益的各组成部分当期的增减变动情况。综合收益和与所有者（或股东，下同）的资本交易导致的所有者权益的变动，应当分别列示。

与所有者的资本交易，是指企业与所有者以其所有者身份进行的、导致企业所有者权益变动的交易。

第三十六条 所有者权益变动表至少应当单独列示反映下列信息的项目：

（一）综合收益总额，在合并所有者权益变动表中还应单独列示归属于母公司所有者的综合收益总额和归属于少数股东的综合收益总额；

（二）会计政策变更和前期差错更正的累积影响金额；

（三）所有者投入资本和向所有者分配利润等；

（四）按照规定提取的盈余公积；

（五）所有者权益各组成部分的期初和期末余额及其调节情况。

第六章 附 注

第三十七条 附注是对在资产负债表、利润表、现金流量表和所有者权益变动表等报表中列示项目的文字描述或明细资料，以及对未能在这些报表中列示项目的说明等。

第三十八条 附注应当披露财务报表的编制基础，相关信息应当与资产负债表、利润表、现金流量表和所有者权益变动表等报表中列示的项目相互参照。

第三十九条 附注一般应当按照下列顺序至少披露：

（一）企业的基本情况。

1. 企业注册地、组织形式和总部地址。

2. 企业的业务性质和主要经营活动。

3. 母公司以及集团最终母公司的名称。
4. 财务报告的批准报出者和财务报告批准报出日，或者以签字人及其签字日期为准。
5. 营业期限有限的企业，还应当披露有关其营业期限的信息。
（二）财务报表的编制基础。
（三）遵循企业会计准则的声明。
企业应当声明编制的财务报表符合企业会计准则的要求，真实、完整地反映了企业的财务状况、经营成果和现金流量等有关信息。
（四）重要会计政策和会计估计。
重要会计政策的说明，包括财务报表项目的计量基础和在运用会计政策过程中所做的重要判断等。重要会计估计的说明，包括可能导致下一个会计期间内资产、负债账面价值重大调整的会计估计的确定依据等。
企业应当披露采用的重要会计政策和会计估计，并结合企业的具体实际披露其重要会计政策的确定依据和财务报表项目的计量基础，及其会计估计所采用的关键假设和不确定因素。
（五）会计政策和会计估计变更以及差错更正的说明。
企业应当按照《企业会计准则第28号——会计政策、会计估计变更和差错更正》的规定，披露会计政策和会计估计变更以及差错更正的情况。
（六）报表重要项目的说明。
企业应当按照资产负债表、利润表、现金流量表、所有者权益变动表及其项目列示的顺序，对报表重要项目的说明采用文字和数字描述相结合的方式进行披露。报表重要项目的明细金额合计，应当与报表项目金额相衔接。
企业应当在附注中披露费用按照性质分类的利润表补充资料，可将费用分为耗用的原材料、职工薪酬费用、折旧费用、摊销费用等。
（七）或有和承诺事项、资产负债表日后非调整事项、关联方关系及其交易等需要说明的事项。
（八）有助于财务报表使用者评价企业管理资本的目标、政策及程序的信息。
第四十条 企业应当在附注中披露下列关于其他综合收益各项目的信息：
（一）其他综合收益各项目及其所得税影响；
（二）其他综合收益各项目原计入其他综合收益、当期转出计入当期损益的金额；
（三）其他综合收益各项目的期初和期末余额及其调节情况。
第四十一条 企业应当在附注中披露终止经营的收入、费用、利润总额、所得税费用和净利润，以及归属于母公司所有者的终止经营利润。
第四十二条 终止经营，是指满足下列条件之一的已被企业处置或被企业划归为持有待售的、在经营和编制财务报表时能够单独区分的组成部分：
（一）该组成部分代表一项独立的主要业务或一个主要经营地区。
（二）该组成部分是拟对一项独立的主要业务或一个主要经营地区进行处置计划的一部分。
（三）该组成部分是仅仅为了再出售而取得的子公司。
同时满足下列条件的企业组成部分（或非流动资产，下同）应当确认为持有待售：该组成部分必须在其当前状况下仅根据出售此类组成部分的惯常条款即可立即出售；企业已经就处置该组成部分作出决议，如按规定需得到股东批准的，应当已经取得股东大会或相应权力机构的批准；企业已经与受让方签订了不可撤销的转让协议；该项转让将在一年内完成。
第四十三条 企业应当在附注中披露在资产负债表日后、财务报告批准报出日前提议或宣布发放的股利总额和每股股利金额（或向投资者分配的利润总额）。

第七章 衔接规定

第四十四条 在本准则施行日之前已经执行企业会计准则的企业，应当按照本准则调整财务报表的列报项目；涉及有关报表和附注比较数据的，也应当做相应调整，调整不切实可行的除外。

第八章 附 则

第四十五条 本准则自 2014 年 7 月 1 日起施行。

30. 企业会计准则第 31 号——现金流量表（2006 年颁布）

（财会〔2006〕3 号）

第一章 总 则

第一条 为了规范现金流量表的编制和列报，根据《企业会计准则——基本准则》，制定本准则。

第二条 现金流量表，是指反映企业在一定会计期间现金和现金等价物流入和流出的报表。

现金，是指企业库存现金以及可以随时用于支付的存款。

现金等价物，是指企业持有的期限短、流动性强、易于转换为已知金额现金、价值变动风险很小的投资。

本准则提及现金时，除非同时提及现金等价物，均包括现金和现金等价物。

第三条 合并现金流量表的编制和列报，适用《企业会计准则第 33 号——合并财务报表》。

第二章 基本要求

第四条 现金流量表应当分别经营活动、投资活动和筹资活动列报现金流量。

第五条 现金流量应当分别按照现金流入和现金流出总额列报。

但是，下列各项可以按照净额列报：

（一）代客户收取或支付的现金。

（二）周转快、金额大、期限短项目的现金流入和现金流出。

（三）金融企业的有关项目，包括短期贷款发放与收回的贷款本金、活期存款的吸收与支付、同业存款和存放同业款项的存取、向其他金融企业拆借资金以及证券的买入与卖出等。

第六条 自然灾害损失、保险索赔等特殊项目，应当根据其性质，分别归并到经营活动、投资活动和筹资活动现金流量类别中单独列报。

第七条 外币现金流量以及境外子公司的现金流量，应当采用现金流量发生日的即期汇率或按照系统合理的方法确定的、与现金流量发生日即期汇率近似的汇率折算。汇率变动对现金的影响额应当作为调节项目，在现金流量表中单独列报。

第三章 经营活动现金流量

第八条 企业应当采用直接法列示经营活动产生的现金流量。

经营活动，是指企业投资活动和筹资活动以外的所有交易和事项。

直接法，是指通过现金收入和现金支出的主要类别列示经营活动的现金流量。

第九条 有关经营活动现金流量的信息，可以通过下列途径之一取得：

（一）企业的会计记录。

（二）根据下列项目对利润表中的营业收入、营业成本以及其他项目进行调整：

1. 当期存货及经营性应收和应付项目的变动；

2. 固定资产折旧、无形资产摊销、计提资产减值准备等其他非现金项目；

3. 属于投资活动或筹资活动现金流量的其他非现金项目。

第十条 经营活动产生的现金流量至少应当单独列示反映下列信息的项目：

（一）销售商品、提供劳务收到的现金；

（二）收到的税费返还；

（三）收到其他与经营活动有关的现金；

（四）购买商品、接受劳务支付的现金；

（五）支付给职工以及为职工支付的现金；

（六）支付的各项税费；

（七）支付其他与经营活动有关的现金。

第十一条 金融企业可以根据行业特点和现金流量实际情况，合理确定经营活动现金流量项目的类别。

第四章 投资活动现金流量

第十二条 投资活动，是指企业长期资产的购建和不包括在现金等价物范围的投资及其处置活动。

第十三条 投资活动产生的现金流量至少应当单独列示反映下列信息的项目：

（一）收回投资收到的现金；

（二）取得投资收益收到的现金；

（三）处置固定资产、无形资产和其他长期资产收回的现金净额；

（四）处置子公司及其他营业单位收到的现金净额；

（五）收到其他与投资活动有关的现金；

（六）购建固定资产、无形资产和其他长期资产支付的现金；

（七）投资支付的现金；

（八）取得子公司及其他营业单位支付的现金净额；

（九）支付其他与投资活动有关的现金。

第五章 筹资活动现金流量

第十四条 筹资活动，是指导致企业资本及债务规模和构成发生变化的活动。

第十五条 筹资活动产生的现金流量至少应当单独列示反映下列信息的项目：

（一）吸收投资收到的现金；

（二）取得借款收到的现金；

（三）收到其他与筹资活动有关的现金；

（四）偿还债务支付的现金；

（五）分配股利、利润或偿付利息支付的现金；

（六）支付其他与筹资活动有关的现金。

第六章 披　　露

第十六条 企业应当在附注中披露将净利润调节为经营活动现金流量的信息。至少应当单独披露对净利润进行调节的下列项目：

（一）资产减值准备；
（二）固定资产折旧；
（三）无形资产摊销；
（四）长期待摊费用摊销；
（五）待摊费用；
（六）预提费用；
（七）处置固定资产、无形资产和其他长期资产的损益；
（八）固定资产报废损失；
（九）公允价值变动损益；
（十）财务费用；
（十一）投资损益；
（十二）递延所得税资产和递延所得税负债；
（十三）存货；
（十四）经营性应收项目；
（十五）经营性应付项目。

第十七条 企业应当在附注中以总额披露当期取得或处置子公司及其他营业单位的下列信息：
（一）取得或处置价格；
（二）取得或处置价格中以现金支付的部分；
（三）取得或处置子公司及其他营业单位收到的现金；
（四）取得或处置子公司及其他营业单位按照主要类别分类的非现金资产和负债。

第十八条 企业应当在附注中披露不涉及当期现金收支、但影响企业财务状况或在未来可能影响企业现金流量的重大投资和筹资活动。

第十九条 企业应当在附注中披露与现金和现金等价物有关的下列信息：
（一）现金和现金等价物的构成及其在资产负债表中的相应金额。
（二）企业持有但不能由母公司或集团内其他子公司使用的大额现金和现金等价物金额。

31. 企业会计准则第 32 号——中期财务报告（2006 年颁布）

（财会〔2006〕3 号）

第一章 总 则

第一条 为了规范中期财务报告的内容和编制中期财务报告应当遵循的确认与计量原则，根据《企业会计准则——基本准则》，制定本准则。

第二条 中期财务报告，是指以中期为基础编制的财务报告。
中期，是指短于一个完整的会计年度的报告期间。

第二章 中期财务报告的内容

第三条 中期财务报告至少应当包括资产负债表、利润表、现金流量表和附注。
中期资产负债表、利润表和现金流量表应当是完整报表，其格式和内容应当与上年度财务报表相一致。
当年新施行的会计准则对财务报表格式和内容作了修改的，中期财务报表应当按照修改后的报表格式和内容编制，上年度比较财务报表的格式和内容，也应当作相应调整。
基本每股收益和稀释每股收益应当在中期利润表中单独列示。

第四条 上年度编制合并财务报表的，中期期末应当编制合并财务报表。

上年度财务报告除了包括合并财务报表，还包括母公司财务报表的，中期财务报告也应当包括母公司财务报表。

上年度财务报告包括了合并财务报表，但报告中期内处置了所有应当纳入合并范围的子公司的，中期财务报告只需提供母公司财务报表，但上年度比较财务报表仍应当包括合并财务报表，上年度可比中期没有子公司的除外。

第五条 中期财务报告应当按照下列规定提供比较财务报表：

（一）本中期末的资产负债表和上年度末的资产负债表。

（二）本中期的利润表、年初至本中期末的利润表以及上年度可比期间的利润表。

（三）年初至本中期末的现金流量表和上年度年初至可比本中期末的现金流量表。

第六条 财务报表项目在报告中期作了调整或者修订的，上年度比较财务报表项目有关金额应当按照本年度中期财务报表的要求重新分类，并在附注中说明重新分类的原因及其内容，无法重新分类的，应当在附注中说明不能重新分类的原因。

第七条 中期财务报告中的附注应当以年初至本中期末为基础编制，披露自上年度资产负债表日之后发生的，有助于理解企业财务状况、经营成果和现金流量变化情况的重要交易或者事项。

对于理解本中期财务状况、经营成果和现金流量有关的重要交易或者事项，也应当在附注中作相应披露。

第八条 中期财务报告中的附注至少应当包括下列信息：

（一）中期财务报表所采用的会计政策与上年度财务报表相一致的声明。

会计政策发生变更的，应当说明会计政策变更的性质、内容、原因及其影响数；无法进行追溯调整的，应当说明原因。

（二）会计估计变更的内容、原因及其影响数；影响数不能确定的，应当说明原因。

（三）前期差错的性质及其更正金额；无法进行追溯重述的，应当说明原因。

（四）企业经营的季节性或者周期性特征。

（五）存在控制关系的关联方发生变化的情况；关联方之间发生交易的，应当披露关联方关系的性质、交易类型和交易要素。

（六）合并财务报表的合并范围发生变化的情况。

（七）对性质特别或者金额异常的财务报表项目的说明。

（八）证券发行、回购和偿还情况。

（九）向所有者分配利润的情况，包括在中期内实施的利润分配和已提出或者已批准但尚未实施的利润分配情况。

（十）根据《企业会计准则第35号——分部报告》规定应当披露分部报告信息的，应当披露主要报告形式的分部收入与分部利润（亏损）。

（十一）中期资产负债表日至中期财务报告批准报出日之间发生的非调整事项。

（十二）上年度资产负债表日以后所发生的或有负债和或有资产的变化情况。

（十三）企业结构变化情况，包括企业合并，对被投资单位具有重大影响、共同控制或者控制关系的长期股权投资的购买或者处置，终止经营等。

（十四）其他重大交易或者事项，包括重大的长期资产转让及其出售情况、重大的固定资产和无形资产取得情况、重大的研究和开发支出、重大的资产减值损失情况等。

企业在提供上述（五）和（十）有关关联方交易、分部收入与分部利润（亏损）信息时，应当同时提供本中期（或者本中期末）和本年度年初至本中期末的数据，以及上年度可比本中期（或者可比期末）和可比年初至本中期末的比较数据。

第九条 企业在确认、计量和报告各中期财务报表项目时，对项目重要性程度的判断，应当以中期财务数据为基础,不应以年度财务数据为基础。中期会计计量与年度财务数据相比,可在更大程度上依赖于估计,但是,企业应当确保所提供的中期财务报告包括了相关的重要信息。

第十条 在同一会计年度内,以前中期财务报告中报告的某项估计金额在最后一个中期发生了重大变更、企业又不单独编制该中期财务报告的,应当在年度财务报告的附注中披露该项估计变更的内容、原因及其影响金额。

第三章 确认和计量

第十一条 企业在中期财务报表中应当采用与年度财务报表相一致的会计政策。

上年度资产负债表日之后发生了会计政策变更,且变更后的会计政策将在年度财务报表中采用的,中期财务报表应当采用变更后的会计政策,并按照本准则第十四条的规定处理。

第十二条 中期会计计量应当以年初至本中期末为基础,财务报告的频率不应当影响年度结果的计量。

在同一会计年度内,以前中期财务报表项目在以后中期发生了会计估计变更的,以后中期财务报表应当反映该会计估计变更后的金额,但对以前中期财务报表项目金额不作调整。同时,该会计估计变更应当按照本准则第八条(二)或者第十条的规定在附注中作相应披露。

第十三条 企业取得的季节性、周期性或者偶然性收入,应当在发生时予以确认和计量,不应在中期财务报表中预计或者递延,但会计年度末允许预计或者递延的除外。

企业在会计年度中不均匀发生的费用,应当在发生时予以确认和计量,不应在中期财务报表中预提或者待摊,但会计年度末允许预提或者待摊的除外。

第十四条 企业在中期发生了会计政策变更的,应当按照《企业会计准则第 28 号——会计政策、会计估计变更和差错更正》处理,并按照本准则第八条(一)的规定在附注中作相应披露。

会计政策变更的累积影响数能够合理确定、且涉及本会计年度以前中期财务报表相关项目数字的,应当予以追溯调整,视同该会计政策在整个会计年度一贯采用;同时,上年度可比财务报表也应当作相应调整。

32. 企业会计准则第 33 号——合并财务报表(2014 年修订)

(财会〔2014〕10 号)

第一章 总 则

第一条 为了规范合并财务报表的编制和列报,根据《企业会计准则——基本准则》,制定本准则。

第二条 合并财务报表,是指反映母公司和其全部子公司形成的企业集团整体财务状况、经营成果和现金流量的财务报表。母公司,是指控制一个或一个以上主体(含企业、被投资单位中可分割的部分,以及企业所控制的结构化主体等,下同)的主体。子公司,是指被母公司控制的主体。

第三条 合并财务报表至少应当包括下列组成部分:

(一)合并资产负债表;

(二)合并利润表;

(三)合并现金流量表;

(四)合并所有者权益(或股东权益,下同)变动表;

（五）附注。

企业集团中期期末编制合并财务报表的，至少应当包括合并资产负债表、合并利润表、合并现金流量表和附注。

第四条 母公司应当编制合并财务报表。如果母公司是投资性主体，且不存在为其投资活动提供相关服务的子公司，则不应当编制合并财务报表，该母公司按照本准则第二十一条规定以公允价值计量其对所有子公司的投资，且公允价值变动计入当期损益。

第五条 外币财务报表折算，适用《企业会计准则第 19 号——外币折算》和《企业会计准则第 31 号——现金流量表》。

第六条 关于在子公司权益的披露，适用《企业会计准则第 41 号——在其他主体中权益的披露》。

第二章　合并范围

第七条 合并财务报表的合并范围应当以控制为基础予以确定。

控制，是指投资方拥有对被投资方的权力，通过参与被投资方的相关活动而享有可变回报，并且有能力运用对被投资方的权力影响其回报金额。

本准则所称相关活动，是指对被投资方的回报产生重大影响的活动。被投资方的相关活动应当根据具体情况进行判断，通常包括商品或劳务的销售和购买、金融资产的管理、资产的购买和处置、研究与开发活动以及融资活动等。

第八条 投资方应当在综合考虑所有相关事实和情况的基础上对是否控制被投资方进行判断。一旦相关事实和情况的变化导致对控制定义所涉及的相关要素发生变化的，投资方应当进行重新评估。相关事实和情况主要包括：

（一）被投资方的设立目的。

（二）被投资方的相关活动以及如何对相关活动作出决策。

（三）投资方享有的权利是否使其目前有能力主导被投资方的相关活动。

（四）投资方是否通过参与被投资方的相关活动而享有可变回报。

（五）投资方是否有能力运用对被投资方的权力影响其回报金额。

（六）投资方与其他方的关系。

第九条 投资方享有现时权利使其目前有能力主导被投资方的相关活动，而不论其是否实际行使该权利，视为投资方拥有对被投资方的权力。

第十条 两个或两个以上投资方分别享有能够单方面主导被投资方不同相关活动的现时权利的，能够主导对被投资方回报产生最重大影响的活动的一方拥有对被投资方的权力。

第十一条 投资方在判断是否拥有对被投资方的权力时，应当仅考虑与被投资方相关的实质性权利，包括自身所享有的实质性权利以及其他方所享有的实质性权利。

实质性权利，是指持有人在对相关活动进行决策时有实际能力行使的可执行权利。判断一项权利是否为实质性权利，应当综合考虑所有相关因素，包括权利持有人行使该项权利是否存在财务、价格、条款、机制、信息、运营、法律法规等方面的障碍；当权利由多方持有或者行权需要多方同意时，是否存在实际可行的机制使得这些权利持有人在其愿意的情况下能够一致行权；权利持有人能否从行权中获利等。

某些情况下，其他方享有的实质性权利有可能会阻止投资方对被投资方的控制。这种实质性权利既包括提出议案以供决策的主动性权利，也包括对已提出议案作出决策的被动性权利。

第十二条 仅享有保护性权利的投资方不拥有对被投资方的权力。

保护性权利，是指仅为了保护权利持有人利益却没有赋予持有人对相关活动决策权的一项权利。保护性权利通常只能在被投资方发生根本性改变或某些例外情况发生时才能够行使,它既没有赋予其持有人对被投资方拥有权力,也不能阻止其他方对被投资方拥有权力。

第十三条 除非有确凿证据表明其不能主导被投资方相关活动,下列情况,表明投资方对被投资方拥有权力:

(一)投资方持有被投资方半数以上的表决权的。

(二)投资方持有被投资方半数或以下的表决权,但通过与其他表决权持有人之间的协议能够控制半数以上表决权的。

第十四条 投资方持有被投资方半数或以下的表决权,但综合考虑下列事实和情况后,判断投资方持有的表决权足以使其目前有能力主导被投资方相关活动的,视为投资方对被投资方拥有权力:

(一)投资方持有的表决权相对于其他投资方持有的表决权份额的大小,以及其他投资方持有表决权的分散程度。

(二)投资方和其他投资方持有的被投资方的潜在表决权,如可转换公司债券、可执行认股权证等。

(三)其他合同安排产生的权利。

(四)被投资方以往的表决权行使情况等其他相关事实和情况。

第十五条 当表决权不能对被投资方的回报产生重大影响时,如仅与被投资方的日常行政管理活动有关,并且被投资方的相关活动由合同安排所决定,投资方需要评估这些合同安排,以评价其享有的权利是否足够使其拥有对被投资方的权力。

第十六条 某些情况下,投资方可能难以判断其享有的权利是否足以使其拥有对被投资方的权力。在这种情况下,投资方应当考虑其具有实际能力以单方面主导被投资方相关活动的证据,从而判断其是否拥有对被投资方的权力。投资方应考虑的因素包括但不限于下列事项:

(一)投资方能否任命或批准被投资方的关键管理人员。

(二)投资方能否出于其自身利益决定或否决被投资方的重大交易。

(三)投资方能否掌控被投资方董事会等类似权力机构成员的任命程序,或者从其他表决权持有人手中获得代理权。

(四)投资方与被投资方的关键管理人员或董事会等类似权力机构中的多数成员是否存在关联方关系。

投资方与被投资方之间存在某种特殊关系的,在评价投资方是否拥有对被投资方的权力时,应当适当考虑这种特殊关系的影响。特殊关系通常包括:被投资方的关键管理人员是投资方的现任或前任职工、被投资方的经营依赖于投资方、被投资方活动的重大部分有投资方参与其中或者是以投资方的名义进行、投资方自被投资方承担可变回报的风险或享有可变回报的收益远超过其持有的表决权或其他类似权利的比例等。

第十七条 投资方自被投资方取得的回报可能会随着被投资方业绩而变动的,视为享有可变回报。投资方应当基于合同安排的实质而非回报的法律形式对回报的可变性进行评价。

第十八条 投资方在判断是否控制被投资方时,应当确定其自身是以主要责任人还是代理人的身份行使决策权,在其他方拥有决策权的情况下,还需要确定其他方是否以其代理人的身份代为行使决策权。

代理人仅代表主要责任人行使决策权,不控制被投资方。投资方将被投资方相关活动的决策权委托给代理人的,应当将该决策权视为自身直接持有。

第十九条 在确定决策者是否为代理人时,应当综合考虑该决策者与被投资方以及其他投资方之间的关系。

(一)存在单独一方拥有实质性权利可以无条件罢免决策者的,该决策者为代理人。

(二)除(一)以外的情况下,应当综合考虑决策者对被投资方的决策权范围、其他方享有的实质性权利、决策者的薪酬水平、决策者因持有被投资方中的其他权益所承担可变回报的风险等相关因素进行判断。

第二十条 投资方通常应当对是否控制被投资方整体进行判断。但极个别情况下，有确凿证据表明同时满足下列条件并且符合相关法律法规规定的，投资方应当将被投资方的一部分（以下简称"该部分"）视为被投资方可分割的部分（单独主体），进而判断是否控制该部分（单独主体）。

（一）该部分的资产是偿付该部分负债或该部分其他权益的唯一来源，不能用于偿还该部分以外的被投资方的其他负债；

（二）除与该部分相关的各方外，其他方不享有与该部分资产相关的权利，也不享有与该部分资产剩余现金流量相关的权利。

第二十一条 母公司应当将其全部子公司（包括母公司所控制的单独主体）纳入合并财务报表的合并范围。

如果母公司是投资性主体，则母公司应当仅将为其投资活动提供相关服务的子公司（如有）纳入合并范围并编制合并财务报表；其他子公司不应当予以合并，母公司对其他子公司的投资应当按照公允价值计量且其变动计入当期损益。

第二十二条 当母公司同时满足下列条件时，该母公司属于投资性主体：

（一）该公司是以向投资者提供投资管理服务为目的，从一个或多个投资者处获取资金；

（二）该公司的唯一经营目的，是通过资本增值、投资收益或两者兼有而让投资者获得回报；

（三）该公司按照公允价值对几乎所有投资的业绩进行考量和评价。

第二十三条 母公司属于投资性主体的，通常情况下应当符合下列所有特征：

（一）拥有一个以上投资；

（二）拥有一个以上投资者；

（三）投资者不是该主体的关联方；

（四）其所有者权益以股权或类似权益方式存在。

第二十四条 投资性主体的母公司本身不是投资性主体，则应当将其控制的全部主体，包括那些通过投资性主体所间接控制的主体，纳入合并财务报表范围。

第二十五条 当母公司由非投资性主体转变为投资性主体时，除仅将为其投资活动提供相关服务的子公司纳入合并财务报表范围编制合并财务报表外，企业自转变日起对其他子公司不再予以合并，并参照本准则第四十九条的规定，按照视同在转变日处置子公司但保留剩余股权的原则进行会计处理。

当母公司由投资性主体转变为非投资性主体时，应将原未纳入合并财务报表范围的子公司于转变日纳入合并财务报表范围，原未纳入合并财务报表范围的子公司在转变日的公允价值视同为购买的交易对价。

第三章 合并程序

第二十六条 母公司应当以自身和其子公司的财务报表为基础，根据其他有关资料，编制合并财务报表。

母公司编制合并财务报表，应当将整个企业集团视为一个会计主体，依据相关企业会计准则的确认、计量和列报要求，按照统一的会计政策，反映企业集团整体财务状况、经营成果和现金流量。

（一）合并母公司与子公司的资产、负债、所有者权益、收入、费用和现金流等项目。

（二）抵销母公司对子公司的长期股权投资与母公司在子公司所有者权益中所享有

的份额。

（三）抵销母公司与子公司、子公司相互之间发生的内部交易的影响。内部交易表明相关资产发生减值损失的，应当全额确认该部分损失。

（四）站在企业集团角度对特殊交易事项予以调整。

第二十七条 母公司应当统一子公司所采用的会计政策，使子公司采用的会计政策与母公司保持一致。

子公司所采用的会计政策与母公司不一致的，应当按照母公司的会计政策对子公司财务报表进行必要的调整；或者要求子公司按照母公司的会计政策另行编报财务报表。

第二十八条 母公司应当统一子公司的会计期间，使子公司的会计期间与母公司保持一致。

子公司的会计期间与母公司不一致的，应当按照母公司的会计期间对子公司财务报表进行调整；或者要求子公司按照母公司的会计期间另行编报财务报表。

第二十九条 在编制合并财务报表时，子公司除了应当向母公司提供财务报表外，还应当向母公司提供下列有关资料：

（一）采用的与母公司不一致的会计政策及其影响金额；

（二）与母公司不一致的会计期间的说明；

（三）与母公司、其他子公司之间发生的所有内部交易的相关资料；

（四）所有者权益变动的有关资料；

（五）编制合并财务报表所需要的其他资料。

第一节 合并资产负债表

第三十条 合并资产负债表应当以母公司和子公司的资产负债表为基础，在抵销母公司与子公司、子公司相互之间发生的内部交易对合并资产负债表的影响后，由母公司合并编制。

（一）母公司对子公司的长期股权投资与母公司在子公司所有者权益中所享有的份额应当相互抵销，同时抵销相应的长期股权投资减值准备。

子公司持有母公司的长期股权投资，应当视为企业集团的库存股，作为所有者权益的减项，在合并资产负债表中所有者权益项目下以"减：库存股"项目列示。

子公司相互之间持有的长期股权投资，应当比照母公司对子公司的股权投资的抵销方法，将长期股权投资与其对应的子公司所有者权益中所享有的份额相互抵销。

（二）母公司与子公司、子公司相互之间的债权与债务项目应当相互抵销，同时抵销相应的减值准备。

（三）母公司与子公司、子公司相互之间销售商品（或提供劳务，下同）或其他方式形成的存货、固定资产、工程物资、在建工程、无形资产等所包含的未实现内部销售损益应当抵销。

对存货、固定资产、工程物资、在建工程和无形资产等计提的跌价准备或减值准备与未实现内部销售损益相关的部分应当抵销。

（四）母公司与子公司、子公司相互之间发生的其他内部交易对合并资产负债表的影响应当抵销。

（五）因抵销未实现内部销售损益导致合并资产负债表中资产、负债的账面价值与其在所属纳税主体的计税基础之间产生暂时性差异的，在合并资产负债表中应当确认递延所得税资产或递延所得税负债，同时调整合并利润表中的所得税费用，但与直接计入所有者权益的交易或事项及企业合并相关的递延所得税除外。

第三十一条 子公司所有者权益中不属于母公司的份额，应当作为少数股东权益，在合并资产负债表中所有者权益项目下以"少数股东权益"项目列示。

第三十二条 母公司在报告期内因同一控制下企业合并增加的子公司以及业务，编制合并资产负债表时，应当调整合并资产负债表的期初数，同时应当对比较报表的相关项目进行调整，视同合并后的报告主体自最终控制方开始控制时点起一直存在。

因非同一控制下企业合并或其他方式增加的子公司以及业务，编制合并资产负债表时，不应当调整合并资产负债表的期初数。

第三十三条 母公司在报告期内处置子公司以及业务，编制合并资产负债表时，不应当调整合并资产负债表的期初数。

第二节 合并利润表

第三十四条 合并利润表应当以母公司和子公司的利润表为基础，在抵销母公司与子公司、子公司相互之间发生的内部交易对合并利润表的影响后，由母公司合并编制。

（一）母公司与子公司、子公司相互之间销售商品所产生的营业收入和营业成本应当抵销。

母公司与子公司、子公司相互之间销售商品，期末全部实现对外销售的，应当将购买方的营业成本与销售方的营业收入相互抵销。

母公司与子公司、子公司相互之间销售商品，期末未实现对外销售而形成存货、固定资产、工程物资、在建工程、无形资产等资产的，在抵销销售商品的营业成本和营业收入的同时，应当将各项资产所包含的未实现内部销售损益予以抵销。

（二）在对母公司与子公司、子公司相互之间销售商品形成的固定资产或无形资产所包含的未实现内部销售损益进行抵销的同时，也应当对固定资产的折旧额或无形资产的摊销额与未实现内部销售损益相关的部分进行抵销。

（三）母公司与子公司、子公司相互之间持有对方债券所产生的投资收益、利息收入及其他综合收益等，应当与其相对应的发行方利息费用相互抵销。

（四）母公司对子公司、子公司相互之间持有对方长期股权投资的投资收益应当抵销。

（五）母公司与子公司、子公司相互之间发生的其他内部交易对合并利润表的影响应当抵销。

第三十五条 子公司当期净损益中属于少数股东权益的份额，应当在合并利润表中净利润项目下以"少数股东损益"项目列示。

子公司当期综合收益中属于少数股东权益的份额，应当在合并利润表中综合收益总额项目下以"归属于少数股东的综合收益总额"项目列示。

第三十六条 母公司向子公司出售资产所发生的未实现内部交易损益，应当全额抵销"归属于母公司所有者的净利润"。

子公司向母公司出售资产所发生的未实现内部交易损益，应当按照母公司对该子公司的分配比例在"归属于母公司所有者的净利润"和"少数股东损益"之间分配抵销。

子公司之间出售资产所发生的未实现内部交易损益，应当按照母公司对出售方子公司的分配比例在"归属于母公司所有者的净利润"和"少数股东损益"之间分配抵销。

第三十七条 子公司少数股东分担的当期亏损超过了少数股东在该子公司期初所有者权益中所享有的份额的，其余额仍应当冲减少数股东权益。

第三十八条 母公司在报告期内因同一控制下企业合并增加的子公司以及业务，应当将该子公司以及业务合并当期期初至报告期末的收入、费用、利润纳入合并利润表，同时应当对比较报表的相关项目进行调整，视同合并后的报告主体自最终控制方开始控制时点起一直存在。

因非同一控制下企业合并或其他方式增加的子公司以及业务，应当将该子公司以及业务购买日至报告期末的收入、费用、利润纳入合并利润表。

第三十九条 母公司在报告期内处置子公司以及业务，应当将该子公司以及业务期初至处置日的收入、费用、利润纳入合并利润表。

第三节 合并现金流量表

第四十条 合并现金流量表应当以母公司和子公司的现金流量表为基础，在抵销母公司与子公司、子公司相互之间发生的内部交易对合并现金流量表的影响后，由母公司合并编制。

本准则提及现金时，除非同时提及现金等价物，均包括现金和现金等价物。

第四十一条 编制合并现金流量表应当符合下列要求：

（一）母公司与子公司、子公司相互之间当期以现金投资或收购股权增加的投资所产生的现金流量应当抵销。

（二）母公司与子公司、子公司相互之间当期取得投资收益、利息收入收到的现金，应当与分配股利、利润或偿付利息支付的现金相互抵销。

（三）母公司与子公司、子公司相互之间以现金结算债权与债务所产生的现金流量应当抵销。

（四）母公司与子公司、子公司相互之间当期销售商品所产生的现金流量应当抵销。

（五）母公司与子公司、子公司相互之间处置固定资产、无形资产和其他长期资产收回的现金净额，应当与购建固定资产、无形资产和其他长期资产支付的现金相互抵销。

（六）母公司与子公司、子公司相互之间当期发生的其他内部交易所产生的现金流量应当抵销。

第四十二条 合并现金流量表及其补充资料也可以根据合并资产负债表和合并利润表进行编制。

第四十三条 母公司在报告期内因同一控制下企业合并增加的子公司以及业务，应当将该子公司以及业务合并当期期初至报告期末的现金流量纳入合并现金流量表，同时应当对比较报表的相关项目进行调整，视同合并后的报告主体自最终控制方开始控制时点起一直存在。

因非同一控制下企业合并增加的子公司以及业务，应当将该子公司购买日至报告期末的现金流量纳入合并现金流量表。

第四十四条 母公司在报告期内处置子公司以及业务，应当将该子公司以及业务期初至处置日的现金流量纳入合并现金流量表。

第四节 合并所有者权益变动表

第四十五条 合并所有者权益变动表应当以母公司和子公司的所有者权益变动表为基础，在抵销母公司与子公司、子公司相互之间发生的内部交易对合并所有者权益变动表的影响后，由母公司合并编制。

（一）母公司对子公司的长期股权投资应当与母公司在子公司所有者权益中所享有的份额相互抵销。

子公司持有母公司的长期股权投资以及子公司相互之间持有的长期股权投资，应当按照本准则第三十条规定处理。

（二）母公司对子公司、子公司相互之间持有对方长期股权投资的投资收益应当抵销。

（三）母公司与子公司、子公司相互之间发生的其他内部交易对所有者权益变动的影响应当抵销。

合并所有者权益变动表也可以根据合并资产负债表和合并利润表进行编制。

第四十六条 有少数股东的，应当在合并所有者权益变动表中增加"少数股东权益"栏目，反映少数股东权益变动的情况。

第四章 特殊交易的会计处理

第四十七条 母公司购买子公司少数股东拥有的子公司股权，在合并财务报表中，因购买少数股权新取得的长期股权投资与按照新增持股比例计算应享有子公司自购买日或合并日开始持续计算的净资产份额之间的差额，应当调整资本公积（资本溢价或股本溢价），资本公积不足冲减的，调整留存收益。

第四十八条 企业因追加投资等原因能够对非同一控制下的被投资方实施控制的，在合并财务报表中，对于购买日之前持有的被购买方的股权，应当按照该股权在购买日的公允价值进行重新计量，公允价值与其账面价值的差额计入当期投资收益；购买日之前持有的被购买方的股权涉及权益法核算下的其他综合收益等的，与其相关的其他综合收益等应当转为购买日所属当期收益。购买方应当在附注中披露其在购买日之前持有的被购买方的股权在购买日的公允价值、按照公允价值重新计量产生的相关利得或损失的金额。

第四十九条 母公司在不丧失控制权的情况下部分处置对子公司的长期股权投资，在合并财务报表中，处置价款与处置长期股权投资相对应享有子公司自购买日或合并日开始持续计算的净资产份额之间的差额，应当调整资本公积（资本溢价或股本溢价），资本公积不足冲减的，调整留存收益。

第五十条 企业因处置部分股权投资等原因丧失了对被投资方的控制权的，在编制合并财务报表时，对于剩余股权，应当按照其在丧失控制权日的公允价值进行重新计量。处置股权取得的对价与剩余股权公允价值之和，减去按原持股比例计算应享有原有子公司自购买日或合并日开始持续计算的净资产的份额之间的差额，计入丧失控制权当期的投资收益，同时冲减商誉。与原有子公司股权投资相关的其他综合收益等，应当在丧失控制权时转为当期投资收益。

第五十一条 企业通过多次交易分步处置对子公司股权投资直至丧失控制权的，如果处置对子公司股权投资直至丧失控制权的各项交易属于一揽子交易的，应当将各项交易作为一项处置子公司并丧失控制权的交易进行会计处理；但是，在丧失控制权之前每一次处置价款与处置投资对应的享有该子公司净资产份额的差额，在合并财务报表中应当确认为其他综合收益，在丧失控制权时一并转入丧失控制权当期的损益。

处置对子公司股权投资的各项交易的条款、条件以及经济影响符合下列一种或多种情况，通常表明应将多次交易事项作为一揽子交易进行会计处理：

（一）这些交易是同时或者在考虑了彼此影响的情况下订立的。

（二）这些交易整体才能达成一项完整的商业结果。

（三）一项交易的发生取决于其他至少一项交易的发生。

（四）一项交易单独考虑时是不经济的，但是和其他交易一并考虑时是经济的。

第五十二条 对于本章未列举的交易或者事项，如果站在企业集团合并财务报表角度的确认和计量结果与其所属的母公司或子公司的个别财务报表层面的确认和计量结果不一致的，则在编制合并财务报表时，也应当按照本准则第二十六条第二款第（四）项的规定，对其确认和计量结果予以相应调整。

第五章 衔接规定

第五十三条 首次采用本准则的企业应当根据本准则的规定对被投资方进行重新评估，

确定其是否应纳入合并财务报表范围。因首次采用本准则导致合并范围发生变化的，应当进行追溯调整，追溯调整不切实可行的除外。比较期间已丧失控制权的原子公司，不再追溯调整。

第六章 附　　则

第五十四条　本准则自 2014 年 7 月 1 日起施行。

33. 企业会计准则第 34 号——每股收益（2006 年颁布）

（财会〔2006〕3 号）

第一章 总　　则

第一条　为了规范每股收益的计算方法及其列报，根据《企业会计准则——基本准则》，制定本准则。

第二条　本准则适用于普通股或潜在普通股已公开交易的企业，以及正处于公开发行普通股或潜在普通股过程中的企业。

潜在普通股，是指赋予其持有者在报告期或以后期间享有取得普通股权利的一种金融工具或其他合同，包括可转换公司债券、认股权证、股份期权等。

第三条　合并财务报表中，企业应当以合并财务报表为基础计算和列报每股收益。

第二章 基本每股收益

第四条　企业应当按照归属于普通股股东的当期净利润，除以发行在外普通股的加权平均数计算基本每股收益。

第五条　发行在外普通股加权平均数按下列公式计算：

发行在外普通股加权平均数＝期初发行在外普通股股数＋当期新发行普通股股数 × 已发行时间 ÷ 报告期时间－当期回购普通股股数 × 已回购时间 ÷ 报告期时间

已发行时间、报告期时间和已回购时间一般按照天数计算；在不影响计算结果合理性的前提下，也可以采用简化的计算方法。

第六条　新发行普通股股数，应当根据发行合同的具体条款，从应收对价之日（一般为股票发行日）起计算确定。通常包括下列情况：

（一）为收取现金而发行的普通股股数，从应收现金之日起计算。

（二）因债务转资本而发行的普通股股数，从停计债务利息之日或结算日起计算。

（三）非同一控制下的企业合并，作为对价发行的普通股股数，从购买日起计算；同一控制下的企业合并，作为对价发行的普通股股数，应当计入各报期间普通股的加权平均数。

（四）为收购非现金资产而发行的普通股股数，从确认收购之日起计算。

第三章 稀释每股收益

第七条　企业存在稀释性潜在普通股的，应当分别调整归属于普通股股东的当期净利润和发行在外普通股的加权平均数，并据以计算稀释每股收益。

稀释性潜在普通股，是指假设当期转换为普通股会减少每股收益的潜在普通股。

第八条　计算稀释每股收益，应当根据下列事项对归属于普通股股东的当期净利润进行调整：

（一）当期已确认为费用的稀释性潜在普通股的利息；

（二）稀释性潜在普通股转换时将产生的收益或费用。

上述调整应当考虑相关的所得税影响。

第九条 计算稀释每股收益时，当期发行在外普通股的加权平均数应当为计算基本每股收益时普通股的加权平均数与假定稀释性潜在普通股转换为已发行普通股而增加的普通股股数的加权平均数之和。

计算稀释性潜在普通股转换为已发行普通股而增加的普通股股数的加权平均数时，以前期间发行的稀释性潜在普通股，应当假设在当期期初转换；当期发行的稀释性潜在普通股，应当假设在发行日转换。

第十条 认股权证和股份期权等的行权价格低于当期普通股平均市场价格时，应当考虑其稀释性。计算稀释每股收益时，增加的普通股股数按下列公式计算：增加的普通股股数＝拟行权时转换的普通股股数－行权价格×拟行权时转换的普通股股数÷当期普通股平均市场价格

第十一条 企业承诺将回购其股份的合同中规定的回购价格高于当期普通股平均市场价格时，应当考虑其稀释性。计算稀释每股收益时，增加的普通股股数按下列公式计算：增加的普通股股数＝回购价格×承诺回购的普通股股数÷当期普通股平均市场价格－承诺回购的普通股股数

第十二条 稀释性潜在普通股应当按照其稀释程度从大到小的顺序计入稀释每股收益，直至稀释每股收益达到最小值。

第四章 列 报

第十三条 发行在外普通股或潜在普通股的数量因派发股票股利、公积金转增资本、拆股而增加或因并股而减少，但不影响所有者权益金额的，应当按调整后的股数重新计算各列报期间的每股收益。

上述变化发生于资产负债表日至财务报告批准报出日之间的，应当以调整后的股数重新计算各列报期间的每股收益。

按照《企业会计准则第28号——会计政策、会计估计变更和差错更正》的规定对以前年度损益进行追溯调整或追溯重述的，应当重新计算各列报期间的每股收益。

第十四条 企业应当在利润表中单独列示基本每股收益和稀释每股收益。

第十五条 企业应当在附注中披露与每股收益有关的下列信息：

（一）基本每股收益和稀释每股收益分子、分母的计算过程。

（二）列报期间不具有稀释性但以后期间很可能具有稀释性的潜在普通股。

（三）在资产负债表日至财务报告批准报出日之间，企业发行在外普通股或潜在普通股股数发生重大变化的情况。

34. 企业会计准则第35号——分部报告（2006年颁布）

（财会〔2006〕3号）

第一章 总 则

第一条 为了规范分部报告的编制和相关信息的披露，根据《企业会计准则——基本准则》，制定本准则。

第二条 企业存在多种经营或跨地区经营的，应当按照本准则规定披露分部信息。但是，法律、行政法规另有规定的除外。

第三条 企业应当以对外提供的财务报表为基础披露分部信息。

对外提供合并财务报表的企业，应当以合并财务报表为基础披露分部信息。

第二章 报告分部的确定

第四条 企业披露分部信息，应当区分业务分部和地区分部。

第五条 业务分部，是指企业内可区分的、能够提供单项或一组相关产品或劳务的组成部分。该组成部分承担了不同于其他组成部分的风险和报酬。

企业在确定业务分部时，应当结合企业内部管理要求，并考虑下列因素：

（一）各单项产品或劳务的性质，包括产品或劳务的规格、型号、最终用途等；

（二）生产过程的性质，包括采用劳动密集或资本密集方式组织生产、使用相同或者相似设备和原材料、采用委托生产或加工方式等；

（三）产品或劳务的客户类型，包括大宗客户、零散客户等；

（四）销售产品或提供劳务的方式，包括批发、零售、自产自销、委托销售、承包等；

（五）生产产品或提供劳务受法律、行政法规的影响，包括经营范围或交易定价限制等。

第六条 地区分部，是指企业内可区分的、能够在一个特定的经济环境内提供产品或劳务的组成部分。该组成部分承担了不同于在其他经济环境内提供产品或劳务的组成部分的风险和报酬。

企业在确定地区分部时，应当结合企业内部管理要求，并考虑下列因素：

（一）所处经济、政治环境的相似性，包括境外经营所在地区经济和政治的稳定程度等；

（二）在不同地区经营之间的关系，包括在某地区进行产品生产，而在其他地区进行销售等；

（三）经营的接近程度大小，包括在某地区生产的产品是否需在其他地区进一步加工生产等；

（四）与某一特定地区经营相关的特别风险，包括气候异常变化等；

（五）外汇管理规定，即境外经营所在地区是否实行外汇管制；

（六）外汇风险。

第七条 两个或两个以上的业务分部或地区分部同时满足下列条件的，可以予以合并：

（一）具有相近的长期财务业绩，包括具有相近的长期平均毛利率、资金回报率、未来现金流量等；

（二）确定业务分部或地区分部所考虑的因素类似。

第八条 企业应当以业务分部或地区分部为基础确定报告分部。

业务分部或地区分部的大部分收入是对外交易收入，且满足下列条件之一的，应当将其确定为报告分部：

（一）该分部的分部收入占所有分部收入合计的10%或者以上。

（二）该分部的分部利润（亏损）的绝对额，占所有盈利分部利润合计额或者所有亏损分部亏损合计额的绝对额两者中较大者的10%或者以上。

（三）该分部的分部资产占所有分部资产合计额的10%或者以上。

第九条 业务分部或地区分部未满足本准则第八条规定条件的，可以按照下列规定处理：

（一）不考虑该分部的规模，直接将其指定为报告分部；

（二）不将该分部直接指定为报告分部的，可将该分部与一个或一个以上类似的、未满足本准则第八条规定条件的其他分部合并为一个报告分部；

（三）不将该分部指定为报告分部且不与其他分部合并的，应当在披露分部信息时，将其作为其他项目单独披露。

第十条 报告分部的对外交易收入合计额占合并总收入或企业总收入的比重未达到75%的，应当将其他的分部确定为报告分部（即使它们未满足本准则第八条规定的条件），直到该比重达到75%。

第十一条 企业的内部管理按照垂直一体化经营的不同层次来划分的，即使其大部分收入不通过对外交易取得，仍可将垂直一体化经营的不同层次确定为独立的报告业务分部。

第十二条 对于上期确定为报告分部的，企业本期认为其依然重要，即使本期未满足本准则第八条规定条件的，仍应将其确定为本期的报告分部。

第三章　分部信息的披露

第十三条 企业应当区分主要报告形式和次要报告形式披露分部信息。

（一）风险和报酬主要受企业的产品和劳务差异影响的，披露分部信息的主要形式应当是业务分部，次要形式是地区分部。

（二）风险和报酬主要受企业在不同的国家或地区经营活动影响的，披露分部信息的主要形式应当是地区分部，次要形式是业务分部。

（三）风险和报酬同时较大地受企业产品和劳务的差异以及经营活动所在国家或地区差异影响的，披露分部信息的主要形式应当是业务分部，次要形式是地区分部。

第十四条 对于主要报告形式，企业应当在附注中披露分部收入、分部费用、分部利润（亏损）、分部资产总额和分部负债总额等。

（一）分部收入，是指可归属于分部的对外交易收入和对其他分部交易收入。分部的对外交易收入和对其他分部交易收入，应当分别披露。

（二）分部费用，是指可归属于分部的对外交易费用和对其他分部交易费用。分部的折旧费用、摊销费用以及其他重大的非现金费用，应当分别披露。

（三）分部利润（亏损），是指分部收入减去分部费用后的余额。

在合并利润表中，分部利润（亏损）应当在调整少数股东损益前确定。

（四）分部资产，是指分部经营活动使用的可归属于该分部的资产，不包括递延所得税资产。

分部资产的披露金额应当按照扣除相关累计折旧或摊销额以及累计减值准备后的金额确定。

披露分部资产总额时，当期发生的在建工程成本总额、购置的固定资产和无形资产的成本总额，应当单独披露。

（五）分部负债，是指分部经营活动形成的可归属于该分部的负债，不包括递延所得税负债。

第十五条 分部的日常活动是金融性质的，利息收入和利息费用应当作为分部收入和分部费用进行披露。

第十六条 企业披露的分部信息，应当与合并财务报表或企业财务报表中的总额信息相衔接。

分部收入应当与企业的对外交易收入（包括企业对外交易取得的、未包括在任何分部收入中的收入）相衔接；分部利润（亏损）应当与企业营业利润（亏损）和企业净利润（净亏损）相衔接；分部资产总额应当与企业资产总额相衔接；分部负债总额应当与企业负债总额相衔接。

第十七条 分部信息的主要报告形式是业务分部的，应当就次要报告形式披露下列信息：

（一）对外交易收入占企业对外交易收入总额10%或者以上的地区分部，以外部客户所在地为基础披露对外交易收入。

（二）分部资产占所有地区分部资产总额10%或者以上的地区分部，以资产所在地为基础披露分部资产总额。

第十八条 分部信息的主要报告形式是地区分部的，应当就次要报告形式披露下列信息：

（一）对外交易收入占企业对外交易收入总额10%或者以上的业务分部，应当披露对外交易收入。

（二）分部资产占所有业务分部资产总额10%或者以上的业务分部，应当披露分部资产总额。

第十九条 分部间转移交易应当以实际交易价格为基础计量。转移价格的确定基础及其变更情况，应当予以披露。

第二十条 企业应当披露分部会计政策，但分部会计政策与合并财务报表或企业财务报表一致的除外。

分部会计政策变更影响重大的，应当按照《企业会计准则第28号——会计政策、会计估计变更和差错更正》进行披露，并提供相关比较数据。提供比较数据不切实可行的，应当说明原因。

企业改变分部的分类且提供比较数据不切实可行的，应当在改变分部分类的年度，分别披露改变前和改变后的报告分部信息。

分部会计政策，是指编制合并财务报表或企业财务报表时采用的会计政策，以及与分部报告特别相关的会计政策。与分部报告特别相关的会计政策包括分部的确定、分部间转移价格的确定方法，以及将收入和费用分配给分部的基础等。

第二十一条 企业在披露分部信息时，应当提供前期比较数据。

但是，提供比较数据不切实可行的除外。

35. 企业会计准则第36号——关联方披露（2006年颁布）

（财会〔2006〕3号）

第一章 总 则

第一条 为了规范关联方及其交易的信息披露，根据《企业会计准则——基本准则》，制定本准则。

第二条 企业财务报表中应当披露所有关联方关系及其交易的相关信息。对外提供合并财务报表的，对于已经包括在合并范围内各企业之间的交易不予披露，但应当披露与合并范围外各关联方的关系及其交易。

第二章 关 联 方

第三条 一方控制、共同控制另一方或对另一方施加重大影响，以及两方或两方以上同受一方控制、共同控制或重大影响的，构成关联方。

控制，是指有权决定一个企业的财务和经营政策，并能据以从该企业的经营活动中获取利益。

共同控制，是指按照合同约定对某项经济活动所共有的控制，仅在与该项经济活动相关的重要财务和经营决策需要分享控制权的投资方一致同意时存在。

重大影响，是指对一个企业的财务和经营政策有参与决策的权力，但并不能够控制或者与其他方一起共同控制这些政策的制定。

第四条 下列各方构成企业的关联方：

（一）该企业的母公司。

（二）该企业的子公司。

（三）与该企业受同一母公司控制的其他企业。

（四）对该企业实施共同控制的投资方。

（五）对该企业施加重大影响的投资方。
（六）该企业的合营企业。
（七）该企业的联营企业。
（八）该企业的主要投资者个人及与其关系密切的家庭成员。主要投资者个人，是指能够控制、共同控制一个企业或者对一个企业施加重大影响的个人投资者。
（九）该企业或其母公司的关键管理人员及与其关系密切的家庭成员。关键管理人员，是指有权力并负责计划、指挥和控制企业活动的人员。与主要投资者个人或关键管理人员关系密切的家庭成员，是指在处理与企业的交易时可能影响该个人或受该个人影响的家庭成员。
（十）该企业主要投资者个人、关键管理人员或与其关系密切的家庭成员控制、共同控制或施加重大影响的其他企业。

第五条 仅与企业存在下列关系的各方，不构成企业的关联方：
（一）与该企业发生日常往来的资金提供者、公用事业部门、政府部门和机构。
（二）与该企业发生大量交易而存在经济依存关系的单个客户、供应商、特许商、经销商或代理商。
（三）与该企业共同控制合营企业的合营者。

第六条 仅仅同受国家控制而不存在其他关联方关系的企业，不构成关联方。

第三章 关联方交易

第七条 关联方交易，是指关联方之间转移资源、劳务或义务的行为，而不论是否收取价款。

第八条 关联方交易的类型通常包括下列各项：
（一）购买或销售商品。
（二）购买或销售商品以外的其他资产。
（三）提供或接受劳务。
（四）担保。
（五）提供资金（贷款或股权投资）。
（六）租赁。
（七）代理。
（八）研究与开发项目的转移。
（九）许可协议。
（十）代表企业或由企业代表另一方进行债务结算。
（十一）关键管理人员薪酬。

第四章 披 露

第九条 企业无论是否发生关联方交易，均应当在附注中披露与母公司和子公司有关的下列信息：
（一）母公司和子公司的名称。
母公司不是该企业最终控制方的，还应当披露最终控制方名称。
母公司和最终控制方均不对外提供财务报表的，还应当披露母公司之上与其最相近的对外提供财务报表的母公司名称。
（二）母公司和子公司的业务性质、注册地、注册资本（或实收资本、股本）及其变化。
（三）母公司对该企业或者该企业对子公司的持股比例和表决权比例。

第十条 企业与关联方发生关联方交易的，应当在附注中披露该关联方关系的性质、交易类型及交易要素。交易要素至少应当包括：
（一）交易的金额。
（二）未结算项目的金额、条款和条件，以及有关提供或取得担保的信息。
（三）未结算应收项目的坏账准备金额。
（四）定价政策。

第十一条 关联方交易应当分别关联方以及交易类型予以披露。

类型相似的关联方交易，在不影响财务报表阅读者正确理解关联方交易对财务报表影响的情况下，可以合并披露。

第十二条 企业只有在提供确凿证据的情况下，才能披露关联方交易是公平交易。

36. 企业会计准则第 37 号——金融工具列报（2017 年修订）

（财会〔2017〕14 号）

第一章 总 则

第一条 为了规范金融工具的列报，根据《企业会计准则——基本准则》，制定本准则。

金融工具列报，包括金融工具列示和金融工具披露。

第二条 金融工具列报的信息，应当有助于财务报表使用者了解企业所发行金融工具的分类、计量和列报的情况，以及企业所持有的金融资产和承担的金融负债的情况，并就金融工具对企业财务状况和经营成果影响的重要程度、金融工具使企业在报告期间和期末所面临风险的性质和程度，以及企业如何管理这些风险作出合理评价。

第三条 本准则适用于所有企业各种类型的金融工具，但下列各项适用其他会计准则：

（一）由《企业会计准则第 2 号——长期股权投资》《企业会计准则第 33 号——合并财务报表》和《企业会计准则第 40 号——合营安排》规范的对子公司、合营企业和联营企业的投资，其披露适用《企业会计准则第 41 号——在其他主体中权益的披露》。但企业持有的与在子公司、合营企业或联营企业中的权益相联系的衍生工具，适用本准则。

企业按照《企业会计准则第 22 号——金融工具确认和计量》相关规定对联营企业或合营企业的投资进行会计处理的，以及企业符合《企业会计准则第 33 号——合并财务报表》有关投资性主体定义，且根据该准则规定对子公司的投资以公允价值计量且其变动计入当期损益的，对上述合营企业、联营企业或子公司的相关投资适用本准则。

（二）由《企业会计准则第 9 号——职工薪酬》规范的职工薪酬相关计划形成的企业的权利和义务，适用《企业会计准则第 9 号——职工薪酬》。

（三）由《企业会计准则第 11 号——股份支付》规范的股份支付中涉及的金融工具以及其他合同和义务，适用《企业会计准则第 11 号——股份支付》。但是，股份支付中属于本准则范围的买入或卖出非金融项目的合同，以及与股份支付相关的企业发行、回购、出售或注销的库存股，适用本准则。

（四）由《企业会计准则第 12 号——债务重组》规范的债务重组，适用《企业会计准则第 12 号——债务重组》。但债务重组中涉及金融资产转移披露的，适用本准则。

（五）由《企业会计准则第 14 号——收入》规范的属于金融工具的合同权利和义务，适用《企业会计准则第 14 号——收入》。由《企业会计准则第 14 号——收入》要求在确认和计量相关合同权利的减值损失和利得时，应当按照《企业会计准则第 22 号——金融工具确认和计量》进行会计处理的合同权利，适用本准则有关信用风险披露的规定。

（六）由保险合同相关会计准则规范的保险合同所产生的权利和义务，适用保险合同相关会计准则。

因具有相机分红特征而由保险合同相关会计准则规范的合同所产生的权利和义务，适用保险合同相关会计准则。但对于嵌入保险合同的衍生工具，该嵌入衍生工具本身不是保险合同的，适用本准则；该嵌入衍生工具本身为保险合同的，适用保险合同相关会计准则。

企业选择按照《企业会计准则第22号——金融工具确认和计量》进行会计处理的财务担保合同，适用本准则；企业选择按照保险合同相关会计准则进行会计处理的财务担保合同，适用保险合同相关会计准则。

第四条 本准则适用于能够以现金或其他金融工具净额结算，或通过交换金融工具结算的买入或卖出非金融项目的合同。但企业按照预定的购买、销售或使用要求签订并持有，旨在收取或交付非金融项目的合同，适用其他相关会计准则，但是企业根据《企业会计准则第22号——金融工具确认和计量》第八条的规定将该合同指定为以公允价值计量且其变动计入当期损益的金融资产或金融负债的，适用本准则。

第五条 本准则第六章至第八章的规定，除适用于企业已按照《企业会计准则第22号——金融工具确认和计量》确认的金融工具外，还适用于未确认的金融工具。

第六条 本准则规定的交易或事项涉及所得税的，应当按照《企业会计准则第18号——所得税》进行处理。

第二章 金融负债和权益工具的区分

第七条 企业应当根据所发行金融工具的合同条款及其所反映的经济实质而非仅以法律形式，结合金融资产、金融负债和权益工具的定义，在初始确认时将该金融工具或其组成部分分类为金融资产、金融负债或权益工具。

第八条 金融负债，是指企业符合下列条件之一的负债：

（一）向其他方交付现金或其他金融资产的合同义务。

（二）在潜在不利条件下，与其他方交换金融资产或金融负债的合同义务。

（三）将来须用或可用企业自身权益工具进行结算的非衍生工具合同，且企业根据该合同将交付可变数量的自身权益工具。

（四）将来须用或可用企业自身权益工具进行结算的衍生工具合同，但以固定数量的自身权益工具交换固定金额的现金或其他金融资产的衍生工具合同除外。企业对全部现有同类别非衍生自身权益工具的持有方同比例发行配股权、期权或认股权证，使之有权按比例以固定金额的任何货币换取固定数量的该企业自身权益工具的，该类配股权、期权或认股权证应当分类为权益工具。其中，企业自身权益工具不包括应按照本准则第三章分类为权益工具的金融工具，也不包括本身就要求在未来收取或交付企业自身权益工具的合同。

第九条 权益工具，是指能证明拥有某个企业在扣除所有负债后的资产中的剩余权益的合同。企业发行的金融工具同时满足下列条件的，符合权益工具的定义，应当将该金融工具分类为权益工具：

（一）该金融工具应当不包括交付现金或其他金融资产给其他方，或在潜在不利条件下与其他方交换金融资产或金融负债的合同义务；

（二）将来须用或可用企业自身权益工具结算该金融工具。如为非衍生工具，该金融工具应当不包括交付可变数量的自身权益工具进行结算的合同义务；如为衍生工具，企业只能通过以固定数量的自身权益工具交换固定金额的现金或其他金融资产结算该金融工具。企业自身权益工具不包括应按照本准则第三章分类为权益工具的金融工具，也不包括本身就要求在未来收取或交付企业自身权益工具的合同。

第十条 企业不能无条件地避免以交付现金或其他金融资产来履行一项合同义务的，该合同义务符合金融负债的定义。有些金融工具虽然没有明确地包含交付现金或其他金融资产义务的条款和条件，但有可能通过其他条款和条件间接地形成合同义务。

如果一项金融工具须用或可用企业自身权益工具进行结算，需要考虑用于结算该工具的企业自身权益工具，是作为现金或其他金融资产的替代品，还是为了使该工具持有方享有在发行方扣除所有负债后的资产中的剩余权益。如果是前者，该工具是发行方的金融负债；如果是后者，该工具是发行方的权益工具。在某些情况下，一项金融工具合同规定企业须用或可用自身权益工具结算该金融工具，其中合同权利或合同义务的金额等于可获取或需交付的自身权益工具的数量乘以其结算时的公允价值，则无论该合同权利或合同义务的金额是固定的，还是完全或部分地基于除企业自身权益工具的市场价格以外变量（例如利率、某种商品的价格或某项金融工具的价格）的变动而变动的，该合同应当分类为金融负债。

第十一条 除根据本准则第三章分类为权益工具的金融工具外，如果一项合同使发行方承担了以现金或其他金融资产回购自身权益工具的义务，即使发行方的回购义务取决于合同对手方是否行使回售权，发行方应当在初始确认时将该义务确认为一项金融负债，其金额等于回购所需支付金额的现值（如远期回购价格的现值、期权行权价格的现值或其他回售金额的现值）。如果最终发行方无需以现金或其他金融资产回购自身权益工具，应当在合同到期时将该项金融负债按照账面价值重分类为权益工具。

第十二条 对于附有或有结算条款的金融工具，发行方不能无条件地避免交付现金、其他金融资产或以其他导致该工具成为金融负债的方式进行结算的，应当分类为金融负债。但是，满足下列条件之一的，发行方应当将其分类为权益工具：

（一）要求以现金、其他金融资产或以其他导致该工具成为金融负债的方式进行结算的或有结算条款几乎不具有可能性，即相关情形极端罕见、显著异常且几乎不可能发生。

（二）只有在发行方清算时，才需以现金、其他金融资产或以其他导致该工具成为金融负债的方式进行结算。

（三）按照本准则第三章分类为权益工具的可回售工具。

附有或有结算条款的金融工具，指是否通过交付现金或其他金融资产进行结算，或者是否以其他导致该金融工具成为金融负债的方式进行结算，需要由发行方和持有方均不能控制的未来不确定事项（如股价指数、消费价格指数变动、利率或税法变动、发行方未来收入、净收益或债务权益比率等）的发生或不发生（或发行方和持有方均不能控制的未来不确定事项的结果）来确定的金融工具。

第十三条 对于存在结算选择权的衍生工具（例如合同规定发行方或持有方能选择以现金净额或以发行股份交换现金等方式进行结算的衍生工具），发行方应当将其确认为金融资产或金融负债，但所有可供选择的结算方式均表明该衍生工具应当确认为权益工具的除外。

第十四条 企业应对发行的非衍生工具进行评估，以确定所发行的工具是否为复合金融工具。企业所发行的非衍生工具可能同时包含金融负债成分和权益工具成分。对于复合金融工具，发行方应于初始确认时将各组成部分分别分类为金融负债、金融资产或权益工具。

企业发行的一项非衍生工具同时包含金融负债成分和权益工具成分的，应于初始计量时先确定金融负债成分的公允价值（包括其中可能包含的非权益性嵌入衍生工具的公允价值），再从复合金融工具公允价值中扣除负债成分的公允价值，作为权益工具成分的价值。复合金融工具中包含非权益性嵌入衍生工具的，非权益性嵌入衍生工具的公允价值应当包含在金融负债成分的公允价值中，并且按照《企业会计准则第22号——金融工具确认和计量》的规定对该金融负债成分进行会计处理。

第十五条 在合并财务报表中对金融工具（或其组成部分）进行分类时，企业应当考虑企业集团成员和金融工具的持有方之间达成的所有条款和条件。企业集团作为一个整体，因该工具承担了交付现金、其他金融资产或以其他导致该工具成为金融负债的方式进行结算的义务的，该工具在企业集团合并财务报表中应当分类为金融负债。

第三章 特殊金融工具的区分

第十六条 符合金融负债定义，但同时具有下列特征的可回售工具，应当分类为权益工具：

（一）赋予持有方在企业清算时按比例份额获得该企业净资产的权利。这里所指企业净资产是扣除所有优先于该工具对企业资产要求权之后的剩余资产；这里所指按比例份额是清算时将企业的净资产分拆为金额相等的单位，并且将单位金额乘以持有方所持有的单位数量。

（二）该工具所属的类别次于其他所有工具类别，即该工具在归属于该类别前无须转换为另一种工具，且在清算时对企业资产没有优先于其他工具的要求权。

（三）该工具所属的类别中（该类别次于其他所有工具类别），所有工具具有相同的特征（例如它们必须都具有可回售特征，并且用于计算回购或赎回价格的公式或其他方法都相同）。

（四）除了发行方应当以现金或其他金融资产回购或赎回该工具的合同义务外，该工具不满足本准则规定的金融负债定义中的任何其他特征。

（五）该工具在存续期内的预计现金流量总额，应当实质上基于该工具存续期内企业的损益、已确认净资产的变动、已确认和未确认净资产的公允价值变动（不包括该工具的任何影响）。

可回售工具，是指根据合同约定，持有方有权将该工具回售给发行方以获取现金或其他金融资产的权利，或者在未来某一不确定事项发生或持有方死亡或退休时，自动回售给发行方的金融工具。

第十七条 符合金融负债定义，但同时具有下列特征的发行方仅在清算时才有义务向另一方按比例交付其净资产的金融工具，应当分类为权益工具：

（一）赋予持有方在企业清算时按比例份额获得该企业净资产的权利；

（二）该工具所属的类别次于其他所有工具类别；

（三）该工具所属的类别中（该类别次于其他所有工具类别），发行方对该类别中所有工具都应当在清算时承担按比例份额交付其净资产的同等合同义务。

产生上述合同义务的清算确定将会发生并且不受发行方的控制（如发行方本身是有限寿命主体），或者发生与否取决于该工具的持有方。

第十八条 分类为权益工具的可回售工具，或发行方仅在清算时才有义务向另一方按比例交付其净资产的金融工具，除应当具有本准则第十六条或第十七条所述特征外，其发行方应当没有同时具备下列特征的其他金融工具或合同：

（一）现金流量总额实质上基于企业的损益、已确认净资产的变动、已确认和未确认净资产的公允价值变动（不包括该工具或合同的任何影响）；

（二）实质上限制或固定了本准则第十六条或第十七条所述工具持有方所获得的剩余回报。

在运用上述条件时，对于发行方与本准则第十六条或第十七条所述工具持有方签订的非金融合同，如果其条款和条件与发行方和其他方之间可能订立的同等合同类似，不应考虑该非金融合同的影响。但如果不能做出此判断，则不得将该工具分类为权益工具。

第十九条 按照本章规定分类为权益工具的金融工具，自不再具有本准则第十六条或第十七条所述特征，或发行方不再满足本准则第十八条规定条件之日起，发行方应当将其重分类为金融负债，以重分类日该工具的公允价值计量，并将重分类日权益工具的账面价值和金融负债的公允价值之间的差额确认为权益。

按照本章规定分类为金融负债的金融工具，自具有本准则第十六条或第十七条所述特征，且发行方满足本准则第十八条规定条件之日起，发行方应当将其重分类为权益工具，以重分类日金融负债的账面价值计量。

第二十条　企业发行的满足本章规定分类为权益工具的金融工具，在企业集团合并财务报表中对应的少数股东权益部分，应当分类为金融负债。

第四章　收益和库存股

第二十一条　金融工具或其组成部分属于金融负债的，相关利息、股利（或股息）、利得或损失，以及赎回或再融资产生的利得或损失等，应当计入当期损益。

第二十二条　金融工具或其组成部分属于权益工具的，其发行（含再融资）、回购、出售或注销时，发行方应当作为权益的变动处理。发行方不应当确认权益工具的公允价值变动。

发行方向权益工具持有方的分配应当作为其利润分配处理，发放的股票股利不影响发行方的所有者权益总额。

第二十三条　与权益性交易相关的交易费用应当从权益中扣减。

企业发行或取得自身权益工具时发生的交易费用（如登记费、承销费、法律、会计、评估及其他专业服务费用，印刷成本和印花税等），可直接归属于权益性交易的，应当从权益中扣减。终止的未完成权益性交易所发生的交易费用应当计入当期损益。

第二十四条　发行复合金融工具发生的交易费用，应当在金融负债成分和权益工具成分之间按照各自占总发行价款的比例进行分摊。与多项交易相关的共同交易费用，应当在合理的基础上，采用与其他类似交易一致的方法，在各项交易间进行分摊。

第二十五条　发行方分类为金融负债的金融工具支付的股利，在利润表中应当确认为费用，与其他负债的利息费用合并列示，并在财务报表附注中单独披露。

作为权益扣减项的交易费用，应当在财务报表附注中单独披露。

第二十六条　回购自身权益工具（库存股）支付的对价和交易费用，应当减少所有者权益，不得确认金融资产。库存股可由企业自身购回和持有，也可由企业集团合并财务报表范围内的其他成员购回和持有。

第二十七条　企业应当按照《企业会计准则第30号——财务报表列报》的规定在资产负债表中单独列示所持有的库存股金额。

企业从关联方回购自身权益工具的，还应当按照《企业会计准则第36号——关联方披露》的相关规定进行披露。

第五章　金融资产和金融负债的抵销

第二十八条　金融资产和金融负债应当在资产负债表内分别列示，不得相互抵销。但同时满足下列条件的，应当以相互抵销后的净额在资产负债表内列示：

（一）企业具有抵销已确认金额的法定权利，且该种法定权利是当前可执行的；

（二）企业计划以净额结算，或同时变现该金融资产和清偿该金融负债。

不满足终止确认条件的金融资产转移，转出方不得将已转移的金融资产和相关负债进行抵销。

第二十九条　抵销权是债务人根据合同或其他协议，以应收债权人的金额全部或部分抵销应付债权人的金额的法定权利。在某些情况下，如果债务人、债权人和第三方三者之间签署的协议明确表示债务人拥有该抵销权，并且不违反法律法规或其他相关规定，债务人可能拥有以应收第三方的金额抵销应付债权人的金额的法定权利。

第三十条 抵销权应当不取决于未来事项，而且在企业和所有交易对手方的正常经营过程中，或在出现违约、无力偿债或破产等各种情形下，企业均可执行该法定权利。

在确定抵销权是否可执行时，企业应当充分考虑法律法规或其他相关规定以及合同约定等各方面因素。

第三十一条 当前可执行的抵销权不构成相互抵销的充分条件，企业既不打算行使抵销权（即净额结算），又无计划同时结算金融资产和金融负债的，该金融资产和金融负债不得抵销。

在没有法定权利的情况下，一方或双方即使有意向以净额为基础进行结算或同时结算相关金融资产和金融负债的，该金融资产和金融负债也不得抵销。

第三十二条 企业同时结算金融资产和金融负债的，如果该结算方式相当于净额结算，则满足本准则第二十八条（二）以净额结算的标准。这种结算方式必须在同一结算过程或周期内处理了相关应收和应付款项，最终消除或几乎消除了信用风险和流动性风险。如果某结算方式同时具备如下特征，可视为满足净额结算标准：

（一）符合抵销条件的金融资产和金融负债在同一时点提交处理；

（二）金融资产和金融负债一经提交处理，各方即承诺履行结算义务；

（三）金融资产和金融负债一经提交处理，除非处理失败，这些资产和负债产生的现金流量不可能发生变动；

（四）以证券作为担保物的金融资产和金融负债，通过证券结算系统或其他类似机制进行结算（例如券款对付），即如果证券交付失败，则以证券作为抵押的应收款项或应付款项的处理也将失败，反之亦然；

（五）若发生本条（四）所述的失败交易，将重新进入处理程序，直至结算完成；

（六）由同一结算机构执行；

（七）有足够的日间信用额度，并且能够确保该日间信用额度一经申请提取即可履行，以支持各方能够在结算日进行支付处理。

第三十三条 在下列情况下，通常认为不满足本准则第二十八条所列条件，不得抵销相关金融资产和金融负债：

（一）使用多项不同金融工具来仿效单项金融工具的特征（即合成工具）。例如利用浮动利率长期债券与收取浮动利息且支付固定利息的利率互换，合成一项固定利率长期负债。

（二）金融资产和金融负债虽然具有相同的主要风险敞口（例如远期合同或其他衍生工具组合中的资产和负债），但涉及不同的交易对手方。

（三）无追索权金融负债与作为其担保物的金融资产或其他资产。

（四）债务人为解除某项负债而将一定的金融资产进行托管（例如偿债基金或类似安排），但债权人尚未接受以这些资产清偿负债。

（五）因某些导致损失的事项而产生的义务预计可以通过保险合同向第三方索赔而得以补偿。

第三十四条 企业与同一交易对手方进行多项金融工具交易时，可能与对手方签订总互抵协议。只有满足本准则第二十八条所列条件时，总互抵协议下的相关金融资产和金融负债才能抵销。

总互抵协议，是指协议所涵盖的所有金融工具中的任何一项合同在发生违约或终止时，就协议所涵盖的所有金融工具按单一净额进行结算。

第三十五条 企业应当区分金融资产和金融负债的抵销与终止确认。抵销金融资产和金融负债并在资产负债表中以净额列示，不应当产生利得或损失；终止确认是从资产负债表列示的项目中移除相关金融资产或金融负债,有可能产生利得或损失。

第六章　金融工具对财务状况和经营成果影响的列报

第一节　一般性规定

第三十六条　企业在对金融工具各项目进行列报时,应当根据金融工具的特点及相关信息的性质对金融工具进行归类,并充分披露与金融工具相关的信息,使得财务报表附注中的披露与财务报表列示的各项目相互对应。

第三十七条　在确定金融工具的列报类型时,企业至少应当将本准则范围内的金融工具区分为以摊余成本计量和以公允价值计量的类型。

第三十八条　企业应当披露编制财务报表时对金融工具所采用的重要会计政策、计量基础和与理解财务报表相关的其他会计政策等信息,主要包括:

（一）对于指定为以公允价值计量且其变动计入当期损益的金融资产,企业应当披露下列信息。

1.指定的金融资产的性质。

2.企业如何满足运用指定的标准。企业应当披露该指定所针对的确认或计量不一致的描述性说明。

（二）对于指定为以公允价值计量且其变动计入当期损益的金融负债,企业应当披露下列信息。

1.指定的金融负债的性质。

2.初始确认时对上述金融负债做出指定的标准。

3.企业如何满足运用指定的标准。对于以消除或显著减少会计错配为目的的指定,企业应当披露该指定所针对的确认或计量不一致的描述性说明。对于以更好地反映组合的管理实质为目的的指定,企业应当披露该指定符合企业正式书面文件载明的风险管理或投资策略的描述性说明。对于整体指定为以公允价值计量且其变动计入当期损益的混合工具,企业应当披露运用指定标准的描述性说明。

（三）如何确定每类金融工具的利得或损失。

第二节　资产负债表中的列示及相关披露

第三十九条　企业应当在资产负债表或相关附注中列报下列金融资产或金融负债的账面价值:

（一）以摊余成本计量的金融资产。

（二）以摊余成本计量的金融负债。

（三）以公允价值计量且其变动计入其他综合收益的金融资产,并分别反映:（1）根据《企业会计准则第22号——金融工具确认和计量》第十八条的规定分类为以公允价值计量且其变动计入其他综合收益的金融资产;（2）根据《企业会计准则第22号——金融工具确认和计量》第十九条的规定在初始确认时被指定为以公允价值计量且其变动计入其他综合收益的非交易性权益工具投资。

（四）以公允价值计量且其变动计入当期损益的金融资产,并分别反映:（1）根据《企业会计准则第22号——金融工具确认和计量》第十九条的规定分类为以公允价值计量且其变动计入当期损益的金融资产;（2）根据《企业会计准则第22号——金融工具确认和计量》第二十条的规定指定为以公允价值计量且其变动计入当期损益的金融资产;（3）根据《企业会计准则第24号——套期会计》第三十四条的规定在初始确认或后续计量时指定为以公允价值计量且其变动计入当期损益的金融资产。

（五）以公允价值计量且其变动计入当期损益的金融负债，并分别反映：（1）根据《企业会计准则第22号——金融工具确认和计量》第二十一条的规定分类为以公允价值计量且其变动计入当期损益的金融负债；（2）根据《企业会计准则第22号——金融工具确认和计量》第二十二条的规定在初始确认时指定为以公允价值计量且其变动计入当期损益的金融负债；（3）根据《企业会计准则第24号——套期会计》第三十四条的规定在初始确认和后续计量时指定为以公允价值计量且其变动计入当期损益的金融负债。

第四十条 企业将本应按摊余成本或以公允价值计量且其变动计入其他综合收益计量的一项或一组金融资产指定为以公允价值计量且其变动计入当期损益的金融资产的，应当披露下列信息：

（一）该金融资产在资产负债表日使企业面临的最大信用风险敞口；

（二）企业通过任何相关信用衍生工具或类似工具使得该最大信用风险敞口降低的金额；

（三）该金融资产因信用风险变动引起的公允价值本期变动额和累计变动额；

（四）相关信用衍生工具或类似工具自该金融资产被指定以来的公允价值的本期变动额和累计变动额。

信用风险，是指金融工具的一方不履行义务，造成另一方发生财务损失的风险。

金融资产在资产负债表日的最大信用风险敞口，通常是金融工具账面余额减去减值损失准备后的金额（已减去根据本准则规定已抵销的金额）。

第四十一条 企业将一项金融负债指定为以公允价值计量且其变动计入当期损益的金融负债，且企业自身信用风险变动引起的该金融负债公允价值的变动金额计入其他综合收益的，应当披露下列信息：

（一）该金融负债因自身信用风险变动引起的公允价值本期变动额和累计变动额；

（二）该金融负债的账面价值与按合同约定到期应支付债权人金额之间的差额；

（三）该金融负债的累计利得或损失本期从其他综合收益转入留存收益的金额和原因。

第四十二条 企业将一项金融负债指定为以公允价值计量且其变动计入当期损益的金融负债，且该金融负债（包括企业自身信用风险变动的影响）的全部利得或损失计入当期损益的，应当披露下列信息：

（一）该金融负债因自身信用风险变动引起的公允价值本期变动额和累计变动额；

（二）该金融负债的账面价值与按合同约定到期应支付债权人金额之间的差额。

第四十三条 企业应当披露用于确定本准则第四十条（三）所要求披露的金融资产因信用风险变动引起的公允价值变动额的估值方法，以及用于确定本准则第四十一条（一）和第四十二条（一）所要求披露的金融负债因自身信用风险变动引起的公允价值变动额的估值方法，并说明选用该方法的原因。如果企业认为披露的信息未能如实反映相关金融工具公允价值变动中由信用风险引起的部分，则应当披露企业得出此结论的原因及其他需要考虑的因素。

企业应当披露其用于确定金融负债自身信用风险变动引起的公允价值的变动计入其他综合收益是否会造成或扩大损益中的会计错配的方法。企业根据《企业会计准则第22号——金融工具确认和计量》第六十八条的规定将金融负债因企业自身信用风险变动引起的公允价值变动计入当期损益的，企业应当披露该金融负债与预期能够抵销其自身信用风险变动引起的公允价值变动的金融工具之间的经济关系。

第四十四条 企业将非交易性权益工具投资指定为以公允价值计量且其变动计入其他综合收益的，应当披露下列信息：

（一）企业每一项指定为以公允价值计量且其变动计入其他综合收益的权益工具投资；

（二）企业做出该指定的原因；

（三）企业每一项指定为以公允价值计量且其变动计入其他综合收益的权益工具投资的期末公允价值；

（四）本期确认的股利收入，其中对本期终止确认的权益工具投资相关的股利收入和资产负债表日仍持有的权益工具投资相关的股利收入应当分别单独披露；

（五）该权益工具投资的累计利得和损失本期从其他综合收益转入留存收益的金额及其原因。

第四十五条 企业本期终止确认了指定为以公允价值计量且其变动计入其他综合收益的非交易性权益工具投资的，应当披露下列信息：

（一）企业处置该权益工具投资的原因；

（二）该权益工具投资在终止确认时的公允价值；

（三）该权益工具投资在终止确认时的累计利得或损失。

第四十六条 企业在当期或以前报告期间将金融资产进行重分类的，对于每一项重分类，应当披露重分类日、对业务模式变更的具体说明及其对财务报表影响的定性描述，以及该金融资产重分类前后的金额。

企业自上一年度报告起将以公允价值计量且其变动计入其他综合收益的金融资产重分类为以摊余成本计量的金融资产的，或者将以公允价值计量且其变动计入当期损益的金融资产重分类为其他类别的，应当披露下列信息：

（一）该金融资产在资产负债表日的公允价值；

（二）如果未被重分类，该金融资产原来应在当期损益或其他综合收益中确认的公允价值利得或损失。

企业将以公允价值计量且其变动计入当期损益的金融资产重分类为其他类别的，自重分类日起到终止确认的每一个报告期间内，都应当披露该金融资产在重分类日确定的实际利率和当期已确认的利息收入。

第四十七条 对于所有可执行的总互抵协议或类似协议下的已确认金融工具，以及符合本准则第二十八条抵销条件的已确认金融工具，企业应当在报告期末以表格形式（除非企业有更恰当的披露形式）分别按金融资产和金融负债披露下列定量信息：

（一）已确认金融资产和金融负债的总额。

（二）按本准则规定抵销的金额。

（三）在资产负债表中列示的净额。

（四）可执行的总互抵协议或类似协议确定的，未包含在本条（二）中的金额，包括：

1. 不满足本准则抵销条件的已确认金融工具的金额；

2. 与财务担保物（包括现金担保）相关的金额，以在资产负债表中列示的净额扣除本条（四）1后的余额为限。

（五）资产负债表中列示的净额扣除本条（四）后的余额。

企业应当披露本条（四）所述协议中抵销权的条款及其性质等信息，以及不同计量基础的金融工具适用本条时产生的计量差异。

上述信息未在财务报表同一附注中披露的，企业应当提供不同附注之间的交叉索引。

第四十八条 按照本准则第三章分类为权益工具的可回售工具，企业应当披露下列信息：

（一）可回售工具的汇总定量信息；

（二）对于按持有方要求承担的回购或赎回义务，企业的管理目标、政策和程序及其变化；

（三）回购或赎回可回售工具的预期现金流出金额以及确定方法。

第四十九条 企业将本准则第三章规定的特殊金融工具在金融负债和权益工具之间重分类的，应当分别披露重分类前后的公允价值或账面价值，以及重分类的时间和原因。

第五十条 企业应当披露作为负债或者或有负债担保物的金融资产的账面价值，以及与该项担保有关的条款和条件。根据《企业会计准则第23号——金融资产转移》第二十六条的规定，企业（转出方）向金融资产转入方提供了非现金担保物（如债务工具或权益工具投资等），转入方按照合同或惯例有权出售该担保物或将其再作为担保物的，企业应当将该非现金担保物在财务报表中单独列报。

第五十一条 企业取得担保物（担保物为金融资产或非金融资产），在担保物所有人未违约时可将该担保物出售或再抵押的，应当披露该担保物的公允价值、企业已出售或再抵押担保物的公允价值，以及承担的返还义务和使用担保物的条款和条件。

第五十二条 对于按照《企业会计准则第22号——金融工具确认和计量》第十八条的规定分类为以公允价值计量且其变动计入其他综合收益的金融资产，企业应当在财务报表附注中披露其确认的损失准备，但不应在资产负债表中将损失准备作为金融资产账面金额的扣减项目单独列示。

第五十三条 对于企业发行的包含金融负债成分和权益工具成分的复合金融工具，嵌入了价值相互关联的多项衍生工具（如可赎回的可转换债务工具）的，应当披露相关特征。

第五十四条 对于除基于正常信用条款的短期贸易应付款项之外的金融负债，企业应当披露下列信息：

（一）本期发生违约的金融负债的本金、利息、偿债基金、赎回条款的详细情况；

（二）发生违约的金融负债的期末账面价值；

（三）在财务报告批准对外报出前，就违约事项已采取的补救措施、对债务条款的重新议定等情况。

企业本期发生其他违反合同的情况，且债权人有权在发生违约或其他违反合同情况时要求企业提前偿还的，企业应当按上述要求披露。如果在期末前违约或其他违反合同情况已得到补救或已重新议定债务条款，则无需披露。

第三节 利润表中的列示及相关披露

第五十五条 企业应当披露与金融工具有关的下列收入、费用、利得或损失：

（一）以公允价值计量且其变动计入当期损益的金融资产和金融负债所产生的利得或损失。其中，指定为以公允价值计量且其变动计入当期损益的金融资产和金融负债，以及根据《企业会计准则第22号——金融工具确认和计量》第十九条的规定必须分类为以公允价值计量且其变动计入当期损益的金融资产和根据《企业会计准则第22号——金融工具确认和计量》第二十一条的规定必须分类为以公允价值计量且其变动计入当期损益的金融负债的净利得或净损失，应当分别披露。

（二）对于指定为以公允价值计量且其变动计入当期损益的金融负债，企业应当分别披露本期在其他综合收益中确认的和在当期损益中确认的利得或损失。

（三）对于根据《企业会计准则第22号——金融工具确认和计量》第十八条的规定分类为以公允价值计量且其变动计入其他综合收益的金融资产，企业应当分别披露当期在其他综合收益中确认的以及当期终止确认时从其他综合收益转入当期损益的利得或损失。

（四）对于根据《企业会计准则第22号——金融工具确认和计量》第十九条的规定指定为以公允价值计量且其变动计入其他综合收益的非交易性权益工具投资，企业应当分别披露在其他综合收益中确认的利得和损失以及在当期损益中确认的股利收入。

（五）除以公允价值计量且其变动计入当期损益的金融资产或金融负债外，按实际利率法计算的金融资产或金融负债产生的利息收入或利息费用总额，以及在确定实际利率时未予包括并直接计入当期损益的手续费收入或支出。

（六）企业通过信托和其他托管活动代他人持有资产或进行投资而形成的，直接计入当期损益的手续费收入或支出。

第五十六条 企业应当分别披露以摊余成本计量的金融资产终止确认时在利润表中确认的利得和损失金额及其相关分析,包括终止确认金融资产的原因。

第四节 套期会计相关披露

第五十七条 企业应当披露与套期会计有关的下列信息:

(一)企业的风险管理策略以及如何应用该策略来管理风险;

(二)企业的套期活动可能对其未来现金流量金额、时间和不确定性的影响;

(三)套期会计对企业的资产负债表、利润表及所有者权益变动表的影响。

企业在披露套期会计相关信息时,应当合理确定披露的详细程度、披露的重点、恰当的汇总或分解水平,以及财务报表使用者是否需要额外的说明以评估企业披露的定量信息。企业按照本准则要求所确定的信息披露汇总或分解水平应当和《企业会计准则第39号——公允价值计量》的披露要求所使用的汇总或分解水平相同。

第五十八条 企业应当披露其进行套期和运用套期会计的各类风险的风险敞口的风险管理策略相关信息,从而有助于财务报表使用者评价:每类风险是如何产生的、企业是如何管理各类风险的(包括企业是对某一项目整体的所有风险进行套期还是对某一项目的单个或多个风险成分进行套期及其理由),以及企业管理风险敞口的程度。与风险管理策略相关的信息应当包括:

(一)企业指定的套期工具;

(二)企业如何运用套期工具对被套期项目的特定风险敞口进行套期;

(三)企业如何确定被套期项目与套期工具的经济关系以评估套期有效性;

(四)套期比率的确定方法;

(五)套期无效部分的来源。

第五十九条 企业将某一特定的风险成分指定为被套期项目的,除应当披露本准则第五十八条规定的相关信息外,还应当披露下列定性或定量信息:

(一)企业如何确定该风险成分,包括风险成分与项目整体之间关系性质的说明;

(二)风险成分与项目整体的关联程度(例如被指定的风险成分以往平均涵盖项目整体公允价值变动的百分比)。

第六十条 企业应当按照风险类型披露相关定量信息,从而有助于财务报表使用者评价套期工具的条款和条件及这些条款和条件如何影响企业未来现金流量的金额、时间和不确定性。这些要求披露的明细信息应当包括:

(一)套期工具名义金额的时间分布;

(二)套期工具的平均价格或利率(如适用)。

第六十一条 在因套期工具和被套期项目频繁变更而导致企业频繁地重设(即终止及重新开始)套期关系的情况下,企业无需披露本准则第六十条规定的信息,但应当披露下列信息:

(一)企业基本风险管理策略与该套期关系相关的信息;

(二)企业如何通过运用套期会计以及指定特定的套期关系来反映其风险管理策略;

(三)企业重设套期关系的频率。

在因套期工具和被套期项目频繁变更而导致企业频繁地重设套期关系的情况下,如果资产负债表日的套期关系数量并不代表本期内的正常数量,企业应当披露这一情况以及该数量不具代表性的原因。

第六十二条 企业应当按照风险类型披露在套期关系存续期内预期将影响套期关系的套期无效部分的来源,如果在套期关系中出现导致套期无效部分的其他来源,也应当按照风险类型披露相关来源及导致套期无效的原因。

第六十三条 企业应当披露已运用套期会计但预计不再发生的预期交易的现金流量套期。

第六十四条 对于公允价值套期，企业应当以表格形式、按风险类型分别披露与被套期项目相关的下列金额：

（一）在资产负债表中确认的被套期项目的账面价值，其中资产和负债应当分别单独列示；

（二）资产负债表中已确认的被套期项目的账面价值、针对被套期项目的公允价值套期调整的累计金额，其中资产和负债应当分别单独列示；

（三）包含被套期项目的资产负债表列示项目；

（四）本期用作确认套期无效部分基础的被套期项目价值变动；

（五）被套期项目为以摊余成本计量的金融工具的，若已终止针对套期利得和损失进行调整，则应披露在资产负债表中保留的公允价值套期调整的累计金额。

第六十五条 对于现金流量套期和境外经营净投资套期，企业应当以表格形式、按风险类型分别披露与被套期项目相关的下列金额：

（一）本期用作确认套期无效部分基础的被套期项目价值变动；

（二）根据《企业会计准则第24号——套期会计》第二十四条的规定继续按照套期会计处理的现金流量套期储备的余额；

（三）根据《企业会计准则第24号——套期会计》第二十七条的规定继续按照套期会计处理的境外经营净投资套期计入其他综合收益的余额；

（四）套期会计不再适用的套期关系所导致的现金流量套期储备和境外经营净投资套期中计入其他综合收益的利得和损失的余额。

第六十六条 对于每类套期类型，企业应当以表格形式、按风险类型分别披露与套期工具相关的下列金额：

（一）套期工具的账面价值，其中金融资产和金融负债应当分别单独列示；

（二）包含套期工具的资产负债表列示项目；

（三）本期用作确认套期无效部分基础的套期工具的公允价值变动；

（四）套期工具的名义金额或数量。

第六十七条 对于公允价值套期，企业应当以表格形式、按风险类型分别披露与套期工具相关的下列金额：

（一）计入当期损益的套期无效部分；

（二）计入其他综合收益的套期无效部分；

（三）包含已确认的套期无效部分的利润表列示项目。

第六十八条 对于现金流量套期和境外经营净投资套期，企业应当以表格形式、按风险类型分别披露与套期工具相关的下列金额：

（一）当期计入其他综合收益的套期利得或损失；

（二）计入当期损益的套期无效部分；

（三）包含已确认的套期无效部分的利润表列示项目；

（四）从现金流量套期储备或境外经营净投资套期计入其他综合收益的利得和损失重分类至当期损益的金额，并应区分之前已运用套期会计但因被套期项目的未来现金流量预计不再发生而转出的金额和因被套期项目影响当期损益而转出的金额；

（五）包含重分类调整的利润表列示项目；

（六）对于风险净敞口套期，计入利润表中单列项目的套期利得或损失。

第六十九条 企业按照《企业会计准则第30号——财务报表列报》的规定在提供所有者权益各组成部分的调节情况以及其他综合收益的分析时，应当按照风险类型披露下列信息：

（一）分别披露按照本准则第六十八条（一）和（四）的规定披露的金额；

（二）分别披露按照《企业会计准则第24号——套期会计》第二十五条（一）和（三）的规定处理的现金流量套期储备的金额；

（三）分别披露对与交易相关的被套期项目进行套期的期权时间价值所涉及的金额，以及对与时间段相关的被套期项目进行套期的期权时间价值所涉及的金额；

（四）分别披露对与交易相关的被套期项目进行套期的远期合同的远期要素和金融工具的外汇基差所涉及的金额，以及对与时间段相关的被套期项目进行套期的远期合同的远期要素和金融工具的外汇基差所涉及的金额。

第七十条　企业因使用信用衍生工具管理金融工具的信用风险敞口而将金融工具（或其一定比例）指定为以公允价值计量且其变动计入当期损益的，应当披露下列信息：

（一）对于用于管理根据《企业会计准则第24号——套期会计》第三十四条的规定被指定为以公允价值计量且其变动计入当期损益的金融工具信用风险敞口的信用衍生工具，每一项名义金额与当期期初和期末公允价值的调节表；

（二）根据《企业会计准则第24号——套期会计》第三十四条的规定将金融工具（或其一定比例）指定为以公允价值计量且其变动计入当期损益时，在损益中确认的利得或损失；

（三）当企业根据《企业会计准则第24号——套期会计》第三十五条的规定对该金融工具（或其一定比例）终止以公允价值计量且其变动计入当期损益时，作为其新账面价值的该金融工具的公允价值和相关的名义金额或本金金额，企业在后续期间无须继续披露这一信息，除非根据《企业会计准则第30号——财务报表列报》的规定需要提供比较信息。

第五节　公允价值披露

第七十一条　除了本准则第七十三条规定情况外，企业应当披露每一类金融资产和金融负债的公允价值，并与账面价值进行比较。对于在资产负债表中相互抵销的金融资产和金融负债，其公允价值应当以抵销后的金额披露。

第七十二条　金融资产或金融负债初始确认的公允价值与交易价格存在差异时，如果其公允价值并非基于相同资产或负债在活跃市场中的报价确定的，也非基于仅使用可观察市场数据的估值技术确定的，企业在初始确认金融资产或金融负债时不应确认利得或损失。在此情况下，企业应当按金融资产或金融负债的类型披露下列信息：

（一）企业在损益中确认交易价格与初始确认的公允价值之间差额时所采用的会计政策，以反映市场参与者对资产或负债进行定价时所考虑的因素（包括时间因素）的变动；

（二）该项差异期初和期末尚未在损益中确认的总额和本期变动额的调节表；

（三）企业如何认定交易价格并非公允价值的最佳证据，以及确定公允价值的证据。

第七十三条　企业可以不披露下列金融资产或金融负债的公允价值信息：

（一）账面价值与公允价值差异很小的金融资产或金融负债（如短期应收账款或应付账款）；

（二）包含相机分红特征且其公允价值无法可靠计量的合同；

（三）租赁负债。

第七十四条　在本准则第七十三条（二）所述的情况下，企业应当披露下列信息：

（一）对金融工具的描述及其账面价值，以及因公允价值无法可靠计量而未披露其公允价值的事实和说明；

（二）金融工具的相关市场信息；

（三）企业是否有意图处置以及如何处置这些金融工具；

（四）之前公允价值无法可靠计量的金融工具终止确认的，应当披露终止确认的事实，终止确认时该金融工具的账面价值和所确认的利得或损失金额。

第七章 与金融工具相关的风险披露

第一节 定性和定量信息

第七十五条 企业应当披露与各类金融工具风险相关的定性和定量信息，以便财务报表使用者评估报告期末金融工具产生的风险的性质和程度，更好地评价企业所面临的风险敞口。相关风险包括信用风险、流动性风险、市场风险等。

第七十六条 对金融工具产生的各类风险，企业应当披露下列定性信息：

（一）风险敞口及其形成原因，以及在本期发生的变化；

（二）风险管理目标、政策和程序以及计量风险的方法及其在本期发生的变化。

第七十七条 对金融工具产生的各类风险，企业应当按类别披露下列定量信息：

（一）期末风险敞口的汇总数据。该数据应当以向内部关键管理人员提供的相关信息为基础。企业运用多种方法管理风险的，披露的信息应当以最相关和可靠的方法为基础。

（二）按照本准则第七十八条至第九十七条披露的信息。

（三）期末风险集中度信息，包括管理层确定风险集中度的说明和参考因素（包括交易对手方、地理区域、货币种类、市场类型等），以及各风险集中度相关的风险敞口金额。

上述期末定量信息不能代表企业本期风险敞口情况的，应当进一步提供相关信息。

第二节 信用风险披露

第七十八条 对于适用《企业会计准则第 22 号——金融工具确认和计量》金融工具减值规定的各类金融工具和相关合同权利，企业应当按照本准则第八十条至第八十七条的规定披露。

对于始终按照相当于整个存续期内预期信用损失的金额计量其减值损失准备的应收款项、合同资产和租赁应收款，在逾期超过 30 日后对合同现金流量作出修改的，适用本准则第八十五条（一）的规定。

租赁应收款不适用本准则第八十六条（二）的规定。

第七十九条 为使财务报表使用者了解信用风险对未来现金流量的金额、时间和不确定性的影响，企业应当披露与信用风险有关的下列信息：

（一）企业信用风险管理实务的相关信息及其与预期信用损失的确认和计量的关系，包括计量金融工具预期信用损失的方法、假设和信息；

（二）有助于财务报表使用者评价在财务报表中确认的预期信用损失金额的定量和定性信息，包括预期信用损失金额的变动及其原因；

（三）企业的信用风险敞口，包括重大信用风险集中度；

（四）其他有助于财务报表使用者了解信用风险对未来现金流量金额、时间和不确定性的影响的信息。

第八十条 信用风险信息已经在其他报告（例如管理层讨论与分析）中予以披露并与财务报告交叉索引，且财务报告和其他报告可以同时同条件获得的，则信用风险信息无需重复列报。企业应当根据自身实际情况，合理确定相关披露的详细程度、汇总或分解水平以及是否需对所披露的定量信息作补充说明。

第八十一条 企业应当披露与信用风险管理实务有关的下列信息：

（一）企业评估信用风险自初始确认后是否已显著增加的方法，并披露下列信息。

1. 根据《企业会计准则第 22 号——金融资产确认和计量》第五十五条的规定，在资产负债表日只具有较低的信用风险的金融工具及其确定依据（包括适用该情况的金融工具类别）。

2. 逾期超过 30 日，而信用风险自初始确认后未被认定为显著增加的金融资产及其确定依据。

（二）企业对违约的界定及其原因。

（三）以组合为基础评估预期信用风险的金融工具的组合方法。

（四）确定金融资产已发生信用减值的依据。

（五）企业直接减记金融工具的政策，包括没有合理预期金融资产可以收回的迹象和已经直接减记但仍受执行活动影响的金融资产相关政策的信息。

（六）根据《企业会计准则第 22 号——金融工具确认和计量》第五十六条的规定评估合同现金流量修改后金融资产的信用风险的，企业应当披露其信用风险的评估方法以及下列信息：

1. 对于损失准备相当于整个存续期预期信用损失的金融资产，在发生合同现金流修改时，评估信用风险是否已下降，从而企业可以按照相当于该金融资产未来 12 个月内预期信用损失的金额确认计量其损失准备；

2. 对于符合本条（六）第 1 项中所述的金融资产，企业应当披露其如何监控后续该金融资产的信用风险是否显著增加，从而按照相当于整个存续期预期信用损失的金额重新计量损失准备。

第八十二条 企业应当披露《企业会计准则第 22 号——金融工具确认和计量》第八章有关金融工具减值所采用的输入值、假设和估值技术等相关信息，具体包括：

（一）用于确定下列各事项或数据的输入值、假设和估计技术：

1. 未来 12 个月内预期信用损失和整个存续期的预期信用损失的计量；

2. 金融工具的信用风险自初始确认后是否已显著增加；

3. 金融资产是否已发生信用减值。

（二）确定预期信用损失时如何考虑前瞻性信息，包括宏观经济信息的使用。

（三）报告期估计技术或重大假设的变更及其原因。

第八十三条 企业应当以表格形式按金融工具的类别编制损失准备期初余额与期末余额的调节表，分别说明下列项目的变动情况：

（一）按相当于未来 12 个月预期信用损失的金额计量的损失准备。

（二）按相当于整个存续期预期信用损失的金额计量的下列各项的损失准备：

1. 自初始确认后信用风险已显著增加但并未发生信用减值的金融工具；

2. 对于资产负债表日已发生信用减值但并非购买或源生的已发生信用减值的金融资产；

3. 根据《企业会计准则第 22 号——金融工具确认和计量》第六十三条的规定计量减值损失准备的应收账款、合同资产和租赁应收款。

（三）购买或源生的已发生信用减值的金融资产的变动。除调节表外，企业还应当披露本期初始确认的该类金融资产在初始确认时未折现的预期信用损失总额。

第八十四条 为有助于财务报表使用者了解企业按照本准则第八十三条规定披露的损失准备变动信息，企业应当对本期发生损失准备变动的金融工具账面余额显著变动情况作出说明，这些说明信息应当包括定性和定量信息，并应当对按照本准则第八十三条规定披露损失准备的各项目分别单独披露，具体可包括下列情况下发生损失准备变动的金融工具账面余额显著变动信息：

（一）本期因购买或源生的金融工具所导致的变动。

（二）未导致终止确认的金融资产的合同现金流量修改所导致的变动。

（三）本期终止确认的金融工具（包括直接减记的金融工具）所导致的变动。

对于当期已直接减记但仍受执行活动影响的金融资产，还应当披露尚未结算的合同金额。

（四）因按照相当于未来 12 个月预期信用损失或整个存续期内预期信用损失金额计量损失准备而导致的金融工具账面余额变动信息。

第八十五条　为有助于财务报表使用者了解未导致终止确认的金融资产合同现金流量修改的性质和影响，及其对预期信用损失计量的影响，企业应当披露下列信息：

（一）企业在本期修改了金融资产合同现金流量，且修改前损失准备是按相当于整个存续期预期信用损失金额计量的，应当披露修改或重新议定合同前的摊余成本及修改合同现金流量的净利得或净损失；

（二）对于之前按照相当于整个存续期内预期信用损失的金额计量了损失准备的金融资产，而当期按照相当于未来 12 个月内预期信用损失的金额计量该金融资产的损失准备的，应当披露该金融资产在资产负债表日的账面余额。

第八十六条　为有助于财务报表使用者了解担保物或其他信用增级对源自预期信用损失的金额的影响，企业应当按照金融工具的类别披露下列信息：

（一）在不考虑可利用的担保物或其他信用增级的情况下，企业在资产负债表日的最大信用风险敞口。

（二）作为抵押持有的担保物和其他信用增级的描述，包括：

1. 所持有担保物的性质和质量的描述；

2. 本期由于信用恶化或企业担保政策变更，导致担保物或信用增级的质量发生显著变化的说明；

3. 由于存在担保物而未确认损失准备的金融工具的信息。

（三）企业在资产负债表日持有的担保物和其他信用增级为已发生信用减值的金融资产作抵押的定量信息（例如对担保物和其他信用增级降低信用风险程度的量化信息）。

第八十七条　为有助于财务报表使用者评估企业的信用风险敞口并了解其重大信用风险集中度，企业应当按照信用风险等级披露相关金融资产的账面余额以及贷款承诺和财务担保合同的信用风险敞口。这些信息应当按照下列各类金融工具分别披露：

（一）按相当于未来 12 个月预期信用损失的金额计量损失准备的金融工具。

（二）按相当于整个存续期预期信用损失的金额计量损失准备的下列金融工具：

1. 自初始确认后信用风险已显著增加的金融工具（但并非已发生信用减值的金融资产）；

2. 在资产负债表日已发生信用减值但并非所购买或源生的已发生信用减值的金融资产；

3. 根据《企业会计准则第 22 号——金融工具确认和计量》第六十三条规定计量减值损失准备的应收账款、合同资产或者租赁应收款。

（三）购买或源生的已发生信用减值的金融资产。

信用风险等级是指基于金融工具发生违约的风险对信用风险划分的等级。

第八十八条　对于属于本准则范围，但不适用《企业会计准则第 22 号——金融工具确认和计量》金融工具减值规定的各类金融工具，企业应当披露与每类金融工具信用风险有关的下列信息：

（一）在不考虑可利用的担保物或其他信用增级的情况下，企业在资产负债表日的最大信用风险敞口。金融工具的账面价值能代表最大信用风险敞口的，不再要求披露此项信息。

（二）无论是否适用本条（一）中的披露要求，企业都应当披露可利用担保物或其他信用增级的信息及其对最大信用风险敞口的财务影响。

第八十九条　企业本期通过取得担保物或其他信用增级所确认的金融资产或非金融资产，应当披露下列信息：

（一）所确认资产的性质和账面价值；
（二）对于不易变现的资产，应当披露处置或拟将其用于日常经营的政策等。

第三节　流动性风险披露

第九十条　企业应当披露金融负债按剩余到期期限进行的到期期限分析，以及管理这些金融负债流动性风险的方法：

（一）对于非衍生金融负债（包括财务担保合同），到期期限分析应当基于合同剩余到期期限。对于包含嵌入衍生工具的混合金融工具，应当将其整体视为非衍生金融负债进行披露。

（二）对于衍生金融负债，如果合同到期期限是理解现金流量时间分布的关键因素，到期期限分析应当基于合同剩余到期期限。

当企业将所持有的金融资产作为流动性风险管理的一部分，且披露金融资产的到期期限分析使财务报表使用者能够恰当地评估企业流动性风险的性质和范围时，企业应当披露金融资产的到期期限分析。

流动性风险，是指企业在履行以交付现金或其他金融资产的方式结算的义务时发生资金短缺的风险。

第九十一条　企业在披露到期期限分析时，应当运用职业判断确定适当的时间段。列入各时间段内按照本准则第九十条的规定披露的金额，应当是未经折现的合同现金流量。

企业可以但不限于按下列时间段进行到期期限分析：

（一）一个月以内（含一个月，下同）；
（二）一个月至三个月以内；
（三）三个月至一年以内；
（四）一年至五年以内；
（五）五年以上。

第九十二条　债权人可以选择收回债权时间的，债务人应当将相应的金融负债列入债权人可以要求收回债权的最早时间段内。

债务人应付债务金额不固定的，应当根据资产负债表日的情况确定到期期限分析所披露的金额。如分期付款的，债务人应当把每期将支付的款项列入相应的最早时间段内。

财务担保合同形成的金融负债，担保人应当将最大担保金额列入相关方可以要求支付的最早时间段内。

第九十三条　企业应当披露流动性风险敞口汇总定量信息的确定方法。此类汇总定量信息中的现金（或另一项金融资产）流出符合下列条件之一的，应当说明相关事实，并提供有助于评价该风险程度的额外定量信息：

（一）该现金的流出可能显著早于汇总定量信息中所列示的时间。
（二）该现金的流出可能与汇总定量信息中所列示的金额存在重大差异。

如果以上信息已包括在本准则第九十条规定的到期期限分析中，则无需披露上述额外定量信息。

第四节　市场风险披露

第九十四条　金融工具的市场风险，是指金融工具的公允价值或未来现金流量因市场价格变动而发生波动的风险，包括汇率风险、利率风险和其他价格风险。

汇率风险，是指金融工具的公允价值或未来现金流量因外汇汇率变动而发生波动的风险。汇率风险可源于以记账本位币之外的外币进行计价的金融工具。

利率风险，是指金融工具的公允价值或未来现金流量因市场利率变动而发生波动的风险。利率风险可源于已确认的计息金融工具和未确认的金融工具（如某些贷款承诺）。

其他价格风险，是指金融工具的公允价值或未来现金流量因汇率风险和利率风险以外的市场价格变动而发生波动的风险，无论这些变动是由于与单项金融工具或其发行方有关的因素而引起的，还是由于与市场内交易的所有类似金融工具有关的因素而引起的。其他价格风险可源于商品价格或权益工具价格等的变化。

第九十五条 在对市场风险进行敏感性分析时，应当以整个企业为基础，披露下列信息：

（一）资产负债表日所面临的各类市场风险的敏感性分析。该项披露应当反映资产负债表日相关风险变量发生合理、可能的变动时，将对企业损益和所有者权益产生的影响。

对具有重大汇率风险敞口的每一种货币，应当分币种进行敏感性分析。

（二）本期敏感性分析所使用的方法和假设，以及本期发生的变化和原因。

第九十六条 企业采用风险价值法或类似方法进行敏感性分析能够反映金融风险变量之间（如利率和汇率之间等）的关联性，且企业已采用该种方法管理金融风险的，可不按照本准则第九十五条的规定进行披露，但应当披露下列信息：

（一）用于该种敏感性分析的方法、选用的主要参数和假设；

（二）所用方法的目的，以及该方法提供的信息在反映相关资产和负债公允价值方面的局限性。

第九十七条 按照本准则第九十五条或第九十六条对敏感性分析的披露不能反映金融工具市场风险的（例如期末的风险敞口不能反映当期的风险状况），企业应当披露这一事实及其原因。

第八章　金融资产转移的披露

第九十八条 企业应当就资产负债表日存在的所有未终止确认的已转移金融资产，以及对已转移金融资产的继续涉入，按本准则要求单独披露。

本章所述的金融资产转移，包括下列两种情形：

（一）企业将收取金融资产现金流量的合同权利转移给另一方。

（二）企业保留了收取金融资产现金流量的合同权利，但承担了将收取的现金流量支付给一个或多个最终收款方的合同义务。

第九十九条 企业对于金融资产转移所披露的信息，应当有助于财务报表使用者了解未整体终止确认的已转移金融资产与相关负债之间的关系，评价企业继续涉入已终止确认金融资产的性质和相关风险。

企业按照本准则第一百零一条和第一百零二条所披露信息不能满足本条前款要求的，应当披露其他补充信息。

第一百条 本章所述的继续涉入，是指企业保留了已转移金融资产中内在的合同权利或义务，或者取得了与已转移金融资产相关的新合同权利或义务。转出方与转入方签订的转让协议或与第三方单独签订的与转让相关的协议，都有可能形成对已转移金融资产的继续涉入。如果企业对已转移金融资产的未来业绩不享有任何利益，也不承担与已转移金融资产相关的任何未来支付义务，则不形成继续涉入。下列情形不形成继续涉入：

（一）与转移的真实性以及合理、诚信和公平交易等原则有关的常规声明和保证，这些声明和保证可能因法律行为导致转移无效。

（二）以公允价值回购已转移金融资产的远期、期权和其他合同。

（三）使企业保留了收取金融资产现金流量的合同权利但承担了将收取的现金流量支付给一个或多个最终收款方的合同义务的安排，且这类安排满足《企业会计准则第23号——金融资产转移》第六条（二）中的三个条件。

第一百零一条 对于已转移但未整体终止确认的金融资产，企业应当按照类别披露下列信息：

（一）已转移金融资产的性质；

（二）仍保留的与所有权有关的风险和报酬的性质；

（三）已转移金融资产与相关负债之间关系的性质，包括因转移引起的对企业使用已转移金融资产的限制；

（四）在转移金融资产形成的相关负债的交易对手方仅对已转移金融资产有追索权的情况下，应当以表格形式披露所转移金融资产和相关负债的公允价值以及净头寸，即已转移金融资产和相关负债公允价值之间的差额；

（五）继续确认已转移金融资产整体的，披露已转移金融资产和相关负债的账面价值；

（六）按继续涉入程度确认所转移金融资产的，披露转移前该金融资产整体的账面价值、按继续涉入程度确认的资产和相关负债的账面价值。

第一百零二条 对于已整体终止确认但转出方继续涉入已转移金融资产的，企业应当至少按照类别披露下列信息：

（一）因继续涉入确认的资产和负债的账面价值和公允价值，以及在资产负债表中对应的项目。

（二）因继续涉入导致企业发生损失的最大风险敞口及确定方法。

（三）应当或可能回购已终止确认的金融资产需要支付的未折现金流量（如期权协议中的行权价格）或其他应向转入方支付的款项，以及对这些现金流量或款项的到期期限分析。如果到期期限可能为一个区间，应当以企业必须或可能支付的最早日期为依据归入相应的时间段。到期期限分析应当分别反映企业应当支付的现金流量（如远期合同）、企业可能支付的现金流量（如签出看跌期权）以及企业可选择支付的现金流量（如购入看涨期权）。在现金流量不固定的情形下，上述金额应当基于每个资产负债表日的情况披露。

（四）对本条（一）至（三）定量信息的解释性说明，包括对已转移金融资产、继续涉入的性质和目的，以及企业所面临风险的描述等。其中，对企业所面临风险的描述包括下列各项：

1. 企业对继续涉入已终止确认金融资产的风险进行管理的方法；

2. 企业是否应先于其他方承担有关损失，以及先于本企业承担损失的其他方应承担损失的顺序及金额；

3. 企业向已转移金融资产提供财务支持或回购该金融资产的义务的触发条件。

（五）金融资产转移日确认的利得或损失，以及因继续涉入已终止确认金融资产当期和累计确认的收益或费用（如衍生工具的公允价值变动）。

（六）终止确认产生的收款总额在本期分布不均衡的（例如大部分转移金额在临近报告期末发生），企业应当披露本期最大转移活动发生的时间段、该段期间所确认的金额（如相关利得或损失）和收款总额。

企业在披露本条所规定的信息时，应当按照其继续涉入面临的风险敞口类型分类汇总披露。例如，可按金融工具类别（如附担保或看涨期权继续涉入方式）或转让类型（如应收账款保理、证券化和融券）分类汇总披露。企业对某项终止确认的金融资产存在多种继续涉入方式的，可按其中一类汇总披露。

第一百零三条 企业按照本准则第一百条的规定确定是否继续涉入已转移金融资产时，应当以自身财务报告为基础进行考虑。

第九章 衔接规定

第一百零四条 自本准则施行日起，企业应当按照本准则的要求列报金融工具相关信息。企业比较财务报表列报的信息与本准则要求不一致的，不需要按照本准则的要求进行调整。

第十章 附 则

第一百零五条 本准则自 2018 年 1 月 1 日起施行。

37. 企业会计准则第 38 号——首次执行企业会计准则（2006 年颁布）

（财会〔2006〕3 号）

第一章 总 则

第一条 为了规范首次执行企业会计准则对会计要素的确认、计量和财务报表列报，根据《企业会计准则——基本准则》，制定本准则。

第二条 首次执行企业会计准则，是指企业第一次执行企业会计准则体系，包括基本准则、具体准则和会计准则应用指南。

第三条 首次执行企业会计准则后发生的会计政策变更，适用《企业会计准则第 28 号——会计政策、会计估计变更和差错更正》。

第二章 确认和计量

第四条 在首次执行日，企业应当对所有资产、负债和所有者权益按照企业会计准则的规定进行重新分类、确认和计量，并编制期初资产负债表。

编制期初资产负债表时，除按照本准则第五条至第十九条规定要求追溯调整的项目外，其他项目不应追溯调整。

第五条 对于首次执行日的长期股权投资，应当分别下列情况处理：

（一）根据《企业会计准则第 20 号——企业合并》属于同一控制下企业合并产生的长期股权投资，尚未摊销完毕的股权投资差额应全额冲销，并调整留存收益，以冲销股权投资差额后的长期股权投资账面余额作为首次执行日的认定成本。

（二）除上述（一）以外的其他采用权益法核算的长期股权投资，存在股权投资贷方差额的，应冲销贷方差额，调整留存收益，并以冲销贷方差额后的长期股权投资账面余额作为首次执行日的认定成本；存在股权投资借方差额的，应当将长期股权投资的账面余额作为首次执行日的认定成本。

第六条 对于有确凿证据表明可以采用公允价值模式计量的投资性房地产，在首次执行日可以按照公允价值进行计量，并将账面价值与公允价值的差额调整留存收益。

第七条 在首次执行日，对于满足预计负债确认条件且该日之前尚未计入资产成本的弃置费用，应当增加该项资产成本，并确认相应的负债；同时，将应补提的折旧（折耗）调整留存收益。

第八条 对于首次执行日存在的解除与职工的劳动关系计划，满足《企业会计准则第 9 号——职工薪酬》预计负债确认条件的，应当确认因解除与职工的劳动关系给予补偿而产生的负债，并调整留存收益。

第九条 对于企业年金基金在运营中所形成的投资，应当在首次执行日按照公允价值进行计量，并将账面价值与公允价值的差额调整留存收益。

第十条 对于可行权日在首次执行日或之后的股份支付，应当根据《企业会计准则第 11 号——股份支付》的规定，按照权益工具、其他方服务或承担的以权益工具为基础计算确定的负债的公允价值，将应计入首次执行日之前等待期的成本费用金额调整留存收益，相应增加所有者权益或负债。

首次执行日之前可行权的股份支付，不应追溯调整。

第十一条 在首次执行日，企业应当按照《企业会计准则第 13 号——或有事项》的规定，将满足预计负债确认条件的重组义务，确认为负债，并调整留存收益。

第十二条 企业应当按照《企业会计准则第 18 号——所得税》的规定，在首次执行日对资产、负债的账面价值与计税基础不同形成的暂时性差异的所得税影响进行追溯调整，并将影响金额调整留存收益。

第十三条 除下列项目外，对于首次执行日之前发生的企业合并不应追溯调整：

（一）按照《企业会计准则第 20 号——企业合并》属于同一控制下企业合并，原已确认商誉的摊余价值应当全额冲销，并调整留存收益。

按照该准则的规定属于非同一控制下企业合并的，应当将商誉在首次执行日的摊余价值作为认定成本，不再进行摊销。

（二）首次执行日之前发生的企业合并，合并合同或协议中约定根据未来事项的发生对合并成本进行调整的，如果首次执行日预计未来事项很可能发生并对合并成本的影响金额能够可靠计量的，应当按照该影响金额调整已确认商誉的账面价值。

（三）企业应当按照《企业会计准则第 8 号——资产减值》的规定，在首次执行日对商誉进行减值测试，发生减值的，应当以计提减值准备后的金额确认，并调整留存收益。

第十四条 在首次执行日，企业应当将所持有的金融资产（不含《企业会计准则第 2 号——长期股权投资》规范的投资），划分为以公允价值计量且其变动计入当期损益的金融资产、持有至到期投资、贷款和应收款项、可供出售金融资产。

（一）划分为以公允价值计量且其变动计入当期损益或可供出售金融资产的，应当在首次执行日按照公允价值计量，并将账面价值与公允价值的差额调整留存收益。

（二）划分为持有至到期投资、贷款和应收款项的，应当自首次执行日起改按实际利率法，在随后的会计期间采用摊余成本计量。

第十五条 对于在首次执行日指定为以公允价值计量且其变动计入当期损益的金融负债，应当在首次执行日按照公允价值计量，并将账面价值与公允价值的差额调整留存收益。

第十六条 对于未在资产负债表内确认、或已按成本计量的衍生金融工具（不包括套期工具），应当在首次执行日按照公允价值计量，同时调整留存收益。

第十七条 对于嵌入衍生金融工具，按照《企业会计准则第 22 号——金融工具确认和计量》规定应从混合工具分拆的，应当在首次执行日将其从混合工具分拆并单独处理，但嵌入衍生金融工具的公允价值难以合理确定的除外。

对于企业发行的包含负债和权益成分的非衍生金融工具，应当按照《企业会计准则第 37 号——金融工具列报》的规定，在首次执行日将负债和权益成分分拆，但负债成分的公允价值难以合理确定的除外。

第十八条 在首次执行日，对于不符合《企业会计准则第 24 号——套期保值》规定的套期会计方法运用条件的套期保值，应当终止采用原套期会计方法，并按照《企业会计准则第 24 号——套期保值》处理。

第十九条 发生再保险分出业务的企业，应当在首次执行日按照《企业会计准则第 26 号——再保险合同》的规定，将应向再保险接受人摊回的相应准备金确认为资产，并调整各项准备金的账面价值。

第三章 列 报

第二十条 在首次执行日后按照企业会计准则编制的首份年度财务报表（以下简称首份年度财务报表）期间，企业应当按照《企业会计准则第 30 号——财务报表列报》和《企业会计准则第 31 号——现金流量表》的规定，编报资产负债表、利润表、现金流量表和所有者权益变动表及附注。

对外提供合并财务报表的，应当遵循《企业会计准则第 33 号——合并财务报表》的规定。

在首份年度财务报表涵盖的期间内对外提供中期财务报告的，应当遵循《企业会计准则第 32 号——中期财务报告》的规定。

企业应当在附注中披露首次执行企业会计准则财务报表项目金额的变动情况。

第二十一条 首份年度财务报表至少应当包括上年度按照企业会计准则列报的比较信息。财务报表项目的列报发生变更的，应当对上年度比较数据按照企业会计准则的列报要求进行调整，但不切实可行的除外。

对于原未纳入合并范围但按照《企业会计准则第 33 号——合并财务报表》规定应纳入合并范围的子公司，在上年度的比较合并财务报表中，企业应当将该子公司纳入合并范围。对于原已纳入合并范围但按照该准则规定不应纳入合并范围的子公司，在上年度的比较合并财务报表中，企业不应将该子公司纳入合并范围。上年度比较合并财务报表中列示的少数股东权益，应当按照该准则的规定，在所有者权益类列示。

应当列示每股收益的企业，比较财务报表中上年度的每股收益按照《企业会计准则第 34 号——每股收益》的规定计算和列示。

应当披露分部信息的企业，比较财务报表中上年度关于分部的信息按照《企业会计准则第 35 号——分部报告》的规定披露。

38. 企业会计准则第 39 号——公允价值计量（2014 年颁布）

（财会〔2014〕6 号）

第一章 总 则

第一条 为了规范公允价值的计量和披露，根据《企业会计准则——基本准则》，制定本准则。

第二条 公允价值，是指市场参与者在计量日发生的有序交易中，出售一项资产所能收到或者转移一项负债所需支付的价格。

第三条 本准则适用于其他相关会计准则要求或者允许采用公允价值进行计量或披露的情形，本准则第四条和第五条所列情形除外。

第四条 下列各项的计量和披露适用其他相关会计准则：

（一）与公允价值类似的其他计量属性的计量和披露，如《企业会计准则第 1 号——存货》规范的可变现净值、《企业会计准则第 8 号——资产减值》规范的预计未来现金流量现值，分别适用《企业会计准则第 1 号——存货》和《企业会计准则第 8 号——资产减值》。

（二）股份支付业务相关的计量和披露，适用《企业会计准则第 11 号——股份支付》。

（三）租赁业务相关的计量和披露，适用《企业会计准则第 21 号——租赁》。

第五条 下列各项的披露适用其他相关会计准则：

（一）以公允价值减去处置费用后的净额确定可收回金额的资产的披露，适用《企业会计准则第 8 号——资产减值》。

（二）以公允价值计量的职工离职后福利计划资产的披露，适用《企业会计准则第 9 号——职工薪酬》。

（三）以公允价值计量的企业年金基金投资的披露，适用《企业会计准则第 10 号——企业年金基金》。

第二章 相关资产或负债

第六条 企业以公允价值计量相关资产或负债，应当考虑该资产或负债的特征。

相关资产或负债的特征，是指市场参与者在计量日对该资产或负债进行定价时考虑的特征，包括资产状况及所在位置、对资产出售或者使用的限制等。

第七条 以公允价值计量的相关资产或负债可以是单项资产或负债（如一项金融工具、一项非金融资产等），也可以是资产组合、负债组合或者资产和负债的组合（如《企业会计准则第 8 号——资产减值》规范的资产组、《企业会计准则第 20 号——企业合并》规范的业务等）。企业是以单项还是以组合的方式对相关资产或负债进行公允价值计量，取决于该资产或负债的计量单元。

计量单元，是指相关资产或负债以单独或者组合方式进行计量的最小单位。相关资产或负债的计量单元应当由要求或者允许以公允价值计量的其他相关会计准则规定，但本准则第十章规范的市场风险或信用风险可抵销的金融资产和金融负债的公允价值计量除外。

第三章　有序交易和市场

第八条 企业以公允价值计量相关资产或负债，应当假定市场参与者在计量日出售资产或者转移负债的交易，是在当前市场条件下的有序交易。

有序交易，是指在计量日前一段时期内相关资产或负债具有惯常市场活动的交易。清算等被迫交易不属于有序交易。

第九条 企业以公允价值计量相关资产或负债，应当假定出售资产或者转移负债的有序交易在相关资产或负债的主要市场进行。不存在主要市场的，企业应当假定该交易在相关资产或负债的最有利市场进行。

主要市场，是指相关资产或负债交易量最大和交易活跃程度最高的市场。

最有利市场，是指在考虑交易费用和运输费用后，能够以最高金额出售相关资产或者以最低金额转移相关负债的市场。

交易费用，是指在相关资产或负债的主要市场（或最有利市场）中，发生的可直接归属于资产出售或者负债转移的费用。交易费用是直接由交易引起的、交易所必需的，而且不出售资产或者不转移负债就不会发生的费用。

运输费用，是指将资产从当前位置运抵主要市场（或最有利市场）发生的费用。

第十条 企业在识别主要市场（或最有利市场）时，应当考虑所有可合理取得的信息，但没有必要考察所有市场。

通常情况下，企业正常进行资产出售或者负债转移的市场可以视为主要市场（或最有利市场）。

第十一条 主要市场（或最有利市场）应当是企业在计量日能够进入的交易市场，但不要求企业于计量日在该市场上实际出售资产或者转移负债。

由于不同企业可以进入的市场不同，对于不同企业，相同资产或负债可能具有不同的主要市场（或最有利市场）。

第十二条 企业应当以主要市场的价格计量相关资产或负债的公允价值。不存在主要市场的，企业应当以最有利市场的价格计量相关资产或负债的公允价值。

企业不应当因交易费用对该价格进行调整。交易费用不属于相关资产或负债的特征，只与特定交易有关。交易费用不包括运输费用。

相关资产所在的位置是该资产的特征，发生的运输费用能够使该资产从当前位置转移到主要市场（或最有利市场）的，企业应当根据使该资产从当前位置转移到主要市场（或最有利市场）的运输费用调整主要市场（或最有利市场）的价格。

第十三条 当计量日不存在能够提供出售资产或者转移负债的相关价格信息的可观察市场时，企业应当从持有资产或者承担负债的市场参与者角度，假定计量日发生了出售资产或者转移负债的交易，并以该假定交易的价格为基础计量相关资产或负债的公允价值。

第四章 市场参与者

第十四条 企业以公允价值计量相关资产或负债，应当采用市场参与者在对该资产或负债定价时为实现其经济利益最大化所使用的假设。

市场参与者，是指在相关资产或负债的主要市场（或最有利市场）中，同时具备下列特征的买方和卖方：

（一）市场参与者应当相互独立，不存在《企业会计准则第36号——关联方披露》所述的关联方关系；

（二）市场参与者应当熟悉情况，能够根据可取得的信息对相关资产或负债以及交易具备合理认知；

（三）市场参与者应当有能力并自愿进行相关资产或负债的交易。

第十五条 企业在确定市场参与者时，应当考虑所计量的相关资产或负债、该资产或负债的主要市场（或最有利市场）以及在该市场上与企业进行交易的市场参与者等因素，从总体上识别市场参与者。

第五章 公允价值初始计量

第十六条 企业应当根据交易性质和相关资产或负债的特征等，判断初始确认时的公允价值是否与其交易价格相等。

在企业取得资产或者承担负债的交易中，交易价格是取得该项资产所支付或者承担该项负债所收到的价格（即进入价格）。公允价值是出售该项资产所能收到或者转移该项负债所需支付的价格（即脱手价格）。相关资产或负债在初始确认时的公允价值通常与其交易价格相等，但在下列情况中两者可能不相等：

（一）交易发生在关联方之间。但企业有证据表明该关联方交易是在市场条件下进行的除外。

（二）交易是被迫的。

（三）交易价格所代表的计量单元与按照本准则第七条确定的计量单元不同。

（四）交易市场不是相关资产或负债的主要市场（或最有利市场）。

第十七条 其他相关会计准则要求或者允许企业以公允价值对相关资产或负债进行初始计量，且其交易价格与公允价值不相等的，企业应当将相关利得或损失计入当期损益，但其他相关会计准则另有规定的除外。

第六章 估值技术

第十八条 企业以公允价值计量相关资产或负债，应当采用在当前情况下适用并且有足够可利用数据和其他信息支持的估值技术。企业使用估值技术的目的，是为了估计在计量日当前市场条件下，市场参与者在有序交易中出售一项资产或者转移一项负债的价格。

企业以公允价值计量相关资产或负债，使用的估值技术主要包括市场法、收益法和成本法。企业应当使用与其中一种或多种估值技术相一致的方法计量公允价值。企业使用多种估值技术计量公允价值的，应当考虑各估值结果的合理性，选取在当前情况下最能代表公允价值的金额作为公允价值。

市场法，是利用相同或类似的资产、负债或资产和负债组合的价格以及其他相关市场交易信息进行估值的技术。

收益法，是将未来金额转换成单一现值的估值技术。

成本法，是反映当前要求重置相关资产服务能力所需金额（通常指现行重置成本）的估值技术。

第十九条 企业在估值技术的应用中，应当优先使用相关可观察输入值，只有在相关可观察输入值无法取得或取得不切实可行的情况下，才可以使用不可观察输入值。

输入值，是指市场参与者在给相关资产或负债定价时所使用的假设，包括可观察输入值和不可观察输入值。

可观察输入值，是指能够从市场数据中取得的输入值。该输入值反映了市场参与者在对相关资产或负债定价时所使用的假设。

不可观察输入值，是指不能从市场数据中取得的输入值。该输入值应当根据可获得的市场参与者在对相关资产或负债定价时所使用假设的最佳信息确定。

第二十条 企业以交易价格作为初始确认时的公允价值，且在公允价值后续计量中使用了涉及不可观察输入值的估值技术的，应当在估值过程中校正该估值技术，以使估值技术确定的初始确认结果与交易价格相等。

企业在公允价值后续计量中使用估值技术的，尤其是涉及不可观察输入值的，应当确保该估值技术反映了计量日可观察的市场数据，如类似资产或负债的价格等。

第二十一条 公允价值计量使用的估值技术一经确定，不得随意变更，但变更估值技术或其应用能使计量结果在当前情况下同样或者更能代表公允价值的情况除外，包括但不限于下列情况：

（一）出现新的市场。

（二）可以取得新的信息。

（三）无法再取得以前使用的信息。

（四）改进了估值技术。

（五）市场状况发生变化。

企业变更估值技术或其应用的，应当按照《企业会计准则第28号——会计政策、会计估计变更和差错更正》的规定作为会计估计变更，并根据本准则的披露要求对估值技术及其应用的变更进行披露，而不需要按照《企业会计准则第28号——会计政策、会计估计变更和差错更正》的规定对相关会计估计变更进行披露。

第二十二条 企业采用估值技术计量公允价值时，应当选择与市场参与者在相关资产或负债的交易中所考虑的资产或负债特征相一致的输入值，包括流动性折溢价、控制权溢价或少数股东权益折价等，但不包括与本准则第七条规定的计量单元不一致的折溢价。

企业不应当考虑因其大量持有相关资产或负债所产生的折价或溢价。该折价或溢价反映了市场正常日交易量低于企业在当前市场出售或转让其持有的相关资产或负债数量时，市场参与者对该资产或负债报价的调整。

第二十三条 以公允价值计量的相关资产或负债存在出价和要价的，企业应当以在出价和要价之间最能代表当前情况下公允价值的价格确定该资产或负债的公允价值。企业可以使用出价计量资产头寸、使用要价计量负债头寸。

本准则不限制企业使用市场参与者在实务中使用的在出价和要价之间的中间价或其他定价惯例计量相关资产或负债。

第七章 公允价值层次

第二十四条 企业应当将公允价值计量所使用的输入值划分为三个层次，并首先使用第一层次输入值，其次使用第二层次输入值，最后使用第三层次输入值。

第一层次输入值是在计量日能够取得的相同资产或负债在活跃市场上未经调整的报价。活跃市场，是指相关资产或负债的交易量和交易频率足以持续提供定价信息的市场。

第二层次输入值是除第一层次输入值外相关资产或负债直接或间接可观察的输入值。

第三层次输入值是相关资产或负债的不可观察输入值。

公允价值计量结果所属的层次，由对公允价值计量整体而言具有重要意义的输入值所属的最低层次决定。企业应当在考虑相关资产或负债特征的基础上判断所使用的输入值是否重要。公允价值计量结果所属的层次，取决于估值技术的输入值，而不是估值技术本身。

第二十五条 第一层次输入值为公允价值提供了最可靠的证据。在所有情况下，企业只要能够获得相同资产或负债在活跃市场上的报价，就应当将该报价不加调整地应用于该资产或负债的公允价值计量，但下列情况除外：

（一）企业持有大量类似但不相同的以公允价值计量的资产或负债，这些资产或负债存在活跃市场报价，但难以获得每项资产或负债在计量日单独的定价信息。在这种情况下，企业可以采用不单纯依赖报价的其他估值模型。

（二）活跃市场报价未能代表计量日的公允价值，如因发生影响公允价值计量的重大事件等导致活跃市场的报价未能代表计量日的公允价值。

（三）本准则第三十四条（二）所述情况。

企业因上述情况对相同资产或负债在活跃市场上的报价进行调整的，公允价值计量结果应当划分为较低层次。

第二十六条 企业在使用第二层次输入值对相关资产或负债进行公允价值计量时，应当根据该资产或负债的特征，对第二层次输入值进行调整。这些特征包括资产状况或所在位置、输入值与类似资产或负债的相关程度［包括本准则第三十四条（二）规定的因素］、可观察输入值所在市场的交易量和活跃程度等。

对于具有合同期限等具体期限的相关资产或负债，第二层次输入值应当在几乎整个期限内是可观察的。

第二层次输入值包括：

（一）活跃市场中类似资产或负债的报价；

（二）非活跃市场中相同或类似资产或负债的报价；

（三）除报价以外的其他可观察输入值，包括在正常报价间隔期间可观察的利率和收益率曲线、隐含波动率和信用利差等；

（四）市场验证的输入值等。市场验证的输入值，是指通过相关性分析或其他手段获得的主要来源于可观察市场数据或者经过可观察市场数据验证的输入值。

企业使用重要的不可观察输入值对第二层次输入值进行调整，且该调整对公允价值计量整体而言是重要的，公允价值计量结果应当划分为第三层次。

第二十七条 企业只有在相关资产或负债不存在市场活动或者市场活动很少导致相关可观察输入值无法取得或取得不切实可行的情况下，才能使用第三层次输入值，即不可观察输入值。

不可观察输入值应当反映市场参与者对相关资产或负债定价时所使用的假设，包括有关风险的假设，如特定估值技术的固有风险和估值技术输入值的固有风险等。

第二十八条 企业在确定不可观察输入值时，应当使用在当前情况下可合理取得的最佳信息，包括所有可合理取得的市场参与者假设。

企业可以使用内部数据作为不可观察输入值，但如果有证据表明其他市场参与者将使用不同于企业内部数据的其他数据，或者这些企业内部数据是企业特定数据、其他市场参与者不具备企业相关特征时，企业应当对其内部数据做出相应调整。

第八章　非金融资产的公允价值计量

第二十九条 企业以公允价值计量非金融资产，应当考虑市场参与者将该资产用于最佳用途产生经济利益的能力，或者将该资产出售给能够用于最佳用途的其他市场参与者产生经济利益的能力。

最佳用途，是指市场参与者实现一项非金融资产或其所属的资产和负债组合的价值最大化时该非金融资产的用途。

第三十条 企业确定非金融资产的最佳用途，应当考虑法律上是否允许、实物上是否可能以及财务上是否可行等因素。

（一）企业判断非金融资产的用途在法律上是否允许，应当考虑市场参与者在对该资产定价时考虑的资产使用在法律上的限制。

（二）企业判断非金融资产的用途在实物上是否可能，应当考虑市场参与者在对该资产定价时考虑的资产实物特征。

（三）企业判断非金融资产的用途在财务上是否可行，应当考虑在法律上允许且实物上可能的情况下，使用该资产能否产生足够的收益或现金流量，从而在补偿使资产用于该用途所发生的成本后，仍然能够满足市场参与者所要求的投资回报。

第三十一条 企业应当从市场参与者的角度确定非金融资产的最佳用途。

通常情况下，企业对非金融资产的现行用途可以视为最佳用途，除非市场因素或者其他因素表明市场参与者按照其他用途使用该资产可以实现价值最大化。

第三十二条 企业以公允价值计量非金融资产，应当基于最佳用途确定下列估值前提：

（一）市场参与者单独使用一项非金融资产产生最大价值的，该非金融资产的公允价值应当是将其出售给同样单独使用该资产的市场参与者的当前交易价格。

（二）市场参与者将一项非金融资产与其他资产（或者其他资产或负债的组合）组合使用产生最大价值的，该非金融资产的公允价值应当是将其出售给以同样组合方式使用该资产的市场参与者的当前交易价格，并且该市场参与者可以取得组合中的其他资产和负债。其中，负债包括企业为筹集营运资金产生的负债，但不包括企业为组合之外的资产筹集资金所产生的负债。最佳用途的假定应当一致地应用于组合中所有与最佳用途相关的资产。

企业应当从市场参与者的角度判断该资产的最佳用途是单独使用、与其他资产组合使用、还是与其他资产和负债组合使用，但在计量非金融资产的公允价值时，应当假定按照本准则第七条确定的计量单元出售该资产。

第九章　负债和企业自身权益工具的公允价值计量

第三十三条 企业以公允价值计量负债，应当假定在计量日将该负债转移给其他市场参与者，而且该负债在转移后继续存在，并由作为受让方的市场参与者履行义务。

企业以公允价值计量自身权益工具，应当假定在计量日将该自身权益工具转移给其他市场参与者，而且该自身权益工具在转移后继续存在，并由作为受让方的市场参与者取得与该工具相关的权利、承担相应的义务。

第三十四条 企业以公允价值计量负债或自身权益工具，应当遵循下列原则：

（一）存在相同或类似负债或企业自身权益工具可观察市场报价的，应当以该报价为基础确定该负债或企业自身权益工具的公允价值。

（二）不存在相同或类似负债或企业自身权益工具可观察市场报价，但其他方将其作为资产持有的，企业应当在计量日从持有该资产的市场参与者角度，以该资产的公允价值为基础确定该负债或自身权益工具的公允价值。

当该资产的某些特征不适用于所计量的负债或企业自身权益工具时，企业应当根据该资产的公允价值进行调整，以调整后的价值确定负债或企业自身权益工具的公允价值。这些特征包括资产出售受到限制、资产与所计量负债或企业自身权益工具类似但不相同、资产的计量单元与负债或企业自身权益工具的计量单元不完全相同等。

（三）不存在相同或类似负债或企业自身权益工具可观察市场报价，并且其他方未将其作为资产持有的，企业应当从承担负债或者发行权益工具的市场参与者角度，采用估值技术确定该负债或企业自身权益工具的公允价值。

第三十五条 企业以公允价值计量负债，应当考虑不履约风险，并假定不履约风险在负债转移前后保持不变。

不履约风险，是指企业不履行义务的风险，包括但不限于企业自身信用风险。

第三十六条 企业以公允价值计量负债或自身权益工具，并且该负债或自身权益工具存在限制转移因素的，如果公允价值计量的输入值中已经考虑了该因素，企业不应当再单独设置相关输入值，也不应当对其他输入值进行相关调整。

第三十七条 企业以公允价值计量活期存款等具有可随时要求偿还特征的金融负债的，该金融负债的公允价值不应当低于债权人随时要求偿还时的应付金额，即从债权人可要求偿还的第一天起折现的现值。

第十章　市场风险或信用风险可抵销的金融资产和金融负债的公允价值计量

第三十八条 企业以市场风险和信用风险的净敞口为基础管理金融资产和金融负债的，可以以计量日市场参与者在当前市场条件下有序交易中出售净多头（即资产）或者转移净空头（即负债）的价格为基础，计量该金融资产和金融负债组合的公允价值。

市场风险或信用风险可抵销的金融资产或金融负债，应当是由《企业会计准则第22号——金融工具确认和计量》规范的金融资产和金融负债，也包括不符合金融资产或金融负债定义但按照《企业会计准则第22号——金融工具确认和计量》进行会计处理的其他合同。

与市场风险或信用风险可抵销的金融资产和金融负债相关的财务报表列报，应当适用其他相关会计准则。

第三十九条 企业按照本准则第三十八条规定计量金融资产和金融负债组合的公允价值的，应当同时满足下列条件：

（一）企业风险管理或投资策略的正式书面文件已载明，企业以特定市场风险或特定对手信用风险的净敞口为基础，管理金融资产和金融负债的组合；

（二）企业以特定市场风险或特定对手信用风险的净敞口为基础，向企业关键管理人员报告金融资产和金融负债组合的信息；

（三）企业在每个资产负债表日以公允价值计量组合中的金融资产和金融负债。

第四十条 企业按照本准则第三十八条规定计量金融资产和金融负债组合的公允价值的，该金融资产和金融负债面临的特定市场风险及其期限实质上应当相同。

企业按照本准则第三十八条规定计量金融资产和金融负债组合的公允价值的，如果市场参与者将会考虑假定出现违约情况下能够减小信用风险敞口的所有现行安排，企业应当考虑特定对手的信用风险净敞口的影响或特定对手对企业的信用风险净敞口的影响，并预计市场参与者依法强制执行这些安排的可能性。

第四十一条 企业采用本准则第三十八条规定的，应当按照《企业会计准则第28号——会计政策、会计估计变更和差错更正》的规定确定相关会计政策，并且一经确定，不得随意变更。

第十一章　公允价值披露

第四十二条 企业应当根据相关资产或负债的性质、特征、风险以及公允价值计量的层次对该资产或负债进行恰当分组，并按照组别披露公允价值计量的相关信息。

为确定资产和负债的组别，企业通常应当对资产负债表列报项目做进一步分解。企业应当披露各组别与报表列报项目之间的调节信息。

其他相关会计准则明确规定了相关资产或负债组别且其分组原则符合本条规定的，企业可以直接使用该组别提供相关信息。

第四十三条 企业应当区分持续的公允价值计量和非持续的公允价值计量。

持续的公允价值计量,是指其他相关会计准则要求或者允许企业在每个资产负债表日持续以公允价值进行的计量。

非持续的公允价值计量,是指其他相关会计准则要求或者允许企业在特定情况下的资产负债表中以公允价值进行的计量。

第四十四条 在相关资产或负债初始确认后的每个资产负债表日,企业至少应当在附注中披露持续以公允价值计量的每组资产和负债的下列信息:

(一)其他相关会计准则要求或者允许企业在资产负债表日持续以公允价值计量的项目和金额。

(二)公允价值计量的层次。

(三)在各层次之间转换的金额和原因,以及确定各层次之间转换时点的政策。每一层次的转入与转出应当分别披露。

(四)对于第二层次的公允价值计量,企业应当披露使用的估值技术和输入值的描述性信息。当变更估值技术时,企业还应当披露这一变更以及变更的原因。

(五)对于第三层次的公允价值计量,企业应当披露使用的估值技术、输入值和估值流程的描述性信息。当变更估值技术时,企业还应当披露这一变更以及变更的原因。企业应当披露公允价值计量中使用的重要的、可合理取得的不可观察输入值的量化信息。

(六)对于第三层次的公允价值计量,企业应当披露期初余额与期末余额之间的调节信息,包括计入当期损益的已实现利得或损失总额,以及确认这些利得或损失时的损益项目;计入当期损益的未实现利得或损失总额,以及确认这些未实现利得或损失时的损益项目(如相关资产或负债的公允价值变动损益等);计入当期其他综合收益的利得或损失总额,以及确认这些利得或损失时的其他综合收益项目;分别披露相关资产或负债购买、出售、发行及结算情况。

(七)对于第三层次的公允价值计量,当改变不可观察输入值的金额可能导致公允价值显著变化时,企业应当披露有关敏感性分析的描述性信息。

这些输入值和使用的其他不可观察输入值之间具有相关关系的,企业应当描述这种相关关系及其影响,其中不可观察输入值至少包括本条(五)要求披露的不可观察输入值。

对于金融资产和金融负债,如果为反映合理、可能的其他假设而变更一个或多个不可观察输入值将导致公允价值的重大改变,企业还应当披露这一事实、变更的影响金额及其计算方法。

(八)当非金融资产的最佳用途与其当前用途不同时,企业应当披露这一事实及其原因。

第四十五条 在相关资产或负债初始确认后的资产负债表中,企业至少应当在附注中披露非持续以公允价值计量的每组资产和负债的下列信息:

(一)其他相关会计准则要求或者允许企业在特定情况下非持续以公允价值计量的项目和金额,以及以公允价值计量的原因。

(二)公允价值计量的层次。

(三)对于第二层次的公允价值计量,企业应当披露使用的估值技术和输入值的描述性信息。当变更估值技术时,企业还应当披露这一变更以及变更的原因。

(四)对于第三层次的公允价值计量,企业应当披露使用的估值技术、输入值和估值流程的描述性信息,当变更估值技术时,企业还应当披露这一变更以及变更的原因。企业应当披露公允价值计量中使用的重要不可观察输入值的量化信息。

(五)当非金融资产的最佳用途与其当前用途不同时,企业应当披露这一事实及其原因。

第四十六条 企业调整公允价值计量层次转换时点的相关会计政策应当在前后各会计期间保持一致,并按照本准则第四十四条(三)的规定进行披露。企业调整公允价值计量层次转换时点的相关会计政策应当一致地应用于转出的公允价值计量层次和转入的公允价值计量层次。

第四十七条 企业采用本准则第三十八条规定的会计政策的，应当披露该事实。

第四十八条 对于在资产负债表中不以公允价值计量但以公允价值披露的各组资产和负债，企业应当按照本准则第四十四条（二）（四）（五）和（八）披露信息，但不需要按照本准则第四十四条（五）披露第三层次公允价值计量的估值流程和使用的重要不可观察输入值的量化信息。

第四十九条 对于以公允价值计量且在发行时附有不可分割的第三方信用增级的负债，发行人应当披露这一事实，并说明该信用增级是否已反映在该负债的公允价值计量中。

第五十条 企业应当以表格形式披露本准则要求的量化信息，除非其他形式更适当。

第十二章 衔接规定

第五十一条 本准则施行日之前的公允价值计量与本准则要求不一致的，企业不作追溯调整。

第五十二条 比较财务报表中披露的本准则施行日之前的信息与本准则要求不一致的，企业不需要按照本准则的规定进行调整。

第十三章 附 则

第五十三条 本准则自 2014 年 7 月 1 日起施行。

39. 企业会计准则第 40 号——合营安排（2014 年颁布）

（财会〔2014〕11 号）

第一章 总 则

第一条 为了规范合营安排的认定、分类以及各参与方在合营安排中权益等的会计处理，根据《企业会计准则——基本准则》，制定本准则。

第二条 合营安排，是指一项由两个或两个以上的参与方共同控制的安排。合营安排具有下列特征：

（一）各参与方均受到该安排的约束；

（二）两个或两个以上的参与方对该安排实施共同控制。任何一个参与方都不能够单独控制该安排，对该安排具有共同控制的任何一个参与方均能够阻止其他参与方或参与方组合单独控制该安排。

第三条 合营安排不要求所有参与方都对该安排实施共同控制。合营安排参与方既包括对合营安排享有共同控制的参与方（即合营方），也包括对合营安排不享有共同控制的参与方。

第四条 合营方在合营安排中权益的披露，适用《企业会计准则第 41 号——在其他主体中权益的披露》。

第二章 合营安排的认定和分类

第五条 共同控制，是指按照相关约定对某项安排所共有的控制，并且该安排的相关活动必须经过分享控制权的参与方一致同意后才能决策。

本准则所称相关活动，是指对某项安排的回报产生重大影响的活动。某项安排的相关活动应当根据具体情况进行判断，通常包括商品或劳务的销售和购买、金融资产的管理、资产的购买和处置、研究与开发活动以及融资活动等。

第六条 如果所有参与方或一组参与方必须一致行动才能决定某项安排的相关活动，则称所有参与方或一组参与方集体控制该安排。

在判断是否存在共同控制时，应当首先判断所有参与方或参与方组合是否集体控制该安排，其次再判断该安排相关活动的决策是否必须经过这些集体控制该安排的参与方一致同意。

第七条 如果存在两个或两个以上的参与方组合能够集体控制某项安排的，不构成共同控制。

第八条 仅享有保护性权利的参与方不享有共同控制。

第九条 合营安排分为共同经营和合营企业。

共同经营，是指合营方享有该安排相关资产且承担该安排相关负债的合营安排。

合营企业，是指合营方仅对该安排的净资产享有权利的合营安排。

第十条 合营方应当根据其在合营安排中享有的权利和承担的义务确定合营安排的分类。对权利和义务进行评价时应当考虑该安排的结构、法律形式以及合同条款等因素。

第十一条 未通过单独主体达成的合营安排，应当划分为共同经营。

单独主体，是指具有单独可辨认的财务架构的主体，包括单独的法人主体和不具备法人主体资格但法律认可的主体。

第十二条 通过单独主体达成的合营安排，通常应当划分为合营企业。但有确凿证据表明满足下列任一条件并且符合相关法律法规规定的合营安排应当划分为共同经营：

（一）合营安排的法律形式表明，合营方对该安排中的相关资产和负债分别享有权利和承担义务。

（二）合营安排的合同条款约定，合营方对该安排中的相关资产和负债分别享有权利和承担义务。

（三）其他相关事实和情况表明，合营方对该安排中的相关资产和负债分别享有权利和承担义务，如合营方享有与合营安排相关的几乎所有产出，并且该安排中负债的清偿持续依赖于合营方的支持。

不能仅凭合营方对合营安排提供债务担保即将其视为合营方承担该安排相关负债。合营方承担向合营安排支付认缴出资义务的，不视为合营方承担该安排相关负债。

第十三条 相关事实和情况变化导致合营方在合营安排中享有的权利和承担的义务发生变化的，合营方应当对合营安排的分类进行重新评估。

第十四条 对于为完成不同活动而设立多项合营安排的一个框架性协议，企业应当分别确定各项合营安排的分类。

第三章 共同经营参与方的会计处理

第十五条 合营方应当确认其与共同经营中利益份额相关的下列项目，并按照相关企业会计准则的规定进行会计处理：

（一）确认单独所持有的资产，以及按其份额确认共同持有的资产；

（二）确认单独所承担的负债，以及按其份额确认共同承担的负债；

（三）确认出售其享有的共同经营产出份额所产生的收入；

（四）按其份额确认共同经营因出售产出所产生的收入；

（五）确认单独所发生的费用，以及按其份额确认共同经营发生的费用。

第十六条 合营方向共同经营投出或出售资产等（该资产构成业务的除外），在该资产等由共同经营出售给第三方之前，应当仅确认因该交易产生的损益中归属于共同经营其他参与方的部分。投出或出售的资产发生符合《企业会计准则第8号——资产减值》等规定的资产减值损失的，合营方应当全额确认该损失。

第十七条 合营方自共同经营购买资产等（该资产构成业务的除外），在将该资产等出售给第三方之前，应当仅确认因该交易产生的损益中归属于共同经营其他参与方的部分。购入的资产发生符合《企业会计准则第8号——资产减值》等规定的资产减值损失的，合营方应当按其承担的份额确认该部分损失。

第十八条 对共同经营不享有共同控制的参与方，如果享有该共同经营相关资产且承担该共同经营相关负债的，应当按照本准则第十五条至第十七条的规定进行会计处理；否则，应当按照相关企业会计准则的规定进行会计处理。

第四章 合营企业参与方的会计处理

第十九条 合营方应当按照《企业会计准则第2号——长期股权投资》的规定对合营企业的投资进行会计处理。

第二十条 对合营企业不享有共同控制的参与方应当根据其对该合营企业的影响程度进行会计处理：

（一）对该合营企业具有重大影响的，应当按照《企业会计准则第2号——长期股权投资》的规定进行会计处理。

（二）对该合营企业不具有重大影响的，应当按照《企业会计准则第22号——金融工具确认和计量》的规定进行会计处理。

第五章 衔接规定

第二十一条 首次采用本准则的企业应当根据本准则的规定对其合营安排进行重新评估，确定其分类。

第二十二条 合营企业重新分类为共同经营的，合营方应当在比较财务报表最早期间期初终止确认以前采用权益法核算的长期股权投资，以及其他实质上构成对合营企业净投资的长期权益；同时根据比较财务报表最早期间期初采用权益法核算时使用的相关信息，确认本企业在共同经营中的利益份额所产生的各项资产（包括商誉）和负债，所确认资产和负债的账面价值与其计税基础之间存在暂时性差异的，应当按照《企业会计准则第18号——所得税》的规定进行会计处理。

确认的各项资产和负债的净额与终止确认的长期股权投资以及其他实质上构成对合营企业净投资的长期权益的账面金额存在差额的，应当按照下列规定处理：

（一）前者大于后者的，其差额应当首先抵减与该投资相关的商誉，仍有余额的，再调增比较财务报表最早期间的期初留存收益；

（二）前者小于后者的，其差额应当冲减比较财务报表最早期间的期初留存收益。

第六章 附　则

第二十三条 本准则自2014年7月1日起施行。

40. 企业会计准则第41号——在其他主体中权益的披露 （2014年颁布）

（财会〔2014〕16号）

第一章 总　则

第一条 为了规范在其他主体中权益的披露，根据《企业会计准则——基本准则》，制定本准则。

第二条 企业披露的在其他主体中权益的信息，应当有助于财务报表使用者评估企业在其他主体中权益的性质和相关风险，以及该权益对企业财务状况、经营成果和现金流量的影响。

第三条 本准则所指的在其他主体中的权益，是指通过合同或其他形式能够使企业参与其他主体的相关活动并因此享有可变回报的权益。参与方式包括持有其他主体的股权、债权，或向其他主体提供资金、流动性支持、信用增级和担保等。企业通过这些参与方式实现对其他主体的控制、共同控制或重大影响。其他主体包括企业的子公司、合营安排（包括共同经营和合营企业）、联营企业以及未纳入合并财务报表范围的结构化主体等。

结构化主体，是指在确定其控制方时没有将表决权或类似权利作为决定因素而设计的主体。

第四条 本准则适用于企业在子公司、合营安排、联营企业和未纳入合并财务报表范围的结构化主体中权益的披露。

企业同时提供合并财务报表和母公司个别财务报表的，应当在合并财务报表附注中披露本准则要求的信息，不需要在母公司个别财务报表附注中重复披露相关信息。

第五条 下列各项的披露适用其他相关会计准则：

（一）离职后福利计划或其他长期职工福利计划，适用《企业会计准则第9号——职工薪酬》。

（二）企业在其参与的但不享有共同控制的合营安排中的权益，适用《企业会计准则第37号——金融工具列报》。但是，企业对该合营安排具有重大影响或该合营安排是结构化主体的，适用本准则。

（三）企业持有的由《企业会计准则第22号——金融工具确认和计量》规范的在其他主体中的权益，适用《企业会计准则第37号——金融工具列报》。但是，企业在未纳入合并财务报表范围的结构化主体中的权益，以及根据其他相关会计准则以公允价值计量且其变动计入当期损益的在联营企业或合营企业中的权益，适用本准则。

第二章　重大判断和假设的披露

第六条 企业应当披露对其他主体实施控制、共同控制或重大影响的重大判断和假设，以及这些判断和假设变更的情况，包括但不限于下列各项：

（一）企业持有其他主体半数或以下的表决权但仍控制该主体的判断和假设，或者持有其他主体半数以上的表决权但并不控制该主体的判断和假设。

（二）企业持有其他主体20%以下的表决权但对该主体具有重大影响的判断和假设，或者持有其他主体20%或以上的表决权但对该主体不具有重大影响的判断和假设。

（三）企业通过单独主体达成合营安排的，确定该合营安排是共同经营还是合营企业的判断和假设。

（四）确定企业是代理人还是委托人的判断和假设。

第七条 企业应当披露按照《企业会计准则第33号——合并财务报表》被确定为投资性主体的重大判断和假设，以及虽然不符合《企业会计准则第33号——合并财务报表》有关投资性主体的一项或多项特征但仍被确定为投资性主体的原因。企业（母公司）由非投资性主体转变为投资性主体的，应当披露该变化及其原因，并披露该变化对财务报表的影响，包括对变化当日不再纳入合并财务报表范围子公司的投资的公允价值、按照公允价值重新计量产生的利得或损失以及相应的列报项目。企业（母公司）由投资性主体转变为非投资性主体的，应当披露该变化及其原因。

第三章　在子公司中权益的披露

第八条　企业应当在合并财务报表附注中披露企业集团的构成,包括子公司的名称、主要经营地及注册地、业务性质、企业的持股比例(或类似权益比例,下同)等。

子公司少数股东持有的权益对企业集团重要的,企业还应当在合并财务报表附注中披露下列信息:

(一)子公司少数股东的持股比例。子公司少数股东的持股比例不同于其持有的表决权比例的,企业还应当披露该表决权比例。

(二)当期归属于子公司少数股东的损益以及向少数股东支付的股利。

(三)子公司在当期期末累计的少数股东权益余额。

(四)子公司的主要财务信息。

第九条　使用企业集团资产和清偿企业集团债务存在重大限制的,企业应当在合并财务报表附注中披露下列信息:

(一)该限制的内容,包括对母公司或其子公司与企业集团内其他主体相互转移现金或其他资产的限制,以及对企业集团内主体之间发放股利或进行利润分配、发放或收回贷款或垫款等的限制。

(二)子公司少数股东享有保护性权利、并且该保护性权利对企业使用企业集团资产或清偿企业集团负债的能力存在重大限制的,该限制的性质和程度。

(三)该限制涉及的资产和负债在合并财务报表中的金额。

第十条　企业存在纳入合并财务报表范围的结构化主体的,应当在合并财务报表附注中披露下列信息:

(一)合同约定企业或其子公司向该结构化主体提供财务支持的,应当披露提供财务支持的合同条款,包括可能导致企业承担损失的事项或情况。

(二)在没有合同约定的情况下,企业或其子公司当期向该结构化主体提供了财务支持或其他支持,应当披露所提供支持的类型、金额及原因,包括帮助该结构化主体获得财务支持的情况。其中,企业或其子公司当期对以前未纳入合并财务报表范围的结构化主体提供了财务支持或其他支持并且该支持导致企业控制了该结构化主体的,还应当披露决定提供支持的相关因素。

(三)企业存在向该结构化主体提供财务支持或其他支持的意图的,应当披露该意图,包括帮助该结构化主体获得财务支持的意图。

第十一条　企业在其子公司所有者权益份额发生变化且该变化未导致企业丧失对子公司控制权的,应当在合并财务报表附注中披露该变化对本企业所有者权益的影响。

企业丧失对子公司控制权的,应当在合并财务报表附注中披露按照《企业会计准则第33号——合并财务报表》计算的下列信息:

(一)由于丧失控制权而产生的利得或损失以及相应的列报项目。

(二)剩余股权在丧失控制权日按照公允价值重新计量而产生的利得或损失。

第十二条　企业是投资性主体且存在未纳入合并财务报表范围的子公司、并对该子公司权益按照公允价值计量且其变动计入当期损益的,应当在财务报表附注中对该情况予以说明。同时,对于未纳入合并财务报表范围的子公司,企业应当披露下列信息:

(一)子公司的名称、主要经营地及注册地。

(二)企业对子公司的持股比例。持股比例不同于企业持有的表决权比例的,企业还应当披露该表决权比例。企业的子公司也是投资性主体且该子公司存在未纳入合并财务报表范围的下属子公司的,企业应当按照上述要求披露该下属子公司的相关信息。

第十三条 企业是投资性主体的,对其在未纳入合并财务报表范围的子公司中的权益,应当披露与该权益相关的风险信息:

(一)该未纳入合并财务报表范围的子公司以发放现金股利、归还贷款或垫款等形式向企业转移资金的能力存在重大限制的,企业应当披露该限制的性质和程度。

(二)企业存在向未纳入合并财务报表范围的子公司提供财务支持或其他支持的承诺或意图的,企业应当披露该承诺或意图,包括帮助该子公司获得财务支持的承诺或意图。

在没有合同约定的情况下,企业或其子公司当期向未纳入合并财务报表范围的子公司提供财务支持或其他支持的,企业应当披露提供支持的类型、金额及原因。

(三)合同约定企业或其未纳入合并财务报表范围的子公司向未纳入合并财务报表范围、但受企业控制的结构化主体提供财务支持的,企业应当披露相关合同条款,以及可能导致企业承担损失的事项或情况。在没有合同约定的情况下,企业或其未纳入合并财务报表范围的子公司当期向原先不受企业控制且未纳入合并财务报表范围的结构化主体提供财务支持或其他支持,并且所提供的支持导致企业控制该结构化主体的,企业应当披露决定提供上述支持的相关因素。

第四章 在合营安排或联营企业中权益的披露

第十四条 存在重要的合营安排或联营企业的,企业应当披露下列信息:

(一)合营安排或联营企业的名称、主要经营地及注册地。

(二)企业与合营安排或联营企业的关系的性质,包括合营安排或联营企业活动的性质,以及合营安排或联营企业对企业活动是否具有战略性等。

(三)企业的持股比例。持股比例不同于企业持有的表决权比例的,企业还应当披露该表决权比例。

第十五条 对于重要的合营企业或联营企业,企业除了应当按照本准则第十四条披露相关信息外,还应当披露对合营企业或联营企业投资的会计处理方法,从合营企业或联营企业收到的股利,以及合营企业或联营企业在其自身财务报表中的主要财务信息。

企业对上述合营企业或联营企业投资采用权益法进行会计处理的,上述主要财务信息应当是按照权益法对合营企业或联营企业相关财务信息调整后的金额;同时,企业应当披露将上述主要财务信息按照权益法调整至企业对合营企业或联营企业投资账面价值的调节过程。企业对上述合营企业或联营企业投资采用权益法进行会计处理但该投资存在公开报价的,还应当披露其公允价值。

第十六条 企业在单个合营企业或联营企业中的权益不重要的,应当分别就合营企业和联营企业两类披露下列信息:

(一)按照权益法进行会计处理的对合营企业或联营企业投资的账面价值合计数。

(二)对合营企业或联营企业的净利润、终止经营的净利润、其他综合收益、综合收益等项目,企业按照其持股比例计算的金额的合计数。

第十七条 合营企业或联营企业以发放现金股利、归还贷款或垫款等形式向企业转移资金的能力存在重大限制的,企业应当披露该限制的性质和程度。

第十八条 企业对合营企业或联营企业投资采用权益法进行会计处理,被投资方发生超额亏损且投资方不再确认其应分担合营企业或联营企业损失份额的,应当披露未确认的合营企业或联营企业损失份额,包括当期份额和累积份额。

第十九条 企业应当单独披露与其对合营企业投资相关的未确认承诺,以及与其对合营企业或联营企业投资相关的或有负债。

第二十条 企业是投资性主体的,不需要披露本准则第十五条和第十六条规定的信息。

第五章　在未纳入合并财务报表范围的结构化主体中权益的披露

第二十一条　对于未纳入合并财务报表范围的结构化主体，企业应当披露下列信息：

（一）未纳入合并财务报表范围的结构化主体的性质、目的、规模、活动及融资方式。

（二）在财务报表中确认的与企业在未纳入合并财务报表范围的结构化主体中权益相关的资产和负债的账面价值及其在资产负债表中的列报项目。

（三）在未纳入合并财务报表范围的结构化主体中权益的最大损失敞口及其确定方法。企业不能量化最大损失敞口的，应当披露这一事实及其原因。

（四）在财务报表中确认的与企业在未纳入合并财务报表范围的结构化主体中权益相关的资产和负债的账面价值与其最大损失敞口的比较。企业发起设立未纳入合并财务报表范围的结构化主体，但资产负债表日在该结构化主体中没有权益的，企业不需要披露上述（二）至（四）项要求的信息，但应当披露企业作为该结构化主体发起人的认定依据，并分类披露企业当期从该结构化主体获得的收益、收益类型，以及转移至该结构化主体的所有资产在转移时的账面价值。

第二十二条　企业应当披露其向未纳入合并财务报表范围的结构化主体提供财务支持或其他支持的意图，包括帮助该结构化主体获得财务支持的意图。在没有合同约定的情况下，企业当期向结构化主体（包括企业前期或当期持有权益的结构化主体）提供财务支持或其他支持的，还应当披露提供支持的类型、金额及原因，包括帮助该结构化主体获得财务支持的情况。

第二十三条　企业是投资性主体的，对受其控制但未纳入合并财务报表范围的结构化主体，应当按照本准则第十二条和第十三条的规定进行披露，不需要按照本章规定进行披露。

第六章　衔 接 规 定

第二十四条　企业比较财务报表中披露的本准则施行日之前的信息与本准则要求不一致的，应当按照本准则的规定进行调整，但有关未纳入合并财务报表范围的结构化主体的披露要求除外。

第七章　附　　则

第二十五条　本准则自 2014 年 7 月 1 日起施行。

41. 企业会计准则第 42 号——持有待售的非流动资产、处置组和终止经营（2017 年颁布）

（财会〔2017〕13 号）

第一章　总　　则

第一条　为了规范企业持有待售的非流动资产或处置组的分类、计量和列报，以及终止经营的列报，根据《企业会计准则——基本准则》，制定本准则。

第二条　本准则的分类和列报规定适用于所有非流动资产和处置组。

处置组，是指在一项交易中作为整体通过出售或其他方式一并处置的一组资产，以及在该交易中转让的与这些资产直接相关的负债。处置组所属的资产组或资产组组合按照《企业会计准则第 8 号——资产减值》分摊了企业合并中取得的商誉的，该处置组应当包含分摊至处置组的商誉。

第三条 本准则的计量规定适用于所有非流动资产，但下列各项的计量适用其他相关会计准则：

（一）采用公允价值模式进行后续计量的投资性房地产，适用《企业会计准则第3号——投资性房地产》；

（二）采用公允价值减去出售费用后的净额计量的生物资产，适用《企业会计准则第5号——生物资产》；

（三）职工薪酬形成的资产，适用《企业会计准则第9号——职工薪酬》；

（四）递延所得税资产，适用《企业会计准则第18号——所得税》；

（五）由金融工具相关会计准则规范的金融资产，适用金融工具相关会计准则；

（六）由保险合同相关会计准则规范的保险合同所产生的权利，适用保险合同相关会计准则。

处置组包含适用本准则计量规定的非流动资产的，本准则的计量规定适用于整个处置组。处置组中负债的计量适用相关会计准则。

第四条 终止经营，是指企业满足下列条件之一的、能够单独区分的组成部分，且该组成部分已经处置或划分为持有待售类别：

（一）该组成部分代表一项独立的主要业务或一个单独的主要经营地区；

（二）该组成部分是拟对一项独立的主要业务或一个单独的主要经营地区进行处置的一项相关联计划的一部分；

（三）该组成部分是专为转售而取得的子公司。

第二章 持有待售的非流动资产或处置组的分类

第五条 企业主要通过出售（包括具有商业实质的非货币性资产交换，下同）而非持续使用一项非流动资产或处置组收回其账面价值的，应当将其划分为持有待售类别。

第六条 非流动资产或处置组划分为持有待售类别，应当同时满足下列条件：

（一）根据类似交易中出售此类资产或处置组的惯例，在当前状况下即可立即出售；

（二）出售极可能发生，即企业已经就一项出售计划作出决议且获得确定的购买承诺，预计出售将在一年内完成。有关规定要求企业相关权力机构或者监管部门批准后方可出售的，应当已经获得批准。

确定的购买承诺，是指企业与其他方签订的具有法律约束力的购买协议，该协议包含交易价格、时间和足够严厉的违约惩罚等重要条款，使协议出现重大调整或者撤销的可能性极小。

第七条 企业专为转售而取得的非流动资产或处置组，在取得日满足"预计出售将在一年内完成"的规定条件，且短期（通常为3个月）内很可能满足持有待售类别的其他划分条件的，企业应当在取得日将其划分为持有待售类别。

第八条 因企业无法控制的下列原因之一，导致非关联方之间的交易未能在一年内完成，且有充分证据表明企业仍然承诺出售非流动资产或处置组的，企业应当继续将非流动资产或处置组划分为持有待售类别：

（一）买方或其他方意外设定导致出售延期的条件，企业针对这些条件已经及时采取行动，且预计能够自设定导致出售延期的条件起一年内顺利化解延期因素；

（二）因发生罕见情况，导致持有待售的非流动资产或处置组未能在一年内完成出售，企业在最初一年内已经针对这些新情况采取必要措施且重新满足了持有待售类别的划分条件。

第九条 持有待售的非流动资产或处置组不再满足持有待售类别划分条件的，企业不应当继续将其划分为持有待售类别。

部分资产或负债从持有待售的处置组中移除后，处置组中剩余资产或负债新组成的处置组仍然满足持有待售类别划分条件的，企业应当将新组成的处置组划分为持有待售类别，否则应当将满足持有待售类别划分条件的非流动资产单独划分为持有待售类别。

第十条 企业因出售对子公司的投资等原因导致其丧失对子公司控制权的，无论出售后企业是否保留部分权益性投资，应当在拟出售的对子公司投资满足持有待售类别划分条件时，在母公司个别财务报表中将对子公司投资整体划分为持有待售类别，在合并财务报表中将子公司所有资产和负债划分为持有待售类别。

第十一条 企业不应当将拟结束使用而非出售的非流动资产或处置组划分为持有待售类别。

第三章 持有待售的非流动资产或处置组的计量

第十二条 企业将非流动资产或处置组首次划分为持有待售类别前，应当按照相关会计准则规定计量非流动资产或处置组中各项资产和负债的账面价值。

第十三条 企业初始计量或在资产负债表日重新计量持有待售的非流动资产或处置组时，其账面价值高于公允价值减去出售费用后的净额的，应当将账面价值减记至公允价值减去出售费用后的净额，减记的金额确认为资产减值损失，计入当期损益，同时计提持有待售资产减值准备。

第十四条 对于取得日划分为持有待售类别的非流动资产或处置组，企业应当在初始计量时比较假定其不划分为持有待售类别情况下的初始计量金额和公允价值减去出售费用后的净额，以两者孰低计量。除企业合并中取得的非流动资产或处置组外，由非流动资产或处置组以公允价值减去出售费用后的净额作为初始计量金额而产生的差额，应当计入当期损益。

第十五条 企业在资产负债表日重新计量持有待售的处置组时，应当首先按照相关会计准则规定计量处置组中不适用本准则计量规定的资产和负债的账面价值，然后按照本准则第十三条的规定进行会计处理。

第十六条 对于持有待售的处置组确认的资产减值损失金额，应当先抵减处置组中商誉的账面价值，再根据处置组中适用本准则计量规定的各项非流动资产账面价值所占比重，按比例抵减其账面价值。

第十七条 后续资产负债表日持有待售的非流动资产公允价值减去出售费用后的净额增加的，以前减记的金额应当予以恢复，并在划分为持有待售类别后确认的资产减值损失金额内转回，转回金额计入当期损益。划分为持有待售类别前确认的资产减值损失不得转回。

第十八条 后续资产负债表日持有待售的处置组公允价值减去出售费用后的净额增加的，以前减记的金额应当予以恢复，并在划分为持有待售类别后适用本准则计量规定的非流动资产确认的资产减值损失金额内转回，转回金额计入当期损益。已抵减的商誉账面价值，以及适用本准则计量规定的非流动资产在划分为持有待售类别前确认的资产减值损失不得转回。

第十九条 持有待售的处置组确认的资产减值损失后续转回金额，应当根据处置组中除商誉外适用本准则计量规定的各项非流动资产账面价值所占比重，按比例增加其账面价值。

第二十条 持有待售的非流动资产或处置组中的非流动资产不应计提折旧或摊销，持有待售的处置组中负债的利息和其他费用应当继续予以确认。

第二十一条 非流动资产或处置组因不再满足持有待售类别的划分条件而不再继续划分为持有待售类别或非流动资产从持有待售的处置组中移除时，应当按照以下两者孰低计量：

（一）划分为持有待售类别前的账面价值，按照假定不划分为持有待售类别情况下本应确认的折旧、摊销或减值等进行调整后的金额；

（二）可收回金额。

第二十二条 企业终止确认持有待售的非流动资产或处置组时，应当将尚未确认的利得或损失计入当期损益。

第四章 列　报

第二十三条 企业应当在资产负债表中区别于其他资产单独列示持有待售的非流动资产或持有待售的处置组中的资产，区别于其他负债单独列示持有待售的处置组中的负债。持有待售的非流动资产或持有待售的处置组中的资产与持有待售的处置组中的负债不应当相互抵销，应当分别作为流动资产和流动负债列示。

第二十四条 企业应当在利润表中分别列示持续经营损益和终止经营损益。不符合终止经营定义的持有待售的非流动资产或处置组，其减值损失和转回金额及处置损益应当作为持续经营损益列报。终止经营的减值损失和转回金额等经营损益及处置损益应当作为终止经营损益列报。

第二十五条 企业应当在附注中披露下列信息：

（一）持有待售的非流动资产或处置组的出售费用和主要类别，以及每个类别的账面价值和公允价值；

（二）持有待售的非流动资产或处置组的出售原因、方式和时间安排；

（三）列报持有待售的非流动资产或处置组的分部；

（四）持有待售的非流动资产或持有待售的处置组中的资产确认的减值损失及其转回金额；

（五）与持有待售的非流动资产或处置组有关的其他综合收益累计金额；

（六）终止经营的收入、费用、利润总额、所得税费用（收益）和净利润；

（七）终止经营的资产或处置组确认的减值损失及其转回金额；

（八）终止经营的处置损益总额、所得税费用（收益）和处置净损益；

（九）终止经营的经营活动、投资活动和筹资活动现金流量净额；

（十）归属于母公司所有者的持续经营损益和终止经营损益。

非流动资产或处置组在资产负债表日至财务报告批准报出日之间满足持有待售类别划分条件的，应当作为资产负债表日后非调整事项进行会计处理，并按照本条（一）至（三）的规定进行披露。

企业专为转售而取得的持有待售的子公司，应当按照本条（二）至（五）和（十）的规定进行披露。

第二十六条 对于当期首次满足持有待售类别划分条件的非流动资产或处置组，不应当调整可比会计期间资产负债表。

第二十七条 对于当期列报的终止经营，企业应当在当期财务报表中，将原来作为持续经营损益列报的信息重新作为可比会计期间的终止经营损益列报，并按照本准则第二十五条（六）（七）（九）（十）的规定披露可比会计期间的信息。

第二十八条 拟结束使用而非出售的处置组满足终止经营定义中有关组成部分的条件的，应当自停止使用日起作为终止经营列报。

第二十九条 企业因出售对子公司的投资等原因导致其丧失对子公司控制权，且该子公司符合终止经营定义的，应当在合并利润表中列报相关终止经营损益，并按照本准则第二十五条（六）至（十）的规定进行披露。

第三十条 企业应当在利润表中将终止经营处置损益的调整金额作为终止经营损益列报，并在附注中披露调整的性质和金额。可能引起调整的情形包括：

（一）最终确定处置条款，如与买方商定交易价格调整额和补偿金；

(二)消除与处置相关的不确定因素,如确定卖方保留的环保义务或产品质量保证义务;
(三)履行与处置相关的职工薪酬支付义务。

第三十一条 非流动资产或处置组不再继续划分为持有待售类别或非流动资产从持有待售的处置组中移除的,企业应当在当期利润表中将非流动资产或处置组的账面价值调整金额作为持续经营损益列报。企业的子公司、共同经营、合营企业、联营企业以及部分对合营企业或联营企业的投资不再继续划分为持有待售类别或从持有待售的处置组中移除的,企业应当在当期财务报表中相应调整各个划分为持有待售类别后可比会计期间的比较数据。企业应当在附注中披露下列信息:
(一)企业改变非流动资产或处置组出售计划的原因;
(二)可比会计期间财务报表中受影响的项目名称和影响金额。

第三十二条 终止经营不再满足持有待售类别划分条件的,企业应当在当期财务报表中,将原来作为终止经营损益列报的信息重新作为可比会计期间的持续经营损益列报,并在附注中说明这一事实。

第五章 附 则

第三十三条 本准则自 2017 年 5 月 28 日起施行。

对于本准则施行日存在的持有待售的非流动资产、处置组和终止经营,应当采用未来适用法处理。

第六章 企业税收政策通知

1. 中华人民共和国企业所得税法(2018 年修订)

(2007 年 3 月 16 日第十届全国人民代表大会第五次会议通过 根据 2017 年 2 月 24 日第十二届全国人民代表大会常务委员会第二十六次会议《关于修改〈中华人民共和国企业所得税法〉的决定》第一次修正 根据 2018 年 12 月 29 日第十三届全国人民代表大会常务委员会第七次会议《关于修改〈中华人民共和国电力法〉等四部法律的决定》第二次修正)

第一章 总 则

第一条 在中华人民共和国境内,企业和其他取得收入的组织(以下统称企业)为企业所得税的纳税人,依照本法的规定缴纳企业所得税。

个人独资企业、合伙企业不适用本法。

第二条 企业分为居民企业和非居民企业。

本法所称居民企业,是指依法在中国境内成立,或者依照外国(地区)法律成立但实际管理机构在中国境内的企业。

本法所称非居民企业,是指依照外国(地区)法律成立且实际管理机构不在中国境内,但在中国境内设立机构、场所的,或者在中国境内未设立机构、场所,但有来源于中国境内所得的企业。

第三条 居民企业应当就其来源于中国境内、境外的所得缴纳企业所得税。

非居民企业在中国境内设立机构、场所的,应当就其所设机构、场所取得的来源于中国境内的所得,以及发生在中国境外但与其所设机构、场所有实际联系的所得,缴纳企业所得税。

非居民企业在中国境内未设立机构、场所的，或者虽设立机构、场所但取得的所得与其所设机构、场所没有实际联系的，应当就其来源于中国境内的所得缴纳企业所得税。

第四条 企业所得税的税率为25%。

非居民企业取得本法第三条第三款规定的所得，适用税率为20%。

第二章 应纳税所得额

第五条 企业每一纳税年度的收入总额，减除不征税收入、免税收入、各项扣除以及允许弥补的以前年度亏损后的余额，为应纳税所得额。

第六条 企业以货币形式和非货币形式从各种来源取得的收入，为收入总额。包括：

（一）销售货物收入；

（二）提供劳务收入；

（三）转让财产收入；

（四）股息、红利等权益性投资收益；

（五）利息收入；

（六）租金收入；

（七）特许权使用费收入；

（八）接受捐赠收入；

（九）其他收入。

第七条 收入总额中的下列收入为不征税收入：

（一）财政拨款；

（二）依法收取并纳入财政管理的行政事业性收费、政府性基金；

（三）国务院规定的其他不征税收入。

第八条 企业实际发生的与取得收入有关的、合理的支出，包括成本、费用、税金、损失和其他支出，准予在计算应纳税所得额时扣除。

第九条 企业发生的公益性捐赠支出，在年度利润总额12%以内的部分，准予在计算应纳税所得额时扣除；超过年度利润总额12%的部分，准予结转以后三年内在计算应纳税所得额时扣除。

第十条 在计算应纳税所得额时，下列支出不得扣除：

（一）向投资者支付的股息、红利等权益性投资收益款项；

（二）企业所得税税款；

（三）税收滞纳金；

（四）罚金、罚款和被没收财物的损失；

（五）本法第九条规定以外的捐赠支出；

（六）赞助支出；

（七）未经核定的准备金支出；

（八）与取得收入无关的其他支出。

第十一条 在计算应纳税所得额时，企业按照规定计算的固定资产折旧，准予扣除。

下列固定资产不得计算折旧扣除：

（一）房屋、建筑物以外未投入使用的固定资产；

（二）以经营租赁方式租入的固定资产；

（三）以融资租赁方式租出的固定资产；

（四）已足额提取折旧仍继续使用的固定资产；

（五）与经营活动无关的固定资产；

（六）单独估价作为固定资产入账的土地；
（七）其他不得计算折旧扣除的固定资产。

第十二条 在计算应纳税所得额时，企业按照规定计算的无形资产摊销费用，准予扣除。

下列无形资产不得计算摊销费用扣除：

（一）自行开发的支出已在计算应纳税所得额时扣除的无形资产；
（二）自创商誉；
（三）与经营活动无关的无形资产；
（四）其他不得计算摊销费用扣除的无形资产。

第十三条 在计算应纳税所得额时，企业发生的下列支出作为长期待摊费用，按照规定摊销的，准予扣除：

（一）已足额提取折旧的固定资产的改建支出；
（二）租入固定资产的改建支出；
（三）固定资产的大修理支出；
（四）其他应当作为长期待摊费用的支出。

第十四条 企业对外投资期间，投资资产的成本在计算应纳税所得额时不得扣除。

第十五条 企业使用或者销售存货，按照规定计算的存货成本，准予在计算应纳税所得额时扣除。

第十六条 企业转让资产，该项资产的净值，准予在计算应纳税所得额时扣除。

第十七条 企业在汇总计算缴纳企业所得税时，其境外营业机构的亏损不得抵减境内营业机构的盈利。

第十八条 企业纳税年度发生的亏损，准予向以后年度结转，用以后年度的所得弥补，但结转年限最长不得超过五年。

第十九条 非居民企业取得本法第三条第三款规定的所得，按照下列方法计算其应纳税所得额：

（一）股息、红利等权益性投资收益和利息、租金、特许权使用费所得，以收入全额为应纳税所得额；
（二）转让财产所得，以收入全额减除财产净值后的余额为应纳税所得额；
（三）其他所得，参照前两项规定的方法计算应纳税所得额。

第二十条 本章规定的收入、扣除的具体范围、标准和资产的税务处理的具体办法，由国务院财政、税务主管部门规定。

第二十一条 在计算应纳税所得额时，企业财务、会计处理办法与税收法律、行政法规的规定不一致的，应当依照税收法律、行政法规的规定计算。

第三章　应纳税额

第二十二条 企业的应纳税所得额乘以适用税率，减除依照本法关于税收优惠的规定减免和抵免的税额后的余额，为应纳税额。

第二十三条 企业取得的下列所得已在境外缴纳的所得税税额，可以从其当期应纳税额中抵免，抵免限额为该项所得依照本法规定计算的应纳税额；超过抵免限额的部分，可以在以后五个年度内，用每年度抵免限额抵免当年应抵税额后的余额进行抵补：

（一）居民企业来源于中国境外的应税所得；
（二）非居民企业在中国境内设立机构、场所，取得发生在中国境外但与该机构、场所有实际联系的应税所得。

第二十四条 居民企业从其直接或者间接控制的外国企业分得的来源于中国境外的股息、红利等权益性投资收益，外国企业在境外实际缴纳的所得税税额中属于该项所得负担的部分，可以作为该居民企业的可抵免境外所得税税额，在本法第二十三条规定的抵免限额内抵免。

第四章　税收优惠

第二十五条　国家对重点扶持和鼓励发展的产业和项目，给予企业所得税优惠。

第二十六条　企业的下列收入为免税收入：

（一）国债利息收入；

（二）符合条件的居民企业之间的股息、红利等权益性投资收益；

（三）在中国境内设立机构、场所的非居民企业从居民企业取得与该机构、场所有实际联系的股息、红利等权益性投资收益；

（四）符合条件的非营利组织的收入。

第二十七条　企业的下列所得，可以免征、减征企业所得税：

（一）从事农、林、牧、渔业项目的所得；

（二）从事国家重点扶持的公共基础设施项目投资经营的所得；

（三）从事符合条件的环境保护、节能节水项目的所得；

（四）符合条件的技术转让所得；

（五）本法第三条第三款规定的所得。

第二十八条　符合条件的小型微利企业，减按 20% 的税率征收企业所得税。

国家需要重点扶持的高新技术企业，减按 15% 的税率征收企业所得税。

第二十九条　民族自治地方的自治机关对本民族自治地方的企业应缴纳的企业所得税中属于地方分享的部分，可以决定减征或者免征。自治州、自治县决定减征或者免征的，须报省、自治区、直辖市人民政府批准。

第三十条　企业的下列支出，可以在计算应纳税所得额时加计扣除：

（一）开发新技术、新产品、新工艺发生的研究开发费用；

（二）安置残疾人员及国家鼓励安置的其他就业人员所支付的工资。

第三十一条　创业投资企业从事国家需要重点扶持和鼓励的创业投资，可以按投资额的一定比例抵扣应纳税所得额。

第三十二条　企业的固定资产由于技术进步等原因，确需加速折旧的，可以缩短折旧年限或者采取加速折旧的方法。

第三十三条　企业综合利用资源，生产符合国家产业政策规定的产品所取得的收入，可以在计算应纳税所得额时减计收入。

第三十四条　企业购置用于环境保护、节能节水、安全生产等专用设备的投资额，可以按一定比例实行税额抵免。

第三十五条　本法规定的税收优惠的具体办法，由国务院规定。

第三十六条　根据国民经济和社会发展的需要，或者由于突发事件等原因对企业经营活动产生重大影响，国务院可以制定企业所得税专项优惠政策，报全国人民代表大会常务委员会备案。

第五章　源泉扣缴

第三十七条　对非居民企业取得本法第三条第三款规定的所得应缴纳的所得税，实行源泉扣缴，以支付人为扣缴义务人。税款由扣缴义务人在每次支付或者到期应支付时，从支付或者到期应支付的款项中扣缴。

第三十八条　对非居民企业在中国境内取得工程作业和劳务所得应缴纳的所得税，税务机关可以指定工程价款或者劳务费的支付人为扣缴义务人。

第三十九条 依照本法第三十七条、第三十八条规定应当扣缴的所得税，扣缴义务人未依法扣缴或者无法履行扣缴义务的，由纳税人在所得发生地缴纳。纳税人未依法缴纳的，税务机关可以从该纳税人在中国境内其他收入项目的支付人应付的款项中，追缴该纳税人的应纳税款。

第四十条 扣缴义务人每次代扣的税款，应当自代扣之日起七日内缴入国库，并向所在地的税务机关报送扣缴企业所得税报告表。

第六章 特别纳税调整

第四十一条 企业与其关联方之间的业务往来，不符合独立交易原则而减少企业或者其关联方应纳税收入或者所得额的，税务机关有权按照合理方法调整。

企业与其关联方共同开发、受让无形资产，或者共同提供、接受劳务发生的成本，在计算应纳税所得额时应当按照独立交易原则进行分摊。

第四十二条 企业可以向税务机关提出与其关联方之间业务往来的定价原则和计算方法，税务机关与企业协商、确认后，达成预约定价安排。

第四十三条 企业向税务机关报送年度企业所得税纳税申报表时，应当就其与关联方之间的业务往来，附送年度关联业务往来报告表。

税务机关在进行关联业务调查时，企业及其关联方，以及与关联业务调查有关的其他企业，应当按照规定提供相关资料。

第四十四条 企业不提供与其关联方之间业务往来资料，或者提供虚假、不完整资料，未能真实反映其关联业务往来情况的，税务机关有权依法核定其应纳税所得额。

第四十五条 由居民企业，或者由居民企业和中国居民控制的设立在实际税负明显低于本法第四条第一款规定税率水平的国家（地区）的企业，并非由于合理的经营需要而对利润不作分配或者减少分配的，上述利润中应归属于该居民企业的部分，应当计入该居民企业的当期收入。

第四十六条 企业从其关联方接受的债权性投资与权益性投资的比例超过规定标准而发生的利息支出，不得在计算应纳税所得额时扣除。

第四十七条 企业实施其他不具有合理商业目的的安排而减少其应纳税收入或者所得额的，税务机关有权按照合理方法调整。

第四十八条 税务机关依照本章规定作出纳税调整，需要补征税款的，应当补征税款，并按照国务院规定加收利息。

第七章 征收管理

第四十九条 企业所得税的征收管理除本法规定外，依照《中华人民共和国税收征收管理法》的规定执行。

第五十条 除税收法律、行政法规另有规定外，居民企业以企业登记注册地为纳税地点；但登记注册地在境外的，以实际管理机构所在地为纳税地点。

居民企业在中国境内设立不具有法人资格的营业机构的，应当汇总计算并缴纳企业所得税。

第五十一条 非居民企业取得本法第三条第二款规定的所得，以机构、场所所在地为纳税地点。非居民企业在中国境内设立两个或者两个以上机构、场所，符合国务院税务主管部门规定条件的，可以选择由其主要机构、场所汇总缴纳企业所得税。

非居民企业取得本法第三条第三款规定的所得，以扣缴义务人所在地为纳税地点。

第五十二条 除国务院另有规定外，企业之间不得合并缴纳企业所得税。

第五十三条 企业所得税按纳税年度计算。纳税年度自公历1月1日起至12月31日止。

企业在一个纳税年度中间开业，或者终止经营活动，使该纳税年度的实际经营期不足十二个月的，应当以其实际经营期为一个纳税年度。

企业依法清算时，应当以清算期间作为一个纳税年度。

第五十四条 企业所得税分月或者分季预缴。

企业应当自月份或者季度终了之日起十五日内，向税务机关报送预缴企业所得税纳税申报表，预缴税款。

企业应当自年度终了之日起五个月内，向税务机关报送年度企业所得税纳税申报表，并汇算清缴，结清应缴应退税款。

企业在报送企业所得税纳税申报表时，应当按照规定附送财务会计报告和其他有关资料。

第五十五条 企业在年度中间终止经营活动的，应当自实际经营终止之日起六十日内，向税务机关办理当期企业所得税汇算清缴。

企业应当在办理注销登记前，就其清算所得向税务机关申报并依法缴纳企业所得税。

第五十六条 依照本法缴纳的企业所得税，以人民币计算。所得以人民币以外的货币计算的，应当折合成人民币计算并缴纳税款。

第八章 附 则

第五十七条 本法公布前已经批准设立的企业，依照当时的税收法律、行政法规规定，享受低税率优惠的，按照国务院规定，可以在本法施行后五年内，逐步过渡到本法规定的税率；享受定期减免税优惠的，按照国务院规定，可以在本法施行后继续享受到期满为止，但因未获利而尚未享受优惠的，优惠期限从本法施行年度起计算。

法律设置的发展对外经济合作和技术交流的特定地区内，以及国务院已规定执行上述地区特殊政策的地区内新设立的国家需要重点扶持的高新技术企业，可以享受过渡性税收优惠，具体办法由国务院规定。

国家已确定的其他鼓励类企业，可以按照国务院规定享受减免税优惠。

第五十八条 中华人民共和国政府同外国政府订立的有关税收的协定与本法有不同规定的，依照协定的规定办理。

第五十九条 国务院根据本法制定实施条例。

第六十条 本法自 2008 年 1 月 1 日起施行。1991 年 4 月 9 日第七届全国人民代表大会第四次会议通过的《中华人民共和国外商投资企业和外国企业所得税法》和 1993 年 12 月 13 日国务院发布的《中华人民共和国企业所得税暂行条例》同时废止。

2. 中华人民共和国企业所得税法实施条例（2019 年颁布）

（国务院令 2019 第 713 号）

第一章 总 则

第一条 根据《中华人民共和国企业所得税法》（以下简称企业所得税法）的规定，制定本条例。

第二条 企业所得税法第一条所称个人独资企业、合伙企业，是指依照中国法律、行政法规成立的个人独资企业、合伙企业。

第三条 企业所得税法第二条所称依法在中国境内成立的企业，包括依照中国法律、行政法规在中国境内成立的企业、事业单位、社会团体以及其他取得收入的组织。

企业所得税法第二条所称依照外国（地区）法律成立的企业，包括依照外国（地区）法律成立的企业和其他取得收入的组织。

第四条 企业所得税法第二条所称实际管理机构，是指对企业的生产经营、人员、账务、财产等实施实质性全面管理和控制的机构。

第五条 企业所得税法第二条第三款所称机构、场所，是指在中国境内从事生产经营活动的机构、场所，包括：

（一）管理机构、营业机构、办事机构；

（二）工厂、农场、开采自然资源的场所；

（三）提供劳务的场所；

（四）从事建筑、安装、装配、修理、勘探等工程作业的场所；

（五）其他从事生产经营活动的机构、场所。

非居民企业委托营业代理人在中国境内从事生产经营活动的，包括委托单位或者个人经常代其签订合同，或者储存、交付货物等，该营业代理人视为非居民企业在中国境内设立的机构、场所。

第六条 企业所得税法第三条所称所得，包括销售货物所得、提供劳务所得、转让财产所得、股息红利等权益性投资所得、利息所得、租金所得、特许权使用费所得、接受捐赠所得和其他所得。

第七条 企业所得税法第三条所称来源于中国境内、境外的所得，按照以下原则确定：

（一）销售货物所得，按照交易活动发生地确定；

（二）提供劳务所得，按照劳务发生地确定；

（三）转让财产所得，不动产转让所得按照不动产所在地确定，动产转让所得按照转让动产的企业或者机构、场所所在地确定，权益性投资资产转让所得按照被投资企业所在地确定；

（四）股息、红利等权益性投资所得，按照分配所得的企业所在地确定；

（五）利息所得、租金所得、特许权使用费所得，按照负担、支付所得的企业或者机构、场所所在地确定，或者按照负担、支付所得的个人的住所地确定；

（六）其他所得，由国务院财政、税务主管部门确定。

第八条 企业所得税法第三条所称实际联系，是指非居民企业在中国境内设立的机构、场所拥有据以取得所得的股权、债权，以及拥有、管理、控制据以取得所得的财产等。

第二章 应纳税所得额

第一节 一般规定

第九条 企业应纳税所得额的计算，以权责发生制为原则，属于当期的收入和费用，不论款项是否收付，均作为当期的收入和费用；不属于当期的收入和费用，即使款项已经在当期收付，均不作为当期的收入和费用。本条例和国务院财政、税务主管部门另有规定的除外。

第十条 企业所得税法第五条所称亏损，是指企业依照企业所得税法和本条例的规定将每一纳税年度的收入总额减除不征税收入、免税收入和各项扣除后小于零的数额。

第十一条 企业所得税法第五十五条所称清算所得，是指企业的全部资产可变现价值或者交易价格减除资产净值、清算费用以及相关税费等后的余额。

投资方企业从被清算企业分得的剩余资产，其中相当于从被清算企业累计未分配利润和累计盈余公积中应当分得的部分，应当确认为股息所得；剩余资产减除上述股息所得后的余额，超过或者低于投资成本的部分，应当确认为投资资产转让所得或者损失。

第二节 收　　入

第十二条　企业所得税法第六条所称企业取得收入的货币形式，包括现金、存款、应收账款、应收票据、准备持有至到期的债券投资以及债务的豁免等。

企业所得税法第六条所称企业取得收入的非货币形式，包括固定资产、生物资产、无形资产、股权投资、存货、不准备持有至到期的债券投资、劳务以及有关权益等。

第十三条　企业所得税法第六条所称企业以非货币形式取得的收入，应当按照公允价值确定收入额。

前款所称公允价值，是指按照市场价格确定的价值。

第十四条　企业所得税法第六条第（一）项所称销售货物收入，是指企业销售商品、产品、原材料、包装物、低值易耗品以及其他存货取得的收入。

第十五条　企业所得税法第六条第（二）项所称提供劳务收入，是指企业从事建筑安装、修理修配、交通运输、仓储租赁、金融保险、邮电通信、咨询经纪、文化体育、科学研究、技术服务、教育培训、餐饮住宿、中介代理、卫生保健、社区服务、旅游、娱乐、加工以及其他劳务服务活动取得的收入。

第十六条　企业所得税法第六条第（三）项所称转让财产收入，是指企业转让固定资产、生物资产、无形资产、股权、债权等财产取得的收入。

第十七条　企业所得税法第六条第（四）项所称股息、红利等权益性投资收益，是指企业因权益性投资从被投资方取得的收入。

股息、红利等权益性投资收益，除国务院财政、税务主管部门另有规定外，按照被投资方作出利润分配决定的日期确认收入的实现。

第十八条　企业所得税法第六条第（五）项所称利息收入，是指企业将资金提供他人使用但不构成权益性投资，或者因他人占用本企业资金取得的收入，包括存款利息、贷款利息、债券利息、欠款利息等收入。

利息收入，按照合同约定的债务人应付利息的日期确认收入的实现。

第十九条　企业所得税法第六条第（六）项所称租金收入，是指企业提供固定资产、包装物或者其他有形资产的使用权取得的收入。

租金收入，按照合同约定的承租人应付租金的日期确认收入的实现。

第二十条　企业所得税法第六条第（七）项所称特许权使用费收入，是指企业提供专利权、非专利技术、商标权、著作权以及其他特许权的使用权取得的收入。

特许权使用费收入，按照合同约定的特许权使用人应付特许权使用费的日期确认收入的实现。

第二十一条　企业所得税法第六条第（八）项所称接受捐赠收入，是指企业接受的来自其他企业、组织或者个人无偿给予的货币性资产、非货币性资产。

接受捐赠收入，按照实际收到捐赠资产的日期确认收入的实现。

第二十二条　企业所得税法第六条第（九）项所称其他收入，是指企业取得的除企业所得税法第六条第（一）项至第（八）项规定的收入外的其他收入，包括企业资产溢余收入、逾期未退包装物押金收入、确实无法偿付的应付款项、已作坏账损失处理后又收回的应收款项、债务重组收入、补贴收入、违约金收入、汇兑收益等。

第二十三条　企业的下列生产经营业务可以分期确认收入的实现：

（一）以分期收款方式销售货物的，按照合同约定的收款日期确认收入的实现；

（二）企业受托加工制造大型机械设备、船舶、飞机，以及从事建筑、安装、装配工程业务或者提供其他劳务等，持续时间超过12个月的，按照纳税年度内完工进度或者完成的工作量确认收入的实现。

第二十四条 采取产品分成方式取得收入的,按照企业分得产品的日期确认收入的实现,其收入额按照产品的公允价值确定。

第二十五条 企业发生非货币性资产交换,以及将货物、财产、劳务用于捐赠、偿债、赞助、集资、广告、样品、职工福利或者利润分配等用途的,应当视同销售货物、转让财产或者提供劳务,但国务院财政、税务主管部门另有规定的除外。

第二十六条 企业所得税法第七条第(一)项所称财政拨款,是指各级人民政府对纳入预算管理的事业单位、社会团体等组织拨付的财政资金,但国务院和国务院财政、税务主管部门另有规定的除外。

企业所得税法第七条第(二)项所称行政事业性收费,是指依照法律法规等有关规定,按照国务院规定程序批准,在实施社会公共管理,以及在向公民、法人或者其他组织提供特定公共服务过程中,向特定对象收取并纳入财政管理的费用。

企业所得税法第七条第(二)项所称政府性基金,是指企业依照法律、行政法规等有关规定,代政府收取的具有专项用途的财政资金。

企业所得税法第七条第(三)项所称国务院规定的其他不征税收入,是指企业取得的,由国务院财政、税务主管部门规定专项用途并经国务院批准的财政性资金。

第三节 扣 除

第二十七条 企业所得税法第八条所称有关的支出,是指与取得收入直接相关的支出。

企业所得税法第八条所称合理的支出,是指符合生产经营活动常规,应当计入当期损益或者有关资产成本的必要和正常的支出。

第二十八条 企业发生的支出应当区分收益性支出和资本性支出。收益性支出在发生当期直接扣除;资本性支出应当分期扣除或者计入有关资产成本,不得在发生当期直接扣除。

企业的不征税收入用于支出所形成的费用或者财产,不得扣除或者计算对应的折旧、摊销扣除。

除企业所得税法和本条例另有规定外,企业实际发生的成本、费用、税金、损失和其他支出,不得重复扣除。

第二十九条 企业所得税法第八条所称成本,是指企业在生产经营活动中发生的销售成本、销货成本、业务支出以及其他耗费。

第三十条 企业所得税法第八条所称费用,是指企业在生产经营活动中发生的销售费用、管理费用和财务费用,已经计入成本的有关费用除外。

第三十一条 企业所得税法第八条所称税金,是指企业发生的除企业所得税和允许抵扣的增值税以外的各项税金及其附加。

第三十二条 企业所得税法第八条所称损失,是指企业在生产经营活动中发生的固定资产和存货的盘亏、毁损、报废损失,转让财产损失,呆账损失,坏账损失,自然灾害等不可抗力因素造成的损失以及其他损失。

企业发生的损失,减除责任人赔偿和保险赔款后的余额,依照国务院财政、税务主管部门的规定扣除。

企业已经作为损失处理的资产,在以后纳税年度又全部收回或者部分收回时,应当计入当期收入。

第三十三条 企业所得税法第八条所称其他支出,是指除成本、费用、税金、损失外,企业在生产经营活动中发生的与生产经营活动有关的、合理的支出。

第三十四条 企业发生的合理的工资薪金支出,准予扣除。

前款所称工资薪金,是指企业每一纳税年度支付给在本企业任职或者受雇的员工的所有现金形式或者非现金形式的劳动报酬，包括基本工资、奖金、津贴、补贴、年终加薪、加班工资，以及与员工任职或者受雇有关的其他支出。

第三十五条　企业依照国务院有关主管部门或者省级人民政府规定的范围和标准为职工缴纳的基本养老保险费、基本医疗保险费、失业保险费、工伤保险费、生育保险费等基本社会保险费和住房公积金，准予扣除。

企业为投资者或者职工支付的补充养老保险费、补充医疗保险费，在国务院财政、税务主管部门规定的范围和标准内，准予扣除。

第三十六条　除企业依照国家有关规定为特殊工种职工支付的人身安全保险费和国务院财政、税务主管部门规定可以扣除的其他商业保险费外，企业为投资者或者职工支付的商业保险费，不得扣除。

第三十七条　企业在生产经营活动中发生的合理的不需要资本化的借款费用，准予扣除。

企业为购置、建造固定资产、无形资产和经过12个月以上的建造才能达到预定可销售状态的存货发生借款的，在有关资产购置、建造期间发生的合理的借款费用，应当作为资本性支出计入有关资产的成本，并依照本条例的规定扣除。

第三十八条　企业在生产经营活动中发生的下列利息支出，准予扣除：

（一）非金融企业向金融企业借款的利息支出、金融企业的各项存款利息支出和同业拆借利息支出、企业经批准发行债券的利息支出；

（二）非金融企业向非金融企业借款的利息支出，不超过按照金融企业同期同类贷款利率计算的数额的部分。

第三十九条　企业在货币交易中，以及纳税年度终了时将人民币以外的货币性资产、负债按照期末即期人民币汇率中间价折算为人民币时产生的汇兑损失，除已经计入有关资产成本以及与向所有者进行利润分配相关的部分外，准予扣除。

第四十条　企业发生的职工福利费支出，不超过工资薪金总额14%的部分，准予扣除。

第四十一条　企业拨缴的工会经费，不超过工资薪金总额2%的部分，准予扣除。

第四十二条　除国务院财政、税务主管部门另有规定外，企业发生的职工教育经费支出，不超过工资薪金总额2.5%的部分，准予扣除；超过部分，准予在以后纳税年度结转扣除。

第四十三条　企业发生的与生产经营活动有关的业务招待费支出，按照发生额的60%扣除，但最高不得超过当年销售（营业）收入的5‰。

第四十四条　企业发生的符合条件的广告费和业务宣传费支出，除国务院财政、税务主管部门另有规定外，不超过当年销售（营业）收入15%的部分，准予扣除；超过部分，准予在以后纳税年度结转扣除。

第四十五条　企业依照法律、行政法规有关规定提取的用于环境保护、生态恢复等方面的专项资金，准予扣除。上述专项资金提取后改变用途的，不得扣除。

第四十六条　企业参加财产保险，按照规定缴纳的保险费，准予扣除。

第四十七条　企业根据生产经营活动的需要租入固定资产支付的租赁费，按照以下方法扣除：

（一）以经营租赁方式租入固定资产发生的租赁费支出，按照租赁期限均匀扣除；

（二）以融资租赁方式租入固定资产发生的租赁费支出，按照规定构成融资租入固定资产价值的部分应当提取折旧费用，分期扣除。

第四十八条　企业发生的合理的劳动保护支出，准予扣除。

第四十九条　企业之间支付的管理费、企业内营业机构之间支付的租金和特许权使用费，以及非银行企业内营业机构之间支付的利息，不得扣除。

第五十条　非居民企业在中国境内设立的机构、场所，就其中国境外总机构发生的与该机构、场所生产经营有关的费用，能够提供总机构出具的费用汇集范围、定额、分配依据和方法等证明文件,并合理分摊的,准予扣除。

第五十一条 企业所得税法第九条所称公益性捐赠,是指企业通过公益性社会组织或者县级以上人民政府及其部门,用于符合法律规定的慈善活动、公益事业的捐赠。

第五十二条 本条例第五十一条所称公益性社会组织,是指同时符合下列条件的慈善组织以及其他社会组织:

(一)依法登记,具有法人资格;
(二)以发展公益事业为宗旨,且不以营利为目的;
(三)全部资产及其增值为该法人所有;
(四)收益和营运结余主要用于符合该法人设立目的的事业;
(五)终止后的剩余财产不归属任何个人或者营利组织;
(六)不经营与其设立目的无关的业务;
(七)有健全的财务会计制度;
(八)捐赠者不以任何形式参与该法人财产的分配;
(九)国务院财政、税务主管部门会同国务院民政部门等登记管理部门规定的其他条件。

第五十三条 企业当年发生以及以前年度结转的公益性捐赠支出,不超过年度利润总额12%的部分,准予扣除。

年度利润总额,是指企业依照国家统一会计制度的规定计算的年度会计利润。

第五十四条 企业所得税法第十条第(六)项所称赞助支出,是指企业发生的与生产经营活动无关的各种非广告性质支出。

第五十五条 企业所得税法第十条第(七)项所称未经核定的准备金支出,是指不符合国务院财政、税务主管部门规定的各项资产减值准备、风险准备等准备金支出。

第四节 资产的税务处理

第五十六条 企业的各项资产,包括固定资产、生物资产、无形资产、长期待摊费用、投资资产、存货等,以历史成本为计税基础。

前款所称历史成本,是指企业取得该项资产时实际发生的支出。

企业持有各项资产期间资产增值或者减值,除国务院财政、税务主管部门规定可以确认损益外,不得调整该资产的计税基础。

第五十七条 企业所得税法第十一条所称固定资产,是指企业为生产产品、提供劳务、出租或者经营管理而持有的、使用时间超过12个月的非货币性资产,包括房屋、建筑物、机器、机械、运输工具以及其他与生产经营活动有关的设备、器具、工具等。

第五十八条 固定资产按照以下方法确定计税基础:

(一)外购的固定资产,以购买价款和支付的相关税费以及直接归属于使该资产达到预定用途发生的其他支出为计税基础;
(二)自行建造的固定资产,以竣工结算前发生的支出为计税基础;
(三)融资租入的固定资产,以租赁合同约定的付款总额和承租人在签订租赁合同过程中发生的相关费用为计税基础,租赁合同未约定付款总额的,以该资产的公允价值和承租人在签订租赁合同过程中发生的相关费用为计税基础;
(四)盘盈的固定资产,以同类固定资产的重置完全价值为计税基础;
(五)通过捐赠、投资、非货币性资产交换、债务重组等方式取得的固定资产,以该资产的公允价值和支付的相关税费为计税基础;
(六)改建的固定资产,除企业所得税法第十三条第(一)项和第(二)项规定的支出外,以改建过程中发生的改建支出增加计税基础。

第五十九条 固定资产按照直线法计算的折旧,准予扣除。

企业应当自固定资产投入使用月份的次月起计算折旧；停止使用的固定资产，应当自停止使用月份的次月起停止计算折旧。

企业应当根据固定资产的性质和使用情况，合理确定固定资产的预计净残值。固定资产的预计净残值一经确定，不得变更。

第六十条 除国务院财政、税务主管部门另有规定外，固定资产计算折旧的最低年限如下：

（一）房屋、建筑物，为20年；

（二）飞机、火车、轮船、机器、机械和其他生产设备，为10年；

（三）与生产经营活动有关的器具、工具、家具等，为5年；

（四）飞机、火车、轮船以外的运输工具，为4年；

（五）电子设备，为3年。

第六十一条 从事开采石油、天然气等矿产资源的企业，在开始商业性生产前发生的费用和有关固定资产的折耗、折旧方法，由国务院财政、税务主管部门另行规定。

第六十二条 生产性生物资产按照以下方法确定计税基础：

（一）外购的生产性生物资产，以购买价款和支付的相关税费为计税基础；

（二）通过捐赠、投资、非货币性资产交换、债务重组等方式取得的生产性生物资产，以该资产的公允价值和支付的相关税费为计税基础。

前款所称生产性生物资产，是指企业为生产农产品、提供劳务或者出租等而持有的生物资产，包括经济林、薪炭林、产畜和役畜等。

第六十三条 生产性生物资产按照直线法计算的折旧，准予扣除。

企业应当自生产性生物资产投入使用月份的次月起计算折旧；停止使用的生产性生物资产，应当自停止使用月份的次月起停止计算折旧。

企业应当根据生产性生物资产的性质和使用情况，合理确定生产性生物资产的预计净残值。生产性生物资产的预计净残值一经确定，不得变更。

第六十四条 生产性生物资产计算折旧的最低年限如下：

（一）林木类生产性生物资产，为10年；

（二）畜类生产性生物资产，为3年。

第六十五条 企业所得税法第十二条所称无形资产，是指企业为生产产品、提供劳务、出租或者经营管理而持有的、没有实物形态的非货币性长期资产，包括专利权、商标权、著作权、土地使用权、非专利技术、商誉等。

第六十六条 无形资产按照以下方法确定计税基础：

（一）外购的无形资产，以购买价款和支付的相关税费以及直接归属于使该资产达到预定用途发生的其他支出为计税基础；

（二）自行开发的无形资产，以开发过程中该资产符合资本化条件后至达到预定用途前发生的支出为计税基础；

（三）通过捐赠、投资、非货币性资产交换、债务重组等方式取得的无形资产，以该资产的公允价值和支付的相关税费为计税基础。

第六十七条 无形资产按照直线法计算的摊销费用，准予扣除。

无形资产的摊销年限不得低于10年。

作为投资或者受让的无形资产，有关法律规定或者合同约定了使用年限的，可以按照规定或者约定的使用年限分期摊销。

外购商誉的支出，在企业整体转让或者清算时，准予扣除。

第六十八条 企业所得税法第十三条第（一）项和第（二）项所称固定资产的改建支出，是指改变房屋或者建筑物结构、延长使用年限等发生的支出。

企业所得税法第十三条第（一）项规定的支出，按照固定资产预计尚可使用年限分期摊销；第（二）项规定的支出，按照合同约定的剩余租赁期限分期摊销。

改建的固定资产延长使用年限的，除企业所得税法第十三条第（一）项和第（二）项规定外，应当适当延长折旧年限。

第六十九条 企业所得税法第十三条第（三）项所称固定资产的大修理支出，是指同时符合下列条件的支出：

（一）修理支出达到取得固定资产时的计税基础50%以上；

（二）修理后固定资产的使用年限延长2年以上。

企业所得税法第十三条第（三）项规定的支出，按照固定资产尚可使用年限分期摊销。

第七十条 企业所得税法第十三条第（四）项所称其他应当作为长期待摊费用的支出，自支出发生月份的次月起，分期摊销，摊销年限不得低于3年。

第七十一条 企业所得税法第十四条所称投资资产，是指企业对外进行权益性投资和债权性投资形成的资产。

企业在转让或者处置投资资产时，投资资产的成本，准予扣除。

投资资产按照以下方法确定成本：

（一）通过支付现金方式取得的投资资产，以购买价款为成本；

（二）通过支付现金以外的方式取得的投资资产，以该资产的公允价值和支付的相关税费为成本。

第七十二条 企业所得税法第十五条所称存货，是指企业持有以备出售的产品或者商品、处在生产过程中的在产品、在生产或提供劳务过程中耗用的材料和物料等。

存货按照以下方法确定成本：

（一）通过支付现金方式取得的存货，以购买价款和支付的相关税费为成本；

（二）通过支付现金以外的方式取得的存货，以该存货的公允价值和支付的相关税费为成本；

（三）生产性生物资产收获的农产品，以产出或者采收过程中发生的材料费、人工费和分摊的间接费用等必要支出为成本。

第七十三条 企业使用或者销售的存货的成本计算方法，可以在先进先出法、加权平均法、个别计价法中选用一种。计价方法一经选用，不得随意变更。

第七十四条 企业所得税法第十六条所称资产的净值和第十九条所称财产净值，是指有关资产、财产的计税基础减除已经按照规定扣除的折旧、折耗、摊销、准备金等后的余额。

第七十五条 除国务院财政、税务主管部门另有规定外，企业在重组过程中，应当在交易发生时确认有关资产的转让所得或者损失，相关资产应当按照交易价格重新确定计税基础。

第三章 应 纳 税 额

第七十六条 企业所得税法第二十二条规定的应纳税额的计算公式为：

应纳税额＝应纳税所得额×适用税率－减免税额－抵免税额

公式中的减免税额和抵免税额，是指依照企业所得税法和国务院的税收优惠规定减征、免征和抵免的应纳税额。

第七十七条 企业所得税法第二十三条所称已在境外缴纳的所得税税额，是指企业来源于中国境外的所得依照中国境外税收法律以及相关规定应当缴纳并已经实际缴纳的企业所得税性质的税款。

第七十八条 企业所得税法第二十三条所称抵免限额，是指企业来源于中国境外的所得,依照企业所得税法和本条例的规定计算的应纳税额。除国务院财政、税务主管部门另有规定外,该抵免限额应当分国(地区)不分项计算,计算公式如下:

抵免限额=中国境内、境外所得依照企业所得税法和本条例的规定计算的应纳税总额×来源于某国(地区)的应纳税所得额÷中国境内、境外应纳税所得总额

第七十九条 企业所得税法第二十三条所称5个年度,是指从企业取得的来源于中国境外的所得,已经在中国境外缴纳的企业所得税性质的税额超过抵免限额的当年的次年起连续5个纳税年度。

第八十条 企业所得税法第二十四条所称直接控制,是指居民企业直接持有外国企业20%以上股份。

企业所得税法第二十四条所称间接控制,是指居民企业以间接持股方式持有外国企业20%以上股份,具体认定办法由国务院财政、税务主管部门另行制定。

第八十一条 企业依照企业所得税法第二十三条、第二十四条的规定抵免企业所得税税额时,应当提供中国境外税务机关出具的税款所属年度的有关纳税凭证。

第四章 税 收 优 惠

第八十二条 企业所得税法第二十六条第(一)项所称国债利息收入,是指企业持有国务院财政部门发行的国债取得的利息收入。

第八十三条 企业所得税法第二十六条第(二)项所称符合条件的居民企业之间的股息、红利等权益性投资收益,是指居民企业直接投资于其他居民企业取得的投资收益。企业所得税法第二十六条第(二)项和第(三)项所称股息、红利等权益性投资收益,不包括连续持有居民企业公开发行并上市流通的股票不足12个月取得的投资收益。

第八十四条 企业所得税法第二十六条第(四)项所称符合条件的非营利组织,是指同时符合下列条件的组织:

(一)依法履行非营利组织登记手续;

(二)从事公益性或者非营利性活动;

(三)取得的收入除用于与该组织有关的、合理的支出外,全部用于登记核定或者章程规定的公益性或者非营利性事业;

(四)财产及其孳息不用于分配;

(五)按照登记核定或者章程规定,该组织注销后的剩余财产用于公益性或者非营利性目的,或者由登记管理机关转赠给与该组织性质、宗旨相同的组织,并向社会公告;

(六)投入人对投入该组织的财产不保留或者享有任何财产权利;

(七)工作人员工资福利开支控制在规定的比例内,不变相分配该组织的财产。

前款规定的非营利组织的认定管理办法由国务院财政、税务主管部门会同国务院有关部门制定。

第八十五条 企业所得税法第二十六条第(四)项所称符合条件的非营利组织的收入,不包括非营利组织从事营利性活动取得的收入,但国务院财政、税务主管部门另有规定的除外。

第八十六条 企业所得税法第二十七条第(一)项规定的企业从事农、林、牧、渔业项目的所得,可以免征、减征企业所得税,是指:

(一)企业从事下列项目的所得,免征企业所得税

1. 蔬菜、谷物、薯类、油料、豆类、棉花、麻类、糖料、水果、坚果的种植;

2. 农作物新品种的选育;

3. 中药材的种植;

4. 林木的培育和种植;

5. 牧畜、家禽的饲养；

6. 林产品的采集；

7. 灌溉、农产品初加工、兽医、农技推广、农机作业和维修等农、林、牧、渔服务业项目；

8. 远洋捕捞。

（二）企业从事下列项目的所得，减半征收企业所得税

1. 花卉、茶以及其他饮料作物和香料作物的种植；

2. 海水养殖、内陆养殖。

企业从事国家限制和禁止发展的项目，不得享受本条规定的企业所得税优惠。

第八十七条　企业所得税法第二十七条第（二）项所称国家重点扶持的公共基础设施项目，是指《公共基础设施项目企业所得税优惠目录》规定的港口码头、机场、铁路、公路、城市公共交通、电力、水利等项目。

企业从事前款规定的国家重点扶持的公共基础设施项目的投资经营的所得，自项目取得第一笔生产经营收入所属纳税年度起，第一年至第三年免征企业所得税，第四年至第六年减半征收企业所得税。

企业承包经营、承包建设和内部自建自用本条规定的项目，不得享受本条规定的企业所得税优惠。

第八十八条　企业所得税法第二十七条第（三）项所称符合条件的环境保护、节能节水项目，包括公共污水处理、公共垃圾处理、沼气综合开发利用、节能减排技术改造、海水淡化等。项目的具体条件和范围由国务院财政、税务主管部门商国务院有关部门制订，报国务院批准后公布施行。

企业从事前款规定的符合条件的环境保护、节能节水项目的所得，自项目取得第一笔生产经营收入所属纳税年度起，第一年至第三年免征企业所得税，第四年至第六年减半征收企业所得税。

第八十九条　依照本条例第八十七条和第八十八条规定享受减免税优惠的项目，在减免税期限内转让的，受让方自受让之日起，可以在剩余期限内享受规定的减免税优惠；减免税期限届满后转让的，受让方不得就该项目重复享受减免税优惠。

第九十条　企业所得税法第二十七条第（四）项所称符合条件的技术转让所得免征、减征企业所得税，是指一个纳税年度内，居民企业技术转让所得不超过500万元的部分，免征企业所得税；超过500万元的部分，减半征收企业所得税。

第九十一条　非居民企业取得企业所得税法第二十七条第（五）项规定的所得，减按10%的税率征收企业所得税。

下列所得可以免征企业所得税：

（一）外国政府向中国政府提供贷款取得的利息所得；

（二）国际金融组织向中国政府和居民企业提供优惠贷款取得的利息所得；

（三）经国务院批准的其他所得。

第九十二条　企业所得税法第二十八条第一款所称符合条件的小型微利企业，是指从事国家非限制和禁止行业，并符合下列条件的企业：

（一）工业企业，年度应纳税所得额不超过30万元，从业人数不超过100人，资产总额不超过3 000万元；

（二）其他企业，年度应纳税所得额不超过30万元，从业人数不超过80人，资产总额不超过1 000万元。

第九十三条　企业所得税法第二十八条第二款所称国家需要重点扶持的高新技术企业，是指拥有核心自主知识产权，并同时符合下列条件的企业：

（一）产品（服务）属于《国家重点支持的高新技术领域》规定的范围；

（二）研究开发费用占销售收入的比例不低于规定比例；
（三）高新技术产品（服务）收入占企业总收入的比例不低于规定比例；
（四）科技人员占企业职工总数的比例不低于规定比例；
（五）高新技术企业认定管理办法规定的其他条件。

《国家重点支持的高新技术领域》和高新技术企业认定管理办法由国务院科技、财政、税务主管部门商国务院有关部门制订，报国务院批准后公布施行。

第九十四条 企业所得税法第二十九条所称民族自治地方，是指依照《中华人民共和国民族区域自治法》的规定，实行民族区域自治的自治区、自治州、自治县。

对民族自治地方内国家限制和禁止行业的企业，不得减征或者免征企业所得税。

第九十五条 企业所得税法第三十条第（一）项所称研究开发费用的加计扣除，是指企业为开发新技术、新产品、新工艺发生的研究开发费用，未形成无形资产计入当期损益的，在按照规定据实扣除的基础上，按照研究开发费用的50%加计扣除；形成无形资产的，按照无形资产成本的150%摊销。

第九十六条 企业所得税法第三十条第（二）项所称企业安置残疾人员所支付的工资的加计扣除，是指企业安置残疾人员的，在按照支付给残疾职工工资据实扣除的基础上，按照支付给残疾职工工资的100%加计扣除。残疾人员的范围适用《中华人民共和国残疾人保障法》的有关规定。

企业所得税法第三十条第（二）项所称企业安置国家鼓励安置的其他就业人员所支付的工资的加计扣除办法，由国务院另行规定。

第九十七条 企业所得税法第三十一条所称抵扣应纳税所得额，是指创业投资企业采取股权投资方式投资于未上市的中小高新技术企业2年以上的，可以按照其投资额的70%在股权持有满2年的当年抵扣该创业投资企业的应纳税所得额；当年不足抵扣的，可以在以后纳税年度结转抵扣。

第九十八条 企业所得税法第三十二条所称可以采取缩短折旧年限或者采取加速折旧的方法的固定资产，包括：
（一）由于技术进步，产品更新换代较快的固定资产；
（二）常年处于强震动、高腐蚀状态的固定资产。

采取缩短折旧年限方法的，最低折旧年限不得低于本条例第六十条规定折旧年限的60%；采取加速折旧方法的，可以采取双倍余额递减法或者年数总和法。

第九十九条 企业所得税法第三十三条所称减计收入，是指企业以《资源综合利用企业所得税优惠目录》规定的资源作为主要原材料，生产国家非限制和禁止并符合国家和行业相关标准的产品取得的收入，减按90%计入收入总额。

前款所称原材料占生产产品材料的比例不得低于《资源综合利用企业所得税优惠目录》规定的标准。

第一百条 企业所得税法第三十四条所称税额抵免，是指企业购置并实际使用《环境保护专用设备企业所得税优惠目录》《节能节水专用设备企业所得税优惠目录》和《安全生产专用设备企业所得税优惠目录》规定的环境保护、节能节水、安全生产等专用设备的，该专用设备的投资额的10%可以从企业当年的应纳税额中抵免；当年不足抵免的，可以在以后5个纳税年度结转抵免。

享受前款规定的企业所得税优惠的企业，应当实际购置并自身实际投入使用前款规定的专用设备；企业购置上述专用设备在5年内转让、出租的，应当停止享受企业所得税优惠，并补缴已经抵免的企业所得税税款。

第一百零一条 本章第八十七条、第九十九条、第一百条规定的企业所得税优惠目录，由国务院财政、税务主管部门商国务院有关部门制订，报国务院批准后公布施行。

第一百零二条 企业同时从事适用不同企业所得税待遇的项目的，其优惠项目应当单独计算所得，并合理分摊企业的期间费用；没有单独计算的，不得享受企业所得税优惠。

第五章 源泉扣缴

第一百零三条 依照企业所得税法对非居民企业应当缴纳的企业所得税实行源泉扣缴的，应当依照企业所得税法第十九条的规定计算应纳税所得额。

企业所得税法第十九条所称收入全额，是指非居民企业向支付人收取的全部价款和价外费用。

第一百零四条 企业所得税法第三十七条所称支付人，是指依照有关法律规定或者合同约定对非居民企业直接负有支付相关款项义务的单位或者个人。

第一百零五条 企业所得税法第三十七条所称支付，包括现金支付、汇拨支付、转账支付和权益兑价支付等货币支付和非货币支付。

企业所得税法第三十七条所称到期应支付的款项，是指支付人按照权责发生制原则应当计入相关成本、费用的应付款项。

第一百零六条 企业所得税法第三十八条规定的可以指定扣缴义务人的情形，包括：

（一）预计工程作业或者提供劳务期限不足一个纳税年度，且有证据表明不履行纳税义务的；

（二）没有办理税务登记或者临时税务登记，且未委托中国境内的代理人履行纳税义务的；

（三）未按照规定期限办理企业所得税纳税申报或者预缴申报的。

前款规定的扣缴义务人，由县级以上税务机关指定，并同时告知扣缴义务人所扣税款的计算依据、计算方法、扣缴期限和扣缴方式。

第一百零七条 企业所得税法第三十九条所称所得发生地，是指依照本条例第七条规定的原则确定的所得发生地。在中国境内存在多处所得发生地的，由纳税人选择其中之一申报缴纳企业所得税。

第一百零八条 企业所得税法第三十九条所称该纳税人在中国境内其他收入，是指该纳税人在中国境内取得的其他各种来源的收入。

税务机关在追缴该纳税人应纳税款时，应当将追缴理由、追缴数额、缴纳期限和缴纳方式等告知该纳税人。

第六章 特别纳税调整

第一百零九条 企业所得税法第四十一条所称关联方，是指与企业有下列关联关系之一的企业、其他组织或者个人：

（一）在资金、经营、购销等方面存在直接或者间接的控制关系；

（二）直接或者间接地同为第三者控制；

（三）在利益上具有相关联的其他关系。

第一百一十条 企业所得税法第四十一条所称独立交易原则，是指没有关联关系的交易各方，按照公平成交价格和营业常规进行业务往来遵循的原则。

第一百一十一条 企业所得税法第四十一条所称合理方法，包括：

（一）可比非受控价格法，是指按照没有关联关系的交易各方进行相同或者类似业务往来的价格进行定价的方法；

（二）再销售价格法，是指按照从关联方购进商品再销售给没有关联关系的交易方的价格，减除相同或者类似业务的销售毛利进行定价的方法；

（三）成本加成法，是指按照成本加合理的费用和利润进行定价的方法；

（四）交易净利润法，是指按照没有关联关系的交易各方进行相同或者类似业务往来取得的净利润水平确定利润的方法；

（五）利润分割法，是指将企业与其关联方的合并利润或者亏损在各方之间采用合理标准进行分配的方法；

（六）其他符合独立交易原则的方法。

第一百一十二条 企业可以依照企业所得税法第四十一条第二款的规定，按照独立交易原则与其关联方分摊共同发生的成本，达成成本分摊协议。

企业与其关联方分摊成本时，应当按照成本与预期收益相配比的原则进行分摊，并在税务机关规定的期限内，按照税务机关的要求报送有关资料。

企业与其关联方分摊成本时违反本条第一款、第二款规定的，其自行分摊的成本不得在计算应纳税所得额时扣除。

第一百一十三条 企业所得税法第四十二条所称预约定价安排，是指企业就其未来年度关联交易的定价原则和计算方法，向税务机关提出申请，与税务机关按照独立交易原则协商、确认后达成的协议。

第一百一十四条 企业所得税法第四十三条所称相关资料，包括：

（一）与关联业务往来有关的价格、费用的制定标准、计算方法和说明等同期资料；

（二）关联业务往来所涉及的财产、财产使用权、劳务等的再销售（转让）价格或者最终销售（转让）价格的相关资料；

（三）与关联业务调查有关的其他企业应当提供的与被调查企业可比的产品价格、定价方式以及利润水平等资料；

（四）其他与关联业务往来有关的资料。

企业所得税法第四十三条所称与关联业务调查有关的其他企业，是指与被调查企业在生产经营内容和方式上相类似的企业。

企业应当在税务机关规定的期限内提供与关联业务往来有关的价格、费用的制定标准、计算方法和说明等资料。关联方以及与关联业务调查有关的其他企业应当在税务机关与其约定的期限内提供相关资料。

第一百一十五条 税务机关依照企业所得税法第四十四条的规定核定企业的应纳税所得额时，可以采用下列方法：

（一）参照同类或者类似企业的利润率水平核定；

（二）按照企业成本加合理的费用和利润的方法核定；

（三）按照关联企业集团整体利润的合理比例核定；

（四）按照其他合理方法核定。

企业对税务机关按照前款规定的方法核定的应纳税所得额有异议的，应当提供相关证据，经税务机关认定后，调整核定的应纳税所得额。

第一百一十六条 企业所得税法第四十五条所称中国居民，是指根据《中华人民共和国个人所得税法》的规定，就其从中国境内、境外取得的所得在中国缴纳个人所得税的个人。

第一百一十七条 企业所得税法第四十五条所称控制，包括：

（一）居民企业或者中国居民直接或者间接单一持有外国企业10%以上有表决权股份，且由其共同持有该外国企业50%以上股份；

（二）居民企业，或者居民企业和中国居民持股比例没有达到第（一）项规定的标准，但在股份、资金、经营、购销等方面对该外国企业构成实质控制。

第一百一十八条 企业所得税法第四十五条所称实际税负明显低于企业所得税法第四条第一款规定税率水平，是指低于企业所得税法第四条第一款规定税率的50%。

第一百一十九条 企业所得税法第四十六条所称债权性投资，是指企业直接或者间接从关联方获得的，需要偿还本金和支付利息或者需要以其他具有支付利息性质的方式予以补偿的融资。

企业间接从关联方获得的债权性投资，包括：

（一）关联方通过无关联第三方提供的债权性投资；

（二）无关联第三方提供的、由关联方担保且负有连带责任的债权性投资；

（三）其他间接从关联方获得的具有负债实质的债权性投资。

企业所得税法第四十六条所称权益性投资，是指企业接受的不需要偿还本金和支付利息，投资人对企业净资产拥有所有权的投资。

企业所得税法第四十六条所称标准，由国务院财政、税务主管部门另行规定。

第一百二十条　企业所得税法第四十七条所称不具有合理商业目的，是指以减少、免除或者推迟缴纳税款为主要目的。

第一百二十一条　税务机关根据税收法律、行政法规的规定，对企业作出特别纳税调整的，应当对补征的税款，自税款所属纳税年度的次年6月1日起至补缴税款之日止的期间，按日加收利息。

前款规定加收的利息，不得在计算应纳税所得额时扣除。

第一百二十二条　企业所得税法第四十八条所称利息，应当按照税款所属纳税年度中国人民银行公布的与补税期间同期的人民币贷款基准利率加5个百分点计算。

企业依照企业所得税法第四十三条和本条例的规定提供有关资料的，可以只按前款规定的人民币贷款基准利率计算利息。

第一百二十三条　企业与其关联方之间的业务往来，不符合独立交易原则，或者企业实施其他不具有合理商业目的安排的，税务机关有权在该业务发生的纳税年度起10年内，进行纳税调整。

第七章　征　收　管　理

第一百二十四条　企业所得税法第五十条所称企业登记注册地，是指企业依照国家有关规定登记注册的住所地。

第一百二十五条　企业汇总计算并缴纳企业所得税时，应当统一核算应纳税所得额，具体办法由国务院财政、税务主管部门另行制定。

第一百二十六条　企业所得税法第五十一条所称主要机构、场所，应当同时符合下列条件：

（一）对其他各机构、场所的生产经营活动负有监督管理责任；

（二）设有完整的账簿、凭证，能够准确反映各机构、场所的收入、成本、费用和盈亏情况。

第一百二十七条　企业所得税分月或者分季预缴，由税务机关具体核定。

企业根据企业所得税法第五十四条规定分月或者分季预缴企业所得税时，应当按照月度或者季度的实际利润额预缴；按照月度或者季度的实际利润额预缴有困难的，可以按照上一纳税年度应纳税所得额的月度或者季度平均额预缴，或者按照经税务机关认可的其他方法预缴。预缴方法一经确定，该纳税年度内不得随意变更。

第一百二十八条　企业在纳税年度内无论盈利或者亏损，都应当依照企业所得税法第五十四条规定的期限，向税务机关报送预缴企业所得税纳税申报表、年度企业所得税纳税申报表、财务会计报告和税务机关规定应当报送的其他有关资料。

第一百二十九条　企业所得以人民币以外的货币计算的，预缴企业所得税时，应当按照月度或者季度最后一日的人民币汇率中间价，折合成人民币计算应纳税所得额。年度终了汇算清缴时，对已经按照月度或者季度预缴税款的，不再重新折合计算，只就该纳税年度内未缴纳企业所得税的部分，按照纳税年度最后一日的人民币汇率中间价，折合成人民币计算应纳税所得额。

经税务机关检查确认，企业少计或者多计前款规定的所得的，应当按照检查确认补税或者退税时的上一个月最后一日的人民币汇率中间价，将少计或者多计的所得折合成人民币计算应纳税所得额，再计算应补缴或者应退的税款。

第八章 附 则

第一百三十条 企业所得税法第五十七条第一款所称本法公布前已经批准设立的企业，是指企业所得税法公布前已经完成登记注册的企业。

第一百三十一条 在香港特别行政区、澳门特别行政区和台湾地区成立的企业，参照适用企业所得税法第二条第二款、第三款的有关规定。

第一百三十二条 本条例自2008年1月1日起施行。1991年6月30日国务院发布的《中华人民共和国外商投资企业和外国企业所得税法实施细则》和1994年2月4日财政部发布的《中华人民共和国企业所得税暂行条例实施细则》同时废止。

3. 国家税务总局关于优化若干税收征管服务事项的通知（2022年颁布）

（税总征科发〔2022〕87号）

国家税务总局各省、自治区、直辖市和计划单列市税务局，国家税务总局驻各地特派员办事处，局内各单位：

为贯彻落实中办、国办印发的《关于进一步深化税收征管改革的意见》，结合落实中央巡视整改，进一步深化税务系统"放管服"改革，规范基础税收征管工作，优化变更登记、跨省迁移等环节税费服务，现就有关事项通知如下：

一、简化变更登记操作流程

（一）自动变更登记信息。自2023年4月1日起，纳税人在市场监管部门依法办理变更登记后，无需向税务机关报告登记变更信息；各省、自治区、直辖市和计划单列市税务机关（以下简称各省税务机关）根据市场监管部门共享的变更登记信息，在金税三期核心征管系统（以下简称核心征管系统）自动同步变更登记信息（附件1）。处于非正常、非正常户注销等状态的纳税人变更登记信息的，核心征管系统在其恢复正常状态时自动变更。

（二）自动提示推送服务。对纳税人办理变更登记所涉及的提示提醒事项，税务机关通过电子税务局精准推送提醒纳税人；涉及的后续管理事项，核心征管系统自动向税务人员推送待办消息提醒。

（三）做好存量登记信息变更工作。2023年4月1日之前已在市场监管部门办理变更登记、尚未在税务部门变更登记信息的纳税人，由各省税务机关根据市场监管部门共享信息分类分批完成登记信息变更工作。

二、优化跨省迁移税费服务流程

（一）优化迁出流程。纳税人跨省迁移的，在市场监管部门办结住所变更登记后，向迁出地主管税务机关填报《跨省（市）迁移涉税事项报告表》（附件2）。对未处于税务检查状态、已缴销发票和税控设备、已结清税（费）款、滞纳金及罚款，以及不存在其他未办结涉税事项的纳税人，税务机关出具《跨省（市）迁移税收征管信息确认表》（附件3），告知纳税人在迁入地承继、延续享受的相关资质权益等信息,以及在规定时限内履行纳税申报义务。经纳税人确认后,税务机关即时办结迁出手续,有关信息推送至迁入地税务机关。

(二)优化迁入流程。迁入地主管税务机关应当在接收到纳税人信息后的一个工作日内完成主管税务科所分配、税(费)种认定并提醒纳税人在迁入地按规定期限进行纳税申报。

(三)明确有关事项。纳税人下列信息在迁入地承继:纳税人基础登记、财务会计制度备案、办税人员实名采集、增值税一般纳税人登记、增值税发票票种核定、增值税专用发票最高开票限额、增值税即征即退资格、出口退(免)税备案、已产生的纳税信用评价等信息。

纳税人迁移前预缴税款,可在迁入地继续按规定抵缴;企业所得税、个人所得税尚未弥补的亏损,可在迁入地继续按规定弥补;尚未抵扣的增值税进项税额,可在迁入地继续按规定抵扣,无需申请开具《增值税一般纳税人迁移进项税额转移单》。

迁移前后业务的办理可参照《跨省(市)迁移相关事项办理指引》(附件4)。

三、优化税源管理职责

各省税务机关根据本地税源特点优化分级管理职责,提升税收风险分析、重点领域重点群体税收风险管理等复杂事项管理层级,压实市、县税务机关日常管理责任。已提升至省、市税务机关管理的复杂涉税事项,原则上不再推送下级税务机关处理。

四、加强与市场监管部门的登记业务协同

各省税务机关根据市场监管部门共享的注销登记、吊销营业执照、撤销设立登记等信息,在核心征管系统自动进行数据标识。

对已在市场监管部门办理注销,未在税务部门办理清税且处于正常状态的纳税人,主管税务机关应通知其及时办理税务注销,逾期不办理的,可提请市场监管部门依法处理。

对已在市场监管部门办理注销,但在核心征管系统2019年5月1日前已被列为非正常户注销状态的纳税人,主管税务机关可直接进行税务注销。

本通知自2023年4月1日起执行,执行中遇有重大问题的,及时向税务总局(征管科技司)报告。

附件:1. 市场主体自动同步变更登记信息数据项
2. 跨省(市)迁移涉税事项报告表
3. 跨省(市)迁移税收征管信息确认表
4. 跨省(市)迁移相关事项办理指引

国家税务总局
2022年12月29日

附件1

市场主体自动同步变更登记信息数据项

序号	市场监管部门信息	对应税务部门信息	税务部门具体数据项
1	名称	名称	纳税人名称
2	主体类型	登记注册类型	市监市场主体类型
3			登记注册类型

（续表）

序号	市场监管部门信息	对应税务部门信息	税务部门具体数据项
4	经营期限	经营期限	生产经营期限止
5	住所或者主要经营场所	注册地址	注册地址
6			注册地邮政编码
7			注册地联系电话
8			住所所在行政区划
9	经营范围	经营范围	经营范围
10	法定代表人、执行事务合伙人或者负责人	法定代表人（负责人）	法定代表人（负责人）姓名
11			法定代表人（负责人）身份证件种类
12			法定代表人（负责人）身份证件号码
13			法定代表人（负责人）固定电话
14			法定代表人（负责人）移动电话
15			法定代表人（负责人）电子邮箱
16	注册资本或者出资额	注册资本或者投资总额	注册资本
17			注册资本币种
18			注册资本币种金额
19			投资总额
20			投资总额币种
21			投资总额币种金额
22	投资方信息	投资方信息	投资方名称
23			投资比例
24			投资方证件种类
25			投资方证件号码
26			国家或地区代码
27			地址
28			投资方主体类型
29			投资有效期起
30			投资有效期止
31	其他信息	行业	市监登记行业
32			国标行业

备注：
1."市监市场主体类型"为核心征管系统新增数据项，按市场监管部门共享的主体类型信息直接

同步变更；"登记注册类型"按《市场监管总局 税务总局关于加强信息共享业务协同的通知》（国市监注〔2018〕196号）规定，根据市场监管部门共享的主体类型对照转换变更。

2."市监登记行业"为核心征管系统新增数据项，按市场监管部门共享的行业信息直接同步变更；"国标行业"为核心征管系统原有数据项，新办纳税人"国标行业"与"市监登记行业"一致，后续主管税务机关可根据纳税人主营业务等情况，结合市场监管部门共享的行业、经营范围等变更信息，进行变更调整。

附件2

跨省（市）迁移涉税事项报告表

国家税务总局_____税务局：

我单位（　　　　　）纳税人识别号（社会信用代码）（　　　　　　　）由于住所、主要经营场所变化，从_____省（自治区/市）_____市（地区/盟/自治州）_____县（自治县/旗/自治旗/市/区）_____乡（民族乡/镇/街道）_____，变更到_____省（自治区/市）_____市（地区/盟/自治州）_____县（自治县/旗/自治旗/市/区）_____乡（民族乡/镇/街道）_____，属于跨省（市）迁移，需要变更主管税务机关。

我单位声明：此涉税事项报告是真实、可靠、完整的，并且已在市场监管部门办结住所变更登记；未处于税务检查状态；已结清税（费）款、滞纳金及罚款；已缴销发票和税控设备；不存在其他未办结涉税事项。

办税人员：
证件号码：
联系方式：

申请单位（签章）
年　月　日

附件3

跨省（市）迁移税收征管信息确认表

我单位（　　　　　　　　　　　　　　）纳税人识别号（社会信用代码）（　　　　　　　　　　　　　　），现确认下列信息无误，并提请迁出地税务机关推送至迁入地税务机关。我（单位）承诺将按法律法规规定，在迁入当期纳税申报期限届满前至迁入地履行纳税申报义务。

一、跨省（市）迁移信息

迁出地注册地址	
迁出地主管税务机关	
迁入地注册地址	
申请日期	

二、跨省（市）迁移涉税信息

1. 基础登记信息

迁出地开业（设立）日期：＿＿＿＿＿＿＿＿＿＿＿＿＿

登记注册类型：＿＿＿＿＿＿＿＿＿＿＿＿＿＿＿＿＿

国标行业（主）：＿＿＿＿＿＿＿＿＿＿＿＿＿＿＿＿

总分机构类型代码：＿＿＿＿＿＿＿＿＿＿＿＿＿＿＿

2. 有效的税（费）种认定信息

征收项目	认定有效期起	征收品目	纳税期限	税率或单位税额	征收率
增值税					
企业所得税					
个人所得税					

3. 有效的发票票种核定信息

发票种类代码	发票种类名称	单份发票最高开票限额	每月最高购票数量（月最高开票限额）	离线开票时限	离线开票累计限额

4. 税费申报信息

（1）预缴税费信息

征收项目	预缴税额
增值税	
企业所得税	
个人所得税	
消费税	

（2）迁移前尚未弥补的企业所得税累计亏损：＿＿＿＿＿＿＿＿

（3）迁移前尚未弥补的经营所得个人所得税累计亏损：＿＿＿＿＿＿＿＿

（4）迁移前未抵扣增值税进项留抵税额：＿＿＿＿＿＿＿＿

（5）文化事业建设费缴费信息报告：

□属于 / □不属于

（6）出口退（免）税备案：

□属于 / □不属于

（7）增值税即征即退资格信息：

增值税即征即退类型	有效期起	有效期止

5. 身份资质信息

（1）纳税信用评价信息：

评价年度	纳税信用评价信息

（2）增值税一般纳税人资格：

增值税一般纳税人资格	有效期起	有效期止

6. 其他事项

（1）财务会计制度及核算软件备案信息：

财务、会计制度名称	有限期起	有限期止

（2）登记户归类管理信息：

类别代码	类别名称	生效日期	失效日期

三、经办人信息

类别代码	类别名称	生效日期	失效日期

纳税人（签章）　　　　　　　　　　　　税务机关（印章）

　年　月　日　　　　　　　　　　　　　　年　月　日

附件 4

跨省（市）迁移相关事项办理指引

一、迁移前事项办理指引

（一）纳税人申请迁移前，应当已在市场监管部门办结住所变更登记，结清税（费）款、滞纳金及罚款，缴销发票和税控设备，并且未处于税务检查状态，不存在其他未办结涉税事项。符合条件的，税务机关即时办结迁出手续；若不符合条件，税务机关出具《税务事项通知书》（补正通知），纳税人可一次性获知原因及需补正的内容。

（二）在增值税申报期内迁移的，纳税人需要在迁出地办结当期增值税申报。

（三）在企业所得税预缴申报期内迁移的，纳税人需要在迁出地办结当期预缴申报；在企业所得税汇算清缴期内迁移的，需在迁出地办结上一年度汇算清缴。涉及退（补）税的，由迁出地主管税务机关办理。

（四）在个人所得税申报期内迁移的，纳税人需在迁出地办结当期扣缴申报及经营所得预缴申报。在个人所得税经营所得汇算清缴期内迁移的，需在迁出地办结上一年度汇算清缴。涉及退（补）税的，由迁出地主管税务机关办理。

（五）出口企业申请跨省（市）迁移的，应按照出口退（免）税备案撤回的流程办理出口退（免）税清算。清算完成后，税务机关将迁移纳税人出口退（免）税备案信息的撤回状态设置为"迁出"。

二、迁移后事项办理指引

（一）纳税人应在迁移当期纳税申报期限届满前，依法履行纳税申报义务，向迁入地主管税务机关报告存款账户账号，签订银税三方（委托）划缴协议。

（二）总、分机构发生跨省（市）迁移的，应在迁移后变更企业所得税汇总纳税信息备案。

（三）纳税人在判断销售额是否超出小规模纳税人标准时，对迁移前后的销售额应连续计算。纳税人销售额超过小规模纳税人标准后，应按规定及时办理一般纳税人登记。

（四）纳税人在迁出地尚未勾选抵扣的增值税专用发票、海关进口增值税专用缴款书信息可在迁入地勾选抵扣，纳税人在迁出地已开具但尚未申报的增值税发票信息应在迁入地申报。

（五）符合增值税留抵退税条件的迁移纳税人，按规定向迁入地主管税务机关申请办理。纳税人在迁出地已办理完毕的留抵退税业务，迁移后发生缴回的，由迁入地主管税务机关进行处理。

（六）纳税人在迁入地办理迁移年度企业所得税、个人所得税经营所得汇算清缴时产生的退（补）税，由迁入地主管税务机关办理入库、退库。

（七）纳税人在迁出地已申报出口退（免）税的业务，迁移后需办理退（补）税等事项的，由迁出地税务机关继续办理。纳税人在迁移前已发生的出口业务尚未申报办理出口退（免）税的，由迁入地税务机关受理并按规定办理出口退（免）税事项。

迁出前已暂扣的出口退（免）税税款，后续需要解除的，在迁出地税务机关解除暂扣出口退（免）税税款，继续办理出口退（免）税核准和退库；已申报退税的出口报关单发生退运，由迁出地税务机关开具《出口货物退运已补税（未）退税证明》；纳税人在迁移前开具的出口退税证明，由迁出地税务机关办理出口退税证明作废和出口退税证明补打。

迁移纳税人在迁入地首次申报出口退（免）税的，按新备案出口企业进行管理，开展首次申报实地核查。

对于纳税人在迁出地已申报出口退（免）税的业务，涉及需要追回已出口退（免）税税款的，由迁出地税务机关追回已出口退（免）税税款。

（八）除以上情形外，纳税人在迁出地已入库的税款，迁移后申请退税的，由迁出地主管税务机关办理退税退库。

纳税人更正迁移前纳税申报涉及退（补）税的，由迁出地主管税务机关办理。

（九）纳税人按规定需要进行纳税信用补评、复评和修复的，向迁入地主管税务机关申请。

4. 国家税务总局关于企业所得税年度纳税申报有关事项的公告（2022 年颁布）

（国家税务总局公告 2022 年第 27 号）

为贯彻落实《中华人民共和国企业所得税法》及有关税收政策，进一步减轻纳税人办税负担，现就企业所得税年度纳税申报有关事项公告如下：

一、对《中华人民共和国企业所得税年度纳税申报表（A 类，2017 年版）》部分表单和填报说明进行修订，具体如下：对《资产折旧、摊销及纳税调整明细表》（A105080）、《企业重组及递延纳税事项纳税调整明细表》（A105100）、《免税、减计收入及加计扣除优惠明细表》（A107010）、《研发费用加计扣除优惠明细表》（A107012）、《减免所得税优惠明细表》（A107040）的表单样式及填报说明进行修订；对《纳税调整项目明细表》（A105000）的填报说明进行修订。

二、企业搬迁完成当年，向主管税务机关报送企业所得税年度纳税申报表时，不再报送《企业政策性搬迁清算损益表》。

三、本公告适用于 2022 年度及以后年度企业所得税汇算清缴申报。《国家税务总局关于发布〈中华人民共和国企业所得税年度纳税申报表（A 类，2017 年版）〉的公告》（2017 年第 54 号）、《国家税务总局关于修订〈中华人民共和国企业所得税年度纳税申报表（A 类，2017 年版）〉部分表单样式及填报说明的公告》（2018 年第 57 号）、《国家税务总局关于修订企业所得税年度纳税申报表的公告》（2020 年第 24 号）、《国家税务总局关于企业所得税年度汇算清缴有关事项的公告》（2021 年第 34 号）中的上述表单和填报说明同时废止。《国家税务总局关于发布〈企业政策性搬迁所得税管理办法〉的公告》（2012年第40号）第二十五条关于"应同时报送《企业政策性搬迁清算损益表》（表样附后）"的规定和附件《企业政策性搬迁清算损益表》同时废止。

特此公告。

附件：《中华人民共和国企业所得税年度纳税申报表（A类，2017年版）》部分表单及填报说明（2022年修订）（略）。

国家税务总局
2022年12月30日

第七章　个人所得税法规

1. 中华人民共和国个人所得税法（2018年修订）

（1980年9月10日第五届全国人民代表大会第三次会议通过　根据1993年10月31日第八届全国人民代表大会常务委员会第四次会议《关于修改〈中华人民共和国个人所得税法〉的决定》第一次修正　根据1999年8月30日第九届全国人民代表大会常务委员会第十一次会议《关于修改〈中华人民共和国个人所得税法〉的决定》第二次修正　根据2005年10月27日第十届全国人民代表大会常务委员会第十八次会议《关于修改〈中华人民共和国个人所得税法〉的决定》第三次修正　根据2007年6月29日第十届全国人民代表大会常务委员会第二十八次会议《关于修改〈中华人民共和国个人所得税法〉的决定》第四次修正　根据2007年12月29日第十届全国人民代表大会常务委员会第三十一次会议《关于修改〈中华人民共和国个人所得税法〉的决定》第五次修正　根据2011年6月30日第十一届全国人民代表大会常务委员会第二十一次会议《关于修改〈中华人民共和国个人所得税法〉的决定》第六次修正　根据2018年8月31日第十三届全国人民代表大会常务委员会第五次会议《关于修改〈中华人民共和国个人所得税法〉的决定》第七次修正）

第一条　在中国境内有住所，或者无住所而一个纳税年度内在中国境内居住累计满一百八十三天的个人，为居民个人。居民个人从中国境内和境外取得的所得，依照本法规定缴纳个人所得税。

在中国境内无住所又不居住，或者无住所而一个纳税年度内在中国境内居住累计不满一百八十三天的个人，为非居民个人。非居民个人从中国境内取得的所得，依照本法规定缴纳个人所得税。

纳税年度，自公历一月一日起至十二月三十一日止。

第二条　下列各项个人所得，应当缴纳个人所得税：

（一）工资、薪金所得；

（二）劳务报酬所得；

（三）稿酬所得；

（四）特许权使用费所得；

（五）经营所得；

（六）利息、股息、红利所得；

（七）财产租赁所得；

（八）财产转让所得；

（九）偶然所得。

居民个人取得前款第一项至第四项所得（以下称综合所得），按纳税年度合并计算个人所得税；非居民个人取得前款第一项至第四项所得，按月或者按次分项计算个人所得税。纳税人取得前款第五项至第九项所得，依照本法规定分别计算个人所得税。

第三条 个人所得税的税率：

（一）综合所得，适用百分之三至百分之四十五的超额累进税率（税率表附后）；

（二）经营所得，适用百分之五至百分之三十五的超额累进税率（税率表附后）；

（三）利息、股息、红利所得，财产租赁所得，财产转让所得和偶然所得，适用比例税率，税率为百分之二十。

第四条 下列各项个人所得，免征个人所得税：

（一）省级人民政府、国务院部委和中国人民解放军军以上单位，以及外国组织、国际组织颁发的科学、教育、技术、文化、卫生、体育、环境保护等方面的奖金；

（二）国债和国家发行的金融债券利息；

（三）按照国家统一规定发给的补贴、津贴；

（四）福利费、抚恤金、救济金；

（五）保险赔款；

（六）军人的转业费、复员费、退役金；

（七）按照国家统一规定发给干部、职工的安家费、退职费、基本养老金或者退休费、离休费、离休生活补助费；

（八）依照有关法律规定应予免税的各国驻华使馆、领事馆的外交代表、领事官员和其他人员的所得；

（九）中国政府参加的国际公约、签订的协议中规定免税的所得；

（十）国务院规定的其他免税所得。

前款第十项免税规定，由国务院报全国人民代表大会常务委员会备案。

第五条 有下列情形之一的，可以减征个人所得税，具体幅度和期限，由省、自治区、直辖市人民政府规定，并报同级人民代表大会常务委员会备案：

（一）残疾、孤老人员和烈属的所得；

（二）因自然灾害遭受重大损失的。

国务院可以规定其他减税情形，报全国人民代表大会常务委员会备案。

第六条 应纳税所得额的计算：

（一）居民个人的综合所得，以每一纳税年度的收入额减除费用六万元以及专项扣除、专项附加扣除和依法确定的其他扣除后的余额，为应纳税所得额。

（二）非居民个人的工资、薪金所得，以每月收入额减除费用五千元后的余额为应纳税所得额；劳务报酬所得、稿酬所得、特许权使用费所得，以每次收入额为应纳税所得额。

（三）经营所得，以每一纳税年度的收入总额减除成本、费用以及损失后的余额，为应纳税所得额。

（四）财产租赁所得，每次收入不超过四千元的，减除费用八百元；四千元以上的，减除百分之二十的费用，其余额为应纳税所得额。

（五）财产转让所得，以转让财产的收入额减除财产原值和合理费用后的余额，为应纳税所得额。

（六）利息、股息、红利所得和偶然所得，以每次收入额为应纳税所得额。

劳务报酬所得、稿酬所得、特许权使用费所得以收入减除百分之二十的费用后的余额为收入额。稿酬所得的收入额减按百分之七十计算。

个人将其所得对教育、扶贫、济困等公益慈善事业进行捐赠，捐赠额未超过纳税人申报的应纳税所得额百分之三十的部分，可以从其应纳税所得额中扣除；国务院规定对公益慈善事业捐赠实行全额税前扣除的，从其规定。

本条第一款第一项规定的专项扣除，包括居民个人按照国家规定的范围和标准缴纳的基本养老保险、基本医疗保险、失业保险等社会保险费和住房公积金等；专项附加扣除，包括子女教育、继续教育、大病医疗、住房贷款利息或者住房租金、赡养老人等支出，具体范围、标准和实施步骤由国务院确定，并报全国人民代表大会常务委员会备案。

第七条 居民个人从中国境外取得的所得，可以从其应纳税额中抵免已在境外缴纳的个人所得税税额，但抵免额不得超过该纳税人境外所得依照本法规定计算的应纳税额。

第八条 有下列情形之一的，税务机关有权按照合理方法进行纳税调整：

（一）个人与其关联方之间的业务往来不符合独立交易原则而减少本人或者其关联方应纳税额，且无正当理由；

（二）居民个人控制的，或者居民个人和居民企业共同控制的设立在实际税负明显偏低的国家（地区）的企业，无合理经营需要，对应当归属于居民个人的利润不作分配或者减少分配；

（三）个人实施其他不具有合理商业目的的安排而获取不当税收利益。

税务机关依照前款规定作出纳税调整，需要补征税款的，应当补征税款，并依法加收利息。

第九条 个人所得税以所得人为纳税人，以支付所得的单位或者个人为扣缴义务人。

纳税人有中国公民身份号码的，以中国公民身份号码为纳税人识别号；纳税人没有中国公民身份号码的，由税务机关赋予其纳税人识别号。扣缴义务人扣缴税款时，纳税人应当向扣缴义务人提供纳税人识别号。

第十条 有下列情形之一的，纳税人应当依法办理纳税申报：

（一）取得综合所得需要办理汇算清缴；

（二）取得应税所得没有扣缴义务人；

（三）取得应税所得，扣缴义务人未扣缴税款；

（四）取得境外所得；

（五）因移居境外注销中国户籍；

（六）非居民个人在中国境内从两处以上取得工资、薪金所得；

（七）国务院规定的其他情形。

扣缴义务人应当按照国家规定办理全员全额扣缴申报，并向纳税人提供其个人所得和已扣缴税款等信息。

第十一条 居民个人取得综合所得，按年计算个人所得税；有扣缴义务人的，由扣缴义务人按月或者按次预扣预缴税款；需要办理汇算清缴的，应当在取得所得的次年三月一日至六月三十日内办理汇算清缴。预扣预缴办法由国务院税务主管部门制定。

居民个人向扣缴义务人提供专项附加扣除信息的，扣缴义务人按月预扣预缴税款时应当按照规定予以扣除，不得拒绝。

非居民个人取得工资、薪金所得，劳务报酬所得，稿酬所得和特许权使用费所得，有扣缴义务人的，由扣缴义务人按月或者按次代扣代缴税款，不办理汇算清缴。

第十二条 纳税人取得经营所得，按年计算个人所得税，由纳税人在月度或者季度终了后十五日内向税务机关报送纳税申报表，并预缴税款；在取得所得的次年三月三十一日前办理汇算清缴。

纳税人取得利息、股息、红利所得，财产租赁所得，财产转让所得和偶然所得，按月或者按次计算个人所得税，有扣缴义务人的，由扣缴义务人按月或者按次代扣代缴税款。

第十三条 纳税人取得应税所得没有扣缴义务人的，应当在取得所得的次月十五日内向税务机关报送纳税申报表，并缴纳税款。

纳税人取得应税所得，扣缴义务人未扣缴税款的，纳税人应当在取得所得的次年六月三十日前，缴纳税款；税务机关通知限期缴纳的，纳税人应当按照期限缴纳税款。

居民个人从中国境外取得所得的，应当在取得所得的次年三月一日至六月三十日内申报纳税。

非居民个人在中国境内从两处以上取得工资、薪金所得的，应当在取得所得的次月十五日内申报纳税。

纳税人因移居境外注销中国户籍的，应当在注销中国户籍前办理税款清算。

第十四条 扣缴义务人每月或者每次预扣、代扣的税款，应当在次月十五日内缴入国库，并向税务机关报送扣缴个人所得税申报表。

纳税人办理汇算清缴退税或者扣缴义务人为纳税人办理汇算清缴退税的，税务机关审核后，按照国库管理的有关规定办理退税。

第十五条 公安、人民银行、金融监督管理等相关部门应当协助税务机关确认纳税人的身份、金融账户信息。教育、卫生、医疗保障、民政、人力资源社会保障、住房城乡建设、公安、人民银行、金融监督管理等相关部门应当向税务机关提供纳税人子女教育、继续教育、大病医疗、住房贷款利息、住房租金、赡养老人等专项附加扣除信息。

个人转让不动产的，税务机关应当根据不动产登记等相关信息核验应缴的个人所得税，登记机构办理转移登记时，应当查验与该不动产转让相关的个人所得税的完税凭证。个人转让股权办理变更登记的，市场主体登记机关应当查验与该股权交易相关的个人所得税的完税凭证。

有关部门依法将纳税人、扣缴义务人遵守本法的情况纳入信用信息系统，并实施联合激励或者惩戒。

第十六条 各项所得的计算，以人民币为单位。所得为人民币以外的货币的，按照人民币汇率中间价折合成人民币缴纳税款。

第十七条 对扣缴义务人按照所扣缴的税款，付给百分之二的手续费。

第十八条 对储蓄存款利息所得开征、减征、停征个人所得税及其具体办法，由国务院规定，并报全国人民代表大会常务委员会备案。

第十九条 纳税人、扣缴义务人和税务机关及其工作人员违反本法规定的，依照《中华人民共和国税收征收管理法》和有关法律法规的规定追究法律责任。

第二十条 个人所得税的征收管理，依照本法和《中华人民共和国税收征收管理法》的规定执行。

第二十一条 国务院根据本法制定实施条例。

第二十二条 本法自公布之日起施行。

附表:

个人所得税税率表一(综合所得适用)

级数	全年应纳税所得额	税率	速算扣除数
1	不超过 36 000 元的	3%	0
2	超过 36 000 元至 144 000 元的部分	10%	2 520
3	超过 144 000 元至 300 000 元的部分	20%	16 920
4	超过 300 000 元至 420 000 元的部分	25%	31 920
5	超过 420 000 元至 660 000 元的部分	30%	52 920
6	超过 660 000 元至 960 000 元的部分	35%	85 920
7	超过 960 000 元的部分	45%	181 920

注1:本表所称全年应纳税所得额是指依照本法第六条的规定,居民个人取得综合所得以每一纳税年度收入额减除费用六万元以及专项扣除、专项附加扣除和依法确定的其他扣除后的余额。

注2:非居民个人取得工资、薪金所得,劳务报酬所得,稿酬所得和特许权使用费所得,依照本表按月换算后计算应纳税额。

个人所得税税率表二(经营所得适用)

级数	全年应纳税所得额	税率
1	不超过 30 000 元的	5%
2	超过 30 000 元至 90 000 元的部分	10%
3	超过 90 000 元至 300 000 元的部分	20%
4	超过 300 000 元至 500 000 元的部分	30%
5	超过 500 000 元的部分	35%

注:本表所称全年应纳税所得额是指依照本法第六条的规定,以每一纳税年度的收入总额减除成本、费用以及损失后的余额。

2. 中华人民共和国个人所得税法实施条例(2018年修订)

(1994年1月28日中华人民共和国国务院令第142号发布 根据2005年12月19日《国务院关于修改〈中华人民共和国个人所得税法实施条例〉的决定》第一次修订 根据2008年2月18日《国务院关于修改〈中华人民共和国个人所得税法实施条例〉的决定》第二次修订 根据2011年7月19日《国务院关于修改〈中华人民共和国个人所得税法实施条例〉的决定》第三次修订 2018年12月18日中华人民共和国国务院令第707号第四次修订)

第一条 根据《中华人民共和国个人所得税法》(以下简称个人所得税法),制定本条例。

第二条 个人所得税法所称在中国境内有住所,是指因户籍、家庭、经济利益关系而在中国境内习惯性居住;所称从中国境内和境外取得的所得,分别是指来源于中国境内的所得和来源于中国境外的所得。

第三条 除国务院财政、税务主管部门另有规定外,下列所得,不论支付地点是否在中国境内,均为来源于中国境内的所得:

（一）因任职、受雇、履约等在中国境内提供劳务取得的所得；
（二）将财产出租给承租人在中国境内使用而取得的所得；
（三）许可各种特许权在中国境内使用而取得的所得；
（四）转让中国境内的不动产等财产或者在中国境内转让其他财产取得的所得；
（五）从中国境内企业、事业单位、其他组织以及居民个人取得的利息、股息、红利所得。

第四条 在中国境内无住所的个人，在中国境内居住累计满183天的年度连续不满六年的，经向主管税务机关备案，其来源于中国境外且由境外单位或者个人支付的所得，免予缴纳个人所得税；在中国境内居住累计满183天的任一年度中有一次离境超过30天的，其在中国境内居住累计满183天的年度的连续年限重新起算。

第五条 在中国境内无住所的个人，在一个纳税年度内在中国境内居住累计不超过90天的，其来源于中国境内的所得，由境外雇主支付并且不由该雇主在中国境内的机构、场所负担的部分，免予缴纳个人所得税。

第六条 个人所得税法规定的各项个人所得的范围：
（一）工资、薪金所得，是指个人因任职或者受雇取得的工资、薪金、奖金、年终加薪、劳动分红、津贴、补贴以及与任职或者受雇有关的其他所得。
（二）劳务报酬所得，是指个人从事劳务取得的所得，包括从事设计、装潢、安装、制图、化验、测试、医疗、法律、会计、咨询、讲学、翻译、审稿、书画、雕刻、影视、录音、录像、演出、表演、广告、展览、技术服务、介绍服务、经纪服务、代办服务以及其他劳务取得的所得。
（三）稿酬所得，是指个人因其作品以图书、报刊等形式出版、发表而取得的所得。
（四）特许权使用费所得，是指个人提供专利权、商标权、著作权、非专利技术以及其他特许权的使用权取得的所得；提供著作权的使用权取得的所得，不包括稿酬所得。
（五）经营所得，是指：
1. 个体工商户从事生产、经营活动取得的所得，个人独资企业投资人、合伙企业的个人合伙人来源于境内注册的个人独资企业、合伙企业生产、经营的所得；
2. 个人依法从事办学、医疗、咨询以及其他有偿服务活动取得的所得；
3. 个人对企业、事业单位承包经营、承租经营以及转包、转租取得的所得；
4. 个人从事其他生产、经营活动取得的所得。
（六）利息、股息、红利所得，是指个人拥有债权、股权等而取得的利息、股息、红利所得。
（七）财产租赁所得，是指个人出租不动产、机器设备、车船以及其他财产取得的所得。
（八）财产转让所得，是指个人转让有价证券、股权、合伙企业中的财产份额、不动产、机器设备、车船以及其他财产取得的所得。
（九）偶然所得，是指个人得奖、中奖、中彩以及其他偶然性质的所得。
个人取得的所得，难以界定应纳税所得项目的，由国务院税务主管部门确定。

第七条 对股票转让所得征收个人所得税的办法，由国务院另行规定，并报全国人民代表大会常务委员会备案。

第八条 个人所得的形式，包括现金、实物、有价证券和其他形式的经济利益；所得为实物的，应当按照取得的凭证上所注明的价格计算应纳税所得额，无凭证的实物或者凭证上所注明的价格明显偏低的，参照市场价格核定应纳税所得额；所得为有价证券的，根据票面价格和市场价格核定应纳税所得额；所得为其他形式的经济利益的，参照市场价格核定应纳税所得额。

第九条 个人所得税法第四条第一款第二项所称国债利息,是指个人持有中华人民共和国财政部发行的债券而取得的利息;所称国家发行的金融债券利息,是指个人持有经国务院批准发行的金融债券而取得的利息。

第十条 个人所得税法第四条第一款第三项所称按照国家统一规定发给的补贴、津贴,是指按照国务院规定发给的政府特殊津贴、院士津贴,以及国务院规定免予缴纳个人所得税的其他补贴、津贴。

第十一条 个人所得税法第四条第一款第四项所称福利费,是指根据国家有关规定,从企业、事业单位、国家机关、社会组织提留的福利费或者工会经费中支付给个人的生活补助费;所称救济金,是指各级人民政府民政部门支付给个人的生活困难补助费。

第十二条 个人所得税法第四条第一款第八项所称依照有关法律规定应予免税的各国驻华使馆、领事馆的外交代表、领事官员和其他人员的所得,是指依照《中华人民共和国外交特权与豁免条例》和《中华人民共和国领事特权与豁免条例》规定免税的所得。

第十三条 个人所得税法第六条第一款第一项所称依法确定的其他扣除,包括个人缴付符合国家规定的企业年金、职业年金,个人购买符合国家规定的商业健康保险、税收递延型商业养老保险的支出,以及国务院规定可以扣除的其他项目。

专项扣除、专项附加扣除和依法确定的其他扣除,以居民个人一个纳税年度的应纳税所得额为限额;一个纳税年度扣除不完的,不结转以后年度扣除。

第十四条 个人所得税法第六条第一款第二项、第四项、第六项所称每次,分别按照下列方法确定:

(一)劳务报酬所得、稿酬所得、特许权使用费所得,属于一次性收入的,以取得该项收入为一次;属于同一项目连续性收入的,以一个月内取得的收入为一次。

(二)财产租赁所得,以一个月内取得的收入为一次。

(三)利息、股息、红利所得,以支付利息、股息、红利时取得的收入为一次。

(四)偶然所得,以每次取得该项收入为一次。

第十五条 个人所得税法第六条第一款第三项所称成本、费用,是指生产、经营活动中发生的各项直接支出和分配计入成本的间接费用以及销售费用、管理费用、财务费用;所称损失,是指生产、经营活动中发生的固定资产和存货的盘亏、毁损、报废损失,转让财产损失,坏账损失,自然灾害等不可抗力因素造成的损失以及其他损失。

取得经营所得的个人,没有综合所得的,计算其每一纳税年度的应纳税所得额时,应当减除费用6万元、专项扣除、专项附加扣除以及依法确定的其他扣除。专项附加扣除在办理汇算清缴时减除。

从事生产、经营活动,未提供完整、准确的纳税资料,不能正确计算应纳税所得额的,由主管税务机关核定应纳税所得额或者应纳税额。

第十六条 个人所得税法第六条第一款第五项规定的财产原值,按照下列方法确定:

(一)有价证券,为买入价以及买入时按照规定交纳的有关费用;

(二)建筑物,为建造费或者购进价格以及其他有关费用;

(三)土地使用权,为取得土地使用权所支付的金额、开发土地的费用以及其他有关费用;

(四)机器设备、车船,为购进价格、运输费、安装费以及其他有关费用。

其他财产,参照前款规定的方法确定财产原值。

纳税人未提供完整、准确的财产原值凭证,不能按照本条第一款规定的方法确定财产原值的,由主管税务机关核定财产原值。

个人所得税法第六条第一款第五项所称合理费用，是指卖出财产时按照规定支付的有关税费。

第十七条 财产转让所得，按照一次转让财产的收入额减除财产原值和合理费用后的余额计算纳税。

第十八条 两个以上的个人共同取得同一项目收入的，应当对每个人取得的收入分别按照个人所得税法的规定计算纳税。

第十九条 个人所得税法第六条第三款所称个人将其所得对教育、扶贫、济困等公益慈善事业进行捐赠，是指个人将其所得通过中国境内的公益性社会组织、国家机关向教育、扶贫、济困等公益慈善事业的捐赠；所称应纳税所得额，是指计算扣除捐赠额之前的应纳税所得额。

第二十条 居民个人从中国境内和境外取得的综合所得、经营所得，应当分别合并计算应纳税额；从中国境内和境外取得的其他所得，应当分别单独计算应纳税额。

第二十一条 个人所得税法第七条所称已在境外缴纳的个人所得税税额，是指居民个人来源于中国境外的所得，依照该所得来源国家（地区）的法律应当缴纳并且实际已经缴纳的所得税税额。

个人所得税法第七条所称纳税人境外所得依照本法规定计算的应纳税额，是居民个人抵免已在境外缴纳的综合所得、经营所得以及其他所得的所得税税额的限额（以下简称抵免限额）。除国务院财政、税务主管部门另有规定外，来源于中国境外一个国家（地区）的综合所得抵免限额、经营所得抵免限额以及其他所得抵免限额之和，为来源于该国家（地区）所得的抵免限额。

居民个人在中国境外一个国家（地区）实际已经缴纳的个人所得税税额，低于依照前款规定计算出的来源于该国家（地区）所得的抵免限额的，应当在中国缴纳差额部分的税款；超过来源于该国家（地区）所得的抵免限额的，其超过部分不得在本纳税年度的应纳税额中抵免，但是可以在以后纳税年度来源于该国家（地区）所得的抵免限额的余额中补扣。补扣期限最长不得超过五年。

第二十二条 居民个人申请抵免已在境外缴纳的个人所得税税额，应当提供境外税务机关出具的税款所属年度的有关纳税凭证。

第二十三条 个人所得税法第八条第二款规定的利息，应当按照税款所属纳税申报期最后一日中国人民银行公布的与补税期间同期的人民币贷款基准利率计算，自税款纳税申报期满次日起至补缴税款期限届满之日止按日加收。纳税人在补缴税款期限届满前补缴税款的，利息加收至补缴税款之日。

第二十四条 扣缴义务人向个人支付应税款项时，应当依照个人所得税法规定预扣或者代扣税款，按时缴库，并专项记载备查。

前款所称支付，包括现金支付、汇拨支付、转账支付和以有价证券、实物以及其他形式的支付。

第二十五条 取得综合所得需要办理汇算清缴的情形包括：

（一）从两处以上取得综合所得，且综合所得年收入额减除专项扣除的余额超过6万元；

（二）取得劳务报酬所得、稿酬所得、特许权使用费所得中一项或者多项所得，且综合所得年收入额减除专项扣除的余额超过6万元；

（三）纳税年度内预缴税额低于应纳税额；

（四）纳税人申请退税。

纳税人申请退税，应当提供其在中国境内开设的银行账户，并在汇算清缴地就地办理税款退库。

汇算清缴的具体办法由国务院税务主管部门制定。

第二十六条 个人所得税法第十条第二款所称全员全额扣缴申报，是指扣缴义务人在代扣税款的次月十五日内，向主管税务机关报送其支付所得的所有个人的有关信息、支付所得数额、扣除事项和数额、扣缴税款的具体数额和总额以及其他相关涉税信息资料。

第二十七条 纳税人办理纳税申报的地点以及其他有关事项的具体办法，由国务院税务主管部门制定。

第二十八条 居民个人取得工资、薪金所得时，可以向扣缴义务人提供专项附加扣除有关信息，由扣缴义务人扣缴税款时减除专项附加扣除。纳税人同时从两处以上取得工资、薪金所得，并由扣缴义务人减除专项附加扣除的，对同一专项附加扣除项目，在一个纳税年度内只能选择从一处取得的所得中减除。

居民个人取得劳务报酬所得、稿酬所得、特许权使用费所得，应当在汇算清缴时向税务机关提供有关信息，减除专项附加扣除。

第二十九条 纳税人可以委托扣缴义务人或者其他单位和个人办理汇算清缴。

第三十条 扣缴义务人应当按照纳税人提供的信息计算办理扣缴申报，不得擅自更改纳税人提供的信息。

纳税人发现扣缴义务人提供或者扣缴申报的个人信息、所得、扣缴税款等与实际情况不符的，有权要求扣缴义务人修改。扣缴义务人拒绝修改的，纳税人应当报告税务机关，税务机关应当及时处理。

纳税人、扣缴义务人应当按照规定保存与专项附加扣除相关的资料。税务机关可以对纳税人提供的专项附加扣除信息进行抽查，具体办法由国务院税务主管部门另行规定。税务机关发现纳税人提供虚假信息的，应当责令改正并通知扣缴义务人；情节严重的，有关部门应当依法予以处理，纳入信用信息系统并实施联合惩戒。

第三十一条 纳税人申请退税时提供的汇算清缴信息有错误的，税务机关应当告知其更正；纳税人更正的，税务机关应当及时办理退税。

扣缴义务人未将扣缴的税款解缴入库的，不影响纳税人按照规定申请退税，税务机关应当凭纳税人提供的有关资料办理退税。

第三十二条 所得为人民币以外货币的，按照办理纳税申报或者扣缴申报的上一月最后一日人民币汇率中间价，折合成人民币计算应纳税所得额。年度终了后办理汇算清缴的，对已经按月、按季或者按次预缴税款的人民币以外货币所得，不再重新折算；对应当补缴税款的所得部分，按照上一纳税年度最后一日人民币汇率中间价，折合成人民币计算应纳税所得额。

第三十三条 税务机关按照个人所得税法第十七条的规定付给扣缴义务人手续费，应当填开退还书；扣缴义务人凭退还书，按照国库管理有关规定办理退库手续。

第三十四条 个人所得税纳税申报表、扣缴个人所得税报告表和个人所得税完税凭证式样，由国务院税务主管部门统一制定。

第三十五条 军队人员个人所得税征收事宜，按照有关规定执行。

第三十六条 本条例自 2019 年 1 月 1 日起施行。

3. 国家税务总局关于修订发布《个人所得税专项附加扣除操作办法（试行）》的公告（2022年修订）

（国家税务总局公告2022年第7号）

为贯彻落实新发布的《国务院关于设立3岁以下婴幼儿照护个人所得税专项附加扣除的通知》（国发〔2022〕8号），保障3岁以下婴幼儿照护专项附加扣除政策顺利实施，国家税务总局相应修订了《个人所得税专项附加扣除操作办法（试行）》及《个人所得税扣缴申报表》。现予以发布，自2022年1月1日起施行。《国家税务总局关于发布〈个人所得税专项附加扣除操作办法（试行）〉的公告》（2018年第60号）、《国家税务总局关于修订个人所得税申报表的公告》（2019年第7号）附件2同时废止。

特此公告。

附件：1. 个人所得税专项附加扣除信息表（略）。
2. 个人所得税扣缴申报表（略）。

国家税务总局
2022年3月25日

个人所得税专项附加扣除操作办法（试行）

第一章 总 则

第一条 为了规范个人所得税专项附加扣除行为，切实维护纳税人合法权益，根据《中华人民共和国个人所得税法》及其实施条例、《中华人民共和国税收征收管理法》及其实施细则、《国务院关于印发个人所得税专项附加扣除暂行办法的通知》（国发〔2018〕41号）、《国务院关于设立3岁以下婴幼儿照护个人所得税专项附加扣除的通知》（国发〔2022〕8号）的规定，制定本办法。

第二条 纳税人享受子女教育、继续教育、大病医疗、住房贷款利息或者住房租金、赡养老人、3岁以下婴幼儿照护专项附加扣除的，依照本办法规定办理。

第二章 享受扣除及办理时间

第三条 纳税人享受符合规定的专项附加扣除的计算时间分别为：

（一）子女教育。学前教育阶段，为子女年满3周岁当月至小学入学前一月。学历教育，为子女接受全日制学历教育入学的当月至全日制学历教育结束的当月。

（二）继续教育。学历（学位）继续教育，为在中国境内接受学历（学位）继续教育入学的当月至学历（学位）继续教育结束的当月，同一学历（学位）继续教育的扣除期限最长不得超过48个月。技能人员职业资格继续教育、专业技术人员职业资格继续教育，为取得相关证书的当年。

（三）大病医疗。为医疗保障信息系统记录的医药费用实际支出的当年。

（四）住房贷款利息。为贷款合同约定开始还款的当月至贷款全部归还或贷款合同终止的当月，扣除期限最长不得超过 240 个月。

（五）住房租金。为租赁合同（协议）约定的房屋租赁期开始的当月至租赁期结束的当月。提前终止合同（协议）的，以实际租赁期限为准。

（六）赡养老人。为被赡养人年满 60 周岁的当月至赡养义务终止的年末。

（七）3 岁以下婴幼儿照护。为婴幼儿出生的当月至年满 3 周岁的前一个月。

前款第一项、第二项规定的学历教育和学历（学位）继续教育的期间，包含因病或其他非主观原因休学但学籍继续保留的休学期间，以及施教机构按规定组织实施的寒暑假等假期。

第四条　享受子女教育、继续教育、住房贷款利息或者住房租金、赡养老人、3 岁以下婴幼儿照护专项附加扣除的纳税人，自符合条件开始，可以向支付工资、薪金所得的扣缴义务人提供上述专项附加扣除有关信息，由扣缴义务人在预扣预缴税款时，按其在本单位本年可享受的累计扣除额办理扣除；也可以在次年 3 月 1 日至 6 月 30 日内，向汇缴地主管税务机关办理汇算清缴申报时扣除。

纳税人同时从两处以上取得工资、薪金所得，并由扣缴义务人办理上述专项附加扣除的，对同一专项附加扣除项目，一个纳税年度内，纳税人只能选择从其中一处扣除。

享受大病医疗专项附加扣除的纳税人，由其在次年 3 月 1 日至 6 月 30 日内，自行向汇缴地主管税务机关办理汇算清缴申报时扣除。

第五条　扣缴义务人办理工资、薪金所得预扣预缴税款时，应当根据纳税人报送的《个人所得税专项附加扣除信息表》（以下简称《扣除信息表》，见附件）为纳税人办理专项附加扣除。

纳税人年度中间更换工作单位的，在原单位任职、受雇期间已享受的专项附加扣除金额，不得在新任职、受雇单位扣除。原扣缴义务人应当自纳税人离职不再发放工资薪金所得的当月起，停止为其办理专项附加扣除。

第六条　纳税人未取得工资、薪金所得，仅取得劳务报酬所得、稿酬所得、特许权使用费所得需要享受专项附加扣除的，应当在次年 3 月 1 日至 6 月 30 日内，自行向汇缴地主管税务机关报送《扣除信息表》，并在办理汇算清缴申报时扣除。

第七条　一个纳税年度内，纳税人在扣缴义务人预扣预缴税款环节未享受或未足额享受专项附加扣除的，可以在当年内向支付工资、薪金的扣缴义务人申请在剩余月份发放工资、薪金时补充扣除，也可以在次年 3 月 1 日至 6 月 30 日内，向汇缴地主管税务机关办理汇算清缴时申报扣除。

第三章　报送信息及留存备查资料

第八条　纳税人选择在扣缴义务人发放工资、薪金所得时享受专项附加扣除的，首次享受时应当填写并向扣缴义务人报送《扣除信息表》；纳税年度中间相关信息发生变化的，纳税人应当更新《扣除信息表》相应栏次，并及时报送给扣缴义务人。

更换工作单位的纳税人，需要由新任职、受雇扣缴义务人办理专项附加扣除的，应当在入职的当月，填写并向扣缴义务人报送《扣除信息表》。

第九条　纳税人次年需要由扣缴义务人继续办理专项附加扣除的，应当于每年 12 月份对次年享受专项附加扣除的内容进行确认，并报送至扣缴义务人。纳税人未及时确认的，扣缴义务人于次年1月起暂停扣除，待纳税人确认后再行办理专项附加扣除。

扣缴义务人应当将纳税人报送的专项附加扣除信息，在次月办理扣缴申报时一并报送至主管税务机关。

第十条 纳税人选择在汇算清缴申报时享受专项附加扣除的，应当填写并向汇缴地主管税务机关报送《扣除信息表》。

第十一条 纳税人将需要享受的专项附加扣除项目信息填报至《扣除信息表》相应栏次。填报要素完整的，扣缴义务人或者主管税务机关应当受理；填报要素不完整的，扣缴义务人或者主管税务机关应当及时告知纳税人补正或重新填报。纳税人未补正或重新填报的，暂不办理相关专项附加扣除，待纳税人补正或重新填报后再行办理。

第十二条 纳税人享受子女教育专项附加扣除，应当填报配偶及子女的姓名、身份证件类型及号码、子女当前受教育阶段及起止时间、子女就读学校以及本人与配偶之间扣除分配比例等信息。

纳税人需要留存备查资料包括：子女在境外接受教育的，应当留存境外学校录取通知书、留学签证等境外教育佐证资料。

第十三条 纳税人享受继续教育专项附加扣除，接受学历（学位）继续教育的，应当填报教育起止时间、教育阶段等信息；接受技能人员或者专业技术人员职业资格继续教育的，应当填报证书名称、证书编号、发证机关、发证（批准）时间等信息。

纳税人需要留存备查资料包括：纳税人接受技能人员职业资格继续教育、专业技术人员职业资格继续教育的，应当留存职业资格相关证书等资料。

第十四条 纳税人享受住房贷款利息专项附加扣除，应当填报住房权属信息、住房坐落地址、贷款方式、贷款银行、贷款合同编号、贷款期限、首次还款日期等信息；纳税人有配偶的，填写配偶姓名、身份证件类型及号码。

纳税人需要留存备查资料包括：住房贷款合同、贷款还款支出凭证等资料。

第十五条 纳税人享受住房租金专项附加扣除，应当填报主要工作城市、租赁住房坐落地址、出租人姓名及身份证件类型和号码或者出租方单位名称及纳税人识别号（社会统一信用代码）、租赁起止时间等信息；纳税人有配偶的，填写配偶姓名、身份证件类型及号码。

纳税人需要留存备查资料包括：住房租赁合同或协议等资料。

第十六条 纳税人享受赡养老人专项附加扣除，应当填报纳税人是否为独生子女、月扣除金额、被赡养人姓名及身份证件类型和号码、与纳税人关系；有共同赡养人的，需填报分摊方式、共同赡养人姓名及身份证件类型和号码等信息。

纳税人需要留存备查资料包括：约定或指定分摊的书面分摊协议等资料。

第十七条 纳税人享受大病医疗专项附加扣除，应当填报患者姓名、身份证件类型及号码、与纳税人关系、与基本医保相关的医药费用总金额、医保目录范围内个人负担的自付金额等信息。

纳税人需要留存备查资料包括：大病患者医药服务收费及医保报销相关票据原件或复印件，或者医疗保障部门出具的纳税年度医药费用清单等资料。

第十八条 纳税人享受3岁以下婴幼儿照护专项附加扣除，应当填报配偶及子女的姓名、身份证件类型（如居民身份证、子女出生医学证明等）及号码以及本人与配偶之间扣除分配比例等信息。

纳税人需要留存备查资料包括：子女的出生医学证明等资料。

第十九条 纳税人应当对报送的专项附加扣除信息的真实性、准确性、完整性负责。

第四章 信息报送方式

第二十条 纳税人可以通过远程办税端、电子或者纸质报表等方式，向扣缴义务人或者主管税务机关报送个人专项附加扣除信息。

第二十一条 纳税人选择纳税年度内由扣缴义务人办理专项附加扣除的，按下列规定办理：

（一）纳税人通过远程办税端选择扣缴义务人并报送专项附加扣除信息的，扣缴义务人根据接收的扣除信息办理扣除。

（二）纳税人通过填写电子或者纸质《扣除信息表》直接报送扣缴义务人的，扣缴义务人将相关信息导入或者录入扣缴端软件，并在次月办理扣缴申报时提交给主管税务机关。《扣除信息表》应当一式两份，纳税人和扣缴义务人签字（章）后分别留存备查。

第二十二条 纳税人选择年度终了后办理汇算清缴申报时享受专项附加扣除的，既可以通过远程办税端报送专项附加扣除信息，也可以将电子或者纸质《扣除信息表》（一式两份）报送给汇缴地主管税务机关。

报送电子《扣除信息表》的，主管税务机关受理打印，交由纳税人签字后，一份由纳税人留存备查，一份由税务机关留存；报送纸质《扣除信息表》的，纳税人签字确认、主管税务机关受理签章后，一份退还纳税人留存备查，一份由税务机关留存。

第二十三条 扣缴义务人和税务机关应当告知纳税人办理专项附加扣除的方式和渠道，鼓励并引导纳税人采用远程办税端报送信息。

第五章 后续管理

第二十四条 纳税人应当将《扣除信息表》及相关留存备查资料，自法定汇算清缴期结束后保存五年。

纳税人报送给扣缴义务人的《扣除信息表》，扣缴义务人应当自预扣预缴年度的次年起留存五年。

第二十五条 纳税人向扣缴义务人提供专项附加扣除信息的，扣缴义务人应当按照规定予以扣除，不得拒绝。扣缴义务人应当为纳税人报送的专项附加扣除信息保密。

第二十六条 扣缴义务人应当及时按照纳税人提供的信息计算办理扣缴申报，不得擅自更改纳税人提供的相关信息。

扣缴义务人发现纳税人提供的信息与实际情况不符，可以要求纳税人修改。纳税人拒绝修改的，扣缴义务人应当向主管税务机关报告，税务机关应当及时处理。

除纳税人另有要求外，扣缴义务人应当于年度终了后两个月内，向纳税人提供已办理的专项附加扣除项目及金额等信息。

第二十七条 税务机关定期对纳税人提供的专项附加扣除信息开展抽查。

第二十八条 税务机关核查时，纳税人无法提供留存备查资料，或者留存备查资料不能支持相关情况的，税务机关可以要求纳税人提供其他佐证；不能提供其他佐证材料，或者佐证材料仍不足以支持的，不得享受相关专项附加扣除。

第二十九条 税务机关核查专项附加扣除情况时，可以提请有关单位和个人协助核查，相关单位和个人应当协助。

第三十条 纳税人有下列情形之一的，主管税务机关应当责令其改正；情形严重的，应当纳入有关信用信息系统，并按照国家有关规定实施联合惩戒；涉及违反税收征管法等法律法规的，税务机关依法进行处理：

（一）报送虚假专项附加扣除信息；
（二）重复享受专项附加扣除；
（三）超范围或标准享受专项附加扣除；
（四）拒不提供留存备查资料；
（五）税务总局规定的其他情形。

纳税人在任职、受雇单位报送虚假扣除信息的，税务机关责令改正的同时，通知扣缴义务人。

第三十一条 本办法自 2022 年 1 月 1 日起施行。

4. 财政部 税务总局关于延续实施有关个人所得税优惠政策的公告（2023 年颁布）

（财政部 税务总局公告 2023 年第 2 号）

为支持我国企业创新发展和资本市场对外开放，现就有关个人所得税优惠政策公告如下：

一、《财政部 税务总局关于延续实施全年一次性奖金等个人所得税优惠政策的公告》（财政部 税务总局公告 2021 年第 42 号）中规定的上市公司股权激励单独计税优惠政策，自 2023 年 1 月 1 日起至 2023 年 12 月 31 日止继续执行。

二、《财政部 税务总局 证监会关于继续执行沪港、深港股票市场交易互联互通机制和内地与香港基金互认有关个人所得税政策的公告》（财政部 税务总局 证监会公告 2019 年第 93 号）中规定的个人所得税优惠政策，自 2023 年 1 月 1 日起至 2023 年 12 月 31 日止继续执行。

特此公告。

财政部 税务总局
2023 年 1 月 16 日

5. 关于个人养老金有关个人所得税政策的公告（2022 年颁布）

（财政部 税务总局公告 2022 年第 34 号）

为贯彻落实《国务院办公厅关于推动个人养老金发展的意见》（国办发〔2022〕7 号）有关要求，现就个人养老金有关个人所得税政策公告如下：

一、自 2022 年 1 月 1 日起，对个人养老金实施递延纳税优惠政策。在缴费环节，个人向个人养老金资金账户的缴费，按照 12 000 元 / 年的限额标准，在综合所得或经营所得中据实扣除；在投资环节，计入个人养老金资金账户的投资收益暂不征收个人所得税；在领取环节，个人领取的个人养老金，不并入综合所得，单独按照 3% 的税率计算缴纳个人所得税，其缴纳的税款计入"工资、薪金所得"项目。

二、个人缴费享受税前扣除优惠时，以个人养老金信息管理服务平台出具的扣除凭证为扣税凭据。取得工资薪金所得、按累计预扣法预扣预缴个人所得税劳务报酬所得的，其缴费可以选择在当年预扣预缴或次年汇算清缴时在限额标准内据实扣除。选择在当年预扣预缴的，应及时将相关凭证提供给扣缴单位。扣缴单位应按照本公告有关要求，为纳税人办理税前扣除有关事项。取得其他劳务报酬、稿酬、特许权使用费等所得或经营所得的，其缴费在次年汇算清缴时在限额标准内据实扣除。个人按规定领取个人养老金时，由开立个人养老金资金账户所在市的商业银行机构代扣代缴其应缴的个人所得税。

三、人力资源社会保障部门与税务部门应建立信息交换机制，通过个人养老金信息管理服务平台将个人养老金涉税信息交换至税务部门，并配合税务部门做好相关税收征管工作。

四、商业银行有关分支机构应及时对在该行开立个人养老金资金账户纳税人的纳税情况进行全员全额明细申报，保证信息真实准确。

五、各级财政、人力资源社会保障、税务、金融监管等部门应密切配合，认真做好组织落实，对本公告实施过程中遇到的困难和问题，及时向上级主管部门反映。

六、本公告规定的税收政策自2022年1月1日起在个人养老金先行城市实施。

个人养老金先行城市名单由人力资源社会保障部会同财政部、税务总局另行发布。上海市、福建省、苏州工业园区等已实施个人税收递延型商业养老保险试点的地区，自2022年1月1日起统一按照本公告规定的税收政策执行。

特此公告。

财政部　税务总局
2022年11月3日

第八章　税收违法查处相关法规

1. 税务稽查案件办理程序规定（2021年颁布）

（国家税务总局令第52号）

第一章　总　　则

第一条　为了贯彻落实中共中央办公厅、国务院办公厅印发的《关于进一步深化税收征管改革的意见》，保障税收法律、行政法规的贯彻实施，规范税务稽查案件办理程序，强化监督制约机制，保护纳税人、扣缴义务人和其他涉税当事人合法权益，根据《中华人民共和国税收征收管理法》（以下简称税收征管法）、《中华人民共和国税收征收管理法实施细则》（以下简称税收征管法实施细则）等法律、行政法规，制定本规定。

第二条　稽查局办理税务稽查案件适用本规定。

第三条　办理税务稽查案件应当以事实为根据，以法律为准绳，坚持公平、公正、公开、效率的原则。

第四条　税务稽查由稽查局依法实施。稽查局主要职责是依法对纳税人、扣缴义务人和其他涉税当事人履行纳税义务、扣缴义务情况及涉税事项进行检查处理，以及围绕检查处理开展的其他相关工作。稽查局具体职责由国家税务总局依照税收征管法、税收征管法实施细则和国家有关规定确定。

第五条 稽查局办理税务稽查案件时，实行选案、检查、审理、执行分工制约原则。

第六条 稽查局应当在税务局向社会公告的范围内实施税务稽查。上级税务机关可以根据案件办理的需要指定管辖。

税收法律、行政法规和国家税务总局规章对税务稽查管辖另有规定的，从其规定。

第七条 税务稽查管辖有争议的，由争议各方本着有利于案件办理的原则逐级协商解决；不能协商一致的，报请共同的上级税务机关决定。

第八条 税务稽查人员具有税收征管法实施细则规定回避情形的，应当回避。

被查对象申请税务稽查人员回避或者税务稽查人员自行申请回避的，由稽查局局长依法决定是否回避。稽查局局长发现税务稽查人员具有规定回避情形的，应当要求其回避。稽查局局长的回避，由税务局局长依法审查决定。

第九条 税务稽查人员对实施税务稽查过程中知悉的国家秘密、商业秘密或者个人隐私、个人信息，应当依法予以保密。

纳税人、扣缴义务人和其他涉税当事人的税收违法行为不属于保密范围。

第十条 税务稽查人员应当遵守工作纪律，恪守职业道德，不得有下列行为：

（一）违反法定程序、超越权限行使职权；

（二）利用职权为自己或者他人牟取利益；

（三）玩忽职守，不履行法定义务；

（四）泄露国家秘密、工作秘密，向被查对象通风报信、泄露案情；

（五）弄虚作假，故意夸大或者隐瞒案情；

（六）接受被查对象的请客送礼等影响公正执行公务的行为；

（七）其他违法违纪行为。

税务稽查人员在执法办案中滥用职权、玩忽职守、徇私舞弊的，依照有关规定严肃处理；涉嫌犯罪的，依法移送司法机关处理。

第十一条 税务稽查案件办理应当通过文字、音像等形式，对案件办理的启动、调查取证、审核、决定、送达、执行等进行全过程记录。

第二章 选 案

第十二条 稽查局应当加强稽查案源管理，全面收集整理案源信息，合理、准确地选择待查对象。案源管理依照国家税务总局有关规定执行。

第十三条 待查对象确定后，经稽查局局长批准实施立案检查。

必要时，依照法律法规的规定，稽查局可以在立案前进行检查。

第十四条 稽查局应当统筹安排检查工作，严格控制对纳税人、扣缴义务人的检查次数。

第三章 检 查

第十五条 检查前，稽查局应当告知被查对象检查时间、需要准备的资料等，但预先通知有碍检查的除外。

检查应当由两名以上具有执法资格的检查人员共同实施，并向被查对象出示税务检查证件、出示或者送达税务检查通知书，告知其权利和义务。

第十六条 检查应当依照法定权限和程序，采取实地检查、调取账簿资料、询问、查询存款账户或者储蓄存款、异地协查等方法。

对采用电子信息系统进行管理和核算的被查对象，检查人员可以要求其打开该电子信息系统，或者提供与原始电子数据、电子信息系统技术资料一致的复制件。被查对象拒不打开或者拒不提供的，经稽查局局长批准，可以采用适当的技术手段对该电子信息系统进行直接检查，或者提取、复制电子数据进行检查，但所采用的技术手段不得破坏该电子信息系统原始电子数据，或者影响该电子信息系统正常运行。

第十七条 检查应当依照法定权限和程序收集证据材料。收集的证据必须经查证属实，并与证明事项相关联。

不得以下列方式收集、获取证据材料：

（一）严重违反法定程序收集；

（二）以违反法律强制性规定的手段获取且侵害他人合法权益；

（三）以利诱、欺诈、胁迫、暴力等手段获取。

第十八条 调取账簿、记账凭证、报表和其他有关资料时，应当向被查对象出具调取账簿资料通知书，并填写调取账簿资料清单交其核对后签章确认。

调取纳税人、扣缴义务人以前会计年度的账簿、记账凭证、报表和其他有关资料的，应当经县以上税务局局长批准，并在3个月内完整退还；调取纳税人、扣缴义务人当年的账簿、记账凭证、报表和其他有关资料的，应当经设区的市、自治州以上税务局局长批准，并在30日内退还。

退还账簿资料时，应当由被查对象核对调取账簿资料清单，并签章确认。

第十九条 需要提取证据材料原件的，应当向当事人出具提取证据专用收据，由当事人核对后签章确认。对需要退还的证据材料原件，检查结束后应当及时退还，并履行相关签收手续。需要将已开具的纸质发票调出查验时，应当向被查验的单位或者个人开具发票换票证；需要将空白纸质发票调出查验时，应当向被查验的单位或者个人开具调验空白发票收据。经查无问题的，应当及时退还，并履行相关签收手续。

提取证据材料复制件的，应当由当事人或者原件保存单位（个人）在复制件上注明"与原件核对无误"及原件存放地点，并签章。

第二十条 询问应当由两名以上检查人员实施。除在被查对象生产、经营、办公场所询问外，应当向被询问人送达询问通知书。

询问时应当告知被询问人有关权利义务。询问笔录应当交被询问人核对或者向其宣读；询问笔录有修改的，应当由被询问人在改动处捺指印；核对无误后，由被询问人在尾页结束处写明"以上笔录我看过（或者向我宣读过），与我说的相符"，并逐页签章、捺指印。被询问人拒绝在询问笔录上签章、捺指印的，检查人员应当在笔录上注明。

第二十一条 当事人、证人可以采取书面或者口头方式陈述或者提供证言。当事人、证人口头陈述或者提供证言的，检查人员应当以笔录、录音、录像等形式进行记录。笔录可以手写或者使用计算机记录并打印，由当事人或者证人逐页签章、捺指印。

当事人、证人口头提出变更陈述或者证言的，检查人员应当就变更部分重新制作笔录，注明原因，由当事人或者证人逐页签章、捺指印。当事人、证人变更书面陈述或者证言的，变更前的笔录不予退回。

第二十二条 制作录音、录像等视听资料的，应当注明制作方法、制作时间、制作人和证明对象等内容。

调取视听资料时，应当调取有关资料的原始载体；难以调取原始载体的，可以调取复制件，但应当说明复制方法、人员、时间和原件存放处等事项。

对声音资料，应当附有该声音内容的文字记录；对图像资料，应当附有必要的文字说明。

第二十三条 以电子数据的内容证明案件事实的,检查人员可以要求当事人将电子数据打印成纸质资料,在纸质资料上注明数据出处、打印场所、打印时间或者提供时间,注明"与电子数据核对无误",并由当事人签章。

需要以有形载体形式固定电子数据的,检查人员应当与提供电子数据的个人、单位的法定代表人或者财务负责人或者经单位授权的其他人员一起将电子数据复制到存储介质上并封存,同时在封存包装物上注明制作方法、制作时间、制作人、文件格式及大小等,注明"与原始载体记载的电子数据核对无误",并由电子数据提供人签章。

收集、提取电子数据,检查人员应当制作现场笔录,注明电子数据的来源、事由、证明目的或者对象,提取时间、地点、方法、过程,原始存储介质的存放地点以及对电子数据存储介质的签封情况等。进行数据压缩的,应当在笔录中注明压缩方法和完整性校验值。

第二十四条 检查人员实地调查取证时,可以制作现场笔录、勘验笔录,对实地调查取证情况予以记录。

制作现场笔录、勘验笔录,应当载明时间、地点和事件等内容,并由检查人员签名和当事人签章。

当事人经通知不到场或者拒绝在现场笔录、勘验笔录上签章的,检查人员应当在笔录上注明原因;如有其他人员在场,可以由其签章证明。

第二十五条 检查人员异地调查取证的,当地税务机关应当予以协助;发函委托相关稽查局调查取证的,必要时可以派人参与受托地稽查局的调查取证,受托地稽查局应当根据协查请求,依照法定权限和程序调查。

需要取得境外资料的,稽查局可以提请国际税收管理部门依照有关规定程序获取。

第二十六条 查询从事生产、经营的纳税人、扣缴义务人存款账户,应当经县以上税务局局长批准,凭检查存款账户许可证明向相关银行或者其他金融机构查询。

查询案件涉嫌人员储蓄存款的,应当经设区的市、自治州以上税务局局长批准,凭检查存款账户许可证明向相关银行或者其他金融机构查询。

第二十七条 被查对象有下列情形之一的,依照税收征管法和税收征管法实施细则有关逃避、拒绝或者以其他方式阻挠税务检查的规定处理:

(一)提供虚假资料,不如实反映情况,或者拒绝提供有关资料的;
(二)拒绝或者阻止税务机关记录、录音、录像、照相和复制与案件有关的情况和资料的;
(三)在检查期间转移、隐匿、销毁有关资料的;
(四)有不依法接受税务检查的其他情形的。

第二十八条 税务机关有根据认为从事生产、经营的纳税人有逃避纳税义务行为,可以在规定的纳税期之前,责令限期缴纳应纳税款;在限期内发现纳税人有明显的转移、隐匿其应纳税的商品、货物以及其他财产或者应纳税收入迹象的,可以责成纳税人提供纳税担保。如果纳税人不能提供纳税担保,经县以上税务局局长批准,可以依法采取税收强制措施。

检查从事生产、经营的纳税人以前纳税期的纳税情况时,发现纳税人有逃避纳税义务行为,并有明显的转移、隐匿其应纳税的商品、货物以及其他财产或者应纳税收入迹象的,经县以上税务局局长批准,可以依法采取税收强制措施。

第二十九条 稽查局采取税收强制措施时,应当向纳税人、扣缴义务人、纳税担保人交付税收强制措施决定书,告知其采取税收强制措施的内容、理由、依据以及依法享有的权利、救济途径,并履行法律、法规规定的其他程序。

采取冻结纳税人在开户银行或者其他金融机构的存款措施时,应当向纳税人开户银行或者其他金融机构交付冻结存款通知书,冻结其相当于应纳税款的存款;并于作出冻结决定之日起 3 个工作日内,向纳税人交付冻结决定书。

采取查封、扣押商品、货物或者其他财产措施时,应当向纳税人、扣缴义务人、纳税担保人当场交付查封、扣押决定书,填写查封商品、货物或者其他财产清单或者出具扣押商品、货物或者其他财产专用收据,由当事人核对后签章。查封清单、扣押收据一式二份,由当事人和稽查局分别保存。

采取查封、扣押有产权证件的动产或者不动产措施时,应当依法向有关单位送达税务协助执行通知书,通知其在查封、扣押期间不再办理该动产或者不动产的过户手续。

第三十条 按照本规定第二十八条第二款采取查封、扣押措施的,期限一般不得超过 6 个月;重大案件有下列情形之一,需要延长期限的,应当报国家税务总局批准:

(一)案情复杂,在查封、扣押期限内确实难以查明案件事实的;

(二)被查对象转移、隐匿、销毁账簿、记账凭证或者其他证据材料的;

(三)被查对象拒不提供相关情况或者以其他方式拒绝、阻挠检查的;

(四)解除查封、扣押措施可能使纳税人转移、隐匿、损毁或者违法处置财产,从而导致税款无法追缴的。

除前款规定情形外采取查封、扣押、冻结措施的,期限不得超过 30 日;情况复杂的,经县以上税务局局长批准,可以延长,但是延长期限不得超过 30 日。

第三十一条 有下列情形之一的,应当依法及时解除税收强制措施:

(一)纳税人已按履行期限缴纳税款、扣缴义务人已按履行期限解缴税款、纳税担保人已按履行期限缴纳所担保税款的;

(二)税收强制措施被复议机关决定撤销的;

(三)税收强制措施被人民法院判决撤销的;

(四)其他法定应当解除税收强制措施的。

第三十二条 解除税收强制措施时,应当向纳税人、扣缴义务人、纳税担保人送达解除税收强制措施决定书,告知其解除税收强制措施的时间、内容和依据,并通知其在规定时间内办理解除税收强制措施的有关事宜:

(一)采取冻结存款措施的,应当向冻结存款的纳税人开户银行或者其他金融机构送达解除冻结存款通知书,解除冻结;

(二)采取查封商品、货物或者其他财产措施的,应当解除查封并收回查封商品、货物或者其他财产清单;

(三)采取扣押商品、货物或者其他财产措施的,应当予以返还并收回扣押商品、货物或者其他财产专用收据。

税收强制措施涉及协助执行单位的,应当向协助执行单位送达税务协助执行通知书,通知解除税收强制措施相关事项。

第三十三条 有下列情形之一,致使检查暂时无法进行的,经稽查局局长批准后,中止检查:

(一)当事人被有关机关依法限制人身自由的;

(二)账簿、记账凭证及有关资料被其他国家机关依法调取且尚未归还的;

(三)与税收违法行为直接相关的事实需要人民法院或者其他国家机关确认的;

(四)法律、行政法规或者国家税务总局规定的其他可以中止检查的。

中止检查的情形消失,经稽查局局长批准后,恢复检查。

第三十四条 有下列情形之一,致使检查确实无法进行的,经稽查局局长批准后,终结检查：

（一）被查对象死亡或者被依法宣告死亡或者依法注销，且有证据表明无财产可抵缴税款或者无法定税收义务承担主体的；

（二）被查对象税收违法行为均已超过法定追究期限的；

（三）法律、行政法规或者国家税务总局规定的其他可以终结检查的。

第三十五条 检查结束前，检查人员可以将发现的税收违法事实和依据告知被查对象。

被查对象对违法事实和依据有异议的，应当在限期内提供说明及证据材料。被查对象口头说明的，检查人员应当制作笔录，由当事人签章。

第四章 审 理

第三十六条 检查结束后，稽查局应当对案件进行审理。符合重大税务案件标准的，稽查局审理后提请税务局重大税务案件审理委员会审理。

重大税务案件审理依照国家税务总局有关规定执行。

第三十七条 案件审理应当着重审核以下内容：

（一）执法主体是否正确；

（二）被查对象是否准确；

（三）税收违法事实是否清楚，证据是否充分，数据是否准确，资料是否齐全；

（四）适用法律、行政法规、规章及其他规范性文件是否适当，定性是否正确；

（五）是否符合法定程序；

（六）是否超越或者滥用职权；

（七）税务处理、处罚建议是否适当；

（八）其他应当审核确认的事项或者问题。

第三十八条 有下列情形之一的，应当补正或者补充调查：

（一）被查对象认定错误的；

（二）税收违法事实不清、证据不足的；

（三）不符合法定程序的；

（四）税务文书不规范、不完整的；

（五）其他需要补正或者补充调查的。

第三十九条 拟对被查对象或者其他涉税当事人作出税务行政处罚的，应当向其送达税务行政处罚事项告知书，告知其依法享有陈述、申辩及要求听证的权利。税务行政处罚事项告知书应当包括以下内容：

（一）被查对象或者其他涉税当事人姓名或者名称、有效身份证件号码或者统一社会信用代码、地址。没有统一社会信用代码的，以税务机关赋予的纳税人识别号代替；

（二）认定的税收违法事实和性质；

（三）适用的法律、行政法规、规章及其他规范性文件；

（四）拟作出的税务行政处罚；

（五）当事人依法享有的权利；

（六）告知书的文号、制作日期、税务机关名称及印章；

（七）其他相关事项。

第四十条 被查对象或者其他涉税当事人可以书面或者口头提出陈述、申辩意见。对当事人口头提出陈述、申辩意见，应当制作陈述申辩笔录，如实记录，由陈述人、申辩人签章。

应当充分听取当事人的陈述、申辩意见；经复核，当事人提出的事实、理由或者证据成立的，应当采纳。

第四十一条 被查对象或者其他涉税当事人按照法律、法规、规章要求听证的,应当依法组织听证。

听证依照国家税务总局有关规定执行。

第四十二条 经审理,区分下列情形分别作出处理:

(一)有税收违法行为,应当作出税务处理决定的,制作税务处理决定书;

(二)有税收违法行为,应当作出税务行政处罚决定的,制作税务行政处罚决定书;

(三)税收违法行为轻微,依法可以不予税务行政处罚的,制作不予税务行政处罚决定书;

(四)没有税收违法行为的,制作税务稽查结论。

税务处理决定书、税务行政处罚决定书、不予税务行政处罚决定书、税务稽查结论引用的法律、行政法规、规章及其他规范性文件,应当注明文件全称、文号和有关条款。

第四十三条 税务处理决定书应当包括以下主要内容:

(一)被查对象姓名或者名称、有效身份证件号码或者统一社会信用代码、地址。没有统一社会信用代码的,以税务机关赋予的纳税人识别号代替;

(二)检查范围和内容;

(三)税收违法事实及所属期间;

(四)处理决定及依据;

(五)税款金额、缴纳期限及地点;

(六)税款滞纳时间、滞纳金计算方法、缴纳期限及地点;

(七)被查对象不按期履行处理决定应当承担的责任;

(八)申请行政复议或者提起行政诉讼的途径和期限;

(九)处理决定书的文号、制作日期、税务机关名称及印章。

第四十四条 税务行政处罚决定书应当包括以下主要内容:

(一)被查对象或者其他涉税当事人姓名或者名称、有效身份证件号码或者统一社会信用代码、地址。没有统一社会信用代码的,以税务机关赋予的纳税人识别号代替;

(二)检查范围和内容;

(三)税收违法事实、证据及所属期间;

(四)行政处罚种类和依据;

(五)行政处罚履行方式、期限和地点;

(六)当事人不按期履行行政处罚决定应当承担的责任;

(七)申请行政复议或者提起行政诉讼的途径和期限;

(八)行政处罚决定书的文号、制作日期、税务机关名称及印章。

税务行政处罚决定应当依法公开。公开的行政处罚决定被依法变更、撤销、确认违法或者确认无效的,应当在3个工作日内撤回原行政处罚决定信息并公开说明理由。

第四十五条 不予税务行政处罚决定书应当包括以下主要内容:

(一)被查对象或者其他涉税当事人姓名或者名称、有效身份证件号码或者统一社会信用代码、地址。没有统一社会信用代码的,以税务机关赋予的纳税人识别号代替;

(二)检查范围和内容;

(三)税收违法事实及所属期间;

(四)不予税务行政处罚的理由及依据;

(五)申请行政复议或者提起行政诉讼的途径和期限;

(六)不予行政处罚决定书的文号、制作日期、税务机关名称及印章。

第四十六条　税务稽查结论应当包括以下主要内容：
（一）被查对象姓名或者名称、有效身份证件号码或者统一社会信用代码、地址。没有统一社会信用代码的，以税务机关赋予的纳税人识别号代替；
（二）检查范围和内容；
（三）检查时间和检查所属期间；
（四）检查结论；
（五）结论的文号、制作日期、税务机关名称及印章。

第四十七条　稽查局应当自立案之日起90日内作出行政处理、处罚决定或者无税收违法行为结论。案情复杂需要延期的，经税务局局长批准，可以延长不超过90日；特殊情况或者发生不可抗力需要继续延期的，应当经上一级税务局分管副局长批准，并确定合理的延长期限。但下列时间不计算在内：
（一）中止检查的时间；
（二）请示上级机关或者征求有权机关意见的时间；
（三）提请重大税务案件审理的时间；
（四）因其他方式无法送达，公告送达文书的时间；
（五）组织听证的时间；
（六）纳税人、扣缴义务人超期提供资料的时间；
（七）移送司法机关后，税务机关需根据司法文书决定是否处罚的案件，从司法机关接受移送到司法文书生效的时间。

第四十八条　税收违法行为涉嫌犯罪的，填制涉嫌犯罪案件移送书，经税务局局长批准后，依法移送公安机关，并附送以下资料：
（一）涉嫌犯罪案件情况的调查报告；
（二）涉嫌犯罪的主要证据材料复制件；
（三）其他有关涉嫌犯罪的材料。

第五章　执　　行

第四十九条　稽查局应当依法及时送达税务处理决定书、税务行政处罚决定书、不予税务行政处罚决定书、税务稽查结论等税务文书。

第五十条　具有下列情形之一的，经县以上税务局局长批准，稽查局可以依法强制执行，或者依法申请人民法院强制执行：
（一）纳税人、扣缴义务人未按照规定的期限缴纳或者解缴税款、滞纳金，责令限期缴纳逾期仍未缴纳的；
（二）经稽查局确认的纳税担保人未按照规定的期限缴纳所担保的税款、滞纳金，责令限期缴纳逾期仍未缴纳的；
（三）当事人对处罚决定逾期不申请行政复议也不向人民法院起诉、又不履行的；
（四）其他可以依法强制执行的。

第五十一条　当事人确有经济困难，需要延期或者分期缴纳罚款的，可向稽查局提出申请，经税务局局长批准后，可以暂缓或者分期缴纳。

第五十二条　作出强制执行决定前，应当制作并送达催告文书，催告当事人履行义务，听取当事人陈述、申辩意见。经催告，当事人逾期仍不履行行政决定，且无正当理由的，经县以上税务局局长批准，实施强制执行。

实施强制执行时，应当向被执行人送达强制执行决定书，告知其实施强制执行的内容、理由及依据，并告知其享有依法申请行政复议或者提起行政诉讼的权利。

催告期间，对有证据证明有转移或者隐匿财物迹象的，可以作出立即强制执行决定。

第五十三条 稽查局采取从被执行人开户银行或者其他金融机构的存款中扣缴税款、滞纳金、罚款措施时，应当向被执行人开户银行或者其他金融机构送达扣缴税收款项通知书，依法扣缴税款、滞纳金、罚款，并及时将有关凭证送达被执行人。

第五十四条 拍卖、变卖被执行人商品、货物或者其他财产，以拍卖、变卖所得抵缴税款、滞纳金、罚款的，在拍卖、变卖前应当依法进行查封、扣押。

稽查局拍卖、变卖被执行人商品、货物或者其他财产前，应当制作拍卖/变卖抵税财物决定书，经县以上税务局局长批准后送达被执行人，予以拍卖或者变卖。

拍卖或者变卖实现后，应当在结算并收取价款后3个工作日内，办理税款、滞纳金、罚款的入库手续，并制作拍卖/变卖结果通知书，附拍卖/变卖查封、扣押的商品、货物或者其他财产清单，经稽查局局长审核后，送达被执行人。

以拍卖或者变卖所得抵缴税款、滞纳金、罚款和拍卖、变卖等费用后，尚有剩余的财产或者无法进行拍卖、变卖的财产的，应当制作返还商品、货物或者其他财产通知书，附返还商品、货物或者其他财产清单，送达被执行人，并自办理税款、滞纳金、罚款入库手续之日起3个工作日内退还被执行人。

第五十五条 执行过程中发现涉嫌犯罪的，依照本规定第四十八条处理。

第五十六条 执行过程中发现有下列情形之一的，经稽查局局长批准后，中止执行：

（一）当事人死亡或者被依法宣告死亡，尚未确定可执行财产的；

（二）当事人进入破产清算程序尚未终结的；

（三）可执行财产被司法机关或者其他国家机关依法查封、扣押、冻结，致使执行暂时无法进行的；

（四）可供执行的标的物需要人民法院或者仲裁机构确定权属的；

（五）法律、行政法规和国家税务总局规定其他可以中止执行的。

中止执行情形消失后，经稽查局局长批准，恢复执行。

第五十七条 当事人确无财产可供抵缴税款、滞纳金、罚款或者依照破产清算程序确实无法清缴税款、滞纳金、罚款，或者有其他法定终结执行情形的，经税务局局长批准后，终结执行。

第五十八条 税务处理决定书、税务行政处罚决定书等决定性文书送达后，有下列情形之一的，稽查局可以依法重新作出：

（一）决定性文书被人民法院判决撤销的；

（二）决定性文书被行政复议机关决定撤销的；

（三）税务机关认为需要变更或者撤销原决定性文书的；

（四）其他依法需要变更或者撤销原决定性文书的。

第六章 附　则

第五十九条 本规定相关税务文书的式样，由国家税务总局规定。

第六十条 本规定所称签章，区分以下情况确定：

（一）属于法人或者其他组织的，由相关人员签名，加盖单位印章并注明日期；

（二）属于个人的，由个人签名并注明日期。

本规定所称"以上""日内"，均含本数。

第六十一条 本规定自2021年8月11日起施行。《税务稽查工作规程》（国税发〔2009〕157号印发，国家税务总局公告2018年第31号修改）同时废止。

2. 重大税务案件审理办法（2021年修订）

（2014年12月2日国家税务总局令第34号公布　根据2021年6月7日国家税务总局令第51号修正）

第一章　总　　则

第一条　为贯彻落实中共中央办公厅、国务院办公厅印发的《关于进一步深化税收征管改革的意见》，推进税务机关科学民主决策，强化内部权力制约，优化税务执法方式，严格规范执法行为，推进科学精确执法，保护纳税人缴费人等税务行政相对人合法权益，根据《中华人民共和国行政处罚法》《中华人民共和国税收征收管理法》，制定本办法。

第二条　省以下各级税务局开展重大税务案件审理工作适用本办法。

第三条　重大税务案件审理应当以事实为根据、以法律为准绳，遵循合法、合理、公平、公正、效率的原则，注重法律效果和社会效果相统一。

第四条　参与重大税务案件审理的人员应当严格遵守国家保密规定和工作纪律，依法为纳税人缴费人等税务行政相对人的商业秘密、个人隐私和个人信息保密。

第二章　审理机构和职责

第五条　省以下各级税务局设立重大税务案件审理委员会（以下简称审理委员会）。

审理委员会由主任、副主任和成员单位组成，实行主任负责制。

审理委员会主任由税务局局长担任，副主任由税务局其他领导担任。审理委员会成员单位包括政策法规、税政业务、纳税服务、征管科技、大企业税收管理、税务稽查、督察内审部门。各级税务局可以根据实际需要，增加其他与案件审理有关的部门作为成员单位。

第六条　审理委员会履行下列职责：

（一）拟定本机关审理委员会工作规程、议事规则等制度；

（二）审理重大税务案件；

（三）指导监督下级税务局重大税务案件审理工作。

第七条　审理委员会下设办公室，办公室设在政策法规部门，办公室主任由政策法规部门负责人兼任。

第八条　审理委员会办公室履行下列职责：

（一）组织实施重大税务案件审理工作；

（二）提出初审意见；

（三）制作审理会议纪要和审理意见书；

（四）办理重大税务案件审理工作的统计、报告、案卷归档；

（五）承担审理委员会交办的其他工作。

第九条　审理委员会成员单位根据部门职责参加案件审理，提出审理意见。

稽查局负责提交重大税务案件证据材料、拟作税务处理处罚意见、举行听证。

稽查局对其提交的案件材料的真实性、合法性、准确性负责。

第十条　参与重大税务案件审理的人员有法律法规规定的回避情形的，应当回避。

重大税务案件审理参与人员的回避，由其所在部门的负责人决定；审理委员会成员单位负责人的回避，由审理委员会主任或其授权的副主任决定。

第三章　审理范围

第十一条　本办法所称重大税务案件包括：

（一）重大税务行政处罚案件，具体标准由各省、自治区、直辖市和计划单列市税务局根据本地情况自行制定，报国家税务总局备案；

（二）根据《重大税收违法案件督办管理暂行办法》督办的案件；

（三）应监察、司法机关要求出具认定意见的案件；

（四）拟移送公安机关处理的案件；

（五）审理委员会成员单位认为案情重大、复杂，需要审理的案件；

（六）其他需要审理委员会审理的案件。

有下列情形之一的案件，不属于重大税务案件审理范围：

（一）公安机关已就税收违法行为立案的；

（二）公安机关尚未就税收违法行为立案，但被查对象为走逃（失联）企业，并且涉嫌犯罪的；

（三）国家税务总局规定的其他情形。

第十二条 本办法第十一条第一款第三项规定的案件经审理委员会审理后，应当将拟处理意见报上一级税务局审理委员会备案。备案5日后可以作出决定。

第十三条 稽查局应当在每季度终了后5日内将稽查案件审理情况备案表送审理委员会办公室备案。

第四章 提请和受理

第十四条 稽查局应当在内部审理程序终结后5日内，将重大税务案件提请审理委员会审理。

当事人按照法律、法规、规章有关规定要求听证的，由稽查局组织听证。

第十五条 稽查局提请审理委员会审理案件，应当提交以下案件材料：

（一）重大税务案件审理案卷交接单；

（二）重大税务案件审理提请书；

（三）税务稽查报告；

（四）税务稽查审理报告；

（五）听证材料；

（六）相关证据材料。

重大税务案件审理提请书应当写明拟处理意见，所认定的案件事实应当标明证据指向。

证据材料应当制作证据目录。

稽查局应当完整移交证据目录所列全部证据材料，不能当场移交的应当注明存放地点。

第十六条 审理委员会办公室收到稽查局提请审理的案件材料后，应当在重大税务案件审理案卷交接单上注明接收部门和收到日期，并由接收人签名。

对于证据目录中列举的不能当场移交的证据材料，必要时，接收人在签收前可以到证据存放地点现场查验。

第十七条 审理委员会办公室收到稽查局提请审理的案件材料后，应当在5日内进行审核。

根据审核结果，审理委员会办公室提出处理意见，报审理委员会主任或其授权的副主任批准：

（一）提请审理的案件属于本办法规定的审理范围，提交了本办法第十五条规定的材料的，建议受理；

（二）提请审理的案件属于本办法规定的审理范围，但未按照本办法第十五条的规定提交相关材料的，建议补正材料；

（三）提请审理的案件不属于本办法规定的审理范围的，建议不予受理。

第五章 审 理 程 序

第一节 一 般 规 定

第十八条 重大税务案件应当自批准受理之日起 30 日内作出审理决定，不能在规定期限内作出审理决定的，经审理委员会主任或其授权的副主任批准，可以适当延长，但延长期限最多不超过 15 日。

补充调查、请示上级机关或征求有权机关意见、拟处理意见报上一级税务局审理委员会备案的时间不计入审理期限。

第十九条 审理委员会审理重大税务案件，应当重点审查：
（一）案件事实是否清楚；
（二）证据是否充分、确凿；
（三）执法程序是否合法；
（四）适用法律是否正确；
（五）案件定性是否准确；
（六）拟处理意见是否合法适当。

第二十条 审理委员会成员单位应当认真履行职责，根据本办法第十九条的规定提出审理意见，所出具的审理意见应当详细阐述理由、列明法律依据。

审理委员会成员单位审理案件，可以到审理委员会办公室或证据存放地查阅案卷材料，向稽查局了解案件有关情况。

第二十一条 重大税务案件审理采取书面审理和会议审理相结合的方式。

第二节 书 面 审 理

第二十二条 审理委员会办公室自批准受理重大税务案件之日起 5 日内，将重大税务案件审理提请书及必要的案件材料分送审理委员会成员单位。

第二十三条 审理委员会成员单位自收到审理委员会办公室分送的案件材料之日起 10 日内，提出书面审理意见送审理委员会办公室。

第二十四条 审理委员会成员单位认为案件事实不清、证据不足，需要补充调查的，应当在书面审理意见中列明需要补充调查的问题并说明理由。

审理委员会办公室应当召集提请补充调查的成员单位和稽查局进行协调，确需补充调查的，由审理委员会办公室报审理委员会主任或其授权的副主任批准，将案件材料退回稽查局补充调查。

第二十五条 稽查局补充调查不应超过 30 日，有特殊情况的，经稽查局局长批准可以适当延长，但延长期限最多不超过 30 日。

稽查局完成补充调查后，应当按照本办法第十五条、第十六条的规定重新提交案件材料、办理交接手续。

稽查局不能在规定期限内完成补充调查的，或者补充调查后仍然事实不清、证据不足的，由审理委员会办公室报请审理委员会主任或其授权的副主任批准，终止审理。

第二十六条 审理过程中，稽查局发现本办法第十一条第二款规定情形的，书面告知审理委员会办公室。审理委员会办公室报请审理委员会主任或其授权的副主任批准，可以终止审理。第二十七条 审理委员会成员单位认为案件事实清楚、证据确凿，但法律依据不明确或者需要处理的相关事项超出本机关权限的，按规定程序请示上级税务机关或者征求有权机关意见。

第二十八条 审理委员会成员单位书面审理意见一致，或者经审理委员会办公室协调后达成一致意见的，由审理委员会办公室起草审理意见书，报审理委员会主任批准。

第三节 会议审理

第二十九条 审理委员会成员单位书面审理意见存在较大分歧，经审理委员会办公室协调仍不能达成一致意见的，由审理委员会办公室向审理委员会主任或其授权的副主任报告，提请审理委员会会议审理。

第三十条 审理委员会办公室提请会议审理的报告，应当说明成员单位意见分歧、审理委员会办公室协调情况和初审意见。

审理委员会办公室应当将会议审理时间和地点提前通知审理委员会主任、副主任和成员单位，并分送案件材料。

第三十一条 成员单位应当派员参加会议，三分之二以上成员单位到会方可开会。审理委员会办公室以及其他与案件相关的成员单位应当出席会议。

案件调查人员、审理委员会办公室承办人员应当列席会议。必要时，审理委员会可要求调查对象所在地主管税务机关参加会议。

第三十二条 审理委员会会议由审理委员会主任或其授权的副主任主持。首先由稽查局汇报案情及拟处理意见。审理委员会办公室汇报初审意见后，各成员单位发表意见并陈述理由。

审理委员会办公室应当做好会议记录。

第三十三条 经审理委员会会议审理，根据不同情况，作出以下处理：

（一）案件事实清楚、证据确凿、程序合法、法律依据明确的，依法确定审理意见；

（二）案件事实不清、证据不足的，由稽查局对案件重新调查；

（三）案件执法程序违法的，由稽查局对案件重新处理；

（四）案件适用法律依据不明确，或者需要处理的有关事项超出本机关权限的，按规定程序请示上级机关或征求有权机关的意见。

第三十四条 审理委员会办公室根据会议审理情况制作审理纪要和审理意见书。

审理纪要由审理委员会主任或其授权的副主任签发。会议参加人员有保留意见或者特殊声明的，应当在审理纪要中载明。

审理意见书由审理委员会主任签发。

第六章 执行和监督

第三十五条 稽查局应当按照重大税务案件审理意见书制作税务处理处罚决定等相关文书，加盖稽查局印章后送达执行。

文书送达后5日内，由稽查局送审理委员会办公室备案。

第三十六条 重大税务案件审理程序终结后，审理委员会办公室应当将相关证据材料退回稽查局。

第三十七条 各级税务局督察内审部门应当加强对重大税务案件审理工作的监督。

第三十八条 审理委员会办公室应当加强重大税务案件审理案卷的归档管理，按照受理案件的顺序统一编号，做到一案一卷、资料齐全、卷面整洁、装订整齐。

需要归档的重大税务案件审理案卷包括税务稽查报告、税务稽查审理报告以及有关文书。

第三十九条 各省、自治区、直辖市和计划单列市税务局应当于每年1月31日之前，将本辖区上年度重大税务案件审理工作开展情况和重大税务案件审理统计表报送国家税务总局。

第七章 附 则

第四十条 各级税务局办理的其他案件,需要移送审理委员会审理的,参照本办法执行。特别纳税调整案件按照有关规定执行。

第四十一条 各级税务局在重大税务案件审理工作中可以使用重大税务案件审理专用章。

第四十二条 本办法规定期限的最后一日为法定休假日的,以休假日期满的次日为期限的最后一日;在期限内有连续3日以上法定休假日的,按休假日天数顺延。

本办法有关"5日"的规定指工作日,不包括法定休假日。

第四十三条 各级税务局应当按照国家税务总局的规划和要求,积极推动重大税务案件审理信息化建设。

第四十四条 各级税务局应当加大对重大税务案件审理工作的基础投入,保障审理人员和经费,配备办案所需的录音录像、文字处理、通讯等设备,推进重大税务案件审理规范化建设。

第四十五条 各省、自治区、直辖市和计划单列市税务局可以依照本办法制定具体实施办法。

第四十六条 本办法自2015年2月1日起施行。《国家税务总局关于印发〈重大税务案件审理办法(试行)〉的通知》(国税发〔2001〕21号)同时废止。

3. 重大税收违法失信主体信息公布管理办法(2021年颁布)

(国家税务总局令第54号)

第一章 总 则

第一条 为了贯彻落实中共中央办公厅、国务院办公厅印发的《关于进一步深化税收征管改革的意见》,维护正常税收征收管理秩序,惩戒重大税收违法失信行为,保障税务行政相对人合法权益,促进依法诚信纳税,推进社会信用体系建设,根据《中华人民共和国税收征收管理法》《优化营商环境条例》等相关法律法规,制定本办法。

第二条 税务机关依照本办法的规定,确定重大税收违法失信主体,向社会公布失信信息,并将信息通报相关部门实施监管和联合惩戒。

第三条 重大税收违法失信主体信息公布管理应当遵循依法行政、公平公正、统一规范、审慎适当的原则。

第四条 各级税务机关应当依法保护税务行政相对人合法权益,对重大税收违法失信主体信息公布管理工作中知悉的国家秘密、商业秘密或者个人隐私、个人信息,应当依法予以保密。

第五条 税务机关工作人员在重大税收违法失信主体信息公布管理工作中,滥用职权、玩忽职守、徇私舞弊的,依照有关规定严肃处理;涉嫌犯罪的,依法移送司法机关。

第二章 失信主体的确定

第六条 本办法所称"重大税收违法失信主体"(以下简称失信主体)是指有下列情形之一的纳税人、扣缴义务人或者其他涉税当事人(以下简称当事人):

(一)伪造、变造、隐匿、擅自销毁账簿、记账凭证,或者在账簿上多列支出或者不列、少列收入,或者经税务机关通知申报而拒不申报或者进行虚假的纳税申报,不缴或者少缴应纳税款 100 万元以上,且任一年度不缴或者少缴应纳税款占当年各税种应纳税总额 10% 以上的,或者采取前述手段,不缴或者少缴已扣、已收税款,数额在 100 万元以上的;

(二)欠缴应纳税款,采取转移或者隐匿财产的手段,妨碍税务机关追缴欠缴的税款,欠缴税款金额 100 万元以上的;

(三)骗取国家出口退税款的;

(四)以暴力、威胁方法拒不缴纳税款的;

(五)虚开增值税专用发票或者虚开用于骗取出口退税、抵扣税款的其他发票的;

(六)虚开增值税普通发票 100 份以上或者金额 400 万元以上的;

(七)私自印制、伪造、变造发票,非法制造发票防伪专用品,伪造发票监制章的;

(八)具有偷税、逃避追缴欠税、骗取出口退税、抗税、虚开发票等行为,在稽查案件执行完毕前,不履行税收义务并脱离税务机关监管,经税务机关检查确认走逃(失联)的;

(九)为纳税人、扣缴义务人非法提供银行账户、发票、证明或者其他方便,导致未缴、少缴税款 100 万元以上或者骗取国家出口退税款的;

(十)税务代理人违反税收法律、行政法规造成纳税人未缴或者少缴税款 100 万元以上的;

(十一)其他性质恶劣、情节严重、社会危害性较大的税收违法行为。

第七条 税务机关对当事人依法作出《税务行政处罚决定书》,当事人在法定期限内未申请行政复议、未提起行政诉讼,或者申请行政复议,行政复议机关作出行政复议决定后,在法定期限内未提起行政诉讼,或者人民法院对税务行政处罚决定或行政复议决定作出生效判决、裁定后,有本办法第六条规定情形之一的,税务机关确定其为失信主体。

对移送公安机关的当事人,税务机关在移送时已依法作出《税务处理决定书》,未作出《税务行政处罚决定书》的,当事人在法定期限内未申请行政复议、未提起行政诉讼,或者申请行政复议,行政复议机关作出行政复议决定后,在法定期限内未提起行政诉讼,或者人民法院对税务处理决定或行政复议决定作出生效判决、裁定后,有本办法第六条规定情形之一的,税务机关确定其为失信主体。

第八条 税务机关应当在作出确定失信主体决定前向当事人送达告知文书,告知其依法享有陈述、申辩的权利。告知文书应当包括以下内容:

(一)当事人姓名或者名称、有效身份证件号码或者统一社会信用代码、地址。没有统一社会信用代码的,以税务机关赋予的纳税人识别号代替;

(二)拟确定为失信主体的事由、依据;

(三)拟向社会公布的失信信息;

(四)拟通知相关部门采取失信惩戒措施提示;

(五)当事人依法享有的相关权利;

(六)其他相关事项。

对纳入纳税信用评价范围的当事人,还应当告知其拟适用 D 级纳税人管理措施。

第九条 当事人在税务机关告知后 5 日内,可以书面或者口头提出陈述、申辩意见。当事人口头提出陈述、申辩意见的,税务机关应当制作陈述申辩笔录,并由当事人签章。

税务机关应当充分听取当事人陈述、申辩意见,对当事人提出的事实、理由和证据进行复核。当事人提出的事实、理由或者证据成立的,应当采纳。

第十条 经设区的市、自治州以上税务局局长或者其授权的税务局领导批准,税务机关在本办法第七条规定的申请行政复议或提起行政诉讼期限届满,或者行政复议决定、人民法院判决或裁定生效后,于 30 日内制作失信主体确定文书,并依法送达当事人。失信主体确定文书应当包括以下内容:

(一)当事人姓名或者名称、有效身份证件号码或者统一社会信用代码、地址。没有统一社会信用代码的，以税务机关赋予的纳税人识别号代替；

（二）确定为失信主体的事由、依据；

（三）向社会公布的失信信息提示；

（四）相关部门采取失信惩戒措施提示；

（五）当事人依法享有的相关权利；

（六）其他相关事项。

对纳入纳税信用评价范围的当事人，还应当包括适用D级纳税人管理措施提示。

本条第一款规定的时限不包括因其他方式无法送达，公告送达告知文书和确定文书的时间。

第三章 信息公布

第十一条 税务机关应当在失信主体确定文书送达后的次月15日内，向社会公布下列信息：

（一）失信主体基本情况；

（二）失信主体的主要税收违法事实；

（三）税务处理、税务行政处罚决定及法律依据；

（四）确定失信主体的税务机关；

（五）法律、行政法规规定应当公布的其他信息。

对依法确定为国家秘密的信息，法律、行政法规禁止公开的信息，以及公开后可能危及国家安全、公共安全、经济安全、社会稳定的信息，税务机关不予公开。

第十二条 税务机关按照本办法第十一条第一款第一项规定向社会公布失信主体基本情况。失信主体为法人或者其他组织的，公布其名称、统一社会信用代码（纳税人识别号）、注册地址以及违法行为发生时的法定代表人、负责人或者经人民法院生效裁判确定的实际责任人的姓名、性别及身份证件号码（隐去出生年、月、日号码段）；失信主体为自然人的，公布其姓名、性别、身份证件号码（隐去出生年、月、日号码段）。

经人民法院生效裁判确定的实际责任人，与违法行为发生时的法定代表人或者负责人不一致的，除有证据证明法定代表人或者负责人有涉案行为外，税务机关只向社会公布实际责任人信息。

第十三条 税务机关应当通过国家税务总局各省、自治区、直辖市、计划单列市税务局网站向社会公布失信主体信息，根据本地区实际情况，也可以通过税务机关公告栏、报纸、广播、电视、网络媒体等途径以及新闻发布会等形式向社会公布。

国家税务总局归集各地税务机关确定的失信主体信息，并提供至"信用中国"网站进行公开。

第十四条 属于本办法第六条第一项、第二项规定情形的失信主体，在失信信息公布前按照《税务处理决定书》《税务行政处罚决定书》缴清税款、滞纳金和罚款的，经税务机关确认，不向社会公布其相关信息。

属于本办法第六条第八项规定情形的失信主体，具有偷税、逃避追缴欠税行为的，按照前款规定处理。

第十五条 税务机关对按本办法规定确定的失信主体，纳入纳税信用评价范围的，按照纳税信用管理规定，将其纳税信用级别判为D级，适用相应的D级纳税人管理措施。

第十六条 对按本办法第十一条第一款规定向社会公布信息的失信主体，税务机关将失信信息提供给相关部门，由相关部门依法依规采取失信惩戒措施。

第十七条 失信主体信息自公布之日起满3年的，税务机关在5日内停止信息公布。

第四章 提前停止公布

第十八条 失信信息公布期间，符合下列条件之一的，失信主体或者其破产管理人可以向作出确定失信主体决定的税务机关申请提前停止公布失信信息：

（一）按照《税务处理决定书》《税务行政处罚决定书》缴清（退）税款、滞纳金、罚款，且失信主体失信信息公布满六个月的；

（二）失信主体破产，人民法院出具批准重整计划或认可和解协议的裁定书，税务机关依法受偿的；

（三）在发生重大自然灾害、公共卫生、社会安全等突发事件期间，因参与应急抢险救灾、疫情防控、重大项目建设或者履行社会责任作出突出贡献的。

第十九条 按本办法第十八条第一项规定申请提前停止公布的，申请人应当提交停止公布失信信息申请表、诚信纳税承诺书。

按本办法第十八条第二项规定申请提前停止公布的，申请人应当提交停止公布失信信息申请表，人民法院出具的批准重整计划或认可和解协议的裁定书。

按本办法第十八条第三项规定申请提前停止公布的，申请人应当提交停止公布失信信息申请表、诚信纳税承诺书以及省、自治区、直辖市、计划单列市人民政府出具的有关材料。

第二十条 税务机关应当自收到申请之日起2日内作出是否受理的决定。申请材料齐全、符合法定形式的，应当予以受理，并告知申请人。不予受理的，应当告知申请人，并说明理由。

第二十一条 受理申请后，税务机关应当及时审核。符合本办法第十八条第一项规定条件的，经设区的市、自治州以上税务局局长或者其授权的税务局领导批准，准予提前停止公布；符合本办法第十八条第二项、第三项规定条件的，经省、自治区、直辖市、计划单列市税务局局长或者其授权的税务局领导批准，准予提前停止公布。

税务机关应当自受理之日起15日内作出是否予以提前停止公布的决定，并告知申请人。对不予提前停止公布的，应当说明理由。

第二十二条 失信主体有下列情形之一的，不予提前停止公布：

（一）被确定为失信主体后，因发生偷税、逃避追缴欠税、骗取出口退税、抗税、虚开发票等税收违法行为受到税务处理或者行政处罚的；

（二）五年内被确定为失信主体两次以上的。

申请人按本办法第十八条第二项规定申请提前停止公布的，不受前款规定限制。

第二十三条 税务机关作出准予提前停止公布决定的，应当在5日内停止信息公布。

第二十四条 税务机关可以组织申请提前停止公布的失信主体法定代表人、财务负责人等参加信用培训，开展依法诚信纳税教育。信用培训不得收取任何费用。

第五章 附 则

第二十五条 本办法规定的期间以日计算的，是指工作日，不含法定休假日；期间以年、月计算的，到期月的对应日为期间的最后一日；没有对应日的，月末日为期间的最后一日。期间开始的当日不计算在期间内。

本办法所称"以上、日内"，包含本数（级）。

第二十六条 国家税务总局各省、自治区、直辖市、计划单列市税务局可以依照本办法制定具体实施办法。

第二十七条 本办法自2022年2月1日起施行。《国家税务总局关于发布〈重大税收违法失信案件信息公布办法〉的公告》（2018年第54号）同时废止。

第九章 上市公司通用性会计法规

1. 中华人民共和国证券法（2019年修订）

（中华人民共和国主席令第三十七号）

（1998年12月29日第九届全国人民代表大会常务委员会第六次会议通过 根据2004年8月28日第十届全国人民代表大会常务委员会第十一次会议《关于修改〈中华人民共和国证券法〉的决定》第一次修正 2005年10月27日第十届全国人民代表大会常务委员会第十八次会议第一次修订 根据2013年6月29日第十二届全国人民代表大会常务委员会第三次会议《关于修改〈中华人民共和国文物保护法〉等十二部法律的决定》第二次修正 根据2014年8月31日第十二届全国人民代表大会常务委员会第十次会议《关于修改〈中华人民共和国保险法〉等五部法律的决定》第三次修正 2019年12月28日第十三届全国人民代表大会常务委员会第十五次会议第二次修订）

第一章 总 则

第一条 为了规范证券发行和交易行为，保护投资者的合法权益，维护社会经济秩序和社会公共利益，促进社会主义市场经济的发展，制定本法。

第二条 在中华人民共和国境内，股票、公司债券、存托凭证和国务院依法认定的其他证券的发行和交易，适用本法；本法未规定的，适用《中华人民共和国公司法》和其他法律、行政法规的规定。

政府债券、证券投资基金份额的上市交易，适用本法；其他法律、行政法规另有规定的，适用其规定。

资产支持证券、资产管理产品发行、交易的管理办法，由国务院依照本法的原则规定。

在中华人民共和国境外的证券发行和交易活动，扰乱中华人民共和国境内市场秩序，损害境内投资者合法权益的，依照本法有关规定处理并追究法律责任。

第三条 证券的发行、交易活动，必须遵循公开、公平、公正的原则。

第四条 证券发行、交易活动的当事人具有平等的法律地位，应当遵守自愿、有偿、诚实信用的原则。

第五条 证券的发行、交易活动，必须遵守法律、行政法规；禁止欺诈、内幕交易和操纵证券市场的行为。

第六条 证券业和银行业、信托业、保险业实行分业经营、分业管理，证券公司与银行、信托、保险业务机构分别设立。国家另有规定的除外。

第七条 国务院证券监督管理机构依法对全国证券市场实行集中统一监督管理。

国务院证券监督管理机构根据需要可以设立派出机构，按照授权履行监督管理职责。

第八条 国家审计机关依法对证券交易场所、证券公司、证券登记结算机构、证券监督管理机构进行审计监督。

第二章 证券发行

第九条 公开发行证券，必须符合法律、行政法规规定的条件，并依法报经国务院证券监督管理机构或者国务院授权的部门注册。未经依法注册，任何单位和个人不得公开发行证券。证券发行注册制的具体范围、实施步骤，由国务院规定。

有下列情形之一的，为公开发行：

（一）向不特定对象发行证券；

（二）向特定对象发行证券累计超过二百人，但依法实施员工持股计划的员工人数不计算在内；

（三）法律、行政法规规定的其他发行行为。

非公开发行证券，不得采用广告、公开劝诱和变相公开方式。

第十条 发行人申请公开发行股票、可转换为股票的公司债券，依法采取承销方式的，或者公开发行法律、行政法规规定实行保荐制度的其他证券的，应当聘请证券公司担任保荐人。

保荐人应当遵守业务规则和行业规范，诚实守信，勤勉尽责，对发行人的申请文件和信息披露资料进行审慎核查，督导发行人规范运作。

保荐人的管理办法由国务院证券监督管理机构规定。

第十一条 设立股份有限公司公开发行股票，应当符合《中华人民共和国公司法》规定的条件和经国务院批准的国务院证券监督管理机构规定的其他条件，向国务院证券监督管理机构报送募股申请和下列文件：

（一）公司章程；

（二）发起人协议；

（三）发起人姓名或者名称，发起人认购的股份数、出资种类及验资证明；

（四）招股说明书；

（五）代收股款银行的名称及地址；

（六）承销机构名称及有关的协议。

依照本法规定聘请保荐人的，还应当报送保荐人出具的发行保荐书。

法律、行政法规规定设立公司必须报经批准的，还应当提交相应的批准文件。

第十二条 公司首次公开发行新股，应当符合下列条件：

（一）具备健全且运行良好的组织机构；

（二）具有持续经营能力；

（三）最近三年财务会计报告被出具无保留意见审计报告；

（四）发行人及其控股股东、实际控制人最近三年不存在贪污、贿赂、侵占财产、挪用财产或者破坏社会主义市场经济秩序的刑事犯罪；

（五）经国务院批准的国务院证券监督管理机构规定的其他条件。

上市公司发行新股，应当符合经国务院批准的国务院证券监督管理机构规定的条件，具体管理办法由国务院证券监督管理机构规定。

公开发行存托凭证的，应当符合首次公开发行新股的条件以及国务院证券监督管理机构规定的其他条件。

第十三条 公司公开发行新股，应当报送募股申请和下列文件：

（一）公司营业执照；

（二）公司章程；

（三）股东大会决议；

（四）招股说明书或者其他公开发行募集文件；

（五）财务会计报告；

（六）代收股款银行的名称及地址。

依照本法规定聘请保荐人的，还应当报送保荐人出具的发行保荐书。依照本法规定实行承销的，还应当报送承销机构名称及有关的协议。

第十四条 公司对公开发行股票所募集资金，必须按照招股说明书或者其他公开发行募集文件所列资金用途使用；改变资金用途，必须经股东大会作出决议。擅自改变用途，未作纠正的，或者未经股东大会认可的，不得公开发行新股。

第十五条 公开发行公司债券，应当符合下列条件：
（一）具备健全且运行良好的组织机构；
（二）最近三年平均可分配利润足以支付公司债券一年的利息；
（三）国务院规定的其他条件。

公开发行公司债券筹集的资金，必须按照公司债券募集办法所列资金用途使用；改变资金用途，必须经债券持有人会议作出决议。公开发行公司债券筹集的资金，不得用于弥补亏损和非生产性支出。

上市公司发行可转换为股票的公司债券，除应当符合第一款规定的条件外，还应当遵守本法第十二条第二款的规定。但是，按照公司债券募集办法，上市公司通过收购本公司股份的方式进行公司债券转换的除外。

第十六条 申请公开发行公司债券，应当向国务院授权的部门或者国务院证券监督管理机构报送下列文件：
（一）公司营业执照；
（二）公司章程；
（三）公司债券募集办法；
（四）国务院授权的部门或者国务院证券监督管理机构规定的其他文件。

依照本法规定聘请保荐人的，还应当报送保荐人出具的发行保荐书。

第十七条 有下列情形之一的，不得再次公开发行公司债券：
（一）对已公开发行的公司债券或者其他债务有违约或者延迟支付本息的事实，仍处于继续状态；
（二）违反本法规定，改变公开发行公司债券所募资金的用途。

第十八条 发行人依法申请公开发行证券所报送的申请文件的格式、报送方式，由依法负责注册的机构或者部门规定。

第十九条 发行人报送的证券发行申请文件，应当充分披露投资者作出价值判断和投资决策所必需的信息，内容应当真实、准确、完整。

为证券发行出具有关文件的证券服务机构和人员，必须严格履行法定职责，保证所出具文件的真实性、准确性和完整性。

第二十条 发行人申请首次公开发行股票的，在提交申请文件后，应当按照国务院证券监督管理机构的规定预先披露有关申请文件。

第二十一条 国务院证券监督管理机构或者国务院授权的部门依照法定条件负责证券发行申请的注册。证券公开发行注册的具体办法由国务院规定。

按照国务院的规定，证券交易所等可以审核公开发行证券申请，判断发行人是否符合发行条件、信息披露要求，督促发行人完善信息披露内容。

依照前两款规定参与证券发行申请注册的人员，不得与发行申请人有利害关系，不得直接或者间接接受发行申请人的馈赠，不得持有所注册的发行申请的证券，不得私下与发行申请人进行接触。

第二十二条 国务院证券监督管理机构或者国务院授权的部门应当自受理证券发行申请文件之日起三个月内，依照法定条件和法定程序作出予以注册或者不予注册的决定，发行人根据要求补充、修改发行申请文件的时间不计算在内。不予注册的，应当说明理由。

第二十三条 证券发行申请经注册后，发行人应当依照法律、行政法规的规定，在证券公开发行前公告公开发行募集文件，并将该文件置备于指定场所供公众查阅。

发行证券的信息依法公开前，任何知情人不得公开或者泄露该信息。

发行人不得在公告公开发行募集文件前发行证券。

第二十四条 国务院证券监督管理机构或者国务院授权的部门对已作出的证券发行注册的决定，发现不符合法定条件或者法定程序，尚未发行证券的，应当予以撤销，停止发行。已经发行尚未上市的，撤销发行注册决定，发行人应当按照发行价并加算银行同期存款利息返还证券持有人；发行人的控股股东、实际控制人以及保荐人，应当与发行人承担连带责任，但是能够证明自己没有过错的除外。

股票的发行人在招股说明书等证券发行文件中隐瞒重要事实或者编造重大虚假内容，已经发行并上市的，国务院证券监督管理机构可以责令发行人回购证券，或者责令负有责任的控股股东、实际控制人买回证券。

第二十五条 股票依法发行后，发行人经营与收益的变化，由发行人自行负责；由此变化引致的投资风险，由投资者自行负责。

第二十六条 发行人向不特定对象发行的证券，法律、行政法规规定应当由证券公司承销的，发行人应当同证券公司签订承销协议。证券承销业务采取代销或者包销方式。

证券代销是指证券公司代发行人发售证券，在承销期结束时，将未售出的证券全部退还给发行人的承销方式。

证券包销是指证券公司将发行人的证券按照协议全部购入或者在承销期结束时将售后剩余证券全部自行购入的承销方式。

第二十七条 公开发行证券的发行人有权依法自主选择承销的证券公司。

第二十八条 证券公司承销证券，应当同发行人签订代销或者包销协议，载明下列事项：

（一）当事人的名称、住所及法定代表人姓名；

（二）代销、包销证券的种类、数量、金额及发行价格；

（三）代销、包销的期限及起止日期；

（四）代销、包销的付款方式及日期；

（五）代销、包销的费用和结算办法；

（六）违约责任；

（七）国务院证券监督管理机构规定的其他事项。

第二十九条 证券公司承销证券，应当对公开发行募集文件的真实性、准确性、完整性进行核查。发现有虚假记载、误导性陈述或者重大遗漏的，不得进行销售活动；已经销售的，必须立即停止销售活动，并采取纠正措施。

证券公司承销证券，不得有下列行为：

（一）进行虚假的或者误导投资者的广告宣传或者其他宣传推介活动；

（二）以不正当竞争手段招揽承销业务；

（三）其他违反证券承销业务规定的行为。

证券公司有前款所列行为，给其他证券承销机构或者投资者造成损失的，应当依法承担赔偿责任。

第三十条 向不特定对象发行证券聘请承销团承销的，承销团应当由主承销和参与承销的证券公司组成。

第三十一条 证券的代销、包销期限最长不得超过九十日。

证券公司在代销、包销期内，对所代销、包销的证券应当保证先行出售给认购人，证券公司不得为本公司预留所代销的证券和预先购入并留存所包销的证券。

第三十二条 股票发行采取溢价发行的，其发行价格由发行人与承销的证券公司协商确定。

第三十三条 股票发行采用代销方式，代销期限届满，向投资者出售的股票数量未达到拟公开发行股票数量百分之七十的，为发行失败。发行人应当按照发行价并加算银行同期存款利息返还股票认购人。

第三十四条 公开发行股票，代销、包销期限届满，发行人应当在规定的期限内将股票发行情况报国务院证券监督管理机构备案。

第三章 证券交易

第一节 一般规定

第三十五条 证券交易当事人依法买卖的证券，必须是依法发行并交付的证券。

非依法发行的证券，不得买卖。

第三十六条 依法发行的证券，《中华人民共和国公司法》和其他法律对其转让期限有限制性规定的，在限定的期限内不得转让。

上市公司持有百分之五以上股份的股东、实际控制人、董事、监事、高级管理人员，以及其他持有发行人首次公开发行前发行的股份或者上市公司向特定对象发行的股份的股东，转让其持有的本公司股份的，不得违反法律、行政法规和国务院证券监督管理机构关于持有期限、卖出时间、卖出数量、卖出方式、信息披露等规定，并应当遵守证券交易所的业务规则。

第三十七条 公开发行的证券，应当在依法设立的证券交易所上市交易或者在国务院批准的其他全国性证券交易场所交易。

非公开发行的证券，可以在证券交易所、国务院批准的其他全国性证券交易场所、按照国务院规定设立的区域性股权市场转让。

第三十八条 证券在证券交易所上市交易，应当采用公开的集中交易方式或者国务院证券监督管理机构批准的其他方式。

第三十九条 证券交易当事人买卖的证券可以采用纸面形式或者国务院证券监督管理机构规定的其他形式。

第四十条 证券交易场所、证券公司和证券登记结算机构的从业人员，证券监督管理机构的工作人员以及法律、行政法规规定禁止参与股票交易的其他人员，在任期或者法定限期内，不得直接或者以化名、借他人名义持有、买卖股票或者其他具有股权性质的证券，也不得收受他人赠送的股票或者其他具有股权性质的证券。

任何人在成为前款所列人员时，其原已持有的股票或者其他具有股权性质的证券，必须依法转让。

实施股权激励计划或者员工持股计划的证券公司的从业人员，可以按照国务院证券监督管理机构的规定持有、卖出本公司股票或者其他具有股权性质的证券。

第四十一条 证券交易场所、证券公司、证券登记结算机构、证券服务机构及其工作人员应当依法为投资者的信息保密，不得非法买卖、提供或者公开投资者的信息。

证券交易场所、证券公司、证券登记结算机构、证券服务机构及其工作人员不得泄露所知悉的商业秘密。

第四十二条 为证券发行出具审计报告或者法律意见书等文件的证券服务机构和人员，在该证券承销期内和期满后六个月内，不得买卖该证券。

除前款规定外，为发行人及其控股股东、实际控制人，或者收购人、重大资产交易方出具审计报告或者法律意见书等文件的证券服务机构和人员，自接受委托之日起至上述文件公开后五日内，不得买卖该证券。实际开展上述有关工作之日早于接受委托之日的，自实际开展上述有关工作之日起至上述文件公开后五日内，不得买卖该证券。

第四十三条 证券交易的收费必须合理，并公开收费项目、收费标准和管理办法。

第四十四条 上市公司、股票在国务院批准的其他全国性证券交易场所交易的公司持有百分之五以上股份的股东、董事、监事、高级管理人员，将其持有的该公司的股票或者其他具有股权性质的证券在买入后六个月内卖出，或者在卖出后六个月内又买入，由此所得收益归该公司所有，公司董事会应当收回其所得收益。但是，证券公司因购入包销售后剩余股票而持有百分之五以上股份，以及有国务院证券监督管理机构规定的其他情形的除外。

前款所称董事、监事、高级管理人员、自然人股东持有的股票或者其他具有股权性质的证券，包括其配偶、父母、子女持有的及利用他人账户持有的股票或者其他具有股权性质的证券。

公司董事会不按照第一款规定执行的，股东有权要求董事会在三十日内执行。公司董事会未在上述期限内执行的，股东有权为了公司的利益以自己的名义直接向人民法院提起诉讼。

公司董事会不按照第一款的规定执行的，负有责任的董事依法承担连带责任。

第四十五条 通过计算机程序自动生成或者下达交易指令进行程序化交易的，应当符合国务院证券监督管理机构的规定，并向证券交易所报告，不得影响证券交易所系统安全或者正常交易秩序。

第二节 证券上市

第四十六条 申请证券上市交易，应当向证券交易所提出申请，由证券交易所依法审核同意，并由双方签订上市协议。

证券交易所根据国务院授权的部门的决定安排政府债券上市交易。

第四十七条 申请证券上市交易，应当符合证券交易所上市规则规定的上市条件。

证券交易所上市规则规定的上市条件，应当对发行人的经营年限、财务状况、最低公开发行比例和公司治理、诚信记录等提出要求。

第四十八条 上市交易的证券，有证券交易所规定的终止上市情形的，由证券交易所按照业务规则终止其上市交易。

证券交易所决定终止证券上市交易的，应当及时公告，并报国务院证券监督管理机构备案。

第四十九条 对证券交易所作出的不予上市交易、终止上市交易决定不服的，可以向证券交易所设立的复核机构申请复核。

第三节 禁止的交易行为

第五十条 禁止证券交易内幕信息的知情人和非法获取内幕信息的人利用内幕信息从事证券交易活动。

第五十一条 证券交易内幕信息的知情人包括：

（一）发行人及其董事、监事、高级管理人员；

（二）持有公司百分之五以上股份的股东及其董事、监事、高级管理人员，公司的实际控制人及其董事、监事、高级管理人员；

（三）发行人控股或者实际控制的公司及其董事、监事、高级管理人员；

（四）由于所任公司职务或者因与公司业务往来可以获取公司有关内幕信息的人员；

（五）上市公司收购人或者重大资产交易方及其控股股东、实际控制人、董事、监事和高级管理人员；

（六）因职务、工作可以获取内幕信息的证券交易场所、证券公司、证券登记结算机构、证券服务机构的有关人员；

（七）因职责、工作可以获取内幕信息的证券监督管理机构工作人员；

（八）因法定职责对证券的发行、交易或者对上市公司及其收购、重大资产交易进行管理可以获取内幕信息的有关主管部门、监管机构的工作人员；

（九）国务院证券监督管理机构规定的可以获取内幕信息的其他人员。

第五十二条 证券交易活动中，涉及发行人的经营、财务或者对该发行人证券的市场价格有重大影响的尚未公开的信息，为内幕信息。

本法第八十条第二款、第八十一条第二款所列重大事件属于内幕信息。

第五十三条 证券交易内幕信息的知情人和非法获取内幕信息的人，在内幕信息公开前，不得买卖该公司的证券，或者泄露该信息，或者建议他人买卖该证券。

持有或者通过协议、其他安排与他人共同持有公司百分之五以上股份的自然人、法人、非法人组织收购上市公司的股份，本法另有规定的，适用其规定。

内幕交易行为给投资者造成损失的，应当依法承担赔偿责任。

第五十四条 禁止证券交易场所、证券公司、证券登记结算机构、证券服务机构和其他金融机构的从业人员、有关监管部门或者行业协会的工作人员，利用因职务便利获取的内幕信息以外的其他未公开的信息，违反规定，从事与该信息相关的证券交易活动，或者明示、暗示他人从事相关交易活动。

利用未公开信息进行交易给投资者造成损失的，应当依法承担赔偿责任。

第五十五条 禁止任何人以下列手段操纵证券市场，影响或者意图影响证券交易价格或者证券交易量：

（一）单独或者通过合谋，集中资金优势、持股优势或者利用信息优势联合或者连续买卖；

（二）与他人串通，以事先约定的时间、价格和方式相互进行证券交易；

（三）在自己实际控制的账户之间进行证券交易；

（四）不以成交为目的，频繁或者大量申报并撤销申报；

（五）利用虚假或者不确定的重大信息，诱导投资者进行证券交易；

（六）对证券、发行人公开作出评价、预测或者投资建议，并进行反向证券交易；

（七）利用在其他相关市场的活动操纵证券市场；

（八）操纵证券市场的其他手段。

操纵证券市场行为给投资者造成损失的，应当依法承担赔偿责任。

第五十六条 禁止任何单位和个人编造、传播虚假信息或者误导性信息，扰乱证券市场。

禁止证券交易场所、证券公司、证券登记结算机构、证券服务机构及其从业人员，证券业协会、证券监督管理机构及其工作人员，在证券交易活动中作出虚假陈述或者信息误导。

各种传播媒介传播证券市场信息必须真实、客观，禁止误导。传播媒介及其从事证券市场信息报道的工作人员不得从事与其工作职责发生利益冲突的证券买卖。

编造、传播虚假信息或者误导性信息，扰乱证券市场，给投资者造成损失的，应当依法承担赔偿责任。

第五十七条 禁止证券公司及其从业人员从事下列损害客户利益的行为：

（一）违背客户的委托为其买卖证券；

（二）不在规定时间内向客户提供交易的确认文件；

（三）未经客户的委托，擅自为客户买卖证券，或者假借客户的名义买卖证券；

（四）为牟取佣金收入，诱使客户进行不必要的证券买卖；

（五）其他违背客户真实意思表示，损害客户利益的行为。

违反前款规定给客户造成损失的，应当依法承担赔偿责任。

第五十八条 任何单位和个人不得违反规定,出借自己的证券账户或者借用他人的证券账户从事证券交易。

第五十九条 依法拓宽资金入市渠道,禁止资金违规流入股市。

禁止投资者违规利用财政资金、银行信贷资金买卖证券。

第六十条 国有独资企业、国有独资公司、国有资本控股公司买卖上市交易的股票,必须遵守国家有关规定。

第六十一条 证券交易场所、证券公司、证券登记结算机构、证券服务机构及其从业人员对证券交易中发现的禁止的交易行为,应当及时向证券监督管理机构报告。

第四章 上市公司的收购

第六十二条 投资者可以采取要约收购、协议收购及其他合法方式收购上市公司。

第六十三条 通过证券交易所的证券交易,投资者持有或者通过协议、其他安排与他人共同持有一个上市公司已发行的有表决权股份达到百分之五时,应当在该事实发生之日起三日内,向国务院证券监督管理机构、证券交易所作出书面报告,通知该上市公司,并予公告,在上述期限内不得再行买卖该上市公司的股票,但国务院证券监督管理机构规定的情形除外。

投资者持有或者通过协议、其他安排与他人共同持有一个上市公司已发行的有表决权股份达到百分之五后,其所持该上市公司已发行的有表决权股份比例每增加或者减少百分之五,应当依照前款规定进行报告和公告,在该事实发生之日起至公告后三日内,不得再行买卖该上市公司的股票,但国务院证券监督管理机构规定的情形除外。

投资者持有或者通过协议、其他安排与他人共同持有一个上市公司已发行的有表决权股份达到百分之五后,其所持该上市公司已发行的有表决权股份比例每增加或者减少百分之一,应当在该事实发生的次日通知该上市公司,并予公告。

违反第一款、第二款规定买入上市公司有表决权的股份的,在买入后的三十六个月内,对该超过规定比例部分的股份不得行使表决权。

第六十四条 依照前条规定所作的公告,应当包括下列内容:

(一)持股人的名称、住所;

(二)持有的股票的名称、数额;

(三)持股达到法定比例或者持股增减变化达到法定比例的日期、增持股份的资金来源;

(四)在上市公司中拥有表决权的股份变动的时间及方式。

第六十五条 通过证券交易所的证券交易,投资者持有或者通过协议、其他安排与他人共同持有一个上市公司已发行的有表决权股份达到百分之三十时,继续进行收购的,应当依法向该上市公司所有股东发出收购上市公司全部或者部分股份的要约。

收购上市公司部分股份的要约应当约定,被收购公司股东承诺出售的股份数额超过预定收购的股份数额的,收购人按比例进行收购。

第六十六条 依照前条规定发出收购要约,收购人必须公告上市公司收购报告书,并载明下列事项:

(一)收购人的名称、住所;

(二)收购人关于收购的决定;

(三)被收购的上市公司名称;

(四)收购目的;

(五)收购股份的详细名称和预定收购的股份数额;

(六)收购期限、收购价格;

(七)收购所需资金额及资金保证;

（八）公告上市公司收购报告书时持有被收购公司股份数占该公司已发行的股份总数的比例。

第六十七条 收购要约约定的收购期限不得少于三十日，并不得超过六十日。

第六十八条 在收购要约确定的承诺期限内，收购人不得撤销其收购要约。收购人需要变更收购要约的，应当及时公告，载明具体变更事项，且不得存在下列情形：

（一）降低收购价格；

（二）减少预定收购股份数额；

（三）缩短收购期限；

（四）国务院证券监督管理机构规定的其他情形。

第六十九条 收购要约提出的各项收购条件，适用于被收购公司的所有股东。

上市公司发行不同种类股份的，收购人可以针对不同种类股份提出不同的收购条件。

第七十条 采取要约收购方式的，收购人在收购期限内，不得卖出被收购公司的股票，也不得采取要约规定以外的形式和超出要约的条件买入被收购公司的股票。

第七十一条 采取协议收购方式的，收购人可以依照法律、行政法规的规定同被收购公司的股东以协议方式进行股份转让。

以协议方式收购上市公司时，达成协议后，收购人必须在三日内将该收购协议向国务院证券监督管理机构及证券交易所作出书面报告，并予公告。

在公告前不得履行收购协议。

第七十二条 采取协议收购方式的，协议双方可以临时委托证券登记结算机构保管协议转让的股票，并将资金存放于指定的银行。

第七十三条 采取协议收购方式的，收购人收购或者通过协议、其他安排与他人共同收购一个上市公司已发行的有表决权股份达到百分之三十时，继续进行收购的，应当依法向该上市公司所有股东发出收购上市公司全部或者部分股份的要约。但是，按照国务院证券监督管理机构的规定免除发出要约的除外。

收购人依照前款规定以要约方式收购上市公司股份，应当遵守本法第六十五条第二款、第六十六条至第七十条的规定。

第七十四条 收购期限届满，被收购公司股权分布不符合证券交易所规定的上市交易要求的，该上市公司的股票应当由证券交易所依法终止上市交易；其余仍持有被收购公司股票的股东，有权向收购人以收购要约的同等条件出售其股票，收购人应当收购。

收购行为完成后，被收购公司不再具备股份有限公司条件的，应当依法变更企业形式。

第七十五条 在上市公司收购中，收购人持有的被收购的上市公司的股票，在收购行为完成后的十八个月内不得转让。

第七十六条 收购行为完成后，收购人与被收购公司合并，并将该公司解散的，被解散公司的原有股票由收购人依法更换。

收购行为完成后，收购人应当在十五日内将收购情况报告国务院证券监督管理机构和证券交易所，并予公告。

第七十七条 国务院证券监督管理机构依照本法制定上市公司收购的具体办法。

上市公司分立或者被其他公司合并，应当向国务院证券监督管理机构报告，并予公告。

第五章 信息披露

第七十八条 发行人及法律、行政法规和国务院证券监督管理机构规定的其他信息披露义务人，应当及时依法履行信息披露义务。

信息披露义务人披露的信息，应当真实、准确、完整，简明清晰，通俗易懂，不得有虚假记载、误导性陈述或者重大遗漏。

证券同时在境内境外公开发行、交易的，其信息披露义务人在境外披露的信息，应当在境内同时披露。

第七十九条 上市公司、公司债券上市交易的公司、股票在国务院批准的其他全国性证券交易场所交易的公司，应当按照国务院证券监督管理机构和证券交易场所规定的内容和格式编制定期报告，并按照以下规定报送和公告：

（一）在每一会计年度结束之日起四个月内，报送并公告年度报告，其中的年度财务会计报告应当经符合本法规定的会计师事务所审计；

（二）在每一会计年度的上半年结束之日起二个月内，报送并公告中期报告。

第八十条 发生可能对上市公司、股票在国务院批准的其他全国性证券交易场所交易的公司的股票交易价格产生较大影响的重大事件，投资者尚未得知时，公司应当立即将有关该重大事件的情况向国务院证券监督管理机构和证券交易场所报送临时报告，并予公告，说明事件的起因、目前的状态和可能产生的法律后果。

前款所称重大事件包括：

（一）公司的经营方针和经营范围的重大变化；

（二）公司的重大投资行为，公司在一年内购买、出售重大资产超过公司资产总额百分之三十，或者公司营业用主要资产的抵押、质押、出售或者报废一次超过该资产的百分之三十；

（三）公司订立重要合同、提供重大担保或者从事关联交易，可能对公司的资产、负债、权益和经营成果产生重要影响；

（四）公司发生重大债务和未能清偿到期重大债务的违约情况；

（五）公司发生重大亏损或者重大损失；

（六）公司生产经营的外部条件发生的重大变化；

（七）公司的董事、三分之一以上监事或者经理发生变动，董事长或者经理无法履行职责；

（八）持有公司百分之五以上股份的股东或者实际控制人持有股份或者控制公司的情况发生较大变化，公司的实际控制人及其控制的其他企业从事与公司相同或者相似业务的情况发生较大变化；

（九）公司分配股利、增资的计划，公司股权结构的重要变化，公司减资、合并、分立、解散及申请破产的决定，或者依法进入破产程序、被责令关闭；

（十）涉及公司的重大诉讼、仲裁，股东大会、董事会决议被依法撤销或者宣告无效；

（十一）公司涉嫌犯罪被依法立案调查，公司的控股股东、实际控制人、董事、监事、高级管理人员涉嫌犯罪被依法采取强制措施；

（十二）国务院证券监督管理机构规定的其他事项。

公司的控股股东或者实际控制人对重大事件的发生、进展产生较大影响的，应当及时将其知悉的有关情况书面告知公司，并配合公司履行信息披露义务。

第八十一条 发生可能对上市交易公司债券的交易价格产生较大影响的重大事件，投资者尚未得知时，公司应当立即将有关该重大事件的情况向国务院证券监督管理机构和证券交易场所报送临时报告，并予公告，说明事件的起因、目前的状态和可能产生的法律后果。

前款所称重大事件包括：

（一）公司股权结构或者生产经营状况发生重大变化；

（二）公司债券信用评级发生变化；

（三）公司重大资产抵押、质押、出售、转让、报废；

（四）公司发生未能清偿到期债务的情况；

（五）公司新增借款或者对外提供担保超过上年末净资产的百分之二十；

（六）公司放弃债权或者财产超过上年末净资产的百分之十；

（七）公司发生超过上年末净资产百分之十的重大损失；

（八）公司分配股利，作出减资、合并、分立、解散及申请破产的决定，或者依法进入破产程序、被责令关闭；

（九）涉及公司的重大诉讼、仲裁；

（十）公司涉嫌犯罪被依法立案调查，公司的控股股东、实际控制人、董事、监事、高级管理人员涉嫌犯罪被依法采取强制措施；

（十一）国务院证券监督管理机构规定的其他事项。

第八十二条 发行人的董事、高级管理人员应当对证券发行文件和定期报告签署书面确认意见。

发行人的监事会应当对董事会编制的证券发行文件和定期报告进行审核并提出书面审核意见。监事应当签署书面确认意见。

发行人的董事、监事和高级管理人员应当保证发行人及时、公平地披露信息，所披露的信息真实、准确、完整。

董事、监事和高级管理人员无法保证证券发行文件和定期报告内容的真实性、准确性、完整性或者有异议的，应当在书面确认意见中发表意见并陈述理由，发行人应当披露。发行人不予披露的，董事、监事和高级管理人员可以直接申请披露。

第八十三条 信息披露义务人披露的信息应当同时向所有投资者披露，不得提前向任何单位和个人泄露。但是，法律、行政法规另有规定的除外。

任何单位和个人不得非法要求信息披露义务人提供依法需要披露但尚未披露的信息。任何单位和个人提前获知的前述信息，在依法披露前应当保密。

第八十四条 除依法需要披露的信息之外，信息披露义务人可以自愿披露与投资者作出价值判断和投资决策有关的信息，但不得与依法披露的信息相冲突，不得误导投资者。

发行人及其控股股东、实际控制人、董事、监事、高级管理人员等作出公开承诺的，应当披露。不履行承诺给投资者造成损失的，应当依法承担赔偿责任。

第八十五条 信息披露义务人未按照规定披露信息，或者公告的证券发行文件、定期报告、临时报告及其他信息披露资料存在虚假记载、误导性陈述或者重大遗漏，致使投资者在证券交易中遭受损失的，信息披露义务人应当承担赔偿责任；发行人的控股股东、实际控制人、董事、监事、高级管理人员和其他直接责任人员以及保荐人、承销的证券公司及其直接责任人员，应当与发行人承担连带赔偿责任，但是能够证明自己没有过错的除外。

第八十六条 依法披露的信息，应当在证券交易场所的网站和符合国务院证券监督管理机构规定条件的媒体发布，同时将其置备于公司住所、证券交易场所，供社会公众查阅。

第八十七条 国务院证券监督管理机构对信息披露义务人的信息披露行为进行监督管理。

证券交易场所应当对其组织交易的证券的信息披露义务人的信息披露行为进行监督，督促其依法及时、准确地披露信息。

第六章　投资者保护

第八十八条 证券公司向投资者销售证券、提供服务时，应当按照规定充分了解投资者的基本情况、财产状况、金融资产状况、投资知识和经验、专业能力等相关信息；如实说明证券、服务的重要内容，充分揭示投资风险；销售、提供与投资者上述状况相匹配的证券、服务。

投资者在购买证券或者接受服务时，应当按照证券公司明示的要求提供前款所列真实信息。拒绝提供或者未按照要求提供信息的，证券公司应当告知其后果，并按照规定拒绝向其销售证券、提供服务。

证券公司违反第一款规定导致投资者损失的,应当承担相应的赔偿责任。

第八十九条 根据财产状况、金融资产状况、投资知识和经验、专业能力等因素,投资者可以分为普通投资者和专业投资者。专业投资者的标准由国务院证券监督管理机构规定。

普通投资者与证券公司发生纠纷的,证券公司应当证明其行为符合法律、行政法规以及国务院证券监督管理机构的规定,不存在误导、欺诈等情形。证券公司不能证明的,应当承担相应的赔偿责任。

第九十条 上市公司董事会、独立董事、持有百分之一以上有表决权股份的股东或者依照法律、行政法规或者国务院证券监督管理机构的规定设立的投资者保护机构(以下简称投资者保护机构),可以作为征集人,自行或者委托证券公司、证券服务机构,公开请求上市公司股东委托其为出席股东大会,并代为行使提案权、表决权等股东权利。

依照前款规定征集股东权利的,征集人应当披露征集文件,上市公司应当予以配合。

禁止以有偿或者变相有偿的方式公开征集股东权利。

公开征集股东权利违反法律、行政法规或者国务院证券监督管理机构有关规定,导致上市公司或者其股东遭受损失的,应当依法承担赔偿责任。

第九十一条 上市公司应当在章程中明确分配现金股利的具体安排和决策程序,依法保障股东的资产收益权。

上市公司当年税后利润,在弥补亏损及提取法定公积金后有盈余的,应当按照公司章程的规定分配现金股利。

第九十二条 公开发行公司债券的,应当设立债券持有人会议,并应当在募集说明书中说明债券持有人会议的召集程序、会议规则和其他重要事项。

公开发行公司债券的,发行人应当为债券持有人聘请债券受托管理人,并订立债券受托管理协议。受托管理人应当由本次发行的承销机构或者其他经国务院证券监督管理机构认可的机构担任,债券持有人会议可以决议变更债券受托管理人。债券受托管理人应当勤勉尽责,公正履行受托管理职责,不得损害债券持有人利益。

债券发行人未能按期兑付债券本息的,债券受托管理人可以接受全部或者部分债券持有人的委托,以自己名义代表债券持有人提起、参加民事诉讼或者清算程序。

第九十三条 发行人因欺诈发行、虚假陈述或者其他重大违法行为给投资者造成损失的,发行人的控股股东、实际控制人、相关的证券公司可以委托投资者保护机构,就赔偿事宜与受到损失的投资者达成协议,予以先行赔付。先行赔付后,可以依法向发行人以及其他连带责任人追偿。

第九十四条 投资者与发行人、证券公司等发生纠纷的,双方可以向投资者保护机构申请调解。普通投资者与证券公司发生证券业务纠纷,普通投资者提出调解请求的,证券公司不得拒绝。

投资者保护机构对损害投资者利益的行为,可以依法支持投资者向人民法院提起诉讼。

发行人的董事、监事、高级管理人员执行公司职务时违反法律、行政法规或者公司章程的规定给公司造成损失,发行人的控股股东、实际控制人等侵犯公司合法权益给公司造成损失,投资者保护机构持有该公司股份的,可以为公司的利益以自己的名义向人民法院提起诉讼,持股比例和持股期限不受《中华人民共和国公司法》规定的限制。

第九十五条 投资者提起虚假陈述等证券民事赔偿诉讼时,诉讼标的是同一种类,且当事人一方人数众多的,可以依法推选代表人进行诉讼。

对按照前款规定提起的诉讼,可能存在有相同诉讼请求的其他众多投资者的,人民法院可以发出公告,说明该诉讼请求的案件情况,通知投资者在一定期间向人民法院登记。人民法院作出的判决、裁定，对参加登记的投资者发生效力。

投资者保护机构受五十名以上投资者委托，可以作为代表人参加诉讼，并为经证券登记结算机构确认的权利人依照前款规定向人民法院登记，但投资者明确表示不愿意参加该诉讼的除外。

第七章　证券交易场所

第九十六条　证券交易所、国务院批准的其他全国性证券交易场所为证券集中交易提供场所和设施，组织和监督证券交易，实行自律管理，依法登记，取得法人资格。

证券交易所、国务院批准的其他全国性证券交易场所的设立、变更和解散由国务院决定。

国务院批准的其他全国性证券交易场所的组织机构、管理办法等，由国务院规定。

第九十七条　证券交易所、国务院批准的其他全国性证券交易场所可以根据证券品种、行业特点、公司规模等因素设立不同的市场层次。

第九十八条　按照国务院规定设立的区域性股权市场为非公开发行证券的发行、转让提供场所和设施，具体管理办法由国务院规定。

第九十九条　证券交易所履行自律管理职能，应当遵守社会公共利益优先原则，维护市场的公平、有序、透明。

设立证券交易所必须制定章程。证券交易所章程的制定和修改，必须经国务院证券监督管理机构批准。

第一百条　证券交易所必须在其名称中标明证券交易所字样。其他任何单位或者个人不得使用证券交易所或者近似的名称。

第一百零一条　证券交易所可以自行支配的各项费用收入，应当首先用于保证其证券交易场所和设施的正常运行并逐步改善。

实行会员制的证券交易所的财产积累归会员所有，其权益由会员共同享有，在其存续期间，不得将其财产积累分配给会员。

第一百零二条　实行会员制的证券交易所设理事会、监事会。

证券交易所设总经理一人，由国务院证券监督管理机构任免。

第一百零三条　有《中华人民共和国公司法》第一百四十六条规定的情形或者下列情形之一的，不得担任证券交易所的负责人：

（一）因违法行为或者违纪行为被解除职务的证券交易场所、证券登记结算机构的负责人或者证券公司的董事、监事、高级管理人员，自被解除职务之日起未逾五年；

（二）因违法行为或者违纪行为被吊销执业证书或者被取消资格的律师、注册会计师或者其他证券服务机构的专业人员，自被吊销执业证书或者被取消资格之日起未逾五年。

第一百零四条　因违法行为或者违纪行为被开除的证券交易场所、证券公司、证券登记结算机构、证券服务机构的从业人员和被开除的国家机关工作人员，不得招聘为证券交易所的从业人员。

第一百零五条　进入实行会员制的证券交易所参与集中交易的，必须是证券交易所的会员。证券交易所不得允许非会员直接参与股票的集中交易。

第一百零六条　投资者应当与证券公司签订证券交易委托协议，并在证券公司实名开立账户，以书面、电话、自助终端、网络等方式，委托该证券公司代其买卖证券。

第一百零七条　证券公司为投资者开立账户，应当按照规定对投资者提供的身份信息进行核对。

证券公司不得将投资者的账户提供给他人使用。

投资者应当使用实名开立的账户进行交易。

第一百零八条　证券公司根据投资者的委托，按照证券交易规则提出交易申报，参与证券交易所场内的集中交易，并根据成交结果承担相应的清算交收责任。证券登记结算机构根据成交结果，按照清算交收规则，与证券公司进行证券和资金的清算交收，并为证券公司客户办理证券的登记过户手续。

第一百零九条 证券交易所应当为组织公平的集中交易提供保障，实时公布证券交易即时行情，并按交易日制作证券市场行情表，予以公布。

证券交易即时行情的权益由证券交易所依法享有。未经证券交易所许可，任何单位和个人不得发布证券交易即时行情。

第一百一十条 上市公司可以向证券交易所申请其上市交易股票的停牌或者复牌，但不得滥用停牌或者复牌损害投资者的合法权益。

证券交易所可以按照业务规则的规定，决定上市交易股票的停牌或者复牌。

第一百一十一条 因不可抗力、意外事件、重大技术故障、重大人为差错等突发性事件而影响证券交易正常进行时，为维护证券交易正常秩序和市场公平，证券交易所可以按照业务规则采取技术性停牌、临时停市等处置措施，并应当及时向国务院证券监督管理机构报告。

因前款规定的突发性事件导致证券交易结果出现重大异常，按交易结果进行交收将对证券交易正常秩序和市场公平造成重大影响的，证券交易所按照业务规则可以采取取消交易、通知证券登记结算机构暂缓交收等措施，并应当及时向国务院证券监督管理机构报告并公告。

证券交易所对其依照本条规定采取措施造成的损失，不承担民事赔偿责任，但存在重大过错的除外。

第一百一十二条 证券交易所对证券交易实行实时监控，并按照国务院证券监督管理机构的要求，对异常的交易情况提出报告。

证券交易所根据需要，可以按照业务规则对出现重大异常交易情况的证券账户的投资者限制交易，并及时报告国务院证券监督管理机构。

第一百一十三条 证券交易所应当加强对证券交易的风险监测，出现重大异常波动的，证券交易所可以按照业务规则采取限制交易、强制停牌等处置措施，并向国务院证券监督管理机构报告；严重影响证券市场稳定的，证券交易所可以按照业务规则采取临时停市等处置措施并公告。

证券交易所对其依照本条规定采取措施造成的损失，不承担民事赔偿责任，但存在重大过错的除外。

第一百一十四条 证券交易所应当从其收取的交易费用和会员费、席位费中提取一定比例的金额设立风险基金。风险基金由证券交易所理事会管理。

风险基金提取的具体比例和使用办法，由国务院证券监督管理机构会同国务院财政部门规定。

证券交易所应当将收存的风险基金存入开户银行专门账户，不得擅自使用。

第一百一十五条 证券交易所依照法律、行政法规和国务院证券监督管理机构的规定，制定上市规则、交易规则、会员管理规则和其他有关业务规则，并报国务院证券监督管理机构批准。

在证券交易所从事证券交易，应当遵守证券交易所依法制定的业务规则。违反业务规则的，由证券交易所给予纪律处分或者采取其他自律管理措施。

第一百一十六条 证券交易所的负责人和其他从业人员执行与证券交易有关的职务时，与其本人或者其亲属有利害关系的，应当回避。

第一百一十七条 按照依法制定的交易规则进行的交易，不得改变其交易结果，但本法第一百一十一条第二款规定的除外。对交易中违规交易者应负的民事责任不得免除；在违规交易中所获利益，依照有关规定处理。

第八章 证券公司

第一百一十八条 设立证券公司，应当具备下列条件，并经国务院证券监督管理机构批准：

（一）有符合法律、行政法规规定的公司章程；

（二）主要股东及公司的实际控制人具有良好的财务状况和诚信记录，最近三年无重大违法违规记录；

（三）有符合本法规定的公司注册资本；

（四）董事、监事、高级管理人员、从业人员符合本法规定的条件；

（五）有完善的风险管理与内部控制制度；

（六）有合格的经营场所、业务设施和信息技术系统；

（七）法律、行政法规和经国务院批准的国务院证券监督管理机构规定的其他条件。

未经国务院证券监督管理机构批准，任何单位和个人不得以证券公司名义开展证券业务活动。

第一百一十九条 国务院证券监督管理机构应当自受理证券公司设立申请之日起六个月内，依照法定条件和法定程序并根据审慎监管原则进行审查，作出批准或者不予批准的决定，并通知申请人；不予批准的，应当说明理由。

证券公司设立申请获得批准的，申请人应当在规定的期限内向公司登记机关申请设立登记，领取营业执照。

证券公司应当自领取营业执照之日起十五日内，向国务院证券监督管理机构申请经营证券业务许可证。未取得经营证券业务许可证，证券公司不得经营证券业务。

第一百二十条 经国务院证券监督管理机构核准，取得经营证券业务许可证，证券公司可以经营下列部分或者全部证券业务：

（一）证券经纪；

（二）证券投资咨询；

（三）与证券交易、证券投资活动有关的财务顾问；

（四）证券承销与保荐；

（五）证券融资融券；

（六）证券做市交易；

（七）证券自营；

（八）其他证券业务。

国务院证券监督管理机构应当自受理前款规定事项申请之日起三个月内，依照法定条件和程序进行审查，作出核准或者不予核准的决定，并通知申请人；不予核准的，应当说明理由。

证券公司经营证券资产管理业务的，应当符合《中华人民共和国证券投资基金法》等法律、行政法规的规定。

除证券公司外，任何单位和个人不得从事证券承销、证券保荐、证券经纪和证券融资融券业务。

证券公司从事证券融资融券业务，应当采取措施，严格防范和控制风险，不得违反规定向客户出借资金或者证券。

第一百二十一条 证券公司经营本法第一百二十条第一款第（一）项至第（三）项业务的，注册资本最低限额为人民币五千万元；经营第（四）项至第（八）项业务之一的，注册资本最低限额为人民币一亿元；经营第（四）项至第（八）项业务中两项以上的，注册资本最低限额为人民币五亿元。证券公司的注册资本应当是实缴资本。

国务院证券监督管理机构根据审慎监管原则和各项业务的风险程度，可以调整注册资本最低限额，但不得少于前款规定的限额。

第一百二十二条 证券公司变更证券业务范围，变更主要股东或者公司的实际控制人，合并、分立、停业、解散、破产，应当经国务院证券监督管理机构核准。

第一百二十三条 国务院证券监督管理机构应当对证券公司净资本和其他风险控制指标作出规定。

证券公司除依照规定为其客户提供融资融券外，不得为其股东或者股东的关联人提供融资或者担保。

第一百二十四条 证券公司的董事、监事、高级管理人员，应当正直诚实、品行良好，熟悉证券法律、行政法规，具有履行职责所需的经营管理能力。证券公司任免董事、监事、高级管理人员，应当报国务院证券监督管理机构备案。

有《中华人民共和国公司法》第一百四十六条规定的情形或者下列情形之一的，不得担任证券公司的董事、监事、高级管理人员：

（一）因违法行为或者违纪行为被解除职务的证券交易场所、证券登记结算机构的负责人或者证券公司的董事、监事、高级管理人员，自被解除职务之日起未逾五年；

（二）因违法行为或者违纪行为被吊销执业证书或者被取消资格的律师、注册会计师或者其他证券服务机构的专业人员，自被吊销执业证书或者被取消资格之日起未逾五年。

第一百二十五条 证券公司从事证券业务的人员应当品行良好，具备从事证券业务所需的专业能力。

因违法行为或者违纪行为被开除的证券交易场所、证券公司、证券登记结算机构、证券服务机构的从业人员和被开除的国家机关工作人员，不得招聘为证券公司的从业人员。

国家机关工作人员和法律、行政法规规定的禁止在公司中兼职的其他人员，不得在证券公司中兼任职务。

第一百二十六条 国家设立证券投资者保护基金。证券投资者保护基金由证券公司缴纳的资金及其他依法筹集的资金组成，其规模以及筹集、管理和使用的具体办法由国务院规定。

第一百二十七条 证券公司从每年的业务收入中提取交易风险准备金，用于弥补证券经营的损失，其提取的具体比例由国务院证券监督管理机构会同国务院财政部门规定。

第一百二十八条 证券公司应当建立健全内部控制制度，采取有效隔离措施，防范公司与客户之间、不同客户之间的利益冲突。

证券公司必须将其证券经纪业务、证券承销业务、证券自营业务、证券做市业务和证券资产管理业务分开办理，不得混合操作。

第一百二十九条 证券公司的自营业务必须以自己的名义进行，不得假借他人名义或者以个人名义进行。

证券公司的自营业务必须使用自有资金和依法筹集的资金。

证券公司不得将其自营账户借给他人使用。

第一百三十条 证券公司应当依法审慎经营，勤勉尽责，诚实守信。

证券公司的业务活动，应当与其治理结构、内部控制、合规管理、风险管理以及风险控制指标、从业人员构成等情况相适应，符合审慎监管和保护投资者合法权益的要求。

证券公司依法享有自主经营的权利，其合法经营不受干涉。

第一百三十一条 证券公司客户的交易结算资金应当存放在商业银行，以每个客户的名义单独立户管理。

证券公司不得将客户的交易结算资金和证券归入其自有财产。禁止任何单位或者个人以任何形式挪用客户的交易结算资金和证券。证券公司破产或者清算时，客户的交易结算资金和证券不属于其破产财产或者清算财产。非因客户本身的债务或者法律规定的其他情形，不得查封、冻结、扣划或者强制执行客户的交易结算资金和证券。

第一百三十二条 证券公司办理经纪业务，应当置备统一制定的证券买卖委托书，供委托人使用。采取其他委托方式的，必须作出委托记录。

客户的证券买卖委托，不论是否成交，其委托记录应当按照规定的期限，保存于证券公司。

第一百三十三条 证券公司接受证券买卖的委托，应当根据委托书载明的证券名称、买卖数量、出价方式、价格幅度等，按照交易规则代理买卖证券，如实进行交易记录；买卖成交后，应当按照规定制作买卖成交报告单交付客户。

证券交易中确认交易行为及其交易结果的对账单必须真实，保证账面证券余额与实际持有的证券相一致。

第一百三十四条 证券公司办理经纪业务，不得接受客户的全权委托而决定证券买卖、选择证券种类、决定买卖数量或者买卖价格。

证券公司不得允许他人以证券公司的名义直接参与证券的集中交易。

第一百三十五条 证券公司不得对客户证券买卖的收益或者赔偿证券买卖的损失作出承诺。

第一百三十六条 证券公司的从业人员在证券交易活动中，执行所属的证券公司的指令或者利用职务违反交易规则的，由所属的证券公司承担全部责任。

证券公司的从业人员不得私下接受客户委托买卖证券。

第一百三十七条 证券公司应当建立客户信息查询制度，确保客户能够查询其账户信息、委托记录、交易记录以及其他与接受服务或者购买产品有关的重要信息。

证券公司应当妥善保存客户开户资料、委托记录、交易记录和与内部管理、业务经营有关的各项信息，任何人不得隐匿、伪造、篡改或者毁损。上述信息的保存期限不得少于二十年。

第一百三十八条 证券公司应当按照规定向国务院证券监督管理机构报送业务、财务等经营管理信息和资料。

国务院证券监督管理机构有权要求证券公司及其主要股东、实际控制人在指定的期限内提供有关信息、资料。

证券公司及其主要股东、实际控制人向国务院证券监督管理机构报送或者提供的信息、资料，必须真实、准确、完整。

第一百三十九条 国务院证券监督管理机构认为有必要时，可以委托会计师事务所、资产评估机构对证券公司的财务状况、内部控制状况、资产价值进行审计或者评估。具体办法由国务院证券监督管理机构会同有关主管部门制定。

第一百四十条 证券公司的治理结构、合规管理、风险控制指标不符合规定的，国务院证券监督管理机构应当责令其限期改正；逾期未改正，或者其行为严重危及该证券公司的稳健运行、损害客户合法权益的，国务院证券监督管理机构可以区别情形，对其采取下列措施：

（一）限制业务活动，责令暂停部分业务，停止核准新业务；

（二）限制分配红利，限制向董事、监事、高级管理人员支付报酬、提供福利；

（三）限制转让财产或者在财产上设定其他权利；

（四）责令更换董事、监事、高级管理人员或者限制其权利；

（五）撤销有关业务许可；

（六）认定负有责任的董事、监事、高级管理人员为不适当人选；

（七）责令负有责任的股东转让股权，限制负有责任的股东行使股东权利。

证券公司整改后，应当向国务院证券监督管理机构提交报告。国务院证券监督管理机构经验收，治理结构、合规管理、风险控制指标符合规定的，应当自验收完毕之日起三日内解除对其采取的前款规定的有关限制措施。

第一百四十一条 证券公司的股东有虚假出资、抽逃出资行为的，国务院证券监督管理机构应当责令其限期改正，并可责令其转让所持证券公司的股权。

在前款规定的股东按照要求改正违法行为、转让所持证券公司的股权前，国务院证券监督管理机构可以限制其股东权利。

第一百四十二条 证券公司的董事、监事、高级管理人员未能勤勉尽责，致使证券公司存在重大违法违规行为或者重大风险的，国务院证券监督管理机构可以责令证券公司予以更换。

第一百四十三条 证券公司违法经营或者出现重大风险，严重危害证券市场秩序、损害投资者利益的，国务院证券监督管理机构可以对该证券公司采取责令停业整顿、指定其他机构托管、接管或者撤销等监管措施。

第一百四十四条 在证券公司被责令停业整顿、被依法指定托管、接管或者清算期间，或者出现重大风险时，经国务院证券监督管理机构批准，可以对该证券公司直接负责的董事、监事、高级管理人员和其他直接责任人员采取以下措施：

（一）通知出境入境管理机关依法阻止其出境；

（二）申请司法机关禁止其转移、转让或者以其他方式处分财产，或者在财产上设定其他权利。

第九章　证券登记结算机构

第一百四十五条 证券登记结算机构为证券交易提供集中登记、存管与结算服务，不以营利为目的，依法登记，取得法人资格。

设立证券登记结算机构必须经国务院证券监督管理机构批准。

第一百四十六条 设立证券登记结算机构，应当具备下列条件：

（一）自有资金不少于人民币二亿元；

（二）具有证券登记、存管和结算服务所必需的场所和设施；

（三）国务院证券监督管理机构规定的其他条件。

证券登记结算机构的名称中应当标明证券登记结算字样。

第一百四十七条 证券登记结算机构履行下列职能：

（一）证券账户、结算账户的设立；

（二）证券的存管和过户；

（三）证券持有人名册登记；

（四）证券交易的清算和交收；

（五）受发行人的委托派发证券权益；

（六）办理与上述业务有关的查询、信息服务；

（七）国务院证券监督管理机构批准的其他业务。

第一百四十八条 在证券交易所和国务院批准的其他全国性证券交易场所交易的证券的登记结算，应当采取全国集中统一的运营方式。

前款规定以外的证券，其登记、结算可以委托证券登记结算机构或者其他依法从事证券登记、结算业务的机构办理。

第一百四十九条 证券登记结算机构应当依法制定章程和业务规则，并经国务院证券监督管理机构批准。证券登记结算业务参与人应当遵守证券登记结算机构制定的业务规则。

第一百五十条 在证券交易所或者国务院批准的其他全国性证券交易场所交易的证券，应当全部存管在证券登记结算机构。

证券登记结算机构不得挪用客户的证券。

第一百五十一条 证券登记结算机构应当向证券发行人提供证券持有人名册及有关资料。

证券登记结算机构应当根据证券登记结算的结果，确认证券持有人持有证券的事实，提供证券持有人登记资料。

证券登记结算机构应当保证证券持有人名册和登记过户记录真实、准确、完整，不得隐匿、伪造、篡改或者毁损。

第一百五十二条 证券登记结算机构应当采取下列措施保证业务的正常进行：

（一）具有必备的服务设备和完善的数据安全保护措施；

（二）建立完善的业务、财务和安全防范等管理制度；

（三）建立完善的风险管理系统。

第一百五十三条 证券登记结算机构应当妥善保存登记、存管和结算的原始凭证及有关文件和资料。其保存期限不得少于二十年。

第一百五十四条 证券登记结算机构应当设立证券结算风险基金，用于垫付或者弥补因违约交收、技术故障、操作失误、不可抗力造成的证券登记结算机构的损失。

证券结算风险基金从证券登记结算机构的业务收入和收益中提取，并可以由结算参与人按照证券交易业务量的一定比例缴纳。

证券结算风险基金的筹集、管理办法，由国务院证券监督管理机构会同国务院财政部门规定。

第一百五十五条 证券结算风险基金应当存入指定银行的专门账户，实行专项管理。

证券登记结算机构以证券结算风险基金赔偿后，应当向有关责任人追偿。

第一百五十六条 证券登记结算机构申请解散，应当经国务院证券监督管理机构批准。

第一百五十七条 投资者委托证券公司进行证券交易，应当通过证券公司申请在证券登记结算机构开立证券账户。证券登记结算机构应当按照规定为投资者开立证券账户。

投资者申请开立账户，应当持有证明中华人民共和国公民、法人、合伙企业身份的合法证件。国家另有规定的除外。

第一百五十八条 证券登记结算机构作为中央对手方提供证券结算服务的，是结算参与人共同的清算交收对手，进行净额结算，为证券交易提供集中履约保障。

证券登记结算机构为证券交易提供净额结算服务时，应当要求结算参与人按照货银对付的原则，足额交付证券和资金，并提供交收担保。

在交收完成之前，任何人不得动用用于交收的证券、资金和担保物。

结算参与人未按时履行交收义务的，证券登记结算机构有权按照业务规则处理前款所述财产。

第一百五十九条 证券登记结算机构按照业务规则收取的各类结算资金和证券，必须存放于专门的清算交收账户，只能按业务规则用于已成交的证券交易的清算交收，不得被强制执行。

第十章 证券服务机构

第一百六十条 会计师事务所、律师事务所以及从事证券投资咨询、资产评估、资信评级、财务顾问、信息技术系统服务的证券服务机构，应当勤勉尽责、恪尽职守，按照相关业务规则为证券的交易及相关活动提供服务。

从事证券投资咨询服务业务，应当经国务院证券监督管理机构核准；未经核准，不得为证券的交易及相关活动提供服务。从事其他证券服务业务，应当报国务院证券监督管理机构和国务院有关主管部门备案。

第一百六十一条 证券投资咨询机构及其从业人员从事证券服务业务不得有下列行为：

（一）代理委托人从事证券投资；

（二）与委托人约定分享证券投资收益或者分担证券投资损失；

（三）买卖本证券投资咨询机构提供服务的证券；

（四）法律、行政法规禁止的其他行为。

有前款所列行为之一，给投资者造成损失的，应当依法承担赔偿责任。

第一百六十二条 证券服务机构应当妥善保存客户委托文件、核查和验证资料、工作底稿以及与质量控制、内部管理、业务经营有关的信息和资料，任何人不得泄露、隐匿、伪造、篡改或者毁损。上述信息和资料的保存期限不得少于十年，自业务委托结束之日起算。

第一百六十三条 证券服务机构为证券的发行、上市、交易等证券业务活动制作、出具审计报告及其他鉴证报告、资产评估报告、财务顾问报告、资信评级报告或者法律意见书等文件，应当勤勉尽责，对所依据的文件资料内容的真实性、准确性、完整性进行核查和验证。其制作、出具的文件有虚假记载、误导性陈述或者重大遗漏，给他人造成损失的，应当与委托人承担连带赔偿责任，但是能够证明自己没有过错的除外。

第十一章　证券业协会

第一百六十四条 证券业协会是证券业的自律性组织，是社会团体法人。

证券公司应当加入证券业协会。

证券业协会的权力机构为全体会员组成的会员大会。

第一百六十五条 证券业协会章程由会员大会制定，并报国务院证券监督管理机构备案。

第一百六十六条 证券业协会履行下列职责：

（一）教育和组织会员及其从业人员遵守证券法律、行政法规，组织开展证券行业诚信建设，督促证券行业履行社会责任；

（二）依法维护会员的合法权益，向证券监督管理机构反映会员的建议和要求；

（三）督促会员开展投资者教育和保护活动，维护投资者合法权益；

（四）制定和实施证券行业自律规则，监督、检查会员及其从业人员行为，对违反法律、行政法规、自律规则或者协会章程的，按照规定给予纪律处分或者实施其他自律管理措施；

（五）制定证券行业业务规范，组织从业人员的业务培训；

（六）组织会员就证券行业的发展、运作及有关内容进行研究，收集整理、发布证券相关信息，提供会员服务，组织行业交流，引导行业创新发展；

（七）对会员之间、会员与客户之间发生的证券业务纠纷进行调解；

（八）证券业协会章程规定的其他职责。

第一百六十七条 证券业协会设理事会。理事会成员依章程的规定由选举产生。

第十二章　证券监督管理机构

第一百六十八条 国务院证券监督管理机构依法对证券市场实行监督管理，维护证券市场公开、公平、公正，防范系统性风险，维护投资者合法权益，促进证券市场健康发展。

第一百六十九条 国务院证券监督管理机构在对证券市场实施监督管理中履行下列职责：

（一）依法制定有关证券市场监督管理的规章、规则，并依法进行审批、核准、注册，办理备案；

（二）依法对证券的发行、上市、交易、登记、存管、结算等行为，进行监督管理；

（三）依法对证券发行人、证券公司、证券服务机构、证券交易场所、证券登记结算机构的证券业务活动，进行监督管理；

（四）依法制定从事证券业务人员的行为准则，并监督实施；

（五）依法监督检查证券发行、上市、交易的信息披露；

（六）依法对证券业协会的自律管理活动进行指导和监督；

（七）依法监测并防范、处置证券市场风险；

（八）依法开展投资者教育；

（九）依法对证券违法行为进行查处；

（十）法律、行政法规规定的其他职责。

第一百七十条 国务院证券监督管理机构依法履行职责，有权采取下列措施：

（一）对证券发行人、证券公司、证券服务机构、证券交易场所、证券登记结算机构进行现场检查；

（二）进入涉嫌违法行为发生场所调查取证；

（三）询问当事人和与被调查事件有关的单位和个人，要求其对与被调查事件有关的事项作出说明；或者要求其按照指定的方式报送与被调查事件有关的文件和资料；

（四）查阅、复制与被调查事件有关的财产权登记、通讯记录等文件和资料；

（五）查阅、复制当事人和与被调查事件有关的单位和个人的证券交易记录、登记过户记录、财务会计资料及其他相关文件和资料；对可能被转移、隐匿或者毁损的文件和资料，可以予以封存、扣押；

（六）查询当事人和与被调查事件有关的单位和个人的资金账户、证券账户、银行账户以及其他具有支付、托管、结算等功能的账户信息，可以对有关文件和资料进行复制；对有证据证明已经或者可能转移或者隐匿违法资金、证券等涉案财产或者隐匿、伪造、毁损重要证据的，经国务院证券监督管理机构主要负责人或者其授权的其他负责人批准，可以冻结或者查封，期限为六个月；因特殊原因需要延长的，每次延长期限不得超过三个月，冻结、查封期限最长不得超过二年；

（七）在调查操纵证券市场、内幕交易等重大证券违法行为时，经国务院证券监督管理机构主要负责人或者其授权的其他负责人批准，可以限制被调查的当事人的证券买卖，但限制的期限不得超过三个月；案情复杂的，可以延长三个月；

（八）通知出境入境管理机关依法阻止涉嫌违法人员、涉嫌违法单位的主管人员和其他直接责任人员出境。

为防范证券市场风险，维护市场秩序，国务院证券监督管理机构可以采取责令改正、监管谈话、出具警示函等措施。

第一百七十一条 国务院证券监督管理机构对涉嫌证券违法的单位或者个人进行调查期间，被调查的当事人书面申请，承诺在国务院证券监督管理机构认可的期限内纠正涉嫌违法行为，赔偿有关投资者损失，消除损害或者不良影响的，国务院证券监督管理机构可以决定中止调查。被调查的当事人履行承诺的，国务院证券监督管理机构可以决定终止调查；被调查的当事人未履行承诺或者有国务院规定的其他情形的，应当恢复调查。具体办法由国务院规定。

国务院证券监督管理机构决定中止或者终止调查的，应当按照规定公开相关信息。

第一百七十二条 国务院证券监督管理机构依法履行职责，进行监督检查或者调查，其监督检查、调查的人员不得少于二人，并应当出示合法证件和监督检查、调查通知书或者其他执法文书。监督检查、调查的人员少于二人或者未出示合法证件和监督检查、调查通知书或者其他执法文书的，被检查、调查的单位和个人有权拒绝。

第一百七十三条 国务院证券监督管理机构依法履行职责，被检查、调查的单位和个人应当配合，如实提供有关文件和资料，不得拒绝、阻碍和隐瞒。

第一百七十四条 国务院证券监督管理机构制定的规章、规则和监督管理工作制度应当依法公开。

国务院证券监督管理机构依据调查结果，对证券违法行为作出的处罚决定，应当公开。

第一百七十五条 国务院证券监督管理机构应当与国务院其他金融监督管理机构建立监督管理信息共享机制。

国务院证券监督管理机构依法履行职责，进行监督检查或者调查时，有关部门应当予以配合。

第一百七十六条 对涉嫌证券违法、违规行为，任何单位和个人有权向国务院证券监督管理机构举报。

对涉嫌重大违法、违规行为的实名举报线索经查证属实的，国务院证券监督管理机构按照规定给予举报人奖励。

国务院证券监督管理机构应当对举报人的身份信息保密。

第一百七十七条 国务院证券监督管理机构可以和其他国家或者地区的证券监督管理机构建立监督管理合作机制，实施跨境监督管理。

境外证券监督管理机构不得在中华人民共和国境内直接进行调查取证等活动。未经国务院证券监督管理机构和国务院有关主管部门同意，任何单位和个人不得擅自向境外提供与证券业务活动有关的文件和资料。

第一百七十八条 国务院证券监督管理机构依法履行职责，发现证券违法行为涉嫌犯罪的，应当依法将案件移送司法机关处理；发现公职人员涉嫌职务违法或者职务犯罪的，应当依法移送监察机关处理。

第一百七十九条 国务院证券监督管理机构工作人员必须忠于职守、依法办事、公正廉洁，不得利用职务便利牟取不正当利益，不得泄露所知悉的有关单位和个人的商业秘密。

国务院证券监督管理机构工作人员在任职期间，或者离职后在《中华人民共和国公务员法》规定的期限内，不得到与原工作业务直接相关的企业或者其他营利性组织任职，不得从事与原工作业务直接相关的营利性活动。

第十三章 法律责任

第一百八十条 违反本法第九条的规定，擅自公开或者变相公开发行证券的，责令停止发行，退还所募资金并加算银行同期存款利息，处以非法所募资金金额百分之五以上百分之五十以下的罚款；对擅自公开或者变相公开发行证券设立的公司，由依法履行监督管理职责的机构或者部门会同县级以上地方人民政府予以取缔。对直接负责的主管人员和其他直接责任人员给予警告，并处以五十万元以上五百万元以下的罚款。

第一百八十一条 发行人在其公告的证券发行文件中隐瞒重要事实或者编造重大虚假内容，尚未发行证券的，处以二百万元以上二千万元以下的罚款；已经发行证券的，处以非法所募资金金额百分之十以上一倍以下的罚款。对直接负责的主管人员和其他直接责任人员，处以一百万元以上一千万元以下的罚款。

发行人的控股股东、实际控制人组织、指使从事前款违法行为的，没收违法所得，并处以违法所得百分之十以上一倍以下的罚款；没有违法所得或者违法所得不足二千万元的，处以二百万元以上二千万元以下的罚款。对直接负责的主管人员和其他直接责任人员，处以一百万元以上一千万元以下的罚款。

第一百八十二条 保荐人出具有虚假记载、误导性陈述或者重大遗漏的保荐书，或者不履行其他法定职责的，责令改正，给予警告，没收业务收入，并处以业务收入一倍以上十倍以下的罚款；没有业务收入或者业务收入不足一百万元的，处以一百万元以上一千万元以下的罚款；情节严重的，并处暂停或者撤销保荐业务许可。对直接负责的主管人员和其他直接责任人员给予警告，并处以五十万元以上五百万元以下的罚款。

第一百八十三条 证券公司承销或者销售擅自公开发行或者变相公开发行的证券的，责令停止承销或者销售，没收违法所得，并处以违法所得一倍以上十倍以下的罚款；没有违法所得或者违法所得不足一百万元的，处以一百万元以上一千万元以下的罚款；情节严重的，并处暂停或者撤销相关业务许可。给投资者造成损失的，应当与发行人承担连带赔偿责任。对直接负责的主管人员和其他直接责任人员给予警告，并处以五十万元以上五百万元以下的罚款。

第一百八十四条 证券公司承销证券违反本法第二十九条规定的，责令改正，给予警告，没收违法所得，可以并处五十万元以上五百万元以下的罚款；情节严重的，暂停或者撤销相关业务许可。对直接负责的主管人员和其他直接责任人员给予警告，可以并处二十万元以上二百万元以下的罚款；情节严重的，并处以五十万元以上五百万元以下的罚款。

第一百八十五条 发行人违反本法第十四条、第十五条的规定擅自改变公开发行证券所募集资金的用途的，责令改正，处以五十万元以上五百万元以下的罚款；对直接负责的主管人员和其他直接责任人员给予警告，并处以十万元以上一百万元以下的罚款。

发行人的控股股东、实际控制人从事或者组织、指使从事前款违法行为的，给予警告，并处以五十万元以上五百万元以下的罚款；对直接负责的主管人员和其他直接责任人员，处以十万元以上一百万元以下的罚款。

第一百八十六条 违反本法第三十六条的规定，在限制转让期内转让证券，或者转让股票不符合法律、行政法规和国务院证券监督管理机构规定的，责令改正，给予警告，没收违法所得，并处以买卖证券等值以下的罚款。

第一百八十七条 法律、行政法规规定禁止参与股票交易的人员，违反本法第四十条的规定，直接或者以化名、借他人名义持有、买卖股票或者其他具有股权性质的证券的，责令依法处理非法持有的股票、其他具有股权性质的证券，没收违法所得，并处以买卖证券等值以下的罚款；属于国家工作人员的，还应当依法给予处分。

第一百八十八条 证券服务机构及其从业人员，违反本法第四十二条的规定买卖证券的，责令依法处理非法持有的证券，没收违法所得，并处以买卖证券等值以下的罚款。

第一百八十九条 上市公司、股票在国务院批准的其他全国性证券交易场所交易的公司的董事、监事、高级管理人员、持有该公司百分之五以上股份的股东，违反本法第四十四条的规定，买卖该公司股票或者其他具有股权性质的证券的，给予警告，并处以十万元以上一百万元以下的罚款。

第一百九十条 违反本法第四十五条的规定，采取程序化交易影响证券交易所系统安全或者正常交易秩序的，责令改正，并处以五十万元以上五百万元以下的罚款。对直接负责的主管人员和其他直接责任人员给予警告，并处以十万元以上一百万元以下的罚款。

第一百九十一条 证券交易内幕信息的知情人或者非法获取内幕信息的人违反本法第五十三条的规定从事内幕交易的，责令依法处理非法持有的证券，没收违法所得，并处以违法所得一倍以上十倍以下的罚款；没有违法所得或者违法所得不足五十万元的，处以五十万元以上五百万元以下的罚款。单位从事内幕交易的，还应当对直接负责的主管人员和其他直接责任人员给予警告，并处以二十万元以上二百万元以下的罚款。国务院证券监督管理机构工作人员从事内幕交易的，从重处罚。

违反本法第五十四条的规定，利用未公开信息进行交易的，依照前款的规定处罚。

第一百九十二条 违反本法第五十五条的规定，操纵证券市场的，责令依法处理其非法持有的证券，没收违法所得，并处以违法所得一倍以上十倍以下的罚款；没有违法所得或者违法所得不足一百万元的，处以一百万元以上一千万元以下的罚款。单位操纵证券市场的，还应当对直接负责的主管人员和其他直接责任人员给予警告，并处以五十万元以上五百万元以下的罚款。

第一百九十三条 违反本法第五十六条第一款、第三款的规定，编造、传播虚假信息或者误导性信息，扰乱证券市场的，没收违法所得，并处以违法所得一倍以上十倍以下的罚款；没有违法所得或者违法所得不足二十万元的，处以二十万元以上二百万元以下的罚款。

违反本法第五十六条第二款的规定，在证券交易活动中作出虚假陈述或者信息误导的，责令改正，处以二十万元以上二百万元以下的罚款；属于国家工作人员的，还应当依法给予处分。

传播媒介及其从事证券市场信息报道的工作人员违反本法第五十六条第三款的规定，从事与其工作职责发生利益冲突的证券买卖的，没收违法所得，并处以买卖证券等值以下的罚款。

第一百九十四条 证券公司及其从业人员违反本法第五十七条的规定，有损害客户利益的行为的，给予警告，没收违法所得，并处以违法所得一倍以上十倍以下的罚款；没有违法所得或者违法所得不足十万元的，处以十万元以上一百万元以下的罚款；情节严重的，暂停或者撤销相关业务许可。

第一百九十五条 违反本法第五十八条的规定，出借自己的证券账户或者借用他人的证券账户从事证券交易的，责令改正，给予警告，可以处五十万元以下的罚款。

第一百九十六条 收购人未按照本法规定履行上市公司收购的公告、发出收购要约义务的，责令改正，给予警告，并处以五十万元以上五百万元以下的罚款。对直接负责的主管人员和其他直接责任人员给予警告，并处以二十万元以上二百万元以下的罚款。

收购人及其控股股东、实际控制人利用上市公司收购，给被收购公司及其股东造成损失的，应当依法承担赔偿责任。

第一百九十七条 信息披露义务人未按照本法规定报送有关报告或者履行信息披露义务的，责令改正，给予警告，并处以五十万元以上五百万元以下的罚款；对直接负责的主管人员和其他直接责任人员给予警告，并处以二十万元以上二百万元以下的罚款。发行人的控股股东、实际控制人组织、指使从事上述违法行为，或者隐瞒相关事项导致发生上述情形的，处以五十万元以上五百万元以下的罚款；对直接负责的主管人员和其他直接责任人员，处以二十万元以上二百万元以下的罚款。

信息披露义务人报送的报告或者披露的信息有虚假记载、误导性陈述或者重大遗漏的，责令改正，给予警告，并处以一百万元以上一千万元以下的罚款；对直接负责的主管人员和其他直接责任人员给予警告，并处以五十万元以上五百万元以下的罚款。发行人的控股股东、实际控制人组织、指使从事上述违法行为，或者隐瞒相关事项导致发生上述情形的，处以一百万元以上一千万元以下的罚款；对直接负责的主管人员和其他直接责任人员，处以五十万元以上五百万元以下的罚款。

第一百九十八条 证券公司违反本法第八十八条的规定未履行或者未按照规定履行投资者适当性管理义务的，责令改正，给予警告，并处以十万元以上一百万元以下的罚款。对直接负责的主管人员和其他直接责任人员给予警告，并处以二十万元以下的罚款。

第一百九十九条 违反本法第九十条的规定征集股东权利的，责令改正，给予警告，可以处五十万元以下的罚款。

第二百条 非法开设证券交易场所的，由县级以上人民政府予以取缔，没收违法所得，并处以违法所得一倍以上十倍以下的罚款；没有违法所得或者违法所得不足一百万元的，处以一百万元以上一千万元以下的罚款。对直接负责的主管人员和其他直接责任人员给予警告，并处以二十万元以上二百万元以下的罚款。

证券交易所违反本法第一百零五条的规定，允许非会员直接参与股票的集中交易的，责令改正，可以并处五十万元以下的罚款。

第二百零一条 证券公司违反本法第一百零七条第一款的规定，未对投资者开立账户提供的身份信息进行核对的，责令改正，给予警告，并处以五万元以上五十万元以下的罚款。对直接负责的主管人员和其他直接责任人员给予警告，并处以十万元以下的罚款。

证券公司违反本法第一百零七条第二款的规定，将投资者的账户提供给他人使用的，责令改正，给予警告，并处以十万元以上一百万元以下的罚款。对直接负责的主管人员和其他直接责任人员给予警告，并处以二十万元以下的罚款。

第二百零二条 违反本法第一百一十八条、第一百二十条第一款、第四款的规定，擅自设立证券公司、非法经营证券业务或者未经批准以证券公司名义开展证券业务活动的，责令改正，没收违法所得，并处以违法所得一倍以上十倍以下的罚款；没有违法所得或者违法所得不足一百万元的，处以一百万元以上一千万元以下的罚款。对直接负责的主管人员和其他直接责任人员给予警告，并处以二十万元以上二百万元以下的罚款。对擅自设立的证券公司，由国务院证券监督管理机构予以取缔。

证券公司违反本法第一百二十条第五款规定提供证券融资融券服务的，没收违法所得，并处以融资融券等值以下的罚款；情节严重的，禁止其在一定期限内从事证券融资融券业务。对直接负责的主管人员和其他直接责任人员给予警告，并处以二十万元以上二百万元以下的罚款。

第二百零三条 提交虚假证明文件或者采取其他欺诈手段骗取证券公司设立许可、业务许可或者重大事项变更核准的，撤销相关许可，并处以一百万元以上一千万元以下的罚款。对直接负责的主管人员和其他直接责任人员给予警告，并处以二十万元以上二百万元以下的罚款。

第二百零四条 证券公司违反本法第一百二十二条的规定，未经核准变更证券业务范围，变更主要股东或者公司的实际控制人，合并、分立、停业、解散、破产的，责令改正，给予警告，没收违法所得，并处以违法所得一倍以上十倍以下的罚款；没有违法所得或者违法所得不足五十万元的，处以五十万元以上五百万元以下的罚款；情节严重的，并处撤销相关业务许可。对直接负责的主管人员和其他直接责任人员给予警告，并处以二十万元以上二百万元以下的罚款。

第二百零五条 证券公司违反本法第一百二十三条第二款的规定，为其股东或者股东的关联人提供融资或者担保的，责令改正，给予警告，并处以五十万元以上五百万元以下的罚款。对直接负责的主管人员和其他直接责任人员给予警告，并处以十万元以上一百万元以下的罚款。股东有过错的，在按照要求改正前，国务院证券监督管理机构可以限制其股东权利；拒不改正的，可以责令其转让所持证券公司股权。

第二百零六条 证券公司违反本法第一百二十八条的规定，未采取有效隔离措施防范利益冲突，或者未分开办理相关业务、混合操作的，责令改正，给予警告，没收违法所得，并处以违法所得一倍以上十倍以下的罚款；没有违法所得或者违法所得不足五十万元的，处以五十万元以上五百万元以下的罚款；情节严重的，并处撤销相关业务许可。对直接负责的主管人员和其他直接责任人员给予警告，并处以二十万元以上二百万元以下的罚款。

第二百零七条 证券公司违反本法第一百二十九条的规定从事证券自营业务的，责令改正，给予警告，没收违法所得，并处以违法所得一倍以上十倍以下的罚款；没有违法所得或者违法所得不足五十万元的，处以五十万元以上五百万元以下的罚款；情节严重的，并处撤销相关业务许可或者责令关闭。对直接负责的主管人员和其他直接责任人员给予警告，并处以二十万元以上二百万元以下的罚款。

第二百零八条 违反本法第一百三十一条的规定，将客户的资金和证券归入自有财产，或者挪用客户的资金和证券的，责令改正，给予警告，没收违法所得，并处以违法所得一倍以上十倍以下的罚款；没有违法所得或者违法所得不足一百万元的，处以一百万元以上一千万元以下的罚款；情节严重的，并处撤销相关业务许可或者责令关闭。对直接负责的主管人员和其他直接责任人员给予警告，并处以五十万元以上五百万元以下的罚款。

第二百零九条 证券公司违反本法第一百三十四条第一款的规定接受客户的全权委托买卖证券的，或者违反本法第一百三十五条的规定对客户的收益或者赔偿客户的损失作出承诺的，责令改正，给予警告，没收违法所得，并处以违法所得一倍以上十倍以下的罚款；没有违法所得或者违法所得不足五十万元的，处以五十万元以上五百万元以下的罚款；情节严重的，并处撤销相关业务许可。对直接负责的主管人员和其他直接责任人员给予警告，并处以二十万元以上二百万元以下的罚款。

证券公司违反本法第一百三十四条第二款的规定，允许他人以证券公司的名义直接参与证券的集中交易的，责令改正，可以并处五十万元以下的罚款。

第二百一十条 证券公司的从业人员违反本法第一百三十六条的规定，私下接受客户委托买卖证券的，责令改正，给予警告，没收违法所得，并处以违法所得一倍以上十倍以下的罚款；没有违法所得的，处以五十万元以下的罚款。

第二百一十一条 证券公司及其主要股东、实际控制人违反本法第一百三十八条的规定，未报送、提供信息和资料，或者报送、提供的信息和资料有虚假记载、误导性陈述或者重大遗漏的，责令改正，给予警告，并处以一百万元以下的罚款；情节严重的，并处撤销相关业务许可。对直接负责的主管人员和其他直接责任人员，给予警告，并处以五十万元以下的罚款。

第二百一十二条 违反本法第一百四十五条的规定，擅自设立证券登记结算机构的，由国务院证券监督管理机构予以取缔，没收违法所得，并处以违法所得一倍以上十倍以下的罚款；没有违法所得或者违法所得不足五十万元的，处以五十万元以上五百万元以下的罚款。对直接负责的主管人员和其他直接责任人员给予警告，并处以二十万元以上二百万元以下的罚款。

第二百一十三条 证券投资咨询机构违反本法第一百六十条第二款的规定擅自从事证券服务业务，或者从事证券服务业务有本法第一百六十一条规定行为的，责令改正，没收违法所得，并处以违法所得一倍以上十倍以下的罚款；没有违法所得或者违法所得不足五十万元的，处以五十万元以上五百万元以下的罚款。对直接负责的主管人员和其他直接责任人员，给予警告，并处以二十万元以上二百万元以下的罚款。

会计师事务所、律师事务所以及从事资产评估、资信评级、财务顾问、信息技术系统服务的机构违反本法第一百六十条第二款的规定，从事证券服务业务未报备案的，责令改正，可以处二十万元以下的罚款。

证券服务机构违反本法第一百六十三条的规定，未勤勉尽责，所制作、出具的文件有虚假记载、误导性陈述或者重大遗漏的，责令改正，没收业务收入，并处以业务收入一倍以上十倍以下的罚款，没有业务收入或者业务收入不足五十万元的，处以五十万元以上五百万元以下的罚款；情节严重的，并处暂停或者禁止从事证券服务业务。对直接负责的主管人员和其他直接责任人员给予警告，并处以二十万元以上二百万元以下的罚款。

第二百一十四条 发行人、证券登记结算机构、证券公司、证券服务机构未按照规定保存有关文件和资料的，责令改正，给予警告，并处以十万元以上一百万元以下的罚款；泄露、隐匿、伪造、篡改或者毁损有关文件和资料的，给予警告，并处以二十万元以上二百万元以下的罚款；情节严重的，处以五十万元以上五百万元以下的罚款，并处暂停、撤销相关业务许可或者禁止从事相关业务。对直接负责的主管人员和其他直接责任人员给予警告，并处以十万元以上一百万元以下的罚款。

第二百一十五条 国务院证券监督管理机构依法将有关市场主体遵守本法的情况纳入证券市场诚信档案。

第二百一十六条 国务院证券监督管理机构或者国务院授权的部门有下列情形之一的，对直接负责的主管人员和其他直接责任人员，依法给予处分：

（一）对不符合本法规定的发行证券、设立证券公司等申请予以核准、注册、批准的；

（二）违反本法规定采取现场检查、调查取证、查询、冻结或者查封等措施的；

（三）违反本法规定对有关机构和人员采取监督管理措施的；

（四）违反本法规定对有关机构和人员实施行政处罚的；

（五）其他不依法履行职责的行为。

第二百一十七条 国务院证券监督管理机构或者国务院授权的部门的工作人员，不履行本法规定的职责，滥用职权、玩忽职守，利用职务便利牟取不正当利益，或者泄露所知悉的有关单位和个人的商业秘密的，依法追究法律责任。

第二百一十八条 拒绝、阻碍证券监督管理机构及其工作人员依法行使监督检查、调查职权，由证券监督管理机构责令改正，处以十万元以上一百万元以下的罚款，并由公安机关依法给予治安管理处罚。

第二百一十九条 违反本法规定，构成犯罪的，依法追究刑事责任。

第二百二十条 违反本法规定，应当承担民事赔偿责任和缴纳罚款、罚金、违法所得，违法行为人的财产不足以支付的，优先用于承担民事赔偿责任。

第二百二十一条 违反法律、行政法规或者国务院证券监督管理机构的有关规定，情节严重的，国务院证券监督管理机构可以对有关责任人员采取证券市场禁入的措施。

前款所称证券市场禁入，是指在一定期限内直至终身不得从事证券业务、证券服务业务，不得担任证券发行人的董事、监事、高级管理人员，或者一定期限内不得在证券交易所、国务院批准的其他全国性证券交易场所交易证券的制度。

第二百二十二条 依照本法收缴的罚款和没收的违法所得，全部上缴国库。

第二百二十三条 当事人对证券监督管理机构或者国务院授权的部门的处罚决定不服的，可以依法申请行政复议，或者依法直接向人民法院提起诉讼。

第十四章 附 则

第二百二十四条 境内企业直接或者间接到境外发行证券或者将其证券在境外上市交易，应当符合国务院的有关规定。

第二百二十五条 境内公司股票以外币认购和交易的，具体办法由国务院另行规定。

第二百二十六条 本法自 2020 年 3 月 1 日起施行。

2. 上市公司章程指引（2022 年修订）

（中国证券监督管理委员会公告 2022 年第 2 号）

第一章 总 则

第一条 为维护公司、股东和债权人的合法权益，规范公司的组织和行为，根据《中华人民共和国公司法》（以下简称《公司法》）、《中华人民共和国证券法》（以下简称《证券法》）和其他有关规定，制订本章程。

第二条 公司系依照【法规名称】和其他有关规定成立的股份有限公司（以下简称公司）。

公司【设立方式】设立；在【公司登记机关所在地名】市场监督管理局注册登记，取得营业执照，营业执照号【营业执照号码】。

【注释】依法律、行政法规规定，公司设立必须报经批准的，应当说明批准机关和批准文件名称。

第三条 公司于【批／核准／注册日期】经【批／核准／注册机关全称】批／核准，首次向社会公众发行人民币普通股【股份数额】股，于【上市日期】在【证券交易所全称】上市。公司于【批／核准／注册日期】经【批／核准／注册机关全称】批／核准，发行优先股【股份数额】股，于【上市日期】在【证券交易所全称】上市。公司向境外投资人发行的以外币认购并且在境内上市的境内上市外资股为【股份数额】，于【上市日期】在【证券交易所全称】上市。

【注释】本指引所称优先股，是指依照《公司法》，在一般规定的普通种类股份之外，另行规定的其他种类股份，其股份持有人优先于普通股股东分配公司利润和剩余财产，但参与公司决策管理等权利受到限制。没有发行（或拟发行）优先股或者境内上市外资股的公司，无需就本条有关优先股或者境内上市外资股的内容作出说明。以下同。

第四条 公司注册名称：【中文全称】【英文全称】。

第五条 公司住所：【公司住所地址全称，邮政编码】。

第六条 公司注册资本为人民币【注册资本数额】元。

【注释】公司因增加或者减少注册资本而导致注册资本总额变更的，可以在股东大会通过同意增加或减少注册资本的决议后，再就因此而需要修改公司章程的事项通过一项决议，并说明授权董事会具体办理注册资本的变更登记手续。

第七条 公司营业期限为【年数】或者【公司为永久存续的股份有限公司】。

第八条 【董事长或经理】为公司的法定代表人。

第九条 公司全部资产分为等额股份，股东以其认购的股份为限对公司承担责任，公司以其全部资产对公司的债务承担责任。

第十条 本公司章程自生效之日起，即成为规范公司的组织与行为、公司与股东、股东与股东之间权利义务关系的具有法律约束力的文件，对公司、股东、董事、监事、高级管理人员具有法律约束力的文件。依据本章程，股东可以起诉股东，股东可以起诉公司董事、监事、经理和其他高级管理人员，股东可以起诉公司，公司可以起诉股东、董事、监事、经理和其他高级管理人员。

第十一条 本章程所称其他高级管理人员是指公司的副经理、董事会秘书、财务负责人。

【注释】公司可以根据实际情况，在章程中确定属于公司高级管理人员的人员。

第十二条 公司根据中国共产党章程的规定，设立共产党组织、开展党的活动。公司为党组织的活动提供必要条件。

第二章 经营宗旨和范围

第十三条 公司的经营宗旨：【宗旨内容】。

第十四条 经依法登记，公司的经营范围：【经营范围内容】。

【注释】公司的经营范围中属于法律、行政法规规定须经批准的项目，应当依法经过批准。

第三章 股　　份

第一节 股 份 发 行

第十五条 公司的股份采取股票的形式。

第十六条 公司股份的发行，实行公开、公平、公正的原则，同种类的每一股份应当具有同等权利。

存在特别表决权股份的公司，应当在公司章程中规定特别表决权股份的持有人资格、特别表决权股份拥有的表决权数量与普通股份拥有的表决权数量的比例安排、持有人所持特别表决权股份能够参与表决的股东大会事项范围、特别表决权股份锁定安排及转让限制、特别表决权股份与普通股份的转换情形等事项。公司章程有关上述事项的规定，应当符合交易所的有关规定。

同次发行的同种类股票，每股的发行条件和价格应当相同；任何单位或者个人所认购的股份，每股应当支付相同价额。

【注释】发行优先股的公司，应当在章程中明确以下事项：（1）优先股股息率采用固定股息率或浮动股息率，并相应明确固定股息率水平或浮动股息率的计算方法；（2）公司在有可分配税后利润的情况下是否必须分配利润；（3）如果公司因本会计年度可分配利润不足而未向优先股股东足额派发股息，差额部分是否累积到下一会计年度；（4）优先股股东按照约定的股息率分配股息后，是否有权同普通股股东一起参加剩余利润分配，以及参与剩余利润分配的比例、条件等事项；（5）其他涉及优先股股东参与公司利润分配的事项；（6）除利润分配和剩余财产分配外，优先股是否在其他条款上具有不同的设置；（7）优先股表决权恢复时，每股优先股股份享有表决权的具体计算方法。

其中，公开发行优先股的，应当在公司章程中明确：（1）采取固定股息率；（2）在有可分配税后利润的情况下必须向优先股股东分配股息；（3）未向优先股股东足额派发股息的差额部分应当累积到下一会计年度；（4）优先股股东按照约定的股息率分配股息后，不再同普通股股东一起参加剩余利润分配。商业银行发行优先股补充资本的，可就第（2）项和第（3）项事项另作规定。

第十七条 公司发行的股票，以人民币标明面值。

第十八条 公司发行的股份，在【证券登记机构名称】集中存管。

第十九条 公司发起人为【各发起人姓名或者名称】、认购的股份数分别为【股份数量】、出资方式和出资时间为【具体方式和时间】。

【注释】已成立一年或一年以上的公司，发起人已将所持股份转让的，无需填入发起人的持股数额。

第二十条 公司股份总数为【股份数额】，公司的股本结构为：普通股【数额】股，其他种类股【数额】股。

【注释】公司发行优先股等其他种类股份的，应作出说明。

第二十一条 公司或公司的子公司（包括公司的附属企业）不得以赠与、垫资、担保、补偿或贷款等形式，对购买或者拟购买公司股份的人提供任何资助。

第二节 股份增减和回购

第二十二条 公司根据经营和发展的需要，依照法律、法规的规定，经股东大会分别作出决议，可以采用下列方式增加资本：

（一）公开发行股份；

（二）非公开发行股份；

（三）向现有股东派送红股；

（四）以公积金转增股本；

（五）法律、行政法规规定以及中国证券监督管理委员会

（以下简称中国证监会）批准的其他方式。

【注释】发行优先股的公司，应当在章程中对发行优先股的以下事项作出规定：公司

已发行的优先股不得超过公司普通股股份总数的百分之五十,且筹资金额不得超过发行前净资产的百分之五十,已回购、转换的优先股不纳入计算。

公司不得发行可转换为普通股的优先股。但商业银行可以根据商业银行资本监管规定,非公开发行触发事件发生时强制转换为普通股的优先股,并遵守有关规定。

发行可转换公司债券的公司,还应当在章程中对可转换公司债券的发行、转股程序和安排以及转股所导致的公司股本变更等事项作出具体规定。

第二十三条 公司可以减少注册资本。公司减少注册资本,应当按照《公司法》以及其他有关规定和本章程规定的程序办理。

第二十四条 公司不得收购本公司股份。但是,有下列情形之一的除外:

(一)减少公司注册资本;

(二)与持有本公司股份的其他公司合并;

(三)将股份用于员工持股计划或者股权激励;

(四)股东因对股东大会作出的公司合并、分立决议持异议,要求公司收购其股份;

(五)将股份用于转换公司发行的可转换为股票的公司债券;

(六)公司为维护公司价值及股东权益所必需。

【注释】发行优先股的公司,还应当在公司章程中对回购优先股的选择权由发行人或股东行使、回购的条件、价格和比例等作出具体规定。发行人按章程规定要求回购优先股的,必须完全支付所欠股息,但商业银行发行优先股补充资本的除外。

第二十五条 公司收购本公司股份,可以通过公开的集中交易方式,或者法律、行政法规和中国证监会认可的其他方式进行。

公司因本章程第二十四条第一款第(三)项、第(五)项、第(六)项规定的情形收购本公司股份的,应当通过公开的集中交易方式进行。

第二十六条 公司因本章程第二十四条第一款第(一)项、第(二)项规定的情形收购本公司股份的,应当经股东大会决议;公司因本章程第二十四条第一款第(三)项、第(五)项、第(六)项规定的情形收购本公司股份的,可以依照本章程的规定或者股东大会的授权,经三分之二以上董事出席的董事会会议决议。

公司依照本章程第二十四条第一款规定收购本公司股份后,属于第(一)项情形的,应当自收购之日起十日内注销;属于第(二)项、第(四)项情形的,应当在六个月内转让或者注销;属于第(三)项、第(五)项、第(六)项情形的,公司合计持有的本公司股份数不得超过本公司已发行股份总额的百分之十,并应当在三年内转让或者注销。

【注释】公司按本条规定回购优先股后,应当相应减记发行在外的优先股股份总数。

第三节 股 份 转 让

第二十七条 公司的股份可以依法转让。

第二十八条 公司不接受本公司的股票作为质押权的标的。

第二十九条 发起人持有的本公司股份,自公司成立之日起一年内不得转让。公司公开发行股份前已发行的股份,自公司股票在证券交易所上市交易之日起一年内不得转让。

公司董事、监事、高级管理人员应当向公司申报所持有的本公司的股份(含优先股股份)及其变动情况,在任职期间每年转让的股份不得超过其所持有本公司同一种类股份总数的百分之二十五;所持本公司股份自公司股票上市交易之日起一年内不得转让。上述人员离职后半年内,不得转让其所持有的本公司股份。

【注释】若公司章程对公司董事、监事、高级管理人员转让其所持有的本公司股份(含优先股股份)作出其他限制性规定的,应当进行说明。

第三十条 公司持有百分之五以上股份的股东、董事、监事、高级管理人员,将其持有的本公司股票或者其他具有股权性质的证券在买入后六个月内卖出，或者在卖出后六个月内又买入，由此所得收益归本公司所有，本公司董事会将收回其所得收益。但是，证券公司因购入包销售后剩余股票而持有百分之五以上股份的，以及有中国证监会规定的其他情形的除外。

前款所称董事、监事、高级管理人员、自然人股东持有的股票或者其他具有股权性质的证券，包括其配偶、父母、子女持有的及利用他人账户持有的股票或者其他具有股权性质的证券。

公司董事会不按照本条第一款规定执行的，股东有权要求董事会在三十日内执行。公司董事会未在上述期限内执行的，股东有权为了公司的利益以自己的名义直接向人民法院提起诉讼。

公司董事会不按照本条第一款的规定执行的，负有责任的董事依法承担连带责任。

第四章　股东和股东大会

第一节　股　　东

第三十一条　公司依据证券登记机构提供的凭证建立股东名册，股东名册是证明股东持有公司股份的充分证据。股东按其所持有股份的种类享有权利，承担义务；持有同一种类股份的股东，享有同等权利，承担同种义务。

【注释】公司应当与证券登记机构签订股份保管协议，定期查询主要股东资料以及主要股东的持股变更（包括股权的出质）情况，及时掌握公司的股权结构。

第三十二条　公司召开股东大会、分配股利、清算及从事其他需要确认股东身份的行为时，由董事会或股东大会召集人确定股权登记日，股权登记日收市后登记在册的股东为享有相关权益的股东。

第三十三条　公司股东享有下列权利：

（一）依照其所持有的股份份额获得股利和其他形式的利益分配；

（二）依法请求、召集、主持、参加或者委派股东代理人参加股东大会，并行使相应的表决权；

（三）对公司的经营进行监督，提出建议或者质询；

（四）依照法律、行政法规及本章程的规定转让、赠与或质押其所持有的股份；

（五）查阅本章程、股东名册、公司债券存根、股东大会会议记录、董事会会议决议、监事会会议决议、财务会计报告；

（六）公司终止或者清算时，按其所持有的股份份额参加公司剩余财产的分配；

（七）对股东大会作出的公司合并、分立决议持异议的股东，要求公司收购其股份；

（八）法律、行政法规、部门规章或本章程规定的其他权利。注释：发行优先股的公司，应当在章程中明确优先股股东不

出席股东大会会议，所持股份没有表决权，但以下情况除外：（1）修改公司章程中与优先股相关的内容；（2）一次或累计减少公司注册资本超过百分之十；（3）公司合并、分立、解散或变更公司形式；（4）发行优先股；（5）公司章程规定的其他情形。

发行优先股的公司，还应当在章程中明确规定：公司累计三个会计年度或者连续两个会计年度未按约定支付优先股股息的，优先股股东有权出席股东大会，每股优先股股份享有公司章程规定的表决权。对于股息可以累积到下一会计年度的优先股，表决权恢复直至公司全额支付所欠股息。对于股息不可累积的优先股，表决权恢复直至公司全额支付当年股息。公司章程可以规定优先股表决权恢复的其他情形。

第三十四条　股东提出查阅前条所述有关信息或者索取资料的，应当向公司提供证明

其持有公司股份的种类以及持股数量的书面文件，公司经核实股东身份后按照股东的要求予以提供。

第三十五条 公司股东大会、董事会决议内容违反法律、行政法规的，股东有权请求人民法院认定无效。股东大会、董事会的会议召集程序、表决方式违反法律、行政法规或者本章程，或者决议内容违反本章程的，股东有权自决议作出之日起六十日内，请求人民法院撤销。

第三十六条 董事、高级管理人员执行公司职务时违反法律、行政法规或者本章程的规定，给公司造成损失的，连续一百八十日以上单独或合并持有公司百分之一以上股份的股东有权书面请求监事会向人民法院提起诉讼；监事会执行公司职务时违反法律、行政法规或者本章程的规定，给公司造成损失的，股东可以书面请求董事会向人民法院提起诉讼。

监事会、董事会收到前款规定的股东书面请求后拒绝提起诉讼，或者自收到请求之日起三十日内未提起诉讼，或者情况紧急、不立即提起诉讼将会使公司利益受到难以弥补的损害的，前款规定的股东有权为了公司的利益以自己的名义直接向人民法院提起诉讼。

他人侵犯公司合法权益，给公司造成损失的，本条第一款规定的股东可以依照前两款的规定向人民法院提起诉讼。

第三十七条 董事、高级管理人员违反法律、行政法规或者本章程的规定，损害股东利益的，股东可以向人民法院提起诉讼。

第三十八条 公司股东承担下列义务：
（一）遵守法律、行政法规和本章程；
（二）依其所认购的股份和入股方式缴纳股金；
（三）除法律、法规规定的情形外，不得退股；
（四）不得滥用股东权利损害公司或者其他股东的利益；不得滥用公司法人独立地位和股东有限责任损害公司债权人的利益；
（五）法律、行政法规及本章程规定应当承担的其他义务。公司股东滥用股东权利给公司或者其他股东造成损失的，应当依法承担赔偿责任。公司股东滥用公司法人独立地位和股东有限责任，逃避债务，严重损害公司债权人利益的，应当对公司债务承担连带责任。

第三十九条 持有公司百分之五以上有表决权股份的股东，将其持有的股份进行质押的，应当自该事实发生当日，向公司作出书面报告。

第四十条 公司的控股股东、实际控制人不得利用其关联关系损害公司利益。违反规定给公司造成损失的，应当承担赔偿责任。

公司控股股东及实际控制人对公司和公司社会公众股股东负有诚信义务。控股股东应严格依法行使出资人的权利，控股股东不得利用利润分配、资产重组、对外投资、资金占用、借款担保等方式损害公司和社会公众股股东的合法权益，不得利用其控制地位损害公司和社会公众股股东的利益。

第二节 股东大会的一般规定

第四十一条 股东大会是公司的权力机构，依法行使下列职权：
（一）决定公司的经营方针和投资计划；
（二）选举和更换非由职工代表担任的董事、监事，决定有关董事、监事的报酬事项；
（三）审议批准董事会的报告；
（四）审议批准监事会报告；
（五）审议批准公司的年度财务预算方案、决算方案；
（六）审议批准公司的利润分配方案和弥补亏损方案；
（七）对公司增加或者减少注册资本作出决议；

（八）对发行公司债券作出决议；

（九）对公司合并、分立、解散、清算或者变更公司形式作出决议；

（十）修改本章程；

（十一）对公司聘用、解聘会计师事务所作出决议；

（十二）审议批准第四十二条规定的担保事项；

（十三）审议公司在一年内购买、出售重大资产超过公司最近一期经审计总资产百分之三十的事项；

（十四）审议批准变更募集资金用途事项；

（十五）审议股权激励计划和员工持股计划；

（十六）审议法律、行政法规、部门规章或本章程规定应当由股东大会决定的其他事项。

【注释】上述股东大会的职权不得通过授权的形式由董事会或其他机构和个人代为行使。

第四十二条 公司下列对外担保行为，须经股东大会审议通过。

（一）本公司及本公司控股子公司的对外担保总额，超过最近一期经审计净资产的百分之五十以后提供的任何担保；

（二）公司的对外担保总额，超过最近一期经审计总资产的百分之三十以后提供的任何担保；

（三）公司在一年内担保金额超过公司最近一期经审计总资产百分之三十的担保；

（四）为资产负债率超过百分之七十的担保对象提供的担保；

（五）单笔担保额超过最近一期经审计净资产百分之十的担保；

（六）对股东、实际控制人及其关联方提供的担保。

公司应当在章程中规定股东大会、董事会审批对外担保的权限和违反审批权限、审议程序的责任追究制度。

第四十三条 股东大会分为年度股东大会和临时股东大会。年度股东大会每年召开一次，应当于上一会计年度结束后的六个月内举行。

第四十四条 有下列情形之一的，公司在事实发生之日起两个月以内召开临时股东大会：

（一）董事人数不足《公司法》规定人数或者本章程所定人数的三分之二时；

（二）公司未弥补的亏损达实收股本总额三分之一时；

（三）单独或者合计持有公司百分之十以上股份的股东请求时；

（四）董事会认为必要时；

（五）监事会提议召开时；

（六）法律、行政法规、部门规章或本章程规定的其他情形。注释：公司应当在章程中确定本条第（一）项的具体人数。

计算本条第（三）项所称持股比例时，仅计算普通股和表决权恢复的优先股。

第四十五条 本公司召开股东大会的地点为：【具体地点】。股东大会将设置会场，以现场会议形式召开。公司还将提供网络投票的方式为股东参加股东大会提供便利。股东通过上述方式参加股东大会的，视为出席。

【注释】公司章程可以规定召开股东大会的地点为公司住所地或其他明确地点。现场会议时间、地点的选择应当便于股东参加。发出股东大会通知后，无正当理由，股东大会现场会议召开地点不得变更。确需变更的，召集人应当在现场会议召开日前至少两个工作日公告并说明原因。

第四十六条 本公司召开股东大会时将聘请律师对以下问题出具法律意见并公告：

（一）会议的召集、召开程序是否符合法律、行政法规、本章程；
（二）出席会议人员的资格、召集人资格是否合法有效；
（三）会议的表决程序、表决结果是否合法有效；
（四）应本公司要求对其他有关问题出具的法律意见。

第三节　股东大会的召集

第四十七条　独立董事有权向董事会提议召开临时股东大会。对独立董事要求召开临时股东大会的提议，董事会应当根据法律、行政法规和本章程的规定，在收到提议后十日内提出同意或不同意召开临时股东大会的书面反馈意见。董事会同意召开临时股东大会的，将在作出董事会决议后的五日内发出召开股东大会的通知；董事会不同意召开临时股东大会的，将说明理由并公告。

第四十八条　监事会有权向董事会提议召开临时股东大会，

并应当以书面形式向董事会提出。董事会应当根据法律、行政法规和本章程的规定，在收到提案后十日内提出同意或不同意召开临时股东大会的书面反馈意见。

董事会同意召开临时股东大会的，将在作出董事会决议后的五日内发出召开股东大会的通知，通知中对原提议的变更，应征得监事会的同意。

董事会不同意召开临时股东大会，或者在收到提案后十日内未作出反馈的，视为董事会不能履行或者不履行召集股东大会会议职责，监事会可以自行召集和主持。

第四十九条　单独或者合计持有公司百分之十以上股份的股东有权向董事会请求召开临时股东大会，并应当以书面形式向董事会提出。董事会应当根据法律、行政法规和本章程的规定，在收到请求后十日内提出同意或不同意召开临时股东大会的书面反馈意见。

董事会同意召开临时股东大会的，应当在作出董事会决议后的五日内发出召开股东大会的通知，通知中对原请求的变更，应当征得相关股东的同意。

董事会不同意召开临时股东大会，或者在收到请求后十日内未作出反馈的，单独或者合计持有公司百分之十以上股份的股东有权向监事会提议召开临时股东大会，并应当以书面形式向监事会提出请求。

监事会同意召开临时股东大会的，应在收到请求五日内发出召开股东大会的通知，通知中对原请求的变更，应当征得相关股东的同意。

监事会未在规定期限内发出股东大会通知的，视为监事会不召集和主持股东大会，连续九十日以上单独或者合计持有公司百分之十以上股份的股东可以自行召集和主持。

【注释】计算本条所称持股比例时，仅计算普通股和表决权恢复的优先股。

第五十条　监事会或股东决定自行召集股东大会的，须书面通知董事会，同时向证券交易所备案。

在股东大会决议公告前，召集股东持股比例不得低于百分之十。

监事会或召集股东应在发出股东大会通知及股东大会决议公告时，向证券交易所提交有关证明材料。

【注释】计算本条所称持股比例时，仅计算普通股和表决权恢复的优先股。

第五十一条　对于监事会或股东自行召集的股东大会，董事会和董事会秘书将予配合。董事会将提供股权登记日的股东名册。

第五十二条　监事会或股东自行召集的股东大会，会议所必需的费用由本公司承担。

第四节　股东大会的提案与通知

第五十三条　提案的内容应当属于股东大会职权范围，有明确议题和具体决议事项，并且符合法律、行政法规和本章程的有关规定。

第五十四条 公司召开股东大会，董事会、监事会以及单独或者合并持有公司百分之三以上股份的股东，有权向公司提出提案。

单独或者合计持有公司百分之三以上股份的股东，可以在股东大会召开十日前提出临时提案并书面提交召集人。召集人应当在收到提案后两日内发出股东大会补充通知，公告临时提案的内容。

除前款规定的情形外，召集人在发出股东大会通知公告后，不得修改股东大会通知中已列明的提案或增加新的提案。股东大会通知中未列明或不符合本章程第五十三条规定的提案，股东大会不得进行表决并作出决议。注释：计算本条所称持股比例时，仅计算普通股和表决权恢复的优先股。

第五十五条 召集人将在年度股东大会召开二十日前以公告方式通知各股东，临时股东大会将于会议召开十五日前以公告方式通知各股东。注释：公司在计算起始期限时，不应当包括会议召开当日。

公司可以根据实际情况，决定是否在章程中规定催告程序。

第五十六条 股东大会的通知包括以下内容：

（一）会议的时间、地点和会议期限；

（二）提交会议审议的事项和提案；

（三）以明显的文字说明：全体普通股股东（含表决权恢复的优先股股东）均有权出席股东大会，并可以书面委托代理人出席会议和参加表决，该股东代理人不必是公司的股东；

（四）有权出席股东大会股东的股权登记日；

（五）会务常设联系人姓名，电话号码；

（六）网络或其他方式的表决时间及表决程序。

【注释】 1.股东大会通知和补充通知中应当充分、完整披露所有提案的全部具体内容。拟讨论的事项需要独立董事发表意见的，发布股东大会通知或补充通知时将同时披露独立董事的意见及理由。

2.股东大会网络或其他方式投票的开始时间，不得早于现场股东大会召开前一日下午3:00，并不得迟于现场股东大会召开当日上午9:30，其结束时间不得早于现场股东大会结束当日下午3:00。

3.股权登记日与会议日期之间的间隔应当不多于七个工作日。股权登记日一旦确认，不得变更。

第五十七条 股东大会拟讨论董事、监事选举事项的，股东大会通知中将充分披露董事、监事候选人的详细资料，至少包括以下内容：

（一）教育背景、工作经历、兼职等个人情况；

（二）与本公司或本公司的控股股东及实际控制人是否存在关联关系；

（三）披露持有本公司股份数量；

（四）是否受过中国证监会及其他有关部门的处罚和证券交易所惩戒。

除采取累积投票制选举董事、监事外，每位董事、监事候选人应当以单项提案提出。

第五十八条 发出股东大会通知后，无正当理由，股东大会不应延期或取消，股东大会通知中列明的提案不应取消。一旦出现延期或取消的情形，召集人应当在原定召开日前至少两个工作日公告并说明原因。

第五节　股东大会的召开

第五十九条 本公司董事会和其他召集人将采取必要措施，保证股东大会的正常秩序。对于干扰股东大会、寻衅滋事和侵犯股东合法权益的行为，将采取措施加以制止并及时报告有关部门查处。

第六十条 股权登记日登记在册的所有普通股股东（含表决权恢复的优先股股东）或其代理人，均有权出席股东大会。并依照有关法律、法规及本章程行使表决权。

股东可以亲自出席股东大会，也可以委托代理人代为出席和表决。

第六十一条 个人股东亲自出席会议的，应出示本人身份证或其他能够表明其身份的有效证件或证明、股票账户卡；委托代理他人出席会议的，应出示本人有效身份证件、股东授权委托书。

法人股东应由法定代表人或者法定代表人委托的代理人出席会议。法定代表人出席会议的，应出示本人身份证、能证明其具有法定代表人资格的有效证明；委托代理人出席会议的，代理人应出示本人身份证、法人股东单位的法定代表人依法出具的书面授权委托书。

第六十二条 股东出具的委托他人出席股东大会的授权委托书应当载明下列内容：

（一）代理人的姓名；

（二）是否具有表决权；

（三）分别对列入股东大会议程的每一审议事项投赞成、反对或弃权票的指示；

（四）委托书签发日期和有效期限；

（五）委托人签名（或盖章）。委托人为法人股东的，应加盖法人单位印章。

第六十三条 委托书应当注明如果股东不作具体指示，股东代理人是否可以按自己的意思表决。

第六十四条 代理投票授权委托书由委托人授权他人签署的，授权签署的授权书或者其他授权文件应当经过公证。经公证的授权书或者其他授权文件，和投票代理委托书均需备置于公司住所或者召集会议的通知中指定的其他地方。

委托人为法人的，由其法定代表人或者董事会、其他决策机构决议授权的人作为代表出席公司的股东大会。

第六十五条 出席会议人员的会议登记册由公司负责制作。会议登记册载明参加会议人员姓名（或单位名称）、身份证号码、住所地址、持有或者代表有表决权的股份数额、被代理人姓名（或单位名称）等事项。

第六十六条 召集人和公司聘请的律师将依据证券登记结算机构提供的股东名册共同对股东资格的合法性进行验证，并登记股东姓名（或名称）及其所持有表决权的股份数。在会议主持人宣布现场出席会议的股东和代理人人数及所持有表决权的股份总数之前，会议登记应当终止。

第六十七条 股东大会召开时，本公司全体董事、监事和董事会秘书应当出席会议，经理和其他高级管理人员应当列席会议。

第六十八条 股东大会由董事长主持。董事长不能履行职务或不履行职务时，由副董事长（公司有两位或两位以上副董事长的，由半数以上董事共同推举的副董事长主持）主持，副董事长不能履行职务或者不履行职务时，由半数以上董事共同推举的一名董事主持。

监事会自行召集的股东大会，由监事会主席主持。监事会主席不能履行职务或不履行职务时，由监事会副主席主持，监事会副主席不能履行职务或者不履行职务时，由半数以上监事共同推举的一名监事主持。

股东自行召集的股东大会，由召集人推举代表主持。

召开股东大会时，会议主持人违反议事规则使股东大会无法继续进行的，经现场出席股东大会有表决权过半数的股东同意，股东大会可推举一人担任会议主持人，继续开会。

第六十九条 公司制定股东大会议事规则，详细规定股东大会的召开和表决程序，包括通知、登记、提案的审议、投票、计票、表决结果的宣布、会议决议的形成、会议记录及其签署、公告等内容，以及股东大会对董事会的授权原则，授权内容应明确具体。股东大会议事规则应作为章程的附件，由董事会拟定，股东大会批准。

第七十条 在年度股东大会上,董事会、监事会应当就其过去一年的工作向股东大会作出报告。每名独立董事也应作出述职报告。

第七十一条 董事、监事、高级管理人员在股东大会上就股东的质询和建议作出解释和说明。

第七十二条 会议主持人应当在表决前宣布现场出席会议的股东和代理人人数及所持有表决权的股份总数,现场出席会议的股东和代理人人数及所持有表决权的股份总数以会议登记为准。

第七十三条 股东大会应有会议记录,由董事会秘书负责。

会议记录记载以下内容:

(一)会议时间、地点、议程和召集人姓名或名称;

(二)会议主持人以及出席或列席会议的董事、监事、经理和其他高级管理人员姓名;

(三)出席会议的股东和代理人人数、所持有表决权的股份总数及占公司股份总数的比例;

(四)对每一提案的审议经过、发言要点和表决结果;

(五)股东的质询意见或建议以及相应的答复或说明;

(六)律师及计票人、监票人姓名;

(七)本章程规定应当载入会议记录的其他内容。注释:既发行内资股又发行境内上市外资股的公司,会议记录的内容还应当包括:(1)出席股东大会的内资股股东(包括股东代理人)和境内上市外资股股东(包括股东代理人)所持有表决权的股份数,各占公司总股份的比例;(2)在记载表决结果时,还应当记载内资股股东和境内上市外资股股东对每一决议事项的表决情况。

未完成股权分置改革的公司,会议记录还应该包括:

(1)出席股东大会的流通股股东(包括股东代理人)和非流通股股东(包括股东代理人)所持有表决权的股份数,各占公司总股份的比例;

(2)在记载表决结果时,还应当记载流通股股东和非流通股股东对每一决议事项的表决情况。

公司应当根据实际情况,在章程中规定股东大会会议记录需要记载的其他内容。

第七十四条 召集人应当保证会议记录内容真实、准确和完整。出席会议的董事、监事、董事会秘书、召集人或其代表、会议主持人应当在会议记录上签名。会议记录应当与现场出席股东的签名册及代理出席的委托书、网络及其他方式表决情况的有效资料一并保存,保存期限不少于十年。

【注释】 公司应当根据具体情况,在章程中规定股东大会会议记录的保管期限。

第七十五条 召集人应当保证股东大会连续举行,直至形成最终决议。因不可抗力等特殊原因导致股东大会中止或不能作出决议的,应采取必要措施尽快恢复召开股东大会或直接终止本次股东大会,并及时公告。同时,召集人应向公司所在地中国证监会派出机构及证券交易所报告。

第六节 股东大会的表决和决议

第七十六条 股东大会决议分为普通决议和特别决议。股东大会作出普通决议,应当由出席股东大会的股东(包括股东代理人)所持表决权的过半数通过。股东大会作出特别决议,应当由出席股东大会的股东(包括股东代理人)所持表决权的三分之二以上通过。

第七十七条 下列事项由股东大会以普通决议通过:

(一)董事会和监事会的工作报告;

(二)董事会拟定的利润分配方案和弥补亏损方案;

（三）董事会和监事会成员的任免及其报酬和支付方法；

（四）公司年度预算方案、决算方案；

（五）公司年度报告；

（六）除法律、行政法规规定或者本章程规定应当以特别决议通过以外的其他事项。

第七十八条 下列事项由股东大会以特别决议通过：

（一）公司增加或者减少注册资本；

（二）公司的分立、分拆、合并、解散和清算；

（三）本章程的修改；

（四）公司在一年内购买、出售重大资产或者担保金额超过公司最近一期经审计总资产百分之三十的；

（五）股权激励计划；

（六）法律、行政法规或本章程规定的，以及股东大会以普通决议认定会对公司产生重大影响的、需要以特别决议通过的其他事项。

【注释】股东大会就以下事项作出特别决议，除须经出席会议的普通股股东（含表决权恢复的优先股股东，包括股东代理人）所持表决权的三分之二以上通过之外，还须经出席会议的优先股股东（不含表决权恢复的优先股股东，包括股东代理人）所持表决权的三分之二以上通过：（1）修改公司章程中与优先股相关的内容；（2）一次或累计减少公司注册资本超过百分之十；（3）公司合并、分立、解散或变更公司形式；（4）发行优先股；（5）公司章程规定的其他情形。

第七十九条 股东（包括股东代理人）以其所代表的有表决权的股份数额行使表决权，每一股份享有一票表决权。

股东大会审议影响中小投资者利益的重大事项时，对中小投资者表决应当单独计票。单独计票结果应当及时公开披露。

公司持有的本公司股份没有表决权，且该部分股份不计入出席股东大会有表决权的股份总数。

股东买入公司有表决权的股份违反《证券法》第六十三条第一款、第二款规定的，该超过规定比例部分的股份在买入后的三十六个月内不得行使表决权，且不计入出席股东大会有表决权的股份总数。

公司董事会、独立董事、持有百分之一以上有表决权股份的股东或者依照法律、行政法规或者中国证监会的规定设立的投资者保护机构可以公开征集股东投票权。征集股东投票权应当向被征集人充分披露具体投票意向等信息。禁止以有偿或者变相有偿的方式征集股东投票权。除法定条件外，公司不得对征集投票权提出最低持股比例限制。

【注释】若公司有发行在外的其他股份，应当说明是否享有表决权。优先股表决权恢复的，应当根据章程规定的具体计算方法确定每股优先股股份享有的表决权。

第八十条 股东大会审议有关关联交易事项时，关联股东不应当参与投票表决，其所代表的有表决权的股份数不计入有效表决总数；股东大会决议的公告应当充分披露非关联股东的表决情况。

【注释】公司应当根据具体情况，在章程中制订有关联关系股东的回避和表决程序。

第八十一条 除公司处于危机等特殊情况外，非经股东大会以特别决议批准，公司将不与董事、经理和其他高级管理人员以外的人订立将公司全部或者重要业务的管理交予该人负责的合同。

第八十二条 董事、监事候选人名单以提案的方式提请股东大会表决。

股东大会就选举董事、监事进行表决时，根据本章程的规定或者股东大会的决议，可以实行累积投票制。

前款所称累积投票制是指股东大会选举董事或者监事时，每一股份拥有与应选董事或者监事人数相同的表决权，股东拥有的表决权可以集中使用。董事会应当向股东公告候选董事、监事的简历和基本情况。

【注释】1.公司应当在章程中规定董事、监事提名的方式和程序，以及累积投票制的相关事宜。

2.单一股东及其一致行动人拥有权益的股份比例在百分之三十及以上的公司，应当采用累积投票制，并在公司章程中规定实施细则。

第八十三条　除累积投票制外，股东大会将对所有提案进行逐项表决，对同一事项有不同提案的，将按提案提出的时间顺序进行表决。除因不可抗力等特殊原因导致股东大会中止或不能作出决议外，股东大会将不会对提案进行搁置或不予表决。

第八十四条　股东大会审议提案时，不会对提案进行修改，否则，有关变更应当被视为一个新的提案，不能在本次股东大会上进行表决。

第八十五条　同一表决权只能选择现场、网络或其他表决方式中的一种。同一表决权出现重复表决的以第一次投票结果为准。

第八十六条　股东大会采取记名方式投票表决。

第八十七条　股东大会对提案进行表决前，应当推举两名股东代表参加计票和监票。审议事项与股东有关联关系的，相关股东及代理人不得参加计票、监票。股东大会对提案进行表决时，应当由律师、股东代表与监事代表共同负责计票、监票，并当场公布表决结果，决议的表决结果载入会议记录。

通过网络或其他方式投票的公司股东或其代理人，有权通过相应的投票系统查验自己的投票结果。

第八十八条　股东大会现场结束时间不得早于网络或其他方式，会议主持人应当宣布每一提案的表决情况和结果，并根据表决结果宣布提案是否通过。

在正式公布表决结果前，股东大会现场、网络及其他表决方式中所涉及的公司、计票人、监票人、主要股东、网络服务方等相关各方对表决情况均负有保密义务。

第八十九条　出席股东大会的股东，应当对提交表决的提案发表以下意见之一：同意、反对或弃权。证券登记结算机构作为内地与香港股票市场交易互联互通机制股票的名义持有人，按照实际持有人意思表示进行申报的除外。

未填、错填、字迹无法辨认的表决票、未投的表决票均视为投票人放弃表决权利，其所持股份数的表决结果应计为"弃权"。

第九十条　会议主持人如果对提交表决的决议结果有任何怀疑，可以对所投票数组织点票；如果会议主持人未进行点票，出席会议的股东或者股东代理人对会议主持人宣布结果有异议的，有权在宣布表决结果后立即要求点票，会议主持人应当立即组织点票。

第九十一条　股东大会决议应当及时公告，公告中应列明出席会议的股东和代理人人数、所持有表决权的股份总数及占公司有表决权股份总数的比例、表决方式、每项提案的表决结果和通过的各项决议的详细内容。

【注释】发行境内上市外资股的公司，应当对内资股股东和外资股股东出席会议及表决情况分别统计并公告。

第九十二条　提案未获通过，或者本次股东大会变更前次股东大会决议的，应当在股东大会决议公告中作特别提示。

第九十三条　股东大会通过有关董事、监事选举提案的，新任董事、监事就任时间在【就任时间】。

【注释】新任董事、监事就任时间确认方式应在公司章程中予以明确。

第九十四条　股东大会通过有关派现、送股或资本公积转增股本提案的，公司将在股东大会结束后两个月内实施具体方案。

第五章　董事会

第一节　董　事

第九十五条　公司董事为自然人，有下列情形之一的，不能担任公司的董事：

（一）无民事行为能力或者限制民事行为能力；

（二）因贪污、贿赂、侵占财产、挪用财产或者破坏社会主义市场经济秩序，被判处刑罚，执行期满未逾五年，或者因犯罪被剥夺政治权利，执行期满未逾五年；

（三）担任破产清算的公司、企业的董事或者厂长、经理，对该公司、企业的破产负有个人责任的，自该公司、企业破产清算完结之日起未逾三年；

（四）担任因违法被吊销营业执照、责令关闭的公司、企业的法定代表人，并负有个人责任的，自该公司、企业被吊销营业执照之日起未逾三年；

（五）个人所负数额较大的债务到期未清偿；

（六）被中国证监会采取证券市场禁入措施，期限未满的；

（七）法律、行政法规或部门规章规定的其他内容。违反本条规定选举、委派董事的，该选举、委派或者聘任无效。董事在任职期间出现本条情形的，公司解除其职务。

第九十六条　董事由股东大会选举或者更换，并可在任期届满前由股东大会解除其职务。董事任期【年数】，任期届满可连选连任。

董事任期从就任之日起计算，至本届董事会任期届满时为止。董事任期届满未及时改选，在改选出的董事就任前，原董事仍应当依照法律、行政法规、部门规章和本章程的规定，履行董事职务。

董事可以由经理或者其他高级管理人员兼任，但兼任经理或者其他高级管理人员职务的董事以及由职工代表担任的董事，总计不得超过公司董事总数的二分之一。

【注释】公司章程应规定规范、透明的董事选聘程序。董事会成员中可以有公司职工代表，公司章程应明确本公司董事会是否可以由职工代表担任董事，以及职工代表担任董事的名额。董事会中的职工代表由公司职工通过职工代表大会、职工大会或者其他形式民主选举产生后，直接进入董事会。

第九十七条　董事应当遵守法律、行政法规和本章程，对公司负有下列忠实义务：

（一）不得利用职权收受贿赂或者其他非法收入，不得侵占公司的财产；

（二）不得挪用公司资金；

（三）不得将公司资产或者资金以其个人名义或者其他个人名义开立账户存储；

（四）不得违反本章程的规定，未经股东大会或董事会同意，将公司资金借贷给他人或者以公司财产为他人提供担保；

（五）不得违反本章程的规定或未经股东大会同意，与本公司订立合同或者进行交易；

（六）未经股东大会同意，不得利用职务便利，为自己或他人谋取本应属于公司的商业机会，自营或者为他人经营与本公司同类的业务；

（七）不得接受与公司交易的佣金归为己有；

（八）不得擅自披露公司秘密；

（九）不得利用其关联关系损害公司利益；

（十）法律、行政法规、部门规章及本章程规定的其他忠实义务。

董事违反本条规定所得的收入，应当归公司所有；给公司造成损失的，应当承担赔偿责任。

【注释】除以上各项义务要求外，公司可以根据具体情况，在章程中增加对本公司董事其他义务的要求。

第九十八条 董事应当遵守法律、行政法规和本章程，对公司负有下列勤勉义务：
（一）应谨慎、认真、勤勉地行使公司赋予的权利，以保证公司的商业行为符合国家法律、行政法规以及国家各项经济政策的要求，商业活动不超过营业执照规定的业务范围；
（二）应公平对待所有股东；
（三）及时了解公司业务经营管理状况；
（四）应当对公司定期报告签署书面确认意见。保证公司所披露的信息真实、准确、完整；
（五）应当如实向监事会提供有关情况和资料，不得妨碍监事会或者监事行使职权；
（六）法律、行政法规、部门规章及本章程规定的其他勤勉义务。
【注释】公司可以根据具体情况，在章程中增加对本公司董事勤勉义务的要求。

第九十九条 董事连续两次未能亲自出席，也不委托其他董事出席董事会会议，视为不能履行职责，董事会应当建议股东大会予以撤换。

第一百条 董事可以在任期届满以前提出辞职。董事辞职应向董事会提交书面辞职报告。董事会将在两日内披露有关情况。如因董事的辞职导致公司董事会低于法定最低人数时，在改选出的董事就任前，原董事仍应当依照法律、行政法规、部门规章和本章程规定，履行董事职务。

除前款所列情形外，董事辞职自辞职报告送达董事会时生效。

第一百零一条 董事辞职生效或者任期届满，应向董事会办妥所有移交手续，其对公司和股东承担的忠实义务，在任期结束后并不当然解除，在本章程规定的合理期限内仍然有效。注释：公司章程应规定董事辞职生效或者任期届满后承担忠实义务的具体期限。

第一百零二条 未经本章程规定或者董事会的合法授权，任何董事不得以个人名义代表公司或者董事会行事。董事以其个人名义行事时，在第三方会合理地认为该董事在代表公司或者董事会行事的情况下，该董事应当事先声明其立场和身份。

第一百零三条 董事执行公司职务时违反法律、行政法规、部门规章或本章程的规定，给公司造成损失的，应当承担赔偿责任。

第一百零四条 独立董事应按照法律、行政法规、中国证监会和证券交易所的有关规定执行。

第二节 董 事 会

第一百零五条 公司设董事会，对股东大会负责。

第一百零六条 董事会由【人数】名董事组成，设董事长一人，副董事长【人数】人。
【注释】公司应当在章程中确定董事会人数。

第一百零七条 董事会行使下列职权：
（一）召集股东大会，并向股东大会报告工作；
（二）执行股东大会的决议；
（三）决定公司的经营计划和投资方案；
（四）制订公司的年度财务预算方案、决算方案；
（五）制订公司的利润分配方案和弥补亏损方案；
（六）制订公司增加或者减少注册资本、发行债券或其他证券及上市方案；
（七）拟订公司重大收购、收购本公司股票或者合并、分立、解散及变更公司形式的方案；
（八）在股东大会授权范围内，决定公司对外投资、收购出售资产、资产抵押、对外担保事项、委托理财、关联交易、对外捐赠等事项；
（九）决定公司内部管理机构的设置；
（十）决定聘任或者解聘公司经理、董事会秘书及其他高级管理人员，并决定其报酬事项和奖惩事项；根据经理的提名，决定聘任或者解聘公司副经理、财务负责人等高级管理人员，并决定其报酬事项和奖惩事项；

（十一）制订公司的基本管理制度；

（十二）制订本章程的修改方案；

（十三）管理公司信息披露事项；

（十四）向股东大会提请聘请或更换为公司审计的会计师事务所；

（十五）听取公司经理的工作汇报并检查经理的工作；

（十六）法律、行政法规、部门规章或本章程授予的其他职权。

公司董事会设立【审计委员会】，并根据需要设立【战略】、【提名】、【薪酬与考核】等相关专门委员会。专门委员会对董事会负责，依照本章程和董事会授权履行职责，提案应当提交董事会审议决定。专门委员会成员全部由董事组成，其中【审计委员会】、【提名委员会】、【薪酬与考核委员会】中独立董事占多数并担任召集人，【审计委员会】的召集人为会计专业人士。董事会负责制定专门委员会工作规程，规范专门委员会的运作。

【注释】公司股东大会可以授权公司董事会按照公司章程的约定向优先股股东支付股息。

超过股东大会授权范围的事项，应当提交股东大会审议。

第一百零八条 公司董事会应当就注册会计师对公司财务报告出具的非标准审计意见向股东大会作出说明。

第一百零九条 董事会制定董事会议事规则，以确保董事会落实股东大会决议，提高工作效率，保证科学决策。

【注释】该规则规定董事会的召开和表决程序，董事会议事规则应列入公司章程或作为章程的附件，由董事会拟定，股东大会批准。

第一百一十条 董事会应当确定对外投资、收购出售资产、资产抵押、对外担保事项、委托理财、关联交易、对外捐赠等权限，建立严格的审查和决策程序；重大投资项目应当组织有关专家、专业人员进行评审，并报股东大会批准。

【注释】公司董事会应当根据相关的法律、法规及公司实际情况，在章程中确定符合公司具体要求的权限范围，以及涉及资金占公司资产的具体比例。

第一百一十一条 董事会设董事长一人，可以设副董事长。董事长和副董事长由董事会以全体董事的过半数选举产生。

第一百一十二条 董事长行使下列职权：

（一）主持股东大会和召集、主持董事会会议；

（二）督促、检查董事会决议的执行；

（三）董事会授予的其他职权。注释：董事会应谨慎授予董事长职权，例行或长期授权须在章程中明确规定。

第一百一十三条 公司副董事长协助董事长工作，董事长不能履行职务或者不履行职务的，由副董事长履行职务（公司有两位或两位以上副董事长的，由半数以上董事共同推举的副董事长履行职务）；副董事长不能履行职务或者不履行职务的，由半数以上董事共同推举一名董事履行职务。

第一百一十四条 董事会每年至少召开两次会议，由董事长召集，于会议召开十日以前书面通知全体董事和监事。

第一百一十五条 代表十分之一以上表决权的股东、三分之一以上董事或者监事会，可以提议召开董事会临时会议。董事长应当自接到提议后十日内，召集和主持董事会会议。

第一百一十六条 董事会召开临时董事会会议的通知方式为：【具体通知方式】；通知时限为：【具体通知时限】。

第一百一十七条 董事会会议通知包括以下内容：

（一）会议日期和地点；
（二）会议期限；
（三）事由及议题；
（四）发出通知的日期。

第一百一十八条 董事会会议应有过半数的董事出席方可举行。董事会作出决议，必须经全体董事的过半数通过。

董事会决议的表决，实行一人一票。

第一百一十九条 董事与董事会会议决议事项所涉及的企业有关联关系的，不得对该项决议行使表决权，也不得代理其他董事行使表决权。该董事会会议由过半数的无关联关系董事出席即可举行，董事会会议所作决议须经无关联关系董事过半数通过。出席董事会的无关联董事人数不足三人的，应将该事项提交股东大会审议。

第一百二十条 董事会决议表决方式为：【具体表决方式】。董事会临时会议在保障董事充分表达意见的前提下，可以用【其他方式】进行并作出决议，并由参会董事签字。注释：此项为选择性条款，公司可自行决定是否在其章程中予以采纳。

第一百二十一条 董事会会议，应由董事本人出席；董事因故不能出席，可以书面委托其他董事代为出席，委托书中应载明代理人的姓名，代理事项、授权范围和有效期限，并由委托人签名或盖章。代为出席会议的董事应当在授权范围内行使董事的权利。董事未出席董事会会议，亦未委托代表出席的，视为放弃在该次会议上的投票权。

第一百二十二条 董事会应当对会议所议事项的决定做成会议记录，出席会议的董事应当在会议记录上签名。

董事会会议记录作为公司档案保存，保存期限不少于十年。注释：公司应当根据具体情况，在章程中规定会议记录的保管期限。

第一百二十三条 董事会会议记录包括以下内容：
（一）会议召开的日期、地点和召集人姓名；
（二）出席董事的姓名以及受他人委托出席董事会的董事（代理人）姓名；
（三）会议议程；
（四）董事发言要点；
（五）每一决议事项的表决方式和结果（表决结果应载明赞成、反对或弃权的票数）。

第六章 经理及其他高级管理人员

第一百二十四条 公司设经理一名，由董事会聘任或解聘。

公司设副经理【人数】名，由董事会聘任或解聘。

公司经理、副经理、财务负责人、董事会秘书和【职务】为公司高级管理人员。

【注释】公司可以根据具体情况，在章程中规定属于公司高级管理人员的其他人选。

第一百二十五条 本章程第九十五条关于不得担任董事的情形，同时适用于高级管理人员。

本章程第九十七条关于董事的忠实义务和第九十八条第（四）项、第（五）项、第（六）项关于勤勉义务的规定，同时适用于高级管理人员。

第一百二十六条 在公司控股股东单位担任除董事、监事以外其他行政职务的人员，不得担任公司的高级管理人员。

公司高级管理人员仅在公司领薪，不由控股股东代发薪水。

第一百二十七条 经理每届任期【年数】年，经理连聘可以连任。

第一百二十八条 经理对董事会负责，行使下列职权：
（一）主持公司的生产经营管理工作，组织实施董事会决议，并向董事会报告工作；

（二）组织实施公司年度经营计划和投资方案；
（三）拟订公司内部管理机构设置方案；
（四）拟订公司的基本管理制度；
（五）制定公司的具体规章；
（六）提请董事会聘任或者解聘公司副经理、财务负责人；
（七）决定聘任或者解聘除应由董事会决定聘任或者解聘以外的负责管理人员；
（八）本章程或董事会授予的其他职权。经理列席董事会会议。注释：公司应当根据自身情况，在章程中制订符合公司实际要求的经理的职权和具体实施办法。

第一百二十九条 经理应制订经理工作细则，报董事会批准后实施。

第一百三十条 经理工作细则包括下列内容：
（一）经理会议召开的条件、程序和参加的人员；
（二）经理及其他高级管理人员各自具体的职责及其分工；
（三）公司资金、资产运用，签订重大合同的权限，以及向董事会、监事会的报告制度；
（四）董事会认为必要的其他事项。

第一百三十一条 经理可以在任期届满以前提出辞职。有关经理辞职的具体程序和办法由经理与公司之间的劳务合同规定。

第一百三十二条 公司根据自身情况，在章程中应当规定副经理的任免程序、副经理与经理的关系，并可以规定副经理的职权。

第一百三十三条 公司设董事会秘书，负责公司股东大会和董事会会议的筹备、文件保管以及公司股东资料管理，办理信息披露事务等事宜。

董事会秘书应遵守法律、行政法规、部门规章及本章程的有关规定。

第一百三十四条 高级管理人员执行公司职务时违反法律、行政法规、部门规章或本章程的规定，给公司造成损失的，应当承担赔偿责任。

第一百三十五条 公司高级管理人员应当忠实履行职务，维护公司和全体股东的最大利益。公司高级管理人员因未能忠实履行职务或违背诚信义务，给公司和社会公众股股东的利益造成损害的，应当依法承担赔偿责任。

第七章 监 事 会

第一节 监 事

第一百三十六条 本章程第九十五条关于不得担任董事的情形，同时适用于监事。

董事、经理和其他高级管理人员不得兼任监事。

第一百三十七条 监事应当遵守法律、行政法规和本章程，对公司负有忠实义务和勤勉义务，不得利用职权收受贿赂或者其他非法收入，不得侵占公司的财产。

第一百三十八条 监事的任期每届为三年。监事任期届满，连选可以连任。

第一百三十九条 监事任期届满未及时改选，或者监事在任期内辞职导致监事会成员低于法定人数的，在改选出的监事就任前，原监事仍应当依照法律、行政法规和本章程的规定，履行监事职务。

第一百四十条 监事应当保证公司披露的信息真实、准确、完整，并对定期报告签署书面确认意见。

第一百四十一条 监事可以列席董事会会议，并对董事会决议事项提出质询或者建议。

第一百四十二条 监事不得利用其关联关系损害公司利益，若给公司造成损失的，应当承担赔偿责任。

第一百四十三条 监事执行公司职务时违反法律、行政法规、部门规章或本章程的规定，给公司造成损失的，应当承担赔偿责任。

第二节 监事会

第一百四十四条 公司设监事会。监事会由【人数】名监事组成，监事会设主席一人，可以设副主席。监事会主席和副主席由全体监事过半数选举产生。监事会主席召集和主持监事会会议；监事会主席不能履行职务或者不履行职务的，由监事会副主席召集和主持监事会会议；监事会副主席不能履行职务或者不履行职务的，由半数以上监事共同推举一名监事召集和主持监事会会议。

监事会应当包括股东代表和适当比例的公司职工代表，其中职工代表的比例不低于三分之一。监事会中的职工代表由公司职工通过职工代表大会、职工大会或者其他形式民主选举产生。

监事会成员不得少于三人。公司章程应规定职工代表在监事会中的具体比例。

第一百四十五条 监事会行使下列职权：

（一）应当对董事会编制的公司定期报告进行审核并提出书面审核意见；

（二）检查公司财务；

（三）对董事、高级管理人员执行公司职务的行为进行监督，对违反法律、行政法规、本章程或者股东大会决议的董事、高级管理人员提出罢免的建议；

（四）当董事、高级管理人员的行为损害公司的利益时，要求董事、高级管理人员予以纠正；

（五）提议召开临时股东大会，在董事会不履行《公司法》规定的召集和主持股东大会职责时召集和主持股东大会；

（六）向股东大会提出提案；

（七）依照《公司法》第一百五十一条的规定，对董事、高级管理人员提起诉讼；

（八）发现公司经营情况异常，可以进行调查；必要时，可以聘请会计师事务所、律师事务所等专业机构协助其工作，费用由公司承担。

【注释】公司章程可以规定监事的其他职权。

第一百四十六条 监事会每六个月至少召开一次会议。监事可以提议召开临时监事会会议。

监事会决议应当经半数以上监事通过。

第一百四十七条 监事会制定监事会议事规则，明确监事会的议事方式和表决程序，以确保监事会的工作效率和科学决策。注释：监事会议事规则规定监事会的召开和表决程序。监事会议事规则应列入公司章程或作为章程的附件，由监事会拟定，股东大会批准。

第一百四十八条 监事会应当将所议事项的决定做成会议记录，出席会议的监事应当在会议记录上签名。

监事有权要求在记录上对其在会议上的发言作出某种说明性记载。监事会会议记录作为公司档案至少保存十年。

【注释】公司应当根据具体情况，在章程中规定会议记录的保管期限。

第一百四十九条 监事会会议通知包括以下内容：

（一）举行会议的日期、地点和会议期限；

（二）事由及议题；

（三）发出通知的日期。

第八章 财务会计制度、利润分配和审计

第一节 财务会计制度

第一百五十条 公司依照法律、行政法规和国家有关部门的规定，制定公司的财务会

计制度。

　　第一百五十一条　公司在每一会计年度结束之日起四个月内向中国证监会和证券交易所报送并披露年度报告，在每一会计年度上半年结束之日起两个月内向中国证监会派出机构和证券交易所报送并披露中期报告。

　　上述年度报告、中期报告按照有关法律、行政法规、中国证监会及证券交易所的规定进行编制。

　　第一百五十二条　公司除法定的会计账簿外，将不另立会计账簿。公司的资产，不以任何个人名义开立账户存储。

　　第一百五十三条　公司分配当年税后利润时，应当提取利润的百分之十列入公司法定公积金。公司法定公积金累计额为公司注册资本的百分之五十以上的，可以不再提取。

　　公司的法定公积金不足以弥补以前年度亏损的，在依照前款规定提取法定公积金之前，应当先用当年利润弥补亏损。

　　公司从税后利润中提取法定公积金后，经股东大会决议，还可以从税后利润中提取任意公积金。公司弥补亏损和提取公积金后所余税后利润，按照股东持有的股份比例分配，但本章程规定不按持股比例分配的除外。股东大会违反前款规定，在公司弥补亏损和提取法定公积金之前向股东分配利润的，股东必须将违反规定分配的利润退还公司。

　　公司持有的本公司股份不参与分配利润。

　　公司应当在公司章程中明确现金分红相对于股票股利在利润分配方式中的优先顺序，并载明以下内容：

　　（一）公司董事会、股东大会对利润分配尤其是现金分红事项的决策程序和机制，对既定利润分配政策尤其是现金分红政策作出调整的具体条件、决策程序和机制，以及为充分听取独立董事和中小股东意见所采取的措施。

　　（二）公司的利润分配政策尤其是现金分红政策的具体内容，利润分配的形式，利润分配尤其是现金分红的期间间隔，现金分红的具体条件，发放股票股利的条件，各期现金分红最低金额或比例（如有）等。

　　【注释】公司应当以现金的形式向优先股股东支付股息，在完全支付约定的股息之前，不得向普通股股东分配利润。

　　第一百五十四条　公司的公积金用于弥补公司的亏损、扩大公司生产经营或者转为增加公司资本。但是，资本公积金将不用于弥补公司的亏损。

　　法定公积金转为资本时，所留存的该项公积金将不少于转增前公司注册资本的百分之二十五。

　　第一百五十五条　公司股东大会对利润分配方案作出决议后，公司董事会须在股东大会召开后两个月内完成股利（或股份）的派发事项。

　　第一百五十六条　公司利润分配政策为【具体政策】。

　　【注释】发行境内上市外资股的公司应当按照《境内上市外资股规定实施细则》中的有关规定补充本节的内容。

第二节　内部审计

　　第一百五十七条　公司实行内部审计制度，配备专职审计人员，对公司财务收支和经济活动进行内部审计监督。

　　第一百五十八条　公司内部审计制度和审计人员的职责，应当经董事会批准后实施。审计负责人向董事会负责并报告工作。

第三节　会计师事务所的聘任

　　第一百五十九条　公司聘用符合《证券法》规定的会计师事务所进行会计报表审计、

净资产验证及其他相关的咨询服务等业务,聘期一年,可以续聘。

第一百六十条 公司聘用会计师事务所必须由股东大会决定,董事会不得在股东大会决定前委任会计师事务所。

第一百六十一条 公司保证向聘用的会计师事务所提供真实、完整的会计凭证、会计账簿、财务会计报告及其他会计资料,不得拒绝、隐匿、谎报。

第一百六十二条 会计师事务所的审计费用由股东大会决定。

第一百六十三条 公司解聘或者不再续聘会计师事务所时,提前【天数】天事先通知会计师事务所,公司股东大会就解聘会计师事务所进行表决时,允许会计师事务所陈述意见。会计师事务所提出辞聘的,应当向股东大会说明公司有无不当情形。

第九章 通知和公告

第一节 通 知

第一百六十四条 公司的通知以下列形式发出:

(一)以专人送出;

(二)以邮件方式送出;

(三)以公告方式进行;

(四)本章程规定的其他形式。

第一百六十五条 公司发出的通知,以公告方式进行的,一经公告,视为所有相关人员收到通知。

第一百六十六条 公司召开股东大会的会议通知,以【具体通知方式】进行。

第一百六十七条 公司召开董事会的会议通知,以【具体通知方式】进行。

第一百六十八条 公司召开监事会的会议通知,以【具体通知方式】进行。

【注释】公司应当根据实际情况,在章程中确定公司各种会议的具体通知方式。

第一百六十九条 公司通知以专人送出的,由被送达人在送达回执上签名(或盖章),被送达人签收日期为送达日期;公司通知以邮件送出的,自交付邮局之日起第【天数】个工作日为送达日期;公司通知以公告方式送出的,第一次公告刊登日为送达日期。

第一百七十条 因意外遗漏未向某有权得到通知的人送出会议通知或者该等人没有收到会议通知,会议及会议作出的决议并不因此无效。

第二节 公 告

第一百七十一条 公司指定【媒体名称】为刊登公司公告和其他需要披露信息的媒体。

【注释】公司应当在符合中国证监会规定条件的媒体范围内确定公司披露信息的媒体。

第十章 合并、分立、增资、减资、解散和清算

第一节 合并、分立、增资和减资

第一百七十二条 公司合并可以采取吸收合并或者新设合并。

一个公司吸收其他公司为吸收合并,被吸收的公司解散。两个以上公司合并设立一个新的公司为新设合并,合并各方解散。

第一百七十三条 公司合并,应当由合并各方签订合并协议,并编制资产负债表及财产清单。公司应当自作出合并决议之日起十日内通知债权人,并于三十日内在【报纸名称】上公告。债权人自接到通知书之日起三十日内,未接到通知书的自公告之日起四十五日内,可以要求公司清偿债务或者提供相应的担保。

第一百七十四条 公司合并时，合并各方的债权、债务，由合并后存续的公司或者新设的公司承继。

第一百七十五条 公司分立，其财产作相应的分割。公司分立，应当编制资产负债表及财产清单。公司应当自作出分立决议之日起十日内通知债权人，并于三十日内在【报纸名称】上公告。

第一百七十六条 公司分立前的债务由分立后的公司承担连带责任。但是，公司在分立前与债权人就债务清偿达成的书面协议另有约定的除外。

第一百七十七条 公司需要减少注册资本时，必须编制资产负债表及财产清单。

公司应当自作出减少注册资本决议之日起十日内通知债权人，并于三十日内在【报纸名称】上公告。债权人自接到通知之日起三十日内，未接到通知书的自公告之日起四十五日内，有权要求公司清偿债务或者提供相应的担保。

公司减资后的注册资本将不低于法定的最低限额。

第一百七十八条 公司合并或者分立，登记事项发生变更的，应当依法向公司登记机关办理变更登记；公司解散的，应当依法办理公司注销登记；设立新公司的，应当依法办理公司设立登记。

公司增加或者减少注册资本，应当依法向公司登记机关办理变更登记。

第二节 解散和清算

第一百七十九条 公司因下列原因解散：

（一）本章程规定的营业期限届满或者本章程规定的其他解散事由出现；

（二）股东大会决议解散；

（三）因公司合并或者分立需要解散；

（四）依法被吊销营业执照、责令关闭或者被撤销；

（五）公司经营管理发生严重困难，继续存续会使股东利益受到重大损失，通过其他途径不能解决的，持有公司全部股东表决权百分之十以上的股东，可以请求人民法院解散公司。

第一百八十条 公司有本章程第一百七十九条第（一）项情形的，可以通过修改本章程而存续。

依照前款规定修改本章程，须经出席股东大会会议的股东所持表决权的三分之二以上通过。

第一百八十一条 公司因本章程第一百七十九条第（一）项、第（二）项、第（四）项、第（五）项规定而解散的，应当在解散事由出现之日起十五日内成立清算组，开始清算。清算组由董事或者股东大会确定的人员组成。逾期不成立清算组进行清算的，债权人可以申请人民法院指定有关人员组成清算组进行清算。

第一百八十二条 清算组在清算期间行使下列职权：

（一）清理公司财产，分别编制资产负债表和财产清单；

（二）通知、公告债权人；

（三）处理与清算有关的公司未了结的业务；

（四）清缴所欠税款以及清算过程中产生的税款；

（五）清理债权、债务；

（六）处理公司清偿债务后的剩余财产；

（七）代表公司参与民事诉讼活动。

第一百八十三条 清算组应当自成立之日起十日内通知债权人，并于六十日内在【报纸名称】上公告。债权人应当自接到通知书之日起三十日内，未接到通知书的自公告之日起四十五日内，向清算组申报其债权。

债权人申报债权，应当说明债权的有关事项，并提供证明材料。清算组应当对债权进行登记。

在申报债权期间，清算组不得对债权人进行清偿。

第一百八十四条 清算组在清理公司财产、编制资产负债表和财产清单后，应当制定清算方案，并报股东大会或者人民法院确认。

公司财产在分别支付清算费用、职工的工资、社会保险费用和法定补偿金，缴纳所欠税款，清偿公司债务后的剩余财产，公司按照股东持有的股份比例分配。清算期间，公司存续，但不能开展与清算无关的经营活动。公司财产在未按前款规定清偿前，将不会分配给股东。

注释：已发行优先股的公司因解散、破产等原因进行清算时，公司财产在按照公司法和破产法有关规定进行清偿后的剩余财产，应当优先向优先股股东支付未派发的股息和公司章程约定的清算金额，不足以全额支付的，按照优先股股东持股比例分配。

第一百八十五条 清算组在清理公司财产、编制资产负债表和财产清单后，发现公司财产不足清偿债务的，应当依法向人民法院申请宣告破产。公司经人民法院裁定宣告破产后，清算组应当将清算事务移交给人民法院。

第一百八十六条 公司清算结束后，清算组应当制作清算报告，报股东大会或者人民法院确认，并报送公司登记机关，申请注销公司登记，公告公司终止。

第一百八十七条 清算组成员应当忠于职守，依法履行清算义务。

清算组成员不得利用职权收受贿赂或者其他非法收入，不得侵占公司财产。

清算组成员因故意或者重大过失给公司或者债权人造成损失的，应当承担赔偿责任。

第一百八十八条 公司被依法宣告破产的，依照有关企业破产的法律实施破产清算。

第十一章 修 改 章 程

第一百八十九条 有下列情形之一的，公司应当修改章程：

（一）《公司法》或有关法律、行政法规修改后，章程规定的事项与修改后的法律、行政法规的规定相抵触；

（二）公司的情况发生变化，与章程记载的事项不一致；

（三）股东大会决定修改章程。

第一百九十条 股东大会决议通过的章程修改事项应经主管机关审批的，须报主管机关批准；涉及公司登记事项的，依法办理变更登记。

第一百九十一条 董事会依照股东大会修改章程的决议和有关主管机关的审批意见修改本章程。

第一百九十二条 章程修改事项属于法律、法规要求披露的信息，按规定予以公告。

第十二章 附 则

第一百九十三条 释义：

（一）控股股东，是指其持有的普通股（含表决权恢复的优先股）占公司股本总额百分之五十以上的股东；持有股份的比例虽然不足百分之五十，但依其持有的股份所享有的表决权已足以对股东大会的决议产生重大影响的股东。

（二）实际控制人，是指虽不是公司的股东，但通过投资关系、协议或者其他安排，能够实际支配公司行为的人。

（三）关联关系，是指公司控股股东、实际控制人、董事、监事、高级管理人员与其直接或者间接控制的企业之间的关系，以及可能导致公司利益转移的其他关系。但是，国家控股的企业之间不仅因为同受国家控股而具有关联关系。

第一百九十四条 董事会可依照章程的规定，制订章程细则。章程细则不得与章程的规定相抵触。

第一百九十五条 本章程以中文书写，其他任何语种或不同版本的章程与本章程有歧义时，以在【公司登记机关全称】最近一次核准登记后的中文版章程为准。

第一百九十六条 本章程所称"以上""以内""以下"，都含本数；"以外""低于""多于"不含本数。

第一百九十七条 本章程由公司董事会负责解释。

第一百九十八条 本章程附件包括股东大会议事规则、董事会议事规则和监事会议事规则。

第一百九十九条 国家对优先股另有规定的，从其规定。

第二百条 本章程指引自公布之日起施行。2019年4月17日施行的《上市公司章程指引》（证监会公告〔2019〕10号）同时废止。

3. 上市公司股东大会规则（2022年修订）

（中国证券监督管理委员会公告〔2022〕13号）

现公布《上市公司股东大会规则（2022年修订）》，自公布之日起施行。

中国证监会
2022年1月5日

附件1. 上市公司股东大会规则（2022年修订）
附件2.《上市公司股东大会规则》修订说明

附件1：

上市公司股东大会规则（2022年修订）

第一章 总 则

第一条 为规范上市公司行为，保证股东大会依法行使职权，根据《中华人民共和国公司法》（以下简称《公司法》）、《中华人民共和国证券法》（以下简称《证券法》）的规定，制定本规则。

第二条 上市公司应当严格按照法律、行政法规、本规则及公司章程的相关规定召开股东大会，保证股东能够依法行使权利。

公司董事会应当切实履行职责，认真、按时组织股东大会。公司全体董事应当勤勉尽责，确保股东大会正常召开和依法行使职权。

第三条 股东大会应当在《公司法》和公司章程规定的范围内行使职权。

第四条 股东大会分为年度股东大会和临时股东大会。年度股东大会每年召开一次，应当于上一会计年度结束后的六个月内举行。临时股东大会不定期召开，出现《公司法》第一百条规定的应当召开临时股东大会的情形时，临时股东大会应当在二个月内召开。

公司在上述期限内不能召开股东大会的，应当报告公司所在地中国证券监督管理委员会（以下简称中国证监会）派出机构和公司股票挂牌交易的证券交易所（以下简称证券交易所），说明原因并公告。

第五条 公司召开股东大会，应当聘请律师对以下问题出具法律意见并公告：

（一）会议的召集、召开程序是否符合法律、行政法规、本规则和公司章程的规定；

（二）出席会议人员的资格、召集人资格是否合法有效；

（三）会议的表决程序、表决结果是否合法有效；

（四）应公司要求对其他有关问题出具的法律意见。

第二章　股东大会的召集

第六条 董事会应当在本规则第四条规定的期限内按时召集股东大会。

第七条 独立董事有权向董事会提议召开临时股东大会。对独立董事要求召开临时股东大会的提议，董事会应当根据法律、行政法规和公司章程的规定，在收到提议后十日内提出同意或不同意召开临时股东大会的书面反馈意见。

董事会同意召开临时股东大会的，应当在作出董事会决议后的五日内发出召开股东大会的通知；董事会不同意召开临时股东大会的，应当说明理由并公告。

第八条 监事会有权向董事会提议召开临时股东大会，并应当以书面形式向董事会提出。董事会应当根据法律、行政法规和公司章程的规定，在收到提议后十日内提出同意或不同意召开临时股东大会的书面反馈意见。

董事会同意召开临时股东大会的，应当在作出董事会决议后的五日内发出召开股东大会的通知，通知中对原提议的变更，应当征得监事会的同意。

董事会不同意召开临时股东大会，或者在收到提议后十日内未作出书面反馈的，视为董事会不能履行或者不履行召集股东大会会议职责，监事会可以自行召集和主持。

第九条 单独或者合计持有公司百分之十以上股份的普通股股东（含表决权恢复的优先股股东）有权向董事会请求召开临时股东大会，并应当以书面形式向董事会提出。董事会应当根据法律、行政法规和公司章程的规定，在收到请求后十日内提出同意或不同意召开临时股东大会的书面反馈意见。

董事会同意召开临时股东大会的，应当在作出董事会决议后的五日内发出召开股东大会的通知，通知中对原请求的变更，应当征得相关股东的同意。

董事会不同意召开临时股东大会，或者在收到请求后十日内未作出反馈的，单独或者合计持有公司百分之十以上股份的普通股股东（含表决权恢复的优先股股东）有权向监事会提议召开临时股东大会，并应当以书面形式向监事会提出请求。

监事会同意召开临时股东大会的，应在收到请求五日内发出召开股东大会的通知，通知中对原请求的变更，应当征得相关股东的同意。

监事会未在规定期限内发出股东大会通知的，视为监事会不召集和主持股东大会，连续九十日以上单独或者合计持有公司百分之十以上股份的普通股股东（含表决权恢复的优先股股东）可以自行召集和主持。

第十条 监事会或股东决定自行召集股东大会的，应当书面通知董事会，同时向证券交易所备案。

在股东大会决议公告前，召集普通股股东（含表决权恢复的优先股股东）持股比例不得低于百分之十。

监事会和召集股东应在发出股东大会通知及发布股东大会决议公告时，向证券交易所提交有关证明材料。

第十一条 对于监事会或股东自行召集的股东大会，董事会和董事会秘书应予配合。董事会应当提供股权登记日的股东名册。董事会未提供股东名册的，召集人可以持召集股东大会通知的相关公告，向证券登记结算机构申请获取。召集人所获取的股东名册不得用于除召开股东大会以外的其他用途。

第十二条 监事会或股东自行召集的股东大会，会议所必需的费用由公司承担。

第三章 股东大会的提案与通知

第十三条 提案的内容应当属于股东大会职权范围，有明确议题和具体决议事项，并且符合法律、行政法规和公司章程的有关规定。

第十四条 单独或者合计持有公司百分之三以上股份的普通股股东（含表决权恢复的优先股股东），可以在股东大会召开十日前提出临时提案并书面提交召集人。召集人应当在收到提案后二日内发出股东大会补充通知，公告临时提案的内容。

除前款规定外，召集人在发出股东大会通知后，不得修改股东大会通知中已列明的提案或增加新的提案。

股东大会通知中未列明或不符合本规则第十三条规定的提案，股东大会不得进行表决并作出决议。

第十五条 召集人应当在年度股东大会召开二十日前以公告方式通知各普通股股东（含表决权恢复的优先股股东），临时股东大会应当于会议召开十五日前以公告方式通知各普通股股东（含表决权恢复的优先股股东）。

第十六条 股东大会通知和补充通知中应当充分、完整披露所有提案的具体内容，以及为使股东对拟讨论的事项作出合理判断所需的全部资料或解释。拟讨论的事项需要独立董事发表意见的，发出股东大会通知或补充通知时应当同时披露独立董事的意见及理由。

第十七条 股东大会拟讨论董事、监事选举事项的，股东大会通知中应当充分披露董事、监事候选人的详细资料，至少包括以下内容：

（一）教育背景、工作经历、兼职等个人情况；

（二）与公司或其控股股东及实际控制人是否存在关联关系；

（三）披露持有上市公司股份数量；

（四）是否受过中国证监会及其他有关部门的处罚和证券交易所惩戒。

除采取累积投票制选举董事、监事外，每位董事、监事候选人应当以单项提案提出。

第十八条 股东大会通知中应当列明会议时间、地点，并确定股权登记日。股权登记日与会议日期之间的间隔应当不多于七个工作日。股权登记日一旦确认，不得变更。

第十九条 发出股东大会通知后，无正当理由，股东大会不得延期或取消，股东大会通知中列明的提案不得取消。一旦出现延期或取消的情形，召集人应当在原定召开日前至少二个工作日公告并说明原因。

第四章 股东大会的召开

第二十条 公司应当在公司住所地或公司章程规定的地点召开股东大会。

股东大会应当设置会场，以现场会议形式召开，并应当按照法律、行政法规、中国证监会或公司章程的规定，采用安全、经济、便捷的网络和其他方式为股东参加股东大会提供便利。股东通过上述方式参加股东大会的，视为出席。

股东可以亲自出席股东大会并行使表决权，也可以委托他人代为出席和在授权范围内行使表决权。

第二十一条 公司应当在股东大会通知中明确载明网络或其他方式的表决时间以及表决程序。

股东大会网络或其他方式投票的开始时间，不得早于现场股东大会召开前一日下午3:00，并不得迟于现场股东大会召开当日上午9:30，其结束时间不得早于现场股东大会结束当日下午 3:00。

第二十二条 董事会和其他召集人应当采取必要措施，保证股东大会的正常秩序。对于干扰股东大会、寻衅滋事和侵犯股东合法权益的行为，应当采取措施加以制止并及时报告有关部门查处。

第二十三条 股权登记日登记在册的所有普通股股东（含表决权恢复的优先股股东）或其代理人，均有权出席股东大会，公司和召集人不得以任何理由拒绝。

优先股股东不出席股东大会会议，所持股份没有表决权，但出现以下情况之一的，公司召开股东大会会议应当通知优先股股东，并遵循《公司法》及公司章程通知普通股股东的规定程序。优先股股东出席股东大会会议时，有权与普通股股东分类表决，其所持每一优先股有一表决权，但公司持有的本公司优先股没有表决权：

（一）修改公司章程中与优先股相关的内容；
（二）一次或累计减少公司注册资本超过百分之十；
（三）公司合并、分立、解散或变更公司形式；
（四）发行优先股；
（五）公司章程规定的其他情形。

上述事项的决议，除须经出席会议的普通股股东（含表决权恢复的优先股股东）所持表决权的三分之二以上通过之外，还须经出席会议的优先股股东（不含表决权恢复的优先股股东）所持表决权的三分之二以上通过。

第二十四条 股东应当持股票账户卡、身份证或其他能够表明其身份的有效证件或证明出席股东大会。代理人还应当提交股东授权委托书和个人有效身份证件。

第二十五条 召集人和律师应当依据证券登记结算机构提供的股东名册共同对股东资格的合法性进行验证，并登记股东姓名或名称及其所持有表决权的股份数。在会议主持人宣布现场出席会议的股东和代理人人数及所持有表决权的股份总数之前，会议登记应当终止。

第二十六条 公司召开股东大会，全体董事、监事和董事会秘书应当出席会议，经理和其他高级管理人员应当列席会议。

第二十七条 股东大会由董事长主持。董事长不能履行职务或不履行职务时，由副董事长主持；副董事长不能履行职务或者不履行职务时，由半数以上董事共同推举的一名董事主持。

监事会自行召集的股东大会，由监事会主席主持。监事会主席不能履行职务或不履行职务时，由监事会副主席主持；监事会副主席不能履行职务或者不履行职务时，由半数以上监事共同推举的一名监事主持。

股东自行召集的股东大会，由召集人推举代表主持。

公司应当制定股东大会议事规则。召开股东大会时，会议主持人违反议事规则使股东大会无法继续进行的，经现场出席股东大会有表决权过半数的股东同意，股东大会可推举一人担任会议主持人，继续开会。

第二十八条 在年度股东大会上，董事会、监事会应当就其过去一年的工作向股东大会作出报告，每名独立董事也应作出述职报告。

第二十九条 董事、监事、高级管理人员在股东大会上应就股东的质询作出解释和说明。

第三十条 会议主持人应当在表决前宣布现场出席会议的股东和代理人人数及所持有表决权的股份总数，现场出席会议的股东和代理人人数及所持有表决权的股份总数以会议登记为准。

第三十一条 股东与股东大会拟审议事项有关联关系时，应当回避表决，其所持有表决权的股份不计入出席股东大会有表决权的股份总数。

股东大会审议影响中小投资者利益的重大事项时，对中小投资者的表决应当单独计票。单独计票结果应当及时公开披露。

公司持有自己的股份没有表决权，且该部分股份不计入出席股东大会有表决权的股份总数。

股东买入公司有表决权的股份违反《证券法》第六十三条第一款、第二款规定的，该超过规定比例部分的股份在买入后的三十六个月内不得行使表决权，且不计入出席股东大会有表决权的股份总数。

公司董事会、独立董事、持有百分之一以上有表决权股份的股东或者依照法律、行政法规或者中国证监会的规定设立的投资者保护机构可以公开征集股东投票权。征集股东投票权应当向被征集人充分披露具体投票意向等信息。禁止以有偿或者变相有偿的方式征集股东投票权。除法定条件外，公司不得对征集投票权提出最低持股比例限制。

第三十二条 股东大会就选举董事、监事进行表决时，根据公司章程的规定或者股东大会的决议，可以实行累积投票制。单一股东及其一致行动人拥有权益的股份比例在百分之三十及以上的上市公司，应当采用累积投票制。

前款所称累积投票制是指股东大会选举董事或者监事时，每一普通股（含表决权恢复的优先股）股份拥有与应选董事或者监事人数相同的表决权，股东拥有的表决权可以集中使用。

第三十三条 除累积投票制外，股东大会对所有提案应当逐项表决。对同一事项有不同提案的，应当按提案提出的时间顺序进行表决。除因不可抗力等特殊原因导致股东大会中止或不能作出决议外，股东大会不得对提案进行搁置或不予表决。

股东大会就发行优先股进行审议，应当就下列事项逐项进行表决：

（一）本次发行优先股的种类和数量；

（二）发行方式、发行对象及向原股东配售的安排；

（三）票面金额、发行价格或定价区间及其确定原则；

（四）优先股股东参与分配利润的方式，包括：股息率及其确定原则、股息发放的条件、股息支付方式、股息是否累积、是否可以参与剩余利润分配等；

（五）回购条款，包括回购的条件、期间、价格及其确定原则、回购选择权的行使主体等（如有）；

（六）募集资金用途；

（七）公司与相应发行对象签订的附条件生效的股份认购合同；

（八）决议的有效期；

（九）公司章程关于优先股股东和普通股股东利润分配政策相关条款的修订方案；

（十）对董事会办理本次发行具体事宜的授权；

（十一）其他事项。

第三十四条 股东大会审议提案时，不得对提案进行修改，否则，有关变更应当被视为一个新的提案，不得在本次股东大会上进行表决。

第三十五条 同一表决权只能选择现场、网络或其他表决方式中的一种。同一表决权出现重复表决的以第一次投票结果为准。

第三十六条 出席股东大会的股东，应当对提交表决的提案发表以下意见之一：同意、反对或弃权。证券登记结算机构作为内地与香港股票市场交易互联互通机制股票的名义持有人，按照实际持有人意思表示进行申报的除外。

未填、错填、字迹无法辨认的表决票或未投的表决票均视为投票人放弃表决权利，其所持股份数的表决结果应计为"弃权"。

第三十七条 股东大会对提案进行表决前，应当推举二名股东代表参加计票和监票。审议事项与股东有关联关系的，相关股东及代理人不得参加计票、监票。

股东大会对提案进行表决时，应当由律师、股东代表与监事代表共同负责计票、监票。

通过网络或其他方式投票的公司股东或其代理人，有权通过相应的投票系统查验自己的投票结果。

第三十八条 股东大会会议现场结束时间不得早于网络或其他方式，会议主持人应当在会议现场宣布每一提案的表决情况和结果，并根据表决结果宣布提案是否通过。在正式公布表决结果前，股东大会现场、网络及其他表决方式中所涉及的公司、计票人、监票人、主要股东、网络服务方等相关各方对表决情况均负有保密义务。

第三十九条 股东大会决议应当及时公告，公告中应列明出席会议的股东和代理人人数、所持有表决权的股份总数及占公司有表决权股份总数的比例、表决方式、每项提案的表决结果和通过的各项决议的详细内容。

发行优先股的公司就本规则第二十三条第二款所列情形进行表决的，应当对普通股股东（含表决权恢复的优先股股东）和优先股股东（不含表决权恢复的优先股股东）出席会议及表决的情况分别统计并公告。

发行境内上市外资股的公司，应当对内资股股东和外资股股东出席会议及表决情况分别统计并公告。

第四十条 提案未获通过，或者本次股东大会变更前次股东大会决议的，应当在股东大会决议公告中作特别提示。

第四十一条 股东大会会议记录由董事会秘书负责，会议记录应记载以下内容：

（一）会议时间、地点、议程和召集人姓名或名称；

（二）会议主持人以及出席或列席会议的董事、监事、董事会秘书、经理和其他高级管理人员姓名；

（三）出席会议的股东和代理人人数、所持有表决权的股份总数及占公司股份总数的比例；

（四）对每一提案的审议经过、发言要点和表决结果；

（五）股东的质询意见或建议以及相应的答复或说明；

（六）律师及计票人、监票人姓名；

（七）公司章程规定应当载入会议记录的其他内容。

出席会议的董事、监事、董事会秘书、召集人或其代表、会议主持人应当在会议记录上签名，并保证会议记录内容真实、准确和完整。会议记录应当与现场出席股东的签名册及代理出席的委托书、网络及其他方式表决情况的有效资料一并保存，保存期限不少于十年。

第四十二条 召集人应当保证股东大会连续举行，直至形成最终决议。因不可抗力等特殊原因导致股东大会中止或不能作出决议的，应采取必要措施尽快恢复召开股东大会或直接终止本次股东大会，并及时公告。同时，召集人应向公司所在地中国证监会派出机构及证券交易所报告。

第四十三条 股东大会通过有关董事、监事选举提案的，新任董事、监事按公司章程的规定就任。

第四十四条 股东大会通过有关派现、送股或资本公积转增股本提案的，公司应当在股东大会结束后二个月内实施具体方案。

第四十五条 公司以减少注册资本为目的回购普通股公开发行优先股，以及以非公开发行优先股为支付手段向公司特定股东回购普通股的，股东大会就回购普通股作出决议，应当经出席会议的普通股股东（含表决权恢复的优先股股东）所持表决权的三分之二以上通过。

公司应当在股东大会作出回购普通股决议后的次日公告该决议。

第四十六条 公司股东大会决议内容违反法律、行政法规的无效。

公司控股股东、实际控制人不得限制或者阻挠中小投资者依法行使投票权，不得损害公司和中小投资者的合法权益。

股东大会的会议召集程序、表决方式违反法律、行政法规或者公司章程,或者决议内容违反公司章程的,股东可以自决议作出之日起六十日内,请求人民法院撤销。

第五章 监 管 措 施

第四十七条 在本规则规定期限内,上市公司无正当理由不召开股东大会的,证券交易所有权对该公司挂牌交易的股票及衍生品种予以停牌,并要求董事会作出解释并公告。

第四十八条 股东大会的召集、召开和相关信息披露不符合法律、行政法规、本规则和公司章程要求的,中国证监会及其派出机构有权责令公司或相关责任人限期改正,并由证券交易所采取相关监管措施或予以纪律处分。

第四十九条 董事、监事或董事会秘书违反法律、行政法规、本规则和公司章程的规定,不切实履行职责的,中国证监会及其派出机构有权责令其改正,并由证券交易所采取相关监管措施或予以纪律处分;对于情节严重或不予改正的,中国证监会可对相关人员实施证券市场禁入。

第六章 附 则

第五十条 上市公司制定或修改章程应依照本规则列明股东大会有关条款。

第五十一条 对发行外资股的公司的股东大会,相关法律、行政法规或文件另有规定的,从其规定。

第五十二条 本规则所称公告、通知或股东大会补充通知,是指在符合中国证监会规定条件的媒体和证券交易所网站上公布有关信息披露内容。

第五十三条 本规则所称"以上""内",含本数;"过""低于""多于",不含本数。

第五十四条 本规则自公布之日起施行。2016年9月30日施行的《上市公司股东大会规则(2016年修订)》(证监会公告〔2016〕22号)同时废止。

附件2:

《上市公司股东大会规则》修订说明

为深入贯彻国务院金融委"建制度、不干预、零容忍"的工作要求,结合监管实践需要,中国证监会组织开展上市公司监管法规体系整合工作,推进完善基础性制度,形成体例科学、层次分明、规范合理且协调一致的上市公司监管法规体系,提升市场规则的友好度,方便市场主体查找使用。现将《上市公司股东大会规则》(以下简称《股东大会规则》)修订情况说明如下:

一、修订背景

现行《股东大会规则》是2016年修订的。本次修订主要解决以下两个方面问题:一是落实修订后的《证券法》要求。新《证券法》增加了股东违规买入股份对应表决权的行使限制,需在《股东大会规则》中进一步落实。二是吸纳散落别处的相关规定,《股东大会规则》吸纳《关于加强社会公众股股东权益保护的若干规定》(以下简称《股东权益保护规定》)的相关内容。

二、主要修订内容

一是根据上位法新规定调整相关表述。第三十一条新增"股东买入公司有表决权的股份违反《证券法》第六十三条第一款、第二款规定的，该超过规定比例部分的股份在买入后的三十六个月内不得行使表决权，且不计入出席股东大会有表决权的股份总数"的内容；第五十二条修改关于披露媒体的表述。

二是完善部分条文内容。第二十一条删除列举召开股东大会的方式，进一步明确上市公司须以现场与网络相结合的方式召开股东大会。

三是吸纳散落别处的规则内容。第三十二条新增"单一股东及其一致行动人拥有权益的股份比例在百分之三十及以上的上市公司，应当采用累积投票制"的规定，吸纳《股东权益保护规定》第五点第（三）项关于累积投票制的内容；新增第五十条"上市公司制定或修改章程应依照本规则列明股东大会有关条款"作为附则，吸纳《股东权益保护规定》第一点第（五）项关于上市公司制定章程不得与《股东大会规则》冲突的规定。

4. 上市公司股份回购规则（2022年颁布）

（中国证券监督管理委员会公告〔2022〕4号）

现公布《上市公司股份回购规则》，自公布之日起施行。

附件：
1. 上市公司股份回购规则
2.《上市公司股份回购规则》起草说明

中国证监会
2022年1月5日

附件1：

上市公司股份回购规则

第一章 总 则

第一条 为规范上市公司股份回购行为，依据《中华人民共和国公司法》（以下简称《公司法》）、《中华人民共和国证券法》（以下简称《证券法》）等法律、行政法规，制定本规则。

第二条 本规则所称上市公司回购股份，是指上市公司因下列情形之一收购本公司股份的行为：

（一）减少公司注册资本；

（二）将股份用于员工持股计划或者股权激励；

（三）将股份用于转换上市公司发行的可转换为股票的公司债券；

（四）为维护公司价值及股东权益所必需。前款第（四）项所指情形，应当符合以下条件之一：

（一）公司股票收盘价格低于最近一期每股净资产；

（二）连续二十个交易日内公司股票收盘价格跌幅累计达到百分之三十；

(三) 中国证监会规定的其他条件。

第三条 上市公司回购股份，应当有利于公司的可持续发展，不得损害股东和债权人的合法权益。

上市公司的董事、监事和高级管理人员在回购股份中应当忠诚守信，勤勉尽责。

第四条 上市公司回购股份，应当依据本规则和证券交易所的规定履行决策程序和信息披露义务。

上市公司及其董事、监事、高级管理人员应当保证所披露的信息真实、准确、完整、无虚假记载、误导性陈述或重大遗漏。

第五条 上市公司回购股份，可以结合实际，自主决定聘请财务顾问、律师事务所、会计师事务所等证券服务机构出具专业意见，并与回购股份方案一并披露。前款规定的证券服务机构及人员应当诚实守信，勤勉尽责，对回购股份相关事宜进行尽职调查，并保证其出具的文件真实、准确、完整。

第六条 任何人不得利用上市公司回购股份从事内幕交易、操纵市场和证券欺诈等违法违规活动。

第二章 一般规定

第七条 上市公司回购股份应当同时符合以下条件：

（一）公司股票上市已满一年；

（二）公司最近一年无重大违法行为；

（三）回购股份后，上市公司具备持续经营能力和债务履行能力；

（四）回购股份后，上市公司的股权分布原则上应当符合上市条件；公司拟通过回购股份终止其股票上市交易的，应当符合证券交易所的相关规定；

（五）中国证监会、证券交易所规定的其他条件。

上市公司因本规则第二条第一款第（四）项回购股份并减少注册资本的，不适用前款第（一）项。

第八条 上市公司回购股份可以采取以下方式之一进行：

（一）集中竞价交易方式；

（二）要约方式；

（三）中国证监会认可的其他方式。上市公司因本规则第二条第一款第（二）项、第（三）项、第（四）项规定的情形回购股份的，应当通过本条第一款第（一）项、第（二）项规定的方式进行。

上市公司采用要约方式回购股份的，参照《上市公司收购管理办法》关于要约收购的规定执行。

第九条 上市公司因本规则第二条第一款第（一）项、第（二）项、第（三）项规定的情形回购股份的，回购期限自董事会或者股东大会审议通过最终回购股份方案之日起不超过十二个月。

上市公司因本规则第二条第一款第（四）项规定的情形回购股份的，回购期限自董事会或者股东大会审议通过最终回购股份方案之日起不超过三个月。

第十条 上市公司用于回购的资金来源必须合法合规。

第十一条 上市公司实施回购方案前，应当在证券登记结算机构开立由证券交易所监控的回购专用账户；该账户仅可用于存放已回购的股份。

上市公司回购的股份自过户至上市公司回购专用账户之日起即失去其权利，不享有股东大会表决权、利润分配、公积金转增股本、认购新股和可转换公司债券等权利，不得质押和出借。

上市公司在计算相关指标时，应当从总股本中扣减已回购的股份数量。

第十二条 上市公司在回购期间不得实施股份发行行为，但依照有关规定实施优先股发行行为的除外。

第十三条 上市公司相关股东、董事、监事、高级管理人员在上市公司回购股份期间减持股份的，应当符合中国证监会、证券交易所关于股份减持的相关规定。

第十四条 因上市公司回购股份，导致投资者持有或者通过协议、其他安排与他人共同持有该公司已发行的有表决权股份超过百分之三十的，投资者可以免于发出要约。

第十五条 上市公司因本规则第二条第一款第（一）项规定情形回购股份的，应当在自回购之日起十日内注销；因第（二）项、第（三）项、第（四）项规定情形回购股份的，公司合计持有的本公司股份数不得超过本公司已发行股份总额的百分之十，并应当在三年内按照依法披露的用途进行转让，未按照披露用途转让的，应当在三年期限届满前注销。

上市公司因本规则第二条第一款第（四）项规定情形回购股份的，可以按照证券交易所规定的条件和程序，在履行预披露义务后，通过集中竞价交易方式出售。

第十六条 上市公司以现金为对价，采用要约方式、集中竞价方式回购股份的，视同上市公司现金分红，纳入现金分红的相关比例计算。

第十七条 股东大会授权董事会实施股份回购的，可以依法一并授权董事会实施再融资。上市公司实施股份回购的，可以同时申请发行可转换公司债券，募集时间由上市公司按照有关规定予以确定。

第三章 回购程序和信息披露

第十八条 上市公司因本规则第二条第一款第（一）项规定情形回购股份的，应当由董事会依法作出决议，并提交股东大会审议，经出席会议的股东所持表决权的三分之二以上通过；因第（二）项、第（三）项、第（四）项规定情形回购股份的，可以依照公司章程的规定或者股东大会的授权，经三分之二以上董事出席的董事会会议决议。

上市公司股东大会对董事会作出授权的，应当在决议中明确授权实施股份回购的具体情形和授权期限等内容。

第十九条 根据法律法规及公司章程等享有董事会、股东大会提案权的回购提议人向上市公司董事会提议回购股份的，应当遵守证券交易所的规定。

第二十条 上市公司应当在董事会作出回购股份决议后两个交易日内，按照交易所的规定至少披露下列文件：

（一）董事会决议及独立董事的意见；

（二）回购股份方案。回购股份方案须经股东大会决议的，上市公司应当及时发布召开股东大会的通知。

第二十一条 上市公司独立董事应当在充分了解相关信息的基础上，按照证券交易所的规定就回购股份事宜发表独立意见。

第二十二条 回购股份方案至少应当包括以下内容：

（一）回购股份的目的、方式、价格区间；

（二）拟回购股份的种类、用途、数量及占公司总股本的比例；

（三）拟用于回购的资金总额及资金来源；

（四）回购股份的实施期限；

（五）预计回购后公司股权结构的变动情况；

（六）管理层对本次回购股份对公司经营、财务及未来发展影响的分析；

（七）上市公司董事、监事、高级管理人员在董事会作出回购股份决议前六个月是否存在买卖上市公司股票的行为，是否存在单独或者与他人联合进行内幕交易及市场操纵的说明；

（八）证券交易所规定的其他事项。以要约方式回购股份的，还应当披露股东预受要约的方式和程序、股东撤回预受要约的方式和程序，以及股东委托办理要约回购中相关股份预受、撤回、结算、过户登记等事宜的证券公司名称及其通讯方式。

第二十三条　上市公司应当在披露回购股份方案后五个交易日内，披露董事会公告回购股份决议的前一个交易日登记在册的前十大股东和前十大无限售条件股东的名称及持股数量、比例。

回购方案需经股东大会决议的，上市公司应当在股东大会召开前三日，披露股东大会的股权登记日登记在册的前十大股东和前十大无限售条件股东的名称及持股数量、比例。

第二十四条　上市公司股东大会审议回购股份方案的，应当对回购股份方案披露的事项逐项进行表决。

第二十五条　上市公司应当在董事会或者股东大会审议通过最终回购股份方案后及时披露回购报告书。

回购报告书至少应当包括本规则第二十二条回购股份方案所列事项及其他应说明的事项。

第二十六条　上市公司回购股份后拟予以注销的，应当在股东大会作出回购股份的决议后，依照《公司法》有关规定通知债权人。

第二十七条　未经法定或章程规定的程序授权或审议，上市公司、大股东不得对外发布回购股份的有关信息。

第二十八条　上市公司回购股份方案披露后，非因充分正当事由不得变更或者终止。确需变更或终止的，应当符合中国证监会、证券交易所的相关规定，并履行相应的决策程序。

上市公司回购股份用于注销的，不得变更为其他用途。

第四章　以集中竞价交易方式回购股份的特殊规定

第二十九条　上市公司以集中竞价交易方式回购股份的，应当符合证券交易所的规定，交易申报应当符合下列要求：

（一）申报价格不得为公司股票当日交易涨幅限制的价格；

（二）不得在交易所开盘集合竞价、收盘前半小时内及股票价格无涨跌幅限制的交易日内进行股份回购的委托。

第三十条　上市公司以集中竞价交易方式回购股份的，在下列期间不得实施：

（一）上市公司年度报告、半年度报告、季度报告、业绩预告或业绩快报公告前十个交易日内；

（二）自可能对本公司股票交易价格产生重大影响的重大事项发生之日或者在决策过程中至依法披露之日内；

（三）中国证监会规定的其他情形。上市公司因本规则第二条第一款第（四）项规定的情形回购股份并减少注册资本的，不适用前款规定。

第三十一条　上市公司以集中竞价交易方式回购股份的，应当按照以下规定履行公告义务：

（一）上市公司应当在首次回购股份事实发生的次日予以公告；

（二）上市公司回购股份占上市公司总股本的比例每增加百分之一的，应当自该事实发生之日起三日内予以公告；

（三）在回购股份期间，上市公司应当在每个月的前三个交易日内，公告截至上月末的回购进展情况，包括已回购股份总额、购买的最高价和最低价、支付的总金额；

（四）上市公司在回购期间应当在定期报告中公告回购进展情况，包括已回购股份的数量和比例、购买的最高价和最低价、支付的总金额；

（五）上市公司在回购股份方案规定的回购实施期限过半时，仍未实施回购的，董事会应当公告未能实施回购的原因和后续回购安排；

（六）回购期届满或者回购方案已实施完毕的，上市公司应当停止回购行为，并在二个交易日内公告回购股份情况以及公司股份变动报告，包括已回购股份总额、购买的最高价和最低价以及支付的总金额等内容。

第五章 以要约方式回购股份的特殊规定

第三十二条 上市公司以要约方式回购股份的，要约价格不得低于回购股份方案公告日前三十个交易日该种股票每日加权平均价的算术平均值。

第三十三条 上市公司以要约方式回购股份的，应当在公告回购报告书的同时，将回购所需资金全额存放于证券登记结算机构指定的银行账户。

第三十四条 上市公司以要约方式回购股份，股东预受要约的股份数量超出预定回购的股份数量的，上市公司应当按照相同比例回购股东预受的股份；股东预受要约的股份数量不足预定回购的股份数量的，上市公司应当全部回购股东预受的股份。

第三十五条 上市公司以要约方式回购境内上市外资股的，还应当符合证券交易所和证券登记结算机构业务规则的有关规定。

第六章 监管措施和法律责任

第三十六条 上市公司及相关方违反本规则，或者未按照回购股份报告书约定实施回购的，中国证监会可以采取责令改正、出具警示函等监管措施。

第三十七条 在股份回购信息公开前，该信息的知情人和非法获取该信息的人，买卖该公司的证券，或者泄露该信息，或者建议他人买卖该证券的，中国证监会依照《证券法》第一百九十一条进行处罚。

第三十八条 利用上市公司股份回购，有《证券法》第五十五条禁止行为的，中国证监会依照《证券法》第一百九十二条进行处罚。

第三十九条 上市公司未按照本规则以及证券交易所规定披露回购信息的，中国证监会、证券交易所可以要求其补充披露、暂停或者终止回购股份活动。

第四十条 上市公司未按照本规则以及证券交易所规定披露回购股份的相关信息，或者所披露的信息存在虚假记载、误导性陈述或者重大遗漏的，中国证监会依照《证券法》第一百九十七条予以处罚。

第四十一条 为上市公司回购股份出具专业文件的证券服务机构及其从业人员未履行诚实守信、勤勉尽责义务，违反行业规范、业务规则的，由中国证监会责令改正，并可以采取监管谈话、出具警示函等监管措施。

前款规定的证券服务机构及其从业人员所制作、出具的文件存在虚假记载、误导性陈述或者重大遗漏的，依照《证券法》第二百一十三条予以处罚；情节严重的，可以采取市场禁入的措施。

第七章 附 则

第四十二条 本规则自公布之日起施行。2005年6月16日施行的《上市公司回购社会公众股份管理办法（试行）》（证监发〔2005〕51号）、2008年10月9日施行的《关于上市公司以集中竞价交易方式回购股份的补充规定》（证监会公告〔2008〕39号）、2018年11月20日施行的《关于认真学习贯彻〈全国人民代表大会常务委员会关于修改《中华人民共和国公司法》的决定〉的通知》（证监会公告〔2018〕37号）同时废止。

附件2：

《上市公司股份回购规则》起草说明

为深入贯彻国务院金融委"建制度、不干预、零容忍"的工作要求，结合监管实践需要，中国证监会组织开展上市公司监管法规体系整合工作，推进完善基础性制度，形成体例科学、层次分明、规范合理且协调一致的上市公司监管法规体系，提升市场规则的友好度，方便市场主体查找使用。据此，我们对《上市公司回购社会公众股份管理办法（试行）》（证监发〔2005〕51号）、《关于上市公司以集中竞价交易方式回购股份的补充规定》（证监会公告〔2008〕39号）、《关于认真学习贯彻〈全国人民代表大会常务委员会关于修改《中华人民共和国公司法》的决定〉的通知》（证监会公告〔2018〕37号）进行了修订、整合，同时吸收了《关于鼓励上市公司兼并重组、现金分红及回购股份的通知》（证监发〔2015〕61号）、《关于支持上市公司回购股份的意见》（证监会公告〔2018〕35号）有关回购方面的政策内容，形成了《上市公司股份回购规则》（以下简称《回购规则》）。现将有关情况说明如下。

一、起草背景

股份回购是公司收购本公司发行在外股份的行为，是国际通行的公司回报投资者、优化治理结构、稳定股价的重要手段，是资本市场一项基础性制度安排。2018年10月，《公司法》对股份回购进行了专项修改，适当完善了允许股份回购的情形，适当简化了股份回购的决策程序，补充了上市公司股份回购的规范要求。

修法后，证监会在《上市公司回购社会公众股份管理办法（试行）》的基础上先后发布了《关于支持上市公司回购股份的意见》《关于认真学习贯彻〈全国人民代表大会常务委员会关于修改《中华人民共和国公司法》的决定〉的通知》，做出相应衔接安排。上市公司回购积极性明显上升，近三年一批优质、龙头、标杆公司依法依规开展回购，形成了良好市场效应。

但是，目前关于回购的规定比较分散，涉及多份规范性文件，且部分规则出台时间较早，规则与规则之间存在不协调、不匹配、不一致的问题，给市场理解和使用带来不便，一定程度上影响了规则的执行。因此，我们对相关规则进行了归并整合和修改完善，增进各方对规则的认识、理解，以更好地指导实践，有效回应市场需求。

二、主要内容

鉴于证监发〔2005〕51号文关于回购的规定框架体系比较完整，因此，本次整合以此为基础，充分吸纳其他规则内容进行修改完善。整合后的《回购规则》共七章四十二条，涉及回购条件、方式、实施期限，回购程序和信息披露等重要方面，并对"以集中竞价交易方式回购股份"和"以要约方式回购股份"提出具体要求。

一是明确适用范围。依据《公司法》第一百四十二条，在减少公司注册资本外，增加"将股份用于员工持股计划或者股权激励""将股份用于转换上市公司发行的可转换为股票的公司债券""上市公司为维护公司价值及股东权益所必需"等三种回购适用情形，同时考虑到"与持有本公司股份的其他公司合并"以及"股东因对股东大会作出的公司合并、分立决议持异议，要求公司收购其股份"两种回购情形主要适用其他规则，未纳入《回购规则》适用范围。

二是调整监管要求。根据实际，删除了证监发〔2005〕51号文中关于股份回购备案的要求。根据《公司法》修改的情况，调整、简化了回购决策程序，对回购程序区分董事会决定和股东大会决定做了差异化设定。此外，还吸收了其他政策文件中关于现金回购视为分红、支持回购股份后申请再融资、为维护公司价值及股东权益进行回购时豁免部分限制条件等内容。

三是强化监管执法。为防止回购过程中可能引发的内幕交易、市场操纵、利益输送以及滥用回购等问题，《回购规则》参照目前的规定和实践做法，对回购股份的信息披露、回购总量、回购方式、回购程序、回购时间等做出具体规定；对回购股份管理和转让做出针对性制度安排；明确了回购期间相关主体发生内幕交易、操纵市场、虚假陈述的法律责任。

5. 上市公司分拆规则（试行）（2022年颁布）

（中国证券监督管理委员会公告〔2022〕5号）

现公布《上市公司分拆规则（试行）》，自公布之日起施行。

附件：
1. 上市公司分拆规则（试行）
2.《上市公司分拆规则（试行）》起草说明

中国证监会
2022年1月5日

附件1：

上市公司分拆规则（试行）

第一条 为规范上市公司分拆所属子公司在境内外独立上市行为，保护上市公司和投资者的合法权益，根据《中华人民共和国公司法》《中华人民共和国证券法》（以下简称《证券法》）等法律、行政法规，制定本规则。

第二条 本规则所称上市公司分拆，是指上市公司将部分业务或资产，以其直接或间接控制的子公司（以下简称所属子公司）的形式，在境内或境外证券市场首次公开发行股票并上市或者实现重组上市的行为。

第三条 上市公司分拆，应当同时符合以下条件：

（一）上市公司股票境内上市已满三年。

（二）上市公司最近三个会计年度连续盈利。

（三）上市公司最近三个会计年度扣除按权益享有的拟分拆所属子公司的净利润后，归属于上市公司股东的净利润累计不低于人民币六亿元（本规则所涉净利润计算，以扣除非经常性损益前后孰低值为依据）。

（四）上市公司最近一个会计年度合并报表中按权益享有的拟分拆所属子公司的净利润不得超过归属于上市公司股东的净利润的百分之五十；上市公司最近一个会计年度合并报表中按权益享有的拟分拆所属子公司的净资产不得超过归属于上市公司股东的净资产的百分之三十。

第四条 上市公司存在以下情形之一的，不得分拆：

（一）资金、资产被控股股东、实际控制人及其关联方占用或者上市公司权益被控股股东、实际控制人及其关联方严重损害。

（二）上市公司或其控股股东、实际控制人最近三十六个月内受到过中国证券监督管理委员会（以下简称中国证监会）的行政处罚。

（三）上市公司或其控股股东、实际控制人最近十二个月内受到过证券交易所的公开谴责。

（四）上市公司最近一年或一期财务会计报告被注册会计师出具保留意见、否定意见或者无法表示意见的审计报告。

（五）上市公司董事、高级管理人员及其关联方持有拟分拆所属子公司股份，合计超过所属子公司分拆上市前总股本的百分之十，但董事、高级管理人员及其关联方通过该上市公司间接持有的除外。

第五条　上市公司所属子公司存在以下情形之一的，上市公司不得分拆：

（一）主要业务或资产是上市公司最近三个会计年度内发行股份及募集资金投向的，但子公司最近三个会计年度使用募集资金合计不超过子公司净资产百分之十的除外。

（二）主要业务或资产是上市公司最近三个会计年度内通过重大资产重组购买的。

（三）主要业务或资产是上市公司首次公开发行股票并上市时的主要业务或资产。

（四）主要从事金融业务的。

（五）子公司董事、高级管理人员及其关联方持有拟分拆所属子公司股份，合计超过该子公司分拆上市前总股本的百分之三十，但董事、高级管理人员及其关联方通过该上市公司间接持有的除外。

前款第（一）项所称募集资金投向包括上市公司向子公司出资或者提供借款，并以子公司实际收到募集资金作为判断标准。上市公司向子公司提供借款的，子公司使用募集资金金额，可以按照每笔借款使用时间长短加权平均计算。

第六条　上市公司分拆，应当就以下事项作出充分说明并披露：

（一）有利于上市公司突出主业、增强独立性。

（二）本次分拆后，上市公司与拟分拆所属子公司均符合中国证监会、证券交易所关于同业竞争、关联交易的监管要求；分拆到境外上市的，上市公司与拟分拆所属子公司不存在同业竞争。

（三）本次分拆后，上市公司与拟分拆所属子公司的资产、财务、机构方面相互独立，高级管理人员、财务人员不存在交叉任职。

（四）本次分拆后，上市公司与拟分拆所属子公司在独立性方面不存在其他严重缺陷。

第七条　上市公司分拆，应当参照中国证监会、证券交易所关于上市公司重大资产重组的有关规定，充分披露对投资者投资决策和上市公司证券及其衍生品种交易价格可能产生较大影响的所有信息，包括但不限于：分拆的目的、商业合理性、必要性、可行性；分拆对各方股东特别是中小股东、债权人和其他利益相关方的影响；分拆预计和实际的进展过程、各阶段可能面临的相关风险，以及应对风险的具体措施、方案等。

第八条　上市公司分拆，应当由董事会依法作出决议，并提交股东大会批准。

上市公司董事会应当就所属子公司分拆是否符合相关法律法规和本规则、是否有利于维护股东和债权人合法权益，上市公司分拆后能否保持独立性及持续经营能力，分拆形成的新公司是否具备相应的规范运作能力等作出决议。

第九条　上市公司股东大会应当就董事会提案中有关所属子公司分拆是否有利于维护股东和债权人合法权益、上市公司分拆后能否保持独立性及持续经营能力等进行逐项审议并表决。

上市公司股东大会就分拆事项作出决议，必须经出席会议的股东所持表决权的三分之二以上通过，且须经出席会议的中小股东所持表决权的三分之二以上通过。

上市公司董事、高级管理人员在拟分拆所属子公司安排持股计划的，该事项应当由独立董事发表独立意见，作为独立议案提交股东大会表决，并须经出席会议的中小股东所持表决权的半数以上通过。

第十条 上市公司分拆的,应当聘请符合《证券法》规定的独立财务顾问、律师事务所、会计师事务所等证券服务机构就分拆事项出具意见。

独立财务顾问应当具有保荐业务资格,就上市公司分拆是否符合本规则、上市公司披露的相关信息是否存在虚假记载、误导性陈述或者重大遗漏等,进行尽职调查、审慎核查,出具核查意见,并予以公告。

第十一条 所属子公司上市当年剩余时间及其后一个完整会计年度,独立财务顾问应当持续督导上市公司维持独立上市地位,并承担下列工作:

(一)持续关注上市公司核心资产与业务的独立经营状况、持续经营能力等情况。

(二)针对所属子公司发生的对上市公司权益有重要影响的资产、财务状况变化,以及其他可能对上市公司股票价格产生较大影响的重要信息,督导上市公司依法履行信息披露义务。

持续督导工作结束后,自上市公司年报披露之日起十个工作日内出具持续督导意见,并予以公告。

第十二条 上市公司分拆,涉及境内首次公开发行股票并上市的,应当遵守中国证监会、证券交易所关于证券发行上市、保荐、承销等相关规定;涉及重组上市的,应当遵守中国证监会、证券交易所关于上市公司重大资产重组的规定。上市公司分拆,涉及境外上市的,应当符合中国证监会关于境外发行上市的有关规定。

第十三条 上市公司及相关方未按照本规则及其他相关规定披露分拆信息,或者所披露的信息存在虚假记载、误导性陈述或者重大遗漏的,中国证监会依照《证券法》第一百九十七条处罚。

第十四条 上市公司及相关各方利用分拆从事内幕交易、操纵市场等证券违法行为的,中国证监会依照《证券法》予以处罚。

第十五条 本规则自公布之日起施行。2019年12月12日施行的《上市公司分拆所属子公司境内上市试点若干规定》(证监会公告〔2019〕27号)、2004年7月21日施行的《关于规范境内上市公司所属企业到境外上市有关问题的通知》(证监发〔2004〕67号)同时废止。

附件2:

《上市公司分拆规则(试行)》起草说明

为深入贯彻国务院金融委"建制度、不干预、零容忍"的工作要求,结合监管实践需要,中国证监会组织开展上市公司监管法规体系整合工作,推进完善基础性制度,形成体例科学、层次分明、规范合理且协调一致的上市公司监管法规体系,提升市场规则的友好度,方便市场主体查找使用。据此,中国证监会对《上市公司分拆所属子公司境内上市试点若干规定》(证监会公告〔2019〕27号,以下简称《境内分拆规定》)和《关于规范境内上市公司所属企业到境外上市有关问题的通知》(证监发〔2004〕67号,以下简称《境外分拆通知》)进行了修改、整合,形成一项规则,名称为《上市公司分拆规则(试行)》(以下简称《分拆规则》)。

一、起草背景

2004年,证监会制定发布《境外分拆通知》,允许满足一定条件的A股上市公司分拆所属子公司到境外上市,这对于上市公司拓宽融资渠道、优化资源配置、做优做强产生积极影响。2019年,为适应资本市场发展的需要,证监会制定发布了《境内分拆规定》,开展上市公司分拆到境内上市试点。从试点情况看，市场运行总体平稳，部分上市公司披露分拆方案，稳步推进实施。

考虑到分拆到境外上市与分拆到境内上市，对上市公司的影响类似，《境内分拆规定》亦是在充分借鉴《境外分拆通知》基础上形成的，并做了系统优化，两者机理同源、一脉相承、规范目标一致，因此，对两项规则进行整合没有法理冲突和障碍。同时，针对两项规则适用过程中市场反映的实践操作问题，证监会以整合为契机，结合市场发展实际一并做了明确。

二、主要内容

《分拆规则》整合了《境内分拆规定》和《境外分拆通知》，条文形式有所调整，但内容和框架与两项规则基本一致，仍然围绕分拆条件、分拆的实施程序和信息披露、中介机构核查把关等方面做出具体规定，主要修订包括：

一是统一境内外监管要求。《分拆规则》统一了境内外分拆监管要求，与现行《境内分拆规定》尽量保持一致，体现最新监管精神。对境外分拆而言，条件方面略有增加，程序方面更加严格，披露方面明确比照上市公司重大资产重组的相关规定办理。

二是明确和完善分拆条件。针对市场反映的问题，明确"拟分拆所属子公司最近三个会计年度使用募集资金"的方式及起算期间，"最近三个会计年度使用募集资金合计不超过其净资产百分之十"的计算标准，董事、高管持有拟分拆子公司股份不超过一定数量的认定依据等。此外，为促进上市公司聚焦原有主业发展，《分拆规则》进一步明确子公司主要业务或资产若属于上市公司首次公开发行股票并上市时主要业务或资产的，不得分拆该子公司上市。

三是调整监管职责的规定形式。考虑到"证券交易所逐步完善有关业务规则""证券交易所、证监局出具监管意见"等属于监管内部授权、分工事项，《分拆规则》删除了相关内容，证监会将通过其他形式予以考虑和明确，实践做法与目前不会有大的变化，以保障分拆的持续有效监管。

为实现新旧规则有效衔接、平稳过渡，在适用时效上，《分拆规则》自发布之日起实施。规则实施前，上市公司分拆方案已经股东大会审议通过的，按照原规则执行；其他按照新规则执行。

6. 上市公司股票停复牌规则（2022年颁布）

（中国证券监督管理委员会公告〔2022〕7号）

现公布《上市公司股票停复牌规则》，自公布之日起施行。

中国证监会

2022年1月5日

附件：
1. 上市公司股票停复牌规则
2.《上市公司股票停复牌规则》修订说明

附件1：

上市公司股票停复牌规则

第一条 为促进上市公司规范治理、提升质量，确保上市公司股票停复牌信息披露及时、公平，维护市场交易秩序，保护广大中小投资者合法权益，促进资本市场持续稳定健康发展，根据《中华人民共和国公司法》《中华人民共和国证券法》等有关规定，制定本规则。

第二条 上市公司应当审慎停牌，以不停牌为原则、停牌为例外，短期停牌为原则、长期停牌为例外，间断性停牌为原则、连续性停牌为例外，不得随意停牌或者无故拖延复牌时间，并应采取有效措施防止出现长期停牌等情况。

第三条 上市公司发生重大事项，持续时间较长的，应当按照及时披露的原则，分阶段披露有关事项进展的具体情况。上市公司不应以相关事项结果尚不确定为由随意申请股票停牌。

第四条 上市公司及其股东、实际控制人，董事、监事、高级管理人员和其他交易各方，以及提供服务的证券公司、证券服务机构等相关主体，在筹划、实施可能对公司股票交易价格产生较大影响的重大事项过程中，应当切实履行法定保密义务，建立健全保密制度，做好信息管理和内幕信息知情人登记工作。不得以申请上市公司股票停牌代替相关各方的保密义务。

第五条 证券交易所应当明确上市公司可以申请股票停牌的重大事项类型，并根据不同类型的重大事项，对停牌期限、决策程序、信息披露要求等作出差异化安排。

第六条 证券交易所应当明确各类型重大事项停牌的最长期限。上市公司股票超过规定期限仍不复牌的，原则上应当强制其股票复牌。

上市公司破产重整期间原则上股票不停牌。证券交易所应当明确破产重整期间的分阶段信息披露要求，并可以根据市场实际情况，对破产重整期间股票停牌作出细化安排。

中国证券监督管理委员会（以下简称中国证监会）并购重组委审核上市公司重大资产重组申请的，上市公司股票在并购重组委工作会议召开当天应当停牌。

第七条 上市公司申请其股票停复牌，应当符合证券交易所规定的条件和程序。

证券交易所应当明确上市公司申请股票停牌的自律管理要求，采取形式审核和实质审核相结合的方式，关注上市公司是否具备充足的停牌理由。证券交易所认为不符合规定事由或者不宜停牌的，应当拒绝上市公司股票停牌申请。

证券市场交易出现极端异常情况，为维护市场交易的连续性，证券交易所可以根据市场实际情况，暂停办理上市公司股票停牌申请。

第八条 上市公司应当审慎办理股票停牌、延期复牌等事项；确需长期停牌的，应当按照证券交易所规定履行程序。

第九条 上市公司因筹划重大事项提出股票停牌申请的，应当根据证券交易所的规定，披露重大事项类型、交易标的名称、交易对手方、中介机构情况、停牌期限、预计复牌时间等信息。信息披露内容应当明确、具体，不得含糊、笼统。

第十条 上市公司股票被证券交易所实施强制停牌或者复牌，应当按照证券交易所的规定公开披露。

第十一条 上市公司股票停牌期间，停牌相关事项出现证券交易所规定的情形，或者出现重大进展或变化的，上市公司应当按照证券交易所的规定及时、分阶段披露有关情况。

上市公司应当按照证券交易所规定，遵守重组预案、草案分阶段披露规定，强化重大资产重组预案披露，在达到预案披露标准时予以披露并复牌。

第十二条 证券交易所应当完善有关上市公司股票停复牌的自律规则，对停牌原则、类型、期限、程序、信息披露等作出具体规定，并根据实施情况及时调整补充，做好自律管理服务工作。

第十三条 证券交易所应当建立股票停牌时间与成分股指数剔除挂钩机制和停牌信息公示制度，并定期向市场公告上市公司股票停牌频次、时长排序情况，督促上市公司采取措施减少股票停牌。

第十四条 对违反证券交易所规则随意停牌、拖延复牌时间，或者不履行相应程序和信息披露义务等行为，证券交易所应当采取相应的自律管理措施，对涉嫌违反法律、行政法规及中国证监会规定的行为，及时报中国证监会处理。

第十五条 上市公司不得滥用停牌或者复牌损害投资者的合法权益，违反相关规定的，中国证监会依法查处，追究违法违规主体的法律责任。

第十六条 本规则自公布之日起施行。2018 年 11 月 6 日施行的《关于完善上市公司股票停复牌制度的指导意见》（证监会公告〔2018〕34 号）同时废止。

附件2：

《上市公司股票停复牌规则》修订说明

为深入贯彻国务院金融委"建制度、不干预、零容忍"的工作要求，结合监管实践需要，中国证监会组织开展上市公司监管法规体系整合工作，推进完善基础性制度，形成体例科学、层次分明、规范合理且协调一致的上市公司监管法规体系，提升市场规则的友好度，方便市场主体查找使用。现将《上市公司股票停复牌规则》修订情况说明如下：

一、修订背景

证监会现行停复牌法规为《关于完善上市公司股票停复牌制度的指导意见》（证监会公告〔2018〕34 号，以下简称《指导意见》），对停复牌的基本原则、健全股票停复牌制度、强化停复牌信息披露要求、切实加强证券交易所一线监管职责及做好相关配套工作等内容进行全面规定。

本次法规整合不对《指导意见》的内容进行实质改动，仅将名称改为《上市公司股票停复牌规则》，规范文字表述，统一格式体例。

二、主要修订内容

一是规范文字表述，统一格式体例。将规则名称改为《上市公司股票停复牌规则》，行文方式由政策指导性文件修改为规范的法律文件表述，删除原规则章节名，统一编号后形成 15 条规则。

二是落实上位法要求，根据《证券法》第 110 条规定，明确上市公司不得滥用停牌或复牌损害投资者合法权益。此外，结合交易所监管实践，为避免造成市场扰动，删除上市公司停复牌申请被交易所拒绝时的披露要求。上市公司如发生应当披露的重大事项，仍需按照分阶段披露原则及时履行信息披露义务。

7. 创业板首次公开发行股票注册管理办法（试行）（2020年修订）

（证监会令第167号）

第一章 总 则

第一条 为规范在深圳证券交易所创业板试点注册制首次公开发行股票相关活动，促进成长型创新创业企业的发展，保护投资者合法权益和社会公共利益，根据《中华人民共和国证券法》《国务院办公厅关于贯彻实施修订后的证券法有关工作的通知》《国务院办公厅转发证监会关于开展创新企业境内发行股票或存托凭证试点若干意见的通知》（以下简称《若干意见》）及相关法律法规，制定本办法。

第二条 在中华人民共和国境内首次公开发行并在深圳证券交易所创业板（以下简称创业板）上市的股票的发行注册，适用本办法。

第三条 发行人申请首次公开发行股票并在创业板上市，应当符合创业板定位。

创业板深入贯彻创新驱动发展战略，适应发展更多依靠创新、创造、创意的大趋势，主要服务成长型创新创业企业，支持传统产业与新技术、新产业、新业态、新模式深度融合。

第四条 中国证券监督管理委员会（以下简称中国证监会）加强对审核注册工作的统筹指导，统一审核理念，统一审核标准，定期检查深圳证券交易所（以下简称交易所）审核标准、制度的执行情况。

第五条 首次公开发行股票并在创业板上市，应当符合发行条件、上市条件以及相关信息披露要求，依法经交易所发行上市审核，并报中国证监会注册。

第六条 发行人应当诚实守信，依法充分披露投资者作出价值判断和投资决策所必需的信息，所披露信息必须真实、准确、完整，简明清晰、通俗易懂，不得有虚假记载、误导性陈述或者重大遗漏。

发行人应当按保荐人、证券服务机构要求，依法向其提供真实、准确、完整的财务会计资料和其他资料，配合相关机构开展尽职调查和其他相关工作。

发行人的控股股东、实际控制人、董事、监事、高级管理人员应当配合相关机构开展尽职调查和其他相关工作，不得要求或者协助发行人隐瞒应当提供的资料或者应当披露的信息。

第七条 保荐人应当诚实守信，勤勉尽责，按照依法制定的业务规则和行业自律规范的要求，充分了解发行人经营情况和风险，对注册申请文件和信息披露资料进行全面核查验证，对发行人是否符合发行条件、上市条件独立作出专业判断，审慎作出推荐决定，并对招股说明书及其所出具的相关文件的真实性、准确性、完整性负责。

第八条 证券服务机构应当严格遵守法律法规、中国证监会制定的监管规则、业务规则和本行业公认的业务标准和道德规范，建立并保持有效的质量控制体系，保护投资者合法权益，审慎履行职责，作出专业判断与认定，并对招股说明书或者其他信息披露文件中与其专业职责有关的内容及其所出具的文件的真实性、准确性、完整性负责。

证券服务机构及其相关执业人员应当对与本专业相关的业务事项履行特别注意义务，对其他业务事项履行普通注意义务，并承担相应法律责任。

证券服务机构及其执业人员从事证券服务应当配合中国证监会的监督管理，在规定的期限内提供、报送或披露相关资料、信息，并保证其提供、报送或披露的资料、信息真实、准确、完整，不得有虚假记载、误导性陈述或者重大遗漏。

证券服务机构应当妥善保存客户委托文件、核查和验证资料、工作底稿以及与质量控制、内部管理、业务经营有关的信息和资料。

第九条 对发行人首次公开发行股票申请予以注册，不表明中国证监会和交易所对该股票的投资价值或者投资者的收益作出实质性判断或者保证，也不表明中国证监会和交易所对注册申请文件的真实性、准确性、完整性作出保证。

第二章　发行条件

第十条 发行人是依法设立且持续经营三年以上的股份有限公司，具备健全且运行良好的组织机构，相关机构和人员能够依法履行职责。

有限责任公司按原账面净资产值折股整体变更为股份有限公司的，持续经营时间可以从有限责任公司成立之日起计算。

第十一条 发行人会计基础工作规范，财务报表的编制和披露符合企业会计准则和相关信息披露规则的规定，在所有重大方面公允地反映了发行人的财务状况、经营成果和现金流量，最近三年财务会计报告由注册会计师出具无保留意见的审计报告。发行人内部控制制度健全且被有效执行，能够合理保证公司运行效率、合法合规和财务报告的可靠性，并由注册会计师出具无保留结论的内部控制鉴证报告。

第十二条 发行人业务完整，具有直接面向市场独立持续经营的能力：

（一）资产完整，业务及人员、财务、机构独立，与控股股东、实际控制人及其控制的其他企业间不存在对发行人构成重大不利影响的同业竞争，不存在严重影响独立性或者显失公平的关联交易；

（二）主营业务、控制权和管理团队稳定，最近二年内主营业务和董事、高级管理人员均没有发生重大不利变化；控股股东和受控股股东、实际控制人支配的股东所持发行人的股份权属清晰，最近二年实际控制人没有发生变更，不存在导致控制权可能变更的重大权属纠纷；

（三）不存在涉及主要资产、核心技术、商标等的重大权属纠纷，重大偿债风险，重大担保、诉讼、仲裁等或有事项，经营环境已经或者将要发生重大变化等对持续经营有重大不利影响的事项。

第十三条 发行人生产经营符合法律、行政法规的规定，符合国家产业政策。

最近三年内，发行人及其控股股东、实际控制人不存在贪污、贿赂、侵占财产、挪用财产或者破坏社会主义市场经济秩序的刑事犯罪，不存在欺诈发行、重大信息披露违法或者其他涉及国家安全、公共安全、生态安全、生产安全、公众健康安全等领域的重大违法行为。

董事、监事和高级管理人员不存在最近三年内受到中国证监会行政处罚，或者因涉嫌犯罪正在被司法机关立案侦查或者涉嫌违法违规正在被中国证监会立案调查且尚未有明确结论意见等情形。

第三章 注 册 程 序

第十四条 发行人董事会应当依法就本次发行股票的具体方案、本次募集资金使用的可行性及其他必须明确的事项作出决议,并提请股东大会批准。

第十五条 发行人股东大会应当就本次发行股票作出决议,决议至少应当包括下列事项:

（一）本次公开发行股票的种类和数量;

（二）发行对象;

（三）定价方式;

（四）募集资金用途;

（五）发行前滚存利润的分配方案;

（六）决议的有效期;

（七）对董事会办理本次发行具体事宜的授权;

（八）其他必须明确的事项。

第十六条 发行人申请首次公开发行股票并在创业板上市,应当按照中国证监会有关规定制作注册申请文件,依法由保荐人保荐并向交易所申报。

交易所收到注册申请文件后,五个工作日内作出是否受理的决定。

第十七条 注册申请文件受理后,未经中国证监会或者交易所同意,不得改动。

发生重大事项的,发行人、保荐人、证券服务机构应当及时向交易所报告,并按要求更新注册申请文件和信息披露资料。

第十八条 交易所设立独立的审核部门,负责审核发行人公开发行并上市申请;设立行业咨询专家库,负责为创业板建设和发行上市审核提供专业咨询和政策建议;设立创业板上市委员会,负责对审核部门出具的审核报告和发行人的申请文件提出审议意见。

交易所主要通过向发行人提出审核问询、发行人回答问题方式开展审核工作,判断发行人是否符合发行条件、上市条件和信息披露要求。

第十九条 交易所按照规定的条件和程序,形成发行人是否符合发行条件和信息披露要求的审核意见。认为发行人符合发行条件和信息披露要求的,将审核意见、发行人注册申请文件及相关审核资料报中国证监会注册;认为发行人不符合发行条件或者信息披露要求的,作出终止发行上市审核决定。

第二十条 交易所应当自受理注册申请文件之日起在规定的时限内形成审核意见。发行人根据要求补充、修改注册申请文件,或者交易所按照规定对发行人实施现场检查,要求保荐人、证券服务机构对有关事项进行专项核查,并要求发行人补充、修改申请文件的时间不计算在内。

第二十一条 交易所应当提高审核工作透明度,接受社会监督,公开下列事项:

（一）发行上市审核标准和程序等发行上市审核业务规则和相关业务细则;

（二）在审企业名单、企业基本情况及审核工作进度;

（三）发行上市审核问询及回复情况,但涉及国家秘密或者发行人商业秘密的除外;

（四）上市委员会会议的时间、参会委员名单、审议的发行人名单、审议结果及现场问询问题;

（五）对股票公开发行并上市相关主体采取的自律监管措施或者纪律处分;

（六）交易所规定的其他事项。

第二十二条 中国证监会依法履行发行注册程序，发行注册主要关注交易所发行上市审核内容有无遗漏，审核程序是否符合规定，以及发行人在发行条件和信息披露要求的重大方面是否符合相关规定。中国证监会认为存在需要进一步说明或者落实事项的，可以要求交易所进一步问询。

中国证监会认为交易所对影响发行条件的重大事项未予关注或者交易所的审核意见依据明显不充分的，可以退回交易所补充审核。交易所补充审核后，认为发行人符合发行条件和信息披露要求的，重新向中国证监会报送审核意见及相关资料，本办法第二十三条规定的注册期限重新计算。

第二十三条 中国证监会在二十个工作日内对发行人的注册申请作出予以注册或者不予注册的决定。发行人根据要求补充、修改注册申请文件，或者中国证监会要求交易所进一步问询，要求保荐人、证券服务机构等对有关事项进行核查，对发行人现场检查，并要求发行人补充、修改申请文件的时间不计算在内。

第二十四条 中国证监会的予以注册决定，自作出之日起一年内有效，发行人应当在注册决定有效期内发行股票，发行时点由发行人自主选择。

第二十五条 中国证监会作出予以注册决定后、发行人股票上市交易前，发行人应当及时更新信息披露文件内容，财务报表已过有效期的，发行人应当补充财务会计报告等文件；保荐人以及证券服务机构应当持续履行尽职调查职责；发生重大事项的，发行人、保荐人应当及时向交易所报告。

交易所应当对上述事项及时处理，发现发行人存在重大事项影响发行条件、上市条件的，应当出具明确意见并及时向中国证监会报告。

第二十六条 中国证监会作出予以注册决定后、发行人股票上市交易前，发现可能影响本次发行的重大事项的，中国证监会可以要求发行人暂缓发行、上市；相关重大事项导致发行人不符合发行条件的，应当撤销注册。中国证监会撤销注册后，股票尚未发行的，发行人应当停止发行；股票已经发行尚未上市的，发行人应当按照发行价并加算银行同期存款利息返还股票持有人。

第二十七条 交易所认为发行人不符合发行条件或者信息披露要求，作出终止发行上市审核决定，或者中国证监会作出不予注册决定的，自决定作出之日起六个月后，发行人可以再次提出公开发行股票并上市申请。

第二十八条 中国证监会应当按规定公开股票发行注册行政许可事项相关的监管信息。

第二十九条 存在下列情形之一的，发行人、保荐人应当及时书面报告交易所或者中国证监会，交易所或者中国证监会应当中止相应发行上市审核程序或者发行注册程序：

（一）相关主体涉嫌违反本办法第十三条第二款规定，被立案调查或者被司法机关侦查，尚未结案；

（二）发行人的保荐人以及律师事务所、会计师事务所等证券服务机构因首次公开发行股票、上市公司证券发行、并购重组业务涉嫌违法违规，或者其他业务涉嫌违法违规且对市场有重大影响，正在被中国证监会立案调查，或者正在被司法机关侦查，尚未结案；

（三）发行人的签字保荐代表人以及签字律师、签字会计师等证券服务机构签字人员因首次公开发行股票、上市公司证券发行、并购重组业务涉嫌违法违规，或者其他业务涉嫌违法违规且对市场有重大影响，正在被中国证监会立案调查，或者正在被司法机关侦查，尚未结案；

（四）发行人的保荐人以及律师事务所、会计师事务所等证券服务机构被中国证监会依法采取限制业务活动、责令停业整顿、指定其他机构托管、接管等措施,或者被交易所实施一定期限内不接受其出具的相关文件的纪律处分,尚未解除;

(五)发行人的签字保荐代表人、签字律师、签字会计师等中介机构签字人员被中国证监会依法采取认定为不适当人选等监管措施或者证券市场禁入的措施,或者被交易所实施一定期限内不接受其出具的相关文件的纪律处分,尚未解除;

(六)发行人及保荐人主动要求中止发行上市审核程序或者发行注册程序,理由正当且经交易所或者中国证监会同意;

(七)发行人注册申请文件中记载的财务资料已过有效期,需要补充提交;

(八)中国证监会规定的其他情形。

前款所列情形消失后,发行人可以提交恢复申请;因前款第(二)(三)项规定情形中止的,保荐人以及律师事务所、会计师事务所等证券服务机构按照有关规定履行复核程序后,发行人也可以提交恢复申请。交易所或者中国证监会按照规定恢复发行上市审核程序或者发行注册程序。

第三十条 存在下列情形之一的,交易所或者中国证监会应当终止相应发行上市审核程序或者发行注册程序,并向发行人说明理由:

(一)发行人撤回注册申请或者保荐人撤销保荐;

(二)发行人未在要求的期限内对注册申请文件作出解释说明或者补充、修改;

(三)注册申请文件存在虚假记载、误导性陈述或者重大遗漏;

(四)发行人阻碍或者拒绝中国证监会、交易所依法对发行人实施检查、核查;

(五)发行人及其关联方以不正当手段严重干扰发行上市审核或者发行注册工作;

(六)发行人法人资格终止;

(七)注册申请文件内容存在重大缺陷,严重影响投资者理解和发行上市审核或者发行注册工作;

(八)发行人注册申请文件中记载的财务资料已过有效期且逾期三个月未更新;

(九)发行人发行上市审核程序中止超过交易所规定的时限或者发行注册程序中止超过三个月仍未恢复;

(十)交易所认为发行人不符合发行条件或者信息披露要求;

(十一)中国证监会规定的其他情形。

第三十一条 中国证监会和交易所可以对发行人进行现场检查,可以要求保荐人、证券服务机构对有关事项进行专项核查并出具意见。

中国证监会和交易所应当建立健全信息披露质量现场检查以及对保荐业务、发行承销业务的常态化检查制度。

第三十二条 中国证监会与交易所建立全流程电子化审核注册系统,实现电子化受理、审核,发行注册各环节实时信息共享,并依法向社会公开相关信息。

第四章 信息披露

第三十三条 发行人申请首次公开发行股票并在创业板上市,应当按照中国证监会制定的信息披露规则,编制并披露招股说明书,保证相关信息真实、准确、完整。信息披露内容应当简明清晰,通俗易懂,不得有虚假记载、误导性陈述或者重大遗漏。

中国证监会制定的信息披露规则是信息披露的最低要求。不论上述规则是否有明确规定,凡是投资者作出价值判断和投资决策所必需的信息,发行人均应当充分披露,内容应当真实、准确、完整。

第三十四条 中国证监会依法制定招股说明书内容与格式准则、编报规则等信息披露规则，对相关信息披露文件的内容、格式、编制要求、披露形式等作出规定。

交易所可以依据中国证监会部门规章和规范性文件，制定信息披露细则或指引，在中国证监会确定的信息披露内容范围内，对信息披露提出细化和补充要求，报中国证监会批准后实施。

第三十五条 发行人及其董事、监事、高级管理人员应当在招股说明书上签字、盖章，保证招股说明书的内容真实、准确、完整，不存在虚假记载、误导性陈述或者重大遗漏，按照诚信原则履行承诺，并声明承担相应法律责任。

发行人控股股东、实际控制人应当在招股说明书上签字、盖章，确认招股说明书的内容真实、准确、完整，不存在虚假记载、误导性陈述或者重大遗漏，按照诚信原则履行承诺，并声明承担相应法律责任。

第三十六条 保荐人及其保荐代表人应当在招股说明书上签字、盖章，确认招股说明书的内容真实、准确、完整，不存在虚假记载、误导性陈述或者重大遗漏，并声明承担相应的法律责任。

第三十七条 为证券发行出具专项文件的律师、注册会计师、资产评估人员、资信评级人员以及其所在机构，应当在招股说明书上签字、盖章，确认对发行人信息披露文件引用其出具的专业意见无异议，信息披露文件不因引用其出具的专业意见而出现虚假记载、误导性陈述或者重大遗漏，并声明承担相应的法律责任。

第三十八条 发行人应当以投资者需求为导向，结合所属行业的特点和发展趋势，充分披露自身的创新、创造、创意特征，针对性披露科技创新、模式创新或者业态创新情况，以及对新旧产业融合的促进作用，充分披露业务模式、公司治理、发展战略、经营政策、会计政策、财务状况分析等信息。

第三十九条 发行人应当以投资者需求为导向，精准清晰充分地披露可能对公司经营业绩、核心竞争力、业务稳定性以及未来发展产生重大不利影响的各种风险因素。

第四十条 发行人尚未盈利的，应当充分披露尚未盈利的成因，以及对公司现金流、业务拓展、人才吸引、团队稳定性、研发投入、战略性投入、生产经营可持续性等方面的影响。

第四十一条 发行人应当披露募集资金的投向和使用管理制度，披露募集资金对发行人主营业务发展的贡献、未来经营战略的影响以及发行人业务创新、创造、创意性的支持作用。

第四十二条 符合相关规定、存在特别表决权股份的企业申请首次公开发行股票并在创业板上市的，发行人应当在招股说明书等公开发行文件中，披露并特别提示差异化表决安排的主要内容、相关风险和对公司治理的影响，以及依法落实保护投资者合法权益的各项措施。

保荐人和发行人律师应当就公司章程规定的特别表决权股份的持有人资格、特别表决权股份拥有的表决权数量与普通股份拥有的表决权数量的比例安排、持有人所持特别表决权股份能够参与表决的股东大会事项范围、特别表决权股份锁定安排以及转让限制等事项是否符合有关规定发表专业意见。

第四十三条 发行人应当在招股说明书中披露公开发行股份前已发行股份的锁定期安排，特别是尚未盈利情况下发行人控股股东、实际控制人、董事、监事、高级管理人员股份的锁定期安排。

保荐人和发行人律师应当就前款事项是否符合有关规定发表专业意见。

第四十四条 招股说明书的有效期为六个月，自公开发行前最后一次签署之日起算。招股说明书引用经审计的财务报表在其最近一期截止日后六个月内有效，特殊情况下发行人可申请适当延长，但至多不超过三个月。财务报表应当以年度末、半年度末或者季度末为截止日。

第四十五条 交易所受理注册申请文件后，发行人应当按规定，将招股说明书、发行保荐书、上市保荐书、审计报告和法律意见书等文件在交易所网站预先披露。

第四十六条 预先披露的招股说明书及其他注册申请文件不能含有价格信息，发行人不得据此发行股票。

发行人应当在预先披露的招股说明书显要位置作如下声明："本公司的发行申请尚需经交易所和中国证监会履行相应程序。本招股说明书不具有据以发行股票的法律效力，仅供预先披露之用。投资者应当以正式公告的招股说明书作为投资决定的依据。"

第四十七条 交易所认为发行人符合发行条件和信息披露要求，将发行人注册申请文件报送中国证监会时，招股说明书、发行保荐书、上市保荐书、审计报告和法律意见书等文件应当同步在交易所网站和中国证监会网站公开。

第四十八条 发行人在发行股票前应当在交易所网站和符合中国证监会规定条件的网站全文刊登招股说明书，同时在符合中国证监会规定条件的报刊刊登提示性公告，告知投资者网上刊登的地址及获取文件的途径。

发行人可以将招股说明书以及有关附件刊登于其他网站，但披露内容应当完全一致，且不得早于在交易所网站、符合中国证监会规定条件的网站的披露时间。

保荐人出具的发行保荐书、证券服务机构出具的文件以及其他与发行有关的重要文件应当作为招股说明书的附件。

第五章　发行承销的特别规定

第四十九条 首次公开发行股票并在创业板上市的发行与承销行为，适用《证券发行与承销管理办法》，本办法和《创业板首次公开发行证券发行与承销特别规定》另有规定的除外。

第五十条 交易所应当根据《证券发行与承销管理办法》、本办法以及中国证监会相关规定制定创业板股票发行承销业务规则，并报中国证监会批准。

创业板首次公开发行股票的定价方式、投资者报价要求、最高报价剔除比例、发行价格确定、网下初始配售比例、网下优先配售比例、网上网下回拨机制、网下分类配售安排、网下配售锁定安排、战略配售、超额配售选择权等事项，应当同时遵守交易所相关规定。

第五十一条 首次公开发行股票采用询价方式的，应当向证券公司、基金管理公司、信托公司、财务公司、保险公司、合格境外机构投资者和私募基金管理人等专业机构投资者（以下统称网下投资者）询价。网下投资者参与询价，应当向中国证券业协会注册，并接受自律管理。

发行人和主承销商可以在符合中国证监会相关规定和证券交易所、中国证券业协会自律规则前提下，协商设置参与询价的网下投资者具体条件，并在发行公告中预先披露。

第五十二条 战略投资者在承诺的持有期限内，可以按规定向证券金融公司借出获得配售的股票。借出期限届满后，证券金融公司应当将借入的股票返还给战略投资者。

第五十三条 保荐人的相关子公司或者保荐人所属证券公司的相关子公司参与发行人股票配售的具体规则由交易所另行规定。

第五十四条 中国证监会作出予以注册的决定后，发行人与主承销商应当及时向交易所报备发行与承销方案。交易所在五个工作日内无异议的，发行人与主承销商可以依法刊登招股意向书，启动发行工作。

第五十五条 交易所对证券发行承销过程实施监管。发行承销涉嫌违法违规或者存在异常情形的，中国证监会可以要求交易所进行调查处理，或者直接责令发行人和承销商暂停或者中止发行。

第六章 监督管理和法律责任

第五十六条 中国证监会负责建立健全以信息披露为中心的注册制规则体系，制定股票发行注册并上市的规章规则，依法批准交易所制定的有关业务规则，并监督相关业务规则执行情况。

第五十七条 中国证监会建立对交易所发行上市审核工作和发行承销过程监管的监督机制，持续关注交易所审核情况和发行承销过程监管情况。

第五十八条 中国证监会对交易所发行上市审核和发行承销过程监管等相关工作进行年度例行检查，在检查过程中，可以调阅审核工作文件，列席相关审核会议。

中国证监会定期或者不定期按一定比例对交易所发行上市审核和发行承销过程监管等相关工作进行抽查。

对于中国证监会在检查和抽查等监督过程中发现的问题，交易所应当整改。

第五十九条 中国证监会建立对发行上市监管全流程的权力运行监督制约机制，对发行上市审核程序和发行注册程序相关内控制度运行情况进行督导督察，对廉政纪律执行情况和相关人员的履职尽责情况进行监督监察。

第六十条 交易所应当建立内部防火墙制度，发行上市审核部门、发行承销监管部门与其他部门隔离运行。参与发行上市审核的人员，不得与发行人及其控股股东、实际控制人、相关保荐人、证券服务机构有利害关系，不得直接或者间接与发行人、保荐人、证券服务机构有利益往来，不得持有发行人股票，不得私下与发行人接触。

第六十一条 交易所应当建立定期报告制度，及时总结发行上市审核和发行承销监管的工作情况，并报告中国证监会。

第六十二条 交易所发行上市审核工作违反本办法规定，有下列情形之一的，由中国证监会责令改正；情节严重的，追究直接责任人员相关责任：

（一）未按审核标准开展发行上市审核工作；

（二）未按审核程序开展发行上市审核工作；

（三）不配合中国证监会对发行上市审核工作和发行承销监管工作的检查、抽查，或者不按中国证监会的整改要求进行整改。

第六十三条 发行人在证券发行文件中隐瞒重要事实或者编造重大虚假内容的，中国证监会采取五年内不接受发行人公开发行证券相关文件的监管措施；对相关责任人员，视情节轻重，采取认定为不适当人选的监管措施，或者采取证券市场禁入的措施。

第六十四条 发行人存在本办法第三十条第（三）项、第（四）项、第（五）项规定的情形，重大事项未报告、未披露，或者发行人及其董事、监事、高级管理人员、控股股东、实际控制人的签字、盖章系伪造或者变造的，中国证监会采取三年至五年内不接受发行人公开发行证券相关文件的监管措施。

第六十五条 发行人的控股股东、实际控制人违反本办法规定，致使发行人所报送的注册申请文件和披露的信息存在虚假记载、误导性陈述或者重大遗漏，或者组织、指使发行人进行财务造假、利润操纵或者在证券发行文件中隐瞒重要事实或编造重大虚假内容的，中国证监会视情节轻重，对相关单位和责任人员

采取一年到五年内不接受相关单位及其控制的下属单位公开发行证券相关文件，对责任人员采取认定为不适当人选等监管措施，或者采取证券市场禁入的措施。

发行人的董事、监事和高级管理人员违反本办法规定，致使发行人所报送的注册申请文件和披露的信息存在虚假记载、误导性陈述或者重大遗漏的，中国证监会视情节轻重，对责任人员采取认定为不适当人选等监管措施，或者采取证券市场禁入的措施。

第六十六条 保荐人未勤勉尽责，致使发行人信息披露资料存在虚假记载、误导性陈述或者重大遗漏的，中国证监会视情节轻重，采取暂停保荐人业务资格一年到三年，或者责令保荐人更换相关负责人的监管措施；情节严重的，撤销保荐人业务资格，并对相关责任人员采取证券市场禁入的措施。保荐代表人未勤勉尽责，致使发行人信息披露资料存在虚假记载、误导性陈述或者重大遗漏的，按规定认定为不适当人选。证券服务机构未勤勉尽责，致使发行人信息披露资料中与其职责有关的内容及其所出具的文件存在虚假记载、误导性陈述或者重大遗漏的，中国证监会视情节轻重，采取三个月至三年不接受相关单位及其责任人员出具的发行证券专项文件的监管措施；情节严重的，对证券服务机构相关责任人员采取证券市场禁入的措施。

第六十七条 保荐人存在下列情形之一的，中国证监会视情节轻重，采取暂停保荐人业务资格三个月至三年的监管措施；情节特别严重的，撤销其业务资格：

（一）伪造或者变造签字、盖章；

（二）重大事项未报告、未披露；

（三）以不正当手段干扰审核注册工作；

（四）不履行其他法定职责。保荐代表人存在前款规定情形的，中国证监会视情节轻重，三个月至三年不受理其具体负责的推荐；情节严重的，认定为不适当人选。

证券服务机构及其相关人员存在第一款规定情形的，中国证监会视情节轻重，采取三个月至三年不接受相关单位及其责任人员出具的发行证券专项文件的监管措施。

第六十八条 保荐人、证券服务机构存在以下情形之一的，中国证监会视情节轻重，采取责令改正、监管谈话、出具警示函、一年内不接受相关单位及其责任人员出具的与注册申请有关的文件等监管措施；情节严重的，可以同时采取三个月到一年内不接受相关单位及其责任人员出具的发行证券专项文件的监管措施：

（一）制作或者出具的文件不齐备或者不符合要求；

（二）擅自改动注册申请文件、信息披露资料或者其他已提交文件；

（三）注册申请文件或者信息披露资料存在相互矛盾或者同一事实表述不一致且有实质性差异；

（四）文件披露的内容表述不清，逻辑混乱，严重影响投资者理解；

（五）未及时报告或者未及时披露重大事项。发行人存在前款规定情形的，中国证监会视情节轻重，采取责令改正、监管谈话、出具警示函、六个月至一年内不接受发行人公开

发行证券相关文件的监管措施。

第六十九条 发行人披露盈利预测,利润实现数如未达到盈利预测的百分之八十的,除因不可抗力外,其法定代表人、财务负责人应当在股东大会以及交易所网站、符合中国证监会规定条件的媒体上公开作出解释并道歉;中国证监会可以对法定代表人处以警告。

利润实现数未达到盈利预测的百分之五十的,除因不可抗力外,中国证监会在三年内不受理该公司的公开发行证券申请。

注册会计师为上述盈利预测出具审核报告的过程中未勤勉尽责的,中国证监会视情节轻重,对相关机构和责任人员采取监管谈话等监管措施;情节严重的,给予警告等行政处罚。

第七十条 发行人及其控股股东和实际控制人、董事、监事、高级管理人员,保荐人、承销商、证券服务机构及其相关执业人员,在股票公开发行并上市相关的活动中存在其他违反本办法规定行为的,中国证监会视情节轻重,采取责令改正、监管谈话、出具警示函、责令公开说明、责令定期报告、认定为不适当人选、暂不受理与行政许可有关的文件等监管措施,或者采取证券市场禁入的措施。

第七十一条 发行人及其控股股东、实际控制人、保荐人、证券服务机构及其相关人员违反《中华人民共和国证券法》依法应予以行政处罚的,中国证监会将依法予以处罚。涉嫌犯罪的,依法移送司法机关,追究其刑事责任。

第七十二条 交易所负责对发行人及其控股股东、实际控制人、保荐人、承销商、证券服务机构等进行自律监管。

中国证券业协会负责制定保荐业务、发行承销自律监管规则,对保荐人、承销商、保荐代表人、网下投资者进行自律监管。

交易所和中国证券业协会应当对发行上市过程中违反自律监管规则的行为采取自律监管措施或者给予纪律处分。

第七十三条 中国证监会将遵守本办法的情况记入证券市场诚信档案,会同有关部门加强信息共享,依法实施守信激励与失信惩戒。

第七章 附 则

第七十四条 符合《若干意见》等规定的红筹企业,申请首次公开发行股票并在创业板上市,应当同时符合本办法的规定,但公司形式可以适用其注册地法律规定;申请发行存托凭证并在创业板上市的,发行上市审核注册程序适用本办法的规定。前款规定的红筹企业在创业板发行上市,适用《若干意见》"营业收入快速增长,拥有自主研发、国际领先技术,同行业竞争中处于相对优势地位"的具体标准由交易所制定,并报中国证监会批准。

第七十五条 本办法自公布之日起施行。《首次公开发行股票并在创业板上市管理办法》(证监会令第142号)同时废止。

8. 创业板上市公司证券发行注册管理办法（试行）（2020年修订）

（证监会令第 168 号）

第一章 总 则

第一条 为了规范创业板上市公司（以下简称上市公司）证券发行行为，保护投资者合法权益和社会公共利益，根据《中华人民共和国证券法》（以下简称《证券法》）《国务院办公厅关于贯彻实施修订后的证券法有关工作的通知》《国务院办公厅转发证监会关于开展创新企业境内发行股票或存托凭证试点若干意见的通知》（以下简称《若干意见》）及相关法律法规，制定本办法。

第二条 上市公司申请在境内发行证券，适用本办法。本办法所称证券，指下列证券品种：

（一）股票；

（二）可转换公司债券（以下简称可转债）；

（三）存托凭证；

（四）中国证券监督管理委员会（以下简称中国证监会）认可的其他品种。

前款所称可转债，是指上市公司依法发行、在一定期间内依据约定的条件可以转换成股份的公司债券。

第三条 上市公司发行证券，可以向不特定对象发行，也可以向特定对象发行。

向不特定对象发行证券包括上市公司向原股东配售股份（以下简称配股）、向不特定对象募集股份（以下简称增发）和向不特定对象发行可转债。

向特定对象发行证券包括上市公司向特定对象发行股票、向特定对象发行可转债。

第四条 上市公司发行证券的，应当符合《证券法》和本办法规定的发行条件和相关信息披露要求，依法经深圳证券交易所（以下简称交易所）发行上市审核并报中国证监会注册，但因依法实行股权激励、公积金转为增加公司资本、分配股票股利的除外。

第五条 上市公司应当诚实守信，依法充分披露投资者作出价值判断和投资决策所必需的信息，所披露信息必须真实、准确、完整，简明清晰、通俗易懂，不得有虚假记载、误导性陈述或者重大遗漏。

上市公司应当按照保荐人、证券服务机构要求，依法向其提供真实、准确、完整的财务会计资料和其他资料，配合相关机构开展尽职调查和其他相关工作。

上市公司控股股东、实际控制人、董事、监事、高级管理人员应当配合相关机构开展尽职调查和其他相关工作，不得要求或者协助上市公司隐瞒应当提供的资料或者应当披露的信息。

第六条 保荐人应当诚实守信，勤勉尽责，按照依法制定的业务规则和行业自律规范的要求，充分了解上市公司经营情况和风险，对注册申请文件和信息披露资料进行全面核查验证，对上市公司是否符合发行条件独立作出专业判断，审慎作出推荐决定，并对募集说明书或者其他信息披露文件及其所出具的相关文件的真实性、准确性、完整性负责。

第七条 证券服务机构应当严格遵守法律法规、中国证监会制定的监管规则、业务规则和本行业公认的业务标准和道德规范，建立并保持有效的质量控制体系，保护投资者合法权益，审慎履行职责，作出专业判断与认定，并对募集说明书或者其他信息披露文件中与其专业职责有关的内容及其所出具的文件的真实性、准确性、完整性负责。

证券服务机构及其相关执业人员应当对与本专业相关的业务事项履行特别注意义务，对其他业务事项履行普通注意义务，并承担相应法律责任。

证券服务机构及其执业人员从事证券服务业务应当配合中国证监会的监督管理，在规定的期限内提供、报送或披露相关资料、信息，并保证其提供、报送或披露的资料、信息真实、准确、完整，不得有虚假记载、误导性陈述或者重大遗漏。

证券服务机构应当妥善保存客户委托文件、核查和验证资料、工作底稿以及与质量控制、内部管理、业务经营有关的信息和资料。

第八条 对上市公司发行证券申请予以注册，不表明中国证监会和交易所对该证券的投资价值或者投资者的收益作出实质性判断或者保证，也不表明中国证监会和交易所对申请文件的真实性、准确性、完整性作出保证。

第二章 发 行 条 件

第一节 发 行 股 票

第九条 上市公司向不特定对象发行股票，应当符合下列规定：

（一）具备健全且运行良好的组织机构；

（二）现任董事、监事和高级管理人员符合法律、行政法规规定的任职要求；

（三）具有完整的业务体系和直接面向市场独立经营的能力，不存在对持续经营有重大不利影响的情形；

（四）会计基础工作规范，内部控制制度健全且有效执行，财务报表的编制和披露符合企业会计准则和相关信息披露规则的规定，在所有重大方面公允反映了上市公司的财务状况、经营成果和现金流量，最近三年财务会计报告被出具无保留意见审计报告；

（五）最近三年盈利，净利润以扣除非经常性损益前后孰低者为计算依据；

（六）除金融类企业外，最近一期末不存在金额较大的财务性投资。

第十条 上市公司存在下列情形之一的，不得向不特定对象发行股票：

（一）擅自改变前次募集资金用途未作纠正，或者未经股东大会认可；

（二）上市公司及其现任董事、监事和高级管理人员最近三年受到中国证监会行政处罚，或者最近一年受到证券交易所公开谴责，或者因涉嫌犯罪正在被司法机关立案侦查或者涉嫌违法违规正在被中国证监会立案调查；

（三）上市公司及其控股股东、实际控制人最近一年存在未履行向投资者作出的公开承诺的情形；

（四）上市公司及其控股股东、实际控制人最近三年存在贪污、贿赂、侵占财产、挪用财产或者破坏社会主义市场经济秩序的刑事犯罪，或者存在严重损害上市公司利益、投资者合法权益、社会公共利益的重大违法行为。

第十一条 上市公司存在下列情形之一的，不得向特定对象发行股票：

（一）擅自改变前次募集资金用途未作纠正，或者未经股东大会认可；

（二）最近一年财务报表的编制和披露在重大方面不符合企业会计准则或者相关信息披露规则的规定；最近一年财务会计报告被出具否定意见或者无法表示意见的审计报告；最近一年财务会计报告被出具保留意见的审计报告，且保留意见所涉及事项对

上市公司的重大不利影响尚未消除。本次发行涉及重大资产重组的除外；

（三）现任董事、监事和高级管理人员最近三年受到中国证监会行政处罚，或者最近一年受到证券交易所公开谴责；

（四）上市公司及其现任董事、监事和高级管理人员因涉嫌犯罪正在被司法机关立案侦查或者涉嫌违法违规正在被中国证监会立案调查；

（五）控股股东、实际控制人最近三年存在严重损害上市公司利益或者投资者合法权益的重大违法行为；

（六）最近三年存在严重损害投资者合法权益或者社会公共利益的重大违法行为。

第十二条 上市公司发行股票，募集资金使用应当符合下列规定：

（一）符合国家产业政策和有关环境保护、土地管理等法律、行政法规规定；

（二）除金融类企业外，本次募集资金使用不得为持有财务性投资，不得直接或者间接投资于以买卖有价证券为主要业务的公司；

（三）募集资金项目实施后，不会与控股股东、实际控制人及其控制的其他企业新增构成重大不利影响的同业竞争、显失公平的关联交易，或者严重影响公司生产经营的独立性。

第二节　发行可转债

第十三条 上市公司发行可转债，应当符合下列规定：

（一）具备健全且运行良好的组织机构；

（二）最近三年平均可分配利润足以支付公司债券一年的利息；

（三）具有合理的资产负债结构和正常的现金流量。除前款规定条件外，上市公司向不特定对象发行可转债，还应当遵守本办法第九条第（二）项至第（六）项、第十条的规定；向特定对象发行可转债，还应当遵守本办法第十一条的规定。但是，按照公司债券募集办法，上市公司通过收购本公司股份的方式进行公司债券转换的除外。

第十四条 上市公司存在下列情形之一的，不得发行可转债：

（一）对已公开发行的公司债券或者其他债务有违约或者延迟支付本息的事实，仍处于继续状态；

（二）违反《证券法》规定，改变公开发行公司债券所募资金用途。

第十五条 上市公司发行可转债，募集资金除不得用于弥补亏损和非生产性支出外，还应当遵守本办法第十二条的规定。

第三章　发行程序

第十六条 上市公司申请发行证券，董事会应当依法就下列事项作出决议，并提请股东大会批准：

（一）本次证券发行的方案；

（二）本次发行方案的论证分析报告；

（三）本次募集资金使用的可行性报告；

（四）其他必须明确的事项。上市公司董事会拟引入战略投资者的，应当将引入战略投资者的事项作为单独议案，就每名战略投资者单独审议，并提交股东大会批准。

董事会依照前二款作出决议，董事会决议日与首次公开发行股票上市日的时间间隔不得少于六个月。

第十七条 董事会在编制本次发行方案的论证分析报告时，应当结合上市公司所处行业和发展阶段、融资规划、财务状况、资金需求等情况进行论证分析，独立董事应当发表专项意见。论证分析报告至少应当包括下列内容：

（一）本次发行证券及其品种选择的必要性；

（二）本次发行对象的选择范围、数量和标准的适当性；

（三）本次发行定价的原则、依据、方法和程序的合理性；

（四）本次发行方式的可行性；
（五）本次发行方案的公平性、合理性；
（六）本次发行对原股东权益或者即期回报摊薄的影响以及填补的具体措施。

第十八条 股东大会就发行证券作出的决定，至少应当包括下列事项：
（一）本次发行证券的种类和数量；
（二）发行方式、发行对象及向原股东配售的安排；
（三）定价方式或者价格区间；
（四）募集资金用途；
（五）决议的有效期；
（六）对董事会办理本次发行具体事宜的授权；
（七）其他必须明确的事项。

第十九条 股东大会就发行可转债作出的决定，至少应当包括下列事项：
（一）本办法第十八条规定的事项；
（二）债券利率；
（三）债券期限；
（四）赎回条款；
（五）回售条款；
（六）还本付息的期限和方式；
（七）转股期；
（八）转股价格的确定和修正。

第二十条 股东大会就发行证券事项作出决议，必须经出席会议的股东所持表决权的三分之二以上通过，中小投资者表决情况应当单独计票。向本公司特定的股东及其关联人发行证券的，股东大会就发行方案进行表决时，关联股东应当回避。股东大会对引入战略投资者议案作出决议的，应当就每名战略投资者单独表决。

上市公司就发行证券事项召开股东大会，应当提供网络投票方式，公司还可以通过其他方式为股东参加股东大会提供便利。

第二十一条 上市公司年度股东大会可以根据公司章程的规定，授权董事会决定向特定对象发行融资总额不超过人民币三亿元且不超过最近一年末净资产百分之二十的股票，该项授权在下一年度股东大会召开日失效。上市公司年度股东大会给予董事会前款授权的，应当就本办法第十八条规定的事项通过相关决定。

第二十二条 上市公司申请发行证券，应当按照中国证监会有关规定制作注册申请文件，依法由保荐人保荐并向交易所申报。

交易所收到注册申请文件后，五个工作日内作出是否受理的决定。

第二十三条 申请文件受理后，未经中国证监会或者交易所同意，不得改动。

发生重大事项的，上市公司、保荐人、证券服务机构应当及时向交易所报告，并按要求更新申请文件和信息披露资料。

第二十四条 交易所审核部门负责审核上市公司证券发行上市申请；创业板上市委员会负责对上市公司向不特定对象发行证券的申请文件和审核部门出具的审核报告提出审议意见。

交易所主要通过向上市公司提出审核问询、上市公司回答问题方式开展审核工作，判断上市公司发行申请是否符合发行条件和信息披露要求。

第二十五条 上市公司应当向交易所报送审核问询回复的相关文件，并以临时公告的形式披露交易所审核问询回复意见。

第二十六条 交易所按照规定的条件和程序，形成上市公司是否符合发行条件和信息披露要求的审核意见，认为上市公司符合发行条件和信息披露要求的，将审核意见、上市公司注册申请文件及相关审核资料报中国证监会注册；认为上市公司不符合发行条件或者信息披露要求的，作出终止发行上市审核决定。

第二十七条 交易所应当自受理注册申请文件之日起二个月内形成审核意见，但本办法另有规定的除外。

上市公司根据要求补充、修改申请文件，或者交易所按照规定对上市公司实施现场检查，要求保荐人、证券服务机构对有关事项进行专项核查，并要求上市公司补充、修改申请文件的时间不计算在内。

第二十八条 符合相关规定的上市公司按照本办法第二十一条规定申请向特定对象发行股票的，适用简易程序。

第二十九条 交易所采用简易程序的，应当在收到注册申请文件后，二个工作日内作出是否受理的决定，自受理之日起三个工作日内完成审核并形成上市公司是否符合发行条件和信息披露要求的审核意见。

交易所应当制定简易程序的业务规则，并报中国证监会批准。

第三十条 中国证监会依法履行发行注册程序，主要关注交易所发行上市审核内容有无遗漏，审核程序是否符合规定，以及上市公司在发行条件和信息披露要求的重大方面是否符合相关规定。中国证监会认为存在需要进一步说明或者落实事项的，可以要求交易所进一步问询。

中国证监会认为交易所对影响发行条件的重大事项未予关注或者交易所的审核意见依据明显不充分的，可以退回交易所补充审核。交易所补充审核后，认为上市公司符合发行条件和信息披露要求的，重新向中国证监会报送审核意见及相关资料，本办法第三十一条规定的注册期限重新计算。

第三十一条 中国证监会在十五个工作日内对上市公司的注册申请作出予以注册或者不予注册的决定。

上市公司根据要求补充、修改注册申请文件，或者中国证监会要求交易所进一步问询，要求保荐人、证券服务机构等对有关事项进行核查，对上市公司现场检查，并要求上市公司补充、修改申请文件的时间不计算在内。

中国证监会收到交易所依照本办法第二十九条规定报送的审核意见、上市公司注册申请文件及相关审核资料后，三个工作日内作出予以注册或者不予注册的决定。

第三十二条 中国证监会的予以注册决定，自作出之日起一年内有效，上市公司应当在注册决定有效期内发行证券，发行时点由上市公司自主选择。

适用简易程序的，应当在中国证监会作出予以注册决定后十个工作日内完成发行缴款，未完成的，本次发行批文失效。

第三十三条 中国证监会作出予以注册决定后、上市公司证券上市交易前，上市公司应当及时更新信息披露文件；保荐人以及证券服务机构应当持续履行尽职调查职责；发生重大事项的，上市公司、保荐人应当及时向交易所报告。

交易所应当对上述事项及时处理，发现上市公司存在重大事项影响发行条件的，应当出具明确意见并及时向中国证监会报告。

第三十四条 中国证监会作出予以注册决定后、上市公司证券上市交易前，发现可能影响本次发行的重大事项的，中国证监会可以要求上市公司暂缓发行、上市；相关重大事项导致上市公司不符合发行条件的，应当撤销注册。

中国证监会撤销注册后，证券尚未发行的，上市公司应当停止发行；证券已经发行尚未上市的，上市公司应当按照发行价并加算银行同期存款利息返还证券持有人。

第三十五条 交易所认为上市公司不符合发行条件或者信息披露要求，作出终止发行上市审核决定，或者中国证监会作出不予注册决定的，自决定作出之日起六个月后，上市公司可以再次提出证券发行申请。

第三十六条 上市公司证券发行上市审核或者注册程序的中止、终止等情形参照适用《创业板首次公开发行股票注册管理办法（试行）》的相关规定。

第三十七条 中国证监会和交易所可以对上市公司进行现场检查，或者要求保荐人、证券服务机构对有关事项进行专项核查并出具意见。

第四章 信息披露

第三十八条 上市公司发行证券，应当以投资者决策需求为导向，按照中国证监会制定的信息披露规则，编制募集说明书或者其他信息披露文件，依法履行信息披露义务，保证相关信息真实、准确、完整。信息披露内容应当简明清晰，通俗易懂，不得有虚假记载、误导性陈述或者重大遗漏。

中国证监会制定的信息披露规则是信息披露的最低要求。不论上述规则是否有明确规定，凡是投资者作出价值判断和投资决策所必需的信息，上市公司均应当充分披露，内容应当真实、准确、完整。

第三十九条 中国证监会依法制定募集说明书或者其他证券发行信息披露文件内容与格式准则、编报规则等信息披露规则，对申请文件和信息披露资料的内容、格式、编制要求、披露形式等作出规定。

交易所可以依据中国证监会部门规章和规范性文件，制定信息披露细则或者指引，在中国证监会确定的信息披露内容范围内，对信息披露提出细化和补充要求，报中国证监会批准后实施。

第四十条 上市公司应当在募集说明书或者其他证券发行信息披露文件中，以投资者需求为导向，有针对性地披露业务模式、公司治理、发展战略、经营政策、会计政策、财务状况分析等信息，并充分揭示可能对公司核心竞争力、经营稳定性以及未来发展产生重大不利影响的风险因素。

第四十一条 证券发行议案经董事会表决通过后，应当在二个工作日内披露，并及时公告召开股东大会的通知。

使用募集资金收购资产或者股权的，应当在公告召开股东大会通知的同时，披露该资产或者股权的基本情况、交易价格、定价依据以及是否与公司股东或者其他关联人存在利害关系。

第四十二条 股东大会通过本次发行议案之日起二个工作日内，上市公司应当披露股东大会决议公告。

第四十三条 上市公司提出发行申请后，出现下列情形之一的，应当在次一个工作日予以公告：

（一）收到交易所不予受理或者终止发行上市审核决定；

（二）收到中国证监会终止发行注册决定；

（三）收到中国证监会予以注册或者不予注册的决定；

（四）上市公司撤回证券发行申请。

第四十四条 上市公司及其董事、监事、高级管理人员应当在募集说明书或者其他证券发行信息披露文件上签字、盖章，保证信息披露内容真实、准确、完整，不存在虚假记载、误导性陈述或者重大遗漏，按照诚信原则履行承诺，并声明承担相应的法律责任。

上市公司控股股东、实际控制人应当在募集说明书或者其他证券发行信息披露文件上签字、盖章，确认信息披露内容真实、准确、完整，不存在虚假记载、误导性陈述或者重大遗漏，按照诚信原则履行承诺，并声明承担相应法律责任。

第四十五条 保荐人及其保荐代表人应当在募集说明书或者其他证券发行信息披露文件上签字、盖章，确认信息披露内容真实、准确、完整，不存在虚假记载、误导性陈述或者重大遗漏，并声明承担相应的法律责任。

第四十六条 为证券发行出具专项文件的律师、注册会计师、资产评估人员、资信评级人员及其所在机构，应当在募集说明书或者其他证券发行信息披露文件上签字、盖章，确认对上市公司信息披露文件引用其出具的专业意见无异议，信息披露文件不因引用其出具的专业意见而出现虚假记载、误导性陈述或者重大遗漏，并声明承担相应的法律责任。

第四十七条 募集说明书等证券发行信息披露文件所引用的审计报告、盈利预测审核报告、资产评估报告、资信评级报告，应当由符合规定的证券服务机构出具，并由至少二名有执业资格的人员签署。

募集说明书或者其他证券发行信息披露文件所引用的法律意见书，应当由律师事务所出具，并由至少二名经办律师签署。

第四十八条 募集说明书自最后签署之日起六个月内有效。

募集说明书或者其他证券发行信息披露文件不得使用超过有效期的资产评估报告或者资信评级报告。

第四十九条 向不特定对象发行证券申请经注册后，上市公司应当在证券发行前二至五个工作日内将公司募集说明书刊登在交易所网站和符合中国证监会规定条件的网站，供公众查阅。

第五十条 向特定对象发行证券申请经注册后，上市公司应当在证券发行前将公司募集文件刊登在交易所网站和符合中国证监会规定条件的网站，供公众查阅。

向特定对象发行证券的，上市公司应当在证券发行后的二个工作日内，将发行情况报告书刊登在交易所网站和符合中国证监会规定条件的网站，供公众查阅。

第五十一条 上市公司可以将募集说明书或者其他证券发行信息披露文件、发行情况报告书刊登于其他网站，但不得早于按照本办法第四十九条、第五十条规定披露信息的时间。

第五章 发行承销的特别规定

第五十二条 上市公司证券发行与承销行为，适用《证券发行与承销管理办法》（以下简称《承销办法》），但本办法另有规定的除外。

交易所可以根据《承销办法》和本办法制定上市公司证券发行承销业务规则，并报中国证监会批准。

第五十三条 上市公司配股的，拟配售股份数量不超过本次配售前股本总额的百分之五十，并应当采用代销方式发行。

控股股东应当在股东大会召开前公开承诺认配股份的数量。控股股东不履行认配股份的承诺，或者代销期限届满，原股东认购股票的数量未达到拟配售数量百分之七十的，上市公司应当按照发行价并加算银行同期存款利息返还已经认购的股东。

第五十四条 上市公司增发的，发行价格应当不低于公告招股意向书前二十个交易日或者前一个交易日公司股票均价。

第五十五条 上市公司向特定对象发行证券，发行对象应当符合股东大会决议规定的条件，且每次发行对象不超过三十五名。

第五十六条 上市公司向特定对象发行股票，发行价格应当不低于定价基准日前二十个交易日公司股票均价的百分之八十。

前款所称"定价基准日"，是指计算发行底价的基准日。

第五十七条 向特定对象发行股票的定价基准日为发行期首日。上市公司应当以不低于发行底价的价格发行股票。

上市公司董事会决议提前确定全部发行对象,且发行对象属于下列情形之一的,定价基准日可以为关于本次发行股票的董事会决议公告日、股东大会决议公告日或者发行期首日:

(一)上市公司的控股股东、实际控制人或者其控制的关联人;

(二)通过认购本次发行的股票取得上市公司实际控制权的投资者;

(三)董事会拟引入的境内外战略投资者。

第五十八条 向特定对象发行股票发行对象属于本办法第五十七条第二款规定以外的情形的,上市公司应当以竞价方式确定发行价格和发行对象。

董事会决议确定部分发行对象的,确定的发行对象不得参与竞价,且应当接受竞价结果,并明确在通过竞价方式未能产生发行价格的情况下,是否继续参与认购、价格确定原则及认购数量。

第五十九条 向特定对象发行的股票,自发行结束之日起六个月内不得转让。发行对象属于本办法第五十七条第二款规定情形的,其认购的股票自发行结束之日起十八个月内不得转让。

第六十条 向特定对象发行股票的定价基准日为本次发行股票的董事会决议公告日或者股东大会决议公告日的,向特定对象发行股票的董事会决议公告后,出现下列情况需要重新召开董事会的,应当由董事会重新确定本次发行的定价基准日:

(一)本次发行股票股东大会决议的有效期已过;

(二)本次发行方案发生重大变化;

(三)其他对本次发行定价具有重大影响的事项。

第六十一条 可转债应当具有期限、面值、利率、评级、债券持有人权利、转股价格及调整原则、赎回及回售、转股价格向下修正等要素。

向不特定对象发行的可转债利率由上市公司与主承销商依法协商确定。

向特定对象发行的可转债应当采用竞价方式确定利率和发行对象。

第六十二条 可转债自发行结束之日起六个月后方可转换为公司股票,转股期限由公司根据可转债的存续期限及公司财务状况确定。

债券持有人对转股或者不转股有选择权,并于转股的次日成为上市公司股东。

第六十三条 向特定对象发行的可转债不得采用公开的集中交易方式转让。

向特定对象发行的可转债转股的,所转股票自可转债发行结束之日起十八个月内不得转让。

第六十四条 向不特定对象发行可转债的转股价格应当不低于募集说明书公告日前二十个交易日上市公司股票交易均价和前一个交易日均价。

向特定对象发行可转债的转股价格应当不低于认购邀请书发出前二十个交易日上市公司股票交易均价和前一个交易日的均价,且不得向下修正。

第六十五条 上市公司发行证券,应当由证券公司承销。上市公司董事会决议提前确定全部发行对象的,可以由上市公司自行销售。

第六十六条 向特定对象发行证券,上市公司及其控股股东、实际控制人、主要股东不得向发行对象做出保底保收益或者变相保底保收益承诺,也不得直接或者通过利益相关方向发行对象提供财务资助或者其他补偿。

第六十七条 上市公司发行证券采用竞价方式的,认购邀请书内容、认购邀请书发送对象范围、发行价格及发行对象的确定原则等应当符合中国证监会及交易所相关规定,上市公司和主承销商的控股股东、实际控制人、董事、监事、高级管理人员及其控制或者施加重大影响的关联方不得参与竞价。

第六十八条 网下投资者应当结合行业监管要求、资产规模等合理确定申购金额，不得超资产规模申购，承销商可以认定超资产规模的申购为无效申购。

第六十九条 上市公司向不特定对象发行证券的，投资者弃购数量占发行总数比例较大的，上市公司和主承销商可以将投资者弃购部分向网下投资者二次配售。比例较大的标准由交易所规定。

第七十条 上市公司和主承销商可以在符合中国证监会和交易所相关规定前提下约定中止发行的情形。

第七十一条 交易所对证券发行承销过程实施监管。发行承销涉嫌违法违规或者存在异常情形的，中国证监会可以要求交易所对相关事项进行调查处理，或者直接责令上市公司和承销商暂停或者中止发行。

第六章 监督管理和法律责任

第七十二条 中国证监会依法批准交易所制定的创业板上市公司证券发行上市的审核标准、审核程序、信息披露、发行承销等方面的制度规则，指导交易所制定与发行上市审核相关的其他业务规则。

第七十三条 中国证监会建立对交易所发行上市审核工作和发行承销过程监管的监督机制，持续关注交易所审核情况和发行承销过程监管情况，发现交易所自律监管措施或者纪律处分失当的，可以责令交易所改正。

第七十四条 中国证监会对交易所发行上市审核和发行承销过程监管等相关工作进行年度例行检查。在检查过程中，可以调阅审核工作文件，列席相关审核会议。

中国证监会定期或者不定期按一定比例对交易所发行上市审核和发行承销过程监管等相关工作进行抽查。

对于中国证监会在检查和抽查等监督过程中发现的问题，交易所应当整改。

第七十五条 交易所发行上市审核工作违反本办法规定，

有下列情形之一的，由中国证监会责令改正；情节严重的，追究直接责任人员相关责任：

（一）未按审核标准开展发行上市审核工作；

（二）未按审核程序开展发行上市审核工作；

（三）不配合中国证监会对发行上市审核工作和发行承销监管工作的检查、抽查，或者不按中国证监会的整改要求进行整改。

第七十六条 上市公司在证券发行文件中隐瞒重要事实或者编造重大虚假内容的，中国证监会采取五年内不接受上市公司发行证券相关文件的监管措施。对相关责任人员，视情节轻重，采取认定为不适当人选的监管措施，或者采取证券市场禁入的措施。

第七十七条 存在下列情形之一的，中国证监会采取三年至五年内不接受上市公司发行证券相关文件的监管措施：

（一）申请文件存在虚假记载、误导性陈述或者重大遗漏；

（二）上市公司阻碍或者拒绝中国证监会、交易所依法对其实施检查、核查；

（三）上市公司及其关联方以不正当手段严重干扰发行上市审核或者发行注册工作；

（四）重大事项未报告、未披露；

（五）上市公司及其董事、监事、高级管理人员、控股股东、实际控制人的签名、盖章系伪造或者变造。

第七十八条 上市公司控股股东、实际控制人违反本办法的规定，致使上市公司所报送的申请文件和披露的信息存在虚假记载、误导性陈述或者重大遗漏，或者组织、指使上市公司进行财务造假、利润操纵或者在证券发行文件中隐瞒重要事实或者编造重大虚假内容的，中国证监会视情节轻重，对相关单位和责任人员采取一年到五年内不接受相关单位及其控制的下属单位发行证券相关文件，对责任人员采取认定为不适当人选等监管措施，或者采取证券市场禁入的措施。

上市公司董事、监事和高级管理人员违反本办法规定，致使上市公司所报送的申请文件和披露的信息存在虚假记载、误导性陈述或者重大遗漏的，中国证监会视情节轻重，对责任人员采取认定为不适当人选等监管措施，或者采取证券市场禁入的措施。

第七十九条 保荐人未勤勉尽责，致使上市公司信息披露资料存在虚假记载、误导性陈述或者重大遗漏的，中国证监会视情节轻重，采取暂停保荐人业务资格一年至三年，责令保荐人更换相关负责人的监管措施；情节严重的，撤销保荐人业务资格，对相关责任人员采取证券市场禁入的措施。

保荐代表人未勤勉尽责，致使上市公司信息披露资料存在虚假记载、误导性陈述或者重大遗漏的，按规定认定为不适当人选。

证券服务机构未勤勉尽责，致使上市公司信息披露资料中与其职责有关的内容及其所出具的文件存在虚假记载、误导性陈述或者重大遗漏的，中国证监会视情节轻重，采取三个月至三年内不接受相关单位及其责任人员出具的发行证券专项文件的监管措施；情节严重的，对证券服务机构相关责任人员采取证券市场禁入的措施。

第八十条 保荐人存在下列情形之一的，中国证监会视情节轻重，采取暂停保荐人业务资格三个月至三年的监管措施；情节特别严重的，撤销其业务资格：

（一）伪造或者变造签字、盖章；

（二）重大事项未报告或者未披露；

（三）以不正当手段干扰审核注册工作；

（四）不履行其他法定职责。保荐代表人存在前款规定情形的，视情节轻重，按规定三个月至三年不受理相关保荐代表人具体负责的推荐；情节特别严重的，按规定认定为不适当人选。

证券服务机构及其相关人员存在第一款规定情形的，中国证监会视情节轻重，采取三个月至三年内不接受相关单位及其责任人员出具的发行证券专项文件的监管措施。

第八十一条 保荐人、证券服务机构及其责任人员存在下列情形之一的，中国证监会视情节轻重，采取责令改正、监管谈话、出具警示函、一年内不接受相关单位及其责任人员出具的与注册申请有关的文件等监管措施；情节严重的，可以同时采取三个月至一年内不接受相关单位及其责任人员出具的发行证券专项文件的监管措施：

（一）制作或者出具的文件不齐备或者不符合要求；

（二）擅自改动申请文件、信息披露资料或者其他已提交文件；

（三）申请文件或者信息披露资料存在相互矛盾或者同一事实表述不一致且有实质性差异；

（四）文件披露的内容表述不清，逻辑混乱，严重影响阅读理解；

（五）对重大事项未及时报告或者未及时披露。上市公司存在前款规定情形的，中国证监会视情节轻重，采取责令改正、监管谈话、出具警示函、六个月至一年内不接受上市公司发行证券相关文件的监管措施。

第八十二条 按照本办法第二十八条申请注册的，交易所和中国证监会发现上市公司或者相关中介机构及其责任人员存在相关违法违规行为的，中国证监会按照本章规定从重处罚，并采取三年至五年内不接受上市公司和保荐人该类发行证券相关文件的监管措施。

第八十三条 上市公司披露盈利预测，利润实现数如未达到盈利预测的百分之八十的，除因不可抗力外，其法定代表人、财务负责人应当在股东大会以及交易所网站、符合中国证监会规定条件的媒体上公开作出解释并道歉；中国证监会可以对法定代表人处以警告。

利润实现数未达到盈利预测百分之五十的，除因不可抗力外，中国证监会在三年内不接受上市公司发行证券相关文件。

注册会计师为上述盈利预测出具审核报告的过程中未勤勉尽责的，中国证监会视情节轻重，对相关机构和责任人员采取监管谈话等监管措施；情节严重的，给予警告等行政处罚。

第八十四条 参与认购的投资者擅自转让限售期限未满的证券的，中国证监会可以责令改正；情节严重的，十二个月内不得作为特定对象认购证券。

第八十五条 相关主体违反本办法第六十六条规定的，中国证监会视情节轻重，采取责令改正、监管谈话、出具警示函、认定为不适当人选、一年至三年内不接受发行证券相关文件的监管措施，以及市场禁入的措施；保荐人、证券服务机构未勤勉尽责的，中国证监会还可以采取一年至三年内不接受相关单位及其责任人员出具的与注册申请有关的文件等监管措施。

第八十六条 上市公司及其控股股东和实际控制人、董事、监事、高级管理人员，保荐人、承销商、证券服务机构及其相关执业人员、参与认购的投资者，在证券发行并上市相关的活动中存在其他违反本办法规定行为的，中国证监会视情节轻重，采取责令改正、监管谈话、出具警示函、责令公开说明、责令定期报告、认定为不适当人选、暂不受理与行政许可有关的文件等监管措施，或者采取证券市场禁入的措施。

第八十七条 上市公司及其控股股东、实际控制人、保荐人、证券服务机构及其相关人员违反《证券法》依法应予以行政处罚的，中国证监会依法予以处罚；涉嫌犯罪的，依法移送司法机关，追究其刑事责任。

第七章 附 则

第八十八条 本办法所称战略投资者，是指符合下列情形之一，且具有同行业或者相关行业较强的重要战略性资源，与上市公司谋求双方协调互补的长期共同战略利益，愿意长期持有上市公司较大比例股份，愿意并且有能力认真履行相应职责，委派董事实际参与公司治理，提升上市公司治理水平，帮助上市公司显著提高公司质量和内在价值，具有良好诚信记录，最近三年未受到中国证监会行政处罚或者被追究刑事责任的投资者：

（一）能够给上市公司带来国际国内领先的核心技术资源，显著增强上市公司的核心竞争力和创新能力，带动上市公司的产业技术升级，显著提升上市公司的盈利能力；

（二）能够给上市公司带来国际国内领先的市场、渠道、品牌等战略性资源，大幅促进上市公司市场拓展，推动实现上市公司销售业绩大幅提升。

境外战略投资者应当同时遵守国家的相关规定。

第八十九条 符合《若干意见》等规定的红筹企业，首次公开发行股票并在创业板上市后，发行股票还应当符合本办法的规定。

符合《若干意见》等规定的红筹企业，首次公开发行存托凭证并在创业板上市后，发行以红筹企业新增证券为基础证券的存托凭证，适用《证券法》《若干意见》以及本办法关于上市公司发行股票的规定，本办法没有规定的，适用中国证监会关于存托凭证的有关规定。

发行存托凭证的红筹企业境外基础股票配股时，相关方案安排应当确保存托凭证持有人实际享有权益与境外基础股票持有人权益相当。

第九十条 上市公司发行优先股、向员工发行证券用于激励的办法，由中国证监会另行规定。

第九十一条 上市公司向特定对象发行股票将导致上市公司控制权发生变化的，还应当符合中国证监会的其他规定。

第九十二条 依据本办法通过向特定对象发行股票取得的上市公司股份，其减持不适用《上市公司股东、董监高减持股份的若干规定》的有关规定。

第九十三条 本办法自公布之日起施行。《创业板上市公司证券发行管理暂行办法》（证监会令第164号）同时废止。

9.关于修改《创业板上市公司证券发行管理暂行办法》的决定（2020年颁布）

（中国证券监督管理委员会令第164号）

一、第九条修改为："上市公司发行证券，应当符合《证券法》规定的条件，并且符合以下规定：

（一）最近二年盈利，净利润以扣除非经常性损益前后孰低者为计算依据；但上市公司非公开发行股票的除外；

（二）会计基础工作规范，经营成果真实。内部控制制度健全且被有效执行，能够合理保证公司财务报告的可靠性、生产经营的合法性，以及营运的效率与效果；

（三）最近二年按照上市公司章程的规定实施现金分红；

（四）最近三年及一期财务报表未被注册会计师出具否定意见或者无法表示意见的审计报告；被注册会计师出具保留意见或者带强调事项段的无保留意见审计报告的，所涉及的事项对上市公司无重大不利影响或者在发行前重大不利影响已经消除；

（五）上市公司与控股股东或者实际控制人的人员、资产、财务分开，机构、业务独立，能够自主经营管理。上市公司最近十二个月内不存在违规对外提供担保或者资金被上市公司控股股东、实际控制人及其控制的其他企业以借款、代偿债务、代垫款项或者其他方式占用的情形。"

二、删除第十一条第（一）项。

三、第十五条修改为："非公开发行股票的特定对象应当符合下列规定：

（一）特定对象符合股东大会决议规定的条件；

（二）发行对象不超过三十五名。

发行对象为境外战略投资者的，应当遵守国家的相关规定。"

四、第十六条修改为："上市公司非公开发行股票，应当符合下列规定：

（一）发行价格不低于定价基准日前二十个交易日公司股票均价的百分之八十；

（二）本次发行的股份自发行结束之日起，六个月内不得转让；控股股东、实际控制人及其控制的企业认购的股份，十八个月内不得转让；

（三）本次发行将导致上市公司控制权发生变化的，还应当符合中国证监会的其他规定。"

五、删除第十七条。

六、第三十二条改为三十一条，修改为："股东大会就发行可转换公司债券作出的决定，应当至少包括下列事项：

（一）本办法第三十条规定的事项；

（二）债券利率；

（三）债券期限；

（四）回售条款；

（五）还本付息的期限和方式；

（六）转股期；

（七）转股价格的确定和修正。"

七、第三十四条改为第三十三条，修改为："上市公司年度股东大会可以根据公司章程的规定，授权董事会决定非公开发行融资总额不超过最近一年末净资产百分之十的股票，该项授权在下一年度股东大会召开日失效。

上市公司年度股东大会给予董事会前款授权的，应当按照本办法第三十条的规定通过相关决议，作为董事会行使授权的前提条件。"

八、第三十五条改为第三十四条，修改为："上市公司申请发行证券，应当由保荐人保荐，但是根据本办法第三十六条规定适用简易程序且根据本办法第三十九条规定采取自行销售的除外。

保荐人或者上市公司应当按照中国证监会的有关规定编制和报送发行申请文件。"

九、第三十六条改为第三十五条，修改为："中国证监会依照下列程序审核发行证券的申请：

（一）收到申请文件后，五个工作日内决定是否受理；

（二）中国证监会受理后，对申请文件进行初审；

（三）发行审核委员会审核申请文件；

（四）中国证监会作出核准或者不予核准的决定。"

十、第三十八条改为第三十七条，修改为："上市公司应当自中国证监会核准之日起十二个月内发行证券。超过十二个月未发行的，核准文件失效，须重新经中国证监会核准后方可发行。"

十一、第五十二条改为第五十一条，修改为："上市公司可以将公开发行证券募集说明书、发行情况报告书刊登于其他网站，但不得早于按照本办法第四十九条、第五十条规定披露信息的时间。"

十二、第五十九条改为第五十八条，修改为："上市公司违反本办法第十一条第（二）项、第（三）项规定的，中国证监会可以责令改正；情节严重的，自确认之日起三十六个月内不受理该公司的发行证券申请。"

十三、第六十二条改为第六十一条，修改为："保荐人以不正当手段干扰中国证监会及其发行审核委员会审核工作的，保荐人或其相关签名人员的签名、盖章系伪造或变造的，或者不履行其他法定职责的，依照《证券法》和保荐制度的有关规定处理。"

十四、第六十五条改为第六十四条，修改为："上市公司在非公开发行新股时，违反本办法第三十九条规定的，中国证监会可以责令改正；情节严重的，自确认之日起三十六个月内不受理该上市公司的发行证券申请。"

十五、增加一条，作为第六十七条："依据本办法通过非公开发行股票取得的上市公司股份，其减持不适用《上市公司股东、董监高减持股份的若干规定》的有关规定。"

本决定自 2020 年 2 月 14 日起施行。

《创业板上市公司证券发行管理暂行办法》根据本决定作相应修改，并对条文顺序作相应调整，重新公布。

创业板上市公司证券发行管理暂行办法

（2014 年 2 月 11 日中国证券监督管理委员会第 26 次主席办公会议审议通过　根据 2020 年 2 月 14 日中国证券监督管理委员会《关于修改〈创业板上市公司证券发行管理暂行办法〉的决定》修正）

第一章 总 则

第一条 为了规范创业板上市公司（以下简称上市公司）证券发行行为，保护投资者的合法权益和社会公共利益，根据《证券法》《公司法》制定本办法。

第二条 上市公司申请在境内发行证券，适用本办法。本办法所称证券，指下列证券品种：

（一）股票；

（二）可转换公司债券；

（三）中国证券监督管理委员会（以下简称"中国证监会"）认可的其他品种。

第三条 上市公司发行证券，可以向不特定对象公开发行，也可以向特定对象非公开发行。

第四条 上市公司发行证券，必须真实、准确、完整、及时、公平地披露或者提供信息，不得有虚假记载、误导性陈述或者重大遗漏。

上市公司作为信息披露第一责任人，应当及时向保荐人、证券服务机构提供真实、准确、完整的财务会计资料和其他资料，全面配合保荐人、证券服务机构开展尽职调查。

第五条 保荐人应当严格履行法定职责，遵守业务规则和行业规范，对保荐的上市公司的申请文件和证券服务机构出具的专业意见进行审慎核查，督导上市公司规范运作，对上市公司是否具备持续盈利能力、是否符合发行条件作出专业判断，并确保所出具的发行保荐书和上市公司的申请文件真实、准确、完整、及时。

第六条 为证券发行出具文件的证券服务机构和人员，应当严格履行法定职责，遵照本行业的业务标准和执业规范，对上市公司的相关业务资料进行核查和验证，确保所出具的专业文件真实、准确、完整、及时。

第七条 上市公司应当建立投资者保护机制，优化投资回报机制，保障投资者的知情权和参与权等权利，切实保护投资者特别是中小投资者的合法权益。

第八条 中国证监会对上市公司证券发行的核准，不表明其对该证券的投资价值或者投资者的收益作出实质性判断或者保证。投资者应当自主判断上市公司的投资价值并作出投资决策，自行承担因上市公司经营与收益的变化引致的投资风险。

第二章 发行证券的条件

第一节 一般规定

第九条 上市公司发行证券，应当符合《证券法》规定的条件，并且符合以下规定：

（一）最近二年盈利，净利润以扣除非经常性损益前后孰低者为计算依据；但上市公司非公开发行股票的除外；

（二）会计基础工作规范，经营成果真实。内部控制制度健全且被有效执行，能够合理保证公司财务报告的可靠性、生产经营的合法性，以及营运的效率与效果；

（三）最近二年按照上市公司章程的规定实施现金分红；

（四）最近三年及一期财务报表未被注册会计师出具否定意见或者无法表示意见的审计报告；被注册会计师出具保留意见或者带强调事项段的无保留意见审计报告的，所涉及的事项对上市公司无重大不利影响或者在发行前重大不利影响已经消除；

（五）上市公司与控股股东或者实际控制人的人员、资产、财务分开，机构、业务独立，能够自主经营管理。上市公司最近十二个月内不存在违规对外提供担保或者资金被上市公司控股股东、实际控制人及其控制的其他企业以借款、代偿债务、代垫款项或者其他方式占用的情形。

第十条 上市公司存在下列情形之一的，不得发行证券：
（一）本次发行申请文件有虚假记载、误导性陈述或者重大遗漏；
（二）最近十二个月内未履行向投资者作出的公开承诺；
（三）最近三十六个月内因违反法律、行政法规、规章受到行政处罚且情节严重，或者受到刑事处罚，或者因违反证券法律、行政法规、规章受到中国证监会的行政处罚；最近十二个月内受到证券交易所的公开谴责；因涉嫌犯罪被司法机关立案侦查或者涉嫌违法违规被中国证监会立案调查；
（四）上市公司控股股东或者实际控制人最近十二个月内因违反证券法律、行政法规、规章，受到中国证监会的行政处罚，或者受到刑事处罚；
（五）现任董事、监事和高级管理人员存在违反《公司法》第一百四十七条、第一百四十八条规定的行为，或者最近三十六个月内受到中国证监会的行政处罚、最近十二个月内受到证券交易所的公开谴责；因涉嫌犯罪被司法机关立案侦查或者涉嫌违法违规被中国证监会立案调查；
（六）严重损害投资者的合法权益和社会公共利益的其他情形。

第十一条 上市公司募集资金使用应当符合下列规定：
（一）本次募集资金用途符合国家产业政策和法律、行政法规的规定；
（二）除金融类企业外，本次募集资金使用不得为持有交易性金融资产和可供出售的金融资产、借予他人、委托理财等财务性投资，不得直接或者间接投资于以买卖有价证券为主要业务的公司；
（三）本次募集资金投资实施后，不会与控股股东、实际控制人产生同业竞争或者影响公司生产经营的独立性。

第二节 公开发行股票

第十二条 向原股东配售股份（以下简称配股），除符合本章第一节规定外，还应当符合下列规定：
（一）拟配售股份数量不超过本次配售股份前股本总额的百分之三十；
（二）控股股东应当在股东大会召开前公开承诺认配股份的数量；
（三）采用《证券法》规定的代销方式发行。控股股东不履行认配股份的承诺，或者代销期限届满，原股东认购股票的数量未达到拟配售数量百分之七十的，上市公司应当按照发行价并加算银行同期存款利息返还已经认购的股东。

第十三条 向不特定对象公开募集股份（以下简称增发），除符合本章第一节规定外，还应当符合下列规定：
（一）除金融类企业外，最近一期末不存在持有金额较大的交易性金融资产和可供出售的金融资产、借予他人款项、委托理财等财务性投资的情形；
（二）发行价格不低于公告招股意向书前二十个交易日或者前一个交易日公司股票均价。

第三节 非公开发行股票

第十四条 上市公司非公开发行股票除符合本章第一节规定外，还应当符合本节的规定。
前款所称非公开发行股票，是指上市公司采用非公开方式，向特定对象发行股票的行为。

第十五条 非公开发行股票的特定对象应当符合下列规定：
（一）特定对象符合股东大会决议规定的条件；
（二）发行对象不超过三十五名。发行对象为境外战略投资者的，应当遵守国家的相关规定。

第十六条 上市公司非公开发行股票，应当符合下列规定：

（一）发行价格不低于定价基准日前二十个交易日公司股票均价的百分之八十；

（二）本次发行的股份自发行结束之日起，六个月内不得转让；控股股东、实际控制人及其控制的企业认购的股份，十八个月内不得转让；

（三）本次发行将导致上市公司控制权发生变化的，还应当符合中国证监会的其他规定。

第四节 发行可转换公司债券

第十七条 公开发行可转换公司债券的上市公司，除应当符合《证券法》规定的条件外，还应当符合本章第一节和本节的规定。

前款所称可转换公司债券，是指上市公司依法发行、在一定期间内依据约定的条件可以转换成股份的公司债券。

第十八条 可转换公司债券的期限最短为一年。

第十九条 可转换公司债券每张面值一百元。可转换公司债券的利率由上市公司与主承销商协商确定，但必须符合国家的有关规定。

第二十条 公开发行可转换公司债券，应当委托具有资格的资信评级机构进行信用评级和跟踪评级。

资信评级机构每年至少公告一次跟踪评级报告。

第二十一条 上市公司应当在可转换公司债券期满后五个工作日内办理完毕偿还债券余额本息的事项。

第二十二条 公开发行可转换公司债券，应当约定保护债券持有人权利的办法，以及债券持有人会议的权利、程序和决议生效条件。

存在下列事项之一的，应当召开债券持有人会议：

（一）拟变更募集说明书的约定；

（二）上市公司不能按期支付本息；

（三）上市公司减资、合并、分立、解散或者申请破产；

（四）保证人或者担保物发生重大变化；

（五）其他影响债券持有人重大权益的事项。

第二十三条 可转换公司债券自发行结束之日起六个月后方可转换为公司股票，转股期限由公司根据可转换公司债券的存续期限及公司财务状况确定。债券持有人对转换股票或者不转换股票有选择权，并于转股的次日成为上市公司股东。

第二十四条 转股价格应当不低于募集说明书公告日前二十个交易日和前一个交易日公司股票均价。

前款所称转股价格，是指募集说明书事先约定的可转换公司债券转换为每股股份所支付的价格。

第二十五条 募集说明书可以约定赎回条款，规定上市公司可以按事先约定的条件和价格赎回尚未转股的可转换公司债券。

第二十六条 募集说明书可以约定回售条款，规定债券持有人可以按事先约定的条件和价格将所持债券回售给上市公司。

募集说明书应当约定，上市公司改变公告的募集资金用途的，赋予债券持有人一次回售的权利。

第二十七条 募集说明书应当约定转股价格调整的原则及方式。发行可转换公司债券后，因配股、送股、派息、分立及其他原因引起上市公司股份变动的，应当同时调整转股价格。

第二十八条 募集说明书约定转股价格向下修正条款的，应当同时约定：

（一）转股价格修正方案须提交公司股东大会表决，且须经出席会议的股东所持表决权的三分之二以上同意。股东大会进行表决时，持有公司可转换债券的股东应当回避；

（二）修正后的转股价格不低于前项规定的股东大会召开日前二十个交易日和前一个交易日公司股票均价。

第三章 发 行 程 序

第二十九条 上市公司申请发行证券，董事会应当依法就下列事项作出决议，并提请股东大会批准：

（一）本次证券发行的方案；

（二）本次发行方案的论证分析报告；

（三）本次募集资金使用的可行性报告；

（四）其他必须明确的事项。董事会在编制本次发行方案的论证分析报告时，应当结合上市公司所处行业和发展阶段、融资规划、财务状况、资金需求等情况进行论证分析，独立董事应当发表专项意见。论证分析报告至少包括下列内容：

（一）本次发行证券及其品种选择的必要性；

（二）本次发行对象的选择范围、数量和标准的适当性；

（三）本次发行定价的原则、依据、方法和程序的合理性；

（四）本次发行方式的可行性；

（五）本次发行方案的公平性、合理性；

（六）本次发行对原股东权益或者即期回报摊薄的影响以及填补的具体措施。

第三十条 股东大会就发行股票作出的决定，应当至少包括下列事项：

（一）本次发行证券的种类和数量；

（二）发行方式、发行对象及向原股东配售的安排；

（三）定价方式或者价格区间；

（四）募集资金用途；

（五）决议的有效期；

（六）对董事会办理本次发行具体事宜的授权；

（七）其他必须明确的事项。

第三十一条 股东大会就发行可转换公司债券作出的决定，应当至少包括下列事项：

（一）本办法第三十条规定的事项；

（二）债券利率；

（三）债券期限；

（四）回售条款；

（五）还本付息的期限和方式；

（六）转股期；

（七）转股价格的确定和修正。

第三十二条 股东大会就发行证券事项作出决议，必须经出席会议的股东所持表决权的三分之二以上通过，中小投资者表决情况应当单独计票。向本公司特定的股东及其关联人发行证券的，股东大会就发行方案进行表决时，关联股东应当回避。

上市公司就发行证券事项召开股东大会，应当提供网络投票的方式，公司还可以通过其他方式为股东参加股东大会提供便利。

第三十三条 上市公司年度股东大会可以根据公司章程的规定，授权董事会决定非公开发行融资总额不超过最近一年末净资产百分之十的股票，该项授权在下一年度股东大会召开日失效。上市公司年度股东大会给予董事会前款授权的，应当按照本办法第三十条的规定通过相关决议,作为董事会行使授权的前提条件。

第三十四条 上市公司申请发行证券,应当由保荐人保荐,但是根据本办法第三十六条规定适用简易程序且根据本办法第三十九条规定采取自行销售的除外。

保荐人或者上市公司应当按照中国证监会的有关规定编制和报送发行申请文件。

第三十五条 中国证监会依照下列程序审核发行证券的申请:

(一)收到申请文件后,五个工作日内决定是否受理;

(二)中国证监会受理后,对申请文件进行初审;

(三)发行审核委员会审核申请文件;

(四)中国证监会作出核准或者不予核准的决定。

第三十六条 上市公司申请非公开发行股票融资额不超过人民币五千万元且不超过最近一年末净资产百分之十的,中国证监会适用简易程序,但是最近十二个月内上市公司非公开发行股票的融资总额超过最近一年末净资产百分之十的除外。

前款规定的简易程序,中国证监会自受理之日起十五个工作日内作出核准或者不予核准决定。

第三十七条 上市公司应当自中国证监会核准之日起十二个月内发行证券。超过十二个月未发行的,核准文件失效,须重新经中国证监会核准后方可发行。

第三十八条 上市公司发行证券前发生重大事项的,应当暂缓发行,并及时报告中国证监会。该事项对本次发行条件构成重大影响的,发行证券的申请应当重新经中国证监会核准。

第三十九条 上市公司公开发行证券,应当由证券公司承销。非公开发行股票符合以下情形之一的,可以由上市公司自行销售:

(一)发行对象为原前十名股东;

(二)发行对象为上市公司控股股东、实际控制人或者其控制的关联方;

(三)发行对象为上市公司董事、监事、高级管理人员或者员工;

(四)董事会审议相关议案时已经确定的境内外战略投资者或者其他发行对象;

(五)中国证监会认定的其他情形。上市公司自行销售的,应当在董事会决议中确定发行对象,且不得采用竞价方式确定发行价格。

第四十条 证券发行申请未获核准的上市公司,自中国证监会作出不予核准的决定之日起六个月后,可以再次提出证券发行申请。

第四章 信息披露

第四十一条 上市公司发行证券,应当以投资者决策需求为导向,按照中国证监会规定的程序、内容和格式,编制公开发行证券募集说明书或者其他信息披露文件,依法履行信息披露义务。

第四十二条 上市公司应当保证投资者及时、充分、公平地获得法定披露的信息,信息披露文件使用的文字应当简洁、平实、浅白、易懂,便于中小投资者阅读。中国证监会规定的内容是信息披露的最低要求,凡对投资者投资决策有重大影响的信息,上市公司均应当充分披露。

第四十三条 证券发行议案经董事会表决通过后,应当在二个工作日内报告证券交易所,公告召开股东大会的通知。

使用募集资金收购资产或者股权的,应当在公告召开股东大会通知的同时,披露该资产或者股权的基本情况、交易价格、定价依据以及是否与公司股东或者其他关联人存在利害关系。

第四十四条 股东大会通过本次发行议案之日起二个工作日内,上市公司应当披露股东大会决议公告。股东大会决议公告中应当包括中小投资者单独计票结果。

第四十五条 上市公司提出发行申请后，出现下列情形之一的，应当在次一工作日予以公告：

（一）收到中国证监会不予受理或者终止审查决定；

（二）收到中国证监会不予核准或者予以核准决定；

（三）上市公司撤回证券发行申请。

第四十六条 上市公司全体董事、监事、高级管理人员应当在公开发行证券募集说明书等证券发行信息披露文件上签字，保证不存在虚假记载、误导性陈述或者重大遗漏，并声明承担个别和连带的法律责任。

保荐人及保荐代表人应当声明对其保荐的上市公司公开发行证券募集说明书等证券发行信息披露文件的真实性、准确性、完整性和及时性承担责任。

为证券发行出具文件的证券服务机构和人员应当声明对所出具文件的真实性、准确性、完整性和及时性承担责任。

第四十七条 公开发行证券募集说明书等证券发行信息披露文件所引用的审计报告、盈利预测审核报告、资产评估报告、资信评级报告，应当由有资格的证券服务机构出具，并由至少二名有从业资格的人员签署。

公开发行证券募集说明书等证券发行信息披露文件所引用的法律意见书，应当由律师事务所出具，并由至少二名经办律师签署。

第四十八条 公开发行证券募集说明书自最后签署之日起六个月内有效。

公开发行证券募集说明书等证券发行信息披露文件不得使用超过有效期的资产评估报告或者资信评级报告。

第四十九条 上市公司在公开发行证券前的二至五个工作日内，应当将经中国证监会核准的公司发行证券募集说明书刊登在中国证监会指定的互联网网站，并置备于中国证监会指定的场所，供公众查阅。

第五十条 上市公司在非公开发行证券后的二个工作日内，应当将发行情况报告书刊登在中国证监会指定的互联网网站，并置备于中国证监会指定的场所，供公众查阅。

第五十一条 上市公司可以将公开发行证券募集说明书、发行情况报告书刊登于其他网站，但不得早于按照本办法第四十九条、第五十条规定披露信息的时间。

第五章 监管和处罚

第五十二条 上市公司违反本办法规定，中国证监会可以责令改正；对其直接负责的主管人员和其他直接责任人员，可以采取监管谈话、认定为不适当人选等监管措施，记入诚信档案并公布。

第五十三条 上市公司及其直接负责的主管人员和其他直接责任人员违反法律、行政法规或者本办法规定，依法应当予以行政处罚的，依照有关规定进行处罚；涉嫌犯罪的，依法移送司法机关，追究其刑事责任。

第五十四条 自申请文件受理之日起，上市公司及其控股股东、实际控制人、董事、监事、高级管理人员以及保荐人、证券服务机构及相关人员即对申请文件的真实性、准确性、完整性、及时性承担相应的法律责任。上市公司报送的申请文件中记载的信息自相矛盾或者就同一事实前后存在不同表述且有实质性差异的，中国证监会将中止审查并自确认之日起十二个月内不受理相关保荐代表人推荐的发行申请。

第五十五条 上市公司报送的申请文件中有虚假记载、误导性陈述或者重大遗漏的，中国证监会将终止审查并自确认之日起三十六个月内不受理该上市公司的发行证券申请，并依照《证券法》的有关规定进行处罚；致使投资者在证券交易中遭受损失的，应当依法承担赔偿责任。

第五十六条 上市公司在发行证券决策、申请、发行过程中，非法向他人提供尚未依法公开披露信息的，中国证监会可以对其直接负责的主管人员和其他直接责任人员采取监管谈话、认定为不适当人选等监管措施，并依照《证券法》的有关规定进行处罚或者追究相关责任。

第五十七条 上市公司披露盈利预测，利润实现数如未达到盈利预测的百分之八十的，除因不可抗力外，其法定代表人、财务负责人应当在股东大会及中国证监会指定网站、报刊上公开作出解释并道歉；情节严重的，中国证监会给予警告等行政处罚。

利润实现数未达到盈利预测的百分之五十的，除因不可抗力外，中国证监会还可以自确认之日起三十六个月内不受理该上市公司的发行证券申请。

注册会计师为上述盈利预测出具审核报告的过程中未勤勉尽责的，中国证监会将视情节轻重，对相关机构和责任人员采取监管谈话等监管措施，记入诚信档案并公布；情节严重的，给予警告等行政处罚。

第五十八条 上市公司违反本办法第十一条第（二）项、第（三）项规定的，中国证监会可以责令改正；情节严重的，自确认之日起三十六个月内不受理该公司的发行证券申请。

第五十九条 上市公司及其董事、高级管理人员以及上市公司控股股东、实际控制人及其控制的关联方违反所作出的与上市公司证券发行相关的约定或者承诺的，中国证监会可以对其采取监管谈话、责令公开说明、责令改正、认定为不适当人选等监管措施。

上市公司控股股东或者实际控制人最近十二个月内未履行持股意向等公开承诺的，不得参与本上市公司发行证券认购。

第六十条 保荐人出具有虚假记载、误导性陈述或者重大遗漏的发行保荐书的，中国证监会可以责令改正，并依照《证券法》和保荐制度的有关规定进行处理；致使投资者遭受损失的，应当依法承担赔偿责任。

第六十一条 保荐人以不正当手段干扰中国证监会及其发行审核委员会审核工作的，保荐人或其相关签名人员的签名、盖章系伪造或变造的，或者不履行其他法定职责的，依照《证券法》和保荐制度的有关规定处理。

第六十二条 为证券发行出具审计报告、法律意见、资产评估报告、资信评级报告及其他专项文件的证券服务机构和人员，在其出具的专项文件中存在虚假记载、误导性陈述或者重大遗漏，中国证监会自确认之日起十二个月内不接受相关机构出具的证券发行专项文件，三十六个月内不接受相关人员出具的证券发行专项文件；致使投资者遭受损失的，应当依法承担赔偿责任。

第六十三条 承销机构在承销非公开发行的证券时，将证券配售给不符合本办法第十五条规定的对象的，中国证监会可以责令改正；情节严重的，自确认之日起三十六个月内不接受其参与证券承销。

第六十四条 上市公司在非公开发行新股时，违反本办法第三十九条规定的，中国证监会可以责令改正；情节严重的，自确认之日起三十六个月内不受理该上市公司的发行证券申请。

第六十五条 本办法规定的特定对象违反规定，擅自转让限售期限未满的股票的，中国证监会可以责令改正；情节严重的，自确认之日起十二个月内不得作为特定对象认购证券。

第六章　附　　则

第六十六条 上市公司向员工发行证券用于激励的办法、上市公司发行优先股的办法法律法规另有规定的，适用其规定。

第六十七条 依据本办法通过非公开发行股票取得的上市公司股份，其减持不适用《上市公司股东、董监高减持股份的若干规定》的有关规定。

第六十八条 本办法自公布之日起施行。

10. 创业板上市公司持续监管办法（试行）（2020年颁布）

（证监会令第169号）

第一条 为了规范企业股票、存托凭证及其衍生品种在深圳证券交易所（以下简称交易所）创业板上市后相关各方的行为，支持引导企业更好地发展，保护投资者合法权益，根据《中华人民共和国证券法》（以下简称《证券法》）、《中华人民共和国公司法》《国务院办公厅转发证监会关于开展创新企业境内发行股票或存托凭证试点若干意见的通知》以及相关法律法规，制定本办法。

第二条 中国证券监督管理委员会（以下简称中国证监会）根据《证券法》等法律法规、本办法和中国证监会其他相关规定，对创业板上市公司（以下简称上市公司）及相关主体进行监督管理。

中国证监会其他相关规定与本办法规定不一致的，适用本办法。

第三条 交易所根据《证券交易所管理办法》、本办法等有关规定，建立以股票上市规则为中心的创业板持续监管规则体系，在持续信息披露、股份减持、并购重组、股权激励、退市等方面制定具体实施规则。上市公司应当遵守交易所持续监管实施规则。

第四条 上市公司应当保持健全、有效、透明的治理体系和监督机制，保证股东大会、董事会、监事会规范运作，督促董事、监事和高级管理人员履行忠实、勤勉义务，保障全体股东合法权利，积极履行社会责任，保护利益相关者的基本权益。

第五条 上市公司控股股东、实际控制人应当诚实守信，规范行使权利，严格履行承诺，维持公司独立性，维护公司和全体股东的共同利益。

第六条 上市公司应当积极回报股东，根据自身条件和发展阶段，制定并执行现金分红、股份回购等股东回报政策。

第七条 上市公司设置表决权差异安排的，应当在公司章程中规定特别表决权股份的持有人资格、特别表决权股份拥有的表决权数量与普通股份拥有的表决权数量的比例安排、持有人所持特别表决权股份能够参与表决的股东大会事项范围、特别表决权股份锁定安排及转让限制、特别表决权股份与普通股份的转换情形等事项。公司章程有关上述事项的规定，应当符合交易所的有关规定。

上市公司应当在定期报告中持续披露特别表决权安排的情况；特别表决权安排发生重大变化的，应当及时披露。

交易所应当对存在特别表决权股份公司的上市条件、表决权差异的设置、存续、调整、信息披露和投资者保护事项制定有关规定。

第八条 上市公司的控股股东、实际控制人应当配合上市公司履行信息披露义务，不得要求或者协助上市公司隐瞒应当披露的信息。

第九条 上市公司筹划的重大事项存在较大不确定性，立即披露可能会损害公司利益或者误导投资者，且有关内幕信息知情人已书面承诺保密的，上市公司可以暂不披露，但最迟应当在该重大事项形成最终决议、签署最终协议或者交易确定能够达成时对外披露；已经泄密或者确实难以保密的，上市公司应当立即披露该信息。

第十条 上市公司应当结合所属行业的特点，充分披露行业经营信息，尤其是针对性披露技术、产业、业态、模式等能够反映行业竞争力的信息，便于投资者合理决策。

第十一条 上市公司应当充分披露可能对公司核心竞争力、经营活动和未来发展产生重大不利影响的风险因素。

上市公司尚未盈利的，应当充分披露尚未盈利的成因，以及对公司现金流、业务拓展、人才吸引、团队稳定性、研发投入、战略性投入、生产经营可持续性等方面的影响。

第十二条 除依法需要披露的信息之外，上市公司和相关信息披露义务人可以自愿披露与投资者作出价值判断和投资决策有关的信息，但不得与依法披露的信息相冲突，不得误导投资者。

上市公司自愿披露的信息应当真实、准确、完整，简明清晰，通俗易懂，上市公司不得利用该等信息不当影响公司股票价格，并应当按照同一标准披露后续类似信息。

第十三条 上市公司和相关信息披露义务人确有需要的，可以在非交易时段对外发布重大信息，但应当在下一交易时段开始前披露相关公告，不得以新闻发布或者答记者问等形式代替信息披露。

第十四条 上市公司和相关信息披露义务人适用中国证监会、交易所相关信息披露规定，可能导致其难以反映经营活动的实际情况、难以符合行业监管要求或者公司注册地有关规定的，可以依照相关规定暂缓适用或者免于适用，但是应当充分说明原因和替代方案。中国证监会、交易所认为依法不应当调整适用的，上市公司和相关信息披露义务人应当执行相关规定。

第十五条 股份锁定期届满后，上市公司控股股东、实际控制人、董事、监事、高级管理人员及其他股东减持首次公开发行前已发行的股份（以下简称首发前股份）以及上市公司向特定对象发行的股份，应当遵守交易所有关减持方式、程序、价格、比例以及后续转让等事项的规定。

第十六条 上市时未盈利的上市公司，其控股股东、实际控制人、董事、监事、高级管理人员所持首发前股份的锁定期应当适当延长，具体期限由交易所规定。

第十七条 上市公司存在重大违法情形，触及重大违法强制退市标准的，控股股东、实际控制人、董事、监事、高级管理人员应当遵守交易所相关股份转让的规定。

第十八条 上市公司实施重大资产重组或者发行股份购买资产的，标的资产所属行业应当符合创业板定位，或者与上市公司处于同行业或者上下游。

第十九条 上市公司并购重组，涉及发行股票的，由交易所审核通过后报中国证监会注册。

中国证监会收到交易所报送的审核意见等相关文件后，在五个工作日内对上市公司注册申请作出予以注册或者不予注册的决定，按规定应当扣除的时间不计算在本款规定的时限内。

第二十条 上市公司实施重大资产重组的标准，按照《上市公司重大资产重组管理办法》（以下简称《重组办法》）第十二条予以认定，但其中营业收入指标执行下列标准：购买、出售的资产在最近一个会计年度所产生的营业收入占上市公司同期经审计的合并财务会计报告营业收入的比例达到百分之五十以上，且超过五千万元人民币。上市公司实施重大资产重组，构成《重组办法》第十三条规定的交易情形的，置入资产的具体条件由交易所制定。

第二十一条 上市公司发行股份购买资产的，发行股份的价格不得低于市场参考价的百分之八十。市场参考价为本次发行股份购买资产的董事会决议公告日前二十个交易日、六十个交易日或者一百二十个交易日的公司股票交易均价之一。

第二十二条 实施重大资产重组或者发行股份购买资产的上市公司为创新试点红筹企业，或者上市公司拟购买资产涉及创新试点红筹企业的，在计算重大资产重组认定标准等监管指标时，应当采用根据中国企业会计准则编制或者调整的财务数据。

上市公司中的创新试点红筹企业实施重大资产重组或者发行股份购买资产，可以按照境外注册地法律法规和公司章程履行内部决策程序，并及时披露重组报告书、独立财务顾问报告、法律意见书以及重组涉及的审计报告、资产评估报告或者估值报告。

第二十三条 交易所应当制定符合上市公司特点的并购重组具体实施标准和规则，报中国证监会批准，并依法对信息披露、中介机构督导等进行自律管理。

第二十四条 上市公司发行优先股、定向可转债、定向权证、存托凭证购买资产或者与其他公司合并的，参照适用本办法；本办法没有规定的，适用《重组办法》等有关规定。

第二十五条 上市公司以本公司股票为标的实施股权激励的，应当设置合理的考核指标，有利于公司持续发展。

第二十六条 单独或者合计持有上市公司百分之五以上股份的股东或者实际控制人及其配偶、父母、子女，作为上市公司董事、高级管理人员、核心技术人员或者核心业务人员的，可以成为激励对象。

上市公司应当充分说明上述人员成为激励对象的必要性、合理性。

第二十七条 上市公司授予激励对象的限制性股票，包括符合股权激励计划授予条件的激励对象在满足相应条件后分次获得并登记的本公司股票。

限制性股票的授予和登记，应当遵守交易所和证券登记结算机构的有关规定。

第二十八条 上市公司授予激励对象限制性股票的价格低于市场参考价百分之五十的，应当符合交易所有关规定，并应当说明定价依据及定价方式。

出现前款规定情形的，上市公司应当聘请独立财务顾问，对股权激励计划的可行性、相关定价依据和定价方法的合理性、是否有利于公司持续发展、是否损害股东利益等发表意见。

第二十九条 上市公司全部在有效期内的股权激励计划所涉及的标的股票总数，累计不得超过公司总股本的百分之二十。

第三十条 上市公司应当建立完善募集资金管理使用制度，按照交易所业务规则持续披露募集资金使用情况。

第三十一条 上市公司控股股东、实际控制人质押公司股份的，应当合理使用融入资金，维持公司控制权和生产经营稳定，不得侵害公司利益或者向公司转移风险，并依据中国证监会、交易所的规定履行信息披露义务。

第三十二条 上市公司及其股东、实际控制人、董事、监事、高级管理人员、其他信息披露义务人、内幕信息知情人等相关主体违反本办法的，中国证监会根据《证券法》等法律法规和中国证监会其他有关规定，依法追究其法律责任。

第三十三条 中国证监会将遵守本办法的情况记入证券市场诚信档案，会同有关部门加强信息共享，依法依规实施守信激励与失信惩戒。

第三十四条 上市公司根据自身定位和发展需要，可以申请转板至其他板块上市。具体规则另行制定。

第三十五条 本办法自公布之日起施行。

11. 科创板首次公开发行股票注册管理办法（试行）
（2020年颁布）

（中国证券监督管理委员会令第174号）

第一章 总 则

第一条 为规范在上海证券交易所科创板试点注册制首次公开发行股票相关活动，保护投资者合法权益和社会公共利益，根据《中华人民共和国证券法》《中华人民共和国公司法》《全国人民代表大会常务委员会关于授权国务院在实施股票发行注册制改革中调整适用〈中华人民共和国证券法〉有关规定的决定》《全国人民代表大会常务委员会关于延长授权国务院在实施股票发行注册制改革中调整适用〈中华人民共和国证券法〉有关规定期限的决定》《关于在上海证券交易所设立科创板并试点注册制的实施意见》及相关法律法规，制定本办法。

第二条 在中华人民共和国境内首次公开发行股票并在上海证券交易所科创板（以下简称科创板）上市，适用本办法。

第三条 发行人申请首次公开发行股票并在科创板上市，应当符合科创板定位，面向世界科技前沿、面向经济主战场、面向国家重大需求。优先支持符合国家战略，拥有关键核心技术，科技创新能力突出，主要依靠核心技术开展生产经营，具有稳定的商业模式，市场认可度高，社会形象良好，具有较强成长性的企业。

第四条 首次公开发行股票并在科创板上市，应当符合发行条件、上市条件以及相关信息披露要求，依法经上海证券交易所（以下简称交易所）发行上市审核并报经中国证券监督管理委员会（以下简称中国证监会）履行发行注册程序。

第五条 发行人作为信息披露第一责任人，应当诚实守信，依法充分披露投资者作出价值判断和投资决策所必需的信息，所披露信息必须真实、准确、完整，不得有虚假记载、误导性陈述或者重大遗漏。

发行人应当为保荐人、证券服务机构及时提供真实、准确、完整的财务会计资料和其他资料，全面配合相关机构开展尽职调查和其他相关工作。

发行人的控股股东、实际控制人应当全面配合相关机构开展尽职调查和其他相关工作，不得要求或者协助发行人隐瞒应当披露的信息。

第六条 保荐人应当诚实守信，勤勉尽责，按照依法制定的业务规则和行业自律规范的要求，充分了解发行人经营情况和风险，对注册申请文件和信息披露资料进行全面核查验证，对发行人是否符合发行条件、上市条件独立作出专业判断，审慎作出推荐决定，并对招股说明书及其所出具的相关文件的真实性、准确性、完整性负责。

第七条 证券服务机构应当严格按照依法制定的业务规则和行业自律规范，审慎履行职责，作出专业判断与认定，并对招股说明书中与其专业职责有关的内容及其所出具的文件的真实性、准确性、完整性负责。

证券服务机构及其相关执业人员应当对与本专业相关的业务事项履行特别注意义务，对其他业务事项履行普通注意义务，并承担相应法律责任。

第八条 同意发行人首次公开发行股票注册，不表明中国证监会和交易所对该股票的投资价值或者投资者的收益作出实质性判断或者保证，也不表明中国证监会和交易所对注册申请文件的真实性、准确性、完整性作出保证。

第九条 股票依法发行后，因发行人经营与收益的变化引致的投资风险，由投资者自行负责。

第二章 发 行 条 件

第十条 发行人是依法设立且持续经营3年以上的股份有限公司，具备健全且运行良好的组织机构，相关机构和人员能够依法履行职责。

有限责任公司按原账面净资产值折股整体变更为股份有限公司的，持续经营时间可以从有限责任公司成立之日起计算。

第十一条 发行人会计基础工作规范，财务报表的编制和披露符合企业会计准则和相关信息披露规则的规定，在所有重大方面公允地反映了发行人的财务状况、经营成果和现金流量，并由注册会计师出具标准无保留意见的审计报告。

发行人内部控制制度健全且被有效执行，能够合理保证公司运行效率、合法合规和财务报告的可靠性，并由注册会计师出具无保留结论的内部控制鉴证报告。

第十二条 发行人业务完整，具有直接面向市场独立持续经营的能力：

（一）资产完整，业务及人员、财务、机构独立，与控股股东、实际控制人及其控制的其他企业间不存在对发行人构成重大不利影响的同业竞争，不存在严重影响独立性或者显失公平的关联交易。

（二）发行人主营业务、控制权、管理团队和核心技术人员稳定，最近2年内主营业务和董事、高级管理人员及核心技术人员均没有发生重大不利变化；控股股东和受控股股东、实际控制人支配的股东所持发行人的股份权属清晰，最近2年实际控制人没有发生变更，不存在导致控制权可能变更的重大权属纠纷。

（三）发行人不存在主要资产、核心技术、商标等的重大权属纠纷，重大偿债风险，重大担保、诉讼、仲裁等或有事项，经营环境已经或者将要发生重大变化等对持续经营有重大不利影响的事项。

第十三条 发行人生产经营符合法律、行政法规的规定，符合国家产业政策。

最近3年内，发行人及其控股股东、实际控制人不存在贪污、贿赂、侵占财产、挪用财产或者破坏社会主义市场经济秩序的刑事犯罪，不存在欺诈发行、重大信息披露违法或者其他涉及国家安全、公共安全、生态安全、生产安全、公众健康安全等领域的重大违法行为。

董事、监事和高级管理人员不存在最近3年内受到中国证监会行政处罚，或者因涉嫌犯罪被司法机关立案侦查或者涉嫌违法违规被中国证监会立案调查，尚未有明确结论意见等情形。

第三章 注 册 程 序

第十四条 发行人董事会应当依法就本次股票发行的具体方案、本次募集资金使用的可行性及其他必须明确的事项作出决议，并提请股东大会批准。

第十五条 发行人股东大会就本次发行股票作出的决议，至少应当包括下列事项：

（一）本次公开发行股票的种类和数量；

（二）发行对象；

（三）定价方式；

（四）募集资金用途；

（五）发行前滚存利润的分配方案；

（六）决议的有效期；

（七）对董事会办理本次发行具体事宜的授权；

（八）其他必须明确的事项。

第十六条 发行人申请首次公开发行股票并在科创板上市，应当按照中国证监会有关规定制作注册申请文件，由保荐人保荐并向交易所申报。

交易所收到注册申请文件后，5个工作日内作出是否受理的决定。

第十七条 自注册申请文件受理之日起，发行人及其控股股东、实际控制人、董事、监事、高级管理人员，以及与本次股票公开发行并上市相关的保荐人、证券服务机构及相关责任人员，即承担相应法律责任。

第十八条 注册申请文件受理后，未经中国证监会或者交易所同意，不得改动。

发生重大事项的，发行人、保荐人、证券服务机构应当及时向交易所报告，并按要求更新注册申请文件和信息披露资料。

第十九条 交易所设立独立的审核部门，负责审核发行人公开发行并上市申请；设立科技创新咨询委员会，负责为科创板建设和发行上市审核提供专业咨询和政策建议；设立科创板股票上市委员会，负责对审核部门出具的审核报告和发行人的申请文件提出审议意见。

交易所主要通过向发行人提出审核问询、发行人回答问题方式开展审核工作，基于科创板定位，判断发行人是否符合发行条件、上市条件和信息披露要求。

第二十条 交易所按照规定的条件和程序，作出同意或者不同意发行人股票公开发行并上市的审核意见。同意发行人股票公开发行并上市的，将审核意见、发行人注册申请文件及相关审核资料报送中国证监会履行发行注册程序。不同意发行人股票公开发行并上市的，作出终止发行上市审核决定。

第二十一条 交易所应当自受理注册申请文件之日起3个月内形成审核意见。发行人根据要求补充、修改注册申请文件，以及交易所按照规定对发行人实施现场检查，或者要求保荐人、证券服务机构对有关事项进行专项核查的时间不计算在内。

第二十二条 交易所应当提高审核工作透明度，接受社会监督，公开下列事项：

（一）发行上市审核标准和程序等发行上市审核业务规则，以及相关监管问答；

（二）在审企业名单、企业基本情况及审核工作进度；

（三）发行上市审核问询及回复情况，但涉及国家秘密或者发行人商业秘密的除外；

（四）上市委员会会议的时间、参会委员名单、审议的发行人名单、审议结果及现场问询问题；

（五）对股票公开发行并上市相关主体采取的自律监管措施或者纪律处分；

（六）交易所规定的其他事项。

第二十三条 中国证监会收到交易所报送的审核意见、发行人注册申请文件及相关审核资料后，履行发行注册程序。发行注册主要关注交易所发行上市审核内容有无遗漏，审核程序是否符合规定，以及发行人在发行条件和信息披露要求的重大方面是否符合相关规定。中国证监会认为存在需要进一步说明或者落实事项的，可以要求交易所进一步问询。

中国证监会认为交易所对影响发行条件的重大事项未予关注或者交易所的审核意见依据明显不充分的，可以退回交易所补充审核。交易所补充审核后，同意发行人股票公开发行并上市的，重新向中国证监会报送审核意见及相关资料，本办法第二十四条规定的注册期限重新计算。

第二十四条 中国证监会在20个工作日内对发行人的注册申请作出同意注册或者不予注册的决定。发行人根据要求补充、修改注册申请文件，中国证监会要求交易所进一步问询，以及中国证监会要求保荐人、证券服务机构等对有关事项进行核查的时间不计算在内。

第二十五条 中国证监会同意注册的决定自作出之日起1年内有效，发行人应当在注册决定有效期内发行股票，发行时点由发行人自主选择。

第二十六条 中国证监会作出注册决定后、发行人股票上市交易前，发行人应当及时更新信息披露文件内容，财务报表过期的，发行人应当补充财务会计报告等文件；保荐人及证券服务机构应当持续履行尽职调查职责；发生重大事项的，发行人、保荐人应当及时向交易所报告。

交易所应当对上述事项及时处理，发现发行人存在重大事项影响发行条件、上市条件的，应当出具明确意见并及时向中国证监会报告。

第二十七条 中国证监会作出注册决定后、发行人股票上市交易前，发现可能影响本次发行的重大事项的，中国证监会可以要求发行人暂缓或者暂停发行、上市；相关重大事项导致发行人不符合发行条件的，可以撤销注册。

中国证监会撤销注册后，股票尚未发行的，发行人应当停止发行；股票已经发行尚未上市的，发行人应当按照发行价并加算银行同期存款利息返还股票持有人。

第二十八条 交易所因不同意发行人股票公开发行并上市，作出终止发行上市审核决定，或者中国证监会作出不予注册决定的，自决定作出之日起6个月后，发行人可以再次提出公开发行股票并上市申请。

第二十九条 中国证监会应当按规定公开股票发行注册行政许可事项相关的监管信息。

第三十条 存在下列情形之一的，发行人、保荐人应当及时书面报告交易所或者中国证监会，交易所或者中国证监会应当中止相应发行上市审核程序或者发行注册程序：

（一）相关主体涉嫌违反本办法第十三条第二款规定，被立案调查或者被司法机关侦查，尚未结案；

（二）发行人的保荐人，以及律师事务所、会计师事务所等证券服务机构因首次公开发行股票、上市公司证券发行、并购重组业务涉嫌违法违规，或者其他业务涉嫌违法违规且对市场有重大影响被中国证监会立案调查，或者被司法机关侦查，尚未结案；

（三）发行人的签字保荐代表人，以及签字律师、签字会计师等证券服务机构签字人员因首次公开发行股票、上市公司证券发行、并购重组业务涉嫌违法违规，或者其他业务涉嫌违法违规且对市场有重大影响被中国证监会立案调查，或者被司法机关侦查，尚未结案；

（四）发行人的保荐人，以及律师事务所、会计师事务所等证券服务机构被中国证监会依法采取限制业务活动、责令停业整顿、指定其他机构托管、接管等监管措施，或者被交易所实施一定期限内不接受其出具的相关文件的纪律处分，尚未解除；

（五）发行人的签字保荐代表人、签字律师、签字会计师等中介机构签字人员被中国证监会依法采取限制证券从业资格等监管措施或者证券市场禁入的措施，或者被交易所实施一定期限内不接受其出具的相关文件的纪律处分，尚未解除；

（六）发行人及保荐人主动要求中止发行上市审核程序或者发行注册程序，理由正当且经交易所或者中国证监会批准；

（七）发行人注册申请文件中记载的财务资料已过有效期，需要补充提交；

（八）中国证监会规定的其他情形。前款所列情形消失后，发行人可以提交恢复申请；因前款第（二）（三）项规定情形中止的，保荐人以及律师事务所、会计师事务所等证券服务机构按照有关规定履行复核程序后，发行人也可以提交恢复申请。交易所或者中国证监会按照有关规定恢复发行上市审核程序或者发行注册程序。

第三十一条 存在下列情形之一的，交易所或者中国证监会应当终止相应发行上市审核程序或者发行注册程序，并向发行人说明理由：

（一）发行人撤回注册申请文件或者保荐人撤销保荐；

（二）发行人未在要求的期限内对注册申请文件作出解释说明或者补充、修改；

（三）注册申请文件存在虚假记载、误导性陈述或者重大遗漏；

（四）发行人阻碍或者拒绝中国证监会、交易所依法对发行人实施检查、核查；

（五）发行人及其关联方以不正当手段严重干扰发行上市审核或者发行注册工作；

（六）发行人法人资格终止；

（七）注册申请文件内容存在重大缺陷，严重影响投资者理解和发行上市审核或者发行注册工作；

（八）发行人注册申请文件中记载的财务资料已过有效期且逾期3个月未更新；

（九）发行人中止发行上市审核程序超过交易所规定的时限或者中止发行注册程序超过3个月仍未恢复；

（十）交易所不同意发行人公开发行股票并上市；

（十一）中国证监会规定的其他情形。

第三十二条 中国证监会和交易所可以对发行人进行现场检查，可以要求保荐人、证券服务机构对有关事项进行专项核查并出具意见。

中国证监会和交易所应当建立健全信息披露质量现场检查制度，以及对保荐业务、发行承销业务的常态化检查制度，具体制度另行规定。

第三十三条 中国证监会与交易所建立全流程电子化审核注册系统，实现电子化受理、审核，以及发行注册各环节实时信息共享，并满足依法向社会公开相关信息的需要。

第四章 信息披露

第三十四条 发行人申请首次公开发行股票并在科创板上市，应当按照中国证监会制定的信息披露规则，编制并披露招股说明书，保证相关信息真实、准确、完整。信息披露内容应当简明易懂，语言应当浅白平实，以便投资者阅读、理解。

中国证监会制定的信息披露规则是信息披露的最低要求。不论上述规则是否有明确规定，凡是对投资者作出价值判断和投资决策有重大影响的信息，发行人均应当予以披露。

第三十五条 中国证监会依法制定招股说明书内容与格式准则、编报规则，对注册申请文件和信息披露资料的内容、格式、编制要求、披露形式等作出规定。

交易所可以依据中国证监会部门规章和规范性文件，制定信息披露细则或者指引，在中国证监会确定的信息披露内容范围内，对信息披露提出细化和补充要求，报中国证监会批准后实施。

第三十六条 发行人及其董事、监事、高级管理人员应当在招股说明书上签字、盖章，保证招股说明书的内容真实、准确、完整，不存在虚假记载、误导性陈述或者重大遗漏，并声明承担相应法律责任。

发行人控股股东、实际控制人应当在招股说明书上签字、盖章，确认招股说明书的内容真实、准确、完整，不存在虚假记载、误导性陈述或者重大遗漏，并声明承担相应法律责任。

第三十七条 保荐人及其保荐代表人应当在招股说明书上签字、盖章，确认招股说明书的内容真实、准确、完整，不存在虚假记载、误导性陈述或者重大遗漏，并声明承担相应的法律责任。

第三十八条 为证券发行出具专项文件的律师、注册会计师、资产评估人员、资信评级人员及其所在机构，应当在招股说明书上签字、盖章，确认对发行人信息披露文件引用其出具的专业意见无异议，信息披露文件不因引用其出具的专业意见而出现虚假记载、误导性陈述或者重大遗漏，并声明承担相应的法律责任。

第三十九条 发行人应当根据自身特点，有针对性地披露行业特点、业务模式、公司治理、发展战略、经营政策、会计政策，充分披露科研水平、科研人员、科研资金投入等相关信息，并充分揭示可能对公司核心竞争力、经营稳定性以及未来发展产生重大不利影响的风险因素。

发行人尚未盈利的，应当充分披露尚未盈利的成因，以及对公司现金流、业务拓展、人才吸引、团队稳定性、研发投入、战略性投入、生产经营可持续性等方面的影响。

第四十条 发行人应当披露其募集资金使用管理制度，以及募集资金重点投向科技创新领域的具体安排。

第四十一条 存在特别表决权股份的境内科技创新企业申请首次公开发行股票并在科创板上市的，发行人应当在招股说明书等公开发行文件中，披露并特别提示差异化表决安排的主要内容、相关风险和对公司治理的影响，以及依法落实保护投资者合法权益的各项措施。

保荐人和发行人律师应当就公司章程规定的特别表决权股份的持有人资格、特别表决权股份拥有的表决权数量与普通股份拥有的表决权数量的比例安排、持有人所持特别表决权股份能够参与表决的股东大会事项范围、特别表决权股份锁定安排及转让限制等事项是否符合有关规定发表专业意见。

第四十二条 发行人应当在招股说明书中披露公开发行股份前已发行股份的锁定期安排，特别是核心技术人员股份的锁定期安排以及尚未盈利情况下发行人控股股东、实际控制人、董事、监事、高级管理人员股份的锁定期安排。

保荐人和发行人律师应当就前款事项是否符合有关规定发表专业意见。

第四十三条 招股说明书的有效期为6个月，自公开发行前最后一次签署之日起计算。

招股说明书引用经审计的财务报表在其最近一期截止日后6个月内有效，特殊情况下发行人可申请适当延长，但至多不超过1个月。财务报表应当以年度末、半年度末或者季度末为截止日。

第四十四条 交易所受理注册申请文件后，发行人应当按交易所规定，将招股说明书、发行保荐书、上市保荐书、审计报告和法律意见书等文件在交易所网站预先披露。

第四十五条 预先披露的招股说明书及其他注册申请文件不能含有价格信息，发行人不得据此发行股票。

发行人应当在预先披露的招股说明书显要位置作如下声明："本公司的发行申请尚需经上海证券交易所和中国证监会履行相应程序。本招股说明书不具有据以发行股票的法律效力，仅供预先披露之用。投资者应当以正式公告的招股说明书作为投资决定的依据。"

第四十六条 交易所审核同意后，将发行人注册申请文件报送中国证监会时，招股说明书、发行保荐书、上市保荐书、审计报告和法律意见书等文件应在交易所网站和中国证监会网站公开。

第四十七条 发行人股票发行前应当在交易所网站和中国证监会指定网站全文刊登招股说明书，同时在中国证监会指定报刊刊登提示性公告，告知投资者网上刊登的地址及获取文件的途径。

发行人可以将招股说明书以及有关附件刊登于其他报刊和网站，但披露内容应当完全一致，且不得早于在交易所网站、中国证监会指定报刊和网站的披露时间。

第四十八条 保荐人出具的发行保荐书、证券服务机构出具的文件及其他与发行有关的重要文件应当作为招股说明书的附件，在交易所网站和中国证监会指定的网站披露，以备投资者查阅。

第五章 发行与承销的特别规定

第四十九条 首次公开发行股票并在科创板上市的发行与承销行为，适用《证券发行与承销管理办法》，本办法另有规定的除外。

第五十条 首次公开发行股票，应当向经中国证券业协会注册的证券公司、基金管理公司、信托公司、财务公司、保险公司、合格境外机构投资者和私募基金管理人等专业机构投资者（以下统称网下投资者）询价确定股票发行价格。

发行人和主承销商可以根据自律规则，设置网下投资者的具体条件，并在发行公告中预先披露。

第五十一条　网下投资者可以按照管理的不同配售对象账户分别申报价格，每个报价应当包含配售对象信息、每股价格和该价格对应的拟申购股数。

首次公开发行股票价格（或者发行价格区间）确定后，提供有效报价的网下投资者方可参与新股申购。

第五十二条　交易所应当根据《证券发行与承销管理办法》和本办法制定科创板股票发行承销业务规则。

投资者报价要求、最高报价剔除比例、网下初始配售比例、网下优先配售比例、网下网上回拨机制、网下分类配售安排、战略配售、超额配售选择权等事项适用交易所相关规定。

《证券发行与承销管理办法》规定的战略投资者在承诺的持有期限内，可以按规定向证券金融公司借出获得配售的股票。借出期限届满后，证券金融公司应当将借入的股票返还给战略投资者。

第五十三条　保荐人的相关子公司或者保荐人所属证券公司的相关子公司参与发行人股票配售的具体规则由交易所另行规定。

第五十四条　获中国证监会同意注册后，发行人与主承销商应当及时向交易所报备发行与承销方案。交易所5个工作日内无异议的，发行人与主承销商可依法刊登招股意向书，启动发行工作。

第五十五条　交易所对证券发行承销过程实施监管。发行承销涉嫌违法违规或者存在异常情形的，中国证监会可以要求交易所对相关事项进行调查处理，或者直接责令发行人和承销商暂停或者中止发行。

第六章　发行上市保荐的特别规定

第五十六条　首次公开发行股票并在科创板上市保荐业务，适用《证券发行上市保荐业务管理办法》，本办法另有规定的除外。

第五十七条　保荐人应当根据科创板企业特点和注册制要求对科创板保荐工作内部控制做出合理安排，有效控制风险，切实提高执业质量。

第五十八条　保荐人应当按照中国证监会和交易所的规定制作、报送和披露发行保荐书、上市保荐书、回复意见及其他发行上市相关文件，遵守交易所和中国证监会的发行上市审核及发行注册程序，配合交易所和中国证监会的发行上市审核及发行注册工作，并承担相应工作。

第五十九条　首次公开发行股票并在科创板上市的，持续督导的期间为证券上市当年剩余时间及其后3个完整会计年度。

交易所可以对保荐人持续督导内容、履责要求、发行人通知报告事项等作出规定。

第七章　监督管理和法律责任

第六十条　中国证监会负责建立健全以信息披露为中心的注册制规则体系，制定股票发行注册并上市的规章规则，依法批准交易所制定的上市条件、审核标准、审核程序、上市委员会制度、信息披露、保荐、发行承销等方面的制度规则，指导交易所制定与发行上市审核相关的其他业务规则。

第六十一条　中国证监会建立对交易所发行上市审核工作和发行承销过程监管的监督

机制，持续关注交易所审核情况和发行承销过程监管情况；发现交易所自律监管措施或者纪律处分失当的，可以责令交易所改正。

第六十二条 中国证监会对交易所发行上市审核和发行承销过程监管等相关工作进行年度例行检查。在检查过程中，可以调阅审核工作文件，列席相关审核会议。

中国证监会定期或者不定期按一定比例对交易所发行上市审核和发行承销过程监管等相关工作进行抽查。

中国证监会在检查和抽查过程中发现问题的，交易所应当整改。

第六十三条 中国证监会建立对发行上市监管全流程的权力运行监督制约机制，对发行上市审核程序和发行注册程序相关内控制度运行情况进行督导督察，对廉政纪律执行情况和相关人员的履职尽责情况进行监督监察。

第六十四条 交易所应当建立内部防火墙制度，发行上市审核部门、发行承销监管部门与其他部门隔离运行。参与发行上市审核的人员，不得与发行人及其控股股东、实际控制人、相关保荐人、证券服务机构有利害关系，不得直接或者间接与发行人、保荐人、证券服务机构有利益往来，不得持有发行人股票，不得私下与发行人接触。

第六十五条 交易所应当建立定期报告制度，及时总结发行上市审核和发行承销监管的工作情况，并报告中国证监会。

第六十六条 交易所发行上市审核工作违反本办法规定，有下列情形之一的，由中国证监会责令改正；情节严重的，追究直接责任人员相关责任：

（一）未按审核标准开展发行上市审核工作；

（二）未按审核程序开展发行上市审核工作；

（三）不配合中国证监会对发行上市审核工作和发行承销监管工作的检查、抽查，或者不按中国证监会的整改要求进行整改。

第六十七条 发行人不符合发行上市条件，以欺骗手段骗取发行注册的，中国证监会将自确认之日起采取5年内不接受发行人公开发行证券相关文件的监管措施。对相关责任人员，视情节轻重，采取认定为不适当人选的监管措施，或者采取证券市场禁入的措施。

第六十八条 对发行人存在本办法第六十七条规定的行为并已经发行上市的，可以依照有关规定责令上市公司及其控股股东、实际控制人在一定期间从投资者手中购回本次公开发行的股票。

第六十九条 发行人存在本办法第三十一条第（三）项、第（四）项、第（五）项规定的情形，重大事项未报告、未披露，或者发行人及其董事、监事、高级管理人员、控股股东、实际控制人的签字、盖章系伪造或者变造的，中国证监会将自确认之日起采取3年至5年内不接受发行人公开发行证券相关文件的监管措施。

第七十条 发行人的控股股东、实际控制人违反本办法规定，致使发行人所报送的注册申请文件和披露的信息存在虚假记载、误导性陈述或者重大遗漏，或者纵容、指使、协助发行人进行财务造假、利润操纵或者有意隐瞒其他重要信息等骗取发行注册行为的，中国证监会可以视情节轻重，对相关单位和责任人员自确认之日起采取1年到5年内不接受相关单位及其控制的下属单位公开发行证券相关文件，对责任人员采取认定为不适当人选等监管措施，或者采取证券市场禁入的措施。

发行人的董事、监事和高级管理人员违反本办法规定，致使发行人所报送的注册申请文件和披露的信息存在虚假记载、误导性陈述或者重大遗漏的，中国证监会可以视情节轻重，对责任人员采取认定为不适当人选等监管措施，或者采取证券市场禁入的措施。

第七十一条 保荐人未勤勉尽责，致使发行人信息披露资料存在虚假记载、误导性陈述或者重大遗漏的，中国证监会将视情节轻重，自确认之日起采取暂停保荐人业务资格1年到3年，责令保荐人更换相关负责人的监管措施；情节严重的，撤销保荐人业务资格，对相关责任人员采取证券市场禁入的措施。

保荐代表人未勤勉尽责，致使发行人信息披露资料存在虚假记载、误导性陈述或者重大遗漏的，按规定撤销保荐代表人资格。

证券服务机构未勤勉尽责，致使发行人信息披露资料中与其职责有关的内容及其所出具的文件存在虚假记载、误导性陈述或者重大遗漏的，中国证监会可以视情节轻重，自确认之日起采取3个月至3年不接受相关单位及其责任人员出具的发行证券专项文件的监管措施；情节严重的，对证券服务机构相关责任人员采取证券市场禁入的措施。

第七十二条 保荐人存在下列情形的，中国证监会可以视情节轻重，自确认之日起采取暂停保荐人业务资格3个月至3年的监管措施；情节特别严重的，撤销其业务资格：

（一）伪造或者变造签字、盖章；

（二）重大事项未报告、未披露；

（三）以不正当手段干扰审核注册工作；

（四）不履行其他法定职责。保荐代表人存在前款规定情形的，视情节轻重，按规定暂停保荐代表人资格3个月至3年；情节严重的，按规定撤销保荐代表人资格。

证券服务机构及其相关人员存在第一款规定情形的，中国证监会可以视情节轻重，自确认之日起，采取3个月至3年不接受相关单位及其责任人员出具的发行证券专项文件的监管措施。

第七十三条 发行人公开发行证券上市当年即亏损的，中国证监会自确认之日起暂停保荐人的保荐人资格3个月，撤销相关人员的保荐代表人资格，尚未盈利的企业或者已在证券发行募集文件中充分分析并揭示相关风险的除外。

第七十四条 保荐人、证券服务机构存在以下情形的，中国证监会可以视情节轻重，采取责令改正、监管谈话、出具警示函、1年内不接受相关单位及其责任人员出具的与注册申请有关的文件等监管措施；情节严重的，可以同时采取3个月到1年内不接受相关单位及其责任人员出具的发行证券专项文件的监管措施：

（一）制作或者出具的文件不齐备或者不符合要求；

（二）擅自改动注册申请文件、信息披露资料或者其他已提交文件；

（三）注册申请文件或者信息披露资料存在相互矛盾或者同一事实表述不一致且有实质性差异；

（四）文件披露的内容表述不清，逻辑混乱，严重影响投资者理解；

（五）未及时报告或者未及时披露重大事项。发行人存在前款规定情形的，中国证监会可视情节轻重，采取责令改正、监管谈话、出具警示函、6个月至1年内不接受发行人公开发行证券相关文件的监管措施。

第七十五条 发行人披露盈利预测的，利润实现数如未达到盈利预测的80%，除因不可抗力外，其法定代表人、财务负责人应当在股东大会及中国证监会指定报刊上公开作出解释并道歉；中国证监会可以对法定代表人处以警告。

利润实现数未达到盈利预测的50%的，除因不可抗力外，中国证监会在3年内不受理该公司的公开发行证券申请。

注册会计师为上述盈利预测出具审核报告的过程中未勤勉尽责的，中国证监会将视情节轻重，对相关机构和责任人员采取监管谈话等监管措施，记入诚信档案并公布；情节严重的，给予警告等行政处罚。

第七十六条 发行人及其控股股东和实际控制人、董事、监事、高级管理人员，保荐人、承销商、证券服务机构及其相关执业人员，在股票公开发行并上市相关的活动中存在其他违反本办法规定行为的，中国证监会可以视情节轻重，采取责令改正、监管谈话、出具警示函、责令公开说明、责令参加培训、责令定期报告、认定为不适当人选、暂不受理与行政许可有关的文件等监管措施，或者采取证券市场禁入的措施。

第七十七条 发行人及其控股股东、实际控制人、保荐人、证券服务机构及其相关人员违反《中华人民共和国证券法》依法应予以行政处罚的，中国证监会将依法予以处罚；对欺诈发行、虚假陈述负有责任的发行人、保荐人、会计师事务所、律师事务所、资产评估机构及其责任人员依法从重处罚。涉嫌犯罪的，依法移送司法机关，追究其刑事责任。

第七十八条 交易所负责对发行人及其控股股东、实际控制人、保荐人、承销商、证券服务机构等进行自律监管。

中国证券业协会负责制定保荐业务、发行承销自律监管规则，对保荐人、承销商、保荐代表人、网下投资者进行自律监管。

交易所和中国证券业协会应当对发行上市过程中违反自律监管规则的行为采取自律监管措施或者给予纪律处分。

第七十九条 中国证监会会同有关部门，加强对发行人等相关市场主体的监管信息共享，完善失信联合惩戒机制。

第八章 附 则

第八十条 符合《国务院办公厅转发证监会关于开展创新企业境内发行股票或存托凭证试点若干意见的通知》（国办发〔2018〕21号，以下简称《若干意见》）等规定的红筹企业，申请首次公开发行股票并在科创板上市，还应当符合本办法相关规定，但公司形式可适用其注册地法律规定；申请发行存托凭证并在科创板上市的，适用本办法关于发行上市审核注册程序的规定。

前款规定的红筹企业在科创板发行上市，适用《若干意见》"营业收入快速增长，拥有自主研发、国际领先技术，同行业竞争中处于相对优势地位"的具体标准，由交易所制定具体规则，并报中国证监会批准。

第八十一条 本办法自公布之日起施行。

12. 科创板上市公司证券发行注册管理办法（试行）（2020年颁布）

（中国证券监督管理委员会令第171号）

第一章 总 则

第一条 为了规范科创板上市公司（以下简称上市公司）证券发行行为，保护投资者合法权益和社会公共利益，根据《中华人民共和国证券法》（以下简称《证券法》）《国务院办公厅关于贯彻实施修订后的证券法有关工作的通知》《关于在上海证券交易所设立科创板并试点注册制的实施意见》《国务院办公厅转发证监会关于开展创新企业境内发行股票或存托凭证试点若干意见的通知》（以下简称《若干意见》）及相关法律法规，制定本办法。

第二条 上市公司申请在境内发行证券，适用本办法。本办法所称证券，指下列证券品种：

（一）股票；

（二）可转换公司债券（以下简称可转债）；

（三）存托凭证；

（四）中国证券监督管理委员会（以下简称中国证监会）认可的其他品种。

前款所称可转债，是指上市公司依法发行、在一定期间内依据约定的条件可以转换成股份的公司债券。

第三条 上市公司发行证券，可以向不特定对象发行，也可以向特定对象发行。向不特定对象发行证券包括上市公司向原股东配售股份（以下简称配股）、向不特定对象募集股份（以下简称增发）和向不特定对象发行可转债。

向特定对象发行证券包括上市公司向特定对象发行股票、向特定对象发行可转债。

第四条 上市公司发行证券的，应当符合《证券法》和本办法规定的发行条件和相关信息披露要求，依法经上海证券交易所（以下简称交易所）发行上市审核并报经中国证监会注册，但因依法实行股权激励、公积金转为增加公司资本、分配股票股利的除外。

第五条 上市公司应当诚实守信，依法充分披露投资者作出价值判断和投资决策所必需的信息，所披露信息必须真实、准确、完整，简明清晰、通俗易懂，不得有虚假记载、误导性陈述或者重大遗漏。

上市公司应当按照保荐人、证券服务机构要求，依法向其提供真实、准确、完整的财务会计资料和其他资料，配合相关机构开展尽职调查和其他相关工作。

上市公司控股股东、实际控制人、董事、监事、高级管理人员应当配合相关机构开展尽职调查和其他相关工作，不得要求或者协助上市公司隐瞒应当提供的资料或者应当披露的信息。

第六条 保荐人应当诚实守信，勤勉尽责，按照依法制定的业务规则和行业自律规范的要求，充分了解上市公司经营情况和风险，对注册申请文件和信息披露资料进行全面核查验证，对上市公司是否符合发行条件独立作出专业判断，审慎作出推荐决定，并对募集说明书或者其他信息披露文件及其所出具的相关文件的真实性、准确性、完整性负责。

第七条 证券服务机构应当严格遵守法律法规、中国证监会制定的监管规则、业务规则和本行业公认的业务标准和道德规范，建立并保持有效的质量控制体系，保护投资者合法权益，审慎履行职责，作出专业判断与认定，并对募集说明书或者其他信息披露文件中与其专业职责有关的内容及其所出具的文件的真实性、准确性、完整性负责。

证券服务机构及其相关执业人员应当对与本专业相关的业务事项履行特别注意义务，对其他业务事项履行普通注意义务，并承担相应法律责任。

证券服务机构及其执业人员从事证券服务业务应当配合中国证监会的监督管理，在规定的期限内提供、报送或披露相关资料、信息，并保证其提供、报送或披露的资料、信息真实、准确、完整，不得有虚假记载、误导性陈述或者重大遗漏。

证券服务机构应当妥善保存客户委托文件、核查和验证资料、工作底稿以及与质量控制、内部管理、业务经营有关的信息和资料。

第八条 对上市公司发行证券申请予以注册，不表明中国证监会和交易所对该证券的投资价值或者投资者的收益作出实质性判断或者保证，也不表明中国证监会和交易所对申请文件的真实性、准确性、完整性作出保证。

第二章 发 行 条 件

第一节 发 行 股 票

第九条 上市公司向不特定对象发行股票，应当符合下列规定：

（一）具备健全且运行良好的组织机构；

（二）现任董事、监事和高级管理人员具备法律、行政法规规定的任职要求；

（三）具有完整的业务体系和直接面向市场独立经营的能力，不存在对持续经营有重大不利影响的情形；

（四）会计基础工作规范，内部控制制度健全且有效执行，财务报表的编制和披露符合企业会计准则和相关信息披露规则的规定，在所有重大方面公允反映了上市公司的财务状况、经营成果和现金流量，最近三年财务会计报告被出具无保留意见审计报告；

（五）除金融类企业外，最近一期末不存在金额较大的财务性投资。

第十条 上市公司存在下列情形之一的，不得向不特定对象发行股票：

（一）擅自改变前次募集资金用途未作纠正，或者未经股东大会认可；

（二）上市公司及其现任董事、监事和高级管理人员最近三年受到中国证监会行政处罚，或者最近一年受到证券交易所公开谴责，或者因涉嫌犯罪正被司法机关立案侦查或者涉嫌违法违规正在被中国证监会立案调查；

（三）上市公司及其控股股东、实际控制人最近一年存在未履行向投资者作出的公开承诺的情形；

（四）上市公司及其控股股东、实际控制人最近三年存在贪污、贿赂、侵占财产、挪用财产或者破坏社会主义市场经济秩序的刑事犯罪，或者存在严重损害上市公司利益、投资者合法权益、社会公共利益的重大违法行为。

第十一条 上市公司存在下列情形之一的，不得向特定对象发行股票：

（一）擅自改变前次募集资金用途未作纠正，或者未经股东大会认可；

（二）最近一年财务报表的编制和披露在重大方面不符合企业会计准则或者相关信息披露规则的规定；最近一年财务会计报告被出具否定意见或者无法表示意见的审计报告；最近一年财务会计报告被出具保留意见的审计报告，且保留意见所涉及事项对上市公司的重大不利影响尚未消除。本次发行涉及重大资产重组的除外；

（三）现任董事、监事和高级管理人员最近三年受到中国证监会行政处罚，或者最近一年受到证券交易所公开谴责；

（四）上市公司及其现任董事、监事和高级管理人员因涉嫌犯罪正在被司法机关立案侦查或者涉嫌违法违规正被中国证监会立案调查；

（五）控股股东、实际控制人最近三年存在严重损害上市公司利益或者投资者合法权益的重大违法行为；

（六）最近三年存在严重损害投资者合法权益或者社会公共利益的重大违法行为。

第十二条 上市公司发行股票，募集资金使用应当符合下列规定：

（一）应当投资于科技创新领域的业务；

（二）符合国家产业政策和有关环境保护、土地管理等法律、行政法规规定；

（三）募集资金项目实施后，不会与控股股东、实际控制人及其控制的其他企业新增构成重大不利影响的同业竞争、显失公平的关联交易，或者严重影响公司生产经营的独立性。

第二节　发行可转债

第十三条 上市公司发行可转债，应当符合下列规定：

（一）具备健全且运行良好的组织机构；

（二）最近三年平均可分配利润足以支付公司债券一年的利息；

（三）具有合理的资产负债结构和正常的现金流量。除前款规定条件外，上市公司向不特定对象发行可转债，还应当遵守本办法第九条第（二）项至第（五）项、第十条的规定；向特定对象发行可转债，还应当遵守本办法第十一条的规定。但是，按照公司债券募集办法，上市公司通过收购本公司股份的方式进行公司债券转换的除外。

第十四条 上市公司存在下列情形之一的，不得发行可转债：

（一）对已公开发行的公司债券或者其他债务有违约或者延迟支付本息的事实，仍处于继续状态；

（二）违反《证券法》规定，改变公开发行公司债券所募资金用途。

第十五条 上市公司发行可转债，募集资金除不得用于弥补亏损和非生产性支出外，还应当遵守本办法第十二条的规定。

第三章 发行程序

第十六条 上市公司申请发行证券，董事会应当依法就下列事项作出决议，并提请股东大会批准：

（一）本次证券发行的方案；

（二）本次发行方案的论证分析报告；

（三）本次募集资金使用的可行性报告；

（四）其他必须明确的事项。上市公司董事会拟引入战略投资者的，应当将引入战略投资者的事项作为单独议案，就每名战略投资者单独审议，并提交股东大会批准。

董事会依照前二款作出决议，董事会决议日与首次公开发行股票上市日的时间间隔不得少于六个月。

第十七条 董事会在编制本次发行方案的论证分析报告时，应当结合上市公司所处行业和发展阶段、融资规划、财务状况、资金需求等情况进行论证分析，独立董事应当发表专项意见。论证分析报告至少应当包括下列内容：

（一）本次发行证券及其品种选择的必要性；

（二）本次发行对象的选择范围、数量和标准的适当性；

（三）本次发行定价的原则、依据、方法和程序的合理性；

（四）本次发行方式的可行性；

（五）本次发行方案的公平性、合理性；

（六）本次发行对原股东权益或者即期回报摊薄的影响以及填补的具体措施。

第十八条 股东大会就发行证券作出的决定，至少应当包括下列事项：

（一）本次发行证券的种类和数量；

（二）发行方式、发行对象及向原股东配售的安排；

（三）定价方式或者价格区间；

（四）募集资金用途；

（五）决议的有效期；

（六）对董事会办理本次发行具体事宜的授权；

（七）其他必须明确的事项。

第十九条 股东大会就发行可转债作出的决定，至少应当包括下列事项：

（一）本办法第十八条规定的事项；

（二）债券利率；

（三）债券期限；

（四）赎回条款；

（五）回售条款；

（六）还本付息的期限和方式；

（七）转股期；

（八）转股价格的确定和修正。

第二十条 股东大会就发行证券事项作出决议，必须经出席会议的股东所持表决权的三分之二以上通过，中小投资者表决情况应当单独计票。向本公司特定的股东及其关联人发行证券的，股东大会就发行方案进行表决时，关联股东应当回避。股东大会对引入战略投资者议案作出决议的，应当就每名战略投资者单独表决。

上市公司就发行证券事项召开股东大会，应当提供网络投票方式，公司还可以通过其他方式为股东参加股东大会提供便利。

第二十一条 上市公司年度股东大会可以根据公司章程的规定，授权董事会决定向特定对象发行融资总额不超过人民币三亿元且不超过最近一年末净资产百分之二十的股票，该项授权在下一年度股东大会召开日失效。上市公司年度股东大会给予董事会前款授权的，应当就本办法第十八条规定的事项通过相关决定。

第二十二条 上市公司申请发行证券，应当按照中国证监会有关规定制作注册申请文件，依法由保荐人保荐并向交易所申报。

交易所收到注册申请文件后，五个工作日内作出是否受理的决定。

第二十三条 申请文件受理后，未经中国证监会或者交易所同意，不得改动。

发生重大事项的，上市公司、保荐人、证券服务机构应当及时向交易所报告，并按要求更新申请文件和信息披露资料。

第二十四条 交易所审核部门负责审核上市公司证券发行上市申请；科创板上市委员会负责对上市公司向不特定对象发行证券的申请文件和审核部门出具的审核报告提出审议意见。

交易所主要通过向上市公司提出审核问询、上市公司回答问题方式开展审核工作，判断上市公司发行申请是否符合发行条件和信息披露要求。

第二十五条 上市公司应当向交易所报送审核问询回复的相关文件，并以临时公告的形式披露交易所审核问询回复意见。

第二十六条 交易所按照规定的条件和程序，形成上市公司是否符合发行条件和信息披露要求的审核意见，认为上市公司符合发行条件和信息披露要求的，将审核意见、上市公司注册申请文件及相关审核资料报中国证监会注册；认为上市公司不符合发行条件或者信息披露要求的，作出终止发行上市审核决定。

第二十七条 交易所应当自受理注册申请文件之日起二个月内形成审核意见，但本办法另有规定的除外。

上市公司根据要求补充、修改申请文件，或者交易所按照规定对上市公司实施现场检查、要求保荐人、证券服务机构对有关事项进行专项核查，并要求上市公司补充、修改申请文件的时间不计算在内。

第二十八条 符合相关规定的上市公司按照本办法第二十一条规定申请向特定对象发行股票的，适用简易程序。

第二十九条 交易所采用简易程序的，应当在收到注册申请文件后，二个工作日内作出是否受理的决定，自受理之日起三个工作日内完成审核并形成上市公司是否符合发行条件和信息披露要求的审核意见。

交易所应当制定简易程序的业务规则，并报中国证监会批准。

第三十条 中国证监会依法履行发行注册程序，主要关注交易所发行上市审核内容有无遗漏，审核程序是否符合规定，以及上市公司在发行条件和信息披露要求的重大方面是否符合相关规定。中国证监会认为存在需要进一步说明或者落实事项的，可以要求交易所进一步问询。

中国证监会认为交易所对影响发行条件的重大事项未予关注或者交易所的审核意见依据明显不充分的，可以退回交易所补充审核。交易所补充审核后，认为上市公司符合发行条件和信息披露要求的，重新向中国证监会报送审核意见及相关资料，本办法第三十一条规定的注册期限重新计算。

第三十一条　中国证监会在十五个工作日内对上市公司的注册申请作出予以注册或者不予注册的决定。

上市公司根据要求补充、修改注册申请文件，或者中国证监会要求交易所进一步问询，要求保荐人、证券服务机构等对有关事项进行核查，对上市公司现场检查，并要求上市公司补充、修改申请文件的时间不计算在内。

中国证监会收到交易所依照本办法第二十九条规定报送的审核意见、上市公司注册申请文件及相关审核资料后，三个工作日内作出予以注册或者不予注册的决定。

第三十二条　中国证监会的予以注册决定，自作出之日起一年内有效，上市公司应当在注册决定有效期内发行证券，发行时点由上市公司自主选择。

适用简易程序的，应当在中国证监会作出予以注册决定后十个工作日内完成发行缴款，未完成的，本次发行批文失效。

第三十三条　中国证监会作出予以注册决定后、上市公司证券上市交易前，上市公司应当及时更新信息披露文件；保荐人以及证券服务机构应当持续履行尽职调查职责；发生重大事项的，上市公司、保荐人应当及时向交易所报告。

交易所应当对上述事项及时处理，发现上市公司存在重大事项影响发行条件的，应当出具明确意见并及时向中国证监会报告。

第三十四条　中国证监会作出予以注册决定后、上市公司证券上市交易前，发现可能影响本次发行的重大事项的，中国证监会可以要求上市公司暂缓发行、上市；相关重大事项导致上市公司不符合发行条件的，应当撤销注册。中国证监会撤销注册后，证券尚未发行的，上市公司应当停止发行；证券已经发行尚未上市的，上市公司应当按照发行价并加算银行同期存款利息返还证券持有人。

第三十五条　交易所认为上市公司不符合发行条件或者信息披露要求，作出终止发行上市审核决定，或者中国证监会作出不予注册决定的，自决定作出之日起六个月后，上市公司可以再次提出证券发行申请。

第三十六条　上市公司证券发行上市审核或者注册程序的中止、终止等情形参照适用《科创板首次公开发行股票注册管理办法（试行）》的相关规定。

第三十七条　中国证监会和交易所可以对上市公司进行现场检查，或者要求保荐人、证券服务机构对有关事项进行专项核查并出具意见。

第四章　信息披露

第三十八条　上市公司发行证券，应当以投资者决策需求为导向，按照中国证监会制定的信息披露规则，编制募集说明书或者其他信息披露文件，依法履行信息披露义务，保证相关信息真实、准确、完整。信息披露内容应当简明清晰，通俗易懂，不得有虚假记载、误导性陈述或者重大遗漏。中国证监会制定的信息披露规则是信息披露的最低要求。不论上述规则是否有明确规定，凡是投资者作出价值判断和投资决策所必需的信息，上市公司均应当充分披露，内容应当真实、准确、完整。

第三十九条　中国证监会依法制定募集说明书或者其他证券发行信息披露文件内容与格式准则、编报规则等信息披露规则，对申请文件和信息披露资料的内容、格式、编制要求、披露形式等作出规定。

交易所可以依据中国证监会部门规章和规范性文件，制定信息披露细则或者指引，在中国证监会确定的信息披露内容范围内，对信息披露提出细化和补充要求，报中国证监会批准后实施。

第四十条　上市公司应当在募集说明书或者其他证券发行信息披露文件中，以投资者需求为导向，有针对性地披露行业特点、业务模式、公司治理、发展战略、经营政策、会计政策，充分披露科研水平、科研人员、科研资金投入等相关信息，并充分揭示可能对公司核心竞争力、经营稳定性以及未来发展产生重大不利影响的风险因素。

第四十一条 证券发行议案经董事会表决通过后，应当在二个工作日内披露，并及时公告召开股东大会的通知。

使用募集资金收购资产或者股权的，应当在公告召开股东大会通知的同时，披露该资产或者股权的基本情况、交易价格、定价依据以及是否与公司股东或者其他关联人存在利害关系。

第四十二条 股东大会通过本次发行议案之日起二个工作日内，上市公司应当披露股东大会决议公告。

第四十三条 上市公司提出发行申请后，出现下列情形之一的，应当在次一个工作日予以公告：

（一）收到交易所不予受理或者终止发行上市审核决定；

（二）收到中国证监会终止发行注册决定；

（三）收到中国证监会予以注册或者不予注册的决定；

（四）上市公司撤回证券发行申请。

第四十四条 上市公司及其董事、监事、高级管理人员应当在募集说明书或者其他证券发行信息披露文件上签字、盖章，保证信息披露内容真实、准确、完整，不存在虚假记载、误导性陈述或者重大遗漏，按照诚信原则履行承诺，并声明承担相应的法律责任。

上市公司控股股东、实际控制人应当在募集说明书或者其他证券发行信息披露文件上签字、盖章，确认信息披露内容真实、准确、完整，不存在虚假记载、误导性陈述或者重大遗漏，按照诚信原则履行承诺，并声明承担相应法律责任。

第四十五条 保荐人及其保荐代表人应当在募集说明书或者其他证券发行信息披露文件上签字、盖章，确认信息披露内容真实、准确、完整，不存在虚假记载、误导性陈述或者重大遗漏，并声明承担相应的法律责任。

第四十六条 为证券发行出具专项文件的律师、注册会计师、资产评估人员、资信评级人员及其所在机构，应当在募集说明书或者其他证券发行信息披露文件上签字、盖章，确认对上市公司信息披露文件引用其出具的专业意见无异议，信息披露文件不因引用其出具的专业意见而出现虚假记载、误导性陈述或者重大遗漏，并声明承担相应的法律责任。

第四十七条 募集说明书等证券发行信息披露文件所引用的审计报告、盈利预测审核报告、资产评估报告、资信评级报告，应当由符合规定的证券服务机构出具，并由至少二名有执业资格的人员签署。

募集说明书或者其他证券发行信息披露文件所引用的法律意见书，应当由律师事务所出具，并由至少二名经办律师签署。

第四十八条 募集说明书自最后签署之日起六个月内有效。募集说明书或者其他证券发行信息披露文件不得使用超过有效期的资产评估报告或者资信评级报告。

第四十九条 向不特定对象发行证券申请经注册后，上市公司应当在证券发行前二至五个工作日内将公司募集说明书刊登在交易所网站和符合中国证监会规定条件的网站，供公众查阅。

第五十条 向特定对象发行证券申请经注册后，上市公司应当在证券发行前将公司募集文件刊登在交易所网站和符合中国证监会规定条件的网站，供公众查阅。

向特定对象发行证券的，上市公司应当在证券发行后的二个工作日内，将发行情况报告书刊登在交易所网站和符合中国证监会规定条件的网站，供公众查阅。

第五十一条 上市公司可以将募集说明书或者其他证券发行信息披露文件、发行情况报告书刊登于其他网站，但不得早于按照本办法第四十九条、第五十条规定披露信息的时间。

第五章　发行承销的特别规定

第五十二条　上市公司证券发行与承销行为，适用《证券发行与承销管理办法》（以下简称《承销办法》），但本办法另有规定的除外。

交易所可以根据《承销办法》和本办法制定上市公司证券发行承销业务规则，并报中国证监会批准。

第五十三条　上市公司配股的，拟配售股份数量不超过本次配售前股本总额的百分之五十，并应当采用代销方式发行。

控股股东应当在股东大会召开前公开承诺认配股份的数量。控股股东不履行认配股份的承诺，或者代销期限届满，原股东认购股票的数量未达到拟配售数量百分之七十的，上市公司应当按照发行价并加算银行同期存款利息返还已经认购的股东。

第五十四条　上市公司增发的，发行价格应当不低于公告招股意向书前二十个交易日或者前一个交易日公司股票均价。

第五十五条　上市公司向特定对象发行证券，发行对象应当符合股东大会决议规定的条件，且每次发行对象不超过三十五名。

第五十六条　上市公司向特定对象发行股票，发行价格应当不低于定价基准日前二十个交易日公司股票均价的百分之八十。

前款所称"定价基准日"，是指计算发行底价的基准日。

第五十七条　向特定对象发行股票的定价基准日为发行期首日。上市公司应当以不低于发行底价的价格发行股票。

上市公司董事会决议提前确定全部发行对象，且发行对象属于下列情形之一的，定价基准日可以为关于本次发行股票的董事会决议公告日、股东大会决议公告日或者发行期首日：

（一）上市公司的控股股东、实际控制人或者其控制的关联人；

（二）通过认购本次发行的股票取得上市公司实际控制权的投资者；

（三）董事会拟引入的境内外战略投资者。

第五十八条　向特定对象发行股票发行对象属于本办法第五十七条第二款规定以外的情形的，上市公司应当以竞价方式确定发行价格和发行对象。

董事会决议确定部分发行对象的，确定的发行对象不得参与竞价，且应当接受竞价结果，并明确在通过竞价方式未能产生发行价格的情况下，是否继续参与认购、价格确定原则及认购数量。

第五十九条　向特定对象发行的股票，自发行结束之日起六个月内不得转让。发行对象属于本办法第五十七条第二款规定情形的，其认购的股票自发行结束之日起十八个月内不得转让。

第六十条　向特定对象发行股票的定价基准日为本次发行股票的董事会决议公告日或者股东大会决议公告日的，向特定对象发行股票的董事会决议公告后，出现下列情况需要重新召开董事会的，应当由董事会重新确定本次发行的定价基准日：

（一）本次发行股票股东大会决议的有效期已过；

（二）本次发行方案发生重大变化；

（三）其他对本次发行定价具有重大影响的事项。

第六十一条　可转债应当具有期限、面值、利率、评级、债券持有人权利、转股价格及调整原则、赎回及回售、转股价格向下修正等要素。

向不特定对象发行的可转债利率由上市公司与主承销商依法协商确定。

向特定对象发行的可转债应当采用竞价方式确定利率和发行对象。

第六十二条 可转债自发行结束之日起六个月后方可转换为公司股票，转股期限由公司根据可转债的存续期限及公司财务状况确定。

债券持有人对转股或者不转股有选择权，并于转股的次日成为上市公司股东。

第六十三条 向特定对象发行的可转债不得采用公开的集中交易方式转让。

向特定对象发行的可转债转股的，所转股票自可转债发行结束之日起十八个月内不得转让。

第六十四条 向不特定对象发行可转债的转股价格应当不低于募集说明书公告日前二十个交易日上市公司股票交易均价和前一个交易日均价。

向特定对象发行可转债的转股价格应当不低于认购邀请书发出前二十个交易日上市公司股票交易均价和前一个交易日的均价，且不得向下修正。

第六十五条 上市公司发行证券，应当由证券公司承销。上市公司董事会决议提前确定全部发行对象的，可以由上市公司自行销售。

第六十六条 向特定对象发行证券，上市公司及其控股股东、实际控制人、主要股东不得向发行对象做出保底保收益或者变相保底保收益承诺，也不得直接或者通过利益相关方向发行对象提供财务资助或者其他补偿。

第六十七条 上市公司发行证券采用竞价方式的，认购邀请书内容、认购邀请书发送对象范围、发行价格及发行对象的确定原则等应当符合中国证监会及交易所相关规定，上市公司和主承销商的控股股东、实际控制人、董事、监事、高级管理人员及其控制或者施加重大影响的关联方不得参与竞价。

第六十八条 网下投资者应当结合行业监管要求、资产规模等合理确定申购金额，不得超资产规模申购，承销商可以认定超资产规模的申购为无效申购。

第六十九条 上市公司向不特定对象发行证券的，投资者弃购数量占发行总数比例较大的，上市公司和主承销商可以将投资者弃购部分向网下投资者二次配售。比例较大的标准由交易所规定。

第七十条 上市公司和主承销商可以在符合中国证监会和交易所相关规定前提下约定中止发行的情形。

第七十一条 交易所对证券发行承销过程实施监管。发行承销涉嫌违法违规或者存在异常情形的，中国证监会可以要求交易所对相关事项进行调查处理，或者直接责令上市公司和承销商暂停或者中止发行。

第六章　监督管理和法律责任

第七十二条 中国证监会依法批准交易所制定的科创板上市公司证券发行上市的审核标准、审核程序、信息披露、发行承销等方面的制度规则，指导交易所制定与发行上市审核相关的其他业务规则。

第七十三条 中国证监会建立对交易所发行上市审核工作和发行承销过程监管的监督机制，持续关注交易所审核情况和发行承销过程监管情况，发现交易所自律监管措施或者纪律处分失当的，可以责令交易所改正。

第七十四条 中国证监会对交易所发行上市审核和发行承销过程监管等相关工作进行年度例行检查。在检查过程中，可以调阅审核工作文件，列席相关审核会议。

中国证监会定期或者不定期按一定比例对交易所发行上市审核和发行承销过程监管等相关工作进行抽查。

对于中国证监会在检查和抽查等监督过程中发现的问题，交易所应当整改。

第七十五条　交易所发行上市审核工作违反本办法规定，有下列情形之一的，由中国证监会责令改正；情节严重的，追究直接责任人员相关责任：

（一）未按审核标准开展发行上市审核工作；

（二）未按审核程序开展发行上市审核工作；

（三）不配合中国证监会对发行上市审核工作和发行承销监管工作的检查、抽查，或者不按中国证监会的整改要求进行整改。

第七十六条　上市公司在证券发行文件中隐瞒重要事实或者编造重大虚假内容的，中国证监会采取五年内不接受上市公司发行证券相关文件的监管措施。对相关责任人员，视情节轻重，采取认定为不适当人选的监管措施，或者采取证券市场禁入的措施。

第七十七条　存在下列情形之一的，中国证监会采取三年至五年内不接受上市公司发行证券相关文件的监管措施：

（一）申请文件存在虚假记载、误导性陈述或者重大遗漏；

（二）上市公司阻碍或者拒绝中国证监会、交易所依法对其实施检查、核查；

（三）上市公司及其关联方以不正当手段严重干扰发行上市审核或者发行注册工作；

（四）重大事项未报告、未披露；

（五）上市公司及其董事、监事、高级管理人员、控股股东、实际控制人的签名、盖章系伪造或者变造。

第七十八条　上市公司控股股东、实际控制人违反本办法的规定，致使上市公司所报送的申请文件和披露的信息存在虚假记载、误导性陈述或者重大遗漏，或者组织、指使上市公司进行财务造假、利润操纵或者在证券发行文件中隐瞒重要事实或者编造重大虚假内容的，中国证监会视情节轻重，对相关单位和责任人员采取一年到五年内不接受相关单位及其控制的下属单位发行证券相关文件，对责任人员采取认定为不适当人选等监管措施，或者采取证券市场禁入的措施。

上市公司董事、监事和高级管理人员违反本办法规定，致使上市公司所报送的申请文件和披露的信息存在虚假记载、误导性陈述或者重大遗漏的，中国证监会视情节轻重，对责任人员采取认定为不适当人选等监管措施，或者采取证券市场禁入的措施。

第七十九条　保荐人未勤勉尽责，致使上市公司信息披露资料存在虚假记载、误导性陈述或者重大遗漏的，中国证监会视情节轻重，采取暂停保荐人业务资格一年至三年，责令保荐人更换相关负责人的监管措施；情节严重的，撤销保荐人业务资格，对相关责任人员采取证券市场禁入的措施。保荐代表人未勤勉尽责，致使上市公司信息披露资料存在虚假记载、误导性陈述或者重大遗漏的，按规定认定为不适当人选。证券服务机构未勤勉尽责，致使上市公司信息披露资料中与其职责有关的内容及其所出具的文件存在虚假记载、误导性陈述或者重大遗漏的，中国证监会视情节轻重，采取三个月至三年内不接受相关单位及其责任人员出具的发行证券专项文件的监管措施；情节严重的，对证券服务机构相关责任人员采取证券市场禁入的措施。

第八十条　保荐人存在下列情形之一的，中国证监会视情节轻重，采取暂停保荐人业务资格三个月至三年的监管措施；情节特别严重的，撤销其业务资格：

（一）伪造或者变造签字、盖章；

（二）重大事项未报告或者未披露；

（三）以不正当手段干扰审核注册工作；

（四）不履行其他法定职责。保荐代表人存在前款规定情形的，视情节轻重，按规定三个月至三年不受理相关保荐代表人具体负责的推荐；情节特别严重的，按规定认定为不适当人选。

证券服务机构及其相关人员存在第一款规定情形的，中国证监会视情节轻重，采取三个月至三年内不接受相关单位及其责任人员出具的发行证券专项文件的监管措施。

第八十一条 保荐人、证券服务机构及其责任人员存在下列情形之一的，中国证监会视情节轻重，采取责令改正、监管谈话、出具警示函、一年内不接受相关单位及其责任人员出具的与注册申请有关的文件等监管措施；情节严重的，可以同时采取三个月至一年内不接受相关单位及其责任人员出具的发行证券专项文件的监管措施：

（一）制作或者出具的文件不齐备或者不符合要求；

（二）擅自改动申请文件、信息披露资料或者其他已提交文件；

（三）申请文件或者信息披露资料存在相互矛盾或者同一事实表述不一致且有实质性差异；

（四）文件披露的内容表述不清，逻辑混乱，严重影响阅读理解；

（五）对重大事项未及时报告或者未及时披露。上市公司存在前款规定情形的，中国证监会视情节轻重，采取责令改正、监管谈话、出具警示函、六个月至一年内不接受上市公司发行证券相关文件的监管措施。

第八十二条 按照本办法第二十八条申请注册的，交易所和中国证监会发现上市公司或者相关中介机构及其责任人员存在相关违法违规行为的，中国证监会按照本章规定从重处罚，并采取三年至五年内不接受上市公司和保荐人该类发行证券相关文件的监管措施。

第八十三条 上市公司披露盈利预测的，利润实现数如未达到盈利预测的百分之八十，除因不可抗力外，其法定代表人、财务负责人应当在股东大会以及证券交易所网站、符合中国证监会规定条件的媒体上公开作出解释并道歉；中国证监会可以对法定代表人处以警告。

利润实现数未达到盈利预测百分之五十的，除因不可抗力外，中国证监会在三年内不接受上市公司发行证券相关文件。

注册会计师为上述盈利预测出具审核报告的过程中未勤勉尽责的，中国证监会视情节轻重，对相关机构和责任人员采取监管谈话等监管措施；情节严重的，给予警告等行政处罚。

第八十四条 参与认购的投资者擅自转让限售期限未满的证券的，中国证监会可以责令改正；情节严重的，十二个月内不得作为特定对象认购证券。

第八十五条 相关主体违反本办法第六十六条规定的，中国证监会视情节轻重，采取责令改正、监管谈话、出具警示函、认定为不适当人选、一年至三年内不接受发行证券相关文件的监管措施，以及市场禁入的措施；保荐人、证券服务机构未勤勉尽责的，中国证监会还可以采取一年至三年内不接受相关单位及其责任人员出具的与注册申请有关的文件等监管措施。

第八十六条 上市公司及其控股股东和实际控制人、董事、监事、高级管理人员，保荐人、承销商、证券服务机构及其相关执业人员、参与认购的投资者，在证券发行并上市相关的活动中存在其他违反本办法规定行为的，中国证监会视情节轻重，采取责令改正、监管谈话、出具警示函、责令公开说明、责令定期报告、认定为不适当人选、暂不受理与行政许可有关的文件等监管措施，或者采取证券市场禁入的措施。

第八十七条 上市公司及其控股股东、实际控制人、保荐人、证券服务机构及其相关执业人员违反《证券法》依法应予以行政处罚的，中国证监会依法予以处罚；涉嫌犯罪的，依法移送司法机关，追究其刑事责任。

第七章　附　　则

第八十八条 本办法所称战略投资者，是指符合下列情形之一，且具有同行业或者相关行业较强的重要战略性资源，与上市公司谋求双方协调互补的长期共同战略利益，愿意长期持有上市公司较大比例股份，愿意并且有能力认真履行相应职责，委派董事实际参与公司治理，提升上市公司治理水平，帮助上市公司显著提高公司质量和内在价值，具有良好诚信

记录,最近三年未受到中国证监会行政处罚或者被追究刑事责任的投资者:
（一）能够给上市公司带来国际国内领先的核心技术资源,显著增强上市公司的核心竞争力和创新能力,带动上市公司的产业技术升级,显著提升上市公司的盈利能力;
（二）能够给上市公司带来国际国内领先的市场、渠道、品牌等战略性资源,大幅促进上市公司市场拓展,推动实现上市公司销售业绩大幅提升。
境外战略投资者应当同时遵守国家的相关规定。

第八十九条 符合《若干意见》等规定的红筹企业,首次公开发行股票并在科创板上市后,发行股票还应当符合本办法的规定。

符合《若干意见》等规定的红筹企业,首次公开发行存托凭证并在科创板上市后,发行以红筹企业新增证券为基础证券的存托凭证,适用《证券法》《若干意见》以及本办法关于上市公司发行股票的规定,本办法没有规定的,适用中国证监会关于存托凭证的有关规定。

发行存托凭证的红筹企业境外基础股票配股时,相关方案安排应确保存托凭证持有人实际享有权益与境外基础股票持有人权益相当。

第九十条 上市公司发行优先股、向员工发行证券用于激励的办法,由中国证监会另行规定。

第九十一条 上市公司向特定对象发行股票将导致上市公司控制权发生变化的,还应当符合中国证监会的其他规定。

第九十二条 依据本办法通过向特定对象发行股票取得的上市公司股份,其减持不适用《上市公司股东、董监高减持股份的若干规定》的有关规定。

第九十三条 本办法自公布之日起施行。

13. 证券投资基金托管业务管理办法（2020年颁布）

（中国证券监督管理委员会令第172号）

第一章 总 则

第一条 为了规范证券投资基金托管业务,维护证券投资基金托管业务竞争秩序,保护基金份额持有人及相关当事人合法权益,促进证券投资基金健康发展,根据《证券法》《证券投资基金法》《银行业监督管理法》及其他相关法律、行政法规,制定本办法。

第二条 本办法所称证券投资基金（以下简称基金）托管,是指由依法设立并取得基金托管资格的商业银行或者其他金融机构担任托管人,按照法律法规的规定及基金合同的约定,对基金履行安全保管基金财产、办理清算交割、复核审查净值信息、开展投资监督、召集基金份额持有人大会等职责的行为。

第三条 商业银行及其他金融机构从事基金托管业务,应当经中国证券监督管理委员会（以下简称中国证监会）核准,依法取得基金托管资格。

未取得基金托管资格的机构,不得从事基金托管业务。

第四条 基金托管人应当遵守法律法规的规定以及基金合同和基金托管协议的约定,恪守职业道德和行为规范,诚实信用、谨慎勤勉,为基金份额持有人利益履行基金托管职责。

第五条 基金托管人的基金托管部门高级管理人员和其他从业人员应当忠实、勤勉地履行职责,不得从事损害基金财产和基金份额持有人利益的证券交易及其他活动。

第六条 中国证监会、中国银行保险监督管理委员会（以下简称中国银保监会）依照法律法规和审慎监管原则，对基金托管人及其基金托管业务活动实施监督管理。

第七条 中国证券投资基金业协会依据法律法规和自律规则，对基金托管人及其基金托管业务活动进行自律管理。

第二章 基金托管机构

第八条 申请基金托管资格的商业银行及其他金融机构（以下简称申请人），应当具备下列条件：

（一）净资产不低于200亿元人民币，风险控制指标符合监管部门的有关规定；

（二）设有专门的基金托管部门，部门设置能够保证托管业务运营的完整与独立；

（三）基金托管部门拟任高级管理人员符合法定条件，取得基金从业资格的人员不低于该部门员工人数的1/2；拟从事基金清算、核算、投资监督、信息披露、内部稽核监控等业务的执业人员不少于8人，并具有基金从业资格，其中，核算、监督等核心业务岗位人员应当具备2年以上托管业务从业经验；

（四）有安全保管基金财产、确保基金财产完整与独立的条件；

（五）有安全高效的清算、交割系统；

（六）基金托管部门有满足营业需要的固定场所、配备独立的安全监控系统；

（七）基金托管部门配备独立的托管业务技术系统，包括网络系统、应用系统、安全防护系统、数据备份系统；

（八）有完善的内部稽核监控制度和风险控制制度；

（九）最近3年无重大违法违规记录；

（十）法律、行政法规规定的和经国务院批准的中国证监会规定的其他条件。

外国银行分行申请基金托管资格，净资产等财务指标可按境外总行计算；其境外总行应当具有完善的内部控制机制，具备良好的国际声誉和经营业绩，近3年基金托管业务规模、收入、利润、市场占有率等指标居于国际前列，近3年长期信用均保持在高水平；所在国家或者地区具有完善的证券法律和监管制度，相关金融监管机构已与中国证监会或者中国证监会认可的机构签订证券监管合作谅解备忘录，并保持着有效的监管合作关系。

第九条 申请人应当具有健全的清算、交割业务制度，清算、交割系统应当符合下列规定：

（一）系统内证券交易结算资金及时汇划到账；

（二）从交易所、证券登记结算机构等相关机构安全接收交易结算数据；

（三）与基金管理人、基金注册登记机构、证券登记结算机构等相关业务机构的系统安全对接；

（四）依法执行基金管理人的投资指令，及时办理清算、交割事宜。

第十条 申请人的基金托管营业场所、安全防范设施、与基金托管业务有关的其他设施和相关制度，应当符合下列规定：

（一）基金托管部门的营业场所相对独立，配备门禁系统；

（二）能够接触基金交易数据的业务岗位有单独的办公场所，无关人员不得随意进入；

（三）有完善的基金交易数据保密制度；

（四）有安全的基金托管业务数据备份系统；

（五）有基金托管业务的应急处理方案，具备应急处理能力。

第十一条 申请人应当向中国证监会报送下列申请材料：

（一）申请书；

（二）符合《证券法》规定的会计师事务所出具的审计报告，风险控制指标最近1年持续符合监管部门有关规定的说明；

（三）设立专门基金托管部门的证明文件，确保部门业务运营完整与独立的说明和承诺；

（四）内部机构设置和岗位职责规定；

（五）基金托管部门拟任高级管理人员任职材料；

（六）关于安全保管基金财产有关条件的报告；

（七）相关业务规章制度，包括业务管理、操作规程、基金会计核算、基金清算、信息披露、内部稽核监控、内控与风险管理、信息系统管理、从业人员管理、保密与档案管理、重大可疑情况报告、应急处理及其他履行基金托管人职责所需的规章制度；

（八）开办基金托管业务的商业计划书；

（九）中国证监会规定的其他材料。

申请人为外国银行分行的，还应当报送其总行的下列材料：

（一）具有良好的国际声誉和经营业绩，近3年基金托管业务规模、收入、利润、市场占有率等指标居于国际前列以及近3年长期信用情况的证明文件；

（二）对该分行开展基金托管业务建立相应流动性支持机制的说明；

（三）与该分行之间系统隔离、访问控制、信息隔离等安全保障制度及措施，以及规范数据跨境流动管理的说明文件。

第十二条 中国证监会应当自收到申请材料之日起5个工作日内作出是否受理的决定。申请材料齐全、符合法定形式的，向申请人出具受理凭证；申请材料不齐全或者不符合法定形式的，应当一次告知申请人需要补正的全部内容。

第十三条 中国证监会应当自受理申请材料之日起20个工作日内作出行政许可决定。作出不予核准决定的，应当说明理由并告知申请人，行政许可程序终止。

第十四条 取得基金托管资格的商业银行及其他金融机构为基金托管人。基金托管人应当及时办理基金托管部门高级管理人员的任职手续。

基金托管人应当按照《证券投资基金法》及本办法等规定要求，完成基金托管业务的筹备工作，通过中国证监会及其派出机构的现场检查验收，并在完成工商变更登记后，向中国证监会申领《经营证券期货业务许可证》。在取得《经营证券期货业务许可证》前，不得对外开展基金托管业务。基金托管人开展基金托管业务的，应当持续符合本办法第八条第一款第（一）至第（八）项、第九条、第十条规定的条件。在申请募集基金时，拟任基金托管人应不存在因与托管业务相关的重大违法违规行为、严重失信行为正在被监管机构立案调查、司法机关立案侦查，或者处于整改期间的情形。

第三章　托管职责的履行

第十五条 基金托管人在与基金管理人订立基金合同、基金招募说明书、基金托管协议等法律文件前，应当从保护基金份额持有人角度，对涉及投资范围与投资限制、基金费用、收益分配、会计估值、信息披露等方面的条款进行评估，确保相关约定合规清晰、风险揭示充分、会计估值科学公允。在基金托管协议中，还应当对基金托管人与基金管理人之间的业务监督与协作等职责进行详细约定。

第十六条 外国银行分行的民事责任由总行承担。外国银行分行作为基金托管人的，应当在基金合同、基金招募说明书、基金托管协议等法律文件中约定其总行履行的各项义务，包括外国银行分行开展基金托管业务发生重大风险或损害基金持有人利益时应当按照中国法律承担相应的民事责任等。

外国银行总行应当根据分行托管规模，建立相应的流动性支持机制。

第十七条 基金托管人应当安全保管基金财产，按照相关规定和基金托管协议约定履行下列职责：

（一）为所托管的不同基金财产分别设置资金账户、证券账户等投资交易必需的相关账户，确保基金财产的独立与完整；

（二）建立与基金管理人的对账机制，定期核对资金头寸、证券账目、净值信息等数据，及时核查认购与申购资金的到账、赎回资金的支付以及投资资金的支付与到账情况，并对基金的会计凭证、交易记录、合同协议等重要文件档案保存20年以上；

（三）对基金财产投资信息和相关资料负保密义务，除法律、行政法规和其他有关规定、监管机构及审计要求外，不得向任何机构或者个人泄露相关信息和资料。

非银行金融机构开展基金托管业务，应当为其托管的基金选定具有基金托管资格的商业银行作为资金存管银行，并开立托管资金专门账户，用于托管基金现金资产的归集、存放与支付，该账户不得存放其他性质资金。

第十八条 基金托管人承担市场结算参与人职责的，应当建立健全结算风险防控制度和监测系统，动态评估不同产品和业务的结算风险，持续督促基金管理人采取措施防范风险。

基金托管人与基金管理人应当签订结算协议或者在基金托管协议中约定结算条款，明确双方在基金清算交收及相关风险控制方面的职责。基金清算交收过程中，出现基金财产中资金或证券不足以交收的，基金托管人应当及时通知基金管理人，督促基金管理人积极采取措施、最大程度控制违约交收风险与相关损失，并报告中国证监会。

第十九条 基金托管人与基金管理人应当按照《企业会计准则》及中国证监会的有关规定进行估值核算，对各类金融工具的估值方法予以定期评估。基金托管人发现基金份额净值计价出现错误的，应当提示基金管理人立即纠正，并采取合理措施防止损失进一步扩大。基金托管人发现基金份额净值计价出现重大错误或者估值出现重大偏离的，应当提示基金管理人依法履行披露和报告义务。

第二十条 基金托管人应当按照法律法规的规定以及基金合同的约定办理与基金托管业务有关的信息披露事项，包括但不限于：披露基金托管协议，对基金定期报告等信息披露文件中有关基金财务报告等信息及时进行复核审查并出具意见，在基金年度报告和中期报告中出具托管人报告，就基金托管部门负责人变动等重大事项发布临时公告。

第二十一条 基金托管人应当根据基金合同及托管协议约定，制定基金投资监督标准与监督流程，对基金合同生效之后所托管基金的投资范围、投资比例、投资风格、投资限制、关联方交易等进行严格监督，及时提示基金管理人违规风险。

当发现基金管理人发出但未执行的投资指令或者已经生效的投资指令违反法律、行政法规和其他有关规定，或者基金合同约定，应当依法履行通知基金管理人等程序，并及时报告中国证监会，持续跟进基金管理人的后续处理，督促基金管理人依法履行披露义务。基金管理人的上述违规失信行为给基金财产或者基金份额持有人造成损害的，基金托管人应当督促基金管理人及时予以赔偿。

第二十二条 基金托管人应当对所托管基金履行法律法规、基金合同有关收益分配约定情况进行定期复核，发现基金收益分配有违规失信行为的，应当及时通知基金管理人，并报告中国证监会。

第二十三条 对于转换基金运作方式、更换基金管理人等需召开基金份额持有人大会审议的事项，基金托管人应当积极配合基金管理人召集基金份额持有人大会；基金管理人未按规定召集或者不能召集的，基金托管人应当按照规定召集基金份额持有人大会，并依法履行对外披露与报告义务。

第二十四条 基金托管人在取得基金托管资格后，不得长期不开展基金托管业务；在从事基金托管业务过程中，不得进行不正当竞争，不得利用非法手段垄断市场，不得违反基金托管协议约定将部分或者全部托管的基金财产委托他人托管。

第二十五条 基金托管人应当按照市场化原则，综合考虑基金托管规模、产品类别、服务内容、业务处理难易程度等因素，与基金管理人协商确定基金托管费用的计算方式和方法。

基金托管费用的计提方式和计算方法应当在基金合同、托管协议、基金招募说明书中明确列示。

第四章 托管业务内部控制

第二十六条 基金托管人应当按照相关法律法规，针对基金托管业务建立科学合理、控制严密、运行高效的内部控制体系，保持托管业务内部控制制度健全、执行有效。

基金托管人应当加强对基金托管相关准入管理、业务活动、信息系统和人员考核等方面的集中统一管理，不得以承包、转委托等方式开展基金托管业务。

基金托管人应当每年聘请符合《证券法》规定的会计师事务所，或者由托管人内部审计部门组织，针对基金托管法定业务和增值业务的内部控制制度建设与实施情况，开展相关审查与评估，出具评估报告。

第二十七条 基金托管人应当将所托管的基金财产与其固有财产及其受托管理的各类财产严格分开保管，不得将所托管的基金财产归入其固有财产或其受托管理的各类财产，切实保障基金财产的完整和独立。

基金托管人应当建立严格的隔离墙制度，确保托管业务与本机构其他业务保持独立，隔离业务风险，切实防范利益冲突和利益输送。

第二十八条 基金托管人应当完善安全保障措施，保护基金业务数据及投资者信息安全，防范信息泄露与损毁。除法律法规和中国证监会另有规定外，基金托管人不得以任何方式向其他机构、个人提供基金业务数据及投资者信息。

第二十九条 基金托管人应当建立突发事件处理预案制度，对发生严重影响基金份额持有人利益、可能引发系统性风险或者严重影响社会稳定的突发事件，按照预案妥善处理。

第三十条 基金托管人应当健全从业人员管理制度，完善信息管理及保密制度，加强对基金托管部门从业人员执业行为及投资基金等相关活动的管理。

基金托管部门的从业人员不得利用未公开信息为自己或者他人谋取利益。

第三十一条 基金托管人应当根据托管业务发展及其风险控制的需要，不断完善托管业务信息技术系统，配置足够的托管业务人员，规范岗位职责，加强职业培训，保证托管服务质量。

第三十二条 基金托管人根据业务发展的需要，按照法律法规规定和基金托管协议约定委托符合条件的境外资产托管人开展境外资产托管业务的，应当对境外资产托管人进行尽职调查，制定遴选标准与程序，健全相关的业务风险管理和应急处理制度，加强对境外资产托管人的监督与约束。

第三十三条 基金托管人在法定托管职责之外依法开展基金服务外包等增值业务的，应当设立专门的团队与业务系统，与原有基金托管业务团队之间建立必要的业务隔离，有效防范潜在的利益冲突。

第五章 监督管理与法律责任

第三十四条 商业银行作为托管人的，中国证监会和中国银保监会依法通过非现场监管和现场检查等方式，对商业银行开展基金托管业务实施日常监管。商业银行开展基金托管业务违反法律法规和相关规定的，中国证监会和中国银保监会可依照相关法律法规采取监管措施。中国证监会和中国银保监会对商业银行开展基金托管业务加强信息共享和监管协作。

第三十五条 申请人在申请基金托管资格时，隐瞒有关情况或者提供虚假申请材料的，中国证监会不予受理或者不予核准，并给予警告；申请人在3年内不得再次申请基金托管资格。

申请人以欺骗、贿赂等不正当手段取得基金托管资格的，中国证监会可商中国银保监会取消基金托管资格，给予警告、罚款；中国银保监会可以区别不同情形，责令申请人对直接负责的主管人员和其他直接责任人员给予纪律处分，或者对其给予警告、罚款，或者禁止其一定期限直至终身从事银行业工作；申请人在3年内不得再次申请基金托管资格；涉嫌犯罪的依法移送司法机关，追究刑事责任。

第三十六条 未取得基金托管资格擅自从事基金托管业务的，责令停止，没收违法所得，并处违法所得1倍以上5倍以下罚款；没有违法所得或者违法所得不足100万元的，并处10万元以上100万元以下罚款；对直接负责的主管人员和其他直接责任人员给予警告，并处3万元以上30万元以下罚款。

第三十七条 基金托管人应当根据中国证监会的要求，履行下列信息报送义务：

（一）基金投资运作监督报告；

（二）基金托管业务运营情况报告；

（三）基金托管业务内部控制年度评估报告；

（四）中国证监会根据审慎监管原则要求报送的其他材料。

第三十八条 当基金托管人发生下列情形之一的，应当自发生之日起5日内向中国证监会报告：

（一）基金托管部门的设置发生重大变更；

（二）托管人或者其基金托管部门的名称、住所发生变更；

（三）基金托管部门的高级管理人员发生变更；

（四）托管人及基金托管部门的高级管理人员受到刑事、行政处罚，或者被监管机构、司法机关调查；

（五）涉及托管业务的重大诉讼或者仲裁；

（六）与基金托管业务相关的其他重大事项。

第三十九条 中国证监会可以根据日常监管情况，对基金托管人的基金托管部门进行现场检查，并采取下列措施：

（一）要求提供与检查事项有关的文件、会议记录、报表、凭证和其他资料，查阅、复制与检查事项有关的文件；

（二）询问相关工作人员，要求其对有关检查事项做出说明；

（三）检查基金托管业务系统；

（四）中国证监会规定的其他措施。中国证监会进行现场检查后，应当向被检查的基金托管人出具检查结论。基金托管人及有关人员应当配合中国证监会进行检查，不得以任何理由拒绝、拖延提供有关材料，或者提供不真实、不准确、不完整的资料。

第四十条 基金托管人及相关人员违反本办法规定，中国证监会及其派出机构可以采取责令改正、监管谈话、出具警示函、责令定期报告、暂不受理与行政许可有关的文件等行政监管措施；对直接负责的主管人员和其他直接责任人员，可以采取监管谈话、出具警示函、责令参加培训、认定为不适当人选等行政监管措施。基金托管人违反本办法规定构成不满足《证券投资基金法》规定的准入条件，或者未能勤勉尽责、履行法定职责时存在重大失误等情形的，依照《证券投资基金法》第三十九条采取行政监管措施。

第四十一条 对有下列情形之一的基金托管人，中国证监会可商中国银保监会依法取消其基金托管资格，依法给予罚款；对直接负责的主管人员和其他直接责任人员，中国证监会依法给予罚款，可以并处暂停或者撤销基金从业资格，中国银保监会可以并处禁止一定期限直至终身从事银行业工作：

（一）未能在规定时间内通过整改验收的；

（二）违反法律法规，情节严重的；

（三）法律法规规定的其他情形。

第六章 附 则

第四十二条 本办法适用于境内商业银行及依法设立的其他金融机构。香港特别行政区、澳门特别行政区和台湾地区的银行在内地设立的分行，参照适用本办法。

第四十三条 本办法自公布之日起施行。2013 年公布的《证券投资基金托管业务管理办法》（证监会令第 92 号）、《非银行金融机构开展证券投资基金托管业务暂行规定》（证监会公告〔2013〕15 号）同时废止。

14. 深圳证券交易所债券交易实施细则（2020 年修订）

关于修订《深圳证券交易所债券交易实施细则》债券分期偿还相关条款的通知

（深证上〔2020〕173 号）

各市场参与人：

为提高市场运作效率，防控操作风险，适应债券分期偿还业务发展，深圳证券交易所（以下简称本所）决定对公开发行且在本所上市的债券（上市公司可转换公司债暂不适用）分期偿还业务采取"新老划断"方式，即在业务规则实施日前已触发过分期偿还业务的债券将沿用分期偿还减少持仓的方式处理，实施日后首次触发分期偿还的债券将采用减少面值的方式处理。

为适应上述业务的安排，本所按照证监会统一部署对《深圳证券交易所债券交易实施细则》进行修订，新增"第五章债券分期偿还"，明确"债券分期偿还采取减少面值的方式办理，本所可根据市场情况采取减少持仓或者其他方式办理"，并规定减少面值、减少持仓方式下对债券面值、除权参考价等具体安排。同时在第七条、第八条条款后增加"本所另有规定的除外"的条款，与新增的债券分期偿还条款相衔接。（详见附件《深圳证券交易所债券交易实施细则》）

本通知自 2020 年 3 月 23 日起施行。本所发布的《关于修改〈深圳证券交易所债券交易实施细则〉第五条第一款、第三款和第三十一条的通知》（深证会〔2019〕40 号）同时废止。请各会员单位、市场参与人等做好相关业务与技术准备。

特此通知

附件：深圳证券交易所债券交易实施细则（2020 年修订）。

深圳证券交易所
2020 年 3 月 13 日

附件

深圳证券交易所债券交易实施细则

第一章 总 则

第一条 为了规范深圳证券交易所（以下简称本所）债券市场交易行为，保护投资者合法权益，根据《深圳证券交易所交易规则》（以下简称《交易规则》）、《深圳证券交易所公司债券上市规则（2018 年修订）》和《深圳证券交易所会员管理规则》（以下简称《会员管理规则》）等规定，制定本细则。

第二条 公开发行且在本所上市债券的现券交易、回购交易适用本细则。本细则未作规定的，适用《交易规则》及本所其他有关业务规则。

第三条 本细则所称债券回购交易，是指采用标准券方式的质押式回购交易，债券质押式协议回购等交易方式由本所另行规定。

第二章 交易品种、方式与时间

第四条 国债、地方政府债券、企业债券、公司债券、可转换公司债券、分离交易的可转换公司债券、可交换公司债券及本所认可的其他债券品种，可以进行现券和回购交易。

第五条 债券现券交易可以采用竞价交易、大宗交易等方式。

债券回购交易可以采用竞价交易及本所规定的其他方式。

债券现券采用竞价交易方式的，每个交易日 9:15 至 9:25 为开盘集合竞价时间，9:30 至 11:30、13:00 至 14:57 为连续竞价时间，14:57 至 15:00 为收盘集合竞价时间。债券回购交易采用竞价交易方式的，每个交易日 9:15 至 9:25 为开盘集合竞价时间，9:30 至 11:30、13:00 至 15:27 为连续竞价时间，15:27 至 15:30 为收盘集合竞价时间。

债券采用协议大宗交易方式的，本所交易时间为每个交易日 9:15 至 11:30、13:00 至 15:30。

债券采用盘后定价大宗交易方式的，本所交易时间为每个交易日 15:05 至 15:30。

第六条 债券现券交易实行当日回转交易，当日买入债券当日可以卖出。

第三章 债券现券交易

第一节 一般规定

第七条 债券以人民币 100 元面值为 1 张。本所另有规定的除外。

第八条 债券现券交易的计价单位为"每百元面值的价格"。本所另有规定的除外。

第九条 债券现券交易的申报价格最小变动单位为 0.001 元。

第十条 国债、地方政府债券、企业债券、公司债券、分离交易的可转换公司债券现券交易采用净价交易的方式，可转换公司债券、可交换公司债券现券交易采用全价交易的方式。

净价交易，是指买卖债券时以不含有应计利息的价格申报并成交。

全价交易，是指买卖债券时以含有应计利息的价格申报并成交。

第二节 应计利息

第十一条 债券现券交易采用净价交易方式的，结算价格为成交价格与应计利息金额之和；债券现券交易采用全价交易方式的，结算价格为成交价格。

第十二条 附息式债券应计利息金额的计算公式为：

应计利息金额＝债券面值×计息天数×票面利率/365天

计息天数，是指本次付息起息日至交易日（包括交易日）期间的自然日天数（闰年的2月29日不计入）；

票面利率，是指固定利率型债券发行的票面利率、浮动利率型债券本付息期的计息利率。

第十三条 贴现式国债应计利息金额的计算公式为：

应计利息金额＝（到期兑付额－发行价格）×计息天数/债券存续天数

计息天数，是指本次付息起息日至交易日（包括交易日）期间的自然日天数（闰年的2月29日计入）；

债券存续天数，是指债券起息日至到期日（不含到期日）期间的自然日天数。

第十四条 每笔债券现券交易的应计利息金额计算结果按照四舍五入原则取至0.01元。

第三节 债券现券竞价交易

第十五条 债券现券竞价交易采用限价申报的方式进行申报。

债券现券竞价交易的申报指令应当包括证券账户号码、证券代码、交易单元代码、证券营业部识别码、买卖方向、数量、价格等内容。

第十六条 通过竞价交易买入债券以10张或其整数倍进行申报。卖出债券时，余额不足10张部分，应当一次性申报卖出。

第十七条 债券现券竞价交易单笔申报最大数量不得超过100万张。

第十八条 债券现券竞价交易不实行价格涨跌幅限制。

第十九条 债券上市首日开盘集合竞价的有效竞价范围为发行价的上下30%，连续竞价、收盘集合竞价的有效竞价范围为最近成交价的上下10%；非上市首日开盘集合竞价的有效竞价范围为前收盘价的上下10%，连续竞价、收盘集合竞价的有效竞价范围为最近成交价的上下10%。

第四节 债券现券大宗交易

第二十条 债券交易单笔买卖交易数量不低于5千张，或者交易金额不低于50万元人民币，可以采用大宗交易方式。

第二十一条 本所接受下列类型的债券协议大宗交易申报：

（一）意向申报；

（二）定价申报；

（三）成交申报。

当天全天停牌、处于临时停牌期间或停牌至收市的债券，本所不接受其协议大宗交易申报。

第二十二条 意向申报指令应当包括证券账户号码、证券代码、买卖方向和本方交易单元代码等内容。

意向申报不承担成交义务，意向申报指令可以撤销。

第二十三条 定价申报指令应当包括证券账户号码、证券代码、买卖方向、价格、数量和本方交易单元代码等内容。

市场所有参与者可以提交成交申报，按指定的价格与定价申报全部或部分成交，本所按时间优先顺序进行成交确认。

定价申报的未成交部分可以撤销。定价申报每笔成交的数量或交易金额，应当满足大宗交易最低限额的要求。

第二十四条 成交申报指令包括证券账户号码、证券代码、买卖方向、价格、数量、对手方交易单元代码、约定号等内容。

成交申报要求明确指定价格和数量。

本所对约定号、证券代码、买卖方向、价格、数量等各项要素均匹配的成交申报进行成交确认。未匹配的成交申报可以撤销。

第二十五条 债券协议大宗交易申报价格范围为前收盘价的上下30%。

第二十六条 盘后定价大宗交易的申报指令应当包括证券账户号码、证券代码、交易单元代码、证券营业部识别码、买卖方向、数量、价格类型等内容。

盘后定价大宗交易的价格类型包括：

（一）证券当日收盘价；

（二）证券当日成交量加权平均价格。

在接受申报的时间内，未成交申报可以撤销。

当天全天停牌或停牌至收市的债券，本所不接受其盘后定价大宗交易申报。

第四章 债券回购交易

第一节 一般规定

第二十七条 债券质押式回购交易，是指债券持有人在将债券质押并将相应债券以标准券折算率计算出的标准券数量为融资额度向交易对手方进行质押融资的同时，交易双方约定在回购期满后返还资金和解除质押的交易。其中，质押债券取得资金的交易参与人为"融资方"；其对手方为"融券方"。

标准券，是指可用于回购质押的债券品种按标准券折算率折算形成的、可用于融资的额度。标准券折算率，是指各债券现券品种所能折成的标准券金额与债券面值之比。

第二十八条 可用于回购质押的债券品种及标准券折算率的具体规定，由本所指定登记结算机构制定。

本所通过交易系统或网站转发本所指定登记结算机构公布的可用于回购质押的债券品种及标准券折算率。

第二十九条 债券回购交易的融资方应当在回购申报前，通过本所交易系统向本所指定登记结算机构申报提交相应的可用于回购质押的债券品种作为质押券。

第三十条 在质押期间，不得对质押券进行申报卖出或另作他用。

第三十一条 本所接受债券质押、解除质押申报的时间为每个交易日9:15至11:30、13:00至15:30。

第三十二条 当日买入的债券，当日可申报作为质押券；当日提交的质押券，在确认质押成功后，当日可用于相应的债券回购交易。

第三十三条 质押券对应的标准券数量有剩余的，可以通过本所交易系统申报解除相应债券的质押。当日申报解除质押的债券，当日可以通过竞价交易或者大宗交易方式卖出。

第三十四条 本所债券回购品种按回购期限可分为1日、2日、3日、4日、7日、14日、28日、91日和182日。

根据市场需要，本所可以调整债券回购的品种。

第三十五条 债券回购交易以100元标准券为1张。

第三十六条 债券回购交易的计价单位为"每百元资金到期年收益"。

第三十七条 债券回购交易的申报价格最小变动单位为0.001元。

第三十八条 债券回购交易申报中，融资方按"买入"方向进行申报，融券方按"卖出"方向进行申报。

第三十九条 债券回购交易实行"一次成交、两次结算"。

债券回购交易初次结算的结算价格为100元。回购到期二次结算的结算价格为购回价,购回价等于每百元资金的本金和利息之和,其计算公式为:

购回价＝100元＋每百元资金到期年收益×实际占款天数/365(天)

实际占款天数,是指当次回购交易的首次交收日(含)至到期交收日(不含)的实际天数,按自然日计算,以天为单位。

第四十条 每笔债券回购交易到期购回金额的计算公式为:

到期购回金额＝成交数量×购回价

到期购回金额的计算结果按照四舍五入原则取至0.01元。

第四十一条 债券回购交易的期限自成交次日起按自然日计算。到期日为非交易日的,顺延至下一个交易日。

第四十二条 债券回购交易的融资方,应在回购期内保持质押券对应的标准券足额。

因标准券折算率调整等导致标准券余额不足的,融资方应当按照本所指定登记结算机构的有关规定予以补足。

第四十三条 债券回购交易到期当日,融资方可以将相应标准券继续用于债券回购交易,也可以申报解除相应债券的质押并卖出。

第二节 债券回购竞价交易

第四十四条 债券回购竞价交易采用限价申报的方式进行申报。

债券回购竞价交易的申报指令应当包括证券账户号码、证券代码、交易单元代码、证券营业部识别码、买卖方向、数量、价格等内容。

第四十五条 通过竞价交易买入、卖出债券回购以10张或其整数倍进行申报。

第四十六条 债券回购竞价交易单笔申报最大数量不得超过100万张。

第四十七条 债券回购竞价交易不实行价格涨跌幅限制。

第四十八条 债券回购非上市首日开盘集合竞价的有效竞价范围为前收盘价的上下100%,连续竞价、收盘集合竞价的有效竞价范围为最近成交价的上下100%。债券回购上市首日的有效竞价范围设置,由本所另行规定。

第五章 债券分期偿还

第四十九条 债券分期偿还采取减少面值的方式办理。

本所可根据市场情况采取减少持仓或者其他方式办理。

第五十条 采取减少面值方式的,按照下列规定办理:

(一)债券持仓数量保持不变,债券面值根据已偿还比例相应减少。面值计算公式为:减少后1张债券的面值＝100元×未偿还比例;

(二)债券交易的计价单位为"减少后1张债券面值的价格";

(三)本所在权益登记日次一交易日作除权处理。除权参考价格的计算公式为:除权参考价格＝前收盘价格－100元×本次偿还比例。债券发行人认为有必要调整上述公式的,可以向本所提出调整申请并说明理由。经本所同意的,债券发行人应当向市场公布该次除权适用的除权参考价格计算公式。

第五十一条 采取减少持仓方式的,债券面值保持不变,债券持仓数量根据已偿还比例相应减少。由此计算的减少数量不为整数时,本次按照向下取整的原则予以偿还,剩余未偿还部分按募集说明书约定存续并享有相应权益。

第五十二条 以其他方式办理债券分期偿还的,具体事项由本所另行规定。

第六章 交易信息披露

第五十三条 本所每个交易日发布债券竞价交易即时行情、债券指数等交易信息。

第五十四条 开盘、收盘集合竞价期间，债券竞价交易的即时行情内容包括：证券代码、证券简称、集合竞价参考价、匹配量和未匹配量等。

第五十五条 连续竞价期间，债券竞价交易的即时行情内容包括：证券代码、证券简称、前收盘价、最近成交价、当日最高价、当日最低价、当日累计成交数量、当日累计成交金额、实时最高五个价位买入申报价和数量、实时最低五个价位卖出申报价和数量等。

第五十六条 本所在交易时间内通过交易系统或交易所网站等即时公布以下交易信息：

（一）债券协议大宗交易的报价信息。发布的报价信息包括：证券代码、证券简称、申报类型、买卖方向、数量、价格等；

（二）债券协议大宗交易的成交信息。发布的成交信息包括：证券代码、证券简称、当日最新价、当日最高价、当日最低价、总成交数量、总成交金额、总成交笔数等；

（三）债券盘后定价大宗交易的交易信息，内容包括：证券代码、证券简称、价格、当日累计成交数量、当日累计成交金额以及实时买入或卖出的申报数量等。

第五十七条 本所在每个交易日结束后，通过交易所网站公布以下交易信息：

（一）债券协议大宗交易每笔成交信息。发布的成交信息包括：证券代码、证券简称、成交量、成交价格以及买卖双方所在会员证券营业部或交易单元的名称；

（二）单只债券盘后定价大宗交易的累计成交量、累计成交金额，及该证券当日买入、卖出金额最大五家会员证券营业部或交易单元的名称和各自的买入、卖出金额；

（三）单只债券大宗交易的累计成交量、累计成交金额，及该证券当日买入、卖出金额最大五家会员证券营业部或交易单元的名称和各自的买入、卖出金额。

第五十八条 债券大宗交易不纳入本所指数的计算，成交量在每个交易日结束后计入该债券成交总量。

第五十九条 债券交易信息披露涉及机构专用交易单元的，公布名称为"机构专用"。

第七章 监督管理

第六十条 会员应当充分了解和评估客户对债券产品的认知水平和风险承受能力，建立完备的客户管理和服务制度，切实履行投资者适当性管理职责。

第六十一条 会员应当建立完备的债券回购风险控制机制，对客户参与债券回购交易的标准券使用情况、回购放大倍数、交易情况等进行监控，防范债券回购交易风险。

第六十二条 会员应当按照本所的要求，对客户参与债券交易进行监控，及时向本所报告其客户的异常交易行为、风险事件。

第六十三条 会员违反本细则的，本所依据《会员管理规则》等相关规定采取监管措施、给予纪律处分。拥有或租用本所交易单元的机构违反本细则的，本所参照《会员管理规则》等相关规定予以处理。

第八章 附　则

第六十四条 债券交易的登记、存管和结算，由本所指定的证券登记结算机构按照相关规则办理。

第六十五条 债券交易的收费标准、收费方式，按照本所相关规定执行。

第六十六条 本细则由本所负责解释。

第六十七条 本细则自 2020 年 3 月 23 日起施行。本所发布的《关于修改〈深圳证券交易所债券交易实施细则〉第五条第一款、第三款和第三十一条的通知》（深证会〔2019〕

40号）同时废止。

15. 可转换公司债券管理办法（2020年颁布）

（中国证券监督管理委员会令第178号）

第一条 为了规范可转换公司债券（以下简称可转债）的交易行为，保护投资者合法权益，维护市场秩序和社会公共利益，根据《证券法》《公司法》等法律法规，制定本办法。

第二条 可转债在证券交易所或者国务院批准的其他全国性证券交易场所（以下简称证券交易场所）的交易、转让、信息披露、转股、赎回与回售等相关活动，适用本办法。

本办法所称可转债，是指公司依法发行、在一定期间内依据约定的条件可以转换成本公司股票的公司债券，属于《证券法》规定的具有股权性质的证券。

第三条 向不特定对象发行的可转债应当在依法设立的证券交易所上市交易或者在国务院批准的其他全国性证券交易场所交易。

证券交易场所应当根据可转债的风险和特点，完善交易规则，防范和抑制过度投机。

进行可转债程序化交易的，应当符合中国证监会的规定，并向证券交易所报告，不得影响证券交易所系统安全或者正常交易秩序。

第四条 发行人向特定对象发行的可转债不得采用公开的集中交易方式转让。

上市公司向特定对象发行的可转债转股的，所转换股票自可转债发行结束之日起十八个月内不得转让。

第五条 证券交易场所应当根据可转债的特点及正股所属板块的投资者适当性要求，制定相应的投资者适当性管理规则。

证券公司应当充分了解客户，对客户是否符合可转债投资者适当性要求进行核查和评估，不得接受不符合适当性要求的客户参与可转债交易。证券公司应当引导客户理性、规范地参与可转债交易。

第六条 证券交易场所应当加强对可转债的风险监测，建立跨正股与可转债的监测机制，并根据可转债的特点制定针对性的监测指标。

可转债交易出现异常波动时，证券交易场所可以根据业务规则要求发行人进行核查、披露异常波动公告，向市场充分提示风险，也可以根据业务规则采取临时停牌等处置措施。

第七条 发生可能对可转债的交易转让价格产生较大影响的重大事件，投资者尚未得知时，发行人应当立即将有关该重大事件的情况向中国证监会和证券交易场所报送临时报告，并予公告，说明事件的起因、目前的状态和可能产生的法律后果。

前款所称重大事件包括：

（一）《证券法》第八十条第二款、第八十一条第二款规定的重大事件；

（二）因配股、增发、送股、派息、分立、减资及其他原因引起发行人股份变动，需要调整转股价格，或者依据募集说明书约定的转股价格向下修正条款修正转股价格；

（三）募集说明书约定的赎回条件触发，发行人决定赎回或者不赎回；

（四）可转债转换为股票的数额累计达到可转债开始转股前公司已发行股票总额的百分之十；

（五）未转换的可转债总额少于三千万元；

（六）可转债担保人发生重大资产变动、重大诉讼、合并、分立等情况；

（七）中国证监会规定的其他事项。

第八条 可转债自发行结束之日起不少于六个月后方可转换为公司股票，转股期限由公司根据可转债的存续期限及公司财务状况确定。

可转债持有人对转股或者不转股有选择权，并于转股的次日成为发行人股东。

第九条 上市公司向不特定对象发行可转债的转股价格应当不低于募集说明书公告日前二十个交易日发行人股票交易均价和前一个交易日均价，且不得向上修正。

上市公司向特定对象发行可转债的转股价格应当不低于认购邀请书发出前二十个交易日发行人股票交易均价和前一个交易日均价，且不得向下修正。

第十条 募集说明书应当约定转股价格调整的原则及方式。

发行可转债后，因配股、增发、送股、派息、分立、减资及其他原因引起发行人股份变动的，应当同时调整转股价格。上市公司可转债募集说明书约定转股价格向下修正条款的，应当同时约定：

（一）转股价格修正方案须提交发行人股东大会表决，且须经出席会议的股东所持表决权的三分之二以上同意，持有发行人可转债的股东应当回避；

（二）修正后的转股价格不低于前项通过修正方案的股东大会召开日前二十个交易日该发行人股票交易均价和前一个交易日均价。

第十一条 募集说明书可以约定赎回条款，规定发行人可按事先约定的条件和价格赎回尚未转股的可转债。

募集说明书可以约定回售条款，规定可转债持有人可按事先约定的条件和价格将所持可转债回售给发行人。募集说明书应当约定，发行人改变募集资金用途的，赋予可转债持有人一次回售的权利。

第十二条 发行人在决定是否行使赎回权或者对转股价格进行调整、修正时，应当遵守诚实信用的原则，不得误导投资者或者损害投资者的合法权益。保荐人应当在持续督导期内对上述行为予以监督。

第十三条 在可转债存续期内，发行人应当持续关注赎回条件是否满足，预计可能满足赎回条件的，应当在赎回条件满足的五个交易日前及时披露，向市场充分提示风险。

第十四条 发行人应当在赎回条件满足后及时披露，明确说明是否行使赎回权。

发行人决定行使赎回权的，应当披露赎回公告，明确赎回的期间、程序、价格等内容，并在赎回期结束后披露赎回结果公告。

发行人决定不行使赎回权的，在证券交易场所规定的期限内不得再次行使赎回权。

发行人决定行使或者不行使赎回权的，还应当充分披露其实际控制人、控股股东、持股百分之五以上的股东、董事、监事、高级管理人员在赎回条件满足前的六个月内交易该可转债的情况，上述主体应当予以配合。

第十五条 发行人应当在回售条件满足后披露回售公告，明确回售的期间、程序、价格等内容，并在回售期结束后披露回售结果公告。

第十六条 向不特定对象发行可转债的，发行人应当为可转债持有人聘请受托管理人，并订立可转债受托管理协议。向特定对象发行可转债的，发行人应当在募集说明书中约定可转债受托管理事项。

可转债受托管理人应当按照《公司债券发行与交易管理办法》的规定以及可转债受托管理协议的约定履行受托管理职责。

第十七条 募集说明书应当约定可转债持有人会议规则。可转债持有人会议规则应当公平、合理。

可转债持有人会议规则应当明确可转债持有人通过可转债持有人会议行使权利的范围，可转债持有人会议的召集、通知、决策机制和其他重要事项。

可转债持有人会议按照本办法的规定及会议规则的程序要求所形成的决议对全体可转债持有人具有约束力。

第十八条 可转债受托管理人应当按照《公司债券发行与交易管理办法》规定或者有关约定及时召集可转债持有人会议。在可转债受托管理人应当召集而未召集可转债持有人会议时，单独或合计持有本期可转债总额百分之十以上的持有人有权自行召集可转债持有人会议。

第十九条 发行人应当在募集说明书中约定构成可转债违约的情形、违约责任及其承担方式以及可转债发生违约后的诉讼、仲裁或其他争议解决机制。

第二十条 违反本办法规定的，中国证监会可以对当事人采取责令改正、监管谈话、出具警示函以及中国证监会规定的相关监管措施；依法应予行政处罚的，依照《证券法》《公司法》等法律法规和中国证监会的有关规定进行处罚；情节严重的，对有关责任人员采取证券市场禁入措施；涉嫌犯罪的，依法移送司法机关，追究其刑事责任。

第二十一条 可转债的发行活动，适用中国证监会有关发行的相关规定。

在并购重组活动中发行的可转债适用本办法，其重组报告书、财务顾问适用本办法关于募集说明书、保荐人的要求；中国证监会另有规定的，从其规定。

第二十二条 对于本办法施行日以前已经核准注册发行或者尚未核准注册但发行申请已被受理的可转债，其募集说明书、重组报告书的内容要求按照本办法施行日以前的规则执行。

第二十三条 本办法自 2021 年 1 月 31 日起施行。

第十章 国资委颁布的中央企业合规与风险管理相关法规

1. 国务院国资委关于印发《中央企业全面风险管理指引》的通知（2006 年颁布）

（国资发改革〔2006〕108 号）

各中央企业：

企业全面风险管理是一项十分重要的工作，关系到国有资产保值增值和企业持续、健康、稳定发展。为了指导企业开展全面风险管理工作，进一步提高企业管理水平，增强企业竞争力，促进企业稳步发展，我们制定了《中央企业全面风险管理指引》，现印发你们，请结合本企业实际执行。企业在实施过程中的经验、做法及遇到的问题，请及时反馈我委。

国务院国有资产监督管理委员会
二〇〇六年六月六日

中央企业全面风险管理指引

第一章 总 则

第一条 为指导国务院国有资产监督管理委员会（以下简称国资委）履行出资人职责的企业（以下简称中央企业）开展全面风险管理工作，增强企业竞争力，提高投资回报，促进企业持续、健康、稳定发展，根据《中华人民共和国公司法》《企业国有资产监督管理暂行条例》等法律法规，制定本指引。

第二条 中央企业根据自身实际情况贯彻执行本指引。中央企业中的国有独资公司董事会负责督导本指引的实施；国有控股企业由国资委和国资委提名的董事通过股东（大）会和董事会按照法定程序负责督导本指引的实施。

第三条 本指引所称企业风险，指未来的不确定性对企业实现其经营目标的影响。企业风险一般可分为战略风险、财务风险、市场风险、运营风险、法律风险等；也可以能否为企业带来盈利等机会为标志，将风险分为纯粹风险（只有带来损失一种可能性）和机会风险（带来损失和盈利的可能性并存）。

第四条 本指引所称全面风险管理，指企业围绕总体经营目标，通过在企业管理的各个环节和经营过程中执行风险管理的基本流程，培育良好的风险管理文化，建立健全全面风险管理体系，包括风险管理策略、风险理财措施、风险管理的组织职能体系、风险管理信息系统和内部控制系统，从而为实现风险管理的总体目标提供合理保证的过程和方法。

第五条 本指引所称风险管理基本流程包括以下主要工作：

（一）收集风险管理初始信息；

（二）进行风险评估；

（三）制定风险管理策略；

（四）提出和实施风险管理解决方案；

（五）风险管理的监督与改进。

第六条 本指引所称内部控制系统，指围绕风险管理策略目标，针对企业战略、规划、产品研发、投融资、市场运营、财务、内部审计、法律事务、人力资源、采购、加工制造、销售、物流、质量、安全生产、环境保护等各项业务管理及其重要业务流程，通过执行风险管理基本流程，制定并执行的规章制度、程序和措施。

第七条 企业开展全面风险管理要努力实现以下风险管理总体目标：

（一）确保将风险控制在与总体目标相适应并可承受的范围内；

（二）确保内外部，尤其是企业与股东之间实现真实、可靠的信息沟通，包括编制和提供真实、可靠的财务报告；

（三）确保遵守有关法律法规；

（四）确保企业有关规章制度和为实现经营目标而采取重大措施的贯彻执行，保障经营管理的有效性，提高经营活动的效率和效果，降低实现经营目标的不确定性；

（五）确保企业建立针对各项重大风险发生后的危机处理计划，保护企业不因灾害性风险或人为失误而遭受重大损失。

第八条 企业开展全面风险管理工作，应注重防范和控制风险可能给企业造成损失和危害，也应把机会风险视为企业的特殊资源，通过对其管理，为企业创造价值，促进经营目标的实现。

第九条 企业应本着从实际出发，务求实效的原则，以对重大风险、重大事件（指重大风险发生后的事实）的管理和重要流程的内部控制为重点，积极开展全面风险管理工作。具备条件的企业应全面推进，尽快建立全面风险管理体系；其他企业应制定开展全面风险管理的总体规划，分步实施，可先选择发展战略、投资收购、财务报告、内部审计、衍生产品交易、法律事务、安全生产、应收账款管理等一项或多项业务开展风险管理工作，建立单项或多项内部控制子系统。通过积累经验，培养人才，逐步建立健全全面风险管理体系。

第十条 企业开展全面风险管理工作应与其他管理工作紧密结合，把风险管理的各项要求融入企业管理和业务流程中。具备条件的企业可建立风险管理三道防线，即各有关职能部门和业务单位为第一道防线；风险管理职能部门和董事会下设的风险管理委员会为第二道防线；内部审计部门和董事会下设的审计委员会为第三道防线。

第二章 风险管理初始信息

第十一条 实施全面风险管理，企业应广泛、持续不断地收集与本企业风险和风险管理相关的内部、外部初始信息，包括历史数据和未来预测。应把收集初始信息的职责分工落实到各有关职能部门和业务单位。

第十二条 在战略风险方面，企业应广泛收集国内外企业战略风险失控导致企业蒙受损失的案例，并至少收集与本企业相关的以下重要信息：

（一）国内外宏观经济政策以及经济运行情况、本行业状况、国家产业政策；

（二）科技进步、技术创新的有关内容；

（三）市场对本企业产品或服务的需求；

（四）与企业战略合作伙伴的关系，未来寻求战略合作伙伴的可能性；

（五）本企业主要客户、供应商及竞争对手的有关情况；

（六）与主要竞争对手相比，本企业实力与差距；

（七）本企业发展战略和规划、投融资计划、年度经营目标、经营战略，以及编制这些战略、规划、计划、目标的有关依据；

（八）本企业对外投融资流程中曾发生或易发生错误的业务流程或环节。

第十三条 在财务风险方面，企业应广泛收集国内外企业财务风险失控导致危机的案例，并至少收集本企业的以下重要信息（其中有行业平均指标或先进指标的，也应尽可能收集）：

（一）负债、或有负债、负债率、偿债能力；

（二）现金流、应收账款及其占销售收入的比重、资金周转率；

（三）产品存货及其占销售成本的比重、应付账款及其占购货额的比重；

（四）制造成本和管理费用、财务费用、营业费用；

（五）盈利能力；

（六）成本核算、资金结算和现金管理业务中曾发生或易发生错误的业务流程或环节；

（七）与本企业相关的行业会计政策、会计估算、与国际会计制度的差异与调节（如退休金、递延税项等）等信息。

第十四条 在市场风险方面，企业应广泛收集国内外企业忽视市场风险、缺乏应对措施导致企业蒙受损失的案例，并至少收集与本企业相关的以下重要信息：

（一）产品或服务的价格及供需变化；

（二）能源、原材料、配件等物资供应的充足性、稳定性和价格变化；

（三）主要客户、主要供应商的信用情况；

（四）税收政策和利率、汇率、股票价格指数的变化；

（五）潜在竞争者、竞争者及其主要产品、替代品情况。

第十五条 在运营风险方面，企业应至少收集与本企业、本行业相关的以下信息：

（一）产品结构、新产品研发；

（二）新市场开发，市场营销策略，包括产品或服务定价与销售渠道，市场营销环境状况等；

（三）企业组织效能、管理现状、企业文化，高、中层管理人员和重要业务流程中专业人员的知识结构、专业经验；

（四）期货等衍生产品业务中曾发生或易发生失误的流程和环节；

（五）质量、安全、环保、信息安全等管理中曾发生或易发生失误的业务流程或环节；

（六）因企业内、外部人员的道德风险致使企业遭受损失或业务控制系统失灵；

（七）给企业造成损失的自然灾害以及除上述有关情形之外的其他纯粹风险；

（八）对现有业务流程和信息系统操作运行情况的监管、运行评价及持续改进能力；

（九）企业风险管理的现状和能力。

第十六条 在法律风险方面，企业应广泛收集国内外企业忽视法律法规风险、缺乏应对措施导致企业蒙受损失的案例，并至少收集与本企业相关的以下信息：

（一）国内外与本企业相关的政治、法律环境；

（二）影响企业的新法律法规和政策；

（三）员工道德操守的遵从性；

（四）本企业签订的重大协议和有关贸易合同；

（五）本企业发生重大法律纠纷案件的情况；

（六）企业和竞争对手的知识产权情况。

第十七条 企业对收集的初始信息应进行必要的筛选、提炼、对比、分类、组合，以便进行风险评估。

第三章　风险评估

第十八条 企业应对收集的风险管理初始信息和企业各项业务管理及其重要业务流程进行风险评估。风险评估包括风险辨识、风险分析、风险评价三个步骤。

第十九条 风险评估应由企业组织有关职能部门和业务单位实施，也可聘请有资质、信誉好、风险管理专业能力强的中介机构协助实施。

第二十条 风险辨识是指查找企业各业务单元、各项重要经营活动及其重要业务流程中有无风险，有哪些风险。风险分析是对辨识出的风险及其特征进行明确的定义描述，分析和描述风险发生可能性的高低、风险发生的条件。风险评价是评估风险对企业实现目标的影响程度、风险的价值等。

第二十一条 进行风险辨识、分析、评价，应将定性与定量方法相结合。定性方法可采用问卷调查、集体讨论、专家咨询、情景分析、政策分析、行业标杆比较、管理层访谈、由专人主持的工作访谈和调查研究等。定量方法可采用统计推论（如集中趋势法）、计算机模拟（如蒙特卡罗分析法）、失效模式与影响分析、事件树分析等。

第二十二条 进行风险定量评估时，应统一制定各风险的度量单位和风险度量模型，并通过测试等方法，确保评估系统的假设前提、参数、数据来源和定量评估程序的合理性和准确性。要根据环境的变化，定期对假设前提和参数进行复核和修改，并将定量评估系统的估算结果与实际效果对比，据此对有关参数进行调整和改进。

第二十三条 风险分析应包括风险之间的关系分析，以便发现各风险之间的自然对冲、风险事件发生的正负相关性等组合效应，从风险策略上对风险进行统一集中管理。

第二十四条 企业在评估多项风险时，应根据对风险发生可能性的高低和对目标的影响程度的评估，绘制风险坐标图，对各项风险进行比较，初步确定对各项风险的管理优先顺序和策略。

第二十五条 企业应对风险管理信息实行动态管理，定期或不定期实施风险辨识、分析、评价，以便对新的风险和原有风险的变化重新评估。

第四章　风险管理策略

第二十六条 本指引所称风险管理策略，指企业根据自身条件和外部环境，围绕企业发展战略，确定风险偏好、风险承受度、风险管理有效性标准，选择风险承担、风险规避、风险转移、风险转换、风险对冲、风险补偿、风险控制等适合的风险管理工具的总体策略，并确定风险管理所需人力和财力资源的配置原则。

第二十七条 一般情况下，对战略、财务、运营和法律风险，可采取风险承担、风险规避、风险转换、风险控制等方法。对能够通过保险、期货、对冲等金融手段进行理财的风险，可以采用风险转移、风险对冲、风险补偿等方法。

第二十八条 企业应根据不同业务特点统一确定风险偏好和风险承受度，即企业愿意承担哪些风险，明确风险的最低限度和不能超过的最高限度，并据此确定风险的预警线及相应采取的对策。确定风险偏好和风险承受度，要正确认识和把握风险与收益的平衡，防止和纠正忽视风险，片面追求收益而不讲条件、范围，认为风险越大、收益越高的观念和做法；同时，也要防止单纯为规避风险而放弃发展机遇。

第二十九条 企业应根据风险与收益相平衡的原则以及各风险在风险坐标图上的位置，进一步确定风险管理的优选顺序，明确风险管理成本的资金预算和控制风险的组织体系、人力资源、应对措施等总体安排。

第三十条 企业应定期总结和分析已制定的风险管理策略的有效性和合理性，结合实际不断修订和完善。其中，应重点检查依据风险偏好、风险承受度和风险控制预警线实施的结果是否有效，并提出定性或定量的有效性标准。

第五章　风险管理解决方案

第三十一条 企业应根据风险管理策略，针对各类风险或每一项重大风险制定风险管理解决方案。方案一般应包括风险解决的具体目标，所需的组织领导，所涉及的管理及业务流程，所需的条件、手段等资源，风险事件发生前、中、后所采取的具体应对措施以及风险管理工具（如：关键风险指标管理、损失事件管理等）。

第三十二条 企业制定风险管理解决的外包方案，应注重成本与收益的平衡、外包工作的质量、自身商业秘密的保护以及防止自身对风险解决外包产生依赖性风险等，并制定相应的预防和控制措施。

第三十三条 企业制定风险解决的内控方案，应满足合规的要求，坚持经营战略与风险策略一致、风险控制与运营效率及效果相平衡的原则，针对重大风险所涉及的各管理及业务流程，制定涵盖各个环节的全流程控制措施；对其他风险所涉及的业务流程，要把关键环节作为控制点，采取相应的控制措施。

第三十四条 企业制定内控措施，一般至少包括以下内容：

（一）建立内控岗位授权制度。对内控所涉及的各岗位明确规定授权的对象、条件、范围和额度等，任何组织和个人不得超越授权做出风险性决定；

（二）建立内控报告制度。明确规定报告人与接受报告人，报告的时间、内容、频率、传递路线、负责处理报告的部门和人员等；

（三）建立内控批准制度。对内控所涉及的重要事项，明确规定批准的程序、条件、范围和额度、必备文件以及有权批准的部门和人员及其相应责任；

（四）建立内控责任制度。按照权利、义务和责任相统一的原则，明确规定各有关部门和业务单位、岗位、人员应负的责任和奖惩制度；

（五）建立内控审计检查制度。结合内控的有关要求、方法、标准与流程，明确规定审计检查的对象、内容、方式和负责审计检查的部门等；

（六）建立内控考核评价制度。具备条件的企业应把各业务单位风险管理执行情况与绩效薪酬挂钩；

（七）建立重大风险预警制度。对重大风险进行持续不断的监测，及时发布预警信息，制定应急预案，并根据情况变化调整控制措施；

（八）建立健全以总法律顾问制度为核心的企业法律顾问制度。大力加强企业法律风险防范机制建设，形成由企业决策层主导、企业总法律顾问牵头、企业法律顾问提供业务保障、全体员工共同参与的法律风险责任体系。完善企业重大法律纠纷案件的备案管理制度；

（九）建立重要岗位权力制衡制度，明确规定不相容职责的分离。主要包括：授权批准、业务经办、会计记录、财产保管和稽核检查等职责。对内控所涉及的重要岗位可设置一岗双人、双职、双责，相互制约；明确该岗位的上级部门或人员对其应采取的监督措施和应负的监督责任；将该岗位作为内部审计的重点等。

第三十五条 企业应当按照各有关部门和业务单位的职责分工，认真组织实施风险管理解决方案，确保各项措施落实到位。

第六章 风险管理的监督与改进

第三十六条 企业应以重大风险、重大事件和重大决策、重要管理及业务流程为重点，对风险管理初始信息、风险评估、风险管理策略、关键控制活动及风险管理解决方案的实施情况进行监督，采用压力测试、返回测试、穿行测试以及风险控制自我评估等方法对风险管理的有效性进行检验，根据变化情况和存在的缺陷及时加以改进。

第三十七条 企业应建立贯穿于整个风险管理基本流程，连接各上下级、各部门和业务单位的风险管理信息沟通渠道，确保信息沟通的及时、准确、完整，为风险管理监督与改进奠定基础。

第三十八条 企业各有关部门和业务单位应定期对风险管理工作进行自查和检验，及时发现缺陷并改进，其检查、检验报告应及时报送企业风险管理职能部门。

第三十九条 企业风险管理职能部门应定期对各部门和业务单位风险管理工作实施情况和有效性进行检查和检验，要根据本指引第三十条要求对风险管理策略进行评估，对跨部门和业务单位的风险管理解决方案进行评价，提出调整或改进建议，出具评价和建议报告，及时报送企业总经理或其委托分管风险管理工作的高级管理人员。

第四十条 企业内部审计部门应至少每年一次对包括风险管理职能部门在内的各有关部门和业务单位能否按照有关规定开展风险管理工作及其工作效果进行监督评价，监督评价报告应直接报送董事会或董事会下设的风险管理委员会和审计委员会。此项工作也可结合年度审计、任期审计或专项审计工作一并开展。

第四十一条 企业可聘请有资质、信誉好、风险管理专业能力强的中介机构对企业全面风险管理工作进行评价，出具风险管理评估和建议专项报告。报告一般应包括以下几方面的实施情况、存在缺陷和改进建议：

（一）风险管理基本流程与风险管理策略；

（二）企业重大风险、重大事件和重要管理及业务流程的风险管理及内部控制系统的建设；

（三）风险管理组织体系与信息系统；

（四）全面风险管理总体目标。

第七章 风险管理组织体系

第四十二条 企业应建立健全风险管理组织体系，主要包括规范的公司法人治理结构，风险管理职能部门、内部审计部门和法律事务部门以及其他有关职能部门、业务单位的组织领导机构及其职责。

第四十三条 企业应建立健全规范的公司法人治理结构，股东（大）会（对于国有独资公司或国有独资企业，即指国资委，下同）、董事会、监事会、经理层依法履行职责，形成高效运转、有效制衡的监督约束机制。

第四十四条 国有独资公司和国有控股公司应建立外部董事、独立董事制度，外部董事、独立董事人数应超过董事会全部成员的半数，以保证董事会能够在重大决策、重大风险管理等方面作出独立于经理层的判断和选择。

第四十五条 董事会就全面风险管理工作的有效性对股东（大）会负责。董事会在全面风险管理方面主要履行以下职责：

（一）审议并向股东（大）会提交企业全面风险管理年度工作报告；

（二）确定企业风险管理总体目标、风险偏好、风险承受度，批准风险管理策略和重大风险管理解决方案；

（三）了解和掌握企业面临的各项重大风险及其风险管理现状，做出有效控制风险的决策；

（四）批准重大决策、重大风险、重大事件和重要业务流程的判断标准或判断机制；

（五）批准重大决策的风险评估报告；

（六）批准内部审计部门提交的风险管理监督评价审计报告；

（七）批准风险管理组织机构设置及其职责方案；

（八）批准风险管理措施，纠正和处理任何组织或个人超越风险管理制度做出的风险性决定的行为；

（九）督导企业风险管理文化的培育；

（十）全面风险管理其他重大事项。

第四十六条 具备条件的企业，董事会可下设风险管理委员会。该委员会的召集人应由不兼任总经理的董事长担任；董事长兼任总经理的，召集人应由外部董事或独立董事担任。该委员会成员中需有熟悉企业重要管理及业务流程的董事，以及具备风险管理监管知识或经验、具有一定法律知识的董事。

第四十七条 风险管理委员会对董事会负责，主要履行以下职责：

（一）提交全面风险管理年度报告；

（二）审议风险管理策略和重大风险管理解决方案；

（三）审议重大决策、重大风险、重大事件和重要业务流程的判断标准或判断机制，以及重大决策的风险评估报告；

（四）审议内部审计部门提交的风险管理监督评价审计综合报告；

（五）审议风险管理组织机构设置及其职责方案；

（六）办理董事会授权的有关全面风险管理的其他事项。

第四十八条 企业总经理对全面风险管理工作的有效性向董事会负责。总经理或总经理委托的高级管理人员，负责主持全面风险管理的日常工作，负责组织拟订企业风险管理组织机构设置及其职责方案。

第四十九条 企业应设立专职部门或确定相关职能部门履行全面风险管理的职责。该部门对总经理或其委托的高级管理人员负责，主要履行以下职责：

（一）研究提出全面风险管理工作报告；

（二）研究提出跨职能部门的重大决策、重大风险、重大事件和重要业务流程的判断标准或判断机制；

（三）研究提出跨职能部门的重大决策风险评估报告；

（四）研究提出风险管理策略和跨职能部门的重大风险管理解决方案，并负责该方案的组织实施和对该风险的日常监控；

（五）负责对全面风险管理有效性评估，研究提出全面风险管理的改进方案；

（六）负责组织建立风险管理信息系统；

（七）负责组织协调全面风险管理日常工作；

（八）负责指导、监督有关职能部门、各业务单位以及全资、控股子企业开展全面风险管理工作；

（九）办理风险管理其他有关工作。

第五十条 企业应在董事会下设立审计委员会，企业内部审计部门对审计委员会负责。审计委员会和内部审计部门的职责应符合《中央企业内部审计管理暂行办法》（国资委令第8号）的有关规定。内部审计部门在风险管理方面，主要负责研究提出全面风险管理监督评价体系，制定监督评价相关制度，开展监督与评价，出具监督评价审计报告。

第五十一条 企业其他职能部门及各业务单位在全面风险管理工作中，应接受风险管理职能部门和内部审计部门的组织、协调、指导和监督，主要履行以下职责：

（一）执行风险管理基本流程；

（二）研究提出本职能部门或业务单位重大决策、重大风险、重大事件和重要业务流程的判断标准或判断机制；

（三）研究提出本职能部门或业务单位的重大决策风险评估报告；

（四）做好本职能部门或业务单位建立风险管理信息系统的工作；

（五）做好培育风险管理文化的有关工作；

（六）建立健全本职能部门或业务单位的风险管理内部控制子系统；

（七）办理风险管理其他有关工作。

第五十二条 企业应通过法定程序，指导和监督其全资、控股子企业建立与企业相适应或符合全资、控股子企业自身特点、能有效发挥作用的风险管理组织体系。

第八章 风险管理信息系统

第五十三条 企业应将信息技术应用于风险管理的各项工作，建立涵盖风险管理基本流程和内部控制系统各环节的风险管理信息系统，包括信息的采集、存储、加工、分析、测试、传递、报告、披露等。

第五十四条 企业应采取措施确保向风险管理信息系统输入的业务数据和风险量化值的一致性、准确性、及时性、可用性和完整性。对输入信息系统的数据，未经批准，不得更改。

第五十五条 风险管理信息系统应能够进行对各种风险的计量和定量分析、定量测试；能够实时反映风险矩阵和排序频谱、重大风险和重要业务流程的监控状态；能够对超过风险预警上限的重大风险实施信息报警；能够满足风险管理内部信息报告制度和企业对外信息披露管理制度的要求。

第五十六条 风险管理信息系统应实现信息在各职能部门、业务单位之间的集成与共享，既能满足单项业务风险管理的要求，也能满足企业整体和跨职能部门、业务单位的风险管理综合要求。

第五十七条 企业应确保风险管理信息系统的稳定运行和安全，并根据实际需要不断进行改进、完善或更新。

第五十八条 已建立或基本建立企业管理信息系统的企业，应补充、调整、更新已有的管理流程和管理程序，建立完善的风险管理信息系统；尚未建立企业管理信息系统的，应将风险管理与企业各项管理业务流程、管理软件统一规划、统一设计、统一实施、同步运行。

第九章 风险管理文化

第五十九条 企业应注重建立具有风险意识的企业文化，促进企业风险管理水平、员工风险管理素质的提升，保障企业风险管理目标的实现。

第六十条 风险管理文化建设应融入企业文化建设全过程。大力培育和塑造良好的风险管理文化，树立正确的风险管理理念，增强员工风险管理意识，将风险管理意识转化为员工的共同认识和自觉行动，促进企业建立系统、规范、高效的风险管理机制。

第六十一条 企业应在内部各个层面营造风险管理文化氛围。董事会应高度重视风险管理文化的培育，总经理负责培育风险管理文化的日常工作。董事和高级管理人员应在培育风险管理文化中起表率作用。重要管理及业务流程和风险控制点的管理人员和业务操作人员应成为培育风险管理文化的骨干。

第六十二条 企业应大力加强员工法律素质教育，制定员工道德诚信准则，形成人人讲道德诚信、合法合规经营的风险管理文化。对于不遵守国家法律法规和企业规章制度、弄虚作假、徇私舞弊等违法及违反道德诚信准则的行为，企业应严肃查处。

第六十三条 企业全体员工尤其是各级管理人员和业务操作人员应通过多种形式，努力传播企业风险管理文化，牢固树立风险无处不在、风险无时不在、严格防控纯粹风险、审慎处置机会风险、岗位风险管理责任重大等意识和理念。

第六十四条 风险管理文化建设应与薪酬制度和人事制度相结合，有利于增强各级管理人员特别是高级管理人员风险意识，防止盲目扩张、片面追求业绩、忽视风险等行为的发生。

第六十五条 企业应建立重要管理及业务流程、风险控制点的管理人员和业务操作人员岗前风险管理培训制度。采取多种途径和形式，加强对风险管理理念、知识、流程、管控核心内容的培训,培养风险管理人才,培育风险管理文化。

第十章 附 则

第六十六条 中央企业中未设立董事会的国有独资企业,由经理办公会议代行本指引中有关董事会的职责,总经理对本指引的贯彻执行负责。

第六十七条 本指引在中央企业投资、财务报告、衍生产品交易等方面的风险管理配套文件另行下发。

第六十八条 本指引的《附录》对本指引所涉及的有关技术方法和专业术语进行了说明。

第六十九条 本指引由国务院国有资产监督管理委员会负责解释。

第七十条 本指引自印发之日起施行。

附录:风险管理常用技术方法简介

附录

风险管理常用技术方法简介

一、风险坐标图

风险坐标图是把风险发生可能性的高低、风险发生后对目标的影响程度,作为两个维度绘制在同一个平面上(即绘制成直角坐标系)。对风险发生可能性的高低、风险对目标影响程度的评估有定性、定量等方法。定性方法是直接用文字描述风险发生可能性的高低、风险对目标的影响程度,如"极低""低""中等""高""极高"等。定量方法是对风险发生可能性的高低、风险对目标影响程度用具有实际意义的数量描述,如对风险发生可能性的高低用概率来表示,对目标影响程度用损失金额来表示。

下表列出某公司对风险发生可能性的定性、定量评估标准及其相互对应关系,供实际操作中参考。

定量方法一	评分	1	2	3	4	5
定量方法二	一定时期发生的概率	10%以下	10%~30%	30%~70%	70%~90%	90%以上
定性方法	文字描述一	极低	低	中等	高	极高
	文字描述二	一般情况下不会发生	极少情况下才发生	某些情况下发生	较多情况下发生	常常会发生
	文字描述三	今后10年内发生的可能少于1次	今后5~10年内可能发生1次	今后2~5年内可能发生1次	今后1年内可能发生1次	今后1年内至少发生1次

下表列出某公司关于风险发生后对目标影响程度的定性、定量评估标准及其相互对应关系,供实际操作中参考。

			1	2	3	4	5
适用于所有行业	定量方法一	评分	1	2	3	4	5
	定量方法二	企业财务损失占税前利润的百分比（%）	1%以下	1%～5%	6%～10%	11%～20%	20%以上
	定性方法	文字描述一	极轻微的	轻微的	中等的	重大的	灾难性的
		文字描述二	极低	低	中等	高	极高
		文字描述三 企业日常运行	不受影响	轻度影响（造成轻微的人身伤害，情况立刻受到控制）	中度影响（造成一定人身伤害，需要医疗救援，情况需要外部支持才能得到控制）	严重影响（企业失去一些业务能力，造成严重人身伤害，情况失控，但无致命影响）	重大影响（重大业务失误，造成重大人身伤亡，情况失控，给企业致命影响）
		文字描述三 财务损失	较低的财务损失	轻微的财务损失	中等的财务损失	重大的财务损失	极大的财务损失
		文字描述三 企业声誉	负面消息在企业内部流传，企业声誉没有受损	负面消息在当地局部流传，对企业声誉造成轻微损害	负面消息在某区域流传，对企业声誉造成中等损害	负面消息在全国各地流传，对企业声誉造成重大损害	负面消息流传世界各地，政府或监管机构进行调查，引起公众关注，对企业声誉造成无法弥补的损害
适用于开采业、制造业	定性与定量结合	安全	短暂影响职工或公民的健康	严重影响一位职工或公民健康	严重影响多位职工或公民健康	导致一位职工或公民死亡	引致多位职工或公民死亡
		营运	——对营运影响微弱 ——在时间、人力或成本方面不超出预算1%	——对营运影响轻微 ——受到监管者责难 ——在时间、人力或成本方面超出预算1%～5%	——减慢营业运作 ——受到法规惩罚或被罚款等 ——在时间、人力或成本方面超出预算6%～10%	——无法达到部分营运目标或关键业绩指标 ——受到监管者的限制 ——在时间、人力或成本方面超出预算11%～20%	——无法达到所有的营运目标或关键业绩指标 ——违规操作使业务受到中止 ——时间、人力或成本方面超出预算20%
		环境	——对环境或社会造成短暂的影响 ——可不采取行动	——对环境或社会造成一定的影响 ——应通知政府有关部门	——对环境造成中等影响 ——需一定时间才能恢复 ——出现个别投诉事件 ——应执行一定程度的补救措施	——造成主要环境损害 ——需要相当长的时间来恢复 ——大规模的公众投诉 ——应执行重大的补救措施	——无法弥补的灾难性环境损害 ——激起公众的愤怒 ——潜在的大规模的公众法律投诉

对风险发生可能性的高低和风险对目标影响程度进行定性或定量评估后，依据评估结果绘制风险坐标图。如：某公司对9项风险进行了定性评估，风险①发生的可能性为"低"，

风险发生后对目标的影响程度为"极低"……；风险⑨发生的可能性为"极低"，对目标的影响程度为"高"，则绘制风险坐标图如下：

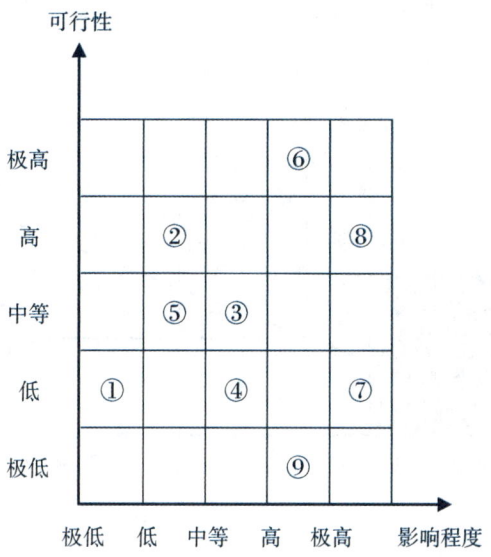

如某公司对 7 项风险进行定量评估，其中：风险①发生的可能性为 83%，发生后对企业造成的损失为 2 100 万元；风险②发生的可能性为 40%，发生后对企业造成的损失为 3 800 万元……；而风险⑦发生的可能性在 55% 到 62% 之间，发生后对企业造成的损失在 7 500 万元到 9 100 万元之间，在风险坐标图上用一个区域来表示，则绘制风险坐标图如下：

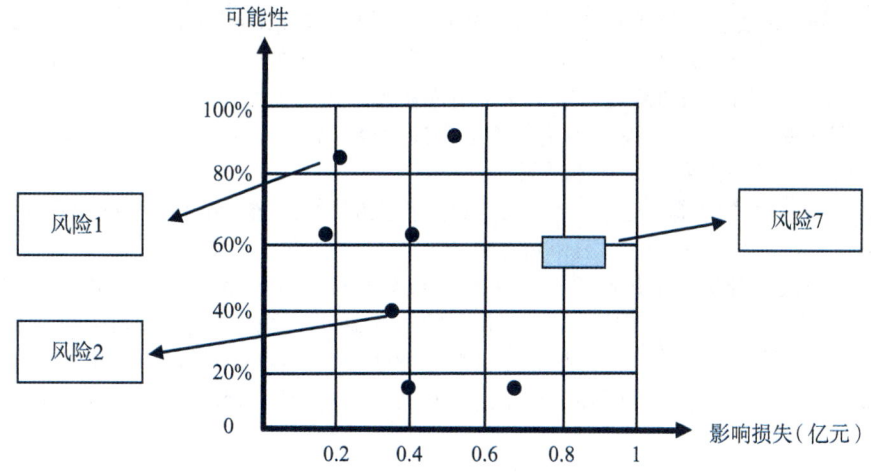

绘制风险坐标图的目的在于对多项风险进行直观的比较，从而确定各风险管理的优先顺序和策略。如：某公司绘制了如下风险坐标图，并将该图划分为 A、B、C 三个区域，公司决定承担 A 区域中的各项风险且不再增加控制措施；严格控制 B 区域中的各项风险且专门补充制定各项控制措施；确保规避和转移 C 区域中的各项风险且优先安排实施各项防范措施。

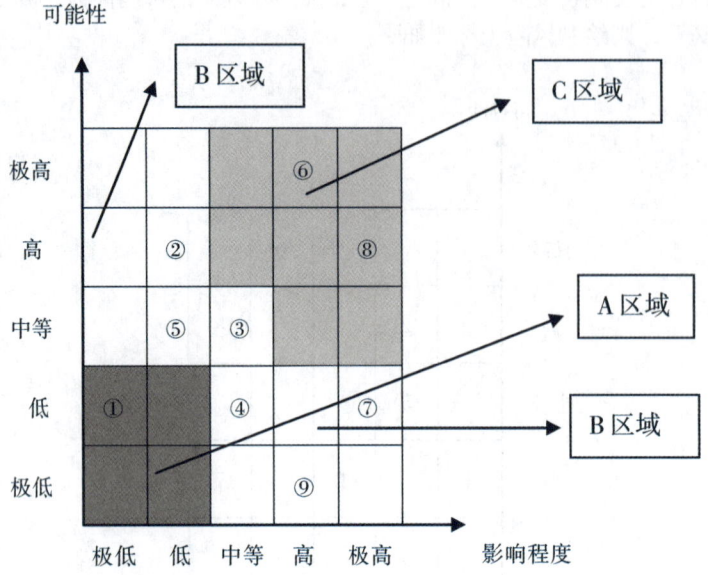

二、蒙特卡罗方法

蒙特卡罗方法是一种随机模拟数学方法。该方法用来分析评估风险发生可能性、风险的成因、风险造成的损失或带来的机会等变量在未来变化的概率分布。具体操作步骤如下：

1. 量化风险。将需要分析评估的风险进行量化，明确其度量单位，得到风险变量，并收集历史相关数据。

2. 根据对历史数据的分析，借鉴常用建模方法，建立能描述该风险变量在未来变化的概率模型。建立概率模型的方法很多，例如：差分和微分方程方法，插值和拟合方法等。这些方法大致分为两类：一类是对风险变量之间的关系及其未来的情况作出假设，直接描述该风险变量在未来的分布类型（如正态分布），并确定其分布参数；另一类是对风险变量的变化过程作出假设，描述该风险变量在未来的分布类型。

3. 计算概率分布初步结果。利用随机数字发生器，将生成的随机数字代入上述概率模型，生成风险变量的概率分布初步结果。

4. 修正完善概率模型。通过对生成的概率分布初步结果进行分析，用实验数据验证模型的正确性，并在实践中不断修正和完善模型。

5. 利用该模型分析评估风险情况。正态分布是蒙特卡罗风险方法中使用最广泛的一类模型。通常情况下，如果一个变量受很多相互独立的随机因素的影响，而其中每一个因素的影响都很小，则该变量服从正态分布。在自然界和社会中大量的变量都满足正态分布。描述正态分布需要两个特征值：均值和标准差。其密度函数和分布函数的一般形式如下：

密度函数：$\varphi(x) = \dfrac{1}{\sigma\sqrt{2\pi}} e^{-\dfrac{(x-\mu)^2}{2\sigma^2}}$，$-\infty < x < +\infty$

分布函数：$\Phi(x) = P(X \leqslant x) = \displaystyle\int_{-\infty}^{x} \dfrac{1}{\sigma\sqrt{2\pi}} e^{-\dfrac{(t-\mu)^2}{2\sigma^2}} dt$，$-\infty < x < +\infty$

其中 μ 为均值，σ 为标准差。

由于蒙特卡罗方法依赖于模型的选择，因此，模型本身的选择对于蒙特卡罗方法计算结果的精度影响甚大。蒙特卡罗方法计算量很大，通常借助计算机完成。

三、关键风险指标管理

一项风险事件发生可能有多种成因，但关键成因往往只有几种。关键风险指标管理是对引起风险事件发生的关键成因指标进行管理的方法。具体操作步骤如下：

1. 分析风险成因，从中找出关键成因。
2. 将关键成因量化，确定其度量，分析确定导致风险事件发生（或极有可能发生）时该成因的具体数值。
3. 以该具体数值为基础，以发出风险预警信息为目的，加上或减去一定数值后形成新的数值，该数值即为关键风险指标。
4. 建立风险预警系统，即当关键成因数值达到关键风险指标时，发出风险预警信息。
5. 制定出现风险预警信息时应采取的风险控制措施。
6. 跟踪监测关键成因数值的变化，一旦出现预警，即实施风险控制措施。

以易燃易爆危险品储存容器泄漏引发爆炸的风险管理为例。容器泄漏的成因有：使用时间过长、日常维护不够、人为破坏、气候变化等因素，但容器使用时间过长是关键成因。如容器使用最高期限为50年，人们发现当使用时间超过45年后，则易发生泄漏。该"45年"即为关键风险指标。为此，制定使用时间超过"45年"后需采取的风险控制措施，一旦使用时间接近或达到"45年"时，发出预警信息，即采取相应措施。

该方法既可以管理单项风险的多个关键成因指标，也可以管理影响企业主要目标的多个主要风险。使用该方法，要求风险关键成因分析准确，且易量化、易统计、易跟踪监测。

四、压力测试

压力测试是指在极端情景下，分析评估风险管理模型或内控流程的有效性，发现问题，制定改进措施的方法，目的是防止出现重大损失事件。具体操作步骤如下：

1. 针对某一风险管理模型或内控流程，假设可能会发生哪些极端情景。极端情景是指在非正常情况下，发生概率很小，而一旦发生，后果十分严重的事情。假设极端情景时，不仅要考虑本企业或与本企业类似的其他企业出现过的历史教训，还要考虑历史上不曾出现，但将来可能会出现的事情。
2. 评估极端情景发生时，该风险管理模型或内控流程是否有效，并分析对目标可能造成的损失。
3. 制定相应措施，进一步修改和完善风险管理模型或内控流程。

以信用风险管理为例。如：一个企业已有一个信用很好的交易伙伴，该交易伙伴除发生极端情景，一般不会违约。因此，在日常交易中，该企业只需"常规的风险管理策略和内控流程"即可。采用压力测试方法，是假设该交易伙伴将来发生极端情景（如其财产毁于地震、火灾、被盗），被迫违约对该企业造成了重大损失。而该企业"常规的风险管理策略和内控流程"在极端情景下不能有效防止重大损失事件，为此，该企业采取了购买保险或相应衍生产品、开发多个交易伙伴等措施。

风险管理专业术语解释

1. 风险理财：利用金融手段管理风险的方法，包括：预提风险准备金、购买保险或使用专业自保公司、衍生产品交易以及风险融资等。

2. 情景分析：通过假设、预测、模拟等手段生成未来情景，并分析其对目标产生影响的方法，包括：历史情景重演法、预期法、因素分解法、随机模拟法等方法。

3. 集中趋势法：指根据随机变量的分布情况，计算出该变量分布的集中特性值（均值、中数、众数等），从而预测未来情况的方法。它是数据推论方法的一种。

4. 失效模式与影响分析：通过辨识系统失去效用后的各种状况，分析其影响，并采取相应措施的方法。

5. 事件树分析：以树状图形方式分析风险事件间因果关系的方法。

6. 风险偏好：为了实现目标，企业在承担风险的种类、大小等方面的基本态度。

7. 风险承受度：企业愿意承担的风险限度，也是企业风险偏好的边界。

8. 风险对冲：通过承担多个风险，使相关风险能够互相抵消的方法。使用该方法，必须进行风险组合，而不是对单一风险进行规避、控制。如：资产组合、多种外币结算、战略上的分散经营、套期保值等。

9. 损失事件管理：对可能给企业造成重大损失的风险事件的事前、事中、事后管理的方法。损失包括企业的资金、声誉、技术、品牌、人才等。

10. 返回测试：将历史数据输入到风险管理模型或内控流程中，把结果与预测值对比，以检验其有效性的方法。

11. 穿行测试：在正常运行条件下，将初始数据输入内控流程，穿越全流程和所有关键环节，把运行结果与设计要求对比，以发现内控流程缺陷的方法。

2. 关于印发《中央企业合规管理指引（试行）》的通知（2018年颁布）

（国资发法规〔2018〕106号）

各中央企业：

为推动中央企业全面加强合规管理，加快提升依法合规经营管理水平，着力打造法治央企，保障企业持续健康发展，我委制定了《中央企业合规管理指引（试行）》，现印发给你们。请遵照执行。工作中的情况和问题请及时反馈。

国资委
2018年11月2日

中央企业合规管理指引（试行）

第一章 总　则

第一条　为推动中央企业全面加强合规管理，加快提升依法合规经营管理水平，着力打造法治央企，保障企业持续健康发展，根据《中华人民共和国公司法》《中华人民共和国企业国有资产法》等有关法律法规规定，制定本指引。

第二条　本指引所称中央企业，是指国务院国有资产监督管理委员会（以下简称国资委）

履行出资人职责的国家出资企业。

本指引所称合规,是指中央企业及其员工的经营管理行为符合法律法规、监管规定、行业准则和企业章程、规章制度以及国际条约、规则等要求。

本指引所称合规风险,是指中央企业及其员工因不合规行为,引发法律责任、受到相关处罚、造成经济或声誉损失以及其他负面影响的可能性。

本指引所称合规管理,是指以有效防控合规风险为目的,以企业和员工经营管理行为为对象,开展包括制度制定、风险识别、合规审查、风险应对、责任追究、考核评价、合规培训等有组织、有计划的管理活动。

第三条 国资委负责指导监督中央企业合规管理工作。

第四条 中央企业应当按照以下原则加快建立健全合规管理体系:

(一)全面覆盖。坚持将合规要求覆盖各业务领域、各部门、各级子企业和分支机构、全体员工,贯穿决策、执行、监督全流程。

(二)强化责任。把加强合规管理作为企业主要负责人履行推进法治建设第一责任人职责的重要内容。建立全员合规责任制,明确管理人员和各岗位员工的合规责任并督促有效落实。

(三)协同联动。推动合规管理与法律风险防范、监察、审计、内控、风险管理等工作相统筹、相衔接,确保合规管理体系有效运行。

(四)客观独立。严格依照法律法规等规定对企业和员工行为进行客观评价和处理。合规管理牵头部门独立履行职责,不受其他部门和人员的干涉。

第二章 合规管理职责

第五条 董事会的合规管理职责主要包括:
(一)批准企业合规管理战略规划、基本制度和年度报告;
(二)推动完善合规管理体系;
(三)决定合规管理负责人的任免;
(四)决定合规管理牵头部门的设置和职能;
(五)研究决定合规管理有关重大事项;
(六)按照权限决定有关违规人员的处理事项。

第六条 监事会的合规管理职责主要包括:
(一)监督董事会的决策与流程是否合规;
(二)监督董事和高级管理人员合规管理职责履行情况;
(三)对引发重大合规风险负有主要责任的董事、高级管理人员提出罢免建议;
(四)向董事会提出撤换公司合规管理负责人的建议。

第七条 经理层的合规管理职责主要包括:
(一)根据董事会决定,建立健全合规管理组织架构;
(二)批准合规管理具体制度规定;
(三)批准合规管理计划,采取措施确保合规制度得到有效执行;
(四)明确合规管理流程,确保合规要求融入业务领域;
(五)及时制止并纠正不合规的经营行为,按照权限对违规人员进行责任追究或提出处理建议;
(六)经董事会授权的其他事项。

第八条 中央企业设立合规委员会,与企业法治建设领导小组或风险控制委员会等合署,承担合规管理的组织领导和统筹协调工作,定期召开会议,研究决定合规管理重大事项或提出意见建议，指导、监督和评价合规管理工作。

第九条 中央企业相关负责人或总法律顾问担任合规管理负责人，主要职责包括：

（一）组织制订合规管理战略规划；

（二）参与企业重大决策并提出合规意见；

（三）领导合规管理牵头部门开展工作；

（四）向董事会和总经理汇报合规管理重大事项；

（五）组织起草合规管理年度报告。

第十条 法律事务机构或其他相关机构为合规管理牵头部门，组织、协调和监督合规管理工作，为其他部门提供合规支持，主要职责包括：

（一）研究起草合规管理计划、基本制度和具体制度规定；

（二）持续关注法律法规等规则变化，组织开展合规风险识别和预警，参与企业重大事项合规审查和风险应对；

（三）组织开展合规检查与考核，对制度和流程进行合规性评价，督促违规整改和持续改进；

（四）指导所属单位合规管理工作；

（五）受理职责范围内的违规举报，组织或参与对违规事件的调查，并提出处理建议；

（六）组织或协助业务部门、人事部门开展合规培训。

第十一条 业务部门负责本领域的日常合规管理工作，按照合规要求完善业务管理制度和流程，主动开展合规风险识别和隐患排查，发布合规预警，组织合规审查，及时向合规管理牵头部门通报风险事项，妥善应对合规风险事件，做好本领域合规培训和商业伙伴合规调查等工作，组织或配合进行违规问题调查并及时整改。

监察、审计、法律、内控、风险管理、安全生产、质量环保等相关部门，在职权范围内履行合规管理职责。

第三章　合规管理重点

第十二条 中央企业应当根据外部环境变化，结合自身实际，在全面推进合规管理的基础上，突出重点领域、重点环节和重点人员，切实防范合规风险。

第十三条 加强对以下重点领域的合规管理：

（一）市场交易。完善交易管理制度，严格履行决策批准程序，建立健全自律诚信体系，突出反商业贿赂、反垄断、反不正当竞争，规范资产交易、招投标等活动；

（二）安全环保。严格执行国家安全生产、环境保护法律法规，完善企业生产规范和安全环保制度，加强监督检查，及时发现并整改违规问题；

（三）产品质量。完善质量体系，加强过程控制，严把各环节质量关，提供优质产品和服务；

（四）劳动用工。严格遵守劳动法律法规，健全完善劳动合同管理制度，规范劳动合同签订、履行、变更和解除，切实维护劳动者合法权益；

（五）财务税收。健全完善财务内部控制体系，严格执行财务事项操作和审批流程，严守财经纪律，强化依法纳税意识，严格遵守税收法律政策；

（六）知识产权。及时申请注册知识产权成果，规范实施许可和转让，加强对商业秘密和商标的保护，依法规范使用他人知识产权，防止侵权行为；

（七）商业伙伴。对重要商业伙伴开展合规调查，通过签订合规协议、要求作出合规承诺等方式促进商业伙伴行为合规；

（八）其他需要重点关注的领域。

第十四条 加强对以下重点环节的合规管理：

（一）制度制定环节。强化对规章制度、改革方案等重要文件的合规审查，确保符合法律法规、监管规定等要求；

（二）经营决策环节。严格落实"三重一大"决策制度，细化各层级决策事项和权限，加强对决策事项的合规论证把关，保障决策依法合规；

（三）生产运营环节。严格执行合规制度，加强对重点流程的监督检查，确保生产经营过程中照章办事、按章操作；

（四）其他需要重点关注的环节。

第十五条 加强对以下重点人员的合规管理：

（一）管理人员。促进管理人员切实提高合规意识，带头依法依规开展经营管理活动，认真履行承担的合规管理职责，强化考核与监督问责；

（二）重要风险岗位人员。根据合规风险评估情况明确界定重要风险岗位，有针对性加大培训力度，使重要风险岗位人员熟悉并严格遵守业务涉及的各项规定，加强监督检查和违规行为追责；

（三）海外人员。将合规培训作为海外人员任职、上岗的必备条件，确保遵守我国和所在国法律法规等相关规定；

（四）其他需要重点关注的人员。

第十六条 强化海外投资经营行为的合规管理：

（一）深入研究投资所在国法律法规及相关国际规则，全面掌握禁止性规定，明确海外投资经营行为的红线、底线；

（二）健全海外合规经营的制度、体系、流程，重视开展项目的合规论证和尽职调查，依法加强对境外机构的管控，规范经营管理行为；

（三）定期排查梳理海外投资经营业务的风险状况，重点关注重大决策、重大合同、大额资金管控和境外子企业公司治理等方面存在的合规风险，妥善处理、及时报告，防止扩大蔓延。

第四章 合规管理运行

第十七条 建立健全合规管理制度，制定全员普遍遵守的合规行为规范，针对重点领域制定专项合规管理制度，并根据法律法规变化和监管动态，及时将外部有关合规要求转化为内部规章制度。

第十八条 建立合规风险识别预警机制，全面系统梳理经营管理活动中存在的合规风险，对风险发生的可能性、影响程度、潜在后果等进行系统分析，对于典型性、普遍性和可能产生较严重后果的风险及时发布预警。

第十九条 加强合规风险应对，针对发现的风险制定预案，采取有效措施，及时应对处置。对于重大合规风险事件，合规委员会统筹领导，合规管理负责人牵头，相关部门协同配合，最大限度化解风险、降低损失。

第二十条 建立健全合规审查机制，将合规审查作为规章制度制定、重大事项决策、重要合同签订、重大项目运营等经营管理行为的必经程序，及时对不合规的内容提出修改建议，未经合规审查不得实施。

第二十一条 强化违规问责，完善违规行为处罚机制，明晰违规责任范围，细化惩处标准。畅通举报渠道，针对反映的问题和线索，及时开展调查，严肃追究违规人员责任。

第二十二条 开展合规管理评估，定期对合规管理体系的有效性进行分析，对重大或反复出现的合规风险和违规问题，深入查找根源，完善相关制度，堵塞管理漏洞，强化过程管控，持续改进提升。

第五章　合规管理保障

第二十三条 加强合规考核评价，把合规经营管理情况纳入对各部门和所属企业负责人的年度综合考核，细化评价指标。对所属单位和员工合规职责履行情况进行评价，并将结果作为员工考核、干部任用、评先选优等工作的重要依据。

第二十四条 强化合规管理信息化建设，通过信息化手段优化管理流程，记录和保存相关信息。运用大数据等工具，加强对经营管理行为依法合规情况的实时在线监控和风险分析，实现信息集成与共享。

第二十五条 建立专业化、高素质的合规管理队伍，根据业务规模、合规风险水平等因素配备合规管理人员，持续加强业务培训，提升队伍能力水平。

海外经营重要地区、重点项目应当明确合规管理机构或配备专职人员，切实防范合规风险。

第二十六条 重视合规培训，结合法治宣传教育，建立制度化、常态化培训机制，确保员工理解、遵循企业合规目标和要求。

第二十七条 积极培育合规文化，通过制定发放合规手册、签订合规承诺书等方式，强化全员安全、质量、诚信和廉洁等意识，树立依法合规、守法诚信的价值观，筑牢合规经营的思想基础。

第二十八条 建立合规报告制度，发生较大合规风险事件，合规管理牵头部门和相关部门应当及时向合规管理负责人、分管领导报告。重大合规风险事件应当向国资委和有关部门报告。

合规管理牵头部门于每年年底全面总结合规管理工作情况，起草年度报告，经董事会审议通过后及时报送国资委。

第六章　附　　则

第二十九条 中央企业根据本指引，结合实际制定合规管理实施细则。

地方国有资产监督管理机构可以参照本指引，积极推进所出资企业合规管理工作。

第三十条 本指引由国资委负责解释。

第三十一条 本指引自公布之日起施行。

3. 中央企业违规经营投资责任追究实施办法（试行）（2018年颁布）

（国务院国有资产监督管理委员会令第37号）

《中央企业违规经营投资责任追究实施办法（试行）》已经国务院国有资产监督管理委员会主任办公会议审议通过，现予公布，自2018年8月30日起施行。

国务院国有资产监督管理委员会主任　肖亚庆
2018年7月13日

中央企业违规经营投资责任追究实施办法（试行）

第一章 总　则

第一条　为加强和规范中央企业违规经营投资责任追究工作，进一步完善国有资产监督管理制度，落实国有资产保值增值责任，有效防止国有资产流失，根据《中华人民共和国公司法》《中华人民共和国企业国有资产法》《企业国有资产监督管理暂行条例》和《国务院办公厅关于建立国有企业违规经营投资责任追究制度的意见》等法律法规和文件，制定本办法。

第二条　本办法所称中央企业是指国务院国有资产监督管理委员会（以下简称国资委）代表国务院履行出资人职责的国家出资企业。

第三条　本办法所称违规经营投资责任追究（以下简称责任追究）是指中央企业经营管理有关人员违反规定，未履行或未正确履行职责，在经营投资中造成国有资产损失或其他严重不良后果，经调查核实和责任认定，对相关责任人进行处理的工作。

前款所称规定，包括国家法律法规、国有资产监管规章制度和企业内部管理规定等。前款所称未履行职责，是指未在规定期限内或正当合理期限内行使职权、承担责任，一般包括不作为、拒绝履行职责、拖延履行职责等；未正确履行职责，是指未按规定以及岗位职责要求，不适当或不完全行使职权、承担责任，一般包括未按程序行使职权、超越职权、滥用职权等。

第四条　责任追究工作应当遵循以下原则：

（一）坚持依法依规问责。以国家法律法规为准绳，按照国有资产监管规章制度和企业内部管理规定等，对违反规定、未履行或未正确履行职责造成国有资产损失或其他严重不良后果的企业经营管理有关人员，严肃追究责任，实行重大决策终身问责。

（二）坚持客观公正定责。贯彻落实"三个区分开来"重要要求，结合企业实际情况，调查核实违规行为的事实、性质及其造成的损失和影响，既考虑量的标准也考虑质的不同，认定相关人员责任，保护企业经营管理有关人员干事创业的积极性，恰当公正地处理相关责任人。

（三）坚持分级分层追责。国资委和中央企业原则上按照国有资本出资关系和干部管理权限，界定责任追究工作职责，分级组织开展责任追究工作，分别对企业不同层级经营管理人员进行追究处理，形成分级分层、有效衔接、上下贯通的责任追究工作体系。

（四）坚持惩治教育和制度建设相结合。在对违规经营投资相关责任人严肃问责的同时，加大典型案例总结和通报力度，加强警示教育，发挥震慑作用，推动中央企业不断完善规章制度，堵塞经营管理漏洞，提高经营管理水平，实现国有资产保值增值。

第五条　在责任追究工作过程中，发现企业经营管理有关人员违纪或职务违法的问题和线索，应当移送相应的纪检监察机构查处；涉嫌犯罪的，应当移送国家监察机关或司法机关查处。

第二章　责任追究范围

第六条　中央企业经营管理有关人员违反规定，未履行或未正确履行职责致使发生本办法第七条至第十七条所列情形，造成国有资产损失或其他严重不良后果的，应当追究相应责任。

第七条　集团管控方面的责任追究情形：

（一）违反规定程序或超越权限决定、批准和组织实施重大经营投资事项，或决定、批准和组织实施的重大经营投资事项违反党和国家方针政策、决策部署以及国家有关规定。

（二）对国家有关集团管控的规定未执行或执行不力，致使发生重大资产损失对生产经营、财务状况产生重大影响。

（三）对集团重大风险隐患、内控缺陷等问题失察，或虽发现但没有及时报告、处理，造成重大资产损失或其他严重不良后果。

（四）所属子企业发生重大违规违纪违法问题，造成重大资产损失且对集团生产经营、财务状况产生重大影响，或造成其他严重不良后果。

（五）对国家有关监管机构就经营投资有关重大问题提出的整改工作要求，拒绝整改、拖延整改等。

第八条 风险管理方面的责任追究情形：

（一）未按规定履行内控及风险管理制度建设职责，导致内控及风险管理制度缺失，内控流程存在重大缺陷。

（二）内控及风险管理制度未执行或执行不力，对经营投资重大风险未能及时分析、识别、评估、预警、应对和报告。

（三）未按规定对企业规章制度、经济合同和重要决策等进行法律审核。

（四）未执行国有资产监管有关规定，过度负债导致债务危机，危及企业持续经营。

（五）恶意逃废金融债务。

（六）瞒报、漏报、谎报或迟报重大风险及风险损失事件，指使编制虚假财务报告，企业账实严重不符。

第九条 购销管理方面的责任追究情形：

（一）未按规定订立、履行合同，未履行或未正确履行职责致使合同标的价格明显不公允。

（二）未正确履行合同，或无正当理由放弃应得合同权益。

（三）违反规定开展融资性贸易业务或"空转""走单"等虚假贸易业务。

（四）违反规定利用关联交易输送利益。

（五）未按规定进行招标或未执行招标结果。

（六）违反规定提供赊销信用、资质、担保或预付款项，利用业务预付或物资交易等方式变相融资或投资。

（七）违反规定开展商品期货、期权等衍生业务。

（八）未按规定对应收款项及时追索或采取有效保全措施。

第十条 工程承包建设方面的责任追究情形：

（一）未按规定对合同标的进行调查论证或风险分析。

（二）未按规定履行决策和审批程序，或未经授权和超越授权投标。

（三）违反规定，无合理商业理由以低于成本的报价中标。

（四）未按规定履行决策和审批程序，擅自签订或变更合同。

（五）未按规定程序对合同约定进行严格审查，存在重大疏漏。

（六）工程以及与工程建设有关的货物、服务未按规定招标或规避招标。

（七）违反规定分包等。

（八）违反合同约定超计价、超进度付款。

第十一条 资金管理方面的责任追究情形：

（一）违反决策和审批程序或超越权限筹集和使用资金。

（二）违反规定以个人名义留存资金、收支结算、开立银行账户等。

（三）设立"小金库"。

（四）违反规定集资、发行股票或债券、捐赠、担保、委托理财、拆借资金或开立信用证、办理银行票据等。

（五）虚列支出套取资金。

（六）违反规定超发、滥发职工薪酬福利。

（七）因财务内控缺失或未按照财务内控制度执行，发生资金挪用、侵占、盗取、欺诈等。

第十二条　转让产权、上市公司股权、资产等方面的责任追究情形：

（一）未按规定履行决策和审批程序或超越授权范围转让。

（二）财务审计和资产评估违反相关规定。

（三）隐匿应当纳入审计、评估范围的资产，组织提供和披露虚假信息，授意、指使中介机构出具虚假财务审计、资产评估鉴证结果及法律意见书等。

（四）未按相关规定执行回避制度。

（五）违反相关规定和公开公平交易原则，低价转让企业产权、上市公司股权和资产等。

（六）未按规定进场交易。

第十三条　固定资产投资方面的责任追究情形：

（一）未按规定进行可行性研究或风险分析。

（二）项目概算未按规定进行审查，严重偏离实际。

（三）未按规定履行决策和审批程序擅自投资。

（四）购建项目未按规定招标，干预、规避或操纵招标。

（五）外部环境和项目本身情况发生重大变化，未按规定及时调整投资方案并采取止损措施。

（六）擅自变更工程设计、建设内容和追加投资等。

（七）项目管理混乱，致使建设严重拖期、成本明显高于同类项目。

（八）违反规定开展列入负面清单的投资项目。

第十四条　投资并购方面的责任追究情形：

（一）未按规定开展尽职调查，或尽职调查未进行风险分析等，存在重大疏漏。

（二）财务审计、资产评估或估值违反相关规定。

（三）投资并购过程中授意、指使中介机构或有关单位出具虚假报告。

（四）未按规定履行决策和审批程序，决策未充分考虑重大风险因素，未制定风险防范预案。

（五）违反规定以各种形式为其他合资合作方提供垫资，或通过高溢价并购等手段向关联方输送利益。

（六）投资合同、协议及标的企业公司章程等法律文件中存在有损国有权益的条款，致使对标的企业管理失控。

（七）违反合同约定提前支付并购价款。

（八）投资并购后未按有关工作方案开展整合，致使对标的企业管理失控。

（九）投资参股后未行使相应股东权利，发生重大变化未及时采取止损措施。

（十）违反规定开展列入负面清单的投资项目。

第十五条　改组改制方面的责任追究情形：

（一）未按规定履行决策和审批程序。

（二）未按规定组织开展清产核资、财务审计和资产评估。

（三）故意转移、隐匿国有资产或向中介机构提供虚假信息，授意、指使中介机构出具虚假清产核资、财务审计与资产评估等鉴证结果。

（四）将国有资产以明显不公允低价折股、出售或无偿分给其他单位或个人。

（五）在发展混合所有制经济、实施员工持股计划、破产重整或清算等改组改制过程中，违反规定，导致发生变相套取、私分国有资产。

（六）未按规定收取国有资产转让价款。
（七）改制后的公司章程等法律文件中存在有损国有权益的条款。

第十六条 境外经营投资方面的责任追究情形：
（一）未按规定建立企业境外投资管理相关制度，导致境外投资管控缺失。
（二）开展列入负面清单禁止类的境外投资项目。
（三）违反规定从事非主业投资或开展列入负面清单特别监管类的境外投资项目。
（四）未按规定进行风险评估并采取有效风险防控措施对外投资或承揽境外项目。
（五）违反规定采取不当经营行为，以及不顾成本和代价进行恶性竞争。
（六）违反本章其他有关规定或存在国家明令禁止的其他境外经营投资行为的。

第十七条 其他违反规定，未履行或未正确履行职责造成国有资产损失或其他严重不良后果的责任追究情形。

第三章 资产损失认定

第十八条 对中央企业违规经营投资造成的资产损失，在调查核实的基础上，依据有关规定认定资产损失金额，以及对企业、国家和社会等造成的影响。

第十九条 资产损失包括直接损失和间接损失。直接损失是与相关人员行为有直接因果关系的损失金额及影响；间接损失是由相关人员行为引发或导致的，除直接损失外、能够确认计量的其他损失金额及影响。

第二十条 中央企业违规经营投资资产损失500万元以下为一般资产损失，500万元以上5 000万元以下为较大资产损失，5 000万元以上为重大资产损失。涉及违纪违法和犯罪行为查处的损失标准，遵照相关党内法规和国家法律法规的规定执行。

前款所称的"以上"包括本数，所称的"以下"不包括本数。

第二十一条 资产损失金额及影响，可根据司法、行政机关依法出具的书面文件，具有相应资质的会计师事务所、资产评估机构、律师事务所、专业技术鉴定机构等专业机构出具的专项审计、评估或鉴证报告，以及企业内部证明材料等，进行综合研判认定。

第二十二条 相关违规经营投资虽尚未形成事实资产损失，但确有证据证明资产损失在可预见未来将发生，且能可靠计量资产损失金额的，经中介机构评估可以认定为或有损失，计入资产损失。

第四章 责任认定

第二十三条 中央企业经营管理有关人员任职期间违反规定，未履行或未正确履行职责造成国有资产损失或其他严重不良后果的，应当追究其相应责任。违规经营投资责任根据工作职责划分为直接责任、主管责任和领导责任。

第二十四条 直接责任是指相关人员在其工作职责范围内，违反规定，未履行或未正确履行职责，对造成的资产损失或其他严重不良后果起决定性直接作用时应当承担的责任。

企业负责人存在以下情形的，应当承担直接责任：
（一）本人或与他人共同违反国家法律法规、国有资产监管规章制度和企业内部管理规定。
（二）授意、指使、强令、纵容、包庇下属人员违反国家法律法规、国有资产监管规章制度和企业内部管理规定。
（三）未经规定程序或超越权限，直接决定、批准、组织实施重大经济事项。
（四）主持相关会议讨论或以其他方式研究时，在多数人不同意的情况下，直接决定、批准、组织实施重大经济事项。
（五）将按有关法律法规制度应作为第一责任人（总负责）的事项、签订的有关目标责任事项或应当履行的其他重要职责，授权（委托）其他领导人员决策且决策不当或决策失误等。

（六）其他应当承担直接责任的行为。

第二十五条 主管责任是指相关人员在其直接主管（分管）工作职责范围内，违反规定，未履行或未正确履行职责，对造成的资产损失或其他严重不良后果应当承担的责任。

第二十六条 领导责任是指企业主要负责人在其工作职责范围内，违反规定，未履行或未正确履行职责，对造成的资产损失或其他严重不良后果应当承担的责任。

第二十七条 中央企业所属子企业违规经营投资致使发生本条第二款、第三款所列情形的，上级企业经营管理有关人员应当承担相应的责任。

上一级企业有关人员应当承担相应责任的情形包括：

（一）发生重大资产损失且对企业生产经营、财务状况产生重大影响的。

（二）多次发生较大、重大资产损失，或造成其他严重不良后果的。

除上一级企业有关人员外，更高层级企业有关人员也应当承担相应责任的情形包括：

（一）发生违规违纪违法问题，造成资产损失金额巨大且危及企业生存发展的。

（二）在一定时期内多家所属子企业连续集中发生重大资产损失，或造成其他严重不良后果的。

第二十八条 中央企业违反规定瞒报、漏报或谎报重大资产损失的，对企业主要负责人和分管负责人比照领导责任和主管责任进行责任认定。

第二十九条 中央企业未按规定和有关工作职责要求组织开展责任追究工作的，对企业负责人及有关人员比照领导责任、主管责任和直接责任进行责任认定。

第三十条 中央企业有关经营决策机构以集体决策形式作出违规经营投资的决策或实施其他违规经营投资的行为，造成资产损失或其他严重不良后果的，应当承担集体责任，有关成员也应当承担相应责任。

第五章　责任追究处理

第三十一条 对相关责任人的处理方式包括组织处理、扣减薪酬、禁入限制、纪律处分、移送国家监察机关或司法机关等，可以单独使用，也可以合并使用。

（一）组织处理。包括批评教育、责令书面检查、通报批评、诫勉、停职、调离工作岗位、降职、改任非领导职务、责令辞职、免职等。

（二）扣减薪酬。扣减和追索绩效年薪或任期激励收入，终止或收回其他中长期激励收益，取消参加中长期激励资格等。

（三）禁入限制。五年直至终身不得担任国有企业董事、监事、高级管理人员。

（四）纪律处分。由相应的纪检监察机构查处。

（五）移送国家监察机关或司法机关处理。依据国家有关法律规定，移送国家监察机关或司法机关查处。

第三十二条 中央企业发生资产损失，经过查证核实和责任认定后，除依据有关规定移送纪检监察机构或司法机关处理外，应当按以下方式处理：

（一）发生一般资产损失的，对直接责任人和主管责任人给予批评教育、责令书面检查、通报批评、诫勉等处理，可以扣减和追索责任认定年度50%以下的绩效年薪。

（二）发生较大资产损失的，对直接责任人和主管责任人给予通报批评、诫勉、停职、调离工作岗位、降职等处理，同时按照以下标准扣减薪酬：扣减和追索责任认定年度50%～100%的绩效年薪、扣减和追索责任认定年度（含）前三年50%～100%的任期激励收入并延期支付绩效年薪，终止尚未行使的其他中长期激励权益、上缴责任认定年度及前一年度的全部中长期激励收益、五年内不得参加企业新的中长期激励。

对领导责任人给予通报批评、诫勉、停职、调离工作岗位等处理，同时按照以下标准扣减薪酬：扣减和追索责任认定年度30%～70%的绩效年薪、扣减和追索责任认定年度（含）前三年30%～70%的任期激励收入并延期支付绩效年薪，终止尚未行使的其他中长期激励权益、三年内不得参加企业新的中长期激励。

（三）发生重大资产损失的，对直接责任人和主管责任人给予降职、改任非领导职务、责令辞职、免职和禁入限制等处理，同时按照以下标准扣减薪酬：扣减和追索责任认定年度100%的绩效年薪、扣减和追索责任认定年度（含）前三年100%的任期激励收入并延期支付绩效年薪，终止尚未行使的其他中长期激励权益、上缴责任认定年度（含）前三年的全部中长期激励收益、不得参加企业新的中长期激励。

对领导责任人给予调离工作岗位、降职、改任非领导职务、责令辞职、免职和禁入限制等处理，同时按照以下标准扣减薪酬：扣减和追索责任认定年度70%～100%的绩效年薪、扣减和追索责任认定年度（含）前三年70%～100%的任期激励收入并延期支付绩效年薪，终止尚未行使的其他中长期激励权益、上缴责任认定年度（含）前三年的全部中长期激励收益、五年内不得参加企业新的中长期激励。

第三十三条 中央企业所属子企业发生资产损失，按照本办法应当追究中央企业有关人员责任时，对相关责任人给予通报批评、诫勉、停职、调离工作岗位、降职、改任非领导职务、责令辞职、免职和禁入限制等处理，同时按照以下标准扣减薪酬：扣减和追索责任认定年度30%～100%的绩效年薪、扣减和追索责任认定年度（含）前三年30%～100%的任期激励收入并延期支付绩效年薪，终止尚未行使的其他中长期激励权益、上缴责任认定年度（含）前三年的全部中长期激励收益、三至五年内不得参加企业新的中长期激励。

第三十四条 对承担集体责任的中央企业有关经营决策机构，给予批评教育、责令书面检查、通报批评等处理；对造成资产损失金额巨大且危及企业生存发展的，或造成其他特别严重不良后果的，按照规定程序予以改组。

第三十五条 责任认定年度是指责任追究处理年度。有关责任人在责任追究处理年度无任职或任职不满全年的，按照最近一个完整任职年度执行；若无完整任职年度的，参照处理前实际任职月度（不超过12个月）执行。

第三十六条 对同一事件、同一责任人的薪酬扣减和追索，按照党纪处分、政务处分、责任追究等扣减薪酬处理的最高标准执行，但不合并使用。

第三十七条 相关责任人受到诫勉处理的，六个月内不得提拔、重用；受到调离工作岗位、改任非领导职务处理的，一年内不得提拔；受到降职处理的，两年内不得提拔；受到责令辞职、免职处理的，一年内不安排职务，两年内不得担任高于原任职务层级的职务；同时受到纪律处分的，按照影响期长的规定执行。

第三十八条 中央企业经营管理有关人员违规经营投资未造成资产损失，但造成其他严重不良后果的，经过查证核实和责任认定后，对相关责任人参照本办法予以处理。

第三十九条 有下列情形之一的，应当对相关责任人从重或加重处理：

（一）资产损失频繁发生、金额巨大、后果严重的。

（二）屡禁不止、顶风违规、影响恶劣的。

（三）强迫、唆使他人违规造成资产损失或其他严重不良后果的。

（四）未及时采取措施或措施不力导致资产损失或其他严重不良后果扩大的。

（五）瞒报、漏报或谎报资产损失的。

（六）拒不配合或干扰、抵制责任追究工作的。

（七）其他应当从重或加重处理的。

第四十条 对中央企业经营管理有关人员在企业改革发展中所出现的失误，不属于有令不行、有禁不止、不当谋利、主观故意、独断专行等的，根据有关规定和程序予以容错。

有下列情形之一的,可以对违规经营投资相关责任人从轻或减轻处理:

(一)情节轻微的。

(二)以促进企业改革发展稳定或履行企业经济责任、政治责任、社会责任为目标,且个人没有谋取私利的。

(三)党和国家方针政策、党章党规党纪、国家法律法规、地方性法规和规章等没有明确限制或禁止的。

(四)处置突发事件或紧急情况下,个人或少数人决策,事后及时履行报告程序并得到追认,且不存在故意或重大过失的。

(五)及时采取有效措施减少、挽回资产损失并消除不良影响的。

(六)主动反映资产损失情况,积极配合责任追究工作的,或主动检举其他造成资产损失相关人员,查证属实的。

(七)其他可以从轻或减轻处理的。

第四十一条 对于违规经营投资有关责任人应当给予批评教育、责令书面检查、通报批评或诫勉处理,但是具有本办法第四十条规定的情形之一的,可以免除处理。

第四十二条 对违规经营投资有关责任人减轻或免除处理,须由作出处理决定的上一级企业或国资委批准。

第四十三条 相关责任人已调任、离职或退休的,应当按照本办法给予相应处理。

第四十四条 相关责任人在责任认定年度已不在本企业领取绩效年薪的,按离职前一年度全部绩效年薪及前三年任期激励收入总和计算,参照本办法有关规定追索扣回其薪酬。

第四十五条 对违反规定,未履行或未正确履行职责造成国有资产损失或其他严重不良后果的中央企业董事、监事以及其他有关人员,依照国家法律法规、有关规章制度和本办法等对其进行相应处理。

第六章 责任追究工作职责

第四十六条 国资委和中央企业原则上按照国有资本出资关系和干部管理权限,组织开展责任追究工作。

第四十七条 国资委在责任追究工作中的主要职责:

(一)研究制定中央企业责任追究有关制度。

(二)组织开展中央企业发生的重大资产损失或产生严重不良后果的较大资产损失,以及涉及中央企业负责人的责任追究工作。

(三)认为有必要直接组织开展的中央企业及其所属子企业责任追究工作。

(四)对中央企业存在的共性问题进行专项核查。

(五)对需要中央企业整改的问题,督促企业落实有关整改工作要求。

(六)指导、监督和检查中央企业责任追究相关工作。

(七)其他有关责任追究工作。

第四十八条 国资委内设专门责任追究机构,受理有关方面按规定程序移交的中央企业及其所属子企业违规经营投资的有关问题和线索,初步核实后进行分类处置,并采取督办、联合核查、专项核查等方式组织开展有关核查工作,认定相关人员责任,研究提出处理的意见建议,督促企业整改落实。

第四十九条 中央企业在责任追究工作中的主要职责:

(一)研究制定本企业责任追究有关制度。

(二)组织开展本级企业发生的一般或较大资产损失,二级子企业发生的重大资产损失或产生严重不良后果的较大资产损失,以及涉及二级子企业负责人的责任追究工作。

(三)认为有必要直接组织开展的所属子企业责任追究工作。

（四）指导、监督和检查所属子企业责任追究相关工作。

（五）按照国资委要求组织开展有关责任追究工作。

（六）其他有关责任追究工作。

第五十条 中央企业应当明确相应的职能部门或机构，负责组织开展责任追究工作，并做好与企业纪检监察机构的协同配合。

第五十一条 中央企业应当建立责任追究工作报告制度，对较大和重大违规经营投资的问题和线索，及时向国资委书面报告，并按照有关工作要求定期报送责任追究工作开展情况。

第五十二条 中央企业未按规定和有关工作职责要求组织开展责任追究工作的，国资委依据相关规定，对有关中央企业负责人进行责任追究。

第五十三条 国资委和中央企业有关人员，对企业违规经营投资等重大违规违纪违法问题，存在应当发现而未发现或发现后敷衍不追、隐匿不报、查处不力等失职渎职行为的，严格依纪依规追究纪律责任；涉嫌犯罪的，移送国家监察机关或司法机关查处。

第七章 责任追究工作程序

第五十四条 开展中央企业责任追究工作一般应当遵循受理、初步核实、分类处置、核查、处理和整改等程序。

第五十五条 受理有关方面按规定程序移交的违规经营投资问题和线索，并进行有关证据、材料的收集、整理和分析工作。

第五十六条 国资委专门责任追究机构受理下列企业违规经营投资的问题和线索：

（一）国有资产监督管理工作中发现的。

（二）审计、巡视、纪检监察以及其他有关部门移交的。

（三）中央企业报告的。

（四）其他有关违规经营投资的问题和线索。

第五十七条 对受理的违规经营投资问题和线索，及相关证据、材料进行必要的初步核实工作。

第五十八条 初步核实的主要工作内容包括：

（一）资产损失及其他严重不良后果的情况。

（二）违规违纪违法的情况。

（三）是否属于责任追究范围。

（四）有关方面的处理建议和要求等。

第五十九条 初步核实的工作一般应于30个工作日内完成，根据工作需要可以适当延长。

第六十条 根据初步核实情况，对确有违规违纪违法事实的，按照规定的职责权限和程序进行分类处置。

第六十一条 分类处置的主要工作内容包括：

（一）属于国资委责任追究职责范围的，由国资委专门责任追究机构组织实施核查工作。

（二）属于中央企业责任追究职责范围的，移交和督促相关中央企业进行责任追究。

（三）涉及中管干部的违规经营投资问题线索，报经中央纪委国家监委同意后，按要求开展有关核查工作。

（四）属于其他有关部门责任追究职责范围的，移送有关部门。

（五）涉嫌违纪或职务违法的问题和线索，移送纪检监察机构。

（六）涉嫌犯罪的问题和线索，移送国家监察机关或司法机关。

第六十二条 国资委对违规经营投资事项及时组织开展核查工作,核实责任追究情形,确定资产损失程度,查清资产损失原因,认定相关人员责任等。

第六十三条 结合中央企业减少或挽回资产损失工作进展情况,可以适时启动责任追究工作。

第六十四条 核查工作可以采取以下工作措施核查取证:

(一)与被核查事项有关的人员谈话,形成核查谈话记录,并要求有关人员作出书面说明。

(二)查阅、复制被核查企业的有关文件、会议纪要(记录)、资料和账簿、原始凭证等相关材料。

(三)实地核查企业实物资产等。

(四)委托具有相应资质的专业机构对有关问题进行审计、评估或鉴证等。

(五)其他必要的工作措施。

第六十五条 在核查期间,对相关责任人未支付或兑现的绩效年薪、任期激励收入、中长期激励收益等均应暂停支付或兑现;对有可能影响核查工作顺利开展的相关责任人,可视情况采取停职、调离工作岗位、免职等措施。

第六十六条 在重大违规经营投资事项核查工作中,对确有工作需要的,负责核查的部门可请纪检监察机构提供必要支持。

第六十七条 核查工作一般应在6个月内完成,根据工作需要可以适当延长。

第六十八条 核查工作结束后,一般应当听取企业和相关责任人关于核查工作结果的意见,形成资产损失情况核查报告和责任认定报告。

第六十九条 国资委根据核查工作结果,按照干部管理权限和相关程序对相关责任人追究处理,形成处理决定,送达有关企业及被处理人,并对有关企业提出整改要求。

第七十条 被处理人对处理决定有异议的,可以在处理决定送达之日起15个工作日内,提出书面申诉,并提供相关证明材料。申诉期间不停止原处理决定的执行。

第七十一条 国资委或中央企业作出处理决定的,被处理人向作出该处理决定的单位申诉;中央企业所属子企业作出处理决定的,向上一级企业申诉。

第七十二条 国资委和企业应当自受理申诉之日起30个工作日内复核,作出维持、撤销或变更原处理决定的复核决定,并以适当形式告知申诉人及其所在企业。

第七十三条 中央企业应当按照整改要求,认真总结吸取教训,制定和落实整改措施,优化业务流程,完善内控体系,堵塞经营管理漏洞,建立健全防范经营投资风险的长效机制。

第七十四条 中央企业应在收到处理决定之日起60个工作日内,向国资委报送整改报告及相关材料。

第七十五条 国资委和中央企业应当按照国家有关信息公开规定,逐步向社会公开违规经营投资核查处理情况和有关整改情况等,接受社会监督。

第七十六条 积极运用信息化手段开展责任追究工作,推进相关数据信息的报送、归集、共享和综合利用,逐步建立违规经营投资损失和责任追究工作信息报送系统、中央企业禁入限制人员信息查询系统等,加大信息化手段在发现问题线索、专项核查、责任追究等方面的运用力度。

第八章 附　　则

第七十七条 中央企业应根据本办法,结合本企业实际情况,细化责任追究的范围、资产损失程度划分标准等,研究制定责任追究相关制度规定,并报国资委备案。

第七十八条 各地区国有资产监督管理机构可以参照本办法,结合实际情况制定本地区责任追究相关制度规定。

第七十九条 国有参股企业责任追究工作,可参照本办法向国有参股企业股东会提请开展责任追究工作。

第八十条 对发生生产安全、环境污染责任事故和不稳定事件的,按照国家有关规定另行处理。

第八十一条 本办法由国资委负责解释。

第八十二条 本办法自2018年8月30日起施行。《中央企业资产损失责任追究暂行办法》(国资委令第20号)同时废止。

4. 国务院国有资产监督管理委员会关于印发《关于加强中央企业内部控制体系建设与监督工作的实施意见》的通知(2019年颁布)

(国资发监督规〔2019〕101号)

各中央企业:

《关于加强中央企业内部控制体系建设与监督工作的实施意见》已经国资委第14次委务会议审议通过,现印发给你们,请遵照执行。

国资委
二〇一九年十月十九日

国务院国有资产监督管理委员会关于加强中央企业内部控制体系建设与监督工作的实施意见

为深入贯彻习近平新时代中国特色社会主义思想和党的十九大精神,认真落实党中央、国务院关于防范化解重大风险和推动高质量发展的决策部署,充分发挥内部控制(以下简称内控)体系对中央企业强基固本作用,进一步提升中央企业防范化解重大风险能力,加快培育具有全球竞争力的世界一流企业,根据《中共中央国务院关于深化国有企业改革的指导意见》《国务院关于印发改革国有资本授权经营体制方案的通知》《国务院办公厅关于加强和改进企业国有资产监督防止国有资产流失的意见》,制定本实施意见。

一、建立健全内控体系,进一步提升管控效能

(一)优化内控体系。建立健全以风险管理为导向、合规管理监督为重点,严格、规范、全面、有效的内控体系。进一步树立和强化管理制度化、制度流程化、流程信息化的内控理念,通过"强监管、严问责"和加强信息化管理,严格落实各项规章制度,将风险管理和合规管理要求嵌入业务流程,促使企业依法合规开展各项经营活动,实现"强内控、防风险、促合规"的管控目标,形成全面、全员、全过程、全体系的风险防控机制,切实全面提升内控体系有效性,加快实现高质量发展。

(二)强化集团管控。进一步完善企业内部管控体制机制,中央企业主要领导人员是内控体系监管工作第一责任人,负责组织领导建立健全覆盖各业务领域、部门、岗位,涵盖各级子企业全面有效的内控体系。中央企业应明确专门职能部门或机构统筹内控体系工作职责；落实各业务部门内控体系有效运行责任；企业审计部门要加强内控体系监督检查工作，准确揭示风险隐患和内控缺陷，进一步发挥查错纠弊作用，促进企业不断优化内控体系。

（三）完善管理制度。全面梳理内控、风险和合规管理相关制度，及时将法律法规等外部监管要求转化为企业内部规章制度，持续完善企业内部管理制度体系。在具体业务制度的制定、审核和修订中嵌入统一的内控体系管控要求，明确重要业务领域和关键环节的控制要求和风险应对措施。将违规经营投资责任追究内容纳入企业内部管理制度中，强化制度执行刚性约束。

（四）健全监督评价体系。统筹推进内控、风险和合规管理的监督评价工作，将风险、合规管理制度建设及实施情况纳入内控体系监督评价范畴，制定定性与定量相结合的内控缺陷认定标准、风险评估标准和合规评价标准，不断规范监督评价工作程序、标准和方式方法。

二、强化内控体系执行，提高重大风险防控能力

（五）加强重点领域日常管控。聚焦关键业务、改革重点领域、国有资本运营重要环节以及境外国有资产监管，定期梳理分析相关内控体系执行情况，认真查找制度缺失或流程缺陷，及时研究制定改进措施，确保体系完整、全面控制、执行有效。要在投资并购、改革改制重组等重大经营事项决策前开展专项风险评估，并将风险评估报告（含风险应对措施和处置预案）作为重大经营事项决策的必备支撑材料，对超出企业风险承受能力或风险应对措施不到位的决策事项不得组织实施。

（六）加强重要岗位授权管理和权力制衡。不断深化内控体系管控与各项业务工作的有机结合，以保障各项经营业务规范有序开展。按照不相容职务分离控制、授权审批控制等内控体系管控要求，严格规范重要岗位和关键人员在授权、审批、执行、报告等方面的权责，实现可行性研究与决策审批、决策审批与执行、执行与监督检查等岗位职责的分离。不断优化完善管理要求，重点强化采购、销售、投资管理、资金管理和工程项目、产权（资产）交易流转等业务领域各岗位的职责权限和审批程序，形成相互衔接、相互制衡、相互监督的内控体系工作机制。

（七）健全重大风险防控机制。积极采取措施强化企业防范化解重大风险全过程管控，加强经济运行动态、大宗商品价格以及资本市场指标变化监测，提高对经营环境变化、发展趋势的预判能力，同时结合内控体系监督评价工作中发现的经营管理缺陷和问题，综合评估企业内外部风险水平，有针对性地制定风险应对方案，并根据原有风险的变化情况及应对方案的执行效果，有效做好企业间风险隔离，防止风险由"点"扩"面"，避免发生系统性、颠覆性重大经营风险。

三、加强信息化管控，强化内控体系刚性约束

（八）提升内控体系信息化水平。各中央企业要结合国资监管信息化建设要求，加强内控信息化建设力度，进一步提升集团管控能力。内控体系建设部门要与业务部门、审计部门、信息化建设部门协同配合，推动企业"三重一大"、投资和项目管理、财务和资产、物资采购、全面风险管理、人力资源等集团管控信息系统的集成应用，逐步实现内控体系与业务信息系统互联互通、有机融合。要进一步梳理和规范业务系统的审批流程及各层级管理人员权限设置，将内控体系管控措施嵌入各类业务信息系统，确保自动识别并终止超越权限、逾越程序和审核材料不健全等行为，促使各项经营管理决策和执行活动可控、可追溯、可检查，有效减少人为违规操纵因素。集团管控能力和信息化基础较好的企业要逐步探索利用

大数据、云计算、人工智能等技术，实现内控体系实时监测、自动预警、监督评价等在线监管功能，进一步提升信息化和智能化水平。

四、加大企业监督评价力度，促进内控体系持续优化

（九）全面实施企业自评。督促所属企业每年以规范流程、消除盲区、有效运行为重点，对内控体系的有效性进行全面自评，客观、真实、准确揭示经营管理中存在的内控缺陷、风险和合规问题，形成自评报告，并经董事会或类似决策机构批准后按规定报送上级单位。

（十）加强集团监督评价。要在子企业全面自评的基础上，制定年度监督评价方案，围绕重点业务、关键环节和重要岗位，组织对所属企业内控体系有效性进行监督评价，确保每3年覆盖全部子企业。要将海外资产纳入监督评价范围，重点对海外项目的重大决策、重大项目安排、大额资金运作以及境外子企业公司治理等进行监督评价。

（十一）强化外部审计监督。要根据监督评价工作结果，结合自身实际情况，充分发挥外部审计的专业性和独立性，委托外部审计机构对部分子企业内控体系有效性开展专项审计，并出具内控体系审计报告。内控体系监管不到位、风险事件和合规问题频发的中央企业，必须聘请具有相应资质的社会中介机构进行审计评价，切实提升内控体系管控水平。

（十二）充分运用监督评价结果。要加大督促整改工作力度，指导所属企业明确整改责任部门、责任人和完成时限，对整改效果进行检查评价，按照内控体系一体化工作要求编制内控体系年度工作报告并及时报国资委，同时抄送企业纪委（纪检监察组）、组织人事部门等。指导所属企业建立健全与内控体系监督评价结果挂钩的考核机制，对内控制度不健全、内控体系执行不力、瞒报漏报谎报自评结果、整改落实不到位的单位或个人，应给予考核扣分、薪酬扣减或岗位调整等处理。

五、加强出资人监督，全面提升内控体系有效性

（十三）建立出资人监督检查工作机制。加强对中央企业国有资产监管政策制度执行情况的综合检查工作，建立内控体系定期抽查评价工作制度，每年组织专门力量对中央企业经营管理重要领域和关键环节开展内控体系有效性抽查评价，发现和堵塞管理漏洞，完善相关政策制度，并加大监督检查工作结果在各项国有资产监管及干部管理工作中的运用力度。

（十四）充分发挥企业内部监督力量。通过完善公司治理，健全相关制度，整合企业内部监督力量，发挥企业董事会或委派董事决策、审核和监督职责，有效利用企业监事会、内部审计、企业内部巡视巡察等监督检查工作成果，以及出资人监管和外部审计、纪检监察、巡视反馈问题情况，不断完善企业内控体系建设。

（十五）强化整改落实工作。进一步强化对企业重大风险隐患和内控缺陷整改工作跟踪检查力度，将企业整改落实情况纳入每年内控体系抽查评价范围，完善对中央企业提示函和通报工作制度，对整改不力的印发提示函和通报，进一步落实整改责任，避免出现重复整改、形式整改等问题。

（十六）加大责任追究力度。严格按照《中央企业违规经营投资责任追究实施办法（试行）》（国资委令第37号）等有关规定，及时发现并移交违规违纪违法经营投资问题线索，强化监督警示震慑作用。对中央企业存在重大风险隐患、内控缺陷和合规管理等问题失察，或虽发现但没有及时报告、处理，造成重大资产损失或其他严重不良后果的，要严肃追究企业集团的管控责任；对各级子企业未按规定履行内控体系建设职责、未执行或执行不力，以及瞒报、漏报、谎报或迟报重大风险及内控缺陷事件的，坚决追责问责，层层落实内控体系监督责任，有效防止国有资产流失。

5. 国务院国有资产监督管理委员会关于印发《中央企业重大经营风险事件报告工作规则》的通知（2021年颁布）

（国资发监督规〔2021〕103号）

各中央企业：

《中央企业重大经营风险事件报告工作规则》已经国资委第74次委务会审议通过，现印发给你们，请结合实际认真贯彻执行。

国资委
2021年12月13日

中央企业重大经营风险事件报告工作规则

第一条 为规范中央企业重大经营风险事件报告工作，建立健全重大经营风险管控机制，及时采取应对措施，有效防范和化解重大经营风险，根据《关于印发〈关于加强中央企业内部控制体系建设与监督工作的实施意见〉的通知》（国资发监督规〔2019〕101号），制定本规则。

第二条 本规则所称中央企业，是指国务院国有资产监督管理委员会（以下简称国资委）代表国务院履行出资人职责的国家出资企业（以下简称企业）。

第三条 本规则所称重大经营风险事件，是指企业在生产经营管理活动中发生的，已造成或可能造成重大资产损失或严重不良影响的各类生产经营管理风险事件。

第四条 企业是重大经营风险事件报告工作的责任主体，负责建立重大经营风险事件报告工作制度和运行机制，明确责任分工、畅通报告渠道。企业主要负责人应当对重大经营风险事件报告的真实性、及时性负责。

第五条 国资委对企业重大经营风险事件报告及处置工作实施监督管理，督促指导企业建立重大经营风险事件报告责任体系，做好重大经营风险事件的研判报送、应对处置、跟踪监测、警示通报及问责整改等工作，对于涉及违规经营投资的风险事件，按有关规定开展责任追究。

第六条 企业发生重大经营风险事件后应当快速反应、及时报告，客观准确反映风险事件情况，确保国资委及企业集团能够及时研判、有效应对、稳妥处置，并举一反三做好风险预警通报工作。

第七条 企业生产经营管理过程中，有下列风险情形之一的，应当确定为重大经营风险事件并及时报告：

（一）可能对企业资产、负债、权益和经营成果产生重大影响，影响金额占企业总资产或者净资产或者净利润10%以上，或者预计损失金额超过5 000万元。

（二）可能导致企业生产经营条件和市场环境发生特别重大变化，影响企业可持续发展。

（三）因涉嫌严重违法违规被司法机关或者省级以上监管机构立案调查，或者受到重大刑事处罚、行政处罚。

（四）受到其他国家、地区或者国际组织机构管制、制裁等，对企业或者国家形象产生重大负面影响。

（五）受到国内外媒体报道，造成重大负面舆情影响。

（六）其他情形。

第八条 重大经营风险事件报告按照事件发生的不同阶段，分为首报、续报和终报等三种方式。

第九条 首报应当在事件发生后2个工作日内向国资委报告，报告内容包括：事件发生的时间、地点、现状以及可能造成的损失或影响，向企业董事会及监管部门报告情况，以及采取的紧急应对措施等情况。对于特别紧急的重大经营风险事件，应当在第一时间内以适当便捷的方式报告国资委。

第十条 续报应当在事件发生后5个工作日内向国资委报告，报告内容包括：事发单位基本情况、事件起因和性质、基本过程、发展趋势判断、风险应对处置方案、面临问题和困难及建议等情况。

对于需要长期应对处置或整改落实的，应当纳入重大经营风险事件月度或季度监测台账，跟踪监测事件处置进度，并定期报告重大经营风险事件处置进展情况。

第十一条 终报应当在事件处置或整改工作结束后10个工作日内向国资委报告，报告内容包括：事件基本情况、党委（党组）或董事会审议情况、已采取的措施及结果、涉及的金额及造成的损失及影响、存在的主要问题和困难及原因分析、问题整改情况等。涉及违规违纪违法问题的应当一并报告问责情况。

重大经营风险事件报告，应当由企业主要负责人签字并加盖企业公章后报送国资委。

第十二条 国资委根据重大经营风险事件报告质量评估情况，及时提出处理意见并反馈企业。对于重大经营风险事件报告存在质量问题的，要求企业及时进行修改或重新编制报送。

第十三条 企业在重大经营风险事件报告及处置阶段，应当视情向所属企业及时预警提示或通报重大风险事件情况，做到重大风险早发现、早预警、早处置，并认真总结经验教训，不断完善重大经营风险事件报告及应对处置工作。

第十四条 国资委对企业报送的重大经营风险事件进行初步评估，按有关职能和工作分工，由相关厅局督促指导企业做好重大经营风险事件应对工作，跟踪处置情况，加强重大经营风险管控和防范。对具有典型性、普遍性的重大经营风险事件，深入分析原因、研究管理措施，视情及时向企业预警提示或通报。

第十五条 存在以下情形之一的，国资委将印发提示函、约谈或通报，情形严重的依规追究责任：

（一）严重迟报、漏报、瞒报和谎报的。

（二）对重大经营风险事件报告工作敷衍应付，导致发生重大资产损失或严重不良后果的。

（三）重大经营风险事件应对处置不及时、措施不得力，造成重大资产损失或严重不良后果的。

（四）需要追究责任的其他情形。

第十六条 企业重大经营风险事件报告工作应当严格落实国家保密管理有关规定和要求。

第十七条 企业安全生产、节能减排、环境保护、维稳事件等相关风险事件报告工作不适用本规则。

第十八条 本规则自印发之日起施行。《关于加强重大经营风险事件报告工作有关事项的通知》（国资厅发监督〔2020〕17号）同时废止。

6. 关于印发《关于加强地方国有企业债务风险管控工作的指导意见》的通知（2021年颁布）

（国资发财评规〔2021〕18号）

各省、自治区、直辖市及计划单列市和新疆生产建设兵团国资委：

近期，个别地方国有企业发生债券违约，引发金融市场波动和媒体关注。中央、国务院领导同志高度重视，要求加强国有企业债务风险处置和防范应对工作。国务院金融稳定发展委员会召开专题会议研究部署风险防范化解工作，要求地方政府和地方国有企业严格落实主体责任，防范化解重大债务风险，维护金融市场稳定，并要求国务院国资委督促指导地方加强国有企业债务风险管控。为此，国务院国资委结合中央企业债务风险管控工作实践，研究制定了《关于加强地方国有企业债务风险管控工作的指导意见》，现印发给你们，请结合地方国有企业实际，认真组织实施。

国务院国资委
2021年2月28日

关于加强地方国有企业债务风险管控工作的指导意见

为贯彻落实国务院金融稳定发展委员会工作要求，指导地方国资委进一步加强国有企业债务风险管控工作，有效防范化解企业重大债务风险，坚决守住不引发区域性、系统性金融风险的底线，现提出以下意见：

一、充分认识当前加强国有企业债务风险管控的重要性

加强国有企业债务风险管控，是贯彻落实党中央、国务院决策部署，打好防范化解重大风险攻坚战的重要举措；是维护金融市场稳定和地区经济平稳运行的客观需要；是落实国企改革三年行动，推动国有企业加快实现高质量发展的内在要求。各地方国资委要进一步提高政治站位，增强责任意识，充分认识当前加强地方国有企业债务风险管控的重要性、紧迫性，督促指导地方国有企业严格落实主体责任，切实增强底线思维和风险意识，依法合规开展债务融资和风险处置，严格遵守资本市场规则和监管要求，按期做好债务资金兑付，不得恶意逃废债，努力维护国有企业良好市场信誉和金融市场稳定。

二、完善债务风险监测预警机制，精准识别高风险企业

各地方国资委要加快建立健全地方国有企业债务风险监测预警机制，完善重点债务风险指标监测台账，逐月跟踪分析，充分利用信息化手段加强对各级企业债务风险的动态监测，做到早识别、早预警、早应对。可参照中央企业债务风险量化评估体系，结合地方实际情况，探索建立地方国有企业债务风险量化评估机制，综合债务水平、负债结构、盈利能力、现金保障、资产质量和隐性债务等，对企业债务风险进行精准识别，将债务风险突出的企业纳入重点管控范围，采取特别管控措施，督促企业"一企一策"制定债务风险处置工作方案，确保稳妥化解债务风险。

三、分类管控资产负债率，保持合理债务水平

各地方国资委可参照中央企业资产负债率行业警戒线和管控线进行分类管控，对高负债企业实施负债规模和资产负债率双约束，"一企一策"确定管控目标，指导企业通过控投资、压负债、增积累、引战投、债转股等方式多措并举降杠杆减负债，推动高负债企业资产负债率尽快回归合理水平。督促指导企业转变过度依赖举债投资做大规模的发展理念，根据财务承受能力科学确定投资规模，从源头上防范债务风险。加强对企业隐性债务的管控，严控资产出表、表外融资等行为，指导企业合理使用权益类融资工具，对永续债券、永续保险、永续信托等权益类永续债和并表基金产品余额占净资产的比例进行限制，严格对外担保管理，对有产权关系的企业按股比提供担保，原则上不对无产权关系的企业提供担保，严控企业相互担保等捆绑式融资行为，防止债务风险交叉传导。规范平台公司重大项目的投融资管理，严控缺乏交易实质的变相融资行为。

四、开展债券全生命周期管理，重点防控债券违约

各地方国资委要把防范地方国有企业债券违约，作为债务风险管控的重中之重。探索实施债券发行年度计划管理，严格审核纳入债务风险重点管控范围企业的发行方案，严禁欺诈发行债券、虚假披露信息、操纵市场价格等违法违规行为，指导地方国有企业严格限定所属子企业债券发行条件。可参照中央企业债券发行管理有关规定，对纳入债务风险重点管控范围的企业实行比例限制，引导企业做好融资结构与资金安全的平衡、偿债时间与现金流量的匹配。将企业发债品种、规模、期限、用途、还款等关键信息纳入债务风险监测预警机制并实施滚动监测，重点关注信用评级低、集中到期债券规模大、现金流紧张、经营严重亏损企业的债券违约风险，督促指导企业提前做好兑付资金接续安排。对于按期兑付确有困难的，各地方国资委要指导企业提前与债券持有人沟通确定处置方案，通过债券展期、置换等方式主动化解风险，也可借鉴央企信用保障基金模式，按照市场化、法治化方式妥善化解风险。

五、依法处置债券违约风险，严禁恶意逃废债行为

对于已经发生债券违约的，各地方国资委要及时报告本级人民政府，在地方政府的统一领导下，切实履行属地责任，指导违约企业按照市场化、法治化、国际化原则妥善做好风险处置，通过盘活土地、出售股权等方式补充资金，积极主动与各方债权人沟通协调，努力达成和解方案，同时要努力挽回市场信心，防止发生风险踩踏和外溢。对于已无力化解风险、确需破产的，要督促企业依法合规履行破产程序，强化信息披露管理，及时、准确披露股东或实际控制人变更、资产划转、新增大额债务等重大事项，保障债权人、投资人合法利益。

六、规范债务资金用途，确保投入主业实业

各地方国资委要加强地方国有企业债务融资资金用途管控，督促企业将筹集的资金及时高效投放到战略安全、产业引领、国计民生、公共服务等关键领域和重要行业，原则上要确保投资项目的回报率高于资金成本，切实发挥资本市场服务实体经济的功能作用。督促企业严格执行国家金融监管政策，按照融资协议约定的用途安排资金，突出主业、聚焦实业，严禁过度融资形成资金无效淤积，严禁资金空转、脱实向虚，严禁挪用资金、违规套利。探索对企业重大资金支出开展动态监控，有效防范资金使用风险。

七、全面推动国企深化改革,有效增强抗风险能力

各地方国资委要坚决贯彻落实国企改革三年行动要求,立足地方国有企业债务风险管控长效机制建设,督促指导企业通过全面深化改革破解风险难题。通过加强"两金"管控、亏损企业治理、低效无效资产处置、非主业非优势企业(业务)剥离等措施,提高企业资产质量和运行效率。严控低毛利贸易、金融衍生、PPP等高风险业务,严禁融资性贸易和"空转""走单"等虚假贸易业务,管住生产经营重大风险点。加快推进国有经济布局优化和结构调整,加速数字化、网络化、智能化转型升级,加快发展新技术、新模式、新业态,不断增强自主创新能力、市场核心竞争力和抗风险能力。

八、发挥监管合力,完善国有企业债务风险管控工作体系

各地方国资委要把加强地方国有企业债务风险管控作为一项系统性工程,从投资规划、财务监管、考核分配、资本预算、产权管理、内控管理、监督追责和干部任免等国资监管的各个环节综合施策,完善监管体系,发挥监管合力,筑牢风险底线。加强与当地人民银行分支机构和证监局等部门的合作,推动债务风险信息共享,共同预警防范企业重大债务风险。国务院国资委将按照推动构建国资监管大格局的要求,督促指导地方加强地方国有企业债务风险管控,加快建立工作联系机制、日常监测机制、风险评估指导机制和重大风险报告机制。

各省级国资委要按照本通知要求督促指导地市和区县级国资监管机构做好监管企业债务风险管控工作。

7.《国务院国资委关于印发〈国资监管责任约谈工作规则〉的通知》(2021年颁布)

(国资发监责规〔2021〕14号)

各中央企业,委内各厅局:

《国资监管责任约谈工作规则》(以下简称《工作规则》)已经国资委第342次党委会议、第51次委务会议审议通过。制定责任约谈工作规则是落实国企改革三年行动部署,完善业务监督、综合监督、责任追究三位一体监督机制,健全以管资本为主的国有资产监管体制具体举措。各中央企业要高度重视,强化主体责任,自觉接受约谈,认真做好整改落实工作,进一步提高依法经营和合规管理水平,夯实高质量发展基础,促进做强做优做大国有资本和国有企业。现将《工作规则》印发给你们,请遵照执行。执行过程中遇到的问题,请及时反映。

国资委
2021年2月20日

国资监管责任约谈工作规则

第一条 为健全管资本为主的国有资产监管体制,规范开展中央企业责任约谈工作,

指导督促中央企业加强国有资产监管，加大整改追责问责力度，有效防范化解重大风险，促进企业高质量发展，推动做强做优做大国有资本和国有企业，依据《中华人民共和国公司法》《中华人民共和国企业国有资产法》《企业国有资产监督管理暂行条例》《中央企业违规经营投资责任追究实施办法（试行）》等法律法规和有关规定，制定本规则。

第二条 本规则所称责任约谈，是指针对中央企业存在的重大问题、资产损失或风险隐患以及其他造成或可能造成严重不良后果的重大事项等，国资委依法依规对企业有关人员进行告诫谈话，提出监管意见建议、责令整改追责的监管措施。

第三条 国资委在国资监管工作中发现中央企业存在下列情形之一的，可以开展责任约谈：

（一）贯彻落实习近平总书记重要指示批示和党中央、国务院决策部署存在问题的；

（二）违反党章和党内法规以及国资委党委规范性文件的；

（三）违反国家法律法规和国有资产监管规章、规范性文件及政策规定的；

（四）规划投资、财务管控、经济运行、产权管理、改革重组、国企混改、公司治理、业绩考核、薪酬分配、资本运营、科技创新、依法经营、合规管理、内部控制、风险管控、内部审计、监督追责、网络安全、选人用人、巡视巡察和党的建设等方面存在突出问题的；

（五）存在重大风险隐患或发生可能造成严重不良后果的重大事项的；

（六）发生重大资产损失及损失风险，因减少或挽回资产损失等工作需要，暂未启动责任追究程序的；

（七）未按规定执行重大事项请示报告制度，或瞒报漏报谎报迟报重大资产损失及损失风险的；

（八）对出资人监管、审计、纪检监察、巡视监督、督查等工作以及国资监管提示函、通报中提出的整改要求，拒绝整改、拖延整改、整改不力或弄虚作假的；

（九）在国际化经营、国际交流合作、外事管理等工作中有严重不当行为的；

（十）其他需要责任约谈的事项。

第四条 出现第三条所列责任约谈情形的，国资委相关厅局根据职责启动责任约谈工作，拟制《责任约谈通知书》，报经国资委分管负责同志审签同意后，以国资委名义印发被约谈中央企业，根据需要抄送国资委责任追究机构、有关纪检监察机构、组织人事部门、巡视机构等。

《责任约谈通知书》实行统一编号管理，内容主要包括约谈事由、时间、地点、参加人员和需要提交的材料及提交时限等。

第五条 责任约谈由国资委相关厅局负责人主持，必要时可请国资委分管负责同志主持。根据工作需要，可请中央纪委国家监委驻国资委纪检监察组以及国资委有关厅局共同参加责任约谈，在责任约谈前，就有关责任约谈内容和意见要求等进行沟通协商。

第六条 责任约谈形式分为个别约谈和集体约谈。多家中央企业存在同类问题或约谈事项涉及多家中央企业的，可以开展集体约谈。

第七条 责任约谈对象为中央企业有关负责人及相关责任人。根据需要，国资委可指定中央企业及所属子企业相关人员参加约谈。

第八条 责任约谈包括以下内容：

（一）说明约谈事由和目的，指出企业存在的问题，提示相关人员的责任风险，提出监管要求和整改意见。

（二）听取被约谈人员对相关问题的陈述，主要包括有关问题基本情况，造成的资产损失、损失风险或影响，问题原因分析，已采取整改或责任追究措施，下一步工作计划等情况。

（三）对被约谈人员进行必要的询问。

（四）其他需要约谈的内容。

第九条 国资委相关厅局应当做好责任约谈记录，约谈结束后形成约谈纪要，可以根据工作需要印送被约谈中央企业。约谈纪要内容主要包括：约谈时间、地点，约谈主持及参加人员，约谈事由、被约谈人陈述情况、国资监管意见要求等。

第十条 有关中央企业收到《责任约谈通知书》后，应当以书面或电话形式确认通知事项，按要求安排有关人员准时参加约谈并提交相关书面陈述材料。

第十一条 有关中央企业应当按照责任约谈意见要求，研究制定工作方案，明确落实措施、责任主体和时间安排。工作方案于责任约谈后10个工作日内报送国资委。

第十二条 有关中央企业应当认真组织落实责任约谈意见要求和工作方案，主动采取措施，制止纠正违规行为，减少或挽回资产损失，降低损失风险，消除不良影响。

第十三条 有关中央企业对于责任约谈涉及违反党规党纪、违规经营投资造成资产损失或其他严重不良后果的，应当依据有关规定对相关责任人严肃追责问责。

第十四条 有关中央企业应当针对责任约谈中提出的问题风险，在本企业开展同类问题风险排查，举一反三，堵塞管理漏洞，有效防范类似问题发生。

第十五条 有关中央企业应当及时向国资委报告约谈事项整改工作进展情况。约谈意见要求落实完成后，应当将相关工作开展情况、采取措施、落实成效及责任追究情况等形成专项工作报告，正式报送国资委。

第十六条 国资委对有关中央企业整改落实工作进行指导督促和评估，推动中央企业提升管理水平。

第十七条 国资委将责任约谈反映中央企业存在的重大问题风险、整改措施及成效、责任追究情况等，作为被约谈中央企业负责人年度经营业绩考核、企业领导班子和领导人员综合考核评价等重要参考。

第十八条 国资委对被约谈中央企业拒绝整改、拖延整改、整改不力或弄虚作假的，按照有关规定，严肃追究责任。对涉嫌违纪或职务违法的，移送有关纪检监察机构。

责任约谈整改落实情况将作为认定违规经营投资损失及责任，以及作出从重、加重或从轻、减轻责任处理意见建议的重要参考。

第十九条 国资委责任追究机构将定期汇总分析责任约谈反映中央企业存在的重大问题风险以及责任追究情况，对典型性、普遍性问题，组织开展共性问题专项核查，督促指导中央企业健全管控机制和责任追究工作体系。

第二十条 国资委相关厅局应当按照"谁组织、谁负责"的原则，将《责任约谈通知书》、约谈纪要、企业报送的有关材料等立卷归档。涉及违规经营投资问题和线索的有关材料，移送国资委责任追究机构按照有关业务档案进行管理。

第二十一条 责任约谈工作应该严格遵守保密制度规定，《责任约谈通知书》、约谈纪要等有关材料按照有关规定进行定密和管理。

第二十二条 对生产安全事故、环境污染事件的约谈工作，按照有关规定执行。

第二十三条 本规则自印发之日起施行。

责任约谈通知书(样式)

(监管约谈函〔20××〕××号)

×××集团有限公司:

根据《国资监管责任约谈工作规则》有关规定,定于××××年××月××日××时,在国资委×××(地点),由×××(约谈单位)×××(约谈主持人及职务)就×××(约谈事由)事项与你公司进行责任约谈。请你公司主要负责人/分管负责人/相关部门负责人/有关子企业负责人/相关责任人等(被约谈对象)按时参加。

请于××××年××月××日将责任约谈事项有关说明材料报送国资委(纸质件加盖单位公章,同时附电子版)。

联系人:×××局××× 联系电话:×××

国资委
年 月 日

责任约谈纪要(样式)

约谈时间:××××年××月××日上(下)午××:××。

约谈地点:国资委×××

约谈主持人:×××(姓名及职务)

约谈单位及人员:×××局×××、×××(姓名及职务)

共同约谈单位及人员:×××局×××、×××(姓名及职务)

被约谈企业及人员:×××集团有限公司×××(姓名及职务)

记录人:×××

约谈事由:×××等问题

约谈要求:

一、被约谈人员陈述情况

二、有关监管意见要求

(一)……。

(二)……。

……

三、其他事项

8. 中央企业合规管理办法（2022 年颁布）

（2022 年 8 月 23 日　国务院国有资产监督管理委员会令第 42 号公布　自 2022 年 10 月 1 日起施行）

第一章　总　　则

第一条　为深入贯彻习近平法治思想，落实全面依法治国战略部署，深化法治央企建设，推动中央企业加强合规管理，切实防控风险，有力保障深化改革与高质量发展，根据《中华人民共和国公司法》《中华人民共和国企业国有资产法》等有关法律法规，制定本办法。

第二条　本办法适用于国务院国有资产监督管理委员会（以下简称国资委）根据国务院授权履行出资人职责的中央企业。

第三条　本办法所称合规，是指企业经营管理行为和员工履职行为符合国家法律法规、监管规定、行业准则和国际条约、规则，以及公司章程、相关规章制度等要求。

本办法所称合规风险，是指企业及其员工在经营管理过程中因违规行为引发法律责任、造成经济或者声誉损失以及其他负面影响的可能性。

本办法所称合规管理，是指企业以有效防控合规风险为目的，以提升依法合规经营管理水平为导向，以企业经营管理行为和员工履职行为为对象，开展的包括建立合规制度、完善运行机制、培育合规文化、强化监督问责等有组织、有计划的管理活动。

第四条　国资委负责指导、监督中央企业合规管理工作，对合规管理体系建设情况及其有效性进行考核评价，依据相关规定对违规行为开展责任追究。

第五条　中央企业合规管理工作应当遵循以下原则：

（一）坚持党的领导。充分发挥企业党委（党组）领导作用，落实全面依法治国战略部署有关要求，把党的领导贯穿合规管理全过程。

（二）坚持全面覆盖。将合规要求嵌入经营管理各领域各环节，贯穿决策、执行、监督全过程，落实到各部门、各单位和全体员工，实现多方联动、上下贯通。

（三）坚持权责清晰。按照"管业务必须管合规"要求，明确业务及职能部门、合规管理部门和监督部门职责，严格落实员工合规责任，对违规行为严肃问责。

（四）坚持务实高效。建立健全符合企业实际的合规管理体系，突出对重点领域、关键环节和重要人员的管理，充分利用大数据等信息化手段，切实提高管理效能。

第六条　中央企业应当在机构、人员、经费、技术等方面为合规管理工作提供必要条件，保障相关工作有序开展。

第二章　组织和职责

第七条　中央企业党委（党组）发挥把方向、管大局、促落实的领导作用，推动合规要求在本企业得到严格遵循和落实，不断提升依法合规经营管理水平。

中央企业应当严格遵守党内法规制度，企业党建工作机构在党委（党组）领导下，按照有关规定履行相应职责，推动相关党内法规制度有效贯彻落实。

第八条　中央企业董事会发挥定战略、作决策、防风险作用，主要履行以下职责：

（一）审议批准合规管理基本制度、体系建设方案和年度报告等。

（二）研究决定合规管理重大事项。
（三）推动完善合规管理体系并对其有效性进行评价。
（四）决定合规管理部门设置及职责。

第九条 中央企业经理层发挥谋经营、抓落实、强管理作用，主要履行以下职责：
（一）拟订合规管理体系建设方案，经董事会批准后组织实施。
（二）拟订合规管理基本制度，批准年度计划等，组织制定合规管理具体制度。
（三）组织应对重大合规风险事件。
（四）指导监督各部门和所属单位合规管理工作。

第十条 中央企业主要负责人作为推进法治建设第一责任人，应当切实履行依法合规经营管理重要组织者、推动者和实践者的职责，积极推进合规管理各项工作。

第十一条 中央企业设立合规委员会，可以与法治建设领导机构等合署办公，统筹协调合规管理工作，定期召开会议，研究解决重点难点问题。

第十二条 中央企业应当结合实际设立首席合规官，不新增领导岗位和职数，由总法律顾问兼任，对企业主要负责人负责，领导合规管理部门组织开展相关工作，指导所属单位加强合规管理。

第十三条 中央企业业务及职能部门承担合规管理主体责任，主要履行以下职责：
（一）建立健全本部门业务合规管理制度和流程，开展合规风险识别评估，编制风险清单和应对预案。
（二）定期梳理重点岗位合规风险，将合规要求纳入岗位职责。
（三）负责本部门经营管理行为的合规审查。
（四）及时报告合规风险，组织或者配合开展应对处置。
（五）组织或者配合开展违规问题调查和整改。

中央企业应当在业务及职能部门设置合规管理员，由业务骨干担任，接受合规管理部门业务指导和培训。

第十四条 中央企业合规管理部门牵头负责本企业合规管理工作，主要履行以下职责：
（一）组织起草合规管理基本制度、具体制度、年度计划和工作报告等。
（二）负责规章制度、经济合同、重大决策合规审查。
（三）组织开展合规风险识别、预警和应对处置，根据董事会授权开展合规管理体系有效性评价。
（四）受理职责范围内的违规举报，提出分类处置意见，组织或者参与对违规行为的调查。
（五）组织或者协助业务及职能部门开展合规培训，受理合规咨询，推进合规管理信息化建设。

中央企业应当配备与经营规模、业务范围、风险水平相适应的专职合规管理人员，加强业务培训，提升专业化水平。

第十五条 中央企业纪检监察机构和审计、巡视巡察、监督追责等部门依据有关规定，在职权范围内对合规要求落实情况进行监督，对违规行为进行调查，按照规定开展责任追究。

第三章　制度建设

第十六条 中央企业应当建立健全合规管理制度，根据适用范围、效力层级等，构建分级分类的合规管理制度体系。

第十七条 中央企业应当制定合规管理基本制度，明确总体目标、机构职责、运行机制、考核评价、监督问责等内容。

第十八条 中央企业应当针对反垄断、反商业贿赂、生态环保、安全生产、劳动用工、税务管理、数据保护等重点领域，以及合规风险较高的业务，制定合规管理具体制度或者专项指南。

中央企业应当针对涉外业务重要领域，根据所在国家（地区）法律法规等，结合实际制定专项合规管理制度。

第十九条 中央企业应当根据法律法规、监管政策等变化情况，及时对规章制度进行修订完善，对执行落实情况进行检查。

第四章 运 行 机 制

第二十条 中央企业应当建立合规风险识别评估预警机制，全面梳理经营管理活动中的合规风险，建立并定期更新合规风险数据库，对风险发生的可能性、影响程度、潜在后果等进行分析，对典型性、普遍性或者可能产生严重后果的风险及时预警。

第二十一条 中央企业应当将合规审查作为必经程序嵌入经营管理流程，重大决策事项的合规审查意见应当由首席合规官签字，对决策事项的合规性提出明确意见。业务及职能部门、合规管理部门依据职责权限完善审查标准、流程、重点等，定期对审查情况开展后评估。

第二十二条 中央企业发生合规风险，相关业务及职能部门应当及时采取应对措施，并按照规定向合规管理部门报告。

中央企业因违规行为引发重大法律纠纷案件、重大行政处罚、刑事案件，或者被国际组织制裁等重大合规风险事件，造成或者可能造成企业重大资产损失或者严重不良影响的，应当由首席合规官牵头，合规管理部门统筹协调，相关部门协同配合，及时采取措施妥善应对。

中央企业发生重大合规风险事件，应当按照相关规定及时向国资委报告。

第二十三条 中央企业应当建立违规问题整改机制，通过健全规章制度、优化业务流程等，堵塞管理漏洞，提升依法合规经营管理水平。

第二十四条 中央企业应当设立违规举报平台，公布举报电话、邮箱或者信箱，相关部门按照职责权限受理违规举报，并就举报问题进行调查和处理，对造成资产损失或者严重不良后果的，移交责任追究部门；对涉嫌违纪违法的，按照规定移交纪检监察等相关部门或者机构。

中央企业应当对举报人的身份和举报事项严格保密，对举报属实的举报人可以给予适当奖励。任何单位和个人不得以任何形式对举报人进行打击报复。

第二十五条 中央企业应当完善违规行为追责问责机制，明确责任范围，细化问责标准，针对问题和线索及时开展调查，按照有关规定严肃追究违规人员责任。

中央企业应当建立所属单位经营管理和员工履职违规行为记录制度，将违规行为性质、发生次数、危害程度等作为考核评价、职级评定等工作的重要依据。

第二十六条 中央企业应当结合实际建立健全合规管理与法务管理、内部控制、风险管理等协同运作机制，加强统筹协调，避免交叉重复，提高管理效能。

第二十七条 中央企业应当定期开展合规管理体系有效性评价，针对重点业务合规管理情况适时开展专项评价，强化评价结果运用。

第二十八条 中央企业应当将合规管理作为法治建设重要内容，纳入对所属单位的考核评价。

第五章　合规文化

第二十九条　中央企业应当将合规管理纳入党委（党组）法治专题学习，推动企业领导人员强化合规意识，带头依法依规开展经营管理活动。

第三十条　中央企业应当建立常态化合规培训机制，制定年度培训计划，将合规管理作为管理人员、重点岗位人员和新入职人员培训必修内容。

第三十一条　中央企业应当加强合规宣传教育，及时发布合规手册，组织签订合规承诺，强化全员守法诚信、合规经营意识。

第三十二条　中央企业应当引导全体员工自觉践行合规理念，遵守合规要求，接受合规培训，对自身行为合规性负责，培育具有企业特色的合规文化。

第六章　信息化建设

第三十三条　中央企业应当加强合规管理信息化建设，结合实际将合规制度、典型案例、合规培训、违规行为记录等纳入信息系统。

第三十四条　中央企业应当定期梳理业务流程，查找合规风险点，运用信息化手段将合规要求和防控措施嵌入流程，针对关键节点加强合规审查，强化过程管控。

第三十五条　中央企业应当加强合规管理信息系统与财务、投资、采购等其他信息系统的互联互通，实现数据共用共享。

第三十六条　中央企业应当利用大数据等技术，加强对重点领域、关键节点的实时动态监测，实现合规风险即时预警、快速处置。

第七章　监督问责

第三十七条　中央企业违反本办法规定，因合规管理不到位引发违规行为的，国资委可以约谈相关企业并责成整改；造成损失或者不良影响的，国资委根据相关规定开展责任追究。

第三十八条　中央企业应当对在履职过程中因故意或者重大过失应当发现而未发现违规问题，或者发现违规问题存在失职渎职行为，给企业造成损失或者不良影响的单位和人员开展责任追究。

第八章　附　则

第三十九条　中央企业应当根据本办法，结合实际制定完善合规管理制度，推动所属单位建立健全合规管理体系。

第四十条　地方国有资产监督管理机构参照本办法，指导所出资企业加强合规管理工作。

第四十一条　本办法由国资委负责解释。

第四十二条　本办法自2022年10月1日起施行。

第三编

行政事业单位法规汇编

第十一章 财政总预算会计相关法规

财政总会计制度（2022年修订）

第一章 总 则

第一条 为加强财政预算管理，提升国家财政治理效能，规范各级政府财政总会计（以下简称总会计）核算，保证会计信息质量，充分发挥总会计的职能作用，根据《中华人民共和国会计法》《中华人民共和国预算法》《中华人民共和国预算法实施条例》及政府会计准则等法律、行政法规和规章，制定本制度。

第二条 本制度适用于中央，省、自治区、直辖市及新疆生产建设兵团，设区的市、自治州，县、自治县、不设区的市、市辖区，乡、民族乡、镇等各级政府财政部门总会计。

第三条 总会计是各级政府财政核算、反映、监督一般公共预算资金、政府性基金预算资金、国有资本经营预算资金、社会保险基金预算资金以及财政专户管理资金、专用基金和代管资金等资金有关的经济活动或事项的专业会计。

社会保险基金预算资金会计核算不适用本制度，由财政部另行规定。

第四条 总会计的职责主要包括：

（一）进行会计核算。办理政府财政各项预算收支、资产负债以及财政运行的会计核算工作，反映政府财政预算执行情况、财务状况、运行情况和现金流量等。

（二）严格财政资金收付调度管理。组织办理财政资金的收付、调拨，在确保资金安全性、规范性、流动性前提下，合理调度管理资金，提高资金使用效益。

（三）规范账户管理。加强对国库单一账户、财政专户、零余额账户和预算单位银行账户等的管理。

（四）实行会计监督，参与预算管理和财务管理。通过会计核算和反映，进行预算执行情况、财务状况、运行情况和现金流量情况分析，并对财政、部门及其所属单位的预算执行和财务管理情况实行会计监督。

（五）协调预算收入征收部门、国家金库、国库集中收付代理银行、财政专户开户银行和其他有关部门之间的业务关系。

（六）组织本地区财政总决算、部门决算、政府财务报告编审和汇总工作。

（七）组织和指导下级财政总会计工作。

第五条 各级政府财政部门应当根据工作需要，配备一定数量的专职会计人员，负责总会计工作，并保持相对稳定。

第六条 总会计应当根据政府会计准则（包括基本准则和具体准则）规定的原则和本制度的要求，对其发生的各项经济业务或事项进行会计核算。

第七条 总会计应当具备财务会计与预算会计双重功能，实现财务会计与预算会计适度区分并相互衔接，全面清晰反映政府财政财务信息和预算执行信息。

财务会计实行权责发生制。预算会计实行收付实现制，国家法律法规等另有规定的，依照其规定。

对于纳入预算管理的财政资金收支业务，在采用预算会计核算的同时应当进行财务会计核算；对于不同预算类型资金间的调入调出、待发国债等业务，仅需进行预算会计核算；

对于其他业务，仅需进行财务会计核算。

第八条 总会计的核算目标是向会计信息使用者提供政府财政预算执行情况、财务状况、运行情况和现金流量等会计信息，反映政府财政受托责任履行情况。

总会计的会计信息使用者包括人民代表大会、政府及其有关部门、政府财政部门自身和其他会计信息使用者。

第九条 总会计的会计核算应当以本级政府财政业务活动持续正常地进行为前提。

第十条 总会计应当划分会计期间，分期结算账目，按规定编制会计报表和报告。

会计期间至少分为年度和月度。会计年度、月度等会计期间的起讫日期采用公历日期。年度终了后，可根据工作需要设置一定期限的上年报告清理期。

第十一条 总会计应当以人民币作为记账本位币，以元为金额单位，元以下记至角、分。发生外币业务，在登记外币金额的同时，一般应当按照业务发生当日中国人民银行公布的汇率中间价，将有关外币金额折算为人民币金额记账。期末，各种以外币计价或结算的资产负债项目，应当按照期末中国人民银行公布的汇率中间价进行折算，因汇率变动产生的差额记入有关费用和支出科目。

第十二条 总会计应当采用借贷记账法记账。

第十三条 总会计的会计记录应当使用中文，少数民族地区可以同时使用本民族文字。

第二章 会计要素

第十四条 本制度会计要素包括财务会计要素和预算会计要素。财务会计要素包括资产、负债、净资产、收入和费用；预算会计要素包括预算收入、预算支出和预算结余。

第一节 资　产

第十五条 总会计核算的资产，应当按照取得或发生时实际金额进行计量。

第十六条 总会计核算的资产按照流动性，分为流动资产和非流动资产。流动资产是指预计在1年内（含1年）耗用或者可以变现的资产；非流动资产是指流动资产以外的资产。

第十七条 总会计核算的资产具体包括财政存款、国库现金管理资产、有价证券、应收非税收入、应收股利、应收及暂付款项、借出款项、预拨经费、在途款、应收转贷款、股权投资等。

财政存款是指政府财政部门代表政府管理的国库存款和其他财政存款等。财政存款的支配权属于同级政府财政部门，并由总会计负责管理，统一在国库或选定的银行开立存款账户，统一收付，不得透支，不得提取现金。

国库现金管理资产是指政府财政在确保支付需要前提下，将暂时闲置的国库存款存放商业银行或者投资于货币市场形成的资产，包括国库现金管理商业银行定期存款以及国库现金管理其他资产。

有价证券是指政府财政按照有关规定取得并持有的有价证券。

应收非税收入是指政府财政应向缴款人收取但实际尚未缴入国库的非税收入款项。

应收股利是指政府因持有股权投资应当收取的现金股利或应当分得的利润。

应收及暂付款项是指政府财政业务活动中形成的债权，包括与下级往来和其他应收款等。应收及暂付款项应当及时清理结算，不得长期挂账。

借出款项是指政府财政按照对外借款管理有关规定借给预算单位临时急需，并按期收回的款项。借出款项仅限于政府财政对纳入本级预算管理的一级预算单位（不含企业）安排借款，不得经预算单位再转借企业。借款资金仅限于临时性资金周转或应对社会影响较大突发事件的临时急需垫款，借款期限不得超过一年，借款时应明确还款来源。

预拨经费是指政府财政在本级人民代表大会批准年度预算前，可以提前预拨已经列入年度预算的各部门基本支出、项目支出和对下级转移支付支出，以及法律规定必须履行支付义务的支出和用于自然灾害等突发事件处理的支出。除上述支出事项及财政部另有规定外，其他支出均不得提前预拨。预拨经费（不含预拨下年度预算资金）应在年终前转列费用或清理收回。

在途款是指报告清理期和库款报解整理期内发生的需要通过本科目过渡处理的属于上年度收入、费用等业务的款项。

应收转贷款是指政府财政将借入的资金转贷给下级政府财政的款项，包括应收地方政府债券转贷款、应收主权外债转贷款等。

股权投资是指政府持有的各类股权投资，包括国际金融组织股权投资、政府投资基金股权投资和企业股权投资等。

第二节　负　　债

第十八条　总会计核算的负债，应当按照承担的有关义务金额或实际发生金额进行计量。

第十九条　总会计核算的负债按照流动性，分为流动负债和非流动负债。流动负债是指预计在1年内（含1年）偿还的负债；非流动负债是指流动负债以外的负债。

第二十条　总会计核算的负债具体包括应付政府债券、应付国库集中支付结余、应付及暂收款项、应付代管资金、应付利息、借入款项、应付转贷款、其他负债等。

应付政府债券是指政府财政以政府名义发行的国债和地方政府债券的应付本金，包括应付短期政府债券和应付长期政府债券。

应付国库集中支付结余是指省级以上（含省级）政府财政国库集中支付中应列为当年费用，但年末未支付需结转下一年度支付的款项。

应付及暂收款项是指政府财政业务活动中形成的支付义务，包括与上级往来和其他应付款等。应付及暂收款项应当及时清理结算。

应付代管资金是指政府财政代为管理的，使用权属于被代管主体的资金。

应付利息是指政府财政以政府名义发行的政府债券及借入款项应支付的利息。

借入款项是指政府财政以政府名义向外国政府和国际金融组织等借入的款项，以及经国务院批准的其他方式借入的款项。

应付转贷款是指政府财政从上级政府财政借入的债务转贷款的本金和利息，包括应付地方政府债券转贷款和应付主权外债转贷款等。

其他负债是指政府财政因有关政策明确要求其承担支出责任的事项而形成的支付义务。

第三节　净　资　产

第二十一条　总会计核算的净资产是指本级政府财政总会计核算的资产扣除负债后的净额。

第二十二条　总会计核算的净资产包括累计盈余、本期盈余、预算稳定调节基金、预算周转金、权益法调整、以前年度盈余调整等。

累计盈余是指政府财政一般公共预算资金、政府性基金预算资金、国有资本经营预算资金、财政专户管理资金、专用基金历年实现的盈余滚存的金额。

本期盈余是指政府财政一般公共预算资金、政府性基金预算资金、国有资本经营预算资金、财政专户管理资金、专用基金本期各项收入、费用分别相抵后的余额。

预算稳定调节基金是指政府财政为保持年度间预算的衔接和稳定而设置的储备性资金。

预算周转金是指政府财政为调剂预算年度内季节性收支差额，保证及时用款而设置的库款周转资金。

权益法调整是指政府财政按照持股比例计算应享有的被投资主体除净损益和利润分配以外的所有者权益变动的份额。

以前年度盈余调整是指政府财政调整以前年度盈余的事项。

<h2 style="text-align:center">第四节 收 入</h2>

第二十三条 总会计核算的收入，应当按照开具票据金额或实际取得金额进行计量。

第二十四条 总会计核算的收入包括税收收入、非税收入、投资收益、转移性收入、其他收入、财政专户管理资金收入和专用基金收入等。

税收收入是指政府财政筹集的纳入本级财政管理的税收收入。

非税收入是指政府财政筹集的纳入本级财政管理的非税收入。

投资收益是指政府持有股权投资所实现的收益或发生的损失。

转移性收入是指在各级政府财政之间进行资金调拨所形成的收入，包括补助收入、上解收入和地区间援助收入等。其中，补助收入是指上级政府财政按照财政体制规定或专项需要补助给本级政府财政的款项。上解收入是指按照财政体制规定或专项需要由下级政府财政上交给本级政府财政的款项。地区间援助收入是指受援方政府财政收到援助方政府财政转来的可统筹使用的各类援助、捐赠等资金收入。

其他收入是指政府财政从其他渠道调入资金、豁免主权外债偿还责任，以及无偿取得股权投资等产生的收入。

财政专户管理资金收入是指政府财政纳入财政专户管理的教育收费等资金收入。

专用基金收入是指政府财政根据法律法规等规定设立的各项专用基金（包括粮食风险基金等）取得的资金收入。

<h2 style="text-align:center">第五节 费 用</h2>

第二十五条 总会计核算的费用，应当按照承担支付义务金额或实际发生金额进行计量。

第二十六条 总会计核算的费用包括政府机关商品和服务拨款费用、政府机关工资福利拨款费用、对事业单位补助拨款费用、对企业补助拨款费用、对个人和家庭补助拨款费用、对社会保障基金补助拨款费用、资本性拨款费用、其他拨款费用、财务费用、转移性费用、其他费用、财政专户管理资金支出、专用基金支出等。

政府机关商品和服务拨款费用是指本级政府财政拨付给机关和参照公务员法管理的事业单位（以下简称参公事业单位）购买商品和服务的各类费用，不包括用于购置固定资产、战略性和应急性物资储备等资本性拨款费用。

政府机关工资福利拨款费用是指本级政府财政拨付给机关和参公事业单位在职职工和编制外长期聘用人员的各类劳动报酬及为上述人员缴纳的各项社会保险费等费用。

对事业单位补助拨款费用是指本级政府财政拨付的对事业单位（不含参公事业单位）的经常性补助费用，不包括对事业单位的资本性拨款费用。

对企业补助拨款费用是指本级政府财政拨付的对各类企业的补助费用，不包括对企业的资本金注入和资本性拨款费用。

对个人和家庭补助拨款费用是指本级政府财政拨付的对个人和家庭的补助费用。

对社会保障基金补助拨款费用是指本级政府财政拨付的对社会保险基金的补助，以及补充全国社会保障基金的费用。

资本性拨款费用是指本级政府财政拨付给行政事业单位和企业的资本性费用，不包括对企业的资本金注入。

其他拨款费用是指本级政府财政拨付的经常性赠与、国家赔偿费用、对民间非营利组织和群众性自治组织补贴等费用。

财务费用是指本级政府财政用于偿还政府债务的利息费用，政府债务发行、兑付、登记费用，以外币计算的政府资产及债务由于汇率变化产生的汇兑损益等。

转移性费用是指在各级政府财政之间进行资金调拨形成的费用，包括补助费用、上解费用、地区间援助费用等。其中，补助费用是指本级政府财政按照财政体制规定或专项需要补助给下级政府财政的费用。上解费用是指本级政府财政按照财政体制规定或专项需要上交给上级政府财政的费用。地区间援助费用是指援助方政府财政安排用于受援方政府财政统筹使用的各类援助、补偿、捐赠等费用。

其他费用是指政府财政无偿划出股权投资以及确认其他负债等产生的费用。

财政专户管理资金支出是指政府财政用纳入财政专户管理的教育收费等资金安排的支出。

专用基金支出是指政府财政用专用基金收入安排的支出。

第二十七条 对于收回本年度已列费用的款项，应冲减当期费用；对于收回以前年度已列费用的款项，通常记入以前年度盈余调整。

第六节 预算收入

第二十八条 预算收入一般在实际取得时予以确认，以实际取得的金额计量。

第二十九条 总会计核算的预算收入包括一般公共预算收入、政府性基金预算收入、国有资本经营预算收入、财政专户管理资金收入、专用基金收入、转移性预算收入、动用预算稳定调节基金、债务预算收入、债务转贷预算收入和待处理收入等。

一般公共预算收入是指政府财政筹集纳入本级一般公共预算管理的税收收入和非税收入。

政府性基金预算收入是指政府财政筹集纳入本级政府性基金预算管理的非税收入。

国有资本经营预算收入是指政府财政筹集纳入本级国有资本经营预算管理的非税收入。

财政专户管理资金收入是指政府财政纳入财政专户管理的教育收费等资金收入。

专用基金收入是指政府财政根据法律法规等规定设立各项专用基金（包括粮食风险基金等）取得的资金收入。

转移性预算收入是指在各级政府财政之间进行资金调拨以及在本级政府财政不同类型资金之间调剂所形成的收入，包括补助预算收入、上解预算收入、地区间援助预算收入和调入预算资金等。

补助预算收入是指上级政府财政按照财政体制规定或专项需要补助给本级政府财政的款项，包括返还性收入、一般性转移支付收入和专项转移支付收入等。上解预算收入是指按照财政体制规定或专项需要由下级政府财政上交给本级政府财政的款项。地区间援助预算收入是指受援方政府财政收到援助方政府财政转来的可统筹使用的各类援助、捐赠等资金收入。调入预算资金是指政府财政为平衡某类预算收支，从其他类型预算资金及其他渠道调入的资金。

动用预算稳定调节基金是指政府财政为弥补一般公共预算收支缺口动用的预算稳定调节基金。

债务预算收入是指政府财政根据法律法规等规定，通过发行债券、向外国政府和国际金融组织借款等方式筹集的纳入预算管理的资金收入。

债务转贷预算收入是指本级政府财政收到上级政府财政转贷的债务收入。

待处理收入是指本级政府财政收回的部门预算结转结余资金和转移支付结转资金。

第三十条 一般公共预算收入、政府性基金预算收入、国有资本经营预算收入、财政专户管理资金收入和专用基金收入应当按照实际收到的金额入账。中央政府财政年末可按有关规定对部分收入事项采用权责发生制核算。转移性预算收入应当按照财政体制的规定和预算管理需要，按实际发生的金额入账。债务预算收入应当按照实际发行额或借入的金额入账，债务转贷预算收入应当按照实际收到的转贷金额入账。待处理收入应当按照实际收到的金额入账。

已建乡（镇）国库的地区，乡（镇）财政的本级收入以乡（镇）国库收到数为准。县（含县本级）以上各级财政的各项预算收入（含固定收入与共享收入）以缴入基层国库数额为准。

未建乡（镇）国库的地区，乡（镇）财政的本级收入以乡（镇）总会计收到县级财政返回数额为准。

第三十一条 总会计应当加强各项预算收入的管理，严格会计核算手续。对于各项预算收入的账务处理必须以审核无误的国库入账凭证、预算收入日报表、专户资金入账凭证和其他合法凭证为依据。发现错误，应当按照有关规定及时通知有关单位共同更正。

对于已缴入国库和财政专户的预算收入退库（付），要严格把关，强化监督。凡不属于国家规定的退库（付）项目，一律不得办理退库（付）及冲退预算收入。属于国家规定的退库（付）事项，具体退库（付）程序按财政部的有关规定办理。

第七节　预算支出

第三十二条 预算支出一般在实际发生时予以确认，以实际发生的金额计量。

第三十三条 总会计核算的预算支出包括一般公共预算支出、政府性基金预算支出、国有资本经营预算支出、财政专户管理资金支出、专用基金支出、转移性预算支出、安排预算稳定调节基金、债务还本预算支出、债务转贷预算支出和待处理支出等。

一般公共预算支出是指政府财政管理的由本级政府安排使用的列入一般公共预算的支出。

政府性基金预算支出是指政府财政管理的由本级政府安排使用的列入政府性基金预算的支出。

国有资本经营预算支出是指政府财政管理的由本级政府安排使用的列入国有资本经营预算的支出。

财政专户管理资金支出是指政府财政用纳入财政专户管理的教育收费等资金安排的支出。

专用基金支出是指政府财政用专用基金收入安排的支出。

转移性预算支出是指各级政府财政之间进行资金调拨以及在本级政府财政不同类型资金之间调剂所形成的支出，包括补助预算支出、上解预算支出、地区间援助预算支出和调出预算资金等。补助预算支出是指本级政府财政按财政体制规定或专项需要补助给下级政府财政的款项，包括对下级的税收返还、一般性转移支付和专项转移支付等。上解预算支出是指按照财政体制规定或专项需要由本级政府财政上交给上级政府财政的款项。地区间援助预算支出是指援助方政府财政安排用于受援方政府财政统筹使用的各类援助、捐赠等资金支出。调出预算资金是指政府财政为平衡预算收支，在不同类型预算资金之间的调出支出。

安排预算稳定调节基金是指政府财政安排用于弥补以后年度预算资金不足的储备性资金。

债务还本预算支出是指政府财政偿还本级政府承担的债务本金支出。

债务转贷预算支出是指本级政府财政向下级政府财政转贷的债务支出。

待处理支出是指政府财政按照预拨经费管理有关规定预拨给预算单位尚未列为预算支出的款项。待处理支出（不含预拨下年度预算资金）应在年终前转列支出或清理收回。

第三十四条 一般公共预算支出、政府性基金预算支出、国有资本经营预算支出一般应当按照实际支付的金额入账。省级以上（含省级）政府财政年末可按规定采用权责发生制将国库集中支付结余列支入账。中央政府财政年末可按有关规定对部分支出事项采用权责发生制核算。从本级预算支出中安排提取的专用基金，按照实际提取金额列支入账。财政专户管理资金支出、专用基金支出应当按照实际支付的金额入账。转移性预算支出应当根据财政体制的规定和预算管理需要，按实际发生的金额入账。债务转贷预算支出应当按照实际转贷的金额入账。债务还本预算支出应当按照实际偿还的金额入账。待处理支出应当按照实际支付的金额入账。

对于收回当年已列支出的款项，应冲销当年预算支出。对于收回以前年度已列支出的款项，通常冲销当年预算支出。

第三十五条 总会计应当加强预算支出管理，科学预测和调度资金，严格按照批准的年度预算办理支出，严格审核拨付申请，严格按照预算管理规定和实际拨付金额列报支出，不得办理无预算、超预算的支出，不得任意调整预算支出科目。

对于各项支出的账务处理必须以审核无误的国库划款清算凭证、资金支付凭证和其他合法凭证为依据。

第八节　预算结余

第三十六条 预算结余是指预算年度内政府预算收入扣除预算支出后的余额，以及历年滚存的库款和专户资金余额。

第三十七条 总会计核算的预算结余包括一般公共预算结转结余、政府性基金预算结转结余、国有资本经营预算结转结余、财政专户管理资金结余、专用基金结余、预算稳定调节基金、预算周转金和资金结存等。

一般公共预算结转结余是指本级政府财政一般公共预算收支的执行结果。

政府性基金预算结转结余是指本级政府财政政府性基金预算收支的执行结果。

国有资本经营预算结转结余是指本级政府财政国有资本经营预算收支的执行结果。

财政专户管理资金结余是指本级政府财政纳入财政专户管理的教育收费等资金收支的执行结果。

专用基金结余是指本级政府财政专用基金收支的执行结果。

预算稳定调节基金是指本级政府财政为保持年度间预算的衔接和稳定，在一般公共预算中设置的储备性资金。

预算周转金是指本级政府财政为调剂预算年度内季节性收支差额，保证及时用款而设置的周转资金。

资金结存是指政府财政纳入预算管理资金的流入、流出、调整和滚存的结果。

第三十八条 各项结转结余应每年结算一次。

第三章　会计科目

第三十九条 总会计应当按照下列规定运用会计科目：

（一）总会计应当对有关法律、法规允许进行的经济活动，按照本制度的规定使用会计科目进行核算；不得以本制度规定的会计科目及使用说明作为进行有关经济活动的依据。

（二）总会计应当按照本制度的规定设置和使用会计科目，不需使用的总账科目可以不使用；在不影响会计处理和编报会计报表的前提下，各级总会计可以根据实际情况在本套科目体系下自行增设下级明细科目。

（三）总会计应当执行本制度统一规定的会计科目编号，不得随意打乱重编，以便于填制会计凭证、登记账簿、查阅账目，实行会计信息化管理。

（四）总会计在填制会计凭证、登记会计账簿时，应同时填列会计科目的名称及编号。

（五）总会计设置明细科目或进行明细核算，除遵循本制度规定外，还应当满足政府财政预算管理和财务管理的需要。

第四十条 总会计适用的会计科目如下：

序号	科目编号	会计科目名称
一、财务会计科目		
（一）资产类		
1	1001	国库存款
2	1002	其他财政存款
3	1003	国库现金管理资产
	100301	商业银行定期存款
	100399	其他国库现金管理资产
4	1011	有价证券
5	1021	应收非税收入
6	1022	应收股利
7	1031	借出款项
8	1032	与下级往来
9	1033	预拨经费
10	1034	在途款
11	1035	其他应收款
12	1041	应收地方政府债券转贷款
	104101	应收本金
	104102	应收利息
13	1042	应收主权外债转贷款
	104201	应收本金
	104202	应收利息
14	1061	股权投资
	106101	国际金融组织股权投资
	106102	政府投资基金股权投资
	106103	企业股权投资
（二）负债类		
15	2001	应付短期政府债券
	200101	应付国债
	200102	应付地方政府一般债券
	200103	应付地方政府专项债券
16	2011	应付国库集中支付结余

(续表)

序号	科目编号	会计科目名称
17	2012	与上级往来
18	2013	其他应付款
19	2014	应付代管资金
20	2015	应付利息
	201501	应付国债利息
	201502	应付地方政府债券利息
	201503	应付地方政府主权外债利息
21	2021	应付长期政府债券
	202101	应付国债
	202102	应付地方政府一般债券
	202103	应付地方政府专项债券
22	2022	借入款项
23	2031	应付地方政府债券转贷款
	203101	应付本金
	203102	应付利息
24	2032	应付主权外债转贷款
	203201	应付本金
	203202	应付利息
25	2041	其他负债
(三) 净资产类		
26	3001	累计盈余
	300101	预算管理资金累计盈余
	300102	财政专户管理资金累计盈余
	300103	专用基金累计盈余
27	3011	本期盈余
	301101	预算管理资金本期盈余
	301102	财政专户管理资金本期盈余
	301103	专用基金本期盈余
28	3021	预算稳定调节基金
29	3022	预算周转金
30	3041	权益法调整
31	3051	以前年度盈余调整
	305101	预算管理资金以前年度盈余调整

（续表）

序号	科目编号	会计科目名称
	305102	财政专户管理资金以前年度盈余调整
	305103	专用基金以前年度盈余调整
（四）收入类		
32	4001	税收收入
33	4002	非税收入
34	4011	投资收益
35	4021	补助收入
36	4022	上解收入
37	4023	地区间援助收入
38	4031	其他收入
39	4041	财政专户管理资金收入
40	4042	专用基金收入
（五）费用类		
41	5001	政府机关商品和服务拨款费用
42	5002	政府机关工资福利拨款费用
43	5003	对事业单位补助拨款费用
44	5004	对企业补助拨款费用
45	5005	对个人和家庭补助拨款费用
46	5006	对社会保障基金补助拨款费用
47	5007	资本性拨款费用
48	5008	其他拨款费用
49	5011	财务费用
	501101	利息费用
	501102	债务发行兑付费用
	501103	汇兑损益
50	5021	补助费用
51	5022	上解费用
52	5023	地区间援助费用
53	5031	其他费用
54	5041	财政专户管理资金支出
55	5042	专用基金支出

(续表)

序号	科目编号	会计科目名称
二、预算会计科目		
（一）预算收入类		
56	6001	一般公共预算收入
57	6002	政府性基金预算收入
58	6003	国有资本经营预算收入
59	6005	财政专户管理资金收入
60	6007	专用基金收入
61	6011	补助预算收入
	601101	一般公共预算补助收入
	601102	政府性基金预算补助收入
	601103	国有资本经营预算补助收入
	601111	上级调拨
62	6012	上解预算收入
	601201	一般公共预算上解收入
	601202	政府性基金预算上解收入
	601203	国有资本经营预算上解收入
63	6013	地区间援助预算收入
64	6021	调入预算资金
	602101	一般公共预算调入资金
	602102	政府性基金预算调入资金
65	6031	动用预算稳定调节基金
66	6041	债务预算收入
	604101	国债收入
	604102	一般债务收入
	604103	专项债务收入
67	6042	债务转贷预算收入
	604201	一般债务转贷收入
	604202	专项债务转贷收入
68	6051	待处理收入
	605101	库款资金待处理收入
	605102	专户资金待处理收入
（二）预算支出类		
69	7001	一般公共预算支出

（续表）

序号	科目编号	会计科目名称
70	7002	政府性基金预算支出
71	7003	国有资本经营预算支出
72	7005	财政专户管理资金支出
73	7007	专用基金支出
74	7011	补助预算支出
	701101	一般公共预算补助支出
	701102	政府性基金预算补助支出
	701103	国有资本经营预算补助支出
	701111	调拨下级
75	7012	上解预算支出
	701201	一般公共预算上解支出
	701202	政府性基金预算上解支出
	701203	国有资本经营预算上解支出
76	7013	地区间援助预算支出
77	7021	调出预算资金
	702101	一般公共预算调出资金
	702102	政府性基金预算调出资金
	702103	国有资本经营预算调出资金
78	7031	安排预算稳定调节基金
79	7041	债务还本预算支出
	704101	国债还本支出
	704102	一般债务还本支出
	704103	专项债务还本支出
80	7042	债务转贷预算支出
	704201	一般债务转贷支出
	704202	专项债务转贷支出
81	7051	待处理支出
（三）预算结余类		
82	8001	一般公共预算结转结余
83	8002	政府性基金预算结转结余
84	8003	国有资本经营预算结转结余
85	8005	财政专户管理资金结余
86	8007	专用基金结余

（续表）

序号	科目编号	会计科目名称
87	8031	预算稳定调节基金
88	8033	预算周转金
89	8041	资金结存
	804101	库款资金结存
	804102	专户资金结存
	804103	在途资金结存
	804104	集中支付结余结存
	804105	上下级调拨结存
	804106	待发国债结存
	804107	零余额账户结存
	804108	已结报支出
	804109	待处理结存

第四十一条 财务会计科目使用说明如下：

一、资产类

1001 国库存款

一、本科目核算政府财政存放在国库单一账户的款项。

二、国库存款的主要账务处理如下：

（一）国库存款增加时，按照实际收到的金额，借记本科目，贷记有关科目。

（二）国库存款减少时，按照实际支付的金额，借记有关科目，贷记本科目。

三、本科目期末借方余额反映政府财政国库存款的结存数。

1002 其他财政存款

一、本科目核算政府财政未列入"国库存款"科目反映的各项财政存款。

二、本科目应按照存款资金的性质和存款银行等进行明细核算。

三、其他财政存款的主要账务处理如下：

（一）财政专户收到款项时，按照实际收到的金额，借记本科目，贷记有关科目。

（二）其他财政存款产生的利息收入，除规定作为专户资金收入外，其他利息收入都应缴入国库。

取得其他财政存款利息收入时，按照实际获得的利息金额，根据以下情况分别处理：

1. 按规定作为专户资金收入的，借记本科目，贷记"应付代管资金"或有关收入科目。

2. 按规定应缴入国库的，借记本科目，贷记"其他应付款"科目。将其他财政存款利息收入缴入国库时，借记"其他应付款"科目，贷记本科目；同时，借记"国库存款"科目，贷记"非税收入"科目。

（三）其他财政存款减少时，按照实际支付的金额，借记有关科目，贷记本科目。

四、本科目期末借方余额反映政府财政持有的其他财政存款。

1003 国库现金管理资产

一、本科目核算政府财政将暂时闲置的国库存款存放商业银行或者投资于货币市场形成的资产。

二、本科目应按照业务种类设置"商业银行定期存款""其他国库现金管理资产"明细科目，并可根据管理需要进行明细核算。

三、国库现金管理资产的主要账务处理如下：

（一）商业银行定期存款

1. 根据国库现金管理有关规定开展商业银行定期存款时，将国库存款转存商业银行，按照存入商业银行的金额，借记本科目，贷记"国库存款"科目。

2. 商业银行定期存款收回国库时，按照实际收回的金额，借记"国库存款"科目，按照原存入商业银行的存款本金金额，贷记本科目，按照其差额，贷记"非税收入"科目。

（二）其他国库现金管理业务可根据管理条件和管理需要，参照商业银行定期存款的账务处理。

四、本科目期末借方余额反映政府财政开展国库现金管理业务形成的资产。

1011 有价证券

一、本科目核算政府财政按照有关规定取得并持有的有价证券。

二、本科目应按照有价证券种类进行明细核算。三、有价证券的主要账务处理如下：

（一）购入有价证券时，按照实际支付的金额，借记本科目，贷记"国库存款""其他财政存款"等科目。

（二）转让或到期兑付有价证券时，按照实际收到的金额，借记"国库存款""其他财政存款"等科目，按照该有价证券的账面余额，贷记本科目，按照其差额，贷记或借记有关收入或费用科目。

四、本科目期末借方余额反映政府财政持有的有价证券金额。

1021 应收非税收入

一、本科目核算政府财政应向缴款人收取但实际尚未缴入国库的非税收入款项。对于非税收入管理部门不能提供已开具非税收入缴款票据、尚未缴入本级国库的非税收入数据的地区，可暂不使用本科目核算。

二、本科目应参照《政府收支分类科目》中"非税收入"科目进行明细核算，同时可根据管理需要，参照实际情况，按执收部门（单位）进行明细核算。

三、应收非税收入的主要账务处理如下：

（一）确认取得非税收入时，按照非税收入管理部门提供的已开具缴款票据、尚未缴入本级国库的非税收入金额，借记本科目，贷记"非税收入"科目。

（二）实际收到非税收入款项时，按照实际收到的非税收入金额，借记"国库存款"科目，已列应收非税收入部分金额，贷记本科目；未列入应收非税收入部分金额，贷记"非税收入"科目。

（三）期末，非税收入管理部门应对未入库的应收非税收入进行全面核查，总会计根据核查结果对应收非税收入余额进行确认，确保应收非税收入核算准确。

四、本科目期末借方余额反映政府财政尚未入库的应收非税收入。

1022 应收股利

一、本科目核算政府因持有股权投资应当收取的现金股利或应当分得的利润。

二、本科目应根据管理需要，按照被投资主体进行明细核算。

三、应收股利的主要账务处理如下：

（一）采用权益法核算

1.持有股权投资期间，被投资主体宣告发放现金股利或利润的，根据股权管理部门提供的资料，按照应上缴政府财政的部分，借记本科目，贷记"股权投资（损益调整）"科目；

2.收到现金股利或利润时，按照实际收到的金额，借记"国库存款"科目，贷记本科目；按照实际收到金额中未宣告发放的现金股利或利润，借记本科目，贷记"股权投资（损益调整）"科目。

（二）采用成本法核算

1.持有股权投资期间，被投资主体宣告发放现金股利或利润时，根据股权管理部门提供的资料，按照应上缴政府财政的部分，借记本科目，贷记"投资收益"科目。

2.收到现金股利或利润时，按照实际收到的金额，借记"国库存款"科目，贷记本科目；按照实际收到金额中未宣告发放的现金股利或利润，借记本科目，贷记"投资收益"科目。

四、本科目期末借方余额反映政府财政应当收取但尚未收到的现金股利或利润。

1031 借出款项

一、本科目核算政府财政按照对外借款管理有关规定借给预算单位临时急需，并按期收回的款项。

二、本科目应按照借款单位进行明细核算。

三、借出款项的主要账务处理如下：

（一）将款项借出时，按照实际支付的金额，借记本科目，贷记"国库存款"等科目。

（二）收回借款时，按照实际收到的金额，借记"国库存款"等科目，贷记本科目。

四、本科目期末借方余额反映政府财政借给预算单位尚未收回的款项。

1032 与下级往来

一、本科目核算本级政府财政与下级政府财政的往来待结算款项。

二、本科目应按照下级政府财政进行明细核算。

三、与下级往来的主要账务处理如下：

（一）拨付下级政府财政款项时，借记本科目，贷记"国库存款"科目。

（二）有主权外债业务的财政部门，贷款资金由下级政府财政同级部门（单位）使用，且贷款的最终还款责任由本级政府财政承担的，本级政府财政部门支付贷款资金时，借记本科目或"补助费用"科目，贷记"国库存款""其他财政存款"等科目；外方将贷款资金直接支付给供应商或用款单位时，借记本科目或"补助费用"科目，贷记"借入款项"或"应付主权外债转贷款"科目。

（三）两级财政年终结算时，确认应当由下级政府财政上交的收入数，借记本科目，贷记"上解收入"科目。

（四）两级财政年终结算时，确认应补助下级政府财政的费用数，借记"补助费用"科目，贷记本科目。

（五）收到下级政府财政缴入国库的往来待结算款项时，借记"国库存款"科目，贷记本科目。

（六）扣缴下级政府财政资金时，借记本科目，贷记"其他应付款"等科目。

四、本科目期末借方余额反映下级政府财政欠本级政府财政的款项；期末贷方余额反映本级政府财政欠下级政府财政的款项。

1033 预拨经费

一、本科目核算政府财政按照预拨经费管理有关规定预拨给预算单位尚未列为费用的款项。

二、本科目应当按照预算单位进行明细核算。

三、预拨经费的主要账务处理如下：

（一）拨出款项时，借记本科目，贷记"国库存款"等科目。

（二）转列费用时，借记有关费用科目，贷记本科目。

（三）收回预拨款项时，借记"国库存款"等科目，贷记本科目。

四、本科目期末借方余额反映政府财政年末尚未转列费用或尚待收回的预拨经费款项。

1034 在途款

一、本科目核算报告清理期和库款报解整理期内发生的需要通过本科目过渡处理的属于上年度收入、费用等业务的款项。

二、在途款的主要账务处理如下：

（一）报告清理期和库款报解整理期内收到属于上年度收入等款项时，在上年度账务中，借记本科目，贷记有关收入科目或"应收非税收入"科目；收回属于上年度费用等款项时，在上年度账务中，借记本科目，贷记"预拨经费"或有关费用科目。

（二）冲转在途款时，在本年度账务中，借记"国库存款"科目，贷记本科目。

三、本科目期末借方余额反映政府财政持有的在途款。

1035 其他应收款

一、本科目核算政府财政临时发生的其他应收、暂付、垫付款项。项目单位拖欠外国政府和国际金融组织贷款本息和有关费用导致有关政府财政履行担保责任，代偿的贷款本息费，也通过本科目核算。

二、本科目应按照资金类别、债务单位等进行明细核算。

三、其他应收款的主要账务处理如下：

（一）发生其他应收款项时，借记本科目，贷记"国库存款""其他财政存款"等科目。

（二）收回其他应收款项时，借记"国库存款""其他财政存款"科目，贷记本科目。

（三）其他应收款项转列费用时，借记有关费用科目，贷记本科目。

（四）政府财政对使用外国政府和国际金融组织贷款资金的项目单位履行担保责任，代偿贷款本息费时，借记本科目，贷记"国库存款""其他财政存款"等科目。政府财政行使追索权，收回项目单位贷款本息费时，借记"国库存款""其他财政存款"等科目，贷记本科目。政府财政最终未收回项目单位贷款本息费，经核准转列费用时，借记有关费用科目，贷记本科目。

四、本科目应及时清理结算，期末原则上应无余额。

1041 应收地方政府债券转贷款

一、本科目核算本级政府财政转贷给下级政府财政的地方政府债券资金的本金及利息。

二、本科目应设置"应收本金"和"应收利息"明细科目，并按照转贷对象进行明细核算，其下应根据管理规定设置"一般债券""专项债券"等明细科目。其中，"应收利息"科目通常应根据债务管理部门计算并提供的政府债券转贷款的应收利息情况，按期进行核算。

三、应收地方政府债券转贷款的主要账务处理如下：

（一）向下级政府财政转贷地方政府债券资金时，按照转贷的本金，借记本科目，按照实际拨付的金额或债务管理部门确认的转贷金额，贷记"国库存款"或"与下级往来"等科目，按照其差额，借记或贷记有关费用科目。

（二）按期确认地方政府债券转贷款的应收利息时，根据债务管理部门计算确认的转贷款本期应收未收利息金额，借记本科目，贷记"财务费用——利息费用"等有关科目。

（三）收到下级政府财政偿还的地方政府债券转贷款本息时，按照收到的金额，借记"国库存款""其他财政存款"等科目，贷记本科目。

（四）扣缴下级政府财政应偿还的地方政府债券转贷款本息时，按照扣缴的金额，借记"与下级往来"等科目，贷记本科目。

（五）豁免下级政府财政应偿还的地方政府债券转贷款本息时，根据债务管理部门转来的有关资料及有关预算文件，按照豁免金额，借记"补助费用""与下级往来"等科目，贷记本科目。

四、本科目期末借方余额反映政府财政应收未收的地方政府债券转贷款本金及利息。

1042 应收主权外债转贷款

一、本科目核算本级政府财政转贷给下级政府财政的外国政府、国际金融组织贷款等主权外债资金的本金及利息。

二、本科目应设置"应收本金"和"应收利息"明细科目，并按照转贷对象进行明细核算。其中，"应收利息"科目通常应根据债务管理部门计算并提供的主权外债转贷款的应收利息情况，按期进行核算。

三、应收主权外债转贷款的主要账务处理如下：

（一）向下级政府财政转贷主权外债资金，且主权外债最终还款责任由下级政府财政承担的，应当分别按照以下情况处理：

1. 本级政府财政支付转贷资金时，借记本科目，贷记"国库存款""其他财政存款"科目。

2. 外方或上级政府财政将贷款资金直接拨付给用款单位或供应商时，根据债务管理部门转来的有关资料，按照实际拨付的金额，借记本科目，贷记"借入款项"或"应付主权外债转贷款"科目。

（二）按期确认主权外债转贷款的应收利息时，根据债务管理部门计算确认的转贷款本期应收未收利息金额，借记本科目，贷记"财务费用——利息费用"等科目。

（三）收回下级政府财政偿还的主权外债转贷款本息时，按照收回的金额，借记"国库存款""其他财政存款"等科目，贷记本科目。

（四）扣缴下级政府财政应偿还的主权外债转贷款本息时，按照扣缴的金额，借记"与下级往来"等科目，贷记本科目。

（五）债权人豁免下级政府财政应偿还的主权外债转贷款本息时，根据债务管理部门转来的有关资料及有关预算文件，按照豁免转贷款的金额，借记"应付主权外债转贷款""借入款项""应付利息"等科目，贷记本科目。

（六）本级政府财政豁免下级政府财政应偿还的主权外债转贷款本息时，根据债务管理部门转来的有关资料及有关预算文件，按照豁免金额，借记"补助费用""与下级往来"等科目，贷记本科目。

（七）年末，根据债务管理部门提供的应收主权外债转贷款因汇率变动产生的期末人民币余额与账面余额之间的差额资料，借记或贷记"财务费用——汇兑损益"科目，贷记或借记本科目。

四、本级政府财政首次确认以前年度转贷给下级政府财政的主权外债时，根据债务管理部门提供的有关资料，按照转贷主权外债本息余额，借记本科目，贷记"以前年度盈余调整"科目。

五、本科目期末借方余额反映政府财政应收未收的主权外债转贷款本金及利息。

1061 股权投资

一、本科目核算政府持有的各类股权投资。包括国际金融组织股权投资、政府投资基金股权投资和企业股权投资等。

二、股权投资在持有期间，通常采用权益法进行核算。政府无权决定被投资主体的财务和经营政策或无权参与被投资主体的财务和经营政策决策的，应当采用成本法进行核算。

三、本科目应当按照"国际金融组织股权投资""政府投资基金股权投资""企业股权投资"设置一级明细科目，在一级明细科目下，分别设置"投资成本""损益调整""其他权益变动"明细科目，同时应根据管理需要，按照被投资主体进行明细核算。

四、股权投资的主要账务处理如下：

（一）采用权益法核算

1. 政府财政以现金取得股权投资时，按照实际支付的金额，借记本科目（投资成本），贷记"国库存款"科目。

实际支付的金额中包含的已宣告但尚未发放的现金股利，应当单独确认为应收股利。

2. 政府财政以现金以外其他资产置换取得股权投资时，按照股权管理部门确认的金额，借记本科目（投资成本），贷记相关资产类科目。

3. 通过清查发现以前年度取得、尚未纳入财政总会计核算的股权投资时，根据股权管理部门提供的资料，按照股权投资的投资成本，借记本科目（投资成本），按照以前年度实现的损益中应享有的份额，借记本科目（损益调整），按照二者合计金额贷记"以前年度盈余调整"科目；按照确定的其他权益变动金额，借记本科目（其他权益变动），贷记"权益法调整"科目。已宣告但尚未发放的现金股利，应当单独确认为应收股利。

4. 无偿划入股权投资时，根据股权管理部门提供的资料，按照股权投资的投资成本，借记本科目（投资成本），按照以前年度实现的损益中应享有的份额，借记本科目（损益调整），按照二者合计金额贷记"其他收入"科目；按照确定的其他权益变动金额，借记本科目（其他权益变动），贷记"权益法调整"科目。

5. 被投资主体实现净利润的，根据股权管理部门提供的资料，按照应享有的份额，借记本科目（损益调整），贷记"投资收益"科目。

被投资主体发生净亏损的，根据股权管理部门提供的资料，按照应分担的份额，借记"投资收益"科目，贷记本科目（损益调整），但以"股权投资"的账面余额减记至零为限。发生亏损的被投资主体以后年度又实现净利润的，按照收益分享额弥补未确认的亏损分担额等后的金额，借记本科目（损益调整），贷记"投资收益"科目。

6. 被投资主体宣告发放现金股利或利润的，根据股权管理部门提供的资料，按照应上缴政府财政的部分，借记"应收股利"科目，贷记本科目（损益调整）。

7. 收到现金股利或利润时，按照实际收到的金额，借记"国库存款"科目，贷记"应收股利"科目；按照实际收到金额中未宣告发放的现金股利或利润，借记"应收股利"科目，贷记本科目（损益调整）。

8. 被投资主体发生除净损益和利润分配以外的所有者权益变动的，根据股权管理部门提供的资料，按照应享有或应分担的份额，借记或贷记本科目（其他权益变动），贷记或借记"权益法调整"科目。

9. 股权投资持有期间，被投资主体以收益转增投资的，根据股权管理部门提供的资料，按照收益转增投资的金额，借记本科目（投资成本），贷记本科目（损益调整）。

10. 处置股权投资时，根据股权管理部门提供的资料，按照被处置股权投资对应的"权益法调整"科目账面余额，借记或贷记"权益法调整"科目，贷记或借记本科目（其他权益变动）；按照处置收回的金额，借记"国库存款"科目，按照已宣告尚未领取的现金股利或利润，贷记"应收股利"科目，按照被处置股权投资的账面余额，贷记本科目（投资成本、损益调整），按照其差额，贷记或借记"投资收益"科目。

11. 无偿划出股权投资时，根据股权管理部门提供的资料，按照被划出股权投资对应的"权益法调整"科目账面余额，借记或贷记"权益法调整"科目，贷记或借记本科目（其他权益变动）；按照被划出股权投资的账面余额，借记"其他费用"科目，贷记本科目（投资成本、损益调整）。

12. 企业破产清算时，根据股权管理部门提供的资料，按照破产清算企业股权投资对应的"权益法调整"科目账面余额，借记或贷记"权益法调整"科目，贷记或借记本科目（其他权益变动）；按照缴入国库清算收入的金额，借记"国库存款"科目，按照破产清算股权投资的账面余额，贷记本科目（投资成本、损益调整），按照其差额，借记或贷记"投资收益"科目。

（二）采用成本法核算

1. 政府财政以现金取得股权投资时，按照实际支付的金额，借记本科目（投资成本），贷记"国库存款"科目。

实际支付的金额中包含的已宣告但尚未发放的现金股利，应当单独确认为应收股利。

2. 政府财政以现金以外其他资产置换取得股权投资时，按照股权管理部门确认的金额，借记本科目（投资成本），贷记相关资产类科目。

3. 通过清查发现以前年度取得、尚未纳入财政总会计核算的股权投资时，根据股权管理部门提供的资料，按照其确定的投资成本，借记本科目（投资成本），贷记"以前年度盈余调整"科目。已宣告但尚未发放的现金股利，应当单独确认为应收股利。

4. 无偿划入股权投资时，根据股权管理部门提供的资料，按照其确定的投资成本，借记本科目（投资成本），贷记"其他收入"科目。

5. 处置股权投资时，按照收回的金额，借记"国库存款"科目，按照已宣告尚未领取的现金股利或利润，贷记"应收股利"科目，按照被处置股权投资账面余额，贷记本科目（投资成本），按照其差额，贷记或借记"投资收益"科目。

6. 无偿划出股权投资时，按照被划出股权投资的账面余额，借记"其他费用"科目，贷记本科目（投资成本）。

7. 企业破产清算时，根据股权管理部门提供的资料，按照缴入国库清算收入的金额，借记"国库存款"科目，按照破产清算股权投资的账面余额，贷记本科目（投资成本），按照其差额，借记或贷记"投资收益"科目。

（三）成本法与权益法的转换

1. 对股权投资的核算从成本法改为权益法的，应按照成本法下本科目（投资成本）账面余额与追加投资成本的合计金额，借记本科目（投资成本），按照成本法下本科目（投资成本）账面余额，贷记本科目（投资成本），按照追加投资的金额，贷记"国库存款"科目。

2. 对股权投资的核算从权益法改为成本法的，按照"权益法调整"科目账面余额，借记或贷记"权益法调整"科目，贷记或借记本科目（其他权益变动）；按照权益法下本科目（投资成本、损益调整）账面余额作为成本法下投资成本账面余额，借记本科目（投资成本），贷记本科目（投资成本、损益调整）。

其后，被投资单位宣告分派现金股利或利润时，属于已记入投资成本账面余额的部分，按照应分得的现金股利或利润份额，借记"应收股利"科目，贷记本科目（投资成本）。

五、本科目期末借方余额反映政府持有的各类股权投资的价值。

二、负债类

2001 应付短期政府债券

一、本科目核算政府财政以政府名义发行的期限不超过1年（含1年）的国债和地方政府债券的应付本金，其中，国债包括中央政府财政发行的国内政府债券和境外发行的主权债券等。

二、本科目应设置"应付国债""应付地方政府一般债券""应付地方政府专项债券"明细科目。债务管理部门应当设置辅助明细账，主要包括政府债券金额、种类、期限、发行日、到期日、票面利率、偿还本金及付息情况等内容，并按期计算债券存续期应付利息情况。

三、应付短期政府债券的主要账务处理如下：

（一）实际收到短期政府债券发行收入时，按照实际收到的金额，借记"国库存款"科目，按照短期政府债券实际发行额，贷记本科目，按照发行收入和发行额的差额，借记或贷记有关费用科目。

（二）中央财政发生国债随卖业务时，按照实际收到的金额，借记"国库存款"等科目；根据国债随卖确认文件等相关债券管理资料，按照国债随卖面值，贷记本科目或"应付长期政府债券"科目；按照其差额，借记或贷记"财务费用——利息费用"科目。

（三）中央财政发生国债随买业务时，根据国债随买确认文件等相关债券管理资料，按照国债随买面值，借记本科目或"应付长期政府债券"科目；按照实际支付的金额，贷记"国库存款"等科目；按照其差额，借记或贷记"财务费用——利息费用"科目。

（四）实际偿还本级政府财政承担的短期政府债券本金时，借记本科目，贷记"国库存款"等科目。

四、本科目期末贷方余额反映政府财政尚未偿还的短期政府债券本金。

2011 应付国库集中支付结余

一、本科目核算省级以上（含省级）政府财政国库集中支付中，应列为当年费用，但年末尚未支付需结转下一年度支付的款项。

二、本科目应按照预算单位进行明细核算；同时可根据管理需要，参照《政府收支分类科目》中支出经济分类科目进行明细核算。

三、应付国库集中支付结余的主要账务处理如下：

（一）年末，对当年发生的应付国库集中支付结余，借记有关费用科目，贷记本科目。

（二）实际支付应付国库集中支付结余资金时，借记本科目，贷记"国库存款"科目。

（三）收回尚未支付的应付国库集中支付结余时，借记本科目，贷记"以前年度盈余调整"等科目。

四、本科目期末贷方余额反映政府财政尚未支付的国库集中支付结余。

2012 与上级往来

一、本科目核算本级政府财政与上级政府财政的往来待结算款项。

二、本科目可根据管理需要，按照往来款项的类别和项目等进行明细核算。

三、与上级往来的主要账务处理如下：

（一）收到上级政府财政拨付的款项时，借记"国库存款""其他财政存款"科目，贷记本科目。

（二）有主权外债业务的财政部门，贷款资金由本级政府财政同级部门使用，且贷款的最终还款责任由上级政府财政承担的，本级政府财政收到贷款资金时，借记"国库存款""其他财政存款"等科目，贷记本科目或"补助收入"科目；外方或上级政府财政将贷款资金直接支付给供应商或用款单位时，借记有关费用科目，贷记本科目或"补助收入"科目。

（三）两级财政年终结算中确认的应当上交上级政府财政的款项，借记"上解费用"科目，贷记本科目。

（四）两级财政年终结算中确认的应当由上级政府财政补助的款项，借记本科目，贷记"补助收入"科目。

（五）上级政府财政扣缴有关款项时，借记有关科目，贷记本科目。

（六）归还上级政府财政的往来性款项时，按照实际归还的金额，借记本科目，贷记"国库存款""其他财政存款"等科目。

四、本科目期末贷方余额反映本级政府财政欠上级政府财政的款项；借方余额反映上级政府财政欠本级政府财政的款项。

2013 其他应付款

一、本科目核算政府财政临时发生的暂收、应付、收到的不明性质款项和收回的结转结余资金等。税务机关代征入库的社会保险费，也通过本科目核算。

二、本科目应按照债权人或资金来源等进行明细核算。

三、其他应付款的主要账务处理如下：

（一）收到不明性质款项及收回结转结余资金时，借记"国库存款""其他财政存款"等科目，贷记本科目。

（二）将有关款项清理退还、划转、转作收入时，借记本科目，贷记"国库存款""其他财政存款"或有关收入科目。

（三）社会保险费代征入库时，借记"国库存款"科目，贷记本科目。入库的社会保险费划转社保基金专户时，借记本科目，贷记"国库存款"科目。

（四）收回的结转结余资金，财政部门按原预算科目使用的，实际安排支出时，借记本科目，贷记"国库存款""其他财政存款"等科目。

收回的结转结余资金，财政部门调整预算科目使用的，实际安排支出时，借记本科目，贷记"以前年度盈余调整——预算管理资金以前年度盈余调整"等科目；同时，借记有关费用科目，贷记"国库存款"等科目。

（五）有关款项确认冲减当年费用时，借记本科目，贷记有关费用科目；有关款项确认冲减以前年度有关费用事项的，借记本科目，贷记"以前年度盈余调整——预算管理资金以前年度盈余调整"等科目。

四、本科目应当及时清理结算，期末贷方余额反映政府财政尚未结清的其他应付款项。

2014 应付代管资金

一、本科目核算政府财政代为管理的使用权属于被代管主体的资金。

二、本科目应根据管理需要进行相关明细核算。三、应付代管资金的主要账务处理如下：

（一）收到代管资金时，借记"其他财政存款"等科目，贷记本科目。

（二）支付代管资金时，借记本科目，贷记"其他财政存款"等科目。

（三）代管资金产生的利息收入按照有关规定仍属于代管资金的，借记"其他财政存款"等科目，贷记本科目。

四、本科目期末贷方余额反映政府财政尚未支付的代管资金。

2015 应付利息

一、本科目核算政府财政以政府名义发行的政府债券应支付的利息，以及以政府名义借入款项本期应承担的利息等。

二、本科目应根据管理需要设置"应付国债利息""应付地方政府债券利息""应付地方政府主权外债利息"明细科目。本科目应根据债务管理部门计算并提供的政府债券及借入款项的应付利息情况，按期进行核算。

三、应付利息的主要账务处理如下：

（一）根据债务管理部门计算确定的本期应付未付利息金额，借记"财务费用——利息费用"科目，贷记本科目。

（二）实际支付利息时，支付金额中已计提的部分，借记本科目，未计提的部分，借记"财务费用——利息费用"科目，贷记"国库存款""其他财政存款"等科目。

（三）提前赎回已发行的政府债券、豁免政府财政承担的主权外债应付利息时，按照减少的当年已计提应付利息金额，借记本科目，贷记"财务费用——利息费用"等科目。减少以前年度已计提但尚未支付的利息金额，借记本科目，贷记"以前年度盈余调整"科目。

（四）期末，政府发行的以外币计价的政府债券及借入款项由于汇率变化产生的应付利息折算差额，借记或贷记"财务费用——汇兑损益"科目，贷记或借记本科目。

四、本科目期末贷方余额反映政府财政应付未付的利息金额。

2021 应付长期政府债券

一、本科目核算政府财政以政府名义发行的期限超过1年的国债和地方政府债券的应付本金。其中，国债包括中央政府财政发行的国内政府债券和境外发行的主权债券等。

二、本科目应设置"应付国债""应付地方政府一般债券""应付地方政府专项债券"明细科目。债务管理部门应设置辅助明细账，主要包括政府债券金额、种类、期限、发行日、到期日、票面利率、实际偿还本金及付息情况等内容，并按期计算债券存续期应负担的利息金额。

三、应付长期政府债券的主要账务处理如下：

（一）实际收到长期政府债券发行收入时，按照实际收到的金额，借记"国库存款""其他财政存款"科目，按照长期政府债券实际发行额，贷记本科目，按照其差额，借记或贷记有关费用科目。

（二）中央财政发生国债随卖业务时，账务处理参照"应付短期政府债券"科目使用说明中国债随卖业务的账务处理。

（三）中央财政发生国债随买业务时，账务处理参照"应付短期政府债券"科目使用说明中国债随买业务的账务处理。

（四）政府财政以定向承销方式发行长期政府债券时，根据债务管理部门转来的债券发行文件等有关资料，借记"以前年度盈余调整""应收地方政府债券转贷款"等科目，按照长期政府债券实际发行额，贷记本科目，按照发行收入和发行额的差额，借记或贷记有关费用科目。

（五）实际偿还长期政府债券本金时，借记本科目，贷记"国库存款""其他财政存款"等科目。

四、本科目期末贷方余额反映政府财政尚未偿还的长期政府债券本金。

2022 借入款项

一、本科目核算政府财政以政府名义向外国政府、国际金融组织等借入的款项，以及经国务院批准的其他方式借入的款项。

二、本科目应按照债权人进行明细核算。债务管理部门应设置辅助明细账，主要包括借入款项对应的项目、期限、借入日期、实际偿还及付息情况等内容，并按期计算借款存续期应负担的利息金额。

三、借入款项的主要账务处理如下：

（一）借入主权外债的主要账务处理

1.本级政府财政收到借入的主权外债资金时，按照实际收到的金额借记"国库存款""其他财政存款"科目，按照实际承担的债务金额贷记本科目，按照实际收到的金额与承担的债务之间的差额，借记或贷记有关费用科目。

2.本级政府财政借入主权外债，且由外方或上级政府财政将贷款资金直接支付给用款单位或供应商时，应根据以下情况分别处理：

（1）本级政府财政承担还款责任，贷款资金由本级政府财政同级部门使用的，根据债务管理部门转来的有关资料，按照实际承担的债务金额，借记有关费用科目，贷记本科目。

（2）本级政府财政承担还款责任，贷款资金由下级政府财政同级部门使用的，根据债务管理部门转来的有关资料及有关预算文件，借记"补助费用"科目或"与下级往来"科目，贷记本科目。

（3）下级政府财政承担还款责任，贷款资金由下级政府财政同级部门使用的，根据债务管理部门转来的有关资料，借记"应收主权外债转贷款"科目，贷记本科目。

3.偿还主权外债本金时，按照实际支付的金额，借记本科目，贷记"国库存款""其他财政存款"等科目。

4.债权人豁免本级政府财政承担偿还责任的借入主权外债本金时，根据债务管理部门转来的有关资料，按照被豁免的本金，借记本科目，贷记"其他收入"等科目。

5.债权人豁免下级政府财政承担偿还责任的借入主权外债本金时，根据债务管理部门转来的有关资料，按照被豁免的本金，借记本科目，贷记"应收主权外债转贷款"科目。

（二）年末，根据债务管理部门提供借入款项因汇率变动产生的期末人民币余额与账面余额之间的差额资料，借记或贷记"财务费用——汇兑损益"科目，贷记或借记本科目。

（三）其他借入款项账务处理参照本科目使用说明中借入主权外债业务的账务处理。

四、本级政府财政首次确认以前年度借入的主权外债时，根据债务管理部门提供的有关资料，按照借入主权外债的余额，借记"以前年度盈余调整"科目，贷记本科目。

五、本科目期末贷方余额反映本级政府财政尚未偿还的借入款项本金。

2031 应付地方政府债券转贷款

一、本科目核算地方政府财政从上级政府财政借入地方政府债券转贷款的本金和利息。

二、本科目应设置"应付本金"和"应付利息"明细科目，其下可根据管理规定设置"地方政府一般债券""地方政府专项债券"等明细科目。其中，"应付利息"科目通常应根据债务管理部门计算并提供的政府债券转贷款的应付利息情况，按期进行核算。

三、应付地方政府债券转贷款的主要账务处理如下：

（一）上级政府财政转贷地方政府债券资金时，按照实际收到的金额或债务管理部门转来的相关资料，借记"国库存款"或"与上级往来"等科目，按照转贷本金金额，贷记本科目，按照其差额，借记或贷记有关费用科目。

（二）按期确认地方政府债券转贷款的应付利息时，根据债务管理部门计算确定的本期应付未付利息金额，借记"财务费用——利息费用"科目，贷记本科目。

（三）偿还本级政府财政承担的地方政府债券转贷款本息时，借记本科目，贷记"国库存款"等科目。

（四）上级政府财政扣缴地方政府债券转贷款本息时，借记本科目，贷记"与上级往来"等科目。

（五）上级政府财政豁免转贷款本息时，根据债务管理部门转来的有关资料及有关预算文件，按照豁免金额，借记本科目，贷记"补助收入"或"与上级往来"等科目。

四、本科目期末贷方余额反映本级政府财政尚未偿还的地方政府债券转贷款本金和利息。

2032 应付主权外债转贷款

一、本科目核算本级政府财政从上级政府财政借入主权外债转贷款的本金和利息。

二、本科目应设置"应付本金"和"应付利息"明细科目。债务管理部门应当设置辅助明细账，主要包括应付主权外债对应的项目、期限、借入日期、实际偿还及付息情况等内容，并按期计算外债存续期应负担的利息金额。

三、应付主权外债转贷款的主要账务处理如下：

（一）收到上级政府财政转贷的主权外债资金时，按照实际收到的金额借记"国库存款""其他财政存款"科目，按照实际承担的债务金额贷记本科目，按照实际收到的金额和承担的债务金额之间的差额，借记或贷记有关费用科目。

（二）从上级政府财政借入主权外债转贷款，且由外方或上级政府财政将贷款资金直接支付给用款单位或供应商时，应根据以下情况分别处理：

1. 本级政府财政承担还款责任，贷款资金由本级政府财政同级部门使用的，根据债务管理部门转来的有关资料，借记有关费用科目，贷记本科目。

2. 本级政府财政承担还款责任，贷款资金由下级政府财政同级部门使用的，根据债务管理部门转来的有关资料及有关预算文件，借记"补助费用"或"与下级往来"等科目，贷记本科目。

3. 下级政府财政承担还款责任，贷款资金由下级政府财政同级部门使用的，根据债务管理部门转来的有关资料，借记"应收主权外债转贷款"科目，贷记本科目。

（三）按期确认主权外债转贷款的应付利息时，根据债务管理部门计算确认的转贷款本期应付未付利息金额，借记"财务费用——利息费用"科目，贷记本科目。

（四）偿还主权外债转贷款的本息时，借记本科目，贷记"国库存款""其他财政存款"等科目。

（五）上级政府财政扣缴借入主权外债转贷款的本息时，借记本科目，贷记"与上级往来"科目。

（六）上级政府财政豁免主权外债转贷款本息时，根据以下情况分别处理：

1. 豁免本级政府财政承担偿还责任的主权外债转贷款本息时，根据债务管理部门转来的有关资料及有关预算文件，按照豁免转贷款的金额，借记本科目，贷记"补助收入"或"与上级往来"等科目。

2. 豁免下级政府财政承担偿还责任的主权外债转贷款本息时，根据债务管理部门转来的有关资料及有关预算文件，按照豁免转贷款的金额，借记本科目，贷记"应收主权外债转贷款"科目，同时借记"补助费用"或"与下级往来"等科目，贷记"补助收入"或"与上级往来"科目。

（七）年末，根据债务管理部门提供的应付主权外债转贷款因汇率变动产生的期末人民币余额与账面余额之间的差额资料，借记或贷记"财务费用——汇兑损益"科目，贷记或借记本科目。

四、本级政府财政首次确认以前年度转贷的主权外债时，根据债务管理部门提供的有关资料，按照转贷主权外债本息余额，借记"以前年度盈余调整"科目，贷记本科目。

五、本科目期末贷方余额反映本级政府财政尚未偿还的主权外债转贷款本金和利息。

2041 其他负债

一、本科目核算政府财政因有关政策明确要求其承担支出责任的事项而形成的支付义务。

二、本科目可根据管理需要，按照项目等进行明细核算。

三、其他负债的主要账务处理如下：

（一）政策明确由政府财政承担支出责任的其他负债，按照确定应承担的负债金额，借记"其他费用"科目，贷记本科目。

（二）期末，根据债务管理部门转来的其他负债期末余额与账面余额的差额，借记或贷记本科目，贷记或借记"其他费用"科目。

四、本科目贷方余额反映政府财政承担的尚未支付的其他负债余额。

三、净资产类

3001 累计盈余

一、本科目核算政府财政纳入一般公共预算、政府性基金预算、国有资本经营预算管理的预算资金，财政专户管理资金、专用基金历年实现的盈余滚存的金额。

二、本科目应设置"预算管理资金累计盈余""财政专户管理资金累计盈余""专用基金累计盈余"明细科目。

三、累计盈余的主要账务处理如下：

（一）"预算管理资金累计盈余"科目的主要账务处理

1. 年终转账时，将"本期盈余——预算管理资金本期盈余"科目余额转入本科目，借记或贷记"预算管理资金本期盈余"科目，贷记或借记本科目。

2. 年终转账时，将"以前年度盈余调整——预算管理资金以前年度盈余调整"科目余额转入本科目，借记或贷记"以前年度盈余调整——预算管理资金以前年度盈余调整"科目，贷记或借记本科目。

3. 本科目期末余额反映预算管理资金累计盈余的累计数。

（二）"财政专户管理资金累计盈余"科目的主要账务处理

1. 年终转账时，将"本期盈余——财政专户管理资金本期盈余"科目余额转入本科目，借记或贷记"财政专户管理资金本期盈余"科目，贷记或借记本科目。

2. 年终转账时，将"以前年度盈余调整——财政专户管理资金以前年度盈余调整"科目余额转入本科目，借记或贷记"以前年度盈余调整——财政专户管理资金以前年度盈余调整"科目，贷记或借记本科目。

3. 本科目期末余额反映财政专户管理资金累计盈余的累计数。

（三）"专用基金累计盈余"科目的主要账务处理

1. 年终转账时，将"本期盈余——专用基金本期盈余"科目的余额转入本科目，借记或贷记"专用基金本期盈余"科目，贷记或借记本科目。

2. 年终转账时，将"以前年度盈余调整——专用基金以前年度盈余调整"科目的余额转入本科目，借记或贷记"以前年度盈余调整——专用基金以前年度盈余调整"科目，贷记或借记本科目。

3. 本科目期末余额反映专用基金累计盈余的累计数。

3011 本期盈余

一、本科目核算政府财政纳入一般公共预算、政府性基金预算、国有资本经营预算管理的资金，财政专户管理资金、专用基金本期各项收入、费用分别相抵后的余额。设置补充和动用预算稳定调节基金，设置补充预算周转金产生的盈余变动事项，也通过本科目核算。

二、本科目应设置"预算管理资金本期盈余""财政专户管理资金本期盈余""专用基金本期盈余"明细科目。

三、本期盈余的主要账务处理如下：

（一）"预算管理资金本期盈余"科目的账务处理

1. 年终转账时，将纳入一般公共预算、政府性基金预算、国有资本经营预算管理的各类收入科目本年发生额转入本科目的贷方，借记"税收收入""非税收入""投资收益""补助收入""上解收入""地区间援助收入""其他收入"科目，贷记本科目；将纳入一般公共预算、政府性基金预算、国有资本经营预算管理的各类费用科目本年发生额转入本科目的借方，借记本科目，贷记"政府机关商品和服务拨款费用""政府机关工资福利拨款费用""对事业单位补助拨款费用""对企业补助拨款费用""对个人和家庭补助拨款费用""对社会保障基金补助拨款费用""资本性拨款费用""其他拨款费用""财务费用""补助费用""上解费用""地区间援助费用""其他费用"科目。

2. 设置或补充预算稳定调节基金时，借记本科目，贷记"预算稳定调节基金"科目；动用预算稳定调节基金时，借记"预算稳定调节基金"科目，贷记本科目。

3. 设置或补充预算周转金时，借记本科目，贷记"预算周转金"科目。

4. 完成上述结转后，将本科目余额转入累计盈余。如为借方余额，贷记本科目，借记"累计盈余—预算管理资金累计盈余"科目；如为贷方余额，借记本科目，贷记"累计盈余—预算管理资金累计盈余"科目。

5. 期末结转后，本科目应无余额。

（二）"财政专户管理资金本期盈余"科目的账务处理

1. 年终转账时，将财政专户管理资金收入的本年发生额转入本科目的贷方，借记"财政专户管理资金收入"科目，贷记本科目；将财政专户管理资金支出的本年发生额转入本科目的借方，借记本科目，贷记"财政专户管理资金支出"科目。

2. 完成上述结转后，将本科目余额转入累计盈余。借记或贷记本科目，贷记或借记"累计盈余——财政专户管理资金累计盈余"科目。

3. 期末结转后，本科目应无余额。

（三）"专用基金本期盈余"科目的账务处理

1. 年终转账时，将专用基金收入的本年发生额转入本科目的贷方，借记"专用基金收入"科目，贷记本科目；将专用基金支出的本年发生额转入本科目的借方，借记本科目，贷记"专用基金支出"科目。

2. 完成上述结转后，将本科目余额转入累计盈余。借记或贷记本科目，贷记或借记"累计盈余——专用基金累计盈余"科目。

3. 期末结转后，本科目应无余额。

3021 预算稳定调节基金

一、本科目核算本级政府财政为保持年度间预算的衔接和稳定而设置的储备性资金。

二、预算稳定调节基金的主要账务处理如下：

（一）设置或补充预算稳定调节基金时，借记"本期盈余——预算管理资金本期盈余"科目，贷记本科目。

（二）将预算周转金调入预算稳定调节基金时，借记"预算周转金"科目，贷记本科目。

（三）动用预算稳定调节基金时，借记本科目，贷记"本期盈余——预算管理资金本期盈余"科目。

三、本科目期末贷方余额反映预算稳定调节基金的累计规模。

3022 预算周转金

一、本科目核算政府财政设置的用于调剂预算年度内季节性收支差额周转使用的资金。

二、预算周转金的主要账务处理如下：

（一）设置或补充预算周转金时，借记"本期盈余——预算管理资金本期盈余"科目，贷记本科目。

（二）将预算周转金调入预算稳定调节基金时，借记本科目，贷记"预算稳定调节基金"科目。

三、本科目期末贷方余额反映预算周转金的累计规模。

3041 权益法调整

一、本科目核算政府财政按照持股比例计算应享有的被投资主体除净损益和利润分配以外的所有者权益变动的份额。

二、本科目应根据管理需要，按照被投资主体进行明细核算。

三、权益法调整的主要账务处理如下：

（一）被投资主体发生除净损益和利润分配以外的其他权益变动时，按照政府财政持股比例计算应享有的部分，借记或贷记"股权投资（其他权益变动）"科目，贷记或借记本科目。

（二）处置股权投资或因企业破产清算导致股权投资减少时，按照相应的"权益法调整"账面余额，借记或贷记本科目，贷记或借记"股权投资（其他权益变动）"科目。

（三）无偿划出股权投资时，根据股权管理部门提供的资料，按照被划出股权投资对应的"权益法调整"科目账面余额，借记或贷记本科目，贷记或借记"股权投资（其他权益变动）"科目；按照被划出股权投资的账面余额，借记"其他费用"科目，贷记"股权投资（投资成本、损益调整）"科目。

（四）由于管理需要，股权投资的核算由权益法改为成本法的，按照"权益法调整"科目账面余额，借记或贷记本科目，贷记或借记"股权投资（其他权益变动）"科目；按照权益法下"股权投资（投资成本、损益调整）"科目账面余额作为成本法下"股权投资（投资成本）"账面余额，借记"股权投资（投资成本）"科目，贷记"股权投资（投资成本、损益调整）"科目。

四、本科目期末余额反映政府财政在被投资主体除净损益和利润分配以外的所有者权益变动中累计享有（或分担）的份额。

3051 以前年度盈余调整

一、本科目核算政府财政调整以前年度盈余的事项。

二、本科目应设置"预算管理资金以前年度盈余调整""财政专户管理资金以前年度盈余调整""专用基金以前年度盈余调整"明细科目。

三、以前年度盈余调整的主要账务处理如下：

（一）调整增加以前年度收入时，按照调整增加的金额，借记有关科目，贷记本科目；调整减少的，作相反会计分录。

（二）调整增加以前年度费用时，按照调整增加的金额，借记本科目，贷记有关科目；调整减少的，作相反会计分录。

（三）对于政府以前年度取得的资产或承担的负债，在本年初次确认时，借记有关资产科目或贷记有关负债科目，贷记或借记本科目。

（四）年终转账时，将本科目余额转入累计盈余，借记或贷记"累计盈余"科目，贷记或借记本科目。

四、期末结转后，本科目应无余额。

四、收入类

4001 税收收入

一、本科目核算政府财政筹集的纳入本级财政管理的税收收入。

二、本科目应参照《政府收支分类科目》中"税收收入"科目进行明细核算。

三、税收收入的主要账务处理如下：

（一）收到款项时，根据当日收入日报表所列本级税收收入数，借记"国库存款"科目，贷记本科目。

（二）年终转账时，本科目贷方余额转入本期盈余，借记本科目，贷记"本期盈余——预算管理资金本期盈余"科目。

四、本科目平时贷方余额反映本级政府财政税收收入的累计数。

五、期末结转后，本科目应无余额。

4002 非税收入

一、本科目核算政府财政筹集的纳入本级财政管理的非税收入。

二、本科目应参照《政府收支分类科目》中"非税收入"科目进行明细核算。

三、非税收入的主要账务处理如下：

（一）确认取得非税收入时

1. 按照实际收到的非税收入金额，借记"国库存款"科目，贷记本科目。

2. 全部实行非税收入电子化管理，非税收入管理部门具备条件提供已开具缴款票据、尚未缴入本级国库的非税收入数据的地区，按照本级应收的非税收入金额，借记"应收非税收入"科目，贷记本科目。

（二）期末，非税收入管理部门应提供已列应收非税收入中确认不能缴库的金额，借记本科目，贷记"应收非税收入"科目。

（三）年终转账时，本科目贷方余额转入本期盈余，借记本科目，贷记"本期盈余——预算管理资金本期盈余"科目。

四、本科目平时贷方余额反映本级政府财政非税收入的累计数。

五、期末结转后，本科目应无余额。

4011 投资收益

一、本科目核算政府股权投资所实现的收益或发生的损失。

二、本科目可根据管理需要，按照被投资主体进行明细核算。

三、投资收益的主要账务处理如下：

（一）采用权益法核算

1. 股权投资持有期间，被投资主体实现净损益的，根据股权管理部门提供的资料，按照应享有或应分担的被投资主体实现净损益的份额，借记或贷记"股权投资（损益调整）"

科目，贷记或借记本科目。

2.处置股权投资时，根据股权管理部门提供的资料，按照处置收回的金额，借记"国库存款"科目，按照已宣告尚未领取的现金股利或利润，贷记"应收股利"科目，按照被处置股权投资的账面余额，贷记"股权投资（投资成本、损益调整）"科目，按照借贷方差额，贷记或借记本科目；同时，按照被处置股权投资对应的"权益法调整"科目账面余额，借记或贷记"权益法调整"科目，贷记或借记"股权投资（其他权益变动）"科目。

3.企业破产清算时，按照缴入国库清算收入的金额，借记"国库存款"科目，按照破产清算股权投资的账面余额，贷记"股权投资（投资成本、损益调整）"科目，按照其差额，借记或贷记本科目；同时，按照破产清算企业股权投资对应的"权益法调整"科目账面余额，借记或贷记"权益法调整"科目，贷记或借记"股权投资（其他权益变动）"科目。

（二）采用成本法核算

1.股权投资持有期间，被投资主体宣告发放现金股利或利润的，根据股权管理部门提供的资料，按照应上缴政府财政的部分，借记"应收股利"科目，贷记本科目。

2.收到现金股利或利润时，按照实际收到的金额，借记"国库存款"科目，贷记"应收股利"科目；按照实际收到金额中未宣告发放的现金股利或利润，借记"应收股利"科目，贷记本科目。

3.处置股权投资时，按照收回的金额，借记"国库存款"科目，按照已宣告尚未领取的现金股利或利润，贷记"应收股利"科目，按照股权投资账面余额，贷记"股权投资（投资成本）"科目，按照借贷方差额，贷记或借记本科目。

4.企业破产清算时，根据股权管理部门提供的资料，按照缴入国库清算收入的金额，借记"国库存款"科目，按照破产清算股权投资的账面余额，贷记"股权投资（投资成本）"科目，按照其差额，借记或贷记本科目。

四、年终转账时，本科目余额转入本期盈余，借记或贷记本科目，贷记或借记"本期盈余——预算管理资金本期盈余"科目。

五、期末结转后，本科目应无余额。

4021 补助收入

一、本科目核算上级政府财政按照财政体制规定或专项需要补助给本级政府财政的款项，包括税收返还、转移支付等。

二、补助收入的主要账务处理如下：

（一）年终与上级政府财政结算时，按照结算确认的应当由上级政府补助的收入数，借记"与上级往来"科目，贷记本科目。退还或核减补助收入时，借记本科目，贷记"与上级往来"科目。

（二）年终转账时，本科目贷方余额转入本期盈余，借记本科目，贷记"本期盈余——预算管理资金本期盈余"科目。

三、本科目平时贷方余额反映本级政府财政取得补助收入的累计数。

四、期末结转后，本科目应无余额。

4022 上解收入

一、本科目核算按照财政体制规定或专项需要由下级政府财政上交给本级政府财政的款项。

二、本科目可根据管理需要，按照上解地区进行明细核算。

三、上解收入的主要账务处理如下：

（一）年终与下级政府财政结算时，按照结算确认的应上解金额，借记"与下级往来"科目，贷记本科目。退还或核减上解收入时，借记本科目，贷记"与下级往来"科目。

（二）年终转账时，本科目贷方余额转入本期盈余，借记本科目，贷记"本期盈余——预算管理资金本期盈余"科目。

四、本科目平时贷方余额反映上解收入的累计数。

五、期末结转后，本科目应无余额。

4023 地区间援助收入

一、本科目核算受援方政府财政收到援助方政府财政转来的可统筹使用的各类援助、捐赠等资金收入。援助方政府已列"地区间援助费用"科目的援助、捐赠等资金，受援方通过本科目核算。

二、本科目可根据管理需要，按照援助地区等进行明细核算。

三、地区间援助收入的主要账务处理如下：

（一）收到援助方政府财政转来的资金时，借记"国库存款"科目，贷记本科目。

（二）年终转账时，本科目贷方余额转入本期盈余，借记本科目，贷记"本期盈余——预算管理资金本期盈余"科目。

四、本科目平时贷方余额反映地区间援助收入的累计数。

五、期末结转后，本科目应无余额。

4031 其他收入

一、本科目核算政府财政除税收收入、非税收入、投资收益、补助收入、上解收入、地区间援助收入、财政专户管理资金收入、专用基金收入以外的各项收入，包括从其他渠道调入资金、豁免主权外债偿还责任以及无偿取得股权投资等产生的收入。

二、本科目可根据管理需要，按照其他收入类别等进行明细核算。

三、其他收入的主要账务处理如下：

（一）从其他渠道调入资金时，按照调入的金额，借记"国库存款"科目，贷记本科目。

（二）债权人豁免政府财政承担的主权外债时，政府财政按照减少的债务金额，借记"借入款项"等科目，贷记本科目。

（三）无偿划入股权投资时，账务处理参照"股权投资"科目使用说明中权益法和成本法下对应业务的账务处理。

（四）年终转账时，本科目贷方余额转入本期盈余。借记本科目，贷记"本期盈余——预算管理资金本期盈余"科目。

四、本科目平时贷方余额反映本级政府财政其他收入的累计数。

五、期末结转后，本科目应无余额。

4041 财政专户管理资金收入

一、本科目核算政府财政纳入财政专户管理的教育收费等资金收入。

二、本科目可根据管理需要，按照预算单位等进行明细核算。

三、财政专户管理资金收入的主要账务处理如下：

（一）收到财政专户管理资金时，借记"其他财政存款"科目，贷记本科目。

（二）年终转账时，本科目贷方余额转入本期盈余，借记本科目，贷记"本期盈余——财政专户管理资金本期盈余"科目。

四、本科目平时贷方余额反映财政专户管理资金收入的累计数。

五、期末结转后，本科目应无余额。

4042 专用基金收入

一、本科目核算政府财政按照法律法规和国务院、财政部规定设置或取得的粮食风险基金等专用基金收入。

二、本科目可根据管理需要，按照专用基金的种类进行明细核算。

三、专用基金收入的主要账务处理如下：

（一）取得专用基金收入转入财政专户时，借记"其他财政存款"科目，贷记本科目。退回取得的专用基金收入时，借记本科目，或"以前年度盈余调整——专用基金以前年度盈余调整"科目，贷记"其他财政存款"科目。

（二）通过费用安排取得专用基金收入仍留存国库的，借记有关费用科目，贷记"专用基金收入"科目。

（三）年终转账时，本科目贷方余额转入本期盈余，借记本科目，贷记"本期盈余——专用基金本期盈余"科目。

四、本科目平时贷方余额反映本级政府财政专用基金收入的累计数。

五、期末结转后，本科目应无余额。

五、费用类

5001 政府机关商品和服务拨款费用

一、本科目核算本级政府财政拨付给机关和参公事业单位购买商品和服务的各类费用，不包括用于购置固定资产、战略性和应急性物资储备等资本性拨款费用。

二、本科目可根据管理需要，参照《政府收支分类科目》中支出经济分类科目，按照预算单位和项目等进行明细核算。

三、政府机关商品和服务拨款费用的主要账务处理如下：

（一）实际发生政府机关商品和服务拨款费用时，借记本科目，贷记"国库存款"科目。

（二）当年政府机关商品和服务拨款费用发生退回时，按照实际收到的退回金额，借记"国库存款"科目，贷记本科目。

（三）年终转账时，本科目借方余额转入本期盈余，借记"本期盈余——预算管理资金本期盈余"科目，贷记本科目。

四、本科目平时借方余额反映本级政府机关商品和服务拨款费用的累计数。

五、期末结转后，本科目应无余额。

5002 政府机关工资福利拨款费用

一、本科目核算本级政府财政拨付给机关和参公事业单位在职职工和编制外长期聘用人员的各类劳动报酬及为上述人员缴纳的各项社会保险费等费用。

二、本科目可根据管理需要，参照《政府收支分类科目》中支出经济分类科目，按照预算单位和项目等进行明细核算。

三、政府机关工资福利拨款费用的主要账务处理如下：

（一）实际发生政府机关工资福利拨款费用时，借记本科目，贷记"国库存款"科目。

（二）当年政府机关工资福利拨款费用发生退回时，按照实际收到的退回金额，借记"国库存款"科目，贷记本科目。

（三）年终转账时，本科目借方余额转入本期盈余，借记"本期盈余——预算管理资金本期盈余"科目，贷记本科目。

四、本科目平时借方余额反映本级政府机关工资福利拨款费用的累计数。

五、期末结转后，本科目应无余额。

5003 对事业单位补助拨款费用

一、本科目核算本级政府财政拨付的对事业单位（不含参公事业单位）的经常性补助费用，不包括对事业单位的资本性拨款费用。

二、本科目可根据管理需要，参照《政府收支分类科目》中支出经济分类科目，按照预算单位和项目等进行明细核算。

三、对事业单位补助拨款费用的主要账务处理如下：

（一）实际发生对事业单位补助拨款费用时，借记本科目，贷记"国库存款"科目。

（二）当年对事业单位补助拨款费用发生退回时，按照实际收到的退回金额，借记"国库存款"科目，贷记本科目。

（三）年终转账时，本科目借方余额转入本期盈余，借记"本期盈余——预算管理资金本期盈余"科目，贷记本科目。

四、本科目平时借方余额反映本级政府财政对事业单位补助拨款费用的累计数。

五、期末结转后，本科目应无余额。

5004 对企业补助拨款费用

一、本科目核算本级政府财政拨付的对各类企业的补助费用，不包括对企业的资本金注入和资本性拨款费用。

二、本科目可根据管理需要，参照《政府收支分类科目》中支出经济分类科目，按照预算单位和项目等进行明细核算。

三、对企业补助拨款费用的主要账务处理如下：

（一）实际发生对企业补助拨款费用时，借记本科目，贷记"国库存款"科目。

（二）当年对企业补助拨款费用发生退回时，按照实际收到的退回金额，借记"国库存款"科目，贷记本科目。

（三）年终转账时，本科目借方余额转入本期盈余，借记"本期盈余——预算管理资金本期盈余"科目，贷记本科目。

四、本科目平时借方余额反映本级政府财政对企业补助拨款费用的累计数。

五、期末结转后，本科目应无余额。

5005 对个人和家庭补助拨款费用

一、本科目核算本级政府财政拨付的对个人和家庭的补助费用。

二、本科目可根据管理需要，参照《政府收支分类科目》中支出经济分类科目，按照预算单位和项目等进行明细核算。

三、对个人和家庭补助拨款费用的主要账务处理如下：

（一）实际发生对个人和家庭补助拨款费用时，借记本科目，贷记"国库存款"科目。

（二）当年对个人和家庭补助拨款费用发生退回时，按照实际收到的金额，借记"国库存款"科目，贷记本科目。

（三）年终转账时，本科目借方余额转入本期盈余，借记"本期盈余——预算管理资金本期盈余"科目，贷记本科目。

四、本科目平时借方余额反映本级政府财政对个人和家庭补助拨款费用的累计数。

五、期末结转后，本科目应无余额。

5006 对社会保障基金补助拨款费用

一、本科目核算本级政府财政拨付的对社会保险基金的补助费用，以及补充全国社会保障基金的费用。

二、本科目可根据管理需要，参照《政府收支分类科目》中支出经济分类科目，按照预算单位和项目等进行明细核算。

三、对社会保障基金补助拨款费用的主要账务处理如下：

（一）实际发生对社会保障基金补助拨款费用时，借记本科目，贷记"国库存款"科目。

（二）当年对社会保障基金补助拨款费用发生退回时，按照实际收到的金额，借记"国库存款"科目，贷记本科目。

（三）年终转账时，本科目借方余额转入本期盈余，借记"本期盈余——预算管理资金本期盈余"科目，贷记本科目。

四、本科目平时借方余额反映本级政府财政对社会保障基金补助拨款费用的累计数。

五、期末结转后，本科目应无余额。

5007 资本性拨款费用

一、本科目核算政府财政拨付给行政事业单位和企业的资本性拨款费用，不包括对企业的资本金注入。

二、本科目可根据管理需要，参照《政府收支分类科目》中支出经济分类科目，按照预算单位和项目等进行明细核算。

三、资本性拨款费用的主要账务处理如下：

（一）实际发生资本性拨款费用时，借记本科目，贷记"国库存款"科目。

（二）当年资本性拨款费用发生退回时，按照实际退回的金额，借记"国库存款"科目，贷记本科目。

（三）年终转账时，本科目借方余额转入本期盈余，借记"本期盈余——预算管理资金本期盈余"科目，贷记本科目。

四、本科目平时借方余额反映本级政府财政资本性拨款费用的累计数。

五、期末结转后，本科目应无余额。

5008 其他拨款费用

一、本科目核算本级政府财政拨付的经常性赠与、国家赔偿费用、对民间非营利组织和群众性自治组织补贴等拨款费用。

二、本科目可根据管理需要，参照《政府收支分类科目》中支出经济分类科目，按照预算单位和项目等进行明细核算。

三、其他拨款费用的主要账务处理如下：

（一）实际发生其他拨款费用时，借记本科目，贷记"国库存款"科目。

（二）当年其他拨款费用发生退回时，按照实际收到的退回金额，借记"国库存款"科目，贷记本科目。

（三）年终转账时，本科目借方余额转入本期盈余，借记"本期盈余——预算管理资金本期盈余"科目，贷记本科目。

四、本科目平时借方余额反映本级政府财政其他拨款费用的累计数。

五、期末结转后，本科目应无余额。

5011 财务费用

一、本科目核算本级政府财政用于偿还政府债务利息费用，政府债务发行、兑付、登记费用，以外币计算的政府资产及债务由于汇率变化产生的汇兑损益等。

二、本科目应设置"利息费用""债务发行兑付费用""汇兑损益"明细科目。

三、财务费用的主要账务处理如下：

（一）利息费用的主要账务处理

1. 按期计提利息费用时，根据债务管理部门计算确定的本期应支付利息金额，借记本科目，贷记"应付利息""应付地方政府债券转贷款——应付利息""应付主权外债转贷款——应付利息"等科目。

2. 中央财政发生国债随卖业务时，账务处理参照"应付短期政府债券"科目使用说明中国债随卖业务的账务处理。

3. 中央财政发生国债随买业务时，账务处理参照"应付短期政府债券"科目使用说明中国债随买业务的账务处理。

4. 提前赎回已发行的政府债券、债权人豁免政府财政承担的主权外债应付利息时，按照减少的当年已计提应付利息金额，借记"应付利息""应付地方政府债券转贷款——应付利息""应付主权外债转贷款——应付利息"等科目，贷记本科目。

（二）债务发行兑付费用的主要账务处理

1. 支付政府债务发行、兑付、登记款项时，按照实际支付的金额，借记本科目，贷记"国库存款"科目。

2. 收到或扣缴下级政府财政应承担的政府债务发行、兑付、登记款项时，按照实际收到或扣缴的金额，借记"国库存款""其他财政存款""与下级往来"等科目，贷记本科目。

（三）汇兑损益的主要账务处理

1. 期末，将所有以外币计算的政府资产按期末汇率折算为人民币金额，折算后的金额小于账面余额时，按照折算差额，借记本科目，贷记"其他财政存款""应收主权外债转贷款"等科目；折算后的金额大于账面余额时，按照折算差额，借记"其他财政存款""应收主权外债转贷款"科目，贷记本科目。

2. 期末，将所有以外币计算的借入款项、政府债券、主权外债转贷款、应付利息等政府负债按期末汇率折算为人民币金额，折算后的金额小于账面余额时，按照折算差额，借记"借入款项""应付长期政府债券""应付主权外债转贷款""应付利息"等科目，贷记本科目；折算后的金额大于账面余额时，按照折算差额，借记本科目，贷记"借入款项""应付长期政府债券""应付主权外债转贷款""应付利息"等科目。

（四）年终转账时，本科目借方或贷方余额转入本期盈余，借记或贷记"本期盈余——预算管理资金本期盈余"科目，贷记或借记本科目。

四、本科目平时借方余额反映本级政府财政财务费用的累计数。

五、期末结转后，本科目应无余额。

5021 补助费用

一、本科目核算本级政府财政按财政体制规定或专项需要补助给下级政府财政的款项，包括对下级的税收返还、一般性转移支付和专项转移支付等。

二、本科目可根据管理需要，按照补助地区进行明细核算。

三、补助费用的主要账务处理如下：

（一）年终与下级政府财政结算时，按照结算确认的应当补助下级政府的费用数，借记本科目，贷记"与下级往来"科目。退还或核减补助费用时，借记"与下级往来"科目，贷记本科目。

（二）专项转移支付资金实行特设专户管理的，根据有关支出管理部门下达的预算文件和拨款依据确认费用，借记本科目或"与下级往来"科目；资金由本级政府财政拨付给下级的，贷记"其他财政存款"等科目；资金由上级政府财政直接拨给下级的，贷记"与上级往来"或"补助收入"科目。

（三）年终转账时，本科目借方余额转入本期盈余，借记"本期盈余——预算管理资金本期盈余"科目，贷记本科目。

四、本科目平时借方余额反映本级政府财政对下级补助费用的累计数。

五、期末结转后，本科目应无余额。

5022 上解费用

一、本科目核算本级政府财政按照财政体制规定或专项需要上解给上级政府财政的款项。

二、本科目可根据管理需要按照项目等进行明细核算。

三、上解费用的主要账务处理如下：

（一）年终与上级政府财政结算时，按照结算确认的应当上解费用数，借记本科目，贷记"与上级往来"科目。退还或核减上解费用时，借记"与上级往来"等科目，贷记本科目。

（二）年终转账时，本科目借方余额转入本期盈余，借记"本期盈余——预算管理资金本期盈余"科目，贷记本科目。

四、本科目平时借方余额反映本级政府财政上解费用的累计数。

五、期末结转后，本科目应无余额。

5023 地区间援助费用

一、本科目核算援助方政府财政安排用于受援方政府财政统筹使用的各类援助、补偿、捐赠等。

二、本科目可根据管理需要，按照受援地区等进行明细核算。

三、地区间援助费用的主要账务处理如下：

（一）发生地区间援助费用时，借记本科目，贷记"国库存款"科目。

（二）年终转账时，本科目借方余额转入本期盈余，借记"本期盈余——预算管理资金本期盈余"科目，贷记本科目。

四、本科目平时借方余额反映地区间援助费用的累计数。

五、期末结转后，本科目应无余额。

5031 其他费用

一、本科目核算本级政府财政无偿划出股权投资时产生的投资损失、政府财政承担支出责任的其他负债等。

二、本科目可根据管理需要，按照类别进行明细核算。

三、其他费用的主要账务处理如下：

（一）政府财政无偿划出股权投资时，根据股权管理部门提供的资料，按照被划出股权投资对应的"权益法调整"科目账面余额，借记或贷记"权益法调整"科目，贷记或借记"股权投资（其他权益变动）"科目；按照被划出股权投资的账面余额，借记本科目，贷记"股权投资（投资成本、损益调整）"科目。

（二）政府财政承担支出责任的其他负债，按照确定应承担的负债金额，借记本科目，贷记"其他负债"科目。

（三）无偿划出股权投资时，账务处理参照"股权投资"科目使用说明中权益法和成本法下对应业务的账务处理。

（四）年终转账时，本科目借方余额转入本期盈余，借记"本期盈余——预算管理资金本期盈余"科目，贷记本科目。

四、本科目平时借方余额反映本级政府财政其他费用的累计数。

五、期末结转后，本科目应无余额。

5041 财政专户管理资金支出

一、本科目核算本级政府财政用纳入财政专户管理的教育收费等资金安排的支出。

二、本科目可根据管理需要，按照预算单位等进行明细核算。

三、财政专户管理资金支出的主要账务处理如下：

（一）发生财政专户管理资金支出时，借记本科目，贷记"其他财政存款"等科目。

（二）当年记入的财政专户管理资金支出发生退回时，按照实际退回的金额，借记"其他财政存款"科目，贷记本科目。

（三）以前年度财政专户管理资金支出发生退回时，按照实际退回的金额，借记"其他财政存款"科目，贷记"以前年度盈余调整——财政专户管理资金以前年度盈余调整"科目。

（四）年终转账时，本科目借方余额转入本期盈余，借记"本期盈余——财政专户管理资金本期盈余"科目，贷记本科目。

四、本科目平时借方余额反映财政专户管理资金支出的累计数。

五、期末结转后，本科目应无余额。

5042 专用基金支出

一、本科目核算本级政府财政用专用基金收入安排的支出。

二、本科目可根据管理需要，按照专用基金种类、预算单位等进行明细核算。

三、专用基金支出的主要账务处理如下：

（一）发生专用基金支出时，借记本科目，贷记"其他财政存款"等科目。

（二）当年专用基金支出发生退回时，按照实际退回的金额，借记"其他财政存款"等科目，贷记本科目。

（三）以前年度专用基金支出发生退回时，按照实际退回的金额，借记"其他财政存款"等科目，贷记"以前年度盈余调整——专用基金以前年度盈余调整"科目。

（四）年终转账时，本科目借方余额转入本期盈余，借记"本期盈余——专用基金本期盈余"科目，贷记本科目。

四、本科目平时借方余额反映专用基金支出的累计数。

五、期末结转后，本科目应无余额。

第四十二条 预算会计科目使用说明如下：

六、预算收入类

6001 一般公共预算收入

一、本科目核算政府财政筹集的纳入本级一般公共预算管理的税收收入和非税收入。

二、本科目应根据《政府收支分类科目》中"一般公共预算收入"科目进行明细核算。

三、一般公共预算收入的主要账务处理如下：

（一）收到款项时，根据当日预算收入日报表所列一般公共预算本级收入数，借记"资金结存——库款资金结存"科目，贷记本科目。

（二）年终转账时，本科目贷方余额转入一般公共预算结转结余，借记本科目，贷记"一般公共预算结转结余"科目。

四、本科目平时贷方余额反映本级一般公共预算收入的累计数。

五、期末结转后，本科目应无余额。

6002 政府性基金预算收入

一、本科目核算政府财政筹集的纳入本级政府性基金预算管理的非税收入。

二、本科目应根据《政府收支分类科目》中"政府性基金预算收入"科目进行明细核算。

三、政府性基金预算收入的主要账务处理如下：

（一）收到款项时，根据当日预算收入日报表所列政府性基金预算本级收入数，借记"资金结存——库款资金结存"科目，贷记本科目。

（二）年终转账时，本科目贷方余额转入政府性基金预算结转结余，借记本科目，贷记"政府性基金预算结转结余"科目。

四、本科目平时贷方余额反映本级政府性基金预算收入的累计数。

五、期末结转后，本科目应无余额。

6003 国有资本经营预算收入

一、本科目核算政府财政筹集的纳入本级国有资本经营预算管理的非税收入。

二、本科目应根据《政府收支分类科目》中"国有资本经营预算收入"科目进行明细核算。

三、国有资本经营预算收入的主要账务处理如下：

（一）收到款项时，根据当日预算收入日报表所列国有资本经营预算本级收入数，借记"资金结存——库款资金结存"科目，贷记本科目。

（二）年终转账时，本科目贷方余额转入国有资本经营预算结转结余，借记本科目，贷记"国有资本经营预算结转结余"科目。

四、本科目平时贷方余额反映本级国有资本经营预算收入的累计数。

五、期末结转后，本科目应无余额。

6005 财政专户管理资金收入

一、本科目核算政府财政纳入财政专户管理的教育收费等资金收入。

二、本科目应根据《政府收支分类科目》中收入分类科目进行明细核算。同时，根据管理需要，按预算单位等进行明细核算。

三、财政专户管理资金收入的主要账务处理如下：

（一）收到财政专户管理资金收入时，借记"资金结存——专户资金结存"科目，贷记本科目。

（二）年终转账时，本科目贷方余额转入财政专户管理资金结余，借记本科目，贷记"财政专户管理资金结余"科目。

四、本科目平时贷方余额反映财政专户管理资金收入的累计数。

五、期末结转后，本科目应无余额。

6007 专用基金收入

一、本科目核算本级政府财政按照法律法规和国务院、财政部规定设置或取得的粮食风险基金等专用基金收入。

二、本科目应按照专用基金种类进行明细核算。

三、专用基金收入的主要账务处理如下：

（一）通过预算支出安排取得专用基金收入并将资金转入财政专户的，借记"资金结存——专户资金结存"科目，贷记本科目；同时，借记"一般公共预算支出"等科目，贷记"资金结存——库款资金结存"等科目。退回专用基金收入时，做相反的会计分录。

（二）通过预算支出安排取得专用基金收入，资金仍留存国库的，借记"一般公共预算支出"等科目，贷记本科目。

（三）年终转账时，本科目贷方余额转入专用基金结余，借记本科目，贷记"专用基金结余"科目。

四、本科目平时贷方余额反映取得专用基金收入的累计数。

五、期末结转后，本科目应无余额。

6011 补助预算收入

一、本科目核算上级政府财政按照财政体制规定或专项需要补助给本级政府财政的款项，包括税收返还、一般性转移支付和专项转移支付等。

二、本科目下应设置"一般公共预算补助收入""政府性基金预算补助收入""国有资本经营预算补助收入""上级调拨"明细科目，可根据《政府收支分类科目》规定进行明细核算。其中，"一般公共预算补助收入"科目核算本级政府财政收到上级政府财政的一般公共预算转移支付收入；"政府性基金预算补助收入"科目核算本级政府财政收到上级政府财政的政府性基金转移支付收入；"国有资本经营预算补助收入"科目核算本级政府财政收到上级政府财政的国有资本经营预算转移支付收入；"上级调拨"科目核算年度执行中，本级政府财政收到暂不能明确资金类别的上级政府财政调拨资金或按年终结算应确认事项金额。

三、补助预算收入的主要账务处理如下：

（一）年度执行中，收到上级政府财政调拨的资金时，按照实际收到的金额，借记"资金结存——库款资金结存"科目，贷记"补助预算收入——上级调拨"等科目。

专项转移支付资金实行特设专户管理的，收到资金时按照实际收到的金额，借记"资金结存——专户资金结存"科目，贷记"补助预算收入——上级调拨"科目。

有主权外债业务的财政部门，贷款资金由本级政府财政同级预算单位使用，且贷款的最终还款责任由上级政府财政承担的，本级政府财政部门收到贷款资金时，借记"资金结存——专户资金结存"科目，贷记"补助预算收入——上级调拨"科目；外方或上级政府财政将贷款资金直接支付给供应商或用款单位时，借记"一般公共预算支出"科目，贷记"补助预算收入——上级调拨"等科目；上级政府财政豁免本级政府财政主权外债，根据债务管理部门提供的有关资料和有关预算文件，借记"资金结存——上下级调拨结存"科目，贷记"补助预算收入——上级调拨"科目。

（二）根据预算管理需要，本级政府财政向上级政府财政归还资金时，按照实际转出的金额，借记"补助预算收入——上级调拨"科目，贷记"资金结存——库款资金结存"科目。

（三）年终两级财政办理结算以后，根据预算管理部门提供的结算单确认上级补助预算收入，借记"补助预算收入——上级调拨"科目，贷记"补助预算收入——一般公共预算补助收入""补助预算收入——政府性基金预算补助收入""补助预算收入——国有资本经营预算补助收入"等科目；两级财政年终结算中发生应上交上级政府财政款项时，借记"上解预算支出"等科目，贷记"补助预算收入——上级调拨"等科目。

（四）完成上述结转以后，将本科目下各明细科目余额分别结转至相应的预算结余类科目，借记本科目，贷记"一般公共预算结转结余""政府性基金预算结转结余""国有资本经营预算结转结余""资金结存——上下级调拨结存"等科目。

四、本科目平时贷方余额反映本级政府财政收到上级政府财政调拨资金的累计数。

五、期末结转后，本科目应无余额。

6012 上解预算收入

一、本科目核算按照财政体制规定或专项需要由下级政府财政上交给本级政府财政的款项。

二、本科目下应按照不同资金性质设置"一般公共预算上解收入""政府性基金预算上解收入""国有资本经营预算上解收入"明细科目，并按照上解地区进行明细核算。

三、上解预算收入的主要账务处理如下：

（一）年终与下级政府财政结算时，根据预算管理部门提供的有关资料，按照尚未收到的上解款金额，借记"补助预算支出——调拨下级"科目，贷记本科目。

（二）年终转账时，本科目贷方余额应根据不同资金性质分别转入相应的结转结余科目，借记本科目，贷记"一般公共预算结转结余""政府性基金预算结转结余""国有资本经营预算结转结余"等科目。

四、本科目平时贷方余额反映上解收入的累计数。

五、期末结转后，本科目应无余额。

6013 地区间援助预算收入

一、本科目核算受援方政府财政收到援助方政府财政转来的可统筹使用的各类援助、捐赠等资金收入。援助方政府已列"地区间援助预算支出"的援助、捐赠等资金，受援方通过本科目核算。

二、本科目应根据管理需要，按照援助地区等进行明细核算。

三、地区间援助预算收入的主要账务处理如下：

（一）收到援助方政府财政转来的资金时，借记"资金结存——库款资金结存"科目，贷记本科目。

（二）年终转账时，本科目贷方余额转入一般公共预算结转结余，借记本科目，贷记"一般公共预算结转结余"科目。

四、本科目平时贷方余额反映地区间援助收入的累计数。

五、期末结转后，本科目应无余额。

6021 调入预算资金

一、本科目核算政府财政为平衡某类预算收支、从其他类型预算资金及其他渠道调入的资金。

二、本科目下应按照不同资金性质设置"一般公共预算调入资金""政府性基金预算调入资金"明细科目。

三、调入预算资金的主要账务处理如下：

（一）从其他类型预算资金及其他渠道调入一般公共预算时，按照调入或实际收到的金额，借记"调出预算资金——政府性基金预算调出资金""调出预算资金——国有资本经营预算调出资金""资金结存——库款资金结存"等科目，贷记"调入预算资金——一般公共预算调入资金"科目。

（二）从其他类型预算资金及其他渠道调入政府性基金预算时，按照调入或实际收到的资金金额，借记"资金结存——库款资金结存"等科目，贷记"调入预算资金——政府性基金预算调入资金"科目。

（三）年终转账时，本科目贷方余额按明细科目分别转入相应的结转结余科目，借记本科目，贷记"一般公共预算结转结余""政府性基金预算结转结余"等科目。

四、本科目平时贷方余额反映调入预算资金的累计数。
五、期末结转后，本科目无余额。

6031 动用预算稳定调节基金

一、本科目核算政府财政为弥补本年度预算资金不足，动用的预算稳定调节基金。
二、动用预算稳定调节基金的主要账务处理如下：
（一）动用预算稳定调节基金时，借记"预算稳定调节基金"科目，贷记本科目。
（二）年终转账时，本科目贷方余额转入一般公共预算结转结余，借记本科目，贷记"一般公共预算结转结余"科目。
三、本科目平时贷方余额反映动用预算稳定调节基金的累计数。
四、期末结转后，本科目应无余额。

6041 债务预算收入

一、本科目核算政府财政根据法律法规等规定，通过发行债券、向外国政府和国际金融组织借款等方式筹集的纳入预算管理的债务收入。
二、本科目应设置"国债收入""一般债务收入"和"专项债务收入"明细科目，并根据《政府收支分类科目》中"债务收入"科目进行明细核算。
三、债务预算收入的主要账务处理如下：
（一）省级以上（含省级）政府财政收到政府债券发行收入时，按照实际收到的金额，借记"资金结存——库款资金结存"科目，按照政府债券实际发行额，贷记本科目，按照其差额，借记或贷记有关支出科目。
（二）中央财政发生国债随卖业务时，按照实际收到的金额，借记"资金结存——库款资金结存"科目；根据国债随卖确认文件等相关债券管理资料，按照国债随卖面值，贷记本科目，按照实际收到金额与面值的差额，借记或贷记"一般公共预算支出"科目。
（三）按定向承销方式发行的政府债券，根据债务管理部门转来的债券发行文件等有关资料进行确认，由本级政府财政承担还款责任，贷款资金由本级政府财政同级部门使用的，借记"债务还本预算支出"科目，贷记本科目；转贷下级政府财政的，借记"债务转贷预算支出"科目，贷记本科目。
（四）政府财政向外国政府、国际金融组织等机构借款时，按照实际提款的外币金额和即期汇率折算的人民币金额，借记"资金结存——库款资金结存""资金结存——专户资金结存"等科目，贷记本科目。
（五）本级政府财政借入主权外债，且由外方或上级政府财政将贷款资金直接支付给用款单位或供应商时，应根据以下情况分别处理：
1.本级政府财政承担还款责任，贷款资金由本级政府财政同级部门使用的，本级政府财政根据贷款资金支付有关资料，借记"一般公共预算支出"科目，贷记本科目。
2.本级政府财政承担还款责任，贷款资金由下级政府财政同级部门使用的，本级政府财政根据贷款资金支付有关资料及预算文件，借记"补助预算支出——调拨下级"等科目，贷记本科目。
3.下级政府财政承担还款责任，贷款资金由下级政府财政同级部门使用的，本级政府财政根据贷款资金支付有关资料，借记"债务转贷预算支出"科目，贷记本科目
（六）年终转账时，本科目下"国债收入""一般债务收入"的贷方余额转入一般公共预算结转结余，借记"债务预算收入——国债收入""债务预算收入——一般债务收入"科目，贷记"一般公共预算结转结余"科目；本科目下"专项债务收入"的贷方余额转入政府性基金预算结转结余，借记"债务预算收入——专项债务收入"科目，贷记"政府性基金

预算结转结余"科目,可根据预算管理需要,按照专项债务对应的政府性基金预算收入科目分别转入"政府性基金预算结转结余"相应明细科目。

四、本科目平时贷方余额反映债务预算收入的累计数。

五、期末结转后,本科目应无余额。

6042 债务转贷预算收入

一、本科目核算省级以下(不含省级)政府财政收到上级政府财政转贷的债务收入。

二、本科目应设置"一般债务转贷收入""专项债务转贷收入"明细科目,并根据《政府收支分类科目》中"债务转贷收入"科目进行明细核算。

三、债务转贷预算收入的主要账务处理如下:

(一)省级以下(不含省级)政府财政收到地方政府债券转贷收入时,按照实际收到的金额或债务管理部门确认的金额,借记"资金结存——库款资金结存""补助预算收入——上级调拨"等科目,贷记本科目;实际收到的金额与债务管理部门确认的到期应偿还转贷款本金之间的差额,借记或贷记有关支出科目。

(二)实行定向承销方式转贷的地方政府债券,省级以下(不含省级)政府财政根据债务管理部门提供的有关资料进行确认,借记"债务还本预算支出"科目,贷记本科目。

(三)省级以下(不含省级)政府财政收到主权外债转贷收入的具体账务处理如下:

1. 本级财政收到主权外债转贷资金时,借记"资金结存——库款资金结存""资金结存——专户资金结存"科目,贷记本科目。

2. 从上级政府财政借入主权外债转贷款,且由外方或上级政府财政将贷款资金直接支付给用款单位或供应商时,应根据以下情况分别处理:

(1)本级政府财政承担还款责任,贷款资金由本级政府财政同级部门使用的,本级政府财政根据贷款资金支付有关资料,借记"一般公共预算支出"科目,贷记本科目。

(2)本级政府财政承担还款责任,贷款资金由下级政府财政同级部门使用的,本级政府财政根据贷款资金支付有关资料及预算文件,借记"补助预算支出——调拨下级"等科目,贷记本科目。

(3)下级政府财政承担还款责任,贷款资金由下级政府财政同级部门使用的,本级政府财政根据转贷资金支付有关资料,借记"债务转贷预算支出"科目,贷记本科目;下级政府财政根据贷款资金支付有关资料,借记"一般公共预算支出"科目,贷记本科目。

(四)年终转账时,本科目下"一般债务转贷收入"明细科目的贷方余额转入一般公共预算结转结余,借记本科目,贷记"一般公共预算结转结余"科目;本科目下"专项债务转贷收入"明细科目的贷方余额转入政府性基金预算结转结余,借记本科目,贷记"政府性基金预算结转结余"科目,可根据预算管理需要,按照专项债务对应的政府性基金预算收入科目分别转入"政府性基金预算结转结余"相应明细科目。

四、本科目平时贷方余额反映债务转贷预算收入的累计数。

五、期末结转后,本科目应无余额。

6051 待处理收入

一、本科目核算本级政府财政收回的结转结余资金。

二、本科目下应设置"库款资金待处理收入""专户资金待处理收入"明细科目。

三、待处理收入的主要账务处理如下:

(一)收到收回的结转结余资金时,借记"资金结存——库款资金结存"等科目,贷记本科目。

(二)收回的结转结余资金,财政部门按原预算科目使用的,实际安排支出时,借记本科目或"资金结存——待处理结存"科目，贷记"资金结存——库款资金结存"科目。

（三）收回的结转结余资金，财政部门调整预算科目使用的，实际安排支出时，借记本科目或"资金结存——待处理结存"科目，按原结转预算科目，贷记"一般公共预算支出"等科目；同时，按实际支出预算科目，借记"一般公共预算支出"等科目，贷记"资金结存——库款资金结存"等科目。

（四）年终，本科目贷方余额转入资金结存，借记本科目，贷记"资金结存——待处理结存"科目。

四、本科目平时贷方余额反映待处理收入的累计数。

五、期末结转后，本科目应无余额。

七、预算支出类

7001 一般公共预算支出

一、本科目核算政府财政管理的由本级政府安排使用的列入一般公共预算的支出。

二、本科目应根据《政府收支分类科目》中支出功能分类科目和支出经济分类科目进行明细核算。同时，可根据预算管理需要，按照预算单位和项目等进行明细核算。

三、一般公共预算支出的主要账务处理如下：

（一）实际发生一般公共预算支出时，借记本科目，贷记"资金结存——库款资金结存"等科目。

（二）已支出事项发生退回时，借记"资金结存——库款资金结存"等科目，贷记本科目。

（三）年终转账时，本科目借方余额转入一般公共预算结转结余，借记"一般公共预算结转结余"科目，贷记本科目。

四、本科目平时借方余额反映一般公共预算支出的累计数。

五、期末结转后，本科目应无余额。

7002 政府性基金预算支出

一、本科目核算政府财政管理的由本级政府安排使用的列入政府性基金预算的支出。

二、本科目应根据《政府收支分类科目》中支出功能分类科目和支出经济分类科目进行明细核算。同时，可根据预算管理需要，按照预算单位和项目等进行明细核算。

三、政府性基金预算支出的主要账务处理如下：

（一）实际发生政府性基金预算支出时，借记本科目，贷记"资金结存——库款资金结存"等科目。

（二）已支出事项发生退回时，借记"资金结存——库款资金结存"等科目，贷记本科目。

（三）年终转账时，本科目借方余额转入政府性基金预算结转结余，借记"政府性基金预算结转结余"科目，贷记本科目。

四、本科目平时借方余额反映政府性基金预算支出的累计数。

五、期末结转后，本科目应无余额。

7003 国有资本经营预算支出

一、本科目核算政府财政管理的由本级政府安排使用的列入国有资本经营预算的支出。

二、本科目应根据《政府收支分类科目》中支出功能分类科目和支出经济分类科目进行明细核算。同时，根据预算管理需要，按照预算单位和项目等进行明细核算。

三、国有资本经营预算支出的主要账务处理如下：

（一）实际发生国有资本经营预算支出时，借记本科目，贷记"资金结存——库款资金结存"等科目。

（二）已支出事项发生退回时，借记"资金结存——库款资金结存"等科目，贷记本科目。

（三）年终转账时，本科目借方余额转入国有资本经营预算结转结余，借记"国有资本经营预算结转结余"科目，贷记本科目。

四、本科目平时借方余额反映国有资本经营预算支出的累计数。

五、期末结转后，本科目应无余额。

7005 财政专户管理资金支出

一、本科目核算本级政府财政用纳入财政专户管理的教育收费等资金安排的支出。

二、本科目应根据《政府收支分类科目》中支出功能分类科目和支出经济分类科目进行明细核算。同时，可根据管理需要，按照预算单位和项目等进行明细核算。

三、财政专户管理资金支出的主要账务处理如下：

（一）发生财政专户管理资金支出时，借记本科目，贷记"资金结存——专户资金结存"等科目。

（二）已支出事项发生退回时，借记"资金结存——专户资金结存"等科目，贷记本科目。

（三）年终转账时，本科目借方余额转入财政专户管理资金结余，借记"财政专户管理资金结余"科目，贷记本科目。

四、本科目平时借方余额反映财政专户管理资金支出的累计数。

五、期末结转后，本科目应无余额。

7007 专用基金支出

一、本科目核算政府财政专用基金收入安排的支出。

二、本科目应根据专用基金的种类设置明细科目。同时，根据预算管理需要，按预算单位等进行明细核算。

三、专用基金支出的主要账务处理如下：

（一）发生专用基金支出时，借记本科目，贷记"资金结存——库款资金结存""资金结存——专户资金结存"等科目。

（二）已支出事项发生退回时，借记"资金结存——库款资金结存""资金结存——专户资金结存"等科目，贷记本科目。

（三）年终转账时，本科目借方余额转入专用基金结余，借记"专用基金结余"科目，贷记本科目。

四、本科目平时借方余额反映专用基金支出的累计数。

五、期末结转后，本科目应无余额。

7011 补助预算支出

一、本科目核算本级政府财政按照财政体制规定或专项需要补助给下级政府财政的款项，包括对下级的税收返还、一般性转移支付和专项转移支付等。

二、本科目应按照不同资金性质设置"一般公共预算补助支出""政府性基金预算补助支出""国有资本经营预算补助支出"和"调拨下级"明细科目。同时，可根据管理需要，按照补助地区和《政府收支分类科目》中支出功能分类科目进行明细核算。其中，"一般公共预算补助支出"科目核算本级政府财政对下级政府财政的一般性转移支付支出；"政府性基金预算补助支出"科目核算本级政府财政对下级政府财政的政府性基金预算转移支付支出;"国有资本经营预算补助支出"科目核算本级政府财政对下级政府财政的国有资本经营预算转移支付支出;"调拨下级"科目核算年度执行中,本级政府财政调拨给下级政府财政的尚未指定资金性质的资金或结算应确认事项金额。

三、补助预算支出的主要账务处理如下:

(一)年度执行中,调拨资金给下级政府财政,根据实际调拨的金额借记"补助预算支出——调拨下级"等科目,贷记"资金结存——库款资金结存""资金结存——专户资金结存"科目。

(二)两级财政年终结算中应当由下级政府财政上交的款项,借记"补助预算支出——调拨下级"等科目,贷记"上解预算收入"科目。

(三)专项转移支付资金实行特设专户管理的,根据有关支出管理部门下达的预算文件和拨款依据确认支出,借记"补助预算支出——调拨下级"等科目;资金由本级政府财政拨付给下级的,贷记"资金结存——专户资金结存"等科目;资金由上级政府财政直接拨给下级的,贷记"补助预算收入——上级调拨"科目。

(四)本级政府财政借入或收到转贷的主权外债,贷款资金由下级政府财政同级部门使用,且贷款最终还款责任由本级政府财政承担的,根据债务管理部门提供的有关资料,借记"补助预算支出——调拨下级"等科目,贷记"资金结存——库款资金结存""资金结存——专户资金结存"科目;外方或上级政府财政将贷款资金直接支付给用款单位或供应商时,借记"补助预算支出——调拨下级"等科目,贷记"债务预算收入""债务转贷预算收入"等科目;本级政府财政豁免下级政府财政主权外债,根据债务管理部门提供的有关资料和有关预算文件,借记"补助预算支出——调拨下级"等科目,贷记"资金结存——上下级调拨结存"科目。

(五)根据预算管理需要,收回已调拨下级政府财政资金时,按照实际收到的金额,借记"资金结存——库款资金结存""资金结存——专户资金结存"等科目,贷记"补助预算支出——调拨下级"等科目。

(六)发生上解多交应当退回的,按照应当退回的金额,借记"上解预算收入"科目,贷记"补助预算支出——调拨下级"等科目。

(七)年终两级财政办理结算以后,根据预算管理部门提供的结算单确认补助下级预算支出,借记"补助预算支出——一般公共预算补助支出""补助预算支出——政府性基金预算补助支出""补助预算支出——国有资本经营预算补助支出"等科目,贷记"补助预算支出——调拨下级"科目。

(八)完成上述结转以后,将本科目下各明细科目余额分别结转至相应的预算结余类科目。借记"资金结存——上下级调拨结存""一般公共预算结转结余""政府性基金预算结转结余""国有资本经营预算结转结余"等科目,贷记本科目。

四、本科目平时借方余额反映补助预算支出的累计数。

五、期末结转后,本科目应无余额。

7012 上解预算支出

一、本科目核算本级政府财政按照财政体制规定或专项需要上交给上级政府财政的款项。

二、本科目应按照不同资金性质设置"一般公共预算上解支出""政府性基金预算上解支出""国有资本经营预算上解支出"明细科目。

三、上解预算支出的主要账务处理如下:

(一)发生上解预算支出时,借记本科目,贷记"资金结存——库款资金结存""补助预算收入——上级调拨"等科目。

（二）年终与上级政府财政结算时，按照尚未支付的上解金额，借记本科目，贷记"补助预算收入——上级调拨"等科目。退还或核减上解支出时，借记"资金结存——库款资金结存""补助预算收入——上级调拨"等科目，贷记本科目。

（三）年终转账时，本科目借方余额应根据不同资金性质分别转入相应的结转结余科目，借记"一般公共预算结转结余""政府性基金预算结转结余"等科目，贷记本科目。

四、本科目平时借方余额反映上解支出的累计数。

五、期末结转后，本科目应无余额。

7013 地区间援助预算支出

一、本科目核算援助方政府财政安排用于受援方政府财政统筹使用的各类援助、捐赠等资金支出。

二、本科目应按照受援地区等进行相应明细核算。

三、地区间援助预算支出的主要账务处理如下：

（一）发生地区间援助预算支出时，借记本科目，贷记"资金结存——库款资金结存"科目。

（二）年终转账时，本科目借方余额转入一般公共预算结转结余，借记"一般公共预算结转结余"科目，贷记本科目。

四、本科目平时借方余额反映地区间援助支出的累计数。

五、期末结转后，本科目应无余额。

7021 调出预算资金

一、本科目核算政府财政为平衡预算收支，在不同类型预算资金之间的调出支出。

二、本科目应设置"一般公共预算调出资金""政府性基金预算调出资金"和"国有资本经营预算调出资金"明细科目。

三、调出预算资金的主要账务处理如下：

（一）从一般公共预算调出资金时，按照调出的金额，借记"调出预算资金———一般公共预算调出资金"科目，贷记"调入预算资金"有关明细科目。

（二）从政府性基金预算调出资金时，按照调出的金额，借记"调出预算资金——政府性基金预算调出资金"科目，贷记"调入预算资金"有关明细科目。

（三）从国有资本经营预算调出资金时，按照调出的金额，借记"调出预算资金——国有资本经营预算调出资金"科目，贷记"调入预算资金"有关明细科目。

（四）年终转账时，本科目借方余额分别转入相应的结转结余科目，借记"一般公共预算结转结余""政府性基金预算结转结余"和"国有资本经营预算结转结余"等科目，贷记本科目。

四、本科目平时借方余额反映调出预算资金的累计数。

五、期末结转后，本科目应无余额。

7031 安排预算稳定调节基金

一、本科目核算政府财政安排用于弥补以后年度预算资金不足的储备资金。

二、安排预算稳定调节基金的主要账务处理如下：

（一）安排预算稳定调节基金时，借记本科目，贷记"预算稳定调节基金"科目。

（二）年终转账时，本科目借方余额转入一般公共预算结转结余，借记"一般公共预算结转结余"科目，贷记本科目。

三、本科目平时借方余额反映安排预算稳定调节基金的累计数。

四、期末结转后，本科目应无余额。

7041 债务还本预算支出

一、本科目核算政府财政偿还本级政府财政承担的纳入预算管理的债务本金支出。

二、本科目应设置"国债还本支出""一般债务还本支出""专项债务还本支出"明细科目，并根据《政府收支分类科目》中"债务还本支出"科目进行明细核算。

三、债务还本预算支出的主要账务处理如下：

（一）偿还本级政府财政承担的政府债券、主权外债等纳入预算管理的债务本金时，借记本科目，贷记"资金结存——库款资金结存""资金结存——专户资金结存""补助预算收入——上级调拨"等科目。

（二）中央财政发生国债随买业务时，根据国债随买确认文件等相关债券管理资料，按照国债随买面值，借记本科目，按照实际支付的金额，贷记"资金结存——库款资金结存"科目；按照其差额，借记或贷记"一般公共预算支出"科目。

（三）年终转账时，本科目下"国债还本支出""一般债务还本支出"的借方余额转入一般公共预算结转结余，借记"一般公共预算结转结余"科目，贷记"债务还本预算支出——国债还本支出""债务还本预算支出——一般债务还本支出"科目；本科目下"专项债务还本支出"的借方余额转入政府性基金预算结转结余，借记"政府性基金预算结转结余"科目，贷记"债务还本预算支出——专项债务还本支出"科目，可根据预算管理需要，按照专项债务对应的政府性基金预算支出科目分别转入"政府性基金预算结转结余"相应明细科目。

四、本科目平时借方余额反映本级政府财政债务还本预算支出的累计数。

五、期末结转后，本科目应无余额。

7042 债务转贷预算支出

一、本科目核算本级政府财政向下级政府财政转贷的债务支出。

二、本科目应设置"一般债务转贷支出""专项债务转贷支出"明细科目，并根据《政府收支分类科目》中"债务转贷支出"科目和转贷地区进行明细核算。

三、债务转贷预算支出的主要账务处理如下：

（一）本级政府财政向下级政府财政转贷地方政府债券资金时，借记本科目，贷记"资金结存——库款资金结存""补助预算支出——调拨下级"等科目。

（二）本级政府财政向下级政府财政转贷主权外债资金，且主权外债最终还款责任由下级政府财政承担的具体账务处理如下：

1. 支付转贷资金时，根据外债管理部门提交的转贷业务有关资料，借记本科目，贷记"资金结存——库款资金结存""资金结存——专户资金结存"科目。

2. 外方或上级政府财政将贷款资金直接支付给用款单位或供应商时，根据外债管理部门提交的转贷业务有关资料，借记本科目，贷记"债务预算收入""债务转贷预算收入"科目。

（三）年终转账时，本科目下"一般债务转贷支出"明细科目的借方余额转入一般公共预算结转结余，借记"一般公共预算结转结余"科目，贷记"债务转贷预算支出——一般债务转贷支出"科目；本科目下"专项债务转贷支出"明细科目的借方余额转入政府性基金预算结转结余，借记"政府性基金预算结转结余"科目，贷记"债务转贷预算支出——专项债务转贷支出"科目，可根据预算管理需要，按照专项债务对应的政府性基金预算支出科目分别转入"政府性基金预算结转结余"相应明细科目。

四、本科目平时借方余额反映债务转贷支出的累计数。

五、期末结转后，本科目应无余额。

7051 待处理支出

一、本科目核算政府财政按照预拨经费管理有关规定预拨给预算单位尚未列为预算支出的款项。

二、本科目应当按照预算单位进行明细核算。

三、待处理支出的主要账务处理如下：

（一）拨出款项时，借记本科目，贷记"资金结存——库款资金结存"等科目。

（二）转列预算支出时，借记"一般公共预算支出""政府性基金预算支出""国有资本经营预算支出"等科目，贷记本科目。

（三）收回预拨款项时，借记"资金结存——库款资金结存"等科目，贷记本科目。

（四）年终，本科目借方余额转入资金结存，借记"资金结存——待处理结存"科目，贷记本科目。

四、本科目平时借方余额反映政府财政尚未转列支出或尚待收回的待处理支出数。

五、期末结转后，本科目应无余额。

八、预算结余类

8001 一般公共预算结转结余

一、本科目核算本级政府财政一般公共预算收支的执行结果。

二、一般公共预算结转结余的主要账务处理如下：

（一）年终转账时，将一般公共预算的有关收入科目贷方余额转入本科目的贷方，借记"一般公共预算收入""补助预算收入——一般公共预算补助收入""上解预算收入——一般公共预算上解收入""地区间援助预算收入""调入预算资金——一般公共预算调入资金""债务预算收入——国债收入""债务预算收入——一般债务收入""债务转贷预算收入——一般债务转贷收入""动用预算稳定调节基金"科目，贷记本科目；将一般公共预算的有关支出科目借方余额转入本科目的借方，借记本科目，贷记"一般公共预算支出""补助预算支出——一般公共预算补助支出""上解预算支出——一般公共预算上解支出""地区间援助预算支出""调出预算资金——一般公共预算调出资金""安排预算稳定调节基金""债务还本预算支出——国债还本支出""债务还本预算支出——一般债务还本支出""债务转贷预算支出——一般债务转贷支出"科目。

（二）设置或补充预算周转金时，借记本科目，贷记"预算周转金"科目。

三、本科目期末贷方余额反映一般公共预算收支相抵后的滚存结转结余。

8002 政府性基金预算结转结余

一、本科目核算本级政府财政政府性基金预算收支的执行结果。

二、本科目可根据管理需要，按照政府性基金的项目进行明细核算。

三、政府性基金预算结转结余的主要账务处理如下：

年终转账时，将政府性基金预算的有关收入科目贷方余额转入本科目的贷方，按照政府性基金项目分别转入本科目的贷方，借记"政府性基金预算收入""补助预算收入——政府性基金预算补助收入""上解预算收入——政府性基金预算上解收入""调入预算资金——政府性基金预算调入资金""债务预算收入——专项债务收入""债务转贷预算收入——专项债务转贷收入"科目，贷记本科目；将政府性基金预算的有关支出科目借方余额转入本科目的借方，借记本科目，贷记"政府性基金预算支出""补助预算支出——政府性基金预算补助支出""上解预算支出——政府性基金预算上解支出""调出预算资金——政府性基金预算调出资金""债务还本预算支出——专项债务还本支出""债务转贷预算支出——专项债务转贷支出"科目。

四、本科目期末贷方余额反映政府性基金预算收支相抵后的滚存结转结余。

8003 国有资本经营预算结转结余

一、本科目核算本级政府财政国有资本经营预算收支的执行结果。

二、国有资本经营预算结转结余的主要账务处理如下：

年终转账时，将国有资本经营预算的有关收入科目贷方余额转入本科目的贷方，借记"国有资本经营预算收入""补助预算收入——国有资本经营预算补助收入""上解预算收入——国有资本经营预算上解收入"科目，贷记本科目；将国有资本经营预算的有关支出科目借方余额转入本科目的借方，借记本科目，贷记"国有资本经营预算支出""补助预算支出——国有资本经营预算补助支出""上解预算支出——国有资本经营预算上解支出""调出预算资金——国有资本经营预算调出资金"科目。

三、本科目期末贷方余额反映国有资本经营预算收支相抵后的滚存结转结余。

8005 财政专户管理资金结余

一、本科目核算本级政府财政纳入财政专户管理的教育收费等资金收支的执行结果。

二、财政专户管理资金结余的主要账务处理如下：

年终转账时，将财政专户管理资金的有关收入科目贷方余额转入本科目的贷方，借记"财政专户管理资金收入"科目，贷记本科目；将财政专户管理资金的有关支出科目借方余额转入本科目的借方，借记本科目，贷记"财政专户管理资金支出"科目。

三、本科目期末贷方余额反映政府财政纳入财政专户管理的资金收支相抵后的滚存结余。

8007 专用基金结余

一、本科目核算本级政府财政专用基金收支的执行结果。

二、本科目应根据专用基金的种类进行明细核算。

三、专用基金结余的主要账务处理如下：

年终转账时，将专用基金的有关收入科目贷方余额转入本科目的贷方，借记"专用基金收入"科目，贷记本科目；将专用基金的有关支出科目借方余额转入本科目的借方，借记本科目，贷记"专用基金支出"科目。

四、本科目期末贷方余额反映政府财政管理的专用基金收支相抵后的滚存结余。

8031 预算稳定调节基金

一、本科目核算本级政府财政为保持年度间预算的衔接和稳定，在一般公共预算中设置的储备性资金。

二、预算稳定调节基金的主要账务处理如下：

（一）使用超收收入或一般公共预算结余设置或补充预算稳定调节基金时，借记"安排预算稳定调节基金"科目，贷记本科目。

（二）将预算周转金调入预算稳定调节基金时，借记"预算周转金"科目，贷记本科目。

（三）动用预算稳定调节基金时，借记本科目，贷记"动用预算稳定调节基金"科目。

三、本科目期末贷方余额反映预算稳定调节基金的累计规模。

8033 预算周转金

一、本科目核算政府财政设置的用于调剂预算年度内季节性收支差额周转使用的资金。

二、预算周转金的主要账务处理如下：
（一）设置或补充预算周转金时，借记"一般公共预算结转结余"科目，贷记本科目。
（二）将预算周转金调入预算稳定调节基金时，借记本科目，贷记"预算稳定调节基金"科目。
三、本科目期末贷方余额反映预算周转金的累计规模。

8041 资金结存

一、本科目核算政府财政纳入预算管理的资金流入、流出、调整和滚存的情况。

二、本科目应设置"库款资金结存""专户资金结存""在途资金结存""集中支付结余结存""上下级调拨结存""待发国债结存""零余额账户结存""已结报支出""待处理结存"明细科目。

三、资金结存科目的主要账务处理如下：

（一）"库款资金结存"科目核算政府财政以国库存款形态存在的资金。本科目期末应为借方余额。

1.收到预算收入时，根据当日预算收入日报表所列预算收入数，借记本科目，贷记有关预算收入科目。

已入库款项发生退库（付）的，资金划出时，借记有关预算收入科目，贷记本科目。

2.发生预算支出时，按照实际支付的金额，借记有关预算支出科目，贷记本科目。

预算支出发生退回的，资金划出时，借记本科目，贷记有关预算支出科目。

（二）"专户资金结存"科目核算政府财政以财政专户存款形态存在的资金。本科目期末应为借方余额。

1.收到预算收入时，按照有关收入凭证，借记本科目，贷记有关预算收入科目。

已收到款项发生退付的，资金划出时，借记有关预算收入科目，贷记本科目。

2.发生预算支出时，按照实际支付的金额，借记有关预算支出科目，贷记本科目。

预算支出发生退回的，资金划出时，借记本科目，贷记有关预算支出科目。

（三）"在途资金结存"科目核算报告清理期和库款报解整理期内发生的需要通过本科目过渡处理的属于上年度收入、支出等业务的款项。本科目期末余额反映政府财政持有的在途款金额。

1.报告清理期和库款报解整理期内收到属于上年度收入时，在上年度账务中，借记本科目，贷记有关收入科目；收回属于上年度支出时，在上年度账务中，借记本科目，贷记"预拨经费"或有关支出科目。

2.冲转在途款时，在本年度账务中，借记"资金结存——库款资金结存"科目，贷记本科目。

（四）"集中支付结余结存"科目核算省级以上（含省级）政府财政国库集中支付中，应列为当年支出，但年末尚未支付需结转下一年度支付的款项。本科目期末应为贷方余额，反映政府财政尚未支付的国库集中支付结余。

1.年末，对当年发生的应付国库集中支付结余，借记有关支出科目，贷记本科目。

2.实际支付应付国库集中支付结余资金时，借记本科目，贷记"资金结存——库款资金结存"科目。

3.收回尚未支付的应付国库集中支付结余时，借记本科目，贷记有关支出科目。

（五）"上下级调拨结存"科目核算上下级政府财政之间资金调拨和资金结算等事项。本科目期末余额反映政府财政上下级往来款项的净额。

1.年终转账时，将"补助预算收入——上级调拨"科目贷方余额转入资金结存，借记"补助预算收入——上级调拨"科目，贷记本科目。

2. 年终转账时，将"补助预算支出——调拨下级"科目借方余额转入资金结存，借记本科目，贷记"补助预算支出——调拨下级"科目。

（六）"待发国债结存"科目核算为弥补中央财政预算收支差额，中央财政预计发行国债与实际发行国债之间的差额。本科目期末应为借方余额，反映中央财政尚未使用的国债发行额度。

年度终了，实际发行国债收入用于债务还本支出后，小于为弥补中央财政预算收支差额中央财政预计发行国债时，按照其差额，借记本科目，贷记"债务预算收入"科目；实际发行国债收入用于债务还本支出后，大于为弥补中央财政预算收支差额中央财政预计发行国债时，按照其差额，借记"债务预算收入"科目，贷记本科目。

（七）"零余额账户结存"科目核算政府财政国库支付执行机构在代理银行开设的财政零余额账户发生的支付和清算业务。财政国库支付执行机构未单设的地区不使用本科目。本科目年末应无余额。

1. 财政国库支付执行机构通过财政零余额账户支付款项时，借记有关预算支出科目，贷记本科目。

2. 根据每日清算的金额，借记本科目，贷记"资金结存——已结报支出"科目。

（八）"已结报支出"科目核算政府财政国库支付执行机构已清算的国库集中支付支出数额。财政国库支付执行机构未单设的地区不使用本科目。本科目年末应无余额。

1. 财政国库集中支付执行机构根据每日清算的金额，借记"资金结存——零余额账户结存"科目，贷记本科目。

2. 财政国库集中支付执行机构按照国库集中支付制度有关规定办理资金支付时，借记相关预算支出科目，贷记本科目。

3. 年终财政国库集中支付执行机构按照累计结清的预算支出金额，与有关方面核对一致后转账，借记本科目，贷记有关预算支出科目。

（九）"待处理结存"科目核算结转下年度的待处理收入和待处理支出等。本科目期末余额反映尚未清理的以前年度待处理收支的金额。

1. 年终转账时，将"待处理收入"科目贷方余额转入资金结存，借记"待处理收入"科目，贷记本科目。

2. 年终转账时，将"待处理支出"科目借方余额转入资金结存，借记本科目，贷记"待处理支出"科目。

3. 将以前年度结转的待处理收入转列预算收入或退回时，借记本科目，贷记有关预算收入科目、"资金结存——库款资金结存"科目。

4. 将以前年度结转的待处理支出转列预算支出或收回时，借记有关预算支出科目、"资金结存——库款资金结存"等科目，贷记本科目。

第四章　会计结账和结算

第四十三条　总会计应当按月进行会计结账。具体结账方法，按照会计基础工作规范有关规定办理。

第四十四条　政府财政部门应当及时进行年终清理结算，并在预算会计和财务会计账中准确反映清理结算结果。年终清理结算的主要事项如下：

（一）核对年度预算。年终前，总会计应配合预算管理部门将本级政府财政全年预算指标与上、下级政府财政转移性收支预算和本级各部门预算进行核对，及时办理预算调整和转移支付事项。本年预算调整和下达对下级政府财政转移支付预算指标一般截止到11月30日；各项预算拨款，一般截止到12月25日。

（二）清理本年收入。总会计应认真清理本年收入，与非税收入征收部门核对年末应收非税收入情况，并组织收入征收部门和国家金库进行年度对账，督促收入征收部门和国家金库年终前及时将本年税收收入和非税收入缴入国库或指定财政专户，确保准确核算本年收入。

（三）清理本年支出和费用。应在本年支领列报的款项，非特殊原因，应在年终前办理完毕。总会计对本级各单位的支出和费用应与单位的相应收入核对无误。属于应收回的拨款，应及时收回，并按收回数相应冲减支出和费用。

（四）核实股权、债权和债务。财政部门内部有关资产、债务管理部门应在有关业务发生时及时向总会计提供与股权、债权、债务等核算和反映有关的资料，确保财务会计资产负债信息确认的及时性。各级财政债务管理部门需定期提供上下级财政核对确认的本地区债权债务利息有关资料。财政部门内部涉及股权投资的相关管理部门应提供股权投资对应的股权证明材料及变动情况资料。

年末，总会计对股权投资、借出款项、应收股利、应收地方政府债券转贷款、应收主权外债转贷款、借入款项、应付短期政府债券、应付长期政府债券、应付地方政府债券转贷款、应付主权外债转贷款、应付利息、其他负债等余额应与相关管理部门进行核对，记录不一致的要及时查明原因，按规定调整账务，相关管理部门要及时提供有关资料，确保账实相符，账账相符。

（五）清理往来款项。政府财政要认真清理其他应收款、其他应付款等各种往来款项，在年度终了前予以收回或归还。应转作收入或支出、费用的各项款项，预算会计与财务会计要及时处理。

第四十五条 总会计对年终报告清理期内发生的会计事项，应当划清会计年度，及时进行结账。属于清理上年度的会计事项，记入上年度会计账；属于新年度的会计事项，记入新年度会计账，防止错记漏记。通常记入上年度的会计事项主要有：

（一）依据年终财政结算进行核算。财政预算管理部门要在年终清理的基础上，于次年元月底前结清上下级政府财政的转移性收支和往来款项。总会计要按照财政管理体制的规定和专项需要，根据预算结算单，与年度预算执行过程中已补助和已上解数额进行比较，结合往来款和借垫款情况，计算出全年最后应补或应退数额，填制"年终财政决算结算单"，经核对无误后，作为年终财政结算凭证，预算会计和财务会计据以入账。

（二）依据企业决算数据进行核算。财政部门内部涉及股权投资的相关管理部门应及时取得纳入总会计核算范围的被投资主体经审计后的决算报表，并据此向总会计提供股权投资核算所需资料，财务会计对股权投资变动情况进行核算。

（三）依据人大审议意见进行核算。本级人民代表大会常务委员会（或人民代表大会）审查意见中，提出的需更正原报告有关事项，总会计应根据审查意见相应调整有关账目。

第四十六条 总会计应对预算会计和财务会计分别办理年终结账。年终结账工作一般分为年终转账、结清旧账和记入新账三个步骤，依次做账。

（一）年终转账。计算出预算会计和财务会计各科目12月份合计数和全年累计数，结出年末余额。

预算会计将预算收入和预算支出分别转入"一般公共预算结转结余""政府性基金预算结转结余""国有资本经营预算结转结余""财政专户管理资金结余""专用基金结余"等科目冲销。

财务会计将收入和费用分别转入相应的本期盈余科目冲销；再将本期盈余科目转入相应的累计盈余科目冲销。

（二）结清旧账。将各收入、支出和费用科目的借方、贷方结出全年总计数。对年终有余额的科目，在"摘要"栏内注明"结转下年"字样，表示转入新账。

（三）记入新账。根据年终转账后的总账和明细账余额，编制年终"资产负债表"和有关明细表（不需填制记账凭证），预算会计和财务会计将表列各科目余额分别记入新年度有关总账和明细账年初余额栏内，并在"摘要"栏注明"上年结转"字样，以区别新年度发生数。

第五章　会计报表

第四十七条　财务会计报表包括资产负债表、收入费用表、现金流量表、本年预算结余与本期盈余调节表等会计报表和附注。

资产负债表是反映政府财政在某一特定日期财务状况的报表。

收入费用表是反映政府财政在一定会计期间运行情况的报表。

现金流量表是反映政府财政在一定会计期间现金流入和流出情况的报表。

本年预算结余与本期盈余调节表是反映政府财政在某一会计年度内预算结余与本期盈余差异调整情况的报表。

附注是指对在会计报表中列示项目的文字描述或明细资料，以及对未能在会计报表中列示项目的说明。

第四十八条　财务会计报表格式如下：

资产负债表

编制单位：　　　　　　　　　　　年　月　日　　　　　　　　　总会财01表
　　　　　　　　　　　　　　　　　　　　　　　　　　　　　　　单位：元

资产	年初余额	期末余额	负债和净资产	年初余额	期末余额
流动资产：			流动负债：		
国库存款			应付短期政府债券		
其他财政存款			应付国库集中支付结余		
国库现金管理资产			与上级往来		
有价证券			其他应付款		
应收非税收入			应付代管资金		
应收股利			应付利息		
借出款项			一年内到期的非流动负债		
与下级往来			流动负债合计		
预拨经费			非流动负债：		
在途款			应付长期政府债券		
其他应收款			借入款项		
应收利息			应付地方政府债券转贷款		
一年内到期的非流动资产			应付主权外债转贷款		
流动资产合计			其他负债		
非流动资产：			非流动负债合计		
应收地方政府债券转贷款			负债合计		
应收主权外债转贷款			净资产：		

（续表）

资产	年初余额	期末余额	负债和净资产	年初余额	期末余额
股权投资			累计盈余		
非流动资产合计			预算稳定调节基金		
			预算周转金		
			权益法调整		
			净资产合计		
资产总计			负债和净资产总计		

收入费用表

编制单位：　　　　　　　　　　　　　年　月　　　　　　　　　　　总会财02表
　　　　　　　　　　　　　　　　　　　　　　　　　　　　　　　　　单位：元

项目	预算管理资金		财政专户管理资金		专用基金	
	本月数	本年累计数	本月数	本年累计数	本月数	本年累计数
收入合计						
税收收入			—	—	—	—
非税收入			—	—	—	—
投资收益			—	—	—	—
补助收入			—	—	—	—
上解收入			—	—	—	—
地区间援助收入			—	—	—	—
其他收入			—	—	—	—
财政专户管理资金收入	—	—			—	—
专用基金收入	—	—	—	—		
费用合计						
政府机关商品和服务拨款费用			—	—	—	—
政府机关工资福利拨款费用			—	—	—	—
对事业单位补助拨款费用			—	—	—	—
对企业补助拨款费用			—	—	—	—
对个人和家庭补助拨款费用			—	—	—	—
对社会保障基金补助拨款费用			—	—	—	—
资本性拨款费用			—	—	—	—
其他拨款费用			—	—	—	—
财务费用			—	—	—	—

（续表）

项目	预算管理资金		财政专户管理资金		专用基金	
	本月数	本年累计数	本月数	本年累计数	本月数	本年累计数
补助费用					—	—
上解费用			—	—	—	—
地区间援助费用			—	—	—	—
其他费用			—	—	—	—
财政专户管理资金支出	—	—			—	—
专用基金支出	—	—	—	—		
本期盈余（本年收入与费用的差额）						

注：表中有"—"的部分不必填列。

现金流量表

编制单位：　　　　　　　　　　　年　月

总会财03表
单位：元

项目	本年金额	上年金额
一、日常活动产生的现金流量		
组织税收收入收到的现金		
组织非税收入收到的现金		
组织财政专户管理资金收入收到的现金		
组织专用基金收入收到的现金		
上下级政府财政资金往来收到的现金		
收回暂付性款项相关的现金		
其他日常活动所收到的现金		
现金流入小计		
政府机关商品和服务拨款所支付的现金		
政府机关工资福利拨款所支付的现金		
对事业单位补助拨款所支付的现金		
对企业补助拨款所支付的现金		
对个人和家庭补助拨款所支付的现金		
对社会保障基金补助拨款所支付的现金		
财政专户管理资金支出所支付的现金		
专用基金支出所支付的现金		
上下级政府财政资金往来所支付的现金		
资本性拨款所支付的现金		

（续表）

项目	本年金额	上年金额
暂付性款项所支付的现金		
其他日常活动所支付的现金		
现金流出小计		
日常活动产生的现金流量净额		
二、投资活动产生的现金流量		
收回股权投资所收到的现金		
取得股权投资收益收到的现金		
收到其他与投资活动有关的现金		
现金流入小计		
取得股权投资所支出的现金		
支付其他与投资活动有关的现金		
现金流出小计		
投资活动产生的现金流量净额		
三、筹资活动产生的现金流量		
发行政府债券收到的现金		
借入款项收到的现金		
取得政府债券转贷款收到的现金		
取得主权外债转贷款收到的现金		
收回转贷款本金收到的现金		
收到下级上缴转贷款利息相关的现金		
其他筹资活动收到的现金		
现金流入小计		
转贷地方政府债券所支付的现金		
转贷主权外债所支付的现金		
支付债务本金相关的现金		
支付债务利息相关的现金		
其他筹资活动支付的现金		
现金流出小计		
筹资活动产生的现金流量净额		
四、汇率变动对现金的影响额		
五、现金净增加额		

本年预算结余与本期盈余调节表

编制单位：　　　　　　　　　年　　　　　　　　　　　　总会财 04 表
单位：元

项目	金额
本年预算结余（本年预算收入与支出差额）：	
日常活动产生的差异：	
加：1. 当期确认为收入但没有确认为预算收入	
当期应收未缴库非税收入	
减：2. 当期确认为预算收入但没有确认为收入	
当期收到上期应收未缴库非税收入	
3. 当期确认为预算支出收回但没有确认为费用收回	
（1）当期收到退回以前年度已列支资金	
（2）当期将以前年度国库集中支付结余收回预算	
投资活动产生的差异：	
加：1. 当期确认为收入但没有确认为预算收入	
（1）当期投资收益或损失	
（2）当期无偿划入股权投资	
2. 当期确认为预算支出但没有确认为费用	
（1）当期股权投资增支	
（2）当期股权投资减支	
减：3. 当期确认为预算收入但没有确认为收入	
（1）当期收到利润收入和股利股息收入	
（2）当期收到清算、处置股权投资的收入	
4. 当期确认为费用但没有确认为预算支出	
当期无偿划出股权投资费用	
筹资活动产生的差异：	
加：1. 当期确认为预算支出但没有确认为费用	
（1）当期转贷款支出	
（2）当期债务还本支出	
（3）拨付上年计提债务利息	
减：2. 当期确认为预算收入但没有确认为收入	
（1）当期债务收入	
（2）当期转贷款收入	
3. 当期确认为费用但没有确认为预算支出	
当期计提未拨付债务利息	

（续表）

项目	金额
其他差异事项	
当期汇兑损益净额	
本期盈余（本年收入与费用的差额）	

第四十九条 总会计应当按照下列规定编制财务会计报表：

（一）收入费用表应当按月度和年度编制，资产负债表、现金流量表、本年预算结余与本期盈余调节表和附注应当至少按年度编制。

（二）总会计应当根据本制度编制并提供真实、完整的会计报表，切实做到账表一致，不得估列代编，弄虚作假。

（三）总会计要严格按照统一规定的种类、格式、内容、计算方法和编制口径填制会计报表，以保证全国统一汇总和分析。汇总报表的单位，要把所属单位的报表汇集齐全，防止漏报。

第五十条 财务会计报表编制说明如下：

一、资产负债表的编制说明

（一）本表"年初余额"栏内各项数字，应当根据上年年末资产负债表"期末余额"栏内数字填列。如果本年度资产负债表规定的各个项目的名称和内容同上年度不一致，应对上年年末资产负债表各项目的名称和数字按照本年度的规定进行调整，填入本表"年初余额"栏内。

（二）本表"期末余额"栏各项目的内容和填列方法

1. 资产类项目

（1）"国库存款"项目，反映政府财政期末存放在国库单一账户的款项金额。本项目应当根据"国库存款"科目的期末余额填列。

（2）"其他财政存款"项目，反映政府财政期末持有的其他财政存款金额。本项目应当根据"其他财政存款"科目的期末余额填列。

（3）"国库现金管理资产"项目，反映政府财政期末实行国库现金管理业务等持有的资产金额。本项目应当根据"国库现金管理资产"科目的期末余额填列。

（4）"有价证券"项目，反映政府财政期末持有的有价证券金额。本项目应当根据"有价证券"科目的期末余额填列。

（5）"应收非税收入"项目，反映政府财政期末向缴款人收取但尚未缴入国库的非税收入。本项目应当根据"应收非税收入"科目的期末余额填列。

（6）"应收股利"项目，反映政府财政期末尚未收回的现金股利或利润金额。本项目应当根据"应收股利"科目的期末余额填列。

（7）"借出款项"项目，反映政府财政期末借给预算单位尚未收回的款项金额。本项目应当根据"借出款项"科目的期末余额填列。

（8）"与下级往来"项目，正数反映下级政府财政欠本级政府财政的款项金额；负数反映本级政府财政欠下级政府财政的款项金额。本项目应当根据"与下级往来"科目的期末余额填列，期末余额如为借方则以正数填列，如为贷方则以负数填列。

（9）"预拨经费"项目，反映政府财政期末尚未转列支出或尚待收回的预拨经费金额。本项目应当根据"预拨经费"科目的期末余额填列。

（10）"在途款"项目，反映政府财政期末持有的在途款金额。本项目应当根据"在途款"科目的期末余额填列。

（11）"其他应收款"项目，反映政府财政期末尚未收回的其他应收款的金额。本项目应当根据"其他应收款"科目的期末余额填列。

（12）"应收利息"项目，反映政府财政期末应收未收的转贷款利息金额。本项目应当根据"应收地方政府债券转贷款""应收主权外债转贷款"科目下的"应收利息"明细科目期末余额填列。

（13）"一年内到期的非流动资产"项目，反映政府财政期末非流动资产项目中距离偿还本金日期1年以内（含1年）的转贷款本金。本项目应当根据"应收地方政府债券转贷款""应收主权外债转贷款"科目下的"应收本金"明细科目期末余额及债务管理部门提供的资料分析填列。

（14）"流动资产合计"项目，反映政府财政期末流动资产的合计数。本项目应当根据本表中"国库存款""其他财政存款""国库现金管理资产""有价证券""应收非税收入""应收股利""借出款项""与下级往来""预拨经费""在途款""其他应收款""应收利息""一年内到期的非流动资产"项目金额的合计数填列。

（15）"应收地方政府债券转贷款"项目，反映政府财政期末尚未收回的距离偿还本金日期超过1年的地方政府债券转贷款的本金金额。本项目应当根据"应收地方政府债券转贷款"科目下的"应收本金"明细科目期末余额及债务管理部门提供的资料分析填列。

（16）"应收主权外债转贷款"项目，反映政府财政期末尚未收回的距离偿还本金日期超过1年的主权外债转贷款的本金金额。本项目应当根据"应收主权外债转贷款"科目下的"应收本金"明细科目期末余额及债务管理部门提供的资料分析填列。

（17）"股权投资"项目，反映政府期末持有股权投资的金额。本项目应当根据"股权投资"科目的期末余额填列。

（18）"非流动资产合计"项目，反映政府财政期末非流动资产的合计数。本项目应当根据本表中"应收地方政府债券转贷款""应收主权外债转贷款""股权投资"项目金额的合计数填列。

（19）"资产总计"项目，反映政府财政期末资产的合计数。本项目应当根据本表中"流动资产合计""非流动资产合计"项目金额的合计数填列。

2. 负债类项目

（1）"应付短期政府债券"项目，反映政府财政期末尚未偿还的发行期不超过1年（含1年）的国债和地方政府债券本金金额。本项目应当根据"应付短期政府债券"科目的期末余额填列。

（2）"应付国库集中支付结余"项目，反映政府财政期末尚未支付的国库集中支付结余金额。本项目应当根据"应付国库集中支付结余"科目的期末余额填列。

（3）"与上级往来"项目，正数反映本级政府财政期末欠上级政府财政的款项金额；负数反映上级政府财政欠本级政府财政的款项金额。本项目应当根据"与上级往来"科目的期末余额填列，期末余额如为贷方以正数填列，如为借方则以负数填列。

（4）"其他应付款"项目，反映政府财政期末尚未支付的其他应付款的金额。本项目应当根据"其他应付款"科目的期末余额填列。

（5）"应付代管资金"项目，反映政府财政期末尚未支付的代管资金金额。本项目应当根据"应付代管资金"科目的期末余额填列。

（6）"应付利息"项目，反映政府财政期末尚未支付的利息金额。省级以上（含省级）政府财政应当根据"应付利息"科目期末余额填列；市县政府财政应当根据"应付地方政府债券转贷款""应付主权外债转贷款"科目下的"应付利息"明细科目期末余额填列。

（7）"一年内到期的非流动负债"项目，反映政府财政期末承担的距离偿还本金日期1年以内（含1年）的非流动负债。省级以上（含省级）政府财政应当根据"应付长期政府债券""借入款项"科目余额,市县政府财政应当根据"应付地方政府债券转贷款""应付主权外债转贷款"科目下的"应付本金"明细科目期末余额及债务管理部门提供的资料分析填列。

(8)"流动负债合计"项目,反映政府财政期末流动负债合计数。本项目应当根据本表"应付短期政府债券""应付国库集中支付结余""与上级往来""其他应付款""应付代管资金""应付利息""一年内到期的非流动负债"项目 金额的合计数填列。

(9)"应付长期政府债券"项目,反映政府财政期末承担的距离偿还本金日期超1年的借入款项的本金金额。省级以上(含省级)政府财政应当根据"借入款项"科目的期末余额及债务管理部门提供的资料分析填列。

(11)"应付地方政府债券转贷款"项目,反映政府财政期末承担的距离偿还本金日期超过1年的地方政府债券转贷款的本金金额。本项目应当根据"应付地方政府债券转贷款"科目下的"应付本金"明细科目期末余额及债务管理部门提供的资料分析填列。

(12)"应付主权外债转贷款"项目,反映政府财政期末承担的距离偿还本金日期超过1年的主权外债转贷款的本金金额。本项目应当根据"应付主权外债转贷款"科目下的"应付本金"明细科目期末余额及债务管理部门提供的资料分析填列。

(13)"其他负债"项目,反映中央政府财政期末承担的其他负债金额。本项目应当根据"其他负债"科目的期末余额填列。

(14)"非流动负债合计"项目,反映政府财政期末非流动负债合计数。本项目应当根据本表中"应付长期政府债券""借入款项""应付地方政府债券转贷款""应付主权外债转贷款""其他负债"项目金额的合计数填列。

(15)"负债合计"项目,反映政府财政期末负债的合计数。本项目应当根据本表中"流动负债合计""非流动负债合计"项目金额的合计数填列。

3.净资产类项目

(1)"累计盈余"项目,反映政府财政纳入一般公共预算、政府性基金预算、国有资本经营预算管理的预算资金,财政专户管理资金、专用基金历年实现的盈余滚存的金额。本项目应当根据"预算管理资金累计盈余""财政专户管理资金累计盈余""专用基金累计盈余"科目的期末余额填列。

(2)"预算稳定调节基金"项目,反映政府财政期末预算稳定调节基金的余额。本项目应当根据"预算稳定调节基金"科目的期末余额填列。

(3)"预算周转金"项目,反映政府财政期末预算周转金的余额。本项目应当根据"预算周转金"科目的期末余额填列。

(4)"权益法调整"项目,反映政府财政按照持股比例计算应享有的被投资主体除净损益和利润分配以外的其他权益变动的份额。本项目根据"权益法调整"科目的期末余额填列。

(5)"净资产合计"项目,反映政府财政期末净资产合计数。本项目应当根据本表中"累计盈余""预算稳定调节基金""预算周转金""权益法调整"项目金额的合计数填列。

(6)"负债和净资产总计"项目,应当根据本表中"负债合计""净资产合计"项目金额的合计数填列。

二、收入费用表的编制说明

(一)本表"本月数"栏反映各项目的本月实际发生数。在编制年度收入费用表时,应将本栏改为"上年数"栏,反映上年度各项目的实际发生数;如果本年度收入费用表规定的各个项目的名称和内容同上年度不一致,应对上年度收入费用表各项目的名称和数字按照本年度的规定进行调整,填入本年度收入费用表的"上年数"栏。

本表"本年累计数"栏反映各项目自年初起至报告期末止的累计实际发生数。编制年度收入费用表时,应当将本栏改为"本年数"。

(二)本表"本月数"栏各项目的内容和填列方法

1."收入合计"项目,反映政府财政本期取得的各项收入合计金额。其中,预算管理资金的"收入合计"应当根据属于预算管理资金的"税收收入""非税收入""投资收益""补助收入""上解收入""地区间援助收入""其他收入"项目金额的合计填列;财政专户管理资金的"收入合计"应当根据"财政专户管理资金收入"项目的金额填列;专用基金的"收入合计"应当根据"专用基金收入"项目的金额填列。

2."税收收入"项目,反映政府财政本期取得的税收收入金额。本项目根据"税收收入"科目本期发生额填列。

3."非税收入"项目,反映政府财政本期取得的各项非税收入金额。本项目根据"非税收入"科目本期发生额填列。

4."投资收益"项目,反映政府财政本期取得的各项投资收益金额。本项目根据"投资收益"科目本期发生额填列。

5."补助收入"项目,反映政府财政本期取得的各类资金的补助收入金额。本项目根据"补助收入"科目本期发生额填列。

6."上解收入"项目,反映政府财政本期取得的各类资金的上解收入金额。本项目根据"上解收入"科目本期发生额填列。

7."地区间援助收入"项目,反映政府财政本期取得的地区间援助收入金额。本项目应当根据"地区间援助收入"科目的本期发生额填列。

8."其他收入"项目,反映政府财政本期取得的除"税收收入""非税收入""投资收益""补助收入""上解收入""地区间援助收入""财政专户管理资金收入""专用基金收入"以外的收入金额。本项目应根据"其他收入"科目本期发生额填列。

9."财政专户管理资金收入"项目,反映政府财政本期取得的教育收费等资金收入金额。本项目根据"财政专户管理资金收入"科目本期发生额填列。

10."专用基金收入"项目,反映政府财政本期取得的粮食风险基金等资金收入金额。本项目根据"专用基金收入"科目本期发生额填列。

11."费用合计"项目,反映政府财政本期发生的各类费用合计金额。其中,预算管理资金的"费用合计"应当根据属于预算管理资金的"政府机关商品和服务拨款费用""政府机关工资福利拨款费用""对事业单位补助拨款费用""对企业补助拨款费用""对个人和家庭补助拨款费用""对社会保障基金补助拨款费用""资本性拨款费用""其他拨款费用""财务费用""补助费用""上解费用""地区间援助费用""其他费用"项目金额的合计填列;财政专户管理资金的"费用合计"应当根据"财政专户管理资金支出"项目的金额填列;专用基金的"费用合计"应当根据"专用基金支出"项目的金额填列。

12."政府机关商品和服务拨款费用"项目,反映政府财政本期发生的购买商品和服务的各类费用金额。本项目根据"政府机关商品和服务拨款费用"科目本期发生额填列。

13."政府机关工资福利拨款费用"项目,反映政府财政本期发生的支付给职工和长期聘用人员的各类劳动报酬及为上述人员缴纳的各项社会保险费等费用。本项目根据"政府机关工资福利拨款费用"科目本期发生额填列。

14."对事业单位补助拨款费用"项目,反映政府财政本期发生的对事业单位的经常性补助费用金额。本项目根据"对事业单位补助拨款费用"科目本期发生额填列。

15."对企业补助拨款费用"项目,反映政府财政本期发生的对企业补助拨款费用金额。本项目根据"对企业补助拨款费用"科目本期发生额填列。

16."对个人和家庭补助拨款费用"项目,反映政府财政本期发生的对个人和家庭补助拨款费用金额。本项目根据"对个人和家庭补助拨款费用"科目本期发生额填列。

17."对社会保障基金补助拨款费用"项目，反映政府财政本期发生的对社会保险基金的补助拨款以及补充全国社会保障基金费用的拨款金额。本项目根据"对社会保障基金补助拨款费用"科目本期发生额填列。

18."资本性拨款费用"项目，反映政府财政本期发生的对行政事业单位的房屋建筑物购建、基础设施建设、公务用车购置、设备购置、物资储备等方面资本性拨款费用金额。本项目根据"资本性拨款费用"科目本期发生额填列。

19."其他拨款费用"项目，反映政府财政未列入以上拨款费用项目的财政拨款费用金额。本项目根据"其他拨款费用"科目本期发生额填列。

20."财务费用"项目，反映政府财政本期发生的偿还政府债务利息及支付政府债务发行、兑付、登记相关费用及汇兑损益金额。本项目根据"财务费用"科目本期发生额填列。

21."补助费用"项目，反映政府财政本期发生的各类资金的补助费用金额。本项目根据"补助费用"科目本期发生额填列。

22."上解费用"项目，反映政府财政本期发生的上缴上级各类资金产生的费用金额。本项目根据"上解费用"科目本期发生额填列。

23."地区间援助费用"项目，反映政府财政本期发生的地区间援助费用金额。本项目根据"地区间援助费用"科目的本期发生额填列。

24."其他费用"项目，反映政府财政本期股权划出、其他负债变动形成的费用金额。本项目根据"其他费用"科目的本期发生额填列。

25."财政专户管理资金支出"项目，反映政府财政本期使用纳入财政专户管理的教育收费等资金产生的费用金额。本项目根据"财政专户管理资金支出"科目本期发生额填列。

26."专用基金支出"项目，反映政府财政本期使用专用基金产生的费用金额。本项目根据"专用基金支出"科目本期发生额填列。

27."本期盈余"项目，反映政府财政本年末收入减去费用的金额。本项目根据本表"收入合计"减去"费用合计"的差额填列。

三、现金流量表的编制说明

（一）本表中现金，是指政府财政的国库存款、其他财政存款及国库现金管理资产中的商业银行定期存款。本表中现金流量，是指现金的流入和流出。

（二）本表应当按照日常活动、投资活动、筹资活动的现金流量分别反映。

（三）本表"本年金额"栏反映各项目的本年实际发生数。本表"上年金额"栏反映各项目的上年实际发生数，应当根据上年现金流量表中"本年金额"栏内所列数字填列。

（四）本表"本年金额"栏各项目的填列方法。

1. 日常活动产生的现金流量

（1）现金流入项目

"组织税收收入收到的现金"项目，反映政府财政本年取得税收收入收到的现金。本项目应当根据会计账簿中"税收收入""在途款"科目发生额分析填列。

"组织非税收入收到的现金"项目，反映政府财政本年取得非税收入收到的现金。本项目应当根据会计账簿中"非税收入""应收非税收入""在途款"科目发生额分析填列。

"组织财政专户管理资金收入收到的现金"项目，反映政府财政本年取得财政专户管理资金收入收到的现金。本项目根据会计账簿中"财政专户管理资金收入"科目发生额分析填列。

"组织专用基金收入收到的现金"项目，反映政府财政本年取得专用基金收入收到的现金。本项目根据会计账簿中"专用基金收入"科目发生额分析填列。

"上下级政府财政资金往来收到的现金"项目,反映政府财政本年收到上下级政府财政转移支付、清算欠款、临时调度款等相关的现金。本项目根据会计账簿中"补助收入""上解收入""与下级往来""与上级往来"科目贷方发生额分析填列。

"收回暂付性款项相关的现金"项目,反映政府财政本年收回暂付性款项相关的现金。本项目根据会计账簿中"预拨经费""借出款项""其他应收款"科目贷方发生额分析填列。

"其他日常活动所收到的现金"项目,反映政府财政收到的除以上项目外与日常活动相关的现金。本项目根据会计账簿中"地区间援助收入""其他收入""其他应付款""应付代管资金""在途款""以前年度盈余调整"等科目贷方发生额分析填列。

(2)现金流出项目

"政府机关商品和服务拨款所支付的现金"项目,反映政府财政本年在日常活动中用于购买商品、接受劳务支付的现金。本项目根据会计账簿中"政府机关商品和服务拨款费用"科目和"应付国库集中支付结余"科目借方发生额分析填列。

"政府机关工资福利拨款所支付的现金"项目,反映政府财政本年承担职工劳务报酬及社会保险费等支付的现金。本项目根据会计账簿中"政府机关工资福利拨款费用"科目和"应付国库集中支付结余"科目借方发生额分析填列。

"对事业单位补助拨款所支付的现金"项目,反映政府财政本年对事业单位经常性补助所支付的现金。本项目根据会计账簿中"对事业单位补助拨款费用"科目和"应付国库集中支付结余"科目借方发生额分析填列。

"对企业补助拨款所支付的现金"项目,反映政府财政本年对企业资本性投资外的其他补助所支付的现金。本项目根据会计账簿中"对企业补助拨款费用"科目和"应付国库集中支付结余"科目借方发生额分析填列。

"对个人和家庭补助拨款所支付的现金"项目,反映政府财政本年对个人和家庭的补助所支付的现金。本项目根据会计账簿中"对个人和家庭补助拨款费用"科目和"应付国库集中支付结余"科目借方发生额分析填列。

"对社会保障基金补助拨款所支付的现金"项目,反映政府财政本年对社会保险基金的补助,以及补充全国社会保障基金所支付的现金。本项目根据会计账簿中"对社会保障基金补助拨款费用"科目和"应付国库集中支付结余"科目借方发生额分析填列。

"财政专户管理资金支出所支付的现金"项目,反映政府财政本年从财政专户管理资金中安排各项支出所支付的现金。本项目根据会计账簿中"财政专户管理资金支出"科目借方发生额分析填列。

"专用基金支出所支付的现金"项目,反映政府财政用专用基金收入安排的支出所支付的现金。本项目根据会计账簿中"专用基金支出"科目借方发生额分析填列。

"上下级政府财政资金往来所支付的现金"项目,反映政府财政本年支付上下级政府财政转移支付、清算欠款、临时调度款等相关的现金。本项目根据会计账簿中"补助费用""上解费用""与下级往来""与上级往来"科目借方发生额分析填列。

"资本性拨款所支付的现金"项目,反映政府财政本年支付行政事业单位和企业用于房屋建筑物构建、基础设施建设、公务用车购置、设备购置、物资储备等相关的现金。本项目根据会计账簿中"资本性拨款费用"科目和"应付国库集中支付结余"科目借方发生额分析填列。

"暂付性款项所支付的现金"项目,反映政府财政本年安排暂付性款项所支付的现金。本项目根据会计账簿中"预拨经费""借出款项""其他应收款"科目借方发生额分析填列。

"其他日常活动所支付的现金"项目,反映政府财政本年支付除以上项目外与日常活动相关的现金。本项目根据会计账簿中"其他拨款费用""地区间援助费用""其他应付款""应付代管资金""应付国库集中支付结余""在途款""以前年度盈余调整"等科目借方发生额分析填列。

2. 投资活动产生的现金流量

（1）现金流入项目

"收回股权投资所收到的现金"项目，反映政府财政本年出售、转让、处置股权等收回投资而收到的现金。本项目根据会计账簿中"股权投资"科目下"投资成本""损益调整"明细科目贷方发生额分析填列。

"取得股权投资收益收到的现金"项目，反映政府财政本年因被投资单位分配股利、利润或处置股权、企业破产清算等产生收益而收到的现金。本项目根据会计账簿中"应收股利""投资收益"科目贷方发生额分析填列。

"收到的其他与投资活动有关的现金"项目，反映政府财政本年收到除以上项目外与投资活动相关的现金。本项目根据会计账簿中"有价证券""应收股利"等科目贷方发生额分析填列。

（2）现金流出项目

"取得股权投资所支出的现金"项目，反映政府财政本年为取得股权投资而支付的现金。本项目根据会计账簿中"股权投资"科目借方发生额分析填列。

"支付其他与投资活动有关的现金"项目，反映政府财政本年支付除以上项目外与投资活动相关的现金。本项目根据会计账簿中"有价证券"等科目借方发生额分析填列。

（3）投资活动产生的现金流量净额。本项目根据现金流入项目合计数减去现金流出项目合计数差额填列，差额小于零则以负数填列。

3. 筹资活动产生的现金流量

（1）现金流入项目

"发行政府债券收到的现金"项目，反映政府财政本年发行国债和地方政府债券收到的现金。本项目根据会计账簿中"应付短期政府债券""应付长期政府债券"科目贷方发生额分析填列。

"借入款项收到的现金"项目，反映政府财政本年借入款项收到的现金。本项目根据会计账簿中"借入款项"科目贷方发生额分析填列。

"取得政府债券转贷款收到的现金"项目，反映政府财政本年取得政府债券转贷款收到的现金。本项目根据会计账簿中"应付地方政府债券转贷款"科目下"应付本金"明细科目贷方发生额分析填列。

"取得主权外债转贷款收到的现金"项目，反映政府财政本年取得主权外债转贷款收到的现金。本项目根据会计账簿中"应付主权外债转贷款"科目下"应付本金"明细科目贷方发生额分析填列。

"收回转贷款本金收到的现金"项目，反映政府财政本年收到下级政府财政归还政府债券转贷款及主权外债转贷款本金相关的现金。本项目根据会计账簿中"应收地方政府债券转贷款""应收主权外债转贷款"科目下"应收本金"明细科目贷方发生额分析填列。

"收到下级上缴转贷款利息相关的现金"项目，反映政府财政本年收到下级政府财政上缴政府债券转贷款及主权外债转贷款利息相关的现金。本项目根据会计账簿中"应收地方政府债券转贷款""应收主权外债转贷款"科目下"应收利息"明细科目贷方发生额分析填列。

"其他筹资活动收到的现金"项目，反映政府财政本年收到的其他与筹资活动相关的现金。本项目根据会计账簿中"其他应付款""其他应收款"等科目贷方发生额分析填列。

（2）现金流出项目

"转贷地方政府债券所支付的现金"项目，反映政府财政本年对下级政府财政转贷地方政府债券所支付的现金。本项目根据会计账簿中"应收地方政府债券转贷款"科目下"应收本金"明细科目借方发生额分析填列。

"转贷主权外债所支付的现金"项目，反映政府财政本年对下级政府财政转贷主权外债所支付的现金。本项目根据会计账簿中"应收主权外债转贷款"科目下"应收本金"明细科目借方发生额分析填列。

"支付债务本金相关的现金"项目，反映政府财政本年偿还政府债务本金所支付的现金。省级以上（含省级）政府财政根据会计账簿中"应付短期政府债券""应付长期政府债券""借入款项"科目借方发生额分析填列；市县政府财政根据会计账簿中"应付地方政府债券转贷款""应付主权外债转贷款"科目下"应付本金"明细科目借方发生额分析填列。

"支付债务利息相关的现金"项目，反映政府财政本年支付政府债务利息相关的现金。省级以上（含省级）政府财政根据会计账簿中"应付利息"科目借方发生额分析填列；市县政府财政根据会计账簿中"应付地方政府债券转贷款""应付主权外债转贷款"科目下"应付利息"明细科目、"财务费用"科目借方发生额分析填列。

"其他筹资活动支付的现金"项目，反映政府财政本年支付的政府债券发行、兑付、登记费用等其他与筹资活动相关的现金。本项目根据会计账簿中"财务费用""其他应付款""其他应收款"等科目借方发生额分析填列。

（3）筹资活动产生的现金流量净额。本项目根据现金流入项目合计数减去现金流出项目合计数差额填列，差额小于零以负数填列。

4.汇率变动对现金的影响额。反映政府财政外币现金流量折算为人民币时，所采用的即期汇率折算的人民币金额与期末汇率折算的人民币金额之间的差额。本项目根据"财务费用"科目下的"汇兑损益"明细科目发生额分析填列。

5.现金净增加额。本项目反映政府财政本年现金变动的净额，根据本表中"日常活动产生的现金流量净额""投资活动产生的现金流量净额""筹资活动产生的现金流量净额""汇率变动对现金的影响额"项目金额的合计数填列，金额小于零则以负数填列。

四、本年预算结余与本期盈余调节表编制说明

（一）当期预算结余。本项目根据本年预算收入与预算支出的差额填列。

（二）日常活动产生的差异

1."当期确认为收入但没有确认为预算收入"项目

主要为"当期应收未缴库非税收入"项目。本项目反映政府财政本年已确认非税收入但缴款人尚未缴入国库的各项非税款项。根据会计账簿中"应收非税收入"以及"非税收入"科目发生额分析填列。

2."当期确认为预算收入但没有确认为收入"项目主要为"当期收到上期应收未缴库非税收入"项目。本项目反映政府财政本年收到的上年应收非税收入。根据会计账簿中"应收非税收入"科目贷方发生额以及"国库存款"科目借方发生额分析填列，不含以前年度盈余调整事项和新增确认的非税收入。

3."当期确认为预算支出收回但没有确认为费用收回"项目

（1）"当期收到退回以前年度已列支资金"项目。本项目反映政府财政收到退回的以前年度已列支资金而冲减预算支出的事项。根据会计账簿中"国库存款""其他财政存款"科目借方发生额以及"以前年度盈余调整"科目贷方发生额分析填列。

（2）"当期将以前年度国库集中支付结余收回预算"项目。本项目反映政府财政将以

前年度应付国库集中支付结余资金收回预算而冲减预算支出的事项。根据会计账簿中"应付国库集中支付结余"科目借方发生额以及"以前年度盈余调整"科目贷方发生额分析填列。

（三）投资活动产生的差异

1."当期确认为收入但没有确认为预算收入"项目

（1）"当期投资收益或损失"项目。本项目反映政府财政本年确认的股权投资收益。根据会计账簿中"投资收益"科目发生额分析填列。其中，投资损失以负数填列；不含清算、处置股权投资增加的收益。

（2）"当期无偿划入股权投资"项目。本项目反映政府财政本年接受无偿划入的股权投资。根据会计账簿中"股权投资"科目下"投资成本"明细科目借方发生额、"其他收入"科目贷方发生额分析填列。

2."当期确认为预算支出但没有确认为费用"项目

（1）"当期股权投资增支"项目。本项目反映政府财政本年新增股权投资增加的支出。根据会计账簿中"股权投资"科目下"投资成本"明细科目借方发生额以及"国库存款"科目贷方发生额分析填列，不含无偿划入或权益法调整增加的股权投资以及补记以前年度股权投资。

（2）"当期股权投资减支"项目。本项目反映政府财政本年退出、清算、处置股权投资减少的支出。根据会计账簿中"股权投资"科目下"投资成本"明细科目贷方发生额以及"国库存款"科目借方发生额分析，以负数填列，不含无偿划出或权益法调整减少的股权投资额。

3."当期确认为预算收入但没有确认为收入"项目

（1）"当期收到利润收入和股利股息收入"项目。本项目反映政府财政本年收到被投资主体上缴以前年度利润和股利股息。根据会计账簿中"资金结存——库款资金结存"科目借方发生额以及"一般公共预算收入——利润收入、股利股息收入""国有资本经营预算收入——利润收入、股利股息收入"贷方发生额分析填列，不含清算、处置股权投资增加的收益。

（2）"当期收到清算、处置股权投资的收入"项目。本项目反映政府财政本年清算、处置股权投资发生的收入，需根据"投资收益""国库存款"科目借方发生额、"股权投资"等科目贷方发生额分析填列。

4."当期确认为费用但没有确认为预算支出"项目

主要为"当期无偿划出股权投资费用"项目。本项目反映政府财政本年无偿划出的股权投资。根据会计账簿中"股权投资"科目下"投资成本"明细科目贷方发生额、"其他费用"科目借方发生额分析填列。

（四）筹资活动产生的差异

1."当期确认为预算支出但没有确认为费用"项目

（1）"当期转贷款支出"项目。反映政府财政本年转贷下级政府财政的政府债券、主权外债资金。根据会计账簿中"债务转贷预算支出"科目借方发生额分析填列。

（2）"当期债务还本支出"项目。反映本级政府财政本年偿还的债务本金。根据会计账簿中"债务还本预算支出"科目借方发生额分析填列。

（3）"拨付上年计提债务利息"项目。反映政府财政本年偿还上年已计提的债务利息。根据会计账簿中"应付利息"科目年初贷方余额填列；市县政府财政根据会计账簿中"应付地方政府债券转贷款"和"应付主权外债转贷款"科目下"应付利息"明细科目年初贷方余额填列。

2."当期确认为预算收入但没有确认为收入"项目

（1）"当期债务收入"项目。反映省级以上（含省级）政府财政本年发行政府债券、借入主权外债的收入。根据会计账簿中"债务预算收入"科目贷方发生额分析填列。

（2）"当期转贷款收入"项目。反映市县政府财政本年收到的地方政府债券、主权外债转贷款收入。根据会计账簿中"债务转贷预算收入"贷方发生额分析填列。

3．"当期确认为费用但没有确认为预算支出"项目

主要为"当期计提未拨付债务利息"项目。本项目反映政府财政本年已计提需在下一年度支付的利息。省级以上

（含省级）政府财政根据会计账簿中"应付利息"科目年末贷方余额填列；市县政府财政根据会计账簿中"应付地方政府债券转贷款——应付利息"以及"应付主权外债转贷款——应付利息"科目年末贷方余额填列。

（五）其他差异事项。本项目反映政府财政其他活动事项产生的差异。其中，减少预算结余和增加本期盈余事项以正数反映，增加预算结余和减少本期盈余事项以负数反映。中央财政计提其他负债产生的费用也在本项目反映。

（六）当期汇兑损益净额。本项目根据"财务费用——汇兑损益"发生额分析填列，汇兑损失以负数反映，汇兑收益以正数反映。

（七）本期盈余（本年收入与费用的差额）。根据本表

"当期预算结余""投资活动产生的差异""日常活动产生的差异""筹资活动产生的差异""其他差异事项""当期汇兑损益净额"金额汇总填列。本项目与"收入费用表"本期盈余合计数一致。

五、会计报表附注

总会计财务会计报表附注应当至少披露下列内容：

（一）遵循《财政总会计制度》的声明；

（二）本级政府财政财务状况的说明；

（三）会计报表中列示的重要项目的进一步说明，包括其主要构成、增减变动情况等；

（四）政府财政承担担保责任负债情况的说明；

（五）有助于理解和分析会计报表的其他需要说明的事项。

第五十一条 预算会计报表包括预算收入支出表、一般公共预算执行情况表、政府性基金预算执行情况表、国有资本经营预算执行情况表、财政专户管理资金收支情况表、专用基金收支情况表等会计报表和附注。

预算收入支出表是反映政府财政在某一会计期间各类财政资金收支余情况的报表。预算收入支出表根据资金性质按照收入、支出、结转结余的构成分类、分项列示。

一般公共预算执行情况表是反映政府财政在某一会计期间一般公共预算收支执行结果的报表，按照《政府收支分类科目》中一般公共预算收支科目列示。

政府性基金预算执行情况表是反映政府财政在某一会计期间政府性基金预算收支执行结果的报表，按照《政府收支分类科目》中政府性基金预算收支科目列示。

国有资本经营预算执行情况表是反映政府财政在某一会计期间国有资本经营预算收支执行结果的报表，按照《政府收支分类科目》中国有资本经营预算收支科目列示。

财政专户管理资金收支情况表是反映政府财政在某一会计期间纳入财政专户管理的资金收支情况的报表，按照相关政府收支分类科目列示。

专用基金收支情况表是反映政府财政在某一会计期间专用基金收支情况的报表，按照专用基金类型分别列示。

附注是指对在会计报表中列示项目的文字描述或明细资料，以及对未能在会计报表中列示项目的说明。

第五十二条 预算会计报表的格式如下：

预算收入支出表

编制单位：　　　　　　　　　　　　　年　月　　　　　　　　　总会预01表
单位：元

项目	一般公共预算		政府性基金预算		国有资本经营预算		财政专户管理资金		专用基金	
	本月数	本年累计数	本月数	本年累计数	本月数	本年累计数	本月数	本年累计数	本月数	本年累计数
年初结转结余										
收入合计										
本级收入										
其中：来自预算安排的收入	—	—	—	—	—	—	—	—	—	—
补助预算收入							—	—	—	—
上解预算收入							—	—	—	—
地区间援助预算收入			—	—	—	—	—	—	—	—
债务预算收入					—	—	—	—	—	—
债务转贷预算收入					—	—	—	—	—	—
动用预算稳定调节基金			—	—	—	—	—	—	—	—
调入预算资金										
支出合计										
本级支出										
其中：权责发生制列支							—	—	—	—
预算安排专用基金的支出			—	—	—	—	—	—	—	—
补助预算支出							—	—	—	—
上解预算支出							—	—	—	—
地区间援助预算支出			—	—	—	—	—	—	—	—
债务还本预算支出					—	—	—	—	—	—
债务转贷预算支出					—	—	—	—	—	—
安排预算稳定调节基金			—	—	—	—	—	—	—	—
调出预算资金										
结余转出										
其中：增设预算周转金										
年末结转结余										

注：表中有"—"的部分不必填列。

一般公共预算执行情况表

总会预 02-1 表

编制单位：　　　　　　　　　　年　月　日　　　　　　　　　　单位：元

项目	本月（旬）数	本年（月）累计数
一般公共预算收入		
101 税收收入		
10101 增值税		
1010101 国内增值税		
……		
一般公共预算支出		
201 一般公共服务支出		
20101 人大事务		
2010101 行政运行		
……		

政府性基金预算执行情况表

总会预 02-2 表

编制单位：　　　　　　　　　　年　月　日　　　　　　　　　　单位：元

项目	本月（旬）数	本年（月）累计数
政府性基金预算收入		
10301 政府性基金收入		
1030102 农网还贷资金收入		
103010201 中央农网还贷资金收入		
……		
政府性基金预算支出		
206 科学技术支出		
20610 核电站乏燃料处理处置基金支出		
2061001 乏燃料运输		
……		

国有资本经营预算执行情况表

总会预 02-3 表

编制单位：　　　　　　　　　　年　月　日　　　　　　　　　　单位：元

项目	本月（旬）数	本年（月）累计数
国有资本经营预算收入		
10306 国有资本经营收入		
1030601 利润收入		
103060103 烟草企业利润收入		

（续表）

项目	本月（旬）数	本年（月）累计数
……		
国有资本经营预算支出		
208 社会保障和就业支出		
20804 补充全国社会保障基金		
2080451 国有资本经营预算补充社保基金支出		
……		

财政专户管理资金收支情况表

总会预 03 表

编制单位：　　　　　　　　　　　年　月　日　　　　　　　　　单位：元

项目	本月（旬）数	本年（月）累计数
财政专户管理资金收入		
财政专户管理资金支出		

专用基金收支情况表

总会预 04 表

编制单位：　　　　　　　　　　　年　月　日　　　　　　　　　单位：元

项目	本月（旬）数	本年（月）累计数
专用基金收入		
粮食风险基金		
……		
专用基金支出		
粮食风险基金		
……		

第五十三条 总会计应当按照下列规定编制预算会计报表：

（一）预算收入支出表应当按月度和年度编制，一般公共预算执行情况表、政府性基金预算执行情况表、国有资本经营预算执行情况表应当按旬、月度和年度编制，财政专户管理资金收支情况表、专用基金收支情况表应当按月度和年度编制。旬报、月报的报送期限及编报内容应当根据上级政府财政具体要求和本行政区域预算管理的需要办理。

（二）总会计应当根据本制度编制并提供真实、完整的会计报表，切实做到账表一致，不得估列代编，弄虚作假。

（三）总会计要严格按照统一规定的种类、格式、内容、计算方法和编制口径填制会计报表，以保证全国统一汇总和分析。汇总报表的单位，要把所属单位的报表汇集齐全，防止漏报。

第五十四条 预算会计报表的编制说明如下：

一、预算收入支出表的编制说明

（一）本表"本月数"栏反映各项目的本月实际发生数。在编制年度预算收入支出表时，应将本栏改为"上年数"栏，反映上年度各项目的实际发生数；如果本年度预算收入支出表规定的各个项目的名称和内容同上年度不一致，应对上年度预算收入支出表各项目的名称和数字按照本年度的规定进行调整，填入本年度预算收入支出表的"上年数"栏。

本表"本年累计数"栏反映各项目自年初起至报告期末止的累计实际发生数。编制年度预算收入支出表时，应当将本栏改为"本年数"。

（二）本表"本月数"栏各项目的内容和填列方法

1. "年初结转结余"项目，反映政府财政本年初各类资金结转结余金额。其中，一般公共预算的"年初结转结余"应当根据"一般公共预算结转结余"科目的年初余额填列；政府性基金预算的"年初结转结余"应当根据"政府性基金预算结转结余"科目的年初余额填列；国有资本经营预算的"年初结转结余"应当根据"国有资本经营预算结转结余"科目的年初余额填列；财政专户管理资金的"年初结转结余"应当根据"财政专户管理资金结余"科目的年初余额填列；专用基金的"年初结转结余"应当根据"专用基金结余"科目的年初余额填列。

2. "收入合计"项目，反映政府财政本期取得的各类资金的收入合计金额。其中，一般公共预算的"收入合计"应当根据属于一般公共预算的"本级收入""补助预算收入""上解预算收入""地区间援助预算收入""债务预算收入""债务转贷预算收入""动用预算稳定调节基金"和"调入预算资金"各行项目金额的合计填列；政府性基金预算的"收入合计"应当根据属于政府性基金预算的"本级收入""补助预算收入""上解预算收入""债务预算收入""债务转贷预算收入"和"调入预算资金"各行项目金额的合计填列；国有资本经营预算的"收入合计"应当根据属于国有资本经营预算的"本级收入""补助预算收入""上解预算收入"项目的金额填列；财政专户管理资金的"收入合计"应当根据属于财政专户管理资金的"本级收入"项目的金额填列；专用基金的"收入合计"应当根据属于专用基金的"本级收入"项目的金额填列。

3. "本级收入"项目，反映政府财政本期取得的各类资金的本级收入金额。其中，一般公共预算的"本级收入"应当根据"一般公共预算收入"科目的本期发生额填列；政府性基金预算的"本级收入"应当根据"政府性基金预算收入"科目的本期发生额填列；国有资本经营预算的"本级收入"应当根据"国有资本经营预算收入"科目的本期发生额填列；财政专户管理资金的"本级收入"应当根据"财政专户管理资金收入"科目的本期发生额填列；专用基金的"本级收入"应当根据"专用基金收入"科目的本期发生额填列。

4. "来自预算安排的收入"项目，反映政府财政本期通过预算安排取得专用基金收入的金额。本项目应当根据"专用基金收入"科目的本期发生额分析填列。

5. "补助预算收入"项目，反映政府财政本期取得的各类资金的补助收入金额。其中，一般公共预算的"补助预算收入"应当根据"补助预算收入"科目下的"一般公共预算补助预算收入"明细科目的本期发生额填列;政府性基金预算的"补助预算收入"应当根据"补助预算收入"科目下的"政府性基金预算补助收入"明细科目的本期发生额填列;国有资本经营预算的"补助预算收入"应当根据"补助预算收入"科目下的"国有资本经营预算补助收入"明细科目的本期发生额填列。

6. "上解预算收入"项目,反映政府财政本期取得的各类资金的上解预算收入金额。其中,一般公共预算的"上解预算收入"应当根据"上解预算收入"科目下的"一般公共预算上解收入"明细科目的本期发生额填列;政府性基金预算的"上解收入"应当根据"上解收入"科目下的"政府性基金预算上解收入"明细科目的本期发生额填列;国有资本经营预算的"上解收入"应当根据"上解预算收入"科目下的"国有资本经营预算上解收入"明细科目的本期发生额填列。

7. "地区间援助预算收入"项目,反映政府财政本期取得的地区间援助预算收入金额。本项目应当根据"地区间援助预算收入"科目的本期发生额填列。

8. "债务预算收入"项目,反映政府财政本期取得的债务预算收入金额。其中,一般公共预算的"债务预算收入"应当根据"债务预算收入"科目下除"专项债务收入"以外的其他明细科目的本期发生额填列;政府性基金预算的"债务预算收入"应当根据"债务预算收入"科目下的"专项债务收入"明细科目的本期发生额填列。

9. "债务转贷预算收入"项目,反映政府财政本期取得的债务转贷预算收入金额。其中,一般公共预算的"债务转贷预算收入"应当根据"债务转贷预算收入"科目下"一般债务转贷收入"明细科目的本期发生额填列;政府性基金预算的"债务转贷收入"应当根据"债务转贷预算收入"科目下的"专项债务转贷收入"明细科目的本期发生额填列。

10. "动用预算稳定调节基金"项目,反映政府财政本期动用的预算稳定调节基金金额。本项目应当根据"动用预算稳定调节基金"科目的本期发生额填列。

11. "调入预算资金"项目,反映政府财政本期取得的调入预算资金金额。其中,一般公共预算的"调入预算资金"应当根据"调入预算资金"科目下"一般公共预算调入资金"明细科目的本期发生额填列;政府性基金预算的"调入预算资金"应当根据"调入预算资金"科目下"政府性基金预算调入资金"明细科目的本期发生额填列。

12. "支出合计"项目,反映政府财政本期发生的各类资金的支出合计金额。其中,一般公共预算的"支出合计"应当根据属于一般公共预算的"本级支出""补助预算支出""上解预算支出""地区间援助预算支出""债务还本预算支出""债务转贷预算支出""安排预算稳定调节基金"和"调出预算资金"各行项目金额的合计填列;政府性基金预算的"支出合计"应当根据属于政府性基金预算的"本级支出""补助预算支出""上解预算支出""债务还本预算支出""债务转贷预算支出"和"调出预算资金"各行项目金额的合计填列;国有资本经营预算的"支出合计"应当根据属于国有资本经营预算的"本级支出""补助预算支出""上解预算支出"和"调出预算资金"项目金额的合计填列;财政专户管理资金的"支出合计"应当根据属于财政专户管理资金的"本级支出"项目的金额填列;专用基金的"支出合计"应当根据属于专用基金的"本级支出"项目的金额填列。

13. "本级支出"项目,反映政府财政本期发生的各类资金的本级支出金额。其中,一般公共预算的"本级支出"应当根据"一般公共预算支出"科目的本期发生额填列;政府性基金预算的"本级支出"应当根据"政府性基金预算支出"科目的本期发生额填列;国有资本经营预算的"本级支出"应当根据"国有资本经营预算支出"科目的本期发生额填列；财政专户管理资金的"本级支出"应当根据"财政专户管理资金支出"科目的本期发生额填列；专用基金的"本级支出"应当根据"专用基金支出"科目的本期发生额填列。

14."权责发生制列支"项目，反映省级以上（含省级）政府财政国库集中支付中，应列为当年费用，但年末尚未支付需结转下一年度支付的款项。其中，一般公共预算的"权责发生制列支项目"应当根据"一般公共预算支出"科目的本期发生额分析填列；政府性基金预算的"权责发生制列支项目"应当根据"政府性基金预算支出"科目的本期发生额分析填列；国有资本经营预算的"权责发生制列支项目"应当根据"国有资本经营预算支出"科目的本期发生额分析填列。

15."预算安排专用基金的支出"项目，反映政府财政本期通过预算安排取得专用基金收入的金额。本项目应当根据"一般公共预算支出"科目的本期发生额分析填列。

16."补助预算支出"项目，反映政府财政本期发生的各类资金的补助预算支出金额。其中，一般公共预算的"补助预算支出"应当根据"补助预算支出"科目下的"一般公共预算补助支出"明细科目的本期发生额填列；政府性基金预算的"补助预算支出"应当根据"补助预算支出"科目下的"政府性基金预算补助支出"明细科目的本期发生额填列；国有资本经营预算的"补助预算支出"应当根据"补助预算支出"科目下的"国有资本经营预算补助支出"明细科目的本期发生额填列。

17."上解预算支出"项目，反映政府财政本期发生的各类资金的上解预算支出金额。其中，一般公共预算的"上解预算支出"应当根据"上解预算支出"科目下的"一般公共预算上解支出"明细科目的本期发生额填列；政府性基金预算的"上解预算支出"应当根据"上解预算支出"科目下的"政府性基金预算上解支出"明细科目的本期发生额填列；国有资本经营预算的"上解预算支出"应当根据"上解预算支出"科目下的"国有资本经营预算上解支出"明细科目的本期发生额填列。

18."地区间援助预算支出"项目，反映政府财政本期发生的地区间援助预算支出金额。本项目应当根据"地区间援助预算支出"科目的本期发生额填列。

19."债务还本预算支出"项目，反映政府财政本期发生的债务还本预算支出金额。其中，一般公共预算的"债务还本预算支出"应当根据"债务还本预算支出"科目下除"专项债务还本支出"以外的其他明细科目的本期发生额填列；政府性基金预算的"债务还本预算支出"应当根据"债务还本预算支出"科目下的"专项债务还本支出"明细科目的本期发生额填列。

20."债务转贷预算支出"项目，反映政府财政本期发生的债务转贷预算支出金额。其中，一般公共预算的"债务转贷预算支出"应当根据"债务转贷预算支出"科目下"一般债务转贷支出"明细科目的本期发生额填列；政府性基金预算的"债务转贷支出"应当根据"债务转贷支出"科目下的"专项债务转贷支出"明细科目的本期发生额填列。

21."安排预算稳定调节基金"项目，反映政府财政本期安排的预算稳定调节基金金额。本项目根据"安排预算稳定调节基金"科目的本期发生额填列。

22."调出预算资金"项目，反映政府财政本期发生的各类资金的调出资金金额。其中，一般公共预算的"调出预算资金"应当根据"调出预算资金"科目下"一般公共预算调出资金"明细科目的本期发生额填列；政府性基金预算的"调出预算资金"应当根据"调出预算资金"科目下"政府性基金预算调出资金"明细科目的本期发生额填列；国有资本经营预算的"调出预算资金"应当根据"调出预算资金"科目下"国有资本经营预算调出资金"明细科目的本期发生额填列。

23."增设预算周转金"项目，反映政府财政本期设置或补充预算周转金的金额。本项目应当根据"预算周转金"科目的本期贷方发生额填列。

24."年末结转结余"项目，反映政府财政本年末的各类资金的结转结余金额。其中，一般公共预算的"年末结转结余"应当根据"一般公共预算结转结余"科目的年末余额填列；政府性基金预算的"年末结转结余"应当根据"政府性基金预算结转结余"科目的年末余额填列；国有资本经营预算的"年末结转结余"应当根据"国有资本经营预算结转结余"科目的年末余额填列；财政专户管理资金的"年末结转结余"应当根据"财政专户管理资金结余"科目的年末余额填列；专用基金的"年末结转结余"应当根据"专用基金结余"科目的年末余额填列。

二、一般公共预算执行情况表的编制说明

（一）"一般公共预算收入"项目及所属各明细项目，应当根据"一般公共预算收入"科目及所属各明细科目的本期发生额填列。

（二）"一般公共预算支出"项目及所属各明细项目，应当根据"一般公共预算支出"科目及所属各明细科目的本期发生额填列。

三、政府性基金预算执行情况表的编制说明

（一）"政府性基金预算收入"项目及所属各明细项目，应当根据"政府性基金预算收入"科目及所属各明细科目的本期发生额填列。

（二）"政府性基金预算支出"项目及所属各明细项目，应当根据"政府性基金预算支出"科目及所属各明细科目的本期发生额填列。

四、国有资本经营预算执行情况表的编制说明

（一）"国有资本经营预算收入"项目及所属各明细项目，应当根据"国有资本经营预算收入"科目及所属各明细科目的本期发生额填列。

（二）"国有资本经营预算支出"项目及所属各明细项目，应当根据"国有资本经营预算支出"科目及所属各明细科目的本期发生额填列。

五、财政专户管理资金收支情况表的编制说明

（一）"财政专户管理资金收入"项目及所属各明细项目，应当根据"财政专户管理资金收入"科目及所属各明细科目的本期发生额填列。

（二）"财政专户管理资金支出"项目及所属各明细项目，应当根据"财政专户管理资金支出"科目及所属各明细科目的本期发生额填列。

六、专用基金收支情况表的编制说明

（一）"专用基金收入"项目及所属各明细项目，应当根据"专用基金收入"科目及所属各明细科目的本期发生额填列。

（二）"专用基金支出"项目及所属各明细项目，应当根据"专用基金支出"科目及所属各明细科目的本期发生额填列。

七、会计报表附注

总会计预算会计报表附注应当至少披露下列内容：

（一）遵循《财政总会计制度》的声明；

（二）本级政府财政预算执行情况的说明；

（三）会计报表中列示的重要项目的进一步说明，包括其主要构成、增减变动情况等；

（四）有助于理解和分析会计报表的其他需要说明的事项。

第六章　信息化管理

第五十五条　各级财政部门应当加强有关业务处理系统及网络的建设和运行维护，确保各级总会计采用的会计信息管理系统必须符合本制度规定的核算方法，系统运行安全稳定、业务办理规范有序、业务信息真实有效。

第五十六条　各级财政部门应不断推进会计信息化应用，加强会计信息管理系统电子化改造，推进与其他有关业务系统的有效衔接，不断提高总会计账务处理及报表生成的自动化程度，并为会计档案电子化管理提供支撑。

第五十七条　各级总会计不得直接在会计信息管理系统中更改登记有误的账簿信息，应当采取冲销法或补充登记法重新填制调账记账凭证，复核无误后登记会计账簿。

第五十八条　信息系统储存的总会计原始数据应当由专人定期备份至专用存储设备。保存电子会计数据的存储介质应当纳入容灾备份体系妥善保管。

第七章　会计监督

第五十九条　各级总会计应加强对各项财政业务的核算管理与会计监督。严格依法办事，对于不合法的会计事项，应及时予以纠正或按程序反映。

第六十条　各级总会计应加强对预算单位财政资金使用情况的管理，及时了解掌握有关单位的用款情况，发现问题及时按程序反映。

第六十一条　各级总会计应自觉接受人民代表大会、审计、监察部门，以及上级政府财政部门的监督，按规定向人民代表大会、审计、监察部门以及上级政府财政部门提供有关资料。

第八章　附　　则

第六十二条　本制度所称会计核算、财务会计、预算会计、收付实现制、权责发生制与《政府会计准则——基本准则》一致。

第六十三条　本制度未特殊规定的一般会计处理方法，按照财政部有关规定处理。会计档案的管理，按照财政部、国家档案局《会计档案管理办法》执行。

第六十四条　各级财政部门对不同类型资金活动根据管理需要可单独设账核算。

第六十五条　地方各级财政部门在与本制度不相违背的前提下，负责制定本地区总会计有关具体核算办法。

第六十六条　本制度自2023年1月1日起执行。《财政部关于印发〈财政总预算会计制度〉的通知》（财库〔2015〕192号）、《财政部关于印发〈新旧财政总预算会计制度有关衔接问题的处理规定〉的通知》（财库〔2015〕205号）、《财政部关于收回财政存量资金预算会计处理有关问题的通知》（财预〔2015〕81号）、《财政部关于国债做市支持操作总预算会计账务处理的通知》（财库〔2017〕91号）同时废止。

第十二章 政府会计基本准则与具体准则

1. 政府会计准则——基本准则（2015年颁布）

（中华人民共和国财政部令第78号）

第一章 总　则

第一条　为了规范政府的会计核算，保证会计信息质量，根据《中华人民共和国会计法》《中华人民共和国预算法》和其他有关法律、行政法规，制定本准则。

第二条　本准则适用于各级政府、各部门、各单位（以下统称政府会计主体）。

前款所称各部门、各单位是指与本级政府财政部门直接或者间接发生预算拨款关系的国家机关、军队、政党组织、社会团体、事业单位和其他单位。

军队、已纳入企业财务管理体系的单位和执行《民间非营利组织会计制度》的社会团体，不适用本准则。

第三条　政府会计由预算会计和财务会计构成。

预算会计实行收付实现制，国务院另有规定的，依照其规定。

财务会计实行权责发生制。

第四条　政府会计具体准则及其应用指南、政府会计制度等，应当由财政部遵循本准则制定。

第五条　政府会计主体应当编制决算报告和财务报告。

决算报告的目标是向决算报告使用者提供与政府预算执行情况有关的信息，综合反映政府会计主体预算收支的年度执行结果，有助于决算报告使用者进行监督和管理，并为编制后续年度预算提供参考和依据。政府决算报告使用者包括各级人民代表大会及其常务委员会、各级政府及其有关部门、政府会计主体自身、社会公众和其他利益相关者。

财务报告的目标是向财务报告使用者提供与政府的财务状况、运行情况（含运行成本，下同）和现金流量等有关信息，反映政府会计主体公共受托责任履行情况，有助于财务报告使用者作出决策或者进行监督和管理。政府财务报告使用者包括各级人民代表大会常务委员会、债权人、各级政府及其有关部门、政府会计主体自身和其他利益相关者。

第六条　政府会计主体应当对其自身发生的经济业务或者事项进行会计核算。

第七条　政府会计核算应当以政府会计主体持续运行为前提。

第八条　政府会计核算应当划分会计期间，分期结算账目，按规定编制决算报告和财务报告。

会计期间至少分为年度和月度。会计年度、月度等会计期间的起讫日期采用公历日期。

第九条　政府会计核算应当以人民币作为记账本位币。发生外币业务时，应当将有关外币金额折算为人民币金额计量，同时登记外币金额。

第十条　政府会计核算应当采用借贷记账法记账。

第二章 政府会计信息质量要求

第十一条　政府会计主体应当以实际发生的经济业务或者事项为依据进行会计核算，如实反映各项会计要素的情况和结果，保证会计信息真实可靠。

第十二条 政府会计主体应当将发生的各项经济业务或者事项统一纳入会计核算,确保会计信息能够全面反映政府会计主体预算执行情况和财务状况、运行情况、现金流量等。

第十三条 政府会计主体提供的会计信息,应当与反映政府会计主体公共受托责任履行情况以及报告使用者决策或者监督、管理的需要相关,有助于报告使用者对政府会计主体过去、现在或者未来的情况作出评价或者预测。

第十四条 政府会计主体对已经发生的经济业务或者事项,应当及时进行会计核算,不得提前或者延后。

第十五条 政府会计主体提供的会计信息应当具有可比性。

同一政府会计主体不同时期发生的相同或者相似的经济业务或者事项,应当采用一致的会计政策,不得随意变更。确需变更的,应当将变更的内容、理由及其影响在附注中予以说明。

不同政府会计主体发生的相同或者相似的经济业务或者事项,应当采用一致的会计政策,确保政府会计信息口径一致,相互可比。

第十六条 政府会计主体提供的会计信息应当清晰明了,便于报告使用者理解和使用。

第十七条 政府会计主体应当按照经济业务或者事项的经济实质进行会计核算,不限于以经济业务或者事项的法律形式为依据。

第三章 政府预算会计要素

第十八条 政府预算会计要素包括预算收入、预算支出与预算结余。

第十九条 预算收入是指政府会计主体在预算年度内依法取得的并纳入预算管理的现金流入。

第二十条 预算收入一般在实际收到时予以确认,以实际收到的金额计量。

第二十一条 预算支出是指政府会计主体在预算年度内依法发生并纳入预算管理的现金流出。

第二十二条 预算支出一般在实际支付时予以确认,以实际支付的金额计量。

第二十三条 预算结余是指政府会计主体预算年度内预算收入扣除预算支出后的资金余额,以及历年滚存的资金余额。

第二十四条 预算结余包括结余资金和结转资金。

结余资金是指年度预算执行终了,预算收入实际完成数扣除预算支出和结转资金后剩余的资金。

结转资金是指预算安排项目的支出年终尚未执行完毕或者因故未执行,且下年需要按原用途继续使用的资金。

第二十五条 符合预算收入、预算支出和预算结余定义及其确认条件的项目应当列入政府决算报表。

第四章 政府财务会计要素

第二十六条 政府财务会计要素包括资产、负债、净资产、收入和费用。

第一节 资 产

第二十七条 资产是指政府会计主体过去的经济业务或者事项形成的,由政府会计主体控制的,预期能够产生服务潜力或者带来经济利益流入的经济资源。

服务潜力是指政府会计主体利用资产提供公共产品和服务以履行政府职能的潜在能力。

经济利益流入表现为现金及现金等价物的流入,或者现金及现金等价物流出的减少。

第二十八条 政府会计主体的资产按照流动性,分为流动资产和非流动资产。

流动资产是指预计在1年内（含1年）耗用或者可以变现的资产，包括货币资金、短期投资、应收及预付款项、存货等。

非流动资产是指流动资产以外的资产，包括固定资产、在建工程、无形资产、长期投资、公共基础设施、政府储备资产、文物文化资产、保障性住房和自然资源资产等。

第二十九条 符合本准则第二十七条规定的资产定义的经济资源，在同时满足以下条件时，确认为资产：

（一）与该经济资源相关的服务潜力很可能实现或者经济利益很可能流入政府会计主体；

（二）该经济资源的成本或者价值能够可靠地计量。

第三十条 资产的计量属性主要包括历史成本、重置成本、现值、公允价值和名义金额。

在历史成本计量下，资产按照取得时支付的现金金额或者支付对价的公允价值计量。

在重置成本计量下，资产按照现在购买相同或者相似资产所需支付的现金金额计量。

在现值计量下，资产按照预计从其持续使用和最终处置中所产生的未来净现金流入量的折现金额计量。

在公允价值计量下，资产按照市场参与者在计量日发生的有序交易中，出售资产所能收到的价格计量。

无法采用上述计量属性的，采用名义金额（即人民币1元）计量。

第三十一条 政府会计主体在对资产进行计量时，一般应当采用历史成本。

采用重置成本、现值、公允价值计量的，应当保证所确定的资产金额能够持续、可靠计量。

第三十二条 符合资产定义和资产确认条件的项目，应当列入资产负债表。

第二节 负　　债

第三十三条 负债是指政府会计主体过去的经济业务或者事项形成的，预期会导致经济资源流出政府会计主体的现时义务。

现时义务是指政府会计主体在现行条件下已承担的义务。未来发生的经济业务或者事项形成的义务不属于现时义务，不应当确认为负债。

第三十四条 政府会计主体的负债按照流动性，分为流动负债和非流动负债。

流动负债是指预计在1年内（含1年）偿还的负债，包括应付及预收款项、应付职工薪酬、应缴款项等。

非流动负债是指流动负债以外的负债，包括长期应付款、应付政府债券和政府依法担保形成的债务等。

第三十五条 符合本准则第三十三条规定的负债定义的义务，在同时满足以下条件时，确认为负债：

（一）履行该义务很可能导致含有服务潜力或者经济利益的经济资源流出政府会计主体；

（二）该义务的金额能够可靠地计量。

第三十六条 负债的计量属性主要包括历史成本、现值和公允价值。

在历史成本计量下，负债按照因承担现时义务而实际收到的款项或者资产的金额，或者承担现时义务的合同金额，或者按照为偿还负债预期需要支付的现金计量。

在现值计量下，负债按照预计期限内需要偿还的未来净现金流出量的折现金额计量。

在公允价值计量下，负债按照市场参与者在计量日发生的有序交易中，转移负债所需支付的价格计量。

第三十七条 政府会计主体在对负债进行计量时，一般应当采用历史成本。

采用现值、公允价值计量的，应当保证所确定的负债金额能够持续、可靠计量。

第三十八条 符合负债定义和负债确认条件的项目，应当列入资产负债表。

第三节 净 资 产

第三十九条 净资产是指政府会计主体资产扣除负债后的净额。
第四十条 净资产金额取决于资产和负债的计量。
第四十一条 净资产项目应当列入资产负债表。

第四节 收 入

第四十二条 收入是指报告期内导致政府会计主体净资产增加的、含有服务潜力或者经济利益的经济资源的流入。
第四十三条 收入的确认应当同时满足以下条件：
（一）与收入相关的含有服务潜力或者经济利益的经济资源很可能流入政府会计主体；
（二）含有服务潜力或者经济利益的经济资源流入会导致政府会计主体资产增加或者负债减少；
（三）流入金额能够可靠地计量。
第四十四条 符合收入定义和收入确认条件的项目，应当列入收入费用表。

第五节 费 用

第四十五条 费用是指报告期内导致政府会计主体净资产减少的、含有服务潜力或者经济利益的经济资源的流出。
第四十六条 费用的确认应当同时满足以下条件：
（一）与费用相关的含有服务潜力或者经济利益的经济资源很可能流出政府会计主体；
（二）含有服务潜力或者经济利益的经济资源流出会导致政府会计主体资产减少或者负债增加；
（三）流出金额能够可靠地计量。
第四十七条 符合费用定义和费用确认条件的项目，应当列入收入费用表。

第五章　政府决算报告和财务报告

第四十八条 政府决算报告是综合反映政府会计主体年度预算收支执行结果的文件。
政府决算报告应当包括决算报表和其他应当在决算报告中反映的相关信息和资料。
政府决算报告的具体内容及编制要求等，由财政部另行规定。
第四十九条 政府财务报告是反映政府会计主体某一特定日期的财务状况和某一会计期间的运行情况和现金流量等信息的文件。
政府财务报告应当包括财务报表和其他应当在财务报告中披露的相关信息和资料。
第五十条 政府财务报告包括政府综合财务报告和政府部门财务报告。
政府综合财务报告是指由政府财政部门编制的，反映各级政府整体财务状况、运行情况和财政中长期可持续性的报告。
政府部门财务报告是指政府各部门、各单位按规定编制的财务报告。
第五十一条 财务报表是对政府会计主体财务状况、运行情况和现金流量等信息的结构性表述。
财务报表包括会计报表和附注。
会计报表至少应当包括资产负债表、收入费用表和现金流量表。
政府会计主体应当根据相关规定编制合并财务报表。
第五十二条 资产负债表是反映政府会计主体在某一特定日期的财务状况的报表。
第五十三条 收入费用表是反映政府会计主体在一定会计期间运行情况的报表。

第五十四条　现金流量表是反映政府会计主体在一定会计期间现金及现金等价物流入和流出情况的报表。

第五十五条　附注是对在资产负债表、收入费用表、现金流量表等报表中列示项目所作的进一步说明，以及对未能在这些报表中列示项目的说明。

第五十六条　政府决算报告的编制主要以收付实现制为基础，以预算会计核算生成的数据为准。

政府财务报告的编制主要以权责发生制为基础，以财务会计核算生成的数据为准。

第六章　附　则

第五十七条　本准则所称会计核算，包括会计确认、计量、记录和报告各个环节，涵盖填制会计凭证、登记会计账簿、编制报告全过程。

第五十八条　本准则所称预算会计，是指以收付实现制为基础对政府会计主体预算执行过程中发生的全部收入和全部支出进行会计核算，主要反映和监督预算收支执行情况的会计。

第五十九条　本准则所称财务会计，是指以权责发生制为基础对政府会计主体发生的各项经济业务或者事项进行会计核算，主要反映和监督政府会计主体财务状况、运行情况和现金流量等的会计。

第六十条　本准则所称收付实现制，是指以现金的实际收付为标志来确定本期收入和支出的会计核算基础。凡在当期实际收到的现金收入和支出，均应作为当期的收入和支出；凡是不属于当期的现金收入和支出，均不应当作为当期的收入和支出。

第六十一条　本准则所称权责发生制，是指以取得收取款项的权利或支付款项的义务为标志来确定本期收入和费用的会计核算基础。凡是当期已经实现的收入和已经发生的或应当负担的费用，不论款项是否收付，都应当作为当期的收入和费用；凡是不属于当期的收入和费用，即使款项已在当期收付，也不应当作为当期的收入和费用。

第六十二条　本准则自 2017 年 1 月 1 日起施行。

2. 政府会计准则第 1 号——存货（2016 年颁布）

（财会〔2016〕12 号）

第一条　为了规范存货的确认、计量和相关信息的披露，根据《政府会计准则——基本准则》，制定本准则。

第二条　本准则所称存货，是指政府会计主体在开展业务活动及其他活动中为耗用或出售而储存的资产，如材料、产品、包装物和低值易耗品等，以及未达到固定资产标准的用具、装具、动植物等。

第三条　政府储备物资、收储土地等，适用其他相关政府会计准则。

第二章　存货的确认

第四条　存货同时满足下列条件的，应当予以确认：

（一）与该存货相关的服务潜力很可能实现或者经济利益很可能流入政府会计主体；

（二）该存货的成本或者价值能够可靠地计量。

第三章　存货的初始计量

第五条　存货在取得时应当按照成本进行初始计量。

第六条 政府会计主体购入的存货，其成本包括购买价款、相关税费、运输费、装卸费、保险费以及使得存货达到目前场所和状态所发生的归属于存货成本的其他支出。

第七条 政府会计主体自行加工的存货，其成本包括耗用的直接材料费用、发生的直接人工费用和按照一定方法分配的与存货加工有关的间接费用。

第八条 政府会计主体委托加工的存货，其成本包括委托加工前存货成本、委托加工的成本（如委托加工费以及按规定应计入委托加工存货成本的相关税费等）以及使存货达到目前场所和状态所发生的归属于存货成本的其他支出。

第九条 下列各项应当在发生时确认为当期费用，不计入存货成本：

（一）非正常消耗的直接材料、直接人工和间接费用。

（二）仓储费用（不包括在加工过程中为达到下一个加工阶段所必需的费用）。

（三）不能归属于使存货达到目前场所和状态所发生的其他支出。

第十条 政府会计主体通过置换取得的存货，其成本按照换出资产的评估价值，加上支付的补价或减去收到的补价，加上为换入存货发生的其他相关支出确定。

第十一条 政府会计主体接受捐赠的存货，其成本按照有关凭据注明的金额加上相关税费、运输费等确定；没有相关凭据可供取得，但按规定经过资产评估的，其成本按照评估价值加上相关税费、运输费等确定；没有相关凭据可供取得、也未经资产评估的，其成本比照同类或类似资产的市场价格加上相关税费、运输费等确定；没有相关凭据且未经资产评估、同类或类似资产的市场价格也无法可靠取得的，按照名义金额入账，相关税费、运输费等计入当期费用。

第十二条 政府会计主体无偿调入的存货，其成本按照调出方账面价值加上相关税费、运输费等确定。

第十三条 政府会计主体盘盈的存货，按规定经过资产评估的，其成本按照评估价值确定；未经资产评估的，其成本按照重置成本确定。

第四章 存货的后续计量

第十四条 政府会计主体应当根据实际情况采用先进先出法、加权平均法或者个别计价法确定发出存货的实际成本。计价方法一经确定，不得随意变更。对于性质和用途相似的存货，应当采用相同的成本计价方法确定发出存货的成本。对于不能替代使用的存货、为特定项目专门购入或加工的存货，通常采用个别计价法确定发出存货的成本。

第十五条 对于已发出的存货，应当将其成本结转为当期费用或者计入相关资产成本。按规定报经批准对外捐赠、无偿调出的存货，应当将其账面余额予以转销，对外捐赠、无偿调出中发生的归属于捐出方、调出方的相关费用应当计入当期费用。

第十六条 政府会计主体应当采用一次转销法或者五五摊销法对低值易耗品、包装物进行摊销，将其成本计入当期费用或者相关资产成本。

第十七条 对于发生的存货毁损，应当将存货账面余额转销计入当期费用，并将毁损存货处置收入扣除相关处置税费后的差额按规定作应缴款项处理（差额为净收益时）或计入当期费用（差额为净损失时）。

第十八条 存货盘亏造成的损失，按规定报经批准后应当计入当期费用。

第五章 存货的披露

第十九条 政府会计主体应当在附注中披露与存货有关的下列信息：

（一）各类存货的期初和期末账面余额。

（二）确定发出存货成本所采用的方法。

（三）以名义金额计量的存货名称、数量，以及以名义金额计量的理由。

（四）其他有关存货变动的重要信息。

第六章　附　　则

第二十条　本准则自 2017 年 1 月 1 日起施行。

3. 政府会计准则第 2 号——投资（2016 年颁布）

（财会〔2016〕12 号）

第一章　总　　则

第一条　为了规范投资的确认、计量和相关信息的披露，根据《政府会计准则——基本准则》，制定本准则。

第二条　本准则所称投资，是指政府会计主体按规定以货币资金、实物资产、无形资产等方式形成的债权或股权投资。

第三条　投资分为短期投资和长期投资。短期投资，是指政府会计主体取得的持有时间不超过 1 年（含 1 年）的投资。长期投资，是指政府会计主体取得的除短期投资以外的债权和股权性质的投资。

第四条　政府会计主体外币投资的折算，适用其他相关政府会计准则。

第二章　短期投资

第五条　短期投资在取得时，应当按照实际成本（包括购买价款和相关税费，下同）作为初始投资成本。实际支付价款中包含的已到付息期但尚未领取的利息，应当于收到时冲减短期投资成本。

第六条　短期投资持有期间的利息，应当于实际收到时确认为投资收益。

第七条　期末，短期投资应当按照账面余额计量。

第八条　政府会计主体按规定出售或到期收回短期投资，应当将收到的价款扣除短期投资账面余额和相关税费后的差额计入投资损益。

第三章　长期投资

第九条　长期投资分为长期债权投资和长期股权投资。

第一节　长期债权投资

第十条　长期债券投资在取得时，应当按照实际成本作为初始投资成本。实际支付价款中包含的已到付息期但尚未领取的债券利息，应当单独确认为应收利息，不计入长期债券投资初始投资成本。

第十一条　长期债券投资持有期间，应当按期以票面金额与票面利率计算确认利息收入。对于分期付息、一次还本的长期债券投资，应当将计算确定的应收未收利息确认为应收利息，计入投资收益；对于一次还本付息的长期债券投资，应当将计算确定的应收未收利息计入投资收益，并增加长期债券投资的账面余额。

第十二条　政府会计主体按规定出售或到期收回长期债券投资，应当将实际收到的价款扣除长期债券投资账面余额和相关税费后的差额计入投资损益。

第十三条　政府会计主体进行除债券以外的其他债权投资，参照长期债券投资进行会计处理。

第二节 长期股权投资

第十四条 长期股权投资在取得时，应当按照实际成本作为初始投资成本。

（一）以支付现金取得的长期股权投资，按照实际支付的全部价款（包括购买价款和相关税费）作为实际成本。实际支付价款中包含的已宣告但尚未发放的现金股利，应当单独确认为应收股利，不计入长期股权投资初始投资成本。

（二）以现金以外的其他资产置换取得的长期股权投资，其成本按照换出资产的评估价值加上支付的补价或减去收到的补价，加上换入长期股权投资发生的其他相关支出确定。

（三）接受捐赠的长期股权投资，其成本按照有关凭据注明的金额加上相关税费确定；没有相关凭据可供取得，但按规定经过资产评估的，其成本按照评估价值加上相关税费确定；没有相关凭据可供取得、也未经资产评估的，其成本比照同类或类似资产的市场价格加上相关税费确定。

（四）无偿调入的长期股权投资，其成本按照调出方账面价值加上相关税费确定。

第十五条 长期股权投资在持有期间，通常应当采用权益法进行核算。政府会计主体无权决定被投资单位的财务和经营政策或无权参与被投资单位的财务和经营政策决策的，应当采用成本法进行核算。成本法，是指投资按照投资成本计量的方法。权益法，是指投资最初以投资成本计量，以后根据政府会计主体在被投资单位所享有的所有者权益份额的变动对投资的账面余额进行调整的方法。

第十六条 在成本法下，长期股权投资的账面余额通常保持不变，但追加或收回投资时，应当相应调整其账面余额。长期股权投资持有期间，被投资单位宣告分派的现金股利或利润，政府会计主体应当按照宣告分派的现金股利或利润中属于政府会计主体应享有的份额确认为投资收益。

第十七条 采用权益法的，按照如下原则进行会计处理：

（一）政府会计主体取得长期股权投资后，对于被投资单位所有者权益的变动，应当按照下列规定进行处理：

1.按照应享有或应分担的被投资单位实现的净损益的份额，确认为投资损益，同时调整长期股权投资的账面余额。

2.按照被投资单位宣告分派的现金股利或利润计算应享有的份额，确认为应收股利，同时减少长期股权投资的账面余额。

3.按照被投资单位除净损益和利润分配以外的所有者权益变动的份额，确认为净资产，同时调整长期股权投资的账面余额。

（二）政府会计主体确认被投资单位发生的净亏损，应当以长期股权投资的账面余额减记至零为限，政府会计主体负有承担额外损失义务的除外。被投资单位发生净亏损，但以后年度又实现净利润的，政府会计主体应当在其收益分享额弥补未确认的亏损分担额等后，恢复确认投资收益。

第十八条 政府会计主体因处置部分长期股权投资等原因无权再决定被投资单位的财务和经营政策或者参与被投资单位的财务和经营政策决策的，应当对处置后的剩余股权投资改按成本法核算，并以该剩余股权投资在权益法下的账面余额作为按照成本法核算的初始投资成本。其后，被投资单位宣告分派现金股利或利润时，属于已计入投资账面余额的部分，作为成本法下长期股权投资成本的收回，冲减长期股权投资的账面余额。政府会计主体因追加投资等原因对长期股权投资的核算从成本法改为权益法的，应当自有权决定被投资单位的财务和经营政策或者参与被投资单位的财务和经营政策决策时，按成本法下长期股权投资的账面余额加上追加投资的成本作为按照权益法核算的初始投资成本。

第十九条 政府会计主体按规定报经批准处置长期股权投资，应当冲减长期股权投资的账面余额,并按规定将处置价款扣除相关税费后的余额作应缴款项处理,或者按规定将处置价款扣除相关税费后的余额与长期股权投资账面余额的差额计入当期投资损益。采用权益法核算的长期股权投资,因被投资单位除净损益和利润分配以外的所有者权益变动而将应享有的份额计入净资产的,处置该项投资时,还应当将原计入净资产的相应部分转入当期投资损益。

第四章 投资的披露

第二十条 政府会计主体应当在附注中披露与投资有关的下列信息:
(一)短期投资的增减变动及期初、期末账面余额。
(二)各类长期债权投资和长期股权投资的增减变动及期初、期末账面余额。
(三)长期股权投资的投资对象及核算方法。
(四)当期发生的投资净损益,其中重大的投资净损益项目应当单独披露。

第五章 附 则

第二十一条 本准则自 2017 年 1 月 1 日起施行。

4. 政府会计准则第 3 号——固定资产(2016 年颁布)

(财会〔2016〕12 号)

第一章 总 则

第一条 为了规范固定资产的确认、计量和相关信息的披露,根据《政府会计准则——基本准则》,制定本准则。

第二条 本准则所称固定资产,是指政府会计主体为满足自身开展业务活动或其他活动需要而控制的,使用年限超过 1 年(不含 1 年)、单位价值在规定标准以上,并在使用过程中基本保持原有物质形态的资产,一般包括房屋及构筑物、专用设备、通用设备等。单位价值虽未达到规定标准,但是使用年限超过 1 年(不含 1 年)的大批同类物资,如图书、家具、用具、装具等,应当确认为固定资产。

第三条 公共基础设施、政府储备物资、保障性住房、自然资源资产等,适用其他相关政府会计准则。

第二章 固定资产的确认

第四条 固定资产同时满足下列条件的,应当予以确认:
(一)与该固定资产相关的服务潜力很可能实现或者经济利益很可能流入政府会计主体;
(二)该固定资产的成本或者价值能够可靠地计量。

第五条 通常情况下,购入、换入、接受捐赠、无偿调入不需安装的固定资产,在固定资产验收合格时确认;购入、换入、接受捐赠、无偿调入需要安装的固定资产,在固定资产安装完成交付使用时确认;自行建造、改建、扩建的固定资产,在建造完成交付使用时确认。

第六条 确认固定资产时,应当考虑以下情况:
(一)固定资产的各组成部分具有不同使用年限或者以不同方式为政府会计主体实现服务潜力或提供经济利益,适用不同折旧率或折旧方法且可以分别确定各自原价的,应当分别将各组成部分确认为单项固定资产。
(二)应用软件构成相关硬件不可缺少的组成部分的,应当将该软件的价值包括在所属的硬件价值中，一并确认为固定资产；不构成相关硬件不可缺少的组成部分的，应当将该软件确认为无形资产。

（三）购建房屋及构筑物时，不能分清购建成本中的房屋及构筑物部分与土地使用权部分的，应当全部确认为固定资产；能够分清购建成本中的房屋及构筑物部分与土地使用权部分的，应当将其中的房屋及构筑物部分确认为固定资产，将其中的土地使用权部分确认为无形资产。

第七条 固定资产在使用过程中发生的后续支出，符合本准则第四条规定的确认条件的，应当计入固定资产成本；不符合本准则第四条规定的确认条件的，应当在发生时计入当期费用或者相关资产成本。将发生的固定资产后续支出计入固定资产成本的，应当同时从固定资产账面价值中扣除被替换部分的账面价值。

第三章　固定资产的初始计量

第八条 固定资产在取得时应当按照成本进行初始计量。

第九条 政府会计主体外购的固定资产，其成本包括购买价款、相关税费以及固定资产交付使用前所发生的可归属于该项资产的运输费、装卸费、安装费和专业人员服务费等。以一笔款项购入多项没有单独标价的固定资产，应当按照各项固定资产同类或类似资产市场价格的比例对总成本进行分配，分别确定各项固定资产的成本。

第十条 政府会计主体自行建造的固定资产，其成本包括该项资产至交付使用前所发生的全部必要支出。在原有固定资产基础上进行改建、扩建、修缮后的固定资产，其成本按照原固定资产账面价值加上改建、扩建、修缮发生的支出，再扣除固定资产被替换部分的账面价值后的金额确定。为建造固定资产借入的专门借款的利息，属于建设期间发生的，计入在建工程成本；不属于建设期间发生的，计入当期费用。已交付使用但尚未办理竣工决算手续的固定资产，应当按照估计价值入账，待办理竣工决算后再按实际成本调整原来的暂估价值。

第十一条 政府会计主体通过置换取得的固定资产，其成本按照换出资产的评估价值加上支付的补价或减去收到的补价，加上换入固定资产发生的其他相关支出确定。

第十二条 政府会计主体接受捐赠的固定资产，其成本按照有关凭据注明的金额加上相关税费、运输费等确定；没有相关凭据可供取得，但按规定经过资产评估的，其成本按照评估价值加上相关税费、运输费等确定；没有相关凭据可供取得、也未经资产评估的，其成本比照同类或类似资产的市场价格加上相关税费、运输费等确定；没有相关凭据且未经资产评估、同类或类似资产的市场价格也无法可靠取得的，按照名义金额入账，相关税费、运输费等计入当期费用。　如受赠的系旧的固定资产，在确定其初始入账成本时应当考虑该项资产的新旧程度。

第十三条 政府会计主体无偿调入的固定资产，其成本按照调出方账面价值加上相关税费、运输费等确定。

第十四条 政府会计主体盘盈的固定资产，按规定经过资产评估的，其成本按照评估价值确定；未经资产评估的，其成本按照重置成本确定。

第十五条 政府会计主体融资租赁取得的固定资产，其成本按照其他相关政府会计准则确定。

第四章　固定资产的后续计量

第一节　固定资产的折旧

第十六条 政府会计主体应当对固定资产计提折旧，但本准则第十七条规定的固定资产除外。折旧，是指在固定资产的预计使用年限内，按照确定的方法对应计的折旧额进行系统分摊。固定资产应计的折旧额为其成本，计提固定资产折旧时不考虑预计净残值。政府会计主体应当对暂估入账的固定资产计提折旧，实际成本确定后不需调整原已计提的折旧额。

第十七条 下列各项固定资产不计提折旧：

（一）文物和陈列品；

（二）动植物；

（三）图书、档案；

（四）单独计价入账的土地；

（五）以名义金额计量的固定资产。

第十八条 政府会计主体应当根据相关规定以及固定资产的性质和使用情况，合理确定固定资产的使用年限。固定资产的使用年限一经确定，不得随意变更。政府会计主体确定固定资产使用年限，应当考虑下列因素：

（一）预计实现服务潜力或提供经济利益的期限；

（二）预计有形损耗和无形损耗；

（三）法律或者类似规定对资产使用的限制。

第十九条 政府会计主体一般应当采用年限平均法或者工作量法计提固定资产折旧。在确定固定资产的折旧方法时，应当考虑与固定资产相关的服务潜力或经济利益的预期实现方式。固定资产折旧方法一经确定，不得随意变更。

第二十条 固定资产应当按月计提折旧，并根据用途计入当期费用或者相关资产成本。

第二十一条 固定资产提足折旧后，无论能否继续使用，均不再计提折旧；提前报废的固定资产，也不再补提折旧。已提足折旧的固定资产，可以继续使用的，应当继续使用，规范实物管理。

第二十二条 固定资产因改建、扩建或修缮等原因而延长其使用年限的，应当按照重新确定的固定资产的成本以及重新确定的折旧年限计算折旧额。

第二节　固定资产的处置

第二十三条 政府会计主体按规定报经批准出售、转让固定资产或固定资产报废、毁损的，应当将固定资产账面价值转销计入当期费用，并将处置收入扣除相关处置税费后的差额按规定作应缴款项处理（差额为净收益时）或计入当期费用（差额为净损失时）。

第二十四条 政府会计主体按规定报经批准对外捐赠、无偿调出固定资产的，应当将固定资产的账面价值予以转销，对外捐赠、无偿调出中发生的归属于捐出方、调出方的相关费用应当计入当期费用。

第二十五条 政府会计主体按规定报经批准以固定资产对外投资的，应当将该固定资产的账面价值予以转销，并将固定资产在对外投资时的评估价值与其账面价值的差额计入当期收入或费用。

第二十六条 固定资产盘亏造成的损失，按规定报经批准后应当计入当期费用。

第五章　固定资产的披露

第二十七条 政府会计主体应当在附注中披露与固定资产有关的下列信息：

（一）固定资产的分类和折旧方法。

（二）各类固定资产的使用年限、折旧率。

（三）各类固定资产账面余额、累计折旧额、账面价值的期初、期末数及其本期变动情况。

（四）以名义金额计量的固定资产名称、数量，以及以名义金额计量的理由。

（五）已提足折旧的固定资产名称、数量等情况。

（六）接受捐赠、无偿调入的固定资产名称、数量等情况。
（七）出租、出借固定资产以及以固定资产投资的情况。
（八）固定资产对外捐赠、无偿调出、毁损等重要资产处置的情况。
（九）暂估入账的固定资产账面价值变动情况。

第六章 附 则

第二十八条 本准则自 2017 年 1 月 1 日起施行。

5. 政府会计准则第 4 号——无形资产（2016 年颁布）

（财会〔2016〕12 号）

第一章 总 则

第一条 为了规范无形资产的确认、计量和相关信息的披露，根据《政府会计准则——基本准则》，制定本准则。

第二条 本准则所称无形资产，是指政府会计主体控制的没有实物形态的可辨认非货币性资产，如专利权、商标权、著作权、土地使用权、非专利技术等。资产满足下列条件之一的，符合无形资产定义中的可辨认性标准：

（一）能够从政府会计主体中分离或者划分出来，并能单独或者与相关合同、资产或负债一起，用于出售、转移、授予许可、租赁或者交换。

（二）源自合同性权利或其他法定权利，无论这些权利是否可以从政府会计主体或其他权利和义务中转移或者分离。

第二章 无形资产的确认

第三条 无形资产同时满足下列条件的，应当予以确认：

（一）与该无形资产相关的服务潜力很可能实现或者经济利益很可能流入政府会计主体；

（二）该无形资产的成本或者价值能够可靠地计量。政府会计主体在判断无形资产的服务潜力或经济利益是否很可能实现或流入时，应当对无形资产在预计使用年限内可能存在的各种社会、经济、科技因素做出合理估计，并且应当有确凿的证据支持。

第四条 政府会计主体购入的不构成相关硬件不可缺少组成部分的软件，应当确认为无形资产。

第五条 政府会计主体自行研究开发项目的支出，应当区分研究阶段支出与开发阶段支出。研究是指为获取并理解新的科学或技术知识而进行的独创性的有计划调查。开发是指在进行生产或使用前，将研究成果或其他知识应用于某项计划或设计，以生产出新的或具有实质性改进的材料、装置、产品等。

第六条 政府会计主体自行研究开发项目研究阶段的支出，应当于发生时计入当期费用。政府会计主体自行研究开发项目开发阶段的支出，先按合理方法进行归集，如果最终形成无形资产的，应当确认为无形资产；如果最终未形成无形资产的，应当计入当期费用。政府会计主体自行研究开发项目尚未进入开发阶段，或者确实无法区分研究阶段支出和开发阶段支出，但按法律程序已申请取得无形资产的，应当将依法取得时发生的注册费、聘请律师费等费用确认为无形资产。

第七条 政府会计主体自创商誉及内部产生的品牌、报刊名等，不应确认为无形资产。

第八条 与无形资产有关的后续支出，符合本准则第三条规定的确认条件的，应当计入无形资产成本;不符合本准则第三条规定的确认条件的,应当在发生时计入当期费用或者相关资产成本。

第三章 无形资产的初始计量

第九条 无形资产在取得时应当按照成本进行初始计量。

第十条 政府会计主体外购的无形资产,其成本包括购买价款、相关税费以及可归属于该项资产达到预定用途前所发生的其他支出。政府会计主体委托软件公司开发的软件,视同外购无形资产确定其成本。

第十一条 政府会计主体自行开发的无形资产,其成本包括自该项目进入开发阶段后至达到预定用途前所发生的支出总额。

第十二条 政府会计主体通过置换取得的无形资产,其成本按照换出资产的评估价值加上支付的补价或减去收到的补价,加上换入无形资产发生的其他相关支出确定。

第十三条 政府会计主体接受捐赠的无形资产,其成本按照有关凭据注明的金额加上相关税费确定;没有相关凭据可供取得,但按规定经过资产评估的,其成本按照评估价值加上相关税费确定;没有相关凭据可供取得、也未经资产评估的,其成本比照同类或类似资产的市场价格加上相关税费确定;没有相关凭据且未经资产评估、同类或类似资产的市场价格也无法可靠取得的,按照名义金额入账,相关税费计入当期费用。确定接受捐赠无形资产的初始入账成本时,应当考虑该项资产尚可为政府会计主体带来服务潜力或经济利益的能力。

第十四条 政府会计主体无偿调入的无形资产,其成本按照调出方账面价值加上相关税费确定。

第四章 无形资产的后续计量

第一节 无形资产的摊销

第十五条 政府会计主体应当于取得或形成无形资产时合理确定其使用年限。无形资产的使用年限为有限的,应当估计该使用年限。无法预见无形资产为政府会计主体提供服务潜力或者带来经济利益期限的,应当视为使用年限不确定的无形资产。

第十六条 政府会计主体应当对使用年限有限的无形资产进行摊销,但已摊销完毕仍继续使用的无形资产和以名义金额计量的无形资产除外。摊销是指在无形资产使用年限内,按照确定的方法对应摊销金额进行系统分摊。

第十七条 对于使用年限有限的无形资产,政府会计主体应当按照以下原则确定无形资产的摊销年限:

(一)法律规定了有效年限的,按照法律规定的有效年限作为摊销年限;

(二)法律没有规定有效年限的,按照相关合同或单位申请书中的受益年限作为摊销年限;

(三)法律没有规定有效年限、相关合同或单位申请书也没有规定受益年限的,应当根据无形资产为政府会计主体带来服务潜力或经济利益的实际情况,预计其使用年限;

(四)非大批量购入、单价小于1 000元的无形资产,可以于购买的当期将其成本一次性全部转销。

第十八条 政府会计主体应当按月对使用年限有限的无形资产进行摊销,并根据用途计入当期费用或者相关资产成本。政府会计主体应当采用年限平均法或者工作量法对无形资产进行摊销,应摊销金额为其成本,不考虑预计残值。

第十九条 因发生后续支出而增加无形资产成本的,对于使用年限有限的无形资产,应当按照重新确定的无形资产成本以及重新确定的摊销年限计算摊销额。

第二十条 使用年限不确定的无形资产不应摊销。

第二节 无形资产的处置

第二十一条 政府会计主体按规定报经批准出售无形资产,应当将无形资产账面价值转销计入当期费用,并将处置收入大于相关处置税费后的差额按规定计入当期收入或者做应缴款项处理,将处置收入小于相关处置税费后的差额计入当期费用。

第二十二条 政府会计主体按规定报经批准对外捐赠、无偿调出无形资产的,应当将无形资产的账面价值予以转销,对外捐赠、无偿调出中发生的归属于捐出方、调出方的相关费用应当计入当期费用。

第二十三条 政府会计主体按规定报经批准以无形资产对外投资的,应当将该无形资产的账面价值予以转销,并将无形资产在对外投资时的评估价值与其账面价值的差额计入当期收入或费用。

第二十四条 无形资产预期不能为政府会计主体带来服务潜力或者经济利益的,应当在报经批准后将该无形资产的账面价值予以转销。

第五章 无形资产的披露

第二十五条 政府会计主体应当按照无形资产的类别在附注中披露与无形资产有关的下列信息:

(一)无形资产账面余额、累计摊销额、账面价值的期初、期末数及其本期变动情况。

(二)自行开发无形资产的名称、数量,以及账面余额和累计摊销额的变动情况。

(三)以名义金额计量的无形资产名称、数量,以及以名义金额计量的理由。

(四)接受捐赠、无偿调入无形资产的名称、数量等情况。

(五)使用年限有限的无形资产,其使用年限的估计情况;使用年限不确定的无形资产,其使用年限不确定的确定依据。

(六)无形资产出售、对外投资等重要资产处置的情况。

第六章 附 则

第二十六条 本准则自 2017 年 1 月 1 日起施行。

6. 政府会计准则第 5 号——公共基础设施(2017 年颁布)

(财会〔2017〕11 号)

第一章 总 则

第一条 为了规范公共基础设施的确认、计量和相关信息的披露,根据《政府会计准则——基本准则》,制定本准则。

第二条 本准则所称公共基础设施,是指政府会计主体为满足社会公共需求而控制的,同时具有以下特征的有形资产:

(一)是一个有形资产系统或网络的组成部分;

(二)具有特定用途;

(三)一般不可移动。

公共基础设施主要包括市政基础设施(如城市道路、桥梁、隧道、公交场站、路灯、广场、公园绿地、室外公共健身器材,以及环卫、排水、供水、供电、供气、供热、污水处理、垃圾处理系统等)、交通基础设施（如公路、航道、港口等)、水利基础设施（如大坝、堤防、水闸、泵站、渠道等）和其他公共基础设施。

第三条 下列各项适用于其他相关政府会计准则：

（一）独立于公共基础设施、不构成公共基础设施使用不可缺少组成部分的管理维护用房屋建筑物、设备、车辆等，适用《政府会计准则第3号——固定资产》。

（二）属于文物文化资产的公共基础设施，适用其他相关政府会计准则。

（三）采用政府和社会资本合作模式（即PPP模式）形成的公共基础设施的确认和初始计量，适用其他相关政府会计准则。

第二章 公共基础设施的确认

第四条 通常情况下，符合本准则第五条规定的公共基础设施，应当由按规定对其负有管理维护职责的政府会计主体予以确认。

多个政府会计主体共同管理维护的公共基础设施，应当由对该资产负有主要管理维护职责或者承担后续主要支出责任的政府会计主体予以确认。

分为多个组成部分由不同政府会计主体分别管理维护的公共基础设施，应当由各个政府会计主体分别对其负责管理维护的公共基础设施的相应部分予以确认。负有管理维护公共基础设施职责的政府会计主体通过政府购买服务方式委托企业或其他会计主体代为管理维护公共基础设施的，该公共基础设施应当由委托方予以确认。

第五条 公共基础设施同时满足下列条件的，应当予以确认：

（一）与该公共基础设施相关的服务潜力很可能实现或者经济利益很可能流入政府会计主体；

（二）该公共基础设施的成本或者价值能够可靠地计量。

第六条 通常情况下，对于自建或外购的公共基础设施，政府会计主体应当在该项公共基础设施验收合格并交付使用时确认；对于无偿调入、接受捐赠的公共基础设施，政府会计主体应当在开始承担该项公共基础设施管理维护职责时确认。

第七条 政府会计主体应当根据公共基础设施提供公共产品或服务的性质或功能特征对其进行分类确认。

公共基础设施的各组成部分具有不同使用年限或者以不同方式提供公共产品或服务，适用不同折旧率或折旧方法且可以分别确定各自原价的，应当分别将各组成部分确认为该类公共基础设施的一个单项公共设施。

第八条 政府会计主体在购建公共基础设施时，能够分清购建成本中的构筑物部分与土地使用权部分的，应当将其中的构筑物部分和土地使用权部分分别确认为公共基础设施；不能分清购建成本中的构筑物部分与土地使用权部分的，应当整体确认为公共基础设施。

第九条 公共基础设施在使用过程中发生的后续支出，符合本准则第五条规定的确认条件的，应当计入公共基础设施成本；不符合本准则第五条规定的确认条件的，应当在发生时计入当期费用。

通常情况下，为增加公共基础设施使用效能或延长其使用年限而发生的改建、扩建等后续支出，应当计入公共基础设施成本；为维护公共基础设施的正常使用而发生的日常维修、养护等后续支出，应当计入当期费用。

第三章 公共基础设施的初始计量

第十条 公共基础设施在取得时应当按照成本进行初始计量。

第十一条 政府会计主体自行建造的公共基础设施，其成本包括完成批准的建设内容所发生的全部必要支出，包括建筑安装工程投资支出、设备投资支出、待摊投资支出和其他投资支出。

在原有公共基础设施基础上进行改建、扩建等建造活动后的公共基础设施，其成本按照原公共基础设施账面价值加上改建、扩建等建造活动发生的支出，再扣除公共基础设施被替换部分的账面价值后的金额确定。

为建造公共基础设施借入的专门借款的利息，属于建设期间发生的，计入该公共基础设施在建工程成本；不属于建设期间发生的，计入当期费用。

已交付使用但尚未办理竣工决算手续的公共基础设施，应当按照估计价值入账，待办理竣工决算后再按照实际成本调整原来的暂估价值。

第十二条 政府会计主体接受其他会计主体无偿调入的公共基础设施，其成本按照该项公共基础设施在调出方的账面价值加上归属于调入方的相关费用确定。

第十三条 政府会计主体接受捐赠的公共基础设施，其成本按照有关凭据注明的金额加上相关费用确定；没有相关凭据可供取得，但按规定经过资产评估的，其成本按照评估价值加上相关费用确定；没有相关凭据可供取得、也未经资产评估的，其成本比照同类或类似资产的市场价格加上相关费用确定。如受赠的系旧的公共基础设施，在确定其初始入账成本时应当考虑该项资产的新旧程度。

第十四条 政府会计主体外购的公共基础设施，其成本包括购买价款、相关税费以及公共基础设施交付使用前所发生的可归属于该项资产的运输费、装卸费、安装费和专业人员服务费等。

第十五条 对于包括不同组成部分的公共基础设施，其只有总成本、没有单项组成部分成本的，政府会计主体可以按照各单项组成部分同类或类似资产的成本或市场价格比例对总成本进行分配，分别确定公共基础设施中各单项组成部分的成本。

第四章 公共基础设施的后续计量

第一节 公共基础设施的折旧或摊销

第十六条 政府会计主体应当对公共基础设施计提折旧，但政府会计主体持续进行良好的维护使得其性能得到永久维持的公共基础设施和确认为公共基础设施的单独计价入账的土地使用权除外。

公共基础设施应计提的折旧总额为其成本，计提公共基础设施折旧时不考虑预计净残值。

政府会计主体应当对暂估入账的公共基础设施计提折旧，实际成本确定后不需调整原已计提的折旧额。

第十七条 政府会计主体应当根据公共基础设施的性质和使用情况，合理确定公共基础设施的折旧年限。

政府会计主体确定公共基础设施折旧年限，应当考虑下列因素：

（一）设计使用年限或设计基准期；
（二）预计实现服务潜力或提供经济利益的期限；
（三）预计有形损耗和无形损耗；
（四）法律或者类似规定对资产使用的限制。

公共基础设施的折旧年限一经确定，不得随意变更，但符合本准则第二十条规定的除外。

对于政府会计主体接受无偿调入、捐赠的公共基础设施，应当考虑该项资产的新旧程度，按照其尚可使用的年限计提折旧。

第十八条 政府会计主体一般应当采用年限平均法或者工作量法计提公共基础设施折旧。

在确定公共基础设施的折旧方法时，应当考虑与公共基础设施相关的服务潜力或经济利益的预期实现方式。

公共基础设施折旧方法一经确定，不得随意变更。

第十九条 公共基础设施应当按月计提折旧，并计入当期费用。当月增加的公共基础设施，当月开始计提折旧；当月减少的公共基础设施，当月不再计提折旧。

第二十条 处于改建、扩建等建造活动期间的公共基础设施，应当暂停计提折旧。

因改建、扩建等原因而延长公共基础设施使用年限的，应当按照重新确定的公共基础设施的成本和重新确定的折旧年限计算折旧额，不需调整原已计提的折旧额。

第二十一条 公共基础设施提足折旧后，无论能否继续使用，均不再计提折旧；已提足折旧的公共基础设施，可以继续使用的，应当继续使用，并规范实物管理。

提前报废的公共基础设施，不再补提折旧。

第二十二条 对于确认为公共基础设施的单独计价入账的土地使用权，政府会计主体应当按照《政府会计准则第4号——无形资产》的相关规定进行摊销。

第二节 公共基础设施的处置

第二十三条 政府会计主体按规定报经批准无偿调出、对外捐赠公共基础设施的，应当将公共基础设施的账面价值予以转销，无偿调出、对外捐赠中发生的归属于调出方、捐出方的相关费用应当计入当期费用。

第二十四条 公共基础设施报废或遭受重大毁损的，政府会计主体应当在报经批准后将公共基础设施账面价值予以转销，并将报废、毁损过程中取得的残值变价收入扣除相关费用后的差额按规定做应缴款项处理（差额为净收益时）或计入当期费用（差额为净损失时）。

第五章 公共基础设施的披露

第二十五条 政府会计主体应当在附注中披露与公共基础设施有关的下列信息：

（一）公共基础设施的分类和折旧方法。

（二）各类公共基础设施的折旧年限及其确定依据。

（三）各类公共基础设施账面余额、累计折旧额（或摊销额）、账面价值的期初、期末数及其本期变动情况。

（四）各类公共基础设施的实物量。

（五）公共基础设施在建工程的期初、期末金额及其增减变动情况。

（六）确认为公共基础设施的单独计价入账的土地使用权的账面余额、累计摊销额及其变动情况。

（七）已提足折旧继续使用的公共基础设施的名称、数量等情况。

（八）暂估入账的公共基础设施账面价值变动情况。

（九）无偿调入、接受捐赠的公共基础设施名称、数量等情况（包括未按照本准则第十二条和第十三条规定计量并确认入账的公共基础设施的具体情况）。

（十）公共基础设施对外捐赠、无偿调出、报废、重大毁损等处置情况。

（十一）公共基础设施年度维护费用和其他后续支出情况。

第六章 附 则

第二十六条 对于应当确认为公共基础设施、但已确认为固定资产的资产，政府会计主体应当在本准则首次执行日将该资产按其账面价值重分类为公共基础设施。

第二十七条 对于应当确认但尚未入账的存量公共基础设施，政府会计主体应当在本准则首次执行日按照以下原则确定其初始入账成本：

（一）可以取得相关原始凭据的，其成本按照有关原始凭据注明的金额减去应计提的累计折旧后的金额确定；

（二）没有相关凭据可供取得，但按规定经过资产评估的，其成本按照评估价值确定；

（三）没有相关凭据可供取得、也未经资产评估的，其成本按照重置成本确定。

本准则首次执行日以后，政府会计主体应当对存量公共基础设施按其在首次执行日确定的成本和剩余折旧年限计提折旧。

第二十八条 本准则自 2018 年 1 月 1 日起施行。

7. 政府会计准则第 6 号——政府储备物资（2017 年颁布）

（财会〔2017〕23 号）

第一章 总 则

第一条 为了规范政府储备物资的确认、计量和相关信息的披露，根据《政府会计准则——基本准则》，制定本准则。

第二条 本准则所称政府储备物资，是指政府会计主体为满足实施国家安全与发展战略、进行抗灾救灾、应对公共突发事件等特定公共需求而控制的，同时具有下列特征的有形资产：

（一）在应对可能发生的特定事件或情形时动用；

（二）其购入、存储保管、更新（轮换）、动用等由政府及相关部门发布的专门管理制度规范。

政府储备物资包括战略及能源物资、抢险抗灾救灾物资、农产品、医药物资和其他重要商品物资，通常情况下由政府会计主体委托承储单位存储。

第三条 企业以及纳入企业财务管理体系的事业单位接受政府委托收储并按企业会计准则核算的储备物资，不适用本准则。

第四条 政府会计主体的存货，适用《政府会计准则第 1 号——存货》。

第二章 政府储备物资的确认

第五条 通常情况下，符合本准则第六条规定的政府储备物资，应当由按规定对其负有行政管理职责的政府会计主体予以确认。

本准则规定的行政管理职责主要指提出或拟定收储计划、更新（轮换）计划、动用方案等。

相关行政管理职责由不同政府会计主体行使的政府储备物资，由负责提出收储计划的政府会计主体予以确认。

对政府储备物资不负有行政管理职责但接受委托具体负责执行其存储保管等工作的政府会计主体，应当将受托代储的政府储备物资作为受托代理资产核算。

第六条 政府储备物资同时满足下列条件的，应当予以确认：

（一）与该政府储备物资相关的服务潜力很可能实现或者经济利益很可能流入政府会计主体；

（二）该政府储备物资的成本或者价值能够可靠地计量。

第三章 政府储备物资的初始计量

第七条 政府储备物资在取得时应当按照成本进行初始计量。

第八条 政府会计主体购入的政府储备物资，其成本包括购买价款和政府会计主体承担的相关税费、运输费、装卸费、保险费、检测费以及使政府储备物资达到目前场所和状态所发生的归属于政府储备物资成本的其他支出。

第九条 政府会计主体委托加工的政府储备物资，其成本包括委托加工前物料成本、委托加工的成本（如委托加工费以及按规定应计入委托加工政府储备物资成本的相关税费等）以及政府会计主体承担的使政府储备物资达到目前场所和状态所发生的归属于政府储备物资成本的其他支出。

第十条 政府会计主体接受捐赠的政府储备物资，其成本按照有关凭据注明的金额加上政府会计主体承担的相关税费、运输费等确定；没有相关凭据可供取得，但按规定经过资产评估的，其成本按照评估价值加上政府会计主体承担的相关税费、运输费等确定；没有相关凭据可供取得、也未经资产评估的，其成本比照同类或类似资产的市场价格加上政府会计主体承担的相关税费、运输费等确定。

第十一条 政府会计主体接受无偿调入的政府储备物资，其成本按照调出方账面价值加上归属于政府会计主体的相关税费、运输费等确定。

第十二条 下列各项不计入政府储备物资成本：
（一）仓储费用；
（二）日常维护费用；
（三）不能归属于使政府储备物资达到目前场所和状态所发生的其他支出。

第十三条 政府会计主体盘盈的政府储备物资，其成本按照有关凭据注明的金额确定；没有相关凭据，但按规定经过资产评估的，其成本按照评估价值确定；没有相关凭据、也未经资产评估的，其成本按照重置成本确定。

第四章 政府储备物资的后续计量

第十四条 政府会计主体应当根据实际情况采用先进先出法、加权平均法或者个别计价法确定政府储备物资发出的成本。计价方法一经确定，不得随意变更。

对于性质和用途相似的政府储备物资，政府会计主体应当采用相同的成本计价方法确定发出物资的成本。

对于不能替代使用的政府储备物资、为特定项目专门购入或加工的政府储备物资，政府会计主体通常应采用个别计价法确定发出物资的成本。

第十五条 因动用而发出无需收回的政府储备物资的，政府会计主体应当在发出物资时将其账面余额予以转销，计入当期费用。

第十六条 因动用而发出需要收回或者预期可能收回的政府储备物资的，政府会计主体应当在按规定的质量验收标准收回物资时，将未收回物资的账面余额予以转销，计入当期费用。

第十七条 因行政管理主体变动等原因而将政府储备物资调拨给其他主体的，政府会计主体应当在发出物资时将其账面余额予以转销。

第十八条 政府会计主体对外销售政府储备物资的，应当在发出物资时将其账面余额转销计入当期费用，并按规定确认相关销售收入或将销售取得的价款大于所承担的相关税费后的差额做应缴款项处理。

第十九条 政府会计主体采取销售采购方式对政府储备物资进行更新（轮换）的，应当将物资轮出视为物资销售，按照本准则第十八条规定处理；将物资轮入视为物资采购，按照本准则第八条规定处理。

第二十条 政府储备物资报废、毁损的，政府会计主体应当按规定报经批准后将报废、毁损的政府储备物资的账面余额予以转销，确认应收款项（确定追究相关赔偿责任的）或计入当期费用（因储存年限到期报废或非人为因素致使报废、毁损的）；同时，将报废、毁损过程中取得的残值变价收入扣除政府会计主体承担的相关费用后的差额按规定作应缴款项处理（差额为净收益时）或计入当期费用（差额为净损失时）。

第二十一条 政府储备物资盘亏的，政府会计主体应当按规定报经批准后将盘亏的政府储备物资的账面余额予以转销，确定追究相关赔偿责任的，确认应收款项；属于正常耗费或不可抗力因素造成的，计入当期费用。

第五章 政府储备物资的披露

第二十二条 政府会计主体应当在附注中披露与政府储备物资有关的下列信息：
（一）各类政府储备物资的期初和期末账面余额。
（二）因动用而发出需要收回或者预期可能收回，但期末尚未收回的政府储备物资的账面余额。
（三）确定发出政府储备物资成本所采用的方法。
（四）其他有关政府储备物资变动的重要信息。

第六章 附 则

第二十三条 对于应当确认为政府储备物资，但已确认为存货、固定资产等其他资产的，政府会计主体应当在本准则首次执行日将该资产按其账面余额重分类为政府储备物资。

第二十四条 对于应当确认但尚未入账的存量政府储备物资，政府会计主体应当在本准则首次执行日按照下列原则确定其初始入账成本：
（一）可以取得相关原始凭据的，其成本按照有关原始凭据注明的金额确定；
（二）没有相关凭据可供取得，但按规定经过资产评估的，其成本按照评估价值确定；
（三）没有相关凭据可供取得、也未经资产评估的，其成本按照重置成本确定。

第二十五条 本准则自 2018 年 1 月 1 日起施行。

8. 政府会计准则第 7 号——会计调整（2018 年颁布）

（财会〔2018〕28 号）

第一章 总 则

第一条 为了规范政府会计调整的确认、计量和相关信息的披露，根据《政府会计准则——基本准则》，制定本准则。

第二条 本准则所称会计调整，是指政府会计主体因按照法律、行政法规和政府会计准则制度的要求，或者在特定情况下对其原采用的会计政策、会计估计，以及发现的会计差错、发生的报告日后事项等所作的调整。

本准则所称会计政策，是指政府会计主体在会计核算时所遵循的特定原则、基础以及所采用的具体会计处理方法。特定原则，是指政府会计主体按照政府会计准则制度所制定的、适合于本政府会计主体的会计处理原则。具体会计处理方法，是指政府会计主体从政府会计准则制度规定的诸多可选择的会计处理方法中所选择的、适合于本政府会计主体的会计处理方法。

本准则所称会计估计，是指政府会计主体对结果不确定的经济业务或者事项以最近可利用的信息为基础所作的判断，如固定资产、无形资产的预计使用年限等。

本准则所称会计差错，是指政府会计主体在会计核算时，在确认、计量、记录、报告等方面出现的错误，通常包括计算或记录错误、应用会计政策错误、疏忽或曲解事实产生的错误、财务舞弊等。

本准则所称报告日后事项，是指自报告日（年度报告日通常为12月31日）至报告批准报出日之间发生的需要调整或说明的事项，包括调整事项和非调整事项两类。

第三条 政府会计主体应当根据本准则及相关政府会计准则制度的规定，结合自身实际情况，确定本政府会计主体具体的会计政策和会计估计，并履行本政府会计主体内部报批程序；法律、行政法规等规定应当报送有关方面批准或备案的，从其规定。

政府会计主体的会计政策和会计估计一经确定，不得随意变更。如需变更，应重新履行本条第一款的程序，并按本准则的规定处理。

第二章 会计政策及其变更

第四条 政府会计主体应当对相同或者相似的经济业务或者事项采用相同的会计政策进行会计处理。但是，其他政府会计准则制度另有规定的除外。

第五条 政府会计主体采用的会计政策，在每一会计期间和前后各期应当保持一致。但是，满足下列条件之一的，可以变更会计政策：

（一）法律、行政法规或者政府会计准则制度等要求变更。

（二）会计政策变更能够提供有关政府会计主体财务状况、运行情况等更可靠、更相关的会计信息。

第六条 下列各项不属于会计政策变更：

（一）本期发生的经济业务或者事项与以前相比具有本质差别而采用新的会计政策。

（二）对初次发生的或者不重要的经济业务或者事项采用新的会计政策。

第七条 政府会计主体应当按照政府会计准则制度规定对会计政策变更进行处理。政府会计准则制度对会计政策变更未作出规定的，通常情况下，政府会计主体应当采用追溯调整法进行处理。

追溯调整法，是指对某项经济业务或者事项变更会计政策时，视同该项经济业务或者事项初次发生时即采用变更后的会计政策，并以此对财务报表相关项目进行调整的方法。

第八条 采用追溯调整法时，政府会计主体应当将会计政策变更的累积影响调整最早前期有关净资产项目的期初余额，其他相关项目的期初数也应一并调整；涉及收入、费用等项目的，应当将会计政策变更的影响调整受影响期间的各个相关项目。

会计政策变更的累积影响，是指按照变更后的会计政策对以前各期追溯计算的最早前期各个受影响的净资产项目以及其他相关项目的期初应有金额与现有金额之间的差额；会计政策变更的影响，是指按照变更后的会计政策对以前各期追溯计算的各个受影响的项目变更后的金额与现有金额之间的差额。

第九条 政府会计主体按规定编制比较财务报表的，对于比较财务报表可比期间的会计政策变更影响，应当调整各该期间的收入或者费用以及其他相关项目，视同该政策在比较财务报表期间一直采用。对于比较财务报表可比期间以前的会计政策变更的累积影响，政府会计主体应当调整比较财务报表最早期间所涉及的期初净资产各项目，财务报表其他相关项目的期初数也应一并调整。

第十条 会计政策变更的影响或者累积影响不能合理确定的，政府会计主体应当采用未来适用法对会计政策变更进行处理。

未来适用法，是指将变更后的会计政策应用于变更当期及以后各期发生的经济业务或者事项，或者在会计估计变更当期和未来期间确认会计估计变更的影响的方法。

采用未来适用法时，政府会计主体不需要计算会计政策变更产生的影响或者累积影响，也无需调整财务报表相关项目的期初数和比较财务报表相关项目的金额。

第三章 会计估计变更

第十一条 政府会计主体据以进行估计的基础发生了变化，或者由于取得新信息、积累更多经验以及后来的发展变化，可能需要对会计估计进行修订。会计估计变更应以掌握的新情况、新进展等真实、可靠的信息为依据。

第十二条 政府会计主体应当对会计估计变更采用未来适用法处理。

会计估计变更时，政府会计主体不需要追溯计算前期产生的影响或者累积影响，但应当对变更当期和未来期间发生的经济业务或者事项采用新的会计估计进行处理。

会计估计变更仅影响变更当期的，其影响应当在变更当期予以确认；会计估计变更既影响变更当期又影响未来期间的，其影响应当在变更当期和未来期间分别予以确认。

第十三条 政府会计主体对某项变更难以区分为会计政策变更或者会计估计变更的，应当按照会计估计变更的处理方法进行处理。

第四章 会计差错更正

第十四条 政府会计主体在本报告期（以下简称本期）发现的会计差错，应当按照以下原则处理：

（一）本期发现的与本期相关的会计差错，应当调整本期报表（包括财务报表和预算会计报表，下同）相关项目。

（二）本期发现的与前期相关的重大会计差错，如影响收入、费用或者预算收支的，应当将其对收入、费用或者预算收支的影响或者累积影响调整发现当期期初的相关净资产项目或者预算结转结余，并调整其他相关项目的期初数；如不影响收入、费用或者预算收支的，应当调整发现当期相关项目的期初数。经上述调整后，视同该差错在差错发生的期间已经得到更正。

与前期相关的重大会计差错的影响或者累积影响不能合理确定的，政府会计主体可比照本条（三）的规定进行处理。

重大会计差错，是指政府会计主体发现的使本期编制的报表不再具有可靠性的会计差错，一般是指差错的性质比较严重或者差错的金额比较大。该差错会影响报表使用者对政府会计主体过去、现在或者未来的情况作出评价或者预测，则认为性质比较严重，如未遵循政府会计准则制度、财务舞弊等原因产生的差错。通常情况下，导致差错的经济业务或者事项对报表某一具体项目的影响或者累积影响金额占该类经济业务或者事项对报表同一项目的影响金额的10%及以上，则认为金额比较大。

政府会计主体滥用会计政策、会计估计及其变更，应当作为重大会计差错予以更正。

（三）本期发现的与前期相关的非重大会计差错，应当将其影响数调整相关项目的本期数。

第十五条 政府会计主体在报告日至报告批准报出日之间发现的报告期以前期间的重大会计差错，应当视同本期发现的与前期相关的重大会计差错，比照本准则第十四条（二）的规定进行处理。

政府会计主体在报告日至报告批准报出日之间发现的报告期间的会计差错及报告期以前期间的非重大会计差错，应当按照本准则第五章报告日后事项中的调整事项进行处理。

第十六条 政府会计主体按规定编制比较财务报表的，对于比较财务报表期间的重大会计差错，应当调整各该期间的收入或者费用以及其他相关项目；对于比较财务报表期间以前的重大会计差错，应当调整比较财务报表最早期间所涉及的各项净资产项目的期初余额，财务报表其他相关项目的金额也应一并调整。

对于比较财务报表期间和以前的非重大会计差错，以及影响或者累积影响不能合理确定的重大会计差错，应当调整相关项目的本期数。

第五章 报告日后事项

第十七条 报告日以后获得新的或者进一步的证据，有助于对报告日存在状况的有关金额作出重新估计，应当作为调整事项，据此对报告日的报表进行调整。调整事项包括已证实资产发生了减损、已确定获得或者支付的赔偿、财务舞弊或者差错等。

第十八条 报告日以后发生的调整事项，应当如同报告所属期间发生的事项一样进行会计处理，对报告日已编制的报表相关项目的期末数或者本期数作相应的调整，并对当期编制的报表相关项目的期初数或者上期数进行调整。

第十九条 报告日以后才发生或者存在的事项，不影响报告日的存在状况，但如不加以说明，将会影响报告使用者作出正确估计和决策，这类事项应当作为非调整事项，在财务报表附注中予以披露，如自然灾害导致的资产损失、外汇汇率发生重大变化等。

第六章 披 露

第二十条 政府会计主体应当在财务报表附注中披露如下信息：

（一）会计政策变更的内容和理由、会计政策变更的影响，以及影响或者累积影响不能合理确定的理由。

（二）会计估计变更的内容和理由、会计估计变更对当期和未来期间的影响数。

（三）重大会计差错的内容和重大会计差错的更正方法、金额，以及与前期相关的重大会计差错影响或者累积影响不能合理确定的理由。

（四）与报告日后事项有关的下列信息：

1. 财务报告的批准报出者和批准报出日。

2. 每项重要的报告日后非调整事项的内容，及其估计对政府会计主体财务状况、运行情况的影响；无法作出估计的，应当说明其原因。

第二十一条 政府会计主体在以后的会计期间，不需要重复披露在以前期间的财务报表附注中已披露的会计政策变更、会计估计变更和会计差错更正的信息。

第七章 附 则

第二十二条 财政总预算会计中涉及的会计调整事项，按照《财政总预算会计制度》和财政部其他相关规定处理。

行政事业单位预算会计涉及的会计调整事项，按照部门决算报告制度有关要求进行披露。

第二十三条 本准则自2019年1月1日起施行。

9. 政府会计准则第8号——负债（2018年颁布）

（财会〔2018〕31号）

第一章 总 则

第一条 为了规范负债的确认、计量和相关信息的披露，根据《政府会计准则——基本准则》，制定本准则。

第二条 本准则所称负债，是指政府会计主体过去的经济业务或者事项形成的，预期会导致经济资源流出政府会计主体的现时义务。

现时义务，是指政府会计主体在现行条件下已承担的义务。未来发生的经济业务或者事项形成的义务不属于现时义务，不应当确认为负债。

第三条 符合本准则第二条规定的负债定义的义务，在同时满足以下条件时，确认为负债：

（一）履行该义务很可能导致含有服务潜力或者经济利益的经济资源流出政府会计主体；

（二）该义务的金额能够可靠地计量。

第四条 政府会计主体的负债按照流动性，分为流动负债和非流动负债。

流动负债是指预计在1年内（含1年）偿还的负债，包括短期借款、应付短期政府债券、应付及预收款项、应缴款项等。

非流动负债是指流动负债以外的负债，包括长期借款、长期应付款、应付长期政府债券等。

第五条 政府会计主体的负债包括偿还时间与金额基本确定的负债和由或有事项形成的预计负债。

偿还时间与金额基本确定的负债按政府会计主体的业务性质及风险程度，分为融资活动形成的举借债务及其应付利息、运营活动形成的应付及预收款项和暂收性负债。

第六条 本准则规范政府会计主体负债的一般情况。其他政府会计准则对政府会计主体的特定负债做出专门规定的，从其规定。

第二章 举借债务

第七条 举借债务是指政府会计主体通过融资活动借入的债务，包括政府举借的债务以及其他政府会计主体借入的款项。

政府举借的债务包括政府发行的政府债券，向外国政府、国际经济组织等借入的款项，以及向上级政府借入转贷资金形成的借入转贷款。

其他政府会计主体借入的款项是指除政府以外的其他政府会计主体从银行或其他金融机构等借入的款项。

第八条 对于举借债务，政府会计主体应当在与债权人签订借款合同或协议并取得举借资金时确认为负债。

第九条 举借债务初始确认为负债时，应当按照实际发生额计量。

对于借入款项，初始确认为负债时应当按照借款本金计量；借款本金与取得的借款资金的差额应当计入当期费用。

对于发行的政府债券，初始确认为负债时应当按照债券本金计量；债券本金与发行价款的差额应当计入当期费用。

第十条 政府会计主体应当按照借款本金（或债券本金）和合同或协议约定的利率（或债券票面利率）按期计提举借债务的利息。

对于属于流动负债的举借债务以及属于非流动负债的分期付息、一次还本的举借债务，应当将计算确定的应付未付利息确认为流动负债，计入应付利息；对于其他举借债务，应当将计算确定的应付未付利息确认为非流动负债，计入相关非流动负债的账面余额。

第十一条 政府会计主体应当按照本准则第十二条、第十三条的规定，将因举借债务发生的借款费用分别计入工程成本或当期费用。

借款费用，是指政府会计主体因举借债务而发生的利息及其他相关费用，包括借款利息、辅助费用以及因外币借款而发生的汇兑差额等。其中，辅助费用是指政府会计主体在举借债务过程中发生的手续费、佣金等费用。

第十二条 政府以外的其他政府会计主体为购建固定资产等工程项目借入专门借款的，对于发生的专门借款费用，应当按照借款费用减去尚未动用的借款资金产生的利息收入后的金额，属于工程项目建设期间发生的，计入工程成本；不属于工程项目建设期间发生的，计入当期费用。

工程项目建设期间是指自工程项目开始建造起至交付使用时止的期间。

工程项目建设期间发生非正常中断且中断时间连续超过3个月（含3个月）的，政府会计主体应当将非正常中断期间的借款费用计入当期费用。如果中断是使工程项目达到交付使用所必需的程序，则中断期间所发生的借款费用仍应计入工程成本。

第十三条 政府会计主体因举借债务所发生的除本准则第十二条规定外的借款费用（包括政府举借的债务和其他政府会计主体的非专门借款所发生的借款费用），应当计入当期费用。

第十四条 政府会计主体应当在偿还举借债务本息时，冲减相关负债的账面余额。

第三章 应付及预收款项

第十五条 应付及预收款项，是指政府会计主体在运营活动中形成的应当支付而尚未支付的款项及预先收到但尚未实现收入的款项，包括应付职工薪酬、应付账款、预收款项、应交税费、应付国库集中支付结余和其他应付未付款项。

应付职工薪酬，是指政府会计主体为获得职工（含长期聘用人员）提供的服务而给予各种形式的报酬或因辞退等原因而给予职工补偿所形成的负债。职工薪酬包括工资、津贴补贴、奖金、社会保险费等。

应付账款，是指政府会计主体因取得资产、接受劳务、开展工程建设等而形成的负债。

预收款项，是指政府会计主体按照货物、服务合同或协议或者相关规定，向接受货物或服务的主体预先收款而形成的负债。

应交税费，是指政府会计主体因发生应税事项导致承担纳税义务而形成的负债。

应付国库集中支付结余，是指国库集中支付中，按照财政部门批复的部门预算，政府会计主体（政府财政）当年未支而需结转下一年度支付款项而形成的负债。

其他应付未付款项，是指政府会计主体因有关政策明确要求其承担支出责任等而形成的应付未付款项。

第十六条 除因辞退等原因给予职工的补偿外，政府会计主体应当在职工为其提供服务的会计期间，将应支付的职工薪酬确认为负债，除本条第二款规定外，计入当期费用。

政府会计主体应当根据职工提供服务的受益对象，将下列职工薪酬分情况处理：

（一）应由自制物品负担的职工薪酬，计入自制物品成本。

（二）应由工程项目负担的职工薪酬，比照本准则第十二条有关借款费用的处理原则计入工程成本或当期费用。

（三）应由自行研发项目负担的职工薪酬，在研究阶段发生的，计入当期费用；在开发阶段发生并且最终形成无形资产的，计入无形资产成本。

第十七条 政府会计主体按有关规定为职工缴纳的医疗保险费、养老保险费、职业年金等社会保险费和住房公积金，应当在职工为其提供服务的会计期间，根据有关规定加以计算并确认为负债，具体按照本准则第十六条的规定处理。

第十八条 政府会计主体因辞退等原因给予职工的补偿，应当于相关补偿金额报经批准时确认为负债，并计入当期费用。

第十九条 对于应付账款，政府会计主体应当在取得资产、接受劳务，或外包工程完成规定进度时，按照应付未付款项的金额予以确认。

第二十条 对于预收款项，政府会计主体应当在收到预收款项时，按照实际收到款项的金额予以确认。

第二十一条 对于应交税费，政府会计主体应当在发生应税事项导致承担纳税义务时，按照税法等规定计算的应交税费金额予以确认。

第二十二条 对于应付国库集中支付结余，政府会计主体（政府财政）应当在年末，按照国库集中支付预算指标数大于国库资金实际支付数的差额予以确认。

第二十三条 对于其他应付未付款项，政府会计主体应当在有关政策已明确其承担支出责任，或者其他情况下相关义务满足负债的定义和确认条件时，按照确定应承担的负债金额予以确认。

第二十四条 政府会计主体应当在支付应付款项或将预收款项确认为收入时，冲减相关负债的账面余额。

第四章　暂收性负债

第二十五条 暂收性负债是指政府会计主体暂时收取，随后应做上缴、退回、转拨等处理的款项。暂收性负债主要包括应缴财政款和其他暂收款项。

应缴财政款，是指政府会计主体暂时收取、按规定应当上缴国库或财政专户的款项而形成的负债。

其他暂收款项，是指除应缴财政款以外的其他暂收性负债，包括政府会计主体暂时收取，随后应退还给其他方的押金或保证金、随后应转付给其他方的转拨款等款项。

第二十六条 对于应缴财政款，政府会计主体通常应当在实际收到相关款项时，按照相关规定计算确定的上缴金额予以确认。

第二十七条 对于其他暂收款项，政府会计主体应当在实际收到相关款项时，按照实际收到的金额予以确认。

第二十八条 政府会计主体应当在上缴应缴财政款、退还、转付其他暂收款项等时，冲减相关负债的账面余额。

第五章　预计负债

第二十九条 政府会计主体应当将与或有事项相关且满足本准则第三条规定条件的现时义务确认为预计负债。

或有事项，是指由过去的经济业务或者事项形成的，其结果须由某些未来事项的发生或不发生才能决定的不确定事项。未来事项是否发生不在政府会计主体控制范围内。

政府会计主体常见的或有事项主要包括：未决诉讼或未决仲裁、对外国政府或国际经济组织的贷款担保、承诺（补贴、代偿）、自然灾害或公共事件的救助等。

第三十条 预计负债应当按照履行相关现时义务所需支出的最佳估计数进行初始计量。

所需支出存在一个连续范围，且该范围内各种结果发生的可能性相同的，最佳估计数应当按照该范围内的中间值确定。

在其他情形下，最佳估计数应当分别下列情况确定：

（一）或有事项涉及单个项目的，按照最可能发生金额确定。

（二）或有事项涉及多个项目的，按照各种可能结果及相关概率计算确定。

第三十一条 政府会计主体在确定最佳估计数时，一般应当综合考虑与或有事项有关的风险、不确定性等因素。

第三十二条 政府会计主体清偿预计负债所需支出预期全部或部分由第三方补偿的，补偿金额只有在基本确定能够收到时才能作为资产单独确认。确认的补偿金额不应当超过预计负债的账面余额。

第三十三条 政府会计主体应当在报告日对预计负债的账面余额进行复核。有确凿证据表明该账面余额不能真实反映当前最佳估计数的，应当按照当前最佳估计数对该账面余额进行调整。履行该预计负债的相关义务不是很可能导致经济资源流出政府会计主体时，应当将该预计负债的账面余额予以转销。

第三十四条 政府会计主体不应当将下列与或有事项相关的义务确认为负债，但应当按照本准则第三十六条规定对该类义务进行披露：

（一）过去的经济业务或者事项形成的潜在义务，其存在须通过未来不确定事项的发生或不发生予以证实，未来事项是否能发生不在政府会计主体控制范围内。潜在义务是指结果取决于不确定未来事项的可能义务。

（二）过去的经济业务或者事项形成的现时义务，履行该义务不是很可能导致经济资源流出政府会计主体或者该义务的金额不能可靠计量。

第六章 披 露

第三十五条 政府会计主体应当在附注中披露与举借债务、应付及预收款项、暂收性负债和预计负债有关的下列信息：

（一）各类负债的债权人、偿还期限、期初余额和期末余额。

（二）逾期借款或者违约政府债券的债权人、借款（债券）金额、逾期时间、利率、逾期未偿还（违约）原因和预计还款时间等。

（三）借款的担保方、担保方式、抵押物等。

（四）预计负债的形成原因以及经济资源可能流出的时间、经济资源流出的时间和金额不确定的说明，预计负债有关的预期补偿金额和本期已确认的补偿金额。

第三十六条 政府会计主体应当在附注中披露本准则第三十四条规定的或有事项相关义务的下列信息：

（一）或有事项相关义务的种类及其形成原因。

（二）经济资源流出时间和金额不确定的说明。

（三）或有事项相关义务预计产生的财务影响，以及获得补偿的可能性；无法预计的，应当说明原因。

第七章 附 则

第三十七条 本准则自 2019 年 1 月 1 日起施行。

10. 政府会计准则第 9 号——财务报表编制和列报（2018 年颁布）

（财会〔2018〕37 号）

第一章 总 则

第一条 为了规范政府会计主体财务报表的编制和列报，根据《政府会计准则——基本准则》，制定本准则。

第二条 财务报表是对政府会计主体财务状况、运行情况和现金流量等信息的结构性表述。财务报表至少包括下列组成部分：

（一）资产负债表；

（二）收入费用表；

（三）附注。

政府会计主体可以根据实际情况自行选择编制现金流量表。

第三条 本准则适用于政府会计主体个别财务报表和合并财务报表。行政事业单位个别财务报表的编制和列报，还应遵循《政府会计制度——行政事业单位会计科目和报表》的规定；其他政府会计主体个别财务报表的编制和列报，还应遵循其他相关会计制度。

其他政府会计准则有特殊列报要求的，从其规定。

第二章 基本要求

第四条 政府会计主体应当以持续运行为前提，根据实际发生的经济业务或事项，按照政府会计准则制度的规定对相关会计要素进行确认和计量，在此基础上编制财务报表。政府会计主体不应以附注披露代替确认和计量，也不能通过充分披露相关会计政策而纠正不恰当的确认和计量。

如果按照政府会计准则制度规定披露的信息不足以让财务报表使用者了解特定经济业务或事项对政府会计主体财务状况和运行情况的影响时，政府会计主体还应当披露其他必要的相关信息。

第五条 除现金流量表以收付实现制为基础编制外，政府会计主体应当以权责发生制为基础编制财务报表。

第六条 财务报表项目的列报应当在各个会计期间保持一致，不得随意变更，但政府会计准则制度和财政部发布的其他有关规定（以下简称政府会计准则制度等）要求变更财务报表项目的除外。

第七条 性质或功能不同的项目，应当在财务报表中单独列报，但不具有重要性的项目除外。

性质或功能类似的项目，其所属类别具有重要性的，应当按其类别在财务报表中单独列报。

某些项目的重要性程度不足以在资产负债表、收入费用表等报表中单独列示，但对理解报表具有重要性的，应当在附注中单独披露。

第八条 财务报表某些项目的省略、错报等，能够合理预期将影响报表主要使用者据此作出决策的，该项目具有重要性。

重要性应当根据政府会计主体所处的具体环境，从项目的性质和金额两方面予以判断。关于各项目重要性的判断标准一经确定，不得随意变更。判断项目性质的重要性，应当考虑该项目在性质上是否显著影响政府会计主体的财务状况和运行情况等因素；判断项目金额的重要性，应当考虑该项目金额占资产总额、负债总额、净资产总额、收入总额、费用总额、盈余总额等直接相关项目金额的比重或所属报表单列项目金额的比重。

第九条 资产负债表中的资产和负债，应当分别按流动资产和非流动资产、流动负债和非流动负债列示。

第十条 财务报表中的资产项目和负债项目的金额、收入项目和费用项目的金额不得相互抵销，但其他政府会计准则制度另有规定的除外。

资产或负债项目按扣除备抵项目后的净额列示，不属于抵销。

第十一条 当期财务报表的列报，至少应当提供所有列报项目上一个可比会计期间的比较数据，以及与理解当期财务报表相关的说明，但其他政府会计准则制度等另有规定的除外。

第十二条 政府会计主体应当至少在财务报表的显著位置披露下列各项：

（一）编报主体的名称；

（二）报告日或财务报表涵盖的会计期间；

（三）人民币金额单位；

（四）财务报表是合并财务报表的，应当予以标明。

第十三条 政府会计主体至少应当按年编制财务报表。

年度财务报表涵盖的期间短于一年的，应当披露年度财务报表的涵盖期间、短于一年的原因以及报表数据不具可比性的事实。

第三章 合并财务报表

第十四条 合并财务报表，是指反映合并主体和其全部被合并主体形成的报告主体整体财务状况与运行情况的财务报表。

合并主体，是指有一个或一个以上被合并主体的政府会计主体。合并主体通常也是合并财务报表的编制主体。

被合并主体，是指符合本准则规定的纳入合并主体合并范围的会计主体。

合并财务报表至少包括下列组成部分：

（一）合并资产负债表；

（二）合并收入费用表；

（三）附注。

第十五条 合并财务报表按照合并级次分为部门（单位）合并财务报表、本级政府合并财务报表和行政区政府合并财务报表。

部门（单位）合并财务报表，是指以政府部门（单位）本级作为合并主体，将部门（单位）本级及其合并范围内全部被合并主体的财务报表进行合并后形成的，反映部门（单位）整体财务状况与运行情况的财务报表。部门（单位）合并财务报表是政府部门财务报告的主要组成部分。

本级政府合并财务报表，是指以本级政府财政作为合并主体，将本级政府财政及其合并范围内全部被合并主体的财务报表进行合并后形成的，反映本级政府整体财务状况与运行情况的财务报表。本级政府合并财务报表是本级政府综合财务报告的主要组成部分。

行政区政府合并财务报表，是指以行政区本级政府作为合并主体，将本行政区内各级政府的财务报表进行合并后形成的，反映本行政区政府整体财务状况与运行情况的财务报表。行政区政府合并财务报表是行政区政府财务报告的主要组成部分。

第十六条 部门（单位）合并财务报表由部门（单位）负责编制；本级政府合并财务报表由本级政府财政部门负责编制。

各级政府财政部门既负责编制本级政府合并财务报表，也负责编制本级政府所辖行政区政府合并财务报表。

第一节 合并程序

第十七条 合并财务报表应当以合并主体和其被合并主体的财务报表为基础，根据其他有关资料加以编制。

合并财务报表应当以权责发生制为基础编制。合并主体和其合并范围内被合并主体个别财务报表应当采用权责发生制基础编制，按规定未采用权责发生制基础编制的，应当先调整为权责发生制基础的财务报表，再由合并主体进行合并。

编制合并财务报表时，应当将合并主体和其全部被合并主体视为一个会计主体，遵循政府会计准则制度规定的统一的会计政策。合并范围内合并主体、被合并主体个别财务报表未遵循政府会计准则制度规定的统一会计政策的，应当先调整为遵循政府会计准则制度规定的统一会计政策的财务报表，再由合并主体进行合并。

第十八条 编制合并财务报表的程序主要包括：

（一）根据本准则第十七条规定，对需要进行调整的个别财务报表进行调整，以调整后的个别财务报表作为编制合并财务报表的基础；

（二）将合并主体和被合并主体个别财务报表中的资产、负债、净资产、收入和费用项目进行逐项合并；

（三）抵销合并主体和被合并主体之间、被合并主体相互之间发生的债权债务、收入费用等内部业务或事项对财务报表的影响。

第十九条 对于在报告期内因划转而纳入合并范围的被合并主体，合并主体应当将其报告期内的收入、费用项目金额包括在本期合并收入费用表的本期数中，合并资产负债表的期初数不作调整。

对于在报告期内因划转而不再纳入合并范围的被合并主体，其报告期内的收入、费用项目金额不包括在本期合并收入费用表的本期数中，合并资产负债表的期初数不作调整。

合并主体应当确保划转双方的会计处理协调一致，确保不重复、不遗漏，并在合并财务报表附注中对划转情况及其影响进行充分披露。

第二十条 在报告期内，被合并主体撤销的，其期初资产、负债和净资产项目金额应当包括在合并资产负债表的期初数中，其期初至撤销日的收入、费用项目金额应当包括在本期合并收入费用表的本期数中，其期初至撤销日的收入、费用项目金额所引起的净资产变动金额应当包括在合并资产负债表的期末数中。

第二十一条 在编制合并财务报表时，被合并主体除了应当向合并主体提供财务报表外，还应当提供下列有关资料：

（一）采用的与政府会计准则制度规定的统一的会计政策不一致的会计政策及其影响金额；

（二）其与合并主体、其他被合并主体之间发生的所有内部业务或事项的相关资料；

（三）编制合并财务报表所需要的其他资料。

第二节 部门（单位）合并财务报表

第二十二条 部门（单位）合并财务报表的合并范围一般应当以财政预算拨款关系为基础予以确定。有下级预算单位的部门（单位）为合并主体，其下级预算单位为被合并主体。合并主体应当将其全部被合并主体纳入合并财务报表的合并范围。

部门（单位）所属的企业不纳入部门（单位）合并财务报表的合并范围。

第二十三条 部门（单位）合并资产负债表应当以部门（单位）本级和其被合并主体符合本准则第十七条要求的个别资产负债表或合并资产负债表为基础，在抵销内部业务或事项对合并资产负债表的影响后，由部门（单位）本级合并编制。

编制部门（单位）合并资产负债表时，需要抵销的内部业务或事项包括：

（一）部门（单位）本级和其被合并主体之间、被合并主体相互之间的债权（含应收款项坏账准备，下同）、债务项目；

（二）部门（单位）本级和其被合并主体之间、被合并主体相互之间其他业务或事项对部门（单位）合并资产负债表的影响。

第二十四条 部门（单位）合并资产负债表中的资产类至少应当单独列示反映下列信息的项目：

（一）货币资金；

（二）短期投资；

（三）财政应返还额度；

（四）应收票据；

（五）应收账款净额；

（六）预付账款；

（七）应收股利；

（八）应收利息；

（九）其他应收款净额；

（十）存货；

（十一）待摊费用；

（十二）一年内到期的非流动资产；

（十三）长期股权投资；

（十四）长期债券投资；

（十五）固定资产净值；

（十六）工程物资；

（十七）在建工程；

（十八）无形资产净值；

（十九）研发支出；

（二十）公共基础设施净值；

（二十一）政府储备物资；

（二十二）文化文物资产；

（二十三）保障性住房净值；

（二十四）长期待摊费用；

（二十五）待处理财产损溢；

（二十六）受托代理资产。

第二十五条　部门（单位）合并资产负债表中的资产类应当包括流动资产、非流动资产的合计项目。

第二十六条　部门（单位）合并资产负债表中的负债类至少应当单独列示反映下列信息的项目：

（一）短期借款；

（二）应交增值税；

（三）其他应交税费；

（四）应缴财政款；

（五）应付职工薪酬；

（六）应付票据；

（七）应付账款；

（八）应付政府补贴款；

（九）应付利息；

（十）预收款项；

（十一）其他应付款；

（十二）预提费用；

（十三）一年内到期的非流动负债；

（十四）长期借款；

（十五）长期应付款；

（十六）预计负债；

（十七）受托代理负债。

第二十七条　部门（单位）合并资产负债表中的负债类应当包括流动负债、非流动负债和负债的合计项目。

第二十八条　部门（单位）合并资产负债表中的净资产类至少应当单独列示反映下列信息的项目：

(一)累计盈余；
(二)专用基金；
(三)权益法调整。

第二十九条 部门（单位）合并资产负债表中的净资产类应当包括净资产的合计项目。

第三十条 部门（单位）合并资产负债表应当列示资产总计项目、负债和净资产总计项目。

第三十一条 部门（单位）合并收入费用表应当以部门（单位）本级和其被合并主体符合本准则第十七条要求的个别收入费用表或合并收入费用表为基础，在抵销内部业务或事项对合并收入费用表的影响后，由部门（单位）本级合并编制。

编制部门（单位）合并收入费用表时，需要抵销的内部业务或事项包括部门（单位）本级和其被合并主体之间、被合并主体相互之间的收入、费用项目。

第三十二条 部门（单位）合并收入费用表中的收入，应当按照收入来源进行分类列示。

第三十三条 部门（单位）合并收入费用表中的收入类至少应当单独列示反映下列信息的项目：

(一)财政拨款收入；
(二)事业收入；
(三)经营收入；
(四)非同级财政拨款收入；
(五)投资收益；
(六)捐赠收入；
(七)利息收入；
(八)租金收入。

第三十四条 部门（单位）合并收入费用表中的收入类应当包括收入的合计项目。

第三十五条 部门（单位）合并收入费用表中的费用，应当按照费用的性质进行分类列示。

第三十六条 部门（单位）合并收入费用表中的费用类至少应当单独列示反映下列信息的项目：

(一)工资福利费用；
(二)商品和服务费用；
(三)对个人和家庭补助费用；
(四)对企事业单位补贴费用；
(五)固定资产折旧费用；
(六)无形资产摊销费用；
(七)公共基础设施折旧（摊销）费用；
(八)保障性住房折旧费用；
(九)计提专用基金；
(十)所得税费用；
(十一)资产处置费用。

第三十七条 部门（单位）合并收入费用表中的费用类应当包括费用的合计项目。

第三十八条 部门（单位）合并收入费用表应当列示本期盈余项目。

本期盈余，是指部门（单位）某一会计期间收入合计金额减去费用合计金额后的差额。

第三节 本级政府合并财务报表

第三十九条 本级政府合并财务报表的合并范围一般应当以财政预算拨款关系为基础予以确定。本级政府财政为合并主体,其所属部门(单位)等为被合并主体。

第四十条 本级政府合并财务报表应当以本级政府财政和其被合并主体符合本准则第十七条要求的个别财务报表或合并财务报表为基础,在抵销内部业务或事项对合并财务报表的影响后,由本级政府财政部门合并编制。

编制本级政府合并财务报表时,需要抵销的内部业务或事项包括:

(一)本级政府财政和其被合并主体之间的债权债务、收入费用等项目;

(二)被合并主体相互之间的债权债务、收入费用等项目。

第四十一条 本级政府合并资产负债表中的资产类至少应当单独列示反映下列信息的项目:

(一)货币资金;

(二)短期投资;

(三)应收及预付款项;

(四)存货;

(五)一年内到期的非流动资产;

(六)长期投资;

(七)应收转贷款;

(八)固定资产净值;

(九)在建工程;

(十)无形资产净值;

(十一)公共基础设施净值;

(十二)政府储备物资;

(十三)文物文化资产;

(十四)保障性住房净值;

(十五)受托代理资产。

第四十二条 本级政府合并资产负债表中的资产类应当包括流动资产、非流动资产的合计项目。

第四十三条 本级政府合并资产负债表中的负债类至少应当单独列示反映下列信息的项目:

(一)应付短期政府债券;

(二)短期借款;

(三)应付及预收款项;

(四)应付职工薪酬;

(五)应付政府补贴款;

(六)一年内到期的非流动负债;

(七)应付长期政府债券;

(八)应付转贷款;

(九)长期借款;

(十)长期应付款;

(十一)预计负债;

(十二)受托代理负债。

第四十四条 本级政府合并资产负债表中的负债类应当包括流动负债、非流动负债和负债的合计项目。

第四十五条 本级政府合并资产负债表应当列示净资产项目。

第四十六条 本级政府合并资产负债表应当列示资产总计项目、负债和净资产总计项目。

第四十七条 本级政府合并收入费用表中的收入，应当按照收入来源进行分类列示。

第四十八条 本级政府合并收入费用表中的收入类至少应当单独列示反映下列信息的项目：

（一）税收收入；

（二）非税收入；

（三）事业收入；

（四）经营收入；

（五）投资收益；

（六）政府间转移性收入。

第四十九条 本级政府合并收入费用表中的收入类应当包括收入的合计项目。

第五十条 本级政府合并收入费用表中的费用，应当按照费用的性质进行分类列示。

第五十一条 本级政府合并收入费用表中的费用类至少应当单独列示反映下列信息的项目：

（一）工资福利费用；

（二）商品和服务费用；

（三）对个人和家庭补助费用；

（四）对企事业单位补贴费用；

（五）政府间转移性费用；

（六）折旧费用；

（七）摊销费用；

（八）资产处置费用。

第五十二条 本级政府合并收入费用表中的费用类应当包括费用的合计项目。

第五十三条 本级政府合并收入费用表应当列示本期盈余项目。

第四节 行政区政府合并财务报表

第五十四条 行政区政府合并财务报表的合并范围一般应当以行政隶属关系为基础予以确定。行政区本级政府为合并主体，其所属下级政府为被合并主体。

第五十五条 县级以上政府应当编制本行政区政府合并财务报表。

第五十六条 行政区政府合并财务报表应当以本级政府和其所属下级政府合并财务报表为基础，在抵销内部业务或事项对合并财务报表的影响后，由本级政府财政部门合并编制。

编制行政区政府合并财务报表时，需要抵销的内部业务或事项包括：

（一）本级政府和其所属下级政府之间的债权债务、收入费用等项目；

（二）本级政府所属下级政府相互之间的债权债务、收入费用等项目。

第五十七条 行政区政府合并财务报表的项目列示与本级政府合并财务报表一致。

第五节 附 注

第五十八条 合并财务报表附注一般应当披露下列信息：

（一）合并财务报表的编制基础。

（二）遵循政府会计准则制度的声明。

（三）合并财务报表的合并主体、被合并主体清单。

（四）合并主体、被合并主体个别财务报表所采用的编制基础，所采用的与政府会计准则制度规定不一致的会计政策，编制合并财务报表时的调整情况及其影响。

（五）本期增加、减少被合并主体的基本情况及影响。

（六）合并财务报表重要项目明细信息及说明。

（七）未在合并财务报表中列示但对报告主体财务状况和运行情况有重大影响的事项的说明。

（八）需要说明的其他事项。

第四章 附 则

第五十九条 合并财务报表的具体合并范围由财政部另行规定。

第六十条 部门（单位）合并资产负债表的格式参见《政府会计制度——行政事业单位会计科目和报表》规定的资产负债表格式。

部门（单位）合并收入费用表的格式参见附录。

本级政府合并财务报表、行政区政府合并财务报表的格式以及部门（单位）合并财务报表附注的披露格式由财政部另行规定。

第六十一条 本准则自2019年1月1日起施行，适用于2019年年度及以后的财务报表。

附录：

合并收入费用表

编制单位： 　　　　　　　　年　　　　　　　　单位：元

项　目	本年数	上年数
一、本期收入		
（一）财政拨款收入		
（二）事业收入		
其中：非同级财政拨款收入		
（三）上级补助收入 *		
（四）附属单位上缴收入 *		
（五）经营收入		
（六）非同级财政拨款收入		
（七）投资收益		
（八）捐赠收入		
（九）利息收入		
（十）租金收入		
（十一）其他收入		
二、本期费用		

（续表）

项　　目	本年数	上年数
（一）工资福利费用		
（二）商品和服务费用		
（三）对个人和家庭补助费用		
（四）对企事业单位补贴费用		
（五）固定资产折旧费用		
（六）无形资产摊销费用		
（七）公共基础设施折旧（摊销）费用		
（八）保障性住房折旧费用		
（九）计提专用基金		
（十）所得税费用		
（十一）资产处置费用		
（十二）上缴上级费用*		
（十三）对附属单位补助费用*		
（十四）其他费用		
三、本期盈余		

注：1. 本表中"本期费用"各项目应当根据个别财务报表附注中"本期费用按经济分类的披露格式"所提供的信息合并填列。

2. 编制部门（单位）合并收入费用表时，标*项目原则上应抵销完毕，金额为零。

11. 政府会计准则第 10 号——政府和社会资本合作项目合同（2019 年颁布）

（财会〔2019〕23 号）

第一章　总　　则

第一条　为了规范政府方对政府和社会资本合作（PPP）项目合同的确认、计量和相关信息的列报，根据《政府会计准则——基本准则》，制定本准则。

第二条　本准则所称 PPP 项目合同，是指政府方与社会资本方依法依规就 PPP 项目合作所订立的合同，该合同应当同时具有以下特征：

（一）社会资本方在合同约定的运营期间内代表政府方使用 PPP 项目资产提供公共产品和服务；

（二）社会资本方在合同约定的期间内就其提供的公共产品和服务获得补偿。

本准则所称政府方，是指政府授权或指定的 PPP 项目实施机构，通常为政府有关职能部门或事业单位。

本准则所称社会资本方，是指与政府方签署 PPP 项目合同的社会资本或项目公司。

本准则所称 PPP 项目资产，是指 PPP 项目合同中确定的用来提供公共产品和服务的资产。该资产有以下两方面来源：

（一）由社会资本方投资建造或者从第三方购买，或者是社会资本方的现有资产；

（二）政府方现有资产，或者对政府方现有资产进行改建、扩建。

第三条 本准则适用于同时满足以下条件的PPP项目合同：

（一）政府方控制或管制社会资本方使用PPP项目资产必须提供的公共产品和服务的类型、对象和价格；

（二）PPP项目合同终止时，政府方通过所有权、收益权或其他形式控制PPP项目资产的重大剩余权益。

第四条 通常情况下，采用建设——运营——移交（BOT）、转让——运营——移交（TOT）、改建——运营——移交（ROT）方式运作的PPP项目合同，满足本准则第三条规定的条件，应当适用本准则。

下列各项适用其他相关会计准则：

（一）不同时具有本准则第二条第一款规定的两个特征的合同，如建设——移交（BT）、租赁、无偿捐赠等，不属于本准则所称的PPP项目合同，不适用本准则，应当由政府方按照其他相关政府会计准则制度的规定进行会计处理。

（二）不同时满足本准则第三条规定的两个条件的PPP项目合同，如采用建设——拥有——运营（BOO）、转让——拥有——运营（TOO）等方式运作的PPP项目合同，不适用本准则，应当由政府方按照其他相关政府会计准则制度的规定进行会计处理。

（三）PPP项目合同中有关政府方对项目公司的直接投资，适用《政府会计准则第2号——投资》；有关代表政府出资的企业对项目公司的投资，适用相关企业会计准则。

（四）社会资本方对PPP项目合同的确认、计量和相关信息的披露，适用相关企业会计准则。

第二章 PPP项目资产的确认

第五条 符合本准则第二条、第三条规定的PPP项目资产，在同时满足以下条件时，应当由政府方予以确认：

（一）与该资产相关的服务潜力很可能实现或者经济利益很可能流入；

（二）该资产的成本或者价值能够可靠地计量。

第六条 PPP项目资产的各组成部分具有不同使用年限或者以不同方式提供公共产品和服务的，应当分别将各组成部分确认为一个单项PPP项目资产。

第七条 由社会资本方投资建造或从第三方购买形成的PPP项目资产，政府方应当在PPP项目资产验收合格交付使用时予以确认。

使用社会资本方现有资产形成的PPP项目资产，政府方应当在PPP项目开始运营日予以确认。

政府方使用其现有资产形成PPP项目资产的，应当在PPP项目开始运营日将其现有资产重分类为PPP项目资产。

社会资本方对政府方现有资产进行改建、扩建形成的PPP项目资产，政府方应当在PPP项目资产验收合格交付使用时予以确认，同时终止确认现有资产。

第八条 在PPP项目资产运营过程中发生的后续支出，满足本准则第五条规定的确认条件的，政府方应当计入PPP项目资产成本。

通常情况下，为增加PPP项目资产的使用效能或延长其使用年限而发生的改建、扩建等后续支出，政府方应当计入PPP项目资产的成本；为维护PPP项目资产的正常使用而发生的日常维修、养护等后续支出，不计入PPP项目资产的成本。

第九条 PPP项目合同终止时，PPP项目资产按规定移交至政府方的，政府方应当根据

PPP 项目资产的性质和用途，将其重分类为公共基础设施等资产。

第三章　PPP 项目资产的计量

第十条　政府方在取得 PPP 项目资产时一般应当按照成本进行初始计量；按规定需要进行资产评估的，应当按照评估价值进行初始计量。

第十一条　社会资本方投资建造形成的 PPP 项目资产，其成本包括该项资产至验收合格交付使用前所发生的全部必要支出，包括建筑安装工程投资、设备投资、待摊投资、其他投资等支出。

已交付使用但尚未办理竣工财务决算手续的 PPP 项目资产，应当按照估计价值入账，待办理竣工财务决算后再按照实际成本调整原来的暂估价值。

第十二条　社会资本方从第三方购买形成的 PPP 项目资产，其成本包括购买价款、相关税费以及验收合格交付使用前发生的可归属于该项资产的运输费、装卸费、安装费和专业人员服务费等。

第十三条　使用社会资本方现有资产形成的 PPP 项目资产，其成本按规定以该项资产的评估价值确定。

第十四条　政府方使用其现有资产形成的 PPP 项目资产，其成本按照 PPP 项目开始运营日该资产的账面价值确定；按照相关规定对现有资产进行资产评估的，其成本按照评估价值确定，资产评估价值与评估前资产账面价值的差额计入当期收入或当期费用。

第十五条　社会资本方对政府方现有资产进行改建、扩建形成的 PPP 项目资产，其成本按照该资产改建、扩建前的账面价值加上改建、扩建发生的支出，再扣除该资产被替换部分账面价值后的金额确定。

第十六条　除本准则第十七条和第二十三条规定外，政府方应当参照《政府会计准则第 3 号——固定资产》《政府会计准则第 5 号——公共基础设施》等，对 PPP 项目资产进行后续计量。

第十七条　PPP 项目合同终止时，PPP 项目资产按规定移交至政府方并进行资产评估的，政府方应当以评估价值作为重分类后资产的入账价值，评估价值与 PPP 项目资产账面价值的差额计入当期收入或当期费用；政府方按规定无需对移交的 PPP 项目资产进行资产评估的，应当以 PPP 项目资产的账面价值作为重分类后资产的入账价值。

第四章　PPP 项目净资产的确认和计量

第十八条　除本准则第十九条规定外，政府方在确认 PPP 项目资产时，应当同时确认一项 PPP 项目净资产，PPP 项目净资产的初始入账金额与 PPP 项目资产的初始入账金额相等。

第十九条　政府方使用其现有资产形成 PPP 项目资产的，在初始确认 PPP 项目资产时，应当同时终止确认现有资产，不确认 PPP 项目净资产。

社会资本方对政府方现有资产进行改建、扩建形成 PPP 项目资产的，政府方应当仅按照 PPP 项目资产初始入账金额与政府方现有资产账面价值的差额确认 PPP 项目净资产。

第二十条　按照 PPP 项目合同约定，政府方承担向社会资本方支付款项的义务的，相关义务应当按照《政府会计准则第 8 号——负债》有关规定进行会计处理，会计处理结果不影响 PPP 项目资产及净资产的账面价值。

政府方按照《政府会计准则第 8 号——负债》有关规定不确认负债的，应当在支付款项时计入当期费用。政府方按照《政府会计准则第 8 号——负债》有关规定确认负债的，应当同时确认当期费用；在以后期间支付款项时，相应冲减负债的账面余额。

第二十一条　在 PPP 项目合同约定的期间内，政府方从社会资本方收到款项的，应当按规定做应缴款项处理或计入当期收入。

第二十二条 在PPP项目运营过程中，政府方因PPP项目资产改建、扩建等后续支出增加PPP项目资产成本的，应当依据本准则第十八、十九条的规定同时增加PPP项目净资产的账面余额。

第二十三条 政府方按照本准则规定在确认PPP项目资产的同时确认PPP项目净资产的，在PPP项目运营期间内，按月对该PPP项目资产计提折旧（摊销）的，应当于计提折旧（摊销）时冲减PPP项目净资产的账面余额。

政府方初始确认的PPP项目净资产金额等于PPP项目资产初始入账金额的，应当按照计提的PPP项目资产折旧（摊销）金额，等额冲减PPP项目净资产的账面余额。

政府方初始确认的PPP项目净资产金额小于PPP项目资产初始入账金额的，应当按照计提的PPP项目资产折旧（摊销）金额的相应比例（即PPP项目净资产初始入账金额占PPP项目资产初始入账金额的比例），冲减PPP项目净资产的账面余额；当期计提的折旧（摊销）金额与所冲减的PPP项目净资产金额的差额，应当计入当期费用。

PPP项目合同终止时，政府方应当将尚未冲减完的PPP项目净资产账面余额转入累计盈余。

第五章 列　　报

第二十四条 政府方应当在资产负债表中单独列示PPP项目资产及相应的PPP项目净资产。

第二十五条 政府方应当在附注中披露与PPP项目合同有关的下列信息：

（一）对PPP项目合同的总体描述。

（二）PPP项目合同中的重要条款：

1.PPP项目合同主要参与方；

2.合同生效日、建设完工日、运营开始日、合同终止日等关键时点；

3.PPP项目资产的来源；

4.PPP项目的付费方式；

5.合同终止时资产移交的权利和义务；

6.政府方和社会资本方其他重要权利和义务。

（三）报告期间所发生的PPP项目合同变更情况。

（四）相关会计信息：

1.政府方确认的PPP项目资产及其类别；

2.PPP项目资产、PPP项目净资产初始入账金额及其确定依据；

3.政府方确认的与PPP项目合同有关的负债金额及其确定依据；

4.报告期内PPP项目资产折旧（摊销）冲减PPP项目净资产的金额；

5.报告期内政府方向社会资本方支付的款项金额，或者从社会资本方收到的款项金额；

6.其他需要披露的会计信息。

第二十六条 政府方除应遵循本准则第二十五条的披露要求外，还应遵循其他政府会计准则制度关于PPP项目合同的披露要求。

第六章 附　　则

第二十七条 对于不满足本准则第三条规定条件的PPP项目合同，政府方应当按照本准则第二十五条（一）至（三）的规定披露与该合同相关的信息。

第二十八条 本准则自2021年1月1日起施行。政府方关于存量PPP项目合同会计处理的新旧衔接办法，由财政部另行规定。

第十三章　行政事业单位预算与绩效管理相关法规

1. 中华人民共和国预算法（2018 年修正）

（1994 年 3 月 22 日第八届全国人民代表大会第二次会议通过　根据 2014 年 8 月 31 日第十二届全国人民代表大会常务委员会第十次会议《关于修改〈中华人民共和国预算法〉的决定》第一次修正　根据 2018 年 12 月 29 日第十三届全国人民代表大会常务委员会第七次会议《关于修改〈中华人民共和国产品质量法〉等五部法律的决定》第二次修正）

第一章　总　则

第一条　为了规范政府收支行为，强化预算约束，加强对预算的管理和监督，建立健全全面规范、公开透明的预算制度，保障经济社会的健康发展，根据宪法，制定本法。

第二条　预算、决算的编制、审查、批准、监督，以及预算的执行和调整，依照本法规定执行。

第三条　国家实行一级政府一级预算，设立中央，省、自治区、直辖市，设区的市、自治州，县、自治县、不设区的市、市辖区，乡、民族乡、镇五级预算。

全国预算由中央预算和地方预算组成。地方预算由各省、自治区、直辖市总预算组成。

地方各级总预算由本级预算和汇总的下一级总预算组成；下一级只有本级预算的，下一级总预算即指下一级的本级预算。没有下一级预算的，总预算即指本级预算。

第四条　预算由预算收入和预算支出组成。

政府的全部收入和支出都应当纳入预算。

第五条　预算包括一般公共预算、政府性基金预算、国有资本经营预算、社会保险基金预算。

一般公共预算、政府性基金预算、国有资本经营预算、社会保险基金预算应当保持完整、独立。政府性基金预算、国有资本经营预算、社会保险基金预算应当与一般公共预算相衔接。

第六条　一般公共预算是对以税收为主体的财政收入，安排用于保障和改善民生、推动经济社会发展、维护国家安全、维持国家机构正常运转等方面的收支预算。

中央一般公共预算包括中央各部门（含直属单位，下同）的预算和中央对地方的税收返还、转移支付预算。

中央一般公共预算收入包括中央本级收入和地方向中央的上解收入。中央一般公共预算支出包括中央本级支出、中央对地方的税收返还和转移支付。

第七条　地方各级一般公共预算包括本级各部门（含直属单位，下同）的预算和税收返还、转移支付预算。

地方各级一般公共预算收入包括地方本级收入、上级政府对本级政府的税收返还和转移支付、下级政府的上解收入。地方各级一般公共预算支出包括地方本级支出、对上级政府的上解支出、对下级政府的税收返还和转移支付。

第八条　各部门预算由本部门及其所属各单位预算组成。

第九条　政府性基金预算是对依照法律、行政法规的规定在一定期限内向特定对象征收、收取或者以其他方式筹集的资金，专项用于特定公共事业发展的收支预算。

政府性基金预算应当根据基金项目收入情况和实际支出需要，按基金项目编制，做到以收定支。

第十条　国有资本经营预算是对国有资本收益作出支出安排的收支预算。

国有资本经营预算应当按照收支平衡的原则编制，不列赤字，并安排资金调入一般公共预算。

第十一条　社会保险基金预算是对社会保险缴款、一般公共预算安排和其他方式筹集的资金，专项用于社会保险的收支预算。

社会保险基金预算应当按照统筹层次和社会保险项目分别编制，做到收支平衡。

第十二条　各级预算应当遵循统筹兼顾、勤俭节约、量力而行、讲求绩效和收支平衡的原则。

各级政府应当建立跨年度预算平衡机制。

第十三条　经人民代表大会批准的预算，非经法定程序，不得调整。各级政府、各部门、各单位的支出必须以经批准的预算为依据，未列入预算的不得支出。

第十四条　经本级人民代表大会或者本级人民代表大会常务委员会批准的预算、预算调整、决算、预算执行情况的报告及报表，应当在批准后二十日内由本级政府财政部门向社会公开，并对本级政府财政转移支付安排、执行的情况以及举借债务的情况等重要事项作出说明。

经本级政府财政部门批复的部门预算、决算及报表，应当在批复后二十日内由各部门向社会公开，并对部门预算、决算中机关运行经费的安排、使用情况等重要事项作出说明。

各级政府、各部门、各单位应当将政府采购的情况及时向社会公开。

本条前三款规定的公开事项，涉及国家秘密的除外。

第十五条　国家实行中央和地方分税制。

第十六条　国家实行财政转移支付制度。财政转移支付应当规范、公平、公开，以推进地区间基本公共服务均等化为主要目标。

财政转移支付包括中央对地方的转移支付和地方上级政府对下级政府的转移支付，以为均衡地区间基本财力、由下级政府统筹安排使用的一般性转移支付为主体。

按照法律、行政法规和国务院的规定可以设立专项转移支付，用于办理特定事项。建立健全专项转移支付定期评估和退出机制。市场竞争机制能够有效调节的事项不得设立专项转移支付。

上级政府在安排专项转移支付时，不得要求下级政府承担配套资金。但是，按照国务院的规定应当由上下级政府共同承担的事项除外。

第十七条　各级预算的编制、执行应当建立健全相互制约、相互协调的机制。

第十八条　预算年度自公历1月1日起，至12月31日止。

第十九条　预算收入和预算支出以人民币元为计算单位。

第二章　预算管理职权

第二十条　全国人民代表大会审查中央和地方预算草案及中央和地方预算执行情况的报告；批准中央预算和中央预算执行情况的报告；改变或者撤销全国人民代表大会常务委员会关于预算、决算的不适当的决议。

全国人民代表大会常务委员会监督中央和地方预算的执行；审查和批准中央预算的调整方案；审查和批准中央决算；撤销国务院制定的同宪法、法律相抵触的关于预算、决算的行政法规、决定和命令；撤销省、自治区、直辖市人民代表大会及其常务委员会制定的同宪法、法律和行政法规相抵触的关于预算、决算的地方性法规和决议。

第二十一条　县级以上地方各级人民代表大会审查本级总预算草案及本级总预算执行

情况的报告；批准本级预算和本级预算执行情况的报告；改变或者撤销本级人民代表大会常务委员会关于预算、决算的不适当的决议；撤销本级政府关于预算、决算的不适当的决定和命令。

县级以上地方各级人民代表大会常务委员会监督本级总预算的执行；审查和批准本级预算的调整方案；审查和批准本级决算；撤销本级政府和下一级人民代表大会及其常务委员会关于预算、决算的不适当的决定、命令和决议。

乡、民族乡、镇的人民代表大会审查和批准本级预算和本级预算执行情况的报告；监督本级预算的执行；审查和批准本级预算的调整方案；审查和批准本级决算；撤销本级政府关于预算、决算的不适当的决定和命令。

第二十二条 全国人民代表大会财政经济委员会对中央预算草案初步方案及上一年预算执行情况、中央预算调整初步方案和中央决算草案进行初步审查，提出初步审查意见。

省、自治区、直辖市人民代表大会有关专门委员会对本级预算草案初步方案及上一年预算执行情况、本级预算调整初步方案和本级决算草案进行初步审查，提出初步审查意见。

设区的市、自治州人民代表大会有关专门委员会对本级预算草案初步方案及上一年预算执行情况、本级预算调整初步方案和本级决算草案进行初步审查，提出初步审查意见，未设立专门委员会的，由本级人民代表大会常务委员会有关工作机构研究提出意见。

县、自治县、不设区的市、市辖区人民代表大会常务委员会对本级预算草案初步方案及上一年预算执行情况进行初步审查，提出初步审查意见。县、自治县、不设区的市、市辖区人民代表大会常务委员会有关工作机构对本级预算调整初步方案和本级决算草案研究提出意见。

设区的市、自治州以上各级人民代表大会有关专门委员会进行初步审查、常务委员会有关工作机构研究提出意见时，应当邀请本级人民代表大会代表参加。

对依照本条第一款至第四款规定提出的意见，本级政府财政部门应当将处理情况及时反馈。

依照本条第一款至第四款规定提出的意见以及本级政府财政部门反馈的处理情况报告，应当印发本级人民代表大会代表。

全国人民代表大会常务委员会和省、自治区、直辖市、设区的市、自治州人民代表大会常务委员会有关工作机构，依照本级人民代表大会常务委员会的决定，协助本级人民代表大会财政经济委员会或者有关专门委员会承担审查预算草案、预算调整方案、决算草案和监督预算执行等方面的具体工作。

第二十三条 国务院编制中央预算、决算草案；向全国人民代表大会作关于中央和地方预算草案的报告；将省、自治区、直辖市政府报送备案的预算汇总后报全国人民代表大会常务委员会备案；组织中央和地方预算的执行；决定中央预算预备费的动用；编制中央预算调整方案；监督中央各部门和地方政府的预算执行；改变或者撤销中央各部门和地方政府关于预算、决算的不适当的决定、命令；向全国人民代表大会、全国人民代表大会常务委员会报告中央和地方预算的执行情况。

第二十四条 县级以上地方各级政府编制本级预算、决算草案；向本级人民代表大会作关于本级总预算草案的报告；将下一级政府报送备案的预算汇总后报本级人民代表大会常务委员会备案；组织本级总预算的执行；决定本级预算预备费的动用；编制本级预算的调整方案；监督本级各部门和下级政府的预算执行；改变或者撤销本级各部门和下级政府关于预算、决算的不适当的决定、命令；向本级人民代表大会、本级人民代表大会常务委员会报告本级总预算的执行情况。

乡、民族乡、镇政府编制本级预算、决算草案；向本级人民代表大会作关于本级预算草案的报告；组织本级预算的执行；决定本级预算预备费的动用；编制本级预算的调整方案；

向本级人民代表大会报告本级预算的执行情况。

经省、自治区、直辖市政府批准，乡、民族乡、镇本级预算草案、预算调整方案、决算草案，可以由上一级政府代编，并依照本法第二十一条的规定报乡、民族乡、镇的人民代表大会审查和批准。

第二十五条 国务院财政部门具体编制中央预算、决算草案；具体组织中央和地方预算的执行；提出中央预算预备费动用方案；具体编制中央预算的调整方案；定期向国务院报告中央和地方预算的执行情况。

地方各级政府财政部门具体编制本级预算、决算草案；具体组织本级总预算的执行；提出本级预算预备费动用方案；具体编制本级预算的调整方案；定期向本级政府和上一级政府财政部门报告本级总预算的执行情况。

第二十六条 各部门编制本部门预算、决算草案；组织和监督本部门预算的执行；定期向本级政府财政部门报告预算的执行情况。

各单位编制本单位预算、决算草案；按照国家规定上缴预算收入，安排预算支出，并接受国家有关部门的监督。

第三章 预算收支范围

第二十七条 一般公共预算收入包括各项税收收入、行政事业性收费收入、国有资源（资产）有偿使用收入、转移性收入和其他收入。

一般公共预算支出按照其功能分类，包括一般公共服务支出，外交、公共安全、国防支出，农业、环境保护支出，教育、科技、文化、卫生、体育支出，社会保障及就业支出和其他支出。

一般公共预算支出按照其经济性质分类，包括工资福利支出、商品和服务支出、资本性支出和其他支出。

第二十八条 政府性基金预算、国有资本经营预算和社会保险基金预算的收支范围，按照法律、行政法规和国务院的规定执行。

第二十九条 中央预算与地方预算有关收入和支出项目的划分、地方向中央上解收入、中央对地方税收返还或者转移支付的具体办法，由国务院规定，报全国人民代表大会常务委员会备案。

第三十条 上级政府不得在预算之外调用下级政府预算的资金。下级政府不得挤占或者截留属于上级政府预算的资金。

第四章 预算编制

第三十一条 国务院应当及时下达关于编制下一年预算草案的通知。编制预算草案的具体事项由国务院财政部门部署。

各级政府、各部门、各单位应当按照国务院规定的时间编制预算草案。

第三十二条 各级预算应当根据年度经济社会发展目标、国家宏观调控总体要求和跨年度预算平衡的需要，参考上一年预算执行情况、有关支出绩效评价结果和本年度收支预测，按照规定程序征求各方面意见后，进行编制。各级政府依据法定权限作出决定或者制定行政措施，凡涉及增加或者减少财政收入或者支出的，应当在预算批准前提出并在预算草案中作出相应安排。各部门、各单位应当按照国务院财政部门制定的政府收支分类科目、预算支出标准和要求，以及绩效目标管理等预算编制规定，根据其依法履行职能和事业发展的需要以及存量资产情况，编制本部门、本单位预算草案。前款所称政府收支分类科目，收入分为类、款、项、目；支出按其功能分类分为类、款、项，按其经济性质分类分为类、款。

第三十三条 省、自治区、直辖市政府应当按照国务院规定的时间，将本级总预算草案报国务院审核汇总。

第三十四条 中央一般公共预算中必需的部分资金，可以通过举借国内和国外债务等方式筹措，举借债务应当控制适当的规模，保持合理的结构。

对中央一般公共预算中举借的债务实行余额管理，余额的规模不得超过全国人民代表大会批准的限额。

国务院财政部门具体负责对中央政府债务的统一管理。

第三十五条 地方各级预算按照量入为出、收支平衡的原则编制，除本法另有规定外，不列赤字。

经国务院批准的省、自治区、直辖市的预算中必需的建设投资的部分资金，可以在国务院确定的限额内，通过发行地方政府债券举借债务的方式筹措。举借债务的规模，由国务院报全国人民代表大会或者全国人民代表大会常务委员会批准。省、自治区、直辖市依照国务院下达的限额举借的债务，列入本级预算调整方案，报本级人民代表大会常务委员会批准。举借的债务应当有偿还计划和稳定的偿还资金来源，只能用于公益性资本支出，不得用于经常性支出。

除前款规定外，地方政府及其所属部门不得以任何方式举借债务。

除法律另有规定外，地方政府及其所属部门不得为任何单位和个人的债务以任何方式提供担保。

国务院建立地方政府债务风险评估和预警机制、应急处置机制以及责任追究制度。国务院财政部门对地方政府债务实施监督。

第三十六条 各级预算收入的编制，应当与经济社会发展水平相适应，与财政政策相衔接。

各级政府、各部门、各单位应当依照本法规定，将所有政府收入全部列入预算，不得隐瞒、少列。

第三十七条 各级预算支出应当依照本法规定，按其功能和经济性质分类编制。

各级预算支出的编制，应当贯彻勤俭节约的原则，严格控制各部门、各单位的机关运行经费和楼堂馆所等基本建设支出。

各级一般公共预算支出的编制，应当统筹兼顾，在保证基本公共服务合理需要的前提下，优先安排国家确定的重点支出。

第三十八条 一般性转移支付应当按照国务院规定的基本标准和计算方法编制。专项转移支付应当分地区、分项目编制。

县级以上各级政府应当将对下级政府的转移支付预计数提前下达下级政府。

地方各级政府应当将上级政府提前下达的转移支付预计数编入本级预算。

第三十九条 中央预算和有关地方预算中应当安排必要的资金，用于扶助革命老区、民族地区、边疆地区、贫困地区发展经济社会建设事业。

第四十条 各级一般公共预算应当按照本级一般公共预算支出额的百分之一至百分之三设置预备费，用于当年预算执行中的自然灾害等突发事件处理增加的支出及其他难以预见的开支。

第四十一条 各级一般公共预算按照国务院的规定可以设置预算周转金，用于本级政府调剂预算年度内季节性收支差额。

各级一般公共预算按照国务院的规定可以设置预算稳定调节基金，用于弥补以后年度预算资金的不足。

第四十二条 各级政府上一年预算的结转资金，应当在下一年用于结转项目的支出；连续两年未用完的结转资金，应当作为结余资金管理。

各部门、各单位上一年预算的结转、结余资金按照国务院财政部门的规定办理。

第五章 预算审查和批准

第四十三条 中央预算由全国人民代表大会审查和批准。

地方各级预算由本级人民代表大会审查和批准。

第四十四条 国务院财政部门应当在每年全国人民代表大会会议举行的四十五日前，将中央预算草案的初步方案提交全国人民代表大会财政经济委员会进行初步审查。

省、自治区、直辖市政府财政部门应当在本级人民代表大会会议举行的三十日前，将本级预算草案的初步方案提交本级人民代表大会有关专门委员会进行初步审查。

设区的市、自治州政府财政部门应当在本级人民代表大会会议举行的三十日前，将本级预算草案的初步方案提交本级人民代表大会有关专门委员会进行初步审查，或者送交本级人民代表大会常务委员会有关工作机构征求意见。

县、自治县、不设区的市、市辖区政府应当在本级人民代表大会会议举行的三十日前，将本级预算草案的初步方案提交本级人民代表大会常务委员会进行初步审查。

第四十五条 县、自治县、不设区的市、市辖区、乡、民族乡、镇的人民代表大会举行会议审查预算草案前，应当采用多种形式，组织本级人民代表大会代表，听取选民和社会各界的意见。

第四十六条 报送各级人民代表大会审查和批准的预算草案应当细化。本级一般公共预算支出，按其功能分类应当编列到项；按其经济性质分类，基本支出应当编列到款。本级政府性基金预算、国有资本经营预算、社会保险基金预算支出，按其功能分类应当编列到项。

第四十七条 国务院在全国人民代表大会举行会议时，向大会作关于中央和地方预算草案以及中央和地方预算执行情况的报告。

地方各级政府在本级人民代表大会举行会议时，向大会作关于总预算草案和总预算执行情况的报告。

第四十八条 全国人民代表大会和地方各级人民代表大会对预算草案及其报告、预算执行情况的报告重点审查下列内容：

（一）上一年预算执行情况是否符合本级人民代表大会预算决议的要求；

（二）预算安排是否符合本法的规定；

（三）预算安排是否贯彻国民经济和社会发展的方针政策，收支政策是否切实可行；

（四）重点支出和重大投资项目的预算安排是否适当；

（五）预算的编制是否完整，是否符合本法第四十六条的规定；

（六）对下级政府的转移性支出预算是否规范、适当；

（七）预算安排举借的债务是否合法、合理，是否有偿还计划和稳定的偿还资金来源；

（八）与预算有关重要事项的说明是否清晰。

第四十九条 全国人民代表大会财政经济委员会向全国人民代表大会主席团提出关于中央和地方预算草案及中央和地方预算执行情况的审查结果报告。

省、自治区、直辖市、设区的市、自治州人民代表大会有关专门委员会，县、自治县、不设区的市、市辖区人民代表大会常务委员会，向本级人民代表大会主席团提出关于总预算草案及上一年总预算执行情况的审查结果报告。

审查结果报告应当包括下列内容：

（一）对上一年预算执行和落实本级人民代表大会预算决议的情况作出评价；

（二）对本年度预算草案是否符合本法的规定，是否可行作出评价；

（三）对本级人民代表大会批准预算草案和预算报告提出建议；

（四）对执行年度预算、改进预算管理、提高预算绩效、加强预算监督等提出意见和建议。

第五十条 乡、民族乡、镇政府应当及时将经本级人民代表大会批准的本级预算报上一级政府备案。县级以上地方各级政府应当及时将经本级人民代表大会批准的本级预算及下一级政府报送备案的预算汇总，报上一级政府备案。

县级以上地方各级政府将下一级政府依照前款规定报送备案的预算汇总后，报本级人民代表大会常务委员会备案。国务院将省、自治区、直辖市政府依照前款规定报送备案的预算汇总后，报全国人民代表大会常务委员会备案。

第五十一条 国务院和县级以上地方各级政府对下一级政府依照本法第五十条规定报送备案的预算，认为有同法律、行政法规相抵触或者有其他不适当之处，需要撤销批准预算的决议的，应当提请本级人民代表大会常务委员会审议决定。

第五十二条 各级预算经本级人民代表大会批准后，本级政府财政部门应当在二十日内向本级各部门批复预算。各部门应当在接到本级政府财政部门批复的本部门预算后十五日内向所属各单位批复预算。

中央对地方的一般性转移支付应当在全国人民代表大会批准预算后三十日内正式下达。中央对地方的专项转移支付应当在全国人民代表大会批准预算后九十日内正式下达。

省、自治区、直辖市政府接到中央一般性转移支付和专项转移支付后，应当在三十日内正式下达到本行政区域县级以上各级政府。

县级以上地方各级预算安排对下级政府的一般性转移支付和专项转移支付，应当分别在本级人民代表大会批准预算后的三十日和六十日内正式下达。

对自然灾害等突发事件处理的转移支付，应当及时下达预算；对据实结算等特殊项目的转移支付，可以分期下达预算，或者先预付后结算。

县级以上各级政府财政部门应当将批复本级各部门的预算和批复下级政府的转移支付预算，抄送本级人民代表大会财政经济委员会、有关专门委员会和常务委员会有关工作机构。

第六章 预算执行

第五十三条 各级预算由本级政府组织执行，具体工作由本级政府财政部门负责。

各部门、各单位是本部门、本单位的预算执行主体，负责本部门、本单位的预算执行，并对执行结果负责。

第五十四条 预算年度开始后，各级预算草案在本级人民代表大会批准前，可以安排下列支出：

（一）上一年度结转的支出；

（二）参照上一年同期的预算支出数额安排必须支付的本年度部门基本支出、项目支出，以及对下级政府的转移性支出；

（三）法律规定必须履行支付义务的支出，以及用于自然灾害等突发事件处理的支出。

根据前款规定安排支出的情况，应当在预算草案的报告中作出说明。

预算经本级人民代表大会批准后，按照批准的预算执行。

第五十五条 预算收入征收部门和单位，必须依照法律、行政法规的规定，及时、足额征收应征的预算收入。不得违反法律、行政法规规定，多征、提前征收或者减征、免征、缓征应征的预算收入，不得截留、占用或者挪用预算收入。

各级政府不得向预算收入征收部门和单位下达收入指标。

第五十六条 政府的全部收入应当上缴国家金库（以下简称国库），任何部门、单位和个人不得截留、占用、挪用或者拖欠。

对于法律有明确规定或者经国务院批准的特定专用资金，可以依照国务院的规定设立财政专户。

第五十七条 各级政府财政部门必须依照法律、行政法规和国务院财政部门的规定，及时、足额地拨付预算支出资金，加强对预算支出的管理和监督。

各级政府、各部门、各单位的支出必须按照预算执行，不得虚假列支。

各级政府、各部门、各单位应当对预算支出情况开展绩效评价。

第五十八条 各级预算的收入和支出实行收付实现制。

特定事项按照国务院的规定实行权责发生制的有关情况，应当向本级人民代表大会常务委员会报告。

第五十九条 县级以上各级预算必须设立国库；具备条件的乡、民族乡、镇也应当设立国库。

中央国库业务由中国人民银行经理，地方国库业务依照国务院的有关规定办理。

各级国库应当按照国家有关规定，及时准确地办理预算收入的收纳、划分、留解、退付和预算支出的拨付。

各级国库库款的支配权属于本级政府财政部门。除法律、行政法规另有规定外，未经本级政府财政部门同意，任何部门、单位和个人都无权冻结、动用国库库款或者以其他方式支配已入国库的库款。

各级政府应当加强对本级国库的管理和监督，按照国务院的规定完善国库现金管理，合理调节国库资金余额。

第六十条 已经缴入国库的资金，依照法律、行政法规的规定或者国务院的决定需要退付的，各级政府财政部门或者其授权的机构应当及时办理退付。按照规定应当由财政支出安排的事项，不得用退库处理。

第六十一条 国家实行国库集中收缴和集中支付制度，对政府全部收入和支出实行国库集中收付管理。

第六十二条 各级政府应当加强对预算执行的领导，支持政府财政、税务、海关等预算收入的征收部门依法组织预算收入，支持政府财政部门严格管理预算支出。

财政、税务、海关等部门在预算执行中，应当加强对预算执行的分析；发现问题时应当及时建议本级政府采取措施予以解决。

第六十三条 各部门、各单位应当加强对预算收入和支出的管理，不得截留或者动用应当上缴的预算收入，不得擅自改变预算支出的用途。

第六十四条 各级预算预备费的动用方案，由本级政府财政部门提出，报本级政府决定。

第六十五条 各级预算周转金由本级政府财政部门管理，不得挪作他用。

第六十六条 各级一般公共预算年度执行中有超收收入的，只能用于冲减赤字或者补充预算稳定调节基金。

各级一般公共预算的结余资金，应当补充预算稳定调节基金。

省、自治区、直辖市一般公共预算年度执行中出现短收，通过调入预算稳定调节基金、减少支出等方式仍不能实现收支平衡的，省、自治区、直辖市政府报本级人民代表大会或者其常务委员会批准，可以增列赤字，报国务院财政部门备案，并应当在下一年度预算中予以弥补。

第七章 预算调整

第六十七条 经全国人民代表大会批准的中央预算和经地方各级人民代表大会批准的地方各级预算，在执行中出现下列情况之一的，应当进行预算调整：

（一）需要增加或者减少预算总支出的；

（二）需要调入预算稳定调节基金的；

（三）需要调减预算安排的重点支出数额的；

（四）需要增加举借债务数额的。

第六十八条 在预算执行中，各级政府一般不制定新的增加财政收入或者支出的政策和措施，也不制定减少财政收入的政策和措施；必须作出并需要进行预算调整的，应当在预算调整方案中作出安排。

第六十九条 在预算执行中，各级政府对于必须进行的预算调整，应当编制预算调整方案。预算调整方案应当说明预算调整的理由、项目和数额。

在预算执行中，由于发生自然灾害等突发事件，必须及时增加预算支出的，应当先动支预备费；预备费不足支出的，各级政府可以先安排支出，属于预算调整的，列入预算调整方案。

国务院财政部门应当在全国人民代表大会常务委员会举行会议审查和批准预算调整方案的三十日前，将预算调整初步方案送交全国人民代表大会财政经济委员会进行初步审查。

省、自治区、直辖市政府财政部门应当在本级人民代表大会常务委员会举行会议审查和批准预算调整方案的三十日前，将预算调整初步方案送交本级人民代表大会有关专门委员会进行初步审查。

设区的市、自治州政府财政部门应当在本级人民代表大会常务委员会举行会议审查和批准预算调整方案的三十日前，将预算调整初步方案送交本级人民代表大会有关专门委员会进行初步审查，或者送交本级人民代表大会常务委员会有关工作机构征求意见。

县、自治县、不设区的市、市辖区政府财政部门应当在本级人民代表大会常务委员会举行会议审查和批准预算调整方案的三十日前，将预算调整初步方案送交本级人民代表大会常务委员会有关工作机构征求意见。

中央预算的调整方案应当提请全国人民代表大会常务委员会审查和批准。县级以上地方各级预算的调整方案应当提请本级人民代表大会常务委员会审查和批准；乡、民族乡、镇预算的调整方案应当提请本级人民代表大会审查和批准。未经批准，不得调整预算。

第七十条 经批准的预算调整方案，各级政府应当严格执行。未经本法第六十九条规定的程序，各级政府不得作出预算调整的决定。

对违反前款规定作出的决定，本级人民代表大会、本级人民代表大会常务委员会或者上级政府应当责令其改变或者撤销。

第七十一条 在预算执行中，地方各级政府因上级政府增加不需要本级政府提供配套资金的专项转移支付而引起的预算支出变化，不属于预算调整。

接受增加专项转移支付的县级以上地方各级政府应当向本级人民代表大会常务委员会报告有关情况；接受增加专项转移支付的乡、民族乡、镇政府应当向本级人民代表大会报告有关情况。

第七十二条 各部门、各单位的预算支出应当按照预算科目执行。严格控制不同预算科目、预算级次或者项目间的预算资金的调剂，确需调剂使用的，按照国务院财政部门的规定办理。

第七十三条 地方各级预算的调整方案经批准后，由本级政府报上一级政府备案。

第八章 决 算

第七十四条 决算草案由各级政府、各部门、各单位，在每一预算年度终了后按照国务院规定的时间编制。

编制决算草案的具体事项，由国务院财政部门部署。

第七十五条 编制决算草案，必须符合法律、行政法规，做到收支真实、数额准确、内容完整、报送及时。

决算草案应当与预算相对应，按预算数、调整预算数、决算数分别列出。一般公共预算支出应当按其功能分类编列到项,按其经济性质分类编列到款。

第七十六条　各部门对所属各单位的决算草案,应当审核并汇总编制本部门的决算草案,在规定的期限内报本级政府财政部门审核。

各级政府财政部门对本级各部门决算草案审核后发现有不符合法律、行政法规规定的,有权予以纠正。

第七十七条　国务院财政部门编制中央决算草案,经国务院审计部门审计后,报国务院审定,由国务院提请全国人民代表大会常务委员会审查和批准。

县级以上地方各级政府财政部门编制本级决算草案,经本级政府审计部门审计后,报本级政府审定,由本级政府提请本级人民代表大会常务委员会审查和批准。

乡、民族乡、镇政府编制本级决算草案,提请本级人民代表大会审查和批准。

第七十八条　国务院财政部门应当在全国人民代表大会常务委员会举行会议审查和批准中央决算草案的三十日前,将上一年度中央决算草案提交全国人民代表大会财政经济委员会进行初步审查。

省、自治区、直辖市政府财政部门应当在本级人民代表大会常务委员会举行会议审查和批准本级决算草案的三十日前,将上一年度本级决算草案提交本级人民代表大会有关专门委员会进行初步审查。

设区的市、自治州政府财政部门应当在本级人民代表大会常务委员会举行会议审查和批准本级决算草案的三十日前,将上一年度本级决算草案提交本级人民代表大会有关专门委员会进行初步审查,或者送交本级人民代表大会常务委员会有关工作机构征求意见。

县、自治县、不设区的市、市辖区政府财政部门应当在本级人民代表大会常务委员会举行会议审查和批准本级决算草案的三十日前,将上一年度本级决算草案送交本级人民代表大会常务委员会有关工作机构征求意见。

全国人民代表大会财政经济委员会和省、自治区、直辖市、设区的市、自治州人民代表大会有关专门委员会,向本级人民代表大会常务委员会提出关于本级决算草案的审查结果报告。

第七十九条　县级以上各级人民代表大会常务委员会和乡、民族乡、镇人民代表大会对本级决算草案,重点审查下列内容:

(一)预算收入情况;

(二)支出政策实施情况和重点支出、重大投资项目资金的使用及绩效情况;

(三)结转资金的使用情况;

(四)资金结余情况;

(五)本级预算调整及执行情况;

(六)财政转移支付安排执行情况;

(七)经批准举借债务的规模、结构、使用、偿还等情况;

(八)本级预算周转金规模和使用情况;

(九)本级预备费使用情况;

(十)超收收入安排情况,预算稳定调节基金的规模和使用情况;

(十一)本级人民代表大会批准的预算决议落实情况;

(十二)其他与决算有关的重要情况。

县级以上各级人民代表大会常务委员会应当结合本级政府提出的上一年度预算执行和其他财政收支的审计工作报告,对本级决算草案进行审查。

第八十条　各级决算经批准后,财政部门应当在二十日内向本级各部门批复决算。各部门应当在接到本级政府财政部门批复的本部门决算后十五日内向所属单位批复决算。

第八十一条　地方各级政府应当将经批准的决算及下一级政府上报备案的决算汇总,报上一级政府备案。

县级以上各级政府应当将下一级政府报送备案的决算汇总后,报本级人民代表大会常务委员会备案。

第八十二条　国务院和县级以上地方各级政府对下一级政府依照本法第八十一条规定报送备案的决算，认为有同法律、行政法规相抵触或者有其他不适当之处，需要撤销批准该项决算的决议的，应当提请本级人民代表大会常务委员会审议决定；经审议决定撤销的，该下级人民代表大会常务委员会应当责成本级政府依照本法规定重新编制决算草案，提请本级人民代表大会常务委员会审查和批准。

第九章　监　　督

第八十三条　全国人民代表大会及其常务委员会对中央和地方预算、决算进行监督。

县级以上地方各级人民代表大会及其常务委员会对本级和下级预算、决算进行监督。

乡、民族乡、镇人民代表大会对本级预算、决算进行监督。

第八十四条　各级人民代表大会和县级以上各级人民代表大会常务委员会有权就预算、决算中的重大事项或者特定问题组织调查，有关的政府、部门、单位和个人应当如实反映情况和提供必要的材料。

第八十五条　各级人民代表大会和县级以上各级人民代表大会常务委员会举行会议时，人民代表大会代表或者常务委员会组成人员，依照法律规定程序就预算、决算中的有关问题提出询问或者质询，受询问或者受质询的有关的政府或者财政部门必须及时给予答复。

第八十六条　国务院和县级以上地方各级政府应当在每年六月至九月期间向本级人民代表大会常务委员会报告预算执行情况。

第八十七条　各级政府监督下级政府的预算执行；下级政府应当定期向上一级政府报告预算执行情况。

第八十八条　各级政府财政部门负责监督本级各部门及其所属各单位预算管理有关工作，并向本级政府和上一级政府财政部门报告预算执行情况。

第八十九条　县级以上政府审计部门依法对预算执行、决算实行审计监督。

对预算执行和其他财政收支的审计工作报告应当向社会公开。

第九十条　政府各部门负责监督检查所属各单位的预算执行，及时向本级政府财政部门反映本部门预算执行情况，依法纠正违反预算的行为。

第九十一条　公民、法人或者其他组织发现有违反本法的行为，可以依法向有关国家机关进行检举、控告。

接受检举、控告的国家机关应当依法进行处理，并为检举人、控告人保密。任何单位或者个人不得压制和打击报复检举人、控告人。

第十章　法律责任

第九十二条　各级政府及有关部门有下列行为之一的，责令改正，对负有直接责任的主管人员和其他直接责任人员追究行政责任：

（一）未依照本法规定，编制、报送预算草案、预算调整方案、决算草案和部门预算、决算以及批复预算、决算的；

（二）违反本法规定，进行预算调整的；

（三）未依照本法规定对有关预算事项进行公开和说明的；

（四）违反规定设立政府性基金项目和其他财政收入项目的；

（五）违反法律、法规规定使用预算预备费、预算周转金、预算稳定调节基金、超收收入的；

（六）违反本法规定开设财政专户的。

第九十三条　各级政府及有关部门、单位有下列行为之一的，责令改正，对负有直接责任的主管人员和其他直接责任人员依法给予降级、撤职、开除的处分：

（一）未将所有政府收入和支出列入预算或者虚列收入和支出的；

（二）违反法律、行政法规的规定，多征、提前征收或者减征、免征、缓征应征预算收入的；

（三）截留、占用、挪用或者拖欠应当上缴国库的预算收入的；

（四）违反本法规定，改变预算支出用途的；

（五）擅自改变上级政府专项转移支付资金用途的；

（六）违反本法规定拨付预算支出资金，办理预算收入收纳、划分、留解、退付，或者违反本法规定冻结、动用国库库款或者以其他方式支配已入国库库款的。

第九十四条 各级政府、各部门、各单位违反本法规定举借债务或者为他人债务提供担保，或者挪用重点支出资金，或者在预算之外及超预算标准建设楼堂馆所的，责令改正，对负有直接责任的主管人员和其他直接责任人员给予撤职、开除的处分。

第九十五条 各级政府有关部门、单位及其工作人员有下列行为之一的，责令改正，追回骗取、使用的资金，有违法所得的没收违法所得，对单位给予警告或者通报批评；对负有直接责任的主管人员和其他直接责任人员依法给予处分：

（一）违反法律、法规的规定，改变预算收入上缴方式的；

（二）以虚报、冒领等手段骗取预算资金的；

（三）违反规定扩大开支范围、提高开支标准的；

（四）其他违反财政管理规定的行为。

第九十六条 本法第九十二条、第九十三条、第九十四条、第九十五条所列违法行为，其他法律对其处理、处罚另有规定的，依照其规定。

违反本法规定，构成犯罪的，依法追究刑事责任。

第十一章　附　　则

第九十七条 各级政府财政部门应当按年度编制以权责发生制为基础的政府综合财务报告，报告政府整体财务状况、运行情况和财政中长期可持续性，报本级人民代表大会常务委员会备案。

第九十八条 国务院根据本法制定实施条例。

第九十九条 民族自治地方的预算管理，依照民族区域自治法的有关规定执行；民族区域自治法没有规定的，依照本法和国务院的有关规定执行。

第一百条 省、自治区、直辖市人民代表大会或者其常务委员会根据本法，可以制定有关预算审查监督的决定或者地方性法规。

第一百零一条 本法自1995年1月1日起施行。1991年10月21日国务院发布的《国家预算管理条例》同时废止。

2. 中华人民共和国预算法实施条例（2020年修订）

（1995年11月22日中华人民共和国国务院令第186号发布　2020年8月3日中华人民共和国国务院令第729号修订）

第一章　总　　则

第一条 根据《中华人民共和国预算法》（以下简称预算法），制定本条例。

第二条 县级以上地方政府的派出机关根据本级政府授权进行预算管理活动，不作为一级预算，其收支纳入本级预算。

第三条 社会保险基金预算应当在精算平衡的基础上实现可持续运行，一般公共预算可以根据需要和财力适当安排资金补充社会保险基金预算。

第四条 预算法第六条第二款所称各部门，是指与本级政府财政部门直接发生预算缴拨款关系的国家机关、军队、政党组织、事业单位、社会团体和其他单位。

第五条 各部门预算应当反映一般公共预算、政府性基金预算、国有资本经营预算安排给本部门及其所属各单位的所有预算资金。

各部门预算收入包括本级财政安排给本部门及其所属各单位的预算拨款收入和其他收入。各部门预算支出为与部门预算收入相对应的支出，包括基本支出和项目支出。

本条第二款所称基本支出，是指各部门、各单位为保障其机构正常运转、完成日常工作任务所发生的支出，包括人员经费和公用经费；所称项目支出，是指各部门、各单位为完成其特定的工作任务和事业发展目标所发生的支出。

各部门及其所属各单位的本级预算拨款收入和其相对应的支出，应当在部门预算中单独反映。

部门预算编制、执行的具体办法，由本级政府财政部门依法作出规定。

第六条 一般性转移支付向社会公开应当细化到地区。专项转移支付向社会公开应当细化到地区和项目。

政府债务、机关运行经费、政府采购、财政专户资金等情况，按照有关规定向社会公开。

部门预算、决算应当公开基本支出和项目支出。部门预算、决算支出按其功能分类应当公开到项；按其经济性质分类，基本支出应当公开到款。

各部门所属单位的预算、决算及报表，应当在部门批复后20日内由单位向社会公开。单位预算、决算应当公开基本支出和项目支出。单位预算、决算支出按其功能分类应当公开到项；按其经济性质分类，基本支出应当公开到款。

第七条 预算法第十五条所称中央和地方分税制，是指在划分中央与地方事权的基础上，确定中央与地方财政支出范围，并按税种划分中央与地方预算收入的财政管理体制。

分税制财政管理体制的具体内容和实施办法，按照国务院的有关规定执行。

第八条 县级以上地方各级政府应当根据中央和地方分税制的原则和上级政府的有关规定，确定本级政府对下级政府的财政管理体制。

第九条 预算法第十六条第二款所称一般性转移支付，包括：

（一）均衡性转移支付；

（二）对革命老区、民族地区、边疆地区、贫困地区的财力补助；

（三）其他一般性转移支付。

第十条 预算法第十六条第三款所称专项转移支付，是指上级政府为了实现特定的经济和社会发展目标给予下级政府，并由下级政府按照上级政府规定的用途安排使用的预算资金。

县级以上各级政府财政部门应当会同有关部门建立健全专项转移支付定期评估和退出机制。对评估后的专项转移支付，按照下列情形分别予以处理：

（一）符合法律、行政法规和国务院规定，有必要继续执行的，可以继续执行；

（二）设立的有关要求变更，或者实际绩效与目标差距较大、管理不够完善的，应当予以调整；

（三）设立依据失效或者废止的，应当予以取消。

第十一条 预算收入和预算支出以人民币元为计算单位。预算收支以人民币以外的货币收纳和支付的，应当折合成人民币计算。

第二章 预算收支范围

第十二条 预算法第二十七条第一款所称行政事业性收费收入，是指国家机关、事业单位等依照法律法规规定，按照国务院规定的程序批准，在实施社会公共管理以及在向公民、法人和其他组织提供特定公共服务过程中，按照规定标准向特定对象收取费用形成的收入。

预算法第二十七条第一款所称国有资源（资产）有偿使用收入，是指矿藏、水流、海域、无居民海岛以及法律规定属于国家所有的森林、草原等国有资源有偿使用收入，按照规定纳入一般公共预算管理的国有资产收入等。

预算法第二十七条第一款所称转移性收入，是指上级税收返还和转移支付、下级上解收入、调入资金以及按照财政部规定列入转移性收入的无隶属关系政府的无偿援助。

第十三条 转移性支出包括上解上级支出、对下级的税收返还和转移支付、调出资金以及按照财政部规定列入转移性支出的给予无隶属关系政府的无偿援助。

第十四条 政府性基金预算收入包括政府性基金各项目收入和转移性收入。

政府性基金预算支出包括与政府性基金预算收入相对应的各项目支出和转移性支出。

第十五条 国有资本经营预算收入包括依照法律、行政法规和国务院规定应当纳入国有资本经营预算的国有独资企业和国有独资公司按照规定上缴国家的利润收入、从国有资本控股和参股公司获得的股息红利收入、国有产权转让收入、清算收入和其他收入。

国有资本经营预算支出包括资本性支出、费用性支出、向一般公共预算调出资金等转移性支出和其他支出。

第十六条 社会保险基金预算收入包括各项社会保险费收入、利息收入、投资收益、一般公共预算补助收入、集体补助收入、转移收入、上级补助收入、下级上解收入和其他收入。

社会保险基金预算支出包括各项社会保险待遇支出、转移支出、补助下级支出、上解上级支出和其他支出。

第十七条 地方各级预算上下级之间有关收入和支出项目的划分以及上解、返还或者转移支付的具体办法，由上级地方政府规定，报本级人民代表大会常务委员会备案。

第十八条 地方各级社会保险基金预算上下级之间有关收入和支出项目的划分以及上解、补助的具体办法，按照统筹层次由上级地方政府规定，报本级人民代表大会常务委员会备案。

第三章 预算编制

第十九条 预算法第三十一条所称预算草案，是指各级政府、各部门、各单位编制的未经法定程序审查和批准的预算。

第二十条 预算法第三十二条第一款所称绩效评价，是指根据设定的绩效目标，依据规范的程序，对预算资金的投入、使用过程、产出与效果进行系统和客观的评价。

绩效评价结果应当按照规定作为改进管理和编制以后年度预算的依据。

第二十一条 预算法第三十二条第三款所称预算支出标准，是指对预算事项合理分类并分别规定的支出预算编制标准，包括基本支出标准和项目支出标准。

地方各级政府财政部门应当根据财政部制定的预算支出标准，结合本地区经济社会发展水平、财力状况等，制定本地区或者本级的预算支出标准。

第二十二条 财政部于每年6月15日前部署编制下一年度预算草案的具体事项，规定报表格式、编报方法、报送期限等。

第二十三条 中央各部门应当按照国务院的要求和财政部的部署，结合本部门的具体情况，组织编制本部门及其所属各单位的预算草案。

中央各部门负责本部门所属各单位预算草案的审核，并汇总编制本部门的预算草案，按照规定报财政部审核。

第二十四条 财政部审核中央各部门的预算草案，具体编制中央预算草案；汇总地方预算草案或者地方预算，汇编中央和地方预算草案。

第二十五条 省、自治区、直辖市政府按照国务院的要求和财政部的部署，结合本地区的具体情况，提出本行政区域编制预算草案的要求。

县级以上地方各级政府财政部门应当于每年 6 月 30 日前部署本行政区域编制下一年度预算草案的具体事项，规定有关报表格式、编报方法、报送期限等。

第二十六条 县级以上地方各级政府各部门应当根据本级政府的要求和本级政府财政部门的部署，结合本部门的具体情况，组织编制本部门及其所属各单位的预算草案，按照规定报本级政府财政部门审核。

第二十七条 县级以上地方各级政府财政部门审核本级各部门的预算草案，具体编制本级预算草案，汇编本级总预算草案，经本级政府审定后，按照规定期限报上一级政府财政部门。

省、自治区、直辖市政府财政部门汇总的本级总预算草案或者本级总预算，应当于下一年度 1 月 10 日前报财政部。

第二十八条 县级以上各级政府财政部门审核本级各部门的预算草案时，发现不符合编制预算要求的，应当予以纠正；汇编本级总预算草案时，发现下级预算草案不符合上级政府或者本级政府编制预算要求的，应当及时向本级政府报告，由本级政府予以纠正。

第二十九条 各级政府财政部门编制收入预算草案时，应当征求税务、海关等预算收入征收部门和单位的意见。

预算收入征收部门和单位应当按照财政部门的要求提供下一年度预算收入征收预测情况。

第三十条 财政部门会同社会保险行政部门部署编制下一年度社会保险基金预算草案的具体事项。

社会保险经办机构具体编制下一年度社会保险基金预算草案，报本级社会保险行政部门审核汇总。社会保险基金收入预算草案由社会保险经办机构会同社会保险费征收机构具体编制。财政部门负责审核并汇总编制社会保险基金预算草案。

第三十一条 各级政府财政部门应当依照预算法和本条例规定，制定本级预算草案编制规程。

第三十二条 各部门、各单位在编制预算草案时，应当根据资产配置标准，结合存量资产情况编制相关支出预算。

第三十三条 中央一般公共预算收入编制内容包括本级一般公共预算收入、从国有资本经营预算调入资金、地方上解收入、从预算稳定调节基金调入资金、其他调入资金。

中央一般公共预算支出编制内容包括本级一般公共预算支出、对地方的税收返还和转移支付、补充预算稳定调节基金。

中央政府债务余额的限额应当在本级预算中单独列示。

第三十四条 地方各级一般公共预算收入编制内容包括本级一般公共预算收入、从国有资本经营预算调入资金、上级税收返还和转移支付、下级上解收入、从预算稳定调节基金调入资金、其他调入资金。

地方各级一般公共预算支出编制内容包括本级一般公共预算支出、上解上级支出、对下级的税收返还和转移支付、补充预算稳定调节基金。

第三十五条 中央政府性基金预算收入编制内容包括本级政府性基金各项收入、上一年度结余、地方上解收入。

中央政府性基金预算支出编制内容包括本级政府性基金各项支出、对地方的转移支付、调出资金。

第三十六条 地方政府性基金预算收入编制内容包括本级政府性基金各项目收入、上一年度结余、下级上解收入、上级转移支付。

地方政府性基金预算支出编制内容包括本级政府性基金各项目支出、上解上级支出、对下级的转移支付、调出资金。

第三十七条 中央国有资本经营预算收入编制内容包括本级收入、上一年度结余、地方上解收入。

中央国有资本经营预算支出编制内容包括本级支出、向一般公共预算调出资金、对地方特定事项的转移支付。

第三十八条 地方国有资本经营预算收入编制内容包括本级收入、上一年度结余、上级对特定事项的转移支付、下级上解收入。

地方国有资本经营预算支出编制内容包括本级支出、向一般公共预算调出资金、对下级特定事项的转移支付、上解上级支出。

第三十九条 中央和地方社会保险基金预算收入、支出编制内容包括本条例第十六条规定的各项收入和支出。

第四十条 各部门、各单位预算收入编制内容包括本级预算拨款收入、预算拨款结转和其他收入。

各部门、各单位预算支出编制内容包括基本支出和项目支出。

各部门、各单位的预算支出,按其功能分类应当编列到项,按其经济性质分类应当编列到款。

第四十一条 各级政府应当加强项目支出管理。各级政府财政部门应当建立和完善项目支出预算评审制度。各部门、各单位应当按照本级政府财政部门的规定开展预算评审。

项目支出实行项目库管理,并建立健全项目入库评审机制和项目滚动管理机制。

第四十二条 预算法第三十四条第二款所称余额管理,是指国务院在全国人民代表大会批准的中央一般公共预算债务的余额限额内,决定发债规模、品种、期限和时点的管理方式;所称余额,是指中央一般公共预算中举借债务未偿还的本金。

第四十三条 地方政府债务余额实行限额管理。各省、自治区、直辖市的政府债务限额,由财政部在全国人民代表大会或者其常务委员会批准的总限额内,根据各地区债务风险、财力状况等因素,并考虑国家宏观调控政策等需要,提出方案报国务院批准。

各省、自治区、直辖市的政府债务余额不得突破国务院批准的限额。

第四十四条 预算法第三十五条第二款所称举借债务的规模,是指各地方政府债务余额限额的总和,包括一般债务限额和专项债务限额。一般债务是指列入一般公共预算用于公益性事业发展的一般债券、地方政府负有偿还责任的外国政府和国际经济组织贷款转贷债务;专项债务是指列入政府性基金预算用于有收益的公益性事业发展的专项债券。

第四十五条 省、自治区、直辖市政府财政部门依照国务院下达的本地区地方政府债务限额,提出本级和转贷给下级政府的债务限额安排方案,报本级政府批准后,将增加举借的债务列入本级预算调整方案,报本级人民代表大会常务委员会批准。

接受转贷并向下级政府转贷的政府应当将转贷债务纳入本级预算管理。使用转贷并负有直接偿还责任的政府,应当将转贷债务列入本级预算调整方案,报本级人民代表大会常务委员会批准。

地方各级政府财政部门负责统一管理本地区政府债务。

第四十六条 国务院可以将举借的外国政府和国际经济组织贷款转贷给省、自治区、直辖市政府。

国务院向省、自治区、直辖市政府转贷的外国政府和国际经济组织贷款,省、自治区、直辖市政府负有直接偿还责任的,应当纳入本级预算管理。省、自治区、直辖市政府未能按时履行还款义务的,国务院可以相应抵扣对该地区的税收返还等资金。

省、自治区、直辖市政府可以将国务院转贷的外国政府和国际经济组织贷款再转贷给下级政府。

第四十七条 财政部和省、自治区、直辖市政府财政部门应当建立健全地方政府债务风险评估指标体系,组织评估地方政府债务风险状况,对债务高风险地区提出预警,并监督化解债务风险。

第四十八条 县级以上各级政府应当按照本年度转移支付预计执行数的一定比例将下一年度转移支付预计数提前下达至下一级政府,具体下达事宜由本级政府财政部门办理。

除据实结算等特殊项目的转移支付外,提前下达的一般性转移支付预计数的比例一般不低于90%;提前下达的专项转移支付预计数的比例一般不低于70%。其中,按照项目法管理分配的专项转移支付,应当一并明确下一年度组织实施的项目。

第四十九条 经本级政府批准,各级政府财政部门可以设置预算周转金,额度不得超过本级一般公共预算支出总额的1%。年度终了时,各级政府财政部门可以将预算周转金收回并用于补充预算稳定调节基金。

第五十条 预算法第四十二条第一款所称结转资金,是指预算安排项目的支出年度终了时尚未执行完毕,或者因故未执行但下一年度需要按原用途继续使用的资金;连续两年未用完的结转资金,是指预算安排项目的支出在下一年度终了时仍未用完的资金。

预算法第四十二条第一款所称结余资金,是指年度预算执行终了时,预算收入实际完成数扣除预算支出实际完成数和结转资金后剩余的资金。

第四章 预算执行

第五十一条 预算执行中,政府财政部门的主要职责:

(一)研究和落实财政税收政策措施,支持经济社会健康发展;

(二)制定组织预算收入、管理预算支出以及相关财务、会计、内部控制、监督等制度和办法;

(三)督促各预算收入征收部门和单位依法履行职责,征缴预算收入;

(四)根据年度支出预算和用款计划,合理调度、拨付预算资金,监督各部门、各单位预算资金使用管理情况;

(五)统一管理政府债务的举借、支出与偿还,监督债务资金使用情况;

(六)指导和监督各部门、各单位建立健全财务制度和会计核算体系,规范账户管理,健全内部控制机制,按照规定使用预算资金;

(七)汇总、编报分期的预算执行数据,分析预算执行情况,按照本级人民代表大会常务委员会、本级政府和上一级政府财政部门的要求定期报告预算执行情况,并提出相关政策建议;

(八)组织和指导预算资金绩效监控、绩效评价;

(九)协调预算收入征收部门和单位、国库以及其他有关部门的业务工作。

第五十二条 预算法第五十六条第二款所称财政专户,是指财政部门为履行财政管理职能,根据法律规定或者经国务院批准开设的用于管理核算特定专用资金的银行结算账户;所称特定专用资金,包括法律规定可以设立财政专户的资金,外国政府和国际经济组织的贷款、赠款,按照规定存储的人民币以外的货币,财政部会同有关部门报国务院批准的其他特定专用资金。

开设、变更财政专户应当经财政部核准,撤销财政专户应当报财政部备案,中国人民银行应当加强对银行业金融机构开户的核准、管理和监督工作。

财政专户资金由本级政府财政部门管理。除法律另有规定外，未经本级政府财政部门同意，任何部门、单位和个人都无权冻结、动用财政专户资金。

财政专户资金应当由本级政府财政部门纳入统一的会计核算，并在预算执行情况、决算和政府综合财务报告中单独反映。

第五十三条 预算执行中，各部门、各单位的主要职责：

（一）制定本部门、本单位预算执行制度，建立健全内部控制机制；

（二）依法组织收入，严格支出管理，实施绩效监控，开展绩效评价，提高资金使用效益；

（三）对单位的各项经济业务进行会计核算；

（四）汇总本部门、本单位的预算执行情况，定期向本级政府财政部门报送预算执行情况报告和绩效评价报告。

第五十四条 财政部门会同社会保险行政部门、社会保险费征收机构制定社会保险基金预算的收入、支出以及财务管理的具体办法。

社会保险基金预算由社会保险费征收机构和社会保险经办机构具体执行，并按照规定向本级政府财政部门和社会保险行政部门报告执行情况。

第五十五条 各级政府财政部门和税务、海关等预算收入征收部门和单位必须依法组织预算收入，按照财政管理体制、征收管理制度和国库集中收缴制度的规定征收预算收入，除依法缴入财政专户的社会保险基金等预算收入外，应当及时将预算收入缴入国库。

第五十六条 除依法缴入财政专户的社会保险基金等预算收入外，一切有预算收入上缴义务的部门和单位，必须将应当上缴的预算收入，按照规定的预算级次、政府收支分类科目、缴库方式和期限缴入国库，任何部门、单位和个人不得截留、占用、挪用或者拖欠。

第五十七条 各级政府财政部门应当加强对预算资金拨付的管理，并遵循下列原则：

（一）按照预算拨付，即按照批准的年度预算和用款计划拨付资金。除预算法第五十四条规定的在预算草案批准前可以安排支出的情形外，不得办理无预算、无用款计划、超预算或者超计划的资金拨付，不得擅自改变支出用途；

（二）按照规定的预算级次和程序拨付，即根据用款单位的申请，按照用款单位的预算级次、审定的用款计划和财政部门规定的预算资金拨付程序拨付资金；

（三）按照进度拨付，即根据用款单位的实际用款进度拨付资金。

第五十八条 财政部应当根据全国人民代表大会批准的中央政府债务余额限额，合理安排发行国债的品种、结构、期限和时点。

省、自治区、直辖市政府财政部门应当根据国务院批准的本地区政府债务限额，合理安排发行本地区政府债券的结构、期限和时点。

第五十九条 转移支付预算下达和资金拨付应当由财政部门办理，其他部门和单位不得对下级政府部门和单位下达转移支付预算或者拨付转移支付资金。

第六十条 各级政府、各部门、各单位应当加强对预算支出的管理，严格执行预算，遵守财政制度，强化预算约束，不得擅自扩大支出范围、提高开支标准；严格按照预算规定的支出用途使用资金，合理安排支出进度。

第六十一条 财政部负责制定与预算执行有关的财务规则、会计准则和会计制度。各部门、各单位应当按照本级政府财政部门的要求建立健全财务制度，加强会计核算。

第六十二条 国库是办理预算收入的收纳、划分、留解、退付和库款支拨的专门机构。国库分为中央国库和地方国库。

中央国库业务由中国人民银行经理。未设中国人民银行分支机构的地区，由中国人民银行商财政部后，委托有关银行业金融机构办理。

地方国库业务由中国人民银行分支机构经理。未设中国人民银行分支机构的地区，由上级中国人民银行分支机构商有关地方政府财政部门后，委托有关银行业金融机构办理。

具备条件的乡、民族乡、镇，应当设立国库。具体条件和标准由省、自治区、直辖市政府财政部门确定。

第六十三条 中央国库业务应当接受财政部的指导和监督，对中央财政负责。

地方国库业务应当接受本级政府财政部门的指导和监督，对地方财政负责。

省、自治区、直辖市制定的地方国库业务规程应当报财政部和中国人民银行备案。

第六十四条 各级国库应当及时向本级政府财政部门编报预算收入入库、解库、库款拨付以及库款余额情况的日报、旬报、月报和年报。

第六十五条 各级国库应当依照有关法律、行政法规、国务院以及财政部、中国人民银行的有关规定，加强对国库业务的管理，及时准确地办理预算收入的收纳、划分、留解、退付和预算支出的拨付。

各级国库和有关银行业金融机构必须遵守国家有关预算收入缴库的规定，不得延解、占压应当缴入国库的预算收入和国库库款。

第六十六条 各级国库必须凭本级政府财政部门签发的拨款凭证或者支付清算指令于当日办理资金拨付，并及时将款项转入收款单位的账户或者清算资金。

各级国库和有关银行业金融机构不得占压财政部门拨付的预算资金。

第六十七条 各级政府财政部门、预算收入征收部门和单位、国库应当建立健全相互之间的预算收入对账制度，在预算执行中按月、按年核对预算收入的收纳以及库款拨付情况，保证预算收入的征收入库、库款拨付和库存金额准确无误。

第六十八条 中央预算收入、中央和地方预算共享收入退库的办法，由财政部制定。地方预算收入退库的办法，由省、自治区、直辖市政府财政部门制定。

各级预算收入退库的审批权属于本级政府财政部门。中央预算收入、中央和地方预算共享收入的退库，由财政部或者财政部授权的机构批准。地方预算收入的退库，由地方政府财政部门或者其授权的机构批准。具体退库程序按照财政部的有关规定办理。

办理预算收入退库，应当直接退给申请单位或者申请个人，按照国家规定用途使用。任何部门、单位和个人不得截留、挪用退库款项。

第六十九条 各级政府应当加强对本级国库的管理和监督，各级政府财政部门负责协调本级预算收入征收部门和单位与国库的业务工作。

第七十条 国务院各部门制定的规章、文件，凡涉及减免应缴预算收入、设立和改变收入项目和标准、罚没财物处理、经费开支标准和范围、国有资产处置和收益分配以及会计核算等事项的，应当符合国家统一的规定；凡涉及增加或者减少财政收入或者支出的，应当征求财政部意见。

第七十一条 地方政府依据法定权限制定的规章和规定的行政措施，不得涉及减免中央预算收入、中央和地方预算共享收入，不得影响中央预算收入、中央和地方预算共享收入的征收；违反规定的，有关预算收入征收部门和单位有权拒绝执行，并应当向上级预算收入征收部门和单位以及财政部报告。

第七十二条 各级政府应当加强对预算执行工作的领导，定期听取财政部门有关预算执行情况的汇报，研究解决预算执行中出现的问题。

第七十三条 各级政府财政部门有权监督本级各部门及其所属各单位的预算管理有关工作，对各部门的预算执行情况和绩效进行评价、考核。

各级政府财政部门有权对与本级各预算收入相关的征收部门和单位征收本级预算收入的情况进行监督，对违反法律、行政法规规定多征、提前征收、减征、免征、缓征或者退还预算收入的，责令改正。

第七十四条 各级政府财政部门应当每月向本级政府报告预算执行情况，具体报告内容、方式和期限由本级政府规定。

第七十五条 地方各级政府财政部门应当定期向上一级政府财政部门报送本行政区域预算执行情况，包括预算执行旬报、月报、季报，政府债务余额统计报告，国库库款报告以及相关文字说明材料。具体报送内容、方式和期限由上一级政府财政部门规定。

第七十六条 各级税务、海关等预算收入征收部门和单位应当按照财政部门规定的期限和要求，向财政部门和上级主管部门报送有关预算收入征收情况，并附文字说明材料。

各级税务、海关等预算收入征收部门和单位应当与相关财政部门建立收入征管信息共享机制。

第七十七条 各部门应当按照本级政府财政部门规定的期限和要求，向本级政府财政部门报送本部门及其所属各单位的预算收支情况等报表和文字说明材料。

第七十八条 预算法第六十六条第一款所称超收收入，是指年度本级一般公共预算收入的实际完成数超过经本级人民代表大会或者其常务委员会批准的预算收入数的部分。

预算法第六十六条第三款所称短收，是指年度本级一般公共预算收入的实际完成数小于经本级人民代表大会或者其常务委员会批准的预算收入数的情形。

前两款所称实际完成数和预算收入数，不包括转移性收入和政府债务收入。

省、自治区、直辖市政府依照预算法第六十六条第三款规定增列的赤字，可以通过在国务院下达的本地区政府债务限额内发行地方政府一般债券予以平衡。

设区的市、自治州以下各级一般公共预算年度执行中出现短收的，应当通过调入预算稳定调节基金或者其他预算资金、减少支出等方式实现收支平衡；采取上述措施仍不能实现收支平衡的，可以通过申请上级政府临时救助平衡当年预算，并在下一年度预算中安排资金归还。

各级一般公共预算年度执行中厉行节约、节约开支，造成本级预算支出实际执行数小于预算总支出的，不属于预算调整的情形。

各级政府性基金预算年度执行中有超收收入的，应当在下一年度安排使用并优先用于偿还相应的专项债务；出现短收的，应当通过减少支出实现收支平衡。国务院另有规定的除外。

各级国有资本经营预算年度执行中有超收收入的，应当在下一年度安排使用；出现短收的，应当通过减少支出实现收支平衡。国务院另有规定的除外。

第七十九条 年度预算确定后，部门、单位改变隶属关系引起预算级次或者预算关系变化的，应当在改变财务关系的同时，相应办理预算、资产划转。

第五章 决 算

第八十条 预算法第七十四条所称决算草案，是指各级政府、各部门、各单位编制的未经法定程序审查和批准的预算收支和结余的年度执行结果。

第八十一条 财政部应当在每年第四季度部署编制决算草案的原则、要求、方法和报送期限，制发中央各部门决算、地方决算以及其他有关决算的报表格式。

省、自治区、直辖市政府按照国务院的要求和财政部的部署，结合本地区的具体情况，提出本行政区域编制决算草案的要求。

县级以上地方政府财政部门根据财政部的部署和省、自治区、直辖市政府的要求，部署编制本级政府各部门和下级政府决算草案的原则、要求、方法和报送期限，制发本级政府各部门决算、下级政府决算以及其他有关决算的报表格式。

第八十二条 地方政府财政部门根据上级政府财政部门的部署，制定本行政区域决算草案和本级各部门决算草案的具体编制办法。

各部门根据本级政府财政部门的部署，制定所属各单位决算草案的具体编制办法。

第八十三条 各级政府财政部门、各部门、各单位在每一预算年度终了时，应当清理核实全年预算收入、支出数据和往来款项，做好决算数据对账工作。

决算各项数据应当以经核实的各级政府、各部门、各单位会计数据为准，不得以估计数据替代，不得弄虚作假。

各部门、各单位决算应当列示结转、结余资金。

第八十四条 各单位应当按照主管部门的布置，认真编制本单位决算草案，在规定期限内上报。

各部门在审核汇总所属各单位决算草案基础上，连同本部门自身的决算收入和支出数据，汇编成本部门决算草案并附详细说明，经部门负责人签章后，在规定期限内报本级政府财政部门审核。

第八十五条 各级预算收入征收部门和单位应当按照财政部门的要求，及时编制收入年报以及有关资料并报送财政部门。

第八十六条 各级政府财政部门应当根据本级预算、预算会计核算数据等相关资料编制本级决算草案。

第八十七条 年度预算执行终了，对于上下级财政之间按照规定需要清算的事项，应当在决算时办理结算。

县级以上各级政府财政部门编制的决算草案应当及时报送本级政府审计部门审计。

第八十八条 县级以上地方各级政府应当自本级决算经批准之日起30日内，将本级决算以及下一级政府上报备案的决算汇总，报上一级政府备案；将下一级政府报送备案的决算汇总，报本级人民代表大会常务委员会备案。

乡、民族乡、镇政府应当自本级决算经批准之日起30日内，将本级决算报上一级政府备案。

第六章 监　　督

第八十九条 县级以上各级政府应当接受本级和上级人民代表大会及其常务委员会对预算执行情况和决算的监督，乡、民族乡、镇政府应当接受本级人民代表大会和上级人民代表大会及其常务委员会对预算执行情况和决算的监督；按照本级人民代表大会或者其常务委员会的要求，报告预算执行情况；认真研究处理本级人民代表大会代表或者其常务委员会组成人员有关改进预算管理的建议、批评和意见，并及时答复。

第九十条 各级政府应当加强对下级政府预算执行情况的监督，对下级政府在预算执行中违反预算法、本条例和国家方针政策的行为，依法予以制止和纠正；对本级预算执行中出现的问题，及时采取处理措施。

下级政府应当接受上级政府对预算执行情况的监督；根据上级政府的要求，及时提供资料，如实反映情况，不得隐瞒、虚报；严格执行上级政府作出的有关决定，并将执行结果及时上报。

第九十一条 各部门及其所属各单位应当接受本级政府财政部门对预算管理有关工作的监督。

财政部派出机构根据职责和财政部的授权，依法开展工作。

第九十二条 各级政府审计部门应当依法对本级预算执行情况和决算草案，本级各部门、各单位和下级政府的预算执行情况和决算，进行审计监督。

第七章 法 律 责 任

第九十三条 预算法第九十三条第六项所称违反本法规定冻结、动用国库库款或者以其他方式支配已入国库库款，是指：

（一）未经有关政府财政部门同意，冻结、动用国库库款；

（二）预算收入征收部门和单位违反规定将所收税款和其他预算收入存入国库之外的其他账户；

（三）未经有关政府财政部门或者财政部门授权的机构同意，办理资金拨付和退付；

（四）将国库库款挪作他用；

（五）延解、占压国库库款；

（六）占压政府财政部门拨付的预算资金。

第九十四条 各级政府、有关部门和单位有下列行为之一的，责令改正；对负有直接责任的主管人员和其他直接责任人员，依法给予处分：

（一）突破一般债务限额或者专项债务限额举借债务；

（二）违反本条例规定下达转移支付预算或者拨付转移支付资金；

（三）擅自开设、变更账户。

第八章 附 则

第九十五条 预算法第九十七条所称政府综合财务报告，是指以权责发生制为基础编制的反映各级政府整体财务状况、运行情况和财政中长期可持续性的报告。政府综合财务报告包括政府资产负债表、收入费用表等财务报表和报表附注，以及以此为基础进行的综合分析等。

第九十六条 政府投资年度计划应当和本级预算相衔接。政府投资决策、项目实施和监督管理按照政府投资有关行政法规执行。

第九十七条 本条例自 2020 年 10 月 1 日起施行。

3. 财政部关于印发《预算管理一体化规范（试行）》的通知（2020 年颁布）

（财办〔2020〕13 号）

各省、自治区、直辖市、计划单列市财政厅（局），新疆生产建设兵团财政局：

按照《财政部关于印发〈财政核心业务一体化系统实施方案〉的通知》（财办〔2019〕35 号）有关要求，财政部研究制定了全国统一的《预算管理一体化规范（试行）》（以下简称《规范》），现予以印发，并就有关事项通知如下。

一、进一步提高对预算管理一体化建设的认识

预算管理一体化建设在总结历次财政预算改革经验基础上，将制度规范与信息系统建设紧密结合，用系统化思维全流程整合预算管理各环节业务规范，通过将规则嵌入系统强化制度执行力，为完善标准科学、规范透明、约束有力的预算制度提供基础保障。这项工作的顺利推进将有利于落实《中华人民共和国预算法》有关要求，也有利于加强中央与地方协同配合，强化全国"一盘棋"思想，提高财政系统贯彻党中央、国务院决策部署的执行力，更好地发挥财政在国家治理中的基础和重要支柱作用。各地要深入学习领会习近平总书记关于以信息化推进国家治理体系和治理能力现代化的重要讲话精神，认真贯彻落实党的十九大和十九届四中全会有关部署要求，以《规范》为基础，继续推进预算管理一体化建设，并有力推动预算制度改革。

二、参照《规范》开展预算管理一体化建设

各地在推进预算管理一体化建设中，要将《规范》作为目标模式，参照《规范》并结合本地区实际情况，修订完善预算管理有关规程，梳理本地区预算管理一体化系统建设业务需求，合理确定实施步骤，有序推进预算管理一体化建设。各地建设预算管理一体化系统，原则上应当依据《规范》规定的管理流程、规则和要素，支撑上下级业务协同和数据共享；对于《规范》中未统一和需进一步细化的管理流程、规则和要素，可结合本地区实际情况扩充和细化；对于《规范》中明确需要逐步实现的有关内容，可结合本地区实际情况分步推进实施。财政部将根据预算管理一体化建设情况，持续做好《规范》更新和拓展完善工作。

三、扎实推进《规范》的试点实施

财政部将确定5～6个试点省份于2020年依据《规范》开展预算管理一体化系统建设，并严格按照《规范》试点实施，具体试点省份和要求另行发文通知。未纳入试点范围的省份，可根据本地区实际情况，自行组织开展试点。各地在推进试点过程中，要在保证平稳运行的基础上，合理确定试点范围和实施步骤，按照"不立不破、先立后破"的原则进行新旧系统切换，坚决防止出现影响财政稳定运行的情况。

附件：预算管理一体化规范（试行）（略）。

4. 关于印发《中央财政预算管理一体化资金支付管理办法（试行）》的通知（2022年颁布）

（财库〔2022〕5号）

有关中央预算单位，有关中央国库集中支付代理银行、北京银行，财政部各地监管局：

为了保证中央财政预算管理一体化建设试点工作顺利进行，根据《国务院关于进一步深化预算管理制度改革的意见》（国发〔2021〕5号）及中央财政预算管理一体化建设有关要求，现将《中央财政预算管理一体化资金支付管理办法（试行）》印发给你们，请遵照执行。

本办法执行中发现的问题，请及时向财政部（国库司）、人民银行（国库局）反馈。

附件：中央财政预算管理一体化资金支付管理办法（试行）

财政部　人民银行
2022年1月14日

附件：

中央财政预算管理一体化资金支付管理办法（试行）

第一章　总　　则

第一条　为加快推进中央财政预算管理一体化建设（以下简称中央一体化），进一步优化预算单位资金支付管理和规范预算单位资金支付行为，根据《中华人民共和国预算法》及其实施条例、《中华人民共和国国家金库条例》及其实施细则、《国务院关于进一步深化预算管理制度改革的意见》（国发〔2021〕5号）、《财政部关于印发〈预算管理一体化规范（试行）〉的通知》（财办〔2020〕13号）以及财政国库管理有关制度规定，制定本办法。

第二条 中央一体化试点部门（以下简称试点部门）及其所属相关预算单位（以下简称试点单位）财政拨款资金、教育收费专户管理资金、单位资金的支付管理（以下简称资金支付）适用本办法。

第三条 资金支付实行全流程电子化管理，通过中央预算管理一体化系统（以下简称中央一体化系统）办理业务。

第四条 除单位资金中按往来收入管理的资金外，其他资金支付坚持先有预算后有支出，根据预算指标、国库库款或有关账户余额情况拨付资金。

第五条 试点单位应当按照中央一体化试点有关要求，配合做好以下信息维护管理工作：

（一）本单位工作人员的工资卡卡号、公务卡卡号等与预算执行业务有关的人员类信息；

（二）本单位零余额账户和实有资金账户信息；

（三）单位财务公章等电子印鉴信息；

（四）其他需要试点单位维护管理的信息。

第二章 用款计划

第六条 用款计划主要用于财政国库现金流量控制及资金清算管理，不再按项目编制。财政拨款资金和教育收费专户管理资金应当编制用款计划，单位资金暂不编制用款计划。

第七条 试点单位月度用款计划当月开始生效，当年累计支付金额（不含单位资金支付金额）不得超过当年累计已批复的用款计划。

第八条 试点单位应当加强预算执行事前规划，严格依据预算指标（含部门预算"二上"控制数）、项目实施进度以及用款需求等编制分月用款计划，情况发生变化时应当及时上报调整用款计划。除特殊情况外，试点部门不得代替所属试点单位编制用款计划。

第九条 试点部门审核汇总所属试点单位用款计划后报送财政部。财政部根据预算指标、库款情况等批复分月用款计划，不再向中央国库集中支付业务代理银行（以下简称代理银行）下达用款额度。

第十条 财政部根据批复的用款计划生成国库集中支付汇总清算额度通知单，按时签章发送人民银行，作为人民银行与代理银行清算国库集中支付资金的依据。用款计划变化导致国库集中支付汇总清算额度调整的，财政部及时将调整结果发送人民银行。

第三章 资金支付一般规定

第十一条 试点单位办理资金支付业务时，应当通过中央一体化系统填报资金支付申请。财政部（国库司）对资金支付申请集中校验（审核）后，向代理银行发送支付凭证。代理银行根据支付凭证支付资金，不再对试点单位资金支付进行额度控制。试点单位原则上应当通过预算单位零余额账户支付资金，未开设预算单位零余额账户的试点单位通过财政零余额账户支付资金。具体流程如下：

（一）试点单位按规定通过中央一体化系统填报资金支付申请。通过预算单位零余额账户支付资金的，试点单位在提交资金支付申请时预生成支付凭证并按规定加盖电子签章（签名）。

（二）财政部根据预算指标和批复的用款计划对试点单位资金支付申请进行控制。预算指标的基本控制口径为：单位、指标类型、资金性质、支出功能分类科目（底级）、政府预算支出经济分类科目（类级）、预算项目、金额。用款计划的基本控制口径为：单位、支出功能分类科目、资金性质、支付方式、指标类型、金额。

（三）中央一体化系统根据预设的校验规则对资金支付申请进行校验，校验不通过的，转为试点部门人工审核；试点部门人工审核后提交资金支付申请，系统校验仍不通过的，按规定转为财政部（国库司）人工审核。

（四）校验（审核）通过后，财政部（国库司）将支付凭证发送代理银行。代理银行支付资金后，向财政部和试点单位发送国库集中支付凭证回单，作为财政总预算会计和单位会计核算的依据。

第十二条 按照支出活动的具体特点和管理要求，资金支付分为以下类型：

（一）购买性支出。购买性支出包括所有编制政府采购预算的支出，以及部门预算支出经济分类科目特定范围内的支出。

编制政府采购预算的购买性支出，资金支付申请应当匹配政府采购合同。中央一体化系统校验政府采购合同中的收款人信息、合同金额等信息，校验不通过的原则上不允许支付资金。

部门预算支出经济分类科目特定范围内的购买性支出，资金支付申请应当按规定匹配相关合同或协议。中央一体化系统校验相关合同或协议，校验不通过的原则上不允许支付资金；无法提供相关合同或协议的，按规定转为人工审核。

（二）公务卡还款。公务卡发卡银行应当通过中央一体化系统向财政部（国库司）按时提供公务卡消费明细信息。试点单位比对持卡人报销还款信息和公务卡消费信息后，按照本办法第十一条有关规定办理公务卡还款。

公务卡原则上只能用于公务支出活动。

（三）纳入财政统发范围的工资和离退休经费（以下简称统发工资）通过财政零余额账户办理资金支付。统发工资预算指标余额不足时，中央一体化系统对试点单位进行预警提示，试点单位应当按照预算管理规定及时补足预算指标。未及时补足预算指标的，由试点单位按照本办法第十一条有关规定自行发放工资。

（四）委托收款。试点单位办理水费、电费、燃气费、电话费、网络费用、社会保险缴费、个人所得税缴纳等委托收款业务时，应当提前指定用于委托收款的预算指标。委托收款扣款时，代理银行通过中央一体化系统发送委托扣款申请，系统验证通过后自动进行资金支付。

委托收款预算指标额度不足时，试点单位可以另行选择预算指标，或按照本办法第十一条有关规定办理资金支付。

第十三条 除下列情形外，试点单位不得从本单位零余额账户向本单位或本部门其他预算单位实有资金账户划转资金：

（一）根据政府购买服务相关政策，按合同约定向本部门所属事业单位支付的政府购买服务支出；

（二）确需划转的工会经费、住房改革支出、应缴或代扣代缴的税款，以及符合相关制度规定的工资代扣事项；

（三）暂不能通过零余额账户委托收款的社会保险缴费、职业年金缴费、水费、电费、取暖费等；

（四）按规定允许划转的科研项目和教育资金；

（五）财政部（国库司）规定的其他情形。

第十四条 代理银行应当在营业时间内办理国库集中支付业务，并在人民银行（国库局）规定的清算时限内向其发送已完成支付的申请划款凭证及所附划款明细，申请清算资金。除另有规定外，超出营业时间代理银行原则上不办理资金支付。

代理银行完成资金清算后，应当按日对资金支付明细信息进行核对；发现错误的，及时告知财政部（国库司）、人民银行（国库局），并按规定办理更正。

第十五条 资金支付完成后，因技术性差错等原因误用预算指标或支出经济分类的，试点单位应当通过中央一体化系统填报支付更正申请，经系统自动校验或人工审核后，更正相关信息。涉及国库集中支付汇总清算额度调整的，财政部（国库司）及时将调整结果发送人民银行（国库局），同步更正信息。

第十六条 资金退回业务按以下方式办理：

（一）因收款人账户名称或账号填写错误等原因导致的当年资金退回或项目未结束的跨年资金退回，代理银行应当将资金退回零余额账户，不得转存银行内部账户，在匹配原支付凭证的当日（超过清算时间的，于下一个工作日）将资金退回国库，并生成财政资金退回通知书发送财政部和试点单位。财政部（国库司）和试点单位根据退回通知书进行会计核算，并恢复试点单位相应预算指标。

（二）除另有规定外，项目结束或收回结余资金导致的资金退回，试点部门应当通过其实有资金账户汇总相关资金，按规定填写一般缴款书或银行汇款单后，统一上缴国库。财政部（国库司）和试点单位根据相关回单进行会计核算。

（三）对于错误缴入预算单位零余额账户的资金，试点单位应当向代理银行开具资金退回凭证。代理银行按资金退回凭证退回资金后，向试点单位发送回单。

第四章　资金支付特殊规定

第十七条 教育收费专户管理资金通过中央一体化系统进行集中校验和人工审核后，直接拨付到试点单位实有资金账户，不再由试点部门转拨。具体流程如下：

（一）试点单位按规定通过中央一体化系统填报资金支付申请。

（二）财政部根据预算指标、用款计划、教育收费专户资金余额等校验审核资金支付申请，审核通过后向教育收费专户开户银行发送支付凭证。教育收费专户开户银行支付资金后，向财政部发送相关支付凭证回单，作为财政总预·算会计核算的依据。

（三）因收款人账户名称或账号填写错误等原因发生资金退回的，教育收费专户开户银行应当在匹配原支付凭证信息后，向财政部报送财政专户退款通知书，同时将资金退回教育收费专户。财政部根据财政专户退款通知书进行会计核算，并相应恢复试点单位预算指标。

第十八条 单位资金包括资金收入管理、资金支付管理、支付更正管理和资金退回管理。

（一）资金收入管理。试点单位基本存款账户开户银行应当通过中央一体化系统及时向试点单位发送账户收款及余额变动信息，试点单位应当根据资金到账通知书，按单位资金收入、往来收入、退回资金三种类型对入账资金予以确认。

按本办法第十三条规定转入试点单位基本存款账户的财政拨款资金，按照往来收入管理。

（二）资金支付管理。试点单位基本存款账户开户银行根据中央一体化系统发送的支付凭证办理单位资金支付。除另有规定外，试点单位基本存款账户开户银行原则上不得接受中央一体化系统以外的单位资金支付指令。

属于单位资金收入的，试点单位按规定通过中央一体化系统填报资金支付申请。中央一体化系统根据预算指标及账户余额信息（编制政府采购预算的资金支付应当对应政府采购合同）进行校验，校验通过后向试点单位基本存款账户开户银行发送支付凭证。

属于往来收入的，试点单位按规定通过中央一体化系统填报资金支付申请。中央一体化系统根据试点单位基本存款账户余额信息进行校验，校验通过后向试点单位基本存款账户开户银行发送支付凭证。

（三）支付更正管理。属于单位资金收入的，试点单位应当按规定通过中央一体化系统填报支付更正申请，经系统自动校验通过后完成更正。

（四）资金退回管理。退回资金中能够匹配原支付凭证（信息）的，试点单位应当自行确认是否恢复对应的预算指标；无法匹配原支付凭证（信息）的，按照往来收入管理。

第五章　监督管理

第十九条　财政部（国库司）对资金支付组织开展动态监控，核实疑点信息，及时纠错纠偏。

第二十条　财政部各地监管局按规定通过中央一体化系统对属地试点单位预算执行进行全过程查询和监管，不再对资金支付申请进行前置审核。

第二十一条　人民银行对商业银行办理的国库集中支付业务进行监督检查。

第二十二条　试点部门在资金支付中的主要职责是：

（一）负责按照部门预算管理使用资金，并做好相应的财务管理和会计核算工作；

（二）负责本部门及所属试点单位资金支付管理的相关工作；

（三）组织本部门及所属试点单位编制用款计划，审核汇总所属试点单位用款计划；

（四）配合财政部对本部门及所属试点单位预算执行、资金申请与拨付和账户管理等情况进行监督管理。

第二十三条　试点单位在资金支付中的主要职责是：

（一）负责按单位预算使用资金，并做好相应的财务管理和会计核算工作；

（二）负责编制本单位用款计划；

（三）按规定填报资金支付申请，预生成有关电子凭证，并保证凭证的真实性、合规性；

（四）配合财政部及主管部门对本单位预算执行、资金申请与拨付和账户管理等情况进行监督管理。

第二十四条　有关商业银行在资金支付中的主要职责是：

（一）按照与财政部签订的委托代理协议及有关规定办理账户和资金支付业务，定期对账。严格按照中央一体化系统发送的支付凭证支付资金，不得违规支付资金，不得占压挪用资金。接受财政部监督，业务办理情况纳入财政部年度综合考评。

（二）按规定开发与维护代理中央一体化资金支付业务的信息管理系统并与财政部、人民银行联网，按要求向财政部、人民银行反馈资金支付相关信息。妥善保管有关支付凭证及资料，并负有保密义务。

（三）按照与人民银行签订的资金支付清算协议及有关规定办理资金支付清算等业务，定期对账，接受人民银行的监督检查。

第六章　附　　则

第二十五条　本办法施行前有关规定与本办法不一致的，以本办法为准；本办法未作出规定的，按照现行制度规定执行。

第二十六条　资金支付具体业务细则按照有关中央一体化试点操作规程办理。

第二十七条　本办法由财政部会同人民银行负责解释。

第二十八条　本办法自印发之日起施行。

附：中央财政预算管理一体化资金支付管理凭证样式（略）。

5. 关于印发《预算指标核算管理办法（试行）》的通知
（2022年颁布）

（财办〔2022〕36号）

各省、自治区、直辖市、计划单列市财政厅（局），新疆生产建设兵团财政局：

为贯彻落实《国务院关于进一步深化预算管理制度改革的意见》（国发〔2021〕5号）文件，根据《中华人民共和国预算法》及其实施条例等有关规定，财政部研究制定了《预算指标核算管理办法（试行）》，现印发给你们，请遵照执行。

自2023年1月1日起，浙江省、云南省、河北省、河南省、陕西省、海南省、湖北省、黑龙江省全面推广实施预算指标核算管理，自2023年7月1日起在全国范围内统一实施。各地应按照预算管理一体化建设整体部署，积极推广落实改革工作。

执行过程中有关问题和情况，请及时向财政部反映。

附件：预算指标核算管理办法（试行）

财政部
2022年9月6日

附件：

预算指标核算管理办法（试行）

第一章 总 则

第一条 为硬化预算约束和规范预算管理行为，根据《中华人民共和国预算法》《中华人民共和国预算法实施条例》等有关法律、行政法规和规章，制定本办法。

第二条 本办法所指的预算指标核算是指政府财政部门采用复式记账法，对预算指标管理业务或事项进行核算，通过对预算指标的批复、分解、下达、生成、调整、调剂、执行和结转结余等全生命周期过程记录，实时反映预算指标的来源、增减及状态，实现预算指标管理全流程"顺向可控，逆向可溯"。

第三条 本办法适用于中央，省、自治区、直辖市、新疆生产建设兵团，设区的市、自治州，县、自治县、不设区的市、市辖区，乡、民族乡、镇等各级政府财政部门。衔接中央、省、市、县、乡镇五级财政预算。

第四条 预算指标核算范围包含一般公共预算资金、政府性基金预算资金、国有资本经营预算资金、财政专户管理资金（教育收费）和单位资金等。核算对象既包括纳入本年度收支预算的资金，也包含上年结转结余的资金。预算指标核算按资金性质分别核算、分别平衡。

社会保险基金预算资金的指标核算不适用本办法，由财政部另行规定。

第五条 政府财政部门是预算指标核算管理的主体。保证预算指标核算管理数据的合法性、完整性和准确性。

第六条 政府财政部门和预算单位通过预算管理和资金支付业务操作自动触发核算体系记账，对数据等有关要素的合法性、完整性、准确性、真实性负责。

第七条 预算指标核算管理通过全国统一的核算科目和管理规则，统一的核算控制要素，统一的核算口径，全面反映预算指标的来源、增减及状态，实现对各级政府财政部门预算管理全过程的记录、控制和反映。

第八条 预算指标核算应当划分核算期间，分期结算，按规定编制报表。

核算期间至少分为月度和年度。核算月度、年度等核算期间的起讫日期采用公历日期。

年度终了后，可根据工作需要设置一定期限的上年核算清理期。

第九条 预算指标核算应当遵循以下基本原则。

（一）加强政府收支预算约束，实施财政收支总额控制。按照"先有预算、再有指标、后有支出"的原则，"支出预算余额控制支出指标、支出指标余额控制资金支付"的控制机制，严禁无预算或超预算支出。预算变动必须按照业务规范进行核算，确保预算的严肃性。

（二）将预算全口径（除社会保险基金预算）纳入核算范围，通过复式记账的规则，实现以可动用的财政资源（财力类科目）控制年度财政总支出规模（指标来源类科目）。

（三）以年度财政总支出规模（指标来源类科目）控制支出指标的生成和使用（支出指标类、支付申请类、支付类以及结转核销类科目）等后续流程。从而实现预算严格控制指标，年度财政总支出规模控制分部门的财政支出预算。

（四）将各级政府预算数据全部纳入核算范围，并通过预算指标核算环环相扣，建立上下级财政间预算管理衔接机制。

第十条 本办法核算科目包括财政资金预算指标核算科目和单位资金预算指标核算科目，其中单位资金预算指标核算科目是财政资金预算指标核算科目的简化。财政资金预算指标核算科目包括指标来源类、提前安排类、结转结余类、财力类、支出指标类、收入类、支付申请类、支付类和结转核销类。单位资金预算指标核算科目包括单位资金支出预算类、提前安排类、结转结余类、单位资金收入预算类、支出指标类、收入类、支付申请类、支付类和结转核销类。核算规则如下：

（一）指标来源类科目用以核算年度总支出预算，并通过本科目控制支出指标生成及后续流程。包括政府支出预算、安排国库集中支付结余。

（二）提前安排类科目用以核算在各级人民代表大会（以下简称人大）批准预算之前按相关法规可以提前安排的支出指标，并在人大批准预算后予以核销。包括本级财力提前下达指标、本级财力年初控制数和其他预拨指标。

（三）结转结余类科目用以核算确认收入和确认支付相抵后的结转结余。

（四）财力类科目用以核算年度总收入预算。包括政府收入预算和应付国库集中支付结余。

（五）支出指标类科目用以核算在指标来源类科目和提前安排类科目控制下生成的支出指标，并通过本科目控制支付申请类及后续流程。包括待下达指标、可执行指标和可执行指标冻结。

（六）支付申请类科目用以核算财政和单位在支出指标控制下的支付申请，并通过本科目控制确认支付及后续流程。包括支付申请。

（七）支付类科目用以核算在指标来源类、支出指标类和支付申请类科目控制下的确认支付，并通过本科目进行结转结余核算。

（八）收入类科目用以核算财力类科目的确认收入，并通过本科目进行结转结余核算。

（九）结转核销类科目用以核算根据预算指标结转结余规定，指标来源类、支出指标类的指标结转结余。并通过本科目和结转结余类科目进行年终结账。包括指标结转和指标结余。

（十）单位资金预算指标核算科目中单位资金支出预算类参照财政资金预算指标核算科目的指标来源类科目，单位资金收入预算类参照财政资金预算指标核算科目的财力类科目。

第十一条　预算指标核算应当按照以下规定运用核算科目。

（一）各级政府财政部门应当对有关法律、法规允许进行的经济活动，按照本办法的规定设置和使用核算科目，不得以本办法规定的科目及使用说明作为进行有关经济活动的依据。

（二）各级政府财政部门应当执行本办法统一规定的核算科目编号，不得随意打乱重编。以便于监督管理、生成报表和实行信息化管理。

（三）预算指标核算应当设置明细科目进行核算，并使用对应核算控制要素和辅助核算要素。除遵循本办法规定外，还应当满足各级政府预算管理的需要。

（四）政府收支分类科目、支出经济分类科目原则上需到末级科目。支出指标类必须使用末级科目。

（五）各级政府财政部门可在本办法的基础上，在不影响核算处理和编报报表的前提下，根据实际情况在本科目体系下增设下级明细科目和控制规则，不需使用的科目可以不用，但不能减少或改变原有的科目和控制规则，不得违反本办法的规定。

第十二条　各级政府财政部门应当按照下列规定编制报表，财政部根据管理需要适时调整报表样式。

（一）预算指标核算报表包括预算指标核算管理总表、预算收入预算变动及执行情况表和预算支出预算变动及执行情况表。主要反映收支总体情况、收支预算变动及结转结余等事项，按资金性质分别编制，报表由系统自动生成。

（二）预算指标核算报表应当按照月和年度编制，也可以根据管理需要按时点编制。

（三）预算指标核算报表应当根据完整、无误的核算记录自动生成，做到数字真实、计算准确、内容完整、编报及时。

（四）各级政府财政部门可根据实际管理需要，生成符合各自地方特点的报表以及向财政部报送的其他报表。

第十三条　预算指标核算应通过现代信息技术应用与预算制度改革紧密结合，衔接五级财政预算，动态反映预算指标管理业务全貌，建立业务协同、规范管理、统筹协调的指标核算管理运行机制。实现全国预算指标管理系统一体化、标准化、信息化、数字化。

第十四条　本办法未特殊规定的核算事项，按照财政部有关规定处理。

第十五条　省、自治区、直辖市、计划单列市、新疆生产建设兵团的政府财政部门在与本办法不相违背的前提下，负责制定本地区预算指标具体核算管理办法。

第十六条　本办法自2023年1月1日起实施。各级政府财政部门应当提前将本办法有关规则嵌入各地信息化系统，并在2023年预算编制时进行核算。

第二章　预算指标核算科目

一、财政资金预算指标核算科目

借方	贷方
一、指标来源类	二、提前安排类
1001 政府支出预算	2001 本级财力提前下达指标
100101 本级支出预算	2002 本级财力年初控制数
100102 补助支出预算	2003 其他预拨指标
100103 预备费	
100104 上解支出	三、结转结余类
100105 地区间援助支出预算	3001 结转结余
100106 调出资金	
100107 安排预算稳定调节基金	四、财力类
100108 债务还本支出预算	4001 政府收入预算
100109 债务转贷支出预算	400101 本级收入预算
100110 补充预算周转金	400102 补助收入预算
100111 结转下年支出	400103 上解收入
100199 待分预算	400104 地区间援助收入预算
1002 安排国库集中支付结余	400105 调入资金
	400106 动用预算稳定调节基金
五、支出指标类	400107 债务收入预算
5001 待下达指标	400108 债务转贷收入预算
5002 可执行指标	400109 上年结转收入
500201 本级支出指标	400110 上年结余收入
500202 补助支出指标	4002 应付国库集中支付结余
500203 上解支出指标	
500204 地区间援助支出指标	六、收入类
500205 债务还本支出指标	6001 确认收入
500206 债务转贷支出指标	
5003 可执行指标冻结	
七、支付申请类	
7001 支付申请	
八、支付类	
8001 确认支付	

（续表）

借方	贷方
九、结转核销类	
9001 指标结转	
9002 指标结余	

二、单位资金预算指标核算科目

借方	贷方
一、单位资金支出预算类	二、提前安排类
1601 单位资金支出预算	2601 年初控制数
五、支出指标类	三、结转结余类
5601 待下达指标	3601 结转结余
5602 可执行指标	
5603 可执行指标冻结	四、单位资金收入预算类
	4601 单位资金收入预算
七、支付申请类	460101 事业收入预算
7601 支付申请	460102 经营收入预算
	460103 上级补助收入预算
八、支付类	460104 附属单位上缴收入
8601 确认支付	460105 上年结转结余收入
	460106 财政专户管理资金收入（教育收费）
九、结转核销类	460199 其他收入预算
9601 指标结转结余	
	六、收入类
	6601 确认收入

注：1. 预算指标核算科目，应根据政府收支分类科目以及项目，通过辅助核算要素进行明细核算。

2. 在核销提前安排类科目要素不一致时采用反向冲销法核算；其他反向业务均采用红字冲销法以负数核算。

3. 460106 财政专户管理资金收入（教育收费）科目由地方根据各自管理模式决定是否启用。如果财政专户管理资金（教育收费）视同财政资金管理则使用财政资金预算指标核算科目体系，如果视同单位资金管理则使用本科目。

第三章 预算指标核算科目说明

财政资金预算指标核算科目使用说明

一、指标来源类

1001 政府支出预算

一、本科目核算上级财政部门提前下达、人大批准的本级政府支出预算、预算执行中追加追减以及预算调整。本科目一般为借方余额，借方表示政府支出预算增加，借方红字表示政府支出预算减少，贷方表示核销提前安排类指标、预算调剂时预算减少和生成支出指标，贷方红字表示支出指标收回和收回以前年度存量资金。

二、本科目下应当设置"本级支出预算""补助支出预算""预备费""上解支出""地区间援助支出预算""调出资金""安排预算稳定调节基金""债务还本支出预算""债务转贷支出预算""补充预算周转金""结转下年支出""待分预算"明细科目，进行明细核算。其中"待分预算"明细科目核算收到上级转移支付、收回以前年度存量资金、收回以前年度存量转移支付等未细化落实到部门和地区的政府支出预算。

三、政府支出预算的主要核算处理如下：

（一）收到上级财政部门提前下达的资金，借记本科目，贷记"政府收入预算"科目。

（二）人大批准本级政府年初预算后，确认收支预算时，借记本科目，贷记"政府收入预算"科目。

（三）人大批准本级政府年初预算后，核销本级财力提前下达指标时，借记"本级财力提前下达指标"科目，贷记本科目。

（四）人大批准本级政府年初预算后，核销本级财力年初控制数时，借记"本级财力年初控制数"科目，贷记本科目。

（五）生成支出指标时，借记"待下达指标"科目、"可执行指标"科目，贷记本科目。收回支出指标时，采用红字冲销法以负数核算，借记"待下达指标"科目、"可执行指标"科目，贷记本科目。

（六）增加（减少）预算总支出或调减预算安排的重点支出、上级财政部门追加或追减转移支付预算、增加举借债务数额时，借记本科目，贷记"政府收入预算"科目（调减和追减时采用红字冲销法以负数核算，借记本科目，贷记"政府收入预算"科目）。

（七）政府支出预算调剂收回支出指标时，采用红字冲销法以负数核算，借记"待下达指标"科目、"可执行指标"科目，贷记本科目。政府支出预算调剂时，借记本科目对应明细科目，贷记本科目对应明细科目；重新生成支出指标时，借记"待下达指标"科目、"可执行指标"科目，贷记本科目。

（八）收到上级转移支付未细化落实到部门和地区时，借记本科目下"待分预算"科目，贷记"政府收入预算"科目；将未细化资金落实到部门和地区后，借记本科目对应明细科目，贷记本科目下"待分预算"科目。

（九）收回以前年度下级存量转移支付时，采用红字冲销法以负数核算，借记本科目下"补助支出预算"科目，贷记本科目下"待分预算"科目。

（十）确认调出资金时，借记"确认支付"科目，贷记本科目下"调出资金"科目。

（十一）动支预备费时，借记本科目对应明细科目，贷记本科目下"预备费"科目。

（十二）增支需动用预算稳定调节基金时，借记本科目，贷记"政府收入预算"科目。

（十三）收回以前年度存量资金时，采用红字冲销法以负数核算，借记"确认支付"科目，贷记本科目下"待分预算"科目。

（十四）年初预算结转下年支出年终确认时，借记"指标结转"科目，贷记本科目。

（十五）根据实际执行数据调整新的平衡关系时，调增时借记本科目，贷记"政府收入预算"科目，调减时采用红字冲销法以负数核算，借记本科目，贷记"政府收入预算"科目。

（十六）年终结算，将超收收入转入预算稳定调节基金时，借记本科目，贷记"政府收入预算"科目；将所有需要确认的支出预算确认支付时，借记"确认支付"科目，贷记本科目。

四、年终结转后，本科目期末无余额。

1002 安排国库集中支付结余

一、本科目核算政府财政部门采用权责发生制列支、预算单位尚未使用的国库集中支付结余指标。本科目为借方余额，借方反映财政部门批准的国库集中支付结余增加，借方红字反映财政收回国库集中支付结余，贷方反映生成支出指标和调剂时国库集中支付结余减少，贷方红字反映收回国库集中支付结余支出指标。

二、安排国库集中支付结余的主要核算处理如下：

（一）国库集中支付结余年初转入，借记本科目，贷记"应付国库集中支付结余"科目。

（二）国库集中支付结余生成支出指标时，借记"可执行指标"科目，贷记本科目；收回国库集中支付结余支出指标时，采用红字冲销法以负数核算，借记"可执行指标"科目，贷记本科目。

（三）国库集中支付结余调剂时，借记本科目对应明细，贷记本科目对应明细。再重新生成支出指标时，借记"可执行指标"科目，贷记本科目。

（四）收回国库集中支付结余时，采用红字冲销法以负数核算，借记本科目，贷记"应付国库集中支付结余"科目。

三、年终结转后，本科目期末无余额。

二、提前安排类

2001 本级财力提前下达指标

一、本科目核算在预算草案未经人大审查和批准前，本级政府使用本级财力提前下达下级政府的转移支付预算指标。本科目为贷方余额，贷方反映本级财力提前下达累计数，借方反映本级财力提前下达指标核销。

二、提前下达指标的主要核算处理如下：

（一）通过本科目提前下达支出指标时，借记"可执行指标"科目，贷记本科目。

（二）人大批准本级年初预算后，核销本级财力提前下达指标时，借记本科目，贷记"政府支出预算"科目。

（三）人大批准的本级年初预算同本级财力提前下达指标要素不一致，先对原可执行指标进行支付更正或资金退回，再进行核销时，采用反向冲销法核算，借记本科目，贷记"可执行指标"科目。

三、核销完成后，本科目无余额。

2002 本级财力年初控制数

一、本科目核算在预算草案未经人大审查和批准前，本级政府通过本级财力提前安排的本级支出。本科目为贷方余额，贷方反映本级财力年初控制数下达累计数，贷方红字反映本级财力年初控制数下达指标收回，借方反映本级财力年初控制数下达指标核销。

二、本级财力年初控制数的主要核算处理如下：

（一）人大批准预算草案前，下达可以提前安排的本级财力年初控制数，借记"可执行指标"科目，贷记本科目。

（二）人大批准年初预算后，核销年初控制数时，借记本科目，贷记"政府支出预算"科目。

（三）人大批准的年初预算同本级财力年初控制下达指标要素不一致，先对原可执行指标进行支付更正或资金退回，再进行核销时，采用反向冲销法核算，借记本科目，贷记"可执行指标"科目。

（四）本级财力年初控制数下达的指标调剂收回可执行指标时采用红字冲销法以负数核算，借记"可执行指标"科目，贷记本科目。

三、核销完成后，本科目无余额。

2003 其他预拨指标

一、本科目核算根据特殊的执行需要和相关预算指标批准为依据，先行预拨资金，后期进行调整，在预算调整批准后应予以核销。本科目为贷方余额，贷方反映其他预拨指标下达累计数，贷方红字反映其他预拨指标下达指标收回，借方反映其他预拨指标核销。

二、其他预拨指标的主要核算处理如下：

（一）通过本科目下达支出指标时，借记"可执行指标"科目，贷记本科目。

（二）核销其他预拨指标时，借记本科目，贷记"政府支出预算"科目。

（三）预算调整批复后同其他预拨指标下达要素不一致，先对原可执行指标进行支付更正或资金退回，再进行核销时，采用反向冲销法核算，借记本科目，贷记"可执行指标"科目。

（四）其他预拨指标调剂收回可执行指标时采用红字冲销法以负数核算，借记"可执行指标"科目，贷记本科目。

三、核销完成后，本科目无余额。

三、结转结余类

3001 结转结余

一、本科目核算确认收入与确认支付相抵后的结转结余。本科目一般为贷方余额，贷方余额反映本年结转结余，表示收大于支，借方余额表示收不抵支。

二、结转结余的主要核算处理如下：

（一）年终将确认收入和确认支付转入结转结余时，借记"确认收入"科目，贷记本科目，贷记"确认支付"科目。

（二）年终结账时，借记本科目，贷记"指标结转"科目、"指标结余"科目。

三、年终结账后，本科目无余额。

四、财力类

4001 政府收入预算

一、本科目核算上级财政部门提前下达、人大批准的本级政府收入预算及收入预算调整。本科目一般为贷方余额，贷方反映收入预算增加；贷方红字反映收入预算减少，借方反映收入预算转入确认收入。借方红字反映收入退库及减少上年结转结余。

二、本科目下应当设置"本级收入预算""补助收入预算""上解收入""地区间援助收入预算""调入资金""动用预算稳定调节基金""债务收入预算""债务转贷收入预算""上年结转收入""上年结余收入"明细科目，进行明细核算。

三、政府收入预算的主要核算处理如下：

（一）收到上级财政部门提前下达的资金，借记"政府支出预算"科目，贷记本科目。同时确认收入，借记本科目，贷记"确认收入"科目。

（二）人大批准本级政府年初预算，批复下达时，借记"政府支出预算"科目，贷记本科目。同时将上年结转结余收入部分确认收入时，借记本科目，贷记"确认收入"科目。

（三）增加预算总支出、上级财政部门追加转移支付、增加举借债务数额时，借记"政府支出预算"科目，贷记本科目。同时将上年结转结余收入确认收入时，借记本科目，贷记"确认收入"科目。减少预算总支出、调减预算安排的重点支出以及上级财政部门追减转移支付时，采用红字冲销法以负数核算，借记"政府支出预算"科目，贷记本科目。调减上年结转结余收入时用红字冲销法核算，借记本科目，贷记"确认收入"科目。

（四）本级预算收入、债务发行收入等实现时，借记本科目，贷记"确认收入"科目。退库或退款时，用红字冲销法以负数核算，借记本科目，贷记"确认收入"科目。

（五）调入资金时，调入方借记本科目，贷记"确认收入"科目。

（六）增支需动用预算稳定调节基金时，借记"政府支出预算"科目，贷记本科目；短收需动用预算稳定调节基金时，借记本科目下对应科目，贷记本科目下"动用预算稳定调节基金"科目。

（七）年终结算，超收收入按规定补充预算稳定调节基金时，借记"政府支出预算"科目，贷记本科目；未确认的收入预算需要转确认收入时，借记本科目，贷记"确认收入"科目。

（八）根据实际执行数据调整新的平衡关系调增时，借记"政府支出预算"，贷记本科目，再借记"确认收入"科目，贷记本科目。调减时采用红字冲销法以负数核算，借记"政府支出预算"，贷记本科目，再借记"确认收入"科目，贷记本科目。

四、年终结转后，本科目无余额。

4002 应付国库集中支付结余

一、本科目核算政府财政部门采用权责发生制列支、预算单位尚未使用的国库集中支付结余指标。本科目为贷方余额，贷方反映财政部门批准的国库集中支付结余增加。贷方红字反映财政收回国库集中支付结余，借方反映转入确认收入，借方红字反映收回国库集中支付结余后冲销确认收入。

二、应付国库集中支付结余的主要核算处理如下：

（一）国库集中支付结余年初转入时，借记"安排国库集中支付结余"科目，贷记本科目。

（二）国库集中支付结余确认收入时，借记本科目，贷记"确认收入"科目。

（三）收回国库集中支付结余和国库集中支付指标结余时，采用红字冲销法以负数核算，借记"安排国库集中支付结余"科目，贷记本科目，再借记本科目，贷记"确认收入"科目。

三、年终结转后，本科目无余额。

五、支出指标类

5001 待下达指标

一、本科目核算预算执行时根据管理需要，因工资统发、未满足支付条件和未达到支付时间等情况的支出指标。本科目为借方余额，借方反映待下达的支出指标，借方红字反映收回的待下达指标，贷方反映转入可执行指标，贷方红字反映可执行指标转回待下达指标。

二、待下达指标的主要核算处理如下：

（一）政府支出预算生成待下达指标时，借记本科目，贷记"政府支出预算"科目。调减政府支出预算收回支出指标时，采用红字冲销法以负数核算，借记本科目，贷记"政府支出预算"科目。

（二）预算调剂，部门预算指标及转移支付预算指标在不同单位、科目、项目之间调剂和级次间调剂，收回指标时，采用红字冲销法以负数核算，借记本科目，贷记"政府支出预算"科目。

（三）确认下达为可执行指标时，借记"可执行指标"科目，贷记本科目。可执行指标转回待下达指标时，采用红字冲销法以负数核算，借记"可执行指标"科目，贷记本科目。

（四）待下达指标余额转入指标结转或指标结余时，借记"指标结转"科目或"指标结余"科目，贷记本科目。

三、年终结转后，本科目期末无余额。

5002 可执行指标

一、本科目核算可直接执行的支出指标。本科目为借方余额，借方反映可执行的支出指标，借方红字反映收回的可执行指标，贷方反映转入支付申请和可执行指标冻结，贷方红字反映支付申请退回和可执行指标冻结解冻。

二、本科目下应当设置"本级支出指标""补助支出指标""上解支出指标""地区间援助支出指标""债务还本支出指标""债务转贷支出指标"明细科目，进行明细核算。

三、可执行指标的主要核算处理如下：

（一）收到上级提前下达预算指标，生成支出指标时，借记本科目，贷记"政府支出预算"科目。

（二）人大批准预算草案前，提前下达下级支出指标时，借记本科目，贷记"本级财力提前下达指标"科目。

（三）人大批准预算草案前，财政部门下达可以提前安排的年初控制数时，借记本科目，贷记"本级财力年初控制数"科目。

（四）预算批复前，年初控制数下达的可执行指标调剂时，采用红字冲销法以负数核算，借记本科目，贷记"本级财力年初控制数"科目。重新安排生成可执行指标时，借记本科目，贷记"本级财力年初控制数"科目。

（五）政府支出预算生成可执行指标时，借记本科目，贷记"政府支出预算"科目。调减政府支出预算时，采用红字冲销法以负数核算，借记本科目，贷记"政府支出预算"科目。

（六）预算调剂，部门预算指标及转移支付预算指标在不同单位、科目、项目之间调剂和级次间调剂，收回指标时，采用红字冲销法以负数核算，借记本科目，贷记"政府支出预算"科目。

（七）核销年初控制数下达指标、其他预拨指标要素不一致，通过支付更正或资金退回恢复可执行指标后核销时，采用反向冲销法核算，借记"本级财力年初控制数"科目、借记"其他预拨指标"科目，贷记本科目。

（八）追减转移支付预算，上级财政部门收回下级转移支付时，采用红字冲销法以负数核算，借记本科目，贷记"政府支出预算"科目。

（九）接收上级追减转移支付预算，指标已下达给下级财政部门时，采用红字冲销法以负数核算，借记本科目，贷记"政府支出预算"科目；退回已支付资金时，采用红字冲销法以负数核算,借记"支付申请"科目,贷记本科目。

(十)待下达指标确认下达时,借记本科目,贷记"待下达指标"科目;可执行指标转回待下达指标时,采用红字冲销法以负数核算,借记本科目,贷记"待下达指标"科目。

(十一)可执行指标冻结时,借记"可执行指标冻结"科目,贷记本科目;可执行指标冻结解冻时,采用红字冲销法以负数核算,借记"可执行指标冻结"科目,贷记本科目。

(十二)支付申请时,借记"支付申请"科目,贷记本科目。

(十三)当年预算支出资金退回,采用红字冲销法以负数核算,恢复可执行指标余额时,借记"支付申请"科目,贷记本科目。

(十四)上年预拨资金本年确认支付、上级财政代扣事项以及专户管理的粮食风险基金确认支付时,借记"确认支付",贷记本科目。

(十五)支付更正恢复可执行指标余额时,采用红字冲销法以负数核算,借记"支付申请"科目,贷记本科目;扣减可执行指标余额时,借记"支付申请"科目,贷记本科目。

(十六)存放在财政专户、贷款方直接支付或委托代理银行、转贷银行支付的外贷资金确认支付时,借记"确认支付"科目,贷记本科目,退回时采用红字冲销法以负数核算,借记"确认支付"科目,贷记本科目。

(十七)可执行指标余额转入指标结转或指标结余时,借记"指标结转"科目或"指标结余"科目,贷记本科目。

(十八)年终结算,未确认的可执行指标需要确认支付时,借记"确认支付"科目,贷记本科目。

(十九)权责发生制事项生成支出指标时,借记本科目,贷记"安排国库集中支付结余"科目。

(二十)收回国库集中支付结余支出指标和国库集中支付结余调剂收回支出指标时,采用红字冲销法以负数核算,借记本科目,贷记"安排国库集中支付结余"科目。

(二十一)国库集中支付权责发生制转列支出时,借记"确认支付"科目,贷记本科目。

四、年终结转后,本科目期末无余额。

5003 可执行指标冻结

一、本科目核算可执行指标的冻结。本科目为借方余额,借方反映被冻结的可执行指标,贷方反映解冻的可执行指标。

二、可执行指标冻结的核算处理如下:

(一)可执行指标冻结时,借记本科目,贷记"可执行指标"科目。

(二)可执行指标解冻时,采用红字冲销法以负数核算,借记本科目,贷记"可执行指标"科目。

三、本科目期末无余额。

六、收入类

6001 确认收入

一、本科目核算政府收入预算确认收入。本科目一般为贷方余额,贷方反映实际确认收入,贷方红字反映收入退库、退款和确认上级转移支付负指标,借方反映转入结转结余。

二、确认收入的主要核算处理如下:

(一)收到上级转移支付预算,将政府收入预算确认收入时,借记"政府收入预算"科目,贷记本科目。确认上级转移支付负指标时采用红字冲销法以负数核算,借记"政府收入预算"科目,贷记本科目。

（二）人大批准本级政府年初预算及预算调整后，上年结转收入确认收入时，借记"政府收入预算"科目，贷记本科目。

（三）本级收入、债务收入、债务转贷收入等收入实现时，借记"政府收入预算"科目，贷记本科目。退库或退款时用红字冲销法以负数核算，借记"政府收入预算"科目，贷记本科目。

（四）调入资金时，调入方借记"政府收入预算"科目，贷记本科目。

（五）确认动用预算稳定调节基金时，借记"政府收入预算"科目，贷记本科目。

（六）权责发生制事项年初转入时，借记"应付国库集中支付结余"科目，贷记本科目。

（七）收回国库集中支付结余时，采用红字冲销法以负数核算，借记"应付国库集中支付结余"科目，贷记本科目。

（八）年终结算，未确认的政府收入预算需要确认收入时，借记"政府收入预算"科目，贷记本科目。

（九）根据实际执行数据调整新的平衡关系调增时，借记"政府收入预算"，贷记本科目。调减时采用红字冲销法以负数核算，借记"政府收入预算"，贷记本科目。

（十）结转结余时，确认收入和确认支付转入结转结余，借记本科目，贷记"结转结余"科目、"确认支付"科目。

三、年终结转后，本科目无余额。

七、支付申请类

7001 支付申请

一、本科目核算财政部门和单位的支付申请。本科目为借方余额，借方反映支付申请的累计数，借红字反映支付申请退回。贷方反映转入确认支付，贷方红字反映确认支付退回。

二、支付申请的主要核算处理如下：

（一）财政部门和单位在执行系统中录入支付申请并保存发送时，借记本科目，贷记"可执行指标"科目。支付申请退回时，采用红字冲销法以负数核算，借记本科目，贷记"可执行指标"科目。

（二）资金实际支付时，借记"确认支付"科目，贷记本科目。

（三）资金退回和支付更正恢复支付申请余额时，采用红字冲销法以负数核算，借记"确认支付"科目，贷记本科目。恢复可执行指标余额时，采用红字冲销法以负数核算，借记本科目，贷记"可执行指标"科目。

三、本科目期末无余额。

八、支付类

8001 确认支付

一、本科目核算预算执行时的确认支付。本科目一般为借方余额，借方反映确认支付累计数，借方红字反映当年及收回存量资金的确认支付，贷方反映转入结转结余。

二、确认支付的主要核算处理如下：

（一）预算执行确认支付时，借记本科目，贷记"支付申请"科目。

（二）上年预拨资金本年确认支付、上级财政代扣事项以及专户管理的粮食风险基金确认支付时，借记本科目，贷记"可执行指标"科目。

（三）当年资金退回和支付更正时，采用红字冲销法以负数核算，借记本科目，贷记

"支付申请"科目。

（四）调出资金时，调出方借记本科目，贷记"财政支出预算"科目。

（五）补充预算周转金时，借记本科目，贷记"政府支出预算"科目。

（六）安排预算稳定调节基金时，借记本科目，贷记"政府支出预算"科目。

（七）收回以前年度存量资金、收回以前年度存量转移支付指标、收回国库集中支付结余时，采用红字冲销法以负数核算，借记本科目，贷记"待分预算"科目。

（八）存放在财政专户、贷款方直接支付或委托代理银行、转贷银行支付的外贷资金确认支付时，借记本科目，贷记"可执行指标"科目。退回时采用红字冲销法以负数核算，借记本科目，贷记"可执行指标"科目。

（九）根据年终结算将补助支出、上解支出、调出资金、安排预算稳定调节基金、补充预算周转金转确认支付，借记本科目，贷记"政府支出预算"科目、"可执行指标"科目。

（十）国库集中支付结余权责发生制列支时，借记本科目，贷记"可执行指标"科目。

（十一）根据实际执行数据调整新的平衡关系调增时，借记本科目，贷记"政府支出预算"，调减时采用红字冲销法以负数核算，借记本科目，贷记"政府支出预算"。

（十二）结转结余时，借记"确认收入"科目，贷记"结转结余"科目，贷记本科目。

三、年终结转后，本科目无余额。

九、结转核销类

9001 指标结转

一、本科目核算根据预算指标结转结余规定，下年可继续安排使用的指标。本科目一般为借方余额，借方反映结转下年继续使用的指标，贷方反映同结转结余冲销。

二、指标结转的主要核算处理如下：

（一）结转核销时，政府支出预算和支出指标余额转入指标结转，借记本科目，贷记"政府支出预算"科目、"待下达指标"科目、"可执行指标"科目。

（二）年初预算结转下年支出确认时，借记本科目，贷记"政府支出预算"科目。

（三）年终结账时，将本科目与结转结余类科目余额清零，借记"结转结余"科目，贷记本科目。

三、年终结账后，本科目无余额。

9002 指标结余

一、本科目核算根据预算指标结转结余规定转入的指标结余事项。本科目一般为借方余额，借方反映结余指标。贷方反映转入预算稳定调节基金和同结转结余冲销，贷方红字反映收回以前年度权责发生制事项支出指标转入指标结余。

二、指标结余的主要核算处理如下：

（一）结转核销时，统筹收回政府支出预算和支出指标余额转入指标结余，借记本科目，贷记"政府支出预算"科目、"待下达指标"科目、"可执行指标"科目。

（二）收回以前年度国库集中支付结余支出指标转入指标结余时，采用红字冲销法以负数核算，借记"确认支付"科目，贷记本科目。

（三）按预算法规定的相关结余转入预算稳定调节基金，借记"政府支出预算"科目，贷记本科目。

（四）年终结账时，将本科目与结转结余类科目归集，余额清零，借记"结转结余"科目，贷记本科目。

三、年终结账后，本科目无余额。

单位资金预算指标核算科目使用说明

一、单位资金支出预算类

1601 单位资金支出预算

一、本科目核算经财政部门批复的单位资金支出预算及变动。本科目一般为借方余额，借方表示单位资金支出预算增加，借方红字表示单位资金支出预算减少，贷方表示冲销提前安排和生成支出指标，贷方红字表示预算调剂时支出指标收回及收回以前年度存量资金。

二、单位资金支出预算的核算处理如下：

（一）单位资金年初预算批复、调增预算收支时，借记本科目，贷记"单位资金收入预算"科目。调减预算收支时，采用红字冲销法以负数核算，借记本科目，贷记"单位资金收入预算"科目。

（二）核销提前安排类年初控制数时，借记"年初控制数"科目，贷记本科目。

（三）单位资金支出预算生成支出指标时，借记"待下达指标"科目、"可执行指标"科目，贷记本科目。

（四）预算调剂收回支出指标时，采用红字冲销法以负数核算，借"待下达指标"科目、"可执行指标"科目，贷记本科目。预算调剂时，借记本科目（明细），贷记本科目（明细）；重新生成支出指标时，借记"待下达指标"科目、"可执行指标"科目，贷记本科目。

（五）收回以前年度存量资金时，采用红字冲销法以负数核算，借记"确认支付"科目，贷记本科目。

（六）年终结账时，单位资金支出预算转入单位资金结转结余时，借记"指标结转结余"科目，贷记本科目。

三、年终结转后，本科目无余额。

二、提前安排类

2601 年初控制数

一、本科目核算本级预算草案在人大批准前，经财政部门审核确认，单位当年可以提前安排的特定支出。本科目为贷方余额，贷方反映年初控制数下达累计数，借方反映年初控制数下达指标核销数。

二、年初控制数的主要核算处理如下：

（一）单位资金年初预算批复前，确认下达可以提前安排的年初控制数时，借记"可执行指标"科目，贷记本科目。

（二）核销年初控制数时，借记本科目，贷记"单位资金支出预算"科目。

（三）核销年初控制数要素不一致，需通过支付更正或资金退回后进行核销时，采用反向冲销法核算，借记本科目，贷记"可执行指标"科目。

（四）年初控制数下达指标调剂收回可执行指标时，采用红字冲销法以负数核算，借记"可执行指标"，贷记本科目。

三、核销后，本科目无余额。

三、结转结余类

3601 结转结余

一、本科目核算单位资金确认收入与确认支付相抵后的结转结余。本科目一般为贷方余额，贷方反映本年结转结余，表示收大于支，借方余额表示收不抵支。

二、结转结余的主要核算处理如下：

（一）年终转账时，借记"确认收入"科目，贷记本科目，贷记"确认支付"科目。

（二）年终结账时，将本科目余额清零，借记本科目，贷记"指标结转结余"科目。

三、年终结账后，本科目无余额。

四、单位资金收入预算类

4601 单位资金收入预算

一、本科目核算经财政部门批复的单位资金收入预算及变动情况。本科目一般为贷方余额，贷方反映收入预算增加，贷方红字反映相应的收入预算减少，借方反映收入预算转入确认收入累计数，借方红字反映收入退付及减少上年结转结余。

二、本科目下应当设置"事业收入预算""经营收入预算""上级补助收入预算""附属单位上缴收入""结转结余收入""财政专户管理资金收入（教育收费）""其他收入预算"明细科目，进行明细核算。

三、单位资金收入预算的核算处理如下：

（一）单位资金年初预算批复、调增预算收支时，借记"单位资金支出预算"科目，贷记本科目。调减预算收支时，采用红字冲销法以负数核算，借记"单位资金支出预算"科目，贷记本科目。

（二）单位资金确认收入时，借记本科目，贷记"确认收入"科目。收入退付及减少上年结转结余时，采用红字冲销法以负数核算，借记本科目，贷记"确认收入"科目。

（三）单位资金收入预算超收转入单位资金结转结余时，借记"指标结转结余"科目，贷记本科目。

四、年终结转后，本科目无余额。

五、支出指标类

5601 待下达指标

一、本科目核算预算执行时根据管理需要，因工资统发、未满足支付条件和未达到支付时间等情况的支出指标。本科目为借方余额，借方反映待下达的支出指标，借方红字反映收回的待下达指标，贷方反映转入可执行指标，贷方红字反映可执行指标转回为待下达指标。

二、待下达指标的主要核算处理如下：

（一）单位资金支出预算生成待下指标时，借记本科目，贷记"单位资金支出预算"科目。调减单位资金支出预算收回支出指标时，采用红字冲销法以负数核算，借记本科目，贷记"单位资金支出预算"科目。

（二）预算调剂，支出指标在不同科目、项目之间调剂，收回支出指标时，采用红字冲销法以负数核算，借记本科目，贷记"单位资金支出预算"科目。

（三）确认下达为可执行指标时，借记"可执行指标"科目，贷记本科目。可执行指标转回为待下达指标时，采用红字冲销法以负数核算，借记"可执行指标"科目，贷记本科目。

（四）指标结转结余，待下达指标余额转入指标结转结余时，借记"指标结余"科目，贷记本科目。

三、年终结转后，本科目期末无余额。

5602 可执行指标

一、本科目核算可执行的单位资金支出指标。本科目为借方余额，借方反映可执行的支出指标，借方红字反映收回的可执行指标，贷方反映转入支付申请或可执行指标冻结，贷方红字反映支付申请退回和可执行指标冻结解冻。

二、可执行指标的主要核算处理如下：

（一）单位资金年初预算批复前，确认可以提前安排的年初控制数时，借记本科目，贷记"年初控制数"科目。

（二）预算批复前，年初控制数下达指标调剂收回支出指标时，采用红字冲销法以负数核算，借记本科目，贷记"年初控制数"科目。重新安排生成可执行指标时，借记本科目，贷记"年初控制数"科目。

（三）单位资金支出预算生成可执行指标时，借记本科目，贷记"单位资金支出预算"科目。

（四）预算调剂，支出指标在不同科目、项目之间调剂，收回支出指标时，采用红字冲销法以负数核算，借记本科目，贷记"单位资金支出预算"科目。重新安排生成支出指标时，借记本科目，贷记"单位资金支出预算"科目。

（五）核销年初控制数下达指标要素不一致，通过支付更正或资金退回恢复可执行指标后核销时，采用反向冲销法核算，借记"年初控制数"科目，贷记本科目。

（六）待下达指标确认下达时，借记本科目，贷记"待下达指标"科目；可执行指标转回为待下达指标时，采用红字冲销法以负数核算，借记本科目，贷记"待下达指标"科目。

（七）可执行指标冻结时，借记"可执行指标冻结"科目，贷记本科目，可执行指标冻结解冻时，采用红字冲销法以负数核算，借记本科目，贷记"可执行指标冻结"科目。

（八）申请支付时，借记"支付申请"科目，贷记本科目。资金退回时，采用红字冲销法以负数核算，借记"支付申请"科目，贷记本科目。

（九）支付更正，恢复可执行指标余额时，采用红字冲销法以负数核算，借记"支付申请"科目，贷记本科目；扣减可执行指标余额时，借记"支付申请"科目，贷记本科目。

（十）结转核销，将本科目借方余额全数转入指标结转结余科目时，借记"指标结转结余"科目，贷记本科目，贷记"单位资金收入预算"科目。

三、本科目期末无余额。

5603 可执行指标冻结

一、本科目核算可执行指标的冻结。本科目为借方余额，借方反映被冻结的可执行指标，贷方反映可执行指标冻结解冻。

二、可执行指标冻结的核算处理如下：

（一）可执行指标冻结时，借记本科目，贷记"可执行指标"科目。

（二）可执行指标冻结解冻时，采用红字冲销法以负数核算，借记本科目，贷记"可执行指标"科目。

三、本科目期末无余额。

六、收入类

6601 确认收入

一、本科目核算单位资金收入预算实际确认收入。本科目一般为贷方余额，贷方反映实际确认收入，贷方红字反映收入退付和收回收入预算，借方反映转入结转结余。

二、确认收入的主要核算处理如下：

（一）确认收入时，借记"单位资金收入预算"科目，贷记本科目。收入退付或收回收入预算时用红字冲销法以负数核算，借记"单位资金收入预算"科目，贷记本科目。

（二）年终结账时，确认支付和确认收入转入结转结余，借记本科目，贷记"结转结余"科目，贷记"确认支付"科目。

三、年终结转后，本科目无余额。

七、支付申请类

7601 支付申请

一、本科目核算发生支付业务时，单位资金的支付申请。本科目为借方余额，借方反映支付申请的累计数，借方红字反映支付申请退回，贷方反映转入确认支付，贷方红字反映退回确认支付时冲销支付申请。

二、支付申请的主要核算处理如下：

（一）申请支付保存发送时，借记本科目，贷记"可执行指标"科目。

（二）资金实际支付时，借记"确认支付"科目，贷记本科目。

（三）资金退回、支付更正，恢复支付申请余额时，采用红字冲销法以负数核算，借记"确认支付"科目，贷记本科目。恢复可执行指标余额时，采用红字冲销法以负数核算，借记本科目，贷记"可执行指标"科目。

三、年终结转后，本科目无余额。

八、支付类

8601 确认支付

一、本科目核算单位资金的实际支付数。本科目一般为借方余额，借方反映确认支付累计数，借方红字反映当年及收回以前年度存量资金的确认支付，贷方反映转入结转结余。

二、确认支付的主要核算处理如下：

（一）确认支付时，借记本科目，贷记"支付申请"科目。资金退回和支付更正时，采用红字冲销法以负数核算，借记本科目，贷记"支付申请"科目。

（二）收回以前年度存量资金时采用红字冲销法以负数核算，借记本科目，贷记"单位资金支出预算"科目。

（三）年终转账，单位资金确认支付和确认收入转入单位资金结转结余时，借记"确认收入"科目，贷记"结转结余"科目，贷记本科目。

三、年终结转后，本科目无余额。

九、结转核销类

9601 指标结转结余

一、本科目核算单位资金收入预算、支出预算、支出指标的结转核销。本科目一般为借方余额，借方反映结转下年继续使用的指标，贷方反映同结转结余冲销。

二、指标结转的主要核算处理如下：

（一）结转核销时，借记本科目，贷记"单位资金支出预算"科目、"单位资金收入预算"科目、"待下达指标"科目、"可执行指标"科目。

（二）年终结账时，将本科目余额清零，借记"结转结余"科目，贷记本科目。

三、年终结账后，本科目无余额。

第四章 预算指标核算要素

序号	要素名称	备注
1	预算年度	
2	财政区划	
3	本级指标文号	
4	预算项目代码	
5	预算单位	
6	资金性质	
7	业务主管处室	
8	指标管理处室	
9	收入分类科目	
10	转移支付支出功能分类科目	
11	支出功能分类科目	
12	政府支出经济分类	
13	部门支出经济分类	
14	指标类型	
15	预算来源	注2
16	是否提前安排	注2
17	接收方财政区划	
18	预算级次	
19	上级指标文号	
20	是否政府采购	
21	支付方式	
22	是否工资统发	
23	直达资金标识	
24	是否科研	
25	是否债务	
26	是否基建	

注：1. 预算指标核算要素和预算管理一体化要素保持一致。
  2. "预算来源"和"是否提前安排"为本次新增要素。代码及明细选项暂定如下，待预算管理一体化要素更新后保持一致：

预算来源：

1. 年初预算
2. 预算调整

3.预算调剂

是否提前安排：

1.是

2.否

第五章 预算指标核算管理业务场景梳理

预算指标核算管理业务场景仅供各级政府财政部门在预算指标核算管理时参考，不得以此作为进行有关经济活动的依据。本章节中的"上级"是指有对下转移支付的中央、省、市、县级政府财政部门，本章节中的"下级"是指接收上级转移支付的省、市、县、乡镇级政府财政部门；本章节中的"金额流向一致"指的是资金支付的收款方和金额同预算指标一致。

一、财政资金

1.1 提前安排支出

1.1.1 提前下达

1.收到上级提前下达转移支付指标。各级人大审查和批准预算草案前，本级政府财政部门将上级提前下达的转移支付数编入本级预算。

（1）触发记账条件。

本级政府财政部门审核确认。

（2）记账规则。

①登记上级补助收入。

已细化落实到部门和地区的，借记"本级支出预算"科目或"补助支出预算"科目；未细化落实到部门和地区的，借记"待分预算"科目。同时由于本分录已对提前下达登记了收支预算，预算批准后将不再重复登记（包括部门预算中来源为上级补助的部分）。

借：政府支出预算——本级支出预算

　　政府支出预算——补助支出预算

　　政府支出预算——待分预算

　　贷：政府收入预算——补助收入预算

②确认收入。

收到上级提前下达转移支付指标完成收支预算登记后，视为政府收入预算已实现。

借：政府收入预算——补助收入预算

　　贷：确认收入

（3）控制规则。

记账金额须等于接收的提前下达的指标金额，且所有要素保持一致。

2.预算批复前未细化落实到部门和地区的部分，细化后向本级预算单位和下级财政分配，乡财县管县级代编预算的，无向下级分配业务，不做相关核算。

（1）触发记账条件。

本级政府财政部门审核确认。

（2）记账规则。

借：政府支出预算——本级支出预算

　　政府支出预算——补助支出预算

　　贷：政府支出预算——待分预算

（3）控制规则。

分配金额不得大于登记到"待分预算"科目的金额。

3. 完成分配资金的内部审核流程后，登记支出指标。

（1）触发记账条件。

本级政府财政部门审核确认。

（2）记账规则。

借：可执行指标——本级支出指标
　　可执行指标——补助支出指标
　　贷：政府支出预算——本级支出预算
　　　　政府支出预算——补助支出预算

（3）控制规则。

"政府支出预算"科目不得出现贷方余额，所有核算要素需保持一致。

4. 本级财力提前下达。

各级人大审查和批准预算草案前，本级政府财政部门根据预算法有关规定提前下达下级转移支付指标。"本级财力提前下达指标"科目核算的资金指本级财力提前安排下级使用的部分。

（1）触发记账条件。

本级政府财政部门确认下达。

（2）记账规则。

借：可执行指标——补助支出指标
　　贷：本级财力提前下达指标

（3）控制规则。

①记账金额及所有要素保持一致。

②提前下达的转移支付应区分年度登记。

1.1.2 本级财力年初控制数

预算草案未经各级人大审查和批准前，本级政府财政部门根据预算法有关规定提前安排的本级支出。"本级财力年初控制数"科目核算的资金指本级财力提前安排本级部门使用的部分。

1. 触发记账条件。

本级政府财政部门确认下达。

2. 记账规则。

（1）本级财力年初控制数下达指标。

借：可执行指标——本级支出指标
　　可执行指标——债务还本支出指标
　　贷：本级财力年初控制数

（2）预算批复前，本级财力年初控制数下达的指标调剂时，先收回指标A，再重新安排指标B。收回时采用红字冲销法以负数核算。

借：可执行指标——本级支出指标A　　　　　　　　　　　　　　红字
　　贷：本级财力年初控制数A　　　　　　　　　　　　　　　　红字
借：可执行指标——本级支出指标B
　　贷：本级财力年初控制数B

3. 控制规则。

（1）"本级财力年初控制数"科目不得出现借方余额。

(2)"可执行指标"科目不得出现贷方余额。

1.2 预算批复

1.2.1 年初预算批复

人大批准年初预算后,应先扣除收到上级提前下达转移支付,然后将剩余部分确认政府收支年初预算。

1. 触发记账条件。

本级政府财政部门依据人大批准的政府预算批复下达。

2. 记账规则。

借:政府支出预算——本级支出预算
　　政府支出预算——补助支出预算
　　政府支出预算——预备费
　　政府支出预算——上解支出
　　政府支出预算——地区间援助支出预算
　　政府支出预算——调出资金
　　政府支出预算——债务还本支出预算
　　政府支出预算——债务转贷支出预算
　　政府支出预算——补充预算周转金
　　政府支出预算——结转下年支出
　　贷:政府收入预算——本级收入预算
　　　　政府收入预算——补助收入预算
　　　　政府收入预算——上解收入
　　　　政府收入预算——地区间援助收入预算
　　　　政府收入预算——调入资金
　　　　政府收入预算——动用预算稳定调节基金
　　　　政府收入预算——债务收入预算
　　　　政府收入预算——债务转贷收入预算
　　　　政府收入预算——上年结转收入
　　　　政府收入预算——上年结余收入

同时确认上年结转结余收入。

借:政府收入预算——上年结转收入
　　政府收入预算——上年结余收入
　　贷:确认收入

3. 控制规则。

(1)记账金额须等于人大批准的预算数扣除收到上级提前下达转移支付后的剩余部分。

(2)"动用预算稳定调节基金"科目、"上年结转收入"科目及"上年结余收入"科目记账金额应同总预算会计衔接。

1.2.2 核销本级财力提前下达指标

人大批准年初预算后,核销要素金额一致时,通过"补助支出预算"核销"本级财力提前下达指标"。核销要素金额不一致时,通过"补助支出指标"核销"本级财力提前下达指标"。

1. 触发记账条件。

本级政府财政部门确认核销。

2. 记账规则。

(1) 要素金额一致时,通过"补助支出预算"核销。

借:本级财力提前下达指标

　　贷:政府支出预算——补助支出预算

(2) 要素金额不一致时,通过"补助支出指标"核销。

借:本级财力提前下达指标

　　贷:可执行指标——补助支出指标

3. 控制规则。

"本级财力提前下达指标"科目核销完成后科目余额应为零。

1.2.3 核销本级财力年初控制数

人大批准年初预算后,核销要素金额一致时,通过"本级支出预算"核销"本级财力年初控制数"。核销要素金额不一致时,通过"本级支出指标"核销"本级财力年初控制数"。

1. 触发记账条件。

本级政府财政部门确认核销。

2. 记账规则。

(1) 核销要素金额一致时,通过"本级支出预算"核销。

借:本级财力年初控制数

　　贷:政府支出预算——本级支出预算

(2) 如核销要素不一致但金额流向一致时,则需要通过支付更正(见业务场景1.4.6)再用"可执行指标"进行核销;如核销金额小于原可执行指标或金额流向不一致时,如已支付,需要资金退回(见业务场景1.4.7),恢复"可执行指标"再进行核销,如未发生支付,则用"可执行指标"直接进行核销。

借:本级财力年初控制数

　　贷:可执行指标——本级支出指标

3. 控制规则。

(1) 用于核销"本级财力年初控制数"科目的"政府支出预算"科目不得出现贷方余额。

(2) "本级财力年初控制数"科目核销完成后科目余额应为零。

1.2.4 生成支出指标

人大批准年初预算并扣减提前下达转移支付,核销完提前安排指标后,生成支出指标。

1. 触发记账条件。

本级政府财政部门依据人大批准的年初预算下达指标。

2. 记账规则。

借:待下达指标

　　可执行指标——本级支出指标

　　可执行指标——补助支出指标

　　可执行指标——上解支出指标

　　可执行指标——地区间援助支出指标

　　可执行指标——债务还本支出指标

　　可执行指标——债务转贷支出指标

贷：政府支出预算——本级支出预算
　　政府支出预算——补助支出预算
　　政府支出预算——上解支出预算
　　政府支出预算——地区间援助支出预算
　　政府支出预算——债务还本支出预算
　　政府支出预算——债务转贷支出预算

3. 控制规则。
（1）"政府支出预算"科目不得为贷方余额。
（2）"可执行指标"科目核算控制要素应到最底级。

1.3 预算调整调剂

项目作为部门和单位预算管理的基本单元，预算支出全部以项目形式纳入预算项目库，实施项目全生命周期管理，未纳入预算项目库的项目一律不得安排预算。预算调整调剂需在项目库的支撑下进行。

1.3.1 预算调整
经人大批准，年度执行中预算调整。
1.3.1.1 增加或减少预算总支出
1. 触发记账条件。
本级政府财政部门终审下达。
2. 记账规则。
增加预算总支出时核算如下（减少预算总支出时采用红字冲销法以负数核算）。
（1）增加预算总支出。
借：政府支出预算——本级支出预算
　　政府支出预算——补助支出预算
　　政府支出预算——预备费
　　政府支出预算——上解支出
　　政府支出预算——地区间援助支出预算
　　政府支出预算——调出资金
　　政府支出预算——债务转贷支出预算
　　政府支出预算——债务还本支出预算
　　政府支出预算——补充预算周转金
　　政府支出预算——结转下年支出
　　政府支出预算——待分预算
　贷：政府收入预算——本级收入预算
　　政府收入预算——补助收入预算
　　政府收入预算——上解收入
　　政府收入预算——地区间援助收入预算
　　政府收入预算——调入资金
　　政府收入预算——动用预算稳定调节基金
　　政府收入预算——债务收入预算
　　政府收入预算——债务转贷收入预算
　　政府收入预算——上年结转收入
　　政府收入预算——上年结余收入

（2）减少预算总支出。

借：政府支出预算——本级支出预算	红字
政府支出预算——补助支出预算	红字
政府支出预算——预备费	红字
政府支出预算——上解支出	红字
政府支出预算——地区间援助支出预算	红字
政府支出预算——调出资金	红字
政府支出预算——债务转贷支出预算	红字
政府支出预算——债务还本支出预算	红字
政府支出预算——补充预算周转金	红字
政府支出预算——结转下年支出	红字
政府支出预算——待分预算	红字
贷：政府收入预算——本级收入预算	红字
政府收入预算——补助收入预算	红字
政府收入预算——上解收入	红字
政府收入预算——地区间援助收入预算	红字
政府收入预算——调入资金	红字
政府收入预算——动用预算稳定调节基金	红字
政府收入预算——债务收入预算	红字
政府收入预算——债务转贷收入预算	红字
政府收入预算——上年结转收入	红字
政府收入预算——上年结余收入	红字

（3）如果上年结转结余同年初预算产生差异，同时确认收入（减少上年结转结余时采用红字冲销法以负数核算）。

①增加时。

借：政府收入预算——上年结转收入
　　政府收入预算——上年结余收入
　贷：确认收入

②减少时。

借：政府收入预算——上年结转收入	红字
政府收入预算——上年结余收入	红字
贷：确认收入	红字

（4）下级财政部门因上级追减转移支付预算调减总支出时，同时以红字冲销法以负数核算冲销确认收入。

借：政府收入预算——补助收入预算	红字
贷：确认收入	红字

3. 控制规则。

减少预算总支出应判断相关支出预算余额是否充足，如果余额不足则不能保存，应先通过预算调剂（见业务场景1.3.2）、资金退回（见业务场景1.4.7）等流程进行要素修正后减少或调减。

1.3.1.2 需要动用预算稳定调节基金

预算执行中，因短收、增支导致收支缺口，需通过动用预算稳定调节基金实现收支平衡。

1. 触发记账条件。

本级政府财政部门确认动用预算稳定调节基金。

2. 记账规则。
①短收时。
借：政府收入预算——本级收入预算
　　政府收入预算——补助收入预算
　　政府收入预算——上解收入
　　政府收入预算——地区间援助收入预算
　　　贷：政府收入预算——动用预算稳定调节基金
②增支时。
借：政府支出预算——本级支出预算
　　政府支出预算——补助支出预算
　　政府支出预算——上解支出
　　政府支出预算——地区间援助支出预算
　　政府支出预算——调出资金
　　政府支出预算——债务还本支出预算
　　政府支出预算——债务转贷支出预算
　　政府支出预算——结转下年支出
　　　贷：政府收入预算——动用预算稳定调节基金
3. 控制规则。
动用金额不得大于动用前总预算会计中"预算稳定调节基金"科目余额。
1.3.1.3 调减预算安排的重点支出
1. 因短收原因调减。
预算安排的重点支出因当年短收且无法弥补时调减，采用红字冲销法以负数核算。
（1）触发记账条件。
本级财政预算管理机构审核确认。
（2）记账规则。
借：政府支出预算——本级支出预算　　　　　　　　　　　　红字
　　政府支出预算——补助支出预算　　　　　　　　　　　　红字
　　　贷：政府收入预算——本级收入预算　　　　　　　　　红字
　　　　　政府收入预算——补助收入预算　　　　　　　　　红字
（3）控制规则。
调减预算安排的重点支出应判断相关支出预算余额是否充足，如果余额不足则不能保存，应先通过预算调剂（见业务场景1.3.2）、资金退回（见业务场景1.4.7）等流程进行要素修正后调减。
2. 因其他原因调减。
预算安排的重点支出因其他原因调减。
（1）触发记账条件。
本级政府财政部门审核确认。
（2）记账规则。
借：政府支出预算——本级支出预算　　　　　　　　　　　　红字
　　政府支出预算——补助支出预算　　　　　　　　　　　　红字
　　　贷：政府支出预算——待分预算　　　　　　　　　　　红字
（3）控制规则。
调减预算安排的重点支出应判断相关支出预算余额是否充足，如果余额不足则不能保存，应先通过预算调剂（见业务场景1.3.2）、资金退回（见业务场景1.4.7.1）等流程进行要素修正后调减。

1.3.1.4 增加举借债务数额

当年新增加地方政府债务按照预算调整的程序报人大审批后。

1. 触发记账条件。

本级政府财政部门完成终审。

2. 记账规则。

（1）省级财政部门。

借：政府支出预算——本级支出预算
　　政府支出预算——债务还本支出预算
　　政府支出预算——债务转贷支出预算
　　贷：政府收入预算——债务收入预算

（2）市级财政部门。

借：政府支出预算——本级支出预算
　　政府支出预算——债务还本支出预算
　　政府支出预算——债务转贷支出预算
　　贷：政府收入预算——债务转贷收入预算

（3）县级财政部门

借：政府支出预算——本级支出预算
　　政府支出预算——债务还本支出预算
　　贷：政府收入预算——债务转贷收入预算

3. 控制规则。

省级财政部门的债务收入不得大于经同级人大批准的预算调整数额。下级的债务转贷收入应与上级的债务转贷支出相衔接。

1.3.1.5 生成支出指标

预算调整完成后，生成支出指标。

1. 触发记账条件。

本级政府财政部门依据人大批准的预算调整方案确认下达。

2. 记账规则。

借：待下达指标
　　可执行指标——本级支出指标
　　可执行指标——补助支出指标
　　可执行指标——上解支出指标
　　可执行指标——地区间援助支出指标
　　可执行指标——债务还本支出指标
　　可执行指标——债务转贷支出指标
　　贷：政府支出预算——本级支出预算
　　　　政府支出预算——补助支出预算
　　　　政府支出预算——上解支出
　　　　政府支出预算——地区间援助支出预算
　　　　政府支出预算——债务还本支出预算
　　　　政府支出预算——债务转贷支出预算

3. 控制规则。

生成支出指标时，判断"政府支出预算"科目借方余额是否充足，如余额不足则不能生成。

1.3.2 预算调剂

1.3.2.1 政府、部门预算调剂

预算调剂是在预算执行中预算总支出不变的情况下，有关支出在预算科目、预算级次或者项目之间变动。一般不得对已确认支付的指标进行调剂，如确需对已确认支付的指标进行调剂，则先进行资金退回，恢复为政府支出预算再进行调剂。

1. 政府、部门预算间调剂。

原来未细化落实到部门和地区的政府支出预算，细化后应在项目库的支撑下调剂到具体的政府支出预算，由政府支出预算生成支出指标。原未生成支出指标的政府支出预算直接调剂。

（1）触发记账条件。

本级政府财政部门终审下达。

（2）记账规则。

借：政府支出预算——本级支出预算 B
　　贷：政府支出预算——待分预算
　　　　政府支出预算——本级支出预算 A

（3）控制规则。

"待分预算"科目及"本级支出预算 A"科目不得出现贷方余额。其他政府支出预算间调剂参照核算。

2. 收回政府、部门预算支出指标。

收回时采用红字冲销法以负数核算，恢复政府支出预算余额。

（1）触发记账条件。

本级政府财政部门终审确认收回支出指标。

（2）记账规则。

借：待下达指标　　　　　　　　　　　　　　　　　　　红字
　　可执行指标——本级支出指标　　　　　　　　　　　红字
　　贷：政府支出预算——本级支出预算　　　　　　　　红字

（3）控制规则。

"待下达指标""可执行指标"科目不得出现贷方余额。调剂之前应校验"待下达指标""可执行指标"科目余额，余额不足时则不能保存，应先通过资金退回（见业务场景1.4.7）等方式进行处理。收回其他支出指标参照核算。

3. 政府、部门预算在不同单位、科目、项目等之间调剂。

需要对已生成支出指标的政府支出预算调剂时，应由财政部门先收回支出指标。未生成支出指标的政府支出预算直接调剂。

（1）触发记账条件。

本级政府财政部门审核确认预算调剂。

（2）记账规则。

借：政府支出预算——本级支出预算 B
　　贷：政府支出预算——本级支出预算 A

（3）控制规则。

调剂之前应校验"政府支出预算"科目余额，余额不足时则不能保存，应先通过资金退回（见业务场景1.4.7.1）等方式进行处理。调剂后，"政府支出预算"科目的借方余额不得小于零。其他政府支出预算调剂参照核算。

4. 政府、部门预算在级次间调剂。

级次间调剂已生成支出指标应由财政部门先收回再安排。未生成支出指标直接调剂。

（1）触发记账条件。

本级政府财政部门审核确认。

（2）记账规则。

借：政府支出预算——补助支出预算
  贷：政府支出预算——本级支出预算
    政府支出预算——债务转贷支出预算

（3）控制规则。

"本级支出预算""债务转贷支出预算"科目不得出现贷方余额。

5.生成支出指标。

预算调剂完成后，生成支出指标。

（1）触发记账条件。

本级政府财政部门确认下达。

（2）记账规则。

借：待下达指标
  可执行指标——本级支出指标
  可执行指标——补助支出指标
  可执行指标——债务转贷支出指标
  贷：政府支出预算——本级支出预算
    政府支出预算——补助支出预算
    政府支出预算——债务转贷支出预算

（3）控制规则。

生成支出指标时，判断"政府支出预算"科目借方余额是否充足，如余额不足则不能保存。

1.3.2.2 转移支付预算调剂

转移支付预算调剂是按预算法规定，当年转移支付预算分别在预算科目、预算级次或者项目之间调剂。

1.转移支付待分预算调剂。

（1）触发记账条件。

本级政府财政部门终审下达。

（2）记账规则。

上级部门原来未细化落实到部门和地区的预算，细化后应在项目库的支撑下调剂到具体的补助支出预算。

借：政府支出预算——补助支出预算
  贷：政府支出预算——待分预算

（3）控制规则。

"待分预算"科目不得出现贷方余额。

2.追加转移支付预算。

预算执行中，地方各级政府因上级政府增加不需要本级政府提供配套资金的专项转移支付而引起的预算支出变化，报告本级人大后，细化落实到部门和地区的借记相关支出预算科目，未细化落实到部门和地区的，借记"待分预算"科目。

（1）触发记账条件。

本级政府财政部门审核确认。

（2）记账规则。

①接收上级追加转移支付预算。

借：政府支出预算——待分预算
　　　政府支出预算——本级支出预算
　　　政府支出预算——补助支出预算
　　贷：政府收入预算——补助收入预算
②同时确认补助收入。
借：政府收入预算——补助收入预算
　　贷：确认收入
③细化落实到部门和地区后，在项目库的支撑下调剂到具体的政府支出预算，由政府支出预算生成可执行指标。
借：政府支出预算——本级支出预算
　　　政府支出预算——补助支出预算
　　贷：政府支出预算——待分预算
（3）控制规则。
记账金额等于上级追加转移支付金额。
3.追减转移支付预算。
（1）触发记账条件。
本级政府财政部门审核确认。
（2）记账规则。
①收回当年下级转移支付，采用红字冲销法以负数核算，恢复"补助支出预算"科目余额。
借：待下达指标　　　　　　　　　　　　　　　红字
　　　可执行指标——补助支出指标　　　　　　红字
　　贷：政府支出预算——补助支出预算　　　　红字
②收回以前年度下级存量转移支付，采用红字冲销法以负数核算，恢复"待分预算"科目余额。收回资金的项目需要继续实施的，应作为新的预算项目，按照预算管理程序重新申请和安排。
借：政府支出预算——补助支出预算　　　　　　红字
　　贷：政府支出预算——待分预算　　　　　　红字
（3）控制规则。
①调剂后，"可执行指标"科目不得出现贷方余额。
②接收追减转移支付预算时"待分预算"科目可以为负数。
4.转移支付预算指标在不同地区、科目、项目等之间调剂。
（1）触发记账条件。
本级政府财政部门完成终审确认调剂。
（2）记账规则。
借：政府支出预算——补助支出预算 B
　　贷：政府支出预算——补助支出预算 A
（3）控制规则。
"政府支出预算"科目余额不足时则不能保存。如已生成支出指标，应由财政部门先收回支出指标（见业务场景 1.3.2.2—1.3.2.3），再进行调剂。
5.转移支付预算级次间调剂。
（1）触发记账条件。
本级财政预算管理机构审核确认。
（2）记账规则。

借：政府支出预算——本级支出预算
　　　政府支出预算——债务还本支出预算
　　贷：政府支出预算——补助支出预算
（3）控制规则。
"本级支出预算""债务还本支出预算"科目应小于等于对应的"补助支出预算"科目。级次间调剂如已生成支出指标的，应由财政部门先收回"补助支出指标"（见业务场景1.3.2.2–1.3.2.3）再调剂。

6.生成支出指标。
预算调剂完成后，生成支出指标。
（1）触发记账条件。
本级政府财政部门确认下达。
（2）记账规则。
借：待下达指标
　　　可执行指标——本级支出指标
　　　可执行指标——补助支出指标
　　　可执行指标——债务还本支出指标
　　贷：政府支出预算——本级支出预算
　　　　政府支出预算——补助支出预算
　　　　政府支出预算——债务还本支出预算
（3）控制规则。
生成指标时，判断"政府支出预算"科目借方余额是否充足，如余额不足则不能保存。

1.3.2.3. 动支预备费
经本级政府批准动支预备费。
（1）触发条件。
本级政府财政部门报经本级政府同意确认动支预备费。
（2）记账规则。
①动支预备费
借：政府支出预算——本级支出预算
　　　政府支出预算——补助支出预算
　　　政府支出预算——地区间援助支出预算
　　贷：政府支出预算——预备费
②生成支出指标。
借：可执行指标——本级支出指标
　　　可执行指标——补助支出指标
　　　可执行指标——地区间援助支出指标
　　贷：政府支出预算——本级支出预算
　　　　政府支出预算——补助支出预算
　　　　政府支出预算——地区间援助支出预算
（3）控制规则。
"预备费"科目不得出现贷方余额。

1.3.3 其他预拨指标
1.其他预拨指标下达。
其他预拨指标核算根据特殊的执行需要和相关预算指标批准为依据，先行预拨资金，通过预算调整调剂予以核销。

（1）触发记账条件。
本级政府财政部门审核确认下达。
（2）记账规则。
①其他预拨指标下达。
  借：可执行指标——本级支出指标
    可执行指标——补助支出指标
    可执行指标——债务还本支出指标
    可执行指标——地区间援助支出指标
   贷：其他预拨指标
②调整预算未批准前，需要对其他预拨指标进行调剂的，先通过红字冲销法以负数核算收回指标 A，再重新安排指标 B。
  借：可执行指标——本级支出指标 A   红字
    可执行指标——补助支出指标 A   红字
    可执行指标——债务还本支出指标 A   红字
    可执行指标——地区间援助支出指标 A   红字
   贷：其他预拨指标 A   红字
  借：可执行指标——本级支出指标 B
    可执行指标——补助支出指标 B
    可执行指标——债务还本支出指标 B
    可执行指标——地区间援助支出指标 B
   贷：其他预拨指标 B
（3）控制规则。
①"其他预拨指标"科目不得出现借方余额。
②"可执行指标 B"应小于等于"可执行指标 A"。
2. 核销其他预拨指标。
1. 触发记账条件。
本级政府财政部门终审确认其他预拨指标核销。
2. 记账规则。
（1）要素金额一致时用"政府支出预算"直接核销。
  借：其他预拨指标
   贷：政府支出预算——本级支出预算
     政府支出预算——补助支出预算
（2）超出批复金额或要素不一致时应先进行资金退回恢复"可执行指标"（见业务场景 1.4.7）后进行核销。
  借：其他预拨指标
   贷：可执行指标——本级支出指标
     可执行指标——补助支出指标
3. 控制规则。
用于核销其他预拨指标的预算指标明细金额须保持一致，核销完"其他预拨指标"科目余额为零。

1.4 预算执行

1.4.1 待下达指标确认下达

预算执行时根据管理需要，对工资统发需要、未满足支付条件和未达到支付时间等情况的"待下达指标"确认下达。"可执行指标"转回"待下达指标"时采用红字冲销法以负数核算。

1. 触发记账条件。

本级政府财政部门确认。

2. 记账规则。

（1）确认下达时。

借：可执行指标——本级支出指标
　　可执行指标——补助支出指标
　　可执行指标——上解支出指标
　　可执行指标——地区间援助支出指标
　　可执行指标——债务还本支出指标
　　可执行指标——债务转贷支出指标
　　　贷：待下达指标

（2）可执行指标转回待下达指标时。

借：可执行指标——本级支出指标　　　　　　　　　　　红字
　　可执行指标——补助支出指标　　　　　　　　　　　红字
　　可执行指标——上解支出指标　　　　　　　　　　　红字
　　可执行指标——地区间援助支出指标　　　　　　　　红字
　　可执行指标——债务还本支出指标　　　　　　　　　红字
　　可执行指标——债务转贷支出指标　　　　　　　　　红字
　　　贷：待下达指标　　　　　　　　　　　　　　　　红字

3. 控制规则。

（1）"可执行指标"科目应与对应的"待下达指标"科目保持一样的要素，"待下达指标"科目不得出现贷方余额。

（2）"可执行指标"科目转回"待下达指标"科目时，"可执行指标"科目不得出现贷方余额。

1.4.2 可执行指标冻结

本级政府财政部门根据管理需要对"可执行指标"进行冻结。冻结指标恢复为"可执行指标"时，采用红字冲销法以负数核算。

1. 触发记账条件。

本级政府财政部门确认可执行指标冻结。

2. 记账规则。

①可执行指标冻结时。

借：可执行指标冻结
　　　贷：可执行指标

②冻结指标恢复为可执行指标时。

借：可执行指标冻结　　　　　　　　　　　　　　　　　红字
　　　贷：可执行指标　　　　　　　　　　　　　　　　红字

3. 控制规则。

（1）"可执行指标冻结"科目应与对应的"可执行指标"科目保持一样的要素，"可执行指标"科目不得出现贷方余额。

（2）冻结指标恢复"可执行指标"科目时，"可执行指标冻结"科目不得出现贷方余额。

1.4.3 财政部门、单位支付申请
1. 触发记账条件。
各级政府财政部门、单位发起支付申请并保存发送。
2. 记账规则。
借：支付申请
　　贷：可执行指标——本级支出指标
　　　　可执行指标——补助支出指标
　　　　可执行指标——上解支出指标
　　　　可执行指标——地区间援助支出指标
　　　　可执行指标——债务还本支出指标
　　　　可执行指标——债务转贷支出指标
3. 控制规则。
"可执行指标"科目不得出现贷方余额。
1.4.4 财政部门、单位支付申请退回
支付申请退回时采用红字冲销法以负数核算。
1. 触发记账条件。
支付申请信息不满足支付条件银行退回支付凭证。
2. 记账规则。
借：支付申请　　　　　　　　　　　　　　　　　　　　　　红字
　　贷：可执行指标——本级支出指标　　　　　　　　　　　红字
　　　　可执行指标——补助支出指标　　　　　　　　　　　红字
　　　　可执行指标——上解支出指标　　　　　　　　　　　红字
　　　　可执行指标——地区间援助支出指标　　　　　　　　红字
　　　　可执行指标——债务还本支出指标　　　　　　　　　红字
　　　　可执行指标——债务转贷支出指标　　　　　　　　　红字
3. 控制规则。
"支付申请"科目不得出现贷方余额。
1.4.5 确认支付
1. 触发记账条件。
同总预算会计记账条件保持一致。
2. 记账规则。
①支付申请确认支付。
借：确认支付
　　贷：支付申请
②上年预拨本年资金、上级财政代扣事项以及专户管理的粮食风险基金等确认支付。
借：确认支付
　　贷：可执行指标——本级支出指标
3. 控制规则。
（1）"支付申请"科目不得出现贷方余额。
（2）上年预拨本年资金、上级财政代扣事项以及专户管理的粮食风险基金等确认支付，应同总预算会计账衔接。
1.4.6 支付更正
当金额流向一致，指标要素不正确时，通过支付更正业务用正确的可执行指标进行更正。

1. 触发记账条件。
单位发起支付更正申请，本级政府财政部门审核确认。
2. 记账规则。
（1）恢复可执行指标A余额，采用红字冲销法以负数核算。
借：确认支付A   红字
　　贷：支付申请A   红字
借：支付申请A   红字
　　贷：可执行指标A   红字
（2）扣减可执行指标B余额。
借：支付申请B
　　贷：可执行指标B
借：确认支付B
　　贷：支付申请B
3. 控制规则。
（1）支付更正前，必须有正确的"可执行指标B"。
（2）通过"确认支付"科目和"支付申请"科目控制可以申请更正的最大金额，更正后扣减新的"可执行指标"，恢复原"可执行指标"。更正后，"可执行指标"科目不得出现贷方余额。
（3）资金流向和支付金额不变。

1.4.7 资金退回

1.4.7.1 当年资金退回

1. 触发记账条件。
依据集中支付代理银行凭证回单登记或人民银行凭证回单登记。
2. 记账规则。
（1）当年预算支出资金退回时，采用红字冲销法以负数核算，恢复支付申请余额。
借：确认支付   红字
　　贷：支付申请   红字
（2）恢复可执行指标余额，采用红字冲销法以负数核算。
借：支付申请   红字
　　贷：可执行指标——本级支出指标   红字
　　　　可执行指标——补助支出指标   红字
　　　　可执行指标——上解支出指标   红字
　　　　可执行指标——地区间援助支出指标   红字
　　　　可执行指标——债务还本支出指标   红字
　　　　可执行指标——债务转贷支出指标   红字
3. 控制规则。
应同总预算会计账衔接。

1.4.7.2 收回以前年度存量资金

收回以前年度存量资金如采用冲减当年支出的核算方式时，通过红字冲销法以负数核算，恢复待分预算余额。收回资金的项目需要继续实施的，应作为新的预算项目，按照预算管理程序重新申请和安排。

1. 触发记账条件。
同总预算会计入账条件保持一致。

2. 记账规则。
借：确认支付   红字
　　贷：政府支出预算——待分预算   红字
3. 控制规则。
收回以前年度存量资金时，应同总预算会计账衔接。如当年预算支出不够冲销，则冲销完后"确认支付"科目可出现贷方余额。

1.4.8 确认收入
1.4.8.1 本级税收、非税等收入入（退）库
退库采用红字冲销法以负数核算。
1. 触发记账条件。
金库入账、总预算会计确认入账。
2. 记账规则。
（1）入库时
借：政府收入预算——本级收入预算
　　贷：确认收入
（2）退库时
借：政府收入预算——本级收入预算   红字
　　贷：确认收入   红字
3. 控制规则。
要素、金额应同总预算会计账衔接。

1.4.8.2 债务发行收入入库（仅限中央和省本级）
1. 触发记账条件。
金库入账、总预算会计确认入账。
2. 记账规则。
借：政府收入预算——债务收入预算
　　贷：确认收入
3. 控制规则。
要素、金额应同总预算会计账衔接。

1.4.8.3 确认债务转贷收入
1. 触发记账条件。
总预算会计确认入账。
2. 记账规则。
借：政府收入预算——债务转贷收入
　　贷：确认收入
3. 控制规则。
要素、金额应同总预算会计账衔接。

1.4.8.4 确认动用预算稳定调节基金
1. 触发记账条件。
总预算会计确认入账。
2. 记账规则。
借：政府收入预算——动用预算稳定调节基金
　　贷：确认收入
3. 控制规则。
要素、金额应同总预算会计账衔接。

1.4.8.5 上解收入、地区间援助收入确认收入
1. 触发记账条件。
总预算会计确认入账。
2. 记账规则。
借：政府收入预算——上解收入
　　政府收入预算——地区间援助收入预算
　　　贷：确认收入
3. 控制规则。
应同总预算会计账衔接。
1.4.9 调出调入资金
1. 触发记账条件。
本级政府财政部门确认调入资金（含其他调入）。
2. 记账规则。
（1）调出方
借：确认支付
　　　贷：政府支出预算——调出资金
（2）调入方
借：政府收入预算——调入资金
　　　贷：确认收入
3. 控制规则。
（1）调入方记账金额需大于等于调出方调出金额。如三本预算间资金调入调出，调入方记账金额需与调出方记账金额保持一致。
（2）记账金额同总预算会计账衔接。
1.5 年终事项
1.5.1 指标结转
根据预算安排将下年需按原用途继续使用的"政府支出预算"和"支出指标"进行结转，结转到"指标结转"科目。
1. 触发记账条件。
本级政府财政部门确认指标结转。
2. 记账规则。
借：指标结转
　　　贷：政府支出预算——本级支出预算
　　　　　政府支出预算——补助支出预算
　　　　　政府支出预算——债务转贷支出预算
　　　　　政府支出预算——待分预算
　　　　　待下达指标
　　　　　可执行指标——本级支出指标
　　　　　可执行指标——补助支出指标
　　　　　可执行指标——债务转贷支出指标
3. 控制规则。
结转后，"支出指标"科目和"政府支出预算"科目不能为贷方余额。
1.5.2 指标结余
统筹收回"政府支出预算"科目余额和"支出指标"科目余额转入"指标结余"科目，按照相关法律法规规定年终将"指标结余"科目余额转入预算稳定调节基金。

1. 触发记账条件。
本级政府财政部门确认指标结余。
2. 记账规则。
借：指标结余
　　贷：政府支出预算——本级支出预算
　　　　政府支出预算——补助支出预算
　　　　政府支出预算——上解支出
　　　　政府支出预算——待分预算
　　　　待下达指标
　　　　可执行指标——本级支出指标
　　　　可执行指标——补助支出指标
　　　　可执行指标——上解支出指标
3. 控制规则。
（1）指标结转结余后，"支出指标"科目和"待分预算"科目余额为零。
（2）一般公共预算指标结余转入预算稳定调节基金后，科目余额为零。
（3）政府性基金预算和国有资本经营预算指标结余按相关规定处理。

1.5.3 确认补充预算周转金
1. 触发记账条件。
本级政府财政部门确认补充预算周转金。
2. 记账规则。
借：确认支付
　　贷：政府支出预算——补充预算周转金
3. 控制规则。
预算周转金按预算法实施条例规定不得超过本级一般公共预算支出总额的1%。

1.5.4 确认结转下年支出
1. 触发记账条件。
年终本级政府财政部门对年初预算"结转下年支出"确认指标结转。
2. 记账规则。
借：指标结转
　　贷：政府支出预算——结转下年支出（年初预算）
3. 控制规则。
同总预算会计账保持一致。

1.5.5 年终结算
1. 触发记账条件。
预算年度终了，本级政府财政部门对上下级财政办理年终结算事项。
2. 记账规则。
（1）按预算法规定的相关结余转入安排预算稳定调节基金。
借：政府支出预算——安排预算稳定调节基金
　　贷：指标结余
（2）未使用完毕的预备费安排预算稳定调节基金。
借：政府支出预算——安排预算稳定调节基金
　　贷：政府支出预算——预备费
（3）年终结算根据预算法规定将对应的超收收入弥补赤字后转入预算稳定调节基金。

借：政府支出预算——安排预算稳定调节基金
　　　贷：政府收入预算——本级收入预算
（4）根据年终结算将未确认的补助支出、上解支出和调出资金、安排预算稳定调节基金转确认支付。
借：确认支付
　　　贷：政府支出预算——补助支出预算
　　　　　政府支出预算——上解支出
　　　　　政府支出预算——调出资金
　　　　　政府支出预算——安排预算稳定调节基金
　　　　　可执行指标——补助支出指标
　　　　　可执行指标——上解支出指标
（5）根据年终结算将未确认的补助收入、上解收入和调入资金转确认收入。
借：政府收入预算——补助收入预算
　　政府收入预算——上解收入
　　政府收入预算——调入资金
　　　贷：确认收入

3. 控制规则。
（1）与年终结算平衡表保持一致，并同总预算会计账衔接。
（2）"政府支出预算"科目、"可执行指标"科目不得出现贷方余额。

1.5.6 根据实际执行数据调整新的平衡关系
1. 触发记账条件。
本级政府财政部门根据实际执行数调整预算平衡。
2. 记账规则。
（1）增加收支预算。
借：政府支出预算——本级支出预算
　　政府支出预算——补助支出预算
　　政府支出预算——预备费
　　政府支出预算——上解支出
　　政府支出预算——地区间援助支出预算
　　政府支出预算——调出资金
　　政府支出预算——安排预算稳定调节基金
　　政府支出预算——债务还本支出预算
　　政府支出预算——债务转贷支出预算
　　政府支出预算——补充预算周转金
　　政府支出预算——结转下年支出
　　　贷：政府收入预算——补助收入预算
　　　　　政府收入预算——上解收入
　　　　　政府收入预算——地区间援助收入预算
　　　　　政府收入预算——调入资金
　　　　　政府收入预算——动用预算稳定调节基金
　　　　　政府收入预算——上年结转收入
　　　　　政府收入预算——上年结余收入
（2）减少收支预算采用红字冲销法以负数核算。

借：政府支出预算——本级支出预算　　　　　　　　　　　　　　红字
　　　政府支出预算——补助支出预算　　　　　　　　　　　　　　红字
　　　政府支出预算——预备费　　　　　　　　　　　　　　　　　红字
　　　政府支出预算——上解支出　　　　　　　　　　　　　　　　红字
　　　政府支出预算——地区间援助支出预算　　　　　　　　　　　红字
　　　政府支出预算——调出资金　　　　　　　　　　　　　　　　红字
　　　政府支出预算——安排预算稳定调节基金　　　　　　　　　　红字
　　　政府支出预算——债务还本支出预算　　　　　　　　　　　　红字
　　　政府支出预算——债务转贷支出预算　　　　　　　　　　　　红字
　　　政府支出预算——补充预算周转金　　　　　　　　　　　　　红字
　　　政府支出预算——结转下年支出　　　　　　　　　　　　　　红字
　　贷：政府收入预算——补助收入预算　　　　　　　　　　　　　红字
　　　　政府收入预算——上解收入　　　　　　　　　　　　　　　红字
　　　　政府收入预算——地区间援助收入预算　　　　　　　　　　红字
　　　　政府收入预算——调入资金　　　　　　　　　　　　　　　红字
　　　　政府收入预算——动用预算稳定调节基金　　　　　　　　　红字
　　　　政府收入预算——上年结转收入　　　　　　　　　　　　　红字
　　　　政府收入预算——上年结余收入　　　　　　　　　　　　　红字

（3）确认支付。

借：确认支付
　　贷：政府支出预算——本级支出预算
　　　　政府支出预算——补助支出预算
　　　　政府支出预算——预备费
　　　　政府支出预算——上解支出
　　　　政府支出预算——地区间援助支出预算
　　　　政府支出预算——调出资金
　　　　政府支出预算——安排预算稳定调节基金
　　　　政府支出预算——债务还本支出预算
　　　　政府支出预算——债务转贷支出预算
　　　　政府支出预算——补充预算周转金

（4）将结转下年支出转入指标结转。

借：指标结转
　　贷：政府支出预算——结转下年支出

（5）确认收入

借：政府收入预算——本级收入预算
　　政府收入预算——补助收入预算
　　政府收入预算——上解收入
　　政府收入预算——地区间援助收入预算
　　政府收入预算——调入资金
　　政府收入预算——动用预算稳定调节基金
　　政府收入预算——上年结转收入
　　政府收入预算——上年结余收入
　　贷：确认收入

3. 控制规则。

（1）根据年末实际执行情况，对预算数据进行调整，达到新的平衡关系，数据应同总预算会计衔接。

（2）减少预算总支出应判断相关支出预算余额是否充足，如果余额不足则不能保存，应先通过预算调剂（见业务场景1.3.2）、资金退回（见业务场景1.4.7.1）等流程进行要素修正后减少或调减。

1.5.7 结转结余

1. 触发记账条件。

年终结算完成后系统自动处理。

2. 记账规则。

收入结转后，将"确认收入"的贷方余额转入"结转结余"科目。支出结转后，将"确认支付"的借方余额转入"结转结余"科目。如果"确认收入"大于"确认支付"，则"结转结余"科目有贷方余额，表示收大于支；如果"确认收入"小于"确认支付"，则"结转结余"科目有借方余额，表示收不抵支。

借：确认收入
　　贷：结转结余
　　　　确认支付

3. 控制规则。

结转完毕后，"确认收入""确认支付"科目余额为零。

1.5.8 年终结账

年终结账，将本年度结转结余类和结转核销类清零，"结转结余"科目的贷方余额表示收大于支的盈余部分。"指标结转"科目和"指标结余"科目的借方余额表示本年未支出需结转至下年支出部分。本分录将两者冲平。

将"指标结转"科目明细转入下年度"上年结转收入"科目，指标结转应等于当年需结转下年的预算加当年需结转下年的指标(不含已经权责发生制列支部分)。

将"指标结余"科目明细转入下年度"上年结余收入"科目。指标结余应等于当年预算结余加当年指标结余（不含转入安排预算稳定调节基金部分）。

1. 触发记账条件。

系统自动处理。

2. 记账规则。

借：结转结余
　　贷：指标结转
　　　　指标结余

3. 控制规则。

年终结账后，所有科目余额为零。

二、单位资金

2.1 年初控制数提前安排支出

部门预算草案未经财政部门审查和批复前，单位可以提前安排的支出。

1. 触发记账条件。

本级政府财政部门终审确认下达。

2. 记账规则。

（1）单位登记可以提前安排的年初控制数和支出指标。

借：可执行指标
　　贷：年初控制数

（2）预算批复前，年初控制数下达的指标调剂时，先收回指标 A，再重新安排指标 B。收回时采用红字冲销法以负数核算。

借：可执行指标 A　　　　　　　　　　　　　　　　　　　　　　红字
　　贷：年初控制数 A　　　　　　　　　　　　　　　　　　　　　红字
借：可执行指标 B
　　贷：年初控制数 B

3. 控制规则。

（1）必须是"年初控制数"安排的资金。

（2）记账金额须等于指标金额，且所有要素保持一致。

（3）"可执行指标 B"需小于等于"可执行指标 A"。

2.2 预算批复

2.2.1 年初预算批复

1. 触发记账条件。

本级政府财政部门依据批准的部门预算生成单位资金预算。

2. 记账规则。

借：单位资金支出预算
　　贷：单位资金收入预算

3. 控制规则。

记账金额等于批准金额。

2.2.2 核销年初控制数

1. 触发记账条件。

本级政府财政部门审核确认核销。

2. 记账规则。

（1）核销要素一致，用"单位资金支出预算"直接核销。

借：年初控制数
　　贷：单位资金支出预算

（2）如核销要素不一致但金额流向一致时，则需要通过支付更正（见业务场景 2.4.9）再用"可执行指标"进行核销；如核销金额小于原"可执行指标"或金额流向不一致时，如已支付，需要资金退回（见业务场景 2.4.7），恢复"可执行指标"再进行核销，如未发生支付，则用"可执行指标"直接进行核销。

借：年初控制数
　　贷：可执行指标

3. 控制规则。

年初控制数不得出现借方余额。

2.2.3 生成支出指标

1. 触发记账条件。

本级政府财政部门确认下达。

2. 记账规则。

借：待下达指标
　　可执行指标
　　贷：单位资金支出预算

3. 控制规则。

"单位资金支出预算"科目不得出现贷方余额。

2.3 预算调整调剂

2.3.1 增加或减少预算收支

1. 触发记账条件。

本级政府财政部门审核确认。

2. 记账规则。

预算批复后，按照有关规定在年度执行中，增加或减少预算收支。（减少预算收支时采用红字冲销法以负数核算）

（1）增加时。

借：单位资金支出预算
　　贷：单位资金收入预算

（2）减少时。

借：单位资金支出预算　　　　　　　　　　　　　　　　红字
　　贷：单位资金收入预算　　　　　　　　　　　　　　红字

3. 控制规则。

减少预算支出应判断相关支出预算余额是否充足，如果余额不足则不能保存，应先通过预算调剂（见业务场景2.3.3）、资金退回（见业务场景2.4.7）等流程进行要素修正后减少或调减。

2.3.2 收回单位资金可执行指标

收回时采用红字冲销法以负数核算，恢复单位资金支出预算余额

1. 触发记账条件。

本级政府财政部门审核确认收回指标。

2. 记账规则。

借：待下达指标　　　　　　　　　　　　　　　　　　红字
　　可执行指标　　　　　　　　　　　　　　　　　　红字
　　贷：单位资金支出预算　　　　　　　　　　　　　红字

3. 控制规则。

"可执行指标"不得出现贷方余额。

2.3.3 单位资金预算在项目、科目间调剂

如已生成"支出指标"，则需要先收回"支出指标"（见业务场景2.3.2），再进行调剂。

1. 触发记账条件。

本级政府财政部门审核确认项目、科目间调剂。

2. 记账规则。

借：单位资金支出预算B
　　贷：单位资金支出预算A

3. 控制规则。

"单位资金支出预算A"不得出现贷方余额。

2.3.4 生成支出指标

1. 触发记账条件。

本级政府财政部门审核确认生成指标。

2. 记账规则。

借：待下达指标
　　可执行指标
　　　贷：单位资金支出预算

3. 控制规则。

"单位资金支出预算"科目不能出现贷方余额。

2.4 预算执行

2.4.1 待下达指标确认下达

1. 触发记账条件。

本级政府财政部门根据管理需要确认下达,"可执行指标"转回为"待下达指标"时采用红字冲销法以负数核算。

2. 记账规则。

(1) 确认下达时

借:可执行指标

　　贷:待下达指标

(2) 可执行指标转回为待下达指标时

借:可执行指标　　　　　　　　　　　　　　　　红字

　　贷:待下达指标　　　　　　　　　　　　　　红字

3. 控制规则。

(1) "可执行指标"应与对应的"待下达指标"保持一样的要素,"待下达指标"科目不得出现贷方余额。

(2) "可执行指标"转回"待下达指标"时,"可执行指标"科目不得出现贷方余额。

2.4.2 可执行指标冻结

1. 触发记账条件。

本级财政部门根据管理需要对可执行指标进行冻结。

2. 记账规则。

(1) 可执行指标冻结时。

借:可执行指标冻结

　　贷:可执行指标

(2) 冻结指标恢复为可执行指标时,采用红字冲销法以负数核算。

借:可执行指标冻结　　　　　　　　　　　　　　红字

　　贷:可执行指标　　　　　　　　　　　　　　红字

3. 控制规则。

(1) "可执行指标冻结"应与对应的"可执行指标"保持一样的要素,"可执行指标"科目不得出现贷方余额。

(2) "可执行指标冻结"恢复"可执行指标"时"可执行指标冻结"科目不得出现贷方余额。

2.4.3 单位资金支付申请

1. 触发记账条件。

单位发起支付申请并保存发送。

2. 记账规则。

借:支付申请

　　贷:可执行指标

3. 控制规则。

(1) "可执行指标"不得出现贷方余额。

(2) 能否发起支付申请应校验单位自有资金账户余额。

2.4.4 单位资金支付申请退回

1. 触发记账条件。

支付申请信息不满足支付条件银行退回支付凭证。
2. 记账规则。
退回时采用红字冲销法以负数核算。
借：可执行指标   红字
　　贷：支付申请   红字
3. 控制规则。
"支付申请"科目不得出现贷方余额。

2.4.5 单位资金确认支付
1. 触发记账条件。
同单位会计核算的入账条件保持一致。
2. 记账规则。
借：确认支付
　　贷：支付申请
3. 控制规则。
"支付申请"科目不得出现贷方余额。

2.4.6 单位资金确认收入
1. 触发记账条件。
与单位会计核算条件保持一致。
2. 记账规则。
①确认收入
借：单位资金收入预算
　　贷：确认收入
②收入退回时采用红字冲销法以负数核算
借：单位资金收入预算   红字
　　贷：确认收入   红字
3. 控制规则。
记账金额与实际发生金额一致。

2.4.7 当年资金退回
1. 触发记账条件。
账户收到资金退回。
2. 记账规则。
采用红字冲销法以负数核算，恢复"可执行指标"余额。
借：确认支付   红字
　　贷：支付申请   红字
借：支付申请   红字
　　贷：可执行指标   红字
3. 控制规则。
同单位会计核算保持一致。

2.4.8 收回以前年度存量资金
1. 触发记账条件。
账户收到资金退回。
2. 记账规则。
采用红字冲销法以负数核算，恢复"单位资金支出预算"余额。

借：确认支付　　　　　　　　　　　　　　　　　　　　　　　　红字
　　　贷：单位资金支出预算　　　　　　　　　　　　　　　　　红字
3. 控制规则。
同单位会计核算保持一致。
2.4.9 支付更正
1. 触发记账条件。
单位发起支付更正申请，本级政府财政部门审核确认。
2. 记账规则。
（1）恢复可执行指标 A 余额，采用红字冲销法以负数核算。
借：确认支付 A　　　　　　　　　　　　　　　　　　　　　红字
　　　贷：支付申请 A　　　　　　　　　　　　　　　　　　　红字
借：支付申请 A　　　　　　　　　　　　　　　　　　　　　　红字
　　　贷：可执行指标 A　　　　　　　　　　　　　　　　　　红字
（2）扣减可执行指标 B 余额。
借：支付申请 B
　　　贷：可执行指标 B
借：确认支付 B
　　　贷：支付申请 B
3. 控制规则。
（1）通过"确认支付"科目和"支付申请"科目控制可以申请更正的最大金额，更正后扣减新的"可执行指标"，恢复原"可执行指标"。更正后，"可执行指标"科目不得出现贷方余额。
（2）资金流向和支付金额不变。
2.5 年终事项
2.5.1 结转核销
单位资金支出预算、支出指标和收入预算超收转入单位资金结转结余。如单位资金收入短收，先通过预算调整实现收支平衡。
1. 触发记账条件。
单位发起年终决算。
2. 记账规则。
借：指标结转结余
　　　贷：单位资金收入预算
　　　　　单位资金支出预算
　　　　　待下达指标
　　　　　可执行指标
3. 控制规则。
"单位资金收入预算"科目、"单位资金支出预算"科目和"支出指标"科目余额应为零。
2.5.2 结转结余
单位资金"确认支付"和"确认收入"转入单位资金"结转结余"。
1. 触发记账条件。
年终决算完成。
2. 记账规则。
借：确认收入
　　　贷：结转结余

确认支付

3. 控制规则。

同单位会计核算保持一致。

2.5.3 年终结账

年终结账，将本年度结转结余类和结转核销类清零，有关数据转入下年度"上年结转结余收入"。

指标结转结余等于需结转下年的单位资金支出预算、单位资金收入预算超收部分和需结转下年的支出指标之和。

1. 触发记账条件。

系统自动处理。

2. 记账规则。

借：结转结余

　　贷：指标结转结余

3. 控制规则。

年终结账后，所有科目余额为零。

三、特殊场景

3.1 债券资金管理业务场景

1. 接收上级政府下达的债务限额。

按照预算法规定，各省、自治区、直辖市的政府债务余额不得突破国务院批准的限额。省、自治区、直辖市政府财政部门依照国务院下达的本地区地方政府债务限额，提出本级和转贷给下级政府的债务限额安排方案，报本级政府批准后，将增加举借的债务列入本级预算调整方案，报本级人大批准。因此，接收上级政府下达的债务限额时，不记账。只有当预算调整方案报本级人大批准后方记账。

2. 人大年初审查批准预算草案。

借：政府支出预算——本级支出预算

　　政府支出预算——补助支出预算

　　政府支出预算——债务还本支出预算

　　政府支出预算——债务转贷支出预算

　　贷：政府收入预算——债务收入预算

　　　　政府收入预算——债务转贷收入预算

3. 人大常委会批准预算调整方案。

借：政府支出预算——本级支出预算

　　政府支出预算——补助支出预算

　　政府支出预算——债务还本支出预算

　　政府支出预算——债务转贷支出预算

　　贷：政府收入预算——债务收入预算

　　　　政府收入预算——债务转贷收入预算

4. 登记、下达还本指标。

借：可执行指标——债务还本支出指标

　　贷：政府支出预算——债务还本支出预算

5. 登记、下达转贷指标。

债务发行入库后，按照内部审批程序，并下达转贷支出指标。

借：可执行指标——债务转贷支出指标

　　贷：政府支出预算——债务转贷支出预算

6. 调拨转贷资金。

依据转贷指标调拨资金，由债务管理部门发起支付申请，送国库部门审核。同时，触发预算指标核算记账。

借：支付申请
　　贷：可执行指标——债务转贷支出指标
借：确认支付
　　贷：支付申请

7. 确认债务收入。

通过总预算会计记账触发，记账日期须保持一致。

借：政府收入预算——债务收入预算
　　　政府收入预算——债务转贷收入预算
　　贷：确认收入

8. 归还本金、利息、费用。

州市、县区向上级财政还本付息付费时，依据指标办理付款，省本级统一还本付息付费时，州市承担还款责任的部分采取代收代付方式，不进行指标核算。

借：支付申请
　　贷：可执行指标——本级支出指标（利息、费用）
　　　　可执行指标——债务还本支出指标
借：确认支付
　　贷：支付申请

3.2 地方政府主权外贷特殊业务场景

1. 确认收入。

（1）纳入国库集中支付管理的外贷资金在收到外贷收入或转贷收入时记账。

（2）存放在财政专户的政府外贷资金在专户收到外贷或转贷收入，同时总会计收到文件并入账时记账。

（3）贷款方直接支付或委托代理银行、转贷银行支付的外贷资金，在总会计收到文件并入账时记账。

借：政府收入预算——债务收入预算（主权外贷）
　　　政府收入预算——债务转贷收入预算（主权外贷）
贷：确认收入

2. 预算执行。

（1）生成可执行指标。

借：可执行指标——本级支出指标
　　　可执行指标——补助支出指标
　　　可执行指标——债务转贷支出指标（主权外贷）
　　贷：政府支出预算——本级支出预算
　　　　政府支出预算——补助支出预算
　　　　政府支出预算——债务转贷支出预算（主权外贷）

（2）纳入国库集中支付管理的外贷转贷资金支付核算。

①申请支付。

借：支付申请
　　贷：可执行指标——本级支出指标
　　　　可执行指标——补助支出指标
　　　　可执行指标——债务转贷支出指标（主权外贷）

②确认支付。
借：确认支付
　　贷：支付申请
（3）存放在财政专户、贷款方直接支付或委托代理银行、转贷银行支付的外贷资金，在总会计收到文件并入账后记账。
借：确认支付
　　贷：可执行指标——本级支出指标
　　　　可执行指标——补助支出指标
　　　　可执行指标——债务转贷支出指标（主权外贷）

3. 汇兑损益。
政府债务外贷财政专户外币余额按期末中国人民银行公布的汇率中间价折算后确认，汇兑损益根据总会计入账确认支付。
借：确认支付
　　贷：可执行指标——本级支出指标

4. 资金退回。
（1）已提款未使用的资金退回。
1）当年已提款未使用的资金退回。
项目结束后，已提款但未使用的政府债务外贷资金退回贷款方，属于当年度退回的，冲减债务收入，采用红字冲销法以负数核算。

借：政府收入预算——债务收入预算（主权外贷）	红字
政府收入预算——债务转贷收入预算（主权外贷）	红字
贷：确认收入	红字

2）已提款但未使用的政府债务外贷资金跨年退回。
①属于跨年度退回的，应通过还本支出办理，相应调减债务余额。
a. 收回可执行指标，恢复政府支出预算，用红字冲销法以负数核算。

借：可执行指标——本级支出指标	红字
可执行指标——补助支出指标	红字
可执行指标——债务转贷支出指标（主权外贷）	红字
贷：政府支出预算——本级支出预算	红字
政府支出预算——补助支出预算	红字
政府支出预算——债务转贷支出预算	红字

b. 将政府支出预算调剂到债务还本支出预算。
借：政府支出预算——债务还本支出预算
　　贷：政府支出预算——本级支出预算
　　　　政府支出预算——补助支出预算
　　　　政府支出预算——债务转贷支出预算
c. 生成债务还本支出指标。
借：可执行指标——债务还本支出指标
　　贷：政府支出预算——债务还本支出预算
②纳入国库集中支付的资金退回业务。
借：支付申请
　　贷：可执行指标——债务还本支出指标

借：确认支付
　　贷：支付申请

③存放在财政专户、贷款方直接支付或委托代理银行资金退回的，总会计收到文件并入账。

借：确认支付
　　贷：可执行指标——债务还本支出指标

（2）已拨付资金未通过贷款方审核需要退款的。

已拨付资金未通过贷款方审核需要退回的，应冲减支出后按当年已提款未使用的资金退回场景核算。因汇率影响，由一般公共预算通过预算调整调剂（见业务场景1.3.1和1.3.2）补足。

①纳入国库集中支付管理的先资金退回（见业务场景1.4.7）。

②存放在财政专户、贷款方直接支付或委托代理银行、转贷银行支付的冲减当年支出，以红字冲销法以负数核算。

借：确认支付　　　　　　　　　　　　　　　　　　　　红字
　　贷：可执行指标——本级支出指标　　　　　　　　　红字
　　　　可执行指标——补助支出指标　　　　　　　　　红字

③退回支出预算后冲减债务收入。

借：可执行指标——本级支出指标　　　　　　　　　　　红字
　　可执行指标——补助支出指标　　　　　　　　　　　红字
　　贷：政府支出预算——本级支出预算　　　　　　　　红字
　　　　政府支出预算——补助支出预算　　　　　　　　红字
借：政府收入预算——债务收入预算（主权外贷）　　　　红字
　　政府收入预算——债务转贷收入预算（主权外贷）　　红字
　　贷：确认收入　　　　　　　　　　　　　　　　　　红字

5.额度内当年未提款业务。

额度内当年未提款业务政府主权外贷额度不再结转外贷使用，报经省级人民政府批准并报财政部备案后调剂用于当年或以后年度发行新增地方政府一般债券，按调整调剂程序办理。

年末未提款的剩余预算额度用红字冲销法以负数核算，如已生成可执行指标的需先收回可执行指标（参考业务场景1.3.2.1-2）。

借：政府支出预算——本级支出预算　　　　　　　　　　红字
　　政府支出预算——补助下级预算　　　　　　　　　　红字
　　政府支出预算——债务转贷支出预算　　　　　　　　红字
　　贷：政府收入预算——债务收入预算（主权外贷）　　红字
　　　　政府收入预算——债务转贷收入预算（主权外贷）红字

3.3 国库集中支付结余

1.国库集中支付结余年初转入。

（1）触发记账条件。

新的年度开始，本级政府财政部门审核确认，且要素、金额应同上年度衔接。

（2）记账规则。

①年初转入。

列支权责发生制事项批复后转入。

借：安排国库集中支付结余
　　　　贷：应付国库集中支付结余
②生成支出指标。
权责发生制事项转支出指标。
借：可执行指标（应付国库集中支付结余）
　　　　贷：安排国库集中支付结余
③权责发生制事项确认收入
借：应付国库集中支付结余
　　　　贷：确认收入（应付国库集中支付结余）
指标核算确认收入，总会计账不记收入。
（3）控制规则。
记账金额与上年度权责发生制列支金额保持一致。
2.国库集中支付结余调剂。
（1）收回国库集中支付结余。
①触发记账条件。
本级政府财政部门审核确认，且科目、要素、金额应与总预算会计账衔接。
②记账规则。
采用红字冲销法以负数核算。
借：可执行指标（应付国库集中支付结余）　　　　　　　　红字
　　　　贷：安排国库集中支付结余　　　　　　　　　　　　红字
借：安排国库集中支付结余　　　　　　　　　　　　　　　红字
　　　　贷：应付国库集中支付结余　　　　　　　　　　　　红字
借：应付国库集中支付结余　　　　　　　　　　　　　　　红字
　　　　贷：确认收入（应付国库集中支付结余）　　　　　　红字

同时增加分录，减列当年确认支付，增列当年待分预算，采用红字冲销法以负数核算，收回资金的项目需要继续实施的，应作为新的预算项目，按照预算管理程序重新申请和安排。核算如下：
借：确认支付（当年预算）　　　　　　　　　　　　　　　红字
　　　　贷：政府支出预算——待分预算　　　　　　　　　　红字
③控制规则。
根据"可执行指标"科目余额控制可收回的最大金额。如当年预算支出不够冲销，则冲销完后"确认支付"科目可出现贷方余额。
（2）国库集中支付结余调剂。
①触发记账条件。
本级政府财政部门审核确认。
②记账规则。
借：可执行指标A（应付国库集中支付结余）　　　　　　　红字
　　　　贷：安排国库集中支付结余A（应付国库集中支付结余）　红字
借：安排国库集中支付结余B（应付国库集中支付结余）
　　　　贷：安排国库集中支付结余A（应付国库集中支付结余）
借：可执行指标B（应付国库集中支付结余）
　　　　贷：安排国库集中支付结余B（应付国库集中支付结余）

③控制规则。

通过"可执行指标"科目余额控制可以调剂的最大金额。

3.国库集中支付结余执行。

（1）单位支付申请。

①触发记账条件。

单位录入支付申请并保存发送。

②记账规则。

借：支付申请（应付国库集中支付结余）
　　贷：可执行指标（应付国库集中支付结余）

③控制规则。

"可执行指标"科目不能出现贷方余额。

（2）单位支付申请退回。

①触发记账条件。

支付申请信息不满足支付条件银行退回支付凭证。

②记账规则。

借：支付申请（应付国库集中支付结余）　　　　　　　　　红字
　　贷：可执行指标（应付国库集中支付结余）　　　　　　红字

③控制规则。

"支付申请"科目不得出现贷方余额。

（3）确认支付。

①触发记账条件。

同总预算会计记账条件保持一致。

②记账规则。

借：确认支付（应付国库集中支付结余）
　　贷：支付申请（应付国库集中支付结余）

③控制规则。

通过"支付申请"科目控制可生成"确认支付"科目的最大金额。此处国库集中支付结余指标确认支付在财政总预算会计中不记预算支出。

（4）资金退回。

①触发记账条件。

同总预算会计入账条件保持一致。

②记账规则。

资金退回时，采用红字冲销法以负数核算，恢复"支付申请"科目余额。

借：确认支付（应付国库集中支付结余）　　　　　　　　　红字
　　贷：支付申请（应付国库集中支付结余）　　　　　　　红字

恢复"可执行指标"科目余额，采用红字冲销法以负数核算。

借：支付申请（应付国库集中支付结余）　　　　　　　　　红字
　　贷：可执行指标（应付国库集中支付结余）　　　　　　红字

③控制规则。

a.资金退回时通过"确认支付"科目控制当年可退回资金的最大金额。

b.资金退回时金额要素同总会计核算保持一致。

（5）支付更正。

①触发记账条件。
单位发起支付更正申请并保存。
②记账规则。
恢复可执行指标 A 余额，采用红字冲销法以负数核算。
借：确认支付（应付国库集中支付结余 A）　　　　　　　　　　红字
　　贷：支付申请（应付国库集中支付结余 A）　　　　　　　　红字
借：支付申请（应付国库集中支付结余 A）　　　　　　　　　　红字
　　贷：可执行指标（应付国库集中支付结余 A）　　　　　　　红字
扣减可执行指标 B 余额。
借：支付申请（应付国库集中支付结余 B）
　　贷：可执行指标（应付国库集中支付结余 B）
借：确认支付（应付国库集中支付结余 B）
　　贷：支付申请（应付国库集中支付结余 B）
③控制规则。
a. 通过"确认支付"科目控制可申请支付更正的最大金额。
b. "可执行指标"科目不得出现贷方余额。
4. 国库集中支付结余年终事项。
（1）国库集中支付结余权责发生制列支
当年预算形成权责发生制事项，实行权责发生制转列支出。
①触发记账条件。
本级政府财政部门确认权责发生制列支事项。
②记账规则。
借：确认支付（当年预算）
　　贷：可执行指标——本级支出指标（当年预算）
③控制规则。
"可执行指标"科目不得出现贷方余额。
（2）指标结转。
①触发记账条件。
本级政府财政部门确认结转资金。
②记账规则。
本级"可执行指标（权责发生制事项）"余额转入指标结转。
借：指标结转（应付国库集中支付结余）
　　贷：可执行指标（应付国库集中支付结余）
③控制规则。
权责发生制事项未全部执行完毕的指标，下年需按原用途继续使用（科研项目等）。根据"可执行指标"科目余额进行结转，结转到"指标结转"科目。结转后，"可执行指标"科目为零。除科研项目外，原则上无结余和结转资金。
（3）可执行指标收回。
①触发记账条件。
本级政府财政部门确认结余资金。
②记账规则。
收回未执行的权责发生制"可执行指标"科目余额，采用红字冲销法以负数核算。

借：可执行指标（应付国库集中支付结余）　　　　　　　　　　红字
　　　　贷：安排国库集中支付结余　　　　　　　　　　　　　　　红字
　　借：应付国库集中支付结余　　　　　　　　　　　　　　　　　红字
　　　　贷：确认收入（应付国库集中支付结余）　　　　　　　　　红字
　　借：安排国库集中支付结余　　　　　　　　　　　　　　　　　红字
　　　　贷：应付国库集中支付结余　　　　　　　　　　　　　　　红字
对往年结转到本年的国库集中支付结余，在往年已经列支，在本年末，因不允许再次结转，而转至指标结余后，由于该资金未发生实际支出，需减列本年的预算支出，同时增列当年指标结余。采用红字冲销法以负数核算，账务处理如下：
　　借：确认支出（当年预算）　　　　　　　　　　　　　　　　　红字
　　　　贷：指标结余（当年预算）　　　　　　　　　　　　　　　红字
③控制规则。
未执行完的"可执行指标"，年末结转到"指标结余"科目，结转后科目为零。
（4）结转结余。
权责发生制事项"确认收入"和"确认支出"转入"结转结余"。
①触发记账条件。
本级政府财政部门确认结转结余资金。
②记账规则。
　　借：确认收入（应付国库集中支付结余）
　　　　贷：结转结余（应付国库集中支付结余）
　　确认支出（应付国库集中支付结余）
③控制规则。
同总预算会计核算保持一致。
（5）年终结账。
年终结账，将国库集中支付结余类和结转核销类清零。
①触发记账条件。
系统自动处理。
②记账规则。
　　借：结转结余（应付国库集中支付结余）
　　　　贷：指标结转（应付国库集中支付结余）
③控制规则。
年终结账后，所有科目余额为零。

第六章 报表格式及报表编报说明

×× 年 ××（一般公共预算／政府性基金预算／国有资本经营预算）指标核算管理总表（样表）

地区：　　　　　　　　　　　日期：　　　　　　　　　　　单位：万元

借方科目	年初预算数	借方发生额	贷方发生额	期末数	贷方科目	年初预算数	借方发生额	贷方发生额	期末数
一、指标来源类					二、提前安排类				
1001 政府支出预算					2001 本级财力提前下达指标				
100101 本级支出预算					2002 本级财力年初控制数				
100102 补助支出预算					2003 其他预拨指标				
100103 预备费					三、结转结余类				
100104 上解支出					3001 结转结余				
100105 地区间援助支出预算					四、财力类				
100106 调出资金					4001 政府收入预算				
100107 安排预算稳定调节基金					400101 本级收入预算				
100108 债务还本支出预算					400102 补助收入预算				
100109 债务转贷支出预算					400103 上解收入				
100110 补充预算周转金					400104 地区间接助收入预算				
100111 结转下年支出					400105 调入资金				
100199 待分预算					400106 动用预算稳定调节基金				

1002 安排国库集中支付结余	五、支出指标类	5001 待下达指标	5002 可执行指标	500201 本级支出指标	500202 补助支出指标	500206 上解支出指标	500203 地区间援助支出指标	500204 债务还本支出指标	500205 债务转贷支出指标	5003 可执行指标冻结	七、支付申请类	7001 支付申请	八、支付类	8001 确认支付	九、结转核销类	9001 指标结转	9002 指标结余	合计
				400107 债务收入预算	400108 债务转贷收入预算	400109 上年结转收入	400110 上年结余收入	4002 应付国库集中支付结余	六、收入类	6001 确认收入								合计

××年 ×× 一般公共预算收入预算变动及执行情况表(样表)

地区:　　　　　　　　　　日期:　　　　　　　　　　单位:万元

科目	年初预算数	预算调整数	执行中增加（减少）	执行数（决算数）
本级收入				
税收收入				
增值税				
消费税				
……				
非税收入				
行政性收费				
……				
上级补助收入				
返还性收入				
一般性转移支付收入				
专项转移支付收入				
下级上解收入				
体制上解收入				
专项上解收入				
待偿债置换一般债券上年结余				
上年结转				
上年结余				
调入资金				
从政府性基金预算调入				
从国有资本经营预算调入				
从其他资金调入				
债务收入				
债务转贷收入				
国债转贷收入				
国债转贷资金上年结余				
国债转贷补助数				
动用预算稳定调节基金				
接受其他地区援助收入				
省补助计划单列市收入				
计划单列市上解省收入				
收入总计				

××年××一般公共预算支出预算变动及执行情况表（样表）

地区：　　　　　　　　　　　　　　　　　日期：　　　　　　　　　　　　　　　　　单位：万元

科目名称	年初预算数	小计	上年结转	变动项目									变动后预算数	执行数（决算数）	预算结转	安排预算稳定调节基金
				上级财力性转移支付增加额用于对下补助	上级共同事权转移支付增加额	上级专项转移支付增加额	债务转贷收入（含国债转贷）	动用预算预备费	预算调剂	财力统筹的变动项（包含本年超收、短收安排、上解支付移增加额、上级财力性转移增加额、调入资金增加额、动用预算稳定调节基金）	省补助计划单列市	地区间援助收入				
本级支出																
一般公共预算支出																
一般公共服务支出																
人大事务																
行政运行																
一般行政管理事务																
……																
预备费																
待分预算																
其他支出（类）																
债务付息支出																
债务发行费用支出																
地方政府一般债务还本支出																
调出资金																

（续表）

科目名称	年初预算数	变动项目											执行数（决算数）	安排预算稳定调节基金
		小计	上年结转	上级财力性转移支付增加额用于对下级补助	上级共同事权转移支付增加额	上级专项转移支付增加额	债务（转贷）收入（含国债转贷）	动用预算预备费	预算调剂	财力统筹的变动项（包含本年超收、短收安排，上解收入、上解财力性转移支付增加额，调入资金增动用预算稳定调节基金）	省补助计划单列市	地区间接助收入	变动后预算数		
补充预算周转金															
国债转贷资金结余															
安排预算稳定调节基金															
援助其他地区支出															
待偿债置换一般债券结余															
结转下年支出															
转移性支出															
补助下级支出															
上级财力补助下级支出															
返还性支出															
一般性转移支付支出															
体制补助收入															
……															
一般公共服务共同财政事权转移支付收入															
……															
专项转移支付支出															

一般公共服务										
……										
本级财力补助下级支出										
返还性支出										
一般性转移支付支出										
体制补助收入										
……										
一般公共服务共同财政事权转移支付收入										
专项转移支付支出										
一般公共服务										
……										
上解上级支出										
体制上解支出										
专项上解支出										
债务转贷支出										
拨付国债转贷资金数										
计划单列市上解省支出										
省补助计划单列市支出										
支出合计										

××年××政府性基金预算收入预算变动及执行情况表(样表)

地区：　　　　　　　　　　日期：　　　　　　　　　　　　单位：万元

科目	年初预算数	预算调整数	执行中增加（减少）	执行数（决算数）
政府性基金预算收入				
政府性基金收入(款)				
专项债券对应项目专项收入				
政府性基金预算上级补助收入				
政府性基金预算下级上解收入				
待偿债置换专项债券上年结余				
政府性基金预算上年结余				
政府性基金预算调入资金				
一般公共预算调入				
其他调入资金				
专项债务收入				
地方政府专项债务转贷收入				
政府性基金预算省补助计划单列市收入				
政府性基金预算计划单列市上解省收入				
收入总计				

×××年××政府性基金预算支出预算变动及执行情况表(样表)

地区:　　　　　　　　　　　　　　日期:　　　　　　　　　　　　　　　　　　　　　　　　　　　单位: 万元

科目名称	年初预算数	变动项目								变动后预算数	执行数(决算数)	安排预算稳定调节基金	年终结余
		小计	上年结转	上级专项转移支付变动额	债务(转贷)收入	本年超短收	预算调剂	上解收入	省补助计划单列市				
政府性基金预算支出													
科学技术支出													
核电站乏燃料处理处置基金支出													
文化旅游体育与传媒支出													
国家电影事业发展专项资金安排的支出													
……													
债务付息支出													
地方政府专项债务付息支出													
债务发行费用支出													
地方政府专项债务发行费用支出													
政府性基金预算调出资金													
其中: 调出到预算稳定调节基金													
地方政府债务还本支出													
待偿债置换专项债券结余													
结转下年支出													
转移性支出													
政府性基金预算补助下级支出													
政府性基金预算上解上级支出													
债务转贷支出													
政府性基金预算计划单列市上解省支出													
政府性基金预算省补助计划单列市支出													
支出合计													

××年××国有资本经营预算收入预算变动及执行情况表（样表）

地区：　　　　　　　　　　　日期：　　　　　　　　　　　单位：万元

科目	年初预算数	预算调整数	执行中增加（减少）	执行数（决算数）
国有资本经营预算收入				
非税收入				
国有资本经营收入				
……				
国有资本经营预算上年结余				
国有资本经营预算上级补助收入				
国有资本经营预算下级上解收入				
国有资本经营预算省补助计划单列市收入				
国有资本经营预算计划单列市上解省收入				

××年××国有资本经营预算支出预算变动及执行情况表（样表）

地区：　　　　　　　　　　　日期：　　　　　　　　　　　单位：万元

科目名称	年初预算数	变动项目						变动后预算数	执行数（决算数）	年终结余
		小计	上年结转	上级专项转移支付变动额	本年超短收	预算调剂	上解收入	省补助计划单列市			
国有资本经营预算支出											
社会保障和就业支出											
补充全国社会保障基金											
国有资本经营预算支出											
解决历史遗留问题及改革成本支出											
……											
国有资本经营预算调出资金											
国有资本经营结转下年支出											
转移性支出											
国有资本经营预算补助下级支出											
国有资本经营预算上解上级支出											
国有资本经营预算省补助计划单列市支出											
国有资本经营预算计划单列市上解省支出											
支出合计											

×××年××单位资金指标核算管理总表（样表）

地区：　　　　日期：　　　　单位：万元

借方科目	年初预算数	借方发生额	贷方发生额	期末数	贷方科目	年初预算数	借方发生额	贷方发生额	期末数
一、单位资金支出预算类					二、提前安排类				
1601 单位资金支出预算					2601 年初控制数				
五、支出指标类					三、结转结余类				
5601 待下达指标					3601 结转结余				
5602 可执行指标					四、单位资金收入预算类				
5603 可执行指标冻结					4601 单位资金收入预算				
七、支付申请类					460101 事业收入预算				
5601 支付申请					460102 经营收入预算				
八、支付类					460103 上级补助收入预算				
8601 确认支付					460104 附属单位上缴收入				
九、结转核销类					460105 结转结余收入				
9601 指标结转结余					460106 财政专户管理资金收入（教育收费）				
					460199 其他收入预算				
					六、收入类				
					6801 确认收入				
合计					合计				

报表编报说明

预算指标核算报表体系共有八张样表，报表格式固定，编报时不得增加（减少）报表科目，为零值的行不得隐藏过滤，报表通过预算指标核算取数，不得直接从业务数据表中取数。财政部根据管理需要适时调整报表样式。

一、××年××（一般公共预算/政府性基金预算/国有资本经营预算）指标核算管理总表、××年××单位资金指标核算管理总表

本表为预算指标核算管理总表（以下简称总表），包含所有核算的一、二级科目。

（一）本表"年初预算数"栏根据指标核算中本年年初人大批准预算数编报。取自政府收入预算科目和政府支出预算科目中的年初人大批准预算数。

（二）本表的"借方发生数"栏根据各科目核算中的借方发生数编报，红字核算以负数反映。

（三）本表的"贷方发生数"栏根据各科目核算中的贷方发生数编报，红字核算以负数反映。

（四）本表的"期末数"栏根据各科目的余额编报，应等于年初数加上借方发生数减去贷方发生数。

（五）本表的借方科目的"年初数"和"期末数"应等于贷方科目的"年初数"和"期末数"。

（六）预算指标核算发挥着收支平衡和顺逆向控制双向作用，为确保报表逻辑清晰，考虑编报时部分借方科目间和贷方科目间的发生数保持一定的勾稽关系，如可执行指标的贷方发生数等于支付申请的借方发生数，政府收入预算的借方发生数等于确认收入的贷方发生数等。

二、××年××一般公共预算收入预算变动及执行情况表、××年××政府性基金预算收入预算变动及执行情况表、××年××国有资本经营预算收入预算变动及执行情况表

本表全面反映本级政府财政部门的收入预算变动情况。

（一）本表纵向科目分为线上和线下收入两部分，线上部分按功能科目列示，线下部分按实际预算收入事项列示。

（二）本表"年初预算数"列编报本年年初人大批准预算数，应等于总表的政府收入预算的年初数。

（三）本表"预算调整数"列编报本年人大批准的预算调整数。

（四）本表"执行中增加（减少）"列编报在执行过程中不属于年初预算和预算调整的收入预算变动数。（包含但不仅限于地方各级政府因上级政府增加不需要本级政府提供配套资金的专项转移支付而引起的收入预算变化。）

（五）本表"执行数（决算数）"列编报预算指标核算中对应科目的确认收入数。

三、××年××一般公共预算支出预算变动及执行情况表、××年××政府性基金支出预算变动及执行情况表、××年××国有资本经营预算变动及执行情况表

本表为棋盘式表格，通过纵向要素和横向要素交叉列示全面反映本级政府财政部门的支出预算变动及执行情况。

（一）本表纵向科目分为本级支出和对下转移支付两部分，其中本级又包含线上和线下两部分，按功能科目列示。

（二）本表"年初预算数"列编报本年年初人大批准预算数，应等于总表的政府支出预算科目的年初数。其中对下转移支付部分应等于总表中对应的支出预算科目年初数。

（三）本表的"变动项小计"列编报预算执行中预算变动项数值合计，应等于总表中的政府收入预算的贷方发生数。

（四）变动项目中的"上年结转"列编报执行中因上年结转收入变化通过预算调整增加（减少）的政府支出预算，需明细到具体科目。

（五）变动项目中的"上级财力性转移支付增加额用于对下补助"列编报执行中新增加的上级财力性转移支付增加额用于对下级补助，不含上级财力性转移支付增加额用于本级部分。需明细到对应的转移支付科目。

（六）变动项目中的"上级共同事权转移支付增加额"列编报执行中上级共同事权转移支付收入增加（减少）而调整的政府支出预算，需明细到具体科目。

（七）变动项目中的"上级专项转移支付增加额"列编报执行中上级专项转移支付收入增加（减少）而调整的政府支出预算，需明细到具体科目。

（八）变动项目中的"债务（转贷）收入（含国债转贷）"列编报执行中债务（转贷）收入（含国债转贷）增加（减少）而调整的政府支出预算，需明细到具体科目。

（九）变动项目中的"动用预备费"列编报在执行中动支预备费情况，需在报表行中的预备费中用负数编报，并在对应列的支出明细科目中用正数编报，此列的合计值应为零。

（十）变动项目中的"预算调剂"列编报在执行中科目、项目间调剂及级次间预算调剂。调减用负数编报，调增用正数编报，此列的合计值应为零。

（十一）变动项目中的"财力统筹的变动项（包含本年超收、短收安排、上级财力性转移支付增加额、调入资金增加额、动用预算稳定调节基金、上解收入）"列编报在执行中因财力统筹部分的收入预算变动而调整的政府支出预算，需明细到具体科目。

（十二）变动项目中的"省补助计划单列市"列编报在执行中省补助计划单列市增加（减少）而调整的政府支出预算，需明细到具体科目。

（十三）变动项目中的"地区间援助收入"列编报在执行地区间援助收入增加（减少）而调整的政府支出预算，需明细到具体科目。

（十四）本表"变动后预算数"列编报年初预算数＋变动项目后的净值。

（十五）本表"执行数（决算数）"列编报指标核算中对应科目的确认支付。

（十六）一般公共预算支出预算变动及执行情况表"预算结转"列编报全年预算执行完毕后需结转下年的预算指标。

（十七）本表"安排预算稳定调节基金"列编报年末时相关科目的结余转入安排预算稳定调节基金。

（十八）一般公共预算支出预算变动及执行情况表的"变动后预算数"＝"执行数（决算数）"＋"预算结转"＋"安排预算稳定调节基金"。

（十九）政府性基金支出预算变动及执行情况表、国有资本经营预算变动及执行情况表中的"年终结余"编报全年预算执行完毕后需结转下年的预算结转。

（二十）政府性基金支出预算变动及执行情况表的"变动后预算数"＝"执行数（决算数）"＋"安排预算稳定调节基金"＋"年终结余"；国有资本经营预算变动及执行情况表中的"变动后预算数"＝"执行数（决算数）"＋"年终结余"。

6. 关于印发《社会保险基金预算绩效管理办法》的通知（2022年颁布）

（财社〔2022〕65号）

人民银行，各省、自治区、直辖市财政厅（局）、人力资源社会保障厅（局）、医疗保障局，新疆生产建设兵团财政局、人力资源社会保障局、医疗保障局，国家税务总局各省、自治区、直辖市和计划单列市税务局，中央国家机关养老保险管理中心，中国农业发展银行：

为贯彻落实《中共中央 国务院关于全面实施预算绩效管理的意见》有关精神，进一步提升社会保险基金预算管理水平，我们制定了《社会保险基金预算绩效管理办法》。现予以印发，请遵照执行。

附件：社会保险基金预算绩效管理办法

财政部　人力资源社会保障部　税务总局　国家医保局
2022年5月27日

附件：

社会保险基金预算绩效管理办法

第一章 总 则

第一条 为全面实施社会保险基金预算绩效管理，建立科学、合理、规范的预算绩效管理体系，提高社会保险基金管理水平，根据《中华人民共和国预算法》《中华人民共和国社会保险法》《中华人民共和国预算法实施条例》《中共中央 国务院关于全面实施预算绩效管理的意见》等有关规定，制定本办法。

第二条 本办法所称社会保险基金预算绩效管理，是指在社会保险基金预算管理全过程中融入绩效理念和要求，通过合理确定绩效目标、全面实施绩效运行监控、科学开展绩效评价和切实强化结果应用，进一步改善政策实施效果、提升基金使用效益、促进基金精算平衡、防范基金运行风险的预算管理活动。

第三条 社会保险基金预算绩效管理的对象是各项社会保险基金。包括：企业职工基本养老保险基金、城乡居民基本养老保险基金、机关事业单位基本养老保险基金、职工基本医疗保险（含生育保险）基金、城乡居民基本医疗保险基金、工伤保险基金、失业保险基金，以及根据国家法律法规建立并纳入预算管理的其他社会保险基金。

第四条 社会保险基金预算绩效管理的基本原则：

（一）统一领导，分级负责。中央统一领导社会保险基金预算绩效管理，各省（自治区、直辖市，以下统称省）具体负责本省社会保险基金预算绩效管理工作。加强总体设计，按照促进社会保险制度更加公平更可持续的要求，建立目标明确、管理规范、职责清晰的社会保险基金预算绩效管理制度、绩效指标体系和绩效管理系统。

（二）全程管理，全面覆盖。落实全面实施预算绩效管理要求，建立预算编制有目标、预算执行有监控、预算完成有评价、评价结果有应用的社会保险基金预算绩效管理链条，对社会保险基金预算编制、执行、调整、决算、监督实施全程绩效管理，将各项社会保险基金收入、支出、结余全部纳入预算绩效管理范围，实现预算和绩效管理一体化。

（三）突出共性，兼顾个性。绩效管理制度和指标体系适应社会保险基金管理特点。突出各项社会保险基金运行和管理的共性特征，强化预算绩效管理的统一性；兼顾不同社会保险基金项目的差异，体现预算绩效管理的针对性。

（四）激励相容，约束有力。健全绩效管理的激励约束机制，在资金安排或政策调整时注重对绩效评价结果的运用，加强对社会保险基金预算绩效管理工作的考核。

第五条 社会保险基金预算绩效管理由财政部门牵头，社会保险行政部门、社会保险经办机构和税务部门密切配合。财政部门主要负责牵头制定绩效管理办法、绩效评价方案和指标体系，审核并下达绩效目标，组织和指导绩效监控、绩效评价，审定绩效评价报告，反馈和应用绩效评价结果，推进绩效信息公开等工作。社会保险行政部门主要负责绩效目标初审、指导经办机构开展绩效监控和绩效评价、形成并向财政部门报送绩效评价报告、提出绩效评价结果应用建议等工作。社会保险经办机构和税务部门具体负责绩效目标制定、运行监控、绩效自评、结果应用等工作。相关部门要各司其职，形成合力。

第六条 中央层面负责制定全国社会保险基金预算绩效管理制度，推进社会保险基金绩效指标体系和绩效管理信息化建设，审核下达分省区域绩效目标，指导地方开展绩效管理相关工作，适时对各省开展绩效评价。

省级层面负责制定本省区域绩效目标并报中央层面审核后实施或分解下达至统筹地区，负责组织、协调、指导和考核等工作，并开展省级绩效评价。统筹地区具体负责本区域社会保险基金预算绩效目标管理、绩效运行监控、绩效评价和结果应用等工作。企业职工基本养老保险实行全国统筹后，各省绩效管理工作由省级层面承担。

第二章 绩效目标

第七条 制定社会保险基金预算绩效目标要全面贯彻落实党中央、国务院关于社会保险工作的重大决策部署，紧密结合国民经济和社会发展规划及社会保险事业发展相关专项规划等。整体绩效目标由中央层面统一制定。分省区域绩效目标由省级层面制定。分省区域绩效目标制定和调整应按程序报中央层面审核。将绩效目标设置作为社会保险基金预算安排的前置条件。

第八条 社会保险基金预算绩效目标按时间段分为总体目标和年度目标。总体目标主要结合党中央、国务院关于社会保险工作的总体部署，反映未来一定时期内社会保险政策预期实施效果。年度目标是实现总体目标的年度计划任务。

第九条 社会保险基金预算绩效指标是绩效目标的分解和细化，是衡量绩效目标实现程度的具体工具，采取定量与定性相结合的方式设定，涵盖决策、过程、产出、效益等方面。

（一）决策指标主要包括社会保险基金管理相关政策制定和调整完善等方面。

（二）过程指标主要包括社会保险基金管理相关政策执行、基金预算管理、风险防控等方面。

（三）产出指标主要包括基金收入和支出的数量、质量、时效、成本等方面。

（四）效益指标主要包括经济效益、社会效益、可持续发展、满意度等方面。

绩效指标选取应遵循可取、可比、可测、可用原则。

第十条 中央层面在部署社会保险基金预算时，同步下达指导性的社会保险基金预算分省区域绩效目标和指标。社会保险基金预算区域绩效目标的批复按照现行社会保险基金预算批复程序执行。

第三章 绩效运行监控

第十一条 绩效运行监控是在社会保险基金预算执行过程中,对社会保险基金绩效目标实现程度和预算执行进度进行跟踪、分析和监测的日常管理活动。

第十二条 绩效运行监控内容包括:绩效目标完成、预算执行进度、风险防控、财务管理与核算等情况。重点关注社会保险费收入完成、一般公共预算安排的财政补助收入到位、社会保险待遇支付、社会保险基金收支结余等情况。

第十三条 绩效运行监控由统筹地区组织开展,主要采用目标比较法,运用定量分析和定性分析相结合的方式,定期将绩效实现情况与预期绩效目标进行比较分析。绩效监控包括及时性、合规性和有效性监控等。

第十四条 统筹地区要及时纠正绩效监控中发现的问题,改进工作中的薄弱环节,确保绩效目标如期保质保量实现。

第四章 绩效评价、结果反馈及应用

第十五条 绩效评价是在社会保险基金年度预算执行完毕后,按照相关要求,运用科学、合理的绩效评价指标、评价标准和方法,依据设定的绩效目标,对目标实现程度、政策产出效果等进行客观公正的测量、分析和评判,形成评价结果的活动。

第十六条 绩效评价内容主要包括:社会保险基金预算管理工作开展、社会保险基金管理相关政策落实、社会保险基金可持续运行等情况。

第十七条 绩效评价包括统筹地区自评和上级部门绩效评价。统筹地区自评由同级财政部门牵头组织,要注重提高绩效自评质量。省级财政部门牵头组织对省以下统筹地区开展省级绩效评价。条件成熟时,财政部牵头组织开展全国绩效评价。

根据工作需要,绩效评价工作可委托中介机构、专家等第三方具体实施。

统筹地区自评和省级绩效评价采用定量与定性评价相结合的方式,具体评价方法以比较法为主。

第十八条 各统筹地区按要求分险种开展绩效自评工作,并于每年5月底前向省级层面报送上一年度绩效自评报告。各省按要求开展全省绩效评价工作,并于每年7月底前向中央层面报送上一年度本省绩效评价报告。

绩效自评报告和省级绩效评价报告要做到内容完整、数据真实、结果客观,及时发现存在的问题,未完成绩效目标或偏离绩效目标较大时要分析并说明原因,研究提出改进措施。

第十九条 省级层面要结合各统筹地区自评结果开展省级绩效评价,对各统筹地区实际绩效情况进行分析评价,提出有针对性的建议措施,并及时将评价结果反馈相关统筹地区。

第二十条 要强化绩效评价结果应用,将绩效评价结果作为完善社会保险基金管理相关政策、改进管理的重要依据,逐步在资金安排中应用绩效评价结果。对绩效评价中发现的问题要及时整改。

第五章 组织实施

第二十一条 加大社会保险基金绩效信息公开力度,逐步推动社会保险基金预算重要绩效目标、绩效评价结果等绩效信息向同级人大报送并向社会公开,接受人大和社会各界监督。

第二十二条　中央层面按照部门职责开展对各省社会保险基金预算绩效管理工作的考核，建立考核结果通报制度，对预算绩效管理工作成效明显的给予表扬，对工作推进不力的进行约谈并责令限期整改。

第六章　附　则

第二十三条　中央国家机关养老保险管理中心管理的社会保险基金预算绩效管理参照本办法相关规定执行。

第二十四条　各省可根据本办法并结合本省实际情况，制定具体实施办法。

第二十五条　本办法自2023年1月1日起实施。

本办法中社会保险行政部门是指人力资源社会保障行政部门和医疗保障行政部门，社会保险经办机构是指人力资源社会保障经办机构和医疗保障经办机构。

第十四章　政府采购相关法规

1. 中华人民共和国政府采购法（2014年修订）

（2002年6月29日第九届全国人民代表大会常务委员会第二十八次会议通过　根据2014年8月31日第十二届全国人民代表大会常务委员会第十次会议《关于修改〈中华人民共和国保险法〉等五部法律的决定》修正）

第一章　总　则

第一条　为了规范政府采购行为，提高政府采购资金的使用效益，维护国家利益和社会公共利益，保护政府采购当事人的合法权益，促进廉政建设，制定本法。

第二条　在中华人民共和国境内进行的政府采购适用本法。

本法所称政府采购，是指各级国家机关、事业单位和团体组织，使用财政性资金采购依法制定的集中采购目录以内的或者采购限额标准以上的货物、工程和服务的行为。

政府集中采购目录和采购限额标准依照本法规定的权限制定。

本法所称采购，是指以合同方式有偿取得货物、工程和服务的行为，包括购买、租赁、委托、雇用等。

本法所称货物，是指各种形态和种类的物品，包括原材料、燃料、设备、产品等。

本法所称工程，是指建设工程，包括建筑物和构筑物的新建、改建、扩建、装修、拆除、修缮等。

本法所称服务，是指除货物和工程以外的其他政府采购对象。

第三条　政府采购应当遵循公开透明原则、公平竞争原则、公正原则和诚实信用原则。

第四条　政府采购工程进行招标投标的，适用招标投标法。

第五条　任何单位和个人不得采用任何方式，阻挠和限制供应商自由进入本地区和本行业的政府采购市场。

第六条　政府采购应当严格按照批准的预算执行。

第七条　政府采购实行集中采购和分散采购相结合。集中采购的范围由省级以上人民政府公布的集中采购目录确定。

属于中央预算的政府采购项目，其集中采购目录由国务院确定并公布；属于地方预算的政府采购项目，其集中采购目录由省、自治区、直辖市人民政府或者其授权的机构确定并公布。

纳入集中采购目录的政府采购项目，应当实行集中采购。

第八条　政府采购限额标准，属于中央预算的政府采购项目，由国务院确定并公布；属于地方预算的政府采购项目，由省、自治区、直辖市人民政府或者其授权的机构确定并公布。

第九条　政府采购应当有助于实现国家的经济和社会发展政策目标，包括保护环境，扶持不发达地区和少数民族地区，促进中小企业发展等。

第十条　政府采购应当采购本国货物、工程和服务。但有下列情形之一的除外：

（一）需要采购的货物、工程或者服务在中国境内无法获取或者无法以合理的商业条件获取的；

（二）为在中国境外使用而进行采购的；

（三）其他法律、行政法规另有规定的。

前款所称本国货物、工程和服务的界定，依照国务院有关规定执行。

第十一条　政府采购的信息应当在政府采购监督管理部门指定的媒体上及时向社会公开发布，但涉及商业秘密的除外。

第十二条　在政府采购活动中，采购人员及相关人员与供应商有利害关系的，必须回避。供应商认为采购人员及相关人员与其他供应商有利害关系的，可以申请其回避。

前款所称相关人员，包括招标采购中评标委员会的组成人员，竞争性谈判采购中谈判小组的组成人员，询价采购中询价小组的组成人员等。

第十三条　各级人民政府财政部门是负责政府采购监督管理的部门，依法履行对政府采购活动的监督管理职责。

各级人民政府其他有关部门依法履行与政府采购活动有关的监督管理职责。

第二章　政府采购当事人

第十四条　政府采购当事人是指在政府采购活动中享有权利和承担义务的各类主体，包括采购人、供应商和采购代理机构等。

第十五条　采购人是指依法进行政府采购的国家机关、事业单位、团体组织。

第十六条　集中采购机构为采购代理机构。设区的市、自治州以上人民政府根据本级政府采购项目组织集中采购的需要设立集中采购机构。

集中采购机构是非营利事业法人，根据采购人的委托办理采购事宜。

第十七条　集中采购机构进行政府采购活动，应当符合采购价格低于市场平均价格、采购效率更高、采购质量优良和服务良好的要求。

第十八条　采购人采购纳入集中采购目录的政府采购项目，必须委托集中采购机构代理采购；采购未纳入集中采购目录的政府采购项目，可以自行采购，也可以委托集中采购机构在委托的范围内代理采购。

纳入集中采购目录属于通用的政府采购项目的，应当委托集中采购机构代理采购；属于本部门、本系统有特殊要求的项目，应当实行部门集中采购；属于本单位有特殊要求的项目，经省级以上人民政府批准，可以自行采购。

第十九条　采购人可以委托集中采购机构以外的采购代理机构，在委托的范围内办理政府采购事宜。

采购人有权自行选择采购代理机构，任何单位和个人不得以任何方式为采购人指定采购代理机构。

第二十条 采购人依法委托采购代理机构办理采购事宜的，应当由采购人与采购代理机构签订委托代理协议，依法确定委托代理的事项，约定双方的权利义务。

第二十一条 供应商是指向采购人提供货物、工程或者服务的法人、其他组织或者自然人。

第二十二条 供应商参加政府采购活动应当具备下列条件：

（一）具有独立承担民事责任的能力；
（二）具有良好的商业信誉和健全的财务会计制度；
（三）具有履行合同所必需的设备和专业技术能力；
（四）有依法缴纳税收和社会保障资金的良好记录；
（五）参加政府采购活动前三年内，在经营活动中没有重大违法记录；
（六）法律、行政法规规定的其他条件。

采购人可以根据采购项目的特殊要求，规定供应商的特定条件，但不得以不合理的条件对供应商实行差别待遇或者歧视待遇。

第二十三条 采购人可以要求参加政府采购的供应商提供有关资质证明文件和业绩情况，并根据本法规定的供应商条件和采购项目对供应商的特定要求，对供应商的资格进行审查。

第二十四条 两个以上的自然人、法人或者其他组织可以组成一个联合体，以一个供应商的身份共同参加政府采购。

以联合体形式进行政府采购的，参加联合体的供应商均应当具备本法第二十二条规定的条件，并应当向采购人提交联合协议，载明联合体各方承担的工作和义务。联合体各方应当共同与采购人签订采购合同，就采购合同约定的事项对采购人承担连带责任。

第二十五条 政府采购当事人不得相互串通损害国家利益、社会公共利益和其他当事人的合法权益；不得以任何手段排斥其他供应商参与竞争。

供应商不得以向采购人、采购代理机构、评标委员会的组成人员、竞争性谈判小组的组成人员、询价小组的组成人员行贿或者采取其他不正当手段谋取中标或者成交。

采购代理机构不得以向采购人行贿或者采取其他不正当手段谋取非法利益。

第三章 政府采购方式

第二十六条 政府采购采用以下方式：

（一）公开招标；
（二）邀请招标；
（三）竞争性谈判；
（四）单一来源采购；
（五）询价；
（六）国务院政府采购监督管理部门认定的其他采购方式。

公开招标应作为政府采购的主要采购方式。

第二十七条 采购人采购货物或者服务应当采用公开招标方式的，其具体数额标准，属于中央预算的政府采购项目，由国务院规定；属于地方预算的政府采购项目，由省、自治区、直辖市人民政府规定；因特殊情况需要采用公开招标以外的采购方式的，应当在采购活动开始前获得设区的市、自治州以上人民政府采购监督管理部门的批准。

第二十八条 采购人不得将应当以公开招标方式采购的货物或者服务化整为零或者以其他任何方式规避公开招标采购。

第二十九条 符合下列情形之一的货物或者服务，可以依照本法采用邀请招标方式采购：

（一）具有特殊性，只能从有限范围的供应商处采购的；

（二）采用公开招标方式的费用占政府采购项目总价值的比例过大的。

第三十条 符合下列情形之一的货物或者服务，可以依照本法采用竞争性谈判方式采购：

（一）招标后没有供应商投标或者没有合格标的或者重新招标未能成立的；

（二）技术复杂或者性质特殊，不能确定详细规格或者具体要求的；

（三）采用招标所需时间不能满足用户紧急需要的；

（四）不能事先计算出价格总额的。

第三十一条 符合下列情形之一的货物或者服务，可以依照本法采用单一来源方式采购：

（一）只能从唯一供应商处采购的；

（二）发生了不可预见的紧急情况不能从其他供应商处采购的；

（三）必须保证原有采购项目一致性或者服务配套的要求，需要继续从原供应商处添购，且添购资金总额不超过原合同采购金额百分之十的。

第三十二条 采购的货物规格、标准统一、现货货源充足且价格变化幅度小的政府采购项目，可以依照本法采用询价方式采购。

第四章　政府采购程序

第三十三条 负有编制部门预算职责的部门在编制下一财政年度部门预算时，应当将该财政年度政府采购的项目及资金预算列出，报本级财政部门汇总。部门预算的审批，按预算管理权限和程序进行。

第三十四条 货物或者服务项目采取邀请招标方式采购的，采购人应当从符合相应资格条件的供应商中，通过随机方式选择三家以上的供应商，并向其发出投标邀请书。

第三十五条 货物和服务项目实行招标方式采购的，自招标文件开始发出之日起至投标人提交投标文件截止之日止，不得少于二十日。

第三十六条 在招标采购中，出现下列情形之一的，应予废标：

（一）符合专业条件的供应商或者对招标文件作实质响应的供应商不足三家的；

（二）出现影响采购公正的违法、违规行为的；

（三）投标人的报价均超过了采购预算，采购人不能支付的；

（四）因重大变故，采购任务取消的。

废标后，采购人应当将废标理由通知所有投标人。

第三十七条 废标后，除采购任务取消情形外，应当重新组织招标；需要采取其他方式采购的，应当在采购活动开始前获得设区的市、自治州以上人民政府采购监督管理部门或者政府有关部门批准。

第三十八条 采用竞争性谈判方式采购的，应当遵循下列程序：

（一）成立谈判小组。谈判小组由采购人的代表和有关专家共三人以上的单数组成，其中专家的人数不得少于成员总数的三分之二。

（二）制定谈判文件。谈判文件应当明确谈判程序、谈判内容、合同草案的条款以及评定成交的标准等事项。

（三）确定邀请参加谈判的供应商名单。谈判小组从符合相应资格条件的供应商名单中确定不少于三家的供应商参加谈判，并向其提供谈判文件。

（四）谈判。谈判小组所有成员集中与单一供应商分别进行谈判。在谈判中，谈判的任何一方不得透露与谈判有关的其他供应商的技术资料、价格和其他信息。谈判文件有实质性变动的,谈判小组应当以书面形式通知所有参加谈判的供应商。

(五)确定成交供应商。谈判结束后,谈判小组应当要求所有参加谈判的供应商在规定时间内进行最后报价,采购人从谈判小组提出的成交候选人中根据符合采购需求、质量和服务相等且报价最低的原则确定成交供应商,并将结果通知所有参加谈判的未成交的供应商。

第三十九条 采取单一来源方式采购的,采购人与供应商应当遵循本法规定的原则,在保证采购项目质量和双方商定合理价格的基础上进行采购。

第四十条 采取询价方式采购的,应当遵循下列程序:

(一)成立询价小组。询价小组由采购人的代表和有关专家共三人以上的单数组成,其中专家的人数不得少于成员总数的三分之二。询价小组应当对采购项目的价格构成和评定成交的标准等事项作出规定。

(二)确定被询价的供应商名单。询价小组根据采购需求,从符合相应资格条件的供应商名单中确定不少于三家的供应商,并向其发出询价通知书让其报价。

(三)询价。询价小组要求被询价的供应商一次报出不得更改的价格。

(四)确定成交供应商。采购人根据符合采购需求、质量和服务相等且报价最低的原则确定成交供应商,并将结果通知所有被询价的未成交的供应商。

第四十一条 采购人或者其委托的采购代理机构应当组织对供应商履约的验收。大型或者复杂的政府采购项目,应当邀请国家认可的质量检测机构参加验收工作。验收方成员应当在验收书上签字,并承担相应的法律责任。

第四十二条 采购人、采购代理机构对政府采购项目每项采购活动的采购文件应当妥善保存,不得伪造、变造、隐匿或者销毁。采购文件的保存期限为从采购结束之日起至少保存十五年。

采购文件包括采购活动记录、采购预算、招标文件、投标文件、评标标准、评估报告、定标文件、合同文本、验收证明、质疑答复、投诉处理决定及其他有关文件、资料。

采购活动记录至少应当包括下列内容:

(一)采购项目类别、名称;

(二)采购项目预算、资金构成和合同价格;

(三)采购方式,采用公开招标以外的采购方式的,应当载明原因;

(四)邀请和选择供应商的条件及原因;

(五)评标标准及确定中标人的原因;

(六)废标的原因;

(七)采用招标以外采购方式的相应记载。

第五章 政府采购合同

第四十三条 政府采购合同适用合同法。采购人和供应商之间的权利和义务,应当按照平等、自愿的原则以合同方式约定。

采购人可以委托采购代理机构代表其与供应商签订政府采购合同。由采购代理机构以采购人名义签订合同的,应当提交采购人的授权委托书,作为合同附件。

第四十四条 政府采购合同应当采用书面形式。

第四十五条 国务院政府采购监督管理部门应当会同国务院有关部门,规定政府采购合同必须具备的条款。

第四十六条 采购人与中标、成交供应商应当在中标、成交通知书发出之日起三十日内,按照采购文件确定的事项签订政府采购合同。

中标、成交通知书对采购人和中标、成交供应商均具有法律效力。中标、成交通知书发出后，采购人改变中标、成交结果的，或者中标、成交供应商放弃中标、成交项目的，应当依法承担法律责任。

第四十七条 政府采购项目的采购合同自签订之日起七个工作日内，采购人应当将合同副本报同级政府采购监督管理部门和有关部门备案。

第四十八条 经采购人同意，中标、成交供应商可以依法采取分包方式履行合同。

政府采购合同分包履行的，中标、成交供应商就采购项目和分包项目向采购人负责，分包供应商就分包项目承担责任。

第四十九条 政府采购合同履行中，采购人需追加与合同标的相同的货物、工程或者服务的，在不改变合同其他条款的前提下，可以与供应商协商签订补充合同，但所有补充合同的采购金额不得超过原合同采购金额的百分之十。

第五十条 政府采购合同的双方当事人不得擅自变更、中止或者终止合同。

政府采购合同继续履行将损害国家利益和社会公共利益的，双方当事人应当变更、中止或者终止合同。有过错的一方应当承担赔偿责任，双方都有过错的，各自承担相应的责任。

第六章 质疑与投诉

第五十一条 供应商对政府采购活动事项有疑问的，可以向采购人提出询问，采购人应当及时作出答复，但答复的内容不得涉及商业秘密。

第五十二条 供应商认为采购文件、采购过程和中标、成交结果使自己的权益受到损害的，可以在知道或者应知其权益受到损害之日起七个工作日内，以书面形式向采购人提出质疑。

第五十三条 采购人应当在收到供应商的书面质疑后七个工作日内作出答复，并以书面形式通知质疑供应商和其他有关供应商，但答复的内容不得涉及商业秘密。

第五十四条 采购人委托采购代理机构采购的，供应商可以向采购代理机构提出询问或者质疑，采购代理机构应当依照本法第五十一条、第五十三条的规定就采购人委托授权范围内的事项作出答复。

第五十五条 质疑供应商对采购人、采购代理机构的答复不满意或者采购人、采购代理机构未在规定的时间内作出答复的，可以在答复期满后十五个工作日内向同级政府采购监督管理部门投诉。

第五十六条 政府采购监督管理部门应当在收到投诉后三十个工作日内，对投诉事项作出处理决定，并以书面形式通知投诉人和与投诉事项有关的当事人。

第五十七条 政府采购监督管理部门在处理投诉事项期间，可以视具体情况书面通知采购人暂停采购活动，但暂停时间最长不得超过三十日。

第五十八条 投诉人对政府采购监督管理部门的投诉处理决定不服或者政府采购监督管理部门逾期未作处理的，可以依法申请行政复议或者向人民法院提起行政诉讼。

第七章 监督检查

第五十九条 政府采购监督管理部门应当加强对政府采购活动及集中采购机构的监督检查。

监督检查的主要内容是：

（一）有关政府采购的法律、行政法规和规章的执行情况；

（二）采购范围、采购方式和采购程序的执行情况；

（三）政府采购人员的职业素质和专业技能。

第六十条 政府采购监督管理部门不得设置集中采购机构，不得参与政府采购项目的采购活动。

采购代理机构与行政机关不得存在隶属关系或者其他利益关系。

第六十一条 集中采购机构应当建立健全内部监督管理制度。采购活动的决策和执行程序应当明确，并相互监督、相互制约。经办采购的人员与负责采购合同审核、验收人员的职责权限应当明确，并相互分离。

第六十二条 集中采购机构的采购人员应当具有相关职业素质和专业技能，符合政府采购监督管理部门规定的专业岗位任职要求。

集中采购机构对其工作人员应当加强教育和培训；对采购人员的专业水平、工作实绩和职业道德状况定期进行考核。采购人员经考核不合格的，不得继续任职。

第六十三条 政府采购项目的采购标准应当公开。

采用本法规定的采购方式的，采购人在采购活动完成后，应当将采购结果予以公布。

第六十四条 采购人必须按照本法规定的采购方式和采购程序进行采购。

任何单位和个人不得违反本法规定，要求采购人或者采购工作人员向其指定的供应商进行采购。

第六十五条 政府采购监督管理部门应当对政府采购项目的采购活动进行检查，政府采购当事人应当如实反映情况，提供有关材料。

第六十六条 政府采购监督管理部门应当对集中采购机构的采购价格、节约资金效果、服务质量、信誉状况、有无违法行为等事项进行考核，并定期如实公布考核结果。

第六十七条 依照法律、行政法规的规定对政府采购负有行政监督职责的政府有关部门，应当按照其职责分工，加强对政府采购活动的监督。

第六十八条 审计机关应当对政府采购进行审计监督。政府采购监督管理部门、政府采购各当事人有关政府采购活动，应当接受审计机关的审计监督。

第六十九条 监察机关应当加强对参与政府采购活动的国家机关、国家公务员和国家行政机关任命的其他人员实施监察。

第七十条 任何单位和个人对政府采购活动中的违法行为，有权控告和检举，有关部门、机关应当依照各自职责及时处理。

第八章 法 律 责 任

第七十一条 采购人、采购代理机构有下列情形之一的，责令限期改正，给予警告，可以并处罚款，对直接负责的主管人员和其他直接责任人员，由其行政主管部门或者有关机关给予处分，并予通报：

（一）应当采用公开招标方式而擅自采用其他方式采购的；

（二）擅自提高采购标准的；

（三）以不合理的条件对供应商实行差别待遇或者歧视待遇的；

（四）在招标采购过程中与投标人进行协商谈判的；

（五）中标、成交通知书发出后不与中标、成交供应商签订采购合同的；

（六）拒绝有关部门依法实施监督检查的。

第七十二条 采购人、采购代理机构及其工作人员有下列情形之一，构成犯罪的，依法追究刑事责任；尚不构成犯罪的，处以罚款，有违法所得的，并处没收违法所得，属于国家机关工作人员的，依法给予行政处分：

（一）与供应商或者采购代理机构恶意串通的；

（二）在采购过程中接受贿赂或者获取其他不正当利益的；

（三）在有关部门依法实施的监督检查中提供虚假情况的；

（四）开标前泄露标底的。

第七十三条　有前两条违法行为之一影响中标、成交结果或者可能影响中标、成交结果的，按下列情况分别处理：

（一）未确定中标、成交供应商的，终止采购活动；

（二）中标、成交供应商已经确定但采购合同尚未履行的，撤销合同，从合格的中标、成交候选人中另行确定中标、成交供应商；

（三）采购合同已经履行的，给采购人、供应商造成损失的，由责任人承担赔偿责任。

第七十四条　采购人对应当实行集中采购的政府采购项目，不委托集中采购机构实行集中采购的，由政府采购监督管理部门责令改正；拒不改正的，停止按预算向其支付资金，由其上级行政主管部门或者有关机关依法给予其直接负责的主管人员和其他直接责任人员处分。

第七十五条　采购人未依法公布政府采购项目的采购标准和采购结果的，责令改正，对直接负责的主管人员依法给予处分。

第七十六条　采购人、采购代理机构违反本法规定隐匿、销毁应当保存的采购文件或者伪造、变造采购文件的，由政府采购监督管理部门处以二万元以上十万元以下的罚款，对其直接负责的主管人员和其他直接责任人员依法给予处分；构成犯罪的，依法追究刑事责任。

第七十七条　供应商有下列情形之一的，处以采购金额千分之五以上千分之十以下的罚款，列入不良行为记录名单，在一至三年内禁止参加政府采购活动，有违法所得的，并处没收违法所得，情节严重的，由工商行政管理机关吊销营业执照；构成犯罪的，依法追究刑事责任：

（一）提供虚假材料谋取中标、成交的；

（二）采取不正当手段诋毁、排挤其他供应商的；

（三）与采购人、其他供应商或者采购代理机构恶意串通的；

（四）向采购人、采购代理机构行贿或者提供其他不正当利益的；

（五）在招标采购过程中与采购人进行协商谈判的；

（六）拒绝有关部门监督检查或者提供虚假情况的。

供应商有前款第（一）至（五）项情形之一的，中标、成交无效。

第七十八条　采购代理机构在代理政府采购业务中有违法行为的，按照有关法律规定处以罚款，可以在一至三年内禁止其代理政府采购业务，构成犯罪的，依法追究刑事责任。

第七十九条　政府采购当事人有本法第七十一条、第七十二条、第七十七条违法行为之一，给他人造成损失的，并应依照有关民事法律规定承担民事责任。

第八十条　政府采购监督管理部门的工作人员在实施监督检查中违反本法规定滥用职权，玩忽职守，徇私舞弊的，依法给予行政处分；构成犯罪的，依法追究刑事责任。

第八十一条　政府采购监督管理部门对供应商的投诉逾期未作处理的，给予直接负责的主管人员和其他直接责任人员行政处分。

第八十二条　政府采购监督管理部门对集中采购机构业绩的考核，有虚假陈述，隐瞒真实情况的，或者不作定期考核和公布考核结果的，应当及时纠正，由其上级机关或者监察机关对其负责人进行通报，并对直接负责的人员依法给予行政处分。

集中采购机构在政府采购监督管理部门考核中，虚报业绩，隐瞒真实情况的，处以二万元以上二十万元以下的罚款，并予以通报；情节严重的，取消其代理采购的资格。

第八十三条　任何单位或者个人阻挠和限制供应商进入本地区或者本行业政府采购市场的，责令限期改正；拒不改正的，由该单位、个人的上级行政主管部门或者有关机关给予单位责任人或者个人处分。

第九章 附 则

第八十四条 使用国际组织和外国政府贷款进行的政府采购，贷款方、资金提供方与中方达成的协议对采购的具体条件另有规定的，可以适用其规定，但不得损害国家利益和社会公共利益。

第八十五条 对因严重自然灾害和其他不可抗力事件所实施的紧急采购和涉及国家安全和秘密的采购，不适用本法。

第八十六条 军事采购法规由中央军事委员会另行制定。

第八十七条 本法实施的具体步骤和办法由国务院规定。

第八十八条 本法自 2003 年 1 月 1 日起施行。

2. 中华人民共和国政府采购法实施条例（2015 年颁布）

（国务院令第 658 号）

第一章 总 则

第一条 根据《中华人民共和国政府采购法》（以下简称政府采购法），制定本条例。

第二条 政府采购法第二条所称财政性资金是指纳入预算管理的资金。

以财政性资金作为还款来源的借贷资金，视同财政性资金。

国家机关、事业单位和团体组织的采购项目既使用财政性资金又使用非财政性资金的，使用财政性资金采购的部分，适用政府采购法及本条例；财政性资金与非财政性资金无法分割采购的，统一适用政府采购法及本条例。

政府采购法第二条所称服务，包括政府自身需要的服务和政府向社会公众提供的公共服务。

第三条 集中采购目录包括集中采购机构采购项目和部门集中采购项目。

技术、服务等标准统一，采购人普遍使用的项目，列为集中采购机构采购项目；采购人本部门、本系统基于业务需要有特殊要求，可以统一采购的项目，列为部门集中采购项目。

第四条 政府采购法所称集中采购，是指采购人将列入集中采购目录的项目委托集中采购机构代理采购或者进行部门集中采购的行为；所称分散采购，是指采购人将采购限额标准以上的未列入集中采购目录的项目自行采购或者委托采购代理机构代理采购的行为。

第五条 省、自治区、直辖市人民政府或者其授权的机构根据实际情况，可以确定分别适用于本行政区域省级、设区的市级、县级的集中采购目录和采购限额标准。

第六条 国务院财政部门应当根据国家的经济和社会发展政策，会同国务院有关部门制定政府采购政策，通过制定采购需求标准、预留采购份额、价格评审优惠、优先采购等措施，实现节约能源、保护环境、扶持不发达地区和少数民族地区、促进中小企业发展等目标。

第七条 政府采购工程以及与工程建设有关的货物、服务，采用招标方式采购的，适用《中华人民共和国招标投标法》及其实施条例；采用其他方式采购的，适用政府采购法及本条例。

前款所称工程，是指建设工程，包括建筑物和构筑物的新建、改建、扩建及其相关的装修、拆除、修缮等；所称与工程建设有关的货物，是指构成工程不可分割的组成部分，且为实现工程基本功能所必需的设备、材料等；所称与工程建设有关的服务，是指为完成工程所需的勘查、设计、监理等服务。

政府采购工程以及与工程建设有关的货物、服务，应当执行政府采购政策。

第八条 政府采购项目信息应当在省级以上人民政府财政部门指定的媒体上发布。采购项目预算金额达到国务院财政部门规定标准的，政府采购项目信息应当在国务院财政部门指定的媒体上发布。

第九条 在政府采购活动中，采购人员及相关人员与供应商有下列利害关系之一的，应当回避：

（一）参加采购活动前3年内与供应商存在劳动关系；

（二）参加采购活动前3年内担任供应商的董事、监事；

（三）参加采购活动前3年内是供应商的控股股东或者实际控制人；

（四）与供应商的法定代表人或者负责人有夫妻、直系血亲、三代以内旁系血亲或者近姻亲关系；

（五）与供应商有其他可能影响政府采购活动公平、公正进行的关系。

供应商认为采购人员及相关人员与其他供应商有利害关系的，可以向采购人或者采购代理机构书面提出回避申请，并说明理由。采购人或者采购代理机构应当及时询问被申请回避人员，有利害关系的被申请回避人员应当回避。

第十条 国家实行统一的政府采购电子交易平台建设标准，推动利用信息网络进行电子化政府采购活动。

第二章 政府采购当事人

第十一条 采购人在政府采购活动中应当维护国家利益和社会公共利益，公正廉洁，诚实守信，执行政府采购政策，建立政府采购内部管理制度，厉行节约，科学合理确定采购需求。

采购人不得向供应商索要或者接受其给予的赠品、回扣或者与采购无关的其他商品、服务。

第十二条 政府采购法所称采购代理机构，是指集中采购机构和集中采购机构以外的采购代理机构。

集中采购机构是设区的市级以上人民政府依法设立的非营利事业法人，是代理集中采购项目的执行机构。集中采购机构应当根据采购人委托制定集中采购项目的实施方案，明确采购规程，组织政府采购活动，不得将集中采购项目转委托。集中采购机构以外的采购代理机构，是从事采购代理业务的社会中介机构。

第十三条 采购代理机构应当建立完善的政府采购内部监督管理制度，具备开展政府采购业务所需的评审条件和设施。

采购代理机构应当提高确定采购需求，编制招标文件、谈判文件、询价通知书，拟订合同文本和优化采购程序的专业化服务水平，根据采购人委托在规定的时间内及时组织采购人与中标或者成交供应商签订政府采购合同，及时协助采购人对采购项目进行验收。

第十四条 采购代理机构不得以不正当手段获取政府采购代理业务，不得与采购人、供应商恶意串通操纵政府采购活动。

采购代理机构工作人员不得接受采购人或者供应商组织的宴请、旅游、娱乐，不得收受礼品、现金、有价证券等，不得向采购人或者供应商报销应当由个人承担的费用。

第十五条 采购人、采购代理机构应当根据政府采购政策、采购预算、采购需求编制采购文件。

采购需求应当符合法律法规以及政府采购政策规定的技术、服务、安全等要求。政府向社会公众提供的公共服务项目，应当就确定采购需求征求社会公众的意见。除因技术复杂或者性质特殊，不能确定详细规格或者具体要求外，采购需求应当完整、明确。必要时，应当就确定采购需求征求相关供应商、专家的意见。

第十六条 政府采购法第二十条规定的委托代理协议，应当明确代理采购的范围、权限和期限等具体事项。

采购人和采购代理机构应当按照委托代理协议履行各自义务，采购代理机构不得超越代理权限。

第十七条 参加政府采购活动的供应商应当具备政府采购法第二十二条第一款规定的条件，提供下列材料：

（一）法人或者其他组织的营业执照等证明文件，自然人的身份证明；

（二）财务状况报告，依法缴纳税收和社会保障资金的相关材料；

（三）具备履行合同所必需的设备和专业技术能力的证明材料；

（四）参加政府采购活动前3年内在经营活动中没有重大违法记录的书面声明；

（五）具备法律、行政法规规定的其他条件的证明材料。

采购项目有特殊要求的，供应商还应当提供其符合特殊要求的证明材料或者情况说明。

第十八条 单位负责人为同一人或者存在直接控股、管理关系的不同供应商，不得参加同一合同项下的政府采购活动。

除单一来源采购项目外，为采购项目提供整体设计、规范编制或者项目管理、监理、检测等服务的供应商，不得再参加该采购项目的其他采购活动。

第十九条 政府采购法第二十二条第一款第五项所称重大违法记录，是指供应商因违法经营受到刑事处罚或者责令停产停业、吊销许可证或者执照、较大数额罚款等行政处罚。

供应商在参加政府采购活动前3年内因违法经营被禁止在一定期限内参加政府采购活动，期限届满的，可以参加政府采购活动。

第二十条 采购人或者采购代理机构有下列情形之一的，属于以不合理的条件对供应商实行差别待遇或者歧视待遇：

（一）就同一采购项目向供应商提供有差别的项目信息；

（二）设定的资格、技术、商务条件与采购项目的具体特点和实际需要不相适应或者与合同履行无关；

（三）采购需求中的技术、服务等要求指向特定供应商、特定产品；

（四）以特定行政区域或者特定行业的业绩、奖项作为加分条件或者中标、成交条件；

（五）对供应商采取不同的资格审查或者评审标准；

（六）限定或者指定特定的专利、商标、品牌或者供应商；

（七）非法限定供应商的所有制形式、组织形式或者所在地；

（八）以其他不合理条件限制或者排斥潜在供应商。

第二十一条 采购人或者采购代理机构对供应商进行资格预审的，资格预审公告应当在省级以上人民政府财政部门指定的媒体上发布。已进行资格预审的，评审阶段可以不再对供应商资格进行审查。资格预审合格的供应商在评审阶段资格发生变化的，应当通知采购人和采购代理机构。

资格预审公告应当包括采购人和采购项目名称、采购需求、对供应商的资格要求以及供应商提交资格预审申请文件的时间和地点。提交资格预审申请文件的时间自公告发布之日起不得少于5个工作日。

第二十二条 联合体中有同类资质的供应商按照联合体分工承担相同工作的，应当按照资质等级较低的供应商确定资质等级。

以联合体形式参加政府采购活动的，联合体各方不得再单独参加或者与其他供应商另外组成联合体参加同一合同项下的政府采购活动。

第三章 政府采购方式

第二十三条 采购人采购公开招标数额标准以上的货物或者服务，符合政府采购法第二十九条、第三十条、第三十一条、第三十二条规定情形或者有需要执行政府采购政策等特殊情况的，经设区的市级以上人民政府财政部门批准，可以依法采用公开招标以外的采购方式。

第二十四条 列入集中采购目录的项目，适合实行批量集中采购的，应当实行批量集中采购，但紧急的小额零星货物项目和有特殊要求的服务、工程项目除外。

第二十五条 政府采购工程依法不进行招标的，应当依照政府采购法和本条例规定的竞争性谈判或者单一来源采购方式采购。

第二十六条 政府采购法第三十条第三项规定的情形，应当是采购人不可预见的或者非因采购人拖延导致的；第四项规定的情形，是指因采购艺术品或者因专利、专有技术或者因服务的时间、数量事先不能确定等导致不能事先计算出价格总额。

第二十七条 政府采购法第三十一条第一项规定的情形，是指因货物或者服务使用不可替代的专利、专有技术，或者公共服务项目具有特殊要求，导致只能从某一特定供应商处采购。

第二十八条 在一个财政年度内，采购人将一个预算项目下的同一品目或者类别的货物、服务采用公开招标以外的方式多次采购，累计资金数额超过公开招标数额标准的，属于以化整为零方式规避公开招标，但项目预算调整或者经批准采用公开招标以外方式采购除外。

第四章 政府采购程序

第二十九条 采购人应当根据集中采购目录、采购限额标准和已批复的部门预算编制政府采购实施计划，报本级人民政府财政部门备案。

第三十条 采购人或者采购代理机构应当在招标文件、谈判文件、询价通知书中公开采购项目预算金额。

第三十一条 招标文件的提供期限自招标文件开始发出之日起不得少于5个工作日。

采购人或者采购代理机构可以对已发出的招标文件进行必要的澄清或者修改。澄清或者修改的内容可能影响投标文件编制的，采购人或者采购代理机构应当在投标截止时间至少15日前，以书面形式通知所有获取招标文件的潜在投标人；不足15日的，采购人或者采购代理机构应当顺延提交投标文件的截止时间。

第三十二条 采购人或者采购代理机构应当按照国务院财政部门制定的招标文件标准文本编制招标文件。

招标文件应当包括采购项目的商务条件、采购需求、投标人的资格条件、投标报价要求、评标方法、评标标准以及拟签订的合同文本等。

第三十三条 招标文件要求投标人提交投标保证金的，投标保证金不得超过采购项目预算金额的2%。投标保证金应当以支票、汇票、本票或者金融机构、担保机构出具的保函等非现金形式提交。投标人未按照招标文件要求提交投标保证金的，投标无效。

采购人或者采购代理机构应当自中标通知书发出之日起5个工作日内退还未中标供应商的投标保证金，自政府采购合同签订之日起5个工作日内退还中标供应商的投标保证金。

竞争性谈判或者询价采购中要求参加谈判或者询价的供应商提交保证金的，参照前两款的规定执行。

第三十四条 政府采购招标评标方法分为最低评标价法和综合评分法。

最低评标价法，是指投标文件满足招标文件全部实质性要求且投标报价最低的供应商为中标候选人的评标方法。综合评分法，是指投标文件满足招标文件全部实质性要求且按照评审因素的量化指标评审得分最高的供应商为中标候选人的评标方法。

技术、服务等标准统一的货物和服务项目，应当采用最低评标价法。

采用综合评分法的，评审标准中的分值设置应当与评审因素的量化指标相对应。

招标文件中没有规定的评标标准不得作为评审的依据。

第三十五条 谈判文件不能完整、明确列明采购需求，需要由供应商提供最终设计方案或者解决方案的，在谈判结束后，谈判小组应当按照少数服从多数的原则投票推荐3家以上供应商的设计方案或者解决方案，并要求其在规定时间内提交最后报价。

第三十六条 询价通知书应当根据采购需求确定政府采购合同条款。在询价过程中，询价小组不得改变询价通知书所确定的政府采购合同条款。

第三十七条 政府采购法第三十八条第五项、第四十条第四项所称质量和服务相等，是指供应商提供的产品质量和服务均能满足采购文件规定的实质性要求。

第三十八条 达到公开招标数额标准，符合政府采购法第三十一条第一项规定情形，只能从唯一供应商处采购的，采购人应当将采购项目信息和唯一供应商名称在省级以上人民政府财政部门指定的媒体上公示，公示期不得少于5个工作日。

第三十九条 除国务院财政部门规定的情形外，采购人或者采购代理机构应当从政府采购评审专家库中随机抽取评审专家。

第四十条 政府采购评审专家应当遵守评审工作纪律，不得泄露评审文件、评审情况和评审中获悉的商业秘密。

评标委员会、竞争性谈判小组或者询价小组在评审过程中发现供应商有行贿、提供虚假材料或者串通等违法行为的，应当及时向财政部门报告。

政府采购评审专家在评审过程中受到非法干预的，应当及时向财政、监察等部门举报。

第四十一条 评标委员会、竞争性谈判小组或者询价小组成员应当按照客观、公正、审慎的原则，根据采购文件规定的评审程序、评审方法和评审标准进行独立评审。采购文件内容违反国家有关强制性规定的，评标委员会、竞争性谈判小组或者询价小组应当停止评审并向采购人或者采购代理机构说明情况。

评标委员会、竞争性谈判小组或者询价小组成员应当在评审报告上签字，对自己的评审意见承担法律责任。对评审报告有异议的，应当在评审报告上签署不同意见，并说明理由，否则视为同意评审报告。

第四十二条 采购人、采购代理机构不得向评标委员会、竞争性谈判小组或者询价小组的评审专家作倾向性、误导性的解释或者说明。

第四十三条 采购代理机构应当自评审结束之日起2个工作日内将评审报告送交采购人。采购人应当自收到评审报告之日起5个工作日内在评审报告推荐的中标或者成交候选人中按顺序确定中标或者成交供应商。

采购人或者采购代理机构应当自中标、成交供应商确定之日起2个工作日内，发出中标、成交通知书，并在省级以上人民政府财政部门指定的媒体上公告中标、成交结果，招标文件、竞争性谈判文件、询价通知书随中标、成交结果同时公告。

中标、成交结果公告内容应当包括采购人和采购代理机构的名称、地址、联系方式，项目名称和项目编号，中标或者成交供应商名称、地址和中标或者成交金额，主要中标或者成交标的的名称、规格型号、数量、单价、服务要求以及评审专家名单。

第四十四条 除国务院财政部门规定的情形外，采购人、采购代理机构不得以任何理由组织重新评审。采购人、采购代理机构按照国务院财政部门的规定组织重新评审的，应当书面报告本级人民政府财政部门。

采购人或者采购代理机构不得通过对样品进行检测、对供应商进行考察等方式改变评审结果。

第四十五条 采购人或者采购代理机构应当按照政府采购合同规定的技术、服务、安全标准组织对供应商履约情况进行验收,并出具验收书。验收书应当包括每一项技术、服务、安全标准的履约情况。

政府向社会公众提供的公共服务项目,验收时应当邀请服务对象参与并出具意见,验收结果应当向社会公告。

第四十六条 政府采购法第四十二条规定的采购文件,可以用电子档案方式保存。

第五章 政府采购合同

第四十七条 国务院财政部门应当会同国务院有关部门制定政府采购合同标准文本。

第四十八条 采购文件要求中标或者成交供应商提交履约保证金的,供应商应当以支票、汇票、本票或者金融机构、担保机构出具的保函等非现金形式提交。履约保证金的数额不得超过政府采购合同金额的10%。

第四十九条 中标或者成交供应商拒绝与采购人签订合同的,采购人可以按照评审报告推荐的中标或者成交候选人名单排序,确定下一候选人为中标或者成交供应商,也可以重新开展政府采购活动。

第五十条 采购人应当自政府采购合同签订之日起2个工作日内,将政府采购合同在省级以上人民政府财政部门指定的媒体上公告,但政府采购合同中涉及国家秘密、商业秘密的内容除外。

第五十一条 采购人应当按照政府采购合同规定,及时向中标或者成交供应商支付采购资金。

政府采购项目资金支付程序,按照国家有关财政资金支付管理的规定执行。

第六章 质疑与投诉

第五十二条 采购人或者采购代理机构应当在3个工作日内对供应商依法提出的询问作出答复。

供应商提出的询问或者质疑超出采购人对采购代理机构委托授权范围的,采购代理机构应当告知供应商向采购人提出。

政府采购评审专家应当配合采购人或者采购代理机构答复供应商的询问和质疑。

第五十三条 政府采购法第五十二条规定的供应商应知其权益受到损害之日,是指:

(一)对可以质疑的采购文件提出质疑的,为收到采购文件之日或者采购文件公告期限届满之日;

(二)对采购过程提出质疑的,为各采购程序环节结束之日;

(三)对中标或者成交结果提出质疑的,为中标或者成交结果公告期限届满之日。

第五十四条 询问或者质疑事项可能影响中标、成交结果的,采购人应当暂停签订合同,已经签订合同的,应当中止履行合同。

第五十五条 供应商质疑、投诉应当有明确的请求和必要的证明材料。供应商投诉的事项不得超出已质疑事项的范围。

第五十六条 财政部门处理投诉事项采用书面审查的方式,必要时可以进行调查取证或者组织质证。

对财政部门依法进行的调查取证,投诉人和与投诉事项有关的当事人应当如实反映情况,并提供相关材料。

第五十七条 投诉人捏造事实、提供虚假材料或者以非法手段取得证明材料进行投诉的,财政部门应当予以驳回。

财政部门受理投诉后,投诉人书面申请撤回投诉的,财政部门应当终止投诉处理程序。

第五十八条 财政部门处理投诉事项,需要检验、检测、鉴定、专家评审以及需要投诉人补正材料的，所需时间不计算在投诉处理期限内。

财政部门对投诉事项作出的处理决定，应当在省级以上人民政府财政部门指定的媒体上公告。

第七章 监督检查

第五十九条 政府采购法第六十三条所称政府采购项目的采购标准，是指项目采购所依据的经费预算标准、资产配置标准和技术、服务标准等。

第六十条 除政府采购法第六十六条规定的考核事项外，财政部门对集中采购机构的考核事项还包括：

（一）政府采购政策的执行情况；

（二）采购文件编制水平；

（三）采购方式和采购程序的执行情况；

（四）询问、质疑答复情况；

（五）内部监督管理制度建设及执行情况；

（六）省级以上人民政府财政部门规定的其他事项。

财政部门应当制定考核计划，定期对集中采购机构进行考核，考核结果有重要情况的，应当向本级人民政府报告。

第六十一条 采购人发现采购代理机构有违法行为的，应当要求其改正。采购代理机构拒不改正的，采购人应当向本级人民政府财政部门报告，财政部门应当依法处理。

采购代理机构发现采购人的采购需求存在以不合理条件对供应商实行差别待遇、歧视待遇或者其他不符合法律、法规和政府采购政策规定内容，或者发现采购人有其他违法行为的，应当建议其改正。采购人拒不改正的，采购代理机构应当向采购人的本级人民政府财政部门报告，财政部门应当依法处理。

第六十二条 省级以上人民政府财政部门应当对政府采购评审专家库实行动态管理，具体管理办法由国务院财政部门制定。

采购人或者采购代理机构应当对评审专家在政府采购活动中的职责履行情况予以记录，并及时向财政部门报告。

第六十三条 各级人民政府财政部门和其他有关部门应当加强对参加政府采购活动的供应商、采购代理机构、评审专家的监督管理，对其不良行为予以记录，并纳入统一的信用信息平台。

第六十四条 各级人民政府财政部门对政府采购活动进行监督检查，有权查阅、复制有关文件、资料，相关单位和人员应当予以配合。

第六十五条 审计机关、监察机关以及其他有关部门依法对政府采购活动实施监督，发现采购当事人有违法行为的，应当及时通报财政部门。

第八章 法律责任

第六十六条 政府采购法第七十一条规定的罚款，数额为 10 万元以下。

政府采购法第七十二条规定的罚款，数额为 5 万元以上 25 万元以下。

第六十七条 采购人有下列情形之一的，由财政部门责令限期改正，给予警告，对直接负责的主管人员和其他直接责任人员依法给予处分，并予以通报：

（一）未按照规定编制政府采购实施计划或者未按照规定将政府采购实施计划报本级人民政府财政部门备案；

（二）将应当进行公开招标的项目化整为零或者以其他任何方式规避公开招标；

（三）未按照规定在评标委员会、竞争性谈判小组或者询价小组推荐的中标或者成交候选人中确定中标或者成交供应商；

（四）未按照采购文件确定的事项签订政府采购合同；

（五）政府采购合同履行中追加与合同标的相同的货物、工程或者服务的采购金额超过原合同采购金额10%；

（六）擅自变更、中止或者终止政府采购合同；

（七）未按照规定公告政府采购合同；

（八）未按照规定时间将政府采购合同副本报本级人民政府财政部门和有关部门备案。

第六十八条　采购人、采购代理机构有下列情形之一的，依照政府采购法第七十一条、第七十八条的规定追究法律责任：

（一）未依照政府采购法和本条例规定的方式实施采购；

（二）未依法在指定的媒体上发布政府采购项目信息；

（三）未按照规定执行政府采购政策；

（四）违反本条例第十五条的规定导致无法组织对供应商履约情况进行验收或者国家财产遭受损失；

（五）未依法从政府采购评审专家库中抽取评审专家；

（六）非法干预采购评审活动；

（七）采用综合评分法时评审标准中的分值设置未与评审因素的量化指标相对应；

（八）对供应商的询问、质疑逾期未作处理；

（九）通过对样品进行检测、对供应商进行考察等方式改变评审结果；

（十）未按照规定组织对供应商履约情况进行验收。

第六十九条　集中采购机构有下列情形之一的，由财政部门责令限期改正，给予警告，有违法所得的，并处没收违法所得，对直接负责的主管人员和其他直接责任人员依法给予处分，并予以通报：

（一）内部监督管理制度不健全，对依法应当分设、分离的岗位、人员未分设、分离；

（二）将集中采购项目委托其他采购代理机构采购；

（三）从事营利活动。

第七十条　采购人员与供应商有利害关系而不依法回避的，由财政部门给予警告，并处2000元以上2万元以下的罚款。

第七十一条　有政府采购法第七十一条、第七十二条规定的违法行为之一，影响或者可能影响中标、成交结果的，依照下列规定处理：

（一）未确定中标或者成交供应商的，终止本次政府采购活动，重新开展政府采购活动。

（二）已确定中标或者成交供应商但尚未签订政府采购合同的，中标或者成交结果无效，从合格的中标或者成交候选人中另行确定中标或者成交供应商；没有合格的中标或者成交候选人的，重新开展政府采购活动。

（三）政府采购合同已签订但尚未履行的，撤销合同，从合格的中标或者成交候选人中另行确定中标或者成交供应商；没有合格的中标或者成交候选人的，重新开展政府采购活动。

（四）政府采购合同已经履行，给采购人、供应商造成损失的，由责任人承担赔偿责任。

政府采购当事人有其他违反政府采购法或者本条例规定的行为，经改正后仍然影响或者可能影响中标、成交结果或者依法被认定为中标、成交无效的，依照前款规定处理。

第七十二条　供应商有下列情形之一的，依照政府采购法第七十七条第一款的规定追究法律责任：

（一）向评标委员会、竞争性谈判小组或者询价小组成员行贿或者提供其他不正当利益；

（二）中标或者成交后无正当理由拒不与采购人签订政府采购合同；

（三）未按照采购文件确定的事项签订政府采购合同；

（四）将政府采购合同转包；

（五）提供假冒伪劣产品；

（六）擅自变更、中止或者终止政府采购合同。

供应商有前款第一项规定情形的，中标、成交无效。评审阶段资格发生变化，供应商未依照本条例第二十一条的规定通知采购人和采购代理机构的，处以采购金额5‰的罚款，列入不良行为记录名单，中标、成交无效。

第七十三条 供应商捏造事实、提供虚假材料或者以非法手段取得证明材料进行投诉的，由财政部门列入不良行为记录名单，禁止其1至3年内参加政府采购活动。

第七十四条 有下列情形之一的，属于恶意串通，对供应商依照政府采购法第七十七条第一款的规定追究法律责任，对采购人、采购代理机构及其工作人员依照政府采购法第七十二条的规定追究法律责任：

（一）供应商直接或者间接从采购人或者采购代理机构处获得其他供应商的相关情况并修改其投标文件或者响应文件；

（二）供应商按照采购人或者采购代理机构的授意撤换、修改投标文件或者响应文件；

（三）供应商之间协商报价、技术方案等投标文件或者响应文件的实质性内容；

（四）属于同一集团、协会、商会等组织成员的供应商按照该组织要求协同参加政府采购活动；

（五）供应商之间事先约定由某一特定供应商中标、成交的；

（六）供应商之间商定部分供应商放弃参加政府采购活动或者放弃中标、成交的；

（七）供应商与采购人或者采购代理机构之间、供应商相互之间，为谋求特定供应商中标、成交或者排斥其他供应商的其他串通行为。

第七十五条 政府采购评审专家未按照采购文件规定的评审程序、评审方法和评审标准进行独立评审或者泄露评审文件、评审情况的，由财政部门给予警告，并处2 000元以上2万元以下的罚款；影响中标、成交结果的，处2万元以上5万元以下的罚款，禁止其参加政府采购评审活动。

政府采购评审专家与供应商存在利害关系未回避的，处2万元以上5万元以下的罚款，禁止其参加政府采购评审活动。

政府采购评审专家收受采购人、采购代理机构、供应商贿赂或者获取其他不正当利益，构成犯罪的，依法追究刑事责任；尚不构成犯罪的，处2万元以上5万元以下的罚款，禁止其参加政府采购评审活动。

政府采购评审专家有上述违法行为的，其评审意见无效，不得获取评审费；有违法所得的，没收违法所得；给他人造成损失的，依法承担民事责任。

第七十六条 政府采购当事人违反政府采购法和本条例规定，给他人造成损失的，依法承担民事责任。

第七十七条 财政部门在履行政府采购监督管理职责中违反政府采购法和本条例规定，滥用职权、玩忽职守、徇私舞弊的，对直接负责的主管人员和其他直接责任人员依法给予处分；直接负责的主管人员和其他直接责任人员构成犯罪的，依法追究刑事责任。

第九章 附 则

第七十八条 财政管理实行省直接管理的县级人民政府可以根据需要并报经省级人民政府批准，行使政府采购法和本条例规定的设区的市级人民政府批准变更采购方式的职权。

第七十九条 本条例自2015年3月1日起施行。

3. 中华人民共和国招标投标法（2017年修订）

（中华人民共和国主席令1999年第21号发布　中华人民共和国主席令2017年第86号修订）

第一章　总　　则

第一条　为了规范招标投标活动，保护国家利益、社会公共利益和招标投标活动当事人的合法权益，提高经济效益，保证项目质量，制定本法。

第二条　在中华人民共和国境内进行招标投标活动，适用本法。

第三条　在中华人民共和国境内进行下列工程建设项目包括项目的勘查、设计、施工、监理以及与工程建设有关的重要设备、材料等的采购，必须进行招标：

（一）大型基础设施、公用事业等关系社会公共利益、公众安全的项目；

（二）全部或者部分使用国有资金投资或者国家融资的项目；

（三）使用国际组织或者外国政府贷款、援助资金的项目。

前款所列项目的具体范围和规模标准，由国务院发展计划部门会同国务院有关部门制订，报国务院批准。

法律或者国务院对必须进行招标的其他项目的范围有规定的，依照其规定。

第四条　任何单位和个人不得将依法必须进行招标的项目化整为零或者以其他任何方式规避招标。

第五条　招标投标活动应当遵循公开、公平、公正和诚实信用的原则。

第六条　依法必须进行招标的项目，其招标投标活动不受地区或者部门的限制。任何单位和个人不得违法限制或者排斥本地区、本系统以外的法人或者其他组织参加投标，不得以任何方式非法干涉招标投标活动。

第七条　招标投标活动及其当事人应当接受依法实施的监督。

有关行政监督部门依法对招标投标活动实施监督，依法查处招标投标活动中的违法行为。

对招标投标活动的行政监督及有关部门的具体职权划分，由国务院规定。

第二章　招　　标

第八条　招标人是依照本法规定提出招标项目、进行招标的法人或者其他组织。

第九条　招标项目按照国家有关规定需要履行项目审批手续的，应当先履行审批手续，取得批准。

招标人应当有进行招标项目的相应资金或者资金来源已经落实，并应当在招标文件中如实载明。

第十条　招标分为公开招标和邀请招标。

公开招标，是指招标人以招标公告的方式邀请不特定的法人或者其他组织投标。

邀请招标，是指招标人以投标邀请书的方式邀请特定的法人或者其他组织投标。

第十一条　国务院发展计划部门确定的国家重点项目和省、自治区、直辖市人民政府确定的地方重点项目不适宜公开招标的，经国务院发展计划部门或者省、自治区、直辖市人民政府批准，可以进行邀请招标。

第十二条　招标人有权自行选择招标代理机构，委托其办理招标事宜。任何单位和个人不得以任何方式为招标人指定招标代理机构。

招标人具有编制招标文件和组织评标能力的，可以自行办理招标事宜。任何单位和个人不得强制其委托招标代理机构办理招标事宜。

依法必须进行招标的项目，招标人自行办理招标事宜的，应当向有关行政监督部门备案。

第十三条 招标代理机构是依法设立、从事招标代理业务并提供相关服务的社会中介组织。

招标代理机构应当具备下列条件：

（一）有从事招标代理业务的营业场所和相应资金；

（二）有能够编制招标文件和组织评标的相应专业力量。

第十四条 招标代理机构与行政机关和其他国家机关不得存在隶属关系或者其他利益关系。

第十五条 招标代理机构应当在招标人委托的范围内办理招标事宜，并遵守本法关于招标人的规定。

第十六条 招标人采用公开招标方式的，应当发布招标公告。依法必须进行招标的项目的招标公告，应当通过国家指定的报刊、信息网络或者其他媒介发布。

招标公告应当载明招标人的名称和地址、招标项目的性质、数量、实施地点和时间以及获取招标文件的办法等事项。

第十七条 招标人采用邀请招标方式的，应当向三个以上具备承担招标项目的能力、资信良好的特定的法人或者其他组织发出投标邀请书。

投标邀请书应当载明本法第十六条第二款规定的事项。

第十八条 招标人可以根据招标项目本身的要求，在招标公告或者投标邀请书中，要求潜在投标人提供有关资质证明文件和业绩情况，并对潜在投标人进行资格审查；国家对投标人的资格条件有规定的，依照其规定。

招标人不得以不合理的条件限制或者排斥潜在投标人，不得对潜在投标人实行歧视待遇。

第十九条 招标人应当根据招标项目的特点和需要编制招标文件。招标文件应当包括招标项目的技术要求、对投标人资格审查的标准、投标报价要求和评标标准等所有实质性要求和条件以及拟签订合同的主要条款。

国家对招标项目的技术、标准有规定的，招标人应当按照其规定在招标文件中提出相应要求。

招标项目需要划分标段、确定工期的，招标人应当合理划分标段、确定工期，并在招标文件中载明。

第二十条 招标文件不得要求或者标明特定的生产供应者以及含有倾向或者排斥潜在投标人的其他内容。

第二十一条 招标人根据招标项目的具体情况，可以组织潜在投标人踏勘项目现场。

第二十二条 招标人不得向他人透露已获取招标文件的潜在投标人的名称、数量以及可能影响公平竞争的有关招标投标的其他情况。

招标人设有标底的，标底必须保密。

第二十三条 招标人对已发出的招标文件进行必要的澄清或者修改的，应当在招标文件要求提交投标文件截止时间至少十五日前，以书面形式通知所有招标文件收受人。该澄清或者修改的内容为招标文件的组成部分。

第二十四条 招标人应当确定投标人编制投标文件所需要的合理时间；但是，依法必须进行招标的项目，自招标文件开始发出之日起至投标人提交投标文件截止之日止，最短不得少于二十日。

第三章 投　　标

第二十五条 投标人是响应招标、参加投标竞争的法人或者其他组织。

依法招标的科研项目允许个人参加投标的，投标的个人适用本法有关投标人的规定。

第二十六条 投标人应当具备承担招标项目的能力；国家有关规定对投标人资格条件或者招标文件对投标人资格条件有规定的，投标人应当具备规定的资格条件。

第二十七条 投标人应当按照招标文件的要求编制投标文件。投标文件应当对招标文件提出的实质性要求和条件作出响应。

招标项目属于建设施工的，投标文件的内容应当包括拟派出的项目负责人与主要技术人员的简历、业绩和拟用于完成招标项目的机械设备等。

第二十八条 投标人应当在招标文件要求提交投标文件的截止时间前，将投标文件送达投标地点。招标人收到投标文件后，应当签收保存，不得开启。投标人少于三个的，招标人应当依照本法重新招标。

在招标文件要求提交投标文件的截止时间后送达的投标文件，招标人应当拒收。

第二十九条 投标人在招标文件要求提交投标文件的截止时间前，可以补充、修改或者撤回已提交的投标文件，并书面通知招标人。补充、修改的内容为投标文件的组成部分。

第三十条 投标人根据招标文件载明的项目实际情况，拟在中标后将中标项目的部分非主体、非关键性工作进行分包的，应当在投标文件中载明。

第三十一条 两个以上法人或者其他组织可以组成一个联合体，以一个投标人的身份共同投标。

联合体各方均应当具备承担招标项目的相应能力；国家有关规定或者招标文件对投标人资格条件有规定的，联合体各方均应当具备规定的相应资格条件。由同一专业的单位组成的联合体，按照资质等级较低的单位确定资质等级。

联合体各方应当签订共同投标协议，明确约定各方拟承担的工作和责任，并将共同投标协议连同投标文件一并提交招标人。联合体中标的，联合体各方应当共同与招标人签订合同，就中标项目向招标人承担连带责任。

招标人不得强制投标人组成联合体共同投标，不得限制投标人之间的竞争。

第三十二条 投标人不得相互串通投标报价，不得排挤其他投标人的公平竞争，损害招标人或者其他投标人的合法权益。

投标人不得与招标人串通投标，损害国家利益、社会公共利益或者他人的合法权益。

禁止投标人以向招标人或者评标委员会成员行贿的手段谋取中标。

第三十三条 投标人不得以低于成本的报价竞标，也不得以他人名义投标或者以其他方式弄虚作假，骗取中标。

第四章 开标、评标和中标

第三十四条 开标应当在招标文件确定的提交投标文件截止时间的同一时间公开进行；开标地点应当为招标文件中预先确定的地点。

第三十五条 开标由招标人主持，邀请所有投标人参加。

第三十六条 开标时，由投标人或者其推选的代表检查投标文件的密封情况，也可以由招标人委托的公证机构检查并公证；经确认无误后，由工作人员当众拆封，宣读投标人名称、投标价格和投标文件的其他主要内容。

招标人在招标文件要求提交投标文件的截止时间前收到的所有投标文件，开标时都应当当众予以拆封、宣读。

开标过程应当记录，并存档备查。

第三十七条 评标由招标人依法组建的评标委员会负责。

依法必须进行招标的项目，其评标委员会由招标人的代表和有关技术、经济等方面的专家组成，成员人数为五人以上单数，其中技术、经济等方面的专家不得少于成员总数的三分之二。

前款专家应当从事相关领域工作满八年并具有高级职称或者具有同等专业水平，由招标人从国务院有关部门或者省、自治区、直辖市人民政府有关部门提供的专家名册或者招标代理机构的专家库内的相关专业的专家名单中确定；一般招标项目可以采取随机抽取方式，特殊招标项目可以由招标人直接确定。

与投标人有利害关系的人不得进入相关项目的评标委员会；已经进入的应当更换。

评标委员会成员的名单在中标结果确定前应当保密。

第三十八条 招标人应当采取必要的措施，保证评标在严格保密的情况下进行。

任何单位和个人不得非法干预、影响评标的过程和结果。

第三十九条 评标委员会可以要求投标人对投标文件中含义不明确的内容作必要的澄清或者说明，但是澄清或者说明不得超出投标文件的范围或者改变投标文件的实质性内容。

第四十条 评标委员会应当按照招标文件确定的评标标准和方法，对投标文件进行评审和比较；设有标底的，应当参考标底。评标委员会完成评标后，应当向招标人提出书面评标报告，并推荐合格的中标候选人。

招标人根据评标委员会提出的书面评标报告和推荐的中标候选人确定中标人。招标人也可以授权评标委员会直接确定中标人。

国务院对特定招标项目的评标有特别规定的，从其规定。

第四十一条 中标人的投标应当符合下列条件之一：

（一）能够最大限度地满足招标文件中规定的各项综合评价标准；

（二）能够满足招标文件的实质性要求，并且经评审的投标价格最低；但是投标价格低于成本的除外。

第四十二条 评标委员会经评审，认为所有投标都不符合招标文件要求的，可以否决所有投标。

依法必须进行招标的项目的所有投标被否决的，招标人应当依照本法重新招标。

第四十三条 在确定中标人前，招标人不得与投标人就投标价格、投标方案等实质性内容进行谈判。

第四十四条 评标委员会成员应当客观、公正地履行职务，遵守职业道德，对所提出的评审意见承担个人责任。

评标委员会成员不得私下接触投标人，不得收受投标人的财物或者其他好处。

评标委员会成员和参与评标的有关工作人员不得透露对投标文件的评审和比较、中标候选人的推荐情况以及与评标有关的其他情况。

第四十五条 中标人确定后，招标人应当向中标人发出中标通知书，并同时将中标结果通知所有未中标的投标人。

中标通知书对招标人和中标人具有法律效力。中标通知书发出后，招标人改变中标结果的，或者中标人放弃中标项目的，应当依法承担法律责任。

第四十六条 招标人和中标人应当自中标通知书发出之日起三十日内，按照招标文件和中标人的投标文件订立书面合同。招标人和中标人不得再行订立背离合同实质性内容的其他协议。

招标文件要求中标人提交履约保证金的，中标人应当提交。

第四十七条 依法必须进行招标的项目，招标人应当自确定中标人之日起十五日内，向有关行政监督部门提交招标投标情况的书面报告。

第四十八条 中标人应当按照合同约定履行义务，完成中标项目。中标人不得向他人转让中标项目，也不得将中标项目肢解后分别向他人转让。

中标人按照合同约定或者经招标人同意，可以将中标项目的部分非主体、非关键性工作分包给他人完成。接受分包的人应当具备相应的资格条件，并不得再次分包。

中标人应当就分包项目向招标人负责,接受分包的人就分包项目承担连带责任。

第五章 法律责任

第四十九条 违反本法规定,必须进行招标的项目而不招标的,将必须进行招标的项目化整为零或者以其他任何方式规避招标的,责令限期改正,可以处项目合同金额千分之五以上千分之十以下的罚款;对全部或者部分使用国有资金的项目,可以暂停项目执行或者暂停资金拨付;对单位直接负责的主管人员和其他直接责任人员依法给予处分。

第五十条 招标代理机构违反本法规定,泄露应当保密的与招标投标活动有关的情况和资料的,或者与招标人、投标人串通损害国家利益、社会公共利益或者他人合法权益的,处五万元以上二十五万元以下的罚款;对单位直接负责的主管人员和其他直接责任人员处单位罚款数额百分之五以上百分之十以下的罚款;有违法所得的,并处没收违法所得;情节严重的,禁止其一年至二年内代理依法必须进行招标的项目并予以公告,直至由工商行政管理机关吊销营业执照;构成犯罪的,依法追究刑事责任。给他人造成损失的,依法承担赔偿责任。

前款所列行为影响中标结果的,中标无效。

第五十一条 招标人以不合理的条件限制或者排斥潜在投标人的,对潜在投标人实行歧视待遇的,强制要求投标人组成联合体共同投标的,或者限制投标人之间竞争的,责令改正,可以处一万元以上五万元以下的罚款。

第五十二条 依法必须进行招标的项目的招标人向他人透露已获取招标文件的潜在投标人的名称、数量或者可能影响公平竞争的有关招标投标的其他情况的,或者泄露标底的,给予警告,可以并处一万元以上十万元以下的罚款;对单位直接负责的主管人员和其他直接责任人员依法给予处分;构成犯罪的,依法追究刑事责任。

前款所列行为影响中标结果的,中标无效。

第五十三条 投标人相互串通投标或者与招标人串通投标的,投标人以向招标人或者评标委员会成员行贿的手段谋取中标的,中标无效,处中标项目金额千分之五以上千分之十以下的罚款,对单位直接负责的主管人员和其他直接责任人员处单位罚款数额百分之五以上百分之十以下的罚款;有违法所得的,并处没收违法所得;情节严重的,取消其一年至二年内参加依法必须进行招标的项目的投标资格并予以公告,直至由工商行政管理机关吊销营业执照;构成犯罪的,依法追究刑事责任。给他人造成损失的,依法承担赔偿责任。

第五十四条 投标人以他人名义投标或者以其他方式弄虚作假,骗取中标的,中标无效,给招标人造成损失的,依法承担赔偿责任;构成犯罪的,依法追究刑事责任。

依法必须进行招标的项目的投标人有前款所列行为尚未构成犯罪的,处中标项目金额千分之五以上千分之十以下的罚款,对单位直接负责的主管人员和其他直接责任人员处单位罚款数额百分之五以上百分之十以下的罚款;有违法所得的,并处没收违法所得;情节严重的,取消其一年至三年内参加依法必须进行招标的项目的投标资格并予以公告,直至由工商行政管理机关吊销营业执照。

第五十五条 依法必须进行招标的项目,招标人违反本法规定,与投标人就投标价格、投标方案等实质性内容进行谈判的,给予警告,对单位直接负责的主管人员和其他直接责任人员依法给予处分。

前款所列行为影响中标结果的,中标无效。

第五十六条 评标委员会成员收受投标人的财物或者其他好处的,评标委员会成员或者参加评标的有关工作人员向他人透露对投标文件的评审和比较、中标候选人的推荐以及与评标有关的其他情况的,给予警告,没收收受的财物,可以并处三千元以上五万元以下的罚款,对有所列违法行为的评标委员会成员取消担任评标委员会成员的资格,不得再参加任何依法必须进行招标的项目的评标；构成犯罪的，依法追究刑事责任。

第五十七条 招标人在评标委员会依法推荐的中标候选人以外确定中标人的，依法必须进行招标的项目在所有投标被评标委员会否决后自行确定中标人的，中标无效，责令改正，可以处中标项目金额千分之五以上千分之十以下的罚款；对单位直接负责的主管人员和其他直接责任人员依法给予处分。

第五十八条 中标人将中标项目转让给他人的，将中标项目肢解后分别转让给他人的，违反本法规定将中标项目的部分主体、关键性工作分包给他人的，或者分包人再次分包的，转让、分包无效，处转让、分包项目金额千分之五以上千分之十以下的罚款；有违法所得的，并处没收违法所得；可以责令停业整顿；情节严重的，由工商行政管理机关吊销营业执照。

第五十九条 招标人与中标人不按照招标文件和中标人的投标文件订立合同的，或者招标人、中标人订立背离合同实质性内容的协议的，责令改正；可以处中标项目金额千分之五以上千分之十以下的罚款。

第六十条 中标人不履行与招标人订立的合同的，履约保证金不予退还，给招标人造成的损失超过履约保证金数额的，还应当对超过部分予以赔偿；没有提交履约保证金的，应当对招标人的损失承担赔偿责任。

中标人不按照与招标人订立的合同履行义务，情节严重的，取消其二年至五年内参加依法必须进行招标的项目的投标资格并予以公告，直至由工商行政管理机关吊销营业执照。

因不可抗力不能履行合同的，不适用前两款规定。

第六十一条 本章规定的行政处罚，由国务院规定的有关行政监督部门决定。本法已对实施行政处罚的机关作出规定的除外。

第六十二条 任何单位违反本法规定，限制或者排斥本地区、本系统以外的法人或者其他组织参加投标的，为招标人指定招标代理机构的，强制招标人委托招标代理机构办理招标事宜的，或者以其他方式干涉招标投标活动的，责令改正；对单位直接负责的主管人员和其他直接责任人员依法给予警告、记过、记大过的处分，情节较重的，依法给予降级、撤职、开除的处分。

个人利用职权进行前款违法行为的，依照前款规定追究责任。

第六十三条 对招标投标活动依法负有行政监督职责的国家机关工作人员徇私舞弊、滥用职权或者玩忽职守，构成犯罪的，依法追究刑事责任；不构成犯罪的，依法给予行政处分。

第六十四条 依法必须进行招标的项目违反本法规定，中标无效的，应当依照本法规定的中标条件从其余投标人中重新确定中标人或者依照本法重新进行招标。

第六章 附　　则

第六十五条 投标人和其他利害关系人认为招标投标活动不符合本法有关规定的，有权向招标人提出异议或者依法向有关行政监督部门投诉。

第六十六条 涉及国家安全、国家秘密、抢险救灾或者属于利用扶贫资金实行以工代赈、需要使用农民工等特殊情况，不适宜进行招标的项目，按照国家有关规定可以不进行招标。

第六十七条 使用国际组织或者外国政府贷款、援助资金的项目进行招标，贷款方、资金提供方对招标投标的具体条件和程序有不同规定的，可以适用其规定，但违背中华人民共和国的社会公共利益的除外。

第六十八条 本法自2000年1月1日起施行。

4. 中华人民共和国招标投标法实施条例（2019年修订）

（2011年12月20日国务院令第613号发布　根据2017年3月1日国务院令第676号《国务院关于修改和废止部分行政法规的决定》修订　依据2018年3月19日国务院令第698号《国务院关于修改和废止部分行政法规的决定》修订　依据2019年3月2日国务院令第709号《国务院关于修改部分行政法规的决定》修订）

第一章　总　　则

第一条　为了规范招标投标活动，根据《中华人民共和国招标投标法》（以下简称招标投标法），制定本条例。

第二条　招标投标法第三条所称工程建设项目，是指工程以及与工程建设有关的货物、服务。前款所称工程，是指建设工程，包括建筑物和构筑物的新建、改建、扩建及其相关的装修、拆除、修缮等；所称与工程建设有关的货物，是指构成工程不可分割的组成部分，且为实现工程基本功能所必需的设备、材料等；所称与工程建设有关的服务，是指为完成工程所需的勘察、设计、监理等服务。

第三条　依法必须进行招标的工程建设项目的具体范围和规模标准，由国务院发展改革部门会同国务院有关部门制订，报国务院批准后公布施行。

第四条　国务院发展改革部门指导和协调全国招标投标工作，对国家重大建设项目的工程招标投标活动实施监督检查。国务院工业和信息化、住房城乡建设、交通运输、铁道、水利、商务等部门，按照规定的职责分工对有关招标投标活动实施监督。

县级以上地方人民政府发展改革部门指导和协调本行政区域的招标投标工作。县级以上地方人民政府有关部门按照规定的职责分工，对招标投标活动实施监督，依法查处招标投标活动中的违法行为。县级以上地方人民政府对其所属部门有关招标投标活动的监督职责分工另有规定的，从其规定。

财政部门依法对实行招标投标的政府采购工程建设项目的政府采购政策执行情况实施监督。

监察机关依法对与招标投标活动有关的监察对象实施监察。

第五条　设区的市级以上地方人民政府可以根据实际需要，建立统一规范的招标投标交易场所，为招标投标活动提供服务。招标投标交易场所不得与行政监督部门存在隶属关系，不得以营利为目的。

国家鼓励利用信息网络进行电子招标投标。

第六条　禁止国家工作人员以任何方式非法干涉招标投标活动。

第二章　招　　标

第七条　按照国家有关规定需要履行项目审批、核准手续的依法必须进行招标的项目，其招标范围、招标方式、招标组织形式应当报项目审批、核准部门审批、核准。项目审批、核准部门应当及时将审批、核准确定的招标范围、招标方式、招标组织形式通报有关行政监督部门。

第八条　国有资金占控股或者主导地位的依法必须进行招标的项目，应当公开招标；但有下列情形之一的，可以邀请招标：

（一）技术复杂、有特殊要求或者受自然环境限制，只有少量潜在投标人可供选择；

（二）采用公开招标方式的费用占项目合同金额的比例过大。

有前款第二项所列情形，属于本条例第七条规定的项目，由项目审批、核准部门在审批、核准项目时作出认定；其他项目由招标人申请有关行政监督部门作出认定。

第九条 除招标投标法第六十六条规定的可以不进行招标的特殊情况外，有下列情形之一的，可以不进行招标：

（一）需要采用不可替代的专利或者专有技术；

（二）采购人依法能够自行建设、生产或者提供；

（三）已通过招标方式选定的特许经营项目投资人依法能够自行建设、生产或者提供；

（四）需要向原中标人采购工程、货物或者服务，否则将影响施工或者功能配套要求；

（五）国家规定的其他特殊情形。

招标人为适用前款规定弄虚作假的，属于招标投标法第四条规定的规避招标。

第十条 招标投标法第十二条第二款规定的招标人具有编制招标文件和组织评标能力，是指招标人具有与招标项目规模和复杂程度相适应的技术、经济等方面的专业人员。

第十一条 国务院住房城乡建设、商务、发展改革、工业和信息化等部门，按照规定的职责分工对招标代理机构依法实施监督管理。

第十二条 招标代理机构应当拥有一定数量的具备编制招标文件、组织评标等相应能力的专业人员。

第十三条 招标代理机构在招标人委托的范围内开展招标代理业务，任何单位和个人不得非法干涉。

招标代理机构代理招标业务，应当遵守招标投标法和本条例关于招标人的规定。招标代理机构不得在所代理的招标项目中投标或者代理投标，也不得为所代理的招标项目的投标人提供咨询。

第十四条 招标人应当与被委托的招标代理机构签订书面委托合同，合同约定的收费标准应当符合国家有关规定。

第十五条 公开招标的项目，应当依照招标投标法和本条例的规定发布招标公告、编制招标文件。

招标人采用资格预审办法对潜在投标人进行资格审查的，应当发布资格预审公告、编制资格预审文件。

依法必须进行招标的项目的资格预审公告和招标公告，应当在国务院发展改革部门依法指定的媒介发布。在不同媒介发布的同一招标项目的资格预审公告或者招标公告的内容应当一致。指定媒介发布依法必须进行招标的项目的境内资格预审公告、招标公告，不得收取费用。

编制依法必须进行招标的项目的资格预审文件和招标文件，应当使用国务院发展改革部门会同有关行政监督部门制定的标准文本。

第十六条 招标人应当按照资格预审公告、招标公告或者投标邀请书规定的时间、地点发售资格预审文件或者招标文件。资格预审文件或者招标文件的发售期不得少于5日。

招标人发售资格预审文件、招标文件收取的费用应当限于补偿印刷、邮寄的成本支出，不得以营利为目的。

第十七条 招标人应当合理确定提交资格预审申请文件的时间。依法必须进行招标的项目提交资格预审申请文件的时间，自资格预审文件停止发售之日起不得少于5日。

第十八条 资格预审应当按照资格预审文件载明的标准和方法进行。

国有资金占控股或者主导地位的依法必须进行招标的项目，招标人应当组建资格审查委员会审查资格预审申请文件。资格审查委员会及其成员应当遵守招标投标法和本条例有关评标委员会及其成员的规定。

第十九条 资格预审结束后，招标人应当及时向资格预审申请人发出资格预审结果通知书。未通过资格预审的申请人不具有投标资格。

通过资格预审的申请人少于3个的，应当重新招标。

第二十条 招标人采用资格后审办法对投标人进行资格审查的，应当在开标后由评标委员会按照招标文件规定的标准和方法对投标人的资格进行审查。

第二十一条 招标人可以对已发出的资格预审文件或者招标文件进行必要的澄清或者修改。澄清或者修改的内容可能影响资格预审申请文件或者投标文件编制的，招标人应当在提交资格预审申请文件截止时间至少3日前，或者投标截止时间至少15日前，以书面形式通知所有获取资格预审文件或者招标文件的潜在投标人；不足3日或者15日的，招标人应当顺延提交资格预审申请文件或者投标文件的截止时间。

第二十二条 潜在投标人或者其他利害关系人对资格预审文件有异议的，应当在提交资格预审申请文件截止时间2日前提出；对招标文件有异议的，应当在投标截止时间10日前提出。招标人应当自收到异议之日起3日内作出答复；作出答复前，应当暂停招标投标活动。

第二十三条 招标人编制的资格预审文件、招标文件的内容违反法律、行政法规的强制性规定，违反公开、公平、公正和诚实信用原则，影响资格预审结果或者潜在投标人投标的，依法必须进行招标的项目的招标人应当在修改资格预审文件或者招标文件后重新招标。

第二十四条 招标人对招标项目划分标段的，应当遵守招标投标法的有关规定，不得利用划分标段限制或者排斥潜在投标人。依法必须进行招标的项目的招标人不得利用划分标段规避招标。

第二十五条 招标人应当在招标文件中载明投标有效期。投标有效期从提交投标文件的截止之日起算。

第二十六条 招标人在招标文件中要求投标人提交投标保证金的，投标保证金不得超过招标项目估算价的2%。投标保证金有效期应当与投标有效期一致。

依法必须进行招标的项目的境内投标单位，以现金或者支票形式提交的投标保证金应当从其基本账户转出。

招标人不得挪用投标保证金。

第二十七条 招标人可以自行决定是否编制标底。一个招标项目只能有一个标底。标底必须保密。

接受委托编制标底的中介机构不得参加受托编制标底项目的投标，也不得为该项目的投标人编制投标文件或者提供咨询。

招标人设有最高投标限价的，应当在招标文件中明确最高投标限价或者最高投标限价的计算方法。招标人不得规定最低投标限价。

第二十八条 招标人不得组织单个或者部分潜在投标人踏勘项目现场。

第二十九条 招标人可以依法对工程以及与工程建设有关的货物、服务全部或者部分实行总承包招标。以暂估价形式包括在总承包范围内的工程、货物、服务属于依法必须进行招标的项目范围且达到国家规定规模标准的，应当依法进行招标。

前款所称暂估价，是指总承包招标时不能确定价格而由招标人在招标文件中暂时估定的工程、货物、服务的金额。

第三十条 对技术复杂或者无法精确拟定技术规格的项目，招标人可以分两阶段进行招标。

第一阶段，投标人按照招标公告或者投标邀请书的要求提交不带报价的技术建议，招标人根据投标人提交的技术建议确定技术标准和要求，编制招标文件。

第二阶段，招标人向在第一阶段提交技术建议的投标人提供招标文件，投标人按照招标文件的要求提交包括最终技术方案和投标报价的投标文件。

招标人要求投标人提交投标保证金的，应当在第二阶段提出。

第三十一条 招标人终止招标的,应当及时发布公告,或者以书面形式通知被邀请的或者已经获取资格预审文件、招标文件的潜在投标人。已经发售资格预审文件、招标文件或者已经收取投标保证金的,招标人应当及时退还所收取的资格预审文件、招标文件的费用,以及所收取的投标保证金及银行同期存款利息。

第三十二条 招标人不得以不合理的条件限制、排斥潜在投标人或者投标人。

招标人有下列行为之一的,属于以不合理条件限制、排斥潜在投标人或者投标人:

(一)就同一招标项目向潜在投标人或者投标人提供有差别的项目信息;

(二)设定的资格、技术、商务条件与招标项目的具体特点和实际需要不相适应或者与合同履行无关;

(三)依法必须进行招标的项目以特定行政区域或者特定行业的业绩、奖项作为加分条件或者中标条件;

(四)对潜在投标人或者投标人采取不同的资格审查或者评标标准;

(五)限定或者指定特定的专利、商标、品牌、原产地或者供应商;

(六)依法必须进行招标的项目非法限定潜在投标人或者投标人的所有制形式或者组织形式;

(七)以其他不合理条件限制、排斥潜在投标人或者投标人。

第三章 投 标

第三十三条 投标人参加依法必须进行招标的项目的投标,不受地区或者部门的限制,任何单位和个人不得非法干涉。

第三十四条 与招标人存在利害关系可能影响招标公正性的法人、其他组织或者个人,不得参加投标。

单位负责人为同一人或者存在控股、管理关系的不同单位,不得参加同一标段投标或者未划分标段的同一招标项目投标。

违反前两款规定的,相关投标均无效。

第三十五条 投标人撤回已提交的投标文件,应当在投标截止时间前书面通知招标人。招标人已收取投标保证金的,应当自收到投标人书面撤回通知之日起5日内退还。

投标截止后投标人撤销投标文件的,招标人可以不退还投标保证金。

第三十六条 未通过资格预审的申请人提交的投标文件,以及逾期送达或者不按照招标文件要求密封的投标文件,招标人应当拒收。

招标人应当如实记载投标文件的送达时间和密封情况,并存档备查。

第三十七条 招标人应当在资格预审公告、招标公告或者投标邀请书中载明是否接受联合体投标。

招标人接受联合体投标并进行资格预审的,联合体应当在提交资格预审申请文件前组成。资格预审后联合体增减、更换成员的,其投标无效。

联合体各方在同一招标项目中以自己名义单独投标或者参加其他联合体投标的,相关投标均无效。

第三十八条 投标人发生合并、分立、破产等重大变化的,应当及时书面告知招标人。投标人不再具备资格预审文件、招标文件规定的资格条件或者其投标影响招标公正性的,其投标无效。

第三十九条 禁止投标人相互串通投标。

有下列情形之一的,属于投标人相互串通投标:

(一)投标人之间协商投标报价等投标文件的实质性内容;

(二)投标人之间约定中标人;

（三）投标人之间约定部分投标人放弃投标或者中标；
（四）属于同一集团、协会、商会等组织成员的投标人按照该组织要求协同投标；
（五）投标人之间为谋取中标或者排斥特定投标人而采取的其他联合行动。

第四十条 有下列情形之一的，视为投标人相互串通投标：
（一）不同投标人的投标文件由同一单位或者个人编制；
（二）不同投标人委托同一单位或者个人办理投标事宜；
（三）不同投标人的投标文件载明的项目管理成员为同一人；
（四）不同投标人的投标文件异常一致或者投标报价呈规律性差异；
（五）不同投标人的投标文件相互混装；
（六）不同投标人的投标保证金从同一单位或者个人的账户转出。

第四十一条 禁止招标人与投标人串通投标。
有下列情形之一的，属于招标人与投标人串通投标：
（一）招标人在开标前开启投标文件并将有关信息泄露给其他投标人；
（二）招标人直接或者间接向投标人泄露标底、评标委员会成员等信息；
（三）招标人明示或者暗示投标人压低或者抬高投标报价；
（四）招标人授意投标人撤换、修改投标文件；
（五）招标人明示或者暗示投标人为特定投标人中标提供方便；
（六）招标人与投标人为谋求特定投标人中标而采取的其他串通行为。

第四十二条 使用通过受让或者租借等方式获取的资格、资质证书投标的，属于招标投标法第三十三条规定的以他人名义投标。
投标人有下列情形之一的，属于招标投标法第三十三条规定的以其他方式弄虚作假的行为：
（一）使用伪造、变造的许可证件；
（二）提供虚假的财务状况或者业绩；
（三）提供虚假的项目负责人或者主要技术人员简历、劳动关系证明；
（四）提供虚假的信用状况；
（五）其他弄虚作假的行为。

第四十三条 提交资格预审申请文件的申请人应当遵守招标投标法和本条例有关投标人的规定。

第四章 开标、评标和中标

第四十四条 招标人应当按照招标文件规定的时间、地点开标。
投标人少于3个的，不得开标；招标人应当重新招标。
投标人对开标有异议的，应当在开标现场提出，招标人应当当场作出答复，并制作记录。

第四十五条 国家实行统一的评标专家专业分类标准和管理办法。具体标准和办法由国务院发展改革部门会同国务院有关部门制定。
省级人民政府和国务院有关部门应当组建综合评标专家库。

第四十六条 除招标投标法第三十七条第三款规定的特殊招标项目外，依法必须进行招标的项目，其评标委员会的专家成员应当从评标专家库内相关专业的专家名单中以随机抽取方式确定。任何单位和个人不得以明示、暗示等任何方式指定或者变相指定参加评标委员会的专家成员。
依法必须进行招标的项目的招标人非因招标投标法和本条例规定的事由，不得更换依法确定的评标委员会成员。更换评标委员会的专家成员应当依照前款规定进行。
评标委员会成员与投标人有利害关系的，应当主动回避。

有关行政监督部门应当按照规定的职责分工，对评标委员会成员的确定方式、评标专家的抽取和评标活动进行监督。行政监督部门的工作人员不得担任本部门负责监督项目的评标委员会成员。

第四十七条 招标投标法第三十七条第三款所称特殊招标项目，是指技术复杂、专业性强或者国家有特殊要求，采取随机抽取方式确定的专家难以保证胜任评标工作的项目。

第四十八条 招标人应当向评标委员会提供评标所必需的信息，但不得明示或者暗示其倾向或者排斥特定投标人。

招标人应当根据项目规模和技术复杂程度等因素合理确定评标时间。超过三分之一的评标委员会成员认为评标时间不够的，招标人应当适当延长。

评标过程中，评标委员会成员有回避事由、擅离职守或者因健康等原因不能继续评标的，应当及时更换。被更换的评标委员会成员作出的评审结论无效，由更换后的评标委员会成员重新进行评审。

第四十九条 评标委员会成员应当依照招标投标法和本条例的规定，按照招标文件规定的评标标准和方法，客观、公正地对投标文件提出评审意见。招标文件没有规定的评标标准和方法不得作为评标的依据。

评标委员会成员不得私下接触投标人，不得收受投标人给予的财物或者其他好处，不得向招标人征询确定中标人的意向，不得接受任何单位或者个人明示或者暗示提出的倾向或者排斥特定投标人的要求，不得有其他不客观、不公正履行职务的行为。

第五十条 招标项目设有标底的，招标人应当在开标时公布。标底只能作为评标的参考，不得以投标报价是否接近标底作为中标条件，也不得以投标报价超过标底上下浮动范围作为否决投标的条件。

第五十一条 有下列情形之一的，评标委员会应当否决其投标：

（一）投标文件未经投标单位盖章和单位负责人签字；

（二）投标联合体没有提交共同投标协议；

（三）投标人不符合国家或者招标文件规定的资格条件；

（四）同一投标人提交两个以上不同的投标文件或者投标报价，但招标文件要求提交备选投标的除外；

（五）投标报价低于成本或者高于招标文件设定的最高投标限价；

（六）投标文件没有对招标文件的实质性要求和条件作出响应；

（七）投标人有串通投标、弄虚作假、行贿等违法行为。

第五十二条 投标文件中有含义不明确的内容、明显文字或者计算错误，评标委员会认为需要投标人作出必要澄清、说明的，应当书面通知该投标人。投标人的澄清、说明应当采用书面形式，并不得超出投标文件的范围或者改变投标文件的实质性内容。

评标委员会不得暗示或者诱导投标人作出澄清、说明，不得接受投标人主动提出的澄清、说明。

第五十三条 评标完成后，评标委员会应当向招标人提交书面评标报告和中标候选人名单。中标候选人应当不超过3个，并标明排序。

评标报告应当由评标委员会全体成员签字。对评标结果有不同意见的评标委员会成员应当以书面形式说明其不同意见和理由，评标报告应当注明该不同意见。评标委员会成员拒绝在评标报告上签字又不书面说明其不同意见和理由的，视为同意评标结果。

第五十四条 依法必须进行招标的项目，招标人应当自收到评标报告之日起3日内公示中标候选人，公示期不得少于3日。

投标人或者其他利害关系人对依法必须进行招标的项目的评标结果有异议的，应当在中标候选人公示期间提出。招标人应当自收到异议之日起3日内作出答复；作出答复前，应当暂停招标投标活动。

第五十五条 国有资金占控股或者主导地位的依法必须进行招标的项目，招标人应当确定排名第一的中标候选人为中标人。排名第一的中标候选人放弃中标、因不可抗力不能履行合同、不按照招标文件要求提交履约保证金，或者被查实存在影响中标结果的违法行为等情形，不符合中标条件的，招标人可以按照评标委员会提出的中标候选人名单排序依次确定其他中标候选人为中标人，也可以重新招标。

第五十六条 中标候选人的经营、财务状况发生较大变化或者存在违法行为，招标人认为可能影响其履约能力的，应当在发出中标通知书前由原评标委员会按照招标文件规定的标准和方法审查确认。

第五十七条 招标人和中标人应当依照招标投标法和本条例的规定签订书面合同，合同的标的、价款、质量、履行期限等主要条款应当与招标文件和中标人的投标文件的内容一致。招标人和中标人不得再行订立背离合同实质性内容的其他协议。

招标人最迟应当在书面合同签订后5日内向中标人和未中标的投标人退还投标保证金及银行同期存款利息。

第五十八条 招标文件要求中标人提交履约保证金的，中标人应当按照招标文件的要求提交。履约保证金不得超过中标合同金额的10%。

第五十九条 中标人应当按照合同约定履行义务，完成中标项目。中标人不得向他人转让中标项目，也不得将中标项目肢解后分别向他人转让。

中标人按照合同约定或者经招标人同意，可以将中标项目的部分非主体、非关键性工作分包给他人完成。接受分包的人应当具备相应的资格条件，并不得再次分包。

中标人应当就分包项目向招标人负责，接受分包的人就分包项目承担连带责任。

第五章 投诉与处理

第六十条 投标人或者其他利害关系人认为招标投标活动不符合法律、行政法规规定的，可以自知道或者应当知道之日起10日内向有关行政监督部门投诉。投诉应当有明确的请求和必要的证明材料。

就本条例第二十二条、第四十四条、第五十四条规定事项投诉的，应当先向招标人提出异议，异议答复期间不计算在前款规定的期限内。

第六十一条 投诉人就同一事项向两个以上有权受理的行政监督部门投诉的，由最先收到投诉的行政监督部门负责处理。

行政监督部门应当自收到投诉之日起3个工作日内决定是否受理投诉，并自受理投诉之日起30个工作日内作出书面处理决定；需要检验、检测、鉴定、专家评审的，所需时间不计算在内。

投诉人捏造事实、伪造材料或者以非法手段取得证明材料进行投诉的，行政监督部门应当予以驳回。

第六十二条 行政监督部门处理投诉，有权查阅、复制有关文件、资料，调查有关情况，相关单位和人员应当予以配合。必要时，行政监督部门可以责令暂停招标投标活动。

行政监督部门的工作人员对监督检查过程中知悉的国家秘密、商业秘密，应当依法予以保密。

第六章 法律责任

第六十三条 招标人有下列限制或者排斥潜在投标人行为之一的，由有关行政监督部门依照招标投标法第五十一条的规定处罚：

（一）依法应当公开招标的项目不按照规定在指定媒介发布资格预审公告或者招标公告；

（二）在不同媒介发布的同一招标项目的资格预审公告或者招标公告的内容不一致，影响潜在投标人申请资格预审或者投标。

依法必须进行招标的项目的招标人不按照规定发布资格预审公告或者招标公告，构成规避招标的，依照招标投标法第四十九条的规定处罚。

第六十四条 招标人有下列情形之一的，由有关行政监督部门责令改正，可以处10万元以下的罚款：

（一）依法应当公开招标而采用邀请招标；

（二）招标文件、资格预审文件的发售、澄清、修改的时限，或者确定的提交资格预审申请文件、投标文件的时限不符合招标投标法和本条例规定；

（三）接受未通过资格预审的单位或者个人参加投标；

（四）接受应当拒收的投标文件。

招标人有前款第一项、第三项、第四项所列行为之一的，对单位直接负责的主管人员和其他直接责任人员依法给予处分。

第六十五条 招标代理机构在所代理的招标项目中投标、代理投标或者向该项目投标人提供咨询的，接受委托编制标底的中介机构参加受托编制标底项目的投标或者为该项目的投标人编制投标文件、提供咨询的，依照招标投标法第五十条的规定追究法律责任。

第六十六条 招标人超过本条例规定的比例收取投标保证金、履约保证金或者不按照规定退还投标保证金及银行同期存款利息的，由有关行政监督部门责令改正，可以处5万元以下的罚款；给他人造成损失的，依法承担赔偿责任。

第六十七条 投标人相互串通投标或者与招标人串通投标的，投标人向招标人或者评标委员会成员行贿谋取中标的，中标无效；构成犯罪的，依法追究刑事责任；尚不构成犯罪的，依照招标投标法第五十三条的规定处罚。投标人未中标的，对单位的罚款金额按照招标项目合同金额依照招标投标法规定的比例计算。

投标人有下列行为之一的，属于招标投标法第五十三条规定的情节严重行为，由有关行政监督部门取消其1年至2年内参加依法必须进行招标的项目的投标资格：

（一）以行贿谋取中标；

（二）3年内2次以上串通投标；

（三）串通投标行为损害招标人、其他投标人或者国家、集体、公民的合法利益，造成直接经济损失30万元以上；

（四）其他串通投标情节严重的行为。

投标人自本条第二款规定的处罚执行期限届满之日起3年内又有该款所列违法行为之一的，或者串通投标、以行贿谋取中标情节特别严重的，由工商行政管理机关吊销营业执照。

法律、行政法规对串通投标报价行为的处罚另有规定的，从其规定。

第六十八条 投标人以他人名义投标或者以其他方式弄虚作假骗取中标的，中标无效；构成犯罪的，依法追究刑事责任；尚不构成犯罪的，依照招标投标法第五十四条的规定处罚。依法必须进行招标的项目的投标人未中标的，对单位的罚款金额按照招标项目合同金额依照招标投标法规定的比例计算。

投标人有下列行为之一的，属于招标投标法第五十四条规定的情节严重行为，由有关行政监督部门取消其1年至3年内参加依法必须进行招标的项目的投标资格：

（一）伪造、变造资格、资质证书或者其他许可证件骗取中标；

（二）3年内2次以上使用他人名义投标；

（三）弄虚作假骗取中标给招标人造成直接经济损失30万元以上；

（四）其他弄虚作假骗取中标情节严重的行为。

投标人自本条第二款规定的处罚执行期限届满之日起3年内又有该款所列违法行为之

一的，或者弄虚作假骗取中标情节特别严重的，由工商行政管理机关吊销营业执照。

第六十九条 出让或者出租资格、资质证书供他人投标的，依照法律、行政法规的规定给予行政处罚；构成犯罪的，依法追究刑事责任。

第七十条 依法必须进行招标的项目的招标人不按照规定组建评标委员会，或者确定、更换评标委员会成员违反招标投标法和本条例规定的，由有关行政监督部门责令改正，可以处10万元以下的罚款，对单位直接负责的主管人员和其他直接责任人员依法给予处分；违法确定或者更换的评标委员会成员作出的评审结论无效，依法重新进行评审。

国家工作人员以任何方式非法干涉选取评标委员会成员的，依照本条例第八十一条的规定追究法律责任。

第七十一条 评标委员会成员有下列行为之一的，由有关行政监督部门责令改正；情节严重的，禁止其在一定期限内参加依法必须进行招标的项目的评标；情节特别严重的，取消其担任评标委员会成员的资格：

（一）应当回避而不回避；

（二）擅离职守；

（三）不按照招标文件规定的评标标准和方法评标；

（四）私下接触投标人；

（五）向招标人征询确定中标人的意向或者接受任何单位或者个人明示或者暗示提出的倾向或者排斥特定投标人的要求；

（六）对依法应当否决的投标不提出否决意见；

（七）暗示或者诱导投标人作出澄清、说明或者接受投标人主动提出的澄清、说明；

（八）其他不客观、不公正履行职务的行为。

第七十二条 评标委员会成员收受投标人的财物或者其他好处的，没收收受的财物，处3 000元以上5万元以下的罚款，取消担任评标委员会成员的资格，不得再参加依法必须进行招标的项目的评标；构成犯罪的，依法追究刑事责任。

第七十三条 依法必须进行招标的项目的招标人有下列情形之一的，由有关行政监督部门责令改正，可以处中标项目金额10‰以下的罚款；给他人造成损失的，依法承担赔偿责任；对单位直接负责的主管人员和其他直接责任人员依法给予处分：

（一）无正当理由不发出中标通知书；

（二）不按照规定确定中标人；

（三）中标通知书发出后无正当理由改变中标结果；

（四）无正当理由不与中标人订立合同；

（五）在订立合同时向中标人提出附加条件。

第七十四条 中标人无正当理由不与招标人订立合同，在签订合同时向招标人提出附加条件，或者不按照招标文件要求提交履约保证金的，取消其中标资格，投标保证金不予退还。对依法必须进行招标的项目的中标人，由有关行政监督部门责令改正，可以处中标项目金额10‰以下的罚款。

第七十五条 招标人和中标人不按照招标文件和中标人的投标文件订立合同，合同的主要条款与招标文件、中标人的投标文件的内容不一致，或者招标人、中标人订立背离合同实质性内容的协议的，由有关行政监督部门责令改正，可以处中标项目金额5‰以上10‰以下的罚款。

第七十六条 中标人将中标项目转让给他人的，将中标项目肢解后分别转让给他人的，违反招标投标法和本条例规定将中标项目的部分主体、关键性工作分包给他人的，或者分包人再次分包的，转让、分包无效，处转让、分包项目金额5‰以上10‰以下的罚款；有违法所得的，并处没收违法所得；可以责令停业整顿；情节严重的，由工商行政管理机关吊销营业执照。

第七十七条 投标人或者其他利害关系人捏造事实、伪造材料或者以非法手段取得证明材料进行投诉，给他人造成损失的，依法承担赔偿责任。

招标人不按照规定对异议作出答复，继续进行招标投标活动的，由有关行政监督部门责令改正，拒不改正或者不能改正并影响中标结果的，依照本条例第八十二条的规定处理。

第七十八条 国家建立招标投标信用制度。有关行政监督部门应当依法公告对招标人、招标代理机构、投标人、评标委员会成员等当事人违法行为的行政处理决定。

第七十九条 项目审批、核准部门不依法审批、核准项目招标范围、招标方式、招标组织形式的，对单位直接负责的主管人员和其他直接责任人员依法给予处分。

有关行政监督部门不依法履行职责，对违反招标投标法和本条例规定的行为不依法查处，或者不按照规定处理投诉、不依法公告对招标投标当事人违法行为的行政处理决定的，对直接负责的主管人员和其他直接责任人员依法给予处分。

项目审批、核准部门和有关行政监督部门的工作人员徇私舞弊、滥用职权、玩忽职守，构成犯罪的，依法追究刑事责任。

第八十条 国家工作人员利用职务便利，以直接或者间接、明示或者暗示等任何方式非法干涉招标投标活动，有下列情形之一的，依法给予记过或者记大过处分；情节严重的，依法给予降级或者撤职处分；情节特别严重的，依法给予开除处分；构成犯罪的，依法追究刑事责任：

（一）要求对依法必须进行招标的项目不招标，或者要求对依法应当公开招标的项目不公开招标；

（二）要求评标委员会成员或者招标人以其指定的投标人作为中标候选人或者中标人，或者以其他方式非法干涉评标活动，影响中标结果；

（三）以其他方式非法干涉招标投标活动。

第八十一条 依法必须进行招标的项目的招标投标活动违反招标投标法和本条例的规定，对中标结果造成实质性影响，且不能采取补救措施予以纠正的，招标、投标、中标无效，应当依法重新招标或者评标。

第七章　附　　则

第八十二条 招标投标协会按照依法制定的章程开展活动，加强行业自律和服务。

第八十三条 政府采购的法律、行政法规对政府采购货物、服务的招标投标另有规定的，从其规定。

第八十四条 本条例自 2012 年 2 月 1 日起施行。

5. 关于印发《政府采购品目分类目录》的通知（2022 年颁布）

（财库〔2022〕31 号）

党中央有关部门，国务院各部委、各直属机构，全国人大常委会办公厅，全国政协办公厅，最高人民法院，最高人民检察院，各民主党派中央，有关人民团体，新疆生产建设兵团，各省、自治区、直辖市、计划单列市财政厅（局）：

为适应深化政府采购制度改革和预算管理一体化工作需要，财政部对《政府采购品目分类目录》（财库〔2013〕189 号）进行了修订。现将修订后的目录印发给你们，自印发之日起执行。

执行中的有关意见和建议，请及时向财政部国库司反馈，联系电话：010-68552389。《政府采购品目分类目录》修订情况对照表，请登录中国政府采购网（www.ccgp.gov.cn）下载。

附件：《政府采购品目分类目录（2022年印发）》

财政部
2022年9月2日

附件

政府采购品目分类目录

说　　明

为完善政府采购基础分类标准，按照深化政府采购制度改革和实施预算管理一体化要求，财政部对《政府采购品目分类目录》（财库〔2013〕189号，以下简称《采购品目目录》）进行了修订，并与《固定资产等资产基础分类与代码》（GB/T14885，以下简称《资产分类与代码》）统一为一套编码体系。修订的主要内容为：

一、货物类品目的修订

修订后的货物类品目共8个门类，包括房屋和构筑物、设备、文物和陈列品、图书和档案、家具和用具、特种动植物、物资、无形资产。修订的主要内容为：

一是与《资产分类与代码》保持一致。对货物类品目与资产分类进行一一对应，两者编码均由拉丁字母"A"和4级代码8位阿拉伯数字组成，为政府采购与资产管理的有效衔接提供基础保障。如办公用房和计算机品目的编码在《采购品目目录》和《资产分类与代码》中均为A01010100和A02010100。

二是根据工作实践和单位反馈意见，新增部分品目。如在"A01010200 业务用房"下增设"城市客运用房"；在"A02010100 计算机"下增设"移动工作站""图形工作站"；在"A02050900 金属加工设备"下增设"增材制造设备"；在"A02080100 无线电通信设备"下增设"无线电反制设备"；在"A02080800 视频会议系统设备"下增设"视频会议系统及会议室音频系统"；在"A02080000 通信设备"下增设"无线传输辅助设备"；在"A02081000 传真通信设备"下增设"文件(图文)传真机"；在"A02370000 政法、消防、检测设备"下增设"教育训练装备"；在"A02430000 航空器及其配套设备"下增设"无人机"等品目。

三是优化货物类品目分类方式。如将原按技术类型分类的喷墨打印机、激光打印机等，根据资产配置标准的分类方式，调整为按功能分类的"A02021001A3 黑白打印机""A02021002A3 彩色打印机""A02021003A4 黑白打印机""A02021004A4 彩色打印机"和"A020210053D 打印机"。

四是不适宜政府采购的分类未纳入《采购品目目录》。如《资产分类与代码》中"A03010000 不可移动文物"项下的"古遗址""古建筑""石窟寺和石刻""近代现代重要史迹和代表性建筑"，以及"A08000000 无形资产"项下的"资质证明""产品认证""商誉""管理经营"等类别，未纳入《采购品目目录》。

二、工程类品目的修订

修订后的工程类品目共10个门类，包括房屋施工、构筑物施工、施工工程准备、预制构件组装和装配、专业施工、安装工程、装修工程、修缮工程、工程设备租赁（带操作员）、其他建筑工程。修订的主要内容为：一是与资产分类中的房屋分类保持一致，并对其下级品目进行同步更新。如将原房屋施工调整为"B01010000 办公用房施工"和"B01020000 业务用房施工"，并在"B01020000 业务用房施工"下，同步更新了"警察业务用房施工""司法业务用房施工""教育用房施工"等品目。

二是规范部分品目名称。如将"B01022400"的品目名称"城市公交用房施工"修改为"城市客运用房施工"，"B02080300 城市地铁隧道工程施工"修改为"城市轨道交通隧道工程施工"；"B02140300 荒山绿化工程施工"修改为"土地绿化工程施工"；"B02140400 防沙工程施工"修改为"防沙治沙工程施工"；"B02140600 人工湿地工程施工"修改为"湿地保护工程施工"等。

三、服务类品目的修订

修订后的服务类品目共25个门类，包括科学研究和试验开发、教育服务、医疗卫生服务、社会服务、生态环境保护和治理服务、公共设施管理服务、农林牧渔服务等。修订的主要内容为：

一是与政府购买服务相衔接。对照《中央本级政府购买服务指导性目录》（以下简称《指导性目录》），调整了教育服务、社会服务、生态环境保护和治理服务等分类，新增了科技服务、公共信息与宣传服务等类别，《指导性目录》中的所有目录均已在《采购品目目录》中体现。如《指导性目录》中的"教育课程研究与开发服务""校园活动组织实施服务"等目录，在《采购品目目录》的"C02000000 教育服务"品目下增设；《指导性目录》中"科技公共服务"及所属"科技研发与推广服务""科技成果转化与推广"等目录，则全部在《采购品目目录》中新设相应品目。

二是与框架协议采购相适应。根据2022年3月施行的《政府采购框架协议采购方式管理暂行办法》规定，新增"C20000000 鉴证咨询服务"品目，包括"C20010000 认证服务"（产品认证服务、服务认证服务等）、"C20020000 鉴证服务"（会计鉴证服务、税务鉴证服务、工程造价鉴定服务、工程监理服务、资产评估服务等）和 C20030000 咨询服务（会计咨询服务、税务咨询服务、法律咨询服务、评审咨询服务等）。

三是规范实施政府和社会资本合作项目采购。按照深化改革和政府采购法修订的总体思路，新增"C24000000 政府和社会资本合作服务"品目。包括"公共设施类合作服务""交通设施类合作服务""水利设施类合作服务""公园、景区及旅游类合作服务""生态环境保护类合作服务""农业、林业类合作服务""教育类合作服务""医疗卫生类合作服务""社会保障类合作服务""公共文化类合作服务""信息技术、信息传输类合作服务"以及"城市、城镇发展类合作服务"等12个类别。

四是根据《"十四五"公共服务规划》《国家基本公共服务标准（2021年版）》及新型服务业态的变化，新增或调整相关品目。如在"C02000000 教育服务"下增设"考试服务"；在"C04000000 医疗卫生服务"下增设"康复服务""公共卫生事件防控服务"；在"C05010000 社会保障服务"下增设"托育服务"；在"C23000000 商务服务"下增设"信用服务"；将"安全服务"由"商务服务"调整至"社会服务"项下。

五是根据工作实践和单位反馈意见，新增或调整部分品目。如在"C12000000 水利管理服务"下增设"水资源保护服务"，在"C16000000 信息技术服务"下增设"云计算服务"，在"C09019900 其他农业服务"中增加土壤普查服务、土壤修复服务和农业园艺服务等内容，并将"C07040000 噪声污染治理服务"修改为"噪声与振动污染治理服务"等。

六是优化服务分类顺序。按照服务属性对品目分类进行排序，如"教育服务""医疗卫生服务""社会服务""生态环境保护和治理服务"等公共服务属性强的排序靠前，"信息技术服务""电信和其他信息传输服务"等辅助性服务排序靠后。

七是补充完善品目说明。为便于预算单位准确理解和使用品目,补充新增品目说明并对原有品目说明进行完善,保证每一个末级品目均有说明。

编码	品目名称	说明
A	货物	
A01000000	房屋和构筑物	
A01010000	房屋	
A01010100	办公用房	包括办公室、服务用房、设备用房、附属用房等办公用房
A01010200	业务用房	
A01010201	警察业务用房	包括公安、安全等业务工作用房
A01010202	检察业务用房	
A01010203	司法业务用房	
A01010204	法院业务用房	
A01010205	纪委监委业务用房	
A01010206	税务业务用房	
A01010207	审计业务用房	
A01010208	海关业务用房	
A01010209	水利业务用房	包括水文监测、防汛抗旱测报值守等业务工作用房
A01010210	应急救援业务用房	包括消防用房等
A01010211	教育用房	包括大专院校、中等专业学校、中学、小学、幼儿园、托儿所、职业学校、业余学校、干校、党校、进修院校、工读学校、电视大学等从事教育所用的房屋
A01010212	医疗卫生用房	包括各类医院、门诊部、卫生所(站)、检(防)疫站、保健院(站)、疗养院、医学化验、药品检验等医疗卫生机构从事医疗、保健、防疫、检验及医疗垃圾暂存所用的房屋
A01010213	科研用房	包括从事自然科学、社会科学等研究设计、开发所用的房屋
A01010214	文化用房	包括文化馆、图书馆、展览馆、博物馆、纪念馆等从事文化活动所用的房屋
A01010215	新闻用房	包括广播电视台、电台、出版社、报社、杂志社、通讯社、记者站等从事新闻出版所用的房屋
A01010216	娱乐用房	包括影剧院、游乐场、俱乐部、剧团等从事文娱演出所用的房屋
A01010217	园林绿化用房	包括公园、动物园、植物园、陵园、苗圃、花圃、花园、风景名胜、防护林等所用的房屋
A01010218	体育用房	包括体育场、馆、游泳馆等从事体育所用的房屋
A01010219	工业生产用房	包括独立设置的各类工厂、车间、手工作坊、发电厂等从事生产活动的房屋

（续表）

编码	品目名称	说明
A01010220	市政公用设施用房	包括自来水、泵站、污水处理、变电、气象、燃气、供热、垃圾处理、环卫、公厕、殡葬、消防等市政公用设施的房屋
A01010221	铁路用房	包括铁路系统从事铁路运输的房屋
A01010222	民航用房	包括民航系统从事民航运输的房屋
A01010223	航运用房	包括航运系统从事水路运输的房屋
A01010224	城市客运用房	包括城市公交运输、城市轨道交通、公共交通系统中从事城市客运的房屋
A01010225	公路运输用房	包括公路运输系统从事客、货运输、装卸、搬运的房屋
A01010226	仓储用房	包括用于储备、中转、外贸、供应等各种仓库、油库用房
A01010227	发行库用房	包括人民银行系统发行库及库务用房、钞票处理中心用房、武警用房、守卫押运中心用房、发行库安全保卫监控（指挥）中心用房等
A01010228	商业金融用房	包括商店、门市部、旅社、招待所、宾馆、中介、银行、储蓄所等从事商业和金融服务的房屋
A01010229	电讯信息用房	包括邮电、电讯部门、信息产业部门，从事电讯与信息工作所用的房屋
A01010230	监狱用房	包括监狱、看守所、改造场（所）等所用的房屋
A01010231	涉外用房	包括外国和国际组织驻华使领馆、办事处等涉外所用的房屋，以及境外办公用房
A01010299	其他业务用房	
A01010300	宗教用房	包括寺庙、教堂等从事宗教活动所用的房屋
A01010400	军事用房	包括中国人民解放军和中国人民武装警察部队军事机关、营房、阵地、基地、机场、码头、工厂、学校等所用的房屋
A01010500	住宅	包括保障性住房；境外住宅；由若干卧室、起居室、厨房、卫生间、室内运道或客厅等组成的供一户使用的成套住宅；供居住的非成套住宅；供机关、学校、企事业单位的单身职工、学生居住的集体宿舍等房屋
A01019900	其他房屋	
A01020000	构筑物	
A01020100	池、罐	包括工业生产用池、罐，灌溉用池，水生动物饲养池，观赏鱼池及花池，沼气发生池，水利用池等
A01020200	槽	包括工业生产用槽、农业用槽、科研用槽等
A01020300	塔	包括工业用塔，农业用塔，广播电视用塔，交通航空用塔，气象、水利及环保用塔等

（续表）

编码	品目名称	说明
A01020400	烟囱	
A01020500	井	包括水井、地热水井、矿井、科研用井等
A01020600	坑	包括原料坑、铸铁块坑、铸锭坑、修罐包坑、机车灰坑、机车检查坑、渣坑等
A01020700	台、站	旅客站台，货物站台，平台，转运站，煤台，上油台，料台，渣台，检查收费站，城市轨道交通车站，候车亭，雷达站等
A01020800	码头	包括直立式码头、栈桥式码头、斜坡式码头、浮式码头、简易式码头等
A01020900	道路	包括高速公路、一、二、三、四级公路、等外公路，城市道路，城市轨道交通正线、城市轨道交通配线、城市轨道交通车场线，生产用道路，内部道路，铁路正线，铁路站线，铁路段管线，铁路岔线，铁路专用线，特别用途线，铁路道岔，巷道，渠道，坑道，飞机滑行道，飞机跑道，飞机停机坪等
A01021000	隧道	包括铁路隧道，城市轨道交通线路、城市轨道交通道岔，公路隧道，电缆隧道，排灌隧道等
A01021100	沟	包括地沟、水沟、围厂河沟、渠沟、盐场引潮沟、盐场排淡沟、盐场落卤沟、盐场运盐沟等
A01021200	洞	包括铁路涵洞，公路涵洞，防空洞，隧洞，水工涵洞，放水洞，科学观测、监测洞体等
A01021300	廊	包括通廊等
A01021400	桥梁、架	包括公路桥梁，铁路桥梁，公路、铁路两用桥梁，市内立交桥，城市轨道交通桥梁，露天栈桥，吊车栈桥，洗涤塔支架，通道支架，落罐架，露天框架，凉水架，混凝土支架等
A01021500	航道	包含内河航道、沿海航道、锚地
A01021600	坝、堰及水道	包括水电站大坝，水库，堤坝，防洪堤，防波堤，尾矿坝，护坡，流量堰，溢、泄洪道，塘等
A01021700	闸	包括节制闸、进水闸、排水闸、分洪闸、挡潮闸、船闸、冲沙闸等
A01021800	水利管道	包括引水管道、排水管道、尾水管道、节水管道、倒吸虹等
A01021900	市政管道	包括采暖管道、天然气管道、电力管道、通信管道、给水管道、排水管道等
A01022000	库	包括飞机库、汽车库、船坞、粮库等
A01022100	仓	包括平房仓、立筒仓、浅圆仓、砖圆仓、地下仓、楼房仓、简易仓等
A01022200	场	包括露天原料场，废渣场，停车场（含立体停车场），晾晒场，露天体育场、训练场，雨量场等
A01022300	斗	包括料斗等

（续表）

编码	品目名称	说明
A01022400	罩棚	
A01022500	墙	包括围墙等
A01022600	车位	
A01029900	其他构筑物	
A01030000	土地	
A01030100	境外土地	
A01039900	其他土地	
A02000000	设备	
A02010000	信息化设备	
A02010100	计算机	
A02010101	巨型计算机	
A02010102	大型计算机	
A02010103	中型计算机	
A02010104	服务器	
A02010105	台式计算机	
A02010106	移动工作站	
A02010107	图形工作站	
A02010108	便携式计算机	
A02010109	平板式计算机	
A02010199	其他计算机	
A02010200	网络设备	
A02010201	路由器	
A02010202	交换设备	包括以太网交换机等
A02010203	集线器	
A02010204	光端机	
A02010205	终端接入设备	
A02010206	通信（控制）处理机	
A02010207	通信控制器	
A02010208	集中器	
A02010209	终端控制器	
A02010210	集群控制器	
A02010211	多站询问单位	
A02010212	网络接口	

（续表）

编码	品目名称	说明
A02010213	通信适配器	包括异步、同步、多协议通信适配器等
A02010214	接口适配器	包括网络、设备接口适配器等。
A02010215	光纤转换器	
A02010216	网络收发器	
A02010217	网络转发器	
A02010218	网络分配器	
A02010219	网关	
A02010220	网桥	
A02010221	协议分析器	
A02010222	协议测试设备	
A02010223	差错检测设备	
A02010224	负载均衡设备	
A02010299	其他网络设备	
A02010300	信息安全设备	
A02010301	防火墙	
A02010302	入侵检测设备	
A02010303	入侵防御设备	
A02010304	漏洞扫描设备	
A02010305	容灾备份设备	
A02010306	网络隔离设备	
A02010307	安全审计设备	
A02010308	安全路由器	
A02010309	计算机终端安全设备	包括加密狗、U盾等
A02010310	网闸	
A02010311	网上行为管理设备	
A02010312	密码产品	
A02010313	虚拟专用网（VPN）设备	
A02010399	其他信息安全设备	
A02010400	终端设备	
A02010401	触摸式终端设备	
A02010402	终端机	包括自助终端机
A02010499	其他终端设备	
A02010500	存储设备	

（续表）

编码	品目名称	说明
A02010501	磁盘机	
A02010502	磁盘阵列	
A02010503	存储用光纤交换机	
A02010504	光盘库	
A02010505	磁带机	
A02010506	磁带库	
A02010507	网络存储设备	
A02010508	移动存储设备	包括闪存盘（优盘）、移动硬盘、软盘、光盘等
A02010599	其他存储设备	
A02010600	机房辅助设备	
A02010601	机柜	
A02010602	机房环境监控设备	
A02010699	其他机房辅助设备	
A02010700	信息化设备零部件	
A02019900	其他信息化设备	
A02020000	办公设备	
A02020100	复印机	
A02020200	投影仪	用于测量、测绘等专用投影仪除外
A02020300	投影幕	
A02020400	多功能一体机	具有多种办公功能的设备入此，例如带有打印功能的复印机等
A02020500	照相机及器材	
A02020501	数字照相机	包括单反数码相机、卡片数码相机等
A02020502	通用照相机	包括便携式照相机、胶片照相机、盘片照相机、一次性（玩具）照相机座式照相机等
A02020503	静态视频照相机	
A02020504	专用照相机	包括水下照相机、航空照相机、警用照相机等
A02020505	特殊照相机	包括高速照相机、遥控照相机、夜视照相机等
A02020506	镜头及器材	
A02020599	其他照相机及器材	
A02020600	执法记录仪	
A02020700	电子白板	
A02020800	触控一体机	包括室内型、户外型触摸屏/互动屏等
A02020900	刻录机	

(续表)

编码	品目名称	说明
A02021000	打印机	
A02021001	A3 黑白打印机	
A02021002	A3 彩色打印机	
A02021003	A4 黑白打印机	
A02021004	A4 彩色打印机	
A02021005	3D 打印机	
A02021006	票据打印机	
A02021007	条码打印机	包括热敏型条码打印机、热转印型条码打印机等
A02021008	地址打印机	
A02021099	其他打印机	
A02021100	输入输出设备	
A02021101	绘图设备	
A02021102	光电设备	
A02021103	LED 显示屏	
A02021104	液晶显示器	
A02021105	阴极射线管显示器	
A02021106	等离子显示器	
A02021107	KVM 设备	
A02021108	综合输入设备	
A02021109	键盘	
A02021110	鼠标器	
A02021111	控制杆	
A02021112	刷卡机	包括考勤机、POS 机等
A02021113	纸带输入机	
A02021114	磁卡读写器	
A02021115	集成电路（IC）卡读写器	
A02021116	非接触式智能卡读写机	包括身份证阅读机、一卡通读写器、门禁等
A02021117	触摸屏	
A02021118	扫描仪	
A02021119	条码扫描器	包括手持式条码扫描器、小滚筒式条码扫描器、平台式条码扫描器等
A02021120	高拍仪	
A02021121	图形板	

（续表）

编码	品目名称	说明
A02021122	光笔	
A02021123	坐标数字化仪	
A02021124	语音输入设备	包括语音识别器等
A02021125	手写式输入设备	包括手写笔等
A02021126	数据录入设备	包括数据采集器等
A02021199	其他输入输出设备	
A02021200	文印设备	
A02021201	速印机	
A02021202	胶印机	
A02021203	装订机	
A02021204	配页机	
A02021205	折页机	
A02021206	油印机	包括蜡纸油印机等
A02021299	其他文印设备	
A02021300	销毁设备	
A02021301	碎纸机	
A02021302	光盘粉碎机	
A02021303	硬盘粉碎机	
A02021304	芯片粉碎机	
A02021305	综合销毁设备	
A02021399	其他销毁设备	
A02021400	会计机械	
A02021401	计算器	包括简易型计算器、函数型计算器、可编程序计算器等
A02021499	其他会计机械	
A02021500	制图机械	包括绘图机、制图机、晒图机等
A02021600	打字机	包括自动打字机、字处理机、电动打字机、非电动打字机等
A02021700	办公设备零部件	
A02029900	其他办公设备	
A02030000	车辆	
A02030100	载货汽车	包括自卸汽车等
A02030200	牵引汽车	
A02030201	半挂牵引汽车	

（续表）

编码	品目名称	说明
A02030202	全挂牵引汽车	
A02030203	特种牵引车	
A02030299	其他牵引汽车	
A02030300	汽车挂车	
A02030400	汽车列车	
A02030500	乘用车	
A02030501	轿车	
A02030502	越野车	
A02030503	小型客车	车长小于6 000mm且乘坐人数小于或等于9人的载客汽车
A02030504	中型客车	车长小于6 000mm且乘坐人数为10~19人的载客汽车
A02030505	大型客车	车长大于或等于6 000mm或者乘坐人数大于或等于20人的载客汽车
A02030599	其他乘用车	
A02030600	专用车辆	
A02030601	厢式专用汽车	
A02030602	罐式专用汽车	
A02030603	多用途货车	皮卡车归入此类
A02030604	集装箱运输车	
A02030605	科学考察车	
A02030606	工程作业车	
A02030607	雪地专用车	包括雪地车、雪地拖拉机、雪地摩托车、雪橇
A02030608	校车	
A02030609	消防车	包括灭火消防车、举高消防车、专勤消防车、战勤保障消防车、机场消防车、防爆消防车、轨道消防车、消防摩托车等
A02030610	警车	包括警用大、中、小型和专用型汽车，以及两轮摩托车和边三轮摩托
A02030611	布障车	
A02030612	清障车	
A02030613	排爆车	
A02030614	装甲防暴车	
A02030615	水炮车	
A02030616	攀登车	
A02030617	全地形车	

（续表）

编码	品目名称	说明
A02030618	通信指挥车	
A02030619	交通划线车	
A02030620	防弹车	
A02030621	医疗车	包括救护车等
A02030622	通信专用车	包括电视卫星转播车等
A02030623	抢险车	包括防汛应急抢险检测车、防汛抢险桥测车等
A02030624	殡仪车	
A02030625	运钞专用车	包括运钞车、运钞护卫车等
A02030626	机动起重车	指汽车起重机
A02030627	垃圾车	
A02030628	洒水车	
A02030629	街道清洗清扫车	
A02030630	除冰车	
A02030631	扫雪车	
A02030632	冷藏车	
A02030633	炊事车	
A02030634	公共汽车	
A02030635	有轨电车	
A02030636	轨道交通车辆	包括地铁、城铁客车等
A02030699	其他专用车辆	
A02030700	摩托车	
A02030701	两轮摩托车	
A02030702	三轮摩托车	包括正三轮摩托车、边三轮摩托车
A02030799	其他摩托车	
A02030800	电动车辆	
A02030801	电动两轮车	
A02030802	电动三轮车	
A02030803	电动多轮车	包括电动巡逻车、景区观光车
A02030899	其他电动车辆	
A02030900	轮椅车	
A02030901	机动轮椅车（残疾人摩托车）	
A02030902	电动轮椅车（道路型）	
A02030999	其他轮椅车	

（续表）

编码	品目名称	说明
A02031000	非机动车辆	
A02031001	人力车	包括脚踏车、助力脚踏车、手推车等
A02031002	畜力车	
A02031099	其他非机动车辆	
A02031100	车辆附属设施及零部件	包括车身、底盘等
A02039900	其他车辆	
A02040000	图书档案设备	
A02040100	缩微设备	
A02040101	缩微摄影机	
A02040102	冲洗机	
A02040103	拷贝机	
A02040104	阅读器	
A02040105	阅读复印机	
A02040106	放大复印机	包括感光纸放大复印机、普通纸放大复印机等
A02040107	胶片装片机	包括普通缩微胶片装片机、缩微胶片阅读装片机等
A02040108	缩微品检索设备	包括卷式缩微品检索设备、片式缩微品检索设备等
A02040109	胶片剪接设备	
A02040110	胶片洁片设备	
A02040111	缩微胶片扫描仪	
A02040199	其他缩微设备	
A02040200	图书档案消毒设备	
A02040201	物理方法消毒设备	
A02040202	化学方法消毒设备	
A02040299	其他图书档案消毒设备	
A02040300	图书档案保护设备	包括脱酸机等图书档案保护、修复设备
A02040400	图书档案设备的零部件	
A02049900	其他图书档案设备	
A02050000	机械设备	
A02050100	内燃机	
A02050101	柴油内燃机	包括活塞式柴油内燃机、压燃式柴油内燃机、汽车用柴油内燃机等
A02050102	汽油内燃机	包括活塞式汽油内燃机、压燃式汽油内燃机、汽车用汽油内燃机等

（续表）

编码	品目名称	说明
A02050103	气体燃料内燃机	包括活塞式气体燃料内燃机、压燃式气体燃料内燃机、汽车用气体燃料内燃机等
A02050199	其他内燃机	
A02050200	燃气轮机	包括发电用燃气轮机、驱动用燃气轮机、燃气–蒸汽联合循环装置、航空衍生型燃气轮机等
A02050300	汽轮机	包括工业汽轮机、地热利用汽轮机等，电站汽轮机纳入"电力工业设备"
A02050400	锅炉	
A02050401	工业锅炉	包括常压蒸汽锅炉、承压蒸汽锅炉、高温热水锅炉、工业用热水锅炉、余热锅炉等
A02050402	民用锅炉	
A02050499	其他锅炉	
A02050500	水轮机	包括轴流式水轮机、混流式水轮机、水斗式水轮机、贯流式水轮机、斜流式水轮机、双击式水轮机、斜击式水轮机、特殊水轮机、水轮等
A02050600	风力机	包括水平轴风力机、垂直轴风力机、斜轴风力机等
A02050700	潮汐动力机械	
A02050800	液压机械	
A02050801	液压缸	包括单作用液压缸、双作用液压缸等
A02050802	液压泵	
A02050803	液压阀	包括溢流阀、分流阀、集流阀、液压节流阀、液压截止阀、液压减压阀、卸荷阀、顺序阀、平衡阀、调速阀、电液伺服阀、单向阀、换向阀等
A02050804	液压马达	包括齿轮马达、摆线马达、叶片马达、螺杆马达、柱塞马达、球塞马达、内曲线马达、摆动马达等
A02050805	液压管件	
A02050806	液力变矩器	
A02050807	液压元件	
A02050899	其他液压机械	
A02050900	金属加工设备	
A02050901	金属切削机床	包括数控车床、非数控车床等
A02050902	锻压机械设备	包括机械压力机、液压机、自动锻压机等
A02050903	铸造设备	包括锤、锻机、剪切机、弯曲校正机、锻造操作机等
A02050904	增材制造设备	包括金属增材制造装备、非金属增材制造装备等
A02050905	工业机械手	包括气动机械手、液压机械手、电动机械手等

(续表)

编码	品目名称	说明
A02050906	工业机器人	包括焊接机器人、冲压机器人、铸锻机器人、喷涂机器人、搬运机器人、装配机器人、多功能工业机器人等
A02050907	热处理设备	包括感应热处理机床等
A02050908	金属切割设备	包括数控气割设备、光电跟踪切割设备、普通气割设备等
A02050909	金属焊接设备	包括埋弧焊机、TIG焊机、MIG/MAG焊机、电渣焊机、点焊机、凸焊机、缝焊机、对焊机、等离子电子束焊接设备、超声波焊机、电子束焊机、光束焊机、冷压焊机、摩擦焊机、钎焊机、高频焊机、电渣压焊机、螺柱焊机、碳弧气刨机等
A02050910	金属表面处理设备	
A02050911	金属喷涂设备	
A02050912	粉末冶金设备	包括粉末冶金模、粉末冶金制品等
A02050913	通用工业窑炉	
A02050999	其他金属加工设备	
A02051000	塑料压制液压机	包括塑料制品液压机、磁性材料液压机、超硬材料压制液压机等
A02051100	成板机械	包括木碎料板或木纤维板的挤压机、人造板层压液压机、横截锯等
A02051200	起重设备	
A02051201	轻小型起重设备	起重用葫芦入此
A02051202	桥式起重机	包括梁式起重机、吊钩桥式起重机、抓斗桥式起重机、电磁桥式起重机、二用桥式起重机、三用桥式起重机等
A02051203	门式起重机	包括吊钩门式起重机、抓斗门式起重机、电磁门式起重机、二用门式起重机、三用门式起重机等
A02051204	半门式起重机	
A02051205	浮式起重机	
A02051206	缆索起重机	架空索道、登山缆车归入"A02051314架空索道输送设备"
A02051207	门座式起重机	不包括港口门座式起重机
A02051208	港口门座式起重机	
A02051209	塔式起重机	包括固定式塔式起重机、移动式塔式起重机等
A02051210	冶金起重机	
A02051211	铁路起重机	
A02051212	流动式起重机	不包括汽车起重机
A02051213	甲板起重机	

（续表）

编码	品目名称	说明
A02051214	桅杆起重机	
A02051215	悬臂起重机	包括柱式悬臂起重机、壁上起重机、自行车式起重机等
A02051216	平衡式起重机	
A02051217	起重滑车	包括单轮滑车、双轮滑车、三轮滑车等
A02051218	起重葫芦	包括手动葫芦、电动葫芦、气动葫芦等，不包括轻小型起重葫芦
A02051219	绞车和绞盘	包括手动绞车、内燃机绞车、绞盘、电动绞车等
A02051220	千斤顶	包括齿条千斤顶、液压千斤顶、螺旋千斤顶等
A02051221	悬挂单轨系统	
A02051222	移动式吊运架	
A02051223	跨运车	
A02051224	升船机	
A02051225	滑模顶升机	包括滑模液压顶升机等
A02051226	起重用吊斗、铲、抓斗和夹钳	
A02051227	电梯	包括载人电梯、载货电梯、载人、载货两用电梯、消防电梯等
A02051228	自动扶梯	包括普通型自动扶梯、公共交通型自动扶梯等
A02051229	自动人行道	包括踏板式自动人行道、胶带式自动人行道等
A02051299	其他起重设备	
A02051300	输送设备	
A02051301	带式输送机械	包括固定式带式输送机、移动带式输送机、移置带式输送机、大倾角带式输送机、钢丝牵引带式输送机、气垫带式输送机、磁垫带式输送机、钢带输送机、钢丝网带输送机、吊挂带式输送机、水平转弯带式输送机、可伸缩带式输送机、链牵引带式输送机、管状带式输送机、吊挂管状带式输送机、带式抛料机等
A02051302	气动输送机	包括吸送式气力输送机、压送式气力输送机、混合式气力输送机、容器式管道输送设备、气力输送槽等
A02051303	螺旋输送机	包括固定螺旋输送机、移动螺旋输送机、特殊螺旋输送机等
A02051304	刮板输送机	包括普通刮板输送机、可弯曲刮板输送机、普通型埋刮板输送机等
A02051305	埋刮板输送机	包括特殊型埋刮板输送机等
A02051306	板式输送机	包括固定板式输送机、移动板式输送机、携带式板式输送机等
A02051307	悬挂输送机	包括推式悬挂输送机、拖式悬挂输送机、电动单轨小车悬挂输送机等

（续表）

编码	品目名称	说明
A02051308	牵引链输送机械	包括链式输送机、链式小车输送机等
A02051309	斗式提升输送机	包括垂直斗式提升机、倾斜斗式提升机、内斗式提升机等
A02051310	液力输送机	
A02051311	振动输送机	包括惯性振动输送机、偏心连杆振动输送机、电磁式振动输送机等
A02051312	辊子输送机	包括无动力式辊子输送机、动力式辊子输送机等
A02051313	升运机	包括施工升降机、升降台（车）、料斗升降机等
A02051314	架空索道输送设备	包括货运架空索道、客运架空索道等
A02051315	机场输送设备	包括旅客登机桥、机场用行李运输机械、机场用行李装卸机械等
A02051316	集装箱	
A02051317	集装箱输送设备	
A02051318	输送管道	输水管道、输尾矿管道及管道输送设施入此，不包括输油管道、输气管道
A02051319	斜坡绞车	
A02051399	其他输送设备	
A02051400	给料设备	包括圆盘给料机、板式给料机、刮板给料机、埋刮板给料机、鳞板给料机、叶轮给料机、螺旋给料机、带式给料机、转动滚子给料机、耙式给料机、链式给料机、振动给料机、摆式给料机、重力式给料机、搅拌给料机、往复式给料机等
A02051500	装卸设备	
A02051501	堆取机械	包括斗轮式堆取机械、刮板式堆取机械等
A02051502	装船机	包括散状物料装船机、成件物品装船机等
A02051503	装车机	包括散状物料装车机、成件物品装车机等
A02051504	卸船机	包括链斗卸船机、螺旋卸船机、气力卸船机、绳斗卸船机、斗轮卸船机、抓斗卸船机、刮板卸船机、夹带式卸船机等
A02051505	卸车机	包括链斗卸车机、螺旋卸车机、气力卸车机、惯性卸车机等
A02051506	翻车机	包括转筒式翻车机、侧卸式翻车机、端卸式翻车机、复合式翻车机等
A02051507	原料混匀机	
A02051599	其他装卸设备	
A02051600	仓储设备	
A02051601	立体仓库设备	

（续表）

编码	品目名称	说明
A02051699	其他仓储设备	包括堆垛机巷道转轨车、分配车等，不包括金属货架、起重机（包括堆垛起重机）
A02051700	机械立体停车设备	
A02051800	气垫搬运装置	包括无牵引气垫搬运装置、牵引式气垫搬运装置等
A02051900	泵	
A02051901	离心泵	包括清水离心泵、耐腐蚀离心泵、离心油泵、船舶用离心泵、污水泵、带悬浮颗粒的杂质泵、离心式低温液体泵、潜没式泵等
A02051902	混流泵	包括涡壳式混流泵、导叶式混流泵等
A02051903	轴流泵	包括卧式轴流泵、立式轴流泵、斜式轴流泵、贯流泵等
A02051904	往复泵	包括机动往复清水（油）泵、机动往复化工泵、机动往复杂质泵、机动往复上充泵、机动往复注水泵、机动往复增压泵、蒸汽往复泵、液动往复泵、气动隔膜泵、试压泵、计量泵、手动泵等
A02051905	回转泵	包括螺杆泵、滑片泵、叶片泵、外环流活塞泵、内环流活塞泵、环形隔膜泵、三无转子泵、软管泵、齿轮泵、摆线泵、射流泵、水轮泵、高速切线泵、水锤泵、气体升液泵等
A02051906	旋涡泵	包括单级旋涡泵、多级旋涡泵、离心旋涡泵等
A02051907	真空泵	包括容积式真空泵、动量传输真空泵、捕集式真空泵等
A02051999	其他泵	
A02052000	风机	
A02052001	离心式风机	
A02052002	轴流风机	
A02052003	螺杆式风机	
A02052099	其他风机	
A02052100	气体压缩机	
A02052101	离心式压缩机	
A02052102	轴（混）流式压缩机	
A02052103	往复式压缩机	
A02052104	螺杆式压缩机	包括单螺杆压缩机、（双）螺杆压缩机、三螺杆压缩机等
A02052105	刮板式压缩机	
A02052106	液环压缩机	
A02052199	其他气体压缩机	

（续表）

编码	品目名称	说明
A02052200	气体分离及液化设备	
A02052201	空气分离设备	
A02052202	稀有气体提取设备	
A02052203	工业气体分离设备	
A02052204	气体液化设备	包括氦液化设备、氢液化设备、氮液化设备、氖液化设备、制氧机、天然气液化设备等
A02052205	车装气体分离设备	
A02052299	其他气体分离及液化设备	
A02052300	制冷空调设备	
A02052301	制冷压缩机	包括制冷压缩机、制冷压缩机组、制冷压缩冷凝机组、冷藏运输用制冷机组、冷水机组、水源热泵机组、低温液体冷却机组、其他制冷压缩机与成套机组
A02052302	冷库制冷设备	
A02052303	冷藏箱柜	包括冷藏集装箱、食品冷藏柜、食品冷藏陈列柜等
A02052304	制冰设备	包括制非食用冰设备、平板冻结机、流态化速冻设备、冻干机等
A02052305	空调机组	含多联式、一拖多式空调机组
A02052306	恒温机、恒温机组	
A02052307	去湿机组	
A02052308	加湿机组	
A02052309	专用制冷空调设备	包括列车空调机组，汽车空调机组，机房用空调机组，恒温、恒湿精密空调等
A02052399	其他制冷空调设备	
A02052400	真空获得及应用设备	
A02052401	真空获得设备	
A02052402	真空应用设备	包括真空镀膜设备、真空树脂浇注设备、真空压力浸渍设备等
A02052403	真空检测设备	
A02052404	真空系统附件	包括真空密封、真空冷凝器、油雾分离器、真空井等
A02052499	其他真空获得及应用设备	
A02052500	分离及干燥设备	
A02052501	离心机	包括上悬式离心机、活塞推料离心机、三足式离心机等
A02052502	分离机	

（续表）

编码	品目名称	说明
A02052503	过滤机	
A02052504	萃取机	包括重力分散萃取设备、机械搅拌萃取设备、机械振动萃取设备、脉冲型萃取设备、离心萃取设备等
A02052505	搅拌机械	
A02052506	浓缩机械	
A02052507	干燥机械	不包括容器干燥机械
A02052599	其他分离及干燥设备	
A02052600	减速机及传动装置	
A02052601	摆线针轮减速机	
A02052602	行星减速机	
A02052603	圆柱齿轮减速机	
A02052604	圆锥齿轮减速器	包括直齿、斜齿、弧齿、摆线齿圆锥齿轮减速器，弧齿、摆线齿准双曲面齿轮减速器，零度齿锥齿轮减速器等
A02052605	蜗轮蜗杆减速器	
A02052606	无级变速器	包括齿链式无级变速器、多盘式无级变速器、行星锥盘式无级变速器、行星锥轮式无级变速器、带式无级变速器、脉动式无级变速器等
A02052607	液力耦合器	包括普通型液力耦合器、限矩型液力耦合器、调速型液力耦合器、液力耦合器传动装置、液力减速器等
A02052699	其他减速机及传动装置	
A02052700	飞轮和皮带轮	包括滑轮、滑轮组
A02052800	离合器	汽车、摩托车离合器除外
A02052900	联轴器	包括挠性联轴器、刚性联轴器等
A02053000	铰接链条	包括滚子链、套筒链、齿形链、平顶链、板式链、弯板链、板式销轴链等
A02053100	包装机械	
A02053101	充填机械	包括容积式充填机械、量杯式充填机械、气流式充填机械、柱塞式充填机械、螺杆式充填机械、计量泵式充填机械、插管式充填机械、推入式充填机械、拾放式充填机械、重力式充填机械、称重式充填机械等
A02053102	灌装机械	包括负压灌装机、常压灌装机、等压灌装机、无菌灌装机等
A02053103	封口机械	包括热压封口机、脉冲封口机、超声波封口机、熔焊封口机、压纹封口机、折叠式封口机、插合式封口机、滚压封口机、卷边封口机、压力封口机、旋合封口机、胶带封口机、粘结封口机、结扎封口机、缝合机、钉合机等

（续表）

编码	品目名称	说明
A02053104	容器成型包装机械	包括制袋、制盒、制瓶等包装机械
A02053105	裹包机械	包括折叠式裹包机、扭结式裹包机、接缝式裹包机、覆盖式裹包机、缠绕式裹包机、拉伸裹包机、贴体裹包机、收缩裹包机等
A02053106	捆扎打包机械	包括机械式捆扎机、液压式捆扎机、气动式捆扎机、捆结机、压缩打包机等
A02053107	集合装箱机械	包括集装机、集装件拆卸机、堆码机等
A02053108	真空包装机械	
A02053109	容器清洗机械	包括机械式容器清洗机、电解式容器清洗机、超声波式容器清洗机等
A02053110	容器消毒机械	包括热杀菌机、超声波杀菌机、电离杀菌机、化学杀菌机、微波杀菌机、高压杀菌机容器等
A02053111	容器干燥机械	包括容器热式干燥机、容器机械干燥机、容器化学干燥机、容器真空干燥机等
A02053112	贴标签机械	包括粘合贴标机、缩标签机、订标签机、挂标签机等
A02053113	包装计量机械	
A02053114	多功能包装机械	包括充填–封口机、打开–充填–封口机、成型–充填–封口机等
A02053115	辅助包装机械	包括包装用打印装置、包装用隔板自动插入装置、包装用涂胶机等
A02053116	包装用软管制造机械	包括包装用铝质软管制造机械等
A02053117	饮料充气机	
A02053199	其他包装机械	
A02053200	植物等有机物粉碎选别设备	
A02053201	粉碎机	
A02053202	研磨机	
A02053203	分选机	
A02053204	筛分设备	
A02053299	其他植物等有机物粉碎选别设备	
A02053300	电动及小型台式工具	包括电动金属切削工具、电动砂磨工具、电动装配工具等
A02053400	机械设备零部件	
A02059900	其他机械设备	
A02060000	电气设备	
A02060100	电机	

（续表）

编码	品目名称	说明
A02060101	发电机	包括直流发电机、交流同步发电机、发电机组、旋转变流机等特殊电机等
A02060102	直流电机	包括爆炸性环境直流电动机等
A02060103	无刷直流电机	
A02060104	交流电机	包括交流同步电动机、爆炸性环境交流同步电动机、交流异步电动机、爆炸性环境交流异步电动机、腐蚀性环境交流异步电动机、潜水（油、卤）交流异步电动机等
A02060105	交直流两用电机	
A02060106	直线电机	
A02060107	步进电机	
A02060108	传感电机	
A02060109	开关磁阻电机	
A02060110	移相器	
A02060111	潜水电泵	
A02060199	其他电机	
A02060200	变压器	包括电力变压器、变流变压器、电炉变压器、试验变压器、矿用变压器、牵引用变压器、电焊用变压器、电源变压器、箱式变压器等
A02060300	调压器	包括接触式（环型）调压器、接触式（柱型）调压器、感应式（电机型）调压器、移圈式（变压器型）调压器、磁性式（变压器型）调压器等
A02060400	变频设备	包括低频变频设备、中频变频设备、高频变频设备等
A02060500	电抗器	包括并联电抗器、串联电抗器、消弧线圈、轭流式饱和电抗器、分裂限流电抗器、滤波电抗器、混凝土柱式限流电抗器、启动电抗器、自饱和电抗器、调幅电抗器、限流电抗器、试验用电抗器、整流用平衡电抗器、整流用平波电抗器、阻尼电抗器、接地电抗器等
A02060600	互感器	包括电压互感器、电流互感器、组合互感器等
A02060700	避雷器	包括＜35kV避雷器、（35～63）kV避雷器、110kV避雷器、220kV避雷器、330kV避雷器、500kV避雷器等
A02060800	整流器	包括电磁式整流器、电子式整流器等
A02060900	镇流器	包括荧光灯用镇流器、低压钠灯用镇流器、高压钠灯用镇流器、高压汞灯用镇流器、金属卤化物灯用镇流器等
A02061000	半导体逆变设备	包括低频半导体逆变设备、中频半导体逆变设备、高频半导体逆变设备等
A02061100	半导体直、变流设备	包括直接直流变流器、间接直流变流器、直流脉冲电源等

（续表）

编码	品目名称	说明
A02061200	高压输变电用变流设备	包括换流阀、整流阀、逆变阀等
A02061300	牵引用变流器	包括干线铁道用半导体变流设备、工矿电力牵引用半导体变流设备等
A02061400	电机调速用半导体变流设备	包括直流电动机调速用变流设备、交流电动机调速用变流设备、电机启动用变流设备等
A02061500	电源设备	
A02061501	稳压电源	
A02061502	稳流电源	
A02061503	稳频电源	
A02061504	不间断电源	包括后备式不间断电源、在线式不间断电源等，也称 UPS
A02061505	多用电源	
A02061506	变频器	包括高压变频器、低压变频器等
A02061507	充电机	
A02061508	直流电源	
A02061509	交流电源	
A02061510	原电池和原电池组	包括锌锰电池、氧化银电池、锂原电池、温差电池、贮备电池、燃料电池和核电池等
A02061511	蓄电池及充电装置	包括锂离子电池、氢镍电池、镉镍电池、超级电容器（或超级电池）、充电装置等
A02061512	电池及能源系统	包括太阳能电池及光伏发电储能电池系统，风力发电及储能电池系统等电能转换能源系统等
A02061599	其他电源设备	
A02061600	电容器	包括固定电容器、可变电容器、微调电容器等
A02061700	生产辅助用电器	
A02061701	电阻器	包括固定电阻器、可变电阻器和电位器、无源网络等
A02061702	变阻器	包括低压电路的变阻器等
A02061703	开关电器设备	包括高压开关设备、电力电子开关、高压负荷开关、柱上开关、高压接地开关、高压隔离开关、高压金属密封开关设备、低压电路开关、低压电路的转换开关等
A02061704	断路器	包括高压断路器、低压电路的断路器、剩余电流（动作）断路器等
A02061705	控制器	包括低压控制器等
A02061706	接触器	包括普通交流、普通直流、灭磁、时间、中频、高压、锁扣、电磁气动接触器、高压接触器、低压接触器等

（续表）

编码	品目名称	说明
A02061707	起动器	包括手动、电磁式直接、电磁式减压、电磁式综合起动器、低压起动器、防爆起动器等
A02061708	电继电器	
A02061709	控制继电器	包括直流电磁继电器、磁保持继电器、极化继电器、交流继电器、恒温继电器、真空继电器、射频同轴继电器、步进继电器、固体继电器、混合继电器、干簧继电器、干簧管继电器、汞润触点继电器、汞润湿簧管继电器、延时继电器、斩波器等
A02061710	保护继电器	包括电流保护装置、电压保护装置、差动保护装置、电动机保护装置、发电机保护装置、励磁保护装置、励磁机保护装置、断路器保护装置、母线保护装置、主设备成套保护装置、主设备保护辅助装置等
A02061711	开关柜	
A02061712	控制设备	包括控制屏、控制箱、控制台、控制柜、起动柜、控制板、高压组合电器、高压熔断器、复合开关－熔断器组合、电压限幅器、电涌抑制器、高压启动器、高压防爆配电装置、节电装置等
A02061713	配电屏	
A02061714	配电箱	
A02061715	端子箱	
A02061716	保护屏	包括控制、保护屏（柜、台）、输电线路保护屏（柜）、成套集控保护屏（柜、台）等
A02061717	同期屏	
A02061718	故障录波屏	
A02061719	电容器柜	
A02061720	电容器箱	
A02061721	受电箱	
A02061722	受电屏	
A02061723	熔断器	包括低压电路的熔断器等
A02061724	电缆桥架	
A02061725	插头插座和耦合器	
A02061726	接线盒和端子	
A02061727	电源插座和转换器	
A02061799	其他生产辅助用电器	
A02061800	生活用电器	
A02061801	电冰箱	
A02061802	风扇	

（续表）

编码	品目名称	说明
A02061803	通风机	
A02061804	空调机	
A02061805	空气滤洁器	
A02061806	空气净化设备	
A02061807	排烟系统	
A02061808	取暖器	
A02061809	调湿调温机	
A02061810	洗衣机	
A02061811	吸尘器	
A02061812	洗碗机	
A02061813	厨房电动废物处理器	
A02061814	泔水处理器	
A02061815	熨烫电器	包括电熨斗、电熨机等
A02061816	烹调电器	包括电饭锅、微波炉等
A02061817	食品制备电器	包括家用电动食品搅拌器、家用电动食品研磨机、家用水果或蔬菜电动榨汁器等
A02061818	饮水器	包括净水机、软水机、纯水机等
A02061819	热水器	包括太阳能集热器、太阳能集热系统、电热水器、非电热的快速热水器或贮备式热水器等
A02061820	美容电器	包括电动剃须刀、电推剪、电卷发器、电烘发器、电吹风机、电热梳等
A02061821	保健器具	包括家用负离子发生器、超声波洗浴器、电子凉枕等
A02061822	电热卧具、服装	
A02061899	其他生活用电器	包括擦窗器、地板打蜡机、地板擦洗机、擦鞋器、被褥干燥器、电驱蚊器、电灭蚊（蝇）器、电热干手器等
A02061900	照明设备	
A02061901	矿灯	包括矿用头灯、工矿用灯具等
A02061902	建筑用灯具	
A02061903	车、船用灯	包括船用信号灯，汽车用信号灯，其他车、船用灯等
A02061904	水下照明灯	包括潜水手电筒、救捞用照明灯等
A02061905	民用机场灯具	
A02061906	防爆灯具	不包括建筑、工矿用灯具及民用机场灯具
A02061907	农业用灯具	

（续表）

编码	品目名称	说明
A02061908	室内照明灯具	包括嵌入灯、吸顶灯、吊灯、壁灯、可移式灯等
A02061909	场地用灯	
A02061910	路灯	包括投光灯、探照灯等
A02061911	移动照明灯塔	
A02061912	除害虫用灯	
A02061913	应急照明灯	
A02061914	体育比赛用灯	
A02061915	手电筒	
A02061916	发光标志、铭牌	
A02061917	摄影专用灯	
A02061999	其他照明设备	
A02062000	电气机械设备	
A02062001	工业电热设备（电炉）	包括工业用电炉、工业或实验室用烘箱、管式炉、釜式炉、固体炉、移动层炉、回转炉、蓄热式炉、沸腾流化床炉、气流反应炉、硅酸盐制品用炉、窑和附属机械等
A02062002	电气物理设备	包括电子加速器、高压加速器、中子发生器、离子束加工设备、电子束加工设备、充磁与脱磁设备等
A02062003	电动工具	包括电镐、电砂轮、磨光机、电锤、电剪刀、电螺丝刀、电扳手、电动攻丝机等
A02062004	换能器	包括热离子换能器、热电子换能器、核能换能器等
A02062099	其他电气机械设备	
A02062100	绝缘电线和电缆	
A02062200	光缆	
A02062300	电气设备零部件	
A02069900	其他电气设备	
A02070000	雷达、无线电和卫星导航设备	
A02070100	地面雷达	
A02070101	地面导航雷达	
A02070102	航空管理雷达	包括空中交通管制雷达、机场场面监视雷达等
A02070103	港口交通管制雷达	
A02070104	地面交通管制雷达	

（续表）

编码	品目名称	说明
A02070105	地面气象雷达	包括天气雷达（含 S 波段、C 波段和 X 波段天气雷达）、风廓线雷达（含边界层、对流层风廓线雷达及可移式风廓线雷达）、激光雷达（含可移动式激光雷达）、地波雷达、毫米波雷达、微波辐射计等
A02070106	地面测量雷达	包括地面测高雷达等
A02070107	地面对空监视雷达	
A02070108	地面对海监视雷达	
A02070109	地面目标指示雷达	
A02070110	低空补盲雷达	
A02070111	地面跟踪雷达	
A02070112	精密进场雷达	
A02070113	地面二次雷达	
A02070114	双/多基地雷达	
A02070115	超视距雷达	
A02070116	无源雷达	
A02070117	地面相控阵雷达	
A02070199	其他地面雷达	
A02070200	机载雷达	
A02070201	航行雷达	包括机载导航雷达、直升机载雷达等
A02070202	多普勒导航雷达	
A02070203	机载着陆雷达	
A02070204	数传导航雷达	
A02070205	机载气象雷达	
A02070206	机载对空监视雷达	
A02070207	机载对海监视雷达	
A02070208	机载地形测绘雷达	
A02070209	机载地质勘探雷达	
A02070210	机载测高雷达	
A02070211	机载防撞雷达	
A02070212	机载雷达信标机	
A02070213	机载跟踪雷达	
A02070214	地形回避与地形跟随雷达	
A02070215	机载测量雷达	
A02070216	机载资源勘探雷达	

（续表）

编码	品目名称	说明
A02070217	机载二次雷达	
A02070218	机载相控阵雷达	
A02070219	机载合成孔径雷达	
A02070299	其他机载雷达	
A02070300	舰船载雷达	
A02070301	舰船导航雷达	
A02070302	舰船气象雷达	
A02070303	船载对空监视雷达	
A02070304	船载对海监视雷达	
A02070305	船载目标指示雷达	
A02070306	船载引导雷达	
A02070307	船载航空管制雷达	
A02070308	船载二次雷达	
A02070309	船载相控阵雷达	
A02070310	船载航运管制雷达	
A02070311	船载测量雷达	
A02070399	其他舰船载雷达	
A02070400	雷达配套设备	
A02070401	雷达地面天线	
A02070402	雷达训练器	
A02070403	雷达图像传输设备	
A02070404	雷达显示设备	
A02070405	雷达车厢	
A02070406	雷达发电机组	
A02070499	其他雷达配套设备	
A02070500	星载雷达	包括星载对空监视雷达、星载对海监视雷达、星载侧视雷达、星载高分辨率测高雷达、星载成像雷达、星载资源勘测雷达、星载着陆雷达、星载气象雷达、星载合成孔径雷达、对接与交会雷达、星载雷达应答机等
A02070600	气球载雷达	包括气球载对空监视雷达、气球载对海监视雷达等
A02070700	雷达维修备件	
A02070800	机载无线电导航设备	
A02070801	信标接收机	

（续表）

编码	品目名称	说明
A02070802	无线电罗盘	
A02070803	机载着陆设备	
A02070804	近程导航机载设备	
A02070805	机载无线电高度表	
A02070899	其他机载无线电导航设备	
A02070900	地面航空无线电导航设备	
A02070901	定向设备	
A02070902	导航机	
A02070903	航标发射机	
A02070904	近程导航系统地面设备	
A02070905	微波仪表着陆地面设备	
A02070999	其他地面航空无线电导航设备	
A02071000	机动定向导航设备	
A02071001	机动定向设备	
A02071002	机动导航设备	
A02071099	其他机动定向导航设备	
A02071100	舰船载无线电导航设备	
A02071101	舰船载导航接收机	
A02071102	舰船载无线电测向机	
A02071103	舰船载无线电示位标	
A02071199	其他舰船载无线电导航设备	
A02071200	地面舰船无线电导航设备	包括遥控设备、遥测设备、测控系统、无线电导航救援设备等
A02071300	卫星定位导航设备	
A02071400	卫星遥感设备	包括遥感用热成像设备、弗琅荷费谱线鉴别器、遥感终端设备、遥感应用系统星载摄像仪、微波辐射计、DAB接收机、气象卫星数据接收处理系统、气象卫星数据广播用户站等
A02071500	雷达和无线电导航设备零部件	
A02079900	其他雷达和无线电导航设备	包括微波全息雷达、合成孔径侧视雷达等
A02080000	通信设备	
A02080100	无线电通信设备	
A02080101	通用无线电通信设备	包括中长波通信设备、短波通信设备、超短波通信设备等

（续表）

编码	品目名称	说明
A02080102	移动通信（网）设备	包括移动终端设备、基站子系统设备、交换子系统设备、分组交换子系统设备、移动增值业务平台设备、移动智能网设备、无线寻呼设备包、集群通信设备包、对讲设备、无线接入通信设备、无线宽带基站等
A02080103	航空无线电通信设备	包括机载中短波发射机、机载中短波接收机、机载超短波电台、机载宽频带电台、机载救生电台、机载机内通话器、航空无线电通信地面设备等
A02080104	舰船无线电通信设备	包括舰船超短波电台、舰船宽频带电台、舰船救生无线电设备、舰船值班接收机、舰船进出港电台等
A02080105	铁道无线电通信设备	包括列车电台，站场电台，列车接近、告警设备，铁路无线电通信中继器，铁路专用电话机等
A02080106	邮电无线电通信设备	
A02080107	气象通信无线电通信设备	
A02080108	无线电反制设备	
A02080199	其他无线电通信设备	
A02080200	接力通信系统设备	
A02080201	超短波接力通信设备	
A02080202	模拟微波接力通信设备	包括模拟微波接力通信机、模拟微波接力中继器、模拟微波接力无人值守机、模拟微波接力配套设备等
A02080203	数字微波接力通信设备	包括数字微波接力通信机、数字微波接力中继器、数字微波接力无人值守机、数字微波接力配套设备等
A02080204	电视微波接力设备	
A02080299	其他接力通信系统设备	
A02080300	散射通信设备	
A02080301	散射通信机	包括数字散射通信机、模拟散射通信机、移动散射通信机、流星余迹散射通信机等
A02080302	散射通信配套设备	包括散射通信保密设备等
A02080399	其他散射通信设备	
A02080400	卫星通信设备	
A02080401	地面站天线设备	包括卫星通信地球站天线设备、海事卫星通信地球站天线设备、气象卫星通信地球站天线设备、广播电视卫星天线设备、特种卫星通信天线设备等

（续表）

编码	品目名称	说明
A02080402	上行线通信设备	包括卫星通信上行线通信设备、海事卫星通信上行线通信设备、气象卫星通信上行线通信设备、广播电视卫星上行线通信设备、特种卫星通信上行线通信设备等
A02080403	下行线通信设备	包括卫星通信下行线通信设备、海事卫星通信下行线通信设备、气象卫星通信下行线通信设备、广播电视卫星下行线通信设备、特种卫星通信下行线通信设备等
A02080404	通信卫星配套设备	包括卫星转发器设备、卫星通信保密设备等
A02080405	卫星电视转播设备	
A02080406	气象卫星地面发布站设备	
A02080407	气象卫星地面接收站设备	
A02080408	气象卫星地面数据收集站设备	
A02080409	卫星电话	
A02080499	其他卫星通信设备	
A02080500	光通信设备	
A02080501	光缆通信终端设备	
A02080502	光通信中继设备	
A02080503	光通信复用设备	
A02080504	光通信配套设备	
A02080505	光纤放大器	
A02080506	合波器	
A02080507	分波器	
A02080508	光纤色散补偿装置	
A02080509	无纤光通信设备	
A02080510	脉冲编码调制终端设备	
A02080511	多业务传输送设备	
A02080512	光传送网设备	
A02080599	其他光通信设备	
A02080600	载波通信系统设备	
A02080601	电缆载波通信设备	
A02080602	电力线载波通信设备	
A02080603	矿用及矿山采选用载波通信设备	
A02080604	微波通信用载波通信设备	

（续表）

编码	品目名称	说明
A02080605	载波电报机及载波业务通信设备	包括单路载波通信设备、3路载波通信设备、12路载波通信设备、18路载波通信设备、24路载波通信设备、60路载波通信设备、120路载波通信设备、300路载波通信设备、960路载波通信设备、1800路载波通信设备、3600路载波通信设备、4380路载波通信设备、载波电报机、用户环路载波传输设备等
A02080699	其他载波通信系统设备	
A02080700	电话通信设备	
A02080701	普通电话机	包括磁石电话机、共电电话机、拨盘式电话机、按键式电话机等
A02080702	特种电话机	包括录音电话机、投币电话机、可视电话机等
A02080703	移动电话	包括袖珍式无线电话机、机载式无线电话机、船载式无线电话机、车载式无线电话机、便携式无线电话机等
A02080704	电话交换设备	包括数字程控电话交换设备等
A02080705	会议电话调度设备及市话中继设备	
A02080799	其他电话通信设备	
A02080800	视频会议系统设备	
A02080801	视频会议控制台	
A02080802	视频会议多点控制器	
A02080803	视频会议会议室终端	
A02080804	音视频矩阵	
A02080805	视频会议系统及会议室音频系统	包括视频会议多点控制器（MCU）、视频会议终端、视频会议系统管理平台、录播服务器、中控系统、会议室音频设备、信号处理设备、会议室视频显示设备、图像采集系统
A02080899	其他视频会议系统设备	
A02080900	电报通信设备	
A02080901	收发报机	
A02080902	电传打字机	包括汉字电传打字机、西文电传打字机等
A02080903	凿孔设备	
A02080904	译码设备	
A02080905	人工用户电报交换设备	
A02080906	用户电报自动交换设备	
A02080907	智能电报终端设备	
A02080908	声校微机电报打印设备	
A02080909	数字电报通信设备	包括数字式程控电报交换机等

（续表）

编码	品目名称	说明
A02080910	纠错设备	
A02080911	转换设备	
A02080912	电报加密机	
A02080913	无线电报接收设备	
A02080999	其他电报通信设备	
A02081000	传真通信设备	
A02081001	文件（图文）传真机	
A02081099	其他传真通信设备	包括报纸传真机、信函传真机、气象图传真机、卫星云图传真机、雷达图像传真机、相片传真机、PC-FAX 图像处理传真通信设备、IP 传真机等
A02081100	数据数字通信设备	
A02081101	数据调制、解调设备	
A02081102	数传机	
A02081103	数据复接交换设备	
A02081104	脉码调制终端设备	
A02081105	增量调制终端设备	
A02081106	数字电话电报终端机	
A02081107	数据、多媒体通信终端设备	包括数据通信终端设备、多媒体通信终端设备等
A02081199	其他数据数字通信设备	
A02081200	微波接力通信设备	包括 225MHz～450MHz 数字接力设备、450MHz～800MHz 数字接力设备、1GHz 数字接力设备等
A02081300	IP 与多媒体通信设备	包括 ATM 交换机、帧中继交换机、统一通信设备等
A02081400	通信配套设备	包括通信设备维修备件、通信设备配套架设安装设备等
A02081500	通信机房设备	
A02081600	天线	
A02081601	发射天线	包括中短波天线、短波转动天线、蝙蝠翼天线、双环天线、角锤天线、天线控制器等
A02081602	接收天线	包括拉杆天线、振子天线、环形天线、鱼骨天线等
A02081699	其他天线	
A02081700	无线传输辅助设备	
A02081701	铁塔无线传输设备	
A02081702	铁杆无线传输设备	

（续表）

编码	品目名称	说明
A02081703	水泥杆无线传输设备	
A02081704	基站配套设备	包括室外机柜（箱）、集成一体化方舱等防护安装设备
A02081799	其他无线传输辅助设备	
A02081800	有线传输线路	
A02081801	管孔传输线路	
A02081802	铁塔传输线路	
A02081803	铁杆传输线路	
A02081804	水泥杆传输线路	
A02081805	木杆传输线路	
A02081806	直埋传输线路	
A02081899	其他有线传输线路	
A02081900	通信网络维护和管理系统	
A02082000	通信设备零部件	
A02089900	其他通信设备	
A02090000	广播、电视、电影设备	
A02090100	广播发射设备	
A02090101	中波广播发射机	
A02090102	短波广播发射机	
A02090103	调频广播发射机	
A02090104	调频立体声广播发射机	
A02090105	调频广播差转台	立体声调频广播差转机入此
A02090106	机动广播发射台	
A02090107	数字音频广播发射机	
A02090199	其他广播发射设备	
A02090200	电视发射设备	
A02090201	米波电视发射机	
A02090202	分米波电视发射机	
A02090203	双伴音电视发射机	
A02090204	电视差转机	
A02090205	机动电视发射台	
A02090206	数字广播电视发射机	
A02090299	其他电视发射设备	

（续表）

编码	品目名称	说明
A02090300	广播和电视接收设备	包括可接收无线电话和无线电报的广播接收机、机动车辆用需外接电源的广播接收设备等
A02090400	音频节目制作和播控设备	
A02090401	广播录放音设备	
A02090402	调音台	
A02090403	监听机（机组）	
A02090404	声处理设备	广播、电视通用
A02090405	收音设备	
A02090406	播控设备	
A02090499	其他音频节目制作和播控设备	
A02090500	视频节目制作和播控设备	
A02090501	电视录制及电视播出中心设备	包括电视制作中心设备、电视播出中心设备等
A02090502	机动电视转播及电视播出采访设备	包括机动电视转播中心、机动新闻采访设备等
A02090503	录像编辑设备	包括自动编辑机、时基校正器、动画录像控制器、非线性编辑设备等
A02090504	专业摄像机和信号源设备	包括广播级摄像机、准广播级摄像机、业务摄像机、电视电影设备、字幕信号发生器、时钟信号设备、虚拟演播室设备等
A02090505	视频信息处理设备	包括特技视频处理设备、视频切换设备、静止图像存储器、视频分配放大器、稳定放大器、视频降噪器、色键设备、数字电视编解码器、复用器等
A02090506	电视信号同步设备	包括电视同步信号发生器、帧同步器、脉冲分配放大器等
A02090507	电视图文创作系统设备	
A02090599	其他视频节目制作和播控设备	
A02090600	多工广播设备	
A02090700	立体电视设备	
A02090800	卫星广播电视设备	包括卫星直播接收设备等
A02090801	集体接收设备	
A02090802	上行站接收设备	
A02090803	接收测试站设备	
A02090804	普及型卫星广播电视接收附加装置	
A02090899	其他卫星广播电视设备	
A02090900	电缆电视分配系统设备	

（续表）

编码	品目名称	说明
A02090901	共用天线电视系统设备	
A02090902	单向电缆电视系统设备	
A02090903	双向电缆电视系统设备	
A02090904	光缆电视分配系统设备	
A02090999	其他电缆电视分配系统设备	
A02091000	电视设备	
A02091001	普通电视设备（电视机）	包括有线电视前端设备、有线电视终端设备、有线电视传输覆盖设备等
A02091002	特殊环境应用电视监视设备	包括微光电视设备、高温电视设备、防爆电视设备、防腐电视设备、防潮电视设备等
A02091003	特殊功能应用电视设备	包括侦察电视设备、测量电视设备、跟踪电视设备、显微电视设备等
A02091004	特种成像应用电视设备	包括X光电视设备、紫外电视设备、红外电视设备等
A02091099	其他电视设备	
A02091100	视频设备	
A02091101	录像机	包括光盘录像设备、磁带型录像机等
A02091102	通用摄像机	指普通摄像机，包括摄像机附件设备
A02091103	摄录一体机	
A02091104	平板显示设备	
A02091105	电视唱盘	
A02091106	激光视盘机	VCD、DVD等设备入此
A02091107	视频监控设备	包括监控摄像机、报警传感器、数字硬盘录像机、视频分割器、监控电视墙（拼接显示器）、监视器、门禁系统等
A02091108	视频处理器	
A02091109	虚拟演播室设备	
A02091110	字幕机	
A02091199	其他视频设备	
A02091200	音频设备	
A02091201	录放音机	
A02091202	收音机	
A02091203	音频功率放大器设备（功放设备）	
A02091204	电唱机	包括单声道唱机、立体声唱机等
A02091205	音响电视组合机	
A02091206	话筒设备	包括电话会议用全向麦克风等

（续表）

编码	品目名称	说明
A02091207	数码音频工作站及配套设备	
A02091208	声画编辑机	
A02091209	录音外围设备	包括效果器、特效器、压缩器等
A02091210	扩音设备	
A02091211	音箱	
A02091212	复读机	
A02091213	语音语言实验室设备	
A02091299	其他音频设备	
A02091300	组合音像设备	
A02091301	音视频播放设备	
A02091302	闭路播放设备	
A02091303	同声现场翻译设备及附属设备	
A02091304	会议、广播及音乐欣赏系统	
A02091399	其他组合音像设备	
A02091400	播出设备	
A02091401	机械手播出设备	
A02091402	硬盘播出设备	
A02091403	播出周边设备	
A02091499	其他播出设备	
A02091500	电影设备	
A02091501	传版设备	包括远程数据传播设备等
A02091502	编辑、采访设备	
A02091503	压片加工设备	包括密纹压片机及配套设备、刻纹设备、制模板设备、造粒机及附属设备、薄膜压片机及附属设备等
A02091504	唱机生产设备	
A02091505	盒式音带加工设备	包括盒带快速复制设备、裁带机、贴片机、包装机及配套设备等
A02091506	影视片制作、维护设备	包括用于影视片的剪辑、特技、制作等设备
A02091599	其他电影设备	
A02091600	传声器、扬声器、耳塞机	包括有线传声器及其座架、无线传声器、扬声器等
A02091700	无线寻呼机	
A02091800	磁（纹）卡和集成电路卡	
A02091900	广播、电视、电影设备零部件	

（续表）

编码	品目名称	说明
A02099900	其他广播、电视、电影设备	
A02100000	仪器仪表	
A02100100	自动化仪表	
A02100101	温度仪表	包括双金属温度计、压力式温度计、热电偶温度计、热敏电阻温度测量仪器、非接触式温度计、温度控制（调节）器、温度变送器、温度仪表校验装置、温度仪表附属装置等
A02100102	压力仪表	包括弹簧管压力仪表、波纹管压力仪表、膜片压力仪表、膜盒压力仪表、数字压力表、电接点压力表、真空表、氧压力表、氯压力表、氨压力表、氢压力表、乙炔压力表、耐腐蚀压力表、耐振压力表、高温压力表、专用压力表、减压器、压力变送器、压力控制（调节）仪表、压力表校验仪表、压力仪表辅助装置等
A02100103	流量仪表	包括差压仪表、涡轮流量仪表、浮（转）子流量仪表、电磁流量仪表、椭圆齿轮流量仪表、腰轮流量仪表、活塞式流量仪表、圆盘流量仪表、刮板流量仪表、涡街流量仪表、超声流量仪表、蒸气流量仪表、质量流量仪表、节流装置、流量控制（调节）仪表、流量仪表检定装置等
A02100104	物位及机械量仪表	包括物位仪表、机械量仪表等
A02100105	显示及调节仪表	包括显示仪表系统、控制（调节）仪表系统等
A02100106	气动、电动单元组合仪表	包括气动单元组合仪表、电动单元组合仪表等
A02100107	基地式仪表	包括 B 系列气动基地式仪表、KF 系列气动基地式仪表等
A02100108	绘图仪	包括绘图机，绘图台，其他绘图、划线或数学绘图仪器
A02100109	集中控制装置	包括巡回检测装置、组装式电子综合控制装置、远动装置、锅炉控制设备等
A02100110	执行器	包括气动执行机构、电动执行机构、电液执行机构、执行器辅助装置等
A02100111	自动成套控制系统	包括轮胎硫化自控装置、塑料注射机控制装置、计算机控制与管理系统、工业自动测试系统等
A02100112	工业控制用计算机系统	包括集中型工业控制计算机系统、智能自动化系统、分散型控制系统、现场总线控制系统等
A02100199	其他自动化仪表	
A02100200	电工仪器仪表	
A02100201	电度表	包括机电式电能表、电子式电能表、电能表用附件等
A02100202	实验室电工仪器及指针式电表	包括教学演示用实验室机械式电表等

（续表）

编码	品目名称	说明
A02100203	数字电网监测表	包括电流测量仪表，电压测量仪表，功率测量仪表，频率测量仪表，电阻测量仪表，相位、功率因数测量仪表，多功能测量仪表，模拟静电场测试仪，霍尔元件测磁场装置等
A02100204	电阻测量仪器	
A02100205	记录电表、电磁示波器	包括记录电表、电磁示波器等
A02100206	测磁仪器	
A02100207	扩大量程装置	包括分流器、仪用互感器、附加电阻器等
A02100299	其他电工仪器仪表	
A02100300	光学仪器	
A02100301	显微镜	包括电子显微镜等
A02100302	光学计量仪器	包括长度计量仪器、角度测量仪器、工具显微镜、三坐标测量机、平直度测量仪器、测量用投影仪、机床附属光学装置等
A02100303	物理光学仪器	包括看谱镜、谱线测量仪、光电直读光谱仪等
A02100304	光学测试仪器	包括光学材料测试仪器、光学零部件测试仪器、通用光学测试仪器、光学系统特性参数测试仪、膜层测定仪、光学系统像质测试仪器、光学系统光度特性测试仪器等
A02100305	电子光学及离子光学仪器	包括电子光学及离子光学计量仪器、电子光学及离子光学测试仪器等
A02100306	航测仪器	包括密度分割伪彩色分析仪、转绘仪、判读仪、立体测图仪、像点转刺仪、像点坐标量测仪、纠正仪、展点仪等
A02100307	光谱遥感仪器	包括光谱辐射计、彩色影像扫描记录装置、多光谱彩色合成仪、遥感影像处理系统、野外遥感仪器等
A02100308	红外仪器	包括红外辐射源、红外辐射计、红外测试仪器等
A02100309	激光仪器	
A02100310	望远镜	包括双筒望远镜、单筒望远镜等
A02100311	眼镜	包括树脂镜片和玻璃镜片，以及由这两类眼镜片制作的具有该功能的成镜
A02100312	光导纤维和纤维束	
A02100313	透镜、棱镜、反射镜	
A02100399	其他光学仪器	
A02100400	分析仪器	
A02100401	电化学分析仪器	包括电位式分析仪器、电解式分析仪器、电导式分析仪器、电量式分析仪器、滴定仪、极谱仪、电泳仪等

（续表）

编码	品目名称	说明
A02100402	物理特性分析仪器及校准仪器	包括水分计、黏度计、密度计、浊度计、烟度计、颗粒分析仪、尘量分析仪、固体成分含量仪、采样器、表面张力仪等
A02100403	热学式分析仪器	包括热量计、量热仪、热物快速测定仪、平板导热仪、差热仪、差热天平、热膨胀仪、热机械分析仪、热水热量仪等
A02100404	光学式分析仪器	包括光电比色分析仪器、光度式分析仪器、红外线分析仪器、紫外线分析仪器、曝光表、光电比色分析仪器、光度式分析仪器等
A02100405	射线式分析仪器	包括核能谱仪、电子能谱仪、离子散射谱仪、二次离子谱仪、X射线衍射仪、发射式X射线谱仪、吸收式X射线谱仪等
A02100406	波谱仪	包括核磁共振波谱仪、顺磁共振波谱仪、核电四极矩共振波谱仪、光磁共振波谱仪等
A02100407	质谱仪	包括有机质谱仪、同位素质谱仪、无机质谱仪、气体分析质谱仪、表面分析质谱仪、质谱联用仪等
A02100408	色谱仪	包括气相色谱仪、液相色谱仪、色谱联用仪、检测器等
A02100409	磁式分析仪	
A02100410	晶体振荡式分析仪	
A02100411	蒸馏及分离式分析仪	
A02100412	气敏式分析仪	
A02100413	化学变色式分析仪	
A02100414	多种原理分析仪	
A02100415	环境监测仪器及综合分析装置	包括大气监测系统成套设备、水质监测系统成套设备、噪声监测系统成套设备等
A02100416	热分析仪	
A02100417	生化分离分析仪器	
A02100418	环境与农业分析仪器	包括虫情测报仪器等
A02100419	样品前处理及制备仪器	
A02100420	分析仪器辅助装置	包括分析仪器数据处理装置、辅助装置等
A02100499	其他分析仪器	
A02100500	试验机	
A02100501	金属材料试验机	包括拉力试验机、压力试验机、万能试验机、弯曲试验机、扭转试验机、复合应力试验机、冲击试验机、松弛试验机、硬度计、蠕变试验机、持久强度试验机、疲劳试验机等

（续表）

编码	品目名称	说明
A02100502	非金属材料试验机	包括橡胶塑料材料试验机、木材试验机、皮革试验机、油脂润滑剂试验机、油漆、涂料、油墨试验机、纸张、纸板与纸浆试验机、电缆线试验机、漆包线试验机、建筑材料试验机、粘合剂试验机、纤维、织物试验机、生物材料试验机、复合材料试验机、果品试验机、烟草试验设备等
A02100503	工艺试验机	包括杯突试验机、线材扭转试验机，弯折试验机，弹簧试验机，挠度试验机，板材深冲性能试验机，摩擦磨损、润滑试验机等机
A02100504	测力仪器	包括引伸计、引伸计标定器等
A02100505	动平衡机	包括软支承平衡机、硬支承平衡机、立式平衡机、重力式平衡机、现场平衡仪、专用平衡仪、质量定心机、自动平衡装置、平衡自动线等
A02100506	振动台与冲击台	
A02100507	碰撞台	包括跌落碰撞台、气动碰撞台、电动碰撞台、液压碰撞台等
A02100508	无损探伤机	包括电磁（涡流）检测仪器、磁粉探伤仪器、渗透探伤仪器、X射线检测仪器、γ射线探伤机、中子探伤仪、同位素检测仪器、超声检测仪器、声学检测仪等
A02100509	包装件试验机	包括包装件压力试验机、包装件跌落试验机、包装件冲击试验机、包装件六角滚筒试验机等
A02100510	结构试验机	包括结构万能试验机、结构疲劳试验机、结构模拟试验台等
A02100511	橡胶制品检测机械	包括轮胎检测机械、力车胎检验机械、胶管检验机械、胶带试验机械、海绵试验机械、橡胶制品试验机械等
A02100599	其他试验机	
A02100600	试验仪器及装置	
A02100601	分析天平及专用天平	包括杠杆式等臂天平、杠杆式不等臂天平、电子天平、扭力天平、上皿天平、药物架盘天平、真空天平、携带式天平、公斤天平、天平附件及辅助装置等
A02100602	动力测试仪器	包括电信号传递器、测功仪、测功器、压力测量仪器、油耗测量仪器、燃烧测量分析仪器、漏气量测量仪器、多参数测试装置、控制仪、动力测试专用校准仪器等
A02100603	试验箱及气候环境试验设备	包括试验用干燥箱、温度试验设备、恒温箱（槽）、生物培养设备、湿热试验设备、温度湿度试验设备、腐蚀试验设备、低气压试验设备、高气压试验设备、真空试验设备、爆炸性大气试验箱、日光辐射试验箱、老化或综合气候因素试验设备、振动冲击与气候环境综合试验设备、防护试验设备等
A02100604	生物、医学样品制备设备	包括试验用离心机等

（续表）

编码	品目名称	说明
A02100605	应变及振动测试仪器	
A02100606	型砂铸造试验仪器及装置	包括型（芯）砂试验仪器、特种铸造测试仪器、合金铸造性能测试仪器、铸造质量检测仪器、冲天炉熔化过程测试仪器等
A02100607	真空检测仪器	包括真空检漏仪器、真空测量仪器、真空监控仪器等
A02100608	土工测试仪器	包括土壤测试仪器、土壤测试辅助设备等
A02100609	实验室高压釜	包括电磁往复、永磁旋转、机械搅拌高压釜等
A02100610	电子可靠性试验设备	不包括气候环境试验设备、电真空器件试验设备
A02100699	其他试验仪器及装置	
A02100700	计算仪器	
A02100701	液体比重计	包括液体密度计等
A02100702	玻璃温度计	包括工业玻璃温度计、实验室玻璃温度计、电接点玻璃温度计等
A02100703	气压计	
A02100704	湿度计	
A02100705	液体压力计	
A02100706	气体与液体计量仪表	包括水表（IC卡水表等）、油表、煤气表等
A02100707	速度测量仪表	
A02100708	产量计数器	包括机械计数器、电磁计数器等
A02100709	计费与里程表	包括出租车计费表、里程表等
A02100710	计步器、频闪仪	
A02100799	其他计算仪器	
A02100800	计量仪器	
A02100801	力学性能测试仪器	
A02100802	大地测量仪器	
A02100803	光电测量仪器	
A02100804	声学振动仪器	
A02100805	颗粒度测量仪器	
A02100806	探伤仪器	
A02100807	齿轮量仪	
A02100808	螺纹量仪	
A02100809	形位误差检查仪	
A02100810	角度量仪	

(续表)

编码	品目名称	说明
A02100899	其他计量仪器	
A02100900	钟表及定时仪器	
A02100901	钟	包括机械钟、石英钟、电钟、电控钟及除石英钟外的电子钟、特殊用途钟等
A02100902	表	包括机械表、石英表等
A02100903	定时器	包括机械式定时器、电动式定时器、电子式定时器等
A02100904	时间记录装置	包括时间记录器，时间累加器，测量、记录或指示时间间隔的装置等
A02100905	钟表机芯	包括机械手表机芯、石英手表机芯、钟机芯等
A02100999	其他钟表及定时仪器	
A02101000	农林牧渔仪器	包括数粒仪、控温仪、叶绿素测定仪、活体叶绿素仪、光电叶面积仪、植物生长仪、牧草生长仪、双套气流式喷卵仪、乳脂测定仪、测膘仪、牛胃金属异物探测仪、粮油检样器、验粉筛、比重清油分测定仪、渔业测向仪、探鱼仪、罗兰A定位仪等
A02101100	地质勘探、钻采及人工地震仪器	包括重力仪器，磁法仪器，人工地震仪器，电法仪器，水文地质仪器，井中物探仪器，核物探仪器，化探仪器，钻探测井仪器，钻探参数仪器仪表，泥浆分析仪表，采油修井仪器仪表，岩石矿物理性质测试仪器，地形变化观测仪，煤尘、矿尘、粉尘测定仪，矿井风速仪，推断、解释和数据处理仪器，野外数据采集仪器，矿物实验测试仪器等
A02101200	地震仪器	包括测震观测系统设备、强震动观测系统设备、重力观测系统设备、地形变观测系统设备、地磁场观测系统设备、地电场观测系统、地下水观测系统设备、活断层探测设备、活断层鉴定设备等
A02101300	安全仪器	包括矿井环境气体检测仪器，瓦斯警报、断电遥测系统，通风检测仪器，矿压检测及监测仪器，瓦斯检定器校正仪，自救仪器，氧气呼吸器，万能检验仪，氧气呼吸器核验仪，氧气输送器，氧气检定器，多种气体测定器，光学瓦斯检定器，安全集中检测装置等
A02101400	大坝观测仪器	包括应变计、钢筋计、测缝计、渗压计、水工比例电桥、应力计、校正仪等
A02101500	电站热工仪表	包括单向测振仪、双向测振仪、火光指示装置、电接点水位计、数字式温度巡测报警仪等
A02101600	电力数字仪表	包括数字式毫秒计、数字式工频相位计、数字运算式工频计、工频振荡器等
A02101700	气象仪器	包括地面气象探测仪器、雷电探测及防护设备、海洋观测仪器、高空气象探测仪器、气象仪器计量检定仪器、生态农业气象仪器、大气成分观测分析仪器、人工影响天气作业仪器、移动应急系统、空间天气观测仪器等

（续表）

编码	品目名称	说明
A02101800	水文仪器设备	包括水位观测设备，流量测验仪器设备，泥沙测验设备，降水、蒸发观测设备，水质监测设备，地下水监测设备等
A02101900	测绘仪器	包括经纬仪、水准仪、平板仪、测距仪、全站型速测仪、GPS测量仪、重力测量仪、地下管道探测仪、三维激光测量仪、测深仪、航空摄影设备、航空激光雷达设备、航空影像扫描设备、数据采集设备、全数字摄影测量系统设备、精密立体测量仪、解析测图仪、正射投影仪、数控绘图桌设备等
A02102000	天文仪器	包括天体测量仪、天体物理仪器等
A02102100	教学仪器	包括教学数学专用仪器，演示计量仪器，教学用力学仪器，教学用光学仪器，教学用原子物理及核物理仪器，教学用电磁学实验仪器，教学用电子学实验仪器，教学用空气动力学实验仪器，教学用天文气象实验仪器，教学用航空、航天、航海实验仪器，教学用机电实验仪器，教学用声学仪器，教学用热学仪器，教学用心理学仪器，教学用化学分析及化工仪器，教学用生理仪器，教学用地理仪器，电教仪器，教学用技术基础课仪器，教学用计算机示教仪器等
A02102200	核子及核辐射测量仪器	包括辐射仪器、射线谱仪器、放射性污染探测仪器、剂量仪器、定标器、计数装置、信号处理及分析仪器、探头、组合仪器及插件、防护装置等
A02102300	航空仪器	包括陀螺仪、大气参数中心仪、飞行参数记录仪、平视仪、地平仪、罗盘、综合航向指示器、自动驾驶仪、航行仪、检测仪、修正器、识别器、显示器、稳定器等
A02102400	航天仪器	包括光电探测器，航天六分仪，星图仪，六象仪，水母仪，回陆着陆系统，安全救生系统，姿态指示器，姿态陀螺仪，宇宙空气净化调节设备，宇宙压力调节设备，宇宙供水、供食设备，宇宙废物排除装置，稳定设备等
A02102500	船舶仪器	包括陀螺罗经、罗经自动舵组合式仪表、陀螺方位仪、计程仪、操舵仪、航海六分仪、船用舵角指示器、横倾仪、纵倾仪、水声测深仪等
A02102600	纺织仪器	包括纤维原料试验仪器、纤维试验仪器、纱线试验仪器、织物试验仪器等
A02102700	建筑工程仪器	包括数字超声波检测仪，弹性系数，正弦综合检测仪，收缩膨胀仪，稠度仪，坍落度仪，含水率测定仪，蠕变仪，沥青延伸，闪点，软化检测仪，吨米指示断电器，超声波测厚仪，电梯激光导轨仪等
A02102800	汽车拖拉机仪表	包括转向测试仪、多功能汽车检测仪、发动机综合分析仪入此
A02102900	动力测量仪器	包括涡流测功机、直流测功机、冷磨实验台、水箱实验台、燃油泵实验台、水压实验台、水利测功机等

（续表）

编码	品目名称	说明
A02103000	心理仪器	
A02103100	生理仪器	
A02103200	仪器仪表零部件	
A02109900	其他仪器仪表	
A02110000	电子和通信测量仪器	
A02110100	数字、模拟仪表及功率计	
A02110101	数字仪表及装置	
A02110102	模拟式电压表	
A02110103	功率计	
A02110199	其他数字、模拟仪表及功率计	
A02110200	元件器件参数测量仪	
A02110201	电阻器、电容器参数测量仪	
A02110202	敏感元件、磁性材料、电感元件测量仪	包括磁性材料参数测量仪等
A02110203	电子元件参数测量仪	
A02110204	半导体器件参数测量仪	
A02110205	集成电路参数测量仪	
A02110299	其他元件器件参数测量仪	
A02110300	时间及频率测量仪器	包括通用计数仪、时间计数仪、特种计数仪、频率测量仪器、相位测量仪器、频率面板表、误差倍增器、频率对比器等
A02110400	网络特性测量仪	
A02110500	衰减器	包括LC衰减器等
A02110600	滤波器	包括LC滤波器等
A02110700	放大器	包括仪表放大器等
A02110800	场强干扰测量仪器及测量接收机	包括场强干扰测量仪器、场强测量接收机等
A02110900	波形参数测量仪器	
A02111000	电子示波器	
A02111100	通信、导航测试仪器	
A02111200	有线电测量仪	包括振荡器、电平表、有线电测量用衰减器、杂音计、电平图示仪、有线电综合测试仪、传输测量装置、噪声测量仪等
A02111300	电视用测量仪	
A02111400	声源、声振信号发生器	

（续表）

编码	品目名称	说明
A02111500	声级计	
A02111600	电声滤波器	
A02111700	电声放大器	
A02111800	声振测量仪	
A02111900	声振仪器校准装置	
A02112000	电话、电声测试仪器	
A02112100	声振分析仪	
A02112200	数据仪器	
A02112300	计算机用测量仪器	
A02112400	核仪器与核辐射探测器	包括通用核仪器、核电厂、反应堆仪表和控制系统及电气设备、辐射防护监测仪器等
A02112500	交直流电测量仪器	包括交直流电桥、交直流电阻箱、交直流电位差计等
A02112600	磁场测量仪器	包括磁场计、磁通计、核磁共振测场仪、特斯拉计、数字磁强计、数字磁通表等
A02112700	综合测量仪	
A02112800	电子和通信测量仪器零部件	
A02119900	其他电子和通信测量仪器	
A02120000	计量标准器具及量具、衡器	
A02120100	长度计量标准器具	
A02120101	端度计量标准器具	
A02120102	线纹计量标准器具	
A02120103	齿轮参数计量标准器具	
A02120104	角度计量标准器具	
A02120105	光学仪器检测器具	
A02120199	其他长度计量标准器具	
A02120200	热学计量标准器具	
A02120201	温度计量标准器具	
A02120202	热量计量标准器具	
A02120203	湿度计量标准器具	
A02120299	其他热学计量标准器具	
A02120300	力学计量标准器具	
A02120301	质量计量标准器具	
A02120302	容量计量标准器具	

（续表）

编码	品目名称	说明
A02120303	密度计量标准器具	
A02120304	流量计量标准器具	
A02120305	压力及真空计量标准器具	
A02120306	测力计量标准器具	
A02120307	硬度计量标准器具	
A02120308	振动、加速度及转速计量标准器具	
A02120399	其他力学计量标准器具	
A02120400	电磁学计量标准器具	
A02120401	电表类计量标准器具	
A02120402	交流计量标准器具	
A02120403	直流计量标准器具	
A02120404	高电压大电流计量标准器具	
A02120405	磁特性计量标准器具	
A02120499	其他电磁学计量标准器具	
A02120500	无线电计量标准器具	
A02120501	电压及功率参数计量标准器具	
A02120502	信号及脉冲参数计量标准器具	
A02120503	噪声参数计量标准器具	
A02120504	元器件参数计量标准器具	
A02120505	相位参数计量标准器具	
A02120506	微波阻抗参数计量标准器具	
A02120507	场强参数计量标准器具	
A02120508	衰减计量标准器具	
A02120599	其他无线电计量标准器具	
A02120600	时间频率计量标准器具	
A02120700	电离辐射计量标准器具	
A02120800	光学计量标准器具	
A02120900	声学计量标准器具	
A02121000	化学计量标准器具	
A02121100	量具	包括量规、卡尺、千分尺、量尺、量带、高度尺、角度尺、指示表、刻线尺、光洁度样块、标准齿轮、量具附件等
A02121200	衡器	

（续表）

编码	品目名称	说明
A02121201	地上衡	包括杠杆式地上衡、字盘式地上衡、电子式地上衡等
A02121202	地中衡	包括杠杆式地中衡、字盘式地中衡、电子式地中衡、无基坑地中衡等
A02121203	轨道衡	包括杠杆式轨道衡、字盘式轨道衡、电子式轨道衡、动态轨道衡等
A02121204	钢材秤	
A02121205	皮带秤	包括机械式皮带秤、电子式皮带秤等
A02121206	吊秤	包括杠杆式吊秤、字盘式吊秤、电子式吊秤、无线传输电子吊秤等
A02121207	配料秤	
A02121208	定量秤	
A02121209	台案秤	包括杠杆式台、案秤,字盘式台、案秤,电子式台、案秤等
A02121210	液体秤	
A02121211	气体秤	
A02121212	料斗秤	包括机械式料斗秤、电子式料斗秤等
A02121213	核子秤	
A02121214	计数秤	包括电子计数秤等
A02121299	其他衡器	
A02121300	标准物质	包括钢铁标准物质、有色金属标准物质、建筑材料标准物质等
A02121400	计量标准器具零部件	
A02129900	其他计量标准器具	
A02130000	探矿、采矿、选矿和造块设备	
A02130100	钻探机	包括油压主轴钻机、油压转盘钻机、水文水井钻机、取样钻机、坑道钻机、手把地质钻机、汽车钻机、轻便钻机、竖井钻机、天井钻机、钻机备用部件等
A02130200	装药填充机械	包括装药车、装药器等
A02130300	矿用装载设备	包括装岩设备、抓岩机和抓斗、扒矿机、运矿车等
A02130400	煤矿生产监测监控设备	包括电力监测监控设备,提升监测监控设备,运输监测监控设备,防排水监测监控设备,露天矿用卡车防撞监测装置,矿井综合自动化监控装置,矿井井下设备定位监测系统,调度总机,井下通讯系统,井下防爆移动通讯系统,安全应急扩音通信告警系统,矿井井下人员定位监测、统计系统,露天矿GPS卡车调度系统,露天矿无线集群通讯系统,露天矿轮斗集中控制系统,巡检机器人等

（续表）

编码	品目名称	说明
A02130500	煤矿防治水设备	包括主排水泵及辅助设备、主排水泵专用阀门、主排水泵安全监测系统装置、水仓清理设备、各类矿用潜水泵、各类矿用清水泵、各类矿用泥浆泵、各类矿用渣浆泵、防爆排沙潜水泵、矿井水文钻机、注浆泵、矿井自动化排水监控装置、水位遥测仪等
A02130600	煤矿支护装备	包括液压支架、乳化液泵站、采煤工作面矿压监测装备、掘进巷道顶板离层监测装备、矿井深部地压预报装备、巷道掘锚一体机、切顶墩柱、岩石巷道钻车、液压支架监控装置、锚杆钻机、液压锚杆钻机泵站、锚索切割机、锚索机、喷浆机、支护质量监测仪、锚杆拉力计等
A02130700	提升、运输设备和绞车	包括提升机用电动机、提升机拖动控制设备、提升机供电电源柜、提升机安全监控及综合保护装置、提升信号设备、提升容器及连接装置、提升容器防坠器、提升防墩罐装置、提升过卷缓冲托罐装置、箕斗提升定重控制装置、天轮、钢丝绳自动平衡装置、提升钢丝绳在线监测装置、矿井提升机综合测试仪、矿井各类防爆绞车、阻燃胶带运输机、胶带运输机监控及保护装置、刮板运输机监控及保护装置、煤矿用架线电机车、防爆特殊型蓄电池电机车、防爆柴油机车、矿井运输信集闭控制装置、采区顺槽无级绳运输绞车、单轨吊运输装置、卡轨车、齿轨车、胶套轮车、平巷及斜巷人车、斜井运输跑车防护和防跑车装置、斜井运输信号装置耦合器、矿车翻车机、阻车器等
A02130800	选矿和洗矿设备	包括破碎设备、研磨设备、筛分设备、分级设备、选别设备、脱水设备、洗矿设备等
A02130900	造块设备	包括烧结机、球团设备、布料器、布料辊等
A02131000	探矿、采矿、选矿和造块设备零部件	
A02139900	其他探矿、采矿、选矿和造块设备	
A02140000	石油天然气开采设备	
A02140100	油气水井设施	包括油井、气井、盐井、碱井、注水井、注气井、注聚合物井、注二氧化碳井、注微生物井、注氮气井、火烧驱油井、观察井、资料井、水源井等
A02140200	油气汽水集输设施	包括计量站、计量配水站、集油气管线、注水汽管线、集（转）油站、集气站、注水站、热采注汽站、注聚合物站、注氮站、压气站、海洋采油平台、海底管线、原油库、输油气首站、输油气中间加热站、输油气中间加压站、输油气末站、输油气管线、消防装置、油气生产用电力线路等
A02140300	油气汽水处理设施	包括油气处理站、轻烃回收装置、污水处理站、天然气净化装置、硫磺回收装置、尾气处理装置、酸性水汽提装置、硫磺成型装置等

（续表）

编码	品目名称	说明
A02140400	油田机械	包括油气勘探设备、物探钻机、石油钻机、固井配套设备、压裂酸化设备、油水井清蜡设备、石油专用压风机（车）、钻采特车、油井测试设备、录井设备、试井设备、井下作业设备、海洋钻井设备、海洋作业设备、石油专用加工设备等
A02140500	石油天然气开采设备零部件	
A02149900	其他石油天然气开采设备	
A02150000	石油和化学工业设备	
A02150100	石油储备库设备	包括库区外管线、库区内管线、储油罐、输油泵、流量计及标定设备、循环搅拌设备、工艺阀门、工艺自动控制系统等
A02150200	长输管线	包括原油管线、天然气管线、成品油管线、化工产品管线等
A02150300	界区间管线	指厂区内生产装置或分厂（部）之间输送不同介质的管线，包括物料管线、公用工程管线等
A02150400	界区间罐区设施	指厂区内生产装置或分厂（部）之间独立于装置而储存原油、成品油、化工产品、液化气、天然气、瓦斯的罐类设施，包括原油罐区、成品油及中间罐区、化工罐区、液化气、天然气、瓦斯罐区等
A02150500	输油（气）站	包括原油输油站、天然气输气站、成品油分输站、压缩天然气（CNG）加气母站等
A02150600	炼油生产装置	包括常减压蒸馏装置、催化裂化装置、催化裂解装置、加氢裂化装置、减粘裂化装置、催化重整装置、连续重整装置、苯抽提装置、延迟焦化装置、汽油加氢精制装置、柴油加氢精制装置、汽柴油加氢精制装置、煤油加氢精制装置、蜡油加氢精制装置、渣油加氢精制装置、电化学精制装置、分子筛精制装置、煤油脱臭装置、环烷酸装置、酚精制装置、制氢装置、气体分馏装置、烷基化（硫酸法）装置、烷基化（氢氟酸法）装置、甲基叔丁基醚装置、液化气脱硫醇装置、汽油脱硫醇装置、气体脱硫装置、氢提纯装置、溶剂脱蜡装置、微生物脱蜡装置、溶剂蜡脱油装置、分子筛蜡脱油装置、润滑油白土精制装置、润滑油糠醛精制装置、润滑油加氢精制装置、石蜡白土精制装置、石蜡加氢精制装置、石蜡成型装置、氧化沥青装置、溶剂脱沥青装置、丙烷气体回收装置、尤里卡全馏分油加氢装置、煤油临氢脱硫醇装置、异构化装置、生物柴油中试装置、蜡油加氢裂化装置、特种蜡调合装置、碱渣处理装置、溶剂再生装置、油品调合装置、催化汽油吸附脱硫醇装置、催化干气提浓乙烯装置等
A02150700	润滑油生产装置	包括润滑油调合装置、润滑脂调合装置、合成油脂装置、金属制桶生产线、塑料制桶生产线、润滑油灌装生产线等

（续表）

编码	品目名称	说明
A02150800	基本有机化工原料生产装置	包括乙烯装置、异丁烯装置、丁烯-1装置、异戊烯装置、己烯-1装置、丁二烯抽提装置、苯乙烯装置、氯乙烯装置、苯酚丙酮装置、芳烃抽提装置、裂解汽油加氢装置、二甲苯装置、异丙苯装置、甲醇装置、丁辛醇装置、苯酐装置、环氧氯丙烷装置、C5分离装置、硫氰酸钠装置、乙酸（醋酸）装置、乙醛装置、歧化与烷基化转移装置、塑料薄膜装置等
A02150900	合成树脂生产装置	包括高压低密度聚乙烯装置、低压高密度聚乙烯装置、线性低密度聚乙烯装置、聚丙烯装置、聚苯乙烯装置、苯乙烯-丙烯腈装置、聚氯乙烯装置、聚醚装置等
A02151000	合成橡胶生产装置	包括丁苯橡胶装置、顺丁橡胶装置、丁基橡胶装置、丁苯胶乳装置、SBS热塑弹性体装置等
A02151100	合成纤维原料生产装置	包括乙二醇装、丙烯腈装置、己内酰胺装置、精对苯二甲酸装置、精间苯二甲酸装置、环己酮装置、氰化钠装置、乙腈烯装置、硫酸铵装置、硫酸装置、双氧水装置、硫氢酸钠回收装置、苯甲醛装置等
A02151200	合成纤维及合纤聚合物生产装置	包括聚酯装置、聚酯固相聚合装置、聚乙烯醇装置、聚酰胺装置、腈纶纤维装置、腈纶毛条装置、涤纶短纤维装置、涤纶工业丝装置、涤纶预取向丝装置、涤纶全牵伸丝装置、涤纶低弹丝装置、涤纶中空纤维装置、锦纶装置、丙纶装置等
A02151300	化肥生产装置	包括合成氨装置、尿素装置、复合肥装置等
A02151400	无机化工生产装置	包括烧碱装置、氯碱装置、盐硝装置、漂粉精装置等
A02151500	炼油催化剂生产装置	包括裂化催化剂装置、加氢催化剂装置、重整催化剂装置、降凝催化剂装置、器外预硫化装置等
A02151600	基本有机化工原料催化剂生产装置	包括甲苯歧化催化剂装置、乙苯脱氢催化剂装置、乙苯烷基化催化剂装置、醋酸乙烯催化剂装置、钯碳催化剂装置、丙烯腈催化剂装置、银催化剂装置、非晶态加氢催化剂装置、氧化催化剂装置、C2/C3馏分选择性加氢催化剂装置等
A02151700	合成树脂催化剂生产装置	包括聚乙烯催化剂装置、聚丙烯催化剂装置等
A02151800	合成橡胶催化剂生产装置	包括丁基锂装置、聚丁二烯油装置、铝剂装置等
A02151900	添加剂助剂生产装置	包括PX吸附剂装置、橡塑助剂装置、5A吸附剂装置等
A02152000	催化剂原料生产装置	包括分子筛装置、特种分子筛装置、有机胺装置、铝溶胶装置、干胶粉装置、水玻璃装置、硫酸铝装置、氯化镁精加工装置、给电子体装置、贵金属回收装置、芳烃溶剂装置、氨氮污水处理装置等

（续表）

编码	品目名称	说明
A02152100	催化剂检验分析评价装置	包括炼油催化剂分析评价装置、聚烯烃催化剂分析评价装置、吸附剂分析评价装置等
A02152200	辅助生产装置	包括空气分离及液化装置、供风装置、动力装置、发电装置、供排水装置、化学水装置、循环水装置、污水汽提装置、污水处理装置、废气回收装置、油罐清洗装置、编织袋装置等
A02152300	油品销售设施类	包括油库、加油站、加气站、非油品经营设施等
A02152400	橡胶设备	包括橡胶原料加工设备、炼胶设备、挤出设备、压延设备、成型设备、硫化设备、乳胶制品和再生胶生产设备、橡胶设备辅助设备等
A02152500	塑料机械	包括塑料备料设备、塑料制品设备、塑料压延机械、注射成型机、中空吹塑成型机、吸塑成型机、挤出成型机、发泡成型机、人造革设备、其他塑料机械等
A02152600	日用化学品设备	包括洗涤用品加工机械，香料、香精及化妆品加工机械，牙膏加工机械，火柴加工机械，合成胶、动物胶、植物胶加工机械等
A02152700	林产化工机械	包括天然橡胶加工设备、木材水解设备、松香生产设备等
A02152800	石油和化学工业设备零部件	
A02159900	其他石油和化学工业设备	
A02160000	炼焦和金属冶炼轧制设备	
A02160100	炼焦设备	包括炼焦炉、炼焦炉辅助设备等
A02160200	炼铁设备	包括炼铁高炉、炼铁高炉辅助设备、高炉压差发电设备、铸铁设备等
A02160300	炼钢设备	包括混铁炉、炼钢平炉、炼钢转炉、炼钢电炉、钢二次精炼设备、连续铸钢设备、炼钢炉配套设备等
A02160400	有色金属冶炼设备	包括焙烧炉、煅烧炉、烧结炉、重金属冶炼炉、轻金属冶炼炉、稀有金属冶炼炉、电解槽、有色金属铸造设备等
A02160500	铁合金设备	包括铁合金高炉、铁合金电炉、铁合金浇铸设备等
A02160600	金属轧制机械及拉拔设备	包括金属开坯轧机、型材轧机、板材、带材和箔材轧机，管材轧机、线材轧机、特殊轧机，轧机辅助设备，拉拔设备和制绳设备等
A02160700	冶金专用车辆	包括铁水车、铸锭车、料槽车、烧结车、渣罐车、保温车、混铁车、矿渣车等
A02160800	炼焦和金属冶炼轧制设备零部件	
A02169900	其他炼焦和金属冶炼轧制设备	包括冷却设备（冶炼用）、连续铸造设备、冶炼辅助设备、金属制品加工设备、金属铸造设备等
A02170000	电力工业设备	

（续表）

编码	品目名称	说明
A02170100	电站锅炉及辅助设备	包括锅炉本体、锅炉辅助设备、化学水处理设备、排污及疏水设备、除尘除灰设备等
A02170200	汽轮发电机组	包括汽轮机本体、发电机本体、汽轮发电机组辅助设备等
A02170300	水轮发电机组	包括水轮机本体、水轮发电机、水轮发电机组辅助设备等
A02170400	输电线路	包括铁塔输电线路、铁杆输电线路、水泥杆输电线路、木杆输电线路、电缆输电线路等
A02170500	配电线路	包括铁杆配电线路、水泥杆配电线路、木杆配电线路、电缆配电线路等
A02170600	变电设备	
A02170700	电力专用自动化控制设备	包括电站自动化控制设备、电力远动装置等
A02170800	架线设备	包括张力放线机、液压倒装铁塔联动装置、机动绞盘等
A02170900	电站制氢设备	
A02171000	电力工业设备零部件	
A02179900	其他电力工业设备	包括输电用设备、变压器设备、电工绝缘处理设备、电机设备、电焊机与焊条设备、酸性蓄电池设备、碱性蓄电池设备、低压电器设备、电线电缆设备、绝缘材料设备、电材设备等
A02180000	非金属矿物制品工业设备	
A02180100	水泥及水泥制品设备	包括水泥及硅酸盐用炉窑、水泥设备、水泥制品设备等
A02180200	玻璃及玻璃制品制造设备	包括平板玻璃制造设备、玻璃纤维生产设备、玻璃棉设备、玻璃钢设备、工业技术玻璃设备、玻璃制品加工设备、日用玻璃制品、玻璃包装容器制造设备等
A02180300	陶瓷制品生产设备	包括陶瓷制品成型设备、陶瓷制品备料设备、陶瓷制品施釉设备等
A02180400	墙体、地面材料	包括砖瓦坯、条加工设备，水磨石制坯机械，砖和砌块成型设备，制瓦机，石膏板生产设备，加气混凝土生产设备等
A02180500	石棉、耐火制品及其他非金属矿物制品设备	包括石棉制品设备、铸石制品设备、陶粒生产设备、沥青毡生产设备、饰墙材料生产设备、耐火材料生产设备、碳素制品生产设备等
A02180600	非金属矿物切削加工设备	包括光学材料和玻璃加工机床、石材加工机床、水泥等非金属矿物制品加工机床等
A02180700	非金属矿物制品工业设备零部件	
A02189900	其他非金属矿物制品工业设备	包括橡胶、塑料加工设备等
A02190000	核工业设备	
A02190100	核反应堆设备	包括核反应堆系统、反应堆监测控制系统、反应堆保护系统等

（续表）

编码	品目名称	说明
A02190200	核用矿冶设备	包括放射性分选机、分级设备、核用水冶设备、放射性矿山设备等
A02190300	核电站设备	包括核电站一回路系统、核电站二回路系统、核电辅助系统设备、核燃料运输贮存与装卸系统、放射性废物处理系统等
A02190400	核燃料循环设备	包括铀转化设备、铀浓缩设备、元件设备、后处理设备、放射性废物处置处理设备等
A02190500	核地勘设备	
A02190600	核聚变试验装置	
A02190700	核技术应用设备	包括辐照装置设备、加速器设备、核探测设备等
A02190800	核工业设备零部件	
A02199900	其他核工业设备	
A02200000	航空航天工业设备	
A02200100	飞机、火箭、导弹、卫星总装调试设备	包括火箭、导弹总装调试设备，卫星总装调试设备，飞机总装调试设备等
A02200200	控制、遥测、能源、制导系统用设备	包括控制系统、遥测系统、供配电测试、加注专用设备等
A02200300	人造卫星	
A02200400	弹（星）体加工设备	包括弹体加工设备、星体加工设备等
A02200500	发动机设备	包括固体发动机设备、液体发动机设备等
A02200600	驾驶系统和惯性器件设备	包括自动驾驶仪设备、平台陀螺设备、伺服机构设备、舵机设备等
A02200700	战斗部设备	
A02200800	火工品设备	
A02200900	制造地面系统设备	
A02201000	试验设备	包括环境模拟试验设备、空气动力试验设备等
A02201100	航天专用工艺设备	包括整星器包装箱、特种集装箱等
A02201200	全弹发动机试车台	包括全弹试车台、液体发动机试车台、冲压发动机试车台、固体发动机试车台、高空试车台、组成件试车台、氢氧发动机试车台等
A02201300	地面飞行训练器	
A02201400	航天产品用特种车	包括发电乘务车、铁路槽车、公路槽车、火工品运输车等
A02201500	航空航天工业设备零部件	
A02209900	其他航空航天工业设备	
A02210000	工程机械	

（续表）

编码	品目名称	说明
A02210100	挖掘机械	包括大型挖掘机、中型挖掘机、小型挖掘机、斗轮挖掘机、挖掘装载机等
A02210200	铲土运输机械	包括推土机、装载机、铲运机、平地机、非公路自卸车等
A02210300	工程起重机械	包括汽车起重机、全地面起重机、履带式起重机、轮胎式起重机、随车起重机、塔式起重机、施工升降机、建筑卷扬机等
A02210400	工业车辆	包括内燃叉车、蓄电池叉车、托盘堆垛车、侧面叉车、越野叉车、拣选车、伸缩臂叉车、集装箱叉车、牵引车、平台搬运车、手动液压搬运车等
A02210500	压实机械	包括静碾压路机、震动压路机、轮胎压路机、夯实机等
A02210600	路面及养护机械	包括路面基础施工机械、沥青路面施工机械、水泥路面施工机械、路面养护机械等
A02210700	桩工机械	包括旋挖钻机、柴油打桩机、柴油锤式打桩机、振动沉拔桩锤、振动沉拔桩架、压桩机、螺旋钻孔机、成孔机、振冲器、落锤打桩机等
A02210800	混凝土机械	包括混凝土输送泵、混凝土布料杆、水泥搅拌站、混凝土搅拌运输车、混凝土振动器、混凝土浇注机械、混凝土制品机械等
A02210900	凿岩与掘进机械	包括凿岩机、钻车、钻机、全断面隧道掘进机、非开挖设备、凿岩辅助设备、破碎机等
A02211000	钢筋及预应力机械	包括钢筋强化机械、钢筋加工机械、钢筋连接机械、钢筋预应力机械等
A02211100	气动工具	包括回转式气动工具、冲击式气动工具、气动马达等
A02211200	装修与高处作业机械	包括灰浆制备及喷吐机械、涂料喷刷机械、油漆制备及喷涂机械、地面装修机械、屋面装修机械、高处作业吊篮及擦窗机、高处作业平台、高处作业车、建筑装修机具等
A02211300	工程机械零部件	包括液压件、传动件、行走部件、驾驶室设备、工程机械仪表及控制设备等
A02219900	其他工程机械	
A02220000	农业和林业机械	
A02220100	拖拉机	包括轮式拖拉机、履带拖拉机（含半履带式拖拉机）、手扶拖拉机等
A02220200	土壤耕整机械	包括耕地机械、整地机械、林地清理机械等
A02220300	种植施肥机械	包括播种机械、育苗机械、栽植机械、施肥机械、地膜机械等
A02220400	植物管理机械	包括中耕机械、植保机械、修剪机械等
A02220500	园林机械	包括乔木管护设备、灌木管护设备、庭院用微型设备等

（续表）

编码	品目名称	说明
A02220600	农作物及林特产品收获机械	包括谷物收获机、玉米收获机、棉麻作物收获机、果实收获机、蔬菜收获机、花卉（茶叶）采收机、籽粒作物收获机、根茎作物收获机、饲料作物收获机、茎秆收集处理机、林特产品采摘机械等
A02220700	收获后处理机械	包括脱粒机、清选机、剥壳（去皮）机、干燥机、种子加工机、仓储机械等
A02220800	农林产品初加工机械	包括磨粉（浆）机械、棉花加工机械、果蔬加工机械、茶叶加工机械、林特产品初加工机械等
A02220900	农用搬运机械	包括农用运输机械、农用装卸机械等
A02221000	排灌机械	包括水泵、喷灌机械设备等
A02221100	农村可再生能源利用设备	包括风力设备、水力设备、太阳能设备、生物制能设备等
A02221200	设施农业设备	包括日光温室设施设备、塑料大棚设施设备、连栋温室设施设备等
A02221300	农用动力机械	不包括拖拉机等
A02221400	草原建设机械	包括围栏设备、草皮破碎机、草原除雪机、毒饵撒播机、埋桩机、梳草机、起草皮机等
A02221500	草料加工设备	
A02221600	畜牧饲养机械	包括孵化育雏设备、喂料饮水设备、清理消毒设备、网围栏等
A02221700	畜禽产品采集加工机械	包括挤奶机、剪羊毛机、牛奶分离机、储奶罐等
A02221800	水产养殖机械	包括增氧机、增氧装置或增氧系统、投饵机、投饵装置或投饵系统、网箱养殖设备、水体净化处理设备及水质监测仪器设备等
A02221900	水产品捕捞和采集机械	包括海洋捕捞机械、淡水捕捞机械、水生植物采集机械等
A02222000	水产品初加工机械	包括鱼货起卸和冻结设备、贝类加工机械、海参加工机械、紫菜加工机械、鱼类初加工机械等
A02222100	制网机械	包括织网机、制绳机、并线机等
A02222200	农业和林业机械零部件	
A02229900	其他农业和林业机械	包括捆草机等
A02230000	木材采集和加工设备	
A02230100	木材采伐和集运机械	包括采伐机械、集材机、割灌机、专用运材设备等
A02230200	木工机床	包括木工车床，木工刨床，木工铣床，开榫机，木工锯机，木工钻床，榫槽机，木工磨光、抛光机，木工多用机床，木工冷压机，木工拼接机等
A02230300	木质纤维加工设备	包括造纸、粘胶纤维和人造板纤维备料机械、木制纤维备料设备、纤维加工分离机械等

（续表）

编码	品目名称	说明
A02230400	人造板加工设备	包括削片机、铺装成型机、干燥机、压机、裁边机、砂光机、施胶机、运输机、分选机、剥皮机、定心机、旋切机、卷板机、刨切机、剪板机、挖孔补节机、拼缝机、组坯机、磨浆机、后处理设备、横截机、装卸机、分板机、冷却翻板机、垫板处理设备、木片清洗机、料仓、分离器、电磁振动器、磁选装置、升降台、堆拆垛机、计量设备、浸渍干燥机、磨刀机、容器、浓度调节器、拼接板机等
A02230500	木材干燥设备	包括常规干燥设备、除湿干燥设备、真空干燥设备、太阳能干燥设备、高频干燥设备、微波干燥设备等
A02230600	木材防腐设备	
A02230700	林业生物质工程设备	
A02230800	木材采集和加工机械零部件	
A02239900	其他木材采集和加工机械	
A02240000	食品加工设备	
A02240100	制糖机械	包括原料处理设备、提汁设备、制炼设备、废粕综合利用设备等
A02240200	糕点糖果及果品加工机械	包括糕点类原料加工机械，饼干加工机，糕点加工机，糖果加工备料机械，糖果加工成型机械，果品加工机械、糕点、糖果、果品生产线等
A02240300	菜类食品加工机械	包括蔬菜加工机械、豆制品加工机械、淀粉制品加工机械等
A02240400	屠宰、肉食品及蛋品加工机械	包括禽畜屠宰加工设备、肉类加工机械、乳品加工机械、蛋品加工设备、水产品加工机械等
A02240500	食品蒸煮机械	
A02240600	食品杀菌器械	
A02240700	食品均质机	
A02240800	调味品加工机械	包括味精加工机械、酱制品加工机械、酱油加工机械、食醋加工机械等
A02240900	罐头食品生产线	包括肉类罐头加工线、蔬菜罐头加工线、水产品罐头加工线等
A02241000	饮食炊事机械	
A02241100	食品检测、监测设备	
A02241200	食品加工设备零部件	
A02249900	其他食品加工设备	
A02250000	饮料加工设备	
A02250100	酿酒设备	包括通用酿酒设备、啤酒制造设备、白酒制造设备、黄酒制造设备、果酒制造设备、食用酒精制造设备等

（续表）

编码	品目名称	说明
A02250200	无醇饮料加工设备	包括冷饮设备，咖啡、可可加工设备，茶饮料加工设备，果汁加工设备，饮用水加工设备等
A02250300	饮料加工设备零部件	
A02259900	其他饮料加工设备	
A02260000	烟草加工设备	
A02260100	烟用加温加湿机械	包括回潮机、微波回软设备、洗梗机等
A02260200	烟用解把机械	包括解把机、松散机、松包机等
A02260300	烟用除杂、筛分机械	包括筛分机、筛砂机、剔除机、除杂设备、除麻丝机、梗签分离机等
A02260400	烟用叶梗分离机械	包括打叶机、风分机等
A02260500	烟用烘烤机械	包括烟梗烤机、烟片烤机、自助烟烘干机、碎烟干燥机等
A02260600	烟用预压打包机械	包括预压机、打包机等
A02260700	烟用开（拆）包机械	包括拆箱机、开包机等
A02260800	烟用叶片分切机械	包括切片机等
A02260900	烟用切丝机械	包括直刃滚刀式切（梗）丝机、曲刃滚刀式切（梗）丝机等
A02261000	烟用烘丝机械	包括烘丝机、烘（梗）丝机等
A02261100	烟用冷却机械	包括振动式烟丝冷却机、带式烟丝冷却机等
A02261200	烟用香精香料调配及加料加香机械	包括加香机、加料机、糖香料厨房设备等
A02261300	烟用压梗机械	包括压梗机等
A02261400	烟丝膨胀机械	包括二氧化碳烟丝膨胀装置、KC-2介质烟丝膨胀装置、氮气烟丝膨胀装置、气流式烟丝膨胀装置等
A02261500	烟丝输送机械	包括喂料机，喂丝机，吸丝机，送丝系统，储存输送系统，滤棒发射、接收系统等
A02261600	再造烟叶机械	包括薄片生产设备等
A02261700	烟用卷接机械	包括卷烟机、接装机、装盘机、卸盘机、卷接机组等
A02261800	烟用包装机械	包括包装机组、包装机、小包机、条包机、小包存储器等
A02261900	烟用滤棒成型机	包括开松上胶机、滤棒成型机组等
A02262000	烟用装封箱机	包括封箱机、装箱机、条盒提升机、条盒输送机、条盒方向转换机、封装箱机等
A02262100	废烟支、烟丝回收装置	包括废烟支处理机等
A02262200	烟草加工机械零部件	
A02269900	其他烟草加工机械	包括配叶机、碎叶分离机、贮叶配叶机、烟丝探测器等

（续表）

编码	品目名称	说明
A02270000	粮油作物和饲料加工设备	金属
A02270100	通用清理机械	包括筛、去石机等
A02270200	碾米机械	包括原料清理设备、脱壳分离设备、碾米机、涮米设备、联合碾米设备、玉米加工设备等
A02270300	面粉加工设备	包括原料清理设备、磨粉设备、筛粉机、清粉机、松粉机、撞击机、打麸机、刷麸机等
A02270400	榨油机械	包括原料清理设备、压胚设备、软化设备、压饼机、榨油机、蒸炒锅等
A02270500	油脂浸出机械	包括浸出器、蒸发器、汽提塔、脱溶机、脱臭机、蒸脱机、烘干机和干燥机、尾气吸收装置等
A02270600	油脂精炼设备	包括锅、脱臭塔、脱臭炉、油碱比配机、混合机械、罐、油液捕集器等
A02270700	饲料加工设备	包括混合及配料设备、颗粒压制设备、饲料加工机械及机组等
A02270800	食品油脂加工设备	包括油料蛋白生产设备、花生蛋白生产设备、起酥油设备、人造奶油设备等
A02270900	粮油作物和饲料加工设备零部件	
A02279900	其他粮油作物和饲料加工设备	包括谷物、油籽加工专用机械设备，粮、油仓储，打包、灌包专用机械，制盐机械等
A02280000	纺织设备	
A02280100	化纤机械	包括抽丝设备、维纶设备、腈纶设备、涤纶设备、绵纶设备、丙纶设备、纤维素纤维设备等
A02280200	棉纺织机械	包括棉开松设备、分梳机、并条机、纱机、纺纱机、捻线机、棉纱处理设备、织机等
A02280300	毛纺织机械	包括毛处理设备、毛条设备、毛纺设备、捻机、毛纱处理设备、毛织机、绒线设备等
A02280400	麻纺织机械	包括麻处理设备、分梳机、并条机、麻纺机、麻织机等
A02280500	绸机械及绢纺机械	包括准备设备、缫丝设备、丝织设备、绢纺设备、抽丝纱设备等
A02280600	针织机械	包括单动针纬编机、联动针纬编机、经编机等
A02280700	染整机械	包括印染后整理设备、针织品染色整理设备等
A02280800	非织造织物设备	包括开松混棉设备、给棉设备、成网设备、梳理设备、交叉铺网设备、浸渍设备、烘燥设备、上胶设备、针刺设备、水刺设备、切边设备、成卷设备、直接纺丝设备、熔喷设备、非织造布辅机设备等
A02280900	毛毯加工机械	包括准备设备、处理设备、染整机械等
A02281000	纺织设备零部件	
A02289900	其他纺织设备	包括织造通用装置、缝编机、钩编机等

（续表）

编码	品目名称	说明
A02290000	缝纫、服饰、制革和毛皮加工设备	
A02290100	缝纫机	包括民用缝纫机、工业缝纫机等
A02290200	服装加工机械	包括剪裁机械、粘合机、压胶机、制领机械、整烫设备、大臼扣机、服装打号码机、商标机等
A02290300	羽绒加工设备	包括预分机、除灰机、洗毛机、脱水机、烘毛机、分毛机、冷却机、拼堆机等
A02290400	工业洗涤机械	包括10KG以上干洗机、10KG以上洗衣脱水机、10KG以上烘干机、烫平机、折叠机、隧道洗涤机组、后整理整烫定型设备（各种夹机人像机）、洗衣工厂用辅助设备（去渍台、输送线、吊挂线）等
A02290500	制鞋机械	包括下料机械、片帮机械、缝外线机、缝内线机、胶粘机、压合机、绷机、成型机、钉鞋眼机、烫平机械等
A02290600	制帽机械	
A02290700	制革机械	包括制革准备机械、磨革机、打光机、拉伸机械、平展机械、干燥机、烫革机械、皮革轧花机等
A02290800	毛皮加工机械	包括毛皮去肉机、剪毛机、烫毛机、梳毛机、干铲机、毛皮挤油机、刷酸机、毛皮削匀机、毛皮拉伸机等
A02290900	皮革制品加工机械	包括皮箱接头机、其他皮革制品加工机械
A02291000	缝纫、服饰、制革和毛皮加工机械零部件	
A02299900	其他缝纫、服饰、制革和毛皮加工机械	
A02300000	造纸和印刷机械	
A02300100	造纸机械	包括制浆设备、打浆设备、洗浆机械、筛选设备、漂白设备、造纸机、造纸完成机械、加工纸设备、造纸辅机等
A02300200	图像制版机械	
A02300300	文字制版机械	
A02300400	照排设备	
A02300500	盲文印刷机	
A02300600	装订机械	
A02300700	数码印刷机	
A02300800	造纸纵切机	
A02300900	切纸机	
A02301000	切割机	
A02301100	盘纸分切机	
A02301200	切蜡光纸机	

（续表）

编码	品目名称	说明
A02301300	裁纸机	
A02309900	其他造纸和印刷机械	
A02310000	化学药品和中药设备	
A02310100	化学原料药加工机械	包括摇瓶机、结晶设备、发酵设备等
A02310200	制剂机械	包括片剂机械，水针机械，粉、针机械，大输液机械，酊水、糖浆剂设备，药膜机械，软膏机械，胶囊设备，丸剂机械，颗粒剂机械等
A02310300	中药机械	包括中药饮片加工机械、提取机械等
A02310400	药瓶洗理机械	包括洗瓶机、理瓶机、供瓶机、输瓶机等
A02310500	药用干燥设备	包括真空干燥设备、喷雾干燥设备、气流干燥设备、沸腾干燥设备、冷冻干燥设备、热风干燥设备、双锥干燥设备、中药干燥设备等
A02310600	制药蒸发设备和浓缩设备	包括标准式蒸发器、薄膜式蒸发器、刮板式蒸发器、浓缩设备、列管式蒸发器、离心薄膜蒸发器等
A02310700	药品专用包装机械	包括片丸药包装机械、胶囊分装机械等
A02310800	粉碎、筛粉设备	包括粉碎设备、磨粉设备、球磨机、胶体磨设备、圆盘粉筛机、金钢砂磨设备、其他粉碎、筛粉设备
A02310900	化学药品和中药设备零部件	
A02319900	其他化学药品和中药设备	
A02320000	医疗设备	
A02320100	手术器械	包括基础外科手术器械、显微外科手术器械、神经外科手术器械、眼科手术器械、耳鼻喉科手术器械、口腔科手术器械、胸腔心血管外科手术器械、腹部外科手术器械、泌尿肛肠外科手术器械、矫形外科（骨科）手术器械、儿科手术器械、妇产科手术器械、计划生育科手术器械、注射穿刺器械、烧伤（整形）科手术器械等
A02320200	普通诊察器械	包括体温表、血压计、听诊器、诊察辅助器械等
A02320300	医用电子生理参数检测仪器设备	包括心电诊断仪器，脑电诊断仪器，肌电诊断仪器，眼电诊断仪器，监护仪器，生理参数遥测仪器，生理记录仪器，呼吸功能及气体分析测定装置，血流量、容量测定装置，电子体温测定装置，电子血压测定装置，运动生理参数测定装置，心音诊断仪器，心磁图仪器，心输出量测定仪器等
A02320400	医用光学仪器	包括眼科光学仪器、手术显微镜及放大镜、眼科矫治和防护器具等
A02320500	医用超声波仪器及设备	包括超声诊断仪器、超声治疗设备、其他医用超声仪器及设备、超声生理参数测量、分析设备
A02320600	医用激光仪器及设备	包括激光仪器、激光检测仪器等

（续表）

编码	品目名称	说明
A02320700	医用内窥镜	包括硬式内窥镜、纤维内窥镜、医用内窥镜附属设备等
A02320800	物理治疗、康复及体育治疗仪器设备	包括电疗仪器，微波及射频治疗设备，光疗仪器，水疗设备，体疗仪器，高、低压氧仓，蜡疗设备，热疗设备，磁疗设备，力疗设备/器具等
A02320900	中医器械设备	包括中医诊断设备，中医治疗设备，中医预防、康复设备等
A02321000	医用磁共振设备	包括磁共振成像装置等
A02321100	医用磁共振设备辅助装置	包括磁共振造影注射装置、磁共振辅助刺激系统、磁共振定位装置等
A02321200	医用X线诊断设备	包括数字化X线诊断设备、X线断层诊断设备、X线电子计算机断层扫描装置等
A02321300	医用X线附属设备及部件	包括造影剂注射装置、医用影像显示器等
A02321400	医用放射射线治疗设备	包括医用高能放射治疗设备、核医学治疗设备、X线治疗设备、放射性核素成像设备、粒子植入治疗系统、放疗模拟及图像引导系统、放疗配套器械等
A02321500	核医学诊断设备	包括单光子发射计算机断层成像设备、单光子发射计算机断层扫描系统、正电子发射断层成像系统、放射性核素扫描仪、核素扫描机、医用核素检测设备等
A02321600	核医学诊断设备辅助装置	包括PET自动给药系统等
A02321700	医用射线防护设备	包括医用射线防护用具及装置等
A02321800	医用射线监检测设备及用具	包括医用射线专用检测仪器等
A02321900	临床检验设备	包括分子生物学分析设备、采样设备和器械、样本前处理设备、电解质及血气分析设备、免疫学设备，生化分析设备，微生物学设备，细胞核组织培养设备，血液学设备，输血设备，尿液化验设备，病理学器具、设备，实验室辅助器具、设施及设备，特殊实验设备等
A02322000	药房设备及器具	包括药品贮藏设备、发药机、摆药机、中药制备设备及器具等
A02322100	体外循环设备	包括血液分离、处理、贮存设备、心肺流转设备、人工心肺机、人工心肺设备、血液透析装置、血液净化设备辅助装置、腹膜透析装置、人工肝支持系统等
A02322200	人工脏器及功能辅助装置	包括人工心脏瓣膜、人造管腔、人工器官、器官缺损修补材料等
A02322300	假肢装置及部件	包括假肢等
A02322400	手术室设备及附件	包括通用手术台床、专科诊疗台床、手术电刀设备、手术照明设备、手术及急救器具、患者位置固定辅助器械、患者转运器械、防压疮（褥疮）垫等

（续表）

编码	品目名称	说明
A02322500	急救和生命支持设备	包括心脏急救治疗装置、麻醉设备、呼吸设备、吸引设备、冲洗减压器具、医用制氧设备、呼吸/麻醉及急救设备辅助装置等
A02322600	介/植入诊断和治疗用器械	包括血管介入、植入部件、心脏除颤、起搏器、球囊、支架、人工晶体、神经调配设备、神经内/外科植入物、耳鼻喉植入物、整形及普通外科植入物、组织工程支架材料等
A02322700	病房护理及医院设备	包括护理用设备及器具，输液设备及器具，医用供气、输气装置，病房附加设备及器具，器械台、柜等器具，医用推车及器具，病人生活用车、担架及器具，婴儿保育设备，医院通讯设备，医用制气、供气、吸气装置，注射/穿刺器械、止血器具、清洗/灌流/吸引/给药器械等
A02322800	消毒灭菌设备及器具	包括压力蒸汽灭菌设备，医用超声波净化设备，煮沸消毒设备，气体灭菌设备及器具，光线、射线灭菌设备，医院环保设施，供应室设备等
A02322900	医用低温、冷疗设备	包括医用低温设备、医用冷疗设备等
A02323000	防疫、防护卫生装备及器具	包括医疗箱类、急救盒类、急救包类、防毒设备及器具等
A02323100	助残器械	包括电子助视器、助听器、轮椅等
A02323200	骨科植入部件	包括脊柱植入部件、人工关节部件、创伤植入部件、辅助部件等
A02323300	口腔设备及器械	包括口腔综合治疗设备、牙科椅、技工室器具、技工室设备及配件、口腔功能检测设备及器具、牙种植设备及配件等
A02323400	兽医设备	包括兽医用电子诊断设备、疫苗组织捣碎机、疫苗冷冻干燥机、动物疫病防治设备等
A02323500	医疗设备零部件	
A02329900	其他医疗设备	包括医用辐射剂量学设备、医用紫外线、红外线诊断和治疗设备、血液净化设备等
A02330000	电工、电子生产设备	
A02330100	电工生产设备	包括电机生产设备、低压电器生产设备、电线电缆制造设备、绝缘材料生产设备等
A02330200	电池生产设备	包括铅酸蓄电池生产设备、电池制作工艺设备等
A02330300	电子工业生产设备	包括半导体设备，电真空器件生产设备，电子元件制造设备，环境例行试验设备，激光、印刷线路计算机生产设备，生产线及装配线，磁盘打印机生产设备等
A02330400	家用电器生产设备	包括洗衣机生产设备、电冰箱生产设备、家用空调器生产设备、家用电扇生产设备、家用清洁卫生器具生产设备、家用厨房电器具生产设备等
A02330500	电工、电子生产设备零部件	

（续表）

编码	品目名称	说明
A02339900	其他电工、电子生产设备	
A02340000	安全生产设备	
A02340100	煤矿安全设备	包括通风检测设备、瓦斯防治设备、防灭火设备、防尘设备等
A02340200	非煤矿山安全设备	包括无轨设备自动灭火系统、烟雾传感器、斜井提升用捞车器、70℃防火调节阀、井下低压不接地系统绝缘检漏装置、带张力自动平衡悬挂装置的多绳提升容器、带BF型钢丝绳罐道罐笼防坠器的罐笼、带木罐道罐笼防坠器的罐笼等
A02340300	危险化学品安全设备	包括毒性气体检测报警器、地下管道探测器、管道防腐检测仪、氧气检测报警器、便携式二氧化碳检测报警器、便携式可燃气体检测报警器、送风式长管呼吸器、危险化学品安全存储设备等
A02340400	烟花爆竹行业安全设备	包括静电火花感度仪等
A02340500	公路行业安全设备	包括路况快速检测系统（CiCS）等
A02340600	铁路行业安全设备	包括红外线轴温探测智能跟踪设备（THDS）、货车运行故障动态检测成套设备（TFDS）、货车运行状态地面安全监测成套设备（TPDS）等
A02340700	民航行业安全设备	包括发动机火警探测器、防冰控制系统设备等
A02340800	应急救援设备类	包括正压式空气呼吸器、隔绝式正压氧气呼吸器、全防型滤毒罐、消防报警机、核放射探测仪、可燃气体检测仪、压缩氧自救器等
A02340900	安全生产设备零部件	
A02349900	其他安全生产设备	
A02350000	邮政设备	
A02350100	邮政内部处理设备	包括悬挂运输机、邮件传送机、邮件提升机、邮件开拆机包裹分拣机、信件分拣机等
A02350200	邮政营业投递设备	包括邮资机、自动取包机、包裹收寄机、投币自动出售机、信函过戳机等
A02350300	邮政除尘设备	包括空袋除尘系统、开拆除尘系统等
A02350400	邮政清洗缝补设备	包括清洗机、烘干机、甩干机、晾晒机、熨平机、缝补机等
A02350500	邮政储汇设备	包括汇兑稽核数据处理设备、储汇设备等
A02350600	邮政设备零部件	
A02359900	其他邮政设备	
A02360000	环境污染防治设备	
A02360100	大气污染防治设备	包括除尘设备、脱硫设备、脱硝设备、除油除雾设备、挥发性有机废气净化设备等

（续表）

编码	品目名称	说明
A02360200	水质污染防治设备	包括固体液体分离设备，物理、化学处理设备，生物化学处理设备，蒸发法热处理设备，油污染防治设备，气净处理设备，再生水利用装置等
A02360300	固体废弃物处理设备	包括输送与存储设备、分选设备、破碎压缩设备、焚烧设备、无害化处理设备等
A02360400	噪声控制设备	包括消音设备、隔音设备等
A02360500	环保监测设备	包括大气监测装置、水质监测装置、噪音与振动监测装置、电磁辐射监测装置、电离辐射监测装置等
A02360600	金属废料回收设备	包括金属废料加工机械、金属废料回收设备等
A02360700	非金属废料回收设备	包括非金属废料加工机械、非金属废料回收设备等
A02360800	核与辐射安全设备	包括核与辐射安全监测设备、核与辐射安全防护设备等
A02360900	环境污染防治设备零部件	
A02369900	其他环境污染防治设备	
A02370000	政法、消防、检测设备	
A02370100	消防设备	包括消防救援设备（消防员防护装备、消防灭火装备、抢险救援装备、特种消防装备、消防通信装备、消防战勤保障装备、防火检查装备、火灾调查装备、消防宣传装备、消防训练装备等）、消防检测设备（消防产品检测设备、建筑消防设施检测设备、消防安全检测设备、消防产品实（试）验设备等）、建筑消防设备（逃生避难设备、火灾自动报警设备）、其他消防设备（灭火药剂、洗消剂、隔绝式正压氧气呼吸器、消防报警机、压缩氧自救器等）、防火检查装备、火灾调查装备等
A02370200	交通管理设备	包括交通指挥监控系统设备、成套信号灯及控制设备、交通执法取证设备、交通事故勘察和救援设备、车辆检测设备、驾驶员考试用设备等
A02370300	物证检验鉴定设备	包括医学检验鉴定设备、物理化验检验鉴定设备、痕迹检验鉴定设备、物证图像采集处理设备、文件检验鉴定设备、指纹检验鉴定设备、爆炸物检验鉴定设备、电子物证检验鉴定设备、声纹检验鉴定设备、心理测试设备、毒品检查设备等
A02370400	安全、检查、监视、报警设备	包括行李包裹检查设备，货物检查设备，车辆检查设备，食品检查设备，人员检查设备，大型集装箱检查设备；公安专用监视设备；视频监控、光电监控设备；安防机器人；光纤震动入侵探测仪、地面传感设备、多波束型声呐、复杂环境多源感知智能预警（处置）设备等
A02370500	爆炸物处置设备	包括爆炸物探测设备、防爆设备、排爆设备、储运设备等
A02370600	技术侦察取证设备	包括技术侦查设备、技术取证设备等

（续表）

编码	品目名称	说明
A02370700	警械设备	包括警棍、手铐、脚镣、强光手电、警用制式刀具、约束装备、警绳、勤务装具、警械专用柜、催泪喷射器、防暴射网器等
A02370800	非杀伤性武器	包括防暴枪、麻醉枪、信号枪、训练枪、枪支附件等
A02370900	防护防暴装备	包括防护装备、防暴装备等
A02371000	出入境设备	包括出入境检查台设备、出入境自助通道设备、出入境证件查验设备(二合一证件芯片阅读机、OCR证照阅读机、小型文检仪等）、出入境证件制作设备（电子护照制证机、电子卡式证件制证机、电子卡式证件签注制证机、智能签注设备、证件打印机及相关配套设备）、出入境证件自助受理设备、出入境证件自助发放设备、电子护照等
A02371100	边界勘界和联检设备	包括边界勘界和联检车辆、边界勘界和联检船艇、边界勘界和联检办公设备、边界勘界和联检测量设备、边界勘界和联检通讯设备、边界和联检设备零部件等
A02371200	网络监察设备	包括网络侦控设备、网络临侦设备等
A02371300	教育训练装备	包括训练防护类、模拟警械类、训练器材类、警犬驯导装备类
A02371400	政法、消防、检测设备零部件	
A02379900	其他政法、消防、检测设备	包括警用杀伤性武器设备及其他政法部门设备
A02380000	水工机械	
A02380100	清淤机械	包括沟渠清淤机，水电站清淤机械，水库、港口清淤机械，管道清淤机械等
A02380200	破冰机械	不包括破冰船
A02380300	水利闸门启闭机	
A02380400	水工机械零部件	
A02389900	其他水工机械	
A02390000	货币处理设备	
A02390100	钞票处理设备	包括点钞机、捆钞机、验钞机等
A02390200	货币清分处理设备	指具有纸币、硬币清分功能或清分与联机销毁一体功能的处理设备
A02390300	货币销毁处理设备	指纸币、硬币或其他材质货币的销毁设备，即采用粉碎或其他处理方式对货币进行销毁的设备
A02390400	金库门	包括人民银行发行库和钞票处理中心的库房门、应急门等
A02390500	货币处理设备零部件	
A02399900	其他货币处理设备	包括纸币碎钞压块设备、货币专用包装设备等
A02400000	殡葬设备及用品	

（续表）

编码	品目名称	说明
A02400100	火化设备	包括燃油火化机、燃气火化机、等离子火化机、宠物火化机、火化辅助设备等
A02400200	殡仪设备及用品	包括遗物祭品焚烧设备、火化烟气净化设备、骨灰处理设备、殡仪专用电子设备、遗体冷冻冷藏设备、遗体接运设备、遗体整容设备、骨灰盒等
A02400300	殡葬设备零部件	
A02409900	其他殡葬设备及用品	
A02410000	铁路运输设备	
A02410100	机车	包括准轨蒸汽机车、宽轨蒸汽机车、准轨内燃机车、宽轨内燃机车、米轨内燃机车、电力机车、轻油机车等
A02410200	客车	包括准轨客车、试验车、维修车、文教车、发电车、双层客车、米轨客车、寸轨硬座车、动车组、特种车等
A02410300	货车	包括准轨货车、米轨货车等
A02410400	大型养路机械	包括整形车、捣固车、探伤车、物料输送车、道岔捣固车、道岔打磨车、大修列车、稳定车、钢轨打磨车、道岔铺设设备、清筛机等
A02410500	铁路设备	包括铁路移车架车设备、机车车辆及通信信号试验设备、闭塞设备、联锁设备、驼峰设备、行车调度指挥设备、列控信号设备、铁路专用检测设备、GSM-R 设备、接触网设备、高价互换配件等
A02410600	铁路设备零部件	
A02419900	其他铁路运输设备	
A02420000	水上交通运输设备	
A02420100	货船	包括杂货船、多用途货船、集装箱货船、滚装货船、原油船、成品油船、污油船、水船、煤船、矿砂船、天然气船、液化石油气船、化学品船、运木船、冷藏船（鲜货船）等
A02420200	客船	包括客船、客货船、旅游船、轮渡船、气垫船等
A02420300	拖船	
A02420400	驳船	包括舱口驳船、甲板驳船、分节驳船、原油驳船、成品油驳船、储油驳船、水驳船、煤驳船、油渣驳船、化学品驳船、盐驳船、客驳船、港驳船等
A02420500	渔船	包括拖网渔船、围网渔船、钓船、刺网类渔船、敷网类渔船、多种作业船、渔品加工船、收鲜运输船、渔业执法船、渔业调查、实习船、休闲渔船、渔业辅助船等
A02420600	海洋、内水调查和开发船	包括科学考察船、科学研究船、测量船等

（续表）

编码	品目名称	说明
A02420700	电气作业和海底工程作业船	包括电站船、电焊船、布缆船、带缆船、铺管船、水下作业船、潜水工作船、潜水器母船等
A02420800	挖泥、打桩船（驳）	包括挖泥船、吹泥船、挖砂船、抛石船、铲石船、泥驳、砂驳、石驳、打桩船、打夯船、采金船、铺排船等
A02420900	起重船和囤船	包括起重船、抛（起）锚船、囤船、趸船等
A02421000	水面工作船	包括航标船，引水船，供应船、护堤、护山船，破冰船，水上水厂船，多用途船，试航辅助船，测绘船，浮标作业船等
A02421100	水面公务船	包括海事巡逻船、检查监督船、海监船、其他水面公务船等
A02421200	特种作业船	包括特种运水船，垃圾船，污水处理船，浮油回收船，油、水泵船，消防船，医疗船，打捞船，救生船，环保船，鱼苗船等
A02421300	机动船	包括交通艇、巡逻艇、缉私艇、工作艇、指挥艇、侦勘艇、装备艇、橡皮艇、冲锋舟、摩托艇等
A02421400	浮船坞、码头和维修工作船	包括浮船坞、浮码头、舾装工作船、一般修理船、水线修理船等
A02421500	船舶制造设备	包括放样、号料设备，钢材预处理流水线，管子加工流水线，平面分段流水线，联动生产流水线，船台小车，船舶试验设备等
A02421600	潜水设备	包括重潜装具、轻潜装具、氧气供应系统、潜水训练舱群、饱和潜水系统、无人遥控潜水器、无人潜水器吊放回收系统、深水切割设备、水下切割缆、深水观察箱、水下腐蚀测量仪、减压舱、潜水罐、氢氧潜水软头盔、氢氧潜水硬头盔、氢氧校音电话、潜水供热水机等
A02421700	航标设施	包括浮标设施（海上浮标、内河浮标、系船浮标、井位浮标、浮标锚链（缆）、其他浮标设施）；岸标设施（内河岸标、指路牌（里程牌）、其他岸标设施）；雷达信标（雷达应答器、雷达反射器、其他雷达信标）；航标遥测终端（公共通信链路遥测终端、北斗遥测终端、其他航标遥测终端）
A02421800	航标灯、闪光器	包括大射程航标灯、小型航标灯、闪光器、换泡机、航标透镜等
A02421900	水上交通运输设备零部件	
A02429900	其他水上交通运输设备	
A02430000	航空器及其配套设备	
A02430100	固定翼飞机	包括货物运输飞机、客运飞机、通用航空类飞机、教练机、初级类飞机等
A02430200	直升机	
A02430300	专用飞机	包括警用飞机、抢险救援飞机、地质勘测专用飞机、农用飞机、消防灭火飞机、海监飞机等

（续表）

编码	品目名称	说明
A02430400	飞行器	包括飞艇、气球、滑翔伞等
A02430500	飞机维修设备	包括内场维修设备、航线维修设备等
A02430600	航空港设备	
A02430700	机场地面特种车辆	包括机务特种车辆、机场特种车辆、商务运输车辆、飞行维修车辆、航行特种车辆、油料车辆等
A02430800	火箭及发射、维护设施	包括便携式防空火箭和反坦克火箭的发射筒（架）等
A02430900	无人机	
A02431000	航空器零部件	
A02439900	其他航空器及其配套设备	
A02440000	海洋仪器设备	
A02440100	海洋水文气象仪器设备	包括海洋台站水文气象自动观测仪器、波浪测量仪器、海流测量仪器、验潮仪等
A02440200	海洋地质地球物理仪器设备	包括海底地形地貌测量仪器设备、海洋底质仪器设备、海底热流测量仪器设备、磁力测量仪、重力测量仪、数字海底地震测量仪、电火花地震仪等
A02440300	海洋生物仪器设备	包括海洋微生物调查仪器、浮游生物调查仪器等
A02440400	海洋化学仪器设备	包括走航式二氧化碳连续测量仪、营养盐分析仪、多参数水质仪等
A02440500	海洋声光仪器设备	包括海洋声学特性测量仪器、海洋光学特性测量仪器
A02440600	海洋船用船载仪器设备	包括生物采样设备、底质采样设备、水体采样设备、各种海洋调查用轿车等
A02440700	海洋综合观测平台	包含浮标、潜标、水下机器人、水下生物观测平台、深海空间站等
A02440800	海洋执法装备	包括海上目标的搜索、侦听、干扰、取整仪器设备等
A02440900	海洋计量检测设备	包括波浪浮标检定装置、温盐检定装置、验潮仪检定装置、水静压力试验系统等
A02441000	海水淡化与综合利用设备	包括中空纤维反渗透组织、蒸馏法海水淡化蒸馏喷射装置、海水冷却塔等
A02441100	海洋仪器设备零部件	
A02449900	其他海洋仪器设备	包括海域测量仪，航行自动跟踪仪等
A02450000	文艺设备	
A02450100	乐器	包括弓弦乐器、管乐器、打击乐器、键盘乐器、乐器辅助用品及配件等
A02450200	演出服饰	包括戏剧服装、舞蹈服装、演出饰品等

（续表）

编码	品目名称	说明
A02450300	舞台设备	包括舞台机械系统，幕布系统，舞台灯具及辅助设备，舞台音响设备，活动舞台，皮影、木偶、道具、布景、舞台用地胶等
A02450400	影剧院设备	包括自动售票系统、观众座椅、电影放映设备等
A02450500	文艺设备零部件	
A02459900	其他文艺设备	
A02460000	体育设备设施	
A02460100	田赛设备	包括标枪、铁饼、铅球、链球、跳高架、撑杆跳高架、横杆、撑杆等
A02460200	径赛设备	包括跨栏架、起跑器、接力棒、障碍架、发令枪、终点柱等
A02460300	球类设备	包括足球设备、篮球设备、排球设备、乒乓球设备、羽毛球设备、网球设备、垒球设备、冰球设备、手球设备、水球设备、曲棍球设备、高尔夫球设备、马球设备、橄榄球设备、藤球设备、台球设备、沙弧球设备、壁球设备、保龄球设备、棒球设备等
A02460400	体操设备	包括单杠、双杠、高低杠、平衡木、吊环、鞍马、跳马、弹簧板、助跳板等
A02460500	举重设备	包括举重杠铃、举重台、杠铃片、锁紧器、哑铃、壶铃、哑铃架等
A02460600	游泳设备	包括游泳池和戏水池等
A02460700	跳水设备	
A02460800	水上运动设备	包括滑水板、冲浪板、帆板、体育运动用船等
A02460900	潜水运动设备	
A02461000	冰上运动设备	包括冰球、冰球拍、冰球围网、冰球网柱、旱冰鞋、直排式旱冰鞋等
A02461100	雪上运动设备	包括滑雪屐、滑雪板扣件、滑雪杖、雪橇等
A02461200	射击设备	包括普通气枪、汽步枪、汽手枪、运动步枪、运动手枪等
A02461300	击剑设备	包括重剑、轻剑、花剑等
A02461400	射箭设备	包括弓箭、弓弩等
A02461500	摩托车运动设备	
A02461600	自行车运动设备	
A02461700	赛车运动设备	
A02461800	赛马和马术运动设备	
A02461900	拳击、跆拳道设备	
A02462000	摔跤、柔道设备	
A02462100	散打、武术设备	包括单剑、双剑、竹刀、单刀、双刀、剑穗等

（续表）

编码	品目名称	说明
A02462200	棋牌类运动设备	包括扑克牌、桥牌等
A02462300	航模、海模及其他模型设备	
A02462400	垂钓器具和用品	包括钓鱼竿、鱼线轮、鱼线、鱼钩、鱼漂、鱼篓、钓鱼用支架等
A02462500	登山设备	包括登山镐、登山绳、登山安全带、攀岩模拟器等
A02462600	健身设备	包括跑步机、电动跑步机、健身车、踏步器、登高器、漫步器等
A02462700	运动康复设备	包括震动按摩器、磁性震动按摩器、电动足底按摩器、多功能按摩器、按摩沙发磁力按摩床、水力按摩浴缸、足底按摩轮、手握式按摩圈等
A02462800	残疾人体育及训练设备	包括轮椅篮球设备、轮椅橄榄球设备、硬地滚球设备、脑瘫足球设备、盲人足球设备、盲人门球设备、坐式排球设备、残疾人健身与康复训练设备等
A02462900	体育运动辅助设备	包括场馆设施辅助器材、裁判用计时记分器材、记分牌、裁判桌、裁判椅、发奖台等
A02463000	体育设备零部件	
A02469900	其他体育设备设施	包括单站位配重训练器、单站位配重综合训练器、多站位配重综合训练器、拳击台、帐篷、充气褥垫、遮阳伞等
A02470000	娱乐设备	
A02470100	成套游乐场设备	
A02470200	一般游乐场设备	
A02470300	智能游艺设备	
A02470400	博弈设备	
A02470500	彩票销售设备	
A02470600	卡拉OK设备	
A02470700	游戏游览用车、船	
A02470800	活动辅助设备	
A02470900	娱乐设备零部件	
A02479900	其他娱乐设备	包括玩偶车、供儿童骑乘的带轮玩具、儿童自行车、儿童三轮车、电动童车、木偶、泥偶、蜡人、面人、绢人、纸人、布人、绒玩偶、陶瓷玩偶、塑料玩偶、橡胶或乳胶玩偶、填充的玩具动物、非填充的玩具动物等
A03000000	文物和陈列品	
A03020000	可移动文物	
A03020100	玉石器、宝石	
A03020200	陶器	

（续表）

编码	品目名称	说明
A03020300	瓷器	
A03020400	铜器	
A03020500	金银器	
A03020600	铁器、其他金属器	
A03020700	漆器	
A03020800	雕塑、造像	
A03020900	石器、石刻、砖瓦	
A03021000	书法、绘画	
A03021100	文具（文物）	
A03021200	甲骨	
A03021300	玺印符牌	
A03021400	钱币	
A03021500	牙骨角器	
A03021600	竹木雕	
A03021700	家具（文物）	
A03021800	珐琅器	
A03021900	织绣	
A03022000	古籍善本	
A03022100	碑帖拓本	
A03022200	武器	
A03022300	邮品	
A03022400	文件、宣传品	
A03022500	档案文书	
A03022600	名人遗物	
A03022700	玻璃器	
A03022800	乐器、法器	
A03022900	皮革	
A03023000	音像制品	
A03023100	票据（文物）	
A03023200	交通、运输工具	
A03023300	度量衡器	
A03023400	标本、化石	
A03029900	其他可移动文物	

（续表）

编码	品目名称	说明
A03030000	文创衍生品	
A03030100	绘画	
A03030200	书法	
A03030300	篆刻	
A03030400	雕塑	
A03030500	工艺美术品	
A03030600	民间美术品	
A03030700	摄影艺术品	
A03039900	其他文创衍生品	
A03040000	标本	
A03040100	动物标本	
A03040200	人体标本	
A03040300	人体病理标本	
A03040400	植物标本	
A03040500	医药标本	
A03040600	矿物标本	
A03049900	其他标本	
A03050000	模型	
A03050100	天体模型	
A03050200	生物模型	
A03050300	人体模型	
A03050400	人体病理模型	
A03059900	其他模型	
A04000000	图书和档案	
A04010000	图书	
A04010100	普通图书	
A04010101	书籍、课本	
A04010102	词典	
A04010103	百科全书	
A04010104	年鉴及系列丛书	
A04010105	儿童图画书及涂色书	
A04010199	其他普通图书	
A04010200	盲文图书	

（续表）

编码	品目名称	说明
A04010201	盲文书籍、课本	
A04010202	盲文词典	
A04010203	盲文百科全书	
A04010204	盲文年鉴及系列丛书	
A04010299	其他盲文图书	
A04019900	其他图书	
A04020000	期刊	
A04020100	普通期刊	
A04020101	日刊	
A04020102	周刊	
A04020103	月刊	
A04020199	其他普通期刊	
A04029900	其他期刊	
A04030000	资料	
A04030100	特种文献资料	文物中的文献入"A03020000 可移动文物"
A04030200	缩微资料	不包括缩微胶片档案
A04030300	视听资料	
A04030400	机读资料	
A04039900	其他资料	
A04040000	档案	
A04040100	纸质档案	包括全宗、案卷
A04040200	声像档案	包括录音磁带、录像磁带、影片档案
A04040300	照片档案	
A04040400	底图	
A04040500	地图	
A04040600	报纸	
A04040700	缩微胶片档案	
A04040800	实物档案	
A04049900	其他档案	
A05000000	家具和用具	
A05010000	家具	
A05010100	床类	
A05010101	钢木床类	

（续表）

编码	品目名称	说明
A05010102	钢塑床类	
A05010103	轻金属床类	
A05010104	木制床类	
A05010105	塑料床类	
A05010106	竹制床类	
A05010107	藤床类	
A05010199	其他床类	
A05010200	台、桌类	
A05010201	办公桌	
A05010202	会议桌	
A05010203	教学、实验用桌	
A05010204	茶几	包含大茶几、小茶几
A05010299	其他台、桌类	
A05010300	椅凳类	
A05010301	办公椅	
A05010302	桌前椅	
A05010303	会议椅	
A05010304	教学、实验椅凳	
A05010399	其他椅凳类	
A05010400	沙发类	
A05010401	三人沙发	
A05010402	单人沙发	
A05010499	其他沙发类	
A05010500	柜类	
A05010501	书柜	
A05010502	文件柜	
A05010503	更衣柜	
A05010504	保密柜	包括保险柜等
A05010505	茶水柜	
A05010599	其他柜类	
A05010600	架类	
A05010601	木质架类	
A05010602	金属质架类	

（续表）

编码	品目名称	说明
A05010699	其他架类	
A05010700	屏风类	
A05010701	木质屏风类	
A05010702	金属质屏风类	
A05010799	其他屏风类	
A05010800	组合家具	包括集多种功能于一体、无法拆分的成套家具等
A05019900	其他家具	
A05020000	用具	
A05020100	厨卫用具	
A05020101	厨房操作台	
A05020102	炊事机械	包括灶具、吸油烟机等
A05020103	煤气罐（液化气罐）	
A05020104	水池	
A05020105	便器	
A05020106	水嘴	
A05020107	便器冲洗阀	
A05020108	水箱配件	
A05020109	阀门	
A05020110	淋浴器	
A05020111	淋浴房	
A05020112	餐具	
A05020199	其他厨卫用具	
A05029900	其他用具	
A05030000	装具	
A05030100	纺织用料	
A05030101	棉、化纤纺织及印染原料	包括已梳皮棉、线、布等
A05030102	毛纺织、染整加工原料	包括毛条、毛纱、绒线等
A05030103	麻纺织原料	包括麻纤维原料、麻纱线、亚麻布等
A05030104	丝绢纺织及精加工原料	包括蚕丝、化纤长丝机织物、特种丝织物等
A05030199	其他纺织用料	
A05030200	皮革、毛皮等用料	
A05030201	半成品革	包括牛半成品革、马半成品革、绵羊半成品革等
A05030202	成品革和再生革	

（续表）

编码	品目名称	说明
A05030203	鞣制及人造毛皮	包括鞣制毛皮、天然毛皮制品、人造毛皮等
A05030204	加工羽毛（绒）	包括加工填充用羽毛、加工填充用羽绒等
A05030299	其他皮革、毛皮等用料	
A05030300	被服	
A05030301	制服	包括执勤服类、作训服类、功能服类等
A05030302	羽绒、羽毛服装	
A05030303	普通服装	
A05030304	鞋、靴及附件	
A05030305	被服附件	包括帽子、围巾、领带、手套、皮带、拉链、纽扣、肩章、徽标等
A05030399	其他被服	
A05030400	床上装具	
A05030401	床褥单	
A05030402	被面	
A05030403	枕套	
A05030404	被罩	
A05030405	床罩	
A05030406	毯子	
A05030407	毛巾被	
A05030408	枕巾	
A05030499	其他床上装具	包括羽绒（毛）、兽毛寝具及类似填充用品，棉制寝具及类似填充用品，丝绸寝具及类似填充用品等
A05030500	室内装具	
A05030501	台布（桌布）	
A05030502	毛巾	
A05030503	方巾	
A05030504	盥洗、厨房用织物制品	
A05030505	窗帘及类似品	
A05030506	垫子套	
A05030599	其他室内装具	
A05030600	室外装具	
A05030601	天篷、遮阳篷、帐篷	
A05030602	船帆、风帆和野营用等物品	

（续表）

编码	品目名称	说明
A05030603	降落伞	包括可操纵降落伞、滑翔降落伞、旋翼降落伞等
A05030604	绳、索、缆及其制品	包括网料和结制网
A05030699	其他室外装具	
A05030700	箱、包和类似制品	
A05030701	衣箱、提箱及类似容器	
A05030702	手提包、背包	
A05030703	钱包	
A05030799	其他箱、包和类似制品	
A05039900	其他装具	
A05040000	办公用品	
A05040100	纸制文具	
A05040101	复印纸	包括再生复印纸
A05040102	信纸	
A05040103	信封	
A05040104	单证	
A05040105	票据	
A05040106	本册	
A05040199	其他纸制文具	
A05040200	硒鼓、粉盒	
A05040201	鼓粉盒	包括再生鼓粉盒
A05040202	墨粉盒	
A05040203	喷墨盒	
A05040204	墨水盒	
A05040205	色带	
A05040299	其他硒鼓、粉盒	
A05040300	墨、颜料	
A05040301	墨水	
A05040302	颜料	
A05040399	其他墨、颜料	
A05040400	文教用品	
A05040401	文具	
A05040402	笔	
A05040403	教具	

（续表）

编码	品目名称	说明
A05040499	其他文教用品	
A05040500	清洁用品	
A05040501	卫生用纸制品	
A05040502	消毒杀菌用品	包括公共环境卫生与家庭用的清洁产品和消杀用品
A05040503	肥（香）皂和合成洗涤剂	包括粉、液和膏状
A05040504	口腔清洁护理用品	包括洁齿、护齿品、口腔及牙齿清洁剂等
A05040599	其他清洁用品	
A05040600	信息化学品	
A05040601	胶片胶卷	
A05040602	录音录像带	
A05040699	其他信息化学品	包括摄影感光纸，片基，摄影、复印用化学制剂，未灌（录）制相关媒体等
A05049900	其他办公用品	
A06000000	特种动植物	
A06010000	特种用途动物	
A06010100	实验用动物	
A06010200	动物良种	
A06010300	观赏动物	
A06010400	警用动物	警犬入此
A06010500	搜救动物	搜救犬入此
A06010600	助残动物	导盲犬入此
A06019900	其他特种用途动物	
A06020000	特种用途植物	
A06020100	名贵树木	
A06020200	名贵花卉	
A06029900	其他特种用途植物	
A07000000	物资	
A07010000	建筑建材	
A07010100	天然石料	
A07010101	天然大理石荒料	
A07010102	天然花岗石荒料	
A07010103	石英岩	
A07010104	砂岩	

（续表）

编码	品目名称	说明
A07010105	板岩	
A07010106	蜡石	
A07010199	其他天然石料	
A07010200	木材、板材	
A07010201	普通锯材	
A07010202	特种锯材	包括铁路货车锯材、载重汽车锯材、船用锯材等
A07010203	枕木	包括未浸渍枕木、已浸渍枕木等
A07010204	木片和木粒	
A07010205	木丝、木粉	
A07010206	锯末、木废料及碎片	
A07010207	胶合板	包括木胶合板、竹胶合板等
A07010208	纤维板	包括木质纤维板、非木质纤维板等
A07010209	刨花板	包括木质刨花板、非木质刨花板等
A07010210	细木工板	
A07010211	单板	包括刨切单板、旋切单板、微薄木等
A07010212	强化木	
A07010213	指接材	
A07010214	人造板表面装饰板	包括直接印刷板、人造染色板、合成树脂浸渍贴面板等
A07010215	热固性树脂装饰层压板	
A07010216	竹制品	
A07010217	棕、藤、草制品	
A07010299	其他木材、板材	
A07010300	非金属矿物材料	
A07010301	硅酸盐水泥熟料	包括窑外分解窑水泥熟料等
A07010302	水泥	包括强度等级水泥、通用硅酸盐水泥、特性水泥等
A07010303	石灰	包括生石灰、消石灰、水硬石灰等
A07010304	熟石膏	包括建筑熟石膏、化学熟石膏等
A07010305	商品混凝土	
A07010306	水泥混凝土排水管	包括钢筋混凝土排水管等
A07010307	水泥混凝土压力管	包括自应力混凝土输水管、预应力钢筒混凝土管、管芯缠丝工艺混凝土输水管等

（续表）

编码	品目名称	说明
A07010308	钢筋混凝土井管、烟道管，相关钢筋混凝土管	包括钢筋混凝土井管、钢筋混凝土烟道管、相关钢筋混凝土管等
A07010309	水泥混凝土电杆	包括环形钢筋混凝土电杆、环形预应力混凝土电杆等
A07010310	预应力混凝土桩	包括预应力混凝土管桩、预应力混凝土方桩等
A07010311	遁构法施工用钢筋混凝土管片	
A07010312	混凝土轨枕及铁道用混凝土制品	包括预应力混凝土水泥轨枕、气垫火车导轨体段、混凝土轨道板等
A07010313	水泥混凝土预制构件	包括钢筋混凝土桩、钢筋混凝土梁、钢筋混凝土预制框架等
A07010314	水泥混凝土制砖、瓦及类似品	包括水泥混凝土砖、混凝土路缘石、水泥混凝土瓦等
A07010315	水泥混凝土装饰制品	包括水泥混凝土制人形塑像、水泥混凝土制动物塑像、水泥混凝土制花瓶等
A07010316	石棉水泥制品	包括石棉水泥板、石棉水泥瓦、石棉水泥管等
A07010317	纤维增强硅酸钙板	包括石棉硅酸钙板、无石棉硅酸钙板等
A07010318	无石棉纤维水泥制品	包括无石棉纤维水泥平板、无石棉纤维水泥波瓦、无石棉纤维水泥管等
A07010319	GRC 水泥制品	包括 GRC 管、GRC 瓦、GRC 水泥板等
A07010320	石膏板	包括纸面石膏板、混合石膏板等
A07010321	石膏龙骨，相关石膏制品	
A07010322	轻质隔墙条板	包括蒸压加气混凝土板,钢丝网架水泥夹芯板,轻集料混凝土条、板等
A07010323	轻骨料，相关轻质建筑材料	包括天然轻骨料、人工轻骨料、烤漆龙骨等
A07010324	砖	包括蒸压砖、免烧砖、蒸养砖等
A07010325	瓦	包括烧结瓦、蒸压瓦等
A07010326	建筑砌块	包括石膏砌块、水工市政用混凝土砌块、建筑墙体用混凝土砌块等
A07010327	瓷质砖	包括无釉瓷质砖、有釉瓷质砖等
A07010328	炻瓷砖	包括无釉炻瓷砖、有釉炻瓷砖等
A07010329	细炻砖	包括无釉细炻砖、有釉细炻砖等
A07010330	炻质砖	包括无釉炻质砖、有釉炻质砖等
A07010331	陶质砖	包括无釉陶质砖、有釉陶质砖等
A07010332	陶瓷马赛克	包括无釉陶瓷锦砖、有釉陶瓷锦砖、纳米抗菌陶瓷锦砖等
A07010333	陶瓷耐酸砖	包括高强致密耐酸砖、耐温耐酸砖、耐酸陶瓷砖板等

（续表）

编码	品目名称	说明
A07010334	建筑陶瓷装饰物	包括建筑琉璃制品、非琉璃制建筑陶瓷装饰物等
A07010335	加工天然石材、石料	包括天然石、板材、天然石料制铺路石、路边石等
A07010336	人造石材、石料	包括人造石方料、人造石板材等
A07010337	专用或特殊用途天然石材制品	包括专用或特殊用途大理石制成品、专用或特殊用途花岗石制成品、专用或特殊用途天然板岩制成品等
A07010338	专用人造石建筑用制品	包括仿大理石制成品、仿花岗岩制成品等
A07010339	天然石碑石及其制品	包括天然大理石碑石、天然花岗岩碑石等
A07010340	人造石碑石及其制品	包括人造石制界石、人造石制墓碑、人造石制镶边石等
A07010341	蜡石制成品	包括蜡石砖、蜡石粉粒等
A07010342	水磨石建筑制成品	包括水磨石地板砖、水磨石装饰板、水磨石柱面等
A07010343	PVC石英砂制成品	
A07010344	石材复合板	包括常规石材复合板、超薄石材复合板等
A07010345	沥青和改性沥青防水卷材	包括石油沥青防水卷材、改性沥青防水卷材等
A07010346	金属胎油毡	
A07010347	自粘防水卷材	包括自粘橡胶沥青防水卷材、自粘聚合物改性沥青聚酯胎防水卷材等
A07010348	玻纤胎沥青瓦	
A07010349	建筑用沥青制品	包括建筑防水沥青嵌缝油膏等
A07010350	高分子防水卷（片）材	包括橡胶防水卷（片）材、合成树脂类防水卷（片）材等
A07010351	矿物绝热和吸声材料	包括矿物棉、膨胀矿物材料等
A07010352	矿物材料制品	包括岩棉制品、玻璃棉制品、矿棉吸音板等
A07010353	已加工石棉纤维	包括加工石棉纤维、泡沫石棉、弹性泡沫石棉等
A07010354	石棉制品	包括石棉隔热保湿制品、石棉密封垫板、特种石棉制品等
A07010355	已加工云母	包括厚片云母、薄片云母、云母粉等
A07010356	云母制品	包括云母板、云母片、云母箔等
A07010357	致密定形耐火制品	包括粘土质砖、镁质砖、高铝质砖等
A07010358	隔热耐火制品	包括黏土质隔热耐火砖、高铝质隔热耐火砖、耐火纤维制品等
A07010359	不定形耐火制品	包括浇注料、喷补料、可塑料等

（续表）

编码	品目名称	说明
A07010360	耐火陶瓷制品	包括耐火陶瓷管、耐火陶瓷坩埚、硅质耐火陶瓷制品等
A07010361	石墨制品	包括石墨电极、石墨阳极等
A07010362	碳制品	包括炭块、炭电极、炭糊等
A07010363	碳素新材料	包括特种石墨制品、热解石墨制品、碳素纤维类及制品等
A07010364	固结磨具	包括砂轮，磨头、磨盘、磨齿，手用磨石等
A07010365	天然石制磨具	包括天然石料制砂轮、天然石磨、石碾
A07010366	涂附磨具	包括纸基、布基、涂附磨具异型产品等
A07010367	超硬材料制品	包括超硬材料磨具、金刚石钻探工具等
A07010368	天然研磨料	
A07010369	普通磨料	包括人造刚玉、碳化硅磨料、碳化硼（废料）等
A07010370	超硬材料	包括人造金刚石、立方氮化硼、化学气相沉积（CVD）金刚石等
A07010371	沥青混合物	包括普通沥青混合料、添加抗剥落剂沥青混合料、SBS聚合物改性沥青混合料等
A07010372	泥炭制品	包括泥炭制片、泥炭制气缸壳体、植物培植盆等
A07010399	其他非金属矿物材料	包括石墨热交换器、柔性石墨制品、电碳产品、大理石日用制品、花岗岩日用制品、石灰石日用制品等
A07010400	黑色金属冶炼及压延产品	
A07010401	炼钢生铁	
A07010402	铸造生铁	
A07010403	含钒生铁	
A07010404	炼钢用直接还原铁	
A07010405	炼钢用熔融还原铁	
A07010406	高炉生铁产球磨铸铁	
A07010407	铸铁管	
A07010408	铸铁管附件	
A07010409	非合金钢粗钢	
A07010410	低合金钢粗钢	
A07010411	合金钢粗钢	
A07010412	不锈钢粗钢	
A07010413	非合金钢钢坯	
A07010414	低合金钢钢坯	
A07010415	合金钢钢坯	

（续表）

编码	品目名称	说明
A07010416	不锈钢钢坯	
A07010417	铁道用钢材	
A07010418	大型型钢	
A07010419	中小型型钢	
A07010420	钢棒	
A07010421	钢筋	
A07010422	线材（盘条）	
A07010423	特厚板	
A07010424	厚钢板	
A07010425	中板	
A07010426	热轧薄板	
A07010427	冷轧薄板	
A07010428	中厚宽钢带	
A07010429	热轧薄宽钢带	
A07010430	冷轧薄宽钢带	
A07010431	热轧窄钢带	
A07010432	冷轧窄钢带	
A07010433	镀层板带	
A07010434	涂层板带	
A07010435	电工钢板带	
A07010436	无缝钢管	
A07010437	焊接钢管	
A07010438	普通铁合金	
A07010439	特种铁合金	
A07010499	其他黑色金属冶炼及压延产品	
A07010500	有色金属冶炼及压延产品	
A07010501	铜	
A07010502	铅	
A07010503	锌	
A07010504	镍	
A07010505	锡	
A07010506	锑	
A07010507	铝	

（续表）

编码	品目名称	说明
A07010508	镁	
A07010509	钛	
A07010510	汞及汞化合物	
A07010511	镉、铋及常见有色金属	
A07010512	贵金属	
A07010513	稀有稀土金属	
A07010514	碱金属及碱土金属	
A07010515	常用有色金属合金	
A07010516	硬质合金	
A07010517	稀有稀土金属合金	
A07010518	贵金属合金	
A07010519	铜材	
A07010520	铜盘条	
A07010521	铜粉及片状粉末	
A07010522	铝材	
A07010523	铝盘条	
A07010524	铝粉及片状粉末	
A07010525	锌材	
A07010526	锌末、锌粉及片状粉末	
A07010527	镍材	
A07010528	镍粉及片状粉末	
A07010529	锡材	
A07010530	锡粉及片状粉末	
A07010531	镁材	
A07010532	钛材	
A07010533	镉材	
A07010534	铋材	
A07010535	金加工材	
A07010536	银材	
A07010537	铂加工材	
A07010538	钯材	
A07010539	铑加工材	
A07010540	铱加工材	

（续表）

编码	品目名称	说明
A07010541	锇加工材	
A07010542	钌加工材	
A07010543	包金金属材料	
A07010544	包银金属材料	
A07010545	包铂金属材料	
A07010546	钨加工材	
A07010547	钼加工材	
A07010548	钽加工材	
A07010549	锆加工材	
A07010550	铌加工材	
A07010551	镓加工材	
A07010552	铪加工材	
A07010553	铟加工材	
A07010554	铼加工材	
A07010555	钴加工材	
A07010556	铍加工材	
A07010557	铊加工材	
A07010558	铢加工材	
A07010559	钒加工材	
A07010599	其他有色金属冶炼及压延产品	
A07010600	建筑涂料	
A07010601	功能性建筑涂料	
A07010602	溶剂型涂料	
A07010603	合成树脂乳液内墙涂料	
A07010604	合成树脂乳液外墙涂料	
A07010605	无机外墙涂料	
A07010606	地坪涂料	
A07010607	水性聚氯乙烯焦油防水涂料	
A07010608	聚氯乙烯弹性体防水涂料	
A07010699	其他建筑涂料	
A07010700	建筑物附属结构	
A07010701	门、门槛	包括电动门、木质、钢质门等
A07010702	窗	

（续表）

编码	品目名称	说明
A07010703	梁、椽、屋顶支梁	
A07010704	楼梯	
A07010705	栏杆	
A07010706	地板	
A07010707	锁	包括指纹锁、智能锁等
A07010799	其他建筑物附属结构	
A07019900	其他建筑建材	
A07020000	医药品	
A07020100	抗菌素（抗感染药）	
A07020101	青霉素类	包括青霉素钠、青霉素钾、普鲁卡因青霉素等
A07020102	氨基糖苷类药	包括链霉素类、庆大霉素类、卡那霉素类等
A07020103	四环素类药	包括四环素、盐酸四环素、磷酸四环素等
A07020104	氯霉素类药	包括氯霉素、琥珀氯霉素、棕榈氯霉素等
A07020105	大环内酯类药	包括红霉素类、麦迪霉素、乙酰螺旋霉素等
A07020106	头孢霉素类	包括7氨基头孢烷酸、7氨基脱乙酰氧基头孢烷酸、头孢氨苄及其盐等
A07020107	利福平类	包括复方利福平、复合利福平、利福定等
A07020108	林可霉素类	包括盐酸林可霉素、克林霉素、盐酸克林霉素等
A07020199	其他抗菌素（抗感染药）	
A07020200	消化系统用药	
A07020201	季铵化合物类	包括碘化四甲铵、氢氧化四甲铵、甲酸四甲铵等
A07020202	药用内酯	包括葡糖酸内酯（D-葡糖酸δ内酯）、泛内酯、山道年等
A07020203	甘草酸盐	包括甘草酸、甘草酸钾、甘草酸二铵等
A07020204	芦荟素	
A07020299	其他消化系统用药	
A07020300	解热镇痛药	
A07020301	阿司匹林类	包括阿司匹林、精氨酸阿司匹林、卡巴匹林钙脲等
A07020302	水杨酸及其盐	包括水杨酸（邻羟基苯甲酸）、水杨酸钠、水杨酸铋等
A07020303	水杨酸酯	包括水杨酸甲酯、水杨酸苯酯、水杨酸乙酯等
A07020304	含有非稠合吡唑环化合物	包括安替比林、安乃近、异丙安替比林等
A07020305	环酰胺类	包括对乙酰氨基苯乙醚（非那西丁）、对乙酰氨基酚（扑热息痛）等

（续表）

编码	品目名称	说明
A07020306	磺（酰）胺	包括磺胺嘧啶、磺胺双甲基嘧啶、磺胺甲噁唑等
A07020307	麦角胺及其盐	包括麦角胺、酒石酸麦角胺等
A07020308	布洛芬	
A07020399	其他解热镇痛药	
A07020400	维生素类	
A07020401	维生素 A 类原药	
A07020402	维生素 B 类原药	包括维生素 B1 类原药、维生素 B2 类原药、维生素 B6 类原药等
A07020403	维生素 C 类原药	
A07020404	维生素 D 或 DL—泛酸类原药	
A07020405	维生素 E 类原药	
A07020406	复合维生素类药	
A07020499	其他维生素类	
A07020500	抗寄生虫病药	
A07020501	奎宁及其盐	包括奎宁、盐酸奎宁、硫酸奎宁等
A07020502	氯喹类	包括氯喹、磷酸氯喹、羟氯喹等
A07020503	哌嗪类	包括哌嗪（二亚乙基二胺）、磷酸哌嗪、枸橼酸哌嗪等
A07020504	噻嘧啶类	包括噻嘧啶、双羟萘酸噻嘧啶、甲噻嘧啶等
A07020505	金鸡纳生物碱	包括辛可宁、辛可尼丁、单宁酸奎宁等
A07020599	其他抗寄生虫病药	
A07020600	中枢神经系统用药	
A07020601	巴比妥类	包括阿洛巴比妥、异戊巴比妥、苯巴比妥（INN）等
A07020602	无环酰胺类	包括甲丙氨酯（INN）、N,N－二甲基甲酰胺、乙酰胺等
A07020603	咖啡因类	包括咖啡因、枸橼酸咖啡因、安钠咖啡因等
A07020699	其他中枢神经系统用药	
A07020700	计划生育用药	
A07020800	激素类药	
A07020801	垂体激素类药	包括垂体（前叶）或类似激素、垂体后叶素、脑垂体后叶等
A07020802	肾上腺皮质激素类药	包括可的松、氢化可的松、脱氢可的松等
A07020803	生长激素类似物	包括生长激素、重组人生长激素、生长抑素等
A07020804	葡糖醛酸内酯	

（续表）

编码	品目名称	说明
A07020805	胰腺激素	包括胰岛素、锌胰岛素、精蛋白锌胰岛素等
A07020806	雌（甾）激素及孕激素	包括雌二醇、聚磷酸雌二醇、半琥珀酸雌二醇等
A07020899	其他激素类药	
A07020900	抗肿瘤药	
A07020901	莫司汀类	包括洛莫司汀、卡莫司汀、司莫司汀等
A07020902	蝶呤、嘌呤类	包括甲氨蝶呤、氨苯蝶呤、氨蝶呤等
A07020903	天然来源类抗肿瘤药	包括长春碱、硫酸长春碱、长春新碱等
A07020999	其他抗肿瘤药	
A07021000	心血管系统用药	
A07021001	苷类	包括毛地黄苷、毒毛旋花苷、洋地黄等
A07021002	麦角生物碱及其衍生物以及盐	包括麦角新碱（麦角袂春）及其盐、麦角胺及其盐、麦角酸及其盐等
A07021003	地高辛类	包括地高辛、甲地高辛、α-乙酰地高辛等
A07021004	奎尼丁类	包括奎尼丁、硫酸奎尼丁、葡萄糖酸奎尼丁等
A07021005	洛尔类	包括普萘洛尔、盐酸普萘洛尔、阿替洛尔等
A07021099	其他心血管系统用药	
A07021100	呼吸系统用药	
A07021101	愈创木酚类	包括愈创木酚、愈创木酚碳酸酯、愈创甘油醚等
A07021102	甲酚磺酸类	包括甲酚磺酸、甲酚磺酸钠、甲酚磺酸钙等
A07021103	卡拉美芬类	包括卡拉美芬、盐酸卡拉美芬、乙二磺酸卡拉美芬等
A07021104	麻黄碱类	包括麻黄碱、盐酸麻黄碱、甲麻黄碱等
A07021105	茶碱和氨茶碱类	包括氨茶碱、茶碱、无水茶碱等
A07021106	天然苷类	包括芸香苷及其衍生物、皂草苷、扁桃苷等
A07021199	其他呼吸系统用药	
A07021200	泌尿系统用药	
A07021201	噻嗪类	包括氯噻嗪、氢氯噻嗪、环戊噻嗪等
A07021202	可可碱类	包括可可碱、水杨酸钠可可碱等
A07021203	天然或合成苷	包括浆果苷及其他天然或合成苷等
A07021204	汞撒利类	包括汞撒利、汞撒利茶碱、汞撒利酸等
A07021299	其他泌尿系统用药	
A07021300	血液系统用药	
A07021301	肝素类	包括肝素、肝素钠、肝素钙等
A07021302	香豆素类	包括双香豆素、双香豆乙酯、乙双香豆素等

（续表）

编码	品目名称	说明
A07021303	羟基淀粉类	包括羟乙基淀粉、羟甲基淀粉钠、羧甲淀粉等
A07021399	其他血液系统用药	
A07021400	诊断用原药	
A07021401	泛影酸类	包括甲泛影酸、甲泛影酸钠、泛影酸等
A07021402	葡胺类	包括葡甲胺、泛影葡胺、复方泛影葡胺等
A07021403	碘他拉酸类	包括碘他拉酸、碘他拉酸钠等
A07021499	其他诊断用原药	
A07021500	调解水、电解质、酸碱平衡药	
A07021501	葡萄糖类药	包括无水葡萄糖、液状葡萄糖、缩合葡萄糖等
A07021502	糖醚、糖酯及其盐	包括羟丙基蔗糖、二磷酸果糖、果糖二磷酸钠等
A07021503	化学纯乳糖	包括无水乳糖、乳果糖等
A07021504	电解质平衡调节药	包括药用氯化钠、药用氯化钾、药用氯化钙等
A07021505	酸碱平衡调节药	
A07021506	透析液	
A07021599	其他调解水、电解质、酸碱平衡药	
A07021600	麻醉用药	
A07021601	胆碱、胆碱盐及衍生物	包括己氨胆碱、溴己氨胆碱、琥珀胆碱等
A07021602	鸦片碱、鸦片碱衍生物及相关盐	包括罂粟果提取物、丁丙诺啡等
A07021603	可卡因及其盐	包括普鲁卡因、盐酸普鲁卡因、氯普鲁卡因等
A07021699	其他麻醉用药	
A07021700	抗组织胺类药及解毒药	
A07021701	抗组织胺类药	包括苯海拉明类、斯汀类药、拉敏类药等
A07021702	解毒药	包括巯类药、依地酸类药等
A07021703	放射性同位素药	包括喷替酸锝、高锝酸钠、锝依替菲宁等
A07021799	其他抗组织胺类药及解毒药	
A07021800	生化药（酶及辅酶）	
A07021801	卵磷脂、相关磷氨基类脂	包括磷脂、卵磷脂、大豆磷脂等
A07021802	氨基酸及蛋白质类药（原药）	包括赖氨酸、盐酸赖氨酸、醋酸赖氨酸等
A07021899	其他生化药（酶及辅酶）	
A07021900	消毒防腐及创伤外科用药	
A07021901	吖啶类药	包括依沙吖啶、乳酸依沙吖啶、氨吖啶等
A07021902	氯己定类药	包括氯己定、盐酸氯己定、枸橼酸氯己定等

（续表）

编码	品目名称	说明
A07021903	汞类药	包括药用汞、药用氯化汞、药用氯化亚汞等
A07021904	败坏翘摇素	
A07021905	丙酰基内酯	
A07021999	其他消毒防腐及创伤外科用药	
A07022000	制剂用辅料及附加剂	
A07022001	专用于人或兽药凝胶制品	
A07022002	专用于人或兽药润滑剂	
A07022003	专用于人或兽药偶合剂	
A07022099	其他制剂用辅料及附加剂	
A07022100	冻干粉针剂	
A07022101	注射用胸腺素	
A07022102	注射用重组人粒细胞巨噬细胞集落刺激因子	
A07022103	注射用重组人白介素-2（冻干粉针剂）	
A07022104	注射用重组人干扰素	
A07022105	注射用核糖核酸	
A07022106	低精蛋白胰岛素注射液	
A07022107	注射用人血白蛋白	
A07022108	注射用重组人生长激素	
A07022199	其他冻干粉针剂	
A07022200	粉针剂	
A07022201	含有青霉素及其衍生物粉针剂	包括注射用青霉素钠、注射用青霉素钾、注射用氨苄西林钠等
A07022202	含有链霉素及其衍生物粉针剂	包括注射用链霉素等
A07022203	头孢类粉针剂	包括注射用头孢唑林钠、注射用头孢拉定、注射用头孢他啶等
A07022204	含有相关抗菌素生物粉针剂	包括注射用克拉霉素、注射用阿昔洛韦等
A07022205	含有皮质甾类激素及其衍生物粉针剂	包括注射用甲基强的松龙琥珀酸钠等
A07022299	其他粉针剂	包括注射用二磷酸果糖等
A07022300	注射液	
A07022301	含有相关抗菌素注射液	包括阿米卡星注射液、庆大霉素注射液、小诺霉素注射液等
A07022302	含有维生素原和维生素注射液	包括维生素 B1 注射液、维生素 B6 注射液、维生素 B12 注射液等

（续表）

编码	品目名称	说明
A07022303	含有皮质甾类激素及其衍生物注射液	包括倍氯米松注射液、氢化可的松注射液、地塞米松注射液等
A07022304	含有奎宁或其盐注射液	包括复方奎宁注射液、奎宁乌拉坦注射液等
A07022305	含有生物碱及其衍生物注射液	包括氨茶碱注射液等
A07022306	含有胰岛素注射液	包括胰岛素注射液、重组人胰岛素注射液等
A07022307	避孕药注射液	包括单方庚酸炔诺酮注射液、复方庚酸炔诺酮二号注射液、微囊复方甲地孕酮避孕注射液等
A07022399	其他注射液	包括曲克芦丁注射液、昂丹司琼注射液、西咪替丁注射液等
A07022400	输液	
A07022401	含有抗菌素输液	包括诺氟沙星输液、氧氟沙星输液、左氧氟沙星输液等
A07022499	其他输液	包括甲硝唑输液、替硝唑输液、甘露醇输液等
A07022500	片剂	
A07022501	含有青霉素及其衍生物片剂	包括青霉素V钾片、阿莫西林-克拉维酸钾片等
A07022502	含有链霉素及其衍生物片剂	
A07022503	含有先锋霉素片剂	包括头孢克洛片、头孢呋辛酯片等
A07022504	含有抗菌素片剂	包括红霉素片、琥乙红霉素片、罗红霉素片等
A07022505	含有奎宁或其盐的片剂	包括无味奎宁片、重硫酸奎宁片等
A07022506	含有磺胺类片剂	包括复方磺胺甲噁唑片、增效联磺片等
A07022507	含有联苯双酯片剂	包括联苯双酯滴丸、联苯双酯片、复方联苯双酯片等
A07022508	含有维生素及其衍生物片剂	包括维生素B1片、维生素B2片、维生素B6片等
A07022509	含有皮质甾类激素及其衍生物片剂	包括地塞米松片、泼尼松片等
A07022510	含有生物碱及其衍生物的片剂	包括氨茶碱片、复方茶碱片等
A07022511	避孕药片剂	包括醋炔诺酮片、复方醋酸炔诺酮片、炔诺酮速效避孕片等
A07022599	其他片剂	包括利巴韦林片、阿昔洛韦片、阿司匹林片等
A07022600	胶囊剂	
A07022601	含有青霉素及其衍生物胶囊	包括阿莫西林胶囊、托西酸舒他西林胶囊等
A07022602	含有链霉素及其衍生物胶囊	
A07022603	含有先锋霉素胶囊	包括头孢拉定胶囊、头孢氨苄胶囊、头孢羟氨苄胶囊等

(续表)

编码	品目名称	说明
A07022604	含有相关抗菌素胶囊	包括米诺环素胶囊、克林霉素胶囊、林可霉素胶囊等
A07022605	含有维生素及其衍生物胶囊	包括维生素 AD 胶囊、维生素 E 胶囊等
A07022699	其他胶囊剂	包括速效伤风胶囊、吲哚美辛胶囊、吉非贝齐胶囊等
A07022700	颗粒剂	
A07022701	含有青霉素及其衍生物颗粒剂	包括阿莫西林颗粒、托西酸舒他西林颗粒等
A07022702	含有链霉素及其衍生物颗粒剂	
A07022703	含有先锋霉素颗粒剂	包括头孢拉定颗粒、头孢羟氨苄颗粒等
A07022704	含有相关抗菌素颗粒剂	包括罗红霉素颗粒剂、克拉霉素颗粒等
A07022799	其他颗粒剂	包括枸橼酸铋钾颗粒剂等
A07022800	缓释控释片	
A07022801	含有抗菌素缓释控释片	包括含有青霉素及其衍生物缓释控释片、含有链霉素及其衍生物缓释控释片、含有先锋霉素缓释控释片等
A07022802	含有奎宁或其盐的缓释控释片	
A07022803	含有磺胺类缓释控释片	
A07022804	含有联苯双酯缓释控释片	
A07022805	含有维生素及其衍生物缓释控释片	
A07022806	含有皮质甾类激素及其衍生物缓释控释片	
A07022807	含有生物碱及其衍生物缓释控释片	
A07022899	其他缓释控释片	
A07022900	滴剂	
A07023000	膏霜剂	
A07023100	栓剂	
A07023200	气雾剂	
A07023300	口服液体制剂	
A07023400	外用液体制剂	
A07023500	避孕药物用具	
A07023501	避孕环	
A07023502	避孕胶棒、膜	
A07023599	其他避孕药物用具	
A07023600	植物类饮片	

（续表）

编码	品目名称	说明
A07023601	根及根茎类饮片	包括巴戟天类饮片、白芍类饮片、柴胡类饮片等
A07023602	块、根、茎类饮片	包括百部类饮片、草乌类饮片、何首乌类饮片等
A07023603	藤、茎类饮片	包括络实（石）藤段、青枫藤片、落实藤等
A07023604	木、心材类饮片	包括檀香类饮片等
A07023605	树皮类饮片	包括地枫皮类饮片、合欢皮类饮片、苦楝皮类饮片等
A07023606	叶片类饮片	包括艾叶类饮片、大青叶类饮片、侧柏叶类饮片等
A07023607	花、蕊类饮片	包括谷精草类饮片、松花粉类饮片、莲房类饮片等
A07023608	果实、种子类饮片	包括马兜铃类饮片、草果仁类饮片、山楂类饮片等
A07023609	草类饮片	包括半边莲（药用）、皮草节类饮片、皮草面类饮片等
A07023610	藻、菌、地衣类饮片	包括冬虫夏草类饮片、茯苓类饮片、灵芝类饮片等
A07023611	植物加工类饮片	包括芦荟块类饮片、淡豆豉类饮片、山芋肉类饮片等
A07023699	其他植物类饮片	
A07023700	动物类饮片	
A07023701	动物全体类饮片	包括斑蝥虫类饮片、红娘虫类饮片、干蟾类饮片等
A07023702	去内脏动物类饮片	包括地龙类饮片、蛤蚧类饮片、乌蛇类饮片等
A07023703	动物皮、角类饮片	包括蝉蜕类饮片、蛇蜕类饮片、刺猬皮类饮片等
A07023704	动物鳞片、贝壳类饮片	包括鳖甲类饮片、玳瑁类饮片、生蛤壳类饮片等
A07023705	动物骨骼、脏器类饮片	包括海螵蛸类饮片、猴骨类饮片、鹿骨类饮片等
A07023706	动物产物、加工类饮片	包括蚕砂类饮片、人工牛黄类饮片、桑螵蛸类饮片等
A07023799	其他动物类饮片	
A07023800	矿物类饮片	
A07023801	白矾类饮片	
A07023802	大青盐类饮片	
A07023803	磁石类饮片	
A07023804	胆矾类饮片	
A07023805	赤石脂类饮片	
A07023806	鹅管石类饮片	
A07023807	红粉类饮片	

（续表）

编码	品目名称	说明
A07023808	花蕊石类饮片	
A07023809	海浮石类饮片	
A07023810	金礞石类饮片	
A07023811	硫磺类饮片	
A07023812	密陀僧类饮片	
A07023813	寒水石类饮片	
A07023814	紫硇砂类饮片	
A07023815	硼砂类饮片	
A07023816	青礞石类饮片	
A07023817	轻粉类饮片	
A07023818	石膏类饮片	
A07023819	龙齿类饮片	
A07023820	龙骨类饮片	
A07023821	炉甘石类饮片	
A07023822	雄黄类饮片	
A07023823	赭石类饮片	
A07023824	钟乳石类饮片	
A07023825	紫石英类饮片	
A07023826	自然铜类饮片	
A07023827	云母石类饮片	
A07023828	禹粮石类饮片	
A07023899	其他矿物类饮片	
A07023900	中成药丸剂	
A07023901	解表丸丸剂	
A07023902	泻下丸剂	
A07023903	和解丸剂	
A07023904	温里丸剂	
A07023905	清热丸剂	
A07023906	祛暑丸剂	
A07023907	补益丸剂	
A07023908	固涩丸剂	
A07023909	安神丸剂	
A07023910	开窍丸剂	

（续表）

编码	品目名称	说明
A07023911	理气丸剂	
A07023912	理血丸剂	
A07023913	止血丸剂	
A07023914	治风丸剂	
A07023915	祛湿丸剂	
A07023916	祛风湿丸剂	
A07023917	祛痰丸剂	
A07023918	止咳平喘丸剂	
A07023919	消食丸剂	
A07023920	治泻、痢丸剂	
A07023921	小儿镇惊丸剂	
A07023922	调经、止带丸剂	
A07023923	治产后病丸剂	
A07023924	安胎丸剂	
A07023925	利咽丸剂	
A07023926	明目丸剂	
A07023927	通鼻丸剂	
A07023928	治耳丸剂	
A07023929	驱虫、杀虫、止痒丸剂	
A07023930	治痔丸剂	
A07023931	治疮疡丸剂	
A07023932	止酸解痉治胃痛丸剂	
A07023933	抗痨丸剂	
A07023934	抗癌丸剂	
A07023999	其他中成药丸剂	
A07024000	中成药冲剂	
A07024001	解表冲剂	
A07024002	泻下冲剂	
A07024003	和解冲剂	
A07024004	温里冲剂	
A07024005	清热冲剂	
A07024006	祛暑冲剂	
A07024007	补益冲剂	

（续表）

编码	品目名称	说明
A07024008	固涩冲剂	
A07024009	安神冲剂	
A07024010	开窍冲剂	
A07024011	理气冲剂	
A07024012	理血冲剂	
A07024013	止血冲剂	
A07024014	治风冲剂	
A07024015	祛湿冲剂	
A07024016	祛风湿冲剂	
A07024017	祛痰冲剂	
A07024018	止咳平喘冲剂	
A07024019	消食冲剂	
A07024020	治泻、痢冲剂	
A07024021	小儿镇惊冲剂	
A07024022	调经、止带冲剂	
A07024023	治产后病冲剂	
A07024024	安胎冲剂	
A07024025	利咽冲剂	
A07024026	明目冲剂	
A07024027	通鼻冲剂	
A07024028	治耳冲剂	
A07024029	驱虫、杀虫、止痒冲剂	
A07024030	治痔冲剂	
A07024031	治疮疡冲剂	
A07024032	止酸解痉治胃痛冲剂	
A07024033	抗痨冲剂	
A07024034	抗癌冲剂	
A07024099	其他中成药冲剂	
A07024100	中成药糖浆	
A07024101	解表糖浆	
A07024102	泻下糖浆	
A07024103	和解糖浆	
A07024104	温里糖浆	

（续表）

编码	品目名称	说明
A07024105	清热糖浆	
A07024106	祛暑糖浆	
A07024107	补益糖浆	
A07024108	固涩糖浆	
A07024109	安神糖浆	
A07024110	开窍糖浆	
A07024111	理气糖浆	
A07024112	理血糖浆	
A07024113	止血糖浆	
A07024114	治风糖浆	
A07024115	祛湿糖浆	
A07024116	祛风湿糖浆	
A07024117	祛痰糖浆	
A07024118	止咳平喘糖浆	
A07024119	消食糖浆	
A07024120	治泻、痢糖浆	
A07024121	小儿镇惊糖浆	
A07024122	调经、止带糖浆	
A07024123	治产后病糖浆	
A07024124	安胎糖浆	
A07024125	利咽糖浆	
A07024126	明目糖浆	
A07024127	通鼻糖浆	
A07024128	治耳糖浆	
A07024129	驱虫、杀虫、止痒糖浆	
A07024130	治痔糖浆	
A07024131	治疮疡糖浆	
A07024132	止酸解痉治胃痛糖浆	
A07024133	抗痨糖浆	
A07024134	抗癌糖浆	
A07024199	其他中成药糖浆	
A07024200	中成药片剂	
A07024201	解表片剂	

（续表）

编码	品目名称	说明
A07024202	泻下片剂	
A07024203	和解片剂	
A07024204	温里片剂	
A07024205	清热片剂	
A07024206	祛暑片剂	
A07024207	补益片剂	
A07024208	固涩片剂	
A07024209	安神片剂	
A07024210	开窍片剂	
A07024211	理气片剂	
A07024212	理血片剂	
A07024213	止血片剂	
A07024214	治风片剂	
A07024215	祛湿片剂	
A07024216	祛风湿片剂	
A07024217	祛痰片剂	
A07024218	止咳平喘片剂	
A07024219	消食片剂	
A07024220	治泻、痢片剂	
A07024221	小儿镇惊片剂	
A07024222	调经、止带片剂	
A07024223	治产后病片剂	
A07024224	安胎片剂	
A07024225	利咽片剂	
A07024226	明目片剂	
A07024227	通鼻片剂	
A07024228	治耳片剂	
A07024229	驱虫、杀虫、止痒片剂	
A07024230	治痔片剂	
A07024231	治疮疡片剂	
A07024232	止酸解痉治胃痛片剂	
A07024233	抗痨片剂	
A07024234	抗癌片剂	

（续表）

编码	品目名称	说明
A07024299	其他中成药片剂	
A07024300	中成药针剂	
A07024301	解表针剂	
A07024302	泻下针剂	
A07024303	和解针剂	
A07024304	温里针剂	
A07024305	清热针剂	
A07024306	祛暑针剂	
A07024307	补益针剂	
A07024308	固涩针剂	
A07024309	安神针剂	
A07024310	开窍针剂	
A07024311	理气针剂	
A07024312	理血针剂	
A07024313	止血针剂	
A07024314	治风针剂	
A07024315	祛湿针剂	
A07024316	祛风湿针剂	
A07024317	祛痰针剂	
A07024318	止咳平喘针剂	
A07024319	消食针剂	
A07024320	治泻、痢针剂	
A07024321	小儿镇惊针剂	
A07024322	调经、止带针剂	
A07024323	治产后病针剂	
A07024324	安胎针剂	
A07024325	利咽针剂	
A07024326	明目针剂	
A07024327	通鼻针剂	
A07024328	治耳针剂	
A07024329	驱虫、杀虫、止痒针剂	
A07024330	治痔针剂	
A07024331	治疮疡针剂	

（续表）

编码	品目名称	说明
A07024332	止酸解痉治胃痛针剂	
A07024333	抗痨针剂	
A07024334	抗癌针剂	
A07024399	其他中成药针剂	
A07024400	中成药注射液	
A07024401	解表注射液	
A07024402	泻下注射液	
A07024403	和解注射液	
A07024404	温里注射液	
A07024405	清热注射液	
A07024406	祛暑注射液	
A07024407	补益注射液	
A07024408	固涩注射液	
A07024409	安神注射液	
A07024410	开窍注射液	
A07024411	理气注射液	
A07024412	理血注射液	
A07024413	止血注射液	
A07024414	治风注射液	
A07024415	祛湿注射液	
A07024416	祛风湿注射液	
A07024417	祛痰注射液	
A07024418	止咳平喘注射液	
A07024419	消食注射液	
A07024420	治泻、痢注射液	
A07024421	小儿镇惊注射液	
A07024422	调经、止带注射液	
A07024423	治产后病注射液	
A07024424	安胎注射液	
A07024425	利咽注射液	
A07024426	明目注射液	
A07024427	通鼻注射液	
A07024428	治耳注射液	

（续表）

编码	品目名称	说明
A07024429	驱虫、杀虫、止痒注射液	
A07024430	治痔注射液	
A07024431	治疮疡注射液	
A07024432	止酸解痉治胃痛注射液	
A07024433	抗痨注射液	
A07024434	抗癌注射液	
A07024499	其他中成药注射液	
A07024500	膏药	
A07024501	解表膏药	
A07024502	泻下膏药	
A07024503	和解膏药	
A07024504	温里膏药	
A07024505	清热膏药	
A07024506	祛暑膏药	
A07024507	补益膏药	
A07024508	固涩膏药	
A07024509	安神膏药	
A07024510	开窍膏药	
A07024511	理气膏药	
A07024512	理血膏药	
A07024513	止血膏药	
A07024514	治风膏药	
A07024515	祛湿膏药	
A07024516	祛风湿膏药	
A07024517	祛痰膏药	
A07024518	止咳平喘膏药	
A07024519	消食膏药	
A07024520	治泻、痢膏药	
A07024521	小儿镇惊膏药	
A07024522	调经、止带膏药	
A07024523	治产后病膏药	
A07024524	安胎膏药	
A07024525	利咽膏药	

(续表)

编码	品目名称	说明
A07024526	明目膏药	
A07024527	通鼻膏药	
A07024528	治耳膏药	
A07024529	驱虫、杀虫、止痒膏药	
A07024530	治痔膏药	
A07024531	治疮疡膏药	
A07024532	止酸解痉治胃痛膏药	
A07024533	抗痨膏药	
A07024534	抗癌膏药	
A07024599	其他膏药	
A07024600	中成药口服液	
A07024601	解表口服液	
A07024602	泻下口服液	
A07024603	和解口服液	
A07024604	温里口服液	
A07024605	清热口服液	
A07024606	祛暑口服液	
A07024607	补益口服液	
A07024608	固涩口服液	
A07024609	安神口服液	
A07024610	开窍口服液	
A07024611	理气口服液	
A07024612	理血口服液	
A07024613	止血口服液	
A07024614	治风口服液	
A07024615	祛湿口服液	
A07024616	祛风湿口服液	
A07024617	祛痰口服液	
A07024618	止咳平喘口服液	
A07024619	消食口服液	
A07024620	治泻、痢口服液	
A07024621	小儿镇惊口服液	
A07024622	调经、止带口服液	

（续表）

编码	品目名称	说明
A07024623	治产后病口服液	
A07024624	安胎口服液	
A07024625	利咽口服液	
A07024626	明目口服液	
A07024627	通鼻口服液	
A07024628	治耳口服液	
A07024629	驱虫、杀虫、止痒口服液	
A07024630	治痔口服液	
A07024631	治疮疡口服液	
A07024632	止酸解痉治胃痛口服液	
A07024633	抗痨口服液	
A07024634	抗癌口服液	
A07024699	其他中成药口服液	
A07024700	中成药胶囊	
A07024701	解表胶囊	
A07024702	泻下胶囊	
A07024703	和解胶囊	
A07024704	温里胶囊	
A07024705	清热胶囊	
A07024706	祛暑胶囊	
A07024707	补益胶囊	
A07024708	固涩胶囊	
A07024709	安神胶囊	
A07024710	开窍胶囊	
A07024711	理气胶囊	
A07024712	理血胶囊	
A07024713	止血胶囊	
A07024714	治风胶囊	
A07024715	祛湿胶囊	
A07024716	祛风湿胶囊	
A07024717	祛痰胶囊	
A07024718	止咳平喘胶囊	
A07024719	消食胶囊	

（续表）

编码	品目名称	说明
A07024720	治泻、痢胶囊	
A07024721	小儿镇惊胶囊	
A07024722	调经、止带胶囊	
A07024723	治产后病胶囊	
A07024724	安胎胶囊	
A07024725	利咽胶囊	
A07024726	明目胶囊	
A07024727	通鼻胶囊	
A07024728	治耳胶囊	
A07024729	驱虫、杀虫、止痒胶囊	
A07024730	治痔胶囊	
A07024731	治疮疡胶囊	
A07024732	止酸解痉治胃痛胶囊	
A07024733	抗痨胶囊	
A07024734	抗癌胶囊	
A07024799	其他中成药胶囊	
A07024800	中成药散剂	
A07024801	解表散剂	
A07024802	泻下散剂	
A07024803	和解散剂	
A07024804	温里散剂	
A07024805	清热散剂	
A07024806	祛暑散剂	
A07024807	补益散剂	
A07024808	固涩散剂	
A07024809	安神散剂	
A07024810	开窍散剂	
A07024811	理气散剂	
A07024812	理血散剂	
A07024813	止血散剂	
A07024814	治风散剂	
A07024815	祛湿散剂	
A07024816	祛风湿散剂	

（续表）

编码	品目名称	说明
A07024817	祛痰散剂	
A07024818	止咳平喘散剂	
A07024819	消食散剂	
A07024820	治泻、痢散剂	
A07024821	小儿镇惊散剂	
A07024822	调经、止带散剂	
A07024823	治产后病散剂	
A07024824	安胎散剂	
A07024825	利咽散剂	
A07024826	明目散剂	
A07024827	通鼻散剂	
A07024828	治耳散剂	
A07024829	驱虫、杀虫、止痒散剂	
A07024830	治痔散剂	
A07024831	治疮疡散剂	
A07024832	止酸解痉治胃痛散剂	
A07024833	抗痨散剂	
A07024834	抗癌散剂	
A07024899	其他中成药散剂	
A07024900	中成药栓剂	
A07024901	解表栓剂	
A07024902	泻下栓剂	
A07024903	和解栓剂	
A07024904	温里栓剂	
A07024905	清热栓剂	
A07024906	祛暑栓剂	
A07024907	补益栓剂	
A07024908	固涩栓剂	
A07024909	安神栓剂	
A07024910	开窍栓剂	
A07024911	理气栓剂	
A07024912	理血栓剂	
A07024913	止血栓剂	

（续表）

编码	品目名称	说明
A07024914	治风栓剂	
A07024915	祛湿栓剂	
A07024916	祛风湿栓剂	
A07024917	祛痰栓剂	
A07024918	止咳平喘栓剂	
A07024919	消食栓剂	
A07024920	治泻、痢栓剂	
A07024921	小儿镇惊栓剂	
A07024922	调经、止带栓剂	
A07024923	治产后病栓剂	
A07024924	安胎栓剂	
A07024925	利咽栓剂	
A07024926	明目栓剂	
A07024927	通鼻栓剂	
A07024928	治耳栓剂	
A07024929	驱虫、杀虫、止痒栓剂	
A07024930	治痔栓剂	
A07024931	治疮疡栓剂	
A07024932	止酸解痉治胃痛栓剂	
A07024933	抗痨栓剂	
A07024934	抗癌栓剂	
A07024999	其他中成药栓剂	
A07025000	药酒	
A07025001	补益药酒	
A07025002	固涩药酒	
A07025003	安神药酒	
A07025004	开窍药酒	
A07025005	理气药酒	
A07025006	理血药酒	
A07025007	止血药酒	
A07025008	治风药酒	
A07025009	祛湿药酒	
A07025099	其他药酒	

（续表）

编码	品目名称	说明
A07025100	清凉油	
A07025101	治风剂清凉油	
A07025199	其他清凉油	
A07025200	兽用药品	
A07025201	兽用化学药品	
A07025202	兽用血清制品	
A07025203	兽用疫苗	
A07025204	兽用诊断制品	
A07025205	兽用微生态制品	
A07025206	兽用中药材	
A07025207	兽用中成药	
A07025208	兽用抗生素	
A07025209	兽用生化药品	
A07025210	兽用放射性药品	
A07025211	兽用外用杀虫剂	
A07025212	兽用消毒剂	
A07025299	其他兽用药品	
A07025300	酶类生化制剂	
A07025301	胰蛋白酶制剂	包括注射用胰蛋白酶、注射用结晶糜胰蛋白酶、复方胰蛋白酶胶囊等
A07025302	糜蛋白酶制剂	包括注射用糜蛋白酶等
A07025303	菠萝蛋白酶制剂	包括芦笋菠萝蛋白酶胶囊、复方菠萝蛋白酶片等
A07025304	链激酶制剂	包括注射用冻干链激酶等
A07025305	重组链激酶制剂	包括注射用重组链激酶等
A07025306	双链酶制剂	包括双链酶片剂、注射用双链酶等
A07025307	尿激酶制剂	包括注射用尿激酶脂质体冻干品、口服用尿激酶脂质体冻干品等
A07025308	溶菌酶制剂	包括复方氯化溶菌酶胶囊、溶菌酶片剂等
A07025309	辅酶Q10制剂	包括辅酶Q10片剂、辅酶Q10胶囊剂等
A07025310	辅酶Ⅰ制剂	包括注射用辅酶Ⅰ等
A07025311	复合辅酶制剂	包括注射用复合辅酶等
A07025312	门冬酰胺酶制剂	包括注射用左旋门冬酰胺酶、注射用门冬酰胺酶等
A07025313	胰酶制剂	包括胰酶肠溶片、复方胰酶片、胰酶胶囊等

（续表）

编码	品目名称	说明
A07025314	多酶制剂	包括多酶片（肠溶片）、多酶包衣片等
A07025315	复合多酶制剂	
A07025316	胃蛋白酶制剂	包括复方胃蛋白酶颗粒、复方胃蛋白酶散、胃蛋白酶合剂等
A07025317	含糖胃蛋白酶制剂	包括复方含糖胃蛋白酶颗粒等
A07025318	淀粉酶制剂	包括复方淀粉酶颗粒、淀粉酶测定试剂盒等
A07025399	其他酶类生化制剂	
A07025400	氨基酸及蛋白质类药	
A07025401	乙酰半胱氨酸制剂	包括乙酰半胱氨酸颗粒剂、乙酰半胱氨酸喷雾剂等
A07025402	羧甲司坦制剂	包括羧甲司坦口服溶液、羧甲司坦片等
A07025403	盐酸美司坦制剂	包括盐酸美司坦片剂、盐酸美司坦粉剂等
A07025404	胱氨酸制剂	包括注射用盐酸半胱氨酸、复方胱氨酸片等
A07025405	盐酸赖氨酸制剂	包括盐酸赖氨酸颗粒、盐酸赖氨酸片等
A07025406	谷氨酸制剂	包括精谷氨酸注射液、谷氨酸钠注射液、谷氨酸钾注射液等
A07025407	门冬氨酸制剂	包括门冬氨酸镁注射液、门冬氨酸钾镁注射液、注射用鸟氨酰门冬氨酸等
A07025408	门冬酰胺制剂	包括门冬酰胺片等
A07025409	复合氨基酸制剂	包括复合氨基酸输液、9-复合结晶氨基酸注射液、18 氨基酸注射液-1 200 等
A07025410	复方氨基酸制剂	包括复方氨基酸注射液、复方结晶氨基酸注射液、12% 复方氨基酸注射液等
A07025411	复方赖氨酸制剂	包括复方赖氨酸颗粒、复方赖氨酸补血剂、赖氨酸 B12 制剂等
A07025412	注射用氨基酸类药及输液	包括抗尿毒氨基酸注射液、肝用氨基酸输液、葡萄糖氨基酸输液等
A07025499	其他氨基酸及蛋白质类药	
A07025500	脂肪类药制剂	
A07025501	注射用脂肪类药	包括注射用紫杉醇脂质体、油酸多相脂质体注射液、脂肪乳注射液等
A07025502	脂肪类药胶囊	包括磷脂软胶囊、磷脂维生素 E 胶囊、卵磷脂胶囊等
A07025503	脂肪类药片剂	包括卵磷脂片、复方 α-酮酸片（薄膜衣）等
A07025599	其他脂肪类药制剂	
A07025600	核酸类药制剂	
A07025601	三磷腺苷钠制剂	

（续表）

编码	品目名称	说明
A07025602	环磷腺苷制剂	包括注射用三磷腺苷、三磷腺苷二钠注射液、三磷腺苷二钠肠溶片等
A07025603	肌苷制剂	包括注射用环磷腺苷、注射用环磷腺苷葡胺、注射用双丁酰环磷腺苷等
A07025604	核糖核酸制剂	包括注射用肌苷、肌苷片、肌苷胶囊等
A07025699	其他核酸类药制剂	
A07025700	菌苗	
A07025701	伤寒菌苗	
A07025702	霍乱菌苗	
A07025703	霍乱伤寒混合菌苗	
A07025704	霍乱伤寒副伤寒甲乙菌苗	
A07025705	伤寒副伤寒甲乙菌苗	
A07025706	伤寒副伤寒甲二联菌苗	
A07025707	伤寒副伤寒甲乙三联菌苗	
A07025708	霍乱伤寒副伤寒甲乙四联菌苗	
A07025709	百日咳菌苗	
A07025710	钩端螺旋体菌苗	
A07025711	多价钩端螺旋体菌苗	
A07025712	脑膜炎球菌多糖菌苗（A群）	
A07025713	炭疽活菌苗	
A07025714	气管炎菌苗	
A07025715	气管炎溶菌菌苗	
A07025716	吸附霍乱菌苗	
A07025717	吸附霍乱类毒素菌苗	
A07025718	冻干牛痘苗	
A07025719	流脑菌苗	
A07025799	其他菌苗	
A07025800	菌苗制剂	
A07025801	吸附百日咳白喉破伤风混合制剂	
A07025802	吸附百日咳菌苗白喉类毒素混合制剂	
A07025803	卡介苗多糖核酸	
A07025804	破伤风类毒素混合制剂	
A07025805	核酪制剂	

（续表）

编码	品目名称	说明
A07025806	口服多价痢疾噬菌体	
A07025807	哮喘菌苗注射液	
A07025808	气管炎菌苗片	
A07025899	其他菌苗制剂	
A07025900	人用疫苗	
A07025901	脑炎疫苗	包括乙型脑炎灭活疫苗、乙型脑炎纯化疫苗（Vero）细胞、冻干流行性乙型脑炎活疫苗等
A07025902	脑膜炎疫苗	包括 A 群脑膜炎球菌多糖疫苗、A+C 群脑膜炎球菌多糖疫苗等
A07025903	麻疹、风疹及腮腺炎疫苗	包括冻干麻疹活疫苗、麻疹减毒活疫苗、风疹减毒活疫苗等
A07025904	狂犬病疫苗	包括人用浓缩狂犬病疫苗、人用狂犬病纯化疫苗、冻干人用狂犬病疫苗等
A07025905	脊髓灰质炎疫苗	包括口服脊髓灰质炎减毒活疫苗、脊髓灰质炎活疫苗糖丸等
A07025906	肝炎疫苗	包括重组（酵母）乙型肝炎疫苗、乙型肝炎血源疫苗、重组酵母乙肝疫苗等
A07025907	流感疫苗	包括流行性感冒活疫苗、B 型流感嗜血杆菌疫苗、流行性感冒及毒株病毒亚单位灭活疫苗等
A07025908	肾综合症疫苗	包括Ⅰ型肾综合症出血热灭活疫苗、Ⅱ型肾综合症出血热灭活疫苗、双价肾综合症出血热灭活疫苗等
A07025909	破伤风、白喉及百日咳疫苗	包括吸附破伤风疫苗、吸附白喉疫苗、吸附百日咳白喉联合疫苗等
A07025910	黄热减毒活疫苗	
A07025999	其他人用疫苗	
A07026000	类毒素	
A07026001	吸附精制白喉类毒素	
A07026002	吸附精制白喉破伤风二联类毒素	
A07026003	吸附精制破伤风类毒素	
A07026004	吸附精制破伤风气性坏疽四联类毒类	
A07026005	葡萄球菌类毒素	
A07026099	其他类毒素	
A07026100	抗毒素类	
A07026101	白喉抗毒素	包括冻干白喉抗毒素、精制白喉抗毒素、冻干精制白喉抗毒素等

（续表）

编码	品目名称	说明
A07026102	破伤风抗毒素	包括冻干破伤风抗毒素、精制破伤风抗毒素、冻干精制破伤风抗毒素等
A07026103	多价气性坏疽抗毒素	包括多价精制气坏疽抗毒素、冻干多价气性坏疽抗毒素、冻干多价精制气坏疽抗毒素等
A07026104	肉毒抗毒素制剂	包括精制 A 型肉毒抗毒素、精制 B 型肉抗毒素、精制 E 型肉毒抗毒素等
A07026199	其他抗毒素类	
A07026200	抗血清类	
A07026201	抗蛇毒血清	包括精制抗蝮蛇毒血清、精制抗眼镜蛇毒血清、精制抗银环蛇毒血清等
A07026202	抗狂犬病血清	包括冻干抗狂犬病血清、精制抗狂犬病血清、冻干精制抗狂犬病血清等
A07026203	抗炭疽血清	包括精制抗炭疽血清、冻干精制抗炭疽血清等
A07026204	抗赤痢血清	
A07026205	制抗腺病毒血清	
A07026206	抗淋巴细胞血清	
A07026299	其他抗血清类	
A07026300	血液制品	
A07026301	球蛋白、白蛋白	包括人血丙种球蛋白、人胎盘血丙种球蛋白、冻干人胎盘血丙种球蛋白等
A07026302	血液制品制剂	包括血浆蛋白溶液（％人血蛋白）、冻干健康人血浆、冻干抗绿脓杆菌人血浆等
A07026399	其他血液制品	
A07026400	细胞因子	
A07026401	干扰素制剂	包括干扰素 α-1b 制剂、冻干重组人干扰素 α-2a 制剂、冻干重组人干扰素 α-1b 等
A07026402	胸腺肽制剂	包括胸腺喷丁制剂、胸腺蛋白口服液、注射用胸腺肽 α1 等
A07026403	转移因子制剂	包括 P-转移因子制剂、β-转移因子制剂、冻干人白细胞转移因子等
A07026404	促肝细胞生长素制剂	包括促肝细胞生长因子注射液、其他促肝细胞生长素制剂等
A07026405	白介素制剂	包括注射用白介素-2、注射用重组人白介素-2 等
A07026499	其他细胞因子	
A07026500	诊断用生物制品	
A07026501	诊断用菌素、菌液、菌体	包括旧结核菌素、伤寒诊断菌液、副伤寒诊断菌液等

(续表)

编码	品目名称	说明
A07026502	诊断血球	包括流行性乙型脑炎抗体诊断血球、冻干乙型肝炎病毒诊断血球、流行性出血热诊断血球等
A07026503	诊断用抗原	包括诊断用冻干鼠疫菌F抗原、诊断用炭疽抗原、森林脑炎病毒补体结合抗原等
A07026504	诊断用血凝素	包括流行性乙型脑炎病毒血凝素、麻疹病毒血凝素、腺病毒血凝素等
A07026505	诊断用血清	包括诊断用冻干鼠疫菌F抗原致敏血清、沙门氏菌属诊断血清、志贺氏菌属诊断血清等
A07026506	试验用毒素	包括锡克试验毒素、锡克试验对照毒素、狄克氏试验对照毒素等
A07026507	诊断用生物试剂盒	包括总蛋白测定试剂盒、白蛋白测定试剂盒、载脂蛋白测定试剂盒等
A07026599	其他诊断用生物制品	
A07026600	生物制剂	
A07026601	生物菌及菌片	包括双歧杆菌、乳杆菌、嗜热链球菌等
A07026602	生物试剂盒	
A07026603	微生物培养基	
A07026699	其他生物制剂	
A07026700	病人医用试剂	
A07026701	血型试剂	包括确定血型试剂、测定血清特征试剂、血型技术所需的相关试剂等
A07026702	影象检查用化学药制剂	包括口服X光检查造影剂、注射用X光检查造影剂等
A07026703	器官功能检查剂	包括妊娠诊断剂、酚磺酞注射液、刚果红注射液等
A07026799	其他病人医用试剂	
A07026800	非病人用诊断检验、实验用试剂	
A07026801	有衬背的诊断或实验用试剂	包括极谱纸、石蕊试纸等
A07026802	无衬背的诊断或实验用试剂	包括基因诊断试剂、乙肝诊断试剂、艾滋诊断试剂等
A07026803	空心胶囊	包括明胶胶囊、粉浆装药空囊、植物胶囊等
A07026899	其他非病人用诊断检验、实验用试剂	
A07029900	其他医药品	
A07030000	农林牧渔业产品	
A07030100	谷物	
A07030101	稻谷	
A07030102	小麦	包括硬质小麦、软质小麦等

（续表）

编码	品目名称	说明
A07030103	玉米	包括黄玉米、白玉米、甜玉米等
A07030104	谷子	包括硬谷子、糯谷子等
A07030105	高粱	包括红粒高粱、白粒高粱、糯高粱等
A07030106	大麦	包括裸大麦、皮大麦等
A07030107	燕麦	包括裸燕麦、皮燕麦等
A07030108	黑麦	
A07030109	荞麦	包括甜荞麦、苦荞麦等
A07030199	其他谷物	包括糜子、紫米、薏苡等
A07030200	薯类	
A07030201	马铃薯	
A07030202	木薯	包括鲜木薯、木薯干等
A07030203	甘薯	包括种用甘薯、甘薯干等
A07030299	其他薯类	
A07030300	油料	
A07030301	花生	
A07030302	油菜籽	包括双低油菜籽等
A07030303	葵花籽	包括油葵、食葵等
A07030304	芝麻	包括白芝麻、黑芝麻、黄芝麻等
A07030305	胡麻籽	包括种用胡麻籽等
A07030306	棉籽	包括种用棉籽等
A07030307	蓖麻籽	包括种用蓖麻籽等
A07030308	芥子	包括种用芥子等
A07030309	红花籽	包括种用红花籽等
A07030310	油棕果及油棕仁	包括种用油棕果及油棕仁等
A07030311	罂粟子	
A07030312	油橄榄果	
A07030313	油茶籽（油料）	
A07030399	其他油料	
A07030400	豆类	
A07030401	大豆	
A07030402	绿豆	包括明绿豆、毛绿豆等
A07030403	小豆	包括红小豆、灰白小豆、狸小豆等
A07030404	干豌豆	包括白豌豆、绿豌豆、麻豌豆等

（续表）

编码	品目名称	说明
A07030405	小扁豆	包括大粒小扁豆、小粒小扁豆等
A07030406	干蚕豆	包括种用干蚕豆等
A07030407	芸豆	包括种用芸豆等
A07030408	饭豆	包括种用饭豆等
A07030409	干豇豆	包括种用干豇豆等
A07030410	鹰嘴豆	包括种用鹰嘴豆等
A07030499	其他豆类	包括种用杂豆等
A07030500	棉花	
A07030501	籽棉	
A07030502	皮棉	包括细绒棉皮棉、长绒棉皮棉等
A07030599	其他棉花	
A07030600	生麻	
A07030601	生亚麻	
A07030602	生苎麻	
A07030603	生黄红麻	
A07030604	生线麻	
A07030605	生茼麻	
A07030606	生大麻	
A07030607	生剑麻	
A07030699	其他生麻	
A07030700	糖料	
A07030701	甘蔗	
A07030702	甜菜	
A07030799	其他糖料	
A07030800	未加工的烟草	
A07030801	未去梗烤烟叶	
A07030802	未去梗晒烟叶	
A07030803	未去梗晾烟叶	
A07030804	未去梗白肋烟	
A07030899	其他未加工的烟草	
A07030900	饲料作物	
A07030901	苜蓿	
A07030902	青饲料	

（续表）

编码	品目名称	说明
A07030903	饲料牧草	包括苜蓿干草、羊草、沙打旺等
A07030904	饲料作物用种子	
A07030999	其他饲料作物	
A07031000	水生植物类	
A07031001	芦苇	
A07031002	席草	
A07031003	苇子	
A07031004	莲子	
A07031005	蒲草	
A07031006	慈姑	
A07031099	其他水生植物类	
A07031100	农作物副产品	
A07031101	作物茎、杆、根	
A07031199	其他农作物副产品	
A07031200	蔬菜及食用菌	
A07031201	蔬菜	
A07031202	食用菌	包括平菇、杏鲍菇、金针菇等
A07031299	其他蔬菜及食用菌	
A07031300	茶及饮料原料	
A07031301	茶叶	
A07031302	饮料原料	包括可可豆、咖啡豆等
A07031399	其他茶及饮料原料	
A07031400	香料原料	
A07031401	调味香料	
A07031402	香味料	包括香子兰、留兰香、姜黄等
A07031499	其他香料原料	
A07031500	育种和育苗	
A07031501	林木种子	
A07031502	灌木、藤木，相关林木种子	
A07031503	苗木类	包括针叶乔木苗类、阔叶乔木苗类、果树苗等
A07031599	其他育种和育苗	
A07031600	木材采伐产品	
A07031601	原木	

（续表）

编码	品目名称	说明
A07031602	小规格木材	包括针叶木小规格木材等
A07031603	薪材	
A07031604	短条及细枝等	
A07031699	其他木材采伐产品	
A07031700	竹材采伐产品	
A07031701	竹材	
A07031799	其他竹材采伐产品	
A07031800	林产品	
A07031801	天然橡胶	
A07031802	天然树脂、树胶	包括天然生漆、天然松脂、虫胶等
A07031803	栲胶原料	包括落叶松树皮、杨梅树皮、油柑树皮等
A07031804	非直接食用果类	包括油桐籽、油茶籽、沙棘果等
A07031805	编结用原料	包括藤条、柳条、柠条等
A07031806	染色、鞣革用植物原料	包括五倍子、地衣、蓝靛等
A07031899	其他林产品	包括棕片、竹笋干、山苍子等
A07031900	活牲畜	
A07031901	猪	
A07031902	牛	包括黄牛、水牛、奶牛等
A07031903	马	包括种马、马驹等
A07031904	驴	包括种驴等
A07031905	骡	
A07031906	羊	包括绵羊、山羊、能繁殖母羊等
A07031907	骆驼	
A07031999	其他活牲畜	
A07032000	活家禽	
A07032001	活鸡	
A07032002	活鸭	包括雏鸭、成鸭等
A07032003	活鹅	包括雏鹅、成鹅等
A07032004	活火鸡	包括雏火鸡、成火鸡等
A07032005	活珍珠鸡	包括雏珍珠鸡、成珍珠鸡等
A07032099	其他活家禽	包括鸽子、鹌鹑、鸵鸟等
A07032100	畜禽产品	
A07032101	生奶	

（续表）

编码	品目名称	说明
A07032102	禽蛋	包括鸡蛋、鸭蛋、鹅蛋等
A07032103	天然蜂蜜及副产品	包括天然蜂蜜、蜂蜡、鲜蜂王浆等
A07032104	蚕茧	包括桑蚕茧、柞蚕茧、蓖麻蚕茧等
A07032105	动物毛类	包括绵羊毛、牦牛毛、兔毛等
A07032106	生皮	包括整张爬行动物皮、整张生马皮、整张生猪皮等
A07032107	生毛皮	包括整张水貂生毛皮、整张狐生毛皮、整张兔生毛皮等
A07032108	制刷用兽毛	包括猪鬃、制刷用山羊毛等
A07032199	其他畜禽产品	包括麝香、鹿茸、燕窝等
A07032200	家禽遗产材料	包括猪、牛、羊等家禽的精液、胚胎、卵子等
A07032300	饲养动物	
A07032301	爬行动物	
A07032302	蛙类动物	包括改良种用蛙苗等
A07032303	家兔	包括种用家兔、非种用家兔等
A07032304	鹦形目鸟	包括改良种用鹦形目鸟、非种用鹦形目鸟等
A07032305	蜂	
A07032306	蚕	
A07032307	驯鹿	
A07032308	梅花鹿	
A07032309	狐	
A07032310	貂	
A07032311	麋	
A07032399	其他饲养动物	
A07032400	海水养殖产品	
A07032401	海水养殖鱼	
A07032402	海水养殖虾	包括海水养殖中国对虾、海水养殖日本对虾、海水养殖龙虾等
A07032403	海水养殖蟹	包括海水养殖梭子蟹、海水养殖青蟹等
A07032404	海水养殖贝类	包括海水养殖牡蛎、海水养殖扇贝、海水养殖贻贝等
A07032405	海水养殖藻类	包括海水养殖海带、海水养殖紫菜、海水养殖苔菜等
A07032499	其他海水养殖产品	包括海水养殖海参、海水养殖海胆、海水养殖珍珠等
A07032500	海水养殖产品种苗	

（续表）

编码	品目名称	说明
A07032501	海水养殖鱼苗	
A07032502	海水养殖虾种苗	包括海水养殖对虾种苗、海水养殖中国对虾种苗、海水养殖日本对虾种苗等
A07032503	海水养殖蟹苗	包括海水养殖梭子蟹苗、海水养殖青蟹苗等
A07032504	海水养殖贝类种苗	包括海水养殖扇贝种苗、海水养殖蛤种苗、海水养殖螺种苗等
A07032505	海水养殖藻类育苗	包括海水养殖海带苗、海水养殖紫菜苗、海水养殖苔菜苗等
A07032599	其他海水养殖产品种苗	包括海水养殖海参苗、海水养殖海胆苗、海水养殖珍珠蚌等
A07032600	海水捕捞产品	
A07032601	海水捕捞鲜鱼	
A07032602	海水捕捞虾	包括龙虾、斑节对虾、中国对虾等
A07032603	海水捕捞蟹	包括梭子蟹、青蟹等
A07032604	海水捕捞贝类	包括贻贝、蛤、蚶等
A07032605	海水捕捞软体水生动物	包括墨鱼、鱿鱼、沙蚕等
A07032699	其他海水捕捞产品	
A07032700	淡水养殖产品	
A07032701	养殖淡水鱼	
A07032702	淡水养殖虾	包括淡水养殖罗氏沼虾、淡水养殖青虾、淡水养殖南美白对虾等
A07032703	淡水养殖蟹	包括淡水养殖活河蟹等
A07032704	淡水养殖贝类	包括淡水养殖河蚌、淡水养殖螺、淡水养殖蚬等
A07032705	淡水养殖藻类种苗	
A07032799	其他淡水养殖产品	包括幼蛙种苗、稚龟种苗、稚鳖种苗等
A07032800	淡水养殖产品种苗	
A07032801	淡水鱼苗	
A07032802	淡水养殖虾苗	包括罗氏沼虾苗、青虾苗、南美白对虾苗等
A07032803	淡水养殖蟹种苗	包括中华绒毛蟹（大闸蟹）种苗等
A07032804	淡水养殖贝壳种苗	包括河蚌种苗、螺种苗、蚬种苗等
A07032805	淡水养殖藻类育苗	包括螺旋藻种苗等
A07032899	其他淡水养殖产品种苗	包括幼蛙种苗、稚龟种苗、稚鳖种苗等
A07032900	淡水捕捞产品	
A07032901	捕捞淡水鱼	
A07032902	淡水捕捞鲜虾	包括罗氏沼虾、青虾、克氏鳌虾（克氏原鳌虾）等

（续表）

编码	品目名称	说明
A07032903	淡水捕捞蟹	包括中华绒毛蟹（大闸蟹）等
A07032904	淡水捕捞鲜软体动物	包括蜗牛、螺、河蚌等
A07032905	淡水捕捞螺旋藻	
A07032999	其他淡水捕捞产品	包括丰年虫等
A07039900	其他农林牧渔业产品	
A07040000	矿与矿物	
A07040100	煤炭采选产品	
A07040101	原煤	包括无烟煤、烟煤、褐煤等
A07040102	洗煤	包括洗精煤、洗块煤、洗粒级煤等
A07040199	其他煤炭采选产品	包括泥煤、石煤、风化煤等
A07040200	石油和天然气开采产品	
A07040201	原油	包括天然原油、沥青矿原油等
A07040202	天然气	
A07040203	液化天然气	
A07040204	煤层气（煤田）	
A07040205	天然气水合物	
A07040206	油页岩	包括沥青页岩、油母页岩、焦（重）油砂等
A07040299	其他石油和天然气开采产品	
A07040300	黑色金属矿	
A07040301	铁矿石	包括铁矿石原矿、铁矿石成品矿、人造富铁矿等
A07040302	锰矿	包括锰矿石原矿、锰矿石成品矿、人造富锰矿等
A07040303	铬矿石	包括铬矿石原矿、铬矿石成品矿、人造富铬矿等
A07040399	其他黑色金属矿	
A07040400	有色金属矿	
A07040401	常用有色金属矿	包括铜矿、镍矿、钴矿等
A07040402	贵金属矿	包括金矿砂及其精矿、银矿砂及其精矿等
A07040403	稀有稀土金属矿	包括钨矿、钼矿、氟碳铈镧矿等
A07040404	放射性金属矿	包括铀矿、钍矿等
A07040499	其他有色金属矿	包括锂矿、铍矿、铯矿等
A07040500	非金属矿	
A07040501	石灰石、石膏类	
A07040502	建筑用天然石料	包括天然大理石荒料、天然花岗石荒料、板岩等
A07040503	耐火土石类	包括耐火黏土、耐火黏土熟料、铁铝矾土等

（续表）

编码	品目名称	说明
A07040504	黏土、砂石	包括黏土、硅质土、砂石等
A07040505	化学矿	包括硫铁矿石、磷矿石、钾矿等
A07040506	原盐	包括海盐、湖盐、井矿盐等
A07040507	石棉	包括温石棉等
A07040508	云母	包括片云母、碎云母等
A07040509	天然石墨	包括晶质石墨、隐晶质石墨等
A07040510	滑石	包括原状滑石、滑石粉等
A07040511	宝石、玉矿石	包括天然宝石类矿、天然玉石类矿、彩石类矿等
A07040599	其他非金属矿	包括天然沥青类、磨料矿等
A07049900	其他矿与矿物	
A07050000	电力、城市燃气、蒸汽和热水、水	
A07050100	电能	
A07050101	水力发电电能	
A07050102	火力发电电能	
A07050103	核能发电电能	
A07050104	风力发电电能	
A07050105	地热发电电能	
A07050106	太阳能发电电能	
A07050107	生物能发电电能	
A07050108	潮汐发电电能	
A07050199	其他电能	
A07050200	煤气、水煤气、发生炉煤气和类似的可燃气	
A07050201	煤气	
A07050202	水煤气	
A07050203	发生炉煤气	
A07050204	焦炉煤气	
A07050299	其他煤气、水煤气、发生炉煤气和类似的可燃气	
A07050300	蒸汽和热水	
A07050301	蒸汽	
A07050302	热水	
A07050400	自然水	
A07050401	地下水	

（续表）

编码	品目名称	说明
A07050402	地表水	
A07050499	其他自然水	
A07050500	处理过水	
A07050501	生活饮用水	
A07050502	商业饮用水	
A07050503	工业专用水	
A07050504	中水	
A07050599	其他处理过水	
A07059900	其他电力、城市燃气、蒸汽和热水、水	
A07060000	食品、饮料和烟草原料	
A07060100	农副食品，动、植物油制品	
A07060101	谷物细粉	包括小麦粉、小麦专用粉、大米细粉等
A07060102	碾磨谷物及谷物加工品	包括碾磨、脱壳其他谷物、粗磨谷物等
A07060103	薯、豆、相关植物加工品	包括薯类及类似植物加工品，干豆粉，水果、坚果粉等
A07060104	饲料	包括配合饲料、浓缩饲料、预混合饲料等
A07060105	植物油及其制品	包括食用植物油、非食用植物油、植物油分离制品等
A07060106	糖及副产品	包括原糖、成品糖、加工糖等
A07060107	畜禽肉	包括鲜、冷藏肉，冻肉等
A07060108	油脂及食品杂碎	包括动物肠衣、可食用动物杂碎、动物油脂及加工制品等
A07060109	熟肉制品	包括蒸煮香肠制品、熏肉制品、酱卤烧烤肉制品等
A07060110	水产品加工	包括冷冻水产品、干制水产品、腌渍水产品等
A07060111	蔬菜加工品	包括冷冻蔬菜、暂时保藏蔬菜（原料）、干制蔬菜（脱水蔬菜）等
A07060112	水果、坚果加工品	包括冷冻水果及坚果，水果酱、坚果酱、果泥等
A07060113	淀粉及淀粉制品	包括淀粉、菊粉、淀粉制品等
A07060114	豆腐及豆制品	包括水豆腐、豆制品、豆浆及豆浆粉等
A07060115	蛋制品	包括干蛋品、冰蛋品、再制蛋等
A07060199	其他农副食品，动、植物油制品	
A07060200	食品及加工盐	
A07060201	焙烤食品	包括糕点、面包、饼干等
A07060202	糖果、巧克力及类似食品	包括糖果、巧克力、巧克力制品等

（续表）

编码	品目名称	说明
A07060203	方便食品	包括米、面制半成品，速冻食品，即食方便食品等
A07060204	乳制品	包括液体乳、固体及半固体乳制品等
A07060205	罐头	包括畜肉类罐头、蔬菜类罐头、水果类罐头等
A07060206	调味品	包括味精（谷氨酸钠）、酱油及酱类制品、醋及醋代用品等
A07060207	发酵类制品	包括酵母、食品用氨基酸、柠檬酸及其盐和酸酯等
A07060208	营养、保健食品	包括婴幼儿用均化食品、营养配餐食品、蜂蜜营养制品等
A07060209	冷冻饮品	包括冰淇淋、雪糕类、冰棍等
A07060210	加工盐	包括食用盐、非食用盐等
A07060211	食品添加剂	包括食品增稠剂、蛋白质添加剂、食品甜味添加剂等
A07060212	食品用类似原料	包括食品用原料粉、饮料用原料、植物液汁及浸膏等
A07060299	其他食品及加工盐	
A07060300	饮料、酒精及精制茶	
A07060301	酒精	包括发酵酒精、改性乙醇等
A07060302	饮料	包括碳酸饮料（汽水）、果汁和蔬菜汁类、蛋白饮料等
A07060303	精制茶及茶制品	包括精制茶、茶制品等
A07060304	酒精专用原辅料	
A07060305	饮料专用原辅料	
A07060399	其他饮料、酒精及精制茶	
A07060400	烟草原料	
A07060401	复烤烟叶	
A07060402	烟丝	
A07060499	其他烟草原料	
A07069900	其他食品、饮料和烟草原料	
A07070000	炼焦产品、炼油产品	
A07070100	石油制品	
A07070101	汽油	包括航空汽油、车用汽油等
A07070102	煤油	包括航空煤油、灯用煤油等
A07070103	柴油	包括轻柴油、重柴油等
A07070104	润滑油	包括全损耗系统用油、脱模油、齿轮用油等

（续表）

编码	品目名称	说明
A07070105	燃料油	包括船用燃料油、工业用燃料油等
A07070106	石脑油	包括轻石脑油、重石脑油等
A07070107	溶剂油	包括橡胶溶剂油、油漆溶剂油、抽提溶剂油等
A07070108	润滑脂	包括钙基润滑脂、钠基润滑脂、钙钠基润滑脂等
A07070109	润滑油基础油	
A07070110	液体石蜡	
A07070111	石油气、相关烃类	包括液化石油气等
A07070112	矿物蜡及合成法制类似产品	包括凡士林、石蜡等
A07070113	油类残渣	包括石油焦（油渣类）、石油沥青等
A07070199	其他石油制品	
A07070200	人造原油	
A07070201	页岩原油	
A07070202	煤炼油	
A07070203	生物能源	包括生物燃油、生物丁醇、沼气等
A07070204	合成液体燃料	包括乙醇汽油、甲醇汽油等
A07070299	其他人造原油	
A07070300	焦炭及其副产品	
A07070301	焦炭	包括煤质焦炭、石油焦（焦炭类）、沥青焦等
A07070302	矿物焦油	包括煤焦油等
A07070399	其他焦炭及其副产品	
A07079900	其他炼焦产品、炼油产品	
A07080000	基础化学品及相关产品	
A07080100	化学原料及化学制品	
A07080101	无机基础化学原料	包括无机酸类、非金属无机氧化物、过氧化氢（双氧水）等
A07080102	有机化学原料	包括无环烃、环烃、无环烃饱和氯化衍生物等
A07080103	贵金属化合物，相关基础化学品	包括活性炭、硫磺、磷、非金属基础化学品、贵金属化合物等
A07080104	化学肥料	包括氨及氨水，农用氮、磷、钾化学肥料（折纯），氮肥（折含氮100%）等
A07080105	有机肥料及微生物肥料	包括有机肥料、微生物肥料、动物、植物肥料等
A07080106	化学农药	包括化学农药原药（折有效成分100%）、化学农药制剂等
A07080107	生物农药及微生物农药	包括生物农药制剂、微生物农药等

（续表）

编码	品目名称	说明
A07080108	涂料	包括水性涂料、非水性涂料、涂料辅助材料等；建筑涂料除外
A07080109	油墨及类似产品	包括印刷油墨、专用油墨、印刷用助剂和油等
A07080110	化学颜料	包括无机颜料、有机颜料、矿物颜料等
A07080111	染料类	包括染料、用作发光体有机、无机产品等
A07080112	密封用填料及类似品	包括非定型密封材料、定型密封材料、密封用粘胶品等
A07080113	合成材料	包括初级形态塑料、合成橡胶、合成纤维聚合物等
A07080114	化学试剂和助剂	包括化学试剂、催化剂、橡胶助剂等
A07080115	专项化学用品	包括油田用化学制剂、矿物油用配制添加剂、鞣料及鞣料制剂等
A07080116	林产化学产品	包括松节油类产品、松香类产品、栲胶等
A07080117	炸药、烟火及火工产品	包括发射药、炸药、火工产品等
A07080118	环境污染处理专用药剂材料	包括水处理剂、污水处理化学药剂、污水处理生物药剂等
A07080119	动物炭黑、动物胶及其衍生物	包括动物炭黑、动物胶、明胶衍生物等
A07080120	焊接用制品	包括金属材料制焊料、焊接辅助制品等
A07080121	工业清洗剂	包括工业清洗剂及其洗涤剂助剂和酶制剂、表面活性剂、油脂化工产品及其衍生物等
A07080122	香料	包括天然香料、生物技术香料、合成香料等
A07080123	香精	包括食品用香精、酒用香精、烟用香精等
A07080199	其他化学原料及化学制品	包括室内散香或除臭制品、光洁用品、擦洗膏、去污粉及类似制品等
A07080200	化学纤维	
A07080201	化学纤维用浆粕	包括化纤棉绒浆粕、化纤木浆粕等
A07080202	人造纤维（纤维素纤维）	包括人造纤维短纤维、人造纤维长丝等
A07080203	合成纤维	包括锦纶纤维、涤纶纤维、腈纶纤维等
A07080204	化学纤维加工丝	包括人造纤维长丝纱、锦纶加工丝、涤纶加工丝等
A07080299	其他化学纤维	
A07089900	其他基础化学品及相关产品	
A07090000	橡胶、塑料、玻璃和陶瓷制品	
A07090100	橡胶制品	
A07090101	橡胶轮胎和内胎	包括橡胶轮胎外胎、子午线轮胎外胎、橡胶内胎、防爆轮胎等
A07090102	橡胶带	包括橡胶输送带、橡胶传动带等

（续表）

编码	品目名称	说明
A07090103	橡胶管	包括纯胶管、金属合制橡胶管、纺织材料合制橡胶管等
A07090104	橡胶板、杆、型材	包括橡胶板（片、带）、橡胶杆、型材及异型材、橡胶线及绳等
A07090105	涂胶纺织物、带	包括涂胶纺织物、橡胶粘带等
A07090106	未硫化复合橡胶及其制品	包括未硫化复合橡胶、未硫化橡胶制品等
A07090107	橡胶零件、附件	包括橡胶密封件、橡胶零附件等
A07090108	再生橡胶	包括初级形状再生橡胶、再生胶粉等
A07090109	日用及医用橡胶制品	包括橡胶手套、橡胶制衣着用品及附件、日用橡胶制品等
A07090110	橡胶充气、减震制品	包括充气橡胶制品、橡胶减震制品等
A07090111	硬质橡胶及其制品	包括硬质橡胶、硬质橡胶制品等
A07090199	其他橡胶制品	
A07090200	塑料制品、半成品及辅料	
A07090201	塑料制品	包括塑料薄膜，塑料板、片，塑料管等
A07090202	塑料半成品、辅料	包括塑料粒料等
A07090299	其他塑料制品、半成品及辅料	
A07090300	玻璃及其制品	
A07090301	玻璃	包括平板玻璃、技术玻璃、特种玻璃等
A07090302	玻璃制光学元件	包括光学元件毛坯、眼镜用光学玻璃坯件、光学仪器用玻璃等
A07090303	玻璃仪器及实验、医疗用玻璃器皿	包括玻璃计、量器、石英玻璃制仪器和器皿，耐热玻璃制仪器和器皿等
A07090304	日用玻璃制品	包括餐饮用玻璃器皿、盥洗用玻璃器具、玻璃珠类似小件玻璃品等
A07090305	玻璃保温容器及其玻璃胆	包括玻璃保温容器、玻璃保温瓶胆等
A07090306	玻璃纤维及其制品	包括玻璃纤维工业用玻璃球、玻璃纤维纱、玻璃纤维布等
A07090307	纤维增强塑料制品	包括建筑用纤维增强塑料制品，石化、酿造用纤维增强塑料制品，机械设备用纤维增强塑料制品等
A07090308	电气、电子设备用玻璃部件，相关工业品用玻璃部件	包括玻璃制绝缘子、未封口玻璃外壳、工业用玻璃制品等
A07090399	其他玻璃及其制品	
A07090400	陶瓷制品	
A07090401	技术陶瓷制品	包括结构陶瓷制品、功能陶瓷制品、生物陶瓷制品等
A07090402	日用陶瓷制品	包括日用陶瓷餐具、厨房用陶瓷器具、盥洗用陶瓷器具等

（续表）

编码	品目名称	说明
A07090403	运输及盛装货物用陶瓷容器	包括耐酸陶瓷容器、食品用陶瓷容器、药品或化妆品陶瓷容器等
A07090404	陶瓷制零件，相关陶瓷制品	包括陶瓷制加热器、陶瓷刀柄、散热器用陶瓷湿润器等
A07090499	其他陶瓷制品	
A07099900	其他橡胶、塑料、玻璃和陶瓷制品	
A07100000	纸及纸质品	
A07100100	纸浆	包括木浆、非木材纤维纸浆、废纸纸浆、化学溶解浆等
A07100200	纸及纸板	包括新闻纸、未涂布印刷书写纸、涂布印刷纸、包装用纸、箱纸板、白纸板、生活用纸、瓦楞原纸、特种纸及纸板等
A07100300	纸制品	包括纸和纸板制容器，纸浆模制品，纸制壁纸、窗纸、铺地制品及类似品，纸浆制滤块、滤板及滤片，纸或纸板制标签，纸制筒管、卷轴、纡子及类似品，神纸及类似用品，纸扇等
A08000000	无形资产	
A08010000	专利类无形资产	
A08010100	专利	
A08010101	发明专利	见《中华人民共和国专利法》
A08010102	实用新型专利	
A08010103	外观设计专利	
A08020000	非专利技术类无形资产	
A08020100	非专利技术	
A08020101	设计图纸	
A08020102	工艺流程	
A08020103	技术标准	
A08020104	计算公式	
A08020105	材料配方	
A08020106	实验方案	
A08020199	其他非专利技术	
A08030000	著作权类无形资产	
A08030100	著作权	
A08030101	文字作品	见《中华人民共和国著作权法》
A08030102	口述作品	
A08030103	音乐作品	
A08030104	戏剧作品	

（续表）

编码	品目名称	说明
A08030105	曲艺作品	
A08030106	舞蹈作品	
A08030107	杂技作品	
A08030108	美术作品	
A08030109	建筑作品	
A08030110	摄影作品	
A08030111	影视作品	
A08030112	图形作品	
A08030113	模型作品	
A08030114	计算机软件作品	
A08030199	其他作品著作	
A08040000	资源资质类无形资产	
A08040100	资源使用权	
A08040101	土地使用权	见《中华人民共和国土地管理法》
A08040102	海域使用权	见《中华人民共和国海域使用管理法》
A08040103	森林资源使用权	见《中华人民共和国森林法》，包括森林、林木和林地等
A08040104	草原使用权	见《中华人民共和国草原法》
A08040105	取水权	见《中华人民共和国水法》
A08040106	探矿权	见《中华人民共和国矿产资源法》
A08040107	采矿权	见《中华人民共和国矿产资源法》
A08040108	捕捞权	见《中华人民共和国渔业法》
A08040109	水域滩涂养殖权	见《水域滩涂养殖发证登记办法》
A08040199	其他资源使用权	
A08040200	特许经营权	
A08050000	商标权类无形资产	
A08050100	商标	
A08050101	文字商标	见《中华人民共和国商标法》
A08050102	图形商标	
A08050103	字母商标	
A08050104	数字商标	
A08050105	三维标志商标	
A08050106	声音商标	
A08050107	颜色组合商标	
A08050108	复合商标	

（续表）

编码	品目名称	说明
A08050199	其他商标	
A08060000	信息数据类无形资产	
A08060100	域名	
A08060101	通用顶级域名	
A08060102	国家和地区顶级域名	
A08060103	新通用顶级域名	
A08060199	其他域名	
A08060200	数据	
A08060201	结构化数据	
A08060202	半结构化数据	
A08060203	非结构化数据	
A08060300	计算机软件	
A08060301	基础软件	包括操作系统、数据库管理系统、中间件、办公套件等
A08060302	支撑软件	包括需求分析软件、建模软件、集成开发环境、测试软件、开发管理软件、逆向工程软件和再工程软件等
A08060303	应用软件	包括通用应用软件（管理软件、信息检索和翻译软件、多媒体软件、网络通讯软件、游戏动漫软件、数字出版软件、地理信息系统软件、科学和工程计算软件等）；行业应用软件（政务软件、金融行业软件、通信行业软件、交通运输行业软件、能源行业软件、医疗行业软件、教育行业软件等）
A08060399	其他计算机软件	
A08070000	经营类无形资产	
A08070100	商号	
A08070101	原始商号	
A08070102	派生商号	
A08070103	继获商号	
A08070199	其他商号	
A08070200	标志	
A08070201	商品标志	未注册为商标的标志归入此类
A08070202	服务标志	
A08070203	集体标志	
A08070204	证明标志	
A08070205	专用标志	
A08070299	其他标志	

（续表）

编码	品目名称	说明
B	工程	
B01000000	房屋施工	
B01010000	办公用房施工	
B01020000	业务用房施工	
B01020100	警察业务用房施工	
B01020200	检察业务用房施工	
B01020300	司法业务用房施工	
B01020400	法院业务用房施工	
B01020500	纪委监委业务用房施工	
B01020600	税务业务用房施工	
B01020700	审计业务用房施工	
B01020800	海关业务用房施工	
B01020900	水利业务用房施工	
B01021000	应急救援业务用房施工	
B01021100	教育用房施工	
B01021200	医疗卫生用房施工	
B01021300	科研用房施工	
B01021400	文化用房施工	
B01021500	新闻用房施工	
B01021600	娱乐用房施工	
B01021700	园林绿化用房施工	
B01021800	体育用房施工	
B01021900	工业生产用房施工	
B01022000	市政公用设施用房施工	
B01022100	铁路用房施工	
B01022200	民航用房施工	
B01022300	航运用房施工	
B01022400	城市客运用房施工	
B01022500	公路运输用房施工	
B01022600	仓储用房施工	
B01022700	发行库用房施工	
B01022800	商业金融用房施工	
B01022900	电讯信息用房施工	
B01023000	监狱用房施工	

（续表）

编码	品目名称	说明
B01023100	涉外用房施工	
B01029900	其他业务用房施工	
B01030000	宗教用房施工	
B01040000	军事用房施工	
B01050000	住宅施工	
B01060000	房屋附属设施施工	包括岗楼、围墙等的施工
B01990000	其他房屋施工	
B02000000	构筑物施工	指构筑物主体工程的施工
B02010000	铁路工程施工	
B02020000	公路工程施工	
B02030000	机场跑道工程施工	
B02040000	高速公路工程施工	
B02050000	城市道路工程施工	
B02060000	城市轨道交通工程施工	
B02070000	桥梁工程施工	
B02070100	铁路桥梁工程施工	
B02070200	公路桥梁工程施工	
B02070300	城市道路桥梁工程施工	
B02070400	城市轨道桥梁工程施工	
B02079900	其他桥梁工程施工	
B02080000	隧道工程施工	
B02080100	铁路隧道工程施工	
B02080200	公路隧道工程施工	
B02080300	城市轨道交通隧道工程施工	
B02089900	其他隧道工程施工	
B02090000	水利工程施工	
B02090100	水利枢纽工程施工	
B02090200	堤坝工程施工	
B02090300	城市防洪工程施工	
B02090400	疏浚工程施工	
B02090500	滞蓄洪区工程施工	
B02090600	橡胶坝拦河工程施工	
B02090700	山洪防御工程施工	

（续表）

编码	品目名称	说明
B02090800	水库工程施工	
B02090900	引水河渠工程施工	
B02091000	灌溉排水工程施工	
B02091100	雨水利用工程施工	
B02091200	再生水利用工程施工	
B02099900	其他水利工程施工	
B02100000	水运工程施工	
B02100100	港口工程施工	
B02100200	航道工程施工	
B02109900	其他水运工程施工	
B02110000	海洋工程施工	
B02110100	围海造地工程施工	
B02110200	防侵蚀工程施工	
B02110300	海堤工程施工	
B02110400	护岸护滩工程施工	
B02110500	海洋景观工程施工	
B02110600	滨海污水海洋处理工程施工	
B02110700	海洋平台工程施工	
B02110800	人工岛屿工程施工	
B02110900	人工鱼礁工程施工	
B02119900	其他海洋工程施工	
B02120000	矿山、工农林牧渔业工程施工	
B02120100	矿山施工	
B02120200	工厂工程施工	
B02120201	火电设备工程施工	
B02120202	核工程施工	
B02120203	炉窑工程施工	
B02120204	冶炼机电设备工程施工	
B02120205	石油化工设备工程施工	
B02120206	海洋石油工程施工	
B02120207	无损检测工程施工	
B02120208	防腐保温工程施工	
B02120299	其他工矿工程施工	

（续表）

编码	品目名称	说明
B02129900	其他农林牧渔业工程施工	
B02130000	公共设施施工	
B02130100	市政公用设施施工	不含市政公用设施用房施工
B02130101	市内燃气管道铺设	
B02130102	市内供暖（冷）管道铺设	
B02130103	市内供水管道铺设	
B02130104	市内电缆工程铺设	
B02130105	市内通信线路铺设	
B02130199	其他市政公用设施施工	
B02130200	长距离管道铺设	
B02130201	长距离输油管道铺设	
B02130202	长距离输气管道铺设	
B02130203	长距离输水管道铺设	
B02130299	其他长距离管道铺设	
B02130300	长距离通信和电力线路（电缆）铺设	
B02130301	长距离通信线路铺设	
B02130302	长距离电力线路（电缆）铺设	
B02130400	室外体育和娱乐设施工程施工	
B02130500	园林绿化工程施工	不含园林绿化用房施工
B02139900	其他公共设施施工	
B02140000	环保工程施工	
B02140100	污水处理工程施工	
B02140200	固定废物处理工程施工	
B02140300	土地绿化工程施工	
B02140400	防沙治沙工程施工	
B02140500	江河湖泊治理工程施工	
B02140600	湿地保护工程施工	
B02140700	天然林保护工程施工	
B02149900	其他环保工程施工	
B02150000	高耸构筑物施工	指烟囱、水塔、电视塔等筑物施工
B02990000	其他构筑物工程施工	
B03000000	施工工程准备	

（续表）

编码	品目名称	说明
B03010000	工地平整和清理	
B03020000	土石方工程	包括挖土、土石方运输、土方回填、石方建筑、其他土石工程
B03030000	拆除工程	包括房屋拆除、厂房和设备拆除、桥梁和轨道拆除、其他拆除工程
B03040000	工程排水施工	
B03990000	其他工程准备	
B04000000	预制构件组装和装配	
B04010000	房屋预制构件组装和装配	
B04020000	铁路预制构件组装和装配	
B04030000	隧道预制构件组装和装配	
B04040000	桥梁预制构件组装和装配	
B04050000	水利、港口预制构件组装和装配	
B04060000	工矿预制构件组装和装配	
B04070000	架线、管道预制构件组装和装配	
B04990000	其他预制构件组装和装配	
B05000000	专业施工	
B05010000	地基和基础工程	
B05020000	建筑物构架工程	包括房屋构架工程、铁路构架工程、隧道构架工程、桥梁构架工程、水利和港口构架工程、工矿构架工程、其他建筑构架工程
B05030000	屋顶构架工程	
B05040000	防水工程	包括建筑物外和其他地下构筑物防水工程、防潮工程，不包括隔绝工程
B05050000	防腐保温工程	为防外墙遭蚀，提供防风隔热、防腐材料的工程；热、冷水管、锅炉和管道热绝缘工程
B05060000	混凝土工程	包括： ——钢筋混凝土构架装配工程； ——混凝土穹顶和薄壳结构建筑工程； ——钢筋弯曲和焊接的专门行业建筑工程； ——模板混凝土浇筑服务和其他普通混凝土浇灌工程； ——有关模板建造和钢筋增强的建筑工程
B05070000	钢结构工程	包括： ——钢质框架的专门行业建筑工程； ——建筑物预制（非自制的）结构钢质构件装配工程； ——其他构筑物预制（非自制）结构钢构件装配工程； ——构筑物联接焊接工程； ——其他钢结构工程

（续表）

编码	品目名称	说明
B05080000	砖石工程	包括砌砖、砌块、块石砌筑及其他砖石工程不包括混凝土工程、内部装修装饰工程
B05090000	脚手架工程	包括脚手架和工作平台搭建及拆除工程
B05100000	消防工程和安防工程	
B05110000	建筑幕墙工程	
B05990000	其他专业施工	包括： ——高炉耐火材料衬砌等工程； ——装饰壁炉建筑工程； ——其他专业施工工程，如建筑物迁移、清除石棉工程
B06000000	安装工程	
B06010000	电子工程安装	
B06010100	雷达、导航和测控系统工程安装	
B06010200	监控系统工程安装	
B06010300	电子自动化工程安装	
B06010400	电子设备工程安装	
B06019900	其他电子工程安装	
B06020000	智能化安装工程	
B06020100	楼宇设备自控系统工程	
B06020200	保安监控和防盗报警系统工程	
B06020300	智能卡系统工程	
B06020400	通信系统工程	
B06020500	卫星和共用电视系统工程	
B06020600	计算机网络系统工程	
B06020700	广播系统工程	
B06020800	火灾报警系统工程	
B06029900	其他智能化安装工程	
B06030000	电力系统安装	
B06030100	建筑物照明设备安装	
B06030200	火车站电力系统安装	
B06030300	机场电力系统安装	
B06030400	港口电力系统安装	
B06030500	工矿企业电力系统安装	
B06039900	其他电力系统安装	
B06040000	供水管道工程和下水道铺设	包括供水管道铺设、排水道铺设

（续表）

编码	品目名称	说明
B06050000	供暖设备安装	包括： ——有关非电供暖设备的安装服务； ——中央供暖控制系统安装和保养服务； ——地区供暖系统的连接服务； ——建筑物内部锅炉和燃烧器的保养和维修服务； ——住宅街区和地区供暖的锅炉和供暖系统的保养和维修服务
B06060000	通风和空调设备安装	包括住宅、计算机中心、办公室和商店用通风、制冷或空调设备的建筑服务，不包括空调和制冷设备的维修和保养服务
B06070000	燃气设备安装	包括各种流体（例如医院里的氧气）供应的设备和其他气动式设备的安装服务，不包括环流供暖装置工程服务、通风和空调设备工程服务
B06080000	大型设备安装	
B06080100	机电设备安装	
B06080200	起重设备安装	
B06080300	电梯安装	
B06089900	其他大型设备安装	
B06990000	其他安装	
B07000000	装修工程	包括木工装修、砌筑装修、瓷砖装修、玻璃装配、抹灰装修、石制装修、门窗安装、涂料装修、其他装修
B08000000	修缮工程	主要指对已建成的建筑物进行拆改、翻修和维护，包括抗震加固，节能改造，下水管道改造，防水，木门窗、钢门窗及木修理等
B08010000	房屋修缮	
B08020000	工业建筑修缮	
B08030000	文物保护建筑修缮	
B08990000	其他建筑物、构筑物修缮	
B09000000	工程设备租赁（带操作员）	包括塔吊设备租赁、混凝土设备租赁、其他工程设备租赁，不包括不配备操作员的建筑机械和设备出租或租赁服务
B99000000	其他建筑工程	
C	服务	
C01000000	科学研究和试验开发	指为揭示客观事物的本质和运动规律而进行的理论研究、政策研究和试验开发服务
C01010000	社会科学研究和试验开发	

（续表）

编码	品目名称	说明
C01010100	社会学的研究和试验开发服务	包括： ——社会组织研究服务； ——社会结构研究服务； ——社会功能研究服务； ——社会变迁研究服务； ——其他社会学研究服务
C01010200	心理学的研究和试验开发服务	包括： ——动物心理学研究服务； ——人类心理学研究服务； ——其他心理学研究服务
C01010300	经济学的研究和试验开发服务	包括： ——宏观经济学研究服务； ——中观经济学研究服务； ——微观经济学研究服务； ——其他经济学研究服务
C01010400	法学的研究和试验开发服务	包括： ——民商法研究服务； ——刑法研究服务； ——经济法研究服务； ——诉讼法研究服务； ——其他法律研究服务
C01010500	管理学的研究和试验开发服务	包括： ——管理规律研究服务； ——管理方法探讨服务； ——管理模式建构服务； ——其他管理学研究服务
C01010600	语言学和语言的研究和试验开发服务	包括： ——语言结构研究服务； ——历史语言学研究服务； ——民族语言学研究服务； ——其他语言学和语言研究服务
C01019900	其他社会科学和试验开发服务	包括哲学、宗教学、军事学、民族学等研究服务
C01020000	自然科学研究和试验开发	
C01020100	数学的研究和试验开发服务	包括： ——基础数学研究服务； ——应用数学研究服务； ——其他数学研究服务
C01020200	物理学的研究和试验开发服务	包括： ——力学研究服务； ——热学研究服务； ——声学研究服务； ——光学研究服务； ——电磁学研究服务； ——凝聚态物理学研究服务； ——固体物理学研究服务； ——等离子体物理学研究服务； ——分子物理学研究服务； ——原子物理学研究服务； ——原子核物理学研究服务； ——粒子物理学研究服务； ——其他物理学研究服务

（续表）

编码	品目名称	说明
C01020300	化学的研究和试验开发服务	包括： ——物理化学研究服务； ——分析化学研究服务； ——有机化学研究服务； ——无机化学研究服务； ——其他化学研究服务
C01029900	其他自然科学研究和试验开发服务	包括天文、生物学、地球科学等研究服务
C01030000	工程学的研究和试验开发	
C01030100	工程和技术基础科学研究服务	包括： ——工程数学研究服务； ——工程控制论研究服务； ——工程力学研究服务； ——工程物理学研究服务； ——工程地质学研究服务； ——工程水文学研究服务； ——工程仿生学研究服务； ——工程心理学研究服务； ——其他工程和技术基础科学研究服
C01030200	测绘科学技术研究服务	包括大地测量学与测量工程研究服务、摄影测量与遥感研究服务、地图制图学与地理信息工程研究服务等
C01030300	材料科学研究服务	指从电子到巨型物体各个尺寸层次上材料行为的科学研究服务
C01030400	冶金工程技术研究服务	指从矿石等资源中提取金属及其化合物、并制成具有良好加工和使用性能材料的工程技术研究服务，包括： ——冶金物理化学研究服务； ——钢铁和有色金属冶金工程技术研究服务； ——其他冶金工程技术研究服务
C01030500	机械工程研究服务	包括： ——机械制造及其自动化研究服务； ——机械电子工程研究服务； ——机械设计及理论研究服务； ——车辆工程研究服务； ——仿生技术研究服务； ——其他机械工程研究服务
C01030600	化学工程研究服务	包括化学工程基础研究服务、化工测量技术与仪器仪表研究服务、化工传递过程研究服务、分离工程研究服务、化学反应工程研究服务、系统工程研究服务、化工机械与设备研究服务、无机化学工程研究服务、有机化学工程研究服务、电化学工程研究服务、高聚物工程研究服务、煤化学工程研究服务、石油化学工程研究服务、精细化学工程研究服务、造纸技术研究服务、毛皮与制革工程研究服务、制药工程研究服务、生物化学工程研究服务、化学工程其他研究服务
C01030700	纺织科学技术研究服务	包括化学纤维、天然纤维改性、棉纺织、毛纺织、麻纺织、丝绸、针织、非织造布等科学技术研究服务

（续表）

编码	品目名称	说明
C01030800	食品科学技术研究服务	包括食品化学、食品工程、食品微生物学等技术研究服务
C01030900	矿山工程技术研究服务	包括矿山地质学、矿山综合利用工程、矿山安全、矿山测量、采矿环境工程、矿山电气工程、矿山设计、选矿工程、矿山地面工程、油气田井开发工程、钻井工程、井巷工程、采矿工程等技术研究服务
C01031000	动力与电力工程研究服务	包括工程热物理、热工学、动力机械工程、电气工程等研究服务
C01031100	能源科学技术研究服务	包括矿物质能源、核物理能源、大气环流能源、地理性能源科学技术研究服务
C01031200	核科学技术研究服务	包括核能科学与工程、核燃料循环、核技术及应用、辐射防护等科学技术研究服务
C01031300	电子、通信与自动控制技术研究服务	包括电子技术，光电子学与激光技术，半导体技术，信息处理技术，通信技术，广播与电视工程技术，雷达工程，自动控制技术，电子、通信与自动控制其他技术等研究服务
C01031400	计算机科学技术研究服务	包括计算机硬件、软件科学技术研究服务
C01031500	航空、航天科学技术研究服务	包括空气动力学、大气层飞行动力学、飞行器结构力学、推进原理、自动控制理论、航空电子学、空间电子学等技术研究服务
C01031600	土木建筑工程研究服务	包括房屋工程研究服务、地下工程研究服务等
C01031700	水利工程研究服务	包括： ——水利枢纽工程研究服务； ——堤坝工程研究服务； ——城市防洪工程研究服务； ——疏浚工程研究服务； ——滞蓄洪区工程研究服务； ——橡胶坝拦河工程研究服务； ——山洪防御工程研究服务； ——水库工程研究服务； ——引水河渠工程研究服务； ——灌溉排水工程研究服务； ——雨水利用工程研究服务； ——再生水利用工程研究服务； ——水闸工程研究服务； ——其他水利工程研究服务

（续表）

编码	品目名称	说明
C01031800	交通运输工程研究服务	包括： ——道路工程研究和试验开发； ——桥梁工程研究和试验开发； ——隧道工程研究和试验开发； ——交通工程研究和实验开发(包括机电工程、安全设施)； ——道路运输研究和试验开发； ——港口工程研究和试验开发； ——内河枢纽与航道工程研究和实验开发； ——水上运输与安全研究和试验开发； ——环境保护研究和试验开发（包括公路环境保护和水运环境保护）； ——交通运输信息化研究和试验开发； ——交通运输规划与管理研究和试验开发； ——载运工具研究和试验开发（包括车辆工程和船舶工程）； ——工程机械研究和试验开发； ——综合交通运输研究和试验开发； ——物流工程研究和实验开发； ——其他交通运输工程研究服务
C01031900	环境科学技术研究服务	包括水环境、大气环境、土壤环境等技术研究服务
C01032000	安全科学技术研究服务	指人类生产、生活、生存过程中，避免和控制人为技术、自然因素或人为—自然因素所带来的危险、危害、意外事故和灾害的科学技术研究服务
C01039900	其他工程和技术的研究与试验开发服务	
C01040000	农业科学研究和试验开发服务	
C01040100	农学研究服务	包括作物生长发育规律及其与外界环境条件的关系、病虫害防治、土壤与营养、种植制度、遗传育种等方面的研究服务
C01040200	林学研究服务	指森林的形成、发展、管理以及资源再生和保护利用的理论与技术等方面的科学研究服务
C01040300	畜牧、兽医研究服务	指动物遗传资源与育种、动物生物技术与繁殖、动物营养与饲料、草业科学和动物医学等方面的研究服务，不包括水产动物
C01040400	水产学研究服务	又称渔业学研究服务，包括水产动植物种质资源、遗传改良、海淡水养殖增殖、病害防治、保鲜、环境生态等理论与技术研究服务
C01049900	其他农业科学研究与试验发展服务	
C01050000	医学研究和试验开发服务	
C01050100	基础医学研究服务	指关于人的生命和疾病现象的本质及其规律的研究服务
C01050200	临床医学研究服务	指关于疾病的诊断、治疗和预防的各专业学科的研究服务

（续表）

编码	品目名称	说明
C01050300	预防医学与卫生学研究服务	预防医学研究服务指社会人群中疾病和健康现象的发生和发展规律，改善劳动和生活卫生条件、延长人类寿命的科学和技术研究服务；卫生学研究服务指人类生活和劳动所处的内外环境对健康的影响、改善卫生条件、增进健康的研究服务
C01050400	军事医学与特种医学研究服务	军事医学研究服务包括野战外科学、军队流行病学、军事环境医学、军队卫生学、军事人机工效学、核武器医学防护学、化学武器医学防护学、生物武器医学防护学、激光与微波医学防护学、军事医学其他科学研究服务；特种医学研究服务包括航空航天医学、潜水医学、航海医学、法医学、特种医学其他研究服务
C01050500	药学研究服务	指有关药（中药除外）来源、采制、性能、功效、临床应用等方面的研究服务
C01050600	中医学与中药学研究服务	中医学研究服务指关于人体生理、病理以及疾病的诊断和防治等研究服务；中药学研究服务指中药来源、采制、性能、功效、临床应用等研究服务
C01059900	其他医学研究与试验发展服务	
C01990000	其他研究和试验开发服务	
C02000000	教育服务	
C02010000	学前教育服务	指对3-6岁学龄前幼儿开展的保育和教育服务，包括： ——幼儿园教育服务； ——学前班教育服务； ——农村小学附属幼儿园（班）教育服务； ——幼儿活动站、游戏小组、巡回辅导站等教育服务； ——其他学前教育服务
C02020000	初等教育服务	包括： ——普通小学教育服务； ——成人初等教育服务：职工初等教育服务、农民初等教育服务、成人扫盲班教育服务； ——其他初等教育服务
C02030000	中等教育服务	
C02030100	初中教育服务	包括： ——初级中学教育服务； ——其他初中教育服务
C02030200	高中教育服务	包括： ——高级中学教育服务； ——其他高中教育服务
C02030300	中等专业教育服务	包括中等师范学校、工业学校、农业学校、林业学校、医药学校、财经学校、政法学校、体育学校、艺术学校、其他中等专业学校的教育服务
C02030400	职业中学教育服务	指实施中等职业技术教育的服务，包括职业初中、职业高中的教育服务

（续表）

编码	品目名称	说明
C02030500	技工学校教育服务	指实施技术技能教育的服务
C02039900	其他中等教育服务	包括为成人提供的各种中等教育服务及其他中等教育服务
C02040000	高等教育服务	包括高等职业教育服务、普通本科教育服务、研究生教育服务
C02050000	成人教育服务	指为成人提供的各种高等继续教育服务，包括学历继续教育和非学历教育服务
C02060000	培训服务	包括外语、计算机及网络、汽车驾驶、飞行驾驶、农业使用技术、武术、缝纫、烹调、美容美发、艺术、职业技能培训及机关工作人员技术业务培训服务等
C02070000	特殊教育服务	指为残障儿童、少年等特殊人群提供的教育服务
C02080000	考试服务	包括考场安排、考务组织、结果统计分析等服务
C02090000	教育课程研究与开发服务	包括学前教育、初等教育、中等教育、高等教育及成人教育及社区教育学校课程与校外辅助课程研究、设计与开发服务
C02100000	学生活动组织实施服务	包括学前教育、初等教育、中等教育、高等教育及成人教育校园文化、体育、技能等竞赛、交流活动的组织实施服务，校外活动组织实施服务
C02110000	教学成果推广应用服务	包括学前教育、初等教育、中等教育、高等教育、成人教育及社区教育教学研究成果推广应用服务
C02120000	社区教育服务	包括为社区提供的助力提高生活质量、培养生活技能、促进生命健康等相关内容的教育服务
C02990000	其他教育服务	包括： ——党校、行政学院教育服务； ——宗教组织办的神学院、佛学院等教会学校教育服务； ——中小学课外辅导班（语文班、数学班、物理班、化学班、外语班、美术班、舞蹈班、书法班、音乐班等）的教育服务； ——义务教育课后服务； ——国防教育服务； ——其他教育服务
C03000000	就业服务	
C03010000	就业信息咨询服务	指就业信息收集、咨询提供等服务
C03020000	就业指导服务	指职业介绍、推荐等服务
C03030000	创业指导服务	指创业机会介绍、推荐等服务
C03040000	人才服务	指人才管理、推荐等服务
C03990000	其他就业服务	包括就业和失业登记、流动人员档案管理、就业调查服务等
C04000000	医疗卫生服务	

（续表）

编码	品目名称	说明
C04010000	医院服务	
C04010100	综合医院服务	指各类综合医院的诊断、治疗等服务
C04010200	中医医院服务	指各类中医医院的诊断、治疗等服务
C04010300	中西医结合医院服务	指各类中西医结合医院的诊断、治疗等服务
C04010400	专科医院服务	包括： ——口腔医院服务； ——眼科医院服务； ——骨科医院服务； ——儿科医院服务； ——妇产科医院服务； ——传染病医院服务； ——美容医院服务； ——其他专科医院服务
C04010500	民族医院服务	指藏医院、苗医院、蒙医院等民族医院的诊断、治疗等服务
C04010600	疗养院服务	指疗养院以疗养、康复为主，治疗为辅的医疗服务，包括： ——老年人疗养院服务； ——残疾军人、复员军人、消防员等疗养院服务
C04019900	其他医院服务	指其他类型医院的诊断、治疗等服务
C04020000	卫生院和社区医疗服务	指城镇街道、社区医院和乡（镇）医疗卫生机构的服务，包括社区卫生服务中心、社区卫生服务站、街道卫生院、乡镇卫生院服务
C04030000	门诊服务	指门诊部、诊所、医务室、卫生站、村卫生室、护理院等卫生机构的服务，包括各类门诊部、各类诊所、卫生所、医务室、护理站、其他门诊医疗服务
C04040000	生育技术服务	指向育龄公民提供生育调节及其他有关的生殖保健服务，包括： ——生育咨询服务； ——生育临床服务； ——生殖保健服务； ——其他生育服务
C04050000	专科疾病防控服务	指对各种专科疾病进行预防及群众预防的服务
C04050100	传染病防控服务	包括： ——结核病防控服务： ——艾滋病防控服务： ——其他传染病防控服务
C04050200	职业病防控服务	指在职业活动中因接触粉尘、放射性物质和其他有毒、有害物质等因素而引起疾病的防控服务，包括： ——尘肺病防控服务： ——职业性皮肤病防控服务： ——职业性眼病防控服务： ——职业性耳鼻喉口腔疾病防控服务： ——职业性化学中毒防控服务： ——职业性放射性疾病防控服务： ——其他职业病防控服务：

（续表）

编码	品目名称	说明
C04050300	地方病防控服务	指具有地区性发病特点的疾病防控服务，包括： ——化学性地方病防控服务； ——生物性地方病防控服务； ——其他地方病防控服务
C04059900	其他专科疾病防控服务	包括精神病、麻风病、寄生虫病、血吸虫病等其他专科疾病防治服务
C04060000	妇幼保健服务	指专门针对妇女和儿童健康提供的服务
C04070000	健康检查服务	
C04070100	体检服务	指对健康状况进行检查、提供健康咨询的综合性服务
C04079900	其他健康检查服务	其他专项健康检查服务
C04080000	康复服务	包括慢性病康复服务、残疾人康复服务、职业病康复服务等
C04090000	预防接种服务	指疫苗接种服务
C04100000	戒毒服务	指帮助吸毒人员戒除吸食、注射毒品以及康复等服务
C04110000	公共卫生事件防控服务	指重大公共卫生事件的应急、预防和控制服务
C04990000	其他医疗卫生服务	包括居民健康档案管理、特殊群体卫生健康服务等
C05000000	社会服务	
C05010000	社会保障服务	
C05010100	托育服务	指在特定场所集中照护婴幼儿的服务
C05010200	儿童福利服务	指为孤儿、事实无人抚养儿童、农村留守儿童、困境儿童等特殊儿童群体提供的养育、治疗、康复、护理、特殊教育、心理关爱以及与其相关的评估服务等
C05010300	未成年人关爱保护服务	指为有需求的未成年人提供心理疏导、监护支持、社会调查、教育矫治、法律援助等专业服务
C05010400	养老服务	包括居家养老服务、社区养老服务、机构养老服务、集中供养服务、家庭适老化改造、老年人能力综合评估、探访服务、家庭养老支持服务、养老服务人才培养、养老评估服务、第三方专业机构支持服务等
C05010500	社会救助服务	包括为特困人员和最低生活保障、低保边缘家庭成员等社会救助对象提供必要的访视照料、送医陪护、心理疏导、能力提升服务等
C05010600	扶贫济困服务	包括贫困地区救助、扶贫开发与对口支援服务等
C05010700	优抚安置服务	包括军休干部文体活动保障、自主就业退役士兵就业创业服务等
C05010800	残疾人服务	包括精神障碍患者救治救助、精神障碍社区康复、公益性康复辅助器具配置和社区租赁、困难重度残疾人集中或社会化照护服务等

（续表）

编码	品目名称	说明
C05010900	流浪乞讨人员救助管理服务	包括流浪乞讨人员街面救助，站内照料、康复治疗、教育矫治、救助寻亲、临时安置、源头治理服务等
C05011000	法律援助服务	包括未成年人法律援助服务、弱势群体法律援助服务等
C05019900	其他社会保障服务	
C05020000	社会治理服务	
C05020100	社区治理服务	包括城乡社区文化、体育、教育、科普、心理咨询、卫生健康、特殊困难群体关爱等服务
C05020200	社会组织建设与管理服务	包括社会组织登记管理、评估、培训、人才队伍建设、信息统计、社会调查、档案整理、学术研究等服务
C05020300	社会工作服务	指运用社会工作专业方法为有需要的人群提供的服务，包括困难救助、矛盾调处、人文关怀、心理疏导、行为矫治、关系调适、资源协调、危机干预、能力建设、社会融入、社会功能修复和促进个人与环境适应等在内的专业服务；开展社区建设、基层治理等服务
C05020400	人民调解服务	指人民调解、化解社会矛盾相关服务
C05020500	志愿服务活动管理服务	包括志愿服务项目管理、志愿者培训、志愿服务活动的实施与管理服务等
C05020600	慈善事业管理服务	包括慈善组织、募捐信息平台建设与管理相关服务等
C05029900	其他社会治理服务	
C05030000	灾害防治和应急管理服务	
C05030100	防灾减灾预警预报服务	指防灾减灾预警、预报相关服务
C05030200	防灾救灾物资储备供应服务	指食物、防护用具等防灾救灾物资的储备、供应和管理服务
C05030300	灾害救援救助服务	指受灾人员救助、援助等服务
C05030400	灾后管理服务	指灾后疾病预防、防疫、心理疏导等服务
C05030500	应急救治服务	指应急救治相关服务
C05039900	其他灾害防治和应急管理服务	指应急指挥管理等其他服务
C05040000	安全服务	
C05040100	公共安全服务	包括公共安全隐患排查治理、公共安全情况监测、安全生产事故调查、安全生产突发事件、事故应急救援等相关服务
C05040200	食品药品安全服务	指食品药品安全相关服务
C05040300	保安服务	指由安保人员提供的门卫、巡逻等一般性安全服务
C05040400	特种保安服务	指现钞押运，金库守护，贵重物品保安，易爆、易燃、易腐等危险品保护及其他特种保安的服务

（续表）

编码	品目名称	说明
C05040500	道路交通协管服务	指交通秩序、车辆停放协管服务
C05040600	社会治安协管服务	指协管员维持治安秩序的服务
C05049900	其他安全保护服务	指专业开锁服务、私人调查服务、监视器管理服务、其他安全保护服务
C05990000	其他社会服务	
C06000000	文化、体育、娱乐服务	
C06010000	新闻服务	包括： ——新闻采访服务：文字、图片、录音、影像及其他类型新闻的采访服务； ——新闻编辑服务：文字、图片、录音、影视、网络及其他类型新闻的编辑服务； ——新闻发布服务； ——其他新闻服务
C06020000	广播、电视、电影和音像服务	
C06020100	广播服务	指广播节目的制作和播放等服务包括广播节目的制作、编排、播音、播放、点播、交换等服务，包括： ——广播节目制作服务：新闻类、音乐类、文艺类、经济类、体育类、教育类、交通类、儿童类、生活类、少数民族语言、广播剧及其他类广播节目的制作服务； ——广播节目播出服务：国内广播节目、国外广播节目、付费广播节目和互联网广播节目等的播出服务； ——广播节目进出口交易服务； ——广播节目发行服务； ——广播电台其他辅助服务； ——其他广播服务
C06020200	电视服务	指电视节目的制作和播放等服务包括： ——电视节目制作服务：公共电视节目、电视剧和付费电视节目等的制作服务； ——电视节目播出服务：国内电视节目、国外电视节目、付费电视节目、互联网电视节目和移动电视节目等的播出服务； ——电视节目进出口交易服务； ——电视节目发行服务； ——电视台各种辅助服务； ——其他电视服务
C06020300	电影服务	指电影片的制作、发行和放映服务，包括： ——电影制作与发行服务，包括电影制作服务、电影发行服务、电影进出口交易服务； ——电影放映，包括电影院线放映服务、普通影院放映服务、露天影院放映服务、网络电影播出服务、录像放映服务、其他放映服务
C06020400	音像制作服务	指从事录音、摄像、录录等制作服务，包括： ——影像节目的制作； ——声音节目的制作； ——专门为歌唱演员、演奏家及其他演员提供录音合成的服务； ——其他音像制作

（续表）

编码	品目名称	说明
C06020500	广播电视传输服务	包括： ——有线广播电视传输服务：有线广播电视信号及数据广播信号传送、入户服务；有线广播电视网的设计、建设、安装、调试、测试服务，为有线广播电视用户提供维修、咨询等服务，有线广播电视网络维护、运行、监测、安全管理服务，互联网广播电视节目的传输、接入、咨询等服务，其他有线广播电视和网上广播电视服务； ——无线广播电视传输服务：无线广播信号传送、覆盖服务，无线电视信号传送、覆盖服务，无线广播电视节目播出安全、质量、内容和覆盖效果的监测服务，为无线广播电视用户提供咨询等服务，其他无线广播电视服务 不包括有线广播电视的制作、播音、导播、播出等服务，有线电视节目的制作、主持、导播、播出等服务，卫星传输服务
C06030000	文化艺术服务	
C06030100	艺术创作、表演和交流服务	指文学、美术创造和表演艺术等服务，包括： ——文艺创作服务：文学作品、影视剧、戏剧、歌曲、歌剧、乐曲和舞蹈等的创作服务； ——文艺评论服务：文学、舞台艺术、电影、电视艺术和其他文艺评论服务； ——美术创作服务：绘画、雕刻、书法篆刻、工艺美术和其他美术创作服务； ——艺术表演服务：戏剧、戏曲、舞蹈、歌唱、民乐、西洋乐、曲艺、魔术、杂技和其他艺术表演服务； ——表演艺术家演出服务； ——艺术交流服务； ——舞台表演宣传、组织、辅助服务
C06030200	艺术表演场馆服务	包括： ——音乐厅、歌剧院、舞剧院、戏剧场（院）、剧场（院）的管理服务； ——其他艺术表演场馆的管理服务
C06030300	图书馆和档案馆服务	包括： ——图书馆和档案馆提供的图书阅览和档案查阅等服务； ——图书馆和档案馆的图书整理服务； ——图书馆和档案馆的管理服务
C06030400	文物和文化保护服务	指对具有历史、文化、艺术、科学价值的文物和非物质遗产的保护和管理服务，包括： ——具有纪念性建筑物参观、咨询和保护管理服务； ——具有文化价值遗址参观、咨询和保护管理服务； ——文物古迹参观、咨询和保护管理服务； ——农耕文化遗产保护管理服务； ——其他文物遗址参观、咨询和保护管理服务； ——传统语言文字和口述文学保护管理服务； ——民间艺术遗产参观、咨询和保护管理服务； ——民间、民俗传统活动遗产保护管理服务； ——民俗制作遗产保护管理服务； ——其他文化遗产保护管理服务

（续表）

编码	品目名称	说明
C06030500	博物馆服务	包括： ——综合类博物馆、展览馆的参观、咨询和管理服务； ——历史类博物馆、展览馆的参观、咨询和管理服务； ——艺术类博物馆、展览馆的参观、咨询和管理服务； ——自然类博物馆、展览馆的参观、咨询和管理服务； ——科学类博物馆、展览馆的参观、咨询和管理服务； ——其他类博物馆、展览馆的参观、咨询和管理服务
C06030600	烈士陵园和纪念馆服务	包括烈士陵园、纪念堂和烈士纪念馆的参观、咨询和管理服务
C06030700	群众文化活动服务	指开展群众文化活动场所的管理和组织服务，包括： ——群众文化场馆服务：综合文化中心、文化宫、群众文化馆（站）、青年宫、少年文化宫、老年文化活动站、其他群众文化场馆服务； ——社区文化服务； ——京剧票友及其他艺术爱好者交流服务； ——群众性文艺培训服务； ——老年文化服务； ——村史馆服务； ——群众文化艺术展览服务； ——群众文艺演出服务； ——群众文艺交流服务； ——其他群众文化服务
C06030800	文化艺术经纪代理服务	指文艺、影视、音像中介公司的经纪代理服务，包括： ——电影发行经纪代理； ——与电视剧、电视节目有关的经纪代理； ——戏剧、戏曲、舞蹈、音乐、曲艺、杂技等演出的经纪代理； ——美术作品展览经纪人服务； ——音像出版代理； ——文学艺术作品出版、发行经纪代理； ——民间艺术表演经纪代理； ——娱乐性文艺演出的经纪代理； ——艺术表演、展览等项目的引进、出境的经纪代理； ——各种以经纪代理为主的演出公司； ——其他艺术演出、展览、出版、发行等经纪代理 不包括对艺术家、演员个人的经纪代理
C06039900	其他文化艺术服务	包括： ——史料、史志编辑服务：地方志、人物志、革命史料、史志和其他史料、史志编辑服务； ——艺术品、收藏品鉴定服务：古玩、字画和其他艺术品、收藏品鉴定服务； ——街头报刊橱窗服务； ——其他文化艺术服务
C06040000	体育服务	

（续表）

编码	品目名称	说明
C06040100	体育组织服务	包括： ——竞技体育组织服务：体育项目组织服务、体育运动训练指导服务、体育运动员服务、体育人员转会服务、其他体育管理服务； ——非竞技体育组织服务：风筝、龙舟、国标舞和其他非竞技体育组织服务； ——其他体育组织服务：汽车、滑翔、登山、攀岩和其他体育项目组织服务
C06040200	体育场馆服务	包括： ——室内体育场所服务：室内综合体育场所、室内专项体育场所等提供的服务； ——室外体育场所服务：足球场、田径场、滑雪场、自行车场、射击场、赛车场、网球场、棒球及类似运动比赛场、其他室外体育场所提供的服务； ——室外天然体育场所提供的服务； ——其他体育场馆提供的服务； ——体育场馆的管理和维护服务
C06049900	其他体育服务	包括： ——体育经纪服务：体育赛事经纪服务、体育组织经纪服务、其他体育经纪服务； ——兴奋剂管理服务； ——体育器材装备服务； ——社区、街心公园、公园等运动场所的管理； ——专门从事体育心理、保健、营养、器材、训练指导等服务； ——其他体育服务
C06050000	娱乐服务	
C06050100	室内娱乐服务	包括： ——儿童室内游戏娱乐服务； ——室内手工制作娱乐服务； ——其他室内娱乐服务
C06050200	游乐园服务	包括： ——儿童乐园提供的服务； ——主题游乐园提供的服务； ——水上游乐园提供的服务； ——其他游乐园提供的服务； ——游乐园的管理和维护服务
C06050300	休闲健身娱乐服务	指主要面向社会开放的休闲健身娱乐场所和综合体育娱乐场所所提供的服务，包括： ——综合体育娱乐场所提供的服务； ——健身馆服务：器械健身、健身操、健身舞蹈、瑜伽功及类似健身及其他健身服务； ——棋牌馆提供的服务； ——保龄球馆提供的服务； ——台球室、飞镖室提供的服务； ——高尔夫球场提供的服务； ——射击、射箭馆场提供的服务； ——滑沙、滑雪及模拟滑雪场所提供的服务； ——惊险娱乐活动场所提供的服务； ——娱乐性军事训练、体能训练场所提供的服务； ——其他休闲健身娱乐的服务； ——休闲健身娱乐场所的管理和维护服务

（续表）

编码	品目名称	说明
C06059900	其他娱乐服务	指各种形式的彩票服务，以及公园、海滩和旅游景点内小型设施的娱乐服务，包括： ——彩票服务； ——公园、景区内游船出租； ——公园、景区内的摆摊娱乐服务； ——公园、景区内的小动物拉车、骑马、钓鱼等服务； ——租借道具服务（如租借照相、服装、道具等）； ——海滩浴场更衣及租借用品服务； ——公园及街头艺人表演服务； ——娱乐性展览服务； ——其他娱乐服务
C06990000	其他文化、体育、娱乐服务	
C07000000	生态环境保护和治理服务	
C07010000	生态环境保护服务	
C07010100	生态资源调查与监测服务	指对森林资源、林地变更、野生动植物资源、湿地、草原资源、林草种质资源、荒漠化、自然保护地等进行调查与监测的相关服务
C07010200	碳汇监测与评估服务	指对碳汇吸收的温室气体量开展监测、核算、评估，并将相关结果服务于温室气体清单编制、碳达峰碳中和目标进展评估、碳汇交易等
C07010300	生态环境舆情监控服务	指生态环境舆情动态收集、分析、提出应对措施等相关服务
C07010400	生态环境成果交流与管理服务	指建立成果共享共用机制，推动生态环境保护科研、管理活动中产生的成果实现共享共用，推进成果转化应用，以及环保先进技术(含低碳产品和低碳技术)的遴选、推广与服务等
C07019900	其他生态环境保护服务	指其他涉及生态环境领域的服务事项
C07020000	生态环境治理服务	
C07020100	水污染治理服务	
C07020101	污水治理及其再生利用服务	指对污水的收集、处理及净化后的再利用服务，包括对污水的收集、处理及深度净化等
C07020102	城镇水域治理服务	包括： ——城镇水域垃圾清除服务； ——城镇水域垃圾运输服务； ——城镇水域水草清理服务； ——城镇水域水质下降处理服务； ——城镇水域其他治理服务
C07020103	海洋水域污染治理服务	包括： ——海洋垃圾清理服务； ——海洋水质污染治理服务； ——其他海洋污染治理服务
C07020104	江、湖治理服务	包括： ——江、湖垃圾清理服务； ——江、湖水草清理服务； ——江、湖水质污染治理服务； ——其他江、湖治理服务

（续表）

编码	品目名称	说明
C07020105	水库污染治理服务	包括： ——水库垃圾清理服务； ——水库水草清理服务； ——水库水质污染治理服务； ——其他水库污染治理服务
C07020106	地下水污染治理服务	包括： ——地下水杂质清理服务； ——地下水质污染治理服务； ——其他地下水污染治理服务
C07020199	其他水污染治理服务	除城镇水域、海洋水域、江、湖治理、水库污染、地下水污染以外的其他水污染治理服务
C07020200	空气污染治理服务	
C07020201	大气污染治理服务	包括： ——大气中的烟尘及粉尘治理服务； ——二氧化硫及氮氧化物治理服务； ——硫污染治理服务； ——其他大气污染治理服务
C07020202	汽车尾气污染治理服务	包括： ——汽车尾气中碳氢化合物治理服务； ——氮氧化合物治理服务； ——一氧化碳和二氧化硫治理服务； ——含铅化合物、苯丙芘及固体颗粒物治理服务； ——其他汽车尾气污染治理服务
C07020203	燃烧煤烟污染治理服务	包括： ——燃烧煤烟中固体颗粒物治理服务； ——二氧化硫及氮氧化物治理服务； ——挥发酚、氰化物、氨气体治理服务； ——其他燃烧煤烟污染治理服务
C07020204	制造业废气污染治理服务	包括挥发性有机物、固体颗粒物治理及其他制造业废气治理服务
C07020205	工矿粉尘污染治理服务	包括： ——无机粉尘治理服务； ——有机粉尘治理服务； ——混合性粉尘治理服务； ——其他工矿粉尘污染治理服务
C07020206	建筑工地粉尘污染治理服务	包括扬尘治理，烟尘治理等服务
C07020299	其他空气污染治理服务	
C07020300	噪声与振动污染治理服务	
C07020301	工业噪声污染治理服务	指对工业生产活动中产生的干扰周围生活环境的声音进行治理的服务
C07020302	建筑施工噪声污染治理服务	指对建筑施工过程中产生的干扰周围生活环境的声音进行治理的服务，包括对房屋建筑、建筑安装以及建筑装饰装修和其他土木工程施工过程中产生的噪声进行治理的服务
C07020303	交通运输噪声污染治理服务	指对机动车、铁路机车车辆、城市轨道交通车辆、机动船舶、民用航空器等交通运输工具在运行时产生的干扰周围生活环境的声音进行治理的服务

（续表）

编码	品目名称	说明
C07020304	社会生活噪声污染治理服务	指对人为活动所产生的除工业噪声、建筑施工噪声和交通运输噪声之外的干扰周围生活环境的声音进行治理的服务
C07020305	振动污染治理服务	指对工业生产、建筑施工、交通运输、社会生活等人为活动中产生的振动进行治理的服务
C07020399	其他噪声与振动污染治理服务	
C07020400	危险废物治理服务	
C07020401	医疗和药物废弃物治理服务	包括医疗和药物废弃物中有毒、有害、易燃、易爆、腐蚀性、传染性等固态、半固态、液态和气态等危险废物治理服务
C07020402	化工产品废弃物治理服务	包括化工产品废弃物中有毒、有害、易燃、易爆、腐蚀性、传染性等固态、半固态、液态和气态等危险废物治理服务
C07020403	矿物油废弃物治理服务	包括矿物油废弃物中有毒、有害、易燃、易爆、腐蚀性、传染性等固态、半固态、液态和气态等危险废物治理服务
C07020404	金属矿物质变废弃物治理服务	包括金属矿物质变废弃物中有毒、有害、易燃、易爆、腐蚀性、传染性等固态、半固态、液态和气态等危险废物治理服务
C07020405	废旧机械设备治理服务	包括废旧机械设备中有毒、有害、易燃、易爆、腐蚀性、传染性等固态、半固态、液态和气态等危险废物治理服务
C07020406	非金属矿物质变废弃物治理服务	包括非金属矿物质变废弃物中有毒、有害、易燃、易爆、腐蚀性、传染性等固态、半固态、液态和气态等危险废物治理服务
C07020407	工业焚烧残渣物治理服务	包括工业焚烧残渣物中有毒、有害、易燃、易爆、腐蚀性、传染性等固态、半固态、液态和气态等危险废物治理服务
C07020408	爆炸性废弃物治理服务	包括爆炸性废弃物中有毒、有害、易燃、易爆、腐蚀性、传染性等固态、半固态、液态和气态等危险废物治理服务
C07020499	其他危险废弃物治理服务	其他危险废弃物中有毒、有害、易燃、易爆、腐蚀性、传染性等固态、半固态、液态和气态等危险废物治理服务
C07020500	无害固体废物处理服务	包括无害废料服务收集和运输和焚烧处理服务及其他垃圾处理服务
C07020600	光污染治理服务	包括昼间建筑物反射阳光产生的白亮污染治理，夜间人工白昼污染治理和彩光污染治理等服务
C07020700	辐射污染治理服务	包括： ——电磁辐射污染治理服务； ——核放射污染治理服务； ——化学元素放射性污染治理服务； ——其他辐射污染治理服务

（续表）

编码	品目名称	说明
C07020800	地质灾害治理服务	包括： ——崩塌灾害治理服务； ——滑坡灾害治理服务； ——泥石流灾害治理服务； ——地裂缝灾害治理服务； ——水土流失灾害治理服务； ——土地沙漠化及沼泽化灾害治理服务； ——土壤盐碱化灾害治理服务； ——地震、火山、地热害灾害治理服务； ——其他地质灾害治理服务
C07020900	农业农村环境治理服务	包括开展农业面源污染防治、农产品产地环境治理、农村（农场）人居环境治理、渔港环境治理服务等
C07029900	其他生态环境治理服务	包括水污染、空气污染、噪声污染、地质土壤等环境监测、环境影响评价、环保验收、环保措施设计等服务
C07990000	其他生态环境保护和治理服务	
C08000000	能源的生产和分配服务	
C08010000	电力的生产和分配服务	
C08010100	电力生产服务	
C08010101	火力发电生产服务	指利用煤炭、石油、天然气等燃料燃烧产生热能，通过火电动力装置转换成电能的生产服务，包括： ——热电厂发电服务； ——利用余热、余气等发电服务
C08010102	水力发电生产服务	指将水能转换成电能的生产服务，包括： ——水电站发电服务； ——抽水蓄能电站的发电服务
C08010103	核力发电生产服务	指利用核反应堆中重核裂变所释放出的热能转换成电能的生产服务，包括核电站发电服务等
C08010104	风力发电生产服务	指将风能转换成电能的生产服务
C08010199	其他能源发电生产服务	指利用地热、太阳能、潮汐能、生物能及其他的发电服务，包括： ——地热发电服务； ——太阳能发电服务； ——潮汐能发电服务； ——海洋能发电服务； ——利用废料、沼气发电服务； ——生物能发电等其他的发电服务
C08010200	电力分配服务	指利用电网将电能输送和分配给用户的服务
C08020000	热力生产和分配服务	
C08020100	暖气生产和分配服务	指将蒸汽和热水等热力资源通过暖气管道提供给用户的服务
C08029900	其他热力生产和分配服务	指利用煤炭、油、燃气等能源生产蒸汽和热水等，并将蒸汽和热水等热力资源提供给用户的服务

（续表）

编码	品目名称	说明
C08030000	燃气生产和分配	指利用煤炭、油、燃气等能源生产燃气，并向用户提供燃气的服务，以及对煤气、液化石油气、天然气输配及使用过程中的维修和管理服务，包括： ——自产可燃气体的生产和分配服务； ——通过主干管道系统，对外购可燃气体燃料的输送和分配服务； ——对人工煤气、液化石油气、天然气输配及使用过程的维修和管理 不包括专门从事罐装液化石油气零售业务的服务
C08040000	水的生产和分配	包括自来水的生产和供应，其他水的处理、利用与分配
C08990000	其他能源的生产和分配	
C09000000	农林牧渔服务	
C09010000	农业服务	
C09010100	灌溉系统服务	指为农业生产服务的灌溉系统的经营与管理服务，包括农业水利灌溉系统的经营、管理
C09010200	农产品初加工服务	指对收获的各种农产品进行去籽、净化、分类、晒干、剥皮、沤软或大批包装以提供初级市场的服务，以及其他农产品的初加工服务，包括： ——皮棉的加工：细绒棉皮棉、长绒棉皮棉； ——沤制麻、羊毛去杂质以及类似的纤维初加工等； ——其他农产品初加工
C09010300	农业机械服务	指为农业生产提供农业机械并配备操作人员的服务
C09010400	农业绿色发展和可持续发展服务	指为农业绿色发展和可持续发展提供支撑和保障的服务包括： ——农业资源区划工作的评价和综合管理服务； ——建设国家重要农业资源台账和重要农业资源监测体系； ——农业绿色发展和可持续发展的监测、分析、评价服务
C09010500	农业资源与环境保护服务	指为加强农业资源与环境保护有关的服务，包括调查监测、检验检测、咨询评估、培训指导、技术研发推广、科普宣传等
C09010600	农作物病虫害防治服务	指为农业生产经营者提供农作物病、虫、草、鼠和植物疫情等防治服务，包括： ——化学防治、农业防治、生态调控、物理防治、生物防治等综合防治服务； ——植物防疫所需检疫处理、除害处理服务； ——农作物重大病虫害阻截带布控、病虫害调查普查、防效监督评估等其他服务
C09010700	外来入侵生物综合防治服务	指为防控外来物种入侵的服务，包括风险评估、普查调查、监测预警、治理修复、培训指导、技术研发推广、科普宣传等

（续表）

编码	品目名称	说明
C09010800	公益性农机作业服务	指提供带有公益性质的农机作业服务，包括为贫困户等耕种困难家庭提供无偿的农业机械代耕、代种、代管、代收服务，为受灾地区提供无偿或低价的农机抗旱、排涝、抢耕、抢收、抢烘等应急作业服务等
C09010900	农产品质量安全服务	包括开展农产品质量安全群众满意度调查、农产品治疗量安全追溯、食用农产品合格证、农业农村标准化试点示范及推广应用服务等
C09019900	其他农业服务	包括： ——为种植某种农作物，促进其生长或防治病虫害的服务； ——农田土地整理服务； ——土壤普查服务； ——土壤修复服务； ——农作物收割服务； ——与花草的种植、截枝、修整和花园的修建和维修，以及树木的整容有关的农业服务； ——农业园艺服务； ——其他农业服务
C09020000	林业服务	
C09020100	造林服务	指在无林地上培植新林的服务
C09020200	林木抚育管理服务	指松土除草、水肥管理、修枝割冠、抚育间伐、幼林补植等抚育管理服务
C09020300	林业机械服务	指提供林业机械并配备操作人员的服务
C09020400	林业有害生物防治服务	指林业病虫害、鼠（兔）害、有害植物防治服务
C09020500	森林防火服务	包括森林防火专用设备的使用管理、森林火险监测和预报等服务
C09020600	森业经营与管理服务	包括森林经营方案的编制与实施管理、经营技术示范推广、成效监测及现地查验等指导服务
C09020700	林区管理服务	指政策研究、现地核实、现地查验、专家咨询管理服务
C09029900	其他林业服务	
C09030000	畜牧业服务	
C09030100	兽医和动物病防治服务	指对各种动物进行的病情、疫情的检测、诊断、医疗、预防、控制、扑灭等服务
C09030200	畜牧业机械服务	指提供畜牧业机械并配备操作人员的服务
C09039900	其他畜牧业服务	包括： ——为促进牲畜繁殖、生长、增加产量以及获得畜产品的服务； ——动物的配种、牧群检验、孵坊等服务； ——动物圈、舍清理和整治等服务； ——专门提供的动物剪毛服务； ——专门提供的动物挤奶服务； ——家禽孵化服务； ——放牧服务； ——动物健康养护服务； ——野生动物疫源疫病监测服务； ——其他畜牧服务

（续表）

编码	品目名称	说明
C09040000	渔业服务	指对渔业生产活动进行的各种支持性服务
C09040100	鱼苗、鱼种培育和养殖服务	指鱼苗、鱼种喂食、监测、鱼病用药和防治等服务
C09040200	渔业机械服务	指提供渔业机械并配备操作人员的服务
C09040300	渔业船舶检验监管服务	指主旨开展远洋渔业船舶现场检验及相关工作、技术支撑，渔船设计修造能力及质量监管，渔船检验行业监管和发展政策研究，技术法规制修订和实施情况监督检查，渔船检验国际交流合作、重大渔船技术安全事故调查处理，渔船检验技术分析采编，验船师及机构队伍开展督导和管理等相关服务
C09049900	其他渔业服务	
C09990000	其他农林牧渔服务	包括： ——品种保存和改良服务：指畜禽人工授精品种改良、水产原种保存和良种选育等相关服务
C10000000	采矿业和制造业服务	
C10010000	采矿业服务	包括： ——对天然气进行液化和再气化处理； ——井架安装、修理和拆卸服务以及石油和天然气开采过程中所涉及有关服务； ——石油或天然气开采所必需的服务，如钻井套管水泥灌浆、油井的抽吸、封井和废弃； ——特殊消防服务； ——其他采矿业服务
C10020000	制造业服务	
C10020100	金属制品的制造业服务和金属加工服务	包括： ——金属锻造、模压、冲压和滚扎成型服务； ——金属处理和金属镀层服务； ——普通机械工程技术服务； ——其他金属制品制造业服务和金属加工服务
C10020200	运输设备制造业服务	包括汽车、挂车和半挂车制造业服务以及其他运输设备制造业服务
C10020300	机械和设备制造业服务	包括： ——办公、会计和计算机械制造业服务； ——电动机械和装置制造业服务； ——收音机、电视、通信设备和装置制造业服务； ——医疗、精密和光学仪器、表和钟的制造业服务； ——其他机械和设备制造业服务
C10020400	食品、饮料和烟草制造业服务	包括： ——肉和肉制品的烹调、防腐、冷冻和其他处理服务； ——蔬菜和蔬菜制品的烹调、防腐、冷冻和其他处理服务； ——烟草的干燥、抽梗等其他处理服务； ——其他食品、饮料和烟草制造业服务

（续表）

编码	品目名称	说明
C10020500	纺织品、服装和皮革制品制造业服务	包括： ——纱线、织物、原料和预制成品的印花服务； ——纺织原料和纺织品包括服装的上浆、干燥、漂白、蒸煮、缩水、修补、机械防缩整理和丝光处理的服务； ——其他纺织品、服装和皮革制品制造业服务
C10020600	木材和软木制品及草编织品和编制材料制造业服务	包括： ——用防腐剂或其他材料浸渍或化学处理木材的服务； ——家具制造业服务； ——其他木材和软木制品及草编织品和编制材料制造业服务
C10020700	纸和纸制品制造业服务	包括： ——纸浆制造处理服务； ——纸制品制造处理服务； ——其他纸和纸制品制造业服务
C10020800	焦炭、精炼石油制品和核燃料制造业服务	包括核燃料或放射性废弃物的重新处理服务
C10020900	化学和化学制品制造业服务	包括： ——化学原料的制造处理服务； ——其他化学和化学制品制造业服务
C10021000	橡胶和塑料制片制造业服务	包括： ——塑料部件的制造服务； ——塑料面的切割、攻丝、涂层或处理服务； ——其他橡胶和塑料制片制造业服务
C10021100	非金属矿产品制造业服务	包括： ——非金属矿产品的干燥服务； ——非金属矿产品化学处理服务； ——其他非金属矿产品制造业服务
C10029900	其他制造业服务	
C11000000	工程管理服务	
C11010000	工程勘探服务	包括岩土工程勘察、设计、物资测试检测监测，水文地质勘察，工程测量等工程勘察服务
C11020000	工程设计服务	包括设计图纸绘制、成本限制、施工计划等
C11030000	装修设计服务	指工程内部空间的规划设计服务
C11040000	工程项目管理服务	包括招标代理和各类合同执行等管理或管理咨询服务
C11050000	工程总承包服务	指对工程项目的勘察、设计、采购、施工、竣工验收等实行全过程或若干阶段的承包服务
C11050100	房屋工程总承包服务	指房屋工程总承包相关服务
C11050200	铁路工程总承包服务	指铁路工程总承包相关服务
C11050300	公路工程总承包服务	指公路工程总承包相关服务
C11050400	机场跑道工程总承包服务	指机场跑道工程总承包相关服务
C11050500	高速公路工程总承包服务	指高速公路工程总承包相关服务

（续表）

编码	品目名称	说明
C11050600	城市道路工程总承包服务	指城市道路工程总承包相关服务
C11050700	城市轨道交通工程总承包服务	指城市轨道交通工程总承包相关服务
C11050800	桥梁工程总承包服务	指桥梁工程总承包相关服务
C11050900	隧道工程总承包服务	指隧道工程总承包相关服务
C11051000	水利工程总承包服务	指水利工程总承包相关服务
C11051100	水运工程总承包服务	指水运工程总承包相关服务
C11051200	海洋工程总承包服务	指海洋工程总承包相关服务
C11051300	长距离管道、通信和电力工程总承包服务	指长距离管道、通信和电力工程工程总承包相关服务
C11051400	室内管道、电缆及有关工程总承包服务	指室内管道、电缆及有关工程总承包相关服务
C11051500	矿山、工农林牧副渔业工程总承包服务	指矿山、工农林牧副渔业工程工程总承包相关服务
C11051600	公共设施工程总承包服务	指公共设施工程总承包相关服务
C11051700	环保工程总承包服务	指环保工程总承包相关服务
C11051800	高耸构筑物工程总承包服务	指烟囱、水塔、电视塔等构筑物工程总承包相关服务
C11059900	其他工程总承包服务	
C11990000	其他工程管理服务	包括施工过程中的检测等服务
C12000000	水利管理服务	
C12010000	防洪管理服务	指对河流、湖泊、行蓄洪区及沿海的防洪、防涝设施的管理服务，包括： ——江河堤防等设施管理服务； ——蓄滞洪区管理服务； ——沿海堤防管理服务； ——城市防洪设施管理服务； ——河道湖泊治理服务； ——除涝设施管理服务； ——排水设施管理服务； ——水工程防洪调度管理服务； ——水闸设施管理服务； ——其他防洪设施管理服务
C12020000	水资源管理服务	
C12020100	水库管理服务	指对水库等水利设施的管理服务
C12020200	调水引水管理服务	指对运河、水利枢纽、调水工程、水闸的管理服务，包括： ——原水供应管理服务； ——引水、提水设施管理服务； ——人工水系管理服务：运河和水渠管理服务； ——自然水系管理服务：河道、湖泊和地下水管理服务； ——其他水利设施开发管理服务

（续表）

编码	品目名称	说明
C12020300	水文水资源监测服务	包括雨量、水位、流量、泥沙、水环境水质等监测服务
C12020400	水资源保护服务	包括： ——水资源保护管理服务； ——饮用水水源保护管理服务； ——河湖生态流量管理服务； ——地下水管理保护服务； ——水生态保护修复管理服务
C12029900	其他水资源管理服务	指节水及其他水资源管理服务，包括： ——水资源开发利用咨询； ——节水管理咨询； ——节水灌溉技术咨询； ——工业节水技术咨询； ——生活节水技术咨询
C12990000	其他水利管理服务	指水土保持、保护及其他水利管理服务，包括： ——水土保持及保护； ——水文测量服务； ——水利设施管理咨询； ——水利设施养护服务； ——水环境保护咨询； ——水土保持技术咨询； ——水利情报收集服务； ——水利技术咨询服务； ——流域水资源调度和抗旱调度管理服务； ——工业、农业及城镇生活节水咨询服务； ——取水计量管理服务； ——水文水资源分析评价服务
C13000000	公共设施管理服务	
C13010000	区域规划和设计服务	指对城市及农村等土地、基础设施、园林等进行规划和设计的服务
C13020000	市政公用设施管理服务	指污水排放、雨水排放、路灯、道路、桥梁、隧道、广场、涵洞、防空等市政设施的维护、抢险、紧急处理、管理等服务，包括： ——排水设施管理服务：污水、雨水和其他排水设施管理等服务； ——照明设施管理服务：道路照明设施，社区、街道照明设施和其他照明设施管理服务； ——道路、桥梁、隧道设施管理服务：道路设施、桥梁设施、隧道设施、行人过街天桥设施和行人地下通道设施等管理服务； ——其他市政设施管理服务：广场、路标、路牌，防空设施，地下公共设施和其他市政设施管理服务
C13030000	园林绿化管理服务	指园林绿化的管理服务，包括： ——草坪管理服务：草坪维护和其他草坪管理服务； ——鲜花管理服务：鲜花栽培、鲜花布置和其他鲜花管理； ——树木管理服务：树木保护和其他树木管理； ——单位附属绿地、防护绿地、生产绿地和风景林地的管理服务； ——树木、草坪病虫防治管理服务； ——其他园林绿化管理服务

（续表）

编码	品目名称	说明
C13040000	市容管理服务	包括： ——户外标志管理服务：象征标志建筑、雕塑、宣传标牌、宣传画廊和其他户外标志管理服务； ——外景照明管理服务：建筑物照明、广场、草坪照明和其他景观照明管理服务； ——其他市容管理服务
C13050000	城镇公共卫生服务	
C13050100	清扫服务	包括： ——城镇垃圾清扫服务； ——城镇道路冲洗服务； ——城镇积雪清理服务； ——城镇垃圾运输服务； ——城镇泔水清运服务； ——其他城镇垃圾清运服务
C13050200	垃圾处理服务	包括： ——城镇垃圾分类服务； ——城镇垃圾焚烧服务； ——城镇垃圾填埋服务； ——城镇废弃食用油处理服务； ——其他城市垃圾处理服务
C13050300	公共厕所服务	包括公共厕所管理、清扫等服务
C13050400	排泄物的处理服务	包括城镇排泄物清运、城镇排泄物收集处理等服务
C13059900	其他城镇公共卫生服务	
C13990000	其他公共设施管理服务	
C14000000	公园和游览景区服务	指各类自然景观、人文景观、人造景观和其他景观为游人提供的休闲、观光服务及其管理、维护服务
C14010000	公园服务	包括： ——综合公园游览、咨询、管理服务； ——园林公园游览、咨询、管理服务； ——主题公园游览、咨询、管理服务：民族风情主题公园、民俗风情主题公园、各国风情主题公园、微缩景观公园和其他主题公园的游览、咨询、管理服务； ——其他公园游览、咨询、管理服务
C14020000	风景名胜区服务	包括： ——山丘型风景名胜区的游览、咨询、管理服务； ——河湖型风景名胜区游览、咨询、管理服务； ——峡谷型风景名胜区游览、咨询、管理服务； ——海滨型风景名胜区游览、咨询、管理服务； ——草原型风景名胜区游览、咨询、管理服务； ——森林型风景名胜区游览、咨询、管理服务； ——沙漠型风景名胜区游览、咨询、管理服务； ——湿地型风景名胜区游览、咨询、管理服务； ——其他风景名胜区游览、咨询、管理服务

（续表）

编码	品目名称	说明
C14990000	其他公园和游览景区服务	包括： ——市外人工景区游览、咨询、管理服务（人工森林公园等）； ——观光果园游览、咨询、管理服务； ——其他旅游景区游览、咨询、管理服务
C15000000	交通运输和仓储服务	
C15010000	铁路运输服务	
C15010100	铁路客运服务	包括： ——国内铁路旅客运输服务； ——国际联运旅客运输服务； ——港澳铁路直通旅客运输服务； ——其他铁路旅客运输服务
C15010200	铁路货运服务	包括： ——冷藏车铁路货运服务； ——罐车铁路货运服务； ——铁路敞车集装箱货运服务； ——信函和包裹铁路运输服务； ——其他铁路货运服务
C15010300	火车站服务	指城市以外的公共铁路旅客运输服务，包括： ——铁路旅客车站服务； ——客运站行李包裹服务； ——旅客火车站其他管理服务； ——货运列车停靠站服务； ——货运站货物管理服务； ——货物托运交付服务； ——铁路货运打包服务； ——货物火车站其他管理服务
C15010400	铁路管理和养护服务	指铁路日常维护和养护服务
C15019900	其他铁路运输服务	指铁路旅客、货物运输及客、货火车站以外的运输网、信号、调度及铁路设施的管理和养护，包括： ——铁路调度服务； ——铁路信号管理服务； ——铁路运输通讯服务； ——铁路动力服务； ——铁路供水服务； ——铁路沿线维护管理服务； ——其他铁路运输辅助服务
C15020000	道路运输服务	
C15020100	道路客运服务	指城市以外道路的旅客运输，包括： ——班线客运服务； ——包车客运服务； ——旅游客运服务； ——其他道路旅客运输服务

（续表）

编码	品目名称	说明
C15020200	道路货运服务	指所有道路的货物运输服务，包括： ——普通货物道路运输服务：普通货车、冷藏车、罐车和其他普通车辆专业货物运输服务； ——集装箱道路运输服务； ——大型货物道路运输服务； ——危险货物道路运输服务； ——邮件包裹道路运输服务； ——搬家运输服务； ——小型货车（含小面包车）运输； ——专门为超市、连锁店、加盟店提供送货的服务； ——城市内大件物品送货大门的服务； ——以道路运输为主的物流公司(中心)的服务； ——非机动车货物运输服务； ——其他道路货物运输服务
C15020300	汽车站服务	指以站场设施为依托，为道路客运经营者和旅客提供的有关运输经营管理服务
C15020400	公路管理和养护服务	包括： ——公路收费服务：高速公路收费、桥梁收费、隧道收费、其他公路收费服务； ——公路养护服务：高速公路养护、桥梁养护、隧道养护、其他公路养护服务
C15029900	其他道路运输服务	包括： ——专业停车场服务：高速公路停车、停车场、其他停车场服务； ——货运站服务； ——运输货物打包服务； ——其他道路运输辅助服务
C15030000	城市交通服务	
C15030100	公共汽电车客运服务	包括： ——城市公共汽车客运服务； ——无轨电车客运服务； ——城市快速公交客运服务（BRT）； ——城市旅游观光车客运服务； ——其他城市公共汽电车客运服务
C15030200	城市轨道交通服务	包括： ——地铁客运服务； ——轻轨客运服务； ——有轨电车客运服务； ——单轨客运服务； ——轨道交通应急演练服务； ——其他轨道交通服务
C15030300	出租车客运服务	指司机驾驶出租车提供的客运，巡游和网约等方式不限，包括： ——轿车出租客运服务：轿车出租计程客运服务、轿车出租包车客运服务； ——客车出租客运服务：中型客车出租客运服务、大型客车出租客运服务
C15030400	城市轮渡服务	指城市的水上旅客轮渡运营服务，包括城市内的沿海、江、河、湖泊的轮渡旅客运营服务
C15030500	城市交通管理和养护服务	指城市交通管理和养护相关服务

（续表）

编码	品目名称	说明
C15039900	其他城市交通服务	指城市摩托车和其他非机动车旅客运输服务，包括： ——摩托车客运服务； ——三轮车、人力车客运服务； ——其他城市旅客运输服务
C15040000	水上运输服务	
C15040100	水上旅客运输服务	包括： ——国际客运服务； ——沿海客运服务：沿海定期客轮运输服务、沿海轮渡旅客运输服务、沿海游览船客运服务、沿海滚装客船运输服务、其他沿海旅客运输服务； ——内河旅客运输服务：内河定期客轮运输服务、内河轮渡旅客运输服务、内河游览船客运服务、内河滚装客船运输服务
C15040200	水上货物运输服务	包括： ——国际货物运输服务：国际杂货船、国际散货船、国际冷藏船、国际油轮、国际集装箱船运输服务，配备驾驶员国际船舶租赁服务，其他国际货物运输服务； ——沿海货物运输服务：沿海杂货船货运服务、沿海散货船货运服务、沿海冷藏船货运服务、沿海集装箱船运输服务、沿海油轮运输服务、沿海化学品船运输服务、沿海液化气船运输服务、沿海滚装货船运输服务、沿海货物轮渡运输服务、配备驾驶员沿海船舶租赁服务、沿海船舶拖推服务、其他沿海货物运输服务； ——内河货物运输服务：内河杂货船货运服务、内河散货船货运服务、内河冷藏货船运输服务、内河集装箱船运输服务、内河油轮运输服务、内河化学品船运输服务、内河液化气船运输服务、内河滚装货船运输服务、内河货物轮渡运输服务、配备驾驶员内河船舶租赁服务、内河船舶拖推服务、其他内河货物运输服务
C15040300	港口服务	包括： ——客运港口服务：包括客运票务服务、客运旅客服务、客运船舶停靠和物资供应服务、其他客运服务； ——货运港口服务：沿海货运港口、内河货运港口服务
C15040400	航道管理和养护服务	包括航道、灯塔航标管理、船舶引航等服务
C15049900	其他水上运输服务	包括港务船舶调度、船舶通讯、船舶人员救助、船舶财产救助、水上救助、沉船沉物打捞、海上船舶溢油清除、过船建筑物、水上交通管理、其他水路运输辅助服务
C15050000	航空运输服务	
C15050100	航空旅客运输服务	指以旅客运输为主的航空运输服务，包括： ——航空旅客运输服务：定期、不定期航班客运服务； ——客货同机的、以客运为主的航空运输服务

（续表）

编码	品目名称	说明
C15050200	航空货物运输服务	指以货物运输为主的航空运输服务，包括： ——航空货物运输服务：定期、不定期航班货物运输服务； ——客货同机的、以运货为主的航空运输服务
C15050300	通用航空服务	指除客货运输以外的其他航空服务，包括： ——通用航空生产服务：飞机播种、飞机喷药、飞机探测、飞机航拍、飞机抢险、飞机水上救生与搜寻、飞机救援、其他通用航空生产服务； ——其他通用航空服务
C15050400	机场服务	包括旅客安全检查、旅客行李托运、旅客进出站、机场摆渡车、机场货物搬运、停机坪管理、机场候机厅管理服务、其他机场服务
C15059900	其他航空运输服务	包括： ——空中交通管理：空中飞行管理、飞机起降管理、飞行通讯管理、地面信号管理、其他空中交通管理； ——其他航空运输辅助服务：机场电力管理、飞机供给、飞机维护、飞机安全、飞机跑道管理、航空运输货物打包、其他航空运输辅助服务
C15060000	航天运输服务	指利用火箭等载体将卫星、空间探测器等空间飞行器发射到空间轨道的业务服务
C15070000	管道运输服务	指通过管道对气体、液体等的运输服务
C15070100	原油及成品油管道运输服务	指通过管道对原油和成品油进行运输的服务
C15070200	水管道运输服务	指通过管道对饮用水或污水等进行运输的服务
C15070300	其他液体管道运输服务	指通过管道对除油品和水以外的其他液体进行运输的服务
C15070400	天然气管道运输服务	指通过管道对天然气进行运输的服务
C15079900	其他气体管道运输服务	指通过管道对天然气以外的气体进行运输的服务
C15080000	交通运输管理服务	包括交通运输社会监督、运输保障服务等
C15090000	装卸搬运服务	指独立于车站、港口、机场、仓库的货物装卸服务，包括： ——运输货物装卸服务：铁路运输货物、道路运输货物、港口货物、飞机场货物和其他运输货物的装卸服务； ——非运输机械装卸搬运服务：一般货物、集装箱、大型机械设备、其他非运输机械的装卸搬运服务； ——为建筑工程、市政设施及大型机械设备等提供的专业装卸、起重服务； ——人力装卸搬运服务
C15100000	仓储服务	指专门从事货物仓储、货物运输中转仓储，以及以仓储为主的物流配送服务
C15990000	他交通运输、仓储服务	包括运输代理服务等
C16000000	信息技术服务	指为用户提供开发、应用信息技术的服务，以及以信息技术为手段支持用户业务活动的服务

（续表）

编码	品目名称	说明
C16010000	软件开发服务	指专门从事计算机软件的程序编制、分析等服务
C16010100	基础软件开发服务	指为计算机用户提供的基础软件编制、分析等服务，包括操作系统、数据库管理系统、中间件、办公套件、其他基础软件开发服务
C16010200	支撑软件开发服务	指为计算机用户提供的支撑软件编制、分析等服务，包括需求分析软件、建模软件、集成开发环境、测试软件、开发管理软件、逆向工程软件和再工程软件、其他支撑软件开发服务
C16010300	应用软件开发服务	
C16010301	通用应用软件开发服务	指为计算机用户提供的通用应用软件编制、分析等服务，包括管理软件、信息检索和翻译软件、多媒体软件、网络通讯软件、游戏动漫软件、数字出版软件、地理信息系统软件、科学和工程计算软件、其他通用应用软件开发服务
C16010302	行业应用软件开发服务	指为计算机用户提供的特定行业应用软件编制、分析等服务，包括政务软件、财务软件、金融行业软件、通信行业软件、交通运输业软件、能源行业软件、医疗行业软件、教育行业软件、广播电视行业软件、其他行业应用软件开发服务
C16010400	嵌入式软件开发服务	指为计算机用户提供的嵌入式系统中软件部分的编制、分析等服务，包括嵌入式操作系统、嵌入式数据库系统、嵌入式开发与仿真软件、嵌入式应用软件、其他嵌入式软件开发服务
C16010500	信息安全软件开发服务	指为计算机用户提供的信息安全产品软件编制、分析等服务，包括基础和平台类安全软件、数据安全软件、网络与边界安全软件、专用安全软件、安全测试评估软件、安全应用软件、安全支撑、安全管理软件、其他信息安全软件开发服务
C16020000	信息系统集成实施服务	指通过结构化的综合布线系统和计算机网络技术，将各个分离的设备、功能和信息等集成到相互关联的、统一协调的系统之中的服务
C16020100	基础环境集成实施服务	指为保证信息系统正常运行所必需的机房电力、空调、消防、安防等基础环境的建设提供的服务，包括机房电力、消防、安防等系统的集成实施
C16020200	硬件集成实施服务	指将硬件设备（包括主机、存储、网络设备等）及其附带软件进行安装、调试的服务，包括： ——网络集成实施服务； ——主机集成实施服务； ——存储集成实施服务； ——其他硬件集成实施服务
C16020300	软件集成实施服务	指将各个分离的软件、功能和信息等集成到相互关联的、统一协调的平台之中的服务，包括： ——应用系统集成实施服务； ——数据（信息）集成实施服务； ——界面集成实施服务； ——其他软件系统集成实施服务

（续表）

编码	品目名称	说明
C16020400	安全集成实施服务	指满足信息系统安全技术要求和安全管理要求的集成实施服务，包括： ——安全技术要求包括物理安全、网络安全、主机安全、应用安全、数据安全及备份恢复； ——其他安全集成实施服务
C16029900	其他系统集成实施服务	
C16030000	数据处理服务	指向用户提供的信息和数据的分析、整理、计算、存储等加工处理服务
C16030100	存储服务	以在线、离线等方式提供的数据备份、容灾等服务，包括： ——数据中心、存储中心或灾备中心提供的数据存储、数据备份、容灾等服务； ——其他存储服务
C16030200	数据加工处理服务	指向用户提供的数据分析、整理、计算、编辑等加工和处理服务，包括： ——数据采集、录入、更新等服务； ——数据共享交换服务； ——数据统计分析服务； ——文件扫描存储服务； ——数据库服务； ——其他数据加工处理服务
C16030300	数字内容加工处理服务	指将图片、文字、视频、音频等信息内容运用信息技术进行加工处理并整合应用的服务，包括数字动漫设计制作、地理信息加工处理等
C16039900	其他数据处理服务	
C16040000	云计算服务	指以云计算技术和模式为主要特征的信息技术服务，包括基础服务、平台服务、应用服务等
C16050000	信息化工程监理服务	指依据国家有关法律法规、技术标准和信息系统工程监理合同，由独立第三方机构提供的监督管理信息系统工程项目实施的服务，包括： ——通用布缆系统工程监理； ——电子设备机房系统工程监理； ——计算机网络系统工程监理； ——软件工程监理； ——信息化工程安全监理； ——信息技术服务工程监理
C16060000	测试评估认证服务	指具有相关资质的第三方机构提供的对软件、硬件、网络、质量管理、能力成熟度评估、信息技术服务管理及信息安全管理等，是否满足规定要求而进行的测试、评估和认证服务
C16070000	运行维护服务	指为满足信息系统正常运行及优化改进的要求，对用户信息系统的基础环境、硬件、软件及安全等提供的各种技术支持和管理服务
C16070100	基础环境运维服务	指对保证信息系统正常运行所必需的电力、空调、消防、安防等基础环境的运行维护，包括机房电力、消防、安防等系统的例行检查及状态监控、响应支持、性能优化等服务

（续表）

编码	品目名称	说明
C16070200	硬件运维服务	指对硬件设备（网络、主机、存储、桌面设备以及其他相关设备等）及其附带软件的例行检查及状态监控、响应支持、性能优化等服务，包括： ——网络运维服务； ——主机运维服务； ——存储运维服务； ——桌面运维服务； ——其他硬件运维服务
C16070300	软件运维服务	指对软件（包括基础软件、支撑软件、应用软件等）的功能修改完善、性能调优，以及常规的例行检查和状态监控、响应支持等服务，包括： ——基础软件运维服务； ——支撑软件运维服务； ——应用软件运维服务； ——嵌入式软件运维服务； ——信息安全软件运维服务； ——其他软件运维服
C16070400	安全运维服务	指为用户信息系统提供的安全巡检、安全加固、脆弱性检查、渗透性测试、安全风险评估、应急保障、安全设备运维等服务
C16079900	其他运行维护服务	包括数据迁移服务、应用迁移服务、机房或设备搬迁服务，以及其他运行维护服务
C16080000	运营服务	指向用户提供租用软件应用系统、业务平台、信息系统基础设施等的部分或全部功能的服务，配备操作人员或维护人员
C16080100	软件运营服务	指向用户提供软件系统的部分或全部功能的租用服务
C16080200	平台运营服务	指向用户提供应用系统开发、测试、部署、管理等工具平台，以及业务支撑平台的租用服务
C16080300	基础设施运营服务	指向用户提供信息系统基础设施的租用服务，如数据中心服务，存储转发服务等，包括： ——计算资源租用服务； ——网络资源租用服务； ——存储资源租用服务； ——服务器托管； ——其他基础设施运营服务
C16089900	其他运营服务	
C16090000	信息技术咨询服务	指在信息资源开发利用、工程建设、管理体系建设、技术支撑等方面向用户提供的管理或技术咨询服务
C16090100	信息化规划服务	指行业、区域或领域的信息化建设方案，包括： ——信息化远景规划； ——信息化战略规划； ——信息化总体框架设计等
C16090200	信息系统设计服务	指基于用户的信息化规划，根据其实际业务需求，对信息系统的架构、选型和实施策略进行设计，为信息系统的开发和建设提供设计方案的服务

（续表）

编码	品目名称	说明
C16090300	信息技术管理咨询服务	指协助用户提升和优化其信息化管理工作的咨询服务，包括： ——质量管理咨询； ——项目管理咨询； ——信息安全管理咨询； ——信息技术治理（IT治理）咨询； ——信息技术服务管理（IT服务管理）咨询； ——过程能力成熟度咨询； ——其他信息技术管理咨询服务
C16099900	其他信息技术咨询服务	
C16100000	呼叫中心服务	指利用与公用电话网或因特网连接的呼叫中心系统和数据库技术，经过信息采集、加工、存储等建立信息库，通过固定网、移动网或因特网等公众通信网络向用户提供的业务咨询、信息咨询和数据查询等服务
C16990000	其他信息技术服务	包括数字证书等服务
C17000000	电信和其他信息传输服务	
C17010000	电信服务	
C17010100	基础电信服务	指提供公共网络基础设施、公共数据传送和基本话音通信的服务，包括： ——固定通信服务； ——蜂窝移动通信服务； ——数据通信服务； ——集群通信服务； ——国内通信设施服务； ——网络托管服务； ——其他基础电信服务
C17010200	网络接入服务	指通过信息采集与共享的传输通道，利用传输技术完成用户与网络的连接服务
C17010300	其他增值电信服务	指利用公共网络基础设施提供的电信与信息服务，包括： ——在线数据处理与交易处理服务； ——国内多方通信服务； ——互联网虚拟专用网服务； ——互联网数据中心服务； ——存储转发类服务； ——信息服务； ——其他增值电信服务
C17020000	互联网信息服务	指通过互联网提供信息的服务，包括： ——各种互联网的运营：网上搜索、网上新闻、网上软件下载、网上读物、网上电子邮件、网上论坛、网上信息发布等； ——数据库管理服务：数据库联机服务、其他数据库服务； ——其他互联网信息服务

(续表)

编码	品目名称	说明
C17030000	卫星传输服务	指人造卫星的电信服务和广播电视传输服务，包括： ——卫星通信服务； ——卫星国际专线服务； ——卫星广播电视信号的传输、覆盖与接收服务； ——卫星广播电视传输、覆盖、接收系统的设计、安装、调试、测试、监测等服务； ——其他声音、数据、文本、视听图像信号的卫星通信传输
C17990000	其他电信和信息传输服务	
C18000000	金融服务	
C18010000	银行服务	
C18010100	银行代理服务	包括集中支付、支票承兑、代发工资、代收水电费等代理服务
C18019900	其他银行服务	包括存储、借贷等服务
C18020000	信用担保服务	指由依法设立的担保机构以保证的方式为债务人提供担保，在债务人不能依约履行债务时，由担保机构承担合同约定的偿还责任的服务，包括融资担保、交易担保、税收担保等
C18030000	证券服务	包括股票、债券、基金、期货及其他证券交易服务
C18040000	保险服务	
C18040100	商业保险服务	指保险机构提供的各类非社会基本保险服务
C18040101	人寿保险服务	包括： ——意外保险服务； ——定期寿险服务； ——终身寿险； ——健康医疗险服务； ——养老金服务； ——其他人寿保险服务
C18040102	财产保险服务	包括机动车保险服务、航空器保险服务、运输保险服务、其他财产保险服务等
C18040199	其他商业保险服务	
C18040200	再保险服务	包括承担原来由其他承保人承保的全部或部分保险单的服务
C18040300	保险辅助服务	指保险代理、评估、咨询等服务，包括： ——保险代理服务； ——保险经纪人服务； ——保险公估服务； ——其他保险中介服务； ——保险理赔服务； ——保险精算服务； ——保险咨询服务； ——其他保险辅助服务
C18049900	其他保险服务	

（续表）

编码	品目名称	说明
C18990000	其他金融服务	包括金融信托与管理、金融租赁、融资租赁、典当、农村金融发展等服务
C19000000	专业技术服务	
C19010000	技术测试和分析服务	指通过专业技术手段对动植物、工业产品、商品、专项技术、成果及其他物品所进行的检测、检验、测试等服务，包括： ——动物及其产品检测服务：动物及其产品、生物特性，动物病毒和其他动物检验服务； ——植物检验服务：植物害虫，植物病毒，植物化学特性，植物残留农药、化肥和其他植物检验服务； ——食品检验服务：食品包装、标志，食品化学特性和其他食品检验服务； ——药品检验服务：药品包装、标志，药品化学特性和其他药品检验服务； ——农药、肥料检验服务：农药、肥料化学成分，农药、肥料质量和其他农药、肥料检验服务； ——土壤指标检验服务：土壤物理、化学、生物学等性状指标检验服务； ——交通运输产品检验服务：交通运输产品安全功能、性能检验服务； ——锅炉检验服务； ——其他产品检验服务：产品化学特性，产品物理特性，产品物质特性、形状，产品射线、磁力和超声波以及其他产品检验服务； ——公共安全检测服务：公共设施安全、公共环境卫生和其他公共安全检测服务； ——计量器具检测服务； ——标准管理服务； ——其他技术检验和监测分析服务
C19020000	地震服务	指地震监测预报、震灾预防和紧急救援等防震减灾服务，包括： ——地震监测预报服务：一般地震观测服务、地震前兆观测服务、强震观测服务、地震流动观测服务、火山地震监测服务、水库地震监测服务、地震预报服务、其他地震监测预报服务； ——地震预防服务：震害预测和灾害评估服务、活动断层探测与危险性评估服务、地震区划服务、抗震安全性评价服务、其他地震预防服务； ——紧急救援服务：地震应急服务、震灾紧急援救服务、其他紧急援救服务； ——其他地震减灾服务
C19030000	气象服务	指气象观测和预报等服务，包括： ——气象观测服务：一般气象、基本气象、基准气象、农业气象、高空辐射、酸雨和其他气象观测服务； ——气象预报：气象预报服务，雷达气象服务，气象台、中心服务，高空探测服务，高空交换站服务； ——其他气象服务

（续表）

编码	品目名称	说明
C19040000	测绘服务	包括： ——大地测量服务； ——测绘航空摄影服务； ——摄影测量与遥感服务； ——地籍测绘服务； ——房产测绘服务； ——行政区域界线测绘服务； ——地理信息系统工程服务； ——地图编制服务； ——海洋测绘服务； ——航道测绘服务； ——导航及位置服务； ——测绘基准服务； ——测绘成果质量检验服务； ——测绘仪器装备检测检验服务； ——其他测量、测绘服务
C19050000	海洋服务	包括： ——海域使用评估、论证服务； ——海洋资源管理服务； ——海底工程、作业管理服务； ——大洋和极地考察服务； ——海洋气象预测、预报服务； ——海水环境保护服务：海洋环境预报、评估服务、海水污染治理服务； ——海洋工程咨询服务； ——其他海洋服务
C19060000	地质勘测服务	指对矿产资源、工程地质、科学研究进行地质勘查、测试、监测、评估等服务，包括： ——矿产地质勘查； ——基础地质勘查； ——地质勘查技术服务
C19070000	合同能源管理服务	指节能服务公司与用能单位以契约形式约定节能目标，节能服务公司提供必要的服务，用能单位以节能效益支付节能服务公司投入及其合理利润
C19990000	其他专业技术服务	
C20000000	鉴证咨询服务	
C20010000	认证服务	指具有专业资质的单位利用检测、检验、计量等技术，证明产品、服务、管理体系符合相关技术规范、相关技术规范的强制性要求或者标准的服务
C20010100	产品认证服务	指利用检测、检验、计量等技术，证明某一产品符合特定标准或其他技术规范的服务
C20010200	服务认证服务	指利用检测、检验、计量等技术，证明某一服务符合相关技术规范、相关技术规范的强制性要求或者标准的服务
C20010300	体系认证服务	指利用检测、检验、计量等技术，证明某一管理体系符合相关技术规范、相关技术规范的强制性要求或者标准的服务
C20019900	其他认证服务	

(续表)

编码	品目名称	说明
C20020000	鉴证服务	是指具有专业资质的单位受托对相关事项进行鉴证，发表具有证明力的意见的服务
C20020100	会计鉴证服务	指具有专业资质的单位对鉴证对象信息提出结论，以增强除责任方之外的预期使用者对鉴证对象信息信任程度的服务包括历史财务信息审计服务、历史财务信息审阅服务和其他鉴证服务
C20020200	税务鉴证服务	指社会中介组织依照税法和相关标准，通过执行规定的程序，对被鉴证人涉税事项作出评价和证明的服务包括纳税申报类鉴证、涉税审批类鉴证和其他涉税鉴服务证
C20020300	法律鉴证服务	指具有专业资质的单位对被鉴证人的相关法律问题提供鉴证服务的服务
C20020400	职业技能鉴证服务	指对劳动者从事某种职业所应掌握的技术理论知识和实际操作能力做出客观的测量和评价的服务
C20020500	工程造价鉴定服务	指依法取得有关工程造价司法鉴定资格的鉴定机构，针对某一特定建设项目的施工图纸及竣工资料来计算和确定某一工程价值并提供鉴定结论的服务
C20020600	工程监理服务	指具有相关资质的监理单位接受委托，对工程建设实施监控的一种专业化服务
C20020700	资产评估服务	指评估机构及其评估专业人员根据委托对不动产、动产、无形资产、企业价值、资产损失或者其他经济权益进行评定、估算，并出具评估报告的专业服务行为
C20020800	环境评估服务	指按照一定的评价标准和方法对一定区域范围内的环境质量进行客观的定性和定量调查分析、评价和预测的服务
C20020900	房地产土地评估服务	指土地、建筑物、构筑物、在建工程等评估服务
C20021000	建筑图纸审核服务	指工程施工前，对图纸进行改进设计和建议完善，以保障工程质量和顺利施工的服务
C20021100	医疗事故鉴定服务	指运用医学、法医学等科学知识和技术，对涉及医疗事故行政处理的有关专门性问题进行检验、鉴别和判断并提供鉴定结论的服务
C20029900	其他鉴证服务	
C20030000	咨询服务	指提供信息、建议、策划、顾问等服务的活动
C20030100	会计咨询服务	指具有财务与会计及相关专业知识的单位，接受委托向委托人提供业务解答、筹划及指导等服务的服务
C20030200	税务咨询服务	指具有专业资质的单位运用税法和税收政策，为纳税人的纳税行为达到最优提供政策咨询、解决税收问题的服务
C20030300	法律咨询服务	指相关机构以其法律知识和技能为法人实现其正当权益、提高经济效益、排除不法侵害、防范法律风险、维护自身合法权益而提供的服务

(续表)

编码	品目名称	说明
C20030400	社会与管理咨询服务	指政策和战略的总体规划等咨询服务
C20030500	工程设计前咨询服务	指涉及工程技术可行性、环境影响研究、经济型评估等设计前的咨询服务
C20030600	工程政策咨询服务	指水利工程、交通运输工程等政策咨询服务
C20030700	心理咨询服务	指对心理问题和疾病进行咨询和治疗的服务
C20030800	预算绩效评价咨询服务	指对政府、部门和单位预算资金的分配效率和使用效益等提供绩效评估和评价服务
C20030900	评审咨询服务	指对某一事项的可行与否进行评定审核的服务
C20031000	评价咨询服务	指对某一事项进行判断、分析从而得出结论的服务
C20039900	其他咨询服务	
C21000000	房地产服务	
C21010000	房屋销售服务	指住宅、办公楼、仓库等房屋销售服务
C21020000	房屋租赁服务	指住宅、办公楼、仓库等房屋租赁服务
C21030000	房地产中介服务	指具有专业执业资格的机构在房地产投资、开发、销售、交易等各个环节中，为当事人提供服务的经营活动包括房地产咨询、房地产估价和房地产经纪等
C21040000	物业管理服务	指办公场所或其他公用场所水电供应服务、设备运行、门窗保养维护、保洁、绿化养护等的管理及服务，包括： ——住宅物业管理服务：住宅小区、住宅楼、公寓等物业的管理服务； ——办公楼物业管理服务：写字楼、单位办公楼等物业管理服务； ——车站、机场、港口码头、医院、学校等物业管理服务； ——其他物业管理服务
C21050000	土地管理服务	包括土地储备管理、土地登记、清查活动，土地交易活动、其他土地管理服务
C21990000	其他房地产服务	
C22000000	会议、展览、住宿和餐饮服务	
C22010000	会议服务	
C22010100	大型会议服务	包括全国或区域党代会、人代会、政协会等大型会议服务
C22010200	一般会议服务	包括研讨会、表彰会等会议服务
C22020000	展览服务	包括展台搭建、展位制作等服务
C22020100	博览会服务	包括综合博览会服务、专业博览会服务等
C22020200	专业技术产品展览服务	包括： ——电子、通讯产品展览服务； ——汽车展览服务； ——机械设备展览服务； ——其他专业技术产品展览服务

（续表）

编码	品目名称	说明
C22020300	生活消费品展览服务	包括： ——食品展览服务； ——服装展览服务； ——家用电器展览服务； ——家具展览服务； ——其他生活消费品展览服务
C22020400	文化产品展览服务	包括： ——图书展览服务； ——集邮展览服务； ——纪念品展览服务； ——其他文化产品展览服务
C22029900	其他展览服务	包括： ——教育展览服务； ——其他展览服务
C22030000	住宿服务	指提供临时住宿的服务，包括： ——旅游饭店住宿服务； ——一般旅馆住宿服务； ——其他住宿服务 不包括提供长期住宿场所的住宿服务
C22040000	餐饮服务	指将烹饪、调制好的食物、饮料等提供给顾客的服务，包括： ——正餐； ——快餐； ——饮料及冷饮服务； ——食堂餐饮服务； ——其他餐饮服务
C22990000	其他会议、展览、住宿和餐饮服务	
C23000000	商务服务	
C23010000	法律服务	法律鉴证和咨询除外
C23010100	法律诉讼服务	包括： ——刑事诉讼法律服务； ——民事诉讼法律服务； ——行政诉讼法律服务； ——涉外诉讼法律服务； ——其他法律诉讼服务
C23010200	知识产权法律服务	包括商标权、专利权、代理申请等法律服务
C23010300	法律文件代理服务	包括： ——合同文书代理服务； ——遗嘱文书代理服务； ——财产文书代理服务； ——涉外法律文书代理服务； ——其他法律文件代理服务
C23010400	公证服务	包括： ——契约公证服务； ——遗嘱公证服务； ——财产公证服务； ——文件、证明公证服务； ——身份及社会关系公证服务； ——公益活动公证服务； ——其他公证服务

（续表）

编码	品目名称	说明
C23010500	仲裁服务	包括： ——涉外仲裁服务； ——经济仲裁服务； ——劳动仲裁服务； ——专利等知识产权仲裁服务； ——土地权益仲裁； ——其他仲裁服务
C23010600	调解服务	包括： ——民事调解服务； ——劳资调解服务； ——其他调解服务
C23019900	其他法律服务	包括与法律有关的调查、取证、鉴定服务等
C23020000	会计服务	会计鉴证除外
C23020100	财务报表编制服务	包括： ——总账汇总登记服务； ——填制会计报表服务； ——其他财务报表编制服务
C23020200	记账服务	指在账本上按照款额或某种计量单位分类和记录业务交易的簿记服务
C23029900	其他会计服务	
C23030000	审计服务	指按照公认的会计原则，审查某机构的会计账册和其他单据的服务，跟踪审计服务归入此类
C23040000	税务服务	税务鉴证除外
C23040100	税务规划服务	包括税务计划和控制，以及各种税务文件的准备等服务
C23040200	税务编制审查服务	指审查各种税务（如增值税）申报表编制情况的服务
C23049900	其他税务服务	包括个人税务服务等
C23050000	科技服务	
C23050100	技研发与推广服务	指运用科学技术新知识，或实质性改进技术、产品和服务而持续进行的研发和推广相关服务
C23050200	科技成果转化与推广服务	指对科学研究与技术开发所产生的具有实用价值的科技成果所进行的后续试验、开发、应用、推广直至形成新产品、新工艺、新材料，发展新产业的服务
C23050300	科技交流、普及与推广服务	指推广科学技术的应用、倡导科学方法、传播科学思想、弘扬科学精神的服务
C23050400	区域科技发展服务	指不同区域间科技资源共享、科技联合攻关、技术研发、人才引进、创新基地建设等服务
C23050500	技术创新服务	指生产技术的创新，包括开发新技术，将已有的技术进行应用，或为技术创新提供支撑和服务等
C23059900	其他科技服务	

（续表）

编码	品目名称	说明
C23060000	调查和民意测验服务	
C23060100	普查服务	指对人口、经济和农业进行调查、登记的服务
C23060200	社会调查服务	指对经济社会领域的某项问题进行调查和数据分析的服务
C23060300	服务满意度调查服务	指通过问卷、调研等方式对服务满意程度进行调查的服务
C23060400	市场分析调查服务	包括市场分析研究、竞争对象调查、消费行为调查、企业调查、行业调查、产品资讯调查、市场信息咨询、市场资讯、其他市场分析调查服务
C23069900	其他调查和民意测验服务	包括统计咨询与调查服务、社会及民意调查服务及其他调查和民意测试服务
C23070000	公共信息与宣传服务	
C23070100	公共信息服务	包括行业信息服务、舆情监测与应对、政务信息发布等相关服务
C23070200	公共公益宣传服务	指对政策、法律、作品、成果、活动的宣传以及相应宣传品制作、编辑出版等相关服务
C23079900	其他公共信息与宣传服务	
C23080000	行业管理服务	
C23080100	行业规划服务	指对行业的前景进行综合规划，明确发展方向和发展潜力的服务
C23080200	行业统计分析服务	指行业统计数据采集、分析、研究和应用相关服务
C23080300	行业规范服务	指行业规范研究、制定及修订相关服务
C23080400	行业标准制修订服务	指行业标准研究、制定及修订相关服务
C23080500	行业投诉处理服务	指行业投诉受理、答复、案件跟踪等相关服务
C23089900	其他行业管理服务	包括行业职业资格准入和水平评价管理服务等
C23090000	印刷和出版服务	
C23090100	印刷服务	
C23090101	单证印刷服务	包括各类表单、证件、证书(出入境证件、防伪膜、电子证件元件层等）的印刷服务
C23090102	票据印刷服务	包括发票、收据等票据的印刷服务
C23090199	其他印刷服务	包括： ——文件印刷服务； ——公文用纸印刷服务； ——资料汇编印刷服务； ——信封印刷服务； ——日历、名片、卡片、广告等的印刷服务； ——其他印刷服务

（续表）

编码	品目名称	说明
C23090200	出版服务	包括： ——图书出版服务：书籍出版、课本类书籍出版、其他图书出版服务； ——报纸出版服务：党报、综合新闻类报纸和其他报纸的出版服务； ——期刊出版服务：综合类杂志，经济、科学、社会科学类杂志，自然科学、技术类杂志，文化、教育类杂志，少儿读物类杂志以及其他杂志的出版服务； ——其他出版服务 不包括图书、报纸、期刊等的销售
C23100000	邮政与速递服务	
C23100100	邮政服务	包括： ——有关信函的邮政服务，例如收寄、运输和投递国内或国际报纸、杂志、期刊、信函和印刷品的服务； ——有关包裹的邮政服务，例如收寄、运输和投递国内或国际包裹的服务； ——出售邮票、处理保价信函或挂号信函与包裹及其他服务； ——其他邮政服务，例如邮箱租用服务，邮件存局候领和其他公共邮政服务 不包括有关邮政储蓄和转账的服务和电信服务
C23100200	速递服务	指快速收寄、运输、投递单独封装的、有名址的快件或其他不需储存的物品，按承诺时限递送到收件人或指定地点、并获得签收的寄递服务
C23110000	租赁服务（不带操作员）	指不配备操作人员的机械设备的租赁服务
C23110100	计算机设备和软件租赁服务	包括计算机设备、计算机网络设备、计算机软件等租赁服务
C23110200	办公设备租赁服务	包括电话机、传真机、复印机等租赁服务
C23110300	车辆及其他运输机械租赁服务	包括乘用车、船舶、飞机等租赁服务
C23110400	农业和林业机械设备租赁服务	包括拖拉机、土壤耕整机械、种植施肥机械等租赁服务
C23110500	医疗设备租赁服务	包括手术器械、普通诊察器械、医用电子生理参数检测仪器设备等租赁服务
C23110600	图书和音像制品租赁服务	包括普通图书、盲文图书、音像制品等租赁服务
C23110700	家具、用具和装具租赁服务	包括床类、台桌类、被服装具等租赁服务
C23119900	其他租赁服务	包括机械设备、电气设备、通信设备、政法检测设备等其他设备和物品的租赁服务
C23120000	维修和保养服务	指机械设备的修理和保养服务
C23120100	计算机设备维修和保养服务	包括计算机设备、计算机网络设备、信息安全设备等的维修和保养服务
C23120200	办公设备维修和保养服务	包括电话机、传真机、复印机等的维修和保养服务
C23120300	车辆维修和保养服务	

（续表）

编码	品目名称	说明
C23120301	车辆维修和保养服务	包括载货汽车、汽车挂车、乘用车等车辆的维修和保养服务
C23120302	车辆加油、添加燃料服务	包括载货汽车、汽车挂车、乘用车等车辆的加油、充电、添加 LNG、CNG、氢能等服务
C23120303	车辆充换电服务	
C23120399	其他车辆维修和保养服务	
C23120400	农业和林业机械设备维修和保养服务	包括拖拉机、土壤耕整机械、种植施肥机械等的维修和保养服务
C23120500	医疗设备维修和保养服务	包括常用医用电子生理参数检测仪器和急救与生命支持类设备、其他医用电子生理参数检测仪器设备、呼吸麻醉急救通气设备维修维保、医用光学仪器、医用激光类、光疗类、超声诊断设备、纤维内窥镜（软镜）及其附属设备、硬式内窥镜及其附属设备、物理治疗、康复及体育治疗仪器设备、医用磁共振设备、医用X线及其附属设备、医用高能射线设备及其附属设备、核医学设备及其附属设备、临床检验及实验设备、血液透析类、体外循环及其附属设备、专用手术急救类设备及器具、其他病房通用设备及器具设施等的维修和保养服务
C23120600	家具维修和保养服务	包括床类、台桌类、椅凳类等的维修和保养服务
C23120700	空调维修和保养服务	包括家用空调、中央空调等的维修和保养服务
C23120800	电梯维修和保养服务	包括电梯、自动扶梯、自动人行道等的维修和保养服务
C23120900	货币处理专用设备维修和保养服务	包括货币计数设备、清洗设备等的维修和保养服务
C23121000	安保设备维修和保养服务	包括监控设备等安保设备的维修和保养服务
C23121100	消防设备维修和保养服务	消防报警设备等的维修和保养服务
C23129900	其他维修和保养服务	包括机械设备、电气设备、通信设备等其他设备和物品的维修和保养服务
C23130000	批发服务	
C23130100	农畜产品批发服务	指未经过加工的农作物及牲畜、畜产品的批发和进出口服务
C23130200	食品和饮料批发服务	指经过加工和制造的食品及饮料的批发和进出口服务
C23130300	纺织、服装和日用品批发服务	指纺织面料、纺织品、服装、鞋、帽及日杂品、生活日用品的批发和进出口服务
C23130400	文化、体育用品和器材批发服务	指各类文具用品、体育用品、图书、报刊、音像电子出版物、首饰、工艺美术品、收藏品及其他文化用品、器材的批发和进出口服务
C23130500	医药和医疗器材批发服务	指各种化学药品、生物药品、中草药材、中成药、兽用药、医疗器材的批发和进出口服务

（续表）

编码	品目名称	说明
C23130600	矿产品、建材和化工产品批发服务	指煤及煤制品、石油制品、矿产品及矿物制品、金属材料、建筑材料和化工产品的批发和进出口服务
C23130700	机械设备、五金交电和电子产品批发服务	指用设备、交通运输设备、电气机械、五金交电、家用电器、计算机设备、通讯设备、电子产品、仪器仪表及办公用机械的批发和进出口服务
C23139900	其他批发服务	包括贸易经纪与代理、再生物资回收与批发服务等
C23140000	零售服务	
C23140100	综合零售服务	包括百货零售、超级市场零售、其他综合零售服务
C23140200	食品和饮料专门零售服务	指专门经营粮油、食品和饮料的零售服务
C23140300	纺织、服装和日用品专门零售服务	指专门经营纺织面料、纺织品、服装、鞋、帽及各种生活日用品的零售
C23140400	文化、体育用品和器材专门零售服务	指专门经营文具、体育用品、图书、报刊、音像制品、首饰、工艺美术品、收藏品、照相器材及其他文化用品的零售服务
C23140500	医药和医疗器材专门零售服务	指专门经营各种化学药品、生物药品、中草药材、中成药、兽用药、医疗用品及器材的零售服务
C23140600	汽车、摩托车、燃料和零配件专门零售服务	指专门经营汽车、摩托车、汽车零部件及燃料的零售服务
C23140700	家用电器和电子产品专门零售服务	指专门经营家用电器和计算机及辅助设备、电子通信设备、电子元器件及办公设备的零售服务
C23140800	五金、家具和室内装修材料专门零售服务	指五金用品、家具和装修材料零售店的零售服务，以及在家具城、家居装修中心、建材城（中心）及展销会上设摊位的零售服务
C23149900	无店铺和其他零售服务	指无固定场所的流动性销售产品的服务
C23150000	广告宣传服务	指在报纸、期刊、户外路牌、灯箱、橱窗、互联网、通讯设备及广播电影电视等媒介上策划制作的宣传服务，包括： ——广告制作服务：影视、广播广告，报纸、杂志广告，灯箱广告，路牌广告以及其他广告制作服务； ——广告发布服务：影视、广播广告，报纸、杂志广告，灯箱广告，路牌广告，互联网广告，建筑物广告以及其他广告发布服务； ——广告代理服务； ——宣传视频、宣传册等的策划、制作和发布服务； ——其他广告宣传服务
C23160000	建筑物清洁服务	指对建筑物内外墙、玻璃幕墙、地面、天花板及烟囱的专项清洗服务，包括： ——建筑物外清洗服务：建筑物玻璃幕墙和其他建筑物墙面清洗； ——建筑物内清洁服务：建筑物墙面和其他建筑物内服务； ——烟囱清洗服务； ——建筑物管道疏通、清洁与消毒服务

（续表）

编码	品目名称	说明
C23170000	摄影服务	包括： ——人像摄影服务； ——广告及有关摄影服务； ——活动摄影服务； ——特技摄影服务：从飞机或直升机上进行景观、构筑物和其他外观的摄影服务，采用特殊仪器和技术进行人物、物体或风景摄影服务； ——照片的修复、复制和修版服务：旧照片的修复服务，从画片上复制、修版和其他特殊摄影效果； ——照片冲洗加工服务：负片或幻灯片的放大，黑白照片冲洗，彩印，幻灯片和负片的复制、翻版等，电影胶片的显影服务，影幻灯片的制作服务，胶片的拷贝服务，视听传播媒介的复制服务； ——其他摄影服务 不包括通讯社服务，照相复制服务，卫星的摄影测量记录和数据收集，电影、录像制品和电视节目制作的加工服务
C23180000	包装服务	包括： ——发泡塑料成型包装； ——收缩性薄膜包装； ——成型膜包装盒密封； ——袋装、瓶装和喷雾剂包装； ——为货物诸如食品、药品、家用清洁剂、盥洗室用制品和金属器具等提供的包装服务 不包括： ——因运输所需要的包装盒板条箱包装服务； ——只在包装材料上印刷信息； ——将客户自己的材料加工成不同产品的包装服务
C23190000	翻译服务	包括笔译、口译和其他翻译服务
C23200000	档案管理服务	包括档案的收集、整理、鉴定、保管、统计、检索、利用、编研等服务
C23210000	外事服务	指办理签证，境外考察，外宾接待，翻译服务，保险办理等涉外事务及对外合作与交流服务等
C23220000	信用服务	指信用信息的采集分析、信用报告、信用等级评价等服务
C23230000	家政服务	指以家庭为服务对象，由专业人员进入家庭成员住所提供的或以固定场所集中提供的照护等服务
C23240000	殡葬服务	包括墓地、火葬、殡仪业等服务
C23250000	票务代理服务	指航空机票、火车票等票务代理买售的服务
C23260000	采购代理服务	指相关采购业务的代理服务
C23270000	旅游服务	包括旅行社和导游服务等
C23990000	其他商务服务	

（续表）

编码	品目名称	说明
C24000000	政府和社会资本合作服务	指政府为增加公共产品和公共服务供给，采取竞争性方式择优选择具有投资、运营管理能力的社会资本，通过特许经营合作以及不涉及特许经营的其他合作模式，建立的与社会资本的长期合作关系
C24010000	公共设施类合作服务	包括供气、供电、供水、供热、排水、管网、污水处理、垃圾处理、环卫等公用设施，体育和文化娱乐设施、园林景观绿化、广场等类型的合作服务
C24020000	交通设施类合作服务	包括机场、铁路、公路、高速公路、城市道路、交通枢纽、港口码头、停车场、航道航运、仓储物流、公共汽电车、城市轨道交通、桥梁、隧道等类型的合作服务
C24030000	水利设施类合作服务	包括水利枢纽、堤坝、防洪、水库、调水引水、灌溉排水等类型的合作服务
C24040000	园、景区及旅游类合作服务	包括公园、风景名胜、自然景区、旅游等类型的合作服务
C24050000	生态环境保护类合作服务	包括大气污染治理、水污染治理、固废处理、荒山绿化、防沙治沙、江河湖泊海治理、一体化综合生态环境治理、生态和环境保护等类型的合作服务
C24060000	农业、林业类合作服务	包括高标准农田、农田整治、耕地保护、智慧农业、粮油物资储备、农产品交易中心、现代农业园区、林业生态的建设、修复及扶贫，天然林保护、储备林、生态林、经济林建设等类型的合作服务
C24070000	教育类合作服务	包括学前教育、义务教育、普通高中、普通高校、成人教育、职业教育、培训、特殊教育等类型的合作服务
C24080000	医疗卫生类合作服务	包括医院、卫生院和社区医疗、乡镇卫生所、疾病预防控制中心、妇幼保健、医疗康复、公共卫生应急设施等类型的合作服务
C24090000	社会保障类合作服务	包括养老（医养结合）、老年公寓、社会福利、社会救济、托育、救灾和应急管理、就业、社区服务等类型的合作服务
C24100000	公共文化类合作服务	包括文化场馆、图书馆、博物馆、美术馆、剧院、文物和文化保护、群众文化活动服务等类型的合作服务
C24110000	信息技术、信息传输类合作服务	包括信息网络建设、信息基础设施、卫星设施等类型的合作服务
C24120000	城市、城镇发展类合作服务	包括城镇化建设、绿色城市、海绵城市、智慧城市、老旧小区综合整治改造、保障性住房建设、农村人居环境、农村危房改造、游牧民安居、基层社会治理、厂房建设、园区开发、核心技术研发中心、智能科技园建设等类型的合作服务
C24990000	其他政府和社会资本合作服务	
C99000000	其他服务	

第十五章　行政事业单位日常公用经费管理法规

1. 党政机关厉行节约反对浪费条例（2013年颁布）

（中发〔2013〕13号）

第一章　总　　则

第一条　为了进一步弘扬艰苦奋斗、勤俭节约的优良作风，推进党政机关厉行节约反对浪费，建设节约型机关，根据国家有关法律法规和中央有关规定，制定本条例。

第二条　本条例适用于党的机关、人大机关、行政机关、政协机关、审判机关、检察机关，以及工会、共青团、妇联等人民团体和参照公务员法管理的事业单位。

第三条　本条例所称浪费，是指党政机关及其工作人员违反规定进行不必要的公务活动，或者在履行公务中超出规定范围、标准和要求，不当使用公共资金、资产和资源，给国家和社会造成损失的行为。

第四条　党政机关厉行节约反对浪费，应当遵循下列原则：坚持从严从简，勤俭办一切事业，降低公务活动成本；坚持依法依规，遵守国家法律法规和党内法规制度的相关规定，严格按程序办事；坚持总量控制，科学设定相关标准，严格控制经费支出总额，加强厉行节约绩效考评；坚持实事求是，从实际出发安排公务活动，取消不必要的公务活动，保证正常公务活动；坚持公开透明，除涉及国家秘密事项外，公务活动中的资金、资产、资源使用等情况应予公开，接受各方面监督；坚持深化改革，通过改革创新破解体制机制障碍，建立健全厉行节约反对浪费工作长效机制。

第五条　中共中央办公厅、国务院办公厅负责统筹协调、指导检查全国党政机关厉行节约反对浪费工作，建立协调联络机制承办具体事务。地方各级党委办公厅（室）、政府办公厅（室）负责指导检查本地区党政机关厉行节约反对浪费工作。

纪检监察机关和组织人事、宣传、外事、发展改革、财政、审计、机关事务管理等部门根据职责分工，依法依规履行对厉行节约反对浪费相关工作的管理、监督等职责。

第六条　各级党委和政府应当加强对厉行节约反对浪费工作的组织领导。党政机关领导班子主要负责人对本地区、本部门、本单位的厉行节约反对浪费工作负总责，其他成员根据工作分工，对职责范围内的厉行节约反对浪费工作负主要领导责任。

第二章　经费管理

第七条　党政机关应当加强预算编制管理，按照综合预算的要求，将各项收入和支出全部纳入部门预算。

党政机关依法取得的罚没收入、行政事业性收费、政府性基金、国有资产收益和处置等非税收入，必须按规定及时足额上缴国库，严禁以任何形式隐瞒、截留、挤占、挪用、坐支或者私分，严禁转移到机关所属工会、培训中心、服务中心等单位账户使用。

第八条　党政机关应当遵循先有预算、后有支出的原则，严格执行预算，严禁超预算或者无预算安排支出，严禁虚列支出、转移或者套取预算资金。

严格控制国内差旅费、因公临时出国（境）费、公务接待费、公务用车购置及运行费、会议费、培训费等支出。年度预算执行中不予追加，因特殊需要确需追加的，由财政部门审核后按程序报批。

建立预算执行全过程动态监控机制，完善预算执行管理办法，建立健全预算绩效管理体系，增强预算执行的严肃性，提高预算执行的准确率，防止年底突击花钱等现象发生。

第九条 推进政府会计改革，进一步健全会计制度，准确核算机关运行经费，全面反映行政成本。

第十条 财政部门应当会同有关部门，根据国内差旅、因公临时出国（境）、公务接待、会议、培训等工作特点，综合考虑经济发展水平、有关货物和服务的市场价格水平，制定分地区的公务活动经费开支范围和开支标准。

加强相关开支标准之间的衔接，建立开支标准调整机制，定期根据有关货物和服务的市场价格变动情况调整相关开支标准，增强开支标准的协调性、规范性、科学性。

严格开支范围和标准，严格支出报销审核，不得报销任何超范围、超标准以及与相关公务活动无关的费用。

第十一条 全面实行公务卡制度。健全公务卡强制结算目录，党政机关国内发生的公务差旅费、公务接待费、公务用车购置及运行费、会议费、培训费等经费支出，除按规定实行财政直接支付或者银行转账外，应当使用公务卡结算。

第十二条 党政机关采购货物、工程和服务，应当遵循公开透明、公平竞争、诚实信用原则。

政府采购应当依法完整编制采购预算，严格执行经费预算和资产配置标准，合理确定采购需求，不得超标准采购，不得超出办公需要采购服务。

严格执行政府采购程序，不得违反规定以任何方式和理由指定或者变相指定品牌、型号、产地。采购公开招标数额标准以上的货物、工程和服务，应当进行公开招标，确需改变采购方式的，应当严格执行有关公示和审批程序。列入政府集中采购目录范围的，应当委托集中采购机构代理采购，并逐步实行批量集中采购。严格控制协议供货采购的数量和规模，不得以协议供货拆分项目的方式规避公开招标。

党政机关应当按照政府采购合同规定的采购需求组织验收。政府采购监督管理部门应当逐步建立政府采购结果评价制度，对政府采购的资金节约、政策效能、透明程度以及专业化水平进行综合、客观评价。

加快政府采购管理交易平台建设，推进电子化政府采购。

第三章　国内差旅和因公临时出国（境）

第十三条 党政机关应当建立健全并严格执行国内差旅内部审批制度，从严控制国内差旅人数和天数，严禁无明确公务目的的差旅活动，严禁以公务差旅为名变相旅游，严禁异地部门间无实质内容的学习交流和考察调研。

第十四条 国内差旅人员应当严格按规定乘坐交通工具、住宿、就餐，费用由所在单位承担。

差旅人员住宿、就餐由接待单位协助安排的，必须按标准交纳住宿费、餐费。差旅人员不得向接待单位提出正常公务活动以外的要求，不得接受礼金、礼品和土特产品等。

第十五条 统筹安排年度因公临时出国计划，严格控制团组数量和规模，不得安排照顾性、无实质内容的一般性出访，不得安排考察性出访，严禁集中安排赴热门国家和地区出访，严禁以各种名义变相公款出国旅游。严格执行因公临时出国限量管理规定，不得把出国作为个人待遇、安排轮流出国。严格控制跨地区、跨部门团组。

组织、外专等有关部门应当加强出国培训总体规划和监督管理，严格控制出国培训规模，科学设置培训项目，择优选派培训对象，提高出国培训的质量和实效。

第十六条 外事管理部门应当加强因公临时出国审核审批管理，对违反规定、不适合成行的团组予以调整或者取消。

加强因公临时出国经费预算总额控制，严格执行经费先行审核制度。无出国经费预算安排的不予批准，确有特殊需要的，按规定程序报批。严禁违反规定使用出国经费预算以外资金作为出国经费，严禁向所属单位、企业、我国驻外机构等摊派或者转嫁出国费用。

第十七条 出国团组应当按规定标准安排交通工具和食宿，不得违反规定乘坐民航包机，不得乘坐私人、企业和外国航空公司包机，不得安排超标准住房和用车，不得擅自增加出访国家或者地区，不得擅自绕道旅行，不得擅自延长在国外停留时间。

出国期间，不得与我国驻外机构和其他中资机构、企业之间用公款互赠礼品或者纪念品，不得用公款相互宴请。

第十八条 严格根据工作需要编制出境计划，加强因公出境审批和管理，不得安排出境考察，不得组织无实质内容的调研、会议、培训等活动。

严格遵守因公出境经费预算、支出、使用、核算等财务制度，不得接受超标准接待和高消费娱乐，不得接受礼金、贵重礼品、有价证券、支付凭证等。

第四章 公务接待

第十九条 建立健全国内公务接待集中管理制度。党政机关公务接待管理部门应当加强对国内公务接待工作的管理和指导。

第二十条 党政机关应当建立公务接待审批控制制度，对无公函的公务活动不予接待，严禁将非公务活动纳入接待范围。

第二十一条 党政机关应当严格执行国内公务接待标准，实行接待费支出总额控制制度。

接待单位应当严格按标准安排接待对象的住宿用房，协助安排用餐的按标准收取餐费，不得在接待费中列支应当由接待对象承担的费用，不得以举办会议、培训等名义列支、转移、隐匿接待费开支。

建立国内公务接待清单制度，如实反映接待对象、公务活动、接待费用等情况。接待清单作为财务报销的凭证之一并接受审计。

第二十二条 外宾接待工作应当遵循服务外交、友好对等、务实节俭的原则。外宾邀请单位应当严格按照有关规定安排接待活动，从严从紧控制外宾团组和接待费用。

第二十三条 有关部门和地方应当参照国内公务接待标准，制定招商引资等活动的接待办法，严格审批，强化管理，严禁超规格、超标准接待，严禁扩大接待范围、增加接待项目，严禁以招商引资等名义变相安排公务接待。

第二十四条 党政机关不得以任何名义新建、改建、扩建所属宾馆、招待所等具有接待功能的设施或者场所。

建立接待资源共享机制，推进机关所属接待、培训场所的集中统一管理和利用。健全服务经营机制，推行机关所属接待、培训场所企业化管理，降低服务经营成本。

积极推进国内公务接待服务社会化改革，有效利用社会资源为国内公务接待提供住宿、餐饮、用车等服务。

第五章 公务用车

第二十五条 坚持社会化、市场化方向，改革公务用车制度，合理有效配置公务用车资源，创新公务交通分类提供方式，保障公务出行，降低行政成本，建立符合国情的新型公务用车制度。

改革公务用车实物配给方式，取消一般公务用车，保留必要的执法执勤、机要通信、应急和特种专业技术用车及按规定配备的其他车辆。普通公务出行由公务人员自主选择，实行社会化提供。取消的一般公务用车，采取公开招标、拍卖等方式公开处置。

适度发放公务交通补贴，不得以车改补贴的名义变相发放福利。

第二十六条 党政机关应当从严配备实行定向化保障的公务用车，不得以特殊用途等理由变相超编制、超标准配备公务用车，不得以任何方式换用、借用、占用下属单位或者其他单位和个人的车辆，不得接受企事业单位和个人赠送的车辆。

严格按规定配备专车，不得擅自扩大专车配备范围或者变相配备专车。

从严控制执法执勤用车的配备范围、编制和标准。执法执勤用车配备应当严格限制在一线执法执勤岗位，机关内部管理和后勤岗位以及机关所属事业单位一律不得配备。

第二十七条 公务用车实行政府集中采购，应当选用国产汽车，优先选用新能源汽车。

公务用车严格按照规定年限更新，已到更新年限尚能继续使用的应当继续使用，不得因领导干部职务晋升、调任等原因提前更新。

公务用车保险、维修、加油等实行政府采购，降低运行成本。

第二十八条 除涉及国家安全、侦查办案等有保密要求的特殊工作用车外，执法执勤用车应当喷涂明显的统一标识。

第二十九条 根据公务活动需要，严格按规定使用公务用车，严禁以任何理由挪用或者固定给个人使用执法执勤、机要通信等公务用车，领导干部亲属和身边工作人员不得因私使用配备给领导干部的公务用车。

第六章 会议活动

第三十条 党政机关应当精简会议，严格执行会议费开支范围和标准。

党政机关会议实行分类管理、分级审批。财政部门应当会同机关事务管理等部门制定本级党政机关会议费管理办法，从严控制会议数量、会期和参会人员规模。完善并严格执行严禁党政机关到风景名胜区开会制度规定。

第三十一条 会议召开场所实行政府采购定点管理。会议住宿用房以标准间为主，用餐安排自助餐或者工作餐。

会议期间，不得安排宴请，不得组织旅游以及与会议无关的参观活动，不得以任何名义发放纪念品。

完善会议费报销制度。未经批准以及超范围、超标准开支的会议费用，一律不予报销。严禁违规使用会议费购置办公设备，严禁列支公务接待费等与会议无关的任何费用，严禁套取会议资金。

第三十二条 建立健全培训审批制度，严格控制培训数量、时间、规模，严禁以培训名义召开会议。

严格执行分类培训经费开支标准，严格控制培训经费支出范围，严禁在培训经费中列支公务接待费、会议费等与培训无关的任何费用。严禁以培训名义进行公款宴请、公款旅游活动。

第三十三条　未经批准，党政机关不得以公祭、历史文化、特色物产、单位成立、行政区划变更、工程奠基或者竣工等名义举办或者委托、指派其他单位举办各类节会、庆典活动，不得举办论坛、博览会、展会活动。严禁使用财政性资金举办营业性文艺晚会。从严控制举办大型综合性运动会和各类赛会。

经批准的节会、庆典、论坛、博览会、展会、运动会、赛会等活动，应当严格控制规模和经费支出，不得向下属单位摊派费用，不得借举办活动发放各类纪念品，不得超出规定标准支付费用邀请名人、明星参与活动。为举办活动专门配备的设备在活动结束后应当及时收回。

第三十四条　严格控制和规范各类评比达标表彰活动，实行中央和省（自治区、直辖市）两级审批制度。评比达标表彰项目费用由举办单位承担，不得以任何方式向相关单位和个人收取费用。

第七章　办公用房

第三十五条　党政机关办公用房建设应当从严控制。凡是违反规定的拟建办公用房项目，必须坚决终止；凡是未按照规定程序履行审批手续、擅自开工建设的办公用房项目，必须停建并予以没收；凡是超规模、超标准、超投资概算建设的办公用房项目，应当根据具体情况限期腾退超标准面积或者全部没收、拍卖。

党政机关办公用房应当严格管理，推进办公用房资源的公平配置和集约使用。凡是超过规定面积标准占有、使用办公用房以及未经批准租用办公用房的，必须腾退；凡是未经批准改变办公用房使用功能的，原则上应当恢复原使用功能。严禁出租出借办公用房，已经出租出借的，到期必须收回；租赁合同未到期的，租金收入应当按照收支两条线管理。

第三十六条　党政机关新建、改建、扩建、购置、置换、维修改造、租赁办公用房，必须严格按规定履行审批程序。采取置换方式配给办公用房的，应当执行新建办公用房各项标准，不得以未使用政府预算建设资金、资产整合等名义规避审批。

第三十七条　党政机关办公用房建设项目应当按照朴素、实用、安全、节能原则，严格执行办公用房建设标准、单位综合造价标准和公共建筑节能设计标准，符合土地利用和城市规划要求。党政机关办公楼不得追求成为城市地标建筑，严禁配套建设大型广场、公园等设施。

第三十八条　党政机关办公用房建设项目投资，统一由政府预算建设资金安排。土地收益和资产转让收益应当按照有关规定实行收支两条线管理，不得直接用于办公用房建设。

党政机关办公用房维修改造项目所需投资，统一列入预算由财政资金安排解决，未经审批的项目不得安排预算。

第三十九条　办公用房建设应当严格执行工程招投标和政府采购有关规定，加强对工程项目的全过程监理和审计监督。加快推行办公用房建设项目代建制。

办公用房因使用时间较长、设施设备老化、功能不全，不能满足办公需求的，可以进行维修改造。维修改造项目应当以消除安全隐患、恢复和完善使用功能、降低能源资源消耗为重点，严格履行审批程序，严格执行维修改造标准。

第四十条　建立健全办公用房集中统一管理制度，对办公用房实行统一调配、统一权属登记。

党政机关应当严格按照有关标准和本单位"三定"方案，从严核定、使用办公用房。超标部分应当移交同级机关事务管理部门用于统一调剂。

新建、调整办公用房的单位，应当按照"建新交旧""调新交旧"的原则，在搬入新建或者新调整办公用房的同时，将原办公用房腾退移交机关事务管理部门统一调剂使用。

因机构增设、职能调整确需增加办公用房的，应当在本单位现有办公用房中解决；本单位现有办公用房不能满足需要的，由机关事务管理部门整合办公用房资源调剂解决；无法调剂、确需租用解决的，应当严格履行报批手续，不得以变相补偿方式租用由企业等单位提供的办公用房。

第四十一条 党政机关领导干部应当按照标准配置使用一处办公用房，确因工作需要另行配置办公用房的，应当严格履行审批程序。领导干部不得长期租用宾馆、酒店房间作为办公用房。配置使用的办公用房，在退休或者调离时应当及时腾退并由原单位收回。

第八章 资源节约

第四十二条 党政机关应当节约集约利用资源，加强全过程节约管理，提高能源、水、粮食、办公家具、办公设备、办公用品等的利用效率和效益，统筹利用土地，杜绝浪费行为。

第四十三条 对能源、水的使用实行分类定额和目标责任管理。推广应用节能技术产品，淘汰高耗能设施设备，重点推广应用新能源和可再生能源。积极使用节水型器具，建设节水型单位。

健全节能产品政府采购政策，严格执行节能产品政府强制采购和优先采购制度。

第四十四条 优化办公家具、办公设备等资产的配置和使用，通过调剂方式盘活存量资产，节约购置资金。已到更新年限尚能继续使用的，不得报废处置。

对产生的非涉密废纸、废弃电器电子产品等废旧物品进行集中回收处理，促进循环利用；涉及国家秘密的，按照有关保密规定进行销毁。

第四十五条 党政机关政务信息系统建设应当统筹规划，统一组织实施，防止重复建设和频繁升级。

建立共享共用机制，加强资源整合，推动重要政务信息系统互联互通、信息共享和业务协同，降低软件开发、系统维护和升级等方面费用，防止资源浪费。

积极利用信息化手段，推行无纸化办公，减少一次性办公用品消耗。

第九章 宣传教育

第四十六条 宣传部门应当把厉行节约反对浪费作为重要宣传内容，充分发挥各级各类媒体作用，重视运用互联网等新兴媒体，通过新闻报道、文化作品、公益广告等形式，广泛宣传中华民族勤俭节约的优秀品德，宣传阐释相关制度规定，宣传推广厉行节约的经验做法和先进典型，倡导绿色低碳消费理念和健康文明生活方式。

第四十七条 党政机关应当把加强厉行节约反对浪费教育作为作风建设的重要内容，融入干部队伍建设和机关日常管理之中，建立健全常态化工作机制。对各种铺张浪费现象和行为，应当严肃批评、督促改正。

纪检监察机关应当不定期曝光铺张浪费的典型案例，发挥警示教育作用。

组织人事部门和党校、行政学院、干部学院应当把厉行节约反对浪费作为干部教育培训的重要内容，创新教育方法，切实增强教育培训的针对性和实效性。

第四十八条 党政机关应当围绕建设节约型机关，组织开展形式多样、便于参与的活动，引导干部职工增强节约意识、珍惜物力财力，积极培育和形成崇尚节约、厉行节约、反对浪费的机关文化，为在全社会形成节俭之风发挥示范表率作用。

第十章 监督检查

第四十九条 各级党委和政府应当建立厉行节约反对浪费监督检查机制，明确监督检查的主体、职责、内容、方法、程序等，加强经常性督促检查，针对突出问题开展重点检查、暗访等专项活动。

下级党委和政府应当每年向上级党委和政府报告本地区厉行节约反对浪费工作情况，党委和政府所属部门、单位应当每年向本级党委和政府报告本部门、本单位厉行节约反对浪费工作情况。报告可结合领导班子年度考核和工作报告一并进行。

第五十条 领导干部厉行节约反对浪费工作情况，应当列为领导班子民主生活会和领导干部述职述廉的重要内容并接受评议。

第五十一条 党委办公厅（室）、政府办公厅（室）负责统筹协调相关部门开展对厉行节约反对浪费工作的督促检查。每年至少组织开展一次专项督查，并将督查情况在适当范围内通报。专项督查可以与党风廉政建设责任制检查考核、年终党建工作考核等相结合，督查考核结果应当按照干部管理权限送纪检监察机关和组织人事部门，作为干部管理监督、选拔任用的依据。

第五十二条 纪检监察机关应当加强对厉行节约反对浪费工作的监督检查，受理群众举报和有关部门移送的案件线索，及时查处违纪违法问题。

中央和省、自治区、直辖市党委巡视组应当按照有关规定，加强对有关党组织领导班子及其成员厉行节约反对浪费工作情况的巡视监督。

第五十三条 财政部门应当加强对党政机关预算编制、执行等财政、财务、政府采购和会计事项的监督检查，依法处理发现的违规问题，并及时向本级党委和政府汇报监督检查结果。

审计部门应当加大对党政机关公务支出和公款消费的审计力度，依法处理、督促整改违规问题，并将涉嫌违纪违法问题移送有关部门查处。

第五十四条 党政机关应当建立健全厉行节约反对浪费信息公开制度。除依照法律法规和有关要求须保密的内容和事项外，下列内容应当按照及时、方便、多样的原则，以适当方式进行公开：

（一）预算和决算信息；

（二）政府采购文件、采购预算、中标成交结果、采购合同等情况；

（三）国内公务接待的批次、人数、经费总额等情况；

（四）会议的名称、主要内容、支出金额等情况；

（五）培训的项目、内容、人数、经费等情况；

（六）节会、庆典、论坛、博览会、展会、运动会、赛会等活动举办信息；

（七）办公用房建设、维修改造、使用、运行费用支出等情况；

（八）公务支出和公款消费的审计结果；

（九）其他需要公开的内容。

第五十五条 推动和支持人民代表大会及其常务委员会依法严格审查批准党政机关公务支出预算，加强对预算执行情况的监督。发挥人大代表的监督作用，通过提出意见、建议、批评以及询问、质询等方式加强对党政机关厉行节约反对浪费工作的监督。

支持人民政协对党政机关厉行节约反对浪费工作的监督，自觉接受并积极支持政协委员通过调研、视察、提案等方式加强对党政机关厉行节约反对浪费工作的监督。

第五十六条 重视各级各类媒体在厉行节约反对浪费方面的舆论监督作用。建立舆情反馈机制，及时调查处理媒体曝光的违规违纪违法问题。

发挥群众对党政机关及其工作人员铺张浪费行为的监督作用，认真调查处理群众反映的问题。

第十一章 责任追究

第五十七条 建立党政机关厉行节约反对浪费工作责任追究制度。

对违反本条例规定造成浪费的,应当依纪依法追究相关人员的责任,对负有领导责任的主要负责人或者有关领导干部实行问责。

第五十八条 有下列情形之一的,追究相关人员的责任:

(一)未经审批列支财政性资金的;

(二)采取弄虚作假等手段违规取得审批的;

(三)违反审批要求擅自变通执行的;

(四)违反管理规定超标准或者以虚假事项开支的;

(五)利用职务便利假公济私的;

(六)有其他违反审批、管理、监督规定行为的。

第五十九条 有下列情形之一的,追究主要负责人或者有关领导干部的责任:

(一)本地区、本部门、本单位铺张浪费、奢侈奢华问题严重,对发现的问题查处不力,干部群众反映强烈的;

(二)指使、纵容下属单位或者人员违反本条例规定造成浪费的;

(三)不履行内部审批、管理、监督职责造成浪费的;

(四)不按规定及时公开本地区、本部门、本单位有关厉行节约反对浪费工作信息的;

(五)其他对铺张浪费问题负有领导责任的。

第六十条 违反本条例规定造成浪费的,根据情节轻重,由有关部门依照职责权限给予批评教育、责令作出检查、诫勉谈话、通报批评或者调离岗位、责令辞职、免职、降职等处理。

应当追究党纪政纪责任的,依照《中国共产党纪律处分条例》《行政机关公务员处分条例》等有关规定给予相应的党纪政纪处分。

涉嫌违法犯罪的,依法追究法律责任。

第六十一条 违反本条例规定获得的经济利益,应当予以收缴或者纠正。

违反本条例规定,用公款支付、报销应由个人支付的费用,应当责令退赔。

第六十二条 受到责任追究的人员对处理决定不服的,可以按照相关规定向有关机关提出申诉。受理申诉机关应当依据有关规定认真受理并作出结论。

申诉期间,不停止处理决定的执行。

第十二章 附　则

第六十三条 各省、自治区、直辖市党委和政府,中央和国家机关各部委,可以根据本条例,结合实际制定实施细则。有关职能部门应当根据各自职责,制定完善相关配套制度。

国有企业、国有金融企业、不参照公务员法管理的事业单位,参照本条例执行。

中国人民解放军和中国人民武装警察部队按照军队有关规定执行。

第六十四条 本条例由中共中央办公厅、国务院办公厅会同有关部门负责解释。

第六十五条 本条例自发布之日起施行。1997年5月25日发布的《中共中央、国务院关于党政机关厉行节约制止奢侈浪费行为的若干规定》同时废止。其他有关党政机关厉行节约反对浪费的规定,凡与本条例不一致的,按照本条例执行。

2. 因公临时出国经费管理办法（2013年颁布）

（财行〔2013〕516号）

第一章 总 则

第一条 为了进一步规范因公临时出国经费管理，加强预算监督，提高资金使用效益，保证外事工作的顺利开展，根据《中华人民共和国预算法》《党政机关厉行节约反对浪费条例》等法律法规，制定本办法。

第二条 本办法适用于各级党政军机关、人大、政协机关、审判机关、检察机关、民主党派、人民团体和事业单位因公组派临时代表团组的省部级以下（含省部级）出国人员（以下简称出国人员）。

第三条 各地区各部门各单位因公组派临时出国团组应当坚持强化预算约束、优化经费结构、厉行勤俭节约、讲求务实高效的原则，严格控制因公临时出国规模，规范因公临时出国经费管理。

第二章 预算管理和计划管理

第四条 因公临时出国经费应当全部纳入预算管理，并按照下列规定执行：

（一）各级财政部门应当加强因公临时出国经费的预算管理，严格控制因公临时出国经费总额，科学合理地安排因公临时出国经费预算。

（二）各地区各部门各单位应当加强预算硬约束，认真贯彻落实厉行节约的要求，在核定的年度因公临时出国经费预算内，务实高效、精简节约地安排因公临时出国活动，不得超预算或无预算安排出访团组。确有特殊需要的，按规定程序报批。

第五条 出访团组实行计划审批管理，并按照下列规定执行：

（一）各地区各部门各单位应当认真贯彻中央有关外事管理规定，科学制订年度因公临时出国计划，认真履行因公临时出国计划报批制度，严格控制因公临时出国团组人数、国家数和在外停留天数，正确执行限量管理规定。组团单位和派出单位要明确责任，谁派出、谁负责。

（二）因公临时出国应当坚持因事定人的原则，不得因人找事，不得安排照顾性和无实质内容的一般性出访，不得安排考察性出访。

（三）各级外事部门应当加强因公临时出国计划的审核审批管理，严格把关，对违反规定、不适合成行的团组予以调整或者取消。驻外使馆答复国内因公临时出国征求意见时，应当严格履行把关职责。

第六条 各地区各部门各单位出国经费的支付，应当严格按照国库集中支付制度和公务卡管理制度的有关规定执行。

各地区各部门各单位应当严格执行各项经费开支标准，不得擅自突破，严禁接受或变相接受企事业单位资助，严禁向同级机关、下级机关、下属单位、企业、驻外机构等摊派或转嫁出访费用。

第七条 各地区各部门各单位应当建立因公临时出国计划与财务管理的内部控制制度。出访团组应当事先填报《因公临时出国任务和预算审批意见表》（见附1），由单位外事和财务部门分别出具审签意见，明确审核责任。出国任务、出国经费预算未通过审核的，不得安排出访团组。

第三章 经费管理

第八条 因公临时出国经费包括：国际旅费、国外城市间交通费、住宿费、伙食费、公杂费和其他费用。

国际旅费，是指出境口岸至入境口岸旅费。

国外城市间交通费，是指为完成工作任务所必须发生的，在出访国家的城市与城市之间的交通费用。

住宿费是指出国人员在国外发生的住宿费用。

伙食费是指出国人员在国外期间的日常伙食费用。

公杂费是指出国人员在国外期间的市内交通、邮电、办公用品、必要的小费等费用。

其他费用主要是指出国签证费用、必需的保险费用、防疫费用、国际会议注册费用等。

第九条 国际旅费按照下列规定执行：

（一）选择经济合理的路线。出国人员应当优先选择由我国航空公司运营的国际航线，由于航班衔接等原因确需选择外国航空公司航线的，应当事先报经单位外事和财务部门审批同意。不得以任何理由绕道旅行，或以过境名义变相增加出访国家和时间。

（二）按照经济适用的原则，通过政府采购等方式，选择优惠票价，并尽可能购买往返机票。

（三）因公临时出国购买机票，须经本单位外事和财务部门审批同意。机票款由本单位通过公务卡、银行转账方式支付，不得以现金支付。单位财务部门应当根据《航空运输电子客票行程单》等有效票据注明的金额予以报销。

（四）出国人员应当严格按照规定安排交通工具，不得乘坐民航包机或私人、企业和外国航空公司包机。

（五）省部级人员可以乘坐飞机头等舱、轮船一等舱、火车高级软卧或全列软席列车的商务座；司局级人员可以乘坐飞机公务舱、轮船二等舱、火车软卧或全列软席列车的一等座；其他人员均乘坐飞机经济舱、轮船三等舱、火车硬卧或全列软席列车的二等座。所乘交通工具舱位等级划分与以上不一致的，可乘坐同等水平的舱位。所乘交通工具未设置上述规定中本级别人员可乘坐舱位等级的，应乘坐低一等级舱位。上述人员发生的国际旅费据实报销。

（六）出国人员乘坐国际列车，国内段按国内差旅费的有关规定执行；国外段超过6小时的按自然（日历）天数计算，每人每天补助12美元。

第十条 出国人员根据出访任务需要在一个国家城市间往来，应当事先在出国计划中列明，并报本单位外事和财务部门批准。未列入出国计划、未经本单位外事和财务部门批准的，不得在国外城市间往来。出国人员的旅程必须按照批准的计划执行，其城市间交通费凭有效原始票据据实报销。

第十一条 住宿费按照下列规定执行：

（一）出国人员应当严格按照规定安排住宿，省部级人员可安排普通套房，住宿费据实报销；厅局级及以下人员安排标准间，在规定的住宿费标准之内予以报销。

（二）参加国际会议等的出国人员，原则上应当按照住宿费标准执行。如对方组织单位指定或推荐酒店，应当严格把关，通过询价方式从紧安排，超出费用标准的，须事先报经本单位外事和财务部门批准。经批准，住宿费可据实报销。

第十二条 伙食费和公杂费按照下列规定执行：

（一）出国人员伙食费、公杂费可以按规定的标准发给个人包干使用。包干天数按离、抵我国国境之日计算。

（二）根据工作需要和特点，不宜个人包干的出访团组，其伙食费和公杂费由出访团组统一掌握，包干使用。

（三）外方以现金或实物形式提供伙食费和公杂费接待我代表团组的，出国人员不再领取伙食费和公杂费。

（四）出访用餐应当勤俭节约，不上高档菜肴和酒水，自助餐也要注意节俭。

第十三条 出访团组对外原则上不搞宴请，确需宴请的，应当连同出国计划一并报批，宴请标准按照所在国家一人一天的伙食费标准掌握。

出访团组与我国驻外使领馆等外交机构和其他中资机构、企业之间一律不得用公款相互宴请。

第十四条 出访团组在国外期间，收受礼品应当严格按有关规定执行。原则上不对外赠送礼品，确有必要赠送的，应当事先报经本单位外事和财务部门审批同意，按照厉行节俭的原则，选择具有民族特色的纪念品、传统手工艺品和实用物品，朴素大方，不求奢华。

出访团组与我国驻外使领馆等外交机构和其他中资机构、企业之间一律不得以任何名义、任何方式互赠礼品或纪念品。

第十五条 出国签证费用、防疫费用、国际会议注册费用等凭有效原始票据据实报销。根据到访国要求，出国人员必须购买保险的，应当事先报经本单位外事和财务部门批准后，按照到访国驻华使领馆要求购买，凭有效原始票据据实报销。

第十六条 出国人员回国报销费用时，须凭有效票据填报有团组负责人审核签字的国外费用报销单（具体表格由各单位制定）。各种报销凭证须用中文注明开支内容、日期、数量、金额等，并由经办人签字。

各单位财务部门应当根据本办法制定本单位财务报销审批的具体规定，加强对因公临时出国团组的经费核销管理。各单位财务部门应当对因公临时出国团组提交的出国任务批件、护照（包括签证和出入境记录）复印件及有效费用明细票据进行认真审核，严格按照批准的出国团组人员、天数、路线、经费预算及开支标准核销经费，不得核销与出访任务无关的开支。

第十七条 中央各部门根据出国经费预算，结合实际购汇需求，自主核定本部门及其所属单位购汇数额，通过财政部批准的人民币资金账户，向外汇指定银行购买外汇。

省级财政部门根据本级各部门和下级财政部门的申请，自主核定本地区购汇数额，并确定一家外汇指定银行具体办理购汇手续。

第四章 监督检查

第十八条 除涉密内容和事项外，因公临时出国经费的预决算应当按照预决算信息公开的有关规定，及时公开，主动接受社会监督。

第十九条 各级外事、财政、审计等部门对因公临时出国情况进行定期或不定期联合检查。各级财政部门应当定期或不定期对各部门各单位因公临时出国经费管理使用情况进行监督检查。审计部门应当对各部门各单位因公临时出国经费管理使用情况进行审计。

财务部门应当建立健全因公临时出国团组内部监督检查机制，每半年向同级外事、财政部门报送本部门本单位因公临时出国经费使用情况。严格按照预算绩效管理的有关规定，加强因公临时出国经费预算绩效评价，切实提高预算资金的使用效益。

第二十条 组团单位应当采取集中形式，对团组全体人员进行行前财经纪律教育。对出国人员违反本办法规定，有下列行为之一的，除相关开支一律不予报销外，按照《财政违法行为处罚处分条例》等有关规定严肃处理，并追究有关人员责任：

（一）违规扩大出国经费开支范围的；
（二）擅自提高经费开支标准的；
（三）虚报团组级别、人数、国家数、天数等，套取出国经费的；
（四）使用虚假发票报销出国费用的；
（五）其他违反本办法的行为。

第五章 附 则

第二十一条 各地区各部门各单位因公临时赴香港、澳门、台湾地区的，适用本办法。

第二十二条 各地区各部门各单位可以根据本办法，结合实际制定具体规定，报财政部备案。边境地区有频繁出国任务的，其因公临时出国经费开支标准和管理办法由所在省、自治区财政厅根据实际情况制定，并报财政部备案。

第二十三条 对与我新建交或未建交国家，相关经费开支标准暂按照经济水平相近的邻国标准执行。

第二十四条 财政部、外交部根据出访国家或地区经济发展、物价等变动情况，对相关经费开支标准适时调整。

第二十五条 国有企业和其他因公临时出国人员参照本办法执行。

第二十六条 本办法由财政部、外交部负责解释。

第二十七条 本办法自发布之日起30日后施行。财政部、外交部《关于印发〈临时出国人员费用开支标准和管理办法〉的通知》（财行〔2001〕73号）和财政部、中国民用航空总局《关于加强因公出国机票管理的通知》（财外字〔1998〕283号）同时废止。

3. 因公短期出国培训费用管理办法（2014年颁布）

（财行〔2014〕4号）

第一条 为进一步规范因公短期出国培训费用管理，加强预算监督，提高资金使用效益，保证出国培训工作的顺利开展，根据《党政机关厉行节约反对浪费条例》等法律法规，制定本办法。

第二条 各级党的机关、人大机关、行政机关、政协机关、审判机关、检察机关、民主党派、人民团体和事业单位（以下简称各单位）因公短期出国培训费用的管理适用本办法。

第三条 因公短期出国培训，是指各单位选派各类专业技术人员和管理人员到国外进行90天以内（不含90天）的业务培训。

第四条 因公短期出国培训应当坚持强化预算约束、优化培训结构、因事立项定人、加强监督管理的原则，严控费用规模，严格计划执行。

第五条 因公短期出国培训费用纳入预算管理。各单位安排因公短期出国培训项目应当实行经费预算先行审核，无预算或超预算的不得安排出国培训。

第六条 因公短期出国培训实行计划审核审批管理。组织、外专等有关部门应当加强出国培训的总体规划，严格控制出国培训规模，科学设置培训项目，择优选派培训对象，注重出国培训的质量和实效。

第七条 各单位应当建立因公短期出国培训计划与预算管理的内部控制制度。组团单位应当填报《因公短期出国培训任务和预算审批意见表》，由出国培训管理部门和财务部门分别审核并出具审签意见，报经本单位领导办公会或党组（党委）审议确定。培训任务、培训费用预算审核未通过的，不得列入单位出国培训计划，不得安排出国培训。

第八条 因公短期出国培训费用开支范围包括：培训费、国际旅费、国外城市间交通费、住宿费、伙食费、公杂费和其他费用。其中，培训费是指出国培训团组用于授课、翻译、场租、资料、课程设计、对口业务考察或业务实践活动等在国外培训所必须发生的费用。

第九条 国际旅费、国外城市间交通费、住宿费、伙食费、公杂费、其他费用的管理要求和开支标准参照《因公临时出国经费管理办法》（财行〔2013〕516号）执行。

培训费开支在规定的标准之内据实报销。

出国培训团组需在国内开展预培训和培训总结所发生的费用，参照国内培训费相关规定执行。

第十条 组团单位和培训项目境外承办机构双方应当签订培训协议，明确培训费用的明细支出项目。

国家外国专家局对培训项目境外承办机构定期进行资格认定和监督检查，认定结果予以公开。

第十一条 中央财政安排出国培训专项经费，对专业技术人才、高技能人才、农村实用及社会工作人才类培训予以重点资助。

第十二条 由外方资助出国培训经费的，各单位不得重复支付。外方对费用开支有明确规定的，按其规定执行；没有规定的，参照规定的标准和要求执行。外方资助经费不足以弥补规定培训费用开支的，可以按照规定的开支标准，由各单位补足其费用差额部分。

第十三条 培训人员回国报销费用时，应当凭出国任务批件和出国培训审核件，填报《因公短期出国培训费用报销单》，并附各项经费开支有效票据。

各单位财务部门应当对因公短期出国培训团组提供的出国任务批件、护照（包括签证和出入境记录）复印件及有效费用明细票据进行认真审核，严格按照批准的出国培训团组人员、天数、路线、经费预算及开支标准核销经费，超出部分不得核销。

第十四条 各单位不得组织计划外或营利性出国培训项目，也不得安排照顾性质、无实质内容、无实际需要及参观考察等一般性出国培训项目。

第十五条 培训团组在国外期间，原则上不赠送礼品，一律不安排宴请。

培训团组严禁接受或变相接受企事业单位资助，严禁向同级机关、下级机关、所属单位、我驻外机构等摊派或转嫁出国培训费用。

第十六条 建立出国培训项目信息公开制度和成果共享机制。除涉密内容和事项外，各单位应当将培训的项目、内容、人数、经费等情况，以适当方式进行公开。

第十七条 各级出国培训管理、外事、财政、审计等部门对因公短期出国培训项目执行情况和培训费用管理使用情况进行定期或不定期检查。

各单位应当建立健全因公短期出国培训项目内部监督检查机制，每半年向同级出国培训管理、外事、财政部门报送本单位因公短期出国培训项目执行和费用使用情况。

第十八条 各单位以及培训人员违反本办法规定，有下列行为之一的，相关开支一律不予报销，并按照《财政违法行为处罚处分条例》和《党政机关厉行节约反对浪费条例》等有关规定予以处理：

（一）无预算或未经财务部门同意安排出国培训项目的；

（二）违规扩大出国培训费用开支范围的；
（三）擅自提高出国培训费用开支标准的；
（四）虚报培训团组人数、天数等，套取出国培训费用的；
（五）使用虚假票据报销出国培训费用的；
（六）培训期间存在铺张浪费、公款旅游行为的；
（七）其他违反本办法的行为。

第十九条 各单位因公短期赴香港、澳门、台湾地区培训的，适用本办法。

第二十条 确有必要到未列培训费开支标准的国家（地区）开展因公培训的，可按照经济社会发展水平相近的国家标准执行。

第二十一条 国有企业和其他机构因公短期出国培训参照本办法执行。

第二十二条 本办法由财政部、国家外国专家局负责解释。

第二十三条 本办法自2014年4月1日起施行。国家外国专家局、财政部《关于出国（境）实习培训团组集体开支的培训费标准和管理办法的暂行规定》（外专发〔1994〕162号）及国家外国专家局、财政部《关于调整短期出国（境）培训生活费开支标准和部分国家培训费币种的通知》（外专发〔2002〕95号）同时废止。

4. 中央和国家机关差旅费管理办法（2013年颁布）

（财行〔2013〕531号）

第一章 总 则

第一条 为加强和规范中央和国家机关国内差旅费管理，推进厉行节约反对浪费，根据《党政机关厉行节约反对浪费条例》，制定本办法。

第二条 本办法适用于中央和国家机关，以及参照公务员法管理的事业单位（以下简称中央单位）。

本办法所称中央和国家机关，是指党中央各部门，国务院各部委、各直属机构，全国人大常委会办公厅，全国政协办公厅，最高人民法院，最高人民检察院，各人民团体、各民主党派中央和全国工商联。

第三条 差旅费是指工作人员临时到常驻地以外地区公务出差所发生的城市间交通费、住宿费、伙食补助费和市内交通费。

第四条 中央单位应当建立健全公务出差审批制度。出差必须按规定报经单位有关领导批准，从严控制出差人数和天数；严格差旅费预算管理，控制差旅费支出规模；严禁无实质内容、无明确公务目的的差旅活动，严禁以任何名义和方式变相旅游，严禁异地部门间无实质内容的学习交流和考察调研。

第五条 财政部按照分地区、分级别、分项目的原则制定差旅费标准，并根据经济社会发展水平、市场价格及消费水平变动情况适时调整。

第二章 城市间交通费

第六条 城市间交通费是指工作人员因公到常驻地以外地区出差乘坐火车、轮船、飞机等交通工具所发生的费用。

第七条 出差人员应当按规定等级乘坐交通工具。乘坐交通工具的等级见下表：

交通工具 级别	火车（含高铁、动车、全列软席列车）	轮船（不包括旅游船）	飞机	其他交通工具（不包括出租小汽车）
部级及相当职务人员	火车软席（软座、软卧），高铁/动车商务座，全列软席列车一等软座	一等舱	头等舱	凭据报销
司局级及相当职务人员	火车软席（软座、软卧），高铁/动车一等座，全列软席列车一等软座	二等舱	经济舱	凭据报销
其余人员	火车硬席（硬座、硬卧），高铁/动车二等座、全列软席列车二等软座	三等舱	经济舱	凭据报销

部级及相当职务人员出差，因工作需要，随行一人可乘坐同等级交通工具。

未按规定等级乘坐交通工具的，超支部分由个人自理。

第八条 到出差目的地有多种交通工具可选择时，出差人员在不影响公务、确保安全的前提下，应当选乘经济便捷的交通工具。

第九条 乘坐飞机的，民航发展基金、燃油附加费可以凭据报销。

第十条 乘坐飞机、火车、轮船等交通工具的，每人次可以购买交通意外保险一份。所在单位统一购买交通意外保险的，不再重复购买。

第三章 住 宿 费

第十一条 住宿费是指工作人员因公出差期间入住宾馆（包括饭店、招待所，下同）发生的房租费用。

第十二条 财政部分地区制定住宿费限额标准。各省、自治区、直辖市和计划单列市财政厅（局）根据当地经济社会发展水平、市场价格、消费水平等因素，提出所在市（省会城市、直辖市、计划单列市，下同）的住宿费限额标准报财政部，经财政部统筹研究提出意见反馈地方审核确认后，由财政部统一发布作为中央单位工作人员到相关地区出差的住宿费限额标准。

对于住宿价格季节性变化明显的城市，住宿费限额标准在旺季可适当上浮一定比例，具体规定由财政部另行发布。

第十三条 部级及相当职务人员住普通套间，司局级及以下人员住单间或标准间。

第十四条 出差人员应当在职务级别对应的住宿费标准限额内，选择安全、经济、便捷的宾馆住宿。

第四章 伙食补助费

第十五条 伙食补助费是指对工作人员在因公出差期间给予的伙食补助费用。

第十六条 伙食补助费按出差自然（日历）天数计算，按规定标准包干使用。

第十七条 财政部分地区制定伙食补助费标准。各省、自治区、直辖市和计划单列市财政厅（局）负责根据当地经济社会发展水平、市场价格、消费水平等因素，参照所在市公务接待工作餐、会议用餐等标准提出伙食补助费标准报财政部，经财政部统筹研究提出意见反馈地方审核确认后，由财政部统一发布作为中央单位工作人员到相关地区出差的伙食补助费标准。

第十八条 出差人员应当自行用餐。凡由接待单位统一安排用餐的，应当向接待单位交纳伙食费。

第五章 市内交通费

第十九条 市内交通费是指工作人员因公出差期间发生的市内交通费用。

第二十条 市内交通费按出差自然（日历）天数计算，每人每天80元包干使用。

第二十一条 出差人员由接待单位或其他单位提供交通工具的，应向接待单位或其他单位交纳相关费用。

第六章 报销管理

第二十二条 出差人员应当严格按规定开支差旅费，费用由所在单位承担，不得向下级单位、企业或其他单位转嫁。

第二十三条 城市间交通费按乘坐交通工具的等级凭据报销，订票费、经批准发生的签转或退票费、交通意外保险费凭据报销。

住宿费在标准限额之内凭发票据实报销。

伙食补助费按出差目的地的标准报销，在途期间的伙食补助费按当天最后到达目的地的标准报销。

市内交通费按规定标准报销。

未按规定开支差旅费的，超支部分由个人自理。

第二十四条 工作人员出差结束后应当及时办理报销手续。差旅费报销时应当提供出差审批单、机票、车票、住宿费发票等凭证。

住宿费、机票支出等按规定用公务卡结算。

第二十五条 财务部门应当严格按规定审核差旅费开支，对未经批准出差以及超范围、超标准开支的费用不予报销。

实际发生住宿而无住宿费发票的，不得报销住宿费以及城市间交通费、伙食补助费和市内交通费。

第七章 监督问责

第二十六条 各单位应当加强对本单位工作人员出差活动和经费报销的内控管理，对本单位出差审批制度、差旅费预算及规模控制负责，相关领导、财务人员等对差旅费报销进行审核把关，确保票据来源合法，内容真实完整、合规。对未经批准擅自出差、不按规定开支和报销差旅费的人员进行严肃处理。

一级预算单位应当强化对所属预算单位的监督检查，发现问题及时处理，重大问题向财政部报告。

各单位应当自觉接受审计部门对出差活动及相关经费支出的审计监督。

第二十七条 财政部会同有关部门对中央单位差旅费管理和使用情况进行监督检查。主要内容包括：

（一）单位差旅审批制度是否健全，出差活动是否按规定履行审批手续；

（二）差旅费开支范围和标准是否符合规定；

（三）差旅费报销是否符合规定；

（四）是否向下级单位、企业或其他单位转嫁差旅费；

（五）差旅费管理和使用的其他情况。

第二十八条 出差人员不得向接待单位提出正常公务活动以外的要求，不得在出差期间接受违反规定用公款支付的宴请、游览和非工作需要的参观，不得接受礼品、礼金和土特产品等。

第二十九条 违反本办法规定，有下列行为之一的，依法依规追究相关单位和人员的责任：
（一）单位无出差审批制度或出差审批控制不严的；
（二）虚报冒领差旅费的；
（三）擅自扩大差旅费开支范围和提高开支标准的；
（四）不按规定报销差旅费的；
（五）转嫁差旅费的；
（六）其他违反本办法行为的。

有前款所列行为之一的，由财政部会同有关部门责令改正，违规资金应予追回，并视情况予以通报。对直接责任人和相关负责人，报请其所在单位按规定给予行政处分。涉嫌违法的，移送司法机关处理。

第八章 附 则

第三十条 工作人员外出参加会议、培训，举办单位统一安排食宿的，会议、培训期间的食宿费和市内交通费由会议、培训举办单位按规定统一开支；往返会议、培训地点的差旅费由所在单位按照规定报销。

第三十一条 不参照公务员法管理的事业单位参照本办法执行。

各单位应当根据本办法，结合本单位实际情况制定具体操作规定。

中国人民解放军和中国人民武装警察部队的差旅费管理办法参照本办法另行规定。

第三十二条 本办法由财政部负责解释。

第三十三条 本办法自2014年1月1日起施行。2006年11月13日发布的《财政部关于印发〈中央国家机关和事业单位差旅费管理办法〉的通知》（财行〔2006〕313号）同时废止，其他有关中央国家机关和事业单位差旅费管理规定与本办法不一致的，按照本办法执行。

附件

中央和国家机关国内差旅住宿费标准调整表

单位：元/人·天

序号	地区（城市）	住宿费标准			淡旺季浮动标准建议				
		部级	司局级	其他人员	旺季期间	旺季上浮价			上浮比例
						部级	司局级	其他人员	
1	北京市	1 100	650	500					
2	天津市	800	480	380					
3	河北省（石家庄）	800	450	350					
4	山西省（太原）	800	480	350					
5	内蒙古（呼和浩特）	800	460	350					
6	辽宁省（沈阳）	800	480	350					
7	大连市	800	490	350	7～9月	960	590	420	20%

（续表）

序号	地区（城市）	住宿费标准			淡旺季浮动标准建议				
					旺季期间	旺季上浮价			上浮比例
		部级	司局级	其他人员		部级	司局级	其他人员	
8	吉林省（长春）	800	450	350					
9	黑龙江省（哈尔滨）	800	450	350	7～9月	960	540	420	20%
10	上海市	1 100	600	500					
11	江苏省（南京）	900	490	380					
12	浙江省（杭州）	900	500	400					
13	宁波市	800	450	350					
14	安徽省（合肥）	800	460	350					
15	福建省（福州）	900	480	380					
16	厦门市	900	500	400					
17	江西省（南昌）	800	470	350					
18	山东省（济南）	800	480	380					
19	青岛市	800	490	380	7～9月	960	590	450	20%
20	河南省（郑州）	900	480	380					
21	湖北省（武汉）	800	480	350					
22	湖南省（长沙）	800	450	350					
23	广东省（广州）	900	550	450					
24	深圳市	900	550	450					
25	广　西（南宁）	800	470	350					
26	海南省（海口）	800	500	350	11～2月	1 040	650	450	30%
27	重庆市	800	480	370					
28	四川省（成都）	900	470	370					
29	贵州省（贵阳）	800	470	370					
30	云南省（昆明）	900	480	380					
31	西　藏（拉萨）	800	500	350	6～9月	1 200	750	530	50%
32	陕西省（西安）	800	460	350					

（续表）

序号	地区（城市）	住宿费标准			淡旺季浮动标准建议				
		部级	司局级	其他人员	旺季期间	旺季上浮价			上浮比例
						部级	司局级	其他人员	
33	甘肃省（兰州）	800	470	350					
34	青海省（西宁）	800	500	350	6～9月	1 200	750	530	50%
35	宁　夏（银川）	800	470	350					
36	新　疆（乌鲁木齐）	800	480	350					

5. 中央和国家机关培训费管理办法（2016年修订）

（财行〔2016〕540号）

第一章　总　　则

第一条　为进一步规范中央和国家机关培训工作，保证培训工作需要，加强培训经费管理，依据《中华人民共和国公务员法》《干部教育培训工作条例》和其他有关法律法规，制定本办法。

第二条　本办法所称培训，是指中央和国家机关及其所属机构使用财政资金在境内举办的三个月以内的各类培训。

第三条　本办法所称中央和国家机关，是指党中央各部门，国务院各部委、各直属机构，全国人大常委会办公厅，全国政协办公厅，最高人民法院，最高人民检察院，各人民团体，各民主党派中央和全国工商联（以下简称各单位）。

第四条　各单位举办培训应当坚持厉行节约、反对浪费的原则，实行单位内部统一管理，增强培训计划的科学性和严肃性，增强培训项目的针对性和实效性，保证培训质量，节约培训资源，提高培训经费使用效益。

第二章　计划和备案管理

第五条　建立培训计划编报和审批制度。各单位培训主管部门制订的本单位年度培训计划（包括培训名称、目的、对象、内容、时间、地点、参训人数、所需经费及列支渠道等），经单位财务部门审核后，报单位领导办公会议或党组（党委）会议批准后施行。

第六条　年度培训计划一经批准，原则上不得调整。因工作需要确需临时增加培训项目的，报单位主要负责同志审批。

第七条　各单位年度培训计划于每年3月31日前同时报中央组织部、财政部、国家公务员局备案。

第三章　开支范围和标准

第八条　本办法所称培训费，是指各单位开展培训直接发生的各项费用支出，包括师资费、住宿费、伙食费、培训场地费、培训资料费、交通费以及其他费用。

（一）师资费是指聘请师资授课发生的费用，包括授课老师讲课费、住宿费、伙食费、城市间交通费等。

（二）住宿费是指参训人员及工作人员培训期间发生的租住房间的费用。

（三）伙食费是指参训人员及工作人员培训期间发生的用餐费用。

（四）培训场地费是指用于培训的会议室或教室租金。

（五）培训资料费是指培训期间必要的资料及办公用品费。

（六）交通费是指用于培训所需的人员接送以及与培训有关的考察、调研等发生的交通支出。

（七）其他费用是指现场教学费、设备租赁费、文体活动费、医药费等与培训有关的其他支出。

参训人员参加培训往返及异地教学发生的城市间交通费，按照中央和国家机关差旅费有关规定回单位报销。

第九条 除师资费外，培训费实行分类综合定额标准，分项核定、总额控制，各项费用之间可以调剂使用。综合定额标准如下：

单位：元/人·天

培训类别	住宿费	伙食费	场地、资料、交通费	其他费用	合计
一类培训	500	150	80	30	760
二类培训	400	150	70	30	650
三类培训	340	130	50	30	550

一类培训是指参训人员主要为省部级及相应人员的培训项目。

二类培训是指参训人员主要为司局级人员的培训项目。

三类培训是指参训人员主要为处级及以下人员的培训项目。

以其他人员为主的培训项目参照上述标准分类执行。

综合定额标准是相关费用开支的上限。各单位应在综合定额标准以内结算报销。

30天以内的培训按照综合定额标准控制；超过30天的培训，超过天数按照综合定额标准的70%控制。上述天数含报到撤离时间，报到和撤离时间分别不得超过1天。

第十条 师资费在综合定额标准外单独核算。

（一）讲课费（税后）执行以下标准：副高级技术职称专业人员每学时最高不超过500元，正高级技术职称专业人员每学时最高不超过1 000元，院士、全国知名专家每学时一般不超过1 500元。

讲课费按实际发生的学时计算，每半天最多按4学时计算。

其他人员讲课费参照上述标准执行。

同时为多班次一并授课的，不重复计算讲课费。

（二）授课老师的城市间交通费按照中央和国家机关差旅费有关规定和标准执行，住宿费、伙食费按照本办法标准执行，原则上由培训举办单位承担。

（三）培训工作确有需要从异地（含境外）邀请授课老师，路途时间较长的，经单位主要负责同志书面批准，讲课费可以适当增加。

第四章 培训组织

第十一条 培训实行中央和地方分级管理，各单位举办培训，原则上不得下延至市、县及以下。

第十二条　各单位开展培训，应当在开支范围和标准内优先选择党校、行政学院、干部学院以及组织人事部门认可的其他培训机构承办。

第十三条　组织培训的工作人员控制在参训人员数量的 10% 以内，最多不超过 10 人。

第十四条　严禁借培训名义安排公款旅游；严禁借培训名义组织会餐或安排宴请；严禁组织高消费娱乐健身活动；严禁使用培训费购置电脑、复印机、打印机、传真机等固定资产以及开支与培训无关的其他费用；严禁在培训费中列支公务接待费、会议费；严禁套取培训费设立"小金库"。

培训住宿不得安排高档套房，不得额外配发洗漱用品；培训用餐不得上高档菜肴，不得提供烟酒；除必要的现场教学外，7 日以内的培训不得组织调研、考察、参观。

第十五条　邀请境外师资讲课，须严格按照有关外事管理规定，履行审批手续。境内师资能够满足培训需要的，不得邀请境外师资。

第十六条　培训举办单位应当注重教学设计和质量评估，通过需求调研、课程设计和开发、专家论证、评估反馈等环节，推进培训工作科学化、精准化；注重运用大数据、"互联网＋"等现代信息技术手段开展培训和管理。所需费用纳入部门预算予以保障。

第五章　报销结算

第十七条　报销培训费，综合定额范围内的，应当提供培训计划审批文件、培训通知、实际参训人员签到表以及培训机构出具的收款票据、费用明细等凭证；师资费范围内的，应当提供讲课费签收单或合同，异地授课的城市间交通费、住宿费、伙食费按照差旅费报销办法提供相关凭据；执行中经单位主要负责同志批准临时增加的培训项目，还应提供单位主要负责同志审批材料。

各单位财务部门应当严格按照规定审核培训费开支，对未履行审批备案程序的培训，以及超范围、超标准开支的费用不予报销。

第十八条　培训费的资金支付应当执行国库集中支付和公务卡管理有关制度规定。

第十九条　培训费由培训举办单位承担，不得向参训人员收取任何费用。

第六章　监督检查

第二十条　各单位应当将非涉密培训的项目、内容、人数、经费等情况，以适当方式公开。

第二十一条　各单位应当于每年 3 月 31 日前将上年度培训计划执行情况（包括培训名称、对象、内容、时间、地点、参训人数、工作人员数、经费开支及列支渠道、培训成效、问题建议等）报送中央组织部、财政部、国家公务员局。

第二十二条　中央组织部、财政部、国家公务员局等有关部门对各单位培训活动和培训费管理使用情况进行监督检查。主要内容包括：

（一）培训计划的编报是否符合规定；

（二）临时增加培训计划是否报单位主要负责同志审批；

（三）培训费开支范围和开支标准是否符合规定；

（四）培训费报销和支付是否符合规定；

（五）是否存在虚报培训费用的行为；

（六）是否存在转嫁、摊派培训费用的行为；

（七）是否存在向参训人员收费的行为；

（八）是否存在奢侈浪费现象；

（九）是否存在其他违反本办法的行为。

第二十三条　对于检查中发现的违反本办法的行为，由中央组织部、财政部、国家公务员局等有关部门责令改正，追回资金，并予以通报。对相关责任人员，按规定予以党纪政纪处分；涉嫌违法的，移交司法机关处理。

第七章　附　　则

第二十四条　各单位可以按照本办法，结合本单位业务特点和工作实际，制定培训费管理具体规定。

第二十五条　中央组织部、国家公务员局组织的调训和统一培训，有关部门组织的援外培训，不适用本办法，按有关规定执行。

第二十六条　中央事业单位培训费管理参照本办法执行。

第二十七条　本办法由财政部会同中央组织部、国家公务员局负责解释。

第二十八条　本办法自2017年1月1日起施行。《中央和国家机关培训费管理办法》（财行〔2013〕523号）同时废止。

6. 国务院办公厅关于改革完善中央财政科研经费管理的若干意见（2021年颁布）

国办发〔2021〕32号

各省、自治区、直辖市人民政府，国务院各部委、各直属机构：

党的十八大以来，党中央、国务院出台了《关于进一步完善中央财政科研项目资金管理等政策的若干意见》《关于优化科研管理提升科研绩效若干措施的通知》等一系列优化科研经费管理的政策文件和改革措施，有力地激发了科研人员的创造性和创新活力，促进了科技事业发展。但在科研经费管理方面仍然存在政策落实不到位、项目经费管理刚性偏大、经费拨付机制不完善、间接费用比例偏低、经费报销难等问题。为有效解决这些问题，更好贯彻落实党中央、国务院决策部署，进一步激励科研人员多出高质量科技成果、为实现高水平科技自立自强作出更大贡献，经国务院同意，现就改革完善中央财政科研经费管理提出如下意见。

一、扩大科研项目经费管理自主权

（一）简化预算编制。进一步精简合并预算编制科目，按设备费、业务费、劳务费三大类编制直接费用预算。直接费用中除50万元以上的设备费外，其他费用只提供基本测算说明，不需要提供明细。计算类仪器设备和软件工具可在设备费科目列支。合并项目评审和预算评审，项目管理部门在项目评审时同步开展预算评审。预算评审工作重点是项目预算的目标相关性、政策相符性、经济合理性，不得将预算编制细致程度作为评审预算的因素。（项目管理部门负责落实）

（二）下放预算调剂权。设备费预算调剂权全部下放给项目承担单位，不再由项目管理部门审批其预算调增。项目承担单位要统筹考虑现有设备配置情况、科研项目实际需求等，及时办理调剂手续。除设备费外的其他费用调剂权全部由项目承担单位下放给项目负责人，由项目负责人根据科研活动实际需要自主安排。（项目管理部门、项目承担单位负责落实）

（三）扩大经费包干制实施范围。在人才类和基础研究类科研项目中推行经费包干制，不再编制项目预算。项目负责人在承诺遵守科研伦理道德和作风学风诚信要求、经费全部用于与本项目研究工作相关支出的基础上，自主决定项目经费使用。鼓励有关部门和地方在从事基础性、前沿性、公益性研究的独立法人科研机构开展经费包干制试点。（项目管理部门、项目承担单位、财政部、单位主管部门负责落实）

二、完善科研项目经费拨付机制

（四）合理确定经费拨付计划。项目管理部门要根据不同类型科研项目特点、研究进度、资金需求等，合理制定经费拨付计划并及时拨付资金。首笔资金拨付比例要充分尊重项目负责人意见，切实保障科研活动需要。（项目管理部门负责落实）

（五）加快经费拨付进度。财政部、项目管理部门可在部门预算批复前预拨科研经费。项目管理部门要加强经费拨付与项目立项的衔接，在项目任务书签订后30日内，将经费拨付至项目承担单位。项目牵头单位要根据项目负责人意见，及时将经费拨付至项目参与单位。（财政部、项目管理部门、项目承担单位负责落实）

（六）改进结余资金管理。项目完成任务目标并通过综合绩效评价后，结余资金留归项目承担单位使用。项目承担单位要将结余资金统筹安排用于科研活动直接支出，优先考虑原项目团队科研需求，并加强结余资金管理，健全结余资金盘活机制，加快资金使用进度。（项目管理部门、项目承担单位负责落实）

三、加大科研人员激励力度

（七）提高间接费用比例。间接费用按照直接费用扣除设备购置费后的一定比例核定，由项目承担单位统筹安排使用。其中，500万元以下的部分，间接费用比例为不超过30%，500万元至1 000万元的部分为不超过25%，1 000万元以上的部分为不超过20%；对数学等纯理论基础研究项目，间接费用比例进一步提高到不超过60%。项目承担单位可将间接费用全部用于绩效支出，并向创新绩效突出的团队和个人倾斜。（项目管理部门、项目承担单位负责落实）

（八）扩大稳定支持科研经费提取奖励经费试点范围。将稳定支持科研经费提取奖励经费试点范围扩大到所有中央级科研院所。允许中央级科研院所从基本科研业务费、中科院战略性先导科技专项经费、有关科研院所创新工程等稳定支持科研经费中提取不超过20%作为奖励经费，由单位探索完善科研项目资金激励引导机制，激发科研人员创新活力。奖励经费的使用范围和标准由试点单位自主决定，在单位内部公示。（中央级科研院所负责落实）

（九）扩大劳务费开支范围。项目聘用人员的劳务费开支标准，参照当地科学研究和技术服务业从业人员平均工资水平，根据其在项目研究中承担的工作任务确定，其由单位缴纳的社会保险补助、住房公积金等纳入劳务费科目列支。（项目承担单位、项目管理部门负责落实）

（十）合理核定绩效工资总量。中央高校、科研院所、企业结合本单位发展阶段、类型定位、承担任务、人才结构、所在地区、现有绩效工资实际发放水平（主要依据上年度事业单位工资统计年报数据确定）、财务状况特别是财政科研项目可用于支出人员绩效的间接费用等实际情况，向主管部门申报动态调整绩效工资水平，主管部门综合考虑激发科技创新活力、保障基础研究人员稳定工资收入、调控不同单位（岗位、学科）收入差距等因素审批后报人力资源社会保障、财政部门备案。分配绩效工资时，要向承担国家科研任务较多、成效突出的科研人员倾斜。借鉴承担国家关键领域核心技术攻关任务科研人员年薪制的经验，探索对急需紧缺、业内认可、业绩突出的极少数高层次人才实行年薪制。（人力资源社会保障部、科技部、财政部、国务院国资委、单位主管部门负责落实）

（十一）加大科技成果转化激励力度。各单位要落实《中华人民共和国促进科技成果转化法》等相关规定，对持有的科技成果，通过协议定价、在技术交易市场挂牌交易、拍卖等市场化方式进行转化。科技成果转化所获收益可按照法律规定，对职务科技成果完成人和为科技成果转化作出重要贡献的人员给予奖励和报酬，剩余部分留归项目承担单位用于科技研发与成果转化等相关工作，科技成果转化收益具体分配方式和比例在充分听取本单位科研人员意见基础上进行约定。科技成果转化现金奖励计入所在单位绩效工资总量,但不受核定的绩效工资总量限制,不作为核定下一年度绩效工资总量的基数。(科技部、人力资源社会保障部、财政部等有关部门负责落实)

四、减轻科研人员事务性负担

(十二)全面落实科研财务助理制度。项目承担单位要确保每个项目配有相对固定的科研财务助理,为科研人员在预算编制、经费报销等方面提供专业化服务。科研财务助理所需人力成本费用(含社会保险补助、住房公积金),可由项目承担单位根据情况通过科研项目经费等渠道统筹解决。(项目承担单位负责落实)

(十三)改进财务报销管理方式。项目承担单位因科研活动实际需要,邀请国内外专家、学者和有关人员参加由其主办的会议等,对确需负担的城市间交通费、国际旅费,可在会议费等费用中报销。允许项目承担单位对国内差旅费中的伙食补助费、市内交通费和难以取得发票的住宿费实行包干制。(项目承担单位负责落实)

(十四)推进科研经费无纸化报销试点。选择部分电子票据接收、入账、归档处理工作量比较大的中央高校、科研院所、企业,纳入电子入账凭证会计数据标准推广范围,推动科研经费报销数字化、无纸化。(财政部、税务总局、单位主管部门等负责落实)

(十五)简化科研项目验收结题财务管理。合并财务验收和技术验收,在项目实施期末实行一次性综合绩效评价。完善项目验收结题评价操作指南,细化明确预算调剂、设备管理、人员费用等财务、会计、审计方面具体要求,避免有关机构和人员在项目验收和检查中理解执行政策出现偏差。选择部分创新能力和潜力突出、创新绩效显著、科研诚信状况良好的中央高校、科研院所、企业作为试点单位,由其出具科研项目经费决算报表作为结题依据,取消科研项目结题财务审计。试点单位对经费决算报表内容的真实性、完整性、准确性负责,项目管理部门适时组织抽查。(科技部、财政部、项目管理部门负责落实)

(十六)优化科研仪器设备采购。中央高校、科研院所、企业要优化和完善内部管理规定,简化科研仪器设备采购流程,对科研急需的设备和耗材采用特事特办、随到随办的采购机制,可不进行招标投标程序。项目承担单位依法向财政部申请变更政府采购方式的,财政部实行限时办结制度,对符合要求的申请项目,原则上自收到变更申请之日起5个工作日内办结。有关部门要研究推动政府采购、招标投标等有关法律法规修订工作,进一步明确除外条款。(单位主管部门、项目承担单位、司法部、财政部负责落实)

(十七)改进科研人员因公出国(境)管理方式。对科研人员因公出国(境)开展国际合作与交流的管理应与行政人员有所区别,对为完成科研项目任务目标、从科研经费中列支费用的国际合作与交流按业务类别单独管理,根据需要开展工作。从科研经费中列支的国际合作与交流费用不纳入"三公"经费统计范围,不受零增长要求限制。(单位主管部门、财政部负责落实)

五、创新财政科研经费投入与支持方式

(十八)拓展财政科研经费投入渠道。发挥财政经费的杠杆效应和导向作用,引导企业参与,发挥金融资金作用,吸引民间资本支持科技创新创业。优化科技创新类引导基金使用,推动更多具有重大价值的科技成果转化应用。拓宽基础研究经费投入渠道,促进基础研究与需求导向良性互动。(财政部、科技部、人民银行、银保监会、证监会等负责落实)

(十九)开展顶尖领衔科学家支持方式试点。围绕国家重大战略需求和前沿科技领域,遴选全球顶尖的领衔科学家,给予持续稳定的科研经费支持,在确定的重点方向、重点领域、重点任务范围内,由领衔科学家自主确定研究课题,自主选聘科研团队,自主安排科研经费使用;3至5年后采取第三方评估、国际同行评议等方式,对领衔科学家及其团队的研究质量、原创价值、实际贡献,以及聘用领衔科学家及其团队的单位服务保障措施落实情况等进行绩效评价,形成可复制可推广的改革经验。(项目管理部门、项目承担单位负责落实)

（二十）支持新型研发机构实行"预算+负面清单"管理模式。鼓励地方对新型研发机构采用与国际接轨的治理结构和市场化运行机制，实行理事会领导下的院（所）长负责制。创新财政科研经费支持方式，给予稳定资金支持，探索实行负面清单管理，赋予更大经费使用自主权。组织开展绩效评价，围绕科研投入、创新产出质量、成果转化、原创价值、实际贡献、人才集聚和培养等方面进行评估。除特殊规定外，财政资金支持产生的科技成果及知识产权由新型研发机构依法取得、自主决定转化及推广应用。（科技部、财政部负责指导）

六、改进科研绩效管理和监督检查

（二十一）健全科研绩效管理机制。项目管理部门要进一步强化绩效导向，从重过程向重结果转变，加强分类绩效评价，对自由探索型、任务导向型等不同类型科研项目，健全差异化的绩效评价指标体系；强化绩效评价结果运用，将绩效评价结果作为项目调整、后续支持的重要依据。项目承担单位要切实加强绩效管理，引导科研资源向优秀人才和团队倾斜，提高科研经费使用效益。（项目管理部门、项目承担单位负责落实）

（二十二）强化科研项目经费监督检查。加强审计监督、财会监督与日常监督的贯通协调，增强监督合力，严肃查处违纪违规问题。加强事中事后监管，创新监督检查方式，实行随机抽查、检查，推进监督检查数据汇交共享和结果互认。减少过程检查，充分利用大数据等信息技术手段，提高监督检查效率。强化项目承担单位法人责任，项目承担单位要动态监管经费使用并实时预警提醒，确保经费合理规范使用；对项目承担单位和科研人员在科研经费管理使用过程中出现的失信情况，纳入信用记录管理，对严重失信行为实行追责和惩戒。探索制定相关负面清单，明确科研项目经费使用禁止性行为，有关部门要根据法律法规和负面清单进行检查、评审、验收、审计，对尽职无过错科研人员免予问责。（审计署、财政部、项目管理部门、单位主管部门负责落实）

七、组织实施

（二十三）及时清理修改相关规定。有关部门要聚焦科研经费管理相关政策和改革举措落地"最后一公里"，加快清理修改与党中央、国务院有关文件精神不符的部门规定和办法，科技主管部门要牵头做好督促落实工作。项目承担单位要落实好科研项目实施和科研经费管理使用的主体责任，严格按照国家有关政策规定和权责一致的要求，强化自我约束和自我规范，及时完善内部管理制度，确保科研自主权接得住、管得好。（有关部门、项目承担单位负责落实）

（二十四）加大政策宣传培训力度。有关部门和单位要通过门户网站、新媒体等多种渠道以及开设专栏等多种方式，加强中央财政科研经费管理相关政策宣传解读，提高社会知晓度。同时，加大对科研人员、财务人员、科研财务助理、审计人员等的专题培训力度，不断提高经办服务能力水平。（科技部、财政部会同有关部门负责落实）

（二十五）强化政策落实督促指导。有关部门要加快职能转变，提高服务意识，加强跟踪指导，适时组织开展对项目承担单位科研经费管理政策落实情况的检查，及时发现并协调解决有关问题，推动改革落地见效，国务院办公厅要加强督查。要适时对有关试点政策举措进行总结评估，及时总结推广行之有效的经验和做法。（财政部、科技部会同有关部门负责落实）

财政部、中央级社科类科研项目主管部门要结合社会科学研究的规律和特点，参照本意见尽快修订中央级社科类科研项目资金管理办法。

各地区要参照本意见精神，结合实际，改革完善本地区财政科研经费管理。

国务院办公厅
2021年8月5日

第十六章 行政事业单位内部控制相关法规

1. 行政事业单位内部控制规范（试行）（2012 年颁布）

（财会〔2012〕21 号）

第一章 总　　则

第一条　为了进一步提高行政事业单位内部管理水平，规范内部控制，加强廉政风险防控机制建设，根据《中华人民共和国会计法》《中华人民共和国预算法》等法律法规和相关规定，制定本规范。

第二条　本规范适用于各级党的机关、人大机关、行政机关、政协机关、审判机关、检察机关、各民主党派机关、人民团体和事业单位（以下统称单位）经济活动的内部控制。

第三条　本规范所称内部控制，是指单位为实现控制目标，通过制定制度、实施措施和执行程序，对经济活动的风险进行防范和管控。

第四条　单位内部控制的目标主要包括：合理保证单位经济活动合法合规、资产安全和使用有效、财务信息真实完整，有效防范舞弊和预防腐败，提高公共服务的效率和效果。

第五条　单位建立与实施内部控制，应当遵循下列原则：

（一）全面性原则。内部控制应当贯穿单位经济活动的决策、执行和监督全过程，实现对经济活动的全面控制。

（二）重要性原则。在全面控制的基础上，内部控制应当关注单位重要经济活动和经济活动的重大风险。

（三）制衡性原则。内部控制应当在单位内部的部门管理、职责分工、业务流程等方面形成相互制约和相互监督。

（四）适应性原则。内部控制应当符合国家有关规定和单位的实际情况，并随着外部环境的变化、单位经济活动的调整和管理要求的提高，不断修订和完善。

第六条　单位负责人对本单位内部控制的建立健全和有效实施负责。

第七条　单位应当根据本规范建立适合本单位实际情况的内部控制体系，并组织实施。具体工作包括梳理单位各类经济活动的业务流程，明确业务环节，系统分析经济活动风险，确定风险点，选择风险应对策略，在此基础上根据国家有关规定建立健全单位各项内部管理制度并督促相关工作人员认真执行。

第二章 风险评估和控制方法

第八条　单位应当建立经济活动风险定期评估机制，对经济活动存在的风险进行全面、系统和客观评估。

经济活动风险评估至少每年进行一次；外部环境、经济活动或管理要求等发生重大变化的，应及时对经济活动风险进行重估。

第九条　单位开展经济活动风险评估应当成立风险评估工作小组，单位领导担任组长。

经济活动风险评估结果应当形成书面报告并及时提交单位领导班子，作为完善内部控制的依据。

第十条　单位进行单位层面的风险评估时，应当重点关注以下方面：

（一）内部控制工作的组织情况。包括是否确定内部控制职能部门或牵头部门；是否建立单位各部门在内部控制中的沟通协调和联动机制。

（二）内部控制机制的建设情况。包括经济活动的决策、执行、监督是否实现有效分离；权责是否对等；是否建立健全议事决策机制、岗位责任制、内部监督等机制。

（三）内部管理制度的完善情况。包括内部管理制度是否健全；执行是否有效。

（四）内部控制关键岗位工作人员的管理情况。包括是否建立工作人员的培训、评价、轮岗等机制；工作人员是否具备相应的资格和能力。

（五）财务信息的编报情况。包括是否按照国家统一的会计制度对经济业务事项进行账务处理；是否按照国家统一的会计制度编制财务会计报告。

（六）其他情况。

第十一条 单位进行经济活动业务层面的风险评估时，应当重点关注以下方面：

（一）预算管理情况。包括在预算编制过程中单位内部各部门间沟通协调是否充分，预算编制与资产配置是否相结合、与具体工作是否相对应；是否按照批复的额度和开支范围执行预算，进度是否合理，是否存在无预算、超预算支出等问题；决算编报是否真实、完整、准确、及时。

（二）收支管理情况。包括收入是否实现归口管理，是否按照规定及时向财会部门提供收入的有关凭据，是否按照规定保管和使用印章和票据等；发生支出事项时是否按照规定审核各类凭据的真实性、合法性，是否存在使用虚假票据套取资金的情形。

（三）政府采购管理情况。包括是否按照预算和计划组织政府采购业务；是否按照规定组织政府采购活动和执行验收程序；是否按照规定保存政府采购业务相关档案。

（四）资产管理情况。包括是否实现资产归口管理并明确使用责任；是否定期对资产进行清查盘点，对账实不符的情况及时进行处理；是否按照规定处置资产。

（五）建设项目管理情况。包括是否按照概算投资；是否严格履行审核审批程序；是否建立有效的招投标控制机制；是否存在截留、挤占、挪用、套取建设项目资金的情形；是否按照规定保存建设项目相关档案并及时办理移交手续。

（六）合同管理情况。包括是否实现合同归口管理；是否明确应签订合同的经济活动范围和条件；是否有效监控合同履行情况，是否建立合同纠纷协调机制。

（七）其他情况。

第十二条 单位内部控制的控制方法一般包括：

（一）不相容岗位相互分离。合理设置内部控制关键岗位，明确划分职责权限，实施相应的分离措施，形成相互制约、相互监督的工作机制。

（二）内部授权审批控制。明确各岗位办理业务和事项的权限范围、审批程序和相关责任，建立重大事项集体决策和会签制度。相关工作人员应当在授权范围内行使职权、办理业务。

（三）归口管理。根据本单位实际情况，按照权责对等的原则，采取成立联合工作小组并确定牵头部门或牵头人员等方式，对有关经济活动实行统一管理。

（四）预算控制。强化对经济活动的预算约束，使预算管理贯穿于单位经济活动的全过程。

（五）财产保护控制。建立资产日常管理制度和定期清查机制，采取资产记录、实物保管、定期盘点、账实核对等措施，确保资产安全完整。

（六）会计控制。建立健全本单位财会管理制度，加强会计机构建设，提高会计人员业务水平，强化会计人员岗位责任制，规范会计基础工作，加强会计档案管理，明确会计凭证、会计账簿和财务会计报告处理程序。

（七）单据控制。要求单位根据国家有关规定和单位的经济活动业务流程，在内部管理制度中明确界定各项经济活动所涉及的表单和票据，要求相关工作人员按照规定填制、审核、归档、保管单据。

（八）信息内部公开。建立健全经济活动相关信息内部公开制度，根据国家有关规定和单位的实际情况，确定信息内部公开的内容、范围、方式和程序。

第三章　单位层面内部控制

第十三条　单位应当单独设置内部控制职能部门或者确定内部控制牵头部门，负责组织协调内部控制工作。同时，应当充分发挥财会、内部审计、纪检监察、政府采购、基建、资产管理等部门或岗位在内部控制中的作用。

第十四条　单位经济活动的决策、执行和监督应当相互分离。单位应当建立健全集体研究、专家论证和技术咨询相结合的议事决策机制。

重大经济事项的内部决策，应当由单位领导班子集体研究决定。重大经济事项的认定标准应当根据有关规定和本单位实际情况确定，一经确定，不得随意变更。

第十五条　单位应当建立健全内部控制关键岗位责任制，明确岗位职责及分工，确保不相容岗位相互分离、相互制约和相互监督。单位应当实行内部控制关键岗位工作人员的轮岗制度，明确轮岗周期。不具备轮岗条件的单位应当采取专项审计等控制措施。

内部控制关键岗位主要包括预算业务管理、收支业务管理、政府采购业务管理、资产管理、建设项目管理、合同管理以及内部监督等经济活动的关键岗位。

第十六条　内部控制关键岗位工作人员应当具备与其工作岗位相适应的资格和能力。

单位应当加强内部控制关键岗位工作人员业务培训和职业道德教育，不断提升其业务水平和综合素质。

第十七条　单位应当根据《中华人民共和国会计法》的规定建立会计机构，配备具有相应资格和能力的会计人员。单位应当根据实际发生的经济业务事项按照国家统一的会计制度及时进行账务处理、编制财务会计报告，确保财务信息真实、完整。

第十八条　单位应当充分运用现代科学技术手段加强内部控制。对信息系统建设实施归口管理，将经济活动及其内部控制流程嵌入单位信息系统中，减少或消除人为操纵因素，保护信息安全。

第四章　业务层面内部控制

第一节　预算业务控制

第十九条　单位应当建立健全预算编制、审批、执行、决算与评价等预算内部管理制度。

单位应当合理设置岗位，明确相关岗位的职责权限，确保预算编制、审批、执行、评价等不相容岗位相互分离。

第二十条　单位的预算编制应当做到程序规范、方法科学、编制及时、内容完整、项目细化、数据准确。

（一）单位应当正确把握预算编制有关政策，确保预算编制相关人员及时全面掌握相关规定。

（二）单位应当建立内部预算编制、预算执行、资产管理、基建管理、人事管理等部门或岗位的沟通协调机制，按照规定进行项目评审，确保预算编制部门及时取得和有效运用与预算编制相关的信息，根据工作计划细化预算编制，提高预算编制的科学性。

第二十一条　单位应当根据内设部门的职责和分工，对按照法定程序批复的预算在单位内部进行指标分解、审批下达，规范内部预算追加调整程序，发挥预算对经济活动的管控作用。

第二十二条 单位应当根据批复的预算安排各项收支，确保预算严格有效执行。

单位应当建立预算执行分析机制。定期通报各部门预算执行情况，召开预算执行分析会议，研究解决预算执行中存在的问题，提出改进措施，提高预算执行的有效性。

第二十三条 单位应当加强决算管理，确保决算真实、完整、准确、及时，加强决算分析工作，强化决算分析结果运用，建立健全单位预算与决算相互反映、相互促进的机制。

第二十四条 单位应当加强预算绩效管理，建立"预算编制有目标、预算执行有监控、预算完成有评价、评价结果有反馈、反馈结果有应用"的全过程预算绩效管理机制。

第二节 收支业务控制

第二十五条 单位应当建立健全收入内部管理制度。

单位应当合理设置岗位，明确相关岗位的职责权限，确保收款、会计核算等不相容岗位相互分离。

第二十六条 单位的各项收入应当由财会部门归口管理并进行会计核算，严禁设立账外账。

业务部门应当在涉及收入的合同协议签订后及时将合同等有关材料提交财会部门作为账务处理依据，确保各项收入应收尽收，及时入账。财会部门应当定期检查收入金额是否与合同约定相符；对应收未收项目应当查明情况，明确责任主体，落实催收责任。

第二十七条 有政府非税收入收缴职能的单位，应当按照规定项目和标准征收政府非税收入，按照规定开具财政票据，做到收缴分离、票款一致，并及时、足额上缴国库或财政专户，不得以任何形式截留、挪用或者私分。

第二十八条 单位应当建立健全票据管理制度。财政票据、发票等各类票据的申领、启用、核销、销毁均应履行规定手续。单位应当按照规定设置票据专管员，建立票据台账，做好票据的保管和序时登记工作。票据应当按照顺序号使用，不得拆本使用，做好废旧票据管理。负责保管票据的人员要配置单独的保险柜等保管设备，并做到人走柜锁。

单位不得违反规定转让、出借、代开、买卖财政票据、发票等票据，不得擅自扩大票据适用范围。

第二十九条 单位应当建立健全支出内部管理制度，确定单位经济活动的各项支出标准，明确支出报销流程，按照规定办理支出事项。单位应当合理设置岗位，明确相关岗位的职责权限，确保支出申请和内部审批、付款审批和付款执行、业务经办和会计核算等不相容岗位相互分离。

第三十条 单位应当按照支出业务的类型，明确内部审批、审核、支付、核算和归档等支出各关键岗位的职责权限。实行国库集中支付的，应当严格按照财政国库管理制度有关规定执行。

（一）加强支出审批控制。明确支出的内部审批权限、程序、责任和相关控制措施。审批人应当在授权范围内审批，不得越权审批。

（二）加强支出审核控制。全面审核各类单据。重点审核单据来源是否合法，内容是否真实、完整，使用是否准确，是否符合预算，审批手续是否齐全。

支出凭证应当附反映支出明细内容的原始单据，并由经办人员签字或盖章，超出规定标准的支出事项应由经办人员说明原因并附审批依据，确保与经济业务事项相符。

（三）加强支付控制。明确报销业务流程，按照规定办理资金支付手续。签发的支付凭证应当进行登记。使用公务卡结算的，应当按照公务卡使用和管理有关规定办理业务。

（四）加强支出的核算和归档控制。由财会部门根据支出凭证及时准确登记账簿；与支出业务相关的合同等材料应当提交财会部门作为账务处理的依据。

第三十一条 根据国家规定可以举借债务的单位应当建立健全债务内部管理制度,明确债务管理岗位的职责权限,不得由一人办理债务业务的全过程。大额债务的举借和偿还属于重大经济事项,应当进行充分论证,并由单位领导班子集体研究决定。

单位应当做好债务的会计核算和档案保管工作。加强债务的对账和检查控制,定期与债权人核对债务余额,进行债务清理,防范和控制财务风险。

第三节 政府采购业务控制

第三十二条 单位应当建立健全政府采购预算与计划管理、政府采购活动管理、验收管理等政府采购内部管理制度。

第三十三条 单位应当明确相关岗位的职责权限,确保政府采购需求制定与内部审批、招标文件准备与复核、合同签订与验收、验收与保管等不相容岗位相互分离。

第三十四条 单位应当加强对政府采购业务预算与计划的管理。建立预算编制、政府采购和资产管理等部门或岗位之间的沟通协调机制。根据本单位实际需求和相关标准编制政府采购预算,按照已批复的预算安排政府采购计划。

第三十五条 单位应当加强对政府采购活动的管理。对政府采购活动实施归口管理,在政府采购活动中建立政府采购、资产管理、财会、内部审计、纪检监察等部门或岗位相互协调、相互制约的机制。

单位应当加强对政府采购申请的内部审核,按照规定选择政府采购方式、发布政府采购信息。对政府采购进口产品、变更政府采购方式等事项应当加强内部审核,严格履行审批手续。

第三十六条 单位应当加强对政府采购项目验收的管理。根据规定的验收制度和政府采购文件,由指定部门或专人对所购物品的品种、规格、数量、质量和其他相关内容进行验收,并出具验收证明。

第三十七条 单位应当加强对政府采购业务质疑投诉答复的管理。指定牵头部门负责、相关部门参加,按照国家有关规定做好政府采购业务质疑投诉答复工作。

第三十八条 单位应当加强对政府采购业务的记录控制。妥善保管政府采购预算与计划、各类批复文件、招标文件、投标文件、评标文件、合同文本、验收证明等政府采购业务相关资料。定期对政府采购业务信息进行分类统计,并在内部进行通报。

第三十九条 单位应当加强对涉密政府采购项目安全保密的管理。对于涉密政府采购项目,单位应当与相关供应商或采购中介机构签订保密协议或者在合同中设定保密条款。

第四节 资产控制

第四十条 单位应当对资产实行分类管理,建立健全资产内部管理制度。

单位应当合理设置岗位,明确相关岗位的职责权限,确保资产安全和有效使用。

第四十一条 单位应当建立健全货币资金管理岗位责任制,合理设置岗位,不得由一人办理货币资金业务的全过程,确保不相容岗位相互分离。

(一)出纳不得兼管稽核、会计档案保管和收入、支出、债权、债务账目的登记工作。

(二)严禁一人保管收付款项所需的全部印章。财务专用章应当由专人保管,个人名章应当由本人或其授权人员保管。负责保管印章的人员要配置单独的保管设备,并做到人走柜锁。

(三)按照规定应当由有关负责人签字或盖章的,应当严格履行签字或盖章手续。

第四十二条 单位应当加强对银行账户的管理,严格按照规定的审批权限和程序开立、变更和撤销银行账户。

第四十三条 单位应当加强货币资金的核查控制。指定不办理货币资金业务的会计人员定期和不定期抽查盘点库存现金，核对银行存款余额，抽查银行对账单、银行日记账及银行存款余额调节表，核对是否账实相符、账账相符。对调节不符、可能存在重大问题的未达账项应当及时查明原因，并按照相关规定处理。

第四十四条 单位应当加强对实物资产和无形资产的管理，明确相关部门和岗位的职责权限，强化对配置、使用和处置等关键环节的管控。

（一）对资产实施归口管理。明确资产使用和保管责任人，落实资产使用人在资产管理中的责任。贵重资产、危险资产、有保密等特殊要求的资产，应当指定专人保管、专人使用，并规定严格的接触限制条件和审批程序。

（二）按照国有资产管理相关规定，明确资产的调剂、租借、对外投资、处置的程序、审批权限和责任。

（三）建立资产台账，加强资产的实物管理。单位应当定期清查盘点资产，确保账实相符。财会、资产管理、资产使用等部门或岗位应当定期对账，发现不符的，应当及时查明原因，并按照相关规定处理。

（四）建立资产信息管理系统，做好资产的统计、报告、分析工作，实现对资产的动态管理。

第四十五条 单位应当根据国家有关规定加强对对外投资的管理。

（一）合理设置岗位，明确相关岗位的职责权限，确保对外投资的可行性研究与评估、对外投资决策与执行、对外投资处置的审批与执行等不相容岗位相互分离。

（二）单位对外投资，应当由单位领导班子集体研究决定。

（三）加强对投资项目的追踪管理，及时、全面、准确地记录对外投资的价值变动和投资收益情况。

（四）建立责任追究制度。对在对外投资中出现重大决策失误、未履行集体决策程序和不按规定执行对外投资业务的部门及人员，应当追究相应的责任。

第五节 建设项目控制

第四十六条 单位应当建立健全建设项目内部管理制度。

单位应当合理设置岗位，明确内部相关部门和岗位的职责权限，确保项目建议和可行性研究与项目决策、概预算编制与审核、项目实施与价款支付、竣工决算与竣工审计等不相容岗位相互分离。

第四十七条 单位应当建立与建设项目相关的议事决策机制，严禁任何个人单独决策或者擅自改变集体决策意见。决策过程及各方面意见应当形成书面文件，与相关资料一同妥善归档保管。

第四十八条 单位应当建立与建设项目相关的审核机制。项目建议书、可行性研究报告、概预算、竣工决算报告等应当由单位内部的规划、技术、财会、法律等相关工作人员或者根据国家有关规定委托具有相应资质的中介机构进行审核，出具评审意见。

第四十九条 单位应当依据国家有关规定组织建设项目招标工作，并接受有关部门的监督。

单位应当采取签订保密协议、限制接触等必要措施，确保标底编制、评标等工作在严格保密的情况下进行。

第五十条 单位应当按照审批单位下达的投资计划和预算对建设项目资金实行专款专用，严禁截留、挪用和超批复内容使用资金。财会部门应当加强与建设项目承建单位的沟通，准确掌握建设进度，加强价款支付审核，按照规定办理价款结算。实行国库集中支付的建设项目，单位应当按照财政国库管理制度相关规定支付资金。

第五十一条 单位应当加强对建设项目档案的管理。做好相关文件、材料的收集、整理、归档和保管工作。

第五十二条 经批准的投资概算是工程投资的最高限额,如有调整,应当按照国家有关规定报经批准。

单位建设项目工程洽商和设计变更应当按照有关规定履行相应的审批程序。

第五十三条 建设项目竣工后,单位应当按照规定的时限及时办理竣工决算,组织竣工决算审计,并根据批复的竣工决算和有关规定办理建设项目档案和资产移交等工作。

建设项目已实际投入使用但超时限未办理竣工决算的,单位应当根据对建设项目的实际投资暂估入账,转作相关资产管理。

第六节 合同控制

第五十四条 单位应当建立健全合同内部管理制度。

单位应当合理设置岗位,明确合同的授权审批和签署权限,妥善保管和使用合同专用章,严禁未经授权擅自以单位名义对外签订合同,严禁违规签订担保、投资和借贷合同。

单位应当对合同实施归口管理,建立财会部门与合同归口管理部门的沟通协调机制,实现合同管理与预算管理、收支管理相结合。

第五十五条 单位应当加强对合同订立的管理,明确合同订立的范围和条件。对于影响重大、涉及较高专业技术或法律关系复杂的合同,应当组织法律、技术、财会等工作人员参与谈判,必要时可聘请外部专家参与相关工作。谈判过程中的重要事项和参与谈判人员的主要意见,应当予以记录并妥善保管。

第五十六条 单位应当对合同履行情况实施有效监控。合同履行过程中,因对方或单位自身原因导致可能无法按时履行的,应当及时采取应对措施。

单位应当建立合同履行监督审查制度。对合同履行中签订补充合同,或变更、解除合同等应当按照国家有关规定进行审查。

第五十七条 财会部门应当根据合同履行情况办理价款结算和进行账务处理。未按照合同条款履约的,财会部门应当在付款之前向单位有关负责人报告。

第五十八条 合同归口管理部门应当加强对合同登记的管理,定期对合同进行统计、分类和归档,详细登记合同的订立、履行和变更情况,实行对合同的全过程管理。与单位经济活动相关的合同应当同时提交财会部门作为账务处理的依据。

单位应当加强合同信息安全保密工作,未经批准,不得以任何形式泄露合同订立与履行过程中涉及的国家秘密、工作秘密或商业秘密。

第五十九条 单位应当加强对合同纠纷的管理。合同发生纠纷的,单位应当在规定时效内与对方协商谈判。合同纠纷协商一致的,双方应当签订书面协议;合同纠纷经协商无法解决的,经办人员应向单位有关负责人报告,并根据合同约定选择仲裁或诉讼方式解决。

第五章 评价与监督

第六十条 单位应当建立健全内部监督制度,明确各相关部门或岗位在内部监督中的职责权限,规定内部监督的程序和要求,对内部控制建立与实施情况进行内部监督检查和自我评价。

内部监督应当与内部控制的建立和实施保持相对独立。

第六十一条 内部审计部门或岗位应当定期或不定期检查单位内部管理制度和机制的建立与执行情况,以及内部控制关键岗位及人员的设置情况等,及时发现内部控制存在的问题并提出改进建议。

第六十二条 单位应当根据本单位实际情况确定内部监督检查的方法、范围和频率。

第六十三条 单位负责人应当指定专门部门或专人负责对单位内部控制的有效性进行评价并出具单位内部控制自我评价报告。

第六十四条 国务院财政部门及其派出机构和县级以上地方各级人民政府财政部门应当对单位内部控制的建立和实施情况进行监督检查，有针对性地提出检查意见和建议，并督促单位进行整改。

国务院审计机关及其派出机构和县级以上地方各级人民政府审计机关对单位进行审计时，应当调查了解单位内部控制建立和实施的有效性，揭示相关内部控制的缺陷，有针对性地提出审计处理意见和建议，并督促单位进行整改。

第六章 附　　则

第六十五条 本规范自 2014 年 1 月 1 日起施行。

2. 行政事业单位内部控制报告管理制度（试行）（2017 年颁布）

（财会〔2017〕1 号）

第一章 总　　则

第一条 为贯彻落实党的十八届四中全会通过的《中共中央关于全面推进依法治国若干重大问题的决定》的有关精神，进一步加强行政事业单位内部控制建设，规范行政事业单位内部控制报告的编制、报送、使用及报告信息质量的监督检查等工作，促进行政事业单位内部控制信息公开，提高行政事业单位内部控制报告质量，根据《财政部关于全面推进行政事业单位内部控制建设的指导意见》（财会〔2015〕24 号，以下简称《指导意见》）和《行政事业单位内部控制规范（试行）》（财会〔2012〕21 号，以下简称《单位内部控制规范》）等，制定本制度。

第二条 本制度适用于所有行政事业单位。

本制度所称行政事业单位包括各级党的机关、人大机关、行政机关、政协机关、审判机关、检察机关、各民主党派机关、人民团体和事业单位。

第三条 本制度所称内部控制报告，是指行政事业单位在年度终了，结合本单位实际情况，依据《指导意见》和《单位内部控制规范》，按照本制度规定编制的能够综合反映本单位内部控制建立与实施情况的总结性文件。

第四条 行政事业单位编制内部控制报告应当遵循下列原则：

（一）全面性原则。内部控制报告应当包括行政事业单位内部控制的建立与实施、覆盖单位层面和业务层面各类经济业务活动，能够综合反映行政事业单位的内部控制建设情况。

（二）重要性原则。内部控制报告应当重点关注行政事业单位重点领域和关键岗位，突出重点、兼顾一般，推动行政事业单位围绕重点开展内部控制建设，着力防范可能产生的重大风险。

（三）客观性原则。内部控制报告应当立足于行政事业单位的实际情况，坚持实事求是，真实、完整地反映行政事业单位内部控制建立与实施情况。

（四）规范性原则。行政事业单位应当按照财政部规定的统一报告格式及信息要求编制内部控制报告，不得自行修改或删减报告及附表格式。

第五条 行政事业单位是内部控制报告的责任主体。

单位主要负责人对本单位内部控制报告的真实性和完整性负责。

第六条 行政事业单位应当根据本制度，结合本单位内部控制建立与实施的实际情况，明确相关内设机构、管理层级及岗位的职责权限，按照规定的方法、程序和要求，有序开展内部控制报告的编制、审核、报送、分析使用等工作。

第七条 内部控制报告编报工作按照"统一部署、分级负责、逐级汇总、单向报送"的方式，由财政部统一部署，各地区、各垂直管理部门分级组织实施并以自下而上的方式逐级汇总，非垂直管理部门向同级财政部门报送，各行政事业单位按照行政管理关系向上级行政主管部门单向报送。

第二章 内部控制报告编报工作的组织

第八条 财政部负责组织实施全国行政事业单位内部控制报告编报工作。其职责主要是制定行政事业单位内部控制报告的有关规章制度及全国统一的行政事业单位内部控制报告格式，布置全国行政事业单位内部控制年度报告编报工作并开展相关培训，组织和指导全国行政事业单位内部控制报告的收集、审核、汇总、报送、分析使用，组织开展全国行政事业单位内部控制报告信息质量的监督检查工作，组织和指导全国行政事业单位内部控制考核评价工作，建立和管理全国行政事业单位内部控制报告数据库等工作。

第九条 地方各级财政部门负责组织实施本地区行政事业单位内部控制报告编报工作，并对本地区内部控制汇总报告的真实性和完整性负责。其职责主要是布置本地区行政事业单位内部控制年度报告编报工作并开展相关培训，组织和指导本地区行政事业单位内部控制报告的收集、审核、汇总、报送、分析使用，组织和开展本地区行政事业单位内部控制报告信息质量的监督检查工作，组织和指导本地区行政事业单位内部控制考核评价工作，建立和管理本地区行政事业单位内部控制报告数据库等工作。

第十条 各行政主管部门（以下简称各部门）应当按照财政部门的要求，负责组织实施本部门行政事业单位内部控制报告编报工作，并对本部门内部控制汇总报告的真实性和完整性负责。其职责主要是布置本部门行政事业单位内部控制年度报告编报工作并开展相关培训，组织和指导本部门行政事业单位内部控制报告的收集、审核、汇总、报送、分析使用，组织和开展本部门行政事业单位内部控制报告信息质量的监督检查工作，组织和指导本部门行政事业单位内部控制考核评价工作，建立和管理本部门行政事业单位内部控制报告数据库。

第三章 行政事业单位内部控制报告的编制与报送

第十一条 年度终了，行政事业单位应当按照本制度的有关要求，根据本单位当年内部控制建设工作的实际情况及取得的成效，以能够反映内部控制工作基本事实的相关材料为支撑，按照财政部发布的统一报告格式编制内部控制报告，经本单位主要负责人审批后对外报送。

第十二条 行政事业单位能够反映内部控制工作基本事实的相关材料一般包括内部控制领导机构会议纪要、内部控制制度、流程图、内部控制检查报告、内部控制培训会相关材料等。

第十三条 行政事业单位应当在规定的时间内，向上级行政主管部门报送本单位内部控制报告及能够反映本单位内部控制工作基本事实的相关材料。

第四章 部门行政事业单位内部控制报告的编制与报送

第十四条 各部门应当在所属行政事业单位上报的内部控制报告和部门本级内部控制报告的基础上，汇总形成本部门行政事业单位内部控制报告。

第十五条 各部门汇总的行政事业单位内部控制报告应当以所属行政事业单位上报的信息为准，不得虚报、瞒报和随意调整。

第十六条 各部门应当在规定的时间内，向同级财政部门报送本部门行政事业单位内部控制报告。

第五章　地区行政事业单位内部控制报告的编制与报送

第十七条　地方各级财政部门应当在下级财政部门上报的内部控制报告和本地区部门内部控制报告的基础上，汇总形成本地区行政事业单位内部控制报告。

第十八条　地方各级财政部门汇总的本地区行政事业单位内部控制报告应当以本地区部门和下级财政部门上报的信息为准，不得虚报、瞒报和随意调整。

第十九条　地方各级财政部门应当在规定的时间内，向上级财政部门逐级报送本地区行政事业单位内部控制报告。

第六章　行政事业单位内部控制报告的使用

第二十条　行政事业单位应当加强对本单位内部控制报告的使用，通过对内部控制报告中反映的信息进行分析，及时发现内部控制建设工作中存在的问题，进一步健全制度，提高执行力，完善监督措施，确保内部控制有效实施。

第二十一条　各地区、各部门应当加强对行政事业单位内部控制报告的分析，强化分析结果的反馈和使用，切实规范和改进财政财务管理，更好发挥对行政事业单位内部控制建设的促进和监督作用。

第七章　行政事业单位内部控制报告的监督检查

第二十二条　各地区、各部门汇总的内部控制报告报送后，各级财政部门、各部门应当组织开展对所报送的内部控制报告内容的真实性、完整性和规范性进行监督检查。

第二十三条　行政事业单位内部控制报告信息质量的监督检查工作采取"统一管理、分级实施"原则。中央部门内部控制报告信息质量监督检查工作由财政部组织实施，各地区行政事业单位内部控制报告信息质量监督检查工作由同级财政部门按照统一的工作要求分级组织实施，各部门所属行政事业单位内部控制报告信息质量监督检查由本部门组织实施。

第二十四条　行政事业单位内部控制报告信息质量的监督检查应按规定采取适当的方式来确定对象，并对内部控制报告存在明显质量问题或以往年份监督检查不合格单位进行重点核查。

第二十五条　各地区、各部门应当认真组织落实本地区（部门）的行政事业单位内部控制报告编报工作，加强对内部控制报告编报工作的考核。

第二十六条　行政事业单位应当认真、如实编制内部控制报告，不得漏报、瞒报有关内部控制信息，更不得编造虚假内部控制信息；单位负责人不得授意、指使、强令相关人员提供虚假内部控制信息，不得对拒绝、抵制编造虚假内部控制信息的人员进行打击报复。

第二十七条　对于违反规定、提供虚假内部控制信息的单位及相关负责人，按照《中华人民共和国会计法》《中华人民共和国预算法》《财政违法行为处罚处分条例》等有关法律法规规定追究责任。

各级财政部门及其工作人员在行政事业单位内部控制报告管理工作中，存在滥用职权、玩忽职守、徇私舞弊等违法违纪行为的，按照《公务员法》《行政监察法》《财政违法行为处罚处分条例》等国家有关规定追究相应责任；涉嫌犯罪的，移送司法机关处理。

第八章　附　　则

第二十八条　各地区、各部门可依据本制度，结合工作实际，制定相应的实施细则。

第二十九条　本制度自 2017 年 3 月 1 日起施行。

第十七章　行政事业单位资产管理相关法规

1. 行政事业性国有资产管理条例（2021年颁布）

（中华人民共和国国务院令第738号）

第一章　总　则

第一条　为了加强行政事业性国有资产管理与监督，健全国有资产管理体制，推进国家治理体系和治理能力现代化，根据全国人民代表大会常务委员会关于加强国有资产管理情况监督的决定，制定本条例。

第二条　行政事业性国有资产，是指行政单位、事业单位通过以下方式取得或者形成的资产：

（一）使用财政资金形成的资产；

（二）接受调拨或者划转、置换形成的资产；

（三）接受捐赠并确认为国有的资产；

（四）其他国有资产。

第三条　行政事业性国有资产属于国家所有，实行政府分级监管、各部门及其所属单位直接支配的管理体制。

第四条　各级人民政府应当建立健全行政事业性国有资产管理机制，加强对本级行政事业性国有资产的管理，审查、批准重大行政事业性国有资产管理事项。

第五条　国务院财政部门负责制定行政事业单位国有资产管理规章制度并负责组织实施和监督检查，牵头编制行政事业性国有资产管理情况报告。

国务院机关事务管理部门和有关机关事务管理部门会同有关部门依法依规履行相关中央行政事业单位国有资产管理职责，制定中央行政事业单位国有资产管理具体制度和办法并组织实施，接受国务院财政部门的指导和监督检查。

相关部门根据职责规定，按照集中统一、分类分级原则，加强中央行政事业单位国有资产管理，优化管理手段，提高管理效率。

第六条　各部门根据职责负责本部门及其所属单位国有资产管理工作，应当明确管理责任，指导、监督所属单位国有资产管理工作。

各部门所属单位负责本单位行政事业性国有资产的具体管理，应当建立和完善内部控制管理制度。

第七条　各部门及其所属单位管理行政事业性国有资产应当遵循安全规范、节约高效、公开透明、权责一致的原则，实现实物管理与价值管理相统一，资产管理与预算管理、财务管理相结合。

第二章　资产配置、使用和处置

第八条　各部门及其所属单位应当根据依法履行职能和事业发展的需要，结合资产存量、资产配置标准、绩效目标和财政承受能力配置资产。

第九条　各部门及其所属单位应当合理选择资产配置方式，资产配置重大事项应当经可行性研究和集体决策，资产价值较高的按照国家有关规定进行资产评估，并履行审批程序。

资产配置包括调剂、购置、建设、租用、接受捐赠等方式。

第十条 县级以上人民政府应当组织建立、完善资产配置标准体系，明确配置的数量、价值、等级、最低使用年限等标准。

资产配置标准应当按照勤俭节约、讲求绩效和绿色环保的要求，根据国家有关政策、经济社会发展水平、市场价格变化、科学技术进步等因素适时调整。

第十一条 各部门及其所属单位应当优先通过调剂方式配置资产。不能调剂的，可以采用购置、建设、租用等方式。

第十二条 行政单位国有资产应当用于本单位履行职能的需要。

除法律另有规定外，行政单位不得以任何形式将国有资产用于对外投资或者设立营利性组织。

第十三条 事业单位国有资产应当用于保障事业发展、提供公共服务。

第十四条 各部门及其所属单位应当加强对本单位固定资产、在建工程、流动资产、无形资产等各类国有资产的管理，明确管理责任，规范使用流程，加强产权保护，推进相关资产安全有效使用。

第十五条 各部门及其所属单位应当明确资产使用人和管理人的岗位责任。

资产使用人、管理人应当履行岗位责任，按照规程合理使用、管理资产，充分发挥资产效能。资产需要维修、保养、调剂、更新、报废的，资产使用人、管理人应当及时提出。

资产使用人、管理人发生变化的，应当及时办理资产交接手续。

第十六条 各部门及其所属单位接受捐赠的资产，应当按照捐赠约定的用途使用。捐赠人意愿不明确或者没有约定用途的，应当统筹安排使用。

第十七条 事业单位利用国有资产对外投资应当有利于事业发展和实现国有资产保值增值，符合国家有关规定，经可行性研究和集体决策，按照规定权限和程序进行。

事业单位应当明确对外投资形成的股权及其相关权益管理责任，按照规定将对外投资形成的股权纳入经营性国有资产集中统一监管体系。

第十八条 县级以上人民政府及其有关部门应当建立健全国有资产共享共用机制，采取措施引导和鼓励国有资产共享共用，统筹规划有效推进国有资产共享共用工作。

各部门及其所属单位应当在确保安全使用的前提下，推进本单位大型设备等国有资产共享共用工作，可以对提供方给予合理补偿。

第十九条 各部门及其所属单位应当根据履行职能、事业发展需要和资产使用状况，经集体决策和履行审批程序，依据处置事项批复等相关文件及时处置行政事业性国有资产。

第二十条 各部门及其所属单位应当将依法罚没的资产按照国家规定公开拍卖或者按照国家有关规定处理，所得款项全部上缴国库。

第二十一条 各部门及其所属单位应当对下列资产及时予以报废、报损：

（一）因技术原因确需淘汰或者无法维修、无维修价值的资产；

（二）涉及盘亏、坏账以及非正常损失的资产；

（三）已超过使用年限且无法满足现有工作需要的资产；

（四）因自然灾害等不可抗力造成毁损、灭失的资产。

第二十二条 各部门及其所属单位发生分立、合并、改制、撤销、隶属关系改变或者部分职能、业务调整等情形，应当根据国家有关规定办理相关国有资产划转、交接手续。

第二十三条 国家设立的研究开发机构、高等院校对其持有的科技成果的使用和处置，依照《中华人民共和国促进科技成果转化法》《中华人民共和国专利法》和国家有关规定执行。

第三章 预 算 管 理

第二十四条 各部门及其所属单位购置、建设、租用资产应当提出资产配置需求,编制资产配置相关支出预算,并严格按照预算管理规定和财政部门批复的预算配置资产。

第二十五条 行政单位国有资产出租和处置等收入,应当按照政府非税收入和国库集中收缴制度的有关规定管理。

除国家另有规定外,事业单位国有资产的处置收入应当按照政府非税收入和国库集中收缴制度的有关规定管理。

事业单位国有资产使用形成的收入,由本级人民政府财政部门规定具体管理办法。

第二十六条 各部门及其所属单位应当及时收取各类资产收入,不得违反国家规定,多收、少收、不收、侵占、私分、截留、占用、挪用、隐匿、坐支。

第二十七条 各部门及其所属单位应当在决算中全面、真实、准确反映其国有资产收入、支出以及国有资产存量情况。

第二十八条 各部门及其所属单位应当按照国家规定建立国有资产绩效管理制度,建立健全绩效指标和标准,有序开展国有资产绩效管理工作。

第二十九条 县级以上人民政府投资建设公共基础设施,应当依法落实资金来源,加强预算约束,防范政府债务风险,并明确公共基础设施的管理维护责任单位。

第四章 基 础 管 理

第三十条 各部门及其所属单位应当按照国家规定设置行政事业性国有资产台账,依照国家统一的会计制度进行会计核算,不得形成账外资产。

第三十一条 各部门及其所属单位采用建设方式配置资产的,应当在建设项目竣工验收合格后及时办理资产交付手续,并在规定期限内办理竣工财务决算,期限最长不得超过1年。

各部门及其所属单位对已交付但未办理竣工财务决算的建设项目,应当按照国家统一的会计制度确认资产价值。

第三十二条 各部门及其所属单位对无法进行会计确认入账的资产,可以根据需要组织专家参照资产评估方法进行估价,并作为反映资产状况的依据。

第三十三条 各部门及其所属单位应当明确资产的维护、保养、维修的岗位责任。因使用不当或者维护、保养、维修不及时造成资产损失的,应当依法承担责任。

第三十四条 各部门及其所属单位应当定期或者不定期对资产进行盘点、对账。出现资产盘盈盘亏的,应当按照财务、会计和资产管理制度有关规定处理,做到账实相符和账账相符。

第三十五条 各部门及其所属单位处置资产应当及时核销相关资产台账信息,同时进行会计处理。

第三十六条 除国家另有规定外,各部门及其所属单位将行政事业性国有资产进行转让、拍卖、置换、对外投资等,应当按照国家有关规定进行资产评估。

行政事业性国有资产以市场化方式出售、出租的,依照有关规定可以通过相应公共资源交易平台进行。

第三十七条 有下列情形之一的,各部门及其所属单位应当对行政事业性国有资产进行清查:

(一)根据本级政府部署要求;

(二)发生重大资产调拨、划转以及单位分立、合并、改制、撤销、隶属关系改变等情形;

(三)因自然灾害等不可抗力造成资产毁损、灭失;

（四）会计信息严重失真；

（五）国家统一的会计制度发生重大变更，涉及资产核算方法发生重要变化；

（六）其他应当进行资产清查的情形。

第三十八条 各部门及其所属单位资产清查结果和涉及资产核实的事项，应当按照国务院财政部门的规定履行审批程序。

第三十九条 各部门及其所属单位在资产清查中发现账实不符、账账不符的，应当查明原因予以说明，并随同清查结果一并履行审批程序。各部门及其所属单位应当根据审批结果及时调整资产台账信息，同时进行会计处理。

由于资产使用人、管理人的原因造成资产毁损、灭失的，应当依法追究相关责任。

第四十条 各部门及其所属单位对需要办理权属登记的资产应当依法及时办理。对有账簿记录但权证手续不全的行政事业性国有资产，可以向本级政府有关主管部门提出确认资产权属申请，及时办理权属登记。

第四十一条 各部门及其所属单位之间，各部门及其所属单位与其他单位和个人之间发生资产纠纷的，应当依照有关法律法规规定采取协商等方式处理。

第四十二条 国务院财政部门应当建立全国行政事业性国有资产管理信息系统，推行资产管理网上办理，实现信息共享。

第五章 资产报告

第四十三条 国家建立行政事业性国有资产管理情况报告制度。

国务院向全国人民代表大会常务委员会报告全国行政事业性国有资产管理情况。

县级以上地方人民政府按照规定向本级人民代表大会常务委员会报告行政事业性国有资产管理情况。

第四十四条 行政事业性国有资产管理情况报告，主要包括资产负债总量，相关管理制度建立和实施，资产配置、使用、处置和效益，推进管理体制机制改革等情况。

行政事业性国有资产管理情况按照国家有关规定向社会公开。

第四十五条 各部门所属单位应当每年编制本单位行政事业性国有资产管理情况报告，逐级报送相关部门。

各部门应当汇总编制本部门行政事业性国有资产管理情况报告，报送本级政府财政部门。

第四十六条 县级以上地方人民政府财政部门应当每年汇总本级和下级行政事业性国有资产管理情况，报送本级政府和上一级政府财政部门。

第六章 监督

第四十七条 县级以上人民政府应当接受本级人民代表大会及其常务委员会对行政事业性国有资产管理情况的监督，组织落实本级人民代表大会及其常务委员会审议提出的整改要求，并向本级人民代表大会及其常务委员会报告整改情况。

乡、民族乡、镇人民政府应当接受本级人民代表大会对行政事业性国有资产管理情况的监督。

第四十八条 县级以上人民政府对下级政府的行政事业性国有资产管理情况进行监督。下级政府应当组织落实上一级政府提出的监管要求，并向上一级政府报告落实情况。

第四十九条 县级以上人民政府财政部门应当对本级各部门及其所属单位行政事业性国有资产管理情况进行监督检查，依法向社会公开检查结果。

第五十条 县级以上人民政府审计部门依法对行政事业性国有资产管理情况进行审计监督。

第五十一条　各部门应当建立健全行政事业性国有资产监督管理制度，根据职责对本行业行政事业性国有资产管理依法进行监督。

各部门所属单位应当制定行政事业性国有资产内部控制制度，防控行政事业性国有资产管理风险。

第五十二条　公民、法人或者其他组织发现违反本条例的行为，有权向有关部门进行检举、控告。接受检举、控告的有关部门应当依法进行处理，并为检举人、控告人保密。

任何单位或者个人不得压制和打击报复检举人、控告人。

第七章　法律责任

第五十三条　各部门及其所属单位有下列行为之一的，责令改正，情节较重的，对负有直接责任的主管人员和其他直接责任人员依法给予处分：

（一）配置、使用、处置国有资产未按照规定经集体决策或者履行审批程序；

（二）超标准配置国有资产；

（三）未按照规定办理国有资产调剂、调拨、划转、交接等手续；

（四）未按照规定履行国有资产拍卖、报告、披露等程序；

（五）未按照规定期限办理建设项目竣工财务决算；

（六）未按照规定进行国有资产清查；

（七）未按照规定设置国有资产台账；

（八）未按照规定编制、报送国有资产管理情况报告。

第五十四条　各部门及其所属单位有下列行为之一的，责令改正，有违法所得的没收违法所得，情节较重的，对负有直接责任的主管人员和其他直接责任人员依法给予处分；构成犯罪的，依法追究刑事责任：

（一）非法占有、使用国有资产或者采用弄虚作假等方式低价处置国有资产；

（二）违反规定将国有资产用于对外投资或者设立营利性组织；

（三）未按照规定评估国有资产导致国家利益损失；

（四）其他违反本条例规定造成国有资产损失的行为。

第五十五条　各部门及其所属单位在国有资产管理工作中有违反预算管理规定行为的，依照《中华人民共和国预算法》及其实施条例、《财政违法行为处罚处分条例》等法律、行政法规追究责任。

第五十六条　各部门及其所属单位的工作人员在国有资产管理工作中滥用职权、玩忽职守、徇私舞弊或者有浪费国有资产等违法违规行为的，由有关部门依法给予处分；构成犯罪的，依法追究刑事责任。

第八章　附　则

第五十七条　除国家另有规定外，社会组织直接支配的行政事业性国有资产管理，依照本条例执行。

第五十八条　货币形式的行政事业性国有资产管理，按照预算管理有关规定执行。

执行企业财务、会计制度的事业单位以及事业单位对外投资的全资企业或者控股企业的资产管理，不适用本条例。

第五十九条　公共基础设施、政府储备物资、国有文物文化等行政事业性国有资产管理的具体办法，由国务院财政部门会同有关部门制定。

第六十条　中国人民解放军、中国人民武装警察部队直接支配的行政事业性国有资产管理，依照中央军事委员会有关规定执行。

第六十一条　本条例自2021年4月1日起施行。

2. 关于做好《行政事业性国有资产管理条例》贯彻实施工作的通知（2021年颁布）

（财资函〔2021〕2号）

党中央有关部门，国务院各部委、各直属机构，全国人大常委会办公厅，全国政协办公厅，最高人民法院，最高人民检察院，各民主党派中央，有关人民团体，各省、自治区、直辖市、计划单列市财政厅（局）、新疆生产建设兵团财政局，有关中央管理企业：

《行政事业性国有资产管理条例》（国务院令第738号，以下简称《条例》）已于近日颁布，自2021年4月1日起施行。《条例》是我国行政事业性国有资产领域的第一部行政法规，填补了我国社会主义法律体系的空白。为做好《条例》贯彻实施工作，现将有关事项通知如下：

一、充分认识贯彻实施《条例》的重要意义

《条例》坚持以习近平新时代中国特色社会主义思想为指导，全面贯彻落实党的十九大和十九届二中、三中、四中、五中全会精神，与近年来推行的各项财政改革相衔接，是长期以来行政事业性国有资产管理实践的科学总结，是我国行政事业性国有资产法治体系建设的重要立法成果。《条例》的出台和实施，对于加强行政事业性国有资产监管，促进国有资产管理的法治化、规范化、程序化，构建安全规范、节约高效、公开透明、权责一致的国有资产管理机制，提高国有资产治理水平和治理能力具有重要的历史意义和现实意义。

《条例》以改革为引领，以建立现代财政制度，推进国家治理体系和治理能力现代化为目标，构建符合"放管服"改革要求的行政事业性国有资产管理和监督制度。以法律为遵循，依据《中华人民共和国宪法》及《中华人民共和国民法典》规定对行政事业性国有资产管理进行规范，与其他法律、行政法规相衔接，维护法制统一。以创新为支撑，在继承现行有效的行政事业单位国有资产管理制度基础上，建立信息管理系统、资产确权和有效利用机制。以问题为导向，针对当前行政事业性国有资产部分领域存在的突出问题，完善行政事业性国有资产管理制度。各级财政部门、各主管部门要充分认识贯彻实施《条例》的重大意义，并以此为契机，全面提升行政事业性国有资产管理水平。

二、认真做好《条例》组织实施工作

行政事业性国有资产是国有资产的重要组成部分，是党和国家事业发展的物质基础和重要保障。习近平总书记、李克强总理多次作出重要指示批示，对加强行政事业性国有资产管理与监督提出明确要求。各级财政部门、主管部门、行政事业单位要坚决贯彻全面依法治国理念，全面落实《条例》，梳理现有管理文件，对照《条例》规定做好"立改废"工作，持续推进制度创新、优化政策供给，及时研究出台和完善相关制度办法，不断提升管理水平。要严格执行《条例》规定，合理配置、有效使用、规范处置资产，建立资产调剂、共享共用机制。要加强预算管理，严格按照预算管理规定和财政部门批复的预算配置资产，在决算中全面、真实、准确反映国有资产收入、支出以及国有资产存量情况，建立国有资产绩效管理制度。要加强行政事业性国有资产基础管理，完善账务管理，做到账实相符和账账相符，建立资产管理信息系统。要认真落实行政事业性国有资产管理情况报告制度，细化报告内容，完善报告程序。要按规定开展监督工作，接受人大、政府、财政、审计、行业监督，违反《条例》规定的应依法处理。

中央相关部门要按照"三定"规定担负管理职责，落实《条例》有关要求，优化管理

手段，提高管理效率，做好中央行政事业性国有资产管理。地方各级财政部门要会同有关部门按照《条例》规定，切实加强对本地方国有资产管理工作。

三、加强《条例》培训和宣传

各级财政部门、各主管部门要坚持围绕中心，服务大局，紧紧围绕"十四五"时期财政资产管理工作发展和改革目标，高度重视《条例》的学习培训工作，认真学习、深刻领会《条例》的基本原则和各项具体规定，充分掌握《条例》对行政事业性国有资产管理提出的新要求。要将《条例》作为财政法制宣传教育的重要内容，在各类业务培训中予以安排。

各级财政部门、各主管部门要广泛开展多种形式的学习活动，及时宣讲《条例》，使各部门、各单位的领导干部和从事行政事业资产管理工作的同志能够及时了解、掌握《条例》的主要内容和具体规定。要更新理念，创新方法，拓展领域，完善机制，坚持学用结合，学以致用，将《条例》培训与业务工作相结合，不断提高依法履职能力，切实做好本地方、本部门、本单位行政事业性国有资产管理各项工作。在贯彻执行《条例》中遇到重大情况，请及时反馈财政部。

财政部
2021 年 4 月 13 日

3. 国有资产报告编报工作暂行办法（2021 年颁布）

（财资〔2021〕123 号）

第一条 为贯彻落实《中共中央关于建立国务院向全国人大常委会报告国有资产管理情况制度的意见》和《全国人民代表大会常务委员会关于加强国有资产管理情况监督的决定》，建立健全国有资产报告制度，规范国有资产报告编报工作，根据《中华人民共和国预算法》《中华人民共和国会计法》《中华人民共和国企业国有资产法》《行政事业性国有资产管理条例》《企业财务通则》《金融企业财务通则》以及自然资源有关法律法规等规定，制定本办法。

第二条 本办法适用于财政部门根据国务院授权牵头编制国有资产管理情况的报告（以下简称国有资产报告）相关工作。

第三条 财政部门要建立国有资产报告工作协调机制，会商有关部门和单位解决国有资产报告工作中的问题，统筹推进国有资产报告编报工作。

第四条 国有资产报告编制要实现全口径、全覆盖，采取价值量与实物量相结合的方式，全面、科学反映各级各类国有资产管理情况。

国有资产报告采取综合报告和专项报告相结合方式。

第五条 综合报告全面反映各级各类国有资产管理情况。

第六条 专项报告分别反映企业国有资产（不含金融企业）、金融企业国有资产、行政事业性国有资产、国有自然资源四类国有资产管理情况。企业国有资产（不含金融企业）专项报告的范围包括各履行出资人职责的部门和机构管理企业、党政机关和事业单位所办企业等国有资产。

金融企业国有资产专项报告的范围包括国家及其授权投资主体直接或间接对金融机构出资所形成的资本和应享有的权益，凭借国家权力和信用支持的金融机构所形成的资本和应享有的权益等国有金融资本。

行政事业性国有资产专项报告的范围包括各类行政事业单位依法直接支配的各类资产，包括固定资产、在建工程、无形资产、对外投资以及流动资产等，还包括由行政事业单位用于提供公共服务的公共基础设施、保障性住房、政府储备物资、文物文化资产等。

国有自然资源专项报告的范围包括全民所有土地、矿产、森林、草原、湿地、水流、海洋等自然资源资产。

第七条 国有资产报告应当根据各类国有资产性质和管理目标，真实反映国有资产管理情况、管理成效、存在的问题，提出改进工作安排意见等。

国有资产报告应当突出报告重点，重点报告本级人大常委会审议关注的内容，以及与其相关的重要情况。

第八条 国有资产报告按照公历年度编制，反映上一年度1月1日至12月31日国有资产监督管理情况。

第九条 财政部每年向各省、自治区、直辖市人民政府财政部门以及有关中央部门和单位印发开展年度国有资产报告编报工作的通知，布置年度报告工作，明确报告工作具体安排、编报要求和报送时限等。

各有关部门和单位应当依法依规认真、如实编写国有资产报告，不得瞒报、虚报、漏报国有资产情况，并对资产报告的真实性、准确性和完整性负责。

第十条 财政部在有关中央部门和单位以及各省级人民政府报送的报告基础上，经过审核汇总，编制全国国有资产综合报告和有关专项报告，按照程序呈报国务院。

县级以上地方各级财政部门按照财政部和本级人民政府部署要求，开展本地区综合报告和有关专项报告编制工作。

第十一条 县级以上各级财政部门商各相关部门、单位配合做好本级人大常委会审议报告相关工作，按照规定程序对报告的数据和内容进行审核。

第十二条 根据本级人大常委会审议意见任务分工，财政部门商各相关部门汇总梳理关于本级人大常委会审议意见的处理情况和国有资产管理领域审计发现主要问题及整改问责情况，形成审议意见处理情况报告，经本级人民政府同意后报本级人大常委会。

第十三条 财政部门应当按照规定及时公开国有资产报告有关信息，自觉接受社会监督。

第十四条 财政部牵头推进全口径国有资产信息共享平台建设，全面完整反映各类国有资产配置、使用、处置和效益等基本情况。

第十五条 各级财政部门、有关部门和单位及其工作人员在国有资产报告编制工作中发生滥用职权、玩忽职守、徇私舞弊或者渎职失职等违法违规行为的，依照《中华人民共和国监察法》《中华人民共和国公职人员政务处分法》《财政违法行为处罚处分条例》等追究责任；构成犯罪的，依法追究刑事责任。

第十六条 省级财政部门根据本办法，可以制定本地区国有资产报告编报工作具体办法。

第十七条 本办法自印发之日起施行。

4. 事业单位国有资产管理暂行办法（2019年修订）

（2006年5月30日财政部令第36号公布 根据2017年12月4日财政部令第90号《财政部关于修改〈注册会计师注册办法〉等6部规章的决定》第一次修改 根据2019年3月29日《财政部关于修改〈事业单位国有资产管理暂行办法〉的决定》第二次修改）

第一章 总 则

第一条 为了规范和加强事业单位国有资产管理，维护国有资产的安全完整，合理配置和有效利用国有资产，保障和促进各项事业发展，建立适应社会主义市场经济和公共财政要求的事业单位国有资产管理体制，根据国务院有关规定，制定本办法。

第二条 本办法适用于各级各类事业单位的国有资产管理活动。

第三条 本办法所称的事业单位国有资产，是指事业单位占有、使用的，依法确认为国家所有，能以货币计量的各种经济资源的总称，即事业单位的国有（公共）财产。

事业单位国有资产包括国家拨给事业单位的资产，事业单位按照国家规定运用国有资产组织收入形成的资产，以及接受捐赠和其他经法律确认为国家所有的资产，其表现形式为流动资产、固定资产、无形资产和对外投资等。

第四条 事业单位国有资产管理活动，应当坚持资产管理与预算管理相结合的原则，推行实物费用定额制度，促进事业资产整合与共享共用，实现资产管理和预算管理的紧密统一；应当坚持所有权和使用权相分离的原则；应当坚持资产管理与财务管理、实物管理与价值管理相结合的原则。

第五条 事业单位国有资产实行国家统一所有，政府分级监管，单位占有、使用的管理体制。

第二章 管理机构及其职责

第六条 各级财政部门是政府负责事业单位国有资产管理的职能部门，对事业单位的国有资产实施综合管理。其主要职责是：

（一）根据国家有关国有资产管理的规定，制定事业单位国有资产管理的规章制度，并组织实施和监督检查；

（二）研究制定本级事业单位实物资产配置标准和相关的费用标准，组织本级事业单位国有资产的产权登记、产权界定、产权纠纷调处、资产评估监管、资产清查和统计报告等基础管理工作；

（三）按规定权限审批本级事业单位有关资产购置、处置和利用国有资产对外投资、出租、出借和担保等事项，组织事业单位长期闲置、低效运转和超标准配置资产的调剂工作，建立事业单位国有资产整合、共享、共用机制；

（四）推进本级有条件的事业单位实现国有资产的市场化、社会化，加强事业单位转企改制工作中国有资产的监督管理；

（五）负责本级事业单位国有资产收益的监督管理；

（六）建立和完善事业单位国有资产管理信息系统，对事业单位国有资产实行动态管理；

（七）研究建立事业单位国有资产安全性、完整性和使用有效性的评价方法、评价标准和评价机制，对事业单位国有资产实行绩效管理；

（八）监督、指导本级事业单位及其主管部门、下级财政部门的国有资产管理工作。

第七条 事业单位的主管部门（以下简称主管部门）负责对本部门所属事业单位的国有资产实施监督管理。其主要职责是：

（一）根据本级和上级财政部门有关国有资产管理的规定，制定本部门事业单位国有资产管理的实施办法，并组织实施和监督检查；

（二）组织本部门事业单位国有资产的清查、登记、统计汇总及日常监督检查工作；

（三）审核本部门所属事业单位利用国有资产对外投资、出租、出借和担保等事项，按规定权限审核或者审批有关资产购置、处置事项；

（四）负责本部门所属事业单位长期闲置、低效运转和超标准配置资产的调剂工作，优化事业单位国有资产配置，推动事业单位国有资产共享、共用；

（五）督促本部门所属事业单位按规定缴纳国有资产收益；

（六）组织实施对本部门所属事业单位国有资产管理和使用情况的评价考核；

（七）接受同级财政部门的监督、指导并向其报告有关事业单位国有资产管理工作。

第八条 事业单位负责对本单位占有、使用的国有资产实施具体管理。其主要职责是：

（一）根据事业单位国有资产管理的有关规定，制定本单位国有资产管理的具体办法并组织实施；

（二）负责本单位资产购置、验收入库、维护保管等日常管理，负责本单位资产的账卡管理、清查登记、统计报告及日常监督检查工作；

（三）办理本单位国有资产配置、处置和对外投资、出租、出借和担保等事项的报批手续；

（四）负责本单位用于对外投资、出租、出借和担保的资产的保值增值，按照规定及时、足额缴纳国有资产收益；

（五）负责本单位存量资产的有效利用，参与大型仪器、设备等资产的共享、共用和公共研究平台建设工作；

（六）接受主管部门和同级财政部门的监督、指导并向其报告有关国有资产管理工作。

第九条 各级财政部门、主管部门和事业单位应当按照本办法的规定，明确管理机构和人员，做好事业单位国有资产管理工作。

第十条 财政部门根据工作需要，可以将国有资产管理的部分工作交由有关单位完成。

第三章　资产配置及使用

第十一条 事业单位国有资产配置是指财政部门、主管部门、事业单位等根据事业单位履行职能的需要，按照国家有关法律、法规和规章制度规定的程序，通过购置或者调剂等方式为事业单位配备资产的行为。

第十二条 事业单位国有资产配置应当符合以下条件：

（一）现有资产无法满足事业单位履行职能的需要；

（二）难以与其他单位共享、共用相关资产；

（三）难以通过市场购买产品或者服务的方式代替资产配置，或者采取市场购买方式的成本过高。

第十三条 事业单位国有资产配置应当符合规定的配置标准；没有规定配置标准的，应当从严控制，合理配置。

第十四条 对于事业单位长期闲置、低效运转或者超标准配置的资产，原则上由主管部门进行调剂，并报同级财政部门备案；跨部门、跨地区的资产调剂应当报同级或者共同上一级的财政部门批准。法律、行政法规另有规定的，依照其规定。

第十五条 事业单位向财政部门申请用财政性资金购置规定限额以上资产的（包括事业单位申请用财政性资金举办大型会议、活动需要进行的购置），除国家另有规定外，按照下列程序报批：

（一）年度部门预算编制前，事业单位资产管理部门会同财务部门审核资产存量，提出下一年度拟购置资产的品目、数量，测算经费额度，报主管部门审核；

（二）主管部门根据事业单位资产存量状况和有关资产配置标准，审核、汇总事业单位资产购置计划，报同级财政部门审批；

（三）同级财政部门根据主管部门的审核意见，对资产购置计划进行审批；

（四）经同级财政部门批准的资产购置计划，事业单位应当列入年度部门预算，并在上报年度部门预算时附送批复文件等相关材料，作为财政部门批复部门预算的依据。

第十六条　事业单位向主管部门或者其他部门申请项目经费的，有关部门在下达经费前，应当将所涉及的规定限额以上的资产购置事项报同级财政部门批准。

第十七条　事业单位用其他资金购置规定限额以上资产的，报主管部门审批；主管部门应当将审批结果定期报同级财政部门备案。

第十八条　事业单位购置纳入政府采购范围的资产，应当按照国家有关政府采购的规定执行。

第十九条　事业单位国有资产的使用包括单位自用和对外投资、出租、出借、担保等方式。

第二十条　事业单位应当建立健全资产购置、验收、保管、使用等内部管理制度。

事业单位应当对实物资产进行定期清查，做到账账、账卡、账实相符，加强对本单位专利权、商标权、著作权、土地使用权、非专利技术、商誉等无形资产的管理，防止无形资产流失。

第二十一条　事业单位利用国有资产对外投资、出租、出借和担保等应当进行必要的可行性论证，并提出申请，经主管部门审核同意后，报同级财政部门审批。法律、行政法规和本办法第五十六条另有规定的，依照其规定。

事业单位应当对本单位用于对外投资、出租和出借的资产实行专项管理，并在单位财务会计报告中对相关信息进行充分披露。

第二十二条　财政部门和主管部门应当加强对事业单位利用国有资产对外投资、出租、出借和担保等行为的风险控制。

第二十三条　除本办法第五十六条及国家另有规定外，事业单位对外投资收益以及利用国有资产出租、出借和担保等取得的收入应当纳入单位预算，统一核算，统一管理。

第四章　资　产　处　置

第二十四条　事业单位国有资产处置，是指事业单位对其占有、使用的国有资产进行产权转让或者注销产权的行为。处置方式包括出售、出让、转让、对外捐赠、报废、报损以及货币性资产损失核销等。

第二十五条　除本办法第五十六条另有规定外，事业单位处置国有资产，应当严格履行审批手续，未经批准不得自行处置。

第二十六条　事业单位占有、使用的房屋建筑物、土地和车辆的处置，货币性资产损失的核销，以及单位价值或者批量价值在规定限额以上的资产的处置，经主管部门审核后报同级财政部门审批；规定限额以下的资产的处置报主管部门审批，主管部门将审批结果定期报同级财政部门备案。法律、行政法规和本办法第五十六条另有规定的，依照其规定。

第二十七条　财政部门或者主管部门对事业单位国有资产处置事项的批复是财政部门重新安排事业单位有关资产配置预算项目的参考依据，是事业单位调整相关会计账目的凭证。

第二十八条　事业单位国有资产处置应当遵循公开、公正、公平的原则。

事业单位出售、出让、转让、变卖资产数量较多或者价值较高的，应当通过拍卖等市场竞价方式公开处置。

第二十九条　除本办法第五十六条另有规定外，事业单位国有资产处置收入属于国家所有，应当按照政府非税收入管理的规定，实行"收支两条线"管理。

第五章　产权登记与产权纠纷处理

第三十条　事业单位国有资产产权登记（以下简称产权登记）是国家对事业单位占有、

使用的国有资产进行登记，依法确认国家对国有资产的所有权和事业单位对国有资产的占有、使用权的行为。

第三十一条 事业单位应当向同级财政部门或者经同级财政部门授权的主管部门（以下简称授权部门）申报、办理产权登记，并由财政部门或者授权部门核发《事业单位国有资产产权登记证》（以下简称《产权登记证》）。

第三十二条 《产权登记证》是国家对事业单位国有资产享有所有权，单位享有占有、使用权的法律凭证，由财政部统一印制。

事业单位办理法人年检、改制、资产处置和利用国有资产对外投资、出租、出借、担保等事项时，应当出具《产权登记证》。

第三十三条 事业单位国有资产产权登记的内容主要包括：

（一）单位名称、住所、负责人及成立时间；

（二）单位性质、主管部门；

（三）单位资产总额、国有资产总额、主要实物资产额及其使用状况、对外投资情况；

（四）其他需要登记的事项。

第三十四条 事业单位应当按照以下规定进行国有资产产权登记：

（一）新设立的事业单位，办理占有产权登记；

（二）发生分立、合并、部分改制，以及隶属关系、单位名称、住所和单位负责人等产权登记内容发生变化的事业单位，办理变更产权登记；

（三）因依法撤销或者整体改制等原因被清算、注销的事业单位，办理注销产权登记。

第三十五条 各级财政部门应当在资产动态管理信息系统和变更产权登记的基础上，对事业单位国有资产产权登记实行定期检查。

第三十六条 事业单位与其他国有单位之间发生国有资产产权纠纷的，由当事人协商解决。协商不能解决的，可以向同级或者共同上一级财政部门申请调解或者裁定，必要时报有管辖权的人民政府处理。

第三十七条 事业单位与非国有单位或者个人之间发生产权纠纷的，事业单位应当提出拟处理意见，经主管部门审核并报同级财政部门批准后，与对方当事人协商解决。协商不能解决的，依照司法程序处理。

第六章 资产评估与资产清查

第三十八条 事业单位有下列情形之一的，应当对相关国有资产进行评估：

（一）整体或者部分改制为企业；

（二）以非货币性资产对外投资；

（三）合并、分立、清算；

（四）资产拍卖、转让、置换；

（五）整体或者部分资产租赁给非国有单位；

（六）确定涉讼资产价值；

（七）法律、行政法规规定的其他需要进行评估的事项。

第三十九条 事业单位有下列情形之一的，可以不进行资产评估：

（一）经批准事业单位整体或者部分资产无偿划转；

（二）行政、事业单位下属的事业单位之间的合并、资产划转、置换和转让；

（三）国家设立的研究开发机构、高等院校将其持有的科技成果转让、许可或者作价投资给国有全资企业的；

（四）发生其他不影响国有资产权益的特殊产权变动行为，报经同级财政部门确认可以不进行资产评估的。

第四十条 国家设立的研究开发机构、高等院校将其持有的科技成果转让、许可或者作价投资给非国有全资企业的，由单位自主决定是否进行资产评估。

第四十一条 事业单位国有资产评估工作应当委托具有资产评估资质的评估机构进行。事业单位应当如实向资产评估机构提供有关情况和资料，并对所提供的情况和资料的客观性、真实性和合法性负责。

事业单位不得以任何形式干预资产评估机构独立执业。

第四十二条 事业单位国有资产评估项目实行核准制和备案制。核准和备案工作按照国家有关国有资产评估项目核准和备案管理的规定执行。

第四十三条 事业单位有下列情形之一的，应当进行资产清查：

（一）根据国家专项工作要求或者本级政府实际工作需要，被纳入统一组织的资产清查范围的；

（二）进行重大改革或者整体、部分改制为企业的；

（三）遭受重大自然灾害等不可抗力造成资产严重损失的；

（四）会计信息严重失真或者国有资产出现重大流失的；

（五）会计政策发生重大更改，涉及资产核算方法发生重要变化的；

（六）同级财政部门认为应当进行资产清查的其他情形。

第四十四条 事业单位进行资产清查，应当向主管部门提出申请，并按照规定程序报同级财政部门批准立项后组织实施，但根据国家专项工作要求或者本级政府工作需要进行的资产清查除外。

第四十五条 事业单位资产清查工作的内容主要包括基本情况清理、账务清理、财产清查、损溢认定、资产核实和完善制度等。资产清查的具体办法由财政部另行制定。

第七章 资产信息管理与报告

第四十六条 事业单位应当按照国有资产管理信息化的要求，及时将资产变动信息录入管理信息系统，对本单位资产实行动态管理，并在此基础上做好国有资产统计和信息报告工作。

第四十七条 事业单位国有资产信息报告是事业单位财务会计报告的重要组成部分。事业单位应当按照财政部门规定的事业单位财务会计报告的格式、内容及要求，对其占有、使用的国有资产状况定期做出报告。

第四十八条 事业单位国有资产占有、使用状况，是主管部门、财政部门编制和安排事业单位预算的重要参考依据。各级财政部门、主管部门应当充分利用资产管理信息系统和资产信息报告，全面、动态地掌握事业单位国有资产占有、使用状况，建立和完善资产与预算有效结合的激励和约束机制。

第八章 监督检查与法律责任

第四十九条 财政部门、主管部门、事业单位及其工作人员，应当依法维护事业单位国有资产的安全完整，提高国有资产使用效益。

第五十条 财政部门、主管部门和事业单位应当建立健全科学合理的事业单位国有资产监督管理责任制，将资产监督、管理的责任落实到具体部门、单位和个人。

第五十一条 事业单位国有资产监督应当坚持单位内部监督与财政监督、审计监督、社会监督相结合，事前监督与事中监督、事后监督相结合，日常监督与专项检查相结合。

第五十二条 事业单位及其工作人员违反本办法，有下列行为之一的，依据《财政违法行为处罚处分条例》的规定进行处罚、处理、处分：

（一）以虚报、冒领等手段骗取财政资金的；

（二）擅自占有、使用和处置国有资产的；

（三）擅自提供担保的；

（四）通过串通作弊、暗箱操作等低价处置国有资产的；

（五）未按规定缴纳国有资产收益的。

第五十三条 各级财政部门、主管部门及其工作人员在事业单位国有资产配置、使用、处置等管理工作中，存在违反本办法规定的行为，以及其他滥用职权、玩忽职守、徇私舞弊等违法违纪行为的，依照《中华人民共和国公务员法》《中华人民共和国监察法》《财政违法行为处罚处分条例》等国家有关规定追究相应责任；涉嫌犯罪的，依法移送司法机关处理。

第五十四条 主管部门在配置事业单位国有资产或者审核、批准国有资产使用、处置事项的工作中违反本办法规定的，财政部门可以责令其限期改正，逾期不改的予以警告。

第五十五条 违反本办法有关事业单位国有资产管理规定的其他行为，依据国家有关法律、法规及规章制度进行处理。

第九章 附 则

第五十六条 国家设立的研究开发机构、高等院校对其持有的科技成果，可以自主决定转让、许可或者作价投资，不需报主管部门、财政部门审批或者备案，并通过协议定价、在技术交易市场挂牌交易、拍卖等方式确定价格。通过协议定价的，应当在本单位公示科技成果名称和拟交易价格。

国家设立的研究开发机构、高等院校转化科技成果所获得的收入全部留归本单位。

第五十七条 社会团体和民办非企业单位中占有、使用国有资产的，参照本办法执行。参照公务员制度管理的事业单位和社会团体，依照国家关于行政单位国有资产管理的有关规定执行。

第五十八条 实行企业化管理并执行企业财务会计制度的事业单位，以及事业单位创办的具有法人资格的企业，由财政部门按照企业国有资产监督管理的有关规定实施监督管理。

第五十九条 地方财政部门制定的本地区和本级事业单位的国有资产管理规章制度，应当报上一级财政部门备案。

中央级事业单位的国有资产管理实施办法，由财政部会同有关部门根据本办法制定。

第六十条 境外事业单位国有资产管理办法由财政部另行制定。中国人民解放军、武装警察部队以及经国家批准的特定事业单位的国有资产管理办法，由解放军总后勤部、武装警察部队和有关主管部门会同财政部另行制定。

行业特点突出，需要制定行业事业单位国有资产管理办法的，由财政部会同有关主管部门根据本办法制定。

第六十一条 本办法中有关资产配置、处置事项的"规定限额"由省级以上财政部门另行确定。

第六十二条 本办法自2006年7月1日起施行。此前颁布的有关事业单位国有资产管理的规定与本办法相抵触的，按照本办法执行。

5. 关于加强行政事业单位固定资产管理的通知（2020年颁布）

（财资〔2020〕97号）

党中央有关部门，国务院各部委、各直属机构，全国人大常委会办公厅，全国政协办公厅，最高人民法院，最高人民检察院，各民主党派中央，有关人民团体，各省、自治区、直辖市、计划单列市财政厅（局），新疆生产建设兵团财政局，有关中央管理企业：

行政事业单位固定资产（以下简称固定资产）是行政事业单位为满足自身开展业务活动或其他活动需要而控制的，使用年限和单位价值在规定标准以上，并在使用过程中基本保持原有物质形态的资产，包括房屋及构筑物，专用设备，通用设备，文物和陈列品，图书、档案，家具、用具、装具及动植物等。做好固定资产管理工作，对于提升行政事业单位国有资产管理整体水平、更好地服务与保障单位履职和事业发展，具有重要意义。为贯彻落实党中央、国务院关于"过紧日子"的要求，有效盘活并高效使用固定资产，有针对性地解决固定资产管理中存在的突出问题，现就加强固定资产管理有关事项通知如下：

一、落实管理责任，健全管理制度

（一）明晰责任。各级财政部门要强化和落实综合管理职责，加强固定资产管理顶层设计，明确固定资产管理要求。各部门要切实履行固定资产监督管理职责，建立健全固定资产管理机制，组织落实固定资产管理各项工作。各单位对固定资产管理承担主体责任，并将责任落实到人。固定资产使用人员要切实负起责任，爱护和使用好固定资产，确保固定资产安全完整，高效利用。

（二）健全制度。各部门应根据工作需要和实际情况，建立健全固定资产管理实施办法或分类制定固定资产管理规定，进一步细化管理要求。各单位应认真对照管理要求，针对固定资产验收登记、核算入账、领用移交、维修保管、清查盘点、出租出借、对外投资、回收处置、绩效管理等重点环节，查漏补缺，明确操作规程，确保流程清晰、管理规范、责任可查。

（三）加强内控。各部门、各单位应当根据《行政事业单位内部控制规范（试行）》等规定，强化固定资产配置、使用、处置等关键环节的管控。加强固定资产管理部门与政府采购、财务、人事等部门的沟通协作，形成管理合力。

二、加强基础管理，确保家底清晰

（四）核算入账。各单位要严格落实政府会计准则制度等要求，按规定设置固定资产账簿，对固定资产增减变动及时进行会计处理，并定期与固定资产卡片进行核对，确保账卡相符。对已投入使用但尚未办理竣工决算的在建工程，应当按规定及时转入固定资产。

（五）登记管理。加强固定资产卡片管理，做到有物必登、登记到人、一物一卡、不重不漏。对于权证手续不全、但长期占有使用并实际控制的固定资产，应当建立并登记固定资产卡片；对于租入固定资产，应当单独登记备查，并做好维护和管理。固定资产卡片应当符合规定格式，载明固定资产基本信息、财务信息以及使用信息，并随资产全生命周期管理动态更新，在行政事业单位国有资产年度报告中如实反映。

（六）清查盘点。定期对固定资产进行清查盘点，每年至少盘点一次，全面掌握并真实反映固定资产的数量、价值和使用状况，确保账账相符、账实相符。盘盈固定资产，应当按照政府会计准则制度等规定合理确定资产价值，按权限报批后登记入账。出现固定资产盘亏，应当查明原因、及时规范处理。

（七）权属管理。切实做好固定资产产权管理，及时办理土地、房屋、车辆等固定资产权属证书，资产变动应办理权证变更登记，避免权属不清。涉及产权纠纷或不清晰的固定资产，应按照产权管理规定，厘清产权关系。

三、规范管理行为，提升管理效能

（八）从严配置。各部门、各单位要真正落实"过紧日子"要求，在摸清固定资产存量基础上，合理提出配置需求，审核部门要严格把关，从严控制。固定资产配置能通过调剂、收回出租出借等方式解决的，原则上不得重新购置、建设、租用。购置、建设、租用固定资产的，应当严格执行政府采购等法律法规，并做好政府采购等履约验收与固定资产入账的衔接。严格按规定标准配置固定资产，没有配置标准的，结合本单位履职需要和事业发展需求，厉行节约，合理配备。固定资产原则上不得一边出租出借、一边新增配置。

（九）规范使用。要加强固定资产使用管理，行政单位固定资产主要保障机关正常运转，事业单位固定资产主要支撑事业发展，行政单位和事业单位原则上不得互相占用固定资产，确保固定资产功能与单位职能相匹配。固定资产出租出借、对外投资要严格履行管理程序。落实固定资产内部领用和离岗归还制度，领用人要合理使用、妥善保管，出现损坏及时报修，避免闲置浪费或是公物私用。发生岗位变动应当按规定及时办理资产移交，移交或归还后方可办理相关手续。

（十）调剂共享。积极推进固定资产在单位内部调剂共享，鼓励跨部门、跨地区、跨级次的资产调剂和共享共用，提升固定资产使用效益。高校、科研等事业单位要将符合条件的科研设施与科研仪器纳入重大科研基础设施和大型科研仪器国家网络管理平台，将仪器开放共享情况作为新增资产配置的重要参考因素，推动开放共享和高效利用。

（十一）规范处置。明确固定资产内部处置程序，严格按规定权限履行报批程序，及时处置固定资产。对长期积压的待处置资产，按"三重一大"事项履行集体决策程序，在规定权限内予以处置，切实解决"销账难"的问题。固定资产处置要做到公开、公正、公平。出售、出让、转让固定资产应依法依规进行资产评估，数量较多或者价值较高的，通过进场交易、拍卖等公开方式处置。确实不具备使用价值的处置资产，鼓励通过网络拍卖等方式公开处置。处置收入扣除相关税金、评估费、拍卖佣金等费用后，按照政府非税收入收缴管理有关规定及时缴入国库，实行"收支两条线"管理。

四、完善追责机制，加强监督检查

（十二）损失追责。各部门、各单位应当建立健全固定资产损失追责机制，落实损失赔偿责任。对因使用、保管不善等造成的固定资产丢失、损毁等情形，按照规定进行责任认定，由责任人承担相应责任。

（十三）绩效管理。各级财政部门、各部门应当建立固定资产全过程绩效管理机制，对固定资产管理机构人员设置，账实相符情况，配置效率、使用效果、处置以及收入管理、信息系统建设和应用等情况设置具体绩效指标，实施跟踪问效。

（十四）监督检查。各级财政部门会同主管部门加强固定资产管理的监督检查，在强化日常监管基础上，针对单位固定资产管理制度是否完善、基础工作是否扎实、使用是否高效等开展监督检查，增强监督实效。对固定资产管理不到位的行政事业单位进行通报；对隐瞒不报、故意损毁、违规违纪违法操作，造成国有资产重大流失的，依法追究相关责任。

各部门、各单位要高度重视并切实加强固定资产管理，根据本通知精神，落实管理责任、细化管理要求，规范管理行为，加强信息技术支撑，确保固定资产安全完整、运转高效。

财政部
2020 年 8 月 26 日

6. 罚没财物管理办法（2020年颁布）

关于印发《罚没财物管理办法》的通知

（财税〔2020〕54号）

党中央有关部门，国务院各部委、各直属机构，最高人民法院、最高人民检察院、国家监委，各省、自治区、直辖市、计划单列市财政厅（局），新疆生产建设兵团财政局，财政部各地监管局：

为进一步规范和加强罚没财物管理，根据国家有关法律法规，结合各地区、各部门实践情况，我部制定了《罚没财物管理办法》，现印发给你们，请遵照执行。

附件：罚没财物管理办法

财政部
2020年12月17日

附件：

罚没财物管理办法

第一章 总 则

第一条 为规范和加强罚没财物管理，防止国家财产损失，保护自然人、法人和非法人组织的合法权益，根据《中华人民共和国预算法》《罚款决定与罚款收缴分离实施办法》（国务院令第235号）等有关法律、行政法规规定，制定本办法。

第二条 罚没财物移交、保管、处置、收入上缴、预算管理等，适用本办法。

第三条 本办法所称罚没财物，是指执法机关依法对自然人、法人和非法人组织作出行政处罚决定、没收、追缴决定或者法院生效裁定、判决取得的罚款、罚金、违法所得、非法财物，没收的保证金、个人财产等，包括现金、有价票证、有价证券、动产、不动产和其他财产权利等。

本办法所称执法机关，是指各级行政机关、监察机关、审判机关、检察机关，法律法规授权的具有管理公共事务职能的事业单位和组织。

本办法所称罚没收入是指罚款、罚金等现金收入，罚没财物处置收入及其孳息。

第四条 罚没财物管理工作应遵循罚款决定与罚款收缴相分离，执法与保管、处置岗位相分离，罚没收入与经费保障相分离的原则。

第五条 财政部负责制定全国罚没财物管理制度，指导、监督各地区、各部门罚没财物管理工作。中央有关执法机关可以根据本办法，制定本系统罚没财物管理具体实施办法，指导本系统罚没财物管理工作。

财政部各地监管局对属地中央预算单位罚没财物的处置、收入收缴等进行监督。

第十四条 除法律法规另有规定外，容易损毁、灭失、变质、保管困难或者保管费用过高、季节性商品等不宜长期保存的物品，长期不使用容易导致机械性能下降、价值贬损的车辆、船艇、电子产品等物品，以及有效期即将届满的汇票、本票、支票等，在确定为罚没财物前，经权利人同意或者申请，并经执法机关负责人批准，可以依法先行处置；权利人不明确的，可以依法公告，公告期满后仍没有权利人同意或者申请的，可以依法先行处置。先行处置所得款项按照涉案现金管理。

第十五条 罚没物品处置前存在破损、污秽等情形的，在有利于加快处置的情况下，且清理、修复费用低于变卖收入的，可以进行适当清理、修复。

第十六条 执法机关依法取得的罚没物品，除法律、行政法规禁止买卖的物品或者财产权利、按国家规定另行处置外，应当按照国家规定进行公开拍卖。公开拍卖应当符合下列要求：

（一）拍卖活动可以采取现场拍卖方式，鼓励有条件的部门和地区通过互联网和公共资源交易平台进行公开拍卖。

（二）公开拍卖应当委托具有相应拍卖资格的拍卖人进行，拍卖人可以通过摇珠等方式从具备资格条件的范围中选定，必要时可以选择多个拍卖人进行联合拍卖。

（三）罚没物品属于国家有强制安全标准或者涉及人民生命财产安全的，应当委托符合有关规定资格条件的检验检疫机构进行检验检测，不符合安全、卫生、质量或者动植物检疫标准的，不得进行公开拍卖。

（四）根据需要，可以采取"一物一拍"等方式对罚没物品进行拍卖。采用公开拍卖方式处置的，一般应当确定拍卖标的保留价。保留价一般参照价格认定机构或者符合资格条件的资产评估机构作出的评估价确定，也可以参照市场价或者通过互联网询价确定。

（五）公开拍卖发生流拍情形的，再次拍卖的保留价不得低于前次拍卖保留价的80%。发生3次（含）以上流拍情形的，经执法机关商同级财政部门确定后，可以通过互联网平台采取无底价拍卖或者转为其他处置方式。

第十七条 属于国家规定的专卖商品等限制流通的罚没物品，应当交由归口管理单位统一变卖，或者变卖给按规定可以接受该物品的单位。

第十八条 下列罚没物品，应当移交相关主管部门处置：

（一）依法没收的文物，应当移交国家或者省级文物行政管理部门，由其指定的国有博物馆、图书馆等文物收藏单位收藏或者按国家有关规定处置。经国家或者省级文物行政管理部门授权，市、县的文物行政管理部门或者有关国有博物馆、图书馆等文物收藏单位可以具体承办文物接收事宜。

（二）武器、弹药、管制刀具、毒品、毒具、赌具、禁止流通的易燃易爆危险品等，应当移交同级公安部门或者其他有关部门处置，或者经公安部门、其他有关部门同意，由有关执法机关依法处置。

（三）依法没收的野生动植物及其制品，应当交由野生动植物保护主管部门、海洋执法部门或者有关保护区域管理机构按规定处置，或者经有关主管部门同意，交由相关科研机构用于科学研究。

（四）其他应当移交相关主管部门处置的罚没物品。

第十九条 罚没物品难以变卖或者变卖成本大于收入，且具有经济价值或者其他价值的，执法机关应当报送同级财政部门，经同级财政部门同意后，可以赠送有关公益单位用于公益事业；没有捐赠且能够继续使用的，由同级财政部门统一管理。

第二十条 淫秽、反动物品，非法出版物，有毒有害的食品药品及其原材料，危害国家安全以及其他有社会危害性的物品，以及法律法规规定应当销毁的，应当由执法机关予以销毁。

对难以变卖且无经济价值或者其他价值的，可以由执法机关、政府公物仓予以销毁。

属于应销毁的物品经无害化或者合法化处理，丧失原有功能后尚有经济价值的，可以由执法机关、政府公物仓作为废旧物品变卖。

第二十一条　已纳入罚没仓库保管的物品，依法应当退还的，由执法机关、政府公物仓办理退还手续。

第二十二条　依法应当进行权属登记的房产、土地使用权等罚没财产和财产权利，变卖前可以依据行政处罚决定、没收、追缴决定、法院生效裁定、判决进行权属变更，变更后应当按本办法相关规定处置。

权属变更后的承接权属主体可以是执法机关、政府公物仓、同级财政部门或者其他指定机构，但不改变罚没财物的性质，承接单位不得占用、出租、出借。

第二十三条　罚没物品无法直接适用本办法规定处置的，执法机关与同级财政商有关部门后，提出处置方案，报上级财政部门备案。

第四章　罚没收入

第二十四条　罚没收入属于政府非税收入，应当按照国库集中收缴管理有关规定，全额上缴国库，纳入一般公共预算管理。

第二十五条　除依法可以当场收缴的罚款外，作出罚款决定的执法机关应当与收缴罚款的机构分离。

第二十六条　中央与省级罚没收入的划分权限，省以下各级政府间罚没收入的划分权限，按照现行预算管理有关规定确定。法律法规另有规定的，从其规定。

第二十七条　除以下情形外，罚没收入应按照执法机关的财务隶属关系缴入同级国库：

（一）海关、公安、中国海警、市场监管等部门取得的缉私罚没收入全额缴入中央国库。

（二）海关（除缉私外）、国家外汇管理部门、国家邮政部门、通信管理部门、气象管理部门、应急管理部所属煤矿安全监察部门、交通运输部所属海事部门中央本级取得的罚没收入全额缴入中央国库。省以下机构取得的罚没收入，50%缴入中央国库，50%缴入地方国库。

（三）国家烟草专卖部门取得的罚没收入全额缴入地方国库。

（四）应急管理部所属的消防救援部门取得的罚没收入，50%缴入中央国库，50%缴入地方国库。

（五）国家市场监督管理总局所属的反垄断部门与地方反垄断部门联合办理或者委托地方查办的重大案件取得的罚没收入，全额缴入中央国库。

（六）国有企业、事业单位监察机构没收、追缴的违法所得，按照国有企业、事业单位隶属关系全额缴入中央或者地方国库。

（七）中央政法机关交办案件按照有关规定执行。

（八）财政部规定的其他情形。

第二十八条　罚没物品处置收入，可以按扣除处置该罚没物品直接支出后的余额，作为罚没收入上缴；政府预算已经安排罚没物品处置专项经费的，不得扣除处置该罚没物品的直接支出。

前款所称处置罚没物品直接支出包括质量鉴定、评估和必要的修复费用。

第二十九条　罚没收入的缴库，按下列规定执行：

（一）执法机关取得的罚没收入，除当场收缴的罚款和财政部另有规定外，应当在取得之日缴入财政专户或者国库；

（二）执法人员依法当场收缴罚款的，执法机关应当自收到款项之日起2个工作日内缴入财政专户或者国库；

（三）委托拍卖机构拍卖罚没物品取得的变价款，由委托方自收到款项之日起2个工作日内缴入财政专户或者国库。

第三十条 政府预算收入中罚没收入预算为预测性指标，不作为收入任务指标下达。执法机关的办案经费由本级政府预算统筹保障，执法机关经费预算安排不得与该单位任何年度上缴的罚没收入挂钩。

第三十一条 依法退还多缴、错缴等罚没收入，应当按照本级财政部门有关规定办理。

第三十二条 执法机关在罚没财物管理工作中，应当按照规定使用财政部门相关票据。

第三十三条 对向执法机关检举、揭发各类违法案件的人员，经查实后，按照相关规定给予奖励，奖励经费不得从案件罚没收入中列支。

第五章 附 则

第三十四条 各级财政部门、执法机关、政府公物仓及其工作人员在罚没财物管理、处置工作中，存在违反本办法规定的行为，以及其他滥用职权、玩忽职守、徇私舞弊等违法违纪行为的，按照《中华人民共和国监察法》《财政违法行为处罚处分条例》等国家有关规定追究相应责任；构成犯罪的，依法追究刑事责任。

第三十五条 执法机关扣押的涉案财物，有关单位、个人向执法机关声明放弃的或者无人认领的财物；党的纪律检察机关依据党内法规收缴的违纪所得以及按规定登记上交的礼品、礼金等财物；党政机关收到的采购、人事等合同违约金；党政机关根据国家赔偿法履行赔偿义务之后向故意或者有重大过失的工作人员、受委托的组织或者个人追偿的赔偿款等，参照罚没财物管理。国家另有规定的除外。

国有企业、事业单位党的纪检机构依据党内法规收缴的违纪所得，以及按规定登记上交的礼品、礼金等财物，按照国有企业、事业单位隶属关系全额缴入中央或者地方国库。

第三十六条 本办法自2021年1月1日起实施。

本办法实施前已经形成的罚没财物，尚未处置的，按照本办法执行。

7. 国有文物资源资产管理暂行办法（2021年颁布）

（财资〔2021〕84号）

第一章 总 则

第一条 为健全国有资产报告制度，保障国有文物资源资产安全完整、有效保护和合理利用，根据《中华人民共和国文物保护法》《中共中央关于建立国务院向全国人大常委会报告国有资产管理情况制度的意见》《关于加强文物保护利用改革的若干意见》和行政事业单位国有资产管理有关规定，制定本办法。

第二条 各级各类行政事业单位国有文物资源资产的取得、保管保护、使用、处置、报告等管理活动，适用本办法。

第三条 文物资源资产来源包括文物普查、考古调查、勘探和发掘、征集、购买、调拨、捐赠、依法置换、依法接收、指定保管等方式。

第四条 文物资源资产管理遵循保护为主、全面登记、合理利用、动态监控、分类施策、分级管理的原则。

第五条 各级财政部门、文物行政部门、其他主管部门、管理收藏单位按照职责分工承担文物资源资产登记、核算、保管保护、展示利用、信息化管理、资产报告和监督检查等工作。

第六条 各级财政部门会同同级文物行政部门负责制定文物资源资产管理综合性制度，并组织实施和监督检查；建立文物资源资产管理情况报告制度并组织实施。

第七条 各级文物行政部门负责制定文物资源资产专业性管理制度，并组织实施和监督检查；组织所属管理收藏单位开展文物资源资产管理工作，并接受同级财政部门的监督和指导。

其他主管部门负责组织所属管理收藏单位开展文物资源资产管理工作，并接受同级财政部门的监督指导和文物行政部门的行业监督指导。

第八条 管理收藏单位根据财政部门、文物行政部门的规定，负责本单位管理、保护收藏、核算文物资源资产的具体管理工作。文物资源资产的管理收藏单位与实际使用单位不一致的，经相关文物行政部门确认后，由实际使用单位承担日常管理工作。

本条所称的管理收藏单位包括文物行政部门和其他主管部门所属的博物馆（纪念馆）、图书馆、考古科研教学机构、文物管理所等以及其他管理、收藏国有文物的单位。

第二章 文物资源资产登录和清查

第九条 管理收藏单位应当将全部文物资源资产及时、准确登记录入文物总登记账。管理收藏单位的文物总登记账是统计和核算文物资源资产实物量的依据，应当真实、及时反映管理收藏所有文物的信息。

第十条 管理收藏单位应当按照国家统一的会计制度规定进行会计核算，将成本能够可靠取得的文物资源资产及时登记入财务账，确保不重不漏。文物资源资产涉及价值增减变动的，应当及时调整相关账目。

成本无法可靠取得的文物资源资产，应当设置备查簿进行登记，并在年度国有资产报告中体现数量，待成本可以可靠取得后，再按照国家统一的会计制度的规定及时入账。

第十一条 文物总登记账和文物资源资产财务账是文物资源资产核算和管理的重要记录，应当作为编制文物资源资产报告和开展文物资源资产管理工作的依据。

文物总登记账与文物资源资产财务账应当定期核对，确保账账、账实相符。

第十二条 管理收藏单位购买、征集文物资源资产，按照国家有关规定需要进行资产评估的，应当进行资产评估。

第十三条 管理收藏单位应当建立业务部门和财务资产管理部门协作机制，完整反映文物资源资产管理情况。

第十四条 文物资源资产信息卡是文物资源资产登记录入文物总登记账、文物资源资产财务账的基础，分为不可移动文物资源资产信息卡（见附1）和可移动文物资源资产信息卡（见附2）。

第十五条 不可移动文物资源资产信息卡主要内容包括基本信息、财务信息和管理信息。基本信息主要包括：资产名称、文物级别、文物类别、公布日期、是否可计价、面积、具体地址、文物来源等；财务信息主要包括：账面价值、价值类型、入账信息、资金来源等；

管理信息主要包括：管理部门、使用单位、管理人员、使用状况等。

第十六条 可移动文物资源资产信息卡主要内容包括基本信息、财务信息和管理信息。

基本信息主要包括：资产名称、文物级别、文物类别、入藏日期、是否可计价、计量单位、文物来源等；

财务信息主要包括：账面价值、价值类型、入账信息、资金来源等；

管理信息主要包括：管理部门、收藏单位、管理人员、使用状况、存放地点等。

第十七条 文物资源资产信息因调拨、交换、损毁、丢失、撤销退出等发生变动的，管理收藏单位应当及时变更资产信息卡，并同步调整有关账目。

第十八条 各级财政部门、文物行政部门、管理收藏单位可以根据工作需要开展文物资源资产清查，清查工作程序参照《行政事业单位资产清查核实管理办法》（财资〔2016〕1号）等相关规定执行。

第三章　文物资源资产保护利用

第十九条 管理收藏单位应当建立文物资源资产接收、登记、鉴定、编目、档案、安全检查等保管保护制度，可移动文物收藏单位应当建立文物库房管理、修复复制等保管保护制度，明确管理责任，完善内部管理流程。

管理收藏单位应当按照国家文物管理的有关规定，设立规范的文物库房，配备专业设施设备，安排专职人员进行管理，对文物资源资产进行账目清点，抽样核查。

第二十条 管理收藏单位应当按照不损坏文物、不改变文物原状等要求，对文物资源资产进行保养修缮和定期维护，不得损毁、改建、添建或者拆除不可移动文物。

第二十一条 文物行政部门和其他主管部门可以通过购买服务方式对文物资源资产进行保养修缮，承接主体应当按照购买服务合同的约定承担相应管理责任。

第二十二条 博物馆（纪念馆）、图书馆等管理收藏单位应当加强文物资源资产展示利用管理，有效盘活文物资源资产，提高文物资源资产利用效率，充分发挥文物宣传教育作用，满足社会公共文化需求。

第二十三条 考古科研教学机构等管理收藏单位应当加强文物资源资产的科学研究利用，做好文物科研标本的保管保护工作。

第二十四条 其他管理收藏单位应当做好所收藏文物资源资产的管理工作，相关文物行政部门可以安排专业人员协助。涉及文物行业管理事项，管理收藏单位应当按照文物行政部门的规定执行；涉及文物资源资产管理情况报告等事项，管理收藏单位应当按照行政和财务隶属关系报送情况。

第二十五条 可移动文物借展借用、调拨、损毁丢失，以及不可移动文物拆除等应当按照《中华人民共和国文物保护法》《中华人民共和国文物保护法实施条例》等相关规定执行。

第二十六条 文物资源资产调拨、拆除或者发生损毁丢失的，管理收藏单位应当按照规定程序核查处理后，及时调整或者核销账务，并在年度国有资产报告中作出说明。

第二十七条 撤销退出是指不可移动文物降级撤销和可移动文物退出。文物资源资产撤销退出按照国家有关规定执行。

第二十八条 管理收藏单位禁止利用文物资源资产进行对外投资和担保。国有文物收藏单位禁止将馆藏文物资源资产赠予、出租或者出售给其他单位、个人。

第二十九条 文物资源资产借展、交换、调拨等发生的补偿费用应当纳入单位年度预算，专门用于改善文物的收藏条件和文物征集，不得挪作他用。

文物资源资产管理产生的其他收入属于政府所有的，应当按照政府非税收入管理和国库集中收缴管理有关规定，上缴同级国库。

第四章　文物资源资产信息化管理

第三十条 财政部会同文物行政主管部门提出资产管理相关信息化要求，制定文物资源资产管理信息数据规范，建立资产管理信息集中共享机制。

第三十一条 文物资源资产管理应当按照资产管理信息化要求，建立文物资源资产动地方各级财政部门负责制定罚没财物管理制度，指导、监督本行政区内各有关单位的罚没财物管理工作。

各级执法机关、政府公物仓等单位负责制定本单位罚没财物管理操作规范，并在本单位职责范围内对罚没财物管理履行主体责任。

第二章 移交和保管

第六条 有条件的部门和地区可以设置政府公物仓对罚没物品实行集中管理。未设置政府公物仓的，由执法机关对罚没物品进行管理。

各级执法机关、政府公物仓按照安全、高效、便捷和节约的原则，使用下列罚没仓库存放保管罚没物品：

（一）执法机关罚没物品保管仓库；

（二）政府公物仓库；

（三）通过购买服务等方式选择社会仓库。

第七条 设置政府公物仓的地区，执法机关应当在根据行政处罚决定，没收、追缴决定，法院生效裁定、判决没收物品或者公告期满后，在同级财政部门规定的期限内，将罚没物品及其他必要的证明文件、材料，移送至政府公物仓，并向财政部门备案。

第八条 罚没仓库的保管条件、保管措施、管理方式应当满足防火、防水、防腐、防疫、防盗等基础安全要求，符合被保管罚没物品的特性。应当安装视频监控、防盗报警等安全设备。

第九条 执法机关、政府公物仓应当建立健全罚没物品保管制度，规范业务流程和单据管理，具体包括：

（一）建立台账制度，对接管的罚没物品必须造册、登记，清楚、准确、全面反映罚没物品的主要属性和特点，完整记录从入库到处置全过程。

（二）建立分类保管制度，对不同种类的罚没物品，应当分类保管。对文物、文化艺术品、贵金属、珠宝等贵重罚没物品，应当做到移交、入库、保管、出库全程录音录像，并做好密封工作。

（三）建立安全保卫制度，落实人员责任，确保物品妥善保管。

（四）建立清查盘存制度，做到账实一致，定期向财政部门报告罚没物品管理情况。

第十条 罚没仓库应当凭经执法机关或者政府公物仓按管理职责批准的书面文件或者单证办理出库手续，并在登记的出库清单上列明，由经办人与提货人共同签名确认，确保出库清单与批准文件、出库罚没物品一致。

罚没仓库无正当理由不得妨碍符合出库规定和手续的罚没物品出库。

第十一条 执法机关、政府公物仓应当运用信息化手段，建立来源去向明晰、管理全程可控、全面接受监督的管理信息系统。

执法机关、政府公物仓的管理信息系统，应当逐步与财政部门的非税收入收缴系统等平台对接，实现互联互通和信息共享。

第三章 罚没财物处置

第十二条 罚没财物的处置应当遵循公开、公平、公正原则，依法分类、定期处置，提高处置效率，降低仓储成本和处置成本，实现处置价值最大化。

第十三条 各级执法机关、政府公物仓应当依照法律法规和本级人民政府规定的权限，按照本办法的规定处置罚没财物。

各级财政部门会同有关部门对本级罚没财物处置、收入收缴等进行监督，建立处置审批和备案制度。

态管理机制。

有条件的地区和管理收藏单位可以结合地理信息地图对不可移动文物资源资产进行信息化管理。

第三十二条 资产管理信息系统中的文物资源资产信息应当与文物普查数据库中的文物信息相衔接，文物资源资产行业管理信息应当以文物普查数据库为准并保持一致。

存量文物资源资产数据应当作为管理维护、保养修缮预算支出安排的重要依据。

第三十三条 管理收藏单位应当按照文物资源资产信息卡规定内容，及时录入文物资源资产管理信息。文物资源资产管理信息发生变动的，管理收藏单位应当及时更新信息，保证文物资源资产信息数据真实、准确、完整。

第三十四条 各级文物行政部门可以根据文物资源资产管理实际情况，组织开发符合文物资源资产管理特点的个性化功能模块，加强与资产管理信息系统衔接。

第五章 文物资源资产报告

第三十五条 文物资源资产管理情况是国有资产报告的组成部分，应当纳入本级政府年度国有资产管理情况报告。

第三十六条 文物资源资产管理情况年度报告主要内容包括：

（一）文物资源资产的实物量与价值量及增减变动、规模、性质、分类等情况；

（二）文物资源资产相关管理制度建立和实施情况；

（三）文物资源资产取得、保管保护、研究利用和收入情况；

（四）文物资源资产调拨、拆除、损毁、丢失、管理信息变动等情况；

（五）其他需要报告的事项。

第三十七条 管理收藏单位应当将本单位文物资源资产管理情况纳入本单位财务报告和国有资产年度报告，按照规定的程序报送上级文物行政部门或其他主管部门，并对报告的真实性、准确性和完整性负责。

第三十八条 各级文物行政部门和其他主管部门应当根据国有资产报告制度规定的程序，审核汇总所属管理收藏单位文物资源资产管理情况，并报送同级财政部门。

第三十九条 各级财政部门负责汇总本地区文物资源资产管理情况，并纳入本级政府年度国有资产报告，由本级人民政府向本级人大常委会报告，同时按照规定程序报送上一级财政部门。

第六章 监督检查

第四十条 各级财政部门、文物行政部门可以根据工作需要，定期或不定期开展文物资源资产管理专项监督检查。

第四十一条 文物资源资产管理专项监督检查的主要内容包括：

（一）文物资源资产登记入账核算情况；

（二）文物资源资产保管保护和研究利用情况；

（三）文物资源资产拆除减损等情况；

（四）文物资源资产收支管理情况；

（五）文物资源资产安全管理情况；

（六）其他需要监督检查的情况。

第四十二条 各级财政部门、文物行政部门、其他主管部门、管理收藏单位及其工作人员违反本办法规定，在文物资源资产监管工作中存在滥用职权、玩忽职守、徇私舞弊等违纪违法行为的，按照《中华人民共和国文物保护法》《中华人民共和国公务员法》《中华人民共和国监察法》《中华人民共和国会计法》《财政违法行为处罚处分条例》等追究相应责任；构成犯罪的，依法追究刑事责任。

第七章 附 则

第四十三条 已归类为固定资产的文物，按照本办法规定执行。

第四十四条 中国人民解放军和中国人民武装警察部队文物资源资产管理，依照中央军事委员会有关规定执行。

第四十五条 国有企业、管理收藏国有文物的民间非营利组织管理国有文物资源资产的活动，参照本办法规定执行。

第四十六条 省级财政部门和文物行政部门，应当根据本办法，结合本地区文物资源资产管理实际情况，制定具体实施办法并报财政部、国家文物局备案。

第四十七条 本办法自印发之日起施行。

附：1. 不可移动文物资源资产信息卡参考样式
　　2. 可移动文物资源资产信息卡参考样式

附1

不可移动文物资源资产信息卡参考样式

基本信息				
卡片编号		分类代码		
资产名称		文物级别		
文物类别		公布日期		
数量		是否可计价		
计量单位		总建筑面积（平方米）		
占地面积（平方米）		具体地址		
现登记号		文物来源		
藏品年代		建造（制造）年代		
文物简介				
财务信息				
账面价值（元）		价值类型		
财务入账状态		资金来源	财政性资金（元）	
财务入账日期			非财政性资金（元）	
会计凭证号		备查簿是否登记		
是否纳入企业年度决算		是否纳入行政事业资产报表		
计价说明		入账会计科目		

（续表）

管理信息			
管理部门		使用单位	
管理人员		使用状况	
用途			
备注			

制单人：　　　　　　制单时间：

填写说明：
1. 分类代码是资产分类国标。
2. 文物级别按照全国重点文物保护单位、省级文物保护单位、市县级文物保护单位、尚未核定公布为文物保护单位分情况选择填列。
3. 文物类别分为古文化遗址、古墓葬、古建筑、石窟寺、石刻、壁画、近代现代重要史迹和代表性建筑等分情况选择填列。
4. 公布日期为各级政府公布文物保护单位的日期。
5. 按照是否可计价选择"是"或"否"。
6. 计量单位分为个、座、处等分情况选择填列。
7. 现登记号是指文物在现管理收藏单位的登记号。
8. 文物来源包括文物普查、考古调查、勘探和发掘、征集、购买、调拨、捐赠、依法置换、依法接收、指定保管等方式。
9. 账面价值是该文物入账价值。
10. 价值类型为历史成本、公允价值分情况选择填列。
11. 入账状态选择"是"或"否"。
12. 财政性资金、非财政性资金根据资金来源填写。
13. 入账会计科目是固定资产、文物文化资产。
14. 管理部门为管理文物所属单位的行政部门。
15. 使用单位为管理使用文物资源资产的各级各类行政事业单位。
16. 使用状态分为开放、未开放、修缮中等分情况选择填列。
17. 各单位还可在该卡片样式基础上自行增加管理需要的资产信息内容。

附2

可移动文物资源资产信息卡参考样式

基本信息			
卡片编号		分类代码	
资产名称		文物级别	
文物类别		入藏日期	
数量		是否可计价	
计量单位		是否属于馆藏文物	

（续表）

基本信息				
现登记号		文物来源		
藏品年代		建造（制造）年代		
文物简介		文物完整度		
财务信息				
账面价值（元）		价值类型		
财务入账状态		资金来源	财政性资金（元）	
财务入账日期			非财政性资金（元）	
会计凭证号		备查簿是否登记		
是否纳入企业年度决算		是否纳入行政事业资产报表		
计价说明		入账会计科目		
管理信息				
管理部门		收藏单位		
管理人员		使用状况		
存放地点				
备注				

制单人：　　　　　　　　制单时间：

填写说明：
1. 分类代码是资产分类国标。
2. 文物级别按照一级文物、二级文物、三级文物、一般文物分情况选择填列。
3. 文物类别分为历史上各时代重要实物、艺术品、文献、手稿、图书资料、代表性实物 等分情况选择填列。
4. 入藏日期是文物被现收藏单位登记入库的日期。
5. 按照是否可计价选择"是"或"否"。
6. 计量单位分为件、件（套）等分情况选择填列。
7. 现登记号是指文物在现管理收藏单位的登记号。
8. 文物来源包括文物普查、考古调查、勘探和发掘、征集、购买、调拨、捐赠、依法置换、依法接收、指定保管等方式。
9. 账面价值是该文物入账价值。
10. 价值类型为历史成本、公允价值分情况选择填列。
11. 入账状态选择"是"或"否"。
12. 财政性资金、非财政性资金根据资金来源填写。
13. 入账会计科目是固定资产、文物文化资产。
14. 管理部门为管理文物所属单位的行政部门。
15. 收藏单位为保管收藏文物资源资产的各级各类行政事业单位。
16. 使用状态分为展览、借出、维修等分情况选择填列。
17. 各单位还可在该卡片样式基础上自行增加管理需要的资产信息内容。

第十八章 基本建设财务相关法规

1. 基本建设财务规则（2016年颁布）

（中华人民共和国财政部令第81号）

第一章 总　　则

第一条　为了规范基本建设财务行为，加强基本建设财务管理，提高财政资金使用效益，保障财政资金安全，制定本规则。

第二条　本规则适用于行政事业单位的基本建设财务行为，以及国有和国有控股企业使用财政资金的基本建设财务行为。

基本建设是指以新增工程效益或者扩大生产能力为主要目的的新建、续建、改扩建、迁建、大型维修改造工程及相关工作。

第三条　基本建设财务管理应当严格执行国家有关法律、行政法规和财务规章制度，坚持勤俭节约、量力而行、讲求实效，正确处理资金使用效益与资金供给的关系。

第四条　基本建设财务管理的主要任务是：

（一）依法筹集和使用基本建设项目（以下简称项目）建设资金，防范财务风险；

（二）合理编制项目资金预算，加强预算审核，严格预算执行；

（三）加强项目核算管理，规范和控制建设成本；

（四）及时准确编制项目竣工财务决算，全面反映基本建设财务状况；

（五）加强对基本建设活动的财务控制和监督，实施绩效评价。

第五条　财政部负责制定并指导实施基本建设财务管理制度。

各级财政部门负责对基本建设财务活动实施全过程管理和监督。

第六条　各级项目主管部门（含一级预算单位，下同）应当会同财政部门，加强本部门或者本行业基本建设财务管理和监督，指导和督促项目建设单位做好基本建设财务管理的基础工作。

第七条　项目建设单位应当做好以下基本建设财务管理的基础工作：

（一）建立、健全本单位基本建设财务管理制度和内部控制制度；

（二）按项目单独核算，按照规定将核算情况纳入单位账簿和财务报表；

（三）按照规定编制项目资金预算，根据批准的项目概（预）算做好核算管理，及时掌握建设进度，定期进行财产物资清查，做好核算资料档案管理；

（四）按照规定向财政部门、项目主管部门报送基本建设财务报表和资料；

（五）及时办理工程价款结算，编报项目竣工财务决算，办理资产交付使用手续；

（六）财政部门和项目主管部门要求的其他工作。

按照规定实行代理记账和项目代建制的，代理记账单位和代建单位应当配合项目建设单位做好项目财务管理的基础工作。

第二章 建设资金筹集与使用管理

第八条　建设资金是指为满足项目建设需要筹集和使用的资金，按照来源分为财政资金和自筹资金。其中，财政资金包括一般公共预算安排的基本建设投资资金和其他专项建设资金，政府性基金预算安排的建设资金，政府依法举债取得的建设资金，以及国有资本经营预算安排的基本建设项目资金。

第九条 财政资金管理应当遵循专款专用原则，严格按照批准的项目预算执行，不得挤占挪用。

财政部门应当会同项目主管部门加强项目财政资金的监督管理。

第十条 财政资金的支付，按照国库集中支付制度有关规定和合同约定，综合考虑项目财政资金预算、建设进度等因素执行。

第十一条 项目建设单位应当根据批准的项目概（预）算、年度投资计划和预算、建设进度等控制项目投资规模。

第十二条 项目建设单位在决策阶段应当明确建设资金来源，落实建设资金，合理控制筹资成本。非经营性项目建设资金按照国家有关规定筹集；经营性项目在防范风险的前提下，可以多渠道筹集。

具体项目的经营性和非经营性性质划分，由项目主管部门会同财政部门根据项目建设目的、运营模式和盈利能力等因素核定。

第十三条 核定为经营性项目的，项目建设单位应当按照国家有关固定资产投资项目资本管理的规定，筹集一定比例的非债务性资金作为项目资本。

在项目建设期间，项目资本的投资者除依法转让、依法终止外，不得以任何方式抽走出资。

经营性项目的投资者以实物、知识产权、土地使用权等非货币财产作价出资的，应当委托具有专业能力的资产评估机构依法评估作价。

第十四条 项目建设单位取得的财政资金，区分以下情况处理：

经营性项目具备企业法人资格的，按照国家有关企业财务规定处理。不具备企业法人资格的，属于国家直接投资的，作为项目国家资本管理；属于投资补助的，国家拨款时对权属有规定的，按照规定执行，没有规定的，由项目投资者享有；属于有偿性资助的，作为项目负债管理。

经营性项目取得的财政贴息，项目建设期间收到的，冲减项目建设成本；项目竣工后收到的，按照国家财务、会计制度的有关规定处理。

非经营性项目取得的财政资金，按照国家行政、事业单位财务、会计制度的有关规定处理。

第十五条 项目收到的社会捐赠，有捐赠协议或者捐赠者有指定要求的，按照协议或者要求处理；无协议和要求的，按照国家财务、会计制度的有关规定处理。

第三章 预算管理

第十六条 项目建设单位编制项目预算应当以批准的概算为基础，按照项目实际建设资金需求编制，并控制在批准的概算总投资规模、范围和标准以内。

项目建设单位应当细化项目预算，分解项目各年度预算和财政资金预算需求。涉及政府采购的，应当按照规定编制政府采购预算。

项目资金预算应当纳入项目主管部门的部门预算或者国有资本经营预算统一管理。列入部门预算的项目，一般应当从项目库中产生。

第十七条 项目建设单位应当根据项目概算、建设工期、年度投资和自筹资金计划、以前年度项目各类资金结转情况等，提出项目财政资金预算建议数，按照规定程序经项目主管部门审核汇总报财政部门。

项目建设单位根据财政部门下达的预算控制数编制预算，由项目主管部门审核汇总报财政部门，经法定程序审核批复后执行。

第十八条 项目建设单位应当严格执行项目财政资金预算。对发生停建、缓建、迁移、合并、分立、重大设计变更等变动事项和其他特殊情况确需调整的项目，项目建设单位应当按照规定程序报项目主管部门审核后，向财政部门申请调整项目财政资金预算。

第十九条 财政部门应当加强财政资金预算审核和执行管理，严格预算约束。

财政资金预算安排应当以项目以前年度财政资金预算执行情况、项目预算评审意见和绩效评价结果作为重要依据。项目财政资金未按预算要求执行的，按照有关规定调减或者收回。

第二十条 项目主管部门应当按照预算管理规定，督促和指导项目建设单位做好项目财政资金预算编制、执行和调整，严格审核项目财政资金预算、细化预算和预算调整的申请，及时掌握项目预算执行动态，跟踪分析项目进度，按照要求向财政部门报送执行情况。

第四章　建设成本管理

第二十一条 建设成本是指按照批准的建设内容由项目建设资金安排的各项支出，包括建筑安装工程投资支出、设备投资支出、待摊投资支出和其他投资支出。

建筑安装工程投资支出是指项目建设单位按照批准的建设内容发生的建筑工程和安装工程的实际成本。

设备投资支出是指项目建设单位按照批准的建设内容发生的各种设备的实际成本。

待摊投资支出是指项目建设单位按照批准的建设内容发生的，应当分摊计入相关资产价值的各项费用和税金支出。

其他投资支出是指项目建设单位按照批准的建设内容发生的房屋购置支出，基本畜禽、林木等的购置、饲养、培育支出，办公生活用家具、器具购置支出，软件研发和不能计入设备投资的软件购置等支出。

第二十二条 项目建设单位应当严格控制建设成本的范围、标准和支出责任，以下支出不得列入项目建设成本：

（一）超过批准建设内容发生的支出；

（二）不符合合同协议的支出；

（三）非法收费和摊派；

（四）无发票或者发票项目不全、无审批手续、无责任人员签字的支出；

（五）因设计单位、施工单位、供货单位等原因造成的工程报废等损失，以及未按照规定报经批准的损失；

（六）项目符合规定的验收条件之日起3个月后发生的支出；

（七）其他不属于本项目应当负担的支出。

第二十三条 财政资金用于项目前期工作经费部分，在项目批准建设后，列入项目建设成本。

没有被批准或者批准后又被取消的项目，财政资金如有结余，全部缴回国库。

第五章　基建收入管理

第二十四条 基建收入是指在基本建设过程中形成的各项工程建设副产品变价收入、负荷试车和试运行收入以及其他收入。

工程建设副产品变价收入包括矿山建设中的矿产品收入，油气、油田钻井建设中的原油气收入，林业工程建设中的路影材收入，以及其他项目建设过程中产生或者伴生的副产品、试验产品的变价收入。

负荷试车和试运行收入包括水利、电力建设移交生产前的供水、供电、供热收入,原材料、机电轻纺、农林建设移交生产前的产品收入,交通临时运营收入等。

其他收入包括项目总体建设尚未完成或者移交生产,但其中部分工程简易投产而发生的经营性收入等。

符合验收条件而未按照规定及时办理竣工验收的经营性项目所实现的收入,不得作为项目基建收入管理。

第二十五条 项目所取得的基建收入扣除相关费用并依法纳税后,其净收入按照国家财务、会计制度的有关规定处理。

第二十六条 项目发生的各项索赔、违约金等收入,首先用于弥补工程损失,结余部分按照国家财务、会计制度的有关规定处理。

第六章 工程价款结算管理

第二十七条 工程价款结算是指依据基本建设工程发承包合同等进行工程预付款、进度款、竣工价款结算的活动。

第二十八条 项目建设单位应当严格按照合同约定和工程价款结算程序支付工程款。竣工价款结算一般应当在项目竣工验收后2个月内完成,大型项目一般不得超过3个月。

第二十九条 项目建设单位可以与施工单位在合同中约定按照不超过工程价款结算总额的5%预留工程质量保证金,待工程交付使用缺陷责任期满后清算。资信好的施工单位可以用银行保函替代工程质量保证金。

第三十条 项目主管部门应当会同财政部门加强工程价款结算的监督,重点审查工程招投标文件、工程量及各项费用的计取、合同协议、施工变更签证、人工和材料价差、工程索赔等。

第七章 竣工财务决算管理

第三十一条 项目竣工财务决算是正确核定项目资产价值、反映竣工项目建设成果的文件,是办理资产移交和产权登记的依据,包括竣工财务决算报表、竣工财务决算说明书以及相关材料。

项目竣工财务决算应当数字准确、内容完整。竣工财务决算的编制要求另行规定。

第三十二条 项目年度资金使用情况应当按照要求编入部门决算或者国有资本经营决算。

第三十三条 项目建设单位在项目竣工后,应当及时编制项目竣工财务决算,并按照规定报送项目主管部门。

项目设计、施工、监理等单位应当配合项目建设单位做好相关工作。

建设周期长、建设内容多的大型项目,单项工程竣工具备交付使用条件的,可以编报单项工程竣工财务决算,项目全部竣工后应当编报竣工财务总决算。

第三十四条 在编制项目竣工财务决算前,项目建设单位应当认真做好各项清理工作,包括账目核对及账务调整、财产物资核实处理、债权实现和债务清偿、档案资料归集整理等。

第三十五条 在编制项目竣工财务决算时,项目建设单位应当按照规定将待摊投资支出按合理比例分摊计入交付使用资产价值、转出投资价值和待核销基建支出。

第三十六条 项目竣工财务决算审核、批复管理职责和程序要求由同级财政部门确定。

第三十七条 财政部门和项目主管部门对项目竣工财务决算实行先审核、后批复的办法，可以委托预算评审机构或者有专业能力的社会中介机构进行审核。对符合条件的，应当在 6 个月内批复。

第三十八条 项目一般不得预留尾工工程，确需预留尾工工程的，尾工工程投资不得超过批准的项目概（预）算总投资的 5%。

项目主管部门应当督促项目建设单位抓紧实施项目尾工工程，加强对尾工工程资金使用的监督管理。

第三十九条 已具备竣工验收条件的项目，应当及时组织验收，移交生产和使用。

第四十条 项目隶属关系发生变化时，应当按照规定及时办理财务关系划转，主要包括各项资金来源、已交付使用资产、在建工程、结余资金、各项债权及债务等的清理交接。

第八章 资产交付管理

第四十一条 资产交付是指项目竣工验收合格后，将形成的资产交付或者转交生产使用单位的行为。

交付使用的资产包括固定资产、流动资产、无形资产等。

第四十二条 项目竣工验收合格后应当及时办理资产交付使用手续，并依据批复的项目竣工财务决算进行账务调整。

第四十三条 非经营性项目发生的江河清障疏浚、航道整治、飞播造林、退耕还林（草）、封山（沙）育林（草）、水土保持、城市绿化、毁损道路修复、护坡及清理等不能形成资产的支出，以及项目未被批准、项目取消和项目报废前已发生的支出，作为待核销基建支出处理；形成资产产权归属本单位的，计入交付使用资产价值；形成资产产权不归属本单位的，作为转出投资处理。

非经营性项目发生的农村沼气工程、农村安全饮水工程、农村危房改造工程、游牧民定居工程、渔民上岸工程等涉及家庭或者个人的支出，形成资产产权归属家庭或者个人的，作为待核销基建支出处理；形成资产产权归属本单位的，计入交付使用资产价值；形成资产产权归属其他单位的，作为转出投资处理。

第四十四条 非经营性项目为项目配套建设的专用设施，包括专用道路、专用通讯设施、专用电力设施、地下管道等，产权归属本单位的，计入交付使用资产价值；产权不归属本单位的，作为转出投资处理。

非经营性项目移民安置补偿中由项目建设单位负责建设并形成的实物资产，产权归属集体或者单位的，作为转出投资处理；产权归属移民的，作为待核销基建支出处理。

第四十五条 经营性项目发生的项目取消和报废等不能形成资产的支出，以及设备采购和系统集成（软件）中包含的交付使用后运行维护等费用，按照国家财务、会计制度的有关规定处理。

第四十六条 经营性项目为项目配套建设的专用设施，包括专用铁路线、专用道路、专用通讯设施、专用电力设施、地下管道、专用码头等，项目建设单位应当与有关部门明确产权关系，并按照国家财务、会计制度的有关规定处理。

第九章 结余资金管理

第四十七条 结余资金是指项目竣工结余的建设资金，不包括工程抵扣的增值税进项税额资金。

第四十八条 经营性项目结余资金，转入单位的相关资产。

非经营性项目结余资金，首先用于归还项目贷款。如有结余，按照项目资金来源属于财政资金的部分，应当在项目竣工验收合格后3个月内，按照预算管理制度有关规定收回财政。

第四十九条 项目终止、报废或者未按照批准的建设内容建设形成的剩余建设资金中，按照项目实际资金来源比例确认的财政资金应当收回财政。

第十章 绩效评价

第五十条 项目绩效评价是指财政部门、项目主管部门根据设定的项目绩效目标，运用科学合理的评价方法和评价标准，对项目建设全过程中资金筹集、使用及核算的规范性、有效性，以及投入运营效果等进行评价的活动。

第五十一条 项目绩效评价应当坚持科学规范、公正公开、分级分类和绩效相关的原则，坚持经济效益、社会效益和生态效益相结合的原则。

第五十二条 项目绩效评价应当重点对项目建设成本、工程造价、投资控制、达产能力与设计能力差异、偿债能力、持续经营能力等实施绩效评价，根据管理需要和项目特点选用社会效益指标、财务效益指标、工程质量指标、建设工期指标、资金来源指标、资金使用指标、实际投资回收期指标、实际单位生产（营运）能力投资指标等评价指标。

第五十三条 财政部门负责制定项目绩效评价管理办法，对项目绩效评价工作进行指导和监督，选择部分项目开展重点绩效评价，依法公开绩效评价结果。绩效评价结果作为项目财政资金预算安排和资金拨付的重要依据。

第五十四条 项目主管部门会同财政部门按照有关规定，制定本部门或者本行业项目绩效评价具体实施办法，建立具体的绩效评价指标体系，确定项目绩效目标，具体组织实施本部门或者本行业绩效评价工作，并向财政部门报送绩效评价结果。

第十一章 监督管理

第五十五条 项目监督管理主要包括对项目资金筹集与使用、预算编制与执行、建设成本控制、工程价款结算、竣工财务决算编报审核、资产交付等的监督管理。

第五十六条 项目建设单位应当建立、健全内部控制和项目财务信息报告制度，依法接受财政部门和项目主管部门等的财务监督管理。

第五十七条 财政部门和项目主管部门应当加强项目的监督管理，采取事前、事中、事后相结合，日常监督与专项监督相结合的方式，对项目财务行为实施全过程监督管理。

第五十八条 财政部门应当加强对基本建设财政资金形成的资产的管理，按照规定对项目资产开展登记、核算、评估、处置、统计、报告等资产管理基础工作。

第五十九条 对于违反本规则的基本建设财务行为，依照《预算法》《财政违法行为处罚处分条例》等有关规定追究责任。

第十二章 附 则

第六十条 接受国家经常性资助的社会力量举办的公益服务性组织和社会团体的基本建设财务行为，以及非国有企业使用财政资金的基本建设财务行为，参照本规则执行。

使用外国政府及国际金融组织贷款的基本建设财务行为执行本规则。国家另有规定的，从其规定。

第六十一条 项目建设内容仅为设备购置的，不执行本规则；项目建设内容以设备购置、房屋及其他建筑物购置为主并附有部分建筑安装工程的，可以简化执行本规则。

经营性项目的项目资本中，财政资金所占比例未超过50%的，项目建设单位可以简化执行本规则，但应当按照要求向财政部门、项目主管部门报送相关财务资料。国家另有规定的，从其规定。

第六十二条 中央项目主管部门和各省、自治区、直辖市、计划单列市财政厅（局）可以根据本规则，结合本行业、本地区的项目情况，制定具体实施办法并报财政部备案。

第六十三条 本规则自2016年9月1日起施行。2002年9月27日财政部发布的《基本建设财务管理规定》（财建〔2002〕394号）及其解释同时废止。

本规则施行前财政部制定的有关规定与本规则不一致的，按本规则执行。《企业财务通则》（财政部令第41号）、《金融企业财务规则》（财政部令第42号）、《事业单位财务规则》（财政部令第68号）和《行政单位财务规则》（财政部令第71号）另有规定的，从其规定。

2. 基本建设项目建设成本管理规定（2016年颁布）

（财建〔2016〕504号）

第一条 为了规范基本建设项目建设成本管理，提高建设资金使用效益，依据《基本建设财务规则》（财政部令第81号），制定本规定。

第二条 建筑安装工程投资支出是指基本建设项目（以下简称项目）建设单位按照批准的建设内容发生的建筑工程和安装工程的实际成本，其中不包括被安装设备本身的价值，以及按照合同规定支付给施工单位的预付备料款和预付工程款。

第三条 设备投资支出是指项目建设单位按照批准的建设内容发生的各种设备的实际成本（不包括工程抵扣的增值税进项税额），包括需要安装设备、不需要安装设备和为生产准备的不够固定资产标准的工具、器具的实际成本。

需要安装设备是指必须将其整体或几个部位装配起来，安装在基础上或建筑物支架上才能使用的设备。不需要安装设备是指不必固定在一定位置或支架上就可以使用的设备。

第四条 待摊投资支出是指项目建设单位按照批准的建设内容发生的，应当分摊计入相关资产价值的各项费用和税金支出。主要包括：

（一）勘查费、设计费、研究试验费、可行性研究费及项目其他前期费用；

（二）土地征用及迁移补偿费、土地复垦及补偿费、森林植被恢复费及其他为取得或租用土地使用权而发生的费用；

（三）土地使用税、耕地占用税、契税、车船税、印花税及按规定缴纳的其他税费；

（四）项目建设管理费、代建管理费、临时设施费、监理费、招标投标费、社会中介机构审查费及其他管理性质的费用；

（五）项目建设期间发生的各类借款利息、债券利息、贷款评估费、国外借款手续费及承诺费、汇兑损益、债券发行费用及其他债务利息支出或融资费用；

（六）工程检测费、设备检验费、负荷联合试车费及其他检验检测类费用；

（七）固定资产损失、器材处理亏损、设备盘亏及毁损、报废工程净损失及其他损失；

（八）系统集成等信息工程的费用支出；

（九）其他待摊投资性质支出。

项目在建设期间的建设资金存款利息收入冲减债务利息支出，利息收入超过利息支出的部分，冲减待摊投资总支出。

第五条 项目建设管理费是指项目建设单位从项目筹建之日起至办理竣工财务决算之

日止发生的管理性质的支出。包括：不在原单位发工资的工作人员工资及相关费用、办公费、办公场地租用费、差旅交通费、劳动保护费、工具用具使用费、固定资产使用费、招募生产工人费、技术图书资料费（含软件）、业务招待费、施工现场津贴、竣工验收费和其他管理性质开支。

项目建设单位应当严格执行《党政机关厉行节约反对浪费条例》，严格控制项目建设管理费。

第六条 行政事业单位项目建设管理费实行总额控制，分年度据实列支。总额控制数以项目审批部门批准的项目总投资（经批准的动态投资，不含项目建设管理费）扣除土地征用、迁移补偿等为取得或租用土地使用权而发生的费用为基数分档计算。具体计算方法见附件。

建设地点分散、点多面广、建设工期长以及使用新技术、新工艺等的项目，项目建设管理费确需超过上述开支标准的，中央级项目，应当事前报项目主管部门审核批准，并报财政部备案，未经批准的，超标准发生的项目建设管理费由项目建设单位用自有资金弥补；地方级项目，由同级财政部门确定审核批准的要求和程序。

施工现场管理人员津贴标准比照当地财政部门制定的差旅费标准执行；一般不得发生业务招待费，确需列支的，项目业务招待费支出应当严格按照国家有关规定执行，并不得超过项目建设管理费的5%。

第七条 使用财政资金的国有和国有控股企业的项目建设管理费，比照第六条规定执行。国有和国有控股企业经营性项目的项目资本中，财政资金所占比例未超过50%的项目建设管理费可不执行第六条规定。

第八条 政府设立（或授权）、政府招标产生的代建制项目，代建管理费由同级财政部门根据代建内容和要求，按照不高于本规定项目建设管理费标准核定，计入项目建设成本。

实行代建制管理的项目，一般不得同时列支代建管理费和项目建设管理费，确需同时发生的，两项费用之和不得高于本规定的项目建设管理费限额。

建设地点分散、点多面广以及使用新技术、新工艺等的项目，代建管理费确需超过本规定确定的开支标准的，行政单位和使用财政资金建设的事业单位中央项目，应当事前报项目主管部门审核批准，并报财政部备案；地方项目，由同级财政部门确定审核批准的要求和程序。

代建管理费核定和支付应当与工程进度、建设质量结合，与代建内容、代建绩效挂钩，实行奖优罚劣。同时满足按时完成项目代建任务、工程质量优良、项目投资控制在批准概算总投资范围3个条件的，可以支付代建单位利润或奖励资金，代建单位利润或奖励资金一般不得超过代建管理费的10%，需使用财政资金支付的，应当事前报同级财政部门审核批准；未完成代建任务的，应当扣减代建管理费。

第九条 项目单项工程报废净损失计入待摊投资支出。

单项工程报废应当经有关部门或专业机构鉴定。非经营性项目以及使用财政资金所占比例超过项目资本50%的经营性项目，发生的单项工程报废经鉴定后，报项目竣工财务决算批复部门审核批准。

因设计单位、施工单位、供货单位等原因造成的单项工程报废损失，由责任单位承担。

第十条 其他投资支出是指项目建设单位按照批准的项目建设内容发生的房屋购置支出，基本畜禽、林木等的购置、饲养、培育支出，办公生活用家具、器具购置支出，软件研发及不能计入设备投资的软件购置等支出。

第十一条 本规定自2016年9月1日起施行。《财政部关于切实加强政府投资项目代建制财政财务管理有关问题的指导意见》（财建〔2004〕300号）同时废止。

项目建设管理费总额控制数费率表　　　　　　　　　单位：万元

工程总概算	费率	算例	
		工程总概算	项目建设管理费
1 000 以下	2%	1 000	1 000×2% = 20
1 001～5 000	1.5%	5 000	20 +（5 000 - 1 000）×1.5% = 80
5 001～10 000	1.2%	10 000	80 +（10 000 - 5 000）×1.2% = 140
10 001～50 000	1%	50 000	140 +（50 000 - 10 000）×1% = 540
50 001～100 000	0.8%	100 000	540 +（100 000 - 50 000）×0.8% = 940
100 000 以上	0.4%	200 000	940 +（200 000 - 100 000）×0.4% = 1 340

3. 中央基本建设项目竣工财务决算审核批复操作规程（2018 年颁布）

（财办建〔2018〕2 号）

第一章　总　　则

第一条　为进一步规范中央基本建设项目竣工财务决算审核批复程序和行为，保证工作质量，根据财政部《基本建设财务规则》（财政部令第 81 号）、《基本建设项目竣工财务决算管理暂行办法》（财建〔2016〕503 号）等规定，制定本规程。

第二条　本规程为财政部、中央项目主管部门（含一级预算单位和中央企业，以下简称主管部门）审核批复中央基本建设项目竣工财务决算的行为规范和参考依据。

第三条　本规程所称中央基本建设项目（以下简称项目），是指财务关系隶属于中央部门（或单位）的项目，以及国有企业、国有控股企业使用财政资金的非经营性项目和使用财政资金占项目资本比例超过 50% 的经营性项目。

第四条　国家有关文件规定的项目竣工财务决算（以下简称项目决算）批复范围划分如下：

（一）财政部直接批复的范围

1. 主管部门本级的投资额在 3 000 万元（不含 3 000 万元，按完成投资口径）以上的项目决算。

2. 不向财政部报送年度部门决算的中央单位项目决算。主要是指不向财政部报送年度决算的社会团体、国有及国有控股企业使用财政资金的非经营性项目和使用财政资金占项目资本比例超过 50% 的经营性项目决算。

（二）主管部门批复的范围

1. 主管部门二级及以下单位的项目决算。

2. 主管部门本级投资额在 3 000 万元（含 3 000 万元）以下的项目决算。

由主管部门批复的项目决算，报财政部备案（批复文件抄送财政部），并按要求向财政部报送半年度和年度汇总报表。

国防类项目、使用外国政府及国际金融组织贷款项目等，国家另有规定的，从其规定。

第二章 决算审核批复原则和程序

第五条 项目决算批复部门应按照"先审核后批复"原则,建立健全项目决算评审和审核管理机制,以及内部控制制度。

由财政部批复的项目决算,一般先由财政部委托财政投资评审机构或有资质的中介机构(以下统称"评审机构")进行评审,根据评审结论,财政部审核后批复项目决算。

由主管部门批复的项目决算参照上述程序办理。

第六条 评审机构进行了决(结)算评审的项目决算,或已经审计署进行全面审计的项目决算,财政部或主管部门审核未发现较大问题,项目建设程序合法、合规,报表数据正确无误,评审报告内容详实、事实反映清晰、符合决算批复要求以及发现的问题均已整改到位,可依据评审报告及审核结果批复项目决算。

第七条 未经评审或审计署全面审计的项目决算,以及虽经评审或审计,但主管部门、财政部审核发现存在以下问题或情形的,应开展项目决算评审:

(一)评审报告内容简单、附件不完整、事实反映不清晰且未达到决算批复相关要求。

(二)决算报表填列的数据不完整、存在较多错误、表间钩稽关系不清晰、不正确,以及决算报告和报表数据不一致。

(三)项目存在严重超标准、超规模、超概算,挤占、挪用项目建设资金,待核销基建支出和转出投资无依据、不合理等问题。

(四)评审报告或有关部门历次核查、稽查和审计所提问题未整改完毕,存在重大问题未整改或整改落实不到位。

(五)建设单位未能提供审计署的全面审计报告。

(六)其他影响项目竣工财务决算完成投资等的重要事项。

第八条 主管部门、财政部可对评审机构的工作质量实行报告审核、报告质量评估和质量责任追究制度。主管部门、财政部可对评审机构实行"黑名单"制度,将完成质量差、效率低的评审机构列入"黑名单",3年内不得再委托其业务。

第九条 委托评审机构实施项目竣工财务决算评审时,应当要求其遵循依法、独立、客观、公正的原则。

项目建设单位可对评审机构在实施评审过程中的违法行为进行举报。

第十条 主管部门、财政部收到项目竣工财务决算,一般可按照以下工作程序开展工作:

(一)条件和权限审核。

1. 审核项目是否为本部门批复范围。不属于本部门批复权限的项目决算,予以退回。

2. 审核项目或单项工程是否已完工。尾工工程超过5%的项目或单项工程,予以退回。

(二)资料完整性审核。

1. 审核项目是否经有资质的中介机构进行决(结)算评审,是否附有完整的评审报告。对未经决(结)算评审(含审计署审计)的,委托评审机构进行决算审核。

2. 审核决算报告资料的完整性,决算报表和报告说明书是否按要求编制、项目有关资料复印件是否清晰、完整。

决算报告资料报送不完整的,通知其限期补报有关资料,逾期未补报的,予以退回。

需要补充说明材料或存在问题需要整改的,要求主管部门在限期内报送并督促项目建设单位进行整改,逾期未报或整改不到位的,予以退回。

属于本规程第七条规定情形的,委托评审机构进行评审。

(三)符合本规程第六条规定情形的,进入审核批复程序。

审核中,评审发现项目建设管理存在严重问题并需要整改的,要及时督促项目建设单位限期整改；存在违法违纪的，依法移交有关机关处理。

（四）审核未通过的，属评审报告问题的，退回评审机构补充完善；属项目本身不具备决算条件的，请项目建设单位（或报送单位）整改、补充完善或予以退回。

第三章 决算审核方式、依据和主要内容

第十一条 审核工作主要是对项目建设单位提供的决算报告及评审机构提供的评审报告、社会中介机构审计报告进行分析、判断，与审计署审计意见进行比对，并形成批复意见。

（一）政策性审核。重点审核项目履行基本建设程序情况、资金来源、到位及使用管理情况、概算执行情况、招标履行及合同管理情况、待核销基建支出和转出投资的合规性、尾工工程及预留费用的比例和合理性等。

（二）技术性审核。重点审核决算报表数据和表间钩稽关系、待摊投资支出情况、建筑安装工程和设备投资支出情况、待摊投资支出分摊计入交付使用资产情况以及项目造价控制情况等。

（三）评审结论审核。重点审核评审结论中投资审减（增）金额和理由。

（四）意见分歧审核及处理。对于评审机构与项目建设单位就评审结论存在意见分歧的，应以国家有关规定及国家批准项目概算为依据进行核定，其中：

评审审减投资属工程价款结算违反承发包双方合同约定及多计工程量、高估冒算等情况的，一律按评审机构评审结论予以核定批复。

评审审减投资属超国家批准项目概算、但项目运行使用确实需要的，原则上应先经项目概算审批部门调整概算后，再按调整概算确认和批复。若自评审机构出具评审结论之日起3个月内未取得原项目概算审批部门的调整概算批复，仍按评审结论予以批复。

第十二条 审核工作依据以下文件：

（一）项目建设和管理的相关法律、法规、文件规定。

（二）国家、地方以及行业工程造价管理的有关规定。

（三）财政部颁布的基本建设财务管理及会计核算制度。

（四）本项目相关资料：

1. 项目初步设计及概算批复和调整批复文件、历年财政资金预算下达文件。

2. 项目决算报表及说明书。

3. 历年监督检查、审计意见及整改报告。

必要时，还可审核项目施工和采购合同、招投标文件、工程结算资料，以及其他影响项目决算结果的相关资料。

第十三条 审核的主要内容包括工程价款结算、项目核算管理、项目建设资金管理、项目基本建设程序执行及建设管理、概（预）算执行、交付使用资产及尾工工程等。

第十四条 工程价款结算审核。主要包括评审机构对工程价款是否按有关规定和合同协议进行全面评审；评审机构对于多算和重复计算工程量、高估冒算建筑材料价格等问题是否予以审减；单位、单项工程造价是否在合理或国家标准范围，是否存在严重偏离当地同期同类单位工程、单项工程造价水平问题。

第十五条 项目核算管理情况审核主要包括执行《基本建设财务规则》及相关会计制度情况。具体包括：

（一）建设成本核算是否准确。对于超过批准建设内容发生的支出、不符合合同协议的支出、非法收费和摊派，以及无发票或者发票项目不全、无审批手续、无责任人员签字的支出和因设计单位、施工单位、供货单位等原因，造成的工程报废损失等不属于本项目应当负担的支出，是否按规定予以审减。

（二）待摊费用支出及其分摊是否合理合规。

（三）待核销基建支出有无依据、是否合理合规。
（四）转出投资有无依据、是否已落实接收单位。
（五）决算报表所填列的数据是否完整，表内和表间钩稽关系是否清晰、正确。
（六）决算的内容和格式是否符合国家有关规定。
（七）决算资料报送是否完整、决算数据之间是否存在错误。
（八）与财务管理和会计核算有关的其他事项。

第十六条 项目资金管理情况审核主要包括：
（一）资金筹集情况。
1. 项目建设资金筹集，是否符合国家有关规定。
2. 项目建设资金筹资成本控制是否合理。
（二）资金到位情况。
1. 财政资金是否按批复的概算、预算及时足额拨付项目建设单位。
2. 自筹资金是否按批复的概算、计划及时筹集到位，是否有效控制筹资成本。
（三）项目资金使用情况。
1. 财政资金情况。是否按规定专款专用，是否符合政府采购和国库集中支付等管理规定。
2. 结余资金情况。结余资金在各投资者间的计算是否准确；应上缴财政的结余资金是否按规定在项目竣工后3个月内及时交回，是否存在擅自使用结余资金情况。

第十七条 项目基本建设程序执行及建设管理情况审核主要包括：
（一）项目基本建设程序执行情况。审核项目决策程序是否科学规范，项目立项、可研、初步设计及概算和调整是否符合国家规定的审批权限等。
（二）项目建设管理情况。审核决算报告及评审或审计报告是否反映了建设管理情况：建设管理是否符合国家有关建设管理制度要求，是否建立和执行法人责任制、工程监理制、招投标制、合同制；是否制定相应的内控制度，内控制度是否健全、完善、有效；招投标执行情况和项目建设工期是否按批复要求有效控制。

第十八条 概（预）算执行情况。主要包括是否按照批准的概（预）算内容实施，有无超标准、超规模、超概（预）算建设现象，有无概算外项目和擅自提高建设标准、扩大建设规模、未完成建设内容等问题；项目在建设过程中历次检查和审计所提的重大问题是否已经整改落实；尾工工程及预留费用是否控制在概算确定的范围内，预留的金额和比例是否合理。

第十九条 交付使用资产情况。主要包括项目形成资产是否真实、准确、全面反映，计价是否准确，资产接受单位是否落实；是否正确按资产类别划分固定资产、流动资产、无形资产；交付使用资产实际成本是否完整，是否符合交付条件，移交手续是否齐全。

第四章 决算批复的主要内容

第二十条 主管部门、财政部批复项目决算主要包括以下内容：
（一）批复确认项目决算完成投资、形成的交付使用资产、资金来源及到位构成，核销基建支出和转出投资等。
（二）根据管理需要批复确认项目交付使用资产总表、交付使用资产明细表等。
（三）批复确认项目结余资金、决算评审审减资金，并明确处理要求。
1. 项目结余资金的交回时限。按照财政部有关基本建设结余资金管理办法规定处理，即应在项目竣工后3个月内交回国库。项目决算批复时，应确认是否已按规定交回，未交回的，应在批复文件中要求其限时缴回，并指出其未按规定及时交回问题。
2. 项目决算确认的项目概算内评审审减投资，按投资来源比例归还投资方，其中审减的财政资金按要求交回国库；决算审核确认的项目概算内审增投资，存在资金缺口的，要求主管部门督促项目建设单位尽快落实资金来源。

（四）批复项目结余资金和审减投资中应上缴中央总金库的资金，在决算批复后30日内，由主管部门负责上缴。上缴的方式如下：

对应缴回的国库集中支付结余资金，请主管部门及时将结余调整计划报财政部，并相应进行账务核销。

对应缴回的非国库集中支付结余资金，请主管部门由一级预算单位统一将资金汇总后上缴中央总金库。上缴时填写汇款单，"收款人全称"栏填写"财政部"，"账号"栏填"170001"，"汇入行名称"栏填"国家金库总库""用途"栏填应冲减的支出功能分类、政府支出经济分类科目名称及编码。上述工作完成以后，将汇款单印送财政部（部门预算管理对口司局、经济建设司）备查。

（五）要求主管部门督促项目建设单位按照批复及基本建设财务会计制度有关规定及时办理资产移交和产权登记手续，加强对固定资产的管理，更好地发挥项目投资效益。

（六）批复披露项目建设过程存在的主要问题，并提出整改时限要求。

（七）决算批复文件涉及需交回财政资金的，应当抄送财政部驻当地财政监察专员办事处。

第二十一条　主管部门和财政部驻当地财政监察专员办事处应对项目决算批复执行情况实施监督。

第五章　附　则

第二十二条　财政部将进一步加强对主管部门批复项目竣工财务决算工作的指导和监督，对由主管部门批复的项目竣工财务决算，随机进行抽查复查。

第二十三条　主管部门可依据本规程并视本部门或行业情况进一步细化操作规程。

第二十四条　本规程依据的国家有关政策文件如出台新规定的，以新规定为准。

第二十五条　本规程由财政部（经济建设司）负责解释。

第四编

审计相关法规

第十九章　国家审计综合性法规

1. 中华人民共和国审计法（2021年修正）

（1994年8月31日第八届全国人民代表大会常务委员会第九次会议通过　根据2006年2月28日第十届全国人民代表大会常务委员会第二十次会议《关于修改〈中华人民共和国审计法〉的决定》第一次修正　根据2021年10月23日第十三届全国人民代表大会常务委员会第三十一次会议通过《关于修改〈中华人民共和国审计法〉的决定》第二次修正）

第一章　总　则

第一条　为了加强国家的审计监督，维护国家财政经济秩序，提高财政资金使用效益，促进廉政建设，保障国民经济和社会健康发展，根据宪法，制定本法。

第二条　国家实行审计监督制度。坚持中国共产党对审计工作的领导，构建集中统一、全面覆盖、权威高效的审计监督体系。

国务院和县级以上地方人民政府设立审计机关。

国务院各部门和地方各级人民政府及其各部门的财政收支，国有的金融机构和企业事业组织的财务收支，以及其他依照本法规定应当接受审计的财政收支、财务收支，依照本法规定接受审计监督。

审计机关对前款所列财政收支或者财务收支的真实、合法和效益，依法进行审计监督。

第三条　审计机关依照法律规定的职权和程序，进行审计监督。

审计机关依据有关财政收支、财务收支的法律、法规和国家其他有关规定进行审计评价，在法定职权范围内作出审计决定。

第四条　国务院和县级以上地方人民政府应当每年向本级人民代表大会常务委员会提出审计工作报告。审计工作报告应当报告审计机关对预算执行、决算草案以及其他财政收支的审计情况，重点报告对预算执行及其绩效的审计情况，按照有关法律、行政法规的规定报告对国有资源、国有资产的审计情况。必要时，人民代表大会常务委员会可以对审计工作报告作出决议。

国务院和县级以上地方人民政府应当将审计工作报告中指出的问题的整改情况和处理结果向本级人民代表大会常务委员会报告。

第五条　审计机关依照法律规定独立行使审计监督权，不受其他行政机关、社会团体和个人的干涉。

第六条　审计机关和审计人员办理审计事项，应当客观公正，实事求是，廉洁奉公，保守秘密。

第二章　审计机关和审计人员

第七条　国务院设立审计署，在国务院总理领导下，主管全国的审计工作。审计长是审计署的行政首长。

第八条　省、自治区、直辖市、设区的市、自治州、县、自治县、不设区的市、市辖区的人民政府的审计机关，分别在省长、自治区主席、市长、州长、县长、区长和上一级审计机关的领导下，负责本行政区域内的审计工作。

第九条 地方各级审计机关对本级人民政府和上一级审计机关负责并报告工作，审计业务以上级审计机关领导为主。

第十条 审计机关根据工作需要，经本级人民政府批准，可以在其审计管辖范围内设立派出机构。

派出机构根据审计机关的授权，依法进行审计工作。

第十一条 审计机关履行职责所必需的经费，应当列入预算予以保证。

第十二条 审计机关应当建设信念坚定、为民服务、业务精通、作风务实、敢于担当、清正廉洁的高素质专业化审计队伍。

审计机关应当加强对审计人员遵守法律和执行职务情况的监督，督促审计人员依法履职尽责。

审计机关和审计人员应当依法接受监督。

第十三条 审计人员应当具备与其从事的审计工作相适应的专业知识和业务能力。

审计机关根据工作需要，可以聘请具有与审计事项相关专业知识的人员参加审计工作。

第十四条 审计机关和审计人员不得参加可能影响其依法独立履行审计监督职责的活动，不得干预、插手被审计单位及其相关单位的正常生产经营和管理活动。

第十五条 审计人员办理审计事项，与被审计单位或者审计事项有利害关系的，应当回避。

第十六条 审计机关和审计人员对在执行职务中知悉的国家秘密、工作秘密、商业秘密、个人隐私和个人信息，应当予以保密，不得泄露或者向他人非法提供。

第十七条 审计人员依法执行职务，受法律保护。

任何组织和个人不得拒绝、阻碍审计人员依法执行职务，不得打击报复审计人员。

审计机关负责人依照法定程序任免。审计机关负责人没有违法失职或者其他不符合任职条件的情况的，不得随意撤换。

地方各级审计机关负责人的任免，应当事先征求上一级审计机关的意见。

第三章 审计机关职责

第十八条 审计机关对本级各部门（含直属单位）和下级政府预算的执行情况和决算以及其他财政收支情况，进行审计监督。

第十九条 审计署在国务院总理领导下，对中央预算执行情况、决算草案以及其他财政收支情况进行审计监督，向国务院总理提出审计结果报告。

地方各级审计机关分别在省长、自治区主席、市长、州长、县长、区长和上一级审计机关的领导下，对本级预算执行情况、决算草案以及其他财政收支情况进行审计监督，向本级人民政府和上一级审计机关提出审计结果报告。

第二十条 审计署对中央银行的财务收支，进行审计监督。

第二十一条 审计机关对国家的事业组织和使用财政资金的其他事业组织的财务收支，进行审计监督。

第二十二条 审计机关对国有企业、国有金融机构和国有资本占控股地位或者主导地位的企业、金融机构的资产、负债、损益以及其他财务收支情况，进行审计监督。

遇有涉及国家财政金融重大利益情形，为维护国家经济安全，经国务院批准，审计署可以对前款规定以外的金融机构进行专项审计调查或者审计。

第二十三条 审计机关对政府投资和以政府投资为主的建设项目的预算执行情况和决算，对其他关系国家利益和公共利益的重大公共工程项目的资金管理使用和建设运营情况，进行审计监督。

第二十四条 审计机关对国有资源、国有资产，进行审计监督。

审计机关对政府部门管理的和其他单位受政府委托管理的社会保险基金、全国社会保障基金、社会捐赠资金以及其他公共资金的财务收支，进行审计监督。

第二十五条 审计机关对国际组织和外国政府援助、贷款项目的财务收支，进行审计监督。

第二十六条 根据经批准的审计项目计划安排，审计机关可以对被审计单位贯彻落实国家重大经济社会政策措施情况进行审计监督。

第二十七条 除本法规定的审计事项外，审计机关对其他法律、行政法规规定应当由审计机关进行审计的事项，依照本法和有关法律、行政法规的规定进行审计监督。

第二十八条 审计机关可以对被审计单位依法应当接受审计的事项进行全面审计，也可以对其中的特定事项进行专项审计。

第二十九条 审计机关有权对与国家财政收支有关的特定事项，向有关地方、部门、单位进行专项审计调查，并向本级人民政府和上一级审计机关报告审计调查结果。

第三十条 审计机关履行审计监督职责，发现经济社会运行中存在风险隐患的，应当及时向本级人民政府报告或者向有关主管机关、单位通报。

第三十一条 审计机关根据被审计单位的财政、财务隶属关系或者国有资源、国有资产监督管理关系，确定审计管辖范围。

审计机关之间对审计管辖范围有争议的，由其共同的上级审计机关确定。

上级审计机关对其审计管辖范围内的审计事项，可以授权下级审计机关进行审计，但本法第十八条至第二十条规定的审计事项不得进行授权；上级审计机关对下级审计机关审计管辖范围内的重大审计事项，可以直接进行审计，但是应当防止不必要的重复审计。

第三十二条 被审计单位应当加强对内部审计工作的领导，按照国家有关规定建立健全内部审计制度。

审计机关应当对被审计单位的内部审计工作进行业务指导和监督。

第三十三条 社会审计机构审计的单位依法属于被审计单位的，审计机关按照国务院的规定，有权对该社会审计机构出具的相关审计报告进行核查。

第四章 审计机关权限

第三十四条 审计机关有权要求被审计单位按照审计机关的规定提供财务、会计资料以及与财政收支、财务收支有关的业务、管理等资料，包括电子数据和有关文档。被审计单位不得拒绝、拖延、谎报。

被审计单位负责人应当对本单位提供资料的及时性、真实性和完整性负责。

审计机关对取得的电子数据等资料进行综合分析，需要向被审计单位核实有关情况的，被审计单位应当予以配合。

第三十五条 国家政务信息系统和数据共享平台应当按照规定向审计机关开放。

审计机关通过政务信息系统和数据共享平台取得的电子数据等资料能够满足需要的，不得要求被审计单位重复提供。

第三十六条 审计机关进行审计时，有权检查被审计单位的财务、会计资料以及与财政收支、财务收支有关的业务、管理等资料和资产，有权检查被审计单位信息系统的安全性、可靠性、经济性，被审计单位不得拒绝。

第三十七条 审计机关进行审计时，有权就审计事项的有关问题向有关单位和个人进行调查，并取得有关证明材料。有关单位和个人应当支持、协助审计机关工作，如实向审计机关反映情况，提供有关证明材料。

审计机关经县级以上人民政府审计机关负责人批准，有权查询被审计单位在金融机构的账户。

审计机关有证据证明被审计单位违反国家规定将公款转入其他单位、个人在金融机构账户的，经县级以上人民政府审计机关主要负责人批准，有权查询有关单位、个人在金融机构与审计事项相关的存款。

第三十八条 审计机关进行审计时，被审计单位不得转移、隐匿、篡改、毁弃财务、会计资料以及与财政收支、财务收支有关的业务、管理等资料，不得转移、隐匿、故意毁损所持有的违反国家规定取得的资产。

审计机关对被审计单位违反前款规定的行为，有权予以制止；必要时，经县级以上人民政府审计机关负责人批准，有权封存有关资料和违反国家规定取得的资产；对其中在金融机构的有关存款需要予以冻结的，应当向人民法院提出申请。

审计机关对被审计单位正在进行的违反国家规定的财政收支、财务收支行为，有权予以制止；制止无效的，经县级以上人民政府审计机关负责人批准，通知财政部门和有关主管机关、单位暂停拨付与违反国家规定的财政收支、财务收支行为直接有关的款项，已经拨付的，暂停使用。

审计机关采取前两款规定的措施不得影响被审计单位合法的业务活动和生产经营活动。

第三十九条 审计机关认为被审计单位所执行的上级主管机关、单位有关财政收支、财务收支的规定与法律、行政法规相抵触的，应当建议有关主管机关、单位纠正；有关主管机关、单位不予纠正的，审计机关应当提请有权处理的机关、单位依法处理。

第四十条 审计机关可以向政府有关部门通报或者向社会公布审计结果。

审计机关通报或者公布审计结果，应当保守国家秘密、工作秘密、商业秘密、个人隐私和个人信息，遵守法律、行政法规和国务院的有关规定。

第四十一条 审计机关履行审计监督职责，可以提请公安、财政、自然资源、生态环境、海关、税务、市场监督管理等机关予以协助。有关机关应当依法予以配合。

第五章 审 计 程 序

第四十二条 审计机关根据经批准的审计项目计划确定的审计事项组成审计组，并应当在实施审计三日前，向被审计单位送达审计通知书；遇有特殊情况，经县级以上人民政府审计机关负责人批准，可以直接持审计通知书实施审计。

被审计单位应当配合审计机关的工作，并提供必要的工作条件。

审计机关应当提高审计工作效率。

第四十三条 审计人员通过审查财务、会计资料，查阅与审计事项有关的文件、资料，检查现金、实物、有价证券和信息系统，向有关单位和个人调查等方式进行审计，并取得证明材料。

向有关单位和个人进行调查时，审计人员应当不少于二人，并出示其工作证件和审计通知书副本。

第四十四条 审计组对审计事项实施审计后，应当向审计机关提出审计组的审计报告。审计组的审计报告报送审计机关前，应当征求被审计单位的意见。被审计单位应当自接到审计组的审计报告之日起十日内，将其书面意见送交审计组。审计组应当将被审计单位的书面意见一并报送审计机关。

第四十五条 审计机关按照审计署规定的程序对审计组的审计报告进行审议，并对被审计单位对审计组的审计报告提出的意见一并研究后，出具审计机关的审计报告。对违反国家规定的财政收支、财务收支行为，依法应当给予处理、处罚的，审计机关在法定职权范围内作出审计决定；需要移送有关主管机关、单位处理、处罚的，审计机关应当依法移送。

审计机关应当将审计机关的审计报告和审计决定送达被审计单位和有关主管机关、单位，并报上一级审计机关。审计决定自送达之日起生效。

第四十六条 上级审计机关认为下级审计机关作出的审计决定违反国家有关规定的，可以责成下级审计机关予以变更或者撤销，必要时也可以直接作出变更或者撤销的决定。

第六章 法 律 责 任

第四十七条 被审计单位违反本法规定，拒绝、拖延提供与审计事项有关的资料的，或者提供的资料不真实、不完整的，或者拒绝、阻碍检查、调查、核实有关情况的，由审计机关责令改正，可以通报批评，给予警告；拒不改正的，依法追究法律责任。

第四十八条 被审计单位违反本法规定，转移、隐匿、篡改、毁弃财务、会计资料以及与财政收支、财务收支有关的业务、管理等资料，或者转移、隐匿、故意毁损所持有的违反国家规定取得的资产，审计机关认为对直接负责的主管人员和其他直接责任人员依法应当给予处分的，应当向被审计单位提出处理建议，或者移送监察机关和有关主管机关、单位处理，有关机关、单位应当将处理结果书面告知审计机关；构成犯罪的，依法追究刑事责任。

第四十九条 对本级各部门（含直属单位）和下级政府违反预算的行为或者其他违反国家规定的财政收支行为，审计机关、人民政府或者有关主管机关、单位在法定职权范围内，依照法律、行政法规的规定，区别情况采取下列处理措施：

（一）责令限期缴纳应当上缴的款项；

（二）责令限期退还被侵占的国有资产；

（三）责令限期退还违法所得；

（四）责令按照国家统一的财务、会计制度的有关规定进行处理；

（五）其他处理措施。

第五十条 对被审计单位违反国家规定的财务收支行为，审计机关、人民政府或者有关主管机关、单位在法定职权范围内，依照法律、行政法规的规定，区别情况采取前条规定的处理措施，并可以依法给予处罚。

第五十一条 审计机关在法定职权范围内作出的审计决定，被审计单位应当执行。

审计机关依法责令被审计单位缴纳应当上缴的款项，被审计单位拒不执行的，审计机关应当通报有关主管机关、单位，有关主管机关、单位应当依照有关法律、行政法规的规定予以扣缴或者采取其他处理措施，并将处理结果书面告知审计机关。

第五十二条 被审计单位应当按照规定时间整改审计查出的问题，将整改情况报告审计机关，同时向本级人民政府或者有关主管机关、单位报告，并按照规定向社会公布。

各级人民政府和有关主管机关、单位应当督促被审计单位整改审计查出的问题。审计机关应当对被审计单位整改情况进行跟踪检查。

审计结果以及整改情况应当作为考核、任免、奖惩领导干部和制定政策、完善制度的重要参考；拒不整改或者整改时弄虚作假的，依法追究法律责任。

第五十三条 被审计单位对审计机关作出的有关财务收支的审计决定不服的，可以依法申请行政复议或者提起行政诉讼。

被审计单位对审计机关作出的有关财政收支的审计决定不服的，可以提请审计机关的本级人民政府裁决，本级人民政府的裁决为最终决定。

第五十四条 被审计单位的财政收支、财务收支违反国家规定，审计机关认为对直接负责的主管人员和其他直接责任人员依法应当给予处分的，应当向被审计单位提出处理建议，或者移送监察机关和有关主管机关、单位处理，有关机关、单位应当将处理结果书面告知审计机关。

第五十五条 被审计单位的财政收支、财务收支违反法律、行政法规的规定，构成犯罪的，依法追究刑事责任。

第五十六条 报复陷害审计人员的，依法给予处分；构成犯罪的，依法追究刑事责任。

第五十七条 审计人员滥用职权、徇私舞弊、玩忽职守或者泄露、向他人非法提供所知悉的国家秘密、工作秘密、商业秘密、个人隐私和个人信息的,依法给予处分;构成犯罪的,依法追究刑事责任。

第七章 附 则

第五十八条 领导干部经济责任审计和自然资源资产离任审计,依照本法和国家有关规定执行。

第五十九条 中国人民解放军和中国人民武装警察部队审计工作的规定,由中央军事委员会根据本法制定。

审计机关和军队审计机构应当建立健全协作配合机制,按照国家有关规定对涉及军地经济事项实施联合审计。

第六十条 本法自1995年1月1日起施行。1988年11月30日国务院发布的《中华人民共和国审计条例》同时废止。

2. 中华人民共和国审计法实施条例(2010年颁布)

(中华人民共和国国务院令2010年第571号)

第一章 总 则

第一条 根据《中华人民共和国审计法》(以下简称审计法)的规定,制定本条例。

第二条 审计法所称审计,是指审计机关依法独立检查被审计单位的会计凭证、会计账簿、财务会计报告以及其他与财政收支、财务收支有关的资料和资产,监督财政收支、财务收支真实、合法和效益的行为。

第三条 审计法所称财政收支,是指依照《中华人民共和国预算法》和国家其他有关规定,纳入预算管理的收入和支出,以及下列财政资金中未纳入预算管理的收入和支出:

(一)行政事业性收费;

(二)国有资源、国有资产收入;

(三)应当上缴的国有资本经营收益;

(四)政府举借债务筹措的资金;

(五)其他未纳入预算管理的财政资金。

第四条 审计法所称财务收支,是指国有的金融机构、企业事业组织以及依法应当接受审计机关审计监督的其他单位,按照国家财务会计制度的规定,实行会计核算的各项收入和支出。

第五条 审计机关依照审计法和本条例以及其他有关法律、法规规定的职责、权限和程序进行审计监督。

审计机关依照有关财政收支、财务收支的法律、法规,以及国家有关政策、标准、项目目标等方面的规定进行审计评价,对被审计单位违反国家规定的财政收支、财务收支行为,在法定职权范围内作出处理、处罚的决定。

第六条 任何单位和个人对依法应当接受审计机关审计监督的单位违反国家规定的财政收支、财务收支行为,有权向审计机关举报。审计机关接到举报,应依法及时处理。

第二章 审计机关和审计人员

第七条 审计署在国务院总理领导下,主管全国的审计工作,履行审计法和国务院规定的职责。

地方各级审计机关在本级人民政府行政首长和上一级审计机关的领导下，负责本行政区域的审计工作，履行法律、法规和本级人民政府规定的职责。

第八条 省、自治区人民政府设有派出机关的，派出机关的审计机关对派出机关和省、自治区人民政府审计机关负责并报告工作，审计业务以省、自治区人民政府审计机关领导为主。

第九条 审计机关派出机构依照法律、法规和审计机关的规定，在审计机关的授权范围内开展审计工作，不受其他行政机关、社会团体和个人的干涉。

第十条 审计机关编制年度经费预算草案的依据主要包括：

（一）法律、法规；

（二）本级人民政府的决定和要求；

（三）审计机关的年度审计工作计划；

（四）定员定额标准；

（五）上一年度经费预算执行情况和本年度的变化因素。

第十一条 审计人员实行审计专业技术资格制度，具体按照国家有关规定执行。

审计机关根据工作需要，可以聘请具有与审计事项相关专业知识的人员参加审计工作。

第十二条 审计人员办理审计事项，有下列情形之一的，应当申请回避，被审计单位也有权申请审计人员回避：

（一）与被审计单位负责人或者有关主管人员有夫妻关系、直系血亲关系、三代以内旁系血亲或者近姻亲关系的；

（二）与被审计单位或者审计事项有经济利益关系的；

（三）与被审计单位、审计事项、被审计单位负责人或者有关主管人员有其他利害关系，可能影响公正执行公务的。

审计人员的回避，由审计机关负责人决定；审计机关负责人办理审计事项时的回避，由本级人民政府或者上一级审计机关负责人决定。

第十三条 地方各级审计机关正职和副职负责人的任免，应当事先征求上一级审计机关的意见。

第十四条 审计机关负责人在任职期间没有下列情形之一的，不得随意撤换：

（一）因犯罪被追究刑事责任的；

（二）因严重违法、失职受到处分，不适宜继续担任审计机关负责人的；

（三）因健康原因不能履行职责1年以上的；

（四）不符合国家规定的其他任职条件的。

第三章 审计机关职责

第十五条 审计机关对本级人民政府财政部门具体组织本级预算执行的情况，本级预算收入征收部门征收预算收入的情况，与本级人民政府财政部门直接发生预算缴款、拨款关系的部门、单位的预算执行情况和决算，下级人民政府的预算执行情况和决算，以及其他财政收支情况，依法进行审计监督。经本级人民政府批准，审计机关对其他取得财政资金的单位和项目接受、运用财政资金的真实、合法和效益情况，依法进行审计监督。

第十六条 审计机关对本级预算收入和支出的执行情况进行审计监督的内容包括：

（一）财政部门按照本级人民代表大会批准的本级预算向本级各部门（含直属单位）批复预算的情况、本级预算执行中调整情况和预算收支变化情况；

（二）预算收入征收部门依照法律、行政法规的规定和国家其他有关规定征收预算收入情况；

（三）财政部门按照批准的年度预算、用款计划，以及规定的预算级次和程序，拨付本级预算支出资金情况；

（四）财政部门依照法律、行政法规的规定和财政管理体制，拨付和管理政府间财政转移支付资金情况以及办理结算、结转情况；

（五）国库按照国家有关规定办理预算收入的收纳、划分、留解情况和预算支出资金的拨付情况；

（六）本级各部门（含直属单位）执行年度预算情况；

（七）依照国家有关规定实行专项管理的预算资金收支情况；

（八）法律、法规规定的其他预算执行情况。

第十七条 审计法第十七条所称审计结果报告，应当包括下列内容：

（一）本级预算执行和其他财政收支的基本情况；

（二）审计机关对本级预算执行和其他财政收支情况作出的审计评价；

（三）本级预算执行和其他财政收支中存在的问题以及审计机关依法采取的措施；

（四）审计机关提出的改进本级预算执行和其他财政收支管理工作的建议；

（五）本级人民政府要求报告的其他情况。

第十八条 审计署对中央银行及其分支机构履行职责所发生的各项财务收支，依法进行审计监督。

审计署向国务院总理提出的中央预算执行和其他财政收支情况审计结果报告，应当包括对中央银行的财务收支的审计情况。

第十九条 审计法第二十一条所称国有资本占控股地位或者主导地位的企业、金融机构，包括：

（一）国有资本占企业、金融机构资本（股本）总额的比例超过50%的；

（二）国有资本占企业、金融机构资本（股本）总额的比例在50%以下，但国有资本投资主体拥有实际控制权的。

审计机关对前款规定的企业、金融机构，除国务院另有规定外，比照审计法第十八条第二款、第二十条规定进行审计监督。

第二十条 审计法第二十二条所称政府投资和以政府投资为主的建设项目，包括：

（一）全部使用预算内投资资金、专项建设基金、政府举借债务筹措的资金等财政资金的；

（二）未全部使用财政资金，财政资金占项目总投资的比例超过50%，或者占项目总投资的比例在50%以下，但政府拥有项目建设、运营实际控制权的。

审计机关对前款规定的建设项目的总预算或者概算的执行情况、年度预算的执行情况和年度决算、单项工程结算、项目竣工决算，依法进行审计监督；对前款规定的建设项目进行审计时，可以对直接有关的设计、施工、供货等单位取得建设项目资金的真实性、合法性进行调查。

第二十一条 审计法第二十三条所称社会保障基金，包括社会保险、社会救助、社会福利基金以及发展社会保障事业的其他专项基金；所称社会捐赠资金，包括来源于境内外的货币、有价证券和实物等各种形式的捐赠。

第二十二条 审计法第二十四条所称国际组织和外国政府援助、贷款项目，包括：

（一）国际组织、外国政府及其机构向中国政府及其机构提供的贷款项目；

（二）国际组织、外国政府及其机构向中国企业事业组织以及其他组织提供的由中国政府及其机构担保的贷款项目；

（三）国际组织、外国政府及其机构向中国政府及其机构提供的援助和赠款项目；

（四）国际组织、外国政府及其机构向受中国政府委托管理有关基金、资金的单位提供的援助和赠款项目；

（五）国际组织、外国政府及其机构提供援助、贷款的其他项目。

第二十三条 审计机关可以依照审计法和本条例规定的审计程序、方法以及国家其他有关规定，对预算管理或者国有资产管理使用等与国家财政收支有关的特定事项，向有关地方、部门、单位进行专项审计调查。

第二十四条 审计机关根据被审计单位的财政、财务隶属关系，确定审计管辖范围；不能根据财政、财务隶属关系确定审计管辖范围的，根据国有资产监督管理关系，确定审计管辖范围。

两个以上国有资本投资主体投资的金融机构、企业事业组织和建设项目，由对主要投资主体有审计管辖权的审计机关进行审计监督。

第二十五条 各级审计机关应当按照确定的审计管辖范围进行审计监督。

第二十六条 依法属于审计机关审计监督对象的单位的内部审计工作，应当接受审计机关的业务指导和监督。

依法属于审计机关审计监督对象的单位，可以根据内部审计工作的需要，参加依法成立的内部审计自律组织。审计机关可以通过内部审计自律组织，加强对内部审计工作的业务指导和监督。

第二十七条 审计机关进行审计或者专项审计调查时，有权对社会审计机构出具的相关审计报告进行核查。

审计机关核查社会审计机构出具的相关审计报告时，发现社会审计机构存在违反法律、法规或者执业准则等情况的，应当移送有关主管机关依法追究责任。

第四章　审计机关权限

第二十八条 审计机关依法进行审计监督时，被审计单位应当依照审计法第三十一条规定，向审计机关提供与财政收支、财务收支有关的资料。被审计单位负责人应当对本单位提供资料的真实性和完整性作出书面承诺。

第二十九条 各级人民政府财政、税务以及其他部门（含直属单位）应当向本级审计机关报送下列资料：

（一）本级人民代表大会批准的本级预算和本级人民政府财政部门向本级各部门（含直属单位）批复的预算，预算收入征收部门的年度收入计划，以及本级各部门（含直属单位）向所属各单位批复的预算；

（二）本级预算收支执行和预算收入征收部门的收入计划完成情况月报、年报，以及决算情况；

（三）综合性财政税务工作统计年报、情况简报，财政、预算、税务、财务和会计等规章制度；

（四）本级各部门（含直属单位）汇总编制的本部门决算草案。

第三十条 审计机关依照审计法第三十三条规定查询被审计单位在金融机构的账户的，应当持县级以上人民政府审计机关负责人签发的协助查询单位账户通知书；查询被审计单位以个人名义在金融机构的存款的，应当持县级以上人民政府审计机关主要负责人签发的协助查询个人存款通知书。有关金融机构应当予以协助，并提供证明材料，审计机关和审计人员负有保密义务。

第三十一条 审计法第三十四条所称违反国家规定取得的资产，包括：

（一）弄虚作假骗取的财政拨款、实物以及金融机构贷款；

（二）违反国家规定享受国家补贴、补助、贴息、免息、减税、免税、退税等优惠政策取得的资产；

（三）违反国家规定向他人收取的款项、有价证券、实物；

（四）违反国家规定处分国有资产取得的收益；

（五）违反国家规定取得的其他资产。

第三十二条 审计机关依照审计法第三十四条规定封存被审计单位有关资料和违反国家规定取得的资产的，应当持县级以上人民政府审计机关负责人签发的封存通知书，并在依法收集与审计事项相关的证明材料或者采取其他措施后解除封存。封存的期限为7日以内；有特殊情况需要延长的，经县级以上人民政府审计机关负责人批准，可以适当延长，但延长的期限不得超过7日。

对封存的资料、资产，审计机关可以指定被审计单位负责保管，被审计单位不得损毁或者擅自转移。

第三十三条 审计机关依照审计法第三十六条规定，可以就有关审计事项向政府有关部门通报或者向社会公布对被审计单位的审计、专项审计调查结果。

审计机关经与有关主管机关协商，可以在向社会公布的审计、专项审计调查结果中，一并公布对社会审计机构相关审计报告核查的结果。

审计机关拟向社会公布对上市公司的审计、专项审计调查结果的，应当在5日前将拟公布的内容告知上市公司。

第五章 审计程序

第三十四条 审计机关应当根据法律、法规和国家其他有关规定，按照本级人民政府和上级审计机关的要求，确定年度审计工作重点，编制年度审计项目计划。

审计机关在年度审计项目计划中确定对国有资本占控股地位或者主导地位的企业、金融机构进行审计的，应当自确定之日起7日内告知列入年度审计项目计划的企业、金融机构。

第三十五条 审计机关应当根据年度审计项目计划，组成审计组，调查了解被审计单位的有关情况，编制审计方案，并在实施审计3日前，向被审计单位送达审计通知书。

第三十六条 审计法第三十八条所称特殊情况，包括：

（一）办理紧急事项的；

（二）被审计单位涉嫌严重违法违规的；

（三）其他特殊情况。

第三十七条 审计人员实施审计时，应当按照下列规定办理：

（一）通过检查、查询、监督盘点、发函询证等方法实施审计；

（二）通过收集原件、原物或者复制、拍照等方法取得证明材料；

（三）对与审计事项有关的会议和谈话内容作出记录，或者要求被审计单位提供会议记录材料；

（四）记录审计实施过程和查证结果。

第三十八条 审计人员向有关单位和个人调查取得的证明材料，应当有提供者的签名或者盖章；不能取得提供者签名或者盖章的，审计人员应当注明原因。

第三十九条 审计组向审计机关提出审计报告前，应当书面征求被审计单位意见。被审计单位应当自接到审计组的审计报告之日起10日内，提出书面意见；10日内未提出书面意见的，视同无异议。

审计组应当针对被审计单位提出的书面意见，进一步核实情况，对审计组的审计报告作必要修改，连同被审计单位的书面意见一并报送审计机关。

第四十条 审计机关有关业务机构和专门机构或者人员对审计组的审计报告以及相关审计事项进行复核、审理后，由审计机关按照下列规定办理：

（一）提出审计机关的审计报告，内容包括：对审计事项的审计评价，对违反国家规定的财政收支、财务收支行为提出的处理、处罚意见，移送有关主管机关、单位的意见，改进财政收支、财务收支管理工作的意见；

（二）对违反国家规定的财政收支、财务收支行为，依法应当给予处理、处罚的，在法定职权范围内作出处理、处罚的审计决定；

（三）对依法应当追究有关人员责任的，向有关主管机关、单位提出给予处分的建议；对依法应当由有关主管机关处理、处罚的，移送有关主管机关；涉嫌犯罪的，移送司法机关。

第四十一条 审计机关在审计中发现损害国家利益和社会公共利益的事项，但处理、处罚依据又不明确的，应当向本级人民政府和上一级审计机关报告。

第四十二条 被审计单位应当按照审计机关规定的期限和要求执行审计决定。对应当上缴的款项，被审计单位应当按照财政管理体制和国家有关规定缴入国库或者财政专户。审计决定需要有关主管机关、单位协助执行的，审计机关应当书面提请协助执行。

第四十三条 上级审计机关应当对下级审计机关的审计业务依法进行监督。

下级审计机关作出的审计决定违反国家有关规定的，上级审计机关可以责成下级审计机关予以变更或者撤销，也可以直接作出变更或者撤销的决定；审计决定被撤销后需要重新作出审计决定的，上级审计机关可以责成下级审计机关在规定的期限内重新作出审计决定，也可以直接作出审计决定。

下级审计机关应当作出而没有作出审计决定的，上级审计机关可以责成下级审计机关在规定的期限内作出审计决定，也可以直接作出审计决定。

第四十四条 审计机关进行专项审计调查时，应当向被调查的地方、部门、单位出示专项审计调查的书面通知，并说明有关情况；有关地方、部门、单位应当接受调查，如实反映情况，提供有关资料。

在专项审计调查中，依法属于审计机关审计监督对象的部门、单位有违反国家规定的财政收支、财务收支行为或者其他违法违规行为的，专项审计调查人员和审计机关可以依照审计法和本条例的规定提出审计报告，作出审计决定，或者移送有关主管机关、单位依法追究责任。

第四十五条 审计机关应当按照国家有关规定建立、健全审计档案制度。

第四十六条 审计机关送达审计文书，可以直接送达，也可以邮寄送达或者以其他方式送达。直接送达的，以被审计单位在送达回证上注明的签收日期或者见证人证明的收件日期为送达日期；邮寄送达的，以邮政回执上注明的收件日期为送达日期；以其他方式送达的，以签收或者收件日期为送达日期。

审计机关的审计文书的种类、内容和格式，由审计署规定。

第六章　法　律　责　任

第四十七条 被审计单位违反审计法和本条例的规定，拒绝、拖延提供与审计事项有关的资料，或者提供的资料不真实、不完整，或者拒绝、阻碍检查的，由审计机关责令改正，可以通报批评，给予警告；拒不改正的，对被审计单位可以处5万元以下的罚款，对直接负责的主管人员和其他直接责任人员，可以处2万元以下的罚款，审计机关认为应当给予处分的，向有关主管机关、单位提出给予处分的建议；构成犯罪的，依法追究刑事责任。

第四十八条 对本级各部门（含直属单位）和下级人民政府违反预算的行为或者其他违反国家规定的财政收支行为，审计机关在法定职权范围内，依照法律、行政法规的规定，区别情况采取审计法第四十五条规定的处理措施。

第四十九条 对被审计单位违反国家规定的财务收支行为，审计机关在法定职权范围内，区别情况采取审计法第四十五条规定的处理措施，可以通报批评，给予警告；有违法所得的，没收违法所得，并处违法所得1倍以上5倍以下的罚款；没有违法所得的，可以处5万元以下的罚款；对直接负责的主管人员和其他直接责任人员，可以处2万元以下的罚款，审计机关认为应当给予处分的,向有关主管机关、单位提出给予处分的建议;构成犯罪的,依法追究刑事责任。

法律、行政法规对被审计单位违反国家规定的财务收支行为处理、处罚另有规定的,从其规定。

第五十条 审计机关在作出较大数额罚款的处罚决定前,应当告知被审计单位和有关人员有要求举行听证的权利。较大数额罚款的具体标准由审计署规定。

第五十一条 审计机关提出的对被审计单位给予处理、处罚的建议以及对直接负责的主管人员和其他直接责任人员给予处分的建议,有关主管机关、单位应当依法及时作出决定,并将结果书面通知审计机关。

第五十二条 被审计单位对审计机关依照审计法第十六条、第十七条和本条例第十五条规定进行审计监督作出的审计决定不服的,可以自审计决定送达之日起60日内,提请审计机关的本级人民政府裁决,本级人民政府的裁决为最终决定。

审计机关应当在审计决定中告知被审计单位提请裁决的途径和期限。

裁决期间,审计决定不停止执行。但是,有下列情形之一的,可以停止执行:

(一)审计机关认为需要停止执行的;

(二)受理裁决的人民政府认为需要停止执行的;

(三)被审计单位申请停止执行,受理裁决的人民政府认为其要求合理,决定停止执行的。

裁决由本级人民政府法制机构办理。裁决决定应当自接到提请之日起60日内作出;有特殊情况需要延长的,经法制机构负责人批准,可以适当延长,并告知审计机关和提请裁决的被审计单位,但延长的期限不得超过30日。

第五十三条 除本条例第五十二条规定的可以提请裁决的审计决定外,被审计单位对审计机关作出的其他审计决定不服的,可以依法申请行政复议或者提起行政诉讼。

审计机关应当在审计决定中告知被审计单位申请行政复议或者提起行政诉讼的途径和期限。

第五十四条 被审计单位应当将审计决定执行情况书面报告审计机关。审计机关应当检查审计决定的执行情况。

被审计单位不执行审计决定的,审计机关应当责令限期执行;逾期仍不执行的,审计机关可以申请人民法院强制执行,建议有关主管机关、单位对直接负责的主管人员和其他直接责任人员给予处分。

第五十五条 审计人员滥用职权、徇私舞弊、玩忽职守,或者泄露所知悉的国家秘密、商业秘密的,依法给予处分;构成犯罪的,依法追究刑事责任。

审计人员违法违纪取得的财物,依法予以追缴、没收或者责令退赔。

第七章 附 则

第五十六条 本条例所称以上、以下,包括本数。

本条例第五十二条规定的期间的最后一日是法定节假日的,以节假日后的第一个工作日为期间届满日。审计法和本条例规定的其他期间以工作日计算,不含法定节假日。

第五十七条 实施经济责任审计的规定,另行制定。

第五十八条 本条例自2010年5月1日起施行。

3. 审计署工作规则（2013 年颁布）

（审办发〔2013〕27 号）

第一章 总 则

一、为切实履行法律赋予的审计监督职责，确保完成党中央、国务院交给的各项任务，加快推进审计工作法治化、规范化、科学化和信息化，全面提升审计工作的质量和水平，根据《中华人民共和国宪法》《中华人民共和国国务院组织法》《中华人民共和国审计法》和审计署工作实际，制定本规则。

二、审计署工作的指导思想是，高举中国特色社会主义伟大旗帜，以邓小平理论、"三个代表"重要思想、科学发展观为指导，牢固树立科学的审计理念，认真履行审计监督职责，坚持"依法审计、服务大局、围绕中心、突出重点、求真务实"的工作方针，把"推进法治、维护民生、推动改革、促进发展"作为审计工作的出发点和落脚点，全面监督财政财务收支的真实、合法和效益，严肃查处重大违法违规问题和经济犯罪案件线索，加大对中央重大政策措施贯彻落实情况的跟踪审计力度，完善审计公开制度，充分发挥审计保障国家经济社会健康运行的"免疫系统"功能，推动完善国家治理，努力在推进社会主义经济、政治、文化、社会和生态文明建设中发挥更大作用。

三、审计署工作的准则是，实行科学民主决策，坚持依法审计，推进政务公开，健全监督制度，加强廉政建设。

第二章 领导职责

四、审计署领导要依法依规履行职责，确保权力正确行使；开拓创新，求真务实，严守纪律，勤勉廉洁；充分发挥审计署机关各单位、各派出机构和地方审计机关的职能作用，保证政令畅通，不断提高审计机关的公信力、执行力和效率。

五、审计署领导由审计长、副审计长、总审计师、中央经济责任审计工作联席会议办公室主任、中央纪委驻署纪检组长和其他党组成员组成。

六、审计署实行审计长负责制，审计长领导审计署的工作。副审计长、总审计师、中央经济责任审计工作联席会议办公室主任和其他党组成员协助审计长工作。

七、副审计长、总审计师、中央经济责任审计工作联席会议办公室主任、中央纪委驻署纪检组长和其他党组成员按照分工负责处理分管工作或受审计长委托负责某些方面的工作或专项任务，并可代表审计署进行相关审计外事活动。

八、各分管署领导要按照中共审计署党组（以下简称署党组）决定，各负其责，全力协助审计长抓好审计业务工作和内部管理，抓好队伍建设、法治化建设、信息化建设、理论建设和文化建设；对分管的工作要切实加强领导，精心组织，创造性地开展工作。对分管工作中的重大事项和重要审计工作的进展情况必须及时向审计长报告。

九、审计署领导在工作中要密切沟通，团结协作。审计署领导参加党中央、国务院会议后要及时将会议精神向其他署领导通报。会议文件应送相关署领导传阅后交办公厅存查。

十、审计署机关各单位、各派出机构主要负责同志负责本单位的工作。

审计署机关各单位和各派出机构要各司其职，各尽其责，相互协调，密切配合，提高工作质量和水平，切实贯彻落实署党组和审计署的决定，及时反馈执行情况，努力完成各项工作任务。

十一、审计署机关各单位和各派出机构要认真贯彻落实中央关于改进工作作风、密切联系群众"八项规定"的有关精神,严格执行廉洁从政各项规定,切实加强廉政建设和作风建设。

第三章 依法行政

十二、审计署及署机关各单位、各派出机构要严格按照法定权限、有关规定和程序履行职责,行使行政权力。

十三、审计署根据经济社会发展和审计工作实际,不断完善审计法律体系。适时提出制定、修改或者废止有关审计法律和行政法规的建议。适时制定、修改或者废止有关审计规章以及其他相关规范性文件,并就审计规章以及其他相关规范性文件的应用性问题适时作出解释。

十四、审计署制定的规章和其他规范性文件,必须符合宪法、法律和国务院的行政法规、决定、命令,必要时征求相关部门的意见;涉及审计署与其他部门职权范围的事项,应报请国务院制定行政法规、发布决定和命令,或与有关部门联合制定规章及其他规范性文件。与有关部门联合制定的规章及规范性文件发布前须经国务院批准。审计规章应及时向国务院报送备案。

十五、提请审计长会议讨论的审计法律、行政法规草案送审稿和决定的审计规章以及其他相关规范性文件草案由法规司组织起草或审查。审计规章的解释工作由法规司组织办理。

十六、严格审计执法责任制和审计质量责任追究制,做到有法必依、执法必严、违法必究,依法审计、文明审计。

第四章 会议制度

十七、审计署实行党组会议、审计长会议、审计业务会议制度。

审计署工作中的重大事项,必须经党组会议、审计长会议或审计业务会议讨论决定。

十八、党组会议由党组成员组成,由党组书记或其委托党组副书记召集和主持,必要时可请有关领导和相关单位负责同志列席。主要任务是:

(一)学习党中央、国务院的有关文件、决定,传达党中央、国务院领导同志的重要指示和重要会议精神;

(二)研究制定审计工作的方针政策,发展战略、规划和重大措施;

(三)研究国务院委托审计署拟定的审计法律、行政法规草案;

(四)研究向党中央、国务院请示、报告的重大事项;

(五)研究部署审计署重要工作;

(六)研究决定审计署内部机构设置和干部管理中的重要问题;

(七)研究处理重大审计事项、重要涉外问题和年度外事工作计划;

(八)研究加强党的思想建设、组织建设、作风建设、制度建设、反腐倡廉建设、思想政治工作和精神文明建设;

(九)研究议定其他需要党组会议决定的事项。

党组会议不定期召开。必要时可召开党组扩大会议。

十九、审计长会议由审计长、副审计长、总审计师、中央经济责任审计工作联席会议办公室主任、中央纪委驻署纪检组长和其他党组成员组成,由审计长或其委托其他署领导召集,根据需要可安排有关单位负责同志列席。主要任务是:

(一)研究贯彻落实党中央、国务院的决定、指示;

(二)分析审计工作形势,研究决定年度审计工作计划、年度工作要点和其他重大事项;

(三)讨论通过向国务院总理报送的中央预算执行和其他财政收支的审计结果报告;

(四)讨论通过其他向国务院的报告、请示;

（五）讨论通过由审计署制定和发布的审计规章；

（六）讨论通过对地方审计工作的指导意见；

（七）研究国务院有关部门与审计署协调的重要事项；

（八）讨论决定地方审计机关请示审计署的重要事项；

（九）研究特派办建设和署机关职工生活中的重大问题；

（十）研究议定其他需要审计长会议决定的事项。

审计长会议一般每周召开一次，根据需要可临时召开。

二十、审计业务会议由审计长、副审计长、总审计师、中央经济责任审计工作联席会议办公室主任、中央纪委驻署纪检组长、其他党组成员、总经济师、办公厅主任、法规司司长、科研所所长和有关审计专业人员组成。由审计长或其委托其他署领导召集，根据需要可安排有关单位负责同志列席。主要任务是：审议各审计业务司提交的需经审计业务会议讨论的审计（调查）工作方案、审计（调查）实施方案、审计（调查）报告、审计决定和审计公告稿。

二十一、审计署党组会议、审计长会议、审计业务会议的议题，由分管署领导审核或召开专题会议研究后提出，报党组书记、审计长或主持会议的署领导确定后提交会议研究，除特殊情况外，不得临时动议。

提交审计业务会议讨论的审计（调查）工作方案，应事先由分管署领导审核；提交审计业务会议讨论的审计（调查）报告，应按相关程序复核、审理，并经总审计师和分管署领导审核。审计业务会议讨论通过的审计（调查）工作方案和审计（调查）报告，由责任单位根据会议意见修改后，按程序办理发文。

二十二、审计署党组会议、审计长会议、审计业务会议的组织工作，由办公厅负责；一般要在会前3天把讨论文件发给参加会议的同志。

党组会议、审计长会议、审计业务会议要编写会议纪要。党组会议纪要由党组秘书负责编写；审计长会议纪要由办公厅负责编写，办公厅主任审核；审计业务会议纪要由法规司负责编写，总审计师审核。会议纪要由会议主持人签发。

党组会议、审计长会议、审计业务会议的开会时间要相对集中和固定，以保证审计署领导同志既能集中时间参加会议，又能有足够的时间深入基层调查研究、指导工作。

署领导不能出席党组会议、审计长会议或审计业务会议，向审计长请假。相关列席人员请假，本人需说明请假的具体事由，由办公厅向审计长报告。

二十三、署机关各单位需要组织由署领导出席的会议和活动，应事前与办公厅协商初步确定时间后，再正式按程序报批。署机关各单位需组织专题会议、培训和研讨等活动，由其他单位负责同志参加的，除紧急情况外，应提前一周报经分管署领导同意，并告知办公厅。如相关安排有冲突，由办公厅负责协调。

二十四、根据党中央、国务院指示和审计工作需要，召开全国性审计工作会议。全国性审计工作会议一般每年召开一次，由审计长或其委托其他署领导主持。召开属于二类会议的全国性审计工作会议，要按照规定报国务院审批。召开属于三类会议的全国性专业会议按每年年初审计长会议批准的会议计划执行。

二十五、召开全国性的审计工作会议和专业会议要按规定选择会议地点，严格控制会议规模和会期，要充分准备，提高效率和质量，尽可能采用视频会议形式召开。不得向地方和企事业单位摊派会议经费，不得组织会议代表游览及与会议无关的参观，不得发放纪念品及与会议无关的物品。

第五章　公文审批制度

二十六、审计署机关公文应当符合中共中央办公厅、国务院办公厅印发的《党政机关公文处理工作条例》，按照署相关规定和要求办理。

二十七、审计署收到的党中央、国务院文电，由办公厅报送党组书记、审计长或主持工作的署领导阅批。

审计署收到的国务院各部门、直属机构、办事机构、直属事业单位和各省、自治区、直辖市人民政府的文件，由办公厅按各司局的职责分工分送有关司局提出意见后，报送分管署领导阅批，重大事项由办公厅主任或副主任负责呈报有关署领导阅批后转有关司局办理。

审计署机关各单位的请示、报告，按程序报相关署领导审定；审计署各派出机构和各省、自治区、直辖市审计厅（局）的请示、报告，由办公厅按职责分工确定承办单位，承办单位要认真研究审核，提出办理意见，报分管署领导审定，重大事项报审计长审批。除署领导交办事项和必须直接报送的绝密事项外，一般不直接向署领导个人报送公文。

二十八、在公文办理过程中，遇有承办或牵头单位不明确的事项，由办公厅负责协调或报请署领导确定，有关司局不得推诿扯皮。涉及署内多个司局业务的公文，有关司局要进行协商，并在公文签发前由主办司局送有关司局会签。

二十九、以署党组和审计署名义发的文电，在送党组书记或署领导签发前，有关经办单位要认真做好审核工作，最后由办公厅负责审核把关。

三十、以署党组名义发的文电，由党组书记或其委托党组副书记签发。

三十一、以审计署名义发的文电，其签发权限一般分为：

（一）由审计长签发的文电：向党中央、国务院报送的报告、请示、意见、信息；向国务院报送的审计报告和审计调查报告；审计署令；审计结果公告；发往各地区、各部门的重要政策性文电；审计规章和涉审计工作重大问题的处理；重要的涉外事项和重要的政策性宣传稿件；推广全国性典型经验和指名批评某一地区或某一部门违纪问题的通报；向审计系统或审计人员颁发各种荣誉证书或奖状；审计署司局级机构变动和司局级干部的任免、处分等。审计长外出时，由主持工作的署领导签发。

（二）由分管署领导签发的文电：回复国务院办公厅、有关部委及地方人民政府征求意见的文件；单项审计工作制度；有关审计规章的实施细则及解释；列入年度审计项目计划的审计业务文书；列入年度计划的各种专业会议文电；年度审计计划中的个别项目调整等。

三十二、以审计署办公厅名义发出的文电，由主办司局领导审核，报分管署领导或审计长签发；办公厅主办的事项，一般由办公厅主任签发，必要时报分管署领导或审计长签发。办公厅主任外出时，由主持工作的副主任签发。

三十三、审计署会同党中央和国务院有关部门的联合发文或会签发文，一般由审计长签发。党中央和国务院有关部门会同我署的联合发文或会签发文，一般应按照对等原则由分管署领导审签。

三十四、审计署署印由办公厅秘书处保管，经审计长、分管署领导、办公厅主任或其委托的人员签字后使用。

三十五、署机关各单位、各派出机构要指定专人，严格按照有关规定和要求，认真做好审计署公文的审核工作，提高公文质量。除重要工作事项和具有普遍指导作用的文件简报外，其他尽可能不发。加大审计管理系统和电子公文运用，提高公文处理效率。

第六章　公务活动及宣传报道制度

三十六、审计署领导到基层考察调研，要轻车简从，减少随行和地方陪同人员，简化接待礼仪。特派办和地方审计机关负责同志不到机场、车站、码头和辖区分界处迎送。

审计署机关各单位、各派出机构负责同志也要按此原则办理。

三十七、除党中央、国务院统一组织安排的活动以外，未经署党组批准，署领导及司局级领导不得出席各部门、各地方、各单位召开的会议或接见、照相、颁奖、剪彩、奠基、庆典、论坛、联欢及首发、首映式等事务性活动。署领导不为署机关各单位、各派出机构和地方审计机关签发贺信、贺电、题词、题名、作序。

三十八、审计署领导因公出访，严格执行党中央和国务院有关规定。出访安排列入审计署年度外事工作计划。出访前，按规定报国务院批准，抄送外交部。回国后，向署党组报送出访报告，重要事项和需要请示的内容，向国务院报告。副审计长、总审计师、中央经济责任审计工作联席会议办公室主任、中央纪委驻署纪检组长每年出国（境）一般不超过1次。

三十九、审计署邀请的外国重要官方人士拟请国家领导人会见的，由审计署向国务院提出请示，抄送外交部，呈有关领导同志批准。

与台湾的交流活动，由审计署向国务院台办报批。

会见港澳人员、华侨知名人士，由署港澳台办公室（国际合作司）报审计长或分管外事的署领导批准。

四十、审计署代表参加国际会议，如在会前有国际性审计组织提议拟在中国举办或由中国承办大型、多边国际会议等事宜，应多方了解情况，请示署领导，做好应对预案；如在会上临时受邀，应将相关信息带回国内，向分管外事的署领导汇报，经审计长同意并报请有关部门批准后，由国际合作司正式发函协商予以确认。

四十一、审计署领导活动的宣传报道要从严掌握。全国性的审计工作会议和其他有较大影响的会议、活动，要按经审计署领导审定的方案进行新闻报道。审计署领导接受新闻单位采访，应由办公厅统一安排。审计署领导到基层考察调研等活动，一般不作报道，重要活动必须报道的，要严格按程序报批，中国审计报不能以头版消息刊载。对审计署重要会议，署内媒体综合报道一般不超过1 200字；审计署领导的讲话需要全文发表的，由办公厅指定署内一家媒体发表。

审计署领导参加外事活动，需要公开报道的，由国际合作司向办公厅提出方案，办公厅通知署管媒体进行报道。

第七章 外出请示报告制度

四十二、审计署领导及署机关各单位、各派出机构主要负责同志要严格执行请销假制度。

审计长离京出差、出访和休假，要确定一位署领导主持工作，审计署办公厅应按规定事前向国务院办公厅报告。副审计长、总审计师、中央经济责任审计工作联席会议办公室主任、中央纪委驻署纪检组长和其他党组成员离京出差的地点、事由、时间及出访和休假，原则上应提前5天向审计长报告，经批准后，由秘书把离京外出的有关事项通知办公厅。署领导出差、出访结束后，应及时向党组或审计长报告情况；专题调研、国际会议等重要事项，应及时向署党组或审计长写出书面报告。副审计长、总审计师、中央经济责任审计工作联席会议办公室主任和其他党组成员离京出差、出访和休假期间，应由审计长确定代理分管工作的署领导。遇有特殊紧急情况，由办公厅主任酌情商请在京署领导处理。

四十三、审计署机关各单位、各派出审计局主要负责同志离京出差、出访和休假，应确定临时负责本单位工作的司局级领导同志，经分管署领导审定，审计长批准，并报办公厅。办公厅要随时掌握各单位主要负责同志离京外出的情况，及时向有关署领导报告。

四十四、审计署驻地方特派员办事处主要负责同志离开驻地，原则上应提前2天报经分管署领导批准，并报告办公厅。办公厅应及时向有关署领导报告。

四十五、署机关各单位、各派出机构外出组织集体活动，以及负责同志到署内外单位授课，应按规定事前报经署领导批准，并报告办公厅。办公厅应及时向有关署领导报告。

第八章 推进政务公开

四十六、要大力推进政务公开，健全审计信息发布制度、审计结果和审计发现问题整改情况的公开制度，定期向署特约审计员通报审计工作情况，完善各类公开办事制度，提高审计工作和内部管理各项工作的透明度。

四十七、审计长会议、审计业务会议决定的事项，审计署制定的规章和规范性文件，除需保密的外，应及时公布。

四十八、凡涉及群众切身利益、需要群众广泛知晓的事项以及其他依照法律、法规和国家有关规定应当主动公开的事项，均应通过审计署门户网站、审计结果公告、新闻发布会以及报刊、广播、电视等方式，依法、及时、准确地向社会公开，主动回应相关方面的关切。

第九章 作风建设

四十九、审计署要坚决贯彻执行党和国家的路线方针政策及工作部署。审计署及署机关各单位、各派出机构领导必须坚决执行审计署的决定，如有不同意见，可在审计署内部提出，在没有重新作出决定之前，不得有任何与审计署决定相违背的言论和行为。署领导发表涉及国家重要政策的讲话和文章，若无统一口径，事先要报国务院同意。署机关各单位、各派出机构领导发表涉及重要政策的讲话和文章，须报分管署领导批准。

五十、审计署要建设学习型机关。署领导要做学习的表率，密切关注国际国内经济、社会、科技等方面发展变化的新趋势，不断充实新知识，丰富新经验，大力推进审计信息化建设。

五十一、审计署领导要深入基层调研，明确调研主题，掌握真实情况，解决实际问题。坚持署领导对地方审计工作调研重点联系地区制度。

五十二、要从严治政，对职权范围内的事项要规范工作程序，按程序和时限认真负责办理。

五十三、审计署全体人员要严格遵守保密纪律和外事纪律，严禁泄露国家秘密、工作秘密或因履行职责掌握的商业秘密等，坚决维护国家的安全、荣誉和利益。

第十章 廉政建设

五十四、结合审计署实际，认真贯彻落实国务院廉政工作的部署和要求。

认真落实党风廉政建设责任制，坚持集体领导与个人分工负责相结合，抓好职责范围内的反腐倡廉各项工作。

五十五、要严格执行财经纪律，艰苦奋斗、勤俭节约，严格执行住房、办公用房、车辆配备等方面的规定，坚决制止奢侈浪费，严格控制差旅、会议等一般性经费支出，严禁公车私用，切实降低行政成本，建设节约型机关。

严格控制因公出国（境）团组数量和规模。改革和规范公务接待，不得违反规定用公款送礼和宴请，不得违反规定接受送礼和宴请。未经署党组同意，署各单位不得举办各类纪念会、庆典、研讨会、表彰会、剪彩、奠基和论坛等活动，不得自行印制、分发纪念品和宣传品。各类会议活动经费要全部纳入预算管理。

五十六、审计署各级领导干部要廉洁从政，严格执行领导干部重大事项报告制度和审计纪律，不得利用职权和职务的影响为本人或关系人谋取不正当利益；不得违反规定干预或插手市场经济活动；加强对亲属和身边工作人员的教育和约束，决不允许搞特权。

第十一章 健全监督制度

五十七、要认真对待全国人大代表议案、建议和全国政协委员提案，及时反馈办理结果。要认真听取署特约审计员的工作建议，及时反馈意见。要按照有关法律的规定接受司法监督，自觉接受纪检、监察和相关部门的监督，对发现的问题要认真查处和整改，重大问题应向国务院报告。

五十八、加强审计系统内部监督，严格执行审计法和行政复议法律法规，实行规章备案制度，及时撤销或修改违反法律、行政法规的审计规章和其他规范性文件，纠正违法或不当的行政行为。

五十九、审计署及机关各单位、各派出机构要自觉接受新闻舆论和群众的监督。对新闻媒体报道和各方面反映的涉及审计机关的重大问题，署机关各单位、各派出机构要在第一时间向审计署报告，并按审计署要求积极主动地查处和整改。

六十、要重视人民群众来信来访工作，进一步完善信访制度，确保信访渠道的畅通。

六十一、要进一步完善署党组派驻纪检组长制度、审计现场管理制度和审计项目质量责任追究制度，建立健全巡视工作制度。明确问责范围，规范问责程序，严格责任追究。

六十二、审计署办公厅要认真履行署内督办职责，对党中央和国务院领导同志的批办件、国务院交办件，人大代表议案、建议和政协委员提案，有关部委的办理件，署党组会议、审计长会议、审计业务会议议定事项，署领导批示和交办重要事项等要及时督办，并适时通报各单位办理情况。

第十二章 附 则

六十三、本规则自署党组通过之日起执行。2009年7月15日印发的《审计署工作规则》（审办发〔2009〕131号）同时废止。

六十四、本规则适用于署机关各单位、各直属单位和各派出机构，由办公厅负责解释。

4. 中华人民共和国国家审计准则（2010年修订）

（中华人民共和国审计署令2010年第8号）

第一章 总 则

第一条 为了规范和指导审计机关和审计人员执行审计业务的行为，保证审计质量，防范审计风险，发挥审计保障国家经济和社会健康运行的"免疫系统"功能，根据《中华人民共和国审计法》《中华人民共和国审计法实施条例》和其他有关法律法规，制定本准则。

第二条 本准则是审计机关和审计人员履行法定审计职责的行为规范，是执行审计业务的职业标准，是评价审计质量的基本尺度。

第三条 本准则中使用"应当""不得"词汇的条款为约束性条款，是审计机关和审计人员执行审计业务必须遵守的职业要求。

本准则中使用"可以"词汇的条款为指导性条款，是对良好审计实务的推介。

第四条 审计机关和审计人员执行审计业务，应当适用本准则。其他组织或者人员接受审计机关的委托、聘用，承办或者参加审计业务，也应当适用本准则。

第五条 审计机关和审计人员执行审计业务，应当区分被审计单位的责任和审计机关的责任。

在财政收支、财务收支以及有关经济活动中，履行法定职责、遵守相关法律法规、建立并实施内部控制、按照有关会计准则和会计制度编报财务会计报告、保持财务会计资料的真实性和完整性，是被审计单位的责任。

依据法律法规和本准则的规定，对被审计单位财政收支、财务收支以及有关经济活动独立实施审计并作出审计结论，是审计机关的责任。

第六条 审计机关的主要工作目标是通过监督被审计单位财政收支、财务收支以及有关经济活动的真实性、合法性、效益性，维护国家经济安全，推进民主法治，促进廉政建设，保障国家经济和社会健康发展。

真实性是指反映财政收支、财务收支以及有关经济活动的信息与实际情况相符合的程度。

合法性是指财政收支、财务收支以及有关经济活动遵守法律、法规或者规章的情况。

效益性是指财政收支、财务收支以及有关经济活动实现的经济效益、社会效益和环境效益。

第七条 审计机关对依法属于审计机关审计监督对象的单位、项目、资金进行审计。

审计机关按照国家有关规定,对依法属于审计机关审计监督对象的单位的主要负责人经济责任进行审计。

第八条 审计机关依法对预算管理或者国有资产管理使用等与国家财政收支有关的特定事项向有关地方、部门、单位进行专项审计调查。

审计机关进行专项审计调查时,也应当适用本准则。

第九条 审计机关和审计人员执行审计业务,应当依据年度审计项目计划,编制审计实施方案,获取审计证据,作出审计结论。

审计机关应当委派具备相应资格和能力的审计人员承办审计业务,并建立和执行审计质量控制制度。

第十条 审计机关依据法律法规规定,公开履行职责的情况及其结果,接受社会公众的监督。

第十一条 审计机关和审计人员未遵守本准则约束性条款的,应当说明原因。

第二章 审计机关和审计人员

第十二条 审计机关和审计人员执行审计业务,应当具备本准则规定的资格条件和职业要求。

第十三条 审计机关执行审计业务,应当具备下列资格条件:

(一)符合法定的审计职责和权限;

(二)有职业胜任能力的审计人员;

(三)建立适当的审计质量控制制度;

(四)必需的经费和其他工作条件。

第十四条 审计人员执行审计业务,应当具备下列职业要求:

(一)遵守法律法规和本准则;

(二)恪守审计职业道德;

(三)保持应有的审计独立性;

(四)具备必需的职业胜任能力;

(五)其他职业要求。

第十五条 审计人员应当恪守严格依法、正直坦诚、客观公正、勤勉尽责、保守秘密的基本审计职业道德。

严格依法就是审计人员应当严格依照法定的审计职责、权限和程序进行审计监督,规范审计行为。

正直坦诚就是审计人员应当坚持原则,不屈从于外部压力;不歪曲事实,不隐瞒审计发现的问题;廉洁自律,不利用职权谋取私利;维护国家利益和公共利益。

客观公正就是审计人员应当保持客观公正的立场和态度,以适当、充分的审计证据支持审计结论,实事求是地作出审计评价和处理审计发现的问题。

勤勉尽责就是审计人员应当爱岗敬业,勤勉高效,严谨细致,认真履行审计职责,保证审计工作质量。

保守秘密就是审计人员应当保守其在执行审计业务中知悉的国家秘密、商业秘密;对于执行审计业务取得的资料、形成的审计记录和掌握的相关情况,未经批准不得对外提供和披露,不得用于与审计工作无关的目的。

第十六条 审计人员执行审计业务时，应当保持应有的审计独立性，遇有下列可能损害审计独立性情形的，应当向审计机关报告：

（一）与被审计单位负责人或者有关主管人员有夫妻关系、直系血亲关系、三代以内旁系血亲以及近姻亲关系；

（二）与被审计单位或者审计事项有直接经济利益关系；

（三）对曾经管理或者直接办理过的相关业务进行审计；

（四）可能损害审计独立性的其他情形。

第十七条 审计人员不得参加影响审计独立性的活动，不得参与被审计单位的管理活动。

第十八条 审计机关组成审计组时，应当了解审计组成员可能损害审计独立性的情形，并根据具体情况采取下列措施，避免损害审计独立性：

（一）依法要求相关审计人员回避；

（二）对相关审计人员执行具体审计业务的范围作出限制；

（三）对相关审计人员的工作追加必要的复核程序；

（四）其他措施。

第十九条 审计机关应当建立审计人员交流等制度，避免审计人员因执行审计业务长期与同一被审计单位接触可能对审计独立性造成的损害。

第二十条 审计机关可以聘请外部人员参加审计业务或者提供技术支持、专业咨询、专业鉴定。

审计机关聘请的外部人员应当具备本准则第十四条规定的职业要求。

第二十一条 有下列情形之一的外部人员，审计机关不得聘请：

（一）被刑事处罚的；

（二）被劳动教养的；

（三）被行政拘留的；

（四）审计独立性可能受到损害的；

（五）法律规定不得从事公务的其他情形。

第二十二条 审计人员应当具备与其从事审计业务相适应的专业知识、职业能力和工作经验。

审计机关应当建立和实施审计人员录用、继续教育、培训、业绩评价考核和奖惩激励制度，确保审计人员具有与其从事业务相适应的职业胜任能力。

第二十三条 审计机关应当合理配备审计人员，组成审计组，确保其在整体上具备与审计项目相适应的职业胜任能力。

被审计单位的信息技术对实现审计目标有重大影响的，审计组的整体胜任能力应当包括信息技术方面的胜任能力。

第二十四条 审计人员执行审计业务时，应当合理运用职业判断，保持职业谨慎，对被审计单位可能存在的重要问题保持警觉，并审慎评价所获取审计证据的适当性和充分性，得出恰当的审计结论。

第二十五条 审计人员执行审计业务时，应当从下列方面保持与被审计单位的工作关系：

（一）与被审计单位沟通并听取其意见；

（二）客观公正地作出审计结论，尊重并维护被审计单位的合法权益；

（三）严格执行审计纪律；

（四）坚持文明审计，保持良好的职业形象。

第三章　审　计　计　划

第二十六条 审计机关应当根据法定的审计职责和审计管辖范围，编制年度审计项目计划。

编制年度审计项目计划应当服务大局，围绕政府工作中心，突出审计工作重点，合理安排审计资源，防止不必要的重复审计。

第二十七条 审计机关按照下列步骤编制年度审计项目计划：

（一）调查审计需求，初步选择审计项目；

（二）对初选审计项目进行可行性研究，确定备选审计项目及其优先顺序；

（三）评估审计机关可用审计资源，确定审计项目，编制年度审计项目计划。

第二十八条 审计机关从下列方面调查审计需求，初步选择审计项目：

（一）国家和地区财政收支、财务收支以及有关经济活动情况；

（二）政府工作中心；

（三）本级政府行政首长和相关领导机关对审计工作的要求；

（四）上级审计机关安排或者授权审计的事项；

（五）有关部门委托或者提请审计机关审计的事项；

（六）群众举报、公众关注的事项；

（七）经分析相关数据认为应当列入审计的事项；

（八）其他方面的需求。

第二十九条 审计机关对初选审计项目进行可行性研究，确定初选审计项目的审计目标、审计范围、审计重点和其他重要事项。

进行可行性研究重点调查研究下列内容：

（一）与确定和实施审计项目相关的法律法规和政策；

（二）管理体制、组织结构、主要业务及其开展情况；

（三）财政收支、财务收支状况及结果；

（四）相关的信息系统及其电子数据情况；

（五）管理和监督机构的监督检查情况及结果；

（六）以前年度审计情况；

（七）其他相关内容。

第三十条 审计机关在调查审计需求和可行性研究过程中，从下列方面对初选审计项目进行评估，以确定备选审计项目及其优先顺序：

（一）项目重要程度，评估在国家经济和社会发展中的重要性、政府行政首长和相关领导机关及公众关注程度、资金和资产规模等；

（二）项目风险水平，评估项目规模、管理和控制状况等；

（三）审计预期效果；

（四）审计频率和覆盖面；

（五）项目对审计资源的要求。

第三十一条 年度审计项目计划应当按照审计机关规定的程序审定。

审计机关在审定年度审计项目计划前，根据需要，可以组织专家进行论证。

第三十二条 下列审计项目应当作为必选审计项目：

（一）法律法规规定每年应当审计的项目；

（二）本级政府行政首长和相关领导机关要求审计的项目；

（三）上级审计机关安排或者授权的审计项目。

审计机关对必选审计项目，可以不进行可行性研究。

第三十三条 上级审计机关直接审计下级审计机关审计管辖范围内的重大审计事项，应当列入上级审计机关年度审计项目计划，并及时通知下级审计机关。

第三十四条 上级审计机关可以依法将其审计管辖范围内的审计事项，授权下级审计机关进行审计。对于上级审计机关审计管辖范围内的审计事项，下级审计机关也可以提出授权申请，报有管辖权的上级审计机关审批。

获得授权的审计机关应当将授权的审计事项列入年度审计项目计划。

第三十五条 根据中国政府及其机构与国际组织、外国政府及其机构签订的协议和上级审计机关的要求，审计机关确定对国际组织、外国政府及其机构援助、贷款项目进行审计的，应当纳入年度审计项目计划。

第三十六条 对于预算管理或者国有资产管理使用等与国家财政收支有关的特定事项，符合下列情形的，可以进行专项审计调查：

（一）涉及宏观性、普遍性、政策性或者体制、机制问题的；

（二）事项跨行业、跨地区、跨单位的；

（三）事项涉及大量非财务数据的；

（四）其他适宜进行专项审计调查的。

第三十七条 审计机关年度审计项目计划的内容主要包括：

（一）审计项目名称；

（二）审计目标，即实施审计项目预期要完成的任务和结果；

（三）审计范围，即审计项目涉及的具体单位、事项和所属期间；

（四）审计重点；

（五）审计项目组织和实施单位；

（六）审计资源。

采取跟踪审计方式实施的审计项目，年度审计项目计划应当列明跟踪的具体方式和要求。

专项审计调查项目的年度审计项目计划应当列明专项审计调查的要求。

第三十八条 审计机关编制年度审计项目计划可以采取文字、表格或者两者相结合的形式。

第三十九条 审计机关计划管理部门与业务部门或者派出机构，应当建立经常性的沟通和协调机制。

调查审计需求、进行可行性研究和确定备选审计项目，以业务部门或者派出机构为主实施；备选审计项目排序、配置审计资源和编制年度审计项目计划草案，以计划管理部门为主实施。

第四十条 审计机关根据项目评估结果，确定年度审计项目计划。

第四十一条 审计机关应当将年度审计项目计划报经本级政府行政首长批准并向上一级审计机关报告。

第四十二条 审计机关应当对确定的审计项目配置必要的审计人力资源、审计时间、审计技术装备、审计经费等审计资源。

第四十三条 审计机关同一年度内对同一被审计单位实施不同的审计项目，应当在人员和时间安排上进行协调，尽量避免给被审计单位工作带来不必要的影响。

第四十四条 审计机关应当将年度审计项目计划下达审计项目组织和实施单位执行。

年度审计项目计划一经下达，审计项目组织和实施单位应当确保完成，不得擅自变更。

第四十五条 年度审计项目计划执行过程中，遇有下列情形之一的，应当按照原审批程序调整：

（一）本级政府行政首长和相关领导机关临时交办审计项目的；

（二）上级审计机关临时安排或者授权审计项目的；

（三）突发重大公共事件需要进行审计的；

（四）原定审计项目的被审计单位发生重大变化，导致原计划无法实施的；

（五）需要更换审计项目实施单位的；

（六）审计目标、审计范围等发生重大变化需要调整的；

（七）需要调整的其他情形。

第四十六条 上级审计机关应当指导下级审计机关编制年度审计项目计划，提出下级审计机关重点审计领域或者审计项目安排的指导意见。

第四十七条 年度审计项目计划确定审计机关统一组织多个审计组共同实施一个审计项目或者分别实施同一类审计项目的，审计机关业务部门应当编制审计工作方案。

第四十八条 审计机关业务部门编制审计工作方案，应当根据年度审计项目计划形成过程中调查审计需求、进行可行性研究的情况，开展进一步调查，对审计目标、范围、重点和项目组织实施等进行确定。

第四十九条 审计工作方案的内容主要包括：

（一）审计目标；

（二）审计范围；

（三）审计内容和重点；

（四）审计工作组织安排；

（五）审计工作要求。

第五十条 审计机关业务部门编制的审计工作方案应当按照审计机关规定的程序审批。在年度审计项目计划确定的实施审计起始时间之前，下达到审计项目实施单位。

审计机关批准审计工作方案前，根据需要，可以组织专家进行论证。

第五十一条 审计机关业务部门根据审计实施过程中情况的变化，可以申请对审计工作方案的内容进行调整，并按审计机关规定的程序报批。

第五十二条 审计机关应当定期检查年度审计项目计划执行情况，评估执行效果。

审计项目实施单位应当向下达审计项目计划的审计机关报告计划执行情况。

第五十三条 审计机关应当按照国家有关规定，建立和实施审计项目计划执行情况及其结果的统计制度。

第四章 审 计 实 施

第一节 审计实施方案

第五十四条 审计机关应当在实施项目审计前组成审计组。

审计组由审计组组长和其他成员组成。审计组实行审计组组长负责制。审计组组长由审计机关确定，审计组组长可以根据需要在审计组成员中确定主审，主审应当履行其规定职责和审计组组长委托履行的其他职责。

第五十五条 审计机关应当依照法律法规的规定，向被审计单位送达审计通知书。

第五十六条 审计通知书的内容主要包括被审计单位名称、审计依据、审计范围、审计起始时间、审计组组长及其他成员名单和被审计单位配合审计工作的要求。同时，还应当向被审计单位告知审计组的审计纪律要求。

采取跟踪审计方式实施审计的，审计通知书应当列明跟踪审计的具体方式和要求。

专项审计调查项目的审计通知书应当列明专项审计调查的要求。

第五十七条 审计组应当调查了解被审计单位及其相关情况，评估被审计单位存在重要问题的可能性，确定审计应对措施，编制审计实施方案。

对于审计机关已经下达审计工作方案的，审计组应当按照审计工作方案的要求编制审计实施方案。

第五十八条 审计实施方案的内容主要包括：

（一）审计目标；

（二）审计范围；

（三）审计内容、重点及审计措施，包括审计事项和根据本准则第七十三条确定的审计应对措施；

（四）审计工作要求，包括项目审计进度安排、审计组内部重要管理事项及职责分工等。

采取跟踪审计方式实施审计的，审计实施方案应当对整个跟踪审计工作作出统筹安排。

专项审计调查项目的审计实施方案应当列明专项审计调查的要求。

第五十九条 审计组调查了解被审计单位及其相关情况，为作出下列职业判断提供基础：

（一）确定职业判断适用的标准；

（二）判断可能存在的问题；

（三）判断问题的重要性；

（四）确定审计应对措施。

第六十条 审计人员可以从下列方面调查了解被审计单位及其相关情况：

（一）单位性质、组织结构；

（二）职责范围或者经营范围、业务活动及其目标；

（三）相关法律法规、政策及其执行情况；

（四）财政财务管理体制和业务管理体制；

（五）适用的业绩指标体系以及业绩评价情况；

（六）相关内部控制及其执行情况；

（七）相关信息系统及其电子数据情况；

（八）经济环境、行业状况及其他外部因素；

（九）以往接受审计和监管及其整改情况；

（十）需要了解的其他情况。

第六十一条 审计人员可以从下列方面调查了解被审计单位相关内部控制及其执行情况：

（一）控制环境，即管理模式、组织结构、责权配置、人力资源制度等；

（二）风险评估，即被审计单位确定、分析与实现内部控制目标相关的风险，以及采取的应对措施；

（三）控制活动，即根据风险评估结果采取的控制措施，包括不相容职务分离控制、授权审批控制、资产保护控制、预算控制、业绩分析和绩效考评控制等；

（四）信息与沟通，即收集、处理、传递与内部控制相关的信息，并能有效沟通的情况；

（五）对控制的监督，即对各项内部控制设计、职责及其履行情况的监督检查。

第六十二条 审计人员可以从下列方面调查了解被审计单位信息系统控制情况：

（一）一般控制，即保障信息系统正常运行的稳定性、有效性、安全性等方面的控制；

（二）应用控制，即保障信息系统产生的数据的真实性、完整性、可靠性等方面的控制。

第六十三条 审计人员可以采取下列方法调查了解被审计单位及其相关情况：

（一）书面或者口头询问被审计单位内部和外部相关人员；

（二）检查有关文件、报告、内部管理手册、信息系统的技术文档和操作手册；

（三）观察有关业务活动及其场所、设施和有关内部控制的执行情况；

（四）追踪有关业务的处理过程；

（五）分析相关数据。

第六十四条 审计人员根据审计目标和被审计单位的实际情况，运用职业判断确定调查了解的范围和程度。

对于定期审计项目，审计人员可以利用以往审计中获得的信息，重点调查了解已经发生变化的情况。

第六十五条 审计人员在调查了解被审计单位及其相关情况的过程中，可以选择下列标准作为职业判断的依据：
（一）法律、法规、规章和其他规范性文件；
（二）国家有关方针和政策；
（三）会计准则和会计制度；
（四）国家和行业的技术标准；
（五）预算、计划和合同；
（六）被审计单位的管理制度和绩效目标；
（七）被审计单位的历史数据和历史业绩；
（八）公认的业务惯例或者良好实务；
（九）专业机构或者专家的意见；
（十）其他标准。
审计人员在审计实施过程中需要持续关注标准的适用性。

第六十六条 职业判断所选择的标准应当具有客观性、适用性、相关性、公认性。
标准不一致时，审计人员应当采用权威的和公认程度高的标准。

第六十七条 审计人员应当结合适用的标准，分析调查了解的被审计单位及其相关情况，判断被审计单位可能存在的问题。

第六十八条 审计人员应当运用职业判断，根据可能存在问题的性质、数额及其发生的具体环境，判断其重要性。

第六十九条 审计人员判断重要性时，可以关注下列因素：
（一）是否属于涉嫌犯罪的问题；
（二）是否属于法律法规和政策禁止的问题；
（三）是否属于故意行为所产生的问题；
（四）可能存在问题涉及的数量或者金额；
（五）是否涉及政策、体制或者机制的严重缺陷；
（六）是否属于信息系统设计缺陷；
（七）政府行政首长和相关领导机关及公众的关注程度；
（八）需要关注的其他因素。

第七十条 审计人员实施审计时，应当根据重要性判断的结果，重点关注被审计单位可能存在的重要问题。

第七十一条 需要对财务报表发表审计意见的，审计人员可以参照中国注册会计师执业准则的有关规定确定和运用重要性。

第七十二条 审计组应当评估被审计单位存在重要问题的可能性，以确定审计事项和审计应对措施。

第七十三条 审计组针对审计事项确定的审计应对措施包括：
（一）评估对内部控制的依赖程度，确定是否及如何测试相关内部控制的有效性；
（二）评估对信息系统的依赖程度，确定是否及如何检查相关信息系统的有效性、安全性；
（三）确定主要审计步骤和方法；
（四）确定审计时间；
（五）确定执行的审计人员；
（六）其他必要措施。

第七十四条 审计组在分配审计资源时，应当为重要审计事项分派有经验的审计人员和安排充足的审计时间，并评估特定审计事项是否需要利用外部专家的工作。

第七十五条 审计人员认为存在下列情形之一的，应当测试相关内部控制的有效性：

（一）某项内部控制设计合理且预期运行有效，能够防止重要问题的发生；

（二）仅实施实质性审查不足以为发现重要问题提供适当、充分的审计证据。

审计人员决定不依赖某项内部控制的，可以对审计事项直接进行实质性审查。

被审计单位规模较小、业务比较简单的，审计人员可以对审计事项直接进行实质性审查。

第七十六条 审计人员认为存在下列情形之一的，应当检查相关信息系统的有效性、安全性：

（一）仅审计电子数据不足以为发现重要问题提供适当、充分的审计证据；

（二）电子数据中频繁出现某类差异。

审计人员在检查被审计单位相关信息系统时，可以利用被审计单位信息系统的现有功能或者采用其他计算机技术和工具，检查中应当避免对被审计单位相关信息系统及其电子数据造成不良影响。

第七十七条 审计人员实施审计时，应当持续关注已作出的重要性判断和对存在重要问题可能性的评估是否恰当，及时作出修正，并调整审计应对措施。

第七十八条 遇有下列情形之一的，审计组应当及时调整审计实施方案：

（一）年度审计项目计划、审计工作方案发生变化的；

（二）审计目标发生重大变化的；

（三）重要审计事项发生变化的；

（四）被审计单位及其相关情况发生重大变化的；

（五）审计组人员及其分工发生重大变化的；

（六）需要调整的其他情形。

第七十九条 一般审计项目的审计实施方案应当经审计组组长审定，并及时报审计机关业务部门备案。

重要审计项目的审计实施方案应当报经审计机关负责人审定。

第八十条 审计组调整审计实施方案中的下列事项，应当报经审计机关主要负责人批准：

（一）审计目标；

（二）审计组组长；

（三）审计重点；

（四）现场审计结束时间。

第八十一条 编制和调整审计实施方案可以采取文字、表格或者两者相结合的形式。

第二节 审 计 证 据

第八十二条 审计证据是指审计人员获取的能够为审计结论提供合理基础的全部事实，包括审计人员调查了解被审计单位及其相关情况和对确定的审计事项进行审查所获取的证据。

第八十三条 审计人员应当依照法定权限和程序获取审计证据。

第八十四条 审计人员获取的审计证据，应当具有适当性和充分性。

适当性是对审计证据质量的衡量，即审计证据在支持审计结论方面具有的相关性和可靠性。相关性是指审计证据与审计事项及其具体审计目标之间具有实质性联系。可靠性是指审计证据真实、可信。

充分性是对审计证据数量的衡量。审计人员在评估存在重要问题的可能性和审计证据质量的基础上，决定应当获取审计证据的数量。

第八十五条 审计人员对审计证据的相关性分析时，应当关注下列方面：

（一）一种取证方法获取的审计证据可能只与某些具体审计目标相关，而与其他具体审计目标无关；

（二）针对一项具体审计目标可以从不同来源获取审计证据或者获取不同形式的审计证据。

第八十六条 审计人员可以从下列方面分析审计证据的可靠性：

（一）从被审计单位外部获取的审计证据比从内部获取的审计证据更可靠；

（二）内部控制健全有效情况下形成的审计证据比内部控制缺失或者无效情况下形成的审计证据更可靠；

（三）直接获取的审计证据比间接获取的审计证据更可靠；

（四）从被审计单位财务会计资料中直接采集的审计证据比经被审计单位加工处理后提交的审计证据更可靠；

（五）原件形式的审计证据比复制件形式的审计证据更可靠。

不同来源和不同形式的审计证据存在不一致或者不能相互印证时，审计人员应当追加必要的审计措施，确定审计证据的可靠性。

第八十七条 审计人员获取的电子审计证据包括与信息系统控制相关的配置参数、反映交易记录的电子数据等。

采集被审计单位电子数据作为审计证据的，审计人员应当记录电子数据的采集和处理过程。

第八十八条 审计人员根据实际情况，可以在审计事项中选取全部项目或者部分特定项目进行审查，也可以进行审计抽样，以获取审计证据。

第八十九条 存在下列情形之一的，审计人员可以对审计事项中的全部项目进行审查：

（一）审计事项由少量大额项目构成的；

（二）审计事项可能存在重要问题，而选取其中部分项目进行审查无法提供适当、充分的审计证据的；

（三）对审计事项中的全部项目进行审查符合成本效益原则的。

第九十条 审计人员可以在审计事项中选取下列特定项目进行审查：

（一）大额或者重要项目；

（二）数量或者金额符合设定标准的项目；

（三）其他特定项目。

选取部分特定项目进行审查的结果，不能用于推断整个审计事项。

第九十一条 在审计事项包含的项目数量较多，需要对审计事项某一方面的总体特征作出结论时，审计人员可以进行审计抽样。

审计人员进行审计抽样时，可以参照中国注册会计师执业准则的有关规定。

第九十二条 审计人员可以采取下列方法向有关单位和个人获取审计证据：

（一）检查，是指对纸质、电子或者其他介质形式存在的文件、资料进行审查，或者对有形资产进行审查；

（二）观察，是指查看相关人员正在从事的活动或者执行的程序；

（三）询问，是指以书面或者口头方式向有关人员了解关于审计事项的信息；

（四）外部调查，是指向与审计事项有关的第三方进行调查；

（五）重新计算，是指以手工方式或者使用信息技术对有关数据计算的正确性进行核对；

（六）重新操作，是指对有关业务程序或者控制活动独立进行重新操作验证；

（七）分析，是指研究财务数据之间、财务数据与非财务数据之间可能存在的合理关系，对相关信息作出评价，并关注异常波动和差异。

审计人员进行专项审计调查，可以使用上述方法及其以外的其他方法。

第九十三条 审计人员应当依照法律法规规定，取得被审计单位负责人对本单位提供资料真实性和完整性的书面承诺。

第九十四条 审计人员取得证明被审计单位存在违反国家规定的财政收支、财务收支行为以及其他重要审计事项的审计证据材料，应当由提供证据的有关人员、单位签名或者盖章；不能取得签名或者盖章不影响事实存在的，该审计证据仍然有效，但审计人员应当注明原因。

审计事项比较复杂或者取得的审计证据数量较大的，可以对审计证据进行汇总分析，编制审计取证单，由证据提供者签名或者盖章。

第九十五条 被审计单位的相关资料、资产可能被转移、隐匿、篡改、毁弃并影响获取审计证据的，审计机关应当依照法律法规的规定采取相应的证据保全措施。

第九十六条 审计机关执行审计业务过程中，因行使职权受到限制而无法获取适当、充分的审计证据，或者无法制止违法行为对国家利益的侵害时，根据需要，可以按照有关规定提请有权处理的机关或者相关单位予以协助和配合。

第九十七条 审计人员需要利用所聘请外部人员的专业咨询和专业鉴定作为审计证据的，应当对下列方面作出判断：

（一）依据的样本是否符合审计项目的具体情况；

（二）使用的方法是否适当和合理；

（三）专业咨询、专业鉴定是否与其他审计证据相符。

第九十八条 审计人员需要使用有关监管机构、中介机构、内部审计机构等已经形成的工作结果作为审计证据的，应当对该工作结果的下列方面作出判断：

（一）是否与审计目标相关；

（二）是否可靠；

（三）是否与其他审计证据相符。

第九十九条 审计人员对于重要问题，可以围绕下列方面获取审计证据：

（一）标准，即判断被审计单位是否存在问题的依据；

（二）事实，即客观存在和发生的情况。事实与标准之间的差异构成审计发现的问题；

（三）影响，即问题产生的后果；

（四）原因，即问题产生的条件。

第一百条 审计人员在审计实施过程中，应当持续评价审计证据的适当性和充分性。

已采取的审计措施难以获取适当、充分审计证据的，审计人员应当采取替代审计措施；仍无法获取审计证据的，由审计组报请审计机关采取其他必要的措施或者不作出审计结论。

第三节 审计记录

第一百零一条 审计人员应当真实、完整地记录实施审计的过程、得出的结论和与审计项目有关的重要管理事项，以实现下列目标：

（一）支持审计人员编制审计实施方案和审计报告；

（二）证明审计人员遵循相关法律法规和本准则；

（三）便于对审计人员的工作实施指导、监督和检查。

第一百零二条 审计人员作出的记录，应当使未参与该项业务的有经验的其他审计人员能够理解其执行的审计措施、获取的审计证据、作出的职业判断和得出的审计结论。

第一百零三条 审计记录包括调查了解记录、审计工作底稿和重要管理事项记录。

第一百零四条 审计组在编制审计实施方案前，应当对调查了解被审计单位及其相关情况作出记录。调查了解记录的内容主要包括：

（一）对被审计单位及其相关情况的调查了解情况；

（二）对被审计单位存在重要问题可能性的评估情况；

（三）确定的审计事项及其审计应对措施。

第一百零五条 审计工作底稿主要记录审计人员依据审计实施方案执行审计措施的活动。

审计人员对审计实施方案确定的每一审计事项，均应当编制审计工作底稿。一个审计事项可以根据需要编制多份审计工作底稿。

第一百零六条 审计工作底稿的内容主要包括：

（一）审计项目名称；

（二）审计事项名称；

（三）审计过程和结论；

（四）审计人员姓名及审计工作底稿编制日期并签名；

（五）审核人员姓名、审核意见及审核日期并签名；

（六）索引号及页码；

（七）附件数量。

第一百零七条 审计工作底稿记录的审计过程和结论主要包括：

（一）实施审计的主要步骤和方法；

（二）取得的审计证据的名称和来源；

（三）审计认定的事实摘要；

（四）得出的审计结论及其相关标准。

第一百零八条 审计证据材料应当作为调查了解记录和审计工作底稿的附件。一份审计证据材料对应多个审计记录时，审计人员可以将审计证据材料附在与其关系最密切的审计记录后面，并在其他审计记录中予以注明。

第一百零九条 审计组起草审计报告前，审计组组长应当对审计工作底稿的下列事项进行审核：

（一）具体审计目标是否实现；

（二）审计措施是否有效执行；

（三）事实是否清楚；

（四）审计证据是否适当、充分；

（五）得出的审计结论及其相关标准是否适当；

（六）其他有关重要事项。

第一百一十条 审计组组长审核审计工作底稿，应当根据不同情况分别提出下列意见：

（一）予以认可；

（二）责成采取进一步审计措施，获取适当、充分的审计证据；

（三）纠正或者责成纠正不恰当的审计结论。

第一百一十一条 重要管理事项记录应当记载与审计项目相关并对审计结论有重要影响的下列管理事项：

（一）可能损害审计独立性的情形及采取的措施；

（二）所聘请外部人员的相关情况；

（三）被审计单位承诺情况；

（四）征求被审计对象或者相关单位及人员意见的情况、被审计对象或者相关单位及人员反馈的意见及审计组的采纳情况；

（五）审计组对审计发现的重大问题和审计报告讨论的过程及结论；

（六）审计机关业务部门对审计报告、审计决定书等审计项目材料的复核情况和意见；

（七）审理机构对审计项目的审理情况和意见；

（八）审计机关对审计报告的审定过程和结论；

（九）审计人员未能遵守本准则规定的约束性条款及其原因；

（十）因外部因素使审计任务无法完成的原因及影响；

（十一）其他重要管理事项。

重要管理事项记录可以使用被审计单位承诺书、审计机关内部审批文稿、会议记录、会议纪要、审理意见书或者其他书面形式。

第四节 重大违法行为检查

第一百一十二条 审计人员执行审计业务时，应当保持职业谨慎，充分关注可能存在的重大违法行为。

第一百一十三条 本准则所称重大违法行为是指被审计单位和相关人员违反法律法规、涉及金额比较大、造成国家重大经济损失或者对社会造成重大不良影响的行为。

第一百一十四条 审计人员检查重大违法行为，应当评估被审计单位和相关人员实施重大违法行为的动机、性质、后果和违法构成。

第一百一十五条 审计人员调查了解被审计单位及其相关情况时，可以重点了解可能与重大违法行为有关的下列事项：

（一）被审计单位所在行业发生重大违法行为的状况；

（二）有关的法律法规及其执行情况；

（三）监管部门已经发现和了解的与被审计单位有关的重大违法行为的事实或者线索；

（四）可能形成重大违法行为的动机和原因；

（五）相关的内部控制及其执行情况；

（六）其他情况。

第一百一十六条 审计人员可以通过关注下列情况，判断可能存在的重大违法行为：

（一）具体经济活动中存在的异常事项；

（二）财务和非财务数据中反映出的异常变化；

（三）有关部门提供的线索和群众举报；

（四）公众、媒体的反映和报道；

（五）其他情况。

第一百一十七条 审计人员根据被审计单位实际情况、工作经验和审计发现的异常现象，判断可能存在重大违法行为的性质，并确定检查重点。

审计人员在检查重大违法行为时，应当关注重大违法行为的高发领域和环节。

第一百一十八条 发现重大违法行为的线索，审计组或者审计机关可以采取下列应对措施：

（一）增派具有相关经验和能力的人员；

（二）避免让有关单位和人员事先知晓检查的时间、事项、范围和方式；

（三）扩大检查范围，使其能够覆盖重大违法行为可能涉及的领域；

（四）获取必要的外部证据；

（五）依法采取保全措施；

（六）提请有关机关予以协助和配合；

（七）向政府和有关部门报告；

（八）其他必要的应对措施。

第五章 审计报告

第一节 审计报告的形式和内容

第一百一十九条 审计报告包括审计机关进行审计后出具的审计报告以及专项审计调

查后出具的专项审计调查报告。

第一百二十条 审计组实施审计或者专项审计调查后，应当向派出审计组的审计机关提交审计报告。审计机关审定审计组的审计报告后，应当出具审计机关的审计报告。遇有特殊情况，审计机关可以不向被调查单位出具专项审计调查报告。

第一百二十一条 审计报告应当内容完整、事实清楚、结论正确、用词恰当、格式规范。

第一百二十二条 审计机关的审计报告（审计组的审计报告）包括下列基本要素：

（一）标题；

（二）文号（审计组的审计报告不含此项）；

（三）被审计单位名称；

（四）审计项目名称；

（五）内容；

（六）审计机关名称（审计组名称及审计组组长签名）；

（七）签发日期（审计组向审计机关提交报告的日期）。

经济责任审计报告还包括被审计人员姓名及所担任职务。

第一百二十三条 审计报告的内容主要包括：

（一）审计依据，即实施审计所依据的法律法规规定；

（二）实施审计的基本情况，一般包括审计范围、内容、方式和实施的起止时间；

（三）被审计单位基本情况；

（四）审计评价意见，即根据不同的审计目标，以适当、充分的审计证据为基础发表的评价意见；

（五）以往审计决定执行情况和审计建议采纳情况；

（六）审计发现的被审计单位违反国家规定的财政收支、财务收支行为和其他重要问题的事实、定性、处理处罚意见以及依据的法律法规和标准；

（七）审计发现的移送处理事项的事实和移送处理意见，但是涉嫌犯罪等不宜让被审计单位知悉的事项除外；

（八）针对审计发现的问题，根据需要提出的改进建议。

审计期间被审计单位对审计发现的问题已经整改的，审计报告还应当包括有关整改情况。

经济责任审计报告还应当包括被审计人员履行经济责任的基本情况，以及被审计人员对审计发现问题承担的责任。

核查社会审计机构相关审计报告发现的问题，应当在审计报告中一并反映。

第一百二十四条 采取跟踪审计方式实施审计的，审计组在跟踪审计过程中发现的问题，应当以审计机关的名义及时向被审计单位通报，并要求其整改。

跟踪审计实施工作全部结束后，应当以审计机关的名义出具审计报告。审计报告应当反映审计发现但尚未整改的问题，以及已经整改的重要问题及其整改情况。

第一百二十五条 专项审计调查报告除符合审计报告的要素和内容要求外，还应当根据专项审计调查目标重点分析宏观性、普遍性、政策性或者体制、机制问题并提出改进建议。

第一百二十六条 对审计或者专项审计调查中发现被审计单位违反国家规定的财政收支、财务收支行为，依法应当由审计机关在法定职权范围内作出处理处罚决定的，审计机关应当出具审计决定书。

第一百二十七条 审计决定书的内容主要包括：

（一）审计的依据、内容和时间；

（二）违反国家规定的财政收支、财务收支行为的事实、定性、处理处罚决定以及法律法规依据；

（三）处理处罚决定执行的期限和被审计单位书面报告审计决定执行结果等要求；

（四）依法提请政府裁决或者申请行政复议、提起行政诉讼的途径和期限。

第一百二十八条 审计或者专项审计调查发现的依法需要移送其他有关主管机关或者单位纠正、处理处罚或者追究有关人员责任的事项，审计机关应当出具审计移送处理书。

第一百二十九条 审计移送处理书的内容主要包括：

（一）审计的时间和内容；

（二）依法需要移送有关主管机关或者单位纠正、处理处罚或者追究有关人员责任事项的事实、定性及其依据和审计机关的意见；

（三）移送的依据和移送处理说明，包括将处理结果书面告知审计机关的说明；

（四）所附的审计证据材料。

第一百三十条 出具对国际组织、外国政府及其机构援助、贷款项目的审计报告，按照审计机关的相关规定执行。

第二节　审计报告的编审

第一百三十一条 审计组在起草审计报告前，应当讨论确定下列事项：

（一）评价审计目标的实现情况；

（二）审计实施方案确定的审计事项完成情况；

（三）评价审计证据的适当性和充分性；

（四）提出审计评价意见；

（五）评估审计发现问题的重要性；

（六）提出对审计发现问题的处理处罚意见；

（七）其他有关事项。

审计组应当对讨论前款事项的情况及其结果作出记录。

第一百三十二条 审计组组长应当确认审计工作底稿和审计证据已经审核，并从总体上评价审计证据的适当性和充分性。

第一百三十三条 审计组根据不同的审计目标，以审计认定的事实为基础，在防范审计风险的情况下，按照重要性原则，从真实性、合法性、效益性方面提出审计评价意见。

审计组应当只对所审计的事项发表审计评价意见。对审计过程中未涉及、审计证据不适当或者不充分、评价依据或者标准不明确以及超越审计职责范围的事项，不得发表审计评价意见。

第一百三十四条 审计组应当根据审计发现问题的性质、数额及其发生的原因和审计报告的使用对象，评估审计发现问题的重要性，如实在审计报告中予以反映。

第一百三十五条 审计组对审计发现的问题提出处理处罚意见时，应当关注下列因素：

（一）法律法规的规定；

（二）审计职权范围：属于审计职权范围的，直接提出处理处罚意见，不属于审计职权范围的，提出移送处理意见；

（三）问题的性质、金额、情节、原因和后果；

（四）对同类问题处理处罚的一致性；

（五）需要关注的其他因素。

审计发现被审计单位信息系统存在重大漏洞或者不符合国家规定的，应当责成被审计单位在规定期限内整改。

第一百三十六条 审计组应当针对经济责任审计发现的问题，根据被审计人员履行职责情况，界定其应当承担的责任。

第一百三十七条 审计组实施审计或者专项审计调查后，应当提出审计报告，按照审计机关规定的程序审批后，以审计机关的名义征求被审计单位、被调查单位和拟处罚的有关责任人员的意见。

经济责任审计报告还应当征求被审计人员的意见；必要时，征求有关干部监督管理部门的意见。

审计报告中涉及的重大经济案件调查等特殊事项，经审计机关主要负责人批准，可以不征求被审计单位或者被审计人员的意见。

第一百三十八条 被审计单位、被调查单位、被审计人员或者有关责任人员对征求意见的审计报告有异议的，审计组应当进一步核实，并根据核实情况对审计报告作出必要的修改。

审计组应当对采纳被审计单位、被调查单位、被审计人员、有关责任人员意见的情况和原因，或者上述单位或人员未在法定时间内提出书面意见的情况作出书面说明。

第一百三十九条 对被审计单位或者被调查单位违反国家规定的财政收支、财务收支行为，依法应当由审计机关进行处理处罚的，审计组应当起草审计决定书。

对依法应当由其他有关部门纠正、处理处罚或者追究有关责任人员责任的事项，审计组应当起草审计移送处理书。

第一百四十条 审计组应当将下列材料报送审计机关业务部门复核：

（一）审计报告；

（二）审计决定书；

（三）被审计单位、被调查单位、被审计人员或者有关责任人员对审计报告的书面意见及审计组采纳情况的书面说明；

（四）审计实施方案；

（五）调查了解记录、审计工作底稿、重要管理事项记录、审计证据材料；

（六）其他有关材料。

第一百四十一条 审计机关业务部门应当对下列事项进行复核，并提出书面复核意见：

（一）审计目标是否实现；

（二）审计实施方案确定的审计事项是否完成；

（三）审计发现的重要问题是否在审计报告中反映；

（四）事实是否清楚、数据是否正确；

（五）审计证据是否适当、充分；

（六）审计评价、定性、处理处罚和移送处理意见是否恰当，适用法律法规和标准是否适当；

（七）被审计单位、被调查单位、被审计人员或者有关责任人员提出的合理意见是否采纳；

（八）需要复核的其他事项。

第一百四十二条 审计机关业务部门应当将复核修改后的审计报告、审计决定书等审计项目材料连同书面复核意见，报送审理机构审理。

第一百四十三条 审理机构以审计实施方案为基础，重点关注审计实施的过程及结果，主要审理下列内容：

（一）审计实施方案确定的审计事项是否完成；

（二）审计发现的重要问题是否在审计报告中反映；

（三）主要事实是否清楚、相关证据是否适当、充分；

（四）适用法律法规和标准是否适当；

（五）评价、定性、处理处罚意见是否恰当；

（六）审计程序是否符合规定。

第一百四十四条 审理机构审理时，应当就有关事项与审计组及相关业务部门进行沟通。

必要时，审理机构可以参加审计组与被审计单位交换意见的会议，或者向被审计单位和有关人员了解相关情况。

第一百四十五条 审理机构审理后，可以根据情况采取下列措施：

（一）要求审计组补充重要审计证据；

（二）对审计报告、审计决定书进行修改。

审理过程中遇有复杂问题的，经审计机关负责人同意后，审理机构可以组织专家进行论证。

审理机构审理后，应当出具审理意见书。

第一百四十六条 审理机构将审理后的审计报告、审计决定书连同审理意见书报送审计机关负责人。

第一百四十七条 审计报告、审计决定书原则上应当由审计机关审计业务会议审定；特殊情况下，经审计机关主要负责人授权，可以由审计机关其他负责人审定。

第一百四十八条 审计决定书经审定，处罚的事实、理由、依据、决定与审计组征求意见的审计报告不一致并且加重处罚的，审计机关应当依照有关法律法规的规定及时告知被审计单位、被调查单位和有关责任人员，并听取其陈述和申辩。

第一百四十九条 对于拟作出罚款的处罚决定，符合法律法规规定的听证条件的，审计机关应当依照有关法律法规的规定履行听证程序。

第一百五十条 审计报告、审计决定书经审计机关负责人签发后，按照下列要求办理：

（一）审计报告送达被审计单位、被调查单位；

（二）经济责任审计报告送达被审计单位和被审计人员；

（三）审计决定书送达被审计单位、被调查单位、被处罚的有关责任人员。

第三节 专题报告与综合报告

第一百五十一条 审计机关在审计中发现的下列事项，可以采用专题报告、审计信息等方式向本级政府、上一级审计机关报告：

（一）涉嫌重大违法犯罪的问题；

（二）与国家财政收支、财务收支有关政策及其执行中存在的重大问题；

（三）关系国家经济安全的重大问题；

（四）关系国家信息安全的重大问题；

（五）影响人民群众经济利益的重大问题；

（六）其他重大事项。

第一百五十二条 专题报告应当主题突出、事实清楚、定性准确、建议适当。

审计信息应当事实清楚、定性准确、内容精炼、格式规范、反映及时。

第一百五十三条 审计机关统一组织审计项目的，可以根据需要汇总审计情况和结果，编制审计综合报告。必要时，审计综合报告应当征求有关主管机关的意见。

审计综合报告按照审计机关规定的程序审定后，向本级政府和上一级审计机关报送，或者向有关部门通报。

第一百五十四条 审计机关实施经济责任审计项目后，应当按照相关规定，向本级政府行政首长和有关干部监督管理部门报告经济责任审计结果。

第一百五十五条 审计机关依照法律法规的规定，每年汇总对本级预算执行情况和其他财政收支情况的审计报告，形成审计结果报告，报送本级政府和上一级审计机关。

第一百五十六条 审计机关依照法律法规的规定，代本级政府起草本级预算执行情况和其他财政收支情况的审计工作报告（稿），经本级政府行政首长审定后，受本级政府委托向本级人民代表大会常务委员会报告。

第四节　审计结果公布

第一百五十七条　审计机关依法实行公告制度。审计机关的审计结果、审计调查结果依法向社会公布。

第一百五十八条　审计机关公布的审计和审计调查结果主要包括下列信息：
（一）被审计（调查）单位基本情况；
（二）审计（调查）评价意见；
（三）审计（调查）发现的主要问题；
（四）处理处罚决定及审计（调查）建议；
（五）被审计（调查）单位的整改情况。

第一百五十九条　在公布审计和审计调查结果时，审计机关不得公布下列信息：
（一）涉及国家秘密、商业秘密的信息；
（二）正在调查、处理过程中的事项；
（三）依照法律法规的规定不予公开的其他信息。

涉及商业秘密的信息，经权利人同意或者审计机关认为不公布可能对公共利益造成重大影响的，可以予以公布。

审计机关公布审计和审计调查结果应当客观公正。

第一百六十条　审计机关公布审计和审计调查结果，应当指定专门机构统一办理，履行规定的保密审查和审核手续，报经审计机关主要负责人批准。

审计机关内设机构、派出机构和个人，未经授权不得向社会公布审计和审计调查结果。

第一百六十一条　审计机关统一组织不同级次审计机关参加的审计项目，其审计和审计调查结果原则上由负责该项目组织工作的审计机关统一对外公布。

第一百六十二条　审计机关公布审计和审计调查结果按照国家有关规定需要报批的，未经批准不得公布。

第五节　审计整改检查

第一百六十三条　审计机关应当建立审计整改检查机制，督促被审计单位和其他有关单位根据审计结果进行整改。

第一百六十四条　审计机关主要检查或者了解下列事项：
（一）执行审计机关作出的处理处罚决定情况；
（二）对审计机关要求自行纠正事项采取措施的情况；
（三）根据审计机关的审计建议采取措施的情况；
（四）对审计机关移送处理事项采取措施的情况。

第一百六十五条　审计组在审计实施过程中，应当及时督促被审计单位整改审计发现的问题。

审计机关在出具审计报告、作出审计决定后，应当在规定的时间内检查或者了解被审计单位和其他有关单位的整改情况。

第一百六十六条　审计机关可以采取下列方式检查或者了解被审计单位和其他有关单位的整改情况：
（一）实地检查或者了解；
（二）取得并审阅相关书面材料；
（三）其他方式。

对于定期审计项目，审计机关可以结合下一次审计，检查或者了解被审计单位的整改情况。

检查或者了解被审计单位和其他有关单位的整改情况应当取得相关证明材料。

第一百六十七条 审计机关指定的部门负责检查或者了解被审计单位和其他有关单位整改情况，并向审计机关提出检查报告。

第一百六十八条 检查报告的内容主要包括：

（一）检查工作开展情况，主要包括检查时间、范围、对象、和方式等；

（二）被审计单位和其他有关单位的整改情况；

（三）没有整改或者没有完全整改事项的原因和建议。

第一百六十九条 审计机关对被审计单位没有整改或者没有完全整改的事项，依法采取必要措施。

第一百七十条 审计机关对审计决定书中存在的重要错误事项，应当予以纠正。

第一百七十一条 审计机关汇总审计整改情况，向本级政府报送关于审计工作报告中指出问题的整改情况的报告。

第六章 审计质量控制和责任

第一百七十二条 审计机关应当建立审计质量控制制度，以保证实现下列目标：

（一）遵守法律法规和本准则；

（二）作出恰当的审计结论；

（三）依法进行处理处罚。

第一百七十三条 审计机关应当针对下列要素建立审计质量控制制度：

（一）审计质量责任；

（二）审计职业道德；

（三）审计人力资源；

（四）审计业务执行；

（五）审计质量监控。

对前款第二、三、四项应当按照本准则第二至五章的有关要求建立审计质量控制制度。

第一百七十四条 审计机关实行审计组成员、审计组主审、审计组组长、审计机关业务部门、审理机构、总审计师和审计机关负责人对审计业务的分级质量控制。

第一百七十五条 审计组成员的工作职责包括：

（一）遵守本准则，保持审计独立性；

（二）按照分工完成审计任务，获取审计证据；

（三）如实记录实施的审计工作并报告工作结果；

（四）完成分配的其他工作。

第一百七十六条 审计组成员应当对下列事项承担责任：

（一）未按审计实施方案实施审计导致重大问题未被发现的；

（二）未按照本准则的要求获取审计证据导致审计证据不适当、不充分的；

（三）审计记录不真实、不完整的；

（四）对发现的重要问题隐瞒不报或者不如实报告的。

第一百七十七条 审计组组长的工作职责包括：

（一）编制或者审定审计实施方案；

（二）组织实施审计工作；

（三）督导审计组成员的工作；

（四）审核审计工作底稿和审计证据；

（五）组织编制并审核审计组起草的审计报告、审计决定书、审计移送处理书、专题报告、审计信息；

（六）配置和管理审计组的资源；
（七）审计机关规定的其他职责。

第一百七十八条 审计组组长应当从下列方面督导审计组成员的工作：
（一）将具体审计事项和审计措施等信息告知审计组成员，并与其讨论；
（二）检查审计组成员的工作进展，评估审计组成员的工作质量，并解决工作中存在的问题；
（三）给予审计组成员必要的培训和指导。

第一百七十九条 审计组组长应当对审计项目的总体质量负责，并对下列事项承担责任：
（一）审计实施方案编制或者组织实施不当，造成审计目标未实现或者重要问题未被发现的；
（二）审核未发现或者未纠正审计证据不适当、不充分问题的；
（三）审核未发现或者未纠正审计工作底稿不真实、不完整问题的；
（四）得出的审计结论不正确的；
（五）审计组起草的审计文书和审计信息反映的问题严重失实的；
（六）提出的审计处理处罚意见或者移送处理意见不正确的；
（七）对审计组发现的重要问题隐瞒不报或者不如实报告的；
（八）违反法定审计程序的。

第一百八十条 根据工作需要，审计组可以设立主审。主审根据审计分工和审计组组长的委托，主要履行下列职责：
（一）起草审计实施方案、审计文书和审计信息；
（二）对主要审计事项进行审计查证；
（三）协助组织实施审计；
（四）督导审计组成员的工作；
（五）审核审计工作底稿和审计证据；
（六）组织审计项目归档工作；
（七）完成审计组组长委托的其他工作。

第一百八十一条 审计组组长将其工作职责委托给主审或者审计组其他成员的，仍应当对委托事项承担责任。受委托的成员在受托范围内承担相应责任。

第一百八十二条 审计机关业务部门的工作职责包括：
（一）提出审计组组长人选；
（二）确定聘请外部人员事宜；
（三）指导、监督审计组的审计工作；
（四）复核审计报告、审计决定书等审计项目材料；
（五）审计机关规定的其他职责。

业务部门统一组织审计项目的，应当承担编制审计工作方案，组织、协调审计实施和汇总审计结果的职责。

第一百八十三条 审计机关业务部门应当及时发现和纠正审计组工作中存在的重要问题，并对下列事项承担责任：
（一）对审计组请示的问题未及时采取适当措施导致严重后果的；
（二）复核未发现审计报告、审计决定书等审计项目材料中存在的重要问题的；
（三）复核意见不正确的；
（四）要求审计组不在审计文书和审计信息中反映重要问题的。

业务部门对统一组织审计项目的汇总审计结果出现重大错误、造成严重不良影响的事项承担责任。

第一百八十四条 审计机关审理机构的工作职责包括：
（一）审查修改审计报告、审计决定书；
（二）提出审理意见；
（三）审计机关规定的其他职责。

第一百八十五条 审计机关审理机构对下列事项承担责任：
（一）审理意见不正确的；
（二）对审计报告、审计决定书作出的修改不正确的；
（三）审理时应当发现而未发现重要问题的。

第一百八十六条 审计机关负责人的工作职责包括：
（一）审定审计项目目标、范围和审计资源的配置；
（二）指导和监督检查审计工作；
（三）审定审计文书和审计信息；
（四）审计管理中的其他重要事项。
审计机关负责人对审计项目实施结果承担最终责任。

第一百八十七条 审计机关对审计人员违反法律法规和本准则的行为，应当按照相关规定追究其责任。

第一百八十八条 审计机关应当按照国家有关规定，建立健全审计项目档案管理制度，明确审计项目归档要求、保存期限、保存措施、档案利用审批程序等。

第一百八十九条 审计项目归档工作实行审计组组长负责制，审计组组长应当确定立卷责任人。
立卷责任人应当收集审计项目的文件材料，并在审计项目终结后及时立卷归档，由审计组组长审查验收。

第一百九十条 审计机关实行审计业务质量检查制度，对其业务部门、派出机构和下级审计机关的审计业务质量进行检查。

第一百九十一条 审计机关可以通过查阅有关文件和审计档案、询问相关人员等方式、方法，检查下列事项：
（一）建立和执行审计质量控制制度的情况；
（二）审计工作中遵守法律法规和本准则的情况；
（三）与审计业务质量有关的其他事项。
审计业务质量检查应当重点关注审计结论的恰当性、审计处理处罚意见的合法性和适当性。

第一百九十二条 审计机关开展审计业务质量检查，应当向被检查单位通报检查结果。

第一百九十三条 审计机关在审计业务质量检查中，发现被检查的派出机构或者下级审计机关应当作出审计决定而未作出的，可以依法直接或者责成其在规定期限内作出审计决定；发现其作出的审计决定违反国家有关规定的，可以依法直接或者责成其在规定期限内变更、撤销审计决定。

第一百九十四条 审计机关应当对其业务部门、派出机构实行审计业务年度考核制度，考核审计质量控制目标的实现情况。

第一百九十五条 审计机关可以定期组织优秀审计项目评选，对被评为优秀审计项目的予以表彰。

第一百九十六条 审计机关应当对审计质量控制制度及其执行情况进行持续评估，及时发现审计质量控制制度及其执行中存在的问题，并采取措施加以纠正或者改进。
审计机关可以结合日常管理工作或者通过开展审计业务质量检查、考核和优秀审计项目评选等方式，对审计质量控制制度及其执行情况进行持续评估。

第七章　附　则

第一百九十七条　审计机关和审计人员开展下列工作，不适用本准则的规定：

（一）配合有关部门查处案件；

（二）与有关部门共同办理检查事项；

（三）接受交办或者接受委托办理不属于法定审计职责范围的事项。

第一百九十八条　地方审计机关可以根据本地实际情况，在遵循本准则规定的基础上制定实施细则。

第一百九十九条　本准则由审计署负责解释。

第二百条　本准则自2011年1月1日起施行。附件所列的审计署以前发布的审计准则和规定同时废止。

5. 党政主要领导干部和国有企事业单位主要领导人员经济责任审计规定（2019年修订）

（中办发〔2019〕45号）

第一章　总　则

第一条　为了坚持和加强党对审计工作的集中统一领导，强化对党政主要领导干部和国有企事业单位主要领导人员（以下统称领导干部）的管理监督，促进领导干部履职尽责、担当作为，确保党中央令行禁止，根据《中华人民共和国审计法》和有关党内法规，制定本规定。

第二条　经济责任审计工作以马克思列宁主义、毛泽东思想、邓小平理论、"三个代表"重要思想、科学发展观、习近平新时代中国特色社会主义思想为指导，增强"四个意识"、坚定"四个自信"、做到"两个维护"，认真落实党中央、国务院决策部署，紧紧围绕统筹推进"五位一体"总体布局和协调推进"四个全面"战略布局，贯彻新发展理念，聚焦经济责任，客观评价，揭示问题，促进经济高质量发展，促进全面深化改革，促进权力规范运行，促进反腐倡廉，推进国家治理体系和治理能力现代化。

第三条　本规定所称经济责任，是指领导干部在任职期间，对其管辖范围内贯彻执行党和国家经济方针政策、决策部署，推动经济和社会事业发展，管理公共资金、国有资产、国有资源，防控重大经济风险等有关经济活动应当履行的职责。

第四条　领导干部经济责任审计对象包括：

（一）地方各级党委、政府、纪检监察机关、法院、检察院的正职领导干部或者主持工作1年以上的副职领导干部；

（二）中央和地方各级党政工作部门、事业单位和人民团体等单位的正职领导干部或者主持工作1年以上的副职领导干部；

（三）国有和国有资本占控股地位或者主导地位的企业（含金融机构，以下统称国有企业）的法定代表人或者不担任法定代表人但实际行使相应职权的主要领导人员；

（四）上级领导干部兼任下级单位正职领导职务且不实际履行经济责任时，实际分管日常工作的副职领导干部；

（五）党中央和县级以上地方党委要求进行经济责任审计的其他主要领导干部。

第五条　领导干部履行经济责任的情况，应当依规依法接受审计监督。

经济责任审计可以在领导干部任职期间进行，也可以在领导干部离任后进行，以任职期间审计为主。

第六条 领导干部的经济责任审计按照干部管理权限确定。遇有干部管理权限与财政财务隶属关系等不一致时，由对领导干部具有干部管理权限的部门与同级审计机关共同确定实施审计的审计机关。

审计署审计长的经济责任审计，按照中央审计委员会的决定组织实施。地方审计机关主要领导干部的经济责任审计，由地方党委与上一级审计机关协商后，由上一级审计机关组织实施。

第七条 审计委员会办公室、审计机关依规依法独立实施经济责任审计，任何组织和个人不得拒绝、阻碍、干涉，不得打击报复审计人员。

对有意设置障碍、推诿拖延的，应当进行批评和通报；造成恶劣影响的，应当严肃问责追责。

第八条 审计委员会办公室、审计机关和审计人员对经济责任审计工作中知悉的国家秘密、商业秘密和个人隐私，负有保密义务。

第九条 各级党委和政府应当保证履行经济责任审计职责所必需的机构、人员和经费。

第二章 组织协调

第十条 各级党委和政府应当加强对经济责任审计工作的领导，建立健全经济责任审计工作联席会议（以下简称联席会议）制度。联席会议由纪检监察机关和组织、机构编制、审计、财政、人力资源社会保障、国有资产监督管理、金融监督管理等部门组成，召集人由审计委员会办公室主任担任。联席会议在同级审计委员会的领导下开展工作。

联席会议下设办公室，与同级审计机关内设的经济责任审计机构合署办公。办公室主任由同级审计机关的副职领导或者相当职务层次领导担任。

第十一条 联席会议主要负责研究拟订有关经济责任审计的制度文件，监督检查经济责任审计工作情况，协调解决经济责任审计工作中出现的问题，推进经济责任审计结果运用，指导下级联席会议的工作，指导和监督部门、单位内部管理领导干部经济责任审计工作，完成审计委员会交办的其他工作。

联席会议办公室负责联席会议的日常工作。

第十二条 经济责任审计应当有计划地进行，根据干部管理监督需要和审计资源等实际情况，对审计对象实行分类管理,科学制定经济责任审计中长期规划和年度审计项目计划，推进领导干部履行经济责任情况审计全覆盖。

第十三条 年度经济责任审计项目计划按照下列程序制定：

（一）审计委员会办公室商同级组织部门提出审计计划安排，组织部门提出领导干部年度审计建议名单；

（二）审计委员会办公室征求同级纪检监察机关等有关单位意见后，纳入审计机关年度审计项目计划；

（三）审计委员会办公室提交同级审计委员会审议决定。

对属于有关主管部门管理的领导干部进行审计的，审计委员会办公室商有关主管部门提出年度审计建议名单，纳入审计机关年度审计项目计划，提交审计委员会审议决定。

第十四条 年度经济责任审计项目计划一经确定不得随意变更。确需调减或者追加的，应当按照原制定程序，报审计委员会批准后实施。

第十五条 被审计领导干部遇有被有关部门采取强制措施、纪律审查、监察调查或者死亡等特殊情况，以及存在其他不宜继续进行经济责任审计情形的，审计委员会办公室商同级纪检监察机关、组织部门等有关单位提出意见，报审计委员会批准后终止审计。

第三章　审 计 内 容

第十六条　经济责任审计应当以领导干部任职期间公共资金、国有资产、国有资源的管理、分配和使用为基础，以领导干部权力运行和责任落实情况为重点，充分考虑领导干部管理监督需要、履职特点和审计资源等因素，依规依法确定审计内容。

第十七条　地方各级党委和政府主要领导干部经济责任审计的内容包括：

（一）贯彻执行党和国家经济方针政策、决策部署情况；

（二）本地区经济社会发展规划和政策措施的制定、执行和效果情况；

（三）重大经济事项的决策、执行和效果情况；

（四）财政财务管理和经济风险防范情况，民生保障和改善情况，生态文明建设项目、资金等管理使用和效益情况，以及在预算管理中执行机构编制管理规定情况；

（五）在经济活动中落实有关党风廉政建设责任和遵守廉洁从政规定情况；

（六）以往审计发现问题的整改情况；

（七）其他需要审计的内容。

第十八条　党政工作部门、纪检监察机关、法院、检察院、事业单位和人民团体等单位主要领导干部经济责任审计的内容包括：

（一）贯彻执行党和国家经济方针政策、决策部署情况；

（二）本部门本单位重要发展规划和政策措施的制定、执行和效果情况；

（三）重大经济事项的决策、执行和效果情况；

（四）财政财务管理和经济风险防范情况，生态文明建设项目、资金等管理使用和效益情况，以及在预算管理中执行机构编制管理规定情况；

（五）在经济活动中落实有关党风廉政建设责任和遵守廉洁从政规定情况；

（六）以往审计发现问题的整改情况；

（七）其他需要审计的内容。

第十九条　国有企业主要领导人员经济责任审计的内容包括：

（一）贯彻执行党和国家经济方针政策、决策部署情况；

（二）企业发展战略规划的制定、执行和效果情况；

（三）重大经济事项的决策、执行和效果情况；

（四）企业法人治理结构的建立、健全和运行情况，内部控制制度的制定和执行情况；

（五）企业财务的真实合法效益情况，风险管控情况，境外资产管理情况，生态环境保护情况；

（六）在经济活动中落实有关党风廉政建设责任和遵守廉洁从业规定情况；

（七）以往审计发现问题的整改情况；

（八）其他需要审计的内容。

第二十条　有关部门和单位、地方党委和政府的主要领导干部由上级领导干部兼任，且实际履行经济责任的，对其进行经济责任审计时，审计内容仅限于该领导干部所兼任职务应当履行的经济责任。

第四章　审 计 实 施

第二十一条　审计委员会办公室、审计机关应当根据年度经济责任审计项目计划，组成审计组并实施审计。

第二十二条　对同一地方党委和政府主要领导干部，以及同一部门、单位2名以上主要领导干部的经济责任审计，可以同步组织实施，分别认定责任。

第二十三条　审计委员会办公室、审计机关应当按照规定，向被审计领导干部及其所在单位或者原任职单位（以下统称所在单位）送达审计通知书，抄送同级纪检监察机关、组织部门等有关单位。

地方审计机关主要领导干部的经济责任审计通知书，由上一级审计机关送达。

第二十四条 实施经济责任审计时，应当召开由审计组主要成员、被审计领导干部及其所在单位有关人员参加的会议，安排审计工作有关事项。联席会议有关成员单位根据工作需要可以派人参加。

审计组应当在被审计单位公示审计项目名称、审计纪律要求和举报电话等内容。

第二十五条 经济责任审计过程中，应当听取被审计领导干部所在单位领导班子成员的意见。

对地方党委和政府主要领导干部的审计，还应当听取同级人大常委会、政协主要负责同志的意见。

审计委员会办公室、审计机关应当听取联席会议有关成员单位的意见，及时了解与被审计领导干部履行经济责任有关的考察考核、群众反映、巡视巡察反馈、组织约谈、函询调查、案件查处结果等情况。

第二十六条 被审计领导干部及其所在单位，以及其他有关单位应当及时、准确、完整地提供与被审计领导干部履行经济责任有关的下列资料：

（一）被审计领导干部经济责任履行情况报告；

（二）工作计划、工作总结、工作报告、会议记录、会议纪要、决议决定、请示、批示、目标责任书、经济合同、考核检查结果、业务档案、机构编制、规章制度、以往审计发现问题整改情况等资料；

（三）财政收支、财务收支相关资料；

（四）与履行职责相关的电子数据和必要的技术文档；

（五）审计所需的其他资料。

第二十七条 被审计领导干部及其所在单位应当对所提供资料的真实性、完整性负责，并作出书面承诺。

第二十八条 经济责任审计应当加强与领导干部自然资源资产离任审计等其他审计的统筹协调，科学配置审计资源，创新审计组织管理，推动大数据等新技术应用，建立健全审计工作信息和结果共享机制，提高审计监督整体效能。

第二十九条 经济责任审计过程中，可以依规依法提请有关部门、单位予以协助。有关部门、单位应当予以支持，并及时提供有关资料和信息。

第三十条 审计组实施审计后，应当向派出审计组的审计委员会办公室、审计机关提交审计报告。

审计报告一般包括被审计领导干部任职期间履行经济责任情况的总体评价、主要业绩、审计发现的主要问题和责任认定、审计建议等内容。

第三十一条 审计委员会办公室、审计机关应当书面征求被审计领导干部及其所在单位对审计组审计报告的意见。

第三十二条 被审计领导干部及其所在单位应当自收到审计组审计报告之日起10个工作日内提出书面意见；10个工作日内未提出书面意见的，视同无异议。

审计组应当针对被审计领导干部及其所在单位提出的书面意见，进一步研究和核实，对审计报告作出必要的修改，连同被审计领导干部及其所在单位的书面意见一并报送审计委员会办公室、审计机关。

第三十三条 审计委员会办公室、审计机关按照规定程序对审计组审计报告进行审定，出具经济责任审计报告；同时出具经济责任审计结果报告，在经济责任审计报告的基础上，简要反映审计结果。

经济责任审计报告和经济责任审计结果报告应当事实清楚、评价客观、责任明确、用词恰当、文字精练、通俗易懂。

第三十四条 经济责任审计报告、经济责任审计结果报告等审计结论性文书按照规定程序报同级审计委员会，按照干部管理权限送组织部门。根据工作需要，送纪检监察机关等联席会议其他成员单位、有关主管部门。

地方审计机关主要领导干部的经济责任审计结论性文书，由上一级审计机关送有关组织部门。根据工作需要，送有关纪检监察机关。

经济责任审计报告应当送达被审计领导干部及其所在单位。

第三十五条 经济责任审计中发现的重大问题线索，由审计委员会办公室按照规定向审计委员会报告。

应当由纪检监察机关或者有关主管部门处理的问题线索，由审计机关依规依纪依法移送处理。

被审计领导干部所在单位存在的违反国家规定的财政收支、财务收支行为，依法应当给予处理处罚的，由审计机关在法定职权范围内作出审计决定。

第三十六条 经济责任审计项目结束后，审计委员会办公室、审计机关应当组织召开会议，向被审计领导干部及其所在单位领导班子成员等有关人员反馈审计结果和相关情况。联席会议有关成员单位根据工作需要可以派人参加。

第三十七条 被审计领导干部对审计委员会办公室、审计机关出具的经济责任审计报告有异议的，可以自收到审计报告之日起 30 日内向同级审计委员会办公室申诉。审计委员会办公室应当组成复查工作小组，并要求原审计组人员等回避，自收到申诉之日起 90 日内提出复查意见，报审计委员会批准后作出复查决定。复查决定为最终决定。

地方审计机关主要领导干部对上一级审计机关出具的经济责任审计报告有异议的，可以自收到审计报告之日起 30 日内向上一级审计机关申诉。上一级审计机关应当组成复查工作小组，并要求原审计组人员等回避，自收到申诉之日起 90 日内作出复查决定。复查决定为最终决定。

本条规定的期间的最后一日是法定节假日的，以节假日后的第一个工作日为期间届满日。

第五章　审　计　评　价

第三十八条 审计委员会办公室、审计机关应当根据不同领导职务的职责要求，在审计查证或者认定事实的基础上，综合运用多种方法，坚持定性评价与定量评价相结合，依照有关党内法规、法律法规、政策规定、责任制考核目标等，在审计范围内，对被审计领导干部履行经济责任情况，包括公共资金、国有资产、国有资源的管理、分配和使用中个人遵守廉洁从政（从业）规定等情况，作出客观公正、实事求是的评价。

审计评价应当有充分的审计证据支持，对审计中未涉及的事项不作评价。

第三十九条 对领导干部履行经济责任过程中存在的问题，审计委员会办公室、审计机关应当按照权责一致原则，根据领导干部职责分工，综合考虑相关问题的历史背景、决策过程、性质、后果和领导干部实际所起的作用等情况，界定其应当承担的直接责任或者领导责任。

第四十条 领导干部对履行经济责任过程中的下列行为应当承担直接责任：

（一）直接违反有关党内法规、法律法规、政策规定的；

（二）授意、指使、强令、纵容、包庇下属人员违反有关党内法规、法律法规、政策规定的；

（三）贯彻党和国家经济方针政策、决策部署不坚决不全面不到位，造成公共资金、国有资产、国有资源损失浪费，生态环境破坏，公共利益损害等后果的；

（四）未完成有关法律法规规章、政策措施、目标责任书等规定的领导干部作为第一责任人（负总责）事项，造成公共资金、国有资产、国有资源损失浪费，生态环境破坏，公共利益损害等后果的；

（五）未经民主决策程序或者民主决策时在多数人不同意的情况下，直接决定、批准、组织实施重大经济事项，造成公共资金、国有资产、国有资源损失浪费，生态环境破坏，公共利益损害等后果的；

（六）不履行或者不正确履行职责，对造成的后果起决定性作用的其他行为。

第四十一条 领导干部对履行经济责任过程中的下列行为应当承担领导责任：

（一）民主决策时，在多数人同意的情况下，决定、批准、组织实施重大经济事项，由于决策不当或者决策失误造成公共资金、国有资产、国有资源损失浪费，生态环境破坏，公共利益损害等后果的；

（二）违反部门、单位内部管理规定造成公共资金、国有资产、国有资源损失浪费，生态环境破坏，公共利益损害等后果的；

（三）参与相关决策和工作时，没有发表明确的反对意见，相关决策和工作违反有关党内法规、法律法规、政策规定，或者造成公共资金、国有资产、国有资源损失浪费，生态环境破坏，公共利益损害等后果的；

（四）疏于监管，未及时发现和处理所管辖范围内本级或者下一级地区（部门、单位）违反有关党内法规、法律法规、政策规定的问题，造成公共资金、国有资产、国有资源损失浪费，生态环境破坏，公共利益损害等后果的；

（五）除直接责任外，不履行或者不正确履行职责，对造成的后果应当承担责任的其他行为。

第四十二条 对被审计领导干部以外的其他责任人员，审计委员会办公室、审计机关可以适当方式向有关部门、单位提供相关情况。

第四十三条 审计评价时，应当把领导干部在推进改革中因缺乏经验、先行先试出现的失误和错误，同明知故犯的违纪违法行为区分开来；把上级尚无明确限制的探索性试验中的失误和错误，同上级明令禁止后依然我行我素的违纪违法行为区分开来；把为推动发展的无意过失，同为谋取私利的违纪违法行为区分开来。对领导干部在改革创新中的失误和错误，正确把握事业为上、实事求是、依纪依法、容纠并举等原则，经综合分析研判，可以免责或者从轻定责，鼓励探索创新，支持担当作为，保护领导干部干事创业的积极性、主动性、创造性。

第六章 审计结果运用

第四十四条 各级党委和政府应当建立健全经济责任审计情况通报、责任追究、整改落实、结果公告等结果运用制度，将经济责任审计结果以及整改情况作为考核、任免、奖惩被审计领导干部的重要参考。

经济责任审计结果报告以及审计整改报告应当归入被审计领导干部本人档案。

第四十五条 审计委员会办公室、审计机关应当按照规定以适当方式通报或者公告经济责任审计结果，对审计发现问题的整改情况进行监督检查。

第四十六条 联席会议其他成员单位应当在各自职责范围内运用审计结果：

（一）根据干部管理权限，将审计结果以及整改情况作为考核、任免、奖惩被审计领导干部的重要参考；

（二）对审计发现的问题作出进一步处理；

（三）加强审计发现问题整改落实情况的监督检查；

（四）对审计发现的典型性、普遍性、倾向性问题和提出的审计建议及时进行研究，将其作为采取有关措施、完善有关制度规定的重要参考。

联席会议其他成员单位应当以适当方式及时将审计结果运用情况反馈审计委员会办公室、审计机关。党中央另有规定的，按照有关规定办理。

第四十七条 有关主管部门应当在各自职责范围内运用审计结果：

（一）根据干部管理权限，将审计结果以及整改情况作为考核、任免、奖惩被审计领导干部的重要参考；

（二）对审计移送事项依规依纪依法作出处理处罚；

（三）督促有关部门、单位落实审计决定和整改要求，在对相关行业、单位管理和监督中有效运用审计结果；

（四）对审计发现的典型性、普遍性、倾向性问题和提出的审计建议及时进行研究，并将其作为采取有关措施、完善有关制度规定的重要参考。

有关主管部门应当以适当方式及时将审计结果运用情况反馈审计委员会办公室、审计机关。

第四十八条 被审计领导干部及其所在单位根据审计结果，应当采取以下整改措施：

（一）对审计发现的问题，在规定期限内进行整改，将整改结果书面报告审计委员会办公室、审计机关，以及组织部门或者主管部门；

（二）对审计决定，在规定期限内执行完毕，将执行情况书面报告审计委员会办公室、审计机关；

（三）根据审计发现的问题，落实有关责任人员的责任，采取相应的处理措施；

（四）根据审计建议，采取措施，健全制度，加强管理；

（五）将审计结果以及整改情况纳入所在单位领导班子党风廉政建设责任制检查考核的内容，作为领导班子民主生活会以及领导班子成员述责述廉的重要内容。

第七章 附　　则

第四十九条 审计委员会办公室、审计机关和审计人员，被审计领导干部及其所在单位，以及其他有关单位和个人在经济责任审计中的职责、权限、法律责任等，本规定未作规定的，依照党中央有关规定、《中华人民共和国审计法》《中华人民共和国审计法实施条例》和其他法律法规执行。

第五十条 有关部门、单位对内部管理领导干部开展经济责任审计参照本规定执行，或者根据本规定制定具体办法。

第五十一条 本规定由中央审计委员会办公室、审计署负责解释。

第五十二条 本规定自 2019 年 7 月 7 日起施行。2010 年 10 月 12 日中共中央办公厅、国务院办公厅印发的《党政主要领导干部和国有企业领导人员经济责任审计规定》同时废止。

6. 关于完善审计制度若干重大问题的框架意见（2015 年颁布）

（中办发〔2015〕58 号）

根据《中共中央关于全面推进依法治国若干重大问题的决定》和《国务院关于加强审计工作的意见》要求，为保障审计机关依法独立行使审计监督权，更好发挥审计在党和国家监督体系中的重要作用，现就完善审计制度有关重大问题提出如下框架意见。

一、总体要求

（一）指导思想。全面贯彻党的十八大和十八届二中、三中、四中、五中全会精神，以邓小平理论、"三个代表"重要思想、科学发展观为指导，深入学习贯彻习近平总书记系列重要讲话精神，紧紧围绕协调推进"四个全面"战略布局，按照党中央、国务院决策部署，认真贯彻落实宪法、审计法等法律法规，紧密结合审计工作的职责任务和履职特点，着眼依法独立行使审计监督权，创新体制机制，加强和改进新形势下的审计工作，强化审计队伍建设，不断提升审计能力和水平，更好地服务于经济社会持续健康发展。

（二）总体目标。加大改革创新力度，完善审计制度，健全有利于依法独立行使审计监督权的审计管理体制，建立具有审计职业特点的审计人员管理制度，对公共资金、国有资产、国有资源和领导干部履行经济责任情况实行审计全覆盖，做到应审尽审、凡审必严、严肃问责。到 2020 年，基本形成与国家治理体系和治理能力现代化相适应的审计监督机制，更好发挥审计在保障国家重大决策部署贯彻落实、维护国家经济安全、推动深化改革、促进依法治国、推进廉政建设中的重要作用。

（三）基本原则。

——坚持党的领导。加强党对审计工作的领导，围绕党委和政府的中心任务，研究提出审计工作的目标、任务和重点，严格执行重要审计情况报告制度，支持审计机关依法独立开展工作。坚持党管干部原则，加强审计机关领导班子和队伍建设，健全审计干部培养和管理机制，合理配置审计力量。

——坚持依法有序。运用法治思维和法治方式推动审计工作制度创新，充分发挥法治的引领和规范作用，破解改革难题，依法有序推进。重大改革措施需要取得法律授权的，按法律程序实施。

——坚持问题导向。针对制约审计监督作用发挥的体制机制障碍、影响审计事业长远发展的重点难点问题，积极探索创新，推进审计制度完善。

——坚持统筹推进。充分考虑改革的复杂性和艰巨性，做到整体谋划、分类设计、分步实施，及时总结工作经验，确保各项措施相互衔接、协调推进。

二、主要任务

（一）实行审计全覆盖。按照协调推进"四个全面"战略布局的要求，依法全面履行审计监督职责，坚持党政同责、同责同审，对公共资金、国有资产、国有资源和领导干部履行经济责任情况实行审计全覆盖。摸清审计对象底数，充分考虑审计资源状况，明确审计重点，科学规划、统筹安排、分类实施，有重点、有步骤、有深度、有成效地推进。建立健全与审计全覆盖相适应的工作机制，统筹整合审计资源，创新审计组织方式和技术方法，提高审计能力和效率。

（二）强化上级审计机关对下级审计机关的领导。围绕增强审计监督的整体合力和独立性，强化全国审计工作统筹。加强审计机关干部管理，任免省级审计机关正职，须事先征得审计署党组同意；任免省级审计机关副职，须事先征求审计署党组的意见。上级审计机关要加强审计项目计划的统筹和管理，合理配置审计资源，省级审计机关年度审计项目计划要报审计署备案。上级审计机关要根据本地区经济社会发展实际需要，统筹组织本地区审计机关力量，开展好涉及全局的重大项目审计。健全重大事项报告制度，审计机关的重大事项和审计结果必须向上级审计机关报告，同时抄报同级党委和政府。上级审计机关要加强对下级审计机关的考核。

（三）探索省以下地方审计机关人财物管理改革。2015 年选择江苏、浙江、山东、广东、重庆、贵州、云南等 7 省市开展省以下地方审计机关人财物管理改革试点，试点地区省级党委和政府要按照党管干部、统一管理的要求，加强对本地区审计试点工作的领导。市地级审计机关正职由省级党委（党委组织部）管理，其他领导班子成员和县级审计机关领导班子成员可以委托市地级党委管理。完善机构编制和人员管理制度，省级机构编制管理部门统一管理本地区审计机关的机构编制，省级审计机关协助开展相关工作，地方审计人员由省级统一招录。改进经费和资产管理制度，地方审计机关的经费预算、资产由省级有关部门统一管理，也可以根据实际情况委托市地、县有关部门管理。地方审计机关的各项经费标准由各地在现有法律法规框架内结合实际确定，确保不低于现有水平。建立健全审计业务管理制度，试点地区审计机关审计项目计划由省级审计机关统一管理，统筹组织本地区审计机关力量，开展好涉及全局的重大项目审计。

（四）推进审计职业化建设。根据审计职业特点，建立分类科学、权责一致的审计人员管理制度和职业保障机制，确保审计队伍的专业化水平。根据公务员法和审计职业特点，建立适应审计工作需要的审计人员分类管理制度，建立审计专业技术类公务员职务序列。完善审计人员选任机制，审计专业技术类公务员和综合管理类公务员分类招录，对专业性较强的职位可以实行聘任制。健全审计职业岗位责任追究机制。完善审计职业保障机制和职业教育培训体系。

（五）加强审计队伍思想和作风建设。要加强思想政治建设，强化理论武装，坚定理想信念，严守政治纪律和政治规矩，不断提高审计队伍的政治素质。切实践行社会主义核心价值观，加强审计职业道德建设，培育和弘扬审计精神，恪守审计职业操守，做到依法审计、文明审计。加强党风廉政建设，从严管理审计队伍，严格执行廉政纪律和审计工作纪律，坚持原则、无私无畏、敢于碰硬，做到忠诚、干净、担当。

（六）建立健全履行法定审计职责保障机制。各级党委和政府要定期听取审计工作情况汇报，帮助解决实际困难和问题，支持审计机关依法履行职责，保障审计机关依法独立行使审计监督权，不受其他行政机关、社会团体和个人的干涉。审计机关不得超越职责权限、超越自身能力、违反法定程序开展审计，不参与各类与审计法定职责无关的、可能影响依法独立进行审计监督的议事协调机构或工作。健全干预审计工作行为登记报告制度。凡是涉及管理、分配、使用公共资金、国有资产、国有资源的部门、单位和个人，都要自觉接受审计、配合审计，及时、全面提供审计所需的财务会计、业务和管理等资料，不得制定限制向审计机关提供资料和开放计算机信息系统查询权限的规定，已经制定的应予修订或废止。对拒不接受审计监督，阻挠、干扰和不配合审计工作，或威胁恐吓、打击报复审计人员的，要依纪依法查处。审计机关要进一步优化审计工作机制，充分听取有关主管部门和审计对象的意见，客观公正地作出审计结论，维护审计对象的合法权益。

（七）完善审计结果运用机制。建立健全审计与组织人事、纪检监察、公安、检察以及其他有关主管单位的工作协调机制，把审计监督与党管干部、纪律检查、追责问责结合起来，把审计结果及整改情况作为考核、任免、奖惩领导干部的重要依据。对审计发现的违纪违法问题线索或其他事项，审计机关要依法及时移送有关部门和单位，有关部门和单位要认真核实查处，并及时向审计机关反馈查处结果，不得推诿、塞责。对审计发现的典型性、普遍性、倾向性问题和提出的审计建议，有关部门和单位要认真研究，及时清理不合理的制度和规则，建立健全有关制度规定。领导干部经济责任审计结果和审计发现问题的整改情况，要纳入所在单位领导班子民主生活会及党风廉政建设责任制检查考核的内容，作为领导班子成员述职述廉、年度考核、任职考核的重要依据。有关部门和单位要加强督促和检查，推动抓好审计发现问题的整改。对整改不力、屡审屡犯的，要与被审计单位主要负责人进行约谈，严格追责问责。各级人大常委会要把督促审计查出突出问题整改工作与审查监督政府、部门预算决算工作结合起来，建立听取和审议审计查出突出问题整改情况报告机制。审计机关要依法依规公告审计结果，被审计单位要公告整改结果。

（八）加强对审计机关的监督。各级党委、人大、政府要加强对审计机关的监督，定期组织开展审计法律法规执行情况检查，督促审计机关切实加强党风廉政建设、严格依法审计、依法查处问题、依法向社会公告审计结果。探索建立对审计机关的外部审计制度，加强对审计机关主要领导干部的经济责任审计，外部审计由同级党委和政府及上级审计机关负责组织。完善聘请民主党派和无党派人士担任特约审计员制度。审计机关要坚持阳光法则，加大公开透明度，自觉接受人民监督。

三、加强组织领导

（一）加强组织实施。完善审计制度，保障依法独立行使审计监督权，是党中央、国务院作出的重大决策部署。有关部门和地方各级党委、政府要从党和国家事业发展全局出发，充分认识完善审计制度的重大意义，加强工作统筹，形成合力，推动各项改革措施贯彻落实。

（二）有序部署推进。审计署要会同有关部门按照本框架意见和《关于实行审计全覆盖的实施意见》《关于省以下地方审计机关人财物管理改革试点方案》《关于推进国家审计职业化建设的指导意见》确定的目标要求和任务，加强组织协调，密切配合，有重点、有步骤地抓好落实。省级党委和政府要加强对本地区有关工作的领导，抓紧研究制定本地区的落实意见和方案，明确具体措施和时间表。实施过程中遇到的重大问题，要及时报告。

（三）推动完善相关法律制度。根据完善审计制度的需要，在充分总结试点及实施经验的基础上，及时推动修订完善审计法及其实施条例，健全相关配套规章制度，使各项工作于法有据，确保各项任务顺利实施。根据我国国情，进一步研究完善有关制度设计，切实解决重点难点问题。

7. 政府财务报告审计办法（试行）（2020年颁布）

（审办财发〔2020〕74号）

第一条 为加强对各级政府及其部门财务状况和运行情况的审计监督，根据《中华人民共和国审计法》《中华人民共和国预算法》《国务院关于批转财政部权责发生制政府综合财务报告制度改革方案的通知》（国发〔2014〕63号）和相关法律法规，制定本办法。

第二条 审计机关依照法定的职责、权限和程序对政府财务报告进行审计监督，依据政府会计准则、政府财务报告编制办法等作出审计评价。

政府财务报告审计，包括政府综合财务报告审计和政府部门财务报告审计。

第三条 各级审计机关实施政府财务报告审计，适用本办法。

第四条 政府财务报告审计工作聚焦政府财务状况和运行情况的真实、合法、效益，着力揭示问题和风险，促进提高政府财务报告可信性和透明度，推动完善权责发生制政府综合财务报告制度，助力防范财政风险，促进提升政府运行绩效，为财政与经济决策提供有用信息，推进国家治理体系和治理能力现代化。

第五条 政府财务报告审计管辖范围按照《中华人民共和国审计法》和《中华人民共和国审计法实施条例》的规定确定。

审计署负责对全国政府综合财务报告、中央政府综合财务报告、中央政府部门财务报告进行审计；负责加强对下级政府财务报告的审计监督；负责指导下级审计机关的政府财务报告审计工作。

地方各级审计机关负责对本行政区政府综合财务报告、本级政府综合财务报告和本级政府部门财务报告进行审计。省、市级审计机关负责加强对下级政府财务报告的审计监督；负责指导本行政区内下级审计机关的政府财务报告审计工作。

第六条 政府财务报告审计应当纳入年度审计项目计划管理，既可以单独实施，也可以结合预算执行情况审计、决算草案审计等项目统筹安排实施。

第七条 政府财务报告审计应关注政府及其部门的资产、负债、收入、费用等情况的真实、合法、效益。

政府综合财务报告审计的内容包括：政府财务状况和运行情况，政府综合财务报告编报披露情况，政府财政财务管理情况，相关电子数据及信息系统设计运行情况，以及其他需要审计的内容。

政府部门财务报告审计的内容包括：部门财务状况和运行情况，政府部门财务报告编报披露情况，部门财政财务管理情况，相关电子数据及信息系统设计运行情况，以及其他需要审计的内容。

第八条 审计机关派出审计组实施审计。审计组向派出审计组的审计机关提交审计报告。审计报告的内容一般应包括：

（一）审计依据和实施审计的基本情况，包括审计范围、内容、方式等；

（二）被审计单位基本情况；

（三）审计评价意见，基于充分适当的审计证据，对于审计范围内被审计单位财务状况和运行情况的真实、合法、效益等做出客观评价；

（四）审计发现主要问题的事实、定性以及依据的法律法规标准等；

（五）根据审计发现问题提出的审计处理、处罚意见或审计建议；

（六）其他需要反映和说明的情况。

第九条 审计组的审计报告提交审计机关前，应当按规定征求被审计单位的意见。审计机关按照规定的程序对审计组的审计报告进行审议，并对被审计单位的意见一并研究后，向被审计单位出具审计报告。

第十条 中央政府财务报告审计结果，应当报中央审计委员会和国务院，同时报全国人民代表大会常务委员会备案。

地方政府财务报告审计结果，应当报本级党委审计委员会、本级人民政府和上一级审计机关，同时报本级人民代表大会常务委员会备案。

第十一条 审计机关应当向社会公布政府财务报告审计结果，但法律、行政法规规定不予公布的内容除外。

第十二条 审计机关可以根据工作需要，聘请具有政府财务报告审计相关专业知识的人员参加政府财务报告审计。

参加审计工作人员，应当遵循《中华人民共和国审计法》《中华人民共和国审计法实施条例》《中华人民共和国国家审计准则》以及审计机关的有关规定，做到依法审计、文明审计。

第十三条 审计机关和参加审计工作人员对政府财务报告审计工作中知悉的国家秘密、商业秘密、工作秘密、个人隐私等，负有保密义务。

第十四条 对审计机关职责和权限、审计程序、审计质量控制，以及审计机关和被审计单位的法律责任等，本办法未作规定的，依照《中华人民共和国审计法》《中华人民共和国审计法实施条例》《中华人民共和国国家审计准则》和其他有关法律法规执行。

第十五条 地方各级审计机关可以根据本办法制定具体办法。

第十六条 本办法由审计署负责解释。

第十七条 本办法自发布之日起施行。

8. 审计机关审计听证规定（2021年修订）

（审计署令第14号）

第一条 为规范审计机关的审计处罚程序，保证审计质量，维护公民、法人或者其他组织的合法权益，根据《中华人民共和国行政处罚法》和《中华人民共和国审计法》及其实施条例，制定本规定。

第二条 审计机关进行审计听证应当遵循公正、公平、公开的原则。

第三条 审计机关对被审计单位和有关责任人员（以下统称当事人）拟作出下列审计处罚的，应当向当事人送达审计听证告知书，告知当事人有要求听证的权利，当事人要求听证的，审计机关应当举行审计听证会：

（一）对被审计单位处以十万元以上或者对个人处以一万元以上罚款的；

（二）对被审计单位处以没收十万元以上违法所得的；

（三）法律、法规、规章规定的其他情形。

第四条 审计听证告知书主要包括以下内容：

（一）当事人的名称或者姓名；

（二）当事人违法的事实和证据；

（三）审计处罚的法律依据；

（四）审计处罚建议；

（五）当事人有要求审计听证的权利；

（六）当事人申请审计听证的期限；

（七）审计机关的名称（印章）和日期。

第五条 当事人要求举行审计听证会的，应当自收到审计听证告知书之日起五个工作日内，向审计机关提出书面申请，列明听证要求，并由当事人签名或者盖章。逾期不提出书面申请的，视为放弃审计听证权利。

第六条 审计机关应当在举行审计听证会七个工作日前向当事人及有关人员送达审计听证会通知书，通知当事人举行审计听证会的时间、地点，审计听证主持人、书记员姓名，并告知当事人有申请主持人、书记员回避的权利。

第七条 除涉及国家秘密、商业秘密或者个人隐私依法予以保密外，审计听证会应当公开举行。

第八条 审计听证会的主持人由审计机关负责人指定的非本案审计人员担任，负责审计听证会的组织、主持工作。

书记员可以由一至二人组成，由主持人指定，负责审计听证的记录工作，制作审计听证笔录。

第九条 当事人认为主持人或者书记员与本案有直接利害关系的，有权申请其回避并说明理由。

当事人申请主持人回避应当在审计听证会举行之前提出；申请书记员回避可以在审计听证会举行时提出。

当事人申请回避可以以书面形式提出，也可以以口头形式提出。以口头形式提出的，由书记员记录在案。

第十条 主持人的回避，由审计机关负责人决定；书记员的回避，由主持人决定。

相关回避情况应当记入审计听证笔录。

第十一条　当事人可以亲自参加审计听证，也可以委托一至二人代理参加审计听证。委托他人代理参加审计听证会的，代理人应当出具当事人的授权委托书。

当事人的授权委托书应当载明代理人的代理权限。

第十二条　当事人接到审计听证通知书后，本人或者其代理人不能按时参加审计听证会的，应当及时告知审计机关并说明理由。

当事人及其代理人无正当理由拒不出席听证或者未经许可中途退出听证的，视为放弃听证权利，审计机关终止听证。终止听证的情况应当记入审计听证笔录。

第十三条　书记员应当将审计听证的全部活动记入审计听证笔录。审计机关认为有必要的，可以对审计听证会情况进行录音、录像。

审计听证笔录应当交听证双方确认无误后签字或者盖章。当事人或者其代理人如认为笔录有差错，可以要求补正。当事人或者其代理人拒绝签字或者盖章的，由听证主持人在笔录中注明。

第十四条　审计听证会参加人和旁听人员应当遵守以下听证纪律：

（一）审计听证会参加人应当在主持人的主持下发言、提问、辩论；

（二）未经主持人允许，审计听证会参加人不得提前退席；

（三）未经主持人允许，任何人不得录音、录像或摄影；

（四）旁听人员要保持肃静，不得发言、提问或者议论。

第十五条　主持人在审计听证会主持过程中，有以下权利：

（一）对审计听证会参加人的不当辩论或者其他违反审计听证会纪律的行为予以制止、警告；

（二）对违反审计听证会纪律的旁听人员予以制止、警告、责令退席；

（三）对违反审计听证纪律的人员制止无效的，提请公安机关依法处置。

第十六条　审计听证会应当按照下列程序进行：

（一）主持人宣读审计听证会的纪律和应注意的事项；

（二）主持人宣布审计听证会开始；

（三）主持人宣布案由并宣读参加审计听证会的主持人、书记员、听证参加人的姓名、工作单位和职务；

（四）主持人告知当事人或者其代理人有申请书记员回避的权利，并询问当事人或者其代理人是否申请回避；

（五）本案审计人员提出当事人违法的事实、证据和审计处罚的法律依据以及审计处罚建议；

（六）当事人进行陈述、申辩；

（七）在主持人允许下，双方进行质证、辩论；

（八）双方作最后陈述；

（九）书记员将所作的笔录交听证双方当场确认并签字或者盖章；

（十）主持人宣布审计听证会结束。

第十七条　有下列情形之一的，可以延期举行审计听证会：

（一）当事人或者其代理人有正当理由未到场的；

（二）需要通知新的证人到场，或者有新的事实需要重新调查核实的；

（三）主持人应当回避，需要重新确定主持人的；

（四）其他需要延期的情形。

第十八条　审计听证会结束后，主持人应当将审计听证笔录、案卷材料等一并报送审计机关。

审计机关根据审计听证笔录以及有关审理意见，区别以下情形作出决定：

（一）确有应受审计处罚的违法行为的，根据情节轻重及具体情况，作出审计处罚；

（二）违法事实不能成立的，不予审计处罚；

（三）违法行为轻微，依法依规可以不予审计处罚的，不予审计处罚。

违法行为涉嫌犯罪的，审计机关应当依法依规移送监察机关或者司法机关处理。

第十九条 审计机关不得因当事人要求审计听证、在审计听证中进行申辩和质证而加重处罚。

第二十条 审计听证文书和有关资料应当归入相应的审计项目档案。

第二十一条 审计听证文书送达适用《中华人民共和国民事诉讼法》的有关规定。

第二十二条 本规定由审计署负责解释。

第二十三条 本规定自发布之日起施行。审计署于2000年1月28日发布的《审计机关审计听证的规定》（2000年审计署第1号令）同时废止。

附件：1. 审计听证告知书（参考格式）（略）。

2. 审计听证会通知书（参考格式）（略）。

3. 审计听证笔录（参考格式）（略）。

9. 关于加快推进银行函证规范化、集约化、数字化建设的通知（2022年颁布）

（财会〔2022〕39号）

各省、自治区、直辖市财政厅（局），深圳市财政局，新疆生产建设兵团财政局，各银保监局，中国注册会计师协会、各省级注册会计师协会，中国银行业协会，各政策性银行、大型银行、股份制银行、外资银行，各会计师事务所：

为贯彻落实《国务院办公厅关于进一步规范财务审计秩序促进注册会计师行业健康发展的意见》（国办发〔2021〕30号）要求，进一步推进银行函证规范化、集约化、数字化，提升审计质量和效率，现将有关事项通知如下：

一、全面实现银行函证业务规范化

各会计师事务所和各银行业金融机构（以下简称银行）应当严格遵守《财政部 银保监会关于进一步规范银行函证及回函工作的通知》（财会〔2020〕12号）及《银行函证及回函工作操作指引》（财办会〔2020〕21号）有关要求，按照规范的函证内容、格式和程序处理函证业务，加强函证过程控制，提升函证工作质量，实现银行函证业务规范化。

财政部、银保监会加强对银行函证业务规范化工作的要求和管理，指导中国注册会计师协会、中国银行业协会做好持续完善银行函证操作指引、细化函证项目内容和解释口径、及时发布问题解答、开展业务培训等工作。

二、加快推进银行函证业务集约化

银行函证业务集约化要求会计师事务所和银行集中办理银行函证业务，完善流程、加强管控、堵塞漏洞，确保函证信息质量。

（一）自2023年1月1日起，备案从事证券业务的会计师事务所开展上市公司年报审计业务时，应当实现上市公司银行函证业务集约化。即，由会计师事务所指定处理函证的内部专门机构（或岗位）统一、集中处理函证业务，不得由项目组或注册会计师个人自行收发函证。其他会计师事务所和其他审计业务应当于2023年12月31日前实现银行函证集约化。

（二）会计师事务所在一体化管理自评时，应当按照《会计师事务所一体化管理办法》（财会〔2022〕12号）、《会计师事务所一体化管理评估指标评价标准》（财办会〔2022〕20号）有关要求，对函证业务集约化情况进行评价并在注册会计师行业统一监管平台进行报备。

（三）各银保监局以及各政策性银行、大型银行、股份制银行、外资银行于2023年1月31日前将函证集中处理等工作情况报送银保监会法规部。银行应当履行主体责任，对照函证集中处理的有关工作要求，对函证集中处理的落实情况和实施效果进行评估自查。集中处理不符合监管要求的，银行应当进行及时有效的整改，并将评估自查和整改情况报送所属监管部门。

（四）会计师事务所应当在注册会计师行业统一监管平台公示接受函证回函的事务所地址和联系方式；实现函证业务集中处理的银行应当通过官网、客户端、小程序或者微信公众号等渠道公布银行函证工作流程、回函方式（纸质或数字化）、受理部门、联系方式等信息。中国注册会计师协会、中国银行业协会分别通过注册会计师行业统一监管平台、中国银行业协会网站等渠道同步汇总公布相关信息，以便会计师事务所、银行查询对接。各银保监局指导辖内行业自律组织配合中国银行业协会做好辖内法人银行的公示信息收集、更新和报送工作。

三、积极探索银行函证业务数字化

鼓励具备条件的会计师事务所和银行通过银行函证平台（包括第三方函证平台和银行自建函证平台，下同）开展数字化函证，有效提升函证效率和效果。

（一）银行以数字化方式回函的，应当自收到符合规定的询证函之日起10个工作日内完成回函。会计师事务所应当按照审计档案相关规定妥善保存电子回函。银行不得向接入第三方函证平台的会计师事务所提出开立银行账户及网银、单独与银行进行测试等前置条件。

（二）数字化回函与纸质回函具有同等法律效力和证明力。无论采取数字化或纸质方式回函，银行均应当加强内部稽核、校验，对回函内容的真实性、准确性负责，不得以任何理由、任何方式免责。银行数字化回函内容不能覆盖财办会〔2020〕21号文件规范的前13项询证项目的，应当以纸质方式进行辅助回函。

（三）银行函证平台应当坚持安全可控、标准规范、开放兼容的原则，稳步推动银行函证数字化工作。银行函证平台应当对函证数据在平台传输、存储等环节的安全性、完整性、准确性负责。银行函证平台应当按照财会〔2020〕12号、财办会〔2020〕21号文件规定的函证格式和执行标准进行功能设计，设置统一、明确、具体的规范性校验规则。中国注册会计师协会对接入银行函证平台的会计师事务所提供身份认证。中国银行业协会加强对银行接入第三方函证平台的自律管理，组织做好相关风险点梳理及风险评估工作。

本通知自印发之日起施行。

请各银保监局将本通知转发至辖内银保监分局与地方法人银行业金融机构。

附件：备案从事证券服务业务会计师事务所名单（截至2022年12月30日）

财政部
银保监会
2022年12月30日

附件：

备案从事证券服务业务会计师事务所名单
（截至 2022 年 12 月 30 日）

序号	会计师事务所名称	组织形式	注册地
1	安徽华明	普通合伙	安徽
2	安永华明	特殊普通合伙	北京
3	北京澄宇	特殊普通合伙	北京
4	北京大地泰华	特殊普通合伙	北京
5	北京大华国际	普通合伙	北京
6	北京东审	特殊普通合伙	北京
7	北京国府嘉盈	普通合伙	北京
8	北京国富	特殊普通合伙	北京
9	北京精勤	普通合伙	北京
10	北京天玺源	普通合伙	北京
11	北京兴昌华	普通合伙	北京
12	北京兴华	特殊普通合伙	北京
13	北京兴荣华	普通合伙	北京
14	北京炎黄	普通合伙	北京
15	北京中名国成	特殊普通合伙	北京
16	北京中天恒	特殊普通合伙	北京
17	北京中天华茂	普通合伙	北京
18	毕马威华振	特殊普通合伙	北京
19	重庆康华	特殊普通合伙	重庆
20	大华	特殊普通合伙	北京
21	大信	特殊普通合伙	北京
22	德勤华永	特殊普通合伙	上海
23	德赢（福建）	普通合伙	福建
24	赣州联信	普通合伙	江西
25	公证天业	特殊普通合伙	江苏
26	广东诚安信	特殊普通合伙	广东
27	广东亨安	普通合伙	广东
28	广东立信	普通合伙	广东
29	广东岭南智华	特殊普通合伙	广东
30	广东司农	特殊普通合伙	广东
31	广东中天粤	特殊普通合伙	广东

（续表）

序号	会计师事务所名称	组织形式	注册地
32	广东中职信	特殊普通合伙	广东
33	和信	特殊普通合伙	山东
34	河南守正创新	普通合伙	河南
35	湖南楚才	普通合伙	湖南
36	湖南和泉正	普通合伙	湖南
37	湖南建业	特殊普通合伙	湖南
38	湖南容信	普通合伙	湖南
39	华兴	特殊普通合伙	福建
40	嘉兴知联中佳	普通合伙	浙江
41	江苏苏港	特殊普通合伙	江苏
42	利安达	特殊普通合伙	北京
43	立信	特殊普通合伙	上海
44	立信中联	特殊普通合伙	天津
45	辽宁录永	普通合伙	辽宁
46	南通万隆	普通合伙	江苏
47	鹏盛	特殊普通合伙	深圳
48	普华永道中天	特殊普通合伙	上海
49	容诚	特殊普通合伙	北京
50	瑞华	特殊普通合伙	北京
51	山东健诚	特殊普通合伙	山东
52	山东帕拉蒙德	普通合伙	山东
53	山东舜天信诚	特殊普通合伙	山东
54	上海浦江	普通合伙	上海
55	上海友道	普通合伙	上海
56	上海孜荣	普通合伙	上海
57	上会	特殊普通合伙	上海
58	绍兴鉴湖联合	普通合伙	浙江
59	深圳长江	普通合伙	深圳
60	深圳大华国际	普通合伙	深圳
61	深圳广深	普通合伙	深圳
62	深圳皇嘉	普通合伙	深圳
63	深圳久安	特殊普通合伙	深圳
64	深圳联创立信	普通合伙	深圳

（续表）

序号	会计师事务所名称	组织形式	注册地
65	深圳堂堂	普通合伙	深圳
66	深圳旭泰	普通合伙	深圳
67	深圳宣达	普通合伙	深圳
68	深圳永信瑞和	特殊普通合伙	深圳
69	深圳振兴	普通合伙	深圳
70	深圳正一	特殊普通合伙	深圳
71	四川德文	特殊普通合伙	四川
72	四川华信（集团）	特殊普通合伙	四川
73	苏亚金诚	特殊普通合伙	江苏
74	唐山市新正	普通合伙	河北
75	天衡	特殊普通合伙	江苏
76	天健	特殊普通合伙	浙江
77	天津丞明	普通合伙	天津
78	天圆全	特殊普通合伙	北京
79	天职国际	特殊普通合伙	北京
80	希格玛	特殊普通合伙	陕西
81	新联谊	特殊普通合伙	山东
82	信永中和	特殊普通合伙	北京
83	亚太（集团）	特殊普通合伙	北京
84	永拓	特殊普通合伙	北京
85	尤尼泰振青	特殊普通合伙	山东
86	浙江科信	特殊普通合伙	浙江
87	浙江天平	特殊普通合伙	浙江
88	浙江至诚	特殊普通合伙	浙江
89	致同	特殊普通合伙	北京
90	中汇	特殊普通合伙	浙江
91	中京国瑞（武汉）	普通合伙	湖北
92	中勤万信	特殊普通合伙	北京
93	中瑞诚	特殊普通合伙	北京
94	中审华	特殊普通合伙	天津
95	中审亚太	特殊普通合伙	北京
96	中审众环	特殊普通合伙	湖北
97	中天运	特殊普通合伙	北京

（续表）

序号	会计师事务所名称	组织形式	注册地
98	中喜	特殊普通合伙	北京
99	中兴财光华	特殊普通合伙	北京
100	中兴华	特殊普通合伙	北京
101	中证天通	特殊普通合伙	北京
102	中准	特殊普通合伙	北京
103	众华	特殊普通合伙	上海

注：按会计师事务所首字母排序，排名不分先后。

10. 审计署人民银行 银保监会 证监会关于审计机关查询单位和个人在金融机构账户和存款有关问题的通知（2022年颁布）

（审法发〔2022〕7号）

2021年10月23日，国家主席习近平签署第100号主席令，公布《全国人民代表大会常务委员会关于修改〈中华人民共和国审计法〉的决定》，自2022年1月1日起施行。修订后的审计法第三十七条第二款、第三款规定："审计机关经县级以上人民政府审计机关负责人批准，有权查询被审计单位在金融机构的账户。""审计机关有证据证明被审计单位违反国家规定将公款转入其他单位、个人在金融机构账户的，经县级以上人民政府审计机关主要负责人批准，有权查询有关单位、个人在金融机构与审计事项相关的存款。"为进一步落实上述规定，规范审计机关查询被审计单位在金融机构的账户和有关单位、个人在金融机构的存款（以下统称单位、个人账户和存款）工作，现就有关事项通知如下：

一、审计机关在审计（含专项审计调查，下同）过程中，有权依法向金融机构查询单位、个人账户和存款，并取得证明材料，金融机构应当予以协助。审计机关查询的账户和存款，包括单位、个人在政策性银行、商业银行、城市信用合作社、农村信用合作社、保险公司、信托投资公司、财务公司、金融租赁公司、中央国债登记结算公司、中国证券登记结算有限责任公司、证券公司、证券投资基金管理公司、期货公司以及经国务院金融监督管理机构批准设立的其他金融机构（以下统称金融机构）开立的银行、资金、证券、基金、信托、保险等各类账户，以及在金融机构办理的储蓄账户、结算账户以及买卖证券、基金等的资金账户的资金。

二、审计机关查询单位、个人账户和存款应当严格依法履行审批程序。查询被审计单位账户应当经县级以上人民政府审计机关（含省级以上人民政府审计机关派出机构，下同）负责人批准，制发协助查询通知书；查询其他单位、个人存款应当取得相关的证明材料（主要涉及其他单位、个人与被审计单位之间的关系、款项的来源、款项使用情况、相关当事人确认的被审计单位违反国家规定将公款转入其他单位、个人在金融机构账户的调查记录等），以此认定被审计单位违反国家规定将公款转入其他单位、个人在金融机构账户，并经县级以上人民政府审计机关主要负责人批准，制发协助查询通知书。

三、审计机关查询单位、个人账户和存款时，应当向有关金融机构送达协助查询通知书。审计人员具体执行查询任务时，应当由两名以上审计人员参加，并出示审计人员的工作证件和审计通知书。

四、审计机关查询单位、个人账户和存款时，应当向金融机构提供账户名称、账号或者有关身份信息。对因群众举报等原因，审计机关无法提供上述信息的，审计机关应当向金融机构说明原因，由金融机构协助查询。

五、审计机关查询单位、个人账户和存款的内容，主要包括开户销户情况、交易日期、内容、金额和账户余额情况，以及交易资金流向、交易设备和网络信息、第三方支付信息等记录。

六、审计机关查询单位、个人账户和存款时，可以对相关资料进行抄录、复印、照相，或拷贝电子数据，但不得带走原件。金融机构应当在其提供的证明材料上注明来源并盖章。

七、金融机构应当依法协助审计机关办理查询工作，如实提供相关资料，不得隐匿。金融机构协助复制存款资料等支付了成本费用的，可以按照相关规定向审计机关收取工本费。

八、审计机关需要到异地查询单位、个人账户和存款的，可以直接到异地金融机构进行查询，也可以委托当地审计机关查询。

九、对金融机构提供的有关资料以及在查询工作中知悉的国家秘密、工作秘密、商业秘密、个人隐私和个人信息，审计机关和审计人员应当依法予以保密。对审计机关查询单位、个人账户和存款的情况和内容，金融机构及其工作人员应当保密，不得告知有关单位或者个人。

十、审计机关和审计人员违反本通知的规定进行查询，由上级审计机关依法追究有关人员的责任；金融机构和有关工作人员未按本通知的规定协助查询，由有关金融监管机构依法追究有关人员的责任。

十一、以上各项规定请各级审计机关、各金融机构认真贯彻执行。对执行中遇到的问题，请及时报告上级审计机关和相应的金融监管机构。

十二、本通知自印发之日起执行。《审计署人民银行 银监会证监会关于审计机关查询被审计单位在金融机构账户和存款有关问题的通知》（审法发〔2006〕67号）同时废止。

附件：
1. 协助查询单位账户通知书（略）。
2. 协助查询单位、个人存款通知书（略）。

审计署　人民银行
银保监会　证监会
2022年1月24日

中华人民共和国
会计和税收
法律法规讲解
（含优惠政策）

下 册

翟继光 聂兴凯
◎ 编

ACCOUNTING AND TAXATION
Explanation of laws and regulations

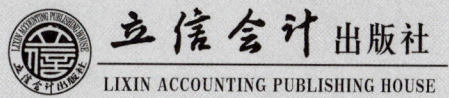

图书在版编目（CIP）数据

中华人民共和国会计和税收法律法规讲解：含优惠政策/翟继光，聂兴凯编. -- 上海：立信会计出版社，2023.3
ISBN 978-7-5429-7303-0

Ⅰ.①中… Ⅱ.①翟…②聂… Ⅲ.①会计法—法律解释—中国②税法—法律解释—中国 Ⅳ.① D922.265 ② D922.220.5

中国版本图书馆 CIP 数据核字（2023）第 048689 号

责任编辑　蔡伟莉

中华人民共和国会计和税收法律法规讲解（含优惠政策）
ZHONGHUA RENMIN GONGHEGUO KUAIJI HE SHUISHOU FALV FAGUI JIANGJIE

出版发行	立信会计出版社			
地　　址	上海市中山西路 2230 号	邮政编码	200235	
电　　话	（021）64411389	传　　真	（021）64411325	
网　　址	www.lixinaph.com	电子邮箱	lixinaph2019@126.com	
网上书店	http://lixin.jd.com		http://lxkjcbs.tmall.com	
经　　销	各地新华书店			
印　　刷	三河市中晟雅豪印务有限公司			
开　　本	787 毫米 ×1092 毫米　1/16			
印　　张	136			
字　　数	3611 千字			
版　　次	2023 年 3 月第 1 版			
印　　次	2023 年 3 月第 1 次			
书　　号	ISBN 978-7-5429-7303-0 /D			
定　　价	968.00 元（上下）			

如有印订差错，请与本社联系调换

前 言

多年来，我国在扣缴个人所得税工作中，其扣缴义务人范围仅限于行政机关和按制度发放基本工资的一般职工，不论是扣缴义务人还是纳税人，只有薄薄的各项扣缴明细表。但是随着我国《中华人民共和国个人所得税法及其实施细则》（各地单位以及有关政策主管部门增加了关于本单位或该地区的有关扣缴政策规定）的出台，扩展了各项重大的行政改革，规则了扣缴义务人和纳税人的相关关系，才能在工作和活中准确自己的方向，为了帮助广大扣缴义务人和纳税人更好地学习和掌握个人所得税法。

本书共分为上下两册，其中：

上册为会计实操汇编，分为四部分。第一部分为纳税人会计实务，包括税收征收管理工作实操实务，统计核算中算术实用会计实务，会计实务员人工审核查通知，为人所得税实务；

第二部分为会计实务，包括税法会计实务，以报税税务会计实务，国际税会计实务，上市公司通用会计实务，股份合作公司中小企业会计和技术发用会计实务，国税民兵法实务；第三部分为审判实务会计实务，包括政府机关会计实务，国家法院实务各项会计和通用会计实务，第四部分为审计与管理规则，行政事务和经济管理实务，税务师审计实务关系；行政事业单位日常出纳业务通用关系，行政事业单位重大项目关系；基本建设关系关系和通用审计专业关系，包括国家审计关系等。

下册为税收一览表。

下册为税收法规汇编,以现行有效的十八个税种为线索,分为五章,共十九节。在每一章中,我们首先罗列与之相关的法律、其后为相关的行政法规,在较有法律效力的情况下,我们优先与行政法规,其他与现行税收业务活动有关或对税收制度的完善较为重要的规范性文件以及最新法规附列其后。

对于其他相关法律文件,我们采取该文件原文件所在目录的原则进行排列。为了便于大家查找所需要的具体税收法律、法规和规范性文件及相关文件,我们对所有税种主要法律、法规及相关规范性文件和法规附列文件进行了编排。通过该安排,读者可以领略与该事务相关的主要文件及其他相关法律、法规的全貌。

由于为其他相关的法律、行政法规和规范性文件均已列出,并将有关的所有相关文件列出。

由于税收的法律法规和规范性文件数量巨大,可能尚有少量规范性文件没有被纳入本书,但多半都采用的均是本法律法规和规范性文件截止已经编入本书,本书所收录的税收法律和规范性文件的时间截至2022年12月31日。

因篇幅有限,本书需要更多完善的法律法规和规范性文件才会做到尽善尽美,恳请广大读者和我们一道,共同关注和探讨多方面的内容和问题。

本书编者有多年多方面实践和理论研究经验,对所有法律规则进行了认真整理,我们编辑了较为丰富的阅读,并对更多重要的问题,因此收录的规则具有一定的主观性,如果与您的工作已经有不妥,希望您多多提宝贵建议,为本书下一版优化打好基础,联系邮箱为wengao6@126.com。

编者

2023年1月

目录

第一编 所得税法

第一章 中华人民共和国个人所得税法 003

1. 中华人民共和国个人所得税法 …………………………………… 003
2. 中华人民共和国个人所得税法实施条例 …………………………… 009
3. 国家税务总局关于个人所得税自行纳税申报问题的公告 ………… 014
4. 国家税务总局关于完善调整部分纳税人个人所得税征收范围为上市公司股权激励所得个人所得税有关征收管理问题的通知 ……………………………………………………………… 015
5. 国家税务总局关于工伤职工取得的工伤保险待遇有关个人所得税政策的通知 ………………………………………………… 016
6. 国家税务总局关于个人所有制企业个人所得税问题的公告 ……… 017
7. 国家税务总局关于个人股权收购方收购原股东股权后撤资个人所得税问题的公告 ………………………………………………… 018
8. 国家税务总局关于个体工商户、个人独资企业和合伙企业个人所得税问题的公告 ………………………………………………… 018
9. 国家税务总局关于个人股票市场交易所得有关个人所得税征收政策的通知 ……………………………………………………… 019
10. 国家税务总局关于发布《股权转让所得个人所得税管理办法(试行)》的公告 …………………………………………… 021
11. 国家税务总局关于个人非货币性资产投资有关个人所得税政策的通知 ……………………………………………………… 024
12. 国家税务总局关于个人非货币性投资有关个人所得税征收问题的公告 ………………………………………………………… 025
13. 国家税务总局关于重要收入与劳务报酬等有关个人所得税征收问题的公告 ………………………………………………… 026
14. 国家税务总局关于股权激励转让股票个人所得税征收问题的公告 … 027
15. 国家税务总局关于上市公司高级管理人员股票期权个人所得税有关问题的公告 ………………………………………………… 027
16. 关于《国家税务总局关于进一步规范和加强个人所得税征收管理的通知》所得税所得征明及资料办法的解读 ……………………………… 028
17. 国家税务总局关于加强网络交易平台有关个人所得税征收的通知 … 029
18. 国家税务总局关于公开征集居住在境外股息个人所得税政策的通知 … 031
19. 国家税务总局关于暂时移居境外、保险上额外项抽成个人所得税计算依据问题的通知 ……………………………………… 032
20. 国家税务总局关于股权激励转让股票个人所得税征收问题的公告 … 033
21. 国家税务总局关于终止股权激励方式取得个人所得税征收的通知 … 035
22. 国家税务总局关于完善证券市场交易所个人股权融资有关个人所得税征收政策的通知 ………………………………………… 038
23. 国家税务总局关于发展农业生产经营个人所得税征收的国务院决定的已施行的通知 ………………………………………………… 039

24. 国家税务总局关于推进广东地区跨地区经营汇总纳税企业所得税征收管理问题的公告 …… 041
25. 国家税务总局关于开展个人税收递延型商业养老保险试点有关征管问题的公告 …… 042
26. 《国家税务总局关于开展个人税收递延型商业养老保险试点有关征管问题的公告》的解读 …… 044
27. 财务总局 税务总局关于科技部关于个人取得科研职务科技成果转化现金奖励有关个人所得税政策的通知 …… 045
28. 国家税务总局关于个人取得科研职务科技成果转化现金奖励有关个人所得税征管问题的公告 …… 045
29. 关于《国家税务总局关于科技人员取得职务科技成果转化现金奖励有关个人所得税征管问题的公告》的解读 …… 046
30. 国家税务总局关于创业投资企业和天使投资个人税收政策有关问题的公告 …… 047
31. 关于《国家税务总局关于创业投资企业和天使投资个人税收政策有关问题的公告》的解读 …… 048
32. 国家税务总局关于股权激励和技术入股所得税征管问题的通知 …… 050
33. 财政部 税务总局 证监会关于转化在中国境内上市公司股份转让差别化个人所得税政策的通知 …… 053
34. 国家税务总局关于明确《税收完税证明》（文书式）开具渠道等有关事项的通知 …… 054
35. 国家税务总局关于将《税收完税证明》（文书式）调整为《纳税记录》有关事项的公告 …… 056
36. 国务院关于印发个人所得税专项附加扣除暂行办法的通知 …… 057
37. 国家税务总局关于发布《个人所得税专项附加扣除操作办法（试行）》的公告 …… 060
38. 关于《国家税务总局关于发布〈个人所得税专项附加扣除操作办法（试行）〉》的解读 …… 063
39. 国家税务总局关于个人所得税自行纳税申报有关问题的公告 …… 066
40. 关于《国家税务总局关于个人所得税自行纳税申报有关问题的公告》的解读 …… 068
41. 国家税务总局关于个人所得税若干征管衔接问题的通知 …… 070
42. 国家税务总局关于非居民个人和无住所居民个人有关个人所得税政策的公告 …… 073
43. 国家税务总局关于粤港澳大湾区个人所得税优惠政策贯彻落实通知 …… 079
44. 国家税务总局关于北京市顺义商务大领区建个人所得税优惠政策的通知 …… 080
45. 国家税务总局关于在中国境内无住所的个人居住时间判定标准的公告 …… 080
46. 财税部税务总局 税务总局关于国防部对外汇不属于个人所得税 183 天居住时间判定标准的公告 …… 081
47. 国家税务总局关于个人取得有关收入适用个人所得税应税所得项目的公告 …… 082
48. 关于《个人取得有关收入适用个人所得税应税所得项目》的解读 …… 084
49. 财务总局 税务总局 证监会关于转化在全国中小企业股份转让系统挂牌公司股息红利差别化个人所得税政策的通知 …… 085
50. 财务总局 税务总局关于所得税优惠政策衔接及有关征管问题的公告 …… 087
51. 财务总局 税务总局关于延续实施个人所得税政策的公告 …… 087
52. 财务总局 税务总局关于公募证券投资基金增加个人所得税政策的公告 …… 088

| 目 录 | 003

53. 国家税务总局关于印发个人所得税申报表的公告 …… 090
54. 财政部 税务总局关于印花税有关个人所得税政策的公告 …… 091
55. 财政部 税务总局关于支持新型冠状病毒感染的肺炎疫情防控有关捐赠税收政策的公告 …… 093
56. 财政部 税务总局关于支持新型冠状病毒感染的肺炎疫情防控有关个人所得税政策的公告 …… 094
57. 财政部 税务总局关于公益性捐赠税收政策有关问题的公告 …… 094
58. 财政部 税务总局关于支持疫情防控保供等税收政策实施期限的公告 …… 097
59. 财政部 税务总局关于海南自由贸易港高端紧缺人才个人所得税政策的通知 …… 098
60. 财政部 税务总局关于完善股权激励和技术入股有关个人所得税政策的通知 …… 098
61. 关于《国家税务总局关于进一步规范完善股权激励和技术入股有关个人所得税征收管理方式的公告》的解读 …… 099
62. 国家税务总局关于进一步规范完善股权激励和技术入股有关个人所得税征收管理方式的公告 …… 100
63. 关于《国家税务总局关于进一步规范完善股权激励和技术入股有关个人所得税征收管理方式的公告》的解读 …… 101
64. 财政部 税务总局 民政部关于公益性捐赠税前扣除资格确认有关衔接事项的公告 …… 103
65. 财政部 税务总局关于通过公益性群众团体的公益性捐赠税前扣除有关事项的公告 …… 103
66. 财政部 税务总局关于北京冬奥会和冬残奥会税收政策及相关问题的公告 …… 106
67. 财政部 税务总局关于税收递延型商业养老保险个人所得税政策的通知 …… 106
68. 财政部 税务总局关于延续实施全年一次性奖金等个人所得税优惠政策的公告 …… 107
69. 财政部 税务总局关于延续实施有关个人所得税优惠政策的公告 …… 107
70. 国家税务总局关于办理2021年度个人所得税综合所得汇算清缴事项的公告 …… 108
71. 国务院关于设立3岁以下婴幼儿照护个人所得税专项附加扣除的通知 …… 111
72. 国家税务总局关于修订发布《个人所得税专项附加扣除操作办法（试行）》的公告 …… 111
73. 财政部 税务总局关于房屋赠与等个人无偿受赠房屋个人所得税征收管理及有关税收政策衔接问题的公告 …… 115
74. 财政部 税务总局关于外籍个人有关个人所得税政策的公告 …… 116
75. 财政部 税务总局关于支持居民医保筹资有关个人所得税政策的公告 …… 116
76. 国家税务总局关于支持新冠病毒疫苗接种个人所得税有关征管事项的公告 …… 117
77. 财政部 税务总局关于个人养老金有关个人所得税政策的公告 …… 119

第二章　中华人民共和国企业所得税法　120

1. 中华人民共和国企业所得税法 …… 120
2. 中华人民共和国企业所得税法实施条例 …… 127
3. 国家税务总局关于印发《居民企业资产（股权）划转企业所得税征收管理办法》的通知 …… 144
4. 国家税务总局关于印发《企业所得税汇算清缴管理办法》的通知 …… 151

5. 国家税务总局关于发布《企业重组业务企业所得税管理办法》的公告 …… 154
6. 国家税务总局关于企业所得税应纳税所得额若干问题的公告 ……………… 158
7. 国家税务总局关于取消合并纳税后以前年度尚未弥补亏损企业所得税处理问题的公告 …………………………………………………………………………… 158
8. 国家税务总局关于颁发持有待售的以及准备用于出租方式出租资产折旧问题的公告 …… 159
9. 国家税务总局关于企业所得税若干税务事项衔接问题的公告 ……………… 159
10. 国家税务总局关于企业所得税若干问题的公告 …………………………… 160
11. 国家税务总局关于企业所得税若干问题的公告 …………………………… 161
12. 国家税务总局关于上市公司限售股转让有关所得税问题的公告 …………… 162
13. 国家税务总局关于印发《房地产开发经营业务企业所得税处理办法（试行）》的公告 …………………………………………………………………………… 163
14. 国家税务总局关于企业所得税应纳税所得额若干问题的公告 ……………… 167
15. 财政部 国家税务总局关于企业改制上市资产评估增值企业所得税政策问题的通知 …………………………………………………………………………… 168
16. 国家税务总局关于非居民企业派遣人员在中国境内提供劳务征收企业所得税有关问题的公告 ………………………………………………………………… 169
17. 国家税务总局关于企业所得税核定征收有关问题的公告 …………………… 170
18. 国家税务总局关于印发《跨地区经营汇总纳税企业所得税征收管理办法》的公告 … 171
19. 国家税务总局关于境外注册中资控股居民企业所得税管理有关问题的公告 … 177
20. 国家税务总局关于企业混合性投资业务企业所得税处理问题的公告 ……… 178
21. 国家税务总局关于非货币性资产投资企业所得税有关征管问题的公告 …… 179
22. 国家税务总局关于许可使用费及企业所得税扣除问题的公告 ……………… 179
23. 国家税务总局关于核定征收企业所得税有关问题的公告 …………………… 180
24. 国家税务总局 国家发展改革委关于节能服务公司备案有关企业所得税管理问题的公告 ………………………………………………………………… 180
25. 财政部 国家税务总局关于调整捐赠事业单位等有关税收政策执行的通知 … 182
26. 国家税务总局关于非货币性资产投资抵扣原则的公告 ……………………… 183
27. 国家税务总局关于依据实际征税标准征缴居民企业所得税有关问题的公告 … 183
28. 国家税务总局关于中国居民企业向境外投资者支付股息红利扣缴税问题的公告 … 184
29. 国家税务总局关于企业所得税应纳税所得额若干问题的公告 ……………… 184
30. 国家税务总局关于开发企业所得税未来缴得若干问题的公告 …………… 186
31. 关于《国家税务总局关于开发企业所得税未来缴得若干问题》的解读 ……… 186
32. 国家税务总局关于调整出口货物退税率有关问题的公告 ………………… 187
33. 国家税务总局关于企业融资投资项目投资企业所得税征收代缴问题的通知 … 189
34. 财政部 国家税务总局关于严格因素予以通知申报企业所得税征收的通知 … 189
35. 财政部 国家税务总局关于保险公司准备金企业所得税征收的通知 ……… 190
36. 财政部 国家税务总局关于干洗活性炭生产企业企业所得税征收的通知 …… 191
37. 一般反避税管理办法（试行） ……………………………………………… 192

38. 国家税务总局关于非货币性资产投资企业所得税有关征管问题的公告 …………… 195
39. 关于《国家税务总局关于非货币性资产投资企业所得税有关征管问题的公告》的
    解读 ………………………………………………………………………………… 196
40. 国家税务总局关于企业工资薪金和职工福利费等支出税前扣除问题的公告 …… 197
41. 关于《国家税务总局关于企业工资薪金和职工福利费等支出税前扣除问题的公告》的
    解读 ………………………………………………………………………………… 198
42. 国家税务总局关于资产（股权）划转企业所得税征管问题的公告 ………………… 198
43. 国家税务总局关于境内机构向我国银行的境外分行支付利息扣缴企业所得税有关
    问题的公告 ………………………………………………………………………… 200
44. 国家税务总局关于企业重组业务企业所得税征收管理若干问题的公告 ………… 201
45. 国家税务总局关于进一步完善固定资产加速折旧企业所得税政策有关问题的公告 … 203
46. 国家税务总局关于有限合伙制创业投资企业法人合伙人企业所得税有关问题的
    公告 ………………………………………………………………………………… 205
47. 关于《有限合伙制创业投资企业法人合伙人企业所得税有关问题的公告》的解读 … 206
48. 国家税务总局关于许可使用权技术转让所得企业所得税有关问题的公告 ……… 208
49. 关于《国家税务总局关于技术转让所得企业所得税有关问题的公告》的解读 …… 209
50. 国家税务总局关于企业研究开发费用税前加计扣除政策有关问题的公告 ……… 209
51. 关于《国家税务总局关于企业研究开发费用税前加计扣除政策有关问题的公告》的
    解读 ………………………………………………………………………………… 211
52. 财政部　国家税务总局关于金融企业贷款损失准备金企业所得税税前扣除有关政策的
    通知 ………………………………………………………………………………… 214
53. 财政部　国家税务总局关于进一步完善固定资产加速折旧企业所得税政策的通知 … 215
54. 财政部　国家税务总局关于保险企业计提准备金有关税收处理问题的通知 …… 216
55. 财政部　国家税务总局　科技部关于完善研究开发费用税前加计扣除政策的通知 … 216
56. 财政部　国家税务总局关于公益股权捐赠企业所得税政策问题的通知 ………… 219
57. 财政部　国家税务总局　发展改革委　工业和信息化部关于软件和集成电路产业
    企业所得税优惠政策有关问题的通知 …………………………………………… 220
58. 国家税务总局关于完善关联申报和同期资料管理有关事项的公告 ……………… 224
59. 国家税务总局关于股权激励和技术入股所得税征管问题的公告 ………………… 230
60. 关于《国家税务总局关于股权激励和技术入股所得税征管问题的公告》的解读 … 231
61. 国家税务总局关于完善预约定价安排管理有关事项的公告 ……………………… 232
62. 财政部　国家税务总局关于保险公司准备金支出企业所得税税前扣除有关政策问题的
    通知 ………………………………………………………………………………… 238
63. 财政部　国家税务总局　证监会关于深港股票市场交易互联互通机制试点有关税收
    政策的通知 ………………………………………………………………………… 239
64. 国家税务总局关于企业所得税有关问题的公告 …………………………………… 241
65. 关于《国家税务总局关于企业所得税有关问题的公告》的解读 …………………… 242
66. 国家税务总局关于房地产开发企业土地增值税清算涉及企业所得税退税有关问题的
    公告 ………………………………………………………………………………… 242

67. 关于《国家税务总局关于房地产开发企业土地增值税清算涉及企业所得税退税有关问题的公告》的解读 ·· 243
68. 财政部 国家税务总局关于证券行业准备金支出企业所得税税前扣除有关政策问题的通知 ·· 244
69. 国家税务总局关于为纳税人提供企业所得税税收政策风险提示服务有关问题的公告 ·· 246
70. 国家税务总局关于实施高新技术企业所得税优惠政策有关问题的公告 ············ 247
71. 关于《国家税务总局关于实施高新技术企业所得税优惠政策有关问题的公告》的解读 ·· 248
72. 国家税务总局关于全民所有制企业公司制改制企业所得税处理问题的公告 ·········· 250
73. 国家税务总局关于非居民企业所得税源泉扣缴有关问题的公告 ··············· 250
74. 财政部 税务总局 商务部 科技部 国家发展改革委关于将技术先进型服务企业所得税政策推广至全国实施的通知 ·· 254
75. 国家税务总局关于研发费用税前加计扣除归集范围有关问题的公告 ············ 256
76. 关于《国家税务总局关于研发费用税前加计扣除归集范围有关问题的公告》的解读 ·· 258
77. 国家税务总局关于企业境外承包工程税收抵免凭证有关问题的公告 ············ 262
78. 财政部 税务总局关于非营利组织免税资格认定管理有关问题的通知 ············ 263
79. 财政部 税务总局关于公益性捐赠支出企业所得税税前结转扣除有关政策的通知 ··· 265
80. 财政部 税务总局 证监会关于支持原油等货物期货市场对外开放税收政策的通知 ·· 266
81. 财政部 税务总局 国家发展改革委 工业和信息化部关于集成电路生产企业有关企业所得税政策问题的通知 ·· 266
82. 国家税务总局关于明确同期资料主体文档提供及管理有关事项的公告 ············ 267
83. 国家税务总局关于企业所得税资产损失资料留存备查有关事项的公告 ············ 268
84. 关于《国家税务总局关于企业所得税资产损失资料留存备查有关事项的公告》的解读 ·· 269
85. 国家税务总局关于发布修订后的《企业所得税优惠政策事项办理办法》的公告 ····· 269
86. 关于《国家税务总局关于发布修订后的〈企业所得税优惠政策事项办理办法〉的公告》的解读 ·· 271
87. 财政部 税务总局关于保险保障基金有关税收政策问题的通知 ··············· 273
88. 财政部 税务总局关于企业职工教育经费税前扣除政策的通知 ··············· 274
89. 财政部 税务总局 商务部 科技部 国家发展改革委关于将服务贸易创新发展试点地区技术先进型服务企业所得税政策推广至全国实施的通知 ························· 274
90. 国家税务总局关于发布《企业所得税税前扣除凭证管理办法》的公告 ············ 275
91. 关于《国家税务总局关于发布〈企业所得税税前扣除凭证管理办法〉的公告》的解读 ·· 278
92. 财政部 税务总局 科技部关于企业委托境外研究开发费用税前加计扣除有关政策问题的通知 ·· 280

93. 国家税务总局关于延长高新技术企业和科技型中小企业亏损结转弥补年限有关企业所得税处理问题的公告 ………………………………………………………… 281
94. 关于《国家税务总局关于延长高新技术企业和科技型中小企业亏损结转弥补年限有关企业所得税处理问题的公告》的解读 ………………………………………… 282
95. 国家税务总局关于设备、器具扣除有关企业所得税政策执行问题的公告 ……… 284
96. 关于《国家税务总局关于设备、器具扣除有关企业所得税政策执行问题的公告》的解读 ………………………………………………………………………………… 285
97. 财政部 税务总局 国家发展改革委 商务部关于扩大境外投资者以分配利润直接投资暂不征收预提所得税政策适用范围的通知 ………………………………… 287
98. 国家税务总局关于扩大境外投资者以分配利润直接投资暂不征收预提所得税政策适用范围有关问题的公告 ……………………………………………………… 288
99. 关于《国家税务总局关于扩大境外投资者以分配利润直接投资暂不征收预提所得税政策适用范围有关问题的公告》的解读 …………………………………… 290
100. 国家税务总局关于责任保险费企业所得税税前扣除有关问题的公告 …………… 291
101. 关于《国家税务总局关于责任保险费企业所得税税前扣除有关问题的公告》的解读 ………………………………………………………………………………… 291
102. 国家税务总局关于简化小型微利企业所得税年度纳税申报有关措施的公告 …… 292
103. 关于《国家税务总局关于简化小型微利企业所得税年度纳税申报有关措施的公告》的解读 ……………………………………………………………………… 293
104. 财政部 税务总局关于实施小微企业普惠性税收减免政策的通知 ……………… 294
105. 财政部税政司 税务总局政策法规司有关负责人就小微企业普惠性税收减免政策问答 ………………………………………………………………………………… 295
106. 财政部 税务总局 中央宣传部关于继续实施文化体制改革中经营性文化事业单位转制为企业若干税收政策的通知 …………………………………………… 297
107. 国家税务总局 财政部 中国人民银行关于非居民企业机构场所汇总缴纳企业所得税有关问题的公告 ………………………………………………………… 298
108. 财政部 税务总局 国务院扶贫办关于企业扶贫捐赠所得税税前扣除政策的公告 … 300
109. 企业扶贫捐赠所得税税前扣除政策宣传问答 ………………………………………… 301
110. 财政部 税务总局关于永续债企业所得税政策问题的公告 ………………………… 304
111. 财政部 税务总局关于铁路债券利息收入所得税政策的公告 ……………………… 305
112. 财政部 税务总局关于扩大固定资产加速折旧优惠政策适用范围的公告 ………… 305
113. 财政部 税务总局关于集成电路设计和软件产业企业所得税政策的公告 ………… 306
114. 财政部 税务总局关于保险企业手续费及佣金支出税前扣除政策的公告 ………… 306
115. 财政部 税务总局 发展改革委 民政部 商务部 卫生健康委关于养老、托育、家政等社区家庭服务业税费优惠政策的公告 ……………………………………… 307
116. 财政部 税务总局关于金融企业涉农贷款和中小企业贷款损失准备金税前扣除有关政策的公告 ……………………………………………………………………… 308
117. 财政部 税务总局关于金融企业贷款损失准备金企业所得税税前扣除有关政策的公告 …………………………………………………………………………………… 309
118. 国家税务总局关于跨境电子商务综合试验区零售出口企业所得税核定征收有关问题的公告 …………………………………………………………………………… 309

119. 关于《国家税务总局关于跨境电子商务综合试验区零售出口企业所得税核定征收有关问题的公告》的解读 ································· 310
120. 财政部　税务总局关于支持新型冠状病毒感染的肺炎疫情防控有关税收政策的公告 ································· 311
121. 财政部　税务总局　国家发展改革委关于延续西部大开发企业所得税政策的公告 ··· 312
122. 财政部　税务总局关于海南自由贸易港企业所得税优惠政策的通知 ················ 313
123. 财政部　税务总局关于中国（上海）自贸试验区临港新片区重点产业企业所得税政策的通知 ································· 314
124. 财政部　税务总局关于广告费和业务宣传费支出税前扣除有关事项的公告 ············ 315
125. 财政部　税务总局　发展改革委　工业和信息化部关于促进集成电路产业和软件产业高质量发展企业所得税政策的公告 ································· 315
126. 财政部　税务总局关于延长部分税收优惠政策执行期限的公告 ···················· 317
127. 国家税务总局关于发布《中华人民共和国企业所得税月（季）度预缴纳税申报表（A类）》的公告 ································· 318
128. 财政部　税务总局关于进一步完善研发费用税前加计扣除政策的公告 ··············· 318
129. 财政部　税务总局　民政部关于生产和装配伤残人员专门用品企业免征企业所得税的公告 ································· 319
130. 财政部　税务总局关于实施小微企业和个体工商户所得税优惠政策的公告 ············ 320
131. 国家税务总局关于落实支持小型微利企业和个体工商户发展所得税优惠政策有关事项的公告 ································· 321
132. 国家税务总局　国家发展改革委　生态环境部关于落实从事污染防治的第三方企业所得税政策有关问题的公告 ································· 322
133. 财政部　税务总局　人力资源社会保障部　国家乡村振兴局关于延长部分扶贫税收优惠政策执行期限的公告 ································· 323
134. 财政部　税务总局关于新疆困难地区及喀什、霍尔果斯两个特殊经济开发区新办企业所得税优惠政策的通知 ································· 324
135. 国家税务总局关于企业所得税若干政策征管口径问题的公告 ····················· 325
136. 国家税务总局关于进一步落实研发费用加计扣除政策有关问题的公告 ··············· 326
137. 财政部　税务总局关于延续境外机构投资境内债券市场企业所得税、增值税政策的公告 ································· 327
138. 财政部等四部门关于公布《环境保护、节能节水项目企业所得税优惠目录（2021年版）》以及《资源综合利用企业所得税优惠目录（2021年版）》的公告 ·············· 328
139. 国家税务总局关于企业所得税年度汇算清缴有关事项的公告 ····················· 329
140. 财政部　税务总局关于基础设施领域不动产投资信托基金（REITs）试点税收政策的公告 ································· 330
141. 财政部　税务总局关于延长部分税收优惠政策执行期限的公告 ···················· 330
142. 财政部　税务总局关于延续执行创业投资企业和天使投资个人投资初创科技型企业有关政策条件的公告 ································· 331
143. 财政部　税务总局关于中小微企业设备器具所得税税前扣除有关政策的公告 ··········· 331
144. 财政部　税务总局关于进一步实施小微企业所得税优惠政策的公告 ················ 332

145. 财政部　税务总局　科技部关于进一步提高科技型中小企业研发费用税前加计扣除比例的公告⋯⋯⋯⋯⋯⋯⋯⋯⋯⋯⋯⋯⋯⋯⋯⋯⋯⋯⋯⋯⋯⋯⋯ 333
146. 国家税务总局关于小型微利企业所得税优惠政策征管问题的公告⋯⋯⋯⋯⋯ 333
147. 国家税务总局关于企业预缴申报享受研发费用加计扣除优惠政策有关事项的公告⋯ 334
148. 财政部　税务总局　科技部关于加大支持科技创新税前扣除力度的公告⋯⋯ 335
149. 财政部　税务总局关于企业投入基础研究税收优惠政策的公告⋯⋯⋯⋯⋯⋯ 335

第二编　货物和劳务税法

第三章　中华人民共和国增值税法⋯⋯⋯⋯⋯⋯⋯⋯⋯⋯⋯⋯⋯⋯⋯⋯⋯⋯ 339

1. 中华人民共和国增值税暂行条例⋯⋯⋯⋯⋯⋯⋯⋯⋯⋯⋯⋯⋯⋯⋯⋯⋯⋯⋯ 339
2. 中华人民共和国增值税暂行条例实施细则⋯⋯⋯⋯⋯⋯⋯⋯⋯⋯⋯⋯⋯⋯⋯ 342
3. 国家税务总局关于修订《增值税专用发票使用规定》的通知⋯⋯⋯⋯⋯⋯⋯ 347
4. 国家税务总局关于项目运营方利用信托资金融资过程中增值税进项税额抵扣问题的公告⋯⋯⋯⋯⋯⋯⋯⋯⋯⋯⋯⋯⋯⋯⋯⋯⋯⋯⋯⋯⋯⋯⋯⋯⋯⋯⋯⋯⋯⋯⋯ 352
5. 国家税务总局关于融资性售后回租业务中承租方出售资产行为有关税收问题的公告⋯ 352
6. 国家税务总局关于制种行业增值税有关问题的公告⋯⋯⋯⋯⋯⋯⋯⋯⋯⋯⋯ 353
7. 国家税务总局关于纳税人销售伴生金有关增值税问题的公告⋯⋯⋯⋯⋯⋯⋯ 353
8. 国家税务总局关于纳税人资产重组有关增值税问题的公告⋯⋯⋯⋯⋯⋯⋯⋯ 353
9. 国家税务总局关于增值税纳税义务发生时间有关问题的公告⋯⋯⋯⋯⋯⋯⋯ 354
10. 国家税务总局关于纳税人转让土地使用权或者销售不动产同时一并销售附着于土地或者不动产上的固定资产有关税收问题的公告⋯⋯⋯⋯⋯⋯⋯⋯⋯⋯⋯⋯ 354
11. 国家税务总局关于纳税人为其他单位和个人开采矿产资源提供劳务有关货物和劳务税问题的公告⋯⋯⋯⋯⋯⋯⋯⋯⋯⋯⋯⋯⋯⋯⋯⋯⋯⋯⋯⋯⋯⋯⋯⋯⋯⋯⋯ 355
12. 国家税务总局关于安置残疾人单位是否可以同时享受多项增值税优惠政策问题的公告⋯⋯⋯⋯⋯⋯⋯⋯⋯⋯⋯⋯⋯⋯⋯⋯⋯⋯⋯⋯⋯⋯⋯⋯⋯⋯⋯⋯⋯⋯⋯⋯⋯ 355
13. 国家税务总局关于纳税人既享受增值税即征即退　先征后退政策又享受免抵退税政策有关问题的公告⋯⋯⋯⋯⋯⋯⋯⋯⋯⋯⋯⋯⋯⋯⋯⋯⋯⋯⋯⋯⋯⋯⋯⋯⋯⋯ 356
14. 国家税务总局关于一般纳税人迁移有关增值税问题的公告⋯⋯⋯⋯⋯⋯⋯⋯ 356
15. 国家税务总局关于一般纳税人销售自己使用过的固定资产增值税有关问题的公告⋯ 357
16. 财政部　国家税务总局关于在部分行业试行农产品增值税进项税额核定扣除办法的通知⋯⋯⋯⋯⋯⋯⋯⋯⋯⋯⋯⋯⋯⋯⋯⋯⋯⋯⋯⋯⋯⋯⋯⋯⋯⋯⋯⋯⋯⋯⋯⋯⋯ 357
17. 国家税务总局关于药品经营企业销售生物制品有关增值税问题的公告⋯⋯⋯ 361
18. 国家税务总局关于二手车经营业务有关增值税问题的公告⋯⋯⋯⋯⋯⋯⋯⋯ 361
19. 国家税务总局关于纳税人虚开增值税专用发票征补税款问题的公告⋯⋯⋯⋯ 362
20. 国家税务总局关于在部分行业试行农产品增值税进项税额核定扣除办法有关问题的公告⋯⋯⋯⋯⋯⋯⋯⋯⋯⋯⋯⋯⋯⋯⋯⋯⋯⋯⋯⋯⋯⋯⋯⋯⋯⋯⋯⋯⋯⋯⋯⋯ 362
21. 国家税务总局关于纳税人资产重组增值税留抵税额处理有关问题的公告⋯⋯ 364
22. 国家税务总局关于直销企业增值税销售额确定有关问题的公告⋯⋯⋯⋯⋯⋯ 364

23. 国家税务总局关于金融机构销售贵金属增值税有关问题的公告 …………… 365
24. 国家税务总局关于旅店业和饮食业纳税人销售非现场消费食品增值税有关问题的公告 …………… 365
25. 国家税务总局关于油气田企业开发煤层气、页岩气增值税有关问题的公告 …… 366
26. 国家税务总局关于纳税人资产重组有关增值税问题的公告 ………………… 366
27. 关于《纳税人资产重组有关增值税问题的公告》的解读 …………………… 367
28. 国家税务总局关于简并增值税征收率有关问题的公告 ……………………… 367
29. 国家税务总局关于纳税人对外开具增值税专用发票有关问题的公告 ……… 368
30. 国家税务总局关于国有粮食购销企业销售粮食免征增值税审批事项取消后有关管理事项的公告 …………… 368
31. 国家税务总局关于纳税人认定或登记为一般纳税人前进项税额抵扣问题的公告 …… 369
32. 国家税务总局关于明确有机肥产品执行标准的公告 ………………………… 370
33. 国家税务总局关于兽用药品经营企业销售兽用生物制品有关增值税问题的公告 …… 371
34. 国家税务总局关于全面推开营业税改征增值税试点后增值税纳税申报有关事项的公告 …………… 371
35. 国家税务总局关于发布《纳税人转让不动产增值税征收管理暂行办法》的公告 …… 373
36. 国家税务总局关于发布《纳税人提供不动产经营租赁服务增值税征收管理暂行办法》的公告 …………… 376
37. 国家税务总局关于发布《纳税人跨县（市、区）提供建筑服务增值税征收管理暂行办法》的公告 …………… 378
38. 国家税务总局关于发布《房地产开发企业销售自行开发的房地产项目增值税征收管理暂行办法》的公告 …………… 379
39. 国家税务总局关于全面推开营业税改征增值税试点有关税收征收管理事项的公告 …… 382
40. 国家税务总局关于明确营改增试点若干征管问题的公告 …………………… 385
41. 国家税务总局公告关于调整增值税纳税申报有关事项的公告 ……………… 385
42. 国家税务总局公告关于发布《营业税改征增值税跨境应税行为增值税免税管理办法（试行）》的公告 …………… 386
43. 国家税务总局关于红字增值税发票开具有关问题的公告 …………………… 391
44. 国家税务总局关于保险机构代收车船税开具增值税发票问题的公告 ……… 392
45. 财政部　国家税务总局关于科技企业孵化器税收政策的通知 ……………… 393
46. 国家税务总局关于营改增试点若干征管问题的公告 ………………………… 394
47. 国家税务总局关于物业管理服务中收取的自来水水费增值税问题的公告 …… 397
48. 国家税务总局关于纳税人申请代开增值税发票办理流程的公告 …………… 397
49. 国家税务总局关于在境外提供建筑服务等有关问题的公告 ………………… 398
50. 国家税务总局关于纳税人转让不动产缴纳增值税差额扣除有关问题的公告 …… 399
51. 国家税务总局关于调整增值税一般纳税人留抵税额申报口径的公告 ……… 400
52. 国家税务总局关于走逃（失联）企业开具增值税专用发票认定处理有关问题的公告 …………… 400
53. 国家税务总局关于土地价款扣除时间等增值税征管问题的公告 …………… 401
54. 国家税务总局关于使用印有本单位名称的增值税普通发票（卷票）有关问题的公告 …………… 402

55. 国家税务总局关于进一步明确营改增有关征管问题的公告 …………………… 403
56. 关于《国家税务总局关于进一步明确营改增有关征管问题的公告》的解读 ……… 404
57. 国家税务总局关于跨境应税行为免税备案等增值税问题的公告 ……………… 405
58. 关于《国家税务总局关于跨境应税行为免税备案等增值税问题的公告》的解读 …… 406
59. 国家税务总局关于进一步优化增值税 消费税有关涉税事项办理程序的公告 ……… 407
60. 国家税务总局关于增值税发票管理若干事项的公告 …………………………… 408
61. 财政部 税务总局关于租入固定资产进项税额抵扣等增值税政策的通知 ………… 409
62. 增值税一般纳税人登记管理办法 ………………………………………………… 411
63. 国家税务总局关于调整增值税纳税申报有关事项的公告 ……………………… 412
64. 关于《国家税务总局关于调整增值税纳税申报有关事项的公告》的解读 ………… 413
65. 国家税务总局关于增值税一般纳税人登记管理若干事项的公告 ……………… 413
66. 关于《国家税务总局关于增值税一般纳税人登记管理若干事项的公告》的解读 …… 414
67. 财政部 税务总局关于调整增值税税率的通知 ………………………………… 414
68. 国家税务总局关于统一小规模纳税人标准等若干增值税问题的公告 ………… 415
69. 关于《国家税务总局关于统一小规模纳税人标准等若干增值税问题的公告》的
    解读 ………………………………………………………………………………… 417
70. 国家税务总局 海关总署关于进口租赁飞机有关增值税问题的公告 …………… 419
71. 关于《国家税务总局 海关总署关于进口租赁飞机有关增值税问题的公告》的
    解读 ………………………………………………………………………………… 419
72. 国家税务总局关于新办纳税人首次申领增值税发票有关事项的公告 ………… 420
73. 关于《国家税务总局关于新办纳税人首次申领增值税发票有关事项的公告》的
    解读 ………………………………………………………………………………… 420
74. 国家税务总局关于增值税电子普通发票使用有关事项的公告 ………………… 421
75. 关于《国家税务总局关于增值税电子普通发票使用有关事项的公告》的解读 …… 422
76. 国家税务总局关于明确中外合作办学等若干增值税征管问题的公告 ………… 423
77. 关于《国家税务总局关于明确中外合作办学等若干增值税征管问题的公告》的
    解读 ………………………………………………………………………………… 424
78. 国家税务总局 人力资源社会保障部 国务院扶贫办 教育部关于实施支持和促进
    重点群体创业就业有关税收政策具体操作问题的公告 ………………………… 426
79. 国家税务总局关于稀土企业等汉字防伪项目企业开具增值税发票有关问题的公告 … 428
80. 关于《国家税务总局关于稀土企业等纳入汉字防伪项目管理企业开具增值税发票
    有关问题的公告》的解读 ………………………………………………………… 429
81. 财政部 税务总局 海关总署关于深化增值税改革有关政策的公告 …………… 430
82. 国家税务总局关于深化增值税改革有关事项的公告 …………………………… 433
83. 关于《国家税务总局关于深化增值税改革有关事项的公告》的解读 …………… 434
84. 财政部 税务总局 国务院扶贫办关于扶贫货物捐赠免征增值税政策的公告 …… 435
85. 国家税务总局关于办理增值税期末留抵税额退税有关事项的公告 …………… 435
86. 关于《国家税务总局关于办理增值税期末留抵税额退税有关事项的公告》的解读 … 438
87. 国家税务总局 财政部 海关总署关于在综合保税区推广增值税一般纳税人资格
    试点的公告 ………………………………………………………………………… 439

88. 财政部 税务总局关于明确部分先进制造业增值税期末留抵退税政策的公告 ········· 441
89. 国家税务总局关于国内旅客运输服务进项税抵扣等增值税征管问题的公告 ············ 442
90. 关于《国家税务总局关于国内旅客运输服务进项税抵扣等增值税征管问题的公告》的解读 ·· 444
91. 财政部 税务总局关于明确生活性服务业增值税加计抵减政策的公告 ··············· 449
92. 国家税务总局关于增值税发票管理等有关事项的公告 ·· 449
93. 财政部 税务总局关于资源综合利用增值税政策的公告 ·· 451
94. 财政部 商务部 税务总局关于继续执行研发机构采购设备增值税政策的公告 ····· 451
95. 国家税务总局关于异常增值税扣税凭证管理等有关事项的公告 ···································· 453
96. 关于《国家税务总局关于异常增值税扣税凭证管理等有关事项的公告》的解读 ······ 455
97. 国家税务总局关于取消增值税扣税凭证认证确认期限等增值税征管问题的公告 ······ 456
98. 国家税务总局关于开展网络平台道路货物运输企业代开增值税专用发票试点工作的通知 ·· 458
99. 财政部 税务总局关于明确国有农用地出租等增值税政策的公告 ································ 460
100. 国家税务总局关于支持新型冠状病毒感染的肺炎疫情防控有关税收征收管理事项的公告 ··· 461
101. 关于《国家税务总局关于支持新型冠状病毒感染的肺炎疫情防控有关税收征收管理事项的公告》的解读 ··· 462
102. 财政部 税务总局关于支持货物期货市场对外开放增值税政策的公告 ············· 465
103. 财政部 税务总局关于支持个体工商户复工复业增值税政策的公告 ············· 466
104. 财政部 税务总局关于二手车经销有关增值税政策的公告 ············· 466
105. 财政部 税务总局关于延续实施普惠金融有关税收优惠政策的公告 ············· 466
106. 国家税务总局关于明确二手车经销等若干增值税征管问题的公告 ············· 467
107. 关于《国家税务总局关于明确二手车经销等若干增值税征管问题的公告》的解读··· 468
108. 财政部 税务总局关于延长小规模纳税人减免增值税政策执行期限的公告 ········· 470
109. 财政部 税务总局关于电影等行业税费支持政策的公告 ············· 471
110. 国家税务总局关于发布《海南离岛免税店销售离岛免税商品免征增值税和消费税管理办法》的公告 ··· 471
111. 关于《国家税务总局关于发布〈海南离岛免税店销售离岛免税商品免征增值税和消费税管理办法〉的公告》的解读 ··· 472
112. 财政部 税务总局关于明确无偿转让股票等增值税政策的公告 ············· 473
113. 财政部 国家税务总局关于铁路运输企业汇总缴纳增值税的通知 ············· 474
114. 财政部 税务总局关于延续宣传文化增值税优惠政策的公告 ············· 475
115. 财政部 税务总局关于明确增值税小规模纳税人免征增值税政策的公告 ············· 477
116. 国家税务总局关于小规模纳税人免征增值税征管问题的公告 ············· 477
117. 财政部 税务总局关于明确先进制造业增值税期末留抵退税政策的公告 ············· 478
118. 财政部 税务总局 住房城乡建设部关于完善住房租赁有关税收政策的公告 ········· 479
119. 财政部 税务总局关于出口货物保险增值税政策的公告 ············· 480
120. 财政部 税务总局关于完善资源综合利用增值税政策的公告 ············· 480
121. 国家税务总局关于明确先进制造业增值税期末留抵退税征管问题的公告 ············· 483

122. 财政部　税务总局关于促进服务业领域困难行业纾困发展有关增值税政策的公告……484
123. 财政部　税务总局关于进一步加大增值税期末留抵退税政策实施力度的公告………484
124. 国家税务总局关于进一步加大增值税期末留抵退税政策实施力度有关征管事项的公告……487
125. 财政部　税务总局关于对增值税小规模纳税人免征增值税的公告………488
126. 国家税务总局关于小规模纳税人免征增值税等征收管理事项的公告………488
127. 财政部　税务总局关于进一步加快增值税期末留抵退税政策实施进度的公告………489
128. 财政部　税务总局关于快递收派服务免征增值税政策的公告………490
129. 财政部　税务总局关于进一步持续加快增值税期末留抵退税政策实施进度的公告………490
130. 财政部　税务总局关于扩大全额退还增值税留抵税额政策行业范围的公告………491
131. 国家税务总局关于扩大全额退还增值税留抵税额政策行业范围有关征管事项的公告……492
132. 财政部　税务总局关于银行业金融机构、金融资产管理公司不良债权以物抵债有关税收政策的公告……493
133. 财政部　税务总局关于民用飞机增值税适用政策的公告………494

第四章　中华人民共和国消费税法　495

1. 中华人民共和国消费税暂行条例………495
2. 中华人民共和国消费税暂行条例实施细则………499
3. 消费税征收范围注释………502
4. 消费税若干具体问题的规定………507
5. 国家税务总局关于《消费税征收范围注释》的补充通知………509
6. 国家税务总局关于消费税若干征税问题的通知………510
7. 财政部　国家税务总局关于调整金银首饰消费税纳税环节有关问题的通知………510
8. 国家税务总局关于印发《消费税问题解答》的通知………512
9. 国家税务总局关于配制酒消费税适用税率问题的公告………513
10. 财政部　国家税务总局关于《中华人民共和国消费税暂行条例实施细则》有关条款解释的通知……514
11. 国家税务总局关于消费税有关政策问题补充规定的公告………514
12. 财政部　国家税务总局关于调整消费税政策的通知………516
13. 国家税务总局关于白酒消费税最低计税价格核定问题的公告………516
14. 国家税务总局关于明确电池　涂料消费税征收管理有关事项的公告………517
15. 关于《国家税务总局关于明确电池　涂料消费税征收管理有关事项的公告》的解读……518
16. 国家税务总局关于高档化妆品消费税征收管理事项的公告………518
17. 关于《国家税务总局关于高档化妆品消费税征收管理事项的公告》的解读………519
18. 国家税务总局关于超豪华小汽车消费税征收管理有关事项的公告………520
19. 关于《国家税务总局关于超豪华小汽车消费税征收管理有关事项的公告》的解读………520
20. 国家税务总局关于卷烟消费税计税价格核定管理有关问题的公告………521
21. 关于《国家税务总局关于卷烟消费税计税价格核定管理有关问题的公告》的解读………522

22. 国家税务总局关于成品油消费税征收管理有关问题的公告 …………………………… 522
23. 关于《国家税务总局关于成品油消费税征收管理有关问题的公告》的解读 ………… 524
24. 财政部　税务总局关于延长对废矿物油再生油品免征消费税政策实施期限的通知 … 525
25. 国家税务总局关于增值税　消费税与附加税费申报表整合有关事项的公告 ………… 525
26. 国家税务总局关于增值税　消费税与附加税费申报表整合有关事项的公告 ………… 526
27. 财政部　海关总署　税务总局关于对电子烟征收消费税的公告 ……………………… 527
28. 国家税务总局关于电子烟消费税征收管理有关事项的公告 …………………………… 528
29. 关于《国家税务总局关于电子烟消费税征收管理有关事项的公告》的解读 ………… 528

第五章　中华人民共和国关税与进出口税法 …………………………………………… 531

1. 中华人民共和国海关法 ……………………………………………………………………… 531
2. 中华人民共和国进出口关税条例 …………………………………………………………… 541
3. 财政部　海关总署　国家税务总局关于跨境电子商务零售进口税收政策的通知 …… 549
4. 财政部　海关总署　国家税务总局关于新型显示器件项目进口设备增值税分期纳税
　 政策的通知 …………………………………………………………………………………… 550
5. 国家税务总局关于发布修订后的《出口退（免）税企业分类管理办法》的公告 ……… 552
6. 财政部　海关总署　国家税务总局关于享受进口税收优惠政策的中资"方便旗"
　 船舶清单的通知 ……………………………………………………………………………… 556
7. 国家税务总局关于加强海关进口增值税抵扣管理的公告 ………………………………… 557
8. 国家税务总局关于调整完善外贸综合服务企业办理出口货物退（免）税有关事项的
　 公告 …………………………………………………………………………………………… 557
9. 关于《国家税务总局关于调整完善外贸综合服务企业办理出口货物退（免）税有关
　 事项的公告》的解读 ………………………………………………………………………… 560
10. 财政部　海关总署　税务总局关于完善启运港退税政策的通知 ……………………… 561
11. 财政部　商务部　文化和旅游部　海关总署　国家税务总局关于印发口岸进境免税店
　　管理暂行办法补充规定的通知 …………………………………………………………… 563
12. 国家税务总局关于出口退（免）税申报有关问题的公告 ……………………………… 564
13. 关于《国家税务总局关于出口退（免）税申报有关问题的公告》的解读 …………… 567
14. 国家税务总局关于统一小规模纳税人标准有关出口退（免）税问题的公告 ………… 568
15. 关于《国家税务总局关于统一小规模纳税人标准有关出口退（免）税问题的公告》的
　　解读 ………………………………………………………………………………………… 569
16. 国家税务总局关于外贸综合服务企业办理出口货物退（免）税有关事项的公告 …… 570
17. 关于《国家税务总局关于外贸综合服务企业办理出口货物退（免）税有关事项的
　　公告》的解读 ……………………………………………………………………………… 571
18. 财政部　海关总署　税务总局关于第三批享受进口税收优惠政策的中资"方便旗"
　　船舶清单的通知 …………………………………………………………………………… 572
19. 财政部　税务总局关于提高机电文化等产品出口退税率的通知 ……………………… 572
20. 财政部　税务总局　商务部　海关总署关于跨境电子商务综合试验区零售出口货物
　　税收政策的通知 …………………………………………………………………………… 573
21. 国家税务总局关于加快出口退税进度有关事项的公告 ………………………………… 573

22. 关于《国家税务总局关于加快出口退税进度有关事项的公告》的政策解读 ………… 575
23. 财政部 海关总署 税务总局关于完善跨境电子商务零售进口税收政策的通知 …… 576
24. 财政部 海关总署 税务总局关于调整部分项目可享受返税政策进口天然气数量的通知 ………………………………………………………………………………………… 577
25. 财政部 商务部 文化和旅游部 海关总署 税务总局关于印发《口岸出境免税店管理暂行办法》的通知 …………………………………………………………………… 577
26. 财政部 工业和信息化部 海关总署 税务总局 能源局关于调整重大技术装备进口税收政策有关目录的通知 …………………………………………………………… 580
27. 财政部 海关总署 税务总局关于防控新型冠状病毒感染的肺炎疫情进口物资免税政策的公告 ……………………………………………………………………………… 581
28. 财政部 税务总局关于提高部分产品出口退税率的公告 ………………………… 582
29. 财政部 海关总署 税务总局关于海南离岛旅客免税购物政策的公告 ………… 582
30. 财政部 交通运输部 税务总局关于海南自由贸易港国际运输船舶有关增值税政策的通知 …………………………………………………………………………………… 583
31. 财政部 海关总署 税务总局关于因新冠肺炎疫情不可抗力出口退运货物税收规定的公告 ……………………………………………………………………………………… 584
32. 财政部 海关总署 税务总局关于中国国际进口博览会展期内销售的进口展品税收优惠政策的通知 ……………………………………………………………………… 585
33. 财政部 海关总署 税务总局关于海南自由贸易港原辅料"零关税"政策的通知 … 586
34. 国家税务总局关于发布《国际运输船舶增值税退税管理办法》的公告 ……… 587
35. 财政部 海关总署 税务总局关于海南自由贸易港交通工具及游艇"零关税"政策的通知 ……………………………………………………………………………………… 589
36. 财政部 海关总署 税务总局关于海南自由贸易港自用生产设备"零关税"政策的通知 ……………………………………………………………………………………… 590
37. 财政部 海关总署 税务总局关于支持集成电路产业和软件产业发展进口税收政策的通知 …………………………………………………………………………………… 591
38. 财政部 国家发展改革委 工业和信息化部 海关总署 税务总局关于支持集成电路产业和软件产业发展进口税收政策管理办法的通知 ……………………………… 592
39. 财政部 海关总署 税务总局关于2021—2030年抗艾滋病病毒药物进口税收政策的通知 …………………………………………………………………………………… 594
40. 财政部 海关总署 税务总局关于"十四五"期间支持科普事业发展进口税收政策的通知 …………………………………………………………………………………… 595
41. 财政部等七部门关于"十四五"期间支持科普事业发展进口税收政策管理办法的通知 ……………………………………………………………………………………… 595
42. 财政部 海关总署 税务总局关于"十四五"期间能源资源勘探开发利用进口税收政策的通知 ……………………………………………………………………………… 597
43. 财政部 海关总署 税务总局关于"十四五"期间种用野生动植物种源和军警用工作犬进口税收政策的通知 ……………………………………………………………… 598
44. 财政部等六部门关于"十四五"期间能源资源勘探开发利用进口税收政策管理办法的通知 ……………………………………………………………………………………… 600

45. 财政部　海关总署　税务总局关于"十四五"期间支持科技创新进口税收政策的通知 ··· 602
46. 财政部等十一部门关于"十四五"期间支持科技创新进口税收政策管理办法的通知 ··· 604
47. 财政部　税务总局关于取消部分钢铁产品出口退税的公告 ···················· 607
48. 财政部　海关总署　税务总局关于对部分成品油征收进口环节消费税的公告 ········ 607
49. 国家税务总局关于修订发布《研发机构采购国产设备增值税退税管理办法》的公告 ··· 607
50. 财政部　海关总署　税务总局　民航局关于海南自由贸易港进出岛航班加注保税航油政策的通知 ··· 610
51. 财政部　税务总局关于取消钢铁产品出口退税的公告 ························· 610
52. 财政部　海关总署　税务总局关于中国国际服务贸易交易会展期内销售的进口展品税收政策的通知 ··· 611
53. 科技部　财政部　海关总署　税务总局关于印发《科研院所等科研机构免税进口科学研究、科技开发和教学用品管理细则》的通知 ··················· 611
54. 财政部　海关总署　税务总局关于调整海南自由贸易港原辅料"零关税"政策的通知 ··· 615

第六章　中华人民共和国城市维护建设税法 ··· 616

1. 中华人民共和国城市维护建设税法 ··· 616
2. 财政部　国家税务总局关于对外资企业征收城市维护建设税和教育费附加有关问题的通知 ··· 617
3. 财政部　税务总局关于集成电路企业增值税期末留抵退税有关城市维护建设税教育费附加和地方教育附加政策的通知 ··· 617
4. 财政部　税务总局关于增值税期末留抵退税有关城市维护建设税　教育费附加和地方教育附加政策的通知 ··· 618
5. 国家税务总局关于城镇土地使用税等"六税一费"优惠事项资料留存备查的公告 ··· 618
6. 关于《国家税务总局关于城镇土地使用税等"六税一费"优惠事项资料留存备查的公告》的解读 ··· 619
7. 国家税务总局关于城市维护建设税征收管理有关事项的公告 ·················· 619
8. 财政部　税务总局关于继续执行的城市维护建设税优惠政策的公告 ··········· 621
9. 财政部　税务总局关于进一步实施小微企业"六税两费"减免政策的公告 ········ 622
10. 国家税务总局关于进一步实施小微企业"六税两费"减免政策有关征管问题的公告 ··· 622

第七章　中华人民共和国烟叶税法 ··· 625

1. 中华人民共和国烟叶税法 ··· 625
2. 关于烟叶税若干具体问题规定 ·· 625
3. 财政部　税务总局关于明确烟叶税计税依据的通知 ··························· 626

第三编　财产税法

第八章　中华人民共和国资源税法 ········· 629

1. 中华人民共和国资源税法 ········· 629
2. 财政部　税务总局关于继续执行的资源税优惠政策的公告 ········· 632
3. 财政部　税务总局关于资源税有关问题执行口径的公告 ········· 633
4. 国家税务总局关于资源税征收管理若干问题的公告 ········· 634
5. 关于《国家税务总局关于资源税征收管理若干问题的公告》的解读 ········· 635

第九章　中华人民共和国车辆购置税法 ········· 637

1. 中华人民共和国车辆购置税法 ········· 637
2. 国家税务总局关于车辆购置税有关问题的通知 ········· 638
3. 财政部　国家税务总局关于农用三轮车免征车辆购置税的通知 ········· 639
4. 国家税务总局　财政部　中国人民银行关于车辆购置税征缴管理有关问题的通知 ········· 640
5. 国家税务总局　交通运输部关于城市公交企业购置公共汽电车辆免征车辆购置税有关问题的通知 ········· 642
6. 中华人民共和国财政部　国家税务总局　中华人民共和国工业和信息化部关于免征新能源汽车车辆购置税的公告 ········· 643
7. 财政部　税务总局　工业和信息化部　科技部关于免征新能源汽车车辆购置税的公告 ········· 644
8. 国家税务总局关于长期来华定居专家免征车辆购置税有关问题的公告 ········· 645
9. 财政部　税务总局　工业和信息化部关于对挂车减征车辆购置税的公告 ········· 646
10. 财政部　税务总局关于车辆购置税有关具体政策的公告 ········· 647
11. 国家税务总局　交通运输部关于城市公交企业购置公共汽电车辆免征车辆购置税有关事项的公告 ········· 648
12. 国家税务总局关于车辆购置税征收管理有关事项的公告 ········· 649
13. 关于《国家税务总局关于车辆购置税征收管理有关事项的公告》的解读 ········· 651
14. 财政部　税务总局关于继续执行的车辆购置税优惠政策的公告 ········· 652
15. 国家税务总局关于应用机动车销售统一发票电子信息办理车辆购置税业务的公告 ········· 652
16. 财政部　税务总局　工业和信息化部关于新能源汽车免征车辆购置税有关政策的公告 ········· 653
17. 财政部　税务总局　工业和信息化部关于设有固定装置的非运输专用作业车辆免征车辆购置税有关政策的公告 ········· 654
18. 国家税务总局　工业和信息化部关于设有固定装置的非运输专用作业车辆免征车辆购置税有关管理事项的公告 ········· 655
19. 关于《国家税务总局　工业和信息化部关于设有固定装置的非运输专用作业车辆免征车辆购置税有关管理事项的公告》的解读 ········· 657
20. 财政部　税务总局关于减征部分乘用车车辆购置税的公告 ········· 659

21. 财政部　税务总局　工业和信息化部关于延续新能源汽车免征车辆购置税政策的公告 ··· 659

第十章　中华人民共和国车船税法 ··· 661

1. 中华人民共和国车船税法 ··· 661
2. 对《中华人民共和国车船税法》有关问题的解读 ·················· 663
3. 中华人民共和国车船税法实施条例 ·················· 666
4. 国家税务总局有关负责人就车船税法及其实施条例相关内容答记者问 ·················· 669
5. 国家税务总局关于车船税征管若干问题的公告 ·················· 671
6. 关于《车船税征管若干问题的公告》的解读 ·················· 672
7. 财政部　国家税务总局　工业和信息化部关于节约能源　使用新能源车船税优惠政策的通知 ·················· 673
8. 国家税务总局关于发布《车船税管理规程（试行）》的公告 ·················· 674
9. 关于《车船税管理规程（试行）》公告的解读 ·················· 677
10. 财政部　税务总局　工业和信息化部　交通运输部关于节能、新能源车船享受车船税优惠政策的通知 ·················· 678
11. 财政部　税务总局关于国家综合性消防救援车辆车船税政策的通知 ·················· 680

第十一章　中华人民共和国土地增值税法 ··· 681

1. 中华人民共和国土地增值税暂行条例 ·················· 681
2. 中华人民共和国土地增值税暂行条例实施细则 ·················· 682
3. 财政部　国家税务总局关于土地增值税一些具体问题规定的通知 ·················· 686
4. 财政部　国家税务总局　国家国有资产管理局关于转让国有房地产征收土地增值税中有关房地产价格评估问题的通知 ·················· 688
5. 财政部　国家税务总局关于调整房地产市场若干税收政策的通知 ·················· 689
6. 财政部　国家税务总局关于土地增值税普通标准住宅有关政策的通知 ·················· 690
7. 国家税务总局关于房地产开发企业土地增值税清算管理有关问题的通知 ·················· 690
8. 关于调整房地产交易环节税收政策的通知 ·················· 692
9. 国家税务总局关于土地增值税清算有关问题的通知 ·················· 693
10. 财政部　国家税务总局关于营改增后契税　房产税土地增值税　个人所得税计税依据问题的通知 ·················· 694
11. 国家税务总局关于修订土地增值税纳税申报表的通知 ·················· 695
12. 国家税务总局关于营改增后土地增值税若干征管规定的公告 ·················· 696
13. 财政部　税务总局　科技部　教育部关于科技企业孵化器大学科技园和众创空间税收政策的通知 ·················· 697
14. 财政部　税务总局关于继续实施企业改制重组有关土地增值税政策的公告 ·················· 698

第十二章　中华人民共和国城镇土地使用税法 ··· 700

1. 中华人民共和国城镇土地使用税暂行条例 ·················· 700

2. 关于土地使用税若干具体问题的解释和暂行规定 702
3. 国家税务局关于电力行业征免土地使用税问题的规定 704
4. 国家税务局关于水利设施用地征免土地使用税问题的规定 705
5. 国家税务局关于对民航机场用地征免土地使用税问题的规定 705
6. 国家税务局关于对矿山企业征免土地使用税问题的通知 705
7. 国家税务局关于印发《关于土地使用税若干具体问题的补充规定》的通知 706
8. 国家税务局关于林业系统征免土地使用税问题的通知 707
9. 国家税务总局关于城市维护建设税等地方税有关问题的通知 708
10. 财政部 国家税务总局关于医疗卫生机构有关税收政策的通知 708
11. 财政部 国家税务总局关于对老年服务机构有关税收政策问题的通知 710
12. 国家税务总局关于房产税 城镇土地使用税有关政策规定的通知 710
13. 财政部 国家税务总局关于教育税收政策的通知 711
14. 财政部 国家税务总局关于调整城镇土地使用税有关减免政策的通知 711
15. 财政部 国家税务总局关于明确免征房产税 城镇土地使用税的铁路运输企业范围的补充通知 712
16. 财政部 国家税务总局关于集体土地城镇土地使用税有关政策的通知 712
17. 财政部 国家税务总局关于房产税城镇土地使用税有关政策的通知 713
18. 财政部 国家税务总局关于核电站用地征免城镇土地使用税的通知 714
19. 财政部 国家税务总局关于房产税城镇土地使用税有关问题的通知 714
20. 财政部 国家税务总局关于房产税城镇土地使用税有关问题的通知 715
21. 财政部 国家税务总局关于股改及合资铁路运输企业房产税 城镇土地使用税有关政策的通知 715
22. 财政部 国家税务总局关于房改房用地未办理土地使用权过户期间城镇土地使用税政策的通知 716
23. 国家税务总局关于通过招拍挂方式取得土地缴纳城镇土地使用税问题的公告 716
24. 关于《国家税务总局关于通过招拍挂方式取得土地缴纳城镇土地使用税问题的公告》的解读 717
25. 财政部 国家税务总局关于石油天然气生产企业城镇土地使用税政策的通知 717
26. 财政部 国家税务总局关于公共租赁住房税收优惠政策的通知 718
27. 财政部 国家税务总局关于科技企业孵化器税收政策的通知 719
28. 财政部 国家税务总局关于供热企业增值税 房产税城镇土地使用税优惠政策的通知 720
29. 财政部 国家税务总局关于国家大学科技园税收政策的通知 721
30. 财政部 税务总局关于承租集体土地城镇土地使用税有关政策的通知 722
31. 财政部 税务总局关于继续实施物流企业大宗商品仓储设施用地城镇土地使用税优惠政策的通知 722
32. 财政部 税务总局关于物流企业承租用于大宗商品仓储设施的土地城镇土地使用税优惠政策的通知 723
33. 财政部 税务总局关于去产能和调结构房产税城镇土地使用税政策的通知 724
34. 财政部 税务总局关于公共租赁住房税收优惠政策的公告 724

35. 财政部　税务总局关于继续实施物流企业大宗商品仓储设施用地城镇土地使用税
    优惠政策的公告 ··· 725

第十三章　中华人民共和国耕地占用税法 ·· 727

1. 中华人民共和国耕地占用税法 ·· 727
2. 财政部　税务总局　自然资源部　农业农村部　生态环境部关于发布《中华人民共和国
   耕地占用税法实施办法》的公告 ·· 729
3. 国家税务总局关于耕地占用税征收管理有关事项的公告 ··· 732
4. 关于《国家税务总局关于耕地占用税征收管理有关事项的公告》的解读 ···················· 734

第十四章　中华人民共和国房产税法 ··· 736

1. 中华人民共和国房产税暂行条例 ·· 736
2. 财政部　税务总局关于检发《关于房产税若干具体问题的解释和暂行规定》
   《关于车船使用税若干具体问题的解释和暂行规定》的通知 ····································· 738
3. 关于房产税若干具体问题的解释和暂行规定 ·· 738
4. 财政部　税务总局关于房产税和车船使用税几个业务问题的解释与规定 ···················· 741
5. 国家税务总局关于调整房产税和土地使用税具体征税范围解释规定的通知 ················ 741
6. 财政部　国家税务总局关于医疗卫生机构有关税收政策的通知 ·································· 742
7. 财政部　国家税务总局关于对老年服务机构有关税收政策问题的通知 ······················· 743
8. 财政部　国家税务总局关于调整住房租赁市场税收政策的通知 ·································· 744
9. 财政部　国家税务总局关于非营利性科研机构税收政策的通知 ·································· 744
10. 财政部　国家税务总局关于调整铁路系统房产税　城镇土地使用税政策的通知 ······· 745
11. 国家税务总局关于房产税　城镇土地使用税有关政策规定的通知 ···························· 746
12. 财政部　国家税务总局关于教育税收政策的通知 ·· 747
13. 财政部　国家税务总局关于明确免征房产税　城镇土地使用税的铁路运输企业范围及
    有关问题的通知 ·· 747
14. 财政部　国家税务总局关于调整房产税有关减免税政策的通知 ································ 748
15. 财政部　国家税务总局关于具备房屋功能的地下建筑征收房产税的通知 ·················· 748
16. 财政部　国家税务总局关于明确免征房产税　城镇土地使用税的铁路运输企业范围的
    补充通知 ·· 749
17. 财政部　国家税务总局关于房产税城镇土地使用税有关政策的通知 ························· 750
18. 财政部　国家税务总局关于房产税城镇土地使用税有关问题的通知 ························· 750
19. 财政部　国家税务总局关于安置残疾人就业单位城镇土地使用税等政策的通知 ········ 751
20. 财政部　国家税务总局关于体育场馆房产税和城镇土地使用税政策的通知 ··············· 752
21. 财政部　国家税务总局关于公共租赁住房税收优惠政策的通知 ································ 753
22. 财政部　国家税务总局关于营改增后契税　房产税土地增值税　个人所得税计税依据
    问题的通知 ··· 753
23. 财政部　税务总局关于继续实行农产品批发市场　农贸市场房产税　城镇土地使用税
    优惠政策的通知 ·· 754
24. 财政部　税务总局关于高校学生公寓房产税　印花税政策的通知 ···························· 755

第十五章　中华人民共和国契税法 ······ 756

1. 中华人民共和国契税法 ······ 756
2. 国家税务总局　国家土地管理局关于契税征收管理有关问题的通知 ······ 757
3. 财政部　国家税务总局关于教育税收政策的通知 ······ 758
4. 国家税务总局关于免征土地出让金出让国有土地使用权征收契税的批复 ······ 759
5. 国家税务总局关于房地产税收政策执行中几个具体问题的通知 ······ 759
6. 财政部　国家税务总局住房和城乡建设部关于调整房地产交易环节契税个人所得税优惠政策的通知 ······ 760
7. 财政部　国家税务总局关于企业以售后回租方式进行融资等有关契税政策的通知 ······ 761
8. 国家税务总局关于契税纳税申报有关问题的公告 ······ 762
9. 财政部　国家税务总局关于公共租赁住房税收优惠政策的通知 ······ 762
10. 财政部　国家税务总局　住房城乡建设部关于调整房地产交易环节契税　营业税优惠政策的通知 ······ 763
11. 财政部　国家税务总局关于营改增后契税　房产税土地增值税　个人所得税计税依据问题的通知 ······ 764
12. 财政部　税务总局关于支持农村集体产权制度改革有关税收政策的通知 ······ 764
13. 财政部　税务总局关于继续实行农村饮水安全工程税收优惠政策的公告 ······ 765
14. 财政部　税务总局关于继续执行企业事业单位改制重组有关契税政策的公告 ······ 766
15. 财政部　税务总局关于贯彻实施契税法若干事项执行口径的公告 ······ 767
16. 财政部　税务总局关于契税法实施后有关优惠政策衔接问题的公告 ······ 769

第四编　行为税法

第十六章　中华人民共和国印花税法 ······ 773

1. 中华人民共和国印花税法 ······ 773
2. 财政部　国家税务总局关于证券投资基金税收问题的通知 ······ 776
3. 财政部　国家税务总局关于开放式证券投资基金有关税收问题的通知 ······ 776
4. 财政部　国家税务总局关于企业改制过程中有关印花税政策的通知 ······ 777
5. 国家税务总局关于办理上市公司国有股权无偿转让暂不征收证券（股票）交易印花税有关审批事项的通知 ······ 778
6. 财政部　国家税务总局关于证券投资者保护基金有关印花税政策的通知 ······ 779
7. 财政部　国家税务总局关于调整房地产交易环节税收政策的通知 ······ 779
8. 财政部　国家税务总局关于支持公共租赁住房建设和运营有关税收优惠政策的通知 ······ 780
9. 财政部　国家税务总局关于飞机租赁企业有关印花税政策的通知 ······ 781
10. 财政部　国家税务总局关于转让优先股有关证券（股票）交易印花税政策的通知 ······ 781
11. 财政部　国家税务总局关于融资租赁合同有关印花税政策的通知 ······ 782
12. 财政部　国家税务总局关于公共租赁住房税收优惠政策的通知 ······ 782
13. 财政部　国家税务总局关于继续执行高校学生公寓和食堂有关税收政策的通知 ······ 783
14. 财政部　税务总局　证监会关于创新企业境内发行存托凭证试点阶段有关税收政策的公告 ······ 784

15. 财政部　税务总局关于部分国家储备商品有关税收政策的公告 ·················· 785
16. 财政部　税务总局关于延续执行部分国家商品储备税收优惠政策的公告 ········· 786
17. 财政部　税务总局关于印花税若干事项政策执行口径的公告 ····················· 786
18. 财政部　税务总局关于印花税法实施后有关优惠政策衔接问题的公告 ············ 788
19. 国家税务总局关于实施《中华人民共和国印花税法》等有关事项的公告 ·········· 789

第十七章　中华人民共和国环境保护税法 ························ 791

1. 中华人民共和国环境保护税法 ··· 791
2. 中华人民共和国环境保护税法实施条例 ··· 798
3. 国家税务总局　国家海洋局关于发布《海洋工程环境保护税申报征收办法》的公告 ··· 801
4. 财政部　税务总局　生态环境部关于环境保护税有关问题的通知 ················ 803
5. 财政部　税务总局　生态环境部关于明确环境保护税应税污染物适用等有关问题的
通知 ··· 804

第十八章　中华人民共和国船舶吨税法 ···························· 806

中华人民共和国船舶吨税法 ·· 806

第五编　税收征管法

第十九章　中华人民共和国税收征管法 ···························· 811

1. 中华人民共和国税收征收管理法 ·· 811
2. 中华人民共和国税收征收管理法实施细则 ·· 822
3. 中华人民共和国发票管理办法 ·· 835
4. 税务行政处罚听证程序实施办法（试行） ·· 839
5. 检举纳税人税收违法行为奖励暂行办法 ·· 842
6. 欠税公告办法（试行） ·· 845
7. 国家税务总局关于延期缴纳税款有关问题的通知 ·································· 846
8. 国家税务总局关于纳税人权利与义务的公告 ······································· 847
9. 国家税务总局关于修改《税务行政复议规则》的决定 ····························· 851
10. 国家税务总局关于印发《重大税收违法案件督办管理暂行办法》的通知 ········· 864
11. 国家税务总局关于修改《中华人民共和国发票管理办法实施细则》的决定 ······· 868
12. 国家税务总局关于印发《税收个案批复工作规程（试行）》的通知 ·············· 871
13. 税收票证管理办法 ··· 873
14. 网络发票管理办法 ··· 881
15. 国家税务总局关于发布《委托代征管理办法》的公告 ···························· 882
16. 国家税务总局关于印发《税收违法案件发票协查管理办法（试行）》的通知 ····· 886
17. 国家税务总局关于服务贸易等项目对外支付税务备案有关问题的公告 ··········· 889
18. 国家税务总局关于应退税款抵扣欠缴税款有关问题的公告 ······················· 891
19. 国家税务总局关于发布《纳税信用管理办法（试行）》的公告 ··················· 892

20. 国家税务总局关于印发《税务稽查案卷管理暂行办法》和《税务稽查案卷电子文件管理参考规范》的通知 ………………………………………………………… 896
21. 国家税务总局关于修改《重大税务案件审理办法》的决定 ………………… 905
22. 国家税务总局关于完善纳税信用管理有关事项的公告 ……………………… 911
23. 国家税务总局关于印发《税务稽查案源管理办法（试行）》的通知 ………… 912
24. 国家税务总局关于发布《涉税专业服务监管办法（试行）》的公告 ………… 918
25. 关于《涉税专业服务监管办法（试行）》的解读 …………………………… 921
26. 国家税务总局　财政部　中国人民银行　中国银行业监督管理委员会中国证券监督管理委员会　中国保险监督管理委员会关于发布《非居民金融账户涉税信息尽职调查管理办法》的公告 ………………………………………………………… 923
27. 关于《非居民金融账户涉税信息尽职调查管理办法》的解读 ……………… 932
28. 国家税务总局关于发布《税务师事务所行政登记规程（试行）》的公告 …… 938
29. 关于《税务师事务所行政登记规程（试行）》的解读 ………………………… 940
30. 国家税务总局关于创新跨区域涉税事项报验管理制度的通知 ……………… 941
31. 国家税务总局关于发布《涉税专业服务信息公告与推送办法（试行）》的公告 …… 943
32. 国家税务总局关于印发《税务行政应诉工作规程》的通知 ………………… 946
33. 国家税务总局关于增值税普通发票管理有关事项的公告 …………………… 952
34. 关于《国家税务总局关于增值税普通发票管理有关事项的公告》的解读 … 953
35. 国家税务总局关于税务师事务所行政登记有关问题的公告 ………………… 954
36. 关于《国家税务总局关于税务师事务所行政登记有关问题的公告》的解读 … 954
37. 国家税务总局关于纳税信用评价有关事项的公告 …………………………… 955
38. 关于《国家税务总局关于纳税信用评价有关事项的公告》的解读 ………… 956
39. 国家税务总局关于发布《办税事项"最多跑一次"清单》的公告 …………… 957
40. 国家税务总局关于税务机构改革有关事项的公告 …………………………… 958
41. 关于《国家税务总局关于税务机构改革有关事项的公告》的解读 ………… 959
42. 国家税务总局关于修订个体工商户定额信息采集相关文书的公告 ………… 960
43. 关于《国家税务总局关于修订个体工商户定额信息采集相关文书的公告》的解读 … 961
44. 国家税务总局关于明确跨区域涉税事项报验管理相关问题的公告 ………… 962
45. 关于《国家税务总局关于明确跨区域涉税事项报验管理相关问题的公告》的解读 … 962
46. 国家税务总局关于发布《税务检查证管理办法》的公告 …………………… 963
47. 关于《国家税务总局关于发布〈税务检查证管理办法〉的公告》的解读 … 966
48. 国家税务总局关于进一步优化办理企业税务注销程序的通知 ……………… 966
49. 国家税务总局关于发布《从事涉税服务人员个人信用积分指标体系及积分记录规则》的公告 …………………………………………………………………… 968
50. 国家税务总局关于自然人纳税人识别号有关事项的公告 …………………… 968
51. 关于《国家税务总局关于自然人纳税人识别号有关事项的公告》的解读 … 969
52. 国家税务总局关于修改《税务部门规章制定实施办法》的决定 …………… 970
53. 国家税务总局关于调整《中国税收居民身份证明》有关事项的公告 ……… 975
54. 国家税务总局关于修订《纳税服务投诉管理办法》的公告 ………………… 976
55. 关于《国家税务总局关于修订〈纳税服务投诉管理办法〉的公告》的解读 … 980

56. 国家税务总局关于纳税信用修复有关事项的公告 …… 981
57. 关于《国家税务总局关于纳税信用修复有关事项的公告》的解读 …… 983
58. 税收违法行为检举管理办法 …… 984
59. 关于《税收违法行为检举管理办法》的解读 …… 989
60. 国家税务总局关于发布《税务文书电子送达规定（试行）》的公告 …… 989
61. 关于《国家税务总局关于发布〈税务文书电子送达规定（试行）〉的公告》的解读 …… 990
62. 国家税务总局关于开具《无欠税证明》有关事项的公告 …… 992
63. 关于《国家税务总局关于开具〈无欠税证明〉有关事项的公告》的解读 …… 993
64. 国家税务总局关于税收征管若干事项的公告 …… 994
65. 关于《国家税务总局关于税收征管若干事项的公告》的解读 …… 995
66. 国家税务总局关于进一步完善涉税专业服务监管制度有关事项的公告 …… 997
67. 关于《国家税务总局关于进一步完善涉税专业服务监管制度有关事项的公告》的解读 …… 999
68. 国家税务总局办公厅关于印发《税务机关政府信息公开申请办理规范》的通知 …… 1000
69. 国家税务总局关于纳税信用管理有关事项的公告 …… 1005
70. 关于《国家税务总局关于纳税信用管理有关事项的公告》的解读 …… 1006
71. 国家税务总局关于在新办纳税人中实行增值税专用发票电子化有关事项的公告 …… 1007
72. 关于《国家税务总局关于在新办纳税人中实行增值税专用发票电子化有关事项的公告》的解读 …… 1009
73. 国家税务总局 工业和信息化部 公安部关于发布《机动车发票使用办法》的公告 …… 1012
74. 关于《机动车发票使用办法》的解读 …… 1015
75. 国家税务总局关于发布《税务行政处罚"首违不罚"事项清单》的公告 …… 1017
76. 国家税务总局 国家外汇管理局关于服务贸易等项目对外支付税务备案有关问题的补充公告 …… 1018
77. 国家税务总局关于部分税务证明事项实行告知承诺制 进一步优化纳税服务的公告 …… 1019
78. 国家税务总局关于公布全文和部分条款失效废止的税务规范性文件目录的公告 …… 1020
79. 税务稽查案件办理程序规定 …… 1021
80. 国家税务总局关于修订部分税务执法文书的公告 …… 1029
81. 国家税务总局关于单边预约定价安排适用简易程序有关事项的公告 …… 1030
82. 国家税务总局 财政部关于制造业中小微企业延缓缴纳2021年第四季度部分税费有关事项的公告 …… 1032
83. 国家税务总局关于纳税信用评价与修复有关事项的公告 …… 1035
84. 关于《国家税务总局关于纳税信用评价与修复有关事项的公告》的政策解读 …… 1036
85. 关于《国家税务总局关于修改〈税务规范性文件制定管理办法〉的决定》的解读 …… 1038
86. 重大税收违法失信主体信息公布管理办法 …… 1040
87. 关于《重大税收违法失信主体信息公布管理办法》的解读 …… 1044
88. 国家税务总局关于全面实行税务行政许可事项清单管理的公告 …… 1045

电子目录

第一章 中华人民共和国个人所得税法

1. 国家税务总局关于印发《征收个人所得税若干问题的规定》的通知……001
2. 财政部 国家税务总局关于个人所得税若干政策问题的通知……005
3. 财政部 国家税务总局关于发给见义勇为者的奖金免征个人所得税问题的通知……006
4. 财政部 国家税务总局关于误餐补助范围确定问题的通知……007
5. 国家税务总局关于雇主为其雇员负担个人所得税税款计征问题的通知……007
6. 国家税务总局关于个人举办各类学习班取得的收入征收个人所得税问题的批复……008
7. 国家税务总局关于外商投资企业的董事担任直接管理职务征收个人所得税问题的通知……009
8. 国家税务总局关于外籍个人取得有关补贴征免个人所得税执行问题的通知……010
9. 财政部 国家税务总局关于个人提供非有形商品推销、代理等服务活动取得收入征收营业税和个人所得税有关问题的通知……010
10. 财政部 国家税务总局关于住房公积金医疗保险金、养老保险金征收个人所得税问题的通知……011
11. 国家税务总局关于股份制企业转增股本和派发红股征免个人所得税的通知……012
12. 财政部 国家税务总局关于个人转让股票所得继续暂免征收个人所得税的通知……012
13. 财政部 国家税务总局关于个人取得体育彩票中奖所得征免个人所得税问题的通知……013
14. 国家税务总局关于盈余公积金转增注册资本征收个人所得税问题的批复……013
15. 国家税务总局关于生活补助费范围确定问题的通知……014
16. 国家税务总局关于个人所得税有关政策问题的通知……014
17. 财政部 国家税务总局 建设部关于个人出售住房所得征收个人所得税有关问题的通知……015
18. 国家税务总局关于企业改组改制过程中个人取得的量化资产征收个人所得税问题的通知……016
19. 国家税务总局关于律师事务所从业人员取得收入征收个人所得税有关业务问题的通知……017
20. 财政部 国家税务总局关于印发《关于个人独资企业和合伙企业投资者征收个人所得税的规定》的通知……018
21. 财政部 国家税务总局关于调整住房租赁市场税收政策的通知……022
22. 国家税务总局关于外籍个人取得的探亲费免征个人所得税有关执行标准问题的通知……023
23. 国家税务总局关于联想集团改制员工取得的用于购买企业国有股权的劳动分红征收个人所得税问题的批复……023
24. 国家税务总局关于个人所得税若干业务问题的批复……024
25. 国家税务总局关于个人所得税若干政策问题的批复……025
26. 财政部 国家税务总局关于医疗机构有关个人所得税政策问题的通知……026

27. 财政部　国家税务总局关于规范个人投资者个人所得税征收管理的通知 …………027
28. 财政部　国家税务总局关于企业以免费旅游方式提供对营销人员个人奖励有关个人所得税政策的通知 ……………………………………………………………027
29. 国家税务总局关于纳税人收回转让的股权征收个人所得税问题的批复 …………028
30. 财政部　国家税务总局关于个人股票期权所得征收个人所得税问题的通知 ………029
31. 国家税务总局关于个人兼职和退休人员再任职取得收入如何计算征收个人所得税问题的批复 ……………………………………………………………………031
32. 财政部　国家税务总局关于个人所得税有关问题的批复 ……………………………031
33. 国家税务总局关于个人因购买和处置债权取得所得征收个人所得税问题的批复 …032
34. 国家税务总局关于纳税人取得不含税全年一次性奖金收入计征个人所得税问题的批复 ……………………………………………………………………………032
35. 国家税务总局关于酒店产权式经营业主税收问题的批复 ……………………………033
36. 财政部　国家税务总局关于基本养老保险费　基本医疗保险费　失业保险费住房公积金有关个人所得税政策的通知 ………………………………………034
37. 国家税务总局关于个人住房转让所得征收个人所得税有关问题的通知 …………035
38. 国家税务总局关于个人股权转让过程中取得违约金收入征收个人所得税问题的批复 ……………………………………………………………………………037
39. 财政部　国家税务总局关于单位低价向职工售房有关个人所得税问题的通知 ……037
40. 财政部　国家税务总局关于个人取得有奖发票奖金征免个人所得税问题的通知 …038
41. 国家税务总局关于加强和规范个人取得拍卖收入征收个人所得税有关问题的通知 …039
42. 国家税务总局关于个人取得房屋拍卖收入征收个人所得税问题的批复 …………040
43. 财政部　国家税务总局关于生育津贴和生育医疗费有关个人所得税政策的通知 …041
44. 财政部　国家税务总局关于企业为个人购买房屋或其他财产征收个人所得税问题的批复 ……………………………………………………………………041
45. 国家税务总局关于离退休人员取得单位发放离退休工资以外奖金补贴征收个人所得税的批复 ……………………………………………………………………042
46. 国家税务总局关于个人通过网络买卖虚拟货币取得收入征收个人所得税问题的批复 ……………………………………………………………………………042
47. 财政部　国家税务总局关于合伙企业合伙人所得税问题的通知 ……………………043
48. 财政部　国家税务总局关于股票增值权所得和限制性股票所得征收个人所得税有关问题的通知 ……………………………………………………………044
49. 财政部　国家税务总局关于个人无偿受赠房屋有关个人所得税问题的通知 ………044
50. 国家税务总局关于明确个人所得税若干政策执行问题的通知 ……………………046
51. 国家税务总局关于股权激励有关个人所得税问题的通知 …………………………047
52. 国家税务总局关于个人转租房屋取得收入征收个人所得税问题的通知 …………049
53. 财政部　国家税务总局　证监会关于个人转让上市公司限售股所得征收个人所得税有关问题的通知 ………………………………………………………049
54. 国家税务总局关于限售股转让所得个人所得税征缴有关问题的通知 …………051
55. 财政部　国家税务总局住房和城乡建设部关于调整房地产交易环节契税个人所得税优惠政策的通知 …………………………………………………………052
56. 财政部　国家税务总局关于个人独资企业和合伙企业投资者取得种植业养殖业饲养业捕捞业所得有关个人所得税问题的批复 …………………………053
57. 财政部　国家税务总局　证监会关于个人转让上市公司限售股所得征收个人所得税有关问题的补充通知 ………………………………………………054

58. 国家税务总局关于个人提前退休取得补贴收入个人所得税问题的公告 ……………056
59. 财政部　国家税务总局关于企业促销展业赠送礼品有关个人所得税问题的通知 ……057
60. 财政部　人力资源社会保障部　国家税务总局关于企业年金、职业年金个人所得税有关问题的通知 ……………………………………………………………………058
61. 财政部　国家税务总局关于将国家自主创新示范区有关税收试点政策推广到全国范围实施的通知 …………………………………………………………………………059
62. 国家税务总局关于进一步简化和规范个人无偿赠与或受赠不动产免征营业税、个人所得税所需证明资料的公告 ………………………………………………………061
63. 国家税务总局关于个人转让住房享受税收优惠政策判定购房时间问题的公告 ………062
64. 财政部　税务总局　人力资源社会保障部中国银行保险　监督管理委员会　证监会关于开展个人税收递延型商业养老保险试点的通知 …………………………………063
65. 财政部　税务总局关于创业投资企业和天使投资个人有关税收政策的通知 …………066
66. 财政部　税务总局　证监会关于继续执行内地与香港基金互认有关个人所得税政策的通知 …………………………………………………………………………………068

第二章　中华人民共和国企业所得税法

1. 国家税务总局关于下发协定股息税率情况一览表的通知………………………………069
2. 国家税务总局关于企业所得税预缴问题的通知…………………………………………070
3. 财政部　国家税务总局关于企业所得税若干优惠政策的通知…………………………071
4. 国家税务总局关于印发《企业所得税核定征收办法（试行）》的通知…………………073
5. 国家税务总局关于外国企业所得税纳税年度有关问题的通知…………………………076
6. 国家税务总局关于母子公司间提供服务支付费用有关企业所得税处理问题的通知 …………………………………………………………………………………………076
7. 财政部　国家税务总局关于企业关联方利息支出税前扣除标准有关税收政策问题的通知 …………………………………………………………………………………………077
8. 关于企业处置资产所得税处理问题的通知………………………………………………078
9. 国家税务总局关于确认企业所得税收入若干问题的通知………………………………078
10. 国家税务总局关于中国居民企业向境外 H 股非居民企业股东派发股息代扣代缴企业所得税有关问题的通知 ………………………………………………………………080
11. 国家税务总局关于企业工资薪金及职工福利费扣除问题的通知 ……………………081
12. 国家税务总局关于印发《特别纳税调整实施办法（试行）》的通知 …………………082
13. 国家税务总局关于简化判定中国居民股东控制外国企业所在国实际税负的通知 …100
14. 国家税务总局关于中国居民企业向 QFII 支付股息、红利、利息代扣代缴企业所得税有关问题的通知 …………………………………………………………………………100
15. 国家税务总局关于印发《非居民企业所得税汇算清缴管理办法》的通知 ……………101
16. 国家税务总局关于企业所得税若干税务事项衔接问题的通知 ………………………103
17. 财政部　国家税务总局关于企业手续费及佣金支出税前扣除政策的通知 …………104
18. 财政部　国家税务总局关于企业资产损失税前扣除政策的通知 ……………………105
19. 国家税务总局关于企业固定资产加速折旧所得税处理有关问题的通知 ……………107
20. 国家税务总局关于企业所得税执行中若干税务处理问题的通知 ……………………109
21. 国家税务总局关于境外注册中资控股企业依据实际管理机构标准认定为居民企业有关问题的通知 ……………………………………………………………………………110
22. 财政部　国家税务总局关于执行企业所得税优惠政策若干问题的通知 ……………111

23. 国家税务总局关于技术转让所得减免企业所得税有关问题的通知 …………… 113
24. 财政部　国家税务总局关于安置残疾人员就业有关企业所得税优惠政策问题的通知 ……………………………………………………………………………… 114
25. 财政部　国家税务总局关于企业重组业务企业所得税处理若干问题的通知 … 115
26. 国家税务总局关于实施创业投资企业所得税优惠问题的通知 ……………… 119
27. 财政部　国家税务总局关于企业清算业务企业所得税处理若干问题的通知 … 120
28. 财政部　国家税务总局关于补充养老保险费、补充医疗保险费有关企业所得税政策问题的通知 ………………………………………………………………… 121
29. 国家税务总局关于企业投资者投资未到位而发生的利息支出企业所得税前扣除问题的批复 ……………………………………………………………………… 121
30. 国家税务总局关于保险公司再保险业务赔款支出税前扣除问题的通知 …… 122
31. 财政部　国家税务总局关于专项用途财政性资金有关企业所得税处理问题的通知 ……………………………………………………………………………… 123
32. 国家税务总局关于企业所得税核定征收若干问题的通知 …………………… 123
33. 财政部　国家税务总局关于扶持动漫产业发展有关税收政策问题的通知 … 124
34. 财政部　国家税务总局关于非营利组织企业所得税免税收入问题的通知 … 125
35. 财政部　国家税务总局关于企业境外所得税收抵免有关问题的通知 ……… 126
36. 国家税务总局关于企业向自然人借款的利息支出企业所得税税前扣除问题的通知 ……………………………………………………………………………… 129
37. 国家税务总局关于贯彻落实企业所得税法若干税收问题的通知 …………… 130
38. 国家税务总局关于跨地区经营建筑企业所得税征收管理问题的通知 ……… 131
39. 国家税务总局关于房地产开发企业开发产品完工条件确认问题的通知 …… 132
40. 国家税务总局关于环境保护节能节水安全生产等专用设备投资抵免企业所得税有关问题的通知 …………………………………………………………………… 133
41. 国家税务总局关于境外分行取得来源于境内利息所得扣缴企业所得税问题的通知 ……………………………………………………………………………… 133
42. 国家税务总局关于"公司＋农户"经营模式企业所得税优惠问题的公告 …… 134
43. 国家税务总局关于查增应纳税所得额弥补以前年度亏损处理问题的公告 … 134
44. 国家税务总局关于金融企业贷款利息收入确认问题的公告 ………………… 135
45. 财政部　国家税务总局关于促进节能服务产业发展增值税、营业税和企业所得税政策问题的通知 ………………………………………………………………… 135
46. 财政部　国家税务总局关于居民企业技术转让有关企业所得税政策的通知 … 137
47. 财政部　国家税务总局关于高新技术企业境外所得适用税率及税收抵免问题的通知 ……………………………………………………………………………… 138
48. 财政部　海关总署　国家税务总局关于深入实施西部大开发战略有关税收政策问题的通知 ………………………………………………………………………… 138
49. 财政部　国家税务总局关于专项用途财政性资金企业所得税处理问题的通知 … 139
50. 财政部　国家税务总局　民政部关于生产和装配伤残人员专门用品企业免征企业所得税的通知 …………………………………………………………………… 140
51. 国家税务总局关于深入实施西部大开发战略有关企业所得税问题的公告 … 141
52. 财政部　国家税务总局关于进一步鼓励软件产业和集成电路产业发展企业所得税政策的通知 …………………………………………………………………… 143
53. 财政部　海关总署　国家税务总局关于赣州市执行西部大开发税收政策问题的通知 ……………………………………………………………………………… 146

54. 国家税务总局关于非居民企业派遣人员在中国境内提供劳务征收企业所得税有关问题的公告 ……………………………………………………………………………146
55. 国家税务总局关于企业维简费支出企业所得税前扣除问题的公告 …………148
56. 国家税务总局关于非居民企业股权转让适用特殊性税务处理有关问题的公告 …148
57. 财政部 国家税务总局 证监会关于QFII和RQFII取得中国境内的股票等权益性投资资产转让所得暂免征收企业所得税问题的通知 …………………………150
58. 财政部 国家税务总局关于延续并完善支持农村金融发展有关税收政策的通知 …150
59. 财政部 国家税务总局关于金融企业涉农贷款和中小企业贷款损失准备金税前扣除有关问题的通知 ……………………………………………………………151
60. 国家税务总局关于非居民企业间接转让财产企业所得税若干问题的公告 …152
61. 国家税务总局关于修改《非居民企业所得税核定征收管理办法》等文件的公告 …159
62. 国家税务总局关于金融企业涉农贷款和中小企业贷款损失税前扣除问题的公告 …160
63. 国家税务总局关于规范成本分摊协议管理的公告 ……………………………162
64. 财政部 国家税务总局关于公共租赁住房税收优惠政策的通知 ……………162
65. 财政部 国家税务总局关于继续实行农村饮水安全工程建设运营税收优惠政策的通知 ………………………………………………………………………………163
66. 财政部 国家税务总局关于银行业金融机构存款保险保费企业所得税税前扣除有关政策问题的通知 ……………………………………………………………164
67. 财政部 国家税务总局 商务部 科技部 国家发展改革委关于在服务贸易创新发展试点地区推广技术先进型服务企业所得税优惠政策的通知 ……………164
68. 财政部 国家税务总局关于落实降低企业杠杆率税收支持政策的通知 ……165
69. 国家税务总局关于修订企业所得税2个规范性文件的公告 …………………166
70. 关于《国家税务总局关于修订企业所得税2个规范性文件的公告》的解读 …167
71. 财政部 国家税务总局关于中小企业融资（信用）担保机构有关准备金企业所得税税前扣除政策的通知 ……………………………………………………………167
72. 国家税务总局关于发布《特别纳税调查调整及相互协商程序管理办法》的公告 …168
73. 关于《国家税务总局关于发布〈特别纳税调查调整及相互协商程序管理办法〉的公告》的解读 ……………………………………………………………………179
74. 财政部 税务总局 科技部关于提高科技型中小企业研究开发费用税前加计扣除比例的通知 ……………………………………………………………………181
75. 国家税务总局关于提高科技型中小企业研究开发费用税前加计扣除比例有关问题的公告 ………………………………………………………………………………182
76. 财政部 税务总局关于延续支持农村金融发展有关税收政策的通知 ………184
77. 财政部 税务总局关于完善企业境外所得税收抵免政策问题的通知 ………185
78. 财政部 税务总局关于设备、器具扣除有关企业所得税政策的通知 ………186
79. 财政部 税务总局关于延长高新技术企业和科技型中小企业亏损结转年限的通知 ………………………………………………………………………………186
80. 财政部 税务总局 科技部关于提高研究开发费用税前加计扣除比例的通知 …187
81. 财政部 税务总局 民政部关于公益性捐赠税前扣除资格有关问题的补充通知 ……188
82. 财政部 税务总局关于境外机构投资境内债券市场企业所得税、增值税政策的通知 ………………………………………………………………………………188

第三章 中华人民共和国增值税法

1. 增值税部分货物征税范围注释……………………………………………………………189
2. 增值税若干具体问题的规定………………………………………………………………192
3. 财政部 国家税务总局关于增值税、营业税若干政策规定的通知………………………193
4. 国家税务总局关于增值税若干征收问题的通知…………………………………………194
5. 国家税务总局关于增值税几个业务问题的通知…………………………………………195
6. 财政部 国家税务总局关于增值税几个税收政策问题的通知…………………………196
7. 国家税务总局关于印发《增值税问题解答（之一）》的通知……………………………196
8. 财政部 国家税务总局关于金银首饰等货物征收增值税问题的通知…………………198
9. 国家税务总局关于纳税人取得虚开的增值税专用发票处理问题的通知………………198
10. 财政部 国家税务总局关于连锁经营企业增值税纳税地点问题的通知………………199
11. 国家税务总局关于增值税一般纳税人发生偷税行为如何确定偷税数额和补税罚款的通知………………………………………………………………………………………………200
12. 国家税务总局关于企业所属机构间移送货物征收增值税问题的通知…………………201
13. 财政部 国家税务总局关于血站有关税收问题的通知…………………………………202
14. 国家税务总局关于修改《国家税务总局关于增值税一般纳税人发生偷税行为如何确定偷税数额和补税罚款的通知》的通知……………………………………………………202
15. 财政部 国家税务总局关于医疗卫生机构有关税收政策的通知………………………203
16. 国家税务总局关于融资租赁业务征收流转税问题的通知………………………………204
17. 财政部 国家税务总局关于飞机维修增值税问题的通知………………………………204
18. 国家税务总局关于出版物广告收入有关增值税问题的通知……………………………205
19. 国家税务总局关于白银生产环节征收增值税的通知……………………………………205
20. 国家税务总局关于《国家税务总局关于纳税人取得虚开的增值税专用发票处理问题的通知》的补充通知……………………………………………………………………………206
21. 国家税务总局关于纳税人善意取得虚开的增值税专用发票处理问题的通知…………206
22. 国家税务总局关于增值税若干税收政策问题的批复……………………………………207
23. 国家税务总局关于增值税一般纳税人平销行为征收增值税问题的批复………………208
24. 成品油零售加油站增值税征收管理办法…………………………………………………208
25. 国家税务总局关于增值税一般纳税人期货交易进项税额抵扣问题的通知……………210
26. 财政部 国家税务总局关于黄金税收政策问题的通知…………………………………211
27. 国家税务总局关于企业改制中资产评估减值发生的流动资产损失进项税额抵扣问题的批复……………………………………………………………………………………………212
28. 财政部 国家税务总局关于连锁经营企业有关税收问题的通知………………………212
29. 国家税务总局关于重新修订《增值税一般纳税人纳税申报办法》的通知……………213
30. 国家税务总局关于饲用鱼油产品免征增值税的批复……………………………………215
31. 国家税务总局关于债转股企业实物投资免征增值税政策有关问题的批复……………216
32. 国家税务总局关于血液制品增值税政策的批复…………………………………………216
33. 财政部 海关总署 国家税务总局关于印发《关于进口货物进口环节海关代征税税收政策问题的规定》的通知…………………………………………………………………216

34. 国家税务总局关于对福建雪津啤酒有限公司收取经营保证金征收增值税问题的批复 …………218
35. 国家税务总局关于增值税进项留抵税额抵减增值税欠税有关处理事项的通知 …………218
36. 财政部　国家税务总局关于增值税若干政策的通知 …………219
37. 国家税务总局关于金融机构开展个人实物黄金交易业务增值税有关问题的通知 …………221
38. 国家税务总局关于增值税一般纳税人期货交易有关增值税问题的通知 …………222
39. 财政部　海关总署　国家税务总局关于调整钻石及上海钻石交易所有关税收政策的通知 …………223
40. 国家税务总局关于燃油电厂取得发电补贴有关增值税政策的通知 …………224
41. 国家税务总局关于纳税人折扣折让行为开具红字增值税专用发票问题的通知 …………224
42. 财政部　国家税务总局关于加快煤层气抽采有关税收政策问题的通知 …………225
43. 国家税务总局关于纳税人进口货物增值税进项税额抵扣有关问题的通知 …………226
44. 财政部　国家税务总局关于黄金期货交易有关税收政策的通知 …………226
45. 国家税务总局关于林木销售和管护征收流转税问题的通知 …………227
46. 财政部　国家税务总局关于核电行业税收政策有关问题的通知 …………227
47. 财政部　国家税务总局关于有机肥产品免征增值税的通知 …………228
48. 财政部　国家税务总局关于农民专业合作社有关税收政策的通知 …………229
49. 财政部　国家税务总局关于提高劳动密集型产品等商品增值税出口退税率的通知 …………230
50. 国家税务总局关于部分货物适用增值税低税率和简易办法征收增值税政策的通知 …………231
51. 国家税务总局关于增值税简易征收政策有关管理问题的通知 …………233
52. 国家税务总局关于供应非临床用血增值税政策问题的批复 …………234
53. 财政部　国家税务总局关于油气田企业增值税问题的补充通知 …………234
54. 国家税务总局关于折扣额抵减增值税应税销售额问题通知 …………235
55. 财政部　国家税务总局关于促进节能服务产业发展增值税、营业税和企业所得税政策问题的通知 …………236
56. 财政部　国家税务总局关于收购烟叶支付的价外补贴进项税额抵扣问题的通知 …………237
57. 国家税务总局关于废止逾期增值税扣税凭证一律不得抵扣规定的公告 …………238
58. 财政部　国家税务总局关于软件产品增值税政策的通知 …………238
59. 财政部　国家税务总局关于调整完善资源综合利用产品及劳务增值税政策的通知 …………240
60. 财政部　国家税务总局关于免征蔬菜流通环节增值税有关问题的通知 …………244
61. 财政部　国家税务总局关于免征部分鲜活肉蛋产品流通环节增值税政策的通知 …………244
62. 国家税务总局关于纳税人采取"公司+农户"经营模式销售畜禽有关增值税问题的公告 …………245
63. 财政部　国家税务总局关于享受资源综合利用增值税优惠政策的纳税人执行污染物排放标准有关问题的通知 …………245
64. 财政部　国家税务总局关于扩大农产品增值税进项税额核定扣除试点行业范围的通知 …………247
65. 财政部　国家税务总局关于光伏发电增值税政策的通知 …………247

66. 国家税务总局关于纳税人无偿赠送煤矸石征收增值税问题的公告 …………………… 247
67. 财政部 国家税务总局关于大型水电企业增值税政策的通知 …………………………… 248
68. 财政部 海关总署 国家税务总局关于租赁企业进口飞机有关税收政策的通知 …… 249
69. 财政部 国家发展改革委 国土资源部 住房和城乡建设部 中国人民银行 国家税务总局 新闻出版广电总局关于支持电影发展若干经济政策的通知 ……………………… 249
70. 财政部 海关总署 国家税务总局关于横琴 平潭开发有关增值税和消费税政策的通知 …………………………………………………………………………………………… 251
71. 财政部 国家税务总局关于简并增值税征收率政策的通知 ……………………………… 253
72. 关于《国家税务总局关于发布〈融资租赁货物出口退税管理办法〉的公告》的解读 …………………………………………………………………………………………… 253
73. 财政部 国家税务总局关于以贵金属和宝石为主要原材料的货物出口退税政策的通知 …………………………………………………………………………………………… 254
74. 国家税务总局关于牡丹籽油增值税适用税率问题的公告 ……………………………… 255
75. 财政部 国家税务总局关于创新药后续免费使用有关增值税政策的通知 …………… 255
76. 财政部 国家税务总局关于原油和铁矿石期货保税交割业务增值税政策的通知 …… 256
77. 财政部 国家税务总局关于印发《资源综合利用产品和劳务增值税优惠目录》的通知 …………………………………………………………………………………………… 256
78. 财政部 海关总署 国家税务总局关于对化肥恢复征收增值税政策的通知 ………… 258
79. 财政部 国家税务总局关于对化肥恢复征收增值税政策的补充通知 ………………… 258
80. 国家税务总局关于动物尸体降解处理机蔬菜清洗机增值税适用税率问题的公告 …… 259
81. 财政部 国家税务总局关于煤炭采掘企业增值税进项税额抵扣有关事项的通知 …… 259
82. 财政部 国家税务总局关于全面推开营业税改征增值税试点的通知 ………………… 260
83. 财政部 国家税务总局关于进一步明确全面推开营改增试点金融业有关政策的通知 …………………………………………………………………………………………… 294
84. 财政部 国家税务总局关于进一步明确全面推开营改增试点有关劳务派遣服务、收费公路通行费抵扣等政策的通知 ………………………………………………………… 295
85. 财政部 国家税务总局关于促进残疾人就业增值税优惠政策的通知 ………………… 297
86. 国家税务总局关于发布《促进残疾人就业增值税优惠政策管理办法》的公告 ……… 298
87. 财政部 国家税务总局关于进一步明确全面推开营改增试点有关再保险、不动产租赁和非学历教育等政策的通知 ………………………………………………………… 300
88. 财政部 国家税务总局关于金融机构同业往来等增值税政策的补充通知 …………… 301
89. 财政部 国家税务总局关于继续执行光伏发电增值税政策的通知 …………………… 302
90. 财政部 国家税务总局关于继续执行高校学生公寓和食堂有关税收政策的通知 …… 303
91. 财政部 海关总署 国家税务总局关于融资租赁货物出口退税政策有关问题的通知 …………………………………………………………………………………………… 303
92. 财政部 国家税务总局关于科技企业孵化器税收政策的通知 ………………………… 304
93. 国家税务总局关于优化完善增值税发票选择确认平台功能及系统维护有关事项的公告 …………………………………………………………………………………………… 305
94. 财政部 国家税务总局关于供热企业增值税 房产税城镇土地使用税优惠政策的通知 …………………………………………………………………………………………… 306

95. 财政部　国家税务总局关于延续免征国产抗艾滋病病毒药品增值税政策的通知 ……306
96. 财政部　国家税务总局关于国家大学科技园税收政策的通知 ……307
97. 财政部　国家税务总局关于大型客机和新支线飞机增值税政策的通知 ……309
98. 财政部　国家税务总局关于明确金融　房地产开发教育辅助服务等增值税政策的通知 ……309
99. 财政部　国家税务总局关于资管产品增值税政策有关问题的补充通知 ……311
100. 财政部　税务总局关于继续执行新疆国际大巴扎项目增值税政策的通知 ……312
101. 国家税务总局关于水资源费改税后城镇公共供水企业增值税发票开具问题的公告 ……312
102. 财政部　税务总局关于简并增值税税率有关政策的通知 ……313
103. 财政部　税务总局关于资管产品增值税有关问题的通知 ……314
104. 财政部　税务总局关于建筑服务等营改增试点政策的通知 ……315
105. 财政部　税务总局关于支持小微企业融资有关税收政策的通知 ……316
106. 国家税务总局关于《增值税纳税申报比对管理操作规程（试行）》执行有关事项的通知 ……317
107. 财政部　税务总局关于调整增值税税率的通知 ……317
108. 财政部　税务总局关于统一增值税小规模纳税人标准的通知 ……318
109. 财政部　税务总局关于延续动漫产业增值税政策的通知 ……319
110. 国家税务总局关于大连商品交易所铁矿石期货保税交割业务增值税管理问题的公告 ……319
111. 财政部　海关总署　税务总局　国家药品监督管理局关于抗癌药品增值税政策的通知 ……320
112. 财政部　税务总局关于金融机构小微企业贷款利息收入免征增值税政策的通知 ……321
113. 财政部　税务总局关于全国社会保障基金有关投资业务税收政策的通知 ……322
114. 财政部　税务总局关于中国邮政储蓄银行三农金融事业部涉农贷款增值税政策的通知 ……323
115. 财政部　税务总局关于基本养老保险基金有关投资业务税收政策的通知 ……323
116. 财政部　税务总局　海关总署关于第七届世界军人运动会税收政策的通知 ……324
117. 财政部　税务总局关于调整铁路和航空运输企业汇总缴纳增值税总分机构名单的通知 ……325
118. 财政部　税务总局关于冬奥会和冬残奥会企业赞助有关增值税政策的通知 ……326
119. 财政部　税务总局　人力资源社会保障部　国务院扶贫办关于进一步支持和促进重点群体创业就业有关税收政策的通知 ……327
120. 财政部　税务总局　退役军人部关于进一步扶持自主就业退役士兵创业就业有关税收政策的通知 ……328
121. 财政部　税务总局关于明确养老机构免征增值税等政策的通知 ……330
122. 国家税务总局关于扩大小规模纳税人自行开具增值税专用发票试点范围等事项的公告 ……331
123. 国家税务总局关于调整增值税专用发票防伪措施有关事项的公告 ……332
124. 关于《国家税务总局关于调整增值税专用发票防伪措施有关事项的公告》的解读 ……332

125. 财政部　税务总局关于继续实施支持文化企业发展增值税政策的通知 ·················· 333
126. 财政部　海关总署　税务总局　药监局关于罕见病药品增值税政策的通知 ············ 334
127. 财政部　税务总局关于延续供热企业增值税　房产税　城镇土地使用税优惠
政策的通知 ··· 334
128. 财政部　税务总局　人民银行关于调整完善增值税留抵退税地方分担机制及预算
管理有关事项的通知 ·· 335

第四章　中华人民共和国消费税法

1. 国家税务总局关于用外购和委托加工收回的应税消费品连续生产应税消费品征收
消费税问题的通知 ··· 338
2. 财政部　国家税务总局关于酒类产品包装物押金征税问题的通知 ························· 339
3. 国家税务总局关于消费税若干征税问题的通知 ·· 339
4. 国家税务总局关于酒类产品消费税政策问题的通知 ·· 340
5. 国家税务总局关于取消金银首饰消费税纳税人认定行政审批后有关问题的通知 ······· 341
6. 财政部　国家税务总局关于明确啤酒包装物押金消费税政策的通知 ······················ 342
7. 财政部　国家税务总局关于调整和完善消费税政策的通知 ··································· 342
8. 财政部　国家税务总局关于消费税若干具体政策的通知 ······································· 346
9. 国家税务总局关于沙滩车等车辆征收消费税问题的批复 ······································ 347
10. 财政部　国家税务总局关于调整乘用车消费税政策的通知 ·································· 347
11. 财政部　国家税务总局关于对成品油生产企业生产自用油免征消费税的通知 ········· 348
12. 财政部　国家税务总局关于对油（气）田企业生产自用成品油先征后返消费税的
通知 ··· 348
13. 财政部　中国人民银行　国家税务总局关于延续执行部分石脑油燃料油消费税
政策的通知 ··· 349
14. 财政部　国家税务总局关于以外购或委托加工汽　柴油连续生产汽　柴油允许
抵扣消费税政策问题的通知 ·· 350
15. 财政部　国家税务总局关于继续提高成品油消费税的通知 ·································· 351
16. 财政部　国家税务总局关于对电池涂料征收消费税的通知 ·································· 351
17. 国家税务总局关于电池　涂料消费税征收管理有关问题的公告 ···························· 352
18. 关于《国家税务总局关于电池涂料消费税征收管理有关问题的公告》的解读 ········· 353
19. 财政部　国家税务总局关于调整卷烟消费税的通知 ·· 353
20. 国家税务总局关于卷烟消费税政策调整后纳税申报有关问题的公告 ····················· 354
21. 财政部　国家税务总局关于对利用废弃的动植物油生产纯生物柴油免征消费税政策
执行中有关问题的通知 ·· 355
22. 财政部　国家税务总局关于调整化妆品消费税政策的通知 ·································· 355
23. 财政部　国家税务总局关于调整化妆品进口环节消费税的通知 ···························· 355
24. 财政部　国家税务总局关于对超豪华小汽车加征消费税有关事项的通知 ··············· 356
25. 财政部　国家税务总局关于调整小汽车进口环节消费税的通知 ···························· 357

第五章　中华人民共和国关税与进出口税法

1. 财政部　国家税务总局关于"十三五"期间进口种子种源税收政策的通知……………361
2. 财政部　海关总署　国家税务总局关于扩大内销选择性征收关税政策试点的通知……………………………………………………………………………………………362
3. 财政部　海关总署　国家税务总局关于动漫企业进口动漫开发生产用品税收政策的通知……………………………………………………………………………………362

第六章　中华人民共和国城市维护建设税法

1. 国家税务总局关于国家税务局为小规模纳税人代开发票及税款征收有关问题的通知……………………………………………………………………………………365
2. 国家税务总局关于撤县建市城市维护建设税适用税率问题的批复……………366
3. 国家税务总局关于撤县建市城市维护建设税具体适用税率的批复……………366

第七章　中华人民共和国资源税法

财政部　国家税务总局关于实施稀土、钨、钼资源税从价计征改革的通知……………367

第八章　中华人民共和国车辆购置税法

财政部　国家税务总局关于城市公交企业购置公共汽电车辆免征车辆购置税的通知……………………………………………………………………………………370

第九章　中华人民共和国土地增值税法

1. 国家税务总局关于未办理土地使用权证转让土地有关税收问题的批复……………371
2. 国家税务总局关于纳税人转让加油站房地产有关土地增值税计税收入确认问题的批复……………………………………………………………………………………371

第十章　中华人民共和国城镇土地使用税法

1. 国家税务局关于对交通部门的港口用地征免土地使用税问题的规定……………373
2. 国家税务局关于对盐场、盐矿征免城镇土地使用税问题的通知……………373
3. 国家税务局关于建材企业的采石场、排土场等用地征免土地使用税问题的批复……374
4. 财政部　国家税务总局关于非营利性科研机构税收政策的通知……………374

5. 国家税务总局关于外商投资企业和外国企业征收城镇土地使用税问题的批复……………375
6. 财政部　国家税务总局关于安置残疾人就业单位城镇土地使用税等政策的通知………375

第十一章　中华人民共和国房产税法

1. 国家税务总局关于进一步明确房屋附属设备和配套设施计征房产税有关问题的
  通知……………………………………………………………………………………377
2. 财政部　国家税务总局关于加油站罩棚房产税问题的通知…………………………377
3. 中华人民共和国国务院令第546号………………………………………………………378
4. 财政部　国家税务总局关于国家大学科技园税收政策的通知…………………………378

第十二章　中华人民共和国契税法

1. 国家税务总局关于未办理土地使用权证转让土地有关税收问题的批复………………380
2. 财政部　国家税务总局关于调整房地产交易环节税收政策的通知……………………380
3. 国家税务总局关于简化契税办理流程取消（无）婚姻登记记录证明的公告……………381
4. 国家税务总局地方税管理司关于改变保险合同计税依据适用范围的批复………………381

第十三章　中华人民共和国印花税法

国家税务总局关于两项证券（股票）交易印花税非行政许可审批取消后有关管理
  问题的公告………………………………………………………………………………383

第十四章　中华人民共和国税收征管法

1. 国家税务总局关于稽查局有关执法权限的批复……………………………………………384
2. 国家税务总局关于欠税追缴期限有关问题的批复…………………………………………384
3. 国家税务总局关于人民法院强制执行被执行人财产有关税收问题的复函……………385
4. 国家税务总局关于延期申报预缴税款滞纳金问题的批复…………………………………385
5. 国家税务总局关于税收优先权包括滞纳金问题的批复……………………………………386
6. 国家税务总局关于规范税务行政裁量权工作的指导意见…………………………………386
7. 税收违法违纪行为处分规定……………………………………………………………………389
8. 国家税务总局关于界定超标准小规模纳税人偷税数额的批复……………………………392
9. 国家税务总局关于北京聚菱燕塑料有限公司偷税案件复核意见的批复…………………393

第一编

所得税法

第一章　中华人民共和国个人所得税法

1. 中华人民共和国个人所得税法

（1980年9月10日第五届全国人民代表大会第三次会议通过　根据1993年10月31日第八届全国人民代表大会常务委员会第四次会议《关于修改〈中华人民共和国个人所得税法〉的决定》第一次修正　根据1999年8月30日第九届全国人民代表大会常务委员会第十一次会议《关于修改〈中华人民共和国个人所得税法〉的决定》第二次修正　根据2005年10月27日第十届全国人民代表大会常务委员会第十八次会议《关于修改〈中华人民共和国个人所得税法〉的决定》第三次修正　根据2007年6月29日第十届全国人民代表大会常务委员会第二十八次会议《关于修改〈中华人民共和国个人所得税法〉的决定》第四次修正　根据2007年12月29日第十届全国人民代表大会常务委员会第三十一次会议《关于修改〈中华人民共和国个人所得税法〉的决定》第五次修正　根据2011年6月30日第十一届全国人民代表大会常务委员会第二十一次会议《关于修改〈中华人民共和国个人所得税法〉的决定》第六次修正　根据2018年8月31日第十三届全国人民代表大会常务委员会第五次会议《关于修改〈中华人民共和国个人所得税法〉的决定》第七次修正）

第一条　在中国境内有住所，或者无住所而一个纳税年度内在中国境内居住累计满一百八十三天的个人，为居民个人。居民个人从中国境内和境外取得的所得，依照本法规定缴纳个人所得税。

在中国境内无住所又不居住，或者无住所而一个纳税年度内在中国境内居住累计不满一百八十三天的个人，为非居民个人。非居民个人从中国境内取得的所得，依照本法规定缴纳个人所得税。

纳税年度，自公历一月一日起至十二月三十一日止。

【注释】《个人所得税法实施条例》第一条、第三条、第四条、第五条；《征收个人所得税若干问题的规定》（国税发〔1994〕089号）。

第二条　下列各项个人所得，应当缴纳个人所得税：

（一）工资、薪金所得；

（二）劳务报酬所得；

（三）稿酬所得；

（四）特许权使用费所得；

（五）经营所得；

（六）利息、股息、红利所得；

（七）财产租赁所得；

（八）财产转让所得；

（九）偶然所得。

居民个人取得前款第一项至第四项所得（以下称综合所得），按纳税年度合并计算个人所得税；非居民个人取得前款第一项至第四项所得，按月或者按次分项计算个人所得税。

纳税人取得前款第五项至第九项所得,依照本法规定分别计算个人所得税。

【注释】《个人所得税法实施条例》第六条;《征收个人所得税若干问题的规定》(国税发〔1994〕089号);《财政部 国家税务总局关于误餐补助范围确定问题的通知》(财税〔1995〕82号);《国家税务总局关于个人举办各类学习班取得的收入征收个人所得税问题的批复》(国税函发〔1996〕658号);《财政部 国家税务总局关于个人提供非有形商品推销、代理等服务活动取得收入征收营业税和个人所得税有关问题的通知》(财税〔1997〕103号);《国家税务总局关于联想集团改制员工取得的用于购买企业国有股权的劳动分红征收个人所得税问题的批复》(国税函〔2001〕832号);《国家税务总局关于个人所得税若干业务问题的批复》(国税函〔2002〕146号);《财政部 国家税务总局关于医疗机构有关个人所得税政策问题的通知》(财税〔2003〕109号);《财政部 国家税务总局关于规范个人投资者个人所得税征收管理的通知》(财税〔2003〕158号);《财政部 国家税务总局关于企业以免费旅游方式提供对营销人员个人奖励有关个人所得税政策的通知》(财税〔2004〕11号);《国家税务总局关于纳税人收回转让的股权征收个人所得税问题的批复》(国税函〔2005〕130号);《国家税务总局关于个人兼职和退休人员再任职取得收入如何计算征收个人所得税问题的批复》(国税函〔2005〕382号);《国家税务总局关于酒店产权式经营业主税收问题的批复》(国税函〔2006〕478号);《国家税务总局关于加强和规范个人取得拍卖收入征收个人所得税有关问题的通知》(国税发〔2007〕38号);《财政部 国家税务总局关于企业为个人购买房屋或其他财产征收个人所得税问题的批复》(财税〔2008〕83号);《国家税务总局关于离退休人员取得单位发放离退休工资以外奖金补贴征收个人所得税的批复》(国税函〔2008〕723号);《国家税务总局关于个人提前退休取得补贴收入个人所得税问题的公告》(国家税务总局公告2011年第6号)。

第三条 个人所得税的税率:

(一)综合所得,适用百分之三至百分之四十五的超额累进税率(税率表附后);

(二)经营所得,适用百分之五至百分之三十五的超额累进税率(税率表附后);

(三)利息、股息、红利所得,财产租赁所得,财产转让所得和偶然所得,适用比例税率,税率为百分之二十。

第四条 下列各项个人所得,免征个人所得税:

(一)省级人民政府、国务院部委和中国人民解放军军以上单位,以及外国组织、国际组织颁发的科学、教育、技术、文化、卫生、体育、环境保护等方面的奖金;

(二)国债和国家发行的金融债券利息;

(三)按照国家统一规定发给的补贴、津贴;

(四)福利费、抚恤金、救济金;

(五)保险赔款;

(六)军人的转业费、复员费、退役金;

(七)按照国家统一规定发给干部、职工的安家费、退职费、基本养老金或者退休费、离休费、离休生活补助费;

(八)依照有关法律规定应予免税的各国驻华使馆、领事馆的外交代表、领事官员和其他人员的所得;

(九)中国政府参加的国际公约、签订的协议中规定免税的所得;

(十)国务院规定的其他免税所得。

前款第十项免税规定,由国务院报全国人民代表大会常务委员会备案。

【注释】《个人所得税法实施条例》第九条、第十条、第十一条、第十二条;《财政

部　国家税务总局关于个人所得税法修改后有关优惠政策衔接问题的通知》（财税〔2018〕164号）；《财政部　国家税务总局关于继续有效的个人所得税优惠政策目录的公告》（财政部　税务总局公告2018年第177号）。

第五条　有下列情形之一的，可以减征个人所得税，具体幅度和期限，由省、自治区、直辖市人民政府规定，并报同级人民代表大会常务委员会备案：

（一）残疾、孤老人员和烈属的所得；

（二）因自然灾害遭受重大损失的。

国务院可以规定其他减税情形，报全国人民代表大会常务委员会备案。

第六条　应纳税所得额的计算：

（一）居民个人的综合所得，以每一纳税年度的收入额减除费用六万元以及专项扣除、专项附加扣除和依法确定的其他扣除后的余额，为应纳税所得额。

（二）非居民个人的工资、薪金所得，以每月收入额减除费用五千元后的余额为应纳税所得额；劳务报酬所得、稿酬所得、特许权使用费所得，以每次收入额为应纳税所得额。

（三）经营所得，以每一纳税年度的收入总额减除成本、费用以及损失后的余额，为应纳税所得额。

（四）财产租赁所得，每次收入不超过四千元的，减除费用八百元；四千元以上的，减除百分之二十的费用，其余额为应纳税所得额。

（五）财产转让所得，以转让财产的收入额减除财产原值和合理费用后的余额，为应纳税所得额。

（六）利息、股息、红利所得和偶然所得，以每次收入额为应纳税所得额。

劳务报酬所得、稿酬所得、特许权使用费所得以收入减除百分之二十的费用后的余额为收入额。稿酬所得的收入额减按百分之七十计算。

个人将其所得对教育、扶贫、济困等公益慈善事业进行捐赠，捐赠额未超过纳税人申报的应纳税所得额百分之三十的部分，可以从其应纳税所得额中扣除；国务院规定对公益慈善事业捐赠实行全额税前扣除的，从其规定。

本条第一款第一项规定的专项扣除，包括居民个人按照国家规定的范围和标准缴纳的基本养老保险、基本医疗保险、失业保险等社会保险费和住房公积金等；专项附加扣除，包括子女教育、继续教育、大病医疗、住房贷款利息或者住房租金、赡养老人等支出，具体范围、标准和实施步骤由国务院确定，并报全国人民代表大会常务委员会备案。

【注释】《个人所得税法实施条例》第十三条、第十四条、第十五条、第十六条、第十九条；《征收个人所得税若干问题的规定》（国税发〔1994〕089号）；《财政部　国家税务总局　建设部关于个人出售住房所得征收个人所得税有关问题的通知》（财税〔1999〕278号）；《财政部　国家税务总局关于企业等社会力量向红十字事业捐赠有关所得税政策问题的通知》（财税〔2000〕30号）；《财政部　国家税务总局关于企业等社会力量向红十字事业捐赠有关问题的通知》（财税〔2001〕28号）；《财政部　国家税务总局关于基本养老保险费　基本医疗保险费　失业保险费　住房公积金有关个人所得税政策的通知》（财税〔2006〕10号）；《国家税务总局关于个人转租房屋取得收入征收个人所得税问题的通知》（国税函〔2009〕639号）；《国家税务总局关于个人终止投资经营收回款项征收个人所得税问题的公告》（国家税务总局公告2011年第41号）；《国家税务总局关于个人投资者收购企业股权后将原盈余积累转增股本个人所得税问题的公告》（国家税务总局公告2013年第23号）；《国务院关于印发个人所得税专项附加扣除暂行办法的通知》（国发〔2018〕41号）；《财政部　国家税务总局　人力资源社会保障部　中国银行保险监督管理委员会 证监会关于开展个人税收递延型商业养老保险试点的通知》（财税〔2018〕22号）；《国家税务总局关于开展个人税收递延型商业养老保险试点有关征管问题的公告》（国家税务总局公告2018年第21号）；《国家税务总局关于严格按照5 000元费用减除标准执行税收政策的公告》（国家税务总局公告2018年第51号）；《个人所得税专项附加扣除操作办法（试行）》（国家税务总局公告2018年第60号）。

第七条 居民个人从中国境外取得的所得，可以从其应纳税额中抵免已在境外缴纳的个人所得税税额，但抵免额不得超过该纳税人境外所得依照本法规定计算的应纳税额。

【注释】《个人所得税法实施条例》第二十一条、第二十二条。

第八条 有下列情形之一的，税务机关有权按照合理方法进行纳税调整：

（一）个人与其关联方之间的业务往来不符合独立交易原则而减少本人或者其关联方应纳税额，且无正当理由；

（二）居民个人控制的，或者居民个人和居民企业共同控制的设立在实际税负明显偏低的国家（地区）的企业，无合理经营需要，对应当归属于居民个人的利润不作分配或者减少分配；

（三）个人实施其他不具有合理商业目的的安排而获取不当税收利益。

税务机关依照前款规定作出纳税调整，需要补征税款的，应当补征税款，并依法加收利息。

【注释】《个人所得税法实施条例》第二十三条。

第九条 个人所得税以所得人为纳税人，以支付所得的单位或者个人为扣缴义务人。

纳税人有中国公民身份号码的，以中国公民身份号码为纳税人识别号；纳税人没有中国公民身份号码的，由税务机关赋予其纳税人识别号。扣缴义务人扣缴税款时，纳税人应当向扣缴义务人提供纳税人识别号。

【注释】《个人所得税法实施条例》第二十四条；《个人所得税扣缴申报管理办法（试行）》（国家税务总局公告2018年第61号）。

第十条 有下列情形之一的，纳税人应当依法办理纳税申报：

（一）取得综合所得需要办理汇算清缴；

（二）取得应税所得没有扣缴义务人；

（三）取得应税所得，扣缴义务人未扣缴税款；

（四）取得境外所得；

（五）因移居境外注销中国户籍；

（六）非居民个人在中国境内从两处以上取得工资、薪金所得；

（七）国务院规定的其他情形。

扣缴义务人应当按照国家规定办理全员全额扣缴申报，并向纳税人提供其个人所得和已扣缴税款等信息。

【注释】《个人所得税法实施条例》第二十五条、第二十六条；《个人所得税扣缴申报管理办法（试行）》（国家税务总局公告2018年第61号）；《国家税务总局关于个人所得税自行纳税申报有关问题的公告》（国家税务总局公告2018年第62号）。

第十一条 居民个人取得综合所得，按年计算个人所得税；有扣缴义务人的，由扣缴义务人按月或者按次预扣预缴税款；需要办理汇算清缴的，应当在取得所得的次年三月一日至六月三十日内办理汇算清缴。预扣预缴办法由国务院税务主管部门制定。

居民个人向扣缴义务人提供专项附加扣除信息的，扣缴义务人按月预扣预缴税款时应当按照规定予以扣除，不得拒绝。

非居民个人取得工资、薪金所得,劳务报酬所得,稿酬所得和特许权使用费所得,有扣缴义务人的,由扣缴义务人按月或者按次代扣代缴税款,不办理汇算清缴。

【注释】《个人所得税法实施条例》第二十八条;《个人所得税扣缴申报管理办法(试行)》(国家税务总局公告2018年第61号)。

第十二条 纳税人取得经营所得,按年计算个人所得税,由纳税人在月度或者季度终了后十五日内向税务机关报送纳税申报表,并预缴税款;在取得所得的次年三月三十一日前办理汇算清缴。

纳税人取得利息、股息、红利所得,财产租赁所得,财产转让所得和偶然所得,按月或者按次计算个人所得税,有扣缴义务人的,由扣缴义务人按月或者按次代扣代缴税款。

【注释】《财政部 国家税务总局关于合伙企业合伙人所得税问题的通知》(财税〔2008〕159号);《个体工商户个人所得税计税办法》(2014年12月27日国家税务总局令第35号公布,根据2018年6月15日《国家税务总局关于修改部分税务部门规章的决定》修正);《国家税务总局关于个人所得税自行纳税申报有关问题的公告》(国家税务总局公告2018年第62号)。

第十三条 纳税人取得应税所得没有扣缴义务人的,应当在取得所得的次月十五日内向税务机关报送纳税申报表,并缴纳税款。

纳税人取得应税所得,扣缴义务人未扣缴税款的,纳税人应当在取得所得的次年六月三十日前,缴纳税款;税务机关通知限期缴纳的,纳税人应当按照期限缴纳税款。

居民个人从中国境外取得所得的,应当在取得所得的次年三月一日至六月三十日内申报纳税。

非居民个人在中国境内从两处以上取得工资、薪金所得的,应当在取得所得的次月十五日内申报纳税。

纳税人因移居境外注销中国户籍的,应当在注销中国户籍前办理税款清算。

【注释】《国家税务总局关于个人所得税自行纳税申报有关问题的公告》(国家税务总局公告2018年第62号)。

第十四条 扣缴义务人每月或者每次预扣、代扣的税款,应当在次月十五日内缴入国库,并向税务机关报送扣缴个人所得税申报表。

纳税人办理汇算清缴退税或者扣缴义务人为纳税人办理汇算清缴退税的,税务机关审核后,按照国库管理的有关规定办理退税。

【注释】《国家税务总局关于全面实施新个人所得税法若干征管衔接问题的公告》(国家税务总局公告2018年第56号);《个人所得税扣缴申报管理办法(试行)》(国家税务总局公告2018年第61号)。

第十五条 公安、人民银行、金融监督管理等相关部门应当协助税务机关确认纳税人的身份、金融账户信息。教育、卫生、医疗保障、民政、人力资源社会保障、住房城乡建设、公安、人民银行、金融监督管理等相关部门应当向税务机关提供纳税人子女教育、继续教育、大病医疗、住房贷款利息、住房租金、赡养老人等专项附加扣除信息。

个人转让不动产的,税务机关应当根据不动产登记等相关信息核验应缴的个人所得税,登记机构办理转移登记时,应当查验与该不动产转让相关的个人所得税的完税凭证。个人转让股权办理变更登记的,市场主体登记机关应当查验与该股权交易相关的个人所得税的完税凭证。

有关部门依法将纳税人、扣缴义务人遵守本法的情况纳入信用信息系统,并实施联合激励或者惩戒。

第十六条 各项所得的计算,以人民币为单位。所得为人民币以外的货币的,按照人民币汇率中间价折合成人民币缴纳税款。

第十七条 对扣缴义务人按照所扣缴的税款,付给百分之二的手续费。

【**注释**】《个人所得税法实施条例》第33条;《个人所得税扣缴申报管理办法(试行)》(国家税务总局公告2018年第61号)。

第十八条 对储蓄存款利息所得开征、减征、停征个人所得税及其具体办法,由国务院规定,并报全国人民代表大会常务委员会备案。

第十九条 纳税人、扣缴义务人和税务机关及其工作人员违反本法规定的,依照《中华人民共和国税收征收管理法》和有关法律法规的规定追究法律责任。

第二十条 个人所得税的征收管理,依照本法和《中华人民共和国税收征收管理法》的规定执行。

第二十一条 国务院根据本法制定实施条例。

第二十二条 本法自公布之日起施行。

【**注释**】《财政部 税务总局关于2018年第四季度个人所得税减除费用和税率适用问题的通知》(财税〔2018〕98号);《财政部 税务总局关于个人所得税法修改后有关优惠政策衔接问题的通知》(财税〔2018〕164号);《财政部 税务总局关于继续有效的个人所得税优惠政策目录的公告》(财政部 税务总局公告2018年第177号)。

个人所得税税率表一
(综合所得适用)

级数	全年应纳税所得额	税率
1	不超过36 000元的部分	3%
2	超过36 000元至144 000元的部分	10%
3	超过144 000元至300 000元的部分	20%
4	超过300 000元至420 000元的部分	25%
5	超过420 000元至660 000元的部分	30%
6	超过660 000元至960 000元的部分	35%
7	超过960 000元的部分	45%

注1:本表所称全年应纳税所得额是指依照本法第六条的规定,居民个人取得综合所得以每一纳税年度收入额减除费用六万元以及专项扣除、专项附加扣除和依法确定的其他扣除后的余额。

注2:非居民个人取得工资、薪金所得,劳务报酬所得,稿酬所得和特许权使用费所得,依照本表按月换算后计算应纳税额。

个人所得税税率表二
(经营所得适用)

级数	全年应纳税所得额	税率
1	不超过30 000元的部分	5%
2	超过30 000元至90 000元的部分	10%
3	超过90 000元至300 000元的部分	20%
4	超过300 000元至500 000元的部分	30%
5	超过500 000元的部分	35%

注:本表所称全年应纳税所得额是指依照本法第六条的规定,以每一纳税年度的收入总额减除成本、费用以及损失后的余额。

2. 中华人民共和国个人所得税法实施条例

（1994年1月28日中华人民共和国国务院令第142号发布　根据2005年12月19日《国务院关于修改〈中华人民共和国个人所得税法实施条例〉的决定》第一次修订　根据2008年2月18日《国务院关于修改〈中华人民共和国个人所得税法实施条例〉的决定》第二次修订　根据2011年7月19日《国务院关于修改〈中华人民共和国个人所得税法实施条例〉的决定》第三次修订　2018年12月18日中华人民共和国国务院令第707号第四次修订）

第一条　根据《中华人民共和国个人所得税法》（以下简称个人所得税法），制定本条例。

第二条　个人所得税法所称在中国境内有住所，是指因户籍、家庭、经济利益关系而在中国境内习惯性居住；所称从中国境内和境外取得的所得，分别是指来源于中国境内的所得和来源于中国境外的所得。

【注释】《个人所得税法》第一条；《征收个人所得税若干问题的规定》（国税发〔1994〕089号）。

第三条　除国务院财政、税务主管部门另有规定外，下列所得，不论支付地点是否在中国境内，均为来源于中国境内的所得：

（一）因任职、受雇、履约等在中国境内提供劳务取得的所得；

（二）将财产出租给承租人在中国境内使用而取得的所得；

（三）许可各种特许权在中国境内使用而取得的所得；

（四）转让中国境内的不动产等财产或者在中国境内转让其他财产取得的所得；

（五）从中国境内企业、事业单位、其他组织以及居民个人取得的利息、股息、红利所得。

【注释】《个人所得税法》第一条。

第四条　在中国境内无住所的个人，在中国境内居住累计满183天的年度连续不满六年的，经向主管税务机关备案，其来源于中国境外且由境外单位或者个人支付的所得，免予缴纳个人所得税；在中国境内居住累计满183天的任一年度中有一次离境超过30天的，其在中国境内居住累计满183天的年度的连续年限重新起算。

【注释】《个人所得税法》第一条。

第五条　在中国境内无住所的个人，在一个纳税年度内在中国境内居住累计不超过90天的，其来源于中国境内的所得，由境外雇主支付并且不由该雇主在中国境内的机构、场所负担的部分，免予缴纳个人所得税。

【注释】《个人所得税法》第一条。

第六条　个人所得税法规定的各项个人所得的范围：

（一）工资、薪金所得，是指个人因任职或者受雇取得的工资、薪金、奖金、年终加薪、劳动分红、津贴、补贴以及与任职或者受雇有关的其他所得。

（二）劳务报酬所得，是指个人从事劳务取得的所得，包括从事设计、装潢、安装、制图、化验、测试、医疗、法律、会计、咨询、讲学、翻译、审稿、书画、雕刻、影视、录音、录像、演出、表演、广告、展览、技术服务、介绍服务、经纪服务、代办服务以及其他劳务取得的所得。

（三）稿酬所得，是指个人因其作品以图书、报刊等形式出版、发表而取得的所得。

（四）特许权使用费所得，是指个人提供专利权、商标权、著作权、非专利技术以及其他特许权的使用权取得的所得；提供著作权的使用权取得的所得，不包括稿酬所得。

（五）经营所得，是指：

1.个体工商户从事生产、经营活动取得的所得，个人独资企业投资人、合伙企业的个人合伙人来源于境内注册的个人独资企业、合伙企业生产、经营的所得；

2.个人依法从事办学、医疗、咨询以及其他有偿服务活动取得的所得；

3.个人对企业、事业单位承包经营、承租经营以及转包、转租取得的所得；

4.个人从事其他生产、经营活动取得的所得。

（六）利息、股息、红利所得，是指个人拥有债权、股权等而取得的利息、股息、红利所得。

（七）财产租赁所得，是指个人出租不动产、机器设备、车船以及其他财产取得的所得。

（八）财产转让所得，是指个人转让有价证券、股权、合伙企业中的财产份额、不动产、机器设备、车船以及其他财产取得的所得。

（九）偶然所得，是指个人得奖、中奖、中彩以及其他偶然性质的所得。

个人取得的所得，难以界定应纳税所得项目的，由国务院税务主管部门确定。

【注释】《个人所得税法》第二条。

第七条 对股票转让所得征收个人所得税的办法，由国务院另行规定，并报全国人民代表大会常务委员会备案。

【注释】《财政部 税务总局 证监会关于个人转让全国中小企业股份转让系统挂牌公司股票有关个人所得税政策的通知》（财税〔2018〕137号）；《财政部 税务总局关于继续有效的个人所得税优惠政策目录的公告》（财政部 税务总局公告2018年第177号）。

第八条 个人所得的形式，包括现金、实物、有价证券和其他形式的经济利益；所得为实物的，应当按照取得的凭证上所注明的价格计算应纳税所得额，无凭证的实物或者凭证上所注明的价格明显偏低的，参照市场价格核定应纳税所得额；所得为有价证券的，根据票面价格和市场价格核定应纳税所得额；所得为其他形式的经济利益的，参照市场价格核定应纳税所得额。

第九条 个人所得税法第四条第一款第二项所称国债利息，是指个人持有中华人民共和国财政部发行的债券而取得的利息；所称国家发行的金融债券利息，是指个人持有经国务院批准发行的金融债券而取得的利息。

【注释】《个人所得税法》第四条。

第十条 个人所得税法第四条第一款第三项所称按照国家统一规定发给的补贴、津贴，是指按照国务院规定发给的政府特殊津贴、院士津贴，以及国务院规定免予缴纳个人所得税的其他补贴、津贴。

【注释】《个人所得税法》第四条。

第十一条 个人所得税法第四条第一款第四项所称福利费，是指根据国家有关规定，从企业、事业单位、国家机关、社会组织提留的福利费或者工会经费中支付给个人的生活补助费；所称救济金，是指各级人民政府民政部门支付给个人的生活困难补助费。

【注释】《个人所得税法》第四条。

第十二条 个人所得税法第四条第一款第八项所称依照有关法律规定应予免税的各国驻华使馆、领事馆的外交代表、领事官员和其他人员的所得，是指依照《中华人民共和国外交特权与豁免条例》和《中华人民共和国领事特权与豁免条例》规定免税的所得。

【注释】《个人所得税法》第四条。

第十三条 个人所得税法第六条第一款第一项所称依法确定的其他扣除，包括个人缴付符合国家规定的企业年金、职业年金，个人购买符合国家规定的商业健康保险、税收递延型商业养老保险的支出，以及国务院规定可以扣除的其他项目。

专项扣除、专项附加扣除和依法确定的其他扣除，以居民个人一个纳税年度的应纳税所得额为限额；一个纳税年度扣除不完的，不结转以后年度扣除。

【注释】《个人所得税法》第六条；《国务院关于印发个人所得税专项附加扣除暂行办法的通知》（国发〔2018〕41号）；《财政部 税务总局 人力资源社会保障部 中国银行保险监督管理委员会 证监会关于开展个人税收递延型商业养老保险试点的通知》（财税〔2018〕22号）；《国家税务总局关于开展个人税收递延型商业养老保险试点有关征管问题的公告》（国家税务总局公告2018年第21号）。

第十四条 个人所得税法第六条第一款第二项、第四项、第六项所称每次，分别按照下列方法确定：

（一）劳务报酬所得、稿酬所得、特许权使用费所得，属于一次性收入的，以取得该项收入为一次；属于同一项目连续性收入的，以一个月内取得的收入为一次。

（二）财产租赁所得，以一个月内取得的收入为一次。

（三）利息、股息、红利所得，以支付利息、股息、红利时取得的收入为一次。

（四）偶然所得，以每次取得该项收入为一次。

【注释】《个人所得税法》第六条。

第十五条 个人所得税法第六条第一款第三项所称成本、费用，是指生产、经营活动中发生的各项直接支出和分配计入成本的间接费用以及销售费用、管理费用、财务费用；所称损失，是指生产、经营活动中发生的固定资产和存货的盘亏、毁损、报废损失，转让财产损失，坏账损失，自然灾害等不可抗力因素造成的损失以及其他损失。

取得经营所得的个人，没有综合所得的，计算其每一纳税年度的应纳税所得额时，应当减除费用6万元、专项扣除、专项附加扣除以及依法确定的其他扣除。专项附加扣除在办理汇算清缴时减除。

从事生产、经营活动，未提供完整、准确的纳税资料，不能正确计算应纳税所得额的，由主管税务机关核定应纳税所得额或者应纳税额。

【注释】《个人所得税法》第六条。

第十六条 个人所得税法第六条第一款第五项规定的财产原值，按照下列方法确定：

（一）有价证券，为买入价以及买入时按照规定交纳的有关费用；

（二）建筑物，为建造费或者购进价格以及其他有关费用；

（三）土地使用权，为取得土地使用权所支付的金额、开发土地的费用以及其他有关费用；

（四）机器设备、车船，为购进价格、运输费、安装费以及其他有关费用。

其他财产，参照前款规定的方法确定财产原值。

纳税人未提供完整、准确的财产原值凭证，不能按照本条第一款规定的方法确定财产原值的，由主管税务机关核定财产原值。

个人所得税法第六条第一款第五项所称合理费用，是指卖出财产时按照规定支付的有关税费。

【注释】《个人所得税法》第六条。

第十七条 财产转让所得,按照一次转让财产的收入额减除财产原值和合理费用后的余额计算纳税。

第十八条 两个以上的个人共同取得同一项目收入的,应当对每个人取得的收入分别按照个人所得税法的规定计算纳税。

第十九条 个人所得税法第六条第三款所称个人将其所得对教育、扶贫、济困等公益慈善事业进行捐赠,是指个人将其所得通过中国境内的公益性社会组织、国家机关向教育、扶贫、济困等公益慈善事业的捐赠;所称应纳税所得额,是指计算扣除捐赠额之前的应纳税所得额。

【注释】《个人所得税法》第六条。

第二十条 居民个人从中国境内和境外取得的综合所得、经营所得,应当分别合并计算应纳税额;从中国境内和境外取得的其他所得,应当分别单独计算应纳税额。

第二十一条 个人所得税法第七条所称已在境外缴纳的个人所得税税额,是指居民个人来源于中国境外的所得,依照该所得来源国家(地区)的法律应当缴纳并且实际已经缴纳的所得税税额。

个人所得税法第七条所称纳税人境外所得依照本法规定计算的应纳税额,是居民个人抵免已在境外缴纳的综合所得、经营所得以及其他所得的所得税税额的限额(以下简称抵免限额)。除国务院财政、税务主管部门另有规定外,来源于中国境外一个国家(地区)的综合所得抵免限额、经营所得抵免限额以及其他所得抵免限额之和,为来源于该国家(地区)所得的抵免限额。

居民个人在中国境外一个国家(地区)实际已经缴纳的个人所得税税额,低于依照前款规定计算出的来源于该国家(地区)所得的抵免限额的,应当在中国缴纳差额部分的税款;超过来源于该国家(地区)所得的抵免限额的,其超过部分不得在本纳税年度的应纳税额中抵免,但是可以在以后纳税年度来源于该国家(地区)所得的抵免限额的余额中补扣。补扣期限最长不得超过五年。

【注释】《个人所得税法》第七条。

第二十二条 居民个人申请抵免已在境外缴纳的个人所得税税额,应当提供境外税务机关出具的税款所属年度的有关纳税凭证。

【注释】《个人所得税法》第七条。

第二十三条 个人所得税法第八条第二款规定的利息,应当按照税款所属纳税申报期最后一日中国人民银行公布的与补税期间同期的人民币贷款基准利率计算,自税款纳税申报期满次日起至补缴税款期限届满之日止按日加收。纳税人在补缴税款期限届满前补缴税款的,利息加收至补缴税款之日。

【注释】《个人所得税法》第八条。

第二十四条 扣缴义务人向个人支付应税款项时,应当依照个人所得税法规定预扣或者代扣税款,按时缴库,并专项记载备查。

前款所称支付,包括现金支付、汇拨支付、转账支付和以有价证券、实物以及其他形式的支付。

【注释】《个人所得税法》第九条;《个人所得税扣缴申报管理办法(试行)》(国家税务总局公告2018年第61号)。

第二十五条 取得综合所得需要办理汇算清缴的情形包括:

(一)从两处以上取得综合所得,且综合所得年收入额减除专项扣除的余额超过6万元;

（二）取得劳务报酬所得、稿酬所得、特许权使用费所得中一项或者多项所得，且综合所得年收入额减除专项扣除的余额超过6万元；

（三）纳税年度内预缴税额低于应纳税额；

（四）纳税人申请退税。

纳税人申请退税，应当提供其在中国境内开设的银行账户，并在汇算清缴地就地办理税款退库。

汇算清缴的具体办法由国务院税务主管部门制定。

【注释】《个人所得税法》第十条；《国家税务总局关于个人所得税自行纳税申报有关问题的公告》（国家税务总局公告2018年第62号）。

第二十六条 个人所得税法第十条第二款所称全员全额扣缴申报，是指扣缴义务人在代扣税款的次月十五日内，向主管税务机关报送其支付所得的所有个人的有关信息、支付所得数额、扣除事项和数额、扣缴税款的具体数额和总额以及其他相关涉税信息资料。

【注释】《个人所得税法》第十条；《个人所得税扣缴申报管理办法（试行）》（国家税务总局公告2018年第61号）。

第二十七条 纳税人办理纳税申报的地点以及其他有关事项的具体办法，由国务院税务主管部门制定。

【注释】《国家税务总局关于个人所得税自行纳税申报有关问题的公告》（国家税务总局公告2018年第62号）。

第二十八条 居民个人取得工资、薪金所得时，可以向扣缴义务人提供专项附加扣除有关信息，由扣缴义务人扣缴税款时减除专项附加扣除。纳税人同时从两处以上取得工资、薪金所得，并由扣缴义务人减除专项附加扣除的，对同一专项附加扣除项目，在一个纳税年度内只能选择从一处取得的所得中减除。

居民个人取得劳务报酬所得、稿酬所得、特许权使用费所得，应当在汇算清缴时向税务机关提供有关信息，减除专项附加扣除。

【注释】《国务院关于印发个人所得税专项附加扣除暂行办法的通知》（国发〔2018〕41号）；《个人所得税专项附加扣除操作办法（试行）》（国家税务总局公告2018年第60号）；《个人所得税扣缴申报管理办法（试行）》（国家税务总局公告2018年第61号）。

第二十九条 纳税人可以委托扣缴义务人或者其他单位和个人办理汇算清缴。

【注释】《个人所得税扣缴申报管理办法（试行）》（国家税务总局公告2018年第61号）。

第三十条 扣缴义务人应当按照纳税人提供的信息计算办理扣缴申报，不得擅自更改纳税人提供的信息。

纳税人发现扣缴义务人提供或者扣缴申报的个人信息、所得、扣缴税款等与实际情况不符的，有权要求扣缴义务人修改。扣缴义务人拒绝修改的，纳税人应当报告税务机关，税务机关应当及时处理。

纳税人、扣缴义务人应当按照规定保存与专项附加扣除相关的资料。税务机关可以对纳税人提供的专项附加扣除信息进行抽查，具体办法由国务院税务主管部门另行规定。税务机关发现纳税人提供虚假信息的，应当责令改正并通知扣缴义务人；情节严重的，有关部门应当依法予以处理，纳入信用信息系统并实施联合惩戒。

【注释】《国家税务总局关于全面实施新个人所得税法若干征管衔接问题的公告》（国家税务总局公告2018年第56号）；《个人所得税扣缴申报管理办法（试行）》（国家税

务总局公告 2018 年第 61 号）。

第三十一条　纳税人申请退税时提供的汇算清缴信息有错误的，税务机关应当告知其更正；纳税人更正的，税务机关应当及时办理退税。

扣缴义务人未将扣缴的税款解缴入库的，不影响纳税人按照规定申请退税，税务机关应当凭纳税人提供的有关资料办理退税。

【注释】《个人所得税扣缴申报管理办法（试行）》（国家税务总局公告 2018 年第 61 号）。

第三十二条　所得为人民币以外货币的，按照办理纳税申报或者扣缴申报的上一月最后一日人民币汇率中间价，折合成人民币计算应纳税所得额。年度终了后办理汇算清缴的，对已经按月、按季或者按次预缴税款的人民币以外货币所得，不再重新折算；对应当补缴税款的所得部分，按照上一纳税年度最后一日人民币汇率中间价，折合成人民币计算应纳税所得额。

第三十三条　税务机关按照个人所得税法第十七条的规定付给扣缴义务人手续费，应当填开退还书；扣缴义务人凭退还书，按照国库管理有关规定办理退库手续。

【注释】《个人所得税法》第十七条。

第三十四条　个人所得税纳税申报表、扣缴个人所得税报告表和个人所得税完税凭证式样，由国务院税务主管部门统一制定。

【注释】《国家税务总局关于个人所得税自行纳税申报有关问题的公告》（国家税务总局公告 2018 年第 62 号）。

第三十五条　军队人员个人所得税征收事宜，按照有关规定执行。

第三十六条　本条例自 2019 年 1 月 1 日起施行。

【注释】《财政部　税务总局关于个人所得税法修改后有关优惠政策衔接问题的通知》（财税〔2018〕164 号）；《财政部　税务总局关于继续有效的个人所得税优惠政策目录的公告》（财政部　税务总局公告 2018 年第 177 号）。

3. 国家税务总局关于个人终止投资经营收回款项征收个人所得税问题的公告

国家税务总局公告 2011 年第 41 号

根据《中华人民共和国个人所得税法》及其实施条例等规定，现对个人终止投资、联营、经营合作等行为收回款项征收个人所得税问题公告如下：

一、个人因各种原因终止投资、联营、经营合作等行为，从被投资企业或合作项目、被投资企业的其他投资者以及合作项目的经营合作人取得股权转让收入、违约金、补偿金、赔偿金及以其他名目收回的款项等，均属于个人所得税应税收入，应按照"财产转让所得"项目适用的规定计算缴纳个人所得税。

应纳税所得额的计算公式如下：

应纳税所得额＝个人取得的股权转让收入、违约金、补偿金、赔偿金及以其他名目收回款项合计数－原实际出资额（投入额）及相关税费

二、本公告有关个人所得税征管问题，按照《国家税务总局关于加强股权转让所得征收个人所得税管理的通知》（国税函〔2009〕285 号）执行。

本公告自发布之日起施行，此前未处理事项依据本公告处理。

特此公告。

国家税务总局
二〇一一年七月二十五日

4. 财政部　国家税务总局关于证券机构技术和制度准备完成后个人转让上市公司限售股有关个人所得税问题的通知

财税〔2011〕108号

各省、自治区、直辖市、计划单列市财政厅（局）、地方税务局，宁夏、西藏、青海省（自治区）国家税务局，新疆生产建设兵团财务局，上海、深圳证券交易所，中国证券登记结算公司，各证券公司：

根据《财政部　国家税务总局　证监会关于个人转让上市公司限售股所得征收个人所得税有关问题的通知》（财税〔2009〕167号）和《财政部　国家税务总局　证监会关于个人转让上市公司限售股所得征收个人所得税有关问题的补充通知》（财税〔2010〕70号）有关规定，为进一步完善个人转让上市公司限售股所得征收个人所得税办法，现就有关问题通知如下：

一、自2012年3月1日起，网上发行资金申购日在2012年3月1日（含）之后的首次公开发行上市公司（以下简称新上市公司）按照证券登记结算公司业务规定做好各项资料准备工作，在向证券登记结算公司申请办理股份初始登记时一并申报由个人限售股股东提供的有关限售股成本原值详细资料，以及会计师事务所或税务师事务所对该资料出具的鉴证报告。

限售股成本原值，是指限售股买入时的买入价及按照规定缴纳的有关税费。

二、新上市公司提供的成本原值资料和鉴证报告中应包括但不限于以下内容：证券持有人名称、有效身份证照号码、证券账户号码、新上市公司全称、持有新上市公司限售股数量、持有新上市公司限售股每股成本原值等。

新上市公司每位持有限售股的个人股东应仅申报一个成本原值。个人取得的限售股有不同成本的，应对所持限售股以每次取得股份数量为权重进行成本加权平均以计算出每股的成本原值，即：

分次取得限售股的加权平均成本 ＝ (第一次取得限售股的每股成本原值 × 第一次取得限售股的股份数量 ＋ ⋯ ＋ 第 n 次取得限售股的每股成本原值 × 第 n 次取得限售股的股份数量) ÷ 累计取得限售股的股份数量

三、证券登记结算公司收到新上市公司提供的相关资料后，应及时将有关成本原值数据植入证券结算系统。个人转让新上市公司限售股的，证券登记结算公司根据实际转让收入和植入证券结算系统的标的限售股成本原值，以实际转让收入减去成本原值和合理税费后的余额，适用20%税率，直接计算需扣缴的个人所得税额。

合理税费是指转让限售股过程中发生的印花税、佣金、过户费等与交易相关的税费。

四、新上市公司在申请办理股份初始登记时，确实无法提供有关成本原值资料和鉴证报告的，证券登记结算公司在完成股份初始登记后，将不再接受新上市公司申报有关成本原值资料和鉴证报告，并按规定以实际转让收入的 15% 核定限售股成本原值和合理税费。

五、个人在证券登记结算公司以非交易过户方式办理应纳税未解禁限售股过户登记的，受让方所取得限售股的成本原值按照转让方完税凭证、《限售股转让所得个人所得税清算申报表》等材料确定的转让价格进行确定；如转让方证券账户为机构账户，在受让方再次转让该限售股时，以受让方实际转让收入的 15% 核定其转让限售股的成本原值和合理税费。

六、对采取自行纳税申报方式的纳税人，其个人转让限售股不需要纳税或应纳税额为零的，纳税人应持经主管税务机关审核确认并加盖受理印章的《限售股转让所得个人所得税清算申报表》原件，到证券登记结算公司办理限售股过户手续。未提供原件的，证券登记结算公司不予办理过户手续。

七、对于个人持有的新上市公司未解禁限售股被司法扣划至其他个人证券账户，如国家有权机关要求强制执行但未能提供完税凭证等材料，证券登记结算公司在履行告知义务后予以协助执行，并在受让方转让该限售股时，以其实际转让收入的 15% 核定其转让限售股的成本原值和合理税费。

八、证券公司应将每月所扣个人所得税款，于次月 15 日内缴入国库，并向当地主管税务机关报送《限售股转让所得扣缴个人所得税报告表》及税务机关要求报送的其他资料。

九、对个人转让新上市公司限售股，按财税〔2010〕70 号文件规定，需纳税人自行申报纳税的，继续按照原规定以及本通知第六、七条的相关规定执行。

请遵照执行。

财政部　国家税务总局
二〇一一年十二月三十日

5. 财政部　国家税务总局关于工伤职工取得的工伤保险待遇有关个人所得税政策的通知

财税〔2012〕40 号

各省、自治区、直辖市、计划单列市财政厅（局）、地方税务局，新疆生产建设兵团财务局：

为贯彻落实《工伤保险条例》（国务院令第 586 号），根据个人所得税法第四条中"经国务院财政部门批准免税的所得"的规定，现就工伤职工取得的工伤保险待遇有关个人所得税政策通知如下：

一、对工伤职工及其近亲属按照《工伤保险条例》（国务院令第 586 号）规定取得的工伤保险待遇，免征个人所得税。

二、本通知第一条所称的工伤保险待遇，包括工伤职工按照《工伤保险条例》（国务院令第 586 号）规定取得的一次性伤残补助金、伤残津贴、一次性工伤医疗补助金、一次性伤残就业补助金、工伤医疗待遇、住院伙食补助费、外地就医交通食宿费用、工伤康复费用、辅助器具费用、生活护理费等，以及职工因工死亡，其近亲属按照《工伤保险条例》（国务院令第 586 号）规定取得的丧葬补助金、供养亲属抚恤金和一次性工亡补助金等。

三、本通知自 2011 年 1 月 1 日起执行。对 2011 年 1 月 1 日之后已征税款，由纳税人向主管税务机关提出申请，主管税务机关按相关规定予以退还。

财政部　国家税务总局

二〇一二年五月三日

6. 国家税务总局关于律师事务所从业人员有关个人所得税问题的公告

国家税务总局公告 2012 年第 53 号

现对律师事务所从业人员有关个人所得税问题公告如下：

一、《国家税务总局关于律师事务所从业人员取得收入征收个人所得税有关业务问题的通知》（国税发〔2000〕149 号）第五条第二款规定的作为律师事务所雇员的律师从其分成收入中扣除办理案件支出费用的标准，由现行在律师当月分成收入的 30% 比例内确定，调整为 35% 比例内确定。

实行上述收入分成办法的律师办案费用不得在律师事务所重复列支。前款规定自 2013 年 1 月 1 日至 2015 年 12 月 31 日执行。

二、废止国税发〔2000〕149 号第八条的规定，律师从接受法律事务服务的当事人处取得法律顾问费或其他酬金等收入，应并入其从律师事务所取得的其他收入，按照规定计算缴纳个人所得税。

三、合伙人律师在计算应纳税所得额时，应凭合法有效凭据按照个人所得税法和有关规定扣除费用；对确实不能提供合法有效凭据而实际发生与业务有关的费用，经当事人签名确认后，可再按下列标准扣除费用：个人年营业收入不超过 50 万元的部分，按 8% 扣除；个人年营业收入超过 50 万元至 100 万元的部分，按 6% 扣除；个人年营业收入超过 100 万元的部分，按 5% 扣除。

不执行查账征收的，不适用前款规定。前款规定自 2013 年 1 月 1 日至 2015 年 12 月 31 日执行。

四、律师个人承担的按照律师协会规定参加的业务培训费用，可据实扣除。

五、律师事务所和律师个人发生的其他费用和列支标准，按照《国家税务总局关于印发〈个体工商户个人所得税计税办法（试行）〉的通知》（国税发〔1997〕43 号）等文件的规定执行。

六、本公告自 2013 年 1 月 1 日起执行。

特此公告。

国家税务总局

2012 年 12 月 7 日

7. 国家税务总局关于个人投资者收购企业股权后将原盈余积累转增股本个人所得税问题的公告

国家税务总局公告2013年第23号

根据《中华人民共和国个人所得税法》及有关规定,对个人投资者收购企业股权后,将企业原有盈余积累转增股本有关个人所得税问题公告如下:

一、1名或多名个人投资者以股权收购方式取得被收购企业100%股权,股权收购前,被收购企业原账面金额中的"资本公积、盈余公积、未分配利润"等盈余积累未转增股本,而在股权交易时将其一并计入股权转让价格并履行了所得税纳税义务。股权收购后,企业将原账面金额中的盈余积累向个人投资者(新股东,下同)转增股本,有关个人所得税问题区分以下情形处理:

(一)新股东以不低于净资产价格收购股权的,企业原盈余积累已全部计入股权交易价格,新股东取得盈余积累转增股本的部分,不征收个人所得税。

(二)新股东以低于净资产价格收购股权的,企业原盈余积累中,对于股权收购价格减去原股本的差额部分已经计入股权交易价格,新股东取得盈余积累转增股本的部分,不征收个人所得税;对于股权收购价格低于原所有者权益的差额部分未计入股权交易价格,新股东取得盈余积累转增股本的部分,应按照"利息、股息、红利所得"项目征收个人所得税。

新股东以低于净资产价格收购企业股权后转增股本,应按照下列顺序进行,即:先转增应税的盈余积累部分,然后再转增免税的盈余积累部分。

二、新股东将所持股权转让时,其财产原值为其收购企业股权实际支付的对价及相关税费。

三、企业发生股权交易及转增股本等事项后,应在次月15日内,将股东及其股权变化情况、股权交易前原账面记载的盈余积累数额、转增股本数额及扣缴税款情况报告主管税务机关。

四、本公告自发布后30日起施行。此前尚未处理的涉税事项按本公告执行。

特此公告。

国家税务总局
2013年5月7日

8. 国家税务总局关于个体工商户、个人独资企业和合伙企业个人所得税问题的公告

国家税务总局公告2014年第25号

为规范个人所得税征收管理,根据个人所得税法规定,现就个体工商户、个人独资企业

和合伙企业有关个人所得税问题公告如下：

个体工商户、个人独资企业和合伙企业因在纳税年度中间开业、合并、注销及其他原因，导致该纳税年度的实际经营期不足 1 年的，对个体工商户业主、个人独资企业投资者和合伙企业自然人合伙人的生产经营所得计算个人所得税时，以其实际经营期为一个纳税年度。投资者本人的费用扣除标准，应按照其实际经营月份数，以每月 3 500 元的减除标准确定。计算公式如下：

应纳税所得额＝该年度收入总额－成本、费用及损失－当年投资者本人的费用扣除额

当年投资者本人的费用扣除额＝月减除费用（3 500 元/月）× 当年实际经营月份数

应纳税额＝应纳税所得额 × 税率－速算扣除数

本公告自发布之日起施行。2014 年度个体工商户、个人独资企业和合伙企业生产经营所得的个人所得税计算，适用本公告。

特此公告。

国家税务总局
2014 年 4 月 23 日

9. 财政部　国家税务总局　证监会关于沪港股票市场交易互联互通机制试点有关税收政策的通知

财税〔2014〕81 号

各省、自治区、直辖市、计划单列市财政厅（局）、国家税务局、地方税务局，新疆生产建设兵团财务局，上海、深圳证券交易所，中国证券登记结算公司：

经国务院批准，现就沪港股票市场交易互联互通机制试点涉及的有关税收政策问题明确如下：

一、关于内地投资者通过沪港通投资香港联合交易所有限公司（以下简称香港联交所）上市股票的所得税问题

（一）内地个人投资者通过沪港通投资香港联交所上市股票的转让差价所得税。

对内地个人投资者通过沪港通投资香港联交所上市股票取得的转让差价所得，自 2014 年 11 月 17 日起至 2017 年 11 月 16 日止，暂免征收个人所得税。

（二）内地企业投资者通过沪港通投资香港联交所上市股票的转让差价所得税。

对内地企业投资者通过沪港通投资香港联交所上市股票取得的转让差价所得，计入其收入总额，依法征收企业所得税。

（三）内地个人投资者通过沪港通投资香港联交所上市股票的股息红利所得税。

对内地个人投资者通过沪港通投资香港联交所上市 H 股取得的股息红利，H 股公司应向中国证券登记结算有限责任公司（以下简称中国结算）提出申请，由中国结算向 H 股公司提供内地个人投资者名册，H 股公司按照 20% 的税率代扣个人所得税。内地个人投资者通过沪港通投资香港联交所上市的非 H 股取得的股息红利，由中国结算按照 20% 的税率代扣个人所得税。个人投资者在国外已缴纳的预提税，可持有效扣税凭证到中国结算的主管税务机关申请税收抵免。

对内地证券投资基金通过沪港通投资香港联交所上市股票取得的股息红利所得，按照上述规定计征个人所得税。

（四）内地企业投资者通过沪港通投资香港联交所上市股票的股息红利所得税。

1. 对内地企业投资者通过沪港通投资香港联交所上市股票取得的股息红利所得，计入其收入总额，依法计征企业所得税。其中，内地居民企业连续持有H股满12个月取得的股息红利所得，依法免征企业所得税。

2. 香港联交所上市H股公司应向中国结算提出申请，由中国结算向H股公司提供内地企业投资者名册，H股公司对内地企业投资者不代扣股息红利所得税款，应纳税款由企业自行申报缴纳。

3. 内地企业投资者自行申报缴纳企业所得税时，对香港联交所非H股上市公司已代扣代缴的股息红利所得税，可依法申请税收抵免。

二、关于香港市场投资者通过沪港通投资上海证券交易所（以下简称上交所）上市A股的所得税问题

1. 对香港市场投资者（包括企业和个人）投资上交所上市A股取得的转让差价所得，暂免征收所得税。

2. 对香港市场投资者（包括企业和个人）投资上交所上市A股取得的股息红利所得，在香港中央结算有限公司（以下简称香港结算）不具备向中国结算提供投资者的身份及持股时间等明细数据的条件之前，暂不执行按持股时间实行差别化征税政策，由上市公司按照10%的税率代扣所得税，并向其主管税务机关办理扣缴申报。对于香港投资者中属于其他国家税收居民且其所在国与中国签订的税收协定规定股息红利所得税率低于10%的，企业或个人可以自行或委托代扣代缴义务人，向上市公司主管税务机关提出享受税收协定待遇的申请，主管税务机关审核后，应按已征税款和根据税收协定税率计算的应纳税款的差额予以退税。

三、关于内地和香港市场投资者通过沪港通买卖股票的营业税问题

1. 对香港市场投资者（包括单位和个人）通过沪港通买卖上交所上市A股取得的差价收入，暂免征收营业税。

2. 对内地个人投资者通过沪港通买卖香港联交所上市股票取得的差价收入，按现行政策规定暂免征收营业税。

3. 对内地单位投资者通过沪港通买卖香港联交所上市股票取得的差价收入，按现行政策规定征免营业税。

四、关于内地和香港市场投资者通过沪港通转让股票的证券（股票）交易印花税问题

香港市场投资者通过沪港通买卖、继承、赠与上交所上市A股，按照内地现行税制规定缴纳证券（股票）交易印花税。内地投资者通过沪港通买卖、继承、赠与联交所上市股票，按照香港特别行政区现行税法规定缴纳印花税。

中国结算和香港结算可互相代收上述税款。

五、本通知自2014年11月17日起执行。

财政部　国家税务总局　证监会

2014年10月31日

10. 国家税务总局关于发布《股权转让所得个人所得税管理办法（试行）》的公告

国家税务总局公告 2014 年第 67 号

现将《股权转让所得个人所得税管理办法（试行）》予以发布，自 2015 年 1 月 1 日起施行。

特此公告。

国家税务总局
2014 年 12 月 7 日

股权转让所得个人所得税管理办法（试行）

第一章 总 则

第一条 为加强股权转让所得个人所得税征收管理，规范税务机关、纳税人和扣缴义务人征纳行为，维护纳税人合法权益，根据《中华人民共和国个人所得税法》及其实施条例、《中华人民共和国税收征收管理法》及其实施细则，制定本办法。

第二条 本办法所称股权是指自然人股东（以下简称个人）投资于在中国境内成立的企业或组织（以下统称被投资企业，不包括个人独资企业和合伙企业）的股权或股份。

第三条 本办法所称股权转让是指个人将股权转让给其他个人或法人的行为，包括以下情形：

（一）出售股权；

（二）公司回购股权；

（三）发行人首次公开发行新股时，被投资企业股东将其持有的股份以公开发行方式一并向投资者发售；

（四）股权被司法或行政机关强制过户；

（五）以股权对外投资或进行其他非货币性交易；

（六）以股权抵偿债务；

（七）其他股权转移行为。

第四条 个人转让股权，以股权转让收入减除股权原值和合理费用后的余额为应纳税所得额，按"财产转让所得"缴纳个人所得税。

合理费用是指股权转让时按照规定支付的有关税费。

第五条 个人股权转让所得个人所得税，以股权转让方为纳税人，以受让方为扣缴义务人。

第六条 扣缴义务人应于股权转让相关协议签订后 5 个工作日内，将股权转让的有关情况报告主管税务机关。

被投资企业应当详细记录股东持有本企业股权的相关成本，如实向税务机关提供与股权转让有关的信息，协助税务机关依法执行公务。

第二章 股权转让收入的确认

第七条 股权转让收入是指转让方因股权转让而获得的现金、实物、有价证券和其他形式的经济利益。

第八条 转让方取得与股权转让相关的各种款项，包括违约金、补偿金以及其他名目的款项、资产、权益等，均应当并入股权转让收入。

第九条 纳税人按照合同约定，在满足约定条件后取得的后续收入，应当作为股权转让收入。

第十条 股权转让收入应当按照公平交易原则确定。

第十一条 符合下列情形之一的，主管税务机关可以核定股权转让收入：

（一）申报的股权转让收入明显偏低且无正当理由的；

（二）未按照规定期限办理纳税申报，经税务机关责令限期申报，逾期仍不申报的；

（三）转让方无法提供或拒不提供股权转让收入的有关资料的；

（四）其他应核定股权转让收入的情形。

第十二条 符合下列情形之一，视为股权转让收入明显偏低：

（一）申报的股权转让收入低于股权对应的净资产份额的。其中，被投资企业拥有土地使用权、房屋、房地产企业未销售房产、知识产权、探矿权、采矿权、股权等资产的，申报的股权转让收入低于股权对应的净资产公允价值份额的；

（二）申报的股权转让收入低于初始投资成本或低于取得该股权所支付的价款及相关税费的；

（三）申报的股权转让收入低于相同或类似条件下同一企业同一股东或其他股东股权转让收入的；

（四）申报的股权转让收入低于相同或类似条件下同类行业的企业股权转让收入的；

（五）不具合理性的无偿让渡股权或股份；

（六）主管税务机关认定的其他情形。

第十三条 符合下列条件之一的股权转让收入明显偏低，视为有正当理由：

（一）能出具有效文件，证明被投资企业因国家政策调整，生产经营受到重大影响，导致低价转让股权；

（二）继承或将股权转让给其能提供具有法律效力身份关系证明的配偶、父母、子女、祖父母、外祖父母、孙子女、外孙子女、兄弟姐妹以及对转让人承担直接抚养或者赡养义务的抚养人或者赡养人；

（三）相关法律、政府文件或企业章程规定，并有相关资料充分证明转让价格合理且真实的本企业员工持有的不能对外转让股权的内部转让；

（四）股权转让双方能够提供有效证据证明其合理性的其他合理情形。

第十四条 主管税务机关应依次按照下列方法核定股权转让收入：

（一）净资产核定法。

股权转让收入按照每股净资产或股权对应的净资产份额核定。

被投资企业的土地使用权、房屋、房地产企业未销售房产、知识产权、探矿权、采矿权、股权等资产占企业总资产比例超过20%的，主管税务机关可参照纳税人提供的具有法定资质的中介机构出具的资产评估报告核定股权转让收入。

6个月内再次发生股权转让且被投资企业净资产未发生重大变化的，主管税务机关可参照上一次股权转让时被投资企业的资产评估报告核定此次股权转让收入。

（二）类比法。

1.参照相同或类似条件下同一企业同一股东或其他股东股权转让收入核定；

2.参照相同或类似条件下同类行业企业股权转让收入核定。

（三）其他合理方法。

主管税务机关采用以上方法核定股权转让收入存在困难的，可以采取其他合理方法核定。

第三章 股权原值的确认

第十五条 个人转让股权的原值依照以下方法确认：

（一）以现金出资方式取得的股权，按照实际支付的价款与取得股权直接相关的合理税费之和确认股权原值；

（二）以非货币性资产出资方式取得的股权，按照税务机关认可或核定的投资入股时非货币性资产价格与取得股权直接相关的合理税费之和确认股权原值；

（三）通过无偿让渡方式取得股权，具备本办法第十三条第二项所列情形的，按取得股权发生的合理税费与原持有人的股权原值之和确认股权原值；

（四）被投资企业以资本公积、盈余公积、未分配利润转增股本，个人股东已依法缴纳个人所得税的，以转增额和相关税费之和确认其新转增股本的股权原值；

（五）除以上情形外，由主管税务机关按照避免重复征收个人所得税的原则合理确认股权原值。

第十六条 股权转让人已被主管税务机关核定股权转让收入并依法征收个人所得税的，该股权受让人的股权原值以取得股权时发生的合理税费与股权转让人被主管税务机关核定的股权转让收入之和确认。

第十七条 个人转让股权未提供完整、准确的股权原值凭证，不能正确计算股权原值的，由主管税务机关核定其股权原值。

第十八条 对个人多次取得同一被投资企业股权的，转让部分股权时，采用"加权平均法"确定其股权原值。

第四章 纳 税 申 报

第十九条 个人股权转让所得个人所得税以被投资企业所在地税务机关为主管税务机关。

第二十条 具有下列情形之一的，扣缴义务人、纳税人应当依法在次月15日内向主管税务机关申报纳税：

（一）受让方已支付或部分支付股权转让价款的；

（二）股权转让协议已签订生效的；

（三）受让方已经实际履行股东职责或者享受股东权益的；

（四）国家有关部门判决、登记或公告生效的；

（五）本办法第三条第四至第七项行为已完成的；

（六）税务机关认定的其他有证据表明股权已发生转移的情形。

第二十一条 纳税人、扣缴义务人向主管税务机关办理股权转让纳税（扣缴）申报时，还应当报送以下资料：

（一）股权转让合同（协议）；

（二）股权转让双方身份证明；

（三）按规定需要进行资产评估的，需提供具有法定资质的中介机构出具的净资产或土地房产等资产价值评估报告；

（四）计税依据明显偏低但有正当理由的证明材料；

（五）主管税务机关要求报送的其他材料。

第二十二条 被投资企业应当在董事会或股东会结束后5个工作日内，向主管税务机关报送与股权变动事项相关的董事会或股东会决议、会议纪要等资料。

被投资企业发生个人股东变动或者个人股东所持股权变动的，应当在次月15日内向主管税务机关报送含有股东变动信息的《个人所得税基础信息表（A表）》及股东变更情况说明。

主管税务机关应当及时向被投资企业核实其股权变动情况，并确认相关转让所得，及时督促扣缴义务人和纳税人履行法定义务。

第二十三条 转让的股权以人民币以外的货币结算的，按照结算当日人民币汇率中间价，折算成人民币计算应纳税所得额。

第五章 征收管理

第二十四条 税务机关应加强与工商部门合作，落实和完善股权信息交换制度，积极开展股权转让信息共享工作。

第二十五条 税务机关应当建立股权转让个人所得税电子台账，将个人股东的相关信息录入征管信息系统，强化对每次股权转让间股权转让收入和股权原值的逻辑审核，对股权转让实施链条式动态管理。

第二十六条 税务机关应当加强对股权转让所得个人所得税的日常管理和税务检查，积极推进股权转让各税种协同管理。

第二十七条 纳税人、扣缴义务人及被投资企业未按照规定期限办理纳税（扣缴）申报和报送相关资料的，依照《中华人民共和国税收征收管理法》及其实施细则有关规定处理。

第二十八条 各地可通过政府购买服务的方式，引入中介机构参与股权转让过程中相关资产的评估工作。

第六章 附　则

第二十九条 个人在上海证券交易所、深圳证券交易所转让从上市公司公开发行和转让市场取得的上市公司股票，转让限售股，以及其他有特别规定的股权转让，不适用本办法。

第三十条 各省、自治区、直辖市和计划单列市税务局可以根据本办法，结合本地实际，制定具体实施办法。

第三十一条 本办法自2015年1月1日起施行。《国家税务总局关于加强股权转让所得征收个人所得税管理的通知》（国税函〔2009〕285号）、《国家税务总局关于股权转让个人所得税计税依据核定问题的公告》（国家税务总局公告2010年第27号）同时废止。

11. 财政部　国家税务总局关于个人非货币性资产投资有关个人所得税政策的通知

财税〔2015〕41号

各省、自治区、直辖市、计划单列市财政厅（局）、地方税务局，新疆生产建设兵团财务局：

为进一步鼓励和引导民间个人投资，经国务院批准，将在上海自由贸易试验区试点的个人非货币性资产投资分期缴税政策推广至全国。现就个人非货币性资产投资有关个人所得税政策通知如下：

一、个人以非货币性资产投资，属于个人转让非货币性资产和投资同时发生。对个人转让非货币性资产的所得，应按照"财产转让所得"项目，依法计算缴纳个人所得税。

二、个人以非货币性资产投资，应按评估后的公允价值确认非货币性资产转让收入。非货币性资产转让收入减除该资产原值及合理税费后的余额为应纳税所得额。

个人以非货币性资产投资，应于非货币性资产转让、取得被投资企业股权时，确认非货币性资产转让收入的实现。

三、个人应在发生上述应税行为的次月15日内向主管税务机关申报纳税。纳税人一次性缴税有困难的，可合理确定分期缴纳计划并报主管税务机关备案后，自发生上述应税行为之日起不超过5个公历年度内（含）分期缴纳个人所得税。

四、个人以非货币性资产投资交易过程中取得现金补价的，现金部分应优先用于缴税；现金不足以缴纳的部分，可分期缴纳。

个人在分期缴税期间转让其持有的上述全部或部分股权，并取得现金收入的，该现金收入应优先用于缴纳尚未缴清的税款。

五、本通知所称非货币性资产，是指现金、银行存款等货币性资产以外的资产，包括股权、不动产、技术发明成果以及其他形式的非货币性资产。

本通知所称非货币性资产投资，包括以非货币性资产出资设立新的企业，以及以非货币性资产出资参与企业增资扩股、定向增发股票、股权置换、重组改制等投资行为。

六、本通知规定的分期缴税政策自2015年4月1日起施行。对2015年4月1日之前发生的个人非货币性资产投资，尚未进行税收处理且自发生上述应税行为之日起期限未超过5年的，可在剩余的期限内分期缴纳其应纳税款。

财政部　国家税务总局
2015年3月30日

12. 国家税务总局关于个人非货币性资产投资有关个人所得税征管问题的公告

国家税务总局公告2015年第20号

为落实国务院第83次常务会议决定，鼓励和引导民间个人投资，根据《中华人民共和国个人所得税法》及其实施条例、《中华人民共和国税收征收管理法》及其实施细则、《财政部　国家税务总局关于个人非货币性资产投资有关个人所得税政策的通知》（财税〔2015〕41号）规定，现就落实个人非货币性资产投资有关个人所得税征管问题公告如下：

一、非货币性资产投资个人所得税以发生非货币性资产投资行为并取得被投资企业股权的个人为纳税人。

二、非货币性资产投资个人所得税由纳税人向主管税务机关自行申报缴纳。

三、纳税人以不动产投资的，以不动产所在地税务机关为主管税务机关；纳税人以其持有的企业股权对外投资的，以该企业所在地税务机关为主管税务机关；纳税人以其他非货币资产投资的，以被投资企业所在地税务机关为主管税务机关。

四、纳税人非货币性资产投资应纳税所得额为非货币性资产转让收入减除该资产原值及合理税费后的余额。

五、非货币性资产原值为纳税人取得该项资产时实际发生的支出。

纳税人无法提供完整、准确的非货币性资产原值凭证，不能正确计算非货币性资产原值的，主管税务机关可依法核定其非货币性资产原值。

六、合理税费是指纳税人在非货币性资产投资过程中发生的与资产转移相关的税金及合理费用。

七、纳税人以股权投资的，该股权原值确认等相关问题依照《股权转让所得个人所得税管理办法（试行）》（国家税务总局公告2014年第67号发布）有关规定执行。

八、纳税人非货币性资产投资需要分期缴纳个人所得税的，应于取得被投资企业股权之日的次月15日内，自行制定缴税计划并向主管税务机关报送《非货币性资产投资分期缴纳个人所得税备案表》（见附件）、纳税人身份证明、投资协议、非货币性资产评估价格证明材料、能够证明非货币性资产原值及合理税费的相关资料。

2015年4月1日之前发生的非货币性资产投资，期限未超过5年，尚未进行税收处理且需要分期缴纳个人所得税的，纳税人应于本公告下发之日起30日内向主管税务机关办理分期缴税备案手续。

九、纳税人分期缴税期间提出变更原分期缴税计划的，应重新制定分期缴税计划并向主管税务机关重新报送《非货币性资产投资分期缴纳个人所得税备案表》。

十、纳税人按分期缴税计划向主管税务机关办理纳税申报时，应提供已在主管税务机关备案的《非货币性资产投资分期缴纳个人所得税备案表》和本期之前各期已缴纳个人所得税的完税凭证。

十一、纳税人在分期缴税期间转让股权的，应于转让股权之日的次月15日内向主管税务机关申报纳税。

十二、被投资企业应将纳税人以非货币性资产投入本企业取得股权和分期缴税期间纳税人股权变动情况，分别于相关事项发生后15日内向主管税务机关报告，并协助税务机关执行公务。

十三、纳税人和被投资企业未按规定备案、缴税和报送资料的，按照《中华人民共和国税收征收管理法》及有关规定处理。

十四、本公告自2015年4月1日起施行。

特此公告。

附件：《非货币性资产投资分期缴纳个人所得税备案表》及填报说明（略）。

国家税务总局
2015年4月8日

13. 国家税务总局关于建筑安装业跨省异地工程作业人员个人所得税征收管理问题的公告

国家税务总局公告2015年第52号

为规范和加强建筑安装业跨省（自治区、直辖市和计划单列市，下同）异地工程作业人

员个人所得税征收管理,根据《中华人民共和国个人所得税法》等相关法律法规规定,现就有关问题公告如下:

一、总承包企业、分承包企业派驻跨省异地工程项目的管理人员、技术人员和其他工作人员在异地工作期间的工资、薪金所得个人所得税,由总承包企业、分承包企业依法代扣代缴并向工程作业所在地税务机关申报缴纳。

总承包企业和分承包企业通过劳务派遣公司聘用劳务人员跨省异地工作期间的工资、薪金所得个人所得税,由劳务派遣公司依法代扣代缴并向工程作业所在地税务机关申报缴纳。

二、跨省异地施工单位应就其所支付的工程作业人员工资、薪金所得,向工程作业所在地税务机关办理全员全额扣缴明细申报。凡实行全员全额扣缴明细申报的,工程作业所在地税务机关不得核定征收个人所得税。

三、总承包企业、分承包企业和劳务派遣公司机构所在地税务机关需要掌握异地工程作业人员工资、薪金所得个人所得税缴纳情况的,工程作业所在地税务机关应及时提供。总承包企业、分承包企业和劳务派遣公司机构所在地税务机关不得对异地工程作业人员已纳税工资、薪金所得重复征税。两地税务机关应加强沟通协调,切实维护纳税人权益。

四、建筑安装业省内异地施工作业人员个人所得税征收管理参照本公告执行。

五、本公告自2015年9月1日起施行。《国家税务总局关于印发〈建筑安装业个人所得税征收管理暂行办法〉的通知》(国税发〔1996〕127号)第十一条规定同时废止。

特此公告。

国家税务总局
2015年7月20日

14. 国家税务总局关于股权奖励和转增股本个人所得税征管问题的公告

国家税务总局公告2015年第80号

为贯彻落实《财政部 国家税务总局关于将国家自主创新示范区有关税收试点政策推广到全国范围实施的通知》(财税〔2015〕116号)规定,现就股权奖励和转增股本个人所得税征管有关问题公告如下:

一、关于股权奖励

(一)股权奖励的计税价格参照获得股权时的公平市场价格确定,具体按以下方法确定:

1. 上市公司股票的公平市场价格,按照取得股票当日的收盘价确定。取得股票当日为非交易时间的,按照上一个交易日收盘价确定。

2. 非上市公司股权的公平市场价格,依次按照净资产法、类比法和其他合理方法确定。

(二)计算股权奖励应纳税额时,规定月份数按员工在企业的实际工作月份数确定。员工在企业工作月份数超过12个月的,按12个月计算。

二、关于转增股本

(一)非上市及未在全国中小企业股份转让系统挂牌的中小高新技术企业以未分配利润、盈余公积、资本公积向个人股东转增股本,并符合财税〔2015〕116号文件有关规定的,纳税人可分期缴纳个人所得税；非上市及未在全国中小企业股份转让系统挂牌的其他企业转增股本，应及时代扣代缴个人所得税。

（二）上市公司或在全国中小企业股份转让系统挂牌的企业转增股本（不含以股票发行溢价形成的资本公积转增股本），按现行有关股息红利差别化政策执行。

三、关于备案办理

（一）获得股权奖励的企业技术人员、企业转增股本涉及的股东需要分期缴纳个人所得税的，应自行制定分期缴税计划，由企业于发生股权奖励、转增股本的次月15日内，向主管税务机关办理分期缴税备案手续。

办理股权奖励分期缴税，企业应向主管税务机关报送高新技术企业认定证书、股东大会或董事会决议、《个人所得税分期缴纳备案表（股权奖励）》、相关技术人员参与技术活动的说明材料、企业股权奖励计划、能够证明股权或股票价格的有关材料、企业转化科技成果的说明、最近一期企业财务报表等。

办理转增股本分期缴税，企业应向主管税务机关报送高新技术企业认定证书、股东大会或董事会决议、《个人所得税分期缴纳备案表（转增股本）》、上年度及转增股本当月企业财务报表、转增股本有关情况说明等。

高新技术企业认定证书、股东大会或董事会决议的原件，主管税务机关进行形式审核后退还企业，复印件及其他有关资料税务机关留存。

（二）纳税人分期缴税期间需要变更原分期缴税计划的，应重新制定分期缴税计划，由企业向主管税务机关重新报送《个人所得税分期缴纳备案表》。

四、关于代扣代缴

（一）企业在填写《扣缴个人所得税报告表》时，应将纳税人取得股权奖励或转增股本情况单独填列，并在"备注"栏中注明"股权奖励"或"转增股本"字样。

（二）纳税人在分期缴税期间取得分红或转让股权的，企业应及时代扣股权奖励或转增股本尚未缴清的个人所得税，并于次月15日内向主管税务机关申报纳税。

本公告自2016年1月1日起施行。

特此公告。

附件：1.《个人所得税分期缴纳备案表（股权奖励）》及填报说明（略）。
2.《个人所得税分期缴纳备案表（转增股本）》及填报说明（略）。

国家税务总局
2015年11月16日

15. 国家税务总局 证监会关于上市公司股息红利差别化个人所得税政策有关问题的通知

财税〔2015〕101号

各省、自治区、直辖市、计划单列市财政厅（局）、国家税务局、地方税务局，新疆生产建设兵团财务局，上海、深圳证券交易所，全国中小企业股份转让系统有限责任公司，中国证券登记结算公司：

经国务院批准，现就上市公司股息红利差别化个人所得税政策等有关问题通知如下：

一、个人从公开发行和转让市场取得的上市公司股票，持股期限超过1年的，股息红利所得暂免征收个人所得税。

个人从公开发行和转让市场取得的上市公司股票，持股期限在1个月以内（含1个月）的，其股息红利所得全额计入应纳税所得额；持股期限在1个月以上至1年（含1年）的，暂减按50%计入应纳税所得额；上述所得统一适用20%的税率计征个人所得税。

二、上市公司派发股息红利时，对个人持股1年以内（含1年）的，上市公司暂不扣缴个人所得税；待个人转让股票时，证券登记结算公司根据其持股期限计算应纳税额，由证券公司等股份托管机构从个人资金账户中扣收并划付证券登记结算公司，证券登记结算公司应于次月5个工作日内划付上市公司，上市公司在收到税款当月的法定申报期内向主管税务机关申报缴纳。

三、上市公司股息红利差别化个人所得税政策其他有关操作事项，按照《财政部　国家税务总局　证监会关于实施上市公司股息红利差别化个人所得税政策有关问题的通知》（财税〔2012〕85号）的相关规定执行。

四、……

【注释】第四条废止，参见《财政部　税务总局　证监会关于继续实施全国中小企业股份转让系统挂牌公司股息红利差别化个人所得税政策的公告》（财政部公告2019年第78号）。

五、本通知自2015年9月8日起施行。

上市公司派发股息红利，股权登记日在2015年9月8日之后的，股息红利所得按照本通知的规定执行。本通知实施之日个人投资者证券账户已持有的上市公司股票，其持股时间自取得之日起计算。

财政部　国家税务总局　证监会
2015年9月7日

16. 关于《国家税务总局关于进一步简化和规范个人无偿赠与或受赠不动产免征营业税、个人所得税所需证明资料的公告》的解读

一、公告背景

为加强对个人无偿赠与或受赠不动产免征营业税、个人所得税的管理，近年来，财政部、国家税务总局先后制发了多个文件，就办理免税手续所需的证明资料进行了明确。执行中，由于两个税种所要求提供的免税证明资料存在差异，且可供纳税人选择的证明方式不多，给纳税人办理免税手续带来了不便。纳税人希望能够统一两个税种的免税证明资料，并尽可能明确多种形式的证明资料以供选择。为满足纳税人的合理需求，全面贯彻落实国务院关于简政放权、方便群众办事的精神，国家税务总局在综合梳理相关文件的基础上，对个人无偿赠与或受赠不动产免征营业税、个人所得税所需提供的证明资料进行了简化和规范，并制发本公告。

二、公告内容

（一）应报送的基本资料

纳税人在办理个人无偿赠与或受赠不动产免征营业税、个人所得税手续时，应报送

《个人无偿赠与不动产登记表》、双方当事人的身份证明原件及复印件（继承或接受遗赠的，只需提供继承人或接受遗赠人的身份证明原件及复印件）、房屋所有权证原件及复印件。

（二）区分不同情形应报送的资料

属于以下四类情形之一的，纳税人还应分别提交相应证明资料：

1. 离婚分割财产的，应当提交：

（1）离婚协议或者人民法院判决书或者人民法院调解书原件及复印件；

（2）离婚证原件及复印件。

2. 亲属之间无偿赠与的，应当提交：

（1）无偿赠与配偶的，提交结婚证原件及复印件；

（2）无偿赠与父母、子女、祖父母、外祖父母、孙子女、外孙子女、兄弟姐妹的，提交户口簿或者出生证明或者人民法院判决书或者人民法院调解书或者其他部门（有资质的机构）出具的能够证明双方亲属关系的证明资料原件及复印件。

3. 无偿赠与非亲属抚养或赡养关系人的，应当提交：

人民法院判决书或者人民法院调解书或者乡镇政府或街道办事处出具的抚养（赡养）关系证明或者其他部门（有资质的机构）出具的能够证明双方抚养（赡养）关系的证明资料原件及复印件。

4. 继承或接受遗赠的，应当提交：

（1）房屋产权所有人死亡证明原件及复印件；

（2）经公证的能够证明有权继承或接受遗赠的证明资料原件及复印件。

（三）优化服务的要求

为进一步便利纳税人办理免税手续，公告提出：各地税务机关要通过办税服务厅、税务网站、12366热线、纳税人学堂等多种渠道，积极宣传税收优惠政策规定和办理程序，及时回应、准确答复纳税人咨询，做好培训辅导工作，避免纳税人多头找、多头跑；有条件的地区可探索通过政府部门间信息交换共享，查询证明信息，减少纳税人报送资料。

三、公告所带来的变化

（一）统一了营业税、个人所得税免税证明资料。公告将个人无偿赠与或受赠不动产免征营业税、个人所得税须提供的证明资料进行了统一和归并，并区分离婚分割财产、无偿赠与亲属、无偿赠与非亲属抚养或赡养关系人、继承或接受遗赠4种情形，分类予以列示，消除了原管理规定中两个税种免税证明资料的差异，有利于规范税务机关的操作，方便纳税人对照提供。

（二）简化了办理免税手续须提供的证明资料。公告从便利纳税人办理免税手续的角度出发，对所需证明资料进行了简化。如：父母无偿赠与子女的，只要户口簿能够证明双方亲属关系，提供户口簿即可。

（三）增加了证明资料的可选择性。公告列举了证明资料的多种形式，并以"或者"的方式进行表述，为纳税人提供了多种选择，方便纳税人提供。如：离婚分割财产的，纳税人只需提供离婚证和离婚协议（或者人民法院判决书或者人民法院调解书）即可。

（四）重申了公证资料的核心内容。财产关系的转移，涉及民法通则、婚姻法、继承法等多部法律，关系当事人的切身利益，必要的证明资料是划清税收征免界限的关键。因此，公告对于特定情形的赠与、继承或接受遗赠的，将公证资料列入了证明资料范畴，但办理免税所需的公证资料只需证明双方的亲属关系或抚养（赡养）关系或有权继承（接受遗赠）即可，无须对财产本身进行公证。这样处理，可以避免因政策误读而增加纳税人的负担。

四、公告执行

本公告自公布之日起施行。个人无偿赠与或受赠不动产免征营业税、个人所得税的有关证明资料均以本公告为准，与本公告不符的相关规定同时停止执行。

17. 财政部 国家税务总局 证监会关于内地与香港基金互认有关税收政策的通知

财税〔2015〕125号

各省、自治区、直辖市、计划单列市财政厅（局）、国家税务局、地方税务局，新疆生产建设兵团财务局，上海、深圳证券交易所，中国证券登记结算公司：

经国务院批准，现就内地与香港基金互认涉及的有关税收政策问题明确如下：

一、关于内地投资者通过基金互认买卖香港基金份额的所得税问题

1. 对内地个人投资者通过基金互认买卖香港基金份额取得的转让差价所得，自2015年12月18日起至2018年12月17日止，三年内暂免征收个人所得税。

2. 对内地企业投资者通过基金互认买卖香港基金份额取得的转让差价所得，计入其收入总额，依法征收企业所得税。

3. 内地个人投资者通过基金互认从香港基金分配取得的收益，由该香港基金在内地的代理人按照20%的税率代扣代缴个人所得税。

前款所称代理人是指依法取得中国证监会核准的公募基金管理资格或托管资格，根据香港基金管理人的委托，代为办理该香港基金内地事务的机构。

4. 对内地企业投资者通过基金互认从香港基金分配取得的收益，计入其收入总额，依法征收企业所得税。

二、关于香港市场投资者通过基金互认买卖内地基金份额的所得税问题

1. 对香港市场投资者（包括企业和个人）通过基金互认买卖内地基金份额取得的转让差价所得，暂免征收所得税。

2. 对香港市场投资者（包括企业和个人）通过基金互认从内地基金分配取得的收益，由内地上市公司向该内地基金分配股息红利时，对香港市场投资者按照10%的税率代扣所得税；或发行债券的企业向该内地基金分配利息时，对香港市场投资者按照7%的税率代扣所得税，并由内地上市公司或发行债券的企业向其主管税务机关办理扣缴申报。该内地基金向投资者分配收益时，不再扣缴所得税。

内地基金管理人应当向相关证券登记结算机构提供内地基金的香港市场投资者的相关信息。

三、关于内地投资者通过基金互认买卖香港基金份额和香港市场投资者买卖内地基金份额的营业税问题

1. 对香港市场投资者（包括单位和个人）通过基金互认买卖内地基金份额取得的差价收入，暂免征收营业税。

2. 对内地个人投资者通过基金互认买卖香港基金份额取得的差价收入，按现行政策规定暂免征收营业税。

3. 对内地单位投资者通过基金互认买卖香港基金份额取得的差价收入，按现行政策规

定征免营业税。

四、关于内地投资者通过基金互认买卖香港基金份额和香港市场投资者通过基金互认买卖内地基金份额的印花税问题

1.……

【注释】第四条第1项废止,参见《财政部 税务总局关于印花税法实施后有关优惠政策衔接问题的公告》(财政部 税务总局公告2022年第23号)。

2.对内地投资者通过基金互认买卖、继承、赠与香港基金份额,按照香港特别行政区现行印花税税法规定执行。

五、财政、税务、证监等部门要加强协调,通力合作,切实做好政策实施的各项工作。

基金管理人、基金代理机构、相关证券登记结算机构以及上市公司和发行债券的企业,应依照法律法规积极配合税务机关做好基金互认税收的扣缴申报、征管及纳税服务工作。

六、本通知所称基金互认,是指内地基金或香港基金经香港证监会认可或中国证监会注册,在双方司法管辖区内向公众销售。所称内地基金,是指中国证监会根据《中华人民共和国证券投资基金法》注册的公开募集证券投资基金。所称香港基金,是指香港证监会根据香港法律认可可公开销售的单位信托、互惠基金或者其他形式的集体投资计划。所称买卖基金份额,包括申购与赎回、交易。

七、本通知自2015年12月18日起执行。

财政部 国家税务总局 证监会
2015年12月14日

18.财政部 国家税务总局关于公共租赁住房税收优惠政策的通知

财税〔2015〕139号

各省、自治区、直辖市、计划单列市财政厅(局)、地方税务局,西藏、宁夏、青海省(自治区)国家税务局,新疆生产建设兵团财务局:

根据《国务院办公厅关于保障性安居工程建设和管理的指导意见》(国办发〔2011〕45号)和住房城乡建设部、财政部、国家税务总局等部门《关于加快发展公共租赁住房的指导意见》(建保〔2010〕87号)等文件精神,决定继续对公共租赁住房建设和运营给予税收优惠。现将有关政策通知如下:

……

五、企事业单位、社会团体以及其他组织捐赠住房作为公共租赁住房,符合税收法律法规规定的,对其公益性捐赠支出在年度利润总额12%以内的部分,准予在计算应纳税所得额时扣除。

个人捐赠住房作为公共租赁住房,符合税收法律法规规定的,对其公益性捐赠支出未超过其申报的应纳税所得额30%的部分,准予从其应纳税所得额中扣除。

六、对符合地方政府规定条件的低收入住房保障家庭从地方政府领取的住房租赁补贴,免征个人所得税。

……

八、享受上述税收优惠政策的公共租赁住房是指纳入省、自治区、直辖市、计划单列市人民政府及新疆生产建设兵团批准的公共租赁住房发展规划和年度计划，并按照《关于加快发展公共租赁住房的指导意见》（建保〔2010〕87号）和市、县人民政府制定的具体管理办法进行管理的公共租赁住房。

九、本通知执行期限为2016年1月1日至2018年12月31日。

财政部　国家税务总局

2015年12月30日

19. 财政部　国家税务总局关于营改增后契税　房产税土地增值税个人所得税计税依据问题的通知

财税〔2016〕43号

各省、自治区、直辖市、计划单列市财政厅（局）、地方税务局，西藏、宁夏、青海省（自治区）国家税务局，新疆生产建设兵团财务局：

经研究，现将营业税改征增值税后契税、房产税、土地增值税、个人所得税计税依据有关问题明确如下：

……

四、个人转让房屋的个人所得税应税收入不含增值税，其取得房屋时所支付价款中包含的增值税计入财产原值，计算转让所得时可扣除的税费不包括本次转让缴纳的增值税。

个人出租房屋的个人所得税应税收入不含增值税，计算房屋出租所得可扣除的税费不包括本次出租缴纳的增值税。个人转租房屋的，其向房屋出租方支付的租金及增值税额，在计算转租所得时予以扣除。

……

六、在计征上述税种时，税务机关核定的计税价格或收入不含增值税。

本通知自2016年5月1日起执行。

财政部　国家税务总局

2016年4月25日

20. 国家税务总局关于股权激励和技术入股所得税征管问题的公告

国家税务总局公告2016年第62号

为贯彻落实《财政部　国家税务总局关于完善股权激励和技术入股有关所得税政策的

通知》（财税〔2016〕101号，以下简称《通知》），现就股权激励和技术入股有关所得税征管问题公告如下：

一、关于个人所得税征管问题

（一）非上市公司实施符合条件的股权激励，本公司最近6个月在职职工平均人数，按照股票（权）期权行权、限制性股票解禁、股权奖励获得之上月起前6个月"工资薪金所得"项目全员全额扣缴明细申报的平均人数确定。

（二）递延纳税期间，非上市公司情况发生变化，不再同时符合《通知》第一条第（二）款第4至6项条件的，应于情况发生变化之次月15日内，按《通知》第四条第（一）款规定计算缴纳个人所得税。

（三）员工以在一个公历月份中取得的股票（权）形式工资薪金所得为一次。员工取得符合条件、实行递延纳税政策的股权激励，与不符合递延纳税条件的股权激励分别计算。

员工在一个纳税年度中多次取得不符合递延纳税条件的股票（权）形式工资薪金所得的，参照《国家税务总局关于个人股票期权所得缴纳个人所得税有关问题的补充通知》（国税函〔2006〕902号）第七条规定执行。

（四）《通知》所称公平市场价格按以下方法确定：

1.上市公司股票的公平市场价格，按照取得股票当日的收盘价确定。取得股票当日为非交易日的，按照上一个交易日收盘价确定。

2.非上市公司股票（权）的公平市场价格，依次按照净资产法、类比法和其他合理方法确定。净资产法按照取得股票（权）的上年末净资产确定。

（五）企业备案具体按以下规定执行：

1.非上市公司实施符合条件的股权激励，个人选择递延纳税的，非上市公司应于股票（权）期权行权、限制性股票解禁、股权奖励获得之次月15日内，向主管税务机关报送《非上市公司股权激励个人所得税递延纳税备案表》（附件1）、股权激励计划、董事会或股东大会决议、激励对象任职或从事技术工作情况说明等。实施股权奖励的企业同时报送本企业及其奖励股权标的企业上一纳税年度主营业务收入构成情况说明。

2.上市公司实施股权激励，个人选择在不超过12个月期限内缴税的，上市公司应自股票期权行权、限制性股票解禁、股权奖励获得之次月15日内，向主管税务机关报送《上市公司股权激励个人所得税延期纳税备案表》（附件2）。上市公司初次办理股权激励备案时，还应一并向主管税务机关报送股权激励计划、董事会或股东大会决议。

3.个人以技术成果投资入股境内公司并选择递延纳税的，被投资公司应于取得技术成果并支付股权之次月15日内，向主管税务机关报送《技术成果投资入股个人所得税递延纳税备案表》（附件3）、技术成果相关证书或证明材料、技术成果投资入股协议、技术成果评估报告等资料。

（六）个人因非上市公司实施股权激励或以技术成果投资入股取得的股票（权），实行递延纳税期间，扣缴义务人应于每个纳税年度终了后30日内，向主管税务机关报送《个人所得税递延纳税情况年度报告表》（附件4）。

（七）递延纳税股票（权）转让、办理纳税申报时，扣缴义务人、个人应向主管税务机关一并报送能够证明股票（权）转让价格、递延纳税股票（权）原值、合理税费的有关资料，具体包括转让协议、评估报告和相关票据等。资料不全或无法充分证明有关情况，造成计税依据偏低，又无正当理由的，主管税务机关可依据税收征管法有关规定进行核定。

……

三、实施时间

本公告自2016年9月1日起实施。中关村国家自主创新示范区2016年1月1日至8月31日之间发生的尚未纳税的股权奖励事项,按《通知》有关政策执行的,可按本公告有关规定办理相关税收事宜。《国家税务总局关于3项个人所得税事项取消审批实施后续管理的公告》(国家税务总局公告2016年第5号)第二条第(一)项同时废止。

特此公告。

附件：1.《非上市公司股权激励个人所得税递延纳税备案表》及填报说明(略)。
   2.《上市公司股权激励个人所得税延期纳税备案表》及填报说明(略)。
   3.《技术成果投资入股个人所得税递延纳税备案表》及填报说明(略)。
   4.《个人所得税递延纳税情况年度报告表》及填报说明(略)。
   5.《技术成果投资入股企业所得税递延纳税备案表》及填报说明(略)。

国家税务总局
2016年9月28日

21. 财政部 国家税务总局关于完善股权激励和技术入股有关所得税政策的通知

财税〔2016〕101号

各省、自治区、直辖市、计划单列市财政厅(局)、国家税务局、地方税务局，新疆生产建设兵团财务局：

为支持国家大众创业、万众创新战略的实施，促进我国经济结构转型升级，经国务院批准，现就完善股权激励和技术入股有关所得税政策通知如下：

一、对符合条件的非上市公司股票期权、股权期权、限制性股票和股权奖励实行递延纳税政策

(一)非上市公司授予本公司员工的股票期权、股权期权、限制性股票和股权奖励，符合规定条件的，经向主管税务机关备案，可实行递延纳税政策，即员工在取得股权激励时可暂不纳税，递延至转让该股权时纳税；股权转让时，按照股权转让收入减除股权取得成本以及合理税费后的差额，适用"财产转让所得"项目，按照20%的税率计算缴纳个人所得税。

股权转让时，股票(权)期权取得成本按行权价确定，限制性股票取得成本按实际出资额确定，股权奖励取得成本为零。

(二)享受递延纳税政策的非上市公司股权激励(包括股票期权、股权期权、限制性股票和股权奖励，下同)须同时满足以下条件：

1. 属于境内居民企业的股权激励计划。

2. 股权激励计划经公司董事会、股东(大)会审议通过。未设股东(大)会的国有单位，经上级主管部门审核批准。股权激励计划应列明激励目的、对象、标的、有效期、各类价格的确定方法、激励对象获取权益的条件、程序等。

3. 激励标的应为境内居民企业的本公司股权。股权奖励的标的可以是技术成果投资入股到其他境内居民企业所取得的股权。激励标的股票(权)包括通过增发、大股东直接让渡以及法律法规允许的其他合理方式授予激励对象的股票（权）。

4. 激励对象应为公司董事会或股东（大）会决定的技术骨干和高级管理人员，激励对象人数累计不得超过本公司最近 6 个月在职职工平均人数的 30%。

5. 股票（权）期权自授予日起应持有满 3 年，且自行权日起持有满 1 年；限制性股票自授予日起应持有满 3 年，且解禁后持有满 1 年；股权奖励自获得奖励之日起应持有满 3 年。上述时间条件须在股权激励计划中列明。

6. 股票（权）期权自授予日至行权日的时间不得超过 10 年。

7. 实施股权奖励的公司及其奖励股权标的公司所属行业均不属于《股权奖励税收优惠政策限制性行业目录》范围（见附件）。公司所属行业按公司上一纳税年度主营业务收入占比最高的行业确定。

（三）本通知所称股票（权）期权是指公司给予激励对象在一定期限内以事先约定的价格购买本公司股票（权）的权利；所称限制性股票是指公司按照预先确定的条件授予激励对象一定数量的本公司股权，激励对象只有工作年限或业绩目标符合股权激励计划规定条件的才可以处置该股权；所称股权奖励是指企业无偿授予激励对象一定份额的股权或一定数量的股份。

（四）股权激励计划所列内容不同时满足第一条第（二）款规定的全部条件，或递延纳税期间公司情况发生变化，不再符合第一条第（二）款第 4 至 6 项条件的，不得享受递延纳税优惠，应按规定计算缴纳个人所得税。

二、对上市公司股票期权、限制性股票和股权奖励适当延长纳税期限

（一）上市公司授予个人的股票期权、限制性股票和股权奖励，经向主管税务机关备案，个人可自股票期权行权、限制性股票解禁或取得股权奖励之日起，在不超过 12 个月的期限内缴纳个人所得税。《财政部 国家税务总局关于上市公司高管人员股票期权所得缴纳个人所得税有关问题的通知》（财税〔2009〕40 号）自本通知施行之日起废止。

（二）上市公司股票期权、限制性股票应纳税款的计算，继续按照《财政部 国家税务总局关于个人股票期权所得征收个人所得税问题的通知》（财税〔2005〕35 号）、《财政部 国家税务总局关于股票增值权所得和限制性股票所得征收个人所得税有关问题的通知》（财税〔2009〕5 号）、《国家税务总局关于股权激励有关个人所得税问题的通知》（国税函〔2009〕461 号）等相关规定执行。股权奖励应纳税款的计算比照上述规定执行。

……

四、相关政策

（一）个人从任职受雇企业以低于公平市场价格取得股票（权）的，凡不符合递延纳税条件，应在获得股票（权）时，对实际出资额低于公平市场价格的差额，按照"工资、薪金所得"项目，参照《财政部 国家税务总局关于个人股票期权所得征收个人所得税问题的通知》（财税〔2005〕35 号）有关规定计算缴纳个人所得税。

（二）个人因股权激励、技术成果投资入股取得股权后，非上市公司在境内上市的，处置递延纳税的股权时，按照现行限售股有关征税规定执行。

（三）个人转让股权时，视同享受递延纳税优惠政策的股权优先转让。递延纳税的股权成本按照加权平均法计算，不与其他方式取得的股权成本合并计算。

（四）持有递延纳税的股权期间，因该股权产生的转增股本收入，以及以该递延纳税的股权再进行非货币性资产投资的，应在当期缴纳税款。

（五）全国中小企业股份转让系统挂牌公司按照本通知第一条规定执行。

适用本通知第二条规定的上市公司是指其股票在上海证券交易所、深圳证券交易所上市交易的股份有限公司。

五、配套管理措施

（一）对股权激励或技术成果投资入股选择适用递延纳税政策的，企业应在规定期限内到主管税务机关办理备案手续。未办理备案手续的，不得享受本通知规定的递延纳税优惠政策。

（二）企业实施股权激励或个人以技术成果投资入股，以实施股权激励或取得技术成果的企业为个人所得税扣缴义务人。递延纳税期间，扣缴义务人应在每个纳税年度终了后向主管税务机关报告递延纳税有关情况。

（三）工商部门应将企业股权变更信息及时与税务部门共享，暂不具备联网实时共享信息条件的，工商部门应在股权变更登记3个工作日内将信息与税务部门共享。

六、本通知自 2016 年 9 月 1 日起施行。

中关村国家自主创新示范区 2016 年 1 月 1 日至 8 月 31 日之间发生的尚未纳税的股权奖励事项，符合本通知规定的相关条件的，可按本通知有关政策执行。

财政部　国家税务总局

2016 年 9 月 20 日

附件：

股权奖励税收优惠政策限制性行业目录

门类代码	类别名称
A（农、林、牧、渔业）	（1）03 畜牧业（科学研究、籽种繁育性质项目除外） （2）04 渔业（科学研究、籽种繁育性质项目除外）
B（采矿业）	（3）采矿业（除第 11 类开采辅助活动）
C（制造业）	（4）16 烟草制品业 （5）17 纺织业（除第 178 类非家用纺织制成品制造） （6）19 皮革、毛皮、羽毛及其制品和制鞋业 （7）20 木材加工和木、竹、藤、棕、草制品业 （8）22 造纸和纸制品业（除第 223 类纸制品制造） （9）31 黑色金属冶炼和压延加工业（除第 314 类钢压延加工）
F（批发和零售业）	（10）批发和零售业
G（交通运输、仓储和邮政业）	（11）交通运输、仓储和邮政业
H（住宿和餐饮业）	（12）住宿和餐饮业
J（金融业）	（13）66 货币金融服务 （14）68 保险业
K（房地产业）	（15）房地产业
L（租赁和商务服务业）	（16）租赁和商务服务业
O（居民服务、修理和其他服务业）	（17）79 居民服务业
Q（卫生和社会工作）	（18）84 社会工作
R（文化、体育和娱乐业）	（19）88 体育 （20）89 娱乐业
S（公共管理、社会保障和社会组织）	（21）公共管理、社会保障和社会组织（除第 9421 类专业性团体和 9422 类行业性团体）
T（国际组织）	（22）国际组织

说明：以上目录按照《国民经济行业分类》（GB/T 4754—2011）编制。

22. 财政部 国家税务总局 证监会关于深港股票市场交易互联互通机制试点有关税收政策的通知

财税〔2016〕127号

各省、自治区、直辖市、计划单列市财政厅（局）、国家税务局、地方税务局，新疆生产建设兵团财务局，上海、深圳证券交易所，中国证券登记结算公司：

经国务院批准，现就深港股票市场交易互联互通机制试点（以下简称深港通）涉及的有关税收政策问题明确如下：

一、关于内地投资者通过深港通投资香港联合交易所有限公司（以下简称香港联交所）上市股票的所得税问题

（一）内地个人投资者通过深港通投资香港联交所上市股票的转让差价所得税。

对内地个人投资者通过深港通投资香港联交所上市股票取得的转让差价所得，自2016年12月5日起至2019年12月4日止，暂免征收个人所得税。

（二）内地企业投资者通过深港通投资香港联交所上市股票的转让差价所得税。

对内地企业投资者通过深港通投资香港联交所上市股票取得的转让差价所得，计入其收入总额，依法征收企业所得税。

（三）内地个人投资者通过深港通投资香港联交所上市股票的股息红利所得税。

对内地个人投资者通过深港通投资香港联交所上市H股取得的股息红利，H股公司应向中国证券登记结算有限责任公司（以下简称中国结算）提出申请，由中国结算向H股公司提供内地个人投资者名册，H股公司按照20%的税率代扣个人所得税。内地个人投资者通过深港通投资香港联交所上市的非H股取得的股息红利，由中国结算按照20%的税率代扣个人所得税。个人投资者在国外已缴纳的预提税，可持有效扣税凭证到中国结算的主管税务机关申请税收抵免。

对内地证券投资基金通过深港通投资香港联交所上市股票取得的股息红利所得，按照上述规定计征个人所得税。

（四）内地企业投资者通过深港通投资香港联交所上市股票的股息红利所得税。

1. 对内地企业投资者通过深港通投资香港联交所上市股票取得的股息红利所得，计入其收入总额，依法计征企业所得税。其中，内地居民企业连续持有H股满12个月取得的股息红利所得，依法免征企业所得税。

2. 香港联交所上市H股公司应向中国结算提出申请，由中国结算向H股公司提供内地企业投资者名册，H股公司对内地企业投资者不代扣股息红利所得税款，应纳税款由企业自行申报缴纳。

3. 内地企业投资者自行申报缴纳企业所得税时，对香港联交所非H股上市公司已代扣代缴的股息红利所得税，可依法申请税收抵免。

二、关于香港市场投资者通过深港通投资深圳证券交易所（以下简称深交所）上市A股的所得税问题

1. 对香港市场投资者（包括企业和个人）投资深交所上市A股取得的转让差价所得，暂免征收所得税。

2. 对香港市场投资者（包括企业和个人）投资深交所上市A股取得的股息红利所得，在香港中央结算有限公司（以下简称香港结算）不具备向中国结算提供投资者的身份及持股时间等明细数据的条件之前，暂不执行按持股时间实行差别化征税政策，由上市公司按照10%的税率代扣所得税，并向其主管税务机关办理扣缴申报。对于香港投资者中属于其他国家税收居民且其所在国与中国签订的税收协定规定股息红利所得税率低于10%的，企业或个人可以自行或委托代扣代缴义务人，向上市公司主管税务机关提出享受税收协定待遇退还多缴税款的申请，主管税务机关查实后，对符合退税条件的，应按已征税款和根据税收协定税率计算的应纳税款的差额予以退税。

三、关于内地和香港市场投资者通过深港通买卖股票的增值税问题

1. 对香港市场投资者（包括单位和个人）通过深港通买卖深交所上市A股取得的差价收入，在营改增试点期间免征增值税。

2. 对内地个人投资者通过深港通买卖香港联交所上市股票取得的差价收入，在营改增试点期间免征增值税。

3. 对内地单位投资者通过深港通买卖香港联交所上市股票取得的差价收入，在营改增试点期间按现行政策规定征免增值税。

四、关于内地和香港市场投资者通过深港通转让股票的证券（股票）交易印花税问题

香港市场投资者通过深港通买卖、继承、赠与深交所上市A股，按照内地现行税制规定缴纳证券（股票）交易印花税。内地投资者通过深港通买卖、继承、赠与香港联交所上市股票，按照香港特别行政区现行税法规定缴纳印花税。

中国结算和香港结算可互相代收上述税款。

五、关于香港市场投资者通过沪股通和深股通参与股票担保卖空的证券（股票）交易印花税问题

对香港市场投资者通过沪股通和深股通参与股票担保卖空涉及的股票借入、归还，暂免征收证券（股票）交易印花税。

六、本通知自 2016 年 12 月 5 日起执行

财政部　国家税务总局　证监会
2016 年 11 月 5 日

23. 财政部　税务总局　保监会关于将商业健康保险个人所得税试点政策推广到全国范围实施的通知

财税〔2017〕39号

各省、自治区、直辖市、计划单列市财政厅（局）、地方税务局、保监局，新疆生产建设兵团财务局：

自 2017 年 7 月 1 日起，将商业健康保险个人所得税试点政策推广到全国范围实施。现将有关问题通知如下：

一、关于政策内容

对个人购买符合规定的商业健康保险产品的支出，允许在当年（月）计算应纳税所得额

时予以税前扣除，扣除限额为2 400元/年（200元/月）。单位统一为员工购买符合规定的商业健康保险产品的支出，应分别计入员工个人工资薪金，视同个人购买，按上述限额予以扣除。

2 400元/年（200元/月）的限额扣除为个人所得税法规定减除费用标准之外的扣除。

二、关于适用对象

适用商业健康保险税收优惠政策的纳税人，是指取得工资薪金所得、连续性劳务报酬所得的个人，以及取得个体工商户生产经营所得、对企事业单位的承包承租经营所得的个体工商户业主、个人独资企业投资者、合伙企业合伙人和承包承租经营者。

三、关于商业健康保险产品的规范和条件

符合规定的商业健康保险产品，是指保险公司参照个人税收优惠型健康保险产品指引框架及示范条款（见附件）开发的、符合下列条件的健康保险产品：

（一）健康保险产品采取具有保障功能并设立有最低保证收益账户的万能险方式，包含医疗保险和个人账户积累两项责任。被保险人个人账户由其所投保的保险公司负责管理维护。

（二）被保险人为16周岁以上、未满法定退休年龄的纳税人群。保险公司不得因被保险人既往病史拒保，并保证续保。

（三）医疗保险保障责任范围包括被保险人医保所在地基本医疗保险基金支付范围内的自付费用及部分基本医疗保险基金支付范围外的费用，费用的报销范围、比例和额度由各保险公司根据具体产品特点自行确定。

（四）同一款健康保险产品，可依据被保险人的不同情况，设置不同的保险金额，具体保险金额下限由保监会规定。

（五）健康保险产品坚持"保本微利"原则，对医疗保险部分的简单赔付率低于规定比例的，保险公司要将实际赔付率与规定比例之间的差额部分返还到被保险人的个人账户。

根据目标人群已有保障项目和保障需求的不同，符合规定的健康保险产品共有三类，分别适用于：1.对公费医疗或基本医疗保险报销后个人负担的医疗费用有报销意愿的人群；2.对公费医疗或基本医疗保险报销后个人负担的特定大额医疗费用有报销意愿的人群；3.未参加公费医疗或基本医疗保险，对个人负担的医疗费用有报销意愿的人群。

符合上述条件的个人税收优惠型健康保险产品，保险公司应按《保险法》规定程序上报保监会审批。

四、关于税收征管

（一）单位统一组织为员工购买或者单位和个人共同负担购买符合规定的商业健康保险产品，单位负担部分应当实名计入个人工资薪金明细清单，视同个人购买，并自购买产品次月起，在不超过200元/月的标准内按月扣除。一年内保费金额超过2 400元的部分，不得税前扣除。以后年度续保时，按上述规定执行。个人自行退保时，应及时告知扣缴单位。个人相关退保信息保险公司应及时传递给税务机关。

（二）取得工资薪金所得或连续性劳务报酬所得的个人，自行购买符合规定的商业健康保险产品的，应当及时向代扣代缴单位提供保单凭证。扣缴单位自个人提交保单凭证的次月起，在不超过200元/月的标准内按月扣除。一年内保费金额超过2 400元的部分，不得税前扣除。以后年度续保时，按上述规定执行。个人自行退保时，应及时告知扣缴义务人。

（三）个体工商户业主、企事业单位承包承租经营者、个人独资和合伙企业投资者自行购买符合条件的商业健康保险产品的，在不超过2 400元/年的标准内据实扣除。一年内保费金额超过2 400元的部分，不得税前扣除。以后年度续保时，按上述规定执行。

五、关于部门协作

商业健康保险个人所得税税前扣除政策涉及环节和部门多,各相关部门应密切配合,切实落实好商业健康保险个人所得税政策。

(一)财政、税务、保监部门要做好商业健康保险个人所得税优惠政策宣传解释,优化服务。税务、保监部门应建立信息共享机制,及时共享商业健康保险涉税信息。

(二)保险公司在销售商业健康保险产品时,要为购买健康保险的个人开具发票和保单凭证,载明产品名称及缴费金额等信息,作为个人税前扣除的凭据。保险公司要与商业健康保险信息平台保持实时对接,保证信息真实准确。

(三)扣缴单位应按照本通知及税务机关有关要求,认真落实商业健康保险个人所得税前扣除政策。

(四)保险公司或商业健康保险信息平台应向税务机关提供个人购买商业健康保险的相关信息,并配合税务机关做好相关税收征管工作。

六、关于实施时间

本通知自2017年7月1日起执行。自2016年1月1日起开展商业健康保险个人所得税政策试点的地区,自2017年7月1日起继续按本通知规定的政策执行。《财政部 国家税务总局 保监会关于开展商业健康保险个人所得税政策试点工作的通知》(财税〔2015〕56号)、《财政部 国家税务总局 保监会关于实施商业健康保险个人所得税政策试点的通知》(财税〔2015〕126号)同时废止。

附件:1. 个人税收优惠型健康保险产品指引框架(略)。

2. 个人税收优惠型健康保险(万能型)A款示范条款(略)。

3. 个人税收优惠型健康保险(万能型)B款示范条款(略)。

4. 个人税收优惠型健康保险(万能型)C款示范条款(略)。

财政部 税务总局 保监会
2017年4月28日

24. 国家税务总局关于推广实施商业健康保险个人所得税政策有关征管问题的公告

国家税务总局公告2017年第17号

为贯彻落实《财政部 税务总局 保监会关于将商业健康保险个人所得税试点政策推广到全国范围实施的通知》(财税〔2017〕39号,以下简称《通知》),现就有关征管问题公告如下:

一、取得工资薪金所得、连续性劳务报酬所得的个人,以及取得个体工商户的生产经营所得、对企事业单位的承包承租经营所得的个体工商户业主、个人独资企业投资者、合伙企业个人合伙人和承包承租经营者,对其购买符合规定的商业健康保险产品支出,可按照《通知》规定标准在个人所得税前扣除。

二、《通知》所称取得连续性劳务报酬所得,是指个人连续3个月以上(含3个月)为同一单位提供劳务而取得的所得。

三、有扣缴义务人的个人自行购买、单位统一组织为员工购买或者单位和个人共同负担购买符合规定的商业健康保险产品,扣缴义务人在填报《扣缴个人所得税报告表》或《特定行业个人所得税年度申报表》时，应将当期扣除的个人购买商业健康保险支出金额填至申报表"税前扣除项目"的"其他"列中（需注明商业健康保险扣除金额），并同时填报《商业健康保险税前扣除情况明细表》（见附件）。

其中，个人自行购买符合规定的商业健康保险产品的，应及时向扣缴义务人提供保单凭证，扣缴义务人应当依法为其税前扣除，不得拒绝。个人从中国境内两处或者两处以上取得工资薪金所得，且自行购买商业健康保险的，只能选择在其中一处扣除。

个人未续保或退保的，应于未续保或退保当月告知扣缴义务人终止商业健康保险税前扣除。

四、个体工商户业主、个人独资企业投资者、合伙企业个人合伙人和企事业单位承包承租经营者购买符合规定的商业健康保险产品支出，在年度申报填报《个人所得税生产经营所得纳税申报表（B表）》、享受商业健康保险税前扣除政策时，应将商业健康保险税前扣除金额填至"允许扣除的其他费用"行（需注明商业健康保险扣除金额），并同时填报《商业健康保险税前扣除情况明细表》。

实行核定征收的纳税人，应向主管税务机关报送《商业健康保险税前扣除情况明细表》，主管税务机关按程序相应调减其应纳税所得额或应纳税额。纳税人未续保或退保的，应当及时告知主管税务机关，终止商业健康保险税前扣除。

五、保险公司销售符合规定的商业健康保险产品，及时为购买保险的个人开具发票和保单凭证，并在保单凭证上注明税优识别码。

个人购买商业健康保险未获得税优识别码的，其支出金额不得税前扣除。

六、本公告所称税优识别码，是指为确保税收优惠商业健康保险保单的唯一性、真实性和有效性，由商业健康保险信息平台按照"一人一单一码"的原则对投保人进行校验后，下发给保险公司，并在保单凭证上打印的数字识别码。

七、本公告自2017年7月1日起施行。《国家税务总局关于实施商业健康保险个人所得税政策试点有关征管问题的公告》（国家税务总局公告2015年第93号）同时废止。

特此公告。

附件：商业健康保险税前扣除情况明细表（略）。

国家税务总局
2017年5月19日

25. 国家税务总局关于开展个人税收递延型商业养老保险试点有关征管问题的公告

国家税务总局公告2018年第21号

为贯彻落实《财政部 税务总局 人力资源社会保障部 中国银行保险监督管理委员会 证监会关于开展个人税收递延型商业养老保险试点的通知》（财税〔2018〕22号，以下简称《通知》），现就个人税收递延型商业养老保险（以下简称税延养老保险）试点政策有关征管问题公告如下：

一、缴费税前扣除环节

按照《通知》规定，试点地区内可享受税延养老保险税前扣除优惠政策的个人，凭中国保险信息技术管理有限责任公司相关信息平台出具的《个人税收递延型商业养老保险扣除凭证》（以下简称税延养老扣除凭证），办理税前扣除。

（一）取得工资薪金所得、连续性劳务报酬所得的个人

取得工资薪金所得、连续性劳务报酬所得的个人，其购买符合规定商业养老保险产品的支出享受税前扣除优惠时，应及时将税延养老扣除凭证提供给扣缴单位。扣缴单位应当按照《通知》规定，在个人申报扣除当月计算扣除限额并办理税前扣除。扣缴单位在填报《扣缴个人所得税报告表》或《特定行业个人所得税年度申报表》时，应当将当期可扣除金额填至"税前扣除项目"或"年税前扣除项目"栏"其他"列中（需注明税延养老保险），并同时填报《个人税收递延型商业养老保险税前扣除情况明细表》（见附件）。

个人因未及时提供税延养老扣除凭证而造成往期未扣除的，扣缴单位可追补至应扣除月份扣除，并按《通知》规定重新计算应扣缴税款，在收到扣除凭证的当月办理抵扣或申请退税。个人缴费金额发生变化、未续保或退保的，应当及时告知扣缴义务人重新计算或终止税延养老保险税前扣除。除个人提供资料不全、信息不实等情形外，扣缴单位不得拒绝为纳税人办理税前扣除。

（二）取得个体工商户的生产经营所得、对企事业单位的承包承租经营所得的个人

取得个体工商户的生产经营所得、对企事业单位的承包承租经营所得的个体工商户业主、个人独资企业投资者、合伙企业自然人合伙人和承包承租经营者，其购买的符合规定的养老保险产品支出，在年度申报时，凭税延养老扣除凭证，在《通知》规定的扣除限额内据实扣除，并填报至《个人所得税生产经营所得纳税申报表（B表）》的"允许扣除的其他费用"行（需注明税延养老保险），同时填报《个人税收递延型商业养老保险税前扣除情况明细表》。

计算扣除限额时，个体工商户业主、个人独资企业投资者和承包承租经营者应税收入按照个体工商户、个人独资企业、承包承租的收入总额确定；合伙企业自然人合伙人应税收入按合伙企业收入总额乘以合伙人分配比例确定。

实行核定征收的，应当向主管税务机关报送《个人税收递延型商业养老保险税前扣除情况明细表》和税延养老扣除凭证，主管税务机关按程序相应调减其应纳税所得额或应纳税额。纳税人缴费金额发生变化、未续保或退保的，应当及时告知主管税务机关，重新核定应纳税所得额或应纳税额。

二、领取商业养老金征税环节

......

【注释】第二条废止，参见《财政部 税务总局关于个人取得有关收入适用个人所得税应税所得项目的公告》（财政部 税务总局公告2019年第74号）。

三、施行时间

本公告自2018年5月1日起施行。

特此公告。

附件：个人税收递延型商业养老保险税前扣除情况明细表（略）。

国家税务总局
2018年4月28日

26. 关于《国家税务总局关于开展个人税收递延型商业养老保险试点有关征管问题的公告》的解读

为贯彻落实个人税收递延型商业养老保险试点工作，国家税务总局发布了《关于开展个人税收递延型商业养老保险试点有关征管问题的公告》（以下简称《公告》）。为方便纳税人理解，现对《公告》中主要问题解读如下：

一、《公告》出台背景

为贯彻落实党的十九大精神，推进多层次养老保险体系建设，对支持发展养老保险第三支柱进行有益探索，财政部、税务总局、人力资源社会保障部、中国银行保险监督管理委员会、证监会根据国务院常务会议精神，联合下发了《关于开展个人税收递延型商业养老保险试点的通知》（财税〔2018〕22号，以下简称《通知》），规定自2018年5月1日起，在上海市、福建省（含厦门市）和苏州工业园区实施个人税收递延型商业养老保险试点。试点地区个人通过商业养老资金账户购买符合规定的商业养老保险产品的支出，允许在一定标准内税前扣除。计入个人商业养老资金账户的投资收益，暂不征收个人所得税。个人领取商业养老金时，再按规定征收个人所得税。为便于纳税人及时享受政策、规范纳税申报，税务总局制发了《公告》，进一步明确了相关操作问题。

二、《公告》主要内容

（一）纳税申报的有关要求

为便于扣缴义务人、个体工商户业主、企事业单位承包承租经营者、个人独资企业投资者和合伙企业自然人合伙人的纳税申报，《公告》规定在个人缴费税前扣除环节，仍沿用原个人所得税申报表，但纳税人或扣缴义务人在办理纳税申报或报送扣缴个人所得税报告表时，需要附报《个人税收递延型商业养老保险税前扣除情况明细表》，载明购买个人税收递延型商业养老保险（以下简称"税延养老保险"）支出的明细信息。在账户资金收益环节，无需报送任何资料。在个人领取商业养老金时，扣缴义务人仍沿用原扣缴个人所得税报告表。同时明确，纳税人未续保或退保的，应及时告知扣缴义务人或主管税务机关终止税前扣除。

（二）核定征收的相关征管规定

为确保税延养老保险税前扣除政策的普及性，便于核定征收的个体工商户业主、企事业单位承包承租经营者、个人独资企业投资者和合伙企业自然人合伙人享受优惠政策，《公告》规定："实行核定征收的，应向主管税务机关报送《个人税收递延型商业养老保险税前扣除情况明细表》和税延养老扣除凭证，主管税务机关按程序相应调减其应纳税所得额或应纳税额。纳税人缴费金额发生变化、未续保或退保的，应当及时告知主管税务机关，重新核定应纳税所得额或应纳税额"。

（三）"应税收入"的计算方法

《通知》规定："取得个体工商户的生产经营所得、对企事业单位的承包承租经营所得的个体工商户业主、个人独资企业投资者、合伙企业自然人合伙人和承包承租经营者，扣除限额按照当年应税收入的6%和12 000元孰低办法确定。"针对如何计算应税收入，《公告》中规定："个体工商户业主、个人独资企业投资者和承包承租经营者按照个体工商户、个人独资企业、承包承租收入总额确定应税收入；合伙企业自然人合伙人按照合伙企业收入总额乘以合伙人分配比例确定应税收入"。

（四）未及时提供税延养老扣除凭证的处理方法

对纳税人未及时提供税延养老扣除凭证的情形，为保障纳税人享受相关优惠，根据个人所得税法和税收征管法有关规定，《公告》中明确："个人因未及时提供税延养老扣除凭证而造成往期未扣除的，扣缴单位可追补至应扣除月份扣除，并按《通知》规定重新计算应扣缴税款，在收到扣除凭证的当月办理抵扣或申请退税"。

（五）施行时间

《公告》自2018年5月1日起施行。

27. 财政部 税务总局 科技部关于科技人员取得职务科技成果转化现金奖励有关个人所得税政策的通知

财税〔2018〕58号

各省、自治区、直辖市、计划单列市财政厅（局）、地方税务局、科技厅（委、局），新疆生产建设兵团财政局、科技局：

为进一步支持国家大众创业、万众创新战略的实施，促进科技成果转化，现将科技人员取得职务科技成果转化现金奖励有关个人所得税政策通知如下：

一、依法批准设立的非营利性研究开发机构和高等学校（以下简称非营利性科研机构和高校）根据《中华人民共和国促进科技成果转化法》规定，从职务科技成果转化收入中给予科技人员的现金奖励，可减按50%计入科技人员当月"工资、薪金所得"，依法缴纳个人所得税。

二、非营利性科研机构和高校包括国家设立的科研机构和高校、民办非营利性科研机构和高校。

三、国家设立的科研机构和高校是指利用财政性资金设立的、取得《事业单位法人证书》的科研机构和公办高校，包括中央和地方所属科研机构和高校。

四、民办非营利性科研机构和高校，是指同时满足以下条件的科研机构和高校：

（一）根据《民办非企业单位登记管理暂行条例》在民政部门登记，并取得《民办非企业单位登记证书》。

（二）对于民办非营利性科研机构，其《民办非企业单位登记证书》记载的业务范围应属于"科学研究与技术开发、成果转让、科技咨询与服务、科技成果评估"范围。对业务范围存在争议的，由税务机关转请县级（含）以上科技行政主管部门确认。

对于民办非营利性高校，应取得教育主管部门颁发的《民办学校办学许可证》《民办学校办学许可证》记载学校类型为"高等学校"。

（三）经认定取得企业所得税非营利组织免税资格。

五、科技人员享受本通知规定税收优惠政策，须同时符合以下条件：

（一）科技人员是指非营利性科研机构和高校中对完成或转化职务科技成果作出重要贡献的人员。非营利性科研机构和高校应按规定公示有关科技人员名单及相关信息（国防专利转化除外），具体公示办法由科技部会同财政部、税务总局制定。

（二）科技成果是指专利技术（含国防专利）、计算机软件著作权、集成电路布图设计专有权、植物新品种权、生物医药新品种,以及科技部、财政部、税务总局确定的其他技术成果。

（三）科技成果转化是指非营利性科研机构和高校向他人转让科技成果或者许可他人使用科技成果。现金奖励是指非营利性科研机构和高校在取得科技成果转化收入三年（36个月）内奖励给科技人员的现金。

（四）非营利性科研机构和高校转化科技成果,应当签订技术合同,并根据《技术合同认定登记管理办法》,在技术合同登记机构进行审核登记,并取得技术合同认定登记证明。

非营利性科研机构和高校应健全科技成果转化的资金核算,不得将正常工资、奖金等收入列入科技人员职务科技成果转化现金奖励享受税收优惠。

六、非营利性科研机构和高校向科技人员发放现金奖励时,应按个人所得税法规定代扣代缴个人所得税,并按规定向税务机关履行备案手续。

七、本通知自2018年7月1日起施行。本通知施行前非营利性科研机构和高校取得的科技成果转化收入,自施行后36个月内给科技人员发放现金奖励,符合本通知规定的其他条件的,适用本通知。

财政部　税务总局　科技部
2018年5月29日

28. 国家税务总局关于科技人员取得职务科技成果转化现金奖励有关个人所得税征管问题的公告

国家税务总局公告2018年第30号

为贯彻落实《财政部　税务总局 科技部关于科技人员取得职务科技成果转化现金奖励有关个人所得税政策的通知》（财税〔2018〕58号,以下简称《通知》）,现就有关征管问题公告如下：

一、《通知》第五条第（三）项所称"三年（36个月）内",是指自非营利性科研机构和高校实际取得科技成果转化收入之日起36个月内。非营利性科研机构和高校分次取得科技成果转化收入的,以每次实际取得日期为准。

二、非营利性科研机构和高校向科技人员发放职务科技成果转化现金奖励（以下简称"现金奖励"）,应于发放之日的次月15日内,向主管税务机关报送《科技人员取得职务科技成果转化现金奖励个人所得税备案表》（见附件）。单位资质材料（《事业单位法人证书》《民办学校办学许可证》《民办非企业单位登记证书》等）、科技成果转化技术合同、科技人员现金奖励公示材料、现金奖励公示结果文件等相关资料自行留存备查。

三、非营利性科研机构和高校向科技人员发放现金奖励,在填报《扣缴个人所得税报告表》时,应将当期现金奖励收入金额与当月工资、薪金合并,全额计入"收入额"列,同时将现金奖励的50%填至《扣缴个人所得税报告表》"免税所得"列,并在备注栏注明"科技人员现金奖励免税部分"字样,据此以"收入额"减除"免税所得"以及相关扣除后的余额计算缴纳个人所得税。

四、本公告自2018年7月1日起施行。

特此公告。

附件：科技人员取得职务科技成果转化现金奖励个人所得税备案表（略）。

国家税务总局
2018 年 6 月 11 日

29. 关于《国家税务总局关于科技人员取得职务科技成果转化现金奖励有关个人所得税征管问题的公告》的解读

为贯彻落实《财政部 税务总局 科技部关于科技人员取得职务科技成果转化现金奖励有关个人所得税政策的通知》（财税〔2018〕58 号，以下简称《通知》），国家税务总局发布了《关于科技人员取得职务科技成果转化现金奖励有关个人所得税征管问题的公告》，（以下简称《公告》）。为方便纳税人理解，现对《公告》中主要问题解读如下：

一、《公告》出台背景

为贯彻党的十九大报告提出的新发展理念，加快建设创新型国家，进一步促进科技创新和科技成果转化，经国务院批准，财政部、税务总局制发了《通知》，规定从职务科技成果转化收入中给予科技人员的现金奖励，可减按 50% 计入科技人员当月"工资、薪金所得"。为便于纳税人准确理解和及时享受政策、规范纳税申报，税务总局制发了《公告》，进一步明确了相关操作问题。

二、《公告》主要内容

（一）取得科技成果转化收入的起始计算时间

《通知》所称现金奖励是指非营利科研机构和高校在取得科技成果转化收入三年（36 个月）内奖励给科技人员的现金。《公告》进一步明确，"三年（36 个月）内"的起算时点为非营利科研机构和高校实际取得科技成果转化收入之日。非营利科研机构和高校分次取得科技成果转化收入的，以每次实际取得日期为准。

（二）备案申报的有关要求

依据《通知》规定，对符合税收优惠条件的单位向科技人员发放现金奖励时，实行备案管理。即在实际发放现金奖励的次月 15 日内，单位向主管税务机构报送《科技人员取得职务科技成果转化现金奖励个人所得税备案表》，相关证明材料留存备查。

（三）选择适用现金奖励的计算方法

为便于单位履行扣缴纳税申报，《公告》明确，单位为个人申报现金奖励、填报《扣缴个人所得税报告表》时，应将当期职务科技成果转化现金奖励收入金额与当月工资、薪金合并，全额计入"收入额"列，同时将现金奖励的 50% 填至《扣缴个人所得税报告表》申报表"免税所得"列，并在备注栏中注明"科技人员现金奖励免税部分"字样。这样，每名科技人员应缴纳的个人所得税，按"收入额"减除"免税所得"以及相关扣除后的余额计算。

三、施行时间

《公告》与《通知》一致，自 2018 年 7 月 1 日起施行。在 2018 年 7 月 1 日前非营利性科研机构和高校取得的科技成果转化收入，符合《通知》规定条件的，可按《公告》规定办理相关税收事宜。

30. 国家税务总局关于创业投资企业和天使投资个人税收政策有关问题的公告

国家税务总局公告2018年第43号

为贯彻落实《财政部 税务总局关于创业投资企业和天使投资个人有关税收政策的通知》(财税〔2018〕55号,以下简称《通知》),现就创业投资企业和天使投资个人税收政策有关问题公告如下:

一、相关政策执行口径

(一)《通知》第一条所称满2年是指公司制创业投资企业(以下简称"公司制创投企业")、有限合伙制创业投资企业(以下简称"合伙创投企业")和天使投资个人投资于种子期、初创期科技型企业(以下简称"初创科技型企业")的实缴投资满2年,投资时间从初创科技型企业接受投资并完成工商变更登记的日期算起。

(二)《通知》第二条第(一)项所称研发费用总额占成本费用支出的比例,是指企业接受投资当年及下一纳税年度的研发费用总额合计占同期成本费用总额合计的比例。

(三)《通知》第三条第(三)项所称出资比例,按投资满2年当年年末各合伙人对合伙创投企业的实缴出资额占所有合伙人全部实缴出资额的比例计算。

(四)《通知》所称从业人数及资产总额指标,按照初创科技型企业接受投资前连续12个月的平均数计算,不足12个月的,按实际月数平均计算。具体计算公式如下:

月平均数=(月初数+月末数)÷2

接受投资前连续12个月平均数=接受投资前连续12个月平均数之和÷12

(五)法人合伙人投资于多个符合条件的合伙创投企业,可合并计算其可抵扣的投资额和分得的所得。当年不足抵扣的,可结转以后纳税年度继续抵扣;当年抵扣后有结余的,应按照企业所得税法的规定计算缴纳企业所得税。

所称符合条件的合伙创投企业既包括符合《通知》规定条件的合伙创投企业,也包括符合《国家税务总局关于有限合伙制创业投资企业法人合伙人企业所得税有关问题的公告》(国家税务总局公告2015年第81号)规定条件的合伙创投企业。

二、办理程序和资料

(一)企业所得税。

1.公司制创投企业和合伙创投企业法人合伙人在年度申报享受优惠时,按照《国家税务总局关于发布修订后的〈企业所得税优惠政策事项办理办法〉的公告》(国家税务总局公告2018年第23号)的规定办理有关手续。

2.合伙创投企业的法人合伙人符合享受优惠条件的,合伙创投企业应在投资初创科技型企业满2年的年度以及分配所得的年度终了后及时向法人合伙人提供《合伙创投企业法人合伙人所得分配情况明细表》(附件1)。

(二)个人所得税。

1.合伙创投企业个人合伙人

(1)合伙创投企业的个人合伙人符合享受优惠条件的,合伙创投企业应在投资初创科技型企业满2年的年度终了后3个月内,向合伙创投企业主管税务机关办理备案手续,备案时应报送《合伙创投企业个人所得税投资抵扣备案表》(附件2),同时将有关资料留存备查(备查资料同公司制创投企业)。合伙企业多次投资同一初创科技型企业的,应按年度分别备案。

(2)合伙创投企业应在投资初创科技型企业满2年后的每个年度终了后3个月内,向合伙创投企业主管税务机关报送《合伙创投企业个人所得税投资抵扣情况表》(附件3)。

(3)个人合伙人在个人所得税年度申报时,应将当年允许抵扣的投资额填至《个人所得税生产经营所得纳税申报表(B表)》"允许扣除的其他费用"栏,并同时标明"投资抵扣"字样。

2.天使投资个人

(1)投资抵扣备案。

天使投资个人应在投资初创科技型企业满24个月的次月15日内,与初创科技型企业共同向初创科技型企业主管税务机关办理备案手续。备案时应报送《天使投资个人所得税投资抵扣备案表》(附件4)。被投资企业符合初创科技型企业条件的有关资料留存企业备查,备查资料包括初创科技型企业接受现金投资时的投资合同(协议)、章程、实际出资的相关证明材料,以及被投资企业符合初创科技型企业条件的有关资料。多次投资同一初创科技型企业的,应分次备案。

(2)投资抵扣申报。

①天使投资个人转让未上市的初创科技型企业股权,按照《通知》规定享受投资抵扣税收优惠时,应于股权转让次月15日内,向主管税务机关报送《天使投资个人所得税投资抵扣情况表》(附件5)。同时,天使投资个人还应一并提供投资初创科技型企业后税务机关受理的《天使投资个人所得税投资抵扣备案表》。

其中,天使投资个人转让初创科技型企业股权需同时抵扣前36个月内投资其他注销清算初创科技型企业尚未抵扣完毕的投资额的,申报时应一并提供注销清算企业主管税务机关受理并注明注销清算等情况的《天使投资个人所得税投资抵扣备案表》,以及前期享受投资抵扣政策后税务机关受理的《天使投资个人所得税投资抵扣情况表》。

接受投资的初创科技型企业,应在天使投资个人转让股权纳税申报时,向扣缴义务人提供相关信息。

②天使投资个人投资初创科技型企业满足投资抵扣税收优惠条件后,初创科技型企业在上海证券交易所、深圳证券交易所上市的,天使投资个人在转让初创科技型企业股票时,有尚未抵扣完毕的投资额的,应向证券机构所在地主管税务机关办理限售股转让税款清算,抵扣尚未抵扣完毕的投资额。清算时,应提供投资初创科技型企业后税务机关受理的《天使投资个人所得税投资抵扣备案表》和《天使投资个人所得税投资抵扣情况表》。

(3)被投资企业发生个人股东变动或者个人股东所持股权变动的,应在次月15日内向主管税务机关报送含有股东变动信息的《个人所得税基础信息表(A表)》。对天使投资个人,应在备注栏标明"天使投资个人"字样。

(4)天使投资个人转让股权时,扣缴义务人、天使投资个人应将当年允许抵扣的投资额填至《扣缴个人所得税报告表》或《个人所得税自行纳税申报表(A表)》"税前扣除项目"的"其他"栏,并同时标明"投资抵扣"字样。

(5)天使投资个人投资的初创科技型企业注销清算的,应及时持《天使投资个人所得税投资抵扣备案表》到主管税务机关办理情况登记。

三、其他事项

(一)税务机关在公司制创投企业、合伙创投企业合伙人享受优惠政策后续管理中,对初创科技型企业是否符合规定条件有异议的,可以转请初创科技型企业主管税务机关提供相关资料，主管税务机关应积极配合。

（二）创业投资企业、合伙创投企业合伙人、天使投资个人、初创科技型企业提供虚假情况、故意隐瞒已投资抵扣情况或采取其他手段骗取投资抵扣，不缴或者少缴应纳税款的，按税收征管法有关规定处理。

四、施行时间

本公告天使投资个人所得税有关规定自2018年7月1日起施行，其他所得税规定自2018年1月1日起施行。施行日期前2年内发生的投资，适用《通知》规定的税收政策的，按本公告规定执行。

《国家税务总局关于创业投资企业和天使投资个人税收试点政策有关问题的公告》（国家税务总局公告2017年第20号）自2018年7月1日起废止，符合试点政策条件的投资额可按本公告规定继续办理抵扣。

特此公告。

附件：1. 合伙创投企业法人合伙人所得分配情况明细表（略）。
2. 合伙创投企业个人所得税投资抵扣备案表（略）。
3. 合伙创投企业个人所得税投资抵扣情况表（略）。
4. 天使投资个人所得税投资抵扣备案表（略）。
5. 天使投资个人所得税投资抵扣情况表（略）。

国家税务总局
2018年7月30日

31. 关于《国家税务总局关于创业投资企业和天使投资个人税收政策有关问题的公告》的解读

为贯彻落实《财政部 税务总局关于创业投资企业和天使投资个人有关税收政策的通知》（财税〔2018〕55号，以下简称《通知》），税务总局发布了《国家税务总局关于创业投资企业和天使投资个人税收政策有关问题的公告》（以下简称《公告》）。为便于纳税人、税务机关理解和执行，现对《公告》解读如下：

一、《公告》出台背景

为进一步落实创新驱动发展战略，促进创业投资持续健康发展，2017年，国务院常务会议决定在京津冀、上海、广东、安徽、四川、武汉、西安、沈阳8个全面创新改革试验地区和苏州工业园区开展创业投资企业和天使投资个人税收政策试点。为贯彻落实国务院常务会议精神，财政部、税务总局下发了《关于创业投资企业和天使投资个人有关税收试点政策的通知》（财税〔2017〕38号）和《关于创业投资企业和天使投资个人税收试点政策有关问题的公告》（国家税务总局公告2017年第20号，以下简称"试点政策公告"），保证税收优惠政策精准落地。

为更好地鼓励和扶持种子期、初创期科技型企业发展，推动大众创业、万众创新战略实施，2018年4月25日国务院常务会议决定将创业投资企业和天使投资个人税收试点政策推广到全国实施。财政部和税务总局根据国务院决定，联合下发了《通知》，就全国范围内实施的创业投资企业和天使投资个人税收政策进行明确。此次税务总局发布《公告》，就政策执行口径、办理程序和资料及其他管理要求进行明确,提高政策可操作性,便于纳税人准确享受税收优惠。

二、《公告》主要内容

(一)执行口径

为提高政策的可操作性和确定性,《公告》在《通知》的基础上进一步明确了部分执行口径。由于试点政策在试点期间执行情况良好,为保持政策的稳定性,《公告》所明确的政策执行口径与试点政策公告保持一致。具体执行口径如下:

一是明确满2年的口径及投资时间计算口径。《公告》明确,《通知》第一条称满2年是公司制创投企业、合伙创投企业、天使投资个人投资于初创科技型企业的实缴投资满2年,投资时间从初创科技型企业接受投资并完成工商变更登记的日期算起。需要注意的是,对于合伙创投企业投资初创科技型企业的,仅强调合伙创投企业投资于初创科技型企业的实缴投资满2年,取消了对合伙人对该合伙创投企业的实缴出资须满2年的要求,简化了政策条件,有利于企业准确执行政策。比如,某合伙创投企业于2018年12月投资初创科技型企业,假设其他条件均符合文件规定,合伙创投企业的某个法人合伙人于2019年1月对该合伙创投企业出资,2020年12月,合伙创投企业投资初创科技型企业满2年时,该法人合伙人同样可享受税收试点政策。

二是明确研发费用总额占成本费用支出的比例,指企业接受投资当年及下一个纳税年度的研发费用总额合计占同期成本费用总额合计的比例。此口径参考了高新技术企业研发费用占比的计算方法,一定程度上降低了享受优惠的门槛,使更多的企业可以享受到政策红利。比如,某公司制创投企业于2018年5月投资初创科技型企业,假设其他条件均符合文件规定,初创科技型企业2018年发生研发费用100万元,成本费用1 000万元,2018年研发费用占比10%,低于20%;2019年发生研发费用500万元,成本费用1 000万元,2019年研发费用占比50%,高于20%。如要求投资当年及下一年分别满足研发费用占比高于20%的条件,则该公司制创投企业不能享受税收优惠政策。但按照《公告》明确的口径,投资当年及下一年初创科技型企业研发费用平均占比为30%[(100+500)÷(1 000+1 000)×100%],该公司制创投企业可以享受税收优惠政策。

三是明确合伙创投企业合伙人出资比例的计算口径。由于合伙创投企业投资初创型科技企业的,在投资满2年的当年就可享受税收优惠政策,因此将计算出资比例的时点确定为投资满2年当年年末,对同一年满2年的投资统一计算,简化计算方法,减轻企业办税负担。

四是明确了从业人数、资产总额的计算方法。其计算方法参照了小型微利企业的计算方法,确保纳税人能准确理解政策、适用政策。

五是明确法人合伙人可合并计算抵扣。即法人合伙人投资于多家合伙创投企业,可以合并计算可抵扣的投资额和分得的所得。考虑到法人合伙人可能会投资多家符合条件的合伙创投企业,而合伙创投企业的分配可能会有所差别,有些因创业投资活动本身具有一定的风险,可能永远没有回报。因此允许合并计算抵扣,并将所有符合现行政策规定的合伙创投企业均纳入合并范围,将使法人合伙人能充分、及时抵扣,确保税收优惠政策效应得到充分发挥。

合并计算抵扣的范围既包括符合《通知》规定条件的合伙创投企业,也包括符合《国家税务总局关于有限合伙制创业投资企业法人合伙人企业所得税有关问题的公告》(国家税务总局公告2015年第81号)规定条件的合伙创投企业。

(二)办理程序及资料

1. 企业所得税方面

《国家税务总局关于发布修订后的〈企业所得税优惠政策事项办理办法〉的公告》(国

家税务总局公告 2018 年第 23 号）明确企业享受优惠事项采取"自行判别、申报享受、相关资料留存备查"的办理方式，不再要求企业办理备案手续。《公告》据此对公司制创投企业和合伙创投企业法人合伙人享受优惠的办理手续进行了调整，明确按照国家税务总局公告 2018 年第 23 号的规定办理相关手续。此外，为进一步简政放权，减轻纳税人负担，《公告》不再要求合伙创投企业向税务机关报送《合伙创投企业法人合伙人所得分配情况明细表》，改由合伙创投企业直接提供给法人合伙人留存备查。

2. 个人所得税方面

（1）备案程序

①合伙创投企业个人合伙人备案。合伙创投企业个人合伙人的备案环节的相关手续，主要由合伙创投企业办理，个人无须另行办理备案手续。合伙创投企业在投资初创科技型企业满 2 年的年度终了 3 个月内，向主管税务机关报送《合伙创投企业个人所得税投资抵扣备案表》，其他资料留存备查。留存备查资料同公司制创投企业和合伙创投企业法人合伙人，包括发展改革或证监部门出具的符合创业投资企业条件的年度证明材料，初创科技型企业接受现金投资时的投资合同（协议）、章程、实际出资的相关证明材料，创业投资企业与其关联方持有初创科技型企业的股权比例的说明，被投资企业符合初创科技型企业条件的有关资料等。

②天使投资个人备案。与合伙创投企业个人合伙人不同，天使投资个人需要与初创科技型企业共同在投资初创科技型企业满 24 个月的次月 15 日内，向初创科技型企业的主管税务机关办理备案，报送《天使投资个人所得税投资抵扣备案表》。被投资企业符合初创科技型企业条件的有关资料留存企业备查，备查资料包括初创科技型企业接受现金投资时的投资合同（协议）、章程、实际出资的相关证明材料，以及被投资企业符合初创科技型企业条件的有关资料。

（2）个人享受投资抵扣政策的操作办法

①合伙创投企业个人合伙人的申报抵扣。

一是合伙创投企业按年报送投资抵扣情况。合伙创投企业应在投资初创科技型企业满 2 年后的每个年度终了 3 个月内，向合伙创投企业主管税务机关报送《合伙创投企业个人所得税投资抵扣情况表》。

二是个人合伙人办理年度纳税申报时扣除。合伙创投企业个人合伙人只需正常办理年度纳税申报即可享受投资抵扣。填写申报表时，需要将当年允许抵扣的投资额，填至年度申报表《个人所得税生产经营所得纳税申报表（B 表）》的"允许扣除的其他费用"栏。

②天使投资个人的申报抵扣。

一是转让未上市的初创科技型企业股权。天使投资个人可以在股权转让次月 15 日内办理投资抵扣。具体需要向主管税务机关报送《天使投资个人所得税投资抵扣情况表》和投资初创科技型企业后税务机关受理的《天使投资个人所得税投资抵扣备案表》。

二是转让投资后初创科技型企业在上交所、深交所上市的公司股票。天使投资个人在转让上市公司限售股税款清算时，办理投资抵扣。

（3）天使投资个人投资的初创科技型企业注销清算的税务处理

天使投资个人投资的初创科技型企业注销清算的，其尚未抵扣完毕的投资额，可以在 36 个月内转让其他符合投资抵扣条件的初创科技型企业股权时进行抵扣。具体分两步进行：

①初创科技型企业注销清算时，天使投资个人应持前期投资抵扣备案的《天使投资个人所得税投资抵扣备案表》，及时到原初创科技型企业主管税务机关办理情况登记。

②转让其他初创科技型企业股权投资抵扣时，持税务机关登记后的已注销清算企业的《天使投资个人所得税投资抵扣备案表》和前期办理投资抵扣时税务机关受理的《天使投资

个人所得税投资抵扣情况表》办理投资抵扣手续。

（三）其他管理要求

一是明确转请机制。《公告》明确了税务机关在创业投资企业和合伙创投企业合伙人享受优惠政策后续管理中，对初创科技型企业是否符合规定条件有异议的，可以转请相应主管税务机关提供相关资料，主管税务机关应积极配合。

二是明确骗取抵扣的罚则。创业投资企业、合伙创投企业合伙人、天使投资个人、初创科技型企业提供虚假情况、故意隐瞒已投资抵扣情况或采取其他手段骗取投资抵扣，不缴或者少缴应纳税款的，按税收征管法有关规定处理。

上述两项要求与试点政策公告的规定保持一致。

（四）施行时间

施行时间与《通知》保持一致，天使投资个人所得税有关规定自2018年7月1日起施行，其他所得税规定自2018年1月1日起施行。原试点政策的执行时间为企业所得税政策自2017年1月1日起施行，个人所得税政策自2017年7月1日起施行。考虑到合伙制创投企业个人合伙人政策施行时间可与法人合伙人保持一致，因此《通知》对个人合伙人的施行时间进行了调整，明确天使投资个人所得税政策自2018年7月1日起施行，其他各项政策自2018年1月1日起施行。《公告》的施行时间据此进行了相应的调整。

（五）过渡条款

《公告》在全国范围内实施，已经涵盖了试点政策公告所实施的区域。为避免政策碎片化，便于纳税人准确查找、理解政策，需及时废止试点政策公告。考虑到天使投资个人所得税政策自2018年7月1日起实施，因此试点政策公告应自2018年7月1日起废止，保证政策无缝衔接。同时，按照政策规定，满2年当年不足抵扣的投资额，可向以后年度结转抵扣，为避免试点政策公告废止后引发执行歧义，统一政策执行口径，《公告》明确符合试点政策条件的投资额可按规定继续办理抵扣。比如某公司制创投企业于2015年12月以100万元投资了初创科技型企业，该笔投资符合试点政策的条件。2017年度汇算清缴时，应纳税所得额（抵扣前）为50万元，可抵扣的投资额为70万元（100万元×70%），当年实际抵扣应纳税所得额50万元，剩余20万元可结转2018年及以后年度抵扣。

32. 财政部　国家税务总局关于易地扶贫搬迁税收优惠政策的通知

财税〔2018〕135号

各省、自治区、直辖市、计划单列市财政厅（局），国家税务总局各省、自治区、直辖市、计划单列市税务局，新疆生产建设兵团财政局：

为贯彻落实《中共中央 国务院关于打赢脱贫攻坚战三年行动的指导意见》，助推易地扶贫搬迁工作，现将易地扶贫搬迁有关税收优惠政策通知如下：

一、关于易地扶贫搬迁贫困人口税收政策

（一）对易地扶贫搬迁贫困人口按规定取得的住房建设补助资金、拆旧复垦奖励资金等与易地扶贫搬迁相关的货币化补偿和易地扶贫搬迁安置住房（以下简称安置住房），免征个人所得税。

（二）对易地扶贫搬迁贫困人口按规定取得的安置住房，免征契税。

二、关于易地扶贫搬迁安置住房税收政策

（一）对易地扶贫搬迁项目实施主体（以下简称项目实施主体）取得用于建设安置住房的土地，免征契税、印花税。

（二）对安置住房建设和分配过程中应由项目实施主体、项目单位缴纳的印花税，予以免征。

（三）对安置住房用地，免征城镇土地使用税。

（四）在商品住房等开发项目中配套建设安置住房的，按安置住房建筑面积占总建筑面积的比例，计算应予免征的安置住房用地相关的契税、城镇土地使用税，以及项目实施主体、项目单位相关的印花税。

（五）对项目实施主体购买商品住房或者回购保障性住房作为安置住房房源的，免征契税、印花税。

三、其他相关事项

（一）易地扶贫搬迁项目、项目实施主体、易地扶贫搬迁贫困人口、相关安置住房等信息由易地扶贫搬迁工作主管部门确定。县级易地扶贫搬迁工作主管部门应当将上述信息及时提供给同级税务部门。

（二）本通知执行期限为2018年1月1日至2020年12月31日。自执行之日起的已征税款，除以贴花方式缴纳的印花税外，依申请予以退税。

财政部　国家税务总局
2018年11月29日

33. 财政部　税务总局　证监会关于个人转让全国中小企业股份转让系统挂牌公司股票有关个人所得税政策的通知

财税〔2018〕137号

各省、自治区、直辖市、计划单列市财政厅（局），国家税务总局各省、自治区、直辖市、计划单列市税务局，新疆生产建设兵团财政局，全国中小企业股份转让系统有限责任公司，中国证券登记结算有限责任公司：

为促进全国中小企业股份转让系统（以下简称新三板）长期稳定发展，现就个人转让新三板挂牌公司股票有关个人所得税政策通知如下：

一、自2018年11月1日（含）起，对个人转让新三板挂牌公司非原始股取得的所得，暂免征收个人所得税。

本通知所称非原始股是指个人在新三板挂牌公司挂牌后取得的股票，以及由上述股票孳生的送、转股。

二、对个人转让新三板挂牌公司原始股取得的所得，按照"财产转让所得"，适用20%的比例税率征收个人所得税。

本通知所称原始股是指个人在新三板挂牌公司挂牌前取得的股票，以及在该公司挂牌前和挂牌后由上述股票孳生的送、转股。

三、2019年9月1日之前，个人转让新三板挂牌公司原始股的个人所得税，征收管理办法按照现行股权转让所得有关规定执行，以股票受让方为扣缴义务人，由被投资企业所在

地税务机关负责征收管理。

自2019年9月1日（含）起，个人转让新三板挂牌公司原始股的个人所得税，以股票托管的证券机构为扣缴义务人，由股票托管的证券机构所在地主管税务机关负责征收管理。具体征收管理办法参照《财政部 国家税务总局 证监会关于个人转让上市公司限售股所得征收个人所得税有关问题的通知》（财税〔2009〕167号）和《财政部 国家税务总局 证监会关于个人转让上市公司限售股所得征收个人所得税有关问题的补充通知》（财税〔2010〕70号）有关规定执行。

四、2018年11月1日之前，个人转让新三板挂牌公司非原始股，尚未进行税收处理的，可比照本通知第一条规定执行，已经进行相关税收处理的，不再进行税收调整。

五、中国证券登记结算公司应当在登记结算系统内明确区分新三板原始股和非原始股。中国证券登记结算公司、证券公司及其分支机构应当积极配合财政、税务部门做好相关工作。

财政部 税务总局 证监会
2018年11月30日

34. 国家税务总局关于明确《税收完税证明》（文书式）开具管理有关事项的通知

税总函〔2018〕628号

各省、自治区、直辖市和计划单列市税务局：

为进一步规范税收票证管理，服务经济社会发展，依据《税收票证管理办法》（国家税务总局令第28号），税务总局决定自2019年1月1日起，对《税收完税证明》（文书式，下同）的开具进行调整。现将有关事项通知如下：

一、自2019年1月1日起，《税收完税证明》不再作为税收票证管理，不再套印"国家税务总局税收票证监制章"，加盖的税务机关印章由"征税专用章"调整为"业务专用章"。具体式样见附件。

二、除本通知第三条规定外，纳税人就特定期间完税情况申请开具证明的，税务机关为其提供开具《税收完税证明》的服务。

三、个人所得税纳税人就税款所属期为2019年1月1日（含）以后缴（退）税情况申请开具证明的，税务机关依据《国家税务总局关于将个人所得税〈税收完税证明〉（文书式）调整为〈纳税记录〉有关事项的公告》（国家税务总局公告2018年第55号）为其开具个人所得税《纳税记录》，不再开具《税收完税证明》。

四、各地税务机关要做好调整后的《税收完税证明》网上开具工作。网上开具的式样与办税服务厅开具的一致，加印电子形式的业务专用章。

五、调整后的《税收完税证明》的开具内容、开具方式和管理办法由各省税务机关确定。

六、调整完善《税收完税证明》的开具管理，是税务总局进一步深化"放管服"改革，优化税收营商环境的一项重要决策。各地要高度重视，周密部署，充分运用原有文书式《税收完税证明》的信息系统和管理经验，抓紧系统升级、流程优化和宣传咨询等相关工作，确保2019年1月1日顺利实施。

七、本通知自 2019 年 1 月 1 日起执行。《国家税务总局办公厅关于推行网上开具税收完税证明工作的通知》（税总办发〔2017〕162 号）相关规定与本通知不一致的，按本通知规定执行。

附件：调整后的《税收完税证明》（文书式）式样（略）。

国家税务总局
2018 年 12 月 5 日

35. 国家税务总局关于将个人所得税《税收完税证明》（文书式）调整为《纳税记录》有关事项的公告

国家税务总局公告 2018 年第 55 号

为配合个人所得税制度改革，进一步落实国务院减证便民要求，优化纳税服务，国家税务总局决定将个人所得税《税收完税证明》（文书式）调整为《纳税记录》。现将有关事项公告如下：

一、从 2019 年 1 月 1 日起，纳税人申请开具税款所属期为 2019 年 1 月 1 日（含）以后的个人所得税缴（退）税情况证明的，税务机关不再开具《税收完税证明》（文书式），调整为开具《纳税记录》（具体内容及式样见附件）；纳税人申请开具税款所属期为 2018 年 12 月 31 日（含）以前个人所得税缴（退）税情况证明的，税务机关继续开具《税收完税证明》（文书式）。

二、纳税人 2019 年 1 月 1 日以后取得应税所得并由扣缴义务人向税务机关办理了全员全额扣缴申报，或根据税法规定自行向税务机关办理纳税申报的，不论是否实际缴纳税款，均可以申请开具《纳税记录》。

三、纳税人可以通过电子税务局、手机 App 申请开具本人的个人所得税《纳税记录》，也可到办税服务厅申请开具。

四、纳税人可以委托他人持下列证件和资料到办税服务厅代为开具个人所得税《纳税记录》：

（一）委托人及受托人有效身份证件原件；

（二）委托人书面授权资料。

五、纳税人对个人所得税《纳税记录》存在异议的，可以向该项记录中列明的税务机关申请核实。

六、税务机关提供个人所得税《纳税记录》的验证服务，支持通过电子税务局、手机 App 等方式进行验证。具体验证方法见个人所得税《纳税记录》中的相关说明。

七、本公告自 2019 年 1 月 1 日起施行。

特此公告。

附件：个人所得税纳税记录（略）。

国家税务总局
2018 年 12 月 5 日

36. 国务院关于印发个人所得税专项附加扣除暂行办法的通知

国发〔2018〕41号

各省、自治区、直辖市人民政府，国务院各部委、各直属机构：

现将《个人所得税专项附加扣除暂行办法》印发给你们，请认真贯彻执行。

国务院
2018年12月13日

个人所得税专项附加扣除暂行办法

第一章 总 则

第一条 根据《中华人民共和国个人所得税法》（以下简称个人所得税法）规定，制定本办法。

第二条 本办法所称个人所得税专项附加扣除，是指个人所得税法规定的子女教育、继续教育、大病医疗、住房贷款利息或者住房租金、赡养老人等6项专项附加扣除。

第三条 个人所得税专项附加扣除遵循公平合理、利于民生、简便易行的原则。

第四条 根据教育、医疗、住房、养老等民生支出变化情况，适时调整专项附加扣除范围和标准。

第二章 子女教育

第五条 纳税人的子女接受全日制学历教育的相关支出，按照每个子女每月1 000元的标准定额扣除。

学历教育包括义务教育（小学、初中教育）、高中阶段教育（普通高中、中等职业、技工教育）、高等教育（大学专科、大学本科、硕士研究生、博士研究生教育）。

年满3岁至小学入学前处于学前教育阶段的子女，按本条第一款规定执行。

第六条 父母可以选择由其中一方按扣除标准的100%扣除，也可以选择由双方分别按扣除标准的50%扣除，具体扣除方式在一个纳税年度内不能变更。

第七条 纳税人子女在中国境外接受教育的，纳税人应当留存境外学校录取通知书、留学签证等相关教育的证明资料备查。

第三章 继续教育

第八条 纳税人在中国境内接受学历（学位）继续教育的支出，在学历（学位）教育期间按照每月400元定额扣除。同一学历（学位）继续教育的扣除期限不能超过48个月。纳税人接受技能人员职业资格继续教育、专业技术人员职业资格继续教育的支出，在取得相关证书的当年，按照3 600元定额扣除。

第九条 个人接受本科及以下学历（学位）继续教育，符合本办法规定扣除条件的，可以选择由其父母扣除，也可以选择由本人扣除。

第十条 纳税人接受技能人员职业资格继续教育、专业技术人员职业资格继续教育的，应当留存相关证书等资料备查。

第四章 大病医疗

第十一条 在一个纳税年度内，纳税人发生的与基本医保相关的医药费用支出，扣除医保报销后个人负担（指医保目录范围内的自付部分）累计超过15 000元的部分，由纳税人在办理年度汇算清缴时，在80 000元限额内据实扣除。

第十二条 纳税人发生的医药费用支出可以选择由本人或者其配偶扣除；未成年子女发生的医药费用支出可以选择由其父母一方扣除。

纳税人及其配偶、未成年子女发生的医药费用支出，按本办法第十一条规定分别计算扣除额。

第十三条 纳税人应当留存医药服务收费及医保报销相关票据原件（或者复印件）等资料备查。医疗保障部门应当向患者提供在医疗保障信息系统记录的本人年度医药费用信息查询服务。

第五章 住房贷款利息

第十四条 纳税人本人或者配偶单独或者共同使用商业银行或者住房公积金个人住房贷款为本人或者其配偶购买中国境内住房，发生的首套住房贷款利息支出，在实际发生贷款利息的年度，按照每月1 000元的标准定额扣除，扣除期限最长不超过240个月。纳税人只能享受一次首套住房贷款的利息扣除。

本办法所称首套住房贷款是指购买住房享受首套住房贷款利率的住房贷款。

第十五条 经夫妻双方约定，可以选择由其中一方扣除，具体扣除方式在一个纳税年度内不能变更。

夫妻双方婚前分别购买住房发生的首套住房贷款，其贷款利息支出，婚后可以选择其中一套购买的住房，由购买方按扣除标准的100%扣除，也可以由夫妻双方对各自购买的住房分别按扣除标准的50%扣除，具体扣除方式在一个纳税年度内不能变更。

第十六条 纳税人应当留存住房贷款合同、贷款还款支出凭证备查。

第六章 住房租金

第十七条 纳税人在主要工作城市没有自有住房而发生的住房租金支出，可以按照以下标准定额扣除：

（一）直辖市、省会（首府）城市、计划单列市以及国务院确定的其他城市，扣除标准为每月1 500元；

（二）除第一项所列城市以外，市辖区户籍人口超过100万的城市，扣除标准为每月1 100元；市辖区户籍人口不超过100万的城市，扣除标准为每月800元。

纳税人的配偶在纳税人的主要工作城市有自有住房的，视同纳税人在主要工作城市有自有住房。

市辖区户籍人口，以国家统计局公布的数据为准。

第十八条 本办法所称主要工作城市是指纳税人任职受雇的直辖市、计划单列市、副省级城市、地级市（地区、州、盟）全部行政区域范围；纳税人无任职受雇单位的，为受理其综合所得汇算清缴的税务机关所在城市。

夫妻双方主要工作城市相同的，只能由一方扣除住房租金支出。

第十九条　住房租金支出由签订租赁住房合同的承租人扣除。

第二十条　纳税人及其配偶在一个纳税年度内不能同时分别享受住房贷款利息和住房租金专项附加扣除。

第二十一条　纳税人应当留存住房租赁合同、协议等有关资料备查。

第七章　赡养老人

第二十二条　纳税人赡养一位及以上被赡养人的赡养支出，统一按照以下标准定额扣除：

（一）纳税人为独生子女的，按照每月2 000元的标准定额扣除；

（二）纳税人为非独生子女的，由其与兄弟姐妹分摊每月2 000元的扣除额度，每人分摊的额度不能超过每月1 000元。可以由赡养人均摊或者约定分摊，也可以由被赡养人指定分摊。约定或者指定分摊的须签订书面分摊协议，指定分摊优先于约定分摊。具体分摊方式和额度在一个纳税年度内不能变更。

第二十三条　本办法所称被赡养人是指年满60岁的父母，以及子女均已去世的年满60岁的祖父母、外祖父母。

第八章　保障措施

第二十四条　纳税人向收款单位索取发票、财政票据、支出凭证，收款单位不能拒绝提供。

第二十五条　纳税人首次享受专项附加扣除，应当将专项附加扣除相关信息提交扣缴义务人或者税务机关，扣缴义务人应当及时将相关信息报送税务机关，纳税人对所提交信息的真实性、准确性、完整性负责。专项附加扣除信息发生变化的，纳税人应当及时向扣缴义务人或者税务机关提供相关信息。

前款所称专项附加扣除相关信息，包括纳税人本人、配偶、子女、被赡养人等个人身份信息，以及国务院税务主管部门规定的其他与专项附加扣除相关的信息。

本办法规定纳税人需要留存备查的相关资料应当留存五年。

第二十六条　有关部门和单位有责任和义务向税务部门提供或者协助核实以下与专项附加扣除有关的信息：

（一）公安部门有关户籍人口基本信息、户成员关系信息、出入境证件信息、相关出国人员信息、户籍人口死亡标识等信息；

（二）卫生健康部门有关出生医学证明信息、独生子女信息；

（三）民政部门、外交部门、法院有关婚姻状况信息；

（四）教育部门有关学生学籍信息（包括学历继续教育学生学籍、考籍信息）、在相关部门备案的境外教育机构资质信息；

（五）人力资源社会保障等部门有关技工院校学生学籍信息、技能人员职业资格继续教育信息、专业技术人员职业资格继续教育信息；

（六）住房城乡建设部门有关房屋（含公租房）租赁信息、住房公积金管理机构有关住房公积金贷款还款支出信息；

（七）自然资源部门有关不动产登记信息；

（八）人民银行、金融监督管理部门有关住房商业贷款还款支出信息；

（九）医疗保障部门有关在医疗保障信息系统记录的个人负担的医药费用信息；

（十）国务院税务主管部门确定需要提供的其他涉税信息。

上述数据信息的格式、标准、共享方式，由国务院税务主管部门及各省、自治区、直辖市和计划单列市税务局商有关部门确定。

有关部门和单位拥有专项附加扣除涉税信息，但未按规定要求向税务部门提供的，拥有涉税信息的部门或者单位的主要负责人及相关人员承担相应责任。

第二十七条 扣缴义务人发现纳税人提供的信息与实际情况不符的，可以要求纳税人修改。纳税人拒绝修改的，扣缴义务人应当报告税务机关，税务机关应当及时处理。

第二十八条 税务机关核查专项附加扣除情况时，纳税人任职受雇单位所在地、经常居住地、户籍所在地的公安派出所、居民委员会或者村民委员会等有关单位和个人应当协助核查。

第九章 附　则

第二十九条 本办法所称父母，是指生父母、继父母、养父母。本办法所称子女，是指婚生子女、非婚生子女、继子女、养子女。父母之外的其他人担任未成年人的监护人的，比照本办法规定执行。

第三十条 个人所得税专项附加扣除额一个纳税年度扣除不完的，不能结转以后年度扣除。

第三十一条 个人所得税专项附加扣除具体操作办法，由国务院税务主管部门另行制定。

第三十二条 本办法自2019年1月1日起施行。

37. 国家税务总局关于发布《个人所得税扣缴申报管理办法（试行）》的公告

国家税务总局公告2018年第61号

为贯彻落实新修改的《中华人民共和国个人所得税法》及其实施条例，国家税务总局制定了《个人所得税扣缴申报管理办法（试行）》，现予以发布，自2019年1月1日起施行。

特此公告。

附件：个人所得税税率表及预扣率表（略）。

国家税务总局

2018年12月21日

个人所得税扣缴申报管理办法（试行）

第一条 为规范个人所得税扣缴申报行为，维护纳税人和扣缴义务人合法权益，根据《中华人民共和国个人所得税法》及其实施条例、《中华人民共和国税收征收管理法》及其实施细则等法律法规的规定，制定本办法。

第二条 扣缴义务人，是指向个人支付所得的单位或者个人。扣缴义务人应当依法办理全员全额扣缴申报。

全员全额扣缴申报，是指扣缴义务人应当在代扣税款的次月十五日内，向主管税务机关报送其支付所得的所有个人的有关信息、支付所得数额、扣除事项和数额、扣缴税款的具体数额和总额以及其他相关涉税信息资料。

第三条 扣缴义务人每月或者每次预扣、代扣的税款，应当在次月十五日内缴入国库，并向税务机关报送《个人所得税扣缴申报表》。

第四条 实行个人所得税全员全额扣缴申报的应税所得包括：

（一）工资、薪金所得；

（二）劳务报酬所得；

（三）稿酬所得；

（四）特许权使用费所得；

（五）利息、股息、红利所得；

（六）财产租赁所得；

（七）财产转让所得；

（八）偶然所得。

第五条 扣缴义务人首次向纳税人支付所得时，应当按照纳税人提供的纳税人识别号等基础信息，填写《个人所得税基础信息表（A表）》，并于次月扣缴申报时向税务机关报送。

扣缴义务人对纳税人向其报告的相关基础信息变化情况，应当于次月扣缴申报时向税务机关报送。

第六条 扣缴义务人向居民个人支付工资、薪金所得时，应当按照累计预扣法计算预扣税款，并按月办理扣缴申报。

累计预扣法，是指扣缴义务人在一个纳税年度内预扣预缴税款时，以纳税人在本单位截至当前月份工资、薪金所得累计收入减除累计免税收入、累计减除费用、累计专项扣除、累计专项附加扣除和累计依法确定的其他扣除后的余额为累计预扣预缴应纳税所得额，适用个人所得税预扣率表一（见附件），计算累计应预扣预缴税额，再减除累计减免税额和累计已预扣预缴税额，其余额为本期应预扣预缴税额。余额为负值时，暂不退税。纳税年度终了后余额仍为负值时，由纳税人通过办理综合所得年度汇算清缴，税款多退少补。

具体计算公式如下：

本期应预扣预缴税额＝（累计预扣预缴应纳税所得额 × 预扣率—速算扣除数）—累计减免税额—累计已预扣预缴税额

累计预扣预缴应纳税所得额＝累计收入—累计免税收入—累计减除费用—累计专项扣除—累计专项附加扣除—累计依法确定的其他扣除

其中：累计减除费用，按照 5 000 元/月乘以纳税人当年截至本月在本单位的任职受雇月份数计算。

第七条 居民个人向扣缴义务人提供有关信息并依法要求办理专项附加扣除的，扣缴义务人应当按照规定在工资、薪金所得按月预扣预缴税款时予以扣除，不得拒绝。

第八条 扣缴义务人向居民个人支付劳务报酬所得、稿酬所得、特许权使用费所得时，应当按照以下方法按次或者按月预扣预缴税款：

劳务报酬所得、稿酬所得、特许权使用费所得以收入减除费用后的余额为收入额；其中，稿酬所得的收入额减按百分之七十计算。

减除费用：预扣预缴税款时，劳务报酬所得、稿酬所得、特许权使用费所得每次收入不超过四千元的，减除费用按八百元计算；每次收入四千元以上的，减除费用按收入的百分之二十计算。

应纳税所得额：劳务报酬所得、稿酬所得、特许权使用费所得，以每次收入额为预扣预缴应纳税所得额，计算应预扣预缴税额。劳务报酬所得适用个人所得税预扣率表二（见附件），稿酬所得、特许权使用费所得适用百分之二十的比例预扣率。

居民个人办理年度综合所得汇算清缴时，应当依法计算劳务报酬所得、稿酬所得、特许权使用费所得的收入额，并入年度综合所得计算应纳税款，税款多退少补。

第九条 扣缴义务人向非居民个人支付工资、薪金所得，劳务报酬所得，稿酬所得和特许权使用费所得时，应当按照以下方法按月或者按次代扣代缴税款：

非居民个人的工资、薪金所得，以每月收入额减除费用五千元后的余额为应纳税所得额；劳务报酬所得、稿酬所得、特许权使用费所得，以每次收入额为应纳税所得额，适用个人所得税税率表三（见附件）计算应纳税额。劳务报酬所得、稿酬所得、特许权使用费所得以收入减除百分之二十的费用后的余额为收入额；其中，稿酬所得的收入额减按百分之七十计算。

非居民个人在一个纳税年度内税款扣缴方法保持不变，达到居民个人条件时，应当告知扣缴义务人基础信息变化情况，年度终了后按照居民个人有关规定办理汇算清缴。

第十条 扣缴义务人支付利息、股息、红利所得，财产租赁所得，财产转让所得或者偶然所得时，应当依法按次或者按月代扣代缴税款。

第十一条 劳务报酬所得、稿酬所得、特许权使用费所得，属于一次性收入的，以取得该项收入为一次；属于同一项目连续性收入的，以一个月内取得的收入为一次。

财产租赁所得，以一个月内取得的收入为一次。

利息、股息、红利所得，以支付利息、股息、红利时取得的收入为一次。

偶然所得，以每次取得该项收入为一次。

第十二条 纳税人需要享受税收协定待遇的，应当在取得应税所得时主动向扣缴义务人提出，并提交相关信息、资料，扣缴义务人代扣代缴税款时按照享受税收协定待遇有关办法办理。

第十三条 支付工资、薪金所得的扣缴义务人应当于年度终了后两个月内，向纳税人提供其个人所得和已扣缴税款等信息。纳税人年度中间需要提供上述信息的，扣缴义务人应当提供。

纳税人取得除工资、薪金所得以外的其他所得，扣缴义务人应当在扣缴税款后，及时向纳税人提供其个人所得和已扣缴税款等信息。

第十四条 扣缴义务人应当按照纳税人提供的信息计算税款、办理扣缴申报，不得擅自更改纳税人提供的信息。

扣缴义务人发现纳税人提供的信息与实际情况不符的，可以要求纳税人修改。纳税人拒绝修改的，扣缴义务人应当报告税务机关，税务机关应当及时处理。

纳税人发现扣缴义务人提供或者扣缴申报的个人信息、支付所得、扣缴税款等信息与实际情况不符的，有权要求扣缴义务人修改。扣缴义务人拒绝修改的，纳税人应当报告税务机关，税务机关应当及时处理。

第十五条 扣缴义务人对纳税人提供的《个人所得税专项附加扣除信息表》，应当按照规定妥善保存备查。

第十六条 扣缴义务人应当依法对纳税人报送的专项附加扣除等相关涉税信息和资料保密。

第十七条 对扣缴义务人按照规定扣缴的税款，按年付给百分之二的手续费。不包括税务机关、司法机关等查补或者责令补扣的税款。

扣缴义务人领取的扣缴手续费可用于提升办税能力、奖励办税人员。

第十八条 扣缴义务人依法履行代扣代缴义务，纳税人不得拒绝。纳税人拒绝的，扣缴义务人应当及时报告税务机关。

第十九条 扣缴义务人有未按照规定向税务机关报送资料和信息、未按照纳税人提供信息虚报虚扣专项附加扣除、应扣未扣税款、不缴或少缴已扣税款、借用或冒用他人身份等行为的，依照《中华人民共和国税收征收管理法》等相关法律、行政法规处理。

第二十条 本办法相关表证单书式样，由国家税务总局另行制定发布。

第二十一条 本办法自2019年1月1日起施行。《国家税务总局关于印发〈个人所得税全员全额扣缴申报管理暂行办法〉的通知》（国税发〔2005〕205号）同时废止。

38. 关于《国家税务总局关于发布〈个人所得税扣缴申报管理办法（试行）〉的公告》的解读

现就《国家税务总局关于发布〈个人所得税扣缴申报管理办法（试行）〉的公告》（以下简称《公告》）有关内容解读如下：

一、公告背景

2018年8月31日，第十三届全国人民代表大会常务委员会第五次会议通过了《全国人民代表大会常务委员会关于修改〈中华人民共和国个人所得税法〉的决定》，明确综合与分类相结合的个人所得税制将于2019年1月1日起施行。新修改的个人所得税法规定：扣缴义务人支付所得时，应当按月或者按次代扣代缴税款，并办理全员全额扣缴申报；居民纳税人取得综合所得有扣缴义务人的，由扣缴义务人按月或者按次预扣预缴税款；预扣预缴办法由国务院税务主管部门制定。为全面贯彻落实修改后的个人所得税法及其实施条例，明确预扣、代扣税款的有关规定，税务总局制发了《公告》。

二、公告主要内容

（一）居民个人工资、薪金所得预扣预缴税款的方法

扣缴义务人向居民个人支付工资、薪金所得时，按照累计预扣法计算预扣税款，并按月办理扣缴申报。累计预扣法，是指扣缴义务人在一个纳税年度内预扣预缴税款时，以纳税人在本单位截至本月取得工资、薪金所得累计收入减除累计免税收入、累计减除费用、累计专项扣除、累计专项附加扣除和累计依法确定的其他扣除后的余额为累计预扣预缴应纳税所得额，适用个人所得税预扣率表一（见下表），计算累计应预扣预缴税额，再减除累计减免税额和累计已预扣预缴税额，其余额为本期应预扣预缴税额。余额为负值时，暂不退税。纳税年度终了后余额仍为负值时，由纳税人通过办理综合所得年度汇算清缴，税款多退少补。具体计算公式如下：

本期应预扣预缴税额＝（累计预扣预缴应纳税所得额×预扣率－速算扣除数）－累计减免税额－累计已预扣预缴税额

累计预扣预缴应纳税所得额＝累计收入－累计免税收入－累计减除费用－累计专项扣除－累计专项附加扣除－累计依法确定的其他扣除

个人所得税预扣率表一
（居民个人工资、薪金所得预扣预缴适用）

级数	累计预扣预缴应纳税所得额预	扣率	速算扣除数
1	不超过 36 000 元的	3%	0
2	超过 36 000 元至 144 000 元的部分	10%	2 520
3	超过 144 000 元至 300 000 元的部分	20%	16 920
4	超过 300 000 元至 420 000 元的部分	25%	31 920
5	超过 420 000 元至 660 000 元的部分	30%	52 920
6	超过 660 000 元至 960 000 元的部分	35%	85 920
7	超过 960 000 元的部分	45%	181 920

其中：累计减除费用，按照 5 000 元／月乘以纳税人当年截至本月在本单位的任职受雇月份数计算。即纳税人如果 5 月份入职，则扣缴义务人发放 5 月份工资扣缴税款时，减除费用按 5 000 元计算；6 月份发工资扣缴税款时，减除费用按 10 000 元计算，以此类推。

（二）预扣预缴环节享受专项附加扣除的方法

居民个人向扣缴义务人提供有关信息并依法要求办理专项附加扣除的，扣缴义务人应当按照规定在工资、薪金所得按月预扣预缴税款时予以扣除，不得拒绝。

（三）居民个人劳务报酬所得、稿酬所得、特许权使用费所得预扣预缴税款的方法

扣缴义务人向居民个人支付劳务报酬所得、稿酬所得和特许权使用费所得的，按以下方法按次或者按月预扣预缴个人所得税：

劳务报酬所得、稿酬所得、特许权使用费所得以每次收入减除费用后的余额为收入额；其中，稿酬所得的收入额减按百分之七十计算。

预扣预缴税款时，劳务报酬所得、稿酬所得、特许权使用费所得每次收入不超过 4 000 元的，减除费用按八百元计算；每次收入 4 000 元以上的，减除费用按收入的百分之二十计算。

劳务报酬所得、稿酬所得、特许权使用费所得，以每次收入额为预扣预缴应纳税所得额，计算应预扣预缴税额。劳务报酬所得适用个人所得税预扣率表二（见下表），稿酬所得、特许权使用费所得适用百分之二十的比例预扣率。

个人所得税预扣率表二
（居民个人劳务报酬所得预扣预缴适用）

级数	预扣预缴应纳税所得额预	扣率	速算扣除数
1	不超过 20 000 元的	20%	0
2	超过 20 000 元至 50 000 元的部分	30%	2 000
3	超过 50 000 元的部分	40%	7 000

（四）非居民个人工资、薪金所得，劳务报酬所得，稿酬所得和特许权使用费所得代扣代缴税款的方法

扣缴义务人向非居民个人支付工资、薪金所得，劳务报酬所得，稿酬所得和特许权使用费所得时，按以下方法按月或者按次代扣代缴税款：

非居民个人的工资、薪金所得，以每月收入额减除费用 5 000 元后的余额为应纳税所得额；劳务报酬所得、稿酬所得、特许权使用费所得，以每次收入额为应纳税所得额，适用个人所得税税率表三（见下表）计算应纳税额。劳务报酬所得、稿酬所得、特许权使用费所得

以收入减除百分之二十的费用后的余额为收入额。其中，稿酬所得的收入额减按百分之七十计算。

个人所得税税率表三
（非居民个人工资、薪金所得，劳务报酬所得，稿酬所得，特许权使用费所得适用）

级数	应纳税所得额	税率	速算扣除数
1	不超过3 000元的	3%	0
2	超过3 000元至12 000元的部分	10%	210
3	超过12 000元至25 000元的部分	20%	1 410
4	超过25 000元至35 000元的部分	25%	2 660
5	超过35 000元至55 000元的部分	30%	4 410
6	超过55 000元至80 000元的部分	35%	7 160
7	超过80 000元的部分	45%	15 160

（五）扣缴义务人向纳税人反馈扣缴信息的规定

支付工资、薪金所得的扣缴义务人应当于年度终了后两个月内，向纳税人提供其个人所得和已扣缴税款等信息；纳税人年度中间需要提供上述信息的，扣缴义务人应当提供；纳税人取得除工资、薪金所得以外的其他所得，扣缴义务人应当在扣缴税款后，及时向纳税人提供其个人所得和已扣缴税款等信息。

（六）发现纳税人涉税信息与实际不符的处理方法

扣缴义务人应当按照纳税人提供的信息计算税款、办理扣缴申报，不得擅自更改纳税人提供的信息。扣缴义务人发现纳税人提供的信息与实际情况不符的，可以要求纳税人修改。纳税人拒绝修改的，扣缴义务人应当报告税务机关，税务机关应当及时处理。纳税人发现扣缴义务人提供或者扣缴申报的个人信息、支付所得、扣缴税款等信息与实际情况不符的，有权要求扣缴义务人修改。扣缴义务人拒绝修改的，纳税人应当报告税务机关，税务机关应当及时处理。

（七）涉税资料和信息留存备查与保密的规定

扣缴义务人对纳税人提供的《个人所得税专项附加扣除信息表》，应当按照规定妥善留存备查；扣缴义务人应当依法对纳税人报送的专项附加扣除等相关涉税信息和资料保密。

（八）代扣代缴手续费的规定

对扣缴义务人按照规定扣缴的税款，不包括税务机关、司法机关等查补或责令补扣的税款，按年付给百分之二的手续费；扣缴义务人可将代扣代缴手续费用于提升办税能力、奖励办税人员。

（九）纳税人拒绝扣缴税款的处理方法

扣缴义务人依法履行代扣代缴义务，纳税人不得拒绝。纳税人拒绝的，扣缴义务人应当及时报告税务机关。

三、公告的施行

本公告自2019年1月1日起施行。

39. 国家税务总局关于个人所得税自行纳税申报有关问题的公告

国家税务总局公告2018年第62号

根据新修改的《中华人民共和国个人所得税法》及其实施条例，现就个人所得税自行纳税申报有关问题公告如下：

一、取得综合所得需要办理汇算清缴的纳税申报

取得综合所得且符合下列情形之一的纳税人，应当依法办理汇算清缴：

（一）从两处以上取得综合所得，且综合所得年收入额减除专项扣除后的余额超过6万元；

（二）取得劳务报酬所得、稿酬所得、特许权使用费所得中一项或者多项所得，且综合所得年收入额减除专项扣除的余额超过6万元；

（三）纳税年度内预缴税额低于应纳税额；

（四）纳税人申请退税。

需要办理汇算清缴的纳税人，应当在取得所得的次年3月1日至6月30日内，向任职、受雇单位所在地主管税务机关办理纳税申报，并报送《个人所得税年度自行纳税申报表》。纳税人有两处以上任职、受雇单位的，选择向其中一处任职、受雇单位所在地主管税务机关办理纳税申报；纳税人没有任职、受雇单位的，向户籍所在地或经常居住地主管税务机关办理纳税申报。

纳税人办理综合所得汇算清缴，应当准备与收入、专项扣除、专项附加扣除、依法确定的其他扣除、捐赠、享受税收优惠等相关的资料，并按规定留存备查或报送。

纳税人取得综合所得办理汇算清缴的具体办法，另行公告。

二、取得经营所得的纳税申报

个体工商户业主、个人独资企业投资者、合伙企业个人合伙人、承包承租经营者个人以及其他从事生产、经营活动的个人取得经营所得，包括以下情形：

（一）个体工商户从事生产、经营活动取得的所得，个人独资企业投资人、合伙企业的个人合伙人来源于境内注册的个人独资企业、合伙企业生产、经营的所得；

（二）个人依法从事办学、医疗、咨询以及其他有偿服务活动取得的所得；

（三）个人对企业、事业单位承包经营、承租经营以及转包、转租取得的所得；

（四）个人从事其他生产、经营活动取得的所得。

纳税人取得经营所得，按年计算个人所得税，由纳税人在月度或季度终了后15日内，向经营管理所在地主管税务机关办理预缴纳税申报，并报送《个人所得税经营所得纳税申报表（A表）》。在取得所得的次年3月31日前，向经营管理所在地主管税务机关办理汇算清缴，并报送《个人所得税经营所得纳税申报表（B表）》；从两处以上取得经营所得的，选择向其中一处经营管理所在地主管税务机关办理年度汇总申报，并报送《个人所得税经营所得纳税申报表（C表）》。

三、取得应税所得，扣缴义务人未扣缴税款的纳税申报

纳税人取得应税所得，扣缴义务人未扣缴税款的，应当区别以下情形办理纳税申报：

（一）居民个人取得综合所得的，按照本公告第一条办理。

（二）非居民个人取得工资、薪金所得，劳务报酬所得，稿酬所得，特许权使用费所得的,应当在取得所得的次年6月30日前,向扣缴义务人所在地主管税务机关办理纳税申报,并报送《个人所得税自行纳税申报表(A表)》。有两个以上扣缴义务人均未扣缴税款的,选择向其中一处扣缴义务人所在地主管税务机关办理纳税申报。

非居民个人在次年6月30日前离境(临时离境除外)的,应当在离境前办理纳税申报。

(三)纳税人取得利息、股息、红利所得,财产租赁所得,财产转让所得和偶然所得的,应当在取得所得的次年6月30日前,按相关规定向主管税务机关办理纳税申报,并报送《个人所得税自行纳税申报表(A表)》。

税务机关通知限期缴纳的,纳税人应当按照期限缴纳税款。

四、取得境外所得的纳税申报

居民个人从中国境外取得所得的,应当在取得所得的次年3月1日至6月30日内,向中国境内任职、受雇单位所在地主管税务机关办理纳税申报;在中国境内没有任职、受雇单位的,向户籍所在地或中国境内经常居住地主管税务机关办理纳税申报;户籍所在地与中国境内经常居住地不一致的,选择其中一地主管税务机关办理纳税申报;在中国境内没有户籍的,向中国境内经常居住地主管税务机关办理纳税申报。

纳税人取得境外所得办理纳税申报的具体规定,另行公告。

五、因移居境外注销中国户籍的纳税申报

纳税人因移居境外注销中国户籍的,应当在申请注销中国户籍前,向户籍所在地主管税务机关办理纳税申报,进行税款清算。

(一)纳税人在注销户籍年度取得综合所得的,应当在注销户籍前,办理当年综合所得的汇算清缴,并报送《个人所得税年度自行纳税申报表》。尚未办理上一年度综合所得汇算清缴的,应当在办理注销户籍纳税申报时一并办理。

(二)纳税人在注销户籍年度取得经营所得的,应当在注销户籍前,办理当年经营所得的汇算清缴,并报送《个人所得税经营所得纳税申报表(B表)》。从两处以上取得经营所得的,还应当一并报送《个人所得税经营所得纳税申报表(C表)》。尚未办理上一年度经营所得汇算清缴的,应当在办理注销户籍纳税申报时一并办理。

(三)纳税人在注销户籍当年取得利息、股息、红利所得,财产租赁所得,财产转让所得和偶然所得的,应当在注销户籍前,申报当年上述所得的完税情况,并报送《个人所得税自行纳税申报表(A表)》。

(四)纳税人有未缴或者少缴税款的,应当在注销户籍前,结清欠缴或未缴的税款。纳税人存在分期缴税且未缴纳完毕的,应当在注销户籍前,结清尚未缴纳的税款。

(五)纳税人办理注销户籍纳税申报时,需要办理专项附加扣除、依法确定的其他扣除的,应当向税务机关报送《个人所得税专项附加扣除信息表》《商业健康保险税前扣除情况明细表》《个人税收递延型商业养老保险税前扣除情况明细表》等。

六、非居民个人在中国境内从两处以上取得工资、薪金所得的纳税申报

非居民个人在中国境内从两处以上取得工资、薪金所得的,应当在取得所得的次月15日内,向其中一处任职、受雇单位所在地主管税务机关办理纳税申报,并报送《个人所得税自行纳税申报表(A表)》。

七、纳税申报方式

纳税人可以采用远程办税端、邮寄等方式申报,也可以直接到主管税务机关申报。

八、其他有关问题

(一)纳税人办理自行纳税申报时,应当一并报送税务机关要求报送的其他有关资料。首次申报或者个人基础信息发生变化的,还应报送《个人所得税基础信息表(B表)》。

本公告涉及的有关表证单书,由国家税务总局统一制定式样,另行公告。

(二)纳税人在办理纳税申报时需要享受税收协定待遇的,按照享受税收协定待遇有关办法办理。

九、施行时间

本公告自 2019 年 1 月 1 日起施行。

特此公告。

国家税务总局

2018 年 12 月 21 日

40. 关于《国家税务总局关于个人所得税自行纳税申报有关问题的公告》的解读

为贯彻落实新修改的《中华人民共和国个人所得税法》及其实施条例,国家税务总局发布了《关于个人所得税自行纳税申报有关问题的公告》(国家税务总局公告 2018 年第 62 号,以下简称《公告》)。现将有关内容解读如下:

一、《公告》发布的背景

《中华人民共和国个人所得税法》第十条规定了取得综合所得需要办理汇算清缴等需办理自行纳税申报的情形。为使纳税人能够清晰了解哪些情形下需要办理自行纳税申报、什么时间申报、向哪个税务机关申报,确保 2019 年 1 月 1 日新税法实施后,符合自行申报条件的纳税人能够依法履行纳税申报义务,根据个人所得税法及其实施条例和有关税收规定,国家税务总局发布了《公告》。

二、《公告》的主要内容

《公告》共分九条,根据个人所得税法规定的需要自行纳税申报的情形,分别明确了综合所得汇算清缴、经营所得、扣缴义务人未扣缴税款、取得境外所得、移居境外注销中国户籍、非居民个人在中国境内从两处以上取得工资、薪金所得等六种需要办理自行纳税申报情形的适用对象、申报时间、申报地点、需要填写的申报表等,以及自行纳税申报的申报方式、表证单书和《公告》的施行时间,具体如下:

(一)取得综合所得需要办理汇算清缴的纳税申报

一是《公告》将需要办理汇算清缴纳税申报的情形进行了细化,分为以下四种情形:

1. 纳税人从两处以上取得综合所得,且综合所得年收入额减除专项扣除后的余额超过 6 万元的;

2. 纳税人取得劳务报酬所得、稿酬所得、特许权使用费所得中的一项或多项所得,且综合所得的年收入减除百分之二十的费用,再减除年度专项扣除后的余额超过 6 万元的;

3. 纳税年度内预扣预缴税额,低于依法计算的年度综合所得应纳税额的;

4. 纳税人申请退税的。

二是明确了办理汇算清缴申报的时间,区分有无任职、受雇单位等情形,明确了纳税申报地点,如:纳税人应当于取得综合所得的次年 3 月 1 日至 6 月 30 日,向任职、受雇单位所在地主管税务机关办理汇算清缴,并报送《个人所得税年度自行纳税申报表》。有两处以上任职、受雇单位的,选择向其中一处任职、受雇单位所在地主管税务机关办理纳税申报;

纳税人没有任职、受雇单位的，向户籍所在地或经常居住地主管税务机关办理纳税申报。

（二）经营所得的纳税申报

一是明确了需要办理经营所得自行纳税申报的情形：

1. 个体工商户从事生产、经营活动取得的所得，个人独资企业投资人、合伙企业的个人合伙人来源于境内注册的个人独资企业、合伙企业生产、经营的所得；

2. 个人依法从事办学、医疗、咨询以及其他有偿服务活动取得的所得；

3. 个人对企业、事业单位承包经营、承租经营以及转包、转租取得的所得；

4. 个人从事其他生产、经营活动取得的所得。

二是按照经营所得征收方式，明确了经营所得纳税申报的期限及需要填报的申报表。即：纳税人取得经营所得的，应当在月度或季度终了后15日内，向经营管理所在地主管税务机关办理预缴纳税申报，并报送《个人所得税经营所得纳税申报表（A表）》，在取得所得的次年3月31日前，向经营管理所在地主管税务机关办理汇算清缴，并报送《个人所得税经营所得纳税申报表（B表）》。从两处以上取得经营所得的，选择向其中一处经营管理所在地主管税务机关办理年度汇总申报，并报送《个人所得税经营所得纳税申报表（C表）》。

（三）取得应税所得，扣缴义务人未扣缴税款的纳税申报

《公告》区分居民个人取得综合所得，非居民个人取得工资薪金所得、劳务报酬所得、稿酬所得、特许权使用费所得，纳税人（含居民个人和非居民个人）取得利息、股息、红利所得，财产租赁所得，财产转让所得，偶然所得等情形，分别规定了纳税申报时间、地点及适用的申报表。即：

1. 居民个人取得综合所得的，按照《公告》第一条办理。

2. 非居民个人取得工资、薪金所得，劳务报酬所得，稿酬所得，特许权使用费所得的，应当在取得所得的次年6月30日前，向扣缴义务人所在地主管税务机关办理纳税申报，并报送《个人所得税自行纳税申报表（A表）》。非居民个人在中国境内有两个以上扣缴义务人未扣缴税款的，纳税人应当选择向其中一处扣缴义务人所在地主管税务机关办理纳税申报。

3. 纳税人取得利息、股息、红利所得，财产租赁所得，财产转让所得和偶然所得的，应当在取得所得的次年6月30日前，按相关规定向主管税务机关办理纳税申报，报送《个人所得税自行纳税申报表（A表）》。

同时，税务机关通知限期缴纳的，纳税人应当按照期限缴纳税款。

（四）取得境外所得的纳税申报

《公告》区分中国境内有无任职、受雇单位以及中国境内有无户籍的情形，分别明确了纳税申报的时间、地点。即：居民个人从中国境外取得所得的，应当在取得所得的次年3月1日至6月30日内，向中国境内任职、受雇单位主管税务机关办理纳税申报，并报送《个人所得税年度自行纳税申报表》；在中国境内没有任职、受雇单位的，向户籍所在地或中国境内经常居住地主管税务机关办理纳税申报；户籍所在地与中国境内经常居住地不一致的，选择向其中一地主管税务机关办理纳税申报；在中国境内没有户籍的，向中国境内经常居住地主管税务机关办理纳税申报。

《公告》明确纳税人取得境外所得办理纳税申报的具体办法，将另行公告。

（五）因移居境外注销中国户籍的纳税申报

一是《公告》明确居民个人因移居境外注销中国户籍的，应当在注销户籍前，向户籍所在地主管税务机关办理纳税申报，并报送相关表报。

二是在注销户籍时区分纳税人取得综合所得，经营所得，利息、股息、红利所得，财产租赁所得，财产转让所得和偶然所得，未缴或者少缴税款，以及需要办理专项附加扣除和

依法确定的其他扣除等情形，规定了纳税申报事项及需要填报的申报表。分别为：

1. 纳税人在申请注销户籍年度取得综合所得、经营所得的，应当在注销户籍前，办理当年综合所得、经营所得的汇算清缴并分别报送相关纳税申报表。尚未办理上一年度综合所得、经营所得汇算清缴的，应当一并办理。

2. 纳税人在注销户籍当年取得利息、股息、红利所得，财产租赁所得，财产转让所得和偶然所得的，应当在注销户籍前，申报当年上述所得的完税情况。

3. 纳税人未缴或者少缴税款的，应当在注销户籍前，结清欠缴或未缴的税款。纳税人存在分期缴税且未缴纳完毕的，应当在注销户籍前，结清尚未缴纳的税款。

4. 纳税人办理注销户籍纳税申报时，需要办理专项附加扣除、依法确定的其他扣除的，应当向税务机关报送相关信息表。

（六）非居民个人在中国境内从两处以上取得工资、薪金所得的纳税申报

《公告》明确了办理纳税申报的时间、地点以及需要填报的申报表。即：非居民个人在中国境内从两处以上取得工资、薪金所得的，应当在取得所得的次月15日内，向其中一处任职、受雇单位所在地主管税务机关办理纳税申报，并报送《个人所得税自行纳税申报表（A表）》。

（七）申报方式

《公告》明确纳税人可以采用远程办税端、邮寄等方式申报，也可以直接到主管税务机关申报。

（八）其他有关问题

《公告》明确了其他有关问题。一是纳税人办理自行纳税申报时，应当一并报送税务机关要求报送的其他有关资料。首次申报或者个人基础信息发生变化的，还应报送《个人所得税基础信息表（B表）》。二是明确《公告》涉及的有关表证单书，由国家税务总局统一制定式样，另行公告。三是纳税人在办理申报纳税时需要享受税收协定待遇的，按照享受税收协定待遇有关办法办理。

（九）施行时间

《公告》明确了施行时间为2019年1月1日起。

41. 财政部　税务总局关于个人所得税法修改后有关优惠政策衔接问题的通知

财税〔2018〕164号

各省、自治区、直辖市、计划单列市财政厅（局），国家税务总局各省、自治区、直辖市、计划单列市税务局，新疆生产建设兵团财政局：

为贯彻落实修改后的《中华人民共和国个人所得税法》，现将个人所得税优惠政策衔接有关事项通知如下：

一、关于全年一次性奖金、中央企业负责人年度绩效薪金延期兑现收入和任期奖励的政策

（一）居民个人取得全年一次性奖金，符合《国家税务总局关于调整个人取得全年一次性奖金等计算征收个人所得税方法问题的通知》（国税发〔2005〕9号）规定的，在2021年12月31日前，不并入当年综合所得，以全年一次性奖金收入除以12个月得到的数额，按

照本通知所附按月换算后的综合所得税率表（以下简称月度税率表），确定适用税率和速算扣除数，单独计算纳税。计算公式为：

应纳税额＝全年一次性奖金收入 × 适用税率－速算扣除数

居民个人取得全年一次性奖金，也可以选择并入当年综合所得计算纳税。

自2022年1月1日起，居民个人取得全年一次性奖金，应并入当年综合所得计算缴纳个人所得税。

（二）中央企业负责人取得年度绩效薪金延期兑现收入和任期奖励，符合《国家税务总局关于中央企业负责人年度绩效薪金延期兑现收入和任期奖励征收个人所得税问题的通知》（国税发〔2007〕118号）规定的，在2021年12月31日前，参照本通知第一条第（一）项执行；2022年1月1日之后的政策另行明确。

二、关于上市公司股权激励的政策

（一）居民个人取得股票期权、股票增值权、限制性股票、股权奖励等股权激励（以下简称股权激励），符合《财政部 国家税务总局关于个人股票期权所得征收个人所得税问题的通知》（财税〔2005〕35号）、《财政部 国家税务总局关于股票增值权所得和限制性股票所得征收个人所得税有关问题的通知》（财税〔2009〕5号）、《财政部 国家税务总局关于将国家自主创新示范区有关税收试点政策推广到全国范围实施的通知》（财税〔2015〕116号）第四条、《财政部 国家税务总局关于完善股权激励和技术入股有关所得税政策的通知》（财税〔2016〕101号）第四条第（一）项规定的相关条件的，在2021年12月31日前，不并入当年综合所得，全额单独适用综合所得税率表，计算纳税。计算公式为：

应纳税额＝股权激励收入 × 适用税率－速算扣除数

（二）居民个人一个纳税年度内取得两次以上（含两次）股权激励的，应合并按本通知第二条第（一）项规定计算纳税。

（三）2022年1月1日之后的股权激励政策另行明确。

三、关于保险营销员、证券经纪人佣金收入的政策

保险营销员、证券经纪人取得的佣金收入，属于劳务报酬所得，以不含增值税的收入减除20%的费用后的余额为收入额，收入额减去展业成本以及附加税费后，并入当年综合所得，计算缴纳个人所得税。保险营销员、证券经纪人展业成本按照收入额的25%计算。

扣缴义务人向保险营销员、证券经纪人支付佣金收入时，应按照《个人所得税扣缴申报管理办法（试行）》（国家税务总局公告2018年第61号）规定的累计预扣法计算预扣税款。

四、关于个人领取企业年金、职业年金的政策

个人达到国家规定的退休年龄，领取的企业年金、职业年金，符合《财政部 人力资源社会保障部 国家税务总局关于企业年金 职业年金个人所得税有关问题的通知》（财税〔2013〕103号）规定的，不并入综合所得，全额单独计算应纳税款。其中按月领取的，适用月度税率表计算纳税；按季领取的，平均分摊计入各月，按每月领取额适用月度税率表计算纳税；按年领取的，适用综合所得税率表计算纳税。

个人因出境定居而一次性领取的年金个人账户资金，或个人死亡后，其指定的受益人或法定继承人一次性领取的年金个人账户余额，适用综合所得税率表计算纳税。对个人除上述特殊原因外一次性领取年金个人账户资金或余额的，适用月度税率表计算纳税。

五、关于解除劳动关系、提前退休、内部退养的一次性补偿收入的政策

（一）个人与用人单位解除劳动关系取得一次性补偿收入（包括用人单位发放的经济补偿金、生活补助费和其他补助费），在当地上年职工平均工资3倍数额以内的部分，免征个

人所得税；超过3倍数额的部分，不并入当年综合所得，单独适用综合所得税率表，计算纳税。

（二）个人办理提前退休手续而取得的一次性补贴收入，应按照办理提前退休手续至法定离退休年龄之间实际年度数平均分摊，确定适用税率和速算扣除数，单独适用综合所得税率表，计算纳税。计算公式：

应纳税额＝［（一次性补贴收入÷办理提前退休手续至法定退休年龄的实际年度数－费用扣除标准）×适用税率－速算扣除数］×办理提前退休手续至法定退休年龄的实际年度数

（三）个人办理内部退养手续而取得的一次性补贴收入，按照《国家税务总局关于个人所得税有关政策问题的通知》（国税发〔1999〕58号）规定计算纳税。

六、关于单位低价向职工售房的政策

单位按低于购置或建造成本价格出售住房给职工，职工因此而少支出的差价部分，符合《财政部 国家税务总局关于单位低价向职工售房有关个人所得税问题的通知》（财税〔2007〕13号）第二条规定的，不并入当年综合所得，以差价收入除以12个月得到的数额，按照月度税率表确定适用税率和速算扣除数，单独计算纳税。计算公式为：

应纳税额＝职工实际支付的购房价款低于该房屋的购置或建造成本价格的差额×适用税率－速算扣除数

七、关于外籍个人有关津补贴的政策

（一）2019年1月1日至2021年12月31日期间，外籍个人符合居民个人条件的，可以选择享受个人所得税专项附加扣除，也可以选择按照《财政部 国家税务总局关于个人所得税若干政策问题的通知》（财税〔1994〕20号）、《国家税务总局关于外籍个人取得有关补贴征免个人所得税执行问题的通知》（国税发〔1997〕54号）和《财政部 国家税务总局关于外籍个人取得港澳地区住房等补贴征免个人所得税的通知》（财税〔2004〕29号）规定，享受住房补贴、语言训练费、子女教育费等津补贴免税优惠政策，但不得同时享受。外籍个人一经选择，在一个纳税年度内不得变更。

（二）自2022年1月1日起，外籍个人不再享受住房补贴、语言训练费、子女教育费津补贴免税优惠政策，应按规定享受专项附加扣除。

八、除上述衔接事项外，其他个人所得税优惠政策继续按照原文件规定执行

九、本通知自2019年1月1日起执行。下列文件或文件条款同时废止

（一）《财政部 国家税务总局关于个人与用人单位解除劳动关系取得的一次性补偿收入征免个人所得税问题的通知》（财税〔2001〕157号）第一条；

（二）《财政部 国家税务总局关于个人股票期权所得征收个人所得税问题的通知》（财税〔2005〕35号）第四条第（一）项；

（三）《财政部 国家税务总局关于单位低价向职工售房有关个人所得税问题的通知》（财税〔2007〕13号）第三条；

（四）《财政部 人力资源社会保障部 国家税务总局关于企业年金职业年金个人所得税有关问题的通知》（财税〔2013〕103号）第三条第1项和第3项；

（五）《国家税务总局关于个人认购股票等有价证券而从雇主取得折扣或补贴收入有关征收个人所得税问题的通知》（国税发〔1998〕9号）；

（六）《国家税务总局关于保险企业营销员（非雇员）取得的收入计征个人所得税问题的通知》（国税发〔1998〕13号）；

（七）《国家税务总局关于个人因解除劳动合同取得经济补偿金征收个人所得税问题的通知》（国税发〔1999〕178号）；

（八）《国家税务总局关于国有企业职工因解除劳动合同取得一次性补偿收入征免个人所得税问题的通知》（国税发〔2000〕77号）；

（九）《国家税务总局关于调整个人取得全年一次性奖金等计算征收个人所得税方法问题的通知》（国税发〔2005〕9号）第二条；

（十）《国家税务总局关于保险营销员取得佣金收入征免个人所得税问题的通知》（国税函〔2006〕454号）；

（十一）《国家税务总局关于个人股票期权所得缴纳个人所得税有关问题的补充通知》（国税函〔2006〕902号）第七条、第八条；

（十二）《国家税务总局关于中央企业负责人年度绩效薪金延期兑现收入和任期奖励征收个人所得税问题的通知》（国税发〔2007〕118号）第一条；

（十三）《国家税务总局关于个人提前退休取得补贴收入个人所得税问题的公告》（国家税务总局公告2011年第6号）第二条；

（十四）《国家税务总局关于证券经纪人佣金收入征收个人所得税问题的公告》（国家税务总局公告2012年第45号）。

附件：按月换算后的综合所得税率表（略）。

财政部　税务总局
2018年12月27日

42. 财政部　税务总局关于非居民个人和无住所居民个人有关个人所得税政策的公告

财政部　税务总局公告2019年第35号

为贯彻落实修改后的《中华人民共和国个人所得税法》（以下称税法）和《中华人民共和国个人所得税法实施条例》（以下称实施条例），现将非居民个人和无住所居民个人（以下统称无住所个人）有关个人所得税政策公告如下：

一、关于所得来源地

（一）关于工资薪金所得来源地的规定。

个人取得归属于中国境内（以下称境内）工作期间的工资薪金所得为来源于境内的工资薪金所得。境内工作期间按照个人在境内工作天数计算，包括其在境内的实际工作日以及境内工作期间在境内、境外享受的公休假、个人休假、接受培训的天数。在境内、境外单位同时担任职务或者仅在境外单位任职的个人，在境内停留的当天不足24小时的，按照半天计算境内工作天数。

无住所个人在境内、境外单位同时担任职务或者仅在境外单位任职，且当期同时在境内、境外工作的，按照工资薪金所得属境内、境外工作天数占当期公历天数的比例计算确定来源于境内、境外工资薪金所得的收入额。境外工作天数按照当期公历天数减去当期境内工作天数计算。

（二）关于数月奖金以及股权激励所得来源地的规定。

无住所个人取得的数月奖金或者股权激励所得按照本条第（一）项规定确定所得来源地的，无住所个人在境内履职或者执行职务时收到的数月奖金或者股权激励所得，归属于境外工作期间的部分,为来源于境外的工资薪金所得;无住所个人停止在境内履约或者执行职务离境后收到的数月奖金或者股权激励所得,对属于境内工作期间的部分,为来源于境内的工资薪金所得。具体计算方法为:数月奖金或者股权激励乘以数月奖金或者股权激励所属工作期间境内工作天数与所属工作期间公历天数之比。

无住所个人一个月内取得的境内外数月奖金或者股权激励包含归属于不同期间的多笔所得的,应当先分别按照本公告规定计算不同归属期间来源于境内的所得,然后再加总计算当月来源于境内的数月奖金或者股权激励收入额。

本公告所称数月奖金是指一次取得归属于数月的奖金、年终加薪、分红等工资薪金所得,不包括每月固定发放的奖金及一次性发放的数月工资。本公告所称股权激励包括股票期权、股权期权、限制性股票、股票增值权、股权奖励以及其他因认购股票等有价证券而从雇主取得的折扣或者补贴。

(三)关于董事、监事及高层管理人员取得报酬所得来源地的规定。

对于担任境内居民企业的董事、监事及高层管理职务的个人(以下统称高管人员),无论是否在境内履行职务,取得由境内居民企业支付或者负担的董事费、监事费、工资薪金或者其他类似报酬(以下统称高管人员报酬,包含数月奖金和股权激励),属于来源于境内的所得。

本公告所称高层管理职务包括企业正、副(总)经理、各职能总师、总监及其他类似公司管理层的职务。

(四)关于稿酬所得来源地的规定。

由境内企业、事业单位、其他组织支付或者负担的稿酬所得,为来源于境内的所得。

二、关于无住所个人工资薪金所得收入额计算

无住所个人取得工资薪金所得,按以下规定计算在境内应纳税的工资薪金所得的收入额(以下称工资薪金收入额):

(一)无住所个人为非居民个人的情形。

非居民个人取得工资薪金所得,除本条第(三)项规定以外,当月工资薪金收入额分别按照以下两种情形计算:

1. 非居民个人境内居住时间累计不超过90天的情形。

在一个纳税年度内,在境内累计居住不超过90天的非居民个人,仅就归属于境内工作期间并由境内雇主支付或者负担的工资薪金所得计算缴纳个人所得税。当月工资薪金收入额的计算公式如下(公式一):

$$当月工资薪金收入额 = 当月境内外工资薪金总额 \times \frac{当月境内支付工资薪金数额}{当月境内外工资薪金总额} \times \frac{当月工资薪金所属工作期间境内工作天数}{当月工资薪金所属工作期间公历天数}$$

本公告所称境内雇主包括雇佣员工的境内单位和个人以及境外单位或者个人在境内的机构、场所。凡境内雇主采取核定征收所得税或者无营业收入未征收所得税的,无住所个人为其工作取得工资薪金所得,不论是否在该境内雇主会计账簿中记载,均视为由该境内雇主支付或者负担。本公告所称工资薪金所属工作期间的公历天数,是指无住所个人取得工资薪金所属工作期间按公历计算的天数。

本公告所列公式中当月境内外工资薪金包含归属于不同期间的多笔工资薪金的,应当先分别按照本公告规定计算不同归属期间工资薪金收入额,然后再加总计算当月工资薪金收入额。

2. 非居民个人境内居住时间累计超过90天不满183天的情形。

在一个纳税年度内，在境内累计居住超过90天但不满183天的非居民个人，取得归属于境内工作期间的工资薪金所得，均应当计算缴纳个人所得税；其取得归属于境外工作期间的工资薪金所得，不征收个人所得税。当月工资薪金收入额的计算公式如下（公式二）：

$$\text{当月工资薪金收入额} = \text{当月境内外工资薪金总额} \times \frac{\text{当月工资薪金所属工作期间境内工作天数}}{\text{当月工资薪金所属工作期间公历天数}}$$

（二）无住所个人为居民个人的情形。

在一个纳税年度内，在境内累计居住满183天的无住所居民个人取得工资薪金所得，当月工资薪金收入额按照以下规定计算：

1. 无住所居民个人在境内居住累计满183天的年度连续不满六年的情形。

在境内居住累计满183天的年度连续不满六年的无住所居民个人，符合实施条例第四条优惠条件的，其取得的全部工资薪金所得，除归属于境外工作期间且由境外单位或者个人支付的工资薪金所得部分外，均应计算缴纳个人所得税。工资薪金所得收入额的计算公式如下（公式三）：

$$\text{当月工资薪金收入额} = \text{当月境内外工资薪金总额} \times \left[1 - \frac{\text{当月境内支付工资薪金数额}}{\text{当月境内外工资薪金总额}} \times \frac{\text{当月工资薪金所属工作期间境内工作天数}}{\text{当月工资薪金所属工作期间公历天数}}\right]$$

2. 无住所居民个人在境内居住累计满183天的年度连续满六年的情形。

在境内居住累计满183天的年度连续满六年后，不符合实施条例第四条优惠条件的无住所居民个人，其从境内、境外取得的全部工资薪金所得均应计算缴纳个人所得税。

（三）无住所个人为高管人员的情形。

无住所居民个人为高管人员的，工资薪金收入额按照本条第（二）项规定计算纳税。非居民个人为高管人员的，按照以下规定处理：

1. 高管人员在境内居住时间累计不超过90天的情形。

在一个纳税年度内，在境内累计居住不超过90天的高管人员，其取得由境内雇主支付或者负担的工资薪金所得应当计算缴纳个人所得税；不是由境内雇主支付或者负担的工资薪金所得，不缴纳个人所得税。当月工资薪金收入额为当月境内支付或者负担的工资薪金收入额。

2. 高管人员在境内居住时间累计超过90天不满183天的情形。

在一个纳税年度内，在境内居住累计超过90天但不满183天的高管人员，其取得的工资薪金所得，除归属于境外工作期间且不是由境内雇主支付或者负担的部分外，应当计算缴纳个人所得税。当月工资薪金收入额计算适用本公告公式三。

三、关于无住所个人税款计算

（一）关于无住所居民个人税款计算的规定。

无住所居民个人取得综合所得，年度终了后，应按年计算个人所得税；有扣缴义务人的，由扣缴义务人按月或者按次预扣预缴税款；需要办理汇算清缴的，按照规定办理汇算清缴，年度综合所得应纳税额计算公式如下（公式四）：

年度综合所得应纳税额＝（年度工资薪金收入额＋年度劳务报酬收入额＋年度稿酬收入额＋年度特许权使用费收入额－减除费用－专项扣除－专项附加扣除－

依法确定的其他扣除)×适用税率－速算扣除数

无住所居民个人为外籍个人的,2022年1月1日前计算工资薪金收入额时,已经按规定减除住房补贴、子女教育费、语言训练费等八项津补贴的,不能同时享受专项附加扣除。

年度工资薪金、劳务报酬、稿酬、特许权使用费收入额分别按年度内每月工资薪金以及每次劳务报酬、稿酬、特许权使用费收入额合计数额计算。

(二)关于非居民个人税款计算的规定。

1. 非居民个人当月取得工资薪金所得,以按照本公告第二条规定计算的当月收入额,减去税法规定的减除费用后的余额,为应纳税所得额,适用本公告所附按月换算后的综合所得税率表(以下称月度税率表)计算应纳税额。

2. 非居民个人一个月内取得数月奖金,单独按照本公告第二条规定计算当月收入额,不与当月其他工资薪金合并,按6个月分摊计税,不减除费用,适用月度税率表计算应纳税额,在一个公历年度内,对每一个非居民个人,该计税办法只允许适用一次。计算公式如下(公式五):

当月数月奖金应纳税额=[(数月奖金收入额÷6)×适用税率－速算扣除数]×6

3. 非居民个人一个月内取得股权激励所得,单独按照本公告第二条规定计算当月收入额,不与当月其他工资薪金合并,按6个月分摊计税(一个公历年度内的股权激励所得应合并计算),不减除费用,适用月度税率表计算应纳税额,计算公式如下(公式六):

当月股权激励所得应纳税额=[(本公历年度内股权激励所得合计额÷6)×适用税率－
速算扣除数]×6－本公历年度内股权激励所得已纳税额

4. 非居民个人取得来源于境内的劳务报酬所得、稿酬所得、特许权使用费所得,以税法规定的每次收入额为应纳税所得额,适用月度税率表计算应纳税额。

四、关于无住所个人适用税收协定

按照我国政府签订的避免双重征税协定、内地与香港、澳门签订的避免双重征税安排(以下称税收协定)居民条款规定为缔约对方税收居民的个人(以下称对方税收居民个人),可以按照税收协定及财政部、税务总局有关规定享受税收协定待遇,也可以选择不享受税收协定待遇计算纳税。除税收协定及财政部、税务总局另有规定外,无住所个人适用税收协定的,按照以下规定执行:

(一)关于无住所个人适用受雇所得条款的规定。

1. 无住所个人享受境外受雇所得协定待遇。

本公告所称境外受雇所得协定待遇,是指按照税收协定受雇所得条款规定,对方税收居民个人在境外从事受雇活动取得的受雇所得,可不缴纳个人所得税。

无住所个人为对方税收居民个人,其取得的工资薪金所得可享受境外受雇所得协定待遇的,可不缴纳个人所得税。工资薪金收入额计算适用本公告公式二。

无住所居民个人为对方税收居民个人的,可在预扣预缴和汇算清缴时按前款规定享受协定待遇;非居民个人为对方税收居民个人的,可在取得所得时按前款规定享受协定待遇。

2. 无住所个人享受境内受雇所得协定待遇。

本公告所称境内受雇所得协定待遇,是指按照税收协定受雇所得条款规定,在税收协定规定的期间内境内停留天数不超过183天的对方税收居民个人,在境内从事受雇活动取得受雇所得,不是由境内居民雇主支付或者代其支付,也不是由雇主在境内常设机构负担的,可不缴纳个人所得税。

无住所个人为对方税收居民个人，其取得的工资薪金所得可享受境内受雇所得协定待遇的，可不缴纳个人所得税。工资薪金收入额计算适用本公告公式一。

无住所居民个人为对方税收居民个人的，可在预扣预缴和汇算清缴时按前款规定享受协定待遇；非居民个人为对方税收居民个人的，可在取得所得时按前款规定享受协定待遇。

（二）关于无住所个人适用独立个人劳务或者营业利润条款的规定。

本公告所称独立个人劳务或者营业利润协定待遇，是指按照税收协定独立个人劳务或者营业利润条款规定，对方税收居民个人取得的独立个人劳务所得或者营业利润符合税收协定规定条件的，可不缴纳个人所得税。

无住所居民个人为对方税收居民个人，其取得的劳务报酬所得、稿酬所得可享受独立个人劳务或者营业利润协定待遇的，在预扣预缴和汇算清缴时，可不缴纳个人所得税。

非居民个人为对方税收居民个人，其取得的劳务报酬所得、稿酬所得可享受独立个人劳务或者营业利润协定待遇的，在取得所得时可不缴纳个人所得税。

（三）关于无住所个人适用董事费条款的规定。

对方税收居民个人为高管人员，该个人适用的税收协定未纳入董事费条款，或者虽然纳入董事费条款但该个人不适用董事费条款，且该个人取得的高管人员报酬可享受税收协定受雇所得、独立个人劳务或者营业利润条款规定待遇的，该个人取得的高管人员报酬可不适用本公告第二条第（三）项规定，分别按照本条第（一）项、第（二）项规定执行。

对方税收居民个人为高管人员，该个人取得的高管人员报酬按照税收协定董事费条款规定可以在境内征收个人所得税的，应按照有关工资薪金所得或者劳务报酬所得规定缴纳个人所得税。

（四）关于无住所个人适用特许权使用费或者技术服务费条款的规定。

本公告所称特许权使用费或者技术服务费协定待遇，是指按照税收协定特许权使用费或者技术服务费条款规定，对方税收居民个人取得符合规定的特许权使用费或者技术服务费，可按照税收协定规定的计税所得额和征税比例计算纳税。

无住所居民个人为对方税收居民个人，其取得的特许权使用费所得、稿酬所得或者劳务报酬所得可享受特许权使用费或者技术服务费协定待遇的，可不纳入综合所得，在取得当月按照税收协定规定的计税所得额和征税比例计算应纳税额，并预扣预缴税款。年度汇算清缴时，该个人取得的已享受特许权使用费或者技术服务费协定待遇的所得不纳入年度综合所得，单独按照税收协定规定的计税所得额和征税比例计算年度应纳税额及补退税额。

非居民个人为对方税收居民个人，其取得的特许权使用费所得、稿酬所得或者劳务报酬所得可享受特许权使用费或者技术服务费协定待遇的，可按照税收协定规定的计税所得额和征税比例计算应纳税额。

五、关于无住所个人相关征管规定

（一）关于无住所个人预计境内居住时间的规定。

无住所个人在一个纳税年度内首次申报时，应当根据合同约定等情况预计一个纳税年度内境内居住天数以及在税收协定规定的期间内境内停留天数，按照预计情况计算缴纳税款。实际情况与预计情况不符的，分别按照以下规定处理：

1. 无住所个人预先判定为非居民个人，因延长居住天数达到居民个人条件的，一个纳税年度内税款扣缴方法保持不变，年度终了后按照居民个人有关规定办理汇算清缴，但该个人在当年离境且预计年度内不再入境的，可以选择在离境之前办理汇算清缴。

2. 无住所个人预先判定为居民个人，因缩短居住天数不能达到居民个人条件的，在不能达到居民个人条件之日起至年度终了 15 天内，应当向主管税务机关报告，按照非居民个人重新计算应纳税额，申报补缴税款，不加收税收滞纳金。需要退税的，按照规定办理。

3. 无住所个人预计一个纳税年度境内居住天数累计不超过 90 天，但实际累计居住天数超过 90 天的，或者对方税收居民个人预计在税收协定规定的期间内境内停留天数不超过 183 天，但实际停留天数超过 183 天的，待达到 90 天或者 183 天的月度终了后 15 天内，应当向主管税务机关报告，就以前月份工资薪金所得重新计算应纳税款，并补缴税款，不加收税收滞纳金。

（二）关于无住所个人境内雇主报告境外关联方支付工资薪金所得的规定。

无住所个人在境内任职、受雇取得来源于境内的工资薪金所得，凡境内雇主与境外单位或者个人存在关联关系，将本应由境内雇主支付的工资薪金所得，部分或者全部由境外关联方支付的，无住所个人可以自行申报缴纳税款，也可以委托境内雇主代为缴纳税款。无住所个人未委托境内雇主代为缴纳税款的，境内雇主应当在相关所得支付当月终了后 15 天内向主管税务机关报告相关信息，包括境内雇主与境外关联方对无住所个人的工作安排、境外支付情况以及无住所个人的联系方式等信息。

六、本公告自 2019 年 1 月 1 日起施行，非居民个人 2019 年 1 月 1 日后取得所得，按原有规定多缴纳税款的，可以依法申请办理退税。下列文件或者文件条款于 2019 年 1 月 1 日废止：

（一）《财政部税务总局关于对临时来华人员按实际居住日期计算征免个人所得税若干问题的通知》［（88）财税外字第 059 号］；

（二）《国家税务总局关于在境内无住所的个人取得工资薪金所得纳税义务问题的通知》（国税发〔1994〕148 号）；

（三）《财政部 国家税务总局关于在华无住所的个人如何计算在华居住满五年问题的通知》（财税字〔1995〕98 号）；

（四）《国家税务总局关于在中国境内无住所的个人计算缴纳个人所得税若干具体问题的通知》（国税函发〔1995〕125 号）第一条、第二条、第三条、第四条；

（五）《国家税务总局关于在中国境内无住所的个人缴纳所得税涉及税收协定若干问题的通知》（国税发〔1995〕155 号）；

（六）《国家税务总局关于在中国境内无住所的个人取得奖金征税问题的通知》（国税发〔1996〕183 号）；

（七）《国家税务总局关于三井物产（株）大连事务所外籍雇员取得数月奖金确定纳税义务问题的批复》（国税函〔1997〕546 号）；

（八）《国家税务总局关于外商投资企业和外国企业对境外企业支付其雇员的工资薪金代扣代缴个人所得税问题的通知》（国税发〔1999〕241 号）；

（九）《国家税务总局关于在中国境内无住所个人取得不在华履行职务的月份奖金确定纳税义务问题的通知》（国税函〔1999〕245 号）；

（十）《国家税务总局关于在中国境内无住所个人以有价证券形式取得工资薪金所得确定纳税义务有关问题的通知》（国税函〔2000〕190 号）；

（十一）《国家税务总局关于在境内无住所的个人执行税收协定和个人所得税法若干问题的通知》（国税发〔2004〕97 号）；

（十二）《国家税务总局关于调整个人取得全年一次性奖金等计算征收个人所得税方法问题的通知》（国税发〔2005〕9 号）第六条；

（十三）《国家税务总局关于在境内无住所个人计算工资薪金所得缴纳个人所得税有关问题的批复》（国税函〔2005〕1041号）；

（十四）《国家税务总局关于在中国境内担任董事或高层管理职务无住所个人计算个人所得税适用公式的批复》（国税函〔2007〕946号）。

特此公告。

附件：按月换算后的综合所得税率表

财政部　税务总局

2019年3月14日

附件：

按月换算后的综合所得税率表

级数	全月应纳税所得额	税率	速算扣除数
1	不超过3 000元的	3%	0
2	超过3 000元至12 000元的部分	10%	210
3	超过12 000元至25 000元的部分	20%	1 410
4	超过25 000元至35 000元的部分	25%	2 660
5	超过35 000元至55 000元的部分	30%	4 410
6	超过55 000元至80 000元的部分	35%	7 160
7	超过80 000元的部分	45%	15 160

43. 财政部　税务总局关于粤港澳大湾区个人所得税优惠政策的通知

财税〔2019〕31号

广东省、深圳市财政厅（局），国家税务总局广东省、深圳市税务局：

为支持粤港澳大湾区建设，现就大湾区有关个人所得税优惠政策通知如下：

一、广东省、深圳市按内地与香港个人所得税税负差额，对在大湾区工作的境外（含港澳台，下同）高端人才和紧缺人才给予补贴，该补贴免征个人所得税。

二、在大湾区工作的境外高端人才和紧缺人才的认定和补贴办法，按照广东省、深圳市的有关规定执行。

三、本通知适用范围包括广东省广州市、深圳市、珠海市、佛山市、惠州市、东莞市、中山市、江门市和肇庆市等大湾区珠三角九市。

四、本通知自2019年1月1日起至2023年12月31日止执行。《财政部　国家税务总局关于广东横琴新区个人所得税优惠政策的通知》（财税〔2014〕23号）、《财政部　国家税务总局关于深圳前海深港现代服务业合作区个人所得税优惠政策的通知》（财税〔2014〕25号）自2019年1月1日起废止。

财政部　税务总局

2019年3月14日

44. 财政部税政司　税务总局所得税司负责人就粤港澳大湾区个人所得税优惠政策答记者问

日前，财政部、税务总局联合印发《财政部　税务总局关于粤港澳大湾区个人所得税优惠政策的通知》（财税〔2019〕31号，以下简称《通知》）。财政部税政司、税务总局所得税司负责人就《通知》有关问题回答了记者的提问。

1. 问：出台粤港澳大湾区个人所得税优惠政策的背景和重要意义是什么？

答：推进粤港澳大湾区建设，是以习近平同志为核心的党中央作出的重大决策，是推动"一国两制"事业发展的新实践。按照中共中央、国务院印发的《粤港澳大湾区发展规划纲要》，粤港澳大湾区不仅要建成充满活力的世界级城市群、国际科技创新中心、"一带一路"建设的重要支撑、内地与港澳深度合作示范区，还要打造成宜居宜业宜游的优质生活圈，成为高质量发展的典范。

为支持粤港澳大湾区建设，吸引境外（含港澳台）高端人才和紧缺人才来大湾区工作，按照党中央、国务院的统一部署，财政部、税务总局制定出台了粤港澳大湾区个人所得税优惠政策，对在大湾区工作的境外（含港澳台）高端人才和紧缺人才，按内地与香港个人所得税税负差额给予补贴，并对补贴免征个人所得税。这一政策的出台，使得在大湾区工作的境外人才实际的税负水平明显降低，对于大湾区广聚英才将起到积极的引导和推动作用。

2. 问：境外（含港澳台）高端人才和紧缺人才是如何认定的？

答：目前，国际上和我国对于"人才"并无统一适用的判定标准，不同地区、不同行业对于"人才"的需求和界定也各不相同。为了更好地满足大湾区的实际需要，《通知》规定，在大湾区工作的境外高端人才和紧缺人才的认定办法，按照广东省、深圳市的有关规定执行，即由广东省、深圳市确定境外高端人才和紧缺人才的认定办法。这样使优惠政策与地方的实际需求相吻合，更好地发挥政策的激励效果。

3. 问：广东横琴、深圳前海原有的个人所得税优惠政策文件为何废止？

答：自2013年起，已在广东横琴、深圳前海，以及福建平潭实施了港、澳、台居民、境外高端人才个人所得税税负差额补贴政策。广东横琴、深圳前海属于粤港澳大湾区的范围，此次出台的大湾区个人所得税优惠政策实施后，将覆盖横琴、前海两地的已有政策，因此，广东横琴、深圳前海原有的两项个人所得税优惠政策文件自新政策实施之日起废止。

45. 财政部　税务总局关于在中国境内无住所的个人居住时间判定标准的公告

财政部　税务总局公告2019年第34号

为贯彻落实修改后的《中华人民共和国个人所得税法》和《中华人民共和国个人所得税法实施条例》，现将在中国境内无住所的个人（以下称无住所个人）居住时间的判定标准公告如下：

一、无住所个人一个纳税年度在中国境内累计居住满183天的,如果此前六年在中国境内每年累计居住天数都满183天而且没有任何一年单次离境超过30天,该纳税年度来源于中国境内、境外所得应当缴纳个人所得税;如果此前六年的任一年在中国境内累计居住天数不满183天或者单次离境超过30天,该纳税年度来源于中国境外且由境外单位或者个人支付的所得,免予缴纳个人所得税。

前款所称此前六年,是指该纳税年度的前一年至前六年的连续六个年度,此前六年的起始年度自2019年(含)以后年度开始计算。

二、无住所个人一个纳税年度内在中国境内累计居住天数,按照个人在中国境内累计停留的天数计算。在中国境内停留的当天满24小时的,计入中国境内居住天数,在中国境内停留的当天不足24小时的,不计入中国境内居住天数。

三、本公告自2019年1月1日起施行。

特此公告。

财政部　税务总局
2019年3月14日

46. 财政部税政司　税务总局所得税司　税务总局国际税务司负责人就个人所得税183天居住时间判定标准答记者问

日前,财政部、税务总局联合印发《财政部　税务总局关于在中国境内无住所的个人居住时间判定标准的公告》(财政部　税务总局公告2019年第34号,以下简称《公告》)。财政部税政司、税务总局所得税司、税务总局国际税务司负责人就《公告》有关问题回答了记者的提问。

1. 问:《公告》实施后,境外人士享受境外所得免税优惠的条件有什么变化?

答:新的个人所得税法将居民个人的时间判定标准由境内居住满一年调整为满183天,为了吸引外资和鼓励外籍人员来华工作,促进对外交流,新的个人所得税法实施条例继续保留了原条例对境外支付的境外所得免予征税优惠制度安排,并进一步放宽了免税条件:

一是将免税条件由构成居民纳税人不满五年,放宽到连续不满六年;

二是在任一年度中,只要有一次离境超过30天的,就重新计算连续居住年限;

三是将管理方式由主管税务机关批准改为备案,简化了流程,方便了纳税人。

《公告》还明确:在境内停留的当天不足24小时的,不计入境内居住天数;连续居住"满六年"的年限从2019年1月1日起计算,2019年之前的年限不再纳入计算范围。

这样一来,在境内工作的境外人士(包括港澳台居民)的境外所得免税条件比原来就更为宽松了。

2. 问:境外人士(包括港澳台居民)在境内居住的天数如何计算?

答:按照《公告》规定,在中国境内停留的当天满24小时的,计入境内居住天数;不足24小时的,不计入境内居住天数。

举例来说,李先生为香港居民,在深圳工作,每周一早上来深圳上班,周五晚上回香港。周一和周五当天停留都不足24小时,因此不计入境内居住天数,再加上周六、周日2天也不计入,这样,每周可计入的天数仅为3天,按全年52周计算,李先生全年在境内居住天数为

156 天，未超过 183 天，不构成居民个人，李先生取得的全部境外所得，就可免缴个人所得税。

3. 问：境外人士（包括港澳台居民）在境内连续居住"满六年"，从哪一年开始起算？

答：按照《公告》规定，在境内居住累计满 183 天的年度连续"满六年"的起点，是自 2019 年（含）以后年度开始计算，2018 年（含）之前已经居住的年度一律"清零"，不计算在内。按此规定，2024 年（含）之前，所有无住所个人在境内居住年限都不满六年，其取得境外支付的境外所得都能享受免税优惠。此外，自 2019 年起任一年度如果有单次离境超过 30 天的情形，此前连续年限"清零"，重新计算。

举例来说，张先生为香港居民，2013 年 1 月 1 日来深圳工作，2026 年 8 月 30 日回到香港工作，在此期间，除 2025 年 2 月 1 日至 3 月 15 日临时回香港处理公务外，其余时间一直停留在深圳。

张先生在境内居住累计满 183 天的年度，如果从 2013 年开始计算，实际上已经满六年，但是由于 2018 年之前的年限一律"清零"，自 2019 年开始计算，因此，2019 年至 2024 年期间，张先生在境内居住累计满 183 天的年度连续不满六年，其取得的境外支付的境外所得，就可免缴个人所得税。

2025 年，张先生在境内居住满 183 天，且从 2019 年开始计算，他在境内居住累计满 183 天的年度已经连续满六年（2019 年至 2024 年），且没有单次离境超过 30 天的情形，2025 年，张先生应就在境内和境外取得的所得缴纳个人所得税。

2026 年，由于张先生 2025 年有单次离境超过 30 天的情形（2025 年 2 月 1 日至 3 月 15 日），其在内地居住累计满 183 天的连续年限清零，重新起算，2026 年当年张先生取得的境外支付的境外所得，可以免缴个人所得税。

47. 财政部　税务总局关于个人取得有关收入适用个人所得税应税所得项目的公告

财政部　税务总局公告 2019 年第 74 号

为贯彻落实修改后的《中华人民共和国个人所得税法》，做好政策衔接工作，现将个人取得的有关收入适用个人所得税应税所得项目的事项公告如下：

一、个人为单位或他人提供担保获得收入，按照"偶然所得"项目计算缴纳个人所得税。

二、房屋产权所有人将房屋产权无偿赠与他人的，受赠人因无偿受赠房屋取得的受赠收入，按照"偶然所得"项目计算缴纳个人所得税。按照《财政部　国家税务总局关于个人无偿受赠房屋有关个人所得税问题的通知》（财税〔2009〕78 号）第一条规定，符合以下情形的，对当事双方不征个人所得税：

（一）房屋产权所有人将房屋产权无偿赠与配偶、父母、子女、祖父母、外祖父母、孙子女、外孙子女、兄弟姐妹；

（二）房屋产权所有人将房屋产权无偿赠与对其承担直接抚养或者赡养义务的抚养人或者赡养人；

（三）房屋产权所有人死亡，依法取得房屋产权的法定继承人、遗嘱继承人或者受遗赠人。

前款所称受赠收入的应纳税所得额按照《财政部　国家税务总局关于个人无偿受赠房屋有关个人所得税问题的通知》（财税〔2009〕78 号）第四条规定计算。

三、企业在业务宣传、广告等活动中，随机向本单位以外的个人赠送礼品（包括网络红包，下同），以及企业在年会、座谈会、庆典以及其他活动中向本单位以外的个人赠送礼品，个人取得的礼品收入，按照"偶然所得"项目计算缴纳个人所得税，但企业赠送的具有价格折扣或折让性质的消费券、代金券、抵用券、优惠券等礼品除外。

前款所称礼品收入的应纳税所得额按照《财政部 国家税务总局关于企业促销展业赠送礼品有关个人所得税问题的通知》（财税〔2011〕50号）第三条规定计算。

四、个人按照《财政部 税务总局 人力资源社会保障部 中国银行保险监督管理委员会 证监会关于开展个人税收递延型商业养老保险试点的通知》（财税〔2018〕22号）的规定，领取的税收递延型商业养老保险的养老金收入，其中25%部分予以免税，其余75%部分按照10%的比例税率计算缴纳个人所得税，税款计入"工资、薪金所得"项目，由保险机构代扣代缴后，在个人购买税延养老保险的机构所在地办理全员全额扣缴申报。

五、本公告自2019年1月1日起执行。下列文件或文件条款同时废止：

（一）《财政部 国家税务总局关于银行部门以超过国家利率支付给储户的揽储奖金征收个人所得税问题的批复》（财税字〔1995〕64号）；

（二）《国家税务总局对中国科学院院士荣誉奖金征收个人所得税问题的复函》（国税函〔1995〕351号）；

（三）《国家税务总局关于未分配的投资者收益和个人人寿保险收入征收个人所得税问题的批复》（国税函〔1998〕546号）第二条；

（四）《国家税务总局关于个人所得税有关政策问题的通知》（国税发〔1999〕58号）第三条；

（五）《国家税务总局关于股民从证券公司取得的回扣收入征收个人所得税问题的批复》（国税函〔1999〕627号）；

（六）《财政部 国家税务总局关于个人所得税有关问题的批复》（财税〔2005〕94号）第二条；

（七）《国家税务总局关于个人取得解除商品房买卖合同违约金征收个人所得税问题的批复》（国税函〔2006〕865号）；

（八）《财政部 国家税务总局关于个人无偿受赠房屋有关个人所得税问题的通知》（财税〔2009〕78号）第三条；

（九）《财政部 国家税务总局关于企业促销展业赠送礼品有关个人所得税问题的通知》（财税〔2011〕50号）第二条第1项、第2项；

（十）《财政部 税务总局 人力资源社会保障部 中国银行保险监督管理委员会 证监会关于开展个人税收递延型商业养老保险试点的通知》（财税〔2018〕22号）第一条第（二）项第3点第二段；

（十一）《国家税务总局关于开展个人税收递延型商业养老保险试点有关征管问题的公告》（国家税务总局公告2018年第21号）第二条。

特此公告。

财政部 税务总局
2019年6月13日

48. 关于个人取得有关收入适用个人所得税应税所得项目政策问题的解答

近日，财政部、税务总局联合印发《关于个人取得有关收入适用个人所得税应税所得项目的公告》（财政部　税务总局公告2019年第74号，以下简称《公告》），现就有关问题解答如下：

一、问：《公告》出台的背景是什么？

答：个人所得税法2018年修改前，原税法中11项应税所得的最后一项为"国务院财政部门确定征税的其他所得"（以下简称"其他所得"），根据这一条款，财政部、税务总局陆续发文明确了十项按照"其他所得"征税的政策。

2018年个人所得税法修改后，取消了"其他所得"项目，按照原税法"其他所得"项目征税的有关政策文件，需要进行相应调整。

为落实新个人所得税法，做好有关政策衔接工作，财政部、税务总局印发了《公告》，对原税法下按"其他所得"项目征税的有关收入调整了适用的应税所得项目，从2019年1月1日起执行。

二、问：《公告》对原按"其他所得"征税项目进行了哪些调整？

答：一是将部分原按"其他所得"征税的项目调整为按照"偶然所得"项目征税。原按"其他所得"项目征税的部分收入具有一定的偶然性质，《公告》将其调整为按照"偶然所得"项目征税，偶然所得适用税率为20%，与原"其他所得"税率相同，纳税人的税负保持不变。

调整为按照"偶然所得"项目征税的具体收入包括：

1. 个人为单位或他人提供担保获得报酬；

2. 受赠人因无偿受赠房屋取得的受赠收入，但符合《财政部　国家税务总局关于个人无偿受赠房屋有关个人所得税问题的通知》（财税〔2009〕78号）第一条规定的情形，对当事双方不征收个人所得税，包括：一是房屋产权所有人将房屋产权无偿赠与配偶、父母、子女、祖父母、外祖父母、孙子女、外孙子女、兄弟姐妹，二是房屋产权所有人将房屋产权无偿赠与对其承担直接抚养或者赡养义务的抚养人或者赡养人，三是房屋产权所有人死亡，依法取得房屋产权的法定继承人、遗嘱继承人或者受遗赠人；

3. 企业在业务宣传、广告等活动中，随机向本单位以外的个人赠送礼品（包括网络红包），以及企业在年会、座谈会、庆典以及其他活动中向本单位以外的个人赠送礼品，但企业赠送的具有价格折扣或折让性质的消费券、代金券、抵用券、优惠券等礼品除外。

二是将税收递延型商业养老保险的养老金收入所征税款由计入"其他所得"项目调整为计入"工资、薪金所得"项目。税收递延型商业养老保险的缴费主要来源于工资薪金等综合所得，从国际上看，对个人的商业养老金收入大多纳入综合所得征税，因此《公告》将个人领取的该项养老金收入所征税款调整为计入综合所得中的"工资、薪金所得"项目。需要说明的是，《公告》并未改变该项养老金收入的税负，即个人领取的该项商业养老金收入，其中25%部分予以免税，其余75%部分按照10%的比例税率计算缴纳个人所得税，实际税负仍为7.5%，纳税人的税负没有变化。

三、问：《公告》废止了哪些原按"其他所得"征税的政策规定？

答：根据经济社会的发展变化，《公告》对一些原按"其他所得"征税的政策予以废止，具体包括：一是银行部门以超过国家规定利率和保值贴补率支付给储户的揽储奖金。二是以蔡冠深中国科学院院士荣誉基金会的基金利息颁发中国科学院院士荣誉奖金。三是保险公司支付给保期内未出险的人寿保险保户的利息。四是个人因任职单位缴纳有关保险费用而取得的无赔款优待收入。五是股民个人从证券公司取得的回扣收入或交易手续费返还收入。六是房地产公司因双方协商解除商品房买卖合同而向购房人支付的违约金。

四、问：《公告》对"网络红包"征税是如何规定的？

答：近年来，不少企业通过发放"网络红包"开展促销业务，网络红包成为一种常见的营销方式。"网络红包"既包括现金网络红包，也包括各类消费券、代金券、抵用券、优惠券等非现金网络红包。

按照《财政部 国家税务总局关于企业促销展业赠送礼品有关个人所得税问题的通知》（财税〔2011〕50号）规定，企业在业务宣传、广告等活动中，随机向本单位以外的个人赠送礼品，以及企业在年会、座谈会、庆典以及其他活动中向本单位以外的个人赠送礼品，个人取得的礼品收入，应征收个人所得税；企业通过价格折扣、折让方式向个人销售商品（产品）和提供服务等情形，不征收个人所得税。《公告》未改变财税〔2011〕50号文件关于礼品的征免税规定。

从性质上看，企业发放的网络红包，也属于《公告》所指礼品的一种形式，为进一步明确和细化政策操作口径，便于征纳双方执行，《公告》明确礼品的范围包括网络红包，网络红包的征免税政策按照《公告》规定的礼品税收政策执行，即：企业发放的具有中奖性质的网络红包，获奖个人应缴纳个人所得税，但具有销售折扣或折让性质的网络红包，不征收个人所得税。

需要说明的是，《公告》所指"网络红包"，仅包括企业向个人发放的网络红包，不包括亲戚朋友之间互相赠送的网络红包。亲戚朋友之间互相赠送的礼品（包括网络红包），不在个人所得税征税范围之内。

49.财政部 税务总局 证监会关于继续实施全国中小企业股份转让系统挂牌公司股息红利差别化个人所得税政策的公告

财政部公告2019年第78号

现就继续实施全国中小企业股份转让系统挂牌公司（以下简称挂牌公司）股息红利差别化个人所得税政策公告如下：

一、个人持有挂牌公司的股票，持股期限超过1年的，对股息红利所得暂免征收个人所得税。

个人持有挂牌公司的股票，持股期限在1个月以内（含1个月）的，其股息红利所得全额计入应纳税所得额；持股期限在1个月以上至1年（含1年）的，其股息红利所得暂减按50%计入应纳税所得额；上述所得统一适用20%的税率计征个人所得税。

本公告所称挂牌公司是指股票在全国中小企业股份转让系统公开转让的非上市公众公司；持股期限是指个人取得挂牌公司股票之日至转让交割该股票之日前一日的持有时间。

二、挂牌公司派发股息红利时，对截至股权登记日个人持股1年以内（含1年）且尚未转让的，挂牌公司暂不扣缴个人所得税；待个人转让股票时，证券登记结算公司根据其持股期限计算应纳税额，由证券公司等股票托管机构从个人资金账户中扣收并划付证券登记结算公司，证券登记结算公司应于次月5个工作日内划付挂牌公司，挂牌公司在收到税款当月的法定申报期内向主管税务机关申报缴纳，并应办理全员全额扣缴申报。

个人应在资金账户留足资金，依法履行纳税义务。证券公司等股票托管机构应依法划扣税款，对个人资金账户暂无资金或资金不足的，证券公司等股票托管机构应当及时通知个人补足资金，并划扣税款。

三、个人转让股票时，按照先进先出的原则计算持股期限，即证券账户中先取得的股票视为先转让。

应纳税所得额以个人投资者证券账户为单位计算，持股数量以每日日终结算后个人投资者证券账户的持有记录为准，证券账户取得或转让的股票数为每日日终结算后的净增（减）股票数。

四、对证券投资基金从挂牌公司取得的股息红利所得，按照本公告规定计征个人所得税。

五、本公告所称个人持有挂牌公司的股票包括：

（一）在全国中小企业股份转让系统挂牌前取得的股票；

（二）通过全国中小企业股份转让系统转让取得的股票；

（三）因司法扣划取得的股票；

（四）因依法继承或家庭财产分割取得的股票；

（五）通过收购取得的股票；

（六）权证行权取得的股票；

（七）使用附认股权、可转换成股份条款的公司债券认购或者转换的股票；

（八）取得发行的股票、配股、股票股利及公积金转增股本；

（九）挂牌公司合并，个人持有的被合并公司股票转换的合并后公司股票；

（十）挂牌公司分立，个人持有的被分立公司股票转换的分立后公司股票；

（十一）其他从全国中小企业股份转让系统取得的股票。

六、本公告所称转让股票包括下列情形：

（一）通过全国中小企业股份转让系统转让股票；

（二）持有的股票被司法扣划；

（三）因依法继承、捐赠或家庭财产分割让渡股票所有权；

（四）用股票接受要约收购；

（五）行使现金选择权将股票转让给提供现金选择权的第三方；

（六）用股票认购或申购交易型开放式指数基金（ETF）份额；

（七）其他具有转让实质的情形。

七、对个人和证券投资基金从全国中小企业股份转让系统挂牌的原 STAQ、NET 系统挂牌公司（以下简称两网公司）以及全国中小企业股份转让系统挂牌的退市公司取得的股息红利所得，按照本公告规定计征个人所得税，但退市公司的限售股按照《财政部 国家税务总局 证监会关于实施上市公司股息红利差别化个人所得税政策有关问题的通知》（财税〔2012〕85号）第四条规定执行。

八、本公告所称年（月）是指自然年（月），即持股一年是指从上一年某月某日至本年同月同日的前一日连续持股，持股一个月是指从上月某日至本月同月同日的前一日连续持股。

九、财政、税务、证监等部门要加强协调、通力合作，切实做好政策实施的各项工作。

挂牌公司、两网公司、退市公司，证券登记结算公司以及证券公司等股票托管机构应积极配合税务机关做好股息红利个人所得税征收管理工作。

十、本公告自2019年7月1日起至2024年6月30日止执行，挂牌公司、两网公司、退市公司派发股息红利，股权登记日在2019年7月1日至2024年6月30日的，股息红利所得按照本公告的规定执行。本公告实施之日个人投资者证券账户已持有的挂牌公司、两网公司、退市公司股票，其持股时间自取得之日起计算。

十一、《财政部　国家税务总局　证监会关于实施全国中小企业股份转让系统挂牌公司股息红利差别化个人所得税政策有关问题的通知》（财税〔2014〕48号）以及《财政部　国家税务总局　证监会关于上市公司股息红利差别化个人所得税政策有关问题的通知》（财税〔2015〕101号）第四条废止。

50. 财政部　税务总局关于个人所得税综合所得汇算清缴涉及有关政策问题的公告

财政部　税务总局公告2019年第94号

为贯彻落实修改后的《中华人民共和国个人所得税法》，进一步减轻纳税人的税收负担，现就个人所得税综合所得汇算清缴涉及有关政策问题公告如下：

一、2019年1月1日至2020年12月31日居民个人取得的综合所得，年度综合所得收入不超过12万元且需要汇算清缴补税的，或者年度汇算清缴补税金额不超过400元的，居民个人可免于办理个人所得税综合所得汇算清缴。居民个人取得综合所得时存在扣缴义务人未依法预扣预缴税款的情形除外。

二、残疾、孤老人员和烈属取得综合所得办理汇算清缴时，汇算清缴地与预扣预缴地规定不一致的，用预扣预缴地规定计算的减免税额与用汇算清缴地规定计算的减免税额相比较，按照孰高值确定减免税额。

三、居民个人填报专项附加扣除信息存在明显错误，经税务机关通知，居民个人拒不更正或者不说明情况的，税务机关可暂停纳税人享受专项附加扣除。居民个人按规定更正相关信息或者说明情况后，经税务机关确认，居民个人可继续享受专项附加扣除，以前月份未享受扣除的，可按规定追补扣除。

四、本公告第一条适用于2019年度和2020年度的综合所得年度汇算清缴。其他事项适用于2019年度及以后年度的综合所得年度汇算清缴。

特此公告。

财政部　税务总局　证监会
2019年7月12日

51. 财政部　税务总局关于远洋船员个人所得税政策的公告

财政部　税务总局公告2019年第97号

现就远洋船员个人所得税政策公告如下：

一、一个纳税年度内在船航行时间累计满183天的远洋船员，其取得的工资薪金收入减按50%计入应纳税所得额，依法缴纳个人所得税。

二、本公告所称的远洋船员是指在海事管理部门依法登记注册的国际航行船舶船员和在渔业管理部门依法登记注册的远洋渔业船员。

三、在船航行时间是指远洋船员在国际航行或作业船舶和远洋渔业船舶上的工作天数。一个纳税年度内的在船航行时间为一个纳税年度内在船航行时间的累计天数。

四、远洋船员可选择在当年预扣预缴税款或者次年个人所得税汇算清缴时享受上述优惠政策。

五、海事管理部门、渔业管理部门同税务部门建立信息共享机制，定期交换远洋船员身份认定、在船航行时间等有关涉税信息。

六、本公告自2019年1月1日起至2023年12月31日止执行。

特此公告。

财政部　税务总局
2019年12月29日

52. 财政部　税务总局关于公益慈善事业捐赠个人所得税政策的公告

财政部　税务总局公告2019年第99号

为贯彻落实《中华人民共和国个人所得税法》及其实施条例有关规定，现将公益慈善事业捐赠有关个人所得税政策公告如下：

一、个人通过中华人民共和国境内公益性社会组织、县级以上人民政府及其部门等国家机关，向教育、扶贫、济困等公益慈善事业的捐赠（以下简称公益捐赠），发生的公益捐赠支出，可以按照个人所得税法有关规定在计算应纳税所得额时扣除。

前款所称境内公益性社会组织，包括依法设立或登记并按规定条件和程序取得公益性捐赠税前扣除资格的慈善组织、其他社会组织和群众团体。

二、个人发生的公益捐赠支出金额，按照以下规定确定：

（一）捐赠货币性资产的，按照实际捐赠金额确定；

（二）捐赠股权、房产的，按照个人持有股权、房产的财产原值确定；

（三）捐赠除股权、房产以外的其他非货币性资产的，按照非货币性资产的市场价格确定。

三、居民个人按照以下规定扣除公益捐赠支出：

（一）居民个人发生的公益捐赠支出可以在财产租赁所得、财产转让所得、利息股息红利所得、偶然所得（以下统称分类所得）、综合所得或者经营所得中扣除。在当期一个所得项目扣除不完的公益捐赠支出，可以按规定在其他所得项目中继续扣除；

（二）居民个人发生的公益捐赠支出，在综合所得、经营所得中扣除的，扣除限额分别为当年综合所得、当年经营所得应纳税所得额的百分之三十；在分类所得中扣除的，扣除限额为当月分类所得应纳税所得额的百分之三十；

（三）居民个人根据各项所得的收入、公益捐赠支出、适用税率等情况，自行决定在综合所得、分类所得、经营所得中扣除的公益捐赠支出的顺序。

四、居民个人在综合所得中扣除公益捐赠支出的，应按照以下规定处理：

（一）居民个人取得工资薪金所得的，可以选择在预扣预缴时扣除，也可以选择在年度汇算清缴时扣除。

居民个人选择在预扣预缴时扣除的，应按照累计预扣法计算扣除限额，其捐赠当月的扣除限额为截至当月累计应纳税所得额的百分之三十（全额扣除的从其规定，下同）。个人从两处以上取得工资薪金所得，选择其中一处扣除，选择后当年不得变更。

（二）居民个人取得劳务报酬所得、稿酬所得、特许权使用费所得的，预扣预缴时不扣除公益捐赠支出，统一在汇算清缴时扣除。

（三）居民个人取得全年一次性奖金、股权激励等所得，且按规定采取不并入综合所得而单独计税方式处理的，公益捐赠支出扣除比照本公告分类所得的扣除规定处理。

五、居民个人发生的公益捐赠支出，可在捐赠当月取得的分类所得中扣除。当月分类所得应扣除未扣除的公益捐赠支出，可以按照以下规定追补扣除：

（一）扣缴义务人已经代扣但尚未解缴税款的，居民个人可以向扣缴义务人提出追补扣除申请，退还已扣税款。

（二）扣缴义务人已经代扣且解缴税款的，居民个人可以在公益捐赠之日起90日内提请扣缴义务人向征收税款的税务机关办理更正申报追补扣除，税务机关和扣缴义务人应当予以办理。

（三）居民个人自行申报纳税的，可以在公益捐赠之日起90日内向主管税务机关办理更正申报追补扣除。

居民个人捐赠当月有多项多次分类所得的，应先在其中一项一次分类所得中扣除。已经在分类所得中扣除的公益捐赠支出，不再调整到其他所得中扣除。

六、在经营所得中扣除公益捐赠支出，应按以下规定处理：

（一）个体工商户发生的公益捐赠支出，在其经营所得中扣除。

（二）个人独资企业、合伙企业发生的公益捐赠支出，其个人投资者应当按照捐赠年度合伙企业的分配比例（个人独资企业分配比例为百分之百），计算归属于每一个人投资者的公益捐赠支出，个人投资者应将其归属的个人独资企业、合伙企业公益捐赠支出和本人需要在经营所得扣除的其他公益捐赠支出合并，在其经营所得中扣除。

（三）在经营所得中扣除公益捐赠支出的，可以选择在预缴税款时扣除，也可以选择在汇算清缴时扣除。

（四）经营所得采取核定征收方式的，不扣除公益捐赠支出。

七、非居民个人发生的公益捐赠支出，未超过其在公益捐赠支出发生的当月应纳税所得额百分之三十的部分，可以从其应纳税所得额中扣除。扣除不完的公益捐赠支出，可以在经营所得中继续扣除。

非居民个人按规定可以在应纳税所得额中扣除公益捐赠支出而未实际扣除的，可按照本公告第五条规定追补扣除。

八、国务院规定对公益捐赠全额税前扣除的，按照规定执行。个人同时发生按百分之三十扣除和全额扣除的公益捐赠支出，自行选择扣除次序。

九、公益性社会组织、国家机关在接受个人捐赠时，应当按照规定开具捐赠票据；个人索取捐赠票据的，应予以开具。

个人发生公益捐赠时不能及时取得捐赠票据的，可以暂时凭公益捐赠银行支付凭证扣除，并向扣缴义务人提供公益捐赠银行支付凭证复印件。个人应在捐赠之日起90日内向扣缴义务人补充提供捐赠票据，如果个人未按规定提供捐赠票据的，扣缴义务人应在30日内向主管税务机关报告。

机关、企事业单位统一组织员工开展公益捐赠的，纳税人可以凭汇总开具的捐赠票据和员工明细单扣除。

十、个人通过扣缴义务人享受公益捐赠扣除政策，应当告知扣缴义务人符合条件可扣除的公益捐赠支出金额，并提供捐赠票据的复印件，其中捐赠股权、房产的还应出示财产原值证明。扣缴义务人应当按照规定在预扣预缴、代扣代缴税款时予扣除，并将公益捐赠扣除金额告知纳税人。

个人自行办理或扣缴义务人为个人办理公益捐赠扣除的，应当在申报时一并报送《个人所得税公益慈善事业捐赠扣除明细表》（见附件）。个人应留存捐赠票据，留存期限为五年。

十一、本公告自2019年1月1日起施行。个人自2019年1月1日至本公告发布之日期间发生的公益捐赠支出，按照本公告规定可以在分类所得中扣除但未扣除的，可以在2020年1月31日前通过扣缴义务人向征收税款的税务机关提出追补扣除申请，税务机关应当按规定予以办理。

特此公告。

附件：个人所得税公益慈善事业捐赠扣除明细表（略）。

财政部　税务总局
2019年12月30日

53.国家税务总局关于修订部分个人所得税申报表的公告

国家税务总局公告2019年第46号

为保障个人所得税综合所得汇算清缴顺利实施，根据个人所得税法及其实施条例等相关税收法律、法规规定，现将部分修订后的个人所得税申报表及其填表说明予以发布，并就有关事项公告如下：

一、为便于纳税人理解，省（区、市）税务局可以根据当地情况，补充、修改申报表提示、说明信息。

二、本公告自2020年1月1日起施行。其中，纳税人在办理2019年度个人所得税综合所得汇算清缴填写免税收入时，暂不附报《个人所得税减免税事项报告表》。《国家税务总局关于发布个人所得税申报表的公告》（2013年第21号）、《国家税务总局关于发布生产经营所得及减免税事项有关个人所得税申报表的公告》（2015年第28号）、《国家税务总局关于修订个人所得税申报表的公告》（2019年第7号）附件4以及附件5中的《个人所得税经营所得纳税申报表（A表）》同时废止。

特此公告。

附件：1.个人所得税年度自行纳税申报表（A表）（简易版）（问答版）（略）。
　　　2.个人所得税年度自行纳税申报表（B表）及境外所得个人所得税抵免明细表（略）。
　　　3.个人所得税经营所得纳税申报表（A表）（略）。
　　　4.个人所得税减免税事项报告表（略）。

5. 代扣代缴手续费申请表（略）。

国家税务总局
2019 年 12 月 31 日

54. 财政部 税务总局关于境外所得有关个人所得税政策的公告

财政部　税务总局公告 2020 年第 3 号

为贯彻落实《中华人民共和国个人所得税法》和《中华人民共和国个人所得税法实施条例》（以下称个人所得税法及其实施条例），现将境外所得有关个人所得税政策公告如下：

一、下列所得，为来源于中国境外的所得：

（一）因任职、受雇、履约等在中国境外提供劳务取得的所得；

（二）中国境外企业以及其他组织支付且负担的稿酬所得；

（三）许可各种特许权在中国境外使用而取得的所得；

（四）在中国境外从事生产、经营活动而取得的与生产、经营活动相关的所得；

（五）从中国境外企业、其他组织以及非居民个人取得的利息、股息、红利所得；

（六）将财产出租给承租人在中国境外使用而取得的所得；

（七）转让中国境外的不动产、转让对中国境外企业以及其他组织投资形成的股票、股权以及其他权益性资产（以下称权益性资产）或者在中国境外转让其他财产取得的所得。但转让对中国境外企业以及其他组织投资形成的权益性资产，该权益性资产被转让前三年（连续 36 个公历月份）内的任一时间，被投资企业或其他组织的资产公允价值 50% 以上直接或间接来自位于中国境内的不动产的，取得的所得为来源于中国境内的所得；

（八）中国境外企业、其他组织以及非居民个人支付且负担的偶然所得；

（九）财政部、税务总局另有规定的，按照相关规定执行。

二、居民个人应当依照个人所得税法及其实施条例规定，按照以下方法计算当期境内和境外所得应纳税额：

（一）居民个人来源于中国境外的综合所得，应当与境内综合所得合并计算应纳税额；

（二）居民个人来源于中国境外的经营所得，应当与境内经营所得合并计算应纳税额。居民个人来源于境外的经营所得，按照个人所得税法及其实施条例的有关规定计算的亏损，不得抵减其境内或他国（地区）的应纳税所得额，但可以用来源于同一国家（地区）以后年度的经营所得按中国税法规定弥补；

（三）居民个人来源于中国境外的利息、股息、红利所得，财产租赁所得，财产转让所得和偶然所得（以下称其他分类所得），不与境内所得合并，应当分别单独计算应纳税额。

三、居民个人在一个纳税年度内来源于中国境外的所得，依照所得来源国家（地区）税收法律规定在中国境外已缴纳的所得税税额允许在抵免限额内从其该纳税年度应纳税额中抵免。

居民个人来源于一国（地区）的综合所得、经营所得以及其他分类所得项目的应纳税额为其抵免限额，按照下列公式计算：

（一）来源于一国（地区）综合所得的抵免限额＝中国境内和境外综合所得依照本公

告第二条规定计算的综合所得应纳税额 × 来源于该国（地区）的综合所得收入额 ÷ 中国境内和境外综合所得收入额合计

（二）来源于一国（地区）经营所得的抵免限额＝中国境内和境外经营所得依照本公告第二条规定计算的经营所得应纳税额 × 来源于该国（地区）的经营所得应纳税所得额 ÷ 中国境内和境外经营所得应纳税所得额合计

（三）来源于一国（地区）其他分类所得的抵免限额＝该国（地区）的其他分类所得依照本公告第二条规定计算的应纳税额

（四）来源于一国（地区）所得的抵免限额＝来源于该国（地区）综合所得抵免限额＋来源于该国（地区）经营所得抵免限额＋来源于该国（地区）其他分类所得抵免限额

四、可抵免的境外所得税税额，是指居民个人取得境外所得，依照该所得来源国（地区）税收法律应当缴纳且实际已经缴纳的所得税性质的税额。可抵免的境外所得税税额不包括以下情形：

（一）按照境外所得税法律属于错缴或错征的境外所得税税额；

（二）按照我国政府签订的避免双重征税协定以及内地与香港、澳门签订的避免双重征税安排（以下统称税收协定）规定不应征收的境外所得税税额；

（三）因少缴或迟缴境外所得税而追加的利息、滞纳金或罚款；

（四）境外所得税纳税人或者其利害关系人从境外征税主体得到实际返还或补偿的境外所得税税款；

（五）按照我国个人所得税法及其实施条例规定，已经免税的境外所得负担的境外所得税税款。

五、居民个人从与我国签订税收协定的国家（地区）取得的所得，按照该国（地区）税收法律享受免税或减税待遇，且该免税或减税的数额按照税收协定饶让条款规定应视同已缴税额在中国的应纳税额中抵免的，该免税或减税数额可作为居民个人实际缴纳的境外所得税税额按规定申报税收抵免。

六、居民个人一个纳税年度内来源于一国（地区）的所得实际已经缴纳的所得税税额，低于依照本公告第三条规定计算出的来源于该国（地区）该纳税年度所得的抵免限额的，应以实际缴纳税额作为抵免额进行抵免；超过来源于该国（地区）该纳税年度所得的抵免限额的，应在限额内进行抵免，超过部分可以在以后五个纳税年度内结转抵免。

七、居民个人从中国境外取得所得的，应当在取得所得的次年3月1日至6月30日内申报纳税。

八、居民个人取得境外所得，应当向中国境内任职、受雇单位所在地主管税务机关办理纳税申报；在中国境内没有任职、受雇单位的，向户籍所在地或中国境内经常居住地主管税务机关办理纳税申报；户籍所在地与中国境内经常居住地不一致的，选择其中一地主管税务机关办理纳税申报；在中国境内没有户籍的，向中国境内经常居住地主管税务机关办理纳税申报。

九、居民个人取得境外所得的境外纳税年度与公历年度不一致的，取得境外所得的境外纳税年度最后一日所在的公历年度，为境外所得对应的我国纳税年度。

十、居民个人申报境外所得税收抵免时，除另有规定外，应当提供境外征税主体出具的税款所属年度的完税证明、税收缴款书或者纳税记录等纳税凭证，未提供符合要求的纳税凭证，不予抵免。

居民个人已申报境外所得、未进行税收抵免，在以后纳税年度取得纳税凭证并申报境外所得税收抵免的，可以追溯至该境外所得所属纳税年度进行抵免，但追溯年度不得超过五年。自取得该项境外所得的五个年度内，境外征税主体出具的税款所属纳税年度纳税凭证载明的实际缴纳税额发生变化的,按实际缴纳税额重新计算并办理补退税,不加收税收滞纳金,不退还利息。

纳税人确实无法提供纳税凭证的,可同时凭境外所得纳税申报表(或者境外征税主体确认的缴税通知书)以及对应的银行缴款凭证办理境外所得抵免事宜。

十一、居民个人被境内企业、单位、其他组织(以下称派出单位)派往境外工作,取得的工资薪金所得或者劳务报酬所得,由派出单位或者其他境内单位支付或负担的,派出单位或者其他境内单位应按照个人所得税法及其实施条例规定预扣预缴税款。

居民个人被派出单位派往境外工作,取得的工资薪金所得或者劳务报酬所得,由境外单位支付或负担的,如果境外单位为境外任职、受雇的中方机构(以下称中方机构)的,可以由境外任职、受雇的中方机构预扣税款,并委托派出单位向主管税务机关申报纳税。中方机构未预扣税款的或者境外单位不是中方机构的,派出单位应当于次年2月28日前向其主管税务机关报送外派人员情况,包括:外派人员的姓名、身份证件类型及身份证件号码、职务、派往国家和地区、境外工作单位名称和地址、派遣期限、境内外收入及缴税情况等。

中方机构包括中国境内企业、事业单位、其他经济组织以及国家机关所属的境外分支机构、子公司、使(领)馆、代表处等。

十二、居民个人取得来源于境外的所得或者实际已经在境外缴纳的所得税税额为人民币以外货币,应当按照《中华人民共和国个人所得税法实施条例》第三十二条折合计算。

十三、纳税人和扣缴义务人未按本公告规定申报缴纳、扣缴境外所得个人所得税以及报送资料的,按照《中华人民共和国税收征收管理法》和个人所得税法及其实施条例等有关规定处理,并按规定纳入个人纳税信用管理。

十四、本公告适用于2019年度及以后年度税收处理事宜。以前年度尚未抵免完毕的税额,可按本公告第六条规定处理。下列文件或文件条款同时废止:

1.《财政部 国家税务总局关于个人股票期权所得征收个人所得税问题的通知》(财税〔2005〕35号)第三条。

2.《国家税务总局关于境外所得征收个人所得税若干问题的通知》(国税发〔1994〕44号)。

3.《国家税务总局关于企业和个人的外币收入如何折合成人民币计算缴纳税款问题的通知》(国税发〔1995〕173号)。

特此公告。

财政部 税务总局
2020年1月17日

55. 财政部 税务总局关于支持新型冠状病毒感染的肺炎疫情防控有关捐赠税收政策的公告

财政部 税务总局公告2020年第9号

为支持新型冠状病毒感染的肺炎疫情防控工作,现就有关捐赠税收政策公告如下:

一、企业和个人通过公益性社会组织或者县级以上人民政府及其部门等国家机关,捐赠用于应对新型冠状病毒感染的肺炎疫情的现金和物品，允许在计算应纳税所得额时全额扣除。

二、企业和个人直接向承担疫情防治任务的医院捐赠用于应对新型冠状病毒感染的肺炎疫情的物品，允许在计算应纳税所得额时全额扣除。

捐赠人凭承担疫情防治任务的医院开具的捐赠接收函办理税前扣除事宜。

三、单位和个体工商户将自产、委托加工或购买的货物，通过公益性社会组织和县级以上人民政府及其部门等国家机关，或者直接向承担疫情防治任务的医院，无偿捐赠用于应对新型冠状病毒感染的肺炎疫情的，免征增值税、消费税、城市维护建设税、教育费附加、地方教育附加。

四、国家机关、公益性社会组织和承担疫情防治任务的医院接受的捐赠，应专项用于应对新型冠状病毒感染的肺炎疫情工作，不得挪作他用。

五、本公告自 2020 年 1 月 1 日起施行，截止日期视疫情情况另行公告。

财政部　税务总局
2020 年 2 月 6 日

56. 财政部　税务总局关于支持新型冠状病毒感染的肺炎疫情防控有关个人所得税政策的公告

财政部　税务总局公告 2020 年第 10 号

为支持新型冠状病毒感染的肺炎疫情防控工作，现就有关个人所得税政策公告如下：

一、对参加疫情防治工作的医务人员和防疫工作者按照政府规定标准取得的临时性工作补助和奖金，免征个人所得税。政府规定标准包括各级政府规定的补助和奖金标准。

对省级及省级以上人民政府规定的对参与疫情防控人员的临时性工作补助和奖金，比照执行。

二、单位发给个人用于预防新型冠状病毒感染的肺炎的药品、医疗用品和防护用品等实物（不包括现金），不计入工资、薪金收入，免征个人所得税。

三、本公告自 2020 年 1 月 1 日起施行，截止日期视疫情情况另行公告。

财政部　税务总局
2020 年 2 月 6 日

57. 财政部　税务总局民政部关于公益性捐赠税前扣除有关事项的公告

财政部公告 2020 年第 27 号

为贯彻落实《中华人民共和国企业所得税法》及其实施条例、《中华人民共和国个人所

得税法》及其实施条例,现就公益性捐赠税前扣除有关事项公告如下:

一、企业或个人通过公益性社会组织、县级以上人民政府及其部门等国家机关,用于符合法律规定的公益慈善事业捐赠支出,准予按税法规定在计算应纳税所得额时扣除。

二、本公告第一条所称公益慈善事业,应当符合《中华人民共和国公益事业捐赠法》第三条对公益事业范围的规定或者《中华人民共和国慈善法》第三条对慈善活动范围的规定。

三、本公告第一条所称公益性社会组织,包括依法设立或登记并按规定条件和程序取得公益性捐赠税前扣除资格的慈善组织、其他社会组织和群众团体。公益性群众团体的公益性捐赠税前扣除资格确认及管理按照现行规定执行。依法登记的慈善组织和其他社会组织的公益性捐赠税前扣除资格确认及管理按本公告执行。

四、在民政部门依法登记的慈善组织和其他社会组织(以下统称社会组织),取得公益性捐赠税前扣除资格应当同时符合以下规定:

(一)符合企业所得税法实施条例第五十二条第一项到第八项规定的条件。

(二)每年应当在3月31日前按要求向登记管理机关报送经审计的上年度专项信息报告。报告应当包括财务收支和资产负债总体情况、开展募捐和接受捐赠情况、公益慈善事业支出及管理费用情况(包括本条第三项、第四项规定的比例情况)等内容。

首次确认公益性捐赠税前扣除资格的,应当报送经审计的前两个年度的专项信息报告。

(三)具有公开募捐资格的社会组织,前两年度每年用于公益慈善事业的支出占上年总收入的比例均不得低于70%。计算该支出比例时,可以用前三年收入平均数代替上年总收入。

不具有公开募捐资格的社会组织,前两年度每年用于公益慈善事业的支出占上年末净资产的比例均不得低于8%。计算该比例时,可以用前三年年末净资产平均数代替上年末净资产。

(四)具有公开募捐资格的社会组织,前两年度每年支出的管理费用占当年总支出的比例均不得高于10%。

不具有公开募捐资格的社会组织,前两年每年支出的管理费用占当年总支出的比例均不得高于12%。

(五)具有非营利组织免税资格,且免税资格在有效期内。

(六)前两年度未受到登记管理机关行政处罚(警告除外)。

(七)前两年度未被登记管理机关列入严重违法失信名单。

(八)社会组织评估等级为3A以上(含3A)且该评估结果在确认公益性捐赠税前扣除资格时仍在有效期内。

公益慈善事业支出、管理费用和总收入的标准和范围,按照《民政部 财政部 国家税务总局关于印发〈关于慈善组织开展慈善活动年度支出和管理费用的规定〉的通知》(民发〔2016〕189号)关于慈善活动支出、管理费用和上年总收入的有关规定执行。

按照《中华人民共和国慈善法》新设立或新认定的慈善组织,在其取得非营利组织免税资格的当年,只需要符合本条第一项、第六项、第七项条件即可。

五、公益性捐赠税前扣除资格的确认按以下规定执行:

(一)在民政部登记注册的社会组织,由民政部结合社会组织公益活动情况和日常监督管理、评估等情况,对社会组织的公益性捐赠税前扣除资格进行核实,提出初步意见。根据民政部初步意见,财政部、税务总局和民政部对照本公告相关规定,联合确定具有公益性捐赠税前扣除资格的社会组织名单,并发布公告。

(二)在省级和省级以下民政部门登记注册的社会组织,由省、自治区、直辖市和计划单列市财政、税务、民政部门参照本条第一项规定执行。

（三）公益性捐赠税前扣除资格的确认对象包括：

1.公益性捐赠税前扣除资格将于当年末到期的公益性社会组织；

2.已被取消公益性捐赠税前扣除资格但又重新符合条件的社会组织；

3.登记设立后尚未取得公益性捐赠税前扣除资格的社会组织。

（四）每年年底前，省级以上财政、税务、民政部门按权限完成公益性捐赠税前扣除资格的确认和名单发布工作，并按本条第三项规定的不同审核对象，分别列示名单及其公益性捐赠税前扣除资格起始时间。

六、公益性捐赠税前扣除资格在全国范围内有效，有效期为三年。

本公告第五条第三项规定的第一种情形，其公益性捐赠税前扣除资格自发布名单公告的次年1月1日起算。本公告第五条第三项规定的第二种和第三种情形，其公益性捐赠税前扣除资格自发布公告的当年1月1日起算。

七、公益性社会组织存在以下情形之一的，应当取消其公益性捐赠税前扣除资格：

（一）未按本公告规定时间和要求向登记管理机关报送专项信息报告的；

（二）最近一个年度用于公益慈善事业的支出不符合本公告第四条第三项规定的；

（三）最近一个年度支出的管理费用不符合本公告第四条第四项规定的；

（四）非营利组织免税资格到期后超过六个月未重新获取免税资格的；

（五）受到登记管理机关行政处罚（警告除外）的；

（六）被登记管理机关列入严重违法失信名单的；

（七）社会组织评估等级低于3A或者无评估等级的。

八、公益性社会组织存在以下情形之一的，应当取消其公益性捐赠税前扣除资格，且取消资格的当年及之后三个年度内不得重新确认资格：

（一）违反规定接受捐赠的，包括附加对捐赠人构成利益回报的条件、以捐赠为名从事营利性活动、利用慈善捐赠宣传烟草制品或法律禁止宣传的产品和事项、接受不符合公益目的或违背社会公德的捐赠等情形；

（二）开展违反组织章程的活动，或者接受的捐赠款项用于组织章程规定用途之外的；

（三）在确定捐赠财产的用途和受益人时，指定特定受益人，且该受益人与捐赠人或公益性社会组织管理人员存在明显利益关系的。

九、公益性社会组织存在以下情形之一的，应当取消其公益性捐赠税前扣除资格且不得重新确认资格：

（一）从事非法政治活动的；

（二）从事、资助危害国家安全或者社会公共利益活动的。

十、对应当取消公益性捐赠税前扣除资格的公益性社会组织，由省级以上财政、税务、民政部门核实相关信息后，按权限及时向社会发布取消资格名单公告。自发布公告的次月起，相关公益性社会组织不再具有公益性捐赠税前扣除资格。

十一、公益性社会组织、县级以上人民政府及其部门等国家机关在接受捐赠时，应当按照行政管理级次分别使用由财政部或省、自治区、直辖市财政部门监（印）制的公益事业捐赠票据，并加盖本单位的印章。

企业或个人将符合条件的公益性捐赠支出进行税前扣除，应当留存相关票据备查。

十二、公益性社会组织登记成立时的注册资金捐赠人，在该公益性社会组织首次取得公益性捐赠税前扣除资格的当年进行所得税汇算清缴时，可按规定对其注册资金捐赠额进行税前扣除。

十三、除另有规定外，公益性社会组织、县级以上人民政府及其部门等国家机关在接受企业或个人捐赠时，按以下原则确认捐赠额：

（一）接受的货币性资产捐赠，以实际收到的金额确认捐赠额。

（二）接受的非货币性资产捐赠，以其公允价值确认捐赠额。捐赠方在向公益性社会组织、县级以上人民政府及其部门等国家机关捐赠时，应当提供注明捐赠非货币性资产公允价值的证明；不能提供证明的，接受捐赠方不得向其开具捐赠票据。

十四、为方便纳税主体查询，省级以上财政、税务、民政部门应当及时在官方网站上发布具备公益性捐赠税前扣除资格的公益性社会组织名单公告。

企业或个人可通过上述渠道查询社会组织公益性捐赠税前扣除资格及有效期。

十五、本公告自2020年1月1日起执行。《财政部 国家税务总局 民政部关于公益性捐赠税前扣除有关问题的通知》（财税〔2008〕160号）、《财政部 国家税务总局 民政部关于公益性捐赠税前扣除有关问题的补充通知》（财税〔2010〕45号）、《财政部 国家税务总局 民政部关于公益性捐赠税前扣除资格确认审批有关调整事项的通知》（财税〔2015〕141号）同时废止。

尚未完成2019年度及以前年度社会组织公益性捐赠税前扣除资格确认工作的，各级财政、税务、民政部门按照原政策规定执行。2020年度及以后年度的公益性捐赠税前扣除资格的确认及管理按本公告规定执行。

特此公告。

财政部 税务总局 民政部
2020年5月13日

58. 财政部　税务总局关于支持疫情防控保供等税费政策实施期限的公告

财政部　税务总局公告2020年第28号

为支持疫情防控、企业纾困和复工复产，现将有关税费政策实施期限公告如下：

《财政部　税务总局关于支持新型冠状病毒感染的肺炎疫情防控有关税收政策的公告》（财政部　税务总局公告2020年第8号）、《财政部　税务总局关于支持新型冠状病毒感染的肺炎疫情防控有关捐赠税收政策的公告》（财政部　税务总局公告2020年第9号）、《财政部　税务总局关于支持新型冠状病毒感染的肺炎疫情防控有关个人所得税政策的公告》（财政部　税务总局公告2020年第10号）、《财政部　国家发展改革委关于新型冠状病毒感染的肺炎疫情防控期间免征部分行政事业性收费和政府性基金的公告》（财政部　国家发展改革委公告2020年第11号）规定的税费优惠政策，执行至2020年12月31日。

特此公告。

财政部　税务总局
2020年5月15日

59. 财政部 税务总局关于海南自由贸易港高端紧缺人才个人所得税政策的通知

财税〔2020〕32号

海南省财政厅，国家税务总局海南省税务局：

为支持海南自由贸易港建设，现就有关个人所得税优惠政策通知如下：

一、对在海南自由贸易港工作的高端人才和紧缺人才，其个人所得税实际税负超过15%的部分，予以免征。

二、享受上述优惠政策的所得包括来源于海南自由贸易港的综合所得（包括工资薪金、劳务报酬、稿酬、特许权使用费四项所得）、经营所得以及经海南省认定的人才补贴性所得。

三、纳税人在海南省办理个人所得税年度汇算清缴时享受上述优惠政策。

四、对享受上述优惠政策的高端人才和紧缺人才实行清单管理，由海南省商财政部、税务总局制定具体管理办法。

五、本通知自2020年1月1日起执行至2024年12月31日。

财政部 税务总局
2020年6月23日

60. 国家税务总局关于完善调整部分纳税人个人所得税预扣预缴方法的公告

国家税务总局公告2020年第13号

为进一步支持稳就业、保就业，减轻当年新入职人员个人所得税预扣预缴阶段的税收负担，现就完善调整年度中间首次取得工资、薪金所得等人员有关个人所得税预扣预缴方法事项公告如下：

一、对一个纳税年度内首次取得工资、薪金所得的居民个人，扣缴义务人在预扣预缴个人所得税时，可按照5000元/月乘以纳税人当年截至本月月份数计算累计减除费用。

二、正在接受全日制学历教育的学生因实习取得劳务报酬所得的，扣缴义务人预扣预缴个人所得税时，可按照《国家税务总局关于发布〈个人所得税扣缴申报管理办法（试行）〉的公告》（2018年第61号）规定的累计预扣法计算并预扣预缴税款。

三、符合本公告规定并可按上述条款预扣预缴个人所得税的纳税人，应当及时向扣缴义务人申明并如实提供相关佐证资料或承诺书，并对相关资料及承诺书的真实性、准确性、完整性负责。相关资料或承诺书，纳税人及扣缴义务人需留存备查。

四、本公告所称首次取得工资、薪金所得的居民个人，是指自纳税年度首月起至新入职时，未取得工资、薪金所得或者未按照累计预扣法预扣预缴过连续性劳务报酬所得个人所得税的居民个人。

本公告自2020年7月1日起施行。

特此公告。

国家税务总局
2020年7月28日

61. 关于《国家税务总局关于完善调整部分纳税人个人所得税预扣预缴方法的公告》的解读

为更好地贯彻落实党中央、国务院"六保""六稳"精神和要求，进一步减轻毕业学生等年度中间首次入职人员以及实习学生预扣预缴阶段的税收负担，国家税务总局制发了《关于完善调整部分纳税人个人所得税预扣预缴方法的公告》（以下简称《公告》）。

一、当年首次入职居民个人取得的工资、薪金所得，预扣预缴方法进行了什么完善调整？

对一个纳税年度内首次取得工资、薪金所得的居民个人，扣缴义务人在预扣预缴工资、薪金所得个人所得税时，可扣除从年初开始计算的累计减除费用（5 000元/月）。如，大学生小李2020年7月毕业后进入某公司工作，公司发放7月份工资、计算当期应预扣预缴的个人所得税时，可减除费用35 000元（7个月×5 000元/月）。

二、哪些人属于本公告所称首次取得工资、薪金所得的居民个人？

《公告》所称首次取得工资、薪金所得的居民个人，是指自纳税年度首月起至新入职时，没有取得过工资、薪金所得或者连续性劳务报酬所得的居民个人。在入职新单位前取得过工资、薪金所得或者按照累计预扣法预扣预缴过连续性劳务报酬所得个人所得税的纳税人不包括在内。如果纳税人仅是在新入职前偶然取得过劳务报酬、稿酬、特许权使用费所得的，则不受影响，仍然可适用该公告规定。如，纳税人小赵2020年1月到8月份一直未找到工作，没有取得过工资、薪金所得，仅有过一笔8 000元的劳务报酬且按照单次收入适用20%的预扣率预扣预缴了税款，9月初找到新工作并开始领薪，那么新入职单位在为小赵计算并预扣9月份工资、薪金所得个人所得税时，可以扣除自年初开始计算的累计减除费用45 000元（9个月×5 000元/月）。

三、学生实习取得劳务报酬所得的，预扣预缴方法进行了什么完善调整？

正在接受全日制学历教育的学生因实习取得劳务报酬所得的，扣缴义务人预扣预缴个人所得税时，可按照《国家税务总局关于发布〈个人所得税扣缴申报管理办法（试行）〉的公告》（2018年第61号）规定的累计预扣法计算并预扣预缴税款。根据个人所得税法及其实施条例有关规定，累计预扣法预扣预缴个人所得税的具体计算公式为：

本期应预扣预缴税额=（累计收入额−累计减除费用）×预扣率−速算扣除数−累计减免税额−累计已预扣预缴税额

其中，累计减除费用按照5 000元/月乘以纳税人在本单位开始实习月份起至本月的实习月份数计算。

上述公式中的预扣率、速算扣除数，按照2018年第61号公告所附的《个人所得税预扣率表一》执行。

如，学生小张7月份在某公司实习取得劳务报酬3 000元。扣缴单位在为其预扣预缴劳务报酬所得个人所得税时，可采取累计预扣法预扣预缴税款。如采用该方法，那么小张7月份劳务报酬扣除5 000元减除费用后则无需预缴税款，比预扣预缴方法完善调整前少预缴 440 元。如小张年内再无其他综合所得，也就无需办理年度汇算退税。

四、纳税人如何适用上述完善调整后的预扣预缴个人所得税方法？

纳税人可根据自身情况判断是否符合本公告规定的条件。符合条件并按照本公告规定的方法预扣预缴税款的，应及时向扣缴义务人申明并如实提供相关佐证资料或者承诺书。如新入职的毕业大学生，可以向单位出示毕业证或者派遣证等佐证资料；实习生取得实习单位支付的劳务报酬所得，如采取累计预扣法预扣税款的，可以向单位出示学生证等佐证资料；其他年中首次取得工资、薪金所得的纳税人，如确实没有其他佐证资料的，可以提供承诺书。

扣缴义务人收到相关佐证资料或承诺书后，即可按照完善调整后的预扣预缴方法为纳税人预扣预缴个人所得税。

同时，纳税人需就向扣缴义务人提供的佐证资料及承诺书的真实性、准确性、完整性负责。相关佐证资料及承诺书的原件或复印件，纳税人及扣缴义务人需留存备查。

五、公告实施时间是什么？

《公告》自 2020 年 7 月 1 日起施行。2020 年 7 月 1 日之前就业或者实习的纳税人，如存在多预缴个人所得税的，仍可在次年办理综合所得汇算清缴时申请退税。

62. 国家税务总局关于进一步简便优化部分纳税人个人所得税预扣预缴方法的公告

国家税务总局公告 2020 年第 19 号

为进一步支持稳就业、保就业、促消费，助力构建新发展格局，按照《中华人民共和国个人所得税法》及其实施条例有关规定，现就进一步简便优化部分纳税人个人所得税预扣预缴方法有关事项公告如下：

一、对上一完整纳税年度内每月均在同一单位预扣预缴工资、薪金所得个人所得税且全年工资、薪金收入不超过 6 万元的居民个人，扣缴义务人在预扣预缴本年度工资、薪金所得个人所得税时，累计减除费用自 1 月份起直接按照全年 6 万元计算扣除。即，在纳税人累计收入不超过 6 万元的月份，暂不预扣预缴个人所得税；在其累计收入超过 6 万元的当月及年内后续月份，再预扣预缴个人所得税。

扣缴义务人应当按规定办理全员全额扣缴申报，并在《个人所得税扣缴申报表》相应纳税人的备注栏注明"上年各月均有申报且全年收入不超过 6 万元"字样。

二、对按照累计预扣法预扣预缴劳务报酬所得个人所得税的居民个人，扣缴义务人比照上述规定执行。

本公告自 2021 年 1 月 1 日起施行。

特此公告。

国家税务总局
2020 年 12 月 4 日

63. 关于《国家税务总局关于进一步简便优化部分纳税人个人所得税预扣预缴方法的公告》的解读

近期，国家税务总局制发了《关于进一步简便优化部分纳税人个人所得税预扣预缴方法的公告》（以下简称《公告》），现解读如下：

一、为什么要出台《公告》？

个人所得税制改革后，为尽可能使大多数纳税人在预扣预缴环节就精准预缴税款、提前享受改革红利，参考国际通行做法，对居民个人工资薪金所得采取累计预扣法来预扣预缴个人所得税。这样大部分仅有一处工资薪金所得的纳税人预缴税款与全年应纳税款一致，次年就不用再进行汇算清缴，办税负担得以有效减轻。从新税制实施首年情况看，这一预扣预缴制度安排发挥了积极有效作用，相当部分纳税人预缴阶段即充分享受改革红利并且不用办理汇算清缴。但也发现，有部分固定从一处取薪且年收入低于6万元的纳税人，虽然全年算账不用缴税，但因其各月间收入波动较大或者前高后低等原因，年中无法判断全年所得情况而某一个或几个月份被预扣预缴了税款，年度终了后仍需申请退税。

对此，考虑到新税制实施已有一个完整的纳税周期，纳税人也有了执行新税制后的全年收入纳税数据，对该部分工作稳定且年收入低于6万元的群体，在享受原税改红利基础上，可对其税款预扣预缴方法进行优化，进一步减轻其办税负担。根据《中华人民共和国个人所得税法》及其实施条例有关规定，统筹考虑纳税人预扣预缴阶段税收负担和财政收入稳定性，出台了《公告》，这也有助于更好地支持稳就业、保就业、促消费，助力构建新发展格局。

二、《公告》优化了哪些纳税人的预扣预缴方法？

《公告》主要优化了两类纳税人的预扣预缴方法：

一是上一完整纳税年度各月均在同一单位扣缴申报了工资薪金所得个人所得税且全年工资薪金收入不超过6万元的居民个人。具体来说需同时满足三个条件：（1）上一纳税年度1~12月均在同一单位任职且预扣预缴申报了工资薪金所得个人所得税；（2）上一纳税年度1~12月的累计工资薪金收入（包括全年一次性奖金等各类工资薪金所得，且不扣减任何费用及免税收入）不超过6万元；（3）本纳税年度自1月起，仍在该单位任职受雇并取得工资薪金所得。

二是按照累计预扣法预扣预缴劳务报酬所得个人所得税的居民个人，如保险营销员和证券经纪人。同样需同时满足以下三个条件：（1）上一纳税年度1~12月均在同一单位取酬且按照累计预扣法预扣预缴申报了劳务报酬所得个人所得税；（2）上一纳税年度1~12月的累计劳务报酬（不扣减任何费用及免税收入）不超过6万元；（3）本纳税年度自1月起，仍在该单位取得按照累计预扣法预扣预缴税款的劳务报酬所得。

【例】小李2020年至2021年都是A单位员工。A单位2020年1~12月每月均为小李办理了全员全额扣缴明细申报，假设小李2020年工薪收入合计54 000元，则小李2021年可适用本公告。

【例】小赵2020年3~12月在B单位工作且全年工薪收入54 000元。假设小赵2021年还在B单位工作，但因其上年并非都在B单位，则不适用本公告。

三、优化后的预扣预缴方法是什么？

对符合《公告》规定的纳税人，扣缴义务人在预扣预缴本纳税年度个人所得税时，累计减除费用自1月份起直接按照全年6万元计算扣除。即，在纳税人累计收入不超过6万元的月份，不用预扣预缴个人所得税；在其累计收入超过6万元的当月及年内后续月份，再预扣预缴个人所得税。同时，依据税法规定，扣缴义务人仍应按税法规定办理全员全额扣缴申报。

【例】小张为A单位员工，2020年1~12月在A单位取得工资薪金50 000元，单位为其办理了2020年1~12月的工资薪金所得个人所得税全员全额明细申报。2021年，A单位1月给其发放10 000元工资，2~12月每月发放4 000元工资。在不考虑"三险一金"等各项扣除情况下，按照原预扣预缴方法，小张1月需预缴个税（10 000-5 000）×3%=150元，其他月份无需预缴个税；全年算账，因其年收入不足6万元，故通过汇算清缴可退税150元。采用本公告规定的新预扣预缴方法后，小张自1月份起即可直接扣除全年累计减除费用6万元而无需预缴税款，年度终了也就不用办理汇算清缴。

【例】小周为A单位员工，2020年1~12月在A单位取得工资薪金50 000元，单位为其办理了2020年1~12月的工资薪金所得个人所得税全员全额明细申报。2021年，A单位每月给其发放工资8 000元、个人按国家标准缴付"三险一金"2 000元。在不考虑其他扣除情况下，按照原预扣预缴方法，小周每月需预缴个税30元。采用本公告规定的新预扣预缴方法后，1~7月份，小周因其累计收入（8 000×7个月=56 000元）不足6万元而无需缴税；从8月份起，小周累计收入超过6万元，每月需要预扣预缴的税款计算如下：

8月预扣预缴税款=（8 000×8-2 000×8-60 000）×3%-0=0元
9月预扣预缴税款=（8 000×9-2 000×9-60 000）×3%-0=0元
10月预扣预缴税款=（8 000×10-2 000×10-60 000）×3%-0=0元
11月预扣预缴税款=（8 000×11-2 000×11-60 000）×3%-0=180元
12月预扣预缴税款=（8 000×12-2 000×12-60 000）×3%-180=180元

需要说明的是，对符合本《公告》条件的纳税人，如扣缴义务人预计本年度发放给其的收入将超过6万元，纳税人需纳税记录或者本人有多处所得合并后全年收入预计超过6万元等原因，扣缴义务人与纳税人可在当年1月份税款扣缴申报前经双方确认后，按照原预扣预缴方法计算并预缴个人所得税。

【例】上例中，假设A单位预计2021年为小周全年发放工资96 000元，可在2021年1月工资发放前和小周确认后，按照原预扣预缴方法每月扣缴申报30元税款。

四、《公告》出台后，扣缴义务人该如何操作？

采用自然人电子税务局扣缴客户端和自然人电子税务局WEB端扣缴功能申报的，扣缴义务人在计算并预扣本年度1月份个人所得税时，系统会根据上一年度扣缴申报情况，自动汇总并提示可能符合条件的员工名单，扣缴义务人根据实际情况核对、确认后，即可按本《公告》规定的方法预扣预缴个人所得税。采用纸质申报的，扣缴义务人则需根据上一年度扣缴申报情况，判断符合《公告》规定的纳税人，再按本公告执行，并需从当年1月份税款扣缴申报起，在《个人所得税扣缴申报表》相应纳税人的备注栏填写"上年各月均有申报且全年收入不超过6万元"。

五、《公告》实施时间是什么？

《公告》自2021年1月1日起施行。

64. 财政部 税务总局 民政部关于公益性捐赠税前扣除资格确认有关衔接事项的公告

财政部 税务总局 民政部公告 2021 年第 3 号

为鼓励社会公益性捐赠，做好《财政部 税务总局 民政部关于公益性捐赠税前扣除有关事项的公告》（财政部 税务总局 民政部公告 2020 年第 27 号）与相关文件的衔接工作，并考虑新冠肺炎疫情影响，现就有关事项公告如下：

一、确认 2020—2022 年度公益性捐赠税前扣除资格时，部分条件可按照以下规定执行：

（一）在民政部门依法登记的慈善组织和其他社会组织（以下统称社会组织）2018 年和 2019 年的公益慈善事业支出和管理费用比例，可按照《民政部 财政部 国家税务总局关于印发〈关于慈善组织开展慈善活动年度支出和管理费用的规定〉的通知》（民发〔2016〕189 号）有关规定执行。

（二）社会组织 2018 年至本公告发布之日最近一期的评估等级达到 3A 以上（含 3A）。对于 2019 年成立的社会组织，以及 2019 年至本公告发布之日已接受评估但尚未出具结论的社会组织，确认资格时可暂不考虑其评估等级。

（三）确认公益性捐赠税前扣除资格时，可暂不考虑社会组织的非营利组织免税资格。

（四）按照本条取得公益性捐赠税前扣除资格的，在资格有效期内，应取得 3A 以上（含 3A）评估等级，且取得非营利组织免税资格。

二、确认 2021—2023 年度公益性捐赠税前扣除资格时，社会组织 2019 年和 2020 年的公益慈善事业支出和管理费用比例，可按照《民政部 财政部 国家税务总局关于印发〈关于慈善组织开展慈善活动年度支出和管理费用的规定〉的通知》（民发〔2016〕189 号）有关规定执行。

三、本公告自 2020 年 1 月 1 日起执行。

特此公告。

财政部 税务总局 民政部
2021 年 2 月 4 日

65. 财政部 税务总局关于通过公益性群众团体的公益性捐赠税前扣除有关事项的公告

财政部 税务总局公告 2021 年第 20 号

为贯彻落实《中华人民共和国企业所得税法》及其实施条例、《中华人民共和国个人所得税法》及其实施条例，现就通过公益性群众团体的公益性捐赠税前扣除有关事项公告如下：

一、企业或个人通过公益性群众团体用于符合法律规定的公益慈善事业捐赠支出，准予按税法规定在计算应纳税所得额时扣除。

二、本公告第一条所称公益慈善事业，应当符合《中华人民共和国公益事业捐赠法》第三条对公益事业范围的规定或者《中华人民共和国慈善法》第三条对慈善活动范围的规定。

三、本公告第一条所称公益性群众团体，包括依照《社会团体登记管理条例》规定不需进行社团登记的人民团体以及经国务院批准免予登记的社会团体（以下统称群众团体），且按规定条件和程序已经取得公益性捐赠税前扣除资格。

四、群众团体取得公益性捐赠税前扣除资格应当同时符合以下条件：

（一）符合企业所得税法实施条例第五十二条第一项至第八项规定的条件；

（二）县级以上各级机构编制部门直接管理其机构编制；

（三）对接受捐赠的收入以及用捐赠收入进行的支出单独进行核算，且申报前连续3年接受捐赠的总收入中用于公益慈善事业的支出比例不低于70%。

五、公益性捐赠税前扣除资格的确认按以下规定执行：

（一）由中央机构编制部门直接管理其机构编制的群众团体，向财政部、税务总局报送材料；

（二）由县级以上地方各级机构编制部门直接管理其机构编制的群众团体，向省、自治区、直辖市和计划单列市财政、税务部门报送材料；

（三）对符合条件的公益性群众团体，按照上述管理权限，由财政部、税务总局和省、自治区、直辖市、计划单列市财政、税务部门分别联合公布名单。企业和个人在名单所属年度内向名单内的群众团体进行的公益性捐赠支出，可以按规定进行税前扣除；

（四）公益性捐赠税前扣除资格的确认对象包括：

1. 公益性捐赠税前扣除资格将于当年末到期的公益性群众团体；

2. 已被取消公益性捐赠税前扣除资格但又重新符合条件的群众团体；

3. 尚未取得或资格终止后未取得公益性捐赠税前扣除资格的群众团体。

（五）每年年底前，省级以上财政、税务部门按权限完成公益性捐赠税前扣除资格的确认和名单发布工作，并按本条第（四）项规定的不同审核对象，分别列示名单及其公益性捐赠税前扣除资格起始时间。

六、本公告第五条规定需报送的材料，应在申报年度6月30日前报送，包括：

（一）申报报告；

（二）县级以上各级党委、政府或机构编制部门印发的"三定"规定；

（三）组织章程；

（四）申报前3个年度的受赠资金来源、使用情况，财务报告，公益活动的明细，注册会计师的审计报告或注册会计师、（注册）税务师、律师的纳税审核报告（或鉴证报告）。

七、公益性捐赠税前扣除资格在全国范围内有效，有效期为三年。

本公告第五条第（四）项规定的第一种情形，其公益性捐赠税前扣除资格自发布名单公告的次年1月1日起算。本公告第五条第（四）项规定的第二种和第三种情形，其公益性捐赠税前扣除资格自发公告的当年1月1日起算。

八、公益性群众团体前3年接受捐赠的总收入中用于公益慈善事业的支出比例低于70%的，应当取消其公益性捐赠税前扣除资格。

九、公益性群众团体存在以下情形之一的，应当取消其公益性捐赠税前扣除资格，且被取消资格的当年及之后三个年度内不得重新确认资格：

（一）违反规定接受捐赠的，包括附加对捐赠人构成利益回报的条件、以捐赠为名从事营利性活动、利用慈善捐赠宣传烟草制品或法律禁止宣传的产品和事项、接受不符合公益目的或违背社会公德的捐赠等情形；

（二）开展违反组织章程的活动，或者接受的捐赠款项用于组织章程规定用途之外的；

（三）在确定捐赠财产的用途和受益人时，指定特定受益人，且该受益人与捐赠人或公益性群众团体管理人员存在明显利益关系的；

（四）受到行政处罚（警告或单次1万元以下罚款除外）的。

对存在本条第（一）（二）（三）项情形的公益性群众团体，应对其接受捐赠收入和其他各项收入依法补征企业所得税。

十、公益性群众团体存在以下情形之一的，应当取消其公益性捐赠税前扣除资格且不得重新确认资格：

（一）从事非法政治活动的；

（二）从事、资助危害国家安全或者社会公共利益活动的。

十一、获得公益性捐赠税前扣除资格的公益性群众团体，应自不符合本通知第四条规定条件之一或存在本通知第八、九、十条规定情形之一之日起15日内向主管税务机关报告。对应当取消公益性捐赠税前扣除资格的公益性群众团体，由省级以上财政、税务部门核实相关信息后，按权限及时向社会发布取消资格名单公告。自发布公告的次月起，相关公益性群众团体不再具有公益性捐赠税前扣除资格。

十二、公益性群众团体在接受捐赠时，应按照行政管理级次分别使用由财政部或省、自治区、直辖市财政部门监（印）制的公益事业捐赠票据，并加盖本单位的印章；对个人索取捐赠票据的，应予以开具。

企业或个人将符合条件的公益性捐赠支出进行税前扣除，应当留存相关票据备查。

十三、除另有规定外，公益性群众团体在接受企业或个人捐赠时，按以下原则确认捐赠额：

（一）接受的货币性资产捐赠，以实际收到的金额确认捐赠额；

（二）接受的非货币性资产捐赠，以其公允价值确认捐赠额。捐赠方在向公益性群众团体捐赠时，应当提供注明捐赠非货币性资产公允价值的证明；不能提供证明的，接受捐赠方不得向其开具捐赠票据。

十四、为方便纳税主体查询，省级以上财政、税务部门应当及时在官方网站上发布具备公益性捐赠税前扣除资格的公益性群众团体名单公告。

企业或个人可通过上述渠道查询群众团体公益性捐赠税前扣除资格及有效期。

十五、本公告自2021年1月1日起执行。《财政部 国家税务总局关于通过公益性群众团体的公益性捐赠税前扣除有关问题的通知》（财税〔2009〕124号）同时废止。

为做好政策衔接工作，尚未完成2020年度及以前年度群众团体的公益性捐赠税前扣除资格确认工作的，各级财政、税务部门按原政策规定执行；群众团体公益性捐赠税前扣除资格2020年末到期的，其2021—2023年度公益性捐赠税前扣除资格自2021年1月1日起算。

特此公告。

财政部 税务总局
2021年6月2日

66. 财政部 税务总局关于北京证券交易所税收政策适用问题的公告

财政部 税务总局公告 2021 年第 33 号

为支持进一步深化全国中小企业股份转让系统（以下称新三板）改革，将精选层变更设立为北京证券交易所（以下称北交所），按照平稳转换、有效衔接的原则，现将北交所税收政策适用问题明确如下：

新三板精选层公司转为北交所上市公司，以及创新层挂牌公司通过公开发行股票进入北交所上市后，投资北交所上市公司涉及的个人所得税、印花税相关政策，暂按照现行新三板适用的税收规定执行。涉及企业所得税、增值税相关政策，按企业所得税法及其实施条例、《财政部 国家税务总局关于全面推开营业税改征增值税试点的通知》（财税〔2016〕36号）及有关规定执行。

特此公告。

财政部 税务总局
2021 年 11 月 14 日

67. 财政部 税务总局关于权益性投资经营所得个人所得税征收管理的公告

财政部 税务总局公告 2021 年第 41 号

为贯彻落实中央办公厅、国务院办公厅《关于进一步深化税收征管改革的意见》有关要求，深化"放管服"改革，现就权益性投资经营所得个人所得税征收管理有关问题公告如下：

一、持有股权、股票、合伙企业财产份额等权益性投资的个人独资企业、合伙企业（以下简称独资合伙企业），一律适用查账征收方式计征个人所得税。

二、独资合伙企业应自持有上述权益性投资之日起30日内，主动向税务机关报送持有权益性投资的情况；公告实施前独资合伙企业已持有权益性投资的，应当在2022年1月30日前向税务机关报送持有权益性投资的情况。税务机关接到核定征收独资合伙企业报送持有权益性投资情况的，调整其征收方式为查账征收。

三、各级财政、税务部门应做好服务辅导工作，积极引导独资合伙企业建立健全账簿、完善会计核算和财务管理制度、如实申报纳税。独资合伙企业未如实报送持有权益性投资情况的，依据税收征收管理法相关规定处理。

四、本公告自2022年1月1日起施行。

特此公告。

财政部 税务总局
2021 年 12 月 30 日

68. 财政部　税务总局关于延续实施全年一次性奖金等个人所得税优惠政策的公告

财政部　税务总局公告 2021 年第 42 号

为扎实做好"六保"工作，进一步减轻纳税人负担，现将延续实施有关个人所得税优惠政策公告如下：

一、《财政部　税务总局关于个人所得税法修改后有关优惠政策衔接问题的通知》（财税〔2018〕164 号）规定的全年一次性奖金单独计税优惠政策，执行期限延长至 2023 年 12 月 31 日；上市公司股权激励单独计税优惠政策，执行期限延长至 2022 年 12 月 31 日。

二、《财政部　税务总局关于个人所得税综合所得汇算清缴涉及有关政策问题的公告》（财政部　税务总局公告 2019 年第 94 号）规定的免于办理个人所得税综合所得汇算清缴优惠政策，执行期限延长至 2023 年 12 月 31 日。

特此公告。

财政部　税务总局
2021 年 12 月 31 日

69. 财政部　税务总局关于延续实施外籍个人津补贴等有关个人所得税优惠政策的公告

财政部　税务总局公告 2021 年第 43 号

为进一步减轻纳税人负担，现将延续实施有关个人所得税优惠政策公告如下：

《财政部　税务总局关于个人所得税法修改后有关优惠政策衔接问题的通知》（财税〔2018〕164 号）规定的外籍个人有关津补贴优惠政策、中央企业负责人任期激励单独计税优惠政策，执行期限延长至 2023 年 12 月 31 日。

特此公告。

财政部　税务总局
2021 年 12 月 31 日

70. 国家税务总局关于办理 2021 年度个人所得税综合所得汇算清缴事项的公告

国家税务总局公告 2022 年第 1 号

为贯彻落实中办、国办印发的《关于进一步深化税收征管改革的意见》要求，切实维护纳税人合法权益，合理有序建立健全个人所得税综合所得汇算清缴制度，根据个人所得税法及其实施条例、税收征收管理法及其实施细则等有关规定，现就办理 2021 年度个人所得税综合所得汇算清缴（以下简称年度汇算）有关事项公告如下：

一、年度汇算的内容

2021 年度终了后，居民个人（以下称纳税人）需要汇总 2021 年 1 月 1 日至 12 月 31 日（以下称纳税年度）取得的工资薪金、劳务报酬、稿酬、特许权使用费等四项所得（以下称综合所得）的收入额，减除费用 6 万元以及专项扣除、专项附加扣除、依法确定的其他扣除和符合条件的公益慈善事业捐赠后，适用综合所得个人所得税税率并减去速算扣除数（税率表见附件 1），计算年度汇算最终应纳税额，再减去纳税年度已预缴税额，得出应退或应补税额，向税务机关申报并办理退税或补税。具体计算公式如下：

应退或应补税额 =[（综合所得收入额 –60 000 元 –"三险一金"等专项扣除 – 子女教育等专项附加扣除 – 依法确定的其他扣除 – 符合条件的公益慈善事业捐赠）× 适用税率 – 速算扣除数]– 已预缴税额

年度汇算不涉及财产租赁等分类所得，以及纳税人按规定选择不并入综合所得计算纳税的所得。

二、无需办理年度汇算的情形

纳税人在纳税年度内已依法预缴个人所得税且符合下列情形之一的，无需办理年度汇算：

（一）年度汇算需补税但综合所得收入全年不超过 12 万元的；

（二）年度汇算需补税金额不超过 400 元的；

（三）已预缴税额与年度汇算应纳税额一致的；

（四）符合年度汇算退税条件但不申请退税的。

三、需要办理年度汇算的情形

符合下列情形之一的，纳税人需办理年度汇算：

（一）已预缴税额大于年度汇算应纳税额且申请退税的；

（二）纳税年度内取得的综合所得收入超过 12 万元且需要补税金额超过 400 元的。

因适用所得项目错误或者扣缴义务人未依法履行扣缴义务，造成纳税年度内少申报或者未申报综合所得的，纳税人应当依法据实办理年度汇算。

四、可享受的税前扣除

下列在纳税年度内发生的，且未申报扣除或未足额扣除的税前扣除项目，纳税人可在年度汇算期间填报扣除或补充扣除：

（一）纳税人及其配偶、未成年子女符合条件的大病医疗支出；

（二）纳税人符合条件的子女教育、继续教育、住房贷款利息或住房租金、赡养老人专项附加扣除，以及减除费用、专项扣除、依法确定的其他扣除；

（三）纳税人符合条件的公益慈善事业捐赠。

同时取得综合所得和经营所得的纳税人，可在综合所得或经营所得中申报减除费用6万元、专项扣除、专项附加扣除以及依法确定的其他扣除，但不得重复申报减除。

五、办理时间

年度汇算办理时间为2022年3月1日至6月30日。在中国境内无住所的纳税人在3月1日前离境的，可以在离境前办理年度汇算。

六、办理方式

纳税人可自主选择下列办理方式：

（一）自行办理年度汇算。

（二）通过任职受雇单位（含按累计预扣法预扣预缴其劳务报酬所得个人所得税的单位，下同。以下简称单位）代为办理。

纳税人提出代办要求的，单位应当代为办理，或者培训、辅导纳税人通过自然人电子税务局（含手机个人所得税App、网页端，下同）完成年度汇算申报和退（补）税。

由单位代为办理的，纳税人应在2022年4月30日前与单位以书面或者电子等方式进行确认，补充提供其纳税年度内在本单位以外取得的综合所得收入、相关扣除、享受税收优惠等信息资料，并对所提交信息的真实性、准确性、完整性负责。纳税人未与单位确认请其代为办理年度汇算的，单位不得代办。

（三）委托涉税专业服务机构或其他单位及个人（以下称受托人）办理，纳税人与受托人需签订授权书。

单位或受托人为纳税人办理年度汇算后，应当及时将办理情况告知纳税人。纳税人发现年度汇算申报信息存在错误的，可以要求单位或受托人办理更正申报，也可自行办理更正申报。

七、办理渠道

为便利纳税人，税务机关为纳税人提供高效、快捷的网络办税渠道。纳税人可优先通过自然人电子税务局办理年度汇算，税务机关将为纳税人提供申报表项目预填服务；不方便通过上述方式办理的，也可以通过邮寄方式或到办税服务厅办理。

选择邮寄申报的，纳税人需将申报表寄送至按本公告第九条确定的主管税务机关所在省、自治区、直辖市和计划单列市税务局公告的地址。

八、申报信息及资料留存

纳税人办理年度汇算的，适用个人所得税年度自行纳税申报表（附件2、附件3），如需修改本人相关基础信息，新增享受扣除或者税收优惠的，还应按规定一并填报相关信息。纳税人需仔细核对，确保所填信息真实、准确、完整。

纳税人、代办年度汇算的单位，需各自将专项附加扣除、税收优惠材料等年度汇算相关资料，自年度汇算期结束之日起留存5年。

九、受理年度汇算申报的税务机关

按照方便就近原则，纳税人自行办理或受托人为纳税人代为办理年度汇算的，向纳税人任职受雇单位的主管税务机关申报；有两处及以上任职受雇单位的，可自主选择向其中一处申报。

纳税人没有任职受雇单位的，向其户籍所在地、经常居住地或者主要收入来源地的主管税务机关申报。主要收入来源地，是指一个纳税年度内向纳税人累计发放劳务报酬、稿酬及特许权使用费金额最大的扣缴义务人所在地。

单位为纳税人代办年度汇算的，向单位的主管税务机关申报。

为方便纳税服务和征收管理，年度汇算期结束后，税务部门将为尚未办理申报的纳税人确定主管税务机关。

十、年度汇算的退税、补税

（一）办理退税

纳税人申请年度汇算退税，应当提供其在中国境内开设的符合条件的银行账户。税务机关按规定审核后，在按本公告第九条确定的受理年度汇算申报的税务机关所在地（即年度汇算地），按照国库管理有关规定就地办理税款退库。纳税人未提供本人有效银行账户，或者提供的信息资料有误的，税务机关将通知纳税人更正，纳税人按要求更正后依法办理退税。

为方便办理退税，综合所得全年收入额不超过6万元且已预缴个人所得税的纳税人，可选择使用自然人电子税务局提供的简易申报功能，便捷办理年度汇算退税。

申请2021年度汇算退税的纳税人，如存在应当办理2020年及以前年度汇算补税但未办理，或者经税务机关通知2020年及以前年度汇算申报存在疑点但未更正或说明情况的，需在办理2020年及以前年度汇算申报补税、更正申报或者说明有关情况后依法申请退税。

（二）办理补税

纳税人办理年度汇算补税的，可以通过网上银行、办税服务厅POS机刷卡、银行柜台、非银行支付机构等方式缴纳。邮寄申报并补税的，纳税人需通过自然人电子税务局或者主管税务机关办税服务厅及时关注申报进度并缴纳税款。

年度汇算需补税的纳税人，年度汇算期结束后未足额补缴税款的，税务机关将依法加收滞纳金，并在其《个人所得税纳税记录》中予以标注。

纳税人因申报信息填写错误造成年度汇算多退或少缴税款的，纳税人主动或经税务机关提醒后及时改正的，税务机关可以按照"首违不罚"原则免予处罚。

十一、年度汇算服务

税务机关推出系列优化服务措施，加强年度汇算的政策解读和操作辅导力度，分类编制办税指引，通俗解释政策口径、专业术语和操作流程，多渠道、多形式开展提示提醒服务，并通过手机个人所得税App、网页端、12366纳税缴费服务平台等渠道提供涉税咨询，帮助纳税人解决办理年度汇算中的疑难问题，积极回应纳税人诉求。

年度汇算开始前，纳税人可登录手机个人所得税App，查看自己的综合所得和纳税情况，核对银行卡、专项附加扣除涉及人员身份信息等基础资料，为年度汇算做好准备。

为合理有序引导纳税人办理年度汇算，提升纳税人办理体验，主管税务机关将分批分期通知提醒纳税人在确定的时间段内办理。同时，税务部门推出预约办理服务，有年度汇算初期（3月1日至3月15日）办理需求的纳税人，可以根据自身情况，在2月16日后登录手机个人所得税App预约上述时间段中的任意一天办理。3月16日至6月30日，纳税人无需预约，可以随时办理年度汇算。

对于独立完成年度汇算存在困难的年长、行动不便等特殊人群，由纳税人提出申请，税务机关可提供个性化年度汇算服务。

十二、其他事项

《国家税务总局关于个人所得税自行纳税申报有关问题的公告》（2018年第62号）第一条、第四条与本公告不一致的，依照本公告执行。

特此公告。

附件：

1. 个人所得税税率表（综合所得适用）（略）。
2. 个人所得税年度自行纳税申报表（A表、简易版、问答版）（略）。

3.个人所得税年度自行纳税申报表（B表）（略）。

国家税务总局
2022 年 2 月 8 日

71. 国务院关于设立 3 岁以下婴幼儿照护个人所得税专项附加扣除的通知

国发〔2022〕8 号

各省、自治区、直辖市人民政府，国务院各部委、各直属机构：

为贯彻落实《中共中央 国务院关于优化生育政策促进人口长期均衡发展的决定》，依据《中华人民共和国个人所得税法》有关规定，国务院决定，设立 3 岁以下婴幼儿照护个人所得税专项附加扣除。现将有关事项通知如下：

一、纳税人照护 3 岁以下婴幼儿子女的相关支出，按照每个婴幼儿每月 1 000 元的标准定额扣除。

二、父母可以选择由其中一方按扣除标准的 100% 扣除，也可以选择由双方分别按扣除标准的 50% 扣除，具体扣除方式在一个纳税年度内不能变更。

三、3 岁以下婴幼儿照护个人所得税专项附加扣除涉及的保障措施和其他事项，参照《个人所得税专项附加扣除暂行办法》有关规定执行。

四、3 岁以下婴幼儿照护个人所得税专项附加扣除自 2022 年 1 月 1 日起实施。

国务院
2022 年 3 月 19 日

72. 国家税务总局关于修订发布《个人所得税专项附加扣除操作办法（试行）》的公告

国家税务总局公告 2022 年第 7 号

为贯彻落实新发布的《国务院关于设立 3 岁以下婴幼儿照护个人所得税专项附加扣除的通知》（国发〔2022〕8 号），保障 3 岁以下婴幼儿照护专项附加扣除政策顺利实施，国家税务总局相应修订了《个人所得税专项附加扣除操作办法（试行）》及《个人所得税扣缴申报表》。现予以发布，自 2022 年 1 月 1 日起施行。《国家税务总局关于发布〈个人所得税专项附加扣除操作办法（试行）〉的公告》（2018 年第 60 号）、《国家税务总局关于修订个人所得税申报表的公告》（2019 年第 7 号）附件 2 同时废止。

特此公告。

附件：
1. 个人所得税专项附加扣除信息表（略）。
2. 个人所得税扣缴申报表（略）。

国家税务总局
2022 年 3 月 25 日

个人所得税专项附加扣除操作办法（试行）

第一章 总 则

第一条 为了规范个人所得税专项附加扣除行为，切实维护纳税人合法权益，根据《中华人民共和国个人所得税法》及其实施条例、《中华人民共和国税收征收管理法》及其实施细则、《国务院关于印发个人所得税专项附加扣除暂行办法的通知》（国发〔2018〕41 号）、《国务院关于设立 3 岁以下婴幼儿照护个人所得税专项附加扣除的通知》（国发〔2022〕8 号）的规定，制定本办法。

第二条 纳税人享受子女教育、继续教育、大病医疗、住房贷款利息或者住房租金、赡养老人、3 岁以下婴幼儿照护专项附加扣除的，依照本办法规定办理。

第二章 享受扣除及办理时间

第三条 纳税人享受符合规定的专项附加扣除的计算时间分别为：

（一）子女教育。学前教育阶段，为子女年满 3 周岁当月至小学入学前一月。学历教育，为子女接受全日制学历教育入学的当月至全日制学历教育结束的当月。

（二）继续教育。学历（学位）继续教育，为在中国境内接受学历（学位）继续教育入学的当月至学历（学位）继续教育结束的当月，同一学历（学位）继续教育的扣除期限最长不得超过 48 个月。技能人员职业资格继续教育、专业技术人员职业资格继续教育，为取得相关证书的当年。

（三）大病医疗。为医疗保障信息系统记录的医药费用实际支出的当年。

（四）住房贷款利息。为贷款合同约定开始还款的当月至贷款全部归还或贷款合同终止的当月，扣除期限最长不得超过 240 个月。

（五）住房租金。为租赁合同（协议）约定的房屋租赁期开始的当月至租赁期结束的当月。提前终止合同（协议）的，以实际租赁期限为准。

（六）赡养老人。为被赡养人年满 60 周岁的当月至赡养义务终止的年末。

（七）3 岁以下婴幼儿照护。为婴幼儿出生的当月至年满 3 周岁的前一个月。

前款第一项、第二项规定的学历教育和学历（学位）继续教育的期间，包含因病或其他非主观原因休学但学籍继续保留的休学期间，以及施教机构按规定组织实施的寒暑假等假期。

第四条 享受子女教育、继续教育、住房贷款利息或者住房租金、赡养老人、3 岁以下婴幼儿照护专项附加扣除的纳税人，自符合条件开始，可以向支付工资、薪金所得的扣缴义务人提供上述专项附加扣除有关信息，由扣缴义务人在预扣预缴税款时，按其在本单位本年可享受的累计扣除额办理扣除；也可以在次年 3 月 1 日至 6 月 30 日内，向汇缴地主管税务机关办理汇算清缴申报时扣除。

纳税人同时从两处以上取得工资、薪金所得，并由扣缴义务人办理上述专项附加扣除的，对同一专项附加扣除项目，一个纳税年度内，纳税人只能选择从其中一处扣除。

享受大病医疗专项附加扣除的纳税人，由其在次年3月1日至6月30日内，自行向汇缴地主管税务机关办理汇算清缴申报时扣除。

第五条 扣缴义务人办理工资、薪金所得预扣预缴税款时，应当根据纳税人报送的《个人所得税专项附加扣除信息表》（以下简称《扣除信息表》，见附件）为纳税人办理专项附加扣除。

纳税人年度中间更换工作单位的，在原单位任职、受雇期间已享受的专项附加扣除金额，不得在新任职、受雇单位扣除。原扣缴义务人应当自纳税人离职不再发放工资薪金所得的当月起，停止为其办理专项附加扣除。

第六条 纳税人未取得工资、薪金所得，仅取得劳务报酬所得、稿酬所得、特许权使用费所得需要享受专项附加扣除的，应当在次年3月1日至6月30日内，自行向汇缴地主管税务机关报送《扣除信息表》，并在办理汇算清缴申报时扣除。

第七条 一个纳税年度内，纳税人在扣缴义务人预扣预缴税款环节未享受或未足额享受专项附加扣除的，可以在当年内向支付工资、薪金的扣缴义务人申请在剩余月份发放工资、薪金时补充扣除，也可以在次年3月1日至6月30日内，向汇缴地主管税务机关办理汇算清缴时申报扣除。

第三章 报送信息及留存备查资料

第八条 纳税人选择在扣缴义务人发放工资、薪金所得时享受专项附加扣除的，首次享受时应当填写并向扣缴义务人报送《扣除信息表》；纳税年度中间相关信息发生变化的，纳税人应当更新《扣除信息表》相应栏次，并及时报送给扣缴义务人。

更换工作单位的纳税人，需要由新任职、受雇扣缴义务人办理专项附加扣除的，应当在入职的当月，填写并向扣缴义务人报送《扣除信息表》。

第九条 纳税人次年需要由扣缴义务人继续办理专项附加扣除的，应当于每年12月份对次年享受专项附加扣除的内容进行确认，并报送至扣缴义务人。纳税人未及时确认的，扣缴义务人于次年1月起暂停扣除，待纳税人确认后再行办理专项附加扣除。

扣缴义务人应当将纳税人报送的专项附加扣除信息，在次月办理扣缴申报时一并报送至主管税务机关。

第十条 纳税人选择在汇算清缴申报时享受专项附加扣除的，应当填写并向汇缴地主管税务机关报送《扣除信息表》。

第十一条 纳税人将需要享受的专项附加扣除项目信息填报至《扣除信息表》相应栏次。填报要素完整的，扣缴义务人或者主管税务机关应当受理；填报要素不完整的，扣缴义务人或者主管税务机关应当及时告知纳税人补正或重新填报。纳税人未补正或重新填报的，暂不办理相关专项附加扣除，待纳税人补正或重新填报后再行办理。

第十二条 纳税人享受子女教育专项附加扣除，应当填报配偶及子女的姓名、身份证件类型及号码、子女当前受教育阶段及起止时间、子女就读学校以及本人与配偶之间扣除分配比例等信息。

纳税人需要留存备查资料包括：子女在境外接受教育的，应当留存境外学校录取通知书、留学签证等境外教育佐证资料。

第十三条 纳税人享受继续教育专项附加扣除，接受学历（学位）继续教育的，应当填报教育起止时间、教育阶段等信息；接受技能人员或者专业技术人员职业资格继续教育的，应当填报证书名称、证书编号、发证机关、发证（批准）时间等信息。

纳税人需要留存备查资料包括：纳税人接受技能人员职业资格继续教育、专业技术人员职业资格继续教育的，应当留存职业资格相关证书等资料。

第十四条 纳税人享受住房贷款利息专项附加扣除，应当填报住房权属信息、住房坐落地址、贷款方式、贷款银行、贷款合同编号、贷款期限、首次还款日期等信息；纳税人有配偶的，填写配偶姓名、身份证件类型及号码。

纳税人需要留存备查资料包括：住房贷款合同、贷款还款支出凭证等资料。

第十五条 纳税人享受住房租金专项附加扣除，应当填报主要工作城市、租赁住房坐落地址、出租人姓名及身份证件类型和号码或者出租方单位名称及纳税人识别号（社会统一信用代码）、租赁起止时间等信息；纳税人有配偶的，填写配偶姓名、身份证件类型及号码。

纳税人需要留存备查资料包括：住房租赁合同或协议等资料。

第十六条 纳税人享受赡养老人专项附加扣除，应当填报纳税人是否为独生子女、月扣除金额、被赡养人姓名及身份证件类型和号码、与纳税人关系；有共同赡养人的，需填报分摊方式、共同赡养人姓名及身份证件类型和号码等信息。

纳税人需要留存备查资料包括：约定或指定分摊的书面分摊协议等资料。

第十七条 纳税人享受大病医疗专项附加扣除，应当填报患者姓名、身份证件类型及号码、与纳税人关系、与基本医保相关的医药费用总金额、医保目录范围内个人负担的自付金额等信息。

纳税人需要留存备查资料包括：大病患者医药服务收费及医保报销相关票据原件或复印件，或者医疗保障部门出具的纳税年度医药费用清单等资料。

第十八条 纳税人享受3岁以下婴幼儿照护专项附加扣除，应当填报配偶及子女的姓名、身份证件类型（如居民身份证、子女出生医学证明等）及号码以及本人与配偶之间扣除分配比例等信息。

纳税人需要留存备查资料包括：子女的出生医学证明等资料。

第十九条 纳税人应当对报送的专项附加扣除信息的真实性、准确性、完整性负责。

第四章 信息报送方式

第二十条 纳税人可以通过远程办税端、电子或者纸质报表等方式，向扣缴义务人或者主管税务机关报送个人专项附加扣除信息。

第二十一条 纳税人选择纳税年度内由扣缴义务人办理专项附加扣除的，按下列规定办理：

（一）纳税人通过远程办税端选择扣缴义务人并报送专项附加扣除信息的，扣缴义务人根据接收的扣除信息办理扣除。

（二）纳税人通过填写电子或者纸质《扣除信息表》直接报送扣缴义务人的，扣缴义务人将相关信息导入或者录入扣缴端软件，并在次月办理扣缴申报时提交给主管税务机关。《扣除信息表》应当一式两份，纳税人和扣缴义务人签字（章）后分别留存备查。

第二十二条 纳税人选择年度终了后办理汇算清缴申报时享受专项附加扣除的，既可以通过远程办税端报送专项附加扣除信息，也可以将电子或者纸质《扣除信息表》（一式两份）报送给汇缴地主管税务机关。

报送电子《扣除信息表》的，主管税务机关受理打印，交由纳税人签字后，一份由纳税人留存备查，一份由税务机关留存；报送纸质《扣除信息表》的，纳税人签字确认、主管税务机关受理签章后，一份退还纳税人留存备查，一份由税务机关留存。

第二十三条 扣缴义务人和税务机关应当告知纳税人办理专项附加扣除的方式和渠道，

鼓励并引导纳税人采用远程办税端报送信息。

第五章　后续管理

第二十四条　纳税人应当将《扣除信息表》及相关留存备查资料，自法定汇算清缴期结束后保存五年。

纳税人报送给扣缴义务人的《扣除信息表》，扣缴义务人应当自预扣预缴年度的次年起留存五年。

第二十五条　纳税人向扣缴义务人提供专项附加扣除信息的，扣缴义务人应当按照规定予以扣除，不得拒绝。扣缴义务人应当为纳税人报送的专项附加扣除信息保密。

第二十六条　扣缴义务人应当及时按照纳税人提供的信息计算办理扣缴申报，不得擅自更改纳税人提供的相关信息。

扣缴义务人发现纳税人提供的信息与实际情况不符，可以要求纳税人修改。纳税人拒绝修改的，扣缴义务人应当向主管税务机关报告，税务机关应当及时处理。

除纳税人另有要求外，扣缴义务人应当于年度终了后两个月内，向纳税人提供已办理的专项附加扣除项目及金额等信息。

第二十七条　税务机关定期对纳税人提供的专项附加扣除信息开展抽查。

第二十八条　税务机关核查时，纳税人无法提供留存备查资料，或者留存备查资料不能支持相关情况的，税务机关可以要求纳税人提供其他佐证；不能提供其他佐证材料，或者佐证材料仍不足以支持的，不得享受相关专项附加扣除。

第二十九条　税务机关核查专项附加扣除情况时，可以提请有关单位和个人协助核查，相关单位和个人应当协助。

第三十条　纳税人有下列情形之一的，主管税务机关应当责令其改正；情形严重的，应当纳入有关信用信息系统，并按照国家有关规定实施联合惩戒；涉及违反税收征管法等法律法规的，税务机关依法进行处理：

（一）报送虚假专项附加扣除信息；

（二）重复享受专项附加扣除；

（三）超范围或标准享受专项附加扣除；

（四）拒不提供留存备查资料；

（五）税务总局规定的其他情形。

纳税人在任职、受雇单位报送虚假扣除信息的，税务机关责令改正的同时，通知扣缴义务人。

第三十一条　本办法自2022年1月1日起施行。

73. 财政部　税务总局　证监会关于交易型开放式基金纳入内地与香港股票市场交易互联互通机制后适用税收政策问题的公告

财政部　税务总局　证监会公告2022年第24号

现将交易型开放式基金（ETF）纳入内地与香港股票市场交易互联互通机制后适用有关税收政策问题明确如下：

一、交易型开放式基金（ETF）纳入内地与香港股票市场交易互联互通机制后，适用现行内地与香港基金互认有关税收政策。具体按照《财政部　国家税务总局　证监会关于内地与香港基金互认有关税收政策的通知》（财税〔2015〕125号）、《财政部　国家税务总局关于全面推开营业税改征增值税试点的通知》（财税〔2016〕36号）、《财政部　税务总局　证监会关于继续执行沪港、深港股票市场交易互联互通机制和内地与香港基金互认有关个人所得税政策的公告》（财政部　税务总局　证监会公告2019年第93号）等相关规定执行。

二、中国证券登记结算有限责任公司负责代扣代缴内地投资者从香港基金分配取得收益的个人所得税。

特此公告。

财政部　税务总局　证监会
2022年6月30日

74. 财政部　税务总局关于法律援助补贴有关税收政策的公告

财政部　税务总局公告2022年第25号

为贯彻落实《中华人民共和国法律援助法》有关规定，现就法律援助补贴有关税收政策公告如下：

一、对法律援助人员按照《中华人民共和国法律援助法》规定获得的法律援助补贴，免征增值税和个人所得税。

二、法律援助机构向法律援助人员支付法律援助补贴时，应当为获得补贴的法律援助人员办理个人所得税劳务报酬所得免税申报。

三、司法行政部门与税务部门建立信息共享机制，每一年度个人所得税综合所得汇算清缴开始前，交换法律援助补贴获得人员的涉税信息。

四、本公告所称法律援助机构是指按照《中华人民共和国法律援助法》第十二条规定设立的法律援助机构。群团组织参照《中华人民共和国法律援助法》第六十八条规定开展法律援助工作的，按照本公告规定为法律援助人员办理免税申报，并将法律援助补贴获得人员的相关信息报送司法行政部门。

五、本公告自2022年1月1日起施行。按照本公告应予免征的增值税，在本公告下发前已征收的，已征增值税可抵减纳税人以后纳税期应缴纳税款或予以退还，纳税人如果已经向购买方开具了增值税专用发票，在将专用发票追回后申请办理免税；按照本公告应予免征的个人所得税，在本公告下发前已征收的，由扣缴单位依法申请退税。

特此公告。

财政部　税务总局
2022年8月5日

75. 财政部　税务总局关于支持居民换购住房有关个人所得税政策的公告

财政部　税务总局公告 2022 年第 30 号

为支持居民改善住房条件，现就有关个人所得税政策公告如下：

一、自 2022 年 10 月 1 日至 2023 年 12 月 31 日，对出售自有住房并在现住房出售后 1 年内在市场重新购买住房的纳税人，对其出售现住房已缴纳的个人所得税予以退税优惠。其中，新购住房金额大于或等于现住房转让金额的，全部退还已缴纳的个人所得税；新购住房金额小于现住房转让金额的，按新购住房金额占现住房转让金额的比例退还出售现住房已缴纳的个人所得税。

二、本公告所称现住房转让金额为该房屋转让的市场成交价格。新购住房为新房的，购房金额为纳税人在住房城乡建设部门网签备案的购房合同中注明的成交价格；新购住房为二手房的，购房金额为房屋的成交价格。

三、享受本公告规定优惠政策的纳税人须同时满足以下条件：

1. 纳税人出售和重新购买的住房应在同一城市范围内。同一城市范围是指同一直辖市、副省级城市、地级市（地区、州、盟）所辖全部行政区划范围。

2. 出售自有住房的纳税人与新购住房之间须直接相关，应为新购住房产权人或产权人之一。

四、符合退税优惠政策条件的纳税人应向主管税务机关提供合法、有效的售房、购房合同和主管税务机关要求提供的其他有关材料，经主管税务机关审核后办理退税。

五、各级住房城乡建设部门应与税务部门建立信息共享机制，将本地区房屋交易合同网签备案等信息（含撤销备案信息）实时共享至当地税务部门；暂未实现信息实时共享的地区，要建立健全工作机制，确保税务部门及时获取审核退税所需的房屋交易合同备案信息。

六、本公告执行期限为 2022 年 10 月 1 日至 2023 年 12 月 31 日。

特此公告。

财政部　税务总局
2022 年 9 月 30 日

76. 国家税务总局关于支持居民换购住房个人所得税政策有关征管事项的公告

国家税务总局公告 2022 年第 21 号

为支持居民改善住房条件，根据《财政部 税务总局关于支持居民换购住房有关个人所得税政策的公告》（2022 年第 30 号）规定，现将有关征管事项公告如下：

一、在 2022 年 10 月 1 日至 2023 年 12 月 31 日期间，纳税人出售自有住房并在现住房出售后 1 年内,在同一城市重新购买住房的,可按规定申请退还其出售现住房已缴纳的个人所得税。

纳税人换购住房个人所得税退税额的计算公式为:

新购住房金额大于或等于现住房转让金额的,退税金额＝现住房转让时缴纳的个人所得税;

新购住房金额小于现住房转让金额的,退税金额＝(新购住房金额÷现住房转让金额)×现住房转让时缴纳的个人所得税。

现住房转让金额和新购住房金额与核定计税价格不一致的,以核定计税价格为准。

现住房转让金额和新购住房金额均不含增值税。

二、对于出售多人共有住房或新购住房为多人共有的,应按照纳税人所占产权份额确定该纳税人现住房转让金额或新购住房金额。

三、出售现住房的时间,以纳税人出售住房时个人所得税完税时间为准。新购住房为二手房的,购买住房时间以纳税人购房时契税的完税时间或不动产权证载明的登记时间为准;新购住房为新房的,购买住房时间以在住房城乡建设部门办理房屋交易合同备案的时间为准。

四、纳税人申请享受居民换购住房个人所得税退税政策的,应当依法缴纳现住房转让时涉及的个人所得税,并完成不动产权属变更登记;新购住房为二手房的,应当依法缴纳契税并完成不动产权属变更登记;新购住房为新房的,应当按照当地住房城乡建设部门要求完成房屋交易合同备案。

五、纳税人享受居民换购住房个人所得税退税政策的,应当向征收现住房转让所得个人所得税的主管税务机关提出申请,填报《居民换购住房个人所得税退税申请表》(详见附件),并应提供下列资料:

(一)纳税人身份证件;

(二)现住房的房屋交易合同;

(三)新购住房为二手房的,提供房屋交易合同、不动产权证书及其复印件;

(四)新购住房为新房的,提供经住房城乡建设部门备案(网签)的房屋交易合同及其复印件。

税务机关依托纳税人出售现住房和新购住房的完税信息,为纳税人提供申请表项目预填服务,并留存不动产权证书复印件和新购新房的房屋交易合同复印件;纳税人核对确认申请表后提交退税申请。

六、税务机关运用住房城乡建设部门共享的房屋交易合同备案等信息开展退税审核。经审核符合退税条件的,按照规定办理退税;经审核不符合退税条件的,依法不予退税。

七、纳税人因新购住房的房屋交易合同解除、撤销或无效等原因导致不再符合退税政策享受条件的,应当在合同解除、撤销或无效等情形发生的次月 15 日内向主管税务机关主动缴回已退税款。

纳税人符合本条第一款规定情形但未按规定缴回已退税款,以及不符合本公告规定条件骗取退税的,税务机关将依照《中华人民共和国税收征收管理法》及其实施细则等有关规定处理。

八、各级税务机关要开展宣传引导,加强政策解读和纳税辅导,持续优化办理流程,开展提示提醒,便利纳税人享受税收优惠。

九、本公告执行期限为 2022 年 10 月 1 日至 2023 年 12 月 31 日。

特此公告。

附件：居民换购住房个人所得税退税申请表（略）。

国家税务总局
2022 年 9 月 30 日

77. 财政部　税务总局关于个人养老金有关个人所得税政策的公告

财政部　税务总局公告 2022 年第 34 号

为贯彻落实《国务院办公厅关于推动个人养老金发展的意见》（国办发〔2022〕7 号）有关要求，现就个人养老金有关个人所得税政策公告如下：

一、自 2022 年 1 月 1 日起，对个人养老金实施递延纳税优惠政策。在缴费环节，个人向个人养老金资金账户的缴费，按照 12 000 元 / 年的限额标准，在综合所得或经营所得中据实扣除；在投资环节，计入个人养老金资金账户的投资收益暂不征收个人所得税；在领取环节，个人领取的个人养老金，不并入综合所得，单独按照 3% 的税率计算缴纳个人所得税，其缴纳的税款计入"工资、薪金所得"项目。

二、个人缴费享受税前扣除优惠时，以个人养老金信息管理服务平台出具的扣除凭证为扣税凭据。取得工资薪金所得、按累计预扣法预扣预缴个人所得税劳务报酬所得的，其缴费可以选择在当年预扣预缴或次年汇算清缴时在限额标准内据实扣除。选择在当年预扣预缴的，应及时将相关凭证提供给扣缴单位。扣缴单位应按照本公告有关要求，为纳税人办理税前扣除有关事项。取得其他劳务报酬、稿酬、特许权使用费等所得或经营所得的，其缴费在次年汇算清缴时在限额标准内据实扣除。个人按规定领取个人养老金时，由开立个人养老金资金账户所在市的商业银行机构代扣代缴其应缴的个人所得税。

三、人力资源社会保障部门与税务部门应建立信息交换机制，通过个人养老金信息管理服务平台将个人养老金涉税信息交换至税务部门，并配合税务部门做好相关税收征管工作。

四、商业银行有关分支机构应及时对在该行开立个人养老金资金账户纳税人的纳税情况进行全员全额明细申报，保证信息真实准确。

五、各级财政、人力资源社会保障、税务、金融监管等部门应密切配合，认真做好组织落实，对本公告实施过程中遇到的困难和问题，及时向上级主管部门反映。

六、本公告规定的税收政策自 2022 年 1 月 1 日起在个人养老金先行城市实施。

个人养老金先行城市名单由人力资源社会保障部会同财政部、税务总局另行发布。上海市、福建省、苏州工业园区等已实施个人税收递延型商业养老保险试点的地区，自 2022 年 1 月 1 日起统一按照本公告规定的税收政策执行。

特此公告。

财政部　税务总局
2022 年 11 月 3 日

第二章　中华人民共和国企业所得税法

1. 中华人民共和国企业所得税法

（2007年3月16日第十届全国人民代表大会第五次会议通过　根据2017年2月24日第十二届全国人民代表大会常务委员会第二十六次会议《关于修改〈中华人民共和国企业所得税法〉的决定》第一次修正　根据2018年12月29日第十三届全国人民代表大会常务委员会第七次会议《关于修改〈中华人民共和国电力法〉等四部法律的决定》第二次修正）

目　录

第一章　总则
第二章　应纳税所得额
第三章　应纳税额
第四章　税收优惠
第五章　源泉扣缴
第六章　特别纳税调整
第七章　征收管理
第八章　附则

第一章　总　则

第一条　在中华人民共和国境内，企业和其他取得收入的组织（以下统称企业）为企业所得税的纳税人，依照本法的规定缴纳企业所得税。

个人独资企业、合伙企业不适用本法。

【注释】《企业所得税法实施条例》第二条对本条进行了解释。

第二条　企业分为居民企业和非居民企业。

本法所称居民企业，是指依法在中国境内成立，或者依照外国（地区）法律成立但实际管理机构在中国境内的企业。

本法所称非居民企业，是指依照外国（地区）法律成立且实际管理机构不在中国境内，但在中国境内设立机构、场所的，或者在中国境内未设立机构、场所，但有来源于中国境内所得的企业。

【注释】《企业所得税法实施条例》第三条至第五条对本条进行了解释。

第三条　居民企业应当就其来源于中国境内、境外的所得缴纳企业所得税。

非居民企业在中国境内设立机构、场所的，应当就其所设机构、场所取得的来源于中国境内的所得，以及发生在中国境外但与其所设机构、场所有实际联系的所得，缴纳企业所得税。

非居民企业在中国境内未设立机构、场所的，或者虽设立机构、场所但取得的所得与其所设机构、场所没有实际联系的，应当就其来源于中国境内的所得缴纳企业所得税。

第四条 企业所得税的税率为25%。

非居民企业取得本法第三条第三款规定的所得，适用税率为20%。

【注释】《企业所得税法实施条例》第六条至第八条对本条进行了解释。

第二章 应纳税所得额

第五条 企业每一纳税年度的收入总额，减除不征税收入、免税收入、各项扣除以及允许弥补的以前年度亏损后的余额，为应纳税所得额。

【注释】《企业所得税法实施条例》第十条对本条进行了解释。

第六条 企业以货币形式和非货币形式从各种来源取得的收入，为收入总额。包括：

（一）销售货物收入；

（二）提供劳务收入；

（三）转让财产收入；

（四）股息、红利等权益性投资收益；

（五）利息收入；

（六）租金收入；

（七）特许权使用费收入；

（八）接受捐赠收入；

（九）其他收入。

【注释】《企业所得税法实施条例》第十二条至第二十二条对本条进行了解释。

第七条 收入总额中的下列收入为不征税收入：

（一）财政拨款；

（二）依法收取并纳入财政管理的行政事业性收费、政府性基金；

（三）国务院规定的其他不征税收入。

【注释】《企业所得税法实施条例》第二十六条对本条进行了解释。相关规定包括：《国家税务总局关于中央和国务院各部门机关服务中心恢复征税的通知》（国税发〔2007〕94号）。

第八条 企业实际发生的与取得收入有关的、合理的支出，包括成本、费用、税金、损失和其他支出，准予在计算应纳税所得额时扣除。

【注释】《企业所得税法实施条例》第二十七条至第五十条对本条进行了解释。相关规定包括：《国家税务总局关于保险企业发生与退保业务相关佣金支出税前扣除问题的通知》（国税函〔2007〕880号）、《企业支付实习生报酬税前扣除管理办法》（国税发〔2007〕42号）。

第九条 企业发生的公益性捐赠支出，在年度利润总额12%以内的部分，准予在计算应纳税所得额时扣除；超过年度利润总额12%的部分，准予结转以后三年内在计算应纳税所得额时扣除。

【注释】《企业所得税法实施条例》第五十一条至第五十三条对本条进行了解释。

第十条 在计算应纳税所得额时，下列支出不得扣除：

（一）向投资者支付的股息、红利等权益性投资收益款项；

（二）企业所得税税款；

（三）税收滞纳金；

（四）罚金、罚款和被没收财物的损失；

（五）本法第九条规定以外的捐赠支出；

（六）赞助支出；

（七）未经核定的准备金支出；
（八）与取得收入无关的其他支出。

【注释】《企业所得税法实施条例》第五十四、五十五条对本条进行了解释。相关规定包括：《国家税务总局关于保险企业非寿险业务未到期责任准备金税前扣除问题的通知》（国税函〔2007〕889号）。

第十一条 在计算应纳税所得额时，企业按照规定计算的固定资产折旧，准予扣除。
下列固定资产不得计算折旧扣除：
（一）房屋、建筑物以外未投入使用的固定资产；
（二）以经营租赁方式租入的固定资产；
（三）以融资租赁方式租出的固定资产；
（四）已足额提取折旧仍继续使用的固定资产；
（五）与经营活动无关的固定资产；
（六）单独估价作为固定资产入账的土地；
（七）其他不得计算折旧扣除的固定资产。

【注释】《企业所得税法实施条例》第五十七条至第六十四条对本条进行了解释。

第十二条 在计算应纳税所得额时，企业按照规定计算的无形资产摊销费用，准予扣除。
下列无形资产不得计算摊销费用扣除：
（一）自行开发的支出已在计算应纳税所得额时扣除的无形资产；
（二）自创商誉；
（三）与经营活动无关的无形资产；
（四）其他不得计算摊销费用扣除的无形资产。

【注释】《企业所得税法实施条例》第六十五条至第六十七条对本条进行了解释。

第十三条 在计算应纳税所得额时，企业发生的下列支出作为长期待摊费用，按照规定摊销的，准予扣除：
（一）已足额提取折旧的固定资产的改建支出；
（二）租入固定资产的改建支出；
（三）固定资产的大修理支出；
（四）其他应当作为长期待摊费用的支出。

【注释】《企业所得税法实施条例》第六十八条至第七十条对本条进行了解释。相关规定包括：《国家税务总局关于铁路运输企业机车车辆大修理支出税前扣除问题的通知》（国税函〔2007〕762号）。

第十四条 企业对外投资期间，投资资产的成本在计算应纳税所得额时不得扣除。

【注释】《企业所得税法实施条例》第七十一条对本条进行了解释。

第十五条 企业使用或者销售存货，按照规定计算的存货成本，准予在计算应纳税所得额时扣除。

【注释】《企业所得税法实施条例》第七十二、第七十三条对本条进行了解释。

第十六条 企业转让资产，该项资产的净值，准予在计算应纳税所得额时扣除。

【注释】《企业所得税法实施条例》第七十四条对本条进行了解释。

第十七条 企业在汇总计算缴纳企业所得税时，其境外营业机构的亏损不得抵减境内营业机构的盈利。

第十八条 企业纳税年度发生的亏损，准予向以后年度结转，用以后年度的所得弥补，但结转年限最长不得超过五年。

第十九条 非居民企业取得本法第三条第三款规定的所得，按照下列方法计算其应纳税所得额：

（一）股息、红利等权益性投资收益和利息、租金、特许权使用费所得，以收入全额为应纳税所得额；

（二）转让财产所得，以收入全额减除财产净值后的余额为应纳税所得额；

（三）其他所得，参照前两项规定的方法计算应纳税所得额。

【注释】《企业所得税法实施条例》第七十四条对本条进行了解释。

第二十条 本章规定的收入、扣除的具体范围、标准和资产的税务处理的具体办法，由国务院财政、税务主管部门规定。

第二十一条 在计算应纳税所得额时，企业财务、会计处理办法与税收法律、行政法规的规定不一致的，应当依照税收法律、行政法规的规定计算。

第三章　应　纳　税　额

第二十二条 企业的应纳税所得额乘以适用税率，减除依照本法关于税收优惠的规定减免和抵免的税额后的余额，为应纳税额。

【注释】《企业所得税法实施条例》第七十六条对本条进行了解释。

第二十三条 企业取得的下列所得已在境外缴纳的所得税税额，可以从其当期应纳税额中抵免，抵免限额为该项所得依照本法规定计算的应纳税额；超过抵免限额的部分，可以在以后五个年度内，用每年度抵免限额抵免当年应抵税额后的余额进行抵补：

（一）居民企业来源于中国境外的应税所得；

（二）非居民企业在中国境内设立机构、场所，取得发生在中国境外但与该机构、场所有实际联系的应税所得。

【注释】《企业所得税法实施条例》第七十七条至第七十九、第八十一条对本条进行了解释。

第二十四条 居民企业从其直接或者间接控制的外国企业分得的来源于中国境外的股息、红利等权益性投资收益，外国企业在境外实际缴纳的所得税税额中属于该项所得负担的部分，可以作为该居民企业的可抵免境外所得税税额，在本法第二十三条规定的抵免限额内抵免。

【注释】《企业所得税法实施条例》第八十、第八十一条对本条进行了解释。

第四章　税　收　优　惠

第二十五条 国家对重点扶持和鼓励发展的产业和项目，给予企业所得税优惠。

第二十六条 企业的下列收入为免税收入：

（一）国债利息收入；

（二）符合条件的居民企业之间的股息、红利等权益性投资收益；

（三）在中国境内设立机构、场所的非居民企业从居民企业取得与该机构、场所有实际联系的股息、红利等权益性投资收益；

（四）符合条件的非营利组织的收入。

【注释】《企业所得税法实施条例》第八十二条至第八十五条对本条进行了解释。

第二十七条 企业的下列所得，可以免征、减征企业所得税：

（一）从事农、林、牧、渔业项目的所得；

（二）从事国家重点扶持的公共基础设施项目投资经营的所得；

（三）从事符合条件的环境保护、节能节水项目的所得；
（四）符合条件的技术转让所得；
（五）本法第三条第三款规定的所得。

【注释】《企业所得税法实施条例》第八十六条至第九十一条对本条进行了解释。

第二十八条 符合条件的小型微利企业，减按20%的税率征收企业所得税。

国家需要重点扶持的高新技术企业，减按15%的税率征收企业所得税。

【注释】《企业所得税法实施条例》第九十二、第九十三条对本条进行了解释。

第二十九条 民族自治地方的自治机关对本民族自治地方的企业应缴纳的企业所得税中属于地方分享的部分，可以决定减征或者免征。自治州、自治县决定减征或者免征的，须报省、自治区、直辖市人民政府批准。

【注释】《企业所得税法实施条例》第九十四条对本条进行了解释。

第三十条 企业的下列支出，可以在计算应纳税所得额时加计扣除：
（一）开发新技术、新产品、新工艺发生的研究开发费用；
（二）安置残疾人员及国家鼓励安置的其他就业人员所支付的工资。

【注释】《企业所得税法实施条例》第九十五、第九十六条对本条进行了解释。相关规定包括：《财政部 国家税务总局关于促进残疾人就业税收优惠政策的通知》（财税〔2007〕92号）。

第三十一条 创业投资企业从事国家需要重点扶持和鼓励的创业投资，可以按投资额的一定比例抵扣应纳税所得额。

【注释】《企业所得税法实施条例》第九十七条对本条进行了解释。相关规定包括：《财政部 国家税务总局关于促进创业投资企业发展有关税收政策的通知》（财税〔2007〕31号）。

第三十二条 企业的固定资产由于技术进步等原因，确需加速折旧的，可以缩短折旧年限或者采取加速折旧的方法。

【注释】《企业所得税法实施条例》第九十八条对本条进行了解释。

第三十三条 企业综合利用资源，生产符合国家产业政策规定的产品所取得的收入，可以在计算应纳税所得额时减计收入。

【注释】《企业所得税法实施条例》第九十九条对本条进行了解释。

第三十四条 企业购置用于环境保护、节能节水、安全生产等专用设备的投资额，可以按一定比例实行税额抵免。

【注释】《企业所得税法实施条例》第一百条对本条进行了解释。

第三十五条 本法规定的税收优惠的具体办法，由国务院规定。

第三十六条 根据国民经济和社会发展的需要，或者由于突发事件等原因对企业经营活动产生重大影响的，国务院可以制定企业所得税专项优惠政策，报全国人民代表大会常务委员会备案。

第五章 源泉扣缴

第三十七条 对非居民企业取得本法第三条第三款规定的所得应缴纳的所得税，实行源泉扣缴，以支付人为扣缴义务人。税款由扣缴义务人在每次支付或者到期应支付时，从支付或者到期应支付的款项中扣缴。

【注释】《企业所得税法实施条例》第一百零四、第一百零五条对本条进行了解释。

第三十八条 对非居民企业在中国境内取得工程作业和劳务所得应缴纳的所得税，税务机关可以指定工程价款或者劳务费的支付人为扣缴义务人。

【注释】《企业所得税法实施条例》第一百零六条对本条进行了解释。

第三十九条 依照本法第三十七条、第三十八条规定应当扣缴的所得税，扣缴义务人未依法扣缴或者无法履行扣缴义务的，由纳税人在所得发生地缴纳。纳税人未依法缴纳的，税务机关可以从该纳税人在中国境内其他收入项目的支付人应付的款项中，追缴该纳税人的应纳税款。

【注释】《企业所得税法实施条例》第一百零七、第一百零八条对本条进行了解释。

第四十条 扣缴义务人每次代扣的税款，应当自代扣之日起七日内缴入国库，并向所在地的税务机关报送扣缴企业所得税报告表。

第六章 特别纳税调整

第四十一条 企业与其关联方之间的业务往来，不符合独立交易原则而减少企业或者其关联方应纳税收入或者所得额的，税务机关有权按照合理方法调整。

企业与其关联方共同开发、受让无形资产，或者共同提供、接受劳务发生的成本，在计算应纳税所得额时应当按照独立交易原则进行分摊。

【注释】《企业所得税法实施条例》第一百零九条至第一百一十二条对本条进行了解释。

第四十二条 企业可以向税务机关提出与其关联方之间业务往来的定价原则和计算方法，税务机关与企业协商、确认后，达成预约定价安排。

【注释】《企业所得税法实施条例》第一百一十三条对本条进行了解释。相关规定包括：《关联企业间业务往来预约定价实施规则（试行）》（国税发〔2004〕118号）。

第四十三条 企业向税务机关报送年度企业所得税纳税申报表时，应当就其与关联方之间的业务往来，附送年度关联业务往来报告表。

税务机关在进行关联业务调查时，企业及其关联方，以及与关联业务调查有关的其他企业，应当按照规定提供相关资料。

【注释】《企业所得税法实施条例》第一百一十四条对本条进行了解释。

第四十四条 企业不提供与其关联方之间业务往来资料，或者提供虚假、不完整资料，未能真实反映其关联业务往来情况的，税务机关有权依法核定其应纳税所得额。

【注释】《企业所得税法实施条例》第一百一十五条对本条进行了解释。

第四十五条 由居民企业，或者由居民企业和中国居民控制的设立在实际税负明显低于本法第四条第一款规定税率水平的国家（地区）的企业，并非由于合理的经营需要而对利润不作分配或者减少分配的，上述利润中应归属于该居民企业的部分，应当计入该居民企业的当期收入。

【注释】《企业所得税法实施条例》第一百一十六条至第一百一十八条对本条进行了解释。

第四十六条 企业从其关联方接受的债权性投资与权益性投资的比例超过规定标准而发生的利息支出，不得在计算应纳税所得额时扣除。

【注释】《企业所得税法实施条例》第一百一十九条对本条进行了解释。

第四十七条 企业实施其他不具有合理商业目的的安排而减少其应纳税收入或者所得额的，税务机关有权按照合理方法调整。

【注释】《企业所得税法实施条例》第一百二十条对本条进行了解释。

第四十八条 税务机关依照本章规定作出纳税调整，需要补征税款的，应当补征税款，并按照国务院规定加收利息。

【注释】《企业所得税法实施条例》第一百二十二条对本条进行了解释。

第七章 征收管理

第四十九条 企业所得税的征收管理除本法规定外,依照《中华人民共和国税收征收管理法》的规定执行。

第五十条 除税收法律、行政法规另有规定外,居民企业以企业登记注册地为纳税地点;但登记注册地在境外的,以实际管理机构所在地为纳税地点。

居民企业在中国境内设立不具有法人资格的营业机构的,应当汇总计算并缴纳企业所得税。

【注释】《企业所得税法实施条例》第一百二十四、第一百二十五条对本条进行了解释。

第五十一条 非居民企业取得本法第三条第二款规定的所得,以机构、场所所在地为纳税地点。非居民企业在中国境内设立两个或者两个以上机构、场所,符合国务院税务主管部门规定条件的,可以选择由其主要机构、场所汇总缴纳企业所得税。

非居民企业取得本法第三条第三款规定的所得,以扣缴义务人所在地为纳税地点。

【注释】《企业所得税法实施条例》第一百二十六、第一百二十七条对本条进行了解释。

第五十二条 除国务院另有规定外,企业之间不得合并缴纳企业所得税。

第五十三条 企业所得税按纳税年度计算。纳税年度自公历1月1日起至12月31日止。

企业在一个纳税年度中间开业,或者终止经营活动,使该纳税年度的实际经营期不足十二个月的,应当以其实际经营期为一个纳税年度。

企业依法清算时,应当以清算期间作为一个纳税年度。

第五十四条 企业所得税分月或者分季预缴。

企业应当自月份或者季度终了之日起十五日内,向税务机关报送预缴企业所得税纳税申报表,预缴税款。

企业应当自年度终了之日起五个月内,向税务机关报送年度企业所得税纳税申报表,并汇算清缴,结清应缴应退税款。

企业在报送企业所得税纳税申报表时,应当按照规定附送财务会计报告和其他有关资料。

【注释】《企业所得税法实施条例》第一百二十八、第一百二十九条对本条进行了解释。相关规定包括:《企业所得税汇算清缴纳税申报鉴证业务准则(试行)》(国税发〔2007〕10号)、《国家税务总局关于企业所得税预缴问题的通知》(国税发〔2008〕17号)。

第五十五条 企业在年度中间终止经营活动的,应当自实际经营终止之日起六十日内,向税务机关办理当期企业所得税汇算清缴。

企业应当在办理注销登记前,就其清算所得向税务机关申报并依法缴纳企业所得税。

【注释】《企业所得税法实施条例》第十一条对本条进行了解释。

第五十六条 依照本法缴纳的企业所得税,以人民币计算。所得以人民币以外的货币计算的,应当折合成人民币计算并缴纳税款。

【注释】《企业所得税法实施条例》第一百三十条对本条进行了解释。

第八章 附 则

第五十七条 本法公布前已经批准设立的企业,依照当时的税收法律、行政法规规定,享受低税率优惠的,按照国务院规定,可以在本法施行后五年内,逐步过渡到本法规定的税率;享受定期减免税优惠的,按照国务院规定,可以在本法施行后继续享受到期满为止,但因未获利而尚未享受优惠的,优惠期限从本法施行年度起计算。

法律设置的发展对外经济合作和技术交流的特定地区内,以及国务院已规定执行上述地区特殊政策的地区内新设立的国家需要重点扶持的高新技术企业,可以享受过渡性税收优惠,具体办法由国务院规定。

国家已确定的其他鼓励类企业,可以按照国务院规定享受减免税优惠。

【注释】《企业所得税法实施条例》第一百三十一条对本条进行了解释。《国务院关于实施企业所得税过渡优惠政策的通知》(国发〔2007〕39号)、《国务院关于经济特区和上海浦东新区新设立高新技术企业实行过渡性税收优惠的通知》(国发〔2007〕40号)详细规定了过渡政策。

第五十八条 中华人民共和国政府同外国政府订立的有关税收的协定与本法有不同规定的,依照协定的规定办理。

第五十九条 国务院根据本法制定实施条例。

第六十条 本法自2008年1月1日起施行。1991年4月9日第七届全国人民代表大会第四次会议通过的《中华人民共和国外商投资企业和外国企业所得税法》和1993年12月13日国务院发布的《中华人民共和国企业所得税暂行条例》同时废止。

2. 中华人民共和国企业所得税法实施条例

(2007年11月28日国务院第197次常务会议通过 2019年4月23日中华人民共和国国务院令第714号修订)

第一章 总 则

第一条 根据《中华人民共和国企业所得税法》(以下简称企业所得税法)的规定,制定本条例。

第二条 企业所得税法第一条所称个人独资企业、合伙企业,是指依照中国法律、行政法规成立的个人独资企业、合伙企业。

【注释】解释《企业所得税法》第一条。

第三条 企业所得税法第二条所称依法在中国境内成立的企业,包括依照中国法律、行政法规在中国境内成立的企业、事业单位、社会团体以及其他取得收入的组织。

企业所得税法第二条所称依照外国(地区)法律成立的企业,包括依照外国(地区)法律成立的企业和其他取得收入的组织。

【注释】解释《企业所得税法》第二条。

第四条 企业所得税法第二条所称实际管理机构,是指对企业的生产经营、人员、账务、财产等实施实质性全面管理和控制的机构。

【注释】解释《企业所得税法》第二条。

第五条 企业所得税法第二条第三款所称机构、场所,是指在中国境内从事生产经营活动的机构、场所,包括:

(一)管理机构、营业机构、办事机构;

(二)工厂、农场、开采自然资源的场所;

(三)提供劳务的场所;

（四）从事建筑、安装、装配、修理、勘探等工程作业的场所；

（五）其他从事生产经营活动的机构、场所。

非居民企业委托营业代理人在中国境内从事生产经营活动的，包括委托单位或者个人经常代其签订合同，或者储存、交付货物等，该营业代理人视为非居民企业在中国境内设立的机构、场所。

【注释】解释《企业所得税法》第二条。

第六条 企业所得税法第三条所称所得，包括销售货物所得、提供劳务所得、转让财产所得、股息红利等权益性投资所得、利息所得、租金所得、特许权使用费所得、接受捐赠所得和其他所得。

【注释】解释《企业所得税法》第三条。

第七条 企业所得税法第三条所称来源于中国境内、境外的所得，按照以下原则确定：

（一）销售货物所得，按照交易活动发生地确定；

（二）提供劳务所得，按照劳务发生地确定；

（三）转让财产所得，不动产转让所得按照不动产所在地确定，动产转让所得按照转让动产的企业或者机构、场所所在地确定，权益性投资资产转让所得按照被投资企业所在地确定；

（四）股息、红利等权益性投资所得，按照分配所得的企业所在地确定；

（五）利息所得、租金所得、特许权使用费所得，按照负担、支付所得的企业或者机构、场所所在地确定，或者按照负担、支付所得的个人的住所地确定；

（六）其他所得，由国务院财政、税务主管部门确定。

【注释】解释《企业所得税法》第三条。

第八条 企业所得税法第三条所称实际联系，是指非居民企业在中国境内设立的机构、场所拥有据以取得所得的股权、债权，以及拥有、管理、控制据以取得所得的财产等。

【注释】解释《企业所得税法》第三条。

第二章　应纳税所得额

第一节　一般规定

第九条 企业应纳税所得额的计算，以权责发生制为原则，属于当期的收入和费用，不论款项是否收付，均作为当期的收入和费用；不属于当期的收入和费用，即使款项已经在当期收付，均不作为当期的收入和费用。本条例和国务院财政、税务主管部门另有规定的除外。

第十条 企业所得税法第五条所称亏损，是指企业依照企业所得税法和本条例的规定将每一纳税年度的收入总额减除不征税收入、免税收入和各项扣除后小于零的数额。

【注释】解释《企业所得税法》第五条。

第十一条 企业所得税法第五十五条所称清算所得，是指企业的全部资产可变现价值或者交易价格减除资产净值、清算费用以及相关税费等后的余额。

投资方企业从被清算企业分得的剩余资产，其中相当于从被清算企业累计未分配利润和累计盈余公积中应当分得的部分，应当确认为股息所得；剩余资产减除上述股息所得后的余额，超过或者低于投资成本的部分，应当确认为投资资产转让所得或者损失。

【注释】解释《企业所得税法》第五十五条。

第二节 收 入

第十二条 企业所得税法第六条所称企业取得收入的货币形式，包括现金、存款、应收账款、应收票据、准备持有至到期的债券投资以及债务的豁免等。

企业所得税法第六条所称企业取得收入的非货币形式，包括固定资产、生物资产、无形资产、股权投资、存货、不准备持有至到期的债券投资、劳务以及有关权益等。

【注释】解释《企业所得税法》第六条。

第十三条 企业所得税法第六条所称企业以非货币形式取得的收入，应当按照公允价值确定收入额。

前款所称公允价值，是指按照市场价格确定的价值。

【注释】解释《企业所得税法》第六条。

第十四条 企业所得税法第六条第(一)项所称销售货物收入，是指企业销售商品、产品、原材料、包装物、低值易耗品以及其他存货取得的收入。

【注释】解释《企业所得税法》第六条。

第十五条 企业所得税法第六条第(二)项所称提供劳务收入，是指企业从事建筑安装、修理修配、交通运输、仓储租赁、金融保险、邮电通信、咨询经纪、文化体育、科学研究、技术服务、教育培训、餐饮住宿、中介代理、卫生保健、社区服务、旅游、娱乐、加工以及其他劳务服务活动取得的收入。

【注释】解释《企业所得税法》第六条。

第十六条 企业所得税法第六条第(三)项所称转让财产收入，是指企业转让固定资产、生物资产、无形资产、股权、债权等财产取得的收入。

【注释】解释《企业所得税法》第六条。

第十七条 企业所得税法第六条第（四）项所称股息、红利等权益性投资收益，是指企业因权益性投资从被投资方取得的收入。

股息、红利等权益性投资收益，除国务院财政、税务主管部门另有规定外，按照被投资方作出利润分配决定的日期确认收入的实现。

【注释】解释《企业所得税法》第六条。

第十八条 企业所得税法第六条第（五）项所称利息收入，是指企业将资金提供他人使用但不构成权益性投资，或者因他人占用本企业资金取得的收入，包括存款利息、贷款利息、债券利息、欠款利息等收入。

利息收入，按照合同约定的债务人应付利息的日期确认收入的实现。

【注释】解释《企业所得税法》第六条。

第十九条 企业所得税法第六条第（六）项所称租金收入，是指企业提供固定资产、包装物或者其他有形资产的使用权取得的收入。

租金收入，按照合同约定的承租人应付租金的日期确认收入的实现。

【注释】解释《企业所得税法》第六条。

第二十条 企业所得税法第六条第（七）项所称特许权使用费收入，是指企业提供专利权、非专利技术、商标权、著作权以及其他特许权的使用权取得的收入。

特许权使用费收入，按照合同约定的特许权使用人应付特许权使用费的日期确认收入的实现。

【注释】解释《企业所得税法》第六条。

第二十一条 企业所得税法第六条第（八）项所称接受捐赠收入，是指企业接受的来自其他企业、组织或者个人无偿给予的货币性资产、非货币性资产。

接受捐赠收入,按照实际收到捐赠资产的日期确认收入的实现。

【注释】解释《企业所得税法》第六条。

第二十二条 企业所得税法第六条 第(九)项所称其他收入,是指企业取得的除企业所得税法第六条第(一)项至第(八)项规定的收入外的其他收入,包括企业资产溢余收入、逾期未退包装物押金收入、确实无法偿付的应付款项、已作坏账损失处理后又收回的应收款项、债务重组收入、补贴收入、违约金收入、汇兑收益等。

【注释】解释《企业所得税法》第六条。

第二十三条 企业的下列生产经营业务可以分期确认收入的实现:

(一)以分期收款方式销售货物的,按照合同约定的收款日期确认收入的实现;

(二)企业受托加工制造大型机械设备、船舶、飞机,以及从事建筑、安装、装配工程业务或者提供其他劳务等,持续时间超过12个月的,按照纳税年度内完工进度或者完成的工作量确认收入的实现。

第二十四条 采取产品分成方式取得收入的,按照企业分得产品的日期确认收入的实现,其收入额按照产品的公允价值确定。

第二十五条 企业发生非货币性资产交换,以及将货物、财产、劳务用于捐赠、偿债、赞助、集资、广告、样品、职工福利或者利润分配等用途的,应当视同销售货物、转让财产或者提供劳务,但国务院财政、税务主管部门另有规定的除外。

第二十六条 企业所得税法第七条第(一)项所称财政拨款,是指各级人民政府对纳入预算管理的事业单位、社会团体等组织拨付的财政资金,但国务院和国务院财政、税务主管部门另有规定的除外。

企业所得税法第七条第(二)项所称行政事业性收费,是指依照法律法规等有关规定,按照国务院规定程序批准,在实施社会公共管理,以及在向公民、法人或者其他组织提供特定公共服务过程中,向特定对象收取并纳入财政管理的费用。

企业所得税法第七条第(二)项所称政府性基金,是指企业依照法律、行政法规等有关规定,代政府收取的具有专项用途的财政资金。

企业所得税法第七条第(三)项所称国务院规定的其他不征税收入,是指企业取得的,由国务院财政、税务主管部门规定专项用途并经国务院批准的财政性资金。

【注释】解释《企业所得税法》第七条。相关规定包括:《国家税务总局关于中央和国务院各部门机关服务中心恢复征税的通知》(国税发〔2007〕94号)。

第三节 扣 除

第二十七条 企业所得税法第八条 所称有关的支出,是指与取得收入直接相关的支出。

企业所得税法第八条所称合理的支出,是指符合生产经营活动常规,应当计入当期损益或者有关资产成本的必要和正常的支出。

【注释】解释《企业所得税法》第八条。相关规定包括:《国家税务总局关于保险企业发生与退保业务相关佣金支出税前扣除问题的通知》(国税函〔2007〕880号)。

第二十八条 企业发生的支出应当区分收益性支出和资本性支出。收益性支出在发生当期直接扣除;资本性支出应当分期扣除或者计入有关资产成本,不得在发生当期直接扣除。

企业的不征税收入用于支出所形成的费用或者财产,不得扣除或者计算对应的折旧、摊销扣除。

除企业所得税法和本条例另有规定外,企业实际发生的成本、费用、税金、损失和其他支出,不得重复扣除。

第二十九条 企业所得税法第八条所称成本,是指企业在生产经营活动中发生的销售成本、销货成本、业务支出以及其他耗费。

【注释】解释《企业所得税法》第八条。

第三十条 企业所得税法第八条所称费用,是指企业在生产经营活动中发生的销售费用、管理费用和财务费用,已经计入成本的有关费用除外。

【注释】解释《企业所得税法》第八条。

第三十一条 企业所得税法第八条所称税金,是指企业发生的除企业所得税和允许抵扣的增值税以外的各项税金及其附加。

【注释】解释《企业所得税法》第八条。

第三十二条 企业所得税法第八条所称损失,是指企业在生产经营活动中发生的固定资产和存货的盘亏、毁损、报废损失,转让财产损失,呆账损失,坏账损失,自然灾害等不可抗力因素造成的损失以及其他损失。

企业发生的损失,减除责任人赔偿和保险赔款后的余额,依照国务院财政、税务主管部门的规定扣除。

企业已经作为损失处理的资产,在以后纳税年度又全部收回或者部分收回时,应当计入当期收入。

【注释】解释《企业所得税法》第八条。相关规定包括:《企业财产损失所得税前扣除管理办法》(国家税务总局令〔2005〕13号)、《企业财产损失所得税税前扣除鉴证业务准则(试行)》(国税发〔2007〕9号)。

第三十三条 企业所得税法第八条所称其他支出,是指除成本、费用、税金、损失外,企业在生产经营活动中发生的与生产经营活动有关的、合理的支出。

【注释】解释《企业所得税法》第八条。

第三十四条 企业发生的合理的工资薪金支出,准予扣除。

前款所称工资薪金,是指企业每一纳税年度支付给在本企业任职或者受雇的员工的所有现金形式或者非现金形式的劳动报酬,包括基本工资、奖金、津贴、补贴、年终加薪、加班工资,以及与员工任职或者受雇有关的其他支出。

【注释】解释《企业所得税法》第八条。相关规定包括:《企业支付实习生报酬税前扣除管理办法》(国税发〔2007〕42号)。

第三十五条 企业依照国务院有关主管部门或者省级人民政府规定的范围和标准为职工缴纳的基本养老保险费、基本医疗保险费、失业保险费、工伤保险费、生育保险费等基本社会保险费和住房公积金,准予扣除。

企业为投资者或者职工支付的补充养老保险费、补充医疗保险费,在国务院财政、税务主管部门规定的范围和标准内,准予扣除。

【注释】解释《企业所得税法》第八条。

第三十六条 除企业依照国家有关规定为特殊工种职工支付的人身安全保险费和国务院财政、税务主管部门规定可以扣除的其他商业保险费外,企业为投资者或者职工支付的商业保险费,不得扣除。

【注释】解释《企业所得税法》第八条。

第三十七条 企业在生产经营活动中发生的合理的不需要资本化的借款费用,准予扣除。

企业为购置、建造固定资产、无形资产和经过12个月以上的建造才能达到预定可销售状态的存货发生借款的，在有关资产购置、建造期间发生的合理的借款费用，应当作为资本性支出计入有关资产的成本，并依照本条例的规定扣除。

【注释】解释《企业所得税法》第八条。相关规定包括：《财政部 国家税务总局关于执行〈企业会计准则〉有关企业所得税政策问题的通知》（财税〔2007〕80号）。

第三十八条 企业在生产经营活动中发生的下列利息支出，准予扣除：

（一）非金融企业向金融企业借款的利息支出、金融企业的各项存款利息支出和同业拆借利息支出、企业经批准发行债券的利息支出；

（二）非金融企业向非金融企业借款的利息支出，不超过按照金融企业同期同类贷款利率计算的数额的部分。

【注释】解释《企业所得税法》第八条。

第三十九条 企业在货币交易中，以及纳税年度终了时将人民币以外的货币性资产、负债按照期末即期人民币汇率中间价折算为人民币时产生的汇兑损失，除已经计入有关资产成本以及与向所有者进行利润分配相关的部分外，准予扣除。

【注释】解释《企业所得税法》第八条。

第四十条 企业发生的职工福利费支出，不超过工资薪金总额14%的部分，准予扣除。

【注释】解释《企业所得税法》第八条。

第四十一条 企业拨缴的工会经费，不超过工资薪金总额2%的部分，准予扣除。

【注释】解释《企业所得税法》第八条。

第四十二条 除国务院财政、税务主管部门另有规定外，企业发生的职工教育经费支出，不超过工资薪金总额2.5%的部分，准予扣除；超过部分，准予在以后纳税年度结转扣除。

【注释】解释《企业所得税法》第八条。

第四十三条 企业发生的与生产经营活动有关的业务招待费支出，按照发生额的60%扣除，但最高不得超过当年销售（营业）收入的5‰。

【注释】解释《企业所得税法》第八条。

第四十四条 企业发生的符合条件的广告费和业务宣传费支出，除国务院财政、税务主管部门另有规定外，不超过当年销售（营业）收入15%的部分，准予扣除；超过部分，准予在以后纳税年度结转扣除。

【注释】解释《企业所得税法》第八条。

第四十五条 企业依照法律、行政法规有关规定提取的用于环境保护、生态恢复等方面的专项资金，准予扣除。上述专项资金提取后改变用途的，不得扣除。

【注释】解释《企业所得税法》第八条。

第四十六条 企业参加财产保险，按照规定缴纳的保险费，准予扣除。

【注释】解释《企业所得税法》第八条。

第四十七条 企业根据生产经营活动的需要租入固定资产支付的租赁费，按照以下方法扣除：

（一）以经营租赁方式租入固定资产发生的租赁费支出，按照租赁期限均匀扣除；

（二）以融资租赁方式租入固定资产发生的租赁费支出，按照规定构成融资租入固定资产价值的部分应当提取折旧费用，分期扣除。

【注释】解释《企业所得税法》第八条。

第四十八条 企业发生的合理的劳动保护支出，准予扣除。

【注释】解释《企业所得税法》第八条。

第四十九条 企业之间支付的管理费、企业内营业机构之间支付的租金和特许权使用费，以及非银行企业内营业机构之间支付的利息，不得扣除。

【注释】解释《企业所得税法》第八条。

第五十条 非居民企业在中国境内设立的机构、场所，就其中国境外总机构发生的与该机构、场所生产经营有关的费用，能够提供总机构出具的费用汇集范围、定额、分配依据和方法等证明文件，并合理分摊的，准予扣除。

【注释】解释《企业所得税法》第八条。

第五十一条 企业所得税法第九条所称公益性捐赠，是指企业通过公益性社会组织或者县级以上人民政府及其部门，用于符合法律规定的慈善活动、公益事业的捐赠。

【注释】解释《企业所得税法》第九条。

第五十二条 本条例第五十一条所称公益性社会组织，是指同时符合下列条件的慈善组织以及其他社会组织：

（一）依法登记，具有法人资格；
（二）以发展公益事业为宗旨，且不以营利为目的；
（三）全部资产及其增值为该法人所有；
（四）收益和营运结余主要用于符合该法人设立目的的事业；
（五）终止后的剩余财产不归属任何个人或者营利组织；
（六）不经营与其设立目的无关的业务；
（七）有健全的财务会计制度；
（八）捐赠者不以任何形式参与该法人财产的分配；
（九）国务院财政、税务主管部门会同国务院民政部门等登记管理部门规定的其他条件。

【注释】解释《企业所得税法》第九条。

第五十三条 企业当年发生以及以前年度结转的公益性捐赠支出，不超过年度利润总额12%的部分，准予扣除。

年度利润总额，是指企业依照国家统一会计制度的规定计算的年度会计利润。

【注释】解释《企业所得税法》第九条。

第五十四条 企业所得税法第十条第（六）项所称赞助支出，是指企业发生的与生产经营活动无关的各种非广告性质支出。

【注释】解释《企业所得税法》第十条。

第五十五条 企业所得税法第十条第（七）项所称未经核定的准备金支出，是指不符合国务院财政、税务主管部门规定的各项资产减值准备、风险准备等准备金支出。

【注释】解释《企业所得税法》第十条。

第四节 资产的税务处理

第五十六条 企业的各项资产，包括固定资产、生物资产、无形资产、长期待摊费用、投资资产、存货等，以历史成本为计税基础。

前款所称历史成本，是指企业取得该项资产时实际发生的支出。

企业持有各项资产期间资产增值或者减值，除国务院财政、税务主管部门规定可以确认损益外，不得调整该资产的计税基础。

第五十七条 企业所得税法第十一条所称固定资产，是指企业为生产产品、提供劳务、出租或者经营管理而持有的、使用时间超过12个月的非货币性资产，包括房屋、建筑物、机器、机械、运输工具以及其他与生产经营活动有关的设备、器具、工具等。

【注释】解释《企业所得税法》第十一条。

第五十八条 固定资产按照以下方法确定计税基础：

（一）外购的固定资产，以购买价款和支付的相关税费以及直接归属于使该资产达到预定用途发生的其他支出为计税基础；

（二）自行建造的固定资产，以竣工结算前发生的支出为计税基础；

（三）融资租入的固定资产，以租赁合同约定的付款总额和承租人在签订租赁合同过程中发生的相关费用为计税基础，租赁合同未约定付款总额的，以该资产的公允价值和承租人在签订租赁合同过程中发生的相关费用为计税基础；

（四）盘盈的固定资产，以同类固定资产的重置完全价值为计税基础；

（五）通过捐赠、投资、非货币性资产交换、债务重组等方式取得的固定资产，以该资产的公允价值和支付的相关税费为计税基础；

（六）改建的固定资产，除企业所得税法第十三条第（一）项和第（二）项规定的支出外，以改建过程中发生的改建支出增加计税基础。

【注释】解释《企业所得税法》第十一条。

第五十九条 固定资产按照直线法计算的折旧，准予扣除。

企业应当自固定资产投入使用月份的次月起计算折旧；停止使用的固定资产，应当自停止使用月份的次月起停止计算折旧。

企业应当根据固定资产的性质和使用情况，合理确定固定资产的预计净残值。固定资产的预计净残值一经确定，不得变更。

【注释】解释《企业所得税法》第十一条。

第六十条 除国务院财政、税务主管部门另有规定外，固定资产计算折旧的最低年限如下：

（一）房屋、建筑物，为20年；

（二）飞机、火车、轮船、机器、机械和其他生产设备，为10年；

（三）与生产经营活动有关的器具、工具、家具等，为5年；

（四）飞机、火车、轮船以外的运输工具，为4年；

（五）电子设备，为3年。

【注释】解释《企业所得税法》第十一条。

第六十一条 从事开采石油、天然气等矿产资源的企业，在开始商业性生产前发生的费用和有关固定资产的折耗、折旧方法，由国务院财政、税务主管部门另行规定。

【注释】解释《企业所得税法》第十一条。

第六十二条 生产性生物资产按照以下方法确定计税基础：

（一）外购的生产性生物资产，以购买价款和支付的相关税费为计税基础；

（二）通过捐赠、投资、非货币性资产交换、债务重组等方式取得的生产性生物资产，以该资产的公允价值和支付的相关税费为计税基础。

前款所称生产性生物资产，是指企业为生产农产品、提供劳务或者出租等而持有的生物资产，包括经济林、薪炭林、产畜和役畜等。

【注释】解释《企业所得税法》第十一条。

第六十三条 生产性生物资产按照直线法计算的折旧，准予扣除。

企业应当自生产性生物资产投入使用月份的次月起计算折旧；停止使用的生产性生物资产，应当自停止使用月份的次月起停止计算折旧。

企业应当根据生产性生物资产的性质和使用情况，合理确定生产性生物资产的预计净残值。生产性生物资产的预计净残值一经确定,不得变更。

【注释】解释《企业所得税法》第十一条。

第六十四条 生产性生物资产计算折旧的最低年限如下:

(一)林木类生产性生物资产,为 10 年;

(二)畜类生产性生物资产,为 3 年。

【注释】解释《企业所得税法》第十一条。

第六十五条 企业所得税法第十二条所称无形资产,是指企业为生产产品、提供劳务、出租或者经营管理而持有的、没有实物形态的非货币性长期资产,包括专利权、商标权、著作权、土地使用权、非专利技术、商誉等。

【注释】解释《企业所得税法》第十二条。

第六十六条 无形资产按照以下方法确定计税基础:

(一)外购的无形资产,以购买价款和支付的相关税费以及直接归属于使该资产达到预定用途发生的其他支出为计税基础;

(二)自行开发的无形资产,以开发过程中该资产符合资本化条件后至达到预定用途前发生的支出为计税基础;

(三)通过捐赠、投资、非货币性资产交换、债务重组等方式取得的无形资产,以该资产的公允价值和支付的相关税费为计税基础。

【注释】解释《企业所得税法》第十二条。

第六十七条 无形资产按照直线法计算的摊销费用,准予扣除。

无形资产的摊销年限不得低于 10 年。

作为投资或者受让的无形资产,有关法律规定或者合同约定了使用年限的,可以按照规定或者约定的使用年限分期摊销。

外购商誉的支出,在企业整体转让或者清算时,准予扣除。

【注释】解释《企业所得税法》第十二条。

第六十八条 企业所得税法第十三条第(一)项和第(二)项所称固定资产的改建支出,是指改变房屋或者建筑物结构、延长使用年限等发生的支出。

企业所得税法第十三条第(一)项规定的支出,按照固定资产预计尚可使用年限分期摊销;第(二)项规定的支出,按照合同约定的剩余租赁期限分期摊销。

改建的固定资产延长使用年限的,除企业所得税法第十三条第(一)项和第(二)项规定外,应当适当延长折旧年限。

【注释】解释《企业所得税法》第十三条。相关规定包括:《国家税务总局关于铁路运输企业机车车辆大修理支出税前扣除问题的通知》(国税函〔2007〕762 号)。

第六十九条 企业所得税法第十三条第(三)项所称固定资产的大修理支出,是指同时符合下列条件的支出:

(一)修理支出达到取得固定资产时的计税基础 50% 以上;

(二)修理后固定资产的使用年限延长 2 年以上。

企业所得税法第十三条第(三)项规定的支出,按照固定资产尚可使用年限分期摊销。

【注释】解释《企业所得税法》第十三条。相关规定包括:《国家税务总局关于铁路运输企业机车车辆大修理支出税前扣除问题的通知》(国税函〔2007〕762 号)。

第七十条 企业所得税法第十三条第(四)项所称其他应当作为长期待摊费用的支出,自支出发生月份的次月起,分期摊销,摊销年限不得低于 3 年。

【注释】解释《企业所得税法》第十三条。相关规定包括:《国家税务总局关于铁路运输企业机车车辆大修理支出税前扣除问题的通知》（国税函〔2007〕762号）。

第七十一条 企业所得税法第十四条所称投资资产，是指企业对外进行权益性投资和债权性投资形成的资产。

企业在转让或者处置投资资产时，投资资产的成本，准予扣除。

投资资产按照以下方法确定成本：

（一）通过支付现金方式取得的投资资产，以购买价款为成本；

（二）通过支付现金以外的方式取得的投资资产，以该资产的公允价值和支付的相关税费为成本。

【注释】解释《企业所得税法》第十四条。

第七十二条 企业所得税法第十五条所称存货，是指企业持有以备出售的产品或者商品、处在生产过程中的在产品、在生产或者提供劳务过程中耗用的材料和物料等。

存货按照以下方法确定成本：

（一）通过支付现金方式取得的存货，以购买价款和支付的相关税费为成本；

（二）通过支付现金以外的方式取得的存货，以该存货的公允价值和支付的相关税费为成本；

（三）生产性生物资产收获的农产品，以产出或者采收过程中发生的材料费、人工费和分摊的间接费用等必要支出为成本。

【注释】解释《企业所得税法》第十五条。

第七十三条 企业使用或者销售的存货的成本计算方法，可以在先进先出法、加权平均法、个别计价法中选用一种。计价方法一经选用，不得随意变更。

【注释】解释《企业所得税法》第十五条。

第七十四条 企业所得税法第十六条**所称资产的净值和第十九条** 所称财产净值，是指有关资产、财产的计税基础减除已经按照规定扣除的折旧、折耗、摊销、准备金等后的余额。

【注释】解释《企业所得税法》第十六条、第十九条。

第七十五条 除国务院财政、税务主管部门另有规定外，企业在重组过程中，应当在交易发生时确认有关资产的转让所得或者损失，相关资产应当按照交易价格重新确定计税基础。

第三章 应纳税额

第七十六条 企业所得税法第二十二条规定的应纳税额的计算公式为：

应纳税额＝应纳税所得额×适用税率－减免税额－抵免税额

公式中的减免税额和抵免税额，是指依照企业所得税法和国务院的税收优惠规定减征、免征和抵免的应纳税额。

【注释】解释《企业所得税法》第二十二条。

第七十七条 企业所得税法第二十三条所称已在境外缴纳的所得税税额，是指企业来源于中国境外的所得依照中国境外税收法律以及相关规定应当缴纳并已经实际缴纳的企业所得税性质的税款。

【注释】解释《企业所得税法》第二十三条。

第七十八条 企业所得税法第二十三条所称抵免限额，是指企业来源于中国境外的所得，依照企业所得税法和本条例的规定计算的应纳税额。除国务院财政、税务主管部门另有规定外，该抵免限额应当分国（地区）不分项计算，计算公式如下：

抵免限额＝中国境内、境外所得依照企业所得税法和本条例的规定计算的应纳税总额×来源于某国（地区）的应纳税所得额÷中国境内、境外应纳税所得总额

【注释】解释《企业所得税法》第二十三条。

第七十九条 企业所得税法第二十三条所称5个年度,是指从企业取得的来源于中国境外的所得,已经在中国境外缴纳的企业所得税性质的税额超过抵免限额的当年的次年起连续5个纳税年度。

【注释】解释《企业所得税法》第二十三条。

第八十条 企业所得税法第二十四条所称直接控制,是指居民企业直接持有外国企业20%以上股份。

企业所得税法第二十四条所称间接控制,是指居民企业以间接持股方式持有外国企业20%以上股份,具体认定办法由国务院财政、税务主管部门另行制定。

【注释】解释《企业所得税法》第二十四条。

第八十一条 企业依照企业所得税法第二十三条、第二十四条的规定抵免企业所得税额时,应当提供中国境外税务机关出具的税款所属年度的有关纳税凭证。

【注释】解释《企业所得税法》第二十三条、第二十四条。

第四章 税 收 优 惠

第八十二条 企业所得税法第二十六条第(一)项所称国债利息收入,是指企业持有国务院财政部门发行的国债取得的利息收入。

【注释】解释《企业所得税法》第二十六条。

第八十三条 企业所得税法第二十六条第(二)项所称符合条件的居民企业之间的股息、红利等权益性投资收益,是指居民企业直接投资于其他居民企业取得的投资收益。企业所得税法第二十六条第(二)项和第(三)项所称股息、红利等权益性投资收益,不包括连续持有居民企业公开发行并上市流通的股票不足12个月取得的投资收益。

【注释】解释《企业所得税法》第二十六条。

第八十四条 企业所得税法第二十六条第(四)项所称符合条件的非营利组织,是指同时符合下列条件的组织:

(一)依法履行非营利组织登记手续;

(二)从事公益性或者非营利性活动;

(三)取得的收入除用于与该组织有关的、合理的支出外,全部用于登记核定或者章程规定的公益性或者非营利性事业;

(四)财产及其孳息不用于分配;

(五)按照登记核定或者章程规定,该组织注销后的剩余财产用于公益性或者非营利性目的,或者由登记管理机关转赠给与该组织性质、宗旨相同的组织,并向社会公告;

(六)投入人对投入该组织的财产不保留或者享有任何财产权利;

(七)工作人员工资福利开支控制在规定的比例内,不变相分配该组织的财产。

前款规定的非营利组织的认定管理办法由国务院财政、税务主管部门会同国务院有关部门制定。

【注释】解释《企业所得税法》第二十六条。

第八十五条 企业所得税法第二十六条第(四)项所称符合条件的非营利组织的收入,不包括非营利组织从事营利性活动取得的收入,但国务院财政、税务主管部门另有规定的除外。

【注释】解释《企业所得税法》第二十六条。

第八十六条 企业所得税法第二十七条第(一)项规定的企业从事农、林、牧、渔业

项目的所得,可以免征、减征企业所得税,是指:

（一）企业从事下列项目的所得,免征企业所得税:

1. 蔬菜、谷物、薯类、油料、豆类、棉花、麻类、糖料、水果、坚果的种植;
2. 农作物新品种的选育;
3. 中药材的种植;
4. 林木的培育和种植;
5. 牲畜、家禽的饲养;
6. 林产品的采集;
7. 灌溉、农产品初加工、兽医、农技推广、农机作业和维修等农、林、牧、渔服务业项目;
8. 远洋捕捞。

（二）企业从事下列项目的所得,减半征收企业所得税:

1. 花卉、茶以及其他饮料作物和香料作物的种植;
2. 海水养殖、内陆养殖。

企业从事国家限制和禁止发展的项目,不得享受本条规定的企业所得税优惠。

【注释】解释《企业所得税法》第二十七条。

第八十七条 企业所得税法第二十七条第（二）项所称国家重点扶持的公共基础设施项目,是指《公共基础设施项目企业所得税优惠目录》规定的港口码头、机场、铁路、公路、城市公共交通、电力、水利等项目。

企业从事前款规定的国家重点扶持的公共基础设施项目的投资经营的所得,自项目取得第一笔生产经营收入所属纳税年度起,第一年至第三年免征企业所得税,第四年至第六年减半征收企业所得税。

企业承包经营、承包建设和内部自建自用本条规定的项目,不得享受本条规定的企业所得税优惠。

【注释】解释《企业所得税法》第二十七条。

第八十八条 企业所得税法第二十七条第（三）项所称符合条件的环境保护、节能节水项目,包括公共污水处理、公共垃圾处理、沼气综合开发利用、节能减排技术改造、海水淡化等。项目的具体条件和范围由国务院财政、税务主管部门商国务院有关部门制订,报国务院批准后公布施行。

企业从事前款规定的符合条件的环境保护、节能节水项目的所得,自项目取得第一笔生产经营收入所属纳税年度起,第一年至第三年免征企业所得税,第四年至第六年减半征收企业所得税。

【注释】解释《企业所得税法》第二十七条。

第八十九条 依照本条例第八十七条和第八十八条规定享受减免税优惠的项目,在减免税期限内转让的,受让方自受让之日起,可以在剩余期限内享受规定的减免税优惠;减免税期限届满后转让的,受让方不得就该项目重复享受减免税优惠。

【注释】解释《企业所得税法》第二十七条。

第九十条 企业所得税法第二十七条第（四）项所称符合条件的技术转让所得免征、减征企业所得税,是指一个纳税年度内,居民企业技术转让所得不超过500万元的部分,免征企业所得税;超过500万元的部分,减半征收企业所得税。

【注释】解释《企业所得税法》第二十七条。

第九十一条 非居民企业取得企业所得税法第二十七条第（五）项规定的所得,减按10%的税率征收企业所得税。

下列所得可以免征企业所得税：

（一）外国政府向中国政府提供贷款取得的利息所得；

（二）国际金融组织向中国政府和居民企业提供优惠贷款取得的利息所得；

（三）经国务院批准的其他所得。

【注释】解释《企业所得税法》第二十七条。

第九十二条　企业所得税法第二十八条第一款所称符合条件的小型微利企业，是指从事国家非限制和禁止行业，并符合下列条件的企业：

（一）工业企业，年度应纳税所得额不超过30万元，从业人数不超过100人，资产总额不超过3 000万元；

（二）其他企业，年度应纳税所得额不超过30万元，从业人数不超过80人，资产总额不超过1 000万元。

【注释】解释《企业所得税法》第二十八条。

第九十三条　企业所得税法第二十八条第二款所称国家需要重点扶持的高新技术企业，是指拥有核心自主知识产权，并同时符合下列条件的企业：

（一）产品（服务）属于《国家重点支持的高新技术领域》规定的范围；

（二）研究开发费用占销售收入的比例不低于规定比例；

（三）高新技术产品（服务）收入占企业总收入的比例不低于规定比例；

（四）科技人员占企业职工总数的比例不低于规定比例；

（五）高新技术企业认定管理办法规定的其他条件。

《国家重点支持的高新技术领域》和高新技术企业认定管理办法由国务院科技、财政、税务主管部门商国务院有关部门制订，报国务院批准后公布施行。

【注释】解释《企业所得税法》第二十八条。

第九十四条　企业所得税法第二十九条所称民族自治地方，是指依照《中华人民共和国民族区域自治法》的规定，实行民族区域自治的自治区、自治州、自治县。

对民族自治地方内国家限制和禁止行业的企业，不得减征或者免征企业所得税。

【注释】解释《企业所得税法》第二十九条。

第九十五条　企业所得税法第三十条第（一）项所称研究开发费用的加计扣除，是指企业为开发新技术、新产品、新工艺发生的研究开发费用，未形成无形资产计入当期损益的，在按照规定据实扣除的基础上，按照研究开发费用的50%加计扣除；形成无形资产的，按照无形资产成本的150%摊销。

【注释】解释《企业所得税法》第三十条。

第九十六条　企业所得税法第三十条第（二）项所称企业安置残疾人员所支付的工资的加计扣除，是指企业安置残疾人员的，在按照支付给残疾职工工资据实扣除的基础上，按照支付给残疾职工工资的100%加计扣除。残疾人员的范围适用《中华人民共和国残疾人保障法》的有关规定。

企业所得税法第三十条第（二）项所称企业安置国家鼓励安置的其他就业人员所支付的工资的加计扣除办法，由国务院另行规定。

【注释】解释《企业所得税法》第三十条。相关规定包括：《财政部　国家税务总局关于促进残疾人就业税收优惠政策的通知》（财税〔2007〕92号）。

第九十七条　企业所得税法第三十一条所称抵扣应纳税所得额，是指创业投资企业采取股权投资方式投资于未上市的中小高新技术企业2年以上的，可以按照其投资额的70%在股权持有满2年的当年抵扣该创业投资企业的应纳税所得额；当年不足抵扣的，可以在以后纳税年度结转抵扣。

【注释】 解释《企业所得税法》第三十一条。相关规定包括：《财政部 国家税务总局关于促进创业投资企业发展有关税收政策的通知》（财税〔2007〕31号）。

第九十八条 企业所得税法第三十二条所称可以采取缩短折旧年限或者采取加速折旧的方法的固定资产，包括：

（一）由于技术进步，产品更新换代较快的固定资产；

（二）常年处于强震动、高腐蚀状态的固定资产。

采取缩短折旧年限方法的，最低折旧年限不得低于本条例第六十条规定折旧年限的60%；采取加速折旧方法的，可以采取双倍余额递减法或者年数总和法。

【注释】 解释《企业所得税法》第三十二条。

第九十九条 企业所得税法第三十三条所称减计收入，是指企业以《资源综合利用企业所得税优惠目录》规定的资源作为主要原材料，生产国家非限制和禁止并符合国家和行业相关标准的产品取得的收入，减按90%计入收入总额。

前款所称原材料占生产产品材料的比例不得低于《资源综合利用企业所得税优惠目录》规定的标准。

【注释】 解释《企业所得税法》第三十三条。

第一百条 企业所得税法第三十四条所称税额抵免，是指企业购置并实际使用《环境保护专用设备企业所得税优惠目录》《节能节水专用设备企业所得税优惠目录》和《安全生产专用设备企业所得税优惠目录》规定的环境保护、节能节水、安全生产等专用设备的，该专用设备的投资额的10%可以从企业当年的应纳税额中抵免；当年不足抵免的，可以在以后5个纳税年度结转抵免。

享受前款规定的企业所得税优惠的企业，应当实际购置并自身实际投入使用前款规定的专用设备；企业购置上述专用设备在5年内转让、出租的，应当停止享受企业所得税优惠，并补缴已经抵免的企业所得税税款。

【注释】 解释《企业所得税法》第三十四条。

第一百零一条 本章第八十七条、第九十九条、第一百条规定的企业所得税优惠目录，由国务院财政、税务主管部门商国务院有关部门制订，报国务院批准后公布施行。

第一百零二条 企业同时从事适用不同企业所得税待遇的项目的，其优惠项目应当单独计算所得，并合理分摊企业的期间费用；没有单独计算的，不得享受企业所得税优惠。

第五章 源泉扣缴

第一百零三条 依照企业所得税法对非居民企业应当缴纳的企业所得税实行源泉扣缴的，应当依照企业所得税法第十九条的规定计算应纳税所得额。

企业所得税法第十九条所称收入全额，是指非居民企业向支付人收取的全部价款和价外费用。

第一百零四条 企业所得税法第三十七条所称支付人，是指依照有关法律规定或者合同约定对非居民企业直接负有支付相关款项义务的单位或者个人。

【注释】 解释《企业所得税法》第三十七条。

第一百零五条 企业所得税法第三十七条所称支付，包括现金支付、汇拨支付、转账支付和权益兑价支付等货币支付和非货币支付。

企业所得税法第三十七条所称到期应支付的款项，是指支付人按照权责发生制原则应当计入相关成本、费用的应付款项。

【注释】解释《企业所得税法》第三十七条。

第一百零六条 企业所得税法第三十八条规定的可以指定扣缴义务人的情形，包括：

（一）预计工程作业或者提供劳务期限不足一个纳税年度，且有证据表明不履行纳税义务的；

（二）没有办理税务登记或者临时税务登记，且未委托中国境内的代理人履行纳税义务的；

（三）未按照规定期限办理企业所得税纳税申报或者预缴申报的。

前款规定的扣缴义务人，由县级以上税务机关指定，并同时告知扣缴义务人所扣税款的计算依据、计算方法、扣缴期限和扣缴方式。

【注释】解释《企业所得税法》第三十八条。

第一百零七条 企业所得税法第三十九条所称所得发生地，是指依照本条例第七条规定的原则确定的所得发生地。在中国境内存在多处所得发生地的，由纳税人选择其中之一申报缴纳企业所得税。

【注释】解释《企业所得税法》第三十九条。

第一百零八条 企业所得税法第三十九条所称该纳税人在中国境内其他收入，是指该纳税人在中国境内取得的其他各种来源的收入。

税务机关在追缴该纳税人应纳税款时，应当将追缴理由、追缴数额、缴纳期限和缴纳方式等告知该纳税人。

【注释】解释《企业所得税法》第三十九条。

第六章　特别纳税调整

第一百零九条 企业所得税法第四十一条所称关联方，是指与企业有下列关联关系之一的企业、其他组织或者个人：

（一）在资金、经营、购销等方面存在直接或者间接的控制关系；

（二）直接或者间接地同为第三者控制；

（三）在利益上具有相关联的其他关系。

【注释】解释《企业所得税法》第四十一条。

第一百一十条 企业所得税法第四十一条所称独立交易原则，是指没有关联关系的交易各方，按照公平成交价格和营业常规进行业务往来遵循的原则。

【注释】解释《企业所得税法》第四十一条。

第一百一十一条 企业所得税法第四十一条所称合理方法，包括：

（一）可比非受控价格法，是指按照没有关联关系的交易各方进行相同或者类似业务往来的价格进行定价的方法；

（二）再销售价格法，是指按照从关联方购进商品再销售给没有关联关系的交易方的价格，减除相同或者类似业务的销售毛利进行定价的方法；

（三）成本加成法，是指按照成本加合理的费用和利润进行定价的方法；

（四）交易净利润法，是指按照没有关联关系的交易各方进行相同或者类似业务往来取得的净利润水平确定利润的方法；

（五）利润分割法，是指将企业与其关联方的合并利润或者亏损在各方之间采用合理标准进行分配的方法；

（六）其他符合独立交易原则的方法。

【注释】解释《企业所得税法》第四十一条。

第一百一十二条 企业可以依照企业所得税法第四十一条第二款的规定，按照独立交易原则与其关联方分摊共同发生的成本，达成成本分摊协议。

企业与其关联方分摊成本时，应当按照成本与预期收益相配比的原则进行分摊，并在税务机关规定的期限内，按照税务机关的要求报送有关资料。

企业与其关联方分摊成本时违反本条第一款、第二款规定的，其自行分摊的成本不得在计算应纳税所得额时扣除。

【注释】 解释《企业所得税法》第四十一条。

第一百一十三条 企业所得税法第四十二条所称预约定价安排，是指企业就其未来年度关联交易的定价原则和计算方法，向税务机关提出申请，与税务机关按照独立交易原则协商、确认后达成的协议。

【注释】 解释《企业所得税法》第四十二条。相关规定包括：《关联企业间业务往来预约定价实施规则（试行）》（国税发〔2004〕118号）。

第一百一十四条 企业所得税法第四十三条所称相关资料，包括：

（一）与关联业务往来有关的价格、费用的制定标准、计算方法和说明等同期资料；

（二）关联业务往来所涉及的财产、财产使用权、劳务等的再销售（转让）价格或者最终销售（转让）价格的相关资料；

（三）与关联业务调查有关的其他企业应当提供的与被调查企业可比的产品价格、定价方式以及利润水平等资料；

（四）其他与关联业务往来有关的资料。

企业所得税法第四十三条所称与关联业务调查有关的其他企业，是指与被调查企业在生产经营内容和方式上相类似的企业。

企业应当在税务机关规定的期限内提供与关联业务往来有关的价格、费用的制定标准、计算方法和说明等资料。关联方以及与关联业务调查有关的其他企业应当在税务机关与其约定的期限内提供相关资料。

【注释】 解释《企业所得税法》第四十三条。

第一百一十五条 税务机关依照企业所得税法第四十四条的规定核定企业的应纳税所得额时，可以采用下列方法：

（一）参照同类或者类似企业的利润率水平核定；

（二）按照企业成本加合理的费用和利润的方法核定；

（三）按照关联企业集团整体利润的合理比例核定；

（四）按照其他合理方法核定。

企业对税务机关按照前款规定的方法核定的应纳税所得额有异议的，应当提供相关证据，经税务机关认定后，调整核定的应纳税所得额。

【注释】 解释《企业所得税法》第四十四条。

第一百一十六条 企业所得税法第四十五条所称中国居民，是指根据《中华人民共和国个人所得税法》的规定，就其从中国境内、境外取得的所得在中国缴纳个人所得税的个人。

【注释】 解释《企业所得税法》第四十五条。

第一百一十七条 企业所得税法第四十五条所称控制，包括：

（一）居民企业或者中国居民直接或者间接单一持有外国企业10%以上有表决权股份，且由其共同持有该外国企业50%以上股份；

（二）居民企业，或者居民企业和中国居民持股比例没有达到第（一）项规定的标准，但在股份、资金、经营、购销等方面对该外国企业构成实质控制。

【注释】解释《企业所得税法》第四十五条。

第一百一十八条 企业所得税法第四十五条所称实际税负明显低于企业所得税法第四条第一款规定税率水平，是指低于企业所得税法第四条第一款规定税率的50%。

【注释】解释《企业所得税法》第四十五条。

第一百一十九条 企业所得税法第四十六条所称债权性投资，是指企业直接或者间接从关联方获得的，需要偿还本金和支付利息或者需要以其他具有支付利息性质的方式予以补偿的融资。

企业间接从关联方获得的债权性投资，包括：

（一）关联方通过无关联第三方提供的债权性投资；

（二）无关联第三方提供的、由关联方担保且负有连带责任的债权性投资；

（三）其他间接从关联方获得的具有负债实质的债权性投资。

企业所得税法第四十六条所称权益性投资，是指企业接受的不需要偿还本金和支付利息，投资人对企业净资产拥有所有权的投资。

企业所得税法第四十六条所称标准，由国务院财政、税务主管部门另行规定。

【注释】解释《企业所得税法》第四十六条。

第一百二十条 企业所得税法第四十七条所称不具有合理商业目的，是指以减少、免除或者推迟缴纳税款为主要目的。

【注释】解释《企业所得税法》第四十七条。

第一百二十一条 税务机关根据税收法律、行政法规的规定，对企业作出特别纳税调整的，应当对补征的税款，自税款所属纳税年度的次年6月1日起至补缴税款之日止的期间，按日加收利息。

前款规定加收的利息，不得在计算应纳税所得额时扣除。

第一百二十二条 企业所得税法第四十八条所称利息，应当按照税款所属纳税年度中国人民银行公布的与补税期间同期的人民币贷款基准利率加5个百分点计算。

企业依照企业所得税法第四十三条和本条例的规定提供有关资料的，可以只按前款规定的人民币贷款基准利率计算利息。

【注释】解释《企业所得税法》第四十八条。

第一百二十三条 企业与其关联方之间的业务往来，不符合独立交易原则，或者企业实施其他不具有合理商业目的的安排的，税务机关有权在该业务发生的纳税年度起10年内，进行纳税调整。

第七章 征收管理

第一百二十四条 企业所得税法第五十条所称企业登记注册地，是指企业依照国家有关规定登记注册的住所地。

【注释】解释《企业所得税法》第五十条。

第一百二十五条 企业汇总计算并缴纳企业所得税时，应当统一核算应纳税所得额，具体办法由国务院财政、税务主管部门另行制定。

【注释】解释《企业所得税法》第五十条。

第一百二十六条 企业所得税法第五十一条所称主要机构、场所，应当同时符合下列条件：

（一）对其他各机构、场所的生产经营活动负有监督管理责任；

（二）设有完整的账簿、凭证，能够准确反映各机构、场所的收入、成本、费用和盈亏情况。

【注释】解释《企业所得税法》第五十一条。

第一百二十七条 企业所得税分月或者分季预缴,由税务机关具体核定。

企业根据企业所得税法第五十四条规定分月或者分季预缴企业所得税时,应当按照月度或者季度的实际利润额预缴;按照月度或者季度的实际利润额预缴有困难的,可以按照上一纳税年度应纳税所得额的月度或者季度平均额预缴,或者按照经税务机关认可的其他方法预缴。预缴方法一经确定,该纳税年度内不得随意变更。

【注释】解释《企业所得税法》第五十四条。

第一百二十八条 企业在纳税年度内无论盈利或者亏损,都应当依照企业所得税法第五十四条规定的期限,向税务机关报送预缴企业所得税纳税申报表、年度企业所得税纳税申报表、财务会计报告和税务机关规定应当报送的其他有关资料。

【注释】解释《企业所得税法》第五十四条。

第一百二十九条 企业所得以人民币以外的货币计算的,预缴企业所得税时,应当按照月度或者季度最后一日的人民币汇率中间价,折合成人民币计算应纳税所得额。年度终了汇算清缴时,对已经按照月度或者季度预缴税款的,不再重新折合计算,只就该纳税年度内未缴纳企业所得税的部分,按照纳税年度最后一日的人民币汇率中间价,折合成人民币计算应纳税所得额。

经税务机关检查确认,企业少计或者多计前款规定的所得的,应当按照检查确认补税或者退税时的上一个月最后一日的人民币汇率中间价,将少计或者多计的所得折合成人民币计算应纳税所得额,再计算应补缴或者应退的税款。

【注释】解释《企业所得税法》第五十六条。

第八章　附　　则

第一百三十条 企业所得税法第五十七条第一款所称本法公布前已经批准设立的企业,是指企业所得税法公布前已经完成登记注册的企业。

【注释】解释《企业所得税法》第五十七条。

第一百三十一条 在香港特别行政区、澳门特别行政区和台湾地区成立的企业,参照适用企业所得税法第二条第二款、第三款的有关规定。

第一百三十二条 本条例自2008年1月1日起施行。1991年6月30日国务院发布的《中华人民共和国外商投资企业和外国企业所得税法实施细则》和1994年2月4日财政部发布的《中华人民共和国企业所得税暂行条例实施细则》同时废止。

3. 国家税务总局关于印发《房地产开发经营业务企业所得税处理办法》的通知

国税发〔2009〕31号

各省、自治区、直辖市和计划单列市国家税务局、地方税务局:

为了加强从事房地产开发经营企业的企业所得税征收管理,规范从事房地产开发经营业务企业的纳税行为,根据《中华人民共和国企业所得税法》及其实施条例、《中华人民共和国税收征收管理法》及其实施细则等有关税收法律、行政法规的规定，结合房地产开发经营业务的特点，国家税务总局制定了《房地产开发经营业务企业所得税处理办法》，现印发给你们，请遵照执行。

国家税务总局
2009 年 3 月 6 日

房地产开发经营业务企业所得税处理办法

第一章 总 则

第一条 根据《中华人民共和国企业所得税法》及其实施条例、《中华人民共和国税收征收管理法》及其实施细则等有关税收法律、行政法规的规定，制定本办法。

第二条 本办法适用于中国境内从事房地产开发经营业务的企业（以下简称企业）。

第三条 企业房地产开发经营业务包括土地的开发，建造、销售住宅、商业用房以及其他建筑物、附着物、配套设施等开发产品。除土地开发之外，其他开发产品符合下列条件之一的，应视为已经完工：

（一）开发产品竣工证明材料已报房地产管理部门备案。

（二）开发产品已开始投入使用。

（三）开发产品已取得了初始产权证明。

第四条 企业出现《中华人民共和国税收征收管理法》第三十五条规定的情形，税务机关可对其以往应缴的企业所得税按核定征收方式进行征收管理，并逐步规范，同时按《中华人民共和国税收征收管理法》等税收法律、行政法规的规定进行处理，但不得事先确定企业的所得税按核定征收方式进行征收、管理。

第二章 收入的税务处理

第五条 开发产品销售收入的范围为销售开发产品过程中取得的全部价款，包括现金、现金等价物及其他经济利益。企业代有关部门、单位和企业收取的各种基金、费用和附加等，凡纳入开发产品价内或由企业开具发票的，应按规定全部确认为销售收入；未纳入开发产品价内并由企业之外的其他收取部门、单位开具发票的，可作为代收代缴款项进行管理。

第六条 企业通过正式签订《房地产销售合同》或《房地产预售合同》所取得的收入，应确认为销售收入的实现，具体按以下规定确认：

（一）采取一次性全额收款方式销售开发产品的，应于实际收讫价款或取得索取价款凭据（权利）之日，确认收入的实现。

（二）采取分期收款方式销售开发产品的，应按销售合同或协议约定的价款和付款日确认收入的实现。付款方提前付款的，在实际付款日确认收入的实现。

（三）采取银行按揭方式销售开发产品的，应按销售合同或协议约定的价款确定收入额，其首付款应于实际收到日确认收入的实现，余款在银行按揭贷款办理转账之日确认收入的实现。

（四）采取委托方式销售开发产品的，应按以下原则确认收入的实现：

1. 采取支付手续费方式委托销售开发产品的，应按销售合同或协议中约定的价款于收到受托方已销开发产品清单之日确认收入的实现。

2. 采取视同买断方式委托销售开发产品的，属于企业与购买方签订销售合同或协议，或企业、受托方、购买方三方共同签订销售合同或协议的，如果销售合同或协议中约定的价格高于买断价格，则应按销售合同或协议中约定的价格计算的价款于收到受托方已销开发产品清单之日确认收入的实现；如果属于前两种情况中销售合同或协议中约定的价格低于买断价格，以及属于受托方与购买方签订销售合同或协议的，则应按买断价格计算的价款于收到受托方已销开发产品清单之日确认收入的实现。

3. 采取基价（保底价）并实行超基价双方分成方式委托销售开发产品的，属于由企业与购买方签订销售合同或协议，或企业、受托方、购买方三方共同签订销售合同或协议的，如果销售合同或协议中约定的价格高于基价，则应按销售合同或协议中约定的价格计算的价款于收到受托方已销开发产品清单之日确认收入的实现，企业按规定支付受托方的分成额，不得直接从销售收入中减除；如果销售合同或协议约定的价格低于基价的，则应按基价计算的价款于收到受托方已销开发产品清单之日确认收入的实现。属于由受托方与购买方直接签订销售合同的，则应按基价加上按规定取得的分成额于收到受托方已销开发产品清单之日确认收入的实现。

4. 采取包销方式委托销售开发产品的，包销期内可根据包销合同的有关约定，参照上述1至3项规定确认收入的实现；包销期满后尚未出售的开发产品，企业应根据包销合同或协议约定的价款和付款方式确认收入的实现。

第七条 企业将开发产品用于捐赠、赞助、职工福利、奖励、对外投资、分配给股东或投资人、抵偿债务、换取其他企事业单位和个人的非货币性资产等行为，应视同销售，于开发产品所有权或使用权转移，或于实际取得利益权利时确认收入（或利润）的实现。确认收入（或利润）的方法和顺序为：

（一）按本企业近期或本年度最近月份同类开发产品市场销售价格确定；

（二）由主管税务机关参照当地同类开发产品市场公允价值确定；

（三）按开发产品的成本利润率确定。开发产品的成本利润率不得低于15%，具体比例由主管税务机关确定。

第八条 企业销售未完工开发产品的计税毛利率由各省、自治、直辖市税务局按下列规定进行确定：

（一）开发项目位于省、自治区、直辖市和计划单列市人民政府所在地城市城区和郊区的，不得低于15%。

（二）开发项目位于地及地级市城区及郊区的，不得低于10%。

（三）开发项目位于其他地区的，不得低于5%。

（四）属于经济适用房、限价房和危改房的，不得低于3%。

第九条 企业销售未完工开发产品取得的收入，应先按预计计税毛利率分季（或月）计算出预计毛利额，计入当期应纳税所得额。开发产品完工后，企业应及时结算其计税成本并计算此前销售收入的实际毛利额，同时将其实际毛利额与其对应的预计毛利额之间的差额，计入当年度企业本项目与其他项目合并计算的应纳税所得额。

在年度纳税申报时，企业须出具对该项开发产品实际毛利额与预计毛利额之间差异调整情况的报告以及税务机关需要的其他相关资料。

第十条 企业新建的开发产品在尚未完工或办理房地产初始登记、取得产权证前，与承租人签订租赁预约协议的，自开发产品交付承租人使用之日起，出租方取得的预租价款按租金确认收入的实现。

第三章　成本、费用扣除的税务处理

第十一条　企业在进行成本、费用的核算与扣除时，必须按规定区分期间费用和开发产品计税成本、已销开发产品计税成本与未销开发产品计税成本。

第十二条　企业发生的期间费用、已销开发产品计税成本、营业税金及附加、土地增值税准予当期按规定扣除。

第十三条　开发产品计税成本的核算应按第四章的规定进行处理。

第十四条　已销开发产品的计税成本，按当期已实现销售的可售面积和可售面积单位工程成本确认。可售面积单位工程成本和已销开发产品的计税成本按下列公式计算确定：

可售面积单位工程成本＝成本对象总成本 ÷ 成本对象总可售面积

已销开发产品的计税成本＝已实现销售的可售面积 × 可售面积单位工程成本

第十五条　企业对尚未出售的已完工开发产品和按照有关法律、法规或合同规定对已售开发产品（包括共用部位、共用设施设备）进行日常维护、保养、修理等实际发生的维修费用，准予在当期据实扣除。

第十六条　企业将已计入销售收入的共用部位、共用设施设备维修基金按规定移交给有关部门、单位的，应于移交时扣除。

第十七条　企业在开发区内建造的会所、物业管理场所、电站、热力站、水厂、文体场馆、幼儿园等配套设施，按以下规定进行处理：

（一）属于非营利性且产权属于全体业主的，或无偿赠与地方政府、公用事业单位的，可将其视为公共配套设施，其建造费用按公共配套设施费的有关规定进行处理。

（二）属于营利性的，或产权归企业所有的，或未明确产权归属的，或无偿赠与地方政府、公用事业单位以外其他单位的，应当单独核算其成本。除企业自用应按建造固定资产进行处理外，其他一律按建造开发产品进行处理。

第十八条　企业在开发区内建造的邮电通讯、学校、医疗设施应单独核算成本，其中，由企业与国家有关业务管理部门、单位合资建设，完工后有偿移交的，国家有关业务管理部门、单位给予的经济补偿可直接抵扣该项目的建造成本，抵扣后的差额应调整当期应纳税所得额。

第十九条　企业采取银行按揭方式销售开发产品的，凡约定企业为购买方的按揭贷款提供担保的，其销售开发产品时向银行提供的保证金（担保金）不得从销售收入中减除，也不得作为费用在当期税前扣除，但实际发生损失时可据实扣除。

第二十条　企业委托境外机构销售开发产品的，其支付境外机构的销售费用（含佣金或手续费）不超过委托销售收入10%的部分，准予据实扣除。

第二十一条　企业的利息支出按以下规定进行处理：

（一）企业为建造开发产品借入资金而发生的符合税收规定的借款费用，可按企业会计准则的规定进行归集和分配，其中属于财务费用性质的借款费用，可直接在税前扣除。

（二）企业集团或其成员企业统一向金融机构借款分摊集团内部其他成员企业使用的，借入方凡能出具从金融机构取得借款的证明文件，可以在使用借款的企业间合理的分摊利息费用，使用借款的企业分摊的合理利息准予在税前扣除。

第二十二条　企业因国家无偿收回土地使用权而形成的损失，可作为财产损失按有关规定在税前扣除。

第二十三条　企业开发产品（以成本对象为计量单位）整体报废或毁损，其净损失按有关规定审核确认后准予在税前扣除。

第二十四条　企业开发产品转为自用的，其实际使用时间累计未超过12个月又销售的，不得在税前扣除折旧费用。

第四章 计税成本的核算

第二十五条 计税成本是指企业在开发、建造开发产品（包括固定资产，下同）过程中所发生的按照税收规定进行核算与计量的应归入某项成本对象的各项费用。

第二十六条 成本对象是指为归集和分配开发产品开发、建造过程中的各项耗费而确定的费用承担项目。计税成本对象的确定原则如下：

（一）可否销售原则。开发产品能够对外经营销售的，应作为独立的计税成本对象进行成本核算；不能对外经营销售的，可先作为过渡性成本对象进行归集，然后再将其相关成本摊入能够对外经营销售的成本对象。

（二）……

【注释】第二十六条第一款第（二）项废止，参见《国家税务总局关于房地产开发企业成本对象管理问题的公告》（国家税务总局公告2014年第35号）。

（三）功能区分原则。开发项目某组成部分相对独立，且具有不同使用功能时，可以作为独立的成本对象进行核算。

（四）定价差异原则。开发产品因其产品类型或功能不同等而导致其预期售价存在较大差异的，应分别作为成本对象进行核算。

（五）成本差异原则。开发产品因建筑上存在明显差异可能导致其建造成本出现较大差异的，要分别作为成本对象进行核算。

（六）权益区分原则。开发项目属于受托代建的或多方合作开发的，应结合上述原则分别划分成本对象进行核算。

成本对象由企业在开工之前合理确定，并报主管税务机关备案。成本对象一经确定，不能随意更改或相互混淆，如确需改变成本对象的，应征得主管税务机关同意。

第二十七条 开发产品计税成本支出的内容如下：

（一）土地征用费及拆迁补偿费。指为取得土地开发使用权（或开发权）而发生的各项费用，主要包括土地买价或出让金、大市政配套费、契税、耕地占用税、土地使用费、土地闲置费、土地变更用途和超面积补交的地价及相关税费、拆迁补偿支出、安置及动迁支出、回迁房建造支出、农作物补偿费、危房补偿费等。

（二）前期工程费。指项目开发前期发生的水文地质勘查、测绘、规划、设计、可行性研究、筹建、场地通平等前期费用。

（三）建筑安装工程费。指开发项目开发过程中发生的各项建筑安装费用。主要包括开发项目建筑工程费和开发项目安装工程费等。

（四）基础设施建设费。指开发项目在开发过程中所发生的各项基础设施支出，主要包括开发项目内道路、供水、供电、供气、排污、排洪、通讯、照明等社区管网工程费和环境卫生、园林绿化等园林环境工程费。

（五）公共配套设施费：指开发项目内发生的、独立的、非营利性的，且产权属于全体业主的，或无偿赠与地方政府、政府公用事业单位的公共配套设施支出。

（六）开发间接费。指企业为直接组织和管理开发项目所发生的，且不能将其归属于特定成本对象的成本费用性支出。主要包括管理人员工资、职工福利费、折旧费、修理费、办公费、水电费、劳动保护费、工程管理费、周转房摊销以及项目营销设施建造费等。

第二十八条 企业计税成本核算的一般程序如下：

（一）对当期实际发生的各项支出，按其性质、经济用途及发生的地点、时间区进行整理、归类,并将其区分为应计入成本对象的成本和应在当期税前扣除的期间费用。同时还应按规定对在有关预提费用和待摊费用进行计量与确认。

(二)对应计入成本对象中的各项实际支出、预提费用、待摊费用等合理地划分为直接成本、间接成本和共同成本,并按规定将其合理地归集、分配至已完工成本对象、在建成本对象和未建成本对象。

(三)对期前已完工成本对象应负担的成本费用按已销开发产品、未销开发产品和固定资产进行分配,其中应由已销开发产品负担的部分,在当期纳税申报时进行扣除,未销开发产品应负担的成本费用待其实际销售时再予扣除。

(四)对本期已完工成本对象分类为开发产品和固定资产并对其计税成本进行结算。其中属于开发产品的,应按可售面积计算其单位工程成本,据此再计算已销开发产品计税成本和未销开发产品计税成本。对本期已销开发产品的计税成本,准予在当期扣除,未销开发产品计税成本待其实际销售时再予扣除。

(五)对本期未完工和尚未建造的成本对象应当负担的成本费用,应按分别建立明细台账,待开发产品完工后再予结算。

第二十九条 企业开发、建造的开发产品应按制造成本法进行计量与核算。其中,应计入开发产品成本中的费用属于直接成本和能够分清成本对象的间接成本,直接计入成本对象,共同成本和不能分清负担对象的间接成本,应按受益的原则和配比的原则分配至各成本对象,具体分配方法可按以下规定选择其一:

(一)占地面积法。指按已动工开发成本对象占地面积占开发用地总面积的比例进行分配。

1. 一次性开发的,按某一成本对象占地面积占全部成本对象占地总面积的比例进行分配。

2. 分期开发的,首先按本期全部成本对象占地面积占开发用地总面积的比例进行分配,然后再按某一成本对象占地面积占期内全部成本对象占地总面积的比例进行分配。

期内全部成本对象应负担的占地面积为期内开发用地占地面积减除应由各期成本对象共同负担的占地面积。

(二)建筑面积法。指按已动工开发成本对象建筑面积占开发用地总建筑面积的比例进行分配。

1. 一次性开发的,按某一成本对象建筑面积占全部成本对象建筑面积的比例进行分配。

2. 分期开发的,首先按期内成本对象建筑面积占开发用地计划建筑面积的比例进行分配,然后再按某一成本对象建筑面积占期内成本对象总建筑面积的比例进行分配。

(三)直接成本法。指按期内某一成本对象的直接开发成本占期内全部成本对象直接开发成本的比例进行分配。

(四)预算造价法。指按期内某一成本对象预算造价占期内全部成本对象预算造价的比例进行分配。

第三十条 企业下列成本应按以下方法进行分配:

(一)土地成本,一般按占地面积法进行分配。如果确需结合其他方法进行分配的,应商税务机关同意。

土地开发同时连结房地产开发的,属于一次性取得土地分期开发房地产的情况,其土地开发成本经商税务机关同意后可先按土地整体预算成本进行分配,待土地整体开发完毕再行调整。

(二)单独作为过渡性成本对象核算的公共配套设施开发成本,应按建筑面积法进行分配。

(三)借款费用属于不同成本对象共同负担的,按直接成本法或按预算造价法进行分配。

（四）其他成本项目的分配法由企业自行确定。

第三十一条 企业以非货币交易方式取得土地使用权的，应按下列规定确定其成本：

（一）企业、单位以换取开发产品为目的，将土地使用权投资企业的，按下列规定进行处理：

1. 换取的开发产品如为该项土地开发、建造的，接受投资的企业在接受土地使用权时暂不确认其成本，待首次分出开发产品时，再按应分出开发产品（包括首次分出的和以后应分出的）的市场公允价值和土地使用权转移过程中应支付的相关税费计算确认该项土地使用权的成本。如涉及补价，土地使用权的取得成本还应加上应支付的补价款或减除应收到的补价款。

2. 换取的开发产品如为其他土地开发、建造的，接受投资的企业在投资交易发生时，按应付出开发产品市场公允价值和土地使用权转移过程中应支付的相关税费计算确认该项土地使用权的成本。如涉及补价，土地使用权的取得成本还应加上应支付的补价款或减除应收到的补价款。

（二）企业、单位以股权的形式，将土地使用权投资企业的，接受投资的企业应在投资交易发生时，按该项土地使用权的市场公允价值和土地使用权转移过程中应支付的相关税费计算确认该项土地使用权的取得成本。如涉及补价，土地使用权的取得成本还应加上应支付的补价款或减除应收到的补价款。

第三十二条 除以下几项预提（应付）费用外，计税成本均应为实际发生的成本。

（一）出包工程未最终办理结算而未取得全额发票的，在证明资料充分的前提下，其发票不足金额可以预提，但最高不得超过合同总金额的10%。

（二）公共配套设施尚未建造或尚未完工的，可按预算造价合理预提建造费用。此类公共配套设施必须符合已在售房合同、协议或广告、模型中明确承诺建造且不可撤销，或按照法律法规规定必须配套建造的条件。

（三）应向政府上交但尚未上交的报批报建费用、物业完善费用可以按规定预提。物业完善费用是指按规定应由企业承担的物业管理基金、公建维修基金或其他专项基金。

第三十三条 企业单独建造的停车场所，应作为成本对象单独核算。利用地下基础设施形成的停车场所，作为公共配套设施进行处理。

第三十四条 企业在结算计税成本时其实际发生的支出应当取得但未取得合法凭据的，不得计入计税成本，待实际取得合法凭据时，再按规定计入计税成本。

第三十五条 开发产品完工以后，企业可在完工年度企业所得税汇算清缴前选择确定计税成本核算的终止日，不得滞后。凡已完工开发产品在完工年度未按规定结算计税成本，主管税务机关有权确定或核定其计税成本，据此进行纳税调整，并按《中华人民共和国税收征收管理法》的有关规定对其进行处理。

第五章 特定事项的税务处理

第三十六条 企业以本企业为主体联合其他企业、单位、个人合作或合资开发房地产项目，且该项目未成立独立法人公司的，按下列规定进行处理：

（一）凡开发合同或协议中约定向投资各方（即合作、合资方，下同）分配开发产品的，企业在首次分配开发产品时，如该项目已经结算计税成本，其应分配给投资方开发产品的计税成本与其投资额之间的差额计入当期应纳税所得额；如未结算计税成本，则将投资方的投资额视同销售收入进行相关的税务处理。

（二）凡开发合同或协议中约定分配项目利润的，应按以下规定进行处理：

1. 企业应将该项目形成的营业利润额并入当期应纳税所得额统一申报缴纳企业所得税，不得在税前分配该项目的利润。同时不能因接受投资方投资额而在成本中摊销或在税前扣除相关的利息支出。

2. 投资方取得该项目的营业利润应视同股息、红利进行相关的税务处理。

第三十七条 企业以换取开发产品为目的，将土地使用权投资其他企业房地产开发项目的，按以下规定进行处理：

企业应在首次取得开发产品时，将其分解为转让土地使用权和购入开发产品两项经济业务进行所得税处理，并按应从该项目取得的开发产品（包括首次取得的和以后应取得的）的市场公允价值计算确认土地使用权转让所得或损失。

第六章 附 则

第三十八条 从事房地产开发经营业务的外商投资企业在 2007 年 12 月 31 日前存有销售未完工开发产品取得的收入，至该项开发产品完工后，一律按本办法第九条规定的办法进行税务处理。

第三十九条 本通知自 2008 年 1 月 1 日起执行。

4. 国家税务总局关于印发《企业所得税汇算清缴管理办法》的通知

国税发〔2009〕79号

国家税务总局各省、自治区、直辖市和计划单列市国家税务局、地方税务局：

为加强企业所得税征收管理，进一步规范企业所得税汇算清缴工作，在总结近年来内、外资企业所得税汇算清缴工作经验的基础上，根据《中华人民共和国企业所得税法》及其实施条例，税务总局重新制定了《企业所得税汇算清缴管理办法》，现印发给你们，请遵照执行。执行中有何问题，请及时向税务总局报告。

国家税务总局
二〇〇九年四月十六日

企业所得税汇算清缴管理办法

第一条 为加强企业所得税征收管理，进一步规范企业所得税汇算清缴管理工作，根据《中华人民共和国企业所得税法》及其实施条例（以下简称企业所得税法及其实施条例）和《中华人民共和国税收征收管理法》及其实施细则（以下简称税收征管法及其实施细则）的有关规定，制定本办法。

第二条 企业所得税汇算清缴，是指纳税人自纳税年度终了之日起5个月内或实际经营终止之日起60日内，依照税收法律、法规、规章及其他有关企业所得税的规定，自行计算本纳税年度应纳税所得额和应纳所得税额，根据月度或季度预缴企业所得税的数额，确定该纳税年度应补或者应退税额，并填写企业所得税年度纳税申报表，向主管税务机关办理企业所得税年度纳税申报、提供税务机关要求提供的有关资料、结清全年企业所得税税款的行为。

第三条 凡在纳税年度内从事生产、经营（包括试生产、试经营），或在纳税年度中间终止经营活动的纳税人，无论是否在减税、免税期间，也无论盈利或亏损，均应按照企业所得税法及其实施条例和本办法的有关规定进行企业所得税汇算清缴。

实行核定定额征收企业所得税的纳税人，不进行汇算清缴。

第四条 纳税人应当自纳税年度终了之日起 5 个月内，进行汇算清缴，结清应缴应退企业所得税税款。

纳税人在年度中间发生解散、破产、撤销等终止生产经营情形，需进行企业所得税清算的，应在清算前报告主管税务机关，并自实际经营终止之日起 60 日内进行汇算清缴，结清应缴应退企业所得税税款；纳税人有其他情形依法终止纳税义务的，应当自停止生产、经营之日起 60 日内，向主管税务机关办理当期企业所得税汇算清缴。

第五条 纳税人 12 月份或者第四季度的企业所得税预缴纳税申报，应在纳税年度终了后 15 日内完成，预缴申报后进行当年企业所得税汇算清缴。

第六条 纳税人需要报经税务机关审批、审核或备案的事项，应按有关程序、时限和要求报送材料等有关规定，在办理企业所得税年度纳税申报前及时办理。

第七条 纳税人应当按照企业所得税法及其实施条例和企业所得税的有关规定，正确计算应纳税所得额和应纳所得税额，如实、正确填写企业所得税年度纳税申报表及其附表，完整、及时报送相关资料，并对纳税申报的真实性、准确性和完整性负法律责任。

第八条 纳税人办理企业所得税年度纳税申报时，应如实填写和报送下列有关资料：

（一）企业所得税年度纳税申报表及其附表；

（二）财务报表；

（三）备案事项相关资料；

（四）总机构及分支机构基本情况、分支机构征税方式、分支机构的预缴税情况；

（五）委托中介机构代理纳税申报的，应出具双方签订的代理合同，并附送中介机构出具的包括纳税调整的项目、原因、依据、计算过程、调整金额等内容的报告；

（六）涉及关联方业务往来的，同时报送《中华人民共和国企业年度关联业务往来报告表》；

（七）主管税务机关要求报送的其他有关资料。

纳税人采用电子方式办理企业所得税年度纳税申报的，应按照有关规定保存有关资料或附报纸质纳税申报资料。

第九条 纳税人因不可抗力，不能在汇算清缴期内办理企业所得税年度纳税申报或备齐企业所得税年度纳税申报资料的，应按照税收征管法及其实施细则的规定，申请办理延期纳税申报。

第十条 纳税人在汇算清缴期内发现当年企业所得税申报有误的，可在汇算清缴期内重新办理企业所得税年度纳税申报。

第十一条 纳税人在纳税年度内预缴企业所得税税款少于应缴企业所得税税款的，应在汇算清缴期内结清应补缴的企业所得税税款；预缴税款超过应纳税款的，主管税务机关应及时按有关规定办理退税，或者经纳税人同意后抵缴其下一年度应缴企业所得税税款。

第十二条 纳税人因有特殊困难，不能在汇算清缴期内补缴企业所得税款的，应按照税收征管法及其实施细则的有关规定，办理申请延期缴纳税款手续。

第十三条 实行跨地区经营汇总纳税企业所得税的纳税人，由统一计算应纳税所得额和应纳所得税额的总机构，按照上述规定，在汇算清缴期内向所在地主管税务机关办理企业所得税年度纳税申报，进行汇算清缴。分支机构不进行汇算清缴，但应将分支机构的营业收支等情况在报总机构统一汇算清缴前报送分支机构所在地主管税务机关。总机构应将分支机构及其所属机构的营业收支纳入总机构汇算清缴等情况报送各分支机构所在地主管税务机关。

第十四条 经批准实行合并缴纳企业所得税的企业集团,由集团母公司(以下简称汇缴企业)在汇算清缴期内,向汇缴企业所在地主管税务机关报送汇缴企业及各个成员企业合并计算填写的企业所得税年度纳税申报表,以及本办法第八条规定的有关资料及各个成员企业的企业所得税年度纳税申报表,统一办理汇缴企业及其成员企业的企业所得税汇算清缴。

汇缴企业应根据汇算清缴的期限要求,自行确定其成员企业向汇缴企业报送本办法第八条规定的有关资料的期限。成员企业向汇缴企业报送的上述资料,应经成员企业所在地的主管税务机关审核。

第十五条 纳税人未按规定期限进行汇算清缴,或者未报送本办法第八条所列资料的,按照税收征管法及其实施细则的有关规定处理。

第十六条 各级税务机关要结合当地实际,对每一纳税年度的汇算清缴工作进行统一安排和组织部署。汇算清缴管理工作由具体负责企业所得税日常管理的部门组织实施。税务机关内部各职能部门应充分协调和配合,共同做好汇算清缴的管理工作。

第十七条 各级税务机关应在汇算清缴开始之前和汇算清缴期间,主动为纳税人提供税收服务。

(一)采用多种形式进行宣传,帮助纳税人了解企业所得税政策、征管制度和办税程序;

(二)积极开展纳税辅导,帮助纳税人知晓汇算清缴范围、时间要求、报送资料及其他应注意的事项。

(三)必要时组织纳税培训,帮助纳税人进行企业所得税自核自缴。

第十八条 主管税务机关应及时向纳税人发放汇算清缴的表、证、单、书。

第十九条 主管税务机关受理纳税人企业所得税年度纳税申报表及有关资料时,如发现企业未按规定报齐有关资料或填报项目不完整的,应及时告知企业在汇算清缴期内补齐补正。

第二十条 主管税务机关受理纳税人年度纳税申报后,应对纳税人年度纳税申报表的逻辑性和有关资料的完整性、准确性进行审核。审核重点主要包括:

(一)纳税人企业所得税年度纳税申报表及其附表与企业财务报表有关项目的数字是否相符,各项目之间的逻辑关系是否对应,计算是否正确。

(二)纳税人是否按规定弥补以前年度亏损额和结转以后年度待弥补的亏损额。

(三)纳税人是否符合税收优惠条件、税收优惠的确认和申请是否符合规定程序。

(四)纳税人税前扣除的财产损失是否真实、是否符合有关规定程序。跨地区经营汇总缴纳企业所得税的纳税人,其分支机构税前扣除的财产损失是否由分支机构所在地主管税务机关出具证明。

(五)纳税人有无预缴企业所得税的完税凭证,完税凭证上填列的预缴数额是否真实。跨地区经营汇总缴纳企业所得税的纳税人及其所属分支机构预缴的税款是否与《中华人民共和国企业所得税汇总纳税分支机构分配表》中分配的数额一致。

(六)纳税人企业所得税和其他各税种之间的数据是否相符、逻辑关系是否吻合。

第二十一条 主管税务机关应结合纳税人企业所得税预缴情况及日常征管情况,对纳税人报送的企业所得税年度纳税申报表及其附表和其他有关资料进行初步审核后,按规定程序及时办理企业所得税补、退税或抵缴其下一年度应纳所得税款等事项。

第二十二条 税务机关应做好跨地区经营汇总纳税企业和合并纳税企业汇算清缴的协同管理。

(一)总机构和汇缴企业所在地主管税务机关在对企业的汇总或合并纳税申报资料审

核时，发现其分支机构或成员企业申报内容有疑点需进一步核实的，应向其分支机构或成员企业所在地主管税务机关发出有关税务事项协查函；该分支机构或成员企业所在地主管税务机关应在要求的时限内就协查事项进行调查核实，并将核查结果函复总机构或汇缴企业所在地主管税务机关。

（二）总机构和汇缴企业所在地主管税务机关收到分支机构或成员企业所在地主管税务机关反馈的核查结果后，应对总机构和汇缴企业申报的应纳税所得额及应纳所得税额作相应调整。

第二十三条 汇算清缴工作结束后，税务机关应组织开展汇算清缴数据分析、纳税评估和检查。纳税评估和检查的对象、内容、方法、程序等按照国家税务总局的有关规定执行。

第二十四条 汇算清缴工作结束后，各级税务机关应认真总结，写出书面总结报告逐级上报。各省、自治区、直辖市和计划单列市国家税务局、地方税务局应在每年7月底前将汇算清缴工作总结报告、年度企业所得税汇总报表报送国家税务总局（所得税司）。总结报告的内容应包括：

（一）汇算清缴工作的基本情况；

（二）企业所得税税源结构的分布情况；

（三）企业所得税收入增减变化及原因；

（四）企业所得税政策和征管制度贯彻落实中存在的问题和改进建议。

第二十五条 本办法适用于企业所得税居民企业纳税人。

第二十六条 各省、自治区、直辖市和计划单列市国家税务局、地方税务局可根据本办法制定具体实施办法。

第二十七条 本办法自2009年1月1日起执行。《国家税务总局关于印发〈企业所得税汇算清缴管理办法〉的通知》（国税发〔2005〕200号）、《国家税务总局关于印发新修订的〈外商投资企业和外国企业所得税汇算清缴工作规程〉的通知》（国税发〔2003〕12号）和《国家税务总局关于印发新修订的〈外商投资企业和外国企业所得税汇算清缴管理办法〉的通知》（国税发〔2003〕13号）同时废止。

2008年度企业所得税汇算清缴按本办法执行。

第二十八条 本办法由国家税务总局负责解释。

5. 国家税务总局关于发布《企业重组业务企业所得税管理办法》的公告

国家税务总局公告2010年第4号

现将《企业重组业务企业所得税管理办法》予以发布，自2010年1月1日起施行。

本办法发布时企业已经完成重组业务的，如适用《财政部 国家税务总局关于企业重组业务企业所得税处理若干问题的通知》（财税〔2009〕59号）特殊税务处理，企业没有按照本办法要求准备相关资料的，应补备相关资料；需要税务机关确认的，按照本办法要求补充确认。2008、2009年度企业重组业务尚未进行税务处理的，可按本办法处理。

特此公告。

国家税务总局
二〇一〇年七月二十六日

企业重组业务企业所得税管理办法

第一章 总则及定义

第一条 为规范和加强对企业重组业务的企业所得税管理，根据《中华人民共和国企业所得税法》（以下简称《税法》）及其实施条例（以下简称《实施条例》）、《中华人民共和国税收征收管理法》及其实施细则（以下简称《征管法》）、《财政部 国家税务总局关于企业重组业务企业所得税处理若干问题的通知》（财税〔2009〕59号）（以下简称《通知》）等有关规定，制定本办法。

第二条 本办法所称企业重组业务，是指《通知》第一条所规定的企业法律形式改变、债务重组、股权收购、资产收购、合并、分立等各类重组。

……

第四条 同一重组业务的当事各方应采取一致税务处理原则，即统一按一般性或特殊性税务处理。

第五条 《通知》第一条第（四）项所称实质经营性资产，是指企业用于从事生产经营活动、与产生经营收入直接相关的资产，包括经营所用各类资产、企业拥有的商业信息和技术、经营活动产生的应收款项、投资资产等。

第六条 《通知》第二条所称控股企业，是指由本企业直接持有股份的企业。

……

第九条 本办法所称评估机构，是指具有合法资质的中国资产评估机构。

第二章 企业重组一般性税务处理管理

第十条 企业发生《通知》第四条第（一）项规定的由法人转变为个人独资企业、合伙企业等非法人组织，或将登记注册地转移至中华人民共和国境外（包括港澳台地区），应按照《财政部 国家税务总局关于企业清算业务企业所得税处理若干问题的通知》（财税〔2009〕60号）规定进行清算。

企业在报送《企业清算所得纳税申报表》时，应附送以下资料：

（一）企业改变法律形式的工商部门或其他政府部门的批准文件；

（二）企业全部资产的计税基础以及评估机构出具的资产评估报告；

（三）企业债权、债务处理或归属情况说明；

（四）主管税务机关要求提供的其他资料证明。

第十一条 企业发生《通知》第四条第（二）项规定的债务重组，应准备以下相关资料，以备税务机关检查。

（一）以非货币资产清偿债务的，应保留当事各方签订的清偿债务的协议或合同，以及非货币资产公允价格确认的合法证据等；

（二）债权转股权的，应保留当事各方签订的债权转股权协议或合同。

第十二条 企业发生《通知》第四条第（三）项规定的股权收购、资产收购重组业务，应准备以下相关资料，以备税务机关检查。

（一）当事各方所签订的股权收购、资产收购业务合同或协议；

（二）相关股权、资产公允价值的合法证据。

第十三条 企业发生《通知》第四条第（四）项规定的合并，应按照财税〔2009〕60号文件规定进行清算。

被合并企业在报送《企业清算所得纳税申报表》时,应附送以下资料:

(一)企业合并的工商部门或其他政府部门的批准文件;
(二)企业全部资产和负债的计税基础以及评估机构出具的资产评估报告;
(三)企业债务处理或归属情况说明;
(四)主管税务机关要求提供的其他资料证明。

第十四条 企业发生《通知》第四条第(五)项规定的分立,被分立企业不再继续存在,应按照财税〔2009〕60号文件规定进行清算。

被分立企业在报送《企业清算所得纳税申报表》时,应附送以下资料:

(一)企业分立的工商部门或其他政府部门的批准文件;
(二)被分立企业全部资产的计税基础以及评估机构出具的资产评估报告;
(三)企业债务处理或归属情况说明;
(四)主管税务机关要求提供的其他资料证明。

第十五条 企业合并或分立,合并各方企业或分立企业涉及享受《税法》第五十七条规定中就企业整体(即全部生产经营所得)享受的税收优惠过渡政策尚未期满的,仅就存续企业未享受完的税收优惠,按照《通知》第九条的规定执行;注销的被合并或被分立企业未享受完的税收优惠,不再由存续企业承继;合并或分立而新设的企业不得再承继或重新享受上述优惠。合并或分立各方企业按照《税法》的税收优惠规定和税收优惠过渡政策中就企业有关生产经营项目的所得享受的税收优惠承继问题,按照《实施条例》第八十九条规定执行。

第三章 企业重组特殊性税务处理管理

……

第十九条 《通知》第五条第(三)和第(五)项所称"企业重组后的连续12个月内",是指自重组日起计算的连续12个月内。

第二十条 《通知》第五条第(五)项规定的原主要股东,是指原持有转让企业或被收购企业20%以上股权的股东。

第二十一条 《通知》第六条第(四)项规定的同一控制,是指参与合并的企业在合并前后均受同一方或相同的多方最终控制,且该控制并非暂时性的。能够对参与合并的企业在合并前后均实施最终控制权的相同多方,是指根据合同或协议的约定,对参与合并企业的财务和经营政策拥有决定控制权的投资者群体。在企业合并前,参与合并各方受最终控制方的控制在12个月以上,企业合并后所形成的主体在最终控制方的控制时间也应达到连续12个月。

……

第二十六条 《通知》第六条第(四)项所规定的可由合并企业弥补的被合并企业亏损的限额,是指按《税法》规定的剩余结转年限内,每年可由合并企业弥补的被合并企业亏损的限额。

……

第二十八条 根据《通知》第六条第(四)项第2目规定,被合并企业合并前的相关所得税事项由合并企业承继,以及根据《通知》第六条第(五)项第2目规定,企业分立,已分立资产相应的所得税事项由分立企业承继,这些事项包括尚未确认的资产损失、分期确认收入的处理以及尚未享受期满的税收优惠政策承继处理问题等。其中,对税收优惠政策承继处理问题,凡属于依照《税法》第五十七条规定中就企业整体(即全部生产经营所得)享受税收优惠过渡政策的,合并或分立后的企业性质及适用税收优惠条件未发生改变的,可以继续享受合并前各企业或分立前被分立企业剩余期限的税收优惠。合并前各企业剩余的税收优惠年限不一致的，合并后企业每年度的应纳税所得额，应统一按合并日各合并前企业资产占合并后企业总资产的比例进行划分，再分别按相应的剩余优惠计算应纳税额。合并前各企业或分立前被分立企业按照《税法》的税收优惠规定以及税收优惠过渡政策中就有关生产经营项目所得享受的税收优惠承继处理问题，按照《实施条例》第八十九条规定执行。

第二十九条 适用《通知》第五条第（三）项和第（五）项的当事各方应在完成重组业务后的下一年度的企业所得税年度申报时，向主管税务机关提交书面情况说明，以证明企业在重组后的连续 12 个月内，有关符合特殊性税务处理的条件未发生改变。

第三十条 当事方的其中一方在规定时间内发生生产经营业务、公司性质、资产或股权结构等情况变化，致使重组业务不再符合特殊性税务处理条件的，发生变化的当事方应在情况发生变化的 30 天内书面通知其他所有当事方。主导方在接到通知后 30 日内将有关变化通知其主管税务机关。

上款所述情况发生变化后 60 日内，应按照《通知》第四条的规定调整重组业务的税务处理。原交易各方应各自按原交易完成时资产和负债的公允价值计算重组业务的收益或损失，调整交易完成纳税年度的应纳税所得额及相应的资产和负债的计税基础，并向各自主管税务机关申请调整交易完成纳税年度的企业所得税年度申报表。逾期不调整申报的，按照《征管法》的相关规定处理。

第三十一条 各当事方的主管税务机关应当对企业申报或确认适用特殊性税务处理的重组业务进行跟踪监管，了解重组企业的动态变化情况。发现问题，应及时与其他当事方主管税务机关沟通联系，并按照规定给予调整。

……

第三十三条 上述跨年度分步交易，若当事方在首个纳税年度不能预计整个交易是否符合特殊性税务处理条件，应适用一般性税务处理。在下一纳税年度全部交易完成后，适用特殊性税务处理的，可以调整上一纳税年度的企业所得税年度申报表，涉及多缴税款的，各主管税务机关应退税，或抵缴当年应纳税款。

第三十四条 企业重组的当事各方应该取得并保管与该重组有关的凭证、资料，保管期限按照《征管法》的有关规定执行。

第四章 跨境重组税收管理

第三十五条 发生《通知》第七条规定的重组，凡适用特殊性税务处理规定的，应按照本办法第三章相关规定执行。

……

第三十七条 发生《通知》第七条第（三）项规定的重组，居民企业应向其所在地主管税务机关报送以下资料：

1. 当事方的重组情况说明，申请文件中应说明股权转让的商业目的；
2. 双方所签订的股权转让协议；
3. 双方控股情况说明；
4. 由评估机构出具的资产或股权评估报告。报告中应分别列示涉及的各单项被转让资产和负债的公允价值；
5. 证明重组符合特殊性税务处理条件的资料，包括股权或资产转让比例，支付对价情况，以及 12 个月内不改变资产原来的实质性经营活动、不转让所取得股权的承诺书等；
6. 税务机关要求的其他材料。

【注释】 第三条、第七条、第八条、第十六条、第十七条、第十八条、第二十二条、

第二十三条、第二十四条、第二十五条、第二十七条、第三十二条同时废止,参见《国家税务总局关于企业重组业务企业所得税征收管理若干问题的公告》(国家税务总局公告2015年第48号)。第三十六条废止,参见《国家税务总局关于非居民企业所得税源泉扣缴有关问题的公告》(国家税务总局公告2017年第37号)。

6. 国家税务总局关于企业股权投资损失所得税处理问题的公告

国家税务总局公告2010年第6号

根据《中华人民共和国企业所得税法》第八条及其有关规定,现就企业股权投资损失所得税处理问题公告如下:

一、企业对外进行权益性(以下简称股权)投资所发生的损失,在经确认的损失发生年度,作为企业损失在计算企业应纳税所得额时一次性扣除。

二、本规定自2010年1月1日起执行。本规定发布以前,企业发生的尚未处理的股权投资损失,按照本规定,准于在2010年度一次性扣除。

特此公告。

国家税务总局
二〇一〇年七月二十八日

7. 国家税务总局关于取消合并纳税后以前年度尚未弥补亏损有关企业所得税问题的公告

国家税务总局公告2010年第7号

根据《财政部 国家税务总局关于试点企业集团缴纳企业所得税有关问题的通知》(财税〔2008〕119号)规定,自2009年度开始,一些企业集团取消了合并申报缴纳企业所得税。现就取消合并申报缴纳企业所得税后,对汇总在企业集团总部、尚未弥补的累计亏损处理问题,公告如下:

一、企业集团取消了合并申报缴纳企业所得税后,截至2008年年底,企业集团合并计算的累计亏损,属于符合《中华人民共和国企业所得税法》第十八条规定5年结转期限内的,可分配给其合并成员企业(包括企业集团总部)在剩余结转期限内,结转弥补。

二、企业集团应根据各成员企业截至2008年年底的年度所得税申报表中的盈亏情况,凡单独计算是亏损的各成员企业,参与分配第一条所指的可继续弥补的亏损;盈利企业不参与分配。具体分配公式如下:

$$\text{成员企业分配的亏损额} = \frac{\text{某成员企业单独计算盈亏尚未弥补的亏损额}}{\text{各成员企业单独计算盈亏尚未弥补的亏损额之和}} \times \text{集团公司合并计算累计可继续弥补的亏损额}$$

三、企业集团在按照第二条所规定的方法分配亏损时,应根据集团每年汇总计算中这些亏损发生的实际所属年度，确定各成员企业所分配的亏损额中具体所属年度及剩余结转期限。

四、企业集团按照上述方法分配各成员企业亏损额后，应填写《企业集团公司累计亏损分配表》（见附件）并下发给各成员企业，同时抄送企业集团主管税务机关。

五、本公告自 2009 年 1 月 1 日起执行。

附件：企业集团公司累计亏损分配表（略）。

国家税务总局
二○一○年七月三十日

8. 国家税务总局关于融资性售后回租业务中承租方出售资产行为有关税收问题的公告

国家税务总局公告 2010 年第 13 号

现就融资性售后回租业务中承租方出售资产行为有关税收问题公告如下：

融资性售后回租业务是指承租方以融资为目的将资产出售给经批准从事融资租赁业务的企业后，又将该项资产从该融资租赁企业租回的行为。融资性售后回租业务中承租方出售资产时，资产所有权以及与资产所有权有关的全部报酬和风险并未完全转移。

一、增值税和营业税

根据现行增值税和营业税有关规定，融资性售后回租业务中承租方出售资产的行为，不属于增值税和营业税征收范围，不征收增值税和营业税。

二、企业所得税

根据现行企业所得税法及有关收入确定规定，融资性售后回租业务中，承租人出售资产的行为，不确认为销售收入，对融资性租赁的资产，仍按承租人出售前原账面价值作为计税基础计提折旧。租赁期间，承租人支付的属于融资利息的部分，作为企业财务费用在税前扣除。

本公告自 2010 年 10 月 1 日起施行。此前因与本公告规定不一致而已征的税款予以退税。

国家税务总局
二○一○年九月八日

9. 国家税务总局关于企业取得财产转让等所得企业所得税处理问题的公告

国家税务总局公告 2010 年第 19 号

根据《中华人民共和国企业所得税法实施条例》第二十五条规定，现就企业以不同形式取得财产转让等收入征收企业所得税问题公告如下：

一、企业取得财产（包括各类资产、股权、债权等）转让收入、债务重组收入、接受捐赠收入、无法偿付的应付款收入等，不论是以货币形式、还是非货币形式体现，除另有规定外，均应一次性计入确认收入的年度计算缴纳企业所得税。

二、本公告自发布之日起30日后施行。2008年1月1日至本公告施行前，各地就上述收入计算的所得，已分5年平均计入各年度应纳税所得额计算纳税的，在本公告发布后，对尚未计算纳税的应纳税所得额，应一次性作为本年度应纳税所得额计算纳税。

国家税务总局
二〇一〇年十月二十七日

10. 国家税务总局关于企业所得税若干问题的公告

国家税务总局公告2011年第34号

根据《中华人民共和国企业所得税法》（以下简称税法）以及《中华人民共和国企业所得税法实施条例》（以下简称《实施条例》）的有关规定，现就企业所得税若干问题公告如下：

一、关于金融企业同期同类贷款利率确定问题

根据《实施条例》第三十八条规定，非金融企业向非金融企业借款的利息支出，不超过按照金融企业同期同类贷款利率计算的数额的部分，准予税前扣除。鉴于目前我国对金融企业利率要求的具体情况，企业在按照合同要求首次支付利息并进行税前扣除时，应提供"金融企业的同期同类贷款利率情况说明"，以证明其利息支出的合理性。

"金融企业的同期同类贷款利率情况说明"中，应包括在签订该借款合同当时，本省任何一家金融企业提供同期同类贷款利率情况。该金融企业应为经政府有关部门批准成立的可以从事贷款业务的企业，包括银行、财务公司、信托公司等金融机构。"同期同类贷款利率"是指在贷款期限、贷款金额、贷款担保以及企业信誉等条件基本相同下，金融企业提供贷款的利率。既可以是金融企业公布的同期同类平均利率，也可以是金融企业对某些企业提供的实际贷款利率。

二、关于企业员工服饰费用支出扣除问题

企业根据其工作性质和特点，由企业统一制作并要求员工工作时统一着装所发生的工作服饰费用，根据《实施条例》第二十七条的规定，可以作为企业合理的支出给予税前扣除。

三、关于航空企业空勤训练费扣除问题

航空企业实际发生的飞行员养成费、飞行训练费、乘务训练费、空中保卫员训练费等空勤训练费用，根据《实施条例》第二十七条规定，可以作为航空企业运输成本在税前扣除。

四、关于房屋、建筑物固定资产改扩建的税务处理问题

企业对房屋、建筑物固定资产在未足额提取折旧前进行改扩建的，如属于推倒重置的，该资产原值减除提取折旧后的净值，应并入重置后的固定资产计税成本，并在该固定资产投入使用后的次月起，按照税法规定的折旧年限，一并计提折旧；如属于提升功能、增加面积的，该固定资产的改扩建支出，并入该固定资产计税基础，并从改扩建完工投入使用后的次月起，重新按税法规定的该固定资产折旧年限计提折旧，如该改扩建后的固定资产尚可使用的年限低于税法规定的最低年限的，可以按尚可使用的年限计提折旧。

五、投资企业撤回或减少投资的税务处理

投资企业从被投资企业撤回或减少投资，其取得的资产中，相当于初始出资的部分，

应确认为投资收回；相当于被投资企业累计未分配利润和累计盈余公积按减少实收资本比例计算的部分，应确认为股息所得；其余部分确认为投资资产转让所得。

被投资企业发生的经营亏损，由被投资企业按规定结转弥补；投资企业不得调整减低其投资成本，也不得将其确认为投资损失。

六、关于企业提供有效凭证时间问题

企业当年度实际发生的相关成本、费用，由于各种原因未能及时取得该成本、费用的有效凭证，企业在预缴季度所得税时，可暂按账面发生金额进行核算；但在汇算清缴时，应补充提供该成本、费用的有效凭证。

七、本公告自 2011 年 7 月 1 日起施行。本公告施行以前，企业发生的相关事项已经按照本公告规定处理的，不再调整；已经处理，但与本公告规定处理不一致的，凡涉及需要按照本公告规定调减应纳税所得额的，应当在本公告施行后相应调减 2011 年度企业应纳税所得额。

特此公告。

国家税务总局
二〇一一年六月九日

11. 国家税务总局关于企业国债投资业务企业所得税处理问题的公告

国家税务总局公告 2011 年第 36 号

根据《中华人民共和国企业所得税法》（以下简称企业所得税法）及其实施条例的规定，现对企业国债投资业务企业所得税处理问题，公告如下：

一、关于国债利息收入税务处理问题

（一）国债利息收入时间确认

1. 根据企业所得税法实施条例第十八条的规定，企业投资国债从国务院财政部门（以下简称发行者）取得的国债利息收入，应以国债发行时约定应付利息的日期，确认利息收入的实现。

2. 企业转让国债，应在国债转让收入确认时确认利息收入的实现。

（二）国债利息收入计算

企业到期前转让国债，或者从非发行者投资购买的国债，其持有期间尚未兑付的国债利息收入，按以下公式计算确定：

国债利息收入＝国债金额×（适用年利率÷365）×持有天数

上述公式中的"国债金额"，按国债发行面值或发行价格确定；"适用年利率"按国债票面年利率或折合年收益率确定；如企业不同时间多次购买同一品种国债的，"持有天数"可按平均持有天数计算确定。

（三）国债利息收入免税问题

根据企业所得税法第二十六条的规定，企业取得的国债利息收入，免征企业所得税。具体按以下规定执行：

1. 企业从发行者直接投资购买的国债持有至到期，其从发行者取得的国债利息收入，全额免征企业所得税。

2. 企业到期前转让国债，或者从非发行者投资购买的国债，其按本公告第一条第（二）

项计算的国债利息收入，免征企业所得税。

二、关于国债转让收入税务处理问题
（一）国债转让收入时间确认

1. 企业转让国债应在转让国债合同、协议生效的日期，或者国债移交时确认转让收入的实现。

2. 企业投资购买国债，到期兑付的，应在国债发行时约定的应付利息的日期，确认国债转让收入的实现。

（二）国债转让收益（损失）计算

企业转让或到期兑付国债取得的价款，减除其购买国债成本，并扣除其持有期间按照本公告第一条计算的国债利息收入以及交易过程中相关税费后的余额，为企业转让国债收益（损失）。

（三）国债转让收益（损失）征税问题

根据企业所得税法实施条例第十六条规定，企业转让国债，应作为转让财产，其取得的收益（损失）应作为企业应纳税所得额计算纳税。

三、关于国债成本确定问题
（一）通过支付现金方式取得的国债，以买入价和支付的相关税费为成本；

（二）通过支付现金以外的方式取得的国债，以该资产的公允价值和支付的相关税费为成本。

四、关于国债成本计算方法问题

企业在不同时间购买同一品种国债的，其转让时的成本计算方法，可在先进先出法、加权平均法、个别计价法中选用一种。计价方法一经选用，不得随意改变。

五、本公告自 2011 年 1 月 1 日起施行。

特此公告。

国家税务总局
二〇一一年六月二十二日

12. 国家税务总局关于企业转让上市公司限售股有关所得税问题的公告

国家税务总局公告 2011 年第 39 号

根据《中华人民共和国企业所得税法》（以下简称企业所得税法）及其实施条例的有关规定，现就企业转让上市公司限售股（以下简称限售股）有关所得税问题，公告如下：

一、纳税义务人的范围界定问题

根据企业所得税法第一条及其实施条例第三条的规定，转让限售股取得收入的企业（包括事业单位、社会团体、民办非企业单位等），为企业所得税的纳税义务人。

二、企业转让代个人持有的限售股征税问题

因股权分置改革造成原由个人出资而由企业代持有的限售股，企业在转让时按以下规定处理：

（一）企业转让上述限售股取得的收入，应作为企业应税收入计算纳税。

上述限售股转让收入扣除限售股原值和合理税费后的余额为该限售股转让所得。企业未能提供完整、真实的限售股原值凭证，不能准确计算该限售股原值的，主管税务机关一律按该限售股转让收入的15%，核定为该限售股原值和合理税费。

依照本条规定完成纳税义务后的限售股转让收入余额转付给实际所有人时不再纳税。

（二）依法院判决、裁定等原因，通过证券登记结算公司，企业将其代持的个人限售股直接变更到实际所有人名下的，不视同转让限售股。

三、企业在限售股解禁前转让限售股征税问题

企业在限售股解禁前将其持有的限售股转让给其他企业或个人（以下简称受让方），其企业所得税问题按以下规定处理：

（一）企业应按减持在证券登记结算机构登记的限售股取得的全部收入，计入企业当年度应税收入计算纳税。

（二）企业持有的限售股在解禁前已签订协议转让给受让方，但未变更股权登记、仍由企业持有的，企业实际减持该限售股取得的收入，依照本条第一项规定纳税后，其余额转付给受让方的，受让方不再纳税。

四、本公告自2011年7月1日起执行。本公告生效后尚未处理的纳税事项，按照本公告规定处理；已经处理的纳税事项，不再调整。

特此公告。

国家税务总局
二〇一一年七月七日

13. 国家税务总局关于印发《境外注册中资控股居民企业所得税管理办法（试行）》的公告

国家税务总局公告2011年第45号

为规范和加强对依据实际管理机构标准被认定为居民企业的境外注册中资控股企业的所得税管理，国家税务总局制定了《境外注册中资控股居民企业所得税管理办法（试行）》，现予以发布，自2011年9月1日起施行。

特此公告。

附件：1. 境外注册中资控股企业居民身份认定书（略）。
　　　2. 境外注册中资控股居民企业所得税管理情况汇总表（略）。

国家税务总局
二〇一一年七月二十七日

境外注册中资控股居民企业所得税管理办法（试行）

第一章　总　则

第一条　为规范和加强境外注册中资控股居民企业的所得税税收管理，根据《中华人

民共和国企业所得税法》（以下简称企业所得税法）及其实施条例、《中华人民共和国税收征收管理法》（以下简称税收征管法）及其实施细则、中国政府对外签署的避免双重征税协定（含与香港、澳门特别行政区签署的税收安排，以下简称税收协定）、《国家税务总局关于境外注册中资控股企业依据实际管理机构标准认定为居民企业有关问题的通知》（国税发〔2009〕82号，以下简称《通知》）和其他有关规定，制定本办法。

第二条 本办法所称境外注册中资控股企业（以下简称境外中资企业）是指由中国内地企业或者企业集团作为主要控股投资者，在中国内地以外国家或地区（含中国香港、中国澳门、中国台湾）注册成立的企业。

第三条 本办法所称境外注册中资控股居民企业（以下简称非境内注册居民企业）是指因实际管理机构在中国境内而被认定为中国居民企业的境外注册中资控股企业。

第四条 非境内注册居民企业应当按照企业所得税法及其实施条例和相关管理规定的要求，履行居民企业所得税纳税义务，并在向非居民企业支付企业所得税法第三条第三款规定的款项时，依法代扣代缴企业所得税。

第五条 本办法所称主管税务机关是指境外注册中资控股居民企业中国境内主要投资者登记注册地主管税务机关。

第二章 居民身份认定管理

第六条 境外中资企业居民身份的认定，采用企业自行判定提请税务机关认定和税务机关调查发现予以认定两种形式。

第七条 境外中资企业应当根据生产经营和管理的实际情况，自行判定实际管理机构是否设立在中国境内。如其判定符合《通知》第二条规定的居民企业条件，应当向其主管税务机关书面提出居民身份认定申请，同时提供以下资料：

（一）企业法律身份证明文件；
（二）企业集团组织结构说明及生产经营概况；
（三）企业上一个纳税年度的公证会计师审计报告；
（四）负责企业生产经营等事项的高层管理机构履行职责场所的地址证明；
（五）企业上一年度及当年度董事及高层管理人员在中国境内居住的记录；
（六）企业上一年度及当年度重大事项的董事会决议及会议记录；
（七）主管税务机关要求提供的其他资料。

第八条 主管税务机关发现境外中资企业符合《通知》第二条规定但未申请成为中国居民企业的，可以对该境外中资企业的实际管理机构所在地情况进行调查，并要求境外中资企业提供本办法第七条规定的资料。调查过程中，主管税务机关有权要求该企业的境内投资者提供相关资料。

第九条 主管税务机关依法对企业提供的相关资料进行审核，提出初步认定意见，将据以做出初步认定的相关事实（资料）、认定理由和结果层报税务总局确认。

税务总局认定境外中资企业居民身份的，应当将相关认定结果同时书面告知境内投资者、境内被投资者的主管税务机关。

第十条 非境内注册居民企业的主管税务机关收到税务总局关于境外中资企业居民身份的认定结果后，应当在10日内向该企业下达《境外注册中资控股企业居民身份认定书》（附件1），通知其从企业居民身份确认年度开始按照我国居民企业所得税管理规定及本办法规定办理有关税收事项。

第十一条 非境内注册居民企业发生下列重大变化情形之一的，应当自变化之日起

15 日内报告主管税务机关，主管税务机关应当按照本办法规定层报税务总局确定是否取消其居民身份。

（一）企业实际管理机构所在地变更为中国境外的；

（二）中方控股投资者转让企业股权，导致中资控股地位发生变化的。

第十二条 税务总局认定终止非境内注册居民企业居民身份的，应当将相关认定结果同时书面告知境内投资者、境内被投资者的主管税务机关。企业应当自主管税务机关书面告知之日起停止履行中国居民企业的所得税纳税义务与扣缴义务，同时停止享受中国居民企业税收待遇。上述主管税务机关应当依法做好减免税款追缴等后续管理工作。

第三章 税务登记管理

第十三条 非境内注册居民企业应当自收到居民身份认定书之日起 30 日内向主管税务机关提供以下资料申报办理税务登记，主管税务机关核发临时税务登记证及副本：

（一）居民身份认定书；

（二）境外注册登记证件；

（三）税务机关要求提供的其他资料。

第十四条 非境内注册居民企业经税务总局确认终止居民身份的，应当自收到主管税务机关书面通知之日起 15 日内向主管税务机关申报办理注销税务登记。

第十五条 发生本办法第四条扣缴义务的非境内注册居民企业应当自扣缴义务发生之日起 30 日内，向主管税务机关申报办理扣缴税款登记。

第四章 账簿凭证管理

第十六条 非境内注册居民企业应当按照中国有关法律、法规和国务院财政、税务主管部门的规定，编制财务、会计报表，并在领取税务登记证件之日起 15 日内将企业的财务、会计制度或者财务会计、处理办法及有关资料报送主管税务机关备案。

第十七条 非境内注册居民企业存放在中国境内的会计账簿和境内税务机关要求提供的报表等资料，应当使用中文。

第十八条 发生扣缴义务的非境内注册居民企业应当设立代扣代缴税款账簿和合同资料档案，准确记录扣缴企业所得税情况。

第十九条 非境内注册居民企业与境内单位或者个人发生交易的，应当按照发票管理办法规定使用发票，发票存根应当保存在中国境内，以备税务机关查验。

第五章 申报征收管理

第二十条 非境内注册居民企业按照分季预缴、年度汇算清缴方法申报缴纳所得税。

第二十一条 非境内注册居民企业发生终止生产经营或者居民身份变化情形的，应当自停止生产经营之日或者税务总局取消其居民企业之日起 60 日内，向其主管税务机关办理当期企业所得税汇算清缴。

非境内注册居民企业需要申报办理注销税务登记的，应在注销税务登记前，就其清算所得向主管税务机关申报缴纳企业所得税。

第二十二条 非境内注册居民企业应当以人民币计算缴纳企业所得税；所得以人民币以外的货币计算的，应当按照企业所得税法及其实施条例有关规定折合成人民币计算并缴纳企业所得税。

第二十三条 对非境内注册居民企业未依法履行居民企业所得税纳税义务的，主管税务机关应依据税收征管法及其实施细则的有关规定追缴税款、加收滞纳金，并处罚款。

主管税务机关应当在非境内注册居民企业年度申报和汇算清缴结束后两个月内,判定其构成居民身份的条件是否发生实质性变化。对实际管理机构转移至境外或者企业中资控股地位发生变化的,主管税务机关应层报税务总局终止其居民身份。

对于境外中资企业频繁转换企业身份,又无正当理由的,主管税务机关应层报国家税务总局核准后追回其已按居民企业享受的股息免税待遇。

第二十四条　主管税务机关应按季度核查非境内注册居民企业向非居民企业支付股息、利息、租金、特许权使用费、转让财产收入及其他收入依法扣缴企业所得税的情况,发现该企业未依法履行相关扣缴义务的,应按照税收征管法及其实施细则和企业所得税法及其实施条例等有关规定对其进行处罚,并向非居民企业追缴税款。

第六章　特定事项管理

第二十五条　非境内注册居民企业取得来源于中国境内的股息、红利等权益性投资收益和利息、租金、特许权使用费所得、转让财产所得以及其他所得,应当向相关支付方出具本企业的《境外注册中资控股企业居民身份认定书》复印件。

相关支付方凭上述复印件不予履行该所得的税款扣缴义务,并在对外支付上述外汇资金时凭该复印件向主管税务机关申请开具相关税务证明。其中涉及个人所得税、营业税等其他税种纳税事项的,仍按对外支付税务证明开具的有关规定办理。

第二十六条　非居民企业转让非境内注册居民企业股权所得,属于来源于中国境内所得,被转让的非境内注册居民企业应当自股权转让协议签订之日起30日内,向其主管税务机关报告并提供股权转让合同及相关资料。

第二十七条　非境内注册居民企业应当按照企业所得税法及其实施条例以及《特别纳税调整实施办法(试行)》(国税发〔2009〕2号)的相关规定,履行关联申报及同期资料准备等义务。

第二十八条　……

【注释】第二十八条废止,参见《国家税务总局关于开具〈中国税收居民身份证明〉有关事项的公告》(国家税务总局公告2016年第40号)。

第二十九条　境外税务当局拒绝给予非境内注册居民企业税收协定待遇,或者将其认定为所在国家(地区)税收居民的,该企业可按有关规定书面申请启动税务相互协商程序。

主管税务机关受理企业提请协商的申请后,应当及时将申请及有关资料层报税务总局,由税务总局与有关国家(地区)税务当局进行协商。

第七章　附　　则

第三十条　主管税务机关应当做好非境内注册居民企业所得税管理情况汇总统计工作,于每年8月15日前向税务总局层报《境外注册中资控股居民企业所得税管理情况汇总表》(附件2)。税务总局不定期对各地相关管理工作进行检查,并将检查情况通报各地。

第三十一条　本办法由税务总局负责解释。各省、自治区、直辖市和计划单列市税务局可根据本办法制定具体操作规程。

第三十二条　本办法自2011年9月1日起施行。此前根据《通知》规定已经被认定为非境内注册居民企业的,适用本办法相关规定处理。

附件：1. 境外注册中资控股企业居民身份认定书(略,详情请登录税务总局网站)。
　　　2. 境外注册中资控股居民企业所得税管理情况汇总表(略,详情请登录税务总局网站)。

14. 国家税务总局关于企业所得税应纳税所得额若干税务处理问题的公告

国家税务总局公告 2012 年第 15 号

根据《中华人民共和国企业所得税法》（以下简称《企业所得税法》）及其实施条例（以下简称《实施条例》）以及相关规定，现就企业所得税应纳税所得额若干税务处理问题公告如下：

一、关于季节工、临时工等费用税前扣除问题

企业因雇用季节工、临时工、实习生、返聘离退休人员以及接受外部劳务派遣用工所实际发生的费用，应区分为工资薪金支出和职工福利费支出，并按《企业所得税法》规定在企业所得税前扣除。其中属于工资薪金支出的，准予计入企业工资薪金总额的基数，作为计算其他各项相关费用扣除的依据。

【注释】第一条有关企业接受外部劳务派遣用工的相关规定废止，参见《国家税务总局关于企业工资薪金和职工福利费等支出税前扣除问题的公告》（国家税务总局公告 2015 年第 34 号）。

二、关于企业融资费用支出税前扣除问题

企业通过发行债券、取得贷款、吸收保户储金等方式融资而发生的合理的费用支出，符合资本化条件的，应计入相关资产成本；不符合资本化条件的，应作为财务费用，准予在企业所得税前据实扣除。

三、关于从事代理服务企业营业成本税前扣除问题

从事代理服务、主营业务收入为手续费、佣金的企业（如证券、期货、保险代理等企业），其为取得该类收入而实际发生的营业成本（包括手续费及佣金支出），准予在企业所得税前据实扣除。

四、关于电信企业手续费及佣金支出税前扣除问题

电信企业在发展客户、拓展业务等过程中（如委托销售电话入网卡、电话充值卡等），需向经纪人、代办商支付手续费及佣金的，其实际发生的相关手续费及佣金支出，不超过企业当年收入总额 5% 的部分，准予在企业所得税前据实扣除。

五、关于筹办期业务招待费等费用税前扣除问题

企业在筹建期间，发生的与筹办活动有关的业务招待费支出，可按实际发生额的 60% 计入企业筹办费，并按有关规定在税前扣除；发生的广告费和业务宣传费，可按实际发生额计入企业筹办费，并按有关规定在税前扣除。

六、关于以前年度发生应扣未扣支出的税务处理问题

根据《中华人民共和国税收征收管理法》的有关规定，对企业发现以前年度实际发生的、按照税收规定应在企业所得税前扣除而未扣除或者少扣除的支出，企业做出专项申报及说明后，准予追补至该项目发生年度计算扣除，但追补确认期限不得超过 5 年。

企业由于上述原因多缴的企业所得税税款，可以在追补确认年度企业所得税应纳税款中抵扣，不足抵扣的，可以向以后年度递延抵扣或申请退税。

亏损企业追补确认以前年度未在企业所得税前扣除的支出，或盈利企业经过追补确认

后出现亏损的,应首先调整该项支出所属年度的亏损额,然后再按照弥补亏损的原则计算以后年度多缴的企业所得税款,并按前款规定处理。

七、关于企业不征税收入管理问题

企业取得的不征税收入,应按照《财政部 国家税务总局关于专项用途财政性资金企业所得税处理问题的通知》(财税〔2011〕70号,以下简称《通知》)的规定进行处理。凡未按照《通知》规定进行管理的,应作为企业应税收入计入应纳税所得额,依法缴纳企业所得税。

八、关于税前扣除规定与企业实际会计处理之间的协调问题

根据《企业所得税法》第二十一条规定,对企业依据财务会计制度规定,并实际在财务会计处理上已确认的支出,凡没有超过《企业所得税法》和有关税收法规规定的税前扣除范围和标准的,可按企业实际会计处理确认的支出,在企业所得税前扣除,计算其应纳税所得额。

九、本公告施行时间

本公告规定适用于2011年度及以后各年度企业应纳税所得额的处理。

特此公告。

国家税务总局
二〇一二年四月二十四日

15. 财政部 国家税务总局关于保险公司准备金支出企业所得税税前扣除有关政策问题的通知

财税〔2012〕45号

各省、自治区、直辖市、计划单列市财政厅(局)、国家税务局、地方税务局,新疆生产建设兵团财务局:

根据《中华人民共和国企业所得税法》和《中华人民共和国企业所得税法实施条例》(国务院令第512号)的有关规定,现就保险公司准备金支出企业所得税税前扣除有关问题明确如下:

一、保险公司按下列规定缴纳的保险保障基金,准予据实税前扣除:

1. 非投资型财产保险业务,不得超过保费收入的0.8%;投资型财产保险业务,有保证收益的,不得超过业务收入的0.08%,无保证收益的,不得超过业务收入的0.05%。

2. 有保证收益的人寿保险业务,不得超过业务收入的0.15%;无保证收益的人寿保险业务,不得超过业务收入的0.05%。

3. 短期健康保险业务,不得超过保费收入的0.8%;长期健康保险业务,不得超过保费收入的0.15%。

4. 非投资型意外伤害保险业务,不得超过保费收入的0.8%;投资型意外伤害保险业务,有保证收益的,不得超过业务收入的0.08%,无保证收益的,不得超过业务收入的0.05%。

保险保障基金,是指按照《中华人民共和国保险法》和《保险保障基金管理办法》(保监会、财政部、人民银行令2008年第2号)规定缴纳形成的,在规定情形下用于救助保单持有人、保单受让公司或者处置保险业风险的非政府性行业风险救助基金。

保费收入,是指投保人按照保险合同约定,向保险公司支付的保险费。

业务收入，是指投保人按照保险合同约定，为购买相应的保险产品支付给保险公司的全部金额。

非投资型财产保险业务，是指仅具有保险保障功能而不具有投资理财功能的财产保险业务。

投资型财产保险业务，是指兼具有保险保障与投资理财功能的财产保险业务。

有保证收益，是指保险产品在投资收益方面提供固定收益或最低收益保障。

无保证收益，是指保险产品在投资收益方面不提供收益保证，投保人承担全部投资风险。

二、保险公司有下列情形之一的，其缴纳的保险保障基金不得在税前扣除：

1. 财产保险公司的保险保障基金余额达到公司总资产6%的。

2. 人身保险公司的保险保障基金余额达到公司总资产1%的。

三、保险公司按国务院财政部门的相关规定提取的未到期责任准备金、寿险责任准备金、长期健康险责任准备金、已发生已报案未决赔款准备金和已发生未报案未决赔款准备金，准予在税前扣除。

1. 未到期责任准备金、寿险责任准备金、长期健康险责任准备金依据经中国保监会核准任职资格的精算师或出具专项审计报告的中介机构确定的金额提取。

未到期责任准备金，是指保险人为尚未终止的非寿险保险责任提取的准备金。

寿险责任准备金，是指保险人为尚未终止的人寿保险责任提取的准备金。

长期健康险责任准备金，是指保险人为尚未终止的长期健康保险责任提取的准备金。

2. 已发生已报案未决赔款准备金，按最高不超过当期已经提出的保险赔款或者给付金额的100%提取；已发生未报案未决赔款准备金按不超过当年实际赔款支出额的8%提取。

已发生已报案未决赔款准备金，是指保险人为非寿险保险事故已经发生并已向保险人提出索赔、尚未结案的赔案提取的准备金。

已发生未报案未决赔款准备金，是指保险人为非寿险保险事故已经发生、尚未向保险人提出索赔的赔案提取的准备金。

四、保险公司实际发生的各种保险赔款、给付，应首先冲抵按规定提取的准备金，不足冲抵部分，准予在当年税前扣除。

五、本通知自2011年1月1日至2015年12月31日执行。

财政部　国家税务总局
二〇一二年五月十五日

16. 国家税务总局关于我国居民企业实行股权激励计划有关企业所得税处理问题的公告

国家税务总局公告2012年第18号

为推进我国资本市场改革，促进企业建立健全激励与约束机制，根据国务院证券管理委员会发布的《上市公司股权激励管理办法（试行）》（证监公司字〔2005〕151号，以下简称《管理办法》）的规定，一些在我国境内上市的居民企业（以下简称上市公司），为其职工建立了股权激励计划。根据《中华人民共和国企业所得税法》及其实施条例（以下简称税法）的有关规定，现就上市公司实施股权激励计划有关企业所得税处理问题，公告如下：

一、本公告所称股权激励，是指《管理办法》中规定的上市公司以本公司股票为标的，对其董事、监事、高级管理人员及其他员工（以下简称激励对象）进行的长期性激励。股权激励实行方式包括授予限制性股票、股票期权以及其他法律法规规定的方式。

限制性股票，是指《管理办法》中规定的激励对象按照股权激励计划规定的条件，从上市公司获得的一定数量的本公司股票。

股票期权，是指《管理办法》中规定的上市公司按照股权激励计划授予激励对象在未来一定期限内，以预先确定的价格和条件购买本公司一定数量股票的权利。

二、上市公司依照《管理办法》要求建立职工股权激励计划，并按我国企业会计准则的有关规定，在股权激励计划授予激励对象时，按照该股票的公允价格及数量，计算确定作为上市公司相关年度的成本或费用，作为换取激励对象提供服务的对价。上述企业建立的职工股权激励计划，其企业所得税的处理，按以下规定执行：

（一）对股权激励计划实行后立即可以行权的，上市公司可以根据实际行权时该股票的公允价格与激励对象实际行权支付价格的差额和数量，计算确定作为当年上市公司工资薪金支出，依照税法规定进行税前扣除。

（二）对股权激励计划实行后，需待一定服务年限或者达到规定业绩条件（以下简称等待期）方可行权的。上市公司等待期内会计上计算确认的相关成本费用，不得在对应年度计算缴纳企业所得税时扣除。在股权激励计划可行权后，上市公司方可根据该股票实际行权时的公允价格与当年激励对象实际行权支付价格的差额及数量，计算确定作为当年上市公司工资薪金支出，依照税法规定进行税前扣除。

（三）本条所指股票实际行权时的公允价格，以实际行权日该股票的收盘价格确定。

三、在我国境外上市的居民企业和非上市公司，凡比照《管理办法》的规定建立职工股权激励计划，且在企业会计处理上，也按我国会计准则的有关规定处理的，其股权激励计划有关企业所得税处理问题，可以按照上述规定执行。

四、本公告自2012年7月1日起施行。

特此公告。

国家税务总局
二〇一二年五月二十三日

17. 国家税务总局关于企业所得税核定征收有关问题的公告

国家税务总局公告2012年第27号

根据《中华人民共和国企业所得税法》及其实施条例、《国家税务总局关于印发〈企业所得税核定征收办法〉（试行）的通知》（国税发〔2008〕30号）和《国家税务总局关于企业所得税核定征收若干问题的通知》（国税函〔2009〕377号）的相关规定，现就企业所得税核定征收若干问题公告如下：

一、专门从事股权（股票）投资业务的企业，不得核定征收企业所得税。

二、依法按核定应税所得率方式核定征收企业所得税的企业，取得的转让股权（股票）收入等转让财产收入，应全额计入应税收入额，按照主营项目（业务）确定适用的应税所得率计算征税；若主营项目（业务）发生变化，应在当年汇算清缴时，按照变化后的主营项目（业务）重新确定适用的应税所得率计算征税。

三、本公告自 2012 年 1 月 1 日起施行。企业以前年度尚未处理的上述事项，按照本公告的规定处理；已经处理的，不再调整。

国家税务总局
二〇一二年六月十九日

18. 国家税务总局关于印发《跨地区经营汇总纳税企业所得税征收管理办法》的公告

国家税务总局公告 2012 年第 57 号

为加强跨地区经营汇总纳税企业所得税的征收管理，根据《中华人民共和国企业所得税法》及其实施条例、《中华人民共和国税收征收管理法》及其实施细则和《财政部 国家税务总局 中国人民银行关于印发〈跨省市总分机构企业所得税分配及预算管理办法〉的通知》（财预〔2012〕40号）等文件的精神，国家税务总局制定了《跨地区经营汇总纳税企业所得税征收管理办法》。现予发布，自 2013 年 1 月 1 日起施行。

特此公告。

国家税务总局
2012 年 12 月 27 日

跨地区经营汇总纳税企业所得税征收管理办法

第一章 总 则

第一条 为加强跨地区经营汇总纳税企业所得税的征收管理，根据《中华人民共和国企业所得税法》及其实施条例（以下简称《企业所得税法》）、《中华人民共和国税收征收管理法》及其实施细则（以下简称《征收管理法》）和《财政部 国家税务总局 中国人民银行关于印发〈跨省市总分机构企业所得税分配及预算管理办法〉的通知》（财预〔2012〕40号）等的有关规定，制定本办法。

第二条 居民企业在中国境内跨地区（指跨省、自治区、直辖市和计划单列市，下同）设立不具有法人资格分支机构的，该居民企业为跨地区经营汇总纳税企业（以下简称汇总纳税企业），除另有规定外，其企业所得税征收管理适用本办法。

国有邮政企业（包括中国邮政集团公司及其控股公司和直属单位）、中国工商银行股份有限公司、中国农业银行股份有限公司、中国银行股份有限公司、国家开发银行股份有限公司、中国农业发展银行、中国进出口银行、中国投资有限责任公司、中国建设银行股份有限公司、中国建银投资有限责任公司、中国信达资产管理股份有限公司、中国石油天然气股份有限公司、中国石油化工股份有限公司、海洋石油天然气企业〔包括中国海洋石油总公司、中海石油（中国）有限公司、中海油田服务股份有限公司、海洋石油工程股份有限公司〕、中国长江电力股份有限公司等企业缴纳的企业所得税（包括滞纳金、罚款）为中央收入，全额上缴中央国库，其企业所得税征收管理不适用本办法。

铁路运输企业所得税征收管理不适用本办法。

第三条 汇总纳税企业实行"统一计算、分级管理、就地预缴、汇总清算、财政调库"的企业所得税征收管理办法：

（一）统一计算，是指总机构统一计算包括汇总纳税企业所属各个不具有法人资格分支机构在内的全部应纳税所得额、应纳税额。

（二）分级管理，是指总机构、分支机构所在地的主管税务机关都有对当地机构进行企业所得税管理的责任，总机构和分支机构应分别接受机构所在地主管税务机关的管理。

（三）就地预缴，是指总机构、分支机构应按本办法的规定，分月或分季分别向所在地主管税务机关申报预缴企业所得税。

（四）汇总清算，是指在年度终了后，总机构统一计算汇总纳税企业的年度应纳税所得额、应纳所得税额，抵减总机构、分支机构当年已就地分期预缴的企业所得税款后，多退少补。

（五）财政调库，是指财政部定期将缴入中央国库的汇总纳税企业所得税待分配收入，按照核定的系数调整至地方国库。

第四条 总机构和具有主体生产经营职能的二级分支机构，就地分摊缴纳企业所得税。

二级分支机构，是指汇总纳税企业依法设立并领取非法人营业执照（登记证书），且总机构对其财务、业务、人员等直接进行统一核算和管理的分支机构。

第五条 以下二级分支机构不就地分摊缴纳企业所得税：

（一）不具有主体生产经营职能，且在当地不缴纳增值税、营业税的产品售后服务、内部研发、仓储等汇总纳税企业内部辅助性的二级分支机构，不就地分摊缴纳企业所得税。

（二）上年度认定为小型微利企业的，其二级分支机构不就地分摊缴纳企业所得税。

（三）新设立的二级分支机构，设立当年不就地分摊缴纳企业所得税。

（四）当年撤销的二级分支机构，自办理注销税务登记之日所属企业所得税预缴期间起，不就地分摊缴纳企业所得税。

（五）汇总纳税企业在中国境外设立的不具有法人资格的二级分支机构，不就地分摊缴纳企业所得税。

第二章 税款预缴和汇算清缴

第六条 汇总纳税企业按照《企业所得税法》规定汇总计算的企业所得税，包括预缴税款和汇算清缴应缴应退税款，50%在各分支机构间分摊，各分支机构根据分摊税款就地办理缴库或退库；50%由总机构分摊缴纳，其中25%就地办理缴库或退库，25%就地全额缴入中央国库或退库。具体的税款缴库或退库程序按照财预〔2012〕40号文件第五条等相关规定执行。

第七条 企业所得税分月或者分季预缴，由总机构所在地主管税务机关具体核定。

汇总纳税企业应根据当期实际利润额，按照本办法规定的预缴分摊方法计算总机构和分支机构的企业所得税预缴额，分别由总机构和分支机构就地预缴；在规定期限内按实际利润额预缴有困难的，也可以按照上一年度应纳税所得额的1/12或1/4，按照本办法规定的预缴分摊方法计算总机构和分支机构的企业所得税预缴额，分别由总机构和分支机构就地预缴。预缴方法一经确定，当年度不得变更。

第八条 总机构应将本期企业应纳所得税额的50%部分，在每月或季度终了后15日内就地申报预缴。总机构应将本期企业应纳所得税额的另外50%部分，按照各分支机构应分摊的比例，在各分支机构之间进行分摊，并及时通知到各分支机构；各分支机构应在每月或季度终了之日起15日内，就其分摊的所得税额就地申报预缴。

分支机构未按税款分配数额预缴所得税造成少缴税款的，主管税务机关应按照《征收管理法》的有关规定对其处罚，并将处罚结果通知总机构所在地主管税务机关。

第九条 汇总纳税企业预缴申报时，总机构除报送企业所得税预缴申报表和企业当期财务报表外，还应报送汇总纳税企业分支机构所得税分配表和各分支机构上一年度的年度财务报表（或年度财务状况和营业收支情况）；分支机构除报送企业所得税预缴申报表（只填列部分项目）外，还应报送经总机构所在地主管税务机关受理的汇总纳税企业分支机构所得税分配表。

在一个纳税年度内，各分支机构上一年度的年度财务报表（或年度财务状况和营业收支情况）原则上只需要报送一次。

第十条 汇总纳税企业应当自年度终了之日起5个月内，由总机构汇总计算企业年度应纳所得税额，扣除总机构和各分支机构已预缴的税款，计算出应缴应退税款，按照本办法规定的税款分摊方法计算总机构和分支机构的企业所得税应缴应退税款，分别由总机构和分支机构就地办理税款缴库或退库。

汇总纳税企业在纳税年度内预缴企业所得税税款少于全年应缴企业所得税税款的，应在汇算清缴期内由总、分机构分别结清应缴的企业所得税税款；预缴税款超过应缴税款的，主管税务机关应及时按有关规定分别办理退税，或者经总、分机构同意后分别抵缴其下一年度应缴企业所得税税款。

第十一条 汇总纳税企业汇算清缴时，总机构除报送企业所得税年度纳税申报表和年度财务报表外，还应报送汇总纳税企业分支机构所得税分配表、各分支机构的年度财务报表和各分支机构参与企业年度纳税调整情况的说明；分支机构除报送企业所得税年度纳税申报表（只填列部分项目）外，还应报送经总机构所在地主管税务机关受理的汇总纳税企业分支机构所得税分配表、分支机构的年度财务报表（或年度财务状况和营业收支情况）和分支机构参与企业年度纳税调整情况的说明。

分支机构参与企业年度纳税调整情况的说明，可参照企业所得税年度纳税申报表附表"纳税调整项目明细表"中列明的项目进行说明，涉及需由总机构统一计算调整的项目不进行说明。

第十二条 分支机构未按规定报送经总机构所在地主管税务机关受理的汇总纳税企业分支机构所得税分配表，分支机构所在地主管税务机关应责成该分支机构在申报期内报送，同时提请总机构所在地主管税务机关督促总机构按照规定提供上述分配表；分支机构在申报期内不提供的，由分支机构所在地主管税务机关对分支机构按照《征收管理法》的有关规定予以处罚；属于总机构未向分支机构提供分配表的，分支机构所在地主管税务机关还应提请总机构所在地主管税务机关对总机构按照《征收管理法》的有关规定予以处罚。

第三章　总分机构分摊税款的计算

第十三条 总机构按以下公式计算分摊税款：

总机构分摊税款＝汇总纳税企业当期应纳所得税额×50%

第十四条 分支机构按以下公式计算分摊税款：

所有分支机构分摊税款总额＝汇总纳税企业当期应纳所得税额×50%

某分支机构分摊税款＝所有分支机构分摊税款总额×该分支机构分摊比例

第十五条 总机构应按照上年度分支机构的营业收入、职工薪酬和资产总额三个因素计算各分支机构分摊所得税款的比例;三级及以下分支机构,其营业收入、职工薪酬和资产总额统一计入二级分支机构;三因素的权重依次为 0.35、0.35、0.30。

计算公式如下:

某分支机构分摊比例＝(该分支机构营业收入/各分支机构营业收入之和)×0.35＋
(该分支机构职工薪酬/各分支机构职工薪酬之和)×0.35＋
(该分支机构资产总额/各分支机构资产总额之和)×0.30

分支机构分摊比例按上述方法一经确定后,除出现本办法第五条第(四)项和第十六条第二、第三款情形外,当年不作调整。

第十六条 总机构设立具有主体生产经营职能的部门(非本办法第四条规定的二级分支机构),且该部门的营业收入、职工薪酬和资产总额与管理职能部门分开核算的,可将该部门视同一个二级分支机构,按本办法规定计算分摊并就地缴纳企业所得税;该部门与管理职能部门的营业收入、职工薪酬和资产总额不能分开核算的,该部门不得视同一个二级分支机构,不得按本办法规定计算分摊并就地缴纳企业所得税。

汇总纳税企业当年由于重组等原因从其他企业取得重组当年之前已存在的二级分支机构,并作为本企业二级分支机构管理的,该二级分支机构不视同当年新设立的二级分支机构,按本办法规定计算分摊并就地缴纳企业所得税。

汇总纳税企业内就地分摊缴纳企业所得税的总机构、二级分支机构之间,发生合并、分立、管理层级变更等形成的新设或存续的二级分支机构,不视同当年新设立的二级分支机构,按本办法规定计算分摊并就地缴纳企业所得税。

第十七条 本办法所称分支机构营业收入,是指分支机构销售商品、提供劳务、让渡资产使用权等日常经营活动实现的全部收入。其中,生产经营企业分支机构营业收入是指生产经营企业分支机构销售商品、提供劳务、让渡资产使用权等取得的全部收入。金融企业分支机构营业收入是指金融企业分支机构取得的利息、手续费、佣金等全部收入。保险企业分支机构营业收入是指保险企业分支机构取得的保费等全部收入。

本办法所称分支机构职工薪酬,是指分支机构为获得职工提供的服务而给予各种形式的报酬以及其他相关支出。

本办法所称分支机构资产总额,是指分支机构在经营活动中实际使用的应归属于该分支机构的资产合计额。

本办法所称上年度分支机构的营业收入、职工薪酬和资产总额,是指分支机构上年度全年的营业收入、职工薪酬数据和上年度 12 月 31 日的资产总额数据,是依照国家统一会计制度的规定核算的数据。

一个纳税年度内,总机构首次计算分摊税款时采用的分支机构营业收入、职工薪酬和资产总额数据,与此后经过中国注册会计师审计确认的数据不一致的,不作调整。

第十八条 对于按照税收法律、法规和其他规定,总机构和分支机构处于不同税率地区的,先由总机构统一计算全部应纳税所得额,然后按本办法第六条规定的比例和按第十五条计算的分摊比例,计算划分不同税率地区机构的应纳税所得额,再分别按各自的适用税率计算应纳税额后加总计算出汇总纳税企业的应纳所得税总额,最后按本办法第六条规定的比例和按第十五条计算的分摊比例,向总机构和分支机构分摊就地缴纳的企业所得税款。

第十九条 分支机构所在地主管税务机关应根据经总机构所在地主管税务机关受理的汇总纳税企业分支机构所得税分配表、分支机构的年度财务报表(或年度财务状况和营业收支情况)等,对其主管分支机构计算分摊税款比例的三个因素、计算的分摊税款比例和应分摊缴纳的所得税税款进行查验核对;对查验项目有异议的,应于收到汇总纳税企业分支机构所得税分配表后 30 日内向企业总机构所在地主管税务机关提出书面复核建议，并附送相关数据资料。

总机构所在地主管税务机关必须于收到复核建议后 30 日内，对分摊税款的比例进行复核，作出调整或维持原比例的决定，并将复核结果函复分支机构所在地主管税务机关。分支机构所在地主管税务机关应执行总机构所在地主管税务机关的复核决定。

总机构所在地主管税务机关未在规定时间内复核并函复复核结果的，上级税务机关应对总机构所在地主管税务机关按照有关规定进行处理。

复核期间，分支机构应先按总机构确定的分摊比例申报缴纳税款。

第二十条 汇总纳税企业未按照规定准确计算分摊税款，造成总机构与分支机构之间同时存在一方（或几方）多缴另一方（或几方）少缴税款的，其总机构或分支机构分摊缴纳的企业所得税低于按本办法规定计算分摊的数额的，应在下一税款缴纳期内，由总机构将按本办法规定计算分摊的税款差额分摊到总机构或分支机构补缴；其总机构或分支机构就地缴纳的企业所得税高于按本办法规定计算分摊的数额的，应在下一税款缴纳期内，由总机构将按本办法规定计算分摊的税款差额从总机构或分支机构的分摊税款中扣减。

第四章 日常管理

第二十一条 汇总纳税企业总机构和分支机构应依法办理税务登记，接受所在地主管税务机关的监督和管理。

第二十二条 总机构应将其所有二级及以下分支机构（包括本办法第五条规定的分支机构）信息报其所在地主管税务机关备案，内容包括分支机构名称、层级、地址、邮编、纳税人识别号及企业所得税主管税务机关名称、地址和邮编。

分支机构（包括本办法第五条规定的分支机构）应将其总机构、上级分支机构和下属分支机构信息报其所在地主管税务机关备案，内容包括总机构、上级机构和下属分支机构名称、层级、地址、邮编、纳税人识别号及企业所得税主管税务机关名称、地址和邮编。

上述备案信息发生变化的，除另有规定外，应在内容变化后 30 日内报总机构和分支机构所在地主管税务机关备案，并办理变更税务登记。

分支机构注销税务登记后 15 日内，总机构应将分支机构注销情况报所在地主管税务机关备案，并办理变更税务登记。

第二十三条 以总机构名义进行生产经营的非法人分支机构，无法提供汇总纳税企业分支机构所得税分配表，应在预缴申报期内向其所在地主管税务机关报送非法人营业执照（或登记证书）的复印件、由总机构出具的二级及以下分支机构的有效证明和支持有效证明的相关材料（包括总机构拨款证明、总分机构协议或合同、公司章程、管理制度等），证明其二级及以下分支机构身份。

二级及以下分支机构所在地主管税务机关应对二级及以下分支机构进行审核鉴定，对应按本办法规定就地分摊缴纳企业所得税的二级分支机构，应督促其及时就地缴纳企业所得税。

第二十四条 以总机构名义进行生产经营的非法人分支机构，无法提供汇总纳税企业分支机构所得税分配表，也无法提供本办法第二十三条规定相关证据证明其二级及以下分支机构身份的，应视同独立纳税人计算并就地缴纳企业所得税，不执行本办法的相关规定。

按上款规定视同独立纳税人的分支机构，其独立纳税人身份一个年度内不得变更。

汇总纳税企业以后年度改变组织结构的，该分支机构应按本办法第二十三条规定报送相关证据，分支机构所在地主管税务机关重新进行审核鉴定。

【注释】第二十四条第三款"汇总纳税企业以后年度改变组织结构的,该分支机构应按本办法第二十三条规定报送相关证据,分支机构所在地主管税务机关重新进行审核鉴定"的规定失效,参见《国家税务总局关于3项企业所得税事项取消审批后加强后续管理的公告》(国家税务总局公告2015年第6号)。

第二十五条　汇总纳税企业发生的资产损失,应按以下规定申报扣除:

(一)总机构及二级分支机构发生的资产损失,除应按专项申报和清单申报的有关规定各自向所在地主管税务机关申报外,二级分支机构还应同时上报总机构;三级及以下分支机构发生的资产损失不需向所在地主管税务机关申报,应并入二级分支机构,由二级分支机构统一申报。

(二)总机构对各分支机构上报的资产损失,除税务机关另有规定外,应以清单申报的形式向所在地主管税务机关申报。

(三)总机构将分支机构所属资产捆绑打包转让所发生的资产损失,由总机构向所在地主管税务机关专项申报。

二级分支机构所在地主管税务机关应对二级分支机构申报扣除的资产损失强化后续管理。

第二十六条　对于按照税收法律、法规和其他规定,由分支机构所在地主管税务机关管理的企业所得税优惠事项,分支机构所在地主管税务机关应加强审批(核)、备案管理,并通过评估、检查和台账管理等手段,加强后续管理。

第二十七条　总机构所在地主管税务机关应加强对汇总纳税企业申报缴纳企业所得税的管理,可以对企业自行实施税务检查,也可以与二级分支机构所在地主管税务机关联合实施税务检查。

总机构所在地主管税务机关应对查实项目按照《企业所得税法》的规定统一计算查增的应纳税所得额和应纳税额。

总机构应将查补所得税款(包括滞纳金、罚款,下同)的50%按照本办法第十五条规定计算的分摊比例,分摊给各分支机构(不包括本办法第五条规定的分支机构)缴纳,各分支机构根据分摊查补税款就地办理缴库;50%分摊给总机构缴纳,其中25%就地办理缴库,25%就地全额缴入中央国库。具体的税款缴库程序按照财预〔2012〕40号文件第五条等相关规定执行。

汇总纳税企业缴纳查补所得税款时,总机构应向其所在地主管税务机关报送汇总纳税企业分支机构所得税分配表和总机构所在地主管税务机关出具的税务检查结论,各分支机构也应向其所在地主管税务机关报送经总机构所在地主管税务机关受理的汇总纳税企业分支机构所得税分配表和税务检查结论。

第二十八条　二级分支机构所在地主管税务机关应配合总机构所在地主管税务机关对其主管二级分支机构实施税务检查,也可以自行对该二级分支机构实施税务检查。

二级分支机构所在地主管税务机关自行对其主管二级分支机构实施税务检查,可对查实项目按照《企业所得税法》的规定自行计算查增的应纳税所得额和应纳税额。

计算查增的应纳税所得额时,应减除允许弥补的汇总纳税企业以前年度亏损;对于需由总机构统一计算的税前扣除项目,不得由分支机构自行计算调整。

二级分支机构应将查补所得税款的50%分摊给总机构缴纳,其中25%就地办理缴库,25%就地全额缴入中央国库;50%分摊给该二级分支机构就地办理缴库。具体的税款缴库程序按照财预〔2012〕40号文件第五条等相关规定执行。

汇总纳税企业缴纳查补所得税款时,总机构应向其所在地主管税务机关报送经二级分支机构所在地主管税务机关受理的汇总纳税企业分支机构所得税分配表和二级分支机构所在地主管税务机关出具的税务检查结论，二级分支机构也应向其所在地主管税务机关报送汇总纳税企业分支机构所得税分配表和税务检查结论。

第二十九条 税务机关应将汇总纳税企业总机构、分支机构的税务登记信息、备案信息、总机构出具的分支机构有效证明情况及分支机构审核鉴定情况、企业所得税月（季）度预缴纳税申报表和年度纳税申报表、汇总纳税企业分支机构所得税分配表、财务报表（或年度财务状况和营业收支情况）、企业所得税款入库情况、资产损失情况、税收优惠情况、各分支机构参与企业年度纳税调整情况的说明、税务检查及查补税款分摊和入库情况等信息，定期分省汇总上传至国家税务总局跨地区经营汇总纳税企业管理信息交换平台。

第三十条 2008年年底之前已成立的汇总纳税企业，2009年起新设立的分支机构，其企业所得税的征管部门应与总机构企业所得税征管部门一致；2009年起新增汇总纳税企业，其分支机构企业所得税的管理部门也应与总机构企业所得税管理部门一致。

第三十一条 汇总纳税企业不得核定征收企业所得税。

第五章 附　　则

第三十二条 居民企业在中国境内没有跨地区设立不具有法人资格分支机构，仅在同一省、自治区、直辖市和计划单列市（以下称同一地区）内设立不具有法人资格分支机构的，其企业所得税征收管理办法，由各省、自治区、直辖市和计划单列市税务局参照本办法联合制定。

居民企业在中国境内既跨地区设立不具有法人资格分支机构，又在同一地区内设立不具有法人资格分支机构的，其企业所得税征收管理实行本办法。

第三十三条 本办法自2013年1月1日起施行。

《国家税务总局关于印发〈跨地区经营汇总纳税企业所得税征收管理暂行办法〉的通知》（国税发〔2008〕28号）、《国家税务总局关于跨地区经营汇总纳税企业所得税征收管理有关问题的通知》（国税函〔2008〕747号）、《国家税务总局关于跨地区经营外商独资银行汇总纳税问题的通知》（国税函〔2008〕958号）、《国家税务总局关于华能国际电力股份有限公司汇总计算缴纳企业所得税问题的通知》（国税函〔2009〕33号）、《国家税务总局关于跨地区经营汇总纳税企业所得税征收管理若干问题的通知》（国税函〔2009〕221号）和《国家税务总局关于华能国际电力股份有限公司所属分支机构2008年度预缴企业所得税款问题的通知》（国税函〔2009〕674号）同时废止。

《国家税务总局关于发布〈中华人民共和国企业所得税月（季）度预缴纳税申报表〉等报表的公告》（税务总局公告2011年第64号）和《国家税务总局关于发布〈中华人民共和国企业所得税月（季）度预缴纳税申报表〉等报表的补充公告》（税务总局公告2011年第76号）规定与本办法不一致的，按本办法执行。

19. 国家税务总局关于营业税改征增值税试点中非居民企业缴纳企业所得税有关问题的公告

国家税务总局公告2013年第9号

现将营业税改征增值税试点中非居民企业缴纳企业所得税有关问题公告如下：

营业税改征增值税试点中的非居民企业，取得《中华人民共和国企业所得税法》第三条第三款规定的所得，在计算缴纳企业所得税时，应以不含增值税的收入全额作为应纳税所得额。

本公告自发布之日起施行。

特此公告。

国家税务总局
2013年2月19日

20. 国家税务总局关于企业混合性投资业务企业所得税处理问题的公告

国家税务总局公告2013年第41号

根据《中华人民共和国企业所得税法》及其实施条例（以下简称税法）的规定，现就企业混合性投资业务企业所得税处理问题公告如下：

一、企业混合性投资业务，是指兼具权益和债权双重特性的投资业务。同时符合下列条件的混合性投资业务，按本公告进行企业所得税处理：

（一）被投资企业接受投资后，需要按投资合同或协议约定的利率定期支付利息（或定期支付保底利息、固定利润、固定股息，下同）；

（二）有明确的投资期限或特定的投资条件，并在投资期满或者满足特定投资条件后，被投资企业需要赎回投资或偿还本金；

（三）投资企业对被投资企业净资产不拥有所有权；

（四）投资企业不具有选举权和被选举权；

（五）投资企业不参与被投资企业日常生产经营活动。

二、符合本公告第一条规定的混合性投资业务，按下列规定进行企业所得税处理：

（一）对于被投资企业支付的利息，投资企业应于被投资企业应付利息的日期，确认收入的实现并计入当期应纳税所得额；被投资企业应于应付利息的日期，确认利息支出，并按税法和《国家税务总局关于企业所得税若干问题的公告》（2011年第34号）第一条的规定，进行税前扣除。

（二）对于被投资企业赎回的投资，投资双方应于赎回时将赎价与投资成本之间的差额确认为债务重组损益，分别计入当期应纳税所得额。

三、本公告自2013年9月1日起执行。此前发生的已进行税务处理的混合性投资业务，不再进行纳税调整。

特此公告。

国家税务总局
2013年7月15日

21. 国家税务总局关于执行软件企业所得税优惠政策有关问题的公告

国家税务总局公告 2013 年第 43 号

根据《中华人民共和国企业所得税法》及其实施条例、《国务院关于印发进一步鼓励软件产业和集成电路产业发展若干政策的通知》（国发〔2011〕4 号）、《财政部 国家税务总局关于进一步鼓励软件产业和集成电路产业发展企业所得税政策的通知》（财税〔2012〕27 号）、《国家税务总局关于软件和集成电路企业认定管理有关问题的公告》（国家税务总局公告 2012 年第 19 号）以及《软件企业认定管理办法》（工信部联软〔2013〕64 号）的规定，经商财政部，现将贯彻落实软件企业所得税优惠政策有关问题公告如下：

一、软件企业所得税优惠政策适用于实行查账征收方式的软件企业。

二、软件企业的收入总额，是指《企业所得税法》第六条规定的收入总额。

三、软件企业的获利年度，是指软件企业开始生产经营后，第一个应纳税所得额大于零的纳税年度，包括对企业所得税实行核定征收方式的纳税年度。

软件企业享受定期减免税优惠的期限应当连续计算，不得因中间发生亏损或其他原因而间断。

四、除国家另有政策规定（包括对国家自主创新示范区的规定）外，软件企业研发费用的计算口径按照《国家税务总局关于印发〈企业研究开发费用税前扣除管理办法（试行）〉的通知》（国税发〔2008〕116 号）规定执行。

五、2010 年 12 月 31 日以前依法在中国境内成立但尚未认定的软件企业，仍按照《财政部 国家税务总局关于企业所得税若干优惠政策的通知》（财税〔2008〕1 号）第一条的规定以及《软件企业认定标准及管理办法（试行）》（信部联产〔2000〕968 号）的认定条件，办理相关手续，并继续享受到期满为止。优惠期间内，亦按照信部联产〔2000〕968 号的认定条件进行年审。

六、本公告自 2011 年 1 月 1 日起执行。其中，2011 年 1 月 1 日以后依法在中国境内成立的软件企业认定管理的衔接问题仍按照国家税务总局公告 2012 年第 19 号的规定执行；2010 年 12 月 31 日以前依法在中国境内成立的软件企业的政策及认定管理衔接问题按本公告第五条的规定执行。集成电路生产企业、集成电路设计企业认定和优惠管理涉及的上述事项按本公告执行。

特此公告。

国家税务总局
2013 年 7 月 25 日

22. 国家税务总局关于电信企业手续费及佣金支出税前扣除问题的公告

国家税务总局公告 2013 年第 59 号

依据《国家税务总局关于企业所得税应纳税所得额若干税务处理问题的公告》（国家税

务总局公告2012年第15号），现就电信企业手续费及佣金支出税前扣除问题公告如下：

国家税务总局公告2012年第15号第四条所称电信企业手续费及佣金支出，仅限于电信企业在发展客户、拓展业务等过程中因委托销售电话入网卡、电话充值卡所发生的手续费及佣金支出。

本公告施行时间同国家税务总局公告2012年第15号施行时间。

特此公告。

国家税务总局
2013年10月10日

23. 国家税务总局关于技术转让所得减免企业所得税有关问题的公告

国家税务总局公告2013年第62号

为加强技术转让所得减免企业所得税的征收管理，现将《国家税务总局关于技术转让所得减免企业所得税有关问题的通知》（国税函〔2009〕212号）中技术转让收入计算的有关问题，公告如下：

一、可以计入技术转让收入的技术咨询、技术服务、技术培训收入，是指转让方为使受让方掌握所转让的技术投入使用、实现产业化而提供的必要的技术咨询、技术服务、技术培训所产生的收入，并应同时符合以下条件：

（一）在技术转让合同中约定的与该技术转让相关的技术咨询、技术服务、技术培训；

（二）技术咨询、技术服务、技术培训收入与该技术转让项目收入一并收取价款。

二、本公告自2013年11月1日起施行。此前已进行企业所得税处理的相关业务，不作纳税调整。

国家税务总局
2013年10月21日

24. 国家税务总局 国家发展改革委关于落实节能服务企业合同能源管理项目企业所得税优惠政策有关征收管理问题的公告

国家税务总局 国家发展改革委公告2013年第77号

为鼓励企业采用合同能源管理模式开展节能服务，规范合同能源管理项目企业所得税管理，根据《中华人民共和国企业所得税法》及其实施条例（以下简称企业所得税法）、《国务院办公厅转发发展改革委等部门关于加快推行合同能源管理促进节能服务产业发展意见的通知》（国办发〔2010〕25号）、《财政部 国家税务总局关于促进节能服务产业发展增值税、营业税和企业所得税政策问题的通知》（财税〔2010〕110号）和《国家税务总局关于进一步做好税收促进节能减排工作的通知》（国税函〔2010〕180号）的有关规定，现就落实合同能源管理项目企业所得税优惠政策有关征收管理问题公告如下：

一、对实施节能效益分享型合同能源管理项目（以下简称项目）的节能服务企业，凡实行查账征收所得税的居民企业并符合企业所得税法和本公告有关规定的，该项目可享受财税〔2010〕110号规定的企业所得税"三免三减半"优惠政策。如节能服务企业的分享型合同约定的效益分享期短于6年的，按实际分享期享受优惠。

二、节能服务企业享受"三免三减半"项目的优惠期限，应连续计算。对在优惠期限内转让所享受优惠的项目给其他符合条件的节能服务企业，受让企业承续经营该项目的，可自项目受让之日起，在剩余期限内享受规定的优惠；优惠期限届满后转让的，受让企业不得就该项目重复享受优惠。

三、节能服务企业投资项目所发生的支出，应按税法规定作资本化或费用化处理。形成的固定资产或无形资产，应按合同约定的效益分享期计提折旧或摊销。

节能服务企业应分别核算各项目的成本费用支出额。对在合同约定的效益分享期内发生的期间费用划分不清的，应合理进行分摊，期间费用的分摊应按照项目投资额和销售（营业）收入额两个因素计算分摊比例，两个因素的权重各为50%。

四、节能服务企业、节能效益分享型能源管理合同和合同能源管理项目应符合财税〔2010〕110号第二条第（三）项所规定的条件。

五、享受企业所得税优惠政策的项目应属于《财政部 国家税务总局 国家发展改革委关于公布环境保护节能节水项目企业所得税优惠目录（试行）的通知》（财税〔2009〕166号）规定的节能减排技术改造项目，包括余热余压利用、绿色照明等节能效益分享型合同能源管理项目。

六、……

【注释】第六条废止，参见《国家税务总局关于公布失效废止的税务部门规章和税收规范性文件目录的决定》（国家税务总局令第42号）。

七、企业享受优惠条件发生变化的，应当自发生变化之日起15日内向主管税务机关书面报告。如不再符合享受优惠条件的，应停止享受优惠，并依法缴纳企业所得税。对节能服务企业采取虚假手段获取税收优惠的、享受优惠条件发生变化而未及时向主管税务机关报告的以及未按本公告规定报送备案资料而自行减免税的，主管税务机关应按照税收征管法等有关规定进行处理。税务部门应设立节能服务企业项目管理台账和统计制度，并会同节能主管部门建立监管机制。

八、合同能源管理项目确认由国家发展改革委、财政部公布的第三方节能量审核机构负责，并出具《合同能源管理项目情况确认表》，或者由政府节能主管部门出具合同能源管理项目确认意见。第三方机构在合同能源管理项目确认过程中应严格按照国家有关要求认真审核把关，确保审核结果客观、真实。对在审核过程中把关不严、弄虚作假的第三方机构，一经查实，将取消其审核资质，并按相关法律规定追究责任。

九、本公告自2013年1月1日起施行。本公告发布前，已按有关规定享受税收优惠政策的，仍按原规定继续执行；尚未享受的，按本公告规定执行。

特此公告。

附件：1. 合同能源管理项目情况确认表（略）。
2. 合同能源管理项目应纳税所得额计算表（略）。

国家税务总局　国家发展改革委
2013年12月17日

25. 财政部 国家税务总局关于期货投资者保障基金有关税收政策继续执行的通知

财税〔2013〕80号

各省、自治区、直辖市、计划单列市财政厅（局）、国家税务局、地方税务局，新疆生产建设兵团财务局：

经国务院批准，对期货投资者保障基金（以下简称期货保障基金）继续予以税收优惠政策。现将有关事项明确如下：

一、对中国期货保证金监控中心有限责任公司（以下简称期货保障基金公司）根据《期货投资者保障基金管理暂行办法》（证监会令第38号，以下简称《暂行办法》）取得的下列收入，不计入其应征企业所得税收入：

1. 期货交易所按风险准备金账户总额的15%和交易手续费的3%上缴的期货保障基金收入；
2. 期货公司按代理交易额的千万分之五至十上缴的期货保障基金收入；
3. 依法向有关责任方追偿所得；
4. 期货公司破产清算所得；
5. 捐赠所得。

二、对期货保障基金公司取得的银行存款利息收入、购买国债、中央银行和中央级金融机构发行债券的利息收入，以及证监会和财政部批准的其他资金运用取得的收入，暂免征收企业所得税。

三、对期货保障基金公司根据《暂行办法》取得的下列收入，暂免征收营业税：

1. 期货交易所按风险准备金账户总额的15%和交易手续费的3%上缴的期货保障基金收入；
2. 期货公司按代理交易额的千万分之五至十上缴的期货保障基金收入；
3. 依法向有关责任方追偿所得收入；
4. 期货公司破产清算受偿收入；
5. 按规定从期货交易所取得的运营收入。

四、期货交易所和期货公司根据《暂行办法》上缴的期货保障基金中属于营业税征税范围的部分，允许从其营业税计税营业额中扣除。

五、对期货保障基金公司新设立的资金账簿、期货保障基金参加被处置期货公司的财产清算而签订的产权转移书据以及期货保障基金以自有财产和接受的受偿资产与保险公司签订的财产保险合同等免征印花税。对上述应税合同和产权转移书据的其他当事人照章征收印花税。

六、本通知自2013年1月1日起至2014年12月31日止执行。《财政部 国家税务总局关于期货投资者保障基金有关税收问题的通知》（财税〔2009〕68号）和《财政部 国家税务总局关于期货投资者保障基金有关税收优惠政策继续执行的通知》（财税〔2011〕69号）同时废止。

财政部 国家税务总局
2013年10月28日

26. 国家税务总局关于商业零售企业存货损失税前扣除问题的公告

国家税务总局公告2014年第3号

根据《国家税务总局关于发布〈企业资产损失所得税税前扣除管理办法〉的公告》（国家税务总局公告2011年第25号）有关规定，现对商业零售企业存货损失税前扣除问题公告如下：

一、商业零售企业存货因零星失窃、报废、废弃、过期、破损、腐败、鼠咬、顾客退换货等正常因素形成的损失，为存货正常损失，准予按会计科目进行归类、汇总，然后再将汇总数据以清单的形式进行企业所得税纳税申报，同时出具损失情况分析报告。

二、商业零售企业存货因风、火、雷、震等自然灾害，仓储、运输失事，重大案件等非正常因素形成的损失，为存货非正常损失，应当以专项申报形式进行企业所得税纳税申报。

三、存货单笔（单项）损失超过500万元的，无论何种因素形成的，均应以专项申报方式进行企业所得税纳税申报。

四、本公告适用于2013年度及以后年度企业所得税纳税申报。

特此公告。

国家税务总局
2014年1月10日

27. 国家税务总局关于依据实际管理机构标准实施居民企业认定有关问题的公告

国家税务总局公告2014年第9号

为完善依据实际管理机构实施居民企业的认定工作，加强企业所得税征收管理，根据《国务院关于取消和下放一批行政审批项目的决定》（国发〔2013〕44号），国家税务总局对《国家税务总局关于境外注册中资控股企业依据实际管理机构标准认定为居民企业有关问题的通知》（国税发〔2009〕82号，以下简称《通知》）有关条款进行了修订，现公告如下：

一、符合《通知》第二条规定的居民企业认定条件的境外中资企业，须向其中国境内主要投资者登记注册地主管税务机关提出居民企业认定申请，主管税务机关对其居民企业身份进行初步判定后，层报省级税务机关确认。经省级税务机关确认后抄送其境内其他投资地相关省级税务机关。

二、按本公告实施居民企业认定时，经省级税务机关确认后，30日内抄报国家税务总局，由国家税务总局网站统一对外公布。国家税务总局适时开展检查，对不符合条件的，责令其纠正。

三、境外注册中资控股企业自其被认定为居民企业的年度起,从中国境内其他居民企业取得以前年度(限于2008年1月1日以后)的股息、红利等权益性投资收益,应按照《中华人民共和国企业所得税法》第二十六条及其实施条例第十七条、第八十三条的规定处理。

四、境外注册中资控股企业所得税征管的其他事项,仍按照《通知》的相关规定执行。

五、本公告适用于2013年度及以后年度企业所得税申报。

特此公告。

国家税务总局
2014年1月29日

28. 国家税务总局关于企业因国务院决定事项形成的资产损失税前扣除问题的公告

国家税务总局公告2014年第18号

为贯彻落实《国务院关于取消和下放一批行政审批项目的决定》(国发〔2013〕44号),现对企业因国务院决定事项形成的资产损失税前扣除问题公告如下:

一、自国发〔2013〕44号文件发布之日起,企业因国务院决定事项形成的资产损失,不再上报国家税务总局审核。国家税务总局公告2011年第25号发布的《企业资产损失所得税税前扣除管理办法》第十二条同时废止。

二、企业因国务院决定事项形成的资产损失,应以专项申报的方式向主管税务机关申报扣除。专项申报扣除的有关事项,按照国家税务总局公告2011年第25号规定执行。

三、本公告适用于2013年度及以后年度企业所得税申报。

特此公告。

国家税务总局
2014年3月17日

29. 国家税务总局关于企业所得税应纳税所得额若干问题的公告

国家税务总局公告2014年第29号

根据《中华人民共和国企业所得税法》及其实施条例(以下简称税法)的规定,现将企业所得税应纳税所得额若干问题公告如下:

一、企业接收政府划入资产的企业所得税处理

(一)县级以上人民政府(包括政府有关部门,下同)将国有资产明确以股权投资方式投入企业,企业应作为国家资本金(包括资本公积)处理。该项资产如为非货币性资产,应按政府确定的接收价值确定计税基础。

(二)县级以上人民政府将国有资产无偿划入企业,凡指定专门用途并按《财政部 国家税务总局关于专项用途财政性资金企业所得税处理问题的通知》(财税〔2011〕70号)

规定进行管理的，企业可作为不征税收入进行企业所得税处理。其中，该项资产属于非货币性资产的，应按政府确定的接收价值计算不征税收入。

县级以上人民政府将国有资产无偿划入企业，属于上述（一）（二）项以外情形的，应按政府确定的接收价值计入当期收入总额计算缴纳企业所得税。政府没有确定接收价值的，按资产的公允价值计算确定应税收入。

二、企业接收股东划入资产的企业所得税处理

（一）企业接收股东划入资产（包括股东赠予资产、上市公司在股权分置改革过程中接收原非流通股股东和新非流通股股东赠予的资产、股东放弃本企业的股权，下同），凡合同、协议约定作为资本金（包括资本公积）且在会计上已做实际处理的，不计入企业的收入总额，企业应按公允价值确定该项资产的计税基础。

（二）企业接收股东划入资产，凡作为收入处理的，应按公允价值计入收入总额，计算缴纳企业所得税，同时按公允价值确定该项资产的计税基础。

三、保险企业准备金支出的企业所得税处理

根据《财政部 国家税务总局关于保险公司准备金支出企业所得税税前扣除有关政策问题的通知》（财税〔2012〕45号）有关规定，保险企业未到期责任准备金、寿险责任准备金、长期健康险责任准备金、已发生已报告未决赔款准备金和已发生未报告未决赔款准备金应按财政部下发的企业会计有关规定计算扣除。

保险企业在计算扣除上述各项准备金时，凡未执行财政部有关会计规定仍执行中国保险监督管理委员会有关监管规定的，应将两者之间的差额调整当期应纳税所得额。

四、核电厂操纵员培养费的企业所得税处理

核力发电企业为培养核电厂操纵员发生的培养费用，可作为企业的发电成本在税前扣除。企业应将核电厂操纵员培养费与员工的职工教育经费严格区分，单独核算，员工实际发生的职工教育经费支出不得计入核电厂操纵员培养费直接扣除。

五、固定资产折旧的企业所得税处理

（一）企业固定资产会计折旧年限如果短于税法规定的最低折旧年限，其按会计折旧年限计提的折旧高于按税法规定的最低折旧年限计提的折旧部分，应调增当期应纳税所得额；企业固定资产会计折旧年限已期满且会计折旧已提足，但税法规定的最低折旧年限尚未到期且税收折旧尚未足额扣除，其未足额扣除的部分准予在剩余的税收折旧年限继续按规定扣除。

（二）企业固定资产会计折旧年限如果长于税法规定的最低折旧年限，其折旧应按会计折旧年限计算扣除，税法另有规定除外。

（三）企业按会计规定提取的固定资产减值准备，不得税前扣除，其折旧仍按税法确定的固定资产计税基础计算扣除。

（四）企业按税法规定实行加速折旧的，其按加速折旧办法计算的折旧额可全额在税前扣除。

（五）石油天然气开采企业在计提油气资产折耗（折旧）时，由于会计与税法规定计算方法不同导致的折耗（折旧）差异，应按税法规定进行纳税调整。

六、施行时间

本公告适用于2013年度及以后年度企业所得税汇算清缴。

企业2013年度汇算清缴前接收政府或股东划入资产，尚未进行企业所得税处理的，可按本公告执行。对于手续不齐全、证据不清的，企业应在2014年12月31日前补充完善。企业凡在2014年12月31日前不能补充完善的，一律作为应税收入或计入收入总额进行企业所得税处理。

特此公告。

国家税务总局
2014 年 5 月 23 日

30. 国家税务总局关于房地产开发企业成本对象管理问题的公告

国家税务总局公告2014年第35号

2014年1月28日，国务院发布《关于取消和下放一批行政审批项目的决定》（国发〔2014〕5号），取消了房地产开发企业开发产品计税成本对象事先备案制度。为做好取消房地产开发企业开发产品计税成本对象事先备案制度的落实和后续管理工作，现将有关问题公告如下：

一、房地产开发企业应依据计税成本对象确定原则确定已完工开发产品的成本对象，并就确定原则、依据，共同成本分配原则、方法，以及开发项目基本情况、开发计划等出具专项报告，在开发产品完工当年企业所得税年度纳税申报时，随同《企业所得税年度纳税申报表》一并报送主管税务机关。

房地产开发企业将已确定的成本对象报送主管税务机关后，不得随意调整或相互混淆。如确需调整成本对象的，应就调整的原因、依据和调整前后成本变化情况等出具专项报告，在调整当年企业所得税年度纳税申报时报送主管税务机关。

二、房地产开发企业应建立健全成本对象管理制度，合理区分已完工成本对象、在建成本对象和未建成本对象，及时收集、整理、保存成本对象涉及的证据材料，以备税务机关检查。

三、各级税务机关要认真清理以前的管理规定，今后不得以任何理由进行变相审批。

主管税务机关应对房地产开发企业报送的成本对象确定专项报告做好归档工作，及时进行分析，加强后续管理。对资料不完整、不规范的，应及时通知房地产开发企业补齐、修正；对成本对象确定不合理或共同成本分配方法不合理的，主管税务机关有权进行合理调整；对成本对象确定情况异常的，主管税务机关应进行专项检查；对不如实出具专项报告或不出具专项报告的，应按《中华人民共和国税收征收管理法》的相关规定进行处理。

四、本公告自发布之日起30日后施行。《国家税务总局关于印发〈房地产开发经营业务企业所得税处理办法〉的通知》（国税发〔2009〕31号）第二十六条第二款同时废止。本公告施行前房地产开发企业尚未完成开发产品成本对象事先备案的，也按本公告执行。

特此公告。

国家税务总局
2014 年 6 月 16 日

31. 关于《国家税务总局关于房地产开发企业成本对象管理问题的公告》的解读

最近，国家税务总局发布了《关于房地产开发企业成本对象管理问题的公告》（以下简

称《公告》),为便于纳税人和基层税务机关理解和执行,现将《公告》解读如下:

一、《公告》出台的背景是什么?

国家税务总局《关于印发〈房地产开发经营业务企业所得税处理办法〉的通知》(国税发〔2009〕31号)第二十六条第二款规定:"成本对象由企业在开工之前合理确定,并报主管税务机关备案。成本对象一经确定,不能随意更改或相互混淆,如确需改变成本对象的,应征得主管税务机关同意。"为减少行政审批项目,减轻微观主体负担,提高政府管理效能,2014年1月28日,国务院发布《关于取消和下放一批行政审批项目的决定》(国发〔2014〕5号),取消了上述"房地产开发企业开发产品成本对象事先备案"审批事项。为贯彻国务院文件精神,做好行政审批项目取消的落实和衔接工作,我们针对开发产品成本对象制定了专门的管理措施,并制发了《公告》。

二、《公告》的主要内容包括哪些?

《公告》借取消开发产品成本对象事先备案制度之机,进一步充实和完善了房地产开发企业成本对象管理的内容。主要包括以下几点:

一是将管理方式由事先备案改为事后报送专项报告。鉴于开发产品成本对象的确定直接关系到开发产品成本核算的合理性和准确性,是应纳税所得额计算确定的基础,因此,房地产开发企业仍需合理确定已完工开发产品的成本对象,并将确定原则、依据、共同成本分配原则、方法,以及开发项目基本情况、开发计划等出具专项报告,在开发产品完工当年企业所得税年度纳税申报时报送主管税务机关。同时明确,成本对象报送主管税务机关后,不得随意调整或相互混淆。如确需调整成本对象的,仍需出具专项报告,报送主管税务机关。

二是明确房地产开发企业应当建立健全成本对象管理制度,以备税务机关检查。

三是明确主管税务机关应对房地产开发企业报送的成本对象确定专项报告做好归档工作,及时进行分析,加强后续管理。

三、《公告》执行时间是如何规定的?

本《公告》自发布之日起30日后施行,同时废止国税发〔2009〕31号第二十六条第二款规定。对《公告》施行前企业尚未完成开发产品成本对象事先备案的,也按《公告》规定执行。

32. 国家税务总局关于固定资产加速折旧税收政策有关问题的公告

国家税务总局公告2014年第64号

为落实国务院完善固定资产加速折旧政策,促进企业技术改造,支持创业创新,根据《中华人民共和国企业所得税法》(以下简称企业所得税法)及其实施条例、《财政部 国家税务总局关于完善固定资产加速折旧企业所得税政策的通知》(财税〔2014〕75号)规定,现就落实完善固定资产加速折旧企业所得税政策有关问题公告如下:

一、对生物药品制造业,专用设备制造业,铁路、船舶、航空航天和其他运输设备制造业,计算机、通信和其他电子设备制造业,仪器仪表制造业,信息传输、软件和信息技术服务业等行业企业(以下简称六大行业),2014年1月1日后购进的固定资产(包括自行建造),允许按不低于企业所得税法规定折旧年限的60%缩短折旧年限,或选择采取双倍余额递减法或年数总和法进行加速折旧。

六大行业按照国家统计局《国民经济行业分类与代码(GB/4754—2011)》确定。今后国家有关部门更新国民经济行业分类与代码,从其规定。

六大行业企业是指以上述行业业务为主营业务,其固定资产投入使用当年主营业务收入占企业收入总额50%(不含)以上的企业。所称收入总额,是指企业所得税法第六条规定的收入总额。

二、企业在2014年1月1日后购进并专门用于研发活动的仪器、设备,单位价值不超过100万元的,可以一次性在计算应纳税所得额时扣除;单位价值超过100万元的,允许按不低于企业所得税法规定折旧年限的60%缩短折旧年限,或选择采取双倍余额递减法或年数总和法进行加速折旧。

用于研发活动的仪器、设备范围口径,按照《国家税务总局关于印发〈企业研究开发费用税前扣除管理办法(试行)〉的通知》(国税发〔2008〕116号)或《科学技术部 财政部 国家税务总局关于印发〈高新技术企业认定管理工作指引〉的通知》(国科发火〔2008〕362号)规定执行。

企业专门用于研发活动的仪器、设备已享受上述优惠政策的,在享受研发费加计扣除时,按照《国家税务总局关于印发〈企业研发费用税前扣除管理办法(试行)〉的通知》(国税发〔2008〕116号)、《财政部 国家税务总局关于研究开发费用税前加计扣除有关政策问题的通知》(财税〔2013〕70号)的规定,就已经进行会计处理的折旧、费用等金额进行加计扣除。

六大行业中的小型微利企业研发和生产经营共用的仪器、设备,可以执行本条第一、第二款的规定。所称小型微利企业,是指企业所得税法第二十八条规定的小型微利企业。

三、企业持有的固定资产,单位价值不超过5 000元的,可以一次性在计算应纳税所得额时扣除。企业在2013年12月31日前持有的单位价值不超过5 000元的固定资产,其折余价值部分,2014年1月1日以后可以一次性在计算应纳税所得额时扣除。

四、企业采取缩短折旧年限方法的,对其购置的新固定资产,最低折旧年限不得低于企业所得税法实施条例第六十条规定的折旧年限的60%;企业购置已使用过的固定资产,其最低折旧年限不得低于实施条例规定的最低折旧年限减去已使用年限后剩余年限的60%。最低折旧年限一经确定,一般不得变更。

五、企业的固定资产采取加速折旧方法的,可以采用双倍余额递减法或者年数总和法。加速折旧方法一经确定,一般不得变更。

所称双倍余额递减法或者年数总和法,按照《国家税务总局关于企业固定资产加速折旧所得税处理有关问题的通知》(国税发〔2009〕81号)第四条的规定执行。

六、企业的固定资产既符合本公告优惠政策条件,同时又符合《国家税务总局关于企业固定资产加速折旧所得税处理有关问题的通知》(国税发〔2009〕81号)、《财政部 国家税务总局关于进一步鼓励软件产业和集成电路产业发展企业所得税政策的通知》(财税〔2012〕27号)中相关加速折旧政策条件的,可由企业选择其中最优惠的政策执行,且一经选择,不得改变。

七、企业应将购进固定资产的发票、记账凭证等有关凭证、凭据(购入已使用过的固定资产,应提供已使用年限的相关说明)等资料留存备查,并应建立台账,准确核算税法与会计差异情况。

主管税务机关应对适用本公告规定优惠政策的企业加强后续管理,对预缴申报时享受了优惠政策的企业,年终汇算清缴时应对企业全年主营业务收入占企业收入总额的比例进行重点审核。

八、本公告适用于2014年及以后纳税年度。

特此公告

国家税务总局
2014年11月14日

33. 财政部　国家税务总局关于公共基础设施项目享受企业所得税优惠政策问题的补充通知

财税〔2014〕55号

各省、自治区、直辖市、计划单列市财政厅（局）、国家税务局、地方税务局，新疆生产建设兵团财务局：

根据《中华人民共和国企业所得税法》和《中华人民共和国企业所得税法实施条例》（国务院令第512号）的有关规定，现就企业享受公共基础设施项目企业所得税优惠政策有关问题补充通知如下：

一、企业投资经营符合《公共基础设施项目企业所得税优惠目录》规定条件和标准的公共基础设施项目，采用一次核准、分批次（如码头、泊位、航站楼、跑道、路段、发电机组等）建设的，凡同时符合以下条件的，可按每一批次为单位计算所得，并享受企业所得税"三免三减半"优惠：

（一）不同批次在空间上相互独立；

（二）每一批次自身具备取得收入的功能；

（三）以每一批次为单位进行会计核算，单独计算所得，并合理分摊期间费用。

二、公共基础设施项目企业所得税"三免三减半"优惠的其他问题，继续按《财政部　国家税务总局关于执行公共基础设施项目企业所得税优惠目录有关问题的通知》（财税〔2008〕46号）、《国家税务总局关于实施国家重点扶持的公共基础设施项目企业所得税优惠问题的通知》（国税发〔2009〕80号）、《财政部　国家税务总局关于公共基础设施项目和环境保护节能节水项目企业所得税优惠政策问题的通知》（财税〔2012〕10号）的规定执行。

请遵照执行。

财政部　国家税务总局
2014年7月4日

34. 财政部　国家税务总局关于完善固定资产加速折旧企业所得税政策的通知

财税〔2014〕75号

各省、自治区、直辖市、计划单列市财政厅（局）、国家税务局、地方税务局，新疆生产建设兵团财务局：

为贯彻落实国务院完善固定资产加速折旧政策精神，现就有关固定资产加速折旧企业所得税政策问题通知如下：

一、对生物药品制造业，专用设备制造业，铁路、船舶、航空航天和其他运输设备制造业，计算机、通信和其他电子设备制造业，仪器仪表制造业，信息传输、软件和信息技术服务业等6个行业的企业2014年1月1日后新购进的固定资产，可缩短折旧年限或采取加速折旧的方法。

对上述6个行业的小型微利企业2014年1月1日后新购进的研发和生产经营共用的仪器、设备，单位价值不超过100万元的，允许一次性计入当期成本费用在计算应纳税所得额时扣除，不再分年度计算折旧；单位价值超过100万元的，可缩短折旧年限或采取加速折旧的方法。

二、对所有行业企业2014年1月1日后新购进的专门用于研发的仪器、设备，单位价值不超过100万元的，允许一次性计入当期成本费用在计算应纳税所得额时扣除，不再分年度计算折旧；单位价值超过100万元的，可缩短折旧年限或采取加速折旧的方法。

三、对所有行业企业持有的单位价值不超过5 000元的固定资产，允许一次性计入当期成本费用在计算应纳税所得额时扣除，不再分年度计算折旧。

四、企业按本通知第一条、第二条规定缩短折旧年限的，最低折旧年限不得低于企业所得税法实施条例第六十条规定折旧年限的60%；采取加速折旧方法的，可采取双倍余额递减法或者年数总和法。本通知第一至三条规定之外的企业固定资产加速折旧所得税处理问题，继续按照企业所得税法及其实施条例和现行税收政策规定执行。

五、本通知自2014年1月1日起执行。

财政部　国家税务总局
2014年10月20日

35. 财政部　国家税务总局关于促进企业重组有关企业所得税处理问题的通知

财税〔2014〕109号

各省、自治区、直辖市、计划单列市财政厅（局）、国家税务局、地方税务局，新疆生产建设兵团财务局：

为贯彻落实《国务院关于进一步优化企业兼并重组市场环境的意见》（国发〔2014〕14号），根据《中华人民共和国企业所得税法》及其实施条例有关规定，现就企业重组有关企业所得税处理问题明确如下：

一、关于股权收购

将《财政部　国家税务总局关于企业重组业务企业所得税处理若干问题的通知》（财税〔2009〕59号）第六条第（二）项中有关"股权收购，收购企业购买的股权不低于被收购企业全部股权的75%"规定调整为"股权收购，收购企业购买的股权不低于被收购企业全部股权的50%"。

二、关于资产收购

将财税〔2009〕59号文件第六条第（三）项中有关"资产收购，受让企业收购的资产不低于转让企业全部资产的75%"规定调整为"资产收购，受让企业收购的资产不低于转让企业全部资产的50%"。

三、关于股权、资产划转

对 100% 直接控制的居民企业之间，以及受同一或相同多家居民企业 100% 直接控制的居民企业之间按账面净值划转股权或资产，凡具有合理商业目的、不以减少、免除或者推迟缴纳税款为主要目的，股权或资产划转后连续 12 个月内不改变被划转股权或资产原来实质性经营活动，且划出方企业和划入方企业均未在会计上确认损益的，可以选择按以下规定进行特殊性税务处理：

1. 划出方企业和划入方企业均不确认所得。
2. 划入方企业取得被划转股权或资产的计税基础，以被划转股权或资产的原账面净值确定。
3. 划入方企业取得的被划转资产，应按其原账面净值计算折旧扣除。

四、本通知自 2014 年 1 月 1 日起执行。本通知发布前尚未处理的企业重组，符合本通知规定的可按本通知执行。

财政部　国家税务总局
2014 年 12 月 25 日

36. 财政部　国家税务总局关于非货币性资产投资企业所得税政策问题的通知

财税〔2014〕116 号

各省、自治区、直辖市、计划单列市财政厅（局）、国家税务局、地方税务局，新疆生产建设兵团财务局：

为贯彻落实《国务院关于进一步优化企业兼并重组市场环境的意见》（国发〔2014〕14 号），根据《中华人民共和国企业所得税法》及其实施条例有关规定，现就非货币性资产投资涉及的企业所得税政策问题明确如下：

一、居民企业（以下简称企业）以非货币性资产对外投资确认的非货币性资产转让所得，可在不超过 5 年期限内，分期均匀计入相应年度的应纳税所得额，按规定计算缴纳企业所得税。

二、企业以非货币性资产对外投资，应对非货币性资产进行评估并按评估后的公允价值扣除计税基础后的余额，计算确认非货币性资产转让所得。

企业以非货币性资产对外投资，应于投资协议生效并办理股权登记手续时，确认非货币性资产转让收入的实现。

三、企业以非货币性资产对外投资而取得被投资企业的股权，应以非货币性资产的原计税成本为计税基础，加上每年确认的非货币性资产转让所得，逐年进行调整。

被投资企业取得非货币性资产的计税基础，应按非货币性资产的公允价值确定。

四、企业在对外投资 5 年内转让上述股权或投资收回的，应停止执行递延纳税政策，并就递延期内尚未确认的非货币性资产转让所得，在转让股权或投资收回当年的企业所得税年度汇算清缴时，一次性计算缴纳企业所得税；企业在计算股权转让所得时，可按本通知第三条第一款规定将股权的计税基础一次调整到位。

企业在对外投资5年内注销的,应停止执行递延纳税政策,并就递延期内尚未确认的非货币性资产转让所得,在注销当年的企业所得税年度汇算清缴时,一次性计算缴纳企业所得税。

五、本通知所称非货币性资产,是指现金、银行存款、应收账款、应收票据以及准备持有至到期的债券投资等货币性资产以外的资产。

本通知所称非货币性资产投资,限于以非货币性资产出资设立新的居民企业,或将非货币性资产注入现存的居民企业。

六、企业发生非货币性资产投资,符合《财政部 国家税务总局关于企业重组业务企业所得税处理若干问题的通知》(财税〔2009〕59号)等文件规定的特殊性税务处理条件的,也可选择按特殊性税务处理规定执行。

七、本通知自2014年1月1日起执行。本通知发布前尚未处理的非货币性资产投资,符合本通知规定的可按本通知执行。

财政部　国家税务总局
2014年12月31日

37. 一般反避税管理办法(试行)

国家税务总局令第32号

《一般反避税管理办法(试行)》已经2014年11月25日国家税务总局2014年度第3次局务会议审议通过,现予公布,自2015年2月1日起施行。

国家税务总局局长:王军
2014年12月2日

一般反避税管理办法(试行)

第一章　总　　则

第一条　为规范一般反避税管理,根据《中华人民共和国企业所得税法》(以下简称企业所得税法)及其实施条例、《中华人民共和国税收征收管理法》(以下简称税收征管法)及其实施细则,制定本办法。

第二条　本办法适用于税务机关按照企业所得税法第四十七条、企业所得税法实施条例第一百二十条的规定,对企业实施的不具有合理商业目的而获取税收利益的避税安排,实施的特别纳税调整。

下列情况不适用本办法:

(一)与跨境交易或者支付无关的安排;

(二)涉嫌逃避缴纳税款、逃避追缴欠税、骗税、抗税以及虚开发票等税收违法行为。

第三条　税收利益是指减少、免除或者推迟缴纳企业所得税应纳税额。

第四条 避税安排具有以下特征：

（一）以获取税收利益为唯一目的或者主要目的；

（二）以形式符合税法规定、但与其经济实质不符的方式获取税收利益。

第五条 税务机关应当以具有合理商业目的和经济实质的类似安排为基准，按照实质重于形式的原则实施特别纳税调整。调整方法包括：

（一）对安排的全部或者部分交易重新定性；

（二）在税收上否定交易方的存在，或者将该交易方与其他交易方视为同一实体；

（三）对相关所得、扣除、税收优惠、境外税收抵免等重新定性或者在交易各方间重新分配；

（四）其他合理方法。

第六条 企业的安排属于转让定价、成本分摊、受控外国企业、资本弱化等其他特别纳税调整范围的，应当首先适用其他特别纳税调整相关规定。

企业的安排属于受益所有人、利益限制等税收协定执行范围的，应当首先适用税收协定执行的相关规定。

第二章 立 案

第七条 各级税务机关应当结合工作实际，应用各种数据资源，如企业所得税汇算清缴、纳税评估、同期资料管理、对外支付税务管理、股权转让交易管理、税收协定执行等，及时发现一般反避税案源。

第八条 主管税务机关发现企业存在避税嫌疑的，层报省、自治区、直辖市和计划单列市（以下简称省）税务机关复核同意后，报税务总局申请立案。

第九条 省税务机关应当将税务总局形成的立案申请审核意见转发主管税务机关。税务总局同意立案的，主管税务机关实施一般反避税调查。

第三章 调 查

第十条 主管税务机关实施一般反避税调查时，应当向被调查企业送达《税务检查通知书》。

第十一条 被调查企业认为其安排不属于本办法所称避税安排的，应当自收到《税务检查通知书》之日起60日内提供下列资料：

（一）安排的背景资料；

（二）安排的商业目的等说明文件；

（三）安排的内部决策和管理资料，如董事会决议、备忘录、电子邮件等；

（四）安排涉及的详细交易资料，如合同、补充协议、收付款凭证等；

（五）与其他交易方的沟通信息；

（六）可以证明其安排不属于避税安排的其他资料；

（七）税务机关认为有必要提供的其他资料。

企业因特殊情况不能按期提供的，可以向主管税务机关提交书面延期申请，经批准可以延期提供，但是最长不得超过30日。主管税务机关应当自收到企业延期申请之日起15日内书面回复。逾期未回复的，视同税务机关同意企业的延期申请。

第十二条 企业拒绝提供资料的，主管税务机关可以按照税收征管法第三十五条的规定进行核定。

第十三条 主管税务机关实施一般反避税调查时，可以要求为企业筹划安排的单位或者个人（以下简称筹划方）提供有关资料及证明材料。

第十四条 一般反避税调查涉及向筹划方、关联方以及与关联业务调查有关的其他企业调查取证的，主管税务机关应当送达《税务事项通知书》。

第十五条 主管税务机关审核企业、筹划方、关联方以及与关联业务调查有关的其他企业提供的资料，可以采用现场调查、发函协查和查阅公开信息等方式核实。需取得境外有关资料的，可以按有关规定启动税收情报交换程序，或者通过我驻外机构调查收集有关信息。涉及境外关联方相关资料的，主管税务机关也可以要求企业提供公证机构的证明。

第四章 结　案

第十六条 主管税务机关根据调查过程中获得的相关资料，自税务总局同意立案之日起 9 个月内进行审核，综合判断企业是否存在避税安排，形成案件不予调整或者初步调整方案的意见和理由，层报省税务机关复核同意后，报税务总局申请结案。

第十七条 主管税务机关应当根据税务总局形成的结案申请审核意见，分别以下情况进行处理：

（一）同意不予调整的，向被调查企业下发《特别纳税调查结论通知书》；

（二）同意初步调整方案的，向被调查企业下发《特别纳税调查初步调整通知书》；

（三）税务总局有不同意见的，按照税务总局的意见修改后再次层报审核。

被调查企业在收到《特别纳税调查初步调整通知书》之日起 7 日内未提出异议的，主管税务机关应当下发《特别纳税调查调整通知书》。

被调查企业在收到《特别纳税调查初步调整通知书》之日起 7 日内提出异议，但是主管税务机关经审核后认为不应采纳的，应将被调查企业的异议及不应采纳的意见和理由层报省税务机关复核同意后，报税务总局再次申请结案。

被调查企业在收到《特别纳税调查初步调整通知书》之日起 7 日内提出异议，主管税务机关经审核后认为确需对调整方案进行修改的，应当将被调查企业的异议及修改后的调整方案层报省税务机关复核同意后，报税务总局再次申请结案。

第十八条 主管税务机关应当根据税务总局考虑企业异议形成的结案申请审核意见，分别以下情况进行处理：

（一）同意不应采纳企业所提异议的，向被调查企业下发《特别纳税调查调整通知书》；

（二）同意修改后调整方案的，向被调查企业下发《特别纳税调查调整通知书》；

（三）税务总局有不同意见的，按照税务总局的意见修改后再次层报审核。

第五章 争议处理

第十九条 被调查企业对主管税务机关作出的一般反避税调整决定不服的，可以按照有关法律法规的规定申请法律救济。

第二十条 主管税务机关作出的一般反避税调整方案导致国内双重征税的，由税务总局统一组织协调解决。

第二十一条 被调查企业认为我国税务机关作出的一般反避税调整，导致国际双重征税或者不符合税收协定规定征税的，可以按照税收协定及其相关规定申请启动相互协商程序。

第六章 附　则

第二十二条 本办法自 2015 年 2 月 1 日起施行。2015 年 2 月 1 日前税务机关尚未结案处理的避税安排适用本办法。

38. 国家税务总局关于非货币性资产投资企业所得税有关征管问题的公告

国家税务总局公告 2015 年第 33 号

《国务院关于进一步优化企业兼并重组市场环境的意见》（国发〔2014〕14号）和《财政部 国家税务总局关于非货币性资产投资企业所得税政策问题的通知》（财税〔2014〕116号）发布后，各地陆续反映在非货币性资产投资企业所得税政策执行过程中有些征管问题亟须明确。经研究，现就非货币性资产投资企业所得税有关征管问题公告如下：

一、实行查账征收的居民企业（以下简称企业）以非货币性资产对外投资确认的非货币性资产转让所得，可自确认非货币性资产转让收入年度起不超过连续 5 个纳税年度的期间内，分期均匀计入相应年度的应纳税所得额，按规定计算缴纳企业所得税。

二、关联企业之间发生的非货币性资产投资行为，投资协议生效后 12 个月内尚未完成股权变更登记手续的，于投资协议生效时，确认非货币性资产转让收入的实现。

三、符合财税〔2014〕116号文件规定的企业非货币性资产投资行为，同时又符合《财政部 国家税务总局关于企业重组业务企业所得税处理若干问题的通知》（财税〔2009〕59号）、《财政部 国家税务总局关于促进企业重组有关企业所得税处理问题的通知》（财税〔2014〕109号）等文件规定的特殊性税务处理条件的，可由企业选择其中一项政策执行，且一经选择，不得改变。

四、企业选择适用本公告第一条规定进行税务处理的，应在非货币性资产转让所得递延确认期间每年企业所得税汇算清缴时，填报《中华人民共和国企业所得税年度纳税申报表》（A类，2014年版）中"A105100 企业重组纳税调整明细表"第13行"其中：以非货币性资产对外投资"的相关栏目，并向主管税务机关报送《非货币性资产投资递延纳税调整明细表》（详见附件）。

五、企业应将股权投资合同或协议、对外投资的非货币性资产（明细）公允价值评估确认报告、非货币性资产（明细）计税基础的情况说明、被投资企业设立或变更的工商部门证明材料等资料留存备查，并单独准确核算税法与会计差异情况。

主管税务机关应加强企业非货币性资产投资递延纳税的后续管理。

六、本公告适用于 2014 年度及以后年度企业所得税汇算清缴。此前尚未处理的非货币性资产投资，符合财税〔2014〕116号文件和本公告规定的可按本公告执行。

特此公告。

附件：非货币性资产投资递延纳税调整明细表（略）。

国家税务总局
2015 年 5 月 8 日

39. 关于《国家税务总局关于非货币性资产投资企业所得税有关征管问题的公告》的解读

《国务院关于进一步优化企业兼并重组市场环境的意见》(国发〔2014〕14号)和《财政部 国家税务总局关于非货币性资产投资企业所得税政策问题的通知》(财税〔2014〕116号)(以下简称116号文件)下发后,各地陆续反映在非货币性资产投资企业所得税政策执行过程中有些征管问题亟须明确。为明确具体征管要求,近日,国家税务总局发布了《关于非货币性资产投资企业所得税有关征管问题的公告》。现对公告内容解读如下:

一、适用非货币性资产投资政策对企业类型有何要求?

根据116号文件第一条规定,"居民企业以非货币性资产对外投资确认的非货币性资产转让所得,可在不超过5年期限内,分期均匀计入相应年度的应纳税所得额,按规定计算缴纳企业所得税。"

考虑到核定征收企业通常不能准确核算收入或支出情况,公告明确只有实行查账征收的居民企业才能适用上述政策。

二、如何理解116号文件第一条所称的"不超过5年期限"?

根据116号文件第一条规定,"居民企业以非货币性资产对外投资确认的非货币性资产转让所得,可在不超过5年期限内,分期均匀计入相应年度的应纳税所得额,按规定计算缴纳企业所得税。"

这里所指的"不超过5年期限",是指从确认非货币性资产转让收入年度起不超过连续5个纳税年度的期间。首先要求5年的递延纳税期间要连续、中间不能中断;其次明确"年"指的是纳税年度。

三、关联企业间非货币性资产投资何时确认收入?

根据116号文件第二条第二款规定,"企业以非货币性资产对外投资,应于投资协议生效并办理股权登记手续时,确认非货币性资产转让收入的实现。"

这是针对企业非货币性资产投资收入确认时点的一般规定。但是,关联企业之间发生非货币性资产投资行为,可能由于具有关联关系而不及时办理或不办理股权登记手续,以延迟确认或长期不确认非货币性资产转让收入,实际上延长了递延纳税期限,造成对此项政策的滥用。为防止此种情况发生,公告要求关联企业之间非货币性资产投资行为,自投资协议生效后最长12个月内应完成股权变更登记手续。如果投资协议生效后12个月内仍未完成股权变更登记手续,则于投资协议生效时,确认非货币性资产转让收入的实现。

四、企业非货币性资产投资同时符合多项政策的,如何进行税务处理?

由于企业非货币性资产投资行为,可能同时符合116号文件规定、《财政部 国家税务总局关于企业重组业务企业所得税处理若干问题的通知》(财税〔2009〕59号)以及《财政部 国家税务总局关于促进企业重组有关企业所得税处理问题的通知》(财税〔2014〕109号)相关规定,公告允许企业选择其中一项政策执行,但一经选择,不得改变。

五、适用非货币性资产投资递延纳税政策的纳税人应如何进行申报?

为加强对企业非货币性资产投资企业所得税管理,公告为纳税人设计了《非货币性资产对外投资递延纳税调整明细表》,主要内容是被投资企业情况、非货币性资产情况、非货币性资产投资基本信息、递延纳税差异调整额和结转额等。此表由企业在非货币性资产转让所得递延确认期间每年企业所得税汇算清缴时，向主管税务机关报送。旨在确认每年递延的应纳税所得额，为税务机关加强后续管理奠定基础。同时，纳税人应填报《中华人民共和国企业所得税年度纳税申报表》（A类，2014年版）中"A105100企业重组纳税调整明细表"第13行"其中：以非货币性资产对外投资"的相关栏目。

另外，企业还应将下列资料留存备查，并单独准确核算税法与会计差异情况，包括股权投资合同或协议、对外投资的非货币性资产（明细）公允价值评估确认报告、非货币性资产（明细）计税基础的情况说明和被投资企业设立或变更的工商部门证明材料等资料。

40. 国家税务总局关于企业工资薪金和职工福利费等支出税前扣除问题的公告

国家税务总局公告2015年第34号

根据《中华人民共和国企业所得税法》及其实施条例相关规定，现对企业工资薪金和职工福利费等支出企业所得税税前扣除问题公告如下：

一、企业福利性补贴支出税前扣除问题

列入企业员工工资薪金制度、固定与工资薪金一起发放的福利性补贴，符合《国家税务总局关于企业工资薪金及职工福利费扣除问题的通知》（国税函〔2009〕3号）第一条规定的，可作为企业发生的工资薪金支出，按规定在税前扣除。

不能同时符合上述条件的福利性补贴，应作为国税函〔2009〕3号文件第三条规定的职工福利费，按规定计算限额税前扣除。

二、企业年度汇算清缴结束前支付汇缴年度工资薪金税前扣除问题

企业在年度汇算清缴结束前向员工实际支付的已预提汇缴年度工资薪金，准予在汇缴年度按规定扣除。

三、企业接受外部劳务派遣用工支出税前扣除问题

企业接受外部劳务派遣用工所实际发生的费用，应分两种情况按规定在税前扣除：按照协议（合同）约定直接支付给劳务派遣公司的费用，应作为劳务费支出；直接支付给员工个人的费用，应作为工资薪金支出和职工福利费支出。其中属于工资薪金支出的费用，准予计入企业工资薪金总额的基数，作为计算其他各项相关费用扣除的依据。

四、施行时间

本公告适用于2014年度及以后年度企业所得税汇算清缴。本公告施行前尚未进行税务处理的事项，符合本公告规定的可按本公告执行。

《国家税务总局关于企业所得税应纳税所得额若干税务处理问题的公告》（税务总局公告2012年第15号）第一条有关企业接受外部劳务派遣用工的相关规定同时废止。

特此公告。

国家税务总局
2015年5月8日

41. 关于《国家税务总局关于企业工资薪金和职工福利费等支出税前扣除问题的公告》的解读

根据《中华人民共和国企业所得税法》及其实施条例（以下简称税法）相关规定，国家税务总局发布了《关于企业工资薪金和职工福利费等支出税前扣除问题的公告》（以下简称"公告"），对企业工资薪金和福利费等支出税前扣除问题进行了明确。为便于理解和执行，现对公告内容解读如下：

一、企业哪些福利性补贴可以作为工资薪金支出在税前扣除？

《国家税务总局关于企业工资薪金及职工福利费扣除问题的通知》（国税函〔2009〕3号）第一条明确了税法第三十四条规定的"合理工资薪金"的确认条件，第三条规定了职工福利费的范围。企业的福利性补贴，如果列入企业员工工资薪金制度、固定与工资薪金一起发放，且符合国税函〔2009〕3号文件第一条关于工资薪金的规定，可作为工资薪金支出，按规定在税前扣除。

二、企业年度汇算清缴结束前支付的汇缴年度工资薪金如何在税前扣除？

考虑到很多企业12月份的工资薪金都是在当年预提出来，次年1月份发放，如果严格要求企业在每一纳税年度结束前支付的工资薪金才能计入本年度，则企业每年都需要对此进行纳税调整，不仅增加了纳税人的税法遵从成本，加大了税收管理负担，也不符合权责发生制原则。因此，企业在年度汇算清缴结束前向员工实际支付的已预提汇缴年度工资薪金，准予在汇缴年度企业所得税前扣除。

三、企业接受外部劳务派遣用工支出如何在税前扣除？

企业接受外部劳务派遣用工的费用，一般可区分为支付给劳务派遣公司和直接支付给员工个人两种情况处理。对于根据协议（合同）约定直接支付给劳务派遣公司的费用，企业应作为劳务费支出；对于直接支付给员工个人的费用，应作为工资薪金支出和职工福利费支出。属于工资薪金支出的费用，准予计入企业工资薪金总额的基数，作为计算其他各项相关费用扣除的依据。《国家税务总局关于企业所得税应纳税所得额若干税务处理问题的公告》（2012年第15号）第一条关于企业接受外部劳务派遣用工的相关规定同时废止。

42. 国家税务总局关于资产（股权）划转企业所得税征管问题的公告

国家税务总局公告2015年第40号

《国务院关于进一步优化企业兼并重组市场环境的意见》（国发〔2014〕14号）和《财政部 国家税务总局关于促进企业重组有关企业所得税处理问题的通知》（财税〔2014〕109号，以下简称《通知》）下发后，各地陆续反映在企业重组所得税政策执行过程中有些征管问题亟须明确。经研究，现就股权或资产划转企业所得税征管问题公告如下：

一、《通知》第三条所称"100%直接控制的居民企业之间，以及受同一或相同多家居

民企业 100% 直接控制的居民企业之间按账面净值划转股权或资产",限于以下情形:

(一) 100% 直接控制的母子公司之间,母公司向子公司按账面净值划转其持有的股权或资产,母公司获得子公司 100% 的股权支付。母公司按增加长期股权投资处理,子公司按接受投资(包括资本公积,下同)处理。母公司获得子公司股权的计税基础以划转股权或资产的原计税基础确定。

(二) 100% 直接控制的母子公司之间,母公司向子公司按账面净值划转其持有的股权或资产,母公司没有获得任何股权或非股权支付。母公司按冲减实收资本(包括资本公积,下同)处理,子公司按接受投资处理。

(三) 100% 直接控制的母子公司之间,子公司向母公司按账面净值划转其持有的股权或资产,子公司没有获得任何股权或非股权支付。母公司按收回投资处理,或按接受投资处理,子公司按冲减实收资本处理。母公司应按被划转股权或资产的原计税基础,相应调减持有子公司股权的计税基础。

(四) 受同一或相同多家母公司 100% 直接控制的子公司之间,在母公司主导下,一家子公司向另一家子公司按账面净值划转其持有的股权或资产,划出方没有获得任何股权或非股权支付。划出方按冲减所有者权益处理,划入方按接受投资处理。

二、《通知》第三条所称"股权或资产划转后连续 12 个月内不改变被划转股权或资产原来实质性经营活动",是指自股权或资产划转完成日起连续 12 个月内不改变被划转股权或资产原来实质性经营活动。

股权或资产划转完成日,是指股权或资产划转合同(协议)或批复生效,且交易双方已进行会计处理的日期。

三、《通知》第三条所称"划入方企业取得被划转股权或资产的计税基础,以被划转股权或资产的原账面净值确定",是指划入方企业取得被划转股权或资产的计税基础,以被划转股权或资产的原计税基础确定。

《通知》第三条所称"划入方企业取得的被划转资产,应按其原账面净值计算折旧扣除",是指划入方企业取得的被划转资产,应按被划转资产的原计税基础计算折旧扣除或摊销。

四、按照《通知》第三条规定进行特殊性税务处理的股权或资产划转,交易双方应在协商一致的基础上,采取一致处理原则统一进行特殊性税务处理。

五、交易双方应在企业所得税年度汇算清缴时,分别向各自主管税务机关报送《居民企业资产(股权)划转特殊性税务处理申报表》(详见附件)和相关资料(一式两份)。

相关资料包括:

1.股权或资产划转总体情况说明,包括基本情况、划转方案等,并详细说明划转的商业目的;

2.交易双方或多方签订的股权或资产划转合同(协议),需有权部门(包括内部和外部)批准的,应提供批准文件;

3.被划转股权或资产账面净值和计税基础说明;

4.交易双方按账面净值划转股权或资产的说明(需附会计处理资料);

5.交易双方均未在会计上确认损益的说明(需附会计处理资料);

6.12 个月内不改变被划转股权或资产原来实质性经营活动的承诺书。

六、交易双方应在股权或资产划转完成后的下一年度的企业所得税年度申报时,各自向主管税务机关提交书面情况说明,以证明被划转股权或资产自划转完成日后连续 12 个月内,没有改变原来的实质性经营活动。

七、交易一方在股权或资产划转完成日后连续 12 个月内发生生产经营业务、公司性质、资产或股权结构等情况变化,致使股权或资产划转不再符合特殊性税务处理条件的,发生变化的交易一方应在情况发生变化的30日内报告其主管税务机关,同时书面通知另一方。另一方应在接到通知后30日内将有关变化报告其主管税务机关。

八、本公告第七条所述情况发生变化后60日内,原交易双方应按以下规定进行税务处理:

(一)属于本公告第一条第(一)项规定情形的,母公司应按原划转完成时股权或资产的公允价值视同销售处理,并按公允价值确认取得长期股权投资的计税基础;子公司按公允价值确认划入股权或资产的计税基础。

属于本公告第一条第(二)项规定情形的,母公司应按原划转完成时股权或资产的公允价值视同销售处理;子公司按公允价值确认划入股权或资产的计税基础。

属于本公告第一条第(三)项规定情形的,子公司应按原划转完成时股权或资产的公允价值视同销售处理;母公司应按撤回或减少投资进行处理。

属于本公告第一条第(四)项规定情形的,划出方应按原划转完成时股权或资产的公允价值视同销售处理;母公司根据交易情形和会计处理对划出方按分回股息进行处理,或者按撤回或减少投资进行处理,对划入方按以股权或资产的公允价值进行投资处理;划入方按接受母公司投资处理,以公允价值确认划入股权或资产的计税基础。

(二)交易双方应调整划转完成纳税年度的应纳税所得额及相应股权或资产的计税基础,向各自主管税务机关申请调整划转完成纳税年度的企业所得税年度申报表,依法计算缴纳企业所得税。

九、交易双方的主管税务机关应对企业申报适用特殊性税务处理的股权或资产划转加强后续管理。

十、本公告适用2014年度及以后年度企业所得税汇算清缴。此前尚未进行税务处理的股权、资产划转,符合《通知》第三条和本公告规定的可按本公告执行。

特此公告。

附件:居民企业资产(股权)划转特殊性税务处理申报表(略)。

国家税务总局
2015年5月27日

43. 国家税务总局关于境内机构向我国银行的境外分行支付利息扣缴企业所得税有关问题的公告

国家税务总局公告2015年第47号

根据《中华人民共和国企业所得税法》及其实施条例的有关规定,现对我国银行的境外分行业务活动中涉及从境内取得的利息收入有关企业所得税问题,公告如下:

一、本公告所称境外分行是指我国银行在境外设立的不具备所在国家(地区)法人资格的分行。境外分行作为中国居民企业在境外设立的分支机构,与其总机构属于同一法人。境外分行开展境内业务,并从境内机构取得的利息,为该分行的收入,计入分行的营业利润,按《财政部 国家税务总局关于企业境外所得税收抵免有关问题的通知》(财税〔2009〕125号)的相关规定,与总机构汇总缴纳企业所得税。境内机构向境外分行支付利息时,不代扣代缴企业所得税。

二、境外分行从境内取得的利息，如果据以产生利息的债权属于境内总行或总行其他境内分行的，该项利息应为总行或其他境内分行的收入。总行或其他境内分行和境外分行之间应严格区分此类收入，不得将本应属于总行或其他境内分行的境内业务及收入转移到境外分行。

三、境外分行从境内取得的利息如果属于代收性质，据以产生利息的债权属于境外非居民企业，境内机构向境外分行支付利息时，应代扣代缴企业所得税。

四、主管税务机关应加强监管，严格审核相关资料，并利用第三方信息进行比对分析，对违反本公告相关规定的，应按照有关法律法规处理。

五、本公告自2015年7月19日起施行。《国家税务总局关于加强非居民企业来源于我国利息所得扣缴企业所得税工作的通知》（国税函〔2008〕955号）第二条同时废止。

特此公告。

国家税务总局
2015年6月19日

44. 国家税务总局关于企业重组业务企业所得税征收管理若干问题的公告

国家税务总局公告2015年第48号

根据《中华人民共和国企业所得税法》及其实施条例、《中华人民共和国税收征收管理法》及其实施细则、《国务院关于取消非行政许可审批事项的决定》（国发〔2015〕27号）、《财政部 国家税务总局关于企业重组业务企业所得税处理若干问题的通知》（财税〔2009〕59号）和《财政部 国家税务总局关于促进企业重组有关企业所得税处理问题的通知》（财税〔2014〕109号）等有关规定，现对企业重组业务企业所得税征收管理若干问题公告如下：

一、按照重组类型，企业重组的当事各方是指：

（一）债务重组中当事各方，指债务人、债权人。

（二）股权收购中当事各方，指收购方、转让方及被收购企业。

（三）资产收购中当事各方，指收购方、转让方。

（四）合并中当事各方，指合并企业、被合并企业及被合并企业股东。

（五）分立中当事各方，指分立企业、被分立企业及被分立企业股东。

上述重组交易中，股权收购中转让方、合并中被合并企业股东和分立中被分立企业股东，可以是自然人。

当事各方中的自然人应按个人所得税的相关规定进行税务处理。

二、重组当事各方企业适用特殊性税务处理的（指重组业务符合财税〔2009〕59号文件和财税〔2014〕109号文件第一条、第二条规定条件并选择特殊性税务处理的，下同），应按如下规定确定重组主导方：

（一）债务重组，主导方为债务人。

（二）股权收购，主导方为股权转让方，涉及两个或两个以上股权转让方，由转让被收购企业股权比例最大的一方作为主导方（转让股权比例相同的可协商确定主导方）。

（三）资产收购，主导方为资产转让方。

（四）合并，主导方为被合并企业，涉及同一控制下多家被合并企业的，以净资产最大的一方为主导方。

（五）分立，主导方为被分立企业。

三、财税〔2009〕59号文件第十一条所称重组业务完成当年，是指重组日所属的企业所得税纳税年度。

企业重组日的确定，按以下规定处理：

（一）债务重组，以债务重组合同（协议）或法院裁定书生效日为重组日。

（二）股权收购，以转让合同（协议）生效且完成股权变更手续日为重组日。关联企业之间发生股权收购，转让合同（协议）生效后12个月内尚未完成股权变更手续的，应以转让合同（协议）生效日为重组日。

（三）资产收购，以转让合同（协议）生效且当事各方已进行会计处理的日期为重组日。

（四）合并，以合并合同（协议）生效、当事各方已进行会计处理且完成工商新设登记或变更登记日为重组日。按规定不需要办理工商新设或变更登记的合并，以合并合同（协议）生效且当事各方已进行会计处理的日期为重组日。

（五）分立，以分立合同（协议）生效、当事各方已进行会计处理且完成工商新设登记或变更登记日为重组日。

四、企业重组业务适用特殊性税务处理的，除财税〔2009〕59号文件第四条第（一）项所称企业发生其他法律形式简单改变情形外，重组各方应在该重组业务完成当年，办理企业所得税年度申报时，分别向各自主管税务机关报送《企业重组所得税特殊性税务处理报告表及附表》（详见附件1）和申报资料（详见附件2）。合并、分立中重组一方涉及注销的，应在尚未办理注销税务登记手续前进行申报。

重组主导方申报后，其他当事方向其主管税务机关办理纳税申报。申报时还应附送重组主导方经主管税务机关受理的《企业重组所得税特殊性税务处理报告表及附表》（复印件）。

五、企业重组业务适用特殊性税务处理的，申报时，应从以下方面逐条说明企业重组具有合理的商业目的：

（一）重组交易的方式；

（二）重组交易的实质结果；

（三）重组各方涉及的税务状况变化；

（四）重组各方涉及的财务状况变化；

（五）非居民企业参与重组活动的情况。

六、企业重组业务适用特殊性税务处理的，申报时，当事各方还应向主管税务机关提交重组前连续12个月内有无与该重组相关的其他股权、资产交易情况的说明，并说明这些交易与该重组是否构成分步交易，是否作为一项企业重组业务进行处理。

七、根据财税〔2009〕59号文件第十条规定，若同一项重组业务涉及在连续12个月内分步交易，且跨两个纳税年度，当事各方在首个纳税年度交易完成时预计整个交易符合特殊性税务处理条件，经协商一致选择特殊性税务处理的，可以暂时适用特殊性税务处理，并在当年企业所得税年度申报时提交书面申报资料。

在下一纳税年度全部交易完成后，企业应判断是否适用特殊性税务处理。如适用特殊性税务处理的，当事各方应按本公告要求申报相关资料；如适用一般性税务处理的，应调整相应纳税年度的企业所得税年度申报表，计算缴纳企业所得税。

八、企业发生财税〔2009〕59号文件第六条第（一）项规定的债务重组，应准确记录应予确认的债务重组所得，并在相应年度的企业所得税汇算清缴时对当年确认额及分年结转额的情况做出说明。

主管税务机关应建立台账，对企业每年申报的债务重组所得与台账进行比对分析，加强后续管理。

九、企业发生财税〔2009〕59号文件第七条第（三）项规定的重组，居民企业应准确记录应予确认的资产或股权转让收益总额，并在相应年度的企业所得税汇算清缴时对当年确认额及分年结转额的情况做出说明。

主管税务机关应建立台账，对居民企业取得股权的计税基础和每年确认的资产或股权转让收益进行比对分析，加强后续管理。

十、适用特殊性税务处理的企业，在以后年度转让或处置重组资产（股权）时，应在年度纳税申报时对资产（股权）转让所得或损失情况进行专项说明，包括特殊性税务处理时确定的重组资产（股权）计税基础与转让或处置时的计税基础的比对情况，以及递延所得税负债的处理情况等。

适用特殊性税务处理的企业，在以后年度转让或处置重组资产（股权）时，主管税务机关应加强评估和检查，将企业特殊性税务处理时确定的重组资产（股权）计税基础与转让或处置时的计税基础及相关的年度纳税申报表比对，发现问题的，应依法进行调整。

十一、税务机关应对适用特殊性税务处理的企业重组做好统计和相关资料的归档工作。各省、自治区、直辖市和计划单列市税务局应于每年8月底前将《企业重组所得税特殊性税务处理统计表》（详见附件3）上报税务总局（所得税司）。

十二、本公告适用于2015年度及以后年度企业所得税汇算清缴。《国家税务总局关于发布〈企业重组业务企业所得税管理办法〉的公告》（国家税务总局公告2010年第4号）第三条、第七条、第八条、第十六条、第十七条、第十八条、第二十二条、第二十三条、第二十四条、第二十五条、第二十七条、第三十二条同时废止。

本公告施行时企业已经签订重组协议，但尚未完成重组的，按本公告执行。

特此公告。

附件：1. 企业重组所得税特殊性税务处理报告表及附表（略）。
2. 企业重组所得税特殊性税务处理申报资料一览表（略）。
3. 企业重组所得税特殊性税务处理统计表（略）。

国家税务总局
2015年6月24日

45. 国家税务总局关于进一步完善固定资产加速折旧企业所得税政策有关问题的公告

国家税务总局公告2015年第68号

为落实国务院扩大固定资产加速折旧优惠范围的决定，根据《中华人民共和国企业所得税法》（以下简称企业所得税法）及其实施条例（以下简称实施条例）、《财政部 国家税务总局关于进一步完善固定资产加速折旧企业所得税政策的通知》(财税〔2015〕106号)规定,现就进一步完善固定资产加速折旧企业所得税政策有关问题公告如下:

一、对轻工、纺织、机械、汽车等四个领域重点行业(以下简称四个领域重点行业)企业2015年1月1日后新购进的固定资产(包括自行建造,下同),允许缩短折旧年限或采取加速折旧方法。

四个领域重点行业按照财税〔2015〕106号附件"轻工、纺织、机械、汽车四个领域重点行业范围"确定。今后国家有关部门更新国民经济行业分类与代码,从其规定。

四个领域重点行业企业是指以上述行业业务为主营业务,其固定资产投入使用当年的主营业务收入占企业收入总额50%(不含)以上的企业。所称收入总额,是指企业所得税法第六条规定的收入总额。

二、对四个领域重点行业小型微利企业2015年1月1日后新购进的研发和生产经营共用的仪器、设备,单位价值不超过100万元(含)的,允许在计算应纳税所得额时一次性全额扣除;单位价值超过100万元的,允许缩短折旧年限或采取加速折旧方法。

用于研发活动的仪器、设备范围口径,按照《国家税务总局关于印发〈企业研究开发费用税前扣除管理办法(试行)〉的通知》(国税发〔2008〕116号)或《科学技术部 财政部 国家税务总局关于印发〈高新技术企业认定管理工作指引〉的通知》(国科发火〔2008〕362号)规定执行。

小型微利企业,是指企业所得税法第二十八条规定的小型微利企业。

三、企业按本公告第一条、第二条规定缩短折旧年限的,对其购置的新固定资产,最低折旧年限不得低于实施条例第六十条规定的折旧年限的60%;对其购置的已使用过的固定资产,最低折旧年限不得低于实施条例规定的最低折旧年限减去已使用年限后剩余年限的60%。最低折旧年限一经确定,不得改变。

四、企业按本公告第一条、第二条规定采取加速折旧方法的,可以采用双倍余额递减法或者年数总和法。加速折旧方法一经确定,不得改变。

双倍余额递减法或者年数总和法,按照《国家税务总局关于固定资产加速折旧所得税处理有关问题的通知》(国税发〔2009〕81号)第四条的规定执行。

五、企业的固定资产既符合本公告优惠政策条件,又符合《国家税务总局关于企业固定资产加速折旧所得税处理有关问题的通知》(国税发〔2009〕81号)、《财政部 国家税务总局关于进一步鼓励软件产业和集成电路产业发展企业所得税政策的通知》(财税〔2012〕27号)中有关加速折旧优惠政策条件,可由企业选择其中一项加速折旧优惠政策执行,且一经选择,不得改变。

六、企业应将购进固定资产的发票、记账凭证等有关资料留存备查,并建立台账,准确反映税法与会计差异情况。

七、本公告适用于2015年及以后纳税年度。企业2015年前3季度按本公告规定未能享受加速折旧优惠的,可将前3季度应享受的加速折旧部分,在2015年第4季度企业所得税预缴申报时享受,或者在2015年度企业所得税汇算清缴时统一享受。

特此公告。

国家税务总局
2015年9月25日

46.国家税务总局关于有限合伙制创业投资企业法人合伙人企业所得税有关问题的公告

国家税务总局公告 2015 年第 81 号

根据《中华人民共和国企业所得税法》及其实施条例、《财政部 国家税务总局关于将国家自主创新示范区有关税收试点政策推广到全国范围实施的通知》（财税〔2015〕116 号）规定，现就有限合伙制创业投资企业法人合伙人企业所得税有关问题公告如下：

一、有限合伙制创业投资企业是指依照《中华人民共和国合伙企业法》《创业投资企业管理暂行办法》（国家发展和改革委员会令第 39 号）和《外商投资创业投资企业管理规定》（外经贸部、科技部、工商总局、税务总局、外汇管理局令 2003 年第 2 号）设立的专门从事创业投资活动的有限合伙企业。

二、有限合伙制创业投资企业的法人合伙人，是指依照《中华人民共和国企业所得税法》及其实施条例以及相关规定，实行查账征收企业所得税的居民企业。

三、有限合伙制创业投资企业采取股权投资方式投资于未上市的中小高新技术企业满 2 年（24 个月，下同）的，其法人合伙人可按照对未上市中小高新技术企业投资额的 70% 抵扣该法人合伙人从该有限合伙制创业投资企业分得的应纳税所得额，当年不足抵扣的，可以在以后纳税年度结转抵扣。

所称满 2 年是指 2015 年 10 月 1 日起，有限合伙制创业投资企业投资于未上市中小高新技术企业的实缴投资满 2 年，同时，法人合伙人对该有限合伙制创业投资企业的实缴出资也应满 2 年。

如果法人合伙人投资于多个符合条件的有限合伙制创业投资企业，可合并计算其可抵扣的投资额和应分得的应纳税所得额。当年不足抵扣的，可结转以后纳税年度继续抵扣；当年抵扣后有结余的，应按照企业所得税法的规定计算缴纳企业所得税。

四、有限合伙制创业投资企业的法人合伙人对未上市中小高新技术企业的投资额，按照有限合伙制创业投资企业对中小高新技术企业的投资额和合伙协议约定的法人合伙人占有限合伙制创业投资企业的出资比例计算确定。其中，有限合伙制创业投资企业对中小高新技术企业的投资额按实缴投资额计算；法人合伙人占有限合伙制创业投资企业的出资比例按法人合伙人对有限合伙制创业投资企业的实缴出资额占该有限合伙制创业投资企业的全部实缴出资额的比例计算。

五、有限合伙制创业投资企业应纳税所得额的确定及分配，按照《财政部 国家税务总局关于合伙企业合伙人所得税问题的通知》（财税〔2008〕159 号）相关规定执行。

六、有限合伙制创业投资企业法人合伙人符合享受优惠条件的，应在符合条件的年度终了后 3 个月内向其主管税务机关报送《有限合伙制创业投资企业法人合伙人应纳税所得额分配情况明细表》（附件 1）。

七、法人合伙人向其所在地主管税务机关备案享受投资抵扣应纳税所得额时，应提交《法人合伙人应纳税所得额抵扣情况明细表》（附件 2）以及有限合伙制创业投资企业所在地主管税务机关受理后的《有限合伙制创业投资企业法人合伙人应纳税所得额分配情况明细表》，同时将《国家税务总局关于实施创业投资企业所得税优惠问题的通知》（国税发〔2009〕

87号）规定报送的备案资料留存备查。

八、本公告自 2015 年 10 月 1 日起执行。2015 年度符合优惠条件的企业，可统一在 2015 年度汇算清缴时办理相关手续。《国家税务总局关于苏州工业园区有限合伙制创业投资企业法人合伙人企业所得税政策试点有关征收管理问题的公告》（国家税务总局公告 2013 年第 25 号）同时废止。

特此公告。

附件：1. 有限合伙制创业投资企业法人合伙人应纳税所得额分配情况明细表（略）。
　　　2. 法人合伙人应纳税所得额抵扣情况明细表（略）。

国家税务总局
2015 年 11 月 16 日

47. 关于《有限合伙制创业投资企业法人合伙人企业所得税有关问题的公告》的解读

一、公告出台背景

10 月 21 日，国务院第 109 次常务会议做出决定，将国家自主创新示范区有限合伙制创业投资企业法人合伙人企业所得税试点政策推广至全国。根据国务院决定，10 月 28 日，财政部和国家税务总局制定下发了《财政部　国家税务总局关于将国家自主创新示范区有关税收试点政策推广到全国范围实施的通知》（财税〔2015〕116 号），对有限合伙制创业投资企业法人合伙人企业所得税优惠政策问题进行了规定。为进一步明确政策执行口径，保证优惠政策的贯彻实施，根据现行企业所得税法及财税〔2015〕116 号文件的规定，制订本公告。

二、公告主要内容

（一）公告明确了有限合伙制创业投资企业的范畴，是指依照《中华人民共和国合伙企业法》《创业投资企业管理暂行办法》（国家发展和改革委员会令第 39 号）和《外商投资创业投资企业管理规定》（商务部等 5 部委令 2003 年第 2 号）设立的专门从事创业投资活动的有限合伙企业。

（二）公告明确了法人合伙人的范畴。财税〔2008〕159 号文件规定："合伙企业以每一个合伙人为纳税义务人。合伙企业合伙人是自然人的，缴纳个人所得税；合伙人是法人和其他组织的，缴纳企业所得税"。此条款表明，只有依法应缴纳企业所得税的法人和其他组织才能享受企业所得税优惠政策，因此，在公告中明确了法人合伙人为依照《中华人民共和国企业所得税法》的规定缴纳企业所得税的法人居民企业。同时，根据国税函〔2009〕377 号文件的规定，限定了法人合伙人的企业所得税征收方式为查账征收。

（三）公告明确了优惠政策适用范围，有限合伙制创业投资企业采取股权投资方式投资于未上市中小高新技术企业满 2 年（24 个月）以上的，该有限合伙制创业投资企业的法人合伙人才可以享受相关优惠政策。

所称"满 2 年"，是指财税〔2015〕116 号文件执行之日起，创业投资企业投资于未上市中小高新技术企业的实缴投资满 2 年（24 个月），同时，法人合伙人对该创业投资企业的实缴出资也应满 2 年。例如 A 企业于 2012 年 10 月 2 日投资于某有限合伙制创业投资企业，该有限合伙制创业投资企业又于 2013 年 10 月 2 日投资于中小高新技术企业，至 2015 年

10月2日该投资满2年，A企业满足优惠政策条件。

同时，公告明确了法人合伙人投资于多家有限合伙制创业投资企业，可以合并计算可抵扣的投资额和分得的应纳税所得额。这是考虑到法人合伙人可能会投资多家符合条件的有限合伙制创业投资企业，而有限合伙制创业投资企业的分配可能会有所差别，有些会有应纳税所得额的分配，有些则没有，因创业投资企业的投资活动本身具有一定的风险，有些项目可能永远没有回报。如果限定其可抵扣的投资额仅能抵减从其对应投资的有限合伙制创业投资企业分得的应纳税所得额，则会造成法人合伙人的可抵扣投资额无法完全得到抵减，从而削弱该项优惠的政策效应。公告中同时明确了对于当年抵扣有结余的，应按税法规定缴纳企业所得税。

（四）公告明确了有限合伙制创业投资企业的法人合伙人对未上市中小高新技术企业的投资额的计算方法。为避免法人合伙人变动影响优惠政策的享受，公告规定法人合伙人应在满足优惠条件的当年按照规定计算确定其对未上市中小高新技术企业的投资额。如上例中，A企业应在2015年度汇算清缴时计算确定其对中小高新技术企业的投资额的70%部分。

为适应公司注册资本登记制度改革，公告规定有限合伙制创业投资企业对中小高新技术企业的投资额按实缴投资额计算；法人合伙人占有限合伙制创业投资企业的出资比例按法人合伙人对创业投资企业的实缴出资额占该创业投资企业的全部实缴出资额的比例计算。

（五）公告明确了有限合伙制创业投资企业仍应依据财税〔2008〕159号文件，确定及合理分配应纳税所得额。新企业所得税法实施以来，有关合伙制所得税问题，在财税〔2008〕159号文件中确立了"先分后税"的基本原则，也规定了合伙企业应纳税所得额的计算及分配原则，为此，目前仍以此文件作为本公告的配套征收管理工作的依据。

（六）公告明确了有限合伙制创业投资企业需按照文件要求填报《有限合伙制创业投资企业法人合伙人应纳税所得额分配情况明细表》的义务。之所以设定3个月的申报期限，主要考虑是一方面与一般合伙企业的个人所得税申报时间保持一致，另一方面也为了保证了法人合伙人在5月31日前进行年度企业所得税汇缴申报时，能够及时提供有关纳税申报资料。

（七）公告明确了法人合伙人备案享受优惠政策的手续。由于有限合伙制创业投资企业的经营所得和其他所得采取"先分后税"的原则，且有限合伙制创业投资企业主管税务机关与有限合伙制创业投资企业的法人合伙人的主管税务机关有可能不一致，为便于法人合伙人主管税务机关加强监管，在苏州工业园区政策试点的基础上，简化原备案资料为留存企业备查，增加《法人合伙人应纳税所得额抵扣情况明细表》，以便于企业核算和税务机关核实应纳税所得额结转抵扣情况。同时要求报送《有限合伙制创业投资企业法人合伙人应纳税所得额分配情况明细表》，有利于法人合伙人主管税务机关及时获得抵扣信息的详细资料，兑现优惠政策。

（八）公告明确有关政策自2015年10月1日起执行。对在2015年度符合优惠条件的企业，可统一在2015年度汇算清缴时办理相关手续。《国家税务总局关于苏州工业园区有限合伙制创业投资企业法人合伙人企业所得税政策试点有关征收管理问题的公告》（国家税务总局公告2013年第25号）同时废止。

48. 国家税务总局关于许可使用权技术转让所得企业所得税有关问题的公告

国家税务总局公告 2015 年第 82 号

根据《中华人民共和国企业所得税法》及其实施条例、《财政部 国家税务总局关于将国家自主创新示范区有关税收试点政策推广到全国范围实施的通知》（财税〔2015〕116 号）规定，现就许可使用权技术转让所得企业所得税有关问题公告如下：

一、自 2015 年 10 月 1 日起，全国范围内的居民企业转让 5 年（含，下同）以上非独占许可使用权取得的技术转让所得，纳入享受企业所得税优惠的技术转让所得范围。居民企业的年度技术转让所得不超过 500 万元的部分，免征企业所得税；超过 500 万元的部分，减半征收企业所得税。

所称技术包括专利（含国防专利）、计算机软件著作权、集成电路布图设计专有权、植物新品种权、生物医药新品种，以及财政部和国家税务总局确定的其他技术。其中，专利是指法律授予独占权的发明、实用新型以及非简单改变产品图案和形状的外观设计。

二、企业转让符合条件的 5 年以上非独占许可使用权的技术，限于其拥有所有权的技术。技术所有权的权属由国务院行政主管部门确定。其中，专利由国家知识产权局确定权属；国防专利由总装备部确定权属；计算机软件著作权由国家版权局确定权属；集成电路布图设计专有权由国家知识产权局确定权属；植物新品种权由农业部确定权属；生物医药新品种由国家食品药品监督管理总局确定权属。

三、符合条件的 5 年以上非独占许可使用权技术转让所得应按以下方法计算：

技术转让所得＝技术转让收入－无形资产摊销费用－相关税费－应分摊期间费用

技术转让收入是指转让方履行技术转让合同后获得的价款，不包括销售或转让设备、仪器、零部件、原材料等非技术性收入。不属于与技术转让项目密不可分的技术咨询、服务、培训等收入，不得计入技术转让收入。技术许可使用权转让收入，应按转让协议约定的许可使用权人应付许可使用权使用费的日期确认收入的实现。

无形资产摊销费用是指该无形资产按税法规定当年计算摊销的费用。涉及自用和对外许可使用的，应按照受益原则合理划分。

相关税费是指技术转让过程中实际发生的有关税费，包括除企业所得税和允许抵扣的增值税以外的各项税金及其附加、合同签订费用、律师费等相关费用。

应分摊期间费用（不含无形资产摊销费用和相关税费）是指技术转让按照当年销售收入占比分摊的期间费用。

四、企业享受技术转让所得企业所得税优惠的其他相关问题，仍按照《国家税务总局关于技术转让所得减免企业所得税有关问题的通知》（国税函〔2009〕212 号）、《财政部 国家税务总局关于居民企业技术转让有关企业所得税政策问题的通知》（财税〔2010〕111 号）、《国家税务总局关于技术转让所得减免企业所得税有关问题的公告》（国家税务总局公告 2013 年第 62 号）规定执行。

五、本公告自 2015 年 10 月 1 日起施行。本公告实施之日起，企业转让 5 年以上非独占许可使用权确认的技术转让收入，按本公告执行。

特此公告。

国家税务总局
2015 年 11 月 16 日

49. 关于《国家税务总局关于技术转让所得企业所得税有关问题的公告》的解读

一、公告出台背景

10 月 21 日,国务院第 109 次常务会议做出决定,将国家自主创新示范区技术转让所得企业所得税试点政策推广至全国。根据国务院决定,10 月 28 日,财政部和国家税务总局制定下发了《财政部 国家税务总局关于将国家自主创新示范区有关税收试点政策推广到全国范围实施的通知》(财税〔2015〕116 号),对技术转让所得企业所得税优惠政策相关问题进行了明确。为进一步明确相关政策执行口径,保证优惠政策的贯彻实施,根据现行企业所得税法及财税〔2015〕116 号文件的规定,制订本公告。

二、公告主要内容

(一)企业通过转让 5 年以上非独占许可使用权取得的技术转让所得,可享受技术转让所得企业所得税优惠。其中的技术限于企业拥有所有权的技术。技术所有权的权属由国务院行政主管部门确定。

(二)结合技术许可使用权转让的特点,对符合条件的转让 5 年以上非独占许可使用权取得的技术转让所得,明确并细化具体计算方法。对计算中涉及的技术转让收入、无形资产摊销费用、相关税费等加以细化,对涉及自用和对外许可使用的无形资产费用摊销,要求按受益原则进行合理划分,对期间费用按照当年销售收入占比方法进行合理分摊。增强了政策的确定性和可操作性。

(三)本公告旨在明确转让 5 年以上非独占许可使用权取得技术转让所得享受减免税优惠相关问题,与现行涉及技术转让所得企业所得税政策及管理的有效文件之间是补充关系,因此,公告明确企业享受技术转让企业所得税优惠政策问题的其他事宜,仍应按照现行技术转让企业所得税相关规定执行。

(四)明确了转让 5 年以上非独占许可使用权优惠政策执行时点衔接问题。凡属于 2015 年 10 月 1 日以后确认的符合条件的技术转让所得,均可按照本公告的规定享受相关优惠政策。

50. 国家税务总局关于企业研究开发费用税前加计扣除政策有关问题的公告

国家税务总局公告 2015 年第 97 号

根据《中华人民共和国企业所得税法》及其实施条例(以下简称税法)、《财政部 国家税务总局 科技部关于完善研究开发费用税前加计扣除政策的通知》(财税〔2015〕119 号,以下简称《通知》)规定,现就落实完善研究开发费用(以下简称研发费用)税前加计扣除政策有关问题公告如下：

一、研究开发人员范围
……

二、研发费用归集
……

（五）财政性资金的处理

企业取得作为不征税收入处理的财政性资金用于研发活动所形成的费用或无形资产，不得计算加计扣除或摊销。

（六）不允许加计扣除的费用

法律、行政法规和国务院财税主管部门规定不允许企业所得税前扣除的费用和支出项目不得计算加计扣除。

已计入无形资产但不属于《通知》中允许加计扣除研发费用范围的，企业摊销时不得计算加计扣除。

三、委托研发

企业委托外部机构或个人开展研发活动发生的费用，可按规定税前扣除；加计扣除时按照研发活动发生费用的 80% 作为加计扣除基数。委托个人研发的，应凭个人出具的发票等合法有效凭证在税前加计扣除。

企业委托境外研发所发生的费用不得加计扣除，其中受托研发的境外机构是指依照外国和地区（含港澳台）法律成立的企业和其他取得收入的组织。受托研发的境外个人是指外籍（含港澳台）个人。

四、不适用加计扣除政策行业的判定

《通知》中不适用税前加计扣除政策行业的企业，是指以《通知》所列行业业务为主营业务，其研发费用发生当年的主营业务收入占企业按税法第六条规定计算的收入总额减除不征税收入和投资收益的余额 50%（不含）以上的企业。

五、核算要求

企业应按照国家财务会计制度要求，对研发支出进行会计处理。研发项目立项时应设置研发支出辅助账，由企业留存备查；年末汇总分析填报研发支出辅助账汇总表，研发支出辅助账、研发支出辅助账汇总表可参照本公告所附样式（见附件）编制。

六、申报及备案管理

……

（二）研发费用加计扣除实行备案管理，除"备案资料"和"主要留存备查资料"按照本公告规定执行外，其他备案管理要求按照《国家税务总局关于发布〈企业所得税优惠政策事项办理办法〉的公告》（国家税务总局公告 2015 年第 76 号）的规定执行。

（三）企业应当不迟于年度汇算清缴纳税申报时，向税务机关报送《企业所得税优惠事项备案表》和研发项目文件完成备案，并将下列资料留存备查：

1. 自主、委托、合作研究开发项目计划书和企业有权部门关于自主、委托、合作研究开发项目立项的决议文件；

2. 自主、委托、合作研究开发专门机构或项目组的编制情况和研发人员名单；

3. 经科技行政主管部门登记的委托、合作研究开发项目的合同；

4. 从事研发活动的人员和用于研发活动的仪器、设备、无形资产的费用分配说明（包括工作使用情况记录）；

5. 集中研发项目研发费决算表、集中研发项目费用分摊明细情况表和实际分享收益比

例等资料；

6."研发支出"辅助账；

7. 企业如果已取得地市级（含）以上科技行政主管部门出具的鉴定意见，应作为资料留存备查；

8. 省税务机关规定的其他资料。

七、后续管理与核查

税务机关应加强对享受研发费用加计扣除优惠企业的后续管理和监督检查。每年汇算清缴期结束后应开展核查，核查面不得低于享受该优惠企业户数的20%。省级税务机关可根据实际情况制订具体核查办法或工作措施。

八、执行时间

本公告适用于2016年度及以后年度企业所得税汇算清缴。

特此公告。

附件：1. 自主研发"研发支出"辅助账（略）。

2. 委托研发"研发支出"辅助账（略）。

3. 合作研发"研发支出"辅助账（略）。

4. 集中研发"研发支出"辅助账（略）。

5. "研发支出"辅助账汇总表（略）。

6. 研发项目可加计扣除研究开发费用情况归集表（废止）。

【注释】第一条、第二条第（一）项、第二条第（二）项、第二条第（四）项同时废止，参见《国家税务总局关于研发费用税前加计扣除归集范围有关问题的公告》（国家税务总局公告2017年第40号）。

第五条中"并在报送《年度财务会计报告》的同时随附注一并报送主管税务机关"的规定和第六条第一项、附件6《研发项目可加计扣除研究开发费用情况归集表》废止，参见《国家税务总局关于修订企业所得税年度纳税申报表有关问题的公告》（国家税务总局公告2019年第41号）。

第二条第（三）项"其他相关费用的归集与限额计算"的规定废止，参见《国家税务总局关于进一步落实研发费用加计扣除政策有关问题的公告》（国家税务总局公告2021年第28号）。

国家税务总局

2015年12月29日

51. 关于《国家税务总局关于企业研究开发费用税前加计扣除政策有关问题的公告》的解读

一、公告出台背景

为进一步鼓励企业加大研发投入，有效促进企业研发创新活动，10月21日国务院第109次常务会议决定，进一步完善企业研发费用税前加计扣除政策。根据国务院决定，10月30日，财政部、国家税务总局和科技部制定下发了《关于完善研究开发费用税前加计扣除政策的通知》（财税〔2015〕119号，以下简称《通知》），对研发费用税前加计扣除政策进行了明确。为进一步明确政策执行口径，保证优惠政策的贯彻实施，根据现行企业所得税法及通知的规定，制订本公告。

二、公告主要内容

（一）明确从事研发活动人员的范围

公告明确研发人员包括研究人员、技术人员和辅助人员三类。研发人员既可以是本企业的员工，也可以是外聘的。外聘研发人员明确为与本企业签订劳务用工协议（合同）或临时聘用的研究人员、技术人员、辅助人员，劳务派遣的研究人员、技术人员、辅助人员也包括在内。上述人员中的辅助人员不应包括为研发活动从事后勤服务的人员。

（二）明确同时享受加速折旧的固定资产加计扣除折旧额的计算

企业开展研发活动中实际发生的研发费用可按规定享受加计扣除，因此公告明确，企业用于研发活动的仪器、设备，符合税法规定且选择享受加速折旧优惠政策的，在享受研发费用加计扣除政策时，就已经进行会计处理计算的折旧、费用的部分加计扣除，且不得超过按税法规定计算的金额。

例1：甲汽车制造企业2015年12月购入并投入使用一专门用于研发活动的设备，单位价值1 200万元，会计处理按8年折旧，税法上规定的最低折旧年限为10年，不考虑残值。甲企业对该项设备选择缩短折旧年限的加速折旧方式，折旧年限缩短为6年（10×60%）。2016年企业会计处理计提折旧额150万元（1 200÷8），税收上因享受加速折旧优惠可以扣除的折旧额是200万元（1 200÷6），申报研发费用加计扣除时，就其会计处理的"仪器、设备的折旧费"150万元可以进行加计扣除75万元（150×50%）。若该设备8年内用途未发生变化，每年均符合加计扣除政策规定，则企业8年内每年均可对其会计处理的"仪器、设备的折旧费"150万元进行加计扣除75万元。

例2：接上例，如企业会计处理按4年进行折旧，其他情形不变。则2016年企业会计处理计提折旧额300万元（1 200÷4），税收上可扣除的加速折旧额为200万元（1 200÷6），申报享受研发费用加计扣除时，对其在实际会计处理上已确认的"仪器、设备的折旧费"，但未超过税法规定的税前扣除金额200万元可以进行加计扣除100万元（200×50%）。若该设备6年内用途未发生变化，每年均符合加计扣除政策规定，则企业6年内每年均可对其会计处理的"仪器、设备的折旧费"200万元进行加计扣除100万元。

（三）明确多用途对象的费用归集要求

考虑到企业尤其是中小企业，从事研发活动的人员同时也会承担生产经营管理等职能，用于研发活动的仪器、设备、无形资产同时也会用于非研发活动，《通知》对允许加计扣除的研发费用不再强调"专门用于"。为有效划分这类情形，公告明确，企业应对此类人员活动情况及仪器、设备、无形资产的使用情况做必要记录，并将其实际发生的相关费用按实际工时占比等合理方法在研发费用和生产经营费用间分配，未分配的不得加计扣除。

（四）明确其他相关费用的归集与限额计算

研发费用的归集范围除其他相关费用外仅限于《通知》列举的项目，考虑到其他相关费用名目不一，不能穷尽列举，因此《通知》参照高新技术企业研发费用的相关规定，明确与研发活动直接相关的其他相关费用，不得超过可加计扣除研发费用总额的10%。公告进一步明确了该限额的计算：应按项目分别计算，每个项目可加计扣除的其他相关费用都不得超过该项目可加计扣除研发费用总额的10%。按照《通知》规定，假设某一研发项目的其他相关费用的限额为X，《通知》第一条允许加计扣除的研发费用中的第1项至第5项费用之和为Y，那么 $X = (X + Y) \times 10\%$，即 $X = Y \times 10\% \div (1-10\%)$。

例：某企业2016年进行了二项研发活动A和B，A项目共发生研发费用100万元，其中与研发活动直接相关的其他费用12万元，B共发生研发费用100万元，其中与研发活动直接相关的其他费用8万元，假设研发活动均符合加计扣除相关规定。A项目其他相关费用限额=（100-12）×10%÷（1-10%）=9.78（万元），小于实际发生数12万元，则A项目允许加计扣除的研发费用应为97.78万元（100-12+9.78）。B项目其他相关费用限额=（100-8）×10%÷（1-10%）=10.22（万元），大于实际发生数8万元，则B项目允许加计扣除的研发费用应为100万元。

该企业2016年可以享受的研发费用加计扣除额为98.89万元〔（97.78+100）×50%〕。

（五）明确特殊收入应扣减可加计扣除的研发费用

企业开展研发活动中实际发生的研发费用可按规定享受加计扣除政策，实务中常有已归集计入研发费用、但在当期取得的研发过程中形成的下脚料、残次品、中间试制品等特殊收入，此类收入均为与研发活动直接相关的收入，应冲减对应的可加计扣除的研发费用。为简便操作，公告明确，此类收入应冲减当期可加计扣除的研发费用，不足冲减的，允许加计扣除的研发费用按零计算。

生产单机、单品的企业，研发活动直接形成产品或作为组成部分形成的产品对外销售，产品所耗用的料、工、费全部计入研发费用加计扣除不符合政策鼓励本意。考虑到材料费用占比较大且易于计量，为强化政策导向，公告明确，研发活动直接形成产品或作为组成部分形成的产品对外销售的，研发费用中对应的材料费用不得加计扣除。

（六）明确财政性资金用于研发形成的研发费支出不得加计扣除

《企业所得税法实施条例》规定，企业的不征税收入用于支出所形成的费用或者资产，不得扣除或者计算对应的折旧、摊销扣除。据此，《公告》明确，企业取得作为不征税收入处理的财政性资金用于研发活动所形成的费用或无形资产，不得计算加计扣除。未作为不征税收入处理的财政性资金用于研发活动所形成的费用或无形资产，可按规定计算加计扣除。

（七）明确允许加计扣除的研发费用的基本要求

研发费用的核算无论是计入当期损益还是形成无形资产，可加计扣除的研发费用都应属于《通知》及公告规定的范围，同时应符合法律、行政法规和国家税务总局的税前扣除的相关规定，即不得税前扣除的项目也不得加计扣除。对于研发支出形成无形资产的，按照无形资产成本的150%摊销，其摊销年限应符合企业所得税法实施条例规定，即除法律另有规定外，摊销年限不得低于10年。

（八）明确委托开发过程中委托方可加计扣除的研发费用金额

委托开发情形下，考虑到涉及商业秘密等原因，《通知》规定，企业委托外部机构或个人进行研发活动所发生的费用，按照费用实际发生额的80%由委托方加计扣除，受托方不得再进行加计扣除；除关联方外委托方加计扣除时不再需要提供研发项目的费用支出明细情况。公告进一步明确，委托方发生的费用，可按规定全额税前扣除；加计扣除时按照委托方发生费用的80%计算加计扣除。公告特别强调委托个人研发的，应凭个人出具的发票等合法有效凭证计算税前加计扣除。

《通知》规定企业委托境外研发不得加计扣除，公告进一步对受托研发的境外机构或个人的范围作了解释，受托研发的境外机构是指依照外国和地区（含港澳台）法律成立的企业和其他取得收入的组织。受托研发的境外个人是指外籍（含港澳台）个人。

（九）明确不适用加计扣除优惠政策行业企业的具体判定

《通知》列明了不适用加计扣除优惠政策的七个行业，考虑到当前企业经营多元化的情况，为合理判断纳税人所属行业，《公告》明确，《通知》所列七个行业企业是指以上述行业业务为主营业务，其研发费用发生当年的主营业务收入占企业按税法第六条规定计算的收入总额减除不征税收入和投资收益的余额50%（不含）以上的企业。

（十）明确研发项目辅助账的式样及日常管理

《通知》规定对享受加计扣除的研发费用按研发项目设置辅助账，准确归集核算当年可加计扣除的各项研发费用实际发生额。为引导企业准确核算，同时便于税务机关后续管理与核查，公告对允许加计扣除的研发费用项目设置了"研发支出"辅助账和"研发支出"辅助账汇总表样式，企业在研发项目立项时参照样式设置研发支出辅助账，年末按样式填报"研发支出"辅助账汇总表。

（十一）明确企业享受加计扣除优惠的申报及备案管理

为保证优惠政策正确执行，公告明确，年度纳税申报时，根据研发支出辅助账汇总表，填报研发项目可加计扣除研发费用情况归集表，在年度纳税申报时随申报表一并报送。

研发费用加计扣除实行备案管理，除"备案资料"和"主要留存备查资料"按照本公告规定执行外，其他备案管理要求按照《国家税务总局关于发布〈企业所得税优惠政策事项办理办法〉的公告》（国家税务总局公告2015年第76号）的规定执行。

根据《技术合同认定登记管理办法》（国科发政字〔2000〕63号）第六条规定，未申请认定登记和未予登记的技术合同，不得享受国家对有关促进科技成果转化规定的税收、信贷和奖励等方面的优惠政策。据此，涉及委托、合作研究开发的合同需经科技主管部门登记，该资料需要留存备查。

若企业的研发项目已取得地市级（含）以上科技行政主管部门出具的鉴定意见，也应作为资料留存备查。

（十二）明确税务机关强化研发费用加计扣除后续管理与核查要求

为进一步落实简政放权放管结合的工作要求，《通知》要求税务部门加强研发费用加计扣除优惠政策的后续管理，公告进一步提出了后续管理的具体要求，即每年汇算清缴期结束后应开展核查，核查面不得低于享受该优惠企业户数的20%。省级税务机关可根据实际情况制订具体核查办法或工作措施。

（十三）明确施行时间

与《通知》的执行时间相一致，公告适用于2016年度及以后年度企业所得税汇算清缴。

52. 财政部 国家税务总局关于金融企业贷款损失准备金企业所得税税前扣除有关政策的通知

财税〔2015〕9号

各省、自治区、直辖市、计划单列市财政厅（局）、国家税务局、地方税务局，新疆生产建设兵团财务局：

根据《中华人民共和国企业所得税法》及《中华人民共和国企业所得税法实施条例》的有关规定，现就政策性银行、商业银行、财务公司、城乡信用社和金融租赁公司等金融企业提取的贷款损失准备金的企业所得税税前扣除政策问题，通知如下：

一、准予税前提取贷款损失准备金的贷款资产范围包括：

（一）贷款（含抵押、质押、担保等贷款）；

（二）银行卡透支、贴现、信用垫款（含银行承兑汇票垫款、信用证垫款、担保垫款等）、进出口押汇、同业拆出、应收融资租赁款等各项具有贷款特征的风险资产；

（三）由金融企业转贷并承担对外还款责任的国外贷款，包括国际金融组织贷款、外国买方信贷、外国政府贷款、日本国际协力银行不附条件贷款和外国政府混合贷款等资产。

二、金融企业准予当年税前扣除的贷款损失准备金计算公式如下：

准予当年税前扣除的贷款损失准备金＝本年末准予提取贷款损失准备金的贷款资产余额×1％－截至上年末已在税前扣除的贷款损失准备金的余额。

金融企业按上述公式计算的数额如为负数，应当相应调增当年应纳税所得额。

三、金融企业的委托贷款、代理贷款、国债投资、应收股利、上交央行准备金以及金融企业剥离的债权和股权、应收财政贴息、央行款项等不承担风险和损失的资产，不得提取贷款损失准备金在税前扣除。

四、金融企业发生的符合条件的贷款损失，应先冲减已在税前扣除的贷款损失准备金，不足冲减部分可据实在计算当年应纳税所得额时扣除。

五、金融企业涉农贷款和中小企业贷款损失准备金的税前扣除政策，凡按照《财政部国家税务总局关于金融企业涉农贷款和中小企业贷款损失准备金税前扣除有关问题的通知》（财税〔2015〕3号）的规定执行的，不再适用本通知第一条至第四条的规定。

六、本通知自2014年1月1日起至2018年12月31日止执行。

财政部　国家税务总局
2015年1月15日

53. 财政部　国家税务总局关于进一步完善固定资产加速折旧企业所得税政策的通知

财税〔2015〕106号

各省、自治区、直辖市、计划单列市财政厅（局）、国家税务局、地方税务局，新疆生产建设兵团财务局：

根据国务院常务会议的有关决定精神，现就有关固定资产加速折旧企业所得税政策问题通知如下：

一、对轻工、纺织、机械、汽车等四个领域重点行业（具体范围见附件）的企业2015年1月1日后新购进的固定资产，可由企业选择缩短折旧年限或采取加速折旧的方法。

二、对上述行业的小型微利企业2015年1月1日后新购进的研发和生产经营共用的仪器、设备，单位价值不超过100万元的，允许一次性计入当期成本费用在计算应纳税所得额时扣除，不再分年度计算折旧；单位价值超过100万元的，可由企业选择缩短折旧年限或采取加速折旧的方法。

三、企业按本通知第一条、第二条规定缩短折旧年限的，最低折旧年限不得低于企业所得税法实施条例第六十条规定折旧年限的60％；采取加速折旧方法的，可采取双倍余额递减法或者年数总和法。

按照企业所得税法及其实施条例有关规定，企业根据自身生产经营需要，也可选择不实行加速折旧政策。

四、本通知自 2015 年 1 月 1 日起执行。2015 年前 3 季度按本通知规定未能计算办理的，统一在 2015 年第 4 季度预缴申报时享受优惠或 2015 年度汇算清缴时办理。

附件：轻工、纺织、机械、汽车四个领域重点行业范围（略）。

财政部　国家税务总局
2015 年 9 月 17 日

54. 财政部　国家税务总局关于保险企业计提准备金有关税收处理问题的通知

财税〔2015〕115 号

各省、自治区、直辖市、计划单列市财政厅（局）、国家税务局、地方税务局，新疆生产建设兵团财务局：

按照《中华人民共和国企业所得税法》及其实施条例有关规定，现就保险企业在执行财政部企业会计规定过程中有关计提准备金的税收处理事项明确如下：

一、保险企业执行财政部《保险合同相关会计处理规定》后，其提取的未到期责任准备金、寿险责任准备金、长期健康险责任准备金、已发生已报告未决赔款准备金和已发生未报告未决赔款准备金，应按照《财政部　国家税务总局关于保险公司准备金支出企业所得税税前扣除有关政策问题的通知》（财税〔2012〕45 号）规定计算并准予在企业所得税税前扣除。

二、保险企业因执行财政部企业会计规定计提的准备金与之前执行中国保险业监督管理委员会有关监管规定计提的准备金形成的差额，应计入保险企业应纳税所得额。凡上述准备金差额尚未进行税务处理的，可分 10 年均匀计入 2015 年及以后年度应纳税所得额；已进行税务处理的不再分期计入以后年度应纳税所得额。

请遵照执行。

财政部　国家税务总局
2015 年 10 月 26 日

55. 财政部　国家税务总局　科技部关于完善研究开发费用税前加计扣除政策的通知

财税〔2015〕119 号

各省、自治区、直辖市、计划单列市财政厅（局）、国家税务局、地方税务局、科技厅（局），新疆生产建设兵团财务局、科技局：

根据《中华人民共和国企业所得税法》及其实施条例有关规定，为进一步贯彻落实《中共中央　国务院关于深化体制机制改革加快实施创新驱动发展战略的若干意见》精神，更好地鼓励企业开展研究开发活动（以下简称研发活动）和规范企业研究开发费用（以下简称研发费用）加计扣除优惠政策执行，现就企业研发费用税前加计扣除有关问题通知如下：

一、研发活动及研发费用归集范围

本通知所称研发活动，是指企业为获得科学与技术新知识，创造性运用科学技术新知识，或实质性改进技术、产品（服务）、工艺而持续进行的具有明确目标的系统性活动。

（一）允许加计扣除的研发费用。

企业开展研发活动中实际发生的研发费用，未形成无形资产计入当期损益的，在按规定据实扣除的基础上，按照本年度实际发生额的50%，从本年度应纳税所得额中扣除；形成无形资产的，按照无形资产成本的150%在税前摊销。研发费用的具体范围包括：

1. 人员人工费用。

直接从事研发活动人员的工资薪金、基本养老保险费、基本医疗保险费、失业保险费、工伤保险费、生育保险费和住房公积金，以及外聘研发人员的劳务费用。

2. 直接投入费用。

（1）研发活动直接消耗的材料、燃料和动力费用。

（2）用于中间试验和产品试制的模具、工艺装备开发及制造费，不构成固定资产的样品、样机及一般测试手段购置费，试制产品的检验费。

（3）用于研发活动的仪器、设备的运行维护、调整、检验、维修等费用，以及通过经营租赁方式租入的用于研发活动的仪器、设备租赁费。

3. 折旧费用。

用于研发活动的仪器、设备的折旧费。

4. 无形资产摊销。

用于研发活动的软件、专利权、非专利技术（包括许可证、专有技术、设计和计算方法等）的摊销费用。

5. 新产品设计费、新工艺规程制定费、新药研制的临床试验费、勘探开发技术的现场试验费。

6. 其他相关费用。

与研发活动直接相关的其他费用，如技术图书资料费、资料翻译费、专家咨询费、高新科技研发保险费，研发成果的检索、分析、评议、论证、鉴定、评审、评估、验收费用，知识产权的申请费、注册费、代理费，差旅费、会议费等。此项费用总额不得超过可加计扣除研发费用总额的10%。

7. 财政部和国家税务总局规定的其他费用。

（二）下列活动不适用税前加计扣除政策。

1. 企业产品（服务）的常规性升级。

2. 对某项科研成果的直接应用，如直接采用公开的新工艺、材料、装置、产品、服务或知识等。

3. 企业在商品化后为顾客提供的技术支持活动。

4. 对现存产品、服务、技术、材料或工艺流程进行的重复或简单改变。

5. 市场调查研究、效率调查或管理研究。

6. 作为工业（服务）流程环节或常规的质量控制、测试分析、维修维护。

7. 社会科学、艺术或人文学方面的研究。

二、特别事项的处理

1. 企业委托外部机构或个人进行研发活动所发生的费用，按照费用实际发生额的80%

计入委托方研发费用并计算加计扣除,受托方不得再进行加计扣除。委托外部研究开发费用实际发生额应按照独立交易原则确定。

委托方与受托方存在关联关系的,受托方应向委托方提供研发项目费用支出明细情况。

企业委托境外机构或个人进行研发活动所发生的费用,不得加计扣除。

【注释】第二条中"企业委托境外机构或个人进行研发活动所发生的费用,不得加计扣除。"废止,参见《财政部 税务总局 科技部关于企业委托境外研究开发费用税前加计扣除有关政策问题的通知》(财税〔2018〕64号)。

2. 企业共同合作开发的项目,由合作各方就自身实际承担的研发费用分别计算加计扣除。

3. 企业集团根据生产经营和科技开发的实际情况,对技术要求高、投资数额大,需要集中研发的项目,其实际发生的研发费用,可以按照权利和义务相一致、费用支出和收益分享相配比的原则,合理确定研发费用的分摊方法,在受益成员企业间进行分摊,由相关成员企业分别计算加计扣除。

4. 企业为获得创新性、创意性、突破性的产品进行创意设计活动而发生的相关费用,可按照本通知规定进行税前加计扣除。

创意设计活动是指多媒体软件、动漫游戏软件开发,数字动漫、游戏设计制作;房屋建筑工程设计(绿色建筑评价标准为三星)、风景园林工程专项设计;工业设计、多媒体设计、动漫及衍生产品设计、模型设计等。

三、会计核算与管理

1. 企业应按照国家财务会计制度要求,对研发支出进行会计处理;同时,对享受加计扣除的研发费用按研发项目设置辅助账,准确归集核算当年可加计扣除的各项研发费用实际发生额。企业在一个纳税年度内进行多项研发活动的,应按照不同研发项目分别归集可加计扣除的研发费用。

2. 企业应对研发费用和生产经营费用分别核算,准确、合理归集各项费用支出,对划分不清的,不得实行加计扣除。

四、不适用税前加计扣除政策的行业

1. 烟草制造业。
2. 住宿和餐饮业。
3. 批发和零售业。
4. 房地产业。
5. 租赁和商务服务业。
6. 娱乐业。
7. 财政部和国家税务总局规定的其他行业。

上述行业以《国民经济行业分类与代码(GB/4754—2011)》为准,并随之更新。

五、管理事项及征管要求

1. 本通知适用于会计核算健全、实行查账征收并能够准确归集研发费用的居民企业。

2. 企业研发费用各项目的实际发生额归集不准确、汇总额计算不准确的,税务机关有权对其税前扣除额或加计扣除额进行合理调整。

3. 税务机关对企业享受加计扣除优惠的研发项目有异议的,可以转请地市级(含)以上科技行政主管部门出具鉴定意见,科技部门应及时回复意见。企业承担省部级(含)以上科研项目的,以及以前年度已鉴定的跨年度研发项目,不再需要鉴定。

4. 企业符合本通知规定的研发费用加计扣除条件而在2016年1月1日以后未及时享受该项税收优惠的,可以追溯享受并履行备案手续,追溯期限最长为3年。

5. 税务部门应加强研发费用加计扣除优惠政策的后续管理，定期开展核查，年度核查面不得低于20%。

六、执行时间

本通知自2016年1月1日起执行。《国家税务总局关于印发〈企业研究开发费用税前扣除管理办法（试行）〉的通知》（国税发〔2008〕116号）和《财政部 国家税务总局关于研究开发费用税前加计扣除有关政策问题的通知》（财税〔2013〕70号）同时废止。

财政部　国家税务总局　科技部

2015年11月2日

56. 财政部　国家税务总局关于公益股权捐赠企业所得税政策问题的通知

财税〔2016〕45号

各省、自治区、直辖市、计划单列市财政厅（局）、国家税务局、地方税务局，新疆生产建设兵团财务局：

为支持和鼓励公益事业发展，根据《中华人民共和国企业所得税法》及其实施条例有关规定，经国务院批准，现将股权捐赠企业所得税政策问题通知如下：

一、企业向公益性社会团体实施的股权捐赠，应按规定视同转让股权，股权转让收入额以企业所捐赠股权取得时的历史成本确定。

前款所称的股权，是指企业持有的其他企业的股权、上市公司股票等。

二、企业实施股权捐赠后，以其股权历史成本为依据确定捐赠额，并依此按照企业所得税法有关规定在所得税前予以扣除。公益性社会团体接受股权捐赠后，应按照捐赠企业提供的股权历史成本开具捐赠票据。

三、本通知所称公益性社会团体，是指注册在中华人民共和国境内，以发展公益事业为宗旨、且不以营利为目的，并经确定为具有接受捐赠税前扣除资格的基金会、慈善组织等公益性社会团体。

四、本通知所称股权捐赠行为，是指企业向中华人民共和国境内公益性社会团体实施的股权捐赠行为。企业向中华人民共和国境外的社会组织或团体实施的股权捐赠行为不适用本通知规定。

五、本通知自2016年1月1日起执行。

本通知发布前企业尚未进行税收处理的股权捐赠行为，符合本通知规定条件的可比照本通知执行，已经进行相关税收处理的不再进行税收调整。

请遵照执行。

财政部　国家税务总局

2016年4月20日

57. 财政部 国家税务总局 发展改革委 工业和信息化部关于软件和集成电路产业企业所得税优惠政策有关问题的通知

财税〔2016〕49号

各省、自治区、直辖市、计划单列市财政厅（局）、国家税务局、地方税务局、发展改革委、工业和信息化主管部门：

按照《国务院关于取消和调整一批行政审批项目等事项的决定》（国发〔2015〕11号）和《国务院关于取消非行政许可审批事项的决定》（国发〔2015〕27号）规定，集成电路生产企业、集成电路设计企业、软件企业、国家规划布局内的重点软件企业和集成电路设计企业（以下统称软件、集成电路企业）的税收优惠资格认定等非行政许可审批已经取消。为做好《财政部 国家税务总局关于进一步鼓励软件产业和集成电路产业发展企业所得税政策的通知》（财税〔2012〕27号）规定的企业所得税优惠政策落实工作，现将有关问题通知如下：

一、享受财税〔2012〕27号文件规定的税收优惠政策的软件、集成电路企业，每年汇算清缴时应按照《国家税务总局关于发布〈企业所得税优惠政策事项办理办法〉的公告》（国家税务总局公告2015年第76号）规定向税务机关备案，同时提交《享受企业所得税优惠政策的软件和集成电路企业备案资料明细表》（见附件）规定的备案资料。

为切实加强优惠资格认定取消后的管理工作，在软件、集成电路企业享受优惠政策后，税务部门转请发展改革、工业和信息化部门进行核查。对经核查不符合软件、集成电路企业条件的，由税务部门追缴其已经享受的企业所得税优惠，并按照税收征管法的规定进行处理。

二、财税〔2012〕27号文件所称集成电路生产企业，是指以单片集成电路、多芯片集成电路、混合集成电路制造为主营业务并同时符合下列条件的企业：

（一）在中国境内（不包括港、澳、台地区）依法注册并在发展改革、工业和信息化部门备案的居民企业；

（二）汇算清缴年度具有劳动合同关系且具有大学专科以上学历职工人数占企业月平均职工总人数的比例不低于40%，其中研究开发人员占企业月平均职工总数的比例不低于20%；

（三）拥有核心关键技术，并以此为基础开展经营活动，且汇算清缴年度研究开发费用总额占企业销售（营业）收入（主营业务收入与其他业务收入之和，下同）总额的比例不低于5%；其中，企业在中国境内发生的研究开发费用金额占研究开发费用总额的比例不低于60%；

（四）汇算清缴年度集成电路制造销售（营业）收入占企业收入总额的比例不低于60%；

（五）具有保证产品生产的手段和能力，并获得有关资质认证（包括ISO质量体系认证）；

（六）汇算清缴年度未发生重大安全、重大质量事故或严重环境违法行为。

三、财税〔2012〕27号文件所称集成电路设计企业是指以集成电路设计为主营业务并同时符合下列条件的企业：

（一）在中国境内（不包括港、澳、台地区）依法注册的居民企业；

（二）汇算清缴年度具有劳动合同关系且具有大学专科以上学历的职工人数占企业月平均职工总人数的比例不低40%，其中研究开发人员占企业月平均职工总数的比例不低于20%；

（三）拥有核心关键技术，并以此为基础开展经营活动，且汇算清缴年度研究开发费用总额占企业销售（营业）收入总额的比例不低于6%；其中，企业在中国境内发生的研究开发费用金额占研究开发费用总额的比例不低于60%；

（四）汇算清缴年度集成电路设计销售（营业）收入占企业收入总额的比例不低于60%，其中集成电路自主设计销售（营业）收入占企业收入总额的比例不低于50%；

（五）主营业务拥有自主知识产权；

（六）具有与集成电路设计相适应的软硬件设施等开发环境（如EDA工具、服务器或工作站等）；

（七）汇算清缴年度未发生重大安全、重大质量事故或严重环境违法行为。

四、财税〔2012〕27号文件所称软件企业是指以软件产品开发销售（营业）为主营业务并同时符合下列条件的企业：

（一）在中国境内（不包括港、澳、台地区）依法注册的居民企业；

（二）汇算清缴年度具有劳动合同关系且具有大学专科以上学历的职工人数占企业月平均职工总人数的比例不低于40%，其中研究开发人员占企业月平均职工总数的比例不低于20%；

（三）拥有核心关键技术，并以此为基础开展经营活动，且汇算清缴年度研究开发费用总额占企业销售（营业）收入总额的比例不低于6%；其中，企业在中国境内发生的研究开发费用金额占研究开发费用总额的比例不低于60%；

（四）汇算清缴年度软件产品开发销售（营业）收入占企业收入总额的比例不低于50%〔嵌入式软件产品和信息系统集成产品开发销售（营业）收入占企业收入总额的比例不低于40%〕，其中：软件产品自主开发销售（营业）收入占企业收入总额的比例不低于40%〔嵌入式软件产品和信息系统集成产品开发销售（营业）收入占企业收入总额的比例不低于30%〕；

（五）主营业务拥有自主知识产权；

（六）具有与软件开发相适应软硬件设施等开发环境（如合法的开发工具等）；

（七）汇算清缴年度未发生重大安全、重大质量事故或严重环境违法行为。

五、财税〔2012〕27号文件所称国家规划布局内重点集成电路设计企业除符合本通知第三条规定，还应至少符合下列条件中的一项：

（一）汇算清缴年度集成电路设计销售（营业）收入不低于2亿元，年应纳税所得额不低于1 000万元，研究开发人员占月平均职工总数的比例不低于25%；

（二）在国家规定的重点集成电路设计领域内，汇算清缴年度集成电路设计销售（营业）收入不低于2 000万元，应纳税所得额不低于250万元，研究开发人员占月平均职工总数的比例不低于35%，企业在中国境内发生的研发开发费用金额占研究开发费用总额的比例不低于70%。

六、财税〔2012〕27号文件所称国家规划布局内重点软件企业是除符合本通知第四条规定，还应至少符合下列条件中的一项：

（一）汇算清缴年度软件产品开发销售（营业）收入不低于2亿元，应纳税所得额不低于1 000万元，研究开发人员占企业月平均职工总数的比例不低于25%；

（二）在国家规定的重点软件领域内，汇算清缴年度软件产品开发销售（营业）收入不低于5 000万元，应纳税所得额不低于250万元，研究开发人员占企业月平均职工总数的比例不低于25%，企业在中国境内发生的研究开发费用金额占研究开发费用总额的比例不低于70%；

（三）汇算清缴年度软件出口收入总额不低于800万美元，软件出口收入总额占本企业年度收入总额比例不低于50%，研究开发人员占企业月平均职工总数的比例不低于25%。

七、国家规定的重点软件领域及重点集成电路设计领域，由国家发展改革委、工业和信息化部会同财政部、税务总局根据国家产业规划和布局确定，并实行动态调整。

八、软件、集成电路企业规定条件中所称研究开发费用政策口径，2015年度仍按《国家税务总局关于印发〈企业研究开发费用税前扣除管理办法（试行）〉的通知》（国税发〔2008〕116号）和《财政部 国家税务总局关于研究开发费用税前加计扣除有关政策的通知》（财税〔2013〕70号）的规定执行，2016年及以后年度按照《财政部 国家税务总局 科技部关于完善研究开发费用税前加计扣除政策的通知》（财税〔2015〕119号）的规定执行。

九、软件、集成电路企业应从企业的获利年度起计算定期减免税优惠期。如获利年度不符合优惠条件的，应自首次符合软件、集成电路企业条件的年度起，在其优惠期的剩余年限内享受相应的减免税优惠。

十、省级（自治区、直辖市、计划单列市，下同）财政、税务、发展改革和工业和信息化部门应密切配合，通过建立核查机制并有效运用核查结果，切实加强对软件、集成电路企业的后续管理工作。

（一）省级税务部门应在每年3月20日前和6月20日前分两批将汇算清缴年度已申报享受软件、集成电路企业税收优惠政策的企业名单及其备案资料提交省级发展改革、工业和信息化部门。其中，享受软件企业、集成电路设计企业税收优惠政策的名单及备案资料提交给省级工业和信息化部门，省级工业和信息化部门组织专家或者委托第三方机构对名单内企业是否符合条件进行核查；享受其他优惠政策的名单及备案资料提交给省级发展改革部门，省级发展改革部门会同工业和信息化部门共同组织专家或者委托第三方机构对名单内企业是否符合条件进行核查。

2015年度享受优惠政策的企业名单和备案资料，省级税务部门可在2016年6月20日前一次性提交给省级发展改革、工业和信息化部门。

（二）省级发展改革、工业和信息化部门应在收到享受优惠政策的企业名单和备案资料两个月内将复核结果反馈省级税务部门（第一批名单复核结果应在汇算清缴期结束前反馈）。

（三）每年10月底前，省级财政、税务、发展改革、工业和信息化部门应将核查结果及税收优惠落实情况联合汇总上报财政部、税务总局、国家发展改革委、工业和信息化部。

如遇特殊情况汇算清缴延期的，上述期限可相应顺延。

（四）省级财政、税务、发展改革、工业和信息化部门可以根据本通知规定，结合当地实际，制定具体操作管理办法，并报财政部、税务总局、发展改革委、工业和信息化部备案。

十一、国家税务总局公告2015年第76号所附《企业所得税优惠事项备案管理目录（2015年版）》第38、第41、第42、第43、第46项软件、集成电路企业优惠政策不再作为"定期减免税优惠备案管理事项"管理，本通知执行前已经履行备案等相关手续的，在享受税收优惠的年度仍应按照本通知的规定办理备案手续。

十二、本通知自2015年1月1日起执行。《财政部 国家税务总局关于进一步鼓励软件产业和集成电路产业发展企业所得税政策的通知》（财税〔2012〕27号）第九条、第十条、第十一条、第十三条、第十七条、第十八条、第十九条和第二十条停止执行。国家税务总局公告2015年第76号所附《企业所得税优惠事项备案管理目录（2015年版）》第38项至43项及第46至48项软件、集成电路企业优惠政策的"备案资料""主要留存备查资料"规定停止执行。

附件：享受企业所得税优惠政策的软件和集成电路企业备案资料明细表

财政部 国家税务总局 发展改革委 工业和信息化部
2016年5月4日

附件：

享受企业所得税优惠政策的软件和集成电路企业备案资料明细表

企业类型	备案资料（复印件须加盖企业公章）
集成电路生产企业	1. 在发展改革或工业和信息化部门立项的备案文件（应注明总投资额、工艺线宽标准）复印件以及企业取得的其他相关资质证书复印件等； 2. 企业职工人数、学历结构、研究开发人员情况及其占企业职工总数的比例说明，以及汇算清缴年度最后一个月社会保险缴纳证明等相关证明材料； 3. 加工集成电路产品主要列表及国家知识产权局（或国外知识产权相关主管机构）出具的企业自主开发或拥有的一至两份代表性知识产权（如专利、布图设计登记、软件著作权等）的证明材料； 4. 经具有资质的中介机构鉴证的企业财务会计报告（包括会计报表、会计报表附注和财务情况说明书）以及集成电路制造销售（营业）收入、研究开发费用、境内研究开发费用等情况说明； 5. 与主要客户签订的一至两份代表性销售合同复印件； 6. 保证产品质量的相关证明材料（如质量管理认证证书复印件等）； 7. 税务机关要求出具的其他材料
集成电路设计企业	1. 企业职工人数、学历结构、研究开发人员情况及其占企业职工总数的比例说明，以及汇算清缴年度最后一个月社会保险缴纳证明等相关证明材料； 2. 企业开发销售的主要集成电路产品列表，以及国家知识产权局（或国外知识产权相关主管机构）出具的企业自主开发或拥有的一至两份代表性知识产权（如专利、布图设计登记、软件著作权等）的证明材料； 3. 经具有资质的中介机构鉴证的企业财务会计报告（包括会计报表、会计报表附注和财务情况说明书）以及集成电路设计销售（营业）收入、集成电路自主设计销售（营业）收入、研究开发费用、境内研究开发费用等情况表； 4. 第三方检测机构提供的集成电路产品测试报告或用户报告，以及与主要客户签订的一至两份代表性销售合同复印件； 5. 企业开发环境等相关证明材料； 6. 税务机关要求出具的其他材料
软件企业	1. 企业开发销售的主要软件产品列表或技术服务列表； 2. 主营业务为软件产品开发的企业，提供至少1个主要产品的软件著作权或专利权等自主知识产权的有效证明文件，以及第三方检测机构提供的软件产品测试报告；主营业务仅为技术服务的企业提供核心技术说明； 3. 企业职工人数、学历结构、研究开发人员及其占企业职工总数的比例说明，以及汇算清缴年度最后一个月社会保险缴纳证明等相关证明材料； 4. 经具有资质的中介机构鉴证的企业财务会计报告（包括会计报表、会计报表附注和财务情况说明书）以及软件产品开发销售（营业）收入、软件产品自主开发销售（营业）收入、研究开发费用、境内研究开发费用等情况说明； 5. 与主要客户签订的一至两份代表性的软件产品销售合同或技术服务合同复印件； 6. 企业开发环境相关证明材料； 7. 税务机关要求出具的其他材料

（续表）

企业类型	备案资料（复印件须加盖企业公章）
国家规划布局内重点软件企业	1. 企业享受软件企业所得税优惠政策需要报送的备案资料； 2. 符合第二类条件的，应提供在国家规定的重点软件领域内销售（营业）情况说明； 3. 符合第三类条件的，应提供商务主管部门核发的软件出口合同登记证书，以及有效出口合同和结汇证明等材料； 4. 税务机关要求提供的其他材料
国家规划布局内重点集成电路设计企业	1. 企业享受集成电路设计企业所得税优惠政策需要报送的备案资料； 2. 符合第二类条件的，应提供在国家规定的重点集成电路设计领域内销售（营业）情况说明； 3. 税务机关要求提供的其他材料

58. 国家税务总局关于完善关联申报和同期资料管理有关事项的公告

国家税务总局公告 2016 年第 42 号

为进一步完善关联申报和同期资料管理，根据《中华人民共和国企业所得税法》（以下简称企业所得税法）及其实施条例、《中华人民共和国税收征收管理法》（以下简称税收征管法）及其实施细则的有关规定，现就有关问题公告如下：

一、实行查账征收的居民企业和在中国境内设立机构、场所并据实申报缴纳企业所得税的非居民企业向税务机关报送年度企业所得税纳税申报表时，应当就其与关联方之间的业务往来进行关联申报，附送《中华人民共和国企业年度关联业务往来报告表(2016年版)》。

二、企业与其他企业、组织或者个人具有下列关系之一的，构成本公告所称关联关系：

（一）一方直接或者间接持有另一方的股份总和达到 25% 以上；双方直接或者间接同为第三方所持有的股份达到 25% 以上。

如果一方通过中间方对另一方间接持有股份，只要其对中间方持股比例达到 25% 以上，则其对另一方的持股比例按照中间方对另一方的持股比例计算。

两个以上具有夫妻、直系血亲、兄弟姐妹以及其他抚养、赡养关系的自然人共同持股同一企业，在判定关联关系时持股比例合并计算。

（二）双方存在持股关系或者同为第三方持股，虽持股比例未达到本条第（一）项规定，但双方之间借贷资金总额占任一方实收资本比例达到 50% 以上，或者一方全部借贷资金总额的 10% 以上由另一方担保（与独立金融机构之间的借贷或者担保除外）。

借贷资金总额占实收资本比例＝年度加权平均借贷资金／年度加权平均实收资本，其中：

$$\text{年度加权平均借贷资金} = \sum \frac{i\text{笔借入或者贷出资金账面金额} \times i\text{笔借入或者贷出资金年度实际占用天数}}{365}$$

$$\text{年度加权平均实收资本} = \sum \frac{i\text{笔实收资本账面金额} \times i\text{笔实收资本年度实际占用天数}}{365}$$

（三）双方存在持股关系或者同为第三方持股，虽持股比例未达到本条第（一）项规定，但一方的生产经营活动必须由另一方提供专利权、非专利技术、商标权、著作权等特许权才能正常进行。

（四）双方存在持股关系或者同为第三方持股，虽持股比例未达到本条第（一）项规定，但一方的购买、销售、接受劳务、提供劳务等经营活动由另一方控制。

上述控制是指一方有权决定另一方的财务和经营政策，并能据以从另一方的经营活动中获取利益。

（五）一方半数以上董事或者半数以上高级管理人员（包括上市公司董事会秘书、经理、副经理、财务负责人和公司章程规定的其他人员）由另一方任命或者委派，或者同时担任另一方的董事或者高级管理人员；或者双方各自半数以上董事或者半数以上高级管理人员同为第三方任命或者委派。

（六）具有夫妻、直系血亲、兄弟姐妹以及其他抚养、赡养关系的两个自然人分别与双方具有本条第（一）至（五）项关系之一。

（七）双方在实质上具有其他共同利益。

除本条第（二）项规定外，上述关联关系年度内发生变化的，关联关系按照实际存续期间认定。

三、仅因国家持股或者由国有资产管理部门委派董事、高级管理人员而存在本公告第二条第（一）至（五）项关系的，不构成本公告所称关联关系。

四、关联交易主要包括：

（一）有形资产使用权或者所有权的转让。有形资产包括商品、产品、房屋建筑物、交通工具、机器设备、工具器具等。

（二）金融资产的转让。金融资产包括应收账款、应收票据、其他应收款项、股权投资、债权投资和衍生金融工具形成的资产等。

（三）无形资产使用权或者所有权的转让。无形资产包括专利权、非专利技术、商业秘密、商标权、品牌、客户名单、销售渠道、特许经营权、政府许可、著作权等。

（四）资金融通。资金包括各类长短期借贷资金（含集团资金池）、担保费、各类应计息预付款和延期收付款等。

（五）劳务交易。劳务包括市场调查、营销策划、代理、设计、咨询、行政管理、技术服务、合约研发、维修、法律服务、财务管理、审计、招聘、培训、集中采购等。

五、存在下列情形之一的居民企业，应当在报送年度关联业务往来报告表时，填报国别报告：

（一）该居民企业为跨国企业集团的最终控股企业，且其上一会计年度合并财务报表中的各类收入金额合计超过55亿元。

最终控股企业是指能够合并其所属跨国企业集团所有成员实体财务报表的，且不能被其他企业纳入合并财务报表的企业。

成员实体应当包括：

1. 实际已被纳入跨国企业集团合并财务报表的任一实体。

2. 跨国企业集团持有该实体股权且按公开证券市场交易要求应被纳入但实际未被纳入跨国企业集团合并财务报表的任一实体。

3. 仅由于业务规模或者重要性程度而未被纳入跨国企业集团合并财务报表的任一实体。

4. 独立核算并编制财务报表的常设机构。

（二）该居民企业被跨国企业集团指定为国别报告的报送企业。

国别报告主要披露最终控股企业所属跨国企业集团所有成员实体的全球所得、税收和业务活动的国别分布情况。

六、最终控股企业为中国居民企业的跨国企业集团，其信息涉及国家安全的，可以按照国家有关规定，豁免填报部分或者全部国别报告。

七、税务机关可以按照我国对外签订的协定、协议或者安排实施国别报告的信息交换。

八、企业虽不属于本公告第五条规定填报国别报告的范围，但其所属跨国企业集团按照其他国家有关规定应当准备国别报告，且符合下列条件之一的，税务机关可以在实施特别纳税调查时要求企业提供国别报告：

（一）跨国企业集团未向任何国家提供国别报告。

（二）虽然跨国企业集团已向其他国家提供国别报告，但我国与该国尚未建立国别报告信息交换机制。

（三）虽然跨国企业集团已向其他国家提供国别报告，且我国与该国已建立国别报告信息交换机制，但国别报告实际未成功交换至我国。

九、企业在规定期限内报送年度关联业务往来报告表确有困难，需要延期的，应当按照税收征管法及其实施细则的有关规定办理。

十、企业应当依据企业所得税法实施条例第一百一十四条的规定，按纳税年度准备并按税务机关要求提供其关联交易的同期资料。

同期资料包括主体文档、本地文档和特殊事项文档。

十一、符合下列条件之一的企业，应当准备主体文档：

（一）年度发生跨境关联交易，且合并该企业财务报表的最终控股企业所属企业集团已准备主体文档。

（二）年度关联交易总额超过10亿元。

十二、主体文档主要披露最终控股企业所属企业集团的全球业务整体情况，包括以下内容：

（一）组织架构。

以图表形式说明企业集团的全球组织架构、股权结构和所有成员实体的地理分布。成员实体是指企业集团内任一营运实体，包括公司制企业、合伙企业和常设机构等。

（二）企业集团业务。

1. 企业集团业务描述，包括利润的重要价值贡献因素。

2. 企业集团营业收入前五位以及占营业收入超过5%的产品或者劳务的供应链及其主要市场地域分布情况。供应链情况可以采用图表形式进行说明。

3. 企业集团除研发外的重要关联劳务及简要说明，说明内容包括主要劳务提供方提供劳务的胜任能力、分配劳务成本以及确定关联劳务价格的转让定价政策。

4. 企业集团内各成员实体主要价值贡献分析，包括执行的关键功能、承担的重大风险以及使用的重要资产。

5. 企业集团会计年度内发生的业务重组，产业结构调整，集团内企业功能、风险或者资产的转移。

6. 企业集团会计年度内发生的企业法律形式改变、债务重组、股权收购、资产收购、合并、分立等。

（三）无形资产。

1. 企业集团开发、应用无形资产及确定无形资产所有权归属的整体战略，包括主要研发机构所在地和研发管理活动发生地及其主要功能、风险、资产和人员情况。

2. 企业集团对转让定价安排有显著影响的无形资产或者无形资产组合，以及对应的无形资产所有权人。

3. 企业集团内各成员实体与其关联方的无形资产重要协议清单，重要协议包括成本分摊协议、主要研发服务协议和许可协议等。

4. 企业集团内与研发活动及无形资产相关的转让定价政策。

5. 企业集团会计年度内重要无形资产所有权和使用权关联转让情况，包括转让涉及的企业、国家以及转让价格等。

（四）融资活动。

1. 企业集团内部各关联方之间的融资安排以及与非关联方的主要融资安排。

2. 企业集团内提供集中融资功能的成员实体情况，包括其注册地和实际管理机构所在地。

3. 企业集团内部各关联方之间融资安排的总体转让定价政策。

（五）财务与税务状况。

1. 企业集团最近一个会计年度的合并财务报表。

2. 企业集团内各成员实体签订的单边预约定价安排、双边预约定价安排以及涉及国家之间所得分配的其他税收裁定的清单及简要说明。

3. 报送国别报告的企业名称及其所在地。

十三、年度关联交易金额符合下列条件之一的企业，应当准备本地文档：

（一）有形资产所有权转让金额（来料加工业务按照年度进出口报关价格计算）超过2亿元。

（二）金融资产转让金额超过1亿元。

（三）无形资产所有权转让金额超过1亿元。

（四）其他关联交易金额合计超过4 000万元。

十四、本地文档主要披露企业关联交易的详细信息，包括以下内容：

（一）企业概况。

1. 组织结构，包括企业各职能部门的设置、职责范围和雇员数量等。

2. 管理架构，包括企业各级管理层的汇报对象以及汇报对象主要办公所在地等。

3. 业务描述，包括企业所属行业的发展概况、产业政策、行业限制等影响企业和行业的主要经济和法律问题，主要竞争者等。

4. 经营策略，包括企业各部门、各环节的业务流程，运营模式，价值贡献因素等。

5. 财务数据，包括企业不同类型业务及产品的收入、成本、费用及利润。

6. 涉及本企业或者对本企业产生影响的重组或者无形资产转让情况，以及对本企业的影响分析。

（二）关联关系。

1. 关联方信息，包括直接或者间接拥有企业股权的关联方，以及与企业发生交易的关联方，内容涵盖关联方名称、法定代表人、高级管理人员的构成情况、注册地址、实际经营地址，以及关联个人的姓名、国籍、居住地等情况。

2. 上述关联方适用的具有所得税性质的税种、税率及相应可享受的税收优惠。

3. 本会计年度内，企业关联关系的变化情况。

（三）关联交易。

1. 关联交易概况。

（1）关联交易描述和明细，包括关联交易相关合同或者协议副本及其执行情况的说明，交易标的的特性，关联交易的类型、参与方、时间、金额、结算货币、交易条件、贸易形式，以及关联交易与非关联交易业务的异同等。

（2）关联交易流程，包括关联交易的信息流、物流和资金流，与非关联交易业务流程的异同。

（3）功能风险描述，包括企业及其关联方在各类关联交易中执行的功能、承担的风险和使用的资产。

（4）交易定价影响要素，包括关联交易涉及的无形资产及其影响，成本节约、市场溢价等地域特殊因素。地域特殊因素应从劳动力成本、环境成本、市场规模、市场竞争程度、消费者购买力、商品或者劳务的可替代性、政府管制等方面进行分析。

（5）关联交易数据，包括各关联方、各类关联交易涉及的交易金额。分别披露关联交易和非关联交易的收入、成本、费用和利润，不能直接归集的，按照合理比例划分，并说明该划分比例的依据。

2. 价值链分析。

（1）企业集团内业务流、物流和资金流，包括商品、劳务或者其他交易标的从设计、开发、生产制造、营销、销售、交货、结算、消费、售后服务、循环利用等各环节及其参与方。

（2）上述各环节参与方最近会计年度的财务报表。

（3）地域特殊因素对企业创造价值贡献的计量及其归属。

（4）企业集团利润在全球价值链条中的分配原则和分配结果。

3. 对外投资。

（1）对外投资基本信息，包括对外投资项目的投资地区、金额、主营业务及战略规划。

（2）对外投资项目概况，包括对外投资项目的股权架构、组织结构，高级管理人员的雇佣方式，项目决策权限的归属。

（3）对外投资项目数据，包括对外投资项目的营运数据。

4. 关联股权转让。

（1）股权转让概况，包括转让背景、参与方、时间、价格、支付方式，以及影响股权转让的其他因素。

（2）股权转让标的的相关信息，包括股权转让标的所在地，出让方获取该股权的时间、方式和成本，股权转让收益等信息。

（3）尽职调查报告或者资产评估报告等与股权转让相关的其他信息。

5. 关联劳务。

（1）关联劳务概况，包括劳务提供方和接受方，劳务的具体内容、特性、开展方式、定价原则、支付形式，以及劳务发生后各方受益情况等。

（2）劳务成本费用的归集方法、项目、金额、分配标准、计算过程及结果等。

（3）企业及其所属企业集团与非关联方存在相同或者类似劳务交易的，还应当详细说明关联劳务与非关联劳务在定价原则和交易结果上的异同。

6. 与企业关联交易直接相关的，中国以外其他国家税务主管当局签订的预约定价安排和作出的其他税收裁定。

（四）可比性分析。

1. 可比性分析考虑的因素，包括交易资产或者劳务特性，交易各方功能、风险和资产，合同条款，经济环境，经营策略等。

2. 可比企业执行的功能、承担的风险以及使用的资产等相关信息。

3. 可比对象搜索方法、信息来源、选择条件及理由。

4. 所选取的内部或者外部可比非受控交易信息和可比企业的财务信息。

5. 可比数据的差异调整及理由。

（五）转让定价方法的选择和使用。

1. 被测试方的选择及理由。
2. 转让定价方法的选用及理由,无论选择何种转让定价方法,均须说明企业对集团整体利润或者剩余利润所做的贡献。
3. 确定可比非关联交易价格或者利润的过程中所做的假设和判断。
4. 运用合理的转让定价方法和可比性分析结果,确定可比非关联交易价格或者利润。
5. 其他支持所选用转让定价方法的资料。
6. 关联交易定价是否符合独立交易原则的分析及结论。

十五、特殊事项文档包括成本分摊协议特殊事项文档和资本弱化特殊事项文档。

企业签订或者执行成本分摊协议的,应当准备成本分摊协议特殊事项文档。

企业关联债资比例超过标准比例需要说明符合独立交易原则的,应当准备资本弱化特殊事项文档。

十六、成本分摊协议特殊事项文档包括以下内容:

(一)成本分摊协议副本。
(二)各参与方之间达成的为实施成本分摊协议的其他协议。
(三)非参与方使用协议成果的情况、支付的金额和形式,以及支付金额在参与方之间的分配方式。
(四)本年度成本分摊协议的参与方加入或者退出的情况,包括加入或者退出的参与方名称、所在国家和关联关系,加入支付或者退出补偿的金额及形式。
(五)成本分摊协议的变更或者终止情况,包括变更或者终止的原因、对已形成协议成果的处理或者分配。
(六)本年度按照成本分摊协议发生的成本总额及构成情况。
(七)本年度各参与方成本分摊的情况,包括成本支付的金额、形式和对象,作出或者接受补偿支付的金额、形式和对象。
(八)本年度协议预期收益与实际收益的比较以及由此作出的调整。
(九)预期收益的计算,包括计量参数的选取、计算方法和改变理由。

十七、资本弱化特殊事项文档包括以下内容:

(一)企业偿债能力和举债能力分析。
(二)企业集团举债能力及融资结构情况分析。
(三)企业注册资本等权益投资的变动情况说明。
(四)关联债权投资的性质、目的及取得时的市场状况。
(五)关联债权投资的货币种类、金额、利率、期限及融资条件。
(六)非关联方是否能够并且愿意接受上述融资条件、融资金额及利率。
(七)企业为取得债权性投资而提供的抵押品情况及条件。
(八)担保人状况及担保条件。
(九)同类同期贷款的利率情况及融资条件。
(十)可转换公司债券的转换条件。
(十一)其他能够证明符合独立交易原则的资料。

十八、企业执行预约定价安排的,可以不准备预约定价安排涉及关联交易的本地文档和特殊事项文档,且关联交易金额不计入本公告第十三条规定的关联交易金额范围。

企业仅与境内关联方发生关联交易的,可以不准备主体文档、本地文档和特殊事项文档。

十九、主体文档应当在企业集团最终控股企业会计年度终了之日起12个月内准备完毕;本地文档和特殊事项文档应当在关联交易发生年度次年6月30日之前准备完毕。同期资料应当自税务机关要求之日起30日内提供。

二十、企业因不可抗力无法按期提供同期资料的,应当在不可抗力消除后30日内提供同期资料。

二十一、同期资料应当使用中文,并标明引用信息资料的出处来源。

二十二、同期资料应当加盖企业印章,并由法定代表人或者法定代表人授权的代表签章。

二十三、企业合并、分立的,应当由合并、分立后的企业保存同期资料。

二十四、同期资料应当自税务机关要求的准备完毕之日起保存10年。

二十五、企业依照有关规定进行关联申报、提供同期资料及有关资料的,税务机关实施特别纳税调查补征税款时,可以依据企业所得税法实施条例第一百二十二条的规定,按照税款所属纳税年度中国人民银行公布的与补税期间同期的人民币贷款基准利率加收利息。

二十六、涉及港澳台地区的,参照本公告相关规定处理。

二十七、本公告适用于2016年及以后的会计年度。《特别纳税调整实施办法(试行)》(国税发〔2009〕2号文件印发)第二章、第三章、第七十四条和第八十九条、《中华人民共和国企业年度关联业务往来报告表》(国税发〔2008〕114号文件印发)同时废止。

特此公告。

附件:1.中华人民共和国企业年度关联业务往来报告表(2016年版)(略)。
      2.《中华人民共和国企业年度关联业务往来报告表(2016年版)》填报说明(略)。

国家税务总局
2016年6月29日

59. 国家税务总局关于股权激励和技术入股所得税征管问题的公告

国家税务总局公告2016年第62号

为贯彻落实《财政部 国家税务总局关于完善股权激励和技术入股有关所得税政策的通知》(财税〔2016〕101号,以下简称《通知》),现就股权激励和技术入股有关所得税征管问题公告如下。

……

二、关于企业所得税征管问题

(一)选择适用《通知》中递延纳税政策的,应当为实行查账征收的居民企业以技术成果所有权投资。

(二)企业适用递延纳税政策的,应在投资完成后首次预缴申报时,将相关内容填入《技术成果投资入股企业所得税递延纳税备案表》(附件5)。

(三)企业接受技术成果投资入股,技术成果评估值明显不合理的,主管税务机关有权进行调整。

三、实施时间

本公告自2016年9月1日起实施。中关村国家自主创新示范区2016年1月1日至8月31日之间发生的尚未纳税的股权奖励事项,按《通知》有关政策执行的,可按本公告有关规定办理相关税收事宜。《国家税务总局关于3项个人所得税事项取消审批实施后续管理的公告》(国家税务总局公告2016年第5号)第二条第(一)项同时废止。

特此公告。
附件：1.《非上市公司股权激励个人所得税递延纳税备案表》及填报说明（略）。
2.《上市公司股权激励个人所得税延期纳税备案表》及填报说明（略）。
3.《技术成果投资入股个人所得税递延纳税备案表》及填报说明（略）。
4.《个人所得税递延纳税情况年度报告表》及填报说明（略）。
5.《技术成果投资入股企业所得税递延纳税备案表》及填报说明（略）。

国家税务总局
2016年9月28日

60. 关于《国家税务总局关于股权激励和技术入股所得税征管问题的公告》的解读

为贯彻落实《财政部 国家税务总局关于完善股权激励和技术入股有关所得税政策的通知》（财税〔2016〕101号，以下简称《通知》），税务总局发布了《关于股权激励和技术入股所得税征管问题的公告》（以下简称《公告》）。为便于纳税人、税务机关理解和执行，现对《公告》解读如下：

一、《公告》出台背景

为进一步鼓励科技创新，充分调动科研人员创新创业的活力和积极性，使科技成果最大程度转化为现实生产力，经国务院批准，财政部、税务总局制发了《通知》。该项政策优惠力度大、涉及环节多、缴纳期限长，为确保纳税人清晰知晓税收优惠办理流程和相关要求，使新旧政策顺畅衔接、便于新政落实，税务总局发布了《公告》，对《通知》涉及的有关所得税征管问题进行了细化。

二、《公告》主要内容

（一）个人所得税方面

1. 最近6个月在职职工平均人数确定方法。《通知》规定，非上市公司实施符合条件的股权激励，激励对象人数累计不得超过本公司最近6个月在职职工平均人数的30%。为便于操作，《公告》明确，公司近6个月在职职工平均人数，按照股票（权）期权行权、限制性股票解禁、股权奖励获得之上月起向前6个月"工资薪金所得"项目全员全额扣缴明细申报的平均人数确定。例如，某公司实施一批股票期权并于2017年1月行权，计算在职职工平均人数时，以该公司2016年7月、8月、9月、10月、11月、12月全员全额扣缴明细申报的平均人数计算。

2. 不符合递延纳税条件的税务处理。股权激励计划不符合递延纳税条件的，不能享受递延纳税。递延纳税期间公司情况发生变化、不再同时符合《通知》第一条第（二）款第4至第6项条件的，应于情况发生变化之次月15日内按照相关规定计算纳税。

3. 员工取得符合递延纳税条件和不符合递延纳税条件的股权激励的税收处理。员工取得的股权激励，区分符合条件、实行递延纳税政策的股权激励和不符合条件、未递延纳税的股权激励，适用不同的税收政策分别计算纳税。其中，对员工在一个纳税年度内，多次从任职受雇企业以低于公平市场价格取得不符合递延纳税条件的股权，参照《国家税务总局关于个人股票期权所得缴纳个人所得税有关问题的补充通知》（国税函〔2006〕902号）第七条规定执行。

4. 公平市场价格的确定。《通知》规定,对不符合递延纳税条件的股权激励,需对其实际取得成本低于公平市场价格的差额,按照"工资薪金所得"计征个人所得税。《公告》对公平市场价格作了进一步明确。对于上市公司而言,公平市场价格按照取得股票当日的收盘价确定,取得股票当日为非交易日的,按照上一个交易日收盘价确定。对非上市公司而言,公平市场价格依次按照净资产法、类比法和其他合理方法确定。净资产法按照取得股票(权)的上年末净资产确定。

5. 企业备案的规定。《公告》明确了备案手续办理的时间要求及需要报送的相关资料。对于非上市公司实施符合条件的股权激励、上市公司实施股权激励、技术成果投资入股,享受税收优惠无需纳税人本人办理备案手续,只需由实施股权激励的企业或被投资企业代为办理即可。同时,《公告》还明确了递延纳税期间扣缴义务人按年报送相关情况的具体要求。

6. 股权转让时需要提供的资料。《通知》规定,企业实施股权激励或个人以技术成果投资入股,以实施股权激励或取得技术成果的企业为个人所得税扣缴义务人。因此,个人转让递延纳税的股票(权)时,扣缴义务人需按照规定扣缴相关的税款。为便于操作,《公告》规定,递延纳税股票(权)转让、办理纳税申报时,扣缴义务人、个人应向主管税务机关一并提供能够证明股票(权)转让价格、递延纳税股票(权)原值、合理税费的有关资料,具体包括转让协议、评估报告和相关票据等。资料不全或无法充分证明有关情况,造成计税依据偏低,又无正当理由的,主管税务机关可依据税收征管法有关规定进行核定。

(二)企业所得税方面

1. 政策对企业类型的要求。《公告》规定,实行查账征收的居民企业可以享受企业技术成果投资入股递延纳税政策。考虑到核定征收企业通常不能准确核算收入或支出情况,公告明确只有实行查账征收的居民企业才能适用上述政策。

2. 政策的征管规定。为加强对技术成果投资入股递延纳税政策的企业所得税管理,根据《通知》第三条第一款中有关"选择技术成果投资入股递延纳税政策的,经向主管税务机关备案"的规定,《公告》为纳税人设计了《技术成果投资入股企业所得税递延纳税备案表》。此表由企业在投资完成后首次预缴申报时向主管税务机关报送,旨在确认企业技术成果投资入股应递延的应纳税所得额,为税务机关加强后续管理奠定基础。为防止企业明显有意高估技术成果价值,侵蚀企业所得税税基,《公告》强调了对技术成果评估明显不合理的,主管税务机关有权进行调整。

(三)政策实施日期

《公告》与《通知》一致,自2016年9月1日起开始实施。中关村国家自主创新示范区2016年1月1日至8月31日之间发生的,符合《通知》递延纳税条件且尚未纳税的股权奖励,可按《公告》有关规定办理相关税收事宜。同时,《国家税务总局关于3项个人所得税事项取消审批实施后续管理的公告》(国家税务总局公告2016年第5号)第二条第(一)项同时废止。

61. 国家税务总局关于完善预约定价安排管理有关事项的公告

国家税务总局公告2016年第64号

为进一步完善预约定价安排管理,执行我国政府对外签署的避免双重征税协定、协议或者安排（以下简称"税收协定"），根据《中华人民共和国企业所得税法》（以下简称"企业所得税法"）及其实施条例、《中华人民共和国税收征收管理法》（以下简称"税收征管法"）及其实施细则的有关规定，现就有关事项公告如下：

一、企业可以与税务机关就其未来年度关联交易的定价原则和计算方法达成预约定价安排。

二、预约定价安排的谈签与执行经过预备会谈、谈签意向、分析评估、正式申请、协商签署和监控执行6个阶段。预约定价安排包括单边、双边和多边3种类型。

三、预约定价安排适用于主管税务机关向企业送达接收其谈签意向的《税务事项通知书》之日所属纳税年度起3至5个年度的关联交易。

企业以前年度的关联交易与预约定价安排适用年度相同或者类似的，经企业申请，税务机关可以将预约定价安排确定的定价原则和计算方法追溯适用于以前年度该关联交易的评估和调整。追溯期最长为10年。

预约定价安排的谈签不影响税务机关对企业不适用预约定价安排的年度及关联交易的特别纳税调查调整和监控管理。

四、预约定价安排一般适用于主管税务机关向企业送达接收其谈签意向的《税务事项通知书》之日所属纳税年度前3个年度每年度发生的关联交易金额4 000万元人民币以上的企业。

五、企业有谈签预约定价安排意向的，应当向税务机关书面提出预备会谈申请。税务机关可以与企业开展预备会谈。

（一）企业申请单边预约定价安排的，应当向主管税务机关书面提出预备会谈申请，提交《预约定价安排预备会谈申请书》（附件1）。主管税务机关组织与企业开展预备会谈。

企业申请双边或者多边预约定价安排的，应当同时向国家税务总局和主管税务机关书面提出预备会谈申请，提交《预约定价安排预备会谈申请书》。国家税务总局统一组织与企业开展预备会谈。

（二）预备会谈期间，企业应当就以下内容作出简要说明：

1. 预约定价安排的适用年度；
2. 预约定价安排涉及的关联方及关联交易；
3. 企业及其所属企业集团的组织结构和管理架构；
4. 企业最近3至5个年度生产经营情况、同期资料等；
5. 预约定价安排涉及各关联方功能和风险的说明，包括功能和风险划分所依据的机构、人员、费用、资产等；
6. 市场情况的说明，包括行业发展趋势和竞争环境等；
7. 是否存在成本节约、市场溢价等地域特殊优势；
8. 预约定价安排是否追溯适用以前年度；
9. 其他需要说明的情况。

企业申请双边或者多边预约定价安排的，说明内容还应当包括：

1. 向税收协定缔约对方税务主管当局提出预约定价安排申请的情况；
2. 预约定价安排涉及的关联方最近3个至5个年度生产经营情况及关联交易情况；
3. 是否涉及国际重复征税及其说明。

（三）预备会谈期间，企业应当按照税务机关的要求补充资料。

六、税务机关和企业在预备会谈期间达成一致意见的，主管税务机关向企业送达同意其提交谈签意向的《税务事项通知书》。企业收到《税务事项通知书》后向税务机关提出谈签意向。

（一）企业申请单边预约定价安排的，应当向主管税务机关提交《预约定价安排谈签意向书》（附件2），并附送单边预约定价安排申请草案。

企业申请双边或者多边预约定价安排的，应当同时向国家税务总局和主管税务机关提交《预约定价安排谈签意向书》，并附送双边或者多边预约定价安排申请草案。

（二）单边预约定价安排申请草案应当包括以下内容：

1. 预约定价安排的适用年度；
2. 预约定价安排涉及的关联方及关联交易；
3. 企业及其所属企业集团的组织结构和管理架构；
4. 企业最近3个至5个年度生产经营情况、财务会计报告、审计报告、同期资料等；
5. 预约定价安排涉及各关联方功能和风险的说明，包括功能和风险划分所依据的机构、人员、费用、资产等；
6. 预约定价安排使用的定价原则和计算方法，以及支持这一定价原则和计算方法的功能风险分析、可比性分析和假设条件等；
7. 价值链或者供应链分析，以及对成本节约、市场溢价等地域特殊优势的考虑；
8. 市场情况的说明，包括行业发展趋势和竞争环境等；
9. 预约定价安排适用期间的年度经营规模、经营效益预测以及经营规划等；
10. 预约定价安排是否追溯适用以前年度；
11. 对预约定价安排有影响的境内、外行业相关法律、法规；
12. 企业关于不存在本条第（三）项所列举情形的说明；
13. 其他需要说明的情况。

双边或者多边预约定价安排申请草案还应当包括：

1. 向税收协定缔约对方税务主管当局提出预约定价安排申请的情况；
2. 预约定价安排涉及的关联方最近3至5个年度生产经营情况及关联交易情况；
3. 是否涉及国际重复征税及其说明。

（三）有下列情形之一的，税务机关可以拒绝企业提交谈签意向：

1. 税务机关已经对企业实施特别纳税调整立案调查或者其他涉税案件调查，且尚未结案的；
2. 未按照有关规定填报年度关联业务往来报告表；
3. 未按照有关规定准备、保存和提供同期资料；
4. 预备会谈阶段税务机关和企业无法达成一致意见。

七、企业提交谈签意向后，税务机关应当分析预约定价安排申请草案内容，评估其是否符合独立交易原则。根据分析评估的具体情况可以要求企业补充提供有关资料。

税务机关可以从以下方面进行分析评估：

（一）功能和风险状况。分析评估企业与其关联方之间在供货、生产、运输、销售等各环节以及在研究、开发无形资产等方面各自作出的贡献、执行的功能以及在存货、信贷、外汇、市场等方面承担的风险。

（二）可比交易信息。分析评估企业提供的可比交易信息，对存在的实质性差异进行调整。

（三）关联交易数据。分析评估预约定价安排涉及的关联交易的收入、成本、费用和利润是否单独核算或者按照合理比例划分。

（四）定价原则和计算方法。分析评估企业在预约定价安排中采用的定价原则和计算方法。如申请追溯适用以前年度的,应当作出说明。

(五)价值链分析和贡献分析。评估企业对价值链或者供应链的分析是否完整、清晰,是否充分考虑成本节约、市场溢价等地域特殊优势,是否充分考虑本地企业对价值创造的贡献等。

(六)交易价格或者利润水平。根据上述分析评估结果,确定符合独立交易原则的价格或者利润水平。

(七)假设条件。分析评估影响行业利润水平和企业生产经营的因素及程度,合理确定预约定价安排适用的假设条件。

八、分析评估阶段,税务机关可以与企业就预约定价安排申请草案进行讨论。税务机关可以进行功能和风险实地访谈。税务机关认为预约定价安排申请草案不符合独立交易原则的,企业应当与税务机关协商,并进行调整;税务机关认为预约定价安排申请草案符合独立交易原则的,主管税务机关向企业送达同意其提交正式申请的《税务事项通知书》,企业收到通知后,可以向税务机关提交《预约定价安排正式申请书》(附件3),并附送预约定价安排正式申请报告。

(一)企业申请单边预约定价安排的,应当向主管税务机关提交上述资料。企业申请双边或者多边预约定价安排的,应当同时向国家税务总局和主管税务机关提交上述资料,并按照有关规定提交启动特别纳税调整相互协商程序的申请。

(二)有下列情形之一的,税务机关可以拒绝企业提交正式申请:

1. 预约定价安排申请草案拟采用的定价原则和计算方法不合理,且企业拒绝协商调整;
2. 企业拒不提供有关资料或者提供的资料不符合税务机关要求,且不按时补正或者更正;
3. 企业拒不配合税务机关进行功能和风险实地访谈;
4. 其他不适合谈签预约定价安排的情况。

九、税务机关应当在分析评估的基础上形成协商方案,并据此开展协商工作。

(一)主管税务机关与企业开展单边预约定价安排协商,协商达成一致的,拟定单边预约定价安排文本(参照文本见附件4)。

国家税务总局与税收协定缔约对方税务主管当局开展双边或者多边预约定价安排协商,协商达成一致的,拟定双边或者多边预约定价安排文本。

(二)预约定价安排文本可以包括以下内容:

1. 企业及其关联方名称、地址等基本信息;
2. 预约定价安排涉及的关联交易及适用年度;
3. 预约定价安排选用的定价原则和计算方法,以及可比价格或者可比利润水平等;
4. 与转让定价方法运用和计算基础相关的术语定义;
5. 假设条件及假设条件变动通知义务;
6. 企业年度报告义务;
7. 预约定价安排的效力;
8. 预约定价安排的续签;
9. 预约定价安排的生效、修订和终止;
10. 争议的解决;
11. 文件资料等信息的保密义务;
12. 单边预约定价安排的信息交换;
13. 附则。

（三）主管税务机关与企业就单边预约定价安排文本达成一致后，双方的法定代表人或者法定代表人授权的代表签署单边预约定价安排。

国家税务总局与税收协定缔约对方税务主管当局就双边或者多边预约定价安排文本达成一致后，双方或者多方税务主管当局授权的代表签署双边或者多边预约定价安排。国家税务总局应当将预约定价安排转发主管税务机关。主管税务机关应当向企业送达《税务事项通知书》，附送预约定价安排，并做好执行工作。

（四）预约定价安排涉及适用年度或者追溯年度补（退）税款的，税务机关应当按照纳税年度计算应补征或者退还的税款，并向企业送达《预约定价安排补（退）税款通知书》（附件5）。

十、税务机关应当监控预约定价安排的执行情况。

（一）预约定价安排执行期间，企业应当完整保存与预约定价安排有关的文件和资料，包括账簿和有关记录等，不得丢失、销毁和转移。

企业应当在纳税年度终了后6个月内，向主管税务机关报送执行预约定价安排情况的纸质版和电子版年度报告，主管税务机关将电子版年度报告报送国家税务总局；涉及双边或者多边预约定价安排的，企业应当向主管税务机关报送执行预约定价安排情况的纸质版和电子版年度报告，同时将电子版年度报告报送国家税务总局。

年度报告应当说明报告期内企业经营情况以及执行预约定价安排的情况。需要修订、终止预约定价安排，或者有未决问题或者预计将要发生问题的，应当作出说明。

（二）预约定价安排执行期间，主管税务机关应当每年监控企业执行预约定价安排的情况。监控内容主要包括：企业是否遵守预约定价安排条款及要求；年度报告是否反映企业的实际经营情况；预约定价安排所描述的假设条件是否仍然有效等。

（三）预约定价安排执行期间，企业发生影响预约定价安排的实质性变化，应当在发生变化之日起30日内书面报告主管税务机关，详细说明该变化对执行预约定价安排的影响，并附送相关资料。由于非主观原因而无法按期报告的，可以延期报告，但延长期限不得超过30日。

税务机关应当在收到企业书面报告后，分析企业实质性变化情况，根据实质性变化对预约定价安排的影响程度，修订或者终止预约定价安排。签署的预约定价安排终止执行的，税务机关可以和企业按照本公告规定的程序和要求，重新谈签预约定价安排。

十一、预约定价安排执行期满后自动失效。企业申请续签的，应当在预约定价安排执行期满之日前90日内向税务机关提出续签申请，报送《预约定价安排续签申请书》（附件6），并提供执行现行预约定价安排情况的报告，现行预约定价安排所述事实和经营环境是否发生实质性变化的说明材料以及续签预约定价安排年度的预测情况等相关资料。

十二、预约定价安排采用四分位法确定价格或者利润水平，在预约定价安排执行期间，如果企业当年实际经营结果在四分位区间之外，税务机关可以将实际经营结果调整到四分位区间中位值。预约定价安排执行期满，企业各年度经营结果的加权平均值低于区间中位值，且未调整至中位值的，税务机关不再受理续签申请。

双边或者多边预约定价安排执行期间存在上述问题的，主管税务机关应当及时将有关情况层报国家税务总局。

十三、预约定价安排执行期间，主管税务机关与企业发生分歧的，双方应当进行协商。协商不能解决的，可以报上一级税务机关协调；涉及双边或者多边预约定价安排的，必须层报国家税务总局协调。对上一级税务机关或者国家税务总局的决定，下一级税务机关应当予以执行。企业仍不能接受的，可以终止预约定价安排的执行。

十四、在预约定价安排签署前，税务机关和企业均可暂停、终止预约定价安排程序。

税务机关发现企业或者其关联方故意不提供与谈签预约定价安排有关的必要资料，或者提供虚假、不完整资料，或者存在其他不配合的情形，使预约定价安排难以达成一致的，可以暂停、终止预约定价安排程序。涉及双边或者多边预约定价安排的，经税收协定缔约各方税务主管当局协商，可以暂停、终止预约定价安排程序。税务机关暂停、终止预约定价安排程序的，应当向企业送达《税务事项通知书》，并说明原因；企业暂停、终止预约定价安排程序的，应当向税务机关提交书面说明。

十五、没有按照规定的权限和程序签署预约定价安排，或者税务机关发现企业隐瞒事实的，应当认定预约定价安排自始无效，并向企业送达《税务事项通知书》，说明原因；发现企业拒不执行预约定价安排或者存在违反预约定价安排的其他情况，可以视情况进行处理，直至终止预约定价安排。

十六、有下列情形之一的，税务机关可以优先受理企业提交的申请：

（一）企业关联申报和同期资料完备合理，披露充分；

（二）企业纳税信用级别为 A 级；

（三）税务机关曾经对企业实施特别纳税调查调整，并已经结案；

（四）签署的预约定价安排执行期满，企业申请续签，且预约定价安排所述事实和经营环境没有发生实质性变化；

（五）企业提交的申请材料齐备，对价值链或者供应链的分析完整、清晰，充分考虑成本节约、市场溢价等地域特殊因素，拟采用的定价原则和计算方法合理；

（六）企业积极配合税务机关开展预约定价安排谈签工作；

（七）申请双边或者多边预约定价安排的，所涉及的税收协定缔约对方税务主管当局有较强的谈签意愿，对预约定价安排的重视程度较高；

（八）其他有利于预约定价安排谈签的因素。

十七、预约定价安排同时涉及两个或者两个以上省、自治区、直辖市和计划单列市税务机关的，由国家税务总局统一组织协调。

企业申请上述单边预约定价安排的，应当同时向国家税务总局及其指定的税务机关提出谈签预约定价安排的相关申请。国家税务总局可以与企业统一签署单边预约定价安排，或者指定税务机关与企业统一签署单边预约定价安排，也可以由各主管税务机关与企业分别签署单边预约定价安排。

十八、单边预约定价安排涉及一个省、自治区、直辖市和计划单列市内两个或者两个以上主管税务机关的，由省、自治区、直辖市和计划单列市相应税务机关统一组织协调。

十九、税务机关与企业在预约定价安排谈签过程中取得的所有信息资料，双方均负有保密义务。除依法应当向有关部门提供信息的情况外，未经纳税人同意，税务机关不得以任何方式泄露预约定价安排相关信息。

税务机关与企业不能达成预约定价安排的，税务机关在协商过程中所取得的有关企业的提议、推理、观念和判断等非事实性信息，不得用于对该预约定价安排涉及关联交易的特别纳税调查调整。

二十、除涉及国家安全的信息以外，国家税务总局可以按照对外缔结的国际公约、协定、协议等有关规定，与其他国家（地区）税务主管当局就 2016 年 4 月 1 日以后签署的单边预约定价安排文本实施信息交换。企业应当在签署单边预约定价安排时提供其最终控股公司、上一级直接控股公司及单边预约定价安排涉及的境外关联方所在国家（地区）的名单。

二十一、本公告所称主管税务机关是指负责特别纳税调整事项的税务机关。

二十二、本公告自 2016 年 12 月 1 日起施行。《特别纳税调整实施办法（试行）》（国税发〔2009〕2号文件印发）第六章同时废止。本公告施行前税务机关未接受正式申请的预约定价安排，适用本公告的规定。

特此公告。

附件：1. 预约定价安排预备会谈申请书（略）。
2. 预约定价安排谈签意向书（略）。
3. 预约定价安排正式申请书（略）。
4. 单边预约定价安排（参照文本）（略）。
5. 预约定价安排补（退）税款通知书（略）。
6. 预约定价安排续签申请书（略）。

国家税务总局
2016年10月11日

62. 财政部 国家税务总局关于保险公司准备金支出企业所得税税前扣除有关政策问题的通知

财税〔2016〕114号

各省、自治区、直辖市、计划单列市财政厅（局）、国家税务局、地方税务局，新疆生产建设兵团财务局：

根据《中华人民共和国企业所得税法》和《中华人民共和国企业所得税法实施条例》的有关规定，现就保险公司准备金支出企业所得税税前扣除有关问题明确如下：

一、保险公司按下列规定缴纳的保险保障基金，准予据实税前扣除：

1. 非投资型财产保险业务，不得超过保费收入的0.8%；投资型财产保险业务，有保证收益的，不得超过业务收入的0.08%，无保证收益的，不得超过业务收入的0.05%。

2. 有保证收益的人寿保险业务，不得超过业务收入的0.15%；无保证收益的人寿保险业务，不得超过业务收入的0.05%。

3. 短期健康保险业务，不得超过保费收入的0.8%；长期健康保险业务，不得超过保费收入的0.15%。

4. 非投资型意外伤害保险业务，不得超过保费收入的0.8%；投资型意外伤害保险业务，有保证收益的，不得超过业务收入的0.08%，无保证收益的，不得超过业务收入的0.05%。

保险保障基金，是指按照《中华人民共和国保险法》和《保险保障基金管理办法》规定缴纳形成的，在规定情形下用于救助保单持有人、保单受让公司或者处置保险业风险的非政府性行业风险救助基金。

保费收入，是指投保人按照保险合同约定，向保险公司支付的保险费。

业务收入，是指投保人按照保险合同约定，为购买相应的保险产品支付给保险公司的全部金额。

非投资型财产保险业务，是指仅具有保险保障功能而不具有投资理财功能的财产保险业务。

投资型财产保险业务，是指兼具有保险保障与投资理财功能的财产保险业务。

有保证收益，是指保险产品在投资收益方面提供固定收益或最低收益保障。

无保证收益，是指保险产品在投资收益方面不提供收益保证，投保人承担全部投资风险。

二、保险公司有下列情形之一的，其缴纳的保险保障基金不得在税前扣除：

1. 财产保险公司的保险保障基金余额达到公司总资产6%的。
2. 人身保险公司的保险保障基金余额达到公司总资产1%的。

三、保险公司按国务院财政部门的相关规定提取的未到期责任准备金、寿险责任准备金、长期健康险责任准备金、已发生已报案未决赔款准备金和已发生未报案未决赔款准备金，准予在税前扣除。

1. 未到期责任准备金、寿险责任准备金、长期健康险责任准备金依据经中国保监会核准任职资格的精算师或出具专项审计报告的中介机构确定的金额提取。

未到期责任准备金，是指保险人为尚未终止的非寿险保险责任提取的准备金。

寿险责任准备金，是指保险人为尚未终止的人寿保险责任提取的准备金。

长期健康险责任准备金，是指保险人为尚未终止的长期健康保险责任提取的准备金。

2. 已发生已报案未决赔款准备金，按最高不超过当期已经提出的保险赔款或者给付金额的100%提取；已发生未报案未决赔款准备金按不超过当年实际赔款支出额的8%提取。

已发生已报案未决赔款准备金，是指保险人为非寿险保险事故已经发生并已向保险人提出索赔、尚未结案的赔案提取的准备金。

已发生未报案未决赔款准备金，是指保险人为非寿险保险事故已经发生、尚未向保险人提出索赔的赔案提取的准备金。

四、保险公司经营财政给予保费补贴的农业保险，按不超过财政部门规定的农业保险大灾风险准备金（简称大灾准备金）计提比例，计提的大灾准备金，准予在企业所得税前据实扣除。具体计算公式如下：

$$\text{本年度扣除的大灾准备金} = \text{本年度保费收入} \times \text{规定比例} - \text{上年度已在税前扣除的大灾准备金结存余额}$$

按上述公式计算的数额如为负数，应调增当年应纳税所得额。

财政给予保费补贴的农业保险，是指各级财政按照中央财政农业保险保费补贴政策规定给予保费补贴的种植业、养殖业、林业等农业保险。

规定比例，是指按照《财政部关于印发〈农业保险大灾风险准备金管理办法〉的通知》（财金〔2013〕129号）确定的计提比例。

五、保险公司实际发生的各种保险赔款、给付，应首先冲抵按规定提取的准备金，不足冲抵部分，准予在当年税前扣除。

六、本通知自2016年1月1日至2020年12月31日执行。

财政部　国家税务总局
2016年11月2日

63. 财政部　国家税务总局　证监会关于深港股票市场交易互联互通机制试点有关税收政策的通知

财税〔2016〕127号

各省、自治区、直辖市、计划单列市财政厅（局）、国家税务局、地方税务局，新疆生产建

设兵团财务局,上海、深圳证券交易所,中国证券登记结算公司:

经国务院批准,现就深港股票市场交易互联互通机制试点(以下简称深港通)涉及的有关税收政策问题明确如下。

一、关于内地投资者通过深港通投资香港联合交易所有限公司(以下简称香港联交所)上市股票的所得税问题。

(一)内地个人投资者通过深港通投资香港联交所上市股票的转让差价所得税。

对内地个人投资者通过深港通投资香港联交所上市股票取得的转让差价所得,自2016年12月5日起至2019年12月4日止,暂免征收个人所得税。

(二)内地企业投资者通过深港通投资香港联交所上市股票的转让差价所得税。

对内地企业投资者通过深港通投资香港联交所上市股票取得的转让差价所得,计入其收入总额,依法征收企业所得税。

(三)内地个人投资者通过深港通投资香港联交所上市股票的股息红利所得税。

对内地个人投资者通过深港通投资香港联交所上市H股取得的股息红利,H股公司应向中国证券登记结算有限责任公司(以下简称中国结算)提出申请,由中国结算向H股公司提供内地个人投资者名册,H股公司按照20%的税率代扣个人所得税。内地个人投资者通过深港通投资香港联交所上市的非H股取得的股息红利,由中国结算按照20%的税率代扣个人所得税。个人投资者在国外已缴纳的预提税,可持有效扣税凭证到中国结算的主管税务机关申请税收抵免。

对内地证券投资基金通过深港通投资香港联交所上市股票取得的股息红利所得,按照上述规定计征个人所得税。

(四)内地企业投资者通过深港通投资香港联交所上市股票的股息红利所得税。

1.对内地企业投资者通过深港通投资香港联交所上市股票取得的股息红利所得,计入其收入总额,依法计征企业所得税。其中,内地居民企业连续持有H股满12个月取得的股息红利所得,依法免征企业所得税。

2.香港联交所上市H股公司应向中国结算提出申请,由中国结算向H股公司提供内地企业投资者名册,H股公司对内地企业投资者不代扣股息红利所得税款,应纳税款由企业自行申报缴纳。

3.内地企业投资者自行申报缴纳企业所得税时,对香港联交所非H股上市公司已代扣代缴的股息红利所得税,可依法申请税收抵免。

二、关于香港市场投资者通过深港通投资深圳证券交易所(以下简称深交所)上市A股的所得税问题。

1.对香港市场投资者(包括企业和个人)投资深交所上市A股取得的转让差价所得,暂免征收所得税。

2.对香港市场投资者(包括企业和个人)投资深交所上市A股取得的股息红利所得,在香港中央结算有限公司(以下简称香港结算)不具备向中国结算提供投资者的身份及持股时间等明细数据的条件之前,暂不执行按持股时间实行差别化征税政策,由上市公司按照10%的税率代扣所得税,并向其主管税务机关办理扣缴申报。对于香港投资者中属于其他国家税收居民且其所在国与中国签订的税收协定规定股息红利所得税率低于10%的,企业或个人可以自行或委托代扣代缴义务人,向上市公司主管税务机关提出享受税收协定待遇退还多缴税款的申请,主管税务机关查实后,对符合退税条件的,应按已征税款和根据税收协定税率计算的应纳税款的差额予以退税。

三、关于内地和香港市场投资者通过深港通买卖股票的增值税问题。

1. 对香港市场投资者（包括单位和个人）通过深港通买卖深交所上市 A 股取得的差价收入，在营改增试点期间免征增值税。

2. 对内地个人投资者通过深港通买卖香港联交所上市股票取得的差价收入，在营改增试点期间免征增值税。

3. 对内地单位投资者通过深港通买卖香港联交所上市股票取得的差价收入，在营改增试点期间按现行政策规定征免增值税。

四、关于内地和香港市场投资者通过深港通转让股票的证券（股票）交易印花税问题。

香港市场投资者通过深港通买卖、继承、赠与深交所上市 A 股，按照内地现行税制规定缴纳证券（股票）交易印花税。内地投资者通过深港通买卖、继承、赠与香港联交所上市股票，按照香港特别行政区现行税法规定缴纳印花税。

中国结算和香港结算可互相代收上述税款。

五、关于香港市场投资者通过沪股通和深股通参与股票担保卖空的证券（股票）交易印花税问题。

对香港市场投资者通过沪股通和深股通参与股票担保卖空涉及的股票借入、归还，暂免征收证券（股票）交易印花税。

六、本通知自 2016 年 12 月 5 日起执行。

财政部　国家税务总局　证监会
2016 年 11 月 5 日

64. 国家税务总局关于企业所得税有关问题的公告

国家税务总局公告 2016 年第 80 号

根据《中华人民共和国企业所得税法》及其实施条例有关规定，现对企业所得税有关问题公告如下。

一、关于企业差旅费中人身意外保险费支出税前扣除问题

企业职工因公出差乘坐交通工具发生的人身意外保险费支出，准予企业在计算应纳税所得额时扣除。

二、企业移送资产所得税处理问题

企业发生《国家税务总局关于企业处置资产所得税处理问题的通知》（国税函〔2008〕828 号）第二条规定情形的，除另有规定外，应按照被移送资产的公允价值确定销售收入。

三、施行时间

本公告适用于 2016 年度及以后年度企业所得税汇算清缴。

《国家税务总局关于企业处置资产所得税处理问题的通知》（国税函〔2008〕828 号）第三条同时废止。

特此公告。

国家税务总局
2016 年 12 月 9 日

65. 关于《国家税务总局关于企业所得税有关问题的公告》的解读

近来，纳税人和基层税务机关就企业所得税政策反映了一些问题，根据《中华人民共和国企业所得税法》及其实施条例有关规定，国家税务总局近日制定了《关于企业所得税有关问题的公告》（以下简称《公告》）。为便于理解和执行，现对公告解读如下：

一、关于企业差旅费中包含的人身意外保险费支出税前扣除问题

企业为职工因公出差乘坐交通工具而购买的人身意外保险费支出，符合企业所得税法第八条及其实施条例第二十七条关于企业与取得收入直接相关的支出准予税前扣除的规定，准予在计算应纳税所得额时扣除。

二、关于企业移送资产确认收入问题

企业发生《国家税务总局关于企业处置资产所得税处理问题的通知》（国税函〔2008〕828号）第二条所述情形的，应按照被移送资产的公允价值确认销售收入，但对被移送资产的税务处理另有规定的，应按照相关规定执行。如企业发生《财政部 国家税务总局关于促进企业重组有关企业所得税处理问题的通知》（财税〔2014〕109号）第三条规定的股权、资产划转行为的，应按照财税〔2014〕109号文件规定进行税务处理。

66. 国家税务总局关于房地产开发企业土地增值税清算涉及企业所得税退税有关问题的公告

国家税务总局公告2016年第81号

根据《中华人民共和国企业所得税法》及其实施条例、《中华人民共和国税收征收管理法》及其实施细则的相关规定，现就房地产开发企业（以下简称企业）由于土地增值税清算，导致多缴企业所得税的退税问题公告如下：

一、企业按规定对开发项目进行土地增值税清算后，当年企业所得税汇算清缴出现亏损且有其他后续开发项目的，该亏损应按照税法规定向以后年度结转，用以后年度所得弥补。后续开发项目，是指正在开发以及中标的项目。

二、企业按规定对开发项目进行土地增值税清算后，当年企业所得税汇算清缴出现亏损，且没有后续开发项目的，可以按照以下方法，计算出该项目由于土地增值税原因导致的项目开发各年度多缴企业所得税税款，并申请退税：

（一）该项目缴纳的土地增值税总额，应按照该项目开发各年度实现的项目销售收入占整个项目销售收入总额的比例，在项目开发各年度进行分摊，具体按以下公式计算：

各年度应分摊的土地增值税＝土地增值税总额×（项目年度销售收入÷整个项目销售收入总额）

本公告所称销售收入包括视同销售房地产的收入，但不包括企业销售的增值额未超过扣除项目金额20%的普通标准住宅的销售收入。

（二）该项目开发各年度应分摊的土地增值税减去该年度已经在企业所得税税前扣除的土地增值税后，余额属于当年应补充扣除的土地增值税；企业应调整当年度的应纳税所得

额,并按规定计算当年度应退的企业所得税税款;当年度已缴纳的企业所得税税款不足退税的,应作为亏损向以后年度结转,并调整以后年度的应纳税所得额。

(三)按照上述方法进行土地增值税分摊调整后,导致相应年度应纳税所得额出现正数的,应按规定计算缴纳企业所得税。

(四)企业按上述方法计算的累计退税额,不得超过其在该项目开发各年度累计实际缴纳的企业所得税;超过部分作为项目清算年度产生的亏损,向以后年度结转。

三、企业在申请退税时,应向主管税务机关提供书面材料说明应退企业所得税款的计算过程,包括该项目缴纳的土地增值税总额、项目销售收入总额、项目年度销售收入额、各年度应分摊的土地增值税和已经税前扣除的土地增值税、各年度的适用税率,以及是否存在后续开发项目等情况。

四、本公告自发布之日起施行。本公告发布之日前,企业凡已经对土地增值税进行清算且没有后续开发项目的,在本公告发布后仍存在尚未弥补的因土地增值税清算导致的亏损,按照本公告第二条规定的方法计算多缴企业所得税税款,并申请退税。

《国家税务总局关于房地产开发企业注销前有关企业所得税处理问题的公告》(国家税务总局公告 2010 年第 29 号)同时废止。

特此公告。

国家税务总局
2016 年 12 月 9 日

67. 关于《国家税务总局关于房地产开发企业土地增值税清算涉及企业所得税退税有关问题的公告》的解读

近日,国家税务总局发布了《关于房地产开发企业土地增值税清算涉及企业所得税退税有关问题的公告》(以下简称《公告》),对房地产开发企业由于土地增值税清算原因导致多缴企业所得税的退税处理政策进行了完善。现解读如下:

一、《公告》出台背景

根据《国家税务总局关于房地产开发企业注销前有关企业所得税处理问题的公告》(国家税务总局公告 2010 年第 29 号,以下简称 29 号公告)规定,房地产开发企业由于土地增值税清算造成的亏损,在企业注销税务登记时还没有弥补的,企业可在注销前提出申请,税务机关将多缴的企业所得税予以退税。但是,由于多种原因,房地产开发企业在开发产品销售完成后,短期内无法注销,导致多缴的企业所得税无法申请退税。结合房地产开发企业和开发项目的特点,税务总局制定《公告》,对房地产开发企业土地增值税清算涉及企业所得税退税政策进行了完善。

二、《公告》主要内容

(一)房地产开发企业申请退税时间

《公告》将房地产开发企业可以申请退税的时间规定为所有开发项目清算后,即房地产开发企业按规定对开发项目进行土地增值税清算后,如土地增值税清算当年汇算清缴出现亏损,且没有后续开发项目的,可申请退税。后续开发项目,包括正在开发以及中标的项目。

(二)多缴企业所得税款计算方法

《公告》延续了 29 号公告的做法,房地产开发企业开发项目缴纳的土地增值税总额,应按照该项目开发各年度实现的项目销售收入占整个项目销售收入总额的比例,在项目开发各年度进行分摊,并计算各年度及累计应退的税款。举例说明如下:

某房地产开发企业2014年1月开始开发某房地产项目,2016年10月项目全部竣工并销售完毕,12月进行土地增值税清算,整个项目共缴纳土地增值税1 100万元,其中2014年至2016年预缴土地增值税分别为240万元、300万元、60万元;2016年清算后补缴土地增值税500万元。2014年至2016年实现的项目销售收入分别为12 000万元、15 000万元、3 000万元,缴纳的企业所得税分别为45万元、310万元、0。该企业2016年度汇算清缴出现亏损,应纳税所得额为—400万元。企业没有后续开发项目,拟申请退税,具体计算详见下表。

项目	2014年	2015年	2016年
预缴土地增值税	240	300	60
补缴土地增值税	—	—	500
分摊土地增值税	440 〔1 100×(12 000÷30 000)〕	550 〔1 100×(15 000÷30 000)〕	110 〔1 100×(3 000÷30 000)〕
应纳税所得额调整	—200(240—440)	—270(300—550—20)	450(60+500—110)
调整后应纳税所得额	—	—	50(—400+450)
应退企业所得税	50(200×25%)	67.5(270×25%)	—
已缴纳企业所得税	45	310	0
实退企业所得税	45	67.5	—
亏损结转(调整后)	—20〔(45—50)÷25%〕		
应补企业所得税	—	—	12.5(50×25%=12.5)
累计退税额	—	—	100(45+67.5-12.5)

(三)报送资料

《公告》规定,房地产开发企业在申请退税时,应向主管税务机关提供书面材料说明应退企业所得税款的计算过程,包括该项目缴纳的土地增值税总额、项目销售收入总额、项目年度销售收入额、各年度应分摊的土地增值税和已经税前扣除的土地增值税、各年度的适用税率,以及是否存在后续开发项目等情况。

(四)以前年度多缴税款处理

《公告》发布执行前已经进行土地增值税清算,《公告》发布执行后仍存在尚未弥补的因土地增值税清算导致的亏损,按照《公告》第二条规定的方法计算多缴企业所得税税款,并申请退税。《公告》发布执行后,企业应抓紧向主管税务机关提出退税申请,并按要求提供相关资料。

三、《公告》实施时间

《公告》自发布之日起施行。29号公告同时废止。

68. 财政部 国家税务总局关于证券行业准备金支出企业所得税税前扣除有关政策问题的通知

财税〔2017〕23号

各省、自治区、直辖市、计划单列市财政厅(局)、国家税务局、地方税务局,新疆生产建

设兵团财务局:

根据《中华人民共和国企业所得税法》和《中华人民共和国企业所得税法实施条例》的有关规定,现就证券行业准备金支出企业所得税税前扣除有关政策问题明确如下:

一、证券类准备金

(一)证券交易所风险基金。

上海、深圳证券交易所依据《证券交易所风险基金管理暂行办法》(证监发〔2000〕22号)的有关规定,按证券交易所交易收取经手费的20%、会员年费的10%提取的证券交易所风险基金,在各基金净资产不超过10亿元的额度内,准予在企业所得税税前扣除。

(二)证券结算风险基金。

1. 中国证券登记结算公司所属上海分公司、深圳分公司依据《证券结算风险基金管理办法》(证监发〔2006〕65号)的有关规定,按证券登记结算公司业务收入的20%提取的证券结算风险基金,在各基金净资产不超过30亿元的额度内,准予在企业所得税税前扣除。

2. 证券公司依据《证券结算风险基金管理办法》(证监发〔2006〕65号)的有关规定,作为结算会员按人民币普通股和基金成交金额的十万分之三、国债现货成交金额的十万分之一、1天期国债回购成交额的千万分之五、2天期国债回购成交额的千万分之十、3天期国债回购成交额的千万分之十五、4天期国债回购成交额的千万分之二十、7天期国债回购成交额的千万分之五十、14天期国债回购成交额的十万分之一、28天期国债回购成交额的十万分之二、91天期国债回购成交额的十万分之六、182天期国债回购成交额的十万分之十二逐日交纳的证券结算风险基金,准予在企业所得税税前扣除。

(三)证券投资者保护基金。

1. 上海、深圳证券交易所依据《证券投资者保护基金管理办法》(证监会令第27号、第124号)的有关规定,在风险基金分别达到规定的上限后,按交易经手费的20%缴纳的证券投资者保护基金,准予在企业所得税税前扣除。

2. 证券公司依据《证券投资者保护基金管理办法》(证监会令第27号、第124号)的有关规定,按其营业收入0.5%~5%缴纳的证券投资者保护基金,准予在企业所得税税前扣除。

二、期货类准备金

(一)期货交易所风险准备金。

大连商品交易所、郑州商品交易所和中国金融期货交易所依据《期货交易管理条例》(国务院令第489号)、《期货交易所管理办法》(证监会令第42号)和《商品期货交易财务管理暂行规定》(财商字〔1997〕44号)的有关规定,上海期货交易所依据《期货交易管理条例》(国务院令第489号)、《期货交易所管理办法》(证监会令第42号)和《关于调整上海期货交易所风险准备金规模的批复》(证监函〔2009〕407号)的有关规定,分别按向会员收取手续费收入的20%计提的风险准备金,在风险准备金余额达到有关规定的额度内,准予在企业所得税税前扣除。

(二)期货公司风险准备金。

期货公司依据《期货公司管理办法》(证监会令第43号)和《商品期货交易财务管理暂行规定》(财商字〔1997〕44号)的有关规定,从其收取的交易手续费收入减去应付期货交易所手续费后的净收入的5%提取的期货公司风险准备金,准予在企业所得税税前扣除。

(三)期货投资者保障基金。

1. 上海期货交易所、大连商品交易所、郑州商品交易所和中国金融期货交易所依据《期货投资者保障基金管理办法》(证监会令第38号、第129号)和《关于明确期货投资者保障基金缴纳比例有关事项的规定》(证监会 财政部公告〔2016〕26号)的有关规定,按其向期货公司会员收取的交易手续费的2%（2016年12月8日前按3%）缴纳的期货投资者保障基金，在基金总额达到有关规定的额度内，准予在企业所得税税前扣除。

2.期货公司依据《期货投资者保障基金管理办法》（证监会令第38号、第129号）和《关于明确期货投资者保障基金缴纳比例有关事项的规定》（证监会 财政部公告〔2016〕26号）的有关规定，从其收取的交易手续费中按照代理交易额的亿分之五至亿分之十的比例（2016年12月8日前按千万分之五至千万分之十的比例）缴纳的期货投资者保障基金，在基金总额达到有关规定的额度内，准予在企业所得税税前扣除。

三、上述准备金如发生清算、退还，应按规定补征企业所得税。

四、本通知自2016年1月1日起至2020年12月31日止执行。《财政部 国家税务总局关于证券行业准备金支出企业所得税税前扣除有关政策问题的通知》（财税〔2012〕11号）同时废止。

财政部 国家税务总局
2017年3月21日

69. 国家税务总局关于为纳税人提供企业所得税税收政策风险提示服务有关问题的公告

国家税务总局公告2017年第10号

为创新纳税服务方式，持续推进税务机关"放管服"改革，税务总局决定为纳税人提供企业所得税汇算清缴税收政策风险提示服务（以下简称"税收政策风险提示服务"），现就有关事项公告如下：

一、税收政策风险提示服务是指纳税人进行企业所得税汇算清缴时，税务机关在纳税人正式申报纳税前，依据现行税收法律法规及相关管理规定，利用税务登记信息、纳税申报信息、财务会计信息、备案资料信息、第三方涉税信息等内在规律和联系，依托现代技术手段，就税款计算的逻辑性、申报数据的合理性、税收与财务指标关联性等，提供风险提示服务。目的是帮助纳税人提高税收遵从度，减少纳税风险。

二、税收政策风险提示服务对象为查账征收，且通过互联网进行纳税申报的居民企业纳税人。

三、税收政策风险提示服务流程：

（一）纳税人在互联网上填报完成《中华人民共和国企业所得税年度纳税申报表》（A类，2014年版）后，选择"风险提示服务"，系统即对纳税人提交的申报表数据和信息进行风险扫描，并在很短时间内将风险提示信息推送给纳税人；

（二）针对系统推送的风险提示信息，由纳税人自愿选择是否修正，可以自行确定是否调整、修改、补充数据或信息，也可以直接进入纳税申报程序；

（三）纳税人完成风险提示信息修正后，可以再次选择"风险提示服务"，查看是否已经处理风险提示问题，也可以直接进入纳税申报程序。

四、有关说明。

（一）税收政策风险提示服务不改变纳税人依法自行计算申报缴纳税额、享受法定权益、承担法律责任的权利和义务。

（二）税收政策风险提示服务是税务机关为纳税人提供的一项纳税服务，纳税人可以根据自身经营情况，自愿选择风险提示服务，自行决定风险修正。

（三）税收政策风险提示服务是在纳税人正式申报纳税前进行的，需要纳税人提前一天将本企业的财务报表、企业所得税优惠事项备案表等信息，通过互联网报送至税务机关。纳税人之前已经完成以上信息报送的，无需重复报送。

五、本公告自发布之日起施行。本公告发布实施前，纳税人已经完成2016年度企业所得税汇算清缴申报纳税的，系统将不再提供税收政策风险提示服务。

特此公告。

国家税务总局
2017年4月18日

70. 国家税务总局关于实施高新技术企业所得税优惠政策有关问题的公告

国家税务总局公告2017年第24号

为贯彻落实高新技术企业所得税优惠政策，根据《科技部 财政部 国家税务总局关于修订印发〈高新技术企业认定管理办法〉的通知》（国科发火〔2016〕32号，以下简称《认定办法》）及《科技部 财政部 国家税务总局关于修订印发〈高新技术企业认定管理工作指引〉的通知》（国科发火〔2016〕195号，以下简称《工作指引》）以及相关税收规定，现就实施高新技术企业所得税优惠政策有关问题公告如下：

一、企业获得高新技术企业资格后，自高新技术企业证书注明的发证时间所在年度起申报享受税收优惠，并按规定向主管税务机关办理备案手续。

企业的高新技术企业资格期满当年，在通过重新认定前，其企业所得税暂按15%的税率预缴，在年底前仍未取得高新技术企业资格的，应按规定补缴相应期间的税款。

二、对取得高新技术企业资格且享受税收优惠的高新技术企业，税务部门如在日常管理过程中发现其在高新技术企业认定过程中或享受优惠期间不符合《认定办法》第十一条规定的认定条件的，应提请认定机构复核。复核后确认不符合认定条件的，由认定机构取消其高新技术企业资格，并通知税务机关追缴其证书有效期内自不符合认定条件年度起已享受的税收优惠。

三、享受税收优惠的高新技术企业，每年汇算清缴时应按照《国家税务总局关于发布〈企业所得税优惠政策事项办理办法〉的公告》（国家税务总局公告2015年第76号）规定向税务机关提交企业所得税优惠事项备案表、高新技术企业资格证书履行备案手续，同时妥善保管以下资料留存备查：

1. 高新技术企业资格证书；
2. 高新技术企业认定资料；
3. 知识产权相关材料；
4. 年度主要产品（服务）发挥核心支持作用的技术属于《国家重点支持的高新技术领域》规定范围的说明，高新技术产品（服务）及对应收入资料；
5. 年度职工和科技人员情况证明材料；

6. 当年和前两个会计年度研发费用总额及占同期销售收入比例、研发费用管理资料以及研发费用辅助账，研发费用结构明细表（具体格式见《工作指引》附件2）；

7. 省税务机关规定的其他资料。

四、本公告适用于2017年度及以后年度企业所得税汇算清缴。2016年1月1日以后按《认定办法》认定的高新技术企业按本公告规定执行。2016年1月1日前按《科技部 财政部 国家税务总局关于印发〈高新技术企业认定管理办法〉的通知》（国科发火〔2008〕172号）认定的高新技术企业，仍按《国家税务总局关于实施高新技术企业所得税优惠有关问题的通知》（国税函〔2009〕203号）和国家税务总局公告2015年第76号的规定执行。

《国家税务总局关于高新技术企业资格复审期间企业所得税预缴问题的公告》（国家税务总局公告2011年第4号）同时废止。

特此公告。

国家税务总局
2017年6月19日

71. 关于《国家税务总局关于实施高新技术企业所得税优惠政策有关问题的公告》的解读

一、公告出台背景

为加大对科技型企业特别是中小企业的政策扶持，有力推动大众创业、万众创新，培育创造新技术、新业态和提供新供给的生力军，促进经济升级转型升级，2016年，科技部、财政部、税务总局联合下发了《关于修订印发〈高新技术企业认定管理办法〉的通知》（国科发火〔2016〕32号，以下简称《认定办法》）及配套文件《关于修订印发〈高新技术企业认定管理工作指引〉的通知》（国科发火〔2016〕195号，以下简称《工作指引》）。

《认定办法》和《工作指引》出台后，《国家税务总局关于实施高新技术企业所得税优惠有关问题的通知》（国税函〔2009〕203号，以下简称"203号文件"）作为与原《认定办法》和《工作指引》相配套的税收优惠管理性质的文件，其有关内容需要适时加以调整和完善，以实现高新技术企业认定管理和税收优惠管理的有效衔接，保障和促进高新技术企业优惠政策的贯彻落实。为此，特制定本公告。

二、公告主要内容

（一）明确高新技术企业享受优惠的期间

根据企业所得税法的规定，企业所得税按纳税年度计算，因此高新技术企业也是按年享受税收优惠。而高新技术企业证书上注明的发证时间是具体日期，不一定是一个完整纳税年度，且有效期为3年。这就导致了企业享受优惠期间和高新技术企业认定证书的有效期不完全一致。为此，公告明确，企业获得高新技术企业资格后，自其高新技术企业证书注明的发证时间所在年度起申报享受税收优惠，并按规定向主管税务机关办理备案手续。例如，A企业取得的高新技术企业证书上注明的发证时间为2016年11月25日，A企业可自2016年度1月1日起连续3年享受高新技术企业税收优惠政策，即，享受高新技术企业税收优惠政策的年度为2016年、2017年和2018年。

按照上述原则，高新技术企业认定证书发放当年已开始享受税收优惠，则在期满当年应停止享受税收优惠。但鉴于其高新技术企业证书仍有可能处于有效期内,且继续取得高新技术企业资格的可能性非常大,为保障高新技术企业的利益,实现优惠政策的无缝衔接,公告明确高新技术企业资格期满当年内,在通过重新认定前,其企业所得税可暂按15%的税率预缴,在年底前仍未取得高新技术企业资格的,则应按规定补缴税款。如,A企业的高新技术企业证书在2019年4月20日到期,在2019年季度预缴时企业仍可按高新技术企业15%税率预缴。如果A企业在2019年年底前重新获得高新技术企业证书,其2019年度可继续享受税收优惠。如未重新获得高新技术企业证书,则应按25%的税率补缴少缴的税款。

(二)明确税务机关日常管理的范围、程序和追缴期限

在《认定办法》第十六条基础上,公告进一步明确了税务机关的后续管理,主要有以下几点:

一是明确后续管理范围。《认定办法》出台以后,税务机关和纳税人对高新技术企业在享受优惠期间是否需要符合认定条件存在较大的争议。经与财政部、科技部沟通,《认定办法》第十六条中所称"认定条件"是较为宽泛的概念,既包括高新技术企业认定时的条件,也包括享受税收优惠期间的条件。因此,公告将税务机关后续管理的范围明确为高新技术企业认定过程中和享受优惠期间,统一了管理范围,明确了工作职责。

二是调整后续管理程序。此前,按照203号文件的规定,税务部门发现高新技术企业不符合优惠条件的,可以追缴高新技术企业已减免的企业所得税税款,但不取消其高新技术企业资格。按照《认定办法》第十六条的规定,公告对203号文件的后续管理程序进行了调整,即,税务机关如发现高新技术企业不符合认定条件的,应提请认定机构复核。复核后确认不符合认定条件的,由认定机构取消其高新技术企业资格后,通知税务机关追缴税款。

三是明确追缴期限。为统一执行口径,公告将《认定办法》第十六条中的追缴期限"不符合认定条件年度起"明确为"证书有效期内自不符合认定条件年度起",避免因为理解偏差导致扩大追缴期限,切实保障纳税人的合法权益。

(三)明确高新技术企业优惠备案要求

《认定办法》和《工作指引》出台后,认定条件、监督管理要求等均发生了变化,有必要对享受优惠的备案资料和留存备查资料进行适当调整。公告对此进行了明确。在留存备查资料中,涉及主要产品(服务)发挥核心支持作用的技术所属领域、高新技术产品(服务)及对应收入、职工和科技人员、研发费用比例等相关指标时,需留存享受优惠年度的资料备查。

(四)明确执行时间和衔接问题

一是考虑到本公告加强了高新技术企业税收管理,按照不溯及既往原则,明确本公告适用于2017年度及以后年度企业所得税汇算清缴。

二是《认定办法》自2016年1月1日起开始实施。但按照《科技部 财政部 国家税务总局关于印发〈高新技术企业认定管理办法〉的通知》(国科发火〔2008〕172号)认定的高新技术企业仍在有效期内。在一段时间内,按不同认定办法认定的高新技术企业还将同时存在,但认定条件、监督管理要求等并不一致。为公平、合理起见,公告明确了"老人老办法,新人新办法"的处理原则,以妥善解决新旧衔接问题。即按照《认定办法》认定的高新技术企业按本公告规定执行,按国科发火〔2008〕172号文件认定的高新技术企业仍按照203号文件和《国家税务总局关于发布〈企业所得税优惠政策事项办理办法〉的公告》(国家税务总局公告2015年第76号)的有关规定执行。

三是明确《国家税务总局关于高新技术企业资格复审期间企业所得税预缴问题的公告》(国家税务总局公告2011年第4号)废止。

72. 国家税务总局关于全民所有制企业公司制改制企业所得税处理问题的公告

国家税务总局公告 2017 年第 34 号

为贯彻落实《中共中央 国务院关于深化国有企业改革的指导意见》和《国务院办公厅关于印发中央企业公司制改制工作实施方案的通知》（国办发〔2017〕69号），根据《财政部 国家税务总局关于企业重组业务企业所得税处理若干问题的通知》（财税〔2009〕59号）有关规定，现就全民所有制企业公司制改制企业所得税处理问题公告如下：

一、全民所有制企业改制为国有独资公司或者国有全资子公司，属于财税〔2009〕59号文件第四条规定的"企业发生其他法律形式简单改变"的，可依照以下规定进行企业所得税处理：

改制中资产评估增值不计入应纳税所得额；资产的计税基础按其原有计税基础确定；资产增值部分的折旧或者摊销不得在税前扣除。

二、全民所有制企业资产评估增值相关材料应由改制后的企业留存备查。

三、本公告适用于2017年度及以后年度企业所得税汇算清缴。此前发生的全民所有制企业公司制改制，尚未进行企业所得税处理的，可依照本公告执行。

特此公告。

国家税务总局
2017 年 9 月 22 日

73. 国家税务总局关于非居民企业所得税源泉扣缴有关问题的公告

国家税务总局公告 2017 年第 37 号

按照《国家税务总局关于进一步深化税务系统"放管服"改革优化税收环境的若干意见》（税总发〔2017〕101号）的安排，根据《中华人民共和国企业所得税法》（以下简称企业所得税法）及其实施条例、《中华人民共和国税收征收管理法》及其实施细则的有关规定，现就非居民企业所得税源泉扣缴有关问题公告如下：

一、依照企业所得税法第三十七条、第三十九条和第四十条规定办理非居民企业所得税源泉扣缴相关事项，适用本公告。与执行企业所得税法第三十八条规定相关的事项不适用本公告。

二、企业所得税法实施条例第一百零四条规定的支付人自行委托代理人或指定其他第三方代为支付相关款项，或者因担保合同或法律规定等原因由第三方保证人或担保人支付相关款项的，仍由委托人、指定人或被保证人、被担保人承担扣缴义务。

三、企业所得税法第十九条第二项规定的转让财产所得包含转让股权等权益性投资资产（以下简称股权）所得。股权转让收入减除股权净值后的余额为股权转让所得应纳税所得额。

股权转让收入是指股权转让人转让股权所收取的对价,包括货币形式和非货币形式的各种收入。

股权净值是指取得该股权的计税基础。股权的计税基础是股权转让人投资入股时向中国居民企业实际支付的出资成本,或购买该项股权时向该股权的原转让人实际支付的股权受让成本。股权在持有期间发生减值或者增值,按照国务院财政、税务主管部门规定可以确认损益的,股权净值应进行相应调整。企业在计算股权转让所得时,不得扣除被投资企业未分配利润等股东留存收益中按该项股权所可能分配的金额。

多次投资或收购的同项股权被部分转让的,从该项股权全部成本中按照转让比例计算确定被转让股权对应的成本。

四、扣缴义务人支付或者到期应支付的款项以人民币以外的货币支付或计价的,分别按以下情形进行外币折算:

(一)扣缴义务人扣缴企业所得税的,应当按照扣缴义务发生之日人民币汇率中间价折合成人民币,计算非居民企业应纳税所得额。扣缴义务发生之日为相关款项实际支付或者到期应支付之日。

(二)取得收入的非居民企业在主管税务机关责令限期缴纳税款前自行申报缴纳应源泉扣缴税款的,应当按照填开税收缴款书之日前一日人民币汇率中间价折合成人民币,计算非居民企业应纳税所得额。

(三)主管税务机关责令取得收入的非居民企业限期缴纳应源泉扣缴税款的,应当按照主管税务机关作出限期缴税决定之日前一日人民币汇率中间价折合成人民币,计算非居民企业应纳税所得额。

五、财产转让收入或财产净值以人民币以外的货币计价的,分扣缴义务人扣缴税款、纳税人自行申报缴纳税款和主管税务机关责令限期缴纳税款三种情形,先将以非人民币计价项目金额比照本公告第四条规定折合成人民币金额;再按企业所得税法第十九条第二项及相关规定计算非居民企业财产转让所得应纳税所得额。

财产净值或财产转让收入的计价货币按照取得或转让财产时实际支付或收取的计价币种确定。原计价币种停止流通并启用新币种的,按照新旧货币市场转换比例转换为新币种后进行计算。

六、扣缴义务人与非居民企业签订与企业所得税法第三条第三款规定的所得有关的业务合同时,凡合同中约定由扣缴义务人实际承担应纳税款的,应将非居民企业取得的不含税所得换算为含税所得计算并解缴应扣税款。

七、扣缴义务人应当自扣缴义务发生之日起7日内向扣缴义务人所在地主管税务机关申报和解缴代扣税款。扣缴义务人发生到期应支付而未支付情形,应按照《国家税务总局关于非居民企业所得税管理若干问题的公告》(国家税务总局公告2011年第24号)第一条规定进行税务处理。

非居民企业取得应源泉扣缴的所得为股息、红利等权益性投资收益的,相关应纳税款扣缴义务发生之日为股息、红利等权益性投资收益实际支付之日。

非居民企业采取分期收款方式取得应源泉扣缴所得税的同一项转让财产所得的,其分期收取的款项可先视为收回以前投资财产的成本,待成本全部收回后,再计算并扣缴应扣税款。

八、扣缴义务人在申报和解缴应扣税款时,应填报《中华人民共和国扣缴企业所得税报告表》。

扣缴义务人可以在申报和解缴应扣税款前报送有关申报资料；已经报送的，在申报时不再重复报送。

九、按照企业所得税法第三十七条规定应当扣缴的所得税，扣缴义务人未依法扣缴或者无法履行扣缴义务的，取得所得的非居民企业应当按照企业所得税法第三十九条规定，向所得发生地主管税务机关申报缴纳未扣缴税款，并填报《中华人民共和国扣缴企业所得税报告表》。

非居民企业未按照企业所得税法第三十九条规定申报缴纳税款的，税务机关可以责令限期缴纳，非居民企业应当按照税务机关确定的期限申报缴纳税款；非居民企业在税务机关责令限期缴纳前自行申报缴纳税款的，视为已按期缴纳税款。

十、非居民企业取得的同一项所得在境内存在多个所得发生地，涉及多个主管税务机关的，在按照企业所得税法第三十九条规定自行申报缴纳未扣缴税款时，可以选择一地办理本公告第九条规定的申报缴税事宜。受理申报地主管税务机关应在受理申报后5个工作日内，向扣缴义务人所在地和同一项所得其他发生地主管税务机关发送《非居民企业税务事项联络函》（见附件），告知非居民企业涉税事项。

十一、主管税务机关可以要求纳税人、扣缴义务人和其他知晓情况的相关方提供与应扣缴税款有关的合同和其他相关资料。扣缴义务人应当设立代扣代缴税款账簿和合同资料档案，准确记录非居民企业所得税扣缴情况。

十二、按照企业所得税法第三十七条规定应当扣缴的税款，扣缴义务人应扣未扣的，由扣缴义务人所在地主管税务机关依照《中华人民共和国行政处罚法》第二十三条规定责令扣缴义务人补扣税款，并依法追究扣缴义务人责任；需要向纳税人追缴税款的，由所得发生地主管税务机关依法执行。扣缴义务人所在地与所得发生地不一致的，负责追缴税款的所得发生地主管税务机关应通过扣缴义务人所在地主管税务机关核实有关情况；扣缴义务人所在地主管税务机关应当自确定应纳税款未依法扣缴之日起5个工作日内，向所得发生地主管税务机关发送《非居民企业税务事项联络函》，告知非居民企业涉税事项。

十三、主管税务机关在按照本公告第十二条规定追缴非居民企业应纳税款时，可以采取以下措施：

（一）责令该非居民企业限期申报缴纳应纳税款。

（二）收集、查实该非居民企业在中国境内其他收入项目及其支付人的相关信息，并向该其他项目支付人发出《税务事项通知书》，从该非居民企业其他收入项目款项中依照法定程序追缴欠缴税款及应缴的滞纳金。

其他项目支付人所在地与未扣税所得发生地不一致的，其他项目支付人所在地主管税务机关应给予配合和协助。

十四、按照本公告规定应当源泉扣缴税款的款项已经由扣缴义务人实际支付，但未在规定的期限内解缴应扣税款，并具有以下情形之一的，应作为税款已扣但未解缴情形，按照有关法律、行政法规规定处理：

（一）扣缴义务人已明确告知收款人已代扣税款的；

（二）已在财务会计处理中单独列示应扣税款的；

（三）已在其纳税申报中单独扣除或开始单独摊销扣除应扣税款的；

（四）其他证据证明已代扣税款的。

除上款规定情形外，按本公告规定应该源泉扣缴的税款未在规定的期限内解缴入库的，均作为应扣未扣税款情形，按照有关法律、行政法规规定处理。

十五、本公告与税收协定及其相关规定不一致的，按照税收协定及其相关规定执行。

十六、扣缴义务人所在地主管税务机关为扣缴义务人所得税主管税务机关。

对企业所得税法实施条例第七条规定的不同所得,所得发生地主管税务机关按以下原则确定:

(一)不动产转让所得,为不动产所在地税务机关。

(二)权益性投资资产转让所得,为被投资企业的所得税主管税务机关。

(三)股息、红利等权益性投资所得,为分配所得企业的所得税主管税务机关。

(四)利息所得、租金所得、特许权使用费所得,为负担、支付所得的单位或个人的所得税主管税务机关。

十七、本公告自 2017 年 12 月 1 日起施行。本公告第七条第二款和第三款、第九条第二款可以适用于在本公告施行前已经发生但未处理的所得。下列规定自 2017 年 12 月 1 日起废止:

(一)《国家税务总局关于印发〈非居民企业所得税源泉扣缴管理暂行办法〉的通知》(国税发〔2009〕3 号)。

(二)《国家税务总局关于进一步加强非居民税收管理工作的通知》(国税发〔2009〕32 号)第二条第(三)项中的以下表述:

"各地应按照《国家税务总局关于印发〈非居民企业所得税源泉扣缴管理暂行办法〉的通知》(国税发〔2009〕3 号)规定,落实扣缴登记和合同备案制度,辅导扣缴义务人及时准确扣缴应纳税款,建立管理台账和管理档案,追缴漏税"。

(三)《国家税务总局关于加强税种征管促进堵漏增收的若干意见》(国税发〔2009〕85 号)第四条第(二)项第 3 目中以下表述:

"按照《国家税务总局关于印发〈非居民企业所得税源泉扣缴管理暂行办法〉的通知》(国税发〔2009〕3 号)规定,落实扣缴登记和合同备案制度,辅导扣缴义务人及时准确扣缴应纳税款,建立管理台账和管理档案"。

(四)《国家税务总局关于加强非居民企业股权转让所得企业所得税管理的通知》(国税函〔2009〕698 号)。

(五)《国家税务总局关于印发〈非居民企业税收协同管理办法(试行)〉的通知》(国税发〔2010〕119 号)第九条。

(六)《国家税务总局关于发布〈企业重组业务企业所得税管理办法〉的公告》(国家税务总局公告 2010 年第 4 号)第三十六条。

(七)《国家税务总局关于非居民企业所得税管理若干问题的公告》(国家税务总局公告 2011 年第 24 号)第五条和第六条。

(八)《国家税务总局关于发布〈非居民企业从事国际运输业务税收管理暂行办法〉的公告》(国家税务总局公告 2014 年第 37 号)第二条第三款中以下表述:

"和《国家税务总局关于印发〈非居民企业所得税源泉扣缴管理暂行办法〉的通知》(国税发〔2009〕3 号)"。

(九)《国家税务总局关于非居民企业间接转让财产企业所得税若干问题的公告》(国家税务总局公告 2015 年第 7 号)第八条第二款。

特此公告。

附件:非居民企业税务事项联络函(略)。

国家税务总局
2017 年 10 月 17 日

74. 财政部 税务总局 商务部 科技部 国家发展改革委关于将技术先进型服务企业所得税政策推广至全国实施的通知

财税〔2017〕79号

各省、自治区、直辖市、计划单列市财政厅（局）、国家税务局、地方税务局、商务主管部门、科技厅（委、局）、发展改革委，新疆生产建设兵团财务局、商务局、科技局、发展改革委：

为贯彻落实《国务院关于促进外资增长若干措施的通知》（国发〔2017〕39号）要求，发挥外资对优化服务贸易结构的积极作用，引导外资更多投向高技术、高附加值服务业，促进企业技术创新和技术服务能力的提升，增强我国服务业的综合竞争力，现就技术先进型服务企业有关企业所得税政策问题通知如下：

一、自2017年1月1日起，在全国范围内实行以下企业所得税优惠政策：

1. 对经认定的技术先进型服务企业，减按15%的税率征收企业所得税。

2. 经认定的技术先进型服务企业发生的职工教育经费支出，不超过工资薪金总额8%的部分，准予在计算应纳税所得额时扣除；超过部分，准予在以后纳税年度结转扣除。

二、享受本通知第一条规定的企业所得税优惠政策的技术先进型服务企业必须同时符合以下条件：

1. 在中国境内（不包括港、澳、台地区）注册的法人企业；

2. 从事《技术先进型服务业务认定范围（试行）》（详见附件）中的一种或多种技术先进型服务业务，采用先进技术或具备较强的研发能力；

3. 具有大专以上学历的员工占企业职工总数的50%以上；

4. 从事《技术先进型服务业务认定范围（试行）》中的技术先进型服务业务取得的收入占企业当年总收入的50%以上；

5. 从事离岸服务外包业务取得的收入不低于企业当年总收入的35%。

从事离岸服务外包业务取得的收入，是指企业根据境外单位与其签订的委托合同，由本企业或其直接转包的企业为境外单位提供《技术先进型服务业务认定范围（试行）》中所规定的信息技术外包服务（ITO）、技术性业务流程外包服务（BPO）和技术性知识流程外包服务（KPO），而从上述境外单位取得的收入。

三、技术先进型服务企业的认定管理

1. 省级科技部门会同本级商务、财政、税务和发展改革部门根据本通知规定制定本省（自治区、直辖市、计划单列市）技术先进型服务企业认定管理办法，并负责本地区技术先进型服务企业的认定管理工作。各省（自治区、直辖市、计划单列市）技术先进型服务企业认定管理办法应报科技部、商务部、财政部、税务总局和国家发展改革委备案。

2. 符合条件的技术先进型服务企业应向所在省级科技部门提出申请，由省级科技部门会同本级商务、财政、税务和发展改革部门联合评审后发文认定，并将认定企业名单及有关情况通过科技部"全国技术先进型服务企业业务办理管理平台"备案，科技部与商务部、财政部、税务总局和国家发展改革委共享备案信息。符合条件的技术先进型服务企业须在商务部"服务贸易统计监测管理信息系统（服务外包信息管理应用）"中填报企业基本信息，按时报送数据。

3. 经认定的技术先进型服务企业，持相关认定文件向所在地主管税务机关办理享受本通知第一条规定的企业所得税优惠政策事宜。享受企业所得税优惠的技术先进型服务企业条件发生变化的，应当自发生变化之日起15日内向主管税务机关报告；不再符合享受税收优惠条件的，应当依法履行纳税义务。主管税务机关在执行税收优惠政策过程中，发现企业不具备技术先进型服务企业资格的，应提请认定机构复核。复核后确认不符合认定条件的，应取消企业享受税收优惠政策的资格。

4.省级科技、商务、财政、税务和发展改革部门对经认定并享受税收优惠政策的技术先进型服务企业应做好跟踪管理，对变更经营范围、合并、分立、转业、迁移的企业，如不再符合认定条件，应及时取消其享受税收优惠政策的资格。

5.省级财政、税务、商务、科技和发展改革部门要认真贯彻落实本通知的各项规定，在认定工作中对内外资企业一视同仁，平等对待，切实做好沟通与协作工作。在政策实施过程中发现问题，要及时反映上报财政部、税务总局、商务部、科技部和国家发展改革委。

6.省级科技、商务、财政、税务和发展改革部门及其工作人员在认定技术先进型服务企业工作中，存在违法违纪行为的，按照《公务员法》《行政监察法》等国家有关规定追究相应责任；涉嫌犯罪的，移送司法机关处理。

7.本通知印发后，各地应按照本通知规定于2017年12月31日前出台本省（自治区、直辖市、计划单列市）技术先进型服务企业认定管理办法并据此开展认定工作。现有31个中国服务外包示范城市已认定的2017年度技术先进型服务企业继续有效。从2018年1月1日起，中国服务外包示范城市技术先进型服务企业认定管理工作依照所在省（自治区、直辖市、计划单列市）制定的管理办法实施。

附件：技术先进型服务业务认定范围（试行）

财政部　税务总局　商务部　科技部　国家发展改革委
2017年11月2日

附件：

技术先进型服务业务认定范围（试行）

一、信息技术外包服务（ITO）

（一）软件研发及外包

类别	适用范围
软件研发及开发服务	用于金融、政府、教育、制造业、零售、服务、能源、物流、交通、媒体、电信、公共事业和医疗卫生等部门和企业，为用户的运营/生产/供应链/客户关系/人力资源和财务管理、计算机辅助设计/工程等业务进行软件开发，包括定制软件开发、嵌入式软件、套装软件开发，系统软件开发、软件测试等。
软件技术服务	软件咨询、维护、培训、测试等技术性服务。

（二）信息技术研发服务外包

类别	适用范围
集成电路和电子电路设计	集成电路和电子电路产品设计以及相关技术支持服务等。
测试平台	为软件、集成电路和电子电路的开发运用提供测试平台。

（三）信息系统运营维护外包

类别	适用范围
信息系统运营和维护服务	客户内部信息系统集成、网络管理、桌面管理与维护服务；信息工程、地理信息系统、远程维护等信息系统应用服务。
基础信息技术服务	基础信息技术管理平台整合、IT基础设施管理、数据中心、托管中心、安全服务、通信服务等基础信息技术服务。

二、技术性业务流程外包服务（BPO）

类别	适用范围
企业业务流程设计服务	为客户企业提供内部管理、业务运作等流程设计服务。
企业内部管理服务	为客户企业提供后台管理、人力资源管理、财务、审计与税务管理、金融支付服务、医疗数据及其他内部管理业务的数据分析、数据挖掘、数据管理、数据使用的服务；承接客户专业数据处理、分析和整合服务。
企业运营服务	为客户企业提供技术研发服务、为企业经营、销售、产品售后服务提供的应用客户分析、数据库管理等服务。主要包括金融服务业务、政务与教育业务、制造业务和生命科学、零售和批发与运输业务、卫生保健业务、通讯与公共事业业务、呼叫中心、电子商务平台等。
企业供应链管理服务	为客户企业提供采购、物流的整体方案设计及数据库服务。

三、技术性知识流程外包服务（KPO）

适用范围
知识产权研究、医药和生物技术研发和测试、产品技术研发、工业设计、分析学和数据挖掘、动漫及网游设计研发、教育课件研发、工程设计等领域。

75. 国家税务总局关于研发费用税前加计扣除归集范围有关问题的公告

国家税务总局公告 2017 年第 40 号

为进一步做好研发费用税前加计扣除优惠政策的贯彻落实工作，切实解决政策落实过程中存在的问题，根据《财政部 国家税务总局 科技部关于完善研究开发费用税前加计扣除政策的通知》（财税〔2015〕119号）及《国家税务总局关于企业研究开发费用税前加计扣除政策有关问题的公告》（国家税务总局公告2015年第97号）等文件的规定，现就研发费用税前加计扣除归集范围有关问题公告如下：

一、人员人工费用

人员人工费用指直接从事研发活动人员的工资薪金、基本养老保险费、基本医疗保险费、失业保险费、工伤保险费、生育保险费和住房公积金，以及外聘研发人员的劳务费用。

（一）直接从事研发活动人员包括研究人员、技术人员、辅助人员。研究人员是指主要从事研究开发项目的专业人员；技术人员是指具有工程技术、自然科学和生命科学中一个或一个以上领域的技术知识和经验，在研究人员指导下参与研发工作的人员；辅助人员是指参与研究开发活动的技工。外聘研发人员是指与本企业或劳务派遣企业签订劳务用工协议（合同）和临时聘用的研究人员、技术人员、辅助人员。

接受劳务派遣的企业按照协议（合同）约定支付给劳务派遣企业，且由劳务派遣企业实际支付给外聘研发人员的工资薪金等费用，属于外聘研发人员的劳务费用。

（二）工资薪金包括按规定可以在税前扣除的对研发人员股权激励的支出。

（三）直接从事研发活动的人员、外聘研发人员同时从事非研发活动的，企业应对其人员活动情况做必要记录，并将其实际发生的相关费用按实际工时占比等合理方法在研发费用和生产经营费用间分配，未分配的不得加计扣除。

二、直接投入费用

直接投入费用指研发活动直接消耗的材料、燃料和动力费用；用于中间试验和产品试制的模具、工艺装备开发及制造费，不构成固定资产的样品、样机及一般测试手段购置费，试制产品的检验费；用于研发活动的仪器、设备的运行维护、调整、检验、维修等费用，以及通过经营租赁方式租入的用于研发活动的仪器、设备租赁费。

（一）以经营租赁方式租入的用于研发活动的仪器、设备，同时用于非研发活动的，企业应对其仪器设备使用情况做必要记录，并将其实际发生的租赁费按实际工时占比等合理方法在研发费用和生产经营费用间分配，未分配的不得加计扣除。

（二）企业研发活动直接形成产品或作为组成部分形成的产品对外销售的，研发费用中对应的材料费用不得加计扣除。

产品销售与对应的材料费用发生在不同纳税年度且材料费用已计入研发费用的，可在销售当年以对应的材料费用发生额直接冲减当年的研发费用，不足冲减的，结转以后年度继续冲减。

三、折旧费用

折旧费用指用于研发活动的仪器、设备的折旧费。

（一）用于研发活动的仪器、设备，同时用于非研发活动的，企业应对其仪器设备使用情况做必要记录，并将其实际发生的折旧费按实际工时占比等合理方法在研发费用和生产经营费用间分配，未分配的不得加计扣除。

（二）企业用于研发活动的仪器、设备，符合税法规定且选择加速折旧优惠政策的，在享受研发费用税前加计扣除政策时，就税前扣除的折旧部分计算加计扣除。

四、无形资产摊销费用

无形资产摊销费用指用于研发活动的软件、专利权、非专利技术（包括许可证、专有技术、设计和计算方法等）的摊销费用。

（一）用于研发活动的无形资产，同时用于非研发活动的，企业应对其无形资产使用情况做必要记录，并将其实际发生的摊销费按实际工时占比等合理方法在研发费用和生产经营费用间分配，未分配的不得加计扣除。

（二）用于研发活动的无形资产，符合税法规定且选择缩短摊销年限的，在享受研发费用税前加计扣除政策时，就税前扣除的摊销部分计算加计扣除。

五、新产品设计费、新工艺规程制定费、新药研制的临床试验费、勘探开发技术的现场试验费

该费用指企业在新产品设计、新工艺规程制定、新药研制的临床试验、勘探开发技术

的现场试验过程中发生的与开展该项活动有关的各类费用。

六、其他相关费用

其他相关费用指与研发活动直接相关的其他费用，如技术图书资料费、资料翻译费、专家咨询费、高新科技研发保险费，研发成果的检索、分析、评议、论证、鉴定、评审、评估、验收费用，知识产权的申请费、注册费、代理费、差旅费、会议费，职工福利费、补充养老保险费、补充医疗保险费。

此类费用总额不得超过可加计扣除研发费用总额的10%。

七、其他事项

（一）企业取得的政府补助，会计处理时采用直接冲减研发费用方法且税务处理时未将其确认为应税收入的，应按冲减后的余额计算加计扣除金额。

（二）企业取得研发过程中形成的下脚料、残次品、中间试制品等特殊收入，在计算确认收入当年的加计扣除研发费用时，应从已归集研发费用中扣减该特殊收入，不足扣减的，加计扣除研发费用按零计算。

（三）企业开展研发活动中实际发生的研发费用形成无形资产的，其资本化的时点与会计处理保持一致。

（四）失败的研发活动所发生的研发费用可享受税前加计扣除政策。

（五）国家税务总局公告2015年第97号第三条所称"研发活动发生费用"是指委托方实际支付给受托方的费用。无论委托方是否享受研发费用税前加计扣除政策，受托方均不得加计扣除。

委托方委托关联方开展研发活动的，受托方需向委托方提供研发过程中实际发生的研发项目费用支出明细情况。

八、执行时间和适用对象

本公告适用于2017年度及以后年度汇算清缴。以前年度已经进行税务处理的不再调整。涉及追溯享受优惠政策情形的，按照本公告的规定执行。科技型中小企业研发费用加计扣除事项按照本公告执行。

国家税务总局公告2015年第97号第一条、第二条第（一）项、第二条第（二）项、第二条第（四）项同时废止。

国家税务总局

2017年11月8日

76. 关于《国家税务总局关于研发费用税前加计扣除归集范围有关问题的公告》的解读

一、公告出台背景

为进一步做好研发费用税前加计扣除优惠政策的贯彻落实工作，切实解决政策落实过程中存在的问题，根据《财政部 国家税务总局 科技部关于完善研究开发费用税前加计扣除政策的通知》（财税〔2015〕119号）及《国家税务总局关于企业研究开发费用税前加计扣除政策有关问题的公告》（国家税务总局公告2015年第97号，以下简称97号公告）等文件的规定，制定本公告。

二、公告的主要内容

本公告聚焦研发费用归集范围，在现行规定基础上，结合实际执行情况，完善和明确了部分研发费用掌握口径，在体例上适度体现系统性与完整性。

（一）细化人员人工费用口径

保留97号公告有关直接从事研发活动人员范围的界定和从事多种活动的人员人工费用准确进行归集要求，增加了劳务派遣和股权激励相关内容。

1. 适当拓宽外聘研发人员范围。《国家税务总局关于企业工资薪金和职工福利费等支出税前扣除问题的公告》（国家税务总局公告2015年第34号）将劳务派遣分为两种形式，并分别适用不同的税前扣除规定：一种是按照协议（合同）约定直接支付给劳务派遣公司的费用作为劳务费支出在税前扣除，另一种是直接支付给员工个人的费用作为工资薪金和职工福利费支出在税前扣除。在97号公告规定的框架下，直接支付给员工个人的工资薪金属于人员人工费用范围，可以加计扣除。而直接支付给劳务派遣公司的费用，各地理解和执行不一。考虑到直接支付给员工个人和支付给劳务派遣公司，仅是支付方式不同，并未改变企业劳务派遣用工的实质，为体现税收公平，公告明确外聘研发人员包括与劳务派遣公司签订劳务用工协议（合同）的形式，将按照协议（合同）约定直接支付给劳务派遣公司，且由劳务派遣公司实际支付给研发人员的工资薪金等，纳入加计扣除范围。

2. 明确对研发人员的股权激励支出可以加计扣除。由于股权激励支付方式的特殊性，对其能否作为加计扣除的基数有不同理解。鉴于《国家税务总局关于我国居民企业实行股权激励计划有关企业所得税处理问题的公告》（国家税务总局公告2012年第18号）已明确符合条件的股权激励支出可以作为工资薪金在税前扣除，为调动和激发研发人员的积极性，公告明确工资薪金包括按规定可以在税前扣除的对研发人员股权激励的支出，即符合条件的对研发人员股权激励支出属于可加计扣除范围。需要强调的是享受加计扣除的股权激励支出需要符合国家税务总局公告2012年第18号规定的条件。

（二）细化直接投入费用口径

保留97号公告有关直接投入费用口径和多用途的仪器、设备租赁费的归集要求，细化研发费用中对应的材料费用不得加计扣除的管理规定，进一步明确材料费用跨年度事项的处理方法。

97号公告规定企业研发活动直接形成产品或作为组成部分形成的产品对外销售的，研发费用中对应的材料费用不得加计扣除。但实际执行中，材料费用实际发生和产品对外销售往往不在同一个年度，如追溯到材料费用实际发生年度，需要修改以前年度纳税申报。为方便纳税人操作，公告明确产品销售与对应的材料费用发生在不同纳税年度且材料费用已计入研发费用的，应在销售当年以对应的材料费用发生额直接冲减当年的研发费用，不足冲减的，结转以后年度继续冲减。

（三）细化折旧费用口径

保留97号公告有关仪器、设备的折旧费口径和多用途仪器、设备折旧费用归集要求，进一步调整加速折旧费用的归集方法。

97号公告明确加速折旧费用享受加计扣除政策的原则为会计、税收折旧孰小。该计算方法较为复杂，不易准确掌握。为提高政策的可操作性，公告将加速折旧费用的归集方法调整为就税前扣除的折旧部分计算加计扣除。

97号公告解读中曾举例说明计算方法：甲汽车制造企业2015年12月购入并投入使用一专门用于研发活动的设备，单位价值1 200万元，会计处理按8年折旧，税法上规定的最低折旧年限为10年，不考虑残值。甲企业对该项设备选择缩短折旧年限的加速折旧方式，折旧年限缩短为6年（10×60%＝6）。2016年企业会计处理计提折旧额150万元（1 200÷8＝150），税收上因享受加速折旧优惠可以扣除的折旧额是200万元（1 200÷6＝200），申报研发费用加计扣除时，就其会计处理的"仪器、设备的折旧费"150万元可以进行加计扣除75万元（150×50%＝75）。若该设备8年内用途未发生变化，每年均符合加计扣除政策规定，则企业8年内每年均可对其会计处理的"仪器、设备的折旧费"150万元进行加计扣除75万元。如企业会计处理按4年进行折旧，其他情形不变，则2016年企业会计处理计提折旧额300万元（1 200÷4＝300），税收上因享受加速折旧优惠可以扣除的折旧额是200万元（1 200÷6＝200），申报享受研发费用加计扣除时，对其在实际会计处理上已确认的"仪器、设备的折旧费"，但未超过税法规定的税前扣除金额200万元可以进行加计扣除100万元（200×50%＝100）。若该设备6年内用途未发生变化，每年均符合加计扣除政策规定，则企业6年内每年均可对其会计处理的"仪器、设备的折旧费"200万元进行加计扣除100万元。

结合上述例子，按本公告口径申报研发费用加计扣除时，若该设备6年内用途未发生变化，每年均符合加计扣除政策规定，则企业在6年内每年直接就其税前扣除"仪器、设备折旧费"200万元进行加计扣除100万元（200×50%＝100），不需比较会计、税收折旧孰小，也不需要根据会计折旧年限的变化而调整享受加计扣除的金额，计算方法大为简化。

（四）细化无形资产摊销口径

保留97号公告有关无形资产摊销费用口径和多用途摊销费用的归集要求，进一步调整摊销费用的归集方法。

明确加速摊销的归集方法。《财政部　国家税务总局关于进一步鼓励软件产业和集成电路产业发展企业所得税政策的通知》（财税〔2012〕27号）明确企业外购的软件作为无形资产管理的可以适当缩短摊销年限。为提高政策的确定性，本公告明确了无形资产缩短摊销年限的折旧归集方法，与固定资产加速折旧的归集方法保持一致，就税前扣除的摊销部分计算加计扣除。

（五）明确新产品设计费、新工艺规程制定费、新药研制的临床试验费和勘探开发技术的现场试验费口径

此类费用是指企业在新产品设计、新工艺规程制定、新药研制的临床试验、勘探开发技术的现场试验过程中发生的全部费用，即，包括与开展此类活动有关的各类费用。

（六）细化其他相关费用口径

保留97号公告有关其他相关费用口径等内容，适度拓展其他相关费用范围。

明确其他相关费用的范围。除财税〔2015〕119号列举的其他相关费用类型外，其他类型的费用能否作为其他相关费用，计算扣除限额后加计扣除，政策一直未明确，各地也执行不一。为提高政策的确定性，同时考虑到人才是创新驱动战略关键因素，公告在财税〔2015〕119号列举的费用基础上，明确其他相关费用还包括职工福利费、补充养老保险费、补充医疗保险费，以进一步激发研发人员的积极性，推动开展研发活动。

（七）明确其他政策口径

1.明确取得的政府补助后计算加计扣除金额的口径。近期，财政部修订了《企业会计准则第16号——政府补助》。与原准则相比，修订后的准则在总额法的基础上，新增了净额法，将政府补助作为相关成本费用扣减。按照企业所得税法的规定，企业取得的政府补助应确认为收入，计入收入总额。净额法产生了税会差异。企业在税收上将政府补助确认为应税收入，同时增加研发费用，加计扣除应以税前扣除的研发费用为基数。但企业未进行相应调整的，税前扣除的研发费用与会计的扣除金额相同，应以会计上冲减后的余额计算加计扣除金额。比如，某企业当年发生研发支出200万元，取得政府补助50万元，当年会计上的研发费用

为150万元，未进行相应的纳税调整，则税前加计扣除金额为150×50%＝75万元。

2. 明确下脚料、残次品、中间试制品等特殊收入冲减研发费用的时点。97号公告明确了特殊收入冲减的条款，但未明确在确认特殊收入与研发费用发生可能不在同一年度的处理问题。本着简便、易操作的原则，公告明确在确认收入当年冲减，便于纳税人准确执行政策。

3. 明确研发费用资本化的时点。税收上对研发费用资本化的时点没有明确规定，因此，公告明确企业开展研发活动中实际发生的研发费用形成无形资产的，其开始资本化的时点与会计处理保持一致。

4. 明确失败的研发活动所发生的研发费用可享受加计扣除政策。出于以下两点考虑，公告明确失败的研发活动所发生的研发费用可享受加计扣除政策：一是企业的研发活动具有一定的风险和不可预测性，既可能成功也可能失败，政策是对研发活动予以鼓励，并非单纯强调结果；二是失败的研发活动也并不是毫无价值的，在一般情况下的"失败"是指没有取得预期的结果，但可以积累经验，取得其他有价值的成果。

5. 明确委托研发加计扣除口径。一是明确加计扣除的金额。财税〔2015〕119号要求委托方与受托方存在关联关系的，受托方应向委托方提供研发项目费用支出明细情况。实际执行中往往将提供研发费用支出明细情况理解为委托关联方研发的需执行不同的加计扣除政策，导致各地理解和执行不一。依据政策本意，提供研发支出明细情况的判断关联方交易是否符合独立交易原则。因此委托关联方和委托非关联方开展研发活动，其加计扣除的口径是一致的。为避免歧义，公告在保证委托研发加计扣除的口径不变的前提下，对97号公告的表述进行了解释，即：97号公告第三条所称"研发活动发生费用"是指委托方实际支付给受托方的费用。二是明确委托方享受加计扣除优惠的权益不得转移给受托方。财税〔2015〕119号已明确了委托研发发生的费用由委托方加计扣除，受托方不得加计扣除。此为委托研发加计扣除的原则，不管委托方是否享受优惠，受托方均不得享受优惠。公告对此口径进行了明确。三是明确研发费用支出明细情况涵盖的费用范围。由于对政策口径的理解不一，导致对研发费用支出明细涵盖的费用范围的理解也不一致，诸如受托方实际发生的费用、受托方发生的属于可加计扣除范围的费用等口径。在充分考虑研发费用支出明细情况的目的和受托方的执行成本等因素后，公告将研发费用支出明细情况明确为受托方实际发生的费用情况。比如，A企业2017年委托其B关联企业研发，假设该研发符合研发费用加计扣除的相关条件。A企业支付给B企业100万元。B企业实际发生费用90万元（其中按可加计扣除口径归集的费用为85万元），利润10万元。2017年，A企业可加计扣除的金额为100×80%×50%＝40（万元），B企业应向A企业提供实际发生费用90万元的明细情况。

三、明确执行时间和适用对象

在执行时间上，公告适用于2017年度及以后年度汇算清缴。本着保护纳税人权益、降低税务风险的考虑，明确对以前年度已经进行税务处理的，均不再调整。财税〔2015〕119号文件中明确了研发费用加计扣除政策可以追溯享受。由于本公告放宽了部分政策口径，本着有利追溯的原则，对企业涉及追溯享受情形的，也可以按照本公告规定执行。从适用对象上讲，科技型中小企业研发费用加计扣除事项也应适用本公告。

77. 国家税务总局关于企业境外承包工程税收抵免凭证有关问题的公告

国家税务总局公告 2017 年第 41 号

根据《中华人民共和国企业所得税法》及其实施条例、《财政部 国家税务总局关于企业境外所得税收抵免有关问题的通知》(财税〔2009〕125 号)和《国家税务总局关于发布〈企业境外所得税收抵免操作指南〉的公告》(国家税务总局公告 2010 年第 1 号)的有关规定,现就企业境外承包工程税收抵免凭证有关问题公告如下:

一、企业以总分包或联合体方式在境外实施工程项目(包括但不限于工程建设、基础设施建设等项目,下同),其来源于境外所得已在境外缴纳的企业所得税税额,可按本公告规定以总承包企业或联合体主导方企业开具的《境外承包工程项目完税凭证分割单(总分包方式)》[附件 1,以下简称《分割单(总分包方式)》]或《境外承包工程项目完税凭证分割单(联合体方式)》[附件 2,以下简称《分割单(联合体方式)》]作为境外所得完税证明或纳税凭证进行税收抵免。

二、企业以总分包方式在境外承包工程,除总承包企业自行施工的部分外,发生分包(再分包,下同)的,其分包部分来源于境外所得已由总承包企业在境外缴纳的企业所得税税额,总承包企业可按实际取得的收入、工作量等因素确定的合理比例进行分配,开具《分割单(总分包方式)》,并将《分割单(总分包方式)》复印件提供给分包企业,分包企业据此申报抵免。总承包企业按分配后的余额申报抵免。同一项目分配方法应当一致,且在项目存续期内不得改变。

三、企业以联合体方式中标境外工程,该联合体在境外缴纳的企业所得税税额可由主导方企业按实际取得的收入、工作量等因素确定的合理比例进行分配,开具《分割单(联合体方式)》,并将《分割单(联合体方式)》复印件提供给联合体各方企业,联合体各方企业据此申报抵免。

联合体主导方可按合同收入占比孰高原则或事先约定进行确定。

四、总承包企业作为境外纳税主体,应就其在境外缴纳的企业所得税税额,填制《分割单(总分包方式)》后提交主管税务机关备案,并将以下资料留存备查:

1. 总承包企业与境外发包方签订的总承包合同;

2. 总承包企业与分包企业签订的分包合同,如建设项目再分包的,还需留存备查分包企业与再分包企业签订的再分包合同;

3. 总承包企业境外所得相关完税证明或纳税凭证;

4. 境外所得缴纳的企业所得税税额按收入、工作量等因素确定的合理比例分配的计算过程及相关说明。

五、联合体作为境外纳税主体,应就其在境外缴纳的企业所得税税额,由主导方企业填制《分割单(联合体方式)》后提交主管税务机关备案,并将以下资料留存备查:

1. 联合体与境外发包方签订的工程承包合同;

2. 各方企业组建联合体合同或协议;

3. 联合体境外所得相关完税证明或纳税凭证;

4.境外所得缴纳的企业所得税税额按收入、工作量等因素确定的合理比例分配的计算过程及相关说明。

六、总承包企业或联合体主导方企业应按项目分别建立分割单台账，准确记录境外所得缴纳税额分配情况。

七、分包企业或联合体各方企业申报抵免时，应将《分割单（总分包方式）》或《分割单（联合体方式）》复印件提交主管税务机关备案。主管税务机关对企业有关境外所得抵免有异议的，可以向总承包企业或联合体主导方企业的主管税务机关提出书面复核建议，总承包企业或联合体主导方企业的主管税务机关在收到复核建议后30日内函复复核结果。

八、总承包企业、分包企业及联合体各方企业主管税务机关在后续管理过程中发现企业存在多抵免税款情况的，应及时将信息告知相关各方企业的主管税务机关。

九、本公告适用于2017年度及以后年度企业所得税汇算清缴。以前年度尚未进行境外税收抵免处理的，可按本公告规定执行。

特此公告。

附件：1.境外承包工程项目完税凭证分割单（总分包方式）（略）。
2.境外承包工程项目完税凭证分割单（联合体方式）（略）。

国家税务总局
2017年11月21日

78.财政部 税务总局关于非营利组织免税资格认定管理有关问题的通知

财税〔2018〕13号

各省、自治区、直辖市、计划单列市财政厅（局）、国家税务局、地方税务局，新疆生产建设兵团财政局：

根据《中华人民共和国企业所得税法》第二十六条及《中华人民共和国企业所得税法实施条例》第八十四条的规定，现对非营利组织免税资格认定管理有关问题明确如下：

一、依据本通知认定的符合条件的非营利组织，必须同时满足以下条件：

（一）依照国家有关法律法规设立或登记的事业单位、社会团体、基金会、社会服务机构、宗教活动场所、宗教院校以及财政部、税务总局认定的其他非营利组织；

（二）从事公益性或者非营利性活动；

（三）取得的收入除用于与该组织有关的、合理的支出外，全部用于登记核定或者章程规定的公益性或者非营利性事业；

（四）财产及其孳息不用于分配，但不包括合理的工资薪金支出；

（五）按照登记核定或者章程规定，该组织注销后的剩余财产用于公益性或者非营利性目的，或者由登记管理机关采取转赠给与该组织性质、宗旨相同的组织等处置方式，并向社会公告；

（六）投入人对投入该组织的财产不保留或者享有任何财产权利，本款所称投入人是指除各级人民政府及其部门外的法人、自然人和其他组织；

（七）工作人员工资福利开支控制在规定的比例内，不变相分配该组织的财产，其中：工作人员平均工资薪金水平不得超过税务登记所在地的地市级（含地市级）以上地区的同行业同类组织平均工资水平的两倍，工作人员福利按照国家有关规定执行；

（八）对取得的应纳税收入及其有关的成本、费用、损失应与免税收入及其有关的成本、费用、损失分别核算。

二、经省级（含省级）以上登记管理机关批准设立或登记的非营利组织，凡符合规定条件的，应向其所在地省级税务主管机关提出免税资格申请，并提供本通知规定的相关材料；经地市级或县级登记管理机关批准设立或登记的非营利组织，凡符合规定条件的，分别向其所在地的地市级或县级税务主管机关提出免税资格申请，并提供本通知规定的相关材料。

财政、税务部门按照上述管理权限，对非营利组织享受免税的资格联合进行审核确认，并定期予以公布。

三、申请享受免税资格的非营利组织，需报送以下材料：

（一）申请报告；

（二）事业单位、社会团体、基金会、社会服务机构的组织章程或宗教活动场所、宗教院校的管理制度；

（三）非营利组织注册登记证件的复印件；

（四）上一年度的资金来源及使用情况、公益活动和非营利活动的明细情况；

（五）上一年度的工资薪金情况专项报告，包括薪酬制度、工作人员整体平均工资薪金水平、工资福利占总支出比例、重要人员工资薪金信息（至少包括工资薪金水平排名前10的人员）；

（六）具有资质的中介机构鉴证的上一年度财务报表和审计报告；

（七）登记管理机关出具的事业单位、社会团体、基金会、社会服务机构、宗教活动场所、宗教院校上一年度符合相关法律法规和国家政策的事业发展情况或非营利活动的材料；

（八）财政、税务部门要求提供的其他材料。

当年新设立或登记的非营利组织需提供本条第（一）项至第（三）项规定的材料及本条第（四）项、第（五）项规定的申请当年的材料，不需提供本条第（六）项、第（七）项规定的材料。

四、非营利组织免税优惠资格的有效期为五年。非营利组织应在免税优惠资格期满后六个月内提出复审申请，不提出复审申请或复审不合格的，其享受免税优惠的资格到期自动失效。

非营利组织免税资格复审，按照初次申请免税优惠资格的规定办理。

五、非营利组织必须按照《中华人民共和国税收征收管理法》及《中华人民共和国税收征收管理法实施细则》等有关规定，办理税务登记，按期进行纳税申报。取得免税资格的非营利组织应按照规定向主管税务机关办理免税手续，免税条件发生变化的，应当自发生变化之日起十五日内向主管税务机关报告；不再符合免税条件的，应当依法履行纳税义务；未依法纳税的，主管税务机关应当予以追缴。取得免税资格的非营利组织注销时，剩余财产处置违反本通知第一条第五项规定的，主管税务机关应追缴其应纳企业所得税款。

有关部门在日常管理过程中，发现非营利组织享受优惠年度不符合本通知规定的免税条件的，应提请核准该非营利组织免税资格的财政、税务部门，由其进行复核。

核准非营利组织免税资格的财政、税务部门根据本通知规定的管理权限，对非营利组织的免税优惠资格进行复核，复核不合格的，相应年度不得享受税收优惠政策。

六、已认定的享受免税优惠政策的非营利组织有下述情形之一的，应自该情形发生年度起取消其资格：

（一）登记管理机关在后续管理中发现非营利组织不符合相关法律法规和国家政策的；

（二）在申请认定过程中提供虚假信息的；

（三）纳税信用等级为税务部门评定的C级或D级的；

（四）通过关联交易或非关联交易和服务活动，变相转移、隐匿、分配该组织财产的；

（五）被登记管理机关列入严重违法失信名单的；

（六）从事非法政治活动的。

因上述第（一）项至第（五）项规定的情形被取消免税优惠资格的非营利组织，财政、税务部门自其被取消资格的次年起一年内不再受理该组织的认定申请；因上述第（六）项规定的情形被取消免税优惠资格的非营利组织，财政、税务部门将不再受理该组织的认定申请。

被取消免税优惠资格的非营利组织，应当依法履行纳税义务；未依法纳税的，主管税务机关应当自其存在取消免税优惠资格情形的当年起予以追缴。

七、各级财政、税务部门及其工作人员在认定非营利组织免税资格工作中，存在违法违纪行为的，按照《公务员法》《行政监察法》等国家有关规定追究相应责任；涉嫌犯罪的，移送司法机关处理。

八、本通知自2018年1月1日起执行。《财政部 国家税务总局关于非营利组织免税资格认定管理有关问题的通知》（财税〔2014〕13号）同时废止。

财政部 税务总局
2018年2月7日

79. 财政部 税务总局关于公益性捐赠支出企业所得税税前结转扣除有关政策的通知

财税〔2018〕15号

各省、自治区、直辖市、计划单列市财政厅（局）、国家税务局、地方税务局，新疆生产建设兵团财政局：

根据《中华人民共和国企业所得税法》和《中华人民共和国企业所得税法实施条例》的有关规定，现就公益性捐赠支出企业所得税税前结转扣除有关政策通知如下：

一、企业通过公益性社会组织或者县级（含县级）以上人民政府及其组成部门和直属机构，用于慈善活动、公益事业的捐赠支出，在年度利润总额12%以内的部分，准予在计算应纳税所得额时扣除；超过年度利润总额12%的部分，准予结转以后三年内在计算应纳税所得额时扣除。

本条所称公益性社会组织，应当依法取得公益性捐赠税前扣除资格。

本条所称年度利润总额，是指企业依照国家统一会计制度的规定计算的大于零的数额。

二、企业当年发生及以前年度结转的公益性捐赠支出，准予在当年税前扣除的部分，不能超过企业当年年度利润总额的12%。

三、企业发生的公益性捐赠支出未在当年税前扣除的部分，准予向以后年度结转扣除，但结转年限自捐赠发生年度的次年起计算最长不得超过三年。

四、企业在对公益性捐赠支出计算扣除时，应先扣除以前年度结转的捐赠支出，再扣除当年发生的捐赠支出。

五、本通知自 2017 年 1 月 1 日起执行。2016 年 9 月 1 日至 2016 年 12 月 31 日发生的公益性捐赠支出未在 2016 年税前扣除的部分，可按本通知执行。

财政部　税务总局
2018 年 2 月 11 日

80. 财政部　税务总局　证监会关于支持原油等货物期货市场对外开放税收政策的通知

财税〔2018〕21 号

各省、自治区、直辖市、计划单列市财政厅（局）、国家税务局、地方税务局，新疆生产建设兵团财政局：

为支持原油等货物期货市场对外开放，现将有关税收政策通知如下：

一、对在中国境内未设立机构、场所的，或者虽设立机构、场所但取得的所得与其所设机构、场所没有实际联系的境外机构投资者（包括境外经纪机构），从事中国境内原油期货交易取得的所得（不含实物交割所得），暂不征收企业所得税；对境外经纪机构在境外为境外投资者提供中国境内原油期货经纪业务取得的佣金所得，不属于来源于中国境内的劳务所得，不征收企业所得税。

二、自原油期货对外开放之日起，对境外个人投资者投资中国境内原油期货取得的所得，三年内暂免征收个人所得税。

三、经国务院批准对外开放的其他货物期货品种，按照本通知规定的税收政策执行。

四、本通知自发布之日起施行。

财政部　税务总局　证监会
2018 年 3 月 13 日

81. 财政部　税务总局　国家发展改革委　工业和信息化部关于集成电路生产企业有关企业所得税政策问题的通知

财税〔2018〕27 号

各省、自治区、直辖市、计划单列市财政厅（局）、国家税务局、地方税务局、发展改革委、工业和信息化主管部门，新疆生产建设兵团财政局、发展改革委、工业和信息化委员会：

为进一步支持集成电路产业发展，现就有关企业所得税政策问题通知如下：

一、2018年1月1日后投资新设的集成电路线宽小于130纳米，且经营期在10年以上的集成电路生产企业或项目，第一年至第二年免征企业所得税，第三年至第五年按照25%的法定税率减半征收企业所得税，并享受至期满为止。

二、2018年1月1日后投资新设的集成电路线宽小于65纳米或投资额超过150亿元，且经营期在15年以上的集成电路生产企业或项目，第一年至第五年免征企业所得税，第六年至第十年按照25%的法定税率减半征收企业所得税，并享受至期满为止。

三、对于按照集成电路生产企业享受本通知第一条、第二条税收优惠政策的，优惠期自企业获利年度起计算；对于按照集成电路生产项目享受上述优惠的，优惠期自项目取得第一笔生产经营收入所属纳税年度起计算。

四、享受本通知第一条、第二条税收优惠政策的集成电路生产项目，其主体企业应符合集成电路生产企业条件，且能够对该项目单独进行会计核算、计算所得，并合理分摊期间费用。

五、2017年12月31日前设立但未获利的集成电路线宽小于0.25微米或投资额超过80亿元，且经营期在15年以上的集成电路生产企业，自获利年度起第一年至第五年免征企业所得税，第六年至第十年按照25%的法定税率减半征收企业所得税，并享受至期满为止。

六、2017年12月31日前设立但未获利的集成电路线宽小于0.8微米（含）的集成电路生产企业，自获利年度起第一年至第二年免征企业所得税，第三年至第五年按照25%的法定税率减半征收企业所得税，并享受至期满为止。

七、享受本通知规定税收优惠政策的集成电路生产企业的范围和条件，按照《财政部 国家税务总局 发展改革委 工业和信息化部关于软件和集成电路产业企业所得税优惠政策有关问题的通知》（财税〔2016〕49号）第二条执行；财税〔2016〕49号文件第二条第（二）项中"具有劳动合同关系"调整为"具有劳动合同关系或劳务派遣、聘用关系"，第（三）项中汇算清缴年度研究开发费用总额占企业销售（营业）收入总额（主营业务收入与其他业务收入之和）的比例由"不低于5%"调整为"不低于2%"，同时企业应持续加强研发活动，不断提高研发能力。

八、集成电路生产企业或项目享受上述企业所得税优惠的有关管理问题，按照财税〔2016〕49号文件和税务总局关于办理企业所得税优惠政策事项的相关规定执行。

九、本通知自2018年1月1日起执行。

财政部　税务总局　国家发展改革委　工业和信息化部
2018年3月28日

82. 国家税务总局关于明确同期资料主体文档提供及管理有关事项的公告

国家税务总局公告2018年第14号

为进一步深化"放管服"改革，优化税收环境，简化办税程序，减轻纳税人负担，现就落实《国家税务总局关于完善关联申报和同期资料管理有关事项的公告》（国家税务总局公告2016年第42号）关于同期资料准备及提供要求的有关事项公告如下：

一、依照规定需要准备主体文档的企业集团，如果集团内企业分属两个以上税务机关管辖，可以选择任一企业主管税务机关主动提供主体文档。集团内其他企业被主管税务机关要求提供主体文档时，在向主管税务机关书面报告集团主动提供主体文档情况后，可免于提供。

本公告所称"主动提供"是指在税务机关实施特别纳税调查前企业提供主体文档的情形。如果集团内一家企业被税务机关实施特别纳税调查并已按主管税务机关要求提供主体文档，集团内其他企业不能免于提供主体文档，但集团仍然可以选择其他任一企业适用前款规定。

二、收到企业主动提供主体文档的主管税务机关应区分以下情况进行处理：

（一）企业集团内各企业均属一个省、自治区、直辖市、计划单列市税务机关管辖的，收到主体文档的主管税务机关需层报至省税务机关，由省税务机关负责主体文档管理，统一组织协调，按需求提供给集团内各企业主管税务机关使用。

（二）企业集团内各企业分属两个或者两个以上省、自治区、直辖市、计划单列市税务机关管辖的，收到主体文档的主管税务机关需层报至国家税务总局，由国家税务总局负责主体文档管理，统一组织协调，按需求提供给集团内各企业主管税务机关使用。

三、本公告自2018年5月20日起施行。

特此公告。

国家税务总局
2018年4月4日

83. 国家税务总局关于企业所得税资产损失资料留存备查有关事项的公告

国家税务总局公告2018年第15号

为了进一步深化税务系统"放管服"改革，简化企业纳税申报资料报送，减轻企业办税负担，现就企业所得税资产损失资料留存备查有关事项公告如下：

一、企业向税务机关申报扣除资产损失，仅需填报企业所得税年度纳税申报表《资产损失税前扣除及纳税调整明细表》，不再报送资产损失相关资料。相关资料由企业留存备查。

二、企业应当完整保存资产损失相关资料，保证资料的真实性、合法性。

三、本公告规定适用于2017年度及以后年度企业所得税汇算清缴。《国家税务总局关于发布〈企业资产损失所得税税前扣除管理办法〉的公告》（国家税务总局公告2011年第25号）第四条、第七条、第八条、第十三条有关资产损失证据资料、会计核算资料、纳税资料等相关资料报送的内容同时废止。

特此公告。

国家税务总局
2018年4月10日

84. 关于《国家税务总局关于企业所得税资产损失资料留存备查有关事项的公告》的解读

一、公告发布背景

为深入贯彻落实税务系统"放管服"改革要求，优化税收营商环境，减轻企业办税负担，制定了《国家税务总局关于企业所得税资产损失资料留存备查有关事项的公告》（以下简称《公告》）。

二、公告主要内容

（一）明确取消企业资产损失报送资料

简化企业资产损失资料报送，是为了切实减轻企业办税负担。同时，考虑到现行企业所得税年度纳税申报表已有资产损失栏目，企业可以通过填列资产损失具体数额的方式，实现资产损失申报。因此，《公告》第一条明确，企业向税务机关申报扣除资产损失，仅需填报企业所得税年度纳税申报表《资产损失税前扣除及纳税调整明细表》，不再报送资产损失相关资料。相关资料由企业留存备查。《公告》发布后，企业按照《国家税务总局关于发布〈企业资产损失所得税税前扣除管理办法〉的公告》（国家税务总局公告2011年第25号）有关规定，对资产损失相关资料进行收集、整理、归集，并妥善保管，不需在申报环节向税务机关报送。

（二）明确企业资产损失资料留存备查要求

企业资产损失资料是证明企业资产损失真实发生的重要依据，也是税务机关有效监管的重要抓手。因此，《公告》第二条明确，企业应当完整保存资产损失相关资料，保证资料的真实性、合法性，否则要承担《中华人民共和国税收征收管理法》等法律、行政法规规定的法律责任。

（三）明确公告规定适用时间

目前2017年度企业所得税汇算清缴尚未结束，公告规定适用于2017年度及以后年度企业所得税汇算清缴。

85. 国家税务总局关于发布修订后的《企业所得税优惠政策事项办理办法》的公告

国家税务总局公告 2018 年第 23 号

为优化税收环境，有效落实企业所得税各项优惠政策，根据《国家税务总局关于进一步深化税务系统"放管服"改革 优化税收环境的若干意见》（税总发〔2017〕101号）有关精神，现将修订后的《企业所得税优惠政策事项办理办法》予以发布。

特此公告。

附件：企业所得税优惠事项管理目录（2017年版）（略）。

国家税务总局
2018 年 4 月 25 日

企业所得税优惠政策事项办理办法

第一条 为落实国务院简政放权、放管结合、优化服务要求,规范企业所得税优惠政策事项(以下简称优惠事项)办理,根据《中华人民共和国企业所得税法》(以下简称企业所得税法)及其实施条例、《中华人民共和国税收征收管理法》(以下简称税收征管法)及其实施细则,制定本办法。

第二条 本办法所称优惠事项是指企业所得税法规定的优惠事项,以及国务院和民族自治地方根据企业所得税法授权制定的企业所得税优惠事项。包括免税收入、减计收入、加计扣除、加速折旧、所得减免、抵扣应纳税所得额、减低税率、税额抵免等。

第三条 优惠事项的名称、政策概述、主要政策依据、主要留存备查资料、享受优惠时间、后续管理要求等,见本公告附件《企业所得税优惠事项管理目录(2017年版)》(以下简称《目录》)。

《目录》由税务总局编制、更新。

第四条 企业享受优惠事项采取"自行判别、申报享受、相关资料留存备查"的办理方式。企业应当根据经营情况以及相关税收规定自行判断是否符合优惠事项规定的条件,符合条件的可以按照《目录》列示的时间自行计算减免税额,并通过填报企业所得税纳税申报表享受税收优惠。同时,按照本办法的规定归集和留存相关资料备查。

第五条 本办法所称留存备查资料是指与企业享受优惠事项有关的合同、协议、凭证、证书、文件、账册、说明等资料。留存备查资料分为主要留存备查资料和其他留存备查资料两类。主要留存备查资料由企业按照《目录》列示的资料清单准备,其他留存备查资料由企业根据享受优惠事项情况自行补充准备。

第六条 企业享受优惠事项的,应当在完成年度汇算清缴后,将留存备查资料归集齐全并整理完成,以备税务机关核查。

第七条 企业同时享受多项优惠事项或者享受的优惠事项按照规定分项目进行核算的,应当按照优惠事项或者项目分别归集留存备查资料。

第八条 设有非法人分支机构的居民企业以及实行汇总纳税的非居民企业机构、场所享受优惠事项的,由居民企业的总机构以及汇总纳税的主要机构、场所负责统一归集并留存备查资料。分支机构以及被汇总纳税的非居民企业机构、场所按照规定可独立享受优惠事项的,由分支机构以及被汇总纳税的非居民企业机构、场所负责归集并留存备查资料,同时分支机构以及被汇总纳税的非居民企业机构、场所应在当完成年度汇算清缴后将留存的备查资料清单送总机构以及汇总纳税的主要机构、场所汇总。

第九条 企业对优惠事项留存备查资料的真实性、合法性承担法律责任。

第十条 企业留存备查资料应从企业享受优惠事项当年的企业所得税汇算清缴期结束次日起保留10年。

第十一条 税务机关应当严格按照本办法规定的方式管理优惠事项,严禁擅自改变优惠事项的管理方式。

第十二条 企业享受优惠事项后,税务机关将适时开展后续管理。在后续管理时,企业应当根据税务机关管理服务的需要,按照规定的期限和方式提供留存备查资料,以证实享受优惠事项符合条件。其中,享受集成电路生产企业、集成电路设计企业、软件企业、国家规划布局内的重点软件企业和集成电路设计企业等优惠事项的企业,应当在完成年度汇算清缴后，按照《目录》"后续管理要求"项目中列示的清单向税务机关提交资料。

第十三条 企业享受优惠事项后发现其不符合优惠事项规定条件的，应当依法及时自行调整并补缴税款及滞纳金。

第十四条 企业未能按照税务机关要求提供留存备查资料，或者提供的留存备查资料与实际生产经营情况、财务核算情况、相关技术领域、产业、目录、资格证书等不符，无法证实符合优惠事项规定条件的，或者存在弄虚作假情况的，税务机关将依法追缴其已享受的企业所得税优惠，并按照税收征管法等相关规定处理。

第十五条 本办法适用于2017年度企业所得税汇算清缴及以后年度企业所得税优惠事项办理工作。《国家税务总局关于发布〈企业所得税优惠政策事项办理办法〉的公告》（国家税务总局公告2015年第76号）同时废止。

86. 关于《国家税务总局关于发布修订后的〈企业所得税优惠政策事项办理办法〉的公告》的解读

为贯彻落实税务系统"放管服"改革，优化税收环境，有效落实企业所得税各项优惠政策，税务总局于近期修订并重新发布了《企业所得税优惠政策事项办理办法》（以下简称《办法》）。现解读如下：

一、修订背景

2015年，税务总局根据"放管服"改革要求，发布了《企业所得税优惠政策事项办理办法》（国家税务总局公告2015年第76号发布），全面取消对企业所得税优惠事项的审批管理，一律实行备案管理。该办法通过简化办税流程、精简涉税资料、统一管理要求，为企业能够及时、精准享受到所得税优惠政策创造了条件、提供了便利。为了深入贯彻落实党中央、国务院关于优化营商环境和推进"放管服"改革的系列部署，进一步优化税收环境，税务总局对该办法进行了修订，并重新发布。

二、主要变化

（一）简化优惠事项办理方式

根据《办法》规定，企业所得税优惠事项全部采用"自行判别、申报享受、相关资料留存备查"的办理方式。企业在年度纳税申报及享受优惠事项前无需再履行备案手续、报送《企业所得税优惠事项备案表》《汇总纳税企业分支机构已备案优惠事项清单》和享受优惠所需要的相关资料，原备案资料全部作为留存备查资料，保留在企业，以备税务机关后续核查时根据需要提供。

（二）更新《企业所得税优惠事项管理目录》内容

根据企业所得税优惠政策调整情况，对《企业所得税优惠事项备案管理目录（2015年版）》进行了修订，编制了《企业所得税优惠事项管理目录（2017年版）》（以下简称《目录》）。一是统一了优惠事项的项目名称，实现了优惠事项名称在《目录》《减免税政策代码目录》《中华人民共和国企业所得税年度纳税申报表（A类，2017年版）》等不同文件中的统一，方便企业查询和使用。二是对优惠事项进行了调整和补充，同时对政策概述、主要政策依据等内容进行了完善，对主要留存备查资料进行了细化。三是增加了"后续管理要求"项目，明确了优惠事项后续管理的有关要求。

(三) 强化留存备查资料管理

留存备查资料是指与企业享受优惠事项有关的合同、协议、凭证、证书、文件、账册、说明等资料，用于证实企业是否符合相关优惠事项规定的条件。由于企业情况不同，留存备查资料难以全部列示，因此《办法》将留存备查资料分为主要留存备查资料和其他留存备查资料。企业应当按照《目录》列示的清单归集和整理主要留存备查资料，其他留存备查资料则由企业根据享受优惠事项的情况自行归集，以助于税务机关在后续管理时能够做出准确判断。

由于我国企业所得税实行法人所得税制，因此跨地区经营汇总纳税企业享受优惠事项的，应当由总机构负责统一归集并留存相关备查资料，但是分支机构按照规定可以独立享受优惠事项的，则由分支机构负责归集并留存相关备查资料。如：设在西部地区的鼓励类产业企业减按15%的税率征收企业所得税优惠事项，当设在西部地区的分支机构符合规定条件而享受优惠事项的，由该分支机构负责归集并留存相关备查资料，并同时将其留存备查资料的清单提供总机构汇总。

留存备查资料是企业自行判断是否符合相关优惠事项规定条件的直接依据，企业应当在年度纳税申报前全面归集、整理并认真研判。在本企业完成汇算清缴后，留存备查资料应当归集和整理完毕，以备税务机关核查。如：企业享受《目录》第1项优惠事项，并在2018年4月30日完成2017年度企业所得税纳税申报和缴纳税款，其应在4月30日同步将第1项优惠事项的留存备查资料归集和整理完毕。分支机构以及被汇总纳税的非居民企业机构、场所按照规定可独立享受优惠事项的，完成汇算清缴后，除需要将留存备查资料应当归集和整理完毕外，还需将留存的备查资料清单报送总机构汇总。如：企业设在西部地区的分支机构享受《目录》第63项优惠事项，该分支机构在2018年4月30日完成2017年度企业所得税纳税申报和缴纳税款，其应在4月30日同步将第63项优惠事项的留存备查资料归集和整理完毕，并将备查资料清单报送总机构汇总。

(四) 重申企业的权利义务和法律责任

企业依法享有享受税收优惠的权利，也有依法按时如实申报、接受监督和检查的义务。《办法》所称企业包括居民企业和在中国境内设立机构、场所的非居民企业。

《办法》实施后，企业可以根据经营情况自行判断是否符合相关优惠事项规定的条件，在符合条件的情况下，企业可以自行按照《目录》中列示的"享受优惠时间"自预缴申报时开始享受或者在年度纳税申报时享受优惠事项。

在享受优惠事项后，企业有义务提供留存备查资料，并对留存备查资料的真实性与合法性负责。如果企业未能按照税务机关的要求提供留存备查资料，或者提供的留存备查资料与实际生产经营情况、财务核算情况、相关技术领域、产业、目录、资格证书等不符不能证实其符合优惠事项规定的条件的，或者存在弄虚作假情况的，税务机关将依法追缴其已享受的企业所得税优惠。

(五) 对后续管理提出要求

为加强管理，《办法》规定税务机关将对企业享受优惠事项开展后续管理，企业应当予以配合并按照税务机关规定的期限和方式提供留存备查资料。其中，按照《财政部 国家税务总局 发展改革委 工业和信息化部关于软件和集成电路产业企业所得税优惠政策有关问题的通知》(财税〔2016〕49号) 的有关规定，享受《目录》第30至第31项、第45至第53项、第56至第57项软件和集成电路产业优惠事项的，企业应当在汇算清缴后按照《目录》"后续管理要求"项目中列示的资料清单向税务部门提交资料，提交资料时间不得超过本年度汇算清缴期。如：企业享受《目录》第45项优惠事项，在2018年4月30日完成2017年度企业所得税纳税申报和缴纳税款，其应在4月30日同步将留存备查资料归集和整理完毕，并在2018年5月31日前按照第45项优惠事项"后续管理要求"项目中列示的资料清单向税务机关提交相关资料。

其他优惠事项的核查，由各省税务机关（含计划单列市税务机关）按照统一安排，开展后续管理等。

三、实施时间

《办法》适用于2017年度汇算清缴及以后年度优惠事项办理工作。企业在进行2017年度企业所得税汇算清缴时，如果享受税收优惠事项的，无需再办理备案手续。

87. 财政部　税务总局关于保险保障基金有关税收政策问题的通知

财税〔2018〕41号

各省、自治区、直辖市、计划单列市财政厅（局）、国家税务局、地方税务局，新疆生产建设兵团财政局：

为支持保险保障基金发展，增强行业经营风险防范能力，现将保险保障基金有关税收政策事项明确如下：

一、对中国保险保障基金有限责任公司（以下简称保险保障基金公司）根据《保险保障基金管理办法》取得的下列收入，免征企业所得税：

1. 境内保险公司依法缴纳的保险保障基金；
2. 依法从撤销或破产保险公司清算财产中获得的受偿收入和向有关责任方追偿所得，以及依法从保险公司风险处置中获得的财产转让所得；
3. 接受捐赠收入；
4. 银行存款利息收入；
5. 购买政府债券、中央银行、中央企业和中央级金融机构发行债券的利息收入；
6. 国务院批准的其他资金运用取得的收入。

二、对保险保障基金公司下列应税凭证，免征印花税：

1. 新设立的资金账簿；
2. 在对保险公司进行风险处置和破产救助过程中签订的产权转移书据；
3. 在对保险公司进行风险处置过程中与中国人民银行签订的再贷款合同；
4. 以保险保障基金自有财产和接收的受偿资产与保险公司签订的财产保险合同。

对与保险保障基金公司签订上述产权转移书据或应税合同的其他当事人照章征收印花税。

三、本通知自2018年1月1日起至2020年12月31日止执行。《财政部　国家税务总局关于保险保障基金有关税收政策问题的通知》（财税〔2016〕10号）同时废止。

财政部　税务总局
2018年4月27日

88. 财政部　税务总局关于企业职工教育经费税前扣除政策的通知

财税〔2018〕51号

各省、自治区、直辖市、计划单列市财政厅（局）、国家税务局、地方税务局，新疆生产建设兵团财政局：

为鼓励企业加大职工教育投入，现就企业职工教育经费税前扣除政策通知如下：

一、企业发生的职工教育经费支出，不超过工资薪金总额8%的部分，准予在计算企业所得税应纳税所得额时扣除；超过部分，准予在以后纳税年度结转扣除。

二、本通知自2018年1月1日起执行。

财政部　税务总局
2018年5月7日

89. 财政部　税务总局　商务部　科技部　国家发展改革委关于将服务贸易创新发展试点地区技术先进型服务企业所得税政策推广至全国实施的通知

财税〔2018〕44号

各省、自治区、直辖市、计划单列市财政厅（局）、国家税务局、地方税务局、商务主管部门、科技厅（委、局）、发展改革委，新疆生产建设兵团财政局、商务局、科技局、发展改革委：

为进一步推动服务贸易创新发展、优化外贸结构，现就服务贸易类技术先进型服务企业所得税优惠政策通知如下：

一、自2018年1月1日起，对经认定的技术先进型服务企业（服务贸易类），减按15%的税率征收企业所得税。

二、本通知所称技术先进型服务企业（服务贸易类）须符合的条件及认定管理事项，按照《财政部　税务总局　商务部　科技部　国家发展改革委关于将技术先进型服务企业所得税政策推广至全国实施的通知》（财税〔2017〕79号）的相关规定执行。其中，企业须满足的技术先进型服务业务领域范围按照本通知所附《技术先进型服务业务领域范围（服务贸易类）》执行。

三、省级科技部门应会同本级商务、财政、税务和发展改革部门及时将《技术先进型服务业务领域范围（服务贸易类）》增补入本地区技术先进型服务企业认定管理办法，并据此开展认定管理工作。省级人民政府财政、税务、商务、科技和发展改革部门应加强沟通与协作，发现新情况、新问题及时上报财政部、税务总局、商务部、科技部和国家发展改革委。

四、省级科技、商务、财政、税务和发展改革部门及其工作人员在认定技术先进型服务企业工作中，存在违法违纪行为的，按照《公务员法》《行政监察法》等国家有关规定追究相应责任；涉嫌犯罪的，移送司法机关处理。

附件：技术先进型服务业务领域范围（服务贸易类）

财政部　税务总局　商务部　科技部　国家发展改革委
2018年5月19日

附件：

技术先进型服务业务领域范围（服务贸易类）

类别	适用范围
一、计算机和信息服务	
1. 信息系统集成服务	系统集成咨询服务；系统集成工程服务；提供硬件设备现场组装、软件安装与调试及相关运营维护支撑服务；系统运营维护服务，包括系统运行检测监控、故障定位与排除、性能管理、优化升级等。
2. 数据服务	数据存储管理服务，提供数据规划、评估、审计、咨询、清洗、整理、应用服务，数据增值服务，提供其他未分类数据处理服务。
二、研究开发和技术服务	
3. 研究和实验开发服务	物理学、化学、生物学、基因学、工程学、医学、农业科学、环境科学、人类地理科学、经济学和人文科学等领域的研究和实验开发服务。
4. 工业设计服务	对产品的材料、结构、机理、形状、颜色和表面处理的设计与选择；对产品进行的综合设计服务，即产品外观的设计、机械结构和电路设计等服务。
5. 知识产权跨境许可与转让	以专利、版权、商标等为载体的技术贸易。知识产权跨境许可是指授权境外机构有偿使用专利、版权和商标等；知识产权跨境转让是指将专利、版权和商标等知识产权售卖给境外机构。
三、文化技术服务	
6. 文化产品数字制作及相关服务	采用数字技术对舞台剧目、音乐、美术、文物、非物质文化遗产、文献资源等文化内容以及各种出版物进行数字化转化和开发，为各种显示终端提供内容，以及采用数字技术传播、经营文化产品等相关服务。
7. 文化产品的对外翻译、配音及制作服务	将本国文化产品翻译或配音成其他国家语言，将其他国家文化产品翻译或配音成本国语言以及与其相关的制作服务。
四、中医药医疗服务	
8. 中医药医疗保健及相关服务	与中医药相关的远程医疗保健、教育培训、文化交流等服务。

90. 国家税务总局关于发布《企业所得税税前扣除凭证管理办法》的公告

国家税务总局公告2018年第28号

为加强企业所得税税前扣除凭证管理，规范税收执法，优化营商环境，国家税务总局制定了《企业所得税税前扣除凭证管理办法》,现予以发布。

特此公告。

国家税务总局
2018 年 6 月 6 日

企业所得税税前扣除凭证管理办法

第一条 为规范企业所得税税前扣除凭证(以下简称税前扣除凭证)管理,根据《中华人民共和国企业所得税法》(以下简称企业所得税法)及其实施条例、《中华人民共和国税收征收管理法》及其实施细则、《中华人民共和国发票管理办法》及其实施细则等规定,制定本办法。

第二条 本办法所称税前扣除凭证,是指企业在计算企业所得税应纳税所得额时,证明与取得收入有关的、合理的支出实际发生,并据以税前扣除的各类凭证。

第三条 本办法所称企业是指企业所得税法及其实施条例规定的居民企业和非居民企业。

第四条 税前扣除凭证在管理中遵循真实性、合法性、关联性原则。真实性是指税前扣除凭证反映的经济业务真实,且支出已经实际发生;合法性是指税前扣除凭证的形式、来源符合国家法律、法规等相关规定;关联性是指税前扣除凭证与其反映的支出相关联且有证明力。

第五条 企业发生支出,应取得税前扣除凭证,作为计算企业所得税应纳税所得额时扣除相关支出的依据。

第六条 企业应在当年度企业所得税法规定的汇算清缴期结束前取得税前扣除凭证。

第七条 企业应将与税前扣除凭证相关的资料,包括合同协议、支出依据、付款凭证等留存备查,以证实税前扣除凭证的真实性。

第八条 税前扣除凭证按照来源分为内部凭证和外部凭证。

内部凭证是指企业自制用于成本、费用、损失和其他支出核算的会计原始凭证。内部凭证的填制和使用应当符合国家会计法律、法规等相关规定。

外部凭证是指企业发生经营活动和其他事项时,从其他单位、个人取得的用于证明其支出发生的凭证,包括但不限于发票(包括纸质发票和电子发票)、财政票据、完税凭证、收款凭证、分割单等。

第九条 企业在境内发生的支出项目属于增值税应税项目(以下简称应税项目)的,对方为已办理税务登记的增值税纳税人,其支出以发票(包括按照规定由税务机关代开的发票)作为税前扣除凭证;对方为依法无需办理税务登记的单位或者从事小额零星经营业务的个人,其支出以税务机关代开的发票或者收款凭证及内部凭证作为税前扣除凭证,收款凭证应载明收款单位名称、个人姓名及身份证号、支出项目、收款金额等相关信息。

小额零星经营业务的判断标准是个人从事应税项目经营业务的销售额不超过增值税相关政策规定的起征点。

税务总局对应税项目开具发票另有规定的,以规定的发票或者票据作为税前扣除凭证。

第十条 企业在境内发生的支出项目不属于应税项目的,对方为单位的,以对方开具的发票以外的其他外部凭证作为税前扣除凭证;对方为个人的,以内部凭证作为税前扣除凭证。

企业在境内发生的支出项目虽不属于应税项目，但按税务总局规定可以开具发票的，可以发票作为税前扣除凭证。

第十一条 企业从境外购进货物或者劳务发生的支出，以对方开具的发票或者具有发票性质的收款凭证、相关税费缴纳凭证作为税前扣除凭证。

第十二条 企业取得私自印制、伪造、变造、作废、开票方非法取得、虚开、填写不规范等不符合规定的发票（以下简称不合规发票），以及取得不符合国家法律、法规等相关规定的其他外部凭证（以下简称不合规其他外部凭证），不得作为税前扣除凭证。

第十三条 企业应当取得而未取得发票、其他外部凭证或者取得不合规发票、不合规其他外部凭证的，若支出真实且已实际发生，应当在当年度汇算清缴期结束前，要求对方补开、换开发票、其他外部凭证。补开、换开后的发票、其他外部凭证符合规定的，可以作为税前扣除凭证。

第十四条 企业在补开、换开发票、其他外部凭证过程中，因对方注销、撤销、依法被吊销营业执照、被税务机关认定为非正常户等特殊原因无法补开、换开发票、其他外部凭证的，可凭以下资料证实支出真实性后，其支出允许税前扣除：

（一）无法补开、换开发票、其他外部凭证原因的证明资料（包括工商注销、机构撤销、列入非正常经营户、破产公告等证明资料）；

（二）相关业务活动的合同或者协议；

（三）采用非现金方式支付的付款凭证；

（四）货物运输的证明资料；

（五）货物入库、出库内部凭证；

（六）企业会计核算记录以及其他资料。

前款第一项至第三项为必备资料。

第十五条 汇算清缴期结束后，税务机关发现企业应当取得而未取得发票、其他外部凭证或者取得不合规发票、不合规其他外部凭证并且告知企业的，企业应当自被告知之日起60日内补开、换开符合规定的发票、其他外部凭证。其中，因对方特殊原因无法补开、换开发票、其他外部凭证的，企业应当按照本办法第十四条的规定，自被告知之日起60日内提供可以证实其支出真实性的相关资料。

第十六条 企业在规定的期限未能补开、换开符合规定的发票、其他外部凭证，并且未能按照本办法第十四条的规定提供相关资料证实其支出真实性的，相应支出不得在发生年度税前扣除。

第十七条 除发生本办法第十五条规定的情形外，企业以前年度应当取得而未取得发票、其他外部凭证，且相应支出在该年度没有税前扣除的，在以后年度取得符合规定的发票、其他外部凭证或者按照本办法第十四条的规定提供可以证实其支出真实性的相关资料，相应支出可以追补至该支出发生年度税前扣除，但追补年限不得超过五年。

第十八条 企业与其他企业（包括关联企业）、个人在境内共同接受应纳增值税劳务（以下简称"应税劳务"）发生的支出，采取分摊方式的，应当按照独立交易原则进行分摊，企业以发票和分割单作为税前扣除凭证，共同接受应税劳务的其他企业以企业开具的分割单作为税前扣除凭证。

企业与其他企业、个人在境内共同接受非应税劳务发生的支出，采取分摊方式的，企业以发票外的其他外部凭证和分割单作为税前扣除凭证，共同接受非应税劳务的其他企业以企业开具的分割单作为税前扣除凭证。

第十九条 企业租用（包括企业作为单一承租方租用）办公、生产用房等资产发生的水、电、燃气、冷气、暖气、通信线路、有线电视、网络等费用，出租方作为应税项目开具发票的，企业以发票作为税前扣除凭证；出租方采取分摊方式的，企业以出租方开具的其他外部凭证作为税前扣除凭证。

第二十条 本办法自 2018 年 7 月 1 日起施行。

91. 关于《国家税务总局关于发布〈企业所得税税前扣除凭证管理办法〉的公告》的解读

近日，国家税务总局发布了《企业所得税税前扣除凭证管理办法》（以下简称《办法》）。现解读如下：

一、出台背景

2008 年，《中华人民共和国企业所得税法》（以下简称企业所得税法）及其实施条例统一并规范了税前扣除范围和标准，但是未对税前扣除凭证做出系统规定和具体解释，征管实践中主要依据《中华人民共和国税收征收管理法》及其实施细则、《中华人民共和国发票管理办法》及其实施细则以及国家税务总局制定的税收规范性文件执行，存在管理规定较为分散、征纳双方认识存在分歧等情况。为了加强企业所得税税前扣除凭证（以下简称税前扣除凭证）管理，规范税收执法，优化营商环境，国家税务总局制定了《办法》。

二、主要意义

税前扣除凭证种类多、源头广、情形多，《办法》从统一认识、易于判断、利于操作出发，对税前扣除凭证的相关概念、适用范围、管理原则、种类、基本情形税务处理、特殊情形税务处理等予以明确。与此同时，《办法》始终贯穿了"放管结合，优化服务"的理念，对于深入贯彻税务系统"放管服"改革精神将起到积极促进作用。一是《办法》明确收款凭证、内部凭证、分割单等也可以作为税前扣除凭证，将减轻纳税人的办税负担。二是《办法》在税前扣除凭证的种类、填写内容、取得时间、补开、换开要求等方面进行了详细的规定，有利于企业加强自身财务管理和内控管理，减少税收风险。三是针对企业未取得外部凭证或者取得不合规外部凭证的情形，《办法》规定了补救措施，保障了纳税人合法权益。

三、主要内容

（一）适用范围

《办法》适用的纳税人主体为企业所得税法及其实施条例所规定的居民企业和非居民企业。

（二）基本原则

由于税前扣除凭证难以一一列示，通过明确管理原则，有利于消除争议，确保纳税人和税务机关共同遵循、规范处理。税前扣除凭证在管理中应当遵循真实性、合法性、关联性原则。真实性是基础，若企业的经济业务及支出不具备真实性，自然就不涉及税前扣除的问题。合法性和关联性是核心，只有当税前扣除凭证的形式、来源符合法律、法规等相关规定，并与支出相关联且有证明力时，才能作为企业支出在税前扣除的证明资料。

（三）税前扣除凭证与税前扣除的关系

税前扣除凭证是企业计算企业所得税应纳税所得额时，扣除相关支出的依据。企业支出的税前扣除范围和标准应当按照企业所得税法及其实施条例等相关规定执行。

（四）税前扣除凭证与相关资料的关系

企业在经营活动、经济往来中常常伴生有合同协议、付款凭证等相关资料，在某些情形下,则为支出依据,如法院判决企业支付违约金而出具的裁判文书。以上资料不属于税前扣除凭证,但属于与企业经营活动直接相关且能够证明税前扣除凭证真实性的资料,企业也应按照法律、法规等相关规定,履行保管责任,以备包括税务机关在内的有关部门、机构或者人员核实。

（五）税前扣除凭证的种类

根据税前扣除凭证的取得来源,《办法》将其分为内部凭证和外部凭证。内部凭证是指企业根据国家会计法律、法规等相关规定,在发生支出时,自行填制的用于核算支出的会计原始凭证。如企业支付给员工的工资,工资表等会计原始凭证即为内部凭证。外部凭证是指企业发生经营活动和其他事项时,取得的发票、财政票据、完税凭证、分割单以及其他单位、个人出具的收款凭证等。其中,发票包括纸质发票和电子发票,也包括税务机关代开的发票。

（六）取得税前扣除凭证的时间要求

企业应在支出发生时取得符合规定的税前扣除凭证,但是考虑到在某些情形下企业可能需要补开、换开符合规定的税前扣除凭证,为此,《办法》规定了企业应在当年度企业所得税法规定的汇算清缴期结束前取得符合规定的税前扣除凭证。

（七）外部凭证的税务处理

企业在规定期限内取得符合规定的发票、其他外部凭证的,相应支出可以税前扣除。应当取得而未取得发票、其他外部凭证或者取得不合规发票、不合规其他外部凭证的,可以按照以下规定处理：

1. 汇算清缴期结束前的税务处理

（1）能够补开、换开符合规定的发票、其他外部凭证的,相应支出可以税前扣除。

（2）因对方注销、撤销、依法被吊销营业执照、被税务机关认定为非正常户等特殊原因无法补开、换开符合规定的发票、其他外部凭证的,凭相关资料证实支出真实性后,相应支出可以税前扣除。

（3）未能补开、换开符合规定的发票、其他外部凭证并且未能凭相关资料证实支出真实性的,相应支出不得在发生年度税前扣除。

2. 汇算清缴期结束后的税务处理

（1）由于一些原因（如购销合同、工程项目纠纷等）,企业在规定的期限内未能取得符合规定的发票、其他外部凭证或者取得不合规发票、不合规其他外部凭证,企业主动没有进行税前扣除的,待以后年度取得符合规定的发票、其他外部凭证后,相应支出可以追补至该支出发生年度扣除,追补扣除年限不得超过5年。其中,因对方注销、撤销、依法被吊销营业执照、被税务机关认定为非正常户等特殊原因无法补开、换开符合规定的发票、其他外部凭证的,企业在以后年度凭相关资料证实支出真实性后,相应支出也可以追补至该支出发生年度扣除,追补扣除年限不得超过5年。

（2）税务机关发现企业应当取得而未取得发票、其他外部凭证或者取得不合规发票、不合规其他外部凭证,企业自被告知之日起60日内补开、换开符合规定的发票、其他外部凭证或者按照《办法》第十四条规定凭相关资料证实支出真实性后,相应支出可以在发生年度税前扣除。否则,该支出不得在发生年度税前扣除,也不得在以后年度追补扣除。

（八）特殊规定

1. 国家税务总局对应税项目开具发票另有规定的,以规定的发票或者票据作为税前扣除凭证,如《国家税务总局关于铁路运输和邮政业营业税改征增值税发票及税控系统使用问题的公告》（国家税务总局公告2013年第76号）规定的中国铁路总公司及其所属运输企业（含分支机构）自行印制的铁路票据等。

2. 企业在境内发生的支出项目虽不属于应税项目，但按国家税务总局规定可以开具发票的，可以发票作为税前扣除凭证，如《国家税务总局关于增值税发票管理若干事项的公告》（国家税务总局公告2017年第45号）附件《商品和服务税收分类编码表》中规定的不征税项目等。

四、施行时间

《办法》自2018年7月1日起施行。

92. 财政部 税务总局 科技部关于企业委托境外研究开发费用税前加计扣除有关政策问题的通知

财税〔2018〕64号

各省、自治区、直辖市、计划单列市财政厅（局）、科技厅（局），国家税务总局各省、自治区、直辖市、计划单列市税务局，新疆生产建设兵团财政局、科技局：

为进一步激励企业加大研发投入，加强创新能力开放合作，现就企业委托境外进行研发活动发生的研究开发费用（以下简称研发费用）企业所得税前加计扣除有关政策问题通知如下：

一、委托境外进行研发活动所发生的费用，按照费用实际发生额的80%计入委托方的委托境外研发费用。委托境外研发费用不超过境内符合条件的研发费用三分之二的部分，可以按规定在企业所得税前加计扣除。

上述费用实际发生额应按照独立交易原则确定。委托方与受托方存在关联关系的，受托方应向委托方提供研发项目费用支出明细情况。

二、委托境外进行研发活动应签订技术开发合同，并由委托方到科技行政主管部门进行登记。相关事项按技术合同认定登记管理办法及技术合同认定规则执行。

三、企业应在年度申报享受优惠时，按照《国家税务总局关于发布修订后的〈企业所得税优惠政策事项办理办法〉的公告》（国家税务总局公告2018年第23号）的规定办理有关手续，并留存备查以下资料：

（一）企业委托研发项目计划书和企业有权部门立项的决议文件；
（二）委托研究开发专门机构或项目组的编制情况和研发人员名单；
（三）经科技行政主管部门登记的委托境外研发合同；
（四）"研发支出"辅助账及汇总表；
（五）委托境外研发银行支付凭证和受托方开具的收款凭据；
（六）当年委托研发项目的进展情况等资料。

企业如果已取得地市级（含）以上科技行政主管部门出具的鉴定意见，应作为资料留存备查。

四、企业对委托境外研发费用以及留存备查资料的真实性、合法性承担法律责任。

五、委托境外研发费用加计扣除其他政策口径和管理要求按照《财政部 国家税务总局 科技部关于完善研究开发费用税前加计扣除政策的通知》（财税〔2015〕119号）、《财政部 税务总局 科技部关于提高科技型中小企业研究开发费用税前加计扣除比例的通知》（财税〔2017〕34号）、《国家税务总局关于企业研究开发费用税前加计扣除政策有关问题的公告》（国家税务总局公告2015年第97号）等文件规定执行。

六、本通知所称委托境外进行研发活动不包括委托境外个人进行的研发活动。

七、本通知自2018年1月1日起执行。财税〔2015〕119号文件第二条中"企业委托境外机构或个人进行研发活动所发生的费用，不得加计扣除"的规定同时废止。

财政部　税务总局　科技部
2018年6月25日

93.国家税务总局关于延长高新技术企业和科技型中小企业亏损结转弥补年限有关企业所得税处理问题的公告

国家税务总局公告2018年第45号

为支持高新技术企业和科技型中小企业发展，根据《中华人民共和国企业所得税法》及其实施条例、《财政部　税务总局关于延长高新技术企业和科技型中小企业亏损结转年限的通知》（财税〔2018〕76号，以下简称《通知》）规定，现就延长高新技术企业和科技型中小企业亏损结转弥补年限有关企业所得税处理问题公告如下：

一、《通知》第一条所称当年具备高新技术企业或科技型中小企业资格（以下统称资格）的企业，其具备资格年度之前5个年度发生的尚未弥补完的亏损，是指当年具备资格的企业，其前5个年度无论是否具备资格，所发生的尚未弥补完的亏损。

2018年具备资格的企业，无论2013年至2017年是否具备资格，其2013年至2017年发生的尚未弥补完的亏损，均准予结转以后年度弥补，最长结转年限为10年。2018年以后年度具备资格的企业，依此类推，进行亏损结转弥补税务处理。

二、高新技术企业按照其取得的高新技术企业证书注明的有效期所属年度，确定其具备资格的年度。

科技型中小企业按照其取得的科技型中小企业入库登记编号注明的年度，确定其具备资格的年度。

三、企业发生符合特殊性税务处理规定的合并或分立重组事项的，其尚未弥补完的亏损，按照《财政部　国家税务总局关于企业重组业务企业所得税处理若干问题的通知》（财税〔2009〕59号）和本公告有关规定进行税务处理：

（一）合并企业承继被合并企业尚未弥补完的亏损的结转年限，按照被合并企业的亏损结转年限确定；

（二）分立企业承继被分立企业尚未弥补完的亏损的结转年限，按照被分立企业的亏损结转年限确定；

（三）合并企业或分立企业具备资格的，其承继被合并企业或被分立企业尚未弥补完的亏损的结转年限，按照《通知》第一条和本公告第一条规定处理。

四、符合《通知》和本公告规定延长亏损结转弥补年限条件的企业，在企业所得税预缴和汇算清缴时，自行计算亏损结转弥补年限，并填写相关纳税申报表。

五、本公告自2018年1月1日起施行。

特此公告。

国家税务总局
2018年8月23日

94. 关于《国家税务总局关于延长高新技术企业和科技型中小企业亏损结转弥补年限有关企业所得税处理问题的公告》的解读

根据《财政部 税务总局关于延长高新技术企业和科技型中小企业亏损结转年限的通知》（财税〔2018〕76号，以下简称《通知》），税务总局发布了《国家税务总局关于延长高新技术企业和科技型中小企业亏损结转弥补年限有关企业所得税处理问题的公告》（以下简称《公告》）。现解读如下：

一、《公告》出台背景

为贯彻落实创新驱动发展战略，财政部、税务总局出台了一系列支持科技创新、助力创新创业的企业所得税政策，如扩大小型微利企业减半征收范围、完善固定资产加速折旧政策、扩大企业研发费用加计扣除范围等。这些减税举措，降低了企业创业创新成本，调动了企业加大科技投入的积极性，激发了市场活力和社会创造力，对提升我国创新能力和创新效率起到了积极作用。为更好地支持高新技术企业和科技型中小企业发展，2018年4月25日国务院常务会议决定将这两类企业亏损结转弥补年限由5年延长至10年。为此，财政部、税务总局2018年7月11日印发《通知》，明确了延长这两类企业亏损结转弥补年限政策。为了确保上述优惠政策有效落实，税务总局发布《公告》，就相关政策具体执行口径、征管操作事项进行明确，以利于税务机关准确把握执行和纳税人正确理解享受。

二、《公告》主要内容

（一）明确具备资格年度之前5年亏损结转弥补年限

具备高新技术企业或科技型中小企业资格（以下统称"资格"）的企业相关资格在不同的纳税年度会发生变化，《公告》第一条第一款明确，《通知》所称当年具备资格的企业，其具备资格年度之前5个年度发生的尚未弥补完的亏损，是指当年具备资格的企业，其前5个年度无论是否具备资格，所发生的尚未弥补完的亏损。

为准确理解《通知》规定的"具备资格年度之前5个年度发生的尚未弥补完的亏损"，《公告》第一条第二款对《通知》适用情形作了进一步解释，即2018年具备资格的企业，无论2013年至2017年是否具备资格，其2013年至2017年发生的尚未弥补完的亏损，均准予结转以后年度弥补，最长结转年限为10年。2018年以后年度具备资格的企业，依此类推，进行亏损结转弥补税务处理。举例说明如下：

例1：一家企业，2018年具备资格，2013年亏损300万元，2014年亏损200万元，2015年亏损100万元，2016年所得为0，2017年所得200万元，2018年所得50万元。按照《通知》和《公告》规定，无论该企业在2013年至2017年期间是否具备资格，2013年亏损300万元，用2017年所得200万元、2018年所得50万元弥补后，如果2019年至2023年有所得仍可继续弥补；2014年企业亏损200万元，依次用2019年至2024年所得弥补；2015年企业亏损100万元，依次用2019年至2025年所得弥补。

例2：接上例，该企业2019年起不具备资格，2019年亏损100万元。其之前2013年至2015年尚未弥补完的亏损的最长结转年限为10年并不受影响。如果该企业在2024年之前任一年度重新具备资格，按照《通知》和《公告》规定，2019年亏损100万元准予向以后10年结转弥补，即准予依次用2020年至2029年所得弥补。如果到2024年还不具备资格，按照《通知》和《公告》规定，2019年亏损100万元只准予向以后5年结转弥补，即依次用2020年至2024年所得弥补，尚未弥补完的亏损，不允许用2025年至2029年所得弥补。

（二）明确具备资格年度确定方法

目前，高新技术企业和科技型中小企业资格采取不同的管理方法。高新技术企业经过认定后，取得的高新技术企业证书有效期3年；而科技型中小企业每年评价后，赋予其科技型中小企业入库登记编号。为此，《公告》分别明确了二者具备资格年度的确定方法。

1. 高新技术企业资格年度确定方法。高新技术企业证书注明了发证时间和有效期，为保证企业最大限度享受政策红利，《公告》明确，高新技术企业按照其取得的高新技术企业证书注明的有效期所属年度，确定其具备资格年度。举例说明如下：

例3：某高新技术企业，证书注明发证时间为2018年9月17日，有效期3年。根据《公告》规定，2018年、2019年、2020年、2021年为具备资格年度。

2. 科技型中小企业资格年度确定方法。科技型中小企业仅有入库登记编号注明的年度，且需在每年3月底前进行评价。为此，《公告》明确，科技型中小企业按照其取得的科技型中小企业入库登记编号注明的年度，确定其具备资格年度。举例说明如下：

例4：某科技型中小企业，2018年5月取得入库登记编号，编号注明的年度为2018年。根据《公告》规定，2018年为具备资格年度。

（三）明确企业重组亏损结转弥补年限

1. 适用特殊性税务处理的企业合并亏损结转弥补年限。《财政部　国家税务总局关于企业重组业务企业所得税处理若干问题的通知》（财税〔2009〕59号）规定，被合并企业合并前的相关所得税事项由合并企业承继。为此，《公告》第三条第（一）项、第（三）项规定，合并企业承继被合并企业尚未弥补完的亏损的结转年限，按照被合并企业的亏损结转年限确定；合并企业具备资格的，其承继被合并企业尚未弥补完的亏损的结转年限，按照《通知》第一条和本公告第一条规定处理。举例说明如下：

例5：2018年，A企业吸收合并B企业，适用特殊性税务处理规定。其中，A企业不具备资格，其尚未弥补完的2016年亏损，准予向以后5年结转弥补。B企业具备资格，其尚未弥补完的2016年亏损，准予向以后10年结转弥补。吸收合并后A企业尚未弥补完的2016年亏损，包括合并前A企业尚未弥补完的亏损和B企业尚未弥补完的亏损，按照《通知》和《公告》规定应当分别处理，即合并后A企业尚未弥补完的2016年亏损，其中合并前A企业尚未弥补完的亏损，只准予用2018年至2021年的所得弥补；合并前B企业尚未弥补完的亏损，按照财税〔2009〕59号文件第六条第（四）项有关规定计算后，准予用2018年至2026年的所得弥补。如合并后A企业2018年具备资格，合并后A企业尚未弥补完的2016年亏损，包括合并前A企业尚未弥补完的亏损和B企业尚未弥补完的亏损，均准予用2018年至2026年的所得弥补。

2. 适用特殊性税务处理的企业分立亏损结转弥补年限。财税〔2009〕59号文件规定，被分立企业未超过法定弥补期限的亏损额，由分立企业继续弥补。为此，《公告》第三条第（二）项、第（三）项规定，分立企业承继被分立企业尚未弥补完的亏损的结转年限，按照被分立企业的亏损结转年限确定；分立企业具备资格的，其承继被分立企业尚未弥补完的亏损的结转年限，按照《通知》第一条和本公告第一条规定处理。举例说明如下：

例6：2018年，A企业分立新设B企业和C企业，适用特殊性税务处理规定。其中，A企业具备资格，其尚未弥补完的2016年亏损，准予向以后10年结转弥补。分立新设的B企业和C企业分别承继A企业尚未弥补完的2016年亏损。按照《通知》和《公告》规定，分立后B企业和C企业分别承继A企业尚未弥补完的2016年亏损，按照财税〔2009〕59号文件第六条第（五）项有关规定计算后，无论分立后B企业和C企业是否具备资格，均准予用2018年至2026年的所得弥补。

（四）明确延长亏损结转年限政策征管事项

为了落实深化"放管服"改革要求，《公告》第四条明确延长亏损结转弥补年限政策，由企业自行计算申报享受，无须向税务机关申请审批或办理备案手续。即符合《通知》和本公告规定延长亏损结转弥补年限条件的企业，在企业所得税预缴和汇算清缴时，自行计算亏损结转弥补年限，并填写相关纳税申报表。

（五）明确公告执行时间

《通知》自2018年1月1日起执行，《公告》是对其相关事项的具体细化，也应同时执行。

95. 国家税务总局关于设备、器具扣除有关企业所得税政策执行问题的公告

国家税务总局公告2018年第46号

根据《中华人民共和国企业所得税法》及其实施条例（以下简称企业所得税法及其实施条例）、《财政部 税务总局关于设备 器具扣除有关企业所得税政策的通知》（财税〔2018〕54号）规定，现就设备、器具扣除有关企业所得税政策执行问题公告如下：

一、企业在2018年1月1日至2020年12月31日新购进的设备、器具，单位价值不超过500万元的，允许一次性计入当期成本费用在计算应纳税所得额时扣除，不再分年度计算折旧（以下简称一次性税前扣除政策）。

（一）所称设备、器具，是指除房屋、建筑物以外的固定资产（以下简称固定资产）；所称购进，包括以货币形式购进或自行建造，其中以货币形式购进的固定资产包括购进的使用过的固定资产；以货币形式购进的固定资产，以购买价款和支付的相关税费以及直接归属于使该资产达到预定用途发生的其他支出确定单位价值，自行建造的固定资产，以竣工结算前发生的支出确定单位价值。

（二）固定资产购进时点按以下原则确认：以货币形式购进的固定资产，除采取分期付款或赊销方式购进外，按发票开具时间确认；以分期付款或赊销方式购进的固定资产，按固定资产到货时间确认；自行建造的固定资产，按竣工结算时间确认。

二、固定资产在投入使用月份的次月所属年度一次性税前扣除。

三、企业选择享受一次性税前扣除政策的，其资产的税务处理可与会计处理不一致。

四、企业根据自身生产经营核算需要，可自行选择享受一次性税前扣除政策。未选择享受一次性税前扣除政策的，以后年度不得再变更。

五、企业按照《国家税务总局关于发布修订后的〈企业所得税优惠政策事项办理办法〉的公告》（国家税务总局公告2018年第23号）的规定办理享受政策的相关手续，主要留存备查资料如下：

（一）有关固定资产购进时点的资料（如以货币形式购进固定资产的发票，以分期付款或赊销方式购进固定资产的到货时间说明，自行建造固定资产的竣工决算情况说明等）；

（二）固定资产记账凭证；

（三）核算有关资产税务处理与会计处理差异的台账。

六、单位价值超过 500 万元的固定资产，仍按照企业所得税法及其实施条例、《财政部 国家税务总局关于完善固定资产加速折旧企业所得税政策的通知》（财税〔2014〕75 号）、《财政部 国家税务总局关于进一步完善固定资产加速折旧企业所得税政策的通知》（财税〔2015〕106 号）、《国家税务总局关于固定资产加速折旧税收政策有关问题的公告》（国家税务总局公告 2014 年第 64 号）、《国家税务总局关于进一步完善固定资产加速折旧企业所得税政策有关问题的公告》（国家税务总局公告 2015 年第 68 号）等相关规定执行。

特此公告。

国家税务总局
2018 年 8 月 23 日

96. 关于《国家税务总局关于设备、器具扣除有关企业所得税政策执行问题的公告》的解读

一、公告出台背景

为进一步支持科技创新，促进企业提质增效，根据国务院决定，财政部、税务总局先后于 2014 年、2015 年两次下发文件，出台了固定资产加速折旧政策，主要包括：一是六大行业和四个领域重点行业企业新购进的固定资产允许加速折旧。二是上述行业小型微利企业新购进的研发和生产经营共用的仪器、设备，单位价值不超过 100 万元的，可一次性税前扣除；三是所有行业企业新购进的专门用于研发的仪器、设备，单位价值不超过 100 万元的，可一次性税前扣除，超过 100 万元，允许加速折旧；四是所有行业企业持有的单位价值不超过 5 000 元的固定资产，可一次性税前扣除。

为进一步扩大优惠范围，引导企业加大设备、器具投资力度，提高企业创业创新积极性，4 月 25 日国务院常务会议决定，自 2018 年 1 月 1 日至 2020 年 12 月 31 日，将固定资产一次性税前扣除优惠政策范围由企业新购进的单位价值不超过 100 万元的研发仪器、设备扩大至企业新购进的单位价值 500 万元以下设备、器具。财政部和税务总局根据国务院决定，联合下发了《财政部 税务总局关于设备 器具扣除有关企业所得税政策的通知》（财税〔2018〕54 号，以下简称《通知》），明确了设备、器具一次性税前扣除政策。

为贯彻落实好国务院常务会议精神及《通知》的政策规定，税务总局制定本公告，进一步明确相关政策具体执行口径和征管要求，保证政策有效贯彻实施。

二、公告主要内容

（一）明确设备、器具一次性税前扣除政策

《通知》规定，2018 年 1 月 1 日至 2020 年 12 月 31 日，企业新购进的单位价值不超过 500 万元的设备、器具可一次性在税前扣除。考虑到本次政策受惠面比较广，企业享受意愿强，为增强政策确定性，便于具体操作，公告对有关执行口径进行了明确：

一是明确"购进"的概念。取得固定资产包括外购、自行建造、融资租入、捐赠、投资、非货币性资产交换、债务重组等多种方式。公告明确"购进"包括以货币形式购进或自行建造两种形式。将自行建造也纳入享受优惠的范围，主要是考虑到自行建造固定资产所使用的材料实际也是购进的，因此把自行建造的固定资产也看作是"购进"的。此外，"新购进"

中的"新"字，只是区别于原已购进的固定资产，不是规定非要购进全新的固定资产，因此，公告明确以货币形式购进的固定资产包括企业购进的使用过的固定资产。

二是明确"单位价值"的计算方法。此前的政策文件中未对单位价值的计算方法进行明确。《通知》下发后，不少企业询问如何确定固定资产的单位价值，如是否包含安装费等。为统一政策执行口径，公告对单位价值的计算方法进行了明确。单位价值的计算方法与企业所得税法实施条例第五十八条规定的固定资产计税基础的计算方法保持一致，具体为：以货币形式购进的固定资产，以购买价款和支付的相关税费以及直接归属于使该资产达到预定用途发生的其他支出确定单位价值；自行建造的固定资产，以竣工结算前发生的支出确定单位价值。

三是明确购进时点的确定原则。设备、器具一次性税前扣除政策的执行时间为2018年1月1日至2020年12月31日，因此，需要依据设备、器具的购进时点确定其是否属于可享受优惠政策的范围。公告明确，以货币形式购进的固定资产，以发票开具时间确认购进时点，但考虑到分期付款可能会分批开具发票，赊销方式会在销售方取得货款后才开具发票的特殊情况，公告对这两种情况进行了例外规定，以固定资产到货时间确认购进时点。对于自行建造的固定资产，以竣工结算时间确认购进时点。

（二）明确一次性税前扣除的时点

企业所得税法实施条例规定，企业应当自固定资产投入使用月份的次月起计算折旧。固定资产一次性税前扣除政策仅仅是固定资产税前扣除的一种特殊方式，因此，其税前扣除的时点应与固定资产计算折旧的处理原则保持一致。公告对此进行了相应规定。比如，某企业于2018年12月购进了一项单位价值为300万元的设备并于当月投入使用，则该设备可在2019年一次性税前扣除。

（三）明确固定资产税务处理可与会计处理不一致

企业会计处理上是否采取一次性税前扣除方法，不影响企业享受一次性税前扣除政策，企业在享受一次性税前扣除政策时，不需要会计上也同时采取与税收上相同的折旧方法。

（四）明确企业可自主选择享受一次性税前扣除政策，但未选择的不得变更

实行一次性税前扣除政策后，纳税人可能会由于税前扣除的固定资产与财务核算的固定资产折旧费用不同，而产生复杂的纳税调整问题，加之一些固定资产核算期限较长，也会增加会计核算负担和遵从风险。对于短期无法实现盈利的亏损企业而言，选择实行一次性税前扣除政策会进一步加大亏损，且由于税法规定的弥补期限的限制，该亏损可能无法得到弥补，实际上减少了税前扣除额。此外，企业在定期减免税期间往往不会选择一次性税前扣除政策。考虑到享受税收优惠是纳税人的一项权利，纳税人可以自主选择是否享受优惠，因此，公告规定企业根据自身生产经营需要，可自行选择享受一次性税前扣除政策。但为避免恶意套取税收优惠，公告明确企业未选择享受的，以后年度不得再变更。需要注意的是，以后年度不得再变更的规定是针对单个固定资产而言，单个固定资产未选择享受的，不影响其他固定资产选择享受一次性税前扣除政策。

（五）明确企业享受一次性税前扣除政策的管理要求

为保证优惠政策的准确执行，公告明确按照《国家税务总局关于发布修订后的〈企业所得税优惠政策事项办理办法〉的公告》（国家税务总局公告2018年第23号）的规定办理有关手续。此外，在国家税务总局公告2018年第23号规定的"固定资产加速折旧或一次性扣除"优惠事项主要留存备查资料的基础上，对留存备查资料的相关内容进行了调整，具体为：有关固定资产购进时点的资料（如以货币形式购进固定资产的合同、发票，以分期付款

或赊销方式购进固定资产的到货时间说明、自行建造固定资产的竣工决算情况说明等)、固定资产记账凭证、核算有关资产税务处理与会计处理差异的台账。

(六)明确单位价值超过 500 万元的固定资产税务处理

为保证政策的完整性,公告明确单位价值超过 500 万元的固定资产,仍按照企业所得税法及其实施条例、《财政部 国家税务总局关于完善固定资产加速折旧企业所得税政策的通知》(财税〔2014〕75 号)、《财政部 国家税务总局关于进一步完善固定资产加速折旧企业所得税政策的通知》(财税〔2015〕106 号)、《国家税务总局关于固定资产加速折旧税收政策有关问题的公告》(国家税务总局公告 2014 年第 64 号)、《国家税务总局关于进一步完善固定资产加速折旧企业所得税政策有关问题的公告》(国家税务总局公告 2015 年第 68 号)等相关规定执行。

97. 财政部 税务总局 国家发展改革委 商务部关于扩大境外投资者以分配利润直接投资暂不征收预提所得税政策适用范围的通知

财税〔2018〕102 号

各省、自治区、直辖市、计划单列市财政厅(局)、发展改革委、商务主管部门,国家税务总局各省、自治区、直辖市、计划单列市税务局,新疆生产建设兵团财政局、发展改革委、商务局:

为贯彻落实党中央、国务院决策部署,进一步鼓励境外投资者在华投资,现就境外投资者以分配利润直接投资暂不征收预提所得税政策问题通知如下:

一、对境外投资者从中国境内居民企业分配的利润,用于境内直接投资暂不征收预提所得税政策的适用范围,由外商投资鼓励类项目扩大至所有非禁止外商投资的项目和领域。

二、境外投资者暂不征收预提所得税须同时满足以下条件:

(一)境外投资者以分得利润进行的直接投资,包括境外投资者以分得利润进行的增资、新建、股权收购等权益性投资行为,但不包括新增、转增、收购上市公司股份(符合条件的战略投资除外)。具体是指:

1. 新增或转增中国境内居民企业实收资本或者资本公积;

2. 在中国境内投资新建居民企业;

3. 从非关联方收购中国境内居民企业股权;

4. 财政部、税务总局规定的其他方式。

境外投资者采取上述投资行为所投资的企业统称为被投资企业。

(二)境外投资者分得的利润属于中国境内居民企业向投资者实际分配已经实现的留存收益而形成的股息、红利等权益性投资收益。

(三)境外投资者用于直接投资的利润以现金形式支付的,相关款项从利润分配企业的账户直接转入被投资企业或股权转让方账户,在直接投资前不得在境内外其他账户周转;境外投资者用于直接投资的利润以实物、有价证券等非现金形式支付的,相关资产所有权直接从利润分配企业转入被投资企业或股权转让方,在直接投资前不得由其他企业、个人代为持有或临时持有。

三、境外投资者符合本通知第二条规定条件的，应按照税收管理要求进行申报并如实向利润分配企业提供其符合政策条件的资料。利润分配企业经适当审核后认为境外投资者符合本通知规定的，可暂不按照企业所得税法第三十七条规定扣缴预提所得税，并向其主管税务机关履行备案手续。

四、税务部门依法加强后续管理。境外投资者已享受本通知规定的暂不征收预提所得税政策，经税务部门后续管理核实不符合规定条件的，除属于利润分配企业责任外，视为境外投资者未按照规定申报缴纳企业所得税，依法追究延迟纳税责任，税款延迟缴纳期限自相关利润支付之日起计算。

五、境外投资者按照本通知规定可以享受暂不征收预提所得税政策但未实际享受的，可在实际缴纳相关税款之日起三年内申请追补享受该政策，退还已缴纳的税款。

六、境外投资者通过股权转让、回购、清算等方式实际收回享受暂不征收预提所得税政策待遇的直接投资，在实际收取相应款项后7日内，按规定程序向税务部门申报补缴递延的税款。

七、境外投资者享受本通知规定的暂不征收预提所得税政策待遇后，被投资企业发生重组符合特殊性重组条件，并实际按照特殊性重组进行税务处理的，可继续享受暂不征收预提所得税政策待遇，不按本通知第六条规定补缴递延的税款。

八、本通知所称"境外投资者"，是指适用《企业所得税法》第三条第三款规定的非居民企业；本通知所称"中国境内居民企业"，是指依法在中国境内成立的居民企业。

九、本通知自2018年1月1日起执行。《财政部 税务总局 国家发展改革委 商务部关于境外投资者以分配利润直接投资暂不征收预提所得税政策问题的通知》（财税〔2017〕88号）同时废止。境外投资者在2018年1月1日（含当日）以后取得的股息、红利等权益性投资收益可适用本通知，已缴税款按本通知第五条规定执行。

财政部　税务总局
国家发展改革委　商务部
2018年9月29日

98. 国家税务总局关于扩大境外投资者以分配利润直接投资暂不征收预提所得税政策适用范围有关问题的公告

国家税务总局公告2018年第53号

根据国务院决定，财政部、国家税务总局、国家发展和改革委员会、商务部联合发布了《关于扩大境外投资者以分配利润直接投资暂不征收预提所得税政策适用范围的通知》（财税〔2018〕102号，以下称《通知》），对境外投资者从中国境内居民企业分配的利润，用于境内直接投资暂不征收预提所得税政策的适用范围，由外商投资鼓励类项目扩大至所有非禁止外商投资的项目和领域。现对有关执行问题公告如下：

一、境外投资者以分得的利润用于补缴其在境内居民企业已经认缴的注册资本，增加实收资本或资本公积的，属于符合"新增或转增中国境内居民企业实收资本或者资本公积"情形。

二、境外投资者按照金融主管部门的规定，通过人民币再投资专用存款账户划转再投资资金，并在相关款项从利润分配企业账户转入境外投资者人民币再投资专用存款账户的当日，再由境外投资者人民币再投资专用存款账户转入被投资企业或股权转让方账户的，视为符合"境外投资者用于直接投资的利润以现金形式支付的，相关款项从利润分配企业的账户直接转入被投资企业或股权转让方账户，在直接投资前不得在境内外其他账户周转"的规定。

三、按照《通知》第四条或者第六条规定补缴税款的，境外投资者可按照有关规定享受税收协定待遇，但是仅可适用相关利润支付时有效的税收协定。后续税收协定另有规定的，按后续税收协定执行。

四、境外投资者按照《通知》第三条规定享受暂不征税政策时，应当填写《非居民企业递延缴纳预提所得税信息报告表》（附件），并提交给利润分配企业。

境外投资者按照《通知》第五条规定追补享受暂不征税政策时，应向利润分配企业主管税务机关提交《非居民企业递延缴纳预提所得税信息报告表》以及相关合同、支付凭证等办理退税的其他资料。

境外投资者按照《通知》第四条或者第六条规定补缴税款时，应当填写《中华人民共和国扣缴企业所得税报告表》，并提交给利润分配企业主管税务机关。

五、利润分配企业应当按照《通知》第三条规定审核境外投资者提交的资料信息，并确认以下结果后，执行暂不征税政策：

（一）境外投资者填报的信息完整，没有缺项；

（二）利润实际支付过程与境外投资者填报信息吻合；

（三）境外投资者填报信息涉及利润分配企业的内容真实、准确。

六、利润分配企业已按照《通知》第三条规定执行暂不征税政策的，应在实际支付利润之日起7日内，向主管税务机关提交以下资料：

（一）由利润分配企业填写的《中华人民共和国扣缴企业所得税报告表》；

（二）由境外投资者提交并经利润分配企业补填信息后的《非居民企业递延缴纳预提所得税信息报告表》。

利润分配企业主管税务机关应在收到《非居民企业递延缴纳预提所得税信息报告表》后10个工作日内，向《通知》第二条第一项规定的被投资企业（以下称被投资企业）主管税务机关或其他相关税务机关发送《非居民企业税务事项联络函》，转发相关信息。

七、被投资企业主管税务机关或者其他税务机关发现以下情况的，应在5个工作日内以《非居民企业税务事项联络函》反馈给利润分配企业主管税务机关：

（一）被投资企业不符合享受暂不征税政策条件的相关事实或信息；

（二）境外投资者处置已享受暂不征税政策的投资的相关事实或信息。

八、主管税务机关在税务管理中可以依法要求境外投资者、利润分配企业、被投资企业、股权转让方等相关单位或个人限期提供与境外投资者享受暂不征税政策相关的资料和信息。

九、利润分配企业未按照本公告第五条审核确认境外投资者提交的资料信息，致使不应享受暂不征税政策的境外投资者实际享受了暂不征税政策的，利润分配企业主管税务机关依照有关规定追究利润分配企业应扣未扣税款的责任，并依法向境外投资者追缴应当缴纳的税款。

十、境外投资者填报信息有误，致使其本不应享受暂不征税政策，但实际享受暂不征税政策的，利润分配企业主管税务机关依照《通知》第四条规定处理。

十一、境外投资者部分处置持有的包含已享受暂不征税政策和未享受暂不征税政策的同一项中国境内居民企业投资，视为先行处置已享受暂不征税政策的投资。

境外投资者未按照《通知》第六条规定补缴递延税款的，利润分配企业主管税务机关追究境外投资者延迟缴纳税款责任，税款延迟缴纳期限自实际收取相关款项后第8日（含第8日）起计算。

十二、境外投资者、利润分配企业可以委托代理人办理本公告规定的相关事项，但应当向主管税务机关提供书面委托证明。

十三、本公告自2018年1月1日起施行。《国家税务总局关于境外投资者以分配利润直接投资暂不征收预提所得税政策有关执行问题的公告》（国家税务总局公告2018年第3号）同时废止。

特此公告。

附件：非居民企业递延缴纳预提所得税信息报告表（略）。

国家税务总局
2018年10月29日

99. 关于《国家税务总局关于扩大境外投资者以分配利润直接投资暂不征收预提所得税政策适用范围有关问题的公告》的解读

为落实国务院决定，财政部、国家税务总局、国家发展和改革委员会、商务部联合发布了《关于扩大境外投资者以分配利润直接投资暂不征收预提所得税政策适用范围的通知》（财税〔2018〕102号，以下称《通知》）。为配合《通知》执行，国家税务总局发布《关于境外投资者以分配利润直接投资暂不征收预提所得税政策适用范围有关问题的公告》（国家税务总局公告2018年第53号，以下称《公告》）。现就执行扩大境外投资者以分配利润直接投资暂不征收预提所得税（以下称"暂不征税"）政策适用范围有关问题解读如下：

一、境外投资者以分得的利润用于补缴以前已经承诺的注册资本出资份额的，是否可以享受暂不征税优惠待遇？

境外投资者以分得的利润用于补缴其作为境内居民企业股东认缴的出资额的，属于《通知》第二条第（一）项第1目规定的"新增或转增中国境内居民企业实收资本或者资本公积"的情形，凡符合《通知》规定的其他条件的，可以按规定享受暂不征收预提所得税的政策。

二、境外投资者通过人民币再投资专用存款账户划转用于投资的利润款项的，可以享受暂不征税优惠待遇吗？

《外商直接投资人民币结算业务管理办法》（银发〔2011〕23号）第十四条规定，境外投资者可以通过人民币再投资专用账户划转其在境内的人民币利润所得，用于境内直接投资。如果境外投资者按照该项规定划转再投资款项，凡在相关人民币利润款项从利润分配企业账户转入境外投资者人民币再投资专用存款账户当日内，再由境外投资者人民币再投资专用存款账户转入被投资企业或股权转让方账户的，视为符合《通知》第二条第（三）项规定"境外投资者用于直接投资的利润以现金形式支付的，相关款项从利润分配企业的账户直接转入被投资企业或股权转让方账户，在直接投资前不得在境内外其他账户周转"的条件。

三、在 2017 年 1 月 1 日至 2018 年 1 月 1 日间发生的利润再投资行为符合享受暂不征税条件，但没有实际享受优惠待遇的，是否可以申请退税，追补享受优惠政策？

按照《通知》第九条规定，《通知》自 2018 年 1 月 1 日起执行，《财政部 税务总局 国家发展改革委 商务部关于境外投资者以分配利润直接投资暂不征收预提所得税政策问题的通知》（财税〔2017〕88 号）同时废止。按照《公告》第十三条规定，《公告》自 2018 年 1 月 1 日起执行，《国家税务总局关于境外投资者以分配利润直接投资暂不征收预提所得税政策有关执行问题的公告》（国家税务总局公告 2018 年第 3 号）同时废止。《通知》和《公告》适用于境外投资者在 2018 年 1 月 1 日（含当日）以后取得股息、红利等权益性投资收益。在 2017 年 1 月 1 日（含当日）至 2018 年 1 月 1 日（不含当日）间发生的利润再投资行为适用暂不征税政策问题，仍应按照财税〔2017〕88 号、国家税务总局公告 2018 年第 3 号等可适用规定处理。凡按可适用规定可以享受暂不征税优惠待遇的，仍可以按照财税〔2017〕88 号第五条规定申请退还已经缴纳的税款，追补享受优惠待遇。

100. 国家税务总局关于责任保险费企业所得税税前扣除有关问题的公告

国家税务总局公告 2018 年第 52 号

根据《中华人民共和国企业所得税法》和《中华人民共和国企业所得税法实施条例》有关规定，现就雇主责任险、公众责任险等责任保险有关税务处理问题公告如下：

企业参加雇主责任险、公众责任险等责任保险，按照规定缴纳的保险费，准予在企业所得税前扣除。

本公告适用于 2018 年度及以后年度企业所得税汇算清缴。

特此公告。

国家税务总局
2018 年 10 月 31 日

101. 关于《国家税务总局关于责任保险费企业所得税税前扣除有关问题的公告》的解读

近期，税务总局发布了《国家税务总局关于责任保险费企业所得税税前扣除有关问题的公告》（以下简称《公告》），对雇主责任险、公众责任险等责任保险的税前扣除问题进行了明确。现就《公告》的主要内容解读如下：

一、出台背景

随着我国经济的发展，责任保险在企业经营活动中的使用频率越来越高，对企业分散经营责任风险、切实保护当事人权益、促进社会和谐稳定具有重要的作用。近期，有关部门、企业反映雇主责任险、公众责任险等责任保险费企业所得税税前扣除问题。为统一责任保险费税前扣除政策口径,便于纳税人执行,更好地促进企业化解经营责任风险,增强抗风险能力,我局发布了《公告》。

二、主要内容

雇主责任险、公众责任险等责任保险是参加责任保险的企业出现保单中所列明的事故,需对第三者如损害赔偿责任时,由承保人代其履行赔偿责任的一种保险。由于企业参加雇主责任险、公众责任险等责任保险缴纳的保险费支出是企业实际发生的,《保险法》也规定财产保险业务包括责任保险,为此,根据《中华人民共和国企业所得税法》及其实施条例有关规定,《公告》明确,企业参加雇主责任险、公众责任险等责任保险,按照规定缴纳的保险费,准予在企业所得税前扣除。

三、执行日期

根据企业所得税按年计算的原则,《公告》适用于2018年度及以后年度企业所得税汇算清缴。

102. 国家税务总局关于简化小型微利企业所得税年度纳税申报有关措施的公告

国家税务总局公告 2018 年第 58 号

为切实减轻小型微利企业纳税申报负担,根据《国家税务总局关于进一步深化税务系统"放管服"改革 优化税收环境的若干意见》(税总发〔2017〕101 号)有关精神,现就实行查账征收企业所得税的小型微利企业(以下简称"小型微利企业")填报《中华人民共和国企业所得税年度纳税申报表(A 类,2017 年版)》(国家税务总局公告 2017 年第 54 号发布,国家税务总局公告 2018 年第 57 号修订)有关事项公告如下:

一、《中华人民共和国企业所得税年度纳税申报表(A 类)》(A100000)为小型微利企业必填表单。

二、《企业所得税年度纳税申报基础信息表》(A000000)中的"基本经营情况"为小型微利企业必填项目;"有关涉税事项情况"为选填项目,存在或者发生相关事项时小型微利企业必须填报;"主要股东及分红情况"为小型微利企业免填项目。

三、小型微利企业免于填报《一般企业收入明细表》(A101010)、《金融企业收入明细表》(A101020)、《一般企业成本支出明细表》(A102010)、《金融企业支出明细表》(A102020)、《事业单位、民间非营利组织收入、支出明细表》(A103000)、《期间费用明细表》(A104000)。

上述表单相关数据应当在《中华人民共和国企业所得税年度纳税申报表(A 类)》(A100000)中直接填写。

四、除本公告第一条、第二条、第三条规定的表单、项目外,小型微利企业可结合自身经营情况,选择表单填报。未发生表单中规定的事项,无需填报。

五、本公告所称小型微利企业,是指符合《中华人民共和国企业所得税法》及其实施条例、《财政部 税务总局关于进一步扩大小型微利企业所得税优惠政策范围的通知》(财税〔2018〕77 号)等规定的企业。上述政策规定发生调整的,按照最新政策规定执行。

六、本公告适用于小型微利企业 2018 年度及以后年度企业所得税汇算清缴纳税申报。

特此公告。

国家税务总局
2018年12月17日

103. 关于《国家税务总局关于简化小型微利企业所得税年度纳税申报有关措施的公告》的解读

近日，税务总局发布了《国家税务总局关于简化小型微利企业所得税年度纳税申报有关措施的公告》（以下简称《公告》）。现解读如下：

一、有关背景

2018年，为落实企业所得税有关政策，税务总局对《中华人民共和国企业所得税年度纳税申报表（A类，2017年版）》[以下简称《年度纳税申报表（A类，2017年版）》]进行了修订。为进一步优化营商环境，减轻小型微利企业纳税申报负担，根据《国家税务总局关于进一步深化税务系统"放管服"改革 优化税收环境的若干意见》（税总发〔2017〕101号）有关精神，税务总局发布《公告》，推出简化小型微利企业年度纳税申报措施。

二、主要内容

（一）适用范围

《公告》适用于实行查账征收方式的小型微利企业。小型微利企业应符合《中华人民共和国企业所得税法》及实施条例、《财政部 税务总局关于进一步扩大小型微利企业所得税优惠政策范围的通知》（财税〔2018〕77号）等文件规定的相关条件。上述政策规定如进行调整，按照最新政策规定执行。

（二）简化措施

1. 简化《企业所得税年度纳税申报基础信息表》（A000000）填报。小型微利企业原则上仅需要填报《企业所得税年度纳税申报基础信息表》（A000000）中的"基本经营情况"项目中的10个数据项；"有关涉税事项情况"项目中的数据项为选填内容，只有当小型微利企业发生这类事项时才需要填报；免于填报"主要股东及分红情况"项目中的数据项。

2. 免于填报《一般企业收入明细表》（A101010）等6张表单。《中华人民共和国企业所得税年度纳税申报表（A类）》（A100000）中的"营业收入""营业成本""税金及附加""销售费用""管理费用""财务费用""资产减值损失""公允价值变动收益""投资收益""营业外收入""营业外支出"项目，按照申报表体系的设计要求，应当通过填报《一般企业收入明细表》（A101010）、《金融企业收入明细表》（A101020）、《一般企业成本支出明细表》（A102010）、《金融企业支出明细表》（A102020）、《事业单位、民间非营利组织收入、支出明细表》（A103000）、《期间费用明细表》（A104000）等附表后汇总生成。为减轻小型微利企业填报负担，《公告》规定小型微利企业免于填报相关附表，可直接将相关项目金额填入《中华人民共和国企业所得税年度纳税申报表（A类）》（A100000）中的相应行次。

3. 明确其他表单填报规则。除《公告》第一条、第二条、第三条中规定的表单外，如未发生其他事项，小型微利企业无需填报其他表单。

由于《中华人民共和国企业所得税年度纳税申报表（A类）》（A100000）是企业所得

税年度纳税申报的主表，企业所得税年度汇算清缴的结果主要是通过该表计算的，因此，小型微利企业仍需填报该表。

三、实施时间

《公告》适用于小型微利企业2018年度及以后年度企业所得税汇算清缴纳税申报。以前年度企业所得税年度纳税申报表相关规则与本《公告》不一致的，不追溯调整。纳税人调整以前年度涉税事项的，按照相应年度的企业所得税年度纳税申报表相关规则调整。

104. 财政部　税务总局关于实施小微企业普惠性税收减免政策的通知

财税〔2019〕13号

各省、自治区、直辖市、计划单列市财政厅（局），新疆生产建设兵团财政局，国家税务总局各省、自治区、直辖市和计划单列市税务局：

为贯彻落实党中央、国务院决策部署，进一步支持小微企业发展，现就实施小微企业普惠性税收减免政策有关事项通知如下：

一、对月销售额10万元以下（含本数）的增值税小规模纳税人，免征增值税。

二、对小型微利企业年应纳税所得额不超过100万元的部分，减按25%计入应纳税所得额，按20%的税率缴纳企业所得税；对年应纳税所得额超过100万元但不超过300万元的部分，减按50%计入应纳税所得额，按20%的税率缴纳企业所得税。

上述小型微利企业是指从事国家非限制和禁止行业，且同时符合年度应纳税所得额不超过300万元、从业人数不超过300人、资产总额不超过5 000万元等三个条件的企业。

从业人数，包括与企业建立劳动关系的职工人数和企业接受的劳务派遣用工人数。所称从业人数和资产总额指标，应按企业全年的季度平均值确定。具体计算公式如下：

季度平均值=（季初值+季末值）÷2

全年季度平均值=全年各季度平均值之和÷4

年度中间开业或者终止经营活动的，以其实际经营期作为一个纳税年度确定上述相关指标。

三、由省、自治区、直辖市人民政府根据本地区实际情况，以及宏观调控需要确定，对增值税小规模纳税人可以在50%的税额幅度内减征资源税、城市维护建设税、房产税、城镇土地使用税、印花税（不含证券交易印花税）、耕地占用税和教育费附加、地方教育附加。

四、增值税小规模纳税人已依法享受资源税、城市维护建设税、房产税、城镇土地使用税、印花税、耕地占用税、教育费附加、地方教育附加其他优惠政策的，可叠加享受本通知第三条规定的优惠政策。

五、《财政部　税务总局关于创业投资企业和天使投资个人有关税收政策的通知》（财税〔2018〕55号）第二条第（一）项关于初创科技型企业条件中的"从业人数不超过200人"调整为"从业人数不超过300人"，"资产总额和年销售收入均不超过3 000万元"调整为"资产总额和年销售收入均不超过5 000万元"。

2019年1月1日至2021年12月31日期间发生的投资，投资满2年且符合本通知规定和财税〔2018〕55号文件规定的其他条件的，可以适用财税〔2018〕55号文件规定的税收政策。

2019年1月1日前2年内发生的投资，自2019年1月1日起投资满2年且符合本通知规定和财税〔2018〕55号文件规定的其他条件的，可以适用财税〔2018〕55号文件规定的税收政策。

六、本通知执行期限为2019年1月1日至2021年12月31日。《财政部 税务总局关于延续小微企业增值税政策的通知》（财税〔2017〕76号）、《财政部 税务总局关于进一步扩大小型微利企业所得税优惠政策范围的通知》（财税〔2018〕77号）同时废止。

七、各级财税部门要切实提高政治站位，深入贯彻落实党中央、国务院减税降费的决策部署，充分认识小微企业普惠性税收减免的重要意义，切实承担起抓落实的主体责任，将其作为一项重大任务，加强组织领导，精心筹划部署，不折不扣落实到位。要加大力度、创新方式，强化宣传辅导，优化纳税服务，增进办税便利，确保纳税人和缴费人实打实享受到减税降费的政策红利。要密切跟踪政策执行情况，加强调查研究，对政策执行中各方反映的突出问题和意见建议，要及时向财政部和税务总局反馈。

财政部 税务总局
2019年1月17日

105. 财政部税政司 税务总局政策法规司有关负责人就小微企业普惠性税收减免政策问答

问：1月9日国务院常务会议决定再推出一批小微企业普惠性税收减免措施，政策重点聚焦在哪些方面，在当前形势下有何重要意义？

答：习近平总书记在中央经济工作会议上强调，要实施更大规模的减税降费，在新年贺词中明确提出了"减税降费政策措施要落地生根"的要求。1月9日国务院常务会议决定再推出一批小微企业普惠性税收减免措施。这是今年减税降费政策的重要内容，也是更大力度减税的重要体现。总体上看，此次推出的小微企业普惠性税收减免政策重点聚焦在三个方面：

一是突出普惠性实质性降税。在小微企业减税政策中，进一步放宽小型微利企业条件，与工业和信息化部等四部委小微企业标准高值衔接。这次小微企业的企业所得税减税，惠及1798万家企业，占全国纳税企业总数的95%以上，其中98%是民营企业，也就是说，我国绝大部分企业主体都能够从这个政策受惠。

二是实打实、硬碰硬，增强企业获得感。将现行小微企业优惠税种由企业所得税、增值税，扩大至资源税、城市维护建设税、城镇土地使用税等8个税种和2项附加。同时，在降低小微企业实际税负的同时，引入超额累进计税办法，小微企业年应税所得不超过100万元、100万元到300万元的部分，实际税负降至5%和10%，年应纳税所得不超过300万的企业税负降低50%以上。小微企业四项政策均可追溯享受，自今年1月1日起实施。

三是切实可行、简明易行。在小微企业所得税政策方面，通过扩范围、加力度，直接降低实际税负，增强小微企业享受优惠的确定性和便捷度，减少税收遵从成本。小规模纳税人增值税免税标准，直接由月销售额3万元提高到10万元。初创科技型企业优惠政策，也是直接提高标准、放宽范围。同时，兼顾地方财力差异，采取了允许地方在50%幅度内减征6项地方税种和2项附加的措施。

小微企业是发展的生力军、就业的主渠道、创新的重要源泉。当前我国经济运行稳中有变、变中有忧，外部环境复杂严峻，再推出一批小微企业普惠性税收减免措施，有利于降低创业创新成本，增强小微企业发展动力，促进扩大就业。下一步，财政部、税务总局等部门将按照党中央、国务院决策部署，抓紧按程序推出增值税改革等其他减税降费措施，增强社会获得感，推动形成积极稳定的社会预期。

问：为什么将增值税小规模纳税人免税标准提高至月销售额 10 万元？

答：近年来，我国不断加大对增值税小规模纳税人的税收优惠力度，逐步将其免税标准提高至月销售额 3 万元。本次进一步提高至月销售额 10 万元，免税政策受益面大幅扩大，且税收优惠方式简明易行好操作，将明显增强企业获得感，更大激发市场活力，支持小微企业发展壮大，更好发挥小微企业吸纳就业主渠道的关键性作用。

问：与此前相比，这次出台的小型微利企业所得税优惠政策有何变化？

答：第一，放宽小型微利企业标准，扩大小型微利企业的覆盖面。政策调整前，小型微利企业年应纳税所得额、从业人数和资产总额标准上限分别为 100 万元、工业企业 100 人（其他企业 80 人）和工业企业 3 000 万元（其他企业 1 000 万元）。此次调整明确将上述三个标准上限分别提高到 300 万元、300 人和 5 000 万元。

第二，引入超额累进计算方法，加大企业所得税减税优惠力度。政策调整前，对年应纳税所得额不超过 100 万元的小型微利企业，减按 50% 计入应纳税所得额，并按 20% 优惠税率缴纳企业所得税，即实际税负为 10%。此次调整引入超额累进计税办法，对年应纳税所得额不超过 300 万元的小型微利企业，按应纳税所得额分为两段计算，一是对年应纳税所得额不超过 100 万元的部分，减按 25% 计入应纳税所得额，并按 20% 的税率计算缴纳企业所得税，实际税负为 5%；二是对年应纳税所得额超过 100 万元但不超过 300 万元的部分，减按 50% 计入应纳税所得额，并按 20% 的税率计算缴纳企业所得税，实际税负 10%。

举例说明，一个年应纳税所得额为 300 万元的企业，此前不在小型微利企业范围之内，需要按 25% 的法定税率缴纳企业所得税 75 万元（300×25%＝75 万元），按照新出台的优惠政策，如果其从业人数和资产总额符合条件，其仅需缴纳企业所得税 25 万元（100×25%×20%＋200×50%×20%＝25 万元），所得税负担大幅减轻。

问：初创科技型企业相关的优惠政策是什么？此次政策有什么调整？

答：创投企业和天使投资个人投向初创科技型企业可按投资额的 70% 抵扣应纳税所得额。政策调整前，初创科技型企业的主要条件包括从业人数不超过 200 人、资产总额和年销售收入均不超过 3 000 万元等。此次调整将享受创业投资税收优惠的被投资对象范围，进一步扩展到从业人数不超过 300 人、资产总额和年销售收入均不超过 5 000 万元的初创科技型企业，与调整后的企业所得税小型微利企业相关标准保持一致，从而进一步扩大了创投企业和天使投资人享受投资抵扣优惠的投资对象范围。

问：此次部分地方税种和相关附加减征的政策是否可以和原有地方税种优惠政策同时享受？

答：已经享受了原有地方税种优惠政策的增值税小规模纳税人，可以进一步享受本次普惠性税收减免政策，也就是说两类政策可以叠加享受。以城镇土地使用税为例，根据《财政部 国家税务总局关于房产税城镇土地使用税有关问题的通知》（财税〔2009〕128 号），对在城镇土地使用税征税范围内单独建造的地下建筑用地，暂按应征税款的 50% 征收城镇土地使用税。在此基础上，如果各省（自治区、直辖市）进一步对城镇土地使用税采取减征 50% 的措施，则最高减免幅度可达 75%。

106.财政部 税务总局 中央宣传部关于继续实施文化体制改革中经营性文化事业单位转制为企业若干税收政策的通知

财税〔2019〕16号

各省、自治区、直辖市、计划单列市财政厅（局）、党委宣传部，新疆生产建设兵团财政局，国家税务总局各省、自治区、直辖市、计划单列市税务局：

为贯彻落实《国务院办公厅关于印发文化体制改革中经营性文化事业单位转制为企业和进一步支持文化企业发展两个规定的通知》（国办发〔2018〕124号）有关规定，进一步深化文化体制改革，继续推进国有经营性文化事业单位转企改制，现就继续实施经营性文化事业单位转制为企业的税收政策有关事项通知如下：

一、经营性文化事业单位转制为企业，可以享受以下税收优惠政策：

（一）经营性文化事业单位转制为企业，自转制注册之日起五年内免征企业所得税。2018年12月31日之前已完成转制的企业，自2019年1月1日起可继续免征五年企业所得税。

（二）由财政部门拨付事业经费的文化单位转制为企业，自转制注册之日起五年内对其自用房产免征房产税。2018年12月31日之前已完成转制的企业，自2019年1月1日起对其自用房产可继续免征五年房产税。

（三）党报、党刊将其发行、印刷业务及相应的经营性资产剥离组建的文化企业，自注册之日起所取得的党报、党刊发行收入和印刷收入免征增值税。

（四）对经营性文化事业单位转制中资产评估增值、资产转让或划转涉及的企业所得税、增值税、城市维护建设税、契税、印花税等，符合现行规定的享受相应税收优惠政策。

上述所称"经营性文化事业单位"，是指从事新闻出版、广播影视和文化艺术的事业单位。转制包括整体转制和剥离转制。其中，整体转制包括：（图书、音像、电子）出版社、非时政类报刊出版单位、新华书店、艺术院团、电影制片厂、电影（发行放映）公司、影剧院、重点新闻网站等整体转制为企业；剥离转制包括：新闻媒体中的广告、印刷、发行、传输网络等部分，以及影视剧等节目制作与销售机构，从事业体制中剥离出来转制为企业。

上述所称"转制注册之日"，是指经营性文化事业单位转制为企业并进行企业法人登记之日。对于经营性文化事业单位转制前已进行企业法人登记，则按注销事业单位法人登记之日，或核销事业编制的批复之日（转制前未进行事业单位法人登记的）确定转制完成并享受本通知所规定的税收优惠政策。

上述所称"2018年12月31日之前已完成转制"，是指经营性文化事业单位在2018年12月31日及以前已转制为企业、进行企业法人登记，并注销事业单位法人登记或批复核销事业编制（转制前未进行事业单位法人登记的）。

本通知下发之前已经审核认定享受《财政部 国家税务总局 中宣部关于继续实施文化体制改革中经营性文化事业单位转制为企业若干税收政策的通知》（财税〔2014〕84号）税收优惠政策的转制文化企业，可按本通知规定享受税收优惠政策。

二、享受税收优惠政策的转制文化企业应同时符合以下条件：

（一）根据相关部门的批复进行转制。

（二）转制文化企业已进行企业法人登记。

（三）整体转制前已进行事业单位法人登记的，转制后已核销事业编制、注销事业单位法人；整体转制前未进行事业单位法人登记的，转制后已核销事业编制。

（四）已同在职职工全部签订劳动合同，按企业办法参加社会保险。

（五）转制文化企业引入非公有资本和境外资本的，须符合国家法律法规和政策规定；变更资本结构依法应经批准的，需经行业主管部门和国有文化资产监管部门批准。

本通知适用于所有转制文化单位。中央所属转制文化企业的认定，由中央宣传部会同财政部、税务总局确定并发布名单；地方所属转制文化企业的认定，按照登记管理权限，由地方各级宣传部门会同同级财政、税务部门确定和发布名单，并按程序抄送中央宣传部、财政部和税务总局。

已认定发布的转制文化企业名称发生变更的，如果主营业务未发生变化，可持同级文化体制改革和发展工作领导小组办公室出具的同意变更函，到主管税务机关履行变更手续；如果主营业务发生变化，依照本条规定的条件重新认定。

三、经认定的转制文化企业，应按有关税收优惠事项管理规定办理优惠手续，申报享受税收优惠政策。企业应将转制方案批复函，企业营业执照，同级机构编制管理机关核销事业编制、注销事业单位法人的证明，与在职职工签订劳动合同、按企业办法参加社会保险制度的有关材料，相关部门对引入非公有资本和境外资本、变更资本结构的批准文件等留存备查，税务部门依法加强后续管理。

四、未经认定的转制文化企业或转制文化企业不符合本通知规定的，不得享受相关税收优惠政策。已享受优惠的，主管税务机关应追缴其已减免的税款。

五、对已转制企业按照本通知规定应予减免的税款，在本通知下发以前已经征收入库的，可抵减以后纳税期应缴税款或办理退库。

六、本通知规定的税收政策执行期限为 2019 年 1 月 1 日至 2023 年 12 月 31 日。企业在 2023 年 12 月 31 日享受本通知第一条第（一）（二）项税收政策不满五年的，可继续享受至五年期满为止。

《财政部 国家税务总局 中宣部关于继续实施文化体制改革中经营性文化事业单位转制为企业若干税收政策的通知》（财税〔2014〕84号）自 2019 年 1 月 1 日起停止执行。

财政部 税务总局 中央宣传部
2019 年 2 月 16 日

107. 国家税务总局 财政部 中国人民银行关于非居民企业机构场所汇总缴纳企业所得税有关问题的公告

国家税务总局公告 2019 年第 12 号

根据《中华人民共和国企业所得税法》（以下简称企业所得税法）及其实施条例的有关规定，现就非居民企业机构、场所（以下简称机构、场所）汇总缴纳企业所得税有关问题公告如下：

一、在境内设立多个机构、场所的非居民企业依照企业所得税法第五十一条的规定，选择由其主要机构、场所汇总其他境内机构、场所（以下简称被汇总机构、场所）缴纳企业所得税的，相关税务处理事项适用本公告。

二、汇总纳税的非居民企业应在汇总纳税的年度中持续符合下列所有条件：

（一）汇总纳税的各机构、场所已在所在地主管税务机关办理税务登记，并取得纳税人识别号；

（二）主要机构、场所符合企业所得税法实施条例第一百二十六条规定，汇总纳税的各机构、场所不得采用核定方式计算缴纳企业所得税；

（三）汇总纳税的各机构、场所能够按照本公告规定准确计算本机构、场所的税款分摊额，并按要求向所在地主管税务机关办理纳税申报。

三、汇总纳税的各机构、场所实行"统一计算、分级管理、就地预缴、汇总清算、财政调库"的企业所得税征收管理办法。除本公告另有规定外，相关税款计算、税款分摊、缴库或退库地点、缴库或退库比例、征管流程等事项，比照《财政部 国家税务总局 中国人民银行关于印发〈跨省市总分机构企业所得税分配及预算管理办法〉的通知》（财预〔2012〕40号）、《财政部 国家税务总局 中国人民银行关于〈跨省市总分机构企业所得税分配及预算管理办法〉的补充通知》（财预〔2012〕453号）、《国家税务总局关于印发〈跨地区经营汇总纳税企业企业所得税征收管理办法〉的公告》（国家税务总局公告2012年第57号）等适用于居民企业汇总缴纳企业所得税的规定执行。

四、除本公告第五条规定外，主要机构、场所比照居民企业总机构就地分摊缴纳企业所得税；被汇总机构、场所比照居民企业分支机构就地分摊缴纳企业所得税。

五、符合本公告第二条规定的机构、场所不具有主体生产经营职能，不从纳入汇总缴纳企业所得税的其他机构、场所之外取得营业收入，仅具有内部辅助管理或服务职能的，可以纳入汇总计算缴纳企业所得税的范围，但不就地分摊缴纳企业所得税。

六、汇总纳税的各机构、场所应在首次办理汇总缴纳企业所得税申报时，向所在地主管税务机关报送以下信息资料：

（一）主要机构、场所名称及纳税人识别号；

（二）全部被汇总机构、场所名称及纳税人识别号；

（三）符合汇总缴纳企业所得税条件的财务会计核算制度安排。

已按上款规定报送的信息资料发生变更的，汇总纳税的各机构、场所应在发生变更后首次办理汇总缴纳企业所得税申报时，向所在地主管税务机关报告变化情况。

七、除国家税务总局另有规定外，汇总纳税的各机构、场所应按照企业所得税法第五十四条及其他有关规定，分季度预缴和年终汇算清缴企业所得税。

八、在办理季度预缴申报时，汇总纳税的各机构、场所应向所在地主管税务机关报送以下资料：

（一）非居民企业所得税申报表；

（二）季度财务报表（限于按实际利润预缴企业所得税的情形）。

九、在办理年度汇算清缴申报时，汇总纳税的各机构、场所应向所在地主管税务机关报送以下资料：

（一）非居民企业所得税申报表；

（二）年度财务报表。

十、汇总纳税的各机构、场所主管税务机关对管理的机构、场所执行本公告规定负有日常管理和监督检查责任，各主管税务机关之间应及时沟通信息，协调管理。主要机构、场所主管税务机关应在每季度终了和年度汇算清缴期满后30日内，将主要机构、场所申报信息传递给各被汇总机构、场所主管税务机关。各被汇总机构、场所主管税务机关应在每季度终了和年度汇算清缴期满后30日内,将本地被汇总纳税机构、场所申报信息传递给主要机构、场所主管税务机关。

汇总纳税的各机构、场所主管税务机关不得对汇总纳税的各机构、场所同一税务处理事项作出不一致的处理决定。相关主管税务机关就有关处理事项不能达成一致的,报共同上级税务机关决定。

主要机构、场所主管税务机关发现主要机构、场所不具备本公告第二条规定条件的,在征得各被汇总机构、场所主管税务机关同意后,责令其限期改正,逾期不改正的,取消该非居民企业所有机构、场所相关年度企业所得税汇总缴纳方式,并通知各被汇总机构、场所主管税务机关。

被汇总机构、场所主管税务机关发现被汇总机构、场所不具备本公告第二条规定条件的,在征得主要机构、场所主管税务机关同意后,责令其限期改正,逾期不改正的,取消该被汇总机构、场所相关年度企业所得税汇总缴纳方式,并通知主要机构、场所及其他被汇总机构、场所主管税务机关。

十一、汇总纳税的各机构、场所全部处于同一省、自治区、直辖市或计划单列市税务机关(以下称省税务机关)管辖区域内的,该省税务机关在不改变本公告第二条规定汇总纳税适用条件的前提下,可以按照不增加纳税义务,不减少办税便利的原则规定管理办法。

十二、本公告自发布之日起施行,《国家税务总局关于印发〈非居民企业所得税汇算清缴管理办法〉的通知》(国税发〔2009〕6号)第三条第六项规定同时废止。

在本公告施行前未汇总纳税的非居民企业在2018年度符合本公告第二条规定条件的,可按本公告规定办理2018年度企业所得税汇算清缴;在2018年度汇算清缴前按原规定已办理2018年度季度预缴申报的,不作调整,季度预缴税款可在2018年度汇算清缴汇总纳税应纳税款中抵减。非居民企业自2019年度起汇总纳税的,当年度各季度预缴申报和年终汇算清缴申报均应按本公告规定执行。

非居民企业在本公告施行前已经按原规定汇总纳税的,可以在本公告施行后选择按本公告规定汇总纳税,也可以选择继续按原规定办理2018和2019两个年度季度预缴申报和年度汇算清缴申报;自2020年度起,季度预缴申报和年终汇算清缴申报一律按本公告规定执行。

国家税务总局　财政部　中国人民银行
2019年3月1日

108. 财政部　税务总局　国务院扶贫办关于企业扶贫捐赠所得税税前扣除政策的公告

财政部　税务总局　国务院扶贫办公告2019年第49号

为支持脱贫攻坚,现就企业扶贫捐赠支出的所得税税前扣除政策公告如下:

一、自2019年1月1日至2022年12月31日,企业通过公益性社会组织或者县级(含县级)以上人民政府及其组成部门和直属机构,用于目标脱贫地区的扶贫捐赠支出,准予在计算企业所得税应纳税所得额时据实扣除。在政策执行期限内,目标脱贫地区实现脱贫的,可继续适用上述政策。

"目标脱贫地区"包括832个国家扶贫开发工作重点县、集中连片特困地区县（新疆阿克苏地区6县1市享受片区政策）和建档立卡贫困村。

二、企业同时发生扶贫捐赠支出和其他公益性捐赠支出，在计算公益性捐赠支出年度扣除限额时，符合上述条件的扶贫捐赠支出不计算在内。

三、企业在2015年1月1日至2018年12月31日期间已发生的符合上述条件的扶贫捐赠支出，尚未在计算企业所得税应纳税所得额时扣除的部分，可执行上述企业所得税政策。

财政部　税务总局　国务院扶贫办
2019年4月2日

109. 企业扶贫捐赠所得税税前扣除政策宣传问答

日前，财政部、税务总局、国务院扶贫办联合发布了《关于企业扶贫捐赠所得税税前扣除政策的公告》（财政部　税务总局 国务院扶贫办公告2019年第49号，以下简称《公告》），明确了落实企业扶贫捐赠所得税税前扣除政策有关问题。税务总局据此起草了政策宣传问答：

一、此次出台的扶贫捐赠所得税政策背景及意义是什么？

党的十九大报告提出坚决打赢脱贫攻坚战，要求动员全党全国全社会力量，坚持精准扶贫，精准脱贫，确保到2020年我国现行标准下农村贫困人口实现脱贫，贫困县全部摘帽，解决区域性整体贫困，做到脱真贫、真脱贫。在脱贫攻坚中，一些企业、社会组织积极承担社会责任，通过开展产业扶贫、公益扶贫等方式参与脱贫攻坚。企业对贫困地区进行大额捐赠，按照以往企业所得税政策规定，其捐赠支出在当年未完全扣除的可能需要结转三年扣除，有的甚至超过三年仍得不到全额扣除。为落实中央精准扶贫精神，切实减轻参与脱贫攻坚企业的税收负担，调动社会力量积极参与脱贫攻坚事业，财政部、税务总局和国务院扶贫办研究出台了扶贫捐赠企业所得税政策，对企业发生的符合条件的扶贫捐赠支出准予税前据实扣除，为打赢脱贫攻坚战提供税收政策支持。

二、企业在2019年度同时发生扶贫捐赠和其他公益性捐赠，如何进行税前扣除处理？

企业所得税法规定，企业发生的公益性捐赠支出准予按年度利润总额的12%在税前扣除，超过部分准予结转以后三年内扣除。《公告》明确企业发生的符合条件的扶贫捐赠支出准予据实扣除。企业同时发生扶贫捐赠支出和其他公益性捐赠支出时，符合条件的扶贫捐赠支出不计算在公益性捐赠支出的年度扣除限额内。

例如，企业2019年度的利润总额为100万元，当年度发生符合条件的扶贫方面的公益性捐赠15万元，发生符合条件的教育方面的公益性捐赠12万元。则2019年度该企业的公益性捐赠支出税前扣除限额为12万元（100×12%），教育捐赠支出12万元在扣除限额内，可以全额扣除；扶贫捐赠无须考虑税前扣除限额，准予全额税前据实扣除。2019年度，该企业的公益性捐赠支出共计27万元，均可在税前全额扣除。

三、企业通过哪些途径进行扶贫捐赠可以据实扣除？

考虑到扶贫捐赠的公益性捐赠性质，为与企业所得税法有关公益性捐赠税前扣除的规定相衔接，《公告》明确，企业通过公益性社会组织或者县级（含县级）以上人民政府及其组成部门和直属机构，用于目标脱贫地区的扶贫捐赠支出，准予据实扣除。

四、如何获知目标脱贫地区的具体名单？

"目标脱贫地区"包括 832 个国家扶贫开发工作重点县、集中连片特困地区县（新疆阿克苏地区 6 县 1 市享受片区政策）和建档立卡贫困村。目标脱贫地区的具体名单由县级以上政府的扶贫工作部门掌握。考虑到建档立卡贫困村数量众多，且实施动态管理，因此《公告》未附"目标脱贫地区"的具体名单，企业如有需要可向当地扶贫工作部门查阅或问询。

五、2020 年目标脱贫地区脱贫后，企业还可以适用扶贫捐赠所得税政策吗？

虽然党中央、国务院关于打赢脱贫攻坚战三年行动的时间安排到 2020 年，但为巩固脱贫效果，《公告》将政策执行期限规定到 2022 年，即 2019 年 1 月 1 日至 2022 年 12 月 31 日共四年。并明确，在政策执行期限内，目标脱贫地区实现脱贫后，企业发生的对上述地区的扶贫捐赠支出仍可继续适用该政策。

六、企业月（季）度预缴申报时能否享受扶贫捐赠支出税前据实扣除政策？

企业所得税法及其实施条例规定，企业分月或分季预缴企业所得税时，原则上应当按照月度或者季度的实际利润额预缴。企业在计算会计利润时，按照会计核算相关规定，扶贫捐赠支出已经全额列支，企业按实际会计利润进行企业所得税预缴申报，扶贫捐赠支出在税收上也实现了全额据实扣除。因此，企业月（季）度预缴申报时就能享受到扶贫捐赠支出所得税前据实扣除政策。

七、企业 2019 年度汇算清缴申报时如何填报扶贫捐赠支出？

扶贫捐赠支出所得税前据实扣除政策自 2019 年施行。2019 年度汇算清缴开始前，税务总局将统筹做好年度纳税申报表的修订和纳税申报系统升级工作，拟在《捐赠支出及纳税调整明细表》（A105070）表中"全额扣除的公益性捐赠"行次下单独增列一行，作为扶贫捐赠支出据实扣除的填报行次，以方便企业自行申报。

八、2019 年以前企业发生的尚未扣除的扶贫捐赠支出能否适用税前据实扣除政策？

早在 2015 年 11 月底，党中央、国务院就做出了打赢脱贫攻坚战的决策部署，提出广泛动员全社会力量，合力推进脱贫攻坚。因此，《公告》明确，企业在 2015 年 1 月 1 日至 2018 年 12 月 31 日，发生的尚未扣除的符合条件的扶贫捐赠支出，也可执行所得税前据实扣除政策。

九、企业在 2019 年以前发生的尚未扣除的扶贫捐赠支出如何享受税前据实扣除政策？

虽然《公告》规定企业的扶贫捐赠支出所得税前据实扣除政策自 2019 年施行，但考虑到《公告》出台于 2019 年 4 月 2 日，正处于 2018 年度的汇算清缴期。为让企业尽快享受到政策红利，同时减轻企业申报填写负担，对企业在 2015 年 1 月 1 日至 2018 年 12 月 31 日期间，发生的尚未全额扣除的符合条件的扶贫捐赠支出，可在 2018 年度汇算清缴时，通过填写年度申报表的《纳税调整项目明细表》（A105000）"六、其他"行次第 4 列"调减金额"，实现全额扣除。

十、2019 年以前，企业发生的包括扶贫捐赠在内的各种公益性捐赠支出，在 2018 年度汇算清缴享受扶贫捐赠的税前据实扣除政策时可如何进行实务处理？

对企业在 2015 年 1 月 1 日至 2018 年 12 月 31 日期间，发生的尚未全额扣除的符合条件的扶贫捐赠支出，以及其他尚在结转扣除期限内公益性捐赠支出，在 2018 年度汇算清缴时，本着有利于纳税人充分享受政策红利的考虑，可以比照如下示例申报扣除。

例 1. 某企业 2017 年共发生公益性捐赠支出 90 万元，其中符合条件的扶贫捐赠 50 万元，其他公益性捐赠 40 万元。当年利润总额 400 万元，则 2017 年度公益性捐赠税前扣除限额 48 万元（400×12%），当年税前扣除 48 万，其余 42 万元向 2018 年度结转。

2018年度，该企业共发生公益性捐赠支出120万元，其中符合条件的扶贫捐赠50万元，其他公益性捐赠70万元。当年利润总额500万元。则2018年度公益性捐赠税前扣除限额60万元（500×12%）。

《公告》下发后，该企业在2018年度汇算清缴申报时，对于2017年度结转到2018年度扣除的42万元公益性捐赠支出，在2018年度的公益性捐赠扣除限额60万元内，可以扣除，填写在《捐赠支出及纳税调整明细表》（A105070）"纳税调减金额"栏次42万元；2018年的公益性捐赠税前扣除限额还有18万元，则2018年发生公益性捐赠120万元中有102万元不能税前扣除金额，填写在《捐赠支出及纳税调整明细表》（A105070）"纳税调增金额"栏次102万元。

按照《公告》规定，2017年、2018年发生的符合条件的扶贫捐赠支出，未在计算企业所得税应纳税所得额时扣除的部分，可在2018年度汇算清缴时全额税前扣除。因此，对于2018年度的纳税调增金额102万元和纳税调减金额42万元需综合分析，将其中属于2017年和2018年发生的符合条件的扶贫捐赠支出而尚未得到全额扣除的部分，应通过填写年度申报表的《纳税调整项目明细表》（A105000）"六、其他"行次第4列"调减金额"，实现全额扣除。具体分析如下：

本着有利于纳税人充分享受政策红利的考虑，对于2017年度的其他公益性捐赠40万元，由于在当年限额扣除范围内，可在2017年度税前全额扣除，限额范围内的8万元可作为扶贫捐赠扣除，则2017年度尚有42万元的扶贫捐赠支出未全额税前扣除需结转到2018年。对于2018年发生的其他公益性捐赠70万元，有60万元在扣除限额内，超过扣除限额的10万元需结转以后年度扣除，而2018年发生的扶贫捐赠50万元未得到全额扣除。因此2017年度和2018年度共有92万元的扶贫捐赠支出尚未得到全额扣除，需填写年度申报表的《纳税调整项目明细表》（A105000）"六、其他"行次第4列"调减金额"栏次92万元，实现全额扣除。

例2.某企业2015年发生扶贫捐赠100万元，其他公益性捐赠50万元，当年利润总额1 000万元。公益性捐赠税前扣除限额120万元（1 000×12%），当年税前扣除120万元。2016年度、2017年度、2018年度该企业均未发生公益性捐赠支出。由于《财政部税务总局关于公益性捐赠支出企业所得税税前结转扣除有关政策的通知》（财税〔2018〕15号）规定，对2016年9月1日以后发生的公益性捐赠支出才准予结转以后三年内扣除，所以2015年度发生的公益性捐赠支出，超过税前扣除限额的扶贫捐赠支出30万元，无法在2015年度税前扣除，2016年度、2017年度申报时均无法税前扣除。

《公告》下发后，该企业在2018年度汇算清缴时，对于2015年度的其他公益性捐赠50万元，由于在2015年度的扣除限额范围内，可在2015年度税前全额扣除，扣除限额范围内的其余70万元可作为扶贫捐赠扣除，则2015年度尚有30万元的扶贫捐赠支出未全额税前扣除。此项金额，通过填写2018年度申报表的《纳税调整项目明细表》（A105000）"其他"行次第4列"调减金额"30万元，实现全额扣除。

十一、企业进行扶贫捐赠后在取得捐赠票据方面应注意什么？

根据《公益事业捐赠票据使用管理暂行办法》（财综〔2010〕112号）规定，各级人民政府及其部门、公益性事业单位、公益性社会团体及其他公益性组织，依法接受并用于公益性事业的捐赠财物时，应当向提供捐赠的法人和其他组织开具凭证。

企业发生对"目标脱贫地区"的捐赠支出时，应及时要求开具方在公益事业捐赠票据中注明目标脱贫地区的具体名称，并妥善保管该票据。

110. 财政部　税务总局关于永续债企业所得税政策问题的公告

财政部　税务总局公告 2019 年第 64 号

进一步明确永续债的企业所得税政策适用，根据《中华人民共和国企业所得税法》及其实施条例的有关规定，现就有关问题公告如下：

一、企业发行的永续债，可以适用股息、红利企业所得税政策，即：投资方取得的永续债利息收入属于股息、红利性质，按照现行企业所得税政策相关规定进行处理，其中，发行方和投资方均为居民企业的，永续债利息收入可以适用企业所得税法规定的居民企业之间的股息、红利等权益性投资收益免征企业所得税规定；同时发行方支付的永续债利息支出不得在企业所得税税前扣除。

二、企业发行符合规定条件的永续债，也可以按照债券利息适用企业所得税政策，即：发行方支付的永续债利息支出准予在其企业所得税税前扣除；投资方取得的永续债利息收入应当依法纳税。

三、本公告第二条所称符合规定条件的永续债，是指符合下列条件中 5 条（含）以上的永续债：

（一）被投资企业对该项投资具有还本义务；
（二）有明确约定的利率和付息频率；
（三）有一定的投资期限；
（四）投资方对被投资企业净资产不拥有所有权；
（五）投资方不参与被投资企业日常生产经营活动；
（六）被投资企业可以赎回，或满足特定条件后可以赎回；
（七）被投资企业将该项投资计入负债；
（八）该项投资不承担被投资企业股东同等的经营风险；
（九）该项投资的清偿顺序位于被投资企业股东持有的股份之前。

四、企业发行永续债，应当将其适用的税收处理方法在证券交易所、银行间债券市场等发行市场的发行文件中向投资方予以披露。

五、发行永续债的企业对每一永续债产品的税收处理方法一经确定，不得变更。企业对永续债采取的税收处理办法与会计核算方式不一致的，发行方、投资方在进行税收处理时须作出相应纳税调整。

六、本公告所称永续债是指经国家发展改革委员会、中国人民银行、中国银行保险监督管理委员会、中国证券监督管理委员会核准，或经中国银行间市场交易商协会注册、中国证券监督管理委员会授权的证券自律组织备案，依照法定程序发行、附赎回（续期）选择权或无明确到期日的债券，包括可续期企业债、可续期公司债、永续债务融资工具（含永续票据）、无固定期限资本债券等。

七、本公告自 2019 年 1 月 1 日起施行。

财政部　税务总局
2019 年 4 月 16 日

111. 财政部　税务总局关于铁路债券利息收入所得税政策的公告

财政部　税务总局公告 2019 年第 57 号

为支持国家铁路建设，现就投资者取得中国铁路总公司发行的铁路债券利息收入有关所得税政策公告如下：

一、对企业投资者持有 2019—2023 年发行的铁路债券取得的利息收入，减半征收企业所得税。

二、对个人投资者持有 2019—2023 年发行的铁路债券取得的利息收入，减按 50% 计入应纳税所得额计算征收个人所得税。税款由兑付机构在向个人投资者兑付利息时代扣代缴。

三、铁路债券是指以中国铁路总公司为发行和偿还主体的债券，包括中国铁路建设债券、中期票据、短期融资券等债务融资工具。

财政部　税务总局
2019 年 4 月 16 日

112. 财政部　税务总局关于扩大固定资产加速折旧优惠政策适用范围的公告

财政部　税务总局公告 2019 年第 66 号

为支持制造业企业加快技术改造和设备更新，现就有关固定资产加速折旧政策公告如下：

一、自 2019 年 1 月 1 日起，适用《财政部　国家税务总局关于完善固定资产加速折旧企业所得税政策的通知》（财税〔2014〕75 号）和《财政部　国家税务总局关于进一步完善固定资产加速折旧企业所得税政策的通知》（财税〔2015〕106 号）规定固定资产加速折旧优惠的行业范围，扩大至全部制造业领域。

二、制造业按照国家统计局《国民经济行业分类和代码（GB/T 4754-2017）》确定今后国家有关部门更新国民经济行业分类和代码，从其规定。

三、本公告发布前，制造业企业未享受固定资产加速折旧优惠的，可自本公告发布后在月（季）度预缴申报时享受优惠或在 2019 年度汇算清缴时享受优惠。

财政部　税务总局
2019 年 4 月 23 日

113. 财政部 税务总局关于集成电路设计和软件产业企业所得税政策的公告

财政部 税务总局公告 2019 年第 68 号

为支持集成电路设计和软件产业发展,现就有关企业所得税政策公告如下:

一、依法成立且符合条件的集成电路设计企业和软件企业,在 2018 年 12 月 31 日前自获利年度起计算优惠期,第一年至第二年免征企业所得税,第三年至第五年按照 25% 的法定税率减半征收企业所得税,并享受至期满为止。

二、本公告第一条所称"符合条件",是指符合《财政部 国家税务总局关于进一步鼓励软件产业和集成电路产业发展企业所得税政策的通知》(财税〔2012〕27 号)和《财政部 国家税务总局 发展改革委 工业和信息化部关于软件和集成电路产业企业所得税优惠政策有关问题的通知》(财税〔2016〕49 号)规定的条件。

财政部 税务总局
2019 年 5 月 17 日

114. 财政部 税务总局关于保险企业手续费及佣金支出税前扣除政策的公告

财政部 税务总局公告 2019 年第 72 号

现就保险企业发生的手续费及佣金支出企业所得税税前扣除政策公告如下:

一、保险企业发生与其经营活动有关的手续费及佣金支出,不超过当年全部保费收入扣除退保金等后余额的 18%(含本数)的部分,在计算应纳税所得额时准予扣除;超过部分,允许结转以后年度扣除。

二、保险企业发生的手续费及佣金支出税前扣除的其他事项继续按照《财政部 国家税务总局关于企业手续费及佣金支出税前扣除政策的通知》(财税〔2009〕29 号)中第二条至第五条相关规定处理。保险企业应建立健全手续费及佣金的相关管理制度,并加强手续费及佣金结转扣除的台账管理。

三、本公告自 2019 年 1 月 1 日起执行。《财政部 国家税务总局关于企业手续费及佣金支出税前扣除政策的通知》(财税〔2009〕29 号)第一条中关于保险企业手续费及佣金税前扣除的政策和第六条同时废止。保险企业 2018 年度汇算清缴按照本公告规定执行。

财政部 税务总局
2019 年 5 月 28 日

115. 财政部 税务总局 发展改革委 民政部 商务部 卫生健康委关于养老、托育、家政等社区家庭服务业税费优惠政策的公告

财政部公告2019年第76号

为支持养老、托育、家政等社区家庭服务业发展，现就有关税费政策公告如下：

一、为社区提供养老、托育、家政等服务的机构，按照以下规定享受税费优惠政策：

（一）提供社区养老、托育、家政服务取得的收入，免征增值税。

（二）提供社区养老、托育、家政服务取得的收入，在计算应纳税所得额时，减按90%计入收入总额。

（三）承受房屋、土地用于提供社区养老、托育、家政服务的，免征契税。

（四）用于提供社区养老、托育、家政服务的房产、土地，免征不动产登记费、耕地开垦费、土地复垦费、土地闲置费；用于提供社区养老、托育、家政服务的建设项目，免征城市基础设施配套费；确因地质条件等原因无法修建防空地下室的，免征防空地下室易地建设费。

二、为社区提供养老、托育、家政等服务的机构自有或其通过承租、无偿使用等方式取得并用于提供社区养老、托育、家政服务的房产、土地，免征房产税、城镇土地使用税。

三、本公告所称社区是指聚居在一定地域范围内的人们所组成的社会生活共同体，包括城市社区和农村社区。

为社区提供养老服务的机构，是指在社区依托固定场所设施，采取全托、日托、上门等方式，为社区居民提供养老服务的企业、事业单位和社会组织。社区养老服务是指为老年人提供的生活照料、康复护理、助餐助行、紧急救援、精神慰藉等服务。

为社区提供托育服务的机构，是指在社区依托固定场所设施，采取全日托、半日托、计时托、临时托等方式，为社区居民提供托育服务的企业、事业单位和社会组织。社区托育服务是指为3周岁（含）以下婴幼儿提供的照料、看护、膳食、保育等服务。

为社区提供家政服务的机构，是指以家庭为服务对象，为社区居民提供家政服务的企业、事业单位和社会组织。社区家政服务是指进入家庭成员住所或医疗机构为孕产妇、婴幼儿、老人、病人、残疾人提供的照护服务，以及进入家庭成员住所提供的保洁、烹饪等服务。

四、符合下列条件的家政服务企业提供家政服务取得的收入，比照《营业税改征增值税试点过渡政策的规定》（财税〔2016〕36号附件）第一条第（三十一）项规定，免征增值税。

（一）与家政服务员、接受家政服务的客户就提供家政服务行为签订三方协议；

（二）向家政服务员发放劳动报酬，并对家政服务员进行培训管理；

（三）通过建立业务管理系统对家政服务员进行登记管理。

五、财政、税费征收机关可根据工作需要与民政、卫生健康、商务等部门建立信息共享和工作配合机制，民政、卫生健康、商务等部门应积极协同配合，保障优惠政策落实到位。

六、本公告自2019年6月1日起执行至2025年12月31日。

财政部 税务总局 发展改革委 民政部 商务部 卫生健康委

2019年6月28日

116. 财政部 税务总局关于金融企业涉农贷款和中小企业贷款损失准备金税前扣除有关政策的公告

财政部 税务总局公告 2019 年第 85 号

根据《中华人民共和国企业所得税法》及《中华人民共和国企业所得税法实施条例》的有关规定，现就金融企业涉农贷款和中小企业贷款损失准备金的企业所得税税前扣除政策公告如下：

一、金融企业根据《贷款风险分类指引》（银监发〔2007〕54号），对其涉农贷款和中小企业贷款进行风险分类后，按照以下比例计提的贷款损失准备金，准予在计算应纳税所得额时扣除：

（一）关注类贷款，计提比例为2%；

（二）次级类贷款，计提比例为25%；

（三）可疑类贷款，计提比例为50%；

（四）损失类贷款，计提比例为100%。

二、本公告所称涉农贷款，是指《涉农贷款专项统计制度》（银发〔2007〕246号）统计的以下贷款：

（一）农户贷款；

（二）农村企业及各类组织贷款。

本条所称农户贷款，是指金融企业发放给农户的所有贷款。农户贷款的判定应以贷款发放时的承贷主体是否属于农户为准。农户，是指长期（一年以上）居住在乡镇（不包括城关镇）行政管理区域内的住户，还包括长期居住在城关镇所辖行政村范围内的住户和户口不在本地而在本地居住一年以上的住户，国有农场的职工和农村个体工商户。位于乡镇（不包括城关镇）行政管理区域内和在城关镇所辖行政村范围内的国有经济的机关、团体、学校、企事业单位的集体户；有本地户口，但举家外出谋生一年以上的住户，无论是否保留承包耕地均不属于农户。农户以户为统计单位，既可以从事农业生产经营，也可以从事非农业生产经营。

本条所称农村企业及各类组织贷款，是指金融企业发放给注册地位于农村区域的企业及各类组织的所有贷款。农村区域，是指除地级及以上城市的城市行政区及其市辖建制镇之外的区域。

三、本公告所称中小企业贷款，是指金融企业对年销售额和资产总额均不超过2亿元的企业的贷款。

四、金融企业发生的符合条件的涉农贷款和中小企业贷款损失，应先冲减已在税前扣除的贷款损失准备金，不足冲减部分可据实在计算应纳税所得额时扣除。

五、本公告自2019年1月1日起执行至2023年12月31日。

财政部 税务总局
2019年8月23日

117. 财政部 税务总局关于金融企业贷款损失准备金企业所得税税前扣除有关政策的公告

财政部 税务总局公告 2019 年第 86 号

根据《中华人民共和国企业所得税法》及《中华人民共和国企业所得税法实施条例》的有关规定，现就政策性银行、商业银行、财务公司、城乡信用社和金融租赁公司等金融企业提取的贷款损失准备金的企业所得税税前扣除政策公告如下：

一、准予税前提取贷款损失准备金的贷款资产范围包括：

（一）贷款（含抵押、质押、保证、信用等贷款）；

（二）银行卡透支、贴现、信用垫款（含银行承兑汇票垫款、信用证垫款、担保垫款等）、进出口押汇、同业拆出、应收融资租赁款等具有贷款特征的风险资产；

（三）由金融企业转贷并承担对外还款责任的国外贷款，包括国际金融组织贷款、外国买方信贷、外国政府贷款、日本国际协力银行不附条件贷款和外国政府混合贷款等资产。

二、金融企业准予当年税前扣除的贷款损失准备金计算公式如下：

准予当年税前扣除的贷款损失准备金＝本年末准予提取贷款损失准备金的贷款资产余额×1%－截至上年末已在税前扣除的贷款损失准备金的余额

金融企业按上述公式计算的数额如为负数，应当相应调增当年应纳税所得额。

三、金融企业的委托贷款、代理贷款、国债投资、应收股利、上交央行准备金以及金融企业剥离的债权和股权、应收财政贴息、央行款项等不承担风险和损失的资产，以及除本公告第一条列举资产之外的其他风险资产，不得提取贷款损失准备金在税前扣除。

四、金融企业发生的符合条件的贷款损失，应先冲减已在税前扣除的贷款损失准备金，不足冲减部分可据实在计算当年应纳税所得额时扣除。

五、金融企业涉农贷款和中小企业贷款损失准备金的税前扣除政策，凡按照《财政部 税务总局关于金融企业涉农贷款和中小企业贷款损失准备金税前扣除有关政策的公告》（财政部 税务总局公告 2019 年第 85 号）的规定执行的，不再适用本公告第一条至第四条的规定。

六、本公告自 2019 年 1 月 1 日起执行至 2023 年 12 月 31 日。

财政部 税务总局
2019 年 8 月 23 日

118. 国家税务总局关于跨境电子商务综合试验区零售出口企业所得税核定征收有关问题的公告

国家税务总局公告 2019 年第 36 号

为支持跨境电子商务健康发展，推动外贸模式创新，有效配合《财政部 税务总局 商务部海关总署关于跨境电子商务综合试验区零售出口货物税收政策的通知》（财税〔2018

103号）落实工作，现就跨境电子商务综合试验区（以下简称综试区）内的跨境电子商务零售出口企业（以下简称"跨境电商企业"）核定征收企业所得税有关问题公告如下：

一、综试区内的跨境电商企业，同时符合下列条件的，试行核定征收企业所得税办法：

（一）在综试区注册，并在注册地跨境电子商务线上综合服务平台登记出口货物日期、名称、计量单位、数量、单价、金额的；

（二）出口货物通过综试区所在地海关办理电子商务出口申报手续的；

（三）出口货物未取得有效进货凭证，其增值税、消费税享受免税政策的。

二、综试区内核定征收的跨境电商企业应准确核算收入总额，并采用应税所得率方式核定征收企业所得税。应税所得率统一按照4%确定。

三、税务机关应按照有关规定，及时完成综试区跨境电商企业核定征收企业所得税的鉴定工作。

四、综试区内实行核定征收的跨境电商企业符合小型微利企业优惠政策条件的，可享受小型微利企业所得税优惠政策；其取得的收入属于《中华人民共和国企业所得税法》第二十六条规定的免税收入的，可享受免税收入优惠政策。

五、本公告所称综试区，是指经国务院批准的跨境电子商务综合试验区；本公告所称跨境电商企业，是指自建跨境电子商务销售平台或利用第三方跨境电子商务平台开展电子商务出口的企业。

六、本公告自2020年1月1日起施行。

国家税务总局
2019年10月26日

119. 关于《国家税务总局关于跨境电子商务综合试验区零售出口企业所得税核定征收有关问题的公告》的解读

近日，税务总局发布《关于跨境电子商务综合试验区零售出口企业所得税核定征收有关问题的公告》（以下简称《公告》）。现解读如下：

一、有关背景

2018年9月，财政部、税务总局、商务部、海关总署联合发布了《关于跨境电子商务综合试验区零售出口货物税收政策的通知》（财税〔2018〕103号），对跨境电子商务综合试验区（以下简称综试区）内的跨境电子商务零售出口企业（以下简称跨境电商企业）未取得有效进货凭证的货物，凡符合规定条件的，出口免征增值税和消费税（以下简称无票免税政策）。为支持跨境电商新业态发展，推动外贸模式创新，配合落实"无票免税"政策，国务院常务会议决定，出台更加便利企业的所得税核定征收办法。因此，税务总局制发《公告》，进一步明确跨境电商企业所得税核定征收有关问题，促进跨境电商企业更好开展出口业务。

二、主要内容

《公告》从核定征收范围、条件、方式、程序、优惠政策等方面对综试区内跨境电商企业核定征收企业所得税相关事项进行了规定，旨在为综试区内跨境电商企业提供更为便利的操作办法。

（一）核定征收范围

为配合落实好"无票免税"政策，跨境电商企业是指符合财税〔2018〕103号文件规定的企业，即自建跨境电子商务销售平台或利用第三方跨境电子商务平台开展电子商务出口的企业。

（二）核定征收条件

跨境电商企业通过商务平台出口货物，是近几年发展的新业态。为鼓励跨境电商发展，针对跨境电商企业出口货物无法取得进货发票的实际情况，财政部、商务部、海关总署和税务总局联合发布了财税〔2018〕103号文件，跨境电商企业符合规定条件，可以试行"无票免税"政策。对于这些企业，符合本公告规定的，企业所得税可以试行采取核定方式征收。

（三）核定征收方式

由于跨境电商企业可以准确核算收入，为简化纳税人和税务机关操作，综试区内核定征收的跨境电商企业统一采用核定应税所得率方式核定征收企业所得税。同时，考虑到跨境电商企业出口货物的采购、销售，主要是通过电子商务平台进行的，不同地区之间差异较小，为进一步减轻企业负担，促进出口业务发展，综试区核定征收的跨境电商企业的应税所得率按照《国家税务总局关于印发〈企业所得税核定征收办法〉（试行）的通知》（国税发〔2008〕30号，国家税务总局公告2018年第31号修改）中批发和零售贸易业最低应税所得率确定，即统一按照4%执行。

（四）核定征收程序

综试区内跨境电商企业和税务机关均应按照有关规定办理核定征收相关业务。税务机关应及时完成综试区跨境电商企业核定征收鉴定工作，跨境电商企业应按时申报纳税。

（五）优惠政策

综试区内核定征收的跨境电商企业，主要可以享受以下两类优惠政策：

一是符合《财政部税务总局关于实施小微企业普惠性税收减免政策的通知》（财税〔2019〕13号）规定的小型微利企业优惠政策条件的，可享受小型微利企业所得税优惠政策。上述规定如有变化，从其规定。

二是取得的收入属于《中华人民共和国企业所得税法》第二十六条规定的免税收入的，可享受相关免税收入优惠政策。

三、实施时间

《公告》自2020年1月1日起实施。

120. 财政部 税务总局关于支持新型冠状病毒感染的肺炎疫情防控有关税收政策的公告

财政部 税务总局公告2020年第8号

为进一步做好新型冠状病毒感染的肺炎疫情防控工作，支持相关企业发展，现就有关税收政策公告如下：

一、对疫情防控重点保障物资生产企业为扩大产能新购置的相关设备，允许一次性计入当期成本费用在企业所得税税前扣除。

二、疫情防控重点保障物资生产企业可以按月向主管税务机关申请全额退还增值税增量留抵税额。

本公告所称增量留抵税额，是指与2019年12月底相比新增加的期末留抵税额。

本公告第一条、第二条所称疫情防控重点保障物资生产企业名单，由省级及以上发展改革部门、工业和信息化部门确定。

三、对纳税人运输疫情防控重点保障物资取得的收入，免征增值税。

疫情防控重点保障物资的具体范围，由国家发展改革委、工业和信息化部确定。

四、受疫情影响较大的困难行业企业2020年度发生的亏损，最长结转年限由5年延长至8年。

困难行业企业，包括交通运输、餐饮、住宿、旅游（指旅行社及相关服务、游览景区管理两类）四大类，具体判断标准按照现行《国民经济行业分类》执行。困难行业企业2020年度主营业务收入须占收入总额（剔除不征税收入和投资收益）的50%以上。

五、对纳税人提供公共交通运输服务、生活服务，以及为居民提供必需生活物资快递收派服务取得的收入，免征增值税。

公共交通运输服务的具体范围，按照《营业税改征增值税试点有关事项的规定》（财税〔2016〕36号印发）执行。

生活服务、快递收派服务的具体范围，按照《销售服务、无形资产、不动产注释》（财税〔2016〕36号印发）执行。

六、本公告自2020年1月1日起实施，截止日期视疫情情况另行公告。

财政部　税务总局
2020年2月6日

121. 财政部　税务总局　国家发展改革委关于延续西部大开发企业所得税政策的公告

财政部公告2020年第23号

为贯彻落实党中央、国务院关于新时代推进西部大开发形成新格局有关精神，现将延续西部大开发企业所得税政策公告如下：

一、自2021年1月1日至2030年12月31日，对设在西部地区的鼓励类产业企业减按15%的税率征收企业所得税。本条所称鼓励类产业企业是指以《西部地区鼓励类产业目录》中规定的产业项目为主营业务，且其主营业务收入占企业收入总额60%以上的企业。

二、《西部地区鼓励类产业目录》由发展改革委牵头制定。该目录在本公告执行期限内修订的，自修订版实施之日起按新版本执行。

三、税务机关在后续管理中，不能准确判定企业主营业务是否属于国家鼓励类产业项目时，可提请发展改革等相关部门出具意见。对不符合税收优惠政策规定条件的，由税务机关按税收征收管理法及有关规定进行相应处理。具体办法由省级发展改革、税务部门另行制定。

四、本公告所称西部地区包括内蒙古自治区、广西壮族自治区、重庆市、四川省、贵州省、云南省、西藏自治区、陕西省、甘肃省、青海省、宁夏回族自治区、新疆维吾尔自治区和新疆生产建设兵团。湖南省湘西土家族苗族自治州、湖北省恩施土家族苗族自治州、吉林省延边朝鲜族自治州和江西省赣州市，可以比照西部地区的企业所得税政策执行。

五、本公告自 2021 年 1 月 1 日起执行。《财政部 海关总署 国家税务总局关于深入实施西部大开发战略有关税收政策问题的通知》（财税〔2011〕58 号）、《财政部 海关总署 国家税务总局关于赣州市执行西部大开发税收政策问题的通知》（财税〔2013〕4 号）中的企业所得税政策规定自 2021 年 1 月 1 日起停止执行。

特此公告。

财政部 税务总局 国家发展改革委
2020 年 4 月 23 日

122. 财政部 税务总局关于海南自由贸易港企业所得税优惠政策的通知

财税〔2020〕31 号

海南省财政厅，国家税务总局海南省税务局：

为支持海南自由贸易港建设，现就有关企业所得税优惠政策通知如下：

一、对注册在海南自由贸易港并实质性运营的鼓励类产业企业，减按 15% 的税率征收企业所得税。

本条所称鼓励类产业企业，是指以海南自由贸易港鼓励类产业目录中规定的产业项目为主营业务，且其主营业务收入占企业收入总额 60% 以上的企业。所称实质性运营，是指企业的实际管理机构设在海南自由贸易港，并对企业生产经营、人员、账务、财产等实施实质性全面管理和控制。对不符合实质性运营的企业，不得享受优惠。

海南自由贸易港鼓励类产业目录包括《产业结构调整指导目录（2019 年版）》《鼓励外商投资产业目录（2019 年版）》和海南自由贸易港新增鼓励类产业目录。上述目录在本通知执行期限内修订的，自修订版实施之日起按新版本执行。

对总机构设在海南自由贸易港的符合条件的企业，仅就其设在海南自由贸易港的总机构和分支机构的所得，适用 15% 税率；对总机构设在海南自由贸易港以外的企业，仅就其设在海南自由贸易港内的符合条件的分支机构的所得，适用 15% 税率。具体征管办法按照税务总局有关规定执行。

二、对在海南自由贸易港设立的旅游业、现代服务业、高新技术产业企业新增境外直接投资取得的所得，免征企业所得税。

本条所称新增境外直接投资所得应当符合以下条件：

（一）从境外新设分支机构取得的营业利润；或从持股比例超过 20%（含）的境外子公司分回的，与新增境外直接投资相对应的股息所得。

（二）被投资国（地区）的企业所得税法定税率不低于 5%。

本条所称旅游业、现代服务业、高新技术产业，按照海南自由贸易港鼓励类产业目录执行。

三、对在海南自由贸易港设立的企业，新购置（含自建、自行开发）固定资产或无形资产，单位价值不超过 500 万元（含）的，允许一次性计入当期成本费用在计算应纳税所得额时扣除，不再分年度计算折旧和摊销；新购置（含自建、自行开发）固定资产或无形资产，单位价值超过 500 万元的，可以缩短折旧、摊销年限或采取加速折旧、摊销的方法。

本条所称固定资产，是指除房屋、建筑物以外的固定资产。

四、本通知自2020年1月1日起执行至2024年12月31日。

财政部　税务总局
2020年6月23日

123. 财政部　税务总局关于中国（上海）自贸试验区临港新片区重点产业企业所得税政策的通知

财税〔2020〕38号

上海市财政局、国家税务总局上海市税务局：

根据《国务院关于印发中国（上海）自由贸易试验区临港新片区总体方案的通知》（国发〔2019〕15号）有关要求，现就中国（上海）自由贸易试验区临港新片区（以下简称新片区）内重点产业企业所得税政策通知如下：

一、对新片区内从事集成电路、人工智能、生物医药、民用航空等关键领域核心环节相关产品（技术）业务，并开展实质性生产或研发活动的符合条件的法人企业，自设立之日起5年内减按15%的税率征收企业所得税。

二、本通知所称"符合条件的法人企业"必须同时满足以下第（一）（二）项条件，以及第（三）项或第（四）项条件中任一子条件：

（一）自2020年1月1日起在新片区内注册登记（不包括从外区域迁入新片区的企业），主营业务为从事《新片区集成电路、人工智能、生物医药、民用航空关键领域核心环节目录》（以下简称《目录》）中相关领域环节实质性生产或研发活动的法人企业；

实质性生产或研发活动是指，企业拥有固定生产经营场所、固定工作人员，具备与生产或研发活动相匹配的软硬件支撑条件，并在此基础上开展相关业务。

（二）企业主要研发或销售产品中至少包含1项关键产品（技术）；

关键产品（技术）是指在集成电路、人工智能、生物医药、民用航空等重点领域产业链中起到重要作用或不可或缺的产品（技术）。

（三）企业投资主体条件：

1. 企业投资主体在国际细分市场影响力排名居于前列，技术实力居于业内前列；

2. 企业投资主体在国内细分市场居于领先地位，技术实力在业内领先。

（四）企业研发生产条件：

1. 企业拥有领军人才及核心团队骨干，在国内外相关领域长期从事科研生产工作；

2. 企业拥有核心关键技术，对其主要产品具备建立自主知识产权体系的能力；

3. 企业具备推进产业链核心供应商多元化、牵引国内产业升级能力；

4. 企业具备高端供给能力，核心技术指标达到国际前列或国内领先；

5. 企业研发成果（技术或产品）已被国际国内一线终端设备制造商采用或已经开展紧密实质性合作（包括资本、科研、项目等领域）；

6. 企业获得国家或省级政府科技或产业化专项资金、政府性投资基金或取得知名投融资机构投资。

三、上海市财税部门会同产业主管部门制定重点产业企业认定具体操作管理办法，并报财政部、税务总局备案。

四、本通知自 2020 年 1 月 1 日起实施。2019 年 12 月 31 日前已在新片区注册登记且从事《目录》所列业务的实质性生产或研发活动的符合条件的法人企业,可自 2020 年至该企业设立满 5 年期限内按照本通知执行。

附件:新片区集成电路、人工智能、生物医药、民用航空关键领域核心环节目录(略)。

财政部　国家税务总局
2020 年 7 月 13 日

124. 财政部　税务总局关于广告费和业务宣传费支出税前扣除有关事项的公告

财政部　税务总局公告 2020 年第 43 号

根据《中华人民共和国企业所得税法》及其实施条例,现就广告费和业务宣传费支出税前扣除有关事项公告如下:

一、对化妆品制造或销售、医药制造和饮料制造(不含酒类制造)企业发生的广告费和业务宣传费支出,不超过当年销售(营业)收入 30% 的部分,准予扣除;超过部分,准予在以后纳税年度结转扣除。

二、对签订广告费和业务宣传费分摊协议(以下简称分摊协议)的关联企业,其中一方发生的不超过当年销售(营业)收入税前扣除限额比例内的广告费和业务宣传费支出可以在本企业扣除,也可以将其中的部分或全部按照分摊协议归集至另一方扣除。另一方在计算本企业广告费和业务宣传费支出企业所得税税前扣除限额时,可将按照上述办法归集至本企业的广告费和业务宣传费不计算在内。

三、烟草企业的烟草广告费和业务宣传费支出,一律不得在计算应纳税所得额时扣除。

四、本通知自 2021 年 1 月 1 日起至 2025 年 12 月 31 日止执行。《财政部　税务总局关于广告费和业务宣传费支出税前扣除政策的通知》(财税〔2017〕41 号)自 2021 年 1 月 1 日起废止。

财政部　税务总局
2020 年 11 月 27 日

125. 财政部　税务总局　发展改革委　工业和信息化部关于促进集成电路产业和软件产业高质量发展企业所得税政策的公告

财政部　税务总局　发展改革委　工业和信息化部公告 2020 年第 45 号

根据《国务院关于印发新时期促进集成电路产业和软件产业高质量发展若干政策的通知》(国发〔2020〕8 号)有关要求,为促进集成电路产业和软件产业高质量发展,现就有关企业所得税政策问题公告如下：

一、国家鼓励的集成电路线宽小于28纳米（含），且经营期在15年以上的集成电路生产企业或项目，第一年至第十年免征企业所得税；国家鼓励的集成电路线宽小于65纳米（含），且经营期在15年以上的集成电路生产企业或项目，第一年至第五年免征企业所得税，第六年至第十年按照25%的法定税率减半征收企业所得税；国家鼓励的集成电路线宽小于130纳米（含），且经营期在10年以上的集成电路生产企业或项目，第一年至第二年免征企业所得税，第三年至第五年按照25%的法定税率减半征收企业所得税。

对于按照集成电路生产企业享受税收优惠政策的，优惠期自获利年度起计算；对于按照集成电路生产项目享受税收优惠政策的，优惠期自项目取得第一笔生产经营收入所属纳税年度起计算，集成电路生产项目需单独进行会计核算、计算所得，并合理分摊期间费用。

国家鼓励的集成电路生产企业或项目清单由国家发展改革委、工业和信息化部会同财政部、税务总局等相关部门制定。

二、国家鼓励的线宽小于130纳米（含）的集成电路生产企业，属于国家鼓励的集成电路生产企业清单年度之前5个纳税年度发生的尚未弥补完的亏损，准予向以后年度结转，总结转年限最长不得超过10年。

三、国家鼓励的集成电路设计、装备、材料、封装、测试企业和软件企业，自获利年度起，第一年至第二年免征企业所得税，第三年至第五年按照25%的法定税率减半征收企业所得税。

国家鼓励的集成电路设计、装备、材料、封装、测试企业和软件企业条件，由工业和信息化部会同国家发展改革委、财政部、税务总局等相关部门制定。

四、国家鼓励的重点集成电路设计企业和软件企业，自获利年度起，第一年至第五年免征企业所得税，接续年度减按10%的税率征收企业所得税。

国家鼓励的重点集成电路设计和软件企业清单由国家发展改革委、工业和信息化部会同财政部、税务总局等相关部门制定。

五、符合原有政策条件且在2019年（含）之前已经进入优惠期的企业或项目，2020年（含）起可按原有政策规定继续享受至期满为止，如也符合本公告第一条至第四条规定，可按本公告规定享受相关优惠，其中定期减免税优惠，可按本公告规定计算优惠期，并就剩余期限享受优惠至期满为止。符合原有政策条件，2019年（含）之前尚未进入优惠期的企业或项目，2020年（含）起不再执行原有政策。

六、集成电路企业或项目、软件企业按照本公告规定同时符合多项定期减免税优惠政策条件的，由企业选择其中一项政策享受相关优惠。其中，已经进入优惠期的，可由企业在剩余期限内选择其中一项政策享受相关优惠。

七、本公告规定的优惠，采取清单进行管理的，由国家发展改革委、工业和信息化部于每年3月底前按规定向财政部、税务总局提供上一年度可享受优惠的企业和项目清单；不采取清单进行管理的，税务机关按照财税〔2016〕49号第十条的规定转请发展改革、工业和信息化部门进行核查。

八、集成电路企业或项目、软件企业按照原有政策规定享受优惠的，税务机关按照财税〔2016〕49号第十条的规定转请发展改革、工业和信息化部门进行核查。

九、本公告所称原有政策，包括：《财政部 国家税务总局关于进一步鼓励软件产业和集成电路产业发展企业所得税政策的通知》（财税〔2012〕27号）、《财政部 国家税务总局 发展改革委 工业和信息化部关于进一步鼓励集成电路产业发展企业所得税政策的通知》（财税〔2015〕6号）、《财政部 国家税务总局 发展改革委 工业和信息化部关于软件和集成电路产业企业所得税优惠政策有关问题的通知》(财税〔2016〕49号)、《财政部 税务总局 国家发展改革委 工业和信息化部关于集成电路生产企业有关企业所得税政策问题的通知》(财税〔2018〕27号)、《财政部 税务总局关于集成电路设计和软件产业企业所得税政策的公告》(财政部 税务总局公告2019年第68号)、《财政部 税务总局关于集成电路设计企业和软件企业2019年度企业所得税汇算清缴适用政策的公告》(财政部 税务总局公告2020年第29号)。

十、本公告自2020年1月1日起执行。财税〔2012〕27号第二条中"经认定后,减按15%的税率征收企业所得税"的规定和第四条"国家规划布局内的重点软件企业和集成电路设计企业,如当年未享受免税优惠的,可减按10%的税率征收企业所得税"同时停止执行。

财政部 国家税务总局 国家发展改革委 工业和信息化部
2020年12月11日

126. 财政部 税务总局关于延长部分税收优惠政策执行期限的公告

财政部 税务总局公告2021年第6号

为进一步支持小微企业、科技创新和相关社会事业发展,现将有关税收政策公告如下:

一、《财政部 税务总局关于设备器具扣除有关企业所得税政策的通知》(财税〔2018〕54号)等16个文件规定的税收优惠政策凡已经到期的,执行期限延长至2023年12月31日,详见附件1。

二、《财政部 税务总局关于延续供热企业增值税房产税城镇土地使用税优惠政策的通知》(财税〔2019〕38号)规定的税收优惠政策,执行期限延长至2023年供暖期结束。

三、《财政部 税务总局关于易地扶贫搬迁税收优惠政策的通知》(财税〔2018〕135号)、《财政部 税务总局关于福建平潭综合实验区个人所得税优惠政策的通知》(财税〔2014〕24号)规定的税收优惠政策,执行期限延长至2025年12月31日。

四、《财政部 国家税务总局关于保险公司准备金支出企业所得税税前扣除有关政策问题的通知》(财税〔2016〕114号)等6个文件规定的准备金企业所得税税前扣除政策到期后继续执行,详见附件2。

五、本公告发布之日前,已征的相关税款,可抵减纳税人以后月份应缴纳税款或予以退还。

特此公告。

附件:1. 财税〔2018〕54号等16个文件(略)。
    2. 财税〔2016〕114号等6个文件(略)。

财政部 税务总局
2021年3月15日

127. 国家税务总局关于发布《中华人民共和国企业所得税月（季）度预缴纳税申报表（A类）》的公告

国家税务总局公告 2021 年第 3 号

为贯彻落实党中央、国务院关于深化"放管服"改革、优化营商环境的部署，进一步减轻纳税人负担，优化执法方式，税务总局决定，在 2021 年"我为纳税人缴费人办实事暨便民办税春风行动"中推出"修订查账征收企业所得税预缴纳税申报表，简化表单样式"的行动举措。根据《中华人民共和国企业所得税法》及有关税收政策，现将简化后的《中华人民共和国企业所得税月（季）度预缴纳税申报表（A类）》予以发布，并就有关事项公告如下：

一、《中华人民共和国企业所得税月（季）度预缴纳税申报表（A类）》适用于实行查账征收企业所得税的居民企业月度、季度预缴申报时填报。

二、执行《跨地区经营汇总纳税企业所得税征收管理办法》（国家税务总局公告 2012 年第 57 号发布，2018 年第 31 号修改）的跨地区经营汇总纳税企业的分支机构，使用《中华人民共和国企业所得税月（季）度预缴纳税申报表（A类）》进行月度、季度预缴申报和年度汇算清缴申报。

三、省（自治区、直辖市和计划单列市）税务机关对仅在本省（自治区、直辖市和计划单列市）内设立不具有法人资格分支机构的企业，参照《跨地区经营汇总纳税企业所得税征收管理办法》征收管理的，企业的分支机构按照本公告第二条规定进行月度、季度预缴申报和年度汇算清缴申报。

四、企业申报各类优惠事项及扶贫捐赠等特定事项时，根据《企业所得税申报事项目录》中的事项名称填报。《企业所得税申报事项目录》在国家税务总局网站"纳税服务"栏目另行发布，并根据政策调整情况适时更新。

五、本公告自 2021 年 4 月 1 日起施行。《国家税务总局关于修订〈中华人民共和国企业所得税月（季）度预缴纳税申报表（A类，2018 年版）〉等报表的公告》（2020 年第 12 号）中的附件 1《中华人民共和国企业所得税月（季）度预缴纳税申报表（A类，2018 年版）》（2020 年修订）同时废止。

特此公告。

附件：中华人民共和国企业所得税月（季）度预缴纳税申报表（A类）（略）。

国家税务总局
2021 年 03 月 15 日

128. 财政部 税务总局关于进一步完善研发费用税前加计扣除政策的公告

财政部 税务总局公告 2021 年第 13 号

为进一步激励企业加大研发投入，支持科技创新，现就企业研发费用税前加计扣除政策有关问题公告如下：

一、制造业企业开展研发活动中实际发生的研发费用，未形成无形资产计入当期损益的，在按规定据实扣除的基础上，自2021年1月1日起，再按照实际发生额的100%在税前加计扣除；形成无形资产的，自2021年1月1日起，按照无形资产成本的200%在税前摊销。

本条所称制造业企业，是指以制造业业务为主营业务，享受优惠当年主营业务收入占收入总额的比例达到50%以上的企业。制造业的范围按照《国民经济行业分类》（GB/T 4754-2017）确定，如国家有关部门更新《国民经济行业分类》，从其规定。收入总额按照企业所得税法第六条规定执行。

二、企业预缴申报当年第3季度（按季预缴）或9月份（按月预缴）企业所得税时，可以自行选择就当年上半年研发费用享受加计扣除优惠政策，采取"自行判别、申报享受、相关资料留存备查"办理方式。

符合条件的企业可以自行计算加计扣除金额，填报《中华人民共和国企业所得税月（季）度预缴纳税申报表（A类）》享受税收优惠，并根据享受加计扣除优惠的研发费用情况（上半年）填写《研发费用加计扣除优惠明细表》（A107012）。《研发费用加计扣除优惠明细表》（A107012）与相关政策规定的其他资料一并留存备查。

企业办理第3季度或9月份预缴申报时，未选择享受研发费用加计扣除优惠政策的，可在次年办理汇算清缴时统一享受。

三、企业享受研发费用加计扣除政策的其他政策口径和管理要求，按照《财政部 国家税务总局 科技部关于完善研究开发费用税前加计扣除政策的通知》（财税〔2015〕119号）、《财政部 税务总局 科技部关于企业委托境外研究开发费用税前加计扣除有关政策问题的通知》（财税〔2018〕64号）等文件相关规定执行。

四、本公告自2021年1月1日起执行。

特此公告。

财政部 税务总局
2021年3月31日

129. 财政部 税务总局 民政部关于生产和装配伤残人员专门用品企业免征企业所得税的公告

财政部 税务总局 民政部公告2021年第14号

为帮助伤残人员康复或者恢复残疾肢体功能，现对生产和装配伤残人员专门用品的企业免征企业所得税政策明确如下：

一、自2021年1月1日至2023年12月31日期间，对符合下列条件的居民企业，免征企业所得税：

1. 生产和装配伤残人员专门用品，且在民政部发布的《中国伤残人员专门用品目录》范围之内。

2. 以销售本企业生产或者装配的伤残人员专门用品为主，其所取得的年度伤残人员专门用品销售收入（不含出口取得的收入）占企业收入总额60%以上。

收入总额,是指《中华人民共和国企业所得税法》第六条规定的收入总额。

3. 企业账证健全,能够准确、完整地向主管税务机关提供纳税资料,且本企业生产或者装配的伤残人员专门用品所取得的收入能够单独、准确核算。

4. 企业拥有假肢制作师、矫形器制作师资格证书的专业技术人员不得少于1人;其企业生产人员如超过20人,则其拥有假肢制作师、矫形器制作师资格证书的专业技术人员不得少于全部生产人员的1/6。

5. 具有与业务相适应的测量取型、模型加工、接受腔成型、打磨、对线组装、功能训练等生产装配专用设备和工具。

6. 具有独立的接待室、假肢或者矫形器(辅助器具)制作室和假肢功能训练室,使用面积不少于115平方米。

二、符合本公告规定条件的企业,按照《国家税务总局关于发布修订后的〈企业所得税优惠政策事项办理办法〉的公告》(国家税务总局公告2018年第23号)的规定,采取"自行判别、申报享受、相关资料留存备查"的办理方式享受税收优惠政策。

附件:中国伤残人员专门用品目录(略)。

财政部　税务总局　民政部
2021年4月2日

130. 财政部　税务总局关于实施小微企业和个体工商户所得税优惠政策的公告

财政部　税务总局公告2021年第12号

为进一步支持小微企业和个体工商户发展,现就实施小微企业和个体工商户所得税优惠政策有关事项公告如下:

一、对小型微利企业年应纳税所得额不超过100万元的部分,在《财政部　税务总局关于实施小微企业普惠性税收减免政策的通知》(财税〔2019〕13号)第二条规定的优惠政策基础上,再减半征收企业所得税。

二、对个体工商户年应纳税所得额不超过100万元的部分,在现行优惠政策基础上,减半征收个人所得税。

三、本公告执行期限为2021年1月1日至2022年12月31日。

特此公告。

财政部　税务总局
2021年4月2日

131. 国家税务总局关于落实支持小型微利企业和个体工商户发展所得税优惠政策有关事项的公告

国家税务总局公告2021年第8号

为贯彻落实《财政部 税务总局关于实施小微企业和个体工商户所得税优惠政策的公告》（2021年第12号），进一步支持小型微利企业和个体工商户发展，现就有关事项公告如下：

一、关于小型微利企业所得税减半政策有关事项

（一）对小型微利企业年应纳税所得额不超过100万元的部分，减按12.5%计入应纳税所得额，按20%的税率缴纳企业所得税。

（二）小型微利企业享受上述政策时涉及的具体征管问题，按照《国家税务总局关于实施小型微利企业普惠性所得税减免政策有关问题的公告》（2019年第2号）相关规定执行。

二、关于个体工商户个人所得税减半政策有关事项

（一）对个体工商户经营所得年应纳税所得额不超过100万元的部分，在现行优惠政策基础上，再减半征收个人所得税。个体工商户不区分征收方式，均可享受。

（二）个体工商户在预缴税款时即可享受，其年应纳税所得额暂按截至本期申报所属期末的情况进行判断，并在年度汇算清缴时按年计算、多退少补。若个体工商户从两处以上取得经营所得，需在办理年度汇总纳税申报时，合并个体工商户经营所得年应纳税所得额，重新计算减免税额，多退少补。

（三）个体工商户按照以下方法计算减免税额：

减免税额=（个体工商户经营所得应纳税所得额不超过100万元部分的应纳税额－其他政策减免税额×个体工商户经营所得应纳税所得额不超过100万元部分÷经营所得应纳税所得额）×（1-50%）

（四）个体工商户需将按上述方法计算得出的减免税额填入对应经营所得纳税申报表"减免税额"栏次，并附报《个人所得税减免税事项报告表》。对于通过电子税务局申报的个体工商户，税务机关将提供该优惠政策减免税额和报告表的预填服务。实行简易申报的定期定额个体工商户，税务机关按照减免后的税额进行税款划缴。

三、关于取消代开货物运输业发票预征个人所得税有关事项

对个体工商户、个人独资企业、合伙企业和个人，代开货物运输业增值税发票时，不再预征个人所得税。个体工商户业主、个人独资企业投资者、合伙企业个人合伙人和其他从事货物运输经营活动的个人，应依法自行申报缴纳经营所得个人所得税。

四、关于执行时间和其他事项

本公告第一条和第二条自2021年1月1日起施行，2022年12月31日终止执行。2021年1月1日至本公告发布前，个体工商户已经缴纳经营所得个人所得税的，可自动抵减以后月份的税款，当年抵减不完的可在汇算清缴时办理退税；也可直接申请退还应减免的税款。本公告第三条自2021年4月1日起施行。

《国家税务总局关于实施小型微利企业普惠性所得税减免政策有关问题的公告》（2019年第2号）第一条与本公告不一致的，依照本公告执行。《国家税务总局关于代开货物运输业发票个人所得税预征率问题的公告》（2011年第44号）同时废止。

特此公告。

国家税务总局
2021年4月7日

132.国家税务总局　国家发展改革委　生态环境部关于落实从事污染防治的第三方企业所得税政策有关问题的公告

国家税务总局　国家发展改革委　生态环境部公告2021年第11号

根据《中华人民共和国企业所得税法》及其实施条例、《财政部　税务总局　国家发展改革委　生态环境部关于从事污染防治的第三方企业所得税政策问题的公告》（2019年第60号，以下简称60号公告）的规定，为落实好从事污染防治的第三方企业（以下简称第三方防治企业）所得税优惠政策，现将有关问题公告如下：

一、优惠事项办理方式

第三方防治企业依照60号公告规定享受优惠政策时，按照《国家税务总局关于发布修订后的〈企业所得税优惠政策事项办理办法〉的公告》（2018年第23号）的规定，采取"自行判别、申报享受、相关资料留存备查"的方式办理。

二、主要留存备查资料

第三方防治企业依照60号公告规定享受优惠政策的，主要留存备查资料为：

（一）连续从事环境污染治理设施运营实践一年以上的情况说明，与环境污染治理设施运营有关的合同、收入凭证。

（二）当年有效的技术人员的职称证书或执（职）业资格证书、劳动合同及工资发放记录等材料。

（三）从事环境保护设施运营服务的年度营业收入、总收入及其占比等情况说明。

（四）可说明当年企业具备检验能力，拥有自有实验室，仪器配置可满足运行服务范围内常规污染物指标的检测需求的有关材料：

1.污染物检测仪器清单，其中列入《实施强制管理计量器具目录》的检测仪器需同时留存备查相关检定证书；

2.当年常规理化指标的化验检测全部原始记录，其中污染治理类别为危险废物的利用与处置的，还需留存备查危险废物转移联单。

（五）可说明当年企业能保证其运营的环境保护设施正常运行，使污染物排放指标能够连续稳定达到国家或者地方规定的排放标准要求的有关材料：

1.环境污染治理运营项目清单、项目简介。

2.反映污染治理设施运营期间主要污染物排放连续稳定达标的所有自动监测日均值等记录，由具备资质的生态环境监测机构出具的全部检测报告。从事机动车船、非道路移动机械、餐饮油烟治理的，如未进行在线数据监测，也可不留存备查在线监测数据记录。

3.运营期内能够反映环境污染治理设施日常运行情况的全部记录、能够说明自动监测仪器设备符合生态环境保护相关标准规范要求的材料。

（六）仅从事自动连续监测运营服务的第三方企业，提供反映运营服务期间自动监测故障后及时修复、监测数据"真、准、全"等相关证明材料，无须提供反映污染物排放连续稳定达标相关材料。

三、相关后续管理

（一）第三方防治企业享受60号公告优惠政策后，税务部门将按照规定开展后续管理。

（二）税务部门在后续管理过程中，对享受优惠的企业是否符合60号公告第二条第五项、第六项规定条件有疑义的，可转请《环境污染治理范围》（见附件）所列的同级生态环境或发展改革部门核查。

（三）生态环境或发展改革部门收到同级税务部门转来的核查资料后，应组织专家或者委托第三方机构进行核查。核查可以采取案头审核或实地核查等方式。需要实地核查的，相关部门应协同进行，涉及异地核查的，企业运营项目所在地相关部门应予以配合。生态环境或发展改革部门应在收到核查要求后两个月内，将核查结果反馈同级税务部门。

本公告自2021年6月1日起施行。

特此公告。

附件：环境污染治理范围（略）。

国家税务总局　国家发展改革委　生态环境部
2021年4月29日

133. 财政部　税务总局　人力资源社会保障部　国家乡村振兴局关于延长部分扶贫税收优惠政策执行期限的公告

财政部　税务总局　人力资源社会保障部　国家乡村振兴局公告2021年第18号

为贯彻落实《中共中央　国务院关于实现巩固拓展脱贫攻坚成果同乡村振兴有效衔接的意见》精神，严格落实过渡期内"四个不摘"的要求，现将有关税收政策公告如下：

《财政部　税务总局　人力资源社会保障部　国务院扶贫办关于进一步支持和促进重点群体创业就业有关税收政策的通知》（财税〔2019〕22号）、《财政部　税务总局　国务院扶贫办关于企业扶贫捐赠所得税税前扣除政策的公告》（财政部　税务总局　国务院扶贫办公告2019年第49号）、《财政部　税务总局　国务院扶贫办关于扶贫货物捐赠免征增值税政策的公告》（财政部　税务总局　国务院扶贫办公告2019年第55号）中规定的税收优惠政策，执行期限延长至2025年12月31日。

特此公告。

财政部　税务总局
人力资源社会保障部　国家乡村振兴局
2021年5月6日

134. 财政部 税务总局关于新疆困难地区及喀什、霍尔果斯两个特殊经济开发区新办企业所得税优惠政策的通知

财税〔2021〕27号

新疆维吾尔自治区财政厅，国家税务总局新疆维吾尔自治区税务局，新疆生产建设兵团财政局：

为推动新疆发展，现就新疆困难地区以及喀什、霍尔果斯两个特殊经济开发区有关企业所得税优惠政策通知如下：

一、2021年1月1日至2030年12月31日，对在新疆困难地区新办的属于《新疆困难地区重点鼓励发展产业企业所得税优惠目录》（以下简称《目录》）范围内的企业，自取得第一笔生产经营收入所属纳税年度起，第一年至第二年免征企业所得税，第三年至第五年减半征收企业所得税。

享受上述企业所得税定期减免税政策的企业，在减半期内，按照企业所得税25%的法定税率计算的应纳税额减半征税。

新疆困难地区包括南疆三地州、其他脱贫县（原国家扶贫开发重点县）和边境县市。

二、2021年1月1日至2030年12月31日，对在新疆喀什、霍尔果斯两个特殊经济开发区内新办的属于《目录》范围内的企业，自取得第一笔生产经营收入所属纳税年度起，五年内免征企业所得税。

三、属于《目录》范围内的企业是指以《目录》中规定的产业项目为主营业务，其主营业务收入占企业收入总额60%以上的企业。

四、第一笔生产经营收入，是指产业项目已建成并投入运营后所取得的第一笔收入。

五、财政部、税务总局会同有关部门另行发布《目录》。

六、属于《新疆困难地区重点鼓励发展产业企业所得税优惠目录（试行）（2016版）》（以下简称《2016版目录》）范围内的企业，2020年12月31日前已经进入优惠期的，可按《财政部 国家税务总局关于新疆困难地区新办企业所得税优惠政策的通知》（财税〔2011〕53号）和《财政部 国家税务总局关于新疆喀什霍尔果斯两个特殊经济开发区企业所得税优惠政策的通知》（财税〔2011〕112号）规定享受至优惠期满为止，如属于《目录》与《2016版目录》相同产业项目范围，可在剩余期限内按本通知规定享受至优惠期满为止；未进入优惠期的，不再享受财税〔2011〕53号和财税〔2011〕112号文件规定的税收优惠，如属于《目录》与《2016版目录》相同产业项目范围，可视同新办企业按本通知规定享受相关税收优惠。

七、税务机关在后续管理中，不能准确判定企业主营业务是否属于《目录》中规定的产业项目时，可提请省级以上（含省级）有关行业主管部门出具意见。

财政部 税务总局
2021年5月18日

135. 国家税务总局关于企业所得税若干政策征管口径问题的公告

国家税务总局公告2021年第17号

为贯彻落实中办、国办印发的《关于进一步深化税收征管改革的意见》，深入开展2021年"我为纳税人缴费人办实事暨便民办税春风行动"，推进税收领域"放管服"改革，更好服务市场主体，根据《中华人民共和国企业所得税法》及其实施条例（以下简称税法）等相关规定，对企业所得税若干政策征管口径问题公告如下：

一、关于公益性捐赠支出相关费用的扣除问题

企业在非货币性资产捐赠过程中发生的运费、保险费、人工费用等相关支出，凡纳入国家机关、公益性社会组织开具的公益捐赠票据记载的数额中的，作为公益性捐赠支出按照规定在税前扣除；上述费用未纳入公益性捐赠票据记载的数额中的，作为企业相关费用按照规定在税前扣除。

二、关于可转换债券转换为股权投资的税务处理问题

（一）购买方企业的税务处理

1.购买方企业购买可转换债券，在其持有期间按照约定利率取得的利息收入，应当依法申报缴纳企业所得税。

2.购买方企业可转换债券转换为股票时，将应收未收利息一并转为股票的，该应收未收利息即使会计上未确认收入，税收上也应当作为当期利息收入申报纳税；转换后以该债券购买价、应收未收利息和支付的相关税费为该股票投资成本。

（二）发行方企业的税务处理

1.发行方企业发生的可转换债券的利息，按照规定在税前扣除。

2.发行方企业按照约定将购买方持有的可转换债券和应付未付利息一并转为股票的，其应付未付利息视同已支付，按照规定在税前扣除。

三、关于跨境混合性投资业务企业所得税的处理问题

境外投资者在境内从事混合性投资业务，满足《国家税务总局关于企业混合性投资业务企业所得税处理问题的公告》（2013年第41号）第一条规定的条件的，可以按照该公告第二条第一款的规定进行企业所得税处理，但同时符合以下两种情形的除外：

（一）该境外投资者与境内被投资企业构成关联关系；

（二）境外投资者所在国家（地区）将该项投资收益认定为权益性投资收益，且不征收企业所得税。

同时符合上述第（一）项和第（二）项规定情形的，境内被投资企业向境外投资者支付的利息应视为股息，不得进行税前扣除。

四、企业所得税核定征收改为查账征收后有关资产的税务处理问题

（一）企业能够提供资产购置发票的，以发票载明金额为计税基础；不能提供资产购置发票的，可以凭购置资产的合同（协议）、资金支付证明、会计核算资料等记载金额，作为计税基础。

（二）企业核定征税期间投入使用的资产，改为查账征税后，按照税法规定的折旧、摊销年限，扣除该资产投入使用年限后，就剩余年限继续计提折旧、摊销额并在税前扣除。

五、关于文物、艺术品资产的税务处理问题

企业购买的文物、艺术品用于收藏、展示、保值增值的，作为投资资产进行税务处理。文物、艺术品资产在持有期间，计提的折旧、摊销费用，不得税前扣除。

六、关于企业取得政府财政资金的收入时间确认问题

企业按照市场价格销售货物、提供劳务服务等，凡由政府财政部门根据企业销售货物、提供劳务服务的数量、金额的一定比例给予全部或部分资金支付的，应当按照权责发生制原则确认收入。

除上述情形外，企业取得的各种政府财政支付，如财政补贴、补助、补偿、退税等，应当按照实际取得收入的时间确认收入。

本公告适用于2021年及以后年度汇算清缴。

特此公告。

国家税务总局

2021年6月22日

136. 国家税务总局关于进一步落实研发费用加计扣除政策有关问题的公告

国家税务总局公告2021年第28号

为贯彻落实国务院激励企业加大研发投入、优化研发费用加计扣除政策实施的举措，深入开展2021年"我为纳税人缴费人办实事暨便民办税春风行动"，方便企业提前享受研发费用加计扣除优惠政策，现就有关事项公告如下：

一、关于2021年度享受研发费用加计扣除政策问题

（一）企业10月份预缴申报第3季度（按季预缴）或9月份（按月预缴）企业所得税时，可以自主选择就前三季度研发费用享受加计扣除优惠政策。

对10月份预缴申报期未选择享受优惠的，可以在2022年办理2021年度企业所得税汇算清缴时统一享受。

（二）企业享受研发费用加计扣除政策采取"真实发生、自行判别、申报享受、相关资料留存备查"的办理方式，由企业依据实际发生的研发费用支出，自行计算加计扣除金额，填报《中华人民共和国企业所得税月（季）度预缴纳税申报表（A类）》享受税收优惠，并根据享受加计扣除优惠的研发费用情况（前三季度）填写《研发费用加计扣除优惠明细表》（A107012）。《研发费用加计扣除优惠明细表》（A107012）与政策规定的其他资料一并留存备查。

二、关于研发支出辅助账样式的问题

（一）《国家税务总局关于企业研究开发费用税前加计扣除政策有关问题的公告》（2015年第97号，以下简称97号公告）发布的研发支出辅助账和研发支出辅助账汇总表样式（以下简称2015版研发支出辅助账样式）继续有效。另增设简化版研发支出辅助账和研发支出辅助账汇总表样式（以下简称2021版研发支出辅助账样式），具体样式及填写说明见附件。

（二）企业按照研发项目设置辅助账时，可以自主选择使用2015版研发支出辅助账样式，

或者2021版研发支出辅助账样式，也可以参照上述样式自行设计研发支出辅助账样式。

企业自行设计的研发支出辅助账样式，应当包括2021版研发支出辅助账样式所列数据项，且逻辑关系一致，能准确归集允许加计扣除的研发费用。

三、关于其他相关费用限额计算的问题

（一）企业在一个纳税年度内同时开展多项研发活动的，由原来按照每一研发项目分别计算"其他相关费用"限额，改为统一计算全部研发项目"其他相关费用"限额。

企业按照以下公式计算《财政部 国家税务总局 科技部关于完善研究开发费用税前加计扣除政策的通知》（财税〔2015〕119号）第一条第（一）项"允许加计扣除的研发费用"第6目规定的"其他相关费用"的限额，其中资本化项目发生的费用在形成无形资产的年度统一纳入计算：

全部研发项目的其他相关费用限额 = 全部研发项目的人员人工等五项费用之和 × 10% ÷ (1-10%)

"人员人工等五项费用"是指财税〔2015〕119号文件第一条第（一）项"允许加计扣除的研发费用"第1目至第5目费用，包括"人员人工费用""直接投入费用""折旧费用""无形资产摊销"和"新产品设计费、新工艺规程制定费、新药研制的临床试验费、勘探开发技术的现场试验费"。

（二）当"其他相关费用"实际发生数小于限额时，按实际发生数计算税前加计扣除额；当"其他相关费用"实际发生数大于限额时，按限额计算税前加计扣除额。

四、执行时间

本公告第一条适用于2021年度，其他条款适用于2021年及以后年度。97号公告第二条第（三）项"其他相关费用的归集与限额计算"的规定同时废止。

特此公告。

附件：1.2021版研发支出辅助账（样式）（略）。
2.2021版研发支出辅助账汇总表（样式）（略）。

国家税务总局
2021年9月13日

137. 财政部 税务总局关于延续境外机构投资境内债券市场企业所得税、增值税政策的公告

财政部 税务总局公告 2021 年 34 号

为进一步推动债券市场对外开放，现将有关税收政策公告如下：

自2021年11月7日起至2025年12月31日止，对境外机构投资境内债券市场取得的债券利息收入暂免征收企业所得税和增值税。

上述暂免征收企业所得税的范围不包括境外机构在境内设立的机构、场所取得的与该机构、场所有实际联系的债券利息。

财政部 税务总局
2021年11月22日

138. 财政部等四部门关于公布《环境保护、节能节水项目企业所得税优惠目录（2021年版）》以及《资源综合利用企业所得税优惠目录（2021年版）》的公告

财政部　税务总局　发展改革委　生态环境部公告2021年第36号

为培育壮大节能环保产业，推动资源节约高效利用，现发布《环境保护、节能节水项目企业所得税优惠目录（2021年版）》和《资源综合利用企业所得税优惠目录（2021年版）》，有关事项公告如下：

一、《环境保护、节能节水项目企业所得税优惠目录（2021年版）》和《资源综合利用企业所得税优惠目录（2021年版）》自2021年1月1日起施行。

二、企业从事属于《财政部　国家税务总局　国家发展改革委关于公布环境保护节能节水项目企业所得税优惠目录（试行）的通知》（财税〔2009〕166号）和《财政部　国家税务总局　国家发展改革委关于垃圾填埋沼气发电列入〈环境保护、节能节水项目企业所得税优惠目录（试行）〉的通知》（财税〔2016〕131号）中目录规定范围的项目，2021年12月31日前已进入优惠期的，可按政策规定继续享受至期满为止；企业从事属于《环境保护、节能节水项目企业所得税优惠目录（2021年版）》规定范围的项目，若2020年12月31日前已取得第一笔生产经营收入，可在剩余期限享受政策优惠至期满为止。

三、企业从事资源综合利用属于《财政部　国家税务总局　国家发展改革委关于公布资源综合利用企业所得税优惠目录（2008年版）的通知》（财税〔2008〕117号）中目录规定范围，但不属于《资源综合利用企业所得税优惠目录（2021年版）》规定范围的，可按政策规定继续享受优惠至2021年12月31日止。

四、税务机关在后续管理中，如不能准确判定企业从事的项目是否属于《环境保护、节能节水项目企业所得税优惠目录（2021年版）》，以及资源综合利用是否属于《资源综合利用企业所得税优惠目录（2021年版）》规定的范围，可提请省级以上（含省级）发展改革和生态环境等部门出具意见。

五、《财政部　国家税务总局　国家发展改革委关于公布环境保护节能节水项目企业所得税优惠目录（试行）的通知》（财税〔2009〕166号）、《财政部　国家税务总局　国家发展改革委关于公布资源综合利用企业所得税优惠目录（2008年版）的通知》（财税〔2008〕117号）以及《财政部　国家税务总局　国家发展改革委关于垃圾填埋沼气发电列入〈环境保护、节能节水项目企业所得税优惠目录（试行）〉的通知》（财税〔2016〕131号）自2022年1月1日起废止。

附件：
1. 环境保护、节能节水项目企业所得税优惠目录（2021年版）
2. 资源综合利用企业所得税优惠目录（2021年版）

财政部　国家税务总局　国家发展改革委　生态环境部
2021年12月16日

139. 国家税务总局关于企业所得税年度汇算清缴有关事项的公告

国家税务总局公告 2021 年第 34 号

为贯彻落实《中华人民共和国企业所得税法》及有关税收政策，优化办税服务，减轻办税负担，现就企业所得税汇算清缴有关事项公告如下：

一、对《中华人民共和国企业所得税年度纳税申报表（A类，2017年版）》部分表单和填报说明进行修订，具体如下：对《企业所得税年度纳税申报基础信息表》（A000000）、《中华人民共和国企业所得税年度纳税申报表（A类）》（A100000）、《资产折旧、摊销及纳税调整明细表》（A105080）、《免税、减计收入及加计扣除优惠明细表》（A107010）、《所得减免优惠明细表》（A107020）、《减免所得税优惠明细表》（A107040）、《软件、集成电路企业优惠情况及明细表》（A107042）、《境外所得纳税调整后所得明细表》（A108010）、《跨地区经营汇总纳税企业年度分摊企业所得税明细表》（A109000）的表单样式及填报说明进行修订；对《研发费用加计扣除优惠明细表》（A107012）的填报说明进行修订。

二、纳税人在纳税年度内预缴企业所得税税款超过汇算清缴应纳税款的，纳税人应及时申请退税，主管税务机关应及时按有关规定办理退税，不再抵缴其下一年度应缴企业所得税税款。

三、本公告适用于 2021 年度及以后年度企业所得税汇算清缴。《国家税务总局关于发布〈中华人民共和国企业所得税年度纳税申报表（A类，2017年版）〉的公告》（2017年第 54 号）、《国家税务总局关于修订〈中华人民共和国企业所得税年度纳税申报表（A类，2017年版）〉部分表单样式及填报说明的公告》（2018年第 57 号）、《国家税务总局关于修订企业所得税年度纳税申报表有关问题的公告》（2019年第 41 号）、《国家税务总局关于修订企业所得税年度纳税申报表的公告》（2020年第 24 号）中的上述表单和填报说明同时废止。《国家税务总局关于印发〈企业所得税汇算清缴管理办法〉的通知》（国税发〔2009〕79号，国家税务总局公告 2018 年第 31 号修改）第十一条"或者经纳税人同意后抵缴其下一年度应缴企业所得税税款"和《国家税务总局关于印发〈跨地区经营汇总纳税企业所得税征收管理办法〉的公告》（2012年第 57 号，2018年第 31 号修改）第十条"或者经总、分机构同意后分别抵缴其下一年度应缴企业所得税税款"的规定同时废止。

特此公告。

附件：《中华人民共和国企业所得税年度纳税申报表（A类，2017年版）》部分表单及填报说明（2021年修订）

国家税务总局
2021 年 12 月 31 日

140. 财政部 税务总局关于基础设施领域不动产投资信托基金（REITs）试点税收政策的公告

财政部 税务总局公告2022年第3号

为支持基础设施领域不动产投资信托基金（以下称基础设施REITs）试点，现将有关税收政策公告如下：

一、设立基础设施REITs前，原始权益人向项目公司划转基础设施资产相应取得项目公司股权，适用特殊性税务处理，即项目公司取得基础设施资产的计税基础，以基础设施资产的原计税基础确定；原始权益人取得项目公司股权的计税基础，以基础设施资产的原计税基础确定。原始权益人和项目公司不确认所得，不征收企业所得税。

二、基础设施REITs设立阶段，原始权益人向基础设施REITs转让项目公司股权实现的资产转让评估增值，当期可暂不缴纳企业所得税，允许递延至基础设施REITs完成募资并支付股权转让价款后缴纳。其中，对原始权益人按照战略配售要求自持的基础设施REITs份额对应的资产转让评估增值，允许递延至实际转让时缴纳企业所得税。

原始权益人通过二级市场认购（增持）该基础设施REITs份额，按照先进先出原则认定优先处置战略配售份额。

三、对基础设施REITs运营、分配等环节涉及的税收，按现行税收法律法规的规定执行。

四、本公告适用范围为证监会、发展改革委根据有关规定组织开展的基础设施REITs试点项目。

五、本公告自2021年1月1日起实施。2021年1月1日前发生的符合本公告规定的事项，可按本公告规定享受相关政策。

财政部 税务总局
2022年1月26日

141. 财政部 税务总局关于延长部分税收优惠政策执行期限的公告

财政部 税务总局公告2022年第4号

为帮助企业纾困解难，促进创业创新，现将有关税收政策公告如下：

一、《财政部 税务总局 科技部 教育部关于科技企业孵化器 大学科技园和众创空间税收政策的通知》（财税〔2018〕120号）、《财政部 税务总局关于继续对城市公交站场 道路客运站场 城市轨道交通系统减免城镇土地使用税优惠政策的通知》（财税〔2019〕11号）、《财政部 税务总局关于继续实行农产品批发市场 农贸市场房产税 城镇土地使用税优惠政策的通知》（财税〔2019〕12号）、《财政部 税务总局关于高校学生公寓房产税 印花税政策的通知》（财税〔2019〕14号）、《财政部 税务总局 退役军人部关于进一步扶持自主就业退役士兵创业就业有关税收政策的通知》（财税〔2019〕21号）、《财政部 税务

总局 国家发展改革委 生态环境部关于从事污染防治的第三方企业所得税政策问题的公告》（财政部 税务总局 国家发展改革委 生态环境部公告2019年第60号）、《财政部 税务总局关于支持新型冠状病毒感染的肺炎疫情防控有关个人所得税政策的公告》（财政部 税务总局公告2020年第10号）中规定的税收优惠政策，执行期限延长至2023年12月31日。

二、本公告发布之日前，已征的相关税款，可抵减纳税人以后月份应缴纳税款或予以退还。

特此公告。

财政部 税务总局
2022年1月29日

142. 财政部 税务总局关于延续执行创业投资企业和天使投资个人投资初创科技型企业有关政策条件的公告

财政部 税务总局公告2022年第6号

为进一步支持创业创新，现就创业投资企业和天使投资个人投资初创科技型企业所得税政策有关事项公告如下：

自2022年1月1日至2023年12月31日，对于初创科技型企业需符合的条件，从业人数继续按不超过300人、资产总额和年销售收入按均不超过5 000万元执行，《财政部 税务总局关于创业投资企业和天使投资个人有关税收政策的通知》（财税〔2018〕55号）规定的其他条件不变。

在此期间已投资满2年及新发生的投资，可按财税〔2018〕55号文件和本公告规定适用税收政策。

财政部 税务总局
2022年2月9日

143. 财政部 税务总局关于中小微企业设备器具所得税税前扣除有关政策的公告

财政部 税务总局公告2022年第12号

为促进中小微企业设备更新和技术升级，持续激发市场主体创新活力，现就有关企业所得税税前扣除政策公告如下：

一、中小微企业在2022年1月1日至2022年12月31日期间新购置的设备、器具，单位价值在500万元以上的，按照单位价值的一定比例自愿选择在企业所得税税前扣除。其中，企业所得税法实施条例规定最低折旧年限为3年的设备器具，单位价值的100%可在当年一次性税前扣除；最低折旧年限为4年、5年、10年的，单位价值的50%可在当年一次性税前扣除，其余50%按规定在剩余年度计算折旧进行税前扣除。

企业选择适用上述政策当年不足扣除形成的亏损，可在以后5个纳税年度结转弥补，享受其他延长亏损结转年限政策的企业可按现行规定执行。

二、本公告所称中小微企业是指从事国家非限制和禁止行业，且符合以下条件的企业：

（一）信息传输业、建筑业、租赁和商务服务业：从业人员2 000人以下，或营业收入10亿元以下或资产总额12亿元以下；

（二）房地产开发经营：营业收入20亿元以下或资产总额1亿元以下；

（三）其他行业：从业人员1 000人以下或营业收入4亿元以下。

三、本公告所称设备、器具，是指除房屋、建筑物以外的固定资产；所称从业人数，包括与企业建立劳动关系的职工人数和企业接受的劳务派遣用工人数。

从业人数和资产总额指标，应按企业全年的季度平均值确定。具体计算公式如下：

季度平均值＝（季初值＋季末值）÷2

全年季度平均值＝全年各季度平均值之和 ÷4

年度中间开业或者终止经营活动的，以其实际经营期作为一个纳税年度确定上述相关指标。

四、中小微企业可按季（月）在预缴申报时享受上述政策。本公告发布前企业在2022年已购置的设备、器具，可在本公告发布后的预缴申报、年度汇算清缴时享受。

五、中小微企业可根据自身生产经营核算需要自行选择享受上述政策，当年度未选择享受的，以后年度不得再变更享受。

财政部　税务总局
2022年3月2日

144. 财政部　税务总局关于进一步实施小微企业所得税优惠政策的公告

财政部　税务总局公告2022年第13号

为进一步支持小微企业发展，现将有关税收政策公告如下：

一、对小型微利企业年应纳税所得额超过100万元但不超过300万元的部分，减按25%计入应纳税所得额，按20%的税率缴纳企业所得税。

二、本公告所称小型微利企业，是指从事国家非限制和禁止行业，且同时符合年度应纳税所得额不超过300万元、从业人数不超过300人、资产总额不超过5 000万元等三个条件的企业。

从业人数，包括与企业建立劳动关系的职工人数和企业接受的劳务派遣用工人数。所称从业人数和资产总额指标，应按企业全年的季度平均值确定。具体计算公式如下：

季度平均值＝（季初值＋季末值）÷2

全年季度平均值＝全年各季度平均值之和 ÷4

年度中间开业或者终止经营活动的，以其实际经营期作为一个纳税年度确定上述相关指标。

三、本公告执行期限为2022年1月1日至2024年12月31日。

特此公告。

财政部　税务总局
2022年3月14日

145. 财政部 税务总局 科技部关于进一步提高科技型中小企业研发费用税前加计扣除比例的公告

财政部 税务总局 科技部公告 2022 年第 16 号

为进一步支持科技创新，鼓励科技型中小企业加大研发投入，现就提高科技型中小企业研究开发费用（以下简称研发费用）税前加计扣除比例有关问题公告如下：

一、科技型中小企业开展研发活动中实际发生的研发费用，未形成无形资产计入当期损益的，在按规定据实扣除的基础上，自 2022 年 1 月 1 日起，再按照实际发生额的 100% 在税前加计扣除；形成无形资产的，自 2022 年 1 月 1 日起，按照无形资产成本的 200% 在税前摊销。

二、科技型中小企业条件和管理办法按照《科技部 财政部 国家税务总局关于印发〈科技型中小企业评价办法〉的通知》（国科发政〔2017〕115 号）执行。

三、科技型中小企业享受研发费用税前加计扣除政策的其他政策口径和管理要求，按照《财政部 国家税务总局 科技部关于完善研究开发费用税前加计扣除政策的通知》（财税〔2015〕119 号）、《财政部 税务总局 科技部关于企业委托境外研究开发费用税前加计扣除有关政策问题的通知》（财税〔2018〕64 号）等文件相关规定执行。

四、本公告自 2022 年 1 月 1 日起执行。

财政部 税务总局 科技部
2022 年 3 月 23 日

146. 国家税务总局关于小型微利企业所得税优惠政策征管问题的公告

国家税务总局公告 2022 年第 5 号

为贯彻落实党中央、国务院关于实施新的组合式税费支持政策的决策部署，支持小型微利企业发展，落实好小型微利企业所得税优惠政策，现就有关征管问题公告如下：

一、符合财政部、税务总局规定的小型微利企业条件的企业（以下简称小型微利企业），按照相关政策规定享受小型微利企业所得税优惠政策。

企业设立不具有法人资格分支机构的，应当汇总计算总机构及其各分支机构的从业人数、资产总额、年度应纳税所得额，依据合计数判断是否符合小型微利企业条件。

二、小型微利企业无论按查账征收方式或核定征收方式缴纳企业所得税，均可享受小型微利企业所得税优惠政策。

三、小型微利企业在预缴和汇算清缴企业所得税时，通过填写纳税申报表，即可享受小型微利企业所得税优惠政策。

四、小型微利企业预缴企业所得税时，资产总额、从业人数、年度应纳税所得额指标，暂按当年度截至本期预缴申报所属期末的情况进行判断。

五、原不符合小型微利企业条件的企业，在年度中间预缴企业所得税时，按照相关政策标准判断符合小型微利企业条件的，应按照截至本期预缴申报所属期末的累计情况，计算减免税额。当年度此前期间如因不符合小型微利企业条件而多预缴的企业所得税税款，可在以后季度应预缴的企业所得税税款中抵减。

六、企业预缴企业所得税时享受了小型微利企业所得税优惠政策，但在汇算清缴时发现不符合相关政策标准的，应当按照规定补缴企业所得税税款。

七、小型微利企业所得税统一实行按季度预缴。

按月度预缴企业所得税的企业，在当年度4月、7月、10月预缴申报时，若按相关政策标准判断符合小型微利企业条件的，下一个预缴申报期起调整为按季度预缴申报，一经调整，当年度内不再变更。

八、本公告自2022年1月1日起施行。《国家税务总局关于实施小型微利企业普惠性所得税减免政策有关问题的公告》（2019年第2号）同时废止。

特此公告。

国家税务总局
2022年3月22日

147. 国家税务总局关于企业预缴申报享受研发费用加计扣除优惠政策有关事项的公告

国家税务总局公告2022年第10号

为深入贯彻党中央、国务院关于实施新的组合式税费支持政策的重大决策部署，更好服务市场主体，激发企业创新活力，根据《中华人民共和国企业所得税法》及其实施条例等相关规定，现就企业预缴申报享受研发费用加计扣除优惠政策有关问题公告如下：

一、企业10月份预缴申报第3季度（按季预缴）或9月份（按月预缴）企业所得税时，可以自主选择就当年前三季度研发费用享受加计扣除优惠政策。

对10月份预缴申报期未选择享受研发费用加计扣除优惠政策的，可以在办理当年度企业所得税汇算清缴时统一享受。

二、企业享受研发费用加计扣除优惠政策采取"真实发生、自行判别、申报享受、相关资料留存备查"办理方式，由企业依据实际发生的研发费用支出，自行计算加计扣除金额，填报《中华人民共和国企业所得税月（季）度预缴纳税申报表（A类）》享受税收优惠，并根据享受加计扣除优惠的研发费用情况（前三季度）填写《研发费用加计扣除优惠明细表》（A107012）。《研发费用加计扣除优惠明细表》（A107012）与规定的其他资料一并留存备查。

三、企业在10月份预缴申报时，自行判断本年度符合科技型中小企业条件的，可选择暂按规定享受科技型中小企业研发费用加计扣除优惠政策，年度汇算清缴时再按照取得入库登记编号的情况确定是否可以享受科技型中小企业研发费用加计扣除优惠政策。

四、本公告自2022年1月1日起施行。

特此公告。

国家税务总局
2022年5月20日

148. 财政部　税务总局　科技部关于加大支持科技创新税前扣除力度的公告

财政部　税务总局　科技部公告 2022 年第 28 号

为支持高新技术企业创新发展，促进企业设备更新和技术升级，现就有关企业所得税税前扣除政策公告如下：

一、高新技术企业在 2022 年 10 月 1 日至 2022 年 12 月 31 日期间新购置的设备、器具，允许当年一次性全额在计算应纳税所得额时扣除，并允许在税前实行 100% 加计扣除。

凡在 2022 年第四季度内具有高新技术企业资格的企业，均可适用该项政策。企业选择适用该项政策当年不足扣除的，可结转至以后年度按现行有关规定执行。

上述所称设备、器具是指除房屋、建筑物以外的固定资产；所称高新技术企业的条件和管理办法按照《科技部　财政部　国家税务总局关于修订印发〈高新技术企业认定管理办法〉的通知》（国科发火〔2016〕32 号）执行。

企业享受该项政策的税收征管事项按现行征管规定执行。

二、现行适用研发费用税前加计扣除比例 75% 的企业，在 2022 年 10 月 1 日至 2022 年 12 月 31 日期间，税前加计扣除比例提高至 100%。

企业在 2022 年度企业所得税汇算清缴计算享受研发费用加计扣除优惠时，四季度研发费用可由企业自行选择按实际发生数计算，或者按全年实际发生的研发费用乘以 2022 年 10 月 1 日后的经营月份数占其 2022 年度实际经营月份数的比例计算。

企业享受研发费用税前加计扣除政策的相关政策口径和管理，按照《财政部　国家税务总局 科技部关于完善研究开发费用税前加计扣除政策的通知》（财税〔2015〕119 号）、《财政部　税务总局 科技部关于企业委托境外研究开发费用税前加计扣除有关政策问题的通知》（财税〔2018〕64 号）等文件相关规定执行。

特此公告。

财政部　税务总局　科技部
2022 年 9 月 22 日

149. 财政部　税务总局关于企业投入基础研究税收优惠政策的公告

财政部　税务总局公告 2022 年第 32 号

为鼓励企业加大创新投入，支持我国基础研究发展，现就企业投入基础研究相关税收政策公告如下：

一、对企业出资给非营利性科学技术研究开发机构（科学技术研究开发机构以下简称科研机构）、高等学校和政府性自然科学基金用于基础研究的支出，在计算应纳税所得额时可按实际发生额在税前扣除，并可按 100% 在税前加计扣除。

对非营利性科研机构、高等学校接收企业、个人和其他组织机构基础研究资金收入，免征企业所得税。

二、第一条所称非营利性科研机构、高等学校包括国家设立的科研机构和高等学校、民办非营利性科研机构和高等学校，具体按以下条件确定：

（一）国家设立的科研机构和高等学校是指利用财政性资金设立的、取得《事业单位法人证书》的科研机构和公办高等学校，包括中央和地方所属科研机构和高等学校。

（二）民办非营利性科研机构和高等学校，是指同时满足以下条件的科研机构和高等学校：

1. 根据《民办非企业单位登记管理暂行条例》在民政部门登记，并取得《民办非企业单位（法人）登记证书》。

2. 对于民办非营利性科研机构，其《民办非企业单位（法人）登记证书》记载的业务范围应属于科学研究与技术开发、成果转让、科技咨询与服务、科技成果评估范围。对业务范围存在争议的，由税务机关转请县级（含）以上科技行政主管部门确认。

对于民办非营利性高等学校，应取得教育主管部门颁发的《民办学校办学许可证》，记载学校类型为"高等学校"。

3. 经认定取得企业所得税非营利组织免税资格。

三、第一条所称政府性自然科学基金是指国家和地方政府设立的自然科学基金委员会管理的自然科学基金。

四、第一条所称基础研究是指通过对事物的特性、结构和相互关系进行分析，从而阐述和检验各种假设、原理和定律的活动。具体依据以下内容判断：

（一）基础研究不预设某一特定的应用或使用目的，主要是为获得关于现象和可观察事实的基本原理的新知识，可针对已知或具有前沿性的科学问题，或者针对人们普遍感兴趣的某些广泛领域，以未来广泛应用为目标。

（二）基础研究可细分为两种类型，一是自由探索性基础研究，即为了增进知识，不追求经济或社会效益，也不积极谋求将其应用于实际问题或把成果转移到负责应用的部门。二是目标导向（定向）基础研究，旨在获取某方面知识、期望为探索解决当前已知或未来可能发现的问题奠定基础。

（三）基础研究成果通常表现为新原理、新理论、新规律或新知识，并以论文、著作、研究报告等形式为主。同时，由于基础研究具有较强的探索性、存在失败的风险，论文、著作、研究报告等也可以体现为试错或证伪等成果。

上述基础研究不包括在境外开展的研究，也不包括社会科学、艺术或人文学方面的研究。

五、企业出资基础研究应签订相关协议或合同，协议或合同中需明确资金用于基础研究领域。

六、企业和非营利性科研机构、高等学校和政府性自然科学基金管理单位应将相关资料留存备查，包括企业出资协议、出资合同、相关票据等，出资协议、出资合同和出资票据应包含出资方、接收方、出资用途（注明用于基础研究）、出资金额等信息。

七、非营利性科研机构、高等学校和政府性自然科学基金管理单位应做好企业投入基础研究的资金管理，建立健全监督机制，确保资金用于基础研究，提高资金使用效率。

八、本公告自2022年1月1日起执行。

特此公告。

财政部　税务总局
2022年9月30日

第二编

货物和劳务税法

第三章　中华人民共和国增值税法

1. 中华人民共和国增值税暂行条例

（1993年12月13日中华人民共和国国务院令第134号公布　2008年11月5日国务院第34次常务会议修订通过　根据2016年2月6日《国务院关于修改部分行政法规的决定》第一次修订　根据2017年11月19日《国务院关于废止〈中华人民共和国营业税暂行条例〉和修改〈中华人民共和国增值税暂行条例〉的决定》第二次修订）

第一条　在中华人民共和国境内销售货物或者加工、修理修配劳务（以下简称劳务），销售服务、无形资产、不动产以及进口货物的单位和个人，为增值税的纳税人，应当依照本条例缴纳增值税。

第二条　增值税税率：

（一）纳税人销售货物、劳务、有形动产租赁服务或者进口货物，除本条第二项、第四项、第五项另有规定外，税率为17%。

（二）纳税人销售交通运输、邮政、基础电信、建筑、不动产租赁服务，销售不动产，转让土地使用权，销售或者进口下列货物，税率为11%：

1. 粮食等农产品、食用植物油、食用盐；
2. 自来水、暖气、冷气、热水、煤气、石油液化气、天然气、二甲醚、沼气、居民用煤炭制品；
3. 图书、报纸、杂志、音像制品、电子出版物；
4. 饲料、化肥、农药、农机、农膜；
5. 国务院规定的其他货物。

（三）纳税人销售服务、无形资产，除本条第一项、第二项、第五项另有规定外，税率为6%。

（四）纳税人出口货物，税率为零；但是，国务院另有规定的除外。

（五）境内单位和个人跨境销售国务院规定范围内的服务、无形资产，税率为零。

税率的调整，由国务院决定。

第三条　纳税人兼营不同税率的项目，应当分别核算不同税率项目的销售额；未分别核算销售额的，从高适用税率。

第四条　除本条例第十一条规定外，纳税人销售货物、劳务、服务、无形资产、不动产（以下统称应税销售行为），应纳税额为当期销项税额抵扣当期进项税额后的余额。应纳税额计算公式：

应纳税额＝当期销项税额－当期进项税额

当期销项税额小于当期进项税额不足抵扣时，其不足部分可以结转下期继续抵扣。

第五条　纳税人发生应税销售行为，按照销售额和本条例第二条规定的税率计算收取的增值税额，为销项税额。销项税额计算公式：

销项税额＝销售额×税率

第六条 销售额为纳税人发生应税销售行为收取的全部价款和价外费用,但是不包括收取的销项税额。

销售额以人民币计算。纳税人以人民币以外的货币结算销售额的,应当折合成人民币计算。

第七条 纳税人发生应税销售行为的价格明显偏低并无正当理由的,由主管税务机关核定其销售额。

第八条 纳税人购进货物、劳务、服务、无形资产、不动产支付或者负担的增值税额,为进项税额。

下列进项税额准予从销项税额中抵扣:

(一)从销售方取得的增值税专用发票上注明的增值税额。

(二)从海关取得的海关进口增值税专用缴款书上注明的增值税额。

(三)购进农产品,除取得增值税专用发票或者海关进口增值税专用缴款书外,按照农产品收购发票或者销售发票上注明的农产品买价和11%的扣除率计算的进项税额,国务院另有规定的除外。进项税额计算公式:

进项税额=买价 × 扣除率

(四)自境外单位或者个人购进劳务、服务、无形资产或者境内的不动产,从税务机关或者扣缴义务人取得的代扣代缴税款的完税凭证上注明的增值税额。

准予抵扣的项目和扣除率的调整,由国务院决定。

第九条 纳税人购进货物、劳务、服务、无形资产、不动产,取得的增值税扣税凭证不符合法律、行政法规或者国务院税务主管部门有关规定的,其进项税额不得从销项税额中抵扣。

第十条 下列项目的进项税额不得从销项税额中抵扣:

(一)用于简易计税方法计税项目、免征增值税项目、集体福利或者个人消费的购进货物、劳务、服务、无形资产和不动产;

(二)非正常损失的购进货物,以及相关的劳务和交通运输服务;

(三)非正常损失的在产品、产成品所耗用的购进货物(不包括固定资产)、劳务和交通运输服务;

(四)国务院规定的其他项目。

第十一条 小规模纳税人发生应税销售行为,实行按照销售额和征收率计算应纳税额的简易办法,并不得抵扣进项税额。应纳税额计算公式:

应纳税额=销售额 × 征收率

小规模纳税人的标准由国务院财政、税务主管部门规定。

第十二条 小规模纳税人增值税征收率为3%,国务院另有规定的除外。

第十三条 小规模纳税人以外的纳税人应当向主管税务机关办理登记。具体登记办法由国务院税务主管部门制定。

小规模纳税人会计核算健全,能够提供准确税务资料的,可以向主管税务机关办理登记,不作为小规模纳税人,依照本条例有关规定计算应纳税额。

第十四条 纳税人进口货物,按照组成计税价格和本条例第二条规定的税率计算应纳税额。组成计税价格和应纳税额计算公式:

组成计税价格=关税完税价格+关税+消费税

应纳税额=组成计税价格 × 税率

第十五条 下列项目免征增值税:

（一）农业生产者销售的自产农产品；

（二）避孕药品和用具；

（三）古旧图书；

（四）直接用于科学研究、科学试验和教学的进口仪器、设备；

（五）外国政府、国际组织无偿援助的进口物资和设备；

（六）由残疾人的组织直接进口供残疾人专用的物品；

（七）销售的自己使用过的物品。

除前款规定外，增值税的免税、减税项目由国务院规定。任何地区、部门均不得规定免税、减税项目。

第十六条 纳税人兼营免税、减税项目的，应当分别核算免税、减税项目的销售额；未分别核算销售额的，不得免税、减税。

第十七条 纳税人销售额未达到国务院财政、税务主管部门规定的增值税起征点的，免征增值税；达到起征点的，依照本条例规定全额计算缴纳增值税。

第十八条 中华人民共和国境外的单位或者个人在境内销售劳务，在境内未设有经营机构的，以其境内代理人为扣缴义务人；在境内没有代理人的，以购买方为扣缴义务人。

第十九条 增值税纳税义务发生时间：

（一）发生应税销售行为，为收讫销售款项或者取得索取销售款项凭据的当天；先开具发票的，为开具发票的当天。

（二）进口货物，为报关进口的当天。

增值税扣缴义务发生时间为纳税人增值税纳税义务发生的当天。

第二十条 增值税由税务机关征收，进口货物的增值税由海关代征。

个人携带或者邮寄进境自用物品的增值税，连同关税一并计征。具体办法由国务院关税税则委员会会同有关部门制定。

第二十一条 纳税人发生应税销售行为，应当向索取增值税专用发票的购买方开具增值税专用发票，并在增值税专用发票上分别注明销售额和销项税额。

属于下列情形之一的，不得开具增值税专用发票：

（一）应税销售行为的购买方为消费者个人的；

（二）发生应税销售行为适用免税规定的。

第二十二条 增值税纳税地点：

（一）固定业户应当向其机构所在地的主管税务机关申报纳税。总机构和分支机构不在同一县（市）的，应当分别向各自所在地的主管税务机关申报纳税；经国务院财政、税务主管部门或者其授权的财政、税务机关批准，可以由总机构汇总向总机构所在地的主管税务机关申报纳税。

（二）固定业户到外县（市）销售货物或者劳务，应当向其机构所在地的主管税务机关报告外出经营事项，并向其机构所在地的主管税务机关申报纳税；未报告的，应当向销售地或者劳务发生地的主管税务机关申报纳税；未向销售地或者劳务发生地的主管税务机关申报纳税的，由其机构所在地的主管税务机关补征税款。

（三）非固定业户销售货物或者劳务，应当向销售地或者劳务发生地的主管税务机关申报纳税；未向销售地或者劳务发生地的主管税务机关申报纳税的，由其机构所在地或者居住地的主管税务机关补征税款。

（四）进口货物，应当向报关地海关申报纳税。

扣缴义务人应当向其机构所在地或者居住地的主管税务机关申报缴纳其扣缴的税款。

第二十三条 增值税的纳税期限分别为1日、3日、5日、10日、15日、1个月或者1个季度。纳税人的具体纳税期限，由主管税务机关根据纳税人应纳税额的大小分别核定；不能按照固定期限纳税的，可以按次纳税。

纳税人以1个月或者1个季度为一个纳税期的，自期满之日起15日内申报纳税；以1日、3日、5日、10日或者15日为一个纳税期的，自期满之日起5日内预缴税款，于次月1日起15日内申报纳税并结清上月应纳税款。

扣缴义务人解缴税款的期限，依照前两款规定执行。

第二十四条 纳税人进口货物，应当自海关填发海关进口增值税专用缴款书之日起15日内缴纳税款。

第二十五条 纳税人出口货物适用退（免）税规定的，应当向海关办理出口手续，凭出口报关单等有关凭证，在规定的出口退（免）税申报期内按月向主管税务机关申报办理该项出口货物的退（免）税；境内单位和个人跨境销售服务和无形资产适用退（免）税规定的，应当按期向主管税务机关申报办理退（免）税。具体办法由国务院财政、税务主管部门制定。

出口货物办理退税后发生退货或者退关的，纳税人应当依法补缴已退的税款。

第二十六条 增值税的征收管理，依照《中华人民共和国税收征收管理法》及本条例有关规定执行。

第二十七条 纳税人缴纳增值税的有关事项，国务院或者国务院财政、税务主管部门经国务院同意另有规定的，依照其规定。

第二十八条 本条例自2009年1月1日起施行。

2. 中华人民共和国增值税暂行条例实施细则

（2008年12月18日财政部、国家税务总局令第50号公布 根据2011年10月28日《关于修改〈中华人民共和国增值税暂行条例实施细则〉和〈中华人民共和国营业税暂行条例实施细则〉的决定》修订）

第一条 根据《中华人民共和国增值税暂行条例》（以下简称条例），制定本细则。

第二条 条例第一条所称货物，是指有形动产，包括电力、热力、气体在内。

条例第一条所称加工，是指受托加工货物，即委托方提供原料及主要材料，受托方按照委托方的要求，制造货物并收取加工费的业务。

条例第一条所称修理修配，是指受托对损伤和丧失功能的货物进行修复，使其恢复原状和功能的业务。

【注释】相关规定包括：《财政部 国家税务总局关于增值税、营业税若干政策规定的通知》（财税〔1994〕26号）、《财政部 国家税务总局关于体育彩票发行收入税收问题的通知》（财税〔1996〕77号）、《国家税务总局关于厦门邮电纵横股份有限公司销售传呼机、移动电话征收增值税问题的批复》（国税函发〔1997〕504号）、《国家税务总局 国家税务总局关于电梯保养、维修收入征税问题的批复》（国税函发〔1998〕390号）、《国家税务总局关于纳税人销售自产货物提供增值税劳务并同时提供建筑业劳务征收流转税问题的通知》（国税发〔2002〕117号）、《国家税务总局关于电力公司过网费收入征收增值税问题的批复》（国税函〔2004〕607号）。

第三条 条例第一条所称销售货物，是指有偿转让货物的所有权。

条例第一条所称提供加工、修理修配劳务（以下称应税劳务），是指有偿提供加工、修理修配劳务。单位或者个体工商户聘用的员工为本单位或者雇主提供加工、修理修配劳务，不包括在内。

本细则所称有偿，是指从购买方取得货币、货物或者其他经济利益。

第四条 单位或者个体工商户的下列行为，视同销售货物：

（一）将货物交付其他单位或者个人代销；

（二）销售代销货物；

（三）设有两个以上机构并实行统一核算的纳税人，将货物从一个机构移送其他机构用于销售，但相关机构设在同一县（市）的除外；

（四）将自产或者委托加工的货物用于非增值税应税项目；

（五）将自产、委托加工的货物用于集体福利或者个人消费；

（六）将自产、委托加工或者购进的货物作为投资，提供给其他单位或者个体工商户；

（七）将自产、委托加工或者购进的货物分配给股东或者投资者；

（八）将自产、委托加工或者购进的货物无偿赠送其他单位或者个人。

【注释】相关规定包括：《国家税务总局关于企业所属机构间移送货物征收增值税问题的通知》（国税发〔1998〕137号）。

第五条 一项销售行为如果既涉及货物又涉及非增值税应税劳务，为混合销售行为。除本细则第六条的规定外，从事货物的生产、批发或者零售的企业、企业性单位和个体工商户的混合销售行为，视为销售货物，应当缴纳增值税；其他单位和个人的混合销售行为，视为销售非增值税应税劳务，不缴纳增值税。

本条第一款所称非增值税应税劳务，是指属于应缴营业税的交通运输业、建筑业、金融保险业、邮电通信业、文化体育业、娱乐业、服务业税目征收范围的劳务。

本条第一款所称从事货物的生产、批发或者零售的企业、企业性单位和个体工商户，包括以从事货物的生产、批发或者零售为主，并兼营非增值税应税劳务的单位和个体工商户在内。

第六条 纳税人的下列混合销售行为，应当分别核算货物的销售额和非增值税应税劳务的营业额，并根据其销售货物的销售额计算缴纳增值税，非增值税应税劳务的营业额不缴纳增值税；未分别核算的，由主管税务机关核定其货物的销售额：

（一）销售自产货物并同时提供建筑业劳务的行为；

（二）财政部、国家税务总局规定的其他情形。

【注释】相关规定包括：《国家税务总局关于增值税若干征收问题的通知》（国税发〔1994〕122号）。

第七条 纳税人兼营非增值税应税项目的，应分别核算货物或者应税劳务的销售额和非增值税应税项目的营业额；未分别核算的，由主管税务机关核定货物或者应税劳务的销售额。

第八条 条例第一条所称在中华人民共和国境内（以下简称境内）销售货物或者提供加工、修理修配劳务，是指：

（一）销售货物的起运地或者所在地在境内；

（二）提供的应税劳务发生在境内。

【注释】相关规定包括：《国家税务总局关于增值税若干征收问题的通知》（国税发〔1994〕122号）。

第九条 条例第一条所称单位,是指企业、行政单位、事业单位、军事单位、社会团体及其他单位。

条例第一条所称个人,是指个体工商户和其他个人。

第十条 单位租赁或者承包给其他单位或者个人经营的,以承租人或者承包人为纳税人。

第十一条 小规模纳税人以外的纳税人(以下称一般纳税人)因销售货物退回或者折让而退还给购买方的增值税额,应从发生销售货物退回或者折让当期的销项税额中扣减;因购进货物退出或者折让而收回的增值税额,应从发生购进货物退出或者折让当期的进项税额中扣减。

一般纳税人销售货物或者应税劳务,开具增值税专用发票后,发生销售货物退回或者折让、开票有误等情形,应按国家税务总局的规定开具红字增值税专用发票。未按规定开具红字增值税专用发票的,增值税额不得从销项税额中扣减。

第十二条 条例第六条第一款所称价外费用,包括价外向购买方收取的手续费、补贴、基金、集资费、返还利润、奖励费、违约金、滞纳金、延期付款利息、赔偿金、代收款项、代垫款项、包装费、包装物租金、储备费、优质费、运输装卸费以及其他各种性质的价外收费。但下列项目不包括在内:

(一)受托加工应征消费税的消费品所代收代缴的消费税;

(二)同时符合以下条件的代垫运输费用:

1. 承运部门的运输费用发票开具给购买方的;

2. 纳税人将该项发票转交给购买方的。

(三)同时符合以下条件代为收取的政府性基金或者行政事业性收费:

1. 由国务院或者财政部批准设立的政府性基金,由国务院或者省级人民政府及其财政、价格主管部门批准设立的行政事业性收费;

2. 收取时开具省级以上财政部门印制的财政票据;

3. 所收款项全额上缴财政。

(四)销售货物的同时代办保险等而向购买方收取的保险费,以及向购买方收取的代购买方缴纳的车辆购置税、车辆牌照费。

第十三条 混合销售行为依照本细则第五条规定应当缴纳增值税的,其销售额为货物的销售额与非增值税应税劳务营业额的合计。

第十四条 一般纳税人销售货物或者应税劳务,采用销售额和销项税额合并定价方法的,按下列公式计算销售额:

销售额=含税销售额÷(1+税率)

第十五条 纳税人按人民币以外的货币结算销售额的,其销售额的人民币折合率可以选择销售额发生的当天或者当月1日的人民币汇率中间价。纳税人应在事先确定采用何种折合率,确定后1年内不得变更。

第十六条 纳税人有条例第七条所称价格明显偏低并无正当理由或者有本细则第四条所列视同销售货物行为而无销售额者,按下列顺序确定销售额:

(一)按纳税人最近时期同类货物的平均销售价格确定;

(二)按其他纳税人最近时期同类货物的平均销售价格确定;

(三)按组成计税价格确定。组成计税价格的公式为:

组成计税价格=成本×(1+成本利润率)

属于应征消费税的货物,其组成计税价格中应加计消费税额。

公式中的成本是指：销售自产货物的为实际生产成本，销售外购货物的为实际采购成本。公式中的成本利润率由国家税务总局确定。

【注释】相关规定包括：《国家税务总局关于增值税一般纳税人发生偷税行为如何确定偷税数额和补税罚款的通知》（国税发〔1998〕66号）、《国家税务总局关于修改〈国家税务总局关于增值税一般纳税人发生偷税行为如何确定偷税数额和补税罚款的通知〉的通知》（国税函〔1999〕739号）。

第十七条 条例第八条第二款第（三）项所称买价，包括纳税人购进农产品在农产品收购发票或者销售发票上注明的价款和按规定缴纳的烟叶税。

第十八条 条例第八条第二款第（四）项所称运输费用金额，是指运输费用结算单据上注明的运输费用（包括铁路临管线及铁路专线运输费用）、建设基金，不包括装卸费、保险费等其他杂费。

第十九条 条例第九条所称增值税扣税凭证，是指增值税专用发票、海关进口增值税专用缴款书、农产品收购发票和农产品销售发票以及运输费用结算单据。

第二十条 混合销售行为依照本细则第五条规定应当缴纳增值税的，该混合销售行为所涉及的非增值税应税劳务所用购进货物的进项税额，符合条例第八条规定的，准予从销项税额中抵扣。

第二十一条 条例第十条第（一）项所称购进货物，不包括既用于增值税应税项目（不含免征增值税项目）也用于非增值税应税项目、免征增值税（以下简称免税）项目、集体福利或者个人消费的固定资产。

前款所称固定资产，是指使用期限超过12个月的机器、机械、运输工具以及其他与生产经营有关的设备、工具、器具等。

第二十二条 条例第十条第（一）项所称个人消费包括纳税人的交际应酬消费。

第二十三条 条例第十条第（一）项和本细则所称非增值税应税项目，是指提供非增值税应税劳务、转让无形资产、销售不动产和不动产在建工程。

前款所称不动产是指不能移动或者移动后会引起性质、形状改变的财产，包括建筑物、构筑物和其他土地附着物。

纳税人新建、改建、扩建、修缮、装饰不动产，均属于不动产在建工程。

第二十四条 条例第十条第（二）项所称非正常损失，是指因管理不善造成被盗、丢失、霉烂变质的损失。

【注释】相关规定包括：《国家税务总局关于企业改制中资产评估减值发生的流动资产损失进项税额抵扣问题的批复》（国税函〔2002〕1103号）。

第二十五条 纳税人自用的应征消费税的摩托车、汽车、游艇，其进项税额不得从销项税额中抵扣。

第二十六条 一般纳税人兼营免税项目或者非增值税应税劳务而无法划分不得抵扣的进项税额的，按下列公式计算不得抵扣的进项税额：

$$\text{不得抵扣的进项税额} = \text{当月无法划分的全部进项税额} \times \frac{\text{当月免税项目销售额、非增值税应税劳务营业额合计}}{\text{当月全部销售额、营业额合计}}$$

第二十七条 已抵扣进项税额的购进货物或者应税劳务，发生条例第十条规定的情形的（免税项目、非增值税应税劳务除外），应当将该项购进货物或者应税劳务的进项税额从当期的进项税额中扣减；无法确定该项进项税额的，按当期实际成本计算应扣减的进项税额。

第二十八条 条例第十一条所称小规模纳税人的标准为：

（一）从事货物生产或者提供应税劳务的纳税人，以及以从事货物生产或者提供应税劳务为主，并兼营货物批发或者零售的纳税人，年应征增值税销售额（以下简称应税销售额）在 50 万元以下（含本数，下同）的；

（二）除本条第一款第（一）项规定以外的纳税人，年应税销售额在 80 万元以下的。

本条第一款所称以从事货物生产或者提供应税劳务为主，是指纳税人的年货物生产或者提供应税劳务的销售额占年应税销售额的比重在 50% 以上。

【注释】相关规定包括：《国家税务总局关于印发〈增值税若干具体问题的规定〉的通知》（国税发〔1993〕154号）、《国家税务总局关于增值税几个业务问题的通知》（国税发〔1994〕186号）、《国家税务总局关于卫生防疫站调拨生物制品及药械征收增值税的批复》（国税函〔1999〕191号）。

第二十九条　年应税销售额超过小规模纳税人标准的其他个人按小规模纳税人纳税；非企业性单位、不经常发生应税行为的企业可选择按小规模纳税人纳税。

第三十条　小规模纳税人的销售额不包括其应纳税额。

小规模纳税人销售货物或者应税劳务采用销售额和应纳税额合并定价方法的，按下列公式计算销售额：

销售额＝含税销售额÷（1＋征收率）

【注释】相关规定包括：《国家税务总局关于印发〈增值税若干具体问题的规定〉的通知》（国税发〔1993〕154号）。

第三十一条　小规模纳税人因销售货物退回或者折让退还给购买方的销售额，应从发生销售货物退回或者折让当期的销售额中扣减。

第三十二条　条例第十三条和本细则所称会计核算健全，是指能够按照国家统一的会计制度规定设置账簿，根据合法、有效凭证核算。

第三十三条　除国家税务总局另有规定外，纳税人一经认定为一般纳税人后，不得转为小规模纳税人。

第三十四条　有下列情形之一者，应按销售额依照增值税税率计算应纳税额，不得抵扣进项税额，也不得使用增值税专用发票：

（一）一般纳税人会计核算不健全，或者不能够提供准确税务资料的；

（二）除本细则第二十九条规定外，纳税人销售额超过小规模纳税人标准，未申请办理一般纳税人认定手续的。

【注释】相关规定包括：《国家税务总局国家税务总局关于增值税一般纳税人恢复抵扣进项税额资格后有关问题的批复》（国税函〔2000〕584号）。

第三十五条　条例第十五条规定的部分免税项目的范围，限定如下：

（一）第一款第（一）项所称农业，是指种植业、养殖业、林业、牧业、水产业。

农业生产者，包括从事农业生产的单位和个人。

农产品，是指初级农产品，具体范围由财政部、国家税务总局确定。

（二）第一款第（三）项所称古旧图书，是指向社会收购的古书和旧书。

（三）第一款第（七）项所称自己使用过的物品，是指其他个人自己使用过的物品。

第三十六条　纳税人销售货物或者应税劳务适用免税规定的，可以放弃免税，依照条例的规定缴纳增值税。放弃免税后，36个月内不得再申请免税。

第三十七条　增值税起征点的适用范围限于个人。

增值税起征点的幅度规定如下：

（一）销售货物的，为月销售额 5 000～20 000 元；

（二）销售应税劳务的，为月销售额 5 000~20 000 元；

（三）按次纳税的，为每次（日）销售额 300~500 元。

前款所称销售额，是指本细则第三十条第一款所称小规模纳税人的销售额。

省、自治区、直辖市财政厅（局）和国家税务局应在规定的幅度内，根据实际情况确定本地区适用的起征点，并报财政部、国家税务总局备案。

第三十八条　条例第十九条第一款第（一）项规定的收讫销售款项或者取得索取销售款项凭据的当天，按销售结算方式的不同，具体为：

（一）采取直接收款方式销售货物，不论货物是否发出，均为收到销售款或者取得索取销售款凭据的当天；

（二）采取托收承付和委托银行收款方式销售货物，为发出货物并办妥托收手续的当天；

（三）采取赊销和分期收款方式销售货物，为书面合同约定的收款日期的当天，无书面合同的或者书面合同没有约定收款日期的，为货物发出的当天；

（四）采取预收货款方式销售货物，为货物发出的当天，但生产销售生产工期超过 12 个月的大型机械设备、船舶、飞机等货物，为收到预收款或者书面合同约定的收款日期的当天；

（五）委托其他纳税人代销货物，为收到代销单位的代销清单或者收到全部或者部分货款的当天。未收到代销清单及货款的，为发出代销货物满 180 天的当天；

（六）销售应税劳务，为提供劳务同时收讫销售款或者取得索取销售款的凭据的当天；

（七）纳税人发生本细则第四条第（三）项至第（八）项所列视同销售货物行为，为货物移送的当天。

【注释】相关规定包括：《财政部　国家税务总局关于增值税若干政策的通知》（财税〔2005〕165 号）。

第三十九条　条例第二十三条以 1 个季度为纳税期限的规定仅适用于小规模纳税人。小规模纳税人的具体纳税期限，由主管税务机关根据其应纳税额的大小分别核定。

第四十条　本细则自 2009 年 1 月 1 日起施行。

3. 国家税务总局关于修订《增值税专用发票使用规定》的通知

国税发〔2006〕156 号

各省、自治区、直辖市和计划单列市国家税务局：

为适应增值税专用发票管理需要，规范增值税专用发票使用，进一步加强增值税征收管理，在广泛征求意见的基础上，国家税务总局对现行的《增值税专用发票使用规定》进行了修订。现将修订后的《增值税专用发票使用规定》印发给你们，自 2007 年 1 月 1 日起施行。

各级税务机关应做好宣传工作，加强对税务人员和纳税人的培训，确保新规定贯彻执行到位。执行中如有问题，请及时报告总局（货物和劳务税司）。

附件：1. 最高开票限额申请表（略）。
　　　2. 销售货物或者提供应税劳务清单（略）。
　　　3. 开具红字增值税专用发票申请单（略）。

4. 开具红字增值税专用发票通知单（略）。
5. 丢失增值税专用发票已报税证明单（略）。

国家税务总局
2006 年 10 月 17 日

增值税专用发票使用规定

第一条 为加强增值税征收管理，规范增值税专用发票（以下简称专用发票）使用行为，根据《中华人民共和国增值税暂行条例》及其实施细则和《中华人民共和国税收征收管理法》及其实施细则，制定本规定。

第二条 专用发票，是增值税一般纳税人（以下简称一般纳税人）销售货物或者提供应税劳务开具的发票，是购买方支付增值税额并可按照增值税有关规定据以抵扣增值税进项税额的凭证。

第三条 一般纳税人应通过增值税防伪税控系统（以下简称防伪税控系统）使用专用发票。使用，包括领购、开具、缴销、认证纸质专用发票及其相应的数据电文。

本规定所称防伪税控系统，是指经国务院同意推行的，使用专用设备和通用设备、运用数字密码和电子存储技术管理专用发票的计算机管理系统。

本规定所称专用设备，是指金税卡、IC 卡、读卡器和其他设备。

本规定所称通用设备，是指计算机、打印机、扫描器具和其他设备。

第四条 专用发票由基本联次或者基本联次附加其他联次构成，基本联次为三联：发票联、抵扣联和记账联。发票联，作为购买方核算采购成本和增值税进项税额的记账凭证；抵扣联，作为购买方报送主管税务机关认证和留存备查的凭证；记账联，作为销售方核算销售收入和增值税销项税额的记账凭证。其他联次用途，由一般纳税人自行确定。

第五条 ……

【注释】第五条失效，参见《国家税务总局关于在全国开展营业税改征增值税试点有关征收管理问题的公告》（国家税务总局公告 2013 年第 39 号）。

第六条 一般纳税人领购专用设备后，凭《增值税专用发票最高开票限额申请单》《发票领购簿》到主管税务机关办理初始发行。

【注释】第六条第一款废止，参见《国家税务总局关于部分税务事项实行容缺办理和进一步精简涉税费资料报送的公告》（国家税务总局公告 2022 年第 26 号）。

本规定所称初始发行，是指主管税务机关将一般纳税人的下列信息载入空白金税卡和 IC 卡的行为。

（一）企业名称；
（二）税务登记代码；
（三）开票限额；
（四）购票限量；
（五）购票人员姓名、密码；
（六）开票机数量；
（七）国家税务总局规定的其他信息。

一般纳税人发生上列第一、第三、第四、第五、第六、第七项信息变化，应向主管税务机关申请变更发行；发生第二项信息变化，应向主管税务机关申请注销发行。

第七条 一般纳税人凭《发票领购簿》、IC 卡和经办人身份证明领购专用发票。

第八条 一般纳税人有下列情形之一的，不得领购开具专用发票：

（一）会计核算不健全，不能向税务机关准确提供增值税销项税额、进项税额、应纳税额数据及其他有关增值税税务资料的。上列其他有关增值税税务资料的内容，由省、自治区、直辖市和计划单列市税务局确定。

（二）有《税收征管法》规定的税收违法行为，拒不接受税务机关处理的。

（三）有下列行为之一，经税务机关责令限期改正而仍未改正的：

1. 虚开增值税专用发票；
2. 私自印制专用发票；
3. 向税务机关以外的单位和个人买取专用发票；
4. 借用他人专用发票；
5. 未按本规定第十一条开具专用发票；
6. 未按规定保管专用发票和专用设备；
7. 未按规定申请办理防伪税控系统变更发行；
8. 未按规定接受税务机关检查。

有上列情形的，如已领购专用发票，主管税务机关应暂扣其结存的专用发票和 IC 卡。

第九条 有下列情形之一的，为本规定第八条所称未按规定保管专用发票和专用设备：

（一）未设专人保管专用发票和专用设备；

（二）未按税务机关要求存放专用发票和专用设备；

（三）未将认证相符的专用发票抵扣联、《认证结果通知书》和《认证结果清单》装订成册；

（四）未经税务机关查验，擅自销毁专用发票基本联次。

第十条 一般纳税人销售货物或者提供应税劳务，应向购买方开具专用发票。

商业企业一般纳税人零售的烟、酒、食品、服装、鞋帽（不包括劳保专用部分）、化妆品等消费品不得开具专用发票。

增值税小规模纳税人（以下简称小规模纳税人）需要开具专用发票的，可向主管税务机关申请代开。

销售免税货物不得开具专用发票，法律、法规及国家税务总局另有规定的除外。

第十一条 专用发票应按下列要求开具：

（一）项目齐全，与实际交易相符；

（二）字迹清楚，不得压线、错格；

（三）发票联和抵扣联加盖财务专用章或者发票专用章；

（四）按照增值税纳税义务的发生时间开具。

对不符合上列要求的专用发票，购买方有权拒收。

第十二条 一般纳税人销售货物或者提供应税劳务可汇总开具专用发票。汇总开具专用发票的，同时使用防伪税控系统开具《销售货物或者提供应税劳务清单》（附件 2），并加盖财务专用章或者发票专用章。

第十三条 一般纳税人在开具专用发票当月，发生销货退回、开票有误等情形，收到退回的发票联、抵扣联符合作废条件的，按作废处理；开具时发现有误的，可即时作废。

作废专用发票须在防伪税控系统中将相应的数据电文按"作废"处理，在纸质专用发票（含未打印的专用发票）各联次上注明"作废"字样，全联次留存。

第十四条 一般纳税人取得专用发票后，发生销货退回、开票有误等情形但不符合作废条件的，或者因销货部分退回及发生销售折让的，购买方应向主管税务机关填报《开具红字增值税专用发票申请单》（以下简称《申请单》，附件3）。

《申请单》所对应的蓝字专用发票应经税务机关认证。

经认证结果为"认证相符"并且已经抵扣增值税进项税额的，一般纳税人在填报《申请单》时不填写相对应的蓝字专用发票信息。

经认证结果为"纳税人识别号认证不符""专用发票代码、号码认证不符"的，一般纳税人在填报《申请单》时应填写相对应的蓝字专用发票信息。

第十五条 《申请单》一式两联：第一联由购买方留存；第二联由购买方主管税务机关留存。

《申请单》应加盖一般纳税人财务专用章。

第十六条 主管税务机关对一般纳税人填报的《申请单》进行审核后，出具《开具红字增值税专用发票通知单》（以下简称《通知单》，附件4）。《通知单》应与《申请单》一一对应。

第十七条 《通知单》一式三联：第一联由购买方主管税务机关留存；第二联由购买方送交销售方留存；第三联由购买方留存。

《通知单》应加盖主管税务机关印章。

《通知单》应按月依次装订成册，并比照专用发票保管规定管理。

第十八条 购买方必须暂依《通知单》所列增值税税额从当期进项税额中转出，未抵扣增值税进项税额的可列入当期进项税额，待取得销售方开具的红字专用发票后，与留存的《通知单》一并作为记账凭证。属于本规定第十四条第四款所列情形的，不作进项税额转出。

第十九条 销售方凭购买方提供的《通知单》开具红字专用发票，在防伪税控系统中以销项负数开具。

红字专用发票应与《通知单》一一对应。

【注释】第十四条至第十九条废止，参见《国家税务总局关于推行增值税系统升级版有关问题的公告》（国家税务总局公告2014年第73号）。

第二十条 同时具有下列情形的，为本规定所称作废条件：

（一）收到退回的发票联、抵扣联时间未超过销售方开票当月；

（二）销售方未抄税并且未记账；

（三）购买方未认证或者认证结果为"纳税人识别号认证不符""专用发票代码、号码认证不符"。

本规定所称抄税，是报税前用IC卡或者IC卡和软盘抄取开票数据电文。

第二十一条 一般纳税人开具专用发票应在增值税纳税申报期内向主管税务机关报税，在申报所属月份内可分次向主管税务机关报税。

本规定所称报税，是纳税人持IC卡或者IC卡和软盘向税务机关报送开票数据电文。

第二十二条 因IC卡、软盘质量等问题无法报税的，应更换IC卡、软盘。

因硬盘损坏、更换金税卡等原因不能正常报税的，应提供已开具未向税务机关报税的专用发票记账联原件或者复印件，由主管税务机关补采开票数据。

第二十三条 一般纳税人注销税务登记或者转为小规模纳税人，应将专用设备和结存未用的纸质专用发票送交主管税务机关。

主管税务机关应缴销其专用发票，并按有关安全管理的要求处理专用设备。

第二十四条 本规定第二十三条所称专用发票的缴销，是指主管税务机关在纸质专用发票监制章处按"V"字剪角作废，同时作废相应的专用发票数据电文。

被缴销的纸质专用发票应退还纳税人。

第二十五条 用于抵扣增值税进项税额的专用发票应经税务机关认证相符（国家税务总

局另有规定的除外）。认证相符的专用发票应作为购买方的记账凭证，不得退还销售方。

本规定所称认证，是税务机关通过防伪税控系统对专用发票所列数据的识别、确认。

本规定所称认证相符，是指纳税人识别号无误，专用发票所列密文解译后与明文一致。

第二十六条 经认证，有下列情形之一的，不得作为增值税进项税额的抵扣凭证，税务机关退还原件，购买方可要求销售方重新开具专用发票。

（一）无法认证。

本规定所称无法认证，是指专用发票所列密文或者明文不能辨认，无法产生认证结果。

（二）纳税人识别号认证不符。

本规定所称纳税人识别号认证不符，是指专用发票所列购买方纳税人识别号有误。

（三）专用发票代码、号码认证不符。

本规定所称专用发票代码、号码认证不符，是指专用发票所列密文解译后与明文的代码或者号码不一致。

第二十七条 经认证，有下列情形之一的，暂不得作为增值税进项税额的抵扣凭证，税务机关扣留原件，查明原因，分别情况进行处理。

（一）重复认证。

本规定所称重复认证，是指已经认证相符的同一张专用发票再次认证。

（二）密文有误。

本规定所称密文有误，是指专用发票所列密文无法解译。

（三）认证不符。

本规定所称认证不符，是指纳税人识别号有误，或者专用发票所列密文解译后与明文不一致。

本项所称认证不符不含第二十六条第二项、第三项所列情形。

（四）列为失控专用发票。

本规定所称列为失控专用发票，是指认证时的专用发票已被登记为失控专用发票。

第二十八条 ……

【注释】第二十八条失效，参见《国家税务总局关于简化增值税发票领用和使用程序有关问题的公告》（国家税务总局公告2014年第19号）。

第二十九条 专用发票抵扣联无法认证的，可使用专用发票发票联到主管税务机关认证。专用发票发票联复印件留存备查。

第三十条 本规定自2007年1月1日施行，《国家税务总局关于印发〈增值税专用发票使用规定〉的通知》（国税发〔1993〕150号）、《国家税务总局关于增值税专用发票使用问题的补充通知》（国税发〔1994〕056号）、《国家税务总局关于由税务所为小规模企业代开增值税专用发票的通知》（国税发〔1994〕058号）、《国家税务总局关于印发〈关于商业零售企业开具增值税专用发票的通告〉的通知》（国税发〔1994〕081号）、《国家税务总局关于修改〈国家税务总局关于严格控制增值税专用发票使用范围的通知〉的通知》（国税发〔2000〕075号）、《国家税务总局关于加强防伪税控开票系统最高开票限额管理的通知》（国税发明电〔2001〕57号）、《国家税务总局关于增值税一般纳税人丢失防伪税控系统开具的增值税专用发票有关税务处理问题的通知》（国税发〔2002〕010号）、《国家税务总局关于进一步加强防伪税控开票系统最高开票限额管理的通知》（国税发明电〔2002〕33号）同时废止。以前有关政策规定与本规定不一致的，以本规定为准。

【注释】对《增值税暂行条例》第二十六条进行了解释。相关规定包括《国家税务总局关于修订增值税专用发票使用规定的补充通知》（国税发〔2007〕18号）。

4. 国家税务总局关于项目运营方利用信托资金融资过程中增值税进项税额抵扣问题的公告

国家税务总局公告2010年第8号

现就项目运营方利用信托资金融资进行项目建设开发过程中增值税进项税额抵扣问题公告如下：

项目运营方利用信托资金融资进行项目建设开发是指项目运营方与经批准成立的信托公司合作进行项目建设开发，信托公司负责筹集资金并设立信托计划，项目运营方负责项目建设与运营，项目建设完成后，项目资产归项目运营方所有。该经营模式下项目运营方在项目建设期内取得的增值税专用发票和其他抵扣凭证，允许其按现行增值税有关规定予以抵扣。

本公告自2010年10月1日起施行。此前未抵扣的进项税额允许其抵扣，已抵扣的不作进项税额转出。

国家税务总局
二〇一〇年八月九日

5. 国家税务总局关于融资性售后回租业务中承租方出售资产行为有关税收问题的公告

国家税务总局公告2010年第13号

现就融资性售后回租业务中承租方出售资产行为有关税收问题公告如下：

融资性售后回租业务是指承租方以融资为目的将资产出售给经批准从事融资租赁业务的企业后，又将该项资产从该融资租赁企业租回的行为。融资性售后回租业务中承租方出售资产时，资产所有权以及与资产所有权有关的全部报酬和风险并未完全转移。

一、增值税和营业税

根据现行增值税和营业税有关规定，融资性售后回租业务中承租方出售资产的行为，不属于增值税和营业税征收范围，不征收增值税和营业税。

二、企业所得税

根据现行企业所得税法及有关收入确定规定，融资性售后回租业务中，承租人出售资产的行为，不确认为销售收入，对融资性租赁的资产，仍按承租人出售前原账面价值作为计税基础计提折旧。租赁期间，承租人支付的属于融资利息的部分，作为企业财务费用在税前扣除。

本公告自2010年10月1日起施行。此前因与本公告规定不一致而已征的税款予以退税。

国家税务总局
二〇一〇年九月八日

6. 国家税务总局关于制种行业增值税有关问题的公告

国家税务总局公告2010年第17号

现就制种企业销售种子增值税有关问题公告如下：

制种企业在下列生产经营模式下生产销售种子，属于农业生产者销售自产农业产品，应根据《中华人民共和国增值税暂行条例》有关规定免征增值税。

一、制种企业利用自有土地或承租土地，雇佣农户或雇工进行种子繁育，再经烘干、脱粒、风筛等深加工后销售种子。

二、制种企业提供亲本种子委托农户繁育并从农户手中收回，再经烘干、脱粒、风筛等深加工后销售种子。

本公告自2010年12月1日起施行。

国家税务总局
二〇一〇年十月二十五日

7. 国家税务总局关于纳税人销售伴生金有关增值税问题的公告

国家税务总局公告2011年第8号

现将纳税人销售伴生金有关增值税问题公告如下：

《财政部 国家税务总局关于黄金税收政策问题的通知》（财税〔2002〕142号）第一条所称伴生金，是指黄金矿砂以外的其他矿产品、冶炼中间产品和其他可以提炼黄金的原料中所伴生的黄金。

纳税人销售含有伴生金的货物并申请伴生金免征增值税的，应当出具伴生金含量的有效证明，分别核算伴生金和其他成分的销售额。

本公告自2011年2月1日起执行。此前执行与本公告不一致的，按照本公告的规定调整。特此公告。

国家税务总局
二〇一一年一月二十四日

8. 国家税务总局关于纳税人资产重组有关增值税问题的公告

国家税务总局公告2011年第13号

根据《中华人民共和国增值税暂行条例》及其实施细则的有关规定，现将纳税人资产重组有关增值税问题公告如下：

纳税人在资产重组过程中，通过合并、分立、出售、置换等方式，将全部或者部分实物资产以及与其相关联的债权、负债和劳动力一并转让给其他单位和个人，不属于增值税的征税范围，其中涉及的货物转让，不征收增值税。

本公告自 2011 年 3 月 1 日起执行。此前未作处理的，按照本公告的规定执行。《国家税务总局关于转让企业全部产权不征收增值税问题的批复》（国税函〔2002〕420 号）、《国家税务总局关于纳税人资产重组有关增值税政策问题的批复》（国税函〔2009〕585 号）、《国家税务总局关于中国直播卫星有限公司转让全部产权有关增值税问题的通知》（国税函〔2010〕350 号）同时废止。

特此公告。

国家税务总局
二〇一一年二月十八日

9. 国家税务总局关于增值税纳税义务发生时间有关问题的公告

国家税务总局公告 2011 年第 40 号

根据《中华人民共和国增值税暂行条例》及其实施细则的有关规定，现就增值税纳税义务发生时间有关问题公告如下：

纳税人生产经营活动中采取直接收款方式销售货物，已将货物移送对方并暂估销售收入入账，但既未取得销售款或取得索取销售款凭据也未开具销售发票的，其增值税纳税义务发生时间为取得销售款或取得索取销售款凭据的当天；先开具发票的，为开具发票的当天。

本公告自 2011 年 8 月 1 日起施行。纳税人此前对发生上述情况进行增值税纳税申报的，可向主管税务机关申请，按本公告规定做纳税调整。

特此公告。

国家税务总局
二〇一一年七月十五日

10. 国家税务总局关于纳税人转让土地使用权或者销售不动产同时一并销售附着于土地或者不动产上的固定资产有关税收问题的公告

国家税务总局公告 2011 年第 47 号

现就纳税人转让土地使用权或者销售不动产的同时一并销售附着于土地或者不动产上的固定资产有关税收问题公告如下：

纳税人转让土地使用权或者销售不动产的同时一并销售的附着于土地或者不动产上的

固定资产中,凡属于增值税应税货物的,应按照《财政部 国家税务总局关于部分货物适用增值税低税率和简易办法征收增值税政策的通知》(财税〔2009〕9号)第二条有关规定,计算缴纳增值税;凡属于不动产的,应按照《中华人民共和国营业税暂行条例》"销售不动产"税目计算缴纳营业税。

纳税人应分别核算增值税应税货物和不动产的销售额,未分别核算或核算不清的,由主管税务机关核定其增值税应税货物的销售额和不动产的销售额。

本公告自2011年9月1日起施行。《国家税务总局关于煤炭企业转让井口征收营业税问题的批复》(国税函〔1997〕556号)和《国家税务总局关于煤矿转让征收营业税问题的批复》(国税函〔2007〕1018号)中"对单位和个人在转让煤矿土地使用权和销售不动产的同时一并转让附着于土地或不动产上的机电设备,一并按.销售不动产.征收营业税"的规定同时废止。本公告施行前已处理的事项不再作调整,未处理事项依据本公告处理。

特此公告。

国家税务总局
二〇一一年八月十七日

11. 国家税务总局关于纳税人为其他单位和个人开采矿产资源提供劳务有关货物和劳务税问题的公告

国家税务总局公告2011年第56号

现将纳税人为其他单位和个人开采矿产资源提供劳务有关货物和劳务税问题公告如下:

纳税人提供的矿山爆破、穿孔、表面附着物(包括岩层、土层、沙层等)剥离和清理劳务,以及矿井、巷道构筑劳务,属于营业税应税劳务,应当缴纳营业税。

纳税人提供的矿产资源开采、挖掘、切割、破碎、分拣、洗选等劳务,属于增值税应税劳务,应当缴纳增值税。

本公告自2011年12月1日起执行。此前未处理的,按照本公告的规定处理。

特此公告。

国家税务总局
二〇一一年十一月七日

12. 国家税务总局关于安置残疾人单位是否可以同时享受多项增值税优惠政策问题的公告

国家税务总局公告2011年第61号

现将安置残疾人单位是否可以同时享受多重增值税优惠政策问题公告如下:

安置残疾人单位既符合促进残疾人就业增值税优惠政策条件,又符合其他增值税优惠政策条件的,可同时享受多项增值税优惠政策,但年度申请退还增值税总额不得超过本年度内应纳增值税总额。

本公告自2011年12月1日起执行。

特此公告。

国家税务总局
二〇一一年十一月十八日

13. 国家税务总局关于纳税人既享受增值税即征即退 先征后退政策又享受免抵退税政策有关问题的公告

国家税务总局公告2011年第69号

现将纳税人既享受增值税即征即退、先征后退政策又享受免抵退税政策有关问题公告如下:

一、纳税人既有增值税即征即退、先征后退项目,也有出口等其他增值税应税项目的,增值税即征即退和先征后退项目不参与出口项目免抵退税计算。纳税人应分别核算增值税即征即退、先征后退项目和出口等其他增值税应税项目,分别申请享受增值税即征即退、先征后退和免抵退税政策。

二、用于增值税即征即退或者先征后退项目的进项税额无法划分的,按照下列公式计算:

无法划分进项税额中用于增值税即征即退或者先征后退项目的部分=当月无法划分的全部进项税额 × 当月增值税即征即退或者先征后退项目销售额当月全部销售额、营业额合计

本公告自2012年1月1日起执行。《国家税务总局关于飞机维修业务增值税问题的批复》(国税函〔2008〕842号)、《国家税务总局关于飞机维修业务增值税处理方式的公告》(2011年第5号)同时废止。

国家税务总局
二〇一一年十二月一日

14. 国家税务总局关于一般纳税人迁移有关增值税问题的公告

国家税务总局公告2011年第71号

现就增值税一般纳税人经营地点迁移后仍继续经营,其一般纳税人资格是否可以继续保留以及尚未抵扣进项税额是否允许继续抵扣问题公告如下:

一、增值税一般纳税人(以下简称纳税人)因住所、经营地点变动,按照相关规定,在工商行政管理部门作变更登记处理,但因涉及改变税务登记机关,需要办理注销税务登记并重新办理税务登记的,在迁达地重新办理税务登记后,其增值税一般纳税人资格予以保留,办理注销税务登记前尚未抵扣的进项税额允许继续抵扣。

二、迁出地主管税务机关应认真核实纳税人在办理注销税务登记前尚未抵扣的进项税额，填写《增值税一般纳税人迁移进项税额转移单》（见附件）。

《增值税一般纳税人迁移进项税额转移单》一式三份，迁出地主管税务机关留存一份，交纳税人一份，传递迁达地主管税务机关一份。

三、迁达地主管税务机关应将迁出地主管税务机关传递来的《增值税一般纳税人迁移进项税额转移单》与纳税人报送资料进行认真核对，对其迁移前尚未抵扣的进项税额，在确认无误后，允许纳税人继续申报抵扣。

本公告自2012年1月1日起执行。此前已经发生的事项，不再调整。

特此公告。

附件：增值税一般纳税人迁移进项税额转移单（略）。

国家税务总局
二〇一一年十二月九日

15. 国家税务总局关于一般纳税人销售自己使用过的固定资产增值税有关问题的公告

国家税务总局公告2012年第1号

现将增值税一般纳税人销售自己使用过的固定资产有关增值税问题公告如下：

增值税一般纳税人销售自己使用过的固定资产，属于以下两种情形的，可按简易办法依4%征收率减半征收增值税，同时不得开具增值税专用发票：

一、纳税人购进或者自制固定资产时为小规模纳税人，认定为一般纳税人后销售该固定资产。

二、增值税一般纳税人发生按简易办法征收增值税应税行为，销售其按照规定不得抵扣且未抵扣进项税额的固定资产。

本公告自2012年2月1日起施行。此前已发生并已经征税的事项，不再调整；此前已发生未处理的，按本公告规定执行。

特此公告。

国家税务总局
二〇一二年一月六日

16. 财政部 国家税务总局关于在部分行业试行农产品增值税进项税额核定扣除办法的通知

财税〔2012〕38号

各省、自治区、直辖市、计划单列市财政厅（局）、国家税务局，新疆生产建设兵团财务局：

为调整和完善农产品增值税抵扣机制,经国务院批准,决定在部分行业开展增值税进项税额核定扣除试点。现将有关事项通知如下:

一、自2012年7月1日起,以购进农产品为原料生产销售液体乳及乳制品、酒及酒精、植物油的增值税一般纳税人,纳入农产品增值税进项税额核定扣除试点范围,其购进农产品无论是否用于生产上述产品,增值税进项税额均按照《农产品增值税进项税额核定扣除试点实施办法》(附件1)的规定抵扣。

二、除本通知第一条规定以外的纳税人,其购进农产品仍按现行增值税的有关规定抵扣农产品进项税额。

三、对部分液体乳及乳制品实行全国统一的扣除标准(附件2)。

四、各级财税机关要认真组织试点各项工作,及时总结试点经验,并向财政部和国家税务总局报告试点过程中发现的问题。

附件:1. 农产品增值税进项税额核定扣除试点实施办法
      2. 全国统一的部分液体乳及乳制品扣除标准表

财政部 国家税务总局
二〇一二年四月六日

附件1:

农产品增值税进项税额核定扣除试点实施办法

一、为加强农产品增值税进项税额抵扣管理,经国务院批准,对财政部和国家税务总局纳入试点范围的增值税一般纳税人(以下称试点纳税人)购进农产品增值税进项税额,实施核定扣除办法。

二、购进农产品抵扣增值税进项税额的试点纳税人均适用本办法。

农产品是指列入《农业产品征税范围注释》(财税字〔1995〕52号)的初级农业产品。

三、试点纳税人购进农产品不再凭增值税扣税凭证抵扣增值税进项税额,购进除农产品以外的货物、应税劳务和应税服务,增值税进项税额仍按现行有关规定抵扣。

四、农产品增值税进项税额核定方法

(一)试点纳税人以购进农产品为原料生产货物的,农产品增值税进项税额可按照以下方法核定:

1. 投入产出法:参照国家标准、行业标准(包括行业公认标准和行业平均耗用值)确定销售单位数量货物耗用外购农产品的数量(以下称农产品单耗数量)。

当期允许抵扣农产品增值税进项税额依据农产品单耗数量、当期销售货物数量、农产品平均购买单价(含税,下同)和农产品增值税进项税额扣除率(以下简称扣除率)计算。公式为:

$$当期允许抵扣农产品增值税进项税额 = 当期农产品耗用数量 \times 农产品平均购买单价 \times \frac{扣除率}{1+扣除率}$$

$$当期农产品耗用数量 = 当期销售货物数量(不含采购除农产品以外的半成品生产的货物数量) \times 农产品单耗数量$$

对以单一农产品原料生产多种货物或者多种农产品原料生产多种货物的,在核算当期农产品耗用数量和平均购买单价时，应依据合理的方法归集和分配。

平均购买单价是指购买农产品期末平均买价，不包括买价之外单独支付的运费和入库前的整理费用。期末平均买价计算公式：

$$期末平均买价=\frac{期初库存农产品数量 \times 期初平均买价 + 当期购进农产品数量 \times 当期买价}{期初库存农产品数量 + 当期购进农产品数量}$$

2. 成本法：依据试点纳税人年度会计核算资料，计算确定耗用农产品的外购金额占生产成本的比例（以下称农产品耗用率）。当期允许抵扣农产品增值税进项税额依据当期主营业务成本、农产品耗用率以及扣除率计算。公式为：

$$当期允许抵扣农产品增值税进项税额 = 当期主营业务成本 \times 农产品耗用率 \times 扣除率 \div (1 + 扣除率)$$

农产品耗用率＝上年投入生产的农产品外购金额÷上年生产成本

农产品外购金额（含税）不包括不构成货物实体的农产品（包括包装物、辅助材料、燃料、低值易耗品等）和在购进农产品之外单独支付的运费、入库前的整理费用。

对以单一农产品原料生产多种货物或者多种农产品原料生产多种货物的，在核算当期主营业务成本以及核定农产品耗用率时，试点纳税人应依据合理的方法进行归集和分配。

农产品耗用率由试点纳税人向主管税务机关申请核定。

年度终了，主管税务机关应根据试点纳税人本年实际对当年已抵扣的农产品增值税进项税额进行纳税调整，重新核定当年的农产品耗用率，并作为下一年度的农产品耗用率。

3. 参照法：新办的试点纳税人或者试点纳税人新增产品的，试点纳税人可参照所属行业或者生产结构相近的其他试点纳税人确定农产品单耗数量或者农产品耗用率。次年，试点纳税人向主管税务机关申请核定当期的农产品单耗数量或者农产品耗用率，并据此计算确定当年允许抵扣的农产品增值税进项税额，同时对上一年增值税进项税额进行调整。核定的进项税额超过实际抵扣增值税进项税额的，其差额部分可以结转下期继续抵扣；核定的进项税额低于实际抵扣增值税进项税额的，其差额部分应按现行增值税的有关规定将进项税额做转出处理。

（二）试点纳税人购进农产品直接销售的，农产品增值税进项税额按照以下方法核定扣除：

$$当期允许抵扣农产品增值税进项税额 = 当期销售农产品数量 \div (1 - 损耗率) \times 农产品平均购买单价 \times 13\% \div (1 + 13\%)$$

损耗率＝损耗数量÷购进数量

（三）试点纳税人购进农产品用于生产经营且不构成货物实体的（包括包装物、辅助材料、燃料、低值易耗品等），增值税进项税额按照以下方法核定扣除：

$$当期允许抵扣农产品增值税进项税额 = 当期耗用农产品数量 \times 农产品平均购买单价 \times 13\% \div (1 + 13\%)$$

农产品单耗数量、农产品耗用率和损耗率统称为农产品增值税进项税额扣除标准（以下称扣除标准）。

五、试点纳税人销售货物，应合并计算当期允许抵扣农产品增值税进项税额。

六、试点纳税人购进农产品取得的农产品增值税专用发票和海关进口增值税专用缴款书，按照注明的金额及增值税额一并计入成本科目；自行开具的农产品收购发票和取得的农产品销售发票，按照注明的买价直接计入成本。

七、本办法规定的扣除率为销售货物的适用税率。

八、省级（包括计划单列市，下同）税务机关应根据本办法第四条规定的核定方法顺序，确定试点纳税人适用的农产品增值税进项税额核定扣除方法。

九、试点纳税人应自执行本办法之日起，将期初库存农产品以及库存半成品、产成品耗用的农产品增值税进项税额作转出处理。

十、试点纳税人应当按照本办法第四条的规定准确计算当期允许抵扣农产品增值税进项税额，并从相关科目转入"应交税金一应交增值税（进项税额）"科目。未能准确计算的，由主管税务机关核定。

十一、试点纳税人购进的农产品价格明显偏高或偏低，且不具有合理商业目的的，由主管税务机关核定。

十二、试点纳税人在计算农产品增值税进项税额时，应按照下列顺序确定适用的扣除标准：

（一）财政部和国家税务总局不定期公布的全国统一的扣除标准。

（二）省级税务机关商同级财政机关根据本地区实际情况，报经财政部和国家税务总局备案后公布的适用于本地区的扣除标准。

（三）省级税务机关依据试点纳税人申请，按照本办法第十三条规定的核定程序审定的仅适用于该试点纳税人的扣除标准。

十三、试点纳税人扣除标准核定程序

（一）试点纳税人以农产品为原料生产货物的扣除标准核定程序：

1. 申请核定。以农产品为原料生产货物的试点纳税人应于当年1月15日前（2012年为7月15日前）或者投产之日起30日内，向主管税务机关提出扣除标准核定申请并提供有关资料。申请资料的范围和要求由省级税务机关确定。

2. 审定。主管税务机关应对试点纳税人的申请资料进行审核，并逐级上报给省级税务机关。

省级税务机关应由货物和劳务税处牵头，会同政策法规处等相关部门组成扣除标准核定小组，核定结果应由省级税务机关下达，主管税务机关通过网站、报刊等多种方式及时向社会公告核定结果。未经公告的扣除标准无效。

省级税务机关尚未下达核定结果前，试点纳税人可按上年确定的核定扣除标准计算申报农产品进项税额。

（二）试点纳税人购进农产品直接销售、购进农产品用于生产经营且不构成货物实体扣除标准的核定采取备案制，抵扣农产品增值税进项税额的试点纳税人应在申报缴纳税款时向主管税务机关备案。备案资料的范围和要求由省级税务机关确定。

十四、试点纳税人对税务机关根据本办法第十三条规定核定的扣除标准有疑义或者生产经营情况发生变化的，可以自税务机关发布公告或者收到主管税务机关《税务事项通知书》之日起30日内，向主管税务机关提出重新核定扣除标准申请，并提供说明其生产、经营真实情况的证据，主管税务机关应当自接到申请之日起30日内书面答复。

十五、试点纳税人在申报期内，除向主管税务机关报送《增值税一般纳税人纳税申报办法》规定的纳税申报资料外，还应报送《农产品核定扣除增值税进项税额计算表》（见附表）。

十六、各级税务机关应加强对试点纳税人农产品增值税进项税额计算扣除情况的监管，防范和打击虚开发票行为，定期进行纳税评估，及时发现申报纳税中存在的问题。

附：农产品核定扣除增值税进项税额计算表（略）。

附件2：

全国统一的部分液体乳及乳制品扣除标准表

产品类型	扣除标准
	原乳单耗数量（吨）
超高温灭菌牛乳（每吨）	1.068
超高温灭菌牛乳（蛋白质含量≥3.3%）（每吨）	1.124
巴氏杀菌牛乳（每吨）	1.055
巴氏杀菌牛乳（蛋白质含量≥3.3%）（每吨）	1.196
超高温灭菌羊乳（每吨）	1.023
巴氏杀菌羊乳（每吨）	1.062

17. 国家税务总局关于药品经营企业销售生物制品有关增值税问题的公告

国家税务总局公告2012年第20号

现将药品经营企业销售生物制品有关增值税问题公告如下：

一、属于增值税一般纳税人的药品经营企业销售生物制品，可以选择简易办法按照生物制品销售额和3%的征收率计算缴纳增值税。

药品经营企业，是指取得（食品）药品监督管理部门颁发的《药品经营许可证》，获准从事生物制品经营的药品批发企业和药品零售企业。

二、属于增值税一般纳税人的药品经营企业销售生物制品，选择简易办法计算缴纳增值税的，36个月内不得变更计税方法。

三、本公告自2012年7月1日起施行。

特此公告。

国家税务总局
二〇一二年五月二十八日

18. 国家税务总局关于二手车经营业务有关增值税问题的公告

国家税务总局公告2012年第23号

为加强管理，现将二手车经营业务有关增值税问题公告如下：

经批准允许从事二手车经销业务的纳税人按照《机动车登记规定》的有关规定，收购二手车时将其办理过户登记到自己名下，销售时再将该二手车过户登记到买家名下的行为，属于《中华人民共和国增值税暂行条例》规定的销售货物的行为,应按照现行规定征收增值税。

除上述行为以外,纳税人受托代理销售二手车,凡同时具备以下条件的,不征收增值税;不同时具备以下条件的,视同销售征收增值税。

(一)受托方不向委托方预付货款;

(二)委托方将《二手车销售统一发票》直接开具给购买方;

(三)受托方按购买方实际支付的价款和增值税额(如系代理进口销售货物则为海关代征的增值税额)与委托方结算货款,并另外收取手续费。

本公告自2012年7月1日起开始施行。

特此公告。

国家税务总局
二〇一二年六月一日

19. 国家税务总局关于纳税人虚开增值税专用发票征补税款问题的公告

国家税务总局公告2012年第33号

现将纳税人虚开增值税专用发票征补税款问题公告如下:

纳税人虚开增值税专用发票,未就其虚开金额申报并缴纳增值税的,应按照其虚开金额补缴增值税;已就其虚开金额申报并缴纳增值税的,不再按照其虚开金额补缴增值税。税务机关对纳税人虚开增值税专用发票的行为,应按《中华人民共和国税收征收管理法》及《中华人民共和国发票管理办法》的有关规定给予处罚。纳税人取得虚开的增值税专用发票,不得作为增值税合法有效的扣税凭证抵扣其进项税额。

本公告自2012年8月1日起施行。纳税人发生本公告规定事项,此前已处理的不再调整;此前未处理的按本公告规定执行。《国家税务总局关于加强增值税征收管理若干问题的通知》(国税发〔1995〕192号)第二条和《国家税务总局对代开、虚开增值税专用发票征补税款问题的批复》(国税函发〔1995〕415号)同时废止。

特此公告。

国家税务总局
二〇一二年七月九日

20. 国家税务总局关于在部分行业试行农产品增值税进项税额核定扣除办法有关问题的公告

国家税务总局公告2012年第35号

为进一步规范农产品增值税进项税额核定扣除政策,加强税收征管,根据《财政部国家税务总局关于在部分行业试行农产品增值税进项税额核定扣除办法的通知》（财税〔2012〕38号，以下简称《通知》）的有关规定，现将在部分行业试行农产品增值税进项税额核定扣除办法有关问题公告如下：

一、《通知》第一条所述"液体乳及乳制品"的行业范围按《国民经济行业分类》（GB/T4754-2011）中"乳制品制造"类别（代码C1440）执行；"酒及酒精"的行业范围按《国民经济行业分类》（GB/T4754-2011）中"酒的制造"类别（代码C151）执行；"植物油"的行业范围按《国民经济行业分类》（GB/T4754-2011）中"植物油加工"类别（代码C133）执行。

二、增值税一般纳税人委托其他单位和个人加工液体乳及乳制品、酒及酒精、植物油，其购进的农产品均适用《通知》的有关规定。

三、纳入试点范围的增值税一般纳税人（以下简称试点纳税人）按照《通知》附件1《农产品增值税进项税额核定扣除试点实施办法》（以下简称《实施办法》）第四条中"投入产出法"的有关规定核定农产品增值税进项税额时，如果期初没有库存农产品，当期也未购进农产品的，农产品"期末平均买价"以该农产品上期期末平均买价计算；上期期末仍无农产品买价的依此类推。

按照"成本法"的有关规定核定试点纳税人农产品增值税进项税额时，"主营业务成本""生产成本"中不包括其未耗用农产品的产品的成本。

四、试点纳税人按照《实施办法》第九条有关规定作进项税额转出形成应纳税款一次性缴纳入库确有困难的，可于2012年12月31日前将进项税额应转出额分期转出，具体办法由省级税务机关确定。

五、主管税务机关按照《实施办法》第四条"成本法"的有关规定重新核定试点纳税人农产品耗用率，以及按照《实施办法》第十四条有关规定重新核定试点纳税人扣除标准时，均应按程序报经省级税务机关批准。

六、试点纳税人应按照本公告所附表样按月向主管税务机关报送《农产品核定扣除增值税进项税额计算表（汇总表）》《投入产出法核定农产品增值税进项税额计算表》《成本法核定农产品增值税进项税额计算表》《购进农产品直接销售核定农产品增值税进项税额计算表》《购进农产品用于生产经营且不构成货物实体核定农产品增值税进项税额计算表》（表样详见附件），不再按照《实施办法》中所附《农产品核定扣除增值税进项税额计算表》表样填报。

七、试点纳税人纳税申报时，应将《农产品核定扣除增值税进项税额计算表（汇总表）》中"当期允许抵扣农产品增值税进项税额"合计数填入《增值税纳税申报表附列资料（表二）》第6栏的"税额"栏，不填写第6栏"份数"和"金额"数据。

《增值税纳税申报表附列资料（表二）》第1、第2、第3、第5栏有关数据中不反映农产品的增值税进项税额。

当期按照《实施办法》第九条及本公告第四条有关规定应转出的增值税进项税额，填入《增值税纳税申报表附列资料（表二）》第17栏"按简易征收办法征税货物用""税额"栏。

八、本公告自2012年7月1日起施行。

特此公告。

附件：1.农产品核定扣除增值税进项税额计算表（汇总表）（略）。

2.投入产出法核定农产品增值税进项税额计算表（略）。

3.成本法核定农产品增值税进项税额计算表（略）。

4.购进农产品直接销售核定农产品增值税进项税额计算表（略）。

5.购进农产品用于生产经营且不构成货物实体核定农产品增值税进项税额计算表(略)。

国家税务总局
二〇一二年七月十七日

21. 国家税务总局关于纳税人资产重组增值税留抵税额处理有关问题的公告

国家税务总局公告 2012 年第 55 号

现将纳税人资产重组中增值税留抵税额处理有关问题公告如下：

一、增值税一般纳税人（以下简称原纳税人）在资产重组过程中，将全部资产、负债和劳动力一并转让给其他增值税一般纳税人（以下简称新纳税人），并按程序办理注销税务登记的，其在办理注销登记前尚未抵扣的进项税额可结转至新纳税人处继续抵扣。

二、原纳税人主管税务机关应认真核查纳税人资产重组相关资料，核实原纳税人在办理注销税务登记前尚未抵扣的进项税额，填写《增值税一般纳税人资产重组进项留抵税额转移单》（见附件）。

《增值税一般纳税人资产重组进项留抵税额转移单》一式三份，原纳税人主管税务机关留存一份，交纳税人一份，传递新纳税人主管税务机关一份。

三、新纳税人主管税务机关应将原纳税人主管税务机关传递来的《增值税一般纳税人资产重组进项留抵税额转移单》与纳税人报送资料进行认真核对，对原纳税人尚未抵扣的进项税额，在确认无误后，允许新纳税人继续申报抵扣。

本公告自 2013 年 1 月 1 日起施行。

特此公告。

附件：增值税一般纳税人资产重组进项留抵税额转移单（略）。

国家税务总局
2012 年 12 月 13 日

22. 国家税务总局关于直销企业增值税销售额确定有关问题的公告

国家税务总局公告 2013 年第 5 号

根据《中华人民共和国增值税暂行条例》及其实施细则规定，现将直销企业采取直销方式销售货物增值税销售额确定有关问题公告如下：

一、直销企业先将货物销售给直销员，直销员再将货物销售给消费者的，直销企业的销售额为其向直销员收取的全部价款和价外费用。直销员将货物销售给消费者时，应按照现行规定缴纳增值税。

二、直销企业通过直销员向消费者销售货物，直接向消费者收取货款，直销企业的销售额为其向消费者收取的全部价款和价外费用。

本公告自2013年3月1日起施行。此前已发生但尚未处理的事项可按本公告规定执行。

特此公告。

国家税务总局
2013年1月17日

23. 国家税务总局关于金融机构销售贵金属增值税有关问题的公告

国家税务总局公告2013年第13号

现将金融机构销售贵金属产品增值税有关问题公告如下：

一、金融机构从事经其行业主管部门（中国人民银行或中国银行业监督管理委员会）允许的金、银、铂等贵金属交易业务，可比照《国家税务总局关于金融机构开展个人实物黄金交易业务增值税有关问题的通知》（国税发〔2005〕178号）规定，实行金融机构各省级分行和直属一级分行所在地市级分行、支行按照规定的预征率预缴增值税，省级分行和直属一级分行统一清算缴纳的办法。

经其行业主管部门允许，是指金融机构能够提供行业主管部门批准其从事贵金属交易业务的批复文件，或向行业主管部门报备的备案文件，或行业主管部门未限制其经营贵金属业务的有关证明文件。

二、已认定为增值税一般纳税人的金融机构，开展经其行业主管部门允许的贵金属交易业务时，可根据《增值税专用发票使用规定》（国税发〔2006〕156号）及相关规定领购、使用增值税专用发票。

本公告自2013年4月1日起施行。

特此公告。

国家税务总局
2013年3月15日

24. 国家税务总局关于旅店业和饮食业纳税人销售非现场消费食品增值税有关问题的公告

国家税务总局公告2013年第17号

现将旅店业和饮食业纳税人销售非现场消费食品增值税有关问题公告如下：

旅店业和饮食业纳税人销售非现场消费的食品，属于不经常发生增值税应税行为，根据《中华人民共和国增值税暂行条例实施细则》（财政部　国家税务总局令第50号）第二十九条的规定，可以选择按小规模纳税人缴纳增值税。

本公告自2013年5月1日起施行。

特此公告。

国家税务总局
2013年4月22日

25. 国家税务总局关于油气田企业开发煤层气、页岩气增值税有关问题的公告

国家税务总局公告2013年第27号

现将油气田企业开发煤层气、页岩气增值税有关问题公告如下：

油气田企业从事煤层气、页岩气生产，以及为生产煤层气、页岩气提供生产性劳务，按照《油气田企业增值税管理办法》（财税〔2009〕8号文件印发）缴纳增值税。

本公告自2013年7月1日起施行。

特此公告。

国家税务总局
2013年5月30日

26. 国家税务总局关于纳税人资产重组有关增值税问题的公告

国家税务总局公告2013年第66号

现将纳税人资产重组有关增值税问题公告如下：

纳税人在资产重组过程中，通过合并、分立、出售、置换等方式，将全部或者部分实物资产以及与其相关联的债权、负债经多次转让后，最终的受让方与劳动力接收方为同一单位和个人的，仍适用《国家税务总局关于纳税人资产重组有关增值税问题的公告》（国家税务总局公告2011年第13号）的相关规定，其中货物的多次转让行为均不征收增值税。资产的出让方需将资产重组方案等文件资料报其主管税务机关。

本公告自2013年12月1日起施行。纳税人此前已发生并处理的事项，不再做调整；未处理的，按本公告规定执行。

特此公告。

国家税务总局
2013年11月19日

27. 关于《纳税人资产重组有关增值税问题的公告》的解读

一、本公告出台的背景。

《国家税务总局关于纳税人资产重组有关增值税问题的公告》（国家税务总局公告 2011 年第 13 号，以下简称 13 号公告）发布后，在鼓励企业整合资源、兼并重组方面发挥了重要作用。近期部分地区税务机关反映，一些纳税人在进行资产重组时，将全部或者部分实物资产以及与其相关联的债权、负债通过多次转让，但最终的受让方与劳动力接收方为同一单位和个人，这种情形的资产重组中涉及的货物转让行为是否征收增值税，请求总局予以明确。

二、为什么说纳税人在资产重组过程中，通过合并、分立、出售、置换等方式，将全部或者部分实物资产以及与其相关联的债权、负债经多次转让后，最终的受让方与劳动力接收方为同一单位和个人的，仍适用 13 号公告规定？

我们认为，这种转让方式虽然不是一次性转让资产、负债和劳动力，但最终结果是实现了全部或部分实物资产以及与其相关联的债权、负债和劳动力全部转让给了同一单位和个人，应视为"一并转让"，对其中涉及的货物多次转让行为均不应征收增值税。为此我们研究出台了《国家税务总局关于纳税人资产重组有关增值税问题的公告》，作为对 13 号公告的补充和完善。

28. 国家税务总局关于简并增值税征收率有关问题的公告

国家税务总局公告 2014 年第 36 号

根据国务院简并和统一增值税征收率的决定，现将有关问题公告如下：

一、将《国家税务总局关于固定业户临时外出经营有关增值税专用发票管理问题的通知》（国税发〔1995〕87 号）中"经营地税务机关按 6% 的征收率征税"，修改为"经营地税务机关按 3% 的征收率征税"。

二、……

【注释】第二条废止，参见《国家税务总局关于明确中外合作办学等若干增值税征管问题的公告》（国家税务总局公告 2018 年第 42 号）。

三、将《国家税务总局关于增值税简易征收政策有关管理问题的通知》（国税函〔2009〕90 号）第一条第（一）项中"按简易办法依 4% 征收率减半征收增值税政策"，修改为"按简易办法依 3% 征收率减按 2% 征收增值税政策"。

四、将《国家税务总局关于供应非临床用血增值税政策问题的批复》（国税函〔2009〕456 号）第二条中"按照简易办法依照 6% 征收率计算应纳税额"，修改为"按照简易办法依照 3% 征收率计算应纳税额"。

五、将《国家税务总局关于一般纳税人销售自己使用过的固定资产增值税有关问题的公告》（国家税务总局公告 2012 年第 1 号）中"可按简易办法依 4% 征收率减半征收增值税"，修改为"可按简易办法依 3% 征收率减按 2% 征收增值税"。

六、纳税人适用按照简易办法依3%征收率减按2%征收增值税政策的,按下列公式确定销售额和应纳税额:

销售额=含税销售额÷(1+3%)

应纳税额=销售额×2%

《国家税务总局关于增值税简易征收政策有关管理问题的通知》(国税函〔2009〕90号)第四条第(一)项废止。

七、本公告自2014年7月1日起施行。

特此公告。

国家税务总局
2014年6月27日

29. 国家税务总局关于纳税人对外开具增值税专用发票有关问题的公告

国家税务总局公告2014年第39号

现将纳税人对外开具增值税专用发票有关问题公告如下:

纳税人通过虚增增值税进项税额偷逃税款,但对外开具增值税专用发票同时符合以下情形的,不属于对外虚开增值税专用发票:

一、纳税人向受票方纳税人销售了货物,或者提供了增值税应税劳务、应税服务;

二、纳税人向受票方纳税人收取了所销售货物、所提供应税劳务或者应税服务的款项,或者取得了索取销售款项的凭据;

三、纳税人按规定向受票方纳税人开具的增值税专用发票相关内容,与所销售货物、所提供应税劳务或者应税服务相符,且该增值税专用发票是纳税人合法取得、并以自己名义开具的。

受票方纳税人取得的符合上述情形的增值税专用发票,可以作为增值税扣税凭证抵扣进项税额。

本公告自2014年8月1日起施行。此前未处理的事项,按照本公告规定执行。

特此公告。

国家税务总局
2014年7月2日

30. 国家税务总局关于国有粮食购销企业销售粮食免征增值税审批事项取消后有关管理事项的公告

国家税务总局公告2015年第42号

根据《国务院关于取消和调整一批行政审批项目等事项的决定》(国发〔2015〕11号),

承担粮食收储任务的国有粮食购销企业销售粮食免征增值税的审核确定工作程序已取消。经商财政部、国家粮食局，现将其后续管理事项公告如下：

一、承担粮食收储任务的国有粮食购销企业销售粮食享受免征增值税优惠政策时，其涉及的审核确定工作程序取消，改为备案管理。

二、享受免征增值税优惠政策的国有粮食购销企业（以下统称纳税人），按以下规定，分别向所在地县（市）税务局及同级粮食管理部门备案。

（一）纳税人应在享受税收优惠政策的首个纳税申报期内，将备案材料送所在地县（市）税务局及同级粮食管理部门备案。

（二）纳税人在符合减免税条件期间内，备案资料内容不发生变化的，可进行一次性备案。

（三）纳税人提交的备案资料内容发生变化，如仍符合免税规定，应在发生变化的次月纳税申报期内，向所在地县（市）税务局及同级粮食管理部门进行变更备案。如不再符合免税规定，应当停止享受免税，按照规定进行纳税申报。

三、纳税人对备案资料的真实性和合法性承担责任。

四、纳税人提交的备案资料包括以下内容：

（一）免税的项目、依据、范围、期限等；

（二）免税依据的相关法律、法规、规章和规范性文件要求报送的材料。

五、所在地县（市）税务局及同级粮食管理部门对纳税人提供的备案材料的完整性进行审核，不改变纳税人真实申报的责任。

六、本公告施行前，纳税人享受免征增值税优惠政策已经履行了相关审核确定程序的，可不再办理资料备案。但本公告施行后，纳税人免税条件、内容发生改变的，则应按本公告规定，重新办理享受优惠政策备案手续。

七、各省、自治区、直辖市和计划单列市税务局，可按本公告规定，补充制定本地区承担粮食收储任务的国有粮食购销企业享受免征增值税优惠政策审核确定工作程序取消后的后续管理措施。

八、本公告自公布之日起施行。《财政部　国家税务总局关于粮食企业增值税征免问题的通知》（财税字〔1999〕198号）第一条中"免征增值税的国有粮食购销企业，由县（市）国家税务局会同同级财政、粮食部门审核确定"内容同时废止。

特此公告。

国家税务总局
2015年5月22日

31. 国家税务总局关于纳税人认定或登记为一般纳税人前进项税额抵扣问题的公告

国家税务总局公告2015年第59号

现将纳税人认定或登记为一般纳税人前进项税额抵扣问题公告如下：

一、纳税人自办理税务登记至认定或登记为一般纳税人期间，未取得生产经营收入，未按照销售额和征收率简易计算应纳税额申报缴纳增值税的,其在此期间取得的增值税扣税凭证,可以在认定或登记为一般纳税人后抵扣进项税额。

二、上述增值税扣税凭证按照现行规定无法办理认证或者稽核比对的,按照以下规定处理:

(一)购买方纳税人取得的增值税专用发票,按照《国家税务总局关于推行增值税发票系统升级版有关问题的公告》(国家税务总局公告2014年第73号)规定的程序,由销售方纳税人开具红字增值税专用发票后重新开具蓝字增值税专用发票。

购买方纳税人按照国家税务总局公告2014年第73号规定填开《开具红字增值税专用发票信息表》或《开具红字货物运输业增值税专用发票信息表》时,选择"所购货物或劳务、服务不属于增值税扣税项目范围"或"所购服务不属于增值税扣税项目范围"。

(二)纳税人取得的海关进口增值税专用缴款书,按照《国家税务总局关于逾期增值税扣税凭证抵扣问题的公告》(国家税务总局公告2011年第50号)规定的程序,经国家税务总局稽核比对相符后抵扣进项税额。

三、本公告自发布之日起施行。此前未处理的事项,按照本公告规定执行。

特此公告。

国家税务总局
2015年8月19日

32. 国家税务总局关于明确有机肥产品执行标准的公告

国家税务总局公告2015年第86号

为便于有机肥产品增值税政策的执行,现就享受增值税免税政策的有机肥产品执行标准公告如下:

《财政部 国家税务总局关于有机肥产品免征增值税的通知》(财税〔2008〕56号)规定享受增值税免税政策的有机肥产品中,有机肥料按《有机肥料》(NY525-2012)标准执行,有机—无机复混肥料按《有机—无机复混肥料》(GB18877-2009)标准执行,生物有机肥按《生物有机肥》(NY884-2012)标准执行。不符合上述标准的有机肥产品,不得享受财税〔2008〕56号文件规定的增值税免税政策。上述有机肥产品的国家标准、行业标准,如在执行过程中有更新、替换,统一按最新的国家标准、行业标准执行。

本公告自2016年1月1日起施行,此前未处理的事项,按本公告规定执行。《国家税务总局关于有机肥产品免征增值税问题的批复》(国税函〔2008〕1020号)同时废止。

特此公告。

国家税务总局
2015年12月1日

33. 国家税务总局关于兽用药品经营企业销售兽用生物制品有关增值税问题的公告

国家税务总局公告2016年第8号

现将兽用药品经营企业销售兽用生物制品有关增值税问题公告如下：

一、属于增值税一般纳税人的兽用药品经营企业销售兽用生物制品，可以选择简易办法按照兽用生物制品销售额和3%的征收率计算缴纳增值税。

兽用药品经营企业，是指取得兽医行政管理部门颁发的《兽药经营许可证》，获准从事兽用生物制品经营的兽用药品批发和零售企业。

二、属于增值税一般纳税人的兽用药品经营企业销售兽用生物制品，选择简易办法计算缴纳增值税的，36个月内不得变更计税方法。

三、本公告自2016年4月1日起施行。

特此公告。

国家税务总局
2016年2月4日

34. 国家税务总局关于全面推开营业税改征增值税试点后增值税纳税申报有关事项的公告

国家税务总局公告2016年第13号

为保障全面推开营业税改征增值税改革试点工作顺利实施，现将增值税纳税申报有关事项公告如下：

一、中华人民共和国境内增值税纳税人均应按照本公告的规定进行增值税纳税申报。

二、纳税申报资料。

纳税申报资料包括纳税申报表及其附列资料和纳税申报其他资料。

（一）纳税申报表及其附列资料：

1. 增值税一般纳税人（以下简称一般纳税人）纳税申报表及其附列资料包括：

（1）《增值税纳税申报表（一般纳税人适用）》。

（2）《增值税纳税申报表附列资料（一）》（本期销售情况明细）。

（3）《增值税纳税申报表附列资料（二）》（本期进项税额明细）。

（4）《增值税纳税申报表附列资料（三）》（服务、不动产和无形资产扣除项目明细）。

一般纳税人销售服务、不动产和无形资产，在确定服务、不动产和无形资产销售额时，按照有关规定可以从取得的全部价款和价外费用中扣除价款的，需填报《增值税纳税申报表附列资料（三）》。其他情况不填写该附列资料。

（5）《增值税纳税申报表附列资料（四）》（税额抵减情况表）。

（6）《增值税纳税申报表附列资料（五）》（不动产分期抵扣计算表）。

（7）《固定资产（不含不动产）进项税额抵扣情况表》。

（8）《本期抵扣进项税额结构明细表》。

（9）《增值税减免税申报明细表》。

2.增值税小规模纳税人（以下简称小规模纳税人）纳税申报表及其附列资料包括：

（1）《增值税纳税申报表（小规模纳税人适用）》。

（2）《增值税纳税申报表（小规模纳税人适用）附列资料》。

小规模纳税人销售服务，在确定服务销售额时，按照有关规定可以从取得的全部价款和价外费用中扣除价款的，需填报《增值税纳税申报表（小规模纳税人适用）附列资料》。其他情况不填写该附列资料。

（3）《增值税减免税申报明细表》。

3.上述纳税申报表及其附列资料表样和填写说明详见附件1至附件4。

（二）纳税申报其他资料：

1.已开具的税控机动车销售统一发票和普通发票的存根联。

2.符合抵扣条件且在本期申报抵扣的增值税专用发票（含税控机动车销售统一发票）的抵扣联。

3.符合抵扣条件且在本期申报抵扣的海关进口增值税专用缴款书、购进农产品取得的普通发票的复印件。

4.符合抵扣条件且在本期申报抵扣的税收完税凭证及其清单，书面合同、付款证明和境外单位的对账单或者发票。

5.已开具的农产品收购凭证的存根联或报查联。

6.纳税人销售服务、不动产和无形资产，在确定服务、不动产和无形资产销售额时，按照有关规定从取得的全部价款和价外费用中扣除价款的合法凭证及其清单。

7.主管税务机关规定的其他资料。

（三）纳税申报表及其附列资料为必报资料。纳税申报其他资料的报备要求由各省、自治区、直辖市和计划单列市国家税务局确定。

三、纳税人跨县（市）提供建筑服务、房地产开发企业预售自行开发的房地产项目、纳税人出租与机构所在地不在同一县（市）的不动产，按规定需要在项目所在地或不动产所在地主管税务机关预缴税款的，需填写《增值税预缴税款表》，表样及填写说明详见附件5至附件6。

四、主管税务机关应做好增值税纳税申报的宣传和辅导工作。

五、本公告自2016年6月1日起施行。《国家税务总局关于调整增值税纳税申报有关事项的公告》（国家税务总局公告2012年第31号）、《国家税务总局关于营业税改征增值税总分机构试点纳税人增值税纳税申报有关事项的公告》（国家税务总局公告2013年第22号）、《国家税务总局关于调整增值税纳税申报有关事项的公告》（国家税务总局公告2013年第32号）、《国家税务总局关于铁路运输和邮政业营业税改征增值税后纳税申报有关事项的公告》（国家税务总局公告2014年第7号）、《国家税务总局关于调整增值税纳税申报有关事项的公告》（国家税务总局公告2014年第45号）、《国家税务总局关于调整增值税纳税申报有关事项的公告》（国家税务总局公告2014年第58号）、《国家税务总局关于调整增值税纳税申报有关事项的公告》（国家税务总局公告2014年第69号）、《国家税务总局关于调整增值税纳税申报有关事项的公告》（国家税务总局公告2015年第23号）

同时废止。

特此公告。

附件：1.《增值税纳税申报表（一般纳税人适用）》及其附列资料（略）。
2.《增值税纳税申报表（一般纳税人适用）》及其附列资料填写说明（略）。
3.《增值税纳税申报表（小规模纳税人适用）》及其附列资料（略）。
4.《增值税纳税申报表（小规模纳税人适用）》及其附列资料填写说明（略）。
5.《增值税预缴税款表》（略）。
6.《增值税预缴税款表》填写说明（略）。

【注释】《国家税务总局关于修改部分税收规范性文件的公告》（国家税务总局公告2018年第31号）对本文进行了修改。

附件1中《增值税纳税申报表附列资料（五）》废止。参见《国家税务总局关于调整增值税纳税申报有关事项的公告》国家税务总局公告2019年第15号。

附件1中《增值税纳税申报表附列资料（三）》（服务、不动产和无形资产扣除项目明细）废止。参见《国家税务总局关于调整增值税纳税申报有关事项的公告》（国家税务总局公告2018年第17号）。

附件1中的《增值税纳税申报表附列资料（一）》（本期销售情况明细）和《增值税纳税申报表附列资料（二）》（本期进项税额明细）废止。参见《国家税务总局关于调整增值税纳税申报有关事项的公告》（国家税务总局公告2017年第19号）。

附件1《固定资产（不含不动产）进项税额抵扣情况表》废止。参见《国家税务总局关于调整增值税纳税申报有关事项的公告》（国家税务总局公告2017年第53号）。

附件1中《本期抵扣进项税额结构明细表》、附件2中《本期抵扣进项税额结构明细表》填写说明、附件3、附件4内容同时废止。参见《国家税务总局关于调整增值税纳税申报有关事项的公告》（国家税务总局公告2016年第27号）。

附件1、附件2、附件5、附件6废止。参见《国家税务总局关于增值税 消费税与附加税费申报表整合有关事项的公告》（国家税务总局公告2021年第20号）。

国家税务总局
2016年3月31日

35. 国家税务总局关于发布《纳税人转让不动产增值税征收管理暂行办法》的公告

国家税务总局公告2016年第14号

国家税务总局制定了《纳税人转让不动产增值税征收管理暂行办法》，现予以公布，自2016年5月1日起施行。

特此公告。

国家税务总局
2016年3月31日

纳税人转让不动产增值税征收管理暂行办法

第一条 根据《财政部 国家税务总局关于全面推开营业税改征增值税试点的通知》（财税〔2016〕36号）及现行增值税有关规定，制定本办法。

第二条 纳税人转让其取得的不动产，适用本办法。

本办法所称取得的不动产，包括以直接购买、接受捐赠、接受投资入股、自建以及抵债等各种形式取得的不动产。

房地产开发企业销售自行开发的房地产项目不适用本办法。

第三条 一般纳税人转让其取得的不动产，按照以下规定缴纳增值税：

（一）一般纳税人转让其2016年4月30日前取得（不含自建）的不动产，可以选择适用简易计税方法计税，以取得的全部价款和价外费用扣除不动产购置原价或者取得不动产时的作价后的余额为销售额，按照5%的征收率计算应纳税额。纳税人应按照上述计税方法向不动产所在地主管税务机关预缴税款，向机构所在地主管税务机关申报纳税。

（二）一般纳税人转让其2016年4月30日前自建的不动产，可以选择适用简易计税方法计税，以取得的全部价款和价外费用为销售额，按照5%的征收率计算应纳税额。纳税人应按照上述计税方法向不动产所在地主管税务机关预缴税款，向机构所在地主管税务机关申报纳税。

（三）一般纳税人转让其2016年4月30日前取得（不含自建）的不动产，选择适用一般计税方法计税的，以取得的全部价款和价外费用为销售额计算应纳税额。纳税人应以取得的全部价款和价外费用扣除不动产购置原价或者取得不动产时的作价后的余额，按照5%的预征率向不动产所在地主管税务机关预缴税款，向机构所在地主管税务机关申报纳税。

（四）一般纳税人转让其2016年4月30日前自建的不动产，选择适用一般计税方法计税的，以取得的全部价款和价外费用为销售额计算应纳税额。纳税人应以取得的全部价款和价外费用，按照5%的预征率向不动产所在地主管税务机关预缴税款，向机构所在地主管税务机关申报纳税。

（五）一般纳税人转让其2016年5月1日后取得（不含自建）的不动产，适用一般计税方法，以取得的全部价款和价外费用为销售额计算应纳税额。纳税人应以取得的全部价款和价外费用扣除不动产购置原价或者取得不动产时的作价后的余额，按照5%的预征率向不动产所在地主管税务机关预缴税款，向机构所在地主管税务机关申报纳税。

（六）一般纳税人转让其2016年5月1日后自建的不动产，适用一般计税方法，以取得的全部价款和价外费用为销售额计算应纳税额。纳税人应以取得的全部价款和价外费用，按照5%的预征率向不动产所在地主管税务机关预缴税款，向机构所在地主管税务机关申报纳税。

第四条 小规模纳税人转让其取得的不动产，除个人转让其购买的住房外，按照以下规定缴纳增值税：

（一）小规模纳税人转让其取得（不含自建）的不动产，以取得的全部价款和价外费用扣除不动产购置原价或者取得不动产时的作价后的余额为销售额，按照5%的征收率计算应纳税额。

（二）小规模纳税人转让其自建的不动产，以取得的全部价款和价外费用为销售额，按照 5% 的征收率计算应纳税额。

除其他个人之外的小规模纳税人，应按照本条规定的计税方法向不动产所在地主管税务机关预缴税款，向机构所在地主管税务机关申报纳税；其他个人按照本条规定的计税方法向不动产所在地主管税务机关申报纳税。

第五条 个人转让其购买的住房，按照以下规定缴纳增值税：

（一）个人转让其购买的住房，按照有关规定全额缴纳增值税的，以取得的全部价款和价外费用为销售额，按照 5% 的征收率计算应纳税额。

（二）个人转让其购买的住房，按照有关规定差额缴纳增值税的，以取得的全部价款和价外费用扣除购买住房价款后的余额为销售额，按照 5% 的征收率计算应纳税额。

个体工商户应按照本条规定的计税方法向住房所在地主管税务机关预缴税款，向机构所在地主管税务机关申报纳税；其他个人应按照本条规定的计税方法向住房所在地主管税务机关申报纳税。

第六条 其他个人以外的纳税人转让其取得的不动产，区分以下情形计算应向不动产所在地主管税务机关预缴的税款：

（一）以转让不动产取得的全部价款和价外费用作为预缴税款计算依据的，计算公式为：

应预缴税款＝全部价款和价外费用 ÷（1＋5%）×5%

（二）以转让不动产取得的全部价款和价外费用扣除不动产购置原价或者取得不动产时的作价后的余额作为预缴税款计算依据的，计算公式为：

应预缴税款＝（全部价款和价外费用－不动产购置原价或者取得不动产时的作价）÷（1＋5%）×5%

第七条 其他个人转让其取得的不动产，按照本办法第六条规定的计算方法计算应纳税额并向不动产所在地主管税务机关申报纳税。

第八条 纳税人按规定从取得的全部价款和价外费用中扣除不动产购置原价或者取得不动产时的作价的，应当取得符合法律、行政法规和国家税务总局规定的合法有效凭证。否则，不得扣除。

上述凭证是指：

（一）税务部门监制的发票。

（二）法院判决书、裁定书、调解书，以及仲裁裁决书、公证债权文书。

（三）国家税务总局规定的其他凭证。

第九条 纳税人转让其取得的不动产，向不动产所在地主管税务机关预缴的增值税税款，可以在当期增值税应纳税额中抵减，抵减不完的，结转下期继续抵减。

纳税人以预缴税款抵减应纳税额，应以完税凭证作为合法有效凭证。

第十条 小规模纳税人转让其取得的不动产，不能自行开具增值税发票的，可向不动产所在地主管税务机关申请代开。

第十一条 纳税人向其他个人转让其取得的不动产，不得开具或申请代开增值税专用发票。

第十二条 纳税人转让不动产，按照本办法规定应向不动产所在地主管税务机关预缴税款而自应当预缴之月起超过 6 个月没有预缴税款的，由机构所在地主管税务机关按照《中华人民共和国税收征收管理法》及相关规定进行处理。

纳税人转让不动产，未按照本办法规定缴纳税款的，由主管税务机关按照《中华人民共和国税收征收管理法》及相关规定进行处理。

36. 国家税务总局关于发布《纳税人提供不动产经营租赁服务增值税征收管理暂行办法》的公告

国家税务总局公告 2016 年第 16 号

国家税务总局制定了《纳税人提供不动产经营租赁服务增值税征收管理暂行办法》，现予以公布，自 2016 年 5 月 1 日起施行。

特此公告。

国家税务总局
2016 年 3 月 31 日

纳税人提供不动产经营租赁服务增值税征收管理暂行办法

第一条 根据《财政部 国家税务总局关于全面推开营业税改征增值税试点的通知》（财税〔2016〕36 号）及现行增值税有关规定，制定本办法。

第二条 纳税人以经营租赁方式出租其取得的不动产（以下简称出租不动产），适用本办法。

取得的不动产，包括以直接购买、接受捐赠、接受投资入股、自建以及抵债等各种形式取得的不动产。

纳税人提供道路通行服务不适用本办法。

第三条 一般纳税人出租不动产，按照以下规定缴纳增值税：

（一）一般纳税人出租其 2016 年 4 月 30 日前取得的不动产，可以选择适用简易计税方法，按照 5% 的征收率计算应纳税额。

不动产所在地与机构所在地不在同一县（市、区）的，纳税人应按照上述计税方法向不动产所在地主管税务机关预缴税款，向机构所在地主管税务机关申报纳税。

不动产所在地与机构所在地在同一县（市、区）的，纳税人向机构所在地主管税务机关申报纳税。

（二）一般纳税人出租其 2016 年 5 月 1 日后取得的不动产，适用一般计税方法计税。

不动产所在地与机构所在地不在同一县（市、区）的，纳税人应按照 3% 的预征率向不动产所在地主管税务机关预缴税款，向机构所在地主管税务机关申报纳税。

不动产所在地与机构所在地在同一县（市、区）的，纳税人应向机构所在地主管税务机关申报纳税。

一般纳税人出租其 2016 年 4 月 30 日前取得的不动产适用一般计税方法计税的，按照上述规定执行。

第四条 小规模纳税人出租不动产，按照以下规定缴纳增值税：

（一）单位和个体工商户出租不动产（不含个体工商户出租住房），按照 5% 的征收率计算应纳税额。个体工商户出租住房，按照 5% 的征收率减按 1.5% 计算应纳税额。

不动产所在地与机构所在地不在同一县（市、区）的，纳税人应按照上述计税方法向不动产所在地主管税务机关预缴税款，向机构所在地主管税务机关申报纳税。

不动产所在地与机构所在地在同一县（市、区）的，纳税人应向机构所在地主管税务机关申报纳税。

（二）其他个人出租不动产（不含住房），按照5%的征收率计算应纳税额，向不动产所在地主管税务机关申报纳税。其他个人出租住房，按照5%的征收率减按1.5%计算应纳税额，向不动产所在地主管税务机关申报纳税。

第五条 纳税人出租的不动产所在地与其机构所在地在同一直辖市或计划单列市但不在同一县（市、区）的，由直辖市或计划单列市国家税务局决定是否在不动产所在地预缴税款。

第六条 纳税人出租不动产，按照本办法规定需要预缴税款的，应在取得租金的次月纳税申报期或不动产所在地主管税务机关核定的纳税期限预缴税款。

第七条 预缴税款的计算

（一）纳税人出租不动产适用一般计税方法计税的，按照以下公式计算应预缴税款：

应预缴税款＝含税销售额÷（1＋11%）×3%

（二）纳税人出租不动产适用简易计税方法计税的，除个人出租住房外，按照以下公式计算应预缴税款：

应预缴税款＝含税销售额÷（1＋5%）×5%

（三）个体工商户出租住房，按照以下公式计算应预缴税款：

应预缴税款＝含税销售额÷（1＋5%）×1.5%

第八条 其他个人出租不动产，按照以下公式计算应纳税款：

（一）出租住房：

应纳税款＝含税销售额÷（1＋5%）×1.5%

（二）出租非住房：

应纳税款＝含税销售额÷（1＋5%）×5%

第九条 单位和个体工商户出租不动产，按照本办法规定向不动产所在地主管税务机关预缴税款时，应填写《增值税预缴税款表》。

第十条 单位和个体工商户出租不动产，向不动产所在地主管税务机关预缴的增值税款，可以在当期增值税应纳税额中抵减，抵减不完的，结转下期继续抵减。

纳税人以预缴税款抵减应纳税额，应以完税凭证作为合法有效凭证。

第十一条 小规模纳税人中的单位和个体工商户出租不动产，不能自行开具增值税发票的，可向不动产所在地主管税务机关申请代开增值税发票。

其他个人出租不动产，可向不动产所在地主管税务机关申请代开增值税发票。

第十二条 纳税人向其他个人出租不动产，不得开具或申请代开增值税专用发票。

第十三条 纳税人出租不动产，按照本办法规定应向不动产所在地主管税务机关预缴税款而自应当预缴之月起超过6个月没有预缴税款的，由机构所在地主管税务机关按照《中华人民共和国税收征收管理法》及相关规定进行处理。

纳税人出租不动产，未按照本办法规定缴纳税款的，由主管税务机关按照《中华人民共和国税收征收管理法》及相关规定进行处理。

37. 国家税务总局关于发布《纳税人跨县（市、区）提供建筑服务增值税征收管理暂行办法》的公告

国家税务总局公告2016年第17号

国家税务总局制定了《跨县（市、区）提供建筑服务增值税征收管理暂行办法》，现予以公布，自2016年5月1日起施行。

特此公告。

国家税务总局
2016年3月31日

纳税人跨县（市、区）提供建筑服务增值税征收管理暂行办法

第一条 根据《财政部 国家税务总局关于全面推开营业税改征增值税试点的通知》（财税〔2016〕36号）及现行增值税有关规定，制定本办法。

第二条 本办法所称跨县（市、区）提供建筑服务，是指单位和个体工商户（以下简称纳税人）在其机构所在地以外的县（市、区）提供建筑服务。

纳税人在同一直辖市、计划单列市范围内跨县（市、区）提供建筑服务的，由直辖市、计划单列市国家税务局决定是否适用本办法。

其他个人跨县（市、区）提供建筑服务，不适用本办法。

第三条 纳税人跨县（市、区）提供建筑服务，应按照财税〔2016〕36号文件规定的纳税义务发生时间和计税方法，向建筑服务发生地主管税务机关预缴税款，向机构所在地主管税务机关申报纳税。

《建筑工程施工许可证》未注明合同开工日期，但建筑工程承包合同注明的开工日期在2016年4月30日前的建筑工程项目，属于财税〔2016〕36号文件规定的可以选择简易计税方法计税的建筑工程老项目。

第四条 纳税人跨县（市、区）提供建筑服务，按照以下规定预缴税款：

（一）一般纳税人跨县（市、区）提供建筑服务，适用一般计税方法计税的，以取得的全部价款和价外费用扣除支付的分包款后的余额，按照2%的预征率计算应预缴税款。

（二）一般纳税人跨县（市、区）提供建筑服务，选择适用简易计税方法计税的，以取得的全部价款和价外费用扣除支付的分包款后的余额，按照3%的征收率计算应预缴税款。

（三）小规模纳税人跨县（市、区）提供建筑服务，以取得的全部价款和价外费用扣除支付的分包款后的余额，按照3%的征收率计算应预缴税款。

第五条 纳税人跨县（市、区）提供建筑服务，按照以下公式计算应预缴税款：

（一）适用一般计税方法计税的，应预缴税款＝（全部价款和价外费用－支付的分包款）÷（1＋11%）×2%

（二）适用简易计税方法计税的，应预缴税款＝（全部价款和价外费用－支付的分包款）÷（1＋3%）×3%

纳税人取得的全部价款和价外费用扣除支付的分包款后的余额为负数的，可结转下次预缴税款时继续扣除。

纳税人应按照工程项目分别计算应预缴税款，分别预缴。

第六条 纳税人按照上述规定从取得的全部价款和价外费用中扣除支付的分包款，应当取得符合法律、行政法规和国家税务总局规定的合法有效凭证，否则不得扣除。

上述凭证是指：

（一）从分包方取得的2016年4月30日前开具的建筑业营业税发票。

上述建筑业营业税发票在2016年6月30日前可作为预缴税款的扣除凭证。

（二）从分包方取得的2016年5月1日后开具的，备注栏注明建筑服务发生地所在县（市、区）、项目名称的增值税发票。

（三）国家税务总局规定的其他凭证。

第七条 纳税人跨县（市、区）提供建筑服务，在向建筑服务发生地主管税务机关预缴税款时，需提交以下资料：

（一）《增值税预缴税款表》；

（二）与发包方签订的建筑合同原件及复印件；

（三）与分包方签订的分包合同原件及复印件；

（四）从分包方取得的发票原件及复印件。

第八条 纳税人跨县（市、区）提供建筑服务，向建筑服务发生地主管税务机关预缴的增值税税款，可以在当期增值税应纳税额中抵减，抵减不完的，结转下期继续抵减。

纳税人以预缴税款抵减应纳税额，应以完税凭证作为合法有效凭证。

第九条 小规模纳税人跨县（市、区）提供建筑服务，不能自行开具增值税发票的，可向建筑服务发生地主管税务机关按照其取得的全部价款和价外费用申请代开增值税发票。

第十条 对跨县（市、区）提供的建筑服务，纳税人应自行建立预缴税款台账，区分不同县（市、区）和项目逐笔登记全部收入、支付的分包款、已扣除的分包款、扣除分包款的发票号码、已预缴税款以及预缴税款的完税凭证号码等相关内容，留存备查。

第十一条 纳税人跨县（市、区）提供建筑服务预缴税款时间，按照财税〔2016〕36号文件规定的纳税义务发生时间和纳税期限执行。

第十二条 纳税人跨县（市、区）提供建筑服务，按照本办法应向建筑服务发生地主管税务机关预缴税款而自应当预缴之月起超过6个月没有预缴税款的，由机构所在地主管税务机关按照《中华人民共和国税收征收管理法》及相关规定进行处理。

纳税人跨县（市、区）提供建筑服务，未按照本办法缴纳税款的，由机构所在地主管税务机关按照《中华人民共和国税收征收管理法》及相关规定进行处理。

38. 国家税务总局关于发布《房地产开发企业销售自行开发的房地产项目增值税征收管理暂行办法》的公告

国家税务总局公告2016年第18号

国家税务总局制定了《房地产开发企业销售自行开发的房地产项目增值税征收管理暂行办法》，现予以公布，自2016年5月1日起施行。

特此公告。

国家税务总局
2016 年 3 月 31 日

房地产开发企业销售自行开发的房地产项目增值税征收管理暂行办法

第一章 适用范围

第一条 根据《财政部 国家税务总局关于全面推开营业税改征增值税试点的通知》(财税〔2016〕36号)及现行增值税有关规定,制定本办法。

第二条 房地产开发企业销售自行开发的房地产项目,适用本办法。

自行开发,是指在依法取得土地使用权的土地上进行基础设施和房屋建设。

第三条 房地产开发企业以接盘等形式购入未完工的房地产项目继续开发后,以自己的名义立项销售的,属于本办法规定的销售自行开发的房地产项目。

第二章 一般纳税人征收管理

第一节 销 售 额

第四条 房地产开发企业中的一般纳税人(以下简称一般纳税人)销售自行开发的房地产项目,适用一般计税方法计税,按照取得的全部价款和价外费用,扣除当期销售房地产项目对应的土地价款后的余额计算销售额。销售额的计算公式如下:

销售额=(全部价款和价外费用-当期允许扣除的土地价款)÷(1+11%)

第五条 当期允许扣除的土地价款按照以下公式计算:

$$当期允许扣除的土地价款 = \frac{当期销售房地产项目建筑面积}{房地产项目可供销售建筑面积} \times 支付的土地价款$$

当期销售房地产项目建筑面积,是指当期进行纳税申报的增值税销售额对应的建筑面积。

房地产项目可供销售建筑面积,是指房地产项目可以出售的总建筑面积,不包括销售房地产项目时未单独作价结算的配套公共设施的建筑面积。

支付的土地价款,是指向政府、土地管理部门或受政府委托收取土地价款的单位直接支付的土地价款。

第六条 在计算销售额时从全部价款和价外费用中扣除土地价款,应当取得省级以上(含省级)财政部门监(印)制的财政票据。

第七条 一般纳税人应建立台账登记土地价款的扣除情况,扣除的土地价款不得超过纳税人实际支付的土地价款。

第八条 一般纳税人销售自行开发的房地产老项目,可以选择适用简易计税方法按照 5% 的征收率计税。一经选择简易计税方法计税的,36 个月内不得变更为一般计税方法计税。

房地产老项目,是指:

(一)《建筑工程施工许可证》注明的合同开工日期在 2016 年 4 月 30 日前的房地产项目;

（二）《建筑工程施工许可证》未注明合同开工日期或者未取得《建筑工程施工许可证》但建筑工程承包合同注明的开工日期在2016年4月30日前的建筑工程项目。

第九条 一般纳税人销售自行开发的房地产老项目适用简易计税方法计税的，以取得的全部价款和价外费用为销售额，不得扣除对应的土地价款。

第二节 预缴税款

第十条 一般纳税人采取预收款方式销售自行开发的房地产项目，应在收到预收款时按照3%的预征率预缴增值税。

第十一条 应预缴税款按照以下公式计算：

$$应预缴税款 = 预收款 \div (1 + 适用税率或征收率) \times 3\%$$

适用一般计税方法计税的，按照11%的适用税率计算；适用简易计税方法计税的，按照5%的征收率计算。

第十二条 一般纳税人应在取得预收款的次月纳税申报期向主管税务机关预缴税款。

第三节 进项税额

第十三条 一般纳税人销售自行开发的房地产项目，兼有一般计税方法计税、简易计税方法计税、免征增值税的房地产项目而无法划分不得抵扣的进项税额的，应以《建筑工程施工许可证》注明的"建设规模"为依据进行划分。

$$不得抵扣的进项税额 = \frac{当期无法划分的全部进项税额 \times 简易计税、免税房地产项目建设规模}{房地产项目总建设规模}$$

第四节 纳税申报

第十四条 一般纳税人销售自行开发的房地产项目适用一般计税方法计税的，应按照《营业税改征增值税试点实施办法》（财税〔2016〕36号文件印发，以下简称《试点实施办法》）第四十五条规定的纳税义务发生时间，以当期销售额和11%的适用税率计算当期应纳税额，抵减已预缴税款后，向主管税务机关申报纳税。未抵减完的预缴税款可以结转下期继续抵减。

第十五条 一般纳税人销售自行开发的房地产项目适用简易计税方法计税的，应按照《试点实施办法》第四十五条规定的纳税义务发生时间，以当期销售额和5%的征收率计算当期应纳税额，抵减已预缴税款后，向主管税务机关申报纳税。未抵减完的预缴税款可以结转下期继续抵减。

第五节 发票开具

第十六条 一般纳税人销售自行开发的房地产项目，自行开具增值税发票。

第十七条 一般纳税人销售自行开发的房地产项目，其2016年4月30日前收取并已向主管税务机关申报缴纳营业税的预收款，未开具营业税发票的，可以开具增值税普通发票，不得开具增值税专用发票。

第十八条 一般纳税人向其他个人销售自行开发的房地产项目，不得开具增值税专用发票。

第三章 小规模纳税人征收管理

第一节 预缴税款

第十九条 房地产开发企业中的小规模纳税人（以下简称小规模纳税人）采取预收款

方式销售自行开发的房地产项目,应在收到预收款时按照3%的预征率预缴增值税。

第二十条 应预缴税款按照以下公式计算:

应预缴税款=预收款÷(1+5%)×3%

第二十一条 小规模纳税人应在取得预收款的次月纳税申报期或主管税务机关核定的纳税期限向主管税务机关预缴税款。

第二节 纳税申报

第二十二条 小规模纳税人销售自行开发的房地产项目,应按照《试点实施办法》第四十五条规定的纳税义务发生时间,以当期销售额和5%的征收率计算当期应纳税额,抵减已预缴税款后,向主管税务机关申报纳税。未抵减完的预缴税款可以结转下期继续抵减。

第三节 发票开具

第二十三条 小规模纳税人销售自行开发的房地产项目,自行开具增值税普通发票。购买方需要增值税专用发票的,小规模纳税人向主管税务机关申请代开。

第二十四条 小规模纳税人销售自行开发的房地产项目,其2016年4月30日前收取并已向主管税务机关申报缴纳营业税的预收款,未开具营业税发票的,可以开具增值税普通发票,不得申请代开增值税专用发票。

第二十五条 小规模纳税人向其他个人销售自行开发的房地产项目,不得申请代开增值税专用发票。

第四章 其他事项

第二十六条 房地产开发企业销售自行开发的房地产项目,按照本办法规定预缴税款时,应填报《增值税预缴税款表》。

第二十七条 房地产开发企业以预缴税款抵减应纳税额,应以完税凭证作为合法有效凭证。

第二十八条 房地产开发企业销售自行开发的房地产项目,未按本办法规定预缴或缴纳税款的,由主管税务机关按照《中华人民共和国税收征收管理法》及相关规定进行处理。

39. 国家税务总局关于全面推开营业税改征增值税试点有关税收征收管理事项的公告

国家税务总局公告 2016 年第 23 号

为保障全面推开营业税改征增值税(以下简称营改增)试点工作顺利实施,现将有关税收征收管理事项公告如下:

一、纳税申报期

(一)2016 年 5 月 1 日新纳入营改增试点范围的纳税人(以下简称试点纳税人),2016 年 6 月份增值税纳税申报期延长至 2016 年 6 月 27 日。

（二）根据工作实际情况，省、自治区、直辖市和计划单列市国家税务局（以下简称省国税局）可以适当延长2015年度企业所得税汇算清缴时间，但最长不得超过2016年6月30日。

（三）实行按季申报的原营业税纳税人，2016年5月申报期内，向主管税务机关申报税款所属期为4月份的营业税；2016年7月申报期内，向主管税务机关申报税款所属期为5、6月份的增值税。

二、增值税一般纳税人资格登记

……

【注释】第二条废止，参见《国家税务总局关于增值税一般纳税人登记管理若干事项的公告》（国家税务总局公告2018年第6号）。

三、发票使用

（一）增值税一般纳税人销售货物、提供加工修理修配劳务和应税行为，使用增值税发票管理新系统（以下简称新系统）开具增值税专用发票、增值税普通发票、机动车销售统一发票、增值税电子普通发票。

（二）……

【注释】第三条第二项废止，参见《国家税务总局关于小规模纳税人免征增值税政策有关征管问题的公告》（国家税务总局公告2019年第4号）。

（三）门票、过路（过桥）费发票、定额发票、客运发票和二手车销售统一发票继续使用。

（四）采取汇总纳税的金融机构，省、自治区所辖地市以下分支机构可以使用地市级机构统一领取的增值税专用发票、增值税普通发票、增值税电子普通发票；直辖市、计划单列市所辖区县及以下分支机构可以使用直辖市、计划单列市机构统一领取的增值税专用发票、增值税普通发票、增值税电子普通发票。

（五）税务机关使用新系统代开增值税专用发票和增值税普通发票。代开增值税专用发票使用六联票，代开增值税普通发票使用五联票。

纳税人在税务机关已申报营业税未开具发票，2016年5月1日以后需要补开发票的，可于2016年12月31日前开具增值税普通发票（税务总局另有规定的除外）。

四、增值税发票开具

（一）税务总局编写了《商品和服务税收分类与编码（试行）》（以下简称编码，见附件），并在新系统中增加了编码相关功能。自2016年5月1日起，纳入新系统推行范围的试点纳税人及新办增值税纳税人，应使用新系统选择相应的编码开具增值税发票。北京市、上海市、江苏省和广东省已使用编码的纳税人，应于5月1日前完成开票软件升级。5月1日前已使用新系统的纳税人，应于8月1日前完成开票软件升级。

（二）按照现行政策规定适用差额征税办法缴纳增值税，且不得全额开具增值税发票的（财政部、税务总局另有规定的除外），纳税人自行开具或者税务机关代开增值税发票时，通过新系统中差额征税开票功能，录入含税销售额（或含税评估额）和扣除额，系统自动计算税额和不含税金额，备注栏自动打印"差额征税"字样，发票开具不应与其他应税行为混开。

（三）提供建筑服务，纳税人自行开具或者税务机关代开增值税发票时，应在发票的备注栏注明建筑服务发生地县（市、区）名称及项目名称。

（四）销售不动产，纳税人自行开具或者税务机关代开增值税发票时，应在发票"货物或应税劳务、服务名称"栏填写不动产名称及房屋产权证书号码（无房屋产权证书的可不填写），"单位"栏填写面积单位，备注栏注明不动产的详细地址。

（五）出租不动产，纳税人自行开具或者税务机关代开增值税发票时，应在备注栏注明不动产的详细地址。

（六）个人出租住房适用优惠政策减按1.5%征收，纳税人自行开具或者税务机关代开增值税发票时，通过新系统中征收率减按1.5%征收开票功能，录入含税销售额，系统自动计算税额和不含税金额，发票开具不应与其他应税行为混开。

（七）税务机关代开增值税发票时，"销售方开户行及账号"栏填写税收完税凭证字轨及号码或系统税票号码（免税代开增值税普通发票可不填写）。

（八）税务机关为跨县（市、区）提供不动产经营租赁服务、建筑服务的小规模纳税人（不包括其他个人），代开增值税发票时，在发票备注栏中自动打印"YD"字样。

五、扩大取消增值税发票认证的纳税人范围

……

【注释】 第五条废止，参见《国家税务总局关于扩大小规模纳税人自行开具增值税专用发票试点范围等事项的公告》（国家税务总局公告2019年第8号）。

六、其他纳税事项

（一）原以地市一级机构汇总缴纳营业税的金融机构，营改增后继续以地市一级机构汇总缴纳增值税。

同一省（自治区、直辖市、计划单列市）范围内的金融机构，经省（自治区、直辖市、计划单列市）税务局和财政厅（局）批准，可以由总机构汇总向总机构所在地的主管税务机关申报缴纳增值税。

（二）增值税小规模纳税人应分别核算销售货物，提供加工、修理修配劳务的销售额，和销售服务、无形资产的销售额。增值税小规模纳税人销售货物，提供加工、修理修配劳务月销售额不超过3万元（按季纳税9万元），销售服务、无形资产月销售额不超过3万元（按季纳税9万元）的，自2016年5月1日起至2017年12月31日，可分别享受小微企业暂免征收增值税优惠政策。

（三）按季纳税申报的增值税小规模纳税人，实际经营期不足一个季度的，以实际经营月份计算当期可享受小微企业免征增值税政策的销售额度。

按照本公告第一条第（三）项规定，按季纳税的试点增值税小规模纳税人，2016年7月纳税申报时，申报的2016年5月、6月增值税应税销售额中，销售货物，提供加工、修理修配劳务的销售额不超过6万元，销售服务、无形资产的销售额不超过6万元的，可分别享受小微企业暂免征收增值税优惠政策。

（四）……

【注释】 第六条第四项废止，参见《国家税务总局关于小规模纳税人免征增值税政策有关征管问题的公告》（国家税务总局公告2019年第4号）。

七、本公告自2016年5月1日起施行，《国家税务总局关于使用新版不动产销售统一发票和新版建筑业统一发票有关问题的通知》（国税发〔2006〕173号）、《国家税务总局关于营业税改征增值税试点增值税一般纳税人资格认定有关事项的公告》（国家税务总局公告2013年第75号）、《国家税务总局关于开展商品和服务税收分类与编码试点工作的通知》（税总函〔2016〕56号）同时废止。

特此公告。

附件：商品和服务税收分类与编码（试行）（略）。

【注释】 附件《商品和服务税收分类与编码（试行）》自2018年1月1日起废止,参见《国家税务总局关于增值税发票管理若干事项的公告》（国家税务总局公告2017年第45号）。

国家税务总局
2016年4月19日

40. 国家税务总局关于明确营改增试点若干征管问题的公告

国家税务总局公告2016年第26号

为确保全面推开营改增试点顺利实施，现将若干税收征管问题公告如下：

一、餐饮行业增值税一般纳税人购进农业生产者自产农产品，可以使用税务机关监制的农产品收购发票，按照现行规定计算抵扣进项税额。

有条件的地区，应积极在餐饮行业推行农产品进项税额核定扣除办法，按照《财政部 国家税务总局关于在部分行业试行农产品增值税进项税额核定扣除办法的通知》（财税〔2012〕38号）有关规定计算抵扣进项税额。

二、个人转让住房，在2016年4月30日前已签订转让合同，2016年5月1日以后办理产权变更事项的，应缴纳增值税，不缴纳营业税。

三、……

【注释】第三条废止，参见《国家税务总局关于小规模纳税人免征增值税政策有关征管问题的公告》（国家税务总局公告2019年第4号）。

四、营改增后，门票、过路（过桥）费发票属于予以保留的票种，由税务机关监制管理。

本公告自2016年5月1日起施行。

特此公告。

国家税务总局
2016年4月26日

41. 国家税务总局公告关于调整增值税纳税申报有关事项的公告

国家税务总局公告2016年第27号

为配合全面推开营业税改征增值税试点工作顺利实施，国家税务总局对增值税纳税申报有关事项进行了调整，现公告如下：

一、对《国家税务总局关于全面推开营业税改征增值税试点后增值税纳税申报有关事项的公告》（国家税务总局公告2016年第13号）附件1中《本期抵扣进项税额结构明细表》进行调整，调整后的表式见附件1，填写说明见附件2。

二、对国家税务总局公告2016年第13号附件3《增值税纳税申报表（小规模纳税人适用）》及其附列资料进行调整，调整后的表式见附件3，填写说明见附件4。

三、增值税一般纳税人支付道路、桥、闸通行费，按照政策规定，以取得的通行费发票（不含财政票据）上注明的收费金额计算的可抵扣进项税额，填入国家税务总局公告 2016 年第 13 号附件 1 中《增值税纳税申报表附列资料（二）》（本期进项税额明细）第 8 栏"其他"。

四、本公告自 2016 年 6 月 1 日起施行。国家税务总局公告 2016 年第 13 号附件 1 中《本期抵扣进项税额结构明细表》、附件 2 中《本期抵扣进项税额结构明细表》填写说明、附件 3、附件 4 内容同时废止。

特此公告。

附件：1. 本期抵扣进项税额结构明细表（废止，参见国家税务总局公告 2017 年第 53 号）
2.《本期抵扣进项税额结构明细表》填写说明（略）。
3.《增值税纳税申报表（小规模纳税人适用）》及其附列资料（略）。
4.《增值税纳税申报表（小规模纳税人适用）》及其附列资料填写说明（略）。

【注释】附件 1 废止，参见《国家税务总局关于调整增值税纳税申报有关事项的公告》（国家税务总局公告 2017 年第 53 号）。 附件 3、附件 4 废止，参见《国家税务总局关于增值税 消费税与附加税费申报表整合有关事项的公告》（国家税务总局公告 2021 年第 20 号）。

国家税务总局
2016 年 5 月 5 日

42. 国家税务总局公告关于发布《营业税改征增值税跨境应税行为增值税免税管理办法（试行）》的公告

国家税务总局公告 2016 年第 29 号

国家税务总局制定了《营业税改征增值税跨境应税行为增值税免税管理办法（试行）》，现予以公布，自 2016 年 5 月 1 日起施行。《国家税务总局关于重新发布〈营业税改征增值税跨境应税服务增值税免税管理办法（试行）〉的公告》（国家税务总局公告 2014 年第 49 号）同时废止。

特此公告。

附件：1. 跨境应税行为免税备案表（略）。
2. 放弃适用增值税零税率声明（略）。

国家税务总局
2016 年 5 月 6 日

营业税改征增值税跨境应税行为增值税免税管理办法（试行）

第一条 中华人民共和国境内（以下简称境内）的单位和个人（以下称纳税人）发生跨境应税行为，适用本办法。

第二条 下列跨境应税行为免征增值税：

（一）工程项目在境外的建筑服务。

工程总承包方和工程分包方为施工地点在境外的工程项目提供的建筑服务，均属于工程项目在境外的建筑服务。

（二）工程项目在境外的工程监理服务。

（三）工程、矿产资源在境外的工程勘察勘探服务。

（四）会议展览地点在境外的会议展览服务。

为客户参加在境外举办的会议、展览而提供的组织安排服务，属于会议展览地点在境外的会议展览服务。

（五）存储地点在境外的仓储服务。

（六）标的物在境外使用的有形动产租赁服务。

（七）在境外提供的广播影视节目（作品）的播映服务。

在境外提供的广播影视节目（作品）播映服务，是指在境外的影院、剧院、录像厅及其他场所播映广播影视节目（作品）。

通过境内的电台、电视台、卫星通信、互联网、有线电视等无线或者有线装置向境外播映广播影视节目（作品），不属于在境外提供的广播影视节目（作品）播映服务。

（八）在境外提供的文化体育服务、教育医疗服务、旅游服务。

在境外提供的文化体育服务和教育医疗服务，是指纳税人在境外现场提供的文化体育服务和教育医疗服务。

为参加在境外举办的科技活动、文化活动、文化演出、文化比赛、体育比赛、体育表演、体育活动而提供的组织安排服务，属于在境外提供的文化体育服务。

通过境内的电台、电视台、卫星通信、互联网、有线电视等媒体向境外单位或个人提供的文化体育服务或教育医疗服务，不属于在境外提供的文化体育服务、教育医疗服务。

（九）为出口货物提供的邮政服务、收派服务、保险服务。

1. 为出口货物提供的邮政服务，是指：

（1）寄递函件、包裹等邮件出境。

（2）向境外发行邮票。

（3）出口邮册等邮品。

2. 为出口货物提供的收派服务，是指为出境的函件、包裹提供的收件、分拣、派送服务。纳税人为出口货物提供收派服务，免税销售额为其向寄件人收取的全部价款和价外费用。

3. 为出口货物提供的保险服务，包括出口货物保险和出口信用保险。

（十）向境外单位销售的完全在境外消费的电信服务。

纳税人向境外单位或者个人提供的电信服务，通过境外电信单位结算费用的，服务接受方为境外电信单位，属于完全在境外消费的电信服务。

（十一）向境外单位销售的完全在境外消费的知识产权服务。

服务实际接受方为境内单位或者个人的知识产权服务，不属于完全在境外消费的知识产权服务。

（十二）向境外单位销售的完全在境外消费的物流辅助服务（仓储服务、收派服务除外）。

境外单位从事国际运输和港澳台运输业务经停我国机场、码头、车站、领空、内河、海域时，纳税人向其提供的航空地面服务、港口码头服务、货运客运站场服务、打捞救助服务、装卸搬运服务，属于完全在境外消费的物流辅助服务。

（十三）向境外单位销售的完全在境外消费的鉴证咨询服务。

下列情形不属于完全在境外消费的鉴证咨询服务：

1.服务的实际接受方为境内单位或者个人。

2.对境内的货物或不动产进行的认证服务、鉴证服务和咨询服务。

（十四）向境外单位销售的完全在境外消费的专业技术服务。

下列情形不属于完全在境外消费的专业技术服务：

1.服务的实际接受方为境内单位或者个人。

2.对境内的天气情况、地震情况、海洋情况、环境和生态情况进行的气象服务、地震服务、海洋服务、环境和生态监测服务。

3.为境内的地形地貌、地质构造、水文、矿藏等进行的测绘服务。

4.为境内的城、乡、镇提供的城市规划服务。

（十五）向境外单位销售的完全在境外消费的商务辅助服务。

1.纳税人向境外单位提供的代理报关服务和货物运输代理服务，属于完全在境外消费的代理报关服务和货物运输代理服务。

2.纳税人向境外单位提供的外派海员服务，属于完全在境外消费的人力资源服务。外派海员服务，是指境内单位派出属于本单位员工的海员，为境外单位在境外提供的船舶驾驶和船舶管理等服务。

3.纳税人以对外劳务合作方式，向境外单位提供的完全在境外发生的人力资源服务，属于完全在境外消费的人力资源服务。对外劳务合作，是指境内单位与境外单位签订劳务合作合同，按照合同约定组织和协助中国公民赴境外工作的活动。

4.下列情形不属于完全在境外消费的商务辅助服务：

（1）服务的实际接受方为境内单位或者个人。

（2）对境内不动产的投资与资产管理服务、物业管理服务、房地产中介服务。

（3）拍卖境内货物或不动产过程中提供的经纪代理服务。

（4）为境内货物或不动产的物权纠纷提供的法律代理服务。

（5）为境内货物或不动产提供的安全保护服务。

（十六）向境外单位销售的广告投放地在境外的广告服务。

广告投放地在境外的广告服务，是指为在境外发布的广告提供的广告服务。

（十七）向境外单位销售的完全在境外消费的无形资产（技术除外）。

下列情形不属于向境外单位销售的完全在境外消费的无形资产：

1.无形资产未完全在境外使用。

2.所转让的自然资源使用权与境内自然资源相关。

3.所转让的基础设施资产经营权、公共事业特许权与境内货物或不动产相关。

4.向境外单位转让在境内销售货物、应税劳务、服务、无形资产或不动产的配额、经营权、经销权、分销权、代理权。

（十八）为境外单位之间的货币资金融通及其他金融业务提供的直接收费金融服务，且该服务与境内的货物、无形资产和不动产无关。

为境外单位之间、境外单位和个人之间的外币、人民币资金往来提供的资金清算、资金结算、金融支付、账户管理服务，属于为境外单位之间的货币资金融通及其他金融业务提供的直接收费金融服务。

（十九）属于以下情形的国际运输服务：

1.以无运输工具承运方式提供的国际运输服务。

2.以水路运输方式提供国际运输服务但未取得《国际船舶运输经营许可证》的。

3.以公路运输方式提供国际运输服务但未取得《道路运输经营许可证》或者《国际汽

车运输行车许可证》，或者《道路运输经营许可证》的经营范围未包括"国际运输"的。

4. 以航空运输方式提供国际运输服务但未取得《公共航空运输企业经营许可证》，或者其经营范围未包括"国际航空客货邮运输业务"的。

5. 以航空运输方式提供国际运输服务但未持有《通用航空经营许可证》，或者其经营范围未包括"公务飞行"的。

（二十）符合零税率政策但适用简易计税方法或声明放弃适用零税率选择免税的下列应税行为：

1. 国际运输服务。

2. 航天运输服务。

3. 向境外单位提供的完全在境外消费的下列服务：

（1）研发服务；

（2）合同能源管理服务；

（3）设计服务；

（4）广播影视节目（作品）的制作和发行服务；

（5）软件服务；

（6）电路设计及测试服务；

（7）信息系统服务；

（8）业务流程管理服务；

（9）离岸服务外包业务。

4. 向境外单位转让完全在境外消费的技术。

第三条 纳税人向国内海关特殊监管区域内的单位或者个人销售服务、无形资产，不属于跨境应税行为，应照章征收增值税。

第四条 2016 年 4 月 30 日前签订的合同，符合《财政部 国家税务总局关于将铁路运输和邮政业纳入营业税改征增值税试点的通知》（财税〔2013〕106 号）附件 4 和《财政部 国家税务总局关于影视等出口服务适用增值税零税率政策的通知》（财税〔2015〕118 号）规定的免税政策条件的，在合同到期前可以继续享受免税政策。

第五条 纳税人发生本办法第二条所列跨境应税行为，除第（九）项、第（二十）项外，必须签订跨境销售服务或无形资产书面合同。否则，不予免征增值税。

纳税人向外国航空运输企业提供空中飞行管理服务，以中国民用航空局下发的航班计划或者中国民用航空局清算中心临时来华飞行记录，为跨境销售服务书面合同。

纳税人向外国航空运输企业提供物流辅助服务（除空中飞行管理服务外），与经中国民用航空局批准设立的外国航空运输企业常驻代表机构签订的书面合同，属于与服务接受方签订跨境销售服务书面合同。外国航空运输企业临时来华飞行，未签订跨境服务书面合同的，以中国民用航空局清算中心临时来华飞行记录为跨境销售服务书面合同。

施工地点在境外的工程项目，工程分包方应提供工程项目在境外的证明、与发包方签订的建筑合同原件及复印件等资料，作为跨境销售服务书面合同。

第六条 纳税人向境外单位销售服务或无形资产，按本办法规定免征增值税的，该项销售服务或无形资产的全部收入应从境外取得，否则，不予免征增值税。

下列情形视同从境外取得收入：

（一）纳税人向外国航空运输企业提供物流辅助服务，从中国民用航空局清算中心、中国航空结算有限责任公司或者经中国民用航空局批准设立的外国航空运输企业常驻代表机构取得的收入。

（二）纳税人与境外关联单位发生跨境应税行为，从境内第三方结算公司取得的收入。上述所称第三方结算公司，是指承担跨国企业集团内部成员单位资金集中运营管理职能的资金结算公司，包括财务公司、资金池、资金结算中心等。

（三）纳税人向外国船舶运输企业提供物流辅助服务，通过外国船舶运输企业指定的境内代理公司结算取得的收入。

（四）国家税务总局规定的其他情形。

第七条 纳税人发生跨境应税行为免征增值税的，应单独核算跨境应税行为的销售额，准确计算不得抵扣的进项税额，其免税收入不得开具增值税专用发票。

纳税人为出口货物提供收派服务，按照下列公式计算不得抵扣的进项税额：

$$\text{不得抵扣的进项税额} = \text{当期无法划分的全部进项税额} \times \left(\text{当期简易计税方法计税项目销售额} + \text{免征增值税项目销售额} - \text{为出口货物提供收派服务支付给境外合作方的费用} \right) \div \text{当期全部销售额}$$

第八条 纳税人发生免征增值税跨境应税行为，除提供第二条第（二十）项所列服务外，应在首次享受免税的纳税申报期内或在各省、自治区、直辖市和计划单列市国家税务局规定的申报征期后的其他期限内，到主管税务机关办理跨境应税行为免税备案手续，同时提交以下备案材料：

（一）《跨境应税行为免税备案表》（附件1）；

（二）本办法第五条规定的跨境销售服务或无形资产的合同原件及复印件；

（三）提供本办法第二条第（一）项至第（八）项和第（十六）项服务，应提交服务地点在境外的证明材料原件及复印件；

（四）提供本办法第二条规定的国际运输服务，应提交实际发生相关业务的证明材料；

（五）向境外单位销售服务或无形资产，应提交服务或无形资产购买方的机构所在地在境外的证明材料；

（六）国家税务总局规定的其他资料。

第九条 纳税人发生第二条第（二十）项所列应税行为的，应在首次享受免税的纳税申报期内或在各省、自治区、直辖市和计划单列市国家税务局规定的申报征期后的其他期限内，到主管税务机关办理跨境应税行为免税备案手续，同时提交以下备案材料：

（一）已向办理增值税免抵退税或免退税的主管税务机关备案的《放弃适用增值税零税率声明》（附件2）；

（二）该项应税行为享受零税率到主管税务机关办理增值税免抵退税或免退税申报时需报送的材料和原始凭证。

第十条 按照本办法第八条规定提交备案的跨境销售服务或无形资产合同原件为外文的，应提供中文翻译件并由法定代表人（负责人）签字或者单位盖章。

纳税人无法提供本办法第八条规定的境外资料原件的，可只提供复印件，注明"复印件与原件一致"字样，并由法定代表人（负责人）签字或者单位盖章；境外资料原件为外文的，应提供中文翻译件并由法定代表人（负责人）签字或者单位盖章。

主管税务机关对提交的境外证明材料有明显疑义的，可以要求纳税人提供境外公证部门出具的证明材料。

第十一条 纳税人办理跨境应税行为免税备案手续时，主管税务机关应当根据以下情况分别做出处理：

（一）备案材料存在错误的，应当告知并允许纳税人更正。

（二）备案材料不齐全或者不符合规定形式的，应当场一次性告知纳税人补正。

（三）备案材料齐全、符合规定形式的，或者纳税人按照税务机关的要求提交全部补正备案材料的，应当受理纳税人的备案，并将有关资料原件退还纳税人。

（四）按照税务机关的要求补正后的备案材料仍不符合本办法第八、九、十条规定的，应当对纳税人的本次跨境应税行为免税备案不予受理，并将所有报送材料退还纳税人。

第十二条　主管税务机关受理或者不予受理纳税人跨境应税行为免税备案，应当出具加盖本机关专用印章和注明日期的书面凭证。

第十三条　原签订的跨境销售服务或无形资产合同发生变更，或者跨境销售服务或无形资产的有关情况发生变化，变化后仍属于本办法第二条规定的免税范围的，纳税人应向主管税务机关重新办理跨境应税行为免税备案手续。

第十四条　纳税人应当完整保存本办法第八、第九、第十条要求的各项材料。纳税人在税务机关后续管理中不能提供上述材料的，不得享受本办法规定的免税政策，对已享受的减免税款应予补缴，并依照《中华人民共和国税收征收管理法》的有关规定处理。

第十五条　纳税人发生跨境应税行为享受免税的，应当按规定进行纳税申报。纳税人享受免税到期或实际经营情况不再符合本办法规定的免税条件的，应当停止享受免税，并按照规定申报纳税。

第十六条　纳税人发生实际经营情况不符合本办法规定的免税条件、采用欺骗手段获取免税或者享受减免税条件发生变化未及时向税务机关报告，以及未按照本办法规定履行相关程序自行减免税的，税务机关依照《中华人民共和国税收征收管理法》有关规定予以处理。

第十七条　税务机关应高度重视跨境应税行为增值税免税管理工作，针对纳税人的备案材料，采取案头分析、日常检查、重点稽查等方式，加强对纳税人业务真实性的核实，发现问题的，按照现行有关规定处理。

第十八条　纳税人发生的与香港、澳门、台湾有关的应税行为，参照本办法执行。

第十九条　本办法自2016年5月1日起施行。此前，纳税人发生符合本办法第四条规定的免税跨境应税行为，已办理免税备案手续的，不再重新办理免税备案手续。纳税人发生符合本办法第二条和第四条规定的免税跨境应税行为，未办理免税备案手续但已进行免税申报的，按照本办法规定补办备案手续；未进行免税申报的，按照本办法规定办理跨境服务备案手续后，可以申请退还已缴税款或者抵减以后的应纳税额；已开具增值税专用发票的，应将全部联次追回后方可办理跨境应税行为免税备案手续。

43. 国家税务总局关于红字增值税发票开具有关问题的公告

国家税务总局公告2016年第47号

为进一步规范纳税人开具增值税发票管理，现将红字发票开具有关问题公告如下：

一、增值税一般纳税人开具增值税专用发票（以下简称专用发票）后，发生销货退回、开票有误、应税服务中止等情形但不符合发票作废条件，或者因销货部分退回及发生销售折让，需要开具红字专用发票的，按以下方法处理：

（一）购买方取得专用发票已用于申报抵扣的，购买方可在增值税发票管理新系统（以下简称"新系统"）中填开并上传《开具红字增值税专用发票信息表》（以下简称《信息表》，详见附件),在填开《信息表》时不填写相对应的蓝字专用发票信息,应暂依《信息表》所列增值税税额从当期进项税额中转出,待取得销售方开具的红字专用发票后,与《信息表》一并作为记账凭证。

购买方取得专用发票未用于申报抵扣、但发票联或抵扣联无法退回的,购买方填开《信息表》时应填写相对应的蓝字专用发票信息。

销售方开具专用发票尚未交付购买方,以及购买方未用于申报抵扣并将发票联及抵扣联退回的,销售方可在新系统中填开并上传《信息表》。销售方填开《信息表》时应填写相对应的蓝字专用发票信息。

(二)主管税务机关通过网络接收纳税人上传的《信息表》,系统自动校验通过后,生成带有"红字发票信息表编号"的《信息表》,并将信息同步至纳税人端系统中。

(三)销售方凭税务机关系统校验通过的《信息表》开具红字专用发票,在新系统中以销项负数开具。红字专用发票应与《信息表》一一对应。

(四)纳税人也可凭《信息表》电子信息或纸质资料到税务机关对《信息表》内容进行系统校验。

二、税务机关为小规模纳税人代开专用发票,需要开具红字专用发票的,按照一般纳税人开具红字专用发票的方法处理。

三、纳税人需要开具红字增值税普通发票的,可以在所对应的蓝字发票金额范围内开具多份红字发票。红字机动车销售统一发票需与原蓝字机动车销售统一发票一一对应。

四、按照《国家税务总局关于纳税人认定或登记为一般纳税人前进项税额抵扣问题的公告》(国家税务总局公告2015年第59号)的规定,需要开具红字专用发票的,按照本公告规定执行。

五、本公告自2016年8月1日起施行,《国家税务总局关于推行增值税发票系统升级版有关问题的公告》(国家税务总局公告2014年第73号)第四条、附件1、附件2和《国家税务总局关于全面推行增值税发票系统升级版有关问题的公告》(国家税务总局公告2015年第19号)第五条、附件1、附件2同时废止。此前未处理的事项,按照本公告规定执行。

特此公告。

附件:开具红字增值税专用发票信息表(略)。

国家税务总局
2016年7月20日

44.国家税务总局关于保险机构代收车船税开具增值税发票问题的公告

国家税务总局公告2016年第51号

现对保险机构代收车船税开具增值税发票问题公告如下:

保险机构作为车船税扣缴义务人,在代收车船税并开具增值税发票时,应在增值税发票备注栏中注明代收车船税税款信息。具体包括:保险单号、税款所属期(详细至月)、代收车船税金额、滞纳金金额、金额合计等。该增值税发票可作为纳税人缴纳车船税及滞纳金的会计核算原始凭证。

本公告自 2016 年 5 月 1 日起施行。

特此公告。

国家税务总局
2016 年 8 月 7 日

45.财政部 国家税务总局关于科技企业孵化器税收政策的通知

财税〔2016〕89 号

各省、自治区、直辖市、计划单列市财政厅（局）、国家税务局、地方税务局，新疆生产建设兵团财务局：

经国务院批准，现就科技企业孵化器（含众创空间，以下简称孵化器）有关税收政策通知如下：

一、自 2016 年 1 月 1 日至 2018 年 12 月 31 日，对符合条件的孵化器自用以及无偿或通过出租等方式提供给孵化企业使用的房产、土地，免征房产税和城镇土地使用税；自 2016 年 1 月 1 日至 2016 年 4 月 30 日，对其向孵化企业出租场地、房屋以及提供孵化服务的收入，免征营业税；在营业税改征增值税试点期间，对其向孵化企业出租场地、房屋以及提供孵化服务的收入，免征增值税。

二、符合非营利组织条件的孵化器的收入，按照企业所得税法及其实施条例和有关税收政策规定享受企业所得税优惠政策。

三、享受本通知规定的房产税、城镇土地使用税以及营业税、增值税优惠政策的孵化器，应同时符合以下条件：

（一）孵化器需符合国家级科技企业孵化器条件。国务院科技行政主管部门负责发布国家级科技企业孵化器名单。

（二）孵化器应将面向孵化企业出租场地、房屋以及提供孵化服务的业务收入在财务上单独核算。

（三）孵化器提供给孵化企业使用的场地面积（含公共服务场地）应占孵化器可自主支配场地面积的 75% 以上（含 75%）。孵化企业数量应占孵化器内企业总数量的 75% 以上（含 75%）。

公共服务场地是指孵化器提供给孵化企业共享的活动场所，包括公共餐厅、接待室、会议室、展示室、活动室、技术检测室和图书馆等非营利性配套服务场地。

四、本通知所称"孵化企业"应当同时符合以下条件：

（一）企业注册地和主要研发、办公场所必须在孵化器的孵化场地内。

（二）新注册企业或申请进入孵化器前企业成立时间不超过 2 年。

（三）企业在孵化器内孵化的时间不超过 48 个月。纳入"创新人才推进计划"及"海外高层次人才引进计划"的人才或从事生物医药、集成电路设计、现代农业等特殊领域的创业企业，孵化时间不超过 60 个月。

（四）符合《中小企业划型标准规定》所规定的小型、微型企业划型标准。

（五）单一在孵企业入驻时使用的孵化场地面积不大于1 000平方米。从事航空航天等特殊领域的在孵企业，不大于3 000平方米。

（六）企业产品（服务）属于科学技术部、财政部、国家税务总局印发的《国家重点支持的高新技术领域》规定的范围。

五、本通知所称"孵化服务"是指为孵化企业提供的属于营业税"服务业"税目中"代理业""租赁业"和"其他服务业"中的咨询和技术服务范围内的服务，改征增值税后是指为孵化企业提供的"经纪代理""经营租赁""研发和技术""信息技术"和"鉴证咨询"等服务。

六、省级科技行政主管部门负责定期核实孵化器是否符合本通知规定的各项条件，并报国务院科技行政主管部门审核确认。国务院科技行政主管部门审核确认后向纳税人出具证明材料，列明用于孵化的房产和土地的地址、范围、面积等具体信息，并发送给国务院税务主管部门。

纳税人持相应证明材料向主管税务机关备案，主管税务机关按照《税收减免管理办法》等有关规定，以及国务院科技行政主管部门发布的符合本通知规定条件的孵化器名单信息，办理税收减免。

请遵照执行。

财政部　国家税务总局
2016年8月11日

46.国家税务总局关于营改增试点若干征管问题的公告

国家税务总局公告2016年第53号

根据《财政部　国家税务总局关于全面推开营业税改征增值税试点的通知》（财税〔2016〕36号），现将营改增试点有关征管问题公告如下：

一、境外单位或者个人发生的下列行为不属于在境内销售服务或者无形资产：

（一）为出境的函件、包裹在境外提供的邮政服务、收派服务；

（二）向境内单位或者个人提供的工程施工地点在境外的建筑服务、工程监理服务；

（三）向境内单位或者个人提供的工程、矿产资源在境外的工程勘察勘探服务；

（四）向境内单位或者个人提供的会议展览地点在境外的会议展览服务。

二、……

【注释】第二条废止，参见《国家税务总局关于小规模纳税人免征增值税政策有关征管问题的公告》（国家税务总局公告2019年第4号）。

三、单用途商业预付卡（以下简称"单用途卡"）业务按照以下规定执行：

（一）单用途卡发卡企业或者售卡企业（以下统称"售卡方"）销售单用途卡，或者接受单用途卡持卡人充值取得的预收资金，不缴纳增值税。售卡方可按照本公告第九条的规定，向购卡人、充值人开具增值税普通发票，不得开具增值税专用发票。

单用途卡，是指发卡企业按照国家有关规定发行的，仅限于在本企业、本企业所属集团或者同一品牌特许经营体系内兑付货物或者服务的预付凭证。

发卡企业，是指按照国家有关规定发行单用途卡的企业。售卡企业，是指集团发卡企业或者品牌发卡企业指定的，承担单用途卡销售、充值、挂失、换卡、退卡等相关业务的本集团或同一品牌特许经营体系内的企业。

（二）售卡方因发行或者销售单用途卡并办理相关资金收付结算业务取得的手续费、结算费、服务费、管理费等收入，应按照现行规定缴纳增值税。

（三）持卡人使用单用途卡购买货物或服务时，货物或者服务的销售方应按照现行规定缴纳增值税，且不得向持卡人开具增值税发票。

（四）销售方与售卡方不是同一个纳税人的，销售方在收到售卡方结算的销售款时，应向售卡方开具增值税普通发票，并在备注栏注明"收到预付卡结算款"，不得开具增值税专用发票。

售卡方从销售方取得的增值税普通发票，作为其销售单用途卡或接受单用途卡充值取得预收资金不缴纳增值税的凭证，留存备查。

四、支付机构预付卡（以下称"多用途卡"）业务按照以下规定执行：

（一）支付机构销售多用途卡取得的等值人民币资金，或者接受多用途卡持卡人充值取得的充值资金，不缴纳增值税。支付机构可按照本公告第九条的规定，向购卡人、充值人开具增值税普通发票，不得开具增值税专用发票。

支付机构，是指取得中国人民银行核发的《支付业务许可证》，获准办理"预付卡发行与受理"业务的发卡机构和获准办理"预付卡受理"业务的受理机构。

多用途卡，是指发卡机构以特定载体和形式发行的，可在发卡机构之外购买货物或服务的预付价值。

（二）支付机构因发行或者受理多用途卡并办理相关资金收付结算业务取得的手续费、结算费、服务费、管理费等收入，应按照现行规定缴纳增值税。

（三）持卡人使用多用途卡，向与支付机构签署合作协议的特约商户购买货物或服务，特约商户应按照现行规定缴纳增值税，且不得向持卡人开具增值税发票。

（四）特约商户收到支付机构结算的销售款时，应向支付机构开具增值税普通发票，并在备注栏注明"收到预付卡结算款"，不得开具增值税专用发票。

支付机构从特约商户取得的增值税普通发票，作为其销售多用途卡或接受多用途卡充值取得预收资金不缴纳增值税的凭证，留存备查。

五、单位将其持有的限售股在解禁流通后对外转让的，按照以下规定确定买入价：

（一）上市公司实施股权分置改革时，在股票复牌之前形成的原非流通股股份，以及股票复牌首日至解禁日期间由上述股份孳生的送、转股，以该上市公司完成股权分置改革后股票复牌首日的开盘价为买入价。

（二）公司首次公开发行股票并上市形成的限售股，以及上市首日至解禁日期间由上述股份孳生的送、转股，以该上市公司股票首次公开发行（IPO）的发行价为买入价。

（三）因上市公司实施重大资产重组形成的限售股，以及股票复牌首日至解禁日期间由上述股份孳生的送、转股，以该上市公司因重大资产重组股票停牌前一交易日的收盘价为买入价。

六、银行提供贷款服务按期计收利息的，结息日当日计收的全部利息收入，均应计入结息日所属期的销售额，按照现行规定计算缴纳增值税。

七、按照《中华人民共和国增值税暂行条例》《营业税改征增值税试点实施办法》《中华人民共和国消费税暂行条例》及相关文件规定，以1个季度为纳税期限的增值税纳税人，其取得的全部增值税应税收入、消费税应税收入，均可以1个季度为纳税期限。

八、《纳税人跨县（市、区）提供建筑服务增值税征收管理暂行办法》（国家税务总局公告2016年第17号发布）第七条规定调整为：

纳税人跨县（市、区）提供建筑服务，在向建筑服务发生地主管税务机关预缴税款时，需填报《增值税预缴税款表》，并出示以下资料：

（一）与发包方签订的建筑合同复印件（加盖纳税人公章）；

（二）与分包方签订的分包合同复印件（加盖纳税人公章）；

（三）从分包方取得的发票复印件（加盖纳税人公章）。

九、《国家税务总局关于全面推开营业税改征增值税试点有关税收征收管理事项的公告》（国家税务总局公告2016年第23号）附件《商品和服务税收分类与编码（试行）》中的分类编码调整以下内容，纳税人应将增值税税控开票软件升级到最新版本（V2.0.11）：

（一）3010203"水路运输期租业务"下分设301020301"水路旅客运输期租业务"和301020302"水路货物运输期租业务"；3010204"水路运输程租业务"下设301020401"水路旅客运输程租业务"和301020402"水路货物运输程租业务"；301030103"航空运输湿租业务"下设30103010301"航空旅客运输湿租业务"和30103010302"航空货物运输湿租业务"。

（二）30105"无运输工具承运业务"下新增3010502"无运输工具承运陆路运输业务"、3010503"无运输工具承运水路运输服务"、3010504"无运输工具承运航空运输服务"、3010505"无运输工具承运管道运输服务"和3010506"无运输工具承运联运运输服务"。

停用编码3010501"无船承运"。

（三）301"交通运输服务"下新增30106"联运服务"，用于利用多种运输工具载运旅客、货物的业务活动。

30106"联运服务"下新增3010601"旅客联运服务"和3010602"货物联运服务"。

（四）30199"其他运输服务"下新增3019901"其他旅客运输服务"和3019902"其他货物运输服务"。

（五）30401"研发和技术服务"下新增3040105"专业技术服务"。

停止使用编码304010403"专业技术服务"。

（六）304050202"不动产经营租赁"下新增30405020204"商业营业用房经营租赁服务"。

（七）3040801"企业管理服务"下新增304080101"物业管理服务"和304080199"其他企业管理服务"。

（八）3040802"经纪代理服务"下新增304080204"人力资源外包服务"。

（九）3040803"人力资源服务"下新增304080301"劳务派遣服务"和304080399"其他人力资源服务"。

（十）30601"贷款服务"下新增3060110"客户贷款"，用于向企业、个人等客户发放贷款以及票据贴现的情况；3060110"客户贷款"下新增306011001"企业贷款"、306011002"个人贷款"、306011003"票据贴现"。

（十一）增加6"未发生销售行为的不征税项目"，用于纳税人收取款项但未发生销售货物、应税劳务、服务、无形资产或不动产的情形。

"未发生销售行为的不征税项目"下设601"预付卡销售和充值"、602"销售自行开发的房地产项目预收款"、603"已申报缴纳营业税未开票补开票"。

使用"未发生销售行为的不征税项目"编码，发票税率栏应填写"不征税"，不得开具增值税专用发票。

十、本公告自2016年9月1日起施行，此前已发生未处理的事项，按照本公告规定执行。2016年5月1日前,纳税人发生本公告第二、五、六条规定的应税行为,此前未处理的,比照本公告规定缴纳营业税。

特此公告。

国家税务总局
2016年8月18日

47. 国家税务总局关于物业管理服务中收取的自来水水费增值税问题的公告

国家税务总局公告2016年第54号

现将物业管理服务中收取的自来水水费增值税有关问题公告如下:

提供物业管理服务的纳税人,向服务接受方收取的自来水水费,以扣除其对外支付的自来水水费后的余额为销售额,按照简易计税方法依3%的征收率计算缴纳增值税。

本公告自发布之日起施行。2016年5月1日以后已发生并处理的事项,不再作调整;未处理的,按本公告规定执行。

特此公告。

国家税务总局
2016年8月19日

48. 国家税务总局关于纳税人申请代开增值税发票办理流程的公告

国家税务总局公告2016年第59号

现将纳税人代开发票(纳税人销售取得的不动产和其他个人出租不动产由税务机关代开增值税发票业务除外)办理流程公告如下:

一、办理流程

(一)在办税服务厅指定窗口

1. 提交《代开增值税发票缴纳税款申报单》;

2. 自然人申请代开发票,提交身份证件及复印件;

其他纳税人申请代开发票,提交加载统一社会信用代码的营业执照(或税务登记证或组织机构代码证)、经办人身份证件及复印件。

(二)在同一窗口缴纳有关税费、领取发票。

二、各省税务机关应在本公告规定的基础上,结合本地实际,制定更为细化、更有明确指向和可操作的纳税人申请代开发票办理流程公告,切实将简化优化办税流程落到实处。

三、……

【注释】第三条废止,参见《国家税务总局关于公布全文和部分条款失效废止的税务规范性文件目录的公告》(国家税务总局公告 2021 年第 22 号)。

本公告自 2016 年 11 月 15 日起施行。

特此公告。

附件:代开增值税发票缴纳税款申报单(略)。

国家税务总局
2016 年 8 月 31 日

49. 国家税务总局关于在境外提供建筑服务等有关问题的公告

国家税务总局公告 2016 年第 69 号

为进一步推进全面营改增试点平稳运行,现将在境外提供建筑服务等有关征管问题公告如下:

一、境内的单位和个人为施工地点在境外的工程项目提供建筑服务,按照《国家税务总局关于发布〈营业税改征增值税跨境应税行为增值税免税管理办法(试行)〉的公告》(国家税务总局公告 2016 年第 29 号)第八条规定办理免税备案手续时,凡与发包方签订的建筑合同注明施工地点在境外的,可不再提供工程项目在境外的其他证明材料。

二、境内的单位和个人在境外提供旅游服务,按照国家税务总局公告 2016 年第 29 号第八条规定办理免税备案手续时,以下列材料之一作为服务地点在境外的证明材料:

(一)旅游服务提供方派业务人员随同出境的,出境业务人员的出境证件首页及出境记录页复印件。

出境业务人员超过 2 人的,只需提供其中 2 人的出境证件复印件。

(二)旅游服务购买方的出境证件首页及出境记录页复印件。

旅游服务购买方超过 2 人的,只需提供其中 2 人的出境证件复印件。

三、享受国际运输服务免征增值税政策的境外单位和个人,到主管税务机关办理免税备案时,提交的备案资料包括:

(一)关于纳税人基本情况和业务介绍的说明;

(二)依据的税收协定或国际运输协定复印件。

四、纳税人提供建筑服务,被工程发包方从应支付的工程款中扣押的质押金、保证金,未开具发票的,以纳税人实际收到质押金、保证金的当天为纳税义务发生时间。

五、纳税人以长(短)租形式出租酒店式公寓并提供配套服务的,按照住宿服务缴纳增值税。

六、境外单位通过教育部考试中心及其直属单位在境内开展考试,教育部考试中心及其直属单位应以取得的考试费收入扣除支付给境外单位考试费后的余额为销售额,按提供"教育辅助服务"缴纳增值税;就代为收取并支付给境外单位的考试费统一扣缴增值税。教育部考试中心及其直属单位代为收取并支付给境外单位的考试费,不得开具增值税专用发票,可以开具增值税普通发票。

七、纳税人提供签证代理服务,以取得的全部价款和价外费用,扣除向服务接受方收取并代为支付给外交部和外国驻华使(领)馆的签证费、认证费后的余额为销售额。向服务接受方收取并代为支付的签证费、认证费，不得开具增值税专用发票，可以开具增值税普通发票。

八、纳税人代理进口按规定免征进口增值税的货物，其销售额不包括向委托方收取并代为支付的货款。向委托方收取并代为支付的款项，不得开具增值税专用发票，可以开具增值税普通发票。

九、纳税人提供旅游服务，将火车票、飞机票等交通费发票原件交付给旅游服务购买方而无法收回的，以交通费发票复印件作为差额扣除凭证。

十、……

【注释】第十条废止，参见《国家税务总局关于扩大小规模纳税人自行开具增值税专用发票试点范围等事项的公告》（国家税务总局公告2019年第8号）。

十一、本公告自发布之日起施行，此前已发生未处理的事项，按照本公告规定执行。《国家税务总局关于部分地区开展住宿业增值税小规模纳税人自开增值税专用发票试点工作有关事项的公告》（国家税务总局公告2016年第44号）同时废止。

特此公告。

国家税务总局
2016年11月4日

50. 国家税务总局关于纳税人转让不动产缴纳增值税差额扣除有关问题的公告

国家税务总局公告2016年第73号

现将纳税人转让不动产缴纳增值税差额扣除有关问题公告如下：

一、纳税人转让不动产，按照有关规定差额缴纳增值税的，如因丢失等原因无法提供取得不动产时的发票，可向税务机关提供其他能证明契税计税金额的完税凭证等资料，进行差额扣除。

二、纳税人以契税计税金额进行差额扣除的，按照下列公式计算增值税应纳税额：

（一）2016年4月30日及以前缴纳契税的

增值税应纳税额＝［全部交易价格（含增值税）－契税计税金额（含营业税）］÷（1＋5%）×5%

（二）2016年5月1日及以后缴纳契税的

增值税应纳税额＝［全部交易价格（含增值税）÷（1＋5%）－契税计税金额（不含增值税）］×5%

三、纳税人同时保留取得不动产时的发票和其他能证明契税计税金额的完税凭证等资料的，应当凭发票进行差额扣除。

本公告自发布之日起施行。此前已发生未处理的事项，按照本公告的规定执行。

特此公告。

国家税务总局
2016年11月24日

51. 国家税务总局关于调整增值税一般纳税人留抵税额申报口径的公告

国家税务总局公告 2016 年第 75 号

现将增值税一般纳税人留抵税额有关申报口径公告如下：

一、《国家税务总局关于全面推开营业税改征增值税试点后增值税纳税申报有关事项的公告》（国家税务总局公告 2016 年第 13 号）附件 1《增值税纳税申报表（一般纳税人适用）》（以下称"申报表主表"）第 13 栏"上期留抵税额""一般项目"列"本年累计"和第 20 栏"期末留抵税额""一般项目"列"本年累计"栏次停止使用，不再填报数据。

二、本公告发布前，申报表主表第 20 栏"期末留抵税额""一般项目"列"本年累计"中有余额的增值税一般纳税人，在本公告发布之日起的第一个纳税申报期，将余额一次性转入第 13 栏"上期留抵税额""一般项目"列"本月数"中。

三、本公告自 2016 年 12 月 1 日起施行。

特此公告。

国家税务总局
2016 年 12 月 1 日

52. 国家税务总局关于走逃（失联）企业开具增值税专用发票认定处理有关问题的公告

国家税务总局公告 2016 年第 76 号

为进一步加强增值税专用发票管理，有效防范税收风险，根据《中华人民共和国增值税暂行条例》有关规定，现将走逃（失联）企业开具增值税专用发票认定处理的有关问题公告如下：

一、走逃（失联）企业的判定

走逃（失联）企业，是指不履行税收义务并脱离税务机关监管的企业。

根据税务登记管理有关规定，税务机关通过实地调查、电话查询、涉税事项办理核查以及其他征管手段，仍对企业和企业相关人员查无下落的，或虽然可以联系到企业代理记账、报税人员等，但其并不知情也不能联系到企业实际控制人的，可以判定该企业为走逃（失联）企业。

二、走逃（失联）企业开具增值税专用发票的处理

（一）走逃（失联）企业存续经营期间发生下列情形之一的，所对应属期开具的增值税专用发票列入异常增值税扣税凭证（以下简称"异常凭证"）范围。

1. 商贸企业购进、销售货物名称严重背离的；生产企业无实际生产加工能力且无委托加工，或生产能耗与销售情况严重不符，或购进货物并不能直接生产其销售的货物且无委托

加工的。

2.直接走逃失踪不纳税申报,或虽然申报但通过填列增值税纳税申报表相关栏次,规避税务机关审核比对,进行虚假申报的。

(二)……

【注释】第二条第二项废止,参见《国家税务总局关于异常增值税扣税凭证管理等有关事项的公告》(国家税务总局公告2019年第38号)。

(三)异常凭证由开具方主管税务机关推送至接受方所在地税务机关进行处理,具体操作规程另行明确。

本公告自发布之日起施行。

特此公告。

国家税务总局
2016年12月1日

53.国家税务总局关于土地价款扣除时间等增值税征管问题的公告

国家税务总局公告2016年第86号

为细化落实《财政部 国家税务总局关于明确金融 房地产开发 教育辅助服务等增值税政策的通知》(财税〔2016〕140号)和进一步明确营改增试点运行中反映的操作问题,现将有关事项公告如下:

一、房地产开发企业向政府部门支付的土地价款,以及向其他单位或个人支付的拆迁补偿费用,按照财税〔2016〕140号文件第七、八条规定,允许在计算销售额时扣除但未扣除的,从2016年12月份(税款所属期)起按照现行规定计算扣除。

二、财税〔2016〕140号文件第九、第十、第十一、第十四、第十五、第十六条明确的税目适用问题,按以下方式处理:

(一)不涉及税率适用问题的不调整申报;

(二)纳税人原适用的税率高于财税〔2016〕140号文件所明确税目对应税率的,多申报的销项税额可以抵减以后月份的销项税额;

(三)纳税人原适用的税率低于财税〔2016〕140号文件所明确税目对应税率的,不调整申报,并从2016年12月份(税款所属期)起按照财税〔2016〕140号文件执行。

纳税人已就相关业务向购买方开具增值税专用发票的,应将增值税专用发票收回并重新开具;无法收回的不再调整。

三、财税〔2016〕140号文件第十八条规定的"此前已征的应予免征或不征的增值税,可抵减纳税人以后月份应缴纳的增值税",按以下方式处理:

(一)应予免征或不征增值税业务已按照一般计税方法缴纳增值税的,以该业务对应的销项税额抵减以后月份的销项税额,同时按照现行规定计算不得从销项税额中抵扣的进项税额;

(二)应予免征或不征增值税业务已按照简易计税方法缴纳增值税的,以该业务对应的增值税应纳税额抵减以后月份的增值税应纳税额。

纳税人已就应予免征或不征增值税业务向购买方开具增值税专用发票的，应将增值税专用发票收回后方可享受免征或不征增值税政策。

四、保险公司开展共保业务时，按照以下规定开具增值税发票：

（一）主承保人与投保人签订保险合同并全额收取保费，然后再与其他共保人签订共保协议并支付共保保费的，由主承保人向投保人全额开具发票，其他共保人向主承保人开具发票；

（二）主承保人和其他共保人共同与投保人签订保险合同并分别收取保费的，由主承保人和其他共保人分别就各自获得的保费收入向投保人开具发票。

五、《国家税务总局关于发布〈房地产开发企业销售自行开发的房地产项目增值税征收管理暂行办法〉的公告》（国家税务总局公告2016年第18号）第五条中，"当期销售房地产项目建筑面积""房地产项目可供销售建筑面积"，是指计容积率地上建筑面积，不包括地下车位建筑面积。

六、纳税人办理无偿赠与或受赠不动产免征增值税的手续，按照《国家税务总局关于进一步简化和规范个人无偿赠与或受赠不动产免征营业税、个人所得税所需证明资料的公告》（国家税务总局公告2015年第75号，以下称《公告》）的规定执行。《公告》第一条第（四）项第2目"经公证的能够证明有权继承或接受遗赠的证明资料原件及复印件"，修改为"有权继承或接受遗赠的证明资料原件及复印件"。

七、纳税人出租不动产，租赁合同中约定免租期的，不属于《营业税改征增值税试点实施办法》（财税〔2016〕36号文件印发）第十四条规定的视同销售服务。

本公告自发布之日起施行。

特此公告。

国家税务总局

2016年12月24日

54.国家税务总局关于使用印有本单位名称的增值税普通发票（卷票）有关问题的公告

国家税务总局公告2017年第9号

为进一步规范增值税发票管理，优化纳税服务，保障全面推开营业税改征增值税试点工作顺利实施，现将使用印有本单位名称的增值税普通发票（卷票）有关问题公告如下：

一、纳税人可按照《中华人民共和国发票管理办法》及其实施细则要求，书面向税务机关要求使用印有本单位名称的增值税普通发票（卷票），税务机关按规定确认印有该单位名称发票的种类和数量。纳税人通过增值税发票管理新系统开具印有本单位名称的增值税普通发票（卷票）。

二、印有本单位名称的增值税普通发票（卷票），由税务总局统一招标采购的增值税普通发票（卷票）中标厂商印制，其式样、规格、联次和防伪措施等与原有增值税普通发票（卷票）一致，并加印企业发票专用章。

三、印有本单位名称的增值税普通发票（卷票）发票代码及号码按照《国家税务总局关于启用增值税普通发票（卷票）有关事项的公告》（国家税务总局公告2016年第82号）规定的编码规则编制。发票代码的第8-10位代表批次，由省税务机关在501-999范围内统一编制。

四、使用印有本单位名称的增值税普通发票（卷票）的企业，按照《国家税务总局 财政部关于冠名发票印制费结算问题的通知》（税总发〔2013〕53号）规定，与发票印制企业直接结算印制费用。

本公告自2017年7月1日起施行。

特此公告。

国家税务总局
2017年4月14日

55. 国家税务总局关于进一步明确营改增有关征管问题的公告

国家税务总局公告2017年第11号

为进一步明确营改增试点运行中反映的有关征管问题，现将有关事项公告如下：

一、纳税人销售活动板房、机器设备、钢结构件等自产货物的同时提供建筑、安装服务，不属于《营业税改征增值税试点实施办法》（财税〔2016〕36号文件印发）第四十条规定的混合销售，应分别核算货物和建筑服务的销售额，分别适用不同的税率或者征收率。

二、建筑企业与发包方签订建筑合同后，以内部授权或者三方协议等方式，授权集团内其他纳税人（以下称"第三方"）为发包方提供建筑服务，并由第三方直接与发包方结算工程款的，由第三方缴纳增值税并向发包方开具增值税发票，与发包方签订建筑合同的建筑企业不缴纳增值税。发包方可凭实际提供建筑服务的纳税人开具的增值税专用发票抵扣进项税额。

三、纳税人在同一地级行政区范围内跨县（市、区）提供建筑服务，不适用《纳税人跨县(市、区)提供建筑服务增值税征收管理暂行办法》(国家税务总局公告2016年第17号印发)。

四、……

【注释】第四条废止，参见《国家税务总局关于明确中外合作办学等若干增值税征管问题的公告》（国家税务总局公告2018年第42号）。

五、纳税人提供植物养护服务，按照"其他生活服务"缴纳增值税。

六、发卡机构、清算机构和收单机构提供银行卡跨机构资金清算服务，按照以下规定执行：

（一）发卡机构以其向收单机构收取的发卡行服务费为销售额，并按照此销售额向清算机构开具增值税发票。

（二）清算机构以其向发卡机构、收单机构收取的网络服务费为销售额，并按照发卡机构支付的网络服务费向发卡机构开具增值税发票，按照收单机构支付的网络服务费向收单机构开具增值税发票。

清算机构从发卡机构取得的增值税发票上记载的发卡行服务费，一并计入清算机构的销售额，并由清算机构按照此销售额向收单机构开具增值税发票。

（三）收单机构以其向商户收取的收单服务费为销售额，并按照此销售额向商户开具增值税发票。

七、纳税人2016年5月1日前发生的营业税涉税业务,需要补开发票的,可于2017年12月31日前开具增值税普通发票(税务总局另有规定的除外)。

八、实行实名办税的地区,已由税务机关现场采集法定代表人(业主、负责人)实名信息的纳税人,申请增值税专用发票最高开票限额不超过十万元的,主管税务机关应自受理申请之日起2个工作日内办结,有条件的主管税务机关即时办结。即时办结的,直接出具和送达《准予税务行政许可决定书》,不再出具《税务行政许可受理通知书》。

九、……

【注释】第九条废止,参见《国家税务总局关于扩大小规模纳税人自行开具增值税专用发票试点范围等事项的公告》(国家税务总局公告2019年第8号)。第十条废止,参见《国家税务总局关于取消增值税扣税凭证认证确认期限等增值税征管问题的公告》(国家税务总局公告2019年第45号)。

除本公告第九条和第十条以外,其他条款自2017年5月1日起施行。此前已发生未处理的事项,按照本公告规定执行。

特此公告。

国家税务总局
2017年4月20日

56. 关于《国家税务总局关于进一步明确营改增有关征管问题的公告》的解读

在营改增试点运行过程中,各方陆续反映了一些政策执行中出现的操作问题有待统一和明确。为此,税务总局制定了《国家税务总局关于进一步明确营改增有关征管问题的公告》,明确了十个方面的问题:

一是纳税人销售活动板房、机器设备、钢结构件等自产货物的同时提供建筑、安装服务,明确不属于混合销售,应分别核算货物和建筑服务的销售额,分别适用不同的税率或者征收率。

二是明确了建筑企业签订建筑合同后以内部授权或者三方协议等方式,授权其集团内其他单位提供建筑服务的,在业务流、资金流、发票流"三流"不完全一致的情况下,如何计算缴纳增值税并开具发票。

三是明确了纳税人在同一地级行政区范围内跨县(市、区)提供建筑服务的,不实行《纳税人跨县(市、区)提供建筑服务增值税征收管理暂行办法》中异地预征的征管模式。

四是明确甲方无论是自行采购电梯交给电梯企业(一般纳税人,下同)安装,还是从电梯企业采购电梯并由其安装,电梯企业提供的安装服务均可以按照甲供工程选择适用简易计税方法计税。同时,对电梯进行日常清洁、润滑等保养服务,应按现代服务适用6%的税率计税。

五是统一政策口径,明确了纳税人提供的植物养护服务,按照"其他生活服务"缴纳增值税。

六是明确了银行卡跨机构资金清算业务中各涉税主体如何计算缴纳增值税以及发票开具等问题。

以典型的POS机刷卡消费为例（注：相关费用金额均为假设），消费者（持卡人）在商场用银行卡刷卡1 000元购买了一台咖啡机，要实现货款从消费者的银行卡账户划转至商户账户，商户需要与收单机构（在商户安装刷卡终端设备的单位）签订服务协议，并向其支付服务费。除收单机构外，此过程中还需要清算机构（中国银联）和发卡机构（消费者所持银行卡的开卡行）提供相关服务并同时收取服务费。涉及的资金流为：（1）刷卡后，消费者所持银行卡的发卡机构从其卡账户中扣除咖啡机全款1 000元；（2）发卡机构就这笔业务收取发卡行服务费6元，并需向清算机构支付网络服务费1元，因此，发卡机构扣除自己实际获得的5元（6-1）后，将货款余额995元（1 000-5）转入清算机构；（3）清算机构扣减自己应分别向收单机构和发卡机构收取的网络服务费（各1元）后，将剩余款项993元（995-1-1）转入收单机构；（4）收单机构扣减自己实际获得的收单服务费3元，将剩余款项转入商户；（5）最终，商户获得咖啡机销售款，并支付了10元手续费，最终收到990元。

在上述业务中，发卡机构应以6元为销售额，并向清算机构开具6元增值税发票，同时，可向清算机构索取1元增值税发票用于进项税抵扣；清算机构应以8元为销售额，并向发卡机构开具1元增值税发票，向收单机构开具7元增值税发票，同时，可向发卡机构索取6元增值税发票用于进项税抵扣；收单机构应向商户开具10元增值税发票，并可向清算机构索取7元增值税发票用于进项税抵扣。

七是为回应纳税人诉求，明确在符合规定的前提下，将纳税人补开增值税发票的时间延长至2017年12月31日。纳税人2016年5月1日前发生的营业税涉税业务，需要补开发票的，可于2017年12月31日前开具增值税普通发票（税务总局另有规定的除外）。需要补开发票的情形主要有：

（一）已申报营业税，未开具发票的；

（二）已申报营业税，已开具发票，发生销售退回或折让、开票有误、应税服务中止等情形，需要开具红字发票或重新开具发票的；

（三）已补缴营业税税款，未开具发票的。

八是进一步优化纳税服务，缩短办理增值税专用发票最高开票限额的审批时限。实行实名办税的地区，已由税务机关现场采集法定代表人（业主、负责人）实名信息的纳税人，申请增值税专用发票最高开票限额不超过十万元的，主管税务机关由受理申请之日起20个工作日内办结提速至2个工作日内办结，有条件的主管税务机关即时办结。

九是将建筑业纳入增值税小规模纳税人自行开具增值税专用发票试点范围。

十是将现行增值税专用发票、机动车销售统一发票以及海关进口增值税专用缴款书的认证、确认或申请稽核比对的时限由180日放宽至360日。

57. 国家税务总局关于跨境应税行为免税备案等增值税问题的公告

国家税务总局公告2017年第30号

现将跨境应税行为免税备案等增值税问题公告如下：

一、纳税人发生跨境应税行为，按照《国家税务总局关于发布〈营业税改征增值税跨境应税行为增值税免税管理办法（试行）〉的公告》（国家税务总局公告2016年第29号的规定办理免税备案手续后发生的相同跨境应税行为，不再办理备案手续。纳税人应当完整保存相关免税证明材料备查。纳税人在税务机关后续管理中不能提供上述材料的，不得享受相关免税政策，对已享受的减免税款应予补缴，并依照《中华人民共和国税收征收管理法》的有关规定处理。

二、纳税人以承运人身份与托运人签订运输服务合同，收取运费并承担承运人责任，然后委托实际承运人完成全部或部分运输服务时，自行采购并交给实际承运人使用的成品油和支付的道路、桥、闸通行费，同时符合下列条件的，其进项税额准予从销项税额中抵扣：

（一）成品油和道路、桥、闸通行费，应用于纳税人委托实际承运人完成的运输服务；

（二）取得的增值税扣税凭证符合现行规定。

三、其他个人委托房屋中介、住房租赁企业等单位出租不动产，需要向承租方开具增值税发票的，可以由受托单位代其向主管税务机关按规定申请代开增值税发票。

四、自2018年1月1日起，金融机构开展贴现、转贴现业务需要就贴现利息开具发票的，由贴现机构按照票据贴现利息全额向贴现人开具增值税普通发票，转贴现机构按照转贴现利息全额向贴现机构开具增值税普通发票。

五、本公告除第四条外，自2017年9月1日起施行，此前已发生未处理的事项，按照本公告规定执行。

特此公告。

国家税务总局
2017年8月14日

58. 关于《国家税务总局关于跨境应税行为免税备案等增值税问题的公告》的解读

在营改增试点运行过程中，各方陆续反映了一些政策执行中出现的操作问题有待统一和明确。为此，税务总局制定了《关于跨境应税行为免税备案等增值税问题的公告》，明确了以下四个方面的问题：

一是关于跨境应税行为免税备案的问题。明确了纳税人发生的跨境应税行为在按照规定办理免税备案手续后，对相同业务无需再办理备案手续，只需将有关免税证明材料留存备查即可。

二是关于交通运输业进项税抵扣的问题。明确了纳税人以承运人身份与托运人签订运输服务合同，收取运费并承担承运人责任，并委托实际承运人完成全部或部分运输服务时，自行采购并交给实际承运人使用的，用于委托实际承运人完成的运输服务的成品油和支付的道路、桥、闸通行费，如相应取得合法有效的增值税扣税凭证，可按照现行规定抵扣进项税额。

三是关于个人代开增值税发票的问题。为方便对外出租不动产的其他个人（自然人）及时向承租方开具发票，提高承租方取得增值税发票的比例，同时减轻租赁双方负担，公告明确个人可委托房屋中介、住房租赁企业等单位代其向主管税务机关按规定申请代开增值税发票。

四是关于贴现、转贴现业务发票开具的问题。自2018年1月1日起，金融机构开展贴现、转贴现业务，均以其实际持有票据期间取得的利息收入计算缴纳增值税。在上述政策变化后，为满足贴现人全额索票的需求，明确贴现人在申请首次贴现索取发票时，贴现机构应按照票据贴现利息全额向贴现人开具增值税普通发票，转贴现机构按照转贴现利息全额向贴现机构开具增值税普通发票。

59. 国家税务总局关于进一步优化增值税　消费税有关涉税事项办理程序的公告

国家税务总局公告 2017 年第 32 号

为贯彻落实国务院关于简政放权、放管结合、优化服务的要求，现将增值税、消费税部分涉税事项办理问题公告如下：

一、自 2018 年 1 月 1 日起，逾期增值税扣税凭证继续抵扣事项由省国税局核准。允许继续抵扣的客观原因类型及报送资料等要求，按照修改后的《国家税务总局关于逾期增值税扣税凭证抵扣问题的公告》（国家税务总局公告 2011 年第 50 号）执行。

各省国税局应在修改后的国家税务总局公告 2011 年第 50 号附件《逾期增值税扣税凭证抵扣管理办法》（以下简称《管理办法》）相关规定基础上，按照进一步深化税务系统"放管服"改革、优化税收环境的要求，以方便纳税人、利于税收管理为原则，进一步细化流程、明确时限、简化资料、改进服务。

二、自 2017 年 11 月 1 日起，纳税人同时申请汇总缴纳增值税和消费税的，在汇总纳税申请资料中予以说明即可，不需要就增值税、消费税分别报送申请资料。

三、对《国家税务总局关于逾期增值税扣税凭证抵扣问题的公告》（国家税务总局公告 2011 年第 50 号）作如下修改：

（一）第一条第一款修改为："增值税一般纳税人发生真实交易但由于客观原因造成增值税扣税凭证（包括增值税专用发票、海关进口增值税专用缴款书和机动车销售统一发票）未能按照规定期限办理认证、确认或者稽核比对的，经主管税务机关核实、逐级上报，由省国税局认证并稽核比对后，对比对相符的增值税扣税凭证，允许纳税人继续抵扣其进项税额"。

（二）删去第一条第三款："本公告所称增值税扣税凭证，包括增值税专用发票、海关进口增值税专用缴款书和公路内河货物运输业统一发票"。

（三）将《管理办法》第四条第二款修改为："主管税务机关核实无误后，应向上级税务机关上报，并将增值税扣税凭证逾期情况说明、第三方证明或说明、逾期增值税扣税凭证电子信息、逾期增值税扣税凭证复印件逐级上报至省国税局"。

（四）将《管理办法》第五条修改为："省国税局对上报的资料进行案头复核，并对逾期增值税扣税凭证信息进行认证、稽核比对，对资料符合条件、稽核比对结果相符的，允许纳税人继续抵扣逾期增值税扣税凭证上所注明或计算的税额"。

上述修改自 2018 年 1 月 1 日起施行。《国家税务总局关于逾期增值税扣税凭证抵扣问题的公告》（国家税务总局公告 2011 年第 50 号）根据本公告作相应修改，个别文字进行调整，重新公布。

国家税务总局
2017 年 10 月 13 日

60. 国家税务总局关于增值税发票管理若干事项的公告

国家税务总局公告2017年第45号

为了贯彻落实党中央、国务院关于优化营商环境和推进"放管服"改革的系列部署，提升增值税发票服务水平，营造更加规范公平的税收环境，现将增值税发票管理若干事项公告如下：

一、推行商品和服务税收分类编码简称

自2018年1月1日起，纳税人通过增值税发票管理新系统开具增值税发票（包括：增值税专用发票、增值税普通发票、增值税电子普通发票）时，商品和服务税收分类编码对应的简称会自动显示并打印在发票票面"货物或应税劳务、服务名称"或"项目"栏次中。包含简称的《商品和服务税收分类编码表》见附件。

二、扩大增值税小规模纳税人自行开具增值税专用发票试点范围

……

【注释】第二条废止，参见《国家税务总局关于扩大小规模纳税人自行开具增值税专用发票试点范围等事项的公告》（国家税务总局公告2019年第8号）。

三、将二手车销售统一发票纳入增值税发票管理新系统

自2018年4月1日起，二手车交易市场、二手车经销企业、经纪机构和拍卖企业应当通过增值税发票管理新系统开具二手车销售统一发票。

二手车销售统一发票"车价合计"栏次仅注明车辆价款。二手车交易市场、二手车经销企业、经纪机构和拍卖企业在办理过户手续过程中收取的其他费用，应当单独开具增值税发票。

通过增值税发票管理新系统开具的二手车销售统一发票与现行二手车销售统一发票票样保持一致。发票代码编码规则调整为：第1位为0，第2—5位代表省、自治区、直辖市和计划单列市，第6—7位代表年度，第8—10位代表批次，第11—12位为17。发票号码为8位，按年度、分批次编制。

单位和个人可以登录全国增值税发票查验平台（https://inv-veri.chinatax.gov.cn），对增值税发票管理新系统开具的二手车销售统一发票信息进行查验。

《国家税务总局关于全面推开营业税改征增值税试点有关税收征收管理事项的公告》（国家税务总局公告2016年第23号）的附件《商品和服务税收分类与编码（试行）》自2018年1月1日起废止。《国家税务总局关于统一二手车销售发票式样问题的通知》（国税函〔2005〕693号）第六条、第八条、第七条中的"各地地税局印制的涉及二手车交易的服务业发票按上述时间同时启用"自2018年4月1日起废止。

特此公告。

附件：商品和服务税收分类编码表（略）。

国家税务总局
2017年12月18日

61. 财政部 税务总局关于租入固定资产 进项税额抵扣等增值税政策的通知

财税〔2017〕90号

各省、自治区、直辖市、计划单列市财政厅（局）、国家税务局、地方税务局，新疆生产建设兵团财务局：

现将租入固定资产进项税额抵扣等增值税政策通知如下：

一、自2018年1月1日起，纳税人租入固定资产、不动产，既用于一般计税方法计税项目，又用于简易计税方法计税项目、免征增值税项目、集体福利或者个人消费的，其进项税额准予从销项税额中全额抵扣。

二、自2018年1月1日起，纳税人已售票但客户逾期未消费取得的运输逾期票证收入，按照"交通运输服务"缴纳增值税。纳税人为客户办理退票而向客户收取的退票费、手续费等收入，按照"其他现代服务"缴纳增值税。

三、自2018年1月1日起，航空运输销售代理企业提供境外航段机票代理服务，以取得的全部价款和价外费用，扣除向客户收取并支付给其他单位或者个人的境外航段机票结算款和相关费用后的余额为销售额。其中，支付给境内单位或者个人的款项，以发票或行程单为合法有效凭证；支付给境外单位或者个人的款项，以签收单据为合法有效凭证，税务机关对签收单据有疑义的，可以要求其提供境外公证机构的确认证明。

航空运输销售代理企业，是指根据《航空运输销售代理资质认可办法》取得中国航空运输协会颁发的"航空运输销售代理业务资质认可证书"，接受中国航空运输企业或通航中国的外国航空运输企业委托，依照双方签订的委托销售代理合同提供代理服务的企业。

四、自2016年5月1日至2017年6月30日，纳税人采取转包、出租、互换、转让、入股等方式将承包地流转给农业生产者用于农业生产，免征增值税。本通知下发前已征的增值税，可抵减以后月份应缴纳的增值税，或办理退税。

五、根据《财政部 税务总局关于资管产品增值税有关问题的通知》（财税〔2017〕56号）有关规定，自2018年1月1日起，资管产品管理人运营资管产品提供的贷款服务、发生的部分金融商品转让业务，按照以下规定确定销售额：

（一）提供贷款服务，以2018年1月1日起产生的利息及利息性质的收入为销售额；

（二）转让2017年12月31日前取得的股票（不包括限售股）、债券、基金、非货物期货，可以选择按照实际买入价计算销售额，或者以2017年最后一个交易日的股票收盘价（2017年最后一个交易日处于停牌期间的股票，为停牌前最后一个交易日收盘价）、债券估值（中债金融估值中心有限公司或中证指数有限公司提供的债券估值）、基金份额净值、非货物期货结算价格作为买入价计算销售额。

六、自2018年1月1日至2019年12月31日，纳税人为农户、小型企业、微型企业及个体工商户借款、发行债券提供融资担保取得的担保费收入，以及为上述融资担保（以下称"原担保"）提供再担保取得的再担保费收入，免征增值税。再担保合同对应多个原担保合同的，原担保合同应全部适用免征增值税政策。否则，再担保合同应按规定缴纳增值税。

纳税人应将相关免税证明材料留存备查，单独核算符合免税条件的融资担保费和再担保费收入，按现行规定向主管税务机关办理纳税申报；未单独核算的，不得免征增值税。

农户，是指长期（一年以上）居住在乡镇（不包括城关镇）行政管理区域内的住户，还包括长期居住在城关镇所辖行政村范围内的住户和户口不在本地而在本地居住一年以上的住户，国有农场的职工。位于乡镇（不包括城关镇）行政管理区域内和在城关镇所辖行政村范围内的国有经济的机关、团体、学校、企事业单位的集体户；有本地户口，但举家外出谋生一年以上的住户，无论是否保留承包耕地均不属于农户。农户以户为统计单位，既可以从事农业生产经营，也可以从事非农业生产经营。农户担保、再担保的判定应以原担保生效时的被担保人是否属于农户为准。

小型企业、微型企业，是指符合《中小企业划型标准规定》（工信部联企业〔2011〕300号）的小型企业和微型企业。其中，资产总额和从业人员指标均以原担保生效时的实际状态确定；营业收入指标以原担保生效前12个自然月的累计数确定，不满12个自然月的，按照以下公式计算：

营业收入（年）＝企业实际存续期间营业收入÷企业实际存续月数×12

《财政部　税务总局关于全面推开营业税改征增值税试点的通知》（财税〔2016〕36号）附件3《营业税改征增值税试点过渡政策的规定》第一条第（二十四）款规定的中小企业信用担保增值税免税政策自2018年1月1日起停止执行。纳税人享受中小企业信用担保增值税免税政策在2017年12月31日前未满3年的，可以继续享受至3年期满为止。

七、自2018年1月1日起，纳税人支付的道路、桥、闸通行费，按照以下规定抵扣进项税额：

（一）纳税人支付的道路通行费，按照收费公路通行费增值税电子普通发票上注明的增值税额抵扣进项税额。

2018年1月1日至6月30日，纳税人支付的高速公路通行费，如暂未能取得收费公路通行费增值税电子普通发票，可凭取得的通行费发票（不含财政票据，下同）上注明的收费金额按照下列公式计算可抵扣的进项税额：

高速公路通行费可抵扣进项税额＝高速公路通行费发票上注明的金额÷（1＋3%）×3%

2018年1月1日至12月31日，纳税人支付的一级、二级公路通行费，如暂未能取得收费公路通行费增值税电子普通发票，可凭取得的通行费发票上注明的收费金额按照下列公式计算可抵扣进项税额：

一级、二级公路通行费可抵扣进项税额＝一级、二级公路通行费发票上注明的金额÷（1＋5%）×5%

（二）纳税人支付的桥、闸通行费，暂凭取得的通行费发票上注明的收费金额按照下列公式计算可抵扣的进项税额：

桥、闸通行费可抵扣进项税额＝桥、闸通行费发票上注明的金额÷（1＋5%）×5%

（三）本通知所称通行费，是指有关单位依法或者依规设立并收取的过路、过桥和过闸费用。

《财政部　国家税务总局关于收费公路通行费增值税抵扣有关问题的通知》（财税〔2016〕86号）自2018年1月1日起停止执行。

八、自2016年5月1日起，社会团体收取的会费，免征增值税。本通知下发前已征的增值税，可抵减以后月份应缴纳的增值税，或办理退税。

社会团体，是指依照国家有关法律法规设立或登记并取得《社会团体法人登记证书》的非营利法人。会费，是指社会团体在国家法律法规、政策许可的范围内，依照社团章程的规定,收取的个人会员、单位会员和团体会员的会费。

社会团体开展经营服务性活动取得的其他收入,一律照章缴纳增值税。

财政部　税务总局
2017 年 12 月 25 日

62. 增值税一般纳税人登记管理办法

国家税务总局令第 43 号

《增值税一般纳税人登记管理办法》已经 2017 年 11 月 30 日国家税务总局 2017 年度第 2 次局务会议审议通过,现予公布,自 2018 年 2 月 1 日起施行。

附件:1. 增值税一般纳税人登记表(略)。
　　　2. 选择按小规模纳税人纳税的情况说明(略)。

国家税务总局局长:王军
2017 年 12 月 29 日

增值税一般纳税人登记管理办法

第一条 为了做好增值税一般纳税人(以下简称一般纳税人)登记管理,根据《中华人民共和国增值税暂行条例》及其实施细则有关规定,制定本办法。

第二条 增值税纳税人(以下简称纳税人),年应税销售额超过财政部、国家税务总局规定的小规模纳税人标准(以下简称规定标准)的,除本办法第四条规定外,应当向主管税务机关办理一般纳税人登记。

本办法所称年应税销售额,是指纳税人在连续不超过 12 个月或四个季度的经营期内累计应征增值税销售额,包括纳税申报销售额、稽查查补销售额、纳税评估调整销售额。

销售服务、无形资产或者不动产(以下简称应税行为)有扣除项目的纳税人,其应税行为年应税销售额按未扣除之前的销售额计算。纳税人偶然发生的销售无形资产、转让不动产的销售额,不计入应税行为年应税销售额。

第三条 年应税销售额未超过规定标准的纳税人,会计核算健全,能够提供准确税务资料的,可以向主管税务机关办理一般纳税人登记。

本办法所称会计核算健全,是指能够按照国家统一的会计制度规定设置账簿,根据合法、有效凭证进行核算。

第四条 下列纳税人不办理一般纳税人登记:

(一)按照政策规定,选择按照小规模纳税人纳税的;

(二)年应税销售额超过规定标准的其他个人。

第五条 纳税人应当向其机构所在地主管税务机关办理一般纳税人登记手续。

第六条 纳税人办理一般纳税人登记的程序如下:

(一)纳税人向主管税务机关填报《增值税一般纳税人登记表》(附件1),如实填写

固定生产经营场所等信息,并提供税务登记证件;

(二)纳税人填报内容与税务登记信息一致的,主管税务机关当场登记;

(三)纳税人填报内容与税务登记信息不一致,或者不符合填列要求的,税务机关应当场告知纳税人需要补正的内容。

第七条 年应税销售额超过规定标准的纳税人符合本办法第四条第一项规定的,应当向主管税务机关提交书面说明(附件2)。

第八条 纳税人在年应税销售额超过规定标准的月份(或季度)的所属申报期结束后15日内按照本办法第六条或者第七条的规定办理相关手续;未按规定时限办理的,主管税务机关应当在规定时限结束后5日内制作《税务事项通知书》,告知纳税人应当在5日内向主管税务机关办理相关手续;逾期仍不办理的,次月起按销售额依照增值税税率计算应纳税额,不得抵扣进项税额,直至纳税人办理相关手续为止。

第九条 纳税人自一般纳税人生效之日起,按增值税一般计税方法计算应纳税额,并可以按照规定领用增值税专用发票,财政部、国家税务总局另有规定的除外。

本办法所称的生效之日,是指纳税人办理登记的当月1日或者次月1日,由纳税人在办理登记手续时自行选择。

第十条 纳税人登记为一般纳税人后,不得转为小规模纳税人,国家税务总局另有规定的除外。

第十一条 主管税务机关应当加强对税收风险的管理。对税收遵从度低的一般纳税人,主管税务机关可以实行纳税辅导期管理,具体办法由国家税务总局另行制定。

第十二条 本办法自2018年2月1日起施行,《增值税一般纳税人资格认定管理办法》(国家税务总局令第22号公布)同时废止。

63. 国家税务总局关于调整增值税纳税申报有关事项的公告

国家税务总局公告2017年第53号

为贯彻落实《国家税务总局关于进一步深化税务系统"放管服"改革 优化税收环境的若干意见》(税总发〔2017〕101号)精神,进一步优化纳税服务,减轻纳税人负担,国家税务总局对增值税纳税申报有关事项进行了调整,现公告如下:

一、废止《国家税务总局关于全面推开营业税改征增值税试点后增值税纳税申报有关事项的公告》(国家税务总局公告2016年第13号)附件1《固定资产(不含不动产)进项税额抵扣情况表》。

二、废止《国家税务总局关于调整增值税纳税申报有关事项的公告》(国家税务总局公告2016年第27号)附件1《本期抵扣进项税额结构明细表》。

三、本公告自2018年2月1日起施行。

特此公告。

国家税务总局
2017年12月29日

64. 关于《国家税务总局关于调整增值税纳税申报有关事项的公告》的解读

为进一步优化纳税服务，减轻纳税人负担，国家税务总局对增值税纳税申报有关事项进行了调整，并发布《国家税务总局关于调整增值税纳税申报有关事项的公告》（以下简称公告），现解读如下：

公告明确了自2018年2月1日起，废止增值税纳税申报附列资料中的《固定资产（不含不动产）进项税额抵扣情况表》和《本期抵扣进项税额结构明细表》。

65. 国家税务总局关于增值税一般纳税人登记管理若干事项的公告

国家税务总局公告2018年第6号

为了贯彻实施《增值税一般纳税人登记管理办法》（国家税务总局令第43号，以下简称《办法》），现将有关事项公告如下：

一、《办法》第二条所称"经营期"是指在纳税人存续期内的连续经营期间，含未取得销售收入的月份或季度。

二、《办法》第二条所称"纳税申报销售额"是指纳税人自行申报的全部应征增值税销售额，其中包括免税销售额和税务机关代开发票销售额。"稽查查补销售额"和"纳税评估调整销售额"计入查补税款申报当月（或当季）的销售额，不计入税款所属期销售额。

三、《办法》第四条第二项所称的"其他个人"是指自然人。

四、《办法》第六条第一项所称的"固定生产经营场所"信息是指填写在《增值税一般纳税人登记表》"生产经营地址"栏次中的内容。

五、《办法》第六条第一项所称的"税务登记证件"，包括纳税人领取的由工商行政管理部门或者其他主管部门核发的加载法人和其他组织统一社会信用代码的相关证件。

六、《办法》第八条规定主管税务机关制作的《税务事项通知书》中，需告知纳税人的内容应当包括：纳税人年应税销售额已超过规定标准，应在收到《税务事项通知书》后5日内向税务机关办理增值税一般纳税人登记手续或者选择按照小规模纳税人纳税的手续；逾期未办理的，自通知时限期满的次月起按销售额依照增值税税率计算应纳税额，不得抵扣进项税额，直至纳税人办理相关手续为止。

七、……

【注释】第七条废止，参见《国家税务总局关于统一小规模纳税人标准等若干增值税问题的公告》国家税务总局公告2018年第18号。

八、经税务机关核对后退还纳税人留存的《增值税一般纳税人登记表》，可以作为证明纳税人成为增值税一般纳税人的凭据。

九、《办法》中所规定期限的最后一日是法定休假日的，以休假日期满的次日为期限的最后一日；在期限内有连续3日以上（含3日）法定休假日的，按休假日天数顺延。

十、本公告自2018年2月1日起施行。《国家税务总局关于明确〈增值税一般纳税人资格认定管理办法〉若干条款处理意见的通知》（国税函〔2010〕139号）、《国家税务总局关于调整增值税一般纳税人管理有关事项的公告》（国家税务总局公告2015年第18号）、《国家税务总局关于"三证合一"登记制度改革涉及增值税一般纳税人管理有关事项的公告》（国家税务总局公告2015年第74号）、《国家税务总局关于全面推开营业税改征增值税试点有关税收征收管理事项的公告》（国家税务总局公告2016年第23号）第二条同时废止。

特此公告。

国家税务总局

2018年1月29日

66. 关于《国家税务总局关于增值税一般纳税人登记管理若干事项的公告》的解读

一、相关背景

《增值税一般纳税人登记管理办法》（国家税务总局令第43号，以下简称《办法》）已于近期发布，为明确相关执行口径，税务总局制发《国家税务总局关于增值税一般纳税人登记管理若干事项的公告》（以下简称《公告》）。

二、《公告》的主要内容

（一）明确了《办法》中"经营期""纳税申报销售额""稽查查补销售额""纳税评估调整销售额""其他个人""固定生产经营场所""税务登记证件"的执行口径。

（二）明确了《办法》中主管税务机关制作的《税务事项通知书》中，需告知纳税人的有关内容。

（三）明确了纳税人兼有销售货物、提供加工修理修配劳务（以下简称"应税货物及劳务"）和销售服务、无形资产、不动产（以下简称"应税行为"）的，应税货物及劳务销售额与应税行为销售额分别计算，分别适用增值税一般纳税人登记标准，其中有一项销售额超过规定标准，就应当按照规定办理增值税一般纳税人登记相关手续。

（四）明确了经税务机关核对后退还纳税人留存的《增值税一般纳税人登记表》，可以作为纳税人成为增值税一般纳税人的凭据。

67. 财政部 税务总局关于调整增值税税率的通知

财税〔2018〕32号

各省、自治区、直辖市、计划单列市财政厅（局）、国家税务局、地方税务局，新疆生产建设兵团财政局：

为完善增值税制度，现将调整增值税税率有关政策通知如下：

一、纳税人发生增值税应税销售行为或者进口货物，原适用17%和11%税率的，税率分别调整为16%、10%。

二、纳税人购进农产品，原适用11%扣除率的，扣除率调整为10%。

三、纳税人购进用于生产销售或委托加工16%税率货物的农产品，按照12%的扣除率计算进项税额。

四、原适用17%税率且出口退税率为17%的出口货物，出口退税率调整至16%。原适用11%税率且出口退税率为11%的出口货物、跨境应税行为，出口退税率调整至10%。

五、外贸企业2018年7月31日前出口的第四条所涉货物、销售的第四条所涉跨境应税行为，购进时已按调整前税率征收增值税的，执行调整前的出口退税率；购进时已按调整后税率征收增值税的，执行调整后的出口退税率。生产企业2018年7月31日前出口的第四条所涉货物、销售的第四条所涉跨境应税行为，执行调整前的出口退税率。

调整出口货物退税率的执行时间及出口货物的时间，以出口货物报关单上注明的出口日期为准，调整跨境应税行为退税率的执行时间及销售跨境应税行为的时间，以出口发票的开具日期为准。

六、本通知自2018年5月1日起执行。此前有关规定与本通知规定的增值税税率、扣除率、出口退税率不一致的，以本通知为准。

七、各地要高度重视增值税税率调整工作，做好实施前的各项准备以及实施过程中的监测分析、宣传解释等工作，确保增值税税率调整工作平稳、有序推进。如遇问题，请及时上报财政部和税务总局。

财政部税务总局
2018年4月4日

68.国家税务总局关于统一小规模纳税人标准等若干增值税问题的公告

国家税务总局公告2018年第18号

现将统一小规模纳税人标准等若干增值税问题公告如下：

一、同时符合以下条件的一般纳税人，可选择按照《财政部 税务总局关于统一增值税小规模纳税人标准的通知》（财税〔2018〕33号）第二条的规定，转登记为小规模纳税人，或选择继续作为一般纳税人：

（一）根据《中华人民共和国增值税暂行条例》第十三条和《中华人民共和国增值税暂行条例实施细则》第二十八条的有关规定，登记为一般纳税人。

（二）转登记日前连续12个月（以1个月为一个纳税期，下同）或者连续4个季度（以1个季度为一个纳税期，下同）累计应征增值税销售额（以下称应税销售额）未超过500万元。

转登记日前经营期不满12个月或者4个季度的，按照月（季度）平均应税销售额估算上款规定的累计应税销售额。

应税销售额的具体范围，按照《增值税一般纳税人登记管理办法》（国家税务总局令第43号)和《国家税务总局关于增值税一般纳税人登记管理若干事项的公告》(国家税务总局公告2018年第6号)的有关规定执行。

二、符合本公告第一条规定的纳税人,向主管税务机关填报《一般纳税人转为小规模纳税人登记表》(表样见附件),并提供税务登记证件;已实行实名办税的纳税人,无需提供税务登记证件。主管税务机关根据下列情况分别作出处理:

(一)纳税人填报内容与税务登记、纳税申报信息一致的,主管税务机关当场办理。

(二)纳税人填报内容与税务登记、纳税申报信息不一致,或者不符合填列要求的,主管税务机关应当场告知纳税人需要补正的内容。

三、一般纳税人转登记为小规模纳税人(以下称转登记纳税人)后,自转登记日的下期起,按照简易计税方法计算缴纳增值税;转登记日当期仍按照一般纳税人的有关规定计算缴纳增值税。

四、转登记纳税人尚未申报抵扣的进项税额以及转登记日当期的期末留抵税额,计入"应交税费—待抵扣进项税额"核算。

尚未申报抵扣的进项税额计入"应交税费—待抵扣进项税额"时:

(一)转登记日当期已经取得的增值税专用发票、机动车销售统一发票、收费公路通行费增值税电子普通发票,应当已经通过增值税发票选择确认平台进行选择确认或认证后稽核比对相符;经稽核比对异常的,应当按照现行规定进行核查处理。已经取得的海关进口增值税专用缴款书,经稽核比对相符的,应当自行下载《海关进口增值税专用缴款书稽核结果通知书》;经稽核比对异常的,应当按照现行规定进行核查处理。

(二)转登记日当期尚未取得的增值税专用发票、机动车销售统一发票、收费公路通行费增值税电子普通发票,转登记纳税人在取得上述发票以后,应当持税控设备,由主管税务机关通过增值税发票选择确认平台(税务局端)为其办理选择确认。尚未取得的海关进口增值税专用缴款书,转登记纳税人在取得以后,经稽核比对相符的,应当由主管税务机关通过稽核系统为其下载《海关进口增值税专用缴款书稽核结果通知书》;经稽核比对异常的,应当按照现行规定进行核查处理。

五、转登记纳税人在一般纳税人期间销售或者购进的货物、劳务、服务、无形资产、不动产,自转登记日的下期起发生销售折让、中止或者退回的,调整转登记日当期的销项税额、进项税额和应纳税额。

(一)调整后的应纳税额小于转登记日当期申报的应纳税额形成的多缴税款,从发生销售折让、中止或者退回当期的应纳税额中抵减;不足抵减的,结转下期继续抵减。

(二)调整后的应纳税额大于转登记日当期申报的应纳税额形成的少缴税款,从"应交税费—待抵扣进项税额"中抵减;抵减后仍有余额的,计入发生销售折让、中止或者退回当期的应纳税额一并申报缴纳。

转登记纳税人因税务稽查、补充申报等原因,需要对一般纳税人期间的销项税额、进项税额和应纳税额进行调整的,按照上述规定处理。

转登记纳税人应准确核算"应交税费—待抵扣进项税额"的变动情况。

六、转登记纳税人可以继续使用现有税控设备开具增值税发票,不需要缴销税控设备和增值税发票。

转登记纳税人自转登记日的下期起,发生增值税应税销售行为,应当按照征收率开具增值税发票;转登记日前已作增值税专用发票票种核定的,继续通过增值税发票管理系统自行开具增值税专用发票;销售其取得的不动产,需要开具增值税专用发票的,应当按照有关规定向税务机关申请代开。

七、转登记纳税人在一般纳税人期间发生的增值税应税销售行为，未开具增值税发票需要补开的，应当按照原适用税率或者征收率补开增值税发票；发生销售折让、中止或者退回等情形，需要开具红字发票的，按照原蓝字发票记载的内容开具红字发票；开票有误需要重新开具的，先按照原蓝字发票记载的内容开具红字发票后，再重新开具正确的蓝字发票。

转登记纳税人发生上述行为，需要按照原适用税率开具增值税发票的，应当在互联网连接状态下开具。按照有关规定不使用网络办税的特定纳税人，可以通过离线方式开具增值税发票。

八、自转登记日的下期起连续不超过12个月或者连续不超过4个季度的经营期内，转登记纳税人应税销售额超过财政部、国家税务总局规定的小规模纳税人标准的，应当按照《增值税一般纳税人登记管理办法》（国家税务总局令第43号）的有关规定，向主管税务机关办理一般纳税人登记。

转登记纳税人按规定再次登记为一般纳税人后，不得再转登记为小规模纳税人。

九、一般纳税人在增值税税率调整前已按原适用税率开具的增值税发票，发生销售折让、中止或者退回等情形需要开具红字发票的，按照原适用税率开具红字发票；开票有误需要重新开具的，先按照原适用税率开具红字发票后，再重新开具正确的蓝字发票。

一般纳税人在增值税税率调整前未开具增值税发票的增值税应税销售行为，需要补开增值税发票的，应当按照原适用税率补开。

增值税发票税控开票软件税率栏次默认显示调整后税率，一般纳税人发生上述行为可以手工选择原适用税率开具增值税发票。

十、国家税务总局在增值税发票管理系统中更新了《商品和服务税收分类编码表》，纳税人应当按照更新后的《商品和服务税收分类编码表》开具增值税发票。

转登记纳税人和一般纳税人应当及时完成增值税发票税控开票软件升级、税控设备变更发行和自身业务系统调整。

十一、本公告自2018年5月1日起施行。《国家税务总局关于增值税一般纳税人登记管理若干事项的公告》（国家税务总局公告2018年第6号）第七条同时废止。

特此公告。

附件：一般纳税人转为小规模纳税人登记表（略）。

国家税务总局
2018年4月20日

69. 关于《国家税务总局关于统一小规模纳税人标准等若干增值税问题的公告》的解读

按照深化增值税改革后续工作安排，结合《财政部　税务总局关于调整增值税税率的通知》（财税〔2018〕32号）、《财政部　税务总局关于统一增值税小规模纳税人标准的通知》（财税〔2018〕33号），针对政策调整涉及的征管操作问题，税务总局发布了《国家税务总局关于统一小规模纳税人标准等若干增值税问题的公告》（以下简称《公告》），现将《公告》的主要内容解读如下：

一、关于一般纳税人转为小规模纳税人的条件

《公告》第一条规定，一般纳税人转登记为小规模纳税人，应同时符合以下两个条件：一是按照《增值税暂行条例》和《增值税暂行条例实施细则》的有关规定，已登记为一般纳

税人;二是转登记日前连续12个月(按月申报纳税人)或连续4个季度(按季申报纳税人)累计应税销售额未超过500万元。如果纳税人在转登记日前的经营期尚不满12个月或4个季度,则按照月(或季度)平均销售额估算12个月或4个季度的累计销售额。

需要明确的是,纳税人是否由一般纳税人转为小规模纳税人,由其自主选择,符合上述规定的纳税人,在2018年5月1日之后仍可继续作为一般纳税人。

二、关于纳税人转登记的办理程序

转登记的程序由纳税人发起。《公告》第二条规定,纳税人应正确、完整填写本公告所附《一般纳税人转为小规模纳税人登记表》,并提供税务登记证件[根据《国家税务总局关于取消一批涉税事项和报送资料的通知》(税总函〔2017〕403号)的有关规定,已实行实名办税的纳税人,无需提供税务登记证件],由主管税务机关核对相关信息,符合条件的当即完成转登记;如果税务机关认为纳税人不符合相关条件,应当场告知纳税人需要补正的内容。

三、关于转登记前后计税方法的衔接

《公告》第三条规定,纳税人转登记后,自转登记下期起(按季申报纳税人自下一季度开始;按月申报纳税人自下月开始),按照小规模纳税人适用简易计税方法计税;转登记当期,仍按照一般纳税人的有关规定计税。

四、关于转登记纳税人尚未申报抵扣或留抵进项税额的处理

《公告》第四条规定,转登记纳税人尚未申报抵扣的进项税额,以及转登记日当期的期末留抵税额,暂挂账处理,统一计入"应交税费—待抵扣进项税额"科目中核算。尚未申报抵扣的进项税额计入"应交税费—待抵扣进项税额"时:

(一)转登记日当期已经取得的增值税专用发票、机动车销售统一发票、收费公路通行费增值税电子普通发票,应当已经通过增值税发票选择确认平台进行选择确认或认证后稽核比对相符;经稽核比对异常的,应当按照现行规定进行核查处理。已经取得的海关进口增值税专用缴款书,经稽核比对相符的,应当自行下载《海关进口增值税专用缴款书稽核结果通知书》;经稽核比对异常的,应当按照现行规定进行核查处理。

(二)转登记日当期尚未取得的增值税专用发票、机动车销售统一发票、收费公路通行费增值税电子普通发票,转登记纳税人在取得以后应当持税控设备,由主管税务机关通过增值税发票选择确认平台(税务局端)为其办理选择确认。尚未取得的海关进口增值税专用缴款书,转登记纳税人在取得以后,经稽核比对相符的,应当由主管税务机关通过稽核系统为其下载《海关进口增值税专用缴款书稽核结果通知书》;经稽核比对异常的,应当按照现行规定进行核查处理。

五、关于转登记纳税人在一般纳税人期间销售和购进业务在转登记后发生销售折让、中止或者退回的处理

转登记纳税人作为一般纳税人经营期间的销售或者购进业务,在转登记后发生销售折让、中止或者退回的,应按照一般计税方法进行调整。因此《公告》第五条规定,纳税人发生上述情形的,应调整一般纳税人期间最后一期销项税额、进项税额、应纳税额。

(一)调整后的应纳税额小于转登记日当期申报的应纳税额形成的多缴税款,从发生销售折让、中止或者退回当期的应纳税额中抵减;不足抵减的,结转下期继续抵减。

(二)调整后的应纳税额大于转登记日当期申报的应纳税额形成的少缴税款,从"应交税费—待抵扣进项税额"中抵减;抵减后仍有余额的,计入发生销售折让、中止或者退回当期的应纳税额一并申报缴纳。

六、关于转登记纳税人增值税发票开具问题

为了给纳税人开具增值税发票提供便利,《公告》第六条规定,纳税人在转登记后可

以使用现有税控设备继续开具增值税发票。转登记纳税人除了可以开具增值税普通发票外，在转登记日前已做增值税专用发票票种核定的，还可以继续通过增值税发票管理系统自行开具增值税专用发票。

《公告》第七条规定，转登记纳税人在一般纳税人期间发生的增值税应税销售行为，未开具增值税发票需要补开的，应当按照原适用税率或者征收率补开增值税发票；发生销售折让、中止或者退回等情形，需要开具红字发票的，按照原蓝字发票记载的内容开具红字发票；开票有误需要重新开具的，先按照原蓝字发票记载的内容开具红字发票后，再重新开具正确的蓝字发票。

七、关于再次登记为一般纳税人的条件

《公告》第八条规定，转登记为小规模纳税人后，如纳税人连续12个月或者4个季度的销售额超过500万元，则应按照规定，再次登记为一般纳税人。

八、关于税率调整后一般纳税人的开票处理

《公告》第九条明确，增值税税率调整后，一般纳税人在税率调整前已按原税率开具发票的业务，如发生销售折让、中止、退回或开票有误的，按原适用税率开具红字发票。

一般纳税人在增值税税率调整前未开具增值税发票的，增值税应税销售行为应当按照原适用税率补开。

70. 国家税务总局　海关总署关于进口租赁飞机有关增值税问题的公告

国家税务总局公告2018年第24号

现将进口租赁飞机有关增值税问题公告如下：

自2018年6月1日起，对申报进口监管方式为1500（租赁不满一年）、1523（租赁贸易）、9800（租赁征税）的租赁飞机（税则品目：8802），海关停止代征进口环节增值税。进口租赁飞机增值税的征收管理，由税务机关按照现行增值税政策组织实施。

特此公告。

国家税务总局　海关总署
2018年5月11日

71. 关于《国家税务总局　海关总署关于进口租赁飞机有关增值税问题的公告》的解读

为优化进口租赁飞机的税收征管程序，切实减轻企业负担，自2018年6月1日起，海关总署停止对进口租赁飞机代征进口环节增值税。租赁服务境内购买方代扣代缴增值税事宜，统一按《营业税改征增值税试点实施办法》（财税〔2016〕36号附件1）相关规定办理。

72. 国家税务总局关于新办纳税人首次申领增值税发票有关事项的公告

国家税务总局公告2018年第29号

为了进一步深化税务系统"放管服"改革，优化税收营商环境，方便新办纳税人首次申领增值税发票，按照国务院关于进一步压缩企业开办时间的要求，税务总局决定压缩新办纳税人首次申领增值税发票时间。现将有关事项公告如下：

一、同时满足下列条件的新办纳税人首次申领增值税发票，主管税务机关应当自受理申请之日起2个工作日内办结，有条件的主管税务机关当日办结：

（一）纳税人的办税人员、法定代表人已经进行实名信息采集和验证（需要采集、验证法定代表人实名信息的纳税人范围由各省税务机关确定）；

（二）纳税人有开具增值税发票需求，主动申领发票；

（三）纳税人按照规定办理税控设备发行等事项。

二、新办纳税人首次申领增值税发票主要包括发票票种核定、增值税专用发票（增值税税控系统）最高开票限额审批、增值税税控系统专用设备初始发行、发票领用等涉税事项。

三、税务机关为符合本公告第一条规定的首次申领增值税发票的新办纳税人办理发票票种核定，增值税专用发票最高开票限额不超过10万元，每月最高领用数量不超过25份；增值税普通发票最高开票限额不超过10万元，每月最高领用数量不超过50份。各省税务机关可以在此范围内结合纳税人税收风险程度，自行确定新办纳税人首次申领增值税发票票种核定标准。

四、各省税务机关要根据本地区的实际情况，进一步明确新办纳税人首次申领增值税发票的办理时限、办理方式和办理流程，尽可能实现税控设备网上购买，并做好压缩新办纳税人首次申领增值税发票时间相关政策的宣传解释工作，确保符合条件的新办纳税人及时、顺利地领用增值税发票。

除新疆、青海、西藏以外的地区，本公告自2018年8月1日起施行；新疆、青海、西藏地区自2018年10月1日起施行。

特此公告。

国家税务总局
2018年6月11日

73. 关于《国家税务总局关于新办纳税人首次申领增值税发票有关事项的公告》的解读

一、发布本公告的背景是什么？

为了进一步深化税务系统"放管服"改革，优化税收营商环境，方便新办纳税人首次申领增值税发票，按照国务院关于进一步压缩企业开办时间的要求，税务总局发布本公告，压缩新办纳税人首次申领增值税发票时间。

二、新办纳税人首次申领增值税发票，多长时间可以办结？

同时满足下列条件的新办纳税人首次申领增值税发票，主管税务机关应当自受理申请之日起2个工作日内办结，有条件的主管税务机关当日办结：

（一）纳税人的办税人员、法定代表人已经进行实名信息采集和验证（需要采集、验证法定代表人实名信息的纳税人范围由各省税务机关确定）；

（二）纳税人有开具增值税发票需求，主动申领发票；

（三）纳税人按照规定办理税控设备发行等事项。

三、新办纳税人首次申领增值税发票主要包括哪些涉税事项？

新办纳税人首次申领增值税发票主要包括发票票种核定、增值税专用发票（增值税税控系统）最高开票限额审批、增值税税控系统专用设备初始发行、发票领用等涉税事项。

四、新办纳税人首次申领增值税发票，最高开票限额和每月最高领用数量分别是多少？

税务机关为符合本公告第一条规定的首次申领增值税发票的新办纳税人办理发票票种核定，增值税专用发票最高开票限额不超过10万元，每月最高领用数量不超过25份；增值税普通发票最高开票限额不超过10万元，每月最高领用数量不超过50份。各省税务机关可以在此范围内结合纳税人税收风险程度，自行确定新办纳税人首次申领增值税发票票种核定标准。

五、本公告自何时起施行？

除新疆、青海、西藏以外的地区，本公告自2018年8月1日起施行；新疆、青海、西藏地区自2018年10月1日起施行。

74. 国家税务总局关于增值税电子普通发票使用有关事项的公告

国家税务总局公告2018年第41号

为了保障国税地税征管体制改革工作顺利推进，确保改革前后增值税电子普通发票有序衔接、平稳过渡，现将增值税电子普通发票使用有关事项公告如下：

一、新税务机构挂牌后，国家税务总局各省、自治区、直辖市和计划单列市税务局［以下简称"各省（区、市）税务局"］将启用新的发票监制章。增值税电子普通发票（含收费公路通行费增值税电子普通发票，下同）版式文件上的发票监制章，相应修改为各省（区、市）税务局新启用的发票监制章。

二、新启用的发票监制章形状为椭圆形，长轴为3厘米，短轴为2厘米，边宽为0.1厘米，内环加刻一细线，上环刻制"全国统一发票监制章"字样，中间刻制"国家税务总局"字样，下环刻制"××省（区、市）税务局"字样，下环字样例如："江苏省税务局""上海市税务局""内蒙古自治区税务局""新疆维吾尔自治区税务局"。字体为楷体7磅，印色为大红色。新启用的发票监制章样式见附件。

三、纳税人自建电子发票服务平台和第三方电子发票服务平台，应当于2018年12月31日前完成升级工作。电子发票服务平台升级后，生成的增值税电子普通发票版式文件使用各省（区、市）税务局新启用的发票监制章。电子发票服务平台升级前，生成的增值税电子普通发票版式文件可以继续使用原各省、自治区、直辖市和计划单列市国家税务局的发票监制章。

四、各省（区、市）税务局要利用多种渠道，切实做好增值税电子普通发票使用有关事项的宣传解释工作。要多措并举、扎实推进，将相关政策规定及时、准确告知自建电子发票服务平台的纳税人和第三方电子发票服务平台运营商，并督促其按时完成电子发票服务平台升级工作。

五、《国家税务总局关于推行通过增值税电子发票系统开具的增值税电子普通发票有关问题的公告》（国家税务总局公告2015年第84号发布，国家税务总局公告2018年第31号修改）附件1增值税电子普通发票票样中的发票监制章按照本公告规定调整。

本公告自发布之日起施行。

特此公告。

附件：发票监制章样式（略）。

国家税务总局

2018年7月23日

75. 关于《国家税务总局关于增值税电子普通发票使用有关事项的公告》的解读

一、发布本公告的背景是什么？

为了保障国税地税征管体制改革工作顺利推进，确保改革前后增值税电子普通发票有序衔接、平稳过渡，发布本公告。

二、新税务机构挂牌后，增值税电子普通发票版式文件上的发票监制章有何变化？

新税务机构挂牌后，国家税务总局各省、自治区、直辖市和计划单列市税务局〔以下简称"各省（区、市）税务局"〕将启用新的发票监制章。增值税电子普通发票（含收费公路通行费增值税电子普通发票，下同）版式文件上的发票监制章，相应修改为各省（区、市）税务局新启用的发票监制章，纳税人自建电子发票服务平台和第三方电子发票服务平台需要进行相应升级。

三、新启用的发票监制章是什么样式？

新启用的发票监制章形状为椭圆形，长轴为3厘米，短轴为2厘米，边宽为0.1厘米，内环加刻一细线，上环刻制"全国统一发票监制章"字样，中间刻制"国家税务总局"字样，下环刻制"××省（区、市）税务局"字样，下环字样例如："江苏省税务局""上海市税务局""内蒙古自治区税务局""新疆维吾尔自治区税务局"。字体为楷体7磅，印色为大红色。

四、电子发票服务平台的升级工作应当于何时完成？

纳税人自建电子发票服务平台和第三方电子发票服务平台的升级工作，应当于2018年12月31日前完成。

五、电子发票服务平台升级前，发票监制章如何使用？

电子发票服务平台升级前，生成的增值税电子普通发票版式文件可以继续使用原各省、自治区、直辖市和计划单列市国家税务局的发票监制章。

六、本公告自何时起施行？

本公告自发布之日起施行。

76. 国家税务总局关于明确中外合作办学等若干增值税征管问题的公告

国家税务总局公告 2018 年第 42 号

现将中外合作办学等增值税征管问题公告如下：

一、境外教育机构与境内从事学历教育的学校开展中外合作办学，提供学历教育服务取得的收入免征增值税。中外合作办学，是指中外教育机构按照《中华人民共和国中外合作办学条例》（国务院令第 372 号）的有关规定，合作举办的以中国公民为主要招生对象的教育教学活动。上述"学历教育""从事学历教育的学校""提供学历教育服务取得的收入"的范围，按照《营业税改征增值税试点过渡政策的规定》（财税〔2016〕36 号文件附件 3）第一条第（八）项的有关规定执行。

二、航空运输销售代理企业提供境内机票代理服务，以取得的全部价款和价外费用，扣除向客户收取并支付给航空运输企业或其他航空运输销售代理企业的境内机票净结算款和相关费用后的余额为销售额。其中，支付给航空运输企业的款项，以国际航空运输协会（IATA）开账与结算计划（BSP）对账单或航空运输企业的签收单据为合法有效凭证；支付给其他航空运输销售代理企业的款项，以代理企业间的签收单据为合法有效凭证。航空运输销售代理企业就取得的全部价款和价外费用，向购买方开具行程单，或开具增值税普通发票。

三、纳税人通过省级土地行政主管部门设立的交易平台转让补充耕地指标，按照销售无形资产缴纳增值税，税率为 6%。本公告所称补充耕地指标，是指根据《中华人民共和国土地管理法》及国务院土地行政主管部门《耕地占补平衡考核办法》的有关要求，经省级土地行政主管部门确认，用于耕地占补平衡的指标。

四、上市公司因实施重大资产重组形成的限售股，以及股票复牌首日至解禁日期间由上述股份孳生的送、转股，因重大资产重组停牌的，按照《国家税务总局关于营改增试点若干征管问题的公告》（国家税务总局公告 2016 年第 53 号）第五条第（三）项的规定确定买入价；在重大资产重组前已经暂停上市的，以上市公司完成资产重组后股票恢复上市首日的开盘价为买入价。

五、拍卖行受托拍卖取得的手续费或佣金收入，按照"经纪代理服务"缴纳增值税。《国家税务总局关于拍卖行取得的拍卖收入征收增值税、营业税有关问题的通知》（国税发〔1999〕40 号）停止执行。

六、一般纳税人销售自产机器设备的同时提供安装服务，应分别核算机器设备和安装服务的销售额，安装服务可以按照甲供工程选择适用简易计税方法计税。

一般纳税人销售外购机器设备的同时提供安装服务，如果已经按照兼营的有关规定，分别核算机器设备和安装服务的销售额，安装服务可以按照甲供工程选择适用简易计税方法计税。

纳税人对安装运行后的机器设备提供的维护保养服务，按照"其他现代服务"缴纳增值税。

七、纳税人 2016 年 5 月 1 日前发生的营业税涉税业务，包括已经申报缴纳营业税或补缴营业税的业务，需要补开发票的，可以开具增值税普通发票。纳税人应完整保留相关资料备查。

本公告自发布之日起施行,《国家税务总局关于简并增值税征收率有关问题的公告》(国家税务总局公告2014年第36号)第二条和《国家税务总局关于进一步明确营改增有关征管问题的公告》(国家税务总局公告2017年第11号)第四条同时废止。此前已发生未处理的事项,按照本公告的规定执行。2016年5月1日前,纳税人发生本公告第四条规定的应税行为,已缴纳营业税的,不再调整,未缴纳营业税的,比照本公告规定缴纳营业税。

特此公告。

国家税务总局
2018年7月25日

77. 关于《国家税务总局关于明确中外合作办学等若干增值税征管问题的公告》的解读

近期我局接到各方反映的一些增值税征管操作问题。为统一政策口径,便于纳税人执行,税务总局发布了《国家税务总局关于明确中外合作办学等若干增值税征管问题的公告》(以下称"《公告》"),对相关问题进行了明确。现就《公告》的主要内容解读如下:

一、关于中外合作办学提供教育服务取得的收入免征增值税政策

目前的营改增政策规定,从事学历教育的学校提供的教育服务免征增值税。近接部分学校反映,境外教育机构与境内学校开展中外合作办学过程中,境外教育机构自境内学校取得的收入,是否可享受增值税免税政策,现行规定不明确。本次《公告》中明确,境外教育机构与境内从事学历教育的学校开展中外合作办学过程中,提供学历教育服务取得的收入,也可同样享受免征增值税政策。

二、关于航空运输销售代理企业提供境内机票代理服务差额计税政策

(一)境内机票代理服务的销售额

航空运输销售代理企业提供境内机票代理服务,以取得的全部价款和价外费用,扣除向客户收取并支付给航空运输企业或其他航空运输销售代理企业的境内机票净结算款和相关费用后的余额为销售额。

(二)合法有效的扣除凭证

按照不同类型的企业,可分为两种情形的扣除凭证:

1. 支付给航空运输企业的款项,扣除凭证包括下列两项之一:

(1)国际航空运输协会(IATA)开账与结算计划(BSP)对账单;

(2)航空运输企业的签收单据。

2. 支付给其他航空运输销售代理企业的款项,以代理企业间的签收单据为合法有效凭证。

(三)发票的种类及金额

航空运输销售代理企业就取得的全部价款和价外费用,向购买方开具行程单,或开具增值税普通发票。

三、关于纳税人通过省级土地行政主管部门设立的交易平台转让补充耕地指标增值税政策

目前,我国实行占用耕地补偿制度,即非农业建设占用多少耕地,就应补充多少数量和质量相当的耕地,根据《土地管理法》和《耕地占补平衡考核办法》等法律法规要求,各省、自治区、直辖市(以下统称"各省")应确保本行政区域内的耕地总量不减少。由于经济发展水平差异和土地资源分布不均衡，不同市县对耕地占用的需求也各不相同。为确保耕地总量不减少，优化土地资源配置，各省陆续出台管理办法，实现了补充耕地指标的跨市县转让。补充耕地指标，实质上是一种占用耕地进行建设开发的权益，纳税人发生的转让补充耕地指标行为，应按照销售无形资产税目缴纳增值税。为统一表述，《公告》采用了"补充耕地指标"这一名称，各省出台的管理办法中采用的其他名称，只要与"补充耕地指标"实质相同，均可适用本条政策规定。

四、关于因重大资产重组形成的限售股买入价的确定问题

税务总局 2016 年第 53 号公告中，按照限售股的形成原因分别明确了限售股买入价的确定原则。其中，因重大资产重组形成的限售股，以该上市公司因重大资产重组股票停牌前一交易日的收盘价为买入价计算销售额。近接地方反映，存在一些特殊情况，即上市公司在重大资产重组前已处于非正常上市状态，比如因业绩未达标等原因已被交易所暂停上市，因此不存在因重大资产重组而实施停牌。

针对上述情况，本次《公告》中明确，上市公司因实施重大资产重组形成的限售股，因重大资产重组停牌的，按照 2016 年 53 号公告第五条第（三）项的规定，以该上市公司因重大资产重组股票停牌前一交易日的收盘价为买入价；在重大资产重组前已经暂停上市的，以上市公司完成资产重组后股票恢复上市首日的开盘价为买入价。

五、关于拍卖行适用的增值税政策问题

1999 年税务总局发布了《关于拍卖行取得的拍卖收入征收增值税、营业税有关问题的通知》（国税发〔1999〕40 号），对拍卖行受托拍卖增值税应税货物，向买方收取的全部价款和价外费用，应当按照 4%（2014 年 7 月 1 日后调整为 3%）的征收率征收增值税；对拍卖行向委托方收取的手续费征收营业税。

2016 年全面推开营改增以后，对拍卖取得的手续费收入，已由缴纳营业税改为缴纳增值税。结合政策调整变化情况，本次《公告》中明确，停止执行国税发〔1999〕40 号文件，对拍卖行受托拍卖取得的手续费或佣金收入，按照"经纪代理服务"缴纳增值税。

六、关于纳税人销售机器设备同时提供安装服务，安装服务的计税方法及后续机器设备维护保养服务的适用税率问题

纳税人销售机器设备同时提供安装服务，包括以下两种情形：

（一）纳税人销售自产机器设备的同时提供安装服务

按照现行规定，这种情况下纳税人应分别核算机器设备和安装服务的销售额。机器设备销售给甲方后，又交给机器设备销售企业负责安装，可以将此机器设备视为"甲供"的机器设备，机器设备销售企业提供的安装服务也可视为为甲供工程提供的安装服务，可以选择适用简易计税方法计税。

（二）纳税人销售外购机器设备的同时提供安装服务

这种情形下又分两种情况。一是纳税人未分别核算机器设备和安装服务的销售额，那么应按照混合销售的有关规定，确定其适用税目和税率。二是纳税人已按照兼营的有关规定，分别核算机器设备和安装服务的销售额，同样可以将此机器设备视为"甲供"的机器设备，将纳税人提供的安装服务视为为甲供工程提供的安装服务，选择适用简易计税方法计税。

另外，本次《公告》中还明确，纳税人对安装运行后的机器设备提供的维护保养服务，按照"其他现代服务"缴纳增值税。

七、关于试点前发生的营业税业务补开增值税发票问题

为保障全面推开营改增试点工作顺利实施，2017 年 4 月总局发布《关于进一步明确营改增有关征管问题的公告》（国家税务总局公告 2017 年第 11 号），规定"纳税人 2016 年

5月1日前发生的营业税涉税业务,需要补开发票的,可于2017年12月31日前开具增值税普通发票(税务总局另有规定的除外)"。

政策到期后,基层税务机关及部分纳税人反映,因销售周期长、实际业务发生变化等原因仍然需要补开发票。为了形成帮助纳税人解决问题的长效机制,本次《公告》中明确,对纳税人2016年5月1日前发生的营业税涉税业务,包括已经申报缴纳营业税或补缴营业税的业务,需要补开发票的,可开具增值税普通发票,且不再规定纳税人可以开具增值税普通发票的时限,同时规定纳税人应完整保留相关资料备查。

78. 国家税务总局 人力资源社会保障部 国务院扶贫办 教育部关于实施支持和促进重点群体创业就业有关税收政策具体操作问题的公告

国家税务总局公告2019年第10号

为贯彻落实《财政部 税务总局 人力资源社会保障部 国务院扶贫办关于进一步支持和促进重点群体创业就业有关税收政策的通知》(财税〔2019〕22号)精神,现就具体操作问题公告如下:

一、重点群体个体经营税收政策

(一)申请

1. 建档立卡贫困人口从事个体经营的,向主管税务机关申报纳税时享受优惠。

2. 登记失业半年以上的人员,零就业家庭、享受城市居民最低生活保障家庭劳动年龄的登记失业人员,以及毕业年度内高校毕业生,可持《就业创业证》(或《就业失业登记证》,下同)、个体工商户登记执照(未完成"两证整合"的还须持《税务登记证》)向创业地县以上(含县级,下同)人力资源社会保障部门提出申请。县以上人力资源社会保障部门应当按照财税〔2019〕22号文件的规定,核实其是否享受过重点群体创业就业税收优惠政策。对符合财税〔2019〕22号文件规定条件的人员在《就业创业证》上注明"自主创业税收政策"或"毕业年度内自主创业税收政策"。

(二)税款减免顺序及额度

重点群体从事个体经营的,按照财税〔2019〕22号文件第一条的规定,在年度减免税限额内,依次扣减增值税、城市维护建设税、教育费附加、地方教育附加和个人所得税。城市维护建设税、教育费附加、地方教育附加的计税依据是享受本项税收优惠政策前的增值税应纳税额。

纳税人的实际经营期不足1年的,应当以实际月数换算其减免税限额。换算公式为:

减免税限额=年度减免税限额÷12×实际经营月数

纳税人实际应缴纳的增值税、城市维护建设税、教育费附加、地方教育附加和个人所得税小于减免税限额的,以实际应缴纳的增值税、城市维护建设税、教育费附加、地方教育附加和个人所得税税额为限;实际应缴纳的增值税、城市维护建设税、教育费附加、地方教育附加和个人所得税大于减免税限额的,以减免税限额为限。

(三)税收减免管理

登记失业半年以上的人员,零就业家庭、城市低保家庭登记失业人员,以及毕业年度内高校毕业生享受本项税收优惠的,由其留存《就业创业证》(注明"自主创业税收政策"或"毕业年度内自主创业税收政策")备查,建档立卡贫困人口无需留存资料备查。

二、企业招用重点群体税收政策

(一)申请

享受招用重点群体就业税收优惠政策的企业,持下列材料向县以上人力资源社会保障部门递交申请:

1.招用人员持有的《就业创业证》(建档立卡贫困人口不需提供)。

2.企业与招用重点群体签订的劳动合同(副本),企业依法为重点群体缴纳的社会保险记录。通过内部信息共享、数据比对等方式审核的地方,可不再要求企业提供缴纳社会保险记录。

县以上人力资源社会保障部门接到企业报送的材料后,重点核实以下情况:

1.招用人员是否属于享受税收优惠政策的人员范围,以前是否已享受过重点群体创业就业税收优惠政策。

2.企业是否与招用人员签订了1年以上期限劳动合同,并依法为招用人员缴纳社会保险。

核实后,对持有《就业创业证》的重点群体,在其《就业创业证》上注明"企业吸纳税收政策";对符合条件的企业核发《企业吸纳重点群体就业认定证明》。

招用人员发生变化的,应向人力资源社会保障部门办理变更申请。

本公告所称企业是指属于增值税纳税人或企业所得税纳税人的企业等单位。

(二)税款减免顺序及额度

1.纳税人按本单位招用重点群体的人数及其实际工作月数核算本单位减免税总额,在减免税总额内每月依次扣减增值税、城市维护建设税、教育费附加和地方教育附加。城市维护建设税、教育费附加、地方教育附加的计税依据是享受本项税收优惠政策前的增值税应纳税额。

纳税人实际应缴纳的增值税、城市维护建设税、教育费附加和地方教育附加小于核算的减免税总额的,以实际应缴纳的增值税、城市维护建设税、教育费附加、地方教育附加为限;实际应缴纳的增值税、城市维护建设税、教育费附加和地方教育附加大于核算的减免税总额的,以核算的减免税总额为限。纳税年度终了,如果纳税人实际减免的增值税、城市维护建设税、教育费附加和地方教育附加小于核算的减免税总额,纳税人在企业所得税汇算清缴时,以差额部分扣减企业所得税。当年扣减不完的,不再结转以后年度扣减。

享受优惠政策当年,重点群体人员工作不满1年的,应当以实际月数换算其减免税总额。

减免税总额=$\sum$每名重点群体人员本年度在本企业工作月数÷12×具体定额标准

2.第2年及以后年度当年新招用人员、原招用人员及其工作时间按上述程序和办法执行。计算每名重点群体人员享受税收优惠政策的期限最长不超过36个月。

(三)税收减免管理

企业招用重点群体享受本项优惠的,由企业留存以下材料备查:

1.享受税收优惠政策的登记失业半年以上的人员,零就业家庭、城市低保家庭的登记失业人员,以及毕业年度内高校毕业生的《就业创业证》(注明"企业吸纳税收政策")。

2.县以上人力资源社会保障部门核发的《企业吸纳重点群体就业认定证明》。

3.《重点群体人员本年度实际工作时间表》(见附件)。

三、凭《就业创业证》享受上述优惠政策的人员,按以下规定申领《就业创业证》

(一)失业人员在常住地公共就业服务机构进行失业登记,申领《就业创业证》。对其中的零就业家庭、城市低保家庭的登记失业人员，公共就业服务机构应在其《就业创业证》上予以注明。

（二）毕业年度内高校毕业生在校期间凭学生证向公共就业服务机构申领《就业创业证》，或委托所在高校就业指导中心向公共就业服务机构代为申领《就业创业证》；毕业年度内高校毕业生离校后可凭毕业证直接向公共就业服务机构按规定申领《就业创业证》。

四、税收优惠政策管理

（一）严格各项凭证的审核发放。任何单位或个人不得伪造、涂改、转让、出租相关凭证，违者将依法予以惩处；对出借、转让《就业创业证》的人员，主管人力资源社会保障部门要收回其《就业创业证》并记录在案；对采取上述手段已经获取减免税的企业和个人，主管税务机关要追缴其已减免的税款，并依法予以处理。

（二）《就业创业证》采用实名制，限持证者本人使用。创业人员从事个体经营的，《就业创业证》由本人保管；被用人单位招用的，享受税收优惠政策期间，证件由用人单位保管。《就业创业证》由人力资源社会保障部统一样式，各省、自治区、直辖市人力资源社会保障部门负责印制，作为审核劳动者就业失业状况和享受政策情况的有效凭证。

（三）《企业吸纳重点群体就业认定证明》由人力资源社会保障部统一样式，各省、自治区、直辖市人力资源社会保障部门统一印制，统一编号备案，相关信息由当地人力资源社会保障部门按需提供给税务部门。

（四）县以上人力资源社会保障、税务部门及扶贫办要建立劳动者就业信息交换和协查制度。人力资源社会保障部建立全国《就业创业证》查询系统（http://jyjc.mohrss.gov.cn），供各级人力资源社会保障、财政、税务部门查询《就业创业证》信息。国务院扶贫办建立全国统一的全国扶贫开发信息系统，供各级扶贫办、人力资源社会保障、财政、税务部门查询建档立卡贫困人口身份等相关信息。

（五）各级税务机关对《就业创业证》或建档立卡贫困人口身份有疑问的，可提请同级人力资源社会保障部门、扶贫办予以协查，同级人力资源社会保障部门、扶贫办应根据具体情况规定合理的工作时限，并在时限内将协查结果通报提请协查的税务机关。

五、本公告自2019年1月1日起施行。《国家税务总局 财政部 人力资源社会保障部 教育部 民政部关于继续实施支持和促进重点群体创业就业有关税收政策具体操作问题的公告》（国家税务总局公告2017年第27号）同时废止。

特此公告。

附件：重点群体人员本年度实际工作时间表（样表）（略）。

国家税务总局　人力资源社会保障部　国务院扶贫办　教育部
2019年2月26日

79. 国家税务总局关于稀土企业等汉字防伪项目企业开具增值税发票有关问题的公告

国家税务总局公告2019年第13号

为了适应稀土行业发展和税收信息化建设需要，现将稀土企业等纳入增值税汉字防伪项目管理企业开具增值税发票有关问题公告如下：

一、自2019年6月1日起，停用增值税防伪税控系统汉字防伪项目。

二、从事稀土产品生产、商贸流通的增值税纳税人（以下简称稀土企业）销售稀土产品或提供稀土应税劳务、服务的，应当通过升级后的增值税发票管理系统开具稀土专用发票；销售非稀土产品或提供非稀土应税劳务、服务的，不得开具稀土专用发票。

（一）本公告所称稀土产品包括稀土矿产品、稀土冶炼分离产品、稀土金属及合金、稀土产品加工费。《稀土产品目录》详见附件。

（二）稀土专用发票开具不得使用增值税发票管理系统"销售货物或者提供应税劳务、服务清单"填开功能。稀土专用发票"货物或应税劳务、服务名称"栏应当通过增值税发票管理系统中的稀土产品目录选择，"单位"栏选择"公斤"或"吨"，"数量"栏按照折氧化物计量填写。增值税发票管理系统在发票左上角自动打印"XT"字样。

（三）稀土企业销售稀土矿产品、稀土冶炼分离产品、稀土金属及合金，提供稀土加工应税劳务、服务的，应当按照《稀土产品目录》的分类分别开具发票。

三、稀土企业需要开具稀土专用发票的，由主管税务机关开通增值税发票管理系统中的稀土专用发票开具功能，开票软件应当于2019年6月1日前完成升级，税控设备和增值税发票可以继续使用。

四、除稀土企业外，其他纳入增值税防伪税控系统汉字防伪项目管理企业使用的开票软件应当于2019年6月1日前升级为增值税发票管理系统，税控设备和增值税发票可以继续使用。

五、各地税务机关要做好本公告涉及企业的系统升级工作，确保相关企业通过系统顺利开具发票。各地税控服务单位要做好系统升级的技术支持服务，保障系统正常运行。

六、《国家税务总局关于将稀土企业开具的发票纳入增值税防伪税控系统汉字防伪项目管理有关问题的公告》（国家税务总局公告2012年第17号）自2019年6月1日起废止。

特此公告。

附件：稀土产品目录（略）。

国家税务总局
2019年3月18日

80. 关于《国家税务总局关于稀土企业等纳入汉字防伪项目管理企业开具增值税发票有关问题的公告》的解读

一、发布本公告的背景是什么？

为了适应稀土行业发展和税收信息化建设需要，自2019年6月1日起，停用增值税防伪税控系统汉字防伪项目。为了明确稀土企业等纳入汉字防伪项目管理企业开具增值税发票的相关事项，税务总局制发本《公告》。

二、稀土企业等纳入汉字防伪项目管理企业如何开具发票？

稀土企业销售稀土产品或提供稀土应税劳务、服务的，应当通过升级后的增值税发票管理系统开具稀土专用发票；销售非稀土产品或提供非稀土应税劳务、服务的，不得开具稀土专用发票；其他纳入增值税汉字防伪项目管理的企业，使用升级后的增值税发票管理系统开具增值税发票。这两类企业开具的发票密码区将由二维码密文变更为字符密文。

三、稀土专用发票有什么开具要求？

稀土企业销售稀土产品以及其他货物或提供应税劳务、服务的，应当根据《稀土产品目录》中的分类，分别开具发票。稀土专用发票的开具不得使用增值税发票管理系统"销售货物或者提供应税劳务、服务清单"填开功能。稀土专用发票"货物或应税劳务、服务名称"栏的内容应当通过增值税发票管理系统中的稀土产品目录选择，"单位"栏选择"公斤"或"吨"，"数量"栏按照折氧化物计量填写。

取得稀土专用发票的纳税人，建议登录全国增值税发票查验平台进行信息查验，稀土专用发票在查验平台显示信息中左上角有"XT"字样。

81. 财政部　税务总局　海关总署关于深化增值税改革有关政策的公告

财政部　税务总局　海关总署公告2019年第39号

为贯彻落实党中央、国务院决策部署，推进增值税实质性减税，现将2019年增值税改革有关事项公告如下：

一、增值税一般纳税人（以下称纳税人）发生增值税应税销售行为或者进口货物，原适用16%税率的，税率调整为13%；原适用10%税率的，税率调整为9%。

二、纳税人购进农产品，原适用10%扣除率的，扣除率调整为9%。纳税人购进用于生产或者委托加工13%税率货物的农产品，按照10%的扣除率计算进项税额。

三、原适用16%税率且出口退税率为16%的出口货物劳务，出口退税率调整为13%；原适用10%税率且出口退税率为10%的出口货物、跨境应税行为，出口退税率调整为9%。

2019年6月30日前（含2019年4月1日前），纳税人出口前款所涉货物劳务、发生前款所涉跨境应税行为，适用增值税免退税办法的，购进时已按调整前税率征收增值税的，执行调整前的出口退税率，购进时已按调整后税率征收增值税的，执行调整后的出口退税率；适用增值税免抵退税办法的，执行调整前的出口退税率，在计算免抵退税时，适用税率低于出口退税率的，适用税率与出口退税率之差视为零参与免抵退税计算。

出口退税率的执行时间及出口货物劳务、发生跨境应税行为的时间，按照以下规定执行：报关出口的货物劳务（保税区及经保税区出口除外），以海关出口报关单上注明的出口日期为准；非报关出口的货物劳务、跨境应税行为，以出口发票或普通发票的开具时间为准；保税区及经保税区出口的货物，以货物离境时海关出具的出境货物备案清单上注明的出口日期为准。

四、适用13%税率的境外旅客购物离境退税物品，退税率为11%；适用9%税率的境外旅客购物离境退税物品，退税率为8%。

2019年6月30日前，按调整前税率征收增值税的，执行调整前的退税率；按调整后税率征收增值税的，执行调整后的退税率。

退税率的执行时间，以退税物品增值税普通发票的开具日期为准。

五、自2019年4月1日起，《营业税改征增值税试点有关事项的规定》（财税〔2016〕36号印发）第一条第（四）项第1点、第二条第（一）项第1点停止执行，纳税人取得不动产或者不动产在建工程的进项税额不再分2年抵扣。此前按照上述规定尚未抵扣完毕的待抵扣进项税额，可自2019年4月税款所属期起从销项税额中抵扣。

六、纳税人购进国内旅客运输服务，其进项税额允许从销项税额中抵扣。

（一）纳税人未取得增值税专用发票的，暂按照以下规定确定进项税额：

1. 取得增值税电子普通发票的，为发票上注明的税额；

2. 取得注明旅客身份信息的航空运输电子客票行程单的，为按照下列公式计算进项税额：

航空旅客运输进项税额＝（票价＋燃油附加费）÷（1＋9%）×9%

3. 取得注明旅客身份信息的铁路车票的，为按照下列公式计算的进项税额：

铁路旅客运输进项税额＝票面金额÷（1＋9%）×9%

4. 取得注明旅客身份信息的公路、水路等其他客票的，按照下列公式计算进项税额：

公路、水路等其他旅客运输进项税额＝票面金额÷（1＋3%）×3%

（二）《营业税改征增值税试点实施办法》（财税〔2016〕36号印发）第二十七条第（六）项和《营业税改征增值税试点有关事项的规定》（财税〔2016〕36号印发）第二条第（一）项第5点中"购进的旅客运输服务、贷款服务、餐饮服务、居民日常服务和娱乐服务"修改为"购进的贷款服务、餐饮服务、居民日常服务和娱乐服务"。

七、自2019年4月1日至2021年12月31日，允许生产、生活性服务业纳税人按照当期可抵扣进项税额加计10%，抵减应纳税额（以下称加计抵减政策）。

（一）本公告所称生产、生活性服务业纳税人，是指提供邮政服务、电信服务、现代服务、生活服务（以下称四项服务）取得的销售额占全部销售额的比重超过50%的纳税人。四项服务的具体范围按照《销售服务、无形资产、不动产注释》（财税〔2016〕36号印发）执行。

2019年3月31日前设立的纳税人，自2018年4月至2019年3月期间的销售额（经营期不满12个月的，按照实际经营期的销售额）符合上述规定条件的，自2019年4月1日起适用加计抵减政策。

2019年4月1日后设立的纳税人，自设立之日起3个月的销售额符合上述规定条件的，自登记为一般纳税人之日起适用加计抵减政策。

纳税人确定适用加计抵减政策后，当年内不再调整，以后年度是否适用，根据上年度销售额计算确定。

纳税人可计提但未计提的加计抵减额，可在确定适用加计抵减政策当期一并计提。

（二）纳税人应按照当期可抵扣进项税额的10%计提当期加计抵减额。按照现行规定不得从销项税额中抵扣的进项税额，不得计提加计抵减额；已计提加计抵减额的进项税额，按规定作进项税额转出的，应在进项税额转出当期，相应调减加计抵减额。计算公式如下：

当期计提加计抵减额＝当期可抵扣进项税额×10%

当期可抵减加计抵减额＝上期末加计抵减额余额＋当期计提加计抵减额－当期调减加计抵减额

（三）纳税人应按照现行规定计算一般计税方法下的应纳税额（以下称抵减前的应纳税额）后，区分以下情形加计抵减：

1. 抵减前的应纳税额等于零的，当期可抵减加计抵减额全部结转下期抵减；

2. 抵减前的应纳税额大于零，且大于当期可抵减加计抵减额的，当期可抵减加计抵减额全额从抵减前的应纳税额中抵减；

3. 抵减前的应纳税额大于零，且小于或等于当期可抵减加计抵减额的，以当期可抵减加计抵减额抵减应纳税额至零。未抵减完的当期可抵减加计抵减额，结转下期继续抵减。

（四）纳税人出口货物劳务、发生跨境应税行为不适用加计抵减政策，其对应的进项税额不得计提加计抵减额。

纳税人兼营出口货物劳务、发生跨境应税行为且无法划分不得计提加计抵减额的进项税额，按照以下公式计算：

不得计提加计抵减额的进项税额＝当期无法划分的全部进项税额 × 当期出口货物劳务和发生跨境应税行为的销售额 ÷ 当期全部销售额

（五）纳税人应单独核算加计抵减额的计提、抵减、调减、结余等变动情况。骗取适用加计抵减政策或虚增加计抵减额的，按照《中华人民共和国税收征收管理法》等有关规定处理。

（六）加计抵减政策执行到期后，纳税人不再计提加计抵减额，结余的加计抵减额停止抵减。

八、自2019年4月1日起，试行增值税期末留抵税额退税制度。

（一）同时符合以下条件的纳税人，可以向主管税务机关申请退还增量留抵税额：

1. 自2019年4月税款所属期起，连续六个月（按季纳税的，连续两个季度）增量留抵税额均大于零，且第六个月增量留抵税额不低于50万元；

2. 纳税信用等级为A级或者B级；

3. 申请退税前36个月未发生骗取留抵退税、出口退税或虚开增值税专用发票情形的；

4. 申请退税前36个月未因偷税被税务机关处罚两次及以上的；

5. 自2019年4月1日起未享受即征即退、先征后返（退）政策的。

（二）本公告所称增量留抵税额，是指与2019年3月底相比新增加的期末留抵税额。

（三）纳税人当期允许退还的增量留抵税额，按照以下公式计算：

允许退还的增量留抵税额＝增量留抵税额 × 进项构成比例 ×60%

进项构成比例，为2019年4月至申请退税前一税款所属期内已抵扣的增值税专用发票（含税控机动车销售统一发票）、海关进口增值税专用缴款书、解缴税款完税凭证注明的增值税额占同期全部已抵扣进项税额的比重。

（四）纳税人应在增值税纳税申报期内，向主管税务机关申请退还留抵税额。

（五）纳税人出口货物劳务、发生跨境应税行为，适用免抵退税办法的，办理免抵退税后，仍符合本公告规定条件的，可以申请退还留抵税额；适用免退税办法的，相关进项税额不得用于退还留抵税额。

（六）纳税人取得退还的留抵税额后，应相应调减当期留抵税额。按照本条规定再次满足退税条件的，可以继续向主管税务机关申请退还留抵税额，但本条第（一）项第1点规定的连续期间，不得重复计算。

（七）以虚增进项、虚假申报或其他欺骗手段，骗取留抵退税款的，由税务机关追缴其骗取的退税款，并按照《中华人民共和国税收征收管理法》等有关规定处理。

（八）退还的增量留抵税额中央、地方分担机制另行通知。

九、本公告自2019年4月1日起执行。

财政部　税务总局　海关总署
2019年3月20日

82. 国家税务总局关于深化增值税改革有关事项的公告

国家税务总局公告2019年第14号

现将深化增值税改革有关事项公告如下：

一、增值税一般纳税人（以下称纳税人）在增值税税率调整前已按原16%、10%适用税率开具的增值税发票，发生销售折让、中止或者退回等情形需要开具红字发票的，按照原适用税率开具红字发票；开票有误需要重新开具的，先按照原适用税率开具红字发票后，再重新开具正确的蓝字发票。

二、纳税人在增值税税率调整前未开具增值税发票的增值税应税销售行为，需要补开增值税发票的，应当按原适用税率补开。

三、增值税发票税控开票软件税率栏次默认显示调整后税率，纳税人发生本公告第一条、第二条所列情形的，可以手工选择原适用税率开具增值税发票。

四、税务总局在增值税发票税控开票软件中更新了《商品和服务税收分类编码表》，纳税人应当按照更新后的《商品和服务税收分类编码表》开具增值税发票。

五、纳税人应当及时完成增值税发票税控开票软件升级和自身业务系统调整。

六、已抵扣进项税额的不动产，发生非正常损失，或者改变用途，专用于简易计税方法计税项目、免征增值税项目、集体福利或者个人消费的，按照下列公式计算不得抵扣的进项税额，并从当期进项税额中扣减：

不得抵扣的进项税额＝已抵扣进项税额 × 不动产净值率

不动产净值率＝（不动产净值 ÷ 不动产原值）×100%

七、按照规定不得抵扣进项税额的不动产，发生用途改变，用于允许抵扣进项税额项目的，按照下列公式在改变用途的次月计算可抵扣进项税额。

可抵扣进项税额＝增值税扣税凭证注明或计算的进项税额 × 不动产净值率

八、按照《财政部 税务总局 海关总署关于深化增值税改革有关政策的公告》（财政部 税务总局 海关总署公告2019年第39号）规定，适用加计抵减政策的生产、生活性服务业纳税人，应在年度首次确认适用加计抵减政策时，通过电子税务局（或前往办税服务厅）提交《适用加计抵减政策的声明》（见附件）。适用加计抵减政策的纳税人，同时兼营邮政服务、电信服务、现代服务、生活服务的，应按照四项服务中收入占比最高的业务在《适用加计抵减政策的声明》中勾选确定所属行业。

九、本公告自2019年4月1日起施行。《不动产进项税额分期抵扣暂行办法》（国家税务总局公告2016年第15号发布）同时废止。

附件：适用加计抵减政策的声明（略）。

国家税务总局
2019年3月21日

83. 关于《国家税务总局关于深化增值税改革有关事项的公告》的解读

一、公告出台背景

《财政部 税务总局 海关总署关于深化增值税改革有关政策的公告》（财政部 税务总局 海关总署公告2019年第39号，以下简称39号公告）出台后，纳税人开具发票衔接、不动产一次性抵扣、适用加计抵减政策所需填报资料等问题，需要进一步明确，因此出台该公告。

二、2019年4月1日降低增值税税率政策实施后，纳税人发生销售折让、中止或者退回等情形的，如何开具红字发票及蓝字发票？

本公告第一条明确，增值税一般纳税人在增值税税率调整前已按原16%、10%适用税率开具的增值税发票，发生销售折让、中止或者退回等情形需要开具红字发票的，按照原适用税率开具红字发票；开票有误需要重新开具的，先按照原适用税率开具红字发票后，再重新开具正确的蓝字发票。

需要说明的是，如纳税人此前已按原17%、11%适用税率开具了增值税发票，发生销售折让、中止或者退回等情形需要开具红字发票的，应按照《国家税务总局关于统一小规模纳税人标准等若干增值税问题的公告》（国家税务总局公告2018年第18号，以下简称18号公告）相关规定执行。

三、2019年4月1日降低增值税税率政策实施后，纳税人需要补开增值税发票的，如何处理？

本公告第二条明确，纳税人在增值税税率调整前未开具增值税发票的增值税应税销售行为，需要补开增值税发票的，应当按照原16%、10%适用税率补开。

需要说明的是，如果纳税人还存在2018年税率调整前未开具增值税发票的应税销售行为，需要补开增值税发票的，可根据18号公告相关规定，按照原17%、11%适用税率补开。

四、自2019年4月1日起，纳税人购入不动产，持有期间用途发生改变的，进项税额应如何处理？

本公告第六条明确，已抵扣进项税额的不动产，发生非正常损失，或者改变用途，专用于简易计税方法计税项目、免征增值税项目、集体福利或者个人消费的，按照下列公式计算不得抵扣的进项税额，并从当期进项税额中扣减：

不得抵扣的进项税额＝已抵扣进项税额×不动产净值率

不动产净值率＝（不动产净值÷不动产原值）×100%

本公告第七条明确，按照规定不得抵扣进项税额的不动产，发生用途改变，用于允许抵扣进项税额项目的，按照下列公式在改变用途的次月计算可抵扣进项税额。

可抵扣进项税额＝增值税扣税凭证注明或计算的进项税额×不动产净值率

五、此次税率调整，适用加计抵减政策的纳税人，需要提供什么资料？

本公告第八条明确，按照39号公告规定，适用加计抵减政策的生产、生活性服务业纳税人，应在年度首次确认适用加计抵减政策时，通过电子税务局（或前往办税服务厅）提交《适用加计抵减政策的声明》。适用加计抵减政策的纳税人，同时兼营邮政服务、电信服务、现代服务、生活服务的，应按照四项服务中收入占比最高的业务在《适用加计抵减政策的声明》

中勾选确定所属行业。

需要说明的是，按照39号公告规定，纳税人确定适用加计抵减政策，以后年度是否继续适用，需要根据上年度销售额计算确定。已经提交《适用加计抵减政策的声明》并享受加计抵减政策的纳税人，在2020年、2021年，是否继续适用，应分别根据其2019年、2020年销售额确定，如果符合规定，需再次提交《适用加计抵减政策的声明》。

84. 财政部 税务总局 国务院扶贫办关于扶贫货物捐赠免征增值税政策的公告

财政部 税务总局 国务院扶贫办公告2019年第55号

为支持脱贫攻坚，现就扶贫货物捐赠免征增值税政策公告如下：

一、自2019年1月1日至2022年12月31日，对单位或者个体工商户将自产、委托加工或购买的货物通过公益性社会组织、县级及以上人民政府及其组成部门和直属机构，或直接无偿捐赠给目标脱贫地区的单位和个人，免征增值税。在政策执行期限内，目标脱贫地区实现脱贫的，可继续适用上述政策。

"目标脱贫地区"包括832个国家扶贫开发工作重点县、集中连片特困地区县（新疆阿克苏地区6县1市享受片区政策）和建档立卡贫困村。

二、在2015年1月1日至2018年12月31日已发生的符合上述条件的扶贫货物捐赠，可追溯执行上述增值税政策。

三、在本公告发布之前已征收入库的按上述规定应予免征的增值税税款，可抵减纳税人以后月份应缴纳的增值税税款或者办理税款退库。已向购买方开具增值税专用发票的，应将专用发票追回后方可办理免税。无法追回专用发票的，不予免税。

四、各地扶贫办公室与税务部门要加强沟通，明确当地"目标脱贫地区"具体范围，确保政策落实落地。

财政部 税务总局 国务院扶贫办
2019年4月10日

85. 国家税务总局关于办理增值税期末留抵税额退税有关事项的公告

国家税务总局公告2019年第20号

《财政部 税务总局 海关总署关于深化增值税改革有关政策的公告》（财政部 税务总局 海关总署公告2019年第39号）规定，自2019年4月1日起，试行增值税期末留抵税额退税（以下简称留抵退税）制度。为方便纳税人办理留抵退税业务，现将有关事项公告如下：

一、同时符合以下条件（以下称符合留抵退税条件）的纳税人，可以向主管税务机关申请退还增量留抵税额：

（一）自2019年4月税款所属期起，连续六个月（按季纳税的，连续两个季度）增量留抵税额均大于零，且第六个月增量留抵税额不低于50万元；

（二）纳税信用等级为A级或者B级；

（三）申请退税前36个月未发生骗取留抵退税、出口退税或虚开增值税专用发票情形的；

（四）申请退税前36个月未因偷税被税务机关处罚两次及以上的；

（五）自2019年4月1日起未享受即征即退、先征后返（退）政策的。

增量留抵税额，是指与2019年3月底相比新增加的期末留抵税额。

二、……

【注释】第二条废止，参见《国家税务总局关于进一步加大增值税期末留抵退税政策实施力度有关征管事项的公告》（国家税务总局公告2022年第4号）。

三、纳税人申请办理留抵退税，应于符合留抵退税条件的次月起，在增值税纳税申报期（以下称申报期）内，完成本期增值税纳税申报后，通过电子税务局或办税服务厅提交《退（抵）税申请表》（见附件）。

四、纳税人出口货物劳务、发生跨境应税行为，适用免抵退税办法的，可以在同一申报期内，既申报免抵退税又申请办理留抵退税。

五、申请办理留抵退税的纳税人，出口货物劳务、跨境应税行为适用免抵退税办法的，应当按期申报免抵退税。当期可申报免抵退税的出口销售额为零的，应办理免抵退税零申报。

六、纳税人既申报免抵退税又申请办理留抵退税的，税务机关应先办理免抵退税。办理免抵退税后，纳税人仍符合留抵退税条件的，再办理留抵退税。

七、税务机关按照"窗口受理、内部流转、限时办结、窗口出件"的原则办理留抵退税。

税务机关对纳税人是否符合留抵退税条件、当期允许退还的增量留抵税额等进行审核确认，并将审核结果告知纳税人。

八、纳税人符合留抵退税条件且不存在本公告第十二条所列情形的，税务机关应自受理留抵退税申请之日起10个工作日内完成审核，并向纳税人出具准予留抵退税的《税务事项通知书》。

纳税人发生本公告第九条第二项所列情形的，上述10个工作日，自免抵退税应退税额核准之日起计算。

九、纳税人在办理留抵退税期间发生下列情形的，按照以下规定确定允许退还的增量留抵税额：

（一）因纳税申报、稽查查补和评估调整等原因，造成期末留抵税额发生变化的，按最近一期《增值税纳税申报表（一般纳税人适用）》期末留抵税额确定允许退还的增量留抵税额。

（二）纳税人在同一申报期既申报免抵退税又申请办理留抵退税的，或者在纳税人申请办理留抵退税时存在尚未经税务机关核准的免抵退税应退税额的，应待税务机关核准免抵退税应退税额后，按最近一期《增值税纳税申报表（一般纳税人适用）》期末留抵税额，扣减税务机关核准的免抵退税应退税额后的余额确定允许退还的增量留抵税额。

税务机关核准的免抵退税应退税额，是指税务机关当期已核准，但纳税人尚未在《增值税纳税申报表（一般纳税人适用）》第15栏"免、抵、退应退税额"中填报的免抵退税应退税额。

（三）纳税人既有增值税欠税，又有期末留抵税额的，按最近一期《增值税纳税申报表（一般纳税人适用）》期末留抵税额，抵减增值税欠税后的余额确定允许退还的增量留抵税额。

十、在纳税人办理增值税纳税申报和免抵退税申报后、税务机关核准其免抵退税应退税额前，核准其前期留抵退税的，以最近一期《增值税纳税申报表（一般纳税人适用）》期末留抵税额，扣减税务机关核准的留抵退税额后的余额，计算当期免抵退税应退税额和免抵税额。

税务机关核准的留抵退税额，是指税务机关当期已核准，但纳税人尚未在《增值税纳税申报表附列资料（二）（本期进项税额明细）》第22栏"上期留抵税额退税"填报的留抵退税额。

十一、纳税人不符合留抵退税条件的，不予留抵退税。税务机关应自受理留抵退税申请之日起10个工作日内完成审核，并向纳税人出具不予留抵退税的《税务事项通知书》。

十二、税务机关在办理留抵退税期间，发现符合留抵退税条件的纳税人存在以下情形，暂停为其办理留抵退税：

（一）存在增值税涉税风险疑点的；

（二）被税务稽查立案且未结案的；

（三）增值税申报比对异常未处理的；

（四）取得增值税异常扣税凭证未处理的；

（五）国家税务总局规定的其他情形。

十三、本公告第十二条列举的增值税涉税风险疑点等情形已排除，且相关事项处理完毕后，按以下规定办理：

（一）纳税人仍符合留抵退税条件的，税务机关继续为其办理留抵退税，并自增值税涉税风险疑点等情形排除且相关事项处理完毕之日起5个工作日内完成审核，向纳税人出具准予留抵退税的《税务事项通知书》。

（二）纳税人不再符合留抵退税条件的，不予留抵退税。税务机关应自增值税涉税风险疑点等情形排除且相关事项处理完毕之日起5个工作日内完成审核，向纳税人出具不予留抵退税的《税务事项通知书》。

税务机关对发现的增值税涉税风险疑点进行排查的具体处理时间，由各省（自治区、直辖市和计划单列市）税务局确定。

十四、税务机关对增值税涉税风险疑点进行排查时，发现纳税人涉嫌骗取出口退税、虚开增值税专用发票等增值税重大税收违法行为的，终止为其办理留抵退税，并自作出终止办理留抵退税决定之日起5个工作日内，向纳税人出具终止办理留抵退税的《税务事项通知书》。

税务机关对纳税人涉嫌增值税重大税收违法行为核查处理完毕后，纳税人仍符合留抵退税条件的，可按照本公告的规定重新申请办理留抵退税。

十五、纳税人应在收到税务机关准予留抵退税的《税务事项通知书》当期，以税务机关核准的允许退还的增量留抵税额冲减期末留抵税额，并在办理增值税纳税申报时，相应填写《增值税纳税申报表附列资料（二）（本期进项税额明细）》第22栏"上期留抵税额退税"。

十六、纳税人以虚增进项、虚假申报或其他欺骗手段骗取留抵退税的，由税务机关追缴其骗取的退税款，并按照《中华人民共和国税收征收管理法》等有关规定处理。

十七、本公告自2019年5月1日起施行。

特此公告。

附件：退（抵）税申请表（略）。

【注释】附件《退（抵）税申请表》修改，参见《国家税务总局关于国内旅客运输服务进项税抵扣等增值税征管问题的公告》（国家税务总局公告2019年第31号）。

国家税务总局
2019 年 4 月 30 日

86. 关于《国家税务总局关于办理增值税期末留抵税额退税有关事项的公告》的解读

一、《公告》出台的背景

《财政部　税务总局　海关总署关于深化增值税改革有关政策的公告》（财政部　税务总局　海关总署公告2019年第39号，以下称39号公告）出台后，为方便纳税人办理留抵退税业务，税务总局制发了《国家税务总局关于办理增值税期末留抵税额退税有关事项的公告》（以下称《公告》），就留抵退税政策实施过程中涉及的相关征管事项进一步予以明确。

二、符合什么条件的纳税人可以向主管税务机关申请留抵退税？

同时符合以下条件的纳税人，可以向主管税务机关申请退还增量留抵税额：

（一）自2019年4月税款所属期起，连续六个月（按季纳税的，连续两个季度）增量留抵税额均大于零，且第六个月增量留抵税额不低于50万元；

（二）纳税信用等级为A级或者B级；

（三）申请退税前36个月未发生骗取留抵退税、出口退税或虚开增值税专用发票情形的；

（四）申请退税前36个月未因偷税被税务机关处罚两次及以上的；

（五）自2019年4月1日起未享受即征即退、先征后返（退）政策的。

增量留抵税额，是指与2019年3月底相比新增加的期末留抵税额。

三、允许退还的增量留抵税额如何计算？

纳税人当期允许退还的增量留抵税额，按照以下公式计算：

允许退还的增量留抵税额＝增量留抵税额 × 进项构成比例 ×60%

进项构成比例，为2019年4月至申请退税前一税款所属期内已抵扣的增值税专用发票（含税控机动车销售统一发票）、海关进口增值税专用缴款书、解缴税款完税凭证注明的增值税额占同期全部已抵扣进项税额的比重。

四、纳税人如何向税务机关申请办理留抵退税？

《公告》明确，纳税人申请办理留抵退税，应在符合条件的次月起，在申报期内完成本期申报后，通过电子税务局或办税服务厅提交《退（抵）税申请表》，并对如何填写该表进行了详细说明。

此外，《公告》明确了留抵退税申请和出口退税申报的衔接问题，即纳税人适用免抵退税办法的，可以在同一申报期内，既申报免抵退税又申请留抵退税；当期可申报免抵退税的出口销售额为零的，应办理免抵退税零申报。

五、税务机关是否需要对纳税人进行审核确认？如何审核？

在办理留抵退税过程中，税务机关对纳税人是否符合留抵退税条件、当期可退还增量

留抵税额等进行审核确认,并区分不同情形进行处理:

1. 准予办理留抵退税。对于符合退税条件,且不存在公告所列情形的,税务机关应在一定期限内完成审核,并向纳税人出具准予留抵退税的《税务事项通知书》。

2. 暂停(终止)办理留抵退税。对于符合退税条件,但纳税人存在增值税涉税风险疑点,或存在未处理的相关涉税事项等情形的,明确先暂停为其办理留抵退税。

(1)如果风险疑点排除且相关事项处理完毕,仍符合留抵退税条件的,税务机关继续为其办理留抵退税;

(2)如果风险疑点排除且相关事项处理完毕后,不再符合留抵退税条件的,税务机关不予办理留抵退税;

(3)如果在进行风险排查时,发现纳税人涉嫌增值税重大税收违法的,终止为其办理留抵退税。在税务机关对纳税人涉嫌增值税重大税收违法问题核实处理完毕后,纳税人仍符合留抵退税条件的,可重新申请办理留抵退税。

3. 不予办理留抵退税。经税务机关审核,对不符合留抵退税条件的纳税人,不予办理留抵退税,并向纳税人出具不予留抵退税的《税务事项通知书》。

六、在税务机关准予留抵退税后,纳税人应如何进行相关税务处理?

《公告》明确,纳税人应在收到税务机关准予留抵退税的《税务事项通知书》当期,按照税务机关核准的允许退还的增量留抵税额,冲减期末留抵税额,并在办理增值税纳税申报时,相应填写《增值税纳税申报表附列资料(二)(本期进项税额明细)》第22栏"上期留抵税额退税"。

七、如果发现纳税人骗取留抵退税,如何追责?

纳税人以虚增进项、虚假申报或其他欺骗手段,骗取留抵退税的,由税务机关追缴其骗取的退税款,并按照《中华人民共和国税收征收管理法》等有关规定处理。

87. 国家税务总局 财政部 海关总署关于在综合保税区推广增值税一般纳税人资格试点的公告

国家税务总局公告2019年第29号

根据《国务院关于促进综合保税区高水平开放高质量发展的若干意见》(国发〔2019〕3号),国家税务总局、财政部、海关总署决定在综合保税区推广增值税一般纳税人资格试点,现就有关事项公告如下:

一、综合保税区增值税一般纳税人资格试点(以下简称一般纳税人资格试点)实行备案管理。符合下列条件的综合保税区,由所在地省级税务、财政部门和直属海关将一般纳税人资格试点实施方案(包括综合保税区名称、企业申请需求、政策实施准备条件等情况)向国家税务总局、财政部和海关总署备案后,可以开展一般纳税人资格试点:

(一)综合保税区内企业确有开展一般纳税人资格试点的需求;

(二)所在地市(地)级人民政府牵头建立了综合保税区行政管理机构、税务、海关等部门协同推进试点的工作机制;

(三)综合保税区主管税务机关和海关建立了一般纳税人资格试点工作相关的联合监管和信息共享机制;

（四）综合保税区主管税务机关具备在综合保税区开展工作的条件，明确专门机构或人员负责纳税服务、税收征管等相关工作。

二、综合保税区完成备案后，区内符合增值税一般纳税人登记管理有关规定的企业，可自愿向综合保税区所在地主管税务机关、海关申请成为试点企业，并按规定向主管税务机关办理增值税一般纳税人资格登记。

三、试点企业自增值税一般纳税人资格生效之日起，适用下列税收政策：

（一）试点企业进口自用设备（包括机器设备、基建物资和办公用品）时，暂免征收进口关税和进口环节增值税、消费税（以下简称进口税收）。

上述暂免进口税收按照该进口自用设备海关监管年限平均分摊到各个年度，每年年终对本年暂免的进口税收按照当年内外销比例进行划分，对外销比例部分执行试点企业所在海关特殊监管区域的税收政策，对内销比例部分比照执行海关特殊监管区域外（以下简称区外）税收政策补征税款。

（二）除进口自用设备外，购买的下列货物适用保税政策：

1. 从境外购买并进入试点区域的货物；
2. 从海关特殊监管区域（试点区域除外）或海关保税监管场所购买并进入试点区域的保税货物；
3. 从试点区域内非试点企业购买的保税货物；
4. 从试点区域内其他试点企业购买的未经加工的保税货物。

（三）销售的下列货物，向主管税务机关申报缴纳增值税、消费税：

1. 向境内区外销售的货物；
2. 向保税区、不具备退税功能的保税监管场所销售的货物（未经加工的保税货物除外）；
3. 向试点区域内其他试点企业销售的货物（未经加工的保税货物除外）。

试点企业销售上述货物中含有保税货物的，按照保税货物进入海关特殊监管区域时的状态向海关申报缴纳进口税收，并按照规定补缴缓税利息。

（四）向海关特殊监管区域或者海关保税监管场所销售的未经加工的保税货物，继续适用保税政策。

（五）销售的下列货物（未经加工的保税货物除外），适用出口退（免）税政策，主管税务机关凭海关提供的与之对应的出口货物报关单电子数据审核办理试点企业申报的出口退（免）税。

1. 离境出口的货物；
2. 向海关特殊监管区域（试点区域、保税区除外）或海关保税监管场所（不具备退税功能的保税监管场所除外）销售的货物；
3. 向试点区域内非试点企业销售的货物。

（六）未经加工的保税货物离境出口实行增值税、消费税免税政策。

（七）除财政部、海关总署、国家税务总局另有规定外，试点企业适用区外关税、增值税、消费税的法律、法规等现行规定。

四、区外销售给试点企业的加工贸易货物，继续按现行税收政策执行；销售给试点企业的其他货物（包括水、蒸汽、电力、燃气）不再适用出口退税政策，按照规定缴纳增值税、消费税。

五、税务、海关两部门要加强税收征管和货物监管的信息交换。对适用出口退税政策的货物，海关向税务部门传输出口报关单结关信息电子数据。

六、本公告自发布之日起施行。《国家税务总局财政部海关总署关于开展赋予海关特殊监管区域企业增值税一般纳税人资格试点的公告》(国家税务总局财政部海关总署公告2016年第65号)、《国家税务总局财政部海关总署关于扩大赋予海关特殊监管区域企业增值税一般纳税人资格试点的公告》(国家税务总局财政部海关总署公告2018年第5号)和《国家税务总局财政部海关总署关于进一步扩大赋予海关特殊监管区域企业增值税一般纳税人资格试点的公告》(国家税务总局财政部海关总署公告2019年第6号)同时废止。上述公告列名的昆山综合保税区等48个海关特殊监管区域按照本公告继续开展一般纳税人资格试点。

国家税务总局　财政部　海关总署
2019年8月8日

88. 财政部　税务总局关于明确部分先进制造业增值税期末留抵退税政策的公告

财政部　税务总局公告2019年第84号

为进一步推进制造业高质量发展,现将部分先进制造业纳税人退还增量留抵税额有关政策公告如下:

一、自2019年6月1日起,同时符合以下条件的部分先进制造业纳税人,可以自2019年7月及以后纳税申报期向主管税务机关申请退还增量留抵税额:

1. 增量留抵税额大于零;
2. 纳税信用等级为A级或者B级;
3. 申请退税前36个月未发生骗取留抵退税、出口退税或虚开增值税专用发票情形;
4. 申请退税前36个月未因偷税被税务机关处罚两次及以上;
5. 自2019年4月1日起未享受即征即退、先征后返(退)政策。

二、本公告所称部分先进制造业纳税人,是指按照《国民经济行业分类》,生产并销售非金属矿物制品、通用设备、专用设备及计算机、通信和其他电子设备销售额占全部销售额的比重超过50%的纳税人。

上述销售额比重根据纳税人申请退税前连续12个月的销售额计算确定;申请退税前经营期不满12个月但满3个月的,按照实际经营期的销售额计算确定。

三、本公告所称增量留抵税额,是指与2019年3月31日相比新增加的期末留抵税额。

四、部分先进制造业纳税人当期允许退还的增量留抵税额,按照以下公式计算:

允许退还的增量留抵税额=增量留抵税额×进项构成比例

进项构成比例,为2019年4月至申请退税前一税款所属期内已抵扣的增值税专用发票(含税控机动车销售统一发票)、海关进口增值税专用缴款书、解缴税款完税凭证注明的增值税额占同期全部已抵扣进项税额的比重。

五、部分先进制造业纳税人申请退还增量留抵税额的其他规定,按照《财政部　税务总局　海关总署关于深化增值税改革有关政策的公告》(财政部　税务总局　海关总署公告2019年第39号,以下简称39号公告)执行。

六、除部分先进制造业纳税人以外的其他纳税人申请退还增量留抵税额的规定,继续按照39号公告执行。

七、符合39号公告和本公告规定的纳税人向其主管税务机关提交留抵退税申请。对符合留抵退税条件的,税务机关在完成退税审核后,开具税收收入退还书,直接送交同级国库办理退库。税务机关按期将退税清单送交同级财政部门。各部门应加强配合,密切协作,确保留抵退税工作稳妥有序。

89. 国家税务总局关于国内旅客运输服务进项税抵扣等增值税征管问题的公告

国家税务总局公告2019年第31号

现将国内旅客运输服务进项税抵扣等增值税征管问题公告如下:

一、关于国内旅客运输服务进项税抵扣

(一)《财政部 税务总局 海关总署关于深化增值税改革有关政策的公告》(财政部 税务总局 海关总署公告2019年第39号)第六条所称"国内旅客运输服务",限于与本单位签订了劳动合同的员工,以及本单位作为用工单位接受的劳务派遣员工发生的国内旅客运输服务。

(二)纳税人购进国内旅客运输服务,以取得的增值税电子普通发票上注明的税额为进项税额的,增值税电子普通发票上注明的购买方"名称""纳税人识别号"等信息,应当与实际抵扣税款的纳税人一致,否则不予抵扣。

(三)纳税人允许抵扣的国内旅客运输服务进项税额,是指纳税人2019年4月1日及以后实际发生,并取得合法有效增值税扣税凭证注明的或依据其计算的增值税税额。以增值税专用发票或增值税电子普通发票为增值税扣税凭证的,为2019年4月1日及以后开具的增值税专用发票或增值税电子普通发票。

二、关于加计抵减

(一)《财政部 税务总局 海关总署关于深化增值税改革有关政策的公告》(财政部 税务总局 海关总署公告2019年第39号)第七条关于加计抵减政策适用所称"销售额",包括纳税申报销售额、稽查查补销售额、纳税评估调整销售额。其中,纳税申报销售额包括一般计税方法销售额,简易计税方法销售额,免税销售额,税务机关代开发票销售额,免、抵、退办法出口销售额,即征即退项目销售额。

稽查查补销售额和纳税评估调整销售额,计入查补或评估调整当期销售额确定适用加计抵减政策;适用增值税差额征收政策的,以差额后的销售额确定适用加计抵减政策。

(二)2019年3月31日前设立,且2018年4月至2019年3月销售额均为零的纳税人,以首次产生销售额当月起连续3个月的销售额确定适用加计抵减政策。

2019年4月1日后设立,且自设立之日起3个月的销售额均为零的纳税人,以首次产生销售额当月起连续3个月的销售额确定适用加计抵减政策。

(三)经财政部和国家税务总局或者其授权的财政和税务机关批准,实行汇总缴纳增值税的总机构及其分支机构,以总机构本级及其分支机构的合计销售额,确定总机构及其分支机构适用加计抵减政策。

三、关于部分先进制造业增值税期末留抵退税

……

【注释】第三条废止,参见《国家税务总局关于进一步加大增值税期末留抵退税政策实施力度有关征管事项的公告》(国家税务总局公告2022年第4号)。

四、关于经营期不足一个纳税期的小规模纳税人免税政策适用

自2019年1月1日起,以1个季度为纳税期限的增值税小规模纳税人,因在季度中间成立或注销而导致当期实际经营期不足1个季度,当期销售额未超过30万元的,免征增值税。《国家税务总局关于全面推开营业税改征增值税试点有关税收征收管理事项的公告》(国家税务总局公告2016年第23号发布,国家税务总局公告2018年第31号修改)第六条第(三)项同时废止。

五、关于货物运输业小规模纳税人申请代开增值税专用发票

……

【注释】第五条废止,参见《国家税务总局关于取消增值税扣税凭证认证确认期限等增值税征管问题的公告》(国家税务总局公告2019年第45号)。

六、关于运输工具舱位承包和舱位互换业务适用税目

(一)在运输工具舱位承包业务中,发包方以其向承包方收取的全部价款和价外费用为销售额,按照"交通运输服务"缴纳增值税。承包方以其向托运人收取的全部价款和价外费用为销售额,按照"交通运输服务"缴纳增值税。

运输工具舱位承包业务,是指承包方以承运人身份与托运人签订运输服务合同,收取运费并承担承运人责任,然后以承包他人运输工具舱位的方式,委托发包方实际完成相关运输服务的经营活动。

(二)在运输工具舱位互换业务中,互换运输工具舱位的双方均以各自换出运输工具舱位确认的全部价款和价外费用为销售额,按照"交通运输服务"缴纳增值税。

运输工具舱位互换业务,是指纳税人之间签订运输协议,在各自以承运人身份承揽的运输业务中,互相利用对方交通运输工具的舱位完成相关运输服务的经营活动。

七、关于建筑服务分包款差额扣除

纳税人提供建筑服务,按照规定允许从其取得的全部价款和价外费用中扣除的分包款,是指支付给分包方的全部价款和价外费用。

八、关于取消建筑服务简易计税项目备案

提供建筑服务的一般纳税人按规定适用或选择适用简易计税方法计税的,不再实行备案制。以下证明材料无需向税务机关报送,改为自行留存备查:

(一)为建筑工程老项目提供的建筑服务,留存《建筑工程施工许可证》或建筑工程承包合同;

(二)为甲供工程提供的建筑服务、以清包工方式提供的建筑服务,留存建筑工程承包合同。

九、关于围填海开发房地产项目适用简易计税

房地产开发企业中的一般纳税人以围填海方式取得土地并开发的房地产项目,围填海工程《建筑工程施工许可证》或建筑工程承包合同注明的围填海开工日期在2016年4月30日前的,属于房地产老项目,可以选择适用简易计税方法按照5%的征收率计算缴纳增值税。

十、关于限售股买入价的确定

(一)纳税人转让因同时实施股权分置改革和重大资产重组而首次公开发行股票并上市形成的限售股,以及上市首日至解禁日期间由上述股份孳生的送、转股,以该上市公司股票上市首日开盘价为买入价,按照"金融商品转让"缴纳增值税。

(二)上市公司因实施重大资产重组多次停牌的,《国家税务总局关于营改增试点若干征管问题的公告》(国家税务总局公告2016年第53号发布,国家税务总局公告2018年第 31 号修改）第五条第（三）项所称的"股票停牌"，是指中国证券监督管理委员会就上市公司重大资产重组申请作出予以核准决定前的最后一次停牌。

十一、关于保险服务进项税抵扣

（一）提供保险服务的纳税人以实物赔付方式承担机动车辆保险责任的，自行向车辆修理劳务提供方购进的车辆修理劳务，其进项税额可以按规定从保险公司销项税额中抵扣。

（二）提供保险服务的纳税人以现金赔付方式承担机动车辆保险责任的，将应付给被保险人的赔偿金直接支付给车辆修理劳务提供方，不属于保险公司购进车辆修理劳务，其进项税额不得从保险公司销项税额中抵扣。

（三）纳税人提供的其他财产保险服务，比照上述规定执行。

十二、关于餐饮服务税目适用

纳税人现场制作食品并直接销售给消费者，按照"餐饮服务"缴纳增值税。

十三、关于开具原适用税率发票

（一）自2019年9月20日起，纳税人需要通过增值税发票管理系统开具17%、16%、11%、10%税率蓝字发票的，应向主管税务机关提交《开具原适用税率发票承诺书》（附件2），办理临时开票权限。临时开票权限有效期限为24小时，纳税人应在获取临时开票权限的规定期限内开具原适用税率发票。

（二）纳税人办理临时开票权限，应保留交易合同、红字发票、收讫款项证明等相关材料，以备查验。

（三）纳税人未按规定开具原适用税率发票的，主管税务机关应按照现行有关规定进行处理。

十四、关于本公告的执行时间

本公告第一条、第二条自公告发布之日起施行，本公告第五条至第十二条自2019年10月1日起施行。此前已发生未处理的事项，按照本公告执行，已处理的事项不再调整。《货物运输业小规模纳税人申请代开增值税专用发票管理办法》（国家税务总局公告2017年第55号发布，国家税务总局公告2018年第31号修改并发布）第二条第（二）项、《国家税务总局关于开展互联网物流平台企业代开增值税专用发票试点工作的通知》（税总函〔2017〕579号）第一条第（二）项、《国家税务总局关于简化建筑服务增值税简易计税方法备案事项的公告》（国家税务总局公告2017年第43号发布，国家税务总局公告2018年第31号修改）自2019年10月1日起废止。

特此公告。

附件：1. 退（抵）税申请表（略）。

2. 开具原适用税率发票承诺书（略）。

国家税务总局

2019年9月16日

90. 关于《国家税务总局关于国内旅客运输服务进项税抵扣等增值税征管问题的公告》的解读

近期，国家税务总局接到各方反映的一些增值税征管操作问题。为统一征管口径，便于纳税人执行，税务总局发布了《国家税务总局关于国内旅客运输服务进项税抵扣等增值税征管问题的公告》（以下简称《公告》），对相关问题进行了明确。现就《公告》的主要内容解读如下：

一、关于国内旅客运输服务进项税抵扣

（一）关于国内旅客运输服务的抵扣范围

《公告》明确，允许抵扣的国内旅客运输服务，限于与本单位签订了劳动合同的员工，以及本单位作为用工单位接受的劳务派遣员工发生的国内旅客运输服务。主要考虑：一是遵循增值税基本规定。纳税人实际接受或负担的、与其生产经营相关的购进项目，才允许抵扣进项税额。员工以其单位经营活动为目的发生的旅客运输服务，与本单位生产经营相关。二是遵循经济业务实际。考虑到实际业务中，以劳务派遣形式用工时，派遣人员直接受用工单位指派进行业务活动，与单位员工工作性质一致。

（二）关于旅客运输服务增值税电子普通发票的开具要求

增值税电子普通发票通过增值税电子发票系统开具，可以选择开具给个人或单位。《公告》明确了纳税人购进国内旅客运输服务，以增值税电子普通发票作为抵扣凭证的相关要求。即纳税人购进国内旅客运输服务，以取得的增值税电子普通发票上注明的税额为进项税额的，增值税电子普通发票上注明的购买方"名称""纳税人识别号"等信息，应当与实际抵扣税款的纳税人一致。

（三）关于旅客运输服务进项税抵扣的衔接

按照现行政策规定，自2019年4月1日起，一般纳税人购进国内旅客运输服务，其进项税额允许从销项税额中抵扣。遵循纳税义务发生时间的基本原则，《公告》明确，纳税人允许抵扣的国内旅客运输服务进项税额，是指纳税人2019年4月1日及以后实际发生，并取得现行合法有效的增值税扣税凭证抵扣的增值税税额。其中，以增值税专用发票或增值税电子普通发票为增值税扣税凭证的，增值税专用发票或增值税电子普通发票的开具时间应为2019年4月1日及以后。

二、关于加计抵减

（一）关于适用加计抵减政策的销售额定义

按照现行政策规定，一般纳税人提供邮政服务、电信服务、现代服务、生活服务销售额占全部销售额的比重超过50%的，可按规定适用加计抵减政策。《公告》明确，参与计算适用加计抵减政策的"销售额"，包括纳税申报销售额、稽查查补销售额、纳税评估调整销售额。同时明确，稽查查补销售额和纳税评估调整销售额，计入查补或评估调整当期销售额确定适用加计抵减政策；适用增值税差额征收政策的，以差额后的销售额确定适用加计抵减政策。

（二）关于暂无销售收入的纳税人如何适用加计抵减政策

纳税人以一定时间区间内邮政服务、电信服务、现代服务、生活服务销售额占比是否超过50%确定适用加计抵减政策。对纳税人在上述区间内销售额为零的特殊情形，应如何适用加计抵减政策，《公告》进行了明确。具体为：（1）2019年3月31日前设立，且2018年4月至2019年3月期间销售额均为零的纳税人，以首次产生销售额当月起连续3个月的销售额确定适用加计抵减政策；（2）2019年4月1日后设立，且自设立之日起3个月的销售额均为零的纳税人，以首次产生销售额当月起连续3个月的销售额确定适用加计抵减政策。

（三）关于汇总纳税的总分支机构如何适用加计抵减政策

按照现行政策规定，经财政部和税务总局或者省级财税部门批准，总机构及其分支机构可以实行汇总缴纳增值税。《公告》明确，经财政部和国家税务总局或者其授权的财政和税务机关批准，实行汇总缴纳增值税的总机构及其分支机构，在判断是否适用加计抵减政策时，以总机构及其分支机构的合计销售额计算四项服务销售额占比。需要注意的是，如果符合加计抵减政策的适用标准，则汇总纳税范围内的总机构及其分支机构均可适用加计抵减政策。否则，总机构及其分支机构均无法适用。

三、关于部分先进制造业增值税期末留抵退税

为加大对制造业的支持力度，进一步优化我国营商环境，经国务院批准，税务总局和财政部联合下发《财政部　税务总局关于明确部分先进制造业增值税期末留抵退税政策的公告》（财政部　税务总局公告2019年第84号），放宽了部分先进制造业留抵退税条件。因此，《公告》进一步明确，上述制造业纳税人继续按照《国家税务总局关于办理增值税期末留抵税额退税有关事项的公告》（国家税务总局公告2019年第20号，以下称20号公告）的规定办理留抵退税业务。同时，根据调整后的退税条件，同步修订并重新发布了20号公告附件《退（抵）税申请表》。

四、关于经营期不足一个纳税期的小规模纳税人免税政策适用

《公告》明确，在小规模纳税人免税标准提高至月（季）销售额10（30）万元后，对于以季度为纳税期限的增值税小规模纳税人，因在季度中间成立或者注销而导致当期实际经营期不足一个季度的，只要当期销售额未超过30万元，即符合《财政部　税务总局关于实施小微企业普惠性税收减免政策的通知》（财税〔2019〕13号）第一条的规定，可以按规定免征增值税。比如，某小规模纳税人2019年2月成立，实行按季纳税，2—3月累计销售额为25万元，未超过季销售额30万元的免税标准，则该小规模纳税人当期可以按规定享受相关免税政策。

五、关于货物运输业小规模纳税人申请代开增值税专用发票

2017年，税务总局先后下发《国家税务总局关于发布〈货物运输业小规模纳税人申请代开增值税专用发票管理办法〉的公告》（国家税务总局公告2017年第55号发布，国家税务总局公告2018年第31号修改并发布）和《国家税务总局关于开展互联网物流平台企业代开增值税专用发票试点工作的通知》（税总函〔2017〕579号），允许税务机关为货物运输业小规模纳税人异地代开增值税专用发票，以及由符合条件的互联网物流平台企业为货物运输业小规模纳税人代开增值税专用发票，为个体司机提供开票便利。同时，按照当时交通管理部门的要求，明确了货物运输业小规模纳税人申请代开专用发票需要取得相关运输资质。由于交通管理部门对运输资质要求进行了调整，因此，《公告》对代开发票的条件也相应调整为：提供公路货物运输服务的（以4.5吨及以下普通货运车辆从事普通道路货物运输经营的除外），应取得《中华人民共和国道路运输经营许可证》和《中华人民共和国道路运输证》；提供内河货物运输服务的，应取得《国内水路运输经营许可证》和《船舶营业运输证》。

六、关于运输工具舱位承包和舱位互换业务适用税目

舱位承包业务中，对承包方来说，其以承运人身份对外承揽运输业务，然后通过承包他人运输工具舱位的方式委托对方实际完成相关运输服务，属于提供无运输工具承运业务，应以承揽该运输业务向托运人收取的全部价款和价外费用为销售额，按照"交通运输服务"缴纳增值税。对发包方来说，是以运输工具舱位承包的方式，使用自有运输工具实际提供了运输服务，因此，发包方应以其向运输工具舱位承包人收取的全部价款和价外费用为销售额，按照"交通运输服务"缴纳增值税。

舱位互换业务中，互换舱位的双方均以承运人身份与托运人签订运输服务合同，收取

运费并承担承运人责任，然后通过互换运输工具舱位的方式，委托对方实际完成相关运输服务，因此，双方均以换出舱位的方式向对方提供了交通运输服务，各自应以换出运输工具舱位确认的全部价款和价外费用为销售额，按照"交通运输服务"缴纳增值税。

七、关于建筑服务分包款差额扣除

纳税人提供特定建筑服务，可按照现行政策规定，以取得的全部价款和价外费用扣除支付的分包款后的余额为销售额计税。总包方支付的分包款是打包支出的概念，即其中既包括货物价款，也包括建筑服务价款。因此，《公告》明确，纳税人提供建筑服务，按照规定允许从取得的全部价款和价外费用中扣除的分包款，是指支付给分包方的全部价款和价外费用。

八、关于取消建筑服务简易计税项目备案

为简化办税流程，优化税收环境，落实"放管服"改革工作要求，《公告》明确，对于增值税一般纳税人提供建筑服务，按规定适用或选择适用简易计税方法计税的，不再实行备案制。相关证明材料无需向税务机关报送，改为自行留存备查。《国家税务总局关于简化建筑服务增值税简易计税方法备案事项的公告》（国家税务总局公告 2017 年第 43 号发布，国家税务总局公告 2018 年第 31 号修改）同时废止。

九、关于围填海开发房地产项目适用简易计税

以围填海方式取得土地的房地产项目，其围填海的开工日期可能早于房地产项目《建筑工程施工许可证》上注明的开工日期。为体现房地产老项目简易计税的政策精神，公平税负，《公告》明确，以围填海方式取得土地的房地产项目，围填海工程《建筑工程施工许可证》或建筑工程承包合同注明的围填海开工日期在 2016 年 4 月 30 日前的，均属于房地产老项目，可以选择适用简易计税方法按照 5% 的征收率计算缴纳增值税。

十、关于限售股买入价的确定

（一）关于多情形形成限售股的买入价确定

《国家税务总局关于营改增试点若干征管问题的公告》（国家税务总局 2016 年第 53 号公告发布，国家税务总局公告 2018 年第 31 号修改，以下简称 53 号公告）第五条分别针对上市公司股权分置改革、首次公开发行股票并上市和重大资产重组三种不同情形形成的限售股，如何在转让时确定其限售股买入价做出了明确规定。此外，还存在一种特殊情形，即因同时实施股权分置改革和重大资产重组而首次公开发行股票并上市而形成限售股。因此，《公告》明确，纳税人转让因同时实施股权分置改革和重大资产重组而首次公开发行股票并上市而形成的限售股，以及上市首日至解禁日期间由上述股份孳生的送、转股，以该上市公司股票上市首日开盘价为买入价，按照"金融商品转让"缴纳增值税。

（二）关于重大资产重组形成限售股的买入价确定

53 号公告第五条规定，因上市公司实施重大资产重组形成的限售股，以及股票复牌首日至解禁日期间由上述股份孳生的送、转股，以该上市公司因重大资产重组股票停牌前一交易日的收盘价为买入价。实践中，上市公司实施重大资产重组可能出现多次停牌。《公告》明确，上述"股票停牌"是指证监会就其申请作出予以核准决定前的最后一次停牌。

举例说明：A 上市公司于 2017 年 8 月 7 日宣布实施重大资产重组，并于当天停牌。2018 年 4 月 18 日股票复牌。2018 年 7 月 24 日，A 上市公司因收到证监会并购重组委会议审核其申请重大资产重组的通知后停牌。2018 年 8 月 29 日，重组委表决通过 A 上市公司重大资产重组的申请，8 月 30 日 A 上市公司股票复牌。9 月 5 日中国证监会就 A 上市公司重大资产重组申请作出予以核准的决定。鉴于证监会就该上市公司重大资产重组申请作出予以核准决定前最后一次停牌时间是 2018 年 7 月 24 日，因此，纳税人转让 A 上市公司限售股，

应以证监会就其申请作出予以核准决定前最后一次停牌前一交易日的收盘价为买入价，即 7 月 23 日 A 上市公司的股票收盘价为买入价。

十一、关于保险服务进项税抵扣

进项税抵扣，应遵循统一的扣税原则，即纳税人购进货物或服务所负担或支付的增值税额，凭合法有效扣税凭证从销项税额中抵扣。在实际操作中，所有行业，所有纳税人，都应按照上述普遍性规定自行适用抵扣政策，保险公司的赔付支出也不例外。在实践中，保险赔付支出有不同的形式，其进项税抵扣问题应具体问题具体分析并适用政策。

以车险为例，不同的车险业务，保险公司、投保人和修理厂之间的交易实质和权利义务不一样，适用的抵扣政策也不一样。目前主要存在两种情况：

第一种是行业所称的"实物赔付"。保险合同约定，保险公司的赔付方式是由保险公司将投保车辆修理至恢复原状。在车辆出险后，保险公司以自己的名义向修理厂购买修理服务并支付修理费。这种情况下，由于修理服务的实际购买方为保险公司，因此，保险公司可以凭修理厂向其开具的修理费专用发票行使抵扣权。

第二种是行业所称的"现金赔付"。保险合同约定，在车辆出险后，保险公司向被保险人支付赔偿金，由被保险人自行修理。在实际操作中，保险公司为了提高客户满意度，替被保险人联系修理厂对出险车辆进行维修，并将原应支付给被保险人的赔偿金转付给修理厂。这种情形下，由于修理服务的接受方是被保险人而不是保险公司，即使保险公司代被保险人向修理厂支付了修理费并取得相关发票，也不能将其作为保险公司的进项税额进行抵扣。

《公告》明确了上述两种情况下车险赔付支出的进项税抵扣问题；同时，保险公司开展的其他财产保险业务，也可以比照执行。

十二、关于餐饮服务税目适用

随着经济社会发展，消费模式的不断创新，消费者不直接就餐而是购买食品后打包带走的这种快速消费方式越来越普遍，但这一消费方式的改变，并不影响纳税人向消费者提供餐饮服务这一行为本质。因此，为统一征管口径，确保"堂食"和"外卖"税收处理的一致性，《公告》明确，纳税人现场制作食品并直接销售给消费者的行为，应按照"餐饮服务"缴纳增值税。

十三、关于开具原适用税率发票

为确保纳税人按规定正确开具发票，准确适用政策，《公告》对纳税人通过增值税发票管理系统，自行开具原适用税率发票的权限进行了规范：自 2019 年 9 月 20 日起，关闭增值税发票管理系统纳税人端自行开具 17%、16%、11%、10% 原适用税率发票权限；同时，为充分保障纳税人合法权益，对于符合开具原适用税率发票条件的纳税人，到主管税务机关办理临时开票权限后，可在 24 小时的规定期限内开具原适用税率发票。

为明晰税企责任，确保简明易行好操作，《公告》规定，纳税人到主管税务机关办理原适用税率发票临时开票权限时，只需提交《开具原适用税率发票承诺书》即可，但纳税人需要保留交易合同、红字发票、收讫款项证明等相关材料，以备查验。

纳税人若未按规定开具原适用税率发票，由主管税务机关按照现行有关规定进行处理：若纳税义务发生时间在 2019 年 4 月 1 日前，未进行申报而开具发票的，纳税人应进行补充申报或者更正申报，涉及缴纳滞纳金的，按规定缴纳；若纳税义务发生时间在 2019 年 4 月 1 日后，不得开具原适用税率发票，已经开具的，按规定作废，不符合作废条件的，按规定开具红字发票后，按照新适用税率开具正确的蓝字发票。

91. 财政部 税务总局关于明确生活性服务业增值税加计抵减政策的公告

财政部 税务总局公告2019年第87号

现就生活性服务业增值税加计抵减有关政策公告如下：

一、2019年10月1日至2021年12月31日，允许生活性服务业纳税人按照当期可抵扣进项税额加计15%，抵减应纳税额（以下称加计抵减15%政策）。

二、本公告所称生活性服务业纳税人，是指提供生活服务取得的销售额占全部销售额的比重超过50%的纳税人。生活服务的具体范围按照《销售服务、无形资产、不动产注释》（财税〔2016〕36号印发）执行。

2019年9月30日前设立的纳税人，自2018年10月至2019年9月期间的销售额（经营期不满12个月的，按照实际经营期的销售额）符合上述规定条件的，自2019年10月1日起适用加计抵减15%政策。

2019年10月1日后设立的纳税人，自设立之日起3个月的销售额符合上述规定条件的，自登记为一般纳税人之日起适用加计抵减15%政策。

纳税人确定适用加计抵减15%政策后，当年内不再调整，以后年度是否适用，根据上年度销售额计算确定。

三、生活性服务业纳税人应按照当期可抵扣进项税额的15%计提当期加计抵减额。按照现行规定不得从销项税额中抵扣的进项税额，不得计提加计抵减额；已按照15%计提加计抵减额的进项税额，按规定作进项税额转出的，应在进项税额转出当期，相应调减加计抵减额。计算公式如下：

当期计提加计抵减额＝当期可抵扣进项税额×15%

当期可抵减加计抵减额＝上期末加计抵减额余额＋当期计提加计抵减额－当期调减加计抵减额

四、纳税人适用加计抵减政策的其他有关事项，按照《关于深化增值税改革有关政策的公告》（财政部 税务总局 海关总署公告2019年第39号）等有关规定执行。

财政部 税务总局
2019年9月30日

92. 国家税务总局关于增值税发票管理等有关事项的公告

国家税务总局公告2019年第33号

现将增值税发票管理等有关事项公告如下：

一、符合《财政部 税务总局关于明确生活性服务业增值税加计抵减政策的公告》（财政部 税务总局公告2019年第87号）规定的生活性服务业纳税人，应在年度首次确认适用

15%加计抵减政策时，通过电子税务局（或前往办税服务厅）提交《适用15%加计抵减政策的声明》（见附件）。

二、增值税一般纳税人取得海关进口增值税专用缴款书（以下简称海关缴款书）后如需申报抵扣或出口退税，按以下方式处理：

（一）增值税一般纳税人取得仅注明一个缴款单位信息的海关缴款书，应当登录本省（区、市）增值税发票选择确认平台（以下简称选择确认平台）查询、选择用于申报抵扣或出口退税的海关缴款书信息。通过选择确认平台查询到的海关缴款书信息与实际情况不一致或未查询到对应信息的，应当上传海关缴款书信息，经系统稽核比对相符后，纳税人登录选择确认平台查询、选择用于申报抵扣或出口退税的海关缴款书信息。

（二）增值税一般纳税人取得注明两个缴款单位信息的海关缴款书，应当上传海关缴款书信息，经系统稽核比对相符后，纳税人登录选择确认平台查询、选择用于申报抵扣或出口退税的海关缴款书信息。

三、稽核比对结果为不符、缺联、重号、滞留的异常海关缴款书按以下方式处理：

（一）对于稽核比对结果为不符、缺联的海关缴款书，纳税人应当持海关缴款书原件向主管税务机关申请数据修改或核对。属于纳税人数据采集错误的，数据修改后再次进行稽核比对；不属于数据采集错误的，纳税人可向主管税务机关申请数据核对，主管税务机关会同海关进行核查。经核查，海关缴款书票面信息与纳税人实际进口货物业务一致的，纳税人登录选择确认平台查询、选择用于申报抵扣或出口退税的海关缴款书信息。

（二）对于稽核比对结果为重号的海关缴款书，纳税人可向主管税务机关申请核查。经核查，海关缴款书票面信息与纳税人实际进口货物业务一致的，纳税人登录选择确认平台查询、选择用于申报抵扣或出口退税的海关缴款书信息。

（三）对于稽核比对结果为滞留的海关缴款书，可继续参与稽核比对，纳税人不需申请数据核对。

四、……

【注释】第四条废止，参见《国家税务总局关于取消增值税扣税凭证认证确认期限等增值税征管问题的公告》（国家税务总局公告2019年第45号）。

五、增值税小规模纳税人（其他个人除外）发生增值税应税行为，需要开具增值税专用发票的，可以自愿使用增值税发票管理系统自行开具。选择自行开具增值税专用发票的小规模纳税人，税务机关不再为其代开增值税专用发票。

增值税小规模纳税人应当就开具增值税专用发票的销售额计算增值税应纳税额，并在规定的纳税申报期内向主管税务机关申报缴纳。在填写增值税纳税申报表时，应当将当期开具增值税专用发票的销售额，按照3%和5%的征收率，分别填写在《增值税纳税申报表》（小规模纳税人适用）第2栏和第5栏"税务机关代开的增值税专用发票不含税销售额"的"本期数"相应栏次中。

六、本公告第一条自2019年10月1日起施行，本公告第二条至第五条自2020年2月1日起施行。《国家税务总局　海关总署关于实行海关进口增值税专用缴款书"先比对后抵扣"管理办法有关问题的公告》（国家税务总局　海关总署公告2013年第31号）第二条和第六条、《国家税务总局关于扩大小规模纳税人自行开具增值税专用发票试点范围等事项的公告》（国家税务总局公告2019年第8号）第一条自2020年2月1日起废止。

附件：适用15%加计抵减政策的声明（略）。

国家税务总局
2019年10月9日

93. 财政部 税务总局关于资源综合利用增值税政策的公告

财政部 税务总局公告 2019 年第 90 号

经研究，现将磷石膏资源综合利用等增值税政策公告如下：

一、自 2019 年 9 月 1 日起，纳税人销售自产磷石膏资源综合利用产品，可享受增值税即征即退政策，退税比例为 70%。

本公告所称磷石膏资源综合利用产品，包括墙板、砂浆、砌块、水泥添加剂、建筑石膏、α 型高强石膏、Ⅱ型无水石膏、嵌缝石膏、黏结石膏、现浇混凝土空心结构用石膏模盒、抹灰石膏、机械喷涂抹灰石膏、土壤调理剂、喷筑墙体石膏、装饰石膏材料、磷石膏制硫酸，且产品原料 40% 以上来自磷石膏。

纳税人利用磷石膏生产水泥、水泥熟料，继续按照《财政部 国家税务总局关于印发〈资源综合利用产品和劳务增值税优惠目录〉的通知》（财税〔2015〕78 号，以下称财税〔2015〕78 号文件）附件《资源综合利用产品和劳务增值税优惠目录》2.2 "废渣"项目执行。

纳税人适用磷石膏资源综合利用增值税即征即退政策的其他有关事项，按照财税〔2015〕78 号文件执行。

二、自 2019 年 9 月 1 日起，将财税〔2015〕78 号文件附件《资源综合利用产品和劳务增值税优惠目录》3.12 "废玻璃"项目退税比例调整为 70%。

三、《财政部 国家税务总局关于新型墙体材料增值税政策的通知》（财税〔2015〕73 号，以下称财税〔2015〕73 号文件）第二条第一项和财税〔2015〕78 号文件第二条第二项中，"《产业结构调整指导目录》中的禁止类、限制类项目"修改为"《产业结构调整指导目录》中的淘汰类、限制类项目"。

四、财税〔2015〕73 号文件第二条第二项和财税〔2015〕78 号文件第二条第三项中"高污染、高环境风险"产品，是指在《环境保护综合名录》中标注特性为"GHW/GHF"的产品，但纳税人生产销售的资源综合利用产品满足"GHW/GHF"例外条款规定的技术和条件的除外。

财政部 税务总局
2019 年 10 月 24 日

94. 财政部 商务部 税务总局关于继续执行研发机构采购设备增值税政策的公告

财政部公告 2019 年第 91 号

为了鼓励科学研究和技术开发，促进科技进步，继续对内资研发机构和外资研发中心采购国产设备全额退还增值税。现将有关事项公告如下：

一、适用采购国产设备全额退还增值税政策的内资研发机构和外资研发中心包括：

（一）科技部会同财政部、海关总署和税务总局核定的科技体制改革过程中转制为企业和进入企业的主要从事科学研究和技术开发工作的机构；

（二）国家发展改革委会同财政部、海关总署和税务总局核定的国家工程研究中心；

（三）国家发展改革委会同财政部、海关总署、税务总局和科技部核定的企业技术中心；

（四）科技部会同财政部、海关总署和税务总局核定的国家重点实验室（含企业国家重点实验室）和国家工程技术研究中心；

（五）科技部核定的国务院部委、直属机构所属从事科学研究工作的各类科研院所，以及各省、自治区、直辖市、计划单列市科技主管部门核定的本级政府所属从事科学研究工作的各类科研院所；

（六）科技部会同民政部核定或者各省、自治区、直辖市、计划单列市及新疆生产建设兵团科技主管部门会同同级民政部门核定的科技类民办非企业单位；

（七）工业和信息化部会同财政部、海关总署、税务总局核定的国家中小企业公共服务示范平台（技术类）；

（八）国家承认学历的实施专科及以上高等学历教育的高等学校（以教育部门户网站公布名单为准）；

（九）符合本公告第二条规定的外资研发中心；

（十）财政部会同国务院有关部门核定的其他科学研究机构、技术开发机构和学校。

二、外资研发中心，根据其设立时间，应分别满足下列条件：

（一）2009年9月30日及其之前设立的外资研发中心，应同时满足下列条件：

1. 研发费用标准：（1）对外资研发中心，作为独立法人的，其投资总额不低于500万美元；作为公司内设部门或分公司的非独立法人的，其研发总投入不低于500万美元；（2）企业研发经费年支出额不低于1 000万元。

2. 专职研究与试验发展人员不低于90人。

3. 设立以来累计购置的设备原值不低于1 000万元。

（二）2009年10月1日及其之后设立的外资研发中心，应同时满足下列条件：

1. 研发费用标准：作为独立法人的，其投资总额不低于800万美元；作为公司内设部门或分公司的非独立法人的，其研发总投入不低于800万美元。

2. 专职研究与试验发展人员不低于150人。

3. 设立以来累计购置的设备原值不低于2 000万元。

外资研发中心须经商务主管部门会同有关部门按照上述条件进行资格审核认定。具体审核认定办法见附件1。在2018年12月31日（含）以前，初次取得退税资格或通过资格复审未满2年的，可继续享受至2年期满。

三、经核定的内资研发机构、外资研发中心，发生重大涉税违法失信行为的，不得享受退税政策。具体退税管理办法由税务总局会同财政部另行制定。相关研发机构的牵头核定部门应及时将内资研发机构、外资研发中心的新设、变更及撤销名单函告同级税务部门，并注明相关资质起止时间。

四、本公告的有关定义。

（一）本公告所述"投资总额"，是指商务主管部门发放的外商投资企业批准证书或设立、变更备案回执等文件所载明的金额。

（二）本公告所述"研发总投入"，是指外商投资企业专门为设立和建设本研发中心而投入的资产,包括即将投入并签订购置合同的资产(应提交已采购资产清单和即将采购资产的合同清单)。

(三)本公告所述"研发经费年支出额",是指近两个会计年度研发经费年均支出额;不足两个完整会计年度的,可按外资研发中心设立以来任意连续12个月的实际研发经费支出额计算;现金与实物资产投入应不低于60%。

(四)本公告所述"专职研究与试验发展人员",是指企业科技活动人员中专职从事基础研究、应用研究和试验发展三类项目活动的人员,包括直接参加上述三类项目活动的人员以及相关专职科技管理人员和为项目提供资料文献、材料供应、设备的直接服务人员,上述人员须与外资研发中心或其所在外商投资企业签订1年以上劳动合同,以外资研发中心提交申请的前一日人数为准。

(五)本公告所述"设备",是指为科学研究、教学和科技开发提供必要条件的实验设备、装置和器械。在计算累计购置的设备原值时,应将进口设备和采购国产设备的原值一并计入,包括已签订购置合同并于当年内交货的设备(应提交购置合同清单及交货期限),上述采购国产设备应属于本公告《科技开发、科学研究和教学设备清单》所列设备(附件2)。对执行中国产设备范围存在异议的,由主管税务机关逐级上报税务总局商财政部核定。

五、本公告规定的税收政策执行期限为2019年1月1日至2020年12月31日,具体从内资研发机构和外资研发中心取得退税资格的次月1日起执行。《财政部 商务部 国家税务总局关于继续执行研发机构采购设备增值税政策的通知》(财税〔2016〕121号)同时废止。

附件:1.外资研发中心采购国产设备退税资格审核认定办法(略)。
2.科技开发、科学研究和教学设备清单(略)。

财政部 商务部 税务总局
2019年11月11日

95.国家税务总局关于异常增值税扣税凭证管理等有关事项的公告

国家税务总局公告2019年第38号

现将异常增值税扣税凭证(以下简称"异常凭证")管理等有关事项公告如下:

一、符合下列情形之一的增值税专用发票,列入异常凭证范围:

(一)纳税人丢失、被盗税控专用设备中未开具或已开具未上传的增值税专用发票;

(二)非正常户纳税人未向税务机关申报或未按规定缴纳税款的增值税专用发票;

(三)增值税发票管理系统稽核比对发现"比对不符""缺联""作废"的增值税专用发票;

(四)经税务总局、省税务局大数据分析发现,纳税人开具的增值税专用发票存在涉嫌虚开、未按规定缴纳消费税等情形的;

(五)属于《国家税务总局关于走逃(失联)企业开具增值税专用发票认定处理有关问题的公告》(国家税务总局公告2016年第76号)第二条第(一)项规定情形的增值税专用发票。

二、增值税一般纳税人申报抵扣异常凭证，同时符合下列情形的，其对应开具的增值税专用发票列入异常凭证范围：

（一）异常凭证进项税额累计占同期全部增值税专用发票进项税额 70%（含）以上的；

（二）异常凭证进项税额累计超过 5 万元的。

纳税人尚未申报抵扣、尚未申报出口退税或已作进项税额转出的异常凭证，其涉及的进项税额不计入异常凭证进项税额的计算。

三、增值税一般纳税人取得的增值税专用发票列入异常凭证范围的，应按照以下规定处理：

（一）尚未申报抵扣增值税进项税额的，暂不允许抵扣。已经申报抵扣增值税进项税额的，除另有规定外，一律作进项税额转出处理。

（二）尚未申报出口退税或者已申报但尚未办理出口退税的，除另有规定外，暂不允许办理出口退税。适用增值税免抵退税办法的纳税人已经办理出口退税的，应根据列入异常凭证范围的增值税专用发票上注明的增值税额作进项税额转出处理；适用增值税免退税办法的纳税人已经办理出口退税的，税务机关应按照现行规定对列入异常凭证范围的增值税专用发票对应的已退税款追回。

纳税人因骗取出口退税停止出口退（免）税期间取得的增值税专用发票列入异常凭证范围的，按照本条第（一）项规定执行。

（三）消费税纳税人以外购或委托加工收回的已税消费品为原料连续生产应税消费品，尚未申报扣除原料已纳消费税税款的，暂不允许抵扣；已经申报抵扣的，冲减当期允许抵扣的消费税税款，当期不足冲减的应当补缴税款。

（四）纳税信用 A 级纳税人取得异常凭证且已经申报抵扣增值税、办理出口退税或抵扣消费税的，可以自接到税务机关通知之日起 10 个工作日内，向主管税务机关提出核实申请。经税务机关核实，符合现行增值税进项税额抵扣、出口退税或消费税抵扣相关规定的，可不作进项税额转出、追回已退税款、冲减当期允许抵扣的消费税税款等处理。纳税人逾期未提出核实申请的，应于期满后按照本条第（一）项、第（二）项、第（三）项规定作相关处理。

（五）纳税人对税务机关认定的异常凭证存有异议，可以向主管税务机关提出核实申请。经税务机关核实，符合现行增值税进项税额抵扣或出口退税相关规定的，纳税人可继续申报抵扣或者重新申报出口退税；符合消费税抵扣规定且已缴纳消费税税款的，纳税人可继续申报抵扣消费税税款。

四、经税务总局、省税务局大数据分析发现存在涉税风险的纳税人，不得离线开具发票，其开票人员在使用开票软件时，应当按照税务机关指定的方式进行人员身份信息实名验证。

五、新办理增值税一般纳税人登记的纳税人，自首次开票之日起 3 个月内不得离线开具发票，按照有关规定不使用网络办税或不具备风险条件的特定纳税人除外。

六、本公告自 2020 年 2 月 1 日起施行。《国家税务总局关于走逃（失联）企业开具增值税专用发票认定处理有关问题的公告》（国家税务总局公告 2016 年第 76 号）第二条第（二）项、《国家税务总局关于建立增值税失控发票快速反应机制的通知》（国税发〔2004〕123 号文件印发，国家税务总局公告 2018 年第 31 号修改）、《国家税务总局关于金税工程增值税征管信息系统发现的涉嫌违规增值税专用发票处理问题的通知》（国税函〔2006〕969 号）第一条第（二）项和第二条、《国家税务总局关于认真做好增值税失控发票数据采集工作有关问题的通知》（国税函〔2007〕517 号）、《国家税务总局关于失控增值税专用发票处理的批复》（国税函〔2008〕607 号）、《国家税务总局关于外贸企业使用增值税专用发票办理出口退税有关问题的公告》(国家税务总局公告2012年第22号)第二条第(二)项同时废止。

国家税务总局

2019年11月14日

96. 关于《国家税务总局关于异常增值税扣税凭证管理等有关事项的公告》的解读

一、公告出台的背景

近年来,为深入贯彻落实党中央、国务院部署,税务系统持续推进"放管服"改革,优化营商环境,使市场主体创业创新活力得到进一步激发,广大纳税人的获得感不断提升。但与此同时,少数不法分子利用办税便利化措施,注册没有实际经营业务、只为虚开发票的"假企业"骗领增值税专用发票,并在实施违法虚开行为后快速走逃(失联),恶意逃避税收监管,既严重扰乱了税收秩序,也极大损害了守法经营纳税人的权益。为推进税收治理体系和治理能力现代化,健全税收监管体系,进一步遏制虚开发票行为,维护税收秩序,优化营商环境,保护纳税人合法权益,特制定本公告。

二、按照规定,哪些增值税专用发票列入异常增值税扣税凭证(以下简称"异常凭证")范围?

(一)纳税人丢失、被盗税控专用设备中未开具或已开具未上传的增值税专用发票。

(二)非正常户纳税人未向税务机关申报或未按规定缴纳税款的增值税专用发票。

(三)增值税发票管理系统稽核比对发现"比对不符""缺联""作废"的增值税专用发票。

(四)经税务总局、省税务局大数据分析发现,纳税人开具的增值税专用发票存在涉嫌虚开、未按规定缴纳消费税等情形的。

(五)属于《国家税务总局关于走逃(失联)企业开具增值税专用发票认定处理有关问题的公告》(国家税务总局公告2016年第76号)第二条第(一)项规定情形的增值税专用发票。

(六)增值税一般纳税人申报抵扣异常凭证,同时符合下列情形的,其对应开具的增值税专用发票列入异常凭证范围:

1. 异常凭证进项税额累计占同期全部增值税专用发票进项税额70%(含)以上的;

2. 异常凭证进项税额累计超过5万元的。

三、增值税一般纳税人取得增值税专用发票列入异常凭证范围的,应怎样处理?

增值税一般纳税人取得的增值税专用发票列入异常凭证范围的,应按照以下规定处理:

(一)尚未申报抵扣增值税进项税额的,暂不允许抵扣。已经申报抵扣增值税进项税额的,除另有规定外,一律作进项税额转出处理。

(二)尚未申报出口退税或者已申报但尚未办理出口退税的,除另有规定外,暂不允许办理出口退税。适用增值税免抵退税办法的纳税人已经办理出口退税的,应根据列入异常凭证范围的增值税专用发票上注明的增值税额作进项税额转出处理;适用增值税免退税办法的纳税人已经办理出口退税的,税务机关应按照现行规定对列入异常凭证范围的增值税专用发票对应的已退税款追回。

纳税人因骗取出口退税停止出口退(免)税期间取得的增值税专用发票列入异常凭证

范围的，按照本条第（一）项规定执行。

（三）消费税纳税人以外购或委托加工收回的已税消费品为原料连续生产应税消费品，尚未申报扣除原料已纳消费税税款的，暂不允许抵扣；已经申报抵扣的，冲减当期允许抵扣的消费税税款，当期不足冲减的应当补缴税款。

四、增值税一般纳税人取得的增值税专用发票列入异常凭证范围且已经申报抵扣增值税进项税额的，是否一律做进项税额转出处理？

按照公告规定，纳税信用 A 级纳税人取得异常凭证且已经申报抵扣增值税、办理出口退税或抵扣消费税的，可以自接到税务机关通知之日起 10 个工作日内，向主管税务机关提出核实申请。经税务机关核实，符合现行增值税进项税额抵扣、出口退税或消费税抵扣相关规定的，可不做进项税额转出、追回已退税款、冲减当期允许抵扣的消费税税款等处理，纳税人逾期未提出核实申请的，应于期满后按照本公告第三条第（一）（二）（三）项规定做相关处理。

五、若纳税人对税务机关认定的异常凭证存有异议，该如何处理？

按照公告规定，纳税人对税务机关认定的异常凭证存有异议，可以向主管税务机关提出核实申请。经税务机关核实，符合现行增值税进项税额抵扣或出口退税相关规定的，纳税人可继续申报抵扣或者重新申报出口退税；符合消费税抵扣规定且已缴纳消费税税款的，纳税人可继续申报抵扣消费税税款。

六、对经税务机关大数据分析发现存在涉税风险的纳税人、新办理增值税一般纳税人登记的纳税人，有什么规定？

按照公告规定，经税务总局、省税务局大数据分析发现存在涉税风险的纳税人，不得离线开具发票，其开票人员在使用开票软件时，应当按照税务机关指定的方式进行人员身份信息实名验证。新办理增值税一般纳税人登记的纳税人，自首次开票之日起 3 个月内不得离线开具发票，按照有关规定不使用网络办税或不具备风险条件的特定纳税人除外。

97. 国家税务总局关于取消增值税扣税凭证认证确认期限等增值税征管问题的公告

国家税务总局公告 2019 年第 45 号

现将取消增值税扣税凭证认证确认期限等增值税征管问题公告如下：

一、增值税一般纳税人取得 2017 年 1 月 1 日及以后开具的增值税专用发票、海关进口增值税专用缴款书、机动车销售统一发票、收费公路通行费增值税电子普通发票，取消认证确认、稽核比对、申报抵扣的期限。纳税人在进行增值税纳税申报时，应当通过本省（自治区、直辖市和计划单列市）增值税发票综合服务平台对上述扣税凭证信息进行用途确认。

增值税一般纳税人取得 2016 年 12 月 31 日及以前开具的增值税专用发票、海关进口增值税专用缴款书、机动车销售统一发票，超过认证确认、稽核比对、申报抵扣期限，但符合规定条件的，仍可按照《国家税务总局关于逾期增值税扣税凭证抵扣问题的公告》（2011 年第 50 号，国家税务总局公告 2017 年第 36 号、2018 年第 31 号修改）、《国家税务总局关于未按期申报抵扣增值税扣税凭证有关问题的公告》（2011 年第 78 号，国家税务总局公告 2018 年第 31 号修改）规定，继续抵扣进项税额。

二、纳税人享受增值税即征即退政策，有纳税信用级别条件要求的，以纳税人申请退税税款所属期的纳税信用级别确定。申请退税税款所属期内纳税信用级别发生变化的，以变化后的纳税信用级别确定。

纳税人适用增值税留抵退税政策，有纳税信用级别条件要求的，以纳税人向主管税务机关申请办理增值税留抵退税提交《退（抵）税申请表》时的纳税信用级别确定。

三、……

【注释】第三条废止，参见《国家税务总局关于进一步加大增值税期末留抵退税政策实施力度有关征管事项的公告》（国家税务总局公告2022年第4号）。

四、中华人民共和国境内（以下简称"境内"）单位和个人作为工程分包方，为施工地点在境外的工程项目提供建筑服务，从境内工程总承包方取得的分包款收入，属于《国家税务总局关于发布〈营业税改征增值税跨境应税行为增值税免税管理办法（试行）〉的公告》（2016年第29号，国家税务总局公告2018年第31号修改）第六条规定的"视同从境外取得收入"。

五、动物诊疗机构提供的动物疾病预防、诊断、治疗和动物绝育手术等动物诊疗服务，属于《营业税改征增值税试点过渡政策的规定》（财税〔2016〕36号附件3）第一条第十项所称"家禽、牲畜、水生动物的配种和疾病防治"。

动物诊疗机构销售动物食品和用品，提供动物清洁、美容、代理看护等服务，应按照现行规定缴纳增值税。

动物诊疗机构，是指依照《动物诊疗机构管理办法》（农业部令第19号公布，农业部令2016年第3号、2017年第8号修改）规定，取得动物诊疗许可证，并在规定的诊疗活动范围内开展动物诊疗活动的机构。

六、《货物运输业小规模纳税人申请代开增值税专用发票管理办法》（2017年第55号发布，国家税务总局公告2018年第31号修改）第二条修改为：

"第二条 同时具备以下条件的增值税纳税人（以下简称纳税人）适用本办法：

（一）在中华人民共和国境内（以下简称境内）提供公路或内河货物运输服务，并办理了税务登记（包括临时税务登记）。

（二）提供公路货物运输服务的（以4.5吨及以下普通货运车辆从事普通道路货物运输经营的除外），取得《中华人民共和国道路运输经营许可证》和《中华人民共和国道路运输证》；提供内河货物运输服务的，取得《国内水路运输经营许可证》和《船舶营业运输证》。

（三）在税务登记地主管税务机关按增值税小规模纳税人管理。"

七、纳税人取得的财政补贴收入，与其销售货物、劳务、服务、无形资产、不动产的收入或者数量直接挂钩的，应按规定计算缴纳增值税。纳税人取得的其他情形的财政补贴收入，不属于增值税应税收入，不征收增值税。

本公告实施前，纳税人取得的中央财政补贴继续按照《国家税务总局关于中央财政补贴增值税有关问题的公告》（2013年第3号）执行；已经申报缴纳增值税的，可以按现行红字发票管理规定，开具红字增值税发票将取得的中央财政补贴从销售额中扣减。

八、本公告第一条自2020年3月1日起施行，第二条至第七条自2020年1月1日起施行。此前已发生未处理的事项，按照本公告执行，已处理的事项不再调整。《国家税务总局关于中央财政补贴增值税有关问题的公告》（2013年第3号）、《国家税务总局关于国内旅客运输服务进项税抵扣等增值税征管问题的公告》（2019年第31号）第五条自2020年1月1日起废止。《国家税务总局关于增值税一般纳税人取得防伪税控系统开具的增值税专用发票进项税额抵扣问题的通知》（国税发〔2003〕第17号）第二条、《国家税务总局关于调整增值税扣税凭证抵扣期限有关问题的通知》（国税函〔2009〕617号）、《国家税务总局关于增值税一般纳税人抗震救灾期间增值税扣税凭证认证稽核有关问题的通知》（国税函〔2010〕173号）、《国家税务总局关于进一步明确营改增有关征管问题的公告》（2017年第11号，国家税务总局公告2018年第31号修改）第十条、《国家税务总局关于增值税发票管理等有关事项的公告》（2019年第33号）第四条自2020年3月1日起废止。《货物运输业小规模纳税人申请代开增值税专用发票管理办法》（2017年第55号发布，国家税务总局公告2018年第31号修改）根据本公告作相应修改，重新发布。

特此公告。

附件：货物运输业小规模纳税人申请代开增值税专用发票管理办法（略）。

国家税务总局
2019年12月31日

98. 国家税务总局关于开展网络平台道路货物运输企业代开增值税专用发票试点工作的通知

税总函〔2019〕405号

国家税务总局各省、自治区、直辖市和计划单列市税务局，国家税务总局驻各地特派员办事处：

为进一步优化纳税服务，提高货物运输业小规模纳税人使用增值税专用发票的便利性，根据《中华人民共和国税收征收管理法》及其实施细则、《中华人民共和国发票管理办法》及其实施细则、《交通运输部 国家税务总局关于印发〈网络平台道路货物运输经营管理暂行办法〉的通知》（交运规〔2019〕12号）等规定，税务总局决定在全国范围内开展网络平台道路货物运输企业代开增值税专用发票试点工作。现将有关事项通知如下：

一、试点内容

经国家税务总局各省、自治区、直辖市和计划单列市税务局（以下称各省税务局）批准，纳入试点的网络平台道路货物运输企业（以下称试点企业）可以为同时符合以下条件的货物运输业小规模纳税人（以下称会员）代开增值税专用发票，并代办相关涉税事项。

（一）在中华人民共和国境内提供公路货物运输服务，取得《中华人民共和国道路运输经营许可证》和《中华人民共和国道路运输证》。以4.5吨及以下普通货运车辆从事普通道路货物运输经营的，无须取得《中华人民共和国道路运输经营许可证》和《中华人民共和国道路运输证》。

（二）以自己的名义对外经营，并办理了税务登记（包括临时税务登记）。

（三）未做增值税专用发票票种核定。

（四）注册为该平台会员。

二、试点企业的条件

试点企业应当同时符合以下条件：

（一）按照《交通运输部 国家税务总局关于印发〈网络平台道路货物运输经营管理暂行办法〉的通知》（交运规〔2019〕12号）规定，取得经营范围中注明"网络货运"的《道路运输经营许可证》。

（二）具备与开展业务相适应的相关线上服务能力，包括信息数据交互及处理能力，物流信息全程跟踪、记录、存储、分析能力,实现交易、运输、结算等各环节全过程透明化动态管理,对实际承运驾驶员和车辆的运输轨迹实时展示,并记录含有时间和地理位置信息的实时运输轨迹数据。

(三)与省级交通运输主管部门建立的网络货运信息监测系统实现有效对接,按照要求完成数据上传。

(四)对会员相关资质进行审查,保证提供运输服务的实际承运车辆具备合法有效的营运证,驾驶员具有合法有效的从业资格证。

试点企业代开增值税专用发票不得收取任何费用,否则将取消其试点企业资格。

三、专用发票的开具

试点企业按照以下规定为会员代开增值税专用发票:

(一)仅限于为会员通过本平台承揽的货物运输服务代开增值税专用发票。

(二)应与会员签订委托代开增值税专用发票协议。协议范本由各省税务局制定。

(三)使用自有增值税发票税控开票软件,按照3%的征收率代开增值税专用发票,并在发票备注栏注明会员的纳税人名称、纳税人识别号、起运地、到达地、车种车号以及运输货物信息。如内容较多可另附清单。

(四)代开增值税专用发票的相关栏次内容,应与会员通过本平台承揽的运输服务,以及本平台记录的物流信息保持一致。平台记录的交易、资金、物流等相关信息应统一存储,以备核查。

(五)试点企业接受会员提供的货物运输服务,不得为会员代开专用发票。试点企业可以按照《货物运输业小规模纳税人申请代开增值税专用发票管理办法》(国家税务总局公告2017年第55号发布)的相关规定,代会员向试点企业主管税务机关申请代开专用发票。

四、涉税事项的办理

(一)试点企业代开增值税专用发票应当缴纳的增值税,由试点企业按月代会员向试点企业主管税务机关申报缴纳,并将完税凭证转交给会员。

(二)试点企业办理增值税纳税申报时,代开增值税专用发票对应的收入不属于试点企业的增值税应税收入,无须申报。试点企业应按月将代开增值税专用发票和代缴税款情况向主管税务机关报备,具体报备的有关事项由各省税务局确定。

(三)会员应按照其主管税务机关核定的纳税期限,按规定计算增值税应纳税额,抵减已由试点企业代为缴纳的增值税后,向主管税务机关申报纳税。

五、工作要求

(一)各地税务机关应高度重视网络平台道路货物运输企业代开专用发票试点工作,总结前期开展互联网物流平台企业代开专用发票试点工作的经验,严格按照税务总局部署落实好相关工作。

(二)各省税务局负责组织实施网络平台道路货物运输企业代开专用发票试点工作,按照纳税人自愿的原则确定试点企业。开展试点工作需要纳税人周知的其他事项,由各省税务局负责办理。

(三)各地税务机关应积极推动试点工作开展,加强试点企业的管理,分析试点企业运行数据。发现试点企业虚构业务、虚开发票等违法违规行为的,应立即取消其试点资格并依法处理。

(四)各地税务机关应与当地道路货运行业主管部门对接,充分利用和挖掘内外部大数据资源,深入开展物流行业经济分析和税收风险管理工作,及时总结试点经验,提升试点成效。试点过程中发现的情况和问题,请及时上报国家税务总局(货物和劳务税司)。

本通知自 2020 年 1 月 1 日起施行。《国家税务总局关于开展互联网物流平台企业代开增值税专用发票试点工作的通知》（税总函〔2017〕579 号）同时废止。

国家税务总局
2019 年 12 月 31 日

99. 财政部　税务总局关于明确国有农用地出租等增值税政策的公告

财政部　税务总局公告 2020 年第 2 号

现将国有农用地出租等增值税政策公告如下：

一、纳税人将国有农用地出租给农业生产者用于农业生产，免征增值税。

二、房地产开发企业中的一般纳税人购入未完工的房地产老项目继续开发后，以自己名义立项销售的不动产，属于房地产老项目，可以选择适用简易计税方法按照 5% 的征收率计算缴纳增值税。

三、保险公司按照《财政部　税务总局关于明确养老机构免征增值税等政策的通知》（财税〔2019〕20 号）第四条第（三）项规定抵减以后月份应缴纳增值税，截至 2020 年 12 月 31 日抵减不完的，可以向主管税务机关申请一次性办理退税。

四、纳税人出口货物劳务、发生跨境应税行为，未在规定期限内申报出口退（免）税或者开具《代理出口货物证明》的，在收齐退（免）税凭证及相关电子信息后，即可申报办理出口退（免）税；未在规定期限内收汇或者办理不能收汇手续的，在收汇或者办理不能收汇手续后，即可申报办理退（免）税。

《财政部　国家税务总局关于出口货物劳务增值税和消费税政策的通知》（财税〔2012〕39 号）第六条第（一）项第 3 点、第七条第（一）项第 6 点"出口企业或其他单位未在国家税务总局规定期限内申报免税核销"及第九条第（二）项第 2 点的规定相应停止执行。

五、自 2019 年 8 月 20 日起，将《财政部　税务总局关于金融机构小微企业贷款利息收入免征增值税政策的通知》（财税〔2018〕91 号）第一条"人民银行同期贷款基准利率"修改为"中国人民银行授权全国银行间同业拆借中心公布的贷款市场报价利率"。

六、纳税人按照《财政部　税务总局海关总署关于深化增值税改革有关政策的公告》（财政部　税务总局海关总署公告 2019 年第 39 号）、《财政部　税务总局关于明确部分先进制造业增值税期末留抵退税政策的公告》（财政部　税务总局公告 2019 年第 84 号）规定取得增值税留抵退税款的，不得再申请享受增值税即征即退、先征后返（退）政策。

本公告发布之日前，纳税人已按照上述规定取得增值税留抵退税款的，在 2020 年 6 月 30 日前将已退还的增值税留抵退税款全部缴回，可以按规定享受增值税即征即退、先征后返（退）政策；否则，不得享受增值税即征即退、先征后返（退）政策。

七、本公告自发布之日起执行。此前已发生未处理的事项，按本公告规定执行。

特此公告。

财政部　税务总局
2020 年 1 月 20 日

100. 国家税务总局关于支持新型冠状病毒感染的肺炎疫情防控有关税收征收管理事项的公告

国家税务总局公告 2020 年第 4 号

为支持新型冠状病毒感染的肺炎疫情防控工作，贯彻落实相关税收政策，现就税收征收管理有关事项公告如下：

一、疫情防控重点保障物资生产企业按照《财政部 税务总局关于支持新型冠状病毒感染的肺炎疫情防控有关税收政策的公告》（2020 年第 8 号，以下简称"8 号公告"）第二条规定，适用增值税增量留抵退税政策的，应当在增值税纳税申报期内，完成本期增值税纳税申报后，向主管税务机关申请退还增量留抵税额。

二、纳税人按照 8 号公告和《财政部 税务总局关于支持新型冠状病毒感染的肺炎疫情防控有关捐赠税收政策的公告》（2020 年第 9 号，以下简称"9 号公告"）有关规定享受免征增值税、消费税优惠的，可自主进行免税申报，无需办理有关免税备案手续，但应将相关证明材料留存备查。

适用免税政策的纳税人在办理增值税纳税申报时，应当填写增值税纳税申报表及《增值税减免税申报明细表》相应栏次；在办理消费税纳税申报时，应当填写消费税纳税申报表及《本期减（免）税额明细表》相应栏次。

三、纳税人按照 8 号公告和 9 号公告有关规定适用免征增值税政策的，不得开具增值税专用发票；已开具增值税专用发票的，应当开具对应红字发票或者作废原发票，再按规定适用免征增值税政策并开具普通发票。

纳税人在疫情防控期间已经开具增值税专用发票，按照本公告规定应当开具对应红字发票而未及时开具的，可以先适用免征增值税政策，对应红字发票应当于相关免征增值税政策执行到期后 1 个月内完成开具。

四、在本公告发布前，纳税人已将适用免税政策的销售额、销售数量，按照征税销售额、销售数量进行增值税、消费税纳税申报的，可以选择更正当期申报或者在下期申报时调整。已征应予免征的增值税、消费税税款，可以予以退还或者分别抵减纳税人以后应缴纳的增值税、消费税税款。

五、疫情防控期间，纳税人通过电子税务局或者标准版国际贸易"单一窗口"出口退税平台等（以下简称"网上"）提交电子数据后，即可申请办理出口退（免）税备案、备案变更和相关证明。税务机关受理上述退（免）税事项申请后，经核对电子数据无误的，即可办理备案、备案变更或者开具相关证明，并通过网上反馈方式及时将办理结果告知纳税人。纳税人需开具纸质证明的，税务机关可采取邮寄方式送达。确需到办税服务厅现场结清退（免）税款或者补缴税款的备案和证明事项，可通过预约办税等方式，分时分批前往税务机关办理。

六、疫情防控期间，纳税人的所有出口货物劳务、跨境应税行为，均可通过网上提交电子数据的方式申报出口退（免）税。税务机关受理申报后，经审核不存在涉嫌骗取出口退税等疑点的，即可办理出口退（免）税，并通过网上反馈方式及时将办理结果告知纳税人。

七、因疫情影响，纳税人未能在规定期限内申请开具相关证明或者申报出口退（免）税的，待收齐退（免）税凭证及相关电子信息后，即可向主管税务机关申请开具相关证明，或者申报办理退（免）税。

因疫情影响，纳税人无法在规定期限内收汇或办理不能收汇手续的，待收汇或办理不能收汇手续后，即可向主管税务机关申报办理退（免）税。

八、疫情防控结束后，纳税人应按照现行规定，向主管税务机关补报出口退（免）税应报送的纸质申报表、表单及相关资料。税务机关对补报的各项资料进行复核。

九、疫情防控重点保障物资生产企业按照8号公告第一条规定，适用一次性企业所得税税前扣除政策的，在优惠政策管理等方面参照《国家税务总局关于设备器具扣除有关企业所得税政策执行问题的公告》（2018年第46号）的规定执行。企业在纳税申报时将相关情况填入企业所得税纳税申报表"固定资产一次性扣除"行次。

十、受疫情影响较大的困难行业企业按照8号公告第四条规定，适用延长亏损结转年限政策的，应当在2020年度企业所得税汇算清缴时，通过电子税务局提交《适用延长亏损结转年限政策声明》（见附件）。

十一、纳税人适用8号公告有关规定享受免征增值税优惠的收入，相应免征城市维护建设税、教育费附加、地方教育附加。

十二、9号公告第一条所称"公益性社会组织"，是指依法取得公益性捐赠税前扣除资格的社会组织。

企业享受9号公告规定的全额税前扣除政策的，采取"自行判别、申报享受、相关资料留存备查"的方式，并将捐赠全额扣除情况填入企业所得税纳税申报表相应行次。个人享受9号公告规定的全额税前扣除政策的，按照《财政部 税务总局关于公益慈善事业捐赠个人所得税政策的公告》（2019年第99号）有关规定执行；其中，适用9号公告第二条规定的，在办理个人所得税税前扣除、填写《个人所得税公益慈善事业捐赠扣除明细表》时，应当在备注栏注明"直接捐赠"。

企业和个人取得承担疫情防治任务的医院开具的捐赠接收函，作为税前扣除依据自行留存备查。

十三、本公告自发布之日施行。

特此公告。

附件：适用延长亏损结转年限政策声明（略）。

国家税务总局
2020年2月10日

101. 关于《国家税务总局关于支持新型冠状病毒感染的肺炎疫情防控有关税收征收管理事项的公告》的解读

一、制定《公告》的背景

为深入贯彻习近平总书记关于新型冠状病毒感染的肺炎疫情防控工作的一系列重要指示精神和党中央、国务院决策部署，进一步落实好支持新冠病毒感染的肺炎疫情防控税收政策，明确相关税收征收管理事项，简便征管流程，制发本公告。

二、《公告》主要内容解读

（一）适用增值税增量留抵退税的疫情防控重点保障物资生产企业，如何办理留抵退税？

答：为优化疫情防控重点保障物资生产企业申请办理留抵退税流程，减轻纳税人办税负担，《公告》明确，按照《财政部税务总局关于支持新型冠状病毒感染的肺炎疫情防控有关税收政策的公告》（2020年第8号，以下简称"8号公告"）规定办理留抵退税的疫情防控重点保障物资生产企业，应在增值税纳税申报期内完成本期增值税纳税申报后，向主管税务机关申请退还增量留抵税额。

（二）在抗击疫情期间，纳税人根据8号公告和《财政部税务总局关于支持新型冠状病毒感染的肺炎疫情防控有关捐赠税收政策的公告》（2020年第9号，以下简称"9号公告"）可以享受免征增值税、消费税优惠政策的，是否需要办理备案手续，应该如何享受免税优惠政策？

答：按照"放管服"改革要求，为切实减轻纳税人负担，公告明确，纳税人按照8号公告和9号公告规定，享受增值税、消费税免税优惠的，无需办理有关免税备案手续，只需自主进行增值税、消费税免税申报，并将相关证明材料留存备查即可。

（三）纳税人发生符合8号公告和9号公告规定的免征增值税行为，在开具发票时应当注意哪些事项？

答：《中华人民共和国增值税暂行条例》第二十一条规定，纳税人发生应税销售行为适用免税规定的，不得开具增值税专用发票。据此，纳税人发生符合8号公告和9号公告规定的免征增值税行为的，不得开具增值税专用发票，但是可以视情况开具不同类型的普通发票。需要说明的是，纳税人开具增值税普通发票、机动车销售统一发票等注明税率或征收率栏次的普通发票时，应当在税率或征收率栏次填写"免税"字样。

纳税人发生符合8号公告和9号公告规定的免征增值税行为，在疫情防控期间已经开具增值税专用发票的，应当及时开具对应红字发票或作废原发票，再按规定适用免征增值税政策。同时，考虑到在疫情防控期间，部分纳税人在开具红字增值税专用发票时，可能会遇到与接受发票方沟通不便而未能及时开具的特殊情况，《公告》中明确纳税人可以先适用免征增值税政策，随后再按规定开具对应红字发票，开具期限为相关免征增值税政策执行到期后1个月内。

（四）纳税人发生符合8号公告和9号公告规定的免征增值税行为如何申报？

答：纳税人在办理增值税纳税申报时，将适用免税政策的销售额和免税额等申报数据，填写在增值税纳税申报表及《增值税减免税申报明细表》相应栏次。

（五）纳税人发生符合9号公告规定的免征消费税行为如何申报？

答：纳税人发生符合9号公告规定的免征消费税行为，在办理消费税纳税申报时，应填写消费税纳税申报表及《本期减（免）税额明细表》相应栏次。

（六）在本公告发布前，纳税人已进行增值税、消费税纳税申报的如何处理？

答：在本公告发布前，纳税人已将适用免税政策的销售额、销售数量，按照征税销售额、销售数量进行增值税、消费税纳税申报的，可以选择更正当期申报或者在下期申报时调整。已征的按上述规定应予免征的增值税、消费税税款，可以予以退还或者分别抵减纳税人以后月份应缴纳的增值税、消费税税款。

（七）在抗击疫情期间，纳税人应该如何进行出口退（免）税备案及备案变更申请？

答：为降低疫情传播风险，减轻纳税人负担，《公告》明确，疫情防控期间，纳税人通过电子税务局或者标准版国际贸易"单一窗口"出口退税平台等提交电子数据，即可申请办理出口退（免）税备案及备案变更。税务机关审核电子数据无误后，即可为纳税人办理备案或备案变更。

（八）在抗击疫情期间，纳税人应该如何申请开具出口退（免）税相关证明？

答：为降低疫情传播风险，减轻纳税人负担，《公告》明确，疫情防控期间，纳税人通过电子税务局或者标准版国际贸易"单一窗口"出口退税平台等提交电子数据，即可申请开具出口退（免）税相关证明。税务机关审核电子数据无误后，即可为纳税人开具相关证明。

（九）在抗击疫情期间，未实施出口退（免）税无纸化申报的纳税人应该如何进行出口退（免）税申报？

答：疫情防控期间，所有纳税人的所有出口货物劳务、跨境应税行为（包括四类出口企业、发生跨境应税行为等），均可通过电子税务局或者标准版国际贸易"单一窗口"出口退税平台等提交电子数据，即可进行出口退（免）税申报，暂无需报送相关纸质资料。税务机关审核电子数据无问题，且不存在涉嫌骗取出口退税等疑点的，即可按规定为纳税人办理退（免）税。

（十）疫情防控期间，纳税人采用"非接触式"方式申请出口退（免）税备案及备案变更、证明开具和退（免）税申报的，本应报送的相关纸质资料应当如何处理？

答：疫情防控期间，纳税人通过"非接触式"方式申报办理出口退（免）税相关事项的，可暂不提供相关纸质资料。对于按照现行规定应报送的相关纸质资料，纳税人应妥善留存，待疫情结束后补报给税务机关，税务机关予以复核。

（十一）因疫情影响，纳税人无法在规定期限内办理出口退（免）税申报、证明开具、出口收汇等事项的，应当如何处理？

答：纳税人受疫情影响，无法在规定期限内办理出口退（免）税申报、证明开具、出口收汇等事项的，可以根据《财政部 税务总局关于明确国有农用地出租等增值税政策的公告》（2020年第2号）的有关规定，待收齐退（免）税凭证、相关电子信息或者收汇后，即可申报办理相关事项。

（十二）企业根据8号公告第一条规定，享受一次性计入当期成本费用企业所得税税前扣除政策，应当注意哪些事项？

答：考虑到此次出台的疫情防控重点保障物资生产企业为扩大产能新购置的相关设备一次性扣除政策与单位价值不超过500万元的设备、器具一次性扣除政策的优惠方式一致，为便于纳税人准确理解、享受政策，降低纳税人享受优惠的成本，《公告》明确疫情防控重点保障物资生产企业为扩大产能新购置的相关设备一次性扣除政策参照单位价值不超过500万元的设备、器具一次性扣除政策的管理规定执行，使两者的管理要求保持一致，具体为：一是按照《国家税务总局关于发布修订后的〈企业所得税优惠政策事项办理办法〉的公告》（2018年第23号）的规定，采取"自行判别、申报享受、相关资料留存备查"的办理方式；二是主要留存备查资料包括有关固定资产购进时点的资料、固定资产记账凭证、核算有关资产税务处理与会计处理差异的台账三类资料。

企业享受扩大产能新购置的相关设备一次性计入当期成本费用在企业所得税税前扣除政策的，月（季）度预缴申报时应在《固定资产加速折旧（扣除）优惠明细表》（A201020）第4行"二、固定资产一次性扣除"填报相关情况；年度纳税申报时应在《资产折旧、摊销及纳税调整明细表》（A105080）第10行"（三）固定资产一次性扣除"填报相关情况。

（十三）企业适用受疫情影响较大的困难行业企业2020年度发生的亏损最长结转年限延长至8年的政策时，需要注意什么？

答：根据8号公告的规定，受疫情影响较大的困难行业企业2020年度发生的亏损，最长结转年限由5年延长至8年。

困难行业企业，包括交通运输、餐饮、住宿、旅游（指旅行社及相关服务、游览景区管理两类）

四大类，具体判断标准按照现行《国民经济行业分类》执行。困难行业企业2020年度主营业务收入占当年收入总额扣除不征税收入和投资收益后余额的比例，应在50%以上。

纳税人应自行判断是否属于困难行业企业，且主营业务收入占比符合要求。2020年度发生亏损享受亏损结转年限由5年延长至8年政策的，应在2020年度企业所得税汇算清缴时，通过电子税务局提交《适用延长亏损结转年限政策声明》（以下简称《声明》）。纳税人应在《声明》填入纳税人名称、纳税人识别号（统一社会信用代码）、所属的具体行业三项信息，并对其符合政策规定、主营业务收入占比符合要求、勾选的所属困难行业等信息的真实性、准确性、完整性负责。

（十四）企业和个人如何享受支持新型冠状病毒感染的肺炎疫情防控有关捐赠所得税税前扣除政策？

答：1. 关于企业捐赠扣除问题

企业根据9号公告规定享受全额税前扣除政策时，凡通过公益性社会组织或者县级以上人民政府及其部门等国家机关，捐赠用于应对新冠肺炎疫情的现金和物品的，应及时要求对方开具公益事业捐赠票据，在票据中注明相关疫情防控捐赠事项。该捐赠票据由企业妥善保管、自行留存。

凡直接向承担疫情防治任务的医院捐赠用于应对新冠肺炎疫情的物品的，应妥善保管、自行留存对方开具的捐赠接收函。

2. 关于个人捐赠扣除问题

个人根据9号公告规定享受全额税前扣除政策时，应当按照《财政部 税务总局关于公益慈善事业捐赠个人所得税政策的公告》（2019年第99号）规定办理税前扣除。其中，个人直接向承担疫情防治任务的医院捐赠用于应对新冠肺炎疫情的物品，在办理个人所得税税前扣除时，需在《个人所得税公益慈善事业捐赠扣除明细表》备注栏注明"直接捐赠"。

102. 财政部 税务总局关于支持货物期货市场对外开放增值税政策的公告

财政部 税务总局公告2020年第12号

为支持货物期货市场对外开放，现将有关增值税政策公告如下：

自2018年11月30日至2023年11月29日，对经国务院批准对外开放的货物期货品种保税交割业务，暂免征收增值税。

上述期货交易中实际交割的货物，如果发生进口或者出口的，统一按照现行货物进出口税收政策执行。非保税货物发生的期货实物交割仍按《国家税务总局关于下发〈货物期货征收增值税具体办法〉的通知》（国税发〔1994〕244号）的规定执行。

特此公告。

财政部 税务总局
2020年2月18日

103. 财政部 税务总局关于支持个体工商户复工复业增值税政策的公告

财政部 税务总局公告 2020 年第 13 号

为支持广大个体工商户在做好新冠肺炎疫情防控同时加快复工复业，现就有关增值税政策公告如下：

自 2020 年 3 月 1 日至 5 月 31 日，对湖北省增值税小规模纳税人，适用 3% 征收率的应税销售收入，免征增值税；适用 3% 预征率的预缴增值税项目，暂停预缴增值税。除湖北省外，其他省、自治区、直辖市的增值税小规模纳税人，适用 3% 征收率的应税销售收入，减按 1% 征收率征收增值税；适用 3% 预征率的预缴增值税项目，减按 1% 预征率预缴增值税。

特此公告。

财政部 税务总局
2020 年 2 月 28 日

104. 财政部 税务总局关于二手车经销有关增值税政策的公告

财政部 税务总局公告 2020 年第 17 号

为促进汽车消费，现就二手车经销有关增值税政策公告如下：

自 2020 年 5 月 1 日至 2023 年 12 月 31 日，从事二手车经销的纳税人销售其收购的二手车，由原按照简易办法依 3% 征收率减按 2% 征收增值税，改为减按 0.5% 征收增值税。

本公告所称二手车，是指从办理完注册登记手续至达到国家强制报废标准之前进行交易并转移所有权的车辆，具体范围按照国务院商务主管部门出台的二手车流通管理办法执行。

特此公告。

财政部 税务总局
2020 年 4 月 8 日

105. 财政部 税务总局关于延续实施普惠金融有关税收优惠政策的公告

财政部 税务总局公告 2020 年第 22 号

为进一步支持小微企业、个体工商户和农户的普惠金融服务，现将有关税收政策公告如下：

《财政部 税务总局关于延续支持农村金融发展有关税收政策的通知》（财税〔2017〕

44号)、《财政部 税务总局关于小额贷款公司有关税收政策的通知》(财税〔2017〕48号)、《财政部 税务总局关于支持小微企业融资有关税收政策的通知》(财税〔2017〕77号)、《财政部 税务总局关于租入固定资产进项税额抵扣等增值税政策的通知》(财税〔2017〕90号)中规定于2019年12月31日执行到期的税收优惠政策,实施期限延长至2023年12月31日。

本公告发布之日前,已征的按照本公告规定应予免征的增值税,可抵减纳税人以后月份应缴纳的增值税或予以退还。

财政部 税务总局
2020年4月20日

106. 国家税务总局关于明确二手车经销等若干增值税征管问题的公告

国家税务总局公告2020年第9号

现将二手车经销等增值税征管问题公告如下:

一、自2020年5月1日至2023年12月31日,从事二手车经销业务的纳税人销售其收购的二手车,按以下规定执行:

(一)纳税人减按0.5%征收率征收增值税,并按下列公式计算销售额:

销售额=含税销售额/(1+0.5%)

本公告发布后出台新的增值税征收率变动政策,比照上述公式原理计算销售额。

(二)纳税人应当开具二手车销售统一发票。购买方索取增值税专用发票的,应当再开具征收率为0.5%的增值税专用发票。

(三)一般纳税人在办理增值税纳税申报时,减按0.5%征收率征收增值税的销售额,应当填写在《增值税纳税申报表附列资料(一)》(本期销售情况明细)"二、简易计税方法计税"中"3%征收率的货物及加工修理修配劳务"相应栏次;对应减征的增值税应纳税额,按销售额的2.5%计算填写在《增值税纳税申报表(一般纳税人适用)》"应纳税额减征额"及《增值税减免税申报明细表》减税项目相应栏次。

小规模纳税人在办理增值税纳税申报时,减按0.5%征收率征收增值税的销售额,应当填写在《增值税纳税申报表(小规模纳税人适用)》"应征增值税不含税销售额(3%征收率)"相应栏次;对应减征的增值税应纳税额,按销售额的2.5%计算填写在《增值税纳税申报表(小规模纳税人适用)》"本期应纳税额减征额"及《增值税减免税申报明细表》减税项目相应栏次。

二、纳税人受托对垃圾、污泥、污水、废气等废弃物进行专业化处理,即运用填埋、焚烧、净化、制肥等方式,对废弃物进行减量化、资源化和无害化处理处置,按照以下规定适用增值税税率:

(一)采取填埋、焚烧等方式进行专业化处理后未产生货物的,受托方属于提供《销售服务、无形资产、不动产注释》(财税〔2016〕36号文件印发)"现代服务"中的"专业技术服务",其收取的处理费用适用6%的增值税税率。

(二)专业化处理后产生货物,且货物归属委托方的,受托方属于提供"加工劳务",其收取的处理费用适用13%的增值税税率。

(三)专业化处理后产生货物,且货物归属受托方的,受托方属于提供"专业技术服务",其收取的处理费用适用6%的增值税税率。受托方将产生的货物用于销售时,适用货物的增值税税率。

三、拍卖行受托拍卖文物艺术品，委托方按规定享受免征增值税政策的，拍卖行可以自己名义就代为收取的货物价款向购买方开具增值税普通发票，对应的货物价款不计入拍卖行的增值税应税收入。

拍卖行应将以下纸质或电子证明材料留存备查：拍卖物品的图片信息、委托拍卖合同、拍卖成交确认书、买卖双方身份证明、价款代收转付凭证、扣缴委托方个人所得税相关资料。

文物艺术品，包括书画、陶瓷器、玉石器、金属器、漆器、竹木牙雕、佛教用具、古典家具、紫砂茗具、文房清供、古籍碑帖、邮品钱币、珠宝等收藏品。

四、单位将其持有的限售股在解禁流通后对外转让，按照《国家税务总局关于营改增试点若干征管问题的公告》（2016年第53号）第五条规定确定的买入价，低于该单位取得限售股的实际成本价的，以实际成本价为买入价计算缴纳增值税。

五、一般纳税人可以在增值税免税、减税项目执行期限内，按照纳税申报期选择实际享受该项增值税免税、减税政策的起始时间。

一般纳税人在享受增值税免税、减税政策后，按照《营业税改征增值税试点实施办法》（财税〔2016〕36号文件印发）第四十八条的有关规定，要求放弃免税、减税权的，应当以书面形式提交纳税人放弃免（减）税权声明，报主管税务机关备案。一般纳税人自提交备案资料的次月起，按照规定计算缴纳增值税。

六、一般纳税人符合以下条件的，在2020年12月31日前，可选择转登记为小规模纳税人：转登记日前连续12个月（以1个月为1个纳税期）或者连续4个季度（以1个季度为1个纳税期）累计销售额未超过500万元。

一般纳税人转登记为小规模纳税人的其他事宜，按照《国家税务总局关于统一小规模纳税人标准等若干增值税问题的公告》（2018年第18号）、《国家税务总局关于统一小规模纳税人标准有关出口退（免）税问题的公告》（2018年第20号）的相关规定执行。

七、一般纳税人在办理增值税纳税申报时，《增值税减免税申报明细表》"二、免税项目"第4栏"免税销售额对应的进项税额"和第5栏"免税额"不需填写。

八、本公告第一条至第五条自2020年5月1日起施行；第六条、第七条自发布之日起施行。此前已发生未处理的事项，按照本公告执行，已处理的事项不再调整。

特此公告。

国家税务总局
2020年4月23日

107. 关于《国家税务总局关于明确二手车经销等若干增值税征管问题的公告》的解读

针对近期基层税务机关和纳税人反映较多的增值税征管问题，结合新出台的二手车经销企业增值税优惠政策，税务总局制发该公告，对相关问题予以规范和明确。具体包括：

一、关于二手车经销纳税人减按0.5%征收率征收增值税相关问题

（一）销售额计算

为提高新出台二手车经销业务减征增值税政策执行的确定性和统一性，公告明确，自

2020年5月1日至2023年12月31日，从事二手车经销业务的纳税人销售其收购的二手车，减按0.5%征收率征收增值税，并按下列公式计算销售额：

销售额＝含税销售额/（1+0.5%）

同时，为规范征管，本公告发布后新出台的增值税征收率变动政策，均比照上述公式原理计算销售额。

（二）发票开具

按照《二手车流通管理办法》（商务部令2005年第2号公布）规定，二手车经销企业销售二手车时，应当向买方开具税务机关监制的统一发票。因二手车销售统一发票不是有效的增值税扣税凭证，为维护购买方纳税人的进项抵扣权益，公告明确，从事二手车经销业务的纳税人除按规定开具二手车销售统一发票外，购买方索取增值税专用发票的，纳税人应当为其开具征收率为0.5%的增值税专用发票。

需要注意的是，根据《中华人民共和国增值税暂行条例》相关规定，如果购买方为消费者个人，从事二手车经销业务的纳税人不得为其开具增值税专用发票。

（三）纳税申报

一般纳税人在办理增值税纳税申报时，减按0.5%征收率征收增值税的销售额，应当填写在《增值税纳税申报表附列资料（一）》（本期销售情况明细）"二、简易计税方法计税"中"3%征收率的货物及加工修理修配劳务"相应栏次；对应减征的增值税应纳税额，按销售额的2.5%计算填写在《增值税纳税申报表（一般纳税人适用）》"应纳税额减征额"及《增值税减免税申报明细表》减税项目相应栏次。

小规模纳税人在办理增值税纳税申报时，减按0.5%征收率征收增值税的销售额，应当填写在《增值税纳税申报表（小规模纳税人适用）》"应征增值税不含税销售额（3%征收率）"相应栏次；对应减征的增值税应纳税额，按销售额的2.5%计算填写在《增值税纳税申报表（小规模纳税人适用）》"本期应纳税额减征额"及《增值税减免税申报明细表》减税项目相应栏次。

二、关于废弃物专业化处理适用税率问题

纳税人受托运用填埋、焚烧、净化、制肥等方式，对垃圾、污泥、污水、废气等废弃物进行减量化、资源化和无害化处理处置，公告区分不同情况，明确了适用的增值税税率：1.采取填埋、焚烧等方式进行专业化处理后未产生货物的，受托方属于提供《销售服务、无形资产、不动产注释》（财税〔2016〕36号文件印发）"现代服务"中的"专业技术服务"，其收取的处理费用适用6%的增值税税率；2.专业化处理后产生货物，且货物归属委托方的，受托方属于提供"加工劳务"，其收取的处理费用适用13%的增值税税率；3.专业化处理后产生货物，且货物归属受托方的，受托方属于提供"专业技术服务"，其收取的处理费用适用6%的增值税税率，受托方将产生的货物用于销售时，适用货物的增值税税率。

三、关于拍卖行受托拍卖文物艺术品发票开具问题

为解决文物艺术品拍卖中发票开具的特殊问题，公告明确，拍卖行受托拍卖文物艺术品，委托方按规定享受免征增值税政策的，拍卖行可以自己名义就代为收取的货物价款向购买方开具增值税普通发票，对应的货物价款不计入拍卖行的增值税应税收入。公告同时明确了文物艺术品的范围，具体包括书画、陶瓷器、玉石器、金属器、漆器、竹木牙雕、佛教用具、古典家具、紫砂茗具、文房清供、古籍碑帖、邮品钱币、珠宝等收藏品。

四、关于限售股买入价的确定

按照增值税对股权投资不征税、股票（金融商品）转让增值部分征税的税制安排，《国家税务总局关于营改增试点若干征管问题的公告》（2016年第53号，以下简称53号公告）按照限售股的形成原因，明确了限售股买入价的确定原则。按照有利于纳税人原则，针对

53号公告规定的买入价低于纳税人取得限售股实际成本的特殊情形,公告进一步明确,按照53号公告确定的买入价低于该单位取得限售股实际成本价的,以实际成本价为买入价计算缴纳增值税。

举例说明:A公司投资B公司股权初始投资成本为20元/股,后续B公司首次公开发行股票并上市,A公司在持有B公司限售股解禁后卖出价为40元/股。如果上市发行价为30元/股,则A公司转让B公司限售股按照卖出价减发行价的余额10元/股(40-30)计算缴纳增值税;如果上市发行价为10元/股,则A公司转让B公司限售股按照卖出价减实际成本价的余额20元/股(40-20)计算缴纳增值税。

五、关于纳税人实际享受增值税减免税政策起始时间的选择问题

为进一步明晰纳税人权利和义务,公告明确,在某项增值税减免税政策出台后,一般纳税人可以在该项政策执行期限内,按照纳税申报期选择开始享受这项减免税政策的时间。在一般纳税人实际享受某项服务、不动产或无形资产相关减免增值税政策后,选择放弃其减免税权的,与销售货物放弃减免税权一样,均应以书面形式提交放弃免(减)税权声明,报主管税务机关备案。需要特别提醒注意的是,上述规定适用于增值税一般纳税人。

举例说明:按照《财政部 税务总局关于支持新型冠状病毒感染的肺炎疫情防控有关税收政策的公告》(2020年第8号)规定,自2020年1月1日起,纳税人提供生活服务取得的收入,可以享受免征增值税的优惠政策。某一般纳税人提供住宿服务(属于生活服务),可以选择就2020年1月提供住宿服务取得的全部收入按照征税申报、缴税,并开具增值税专用发票;自2月1日起,就其提供住宿服务取得的收入按照免税申报,不得开具增值税专用发票。此后,如果该纳税人选择放弃享受住宿服务免税权,应按规定以书面形式向主管税务机关提交纳税人放弃免(减)税权声明,并自提交声明的次月起,按照现行规定计算缴纳增值税。

六、关于一般纳税人转登记为小规模纳税人问题

为支持小规模纳税人复工复业,国家针对小规模纳税人出台了增值税减免政策。考虑到疫情对企业生产经营的影响,为使纳税人充分享受税收优惠,公告明确一般纳税人如果年销售额不超过500万元的,可在2020年年底前选择转登记为小规模纳税人,转登记后可享受增值税小规模纳税人相应的增值税优惠政策。为使符合转登记条件的纳税人尽快享受小规模纳税人相关优惠,公告明确,此条款自公告发布之日起施行。

七、关于《增值税减免税申报明细表》中"免税额"等两栏不需填写问题

为减轻纳税人申报负担,自公告发布之日起,一般纳税人在办理增值税纳税申报时,《增值税减免税申报明细表》"二、免税项目"第4栏"免税销售额对应的进项税额"和第5栏"免税额"不需填写。

108. 财政部 税务总局关于延长小规模纳税人减免增值税政策执行期限的公告

财政部 税务总局公告 2020 年第 24 号

为进一步支持广大个体工商户和小微企业全面复工复业,现将有关税收政策公告如下:

《财政部 税务总局关于支持个体工商户复工复业增值税政策的公告》(财政部 税

务总局公告 2020 年第 13 号）规定的税收优惠政策实施期限延长到 2020 年 12 月 31 日。

特此公告。

财政部　税务总局
2020 年 4 月 30 日

109. 财政部　税务总局关于电影等行业税费支持政策的公告

财政部　税务总局公告 2020 年第 25 号

为支持电影等行业发展，现将有关税费政策公告如下：

一、自 2020 年 1 月 1 日至 2020 年 12 月 31 日，对纳税人提供电影放映服务取得的收入免征增值税。

本公告所称电影放映服务，是指持有《电影放映经营许可证》的单位利用专业的电影院放映设备，为观众提供的电影视听服务。

二、对电影行业企业 2020 年度发生的亏损，最长结转年限由 5 年延长至 8 年。

电影行业企业限于电影制作、发行和放映等企业，不包括通过互联网、电信网、广播电视网等信息网络传播电影的企业。

三、自 2020 年 1 月 1 日至 2020 年 12 月 31 日，免征文化事业建设费。

四、本公告发布之日前，已征的按照本公告规定应予免征的税费，可抵减纳税人和缴费人以后月份应缴纳的税费或予以退还。

财政部　税务总局
2020 年 5 月 13 日

110. 国家税务总局关于发布《海南离岛免税店销售离岛免税商品免征增值税和消费税管理办法》的公告

国家税务总局公告 2020 年第 16 号

根据《财政部　海关总署　税务总局关于海南离岛旅客免税购物政策的公告》（2020 年第 33 号）规定，经商财政部，税务总局制定了《海南离岛免税店销售离岛免税商品免征增值税和消费税管理办法》，现予以发布。

特此公告。

国家税务总局
2020 年 9 月 29 日

海南离岛免税店销售离岛免税商品免征增值税和消费税管理办法

第一条 为规范海南离岛免税店（以下简称离岛免税店）销售离岛免税商品增值税和消费税管理，促进海南自由贸易港建设，根据《中华人民共和国税收征收管理法》以及《财政部 国家税务总局关于出口货物劳务增值税和消费税政策的通知》（财税〔2012〕39号）等有关规定，制定本办法。

第二条 离岛免税店销售离岛免税商品，按本办法规定免征增值税和消费税。

第三条 离岛免税店应按月进行增值税、消费税纳税申报，在首次进行纳税申报时，应向主管税务机关提供以下资料：

（一）离岛免税店经营主体的基本情况。

（二）国家批准设立离岛免税店（含海南省人民政府按相关规定批准并向国家有关部委备案的免税店）的相关材料。

第四条 离岛免税店按本办法第三条第一项提交报告的内容发生变更的，应在次月纳税申报期内向主管税务机关报告有关情况，并提供相关资料。

离岛免税店实施离岛免税政策资格期限届满或被撤销离岛免税经营资格的，应于期限届满或被撤销资格后十五日内向主管税务机关报告有关情况。

第五条 离岛免税店销售非离岛免税商品，按现行规定向主管税务机关申报缴纳增值税和消费税。

第六条 离岛免税店兼营应征增值税、消费税项目的，应分别核算离岛免税商品和应税项目的销售额；未分别核算的，不得免税。

第七条 离岛免税店销售离岛免税商品应开具增值税普通发票，不得开具增值税专用发票。

第八条 离岛免税店应将销售的离岛免税商品的名称和销售价格、购买离岛免税商品的离岛旅客信息和税务机关要求提供的其他资料，按照国家税务总局和海南省税务局规定的报送格式及传输方式，完整、准确、实时向税务机关提供。

第九条 本办法实施前已经开展离岛免税商品经营业务的离岛免税店，应在办法实施次月按本办法第三条要求在办理纳税申报时提供相关资料。

第十条 本办法自2020年11月1日起施行。

111. 关于《国家税务总局关于发布〈海南离岛免税店销售离岛免税商品免征增值税和消费税管理办法〉的公告》的解读

根据《财政部 海关总署 税务总局关于海南离岛旅客免税购物政策的公告》（2020年第33号，以下简称33号公告），税务总局制发了《海南离岛免税店销售离岛免税商品免征增值税和消费税管理办法》（以下简称《管理办法》）。现解读如下：

一、《管理办法》出台的背景

根据《海南自由贸易港建设总体方案》的部署，海南离岛免税政策进一步优化和升级。

随着海南离岛免税店数量的增加,以及离岛免税商品种类、数量的丰富和增多,对税务部门实施免税店税收管理工作提出了更高要求。为推动海南离岛免税政策效应的更好发挥,促进海南国际消费中心建设,同时进一步加强和完善海南离岛免税店增值税、消费税管理,健全免税店税收管理体系,经商财政部,税务总局制定了《管理办法》。

二、《管理办法》的主要内容

(一)适用《管理办法》的离岛免税店范围

适用《管理办法》的离岛免税店范围为国家批准的(含海南省人民政府按相关规定批准并向国家有关部委备案的免税店)具有实施海南离岛免税政策资格的离岛免税店。

(二)对离岛免税店的管理要求

离岛免税店按月进行增值税、消费税纳税申报,首次进行纳税申报时应向主管税务机关提供《管理办法》第三条所包含的材料。离岛免税店经营主体等基本情况发生变化的,应按《管理办法》第四条要求向主管税务机关报告有关情况。此前经国家批准已开展离岛免税业务的离岛免税店,应按《管理办法》第三条向主管税务机关补充报送有关材料。

(三)离岛免税店销售商品的增值税、消费税税收管理要求

离岛免税店销售离岛免税商品,免征增值税和消费税。除此外,销售非离岛免税商品,应按现行规定征收增值税和消费税。另外,离岛免税店应按《管理办法》第五条、第六条、第七条要求进行纳税申报、分开核算和开具增值税发票等。

(四)对离岛免税店的数据传输要求

离岛免税商品经营企业,应当按照税务机关的要求,将销售离岛免税商品的有关信息,购买离岛免税商品的离岛旅客信息和税务机关要求提供的其他资料,通过税务机关规定的报送格式或传输方式,完整、准确、实时向税务机关提供。

三、执行时间

《管理办法》自 2020 年 11 月 1 日起施行。

112. 财政部 税务总局关于明确无偿转让股票等增值税政策的公告

财政部 税务总局公告 2020 年第 40 号

现将无偿转让股票等增值税政策公告如下:

一、纳税人无偿转让股票时,转出方以该股票的买入价为卖出价,按照"金融商品转让"计算缴纳增值税;在转入方将上述股票再转让时,以原转出方的卖出价为买入价,按照"金融商品转让"计算缴纳增值税。

二、自 2019 年 8 月 20 日起,金融机构向小型企业、微型企业和个体工商户发放 1 年期以上(不含 1 年)至 5 年期以下(不含 5 年)小额贷款取得的利息收入,可选择中国人民银行授权全国银行间同业拆借中心公布的 1 年期贷款市场报价利率或 5 年期以上贷款市场报价利率,适用《财政部 税务总局关于金融机构小微企业贷款利息收入免征增值税政策的通知》(财税〔2018〕91 号)规定的免征增值税政策。

三、土地所有者依法征收土地,并向土地使用者支付土地及其相关有形动产、不动产补偿费的行为,属于《营业税改征增值税试点过渡政策的规定》(财税〔2016〕36 号印发)第一条第(三十七)项规定的土地使用者将土地使用权归还给土地所有者的情形。

四、本公告自发布之日起执行。此前已发生未处理的事项，按本公告规定执行。

特此公告。

财政部　税务总局
2020 年 9 月 29 日

113. 财政部　国家税务总局关于铁路运输企业汇总缴纳增值税的通知

财税〔2020〕56 号

各省、自治区、直辖市、计划单列市财政厅（局），国家税务总局各省、自治区、直辖市、计划单列市税务局：

现将铁路运输企业汇总缴纳增值税事宜通知如下：

一、自 2014 年 1 月 1 日起，中国国家铁路集团有限公司及其分支机构提供铁路运输服务以及与铁路运输相关的物流辅助服务，按照《总分机构试点纳税人增值税计算缴纳暂行办法》（财税〔2013〕74 号，以下简称《暂行办法》）的规定计算缴纳增值税，具体时间以附件 1 和附件 2 列明的汇总纳税时间为准。

附件 3 所列分支机构，自列明的取消汇总纳税时间起，不再按照《暂行办法》的规定汇总缴纳增值税。

二、附件 1 所列分支机构的预征率为 1%。附件 2 所列的分支机构，实行由合资铁路运输企业总部汇总预缴增值税，具体办法如下：

1. 合资铁路运输企业总部本级及其下属站段（含委托运输管理的站段，下同）本级的销售额适用的预征率为 1%。

本级应预缴的增值税 = 本级应征增值税销售额 × 1%

2. 合资铁路运输企业总部及其下属站段汇总的销售额适用的预征率为 3%。

汇总应预缴的增值税 =（总部本级应征增值税销售额 + 下属站段本级应征增值税销售额）× 3% –（总部本级应预缴的增值税 + 下属站段本级应预缴的增值税）

三、中国国家铁路集团有限公司及其分支机构不适用《暂行办法》第八条年度清算的规定。

四、本通知自发布之日起执行，《财政部　国家税务总局关于部分航空运输企业总分机构增值税计算缴纳问题的通知》（财税〔2013〕86 号）、《财政部　国家税务总局关于铁路运输企业汇总缴纳增值税的通知》（财税〔2013〕111 号）、《财政部　国家税务总局关于铁路运输企业汇总缴纳增值税的补充通知》（财税〔2014〕54 号）、《财政部　国家税务总局关于华夏航空有限公司及其分支机构增值税计算缴纳问题的通知》（财税〔2014〕76 号）、《国家税务总局关于部分航空运输企业总分机构增值税计算缴纳问题的公告》（国家税务总局公告 2014 年第 55 号）、《财政部　国家税务总局关于调整铁路和航空运输企业汇总缴纳增值税分支机构名单的通知》（财税〔2015〕87 号）、《财政部　税务总局关于调整铁路和航空运输企业汇总缴纳增值税分支机构名单的通知》（财税〔2017〕67 号）、《财政部　税务总局关于调整铁路和航空运输企业汇总缴纳增值税总分机构名单的通知》（财税〔2019〕1 号）同时废止。

附件：1. 国铁集团增值税汇总纳税分支机构名单（一）（略）。
2. 国铁集团增值税汇总纳税分支机构名单（二）（略）。
3. 国铁集团取消汇总纳税分支机构名单（略）。

财政部　国家税务总局
2020年10月30日

114. 财政部　税务总局关于延续宣传文化增值税优惠政策的公告

财政部　税务总局公告2021年第10号

为促进我国宣传文化事业的发展，继续实施宣传文化增值税优惠政策。现将有关事项公告如下：

一、自2021年1月1日起至2023年12月31日，执行下列增值税先征后退政策。

（一）对下列出版物在出版环节执行增值税100%先征后退的政策：

1. 中国共产党和各民主党派的各级组织的机关报纸和机关期刊，各级人大、政协、政府、工会、共青团、妇联、残联、科协的机关报纸和机关期刊，新华社的机关报纸和机关期刊，军事部门的机关报纸和机关期刊。

上述各级组织不含其所属部门。机关报纸和机关期刊增值税先征后退范围掌握在一个单位一份报纸和一份期刊以内。

2. 专为少年儿童出版发行的报纸和期刊，中小学的学生教科书。
3. 专为老年人出版发行的报纸和期刊。
4. 少数民族文字出版物。
5. 盲文图书和盲文期刊。
6. 经批准在内蒙古、广西、西藏、宁夏、新疆五个自治区内注册的出版单位出版的出版物。
7. 列入本公告附件1的图书、报纸和期刊。

（二）对下列出版物在出版环节执行增值税先征后退50%的政策：

1. 各类图书、期刊、音像制品、电子出版物，但本公告第一条第（一）项规定执行增值税100%先征后退的出版物除外。
2. 列入本公告附件2的报纸。

（三）对下列印刷、制作业务执行增值税100%先征后退的政策：

1. 对少数民族文字出版物的印刷或制作业务。
2. 列入本公告附件3的新疆维吾尔自治区印刷企业的印刷业务。

二、自2021年1月1日起至2023年12月31日，免征图书批发、零售环节增值税。

三、自2021年1月1日起至2023年12月31日，对科普单位的门票收入，以及县级及以上党政部门和科协开展科普活动的门票收入免征增值税。

四、享受本公告第一条第（一）项、第（二）项规定的增值税先征后退政策的纳税人，必须是具有相关出版物出版许可证的出版单位（含以"租型"方式取得专有出版权进行出版物印刷发行的出版单位）。承担省级及以上出版行政主管部门指定出版、发行任务的单位，因进行重组改制等原因尚未办理出版、发行许可证变更的单位，经财政部各地监管局（以下简称财政监管局）商省级出版行政主管部门核准，可以享受相应的增值税先征后退政策。

纳税人应当将享受上述税收优惠政策的出版物在财务上实行单独核算，不进行单独核算的不得享受本公告规定的优惠政策。违规出版物、多次出现违规的出版单位及图书批发零售单位不得享受本公告规定的优惠政策。上述违规出版物、出版单位及图书批发零售单位的具体名单由省级及以上出版行政主管部门及时通知相应财政监管局和主管税务机关。

五、已按软件产品享受增值税退税政策的电子出版物不得再按本公告申请增值税先征后退政策。

六、本公告规定的各项增值税先征后退政策由财政监管局根据财政部、税务总局、中国人民银行《关于税制改革后对某些企业实行"先征后退"有关预算管理问题的暂行规定的通知》〔（94）财预字第55号〕的规定办理。

七、本公告的有关定义

（一）本公告所述"出版物"，是指根据国务院出版行政主管部门的有关规定出版的图书、报纸、期刊、音像制品和电子出版物。所述图书、报纸和期刊，包括随同图书、报纸、期刊销售并难以分离的光盘、软盘和磁带等信息载体。

（二）图书、报纸、期刊（即杂志）的范围，按照《国家税务总局关于印发〈增值税部分货物征税范围注释〉的通知》（国税发〔1993〕151号）的规定执行；音像制品、电子出版物的范围，按照《财政部 税务总局关于简并增值税税率有关政策的通知》（财税〔2017〕37号）的规定执行。

（三）本公告所述"专为少年儿童出版发行的报纸和期刊"，是指以初中及初中以下少年儿童为主要对象的报纸和期刊。

（四）本公告所述"中小学的学生教科书"，是指普通中小学学生教科书和中等职业教育教科书。普通中小学学生教科书是指根据中小学国家课程方案和课程标准编写的，经国务院教育行政部门审定或省级教育行政部门审定的，由取得国务院出版行政主管部门批准的教科书出版、发行资质的单位提供的中小学学生上课使用的正式教科书，具体操作时按国务院和省级教育行政部门每年下达的"中小学教学用书目录"中所列"教科书"的范围掌握。中等职业教育教科书是指按国家规定设置标准和审批程序批准成立并在教育行政部门备案的中等职业学校，及在人力资源社会保障行政部门备案的技工学校学生使用的教科书，具体操作时按国务院和省级教育、人力资源社会保障行政部门发布的教学用书目录认定。中小学的学生教科书不包括各种形式的教学参考书、图册、读本、课外读物、练习册以及其他各类教辅材料。

（五）本公告所述"专为老年人出版发行的报纸和期刊"，是指以老年人为主要对象的报纸和期刊，具体范围见附件4。

（六）本公告第一条第（一）项和第（二）项规定的图书包括"租型"出版的图书。

（七）本公告所述"科普单位"，是指科技馆、自然博物馆，对公众开放的天文馆（站、台）、气象台（站）、地震台（站），以及高等院校、科研机构对公众开放的科普基地。

本公告所述"科普活动"，是指利用各种传媒以浅显的、让公众易于理解、接受和参与的方式，向普通大众介绍自然科学和社会科学知识，推广科学技术的应用，倡导科学方法，传播科学思想，弘扬科学精神的活动。

八、本公告自2021年1月1日起执行。《财政部 税务总局关于延续宣传文化增值税优惠政策的通知》（财税〔2018〕53号）同时废止。

按照本公告第二条和第三条规定应予免征的增值税，凡在接到本公告以前已经征收入库的，可抵减纳税人以后月份应缴纳的增值税税款或者办理税款退库。纳税人如果已向购买方开具了增值税专用发票,应当将专用发票追回后方可申请办理免税。凡专用发票无法追回的,一律照章征收增值税。

特此公告。

附件:1.适用增值税100%征后退政策的特定图书、报纸和期刊名单(略)。
2.适用增值税50%征后退政策的报纸名单(略)。
3.适用增值税100%征后退政策的新疆维吾尔自治区印刷企业名单(略)。
4.专为老年人出版发行的报纸和期刊名单(略)。

财政部　税务总局
2021年3月22日

115.财政部　税务总局关于明确增值税小规模纳税人免征增值税政策的公告

财政部　税务总局公告2021年第11号

为进一步支持小微企业发展,现将增值税小规模纳税人免征增值税政策公告如下:

自2021年4月1日至2022年12月31日,对月销售额15万元以下(含本数)的增值税小规模纳税人,免征增值税。

《财政部　税务总局关于实施小微企业普惠性税收减免政策的通知》(财税〔2019〕13号)第一条同时废止。

特此公告。

财政部　税务总局
2021年3月31日

116.国家税务总局关于小规模纳税人免征增值税征管问题的公告

国家税务总局公告2021年第5号

为贯彻落实全国两会精神和中办、国办印发的《关于进一步深化税收征管改革的意见》,按照《财政部　税务总局关于明确增值税小规模纳税人免征增值税政策的公告》(2021年第11号)的规定,现将有关征管问题公告如下:

一、小规模纳税人发生增值税应税销售行为,合计月销售额未超过15万元(以1个季度为1个纳税期的,季度销售额未超过45万元,下同)的,免征增值税。

小规模纳税人发生增值税应税销售行为,合计月销售额超过15万元,但扣除本期发生的销售不动产的销售额后未超过15万元的,其销售货物、劳务、服务、无形资产取得的销售额免征增值税。

二、适用增值税差额征税政策的小规模纳税人,以差额后的销售额确定是否可以享受本公告规定的免征增值税政策。

《增值税纳税申报表（小规模纳税人适用）》中的"免税销售额"相关栏次，填写差额后的销售额。

三、按固定期限纳税的小规模纳税人可以选择以 1 个月或 1 个季度为纳税期限，一经选择，一个会计年度内不得变更。

四、《中华人民共和国增值税暂行条例实施细则》第九条所称的其他个人，采取一次性收取租金形式出租不动产取得的租金收入，可在对应的租赁期内平均分摊，分摊后的月租金收入未超过 15 万元的，免征增值税。

五、按照现行规定应当预缴增值税税款的小规模纳税人，凡在预缴地实现的月销售额未超过 15 万元的，当期无需预缴税款。

六、小规模纳税人中的单位和个体工商户销售不动产，应按其纳税期、本公告第五条以及其他现行政策规定确定是否预缴增值税；其他个人销售不动产，继续按照现行规定征免增值税。

七、已经使用金税盘、税控盘等税控专用设备开具增值税发票的小规模纳税人，月销售额未超过 15 万元的，可以继续使用现有设备开具发票，也可以自愿向税务机关免费换领税务 Ukey 开具发票。

八、本公告自 2021 年 4 月 1 日起施行。《国家税务总局关于小规模纳税人免征增值税政策有关征管问题的公告》（2019 年第 4 号）同时废止。

特此公告。

国家税务总局
2021 年 3 月 31 日

117. 财政部　税务总局关于明确先进制造业增值税期末留抵退税政策的公告

财政部　税务总局公告 2021 年第 15 号

为进一步促进先进制造业高质量发展，现将先进制造业增值税期末留抵退税政策公告如下：

一、自 2021 年 4 月 1 日起，同时符合以下条件的先进制造业纳税人，可以自 2021 年 5 月及以后纳税申报期向主管税务机关申请退还增量留抵税额：

1. 增量留抵税额大于零；
2. 纳税信用等级为 A 级或者 B 级；
3. 申请退税前 36 个月未发生骗取留抵退税、出口退税或虚开增值税专用发票情形；
4. 申请退税前 36 个月未因偷税被税务机关处罚两次及以上；
5. 自 2019 年 4 月 1 日起未享受即征即退、先征后返（退）政策。

二、本公告所称先进制造业纳税人，是指按照《国民经济行业分类》，生产并销售"非金属矿物制品""通用设备""专用设备""计算机、通信和其他电子设备""医药""化学纤维""铁路、船舶、航空航天和其他运输设备""电气机械和器材""仪器仪表"销售额占全部销售额的比重超过50%的纳税人。

上述销售额比重根据纳税人申请退税前连续12个月的销售额计算确定；申请退税前经营期不满12个月但满3个月的，按照实际经营期的销售额计算确定。

三、本公告所称增量留抵税额，是指与2019年3月31日相比新增加的期末留抵税额。

四、先进制造业纳税人当期允许退还的增量留抵税额，按照以下公式计算：

允许退还的增量留抵税额＝增量留抵税额×进项构成比例

进项构成比例，为2019年4月至申请退税前一税款所属期内已抵扣的增值税专用发票（含税控机动车销售统一发票）、海关进口增值税专用缴款书、解缴税款完税凭证注明的增值税额占同期全部已抵扣进项税额的比重。

五、先进制造业纳税人按照本公告规定取得增值税留抵退税款的，不得再申请享受增值税即征即退、先征后返（退）政策。

六、先进制造业纳税人申请退还增量留抵税额的其他规定，按照《财政部　税务总局　海关总署关于深化增值税改革有关政策的公告》（财政部　税务总局　海关总署公告2019年第39号）和《财政部　税务总局关于明确部分先进制造业增值税期末留抵退税政策的公告》（财政部　税务总局公告2019年第84号）执行。

特此公告。

财政部　税务总局
2021年4月23日

118. 财政部　税务总局　住房城乡建设部关于完善住房租赁有关税收政策的公告

财政部　税务总局　住房城乡建设部公告2021年第24号

为进一步支持住房租赁市场发展，现将有关税收政策公告如下：

一、住房租赁企业中的增值税一般纳税人向个人出租住房取得的全部出租收入，可以选择适用简易计税方法，按照5%的征收率减按1.5%计算缴纳增值税，或适用一般计税方法计算缴纳增值税。住房租赁企业中的增值税小规模纳税人向个人出租住房，按照5%的征收率减按1.5%计算缴纳增值税。

住房租赁企业向个人出租住房适用上述简易计税方法并进行预缴的，减按1.5%预征率预缴增值税。

二、对企事业单位、社会团体以及其他组织向个人、专业化规模化住房租赁企业出租住房的，减按4%的税率征收房产税。

三、对利用非居住存量土地和非居住存量房屋（含商业办公用房、工业厂房改造后出租用于居住的房屋）建设的保障性租赁住房，取得保障性租赁住房项目认定书后，比照适用第一条、第二条规定的税收政策，具体为：住房租赁企业向个人出租上述保障性租赁住房，比照适用第一条规定的增值税政策；企事业单位、社会团体以及其他组织向个人、专业化规模化住房租赁企业出租上述保障性租赁住房，比照适用第二条规定的房产税政策。

保障性租赁住房项目认定书由市、县人民政府组织有关部门联合审查建设方案后出具。

四、本公告所称住房租赁企业，是指按规定向住房城乡建设部门进行开业报告或者备案的从事住房租赁经营业务的企业。

本公告所称专业化规模化住房租赁企业的标准为：企业在开业报告或者备案城市内持有或者经营租赁住房 1 000 套（间）及以上或者建筑面积 3 万平方米及以上。各省、自治区、直辖市住房城乡建设部门会同同级财政、税务部门，可根据租赁市场发展情况，对本地区全部或者部分城市在 50% 的幅度内下调标准。

五、各地住房城乡建设、税务部门应加强信息共享。市、县住房城乡建设部门应将本地区住房租赁企业、专业化规模化住房租赁企业名单以及保障性租赁住房项目认定书传递给同级税务部门，并将住房租赁企业、专业化规模化住房租赁企业名单予以公布并动态更新，共享信息具体内容和共享实现方式由各省、自治区、直辖市住房城乡建设部门会同税务部门共同研究确定。

六、纳税人享受本公告规定的优惠政策，应按规定进行减免税申报，并将不动产权属、房屋租赁合同、保障性租赁住房项目认定书等相关资料留存备查。

七、本公告自 2021 年 10 月 1 日起执行。《财政部　国家税务总局关于廉租住房经济适用住房和住房租赁有关税收政策的通知》（财税〔2008〕24 号）第二条第（四）项规定同时废止。

财政部　税务总局　住房城乡建设部

2021 年 7 月 15 日

119. 财政部　税务总局关于出口货物保险增值税政策的公告

财政部　税务总局公告 2021 年第 37 号

现将出口货物保险有关增值税政策公告如下：

一、自 2022 年 1 月 1 日至 2025 年 12 月 31 日，对境内单位和个人发生的下列跨境应税行为免征增值税：

（一）以出口货物为保险标的的产品责任保险；

（二）以出口货物为保险标的的产品质量保证保险。

二、境内单位和个人发生上述跨境应税行为的增值税征收管理，按照现行跨境应税行为增值税免税管理办法的规定执行。

三、此前已发生未处理的事项，按本公告规定执行；已缴纳的相关税款，不再退还。

特此公告。

财政部　税务总局

2021 年 12 月 22 日

120. 财政部 税务总局关于完善资源综合利用增值税政策的公告

财政部 税务总局公告2021年第40号

为推动资源综合利用行业持续健康发展，现将有关增值税政策公告如下：

一、从事再生资源回收的增值税一般纳税人销售其收购的再生资源，可以选择适用简易计税方法依照3%征收率计算缴纳增值税，或适用一般计税方法计算缴纳增值税。

（一）本公告所称再生资源，是指在社会生产和生活消费过程中产生的，已经失去原有全部或部分使用价值，经过回收、加工处理，能够使其重新获得使用价值的各种废弃物。其中，加工处理仅限于清洗、挑选、破碎、切割、拆解、打包等改变再生资源密度、湿度、长度、粗细、软硬等物理性状的简单加工。

（二）纳税人选择适用简易计税方法，应符合下列条件之一：

1. 从事危险废物收集的纳税人，应符合国家危险废物经营许可证管理办法的要求，取得危险废物经营许可证。

2. 从事报废机动车回收的纳税人，应符合国家商务主管部门出台的报废机动车回收管理办法要求，取得报废机动车回收拆解企业资质认定证书。

3. 除危险废物、报废机动车外，其他再生资源回收纳税人应符合国家商务主管部门出台的再生资源回收管理办法要求，进行市场主体登记，并在商务部门完成再生资源回收经营者备案。

（三）各级财政、主管部门及其工作人员，存在违法违规给予从事再生资源回收业务的纳税人财政返还、奖补行为的，依法追究相应责任。

二、除纳税人聘用的员工为本单位或者雇主提供的再生资源回收不征收增值税外，纳税人发生的再生资源回收并销售的业务，均应按照规定征免增值税。

三、增值税一般纳税人销售自产的资源综合利用产品和提供资源综合利用劳务（以下称销售综合利用产品和劳务），可享受增值税即征即退政策。

（一）综合利用的资源名称、综合利用产品和劳务名称、技术标准和相关条件、退税比例等按照本公告所附《资源综合利用产品和劳务增值税优惠目录（2022年版）》（以下称《目录》）的相关规定执行。

（二）纳税人从事《目录》所列的资源综合利用项目，其申请享受本公告规定的增值税即征即退政策时，应同时符合下列条件：

1. 纳税人在境内收购的再生资源，应按规定从销售方取得增值税发票；适用免税政策的，应按规定从销售方取得增值税普通发票。销售方为依法依规无法申领发票的单位或者从事小额零星经营业务的自然人，应取得销售方开具的收款凭证及收购方内部凭证，或者税务机关代开的发票。本款所称小额零星经营业务是指自然人从事应税项目经营业务的销售额不超过增值税按次起征点的业务。

纳税人从境外收购的再生资源，应按规定取得海关进口增值税专用缴款书，或者从销售方取得具有发票性质的收款凭证、相关税费缴纳凭证。

纳税人应当取得上述发票或凭证而未取得的，该部分再生资源对应产品的销售收入不得适用本公告的即征即退规定。

不得适用本公告即征即退规定的销售收入＝当期销售综合利用产品和劳务的销售收入×（纳税人应当取得发票或凭证而未取得的购入再生资源成本÷当期购进再生资源的全部成本）。

纳税人应当在当期销售综合利用产品和劳务销售收入中剔除不得适用即征即退政策部分的销售收入后，计算可申请的即征即退税额：

可申请退税额＝[（当期销售综合利用产品和劳务的销售收入－不得适用即征即退规定的销售收入）×适用税率－当期即征即退项目的进项税额]×对应的退税比例

各级税务机关要加强发票开具相关管理工作，纳税人应按规定及时开具、取得发票。

2. 纳税人应建立再生资源收购台账，留存备查。台账内容包括：再生资源供货方单位名称或个人姓名及身份证号、再生资源名称、数量、价格、结算方式、是否取得增值税发票或符合规定的凭证等。纳税人现有账册、系统能够包括上述内容的，无需单独建立台账。

3. 销售综合利用产品和劳务，不属于发展改革委《产业结构调整指导目录》中的淘汰类、限制类项目。

4. 销售综合利用产品和劳务，不属于生态环境部《环境保护综合名录》中的"高污染、高环境风险"产品或重污染工艺。"高污染、高环境风险"产品，是指在《环境保护综合名录》中标注特性为"GHW/GHF"的产品，但纳税人生产销售的资源综合利用产品满足"GHW/GHF"例外条款规定的技术和条件的除外。

5. 综合利用的资源，属于生态环境部《国家危险废物名录》列明的危险废物的，应当取得省级或市级生态环境部门颁发的《危险废物经营许可证》，且许可经营范围包括该危险废物的利用。

6. 纳税信用级别不为 C 级或 D 级。

7. 纳税人申请享受本公告规定的即征即退政策时，申请退税税款所属期前 6 个月（含所属期当期）不得发生下列情形：

（1）因违反生态环境保护的法律法规受到行政处罚（警告、通报批评或单次 10 万元以下罚款、没收违法所得、没收非法财物除外；单次 10 万元以下含本数，下同）。

（2）因违反税收法律法规被税务机关处罚（单次 10 万元以下罚款除外），或发生骗取出口退税、虚开发票的情形。

纳税人在办理退税事宜时，应向主管税务机关提供其符合本条规定的上述条件以及《目录》规定的技术标准和相关条件的书面声明，并在书面声明中如实注明未取得发票或相关凭证以及接受环保、税收处罚等情况。未提供书面声明的，税务机关不得给予退税。

（三）已享受本公告规定的增值税即征即退政策的纳税人，自不符合本公告"三"中第"（二）"部分规定的条件以及《目录》规定的技术标准和相关条件的当月起，不再享受本公告规定的增值税即征即退政策。

（四）已享受本公告规定的增值税即征即退政策的纳税人，在享受增值税即征即退政策后，出现本公告"三"中第"（二）"部分第"7"点规定情形的，自处罚决定作出的当月起 6 个月内不得享受本公告规定的增值税即征即退政策。如纳税人连续 12 个月内发生两次以上本公告"三"中第"（二）"部分第"7"点规定的情形，自第二次处罚决定作出的当月起 36 个月内不得享受本公告规定的增值税即征即退政策。相关处罚决定被依法撤销、变更、确认违法或者确认无效的，符合条件的纳税人可以重新申请办理退税事宜。

（五）各省、自治区、直辖市、计划单列市税务机关应于每年 3 月底之前在其网站上，将本地区上一年度所有享受本公告规定的增值税即征即退或免税政策的纳税人，按下列项目予以公示：纳税人名称、纳税人识别号、综合利用的资源名称、综合利用产品和劳务名称。

各省、自治区、直辖市、计划单列市税务机关在对本地区上一年度享受本公告规定的增值税即征即退或免税政策的纳税人进行公示前，应会同本地区生态环境部门，再次核实纳税人受环保处罚情况。

四、纳税人从事《目录》2.15"污水处理厂出水、工业排水（矿井水）、生活污水、垃圾处理厂渗透（滤）液等"项目、5.1"垃圾处理、污泥处理处置劳务"、5.2"污水处理劳务"项目，可适用本公告"三"规定的增值税即征即退政策，也可选择适用免征增值税政策；一经选定，36个月内不得变更。选择适用免税政策的纳税人，应满足本公告"三"有关规定以及《目录》规定的技术标准和相关条件，相关资料留存备查。

五、按照本公告规定单个所属期退税金额超过500万元的，主管税务机关应在退税完成后30个工作日内，将退税资料送同级财政部门复查，财政部门逐级复查后，由省级财政部门送财政部当地监管局出具最终复查意见。复查工作应于退税后3个月内完成，具体复查程序由财政部当地监管局会同省级财税部门制定。

六、再生资源回收、利用纳税人应依法履行纳税义务。各级税务机关要加强纳税申报、发票开具、即征即退等事项的管理工作，保障纳税人按规定及时办理相关纳税事项。

七、本公告自2022年3月1日起执行。《财政部 国家税务总局关于印发〈资源综合利用产品和劳务增值税优惠目录〉的通知》（财税〔2015〕78号）、《财政部 税务总局关于资源综合利用增值税政策的公告》（财政部 税务总局公告2019年第90号）除"技术标准和相关条件"外同时废止，"技术标准和相关条件"有关规定可继续执行至2022年12月31日止。《目录》所列的资源综合利用项目适用的国家标准、行业标准，如在执行过程中有更新、替换，统一按新的国家标准、行业标准执行。

此前已发生未处理的事项，按本公告规定执行。已处理的事项，如执行完毕则不再调整；如纳税人受到环保、税收处罚已停止享受即征即退政策的时间超过6个月但尚未执行完毕的，则自本公告执行的当月起，可重新申请享受即征即退政策；如纳税人受到环保、税收处罚已停止享受即征即退政策的时间未超过6个月，则自6个月期满后的次月起，可重新申请享受即征即退政策。

特此公告。

附件：资源综合利用产品和劳务增值税优惠目录（2022年版）（略）。

财政部 税务总局
2021年12月30日

121. 国家税务总局关于明确先进制造业增值税期末留抵退税征管问题的公告

国家税务总局公告2021年第10号

为贯彻落实全国两会精神和中办、国办印发的《关于进一步深化税收征管改革的意见》，按照《财政部 税务总局关于明确先进制造业增值税期末留抵退税政策的公告》（2021年第15号）的规定，现将有关征管问题公告如下：

符合《财政部 税务总局关于明确先进制造业增值税期末留抵退税政策的公告》（2021年

第 15 号）规定的纳税人申请退还增量留抵税额，应按照《国家税务总局关于办理增值税期末留抵税额退税有关事项的公告》（2019 年第 20 号）和《国家税务总局关于取消增值税扣税凭证认证确认期限等增值税征管问题的公告》（2019 年第 45 号）第三条的规定办理相关留抵退税业务。同时，对《退（抵）税申请表》进行修订并重新发布（见附件）。

本公告自 2021 年 5 月 1 日起施行。《国家税务总局关于办理增值税期末留抵税额退税有关事项的公告》（2019 年第 20 号）附件、《国家税务总局关于国内旅客运输服务进项税抵扣等增值税征管问题的公告》（2019 年第 31 号）附件 1 同时废止。

特此公告。

附件：退（抵）税申请表（略）。

国家税务总局
2021 年 4 月 28 日

122. 财政部　税务总局关于促进服务业领域困难行业纾困发展有关增值税政策的公告

财政部　税务总局公告 2022 年第 11 号

为促进服务业领域困难行业纾困发展，现将有关增值税政策公告如下：

一、《财政部　税务总局　海关总署关于深化增值税改革有关政策的公告》（财政部　税务总局　海关总署公告 2019 年 39 号）第七条和《财政部　税务总局关于明确生活性服务业增值税加计抵减政策的公告》（财政部　税务总局公告 2019 年第 87 号）规定的生产、生活性服务业增值税加计抵减政策，执行期限延长至 2022 年 12 月 31 日。

二、自 2022 年 1 月 1 日至 2022 年 12 月 31 日，航空和铁路运输企业分支机构暂停预缴增值税。2022 年 2 月纳税申报期至文件发布之日已预缴的增值税予以退还。

三、自 2022 年 1 月 1 日至 2022 年 12 月 31 日，对纳税人提供公共交通运输服务取得的收入，免征增值税。公共交通运输服务的具体范围，按照《营业税改征增值税试点有关事项的规定》（财税〔2016〕36 号印发）执行。在本公告发布之前已征收入库的按上述规定应予免征的增值税税款，可抵减纳税人以后月份应缴纳的增值税税款或者办理税款退库。已向购买方开具增值税专用发票的，应将专用发票追回后方可办理免税。

特此公告。

财政部　税务总局
2022 年 3 月 3 日

123. 财政部　税务总局关于进一步加大增值税期末留抵退税政策实施力度的公告

财政部　税务总局公告 2022 年第 14 号

为支持小微企业和制造业等行业发展，提振市场主体信心、激发市场主体活力，现将进一步加大增值税期末留抵退税实施力度有关政策公告如下：

一、加大小微企业增值税期末留抵退税政策力度，将先进制造业按月全额退还增值税增量留抵税额政策范围扩大至符合条件的小微企业（含个体工商户，下同），并一次性退还小微企业存量留抵税额。

（一）符合条件的小微企业，可以自2022年4月纳税申报期起向主管税务机关申请退还增量留抵税额。在2022年12月31日前，退税条件按照本公告第三条规定执行。

（二）符合条件的微型企业，可以自2022年4月纳税申报期起向主管税务机关申请一次性退还存量留抵税额；符合条件的小型企业，可以自2022年5月纳税申报期起向主管税务机关申请一次性退还存量留抵税额。

二、加大"制造业""科学研究和技术服务业""电力、热力、燃气及水生产和供应业""软件和信息技术服务业""生态保护和环境治理业"和"交通运输、仓储和邮政业"（以下称制造业等行业）增值税期末留抵退税政策力度，将先进制造业按月全额退还增值税增量留抵税额政策范围扩大至符合条件的制造业等行业企业（含个体工商户，下同），并一次性退还制造业等行业企业存量留抵税额。

（一）符合条件的制造业等行业企业，可以自2022年4月纳税申报期起向主管税务机关申请退还增量留抵税额。

（二）符合条件的制造业等行业中型企业，可以自2022年7月纳税申报期起向主管税务机关申请一次性退还存量留抵税额；符合条件的制造业等行业大型企业，可以自2022年10月纳税申报期起向主管税务机关申请一次性退还存量留抵税额。

三、适用本公告政策的纳税人需同时符合以下条件：

（一）纳税信用等级为A级或者B级；

（二）申请退税前36个月未发生骗取留抵退税、骗取出口退税或虚开增值税专用发票情形；

（三）申请退税前36个月未因偷税被税务机关处罚两次及以上；

（四）2019年4月1日起未享受即征即退、先征后返（退）政策。

四、本公告所称增量留抵税额，区分以下情形确定：

（一）纳税人获得一次性存量留抵退税前，增量留抵税额为当期期末留抵税额与2019年3月31日相比新增加的留抵税额。

（二）纳税人获得一次性存量留抵退税后，增量留抵税额为当期期末留抵税额。

五、本公告所称存量留抵税额，区分以下情形确定：

（一）纳税人获得一次性存量留抵退税前，当期期末留抵税额大于或等于2019年3月31日期末留抵税额的，存量留抵税额为2019年3月31日期末留抵税额；当期期末留抵税额小于2019年3月31日期末留抵税额的，存量留抵税额为当期期末留抵税额。

（二）纳税人获得一次性存量留抵退税后，存量留抵税额为零。

六、本公告所称中型企业、小型企业和微型企业，按照《中小企业划型标准规定》（工信部联企业〔2011〕300号）和《金融业企业划型标准规定》（银发〔2015〕309号）中的营业收入指标、资产总额指标确定。其中，资产总额指标按照纳税人上一会计年度年末值确定。营业收入指标按照纳税人上一会计年度增值税销售额确定；不满一个会计年度的，按照以下公式计算：

增值税销售额（年）＝上一会计年度企业实际存续期间增值税销售额/企业实际存续月数×12

本公告所称增值税销售额，包括纳税申报销售额、稽查查补销售额、纳税评估调整销售额。适用增值税差额征税政策的,以差额后的销售额确定。

对于工信部联企业〔2011〕300号和银发〔2015〕309号文件所列行业以外的纳税人,以及工信部联企业〔2011〕300号文件所列行业但未采用营业收入指标或资产总额指标划型确定的纳税人,微型企业标准为增值税销售额(年)100万元以下(不含100万元);小型企业标准为增值税销售额(年)2 000万元以下(不含2 000万元);中型企业标准为增值税销售额(年)1亿元以下(不含1亿元)。

本公告所称大型企业,是指除上述中型企业、小型企业和微型企业外的其他企业。

七、本公告所称制造业等行业企业,是指从事《国民经济行业分类》中"制造业""科学研究和技术服务业""电力、热力、燃气及水生产和供应业""软件和信息技术服务业""生态保护和环境治理业"和"交通运输、仓储和邮政业"业务相应发生的增值税销售额占全部增值税销售额的比重超过50%的纳税人。

上述销售额比重根据纳税人申请退税前连续12个月的销售额计算确定;申请退税前经营期不满12个月但满3个月的,按照实际经营期的销售额计算确定。

八、适用本公告政策的纳税人,按照以下公式计算允许退还的留抵税额:

允许退还的增量留抵税额 = 增量留抵税额 × 进项构成比例 × 100%

允许退还的存量留抵税额 = 存量留抵税额 × 进项构成比例 × 100%

进项构成比例,为2019年4月至申请退税前一税款所属期已抵扣的增值税专用发票(含带有"增值税专用发票"字样全面数字化的电子发票、税控机动车销售统一发票)、收费公路通行费增值税电子普通发票、海关进口增值税专用缴款书、解缴税款完税凭证注明的增值税额占同期全部已抵扣进项税额的比重。

九、纳税人出口货物劳务、发生跨境应税行为,适用免抵退税办法的,应先办理免抵退税。免抵退税办理完毕后,仍符合本公告规定条件的,可以申请退还留抵税额;适用免退税办法的,相关进项税额不得用于退还留抵税额。

十、纳税人自2019年4月1日起已取得留抵退税款的,不得再申请享受增值税即征即退、先征后返(退)政策。纳税人可以在2022年10月31日前一次性将已取得的留抵退税款全部缴回后,按规定申请享受增值税即征即退、先征后返(退)政策。

纳税人自2019年4月1日起已享受增值税即征即退、先征后返(退)政策的,可以在2022年10月31日前一次性将已退还的增值税即征即退、先征后返(退)税款全部缴回后,按规定申请退还留抵税额。

十一、纳税人可以选择向主管税务机关申请留抵退税,也可以选择结转下期继续抵扣。纳税人应在纳税申报期内,完成当期增值税纳税申报后申请留抵退税。2022年4月至6月的留抵退税申请时间,延长至每月最后一个工作日。

纳税人可以在规定期限内同时申请增量留抵退税和存量留抵退税。同时符合本公告第一条和第二条相关留抵退税政策的纳税人,可任意选择申请适用上述留抵退税政策。

十二、纳税人取得退还的留抵税额后,应相应调减当期留抵税额。

如果发现纳税人存在留抵退税政策适用有误的情形,纳税人应在下个纳税申报期结束前缴回相关留抵退税款。

以虚增进项、虚假申报或其他欺骗手段,骗取留抵退税款的,由税务机关追缴其骗取的退税款,并按照《中华人民共和国税收征收管理法》等有关规定处理。

十三、适用本公告规定留抵退税政策的纳税人办理留抵退税的税收管理事项,继续按照现行规定执行。

十四、除上述纳税人以外的其他纳税人申请退还增量留抵税额的规定,继续按照《财

政部　税务总局　海关总署关于深化增值税改革有关政策的公告》（财政部　税务总局　海关总署公告2019年第39号）执行，其中，第八条第三款关于"进项构成比例"的相关规定，按照本公告第八条规定执行。

十五、各级财政和税务部门务必高度重视留抵退税工作，摸清底数、周密筹划、加强宣传、密切协作、统筹推进，并分别于2022年4月30日、6月30日、9月30日、12月31日前，在纳税人自愿申请的基础上，集中退还微型、小型、中型、大型企业存量留抵税额。税务部门结合纳税人留抵退税申请情况，规范高效便捷地为纳税人办理留抵退税。

十六、本公告自2022年4月1日施行。《财政部　税务总局关于明确部分先进制造业增值税期末留抵退税政策的公告》（财政部　税务总局公告2019年第84号）、《财政部　税务总局关于明确国有农用地出租等增值税政策的公告》（财政部　税务总局公告2020年第2号）第六条、《财政部　税务总局关于明确先进制造业增值税期末留抵退税政策的公告》（财政部　税务总局公告2021年第15号）同时废止。

特此公告。

财政部　税务总局
2022年3月21日

124. 国家税务总局关于进一步加大增值税期末留抵退税政策实施力度有关征管事项的公告

国家税务总局公告2022年第4号

为认真贯彻落实党中央、国务院关于实施大规模增值税留抵退税的决策部署，按照《政府工作报告》要求，根据《财政部　税务总局关于进一步加大增值税期末留抵退税政策实施力度的公告》（财政部　税务总局公告2022年第14号，以下简称14号公告）规定，为方便纳税人办理增值税期末留抵税额退税（以下简称留抵退税）业务，现将有关事项公告如下：

一、纳税人申请留抵退税，应在规定的留抵退税申请期间，完成本期增值税纳税申报后，通过电子税务局或办税服务厅提交《退（抵）税申请表》（附件1）。

二、在计算允许退还的留抵税额的进项构成比例时，纳税人在2019年4月至申请退税前一税款所属期内按规定转出的进项税额，无需从已抵扣的增值税专用发票（含带有"增值税专用发票"字样全面数字化的电子发票、税控机动车销售统一发票）、收费公路通行费增值税电子普通发票、海关进口增值税专用缴款书、解缴税款完税凭证注明的增值税额中扣减。

三、纳税人按照14号公告第十条的规定，需要申请缴回已退还的全部留抵退税款的，可通过电子税务局或办税服务厅提交《缴回留抵退税申请表》（附件2）。税务机关应自受理之日起5个工作日内，依申请向纳税人出具留抵退税款缴回的《税务事项通知书》。纳税人在缴回已退还的全部留抵退税款后，办理增值税纳税申报时，将缴回的全部退税款在《增值税及附加税费申报表附列资料（二）》（本期进项税额明细）第22栏"上期留抵税额退税"填写负数，并可继续按规定抵扣进项税额。

四、适用增值税一般计税方法的个体工商户，可自本公告发布之日起，自愿向主管税务机关申请参照企业纳税信用评价指标和评价方式参加评价，并在以后的存续期内适用国家税务总局纳税信用管理相关规定。对于已按照省税务机关公布的纳税信用管理办法参加纳税信用评价的，也可选择沿用原纳税信用级别，符合条件的可申请办理留抵退税。

五、对符合条件、低风险的纳税人，税务机关进一步优化留抵退税办理流程，提升留抵退税服务水平，简化退税审核程序，帮助纳税人快捷获取留抵退税。

六、纳税人办理留抵退税的其他事项，按照《国家税务总局关于办理增值税期末留抵税额退税有关事项的公告》（2019年第20号）的规定执行，其中办理增量留抵退税的相关征管规定适用于存量留抵退税。

七、本公告自2022年4月1日起施行。《国家税务总局关于办理增值税期末留抵税额退税有关事项的公告》（2019年第20号）第二条、《国家税务总局关于国内旅客运输服务进项税抵扣等增值税征管问题的公告》（2019年第31号）第三条、《国家税务总局关于取消增值税扣税凭证认证确认期限等增值税征管问题的公告》（2019年第45号）第三条和《国家税务总局关于明确先进制造业增值税期末留抵退税征管问题的公告》（2021年第10号）同时废止。

附件：1.《退（抵）税申请表》（略）。
2.《缴回留抵退税申请表》（略）。

国家税务总局
2022年3月22日

125. 财政部 税务总局关于对增值税小规模纳税人免征增值税的公告

财政部 税务总局公告2022年第15号

为进一步支持小微企业发展，现将有关增值税政策公告如下：

自2022年4月1日至2022年12月31日，增值税小规模纳税人适用3%征收率的应税销售收入，免征增值税；适用3%预征率的预缴增值税项目，暂停预缴增值税。

《财政部 税务总局关于延续实施应对疫情部分税费优惠政策的公告》（财政部 税务总局公告2021年第7号）第一条规定的税收优惠政策，执行期限延长至2022年3月31日。

特此公告。

财政部 税务总局
2022年3月24日

126. 国家税务总局关于小规模纳税人免征增值税等征收管理事项的公告

国家税务总局公告2022年第6号

为深入贯彻党中央、国务院关于实施新的组合式税费支持政策的重大决策部署，进一步支持小微企业发展，按照《财政部 税务总局关于对增值税小规模纳税人免征增值税的公告》（2022年第15号）的规定，现就将有关征管事项公告如下：

一、增值税小规模纳税人适用3%征收率应税销售收入免征增值税的，应按规定开具免税普通发票。纳税人选择放弃免税并开具增值税专用发票的，应开具征收率为3%的增值税专用发票。

二、增值税小规模纳税人取得应税销售收入，纳税义务发生时间在2022年3月31日前，已按3%或者1%征收率开具增值税发票，发生销售折让、中止或者退回等情形需要开具红字发票的，应按照对应征收率开具红字发票；开票有误需要重新开具的，应按照对应征收率开具红字发票，再重新开具正确的蓝字发票。

三、增值税小规模纳税人发生增值税应税销售行为，合计月销售额未超过15万元（以1个季度为1个纳税期的，季度销售额未超过45万元，下同）的，免征增值税的销售额等项目应当填写在《增值税及附加税费申报表（小规模纳税人适用）》"小微企业免税销售额"或者"未达起征点销售额"相关栏次。

合计月销售额超过15万元的，免征增值税的全部销售额等项目应当填写在《增值税及附加税费申报表（小规模纳税人适用）》"其他免税销售额"栏次及《增值税减免税申报明细表》对应栏次。

四、此前已按照《财政部　税务总局关于统一增值税小规模纳税人标准的通知》（财税〔2018〕33号）第二条、《国家税务总局关于小规模纳税人免征增值税政策有关征管问题的公告》（2019年第4号）第五条、《国家税务总局关于明确二手车经销等若干增值税征管问题的公告》（2020年第9号）第六条规定转登记的纳税人，根据《国家税务总局关于统一小规模纳税人标准等若干增值税问题的公告》（2018年第18号）相关规定计入"应交税费——待抵扣进项税额"科目核算、截至2022年3月31日的余额，在2022年度可分别计入固定资产、无形资产、投资资产、存货等相关科目，按规定在企业所得税或个人所得税税前扣除，对此前已税前扣除的折旧、摊销不再调整；对无法划分的部分，在2022年度可一次性在企业所得税或个人所得税税前扣除。

五、已经使用金税盘、税控盘等税控专用设备开具增值税发票的小规模纳税人，可以继续使用现有设备开具发票，也可以自愿向税务机关免费换领税务UKey开具发票。

六、本公告自2022年4月1日起施行。

特此公告。

国家税务总局
2022年3月24日

127. 财政部　税务总局关于进一步加快增值税期末留抵退税政策实施进度的公告

财政部　税务总局公告2022年第17号

为尽快释放大规模增值税留抵退税政策红利，在帮扶市场主体渡难关上产生更大政策效应，现将进一步加快增值税期末留抵退税政策实施进度有关政策公告如下：

一、加快小微企业留抵退税政策实施进度，按照《财政部　税务总局关于进一步加大增值税期末留抵退税政策实施力度的公告》（财政部　税务总局公告2022年第14号，以下称2022年第14号公告）规定，抓紧办理小微企业留抵退税，在纳税人自愿申请的基础上，加快退税进度，积极落实微型企业、小型企业存量留抵税额分别于2022年4月30日前、6月30日前集中退还的退税政策。

二、提前退还中型企业存量留抵税额，将2022年第14号公告第二条第二项规定的"符合条件的制造业等行业中型企业，可以自2022年7月纳税申报期起向主管税务机关申请一次性退还存量留抵税额"调整为"符合条件的制造业等行业中型企业，可以自2022年5月纳税申报期起向主管税务机关申请一次性退还存量留抵税额"。2022年6月30日前，在纳税人自愿申请的基础上，集中退还中型企业存量留抵税额。

三、各级财政和税务部门要进一步增强工作责任感和紧迫感，高度重视留抵退税工作，建立健全工作机制，密切配合，上下协同，加强政策宣传辅导，优化退税服务，提高审核效率，加快留抵退税办理进度，强化资金保障，对符合条件、低风险的纳税人，要最大程度优化留抵退税办理流程，简化退税审核程序，高效便捷地为纳税人办理留抵退税，同时，严密防范退税风险，严厉打击骗税行为，确保留抵退税措施不折不扣落到实处、见到实效。

特此公告。

财政部　税务总局
2022年4月17日

128. 财政部　税务总局关于快递收派服务免征增值税政策的公告

财政部　税务总局公告2022年第18号

现将快递收派服务免征增值税政策公告如下：

自2022年5月1日至2022年12月31日，对纳税人为居民提供必需生活物资快递收派服务取得的收入，免征增值税。

快递收派服务的具体范围，按照《销售服务、无形资产、不动产注释》（财税〔2016〕36号印发）执行。

特此公告。

财政部　税务总局
2022年4月29日

129. 财政部　税务总局关于进一步持续加快增值税期末留抵退税政策实施进度的公告

财政部　税务总局公告2022年第19号

为进一步加快释放大规模增值税留抵退税政策红利，现将有关政策公告如下：

一、提前退还大型企业存量留抵税额，将《财政部　税务总局关于进一步加大增值税期末留抵退税政策实施力度的公告》（财政部　税务总局公告2022年第14号，以下称

2022年第14号公告）第二条第二项规定的"符合条件的制造业等行业大型企业，可以自2022年10月纳税申报期起向主管税务机关申请一次性退还存量留抵税额"调整为"符合条件的制造业等行业大型企业，可以自2022年6月纳税申报期起向主管税务机关申请一次性退还存量留抵税额"。2022年6月30日前，在纳税人自愿申请的基础上，集中退还大型企业存量留抵税额。

二、各级财政和税务部门要坚决贯彻党中央、国务院决策部署，充分认识实施好大规模留抵退税政策的重要意义，按照2022年第14号公告、《财政部　税务总局关于进一步加快增值税期末留抵退税政策实施进度的公告》（财政部　税务总局公告2022年第17号）和本公告有关要求，持续加快留抵退税进度，进一步抓紧办理小微企业、个体工商户留抵退税，加大帮扶力度，在纳税人自愿申请的基础上，积极落实存量留抵退税在2022年6月30日前集中退还的退税政策。同时，严密防范退税风险，严厉打击骗税行为，确保留抵退税退得快、退得准、退得稳、退得好。

特此公告。

财政部　税务总局
2022年5月17日

130. 财政部　税务总局关于扩大全额退还增值税留抵税额政策行业范围的公告

财政部　税务总局公告2022年第21号

为进一步加大增值税留抵退税政策实施力度，着力稳市场主体稳就业，现将扩大全额退还增值税留抵税额政策行业范围有关政策公告如下：

一、扩大全额退还增值税留抵税额政策行业范围，将《财政部　税务总局关于进一步加大增值税期末留抵退税政策实施力度的公告》（财政部　税务总局公告2022年第14号，以下称2022年第14号公告）第二条规定的制造业等行业按月全额退还增值税增量留抵税额、一次性退还存量留抵税额的政策范围，扩大至"批发和零售业""农、林、牧、渔业""住宿和餐饮业""居民服务、修理和其他服务业""教育""卫生和社会工作"和"文化、体育和娱乐业"（以下称批发零售业等行业）企业（含个体工商户，下同）。

（一）符合条件的批发零售业等行业企业，可以自2022年7月纳税申报期起向主管税务机关申请退还增量留抵税额。

（二）符合条件的批发零售业等行业企业，可以自2022年7月纳税申报期起向主管税务机关申请一次性退还存量留抵税额。

二、2022年第14号公告和本公告所称制造业、批发零售业等行业企业，是指从事《国民经济行业分类》中"批发和零售业""农、林、牧、渔业""住宿和餐饮业""居民服务、修理和其他服务业""教育""卫生和社会工作""文化、体育和娱乐业""制造业""科学研究和技术服务业""电力、热力、燃气及水生产和供应业""软件和信息技术服务业""生态保护和环境治理业"和"交通运输、仓储和邮政业"业务相应发生的增值税销售额占全部增值税销售额的比重超过50%的纳税人。

上述销售额比重根据纳税人申请退税前连续12个月的销售额计算确定；申请退税前经

营期不满 12 个月但满 3 个月的，按照实际经营期的销售额计算确定。

三、按照 2022 年第 14 号公告第六条规定适用《中小企业划型标准规定》（工信部联企业〔2011〕300 号）和《金融业企业划型标准规定》（银发〔2015〕309 号）时，纳税人的行业归属，根据《国民经济行业分类》关于以主要经济活动确定行业归属的原则，以上一会计年度从事《国民经济行业分类》对应业务增值税销售额占全部增值税销售额比重最高的行业确定。

四、制造业、批发零售业等行业企业申请留抵退税的其他规定，继续按照 2022 年第 14 号公告等有关规定执行。

五、本公告第一条和第二条自 2022 年 7 月 1 日起执行；第三条自公告发布之日起执行。
各级财政和税务部门要坚决贯彻党中央、国务院决策部署，按照 2022 年第 14 号公告、《财政部 税务总局关于进一步加快增值税期末留抵退税政策实施进度的公告》（财政部 税务总局公告 2022 年第 17 号）、《财政部 税务总局关于进一步持续加快增值税期末留抵退税政策实施进度的公告》（财政部 税务总局公告 2022 年第 19 号）和本公告有关要求，在纳税人自愿申请的基础上，狠抓落实，持续加快留抵退税进度。同时，严密防范退税风险，严厉打击骗税行为。

特此公告。

财政部　税务总局
2022 年 6 月 7 日

131. 国家税务总局关于扩大全额退还增值税留抵税额政策行业范围有关征管事项的公告

国家税务总局公告 2022 年第 11 号

为深入贯彻落实党中央、国务院关于实施大规模增值税留抵退税的决策部署，按照《财政部 税务总局关于扩大全额退还增值税留抵税额政策行业范围的公告》（财政部 税务总局公告 2022 年第 21 号，以下称 21 号公告）的规定，现将有关征管事项公告如下：

符合 21 号公告规定的纳税人申请退还留抵税额，应按照《国家税务总局关于办理增值税期末留抵税额退税有关事项的公告》（2019 年第 20 号）和《国家税务总局关于进一步加大增值税期末留抵退税政策实施力度有关征管事项的公告》（2022 年第 4 号）等规定办理相关留抵退税业务。同时，对《退（抵）税申请表》进行修订并重新发布（见附件）。

本公告自 2022 年 7 月 1 日起施行。《国家税务总局关于进一步加大增值税期末留抵退税政策实施力度有关征管事项的公告》（2022 年第 4 号）附件 1 同时废止。

特此公告。

附件：退（抵）税申请表（略）。

国家税务总局
2022 年 6 月 7 日

132. 财政部 税务总局关于银行业金融机构、金融资产管理公司不良债权以物抵债有关税收政策的公告

财政部 税务总局公告 2022 年第 31 号

为支持银行业金融机构、金融资产管理公司处置不良债权，有效防范金融风险，现将有关税收政策公告如下：

一、银行业金融机构、金融资产管理公司中的增值税一般纳税人处置抵债不动产，可选择以取得的全部价款和价外费用扣除取得该抵债不动产时的作价为销售额，适用 9% 税率计算缴纳增值税。

按照上述规定从全部价款和价外费用中扣除抵债不动产的作价，应当取得人民法院、仲裁机构生效的法律文书。

选择上述办法计算销售额的银行业金融机构、金融资产管理公司处置抵债不动产时，抵债不动产作价的部分不得向购买方开具增值税专用发票。

二、对银行业金融机构、金融资产管理公司接收、处置抵债资产过程中涉及的合同、产权转移书据和营业账簿免征印花税，对合同或产权转移书据其他各方当事人应缴纳的印花税照章征收。

三、对银行业金融机构、金融资产管理公司接收抵债资产免征契税。

四、各地可根据《中华人民共和国房产税暂行条例》《中华人民共和国城镇土地使用税暂行条例》授权和本地实际，对银行业金融机构、金融资产管理公司持有的抵债不动产减免房产税、城镇土地使用税。

五、本公告所称抵债不动产、抵债资产，是指经人民法院判决裁定或仲裁机构仲裁的抵债不动产、抵债资产。其中，金融资产管理公司的抵债不动产、抵债资产，限于其承接银行业金融机构不良债权涉及的抵债不动产、抵债资产。

六、本公告所称银行业金融机构，是指在中华人民共和国境内设立的商业银行、农村合作银行、农村信用社、村镇银行、农村资金互助社以及政策性银行。

七、本公告执行期限为 2022 年 8 月 1 日至 2023 年 7 月 31 日。本公告发布之前已征收入库的按照上述规定应予减免的税款，可抵减纳税人以后月份应缴纳的税款或办理税款退库。已向处置不动产的购买方全额开具增值税专用发票的，将上述增值税专用发票追回后方可适用本公告第一条的规定。

特此公告。

财政部 税务总局
2022 年 9 月 30 日

133. 财政部 税务总局关于民用飞机增值税适用政策的公告

财政部 税务总局公告 2022 年第 38 号

现将民用飞机有关增值税政策公告如下：

自本公告发布之日起至 2023 年 12 月 31 日止，纳税人生产销售空载重量大于 25 吨的民用喷气式飞机，按照《财政部 税务总局关于民用航空发动机、新支线飞机和大型客机税收政策的公告》（财政部 税务总局公告 2019 年第 88 号）第二条、第五条、第七条和《财政部 税务总局关于延长部分税收优惠政策执行期限的公告》（财政部 税务总局公告 2021 年第 6 号）第一条有关规定执行。

特此公告。

财政部 税务总局
2022 年 12 月 30 日

第四章 中华人民共和国消费税法

1. 中华人民共和国消费税暂行条例

国务院令〔2008〕539号

第一条 在中华人民共和国境内生产、委托加工和进口本条例规定的消费品的单位和个人，以及国务院确定的销售本条例规定的消费品的其他单位和个人，为消费税的纳税人，应当依照本条例缴纳消费税。

第二条 消费税的税目、税率，依照本条例所附的《消费税税目税率表》执行。

消费税税目、税率的调整，由国务院决定。

【注释】 相关规定包括：《国家税务总局关于印发〈消费税征收范围注释〉的通知》（国税发〔1993〕153号）、《国家税务总局关于印发〈消费税若干具体问题的规定〉的通知》（国税发〔1993〕156号）、《国家税务总局关于痱子粉、爽身粉不征消费税问题的通知》（国税发〔1994〕142号）、《财政部 国家税务总局关于对香皂暂时给予减征消费税照顾的通知》（财税〔1994〕39号）、《财政部 国家税务总局关于甲类卷烟暂时给予减征消费税照顾的通知》（财税〔1994〕38号）、《财政部 国家税务总局关于调整金银首饰消费税纳税环节有关问题的通知》（财税〔1994〕95号）、《国家税务总局关于消费税若干征税问题的通知》（国税发〔1997〕84号）、《国家税务总局关于印发〈消费税问题解答〉的通知》（国税函发〔1997〕306号）、《关于调整酒类产品消费税政策的通知》（财税〔2001〕84号）、《国家税务总局关于卷烟生产企业购进卷烟直接销售不再征收消费税的批复》（国税函〔2001〕955号）、《国家税务总局关于果啤征收消费税的批复》（国税函〔2005〕333号）、《财政部 国家税务总局关于调整和完善消费税政策的通知》（财税〔2006〕33号）、《国家税务总局关于加强委托加工应税消费品征收管理的通知》（国税发〔1995〕122号）、《国家税务总局关于购进整车改装汽车征收消费税问题的批复》（国税函〔2006〕772号）、《国家税务总局关于购进乙醇生产销售无水乙醇征收消费税问题的批复》（国税函〔2006〕768号）、《国家税务总局关于沙滩车等车辆征收消费税问题的批复》（国税函〔2007〕1071号）。

第三条 纳税人兼营不同税率的应当缴纳消费税的消费品（以下简称应税消费品），应当分别核算不同税率应税消费品的销售额、销售数量；未分别核算销售额、销售数量，或者将不同税率的应税消费品组成成套消费品销售的，从高适用税率。

第四条 纳税人生产的应税消费品，于纳税人销售时纳税。纳税人自产自用的应税消费品，用于连续生产应税消费品的，不纳税；用于其他方面的，于移送使用时纳税。

委托加工的应税消费品，除受托方为个人外，由受托方在向委托方交货时代收代缴税款。委托加工的应税消费品，委托方用于连续生产应税消费品的，所纳税款准予按规定抵扣。

进口的应税消费品，于报关进口时纳税。

【注释】 相关规定包括：《国家税务总局关于消费税若干征税问题的通知》（国税发〔1994〕130号）、《财政部 国家税务总局关于调整金银首饰消费税纳税环节有关问题的通知》（财税〔1994〕95号）、《国家税务总局关于锻压金首饰在零售环节征收消费税问题的批复》（国税函发〔1996〕727号）、《国家税务总局关于啤酒集团内部企业间销售（调拨）啤酒液征收消费税问题的批复》（国税函〔2003〕382号）。

第五条 消费税实行从价定率、从量定额，或者从价定率和从量定额复合计税（以下简称复合计税）的办法计算应纳税额。应纳税额计算公式：

实行从价定率办法计算的应纳税额＝销售额×比例税率

实行从量定额办法计算的应纳税额＝销售数量×定额税率

实行复合计税办法计算的应纳税额＝销售额×比例税率＋销售数量×定额税率

纳税人销售的应税消费品，以人民币计算销售额。纳税人以人民币以外的货币结算销售额的，应当折合成人民币计算。

【注释】相关规定包括：《国家税务总局关于消费税若干征税问题的通知》（国税发〔1997〕84号）。

第六条 销售额为纳税人销售应税消费品向购买方收取的全部价款和价外费用。

【注释】相关规定包括：《国家税务总局关于啤酒计征消费税有关问题的批复》（国税函〔2002〕166号）。

第七条 纳税人自产自用的应税消费品，按照纳税人生产的同类消费品的销售价格计算纳税；没有同类消费品销售价格的，按照组成计税价格计算纳税。

实行从价定率办法计算纳税的组成计税价格计算公式：

组成计税价格＝（成本＋利润）÷（1－比例税率）

实行复合计税办法计算纳税的组成计税价格计算公式：

组成计税价格＝（成本＋利润＋自产自用数量×定额税率）÷（1－比例税率）

第八条 委托加工的应税消费品，按照受托方的同类消费品的销售价格计算纳税；没有同类消费品销售价格的，按照组成计税价格计算纳税。

实行从价定率办法计算纳税的组成计税价格计算公式：

组成计税价格＝（材料成本＋加工费）÷（1－比例税率）

实行复合计税办法计算纳税的组成计税价格计算公式：

组成计税价格＝（材料成本＋加工费＋委托加工数量×定额税率）÷（1－比例税率）

第九条 进口的应税消费品，按照组成计税价格计算纳税。

实行从价定率办法计算纳税的组成计税价格计算公式：

组成计税价格＝（关税完税价格＋关税）÷（1－消费税比例税率）

实行复合计税办法计算纳税的组成计税价格计算公式：

组成计税价格＝（关税完税价格＋关税＋进口数量×消费税定额税率）÷（1－消费税比例税率）

第十条 纳税人应税消费品的计税价格明显偏低并无正当理由的，由主管税务机关核定其计税价格。

【注释】相关规定包括：《国家税务总局关于啤酒计征消费税有关问题的批复》（国税函〔2002〕166号）、《国家税务总局关于酒类产品消费税政策问题的通知》（国税发〔2002〕109号）。

第十一条 对纳税人出口应税消费品，免征消费税；国务院另有规定的除外。出口应税消费品的免税办法，由国务院财政、税务主管部门规定。

第十二条 消费税由税务机关征收，进口的应税消费品的消费税由海关代征。

个人携带或者邮寄进境的应税消费品的消费税，连同关税一并计征。具体办法由国务院关税税则委员会会同有关部门制定。

第十三条 纳税人销售的应税消费品,以及自产自用的应税消费品,除国务院财政、税务主管部门另有规定外,应当向纳税人机构所在地或者居住地的主管税务机关申报纳税。

委托加工的应税消费品,除受托方为个人外,由受托方向机构所在地或者居住地的主管税务机关解缴消费税税款。

进口的应税消费品,应当向报关地海关申报纳税。

【注释】相关规定包括:《财政部 国家税务总局关于明确啤酒包装物押金消费税政策的通知》(财税〔2006〕20号)。

第十四条 消费税的纳税期限分别为1日、3日、5日、10日、15日、1个月或者1个季度。纳税人的具体纳税期限,由主管税务机关根据纳税人应纳税额的大小分别核定;不能按照固定期限纳税的,可以按次纳税。

纳税人以1个月或者1个季度为1个纳税期的,自期满之日起15日内申报纳税;以1日、3日、5日、10日或者15日为1个纳税期的,自期满之日起5日内预缴税款,于次月1日起15日内申报纳税并结清上月应纳税款。

【注释】相关规定包括:《财政部 国家税务总局关于调整金银首饰消费税纳税环节有关问题的通知》(财税〔1994〕95号)。

第十五条 纳税人进口应税消费品,应当自海关填发海关进口消费税专用缴款书之日起15日内缴纳税款。

第十六条 消费税的征收管理,依照《中华人民共和国税收征收管理法》及本条例有关规定执行。

【注释】相关规定包括:《国家税务总局关于印发〈金银首饰消费税征收管理办法〉的通知》(国税发〔1994〕267号)、《财政部关于调整金银首饰消费税纳税环节后有关会计处理规定的通知》(财会〔1995〕9号)、《财政部 国家税务总局关于铂金及其制品税收政策的通知》(财税〔2003〕86号)、《财政部 海关总署 国家税务总局关于印发〈关于进口货物进口环节海关代征税税收政策问题的规定〉的通知》(财关税〔2004〕7号)、《国家税务总局关于取消金银首饰消费税纳税人认定行政审批后有关问题的通知》(国税函〔2004〕826号)、《国家税务总局关于印发〈汽油、柴油消费税管理办法(试行)〉的通知》(国税发〔2005〕133号)、《国家税务总局关于印发〈调整和完善消费税政策征收管理规定〉的通知》(国税发〔2006〕49号)、《国家税务总局关于加强新牌号、新规格卷烟消费税计税价格管理有关事项的通知》(国税函〔2006〕373号)、《国家税务总局关于印发〈葡萄酒消费税管理办法(试行)〉的通知》(国税发〔2006〕66号)、《国家税务总局关于进一步加强消费税纳税申报及税款抵扣管理的通知》(国税函〔2006〕769号)、《国家税务总局关于印发〈增值税小规模纳税人出口货物免税管理办法(暂行)〉的通知》(国税发〔2007〕123号)。

第十七条 本条例自2009年1月1日起施行。

附件:

消费税税目税率表

税目	税率
一、烟	
1.卷烟	

（续表）

税目	税率
（1）甲类卷烟	56% 加 0.003 元/支
（2）乙类卷烟	36% 加 0.003 元/支
（3）卷烟批发	11% 加 0.005 元/支
2. 雪茄烟	36%
3. 烟丝	30%
二、酒	
1. 白酒	20% 加 0.5 元/500克（或者500毫升）
2. 黄酒	240 元/吨
3. 啤酒	
（1）甲类啤酒	250 元/吨
（2）乙类啤酒	220 元/吨
4. 其他酒	10%
三、高档化妆品	15%
四、贵重首饰及珠宝玉石	
1. 金银首饰、铂金首饰和钻石及钻石饰品	5%
2. 其他贵重首饰和珠宝玉石	10%
五、鞭炮、焰火	15%
六、成品油	
1. 汽油	1.52 元/升
2. 柴油	1.20 元/升
3. 航空煤油	1.20 元/升（暂缓征收）
4. 石脑油	1.52 元/升
5. 溶剂油	1.52 元/升
6. 润滑油	1.52 元/升
7. 燃料油	1.20 元/升
七、摩托车	
1. 气缸容量（排气量，下同）为250毫升的	3%
2. 气缸容量在250毫升以上的	10%
八、小汽车	
1. 乘用车	
（1）气缸容量（排气量，下同）在1.0升（含1.0升）以下的	1%
（2）气缸容量在1.0升以上至1.5升（含1.5升）的	3%
（3）气缸容量在1.5升以上至2.0升（含2.0升）的	5%
（4）气缸容量在2.0升以上至2.5升（含2.5升）的	9%

（续表）

税目	税率
（5）气缸容量在 2.5 升以上至 3.0 升（含 3.0 升）的	12%
（6）气缸容量在 3.0 升以上至 4.0 升（含 4.0 升）的	25%
（7）气缸容量在 4.0 升以上的	40%
2. 中轻型商用客车	5%
3. 超豪华小汽车（不含增值税零售价 130 万以上）	在零售环节加征 10%
九、高尔夫球及球具	10%
十、高档手表	20%
十一、游艇	10%
十二、木制一次性筷子	5%
十三、实木地板	5%
十四、电池	4%
十五、涂料	4%

2. 中华人民共和国消费税暂行条例实施细则

财政部　国家税务总局第 51 号令

第一条　根据《中华人民共和国消费税暂行条例》（以下简称条例），制定本细则。

第二条　条例第一条所称单位，是指企业、行政单位、事业单位、军事单位、社会团体及其他单位。

条例第一条所称个人，是指个体工商户及其他个人。

条例第一条所称在中华人民共和国境内，是指生产、委托加工和进口属于应当缴纳消费税的消费品的起运地或者所在地在境内。

第三条　条例所附《消费税税目税率表》中所列应税消费品的具体征税范围，由财政部、国家税务总局确定。

第四条　条例第三条所称纳税人兼营不同税率的应当缴纳消费税的消费品，是指纳税人生产销售两种税率以上的应税消费品。

第五条　条例第四条第一款所称销售，是指有偿转让应税消费品的所有权。

前款所称有偿，是指从购买方取得货币、货物或者其他经济利益。

第六条　条例第四条第一款所称用于连续生产应税消费品，是指纳税人将自产自用的应税消费品作为直接材料生产最终应税消费品，自产自用应税消费品构成最终应税消费品的实体。

条例第四条第一款所称用于其他方面，是指纳税人将自产自用应税消费品用于生产非应税消费品、在建工程、管理部门、非生产机构、提供劳务、馈赠、赞助、集资、广告、样品、职工福利、奖励等方面。

【注释】相关规定包括：《国家税务总局关于啤酒集团内部企业间销售（调拨）啤酒

液征收消费税问题的批复》（国税函〔2003〕382号）。

第七条 条例第四条第二款所称委托加工的应税消费品，是指由委托方提供原料和主要材料，受托方只收取加工费和代垫部分辅助材料加工的应税消费品。对于由受托方提供原材料生产的应税消费品，或者受托方先将原材料卖给委托方，然后再接受加工的应税消费品，以及由受托方以委托方名义购进原材料生产的应税消费品，不论在财务上是否作销售处理，都不得作为委托加工应税消费品，而应当按照销售自制应税消费品缴纳消费税。

委托加工的应税消费品直接出售的，不再缴纳消费税。

委托个人加工的应税消费品，由委托方收回后缴纳消费税。

第八条 消费税纳税义务发生时间，根据条例第四条的规定，分列如下：

（一）纳税人销售应税消费品的，按不同的销售结算方式分别为：

1. 采取赊销和分期收款结算方式的，为书面合同约定的收款日期的当天，书面合同没有约定收款日期或者无书面合同的，为发出应税消费品的当天；

2. 采取预收货款结算方式的，为发出应税消费品的当天；

3. 采取托收承付和委托银行收款方式的，为发出应税消费品并办妥托收手续的当天；

4. 采取其他结算方式的，为收讫销售款或者取得索取销售款凭据的当天。

（二）纳税人自产自用应税消费品的，为移送使用的当天。

（三）纳税人委托加工应税消费品的，为纳税人提货的当天。

（四）纳税人进口应税消费品的，为报关进口的当天。

第九条 条例第五条第一款所称销售数量，是指应税消费品的数量。具体为：

（一）销售应税消费品的，为应税消费品的销售数量；

（二）自产自用应税消费品的，为应税消费品的移送使用数量；

（三）委托加工应税消费品的，为纳税人收回的应税消费品数量；

（四）进口应税消费品的，为海关核定的应税消费品进口征税数量。

第十条 实行从量定额办法计算应纳税额的应税消费品，计量单位的换算标准如下：

（一）黄酒1吨＝962升

（二）啤酒1吨＝988升

（三）汽油1吨＝1388升

（四）柴油1吨＝1176升

（五）航空煤油1吨＝1246升

（六）石脑油1吨＝1385升

（七）溶剂油1吨＝1282升

（八）润滑油1吨＝1126升

（九）燃料油1吨＝1015升

第十一条 纳税人销售的应税消费品，以人民币以外的货币结算销售额的，其销售额的人民币折合率可以选择销售额发生的当天或者当月1日的人民币汇率中间价。纳税人应在事先确定采用何种折合率，确定后1年内不得变更。

第十二条 条例第六条所称销售额，不包括应向购货方收取的增值税税款。如果纳税人应税消费品的销售额中未扣除增值税税款或者因不得开具增值税专用发票而发生价款和增值税税款合并收取的，在计算消费税时，应当换算为不含增值税税款的销售额。其换算公式为：

应税消费品的销售额＝含增值税的销售额÷（1＋增值税税率或者征收率）

第十三条 应税消费品连同包装物销售的，无论包装物是否单独计价以及在会计上如何核算，均应并入应税消费品的销售额中缴纳消费税。如果包装物不作价随同产品销售，而是收取押金，此项押金则不应并入应税消费品的销售额中征税。但对因逾期未收回的包装物不再退还的或者已收取的时间超过12个月的押金，应并入应税消费品的销售额，按照应税消费品的适用税率缴纳消费税。

对既作价随同应税消费品销售，又另外收取押金的包装物的押金，凡纳税人在规定的期限内没有退还的，均应并入应税消费品的销售额，按照应税消费品的适用税率缴纳消费税。

【注释】相关规定包括：《财政部　国家税务总局关于酒类产品包装物押金征税问题的通知》（财税〔1995〕53号）。

第十四条　条例第六条所称价外费用，是指价外向购买方收取的手续费、补贴、基金、集资费、返还利润、奖励费、违约金、滞纳金、延期付款利息、赔偿金、代收款项、代垫款项、包装费、包装物租金、储备费、优质费、运输装卸费以及其他各种性质的价外收费。但下列项目不包括在内：

（一）同时符合以下条件的代垫运输费用：

1. 承运部门的运输费用发票开具给购买方的；

2. 纳税人将该项发票转交给购买方的。

（二）同时符合以下条件代为收取的政府性基金或者行政事业性收费：

1. 由国务院或者财政部批准设立的政府性基金，由国务院或者省级人民政府及其财政、价格主管部门批准设立的行政事业性收费；

2. 收取时开具省级以上财政部门印制的财政票据；

3. 所收款项全额上缴财政。

第十五条　条例第七条第一款所称纳税人自产自用的应税消费品，是指依照条例第四条第一款规定于移送使用时纳税的应税消费品。

条例第七条第一款、第八条第一款所称同类消费品的销售价格，是指纳税人或者代收代缴义务人当月销售的同类消费品的销售价格，如果当月同类消费品各期销售价格高低不同，应按销售数量加权平均计算。但销售的应税消费品有下列情况之一的，不得列入加权平均计算：

（一）销售价格明显偏低并无正当理由的；

（二）无销售价格的。

如果当月无销售或者当月未完结，应按照同类消费品上月或者最近月份的销售价格计算纳税。

第十六条　条例第七条所称成本，是指应税消费品的产品生产成本。

第十七条　条例第七条所称利润，是指根据应税消费品的全国平均成本利润率计算的利润。应税消费品全国平均成本利润率由国家税务总局确定。

【注释】相关规定包括：《国家税务总局关于印发〈消费税若干具体问题的规定〉的通知》（国税发〔1993〕156号）、《财政部　国家税务总局关于调整和完善消费税政策的通知》（财税〔2006〕33号）。

第十八条　条例第八条所称材料成本，是指委托方所提供加工材料的实际成本。

委托加工应税消费品的纳税人，必须在委托加工合同上如实注明（或者以其他方式提供）材料成本，凡未提供材料成本的，受托方主管税务机关有权核定其材料成本。

第十九条　条例第八条所称加工费，是指受托方加工应税消费品向委托方所收取的全部费用（包括代垫辅助材料的实际成本）。

第二十条　条例第九条所称关税完税价格，是指海关核定的关税计税价格。

第二十一条 条例第十条所称应税消费品的计税价格的核定权限规定如下:

(一)卷烟、白酒和小汽车的计税价格由国家税务总局核定,送财政部备案;

(二)其他应税消费品的计税价格由省、自治区和直辖市国家税务局核定;

(三)进口的应税消费品的计税价格由海关核定。

第二十二条 出口的应税消费品办理退税后,发生退关,或者国外退货进口时予以免税的,报关出口者必须及时向其机构所在地或者居住地主管税务机关申报补缴已退的消费税税款。

纳税人直接出口的应税消费品办理免税后,发生退关或者国外退货,进口时已予以免税的,经机构所在地或者居住地主管税务机关批准,可暂不办理补税,待其转为国内销售时,再申报补缴消费税。

第二十三条 纳税人销售的应税消费品,如因质量等原因由购买者退回时,经机构所在地或者居住地主管税务机关审核批准后,可退还已缴纳的消费税税款。

第二十四条 纳税人到外县(市)销售或者委托外县(市)代销自产应税消费品的,于应税消费品销售后,向机构所在地或者居住地主管税务机关申报纳税。

纳税人的总机构与分支机构不在同一县(市)的,应当分别向各自机构所在地的主管税务机关申报纳税;经财政部、国家税务总局或者其授权的财政、税务机关批准,可以由总机构汇总向总机构所在地的主管税务机关申报纳税。

委托个人加工的应税消费品,由委托方向其机构所在地或者居住地主管税务机关申报纳税。

进口的应税消费品,由进口人或者其代理人向报关地海关申报纳税。

【注释】相关规定包括:《国家税务总局关于印发〈消费税若干具体问题的规定〉的通知》(国税发〔1993〕156号)。

第二十五条 本细则自2009年1月1日起施行。

3. 消费税征收范围注释

国税发〔1993〕153号

一、烟

凡是以烟叶为原料加工生产的产品,不论使用何种辅料,均属于本税目的征收范围。本税目下设甲类卷烟、乙类卷烟、雪茄烟、烟丝四个子目。

卷烟是指将各种烟叶切成烟丝,按照配方要求均匀混合,加入糖、酒、香料等辅料,用白色盘纸、棕色盘纸、涂布纸或烟草薄片经机器或手工卷制的普通卷烟和雪茄型卷烟。

(一)甲类卷烟

……

(二)乙类卷烟

……

(三)雪茄烟

雪茄烟是指以晾晒烟为原料或者以晾晒烟和烤烟为原料,用烟叶或卷烟纸、烟草薄片作为烟支内包皮,再用烟叶作为烟支外包皮,经机器或手工卷制而成的烟草制品。按内包皮所用材料的不同可分为全叶卷雪茄烟和半叶卷雪茄烟。

雪茄烟的征收范围包括各种规格、型号的雪茄烟。

（四）烟丝

烟丝是指将烟叶切成丝状、粒状、片状、末状或其他形状，再加入辅料，经过发酵、储存，不经卷制即可供销售吸用的烟草制品。

烟丝的征收范围包括以烟叶为原料加工生产的不经卷制的散装烟，如斗烟、莫合烟、烟末、水烟、黄红烟丝等等。

二、酒及酒精

本税目下设粮食白酒、薯类白酒、黄酒、啤酒、其他酒、酒精六个子目。

（一）粮食白酒

粮食白酒是指以高粱、玉米、大米、糯米、大麦、小麦、小米、青稞等各种粮食为原料，经过糖化、发酵后，采用蒸馏方法酿制的白酒。

（二）薯类白酒

薯类白酒是指以白薯（红薯、地瓜）、木薯、马铃薯（土豆）、芋头、山药等各种干鲜薯类为原料，经过糖化、发酵后，采用蒸馏方法酿制的白酒。

用甜菜酿制的白酒，比照薯类白酒征税。

（三）黄酒

黄酒是指以糯米、粳米、籼米、大米、黄米、玉米、小麦、薯类等为原料，经加温、糖化、发酵、压榨酿制的酒。由于工艺、配料和含糖量的不同，黄酒分为干黄酒、半干黄酒、半甜黄酒、甜黄酒四类。

黄酒的征收范围包括各种原料酿制的黄酒和酒度超过12度（含12度）的土甜酒。

（四）啤酒

啤酒是指以大麦或其他粮食为原料，加入啤酒花，经糖化、发酵、过滤酿制的含有二氧化碳的酒。啤酒按照杀菌方法的不同，可分为熟啤酒和生啤酒或鲜啤酒。

啤酒的征收范围包括各种包装和散装的啤酒。

无醇啤酒比照啤酒征税。

（五）其他酒

其他酒是指除粮食白酒、薯类白酒、黄酒、啤酒以外，酒度在1度以上的各种酒。其征收范围包括糠麸白酒、其他原料白酒、土甜酒、复制酒、果木酒、汽酒、药酒等等。

1. 糠麸白酒是指用各种粮食的糠麸酿制的白酒。

用稗子酿制的白酒，比照糠麸酒征税。

2. 其他原料白酒是指用醋糟、糖渣、糖漏水、甜菜渣、粉渣、薯皮等各种下脚料，葡萄、桑葚、橡子仁等各种果实、野生植物等代用品，以及甘蔗、糖等酿制的白酒。

3. 土甜酒是指用糯米、大米、黄米等为原料，经加温、糖化、发酵（通过酒曲发酵），采用压榨酿制的酒度不超过12度的酒。

酒度超过12度的应按黄酒征税。

4. 复制酒是指以白酒、黄酒、酒精为酒基，加入果汁、香料、色素、药材、补品、糖、调料等配制或泡制的酒，如各种配制酒、泡制酒、滋补酒等等。

5. 果木酒是指以各种果品为主要原料，经发酵过滤酿制的酒。

6. 汽酒是指以果汁、香精、色素、酸料、酒（或酒精）、糖（或糖精）等调配，冲加二氧化碳制成的酒度在1度以上的酒。

7. 药酒是指按照医药卫生部门的标准，以白酒、黄酒为酒基，加入各种药材泡制或配制的酒。

（六）酒精

酒精又名乙醇，是指以含有淀粉或糖分的原料，经糖化和发酵后，用蒸馏方法生产的酒精度数在95度以上的无色透明液体；也可以石油裂解气中的乙烯为原料，用合成方法制成。

酒精的征收范围包括用蒸馏法和合成方法生产的各种工业酒精、医药酒精、食用酒精。

三、化妆品

......

四、护肤护发品

......

五、贵重首饰及珠宝玉石

本税目征收范围包括：各种金银珠宝首饰和经采掘、打磨、加工的各种珠宝玉石。

（一）金银珠宝首饰包括：

凡以金、银、白金、宝石、珍珠、钻石、翡翠、珊瑚、玛瑙等高贵稀有物质以及其他金属、人造宝石等制作的各种纯金银首饰及镶嵌首饰（含人造金银、合成金银首饰等）。

（二）珠宝玉石的种类包括：

1. 钻石：钻石是完全由单一元素碳元素所结晶而成的晶体矿物，也是宝石中唯一由单元素组成的宝石。钻石为八面体解理，即平面八面体晶面的四个方向，一般呈阶梯状。钻石的化学性质很稳定，不易溶于酸和碱。但在纯氧中，加热到1770度左右时，就会发生分解。在真空中，加热到1700度时，就会把它分解为石墨。钻石有透明的、半透明的，也有不透明的。宝石级的钻石，应该是无色透明的，无瑕疵或极少瑕疵，也可以略有淡黄色或极浅的褐色，最珍贵的颜色是天然粉色，其次是蓝色和绿色。

2. 珍珠：海水或淡水中的贝类软体动物体内进入细小杂质时，外套膜受到刺激便分泌出一种珍珠质（主要是碳酸钙），将细小杂质层层包裹起来，逐渐成为一颗小圆珠，就是珍珠。珍珠颜色主要为白色、粉色及浅黄色，具珍珠光泽，其表面隐约闪烁着虹一样的晕彩珠光。颜色白润、皮光明亮、形状精圆、粒度硬大者价值最高。

3. 松石：松石是一种自色宝石，是一种完全水化的铜铝磷酸盐。分子式为$CuAl_6(PO_4)_4(OH)_8 \cdot 5H_2O$。松石的透明度为不透明、薄片下部分呈半透明。抛光面为油脂玻璃光泽，断口为油脂暗淡光泽。松石种类包括波斯松石、美国松石和墨西哥松石、埃及松石和带铁线的绿松石。

4. 青金石：青金石是方钠石族的一种矿物；青金石的分子式为$(Na,Ca)_{7-8}(Al,Si)_{12}(O,S)_{24}(SO_4), Cl_2Cl_2 \cdot (OH)_2(OH)_2$，其中钠经常部分地为钾置换，硫则部分地为硫酸根、氯或硒所置换。青金石的种类包括波斯青金石、苏联青金石或西班牙青金石、智利青金石。

5. 欧泊石：矿物质中属蛋白石类，分子式为$SiO_2 \cdot nH_2O$。由于蛋白石中SiO_2小圆珠整齐排列像光栅一样，当白光射在上面后发生衍射，散成彩色光谱，所以欧泊石具有绚丽夺目的变幻色彩，尤以红色多者最为珍贵。欧泊石的种类包括白欧泊石、黑欧泊石、晶质欧泊石、火欧泊石、胶状欧泊石或玉滴欧泊石、漂砾欧泊石、脉石欧泊石或基质中欧泊石。

6. 橄榄石：橄榄石是自色宝石，一般常见的颜色有纯绿色、黄绿色到棕绿色。橄榄石没有无色的。分子式为：$(Mg,Fe)_2SiO_4$。橄榄石的种类包括贵橄榄石、黄玉、镁橄榄石、铁橄榄石、"黄昏祖母绿"和硼铝镁石。

7. 长石：按矿物学分类长石分为两个主要类型：钾长石和斜长石。分子式分别为：

$KAlSi_3O_8$、$NaAlSi_3O_8$。长石的种类包括月光石或冰长石、日光石或砂金石的长石、拉长石、天河石或亚马逊石。

8. 玉：硬玉（也叫翡翠）、软玉。硬玉是一种钠和铝的硅酸盐，分子式为：$NaAl(SiO_3)_2$。软玉是一种含水的钙镁硅酸盐，分子式为：$CaMg_5(OH)_2(Si_4O_{11})_2$。

9. 石英：石英是一种它色的宝石，纯石英为无色透明。分子式为 SiO_2。石英的种类包括水晶、晕彩或彩红石英、金红石斑点或网金红石石英、紫晶、黄晶、烟石英或烟晶、芙蓉石、东陵石、蓝线石石英、乳石英、蓝石英或蓝宝石石英、虎眼石、鹰眼或猎鹰眼、石英猫眼、带星的或星光石英。

10. 玉髓：也叫隐晶质石英。分子式为 SiO_2。玉髓的种类包括月光石、绿玉髓、红玛瑙、肉红玉髓、鸡血石、葱绿玉髓、玛瑙、缟玛瑙、碧玉、深绿玉髓、硅孔雀石玉髓、硅化木。

11. 石榴石：其晶体与石榴籽的形状、颜色十分相似而得名。石榴石的一般分子式为 $R_3M_2(SiO_4)_3$。石榴石的种类包括铁铝榴石、镁铝榴石、镁铁榴石、锰铝榴石、钙铁榴石、钙铬榴石。

12. 锆石：颜色呈红、黄、蓝、紫色等。分子式为 $ZrSiO_4$。

13. 尖晶石：颜色呈黄色、绿色和无色。分子式为 $MgAl_2O_4$。尖晶石的种类包括红色尖晶石、红宝石色的尖晶石或红宝石尖晶石、紫色的或类似贵榴石色泽的尖晶石、粉或玫瑰色尖晶石、桔红色尖晶石、蓝色尖晶石、蓝宝石色尖晶石或蓝宝石尖晶石、象变石的尖晶石、黑色尖晶石、铁镁尖晶石或镁铁尖晶石。

14. 黄玉：黄玉是铝的氟硅酸盐，斜方晶系。分子式为 $Al_2(F,OH)_2SiO_4$。黄玉的种类包括棕黄至黄棕、浅蓝至淡蓝、粉红、无色的、其他品种。

15. 碧玺：极为复杂的硼铝硅酸盐，其中可含一种或数种以下成分：镁、钠、锂、铁、钾或其他金属。这些元素比例不同，颜色也不同。碧玺的种类包括红色的、绿色的、蓝色的、黄和橙色、无色或白色、黑色、杂色宝石、猫眼碧玺、变石似的碧玺。

16. 金绿玉：属尖晶石族矿物，铝酸盐类。主要成分是氧化铝铍，属斜方晶系。分子式为 $BeAl_2O_4$。金绿玉的种类包括变石、猫眼石、变石猫眼宝石及其他一些变种。

17. 绿柱石：绿柱石在其纯净状态是无色的；不同的变种之所以有不同的颜色是由于微量金属氧化物的存在。在存在氧化铬或氧化钒时通常就成了祖母绿，而海蓝宝石则是由于氧化亚铁着色而成的。成为铯绿柱石是由于镁的存在，而金绿柱石则是因氧化铁着色而成的。分子式为：$Be_3Al_2(SiO_3)_6$。绿柱石的种类包括祖母绿、海蓝宝石 Maxixe 型绿柱石、金绿柱石、铯绿柱石、其他透明的品种、猫眼绿柱石、星光绿柱石。

18. 刚玉：刚玉是一种很普通的矿物，除了星光宝石外，只有半透明到透明的变种才能叫作宝石。分子式为 Al_2O_3，含氧化铬呈红色，含钛和氧化铁呈蓝色，含氧化铁呈黄色，含铬和氧化铁呈橙色，含铁和氧化钛呈绿色，含铬、钛和氧化铁呈紫色。刚玉的种类包括红宝石、星光红宝石、蓝宝石、艳色蓝宝石、星光蓝宝石。

19. 琥珀：一种有机物质。它是一种含一些有关松脂的古代树木的石化松脂。分子式为 $C_{10}H_{16}O$。琥珀的种类包括海珀、坑珀、洁珀、块珀、脂珀、浊珀、泡珀、骨珀。

20. 珊瑚：是生物成因的另一种宝石原料。它是珊瑚虫的树枝状钙质骨架随着极细小的海生动物群体增生而形成。

21. 煤玉：煤玉是褐煤的一个变种（成分主要是碳，并含氢和氧）。它是由漂木经压实作用而成，漂木沉降到海底，变成埋藏的细粒淤泥，然后转变为硬质页岩，称为"煤玉岩"，煤玉是生物成因的。煤玉为非晶质，在粗糙表面上呈暗淡光泽，在磨光面上为玻璃光泽。

22. 龟甲：是非晶质的，具有油脂光泽至蜡状光泽，硬度 2.5。

23. 合成刚玉：指与有关天然刚玉对比，具有基本相同的物理、光学及化学性能的人造材料。

24. 合成宝石：指与有关天然宝石对比，具有基本相同的物理、光学及化学性能的人造宝石。合成宝石种类包括合成金红石、钛酸锶、钇铝榴石、轧镓榴石、合成立方锆石、合成蓝宝石、合成尖晶石、合成金红石、合成变石、合成钻石、合成祖母绿、合成欧泊、合成石英。

25. 双合石：也称复合石，这是一种由两种不同的材料黏结而成的宝石。双合石的种类是根据黏合时所用的材料性质划分的。双合石的种类有石榴石与玻璃双合石、祖母绿的代用品、欧泊石代用品、星光蓝宝石代用品、钻石代用品、其他各种仿宝石复合石。

26. 玻璃仿制品。

六、鞭炮、焰火

鞭炮，又称爆竹。是用多层纸密裹火药，接以药引线，制成的一种爆炸品。

焰火，指烟火剂，一般系包扎品，内装药剂，点燃后烟火喷射，呈各种颜色，有的还变幻成各种景象，分平地小焰火和空中大焰火两类。

本税目征收范围包括各种鞭炮、焰火。通常分为13类，即喷花类、旋转类、旋转升空类、火箭类、吐珠类、线香类、小礼花类、烟雾类、造型玩具类、爆竹类、摩擦炮类、组合烟花类、礼花弹类。

体育上用的发令纸，鞭炮药引线，不按本税目征收。

七、汽油

……

八、柴油

……

九、汽车轮胎

汽车轮胎是指用于各种汽车、挂车、专用车和其他机动车上的内、外胎。

本税目征收范围包括：

（一）轻型乘用汽车轮胎；

（二）载重及公共汽车、无轨电车轮胎；

（三）矿山、建筑等车辆用轮胎；

（四）特种车辆用轮胎（指行驶于无路面或雪地、沙漠等高越野轮胎）；

（五）摩托车轮胎；

（六）各种挂车用轮胎；

（七）工程车轮胎；

（八）其他机动车轮胎；

（九）汽车与农用拖拉机、收割机、手扶拖拉机通用轮胎。

十、摩托车

本税目征收范围包括：

（一）轻便摩托车：最大设计车速不超过50公里/小时、发动机气缸总工作容积不超过50毫升的两轮机动车。

（二）摩托车：最大设计车速超过50公里/小时、发动机气缸总工作容积超过50毫升、空车质量不超过400公斤（带驾驶室的正三轮车及特种车的空车质量不受此限）的两轮和三轮机动车。

1. 两轮车：装有一个驱动轮与一个从动轮的摩托车。

（1）普通车：骑式车架，双人坐垫，轮辋基本直径不小于304毫米，适应在公路或城市道路上行驶的摩托车。

（2）微型车：坐式或骑式车架，单人或双人坐垫，轮辋基本直径不大于254毫米，适应在公路或城市道路上行驶的摩托车。

（3）越野车：骑式车架，宽型方向把，越野型轮胎，剩余垂直轮隙及离地间隙大，适应在非公路地区行驶的摩托车。

（4）普通赛车：骑式车架，狭型方向把，坐垫偏后，装有大功率高转速发动机，在专用跑道上比赛车速的一种摩托车。

（5）微型赛车：坐式或骑式车架，轮辋基本直径不大于254毫米，装有大功率高转速发动机，在专用跑道上比赛车速的一种摩托车。

（6）越野赛车：具有越野性能，装有大功率发动机，用于非公路地区比赛车速的一种摩托车。

（7）特种车：一种经过改装之后用于完成特定任务的两轮摩托车。如开道车。

2. 边三轮车：在两轮车的一侧装有边车的三轮摩托车。

（1）普通边三轮车：具有边三轮车结构，用于载运乘员或货物的摩托车。

（2）特种边三轮车：装有专用设备，用于完成特定任务的边三轮车。如警车、消防车。

3. 正三轮车：装有与前轮对称分布的两个后轮和固定车厢的三轮摩托车。

（1）普通正三轮车：具有正三轮车结构，用于载运乘员或货物的摩托车。如客车、货车。

（2）特种正三轮车：装有专用设备，用于完成特定任务的正三轮车。如容罐车、自卸车、冷藏车。

十一、小汽车

……

【注释】第一条第一款和第二款、第七条、第八条失效，参见《国家税务总局关于发布已失效或废止有关消费税规范性文件的通知》（国税发〔2009〕45号）。第七条、第八条失效，参见《国家税务总局关于印发修订后的〈汽油、柴油消费税征收范围注释〉的通知》（国税发〔1998〕192号）。第四条、第十一条失效，参见《财政部 国家税务总局关于调整和完善消费税政策的通知》（财税〔2006〕33号）。第二条第六款、第九条废止，参见《国家税务总局关于公布全文失效废止和部分条款废止的税收规范性文件目录的公告》（国家税务总局公告2016年第34号）。

4. 消费税若干具体问题的规定

国税发〔1993〕156号

一、关于卷烟分类计税标准问题

……

二、关于酒的征收范围问题

（一）外购酒精生产的白酒，应按酒精所用原料确定白酒的适用税率。凡酒精所用原料无法确定的，一律按照粮食白酒的税率征税。

（二）外购两种以上酒精生产的白酒，一律从高确定税率征税。

（三）以外购白酒加浆降度，或外购散酒装瓶出售，以及外购白酒以曲香、香精进行调香、调味生产的白酒，按照外购白酒所用原料确定适用税率。凡白酒所用原料无法确定的，一律按照粮食白酒的税率征税。

（四）以外购的不同品种白酒勾兑的白酒，一律按照粮食白酒的税率征税。

（五）对用粮食和薯类、糠麸等多种原料混合生产的白酒，一律按照粮食白酒的税率征税。

（六）对用薯类和粮食以外的其他原料混合生产的白酒，一律按照薯类白酒的税率征税。

三、关于计税依据问题

（一）纳税人销售的甲类卷烟和粮食白酒，其计税价格显著低于产地市场零售价格的，主管税务机关应逐级上报国家税务总局核定计税价格，并按照国家税务总局核定的计税价格征税。

甲类卷烟和粮食白酒计税价格的核定办法另行规定。

（二）根据《中华人民共和国消费税暂行条例实施细则》第十七条的规定，应税消费品全国平均成本利润率规定如下：

1. 甲类卷烟 10%；
2. 乙类卷烟 5%；
3. 雪茄烟 5%；
4. 烟丝 5%；
5. 粮食白酒 10%；
6. 薯类白酒 5%；
7. 其他酒 5%；
8. 酒精 5%；
9. 化妆品 5%；
10. 护肤护发品 5%；
11. 鞭炮、焰火 5%；
12. 贵重首饰及珠宝玉石 6%；
13. 汽车轮胎 5%；
14. 摩托车 6%；
15. 小轿车 8%；
16. 越野车 6%；
17. 小客车 5%。

（三）下列应税消费品可以销售额扣除外购已税消费品买价后的余额作为计税价格计征消费税：

1. 外购已税烟丝生产的卷烟；
2. 外购已税酒和酒精生产的酒（包括以外购已税白酒加浆降度，用外购已税的不同品种的白酒勾兑的白酒，用曲香、香精对外购已税白酒进行调香、调味以及外购散装白酒装瓶出售等等）；
3. 外购已税化妆品生产的化妆品；
4. 外购已税护肤护发品生产的护肤护发品；
5. 外购已税珠宝玉石生产的贵重首饰及珠宝玉石；
6. 外购已税鞭炮、焰火生产的鞭炮、焰火。

外购已税消费品的买价是指购货发票上注明的销售额（不包括增值税税款）。

（四）下列应税消费品准予从应纳消费税税额中扣除原料已纳消费税税款：

1. 以委托加工收回的已税烟丝为原料生产的卷烟；
2. 以委托加工收回的已税酒和酒精为原料生产的酒；
3. 以委托加工收回的已税化妆品为原料生产的化妆品；
4. 以委托加工收回的已税护肤护发品为原料生产的护肤护发品；
5. 以委托加工收回已税珠宝玉石为原料生产的贵重首饰及珠宝玉石；
6. 以委托加工收回已税鞭炮、焰火为原料生产的鞭炮、焰火。

已纳消费税税款是指委托加工的应税消费品由受托方代收代缴的消费税。

（五）纳税人通过自设非独立核算门市部销售的自产应税消费品，应当按照门市部对外销售额或者销售数量征收消费税。

（六）纳税人用于换取生产资料和消费资料，投资入股和抵偿债务等方面的应税消费品，应当以纳税人同类应税消费品的最高销售价格作为计税依据计算消费税。

四、关于纳税地点问题

……

五、关于报缴税款问题

……

六、本规定自1994年1月1日起执行。

【注释】对《消费税暂行条例》第二条进行了解释。对《消费税暂行条例实施细则》第十七、第二十五条进行了解释。下列文件对此进行了更正：《国家税务总局关于〈消费税若干具体问题的规定〉的更正通知》（国税发〔1994〕84号）。相关规定包括：《国家税务总局关于用外购和委托加工收回的应税消费品连续生产应税消费品征收消费税问题的通知》（国税发〔1995〕94号）。第一条，第四条，第五条失效，参见《税务部门现行有效 失效 废止规章目录》（国家税务总局令第23号）。

5. 国家税务总局关于《消费税征收范围注释》的补充通知

国税发〔1994〕26号

各省、自治区、直辖市税务局，各计划单列市税务局，哈尔滨、沈阳、长春、西安、南京、成都、武汉、广州市税务局：

我局以国税发〔1993〕153号印发的《消费税征收范围注释》的通知下发后，一些地区要求明确小客车中"微型客车"部分的征收范围。现将"小客车"的消费税征税范围补充通知如下：

小客车，又称旅行车，是指具有长方箱形车厢、车身长度小于或等于3.5米的"微型客车"和大于3.5米小于7米的乘客座位（不含驾驶员座位）在22座以下的"中型客车"。

【注释】对《消费税征收范围注释》进行了解释。

国家税务总局
一九九四年二月四日

6. 国家税务总局关于消费税若干征税问题的通知

国税发〔1994〕130号

各省、自治区、直辖市税务局,各计划单列市税务局,哈尔滨、沈阳、西安、武汉、广州、成都、长春、南京市税务局:

《中华人民共和国消费税暂行条例》及其有关规定实施以来,各地在贯彻执行中陆续反映出了一些问题,要求予以明确。现根据消费税问题座谈会讨论的意见,就几个具体征税问题通知如下:

一、关于委托加工征税问题

(一)对纳税人委托个体经营者加工的应税消费品,一律于委托方收回后在委托方所在地缴纳消费税。

(二)对消费者个人委托加工的金银首饰及珠宝玉石,可暂按加工费征收消费税。

二、关于已税消费品的扣除问题

……

【注释】对《消费税暂行条例》第四条进行了解释。对《消费税暂行条例实施细则》第七条进行了解释。相关规定包括:《国家税务总局关于用外购和委托加工收回的应税消费品连续生产应税消费品征收消费税问题的通知》(国税发〔1995〕94号)。

国家税务总局

一九九四年五月二十六日

7. 财政部 国家税务总局关于调整金银首饰消费税纳税环节有关问题的通知

财税〔1994〕95号

各省、自治区、直辖市财政厅(局)、国家税务局,各计划单列市财政局、国家税务局:

经国务院批准,金银首饰消费税由生产销售环节征收改为零售环节征收。现将有关规定通知如下:

一、改为零售环节征收消费税的金银首饰范围。

这次改为零售环节征收消费税的金银首饰范围仅限于:金、银和金基、银基合金首饰,以及金、银和金基、银基合金的镶嵌首饰(以下简称金银首饰)。

……

【注释】第一条第二款废止,参见《财政部 国家税务总局关于公布废止和失效的消费税规范性文件目录的通知》(财税〔2009〕18号)。

对既销售金银首饰，又销售非金银首饰的生产、经营单位，应将两类商品划分清楚，分别核算销售额。凡划分不清楚或不能分别核算的，在生产环节销售的，一律从高适用税率征收消费税；在零售环节销售的，一律按金银首饰征收消费税。

金银首饰与其他产品组成成套消费品销售的，应按销售额全额征收消费税。

二、税率。

金银首饰消费税税率为5%。

三、纳税义务人。

在中华人民共和国境内从事金银首饰零售业务的单位和个人，为金银首饰消费税的纳税义务人（以下简称纳税人），应按本通知的规定缴纳消费税。委托加工（另有规定者除外）、委托代销金银首饰的，受托方也是纳税人。

四、纳税环节。

纳税人销售（指零售，下同）的金银首饰（含以旧换新），于销售时纳税；用于馈赠、赞助、集资、广告、样品、职工福利、奖励等方面的金银首饰，于移送时纳税；带料加工、翻新改制的金银首饰，于受托方交货时纳税。

五、纳税义务发生时间。

纳税人销售金银首饰，其纳税义务发生时间为收讫销货款或取得索取销货凭据的当天；用于馈赠、赞助、集资、广告、样品、职工福利、奖励等方面的金银首饰，其纳税义务发生时间为移送的当天；带料加工、翻新改制的金银首饰，其纳税义务发生时间为受托方交货的当天。

六、金银首饰消费税改变征税环节后，经营单位进口金银首饰的消费税，由进口环节征收改为在零售环节征收；出口金银首饰由出口退税改为出口不退消费税。

个人携带、邮寄金银首饰进境，仍按海关现行规定征税。

七、计税依据。

（一）纳税人销售金银首饰，其计税依据为不含增值税的销售额。如果纳税人销售金银首饰的销售额中未扣除增值税税款，在计算消费税时，应按以下公式换算为不含增值税税款的销售额。

金银首饰的销售额＝含增值税的销售额÷（1＋增值税税率或征收率）

（二）金银首饰连同包装物销售的，无论包装是否单独计价，也无论会计上如何核算，均应并入金银首饰的销售额，计征消费税。

（三）带料加工的金银首饰，应按受托方销售同类金银首饰的销售价格确定计税依据征收消费税。没有同类金银首饰销售价格的，按照组成计税价格计算纳税。组成计税价格的计算公式为：

组成计税价格＝（材料成本＋加工费）÷（1－金银首饰消费税税率）

（四）纳税人采用以旧换新（含翻新改制）方式销售的金银首饰，应按实际收取的不含增值税的全部价款确定计税依据征收消费税。

（五）生产、批发、零售单位用于馈赠、赞助、集资、广告、样品、职工福利、奖励等方面的金银首饰，应按纳税人销售同类金银首饰的销售价格确定计税依据征收消费税；没有同类金银首饰销售价格的，按照组成计税价格计算纳税。组成计税价格的计算公式为：

组成计税价格＝购进原价×（1＋利润率）÷（1－金银首饰消费税税率）

纳税人为生产企业时，公式中的"购进原价"为生产成本。公式中的"利润率"一律定为6%。

八、纳税人应向其核算地主管国家税务局申报纳税。

九、金银首饰消费税改变纳税环节以后，用已税珠宝玉石生产的本通知范围内的镶嵌首饰，在计税时一律不得扣除买价或已纳的消费税税款。

十、对改变征税环节后，商业零售企业销售以前年度库存的金银首饰，按调整后的税率照章征收消费税。

十一、金银首饰消费税征收管理办法，由国家税务总局另行制定。

十二、本通知于1995年1月1日起执行。

【注释】对《消费税暂行条例》第二、第四、第十四条进行了解释。

财政部　国家税务总局
一九九四年十二月二十四日

8. 国家税务总局关于印发《消费税问题解答》的通知

国税函发〔1997〕306号

各省、自治区、直辖市和计划单列市国家税务局：

现将《消费税问题解答》发给你们，请依照执行。

国家税务总局
一九九七年五月二十一日

消费税问题解答

问：用购进已税烟丝生产的出口卷烟，能否扣除外购已税烟丝的已纳税款？

答：按照现行税收法规规定，国家对卷烟出口一律实行在生产环节免税的办法，即免征卷烟加工环节的增值税和消费税，而对出口卷烟所耗用的原辅材料已缴纳的增值税和消费税则不予退、免税。据此，为生产出口卷烟而购进的已税烟丝的已纳税款不能给予扣除。

问：为了堵塞税收漏洞，财政部、国家税务总局下发了《关于酒类产品包装物押金征税问题的通知》（财税字〔1995〕053号），规定从1995年6月1日起，对酒类产品生产企业销售酒类产品而收取的包装物押金，无论押金是否返还和在会计上如何核算，均需并入酒类产品销售额中，依据酒类产品的适用税率计征消费税。这一规定是否包括啤酒和黄酒产品？

答：根据《中华人民共和国消费税暂行条例》的规定，对啤酒和黄酒实行从量定额的办法征收消费税，即按照应税数量和单位税额计算应纳税额。按照这一办法征税的消费品的计税依据为应税消费品的数量，而非应税消费品的销售额，征税的多少与应税消费品的数量成正比，而与应税消费品的销售金额无直接关系。因此，对酒类包装物押金征税的规定只适用于实行从价定率办法征收消费税的粮食白酒、薯类白酒和其他酒，而不适用于实行从量定额办法征收消费税的啤酒和黄酒产品。

问：出国人员免税商店销售的金银首饰是否征收消费税？

答：对出国人员免税商店销售的金银首饰应当征收消费税。

问："啤酒源"是否征收消费税？

答：啤酒源是以大麦或其他粮食为原料，加入啤酒花，经糖化、发酵酿制而成的含二氧化碳的酒。在产品特性、使用原料和生产工艺流程上，啤酒源与啤酒一致，只缺少过滤过程。

因此，对啤酒源应按啤酒征收消费税。

问：菠萝啤酒是否征收消费税？

答：经向主管部门了解，菠萝啤酒是以大麦或其他粮食为原料，加入啤酒花，经糖化、发酵，并在过滤时加入菠萝精（汁）、糖酿制的含有二氧化碳的酒。其在产品特性、使用原料和生产工艺流程上与啤酒相同，只是在过滤时加上适量的菠萝精（汁）和糖，因此，对菠萝啤酒应按啤酒征收消费税。

问："金刚石"是否征收消费税？

答：金刚石又称钻石，属于贵重首饰及珠宝玉石的征收范围，应按规定征收消费税。

问："宝石坯"是否征收消费税？

答：根据《消费税征收范围注释》规定，珠宝玉石的征税范围为经采掘、打磨、加工的各种珠宝玉石。宝石坯是经采掘、打磨、初级加工的珠宝玉石半成品，因此，对宝石坯应按规定征收消费税。

……

问：根据《消费税征收范围注释》规定，轻便摩托车的征税范围为最大设计车速不超过 50km/h，发动机气缸总工作容量不超过 50ml 的两轮摩托车。对最大设计车速不超过 50km/h，发动机汽缸总工作容量不超过 50ml 的三轮摩托车是否征收消费税？

答：对最大设计车速不超过 50km/h，发动机气缸总工作容量不超过 50ml 的三轮摩托车不征收消费税。

【注释】对《消费税暂行条例》第二条以及《关于酒类产品包装物押金征税问题的通知》（财税字〔1995〕053号）进行了解释。

9. 国家税务总局关于配制酒消费税适用税率问题的公告

国家税务总局公告2011年第53号

根据《中华人民共和国消费税暂行条例》及其实施细则，现将配制酒消费税适用税率问题公告如下：

一、配制酒（露酒）是指以发酵酒、蒸馏酒或食用酒精为酒基，加入可食用或药食两用的辅料或食品添加剂，进行调配、混合或再加工制成的、并改变了其原酒基风格的饮料酒。

二、配制酒消费税适用税率

（一）以蒸馏酒或食用酒精为酒基，同时符合以下条件的配制酒，按消费税税目税率表"其他酒"10%适用税率征收消费税。

1. 具有国家相关部门批准的国食健字或卫食健字文号；

2. 酒精度低于38度（含）。

（二）以发酵酒为酒基，酒精度低于20度（含）的配制酒，按消费税税目税率表"其他酒"10%适用税率征收消费税。

（三）其他配制酒，按消费税税目税率表"白酒"适用税率征收消费税。

上述蒸馏酒或食用酒精为酒基是指酒基中蒸馏酒或食用酒精的比重超过80%（含）；发酵酒为酒基是指酒基中发酵酒的比重超过80%（含）。

三、本公告自2011年10月1日起执行。《国家税务总局关于消费税若干征税问题的通知》

（国税发〔1997〕84号）第三条规定同时废止。

特此公告。

国家税务总局
二〇一一年九月二十八日

10. 财政部 国家税务总局关于《中华人民共和国消费税暂行条例实施细则》有关条款解释的通知

财法〔2012〕8号

各省、自治区、直辖市、计划单列市财政厅（局）、国家税务局，新疆生产建设兵团财务局：

《中华人民共和国消费税暂行条例实施细则》（财政部令第51号）第七条第二款规定，"委托加工的应税消费品直接出售的，不再缴纳消费税"。现将这一规定的含义解释如下：

委托方将收回的应税消费品，以不高于受托方的计税价格出售的，为直接出售，不再缴纳消费税；委托方以高于受托方的计税价格出售的，不属于直接出售，需按照规定申报缴纳消费税，在计税时准予扣除受托方已代收代缴的消费税。

本规定自2012年9月1日起施行。

财政部 国家税务总局
二〇一二年七月十三日

11. 国家税务总局关于消费税有关政策问题补充规定的公告

国家税务总局公告2013年第50号

现对《国家税务总局关于消费税有关政策问题的公告》（国家税务总局公告2012年第47号）有关问题补充规定如下：

一、国家税务总局公告2012年第47号第一条和第二条所称"其他原料"是指除原油以外可用于生产加工成品油的各种原料。

二、纳税人生产加工符合国家税务总局公告2012年第47号第一条第（一）项规定的产品，无论以何种名称对外销售或用于非连续生产应征消费税产品，均应按规定缴纳消费税。

三、国家税务总局公告2012年第47号第一条第（二）项所称"本条第（一）项规定以外的产品"是指产品名称虽不属于成品油消费税税目列举的范围，但外观形态与应税成品油相同或相近，且主要原料可用于生产加工应税成品油的产品。

前款所称产品不包括：

（一）环境保护部发布《中国现有化学物质名录》中列明分子式的产品和纳税人取得

环境保护部颁发的《新化学物质环境管理登记证》中列名的产品；

（二）纳税人取得省级（含）以上质量技术监督部门颁发的《全国工业产品生产许可证》中除产品名称注明为"石油产品"外的各明细产品。

本条第一款规定的产品，如根据国家标准、行业标准或其他方法可以确认属于应征消费税的产品，适用本公告第二条规定。

四、国家税务总局公告2012年第47号第二条所称"纳税人以原油或其他原料生产加工的产品"是指常温常压状态下呈暗褐色或黑色的液态或半固态产品。

其他呈液态状产品以沥青名称对外销售或用于非连续生产应征消费税产品，适用国家税务总局公告2012年第47号第一条和本公告第三条规定。

沥青产品的行业标准，包括石油化工以及交通、建筑、电力等行业适用的行业性标准。

五、国家税务总局公告2012年第47号所称"相关产品质量检验证明"是指经国家认证认可监督管理委员会或省级质量技术监督部门依法授予实验室资质认定的检测机构出具的相关产品达到国家或行业标准的检验证明，且该检测机构对相关产品的检测能力在其资质认定证书附表规定的范围之内。

纳税人委托检测机构对相关产品进行检验的项目应为该产品国家或行业标准中列明的全部项目。在向主管税务机关提交检验证明备案时，应一并提供受检产品的国家或行业标准以及检测机构具备检测资质和该产品检测能力的证明材料，包括资质认定证书及检测能力附表复印件等。

本省（自治区、直辖市、计划单列市，以下简称省市）范围内的检测机构对相关产品不能检验的，纳税人可委托其他省市符合条件的检测机构对产品进行检验，并按前款规定提供产品检验证明和检测机构资质能力证明等材料。

六、对国家税务总局公告2012年第47号和本公告规定可不提供检验证明或已提供检验证明而不缴纳消费税的产品，税务机关可根据需要组织进行抽检，核实纳税人实际生产加工的产品是否符合不征收消费税的规定。

七、纳税人发生下列情形之一且未缴纳消费税的，主管税务机关应依法补征税款并予以相应处理：

（一）应提供而未提供检验证明；

（二）虽提供检验证明，但实际生产加工的产品不符合检验证明所依据的国家或行业标准。

八、下列产品准予按规定从消费税应纳税额中扣除其原料已纳的消费税税款，但可享受原料所含消费税退税政策的产品除外：

（一）按国家税务总局公告2012年第47号和本公告规定视同石脑油、燃料油缴纳消费税的产品；

（二）以外购或委托加工收回本条第（一）项规定的产品为原料生产的应税消费品；

（三）按国家税务总局公告2012年第47号第三条第（二）项规定缴纳消费税的产品。

九、……

【注释】第九条废止，参见《参见国家税务总局关于成品油消费税征收管理有关问题的告》（国家税务总局公告2018年第1号）

十、各地税务机关应加强消费税的日常管理和纳税评估，加大对纳税人不同名称产品销量异常变动情况的监管，并可根据需要对视同石脑油、燃料油征收消费税的产品，制定具体管理办法。

十一、本公告自2013年1月1日起施行。本公告施行前，纳税人向主管税务机关提交备案的产品检验证明,如所检项目为该产品国家或行业标准中列明的全部项目,可不做调整,如所检项目仅为部分项目,需补充提供其他项目的检验证明备案,对不提供全部项目检验证明的,视同不符合该产品的国家或行业标准;对已缴纳消费税的产品,根据本公告规定不属于消费税征税范围的,纳税人可按规定申请退税或抵减以后期间的应纳消费税。

特此公告。

国家税务总局
2013年9月9日

12. 财政部 国家税务总局关于调整消费税政策的通知

财税〔2014〕93号

各省、自治区、直辖市、计划单列市财政厅(局)、国家税务局,新疆生产建设兵团财务局:

经国务院批准,现将消费税政策调整事项通知如下:

一、取消气缸容量250毫升(不含)以下的小排量摩托车消费税。气缸容量250毫升和250毫升(不含)以上的摩托车继续分别按3%和10%的税率征收消费税。

二、取消汽车轮胎税目。

三、取消车用含铅汽油消费税,汽油税目不再划分二级子目,统一按照无铅汽油税率征收消费税。

四、取消酒精消费税。取消酒精消费税后,"酒及酒精"品目相应改为"酒",并继续按现行消费税政策执行。

五、本通知自2014年12月1日起执行。

财政部 国家税务总局
2014年11月25日

13. 国家税务总局关于白酒消费税最低计税价格核定问题的公告

国家税务总局公告2015年第37号

现将白酒消费税最低计税价格核定问题公告如下:

纳税人将委托加工收回的白酒销售给销售单位,消费税计税价格低于销售单位对外销售价格(不含增值税)70%以下,属于《中华人民共和国消费税暂行条例》第十条规定的情形,应该按照《国家税务总局关于加强白酒消费税征收管理的通知》(国税函〔2009〕380号)规定的核价办法,核定消费税最低计税价格。

上述销售单位是指《国家税务总局关于加强白酒消费税征收管理的通知》(国税函〔2009〕380号)附件《白酒消费税最低计税价格核定管理办法(试行)》第三条规定的情形。

本公告自 2015 年 6 月 1 日起施行。此前已发生但尚未处理的事项，按照本公告规定执行。

特此公告。

国家税务总局
2015 年 5 月 19 日

14. 国家税务总局关于明确电池 涂料消费税征收管理有关事项的公告

国家税务总局公告 2015 年第 95 号

现将电池、涂料消费税征收管理有关事项公告如下：

一、根据《财政部 国家税务总局关于对电池 涂料征收消费税的通知》（财税〔2015〕16 号，以下简称《通知》）规定，铅蓄电池自 2016 年 1 月 1 日起按 4% 税率征收消费税。

二、……

【注释】第二条及附件废止，参见《国家税务总局关于增值税 消费税与附加税费申报表整合有关事项的公告》（国家税务总局公告 2021 年第 20 号）。

三、根据《中华人民共和国消费税暂行条例实施细则》第十七条的规定和我国电池、涂料行业生产经营的实际情况，电池、涂料全国平均成本利润率为：

（一）电池 4%；

（二）涂料 7%。

四、外购电池、涂料大包装改成小包装或者外购电池、涂料不经加工只贴商标的行为，视同应税消费税品的生产行为。发生上述生产行为的单位和个人应按规定申报缴纳消费税。

五、《国家税务总局关于电池 涂料消费税征收管理有关问题的公告》（国家税务总局公告 2015 年第 5 号）第四条所称"省级以上质量技术监督部门认定的检测机构"是指具有国家认证认可监督管理委员会或省级质量技术监督部门依法颁发、现行有效的《资质认定计量认证证书》（使用 CMA 徽标），且《资质认定计量认证证书》附表中具备相应电池、涂料检测项目的检测机构。

六、纳税人生产、委托加工《通知》第二条规定的电池、涂料，可按类别提供检测报告，但纳税人在提供检测报告时应一并报送该类产品明细清单，且明细清单的货物名称、规格、型号应与会计核算、销售发票内容相一致。

七、本公告自 2016 年 1 月 1 日起施行。《国家税务总局关于电池 涂料消费税征收管理有关问题的公告》（国家税务总局公告 2015 年第 5 号）附件 2 同时废止。

特此公告。

附件：电池消费税纳税申报表（略）。

国家税务总局
2015 年 12 月 29 日

15. 关于《国家税务总局关于明确电池 涂料消费税征收管理有关事项的公告》的解读

一、公告出台的背景

为贯彻落实《财政部 国家税务总局关于对电池 涂料征收消费税的通知》（财税〔2015〕16号）第二条规定，同时为有效解决现行电池、涂料消费税政策执行中存在的主要问题，税务总局制定发布了本公告。

二、公告的主要内容

一是公告明确了铅蓄电池自2016年1月1日起按4%税率征收消费税。

二是为明确铅蓄电池征收消费税后有关纳税申报事宜，公告规定自2016年1月（税款所属期）启用新修订的《电池消费税纳税申报表》。

三是根据《中华人民共和国消费税暂行条例实施细则》第十七条的规定，公告明确了电池、涂料全国平均成本利润率分别为4%和7%。

四是为加强电池、涂料消费税管理，公告明确电池、涂料大包装改小包装，外购电池、涂料贴标等行为视为应税消费税品的生产加工行为，发生此行为的纳税人应当申报缴纳消费税。

五是为统一电池、涂料消费税政策执行口径，公告明确电池、涂料的"省级以上质量技术监督部门认定的检测机构"是指具有国家认证认可监督委员会或省级质量技术监督部门依法颁发、现行有效的《资质认定计量认证证书》（使用CMA徽标），且《资质认定计量认证证书》附表中具备相应电池、涂料检测项目的检测机构。

六是为减轻纳税人的负担，公告明确享受免税政策的电池、涂料产品，可按类别提供检测报告，但要求纳税人在提供检测报告时应一并报送该类产品明细清单，并且明细清单的货物名称、规格、型号应与会计核算、销售发票内容相符。

七是公告规定了执行时间为2016年1月1日。

16. 国家税务总局关于高档化妆品消费税征收管理事项的公告

国家税务总局公告2016年第66号

根据《财政部 国家税务总局关于调整化妆品消费税政策的通知》（财税〔2016〕103号），现将高档化妆品消费税征收管理事项公告如下：

一、调整《国家税务总局关于调整消费税纳税申报表有关问题的公告》（国家税务总局公告2014年第72号）附件2《其他应税消费品消费税纳税申报表》填写说明中"化妆品"相关内容，调整后的表式及填写说明见附件。

二、自2016年10月1日起，高档化妆品消费税纳税人（以下简称纳税人）以外购、进口和委托加工收回的高档化妆品为原料继续生产高档化妆品，准予从高档化妆品消费税应纳税额中扣除外购、进口和委托加工收回的高档化妆品已纳消费税税款。

三、纳税人外购、进口和委托加工收回已税化妆品用于生产高档化妆品的，其取得 2016 年 10 月 1 日前开具的抵扣凭证，应于 2016 年 11 月 30 日前按原化妆品消费税税率计提待抵扣消费税，逾期不得计提。

四、纳税人应按《国家税务总局关于印发〈调整和完善消费税政策征收管理规定〉的通知》（国税发〔2006〕49 号）规定，设立高档化妆品消费税抵扣税款台账。

五、本公告自发布之日起施行。《国家税务总局关于调整消费税纳税申报表有关问题的公告》（国家税务总局公告 2014 年第 72 号）附件 2 同时废止。

特此公告。

附件：其他应税消费品消费税纳税申报表（略）。

【注释】附件废止，参见《国家税务总局关于超豪华小汽车消费税征收管理有关事项的公告》（国家税务总局公告 2016 年第 74 号）。

国家税务总局
2016 年 10 月 19 日

17. 关于《国家税务总局关于高档化妆品消费税征收管理事项的公告》的解读

根据《财政部　国家税务总局关于调整化妆品消费税政策的通知》（财税〔2016〕103 号）规定，从 2016 年 10 月 1 日起，取消对普通美容、修饰类化妆品征收消费税，将"化妆品"税目名称更名为"高档化妆品"，税率调整为 15%。国家税务总局相应对消费税纳税申报表进行了调整，进一步明确高档化妆品消费税抵扣管理事项，制定本《公告》。

一、对《国家税务总局关于调整消费税纳税申报表有关问题的公告》（国家税务总局公告 2014 年第 72 号）附件 2《其他应税消费品消费税纳税申报表》填写说明中"化妆品"相关内容进行了修改。

二、对高档化妆品消费税抵扣管理事项做了明确规定，内容包括：

一是为保持政策延续性，《公告》明确：自 2016 年 10 月 1 日起，纳税人以外购、进口和委托加工收回的高档化妆品为原料连续生产高档化妆品，准予从高档化妆品消费税应纳税额中扣除外购、进口和委托加工收回的高档化妆品已纳消费税税款；用于连续生产非高档化妆品的，不得抵扣消费税。

二是考虑到纳税人存在 2016 年 10 月 1 日前购进已税化妆品，但在 10 月 1 日以后取得增值税专用发票等抵扣凭证的情况，《公告》明确：纳税人外购、进口和委托加工收回已税化妆品用于生产高档化妆品的，其取得 2016 年 10 月 1 日前开具的抵扣凭证，应于 2016 年 11 月 30 日前按原化妆品消费税 30% 的税率计提待抵扣消费税，逾期不得计提。

三是为加强高档化妆品消费税抵扣管理，《公告》明确：纳税人应严格按照《国家税务总局关于印发〈调整和完善消费税政策征收管理规定〉的通知》（国税发〔2006〕49 号）规定，设立高档化妆品消费税抵扣税款台账。

18. 国家税务总局关于超豪华小汽车消费税征收管理有关事项的公告

国家税务总局公告2016年第74号

根据《财政部 国家税务总局关于对超豪华小汽车加征消费税有关事项的通知》（财税〔2016〕129号）规定，自2016年12月1日起，对超豪华小汽车在零售环节加征10%的消费税。现将有关事项公告如下：

一、从事超豪华小汽车零售的消费税纳税人（以下简称纳税人），未办理消费税税种登记的，应按主管税务机关的要求及时办理税种登记。

二、……

【注释】 第二条及附件废止，参见《国家税务总局关于增值税 消费税与附加税费申报表整合有关事项的公告》（国家税务总局公告2021年第20号）。

三、2016年11月30日（含）之前已签订汽车销售合同但未交付实物的超豪华小汽车，纳税人自2016年12月1日（含）起5个工作日内，应持已签订的汽车销售合同原件及复印件到主管税务机关备案。主管税务机关对合同原件和复印件内容核对无误后，复印件留存，原件退回纳税人。

对2016年11月30日（含）之前已签订汽车销售合同但未备案以及未按规定时限备案的，应当缴纳零售环节消费税。

四、备案的汽车销售合同中的"购车人、厂牌型号"等内容，应与纳税人交付实物时开具的《机动车销售统一发票》中的"购买方名称及身份证号码/组织机构代码、厂牌型号"栏目内容对应一致。不一致的，应当缴纳零售环节消费税。

五、本公告自2016年12月1日起施行。《国家税务总局关于高档化妆品消费税征收管理事项的公告》（国家税务总局公告2016年第66号）附件同时废止。

特此公告。

附件：其他应税消费品消费税纳税申报表（略）。

国家税务总局
2016年11月30日

19. 关于《国家税务总局关于超豪华小汽车消费税征收管理有关事项的公告》的解读

为贯彻落实《财政部 国家税务总局关于对超豪华小汽车加征消费税有关事项的通知》（财税〔2016〕129号），做好政策实施后的税收征管工作，国家税务总局制定了本《公告》。

一、《公告》明确，从事超豪华小汽车零售的纳税人，未办理消费税税种登记的，应按主管税务机关规定的时限和要求办理登记手续，以便后续纳税申报工作的顺利开展。

二、《公告》明确，2016年12月1日起从事超豪华小汽车零售的纳税人在申报缴纳零售环节消费税时，统一填报《其他应税消费品消费税纳税申报表》。

三、《公告》对纳税人在2016年11月30日（含）之前已签订汽车销售合同但未交付实物的超豪华小汽车的备案事项做了规定：

一是明确纳税人在2016年12月1日起5个工作日内，持已签订的超豪华小汽车销售合同原件及复印件到主管税务机关备案，凡未备案或超过规定时限备案的超豪华小汽车应当缴纳消费税；

二是纳税人备案的销售合同应与开具的《机动车销售统一发票》的相关内容相一致。不一致的，纳税人销售的超豪华小汽车应当缴纳消费税。

20. 国家税务总局关于卷烟消费税计税价格核定管理有关问题的公告

国家税务总局公告2017年第32号

为进一步规范卷烟消费税计税价格（以下简称计税价格）核定管理工作，现将有关问题公告如下：

一、对于未按照《卷烟消费税计税价格信息采集和核定管理办法》（国家税务总局令第26号公布，以下简称《办法》）规定报送信息资料的新牌号、新规格卷烟，卷烟生产企业消费税纳税人（以下简称"纳税人"）按照税务总局核定的计税价格计算缴纳消费税满1年后，可向主管税务机关提出调整计税价格的申请。主管税务机关应于收到申请后15日内，将申请调整计税价格文件逐级上报至税务总局。税务总局收到文件后30日内，根据当期已采集的该牌号规格卷烟批发环节连续6个月的销售价格，调整并发布计税价格。

二、对于因卷烟批发企业申报《卷烟批发企业月份销售明细清单》中销售价格信息错误，造成纳税人对税务总局核定的计税价格有异议的，纳税人可自计税价格执行之日起向主管税务机关提出调整计税价格的申请。主管税务机关收到申请后，应核实纳税人该牌号规格卷烟的生产经营情况，计算该牌号规格卷烟自正式投产以来的加权平均销售价格，对确需调整计税价格的，应于收到申请后25日内，将申请调整计税价格文件逐级上报至税务总局。税务总局收到文件后，重新采集该牌号规格卷烟批发环节销售价格，采集期为已核定计税价格执行之日起连续6个月，采集期满后调整并发布计税价格。

三、对于纳税人套用其他牌号、规格卷烟计税价格，造成少缴消费税税款的，主管税务机关按照《办法》第十八条规定，调整纳税人应纳税收入时，应按照采集的该牌号、规格卷烟市场零售价格适用最低档批发毛利率确定计税价格，追缴纳税人少缴消费税税款。

四、本公告自2017年10月1日起施行。

特此公告。

国家税务总局
2017年8月29日

21. 关于《国家税务总局关于卷烟消费税计税价格核定管理有关问题的公告》的解读

一、发布本公告的背景是什么？

《卷烟消费税计税价格信息采集和核定管理办法》（国家税务总局令第26号公布，以下简称《办法》）实施以来，有效地规范了卷烟消费税计税价格、保全了卷烟消费税税基。为进一步规范卷烟消费税计税价格核定管理工作，明确《办法》有关规定具体执行时限，细化工作流程，发布本公告。

二、公告的主要内容是什么？

一是，对于未按照《办法》规定报送信息资料的新牌号、新规格卷烟，公告明确规定，卷烟生产企业消费税纳税人（以下简称"纳税人"）按照已核定计税价格计算缴纳消费税满1年后，可向主管税务机关提出调整卷烟计税价格的申请。主管税务机关在接到纳税人申请的15日内，将申请调整卷烟计税价格文件逐级上报至税务总局。税务总局在接到文件后30日内，根据当期已采集的该牌号规格卷烟批发环节连续6个月的销售价格，调整并发布卷烟计税价格。

二是，对于因卷烟批发企业申报《卷烟批发企业月份销售明细清单》中销售价格信息错误，造成纳税人对税务总局核定的计税价格有异议的，公告明确规定，纳税人可自计税价格执行之日起向主管税务机关提出调整计税价格的申请。主管税务机关在接到申请后，应对纳税人卷烟生产经营情况进行核实，并对该牌号规格卷烟自正式投产以来的销售价格进行加权平均计算，对于确需调整计税价格的，应在收到纳税人申请后25日内，将申请调整卷烟计税价格的建议文件逐级上报至税务总局。税务总局收到文件后，重新采集该牌号规格卷烟批发环节销售价格，采集期为已核定计税价格执行之日起连续6个月，采集期满后调整并发布卷烟计税价格。

三是，对于纳税人套用其他牌号、规格卷烟计税价格，造成少缴消费税税款的，公告明确规定，主管税务机关按照《办法》第十八条规定，调整纳税人应纳税收入时，应按照采集的该牌号、规格卷烟市场零售价格适用最低档批发毛利率确定计税价格，追缴纳税人少缴消费税税款。

22. 国家税务总局关于成品油消费税征收管理有关问题的公告

国家税务总局公告2018年第1号

为加强汽油、柴油、航空煤油、石脑油、溶剂油、润滑油、燃料油等成品油消费税的征收管理，维护公平的税收秩序，营造良好营商环境，现将有关问题公告如下：

一、所有成品油发票均须通过增值税发票管理新系统中成品油发票开具模块开具。

（一）成品油发票是指销售汽油、柴油、航空煤油、石脑油、溶剂油、润滑油、燃料油等成品油所开具的增值税专用发票（以下称"成品油专用发票"）和增值税普通发票。

（二）纳税人需要开具成品油发票的，由主管税务机关开通成品油发票开具模块。

（三）开具成品油发票时，应遵守以下规则：

1. 正确选择商品和服务税收分类编码。

2. 发票"单位"栏应选择"吨"或"升"，蓝字发票的"数量"栏为必填项且不为"0"。

3. 开具成品油专用发票后，发生销货退回、开票有误以及销售折让等情形的，应按规定开具红字成品油专用发票。

销货退回、开票有误等原因涉及销售数量的，应在《开具红字增值税专用发票信息表》中填写相应数量，销售折让的不填写数量。

4. 成品油经销企业某一商品和服务税收分类编码的油品可开具成品油发票的总量，应不大于所取得的成品油专用发票、海关进口消费税专用缴款书对应的同一商品和服务税收分类编码的油品总量。

成品油经销企业开具成品油发票前，应登陆增值税发票选择确认平台确认已取得的成品油专用发票、海关进口消费税专用缴款书信息，并通过成品油发票开具模块下载上述信息。

二、外购、进口和委托加工收回的汽油、柴油、石脑油、燃料油、润滑油用于连续生产应税成品油的，应凭通过增值税发票选择确认平台确认的成品油专用发票、海关进口消费税专用缴款书，以及税收缴款书（代扣代收专用），按规定计算扣除已纳消费税税款，其他凭证不得作为消费税扣除凭证。

外购石脑油、燃料油用于生产乙烯、芳烃类化工产品的，应凭取得的成品油专用发票所载明的石脑油、燃料油的数量，按规定计算退还消费税，其他发票或凭证不得作为计算退还消费税的凭证。

三、……

纳税人申报的某一类成品油销售数量，应大于或等于开具的该同一类成品油发票所载明的数量；申报扣除的成品油数量，应小于或等于取得的扣除凭证载明数量。申报比对相符后，主管税务机关对纳税人的税控设备进行解锁；比对不相符的，待解除异常后，方可解锁。

四、成品油经销企业应于2018年3月10日前（包括3月10日），将截至2018年2月28日的成品油库存情况（不包括未取得增值税专用发票、海关进口消费税专用缴款书的成品油库存）录入增值税发票选择确认平台。

五、外购用于连续生产的成品油，取得2018年2月28日前（包括2月28日）开具的增值税专用发票且符合扣除规定的，纳税人应于税款所属期2018年4月前申报，计入《本期准予扣除税额计算表》"本期外购入库数量"中，连续生产耗用后，按规定计算扣除已纳消费税税款。

六、本公告自2018年3月1日起施行，《用于生产乙烯、芳烃类化工产品的石脑油、燃料油退（免）消费税暂行办法》（国家税务总局公告2012年第36号发布）第十一条、第二十七条、《国家税务总局关于消费税有关政策问题补充规定的公告》（国家税务总局公告2013年第50号）第九条、《国家税务总局关于成品油生产企业开具的增值税发票纳入防伪税控系统汉字防伪项目管理的公告》（国家税务总局公告2013年第79号）、《国家税务总局关于成品油经销企业开具的增值税发票纳入防伪税控系统汉字防伪版管理的公告》（国家税务总局公告2014年第33号）、《国家税务总局关于成品油消费税有关问题的公告》（国家税务总局公告2014年第65号）、《国家税务总局关于进一步调整成品油消费税有关征收管理问题的公告》（国家税务总局公告2014年第71号）同时废止。《国家税务总局关于成品油消费税纳税申报有关问题的公告》（国家税务总局公告2015年第3号）自2018年4月1日起废止。

特此公告。

附件：成品油消费税纳税申报表（略）。

【**注释**】第三条第一款及附件废止，参见《国家税务总局关于增值税 消费税与附加税费申报表整合有关事项的公告》（国家税务总局公告 2021 年第 20 号）。

国家税务总局
2018 年 1 月 2 日

23. 关于《国家税务总局关于成品油消费税征收管理有关问题的公告》的解读

一、发布本公告的目的是什么？

为加强成品油消费税的征收管理，维护公平的税收秩序，营造良好营商环境，实施生产、批发、零售的全流程税收监控管理，发布本公告。

二、如何开具成品油发票？

所有成品油发票均须通过增值税发票管理新系统中成品油发票开具模块开具。

（一）销售成品油所开具的增值税发票为成品油发票。

（二）成品油发票开具模块由主管税务机关开通。成品油的生产和经销企业分别使用相应的成品油发票开具模块。

（三）纳税人应按照以下规则开具成品油发票：

1. 正确选择商品和服务税收分类与编码。

2. 发票"单位"栏应选择"吨"或"升"，蓝字发票的"数量"栏为必填项且不为"0"。成品油消费税实行从量计征，为便于计算成品油发票上载明的成品油数量对应的消费税税额，成品油发票的"数量"栏统一为"吨"或"升"，以其他计量单位销售的成品油开具发票时，应按规定的换算率换算为"吨"或"升"。

3. 开具成品油专用发票后，发生销货退回、开票有误以及销售折让等情形，应按规定开具红字成品油专用发票。

销货退回、开票有误等原因涉及销售数量的，应在《开具红字增值税专用发票信息表》中填写相应数量，销售折让的不填写数量。

4. 成品油批发和加油站等经销企业，开具成品油发票的某一商品和服务税收分类编码的油品总量，应不大于所取得的成品油专用发票、海关进口消费税专用缴款书对应的同一商品和服务税收分类编码的油品总量。

例如，某经销企业开具成品油发票时，已取得成品油专用发票载明的柴油 100 吨、石脑油 30 吨，取得海关进口消费税专用缴款书载明的石脑油 50 吨，登陆增值税发票选择确认平台确认购入柴油和石脑油所取得的成品油专用发票、海关进口消费税专用缴款书信息，并通过成品油发票开具模块下载上述已经确认的信息后，可开具 100 吨柴油和 80 吨石脑油的成品油发票。

三、纳税申报表调整的主要内容是什么？

自税款所属期 2018 年 3 月起，成品油消费税纳税人纳税申报时应填写新的《成品油消费税纳税申报表》及其附列资料，《国家税务总局关于成品油消费税纳税申报有关问题的公告》（国家税务总局公告 2015 年第 3 号）规定的申报表于 2018 年 4 月 1 日起停止使用。附列资料有：《本期准予扣除税额计算表》《本期委托加工情况报告表》和《国家税务总局关于调整消费税纳税申报有关事项的公告》（国家税务总局公告2015年第32号）公布的《本期减（免）税额明细表》。

四、对纳税申报实行比对的主要内容是什么？

在消费税纳税申报时，由系统自动比对，比对内容包括：成品油消费税纳税人、扣缴义务人填报的成品油消费税纳税申报表及其附列资料、开具的成品油发票、取得的税款扣除凭证、备案的税收优惠、代扣代缴税款等。纳税人申报的成品油销售数量，应分别大于或等于已开具成品油发票载明的同类油品数量；申报扣除的成品油数量，应小于或等于取得的扣除凭证载明数量。

五、关于具体衔接问题有何规定？

（一）成品油经销企业应于2018年3月10日前（包括3月10日），将截至2018年2月28日的成品油库存情况（不包括未取得增值税专用发票、海关进口消费税专用缴款书的成品油库存）录入增值税发票选择确认平台。

（二）成品油消费税纳税人外购用于连续生产的成品油，取得2018年2月28日前（包括2月28日）开具的增值税专用发票且符合扣除规定的，纳税人应于税款所属期2018年4月前申报，计入《本期准予扣除税额计算表》"本期外购入库数量"中。连续生产耗用后，按规定计算扣除已纳消费税税款。

24. 财政部　税务总局关于延长对废矿物油再生油品免征消费税政策实施期限的通知

财税〔2018〕144号

各省、自治区、直辖市、计划单列市财政厅（局），国家税务总局各省、自治区、直辖市、计划单列市税务局，新疆生产建设兵团财政局：

为进一步促进资源综合利用和环境保护，经国务院批准，《财政部　国家税务总局关于对废矿物油再生油品免征消费税的通知》（财税〔2013〕105号）实施期限延长5年，自2018年11月1日起至2023年10月31日止。自2018年11月1日至本通知下发前，纳税人已经缴纳的消费税，符合本通知免税规定的予以退还。

财政部　税务总局

2018年12月7日

25. 国家税务总局关于增值税　消费税与附加税费申报表整合有关事项的公告

国家税务总局公告2021年第20号

为贯彻落实中办、国办印发的《关于进一步深化税收征管改革的意见》，深入推进税务领域"放管服"改革，优化营商环境，切实减轻纳税人、缴费人申报负担，根据《国家税务总局关于开展2021年"我为纳税人缴费人办实事暨便民办税春风行动"的意见》（税总发〔2021〕14号），现将申报表整合有关事项公告如下：

自2021年8月1日起，增值税、消费税分别与城市维护建设税、教育费附加、地方教育附加申报表整合，启用《增值税及附加税费申报表（一般纳税人适用）》《增值税及附加税费申报表（小规模纳税人适用）》《增值税及附加税费预缴表》及其附列资料和《消费税及附加税费申报表》（附件1–附件7），《废止文件及条款清单》（附件8）所列文件、条款同时废止。

特此公告。

附件：1.《增值税及附加税费申报表（一般纳税人适用）》及其附列资料（略）。
2.《增值税及附加税费申报表（一般纳税人适用）》及其附列资料填写说明（略）。
3.《增值税及附加税费申报表（小规模纳税人适用）》及其附列资料（略）。
4.《增值税及附加税费申报表（小规模纳税人适用）》及其附列资料填写说明（略）。
5.《增值税及附加税费预缴表》及其附列资料（略）。
6.《增值税及附加税费预缴表》及其附列资料填写说明（略）。
7. 消费税及附加税费申报表（略）。
8. 废止文件及条款清单（略）。

【注释】 附件7的附注1废止，参见《国家税务总局关于电子烟消费税征收管理有关事项的公告》（国家税务总局公告2022年第22号）。

国家税务总局
2021年7月9日

26. 国家税务总局关于增值税　消费税与附加税费申报表整合有关事项的公告

国家税务总局公告2021年第20号

为贯彻落实中办、国办印发的《关于进一步深化税收征管改革的意见》，深入推进税务领域"放管服"改革，优化营商环境，切实减轻纳税人、缴费人申报负担，根据《国家税务总局关于开展2021年"我为纳税人缴费人办实事暨便民办税春风行动"的意见》（税总发〔2021〕14号），现将申报表整合有关事项公告如下：

自2021年8月1日起，增值税、消费税分别与城市维护建设税、教育费附加、地方教育附加申报表整合，启用《增值税及附加税费申报表（一般纳税人适用）》《增值税及附加税费申报表（小规模纳税人适用）》《增值税及附加税费预缴表》及其附列资料和《消费税及附加税费申报表》（附件1–附件7），《废止文件及条款清单》（附件8）所列文件、条款同时废止。

特此公告。

附件：1.《增值税及附加税费申报表（一般纳税人适用）》及其附列资料（略）。
2.《增值税及附加税费申报表（一般纳税人适用）》及其附列资料填写说明（略）。

3.《增值税及附加税费申报表（小规模纳税人适用）》及其附列资料（略）。
4.《增值税及附加税费申报表(小规模纳税人适用)》及其附列资料填写说明(略)。
5.《增值税及附加税费预缴表》及其附列资料（略）。
6.《增值税及附加税费预缴表》及其附列资料填写说明（略）。
7. 消费税及附加税费申报表（略）。
8. 废止文件及条款清单（略）。

国家税务总局
2021 年 7 月 9 日

27. 财政部　海关总署 税务总局关于对电子烟征收消费税的公告

财政部　海关总署 税务总局公告 2022 年第 33 号

为完善消费税制度，维护税制公平统一，更好发挥消费税引导健康消费的作用，现就对电子烟征收消费税有关事项公告如下：

一、关于税目和征税对象

将电子烟纳入消费税征收范围，在烟税目下增设电子烟子目。

电子烟是指用于产生气溶胶供人抽吸等的电子传输系统，包括烟弹、烟具以及烟弹与烟具组合销售的电子烟产品。烟弹是指含有雾化物的电子烟组件。烟具是指将雾化物雾化为可吸入气溶胶的电子装置。

电子烟进出口税则号列及商品名称见附件。

二、关于纳税人

在中华人民共和国境内生产（进口）、批发电子烟的单位和个人为消费税纳税人。

电子烟生产环节纳税人，是指取得烟草专卖生产企业许可证，并取得或经许可使用他人电子烟产品注册商标（以下称持有商标）的企业。通过代加工方式生产电子烟的，由持有商标的企业缴纳消费税。电子烟批发环节纳税人，是指取得烟草专卖批发企业许可证并经营电子烟批发业务的企业。电子烟进口环节纳税人，是指进口电子烟的单位和个人。

三、关于适用税率

电子烟实行从价定率的办法计算纳税。生产（进口）环节的税率为 36%，批发环节的税率为 11%。

四、关于计税价格

纳税人生产、批发电子烟的，按照生产、批发电子烟的销售额计算纳税。电子烟生产环节纳税人采用代销方式销售电子烟的，按照经销商（代理商）销售给电子烟批发企业的销售额计算纳税。纳税人进口电子烟的，按照组成计税价格计算纳税。

电子烟生产环节纳税人从事电子烟代加工业务的，应当分开核算持有商标电子烟的销售额和代加工电子烟的销售额；未分开核算的，一并缴纳消费税。

五、关于进、出口政策

纳税人出口电子烟，适用出口退（免）税政策。

将电子烟增列至边民互市进口商品不予免税清单并照章征税。

除上述规定外，个人携带或者寄递进境电子烟的消费税征收，按照国务院有关规定执行。

电子烟消费税其他事项依照《中华人民共和国消费税暂行条例》和《中华人民共和国消费税暂行条例实施细则》等规定执行。

本公告自2022年11月1日起执行。

特此公告。

附件：电子烟进出口税则号列及商品名称（略）。

财政部　海关总署　税务总局
2022年10月2日

28. 国家税务总局关于电子烟消费税征收管理有关事项的公告

国家税务总局公告2022年第22号

根据《财政部　海关总署　税务总局关于对电子烟征收消费税的公告》（2022年第33号，以下简称33号公告）规定，自2022年11月1日起对电子烟征收消费税。现将征收管理有关事项公告如下：

一、税务总局在税控开票软件中更新了《商品和服务税收分类编码表》，纳税人销售电子烟应当选择"电子烟"类编码开具发票。

二、《消费税及附加税费申报表》〔《国家税务总局关于增值税　消费税与附加税费申报表整合有关事项的公告》（2021年第20号）附件7〕附注1《应税消费品名称、税率和计量单位对照表》中新增"电子烟"子目，调整后的表式见附件。

三、符合33号公告第二条规定的纳税人，从事生产、批发电子烟业务应当按规定填报《消费税及附加税费申报表》，办理消费税纳税申报。

四、根据《中华人民共和国消费税暂行条例实施细则》第十七条的规定和我国电子烟行业生产经营的实际情况，电子烟全国平均成本利润率暂定为10%。

五、本公告自2022年11月1日起施行。《国家税务总局关于增值税　消费税与附加税费申报表整合有关事项的公告》（2021年第20号）附件7的附注1同时废止。各级税务机关要根据33号公告和本公告的规定，对相关纳税人做好政策宣传和辅导工作，及时为其办理消费税税种认定。

特此公告。

附件：应税消费品名称、税率和计量单位对照表（略）。

国家税务总局
2022年10月25日

29. 关于《国家税务总局关于电子烟消费税征收管理有关事项的公告》的解读

一、本公告出台的背景是什么？

为完善消费税制度，促进税制公平统一，更好发挥消费税引导健康消费的作用，财政部、海关总署、税务总局联合发布《财政部 海关总署 税务总局关于对电子烟征收消费税的公告》（2022年第33号，以下简称33号公告），对电子烟消费税政策进行了明确。为确保相关政策执行到位，现发布本公告进一步明确电子烟消费税征收管理有关事项。

二、33号公告规定的电子烟生产环节消费税纳税人指的是谁？

按照33号公告的规定，电子烟生产环节消费税纳税人是指取得烟草专卖生产企业许可证，并取得或经许可使用他人电子烟产品注册商标（以下简称持有商标）的企业。其中，取得或经许可使用他人电子烟产品注册商标应当依据《中华人民共和国商标法》的有关规定确定。

按照33号公告的规定，通过代加工方式生产电子烟的，由持有商标的企业申报缴纳消费税。因此，只从事代加工电子烟产品业务的企业不属于电子烟消费税纳税人。

三、33号公告规定的电子烟批发环节消费税纳税人指的是谁？

按照33号公告的规定，电子烟批发环节消费税纳税人是指取得烟草专卖批发企业许可证并经营电子烟批发业务的企业。

四、33号公告规定的电子烟消费税征税对象包括哪些？

按照33号公告的规定，电子烟消费税征税对象为电子烟产品，包括烟弹、烟具以及烟弹与烟具组合销售的电子烟产品。其中，电子烟有关定义按照国家市场监督管理总局、国家标准化管理委员会发布的《电子烟》强制性国家标准（GB 41700—2022）确定。

五、33号公告规定的电子烟消费税税率是多少？

按照33号公告的规定，电子烟生产（进口）环节的消费税税率为36%，电子烟批发环节的消费税税率为11%。

六、33号公告规定的电子烟消费税计税价格如何确定？

按照33号公告的规定，纳税人从事生产、批发电子烟业务的，按生产、批发电子烟的销售额作为计税价格。其中，电子烟生产环节纳税人采用代销方式销售电子烟的，以经销商（代理商）销售给电子烟批发企业的销售额（含收取的全部价款和价外费用）为电子烟生产环节纳税人的计税价格。例如，某电子烟消费税纳税人2022年12月生产持有商标的电子烟产品并销售给电子烟批发企业，不含增值税销售额为100万元，该纳税人2023年1月应申报缴纳电子烟消费税为36万元（100万元×36%）。如果该纳税人委托经销商（代理商）销售同一电子烟产品，经销商（代理商）销售给电子烟批发企业不含增值税销售额为110万元，则该纳税人2023年1月应申报缴纳电子烟消费税为39.6万元（110万元×36%）。

七、33号公告规定的电子烟消费税纳税人在核算销售额时，应注意哪些事项？

按照33号公告的规定，电子烟生产环节纳税人从事电子烟代加工业务的，应当分开核算持有商标电子烟的销售额和代加工电子烟的销售额；未分开核算的，一并缴纳消费税。例如，某电子烟生产企业持有电子烟商标A生产电子烟产品。2022年12月，该纳税人生产销售A电子烟给电子烟批发企业，不含增值税销售额为100万元。同时，当月该纳税人（不持有电子烟商标B）从事电子烟代加工业务，生产销售B电子烟给B电子烟生产企业（持有电子烟商标B），不含增值税销售额为50万元。该纳税人分开核算A电子烟和B电子烟销售额，则该纳税人2023年1月应申报缴纳电子烟消费税为36万元（100万元×36%）。需要说明的是，B电子烟生产企业将B电子烟销售给电子烟批发企业时，自行申报缴纳消费税。如果该纳税人没有分开核算A电子烟和B电子烟销售额，则该纳税人2023年1月应申报缴纳电子烟消费税为54万元〔（100万元+50万元）×36%〕。

八、本公告规定的电子烟消费税纳税人在纳税申报时，应注意哪些事项？

（一）按照本公告的规定，考虑到电子烟为新增消费税子目，为顺利开展纳税申报等相关涉税事宜，主管税务机关应当为从事电子烟生产、批发业务的纳税人办理消费税税种认定。

（二）按照本公告的规定，自2022年11月（税款所属期）起，从事电子烟生产、批发业务的纳税人，在申报缴纳消费税时，应按照调整后的《应税消费品名称、税率和计量单位对照表》及《国家税务总局关于增值税 消费税与附加税费申报表整合有关事项的公告》（2021年第20号）要求，填报《消费税及附加税费申报表》。

九、本公告规定的电子烟全国平均成本利润率是多少？

根据《中华人民共和国消费税暂行条例》和《中华人民共和国消费税暂行条例实施细则》有关规定，当纳税人自产自用的应税消费品没有同类消费品销售价格的，则需要使用全国平均成本利润率计算组成计税价格，应税消费品全国平均成本利润率由税务总局确定。因此，根据我国电子烟行业生产经营的实际情况，经商有关部门，暂定电子烟全国平均成本利润率为10%。

十、本公告何时施行？

本公告自2022年11月1日起施行。

第五章　中华人民共和国关税与进出口税法

1. 中华人民共和国海关法

（1987年1月22日第六届全国人民代表大会常务委员会第十九次会议通过　根据2000年7月8日第九届全国人民代表大会常务委员会第十六次会议《关于修改〈中华人民共和国海关法〉的决定》第一次修正　根据2013年6月29日第十二届全国人民代表大会常务委员会第三次会议《关于修改〈中华人民共和国文物保护法〉等十二部法律的决定》第二次修正　根据2013年12月28日第十二届全国人民代表大会常务委员会第六次会议《关于修改〈中华人民共和国海洋环境保护法〉等七部法律的决定》第三次修正　根据2016年11月7日第十二届全国人民代表大会常务委员会第二十四次会议《关于修改〈中华人民共和国对外贸易法〉等十二部法律的决定》第四次修正　根据2017年11月4日第十二届全国人民代表大会常务委员会第三十次会议《关于修改〈中华人民共和国会计法〉等十一部法律的决定》第五次修正　根据2021年4月29日第十三届全国人民代表大会常务委员会第二十八次会议《关于修改〈中华人民共和国道路交通安全法〉等八部法律的决定》第六次修正）

目　录

第一章　总则
第二章　进出境运输工具
第三章　进出境货物
第四章　进出境物品
第五章　关税
第六章　海关事务担保
第七章　执法监督
第八章　法律责任
第九章　附则

第一章　总　则

第一条　为了维护国家的主权和利益，加强海关监督管理，促进对外经济贸易和科技文化交往，保障社会主义现代化建设，特制定本法。

第二条　中华人民共和国海关是国家的进出关境（以下简称进出境）监督管理机关。海关依照本法和其他有关法律、行政法规，监管进出境的运输工具、货物、行李物品、邮递物品和其他物品（以下简称进出境运输工具、货物、物品），征收关税和其他税、费，查缉走私，并编制海关统计和办理其他海关业务。

第三条　国务院设立海关总署，统一管理全国海关。

国家在对外开放的口岸和海关监管业务集中的地点设立海关。海关的隶属关系，不受行政区划的限制。

海关依法独立行使职权，向海关总署负责。

第四条 国家在海关总署设立专门侦查走私犯罪的公安机构，配备专职缉私警察，负责对其管辖的走私犯罪案件的侦查、拘留、执行逮捕、预审。

海关侦查走私犯罪公安机构履行侦查、拘留、执行逮捕、预审职责，应当按照《中华人民共和国刑事诉讼法》的规定办理。

海关侦查走私犯罪公安机构根据国家有关规定，可以设立分支机构。各分支机构办理其管辖的走私犯罪案件，应当依法向有管辖权的人民检察院移送起诉。

地方各级公安机关应当配合海关侦查走私犯罪公安机构依法履行职责。

第五条 国家实行联合缉私、统一处理、综合治理的缉私体制。海关负责组织、协调、管理查缉走私工作。有关规定由国务院另行制定。

各有关行政执法部门查获的走私案件，应当给予行政处罚的，移送海关依法处理；涉嫌犯罪的，应当移送海关侦查走私犯罪公安机构、地方公安机关依据案件管辖分工和法定程序办理。

第六条 海关可以行使下列权力：

（一）检查进出境运输工具，查验进出境货物、物品；对违反本法或者其他有关法律、行政法规的，可以扣留。

（二）查阅进出境人员的证件；查问违反本法或者其他有关法律、行政法规的嫌疑人，调查其违法行为。

（三）查阅、复制与进出境运输工具、货物、物品有关的合同、发票、账册、单据、记录、文件、业务函电、录音录像制品和其他资料；对其中与违反本法或者其他有关法律、行政法规的进出境运输工具、货物、物品有牵连的，可以扣留。

（四）在海关监管区和海关附近沿海沿边规定地区，检查有走私嫌疑的运输工具和有藏匿走私货物、物品嫌疑的场所，检查走私嫌疑人的身体；对有走私嫌疑的运输工具、货物、物品和走私犯罪嫌疑人，经直属海关关长或者其授权的隶属海关关长批准，可以扣留；对走私犯罪嫌疑人，扣留时间不超过二十四小时，在特殊情况下可以延长至四十八小时。

在海关监管区和海关附近沿海沿边规定地区以外，海关在调查走私案件时，对有走私嫌疑的运输工具和除公民住处以外的有藏匿走私货物、物品嫌疑的场所，经直属海关关长或者其授权的隶属海关关长批准，可以进行检查，有关当事人应当到场；当事人未到场的，在有见证人在场的情况下，可以径行检查；对其中有证据证明有走私嫌疑的运输工具、货物、物品，可以扣留。

海关附近沿海沿边规定地区的范围，由海关总署和国务院公安部门会同有关省级人民政府确定。

（五）在调查走私案件时，经直属海关关长或者其授权的隶属海关关长批准，可以查询案件涉嫌单位和涉嫌人员在金融机构、邮政企业的存款、汇款。

（六）进出境运输工具或者个人违抗海关监管逃逸的，海关可以连续追至海关监管区和海关附近沿海沿边规定地区以外，将其带回处理。

（七）海关为履行职责，可以配备武器。海关工作人员佩带和使用武器的规则，由海关总署会同国务院公安部门制定，报国务院批准。

（八）法律、行政法规规定由海关行使的其他权力。

第七条 各地方、各部门应当支持海关依法行使职权，不得非法干预海关的执法活动。

第八条 进出境运输工具、货物、物品，必须通过设立海关的地点进境或者出境。在特殊情况下，需要经过未设立海关的地点临时进境或者出境的，必须经国务院或者国务院授权的机关批准，并依照本法规定办理海关手续。

第九条 进出口货物，除另有规定的外，可以由进出口货物收发货人自行办理报关纳税手续，也可以由进出口货物收发货人委托报关企业办理报关纳税手续。

进出境物品的所有人可以自行办理报关纳税手续，也可以委托他人办理报关纳税手续。

第十条 报关企业接受进出口货物收发货人的委托，以委托人的名义办理报关手续的，应当向海关提交由委托人签署的授权委托书，遵守本法对委托人的各项规定。

报关企业接受进出口货物收发货人的委托，以自己的名义办理报关手续的，应当承担与收发货人相同的法律责任。

委托人委托报关企业办理报关手续的，应当向报关企业提供所委托报关事项的真实情况；报关企业接受委托人的委托办理报关手续的，应当对委托人所提供情况的真实性进行合理审查。

第十一条 进出口货物收发货人、报关企业办理报关手续，应当依法向海关备案。

报关企业和报关人员不得非法代理他人报关。

第十二条 海关依法执行职务，有关单位和个人应当如实回答询问，并予以配合，任何单位和个人不得阻挠。

海关执行职务受到暴力抗拒时，执行有关任务的公安机关和人民武装警察部队应当予以协助。

第十三条 海关建立对违反本法规定逃避海关监管行为的举报制度。

任何单位和个人均有权对违反本法规定逃避海关监管的行为进行举报。

海关对举报或者协助查获违反本法案件的有功单位和个人，应当给予精神的或者物质的奖励。

海关应当为举报人保密。

第二章 进出境运输工具

第十四条 进出境运输工具到达或者驶离设立海关的地点时，运输工具负责人应当向海关如实申报，交验单证，并接受海关监管和检查。

停留在设立海关的地点的进出境运输工具，未经海关同意，不得擅自驶离。

进出境运输工具从一个设立海关的地点驶往另一个设立海关的地点的，应当符合海关监管要求，办理海关手续，未办结海关手续的，不得改驶境外。

第十五条 进境运输工具在进境以后向海关申报以前，出境运输工具在办结海关手续以后出境以前，应当按照交通主管机关规定的路线行进；交通主管机关没有规定的，由海关指定。

第十六条 进出境船舶、火车、航空器到达和驶离时间、停留地点、停留期间更换地点以及装卸货物、物品时间，运输工具负责人或者有关交通运输部门应当事先通知海关。

第十七条 运输工具装卸进出境货物、物品或者上下进出境旅客，应当接受海关监管。

货物、物品装卸完毕，运输工具负责人应当向海关递交反映实际装卸情况的交接单据和记录。

上下进出境运输工具的人员携带物品的，应当向海关如实申报，并接受海关检查。

第十八条 海关检查进出境运输工具时，运输工具负责人应当到场，并根据海关的要求开启舱室、房间、车门；有走私嫌疑的，并应当开拆可能藏匿走私货物、物品的部位，搬移货物、物料。

海关根据工作需要，可以派员随运输工具执行职务，运输工具负责人应当提供方便。

第十九条 进境的境外运输工具和出境的境内运输工具,未向海关办理手续并缴纳关税,不得转让或者移作他用。

第二十条 进出境船舶和航空器兼营境内客、货运输,应当符合海关监管要求。

进出境运输工具改营境内运输,需向海关办理手续。

第二十一条 沿海运输船舶、渔船和从事海上作业的特种船舶,未经海关同意,不得载运或者换取、买卖、转让进出境货物、物品。

第二十二条 进出境船舶和航空器,由于不可抗力的原因,被迫在未设立海关的地点停泊、降落或者抛掷、起卸货物、物品,运输工具负责人应当立即报告附近海关。

第三章 进出境货物

第二十三条 进口货物自进境起到办结海关手续止,出口货物自向海关申报起到出境止,过境、转运和通运货物自进境起到出境止,应当接受海关监管。

第二十四条 进口货物的收货人、出口货物的发货人应当向海关如实申报,交验进出口许可证件和有关单证。国家限制进出口的货物,没有进出口许可证件的,不予放行,具体处理办法由国务院规定。

进口货物的收货人应当自运输工具申报进境之日起十四日内,出口货物的发货人除海关特准的外应当在货物运抵海关监管区后、装货的二十四小时以前,向海关申报。

进口货物的收货人超过前款规定期限向海关申报的,由海关征收滞报金。

第二十五条 办理进出口货物的海关申报手续,应当采用纸质报关单和电子数据报关单的形式。

第二十六条 海关接受申报后,报关单证及其内容不得修改或者撤销,但符合海关规定情形的除外。

第二十七条 进口货物的收货人经海关同意,可以在申报前查看货物或者提取货样。需要依法检疫的货物,应当在检疫合格后提取货样。

第二十八条 进出口货物应当接受海关查验。海关查验货物时,进口货物的收货人、出口货物的发货人应当到场,并负责搬移货物,开拆和重封货物的包装。海关认为必要时,可以径行开验、复验或者提取货样。

海关在特殊情况下对进出口货物予以免验,具体办法由海关总署制定。

第二十九条 除海关特准的外,进出口货物在收发货人缴清税款或者提供担保后,由海关签印放行。

第三十条 进口货物的收货人自运输工具申报进境之日起超过三个月未向海关申报的,其进口货物由海关提取依法变卖处理,所得价款在扣除运输、装卸、储存等费用和税款后,尚有余款的,自货物依法变卖之日起一年内,经收货人申请,予以发还;其中属于国家对进口有限制性规定,应当提交许可证件而不能提供的,不予发还。逾期无人申请或者不予发还的,上缴国库。

确属误卸或者溢卸的进境货物,经海关审定,由原运输工具负责人或者货物的收发货人自该运输工具卸货之日起三个月内,办理退运或者进口手续;必要时,经海关批准,可以延期三个月。逾期未办手续的,由海关按前款规定处理。

前两款所列货物不宜长期保存的,海关可以根据实际情况提前处理。

收货人或者货物所有人声明放弃的进口货物,由海关提取依法变卖处理;所得价款在扣除运输、装卸、储存等费用后,上缴国库。

第三十一条 按照法律、行政法规、国务院或者海关总署规定暂时进口或者暂时出口的货物，应当在六个月内复运出境或者复运进境；需要延长复运出境或者复运进境期限的，应当根据海关总署的规定办理延期手续。

第三十二条　经营保税货物的储存、加工、装配、展示、运输、寄售业务和经营免税商店，应当符合海关监管要求，经海关批准，并办理注册手续。

保税货物的转让、转移以及进出保税场所，应当向海关办理有关手续，接受海关监管和查验。

第三十三条　企业从事加工贸易，应当按照海关总署的规定向海关备案。加工贸易制成品单位耗料量由海关按照有关规定核定。

加工贸易制成品应当在规定的期限内复出口。其中使用的进口料件，属于国家规定准予保税的，应当向海关办理核销手续；属于先征收税款的，依法向海关办理退税手续。

加工贸易保税进口料件或者制成品内销的，海关对保税的进口料件依法征税；属于国家对进口有限制性规定的，还应当向海关提交进口许可证件。

第三十四条　经国务院批准在中华人民共和国境内设立的保税区等海关特殊监管区域，由海关按照国家有关规定实施监管。

第三十五条　进口货物应当由收货人在货物的进境地海关办理海关手续，出口货物应当由发货人在货物的出境地海关办理海关手续。

经收发货人申请，海关同意，进口货物的收货人可以在设有海关的指运地、出口货物的发货人可以在设有海关的起运地办理海关手续。上述货物的转关运输，应当符合海关监管要求；必要时，海关可以派员押运。

经电缆、管道或者其他特殊方式输送进出境的货物，经营单位应当定期向指定的海关申报和办理海关手续。

第三十六条　过境、转运和通运货物，运输工具负责人应当向进境地海关如实申报，并应当在规定期限内运输出境。

海关认为必要时，可以查验过境、转运和通运货物。

第三十七条　海关监管货物，未经海关许可，不得开拆、提取、交付、发运、调换、改装、抵押、质押、留置、转让、更换标记、移作他用或者进行其他处置。

海关加施的封志，任何人不得擅自开启或者损毁。

人民法院判决、裁定或者有关行政执法部门决定处理海关监管货物的，应当责令当事人办结海关手续。

第三十八条　经营海关监管货物仓储业务的企业，应当经海关注册，并按照海关规定，办理收存、交付手续。

在海关监管区外存放海关监管货物，应当经海关同意，并接受海关监管。

违反前两款规定或者在保管海关监管货物期间造成海关监管货物损毁或者灭失的，除不可抗力外，对海关监管货物负有保管义务的人应当承担相应的纳税义务和法律责任。

第三十九条　进出境集装箱的监管办法、打捞进出境货物和沉船的监管办法、边境小额贸易进出口货物的监管办法，以及本法未具体列明的其他进出境货物的监管办法，由海关总署或者由海关总署会同国务院有关部门另行制定。

第四十条　国家对进出境货物、物品有禁止性或者限制性规定的，海关依据法律、行政法规、国务院的规定或者国务院有关部门依据法律、行政法规的授权作出的规定实施监管。具体监管办法由海关总署制定。

第四十一条　进出口货物的原产地按照国家有关原产地规则的规定确定。

第四十二条　进出口货物的商品归类按照国家有关商品归类的规定确定。

海关可以要求进出口货物的收发货人提供确定商品归类所需的有关资料；必要时，海关可以组织化验、检验，并将海关认定的化验、检验结果作为商品归类的依据。

第四十三条 海关可以根据对外贸易经营者提出的书面申请，对拟作进口或者出口的货物预先作出商品归类等行政裁定。

进口或者出口相同货物，应当适用相同的商品归类等行政裁定。

海关对所作出的商品归类等行政裁定，应当予以公布。

第四十四条 海关依照法律、行政法规的规定，对与进出境货物有关的知识产权实施保护。

需要向海关申报知识产权状况的，进出口货物收发货人及其代理人应当按照国家规定向海关如实申报有关知识产权状况，并提交合法使用有关知识产权的证明文件。

第四十五条 自进出口货物放行之日起三年内或者在保税货物、减免税进口货物的海关监管期限内及其后的三年内，海关可以对与进出口货物直接有关的企业、单位的会计账簿、会计凭证、报关单证以及其他有关资料和有关进出口货物实施稽查。具体办法由国务院规定。

第四章 进出境物品

第四十六条 个人携带进出境的行李物品、邮寄进出境的物品，应当以自用、合理数量为限，并接受海关监管。

第四十七条 进出境物品的所有人应当向海关如实申报，并接受海关查验。

海关加施的封志，任何人不得擅自开启或者损毁。

第四十八条 进出境邮袋的装卸、转运和过境，应当接受海关监管。邮政企业应当向海关递交邮件路单。

邮政企业应当将开拆及封发国际邮袋的时间事先通知海关，海关应当按时派员到场监管查验。

第四十九条 邮运进出境的物品，经海关查验放行后，有关经营单位方可投递或者交付。

第五十条 经海关登记准予暂时免税进境或者暂时免税出境的物品，应当由本人复带出境或者复带进境。

过境人员未经海关批准，不得将其所带物品留在境内。

第五十一条 进出境物品所有人声明放弃的物品、在海关规定期限内未办理海关手续或者无人认领的物品，以及无法投递又无法退回的进境邮递物品，由海关依照本法第三十条的规定处理。

第五十二条 享有外交特权和豁免的外国机构或者人员的公务用品或者自用物品进出境，依照有关法律、行政法规的规定办理。

第五章 关　税

第五十三条 准许进出口的货物、进出境物品，由海关依法征收关税。

第五十四条 进口货物的收货人、出口货物的发货人、进出境物品的所有人，是关税的纳税义务人。

第五十五条 进出口货物的完税价格，由海关以该货物的成交价格为基础审查确定。成交价格不能确定时，完税价格由海关依法估定。

进口货物的完税价格包括货物的货价、货物运抵中华人民共和国境内输入地点起卸前的运输及其相关费用、保险费；出口货物的完税价格包括货物的货价、货物运至中华人民共和国境内输出地点装载前的运输及其相关费用、保险费，但是其中包含的出口关税税额，应当予以扣除。

进出境物品的完税价格，由海关依法确定。

第五十六条 下列进出口货物、进出境物品，减征或者免征关税：

（一）无商业价值的广告品和货样；

（二）外国政府、国际组织无偿赠送的物资；

（三）在海关放行前遭受损坏或者损失的货物；

（四）规定数额以内的物品；

（五）法律规定减征、免征关税的其他货物、物品；

（六）中华人民共和国缔结或者参加的国际条约规定减征、免征关税的货物、物品。

第五十七条 特定地区、特定企业或者有特定用途的进出口货物，可以减征或者免征关税。特定减税或者免税的范围和办法由国务院规定。

依照前款规定减征或者免征关税进口的货物，只能用于特定地区、特定企业或者特定用途，未经海关核准并补缴关税，不得移作他用。

第五十八条 本法第五十六条、第五十七条第一款规定范围以外的临时减征或者免征关税，由国务院决定。

第五十九条 暂时进口或者暂时出口的货物，以及特准进口的保税货物，在货物收发货人向海关缴纳相当于税款的保证金或者提供担保后，准予暂时免纳关税。

第六十条 进出口货物的纳税义务人，应当自海关填发税款缴款书之日起十五日内缴纳税款；逾期缴纳的，由海关征收滞纳金。纳税义务人、担保人超过三个月仍未缴纳的，经直属海关关长或者其授权的隶属海关关长批准，海关可以采取下列强制措施：

（一）书面通知其开户银行或者其他金融机构从其存款中扣缴税款；

（二）将应税货物依法变卖，以变卖所得抵缴税款；

（三）扣留并依法变卖其价值相当于应纳税款的货物或者其他财产，以变卖所得抵缴税款。

海关采取强制措施时，对前款所列纳税义务人、担保人未缴纳的滞纳金同时强制执行。

进出境物品的纳税义务人，应当在物品放行前缴纳税款。

第六十一条 进出口货物的纳税义务人在规定的纳税期限内有明显的转移、藏匿其应税货物以及其他财产迹象的，海关可以责令纳税义务人提供担保；纳税义务人不能提供纳税担保的，经直属海关关长或者其授权的隶属海关关长批准，海关可以采取下列税收保全措施：

（一）书面通知纳税义务人开户银行或者其他金融机构暂停支付纳税义务人相当于应纳税款的存款；

（二）扣留纳税义务人价值相当于应纳税款的货物或者其他财产。

纳税义务人在规定的纳税期限内缴纳税款的，海关必须立即解除税收保全措施；期限届满仍未缴纳税款的，经直属海关关长或者其授权的隶属海关关长批准，海关可以书面通知纳税义务人开户银行或者其他金融机构从其暂停支付的存款中扣缴税款，或者依法变卖所扣留的货物或者其他财产，以变卖所得抵缴税款。

采取税收保全措施不当，或者纳税义务人在规定期限内已缴纳税款，海关未立即解除税收保全措施，致使纳税义务人的合法权益受到损失的，海关应当依法承担赔偿责任。

第六十二条 进出口货物、进出境物品放行后，海关发现少征或者漏征税款，应当自缴纳税款或者货物、物品放行之日起一年内，向纳税义务人补征。因纳税义务人违反规定而造成的少征或者漏征，海关在三年以内可以追征。

第六十三条 海关多征的税款，海关发现后应当立即退还；纳税义务人自缴纳税款之日起一年内，可以要求海关退还。

第六十四条 纳税义务人同海关发生纳税争议时，应当缴纳税款，并可以依法申请行政复议；对复议决定仍不服的，可以依法向人民法院提起诉讼。

第六十五条 进口环节海关代征税的征收管理，适用关税征收管理的规定。

第六章 海关事务担保

第六十六条 在确定货物的商品归类、估价和提供有效报关单证或者办结其他海关手续前，收发货人要求放行货物的，海关应当在其提供与其依法应当履行的法律义务相适应的担保后放行。法律、行政法规规定可以免除担保的除外。

法律、行政法规对履行海关义务的担保另有规定的，从其规定。

国家对进出境货物、物品有限制性规定，应当提供许可证件而不能提供的，以及法律、行政法规规定不得担保的其他情形，海关不得办理担保放行。

第六十七条 具有履行海关事务担保能力的法人、其他组织或者公民，可以成为担保人。法律规定不得为担保人的除外。

第六十八条 担保人可以以下列财产、权利提供担保：

（一）人民币、可自由兑换货币；

（二）汇票、本票、支票、债券、存单；

（三）银行或者非银行金融机构的保函；

（四）海关依法认可的其他财产、权利。

第六十九条 担保人应当在担保期限内承担担保责任。担保人履行担保责任的，不免除被担保人应当办理有关海关手续的义务。

第七十条 海关事务担保管理办法，由国务院规定。

第七章 执法监督

第七十一条 海关履行职责，必须遵守法律，维护国家利益，依照法定职权和法定程序严格执法，接受监督。

第七十二条 海关工作人员必须秉公执法，廉洁自律，忠于职守，文明服务，不得有下列行为：

（一）包庇、纵容走私或者与他人串通进行走私；

（二）非法限制他人人身自由，非法检查他人身体、住所或者场所，非法检查、扣留进出境运输工具、货物、物品；

（三）利用职权为自己或者他人谋取私利；

（四）索取、收受贿赂；

（五）泄露国家秘密、商业秘密和海关工作秘密；

（六）滥用职权，故意刁难，拖延监管、查验；

（七）购买、私分、占用没收的走私货物、物品；

（八）参与或者变相参与营利性经营活动；

（九）违反法定程序或者超越权限执行职务；

（十）其他违法行为。

第七十三条 海关应当根据依法履行职责的需要，加强队伍建设，使海关工作人员具有良好的政治、业务素质。

海关专业人员应当具有法律和相关专业知识，符合海关规定的专业岗位任职要求。

海关招收工作人员应当按照国家规定，公开考试，严格考核，择优录用。

海关应当有计划地对其工作人员进行政治思想、法制、海关业务培训和考核。海关工作人员必须定期接受培训和考核，经考核不合格的，不得继续上岗执行职务。

第七十四条 海关总署应当实行海关关长定期交流制度。

海关关长定期向上一级海关述职，如实陈述其执行职务情况。海关总署应当定期对直属海关关长进行考核，直属海关应当定期对隶属海关关长进行考核。

第七十五条 海关及其工作人员的行政执法活动，依法接受监察机关的监督；缉私警察进行侦查活动，依法接受人民检察院的监督。

第七十六条 审计机关依法对海关的财政收支进行审计监督，对海关办理的与国家财政收支有关的事项，有权进行专项审计调查。

第七十七条 上级海关应当对下级海关的执法活动依法进行监督。上级海关认为下级海关作出的处理或者决定不适当的，可以依法予以变更或者撤销。

第七十八条 海关应当依照本法和其他有关法律、行政法规的规定，建立健全内部监督制度，对其工作人员执行法律、行政法规和遵守纪律的情况，进行监督检查。

第七十九条 海关内部负责审单、查验、放行、稽查和调查等主要岗位的职责权限应当明确，并相互分离、相互制约。

第八十条 任何单位和个人均有权对海关及其工作人员的违法、违纪行为进行控告、检举。收到控告、检举的机关有权处理的，应当依法按照职责分工及时查处。收到控告、检举的机关和负责查处的机关应当为控告人、检举人保密。

第八十一条 海关工作人员在调查处理违法案件时，遇有下列情形之一的，应当回避：

（一）是本案的当事人或者是当事人的近亲属；

（二）本人或其近亲属与本案有利害关系；

（三）与本案当事人有其他关系，可能影响案件公正处理的。

第八章　法律责任

第八十二条 违反本法及有关法律、行政法规，逃避海关监管，偷逃应纳税款、逃避国家有关进出境的禁止性或者限制性管理，有下列情形之一的，是走私行为：

（一）运输、携带、邮寄国家禁止或者限制进出境货物、物品或者依法应当缴纳税款的货物、物品进出境的；

（二）未经海关许可并且未缴纳应纳税款、交验有关许可证件，擅自将保税货物、特定减免税货物以及其他海关监管货物、物品、进境的境外运输工具，在境内销售的；

（三）有逃避海关监管，构成走私的其他行为的。

有前款所列行为之一，尚不构成犯罪的，由海关没收走私货物、物品及违法所得，可以并处罚款；专门或者多次用于掩护走私的货物、物品，专门或者多次用于走私的运输工具，予以没收，藏匿走私货物、物品的特制设备，责令拆毁或者没收。

有第一款所列行为之一，构成犯罪的，依法追究刑事责任。

第八十三条 有下列行为之一的，按走私行为论处，依照本法第八十二条的规定处罚：

（一）直接向走私人非法收购走私进口的货物、物品的；

（二）在内海、领海、界河、界湖，船舶及所载人员运输、收购、贩卖国家禁止或者限制进出境的货物、物品，或者运输、收购、贩卖依法应当缴纳税款的货物，没有合法证明的。

第八十四条 伪造、变造、买卖海关单证，与走私人通谋为走私人提供贷款、资金、账号、发票、证明、海关单证，与走私人通谋为走私人提供运输、保管、邮寄或者其他方便，构成犯罪的，依法追究刑事责任；尚不构成犯罪的，由海关没收违法所得，并处罚款。

第八十五条 个人携带、邮寄超过合理数量的自用物品进出境，未依法向海关申报的，责令补缴关税，可以处以罚款。

第八十六条 违反本法规定有下列行为之一的，可以处以罚款，有违法所得的，没收违法所得：

（一）运输工具不经设立海关的地点进出境的；

（二）不将进出境运输工具到达的时间、停留的地点或者更换的地点通知海关的；

（三）进出口货物、物品或者过境、转运、通运货物向海关申报不实的；

（四）不按照规定接受海关对进出境运输工具、货物、物品进行检查、查验的；

（五）进出境运输工具未经海关同意，擅自装卸进出境货物、物品或者上下进出境旅客的；

（六）在设立海关的地点停留的进出境运输工具未经海关同意，擅自驶离的；

（七）进出境运输工具从一个设立海关的地点驶往另一个设立海关的地点，尚未办结海关手续又未经海关批准，中途擅自改驶境外或者境内未设立海关的地点的；

（八）进出境运输工具，不符合海关监管要求或者未向海关办理手续，擅自兼营或者改营境内运输的；

（九）由于不可抗力的原因，进出境船舶和航空器被迫在未设立海关的地点停泊、降落或者在境内抛掷、起卸货物、物品，无正当理由，不向附近海关报告的；

（十）未经海关许可，擅自将海关监管货物开拆、提取、交付、发运、调换、改装、抵押、质押、留置、转让、更换标记、移作他用或者进行其他处置的；

（十一）擅自开启或者损毁海关封志的；

（十二）经营海关监管货物的运输、储存、加工等业务，有关货物灭失或者有关记录不真实，不能提供正当理由的；

（十三）有违反海关监管规定的其他行为的。

第八十七条 海关准予从事有关业务的企业，违反本法有关规定的，由海关责令改正，可以给予警告，暂停其从事有关业务，直至撤销注册。

第八十八条 未向海关备案从事报关业务的，海关可以处以罚款。

第八十九条 报关企业非法代理他人报关的，由海关责令改正，处以罚款；情节严重的，禁止其从事报关活动。

报关人员非法代理他人报关的，由海关责令改正，处以罚款。

第九十条 进出口货物收发货人、报关企业向海关工作人员行贿的，由海关禁止其从事报关活动，并处以罚款；构成犯罪的，依法追究刑事责任。

报关人员向海关工作人员行贿的，处以罚款；构成犯罪的，依法追究刑事责任。

第九十一条 违反本法规定进出口侵犯中华人民共和国法律、行政法规保护的知识产权的货物的，由海关依法没收侵权货物，并处以罚款；构成犯罪的，依法追究刑事责任。

第九十二条 海关依法扣留的货物、物品、运输工具，在人民法院判决或者海关处罚决定作出之前，不得处理。但是，危险品或者鲜活、易腐、易失效等不宜长期保存的货物、物品以及所有人申请先行变卖的货物、物品、运输工具，经直属海关关长或者其授权的隶属海关关长批准，可以先行依法变卖，变卖所得价款由海关保存，并通知其所有人。

人民法院判决没收或者海关决定没收的走私货物、物品、违法所得、走私运输工具、特制设备，由海关依法统一处理，所得价款和海关决定处以的罚款，全部上缴中央国库。

第九十三条 当事人逾期不履行海关的处罚决定又不申请复议或者向人民法院提起诉讼的，作出处罚决定的海关可以将其保证金抵缴或者将其被扣留的货物、物品、运输工具依法变价抵缴，也可以申请人民法院强制执行。

第九十四条 海关在查验进出境货物、物品时，损坏被查验的货物、物品的，应当赔偿实际损失。

第九十五条 海关违法扣留货物、物品、运输工具，致使当事人的合法权益受到损失的，应当依法承担赔偿责任。

第九十六条 海关工作人员有本法第七十二条所列行为之一的，依法给予行政处分；有违法所得的，依法没收违法所得；构成犯罪的，依法追究刑事责任。

第九十七条 海关的财政收支违反法律、行政法规规定的，由审计机关以及有关部门依照法律、行政法规的规定作出处理；对直接负责的主管人员和其他直接责任人员，依法给予行政处分；构成犯罪的，依法追究刑事责任。

第九十八条 未按照本法规定为控告人、检举人、举报人保密的，对直接负责的主管人员和其他直接责任人员，由所在单位或者有关单位依法给予行政处分。

第九十九条 海关工作人员在调查处理违法案件时，未按照本法规定进行回避的，对直接负责的主管人员和其他直接责任人员，依法给予行政处分。

第九章　附　　则

第一百条 本法下列用语的含义：

直属海关，是指直接由海关总署领导，负责管理一定区域范围内的海关业务的海关；隶属海关，是指由直属海关领导，负责办理具体海关业务的海关。

进出境运输工具，是指用以载运人员、货物、物品进出境的各种船舶、车辆、航空器和驮畜。

过境、转运和通运货物，是指由境外起运、通过中国境内继续运往境外的货物。其中，通过境内陆路运输的，称过境货物；在境内设立海关的地点换装运输工具，而不通过境内陆路运输的，称转运货物；由船舶、航空器载运进境并由原装运输工具载运出境的，称通运货物。

海关监管货物，是指本法第二十三条所列的进出口货物，过境、转运、通运货物，特定减免税货物，以及暂时进出口货物、保税货物和其他尚未办结海关手续的进出境货物。

保税货物，是指经海关批准未办理纳税手续进境，在境内储存、加工、装配后复运出境的货物。

海关监管区，是指设立海关的港口、车站、机场、国界孔道、国际邮件互换局（交换站）和其他有海关监管业务的场所，以及虽未设立海关，但是经国务院批准的进出境地点。

第一百零一条 经济特区等特定地区同境内其他地区之间往来的运输工具、货物、物品的监管办法，由国务院另行规定。

第一百零二条 本法自1987年7月1日起施行。1951年4月18日中央人民政府公布的《中华人民共和国暂行海关法》同时废止。

2. 中华人民共和国进出口关税条例

(2003年11月23日中华人民共和国国务院令第392号公布　根据2011年1月8日《国务院关于废止和修改部分行政法规的决定》第一次修订　根据2013年12月7日《国务院关于修改部分行政法规的决定》第二次修订　根据2016年2月6日《国务院关于修改部分行政法规的决定》第三次修订　根据2017年3月1日《国务院关于修改和废止部分行政法规的决定》第四次修订）

第一章 总 则

第一条 为了贯彻对外开放政策，促进对外经济贸易和国民经济的发展，根据《中华人民共和国海关法》（以下简称《海关法》）的有关规定，制定本条例。

第二条 中华人民共和国准许进出口的货物、进境物品，除法律、行政法规另有规定外，海关依照本条例规定征收进出口关税。

第三条 国务院制定《中华人民共和国进出口税则》（以下简称《税则》）、《中华人民共和国进境物品进口税税率表》（以下简称《进境物品进口税税率表》），规定关税的税目、税则号列和税率，作为本条例的组成部分。

第四条 国务院设立关税税则委员会，负责《税则》和《进境物品进口税税率表》的税目、税则号列和税率的调整和解释，报国务院批准后执行；决定实行暂定税率的货物、税率和期限；决定关税配额税率；决定征收反倾销税、反补贴税、保障措施关税、报复性关税以及决定实施其他关税措施；决定特殊情况下税率的适用，以及履行国务院规定的其他职责。

第五条 进口货物的收货人、出口货物的发货人、进境物品的所有人，是关税的纳税义务人。

第六条 海关及其工作人员应当依照法定职权和法定程序履行关税征管职责，维护国家利益，保护纳税人合法权益，依法接受监督。

第七条 纳税义务人有权要求海关对其商业秘密予以保密，海关应当依法为纳税义务人保密。

第八条 海关对检举或者协助查获违反本条例行为的单位和个人，应当按照规定给予奖励，并负责保密。

第二章 进出口货物关税税率的设置和适用

第九条 进口关税设置最惠国税率、协定税率、特惠税率、普通税率、关税配额税率等税率。对进口货物在一定期限内可以实行暂定税率。

出口关税设置出口税率。对出口货物在一定期限内可以实行暂定税率。

第十条 原产于共同适用最惠国待遇条款的世界贸易组织成员的进口货物，原产于与中华人民共和国签订含有相互给予最惠国待遇条款的双边贸易协定的国家或者地区的进口货物，以及原产于中华人民共和国境内的进口货物，适用最惠国税率。

原产于与中华人民共和国签订含有关税优惠条款的区域性贸易协定的国家或者地区的进口货物，适用协定税率。

原产于与中华人民共和国签订含有特殊关税优惠条款的贸易协定的国家或者地区的进口货物，适用特惠税率。

原产于本条第一款、第二款和第三款所列以外国家或者地区的进口货物，以及原产地不明的进口货物，适用普通税率。

第十一条 适用最惠国税率的进口货物有暂定税率的，应当适用暂定税率；适用协定税率、特惠税率的进口货物有暂定税率的，应当从低适用税率；适用普通税率的进口货物，不适用暂定税率。

适用出口税率的出口货物有暂定税率的，应当适用暂定税率。

第十二条 按照国家规定实行关税配额管理的进口货物，关税配额内的，适用关税配额税率；关税配额外的，其税率的适用按照本条例第十条、第十一条的规定执行。

第十三条 按照有关法律、行政法规的规定对进口货物采取反倾销、反补贴、保障措施的，其税率的适用按照《中华人民共和国反倾销条例》《中华人民共和国反补贴条例》和《中华人民共和国保障措施条例》的有关规定执行。

第十四条 任何国家或者地区违反与中华人民共和国签订或者共同参加的贸易协定及相关协定，对中华人民共和国在贸易方面采取禁止、限制、加征关税或者其他影响正常贸易的措施的，对原产于该国家或者地区的进口货物可以征收报复性关税，适用报复性关税税率。

征收报复性关税的货物、适用国别、税率、期限和征收办法，由国务院关税税则委员会决定并公布。

第十五条 进出口货物，应当适用海关接受该货物申报进口或者出口之日实施的税率。

进口货物到达前，经海关核准先行申报的，应当适用装载该货物的运输工具申报进境之日实施的税率。

转关运输货物税率的适用日期，由海关总署另行规定。

第十六条 有下列情形之一，需缴纳税款的，应当适用海关接受申报办理纳税手续之日实施的税率：

（一）保税货物经批准不复运出境的；

（二）减免税货物经批准转让或者移作他用的；

（三）暂准进境货物经批准不复运出境，以及暂准出境货物经批准不复运进境的；

（四）租赁进口货物，分期缴纳税款的。

第十七条 补征和退还进出口货物关税，应当按照本条例第十五条或者第十六条的规定确定适用的税率。

因纳税义务人违反规定需要追征税款的，应当适用该行为发生之日实施的税率；行为发生之日不能确定的，适用海关发现该行为之日实施的税率。

第三章 进出口货物完税价格的确定

第十八条 进口货物的完税价格由海关以符合本条第三款所列条件的成交价格以及该货物运抵中华人民共和国境内输入地点起卸前的运输及其相关费用、保险费为基础审查确定。

进口货物的成交价格，是指卖方向中华人民共和国境内销售该货物时买方为进口该货物向卖方实付、应付的，并按照本条例第十九条、第二十条规定调整后的价款总额，包括直接支付的价款和间接支付的价款。

进口货物的成交价格应当符合下列条件：

（一）对买方处置或者使用该货物不予限制，但法律、行政法规规定实施的限制、对货物转售地域的限制和对货物价格无实质性影响的限制除外；

（二）该货物的成交价格没有因搭售或者其他因素的影响而无法确定；

（三）卖方不得从买方直接或者间接获得因该货物进口后转售、处置或者使用而产生的任何收益，或者虽有收益但能够按照本条例第十九条、第二十条的规定进行调整；

（四）买卖双方没有特殊关系，或者虽有特殊关系但未对成交价格产生影响。

第十九条 进口货物的下列费用应当计入完税价格：

（一）由买方负担的购货佣金以外的佣金和经纪费；

（二）由买方负担的在审查确定完税价格时与该货物视为一体的容器的费用；

（三）由买方负担的包装材料费用和包装劳务费用；

（四）与该货物的生产和向中华人民共和国境内销售有关的，由买方以免费或者以低于成本的方式提供并可以按适当比例分摊的料件、工具、模具、消耗材料及类似货物的价款，以及在境外开发、设计等相关服务的费用；

（五）作为该货物向中华人民共和国境内销售的条件，买方必须支付的、与该货物有关的特许权使用费；

（六）卖方直接或者间接从买方获得的该货物进口后转售、处置或者使用的收益。

第二十条 进口时在货物的价款中列明的下列税收、费用，不计入该货物的完税价格：

（一）厂房、机械、设备等货物进口后进行建设、安装、装配、维修和技术服务的费用；

（二）进口货物运抵境内输入地点起卸后的运输及其相关费用、保险费；

（三）进口关税及国内税收。

第二十一条 进口货物的成交价格不符合本条例第十八条第三款规定条件的，或者成交价格不能确定的，海关经了解有关情况，并与纳税义务人进行价格磋商后，依次以下列价格估定该货物的完税价格：

（一）与该货物同时或者大约同时向中华人民共和国境内销售的相同货物的成交价格；

（二）与该货物同时或者大约同时向中华人民共和国境内销售的类似货物的成交价格；

（三）与该货物进口的同时或者大约同时，将该进口货物、相同或者类似进口货物在第一级销售环节销售给无特殊关系买方最大销售总量的单位价格，但应当扣除本条例第二十二条规定的项目；

（四）按照下列各项总和计算的价格：生产该货物所使用的料件成本和加工费用，向中华人民共和国境内销售同等级或者同种类货物通常的利润和一般费用，该货物运抵境内输入地点起卸前的运输及其相关费用、保险费；

（五）以合理方法估定的价格。

纳税义务人向海关提供有关资料后，可以提出申请，颠倒前款第（三）项和第（四）项的适用次序。

第二十二条 按照本条例第二十一条第一款第（三）项规定估定完税价格，应当扣除的项目是指：

（一）同等级或者同种类货物在中华人民共和国境内第一级销售环节销售时通常的利润和一般费用以及通常支付的佣金；

（二）进口货物运抵境内输入地点起卸后的运输及其相关费用、保险费；

（三）进口关税及国内税收。

第二十三条 以租赁方式进口的货物，以海关审查确定的该货物的租金作为完税价格。

纳税义务人要求一次性缴纳税款的，纳税义务人可以选择按照本条例第二十一条的规定估定完税价格，或者按照海关审查确定的租金总额作为完税价格。

第二十四条 运往境外加工的货物，出境时已向海关报明并在海关规定的期限内复运进境的，应当以境外加工费和料件费以及复运进境的运输及其相关费用和保险费审查确定完税价格。

第二十五条 运往境外修理的机械器具、运输工具或者其他货物，出境时已向海关报明并在海关规定的期限内复运进境的，应当以境外修理费和料件费审查确定完税价格。

第二十六条 出口货物的完税价格由海关以该货物的成交价格以及该货物运至中华人民共和国境内输出地点装载前的运输及其相关费用、保险费为基础审查确定。

出口货物的成交价格，是指该货物出口时卖方为出口该货物应当向买方直接收取和间接收取的价款总额。

出口关税不计入完税价格。

第二十七条 出口货物的成交价格不能确定的,海关经了解有关情况,并与纳税义务人进行价格磋商后,依次以下列价格估定该货物的完税价格:

(一)与该货物同时或者大约同时向同一国家或者地区出口的相同货物的成交价格;

(二)与该货物同时或者大约同时向同一国家或者地区出口的类似货物的成交价格;

(三)按照下列各项总和计算的价格:境内生产相同或者类似货物的料件成本、加工费用,通常的利润和一般费用,境内发生的运输及其相关费用、保险费;

(四)以合理方法估定的价格。

第二十八条 按照本条例规定计入或者不计入完税价格的成本、费用、税收,应当以客观、可量化的数据为依据。

第四章 进出口货物关税的征收

第二十九条 进口货物的纳税义务人应当自运输工具申报进境之日起14日内,出口货物的纳税义务人除海关特准的外,应当在货物运抵海关监管区后、装货的24小时以前,向货物的进出境地海关申报。进出口货物转关运输的,按照海关总署的规定执行。

进口货物到达前,纳税义务人经海关核准可以先行申报。具体办法由海关总署另行规定。

第三十条 纳税义务人应当依法如实向海关申报,并按照海关的规定提供有关确定完税价格、进行商品归类、确定原产地以及采取反倾销、反补贴或者保障措施等所需的资料;必要时,海关可以要求纳税义务人补充申报。

第三十一条 纳税义务人应当按照《税则》规定的目录条文和归类总规则、类注、章注、子目注释以及其他归类注释,对其申报的进出口货物进行商品归类,并归入相应的税则号列;海关应当依法审核确定该货物的商品归类。

第三十二条 海关可以要求纳税义务人提供确定商品归类所需的有关资料;必要时,海关可以组织化验、检验,并将海关认定的化验、检验结果作为商品归类的依据。

第三十三条 海关为审查申报价格的真实性和准确性,可以查阅、复制与进出口货物有关的合同、发票、账册、结付汇凭证、单据、业务函电、录音录像制品和其他反映买卖双方关系及交易活动的资料。

海关对纳税义务人申报的价格有怀疑并且所涉关税数额较大的,经直属海关关长或者其授权的隶属海关关长批准,凭海关总署统一格式的协助查询账户通知书及有关工作人员的工作证件,可以查询纳税义务人在银行或者其他金融机构开立的单位账户的资金往来情况,并向银行业监督管理机构通报有关情况。

第三十四条 海关对纳税义务人申报的价格有怀疑的,应当将怀疑的理由书面告知纳税义务人,要求其在规定的期限内书面作出说明、提供有关资料。

纳税义务人在规定的期限内未作说明、未提供有关资料的,或者海关仍有理由怀疑申报价格的真实性和准确性的,海关可以不接受纳税义务人申报的价格,并按照本条例第三章的规定估定完税价格。

第三十五条 海关审查确定进出口货物的完税价格后,纳税义务人可以以书面形式要求海关就如何确定其进出口货物的完税价格作出书面说明,海关应当向纳税义务人作出书面说明。

第三十六条 进出口货物关税,以从价计征、从量计征或者国家规定的其他方式征收。

从价计征的计算公式为:应纳税额=完税价格×关税税率

从量计征的计算公式为:应纳税额=货物数量×单位税额

第三十七条 纳税义务人应当自海关填发税款缴款书之日起15日内向指定银行缴纳

税款。纳税义务人未按期缴纳税款的,从滞纳税款之日起,按日加收滞纳税款万分之五的滞纳金。

海关可以对纳税义务人欠缴税款的情况予以公告。

海关征收关税、滞纳金等,应当制发缴款凭证,缴款凭证格式由海关总署规定。

第三十八条 海关征收关税、滞纳金等,应当按人民币计征。

进出口货物的成交价格以及有关费用以外币计价的,以中国人民银行公布的基准汇率折合为人民币计算完税价格;以基准汇率币种以外的外币计价的,按照国家有关规定套算为人民币计算完税价格。适用汇率的日期由海关总署规定。

第三十九条 纳税义务人因不可抗力或者在国家税收政策调整的情形下,不能按期缴纳税款的,经海关总署批准,可以延期缴纳税款,但是最长不得超过6个月。

第四十条 进出口货物的纳税义务人在规定的纳税期限内有明显的转移、藏匿其应税货物以及其他财产迹象的,海关可以责令纳税义务人提供担保;纳税义务人不能提供担保的,海关可以按照《海关法》第六十一条的规定采取税收保全措施。

纳税义务人、担保人自缴纳税款期限届满之日起超过3个月仍未缴纳税款的,海关可以按照《海关法》第六十条的规定采取强制措施。

第四十一条 加工贸易的进口料件按照国家规定保税进口的,其制成品或者进口料件未在规定的期限内出口的,海关按照规定征收进口关税。

加工贸易的进口料件进境时按照国家规定征收进口关税的,其制成品或者进口料件在规定的期限内出口的,海关按照有关规定退还进境时已征收的关税税款。

第四十二条 经海关批准暂时进境或者暂时出境的下列货物,在进境或者出境时纳税义务人向海关缴纳相当于应纳税款的保证金或者提供其他担保的,可以暂不缴纳关税,并应当自进境或者出境之日起6个月内复运出境或者复运进境;经纳税义务人申请,海关可以根据海关总署的规定延长复运出境或者复运进境的期限:

(一)在展览会、交易会、会议及类似活动中展示或者使用的货物;

(二)文化、体育交流活动中使用的表演、比赛用品;

(三)进行新闻报道或者摄制电影、电视节目使用的仪器、设备及用品;

(四)开展科研、教学、医疗活动使用的仪器、设备及用品;

(五)在本款第(一)项至第(四)项所列活动中使用的交通工具及特种车辆;

(六)货样;

(七)供安装、调试、检测设备时使用的仪器、工具;

(八)盛装货物的容器;

(九)其他用于非商业目的的货物。

第一款所列暂准进境货物在规定的期限内未复运出境的,或者暂准出境货物在规定的期限内未复运进境的,海关应当依法征收关税。

第一款所列可以暂时免征关税范围以外的其他暂准进境货物,应当按照该货物的完税价格和其在境内滞留时间与折旧时间的比例计算征收进口关税。具体办法由海关总署规定。

第四十三条 因品质或者规格原因,出口货物自出口之日起1年内原状复运进境的,不征收进口关税。

因品质或者规格原因,进口货物自进口之日起1年内原状复运出境的,不征收出口关税。

第四十四条 因残损、短少、品质不良或者规格不符原因,由进出口货物的发货人、承运人或者保险公司免费补偿或者更换的相同货物,进出口时不征收关税。被免费更换的原进口货物不退运出境或者原出口货物不退运进境的，海关应当对原进出口货物重新按照规定征收关税。

第四十五条 下列进出口货物，免征关税：

（一）关税税额在人民币50元以下的一票货物；

（二）无商业价值的广告品和货样；

（三）外国政府、国际组织无偿赠送的物资；

（四）在海关放行前损失的货物；

（五）进出境运输工具装载的途中必需的燃料、物料和饮食用品。

在海关放行前遭受损坏的货物，可以根据海关认定的受损程度减征关税。

法律规定的其他免征或者减征关税的货物，海关根据规定予以免征或者减征。

第四十六条 特定地区、特定企业或者有特定用途的进出口货物减征或者免征关税，以及临时减征或者免征关税，按照国务院的有关规定执行。

第四十七条 进口货物减征或者免征进口环节海关代征税，按照有关法律、行政法规的规定执行。

第四十八条 纳税义务人进出口减免税货物的，除另有规定外，应当在进出口该货物之前，按照规定持有关文件向海关办理减免税审批手续。经海关审查符合规定的，予以减征或者免征关税。

第四十九条 需由海关监管使用的减免税进口货物，在监管年限内转让或者移作他用需要补税的，海关应当根据该货物进口时间折旧估价，补征进口关税。

特定减免税进口货物的监管年限由海关总署规定。

第五十条 有下列情形之一的，纳税义务人自缴纳税款之日起1年内，可以申请退还关税，并应当以书面形式向海关说明理由，提供原缴款凭证及相关资料：

（一）已征进口关税的货物，因品质或者规格原因，原状退货复运出境的；

（二）已征出口关税的货物，因品质或者规格原因，原状退货复运进境，并已重新缴纳因出口而退还的国内环节有关税收的；

（三）已征出口关税的货物，因故未装运出口，申报退关的。

海关应当自受理退税申请之日起30日内查实并通知纳税义务人办理退还手续。纳税义务人应当自收到通知之日起3个月内办理有关退税手续。

按照其他有关法律、行政法规规定应当退还关税的，海关应当按照有关法律、行政法规的规定退税。

第五十一条 进出口货物放行后，海关发现少征或者漏征税款的，应当自缴纳税款或者货物放行之日起1年内，向纳税义务人补征税款。但因纳税义务人违反规定造成少征或者漏征税款的，海关可以自缴纳税款或者货物放行之日起3年内追征税款，并从缴纳税款或者货物放行之日起按日加收少征或者漏征税款万分之五的滞纳金。

海关发现海关监管货物因纳税义务人违反规定造成少征或者漏征税款的，应当自纳税义务人应缴纳税款之日起3年内追征税款，并从应缴纳税款之日起按日加收少征或者漏征税款万分之五的滞纳金。

第五十二条 海关发现多征税款的，应当立即通知纳税义务人办理退还手续。

纳税义务人发现多缴税款的，自缴纳税款之日起1年内，可以以书面形式要求海关退还多缴的税款并加算银行同期活期存款利息；海关应当自受理退税申请之日起30日内查实并通知纳税义务人办理退还手续。

纳税义务人应当自收到通知之日起3个月内办理有关退税手续。

第五十三条 按照本条例第五十条、第五十二条的规定退还税款、利息涉及从国库中退库的，按照法律、行政法规有关国库管理的规定执行。

第五十四条 报关企业接受纳税义务人的委托，以纳税义务人的名义办理报关纳税手续，因报关企业违反规定而造成海关少征、漏征税款的，报关企业对少征或者漏征的税款、滞纳金与纳税义务人承担纳税的连带责任。

报关企业接受纳税义务人的委托，以报关企业的名义办理报关纳税手续的，报关企业与纳税义务人承担纳税的连带责任。

除不可抗力外，在保管海关监管货物期间，海关监管货物损毁或者灭失的，对海关监管货物负有保管义务的人应当承担相应的纳税责任。

第五十五条 欠税的纳税义务人，有合并、分立情形的，在合并、分立前，应当向海关报告，依法缴清税款。纳税义务人合并时未缴清税款的，由合并后的法人或者其他组织继续履行未履行的纳税义务；纳税义务人分立时未缴清税款的，分立后的法人或者其他组织对未履行的纳税义务承担连带责任。

纳税义务人在减免税货物、保税货物监管期间，有合并、分立或者其他资产重组情形的，应当向海关报告。按照规定需要缴税的，应当依法缴清税款；按照规定可以继续享受减免税、保税待遇的，应当到海关办理变更纳税义务人的手续。

纳税义务人欠税或者在减免税货物、保税货物监管期间，有撤销、解散、破产或者其他依法终止经营情形的，应当在清算前向海关报告。海关应当依法对纳税义务人的应缴税款予以清缴。

第五章 进境物品进口税的征收

第五十六条 进境物品的关税以及进口环节海关代征税合并为进口税，由海关依法征收。

第五十七条 海关总署规定数额以内的个人自用进境物品，免征进口税。

超过海关总署规定数额但仍在合理数量以内的个人自用进境物品，由进境物品的纳税义务人在进境物品放行前按照规定缴纳进口税。

超过合理、自用数量的进境物品应当按照进口货物依法办理相关手续。

国务院关税税则委员会规定按货物征税的进境物品，按照本条例第二章至第四章的规定征收关税。

第五十八条 进境物品的纳税义务人是指，携带物品进境的入境人员、进境邮递物品的收件人以及以其他方式进口物品的收件人。

第五十九条 进境物品的纳税义务人可以自行办理纳税手续，也可以委托他人办理纳税手续。接受委托的人应当遵守本章对纳税义务人的各项规定。

第六十条 进口税从价计征。

进口税的计算公式为：进口税税额＝完税价格 × 进口税税率

第六十一条 海关应当按照《进境物品进口税税率表》及海关总署制定的《中华人民共和国进境物品归类表》《中华人民共和国进境物品完税价格表》对进境物品进行归类、确定完税价格和确定适用税率。

第六十二条 进境物品，适用海关填发税款缴款书之日实施的税率和完税价格。

第六十三条 进口税的减征、免征、补征、追征、退还以及对暂准进境物品征收进口税参照本条例对货物征收进口关税的有关规定执行。

第六章 附 则

第六十四条 纳税义务人、担保人对海关确定纳税义务人、确定完税价格、商品归类、确定原产地、适用税率或者汇率、减征或者免征税款、补税、退税、征收滞纳金、确定计征方式以及确定纳税地点有异议的，应当缴纳税款，并可以依法向上一级海关申请复议。对复议决定不服的，可以依法向人民法院提起诉讼。

第六十五条 进口环节海关代征税的征收管理，适用关税征收管理的规定。

第六十六条 有违反本条例规定行为的，按照《海关法》《中华人民共和国海关法行政处罚实施细则》和其他有关法律、行政法规的规定处罚。

第六十七条 本条例自2004年1月1日起施行。1992年3月18日国务院修订发布的《中华人民共和国进出口关税条例》同时废止。

3. 财政部 海关总署 国家税务总局关于跨境电子商务零售进口税收政策的通知

财关税〔2016〕18号

各省、自治区、直辖市、计划单列市财政厅（局）、国家税务局，新疆生产建设兵团财务局，海关总署广东分署、各直属海关：

为营造公平竞争的市场环境，促进跨境电子商务零售进口健康发展，经国务院批准，现将跨境电子商务零售（企业对消费者，即B2C）进口税收政策有关事项通知如下：

一、跨境电子商务零售进口商品按照货物征收关税和进口环节增值税、消费税，购买跨境电子商务零售进口商品的个人作为纳税义务人，实际交易价格（包括货物零售价格、运费和保险费）作为完税价格，电子商务企业、电子商务交易平台企业或物流企业可作为代收代缴义务人。

二、跨境电子商务零售进口税收政策适用于从其他国家或地区进口的、《跨境电子商务零售进口商品清单》范围内的以下商品：

（一）所有通过与海关联网的电子商务交易平台交易，能够实现交易、支付、物流电子信息"三单"比对的跨境电子商务零售进口商品；

（二）未通过与海关联网的电子商务交易平台交易，但快递、邮政企业能够统一提供交易、支付、物流等电子信息，并承诺承担相应法律责任进境的跨境电子商务零售进口商品。

不属于跨境电子商务零售进口的个人物品以及无法提供交易、支付、物流等电子信息的跨境电子商务零售进口商品，按现行规定执行。

三、跨境电子商务零售进口商品的单次交易限值为人民币2 000元，个人年度交易限值为人民币20 000元。在限值以内进口的跨境电子商务零售进口商品，关税税率暂设为0%；进口环节增值税、消费税取消免征税额，暂按法定应纳税额的70%征收。超过单次限值、累加后超过个人年度限值的单次交易，以及完税价格超过2 000元限值的单个不可分割商品，均按照一般贸易方式全额征税。

四、跨境电子商务零售进口商品自海关放行之日起30日内退货的，可申请退税，并相应调整个人年度交易总额。

五、跨境电子商务零售进口商品购买人（订购人）的身份信息应进行认证；未进行认证的，购买人(订购人)身份信息应与付款人一致。

六、《跨境电子商务零售进口商品清单》将由财政部商有关部门另行公布。

七、本通知自 2016 年 4 月 8 日起执行。

特此通知。

财政部　海关总署　国家税务总局
2016 年 3 月 24 日

4. 财政部　海关总署　国家税务总局关于新型显示器件项目进口设备增值税分期纳税政策的通知

财关税〔2016〕30 号

各省、自治区、直辖市、计划单列市财政厅(局)、国家税务局,新疆生产建设兵团财务局,海关总署广东分署、各直属海关,财政部驻各省、自治区、直辖市、计划单列市财政监察专员办事处:

为落实中央经济工作会议有关精神,推进新常态下信息技术产业实体经济发展,促进产业结构优化升级,支持国内新型显示器件生产企业降低税费成本,更好地参与国际竞争,经国务院批准,现将新型显示器件项目进口设备增值税分期纳税的有关政策通知如下:

一、对新型显示器件项目于 2015 年 1 月 1 日至 2018 年 12 月 31 日进口的关键新设备,准予在首台设备进口之后的 6 年(连续 72 个月)期限内,分期缴纳进口环节增值税,6 年内每年(连续 12 个月)依次缴纳进口环节增值税总额的 0%、20%、20%、20%、20%、20%,期间允许企业缴纳税款超过上述比例。

二、新型显示器件生产企业在分期纳税期间,按海关事务担保的规定,对未缴纳的税款提供海关认可的银行保证金或银行保函形式的税款担保,不予征收缓税利息和滞纳金。

三、对企业已经缴纳的进口环节增值税不予退还。

四、上述分期纳税有关政策的具体操作办法依照《关于新型显示器件项目进口设备增值税分期纳税的暂行规定》(见附件)执行。

附件:关于新型显示器件项目进口设备增值税分期纳税的暂行规定。

财政部　海关总署　国家税务总局
2016 年 6 月 1 日

附件:

关于新型显示器件项目进口设备增值税分期纳税的暂行规定

一、根据国务院批准的对新型显示器件项目进口设备增值税分期纳税有关政策的精神,特制定本规定。

二、承建新型显示器件项目的企业至少于首台设备进口时间的 3 个月前,分别向省级(含自治区、直辖市、计划单列市，下同）财政部门、企业所在地直属海关提交进口设备增值税分期纳税的申请。

（一）企业申请文件需说明企业及项目有关情况，如项目建设进度、产能设计和初期产量、投产和量产时间、产品类型等，并附投资主管部门出具的项目备案（或核准）文件，如已取得鼓励类项目确认书应一并报送。

（二）企业申报享受分期纳税政策的进口环节增值税总额，同时说明有关进口关键新设备的种类、金额以及进口起止时间等相关信息。

（三）按照海关事务担保的规定，企业还应申报在分期纳税期间提供税款担保的具体方案，包括拟提供税款担保的种类、担保机构的名称、担保金额、次数、期限等内容。

（四）经企业所在地直属海关同意后，企业在申报时可选择按季度或按月分期缴纳进口环节增值税的方式。

三、省级财政部门在接到相关企业申请文件后，会同企业所在地直属海关应在1个月内完成对企业申请文件的完备性和合规性的初审，并出具审核意见。初审应确保企业申请享受政策的设备属于2015年1月1日至2018年12月31日期间进口的关键新设备。企业申请及初审材料齐全后，由省级人民政府将上述材料及时报送财政部，并抄报海关总署和国家税务总局。

四、财政部会同海关总署、国家税务总局对申报材料进行审核，确定准予分期纳税的总税额，并按此税额分期征缴。自企业申报的首台设备进口时间开始，第一年（即前12个月）不需缴纳设备进口环节增值税。从第二年开始，按季度或按月分期缴纳进口环节增值税：即从首台设备进口时间的次年所对应的季度开始，于每季度的最后15日内向企业所在地直属海关至少缴纳准予分期纳税总税额的1/20；或从首台设备进口时间的次年所对应的月份开始，于每月的最后10日内向企业所在地直属海关至少缴纳准予分期纳税总税额的1/60；期间允许企业缴纳税款超过上述比例。

五、财政部会同海关总署、国家税务总局对申请材料审核同意后，正式通知相关省级财政部门、企业所在地直属海关和省级国家税务局，并抄送相关省级人民政府，由省级人民政府通知相关企业。相关企业凭此通知并按照申请文件中载明的税款担保方案提供海关认可的银行保证金或银行保函，到企业所在地直属海关办理准予分期纳税的有关手续。

六、在准予分期纳税的6个年度内，对经核定的准予分期缴纳的税款，不征收缓税利息和滞纳金。企业应主动配合海关履行纳税义务，否则不能享受分期纳税的有关优惠政策。

七、企业在分期纳税期间，如实际进口金额超出原有申报金额20%时，须及时向省级财政部门提交变更申请。省级财政部门会同企业所在地直属海关审核后，上报财政部并抄送海关总署、国家税务总局。财政部会同海关总署和国家税务总局负责审核，若审核同意，则通知相关省级财政部门、企业所在地直属海关和省级国家税务局纳税方案的变更。如企业实际进口金额低于原有申报金额80%时，也可依照上述流程提交分期纳税方案的变更申请。

八、企业在最后一次纳税时，海关应对该项目全部应纳税款进行汇算清缴，并完成项目实际应纳税额的计征工作。企业所在地直属海关会同省级财政部门将企业在分期纳税期间的实际纳税情况汇总报送财政部、海关总署和国家税务总局。

九、本规定由财政部会同海关总署、国家税务总局负责解释。

5. 国家税务总局关于发布修订后的《出口退（免）税企业分类管理办法》的公告

国家税务总局公告 2016 年第 46 号

为深入贯彻落实《深化国税、地税征管体制改革方案》和《国务院关于促进外贸回稳向好的若干意见》（国发〔2016〕27 号），进一步优化出口退税管理，更好地发挥出口退税支持外贸发展的职能作用，推进社会信用体系建设，国家税务总局对《出口退（免）税企业分类管理办法》（国家税务总局公告 2015 年第 2 号发布）进行了修订，现予重新发布，自 2016 年 9 月 1 日起施行。《国家税务总局关于发布〈出口退（免）税企业分类管理办法〉的公告》（国家税务总局公告 2015 年第 2 号）同时废止。

特此公告。

附件：1. 生产型出口企业生产能力情况报告（略）。
   2. 出口退（免）税企业内部风险控制体系建设情况报告（略）。
   3. 出口退（免）税企业管理类别评定表（略）。

国家税务总局
2016 年 7 月 13 日

出口退（免）税企业分类管理办法

第一章 总 则

第一条 为进一步优化出口退（免）税管理，提高纳税人税法遵从度，推进社会信用体系建设，充分发挥出口退税支持外贸发展的职能作用，根据《中华人民共和国税收征收管理法》及其实施细则、相关出口税收规定，制定本办法。

第二条 税务机关应按照风险可控、放管服结合、利于遵从、便于办税的原则，对出口退（免）税企业（以下简称出口企业）进行分类管理。

第三条 出口企业管理类别分为一类、二类、三类、四类。

第四条 各省、自治区、直辖市、计划单列市国家税务局（以下简称省国家税务局）负责组织实施本地区出口企业的分类管理工作。

具有出口退（免）税审批权限的国家税务局负责评定所辖出口企业的管理类别。

第二章 出口企业管理类别的评定标准

第五条 一类出口企业的评定标准。

（一）生产企业应同时符合下列条件：

1. 企业的生产能力与上一年度申报出口退（免）税规模相匹配。

2. 近 3 年（含评定当年，下同）未发生过虚开增值税专用发票或者其他增值税扣税凭证、骗取出口退税行为。

3.……

4. 评定时纳税信用级别为A级或B级。

5. 企业内部建立了较为完善的出口退（免）税风险控制体系。

（二）外贸企业应同时符合下列条件：

1. 近3年未发生过虚开增值税专用发票或者其他增值税扣税凭证、骗取出口退税行为。

2. 上一年度的年末净资产大于上一年度该企业已办理出口退税额的60%。

3. 持续经营5年以上（因合并、分立、改制重组等原因新设立企业的情况除外）。

4. 评定时纳税信用级别为A级或B级。

5. 评定时海关企业信用管理类别为高级认证企业或一般认证企业。

6. 评定时外汇管理的分类管理等级为A级。

7. 企业内部建立了较为完善的出口退（免）税风险控制体系。

（三）外贸综合服务企业应同时符合下列条件：

1. 近3年未发生过虚开增值税专用发票或者其他增值税扣税凭证、骗取出口退税行为。

2. 上一年度的年末净资产大于上一年度该企业已办理出口退税额的30%。

3. 上一年度申报从事外贸综合服务业务的出口退税额，大于该企业全部出口退税额的80%。

4. 评定时纳税信用级别为A级或B级。

5. 评定时海关企业信用管理类别为高级认证企业或一般认证企业。

6. 评定时外汇管理的分类管理等级为A级。

7. 企业内部建立了较为完善的出口退（免）税风险控制体系。

第六条 具有下列情形之一的出口企业，其出口企业管理类别应评定为三类：

（一）自首笔申报出口退（免）税之日起至评定时未满12个月。

（二）评定时纳税信用级别为C级，或尚未评价纳税信用级别。

（三）……

（四）上一年度发生过违反出口退（免）税有关规定的情形，但尚未达到税务机关行政处罚标准或司法机关处理标准的。

（五）存在省国家税务局规定的其他失信或风险情形。

第七条 具有下列情形之一的出口企业，其出口企业管理类别应评定为四类：

（一）评定时纳税信用级别为D级。

（二）上一年度发生过拒绝向税务机关提供有关出口退（免）税账簿、原始凭证、申报资料、备案单证等情形。

（三）上一年度因违反出口退（免）税有关规定，被税务机关行政处罚或被司法机关处理过的。

（四）评定时企业因骗取出口退税被停止出口退税权，或者停止出口退税权届满后未满2年。

（五）四类出口企业的法定代表人新成立的出口企业。

（六）列入国家联合惩戒对象的失信企业。

（七）海关企业信用管理类别认定为失信企业。

（八）外汇管理的分类管理等级为C级。

（九）存在省国家税务局规定的其他严重失信或风险情形。

第八条 一类、三类、四类出口企业以外的出口企业，其出口企业管理类别应评定为二类。

第三章 出口企业管理类别评定及调整

第九条 评定工作完成的次月起,税务机关对出口企业实施对应的分类管理措施。

第十条 申请出口企业管理类别评定为一类的出口企业,应于企业纳税信用级别评价结果确定的当月向主管税务机关报送《生产型出口企业生产能力情况报告》(仅生产企业填报,样式见附件1)、《出口退(免)税企业内部风险控制体系建设情况报告》(样式见附件2)。

第十一条 县(区)国家税务局负责评定出口企业管理类别的,应于评定工作完成后10个工作日内将评定结果报地(市)国家税务局备案;地(市)国家税务局负责评定的,县(区)国家税务局须进行初评并填报《出口退(免)税企业管理类别评定表》(附件3),报地(市)国家税务局审定。

第十二条 负责评定出口企业管理类别的税务机关,应在评定工作完成后的15个工作日内将评定结果告知出口企业,并主动公开一类、四类的出口企业名单。

第十三条 主管税务机关发现出口企业存在下列情形的,应自发现之日起20个工作日内,调整其出口企业管理类别:

(一)一类、二类、三类出口企业的纳税信用级别发生降级的,可相应调整出口企业管理类别。

(二)一类、二类、三类出口企业发生以下情形之一的,出口企业管理类别应调整为四类:

1. 拒绝提供有关出口退(免)税账簿、原始凭证、申报资料、备案单证的。
2. 因违反出口退(免)税有关规定,被税务机关行政处罚或被司法机关处理。
3. 被列为国家联合惩戒对象的失信企业。

(三)一类、二类出口企业不配合税务机关实施出口退(免)税管理,以及未按规定收集、装订、存放出口退(免)税凭证及备案单证的,出口企业管理类别应调整为三类。

(四)一类、二类出口企业因涉嫌骗取出口退税被立案查处尚未结案的,暂按三类出口企业管理,待案件查结后,依据查处情况相应调整出口企业管理类别;三类、四类出口企业因涉嫌骗取出口退税被立案查处尚未结案的,暂按原类别管理,待案件查结后,依据查处情况调整出口企业管理类别。

(五)在税务机关完成年度管理类别评定后新增办理出口退(免)税备案的出口企业,其出口企业管理类别应确定为三类。

第十四条 负责评定出口企业管理类别的税务机关在评定出口企业的管理类别时,应根据出口企业上一年度的管理类别,按照四类、三类、二类、一类的顺序逐级晋级,原则上不得越级评定。

四类出口企业自评定之日起,12个月内不得评定为其他管理类别。

第十五条 税务机关应提高税源管理部门、纳税服务部门、稽查部门、进出口税收管理部门之间信息共享的质量和效率,建立相应的信息通报制度,及时传递出口企业的纳税信用级别评定结果、纳税评估情况、税务稽查立案及处理情况等信息。

第四章 分类管理及服务措施

第十六条 主管税务机关可为一类出口企业提供绿色办税通道(特约服务区),优先办理出口退税,并建立重点联系制度,及时解决企业有关出口退(免)税问题。

对一类出口企业中纳税信用级别为A级的纳税人,按照《关于对纳税信用A级纳税人实施联合激励措施的合作备忘录》的规定,实施联合激励措施。

第十七条 对一类出口企业申报的出口退(免)税,税务机关经审核,同时符合下列条件的，应自受理企业申报之日起，5个工作日内办结出口退（免）税手续：

（一）申报的电子数据与海关出口货物报关单结关信息、增值税专用发票信息比对无误。

（二）出口退（免）税额计算准确无误。

（三）不涉及税务总局和省国家税务局确定的预警风险信息。

（四）属于外贸企业的，出口的货物是从纳税信用级别为A级或B级的供货企业购进。

（五）属于外贸综合服务企业的，接受其提供服务的中小生产企业的纳税信用级别为A级或B级。

第十八条 对二类出口企业申报的出口退（免）税，税务机关经审核，同时符合下列条件的，应自受理企业申报之日起，10个工作日内办结出口退（免）税手续：

（一）符合出口退（免）税相关规定。

（二）申报的电子数据与海关出口货物报关单结关信息、增值税专用发票信息比对无误。

（三）未发现审核疑点或者审核疑点已排除完毕。

第十九条 对三类出口企业申报的出口退（免）税，税务机关经审核，同时符合下列条件的，应自受理企业申报之日起，15个工作日内办结出口退（免）税手续：

（一）符合出口退（免）税相关规定。

（二）申报的电子数据与海关出口货物报关单结关信息、增值税专用发票信息比对无误。

（三）未发现审核疑点或者审核疑点已排除完毕。

第二十条 对四类出口企业申报的出口退（免）税，税务机关应按下列规定进行审核：

（一）申报的纸质凭证、资料应与电子数据相互匹配且逻辑相符。

（二）申报的电子数据应与海关出口货物报关单结关信息、增值税专用发票信息比对无误。

（三）对该类企业申报出口退（免）税的外购出口货物或视同自产产品，税务机关应对每户供货企业的发票，都要抽取一定的比例发函调查。

（四）属于生产企业的，对其申报出口退（免）税的自产产品，税务机关应对其生产能力、纳税情况进行评估。

税务机关按上述要求完成审核，并排除所有审核疑点后，应自受理企业申报之日起，20个工作日内办结出口退（免）税手续。

第二十一条 出口企业申报的出口退（免）税，税务机关发现存在下列情形之一的，应按规定予以核实，排除相关疑点后，方可办理出口退（免）税，不受本办法有关办结出口退（免）税手续时限的限制：

（一）不符合本办法第十七条、第十八条、第十九条、第二十条规定的。

（二）涉及海关、外汇管理局等出口监管部门提供的风险信息。

第二十二条 各省国家税务局应定期组织对已办理的出口退（免）税情况开展风险分析工作，发现出口企业申报的退（免）税存在骗取出口退税疑点的，应按规定进行评估、核查，发现问题的，应按规定予以处理。

第五章 附 则

第二十三条 本办法用语的含义：

"出口退（免）税企业"，指适用出口退（免）税政策的企业和其他单位，以及适用增值税零税率政策的应税服务提供者。按照出口企业适用的出口退（免）税办法和经营业态，分为生产企业、外贸企业、外贸综合服务企业。

"生产企业",指适用免抵退税办法的出口企业。

"外贸企业",指适用免退税办法的出口企业。

"一类出口企业""二类出口企业""三类出口企业""四类出口企业",指出口退(免)税企业分类管理类别分别为一类、二类、三类、四类的出口企业。

"上一年度",指评定出口退(免)税企业管理类别的上一个自然年度。

"外贸综合服务业务",应同时符合以下条件:

(一)出口货物为国内生产企业自产的货物。

(二)国内生产企业已将出口货物销售给外贸综合服务企业。

(三)国内生产企业与境外单位或个人已经签订出口合同,并约定货物由外贸综合服务企业出口至境外单位或个人,货款由境外单位或个人支付给外贸综合服务企业。

(四)外贸综合服务企业以自营方式出口。

(五)外贸综合服务企业申报出口退(免)税时,在《外贸企业出口退税进货明细申报表》第15栏(业务类型)、《外贸企业出口退税出口明细申报表》第19栏〔退(免)税业务类型〕填写"WMZHFW"。

"办结出口退(免)税手续",指税务机关对出口企业申报的符合规定的退(免)税,开具税收收入退还书并传递至国库。

第二十四条 各省国家税务局可以根据本办法制定和细化具体实施办法。

第二十五条 本办法自2016年9月1日起施行,以出口企业申报退(免)税时间为准。

【注释】《国家税务总局关于修改部分税收规范性文件的公告》(国家税务总局公告2018年第31号)对本文进行了修改。第五条第一项第3目、第六条第三项、第九条"出口企业管理类别评定工作每年进行1次,应于企业纳税信用级别评价结果确定后1个月内完成"的规定废止,参见《国家税务总局关于加快出口退税进度有关事项的公告》(国家税务总局公告2018年第48号)。

6.财政部 海关总署 国家税务总局关于享受进口税收优惠政策的中资"方便旗"船舶清单的通知

财关税〔2016〕67号

各省、自治区、直辖市、计划单列市财政厅(局)、国家税务局,海关总署广东分署、各直属海关:

根据《财政部 海关总署 国家税务总局关于中资"方便旗"船回国登记进口税收政策问题的通知》(财关税〔2016〕42号)的规定,经审定,"长航瑞海"等13艘中资"方便旗"船舶可享受免征关税和进口环节增值税的优惠,具体船舶清单见附件。

附件:享受进口税收优惠政策的中资"方便旗"船舶清单(略)。

财政部 海关总署 国家税务总局
2016年12月30日

7. 国家税务总局关于加强海关进口增值税抵扣管理的公告

国家税务总局公告 2017 年第 3 号

为保护纳税人合法权益，进一步加强增值税管理，打击利用海关进口增值税专用缴款书（以下简称"海关缴款书"）骗抵税款犯罪活动，税务总局决定全面提升海关缴款书稽核比对级别，强化对海关进口增值税的抵扣管理。现将有关事项公告如下：

增值税一般纳税人进口货物时应准确填报企业名称，确保海关缴款书上的企业名称与税务登记的企业名称一致。税务机关将进口货物取得的属于增值税抵扣范围的海关缴款书信息与海关采集的缴款信息进行稽核比对。经稽核比对相符后，海关缴款书上注明的增值税额可作为进项税额在销项税额中抵扣。稽核比对不相符，所列税额暂不得抵扣，待核查确认海关缴款书票面信息与纳税人实际进口业务一致后，海关缴款书上注明的增值税额可作为进项税额在销项税额中抵扣。

税务部门应加强对纳税人的辅导，充分利用多种渠道向全社会广泛宣传，赢得纳税人的理解和支持。

本公告自发布之日起实施。

特此公告。

国家税务总局
2017 年 2 月 13 日

8. 国家税务总局关于调整完善外贸综合服务企业办理出口货物退（免）税有关事项的公告

国家税务总局公告 2017 年第 35 号

为促进外贸综合服务企业规范健康发展，建立与企业发展相适应的出口退（免）税管理模式，根据《商务部 海关总署 税务总局 质检总局 外汇局关于促进外贸综合服务企业健康发展有关工作的通知》（商贸函〔2017〕759号）的精神，现将外贸综合服务企业代生产企业办理出口退（免）税事项的有关问题公告如下：

一、外贸综合服务企业（以下简称综服企业）代国内生产企业办理出口退（免）税事项同时符合下列条件的，可由综服企业向综服企业所在地主管税务机关集中代为办理出口退（免）税事项（以下称代办退税）：

（一）符合商务部等部门规定的综服企业定义并向主管税务机关备案。

（二）企业内部已建立较为完善的代办退税内部风险管控制度并已向主管税务机关备案。

二、生产企业出口货物，同时符合以下条件的，可由综服企业代办退税：

（一）出口货物为生产企业的自产货物或视同自产货物。

（二）生产企业为增值税一般纳税人并已按规定办理出口退（免）税备案。

（三）生产企业已与境外单位或个人签订出口合同。

（四）生产企业已与综服企业签订外贸综合服务合同（协议），约定由综服企业提供包括报关报检、物流、代办退税、结算等在内的综合服务，并明确相关法律责任。

（五）生产企业向主管税务机关提供代办退税的开户银行和账号（以下简称代办退税账户）。

三、生产企业应当办理委托代办退税备案。生产企业在已办理出口退（免）税备案后，首次委托综服企业代办退税前，向其所在地主管税务机关报送《代办退税情况备案表》（附件1）并提供代办退税账户，同时将与综服企业签订的外贸综合服务合同（协议）留存备查。

《代办退税情况备案表》内容发生变化时，生产企业应自发生变化之日起30日内重新报送该表。

生产企业办理撤回委托代办退税备案事项的，应在综服企业主管税务机关按规定向综服企业结清该生产企业的代办退税款后办理。

生产企业办理撤回出口退（免）税备案事项的，应按规定先办理撤回委托代办退税备案事项。

四、综服企业应当办理代办退税备案。综服企业办理出口退（免）税备案后，在为每户生产企业首次代办退税前，向其所在地主管税务机关报送《代办退税情况备案表》，同时将下列资料留存备查：

（一）与生产企业签订的外贸综合服务合同（协议）。

（二）每户委托代办退税生产企业的《代办退税情况备案表》。

（三）综服企业代办退税内部风险管控信息系统建设及应用情况。

《代办退税情况备案表》的内容发生变化时，综服企业应自发生变化之日起30日内重新报送该表。

综服企业首次办理代办退税备案时，应将企业代办退税内部风险管控制度一次性报主管税务机关。

五、综服企业主管税务机关应将综服企业报送的《代办退税情况备案表》内容与相应生产企业的《代办退税情况备案表》内容进行比对，比对相符的，应予以办理代办退税备案；比对不符的，将比对不符情况一次性告知综服企业。

六、生产企业代办退税的出口货物，应先按出口货物离岸价和增值税适用税率计算销项税额并按规定申报缴纳增值税，同时向综服企业开具备注栏内注明"代办退税专用"的增值税专用发票（以下称代办退税专用发票），作为综服企业代办退税的凭证。

出口货物离岸价以人民币以外的货币结算的，其人民币折合率可以选择销售额发生的当天或者当月1日的人民币汇率中间价。

代办退税专用发票上的"金额"栏次须按照换算成人民币金额的出口货物离岸价填写。

七、综服企业向其主管税务机关申报代办退税，应退税额按代办退税专用发票上注明的"金额"和出口货物适用的出口退税率计算。

应退税额＝代办退税专用发票上注明的"金额"×出口货物适用的出口退税率

代办退税专用发票不得作为综服企业的增值税扣税凭证。

八、综服企业应参照外贸企业出口退税申报相关规定，向主管税务机关单独申报代办退税，报送《外贸综合服务企业代办退税申报表》（附件2）、代办退税专用发票（抵扣联）和其他申报资料。

九、综服企业应履行代办退税内部风险管控职责，严格审核委托代办退税的生产企业生产经营情况、生产能力及出口业务的真实性。代办退税内部风险管控职责包括：

（一）制定代办退税内部风险管控制度，包括风险控制流程、规则、管理制度等。

（二）建立代办退税风险管控信息系统，对生产企业的经营情况和生产能力进行分析，对代办退税的出口业务进行事前、事中、事后的风险识别、分析。

（三）对年度内委托代办退税税额超过100万元的生产企业，应实地核查其经营情况和生产能力，核查内容包括货物出口合同或订单、生产设备、经营场所、企业人员、会计账簿、生产能力等，对有关核查情况应有完备记录和留存相关资料。

（四）对年度内委托代办退税税额超过100万元的生产企业，应进行出口货物的贸易真实性核查。核查内容包括出口货物真实性，出口货物与报关单信息一致性，与生产企业生产能力的匹配性，有相应的物流凭证和出口收入凭证等。每户委托代办退税的生产企业核查覆盖率不应低于其代办退税业务的75%，对有关核查情况应有完备记录和留存相关资料。

各省（区、市）国家税务局可根据本省实际情况规定综服企业其他应履行代办退税内部风险管控职责，并对本条第（三）（四）项规定需实地核查的生产企业代办退税税额和生产企业核查覆盖率进行调整。

十、综服企业应对履行本公告第九条职责的详细记录等信息和每笔代办退税出口业务涉及的合同（协议）、凭证等资料，规范装订、存放、保管并留存备查。

综服企业对代办退税的出口业务，应参照外贸企业自营出口业务有关备案单证的规定进行单证备案。

十一、综服企业主管税务机关应按照综服企业的出口企业管理类别审核办理其代办退税。

十二、综服企业主管税务机关应将核准通过的代办退税款退还至生产企业提供的代办退税账户，并在办结代办退税后，向综服企业反馈退还给每户生产企业的税款明细。

十三、生产企业主管税务机关应参照对供货企业出口退（免）税风险管理有关规定，加强对生产企业的风险管理工作。发现生产企业存在异常情形的，应有针对性地开展评估核查工作。

十四、代办退税的出口业务存在异常情形或者有按规定暂不办理退税情形的，综服企业主管税务机关应按下列规则处理：

（一）未办理退税的，对该出口业务暂缓办理退税。

（二）已办理退税的，按所涉及的退税额，对其已核准通过的应退代办退税税款，等额暂缓办理退税。

（三）排除相应疑点后，按排除疑点的结论，方可继续办理代办退税。

十五、代办退税的出口业务有按规定应予追回退税款情形的，由生产企业主管税务机关向生产企业进行追缴。综服企业主管税务机关应根据生产企业主管税务机关的通知，按照所涉及的退税额对该生产企业已核准通过的应退税款予以暂扣。

十六、代办退税的出口业务有按规定应予追回退税款情形，如果综服企业未能按照本公告第九条规定履行其职责，且生产企业未能按规定将税款补缴入库的，综服企业应当承担连带责任，将生产企业未能补缴入库所涉及的税款进行补缴。

十七、综服企业代办退税存在下列情形的，综服企业主管税务机关应自发现之日起20个工作日内，调整其出口企业管理类别：

（一）连续12个月内，经审核发现不予退税的代办退税税额占申报代办退税税额5%以上的，管理类别下调一级。

（二）连续12个月内，经审核发现不予退税的代办退税业务涉及的生产企业户数占申报代办退税生产企业户数 3% 以上的，管理类别下调一级。

（三）连续 12 个月内，被认定为骗取出口退税的代办退税税额占申报代办退税税额 2% 以上的，管理类别调整为四类。

十八、综服企业连续 12 个月内被认定为骗取出口退税的代办退税税额占申报代办退税税额 5% 以上的，36 个月内不得按照本公告规定从事代办退税业务。

上述 36 个月，自综服企业收到税务机关书面通知书次月算起，具体日期以出口货物报关单注明的出口日期为准。

十九、代办退税的出口业务，如发生骗取出口退税等涉税违法行为的，生产企业应作为责任主体承担法律责任。综服企业非法提供银行账户、发票、证明或者其他方便，导致发生骗取出口退税的，对其应按照《中华人民共和国税收征收管理法实施细则》第九十三条的规定进行处罚。

综服企业发生参与生产企业骗取出口退税等涉税违法行为的，应依法承担相应法律责任，且 36 个月内不得按照本公告规定从事代办退税业务。

上述 36 个月，自综服企业收到税务机关行政处罚决定（或审判机关判决、裁定文书）次月算起，具体日期以出口货物报关单注明的出口日期为准。

二十、综服企业向生产企业代为办理报关、报检、物流、退税、结算等综合服务取得的收入，应按规定申报缴纳增值税。

二十一、本公告未尽事宜，按照现行出口退（免）税和增值税相关规定执行。

各省（区、市）国家税务局可以根据本公告规定，结合本地实际，制定具体操作办法。

二十二、本公告自 2017 年 11 月 1 日起施行。具体时间以出口货物报关单上注明的出口日期为准。《国家税务总局关于外贸综合服务企业出口货物退（免）税有关问题的公告》（国家税务总局公告 2014 年第 13 号）同时废止。

2017 年 11 月 1 日后报关出口的货物，如生产企业在 2017 年 11 月 1 日前已向综服企业开具增值税专用发票（除代办退税专用发票外）的，仍按照国家税务总局公告 2014 年第 13 号的规定办理出口退税。

特此公告。

附件：1. 代办退税情况备案表（略）。
2. 外贸综合服务企业代办退税申报表（略）。

国家税务总局
2017 年 9 月 13 日

9. 关于《国家税务总局关于调整完善外贸综合服务企业办理出口货物退（免）税有关事项的公告》的解读

现将《国家税务总局关于调整完善外贸综合服务企业办理出口货物退（免）税有关事项的公告》（以下简称《公告》）的有关内容解读如下：

一、《公告》起草背景

为解决外贸综合服务企业（以下称"综服企业"）反映的问题，促进综服企业规范健康发展，建立与企业发展相适应的税收管理模式，经国务院批准同意，税务总局拟对现行综服企业代生产企业办理出口退（免）税管理办法进行调整完善，改为由综服企业代生产企业集中申报退税（以下称代办退税）。为此，税务总局制发了《公告》，同时废止了《国家税务总局关于外贸综合服务企业出口货物退（免）税有关问题的公告》（国家税务总局公告2014年第13号）。

二、《公告》主要内容

（一）明确了综服企业代办退税的条件。综服企业和生产企业出口货物均符合规定条件的，由综服企业代办退税。

（二）明确了综服企业代办退税的具体办法。一是生产企业和综服企业需各自办理出口退（免）税备案。二是生产企业应先按规定申报缴纳增值税，同时向综服企业开具代办退税专用发票，作为综服企业代办退税的凭证。三是综服企业代办退税的应退税额按代办退税专用发票上注明的"金额"和出口货物适用的出口退税率计算。四是综服企业主管税务机关按综服企业的出口企业管理类别审核办理代办退税，代办退税款退还至生产企业提供的代办退税账户。

（三）明确了异常代办退税业务的处理措施。生产企业主管税务机关和综服企业主管税务机关发现代办退税的出口业务存在异常情形或按规定暂不办理退税情形的，应按规定采取相应的措施。

（四）明确了综服企业的相关法律责任和罚则。一是代办退税的出口业务发生涉税违法违规情形的，税务机关将对综服企业进行相应的处罚。二是代办退税的出口业务如发生骗取出口退税等涉税违法行为的，生产企业应作为责任主体依法承担法律责任。

（五）明确了综服企业其他涉税问题。《公告》同时明确了综服企业提供服务取得收入的涉税处理问题。

（六）明确了执行时间。《公告》自2017年11月1日起施行，具体时间以出口报关单上注明的出口日期为准，国家税务总局公告2014年第13号同时废止。

10. 财政部　海关总署　税务总局关于完善启运港退税政策的通知

财税〔2018〕5号

各省、自治区、直辖市、计划单列市财政厅（局）、国家税务局，海关总署广东分署、各直属海关，新疆生产建设兵团财务局：

为进一步完善启运港退税政策，扩大政策成效，结合前期政策实施情况，现将有关事项通知如下：

一、对符合条件的出口企业从启运地口岸（以下称启运港）起运报关出口，由符合条件的运输企业承运，从水路转关直航或经停指定口岸（以下称经停港），自离境地口岸（以下称离境港）离境的集装箱货物，实行启运港退税政策。

对从经停港报关出口、由符合条件的运输企业途中加装的集装箱货物，符合前款规定的运输方式、离境地点要求的，以经停港作为货物的启运港，也实行启运港退税政策。

二、政策适用范围

（一）启运港。

启运港为泸州市泸州港、重庆市果园港、宜昌市云池港、岳阳市城陵矶港、武汉市阳逻港、九江市城西港、芜湖市朱家桥港、南京市龙潭港、张家港市永嘉港、南通市狼山港、苏州市太仓港、连云港市连云港港、青岛市前湾港。

（二）离境港。

离境港为上海市外高桥港区、上海市洋山保税港区。

（三）经停港。

承运适用启运港退税政策货物的船舶，可经停南京市龙潭港、武汉市阳逻港、苏州市太仓港加装货物，但不得经停除上述港口以外的其他港口或在上述港口卸载货物。

从经停港加装的货物，需为已报关出口、经由上述第（二）项规定的离境港离境的集装箱货物。

（四）运输企业及运输工具。

运输企业为在海关的信用等级为一般信用企业或认证企业，并且纳税信用级别为B级及以上的航运企业。

运输工具为配备导航定位、全程视频监控设备并且符合海关对承运海关监管货物运输工具要求的船舶。

税务总局定期向海关总署传送纳税信用等级为B级及以上的企业名单。企业纳税信用等级发生变化的，定期传送变化企业名单。海关总署根据上述纳税信用等级等信息确认符合条件的运输企业和运输工具。

（五）出口企业。

出口企业的出口退（免）税分类管理类别为一类或二类，并且在海关的信用等级为一般信用企业或认证企业。

海关总署定期向税务总局传送一般信用企业或认证企业名单。企业信用等级发生变化的，定期传送变化企业名单。税务总局根据上述名单等信息确认符合条件的出口企业。

三、主要流程

（一）启运地海关依出口企业申请，对从启运港启运的符合条件的货物办理放行手续后，生成启运港出口货物报关单电子信息。以经停港作为货物启运港的，经停地海关依出口企业申请，对从经停港加装的符合条件的货物办理放行手续后，生成启运港出口货物报关单电子信息。

（二）海关总署按日将启运港出口货物报关单电子信息（加启运港退税标识）通过电子口岸传输给税务总局。

（三）出口企业凭启运港出口货物报关单电子信息及相关材料到主管退税的税务机关申请办理退税。出口企业首次申请办理退税前，应向主管出口退税的税务机关进行启运港退税备案。

（四）主管出口退税的税务机关，根据企业出口退（免）税分类管理类别信息、税务总局清分的企业海关信用等级信息和启运港出口货物报关单信息，为出口企业办理退税。出口企业在申请退税时，上述信息显示其不符合启运港退税条件的，主管税务机关根据税务总局清分的结关核销的报关单数据（加启运港退税标识）办理退税。

（五）启运港启运以及经停港加装的出口货物自离境港实际离境后，海关总署按日将正常结关核销的报关单数据（加启运港退税标识）传送给税务总局，税务总局按日将已退税的报关单数据（加启运港退税标识）反馈海关总署。

（六）货物如未运抵离境港不再出口，起运地或经停地海关应撤销出口货物报关单，并由海关总署向税务总局提供相关电子数据。上述不再出口货物如已办理出口退税手续，出口企业应补缴税款，并向起运地或经停地海关提供税务机关出具的货物已补税证明。

对已办理出口退税手续但自起运日起超过2个月仍未办理结关核销手续的货物，除因不可抗力或属于上述第（六）项情形且出口企业已补缴税款外，视为未实际出口，税务机关应追缴已退税款，不再适用启运港退税政策。

（七）主管出口退税的税务机关，根据税务总局清分的正常结关核销的报关单数据，核销或调整已退税额。

四、海关总署、税务总局可在本通知的基础上制定启运港退税的具体管理办法。

五、各地海关和国税部门应加强沟通，建立联系配合机制，互通企业守法诚信信息和货物异常出运情况。财政、海关和国税部门要密切跟踪启运港退税政策运行情况，对工作中出现的问题及时上报财政部（税政司）、海关总署（监管司）和税务总局（货物和劳务税司）。

六、本通知自印发之日起执行。《财政部 海关总署 国家税务总局关于扩大启运港退税政策试点范围的通知》（财税〔2014〕53号）同时废止。海关总署和税务总局对起运出口货物报关单电子信息（加启运港退税标识）、正常结关核销报关单数据（加启运港退税标识）以及已退税的报关单数据（加启运港退税标识）实现按日电子化传输前，启运港出口退税仍按现行纸质报关单签发流程办理。

财政部　海关总署　税务总局
2018年1月8日

11. 财政部　商务部　文化和旅游部　海关总署　国家税务总局关于印发口岸进境免税店管理暂行办法补充规定的通知

财关税〔2018〕4号

各省、自治区、直辖市、计划单列市财政厅（局）、商务主管部门、旅游主管部门、国家税务局，新疆生产建设兵团财政局，海关总署广东分署、各直属海关，财政部驻各省、自治区、直辖市、计划单列市财政监察专员办事处：

为进一步促进口岸进境免税店健康发展，指导相关口岸制定科学规范的招标评判标准，从严甄别投标企业实际情况，选定具有可持续发展能力的经营主体，实现政策初衷，现就《口岸进境免税店管理暂行办法》（财关税〔2016〕8号）（以下简称《办法》）做出如下补充规定：

一、招标投标活动应严格遵守《中华人民共和国招标投标法》《中华人民共和国招标投标法实施条例》等有关法律法规的规定。口岸进境免税店的经营主体须丰富经营品类，制定合理价格，服务于引导境外消费回流，满足居民消费需求，加速升级旅游消费的政策目标。

二、招标投标活动应保证具有免税品经营资质的企业公平竞争。招标人不得设定歧视性条款，不得含有倾向、限制或排斥投标人的内容，不得以特定行政区域或者特定的业绩作为加分条件或者中标条件。

单位负责人为同一人或者存在控股、管理关系的不同单位，不得参加同一标段投标或者未划分标段的同一招标项目投标。

三、合理规范口岸进境免税店租金比例和提成水平，避免片面追求"价高者得"。财务指标在评标中占比不得超过50%。财务指标是指投标报价中的价格部分，包括但不限于保底租金、销售提成等。招标人应根据口岸同类场地现有的租金、销售提成水平来确定最高投标限价并对外公布。租金单价原则上不得高于同一口岸出境免税店或国内厅含税零售商业租金平均单价的 1.5 倍;销售提成不得高于同一口岸出境免税店或国内厅含税零售商业平均提成比例的 1.2 倍。

四、应综合考虑企业的经营能力,甄选具有可持续发展能力的经营主体。经营品类,尤其是烟酒以外品类的丰富程度应是重要衡量指标。技术指标在评标中占比不得低于 50%。技术指标分值中,店铺布局和设计规划占比 20%;品牌招商占比 30%;运营计划占比 20%;市场营销及顾客服务占比 30%。品牌招商分值中,烟酒占比不得超过 50%。

五、规范评标工作程序。评标过程分为投标文件初审、问题澄清及讲标和比较评价三个阶段,对每个阶段的评审要出具评审报告。

六、中标人不得以装修费返还、税后利润返回、发展基金等方式对招标企业进行变相补偿。招标人及所在政府不得通过补贴、财政返回等方式对中标企业进行变相补偿。

七、口岸所在地的省(区、市)财政厅(局)对口岸进境免税店招标项目实施管理。财政部驻地方财政监察专员办事处对招标投标程序和政策落实情况履行行政监督职责,主要职责包括:

(一)对评标委员会成员的确定方式、评标专家的抽取和评标活动是否符合法定程序进行监督。

(二)负责受理投标人或者其他利害关系人关于招标投标活动不符合法律、行政法规规定的投诉,提出工作意见后报财政部。

(三)监督《财政部 商务部 海关总署 国家税务总局 国家旅游局关于口岸进境免税店政策的公告》(财政部 商务部 海关总署 国家税务总局 国家旅游局公告 2016 年第 19 号)和《办法》的执行情况。

八、本办法自公布之日起施行。

财政部 商务部 文化和旅游部 海关总署 国家税务总局
2018 年 3 月 29 日

12. 国家税务总局关于出口退(免)税申报有关问题的公告

国家税务总局公告 2018 年第 16 号

为进一步落实税务系统"放管服"改革要求,简化出口退(免)税手续,优化出口退(免)税服务,持续加快退税进度,支持外贸出口,现就出口退(免)税申报有关问题公告如下:

一、出口企业或其他单位办理出口退(免)税备案手续时,应按规定向主管税务机关填报修改后的《出口退(免)税备案表》(附件 1)。

二、出口企业和其他单位申报出口退(免)税时,不再进行退(免)税预申报。主管税务机关确认申报凭证的内容与对应的管理部门电子信息无误后方可受理出口退(免)税申报。

三、实行免抵退税办法的出口企业或其他单位在申报办理出口退(免)税时,不再报送当期《增值税纳税申报表》。

四、出口企业按规定申请开具代理进口货物证明时,不再提供进口货物报关单(加工贸易专用)。

五、外贸企业购进货物需分批申报退(免)税的以及生产企业购进非自产应税消费品需分批申报消费税退税的，出口企业不再向主管税务机关填报《出口退税进货分批申报单》，由主管税务机关通过出口税收管理系统对进货凭证进行核对。

六、出口企业或其他单位在出口退（免）税申报期限截止之日前，申报出口退（免）税的出口报关单、代理出口货物证明、委托出口货物证明、增值税进货凭证仍没有电子信息或凭证的内容与电子信息比对不符的，应在出口退（免）税申报期限截止之日前，向主管税务机关报送《出口退（免）税凭证无相关电子信息申报表》（附件2）。相关退（免）税申报凭证及资料留存企业备查，不再报送。

七、出口企业或其他单位出口货物劳务、发生增值税跨境应税行为，由于以下原因未收齐单证，无法在规定期限内申报的，应在出口退（免）税申报期限截止之日前，向负责管理出口退（免）税的主管税务机关报送《出口退（免）税延期申报申请表》（附件3）及相关举证资料，提出延期申报申请。主管税务机关自受理企业申请之日起20个工作日内完成核准，并将结果告知出口企业或其他单位。

（一）自然灾害、社会突发事件等不可抗力因素；

（二）出口退（免）税申报凭证被盗、抢，或者因邮寄丢失、误递；

（三）有关司法、行政机关在办理业务或者检查中，扣押出口退（免）税申报凭证；

（四）买卖双方因经济纠纷，未能按时取得出口退（免）税申报凭证；

（五）由于企业办税人员伤亡、突发危重疾病或者擅自离职，未能办理交接手续，导致不能按期提供出口退（免）税申报凭证；

（六）由于企业向海关提出修改出口货物报关单申请，在出口退（免）税申报期限截止之日前海关未完成修改，导致不能按期提供出口货物报关单；

（七）有关政府部门在出口退（免）税申报期限截止之日前未出具出口退（免）税申报所需凭证资料；

（八）国家税务总局规定的其他情形。

八、出口企业申报退（免）税的出口货物，应按照《国家税务总局关于出口企业申报出口货物退（免）税提供收汇资料有关问题的公告》（国家税务总局公告2013年第30号，以下称"30号公告"）的规定在出口退（免）税申报截止之日前收汇，未按规定收汇的出口货物适用增值税免税政策。对有下列情形之一的出口企业，在申报出口退（免）税时，须按照30号公告的规定提供收汇资料：

（一）出口退（免）税企业分类管理类别为四类的；

（二）主管税务机关发现出口企业申报的不能收汇原因是虚假的；

（三）主管税务机关发现出口企业提供的出口货物收汇凭证是冒用的。

上述第（一）种情形自出口企业被主管税务机关评定为四类企业的次月起执行；第（二）种至第（三）种情形自主管税务机关通知出口企业之日起24个月内执行。上述情形的执行时间以申报退（免）税时间为准。

出口企业同时存在上述两种以上情形的，执行时间的截止时间为几种情形中的最晚截止时间。

九、生产企业应于每年4月20日前，按以下规定向主管税务机关申请办理上年度海关已核销的进料加工手册（账册）项下的进料加工业务核销手续。4月20日前未进行核销的，对该企业的出口退（免）税业务，主管税务机关暂不办理，在其进行核销后再办理。

（一）生产企业申请核销前，应从主管税务机关获取海关联网监管加工贸易电子数据中的进料加工"电子账册（电子化手册）核销数据"以及进料加工业务的进口和出口货物报关单数据。

生产企业将获取的反馈数据与进料加工手册（账册）实际发生的进口和出口情况核对后，填报《生产企业进料加工业务免抵退税核销表》（附件4）向主管税务机关申请核销。如果核对发现，实际业务与反馈数据不一致的，生产企业还应填写《已核销手册（账册）海关数据调整表》（附件5）连同电子数据和证明材料一并报送主管税务机关。

（二）主管税务机关应将企业报送的电子数据读入出口退税审核系统，对《生产企业进料加工业务免抵退税核销表》和《已核销手册（账册）海关数据调整表》及证明资料进行审核。

（三）主管税务机关确认核销后，生产企业应以《生产企业进料加工业务免抵退税核销表》中的"已核销手册（账册）综合实际分配率"，作为当年度进料加工计划分配率。同时，应在核销确认的次月，根据《生产企业进料加工业务免抵退税核销表》确认的不得免征和抵扣税额在纳税申报时申报调整；应在确认核销后的首次免抵退税申报时，根据《生产企业进料加工业务免抵退税核销表》确认的调整免抵退税额申报调整当期免抵退税额。

（四）生产企业发现核销数据有误的，应在发现次月按照本条第（一）项至第（三）项的有关规定向主管税务机关重新办理核销手续。

十、出口企业因纳税信用级别、海关企业信用管理类别、外汇管理的分类管理等级等发生变化，或者对分类管理类别评定结果有异议的，可以书面向负责评定出口企业管理类别的税务机关提出重新评定管理类别。有关税务机关应按照《国家税务总局关于发布修订后的〈出口退（免）税企业分类管理办法〉的公告》（国家税务总局公告2016年第46号）的规定，自收到企业复评资料之日起20个工作日内完成评定工作。

十一、境内单位提供航天运输服务或在轨交付空间飞行器及相关货物，在进行出口退（免）税申报时，应填报《航天发射业务出口退税申报明细表》（附件6），并提供下列资料及原始凭证的复印件：

（一）签订的发射合同或在轨交付合同；

（二）发射合同或在轨交付合同对应的项目清单项下购进航天运输器及相关货物和空间飞行器及相关货物的增值税专用发票或海关进口增值税专用缴款书、接受发射运行保障服务的增值税专用发票；

（三）从与之签订航天运输服务合同的单位取得收入的收款凭证。

《国家税务总局关于发布〈适用增值税零税率应税服务退（免）税管理办法〉的公告》（国家税务总局公告2014年第11号）第九条第二项第1目规定的其他具有提供商业卫星发射服务资质的证明材料，包括国家国防科技工业局颁发的《民用航天发射项目许可证》。

十二、《废止文件、条款目录》见附件7。

本公告自2018年5月1日起施行。

特此公告。

附件：1.出口退（免）税备案表（略）。

2.出口退（免）税凭证无相关电子信息申报表（略）。

3.出口退（免）税延期申报申请表（略）。

4.生产企业进料加工业务免抵退税核销表（略）。

5.已核销手册（账册）海关数据调整表（略）。

6.航天发射业务出口退税申报明细表（略）。

7.废止文件、条款目录（略）。

国家税务总局
2018年4月19日

13. 关于《国家税务总局关于出口退（免）税申报有关问题的公告》的解读

为进一步落实税务系统"放管服"改革要求，优化出口退（免）税服务，简化出口退（免）税手续，持续加快退税进度，支持外贸出口，经研究，税务总局制发了《国家税务总局关于出口退（免）税申报有关问题的公告》（以下简称《公告》），现解读如下：

一、《公告》的主要内容

（一）取消的出口退（免）税事项和表证单书

1. 取消出口退（免）税预申报。出口企业和其他单位申报出口退（免）税时，主管税务机关确认申报凭证的内容与海关总署等相关管理部门的电子信息无误后方可受理。

2. 取消报送《增值税纳税申报表》。实行免抵退税办法的出口企业或其他单位在申报办理出口退（免）税时，不再报送当期《增值税纳税申报表》。

3. 取消报送进口货物报关单（加工贸易专用）。出口企业按规定申请开具代理进口货物证明时，不再提供进口货物报关单（加工贸易专用）。

4. 取消报送《出口退税进货分批申报单》。外贸企业购进货物需分批申报退（免）税的以及生产企业购进非自产应税消费品需分批申报消费税退税的，出口企业不再向主管税务机关填报《出口退税进货分批申报单》，由主管税务机关通过出口税收管理系统对进货凭证进行核对。

5. 取消报送无相关电子信息申报凭证及资料。出口企业或其他单位在出口退（免）税申报期限截止之日前，申报出口退（免）税的出口报关单、代理出口货物证明、委托出口货物证明、增值税进货凭证仍没有对应管理部门电子信息或凭证的内容与电子信息比对不符的，应在出口退（免）税申报期限截止之日前，向主管税务机关报送《出口退（免）税凭证无相关电子信息申报表》。相关退（免）税申报凭证及资料留存企业备查，不再报送。

（二）简化的出口退（免）税事项和表证单书

1. 简化了《出口退（免）税备案表》。

2. 简化了年度进料加工业务的核销流程及报表。将《生产企业进料加工业务免抵退税核销申报表》《进料加工手（账）册实际分配率反馈表》《已核销手（账）册海关数据调整报告表（进口报关单）》《已核销手（账）册海关数据调整报告表出口报关单》《生产企业进料加工业务免抵退税核销表》5张表格简化为2张表格，分别为《生产企业进料加工业务免抵退税核销表》和《已核销手册（账册）海关数据调整表》。

（三）明确了出口退（免）税延期申报申请的要求，启用《出口退（免）税延期申报申请表》。

（四）明确了申报出口退（免）税需提供出口货物收汇凭证的出口企业三种情形，分别为：出口退（免）税企业分类管理类别为四类；主管税务机关发现出口企业申报的不能收汇的原因为虚假的；主管税务机关发现出口企业提供的出口货物收汇凭证是冒用的。

（五）明确重新评定出口企业分类管理类别的要求和流程。出口企业因纳税信用级别、海关企业信用管理类别、外汇管理的分类管理等级等发生变化，或者对分类管理类别评定结果有异议的，可以书面向负责评定出口企业管理类别的税务机关提出重新评定管理类别。

（六）明确了境内单位提供航天运输服务或在轨交付空间飞行器及相关货物，在申报出口退（免）税时应提供的资料，启用《航天发射业务出口退税申报明细表》。同时，明确了提供航天运输服务的境内单位在申请办理出口退（免）税备案时，提供国家国防科技工业局颁发的《民用航天发射项目许可证》，属于《国家税务总局关于发布〈适用增值税零税率应税服务退（免）税管理办法〉的公告》（国家税务总局公告2014年第11号）第九条第二项第1目规定的其他具有提供商业卫星发射服务资质的证明材料。

（七）规定了《废止文件、条款目录》。

二、公告的施行日期

本公告自2018年5月1日起施行。

14. 国家税务总局关于统一小规模纳税人标准有关出口退（免）税问题的公告

国家税务总局公告2018年第20号

根据《财政部 税务总局关于统一增值税小规模纳税人标准的通知》（财税〔2018〕33号）、《国家税务总局关于统一小规模纳税人标准等若干增值税问题的公告》（国家税务总局公告2018年第18号）及现行出口退（免）税有关规定，现将统一小规模纳税人标准有关出口退（免）税问题公告如下：

一、一般纳税人转登记为小规模纳税人（以下称转登记纳税人）的，其在一般纳税人期间出口适用增值税退（免）税政策的货物劳务、发生适用增值税零税率跨境应税行为（以下称出口货物劳务、服务），继续按照现行规定申报和办理出口退（免）税相关事项。

自转登记日下期起，转登记纳税人出口货物劳务、服务，适用增值税免税规定，按照现行小规模纳税人的有关规定办理增值税纳税申报。

出口货物劳务、服务的时间，按以下原则确定：属于向海关报关出口的货物劳务，以出口货物报关单上注明的出口日期为准；属于非报关出口销售的货物、发生适用增值税零税率跨境应税行为，以出口发票或普通发票的开具时间为准；属于保税区内出口企业或其他单位出口的货物以及经保税区出口的货物，以货物离境时海关出具的出境货物备案清单上注明的出口日期为准。

二、原实行免抵退税办法的转登记纳税人在一般纳税人期间出口货物劳务、服务，尚未申报抵扣的进项税额以及转登记日当期的期末留抵税额，计入"应交税费——待抵扣进项税额"，并参与免抵退税计算。上述尚未申报抵扣的进项税额应符合国家税务总局公告2018年第18号第四条第二款的规定。

上述转登记纳税人发生国家税务总局公告2018年第18号第五条所述情形、按照本公告第一条第一款规定申报办理出口退（免）税或者退运等情形，需要调整"应交税费——待抵扣进项税额"的，应据实调整，准确核算"应交税费——待抵扣进项税额"的变动情况。

三、原实行免退税办法的转登记纳税人在一般纳税人期间出口货物劳务、服务，尚未申报免退税的进项税额可继续申报免退税。

上述尚未申报免退税的进项税额应符合国家税务总局公告2018年第18号第四条第二

款的规定。其中，用于申报免退税的海关进口增值税专用缴款书，转登记纳税人不申请进行电子信息稽核比对，应经主管税务机关查询，确认与海关进口增值税专用缴款书电子信息相符且未被用于抵扣或退税。

四、转登记纳税人结清出口退（免）税款后，应按照规定办理出口退（免）税备案变更。

委托外贸综合服务企业（以下称综服企业）代办退税的转登记纳税人，应在综服企业主管税务机关按规定向综服企业结清该转登记纳税人的代办退税款后，按照规定办理委托代办退税备案撤回。

五、转登记纳税人再次登记为一般纳税人的，应比照新发生出口退（免）税业务的出口企业或其他单位，办理出口退（免）税有关事宜。

六、本公告自2018年5月1日起施行。

特此公告。

国家税务总局

2018年4月22日

15. 关于《国家税务总局关于统一小规模纳税人标准有关出口退（免）税问题的公告》的解读

一、《公告》出台的背景

按照深化增值税改革后续工作安排，结合《财政部 税务总局关于统一增值税小规模纳税人标准的通知》（财税〔2018〕33号）、《国家税务总局关于统一小规模纳税人标准等若干增值税问题的公告》（国家税务总局公告2018年第18号）及现行出口退（免）税有关规定，针对一般纳税人转登记为小规模纳税人（以下简称转登记纳税人）涉及的出口退（免）税问题，税务总局制定了《国家税务总局关于统一小规模纳税人标准有关出口退（免）税问题的公告》（以下简称《公告》）。

二、《公告》的主要内容解读

（一）关于转登记纳税人在一般纳税人期间的出口业务如何办理退（免）税

《公告》第一条明确了转登记纳税人在一般纳税人期间出口适用增值税退（免）税政策的货物劳务、发生适用增值税零税率跨境应税行为（以下称出口货物劳务、服务），可以继续按照现行规定办理退（免）税。该转登记纳税人自转登记日下期起的出口货物劳务、服务，适用增值税免税政策，应按照小规模纳税人的有关规定进行增值税纳税申报。

同时，《公告》第一条区分不同的出口业务，明确了出口货物劳务、服务的时间确定原则：属于向海关报关出口的货物劳务，以出口货物报关单上注明的出口日期为准；属于非报关出口销售的货物、发生适用增值税零税率跨境应税行为，以出口发票或普通发票的开具时间为准；属于保税区内出口企业或其他单位出口的货物以及经保税区出口的货物，以货物离境时海关出具的出境货物备案清单上注明的出口日期为准。

举例来说，A出口企业（以1个月为1个纳税期）于2018年5月10日向税务机关申请转登记为小规模纳税人，按照《公告》第一条规定，A企业在2018年5月31日前报关出口的货物（报关单注明的出口日期为2018年5月31日前），适用增值税退（免）税政策，转登记后仍可按现行规定继续申报办理出口退（免）税。该企业在2018年6月1日后报关出口的货物（报关单注明的出口日期为2018年6月1日后），改为适用免税政策，应按照小规模纳税人的有关规定办理增值税纳税申报。

（二）关于转登记纳税人尚未申报抵扣的进项税额和期末留抵税额如何处理

《公告》第二条、第三条明确，转登记纳税人在一般纳税人期间的出口货物劳务、服务，尚未申报抵扣或申报免退税的进项税额及期末留抵税额，可继续参与出口退（免）税计算。

（三）关于尚未申报抵扣的进项税额如何确认

《公告》第二条、第三条明确，尚未申报抵扣或申报免退税的进项税额，应符合国家税务总局公告2018年第18号第四条第二款相关规定。用于申报免退税的海关进口增值税专用缴款书，转登记纳税人不申请进行电子信息稽核比对，应经主管税务机关查询，确认与海关进口增值税专用缴款书电子信息相符且未被用于抵扣或退税。

（四）关于"应交税费——待抵扣进项税额"的调整

《公告》第二条明确，转登记纳税人按照《公告》第一条第一款申报办理出口退（免）税、发生退运等情形，以及发生国家税务总局公告2018年第18号第五条所述情形，需要调整"应交税费——待抵扣进项税额"的，要准确核算其变动情况。

（五）关于出口退（免）税备案变更

《公告》第四条明确，转登记纳税人在一般纳税人期间的出口货物劳务、服务涉及的退（免）税款结清后，应按照现行规定向主管税务机关办理出口退（免）税备案变更。如果该转登记纳税人委托外贸综合服务企业（以下简称"综服企业"）代办退税的，在综服企业主管税务机关按规定向综服企业结清该转登记纳税人的代办退税款后，转登记纳税人应按照规定办理委托代办退税备案撤回。

（六）关于转登记纳税人重新登记为一般纳税人

《公告》第五条明确，再次登记为一般纳税人的转登记纳税人，应比照新发生出口退（免）税业务的出口企业或其他单位，申报办理出口退（免）税。

16. 国家税务总局关于外贸综合服务企业办理出口货物退（免）税有关事项的公告

国家税务总局公告2018年第25号

《国家税务总局关于调整完善外贸综合服务企业办理出口货物退（免）税有关事项的公告》（国家税务总局公告2017年第35号）实施以来，部分外贸综合服务企业（以下简称综服企业）反映部分老合同无法按照35号公告规定办理退税的问题。为解决综服企业反映的问题，促进综服企业规范健康发展，现将有关出口货物退（免）税问题明确如下：

一、综服企业在2017年11月1日至2018年2月28日期间出口的货物，符合《国家税务总局关于外贸综合服务企业出口货物退（免）税有关问题的公告》（国家税务总局公告2014年第13号）规定的，允许在2018年6月30日前，按照国家税务总局公告2014年第13号的规定申报办理出口退（免）税。

出口货物的出口时间，以出口货物报关单上注明的出口日期为准。

二、综服企业按照本公告第一条的规定申报出口退（免）税时，必须在《外贸企业出口退税进货明细申报表》"备注"栏、《外贸企业出口退税出口明细申报表》"备注"栏填写"WMZHFW"。否则，不得执行本公告第一条的规定。

三、本公告自发布之日起施行。

特此公告。

国家税务总局
2018 年 5 月 14 日

17. 关于《国家税务总局关于外贸综合服务企业办理出口货物退（免）税有关事项的公告》的解读

一、《公告》出台的背景

《国家税务总局关于调整完善外贸综合服务企业办理出口货物退（免）税有关事项的公告》（国家税务总局公告2017年第35号，以下简称35号公告）发布后，外贸综合服务企业（以下简称综服企业）代办退税管理办法涉及的代办退税备案、开具代办退税发票、申报办理退税、开具收入退还书和国库办理退库等各环节工作运转正常，基本实现了代办退税办法出台的初衷。

近期，部分综服企业以及税务机关反映，35号公告自2017年11月1日起施行，此前，部分生产企业已签订了2018年春节前后的出口合同，并委托综服企业代理出口。这部分合同的出口货物在2017年11月1日之后报关出口，但未能在2017年11月1日前开具增值税专用发票，且这些生产企业目前尚未按照35号公告规定完成委托代办退税备案。因此，这部分出口货物既不能按照35号公告规定进行代办退税，也不能按照《国家税务总局关于外贸综合服务企业出口货物退（免）税有关问题的公告》（国家税务总局公告2014年第13号）的规定办理出口退（免）税。

为解决上述问题，鼓励生产企业出口，促进综服企业规范健康发展，支持外贸稳定发展，国家税务总局制发了《国家税务总局关于外贸综合服务企业办理出口货物退（免）税有关事项的公告》（以下简称《公告》）。

二、《公告》的主要内容解读

一是明确了综服企业新老政策衔接问题。《公告》规定综服企业在2017年11月1日至2018年2月28日期间出口的货物，符合国家税务总局公告2014年第13号规定的，允许在2018年6月30日前，按照国家税务总局公告2014年第13号的规定申报办理出口退（免）税。

二是明确了申报资料的填报事项。《公告》规定综服企业按照本公告第一条的规定申报出口退（免）税时，必须在《外贸企业出口退税进货明细申报表》"备注"栏、《外贸企业出口退税出口明细申报表》"备注"栏填写"WMZHFW"。否则，不得执行本公告第一条的规定。

18. 财政部 海关总署 税务总局关于第三批享受进口税收优惠政策的中资"方便旗"船舶清单的通知

财关税〔2018〕30号

各省、自治区、直辖市、计划单列市财政厅（局），国家税务总局各省、自治区、直辖市、计划单列市税务局，海关总署广东分署、各直属海关：

根据《财政部 海关总署 国家税务总局关于中资"方便旗"船回国登记进口税收政策问题的通知》（财关税〔2016〕42号）的规定，经审定，"盛运来"等5艘中资"方便旗"船舶可享受免征关税和进口环节增值税的优惠，具体船舶清单见附件。

附件：第三批享受进口税收优惠政策的中资"方便旗"船舶清单（略）。

财政部 海关总署 税务总局
2018年8月17日

19. 财政部 税务总局关于提高机电文化等产品出口退税率的通知

财税〔2018〕93号

各省、自治区、直辖市、计划单列市财政厅（局），国家税务总局各省、自治区、直辖市、计划单列市税务局，新疆生产建设兵团财政局：

为完善出口退税政策，对机电、文化等产品提高增值税出口退税率。现就有关事项通知如下：

一、将多元件集成电路、非电磁干扰滤波器、书籍、报纸等产品出口退税率提高至16%。

将竹刻、木扇等产品出口退税率提高至13%。

将玄武岩纤维及其制品、安全别针等产品出口退税率提高至9%。

提高出口退税率的产品清单见附件。

二、本通知自2018年9月15日起执行。本通知所列货物适用的出口退税率，以出口货物报关单上注明的出口日期界定。

附件：提高出口退税率的产品清单（略）。

财政部 税务总局
2018年9月5日

20. 财政部 税务总局 商务部 海关总署关于跨境电子商务综合试验区零售出口货物税收政策的通知

财税〔2018〕103号

各省、自治区、直辖市、计划单列市财政厅（局）、商务主管部门，国家税务总局各省、自治区、直辖市、计划单列市税务局，国家税务总局驻各地特派员办事处，海关总署广东分署、各直属海关：

为进一步促进跨境电子商务健康快速发展，培育贸易新业态新模式，现将跨境电子商务综合试验区（以下简称综试区）内的跨境电子商务零售出口（以下简称电子商务出口）货物有关税收政策通知如下：

一、对综试区电子商务出口企业出口未取得有效进货凭证的货物，同时符合下列条件的，试行增值税、消费税免税政策：

（一）电子商务出口企业在综试区注册，并在注册地跨境电子商务线上综合服务平台登记出口日期、货物名称、计量单位、数量、单价、金额。

（二）出口货物通过综试区所在地海关办理电子商务出口申报手续。

（三）出口货物不属于财政部和税务总局根据国务院决定明确取消出口退（免）税的货物。

二、各综试区建设领导小组办公室和商务主管部门应统筹推进部门之间的沟通协作和相关政策落实，加快建立电子商务出口统计监测体系，促进跨境电子商务健康快速发展。

三、海关总署定期将电子商务出口商品申报清单电子信息传输给税务总局。各综试区税务机关根据税务总局清分的出口商品申报清单电子信息加强出口货物免税管理。具体免税管理办法由省级税务部门商财政、商务部门制定。

四、本通知所称综试区，是指经国务院批准的跨境电子商务综合试验区；本通知所称电子商务出口企业，是指自建跨境电子商务销售平台或利用第三方跨境电子商务平台开展电子商务出口的单位和个体工商户。

五、本通知自2018年10月1日起执行，具体日期以出口商品申报清单注明的出口日期为准。

财政部 税务总局 商务部 海关总署
2018年9月28日

21. 国家税务总局关于加快出口退税进度有关事项的公告

国家税务总局公告2018年第48号

为深入贯彻落实国务院关于加快出口退税进度的决定，现将有关事项公告如下：

一、优化出口退（免）税企业分类管理

（一）调整出口企业管理类别评定标准：

1. 将一类生产企业评定标准中的"上一年度的年末净资产大于上一年度该企业已办理的出口退税额（不含免抵税额）"调整为"上一年度的年末净资产大于上一年度该企业已办理的出口退税额（不含免抵税额）的60%"。

2. 取消三类出口企业评定标准中"上一年度累计6个月以上未申报出口退（免）税（从事对外援助、对外承包、境外投资业务的，以及出口季节性商品或出口生产周期较长的大型设备的出口企业除外）"的评定条件。

（二）取消管理类别年度评定次数限制。出口企业相关情形发生变更并申请调整管理类别的，主管税务机关应按照有关规定及时开展评定工作。

（三）评定标准调整后，符合一类出口企业评定标准的生产企业，可按照规定提交相关资料申请变更其管理类别。税务机关应自受理企业资料之日起15个工作日内完成评定调整工作。

评定标准调整后，对符合二类出口企业评定标准的企业，税务机关应于15个工作日内完成评定调整工作。

二、全面推行无纸化退税申报

（一）实现无纸化退税申报地域全覆盖。各地税务机关应利用信息技术，实现申报、证明办理、核准、退库等出口退（免）税业务"网上办理"，切实方便出口企业办理退税，提高退税效率。2018年12月31日前，在全国推广实施无纸化退税申报。

（二）实现无纸化退税申报一类、二类出口企业全覆盖。按照企业自愿的原则，于2018年12月31日前，实现出口退（免）税管理类别为一类、二类的出口企业全面推行无纸化退税申报。

三、大力支持外贸新业态发展

（一）鼓励外贸综合服务企业为中小企业代办退税。各地税务机关要认真落实外贸综合服务企业退税管理相关规定，做好外贸综合服务企业和生产企业的备案、实地核查、代办退税发票开具、退税信息传递等工作，支持外贸新业态发展。

（二）指导外贸综合服务企业防范业务风险。主管税务机关要根据企业需求，指导外贸综合服务企业建立内部风险管控制度，建设内部风险管控信息系统，防范代办退税业务风险。

四、积极做好出口退（免）税服务

（一）各级税务机关应加强政策宣传辅导，通过新闻媒体、网站、短信平台、电子邮件、微信等多种途径开展政策宣讲和业务培训，便于出口企业及时收集单证，尽快满足退税申报条件。

（二）各级税务机关要定期提醒出口企业退（免）税申报、审核、退库进度及申报退（免）税期限等情况，便于出口企业及时、足额获取出口退税。

五、施行日期

本公告自发布之日起施行。《出口退（免）税企业分类管理办法》（国家税务总局公告2016年第46号发布）第五条第一项第3目、第六条第三项、第九条"出口企业管理类别评定工作每年进行1次，应于企业纳税信用级别评价结果确定后1个月内完成"的规定同时废止。

特此公告。

国家税务总局
2018年10月15日

22. 关于《国家税务总局关于加快出口退税进度有关事项的公告》的政策解读

现就《国家税务总局关于加快出口退税进度有关事项的公告》（以下简称《公告》）有关内容解读如下：

一、《公告》出台的背景

为深入贯彻落实国务院关于加快出口退税进度的决定，通过优化出口退（免）税企业分类管理、全面推行无纸化退税申报、大力支持外贸新业态发展和积极做好出口退（免）税服务等项工作，促进外贸稳定增长，税务总局制发了《公告》。

二、《公告》主要内容解读

（一）优化出口退（免）税企业分类管理

1. 调整出口企业管理类别评定标准：

一是适当降低了一类生产企业评定标准中企业年末净资产的比例。《出口退（免）税企业分类管理办法》（国家税务总局公告 2016 年第 46 号发布，以下简称《办法》）规定，一类生产企业要符合"上一年度的年末净资产大于上一年度该企业已办理的出口退税额（不含免抵税额）"的条件，此次将该条件调整为"上一年度的年末净资产大于上一年度该企业已办理的出口退税额（不含免抵税额）的 60%"，使得一类生产企业和一类外贸企业关于年末净资产比例要求的评定标准一致，在有效控制风险的同时，提高一类企业户数。

二是取消三类出口企业评定标准中"上一年度累计 6 个月以上未申报出口退（免）税"的评定条件。此前，由于该条件限制，部分出口业务量小的中小出口企业不能被评为一、二类企业，取消此项条件后，原三类企业中其他条件符合一、二类企业评定标准的中小企业，可按规定调高分类管理类别，进而加快退税进度。

2. 取消管理类别年度评定次数限制。《办法》规定出口企业管理类别评定工作每年进行 1 次，《国家税务总局关于出口退（免）税申报有关问题的公告》（国家税务总局公告 2018 年第 16 号）明确"出口企业因纳税信用级别、海关企业信用管理类别、外汇管理的分类管理等级等发生变化，或者对分类管理类别评定结果有异议的，可以书面向负责评定出口企业管理类别的税务机关提出重新评定管理类别"，此次《公告》进一步明确"出口企业相关情形发生变更并申请调整管理类别的，主管税务机关应按照有关规定及时开展评定工作"。今后信用评级高、纳税记录好的出口企业只要达到一、二类管理类别标准，就能尽快调整管理类别，提高其退税效率。

3. 此前，按照相关规定，分类调整工作一般要求在 20 工作日内完成。此次标准调整后，尽管调整户数较多，但为尽快完成调整工作，进而加快退税进度，《公告》要求各地税务机关要按规定在 15 个工作日内完成此次评定调整工作。

（二）全面推行无纸化退税申报

税务总局自 2015 年 4 月部署开展出口退税无纸化试点管理工作，目前全国除西藏以外的地区均已开展了无纸化退税申报试点工作。实行无纸化退税申报的出口企业，进行出口退（免）税正式申报以及申请办理出口退（免）税相关证明时，只需按规定提供正式电子数据，原规定应向主管税务机关报送的纸质凭证和纸质申报表留存企业备查。在前期试点工作的基础上，《公告》提出 2018 年 12 月 31 日前，在全国推广实施无纸化退税申报，并按照企业自愿的原则，实现无纸化退税申报一类、二类出口企业全覆盖。

（三）大力支持外贸新业态发展

为鼓励外贸综合服务企业为中小企业代办退税，《公告》提出各地税务机关要认真落实外贸综合服务企业退税管理相关规定，进一步支持外贸新业态发展。此外，为指导外贸综合服务企业化解代办退税风险，促进外贸综合服务企业规范健康发展，《公告》明确主管税务机关要根据企业需求，指导外贸综合服务企业建立内部风险管控制度，建设内部风险管控信息系统，防范代办退税业务风险。

（四）积极做好出口退（免）税服务

针对出口企业在货物报关出口后，企业收齐单证到申报退税时间较长，影响企业申报退税问题，《公告》要求各级税务机关应加强政策宣传辅导，通过新闻媒体、网站、短信平台、电子邮件、微信等多种途径开展政策宣讲和业务培训，便于出口企业及时收集单证，尽快满足退税申报条件。

此外，为减少出口企业因未按规定时限办理退税造成的损失，《公告》要求各级税务机关要定期提醒出口企业退（免）税申报、审核、退库进度及申报退（免）税期限等情况，便于出口企业及时、足额获取出口退税。

（五）明确了施行日期

本公告自发布之日起施行。《办法》第五条第一项第3目、第六条第三项、第九条"出口企业管理类别评定工作每年进行1次，应于企业纳税信用级别评价结果确定后1个月内完成"的规定同时废止。

23. 财政部　海关总署　税务总局关于完善跨境电子商务零售进口税收政策的通知

财关税〔2018〕49号

各省、自治区、直辖市、计划单列市财政厅（局），新疆生产建设兵团财政局，海关总署广东分署、各直属海关，国家税务总局各省、自治区、直辖市、计划单列市税务局，国家税务总局驻各地特派员办事处：

为促进跨境电子商务零售进口行业的健康发展，营造公平竞争的市场环境，现将完善跨境电子商务零售进口税收政策有关事项通知如下：

一、将跨境电子商务零售进口商品的单次交易限值由人民币2 000元提高至5 000元，年度交易限值由人民币20 000元提高至26 000元。

二、完税价格超过5 000元单次交易限值但低于26 000元年度交易限值，且订单下仅一件商品时，可以自跨境电商零售渠道进口，按照货物税率全额征收关税和进口环节增值税、消费税，交易额计入年度交易总额，但年度交易总额超过年度交易限值的，应按一般贸易管理。

三、已经购买的电商进口商品属于消费者个人使用的最终商品，不得进入国内市场再次销售；原则上不允许网购保税进口商品在海关特殊监管区域外开展"网购保税+线下自提"模式。

四、其他事项请继续按照《财政部　海关总署　税务总局关于跨境电子商务零售进口税收政策的通知》（财关税〔2016〕18号）有关规定执行。

五、为适应跨境电商发展，财政部会同有关部门对《跨境电子商务零售进口商品清单》进行了调整，将另行公布。

本通知自2019年1月1日起执行。

特此通知。

财政部　海关总署　税务总局
2018年11月29日

24. 财政部　海关总署　税务总局关于调整部分项目可享受返税政策进口天然气数量的通知

财关税〔2019〕12号

各省、自治区、直辖市、计划单列市财政厅（局），海关总署广东分署、各直属海关，国家税务总局各省、自治区、直辖市、计划单列市税务局，财政部驻各省、自治区、直辖市、计划单列市财政监察专员办事处：

为贯彻落实《国务院关于促进天然气协调稳定发展的若干意见》（国发〔2018〕31号）的文件精神，根据《财政部　海关总署 国家税务总局关于对2011—2020年期间进口天然气及2010年底前"中亚气"项目进口天然气按比例返还进口环节增值税有关问题的通知》（财关税〔2011〕39号）和《财政部　海关总署 国家税务总局关于调整进口天然气税收优惠政策有关问题的通知》（财关税〔2013〕74号）中的有关规定，现对上述政策中部分项目进口天然气的年度进口规模予以调整，具体如下：

一、自2019年1月1日起，将浙江液化天然气项目可享受政策的进口规模调整为700万吨/年，将唐山液化天然气项目、天津液化天然气项目、广西液化天然气项目、天津浮式液化天然气项目、上海液化天然气项目可享受政策的进口规模调整为600万吨/年。

二、浙江液化天然气项目、唐山液化天然气项目、天津浮式液化天然气项目、上海液化天然气项目可享受政策的2018年度进口量分别为547.2万吨、546.6万吨、353.5万吨、398.5万吨。

财政部　海关总署　税务总局
2019年3月21日

25. 财政部　商务部　文化和旅游部　海关总署　税务总局关于印发《口岸出境免税店管理暂行办法》的通知

财关税〔2019〕15号

各省、自治区、直辖市、计划单列市财政厅（局）、商务主管部门、旅游主管部门、税务局，新疆生产建设兵团财政局，海关总署广东分署、各直属海关，财政部各地监管局：

为落实党中央、国务院决定,规范管理口岸出境免税店,促进口岸出境免税店健康有序发展,现印发《口岸出境免税店管理暂行办法》,请遵照执行。

附件:口岸出境免税店管理暂行办法

财政部　商务部　文化和旅游部
海关总署　税务总局
2019年5月17日

附件

口岸出境免税店管理暂行办法

第一条 为了规范口岸出境免税店管理工作,促进口岸出境免税店健康有序发展,根据有关法律法规和我国口岸出境免税店政策制定本办法。

第二条 中华人民共和国境内口岸出境免税店的设立申请、审批、招标投标、经营、监管等事项适用本办法。

第三条 本办法所称口岸出境免税店,是指设立在对外开放的机场、港口、车站和陆路出境口岸,向出境旅客销售免税商品的商店。

第四条 本办法所称免税商品,是指免征关税、进口环节税的进口商品和实行退(免)税(增值税、消费税)进入口岸出境免税店销售的国产商品。

第五条 免税商品的销售对象,为已办妥出境手续,即将登机、上船、乘车前往境外及出境交通工具上的旅客。

第六条 国家对口岸出境免税店实行特许经营。国家统筹安排口岸出境免税店的布局和建设。口岸出境免税店的布局选址应根据出入境旅客流量,结合区域布局因素,满足节约资源、保护环境、有序竞争、避免浪费、便于监管的要求。

第七条 设立口岸出境免税店的数量、口岸,由口岸所属的地方政府或中国民用航空局提出申请,财政部会同商务部、文化和旅游部、海关总署、税务总局审批。

第八条 免税商品的经营范围,严格限于海关核定的种类和品种。

第九条 除国务院另有规定外,对原经国务院批准具有免税品经营资质,且近5年有连续经营口岸或市内进出境免税店业绩的企业,放开经营免税店的地域和类别限制,准予企业平等竞标口岸出境免税店经营权。口岸出境免税店必须由具有免税品经营资质的企业绝对控股(持股比例大于50%)。

第十条 口岸出境免税店由招标人或口岸业主通过招标方式确定经营主体。设有口岸进、出境免税店的口岸应对口岸进、出境免税店统一招标。招标投标活动必须严格遵守《中华人民共和国招标投标法》《中华人民共和国招标投标法实施条例》等有关法律法规的规定。如果不具备招标条件,比如在进出境客流量较小、开店面积有限等特殊情况下,可提出申请,财政部会同有关部门核准,参照《中华人民共和国政府采购法》规定的竞争性谈判等其他方式确定经营主体。

第十一条 招标投标活动应当保证具有免税品经营资质的企业公平竞争。招标人不得设定歧视性条款,不得含有倾向、限制或排斥投标人的内容,不得以特定行政区域或者特定的业绩作为加分条件或者中标条件。单位负责人为同一人或者存在控股、管理关系的不同单位,不得参加同一标段投标或者未划分标段的同一招标项目投标。

第十二条 合理规范口岸出境免税店租金比例和提成水平，避免片面追求"价高者得"。财务指标在评标中占比不得超过 50%。财务指标是指投标报价中的价格部分，包括但不限于保底租金、销售提成等。招标人应根据口岸同类场地现有的租金、销售提成水平来确定最高投标限价并对外公布。租金单价原则上不得高于国内厅含税零售商业租金平均单价的 1.5 倍；销售提成不得高于国内厅含税零售商业平均提成比例的 1.2 倍。

第十三条 应综合考虑企业的经营能力，甄选具有可持续发展能力的经营主体。经营品类，尤其是烟酒以外品类的丰富程度应是重要衡量指标。技术指标在评标中占比不得低于 50%。技术指标分值中，店铺布局和设计规划占比 20%；品牌招商占比 30%；运营计划占比 20%；市场营销及顾客服务占比 30%。品牌招商分值中，烟酒占比不得超过 50%。

第十四条 规范评标工作程序。评标过程分为投标文件初审、问题澄清、讲标和比较评价三个阶段。每个阶段的评审应当出具评审报告。

第十五条 中标人不得以装修费返还、税后利润返回、发展基金等方式对招标人进行变相补偿。招标人或所在政府不得通过补贴、财政返回等方式对中标人进行变相补偿。

第十六条 新设立或经营合同到期的口岸出境免税店经营主体经招标或核准后，经营期限不超过 10 年。经营期间经营主体不得擅自变更口岸出境免税店中标时确定的经营面积。需扩大原批准时经营面积的，招标人或口岸业主需提出申请，财政部会同有关部门核准；需缩小原批准时经营面积的，招标人或口岸业主需提出申请报海关总署核准。协议到期后不得自动续约，应根据本办法第十条的规定重新确定经营主体。

第十七条 招标人或口岸业主经招标或采用其他经核准的方式与免税品经营企业达成协议后，应按程序向财政部、商务部、文化和旅游部、海关总署、税务总局备案。备案时需提交以下材料：

（一）经营主体合作协议（包括各股东持股比例、经营主体业务关联互补情况等。独资设立免税店除外）；

（二）经营主体的基本情况（包括企业性质、营业范围、生产经营，资产负债等方面）；

（三）口岸与经营主体设立口岸出境免税店的协议。

第十八条 中标人经营口岸出境免税店应当符合海关监管要求，经海关批准，并办理注册手续。

第十九条 经营主体的股权结构、经营状况等基本情况发生重大变化时，招标人或口岸业主应按程序向财政部、商务部、文化和旅游部、海关总署、税务总局报告。若股权结构变动后，经营主体持股比例小于等于 50%，经批准设立的口岸出境免税店招标人或口岸业主需按照本办法第七条、第十条和第十八条的规定重新办理审批手续、确定经营主体。

第二十条 机场口岸业主或招标人不得与中标人签订阻止其他免税品经营企业在机场设立免税商品提货点的排他协议，口岸所在地的省（自治区、直辖市）财政厅（局）对上述情况进行监督和管理。

第二十一条 自批准设立口岸出境免税店之日起，招标人或口岸业主应当在 6 个月内完成招标。经营口岸出境免税店自海关批准之日起，经营主体应当在 1 年内完成免税店建设并开始营业。经批准设立的口岸出境免税店无正当理由未按照上述时限要求对外营业的，或者暂停经营 1 年以上的，招标人或口岸业主按照本办法第七条、第十条和第十八条的规定重新办理审批手续、确定经营主体。

第二十二条 口岸所在地的省（自治区、直辖市）财政厅（局）对招标投标履行行政监督职责，主要包括对评标活动进行监督，负责受理投诉，对违法行为依法进行处罚等。财政部各地监管局按照财政部要求开展有关监管工作。

第二十三条 口岸出境免税店应当缴纳免税商品特许经营费,具体办法按照财政部有关规定执行。

第二十四条 口岸出境免税店销售的免税商品适用的增值税、消费税免税政策,相关管理办法由税务总局商财政部另行制定。

第二十五条 财政部、商务部、文化和旅游部、海关总署、税务总局应加强相互联系和信息交换,并根据职责分工,加强协作配合,对口岸出境免税店工作实施有效管理。

第二十六条 财政部、商务部、文化和旅游部、海关总署、税务总局可以定期对口岸出境免税店经营情况进行核查,发现违反相关法律法规和规章制度的,依法予以处罚。

第二十七条 本办法自发布之日起施行。原《关于印发〈关于进一步加强免税业务集中统一管理的请示〉的通知》(财外字〔2000〕1号)与本办法相冲突的内容,以本办法为准。

26. 财政部 工业和信息化部 海关总署 税务总局 能源局关于调整重大技术装备进口税收政策有关目录的通知

财关税〔2019〕38号

各省、自治区、直辖市、计划单列市财政厅(局)、工业和信息化主管部门,新疆生产建设兵团财政局,海关总署广东分署、各直属海关,国家税务总局各省、自治区、直辖市、计划单列市税务局,财政部各省、自治区、直辖市、计划单列市监管局:

根据近年来国内装备制造业及其配套产业的发展情况,在广泛听取产业主管部门、行业协会、企业代表等方面意见的基础上,财政部、工业和信息化部、海关总署、税务总局、能源局决定对重大技术装备进口税收政策有关目录进行修订。现通知如下:

一、《国家支持发展的重大技术装备和产品目录(2019年修订)》(附件1)和《重大技术装备和产品进口关键零部件、原材料商品目录(2019年修订)》(附件2)自2020年1月1日起执行,符合规定条件的国内企业为生产本通知附件1所列装备或产品而确有必要进口附件2所列商品,免征关税和进口环节增值税。附件1、2中列明执行年限的,有关装备、产品、零部件、原材料免税执行期限截至该年度12月31日。

二、《进口不予免税的重大技术装备和产品目录(2019年修订)》(附件3)自2020年1月1日起执行。对2020年1月1日以后(含1月1日)批准的按照或比照《国务院关于调整进口设备税收政策的通知》(国发〔1997〕37号)有关规定享受进口税收优惠政策的下列项目和企业,进口附件3所列自用设备以及按照合同随上述设备进口的技术及配套件、备件,一律照章征收进口税收:

(一)国家鼓励发展的国内投资项目和外商投资项目;

(二)外国政府贷款和国际金融组织贷款项目;

(三)由外商提供不作价进口设备的加工贸易企业;

(四)中西部地区外商投资优势产业项目;

(五)《海关总署关于进一步鼓励外商投资有关进口税收政策的通知》(署税〔1999〕791号)规定的外商投资企业和外商投资设立的研究中心利用自有资金进行技术改造项目。

为保证《进口不予免税的重大技术装备和产品目录(2019年修订)》调整前已批准的上述项目顺利实施,对2019年12月31日前(含12月31日)批准的上述项目和企业在

2020年6月30日前（含6月30日）进口设备，继续按照《财政部 发展改革委 工业和信息化部 海关总署 税务总局 能源局关于调整重大技术装备进口税收政策有关目录的通知》（财关税〔2018〕42号）附件3和《财政部 国家发展改革委 海关总署 国家税务总局关于调整〈国内投资项目不予免税的进口商品目录〉的公告》（2012年第83号）执行。

自2020年7月1日起对上述项目和企业进口《进口不予免税的重大技术装备和产品目录（2019年修订）》中所列设备，一律照章征收进口税收。为保证政策执行的统一性，对有关项目和企业进口商品需对照《进口不予免税的重大技术装备和产品目录（2019年修订）》和《国内投资项目不予免税的进口商品目录（2012年调整）》审核征免税的，《进口不予免税的重大技术装备和产品目录（2019年修订）》与《国内投资项目不予免税的进口商品目录（2012年调整）》所列商品名称相同，或仅在《进口不予免税的重大技术装备和产品目录（2019年修订）》中列名的商品，一律以《进口不予免税的重大技术装备和产品目录（2019年修订）》所列商品及其技术规格指标为准。

三、自2020年1月1日起，《财政部 发展改革委 工业和信息化部 海关总署 税务总局 能源局关于调整重大技术装备进口税收政策有关目录的通知》（财关税〔2018〕42号）予以废止。

附件：1. 国家支持发展的重大技术装备和产品目录（2019年修订）（略）。
2. 重大技术装备和产品进口关键零部件、原材料商品目录（2019年修订）（略）。
3. 进口不予免税的重大技术装备和产品目录（2019年修订）（略）。

财政部 工业和信息化部 海关总署 税务总局 能源局
2019年11月26日

27. 财政部 海关总署 税务总局关于防控新型冠状病毒感染的肺炎疫情进口物资免税政策的公告

财政部公告2020年第6号

根据财政部、海关总署和税务总局联合发布的《慈善捐赠物资免征进口税收暂行办法》（公告2015年第102号）等有关规定，境外捐赠人无偿向受赠人捐赠的用于防控新型冠状病毒感染的肺炎疫情（以下简称疫情）进口物资可免征进口税收。为进一步支持疫情防控工作，自2020年1月1日至3月31日，实行更优惠的进口税收政策，现公告如下：

一、适度扩大《慈善捐赠物资免征进口税收暂行办法》规定的免税进口范围，对捐赠用于疫情防控的进口物资，免征进口关税和进口环节增值税、消费税。

（1）进口物资增加试剂，消毒物品，防护用品、救护车、防疫车、消毒用车、应急指挥车。

（2）免税范围增加国内有关政府部门、企事业单位、社会团体、个人以及来华或在华的外国公民从境外或海关特殊监管区域进口并直接捐赠；境内加工贸易企业捐赠。捐赠物资应直接用于防控疫情且符合前述第（1）项或《慈善捐赠物资免征进口税收暂行办法》规定。

（3）受赠人增加省级民政部门或其指定的单位。省级民政部门将指定的单位名单函告所在地直属海关及省级税务部门。

无明确受赠人的捐赠进口物资，由中国红十字会总会、中华全国妇女联合会、中国残疾人联合会、中华慈善总会、中国初级卫生保健基金会、中国宋庆龄基金会或中国癌症基金会作为受赠人接收。

二、对卫生健康主管部门组织进口的直接用于防控疫情物资免征关税。进口物资应符合前述第一条第（1）项或《慈善捐赠物资免征进口税收暂行办法》规定。省级财政厅（局）会同省级卫生健康主管部门确定进口单位名单、进口物资清单，函告所在地直属海关及省级税务部门。

三、本公告项下免税进口物资，已征收的应免税款予以退还。其中，已征税进口且尚未申报增值税进项税额抵扣的，可凭主管税务机关出具的《防控新型冠状病毒感染的肺炎疫情进口物资增值税进项税额未抵扣证明》（见附件），向海关申请办理退还已征进口关税和进口环节增值税、消费税手续；已申报增值税进项税额抵扣的，仅向海关申请办理退还已征进口关税和进口环节消费税手续。有关进口单位应在2020年9月30日前向海关办理退税手续。

四、本公告项下免税进口物资，可按照或比照海关总署公告2020年第17号，先登记放行，再按规定补办相关手续。

附件：防控新型冠状病毒感染的肺炎疫情进口物资增值税进项税额未抵扣证明（略）。

财政部　海关总署　税务总局
2020年2月1日

28. 财政部　税务总局关于提高部分产品出口退税率的公告

财政部　税务总局公告2020年第15号

现就提高部分产品出口退税率有关事项公告如下：

一、将瓷制卫生器具等1084项产品出口退税率提高至13%；将植物生长调节剂等380项产品出口退税率提高至9%。具体产品清单见附件。

二、本公告自2020年3月20日起实施。本公告所列货物适用的出口退税率，以出口货物报关单上注明的出口日期界定。

附件：提高出口退税率的产品清单（略）。

财政部　税务总局
2020年3月17日

29. 财政部　海关总署　税务总局关于海南离岛旅客免税购物政策的公告

财政部　海关总署　税务总局公告2020年第33号

为贯彻落实《海南自由贸易港建设总体方案》，经国务院同意，现将海南离岛旅客免税购物政策（以下称离岛免税政策）公告如下：

一、离岛免税政策是指对乘飞机、火车、轮船离岛（不包括离境）旅客实行限值、限量、限品种免进口税购物，在实施离岛免税政策的免税商店（以下称离岛免税店）内或经批准的网上销售窗口付款，在机场、火车站、港口码头指定区域提货离岛的税收优惠政策。离岛免税政策免税税种为关税、进口环节增值税和消费税。

二、本公告所称旅客，是指年满16周岁，已购买离岛机票、火车票、船票，并持有效身份证件（国内旅客持居民身份证、港澳台旅客持旅行证件、国外旅客持护照），离开海南本岛但不离境的国内外旅客，包括海南省居民。

三、离岛旅客每年每人免税购物额度为10万元人民币，不限次数。免税商品种类及每次购买数量限制，按照本公告附件执行。超出免税限额、限量的部分，照章征收进境物品进口税。

旅客购物后乘飞机、火车、轮船离岛记为1次免税购物。

四、本公告所称离岛免税店，是指具有实施离岛免税政策资格并实行特许经营的免税商店，目前包括：海口美兰机场免税店、海口日月广场免税店、琼海博鳌免税店、三亚海棠湾免税店。

具有免税品经销资格的经营主体可按规定参与海南离岛免税经营。

五、离岛旅客在国家规定的额度和数量范围内，在离岛免税店内或经批准的网上销售窗口购买免税商品，免税店根据旅客离岛时间运送货物，旅客凭购物凭证在机场、火车站、港口码头指定区域提货，并一次性随身携带离岛。

六、已经购买的离岛免税商品属于消费者个人使用的最终商品，不得进入国内市场再次销售。

七、对违反本公告规定倒卖、代购、走私免税商品的个人，依法依规纳入信用记录，三年内不得购买离岛免税商品；对于构成走私行为或者违反海关监管规定行为的，由海关依照有关规定予以处理，构成犯罪的，依法追究刑事责任。

对协助违反离岛免税政策、扰乱市场秩序的旅行社、运输企业等，给予行业性综合整治。

离岛免税店违反相关规定销售免税品，由海关依照有关法律、行政法规给予处理、处罚。

八、离岛免税政策监管办法由海关总署另行公布。

离岛免税店销售的免税商品适用的增值税、消费税免税政策，相关管理办法由税务总局商财政部另行制定。

九、本公告自2020年7月1日起执行。财政部公告2011年第14号、2012年第73号、2015年第8号、2016年第15号、2017年第7号，及财政部、海关总署、税务总局2018年公告第158号、2018年第175号同时废止。

特此公告。

附件：离岛免税商品品种及每人每次购买数量范围（略）。

财政部　海关总署　税务总局
2020年6月29日

30. 财政部　交通运输部　税务总局关于海南自由贸易港国际运输船舶有关增值税政策的通知

财税〔2020〕41号

海南省财政厅，交通运输厅，国家税务总局海南省税务局，海南省海事局：

为支持海南自由贸易港建设,根据《海南自由贸易港建设总体方案》,现将国际运输船舶有关增值税政策通知如下:

一、对境内建造船舶企业向运输企业销售且同时符合下列条件的船舶,实行增值税退税政策,由购进船舶的运输企业向主管税务机关申请退税。

1. 购进船舶在"中国洋浦港"登记。

2. 购进船舶从事国际运输和港澳台运输业务。

二、购进船舶运输企业的应退税额,为其购进船舶时支付的增值税额。

三、购进船舶的运输企业向主管税务机关申请退税时应提供以下资料:

1. 船舶登记管理部门出具的表明船籍港为"中国洋浦港"的《船舶所有权登记证书》。

2. 运输企业及购进船舶从事国际运输和港澳台运输业务的证明文件。从事国际散装液体危险货物和旅客运输的,应提交有效的《国际船舶运输经营许可证》和《国际海上运输船舶备案证明书》;从事国际集装箱和普通货物运输的,应提交有效的交通运输管理部门备案证明材料;从事内地往返港澳散装液体危险货物和普通货物运输的,应提交有效的交通运输管理部门备案证明材料;从事大陆与台湾地区间运输的,应提交有效的《台湾海峡两岸间水路运输许可证》和《台湾海峡两岸间船舶营运证》。

3. 主管税务机关要求提供的其他材料。

四、运输企业购进船舶支付的增值税额,已从销项税额中抵扣的,不得申请退税;已申请退税的,不得从销项税额中抵扣。

五、运输企业不再符合该《通知》退税条件的,应向交通运输部门办理业务变更,并在条件变更次月纳税申报期内向主管税务机关办理补缴已退税款手续。

应补缴增值税额=购进船舶的增值税专用发票注明的税额×(净值÷原值)

净值=原值-累计折旧

六、运输企业按照本通知第五条规定补缴税款的,自税务机关取得解缴税款的完税凭证上注明的增值税额,准予从销项税额中抵扣。

七、税务总局可在本通知基础上制定具体的税收管理办法。

八、海南省交通、海事、税务部门要建立联系配合机制,共享监管信息,共同做好后续相关工作。

九、本通知自2020年10月1日起执行至2024年12月31日。适用政策的具体时间以《船舶所有权登记证书》的签发日期为准。

财政部　交通运输部　税务总局
2020年9月3日

31. 财政部　海关总署　税务总局关于因新冠肺炎疫情不可抗力出口退运货物税收规定的公告

财政部　海关总署　税务总局公告2020年第41号

经国务院批准,关于因新冠肺炎疫情不可抗力出口退运货物的相关税收规定,公告如下:

一、对自2020年1月1日起至2020年12月31日申报出口,因新冠肺炎疫情不可抗力原因,自出口之日起1年内原状复运进境的货物,不征收进口关税和进口环节增值税、消费税,出口时已征收出口关税的,退还出口关税。

二、对符合第一条规定的货物,已办理出口退税的,按现行规定补缴已退(免)增值税、消费税税款。

三、自本公告发布之日起,符合第一条规定的退运货物申报进口时,企业向海关申请办理不征税手续的,应当事先取得主管税务机关出具的出口货物已补税(未退税)证明。

四、自2020年1月1日起至本公告发布之日,符合第一条规定的退运货物已征收的进口关税和进口环节增值税、消费税,依企业申请予以退还。其中,未申报抵扣进口环节增值税、消费税的,应当事先取得主管税务机关出具的《因新冠肺炎疫情不可抗力出口货物退运已征增值税、消费税未抵扣证明》(见附件),向海关申请办理退还已征进口关税和进口环节增值税、消费税手续;已申报抵扣进口环节增值税、消费税的,仅向海关申请办理退还已征进口关税。进口收货人应在2021年6月30日前向海关办理退税手续。

五、符合第一条、第三条和第四条规定的货物,进口收货人应提交退运原因书面说明,证明其因新冠肺炎疫情不可抗力原因退运,海关凭其说明按退运货物办理上述手续。

六、本公告由财政部会同海关总署、税务总局负责解释。

附件:因新冠肺炎疫情不可抗力出口货物退运已征增值税、消费税未抵扣证明(略)。

财政部 海关总署 税务总局
2020年11月2日

32. 财政部 海关总署 税务总局关于中国国际进口博览会展期内销售的进口展品税收优惠政策的通知

财关税〔2020〕38号

上海市财政局、上海海关、国家税务总局上海市税务局、中国国际进口博览局、国家会展中心(上海)有限责任公司:

为支持举办中国国际进口博览会(以下简称进博会),经国务院批准,现就有关税收政策通知如下:

一、对进博会展期内销售的合理数量的进口展品免征进口关税、进口环节增值税和消费税。享受税收优惠的展品不包括国家禁止进口商品,濒危动植物及其产品,烟、酒、汽车以及列入《进口不予免税的重大技术装备和产品目录》的商品。

二、每个展商享受税收优惠的销售数量或限额,按附件规定执行。附件所列1-5类展品,每个展商享受税收优惠政策的销售数量不超过列表规定;其他展品每个展商享受税收优惠政策的销售限额不超过2万美元。

三、对展期内销售的超出政策规定数量或限额的展品,以及展期内未销售且在展期结束后又不退运出境的展品,按照国家有关规定照章征税。

四、参展企业名单及展期内销售的展品清单,由承办单位中国国际进口博览局和国家会展中心(上海)有限责任公司向上海海关统一报送。

本通知自印发之日起执行。

附件：中国国际进口博览会享受税收优惠政策的展品清单（略）。

财政部　海关总署　税务总局
2020年10月12日

33. 财政部　海关总署　税务总局关于海南自由贸易港原辅料"零关税"政策的通知

财关税〔2020〕42号

海南省财政厅、海口海关、国家税务总局海南省税务局：

为贯彻落实《海南自由贸易港建设总体方案》，经国务院同意，现将海南自由贸易港原辅料"零关税"政策通知如下：

一、在全岛封关运作前，对在海南自由贸易港注册登记并具有独立法人资格的企业，进口用于生产自用、以"两头在外"模式进行生产加工活动或以"两头在外"模式进行服务贸易过程中所消耗的原辅料，免征进口关税、进口环节增值税和消费税。

二、"零关税"原辅料实行正面清单管理，具体范围见附件。清单内容由财政部会同有关部门根据海南实际需要和监管条件进行动态调整。

三、附件所列零部件，适用原辅料"零关税"政策，应当用于航空器、船舶的维修（含相关零部件维修），满足下列条件之一的，免征进口关税、进口环节增值税和消费税：

（一）用于维修从境外进入境内并复运出境的航空器、船舶（含相关零部件）；

（二）用于维修以海南为主营运基地的航空企业所运营的航空器（含相关零部件）；

（三）用于维修在海南注册登记具有独立法人资格的船运公司所运营的以海南省内港口为船籍港的船舶（含相关零部件）。

四、"零关税"原辅料仅限海南自由贸易港内企业生产使用，接受海关监管，不得在岛内转让或出岛。因企业破产等原因，确需转让或出岛的，应经批准及办理补缴税款等手续。以"零关税"原辅料加工制造的货物，在岛内销售或销往内地的，需补缴其对应原辅料的进口关税、进口环节增值税和消费税，照章征收国内环节增值税、消费税。"零关税"原辅料加工制造的货物出口，按现行出口货物有关税收政策执行。

五、企业进口正面清单所列原辅料，自愿缴纳进口环节增值税和消费税的，可在报关时提出申请。

六、相关部门应通过信息化等手段加强监管，防控可能的风险、及时查处违规行为，确保原辅料"零关税"政策平稳运行。海南省相关部门应加强信息互联互通，共享航空器、船舶等监管信息。

七、本通知自2020年12月1日起执行。

附件：海南自由贸易港"零关税"原辅料清单（略）。

财政部　海关总署　税务总局
2020年11月11日

34. 国家税务总局关于发布《国际运输船舶增值税退税管理办法》的公告

国家税务总局公告 2020 年第 18 号

根据《财政部 交通运输部 税务总局关于海南自由贸易港国际运输船舶有关增值税政策的通知》（财税〔2020〕41号）、《财政部 交通运输部 税务总局关于中国（上海）自由贸易试验区临港新片区国际运输船舶有关增值税政策的通知》（财税〔2020〕52号）规定，税务总局制定了《国际运输船舶增值税退税管理办法》，现予以发布。

特此公告。

国家税务总局
2020年12月2日

国际运输船舶增值税退税管理办法

第一条 为规范国际运输船舶增值税退税管理，根据《财政部 交通运输部 税务总局关于海南自由贸易港国际运输船舶有关增值税政策的通知》（财税〔2020〕41号）、《财政部 交通运输部 税务总局关于中国（上海）自由贸易试验区临港新片区国际运输船舶有关增值税政策的通知》（财税〔2020〕52号）规定，制定本办法。

第二条 运输企业购进符合财税〔2020〕41号文件第一条或者财税〔2020〕52号文件第一条规定条件的船舶，按照本办法退还增值税（以下简称"船舶退税"）。

应予退还的增值税额，为运输企业购进船舶取得的增值税专用发票上注明的税额。

第三条 主管运输企业退税的税务机关（以下简称"主管税务机关"）负责船舶退税的备案、办理及后续管理工作。

第四条 适用船舶退税政策的运输企业，应于首次申报船舶退税时，凭以下资料及电子数据向主管税务机关办理船舶退税备案：

（一）内容填写真实、完整的《出口退（免）税备案表》及其电子数据。该备案表由《国家税务总局关于出口退（免）税申报有关问题的公告》（2018年第16号）发布。其中，"是否提供零税率应税服务"填写"是"；"提供零税率应税服务代码"填写"01（国际运输服务）"；"出口退（免）税管理类型"填写"船舶退税运输企业"；其他栏次按填表说明填写。

（二）运输企业从事国际运输和港澳台运输业务的证明文件。从事国际散装液体危险货物和旅客运输业务的，应当提供交通运输管理部门出具的《国际船舶运输经营许可证》复印件（复印件上应注明"与原件一致"，并加盖企业公章，下同）；从事国际集装箱和普通货物运输的，应提供交通运输管理部门的备案证明材料复印件。从事内地往返港澳散装液体危险货物和旅客运输业务的，应提供交通运输管理部门出具的批准文件复印件；从事内地往返港澳集装箱和普通货物运输的，应提供交通运输管理部门出具的备案证明材料复印件；从事大陆与台湾地区间运输的，应提供《台湾海峡两岸间水路运输许可证》及《台湾海峡两岸间船舶营运证》复印件。

上述资料运输企业可通过电子化方式提交。

第五条 本办法施行前,已办理出口退(免)税备案的运输企业,无需重新办理出口退(免)税备案,按照本办法第四条规定办理备案变更即可。

运输企业适用船舶退税政策的同时,出口货物劳务或者发生增值税零税率跨境应税行为,且未办理过出口退(免)税备案的,在办理出口退(免)税备案时,除本办法第四条规定的资料外,还应按照现行规定提供其他相关资料。

第六条 运输企业备案资料齐全,《出口退(免)税备案表》填写内容符合要求,签字、印章完整的,主管税务机关应当予以备案。备案资料或填写内容不符合要求的,主管税务机关应一次性告知运输企业,待其补正后再予以备案。

第七条 已办理船舶退税备案的运输企业,发生船籍所有人变更、船籍港变更或不再从事国际运输(或港澳台运输)业务等情形,不再符合财税〔2020〕41号文件、财税〔2020〕52号文件退税条件的,应自条件变化之日起30日内,持相关资料向主管税务机关办理备案变更。自条件变更之日起,运输企业停止适用船舶退税政策。

未按照本办法规定办理退税备案变更并继续申报船舶退税的,主管税务机关应按照本办法第十四条规定进行处理。

第八条 运输企业船舶退税的申报期限,为购进船舶之日(以发票开具日期为准)次月1日起至次年4月30日前的各增值税纳税申报期。

第九条 运输企业在退税申报期内,凭下列资料及电子数据向主管税务机关申请办理船舶退税:

(一)财税〔2020〕41号文件第三条第1项、第2项规定的资料复印件,或者财税〔2020〕52号文件第三条第1项、第2项规定的资料复印件。其中,已向主管税务机关提供过的资料,如无变化,可不再重复提供。

(二)《购进自用货物退税申报表》及其电子数据。该表在《国家税务总局关于发布〈出口货物劳务增值税和消费税管理办法〉的公告》(2012年第24号)发布。填写该表时,应在业务类型栏填写"CBTS",备注栏填写"船舶退税"。

(三)境内建造船舶企业开具的增值税专用发票及其电子信息。

(四)主管税务机关要求提供的其他资料。

上述增值税专用发票,应当已通过增值税发票综合服务平台确认用途为"用于出口退税"。上述资料运输企业可通过电子化方式提交。

第十条 运输企业申报船舶退税,主管税务机关经审核符合规定的,应按规定及时办理退税。审核中发现疑点,主管税务机关应在确认运输企业购进船舶取得的增值税专用发票真实、发票所列船舶已按规定申报纳税后,方可办理退税。

第十一条 运输企业购进船舶取得的增值税专用发票,已用于进项税额抵扣的,不得申报船舶退税;已用于船舶退税的,不得用于进项税额抵扣。

第十二条 已办理增值税退税的船舶发生船籍所有人变更、船籍港变更或不再从事国际运输(或港澳台运输)业务等情形,不再符合财税〔2020〕41号文件、财税〔2020〕52号文件退税条件的,运输企业应在条件变更次月纳税申报期内,向主管税务机关补缴已退税款。未按规定补缴的,税务机关应当按照现行规定追回已退税款。

应补缴税款=购进船舶的增值税专用发票注明的税额×(净值÷原值)

净值=原值-累计折旧

第十三条 已办理增值税退税的船舶发生船籍所有人变更、船籍港变更或不再从事国际运输(或港澳台运输)业务等情形,不再符合财税〔2020〕41号文件、财税〔2020〕52号文件规定,并已经向主管税务机关补缴已退税款的运输企业,自取得完税凭证当期起,可凭从税务机关取得解缴税款的完税凭证，从销项税额中抵扣完税凭证上注明的增值税额。

第十四条 运输企业采取提供虚假退税申报资料等手段，骗取船舶退税的，主管税务机关应追回已退税款，并依照《中华人民共和国税收征收管理法》有关规定处理。

第十五条 本办法未明确的其他退税管理事项，按照现行出口退（免）税相关规定执行。

第十六条 符合财税〔2020〕41号文件规定情形且《船舶所有权登记证书》的签发日期在2020年10月1日至2024年12月31日期间的运输企业，以及符合财税〔2020〕52号文件规定情形且《船舶所有权登记证书》的签发日期在2020年11月1日至2024年12月31日期间的运输企业，按照本办法办理船舶退税相关事项。

35.财政部 海关总署 税务总局关于海南自由贸易港交通工具及游艇"零关税"政策的通知

财关税〔2020〕54号

海南省财政厅、海口海关、国家税务总局海南省税务局：

为贯彻落实《海南自由贸易港建设总体方案》，经国务院同意，现将海南自由贸易港交通工具及游艇"零关税"政策通知如下：

一、全岛封关运作前，对海南自由贸易港注册登记并具有独立法人资格，从事交通运输、旅游业的企业（航空企业须以海南自由贸易港为主营运基地），进口用于交通运输、旅游业的船舶、航空器、车辆等营运用交通工具及游艇，免征进口关税、进口环节增值税和消费税。

符合享受政策条件的企业名单，由海南省交通运输、文化旅游、市场监管、海事及民航中南地区管理局等主管部门会同海南省财政厅、海口海关、国家税务总局海南省税务局参照海南自由贸易港鼓励类产业目录中交通运输、旅游业相关产业条目确定，动态调整。

二、享受"零关税"政策的交通工具及游艇实行正面清单管理，具体范围见附件。清单由财政部、海关总署、税务总局会同相关部门，根据海南实际需要和监管条件动态调整。

三、"零关税"交通工具及游艇仅限海南自由贸易港符合政策条件的企业营运自用，并接受海关监管。因企业破产等原因，确需转让的，转让前应征得海关同意并办理相关手续。其中，转让给不符合享受政策条件主体的，应按规定补缴进口相关税款。转让"零关税"交通工具及游艇，照章征收国内环节增值税、消费税。

四、企业进口清单所列交通工具及游艇，自愿缴纳进口环节增值税和消费税的，可在报关时提出申请。

五、"零关税"交通工具及游艇应在海南自由贸易港登记、入籍，按照交通运输、民航、海事等主管部门相关规定开展营运，并接受监管。航空器、船舶应经营自海南自由贸易港始发或经停海南自由贸易港的国内外航线。游艇营运范围为海南省。车辆可从事往来内地的客、货运输作业，始发地及目的地至少一端须在海南自由贸易港内，在内地停留时间每年累计不超过120天，其中从海南自由贸易港到内地"点对点""即往即返"的客、货车不受天数限制。

违反上述规定的，按有关规定补缴相关进口税款。

六、海南省商交通运输、民航、财政、海关、税务等部门制定《海南自由贸易港"零关税"交通工具及游艇管理办法》，明确符合政策条件企业名单的确定程序，"零关税"交通工具及游艇进口后登记、入籍、营运、监管等规定，航空器、船舶经营自海南自由贸易港始发或经停海南自由贸易港的国内外航线的认定标准、车辆在内地停留时间每年累计不超过120天的适用情形及计算方式，"点对点"和"即往即返"运输服务的认定标准、认定部门和管理要求，以及违反规定的处理办法等内容。

七、海南省相关部门应通过信息化等手段加强监管、防控风险、及时查处违规行为，确保交通工具及游艇"零关税"政策平稳运行，并加强省内主管部门信息互联互通，共享符合政策条件的企业、"零关税"交通工具及游艇的监管等信息。

八、本通知自公布之日起实施。

附件：海南自由贸易港"零关税"交通工具及游艇清单（略）。

财政部　海关总署　税务总局
2020年12月25日

36.财政部　海关总署　税务总局关于海南自由贸易港自用生产设备"零关税"政策的通知

财关税〔2021〕7号

海南省财政厅、海口海关、国家税务总局海南省税务局：

为贯彻《海南自由贸易港建设总体方案》，经国务院同意，现将海南自由贸易港自用生产设备"零关税"政策通知如下：

一、全岛封关运作前，对海南自由贸易港注册登记并具有独立法人资格的企业进口自用的生产设备，除法律法规和相关规定明确不予免税、国家规定禁止进口的商品，以及本通知所附《海南自由贸易港"零关税"自用生产设备负面清单》所列设备外，免征关税、进口环节增值税和消费税。

二、本通知所称生产设备，是指基础设施建设、加工制造、研发设计、检测维修、物流仓储、医疗服务、文体旅游等生产经营活动所需的设备，包括《中华人民共和国进出口税则》第八十四、八十五和九十章中除家用电器及设备零件、部件、附件、元器件外的其他商品。

三、符合第一条规定条件的企业名单以及从事附件涵盖行业的企业名单，由海南省发展改革、工业和信息化等主管部门会同海南省财政厅、海口海关、国家税务总局海南省税务局确定，动态调整，并函告海口海关。

四、《海南自由贸易港"零关税"自用生产设备负面清单》详见附件。清单内容由财政部、海关总署、税务总局会同相关部门，根据海南自由贸易港实际需要和监管条件进行动态调整。

五、《进口不予免税的重大技术装备和产品目录》《外商投资项目不予免税的进口商品目录》以及《国内投资项目不予免税的进口商品目录》，暂不适用于海南自由贸易港自用生产设备"零关税"政策。符合本政策规定条件的企业，进口上述三个目录内的设备，可免征关税、进口环节增值税和消费税。

六、为便于执行，财政部、海关总署将会同有关部门另行明确第二条中家用电器及设备零件、部件、附件、元器件商品范围。

七、"零关税"生产设备限海南自由贸易港符合政策规定条件的企业在海南自由贸易港内自用，并接受海关监管。因企业破产等原因，确需转让的，转让前应征得海关同意并办理相关手续。其中，转让给不符合政策规定条件主体的，还应按规定补缴进口相关税款。转让"零关税"生产设备，照章征收国内环节增值税、消费税。

八、企业进口"零关税"自用生产设备，自愿缴纳进口环节增值税和消费税的，可在报关时提出申请。

九、海南省相关部门应通过信息化等手段加强监管、防控风险、及时查处违规行为，确保生产设备"零关税"政策平稳运行，并加强省内相关部门信息互联互通，共享符合政策条件的企业、"零关税"生产设备的监管等信息。

十、本通知自公布之日起实施。

附件：海南自由贸易港"零关税"自用生产设备负面清单（略）。

财政部 海关总署 税务总局
2021年2月24日

37. 财政部 海关总署 税务总局关于支持集成电路产业和软件产业发展进口税收政策的通知

财关税〔2021〕4号

各省、自治区、直辖市、计划单列市财政厅（局），新疆生产建设兵团财政局，海关总署广东分署、各直属海关，国家税务总局各省、自治区、直辖市、计划单列市税务局，财政部各地监管局，国家税务总局驻各地特派员办事处：

为贯彻落实《国务院关于印发新时期促进集成电路产业和软件产业高质量发展若干政策的通知》（国发〔2020〕8号），经国务院同意，现将有关进口税收政策通知如下：

一、对下列情形，免征进口关税：

（一）集成电路线宽小于65纳米（含，下同）的逻辑电路、存储器生产企业，以及线宽小于0.25微米的特色工艺（即模拟、数模混合、高压、射频、功率、光电集成、图像传感、微机电系统、绝缘体上硅工艺）集成电路生产企业，进口国内不能生产或性能不能满足需求的自用生产性（含研发用，下同）原材料、消耗品，净化室专用建筑材料、配套系统和集成电路生产设备（包括进口设备和国产设备）零配件。

（二）集成电路线宽小于0.5微米的化合物集成电路生产企业和先进封装测试企业，进口国内不能生产或性能不能满足需求的自用生产性原材料、消耗品。

（三）集成电路产业的关键原材料、零配件（即靶材、光刻胶、掩模版、封装载板、抛光垫、抛光液、8英寸及以上硅单晶、8英寸及以上硅片）生产企业，进口国内不能生产或性能不能满足需求的自用生产性原材料、消耗品。

（四）集成电路用光刻胶、掩模版、8英寸及以上硅片生产企业，进口国内不能生产或性能不能满足需求的净化室专用建筑材料、配套系统和生产设备（包括进口设备和国产设备）零配件。

（五）国家鼓励的重点集成电路设计企业和软件企业，以及符合本条第（一）（二）项的企业（集成电路生产企业和先进封装测试企业）进口自用设备，及按照合同随设备进口的技术（含软件）及配套件、备件，但《国内投资项目不予免税的进口商品目录》《外商投资项目不予免税的进口商品目录》和《进口不予免税的重大技术装备和产品目录》所列商品除外。上述进口商品不占用投资总额,相关项目不需出具项目确认书。

二、根据国内产业发展、技术进步等情况,财政部、海关总署、税务总局将会同国家发展改革委、工业和信息化部对本通知第一条中的特色工艺类型和关键原材料、零配件类型适时调整。

三、承建集成电路重大项目的企业自2020年7月27日至2030年12月31日期间进口新设备,除《国内投资项目不予免税的进口商品目录》《外商投资项目不予免税的进口商品目录》和《进口不予免税的重大技术装备和产品目录》所列商品外,对未缴纳的税款提供海关认可的税款担保,准予在首台设备进口之后的6年(连续72个月)期限内分期缴纳进口环节增值税,6年内每年(连续12个月)依次缴纳进口环节增值税总额的0%、20%、20%、20%、20%、20%,自首台设备进口之日起已经缴纳的税款不予退还。在分期纳税期间,海关对准予分期缴纳的税款不予征收滞纳金。

四、支持集成电路产业和软件产业发展进口税收政策管理办法由财政部、海关总署、税务总局会同国家发展改革委、工业和信息化部另行制定印发。

五、本通知自2020年7月27日至2030年12月31日实施。自2020年7月27日,至第一批免税进口企业清单印发之日后30日内,已征的应免关税税款准予退还。

六、自2021年4月1日起,《财政部关于部分集成电路生产企业进口自用生产性原材料消耗品税收政策的通知》(财税〔2002〕136号)、《财政部关于部分集成电路生产企业进口净化室专用建筑材料等物资税收政策问题的通知》(财税〔2002〕152号)、《财政部 海关总署 国家税务总局信息产业部关于线宽小于0.8微米(含)集成电路企业进口自用生产性原材料消耗品享受税收优惠政策的通知》(财关税〔2004〕45号)、《财政部 发展改革委工业和信息化部 海关总署 国家税务总局关于调整集成电路生产企业进口自用生产性原材料消耗品免税商品清单的通知》(财关税〔2015〕46号)废止。

自2020年7月27日至2021年3月31日,既可享受本条上述4个文件相关政策又可享受本通知第一条第(一)(二)项相关政策的免税进口企业,对同一张报关单,自主选择适用本条上述4个文件相关政策或本通知第一条第(一)(二)项相关政策,不得累计享受税收优惠。

财政部 海关总署 税务总局
2021年3月16日

38. 财政部 国家发展改革委 工业和信息化部 海关总署 税务总局关于支持集成电路产业和软件产业发展进口税收政策管理办法的通知

财关税〔2021〕5号

各省、自治区、直辖市、计划单列市财政厅(局)、发展改革委、工业和信息化主管部门,新疆生产建设兵团财政局、发展改革委、工业和信息化局,海关总署广东分署、各直属海关,国家税务总局各省、自治区、直辖市、计划单列市税务局,财政部各地监管局,国家税务总局驻各地特派员办事处:

为落实《财政部 海关总署 税务总局关于支持集成电路产业和软件产业发展进口税收政策的通知》（财关税〔2021〕4号，以下称《通知》），现将政策管理办法通知如下：

一、国家发展改革委会同工业和信息化部、财政部、海关总署、税务总局制定并联合印发享受免征进口关税的集成电路生产企业、先进封装测试企业和集成电路产业的关键原材料、零配件生产企业清单。

二、国家发展改革委、工业和信息化部会同财政部、海关总署、税务总局制定并联合印发享受免征进口关税的国家鼓励的重点集成电路设计企业和软件企业清单。

三、工业和信息化部会同国家发展改革委、财政部、海关总署、税务总局制定并联合印发国内不能生产或性能不能满足需求的自用生产性（含研发用）原材料、消耗品和净化室专用建筑材料、配套系统及生产设备（包括进口设备和国产设备）零配件的免税进口商品清单。

四、国家发展改革委会同工业和信息化部制定可享受进口新设备进口环节增值税分期纳税的集成电路重大项目标准和享受分期纳税承建企业的条件，并根据上述标准、条件确定集成电路重大项目建议名单和承建企业建议名单，函告财政部，抄送海关总署、税务总局。财政部会同海关总署、税务总局确定集成电路重大项目名单和承建企业名单，通知省级（包括省、自治区、直辖市、计划单列市、新疆生产建设兵团，下同）财政厅（局）、企业所在地直属海关、省级税务局。

承建企业应于承建的集成电路重大项目项下申请享受分期纳税的首台新设备进口3个月前，向省级财政厅（局）提出申请，附项目投资金额、进口设备时间、年度进口新设备金额、年度进口新设备进口环节增值税额、税款担保方案等信息，抄送企业所在地直属海关、省级税务局。省级财政厅（局）会同企业所在地直属海关、省级税务局初核后报送财政部，抄送海关总署、税务总局。

财政部会同海关总署、税务总局确定集成电路重大项目的分期纳税方案（包括项目名称、承建企业名称、分期纳税起止时间、分期纳税总税额、每季度纳税额等），通知省级财政厅（局）、企业所在地直属海关、省级税务局，由企业所在地直属海关告知相关企业。

分期纳税方案实施中，如项目名称发生变更，承建企业发生名称、经营范围变更等情形的，承建企业应在完成变更登记之日起60日内，向省级财政厅（局）、企业所在地直属海关、省级税务局报送变更情况说明，申请变更分期纳税方案相应内容。省级财政厅（局）会同企业所在地直属海关、省级税务局确定变更结果，并由省级财政厅（局）函告企业所在地直属海关，抄送省级税务局，报财政部、海关总署、税务总局备案。企业所在地直属海关将变更结果告知承建企业。承建企业超过本款前述时间报送变更情况说明的，省级财政厅（局）、企业所在地直属海关、省级税务局不予受理，该项目不再享受分期纳税，已进口设备的未缴税款应在完成变更登记次月起3个月内缴纳完毕。

享受分期纳税的进口新设备，应在企业所在地直属海关关区内申报进口。按海关事务担保的规定，承建企业对未缴纳的税款应提供海关认可的税款担保。海关对准予分期缴纳的税款不予征收滞纳金。承建企业在最后一次纳税时，由海关完成该项目全部应纳税款的汇算清缴。如违反规定，逾期未及时缴纳税款的，该项目不再享受分期纳税，已进口设备的未缴纳税款应在逾期未缴纳情形发生次月起3个月内缴纳完毕。

五、《通知》第一条第（五）项和第三条中的企业进口设备，同时适用申报进口当期的《国内投资项目不予免税的进口商品目录》《外商投资项目不予免税的进口商品目录》《进口不予免税的重大技术装备和产品目录》所列商品的累积范围。

六、免税进口企业应按照海关有关规定，办理有关进口商品的减免税手续。

七、本办法第一、二条中,国家发展改革委牵头制定或者国家发展改革委、工业和信息化部牵头制定的第一批免税进口企业清单自2020年7月27日实施,至该清单印发之日后30日内,已征的应免关税税款准予退还。本办法第三条中,工业和信息化部牵头制定的第一批免税进口商品清单自2020年7月27日实施。以后批次制定的免税进口企业清单、免税进口商品清单,分别自其印发之日后第20日起实施。

八、本办法第一、二条中的免税进口企业发生名称、经营范围变更等情形的,应自完成变更登记之日起60日内,将有关变更情况说明报送牵头部门。牵头部门分别按照本办法第一、二条规定,确定变更后的企业自变更登记之日起能否继续享受政策。企业超过本条前述时间报送变更情况说明的,牵头部门不予受理,该企业自变更登记之日起停止享受政策。确定结果或不予受理情况由牵头部门函告海关总署(确定结果较多时,每年至少分两批函告),抄送第一、二条中其他部门。

九、免税进口企业应按有关规定使用免税进口商品,如违反规定,将免税进口商品擅自转让、移作他用或者进行其他处置,被依法追究刑事责任的,在《通知》剩余有效期限内停止享受政策。

十、免税进口企业如存在以虚报情况获得免税资格,由国家发展改革委会同工业和信息化部、财政部、海关总署、税务总局等部门查实后,国家发展改革委函告海关总署,自函告之日起,该企业在《通知》剩余有效期限内停止享受政策。

十一、财政等有关部门及其工作人员在政策执行过程中,存在违反执行政策规定的行为,以及滥用职权、玩忽职守、徇私舞弊等违法违纪行为的,依照国家有关规定追究相应责任;涉嫌犯罪的,依法追究刑事责任。

十二、本办法有效期为2020年7月27日至2030年12月31日。

财政部 国家发展改革委 工业和信息化部
海关总署 税务总局
2021年3月22日

39. 财政部 海关总署 税务总局关于2021—2030年抗艾滋病病毒药物进口税收政策的通知

财关税〔2021〕13号

北京市财政局,北京海关,国家税务总局北京市税务局:

为坚持基本医疗卫生事业公益属性,支持艾滋病防治工作,自2021年1月1日至2030年12月31日,对卫生健康委委托进口的抗艾滋病病毒药物,免征进口关税和进口环节增值税。享受免税政策的抗艾滋病病毒药物名录及委托进口单位由卫生健康委确定,并送财政部、海关总署、税务总局。

财政部 海关总署 税务总局
2021年3月29日

40. 财政部　海关总署　税务总局关于"十四五"期间支持科普事业发展进口税收政策的通知

财关税〔2021〕26号

各省、自治区、直辖市、计划单列市财政厅（局）、新疆生产建设兵团财政局，海关总署广东分署、各直属海关，国家税务总局各省、自治区、直辖市、计划单列市税务局，财政部各地监管局，国家税务总局驻各地特派员办事处：

为支持科普事业发展，现将有关进口税收政策通知如下：

一、自2021年1月1日至2025年12月31日，对公众开放的科技馆、自然博物馆、天文馆（站、台）、气象台（站）、地震台（站），以及高校和科研机构所属对外开放的科普基地，进口以下商品免征进口关税和进口环节增值税：

（一）为从境外购买自用科普影视作品播映权而进口的拷贝、工作带、硬盘，以及以其他形式进口自用的承载科普影视作品的拷贝、工作带、硬盘。

（二）国内不能生产或性能不能满足需求的自用科普仪器设备、科普展品、科普专用软件等科普用品。

二、第一条中的科普影视作品、科普用品是指符合科学技术普及法规定，以普及科学知识、倡导科学方法、传播科学思想、弘扬科学精神为宗旨的影视作品、科普仪器设备、科普展品、科普专用软件等用品。

三、第一条第一项中的科普影视作品相关免税进口商品清单见附件。第一条第二项中的科普用品由科技部会同有关部门核定。

四、"十四五"期间支持科普事业发展进口税收政策管理办法由财政部、海关总署、税务总局会同有关部门另行制定印发。

附件：科普影视作品相关免税进口商品清单(2021年版)（略）。

财政部　海关总署　税务总局
2021年4月9日

41. 财政部等七部门关于"十四五"期间支持科普事业发展进口税收政策管理办法的通知

财关税〔2021〕27号

各省、自治区、直辖市、计划单列市财政厅（局）、党委宣传部、科技厅（委、局）、工业和信息化主管部门、广播电视主管部门，新疆生产建设兵团财政局、党委宣传部、科技局、工业和信息化局、文体广旅局，海关总署广东分署、各直属海关，国家税务总局各省、自治区、直辖市、计划单列市税务局，财政部各地监管局，国家税务总局驻各地特派员办事处：

为落实《财政部　海关总署　税务总局关于"十四五"期间支持科普事业发展进口税收

政策的通知》（财关税〔2021〕26号，以下简称《通知》），现将政策管理办法通知如下：

一、科技部核定或者省级（包括省、自治区、直辖市、计划单列市、新疆生产建设兵团，下同）科技主管部门会同省级财政、税务部门及所在地直属海关核定对公众开放的科技馆、自然博物馆、天文馆（站、台）、气象台（站）、地震台（站）以及高校和科研机构所属对外开放的科普基地（以下统称进口单位）名单。科技部的核定结果，由科技部函告海关总署，抄送中央宣传部、工业和信息化部、财政部、税务总局、广电总局、有关省级科技主管部门。省级科技主管部门牵头的核定结果，由省级科技主管部门函告进口单位所在地直属海关，抄送省级财政、税务部门和省级出版、电影、工业和信息化、广播电视主管部门，报送科技部。上述函告文件中，凡不具有独立法人资格的进口单位，应一并函告其依托单位。

享受政策的科技馆，应同时符合以下条件：（一）专门从事面向公众的科普活动；（二）有开展科普活动的专职科普工作人员、场所、设施、工作经费等条件。

享受政策的自然博物馆、天文馆（站、台）、气象台（站）、地震台（站）以及高校和科研机构设立的植物园、标本馆、陈列馆等对外开放的科普基地，应同时符合以下条件：（一）面向公众从事科学技术普及法所规定的科普活动，有稳定的科普活动投入；（二）有适合常年向公众开放的科普设施、器材和场所等，每年向公众开放不少于200天，每年对青少年实行优惠或免费开放的时间不少于20天（含法定节假日）；（三）有常设内部科普工作机构，并配备有必要的专职科普工作人员。

二、省级科技主管部门会同省级出版、电影、广播电视主管部门核定属地进口单位可免税进口的自用科普影视作品拷贝、工作带、硬盘。核定结果由省级科技主管部门函告进口单位所在地直属海关，抄送省级出版、电影、广播电视主管部门，并通知相关进口单位。

享受政策的自用科普影视作品拷贝、工作带、硬盘，应同时符合以下条件：（一）属于《通知》附件所列税号范围；（二）为进口单位自用，且用于面向公众的科普活动，不得进行商业销售或挪作他用；（三）符合国家关于影视作品和音像制品进口的相关规定。

三、科技部会同工业和信息化部、财政部、海关总署、税务总局制定并联合印发国内不能生产或性能不能满足需求的自用科普仪器设备、科普展品、科普专用软件等免税进口科普用品清单，并动态调整。

四、进口单位应按照海关有关规定，办理有关进口商品的减免税手续。

五、本办法第一、三条中，科技部或者省级科技主管部门函告海关的进口单位名单和科技部牵头制定的免税进口科普用品清单应注明批次。其中，第一批名单、清单自2021年1月1日实施，至第一批名单印发之日后30日内已征的应免税款，准予退还；以后批次的名单、清单，自印发之日后第20日起实施。

前款规定的已征应免税款，依进口单位申请准予退还。其中，已征税进口且尚未申报增值税进项税额抵扣的，应事先取得主管税务机关出具的《"十四五"期间支持科普事业发展进口税收政策项下进口商品已征进口环节增值税未抵扣情况表》（见附件），向海关申请办理退还已征进口关税和进口环节增值税手续；已申报增值税进项税额抵扣的，仅向海关申请办理退还已征进口关税手续。

六、进口单位可向主管海关提出申请，选择放弃免征进口环节增值税。进口单位主动放弃免征进口环节增值税后，36个月内不得再次申请免征进口环节增值税。

七、进口单位发生名称、业务范围变更等情形的，应在《通知》有效期限内及时将有关变更情况说明分别报送科技部、省级科技主管部门。科技部、省级科技主管部门按照本办法第一条规定，核定变更后的单位自变更登记之日起能否继续享受政策，注明变更登记日期。科技部负责受理的，核定结果由科技部函告海关总署（核定结果较多时，每年至少分两批函告），抄送中央宣传部、工业和信息化部、财政部、税务总局、广电总局、有关省级科技主管部门；省级科技主管部门负责受理的，核定结果由省级科技主管部门函告进口单位所在地直属海关，抄送省级财政、税务部门和省级出版、电影、工业和信息化、广播电视主管部门，报送科技部。

八、进口单位应按有关规定使用免税进口商品，如违反规定，将免税进口商品擅自转让、移作他用或者进行其他处置，被依法追究刑事责任的，在《通知》剩余有效期限内停止享受政策。

九、进口单位如存在以虚报情况获得免税资格，由科技部或者省级科技主管部门查实后函告海关，自函告之日起，该单位在《通知》剩余有效期限内停止享受政策。

十、本办法印发之日后90日内，省级科技主管部门应会同省级财政、税务部门及进口单位所在地直属海关制定核定进口单位名单的具体实施办法，会同省级出版、电影、广播电视主管部门制定核定免税进口科普影视作品拷贝、工作带、硬盘的具体实施办法。

十一、进口单位的免税进口资格，原则上应每年复核。经复核不符合享受政策条件的，由科技部或者省级科技主管部门按本办法第一条规定函告海关，自函告之日起停止享受政策。

十二、财政等有关部门及其工作人员在政策执行过程中，存在违反执行免税政策规定的行为，以及滥用职权、玩忽职守、徇私舞弊等违法违纪行为的，依照国家有关规定追究相应责任；涉嫌犯罪的，依法追究刑事责任。

十三、本办法有效期为2021年1月1日至2025年12月31日。

附件："十四五"期间支持科普事业发展进口税收政策项下进口商品已征进口环节增值税未抵扣情况表（略）。

财政部　中央宣传部　科技部
工业和信息化部　海关总署　税务总局　广电总局
2021年4月9日

42. 财政部　海关总署　税务总局关于"十四五"期间能源资源勘探开发利用进口税收政策的通知

财关税〔2021〕17号

各省、自治区、直辖市、计划单列市财政厅（局）、发展改革委，海关总署广东分署、各直属海关，国家税务总局各省、自治区、直辖市、计划单列市税务局，各省、自治区、直辖市能源局，新疆生产建设兵团财政局、发展改革委，财政部各地监管局，国家税务总局驻各地特派员办事处：

为完善能源产供储销体系，加强国内油气勘探开发，支持天然气进口利用，现将有关进口税收政策通知如下：

一、对在我国陆上特定地区（具体区域见附件）进行石油（天然气）勘探开发作业的自营项目，进口国内不能生产或性能不能满足需求的，并直接用于勘探开发作业的设备（包括按照合同随设备进口的技术资料）、仪器、零附件、专用工具，免征进口关税；在经国家批准的陆上石油（天然气）中标区块（对外谈判的合作区块视为中标区块）内进行石油（天然气）勘探开发作业的中外合作项目，进口国内不能生产或性能不能满足需求的，并直接用于勘探开发作业的设备（包括按照合同随设备进口的技术资料）、仪器、零附件、专用工具，免征进口关税和进口环节增值税。

二、对在我国海洋（指我国内海、领海、大陆架以及其他海洋资源管辖海域，包括浅海滩涂，下同）进行石油（天然气）勘探开发作业的项目（包括1994年12月31日之前批准的对外合作"老项目"），以及海上油气管道应急救援项目，进口国内不能生产或性能不能满足需求的，并直接用于勘探开发作业或应急救援的设备（包括按照合同随设备进口的技术资料）、仪器、零附件、专用工具，免征进口关税和进口环节增值税。

三、对在我国境内进行煤层气勘探开发作业的项目，进口国内不能生产或性能不能满足需求的，并直接用于勘探开发作业的设备（包括按照合同随设备进口的技术资料）、仪器、零附件、专用工具，免征进口关税和进口环节增值税。

四、对经国家发展改革委核（批）准建设的跨境天然气管道和进口液化天然气接收储运装置项目，以及经省级政府核准的进口液化天然气接收储运装置扩建项目进口的天然气（包括管道天然气和液化天然气，下同），按一定比例返还进口环节增值税。具体返还比例如下：

（一）属于2014年底前签订且经国家发展改革委确定的长贸气合同项下的进口天然气，进口环节增值税按70%的比例予以返还。

（二）对其他天然气，在进口价格高于参考基准值的情况下，进口环节增值税按该项目进口价格和参考基准值的倒挂比例予以返还。倒挂比例的计算公式为：倒挂比例=（进口价格－参考基准值）/进口价格×100%，相关计算以一个季度为一周期。

五、本通知第一条、第二条、第三条规定的设备（包括按照合同随设备进口的技术资料）、仪器、零附件、专用工具的免税进口商品清单，由工业和信息化部会同财政部、海关总署、税务总局、国家能源局另行制定并联合印发。第一批免税进口商品清单自2021年1月1日实施，至第一批免税进口商品清单印发之日后30日内已征应免税款，依进口单位申请准予退还。以后批次的免税进口商品清单，自印发之日后第20日起实施。

六、符合本通知第一条、第二条、第三条规定并取得免税资格的单位可向主管海关提出申请，选择放弃免征进口环节增值税，只免征进口关税。有关单位主动放弃免征进口环节增值税后，36个月内不得再次申请免征进口环节增值税。

七、"十四五"期间能源资源勘探开发利用进口税收政策管理办法由财政部会同有关部门另行制定印发。

八、本通知有效期为2021年1月1日至2025年12月31日。

附件：享受能源资源勘探开发利用进口税收政策的陆上特定地区（略）。

财政部　海关总署　税务总局
2021年4月12日

43. 财政部　海关总署　税务总局关于"十四五"期间种用野生动植物种源和军警用工作犬进口税收政策的通知

财关税〔2021〕28号

各省、自治区、直辖市、计划单列市财政厅（局），新疆生产建设兵团财政局，海关总署广东分署、各直属海关，国家税务总局各省、自治区、直辖市、计划单列市税务局，财政部各地监管局，国家税务总局驻各地特派员办事处：

为加强物种资源保护，支持军警用工作犬进口利用，现将有关进口税收政策及管理措施通知如下：

一、自2021年1月1日至2025年12月31日，对具备研究和培育繁殖条件的动植物科研院所、动物园、植物园、专业动植物保护单位、养殖场、种植园进口的用于科研、育种、繁殖的野生动植物种源，以及军队、公安、安全部门（含缉私警察）进口的军警用工作犬、工作犬精液及胚胎，免征进口环节增值税。

二、《进口种用野生动植物种源免税商品清单》由林草局会同财政部、海关总署、税务总局另行制定印发，并适时动态调整。

三、申请免税进口野生动植物种源的单位，应向林草局提出申请，林草局会同财政部、海关总署、税务总局确定进口单位名单后，由林草局函告海关总署（需注明批次），抄送财政部、税务总局。

林草局函告的第一批名单，以及林草局会同财政部、海关总署、税务总局另行制定印发的第一批《进口种用野生动植物种源免税商品清单》，自2021年1月1日起实施，至第一批名单印发之日后30日内已征的应免税款，准予退还。以后批次的名单、清单，自印发之日后第20日起实施。

四、申请免税进口军警用工作犬（税则号列01061910）、工作犬精液（税则号列05119910）及胚胎（税则号列05119920）的单位，应向公安部、安全部或中央军委政治工作部（以下称主管部门）提出申请，主管部门确定进口单位名单后，出具有关工作犬和工作犬精液及胚胎属于免税范围的确认文件。有关确认文件格式由主管部门向海关总署备案。自2021年1月1日起至本通知印发之日后30日内已征的应免税款，准予退还。

五、取得免税资格的进口单位应按照海关有关规定，办理相关种用野生动植物种源和军警用工作犬的减免税手续。本通知第三、四条规定的已征应免税款，依进口单位申请准予退还。其中，已征税进口且尚未申报增值税进项税额抵扣的，应事先取得主管税务机关出具的《"十四五"期间种用野生动植物种源和军警用工作犬进口税收政策项下进口商品已征进口环节增值税未抵扣情况表》（见附件），向海关申请办理退还已征进口环节增值税手续。

六、进口单位发生名称、经营范围变更等情形的，应在政策有效期内及时将有关变更情况说明分别报送本通知第三、四条中确定该进口单位名单的相关部门。相关部门确定变更后的单位自变更登记之日起能否继续享受政策，确定结果每年至少分两批函告海关总署（并注明变更登记日期），抄送财政部、税务总局。

七、进口单位应按有关规定使用免税进口商品，如违反规定，将免税进口野生动植物种源和军警用工作犬相关商品擅自转让、移作他用或者进行其他处置，被依法追究刑事责任的，在本通知剩余有效期限内停止享受政策。

八、免税进口单位如存在以虚假情况获得免税资格，经林草局或主管部门查实后，函告海关总署，抄送财政部、税务总局，自函告之日起，该单位在本通知剩余有效期限内停止享受政策。

九、财政等有关部门及其工作人员在政策执行过程中，存在违反执行免税政策规定的行为，以及滥用职权、玩忽职守、徇私舞弊等违法违纪行为的，依照国家有关规定追究相应责任；涉嫌犯罪的，依法追究刑事责任。

十、林草局、主管部门加强政策执行情况评估。

附件:"十四五"期间种用野生动植物种源和军警用工作犬进口税收政策项下进口商品已征进口环节增值税未抵扣情况表(略)。

财政部　海关总署　税务总局
2021年4月12日

44. 财政部等六部门关于"十四五"期间能源资源勘探开发利用进口税收政策管理办法的通知

财关税〔2021〕18号

各省、自治区、直辖市、计划单列市财政厅(局)、发展改革委、工业和信息化主管部门,海关总署广东分署、各直属海关,国家税务总局各省、自治区、直辖市、计划单列市税务局,各省、自治区、直辖市能源局,新疆生产建设兵团财政局、发展改革委、工业和信息化局,财政部各地监管局,国家税务总局驻各地特派员办事处:

为落实《财政部　海关总署　税务总局关于"十四五"期间能源资源勘探开发利用进口税收政策的通知》(财关税〔2021〕17号,以下简称《通知》),特制定本办法。

一、关于石油(天然气)、煤层气勘探开发作业项目和海上油气管道应急救援项目的免税规定

(一)对可享受政策的有关单位,分别按下列规定执行:

1. 自然资源部作为石油(天然气)、煤层气地质调查工作有关项目的项目主管单位,依据有关项目确认文件以及《通知》第五条规定的免税进口商品清单,向项目执行单位出具《能源资源勘探开发利用进口税收政策项下有关项目及进口商品确认表》(以下简称《确认表》,见附件1)。

中国石油天然气集团有限公司、中国石油化工集团有限公司、中国海洋石油集团有限公司作为石油(天然气)、煤层气勘探开发作业的项目主管单位,依据有关部门出具的项目确认文件,以及《通知》第五条规定的免税进口商品清单,确认勘探开发项目、项目执行单位、项目执行单位在项目主管单位取得油气矿业权之日后进口的商品,出具《确认表》。

中国海洋石油集团有限公司作为海上油气管道应急救援项目的项目主管单位,依据有关部门出具的项目确认文件,以及《通知》第五条规定的免税商品清单,确认海上油气管道应急救援项目、项目执行单位、项目执行单位在海上油气管道应急救援项目批准之日后进口的商品,出具《确认表》。

2. 其他已依法取得油气矿业权并按《通知》第一条、第二条、第三条规定开展石油(天然气)、煤层气勘探开发作业项目的企业,应在每年4月底前向财政部提出享受政策的申请,并附企业基本情况、开展石油(天然气)、煤层气勘探开发作业项目的基本情况。财政部会同自然资源部、海关总署、税务总局确定该企业作为项目主管单位后,财政部将项目主管单位及项目清单函告海关总署,抄送自然资源部、税务总局、项目主管单位。项目主管单位依据《通知》第五条规定的免税商品清单,确认项目执行单位、项目执行单位在项目主管单位取得油气矿业权之日后进口的商品,出具《确认表》。

(二)符合本条第一项的项目执行单位,凭《确认表》等有关材料,按照海关规定向海关申请办理进口商品的减免税手续。

（三）项目执行单位发生名称、经营范围变更等情形的，应在政策有效期内及时将有关变更情况说明报送项目主管单位，并退回已开具的《确认表》。项目主管单位确认变更后的项目执行单位自变更登记之日起能否按《通知》规定继续享受政策，对符合规定的项目执行单位重新出具《确认表》，并在其中"项目执行单位名称、经营范围变更等情况说明"栏，填写变更内容及变更时间。

（四）《通知》第五条规定的免税商品清单，可根据产业发展情况等适时调整。

（五）《通知》第五条规定的已征应免税款，依项目执行单位申请准予退还。其中，已征税进口且尚未申报增值税进项税额抵扣的，应事先取得主管税务机关出具的《能源资源勘探开发利用进口税收政策项下进口商品已征进口环节增值税未抵扣情况表》（附件2），向海关申请办理退还已征进口关税和进口环节增值税手续；已申报增值税进项税额抵扣的，仅向海关申请办理退还已征进口关税手续。

（六）石油（天然气）、煤层气勘探开发作业和海上油气管道应急救援项目的项目主管单位应加强政策执行情况的管理监督，并于每年3月底前将上一年度政策执行情况汇总报财政部、工业和信息化部、海关总署、税务总局、国家能源局。

（七）项目执行单位应严格按照《通知》规定使用免税进口商品，如违反规定，将免税进口商品擅自转让、移作他用或者进行其他处置，被依法追究刑事责任的，在《通知》剩余有效期内，停止享受政策。

（八）项目执行单位如存在以虚报信息等获得免税资格的，经项目主管单位或有关部门查实后，由项目主管单位函告海关总署，自函告之日起，该项目执行单位在《通知》剩余有效期内停止享受政策。

二、关于天然气进口环节增值税先征后返规定

（一）符合《通知》第四条规定的项目所进口的天然气，相关进口企业可申请办理天然气进口环节增值税返还。

（二）2020年12月31日前已按《财政部 海关总署 国家税务总局关于对2011—2020年进口天然气及2010年底前"中亚气"项目进口天然气按比例返还进口环节增值税有关问题的通知》（财关税〔2011〕39号）享受了天然气进口环节增值税返还的项目，自2021年1月1日起按《通知》规定享受进口环节增值税返还。对于上述项目在2020年12月31日及以前申报进口的天然气的进口环节增值税返还，仍按财关税〔2011〕39号文件及相关规定办理。国家发展改革委、国家能源局将上述项目名称和项目主管单位函告财政部、海关总署、税务总局，并抄送项目所在地财政部监管局、发展改革委、能源局、直属海关。

（三）自2021年1月1日起，对符合《通知》规定的跨境天然气管道和进口液化天然气接收储运装置的新增项目，以及省级政府核准的进口液化天然气接收储运装置新增扩建项目，在项目建成投产后，国家发展改革委、国家能源局将新增项目和新增扩建项目的名称、项目主管单位和享受政策的起始日期，函告财政部、海关总署、税务总局，并抄送新增项目和新增扩建项目所在地财政部监管局、发展改革委、能源局、直属海关。

（四）项目主管单位发生变更的，国家发展改革委、国家能源局应在政策有效期内及时将项目名称、变更后的项目主管单位、变更日期函告财政部、海关总署、税务总局，并抄送项目所在地财政部监管局、发展改革委、能源局、直属海关。

（五）本条第二、三、四项所述的项目主管单位，依据有关部门出具的天然气项目确认文件，对符合《通知》规定的项目、进口企业和进口数量进行确认，并出具《享受能源资源勘探开发利用进口税收政策的进口天然气项目及企业确认书》（以下简称《确认书》，见附件3）。

（六）《通知》第四条第一项中的长贸气合同清单，由国家发展改革委函告财政部、海关总署、税务总局，抄送财政部各地监管局、有关企业。

（七）《通知》第四条第二项中的进口价格，是指以单个项目计算，一个季度内（即1～3月、4～6月、7～9月或10～12月，具体进口时间以进口报关单上列示的"申报日期"为准，下同）进口价格的算术平均值；参考基准值是指同一季度内参考基准值的算术平均值。

在计算进口价格的算术平均值时，应将同一季度内同一企业在同一项目下进口的符合《通知》第四条第二项的天然气均包含在内。管道天然气的进口价格为实际进口管道天然气单位体积进口完税价格的算术平均值。液化天然气的进口价格为实际进口液化天然气单位热值进口价格的算术平均值。

参考基准值由国家发展改革委、国家能源局确定并函告财政部、海关总署、税务总局，抄送财政部各地监管局、海关总署广东分署和各直属海关，告知相关企业。

（八）天然气进口企业应在每季度末结束后的三个月内，统一、集中将上一季度及以前尚未报送的税收返还申请材料报送纳税地海关。申请材料应包括《确认书》，分项目填报的《长贸气进口环节增值税先征后返统计表》（附件4）、《管道天然气（不含长贸气）进口环节增值税先征后返统计表》（附件5）或《液化天然气（不含长贸气）进口环节增值税先征后返统计表》（附件6）。具体税收返还依照《财政部 中国人民银行 海关总署关于印发〈进口税收先征后返管理办法〉的通知》（财预〔2014〕373号）的有关规定执行。

（九）天然气进口企业如存在以虚报信息等获得进口税收返还资格的，经项目主管单位或有关部门查实后，由项目主管单位函告海关总署，自函告之日起，该天然气进口企业在《通知》剩余有效期内停止享受政策。

三、财政等有关部门及其工作人员在政策执行过程中，存在违反政策规定的行为，以及滥用职权、玩忽职守、徇私舞弊等违法违纪行为的，依照国家有关规定追究相应责任；涉嫌犯罪的，依法追究刑事责任。

四、本办法有效期为2021年1月1日至2025年12月31日。

附件：1.能源资源勘探开发利用进口税收政策项下有关项目及进口商品确认表（略）。

2.能源资源勘探开发利用进口税收政策项下进口商品已征进口环节增值税未抵扣情况表（略）。

3.能享受能源资源勘探开发利用进口税收政策的进口天然气项目及企业确认书（略）。

4.长贸气进口环节增值税先征后返统计表（略）。

5.管道天然气（不含长贸气）进口环节增值税先征后返统计表（略）。

6.液化天然气（不含长贸气）进口环节增值税先征后返统计表（略）。

财政部　国家发展改革委　工业和信息化部
海关总署　税务总局　国家能源局
2021年4月16日

45. 财政部　海关总署　税务总局关于"十四五"期间支持科技创新进口税收政策的通知

财关税〔2021〕23号

各省、自治区、直辖市、计划单列市财政厅（局）、新疆生产建设兵团财政局，海关总署广东分署、各直属海关，国家税务总局各省、自治区、直辖市、计划单列市税务局，财政部各地监管局，国家税务总局驻各地特派员办事处：

为深入实施科教兴国战略、创新驱动发展战略，支持科技创新，现将有关进口税收政策通知如下：

一、对科学研究机构、技术开发机构、学校、党校（行政学院）、图书馆进口国内不能生产或性能不能满足需求的科学研究、科技开发和教学用品，免征进口关税和进口环节增值税、消费税。

二、对出版物进口单位为科研院所、学校、党校（行政学院）、图书馆进口用于科研、教学的图书、资料等，免征进口环节增值税。

三、本通知第一、二条所称科学研究机构、技术开发机构、学校、党校（行政学院）、图书馆是指：

（一）从事科学研究工作的中央级、省级、地市级科研院所（含其具有独立法人资格的图书馆、研究生院）。

（二）国家实验室，国家重点实验室，企业国家重点实验室，国家产业创新中心，国家技术创新中心，国家制造业创新中心，国家临床医学研究中心，国家工程研究中心，国家工程技术研究中心，国家企业技术中心，国家中小企业公共服务示范平台（技术类）。

（三）科技体制改革过程中转制为企业和进入企业的主要从事科学研究和技术开发工作的机构。

（四）科技部会同民政部核定或者省级科技主管部门会同省级民政、财政、税务部门和社会研发机构所在地直属海关核定的科技类民办非企业单位性质的社会研发机构；省级科技主管部门会同省级财政、税务部门和社会研发机构所在地直属海关核定的事业单位性质的社会研发机构。

（五）省级商务主管部门会同省级财政、税务部门和外资研发中心所在地直属海关核定的外资研发中心。

（六）国家承认学历的实施专科及以上高等学历教育的高等学校及其具有独立法人资格的分校、异地办学机构。

（七）县级及以上党校（行政学院）。

（八）地市级及以上公共图书馆。

四、本通知第二条所称出版物进口单位是指中央宣传部核定的具有出版物进口许可的出版物进口单位，科研院所是指第三条第一项规定的机构。

五、本通知第一、二条规定的免税进口商品实行清单管理。免税进口商品清单由财政部、海关总署、税务总局征求有关部门意见后另行制定印发，并动态调整。

六、经海关审核同意，科学研究机构、技术开发机构、学校、党校（行政学院）、图书馆可将免税进口的科学研究、科技开发和教学用品用于其他单位的科学研究、科技开发和教学活动。

对纳入国家网络管理平台统一管理、符合本通知规定的免税进口科研仪器设备，符合科技部会同海关总署制定的纳入国家网络管理平台免税进口科研仪器设备开放共享管理有关规定的，可以用于其他单位的科学研究、科技开发和教学活动。

经海关审核同意，科学研究机构、技术开发机构、学校以科学研究或教学为目的，可将免税进口的医疗检测、分析仪器及其附件、配套设备用于其附属、所属医院的临床活动，或用于开展临床实验所需依托的其分立前附属、所属医院的临床活动。其中，大中型医疗检测、分析仪器，限每所医院每3年每种1台。

七、"十四五"期间支持科技创新进口税收政策管理办法由财政部、海关总署、税务总局会同有关部门另行制定印发。

八、本通知有效期为2021年1月1日至2025年12月31日。

财政部　海关总署　税务总局
2021年4月15日

46. 财政部等十一部门关于"十四五"期间支持科技创新进口税收政策管理办法的通知

财关税〔2021〕24号

各省、自治区、直辖市、计划单列市财政厅（局）、党委宣传部、发展改革委、教育厅（局）、科技厅（委、局）、工业和信息化主管部门、民政厅（局）、商务厅（委、局）、文化和旅游厅（委、局），新疆生产建设兵团财政局、党委宣传部、发展改革委、教育局、科技局、工业和信息化局、民政局、商务局、文体广旅局，海关总署广东分署、各直属海关，国家税务总局各省、自治区、直辖市、计划单列市税务局，财政部各地监管局，国家税务总局驻各地特派员办事处：

为落实《财政部　海关总署　税务总局关于"十四五"期间支持科技创新进口税收政策的通知》（财关税〔2021〕23号，以下简称《通知》），现将政策管理办法通知如下：

一、科技部核定从事科学研究工作的中央级科研院所名单，函告海关总署，抄送财政部、税务总局。省级（包括省、自治区、直辖市、计划单列市、新疆生产建设兵团，下同）科技主管部门会同省级财政、税务部门和科研院所所在地直属海关核定从事科学研究工作的省级、地市级科研院所名单，核定结果由省级科技主管部门函告科研院所所在地直属海关，抄送省级财政、税务部门，并报送科技部。

本办法所称科研院所名单，包括科研院所所属具有独立法人资格的图书馆、研究生院名单。

二、科技部核定国家实验室、国家重点实验室、企业国家重点实验室、国家技术创新中心、国家临床医学研究中心、国家工程技术研究中心名单，国家发展改革委核定国家产业创新中心、国家工程研究中心、国家企业技术中心名单，工业和信息化部核定国家制造业创新中心、国家中小企业公共服务示范平台（技术类）名单。核定结果分别由科技部、国家发展改革委、工业和信息化部函告海关总署，抄送财政部、税务总局。

科技部核定根据《国务院办公厅转发科技部等部门关于深化科研机构管理体制改革实施意见的通知》（国办发〔2000〕38号），国务院部门（单位）所属科研机构已转制为企业或进入企业的主要从事科学研究和技术开发工作的机构名单，函告海关总署，抄送财政部、税务总局。省级科技主管部门会同省级财政、税务部门和机构所在地直属海关核定根据国办发〔2000〕38号文件，各省、自治区、直辖市、计划单列市所属已转制为企业或进入企业的主要从事科学研究和技术开发工作的机构名单，核定结果由省级科技主管部门函告机构所在地直属海关，抄送省级财政、税务部门，并报送科技部。

科技部会同民政部核定或者省级科技主管部门会同省级民政、财政、税务部门和社会研发机构所在地直属海关核定科技类民办非企业单位性质的社会研发机构名单。科技部牵头的核定结果，由科技部函告海关总署，抄送民政部、财政部、税务总局。省级科技主管部门牵头的核定结果，由省级科技主管部门函告社会研发机构所在地直属海关，抄送省级民政、财政、税务部门，并报送科技部。享受政策的科技类民办非企业单位性质的社会研发机构条件见附件1。

省级科技主管部门会同省级财政、税务部门和社会研发机构所在地直属海关核定事业单位性质的社会研发机构名单，核定结果由省级科技主管部门函告社会研发机构所在地直属海关，抄送省级财政、税务部门，并报送科技部。享受政策的事业单位性质的社会研发机构，应符合科技部和省级科技主管部门规定的事业单位性质的社会研发机构（新型研发机构）条件。

省级商务主管部门会同省级财政、税务部门和外资研发中心所在地直属海关核定外资研发中心名单，核定结果由省级商务主管部门函告外资研发中心所在地直属海关，抄送省级财政、税务部门，并报送商务部。享受政策的外资研发中心条件见附件2。

本条上述函告文件中，凡不具有独立法人资格的单位、机构，应一并函告其依托单位；有关单位、机构具有有效期限的，应一并函告其有效期限。

三、教育部核定国家承认学历的实施专科及以上高等学历教育的高等学校及其具有独立法人资格的分校、异地办学机构名单，函告海关总署，抄送财政部、税务总局。

四、文化和旅游部核定省级以上公共图书馆名单，函告海关总署，抄送财政部、税务总局。省级文化和旅游主管部门会同省级财政、税务部门和公共图书馆所在地直属海关核定省级、地市级公共图书馆名单，核定结果由省级文化和旅游主管部门函告公共图书馆所在地直属海关，抄送省级财政、税务部门，并报送文化和旅游部。

五、中央宣传部核定具有出版物进口许可的出版物进口单位名单，函告海关总署，抄送中央党校（国家行政学院）、教育部、科技部、财政部、文化和旅游部、税务总局。

出版物进口单位免税进口图书、资料等商品的销售对象为中央党校（国家行政学院）和省级、地市级、县级党校（行政学院）以及本办法第一、第三、第四条中经核定的单位。牵头核定部门应结合实际需要，将核定的有关单位名单告知有关出版物进口单位。

六、中央党校（国家行政学院）和省级、地市级、县级党校（行政学院）以及按照本办法规定经核定的单位或机构（以下统称进口单位），应按照海关有关规定，办理有关进口商品的减免税手续。

七、本办法中相关部门函告海关的进口单位名单和《通知》第五条所称的免税进口商品清单应注明批次。其中，第一批名单、清单自2021年1月1日实施，至第一批名单印发之日后30日内已征的应免税款，准予退还；以后批次的名单、清单，分别自其印发之日后第20日起实施。中央党校（国家行政学院）和省级、地市级、县级党校（行政学院）自

2021年1月1日起具备免税进口资格,至本办法印发之日后30日内已征的应免税款,准予退还。

前款规定的已征应免税款,依进口单位申请准予退还。其中,已征税进口且尚未申报增值税进项税额抵扣的,应事先取得主管税务机关出具的《"十四五"期间支持科技创新进口税收政策项下进口商品已征进口环节增值税未抵扣情况表》(附件3),向海关申请办理退还已征进口关税和进口环节增值税手续;已申报增值税进项税额抵扣的,仅向海关申请办理退还已征进口关税手续。

八、进口单位可向主管海关提出申请,选择放弃免征进口环节增值税。进口单位主动放弃免征进口环节增值税后,36个月内不得再次申请免征进口环节增值税。

九、进口单位发生名称、经营范围变更等情形的,应在《通知》有效期限内及时将有关变更情况说明报送核定其名单的牵头部门。牵头部门按照本办法规定的程序,核定变更后的单位自变更登记之日起能否继续享受政策,注明变更登记日期。核定结果由牵头部门函告海关(核定结果较多时,每年至少分两批函告),抄送同级财政、税务及其他有关部门。其中,牵头部门为省级科技、商务、文化和旅游主管部门的,核定结果应相应报送科技部、商务部、文化和旅游部。

十、进口单位应按有关规定使用免税进口商品,如违反规定,将免税进口商品擅自转让、移作他用或者进行其他处置,被依法追究刑事责任的,在《通知》剩余有效期限内停止享受政策。

十一、进口单位如存在以虚报情况获得免税资格,由核定其名单的牵头部门查实后函告海关,自函告之日起,该单位在《通知》剩余有效期限内停止享受政策。

十二、中央宣传部、国家发展改革委、教育部、科技部、工业和信息化部、民政部、商务部、文化和旅游部加强政策评估工作。

十三、本办法印发之日后90日内,省级科技主管部门应会同省级民政、财政、税务部门和社会研发机构所在地直属海关制定核定享受政策的科技类民办非企业单位性质、事业单位性质的社会研发机构名单的具体实施办法,省级商务主管部门应会同省级财政、税务部门和外资研发中心所在地直属海关制定核定享受政策的外资研发中心名单的具体实施办法。

十四、财政等有关部门及其工作人员在政策执行过程中,存在违反执行免税政策规定的行为,以及滥用职权、玩忽职守、徇私舞弊等违法违纪行为的,依照国家有关规定追究相应责任;涉嫌犯罪的,依法追究刑事责任。

十五、本办法有效期为2021年1月1日至2025年12月31日。

附件:1. 享受"十四五"期间支持科技创新进口税收政策的科技类民办非企业单位性质的社会研发机构条件(略)。
2. 享受"十四五"期间支持科技创新进口税收政策的外资研发中心条件(略)。
3. "十四五"期间支持科技创新进口税收政策项下进口商品已征进口环节增值税未抵扣情况表(略)。

财政部　中央宣传部　国家发展改革委　教育部
科技部　工业和信息化部　民政部　商务部
文化和旅游部　海关总署　税务总局
2021年4月16日

47. 财政部 税务总局关于取消部分钢铁产品出口退税的公告

财政部 税务总局公告 2021 年第 16 号

现就取消部分钢铁产品出口退税有关事项公告如下：

自 2021 年 5 月 1 日起，取消部分钢铁产品出口退税。具体产品清单见附件。具体执行时间，以出口货物报关单上注明的出口日期界定。

特此公告。

附件：取消出口退税的钢铁产品清单（略）。

财政部 税务总局
2021 年 4 月 26 日

48. 财政部 海关总署 税务总局关于对部分成品油征收进口环节消费税的公告

财政部 海关总署 税务总局公告 2021 年第 19 号

为维护公平税收秩序，根据国内成品油消费税政策相关规定，现将有关问题公告如下：

一、对归入税则号列 27075000，且 200 摄氏度以下时蒸馏出的芳烃以体积计小于 95% 的进口产品，视同石脑油按 1.52 元/升的单位税额征收进口环节消费税。

二、对归入税则号列 27079990、27101299 的进口产品，视同石脑油按 1.52 元/升的单位税额征收进口环节消费税。

三、对归入税则号列 27150000，且 440 摄氏度以下时蒸馏出的矿物油以体积计大于 5% 的进口产品，视同燃料油按 1.2 元/升的单位税额征收进口环节消费税。

四、本公告所称视同仅涉及消费税的征、退（免）税政策。

五、本公告自 2021 年 6 月 12 日起执行。

特此公告。

财政部 海关总署 税务总局
2021 年 5 月 12 日

49. 国家税务总局关于修订发布《研发机构采购国产设备增值税退税管理办法》的公告

国家税务总局公告 2021 年第 18 号

根据《财政部 税务总局关于延长部分税收优惠政策执行期限的公告》（2021 年第 6 号）

和《财政部 商务部 税务总局关于继续执行研发机构采购设备增值税政策的公告》（2019年第91号）规定，经商财政部，现修订发布《研发机构采购国产设备增值税退税管理办法》。《国家税务总局关于发布〈研发机构采购国产设备增值税退税管理办法〉的公告》（2020年第6号）到期停止执行。

特此公告。

国家税务总局
2021年6月22日

研发机构采购国产设备增值税退税管理办法

第一条 为规范研发机构采购国产设备增值税退税管理，根据《财政部 税务总局关于延长部分税收优惠政策执行期限的公告》（2021年第6号）和《财政部 商务部 税务总局关于继续执行研发机构采购设备增值税政策的公告》（2019年第91号，以下简称91号公告）规定，制定本办法。

第二条 符合条件的研发机构（以下简称研发机构）采购国产设备，按照本办法全额退还增值税（以下简称采购国产设备退税）。

第三条 本办法第二条所称研发机构、国产设备的具体条件和范围，按照91号公告规定执行。

第四条 主管研发机构退税的税务机关（以下简称主管税务机关）负责办理研发机构采购国产设备退税的备案、审核及后续管理工作。

第五条 研发机构享受采购国产设备退税政策，应于首次申报退税时，持以下资料向主管税务机关办理退税备案手续：

（一）符合91号公告第一条、第二条规定的研发机构资质证明资料。

（二）内容填写真实、完整的《出口退（免）税备案表》。该备案表在《国家税务总局关于出口退（免）税申报有关问题的公告》（2018年第16号）发布。其中，"企业类型"选择"其他单位"；"出口退（免）税管理类型"依据资质证明材料填写"内资研发机构"或"外资研发中心"；其他栏次按填表说明填写。

（三）主管税务机关要求提供的其他资料。

本办法下发前，已办理采购国产设备退税备案的研发机构，无需再次办理备案。

第六条 研发机构备案资料齐全，《出口退（免）税备案表》填写内容符合要求，签字、印章完整的，主管税务机关应当予以备案。备案资料或填写内容不符合要求的，主管税务机关应一次性告知研发机构，待其补正后再予备案。

第七条 已办理备案的研发机构，《出口退（免）税备案表》中内容发生变更的，应自变更之日起30日内，持相关资料向主管税务机关办理备案变更。

第八条 研发机构发生解散、破产、撤销以及其他依法应终止采购国产设备退税事项的，应持相关资料向主管税务机关办理备案撤回。主管税务机关应按规定结清退税款后，办理备案撤回。

研发机构办理注销税务登记的，应先向主管税务机关办理退税备案撤回。

第九条 外资研发中心因自身条件发生变化不再符合91号公告第二条规定条件的，应自条件变化之日起30日内办理退税备案撤回，并自条件变化之日起，停止享受采购国产设备退税政策。未按照规定办理退税备案撤回，并继续申报采购国产设备退税的，依照本办法第十九条规定处理。

第十条 研发机构新设、变更或者撤销的，主管税务机关应根据核定研发机构的牵头部门提供的名单及注明的相关资质起止时间，办理有关退税事项。

第十一条 研发机构采购国产设备退税的申报期限，为采购国产设备之日（以发票开具日期为准）次月1日起至次年4月30日前的各增值税纳税申报期。

研发机构未在规定期限内申报办理退税的，根据《财政部 税务总局关于明确国有农用地出租等增值税政策的公告》（2020年第2号）第四条的规定，在收齐相关凭证及电子信息后，即可申报办理退税。

第十二条 已备案的研发机构应在退税申报期内，凭下列资料向主管税务机关办理采购国产设备退税：

（一）《购进自用货物退税申报表》。该申报表在《国家税务总局关于优化整合出口退税信息系统更好服务纳税人有关事项的公告》（2021年第15号）发布。填写该表时，应在备注栏填写"科技开发、科学研究、教学设备"。

（二）采购国产设备合同。

（三）增值税专用发票，或者开具时间为2021年1月1日至本办法发布之日前的增值税普通发票（不含增值税普通发票中的卷票，下同）。

（四）主管税务机关要求提供的其他资料。

上述增值税专用发票，应当已通过增值税发票综合服务平台确认用途为"用于出口退税"。

第十三条 属于增值税一般纳税人的研发机构申报采购国产设备退税，主管税务机关经审核符合规定的，应按规定办理退税。

研发机构申报采购国产设备退税，属于下列情形之一的，主管税务机关应采取发函调查或其他方式调查，在确认增值税发票真实、发票所列设备已按规定申报纳税后，方可办理退税：

（一）审核中发现疑点，经核实仍不能排除疑点的。

（二）增值税一般纳税人使用增值税普通发票申报退税的。

（三）非增值税一般纳税人申报退税的。

第十四条 研发机构采购国产设备的应退税额，为增值税发票上注明的税额。

第十五条 研发机构采购国产设备取得的增值税专用发票，已用于进项税额抵扣的，不得申报退税；已用于退税的，不得用于进项税额抵扣。

第十六条 主管税务机关应建立研发机构采购国产设备退税情况台账，记录国产设备的型号、发票开具时间、价格、已退税额等情况。

第十七条 已办理增值税退税的国产设备，自增值税发票开具之日起3年内，设备所有权转移或移作他用的，研发机构须按照下列计算公式，向主管税务机关补缴已退税款。

应补缴税款＝增值税发票上注明的税额×（设备折余价值÷设备原值）

设备折余价值＝增值税发票上注明的金额－累计已提折旧

累计已提折旧按照企业所得税法的有关规定计算。

第十八条 研发机构涉及重大税收违法失信案件，按照《国家税务总局关于发布〈重大税收违法失信案件信息公布办法〉的公告》（2018年第54号）被公布信息的，研发机构应自案件信息公布之日起，停止享受采购国产设备退税政策，并在30日内办理退税备案撤回。研发机构违法失信案件信息停止公布并从公告栏撤出的，自信息撤出之日起，研发机构可重新办理采购国产设备退税备案,其采购的国产设备可继续享受退税政策。未按照规定办理退税备案撤回,并继续申报采购国产设备退税的,依照本办法第十九条规定处理。

第十九条 研发机构采取假冒采购国产设备退税资格、虚构采购国产设备业务、增值税发票既申报抵扣又申报退税、提供虚假退税申报资料等手段,骗取采购国产设备退税的,主管税务机关应追回已退税款,并依照税收征收管理法的有关规定处理。

第二十条 本办法未明确的其他退税管理事项,比照出口退税有关规定执行。

第二十一条 本办法施行期限为2021年1月1日至2023年12月31日,以增值税发票的开具日期为准。

50. 财政部 海关总署 税务总局 民航局关于海南自由贸易港进出岛航班加注保税航油政策的通知

财关税〔2021〕34号

海南省财政厅、海口海关、国家税务总局海南省税务局、民航中南地区管理局:

为贯彻落实《海南自由贸易港建设总体方案》,现将海南自由贸易港进出岛航班加注保税航油政策通知如下:

一、全岛封关运作前,允许进出海南岛国内航线航班在岛内国家正式对外开放航空口岸加注保税航油,对其加注的保税航油免征关税、增值税和消费税,自愿缴纳进口环节增值税的,可在报关时提出。

二、本通知第一条所称进出海南岛国内航线航班,是指经民航主管部门批准的进出海南岛的境内飞行活动。

三、保税油经营企业凭民航主管部门批准的飞行计划办理加注,根据航班飞行动态及加注相关材料,据实办理海关手续,同时将加注信息报送税务部门。

四、进出海南岛的国际、港澳台航班加注保税航油,按现行相关规定办理。其中,境内航空公司进出海南岛的国际、港澳台航班加注保税航油的税收政策,可参照本通知第一条规定执行。

五、本通知自公布之日起实施。

财政部 海关总署 税务总局 民航局
2021年7月8日

51. 财政部 税务总局关于取消钢铁产品出口退税的公告

财政部 税务总局公告2021年第25号

现就取消钢铁产品出口退税有关事项公告如下:

自2021年8月1日起,取消本公告所附清单列示的钢铁产品出口退税。具体执行时间,以出口货物报关单上注明的出口日期界定。

特此公告。

附件：取消出口退税的钢铁产品清单（略）。

财政部　税务总局
2021 年 7 月 28 日

52. 财政部　海关总署　税务总局关于中国国际服务贸易交易会展期内销售的进口展品税收政策的通知

财关税〔2021〕42 号

北京市财政局，北京海关，国家税务总局北京市税务局，北京市国际服务贸易事务中心：

为支持办好中国国际服务贸易交易会（以下称服贸会），经国务院批准，现就有关税收政策通知如下：

一、对服贸会每个展商在展期内销售的进口展品，按附件规定的数量或金额上限，免征进口关税、进口环节增值税和消费税。附件所列 1–5 类展品，每个展商享受税收优惠的销售数量不超过列表规定；其他展品，每个展商享受税收优惠的销售金额不超过 2 万美元。

二、享受税收优惠的展品不包括烟、酒、汽车，列入《进口不予免税的重大技术装备和产品目录》的商品、濒危动植物及其产品，以及国家禁止进口商品。

三、对展期内销售的超出附件规定数量或金额上限的展品，以及展期内未销售且在展期结束后又不退运出境的展品，按照国家有关规定照章征税。

四、参展企业名单及展期内销售的进口展品清单，由北京市国际服务贸易事务中心或其指定单位向北京海关统一报送。

五、对享受政策的展期内销售进口展品，海关不再按特定减免税货物进行后续监管。

六、每届展会结束后 6 个月内，北京市国际服务贸易事务中心应向财政部、海关总署、税务总局报送政策实施情况。

七、本通知适用于 2021 年至 2023 年期间举办的服贸会。

附件：中国国际服务贸易交易会享受税收优惠政策的进口展品清单（略）。

财政部　海关总署　税务总局
2021 年 9 月 1 日

53. 科技部　财政部　海关总署　税务总局关于印发《科研院所等科研机构免税进口科学研究、科技开发和教学用品管理细则》的通知

国科发政〔2021〕270 号

有关中央和国家机关部委、人民团体，有关单位，各省、自治区、直辖市、计划单列市科技

厅、财政厅（局），新疆生产建设兵团科技局、财政局，海关总署广东分署、各直属海关，国家税务总局各省、自治区、直辖市、计划单列市税务局，财政部 各地监管局，国家税务总局驻各地特派员办事处：

根据《财政部 海关总署 税务总局关于"十四五"期间支持科技创新进口税收政策的通知》（财关税〔2021〕23号）、《财政部 中央宣传部 国家发展改革委 教育部 科技部 工业和信息化部 民政部 商务部 文化和旅游部 海关总署 税务总局关于"十四五"期间支持科技创新进口税收政策管理办法的通知》（财关税〔2021〕24号）规定，为落实科研院所等科研机构免税进口科学研究、科技开发和教学用品政策，科技部、财政部、海关总署、税务总局研究制定了《科研院所等科研机构免税进口科学研究、科技开发和教学用品管理细则》。现印发你们，请遵照执行。

科技部 财政部 海关总署 税务总局
2021年9月30日

科研院所等科研机构免税进口科学研究、科技开发和教学用品管理细则

第一章 总 则

第一条 根据《财政部 海关总署 税务总局关于"十四五"期间支持科技创新进口税收政策的通知》（财关税〔2021〕23号）、《财政部 中央宣传部 国家发展改革委 教育部 科技部 工业和信息化部 民政部 商务部 文化和旅游部 海关总署 税务总局关于"十四五"期间支持科技创新进口税收政策管理办法的通知》（财关税〔2021〕24号）要求，为加强和规范对科研院所、国家实验室、国家重点实验室、企业国家重点实验室、国家技术创新中心、国家临床医学研究中心、国家工程技术研究中心、转制为企业或进入企业的主要从事科学研究和技术开发工作的机构、科技类民办非企业单位性质社会研发机构、事业单位性质社会研发机构（以下统称"科研院所等科研机构"）免税进口科学研究、科技开发和教学用品的管理，特制定本细则。

第二章 科研院所

第二条 中央级科研院所是指由中央和国家机关各部委、人民团体、有关单位举办，由中央机构编制部门批复设立，主要从事基础前沿研究、公益性研究、应用技术研发的事业单位。

第三条 符合条件的科研院所应向举办部门（单位）提出免税资格申请，提交中央机构编制部门批复文件、事业单位法人证书以及本院所职责、机构、编制文件、章程等材料。科研院所举办部门（单位）初步审核后，以部门（单位）发函将审核后的名单及上述申报材料提交科技部进行核定。科技部根据相关文件要求核定符合免税资格的科研院所及其所属具有独立法人资格的图书馆、研究生院（以下称"科研院所"）名单，将符合条件的科研院所名单注明批次函告海关总署，并抄送财政部、税务总局。

第四条 符合免税资格条件的名单内科研院所可持事业单位法人证书，按规定向主管海关申请办理进口科学研究、科技开发和教学用品的减免税手续。

第五条 省级（包括省、自治区、直辖市、计划单列市、新疆生产建设兵团，下同）

科技主管部门会同省级财政、税务、机构编制部门和科研院所所在地直属海关参照本细则明确享受政策的条件，核定从事科学研究工作的省级、地市级科研院所及其所属具有独立法人资格的图书馆、研究生院名单。核定结果由省级科技主管部门函告上述科研院所所在地直属海关，注明批次，并抄送省级财政、税务部门。

第三章　科研基地

第六条　科技部核定国家实验室、国家重点实验室、企业国家重点实验室、国家技术创新中心、国家临床医学研究中心、国家工程技术研究中心（以下称"科研基地"）名单，将核定后的名单函告海关总署，注明批次、单位名称（依托单位名称）等，并抄送财政部和税务总局。

第七条　经核定符合免税资格的科研基地可凭本单位（非独立法人机构凭其依托单位）事业单位法人证书等证明材料、依托单位承担减免税货物管理承诺书和其他有关材料，按规定向主管海关申请办理进口科学研究、科技开发和教学用品的减免税手续。

第四章　转制科研院所

第八条　转制为企业和进入企业的主要从事科学研究和技术开发工作的机构指根据《国务院办公厅转发科技部等部门关于深化科研机构管理体制改革实施意见的通知》（国办发〔2000〕38号），国务院部门（单位）所属科研机构已转制为企业或进入企业的主要从事科学研究和技术开发工作的机构（以下称"中央级转制院所"），以及各省、自治区、直辖市、计划单列市所属已转制为企业或进入企业的主要从事科学研究和技术开发工作的机构（以下称"地方转制院所"）。

第九条　科技部核定中央级转制院所名单，函告海关总署，注明批次等，并抄送财政部、税务总局。省级科技主管部门会同省级财政、税务部门和机构所在地直属海关核定地方转制院所名单，核定结果由省级科技主管部门函告机构所在地直属海关，注明批次等，抄送省级财政、税务部门，并报送科技部。

第十条　经核定的转制院所可持企业法人登记证书和其他有关材料，按海关规定办理免税手续；符合免税资格进入企业的转制院所持所属企业法人登记证书、所属企业承担减免税货物管理承诺书和其他有关材料，按规定向主管海关申请办理进口科学研究、科技开发和教学用品的减免税手续。

第五章　社会研发机构

第十一条　科技部会同民政部审核中央和国家机关各部委、人民团体、有关单位作为业务主管单位的科技类民办非企业单位性质社会研发机构（或新型研发机构，下同）名单。符合条件的科技类民办非企业单位性质社会研发机构（以下简称"民办非企业单位社会研发机构"）应向业务主管单位提出免税资格申请，提交民办非企业单位（法人）登记证书、上一年度工作报告等材料。业务主管单位初步审核后，将审核后的名单及上述申报材料提交科技部核定。科技部会同民政部核定名单后，由科技部将名单函告海关总署，注明批次等，并抄送民政部、财政部、税务总局。

第十二条　省级科技主管部门会同省级民政、财政、税务部门和社会研发机构所在地直属海关核定其他符合条件的民办非企业单位社会研发机构名单，核定结果由省级科技主管部门函告社会研发机构所在地直属海关，注明批次等，并抄送省级民政、财政、税务部门；会同省级财政、税务部门和社会研发机构所在地直属海关核定事业单位性质的社会研发机构名单，核定结果由省级科技主管部门函告社会研发机构所在地直属海关，注明批次等，并抄送省级财政、税务部门。

第十三条 经核定的社会研发机构可凭事业单位法人证书或民办非企业单位登记证书，以及其他有关材料，按规定向主管海关办理进口科学研究、科技开发和教学用品的减免税手续。

第六章 科研机构变更

第十四条 科研院所等科研机构发生分立、合并、撤销、更名、业务范围变更等情形的，科技部、省级科技主管部门按照本细则规定的程序重新审核相关单位免税资格。

经审核符合免税资格的机构，自变更登记之日起，继续享受支持科技创新进口税收政策。经审核不符合免税资格的机构，自变更登记之日起停止享受支持科技创新进口税收政策。

重新审核后，科技部将审核结果函告海关总署并抄送财政部、税务总局，省级科技主管部门将审核结果函告科研机构所在地直属海关并抄送所在省级财政、税务部门。对停止享受支持科技创新进口税收政策的机构，在函中注明停止享受政策日期。在停止享受政策之日（含）后，有关机构向海关申报进口科学研究、科技开发和教学用品且已享受支持科技创新进口税收政策的，应补缴税款。

第十五条 省级科技主管部门会同相关部门核定的省级、地市级科研院所、已转制为企业或进入企业的主要从事科学研究和技术开发工作的机构、科技类民办非企业单位性质的社会研发机构、事业单位性质的社会研发机构名单，应在函告相关海关之日起20个工作日内报送科技部。上述进口单位发生名称变更等情形的，省级科技主管部门应于函告相关海关之日起20个工作日内报送科技部。

第十六条 本细则印发后，科技部开展适用"十四五"支持科技创新进口税收政策的第一批中央级科研院所、科研基地、转制科研院所、科技类民办非企业单位性质的社会研发机构名单核定工作，将核定后的第一批名单函告海关总署，抄送财政部、税务总局。

自2022年开始，科技部于每年3月底、9月底前，分两批审核上述科研机构名称、科研领域变更以及新设、合并、分立等情况，将核定后的名单注明批次函告海关总署，抄送财政部、税务总局；并于每年3月底开展上一年度税收政策执行情况评估工作。

对于不具有独立法人资格的科研机构，一并将其依托单位函告海关。上述科研机构适用支持科技创新进口税收政策具有有效期限的，在核定名单中注明其享受政策的有效期限，一并函告海关。

第七章 附 则

第十七条 经核定符合免税资格的上述机构免税进口商品范围，按照支持科技创新进口税收政策项下免税进口商品清单执行。

第十八条 上述机构在免税资格核定过程中有弄虚作假行为的，科技部、省级科技主管部门查实其不宜适用进口免税政策后，分别将有关情况函告海关总署、财政部、税务总局、所在地直属海关及所在省级财政、税务部门，自函告之日起停止享受支持科技创新进口税收政策。在停止享受政策之日（含）以后，有关机构向海关申报进口科学研究、科技开发和教学用品且已享受支持科技创新进口税收政策的，应补缴税款。

第十九条 对于按照本细则核定的第一批名单中的科研院所等科研机构，2021年1月1日前成立的，自2021年1月1日起享受支持科技创新进口税收政策。2021年1月1日之后成立的，科研院所自其事业单位法人证书有效期起始之日起享受政策；科研基地自批准成立之日起享受政策，具体由科技部在第一批名单中注明享受政策起始日期；转制科研院所自取得企业法人登记证书之日或批准进入企业之日起享受支持科技创新进口税收政策，具体由科技部或省级科技主管部门在名单中注明享受政策起始日期；社会研发机构自事业单位法人证书或民办非企业单位登记证书有效期起始之日起享受政策。

第二十条 本细则有效期为2021年1月1日至2025年12月31日。

54. 财政部 海关总署 税务总局关于调整海南自由贸易港原辅料"零关税"政策的通知

财关税〔2021〕49号

海南省财政厅，海口海关，国家税务总局海南省税务局：

为进一步释放政策效应，支持海南自由贸易港建设，现将海南自由贸易港原辅料"零关税"政策调整事项通知如下：

一、增加鲜木薯、氯乙烯、航空发动机零件等187项商品至海南自由贸易港"零关税"原辅料清单，具体范围见附件。原辅料"零关税"政策其他内容继续执行《财政部 海关总署 税务总局关于海南自由贸易港原辅料"零关税"政策的通知》（财关税〔2020〕42号）的有关规定。

二、海南省相关部门应结合海南自由贸易港发展定位和生态环境保护要求，充分评估产业实际需要，引导企业合理使用"零关税"原辅料。

三、本通知自公布之日起实施。

附件：
海南自由贸易港原辅料"零关税"政策增补清单（略）。

财政部 海关总署 税务总局
2021年12月21日

第六章　中华人民共和国城市维护建设税法

1. 中华人民共和国城市维护建设税法

（2020年8月11日第十三届全国人民代表大会常务委员会第二十一次会议通过）

第一条　在中华人民共和国境内缴纳增值税、消费税的单位和个人，为城市维护建设税的纳税人，应当依照本法规定缴纳城市维护建设税。

第二条　城市维护建设税以纳税人依法实际缴纳的增值税、消费税税额为计税依据。

城市维护建设税的计税依据应当按照规定扣除期末留抵退税退还的增值税税额。

城市维护建设税计税依据的具体确定办法，由国务院依据本法和有关税收法律、行政法规规定，报全国人民代表大会常务委员会备案。

第三条　对进口货物或者境外单位和个人向境内销售劳务、服务、无形资产缴纳的增值税、消费税税额，不征收城市维护建设税。

第四条　城市维护建设税税率如下：

（一）纳税人所在地在市区的，税率为百分之七；

（二）纳税人所在地在县城、镇的，税率为百分之五；

（三）纳税人所在地不在市区、县城或者镇的，税率为百分之一。

前款所称纳税人所在地，是指纳税人住所地或者与纳税人生产经营活动相关的其他地点，具体地点由省、自治区、直辖市确定。

第五条　城市维护建设税的应纳税额按照计税依据乘以具体适用税率计算。

第六条　根据国民经济和社会发展的需要，国务院对重大公共基础设施建设、特殊产业和群体以及重大突发事件应对等情形可以规定减征或者免征城市维护建设税，报全国人民代表大会常务委员会备案。

第七条　城市维护建设税的纳税义务发生时间与增值税、消费税的纳税义务发生时间一致，分别与增值税、消费税同时缴纳。

第八条　城市维护建设税的扣缴义务人为负有增值税、消费税扣缴义务的单位和个人，在扣缴增值税、消费税的同时扣缴城市维护建设税。

第九条　城市维护建设税由税务机关依照本法和《中华人民共和国税收征收管理法》的规定征收管理。

第十条　纳税人、税务机关及其工作人员违反本法规定的，依照《中华人民共和国税收征收管理法》和有关法律法规的规定追究法律责任。

第十一条　本法自2021年9月1日起施行。1985年2月8日国务院发布的《中华人民共和国城市维护建设税暂行条例》同时废止。

2. 财政部 国家税务总局关于对外资企业征收城市维护建设税和教育费附加有关问题的通知

财税〔2010〕103号

各省、自治区、直辖市、计划单列市财政厅（局）、国家税务局、地方税务局，新疆生产建设兵团财务局：

根据《国务院关于统一内外资企业和个人城市维护建设税和教育费附加制度的通知》（国发〔2010〕35号）决定，自2010年12月1日起，对外商投资企业、外国企业及外籍个人（以下简称外资企业）征收城市维护建设税和教育费附加。现将有关问题通知如下：

对外资企业2010年12月1日（含）之后发生纳税义务的增值税、消费税、营业税（以下简称"三税"）征收城市维护建设税和教育费附加；对外资企业2010年12月1日之前发生纳税义务的"三税"，不征收城市维护建设税和教育费附加。

各级财政、税务机关要增强服务意识，加强政策宣传，做好征管工作。对政策执行中遇到的问题，要认真研究，妥善解决，重大问题及时上报财政部、国家税务总局。

财政部 国家税务总局
二〇一〇年十一月四日

3. 财政部 税务总局关于集成电路企业增值税期末留抵退税有关城市维护建设税 教育费附加和地方教育附加政策的通知

财税〔2017〕17号

各省、自治区、直辖市、计划单列市财政厅（局）、国家税务局、地方税务局，新疆生产建设兵团财务局：

按照《国务院关于印发进一步鼓励软件产业和集成电路产业发展若干政策的通知》（国发〔2011〕4号）有关要求，现就集成电路企业增值税期末留抵退税事项涉及的城市维护建设税、教育费附加和地方教育附加政策明确如下：

享受增值税期末留抵退税政策的集成电路企业，其退还的增值税期末留抵税额，应在城市维护建设税、教育费附加和地方教育附加的计税（征）依据中予以扣除。

本通知自发布之日起施行。

财政部 税务总局
2017年2月24日

4. 财政部 税务总局关于增值税期末留抵退税有关城市维护建设税 教育费附加和地方教育附加政策的通知

财税〔2018〕80号

各省、自治区、直辖市、计划单列市财政厅（局），国家税务总局各省、自治区、直辖市、计划单列市税务局，新疆生产建设兵团财政局：

为保证增值税期末留抵退税政策有效落实，现就留抵退税涉及的城市维护建设税、教育费附加和地方教育附加问题通知如下：

对实行增值税期末留抵退税的纳税人，允许其从城市维护建设税、教育费附加和地方教育附加的计税（征）依据中扣除退还的增值税税额。

本通知自发布之日起施行。

财政部 税务总局
2018年7月27日

5. 国家税务总局关于城镇土地使用税等"六税一费"优惠事项资料留存备查的公告

国家税务总局公告2019年第21号

为贯彻落实党中央、国务院关于优化税务执法方式、深化"放管服"改革、改善营商环境的决策部署，切实减轻纳税人、缴费人（以下统称纳税人）负担，税务总局决定，对城镇土地使用税、房产税、耕地占用税、车船税、印花税、城市维护建设税、教育费附加(以下简称"六税一费")享受优惠有关资料实行留存备查管理方式。现就有关事项公告如下：

一、纳税人享受"六税一费"优惠实行"自行判别、申报享受、有关资料留存备查"办理方式，申报时无须再向税务机关提供有关资料。纳税人根据具体政策规定自行判断是否符合优惠条件，符合条件的，纳税人申报享受税收优惠，并将有关资料留存备查。

二、纳税人对"六税一费"优惠事项留存备查资料的真实性、合法性承担法律责任。

三、各级税务机关根据国家税收法律、法规、规章、规范性文件等规定开展"六税一费"减免税后续管理。对不应当享受减免税的，依法追缴已享受的减免税款，并予以相应处理。

四、城镇土地使用税、房产税困难减免税不适用上述规定，仍按照现行规定办理。

五、本公告自发布之日起施行。《印花税管理规程（试行）》（国家税务总局公告2016年第77号发布，国家税务总局公告2018年第31号修改）第二十二条、第二十三条，《耕地占用税管理规程（试行）》（国家税务总局公告2016年第2号发布，国家税务总局公告2018年第31号修改）第四十一条、第四十二条、第四十三条，《车船税管理规程（试行）》（国家税务总局公告2015年第83号发布，国家税务总局公告2018年第31号修改）第二十三条第三项相应废止。

国家税务总局
2019年5月28日

6. 关于《国家税务总局关于城镇土地使用税等"六税一费"优惠事项资料留存备查的公告》的解读

一、制定《公告》背景

为贯彻落实党中央、国务院关于优化税务执法方式、深化"放管服"改革、改善营商环境的决策部署，切实减轻纳税人、缴费人（以下统称纳税人）负担，税务总局决定改进税收优惠事项管理方式，进一步精简申报资料，对城镇土地使用税等"六税一费"优惠事项资料实行留存备查管理方式，申报时无须再向税务机关提供有关资料。

二、《公告》主要内容及有关考虑

（一）资料实行留存备查的税收优惠事项

纳入此次优惠资料留存备查范围的是城镇土地使用税、房产税、耕地占用税、车船税、印花税、城市维护建设税、教育费附加等"六税一费"优惠事项，城镇土地使用税、房产税困难减免税除外。

（二）纳税人申报享受税收优惠的方式及有关法律责任

为深入贯彻"放管服"改革要求，简化申报方式，《公告》明确纳税人享受城镇土地使用税、房产税、耕地占用税、车船税、印花税、城市维护建设税、教育费附加优惠事项实行"自行判别、申报享受、有关资料留存备查"的办理方式。纳税人对优惠事项留存备查资料的真实性、合法性承担法律责任。

（三）后续管理措施

上述优惠事项实行资料留存备查管理方式后，各级税务机关根据国家税收法律、法规、规章、规范性文件等规定开展减免税后续管理，如风险管理、税务检查等。对不应当享受减免税的，依法追缴已享受的减免税款，并予以相应处理。

三、施行时间

为保障纳税人及早享受办税便利，减轻办税负担，《公告》自发布之日起施行。

7. 国家税务总局关于城市维护建设税征收管理有关事项的公告

国家税务总局公告2021年第26号

为贯彻落实中办、国办印发的《关于进一步深化税收征管改革的意见》，进一步规范城市维护建设税（以下简称城建税）征收管理，根据《中华人民共和国城市维护建设税法》《财政部 税务总局关于城市维护建设税计税依据确定办法等事项的公告》（2021年第28号）

等相关规定，现就有关事项公告如下：

一、城建税以纳税人依法实际缴纳的增值税、消费税（以下称两税）税额为计税依据。

依法实际缴纳的增值税税额，是指纳税人依照增值税相关法律法规和税收政策规定计算应当缴纳的增值税税额，加上增值税免抵税额，扣除直接减免的增值税税额和期末留抵退税退还的增值税税额（以下简称留抵退税额）后的金额。

依法实际缴纳的消费税税额，是指纳税人依照消费税相关法律法规和税收政策规定计算应当缴纳的消费税税额，扣除直接减免的消费税税额后的金额。

应当缴纳的两税税额，不含因进口货物或境外单位和个人向境内销售劳务、服务、无形资产缴纳的两税税额。

纳税人自收到留抵退税额之日起，应当在下一个纳税申报期从城建税计税依据中扣除。

留抵退税额仅允许在按照增值税一般计税方法确定的城建税计税依据中扣除。当期未扣除完的余额，在以后纳税申报期按规定继续扣除。

二、对于增值税小规模纳税人更正、查补此前按照一般计税方法确定的城建税计税依据，允许扣除尚未扣除完的留抵退税额。

三、对增值税免抵税额征收的城建税，纳税人应在税务机关核准免抵税额的下一个纳税申报期内向主管税务机关申报缴纳。

四、城建税纳税人按所在地在市区、县城、镇和不在上述区域适用不同税率。市区、县城、镇按照行政区划确定。

行政区划变更的，自变更完成当月起适用新行政区划对应的城建税税率，纳税人在变更完成当月的下一个纳税申报期按新税率申报缴纳。

五、城建税的纳税义务发生时间与两税的纳税义务发生时间一致，分别与两税同时缴纳。同时缴纳是指在缴纳两税时，应当在两税同一缴纳地点、同一缴纳期限内，一并缴纳对应的城建税。

采用委托代征、代扣代缴、代收代缴、预缴、补缴等方式缴纳两税的，应当同时缴纳城建税。

前款所述代扣代缴，不含因境外单位和个人向境内销售劳务、服务、无形资产代扣代缴增值税情形。

六、因纳税人多缴发生的两税退税，同时退还已缴纳的城建税。

两税实行先征后返、先征后退、即征即退的，除另有规定外，不予退还随两税附征的城建税。

七、城建税的征收管理等事项，比照两税的有关规定办理。

八、本公告自 2021 年 9 月 1 日起施行。《废止文件及条款清单》（附件）所列文件、条款同时废止。

特此公告。

附件：废止文件及条款清单（略）。

国家税务总局
2021 年 8 月 31 日

8. 财政部 税务总局关于继续执行的城市维护建设税优惠政策的公告

财政部 税务总局公告2021年第27号

《中华人民共和国城市维护建设税法》已由第十三届全国人民代表大会常务委员会第二十一次会议于2020年8月11日通过，自2021年9月1日起施行。为贯彻落实城市维护建设税法，现将税法施行后继续执行的城市维护建设税优惠政策公告如下：

1. 对黄金交易所会员单位通过黄金交易所销售且发生实物交割的标准黄金，免征城市维护建设税。具体操作按照《财政部 国家税务总局关于黄金税收政策问题的通知》（财税〔2002〕142号）有关规定执行。

2. 对上海期货交易所会员和客户通过上海期货交易所销售且发生实物交割并已出库的标准黄金，免征城市维护建设税。具体操作按照《财政部 国家税务总局关于黄金期货交易有关税收政策的通知》（财税〔2008〕5号）有关规定执行。

3. 对国家重大水利工程建设基金免征城市维护建设税。具体操作按照《财政部 国家税务总局关于免征国家重大水利工程建设基金的城市维护建设税和教育费附加的通知》（财税〔2010〕44号）有关规定执行。

4. 自2019年1月1日至2021年12月31日，对增值税小规模纳税人可以在50%的税额幅度内减征城市维护建设税。具体操作按照《财政部 税务总局关于实施小微企业普惠性税收减免政策的通知》（财税〔2019〕13号）有关规定执行。

5. 自2019年1月1日至2021年12月31日，实施扶持自主就业退役士兵创业就业城市维护建设税减免。具体操作按照《财政部 税务总局 退役军人部关于进一步扶持自主就业退役士兵创业就业有关税收政策的通知》（财税〔2019〕21号）有关规定执行。

6. 自2019年1月1日至2025年12月31日，实施支持和促进重点群体创业就业城市维护建设税减免。具体操作按照《财政部 税务总局 人力资源社会保障部 国务院扶贫办关于进一步支持和促进重点群体创业就业有关税收政策的通知》（财税〔2019〕22号）、《财政部 税务总局 人力资源社会保障部 国家乡村振兴局关于延长部分扶贫税收优惠政策执行期限的公告》（财政部 税务总局 人力资源社会保障部 国家乡村振兴局公告2021年第18号）有关规定执行。

特此公告。

财政部 税务总局
2021年8月24日

9. 财政部 税务总局关于进一步实施小微企业"六税两费"减免政策的公告

财政部 税务总局公告 2022 年第 10 号

为进一步支持小微企业发展，现将有关税费政策公告如下：

一、由省、自治区、直辖市人民政府根据本地区实际情况，以及宏观调控需要确定，对增值税小规模纳税人、小型微利企业和个体工商户可以在 50% 的税额幅度内减征资源税、城市维护建设税、房产税、城镇土地使用税、印花税（不含证券交易印花税）、耕地占用税和教育费附加、地方教育附加。

二、增值税小规模纳税人、小型微利企业和个体工商户已依法享受资源税、城市维护建设税、房产税、城镇土地使用税、印花税、耕地占用税、教育费附加、地方教育附加其他优惠政策的，可叠加享受本公告第一条规定的优惠政策。

三、本公告所称小型微利企业，是指从事国家非限制和禁止行业，且同时符合年度应纳税所得额不超过 300 万元、从业人数不超过 300 人、资产总额不超过 5 000 万元等三个条件的企业。

从业人数，包括与企业建立劳动关系的职工人数和企业接受的劳务派遣用工人数。所称从业人数和资产总额指标，应按企业全年的季度平均值确定。具体计算公式如下：

季度平均值＝（季初值＋季末值）÷2

全年季度平均值＝全年各季度平均值之和 ÷4

年度中间开业或者终止经营活动的，以其实际经营期作为一个纳税年度确定上述相关指标。

小型微利企业的判定以企业所得税年度汇算清缴结果为准。登记为增值税一般纳税人的新设立的企业，从事国家非限制和禁止行业，且同时符合申报期上月末从业人数不超过 300 人、资产总额不超过 5000 万元等两个条件的，可在首次办理汇算清缴前按照小型微利企业申报享受第一条规定的优惠政策。

四、本公告执行期限为 2022 年 1 月 1 日至 2024 年 12 月 31 日。

特此公告。

财政部 税务总局
2022 年 3 月 1 日

10. 国家税务总局关于进一步实施小微企业"六税两费"减免政策有关征管问题的公告

国家税务总局公告 2022 年第 3 号

为贯彻落实党中央、国务院关于持续推进减税降费的决策部署，进一步支持小微企业发展，根据《财政部 税务总局关于进一步实施小微企业"六税两费"减免政策的公告》（2022 年第 10 号），现就资源税、城市维护建设税、房产税、城镇土地使用税、印花税（不含证券交易印花税）、耕地占用税和教育费附加、地方教育附加（以下简称"六税两费"）减免政策有关征管问题公告如下：

一、关于小型微利企业"六税两费"减免政策的适用

（一）适用"六税两费"减免政策的小型微利企业的判定以企业所得税年度汇算清缴（以下简称汇算清缴）结果为准。登记为增值税一般纳税人的企业，按规定办理汇算清缴后确定是小型微利企业的，除本条第（二）项规定外，可自办理汇算清缴当年的 7 月 1 日至次年 6 月 30 日申报享受"六税两费"减免优惠；2022 年 1 月 1 日至 6 月 30 日期间，纳税人依据 2021 年办理 2020 年度汇算清缴的结果确定是否按照小型微利企业申报享受"六税两费"减免优惠。

（二）登记为增值税一般纳税人的新设立企业，从事国家非限制和禁止行业，且同时符合申报期上月末从业人数不超过 300 人、资产总额不超过 5 000 万元两项条件的，按规定办理首次汇算清缴申报前，可按照小型微利企业申报享受"六税两费"减免优惠。

登记为增值税一般纳税人的新设立企业，从事国家非限制和禁止行业，且同时符合设立时从业人数不超过 300 人、资产总额不超过 5 000 万元两项条件的，设立当月依照有关规定按次申报有关"六税两费"时，可申报享受"六税两费"减免优惠。

按规定办理首次汇算清缴后确定不属于小型微利企业的一般纳税人，自办理汇算清缴的次月 1 日至次年 6 月 30 日，不得再申报享受"六税两费"减免优惠；按次申报的，自首次办理汇算清缴确定不属于小型微利企业之日起至次年 6 月 30 日，不得再申报享受"六税两费"减免优惠。

新设立企业按规定办理首次汇算清缴后，按规定申报当月及之前的"六税两费"的，依据首次汇算清缴结果确定是否可申报享受减免优惠。

新设立企业按规定办理首次汇算清缴申报前，已按规定申报缴纳"六税两费"的，不再根据首次汇算清缴结果进行更正。

（三）登记为增值税一般纳税人的小型微利企业、新设立企业，逾期办理或更正汇算清缴申报的，应当依据逾期办理或更正申报的结果，按照本条第（一）项、第（二）项规定的"六税两费"减免税期间申报享受减免优惠，并应当对"六税两费"申报进行相应更正。

二、关于增值税小规模纳税人转为一般纳税人时"六税两费"减免政策的适用

增值税小规模纳税人按规定登记为一般纳税人的，自一般纳税人生效之日起不再按照增值税小规模纳税人适用"六税两费"减免政策。增值税年应税销售额超过小规模纳税人标准应当登记为一般纳税人而未登记，经税务机关通知，逾期仍不办理登记的，自逾期次月起不再按照增值税小规模纳税人申报享受"六税两费"减免优惠。

上述纳税人如果符合本公告第一条规定的小型微利企业和新设立企业的情形，或登记为个体工商户，仍可申报享受"六税两费"减免优惠。

三、关于申报表的修订

修订《财产和行为税减免税明细申报附表》《〈增值税及附加税费申报表（一般纳税人适用）〉附列资料（五）》《〈增值税及附加税费预缴表〉附列资料》《〈消费税及附加税费申报表〉附表 6（消费税附加税费计算表）》，增加增值税小规模纳税人、小型微利企业、个体工商户减免优惠申报有关数据项目，相应修改有关填表说明（具体见附件）。

四、关于"六税两费"减免优惠的办理方式

纳税人自行申报享受减免优惠，不需额外提交资料。

五、关于纳税人未及时申报享受"六税两费"减免优惠的处理方式

纳税人符合条件但未及时申报享受"六税两费"减免优惠的，可依法申请抵减以后纳

税期的应纳税费款或者申请退还。

六、其他

（一）本公告执行期限为2022年1月1日至2024年12月31日。《国家税务总局关于增值税小规模纳税人地方税种和相关附加减征政策有关征管问题的公告》（2019年第5号）自2022年1月1日起废止。

（二）2021年新设立企业，登记为增值税一般纳税人的，小型微利企业的判定按照本公告第一条第（二）项、第（三）项执行。

（三）2024年办理2023年度汇算清缴后确定是小型微利企业的，纳税人申报享受"六税两费"减免优惠的日期截止到2024年12月31日。

（四）本公告修订的表单自各省（自治区、直辖市）人民政府确定减征比例的规定公布当日正式启用。各地启用本公告修订的表单后，不再使用《国家税务总局关于简并税费申报有关事项的公告》（2021年第9号）中的《财产和行为税减免税明细申报附表》和《国家税务总局关于增值税 消费税与附加税费申报表整合有关事项的公告》（2021年第20号）中的《〈增值税及附加税费申报表（一般纳税人适用）〉附列资料（五）》《〈增值税及附加税费预缴表〉附列资料》《〈消费税及附加税费申报表〉附表6（消费税附加税费计算表）》。

特此公告。

附件：1.财产和行为税减免税明细申报附表（略）。

2.《增值税及附加税费申报表（一般纳税人适用）》附列资料（五）（略）。

3.《增值税及附加税费预缴表》附列资料（略）。

4.《消费税及附加税费申报表》附表6（消费税附加税费计算表）（略）。

国家税务总局
2022年3月4日

第七章　中华人民共和国烟叶税法

1. 中华人民共和国烟叶税法

（2017年12月27日第十二届全国人民代表大会常务委员会第三十一次会议通过）

第一条　在中华人民共和国境内，依照《中华人民共和国烟草专卖法》的规定收购烟叶的单位为烟叶税的纳税人。纳税人应当依照本法规定缴纳烟叶税。

第二条　本法所称烟叶，是指烤烟叶、晾晒烟叶。

第三条　烟叶税的计税依据为纳税人收购烟叶实际支付的价款总额。

第四条　烟叶税的税率为百分之二十。

第五条　烟叶税的应纳税额按照纳税人收购烟叶实际支付的价款总额乘以税率计算。

第六条　烟叶税由税务机关依照本法和《中华人民共和国税收征收管理法》的有关规定征收管理。

第七条　纳税人应当向烟叶收购地的主管税务机关申报缴纳烟叶税。

第八条　烟叶税的纳税义务发生时间为纳税人收购烟叶的当日。

第九条　烟叶税按月计征，纳税人应当于纳税义务发生月终了之日起十五日内申报并缴纳税款。

第十条　本法自2018年7月1日起施行。2006年4月28日国务院公布的《中华人民共和国烟叶税暂行条例》同时废止。

2. 关于烟叶税若干具体问题规定

财税〔2006〕64号

根据《中华人民共和国烟叶税暂行条例》（以下简称《条例》），现对有关烟叶税具体问题规定如下：

一、《条例》第一条所称"收购烟叶的单位"，是指依照《中华人民共和国烟草专卖法》的规定有权收购烟叶的烟草公司或者受其委托收购烟叶的单位。

二、依照《中华人民共和国烟草专卖法》查处没收的违法收购的烟叶，由收购罚没烟叶的单位按照购买金额计算缴纳烟叶税。

三、《条例》第二条所称"晾晒烟叶"，包括列入名晾晒烟名录的晾晒烟叶和未列入名晾晒烟名录的其他晾晒烟叶。

四、《条例》第三条所称"收购金额"，包括纳税人支付给烟叶销售者的烟叶收购价款和价外补贴。按照简化手续、方便征收的原则，对价外补贴统一暂按烟叶收购价款的10%计入收购金额征税。收购金额计算公式如下：

收购金额＝收购价款×（1＋10%）

五、《条例》第六条所称"烟叶收购地的主管税务机关",是指烟叶收购地的县级地方税务局或者其所指定的税务分局、所。

六、《条例》第七条所称"收购烟叶的当天",是指纳税人向烟叶销售者付讫收购烟叶款项或者开具收购烟叶凭据的当天。

【注释】 解释《烟叶税暂行条例》第一、第二、第三、第六、第七条。

3. 财政部　税务总局关于明确烟叶税计税依据的通知

财税〔2018〕75号

各省、自治区、直辖市、计划单列市财政厅(局),国家税务总局各省、自治区、直辖市、计划单列市税务局,新疆生产建设兵团财政局:

为保证《中华人民共和国烟叶税法》有效实施,经国务院同意,现就烟叶税计税依据通知如下:

纳税人收购烟叶实际支付的价款总额包括纳税人支付给烟叶生产销售单位和个人的烟叶收购价款和价外补贴。其中,价外补贴统一按烟叶收购价款的10%计算。

请遵照执行。

财政部　税务总局
2018年6月29日

第三编

财产税法

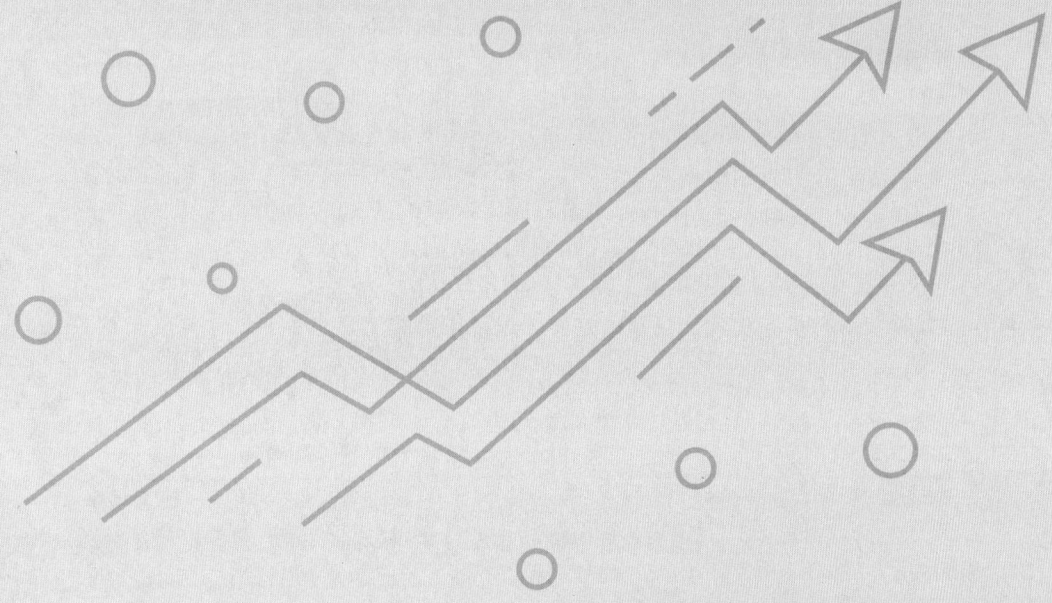

第八章　中华人民共和国资源税法

1. 中华人民共和国资源税法

（2019年8月26日第十三届全国人民代表大会常务委员会第十二次会议通过）

第一条　在中华人民共和国领域和中华人民共和国管辖的其他海域开发应税资源的单位和个人，为资源税的纳税人，应当依照本法规定缴纳资源税。

应税资源的具体范围，由本法所附《资源税税目税率表》（以下称《税目税率表》）确定。

第二条　资源税的税目、税率，依照《税目税率表》执行。

《税目税率表》中规定实行幅度税率的，其具体适用税率由省、自治区、直辖市人民政府统筹考虑该应税资源的品位、开采条件以及对生态环境的影响等情况，在《税目税率表》规定的税率幅度内提出，报同级人民代表大会常务委员会决定，并报全国人民代表大会常务委员会和国务院备案。《税目税率表》中规定征税对象为原矿或者选矿的，应当分别确定具体适用税率。

第三条　资源税按照《税目税率表》实行从价计征或者从量计征。

《税目税率表》中规定可以选择实行从价计征或者从量计征的，具体计征方式由省、自治区、直辖市人民政府提出，报同级人民代表大会常务委员会决定，并报全国人民代表大会常务委员会和国务院备案。

实行从价计征的，应纳税额按照应税资源产品（以下称应税产品）的销售额乘以具体适用税率计算。实行从量计征的，应纳税额按照应税产品的销售数量乘以具体适用税率计算。

应税产品为矿产品的，包括原矿和选矿产品。

第四条　纳税人开采或者生产不同税目应税产品的，应当分别核算不同税目应税产品的销售额或者销售数量；未分别核算或者不能准确提供不同税目应税产品的销售额或者销售数量的，从高适用税率。

第五条　纳税人开采或者生产应税产品自用的，应当依照本法规定缴纳资源税；但是，自用于连续生产应税产品的，不缴纳资源税。

第六条　有下列情形之一的，免征资源税：

（一）开采原油以及在油田范围内运输原油过程中用于加热的原油、天然气；

（二）煤炭开采企业因安全生产需要抽采的煤成（层）气。

有下列情形之一的，减征资源税：

（一）从低丰度油气田开采的原油、天然气，减征百分之二十资源税；

（二）高含硫天然气、三次采油和从深水油气田开采的原油、天然气，减征百分之三十资源税；

（三）稠油、高凝油减征百分之四十资源税；

（四）从衰竭期矿山开采的矿产品，减征百分之三十资源税。

根据国民经济和社会发展需要，国务院对有利于促进资源节约集约利用、保护环境等情形可以规定免征或者减征资源税，报全国人民代表大会常务委员会备案。

第七条　有下列情形之一的，省、自治区、直辖市可以决定免征或者减征资源税：

（一）纳税人开采或者生产应税产品过程中，因意外事故或者自然灾害等原因遭受重大损失；

（二）纳税人开采共伴生矿、低品位矿、尾矿。

前款规定的免征或者减征资源税的具体办法，由省、自治区、直辖市人民政府提出，报同级人民代表大会常务委员会决定，并报全国人民代表大会常务委员会和国务院备案。

第八条 纳税人的免税、减税项目，应当单独核算销售额或者销售数量；未单独核算或者不能准确提供销售额或者销售数量的，不予免税或者减税。

第九条 资源税由税务机关依照本法和《中华人民共和国税收征收管理法》的规定征收管理。

税务机关与自然资源等相关部门应当建立工作配合机制，加强资源税征收管理。

第十条 纳税人销售应税产品，纳税义务发生时间为收讫销售款或者取得索取销售款凭据的当日；自用应税产品的，纳税义务发生时间为移送应税产品的当日。

第十一条 纳税人应当向应税产品开采地或者生产地的税务机关申报缴纳资源税。

第十二条 资源税按月或者按季申报缴纳；不能按固定期限计算缴纳的，可以按次申报缴纳。

纳税人按月或者按季申报缴纳的，应当自月度或者季度终了之日起十五日内，向税务机关办理纳税申报并缴纳税款；按次申报缴纳的，应当自纳税义务发生之日起十五日内，向税务机关办理纳税申报并缴纳税款。

第十三条 纳税人、税务机关及其工作人员违反本法规定的，依照《中华人民共和国税收征收管理法》和有关法律法规的规定追究法律责任。

第十四条 国务院根据国民经济和社会发展需要，依照本法的原则，对取用地表水或者地下水的单位和个人试点征收水资源税。征收水资源税的，停止征收水资源费。

水资源税根据当地水资源状况、取用水类型和经济发展等情况实行差别税率。

水资源税试点实施办法由国务院规定，报全国人民代表大会常务委员会备案。

国务院自本法施行之日起五年内，就征收水资源税试点情况向全国人民代表大会常务委员会报告，并及时提出修改法律的建议。

第十五条 中外合作开采陆上、海上石油资源的企业依法缴纳资源税。

2011年11月1日前已依法订立中外合作开采陆上、海上石油资源合同的，在该合同有效期内，继续依照国家有关规定缴纳矿区使用费，不缴纳资源税；合同期满后，依法缴纳资源税。

第十六条 本法下列用语的含义是：

（一）低丰度油气田，包括陆上低丰度油田、陆上低丰度气田、海上低丰度油田、海上低丰度气田。陆上低丰度油田是指每平方公里原油可开采储量丰度低于二十五万立方米的油田；陆上低丰度气田是指每平方公里天然气可开采储量丰度低于二亿五千万立方米的气田；海上低丰度油田是指每平方公里原油可开采储量丰度低于六十万立方米的油田；海上低丰度气田是指每平方公里天然气可开采储量丰度低于六亿立方米的气田。

（二）高含硫天然气，是指硫化氢含量在每立方米三十克以上的天然气。

（三）三次采油，是指二次采油后继续以聚合物驱、复合驱、泡沫驱、气水交替驱、二氧化碳驱、微生物驱等方式进行采油。

（四）深水油气田，是指水深超过三百米的油气田。

（五）稠油，是指地层原油黏度大于或等于每秒五十毫帕或原油密度大于或等于每立方厘米零点九二克的原油。

（六）高凝油，是指凝固点高于四十摄氏度的原油。

（七）衰竭期矿山，是指设计开采年限超过十五年，且剩余可开采储量下降到原设计可开采储量的百分之二十以下或者剩余开采年限不超过五年的矿山。衰竭期矿山以开采企业下属的单个矿山为单位确定。

第十七条 本法自 2020 年 9 月 1 日起施行。1993 年 12 月 25 日国务院发布的《中华人民共和国资源税暂行条例》同时废止。

附：

资源税税目税率表

税目		征税对象	税率
能源矿产	原油	原矿	6%
	天然气、页岩气、天然气水合物	原矿	6%
	煤	原矿或者选矿	2%~10%
	煤成（层）气	原矿	1%~2%
	铀、钍	原矿	4%
	油页岩、油砂、天然沥青、石煤	原矿或者选矿	1%~4%
	地热	原矿	1%~20% 或者每立方米 1~30 元
金属矿产	黑色金属 铁、锰、铬、钒、钛	原矿或者选矿	1%~9%
	有色金属 铜、铅、锌、锡、镍、锑、镁、钴、铋、汞	原矿或者选矿	2%~10%
	有色金属 铝土矿	原矿或者选矿	2%~9%
	有色金属 钨	选矿	6.5%
	有色金属 钼	选矿	8%
	有色金属 金、银	原矿或者选矿	2%~6%
	有色金属 铂、钯、钌、锇、铱、铑	原矿或者选矿	5%~10%
	有色金属 轻稀土	选矿	7%~12%
	有色金属 中重稀土	选矿	20%
	有色金属 铍、锂、锆、锶、铷、铯、铌、钽、锗、镓、铟、铊、铪、铼、镉、硒、碲	原矿或者选矿	2%~10%
非金属矿产	矿物类 高岭土	原矿或者选矿	1%~6%
	矿物类 石灰岩	原矿或者选矿	1%~6% 或者每吨（或者每立方米）1~10 元
	矿物类 磷	原矿或者选矿	3%~8%
	矿物类 石墨	原矿或者选矿	3%~12%
	矿物类 萤石、硫铁矿、自然硫	原矿或者选矿	1%~8%
	矿物类 天然石英砂、脉石英、粉石英、水晶、工业用金刚石、冰洲石、蓝晶石、硅线石（矽线石）、长石、滑石、刚玉、菱镁矿、颜料矿物、天然碱、芒硝、钠硝石、明矾石、砷、硼、碘、溴、膨润土、硅藻土、陶瓷土、耐火黏土、铁矾土、凹凸棒石黏土、海泡石黏土、伊利石黏土、累托石黏土	原矿或者选矿	1%~12%

(续表)

税目			征税对象	税率
非金属矿产	矿物类	叶蜡石、硅灰石、透辉石、珍珠岩、云母、沸石、重晶石、毒重石、方解石、蛭石、透闪石、工业用电气石、白垩、石棉、蓝石棉、红柱石、石榴子石、石膏	原矿或者选矿	2%~12%
		其他黏土（铸型用黏土、砖瓦用黏土、陶粒用黏土、水泥配料用黏土、水泥配料用红土、水泥配料用黄土、水泥配料用泥岩、保温材料用黏土）	原矿或者选矿	2%~5%或者每吨（或者每立方米）0.1~5元
	岩石类	大理岩、花岗岩、白云岩、石英岩、砂岩、辉绿岩、安山岩、闪长岩、板岩、玄武岩、片麻岩、角闪岩、页岩、浮石、凝灰岩、黑曜岩、霞石正长岩、蛇纹岩、麦饭石、泥灰岩、含钾岩石、含钾砂页岩、天然油石、橄榄岩、松脂岩、粗面岩、辉长岩、辉石岩、正长岩、火山灰、火山渣、泥炭	原矿或者选矿	1%~10%
		砂石	原矿或者选矿	1%~5%或者每吨（或者每立方米）0.1~5元
	宝玉石类	宝石、玉石、宝石级金刚石、玛瑙、黄玉、碧玺	原矿或者选矿	4%~20%
水气矿产	二氧化碳气、硫化氢气、氦气、氡气		原矿	2%~5%
	矿泉水		原矿	1%~20%或者每立方米1~30元
盐	钠盐、钾盐、镁盐、锂盐		选矿	3%~15%
	天然卤水		原矿	3%~15%或者每吨（或者每立方米）1~10元
	海盐			2%~5%

2. 财政部 税务总局关于继续执行的资源税优惠政策的公告

财政部 税务总局公告2020年第32号

《中华人民共和国资源税法》已由第十三届全国人民代表大会常务委员会第十二次会议于2019年8月26日通过，自2020年9月1日起施行。为贯彻落实资源税法，现将税法施行后继续执行的资源税优惠政策公告如下：

1. 对青藏铁路公司及其所属单位运营期间自采自用的砂、石等材料免征资源税。具体操作按《财政部 国家税务总局关于青藏铁路公司运营期间有关税收等政策问题的通知》（财税〔2007〕11号）第三条规定执行。

2. 自2018年4月1日至2021年3月31日，对页岩气资源税减征30%。具体操作按《财政部 国家税务总局关于对页岩气减征资源税的通知》（财税〔2018〕26号）规定执行。

3. 自 2019 年 1 月 1 日至 2021 年 12 月 31 日，对增值税小规模纳税人可以在 50% 的税额幅度内减征资源税。具体操作按《财政部　税务总局关于实施小微企业普惠性税收减免政策的通知》（财税〔2019〕13 号）有关规定执行。

4. 自 2014 年 12 月 1 日至 2023 年 8 月 31 日，对充填开采置换出来的煤炭，资源税减征 50%。

特此公告。

财政部　税务总局
2020 年 6 月 24 日

3. 财政部　税务总局关于资源税有关问题执行口径的公告

财政部　税务总局公告 2020 年第 34 号

为贯彻落实《中华人民共和国资源税法》，现将资源税有关问题执行口径公告如下：

一、资源税应税产品（以下简称应税产品）的销售额，按照纳税人销售应税产品向购买方收取的全部价款确定，不包括增值税税款。

计入销售额中的相关运杂费用，凡取得增值税发票或者其他合法有效凭据的，准予从销售额中扣除。相关运杂费用是指应税产品从坑口或者洗选（加工）地到车站、码头或者购买方指定地点的运输费用、建设基金以及随运销产生的装卸、仓储、港杂费用。

二、纳税人自用应税产品应当缴纳资源税的情形，包括纳税人以应税产品用于非货币性资产交换、捐赠、偿债、赞助、集资、投资、广告、样品、职工福利、利润分配或者连续生产非应税产品等。

三、纳税人申报的应税产品销售额明显偏低且无正当理由的，或者有自用应税产品行为而无销售额的，主管税务机关可以按下列方法和顺序确定其应税产品销售额：

（一）按纳税人最近时期同类产品的平均销售价格确定。

（二）按其他纳税人最近时期同类产品的平均销售价格确定。

（三）按后续加工非应税产品销售价格，减去后续加工环节的成本利润后确定。

（四）按应税产品组成计税价格确定。

组成计税价格＝成本 ×（1＋成本利润率）÷（1－资源税税率）

上述公式中的成本利润率由省、自治区、直辖市税务机关确定。

（五）按其他合理方法确定。

四、应税产品的销售数量，包括纳税人开采或者生产应税产品的实际销售数量和自用于应当缴纳资源税情形的应税产品数量。

五、纳税人外购应税产品与自采应税产品混合销售或者混合加工为应税产品销售的，在计算应税产品销售额或者销售数量时，准予扣减外购应税产品的购进金额或者购进数量；当期不足扣减的，可结转下期扣减。纳税人应当准确核算外购应税产品的购进金额或者购进数量，未准确核算的，一并计算缴纳资源税。

纳税人核算并扣减当期外购应税产品购进金额、购进数量，应当依据外购应税产品的增值税发票、海关进口增值税专用缴款书或者其他合法有效凭据。

六、纳税人开采或者生产同一税目下适用不同税率应税产品的，应当分别核算不同税率应税产品的销售额或者销售数量；未分别核算或者不能准确提供不同税率应税产品的销售额或者销售数量的，从高适用税率。

七、纳税人以自采原矿（经过采矿过程采出后未进行选矿或者加工的矿石）直接销售，或者自用于应当缴纳资源税情形的，按照原矿计征资源税。

纳税人以自采原矿洗选加工为选矿产品（通过破碎、切割、洗选、筛分、磨矿、分级、提纯、脱水、干燥等过程形成的产品，包括富集的精矿和研磨成粉、粒级成型、切割成型的原矿加工品）销售，或者将选矿产品自用于应当缴纳资源税情形的，按照选矿产品计征资源税，在原矿移送环节不缴纳资源税。对于无法区分原生岩石矿种的粒级成型砂石颗粒，按照砂石税目征收资源税。

八、纳税人开采或者生产同一应税产品，其中既有享受减免税政策的，又有不享受减免税政策的，按照免税、减税项目的产量占比等方法分别核算确定免税、减税项目的销售额或者销售数量。

九、纳税人开采或者生产同一应税产品同时符合两项或者两项以上减征资源税优惠政策的，除另有规定外，只能选择其中一项执行。

十、纳税人应当在矿产品的开采地或者海盐的生产地缴纳资源税。

十一、海上开采的原油和天然气资源税由海洋石油税务管理机构征收管理。

十二、本公告自 2020 年 9 月 1 日起施行。《财政部　国家税务总局关于实施煤炭资源税改革的通知》（财税〔2014〕72 号）、《财政部　国家税务总局关于调整原油天然气资源税有关政策的通知》（财税〔2014〕73 号）、《财政部　国家税务总局关于实施稀土钨钼资源税从价计征改革的通知》（财税〔2015〕52 号）、《财政部　国家税务总局关于全面推进资源税改革的通知》（财税〔2016〕53 号）、《财政部　国家税务总局关于资源税改革具体政策问题的通知》（财税〔2016〕54 号）同时废止。

财政部　税务总局
2020 年 6 月 28 日

4. 国家税务总局关于资源税征收管理若干问题的公告

国家税务总局公告 2020 年第 14 号

为规范资源税征收管理，根据《中华人民共和国资源税法》《中华人民共和国税收征收管理法》及其实施细则、《财政部　税务总局关于资源税有关问题执行口径的公告》（2020 年第 34 号）等相关规定，现就有关事项公告如下：

一、纳税人以外购原矿与自采原矿混合为原矿销售，或者以外购选矿产品与自产选矿产品混合为选矿产品销售的，在计算应税产品销售额或者销售数量时，直接扣减外购原矿或者外购选矿产品的购进金额或者购进数量。

纳税人以外购原矿与自采原矿混合洗选加工为选矿产品销售的，在计算应税产品销售额或者销售数量时，按照下列方法进行扣减：

准予扣减的外购应税产品购进金额（数量）= 外购原矿购进金额（数量）×（本地区原矿适用税率÷本地区选矿产品适用税率）

不能按照上述方法计算扣减的，按照主管税务机关确定的其他合理方法进行扣减。

二、纳税人申报资源税时，应当填报《资源税纳税申报表》（见附件）。

三、纳税人享受资源税优惠政策，实行"自行判别、申报享受、有关资料留存备查"的办理方式，另有规定的除外。纳税人对资源税优惠事项留存材料的真实性和合法性承担法律责任。

四、本公告自2020年9月1日起施行。《国家税务总局关于发布修订后的〈资源税若干问题的规定〉的公告》（2011年第63号），《国家税务总局关于发布〈中外合作及海上自营油气田资源税纳税申报表〉的公告》（2012年第3号），《国家税务总局　国家能源局关于落实煤炭资源税优惠政策若干事项的公告》（2015年第21号，国家税务总局公告2018年第31号修改），《国家税务总局关于发布修订后的〈资源税纳税申报表〉的公告》（2016年第38号）附件2、附件3、附件4，《国家税务总局　自然资源部关于落实资源税改革优惠政策若干事项的公告》（2017年第2号，国家税务总局公告2018年第31号修改），《国家税务总局关于发布〈资源税征收管理规程〉的公告》（2018年第13号），《国家税务总局关于增值税小规模纳税人地方税种和相关附加减征政策有关征管问题的公告》（2019年第5号）发布的资源税纳税申报表同时废止。

特此公告。

附件：资源税纳税申报表（略）。

【注释】《资源税纳税申报表》废止，参见《国家税务总局关于简并税费申报有关事项的公告》（国家税务总局公告2021年第9号）。

国家税务总局
2020年8月28日

5. 关于《国家税务总局关于资源税征收管理若干问题的公告》的解读

一、《公告》的制定背景

为落实《中华人民共和国资源税法》（以下简称"资源税法"），规范资源税征收管理，优化纳税服务，根据《中华人民共和国税收征收管理法》及其实施细则、《财政部　税务总局关于资源税有关问题执行口径的公告》（2020年第34号）等相关政策规定，税务总局起草了《关于资源税征收管理若干问题的公告》（以下简称《公告》）。

《公告》明确了资源税征管有关规定，修订了资源税纳税申报表，为纳税人和基层税务人员提供了更加明确的政策依据与操作指引。

二、《公告》的主要内容

《公告》共4条，规定了外购应税产品扣减的计算方法，公告了资源税纳税申报表，明确了优惠政策办理方式，废止了相关规范性文件。

（一）规定了不同情形下外购应税产品扣减的计算方法，便利纳税人申报计税。对于纳税人以外购原矿与自采原矿混合为原矿销售，或者以外购选矿产品与自产选矿产品混合为选矿产品销售的两种情形,在计算应税产品销售额或者销售数量时,直接扣减外购原矿或者外购选矿产品的购进金额或者购进数量。

当纳税人以外购原矿与自采原矿混合洗选加工为选矿产品销售时,由于在洗选加工过程中产生了增值或数量消耗,为确保税负公平,在计算应税产品销售额或者销售数量时,需要按照《公告》规定的公式计算准予扣减的外购应税产品的购进金额或者购进数量。

例如,某煤炭企业将外购 100 万元原煤与自采 200 万元原煤混合洗选加工为选煤销售,选煤销售额为 450 万元。当地原煤税率为 3%,选煤税率为 2%,在计算应税产品销售额时,准予扣减的外购应税产品购进金额 = 外购原煤购进金额 ×(本地区原煤适用税率 ÷ 本地区选煤适用税率)=100×(3%÷2%)=150(万元)。

(二)修订了纳税申报表,减轻纳税人办税负担。资源税法统一规范了应税产品的税目、征税对象等税制要素。根据资源税法的新要求和新规定,我们对资源税纳税申报表进行了全面修订,在基本保持原有表单逻辑结构的基础上,对表内数据项进行了精简。修订后的资源税申报表分为 1 张主表、1 张附表,较原申报表减少了 2 张附表、24 项数据项。纳税人在申报缴税时,先填写附表数据项计算资源税计税销售数量、计税销售额和减免税税额,再将结果代入主表,计算应纳税额。进行网上申报的纳税人,在填写附表数据项后,系统自动将结果导入主表,计算应纳税额。各地已在电子税务局中更新了申报模块,能够满足纳税人线上"非接触式"办税需求。

(三)简化办理优惠事项,优化办税流程。明确纳税人享受资源税优惠政策,实行"自行判别、申报享受、有关资料留存备查"的办理方式,另有规定的除外。纳税人享受优惠事项前无需再履行备案手续、报送备案资料,只需要将相关资料留存备查。纳税人对资源税优惠事项留存材料的真实性和合法性承担法律责任。

"另有规定的除外"的主要考虑是,根据资源税法授权,部分资源税优惠政策由各省制定具体管理办法,《公告》不宜对其做出统一规定。

(四)废止了部分规范性文件。为配合资源税法的实施,对不再适用的规范性文件进行了清理。

三、施行时间

《公告》自 2020 年 9 月 1 日起施行。

第九章 中华人民共和国车辆购置税法

1. 中华人民共和国车辆购置税法

（2018年12月29日第十三届全国人民代表大会常务委员会第七次会议通过）

第一条 在中华人民共和国境内购置汽车、有轨电车、汽车挂车、排气量超过一百五十毫升的摩托车（以下统称应税车辆）的单位和个人，为车辆购置税的纳税人，应当依照本法规定缴纳车辆购置税。

第二条 本法所称购置，是指以购买、进口、自产、受赠、获奖或者其他方式取得并自用应税车辆的行为。

第三条 车辆购置税实行一次性征收。购置已征车辆购置税的车辆，不再征收车辆购置税。

第四条 车辆购置税的税率为百分之十。

第五条 车辆购置税的应纳税额按照应税车辆的计税价格乘以税率计算。

第六条 应税车辆的计税价格，按照下列规定确定：

（一）纳税人购买自用应税车辆的计税价格，为纳税人实际支付给销售者的全部价款，不包括增值税税款；

（二）纳税人进口自用应税车辆的计税价格，为关税完税价格加上关税和消费税；

（三）纳税人自产自用应税车辆的计税价格，按照纳税人生产的同类应税车辆的销售价格确定，不包括增值税税款；

（四）纳税人以受赠、获奖或者其他方式取得自用应税车辆的计税价格，按照购置应税车辆时相关凭证载明的价格确定，不包括增值税税款。

第七条 纳税人申报的应税车辆计税价格明显偏低，又无正当理由的，由税务机关依照《中华人民共和国税收征收管理法》的规定核定其应纳税额。

第八条 纳税人以外汇结算应税车辆价款的，按照申报纳税之日的人民币汇率中间价折合成人民币计算缴纳税款。

第九条 下列车辆免征车辆购置税：

（一）依照法律规定应当予以免税的外国驻华使馆、领事馆和国际组织驻华机构及其有关人员自用的车辆；

（二）中国人民解放军和中国人民武装警察部队列入装备订货计划的车辆；

（三）悬挂应急救援专用号牌的国家综合性消防救援车辆；

（四）设有固定装置的非运输专用作业车辆；

（五）城市公交企业购置的公共汽电车辆。

根据国民经济和社会发展的需要，国务院可以规定减征或者其他免征车辆购置税的情形，报全国人民代表大会常务委员会备案。

第十条 车辆购置税由税务机关负责征收。

第十一条 纳税人购置应税车辆，应当向车辆登记地的主管税务机关申报缴纳车辆购置税；购置不需要办理车辆登记的应税车辆的，应当向纳税人所在地的主管税务机关申报缴纳车辆购置税。

第十二条 车辆购置税的纳税义务发生时间为纳税人购置应税车辆的当日。纳税人应当自纳税义务发生之日起六十日内申报缴纳车辆购置税。

第十三条 纳税人应当在向公安机关交通管理部门办理车辆注册登记前，缴纳车辆购置税。

公安机关交通管理部门办理车辆注册登记，应当根据税务机关提供的应税车辆完税或者免税电子信息对纳税人申请登记的车辆信息进行核对，核对无误后依法办理车辆注册登记。

第十四条 免税、减税车辆因转让、改变用途等原因不再属于免税、减税范围的，纳税人应当在办理车辆转移登记或者变更登记前缴纳车辆购置税。计税价格以免税、减税车辆初次办理纳税申报时确定的计税价格为基准，每满一年扣减百分之十。

第十五条 纳税人将已征车辆购置税的车辆退回车辆生产企业或者销售企业的，可以向主管税务机关申请退还车辆购置税。退税额以已缴税款为基准，自缴纳税款之日至申请退税之日，每满一年扣减百分之十。

第十六条 税务机关和公安、商务、海关、工业和信息化等部门应当建立应税车辆信息共享和工作配合机制，及时交换应税车辆和纳税信息资料。

第十七条 车辆购置税的征收管理，依照本法和《中华人民共和国税收征收管理法》的规定执行。

第十八条 纳税人、税务机关及其工作人员违反本法规定的，依照《中华人民共和国税收征收管理法》和有关法律法规的规定追究法律责任。

第十九条 本法自2019年7月1日起施行。2000年10月22日国务院公布的《中华人民共和国车辆购置税暂行条例》同时废止。

2. 国家税务总局关于车辆购置税有关问题的通知

国税发〔2002〕118号

各省、自治区、直辖市和计划单列市国家税务局，交通厅（局、委），天津、上海市市政工程局：

根据《中华人民共和国车辆购置税暂行条例》（以下简称条例）的规定，现将车辆购置税（以下简称车购税）实施中出现的一些问题明确如下：

一、已经缴纳车购税的车辆，因质量问题需将该车辆退回车辆生产厂家的，可凭生产厂家的退车证明办理退税；退税时必须交回该车车购税原始完税凭证；不能交回该车原始完税凭证的，不予退税。

二、已经缴纳车购税的车辆，因质量问题需由车辆生产厂家为车主更换车辆的，可凭生产厂家的换车证明及所更换的新车发票办理车购税变更手续，并交回原车车购税原始完税凭证，不能交回原始完税凭证的，不予办理车购税变更手续。

更换新车后，当新车辆的计税价格等于原车辆的计税价格的，则只需办理车购税变更手续；当新车辆的计税价格高于或者低于原车辆计税价格的，则按差额补税或者退税后办理变更手续。

三、已经缴纳车购税的车辆因被盗抢或者其他原因，车辆的发动机号、底盘号或车辆识别号被涂改、破坏的，凭该车车购税原始完税凭证、公安机关车辆管理机构的相关证明，办理车购税变更手续。

四、非贸易渠道进口的旧车，车购税计税价格按下列公式确定：

计税价格＝关税完税价格＋关税＋消费税

关税完税价格、关税和消费税的相关资料，可以凭海关相关的完税证明取得。

五、对于动力装置和拖斗连接成整体、且以该整体进行车辆登记注册的各种变形拖拉机等农用车辆，按照"农用运输车"征收车购税；动力装置和拖斗不是连接成整体、且动力装置和拖斗是分别进行车辆登记注册的，只对拖斗部分按"挂车"征收车购税，动力部分不征税。

六、回国留学生购买国产小汽车，凭下列证明文件办理免征车购税手续：

（一）中华人民共和国驻留学生学习所在国的大使馆、领事馆出具的留学证明；

（二）国内用人单位的聘用证明；

（三）国内公安部门出具的境内居住证明、有效的入境申报单证；

（四）主管征收机关需要提供的其他证明。

七、国家税务总局、交通部《关于车辆购置税若干政策及管理问题的通知》（国税发〔2001〕27号），第一条第三项因文字校对有误，导致基层理解出现歧义，现更正为："对已经缴纳车辆购置税并办理了登记注册手续的车辆，其发动机和底盘发生更换的，其最低计税价格按同类型新车最低计税价格的70%计算。"

【注释】除第五条关于"变形拖拉机"征税的有关规定有效，其他条款废止或失效，参见《国家税务总局关于车辆购置税征收管理有关问题的公告》（国家税务总局公告2015年第4号）。

3. 财政部　国家税务总局关于农用三轮车免征车辆购置税的通知

财税〔2004〕66号

各省、自治区、直辖市、计划单列市财政厅（局）、国家税务局、交通厅（局、委），新疆生产建设兵团财务局，上海、天津市市政管理局：

为促进农业生产发展，切实减轻农民负担，经国务院批准，自2004年10月1日起对农用三轮车免征车辆购置税。农用三轮车是指：柴油发动机，功率不大于7.4kw，载重量不大于500kg，最高车速不大于40km/h的三个车轮的机动车。

财政部　国家税务总局
2004年9月7日

4. 国家税务总局 财政部 中国人民银行关于车辆购置税征缴管理有关问题的通知

国税发〔2009〕127号

各省、自治区、直辖市和计划单列市国家税务局，财政部驻各省、自治区、直辖市、计划单列市财政监察专员办事处，西藏自治区财政厅，中国人民银行上海总部，各分行、营业管理部、省会（首府）城市中心支行，大连、青岛、宁波、厦门、深圳市中心支行：

根据《财政部办公厅关于车辆购置税征缴管理有关问题的复函》（财办库〔2007〕198号）、《国家税务总局关于车辆购置税征缴有关问题的通知》（国税函〔2007〕787号）有关规定，国税系统开立的车辆购置税专用账户于2009年6月30日到期。为进一步加强车辆购置税（以下简称车购税）征缴管理工作，规范银行账户管理，实现税款直接入库，现就车购税征缴管理有关问题通知如下：

一、关于车购税缴税方式

为方便纳税人，提高征缴效率，税务机关应向纳税人提供多元化缴税方式，包括银行卡刷卡缴税、转账缴税、现金缴税等，特别要大力推广应用POS机刷卡缴税，将车购税从纳税人银行卡账户直接划缴入库。已实施财税库银横向联网电子缴税的地区，要积极创造条件，逐步推广运用横向联网系统办理车购税缴库。

二、关于车购税缴税基本流程

（一）银行卡刷卡缴税基本流程。

银行卡刷卡缴税包括采用商业银行布设POS机具刷卡缴税和采用银联子公司布设POS机具刷卡缴税两种模式。

对确定由商业银行布设POS机具的，刷卡缴税流程为：

1. 各市（包括直辖市、计划单列市、省会城市、地级市、县级市）或县人民银行分支机构和国税部门共同确定在车购税征收大厅布设POS机具的商业银行（即国库经收处，以下简称指定国库经收处）。

2. 指定国库经收处在"待结算财政款项"科目下开设"待报解车购税专户"，专门用于核算纳税人使用POS机刷卡方式缴纳车购税的收纳、报解，不得用于办理税款的退付。

3. 指定国库经收处在车购税征收大厅布设POS机具，其刷卡缴纳的车购税的收款账户名称和账号分别为"待报解车购税专户"的名称及账号。

4. 纳税人按照应纳税额在车购税征收大厅布设的POS机刷卡缴税，税务机关对相关信息审核无误后，为纳税人开具税收完税证（通用完税证或转账专用完税证，下同），作为完税证明。

5. 每日工作终了，税务机关将当日POS机收款总额与税收完税证的票面金额核对一致后，开具税收缴款书（通用缴款书或汇总专用缴款书，下同），于当日、最迟下一工作日上午交指定国库经收处办理就地缴库手续。

6. 指定国库经收处收到税收缴款书后，将税收缴款书金额与"待报解车购税专户"收款金额进行核对，经核对一致的，于当日、最迟下一工作日划缴国库。经核对不一致的，及时与税务机关沟通联系。

7. 国库收到缴款书和资金,办理入库手续后,向税务机关返回税款入库报表和缴款书回执。

8. 税务机关根据国库返回的税款入库报表和缴款书回执,在税务征管系统做税款入库销号。

对确定由银联子公司布设 POS 机具的,刷卡缴税流程为:

1. 国库在"国库待结算款项"科目下设置"待缴库车购税专户",专门用于核算纳税人使用银联子公司 POS 机刷卡方式缴纳车购税的收纳、报解,不得用于办理税款的退付。

2. 银联子公司在车购税征收大厅布设 POS 机具,其刷卡缴纳的车购税的收款账户名称和账号分别为国库"待缴库车购税专户"的名称及账号。

3. 纳税人按照应纳税额在车购税征收大厅布设的 POS 机刷卡缴税,税务机关对相关信息审核无误后,为纳税人开具税收完税证,作为完税证明。

4. 每日工作终了,税务机关将当日 POS 机收款总额与税收完税证的票面金额核对一致后,开具税收缴款书,于当日、最迟下一工作日上午交国库办理入库手续。

5. 银联于纳税人刷卡缴税的下一工作日将资金直接划缴国库"待缴库车购税专户"。

6. 国库将税收缴款书与银联划来的资金核对一致后,办理入库手续。经核对不一致的,及时与税务机关、银联沟通联系。

7. 国库办理入库手续后,向税务机关返回税款入库报表和缴款书回执。

8. 税务机关根据国库返回的税款入库报表和缴款书回执,在税务征管系统做税款入库销号。

(二)转账缴税和现金缴税基本流程:

1. 税务机关根据纳税人应纳税额逐笔开具税收通用缴款书。

2. 纳税人持税收通用缴款书到国库经收处办理缴款手续。

3. 国库经收处经对税收通用缴款书要素审核无误后,通过"待结算财政款项"科目下的"待报解预算收入专户"办理资金收纳手续,并于收纳当日、最迟下一工作日划缴国库。

4. 国库收到缴款书和资金后,办理入库手续,并向税务机关返回税款入库报表和缴款书回执。

5. 税务机关根据国库返回的税款入库报表和缴款书回执,在税务征管系统做税款入库销号。

三、关于撤并原车购税专用账户问题

(一)各级国税部门要结合推广应用 POS 机刷卡缴税工作,抓紧撤并原车购税专用账户。2009 年 7 月 1 日至 2010 年 3 月 31 日,每个市(包括直辖市、计划单列市、省会城市、地级市、县级市)或县可保留一个车购税专用账户,用于现金税款的收纳和缴库,其余车购税专用账户自 2009 年 7 月 1 日起给予六个月的过渡期,期满须即时办理销户手续。

(二)2010 年 4 月 1 日起,所有车购税专用账户一律撤销。对于纳税人采用现金缴纳税款的,原则上由纳税人持税务机关开具的税收通用缴款书到国库经收处自行办理就地缴库,特殊情况可由税务机关收纳后开具税收缴款书于当日、最迟下一工作日上午到国库经收处办理就地缴库。

四、工作要求

(一)财政部驻各省、自治区、直辖市、计划单列市财政监察专员办事处和西藏自治区财政厅,要加强对车购税专用账户使用的监督管理,做好专用账户延期的审批、备案管理工作,督促税务机关及时办理撤户手续。

(二)税务机关在车购税专用账户尚未撤销前,仍按现行规定在每月的 5 日、10 日、15 日、

20日、25日和月末最后一天（遇法定节假日顺延），将车购税专用账户中的到账税款全额缴入国库。

（三）在车购税专用账户撤销时，税务机关要做好与开户银行的对账工作，务必保证税务与银行、账与证、账与账、账与表数字一致、准确无误；账户清空后，要做好结账、封账和销户工作。

（四）各地税务机关和人民银行分支机构要根据当地实际情况，共同确定POS机刷卡缴税方式，以确保纳税人顺利通过POS机刷卡方式缴纳车购税。税务机关要会同当地有关部门，抓紧组织做好POS机具布设、调试工作。

（五）各地税务机关应积极对POS机刷卡缴税方式进行宣传引导。车购税征缴方式进行调整前，税务机关要提前向社会公告，并实行至少一个月的公告期，同时做好有关宣传工作，尤其要注意对汽车销售点的宣传，以便让纳税人预知。

（六）各地人民银行分支机构应当按照有关规定，加强对国库经收处、银联及其子公司的业务指导和监督管理。

（七）税务机关、国库、布设POS机具的国库经收处（或银联）要认真做好对账工作，发现问题及时查明原因，并跟踪处理，确保税款及时安全入库。

（八）商业银行、银联子公司办理银行卡刷卡缴税业务的相关费用问题，由国家税务总局会同财政部、中国人民银行另行研究解决。

（九）各地税务、财政、人民银行、商业银行、银联等部门要加强沟通与协作，共同做好车购税征缴管理工作，并制定有关特殊情况的处理预案。执行中有何情况，请及时向国家税务总局（收入规划核算司）、财政部（国库司）、中国人民银行（国库局）报告。

国家税务总局　财政部　中国人民银行
二〇〇九年八月二十八日

5. 国家税务总局　交通运输部关于城市公交企业购置公共汽电车辆免征车辆购置税有关问题的通知

国税发〔2012〕61号

各省、自治区、直辖市和计划单列市国家税务局、交通运输厅（局、委），新疆生产建设兵团交通局，天津、上海市交通运输和港口管理局：

根据《财政部　国家税务总局关于城市公交企业购置公共汽电车辆免征车辆购置税的通知》（财税〔2012〕51号）规定，对城市公交企业自2012年1月1日起至2015年12月31日止购置的公共汽电车辆免征车辆购置税。现就有关问题通知如下：

一、各省、自治区、直辖市和计划单列市（以下简称各省、区、市）国家税务局与交通运输主管部门应互相配合，共同做好此项工作。各省、区、市交通运输厅（局、委）负责编制本地区《城市公共交通管理部门（包括县及县级以上公交行政管理部门、交通运输管理部门等）与城市公交企业名录》，于2012年7月20日前交各省、区、市国家税务局备案。

二、各省、区、市国家税务局应于2012年8月1日前将本省、区、市《城市公共交通管理部门与城市公交企业名录》下发至各地（市）级国家税务局。

……
【注释】第三条、第四条废止,参见《国家税务总局 交通运输部关于城市公交企业购置公共汽电车辆办理免征车辆购置税手续问题的公告》(国家税务总局 交通运输部公告2015年第57号)。

五、城市公交企业为新购置的公共汽电车辆办理免税手续后,因车辆转让、改变用途等原因导致免税条件消失的,应当到税务机关重新办理申报缴税手续。未按规定办理的,依据征管法的规定处理。

六、城市公交企业购置公共汽电车辆日期以《机动车销售统一发票》开具日期为准。

国家税务总局 交通运输部
二〇一二年六月二十六日

6. 中华人民共和国财政部 国家税务总局 中华人民共和国工业和信息化部关于免征新能源汽车车辆购置税的公告

中华人民共和国财政部 国家税务总局 中华人民共和国工业和信息化部公告2014年第53号

为促进我国交通能源战略转型、推进生态文明建设、支持新能源汽车产业发展,经国务院批准,现将免征新能源汽车车辆购置税有关事项公告如下:

一、自2014年9月1日至2017年12月31日,对购置的新能源汽车免征车辆购置税。

二、对免征车辆购置税的新能源汽车,由工业和信息化部、国家税务总局通过发布《免征车辆购置税的新能源汽车车型目录》(以下简称《目录》)实施管理。

(一)列入《目录》的新能源汽车须同时符合以下条件:

1. 获得许可在中国境内销售的纯电动汽车、插电式(含增程式)混合动力汽车、燃料电池汽车。

2. 使用的动力电池不包括铅酸电池。

3. 纯电动续驶里程须符合附件1要求。

4. 插电式混合动力乘用车综合燃料消耗量(不含电能转化的燃料消耗量)与现行的常规燃料消耗量国家标准中对应目标值相比小于60%;插电式混合动力商用车综合燃料消耗量(不含电能转化的燃料消耗量)与现行的常规燃料消耗量国家标准中对应限值相比小于60%。

5. 通过新能源汽车专项检测,符合新能源汽车标准要求。具体要求见附件2。

(二)汽车生产企业或进口汽车经销商(以下简称企业)向工业和信息化部提交《目录》申请报告。具体要求见附件3。

提出申请的企业须同时符合以下条件:

1. 生产或进口符合列入《目录》条件的新能源汽车。

2. 对新能源汽车动力电池、电机、电控等关键零部件提供不低于5年或10万公里(以先到者为准)质保。

3. 有较强的售后服务保障能力。

（三）工业和信息化部会同国家税务总局等部门，对企业提交的申请材料进行审查；通过审查的车型列入《目录》，由工业和信息化部、国家税务总局发布。

自《目录》发布之日起，购置列入《目录》的新能源汽车免征车辆购置税；购置时间为机动车销售统一发票（或有效凭证）上注明的日期。

（四）财政部、国家税务总局、工业和信息化部等部门将适时组织开展《目录》车型专项检查。企业对申报材料的真实性和产品质量负责。对产品与申报材料不符，产品性能指标未达到要求，或者提供其他虚假信息骗取列入《目录》车型资格的企业，取消该申报车型享受免征车辆购置税政策资格，并依照相关规定予以处理。

（五）财政部、国家税务总局、工业和信息化部将根据我国新能源汽车标准体系发展、技术进步和车型变化，适时修订、调整列入《目录》车型的条件。

三、工业和信息化部根据《目录》确定免征车辆购置税的车辆，税务机关据此办理免税手续。

（一）标注免税标识。

1. 工业和信息化部在机动车合格证电子信息中增加"是否列入《免征车辆购置税的新能源汽车车型目录》"字段。

2. 对列入《目录》的新能源汽车，企业上传机动车整车出厂合格证信息时，在"是否列入《免征车辆购置税的新能源汽车车型目录》"字段标注"是"，即免税标识。

3. 工业和信息化部对企业上传的机动车整车出厂合格证信息中的免税标识进行审核，并将通过审核的信息传送给国家税务总局。

（二）税务机关依据工业和信息化部传送的车辆合格证电子信息中的免税标识，办理免税手续。

附件：1. 新能源汽车纯电动续驶里程要求（略）。
2. 新能源汽车产品专项检查标准目录（略）。
3.《免征车辆购置税的新能源汽车车型目录》申请报告（略）。

财政部　国家税务总局　工业和信息化部
2014 年 8 月 1 日

7. 财政部　税务总局　工业和信息化部　科技部关于免征新能源汽车车辆购置税的公告

财政部公告 2017 年 172 号

为贯彻落实党的十九大精神，进一步支持新能源汽车创新发展，经国务院同意，现将免征新能源汽车车辆购置税有关事项公告如下：

一、自 2018 年 1 月 1 日至 2020 年 12 月 31 日，对购置的新能源汽车免征车辆购置税。

二、对免征车辆购置税的新能源汽车，通过发布《免征车辆购置税的新能源汽车车型目录》（以下简称《目录》）实施管理。2017 年 12 月 31 日之前已列入《目录》的新能源汽车，对其免征车辆购置税政策继续有效。

三、2018 年 1 月 1 日起列入《目录》的新能源汽车须同时符合以下条件：

（一）获得许可在中国境内销售的纯电动汽车、插电式（含增程式）混合动力汽车、燃料电池汽车。

（二）符合新能源汽车产品技术要求（附件1）。

（三）通过新能源汽车专项检测，达到新能源汽车产品专项检验标准（附件2）。

（四）新能源汽车生产企业或进口新能源汽车经销商（以下简称企业）在产品质量保证、产品一致性、售后服务、安全监测、动力电池回收利用等方面符合相关要求（附件3）。

财政部、税务总局、工业和信息化部、科技部根据新能源汽车标准体系发展、技术进步和车型变化等情况，适时调整列入《目录》的新能源汽车条件。

四、企业应当向工业和信息化部提交《目录》申请报告（附件4），并对申报材料的真实性和产品质量负责。工业和信息化部会同税务总局组织技术专家进行审查，通过审查的车型列入《目录》，并由工业和信息化部、税务总局发布。

五、对列入《目录》的新能源汽车，企业上传机动车整车出厂合格证信息时，在"是否列入《免征车辆购置税的新能源汽车车型目录》"字段标注"是"（即免税标识）。工业和信息化部对企业上传的机动车整车出厂合格证信息中的免税标识进行审核，并将通过审核的信息传送税务总局。税务机关依据工业和信息化部审核后的免税标识和机动车统一销售发票（或有效凭证）办理免税手续。

六、对产品与申报材料不符、产品性能指标未达到要求、提供其他虚假信息等手段骗取列入《目录》车型资格的企业，取消免征车辆购置税申请资格，并依照相关法律法规规定予以处理处罚。对已销售产品在使用中存在安全隐患、发生安全事故的，视事故性质、严重程度等依法采取停止生产、责令立即改正、暂停或者取消免征车辆购置税申请资格等处理处罚措施。

七、从事《目录》申请报告审查、审核，办理免税审核的工作人员履行职责时，存在滥用职权、玩忽职守、徇私舞弊等违法违纪行为的，按照《公务员法》《行政监察法》等国家有关规定追究相应责任；涉嫌犯罪的，移送司法机关处理。

附件：1. 新能源汽车产品技术要求（略）。
2. 新能源汽车产品专项检验标准目录（略）。
3. 新能源汽车企业要求（略）。
4.《免征车辆购置税的新能源汽车车型目录》申请报告（略）。

财政部　税务总局　工业和信息化部　科技部
2017年12月26日

8. 国家税务总局关于长期来华定居专家免征车辆购置税有关问题的公告

国家税务总局公告2018年第2号

《财政部　国家税务总局关于防汛专用等车辆免征车辆购置税的通知》（财税〔2001〕39号）规定，长期来华定居专家进口1辆自用小汽车免征车辆购置税。《国家税务总局关于车辆购置税征收管理有关问题的公告》（国家税务总局公告2015年第4号）进一步明确，长期来华定居专家办理进口自用小汽车免税手续,除了按《车辆购置税征收管理办法》(国家税务总局令第33号公布,第38号修改)规定提供申报资料外,还应当提供国家外国专家局或者其授权单位核发的专家证。

国家外国专家局、人力资源社会保障部、外交部、公安部联合印发的《关于全面实施外国人来华工作许可制度的通知》(外专发〔2017〕40号),决定自2017年4月1日起,在全国实施外国人来华工作许可制度,并将原《外国人就业证》和《外国专家证》统一变更为《中华人民共和国外国人工作许可证》(以下简称《外国人工作许可证》)。《外国人工作许可证》分为A、B、C三类,A类发予外国高端人才,B类发予外国专业人才,C类发予其他普通外国人员。依据此项规定,持有A类和B类《外国人工作许可证》(含试点版)的外国人,为财税〔2001〕39号文件第三条所规定的来华定居专家。因此,国家税务总局公告2015年第4号第十七条规定的"国家外国专家局或者其授权单位核发的专家证"指:国家外国专家局或者其授权单位,在2017年3月31日以前,核发的专家证,或者在青岛等试点地区核发的相关证件;在2017年4月1日以后,国家外国专家局或者其授权单位核发的A类和B类《外国人工作许可证》。

特此公告。

国家税务总局
2018年1月2日

9. 财政部 税务总局 工业和信息化部关于对挂车减征车辆购置税的公告

财政部 税务总局 工业和信息化部公告2018年第69号

为促进甩挂运输发展,提高物流效率和降低物流成本,现将减征挂车车辆购置税有关事项公告如下:

一、自2018年7月1日至2021年6月30日,对购置挂车减半征收车辆购置税。购置日期按照《机动车销售统一发票》《海关关税专用缴款书》或者其他有效凭证的开具日期确定。

二、本公告所称挂车,是指由汽车牵引才能正常使用且用于载运货物的无动力车辆。

三、对挂车产品通过标注减征车辆购置税标识进行管理,具体要求如下:

(一)标注减税标识。

1. 国产挂车:企业上传《机动车整车出厂合格证》信息时,在"是否属于减征车辆购置税挂车"字段标注"是"(即减税标识)。

2. 进口挂车:汽车经销商或个人上传《进口机动车车辆电子信息单》时,在"是否属于减征车辆购置税挂车"字段标注"是"(即减税标识)。

(二)工业和信息化部对企业和个人上传的《机动车整车出厂合格证》或者《进口机动车车辆电子信息单》中减税标识进行核实,并将核实的信息传送给国家税务总局。

(三)税务机关依据工业和信息化部核实后的减税标识以及办理车辆购置税纳税申报

需提供的其他资料,办理车辆购置税减征手续。

四、在《机动车整车出厂合格证》或者《进口机动车车辆电子信息单》中标注挂车减税标识的企业和个人,应当保证车辆产品与合格证信息或者车辆电子信息相一致。对提供虚假信息等手段骗取减征车辆购置税的企业和个人,经查实后,依照相关法律法规规定予以处罚。

财政部　税务总局　工业和信息化部
2018 年 5 月 25 日

10. 财政部　税务总局关于车辆购置税有关具体政策的公告

财政部　税务总局公告 2019 年第 71 号

为贯彻落实《中华人民共和国车辆购置税法》,现就车辆购置税有关具体政策公告如下:

一、地铁、轻轨等城市轨道交通车辆,装载机、平地机、挖掘机、推土机等轮式专用机械车,以及起重机(吊车)、叉车、电动摩托车,不属于应税车辆。

二、纳税人购买自用应税车辆实际支付给销售者的全部价款,依据纳税人购买应税车辆时相关凭证载明的价格确定,不包括增值税税款。

三、纳税人进口自用应税车辆,是指纳税人直接从境外进口或者委托代理进口自用的应税车辆,不包括在境内购买的进口车辆。

四、纳税人自产自用应税车辆的计税价格,按照同类应税车辆(即车辆配置序列号相同的车辆)的销售价格确定,不包括增值税税款;没有同类应税车辆销售价格的,按照组成计税价格确定。组成计税价格计算公式如下:

组成计税价格＝成本×(1＋成本利润率)

属于应征消费税的应税车辆,其组成计税价格中应加计消费税税额。

上述公式中的成本利润率,由国家税务总局各省、自治区、直辖市和计划单列市税务局确定。

五、城市公交企业购置的公共汽电车辆免征车辆购置税中的城市公交企业,是指由县级以上(含县级)人民政府交通运输主管部门认定的,依法取得城市公交经营资格,为公众提供公交出行服务,并纳入《城市公共交通管理部门与城市公交企业名录》的企业;公共汽电车辆是指按规定的线路、站点票价营运,用于公共交通服务,为运输乘客设计和制造的车辆,包括公共汽车、无轨电车和有轨电车。

六、车辆购置税的纳税义务发生时间以纳税人购置应税车辆所取得的车辆相关凭证上注明的时间为准。

七、已经办理免税、减税手续的车辆因转让、改变用途等原因不再属于免税、减税范围的,纳税人、纳税义务发生时间、应纳税额按以下规定执行:

(一)发生转让行为的,受让人为车辆购置税纳税人;未发生转让行为的,车辆所有人为车辆购置税纳税人。

(二)纳税义务发生时间为车辆转让或者用途改变等情形发生之日。

（三）应纳税额计算公式如下：

应纳税额＝初次办理纳税申报时确定的计税价格×（1－使用年限×10%）×10%
　　　　－已纳税额

应纳税额不得为负数。

使用年限的计算方法是，自纳税人初次办理纳税申报之日起，至不再属于免税、减税范围的情形发生之日止。使用年限取整计算，不满一年的不计算在内。

八、已征车辆购置税的车辆退回车辆生产或销售企业，纳税人申请退还车辆购置税的，应退税额计算公式如下：

应退税额＝已纳税额×（1－使用年限×10%）

应退税额不得为负数。

使用年限的计算方法是，自纳税人缴纳税款之日起，至申请退税之日止。

九、本公告自2019年7月1日起施行。

财政部　税务总局
2019年5月23日

11. 国家税务总局　交通运输部关于城市公交企业购置公共汽电车辆免征车辆购置税有关事项的公告

国家税务总局 交通运输部公告2019年第22号

根据《中华人民共和国车辆购置税法》《财政部　税务总局关于车辆购置税有关具体政策的公告》（财政部　税务总局公告2019年第71号）的相关规定，现就城市公交企业购置的公共汽电车辆免征车辆购置税有关事项公告如下：

一、国家税务总局各省、自治区、直辖市和计划单列市税务局（以下简称省税务局）与本地区交通运输主管部门应当相互配合，共同做好城市公交企业购置公共汽电车辆免征车辆购置税工作。

二、《城市公共交通管理部门与城市公交企业名录》（以下简称《名录》，见附件1）是税务机关确定申报企业是否为城市公交企业的依据，各省、自治区、直辖市交通运输厅（委）（以下简称省交通厅）负责组织编制本地区《名录》。

三、各县级以上（含县级）人民政府交通运输主管部门认定城市公交企业并逐级报送《名录》信息。省交通厅定期汇总、公示本地区城市公交企业新增、退出、变更等信息，并及时将调整后的《名录》函送省税务局。《名录》的函送时间和方式由省税务局和省交通厅共同商定。

省税务局应当及时将《名录》下发至所属各级税务机关。

四、城市公交企业所在地县级以上（含县级）交通运输主管部门按照财政部、税务总局2019年第71号公告的有关规定，依据公共汽电车辆购置计划和采购合同等资料，为城市公交企业购置的符合《公共汽车类型划分及等级评定》标准的公共汽车、无轨电车和有轨电车出具《公共汽电车辆认定表》（见附件2）。

五、税务机关依据《公共汽电车辆认定表》以及办理车辆购置税纳税申报需要提供的其他资料，为已经列入《名录》的城市公交企业购置的公共汽电车辆，办理车辆购置税免税手续。

六、城市公交企业为新购置的公共汽电车辆办理免税手续后，因车辆转让、改变用途等导致免税条件消失的，纳税人应当到税务机关重新办理申报纳税手续。未按规定办理的，依据相关规定处理。

七、本公告自2019年7月1日起施行。为做好本公告实施工作，省交通厅应当按照本公告《名录》格式重新汇总编制《名录》，并于2019年7月1日之前函送省税务局。

《国家税务总局 交通运输部关于城市公交企业购置公共汽电车辆免征车辆购置税有关问题的通知》（税总发〔2016〕157号），自2019年7月1日起停止执行。

附件：1.城市公共交通管理部门与城市公交企业名录（略）。
　　　2.公共汽电车辆认定表（略）。

国家税务总局　交通运输部
2019年6月6日

12. 国家税务总局关于车辆购置税征收管理有关事项的公告

国家税务总局公告2019年第26号

为落实《中华人民共和国车辆购置税法》（以下简称《车辆购置税法》），规范车辆购置税征收管理，现就有关事项公告如下：

一、车辆购置税实行一车一申报制度。

二、《车辆购置税法》第六条第四项所称的购置应税车辆时相关凭证，是指原车辆所有人购置或者以其他方式取得应税车辆时载明价格的凭证。无法提供相关凭证的，参照同类应税车辆市场平均交易价格确定其计税价格。

原车辆所有人为车辆生产或者销售企业，未开具机动车销售统一发票的，按照车辆生产或者销售同类应税车辆的销售价格确定应税车辆的计税价格。无同类应税车辆销售价格的，按照组成计税价格确定应税车辆的计税价格。

三、购置应税车辆的纳税人，应当到下列地点申报纳税：

（一）需要办理车辆登记的，向车辆登记地的主管税务机关申报纳税。

（二）不需要办理车辆登记的，单位纳税人向其机构所在地的主管税务机关申报纳税，个人纳税人向其户籍所在地或者经常居住地的主管税务机关申报纳税。

四、《车辆购置税法》第十二条所称纳税义务发生时间，按照下列情形确定：

（一）购买自用应税车辆的为购买之日，即车辆相关价格凭证的开具日期。

（二）进口自用应税车辆的为进口之日，即《海关进口增值税专用缴款书》或者其他有效凭证的开具日期。

（三）自产、受赠、获奖或者以其他方式取得并自用应税车辆的为取得之日，即合同、法律文书或者其他有效凭证的生效或者开具日期。

五、纳税人办理纳税申报时应当如实填报《车辆购置税纳税申报表》（附件1），同时提供车辆合格证明和车辆相关价格凭证。

六、纳税人在办理车辆购置税免税、减税时,除按本公告第五条规定提供资料外,还应当根据不同的免税、减税情形,分别提供相关资料的原件、复印件。

(一)外国驻华使馆、领事馆和国际组织驻华机构及其有关人员自用车辆,提供机构证明和外交部门出具的身份证明。

(二)城市公交企业购置的公共汽电车辆,提供所在地县级以上(含县级)交通运输主管部门出具的公共汽电车辆认定表。

(三)悬挂应急救援专用号牌的国家综合性消防救援车辆,提供中华人民共和国应急管理部批准的相关文件。

(四)回国服务的在外留学人员购买的自用国产小汽车,提供海关核发的《中华人民共和国海关回国人员购买国产汽车准购单》。

(五)长期来华定居专家进口自用小汽车,提供国家外国专家局或者其授权单位核发的专家证或者A类和B类《外国人工作许可证》。

七、免税、减税车辆因转让、改变用途等原因不再属于免税、减税范围的,纳税人在办理纳税申报时,应当如实填报《车辆购置税纳税申报表》。发生二手车交易行为的,提供二手车销售统一发票;属于其他情形的,按照相关规定提供申报材料。

八、已经缴纳车辆购置税的,纳税人向原征收机关申请退税时,应当如实填报《车辆购置税退税申请表》(附件2),提供纳税人身份证明,并区别不同情形提供相关资料。

(一)车辆退回生产企业或者销售企业的,提供生产企业或者销售企业开具的退车证明和退车发票。

(二)其他依据法律法规规定应当退税的,根据具体情形提供相关资料。

九、纳税人应当如实申报应税车辆的计税价格,税务机关应当按照纳税人申报的计税价格征收税款。纳税人编造虚假计税依据的,税务机关应当依照《税收征管法》及其实施细则的相关规定处理。

十、本公告要求纳税人提供的资料,税务机关能够通过政府信息共享等手段获取相关资料信息的,纳税人不再提交。

十一、税务机关应当在税款足额入库或者办理免税手续后,将应税车辆完税或者免税电子信息,及时传送给公安机关交通管理部门。

税款足额入库包括以下情形:纳税人到银行缴纳车辆购置税税款(转账或者现金),由银行将税款缴入国库的,国库已传回《税收缴款书(银行经收专用)》联次;纳税人通过横向联网电子缴税系统等电子方式缴纳税款的,税款划缴已成功;纳税人在办税服务厅以现金方式缴纳税款的,主管税务机关已收取税款。

十二、纳税人名称、车辆厂牌型号、发动机号、车辆识别代号(车架号)、证件号码等应税车辆完税或者免税电子信息与原申报资料不一致的,纳税人可以到税务机关办理完税或者免税电子信息更正,但是不包括以下情形:

(一)车辆识别代号(车架号)和发动机号同时与原申报资料不一致。

(二)完税或者免税信息更正影响到车辆购置税税款。

(三)纳税人名称和证件号码同时与原申报资料不一致。

税务机关核实后,办理更正手续,重新生成应税车辆完税或者免税电子信息,并且及时传送给公安机关交通管理部门。

十三、……

十四、本公告所称车辆合格证明,是指整车出厂合格证或者《车辆电子信息单》(附件3)。

本公告所称车辆相关价格凭证是指:境内购置车辆为机动车销售统一发票或者其他有

效凭证；进口自用车辆为《海关进口关税专用缴款书》或者海关进出口货物征免税证明，属于应征消费税车辆的还包括《海关进口消费税专用缴款书》。

本公告所称纳税人身份证明是指：单位纳税人为《统一社会信用代码证书》，或者营业执照或者其他有效机构证明；个人纳税人为居民身份证，或者居民户口簿或者入境的身份证件。

十五、《车辆购置税纳税申报表》《车辆购置税退税申请表》，样式由国家税务总局统一规定，国家税务总局各省、自治区、直辖市和计划单列市税务局自行印制，纳税人也可以在税务机关网站下载、提交。

十六、纳税人 2019 年 6 月 30 日（含）前购置属于《中华人民共和国车辆购置税暂行条例》规定的应税车辆，在 2019 年 7 月 1 日前未申报纳税的，应当按照规定的申报纳税期限申报纳税。

十七、本公告自 2019 年 7 月 1 日起施行。《车辆购置税全文废止和部分条款废止的文件目录》（附件 4）同日生效。

附件：1. 车辆购置税纳税申报表（略）。
2. 车辆购置税退税申请表（略）。
3. 车辆电子信息单（略）。
4. 车辆购置税全文废止和部分条款废止的文件目录（略）。

【注释】税务机关对 2020 年 12 月 31 日之前申报的、符合免税条件的车辆编列下发最后一期《免税图册》后，废止第十三条，参见《国家税务总局 工业和信息化部关于对设有固定装置的非运输专用作业车辆免征车辆购置税有关管理事项的公告》（国家税务总局 工业和信息化部公告 2020 年第 20 号）。

国家税务总局
2019 年 6 月 21 日

13. 关于《国家税务总局关于车辆购置税征收管理有关事项的公告》的解读

为落实《中华人民共和国车辆购置税法》（以下简称《车辆购置税法》），按照党中央、国务院关于深化"放管服"改革、优化税收营商环境的部署，税务总局制发《关于车辆购置税征收管理有关事项的公告》（以下简称《公告》）。《公告》共十七条，明确了车购税"一车一申报"制度，纳税义务发生时间，申报地点，申报纳税、退税申报所附资料，计税价格核定，完税信息更正，过渡期安排等事项，最大限度方便广大纳税人。

一、减轻纳税人负担

依据《车辆购置税法》取消最低计税价格的要求，《公告》全面废止了有关最低计税价格的规定，改按发票价格征税，减轻纳税人的负担。

二、便利纳税人办税

落实《车辆购置税法》实现车辆购置税完税或者免税信息电子化，全面废止有关纸质完税证明的规定。税务机关和公安交管部门之间实现电子车辆购置税完税或者免税信息传输，减少了认证手续，方便了纳税人。

三、精简办税资料

取消最低计税价格之后，机动车生产和进口企业免于向税务机关报送用于生成最低计税价格的相关信息。同时，精简各类申报资料36份，明确税务机关能够通过政府信息共享获取相关资料信息的，纳税人不再提供资料原件或复印件。

14. 财政部 税务总局关于继续执行的车辆购置税优惠政策的公告

财政部 税务总局公告2019年第75号

为贯彻落实《中华人民共和国车辆购置税法》，现将继续执行的车辆购置税优惠政策公告如下：

1. 回国服务的在外留学人员用现汇购买1辆个人自用国产小汽车和长期来华定居专家进口1辆自用小汽车免征车辆购置税。防汛部门和森林消防部门用于指挥、检查、调度、报汛（警）、联络的由指定厂家生产的设有固定装置的指定型号的车辆免征车辆购置税。具体操作按照《财政部 国家税务总局关于防汛专用等车辆免征车辆购置税的通知》（财税〔2001〕39号）有关规定执行。

2. 自2018年1月1日至2020年12月31日，对购置新能源汽车免征车辆购置税。具体操作按照《财政部 税务总局 工业和信息化部 科技部关于免征新能源汽车车辆购置税的公告》（财政部 税务总局 工业和信息化部 科技部公告2017年第172号）有关规定执行。

3. 自2018年7月1日至2021年6月30日，对购置挂车减半征收车辆购置税。具体操作按照《财政部 税务总局 工业和信息化部关于对挂车减征车辆购置税的公告》（财政部 税务总局 工业和信息化部公告2018年第69号）有关规定执行。

4. 中国妇女发展基金会"母亲健康快车"项目的流动医疗车免征车辆购置税。

5. 北京2022年冬奥会和冬残奥会组织委员会新购置车辆免征车辆购置税。

6. 原公安现役部队和原武警黄金、森林、水电部队改制后换发地方机动车牌证的车辆（公安消防、武警森林部队执行灭火救援任务的车辆除外），一次性免征车辆购置税。

本公告自2019年7月1日起施行。

财政部 税务总局
2019年6月28日

15. 国家税务总局关于应用机动车销售统一发票电子信息办理车辆购置税业务的公告

国家税务总局公告2020年第3号

为进一步深化"放管服"改革，优化纳税服务，国家税务总局决定，对开具机动车销售统一发票的应税车辆，自2020年2月1日起，在上海市、江苏省、浙江省、宁波市四个地区（以下简称"试点地区"）试点应用机动车销售统一发票电子信息（以下简称发票电子信息）

办理车辆购置税业务；自 2020 年 6 月 1 日起，将应用发票电子信息办理车辆购置税业务的机制扩大到全国其他地区（以下简称"其他地区"）。现将有关事项公告如下：

一、试点地区自 2020 年 2 月 1 日起、其他地区自 2020 年 6 月 1 日起，纳税人购置应税车辆办理车辆购置税纳税申报时，以发票电子信息中的不含税价作为申报计税价格。纳税人依据相关规定提供其他有效价格凭证的情形除外。

应税车辆存在多条发票电子信息或者没有发票电子信息的，纳税人应当持机动车销售统一发票、购车合同及其他能够反映真实交易的材料到税务机关办理车辆购置税纳税申报，按照购置应税车辆实际支付给销售方的全部价款（不包括增值税税款）申报纳税。

发票电子信息与纳税人提供的机动车销售统一发票的内容不一致、纳税人提供的机动车销售统一发票已经作废或者开具了红字发票的，纳税人应换取合规的发票后申报纳税。

二、试点地区自 2020 年 2 月 1 日起、其他地区自 2020 年 6 月 1 日起，纳税人购置并已完税的应税车辆，纳税人申请车辆购置税退税时，税务机关核对纳税人提供的退车发票与发票电子信息无误后，按规定办理退税；核对不一致的，纳税人换取合规的发票后，依法办理退税申报；没有发票电子信息的，销售方向税务机关传输有效发票电子信息后，纳税人依法办理退税申报。

三、试点地区纳税人 2020 年 2 月 1 日后办理于 2020 年 1 月 31 日前购置应税车辆的车辆购置税纳税申报、其他地区纳税人 2020 年 6 月 1 日后办理于 2020 年 5 月 31 日前购置应税车辆的车辆购置税纳税申报，税务机关能够调取发票电子信息的，按照本公告第一条流程办理；税务机关无法调取发票电子信息的，按原流程办理。

四、纳税人对所提交材料的真实性和合法性承担法律责任。

五、本公告所述购置日期以机动车销售统一发票上注明的日期为准。

特此公告。

国家税务总局
2020 年 1 月 21 日

16. 财政部　税务总局　工业和信息化部关于新能源汽车免征车辆购置税有关政策的公告

财政部公告 2020 年第 21 号

为支持新能源汽车产业发展，促进汽车消费，现就新能源汽车免征车辆购置税有关政策公告如下：

一、自 2021 年 1 月 1 日至 2022 年 12 月 31 日，对购置的新能源汽车免征车辆购置税。免征车辆购置税的新能源汽车是指纯电动汽车、插电式混合动力（含增程式）汽车、燃料电池汽车。

二、免征车辆购置税的新能源汽车，通过工业和信息化部、税务总局发布《免征车辆购置税的新能源汽车车型目录》（以下简称《目录》）实施管理。自《目录》发布之日起，购置列入《目录》的新能源汽车免征车辆购置税；购置时间为机动车销售统一发票（或有效凭证）上注明的日期。

三、对已列入《目录》的新能源汽车,新能源汽车生产企业或进口新能源汽车经销商(以下简称汽车企业)在上传《机动车整车出厂合格证》或进口机动车《车辆电子信息单》(以下简称车辆电子信息)时,在"是否符合免征车辆购置税条件"字段标注"是"(即免税标识)。工业和信息化部对汽车企业上传的车辆电子信息中的免税标识进行审核,并将通过审核的信息传送至税务总局。税务机关依据工业和信息化部审核后的免税标识和机动车统一销售发票(或有效凭证),办理车辆购置税免税手续。

四、汽车企业应当保证车辆电子信息与车辆产品相一致,对因提供虚假信息或资料造成车辆购置税税款流失的,依照《中华人民共和国税收征收管理法》及其实施细则予以处理。

五、从事《目录》管理、免税标识审核和办理免税手续的工作人员履行职责时,存在滥用职权、玩忽职守、徇私舞弊等违法违纪行为的,按照《中华人民共和国公务员法》《中华人民共和国监察法》等国家有关规定追究相应责任;涉嫌犯罪的,移送司法机关处理。

六、本公告自 2021 年 1 月 1 日起施行。2020 年 12 月 31 日前已列入《目录》的新能源汽车免征车辆购置税政策继续有效。

财政部　税务总局　工业和信息化部
2020 年 4 月 16 日

17. 财政部　税务总局　工业和信息化部关于设有固定装置的非运输专用作业车辆免征车辆购置税有关政策的公告

财政部　税务总局　工业和信息化部公告 2020 年第 35 号

为贯彻落实《中华人民共和国车辆购置税法》,现就设有固定装置的非运输专用作业车辆免征车辆购置税有关政策公告如下:

一、设有固定装置的非运输专用作业车辆,是指采用焊接、铆接或者螺栓连接等方式固定安装专用设备或者器具,不以载运人员或者货物为主要目的,在设计和制造上用于专项作业的车辆。

二、免征车辆购置税的设有固定装置的非运输专用作业车辆,通过发布《免征车辆购置税的设有固定装置的非运输专用作业车辆目录》(以下简称《目录》)实施管理。有关列入《目录》车辆的技术要求、《目录》的编列与管理等事项,由税务总局会同工业和信息化部另行规定。

三、列入《目录》的设有固定装置的非运输专用作业车辆,车辆生产企业、进口车辆经销商或个人(以下简称申请人)在上传《机动车整车出厂合格证》或进口机动车《车辆电子信息单》(以下简称车辆电子信息)时,将"是否列入《免征车辆购置税的设有固定装置的非运输专用作业车辆目录》"字段标注"是"(即免税标识)。工业和信息化部对申请人上传的车辆电子信息中的免税标识进行审核,并将通过审核的信息传送给税务总局。税务机关依据工业和信息化部审核后的免税标识以及办理车辆购置税纳税申报需要提供的其他资料,为纳税人办理车辆购置税免税手续。

四、申请人应当保证车辆电子信息与车辆产品相一致,对因提供虚假信息等造成车辆购置税税款流失的,依照《中华人民共和国税收征收管理法》及其实施细则予以处理。

五、从事《目录》管理、免税标识审核和办理免税手续的工作人员履行职责时,存在滥用职权、玩忽职守、徇私舞弊等违法违纪行为的,按照《中华人民共和国公务员法》《中华人民共和国监察法》等国家有关规定追究相应责任;涉嫌犯罪的,移送司法机关处理。

六、本公告自 2021 年 1 月 1 日起施行。

财政部　税务总局　工业和信息化部
2020 年 7 月 1 日

18. 国家税务总局　工业和信息化部关于设有固定装置的非运输专用作业车辆免征车辆购置税有关管理事项的公告

国家税务总局　工业和信息化部公告 2020 年第 20 号

根据《中华人民共和国车辆购置税法》(以下简称《车辆购置税法》)、《财政部　税务总局　工业和信息化部关于设有固定装置的非运输专用作业车辆免征车辆购置税有关政策的公告》(2020 年第 35 号),现就设有固定装置的非运输专用作业车辆(以下简称"专用车辆")免征车辆购置税有关管理事项公告如下:

一、申请列入《免征车辆购置税的设有固定装置的非运输专用作业车辆目录》(以下简称《目录》)的车型,应当符合《设有固定装置的非运输专用作业车辆技术要求》(附件 1,以下简称《技术要求》)。

二、申请列入《目录》的车型,车辆生产企业、进口车辆经销商或个人(以下简称"申请人")需在纳税人办理车辆购置税申报前,通过工业和信息化部"免征车辆购置税的设有固定装置的非运输专用作业车辆管理系统"提交列入《目录》的申请材料。

三、申请列入《目录》的车型,申请人应当提交下列材料:

(一)《设有固定装置的非运输专用作业车辆信息采集表》(附件 2)。

(二)车辆照片及固定装置布置简图。照片及简图应当符合《设有固定装置的非运输专用作业车辆照片及资料扫描图片要求》(附件 3)。

(三)证明进口车辆合法进口的材料,包括但不限于《车辆一致性证书》或《中华人民共和国海关货物进口证明书》或《中华人民共和国海关监管车辆进(出)境领(销)牌照通知书》或《没收走私汽车、摩托车证明书》。

四、税务总局、工业和信息化部委托工业和信息化部装备工业发展中心组织技术审查,并将通过审查的车型列入《目录》。税务总局、工业和信息化部联合发布《目录》。

五、为减轻企业负担、简化操作流程,《目录》中附设《免申请列入〈免征车辆购置税的设有固定装置的非运输专用作业车辆目录〉车辆名称清单》(附件 4,以下简称《清单》)。

六、已经列入《目录》或《清单》的专用车辆,申请人在工业和信息化部合格证信息管理系统上传《机动车整车出厂合格证》或进口机动车《车辆电子信息单》(以下简称"车辆电子信息")时,将"是否列入《免征车辆购置税的设有固定装置的非运输专用作业车辆目录》"字段标注"是"（即免税标识）。工业和信息化部对申请人上传的车辆电子信息中的免税标识进行审核，并将通过审核的信息传送给税务总局。税务总局将接收到的上述信息推送至各省、自治区、直辖市和计划单列市税务机关，税务机关依据工业和信息化部审核后的免税标识以及办理车辆购置税纳税申报所需要提供的其他资料，为纳税人办理车辆购置税免税手续。

七、《目录》或《清单》发布前已出厂销售的车辆，申请人可以在所销售车辆的车型列入《目录》或《清单》后，在所销售车辆的车辆电子信息中重新标注免税标识并重新上传；工业和信息化部、税务机关按本公告第六条的规定传输信息、办理免税手续。

八、税务总局、工业和信息化部根据相关变化，适时调整《技术要求》《目录》和《清单》。

从《目录》或《清单》撤销的车型，自撤销公告发布之日起，合格证信息管理系统不再接收该车型带有免税标识的车辆电子信息。

九、纳税人在 2020 年 12 月 31 日（含）前已购置的专用车辆，税务机关在 2021 年 1 月 1 日后继续依据《设有固定装置的非运输专用作业车辆免税图册》（以下简称《免税图册》）以及办理车辆购置税纳税申报所需要提供的其他资料，为纳税人办理车辆购置税免税手续。

纳税人在 2021 年 1 月 1 日（含）后购置的专用车辆，税务机关依据车辆电子信息中标注的免税标识以及办理车辆购置税纳税申报所需要提供的其他资料，为纳税人办理车辆购置税免税手续。

税务机关对 2020 年 12 月 31 日之前申报的、符合免税条件的车辆编列下发最后一期《免税图册》后，不再更新《免税图册》。

十、纳税人在 2020 年 12 月 31 日（含）前购置的专用车辆，已经缴纳车辆购置税但尚未办理退税的，纳税人在 2021 年 1 月 1 日后可以继续依据《中华人民共和国税收征收管理法》等相关规定申请退还已缴税款，税务机关继续依据《免税图册》及相关资料依法退还纳税人已缴税款。

十一、申请人对申请资料的真实性、合法性和完整性负责。对发现申请人利用虚假信息骗取列入《目录》的车型，税务总局、工业和信息化部将违规车型从《目录》中撤销，并依照相关法律法规予以处理。

十二、本公告自 2021 年 1 月 1 日起施行。施行时间以车辆相关价格凭证的开具日期或者其他有效凭证生效或者开具日期为准。《车辆购置税全文废止和部分条款废止的文件目录》（附件 5）同日生效。

特此公告。

附件：1. 设有固定装置的非运输专用作业车辆技术要求（略）。

2. 设有固定装置的非运输专用作业车辆信息采集表（略）。

3. 设有固定装置的非运输专用作业车辆照片及资料扫描图片要求（略）。

4. 免申请列入《免征车辆购置税的设有固定装置的非运输专用作业车辆目录》车辆名称清单（略）。

5. 车辆购置税全文废止和部分条款废止的文件目录（略）。

国家税务总局　工业和信息化部
2020 年 12 月 5 日

19. 关于《国家税务总局 工业和信息化部关于设有固定装置的非运输专用作业车辆免征车辆购置税有关管理事项的公告》的解读

为落实国务院"放管服"改革要求，提升税收治理能力，提高纳税服务水平，财政部、税务总局、工业和信息化部联合发布了《关于设有固定装置的非运输专用作业车辆免征车辆购置税有关政策的公告》（2020年第35号，以下简称35号公告），进一步优化设有固定装置的非运输专用作业车辆的管理机制。为确保该项机制顺利实施，国家税务总局联合工业和信息化部制发公告，就若干管理事项进行了明确。现就相关重点事项解读如下：

一、为什么要出台新机制？

本公告实施前，税务总局参照交通部门以往的管理模式规定，设有固定装置的非运输专用作业车辆（以下简称专用车辆）免征车辆购置税（以下简称免税）实行由相关企业申请、税务总局审核编列《设有固定装置的非运输专用作业车辆免税图册》（以下简称《免税图册》）、纳税人依据《免税图册》向税务机关申请免税的机制。这一机制有效落实了专用车辆免税的政策。为进一步提高专用车辆免税管理的精确性、便捷性和及时性，35号公告规定，免税的专用车辆通过发布《免征车辆购置税的设有固定装置的非运输专用作业车辆目录》（以下简称《目录》）实施管理。

二、如何办理专用车辆免税手续？

车辆生产企业、进口车辆经销商或个人（以下简称申请人）和专用车辆购车人（以下简称纳税人）按下列流程办理专用车辆免税手续：

第一步，对符合本公告规定的《设有固定装置的非运输专用作业车辆技术要求》（以下简称《技术要求》）的车型，申请人需在纳税人办理车辆购置税申报前，通过工业和信息化部"免征车辆购置税的设有固定装置的非运输专用作业车辆管理系统"提交列入《目录》的申请材料；

第二步，国家税务总局、工业和信息化部委托工业和信息化部装备工业发展中心组织技术审查，并将通过审查的车型列入《目录》；

第三步，国家税务总局、工业和信息化部联合发布《目录》；

第四步，对已经列入《目录》的车型，申请人在上传《机动车整车出厂合格证》或进口机动车《车辆电子信息单》（以下简称车辆电子信息）时在车辆电子信息中标注免税标识；

第五步，工业和信息化部对申请人上传的免税标识进行审核，并将审核通过的车辆电子信息传送给税务总局，税务总局将上述信息推送至省、自治区、直辖市和计划单列市税务机关；

第六步，纳税人购车后向主管税务机关申请免征车辆购置税，主管税务机关依据所购车辆的车辆电子信息中的免税标识及办理车辆购置税纳税申报所需要的其他资料，为纳税人办理车辆购置税免税手续。

三、列入《清单》中的专用车辆，申请人还需再申请列入《目录》吗？

为切实落实国务院"放管服"改革要求，简化操作流程，减轻企业负担，两部门根据多年来专用车辆免税的税收实践及车辆技术标准的实际情况,在本公告中编列了《免申请列入〈免征车辆购置税的设有固定装置的非运输专用作业车辆目录〉车辆名称清单》(以下简称《清单》),将采油车、测试井架车、变电站半挂车等五十七种专用车辆列入《清单》。凡是列入《清单》的专用车辆,申请人无需再申请列入《目录》,可直接在上传车辆电子信息时标注免税标识。

四、申请人在什么情况下可以重新标注免税标识?

为切实落实《中华人民共和国车辆购置税法》关于专用车辆免税的规定,本公告明确,《目录》或《清单》发布前已出厂销售的专用车辆,申请人可在所销售车辆的车型列入《目录》或《清单》后,在所销售车辆的车辆电子信息中重新标注免税标识,重新上传,纳税人据此向主管税务机关申请办理免税手续。举例说明:A公司于2021年5月1日销售给B纳税人一台未列入《目录》的车辆,A公司上传车辆电子信息时未标注免税标识;国家税务总局、工业和信息化部于2021年5月10日发布的《目录》包含了上述销售车辆的车型,A公司在2021年5月10日后可以修改B纳税人所购车辆的车辆电子信息,标注免税标识并重新上传,B纳税人可以凭重新标注免税标识的车辆电子信息及《车辆购置税纳税申报表》、车辆合格证明、车辆价格凭证等资料向主管税务机关申请免税。

五、从《目录》或《清单》撤销的车型,合格证信息管理系统还可接收该车型带有免税标识的车辆电子信息吗?

国家税务总局、工业和信息化部根据相关变化,适时调整《技术要求》《目录》和《清单》。从《目录》或《清单》中撤销的专用车辆,自撤销公告发布之日起,工业和信息化部合格证信息管理系统不再接收该车型带有免税标识的车辆电子信息。举例说明:2021年8月31日国家税务总局、工业和信息化部发布的《目录》撤销了C公司所生产的某车型,C公司在2021年9月5日上传该车型的车辆电子信息时仍标注了免税标识,此时合格证信息管理系统将不再接收该车型仍带有免税标识的车辆电子信息。

六、申请人如何衔接《免税图册》和《目录》?

为确保新旧机制无缝衔接,申请人可以在2021年1月10日前将2020年12月31日(含)前生产的专用车辆新车型,按照本公告实施前的规定上传相关信息,申请列入《免税图册》;税务总局审核后将发布最后一期《免税图册》。2021年1月1日(含)后生产的车型,申请人需按照本公告第一条、第二条、第三条的规定提交列入《目录》的申请材料。

七、纳税人如何衔接《免税图册》和免税标识?

纳税人在2020年12月31日(含)前已购置的专用车辆,税务机关依据《免税图册》以及办理车辆购置税纳税申报所需要提供的其他资料,为纳税人办理车辆购置税免税手续。纳税人在2021年1月1日(含)后购置的专用车辆,税务机关依据车辆电子信息中标注的免税标识以及办理车辆购置税纳税申报所需要提供的其他资料,为纳税人办理车辆购置税免税手续。举例说明:甲纳税人于2020年12月30日购置一台专用车辆,于2021年1月5日办理纳税申报,主管税务机关依据《免税图册》和纳税人提供的《车辆购置税纳税申报表》、车辆合格证明、车辆价格凭证等资料,办理免税手续;乙纳税人于2021年3月1日购置一台专用车辆,主管税务机关依据该车辆电子信息中标注的免税标识和纳税人提供的《车辆购置税纳税申报表》、车辆合格证明、车辆价格凭证等资料,办理免税手续。

八、纳税人在2020年12月31日(含)前购置的专用车辆,可以申请退税吗?

纳税人在2020年12月31日(含)前购置的专用车辆,已经缴纳车辆购置税的,经纳税人申请,税务机关审核无误后依据《免税图册》及相关资料依法退还纳税人已缴税款。举例说明:丙纳税人于2020年8月1日购买了一台车辆并缴纳了车辆购置税,2020年9月5日国家税务总局发布的《免税图册》包含了上述已缴税车辆的车型，丙纳税人可以向主管税务机关申请退税，主管税务机关依据 2020 年 9 月 5 日国家税务总局发布的《免税图册》和纳税人提供的《车辆购置税退税申请表》、纳税人身份证明等资料，依法退还纳税人已缴税款。

九、新机制从什么时间施行？

本公告自 2021 年 1 月 1 日起施行。施行时间以车辆相关价格凭证的开具日期或者其他有效凭证生效或者开具日期为准。车辆相关价格凭证是指，境内购置车辆为机动车销售统一发票或者其他有效凭证；进口自用车辆为《海关进口关税专用缴款书》或者《海关进口货物征免税证明》。

20. 财政部 税务总局关于减征部分乘用车车辆购置税的公告

财政部 税务总局公告 2022 年第 20 号

为促进汽车消费，支持汽车产业发展，现就减征部分乘用车车辆购置税有关政策公告如下：

一、对购置日期在 2022 年 6 月 1 日至 2022 年 12 月 31 日期间内且单车价格（不含增值税）不超过 30 万元的 2.0 升及以下排量乘用车，减半征收车辆购置税。

二、本公告所称乘用车，是指在设计、制造和技术特性上主要用于载运乘客及其随身行李和（或）临时物品，包括驾驶员座位在内最多不超过 9 个座位的汽车。

三、本公告所称单车价格，以车辆购置税应税车辆的计税价格为准。

四、乘用车购置日期按照机动车销售统一发票或海关关税专用缴款书等有效凭证的开具日期确定。

五、乘用车排量、座位数，按照《中华人民共和国机动车整车出厂合格证》电子信息或者进口机动车《车辆电子信息单》电子信息所载的排量、额定载客（人）数确定。

特此公告。

财政部 税务总局
2022 年 5 月 31 日

21. 财政部 税务总局 工业和信息化部关于延续新能源汽车免征车辆购置税政策的公告

财政部 税务总局 工业和信息化部公告 2022 年第 27 号

为支持新能源汽车产业发展，促进汽车消费，现就延续新能源汽车免征车辆购置税政策有关事项公告如下：

一、对购置日期在 2023 年 1 月 1 日至 2023 年 12 月 31 日期间内的新能源汽车，免征车辆购置税。

二、免征车辆购置税的新能源汽车，通过工业和信息化部、税务总局发布《免征车辆购置税的新能源汽车车型目录》(以下简称《目录》)实施管理。自《目录》发布之日起购置的,列入《目录》的纯电动汽车、插电式混合动力(含增程式)汽车、燃料电池汽车,属于符合免税条件的新能源汽车。

三、购置日期按照机动车销售统一发票或海关关税专用缴款书等有效凭证的开具日期确定。

四、2022年12月31日前已列入《目录》的新能源汽车可按照本公告继续适用免征车辆购置税政策。新能源汽车免征车辆购置税的其他事项,按照《财政部 税务总局 工业和信息化部关于新能源汽车免征车辆购置税有关政策的公告》(财政部 税务总局 工业和信息化部公告2020年第21号)、《工业和信息化部 财政部 税务总局关于调整免征车辆购置税新能源汽车产品技术要求的公告》(工业和信息化部 财政部 税务总局公告2021年第13号)等文件有关规定执行。

特此公告。

财政部 税务总局 工业和信息化部
2022年9月18日

第十章　中华人民共和国车船税法

1. 中华人民共和国车船税法

（2011年2月25日第十一届全国人民代表大会常务委员会第十九次会议通过）

第一条　在中华人民共和国境内属于本法所附《车船税税目税额表》规定的车辆、船舶（以下简称车船）的所有人或者管理人，为车船税的纳税人，应当依照本法缴纳车船税。

第二条　车船的适用税额依照本法所附《车船税税目税额表》执行。

车辆的具体适用税额由省、自治区、直辖市人民政府依照本法所附《车船税税目税额表》规定的税额幅度和国务院的规定确定。

船舶的具体适用税额由国务院在本法所附《车船税税目税额表》规定的税额幅度内确定。

第三条　下列车船免征车船税：

（一）捕捞、养殖渔船；

（二）军队、武装警察部队专用的车船；

（三）警用车船；

（四）依照法律规定应当予以免税的外国驻华使领馆、国际组织驻华代表机构及其有关人员的车船。

第四条　对节约能源、使用新能源的车船可以减征或者免征车船税；对受严重自然灾害影响纳税困难以及有其他特殊原因确需减税、免税的，可以减征或者免征车船税。具体办法由国务院规定，并报全国人民代表大会常务委员会备案。

第五条　省、自治区、直辖市人民政府根据当地实际情况，可以对公共交通车船，农村居民拥有并主要在农村地区使用的摩托车、三轮汽车和低速载货汽车定期减征或者免征车船税。

第六条　从事机动车第三者责任强制保险业务的保险机构为机动车车船税的扣缴义务人，应当在收取保险费时依法代收车船税，并出具代收税款凭证。

第七条　车船税的纳税地点为车船的登记地或者车船税扣缴义务人所在地。依法不需要办理登记的车船，车船税的纳税地点为车船的所有人或者管理人所在地。

第八条　车船税纳税义务发生时间为取得车船所有权或者管理权的当月。

第九条　车船税按年申报缴纳。具体申报纳税期限由省、自治区、直辖市人民政府规定。

第十条　公安、交通运输、农业、渔业等车船登记管理部门、船舶检验机构和车船税扣缴义务人的行业主管部门应当在提供车船有关信息等方面，协助税务机关加强车船税的征收管理。

车辆所有人或者管理人在申请办理车辆相关登记、定期检验手续时，应当向公安机关交通管理部门提交依法纳税或者免税证明。公安机关交通管理部门核查后办理相关手续。

第十一条　车船税的征收管理，依照本法和《中华人民共和国税收征收管理法》的规定执行。

第十二条　国务院根据本法制定实施条例。

第十三条 本法自 2012 年 1 月 1 日起施行。2006 年 12 月 29 日国务院公布的《中华人民共和国车船税暂行条例》同时废止。

附：

车船税税目税额表

税目	计税单位	年基准税额	备注
乘用车〔按发动机汽缸容量（排气量）分档〕1.0 升（含）以下的	每辆	60 元至 360 元	核定载客人数 9 人（含）以下
乘用车〔按发动机汽缸容量（排气量）分档〕1.0 升以上至 1.6 升（含）的	每辆	300 元至 540 元	核定载客人数 9 人（含）以下
乘用车〔按发动机汽缸容量（排气量）分档〕1.6 升以上至 2.0 升（含）的	每辆	360 元至 660 元	核定载客人数 9 人（含）以下
乘用车〔按发动机汽缸容量（排气量）分档〕2.0 升以上至 2.5 升（含）的	每辆	660 元至 1 200 元	核定载客人数 9 人（含）以下
乘用车〔按发动机汽缸容量（排气量）分档〕2.5 升以上至 3.0 升（含）的	每辆	1 200 元至 2 400 元	核定载客人数 9 人（含）以下
乘用车〔按发动机汽缸容量（排气量）分档〕3.0 升以上至 4.0 升（含）的	每辆	2 400 元至 3 600 元	核定载客人数 9 人（含）以下
乘用车〔按发动机汽缸容量（排气量）分档〕4.0 升以上的	每辆	3 600 元至 5 400 元	核定载客人数 9 人（含）以下
商用车客车	每辆	480 元至 1 440 元	核定载客人数 9 人以上，包括电车
商用车货车	整备质量每吨	16 元至 120 元	包括半挂牵引车、三轮汽车和低速载货汽车等
挂车	整备质量每吨	按照货车税额的 50% 计算	（空）
其他车辆专用作业车	整备质量每吨	16 元至 120 元	不包括拖拉机
其他车辆轮式专用机械车	整备质量每吨	16 元至 120 元	不包括拖拉机
摩托车	每辆	36 元至 180 元	（空）
船舶机动船舶	净吨位每吨	3 元至 6 元	拖船、非机动驳船分别按照机动船舶税额的 50% 计算
船舶游艇	艇身长度每米	600 元至 2 000 元	（空）

2. 对《中华人民共和国车船税法》有关问题的解读

2011年2月25日，第十一届全国人民代表大会常务委员会第十九次会议通过了《中华人民共和国车船税法》（以下简称《车船税法》）。同日，国家主席胡锦涛签署第43号主席令予以公布，自2012年1月1日起施行。

一、《车船税法》出台的背景和必要性是什么？

答：2006年12月，国务院废止《车船使用牌照税暂行条例》和《车船使用税暂行条例》，制定了《车船税暂行条例》。《车船税暂行条例》自2007年1月1日施行以来，取得了较好效果。2010年车船税收入241.6亿元，比2006年车船使用牌照税和车船使用税收入总额增长3.8倍。

按照全国人大授权决定和立法法有关规定，国务院制定的税收单行条例在条件成熟时应当上升为法律。现阶段将《车船税暂行条例》上升为《车船税法》的条件已经成熟：一是车船税收从建国初期开征以来，特别是改革开放以来，在税收体制改革过程中，根据情况变化，国务院对车船税收制度做过多次调整和完善，奠定了立法的制度基础。二是在60年的征收实践中，无论税种名称如何变化，车船税的相关制度已经为社会所知晓，并被纳税人所接受。三是近年来我国经济处于快速发展时期，居民收入提高很快，汽车逐步进入家庭，机动车保有量快速增长。据统计，截至2010年10月，我国汽车产量和销量均超过美国，居世界第一，全社会机动车保有量达到1.99亿辆，成为仅次于美国的第二大机动车保有国。在我国人均资源拥有量少，经济社会发展资源环境承载能力较低，生态环境日益脆弱的情况下，汽车生产与消费的快速增长，面临着石油紧缺、交通拥堵、空气污染等问题。因此，在税制相对稳定，制定法律的条件比较成熟的情况下，有必要将车船税暂行条例上升为法律。

二、《车船税法》出台有哪些意义？

答：主要有以下四个方面的意义：一是体现税收法定原则。二是促进税收法律体系建设。三是通过立法完善了税制，体现税负公平。四是作为第一部由条例上升的法律和第一部地方税法律，具有标志性作用。

三、与《车船税暂行条例》相比，《车船税法》对相关税制要素作了哪些调整？

答：主要包括以下五个方面：

（一）完善征税范围。《车船税暂行条例》规定，车船税的征税范围是依法应当在车船管理部门登记的车船。不需登记的单位内部作业车船不征税。从车船税财产税性质和公平税负的角度出发，不论车船是否应向管理部门登记，都应纳入征税范围。《车船税法》不再按车船是否登记来确定是否具有纳税义务，将征税范围统一为本法规定的车船。

（二）改革乘用车计税依据。《车船税暂行条例》及实施细则规定，微型、小型客车（乘用车）按辆征收。车船税作为财产税，计税依据理论上应当是评估价值，但由于乘用车数量庞大且分散于千家万户，难以进行价值评估。考虑到乘用车的排气量与其价值总体上存在着正相关关系，《车船税法》将排气量作为乘用车计税依据。

（三）调整税负结构。一方面，为支持交通运输业发展，《车船税法》对占汽车总量28%左右的货车、摩托车以及船舶（游艇除外）仍维持原条例税额幅度不变；对载客9人以上的客车税额幅度略作提高；对挂车由原条例规定的与货车适用相同税额改为减按货车税额的50%征收。另一方面，为更好地发挥车船税的调节功能，体现对汽车消费和节能减排的政策导向，《车船税法》对占汽车总量72%左右的乘用车（也就是载客少于9人的汽车）

的税负，按发动机排气量大小分别作了降低、不变和提高的结构性调整。一是占现有乘用车总量87%左右、排气量在2.0升及以下的乘用车，税额幅度适当降低或维持不变；二是占现有乘用车总量10%左右、排气量为2.0升至2.5升（含）的中等排量车，税额幅度比现行税额幅度适当调高；三是占现有乘用车总量3%左右、排气量为2.5升以上的较大和大排量车，税额幅度比现行税额幅度有较大提高。

此外，为了体现车船税调节功能，《车船税法》将船舶中的游艇单列出来，明确按长度征税，并将税额幅度确定为每米600元至2000元。

（四）规范税收优惠。《车船税法》除了保留《车船税暂行条例》规定的省、自治区、直辖市人民政府可以对公共交通车船给予定期减、免税优惠外，还增加了以下三项优惠规定：一是对节约能源、使用新能源的车船可以减征或免征车船税；二是省、自治区、直辖市人民政府根据当地实际情况，可以对农村居民拥有并主要在农村地区使用的摩托车、三轮汽车和低速载货汽车定期减征或免征车船税；三是对受严重自然灾害影响、纳税困难以及其他特殊原因确需减、免税的，可以减征或免征车船税。

（五）强化征收管理。考虑到机动车数量庞大，税源分散，仅靠税务机关自身力量征管难度较大。公安机关交通管理部门的机动车管理机构比较健全，制度和管理手段比较严密，在不过多增加工作量的情况下，由其对车船税的征收予以协助，对于提高征收绩效、防止税源流失具有重要作用。为此，《车船税法》规定：车辆所有人或者管理人在申请办理车辆相关登记、定期检验手续时，应向公安机关交通管理部门提交依法纳税或者免税证明。公安机关交通管理部门核查后予以办理相关手续。

此外，船舶的流动性大，目前对船舶征税在源泉控制上效果不够理想。为此，《车船税法》规定，船检机构应当在提供船舶有关信息方面协助税务机关加强车船税的征收管理。

四、为什么将车船管理人也作为车船税的纳税人？

答：车船管理人是指对车船具有管理使用权，不具有所有权的单位。通常情况下，车船的所有人与车船的管理人是一致的。但在我国实践中，经常会出现车船的所有权与管理权分离的情形，如国家机关拥有所使用车船的管理使用权，其所有权属于国家。因此，就出现了车船的所有人与车船的管理人是不一致的情况。如果让抽象意义上的国家作为车船的所有人去缴纳车船税，在实践中是无法操作的。所以，《车船税法》将车船管理人也规定为车船税的纳税人。

五、为什么对乘用车按排气量征税？

答：对乘用车按排气量征税，主要基于以下考虑：从理论上讲，车船税作为财产税，其计税依据应当是车船的评估价值。但从实际情况看，车船价值难以评估。据统计分析，乘用车的排气量与其价值总体上存在着显著的正相关关系，排气量越大，销售价格越高。以2008年国内乘用车的数据为例，排气量与价格之间相关系数高达0.97175。从征管角度看，按排气量征税简便易行，在计税依据方面，排气量是替代价值或评估值的最佳选择。据了解，英国、德国、日本、韩国等都选择以排气量作为机动车保有环节征税的计税依据。如日本对乘用车按10档排气量征税，韩国对乘用车按6档排气量征税。

六、确定乘用车税额幅度的原则是什么？是否普遍增加了纳税人的负担？

答：主要原则有三项：一是考虑各地目前实际执行的税额标准。二是不增加大多数乘用车所有人的税负。三是参照大多数国家乘用车保有环节税负水平。据此，《车船税法》对占比87%的2.0升（含）以下乘用车保持原有税负或适度降低，对占比约为10%的2.0升至2.5升（含）乘用车税额幅度略有提高，对占比不到3%的2.5升以上乘用车税额幅度有较大提高。

此外，《车船税法》对除乘用车之外的货车、客车和船舶（游艇除外）等，基本维持了原有税负水平，对挂车由现行的与货车适用相同税额改为减按货车税额的 50% 征收。

总的来看，这次车船税立法税负维持不变，只做结构性调整。

七、为什么将部分档次乘用车的适用税额设置为前后相交叉？会否造成不同档次、不同地区税额出现倒挂现象？

答：《车船税法》将税额设置为前后相交叉，主要考虑有三：一是确保 1.6 升以上至 2.0 升（含）排量乘用车的名义税额幅度维持 360 元至 660 元不变。二是为涵盖和照顾现行各地乘用车实际税收负担情况，以避免法定税额与实际税负之间出现差异过大情况，有利于现行条例向新税法平稳过渡。三是考虑经济社会发展情况以及地方政府对机动车节能减排、交通拥堵实施调控的需要，为地方制定具体适用税额预留适当空间。

对税额前后相交叉引起税额倒挂问题，从理论上看，有这种可能性。但从实际情况看，省内税额由地方政府根据本地区乘用车保有情况统一制定，基本上不会出现税额倒挂问题，省际间税额由于地区间相互沟通、协商，税额倒挂出现的可能性也较小。同时，现行《车船税暂行条例实施细则》规定的载客汽车税额也是前后相交叉的，在实践中并未因此产生较大矛盾。

八、在当前通胀预期比较明显以及国家要逐步提高居民收入的形势下，为什么还要出台车船税法？

答：出台车船税法的主要原因在于，我国车船税制度已有 60 年的征收实践，目前制度比较稳定，立法条件比较成熟。通过立法进一步完善税制，体现税负公平，并不是为了增加收入。《车船税法》根据"总体税负不变"原则，优化了税负结构。对货车、挂车和船舶（游艇除外），以及 87% 左右的乘用车维持或下调了税负，对 13% 左右的乘用车增加了税负。作为保有环节征收的税种，车船税对交易价格基本不造成影响。车船税收入规模不大，不会对居民收入在国民收入分配中比重的提高造成大的影响。

九、为什么对游艇按长度征税？

答：游艇不同于一般船舶，具有特殊性，其计税依据和税额需要具体研究确定。一般来说，可考虑将净吨位、发动机功率、实际价值和长度作为游艇的计税依据。从净吨位看，由于制造游艇的材料多数由玻璃钢、铝合金等高级材料组成，此类材料具有重量轻的特点，净吨位与其价值关联性较低。从发动机功率看，同一长度的游艇可以根据个性化需要，选择不同功率的发动机，发动机功率大小与其价值也没有必然的正相关关系。从实际价值看，确定游艇的实际价值与确定车辆的实际价值存在同样的困难，在现行征管条件下难以按价格计征。基于此，国际大多数国家都将长度作为游艇的计税依据，主要考虑是游艇长度与其价值关联性较高，且直观易于测量，从长远考虑，也可较好地避免其他计税依据可能导致的征管漏洞。因此，《车船税法》选择长度作为游艇的计税依据。

十、为什么将游艇的适用税额确定为每米 600 元至 2 000 元？

答：《车船税暂行条例》将游艇视同普通船舶按净吨位征税，税额偏低，与游艇的实际价格偏差很大。考虑到游艇作为休闲娱乐用品，与乘用车作为代步工具不同，为体现税负公平，《车船税法》将税额具体确定为每米 600 元至 2 000 元。据了解，目前我国游艇一般长度范围在 7.9 米到 30 米之间，按上述税额幅度，税额约为每艘 4 800 元至 60 000 元之间。

十一、为何将扣缴义务人所在地也规定为车船税的纳税地点？

答：扣缴义务人是指承办机动车交强险的保险机构。将保险机构所在地也作为车船税的纳税地点，可使车主在购买交强险时，一并缴纳车船税，这既方便纳税人缴税，使车主少跑路，减少完税所需时间和成本，也避免了车主自行到税务机关交税因不熟悉道路、停车不方便、排队等候等等带来的麻烦，并有利于通过源泉控管，提高车船税征收效果。

十二、目前，对乘用车的所有人或管理人主要征收哪些税，是否属于重复征税？

答：我国目前对乘用车的所有人或管理人征收的税种主要有三个：车辆购置税、燃油消费税和车船税。其中，车辆购置税来源于车辆购置附加费，燃油消费税来源于养路费等收费。这两个税种都是通过费改税而来的，筹集的资金专门用于公路建设和养护。车船税属于财产税，是在保有环节征收的税种。新中国成立以来，车船税已有60年的征收历史，此次车船税立法不是新开征税种，只是立法。这三个税种各有侧重，功能不同，不存在重复征税或重复设置问题。

十三、为什么自2012年1月1日起施行？2011年应如何征收车船税？

答：《车船税法》自2012年1月1日起施行的主要考虑：一是国务院制定实施条例，地方明确乘用车适用税额，税法宣传及人员培训等各方面工作需要一定准备时间。二是车船税按年征收，自1月1日起施行有利于实现平稳过渡，方便计征。

2011年，仍按现行《车船税暂行条例》及其实施细则和各地制定的征收办法计征车船税。自2012年1月1日起，《车船税法》施行，2006年12月29日国务院公布的《中华人民共和国车船税暂行条例》同时废止。

3. 中华人民共和国车船税法实施条例

（2011年12月5日中华人民共和国国务院令第611号公布　根据2019年3月2日《国务院关于修改部分行政法规的决定》修订）

第一条　根据《中华人民共和国车船税法》（以下简称车船税法）的规定，制定本条例。

第二条　车船税法第一条所称车辆、船舶，是指：

（一）依法应当在车船登记管理部门登记的机动车辆和船舶；

（二）依法不需要在车船登记管理部门登记的在单位内部场所行驶或者作业的机动车辆和船舶。

第三条　省、自治区、直辖市人民政府根据车船税法所附《车船税税目税额表》确定车辆具体适用税额，应当遵循以下原则：

（一）乘用车依排气量从小到大递增税额；

（二）客车按照核定载客人数20人以下和20人（含）以上两档划分，递增税额。

省、自治区、直辖市人民政府确定的车辆具体适用税额，应当报国务院备案。

第四条　机动船舶具体适用税额为：

（一）净吨位不超过200吨的，每吨3元；

（二）净吨位超过200吨但不超过2 000吨的，每吨4元；

（三）净吨位超过2 000吨但不超过10 000吨的，每吨5元；

（四）净吨位超过10 000吨的，每吨6元。

拖船按照发动机功率每1千瓦折合净吨位0.67吨计算征收车船税。

第五条　游艇具体适用税额为：

（一）艇身长度不超过10米的，每米600元；

（二）艇身长度超过10米但不超过18米的，每米900元；

（三）艇身长度超过 18 米但不超过 30 米的，每米 1 300 元；

（四）艇身长度超过 30 米的，每米 2 000 元；

（五）辅助动力帆艇，每米 600 元。

第六条 车船税法和本条例所涉及的排气量、整备质量、核定载客人数、净吨位、千瓦、艇身长度，以车船登记管理部门核发的车船登记证书或者行驶证所载数据为准。

依法不需要办理登记的车船和依法应当登记而未办理登记或者不能提供车船登记证书、行驶证的车船，以车船出厂合格证明或者进口凭证标注的技术参数、数据为准；不能提供车船出厂合格证明或者进口凭证的，由主管税务机关参照国家相关标准核定，没有国家相关标准的参照同类车船核定。

第七条 车船税法第三条第一项所称的捕捞、养殖渔船，是指在渔业船舶登记管理部门登记为捕捞船或者养殖船的船舶。

第八条 车船税法第三条第二项所称的军队、武装警察部队专用的车船，是指按照规定在军队、武装警察部队车船登记管理部门登记，并领取军队、武警牌照的车船。

第九条 车船税法第三条第三项所称的警用车船，是指公安机关、国家安全机关、监狱、劳动教养管理机关和人民法院、人民检察院领取警用牌照的车辆和执行警务的专用船舶。

第十条 节约能源、使用新能源的车船可以免征或者减半征收车船税。免征或者减半征收车船税的车船的范围，由国务院财政、税务主管部门商国务院有关部门制订，报国务院批准。

对受地震、洪涝等严重自然灾害影响纳税困难以及其他特殊原因确需减免税的车船，可以在一定期限内减征或者免征车船税。具体减免期限和数额由省、自治区、直辖市人民政府确定，报国务院备案。

第十一条 车船税由税务机关负责征收。

第十二条 机动车车船税扣缴义务人在代收车船税时，应当在机动车交通事故责任强制保险的保险单以及保费发票上注明已收税款的信息，作为代收税款凭证。

第十三条 已完税或者依法减免税的车辆，纳税人应当向扣缴义务人提供登记地的主管税务机关出具的完税凭证或者减免税证明。

第十四条 纳税人没有按照规定期限缴纳车船税的，扣缴义务人在代收代缴税款时，可以一并代收代缴欠缴税款的滞纳金。

第十五条 扣缴义务人已代收代缴车船税的，纳税人不再向车辆登记地的主管税务机关申报缴纳车船税。

没有扣缴义务人的，纳税人应当向主管税务机关自行申报缴纳车船税。

第十六条 纳税人缴纳车船税时，应当提供反映排气量、整备质量、核定载客人数、净吨位、千瓦、艇身长度等与纳税相关信息的相应凭证以及税务机关根据实际需要要求提供的其他资料。

纳税人以前年度已经提供前款所列资料信息的，可以不再提供。

第十七条 车辆车船税的纳税人按照纳税地点所在的省、自治区、直辖市人民政府确定的具体适用税额缴纳车船税。

第十八条 扣缴义务人应当及时解缴代收代缴的税款和滞纳金，并向主管税务机关申报。扣缴义务人向税务机关解缴税款和滞纳金时，应当同时报送明细的税款和滞纳金扣缴报告。扣缴义务人解缴税款和滞纳金的具体期限，由省、自治区、直辖市税务机关依照法律、行政法规的规定确定。

第十九条 购置的新车船，购置当年的应纳税额自纳税义务发生的当月起按月计算。

应纳税额为年应纳税额除以 12 再乘以应纳税月份数。

在一个纳税年度内，已完税的车船被盗抢、报废、灭失的，纳税人可以凭有关管理机关出具的证明和完税凭证，向纳税所在地的主管税务机关申请退还自被盗抢、报废、灭失月份起至该纳税年度终了期间的税款。

已办理退税的被盗抢车船失而复得的，纳税人应当从公安机关出具相关证明的当月起计算缴纳车船税。

第二十条 已缴纳车船税的车船在同一纳税年度内办理转让过户的，不另纳税，也不退税。

第二十一条 车船税法第八条所称取得车船所有权或者管理权的当月，应当以购买车船的发票或者其他证明文件所载日期的当月为准。

第二十二条 税务机关可以在车船登记管理部门、车船检验机构的办公场所集中办理车船税征收事宜。

公安机关交通管理部门在办理车辆相关登记和定期检验手续时，经核查，对没有提供依法纳税或者免税证明的，不予办理相关手续。

第二十三条 车船税按年申报，分月计算，一次性缴纳。纳税年度为公历 1 月 1 日至 12 月 31 日。

第二十四条 临时入境的外国车船和香港特别行政区、澳门特别行政区、台湾地区的车船，不征收车船税。

第二十五条 按照规定缴纳船舶吨税的机动船舶，自车船税法实施之日起 5 年内免征车船税。

依法不需要在车船登记管理部门登记的机场、港口、铁路站场内部行驶或者作业的车船，自车船税法实施之日起 5 年内免征车船税。

第二十六条 车船税法所附《车船税税目税额表》中车辆、船舶的含义如下：

乘用车，是指在设计和技术特性上主要用于载运乘客及随身行李，核定载客人数包括驾驶员在内不超过 9 人的汽车。

商用车，是指除乘用车外，在设计和技术特性上用于载运乘客、货物的汽车，划分为客车和货车。

半挂牵引车，是指装备有特殊装置用于牵引半挂车的商用车。

三轮汽车，是指最高设计车速不超过每小时 50 公里，具有三个车轮的货车。

低速载货汽车，是指以柴油机为动力，最高设计车速不超过每小时 70 公里，具有四个车轮的货车。

挂车，是指就其设计和技术特性需由汽车或者拖拉机牵引，才能正常使用的一种无动力的道路车辆。

专用作业车，是指在其设计和技术特性上用于特殊工作的车辆。

轮式专用机械车，是指有特殊结构和专门功能，装有橡胶车轮可以自行行驶，最高设计车速大于每小时 20 公里的轮式工程机械车。

摩托车，是指无论采用何种驱动方式，最高设计车速大于每小时 50 公里，或者使用内燃机，其排量大于 50 毫升的两轮或者三轮车辆。

船舶，是指各类机动、非机动船舶以及其他水上移动装置，但是船舶上装备的救生艇筏和长度小于 5 米的艇筏除外。其中，机动船舶是指用机器推进的船舶；拖船是指专门用于拖（推）动运输船舶的专业作业船舶；非机动驳船，是指在船舶登记管理部门登记为驳船的非机动船舶；游艇是指具备内置机械推进动力装置，长度在 90 米以下，主要用于游览观光、休闲娱乐、水上体育运动等活动,并应当具有船舶检验证书和适航证书的船舶。

第二十七条 本条例自 2012 年 1 月 1 日起施行。

4. 国家税务总局有关负责人就车船税法及其实施条例相关内容答记者问

今年 2 月 25 日,全国人大常委会通过了《中华人民共和国车船税法》,12 月 5 日,国务院颁布了《中华人民共和国车船税法实施条例》。车船税法及其实施条例将于 2012 年 1 月 1 日起施行。在车船税法实施前夕,记者就车船税法及其实施条例有关内容采访了国家税务总局有关负责人。

问:明年 1 月 1 日起,新的车船税法开始实施。请问,新老车船税税制有什么明显的区别?

答:车船税是对车辆和船舶按年征收的一种税。车船税不是一个新税种,早在 1951 年,我们就有车船使用牌照税,后来又改为车船使用税、车船税。目前,车船税是依据国务院发布的《中华人民共和国车船税暂行条例》缴税,明年 1 月 1 日起就要依据《中华人民共和国车船税法》缴税。新的车船税法在征税范围、计税依据、税收优惠和征收管理等方面都作了一些修改和完善。与车船税暂行条例相比,最大的区别是,新的车船税法规定乘用车也就是核定载客人数在 9 人及 9 人以下的载客汽车要按发动机排气量大小计征车船税,而之前的车船税是按载客人数多少计税。同时,新的车船税法对节约能源、使用新能源的车船做出免征或者减征车船税的规定。这一新变化体现了国家促进节能减排和保护环境的政策导向。

问:哪些人负有车船税的纳税义务,哪些车船需要缴税?哪些车船不需要缴税?

答:车船的所有人或者管理人是车船税的纳税义务人。其中,所有人是指在我国境内拥有车船的单位和个人,对于私家车来说,也就是我们通常所说的车主;管理人是指对车船具有管理权或者使用权,不具有所有权的单位。

车船税法所附的《车船税税目税额表》中列举的车辆、船舶都需要缴纳车船税,具体有乘用车、商用车、挂车、其他车辆、摩托车和船舶六大类。

拖拉机、纯电动乘用车、燃料电池乘用车、非机动车船(不包括非机动驳船)均不在车船税法规定的征税范围内,不需缴纳车船税。临时入境的外国车船和香港特别行政区、澳门特别行政区、台湾地区的车船,也不需要缴纳车船税。

问:新车船税法规定的车辆和船舶的税额是多少?税负与之前相比变化大吗?

答:车船税法对乘用车的税负,分别作了降低、不变和提高的结构性调整。比如,对占汽车总量 72% 左右的乘用车,按发动机排气量大小划分七档,对每一档分别规定了税额幅度。其中,对占现有乘用车总量 87% 左右、排气量在 2.0 升及以下的排量较小的乘用车,税额幅度适当降低或维持不变;对占现有乘用车总量 10% 左右、排气量为 2.0 升至 2.5 升(含)的中等排量乘用车,税额幅度适当调高;对占现有乘用车总量 3% 左右、排气量为 2.5 升以上的较大和大排量乘用车,税额幅度有较大提高。对占汽车总量 28% 左右的货车、摩托车以及船舶(游艇除外)仍维持原税额幅度不变;载客 9 人以上的客车,税额幅度略作提高。挂车改为减按货车税额的 50% 征收。而将船舶中的游艇单列出来,按艇身长度划分为四档,每米税额为 600 元至 2 000 元。

需要特别说明的是,车辆的具体适用税额是由各省、自治区、直辖市人民政府依照车船税法所附的《车船税税目税额表》规定的税额幅度和国务院的规定确定。因此,纳税人办理车辆车船税纳税手续时，请关注自己车辆的登记地或购买机动车交通事故责任强制保险地的省级人民政府规定的具体适用税额。船舶的适用税额是由国务院公布的车船税法实施条例明确规定，其税额是全国统一的。

问：车船税法及其实施条例增加了哪些税收优惠政策？

答：车船税法及实施条例增加了多项税收优惠。一是对节约能源、使用新能源的车船免征或者减半征收车船税，减免税范围由国务院财政、税务主管部门商国务院有关部门制订，报国务院批准。二是授权省、自治区、直辖市人民政府根据当地实际情况，可以对农村居民拥有并主要在农村地区使用的摩托车、三轮汽车和低速载货汽车定期减征或者免征车船税。三是对受地震、洪涝等严重自然灾害影响纳税困难以及有其他特殊原因确需减免的车船，可以在一定期限内减征或者免征车船税。此外，车船税法保留了省、自治区、直辖市人民政府可以对公共交通车船给予定期减、免税等优惠政策。

问：机动车的车船税应如何缴纳？缴纳时间有何规定？2012年新购置的车船，怎么缴纳车船税？

答：缴纳机动车车船税有两种方式：一种方式是纳税人自行向主管税务机关申报缴纳车船税；另一种方式是纳税人在办理机动车交通事故责任强制保险时由保险机构代收代缴车船税。

纳税人自行向主管税务机关申报缴纳车船税的，纳税地点为车船登记地；依法不需要办理登记的车船，纳税地点为车船的所有人或者管理人的所在地。由保险机构代收代缴车船税的，纳税地点为保险机构所在地。需要注意的是，由于从事机动车交通事故责任强制保险业务的保险机构为机动车车船税扣缴义务人，因此，纳税人在办理机动车交通事故责任强制保险业务时，应当一并缴纳车船税；如果已经自行申报缴纳了车船税，应当提供机动车的完税证明。

特别提醒广大纳税人，明年是车船税法实施的第一年，请纳税人在办理缴纳机动车车船税手续时，要按照车船税法和实施条例的有关规定，提供反映排气量、整备质量、核定载客人数等与纳税相关信息的相应凭证以及税务机关根据实际需要要求提供的其他资料。

纳税人在办理机动车相关登记和定期检验手续时，公安机关交通管理部门将对车船税完税情况实施核查，对没有提供依法纳税或者免税证明的，不予办理相关手续。

车船税是按年申报，分月计算，一次性缴纳。具体申报纳税期限由各省、自治区、直辖市人民政府规定。

车船税纳税义务发生时间为取得车船所有权或者管理权的当月，以购买车船的发票或者其他证明文件所载日期的当月为准。对于2012年新购置的车船，购置当年的应纳税额自纳税义务发生的当月起按月计算，应纳税额为年应纳税额除以12再乘以应纳税月份数。

问：对减轻纳税人的办税负担，税务部门如何考虑？

答：车船税纳税人众多，且多为自然人，为了方便纳税人缴税，切实减轻纳税人的负担，税务部门考虑到纳税人的实际困难，做出以下两条规定：

一是纳税人在办理机动车交通事故责任强制保险时一并缴纳车船税，保险机构所在地即为车船税的纳税地点。这样可以方便车主在购买机动车交通事故责任强制保险的同时履行纳税义务，为纳税人节省时间，降低成本。保险机构已代收代缴车船税的，纳税人不需要再向车船登记地的主管税务机关申报车船税的相关信息。

二是纳税人在车船税法实施后已经提供过与纳税相关信息的凭证的，以后年度可以不再提供这类凭证。

5. 国家税务总局关于车船税征管若干问题的公告

国家税务总局公告 2013 年第 42 号

为规范车船税征管，维护纳税人合法权益，根据《中华人民共和国车船税法》（以下简称车船税法）及其实施条例，现将车船税有关征管问题明确如下：

一、关于专用作业车的认定

对于在设计和技术特性上用于特殊工作，并装置有专用设备或器具的汽车，应认定为专用作业车，如汽车起重机、消防车、混凝土泵车、清障车、高空作业车、洒水车、扫路车等。以载运人员或货物为主要目的的专用汽车，如救护车，不属于专用作业车。

二、关于税务机关核定客货两用车的征税问题

客货两用车，又称多用途货车，是指在设计和结构上主要用于载运货物，但在驾驶员座椅后带有固定或折叠式座椅，可运载 3 人以上乘客的货车。客货两用车依照货车的计税单位和年基准税额计征车船税。

三、关于车船税应纳税额的计算

车船税法及其实施条例涉及的整备质量、净吨位、艇身长度等计税单位，有尾数的一律按照含尾数的计税单位据实计算车船税应纳税额。计算得出的应纳税额小数点后超过两位的可四舍五入保留两位小数。

乘用车以车辆登记管理部门核发的机动车登记证书或者行驶证书所载的排气量毫升数确定税额区间。

四、关于车船因质量问题发生退货时的退税

已经缴纳车船税的车船，因质量原因，车船被退回生产企业或者经销商的，纳税人可以向纳税所在地的主管税务机关申请退还自退货月份起至该纳税年度终了期间的税款。退货月份以退货发票所载日期的当月为准。

五、关于扣缴义务人代收代缴后车辆登记地主管税务机关不再征收车船税

纳税人在购买"交强险"时，由扣缴义务人代收代缴车船税的，凭注明已收税款信息的"交强险"保险单，车辆登记地的主管税务机关不再征收该纳税年度的车船税。再次征收的，车辆登记地主管税务机关应予退还。

六、关于扣缴义务人代收代缴欠缴税款滞纳金的起算时间

车船税扣缴义务人代收代缴欠缴税款的滞纳金，从各省、自治区、直辖市人民政府规定的申报纳税期限截止日期的次日起计算。

七、关于境内外租赁船舶征收车船税的问题

境内单位和个人租入外国籍船舶的，不征收车船税。境内单位和个人将船舶出租到境外的，应依法征收车船税。

本公告自 2013 年 9 月 1 日起施行。《国家税务总局关于车船税征管若干问题的通知》（国税发〔2008〕48 号）同时废止。

特此公告。

国家税务总局
2013 年 7 月 26 日

6. 关于《车船税征管若干问题的公告》的解读

最近，国家税务总局印发了《关于车船税征管若干问题的公告》（以下简称《公告》），以规范车船税征管，维护纳税人合法权益。现就《公告》内容解读如下：

一、该《公告》出台的背景是什么？

2008年5月，国家税务总局根据《中华人民共和国车船税暂行条例》及其实施细则的有关规定，下发了《关于车船税征管若干问题的通知》（国税发〔2008〕48号，以下简称《通知》），明确了车船税有关的征管问题。2012年1月1日，《中华人民共和国车船税法》（以下简称车船税法）及其实施条例正式实施，新的车船税法在征税范围、计税依据、税收优惠和征收管理等方面都作了一些修改和完善。为此，国家税务总局针对车船税法实施一年来发现的征管具体问题，制定下发了《公告》并同时废止《通知》。

二、专用作业车和客货两用车适用税目应如何界定？

实际征管中，专用作业车容易与属于商用车税目的专用汽车混淆。为此，《公告》主要参照《机动车运行安全技术条件》（GB 7258-2012）和《机动车类型 术语和定义》（GA 802-2008）中专项作业车的相关内容，对专用作业车的概念进行明确，且举例予以说明。同时，考虑政策的延续性，《公告》中对不能提供机动车登记证书、行驶证、机动车出厂合格证明或者进口凭证确定车辆类型的客货两用车，仍按照《中华人民共和国车船税暂行条例》的界定原则，按货车计征车船税。

三、计算车船税应纳税款应注意哪些要点？

根据实施条例第六条，车船税法及其实施条例涉及的整备质量、净吨位、艇身长度等计税单位应以车船登记管理部门核发的车船登记证书或者行驶证所载数据为准。为了统一各地计算口径，《公告》明确计税单位有尾数的一律按照含尾数的计税单位据实计算车船税，得出应纳税额小数点后超过两位的可四舍五入保留两位小数。

另外，乘用车车船税适用税额按照发动机气缸容量（排气量）来确定。由于机动车登记证书或者行驶证书的排气量以毫升为单位，根据实施条例第六条，《公告》明确乘用车确定税额区间以毫升数为准。

四、车船税因质量问题发生退货该如何计算应退还的税款？

已完税车船因质量问题办理退货，纳税人不再保有和使用该车船，纳税义务消失。由于车船税是按年申报缴纳，为了维护纳税人合法权益，《公告》规定纳税人可退还自退货月份起至该纳税年度终了期间的税款，退货月份以退货发票所载日期的当月为准。

五、《公告》为何强调扣缴义务人代收代缴后车辆登记地主管税务机关不再征收车船税的问题？

实施条例第十五条规定，扣缴义务人已代收代缴车船税的，纳税人不再向车辆登记地的主管税务机关申报缴纳车船税。为了严格贯彻落实车船税法及其实施条例，《公告》规定只要纳税人能够提供注明已收税款信息的"交强险"保险单，登记地主管税务机关就不应再次征收车船税，否则车辆登记地主管税务机关应予退还。

六、扣缴义务人代收代缴欠缴税款滞纳金如何确定起算时间？

车船税法第九条规定"具体申报纳税期限由省、自治区、直辖市人民政府规定"，考虑到各地对纳税期限规定各不相同，《公告》规定代收代缴欠缴税款滞纳金具体起算时间，按各省、自治区直辖市人民政府按规定的申报纳税期限截止日期的次日计算。

七、境内外租赁船舶应如何确定征税范围？

境内单位和个人租入的外国籍船舶不需要在船舶管理部门办理所有权登记和船舶国籍登记，财产权仍属于境外，不属于车船税征收范围。境内单位和个人出租到境外的船舶仍属我国船舶，仍需在我国船舶管理部门办理所有权登记和船舶国籍登记，应征收车船税。

7. 财政部 国家税务总局 工业和信息化部关于节约能源 使用新能源车船税优惠政策的通知

财税〔2015〕51号

各省、自治区、直辖市、计划单列市财政厅（局）、地方税务局、工业和信息化主管部门，西藏、宁夏回族自治区国家税务局，新疆生产建设兵团财务局、工业和信息化委员会：

为促进节约能源，鼓励使用新能源，根据《中华人民共和国车船税法》及其实施条例有关规定，经国务院批准，现将节约能源、使用新能源车船的车船税优惠政策通知如下：

一、对节约能源车船，减半征收车船税。

（一）减半征收车船税的节约能源乘用车应同时符合以下标准：

1. 获得许可在中国境内销售的排量为1.6升以下（含1.6升）的燃用汽油、柴油的乘用车（含非插电式混合动力乘用车和双燃料乘用车）；

2. 综合工况燃料消耗量应符合标准，具体标准见附件1；

3. 污染物排放符合《轻型汽车污染物排放限值及测量方法（中国第五阶段）》（GB18352.5-2013）标准中Ⅰ型试验的限值标准。

（二）减半征收车船税的节约能源商用车应同时符合下列标准：

1. 获得许可在中国境内销售的燃用天然气、汽油、柴油的重型商用车（含非插电式混合动力和双燃料重型商用车）；

2. 燃用汽油、柴油的重型商用车综合工况燃料消耗量应符合标准，具体标准见附件2；

3. 污染物排放符合《车用压燃式、气体燃料点燃式发动机与汽车排气污染物排放限值及测量方法（中国Ⅲ，Ⅳ，Ⅴ阶段）》（GB17691-2005）标准中第Ⅴ阶段的标准。

减半征收车船税的节约能源船舶和其他车辆等的标准另行制定。

二、对使用新能源车船，免征车船税。

（一）免征车船税的使用新能源汽车是指纯电动商用车、插电式（含增程式）混合动力汽车、燃料电池商用车。纯电动乘用车和燃料电池乘用车不属于车船税征税范围，对其不征车船税。

（二）免征车船税的使用新能源汽车（不含纯电动乘用车和燃料电池乘用车，下同），应同时符合下列标准：

1. 获得许可在中国境内销售的纯电动商用车、插电式（含增程式）混合动力汽车、燃料电池商用车；

2. 纯电动续驶里程符合附件3标准；

3. 使用除铅酸电池以外的动力电池;

4. 插电式混合动力乘用车综合燃料消耗量(不计电能消耗)与现行的常规燃料消耗量国家标准中对应目标值相比小于60%;插电式混合动力商用车(含轻型、重型商用车)燃料消耗量(不含电能转化的燃料消耗量)与现行的常规燃料消耗量国家标准中对应限值相比小于60%;

5. 通过新能源汽车专项检测,符合新能源汽车标准,具体标准见附件3。

免征车船税的使用新能源船舶的标准另行制定。

三、符合上述标准的节约能源乘用车、商用车,以及使用新能源汽车,由财政部、国家税务总局、工业和信息化部不定期联合发布《享受车船税减免优惠的节约能源 使用新能源汽车车型目录》(以下简称《目录》)予以公告。

四、汽车生产企业或进口汽车经销商(以下简称企业),生产或进口符合上述标准的汽车的,可自愿向工业和信息化部提出将其产品列入《目录》的书面申请,并按照有关要求填写书面报告(报告样本见附件4、附件5),通过工业和信息化部节能汽车税收优惠目录申报系统、新能源汽车税收优惠目录申报系统提交申报资料。申请人对申报资料的真实性负责。

五、财政部、国家税务总局、工业和信息化部组织有关专家对企业申报资料进行审查,并将审查结果在工业和信息化部网站公示5个工作日,没有异议的,纳入《目录》,予以发布。对产品与申报材料不符,产品性能指标未达到标准,或者企业提供其他虚假信息的,应及时从《目录》中撤销该车型,并依照相关法律法规对该企业予以处理。

六、本通知发布后,列入《目录》的节约能源、使用新能源汽车,自《目录》公告之日起,按《目录》和本通知相关规定享受车船税减免优惠政策;《目录》公告后取得的节约能源、使用新能源汽车,属于第一批、第二批《节约能源 使用新能源车辆减免车船税的车型目录》,但未列入《目录》的,不得享受相关优惠政策;《目录》公告前,已取得的列入第一批、第二批《节约能源 使用新能源车辆减免车船税的车型目录》的节约能源、使用新能源汽车,不论是否转让,可继续享受车船税减免优惠政策。

七、本通知自发布之日起执行。《财政部 国家税务总局 工业和信息化部关于节约能源 使用新能源车船车船税政策的通知》(财税〔2012〕19号)同时废止。

附件: 1. 节约能源乘用车综合工况燃料消耗量限值标准(略)。
   2. 节约能源重型商用车综合工况燃料消耗量限值标准(略)。
   3. 新能源汽车纯电动续驶里程及专项检验标准(略)。
   4. 节约能源车型报告(略)。
   5. 使用新能源车型报告(略)。

财政部 国家税务总局 工业和信息化部
2015年5月7日

8. 国家税务总局关于发布《车船税管理规程(试行)》的公告

国家税务总局公告2015年第83号

为进一步规范车船税管理,促进税务机关同其他部门协作,提高车船税管理水平,国家税务总局制定了《车船税管理规程（试行）》，现予发布，自 2016 年 1 月 1 日起施行。特此公告。

国家税务总局
2015 年 11 月 26 日

车船税管理规程（试行）

第一章 总　则

第一条 为进一步规范车船税管理，提高车船税管理水平，促进税务机关同其他部门协作，根据《中华人民共和国车船税法》（以下简称车船税法）及其实施条例以及相关法律、法规，制定本规程。

第二条 车船税管理应当坚持依法治税原则，按照法定权限与程序，严格执行相关法律法规和税收政策，坚决维护税法的权威性和严肃性，切实保护纳税人合法权益。

税务机关应当根据车船税法和相关法律法规要求，提高税收征管质效，减轻纳税人办税负担，优化纳税服务，加强部门协作，实现信息管税。

第三条 本规程适用于车船税管理中所涉及的税源管理、税款征收、减免税和退税管理、风险管理等事项。税务登记、税收票证、税收计划、税收会计、税收统计、档案资料等其他有关管理事项按照相关规定执行。

第二章 税源管理

第四条 税务机关应当按照车船税统一申报表数据指标建立车船税税源数据库。

第五条 税务机关、保险机构和代征单位应当在受理纳税人申报或者代收代征车船税时，根据相关法律法规及委托代征协议要求，整理《车船税纳税申报表》《车船税代收代缴报告表》的涉税信息，并及时共享。

税务机关应当将自行征收车船税信息和获取的车船税第三方信息充实到车船税税源数据库中。同时要定期进行税源数据库数据的更新、校验、清洗等工作，保障车船税税源数据库的完整性和准确性。

第六条 税务机关应当积极同相关部门建立联席会议、合作框架等制度，采集以下第三方信息：

（一）保险机构代收车船税车辆的涉税信息；

（二）公安交通管理部门车辆登记信息；

（三）海事部门船舶登记信息；

（四）公共交通管理部门车辆登记信息；

（五）渔业船舶登记管理部门船舶登记信息；

（六）其他相关部门车船涉税信息。

第三章 税款征收

第七条 纳税人向税务机关申报车船税，税务机关应当受理，并向纳税人开具含有车船信息的完税凭证。

第八条 税务机关按第七条征收车船税的，应当严格依据车船登记地确定征管范围。依法不需要办理登记的车船，应当依据车船的所有人或管理人所在地确定征管范围。车船登记地或车船所有人或管理人所在地以外的车船税，税务机关不应征收。

第九条 保险机构应当在收取机动车第三者责任强制保险费时依法代收车船税，并将注明已收税款信息的机动车第三者责任强制保险单及保费发票作为代收税款凭证。

第十条 保险机构应当按照本地区车船税代收代缴管理办法规定的期限和方式，及时向保险机构所在地的税务机关办理申报、结报手续，报送代收代缴税款报告表和投保机动车缴税的明细信息。

第十一条 对已经向主管税务机关申报缴纳车船税的纳税人，保险机构在销售机动车第三者责任强制保险时，不再代收车船税，但应当根据纳税人的完税凭证原件，将车辆的完税凭证号和出具该凭证的税务机关名称录入交强险业务系统。

对出具税务机关减免税证明的车辆，保险机构在销售机动车第三者责任强制保险时，不代收车船税，保险机构应当将减免税证明号和出具该证明的税务机关名称录入交强险业务系统。

纳税人对保险机构代收代缴税款数额有异议的，可以直接向税务机关申报缴纳，也可以在保险机构代收代缴税款后向税务机关提出申诉，税务机关应在接到纳税人申诉后按照本地区代收代缴管理办法规定的受理程序和期限进行处理。

第十二条 车船税联网征收系统已上线地区税务机关应当及时将征收信息、减免税信息、保险机构和代征单位汇总解缴信息等传递至车船税联网征收系统，与税源数据库历史信息进行比对核验，实现税源数据库数据的实时更新、校验、清洗，以确保车船税足额收缴。

第十三条 税务机关可以根据有利于税收管理和方便纳税的原则，委托交通运输部门的海事管理机构等单位在办理车船登记手续或受理车船年度检验信息报告时代征车船税，同时向纳税人出具代征税款凭证。

第十四条 代征单位应当根据委托代征协议约定的方式、期限及时将代征税款解缴入库，并向税务机关提供代征车船明细信息。

第十五条 代征单位对出具税务机关减免税证明或完税凭证的车船，不再代征车船税。代征单位应当记录上述凭证的凭证号和出具该凭证的税务机关名称，并将上述凭证的复印件存档备查。

代征单位依法履行委托代征税款职责时，纳税人不得拒绝。纳税人拒绝的，代征单位应当及时报告税务机关。

第四章 减免税退税管理

第十六条 税务机关应当依法减免车船税。保险机构、代征单位对已经办理减免税手续的车船不再代收代征车船税。

税务机关、保险机构、代征单位应当严格执行财政部、国家税务总局、工业和信息化部公布的节约能源、使用新能源车船减免税政策。对不属于车船税征税范围的纯电动乘用车和燃料电池乘用车，应当积极获取车辆的相关信息予以判断，对其征收了车船税的应当及时予以退税。

第十七条 税务机关应当将本地区车船税减免涉及的具体车船明细信息和相关减免税额存档备查。

第十八条 车船税退税管理应当按照税款缴库退库有关规定执行。

第十九条 已经缴纳车船税的车船，因质量原因，车船被退回生产企业或者经销商的，纳税人可以向纳税所在地的主管税务机关申请退还自退货月份起至该纳税年度终了期间的税款，退货月份以退货发票所载日期的当月为准。

第二十条 已完税车辆被盗抢、报废、灭失而申请车船税退税的，由纳税人纳税所在地的主管税务机关按照有关规定办理。

第二十一条 纳税人在车辆登记地之外购买机动车第三者责任强制保险，由保险机构代收代缴车船税的，凭注明已收税款信息的机动车第三者责任强制保险单或保费发票，车辆登记地的主管税务机关不再征收该纳税年度的车船税，已经征收的应予退还。

第五章 风险管理

第二十二条 税务机关应当加强车船税风险管理，构建车船税风险管理指标体系，依托现代化信息技术，对车船税管理的风险点进行识别、监控、预警，做好风险应对处置工作。

税务机关应当根据国家税务总局关于财产行为税风险管理工作的要求开展车船税风险管理工作。

第二十三条 税务机关重点可以通过以下方式加强车船税风险管理：

（一）将申报已缴纳车船税车船的排量、整备质量、载客人数、吨位、艇身长度等信息与税源数据库中对应的信息进行比对，防范少征、错征税款风险；

（二）将保险机构、代征单位申报解缴税款与实际入库税款进行比对，防范少征、漏征风险；

（三）……

【注释】第二十三条第三项废止，参见《国家税务总局关于城镇土地使用税等"六税一费"优惠事项资料留存备查的公告》（国家税务总局公告2019年第21号）。

（四）将车船税联网征收系统车辆完税信息与本地区车辆完税信息进行比对，防范少征、漏征、重复征税风险等。

税务机关应当根据本地区车船税征管实际情况，设计适应本地区征管实际的车船税风险指标。

第六章 附　则

第二十四条 各省、自治区、直辖市税务机关可根据本规程制定具体实施意见。

第二十五条 本规程自2016年1月1日起施行。

9. 关于《车船税管理规程（试行）》公告的解读

一、发文背景和意义

《中华人民共和国车船税法》及其实施条例自2012年施行以来，完善了税源管控和征收措施，方便了广大纳税人，提高了车船税征管效率。但也遇到一些亟待明确或细化的问题。为进一步规范车船税管理，提高车船税管理水平，促进税务机关同其他部门协作，国家税务总局在广泛听取地方税务机关意见的基础上，制定本《规程》。

二、《规程》的主要内容

《规程》分为六章二十五条,主要明确了车船税管理所涉及的税源管理、税款征收、减免税和退税管理以及风险管理等事项。

（一）明确税源管理相关事项

为进一步提高车船税征管质效、减轻纳税人负担,《规程》第二章对车船税税源管理提出了要求,主要有按照车船税统一申报表数据指标建立车船税税源数据库,加强税源数据库管理,建立部门合作机制和采集第三方信息等。

（二）明确税款征收相关事项

根据地方税务机关以及纳税人反映的情况,《规程》第三章明确税务机关应当保留受理纳税人自主申报车船税的职能,为纳税人自主申报缴纳车船税提供便利。对税务机关直接征收的车船和依法不需要办理登记的车船等两类情形的征管范围进行了明确。对保险机构、代征单位的代收代缴、委托代征工作进行了规范。对税务机关依托车船税联网征收系统,提高车船税管理工作提出了相关要求。

（三）明确车船税减免税和退税管理相关事项

《规程》第四章对税务机关、保险机构、代征单位办理减免税工作提出了要求。

为减轻纳税人办税负担,落实国地税合作规范,对纳税人因质量原因退货、被盗抢、报废、灭失等情形发生的退税,提出了退税管理的相关要求。

（四）明确车船税风险管理相关事项

《规程》第五章要求税务机关应当根据国家税务总局关于财产行为税风险管理工作的要求开展车船税风险管理工作,并要求在《规程》所列重点风险指标的基础上,因地制宜,设计适用于本地区的车船税风险指标。

10. 财政部　税务总局　工业和信息化部　交通运输部
关于节能、新能源车船享受车船税优惠政策的通知

财税〔2018〕74号

各省、自治区、直辖市、计划单列市财政厅（局）、工业和信息化主管部门、交通运输厅（局），国家税务总局各省、自治区、直辖市、计划单列市税务局,新疆生产建设兵团财政局、工业和信息化委员会：

为促进节约能源,鼓励使用新能源,根据《中华人民共和国车船税法》及其实施条例有关规定,经国务院批准,现将节约能源、使用新能源（以下简称节能、新能源）车船的车船税优惠政策通知如下：

一、对节能汽车,减半征收车船税。

（一）减半征收车船税的节能乘用车应同时符合以下标准：

1.获得许可在中国境内销售的排量为1.6升以下（含1.6升）的燃用汽油、柴油的乘用车（含非插电式混合动力、双燃料和两用燃料乘用车）；

2.综合工况燃料消耗量应符合标准,具体要求见附件1。

（二）减半征收车船税的节能商用车应同时符合以下标准：

1.获得许可在中国境内销售的燃用天然气、汽油、柴油的轻型和重型商用车（含非插

电式混合动力、双燃料和两用燃料轻型和重型商用车）；

2.燃用汽油、柴油的轻型和重型商用车综合工况燃料消耗量应符合标准，具体标准见附件2、附件3。

二、对新能源车船，免征车船税。

（一）免征车船税的新能源汽车是指纯电动商用车、插电式（含增程式）混合动力汽车、燃料电池商用车。纯电动乘用车和燃料电池乘用车不属于车船税征税范围，对其不征车船税。

（二）免征车船税的新能源汽车应同时符合以下标准：

1.获得许可在中国境内销售的纯电动商用车、插电式（含增程式）混合动力汽车、燃料电池商用车；

2.符合新能源汽车产品技术标准，具体标准见附件4；

3.通过新能源汽车专项检测，符合新能源汽车标准，具体标准见附件5；

4.新能源汽车生产企业或进口新能源汽车经销商在产品质量保证、产品一致性、售后服务、安全监测、动力电池回收利用等方面符合相关要求，具体要求见附件6。

（三）免征车船税的新能源船舶应符合以下标准：

船舶的主推进动力装置为纯天然气发动机。发动机采用微量柴油引燃方式且引燃油热值占全部燃料总热值的比例不超过5%的，视同纯天然气发动机。

三、符合上述标准的节能、新能源汽车，由工业和信息化部、税务总局不定期联合发布《享受车船税减免优惠的节约能源使用新能源汽车车型目录》（以下简称《目录》）予以公告。

四、汽车生产企业或进口汽车经销商（以下简称汽车企业）可通过工业和信息化部节能与新能源汽车财税优惠目录申报管理系统，自愿提交节能车型报告、新能源车型报告（报告样本见附件7、附件8），申请将其产品列入《目录》，并对申报资料的真实性负责。

工业和信息化部、税务总局委托工业和信息化部装备工业发展中心负责《目录》组织申报、宣传培训及具体技术审查、监督检查工作。工业和信息化部装备工业发展中心审查结果在工业和信息化部网站公示5个工作日，没有异议的，列入《目录》予以发布。对产品与申报材料不符、产品性能指标未达到标准或者汽车企业提供其他虚假信息，以及列入《目录》后12个月内无产量或进口量的车型，在工业和信息化部网站公示5个工作日，没有异议的，从《目录》中予以撤销。

五、船舶检验机构在核定检验船舶主推进动力装置时，对满足本通知新能源船舶标准的，在其船用产品证书上标注"纯天然气发动机"字段；在船舶建造检验时，对船舶主推进动力装置船用产品证书上标注有"纯天然气发动机"字段的，在其检验证书服务簿中标注"纯天然气动力船舶"字段。

对使用未标记"纯天然气发动机"字段主推进动力装置的船舶，船舶所有人或者管理人认为符合本通知新能源船舶标准的，在船舶年度检验时一并向船舶检验机构提出认定申请，同时提交支撑材料，并对提供信息的真实性负责。船舶检验机构通过审核材料和现场检验予以确认，符合本通知新能源船舶标准的，在船舶检验证书服务簿中标注"纯天然气动力船舶"字段。

纳税人凭标注"纯天然气动力船舶"字段的船舶检验证书享受车船税免税优惠。

六、财政部、税务总局、工业和信息化部、交通运输部根据汽车和船舶技术进步、产业发展等因素适时调整节能、新能源车船的认定标准。在开展享受车船税减免优惠的节能、新能源车船审查和认定等相关管理工作过程中，相关部门及其工作人员存在玩忽职守、滥用职权、徇私舞弊等违法行为的，按照《公务员法》《行政监察法》《财政违法行为处罚处分条例》等有关国家规定追究相应责任；涉嫌犯罪的，移送司法机关处理。

对提供虚假信息骗取列入《目录》资格的汽车企业,以及提供虚假资料的船舶所有人或者管理人,应依照相关法律法规予以处理。

七、本通知发布后,列入新公告的各批次《目录》(以下简称新《目录》)的节能、新能源汽车,自新《目录》公告之日起,按新《目录》和本通知相关规定享受车船税减免优惠政策。新《目录》公告后,第一批、第二批、第三批车船税优惠车型目录同时废止;新《目录》公告前已取得的列入第一批、第二批、第三批车船税优惠车型目录的节能、新能源汽车,不论是否转让,可继续享受车船税减免优惠政策。

八、本通知自发布之日起执行。《财政部 国家税务总局 工业和信息化部关于节约能源使用新能源车船车船税优惠政策的通知》(财税〔2015〕51号)以及财政部办公厅、税务总局办公厅、工业和信息化部办公厅《关于加强〈享受车船税减免优惠的节约能源 使用新能源汽车车型目录〉管理工作的通知》(财办税〔2017〕63号)同时废止。

附件:
1. 节能乘用车综合工况燃料消耗量限值标准(略)。
2. 节能轻型商用车综合工况燃料消耗量限值标准(略)。
3. 节能重型商用车综合工况燃料消耗量限值标准(略)。
4. 新能源汽车产品技术标准(略)。
5. 新能源汽车产品专项检验标准目录(略)。
6. 新能源汽车企业要求(略)。
7. 节能车型报告(略)。
8. 新能源车型报告(略)。

财政部 税务总局 工业和信息化部 交通运输部
2018年7月10日

11. 财政部 税务总局关于国家综合性消防救援车辆车船税政策的通知

财税〔2019〕18号

各省、自治区、直辖市、计划单列市财政厅(局),新疆生产建设兵团财政局,国家税务总局各省、自治区、直辖市、计划单列市税务局:

根据《国务院办公厅关于国家综合性消防救援车辆悬挂应急救援专用号牌有关事项的通知》(国办发〔2018〕114号)规定,国家综合性消防救援车辆由部队号牌改挂应急救援专用号牌的,一次性免征改挂当年车船税。

财政部 税务总局
2019年2月13日

第十一章　中华人民共和国土地增值税法

1. 中华人民共和国土地增值税暂行条例

（1993年12月13日中华人民共和国国务院令第138号发布　根据2011年1月8日《国务院关于废止和修改部分行政法规的决定》修订）

第一条　为了规范土地、房地产市场交易秩序，合理调节土地增值收益，维护国家权益，制定本条例。

第二条　转让国有土地使用权、地上的建筑物及其附着物（以下简称转让房地产）并取得收入的单位和个人，为土地增值税的纳税义务人（以下简称纳税人），应当依照本条例缴纳土地增值税。

【注释】相关规定包括：《国家税务总局关于未办理土地使用权证转让土地有关税收问题的批复》（国税函〔2007〕645号）。

第三条　土地增值税按照纳税人转让房地产所取得的增值额和本条例第七条规定的税率计算征收。

第四条　纳税人转让房地产所取得的收入减除本条例第六条规定扣除项目金额后的余额，为增值额。

第五条　纳税人转让房地产所取得的收入，包括货币收入、实物收入和其他收入。

第六条　计算增值额的扣除项目：

（一）取得土地使用权所支付的金额；

（二）开发土地的成本、费用；

（三）新建房及配套设施的成本、费用，或者旧房及建筑物的评估价格；

（四）与转让房地产有关的税金；

（五）财政部规定的其他扣除项目。

第七条　土地增值税实行四级超率累进税率：

增值额未超过扣除项目金额50%的部分，税率为30%。

增值额超过扣除项目金额50%、未超过扣除项目金额100%的部分，税率为40%。

增值额超过扣除项目金额100%、未超过扣除项目金额200%的部分，税率为50%。

增值额超过扣除项目金额200%的部分，税率为60%。

第八条　有下列情形之一的，免征土地增值税：

（一）纳税人建造普通标准住宅出售，增值额未超过扣除项目金额20%的；

（二）因国家建设需要依法征用、收回的房地产。

【注释】相关规定包括：《财政部　国家税务总局关于土地增值税一些具体问题规定的通知》（财税〔1995〕48号）、《财政部　国家税务总局关于调整房地产市场若干税收政策的通知》（财税〔1999〕210号）、《财政部　国家税务总局关于土地增值税普通标准住宅有关政策的通知》（财税〔2006〕141号）。

第九条　纳税人有下列情形之一的，按照房地产评估价格计算征收：

（一）隐瞒、虚报房地产成交价格的；
（二）提供扣除项目金额不实的；
（三）转让房地产的成交价格低于房地产评估价格，又无正当理由的。

【注释】相关规定包括：《财政部 国家税务总局关于土地增值税一些具体问题规定的通知》（财税〔1995〕48号）。

第十条 纳税人应当自转让房地产合同签订之日起七日内向房地产所在地主管税务机关办理纳税申报，并在税务机关核定的期限内缴纳土地增值税。

【注释】相关规定包括：《财政部 国家税务总局关于土地增值税一些具体问题规定的通知》（财税〔1995〕48号）。

第十一条 土地增值税由税务机关征收。土地管理部门、房产管理部门应当向税务机关提供有关资料，并协助税务机关依法征收土地增值税。

第十二条 纳税人未按照本条例缴纳土地增值税的，土地管理部门、房产管理部门不得办理有关的权属变更手续。

【注释】相关规定包括：《财政部 国家税务总局关于土地增值税一些具体问题规定的通知》（财税〔1995〕48号）。

第十三条 土地增值税的征收管理，依据《中华人民共和国税收征收管理法》及本条例有关规定执行。

【注释】相关规定包括：《财政部 国家税务总局国家国有资产管理局关于转让国有房地产征收土地增值税中有关房地产价格评估问题的通知》（财税〔1995〕61号）。

第十四条 本条例由财政部负责解释，实施细则由财政部制定。

第十五条 本条例自一九九四年一月一日起施行。各地区的土地增值费征收办法，与本条例相抵触的。

2. 中华人民共和国土地增值税暂行条例实施细则

财法字〔1995〕6号

第一条 根据《中华人民共和国土地增值税暂行条例》（以下简称条例）第十四条规定，制定本细则。

第二条 条例第二条所称的转让国有土地使用权、地上的建筑物及其附着物并取得收入，是指以出售或者其他方式有偿转让房地产的行为。不包括以继承、赠与方式无偿转让房地产的行为。

【注释】相关规定包括：《财政部 国家税务总局关于土地增值税一些具体问题规定的通知》（财税〔1995〕48号）、《国家税务总局关于未办理土地使用权证转让土地有关税收问题的批复》（国税函〔2007〕645号）。

第三条 条例第二条所称的国有土地，是指按国家法律规定属于国家所有的土地。

第四条 条例第二条所称的地上的建筑物，是指建于土地上的一切建筑物，包括地上地下的各种附属设施。

条例第二条所称的附着物，是指附着于土地上的不能移动，一经移动即遭损坏的物品。

第五条 条例第二条所称的收入，包括转让房地产的全部价款及有关的经济收益。

第六条 条例第二条所称的单位,是指各类企业单位、事业单位、国家机关和社会团体及其他组织。

条例第二条所称个人,包括个体经营者。

第七条 条例第六条所列的计算增值额的扣除项目,具体为:

(一)取得土地使用权所支付的金额,是指纳税人为取得土地使用权所支付的地价款和按国家统一规定交纳的有关费用。

(二)开发土地和新建房及配套设施(以下简称房增开发)的成本,是指纳税人房地产开发项目实际发生的成本(以下简称房增开发成本),包括土地征用及拆迁补偿费、前期工程费、建筑安装工程费、基础设施费、公共配套设施费、开发间接费用。

土地征用及拆迁补偿费,包括土地征用费、耕地占用税、劳动力安置费及有关地上、地下附着物拆迁补偿的净支出、安置动迁用房支出等。

前期工程费,包括规划、设计、项目可行性研究和水文、地质、勘察、测绘、"三通一平"等支出。

建筑安装工程费,是指以出包方式支付给承包单位的建筑安装工程费,以自营方式发生的建筑安装工程费。

基础设施费,包括开发小区内道路、供水、供电、供气、排污、排洪、通讯、照明、环卫、绿化等工程发生的支出。

公共配套设施费,包括不能有偿转让的开发小区内公共配套设施发生的支出。

开发间接费用,是指直接组织、管理开发项目发生的费用,包括工资、职工福利费、折旧费、修理费、办公费、水电费、劳动保护费、周转房摊销等。

(三)开发土地和新建房及配套设施的费用(以下简称房地产开发费用),是指与房地产开发项目有关的销售费用、管理费用、财务费用。

财务费用中的利息支出,凡能够按转让房地产项目计算分摊并提供金融机构证明的,允许据实扣除,但最高不能超过按商业银行同类同期贷款利率计算的金额。其他房地产开发费用,按本条(一)(二)项规定计算的金额之和的5%以内计算扣除。

凡不能按转让房地产项目计算分摊利息支出或不能提供金融机构证明的,房地产开发费用按本条(一)(二)项规定计算的金额之和的10%以内计算扣除。

上述计算扣除的具体比例,由各省、自治区、直辖市人民政府规定。

(四)旧房及建筑物的评估价格,是指在转让已使用的房屋及建筑物时,由政府批准设立的房地产评估机构评定的重置成本价乘以成新度折扣率后的价格。评估价格须经当地税务机关确认。

(五)与转让房地产有关的税金,是指在转让房地产时缴纳的营业税、城市维护建设税、印花税。因转让房地产交纳的教育费附加,也可视同税金予以扣除。

(六)根据条例第六条(五)项规定,对从事房地产开发的纳税人可按本条(一)(二)项规定计算的金额之和,加计20%的扣除。

【注释】相关规定包括:《财政部 国家税务总局关于土地增值税一些具体问题规定的通知》(财税〔1995〕48号)。

第八条 土地增值税以纳税人房地产成本核算的最基本的核算项目或核算对象为单位计算。

第九条 纳税人成片受让土地使用权后,分期分批开发、转让房地产的,其扣除项目金额的确定,可按转让土地使用权的面积占总面积的比例计算分摊,或按建筑面积计算分摊,也可按税务机关确认的其他方式计算分摊。

第十条 条例第七条所列四级超率累进税率，每级"增值额未超过扣除项目金额"的比例，均包括本比例数。

计算土地增值税税额，可按增值额乘以适用的税率减去扣除项目金额乘以速算扣除系数的简便方法计算，具体公式如下：

（一）增值额未超过扣除项目金额50%：

土地增值税税额＝增值额×30%

（二）增值额超过扣除项目金额50%，未超过100%的：

土地增值税税额＝增值额×40%－扣除项目金额×5%

（三）增值额超过扣除项目金额100%，未超过200%的：

土地增值税税额＝增值额×50%－扣除项目金额×15%

（四）增值额超过扣除项目金额200%：

土地增值税税额＝增值额×60%－扣除项目金额×35%

公式中的5%，15%，35%为速算扣除系数。

第十一条 条例第八条（一）项所称的普通标准住宅，是指按所在地一般民用住宅标准建造的居住用住宅。高级公寓、别墅、度假村等不属于普通标准住宅。普通标准住宅与其他住宅的具体划分界限由各省、自治区、直辖市人民政府规定。

纳税人建造普通标准住宅出售，增值额未超过本细则第七条（一）（二）（三）（五）（六）项扣除项目金额之和20%的，免征土地增值税；增值额超过扣除项目金额之和20%的，应就其全部增值额按规定计税。

条例第八条（二）项所称的因国家建设需要依法征用、收回的房地产，是指因城市实施规划、国家建设的需要而被政府批准征用的房产或收回的土地使用权。

因城市实施规划、国家建设的需要而搬迁，由纳税人自行转让原房地产的，比照本规定免征土地增值税。

符合上述免税规定的单位和个人，须向房地产所在地税务机关提出免税申请，经税务机关审核后，免予征收土地增值税。

第十二条 个人因工作调动或改善居住条件而转让原自用住房，经向税务机关申报核准，凡居住满五年或五年以上的，免予征收土地增值税；居住满三年未满五年的，减半征收土地增值税。居住未满三年的，按规定计征土地增值税。

第十三条 条例第九条所称的房地产评估价格，是指由政府批准设立的房地产评估机构根据相同地段、同类房地产进行综合评定的价格。评估价格须经当地税务机关确认。

第十四条 条例第九条（一）项所称的隐瞒、虚报房地产成交价格，是指纳税人不报或有意低报转让土地使用权、地上建筑物及其附着物价款的行为。

条例第九条（二）项所称的提供扣除项目金额不实的，是指纳税人在纳税申报时不据实提供扣除项目金额的行为。

条例第九条（三）项所称的转让房地产的成交价格低于房地产评估价格，又无正当理由，是指纳税人申报的转让房地产的实际成交价低于房地产评估机构评定的交易价，纳税人又不能提供凭据或无正当理由的行为。

隐瞒、虚报房地产成交价格，应由评估机构参照同类房地产的市场交易价格进行评估。税务机关根据评估价格确定转让房地产的收入。

提供扣除项目金额不实的，应由评估机构按照房屋重置成本价乘以成新度折扣率计算的房屋成本价和取得土地使用权时的基准地价进行评估。税务机关根据评估价格确定扣除项目金额。

转让房地产的成交价格低于房地产评估价格，又无正当理由的，由税务机关参照房地产评估价格确定转让房地产的收入。

第十五条 根据条例第十条的规定，纳税人应按照下列程序办理纳税手续：

（一）纳税人应在转让房地产合同签订后的七日内，到房地产所在地主管税务机关办理纳税申报，并向税务机关提交房屋及建筑物产权、土地使用权证书，土地转让、房产买卖合同，房地产评估报告及其他与转让房地产有关的资料。

纳税人因经常发生房地产转让而难以在每次转让后申报的，经税务机关审核同意后，可以定期进行纳税申报，具体期限由税务机关根据情况确定。

（二）纳税人按照税务机关核定的税额及规定的期限缴纳土地增值税。

【注释】相关规定包括：《财政部 国家税务总局关于土地增值税一些具体问题规定的通知》（财税〔1995〕48号）。

第十六条 纳税人在项目全部竣工结算前转让房地产取得的收入，由于涉及成本确定或其他原因，而无法据以计算土地增值税的，可以预征土地增值税，待该项目全部竣工、办理结算后再进行清算，多退少补。具体办法由各省、自治区、直辖市地方税务局根据当地情况制定。

【注释】相关规定包括：《国家税务总局关于房地产开发企业土地增值税清算管理有关问题的通知》（国税发〔2006〕187号）。

第十七条 条例第十条所称的房地产所在地，是指房地产的坐落地。纳税人转让房地产坐落在两个或两个以上地区的，应按房地产所在地分别申报纳税。

第十八条 条例第十一条所称的土地管理部门、房产管理部门应当向税务机关提供有关资料，是指向房地产所在地主管税务机关提供有关房屋及建筑物产权、土地使用权、土地出让金数额、土地基准地价、房地产市场交易价格及权属变更等方面的资料。

第十九条 纳税人未按规定提供房屋及建筑物产权、土地使用权证书，土地转让、房产买卖合同，房地产评估报告及其他与转让房地产有关资料的，按照《中华人民共和国税收征收管理法》（以下简称《征管法》）第三十九条的规定进行处理。

纳税人不如实申报房地产交易额及规定扣除项目金额造成少缴或未缴税款的，按照《征管法》第四十条的规定进行处理。

第二十条 土地增值税以人民币为计算单位。转让房地产所取得的收入为外国货币的，以取得收入当天或当月1日国家公布的市场汇价折合成人民币，据以计算应纳土地增值税税额。

【注释】相关规定包括：《财政部 国家税务总局关于土地增值税一些具体问题规定的通知》（财税〔1995〕48号）。

第二十一条 条例第十五条所称的各地区的土地增值费征收办法是指与本条例规定的计征对象相同的土地增值费、土地收益金等征收办法。

第二十二条 本细则由财政部解释，或者由国家税务总局解释。

第二十三条 本细则自发布之日起施行。

第二十四条 1994年1月1日至本细则发布之日期间的土地增值税参照本细则的规定计算征收。

3. 财政部　国家税务总局关于土地增值税一些具体问题规定的通知

财税〔1995〕48号

各省、自治区、直辖市、计划单列市财政厅（局）、国家税务局、地方税务局，扬州培训中心、长春税务学院：

按照《中华人民共和国土地增值税暂行条例》（以下简称条例）和《中华人民共和国土地增值税暂行条例实施细则》（以下简称细则）的规定，现对土地增值税一些具体问题规定如下：

一、关于以房地产进行投资、联营的征免税问题
……

【注释】第一条废止，参见《财政部　国家税务总局关于企业改制重组有关土地增值税政策的通知》（财税〔2015〕5号）。

二、关于合作建房的征免税问题

对于一方出地，一方出资金，双方合作建房，建成后按比例分房自用的，暂免征收土地增值税；建成后转让的，应征收土地增值税。

三、关于企业兼并转让房地产的征免税问题
……

【注释】第三条废止，参见《财政部　国家税务总局关于企业改制重组有关土地增值税政策的通知》（财税〔2015〕5号）。

四、关于细则中"赠与"所包括的范围问题

细则所称的"赠与"是指如下情况：

（一）房产所有人、土地使用权所有人将房屋产权、土地使用权赠与直系亲属或承担直接赡养义务人的。

（二）房产所有人、土地使用权所有人通过中国境内非营利的社会团体、国家机关将房屋产权、土地使用权赠与教育、民政和其他社会福利、公益事业的。

上述社会团体是指中国青少年发展基金会、希望工程基金会、宋庆龄基金会、减灾委员会、中国红十字会、中国残疾人联合会、全国老年基金会、老区促进会以及经民政部门批准成立的其他非营利的公益性组织。

五、关于个人互换住房的征免税问题

对个人之间互换自有居住用房地产的，经当地税务机关核实，可以免征土地增值税。

六、关于地方政府要求房地产开发企业代收的费用如何计征土地增值税的问题

对于县级及县级以上人民政府要求房地产开发企业在售房时代收的各项费用，如果代收费用是计入房价中向购买方一并收取的，可作为转让房地产所取得的收入计税；如果代收费用未计入房价中，而是在房价之外单独收取的，可以不作为转让房地产的收入。

对于代收费用作为转让收入计税的，在计算扣除项目金额时，可予以扣除，但不允许

作为加计 20% 扣除的基数；对于代收费用未作为转让房地产的收入计税的，在计算增值额时不允许扣除代收费用。

七、关于新建房与旧房的界定问题

新建房是指建成后未使用的房产。凡是已使用一定时间或达到一定磨损程度的房产均属旧房。使用时间和磨损程度标准可由各省、自治区、直辖市财政厅（局）和地方税务局具体规定。

八、关于扣除项目金额中的利息支出如何计算问题

（一）利息的上浮幅度按国家的有关规定执行，超过上浮幅度的部分不允许扣除；

（二）对于超过贷款期限的利息部分和加罚的利息不允许扣除。

九、关于计算增值额时扣除已缴纳印花税的问题

细则中规定允许扣除的印花税，是指在转让房地产时缴纳的印花税。房地产开发企业按照《施工、房地产开发企业财务制度》的有关规定，其缴纳的印花税列入管理费用，已相应予以扣除。其他的土地增值税纳税义务人在计算土地增值税时允许扣除在转让时缴纳的印花税。

十、关于转让旧房如何确定扣除项目金额的问题

转让旧房的，应按房屋及建筑物的评估价格、取得土地使用权所支付的地价款和按国家统一规定交纳的有关费用以及在转让环节缴纳的税金作为扣除项目金额计征土地增值税。对取得土地使用权时未支付地价款或不能提供已支付的地价款凭据的，不允许扣除取得土地使用权所支付的金额。

十一、关于已缴纳的契税可否在计税时扣除的问题

对于个人购入房地产再转让的，其在购入时已缴纳的契税，在旧房及建筑物的评估价中已包括了此项因素，在计征土地增值税时，不另作为"与转让房地产有关的税金"予以扣除。

十二、关于评估费用可否在计算增值额时扣除的问题

纳税人转让旧房及建筑物时因计算纳税的需要而对房地产进行评估，其支付的评估费用允许在计算增值额时予以扣除。对条例第九条规定的纳税人隐瞒、虚报房地产成交价格等情形而按房地产评估价格计算征收土地增值税所发生的评估费用，不允许在计算土地增值税时予以扣除。

十三、关于既建普通标准住宅又搞其他类型房地产开发的如何计税的问题

对纳税人既建普通标准住宅又搞其他房地产开发的，应分别核算增值额。不分别核算增值额或不能准确核算增值额的，其建造的普通标准住宅不能适用条例第八条（一）项的免税规定。

十四、关于预售房地产所取得的收入是否申报纳税的问题

根据细则的规定，对纳税人在项目全部竣工结算前转让房地产取得的收入可以预征土地增值税。具体办法由各省、自治区、直辖市地方税务局根据当地情况制定。因此，对纳税人预售房地产所取得的收入，当地税务机关规定预征土地增值税的，纳税人应当到主管税务机关办理纳税申报，并按规定比例预交，待办理决算后，多退少补；当地税务机关规定不预征土地增值税的，也应在取得收入时先到税务机关登记或备案。

十五、关于分期收款的外币收入如何折合人民币的问题

对于取得的收入为外国货币的，依照细则规定，以取得收入当天或当月 1 日国家公布的市场汇价折合人民币，据以计算土地增值税税额。对于以分期收款形式取得的外币收入，也应按实际收款日或收款当月 1 日国家公布的市场汇价折合人民币。

十六、关于纳税期限的问题

根据条例第十条、第十二条和细则第十五条的规定,税务机关核定的纳税期限,应在纳税人签订房地产转让合同之后、办理房地产权属转让(即过户及登记)手续之前。

十七、关于财政部、国家税务总局《关于对1994年1月1日前签订开发及转让合同的房地产征免土地增值税的通知》(财法字〔1995〕7号)适用范围的问题。

该通知规定的适用范围,限于房地产开发企业转让新建房地产的行为,非房地产开发企业或房地产开发企业转让存量房地产的,不适用此规定。

【注释】对《土地增值税暂行条例》第八、第九、第十、第十二条进行了解释。对《土地增值税暂行条例实施细则》第二、第七、第十五、第二十条进行了解释。

财政部　国家税务总局
1995年5月25日

4. 财政部　国家税务总局　国家国有资产管理局关于转让国有房地产征收土地增值税中有关房地产价格评估问题的通知

财税〔1995〕61号

为了加强土地增值税的征收管理,促进对国有房地产转让价格评估的管理,维护国有资产权益,现根据《中华人民共和国土地增值税暂行条例》(以下简称《条例》)及《中华人民共和国土地增值税暂行条例实施细则》(以下简称《细则》)和《国有资产评估管理办法》的有关规定,对国有房地产转让中有关价格评估等问题通知如下:

一、凡转让国有土地使用权、地上建筑物及其附属物(以下简称房地产)的纳税人,按照土地增值税的有关规定,需要根据房地产的评估价格计税的,可委托经政府批准设立,并按照《国有资产评估管理办法》规定的由省以上国有资产管理部门授予评估资格的资产评估事务所、会计师事务所等各类资产评估机构受理有关转让房地产的评估业务。

二、对于涉及土地增值税的国有房地产价格评估,各评估机构必须严格按照《条例》和《细则》中规定的方法进行应纳税房地产的价格评估。其评估结果经同级国有资产管理部门审核验证后作为房地产转让的底价,并按税务部门的要求按期报送房地产所在地主管税务机关,作为确认计税依据的参考。

房地产所在地主管税务机关要求从事房地产评估的资产评估机构提供与房地产评估有关的评估资料的,资产评估机构应无偿提供,不得以任何借口予以拒绝。

房地产所在地主管税务机关应根据《条例》和《细则》的有关规定,对应纳税房地产的评估结果进行严格审核及确认,对不符合实际情况的评估结果不予采用。

三、房地产评估机构在执业过程中必须遵守职业道德,坚持独立、客观、公正的原则,对评估结果的真实性、合理性负法律责任。任何房地产评估机构在房地产转让的评估过程中有隐瞒事实,提供虚假评估结果,或与有关当事人串通作弊等违法行为,一经发现坚决取消执业资格。

房地产评估机构因不向主管税务机关提供有关的、真实的房地产评估资料,或有意提供虚假评估结果，造成纳税人不缴或少缴土地增值税的，房地产评估机构应承担相应的法律和经济责任；对因上述行为而造成国家税收和国有资产严重流失的，要提请司法机关追究有关当事人的刑事责任。

四、各级财政、税务和国有资产管理部门要密切配合、相互协作，加强土地增值税的各项征收管理工作。为此，各有关部门应对各房地产评估机构进一步加强监督管理，使房地产评估为保证国家税收收入和维护国有资产权益发挥应有的作用。

【注释】对《土地增值税暂行条例实施细则》第十三条进行了解释。

财政部　国家税务总局　国家国有资产管理局
1995年6月29日

5.财政部　国家税务总局关于调整房地产市场若干税收政策的通知

财税字〔1999〕210号

各省、自治区、直辖市、计划单列市财政厅（局）、国家税务局、地方税务局、新疆生产建设兵团：

为了配合国家住房制度改革，有效启动房地产市场，积极培育新的经济增长点，经国务院批准，现对房地产市场有关税收政策问题通知如下：

一、关于营业税和契税的政策问题

为了切实减轻个人买卖普通住宅的税收负担，积极启动住房二级市场，对个人购买并居住超过一年的普通住宅，销售时免征营业税；个人购买并居住不足一年的普通住宅，销售时营业税按销售价减去购入原价后的差额计征；个人自建自用住房，销售时免征营业税；个人购买自用普通住宅，暂减半征收契税。

为了支持住房制度的改革，对企业、行政事业单位按房改成本价、标准价出售住房的收入，暂免征收营业税。

【注释】第一条有关契税的规定失效，参见《财政部　国家税务总局　住房和城乡建设部关于调整房地产交易环节契税 个人所得税优惠政策的通知》（财税〔2010〕94号）。

二、关于空置商品住房税收政策问题

……

【注释】第二条已经过期作废。

三、关于土地增值税征免政策问题

对居民个人拥有的普通住宅，在其转让时暂免征收土地增值税。

本通知自1999年8月1日起执行。部分地区在此之前越权自行制定的房地产市场税收政策，凡与本通知规定不符的一律改按本通知的规定执行。

财政部　国家税务总局
1995年7月29日

6. 财政部 国家税务总局关于土地增值税普通标准住宅有关政策的通知

财税〔2006〕141号

各省、自治区、直辖市、计划单列市财政厅（局）、地方税务局，新疆生产建设兵团财务局：

为贯彻落实《国务院办公厅转发建设部等部门关于调整住房供应结构稳定住房价格意见的通知》（国办发〔2006〕37号）精神，进一步促进调整住房供应结构，增加中小套型、中低价位普通商品住房供应，现将《中华人民共和国土地增值税暂行条例》第八条中"普通标准住宅"的认定问题通知如下：

"普通标准住宅"的认定，可在各省、自治区、直辖市人民政府根据《国务院办公厅转发建设部等部门关于做好稳定住房价格工作意见的通知》（国办发〔2005〕26号）制定的"普通住房标准"的范围内从严掌握。

【注释】对《土地增值税暂行条例》第八条进行了解释。

财政部 国家税务总局
2006年10月20日

7. 国家税务总局关于房地产开发企业土地增值税清算管理有关问题的通知

国税发〔2006〕187号

各省、自治区、直辖市和计划单列市地方税务局，西藏、宁夏自治区国家税务局：

为进一步加强房地产开发企业土地增值税清算管理工作，根据《中华人民共和国税收征收管理法》《中华人民共和国土地增值税暂行条例》及有关规定，现就有关问题通知如下：

一、土地增值税的清算单位

土地增值税以国家有关部门审批的房地产开发项目为单位进行清算，对于分期开发的项目，以分期项目为单位清算。

开发项目中同时包含普通住宅和非普通住宅的，应分别计算增值额。

二、土地增值税的清算条件

（一）符合下列情形之一的，纳税人应进行土地增值税的清算：

1. 房地产开发项目全部竣工、完成销售的；
2. 整体转让未竣工决算房地产开发项目的；
3. 直接转让土地使用权的。

（二）符合下列情形之一的，主管税务机关可要求纳税人进行土地增值税清算：

1. 已竣工验收的房地产开发项目，已转让的房地产建筑面积占整个项目可售建筑面积的比例在85%以上，或该比例虽未超过85%，但剩余的可售建筑面积已经出租或自用的；

2. 取得销售（预售）许可证满三年仍未销售完毕的；

3. 纳税人申请注销税务登记但未办理土地增值税清算手续的；

4. 省税务机关规定的其他情况。

三、非直接销售和自用房地产的收入确定

（一）房地产开发企业将开发产品用于职工福利、奖励、对外投资、分配给股东或投资人、抵偿债务、换取其他单位和个人的非货币性资产等，发生所有权转移时应视同销售房地产，其收入按下列方法和顺序确认：

1. 按本企业在同一地区、同一年度销售的同类房地产的平均价格确定；

2. 由主管税务机关参照当地当年、同类房地产的市场价格或评估价值确定。

（二）房地产开发企业将开发的部分房地产转为企业自用或用于出租等商业用途时，如果产权未发生转移，不征收土地增值税，在税款清算时不列收入，不扣除相应的成本和费用。

四、土地增值税的扣除项目

（一）房地产开发企业办理土地增值税清算时计算与清算项目有关的扣除项目金额，应根据土地增值税暂行条例第六条及其实施细则第七条的规定执行。除另有规定外，扣除取得土地使用权所支付的金额、房地产开发成本、费用及与转让房地产有关税金，须提供合法有效凭证；不能提供合法有效凭证的，不予扣除。

（二）房地产开发企业办理土地增值税清算所附送的前期工程费、建筑安装工程费、基础设施费、开发间接费用的凭证或资料不符合清算要求或不实的，税务机关可参照当地建设工程造价管理部门公布的建安造价定额资料，结合房屋结构、用途、区位等因素，核定上述四项开发成本的单位面积金额标准，并据以计算扣除。具体核定方法由省税务机关确定。

（三）房地产开发企业开发建造的与清算项目配套的居委会和派出所用房、会所、停车场（库）、物业管理场所、变电站、热力站、水厂、文体场馆、学校、幼儿园、托儿所、医院、邮电通讯等公共设施，按以下原则处理：

1. 建成后产权属于全体业主所有的，其成本、费用可以扣除；

2. 建成后无偿移交给政府、公用事业单位用于非营利性社会公共事业的，其成本、费用可以扣除；

3. 建成后有偿转让的，应计算收入，并准予扣除成本、费用。

（四）房地产开发企业销售已装修的房屋，其装修费用可以计入房地产开发成本。

房地产开发企业的预提费用，除另有规定外，不得扣除。

（五）属于多个房地产项目共同的成本费用，应按清算项目可售建筑面积占多个项目可售总建筑面积的比例或其他合理的方法，计算确定清算项目的扣除金额。

五、土地增值税清算应报送的资料

符合本通知第二条第（一）项规定的纳税人，须在满足清算条件之日起90日内到主管税务机关办理清算手续；符合本通知第二条第（二）项规定的纳税人，须在主管税务机关限定的期限内办理清算手续。

纳税人办理土地增值税清算应报送以下资料：

（一）房地产开发企业清算土地增值税书面申请、土地增值税纳税申报表；

（二）项目竣工决算报表、取得土地使用权所支付的地价款凭证、国有土地使用权出让合同、银行贷款利息结算通知单、项目工程合同结算单、商品房购销合同统计表等与转让房地产的收入、成本和费用有关的证明资料；

（三）主管税务机关要求报送的其他与土地增值税清算有关的证明资料等。

纳税人委托税务中介机构审核鉴证的清算项目，还应报送中介机构出具的《土地增值税清算税款鉴证报告》。

六、土地增值税清算项目的审核鉴证

税务中介机构受托对清算项目审核鉴证时，应按税务机关规定的格式对审核鉴证情况出具鉴证报告。对符合要求的鉴证报告，税务机关可以采信。

税务机关要对从事土地增值税清算鉴证工作的税务中介机构在准入条件、工作程序、鉴证内容、法律责任等方面提出明确要求，并做好必要的指导和管理工作。

七、土地增值税的核定征收

房地产开发企业有下列情形之一的，税务机关可以参照与其开发规模和收入水平相近的当地企业的土地增值税税负情况，按不低于预征率的征收率核定征收土地增值税：

（一）依照法律、行政法规的规定应当设置但未设置账簿的；

（二）擅自销毁账簿或者拒不提供纳税资料的；

（三）虽设置账簿，但账目混乱或者成本资料、收入凭证、费用凭证残缺不全，难以确定转让收入或扣除项目金额的；

（四）符合土地增值税清算条件，未按照规定的期限办理清算手续，经税务机关责令限期清算，逾期仍不清算的；

（五）申报的计税依据明显偏低，又无正当理由的。

八、清算后再转让房地产的处理

在土地增值税清算时未转让的房地产，清算后销售或有偿转让的，纳税人应按规定进行土地增值税的纳税申报，扣除项目金额按清算时的单位建筑面积成本费用乘以销售或转让面积计算。

单位建筑面积成本费用＝清算时的扣除项目总金额÷清算的总建筑面积

本通知自2007年2月1日起执行。各省税务机关可依据本通知的规定并结合当地实际情况制定具体清算管理办法。

【注释】对《土地增值税暂行条例实施细则》第十六条进行了解释。

国家税务总局
2006年12月28日

8. 关于调整房地产交易环节税收政策的通知

财税〔2008〕137号

各省、自治区、直辖市、计划单列市财政厅（局）、地方税务局，新疆生产建设兵团财务局：

为适当减轻个人住房交易的税收负担，支持居民首次购买普通住房，经国务院批准，现就房地产交易环节有关税收政策问题通知如下：

一、……

【注释】第一条失效，参见《财政部 国家税务总局 住房和城乡建设部关于调整房地产交易环节契税个人所得税优惠政策的通知》（财税〔2010〕94号）。

二、对个人销售或购买住房暂免征收印花税。
三、对个人销售住房暂免征收土地增值税。
本通知自 2008 年 11 月 1 日起实施。

财政部　国家税务总局
二〇〇八年十月二十二日

9. 国家税务总局关于土地增值税清算有关问题的通知

国税函〔2010〕220 号

各省、自治区、直辖市地方税务局，宁夏、西藏、青海省（自治区）国家税务局：

为了进一步做好土地增值税清算工作，根据《中华人民共和国土地增值税暂行条例》及实施细则的规定，现将土地增值税清算工作中有关问题通知如下：

一、关于土地增值税清算时收入确认的问题

土地增值税清算时，已全额开具商品房销售发票的，按照发票所载金额确认收入；未开具发票或未全额开具发票的，以交易双方签订的销售合同所载的售房金额及其他收益确认收入。销售合同所载商品房面积与有关部门实际测量面积不一致，在清算前已发生补、退房款的，应在计算土地增值税时予以调整。

二、房地产开发企业未支付的质量保证金，其扣除项目金额的确定问题

房地产开发企业在工程竣工验收后，根据合同约定，扣留建筑安装施工企业一定比例的工程款，作为开发项目的质量保证金，在计算土地增值税时，建筑安装施工企业就质量保证金对房地产开发企业开具发票的，按发票所载金额予以扣除；未开具发票的，扣留的质保金不得计算扣除。

三、房地产开发费用的扣除问题

（一）财务费用中的利息支出，凡能够按转让房地产项目计算分摊并提供金融机构证明的，允许据实扣除，但最高不能超过按商业银行同类同期贷款利率计算的金额。其他房地产开发费用，在按照"取得土地使用权所支付的金额"与"房地产开发成本"金额之和的 5% 以内计算扣除。

（二）凡不能按转让房地产项目计算分摊利息支出或不能提供金融机构证明的，房地产开发费用在按"取得土地使用权所支付的金额"与"房地产开发成本"金额之和的 10% 以内计算扣除。

全部使用自有资金，没有利息支出的，按照以上方法扣除。

上述具体适用的比例按省级人民政府此前规定的比例执行。

（三）房地产开发企业既向金融机构借款，又有其他借款的，其房地产开发费用计算扣除时不能同时适用本条（一）（二）项所述两种办法。

（四）土地增值税清算时，已经计入房地产开发成本的利息支出，应调整至财务费用中计算扣除。

四、房地产企业逾期开发缴纳的土地闲置费的扣除问题

房地产开发企业逾期开发缴纳的土地闲置费不得扣除。

五、房地产开发企业取得土地使用权时支付的契税的扣除问题

房地产开发企业为取得土地使用权所支付的契税,应视同"按国家统一规定交纳的有关费用",计入"取得土地使用权所支付的金额"中扣除。

六、关于拆迁安置土地增值税计算问题

(一)房地产企业用建造的本项目房地产安置回迁户的,安置用房视同销售处理,按《国家税务总局关于房地产开发企业土地增值税清算管理有关问题的通知》(国税发〔2006〕187号)第三条第(一)款规定确认收入,同时将此确认为房地产开发项目的拆迁补偿费。房地产开发企业支付给回迁户的补差价款,计入拆迁补偿费;回迁户支付给房地产开发企业的补差价款,应抵减本项目拆迁补偿费。

(二)开发企业采取异地安置,异地安置的房屋属于自行开发建造的,房屋价值按国税发〔2006〕187号第三条第(一)款的规定计算,计入本项目的拆迁补偿费;异地安置的房屋属于购入的,以实际支付的购房支出计入拆迁补偿费。

(三)货币安置拆迁的,房地产开发企业凭合法有效凭据计入拆迁补偿费。

七、关于转让旧房准予扣除项目的加计问题

《财政部 国家税务总局关于土地增值税若干问题的通知》(财税〔2006〕21号)第二条第一款规定"纳税人转让旧房及建筑物,凡不能取得评估价格,但能提供购房发票的,经当地税务部门确认,《条例》第六条第(一)(三)项规定的扣除项目的金额,可按发票所载金额并从购买年度起至转让年度止每年加计5%计算"。计算扣除项目时"每年"按购房发票所载日期起至售房发票开具之日止,每满12个月计一年;超过一年,未满12个月但超过6个月的,可以视同为一年。

八、土地增值税清算后应补缴的土地增值税加收滞纳金问题

纳税人按规定预缴土地增值税后,清算补缴的土地增值税,在主管税务机关规定的期限内补缴的,不加收滞纳金。

国家税务总局
二〇一〇年五月十九日

10. 财政部 国家税务总局关于营改增后契税 房产税 土地增值税 个人所得税计税依据问题的通知

财税〔2016〕43号

各省、自治区、直辖市、计划单列市财政厅(局)、地方税务局,西藏、宁夏、青海省(自治区)国家税务局,新疆生产建设兵团财务局:

经研究,现将营业税改征增值税后契税、房产税、土地增值税、个人所得税计税依据有关问题明确如下:

……

三、土地增值税纳税人转让房地产取得的收入为不含增值税收入。

《中华人民共和国土地增值税暂行条例》等规定的土地增值税扣除项目涉及的增值税进项税额,允许在销项税额中计算抵扣的,不计入扣除项目,不允许在销项税额中计算抵扣的，可以计入扣除项目。

……

五、免征增值税的，确定计税依据时，成交价格、租金收入、转让房地产取得的收入不扣减增值税额。

六、在计征上述税种时，税务机关核定的计税价格或收入不含增值税。

本通知自 2016 年 5 月 1 日起执行。

财政部　国家税务总局
2016 年 4 月 25 日

11. 国家税务总局关于修订土地增值税纳税申报表的通知

税总函〔2016〕309 号

各省、自治区、直辖市和计划单列市地方税务局，西藏、宁夏自治区国家税务局：

为加强土地增值税规范化管理，税务总局决定修订土地增值税纳税申报表。现将修订的主要内容通知如下：

一、增加《土地增值税项目登记表》

根据《国家税务总局关于印发〈土地增值税纳税申报表〉的通知》(国税发〔1995〕090 号)规定，从事房地产开发的纳税人，应在取得土地使用权并获得房地产开发项目开工许可后，根据税务机关确定的时间，向主管税务机关报送《土地增值税项目登记表》，并在每次转让(预售)房地产时，依次填报表中规定栏目的内容。

二、土地增值税纳税申报表单修订内容

(一)根据《财政部　国家税务总局关于土地增值税一些具体问题规定的通知》(财税字〔1995〕48 号)规定，在《土地增值税纳税申报表(二)》和《土地增值税纳税申报表(五)》中增加"代收费用"栏次。

(二)根据《国家税务总局关于房地产开发企业土地增值税清算管理有关问题的通知》(国税发〔2006〕187 号)和《国家税务总局关于印发〈土地增值税清算管理规程〉的通知》(国税发〔2009〕91 号)规定，调整收入项目名称，在《土地增值税纳税申报表(一)》中增加"视同销售收入"数据列，在《土地增值税纳税申报表(二)》《土地增值税纳税申报表(四)》《土地增值税纳税申报表(五)》和《土地增值税纳税申报表(六)》中调整转让收入栏次，增加"视同销售收入"指标。

现将修订后的《土地增值税纳税申报表》(见附件)印发给你单位，请认真做好落实工作。各表单执行情况请及时反馈税务总局(财产和行为税司)。

附件：土地增值税纳税申报表(修订版)(略)。

国家税务总局
2016 年 7 月 7 日

12. 国家税务总局关于营改增后土地增值税若干征管规定的公告

国家税务总局公告 2016 年第 70 号

为进一步做好营改增后土地增值税征收管理工作，根据《中华人民共和国土地增值税暂行条例》及其实施细则、《财政部 国家税务总局关于营改增后契税 房产税 土地增值税 个人所得税计税依据问题的通知》（财税〔2016〕43 号）等规定，现就土地增值税若干征管问题明确如下：

一、关于营改增后土地增值税应税收入确认问题

营改增后，纳税人转让房地产的土地增值税应税收入不含增值税。适用增值税一般计税方法的纳税人，其转让房地产的土地增值税应税收入不含增值税销项税额；适用简易计税方法的纳税人，其转让房地产的土地增值税应税收入不含增值税应纳税额。

为方便纳税人，简化土地增值税预征税款计算，房地产开发企业采取预收款方式销售自行开发的房地产项目的，可按照以下方法计算土地增值税预征计征依据：

土地增值税预征的计征依据＝预收款－应预缴增值税税款

二、关于营改增后视同销售房地产的土地增值税应税收入确认问题

纳税人将开发产品用于职工福利、奖励、对外投资、分配给股东或投资人、抵偿债务、换取其他单位和个人的非货币性资产等，发生所有权转移时应视同销售房地产，其收入应按照《国家税务总局关于房地产开发企业土地增值税清算管理有关问题的通知》（国税发〔2006〕187 号）第三条规定执行。纳税人安置回迁户，其拆迁安置用房应税收入和扣除项目的确认，应按照《国家税务总局关于土地增值税清算有关问题的通知》（国税函〔2010〕220 号）第六条规定执行。

三、关于与转让房地产有关的税金扣除问题

（一）营改增后，计算土地增值税增值额的扣除项目中"与转让房地产有关的税金"不包括增值税。

（二）营改增后，房地产开发企业实际缴纳的城市维护建设税（以下简称"城建税"）、教育费附加，凡能够按清算项目准确计算的，允许据实扣除。凡不能按清算项目准确计算的，则按该清算项目预缴增值税时实际缴纳的城建税、教育费附加扣除。

其他转让房地产行为的城建税、教育费附加扣除比照上述规定执行。

四、关于营改增前后土地增值税清算的计算问题

房地产开发企业在营改增后进行房地产开发项目土地增值税清算时，按以下方法确定相关金额：

（一）土地增值税应税收入＝营改增前转让房地产取得的收入＋营改增后转让房地产取得的不含增值税收入。

（二）与转让房地产有关的税金＝营改增前实际缴纳的营业税、城建税、教育费附加＋营改增后允许扣除的城建税、教育费附加。

五、关于营改增后建筑安装工程费支出的发票确认问题

营改增后，土地增值税纳税人接受建筑安装服务取得的增值税发票，应按照《国家税务总局关于全面推开营业税改征增值税试点有关税收征收管理事项的公告》（国家税务总局公告 2016 年第 23 号）规定，在发票的备注栏注明建筑服务发生地县（市、区）名称及项目名称，否则不得计入土地增值税扣除项目金额。

六、关于旧房转让时的扣除计算问题

营改增后，纳税人转让旧房及建筑物，凡不能取得评估价格，但能提供购房发票的，《中华人民共和国土地增值税暂行条例》第六条第一、三项规定的扣除项目的金额按照下列方法计算：

（一）提供的购房凭据为营改增前取得的营业税发票的，按照发票所载金额（不扣减营业税）并从购买年度起至转让年度止每年加计 5% 计算。

（二）提供的购房凭据为营改增后取得的增值税普通发票的，按照发票所载价税合计金额从购买年度起至转让年度止每年加计 5% 计算。

（三）提供的购房发票为营改增后取得的增值税专用发票的，按照发票所载不含增值税金额加上不允许抵扣的增值税进项税额之和，并从购买年度起至转让年度止每年加计 5% 计算。

本公告自公布之日起施行。

特此公告。

国家税务总局
2016 年 11 月 10 日

13. 财政部 税务总局 科技部 教育部关于科技企业孵化器大学科技园和众创空间税收政策的通知

财税〔2018〕120 号

各省、自治区、直辖市、计划单列市财政厅（局）、科技厅（局）、教育厅（局），国家税务总局各省、自治区、直辖市、计划单列市税务局，新疆生产建设兵团财政局、科技局、教育局：

为进一步鼓励创业创新，现就科技企业孵化器、大学科技园、众创空间有关税收政策通知如下：

一、自 2019 年 1 月 1 日至 2021 年 12 月 31 日，对国家级、省级科技企业孵化器、大学科技园和国家备案众创空间自用以及无偿或通过出租等方式提供给在孵对象使用的房产、土地，免征房产税和城镇土地使用税；对其向在孵对象提供孵化服务取得的收入，免征增值税。

本通知所称孵化服务是指为在孵对象提供的经纪代理、经营租赁、研发和技术、信息技术、鉴证咨询服务。

二、国家级、省级科技企业孵化器、大学科技园和国家备案众创空间应当单独核算孵化服务收入。

三、国家级科技企业孵化器、大学科技园和国家备案众创空间认定和管理办法由国务院科技、教育部门另行发布；省级科技企业孵化器、大学科技园认定和管理办法由省级科技、教育部门另行发布。

本通知所称在孵对象是指符合前款认定和管理办法规定的孵化企业、创业团队和个人。

四、国家级、省级科技企业孵化器、大学科技园和国家备案众创空间应按规定申报享受免税政策，并将房产土地权属资料、房产原值资料、房产土地租赁合同、孵化协议等留存备查，税务部门依法加强后续管理。

2018年12月31日以前认定的国家级科技企业孵化器、大学科技园，自2019年1月1日起享受本通知规定的税收优惠政策。2019年1月1日以后认定的国家级、省级科技企业孵化器、大学科技园和国家备案众创空间，自认定之日次月起享受本通知规定的税收优惠政策。2019年1月1日以后被取消资格的，自取消资格之日次月起停止享受本通知规定的税收优惠政策。

五、科技、教育和税务部门应建立信息共享机制，及时共享国家级、省级科技企业孵化器、大学科技园和国家备案众创空间相关信息，加强协调配合，保障优惠政策落实到位。

财政部　税务总局　科技部　教育部
2018年11月1日

14. 财政部　税务总局关于继续实施企业改制重组有关土地增值税政策的公告

财政部　税务总局公告2021年第21号

为支持企业改制重组，优化市场环境，现就继续执行有关土地增值税政策公告如下：

一、企业按照《中华人民共和国公司法》有关规定整体改制，包括非公司制企业改制为有限责任公司或股份有限公司，有限责任公司变更为股份有限公司，股份有限公司变更为有限责任公司，对改制前的企业将国有土地使用权、地上的建筑物及其附着物（以下称房地产）转移、变更到改制后的企业，暂不征土地增值税。

本公告所称整体改制是指不改变原企业的投资主体，并承继原企业权利、义务的行为。

二、按照法律规定或者合同约定，两个或两个以上企业合并为一个企业，且原企业投资主体存续的，对原企业将房地产转移、变更到合并后的企业，暂不征土地增值税。

三、按照法律规定或者合同约定，企业分设为两个或两个以上与原企业投资主体相同的企业，对原企业将房地产转移、变更到分立后的企业，暂不征土地增值税。

四、单位、个人在改制重组时以房地产作价入股进行投资，对其将房地产转移、变更到被投资的企业，暂不征土地增值税。

五、上述改制重组有关土地增值税政策不适用于房地产转移任意一方为房地产开发企业的情形。

六、改制重组后再转让房地产并申报缴纳土地增值税时，对"取得土地使用权所支付的金额"，按照改制重组前取得该宗国有土地使用权所支付的地价款和按国家统一规定缴纳的有关费用确定；经批准以国有土地使用权作价出资入股的，为作价入股时县级及以上自然资源部门批准的评估价格。按购房发票确定扣除项目金额的，按照改制重组前购房发票所载金额并从购买年度起至本次转让年度止每年加计5%计算扣除项目金额，购买年度是指购房发票所载日期的当年。

七、纳税人享受上述税收政策，应按税务机关规定办理。

八、本公告所称不改变原企业投资主体、投资主体相同，是指企业改制重组前后出资人不发生变动，出资人的出资比例可以发生变动；投资主体存续，是指原企业出资人必须存在于改制重组后的企业，出资人的出资比例可以发生变动。

九、本公告执行期限为2021年1月1日至2023年12月31日。企业改制重组过程中涉及的土地增值税尚未处理的，符合本公告规定可按本公告执行。

财政部　税务总局

2021年5月31日

第十二章 中华人民共和国城镇土地使用税法

1. 中华人民共和国城镇土地使用税暂行条例

（1988年9月27日中华人民共和国国务院令第17号发布 根据2006年12月31日《国务院关于修改〈中华人民共和国城镇土地使用税暂行条例〉的决定》第一次修订 根据2011年1月8日《国务院关于废止和修改部分行政法规的决定》第二次修订 根据2013年12月7日《国务院关于修改部分行政法规的决定》第三次修订 根据2019年3月2日《国务院关于修改部分行政法规的决定》第四次修订）

第一条 为了合理利用城镇土地，调节土地级差收入，提高土地使用效益，加强土地管理，制定本条例。

第二条 在城市、县城、建制镇、工矿区范围内使用土地的单位和个人，为城镇土地使用税（以下简称土地使用税）的纳税人，应当依照本条例的规定缴纳土地使用税。

前款所称单位，包括国有企业、集体企业、私营企业、股份制企业、外商投资企业、外国企业以及其他企业和事业单位、社会团体、国家机关、军队以及其他单位；所称个人，包括个体工商户以及其他个人。

【注释】相关规定包括：《关于土地使用税若干具体问题的解释和暂行规定》（国税地〔1988〕15号）、《关于土地使用税若干具体问题的补充规定》（国税地〔1989〕140号）、《国家税务局关于林业系统征免土地使用税问题的通知》（国税函发〔1991〕1404号）、《国家税务局关于受让土地使用权者应征收土地使用税问题的批复》（国税函发〔1993〕501号）、《国家税务总局关于城市维护建设税等地方税有关问题的通知》（国税发〔1994〕35号）、《国家税务总局关于对已缴纳土地使用金的土地使用者应征收城镇土地使用税的批复》（国税函发〔1998〕669号）、《财政部 国家税务总局关于非营利性科研机构税收政策的通知》（财税〔2001〕5号）、《财政部 国家税务总局关于调整铁路系统房产税 城镇土地使用税政策的通知》（财税〔2003〕149号）、《财政部 国家税务总局关于集体土地城镇土地使用税有关政策的通知》（财税〔2006〕56号）、《国家税务总局关于外商投资企业和外国企业征收城镇土地使用税问题的批复》（国税函〔2007〕596号）。

第三条 土地使用税以纳税人实际占用的土地面积为计税依据，依照规定税额计算征收。

前款土地占用面积的组织测量工作，由省、自治区、直辖市人民政府根据实际情况确定。

【注释】相关规定包括：《关于土地使用税若干具体问题的解释和暂行规定》（国税地〔1988〕15号）。

第四条 土地使用税每平方米年税额如下：

（一）大城市1.5元至30元；

（二）中等城市1.2元至24元；

（三）小城市0.9元至18元；

（四）县城、建制镇、工矿区 0.6 元至 12 元。

【注释】相关规定包括：《关于土地使用税若干具体问题的解释和暂行规定》（国税地〔1988〕15 号）。

第五条 省、自治区、直辖市人民政府，应当在本条例第四条规定的税额幅度内，根据市政建设状况、经济繁荣程度等条件，确定所辖地区的适用税额幅度。

市、县人民政府应当根据实际情况，将本地区土地划分为若干等级，在省、自治区、直辖市人民政府确定的税额幅度内，制定相应的适用税额标准，报省、自治区、直辖市人民政府批准执行。

经省、自治区、直辖市人民政府批准，经济落后地区土地使用税的适用税额标准可以适当降低，但降低额不得超过本条例第四条规定最低税额的 30%。经济发达地区土地使用税的适用税额标准可以适当提高，但须报经财政部批准。

【注释】相关规定包括：《关于土地使用税若干具体问题的解释和暂行规定》（国税地〔1988〕15 号）。

第六条 下列土地免缴土地使用税：

（一）国家机关、人民团体、军队自用的土地；

（二）由国家财政部门拨付事业经费的单位自用的土地；

（三）宗教寺庙、公园、名胜古迹自用的土地；

（四）市政街道、广场、绿化地带等公共用地；

（五）直接用于农、林、牧、渔业的生产用地；

（六）经批准开山填海整治的土地和改造的废弃土地，从使用的月份起免缴土地使用税 5 年至 10 年；

（七）由财政部另行规定免税的能源、交通、水利设施用地和其他用地。

【注释】相关规定包括：《关于土地使用税若干具体问题的解释和暂行规定》（国税地〔1988〕15 号）、《国家税务局对"关于〈中华人民共和国城镇土地使用税暂行条例〉第六条中.宗教寺庙.适用范围的请示"的复函》（国税地〔1988〕20 号）、《国家税务局对〈关于高校征免房产税、土地使用税的请示〉的批复》（国税地便〔1989〕8 号）、《国家税务局关于对司法部所属的劳改劳教单位征免土地使用税问题的规定》（国税地〔1989〕119 号）、《国家税务局关于对矿山企业征免土地使用税问题的通知》（国税地〔1989〕122 号）、《国家税务局关于对交通部门的港口用地征免土地使用税问题的规定》（国税地〔1989〕123 号）、《关于土地使用税若干具体问题的补充规定》（国税地〔1989〕140 号）、《国家税务局关于对盐场、盐矿征免城镇土地使用税问题的通知》（国税地〔1989〕141 号）、《国家税务局关于林业系统征免土地使用税问题的通知》（国税函发〔1991〕1404 号）、《财政部 国家税务总局关于血站有关税收问题的通知》（财税〔1999〕264 号）、《国家税务总局关于中国人民银行总行所属分支机构免征房产税 城镇土地使用税的通知》（国税函〔2001〕770 号）。

第七条 除本条例第六条规定外，纳税人缴纳土地使用税确有困难需要定期减免的，由省、自治区、直辖市税务机关审核后，报国家税务局批准。

【注释】相关规定包括：《国家税务局关于对经贸仓库免缴土地使用税问题的复函》（国税地〔1988〕32 号）、《国家税务局关于电力行业征免土地使用税问题的规定》（国税地〔1989〕13 号）、《国家税务局关于对民航机场用地征免土地使用税问题的规定》（国税地〔1989〕32 号）、《国家税务局对〈关于中、小学校办企业征免房产税、土地使用税问题的请示〉的批复》（国税地〔1989〕81 号）、《国家税务局关于对中国石油天然气总公司所属单位用地征免土地使用税问题的规定》（国税地〔1989〕88号）、《国家税务局关于对中国海洋石油总公司及其所属公司用地征免土地使用税问题的规定》（国税油发〔1990〕3号）、《国家税务局关于建材企业的采石场、排土场等用地征免土地使用税问题的批复》（国税函发〔1990〕853号）、《国家税务局关于工会服务型事业单位免征房产税、车船使用税、土地使用税问题的复函》（国税函发〔1992〕1440号）、《财政部 国家税务总局关于医疗卫生机构有关税收政策的通知》（财税〔2000〕42号）、《财政部 国家税务总局关于对老年服务机构有关税收政策问题的通知》（财税〔2000〕97号）、《财政部 国家税务总局关于房产税 城镇土地使用税有关政策规定的通知》（国税发〔2003〕89号）、《财政部 国家税务总局关于教育税收政策的通知》（财税〔2004〕39号）、《财政部 国家税务总局关于明确免征房产税 城镇土地使用税的铁路运输企业范围及有关问题的通知》（财税〔2004〕36号）、《国家税务总局关于供热企业缴纳房产税和城镇土地使用税问题的批复》（国税函〔2005〕60号）、《财政部 国家税务总局关于明确免征房产税 城镇土地使用税的铁路运输企业范围的补充通知》（财税〔2006〕17号）、《财政部 国家税务总局关于煤炭企业未利用塌陷地城镇土地使用税政策的通知》（财税〔2006〕74号）、《财政部 国家税务总局关于房产税 城镇土地使用税有关政策的通知》（财税〔2006〕186号）、《财政部 国家税务总局关于核电站用地征免城镇土地使用税的通知》（财税〔2007〕124号）。

第八条 土地使用税按年计算、分期缴纳。缴纳期限由省、自治区、直辖市人民政府确定。

第九条 新征收的土地，依照下列规定缴纳土地使用税：

（一）征收的耕地，自批准征用之日起满1年时开始缴纳土地使用税；

（二）征收的非耕地，自批准征用次月起缴纳土地使用税。

第十条 土地使用税由土地所在地的税务机关征收。土地管理机关应当向土地所在地的税务机关提供土地使用权属资料。

【注释】相关规定包括：《关于土地使用税若干具体问题的解释和暂行规定》（国税地〔1988〕15号）。

第十一条 土地使用税的征收管理，依照《中华人民共和国税收征收管理法》及本条例的规定执行。

第十二条 土地使用税收入纳入财政预算管理。

第十三条 本条例的实施办法由省、自治区、直辖市人民政府制定。

第十四条 本条例自1988年11月1日起施行，各地制定的土地使用费办法同时停止执行。

2. 关于土地使用税若干具体问题的解释和暂行规定

国税地〔1988〕15号

一、关于城市、县城、建制镇、工矿区范围内土地的解释

城市、县城、建制镇、工矿区范围内土地，是指在这些区域范围内属于国家所有和集体所有的土地。

二、关于城市、县城、建制镇、工矿区的解释

城市是指经国务院批准设立的市。

县城是指县人民政府所在地。

建制镇是指经省、自治区、直辖市人民政府批准设立的建制镇。

工矿区是指工商业比较发达，人口比较集中，符合国务院规定的建制镇标准，但尚未设立镇建制的大中型工矿企业所在地。工矿区须经省、自治区、直辖市人民政府批准。

三、关于征税范围的解释

城市的征税范围为市区和郊区。

县城的征税范围为县人民政府所在的城镇。

建制镇的征税范围为镇人民政府所在地。

城市、县城、建制镇、工矿区的具体征税范围，由各省、自治区、直辖市人民政府划定。

四、关于纳税人的确定

土地使用税由拥有土地使用权的单位或个人缴纳。拥有土地使用权的纳税人不在土地所在地的，由代管人或实际使用人纳税；土地使用权未确定或权属纠纷未解决的，由实际使用人纳税；土地使用权共有的，由共有各方分别纳税。

五、关于土地使用权共有的，如何计算缴纳土地使用税

土地使用权共有的各方，应按其实际使用的土地面积占总面积的比例，分别计算缴纳土地使用税。

六、关于纳税人实际占用的土地面积的确定

纳税人实际占用的土地面积，是指由省、自治区、直辖市人民政府确定的单位组织测定的土地面积。尚未组织测量，但纳税人持有政府部门核发的土地使用证书的，以证书确认的土地面积为准；尚未核发土地使用证书的，应由纳税人据实申报土地面积。

七、关于大中小城市的解释

大、中、小城市以公安部门登记在册的非农业正式户口人数为依据，按照国务院颁布的《城市规划条例》中规定的标准划分。现行的划分标准是：市区及郊区非农业人口总计在50万以上的，为大城市；市区及郊区非农业人口总计在20万至50万的，为中等城市；市区及郊区非农业人口总计在20万以下的，为小城市。

八、关于人民团体的解释

人民团体是指经国务院授权的政府部门批准设立或登记备案并由国家拨付行政事业费的各种社会团体。

九、关于由国家财政部门拨付事业经费的单位的解释

由国家财政部门拨付事业经费的单位，是指国家财政部门拨付经费、实行全额预算管理或差额预算管理的事业单位。不包括实行自收自支、自负盈亏的事业单位。

十、关于免税单位自用土地的解释

国家机关、人民团体、军队自用的土地，是指这些单位本身的办公用地和公务用地。

事业单位自用的土地，是指这些单位本身的业务用地。

宗教寺庙自用的土地，是指举行宗教仪式等的用地和寺庙内的宗教人员生活用地。

公园、名胜古迹自用的土地，是指供公共参观游览的用地及其管理单位的办公用地。

以上单位的生产、营业用地和其他用地，不属于免税范围，应按规定缴纳土地使用税。

十一、关于直接用于农、林、牧、渔业的生产用地的解释

直接用于农、林、牧、渔业的生产用地，是指直接从事于种植、养殖、饲养的专业用地，不包括农副产品加工场地和生活、办公用地。

十二、关于征用的耕地与非耕地的确定

征用的耕地与非耕地，以土地管理机关批准征地的文件为依据确定。

十三、关于开山填海整治的土地和改造的废弃土地及其免税期限的确定

开山填海整治的土地和改造的废弃土地,以土地管理机关出具的证明文件为依据确定;具体免税期限由各省、自治区、直辖市税务局在土地使用税暂行条例规定的期限内自行确定。

十四、关于纳税人使用的土地不属于同一省(自治区、直辖市)管辖范围的,如何确定纳税地点

纳税人使用的土地不属于同一省(自治区、直辖市)管辖范围的,应由纳税人分别向土地所在地的税务机关缴纳土地使用税。

在同一省(自治区、直辖市)管辖范围内,纳税人跨地区使用的土地,如何确定纳税地点,由各省、自治区、直辖市税务局确定。

十五、关于公园、名胜古迹中附设的营业单位使用的土地,应否征收土地使用税

公园、名胜古迹中附设的营业单位,如影剧院、饮食部、茶社、照相馆等使用的土地,应征收土地使用税。

十六、关于对房管部门经租的公房用地,如何征收土地使用税

房管部门经租的公房用地,凡土地使用权属于房管部门的,由房管部门缴纳土地使用税。

十七、关于企业办的学校、医院、托儿所、幼儿园自用的土地,可否免征土地使用税

……

【注释】第十七条废止,参见《国家税务总局关于公布失效废止的税务部门规章和税收规范性文件目录的决定》(国家税务总局令第42号)。

十八、下列土地的征免税,由省、自治区、直辖市税务局确定:

1. 个人所有的居住房屋及院落用地;
2. 房产管理部门在房租调整改革前经租的居民住房用地;
3. 免税单位职工家属的宿舍用地;
4. 民政部门举办的安置残疾人占一定比例的福利工厂用地;
5. 集体和个人办的各类学校、医院、托儿所、幼儿园用地。

【注释】对《城镇土地使用税》第二、第三、第四、第五、第六、第七、第十条进行了解释。

3. 国家税务局关于电力行业征免土地使用税问题的规定

国税地字〔1989〕13号

为了便于各地贯彻土地使用税暂行条例,现将电力行业征免土地使用税问题,明确如下:

一、对火电厂厂区围墙内的用地,均应照章征收土地使用税。对厂区围墙外的灰场、输灰管、输油(气)管道、铁路专用线用地,免征土地使用税;厂区围墙外的其他用地,应照章征税。

二、对水电站的发电厂房用地(包括坝内、坝外式厂房),生产、办公、生活用地,照章征收土地使用税;对其他用地给予免税照顾。

三、对供电部门的输电线路用地、变电站用地,免征土地使用税。

【注释】对《城镇土地使用税》第七条进行了解释。相关规定包括:《国家税务局对〈关于请求再次明确电力行业土地使用税征免范围问题的函〉的复函》(国税地字〔1989〕44号)。

4. 国家税务局关于水利设施用地征免土地使用税问题的规定

国税地字〔1989〕14号

为了支持水利事业发展，根据《中华人民共和国城镇土地使用税暂行条例》规定，对水利设施用地征免土地使用税问题，明确如下：

一、对水利设施及其管护用地（如水库库区、大坝、堤防、灌渠、泵站等用地），免征土地使用税；其他用地，如生产、办公、生活用地，应照章征收土地使用税。

二、对兼有发电的水利设施用地征免土地使用税问题，比照电力行业征免土地使用税的有关规定办理。

【注释】对《城镇土地使用税》第七条进行了解释。

5. 国家税务局关于对民航机场用地征免土地使用税问题的规定

国税地字〔1989〕32号

根据国务院国发〔1988〕17号《中华人民共和国城镇土地使用税暂行条例》的规定，现对民航机场用地征免土地使用税问题作如下规定：

一、机场飞行区（包括跑道、滑行道、停机坪、安全带、夜航灯光区）用地，场内外通讯导航设施用地和飞行区四周排水防洪设施用地，免征土地使用税。

二、机场道路，区分为场内、场外道路。场外道路用地免征土地使用税；场内道路用地依照规定征收土地使用税。

三、机场工作区（包括办公、生产和维修用地及候机楼、停车场）用地、生活区用地、绿化用地，均须依照规定征收土地使用税。

【注释】对《城镇土地使用税》第七条进行了解释。

6. 国家税务局关于对矿山企业征免土地使用税问题的通知

国税地〔1989〕122号

根据《中华人民共和国城镇土地使用税暂行条例》第六条的规定，现对矿山企业（包括黑色冶金矿和有色金属矿及除煤矿外的其他非金属矿）的用地征免土地使用税问题，通知如下：

一、对矿山的采矿场、排土场、尾矿库、炸药库的安全区、采区运矿及运岩公路、尾矿输送管道及回水系统用地，免征土地使用税。

二、对矿山企业采掘地下矿造成的塌陷地以及荒山占地，在未利用之前，暂免征收土地使用税。

三、除上述规定外，对矿山企业的其他生产用地及办公、生活区用地，应照章征收土地使用税。

【注释】对《城镇土地使用税》第六条进行了解释。

国家税务总局
1989 年 11 月 10 日

7. 国家税务局关于印发《关于土地使用税若干具体问题的补充规定》的通知

国税地字〔1989〕140 号

（通知略）

关于土地使用税若干具体问题的补充规定

根据《中华人民共和国城镇土地使用税暂行条例》的规定，现将若干具体问题明确如下：

一、关于对免税单位与纳税单位之间无偿使用的土地应否征税问题

对免税单位无偿使用纳税单位的土地（如公安、海关等单位使用铁路、民航等单位的土地），免征土地使用税；对纳税单位无偿使用免税单位的土地，纳税单位应照章缴纳土地使用税。

二、关于对纳税单位与免税单位共同使用多层建筑用地的征税问题

纳税单位与免税单位共同使用共有使用权土地上的多层建筑，对纳税单位可按其占用的建筑面积占建筑总面积的比例计征土地使用税。

三、关于对缴纳农业税的土地应否征税问题

凡在开征范围内的土地，除直接用于农、林、牧、渔业的按规定免予征税以外，不论是否缴纳农业税，均应照章征收土地使用税。

四、关于对基建项目在建期间的用地应否征税问题

……

五、关于对城镇内的集贸市场（农贸市场）用地应否征税问题

城镇内的集贸市场（农贸市场）用地，按规定应征收土地使用税。为了促进集贸市场的发展及照顾各地的不同情况，各省、自治区、直辖市税务局可根据具体情况自行确定对集贸市场用地征收或者免征土地使用税。

六、关于对房地产开发公司建造商品房的用地应否征税问题

……

七、关于对落实私房政策后已归还产权，但房主尚未能收回的房屋用地，可否给予减免税照顾问题

原房管部门代管的私房，落实政策后，有些私房产权已归还给房主，但由于各种原因，

房屋仍由原住户居住,并且住户仍是按照房管部门在房租调整改革之前确定的租金标准向房主交纳租金。对这类房屋用地,房主缴纳土地使用税确有困难的,可由各省、自治区、直辖市税务局根据实际情况,给予定期减征或免征土地使用税的照顾。

八、关于对防火、防爆、防毒等安全防范用地应否征税问题

对于各类危险品仓库、厂房所需的防火、防爆、防毒等安全防范用地,可由各省、自治区、直辖市税务局确定,暂免征收土地使用税;对仓库库区、厂房本身用地,应照章征收土地使用税。

九、关于对关闭、撤销的企业占地应否征税问题

……

十、关于对搬迁企业的用地应如何征税问题

……

十一、关于对企业的铁路专用线、公路等用地应否征税问题

对企业的铁路专用线、公路等用地,除另有规定者外,在企业厂区(包括生产、办公及生活区)以内的,应照章征收土地使用税;在厂区以外、与社会公用地段未加隔离的,暂免征收土地使用税。

十二、关于对企业范围内的荒山、林地、湖泊等占地应否征收土地使用税问题

对企业范围内的荒山、林地、湖泊等占地,尚未利用的,可暂免征收土地使用税。

十三、关于对企业的绿化用地可否免土地使用税问题

对企业厂区(包括生产、办公及生活区)以内的绿化用地,应照章征收土地使用税,厂区以外的公共绿化用地和向社会开放的公园用地,暂免征收土地使用税。

【注释】第十二条废止,参见《财政部 国家税务总局关于企业范围内荒山 林地 湖泊等占地城镇土地使用税有关政策的通知》(财税〔2014〕1号)。第九条失效,参见《财政部 国家税务总局关于调整城镇土地使用税有关减免税政策的通知》(财税〔2004〕180号)。第四条、第六条、第九条废止;第十条、第十二条中"经各省、自治区、直辖市税务局审批"的内容失效,参见《国家税务总局关于公布全文失效废止 部分条款失效废止的税收规范性文件目录的公告》(国家税务总局公告2011年第2号)。第十条废止,参见《国家税务总局关于公布全文失效废止和部分条款废止的税收规范性文件目录的公告》(国家税务总局公告2016年第34号)。

8. 国家税务局关于林业系统征免土地使用税问题的通知

国税函发〔1991〕1404号

根据国务院《关于研究解决森工企业困难问题的会议纪要》精神,结合林业系统的实际情况,经研究,现对林业系统征免土地使用税的问题,通知如下:

一、对林区的有林地、运材道、防火道、防火设施用地,免征土地使用税。林业系统的森林公园、自然保护区,可比照公园免征土地使用税。

二、……

【注释】第二条失效,参见《国家税务总局关于公布全文失效废止 部分条款失效废止的税收规范性文件目录的公告》(国家税务总局公告2011年第2号)。

三、除上述列举免税的土地外，对林业系统的其他生产用地及办公、生活区用地，应照章征收土地使用税。

【注释】对《城镇土地使用税》第二、第六条进行了解释。

国家税务总局
1991年11月1日

9. 国家税务总局关于城市维护建设税等地方税有关问题的通知

国税发〔1994〕035号

各省、自治区、直辖市税务局，各计划单列市税务局，海洋石油税务管理局各分局：

关于城市维护建设税和其他地方税种的改革问题，财政部、国家税务总局于1994年元月12日向国务院报送了《关于城乡维护建设税改革的请示》（以下简称《请示》）。《请示》的主要内容包括：

一、……

【注释】第一条废止，参见《国家税务总局关于城市维护建设税征收管理有关事项的公告》（国家税务总局公告2021年第26号）。

二、对城镇土地使用税、房产税、车船使用税等地方税种的改革，在集中精力确保已出台税种顺利实施的前提下，本着积极稳妥，充分考虑各方利益的原则，在深入调查研究的基础上，做到成熟一个，出台一个，使税制改革有计划、按步骤地进行。在新的税收法律、法规未出台前，仍按原税法和税收条例执行。

以上意见已经国务院领导同志批示同意，望各地依照执行。

【注释】对《城镇土地使用税》第二条进行了解释。

国家税务总局
1994年2月25日

10. 财政部 国家税务总局关于医疗卫生机构有关税收政策的通知

财税〔2000〕42号

各省、自治区、直辖市、计划单列市财政厅（局）、国家税务局、地方税务局：

为了贯彻落实《国务院办公厅转发国务院体改办等部门关于城镇医药卫生体制改革指导意见的通知》（国办发〔2000〕16号），促进我国医疗卫生事业的发展，经国务院批准，现将医疗卫生机构有关税收政策通知如下：

一、关于非营利性医疗机构的税收政策

（一）对非营利性医疗机构按照国家规定的价格取得的医疗服务收入，免征各项税收。

不按照国家规定价格取得的医疗服务收入不得享受这项政策。

医疗服务是指医疗服务机构对患者进行检查、诊断、治疗、康复和提供预防保健、接生、计划生育方面的服务，以及与这些服务有关的提供药品、医用材料器具、救护车、病房住宿和伙食的业务（下同）。

（二）对非营利性医疗机构从事非医疗服务取得的收入，如租赁收入、财产转让收入、培训收入、对外投资收入等应按规定征收各项税收。非营利性医疗机构将取得的非医疗服务收入，直接用于改善医疗卫生服务条件的部分，经税务部门审核批准可抵扣其应纳税所得额，就其余额征收企业所得税。

（三）对非营利性医疗机构自产自用的制剂，免征增值税。

（四）非营利性医疗机构的药房分离为独立的药品零售企业，应按规定征收各项税收。

（五）对非营利性医疗机构自用的房产、土地、车船，免征房产税、城镇土地使用税和车船使用税。

二、关于营利性医疗机构的税收政策

（一）对营利性医疗机构取得的收入，按规定征收各项税收。但为了支持营利性医疗机构的发展，对营利性医疗机构取得的收入，直接用于改善医疗卫生条件的，自其取得执业登记之日起，3年内给予下列优惠：对其取得的医疗服务收入免征营业税；对其自产自用的制剂免征增值税；对营利性医疗机构自用的房产、土地、车船免征房产税、城镇土地使用税和车船使用税。3年免税期满后恢复征税。

（二）对营利性医疗机构的药房分离为独立的药品零售企业，应按规定征收各项税收。

三、关于疾病控制机构和妇幼保健机构等卫生机构的税收政策

（一）对疾病控制机构和妇幼保健机构等卫生机构按照国家规定的价格取得的卫生服务收入（含疫苗接种和调拨、销售收入），免征各项税收。不按照国家规定的价格取得的卫生服务收入不得享受这项政策。对疾病控制机构和妇幼保健等卫生机构取得的其他经营收入如直接用于改善本卫生机构卫生服务条件的，经税务部门审核批准可抵扣其应纳税所得额，就其余额征收企业所得税。

（二）对疾病控制机构和妇幼保健机构等卫生机构自用的房产、土地、车船，免征房产税、城镇土地使用税和车船使用税。

医疗机构需要书面向卫生行政主管部门申明其性质，按《医疗机构管理条例》进行设置审批和登记注册，并由接受其登记注册的卫生行政部门核定，在执业登记中注明"非营利性医疗机构"和"营利性医疗机构"。

上述医疗机构具体包括：各级各类医院、门诊部（所）、社区卫生服务中心（站）、急救中心（站）、城乡卫生院、护理院（所）、疗养院、临床检验中心等。上述疾病控制、妇幼保健等卫生机构具体包括：各级政府及有关部门举办的卫生防疫站（疾病控制中心）、各种专科疾病防治站（所），各级政府举办的妇幼保健所（站）、母婴保健机构、儿童保健机构等，各级政府举办的血站（血液中心）。

本通知自发布之日起执行。

【注释】对《城镇土地使用税》第七条进行了解释。有关营业税规定失效，参见《财政部 国家税务总局关于公布若干废止和失效的营业税规范性文件的通知》（财税〔2009〕61号）。

财政部　国家税务总局
2000年7月10日

11. 财政部 国家税务总局关于对老年服务机构有关税收政策问题的通知

财税〔2000〕97号

各省、自治区、直辖市、计划单列市财政厅（局）、国家税务局、地方税务局：

为贯彻中共中央、国务院《关于加强老龄工作的决定》（中发〔2000〕13号）精神，现对政府部门和社会力量兴办的老年服务机构有关税收政策问题通知如下：

一、对政府部门和企事业单位、社会团体以及个人等社会力量投资兴办的福利性、非营利性的老年服务机构，暂免征收企业所得税，以及老年服务机构自用房产、土地、车船的房产税、城镇土地使用税、车船使用税。

二、对企事业单位、社会团体和个人等社会力量，通过非营利性的社会团体和政府部门向福利性、非营利性的老年服务机构的捐赠，在缴纳企业所得税和个人所得税前准予全额扣除。

三、本通知所称老年服务机构，是指专门为老年人提供生活照料、文化、护理、健身等多方面服务的福利性、非营利性的机构，主要包括：老年社会福利院、敬老院（养老院）、老年服务中心、老年公寓（含老年护理院、康复中心、托老所）等。

本通知自2000年10月1日起执行。

【注释】对《城镇土地使用税》第七条进行了解释。

财政部 国家税务总局
2000年11月24日

12. 国家税务总局关于房产税 城镇土地使用税有关政策规定的通知

国税发〔2003〕89号

各省、自治区、直辖市和计划单列市地方税务局，局内各单位：

随着我国房地产市场的迅猛发展，涉及房地产税收的政策问题日益增多，经调查研究和广泛听取各方面的意见，现对房产税、城镇土地使用税有关政策问题明确如下：

一、关于房地产开发企业开发的商品房征免房产税问题鉴于房地产开发企业开发的商品房在出售前，对房地产开发企业而言是一种产品，因此，对房地产开发企业建造的商品房，在售出前，不征收房产税；但对售出前房地产开发企业已使用或出租、出借的商品房应按规定征收房产税。

二、关于确定房产税、城镇土地使用税纳税义务发生时间问题

（一）购置新建商品房，自房屋交付使用之次月起计征房产税和城镇土地使用税。

（二）购置存量房，自办理房屋权属转移、变更登记手续，房地产权属登记机关签发房屋权属证书之次月起计征房产税和城镇土地使用税。

（三）出租、出借房产，自交付出租、出借房产之次月起计征房产税和城镇土地使用税。

（四）房地产开发企业自用、出租、出借本企业建造的商品房，自房屋使用或交付之次月起计征房产税和城镇土地使用税。

【注释】 对《城镇土地使用税》第七条进行了解释。条款失效，第二条第四款中有关房地产开发企业城镇土地使用税纳税义务发生时间的规定废止，参见《国家税务总局关于公布全文失效废止　部分条款失效废止的税收规范性文件目录的公告》（国家税务总局公告2011年第2号）。

国家税务总局
2003年7月15日

13. 财政部　国家税务总局关于教育税收政策的通知

财税〔2004〕39号

各省、自治区、直辖市、计划单列市财政厅（局）、国家税务局、地方税务局，新疆生产建设兵团财务局：

为了进一步促进教育事业发展，经国务院批准，现将有关教育的税收政策通知如下：

……

二、关于房产税、城镇土地使用税、印花税

对国家拨付事业经费和企业办的各类学校、托儿所、幼儿园自用的房产、土地，免征房产税、城镇土地使用税；对财产所有人将财产赠给学校所立的书据，免征印花税。

……

六、本通知自2004年1月1日起执行，此前规定与本通知不符的，以本通知为准。

【注释】 对《城镇土地使用税》第七条进行了解释。第三条第2项废止，参见《财政部　税务总局关于契税法实施后有关优惠政策衔接问题的公告》（财政部　税务总局公告2021年第29号）。 第一条第5至10项废止，参见《财政部　国家税务总局关于企业所得税若干优惠政策的通知》（财税〔2008〕1号）。

财政部　国家税务总局
2004年2月5日

14. 财政部　国家税务总局关于调整城镇土地使用税有关减免税政策的通知

财税〔2004〕180号

各省、自治区、直辖市、计划单列市财政厅（局）、地方税务局，新疆生产建设兵团财务局：

为了规范税收政策，进一步加强城镇土地使用税的征收管理，经研究决定，对《国家税务局关于印发〈关于土地使用税若干具体问题的补充规定〉的通知》（〔89〕国税地字第140号）的部分内容做适当修改。即：取消《关于土地使用税若干具体问题的补充规定》中第九条"企业关闭、撤销后，其占地未作他用的，经省、自治区、直辖市税务局批准，可暂免征收土地使用税"的规定。

本通知自2004年7月1日起执行。

【注释】对《关于土地使用税若干具体问题的补充规定》进行了修正。

财政部　国家税务总局
2004年10月25日

15. 财政部　国家税务总局关于明确免征房产税　城镇土地使用税的铁路运输企业范围的补充通知

财税〔2006〕17号

各省、自治区、直辖市、计划单列市财政厅（局）、地方税务局，新疆生产建设兵团财务局：

根据铁路运输体制改革情况，现将享受免征房产税、城镇土地使用税政策的铁道部所属铁路运输企业的范围补充通知如下：

一、享受免征房产税、城镇土地使用税优惠政策的铁道部所属铁路运输企业是指铁路局及国有铁路运输控股公司（含广铁〈集团〉公司、青藏铁路公司、大秦铁路股份有限公司、广深铁路股份有限公司等，具体包括客货、编组站、车务、机务、工务、电务、水电、供电、列车、客运、车辆段）、铁路办事处、中铁集装箱运输有限责任公司、中铁特货运输有限责任公司、中铁快运股份有限公司。

二、本通知自发文之日起执行。《财政部　国家税务总局关于明确免征房产税 城镇土地使用税的铁路运输企业范围及有关问题的通知》（财税〔2004〕36号）第一条停止执行。此前已征税款不予退还，未征税款不再补征。

【注释】对《城镇土地使用税》第七条进行了解释。

财政部　国家税务总局
2006年3月8日

16. 财政部　国家税务总局关于集体土地城镇土地使用税有关政策的通知

财税〔2006〕56号

各省、自治区、直辖市、计划单列市财政厅（局）、地方税务局，新疆生产建设兵团财务局：

根据当前集体土地使用中出现的新情况、新问题，经研究，现将集体土地城镇土地使用税有关政策通知如下：

在城镇土地使用税征税范围内实际使用应税集体所有建设用地、但未办理土地使用权流转手续的，由实际使用集体土地的单位和个人按规定缴纳城镇土地使用税。

本通知自2006年5月1日起执行，此前凡与本通知不一致的政策规定一律以本通知为准。

【注释】对《城镇土地使用税》第二条进行了解释。

财政部　国家税务总局
2006年4月30日

17. 财政部　国家税务总局关于房产税城镇土地使用税有关政策的通知

财税〔2006〕186号

各省、自治区、直辖市、计划单列市财政厅（局）、地方税务局，新疆生产建设兵团财务局：

经研究，现对房产税、城镇土地使用税有关政策明确如下：

一、关于居民住宅区内业主共有的经营性房产缴纳房产税问题

对居民住宅区内业主共有的经营性房产，由实际经营（包括自营和出租）的代管人或使用人缴纳房产税。其中自营的，依照房产原值减除10%至30%后的余值计征，没有房产原值或不能将业主共有房产与其他房产的原值准确划分开的，由房产所在地地方税务机关参照同类房产核定房产原值；出租的，依照租金收入计征。

二、关于有偿取得土地使用权城镇土地使用税纳税义务发生时间问题

以出让或转让方式有偿取得土地使用权的，应由受让方从合同约定交付土地时间的次月起缴纳城镇土地使用税；合同未约定交付土地时间的，由受让方从合同签订的次月起缴纳城镇土地使用税。

国家税务总局《关于房产税 城镇土地使用税有关政策规定的通知》（国税发〔2003〕89号）第二条第四款中有关房地产开发企业城镇土地使用税纳税义务发生时间的规定同时废止。

三、关于经营采摘、观光农业的单位和个人征免城镇土地使用税问题

在城镇土地使用税征收范围内经营采摘、观光农业的单位和个人，其直接用于采摘、观光的种植、养殖、饲养的土地，根据《中华人民共和国城镇土地使用税暂行条例》第六条中"直接用于农、林、牧、渔业的生产用地"的规定，免征城镇土地使用税。

四、关于林场中度假村等休闲娱乐场所征免城镇土地使用税问题

在城镇土地使用税征收范围内，利用林场土地兴建度假村等休闲娱乐场所的，其经营、办公和生活用地，应按规定征收城镇土地使用税。

五、本通知自2007年1月1日起执行。

【注释】对《城镇土地使用税》第七条进行了解释。

财政部　国家税务总局
2006年12月25日

18. 财政部 国家税务总局关于核电站用地征免城镇土地使用税的通知

财税〔2007〕124号

各省、自治区、直辖市、计划单列市财政厅（局）、地方税务局，新疆生产建设兵团财务局：

经研究，现将核电站用地城镇土地使用税政策明确如下：

一、对核电站的核岛、常规岛、辅助厂房和通讯设施用地（不包括地下线路用地），生活、办公用地按规定征收城镇土地使用税，其他用地免征城镇土地使用税。

二、对核电站应税土地在基建期内减半征收城镇土地使用税。

三、本通知自发文之日起执行。

【注释】对《城镇土地使用税》第七条进行了解释。

财政部 国家税务总局
2007年9月10日

19. 财政部 国家税务总局关于房产税城镇土地使用税有关问题的通知

财税〔2008〕152号

各省、自治区、直辖市、计划单列市财政厅（局）、地方税务局，新疆生产建设兵团财务局：

为统一政策，规范执行，现将房产税、城镇土地使用税有关问题明确如下：

一、关于房产原值如何确定的问题。

对依照房产原值计税的房产，不论是否记载在会计账簿固定资产科目中，均应按照房屋原价计算缴纳房产税。房屋原价应根据国家有关会计制度规定进行核算。对纳税人未按国家会计制度规定核算并记载的，应按规定予以调整或重新评估。

《财政部 税务总局关于房产税若干具体问题的解释和暂行规定》（财税地字〔1986〕第008号）第十五条同时废止。

二、关于索道公司经营用地应否缴纳城镇土地使用税的问题。

公园、名胜古迹内的索道公司经营用地，应按规定缴纳城镇土地使用税。

三、关于房产税、城镇土地使用税纳税义务截止时间的问题。

纳税人因房产、土地的实物或权利状态发生变化而依法终止房产税、城镇土地使用税纳税义务的，其应纳税款的计算应截止到房产、土地的实物或权利状态发生变化的当月末。

四、本通知自2009年1月1日起执行。

财政部 国家税务总局
二〇〇八年十二月十八日

20. 财政部 国家税务总局关于房产税城镇土地使用税有关问题的通知

财税〔2009〕128号

各省、自治区、直辖市、计划单列市财政厅（局）、地方税务局，西藏、宁夏、青海省（自治区）国家税务局，新疆生产建设兵团财务局：

为完善房产税、城镇土地使用税政策，堵塞税收征管漏洞，现将房产税、城镇土地使用税有关问题明确如下：

一、关于无租使用其他单位房产的房产税问题

无租使用其他单位房产的应税单位和个人，依照房产余值代缴纳房产税。

二、关于出典房产的房产税问题

产权出典的房产，由承典人依照房产余值缴纳房产税。

三、关于融资租赁房产的房产税问题

融资租赁的房产，由承租人自融资租赁合同约定开始日的次月起依照房产余值缴纳房产税。合同未约定开始日的，由承租人自合同签订的次月起依照房产余值缴纳房产税。

四、关于地下建筑用地的城镇土地使用税问题

对在城镇土地使用税征税范围内单独建造的地下建筑用地，按规定征收城镇土地使用税。其中，已取得地下土地使用权证的，按土地使用权证确认的土地面积计算应征税款；未取得地下土地使用权证或地下土地使用权证上未标明土地面积的，按地下建筑垂直投影面积计算应征税款。

对上述地下建筑用地暂按应征税款的50%征收城镇土地使用税。

五、本通知自2009年12月1日起执行。《财政部 税务总局关于房产税若干具体问题的解释和暂行规定》〔(86)财税地字第008号〕第七条、《国家税务总局关于安徽省若干房产税业务问题的批复》（国税函发〔1993〕368号）第二条同时废止。

财政部 国家税务总局
二○○九年十一月二十二日

21. 财政部 国家税务总局关于股改及合资铁路运输企业房产税 城镇土地使用税有关政策的通知

财税〔2009〕132号

各省、自治区、直辖市、计划单列市财政厅（局）、地方税务局，新疆生产建设兵团财政局：

为支持铁路股份制改革和合资铁路发展，经国务院批准，现对股改铁路运输企业和合资铁路运输公司房产税、城镇土地使用税有关政策明确如下：

对股改铁路运输企业及合资铁路运输公司自用的房产、土地暂免征收房产税和城镇土

地使用税。其中股改铁路运输企业是指铁路运输企业经国务院批准进行股份制改革成立的企业；合资铁路运输公司是指由铁道部及其所属铁路运输企业与地方政府、企业或其他投资者共同出资成立的铁路运输企业。

财政部　国家税务总局
二〇〇九年十一月二十五日

22. 财政部　国家税务总局关于房改房用地未办理土地使用权过户期间城镇土地使用税政策的通知

财税〔2013〕44号

各省、自治区、直辖市、计划单列市财政厅（局）、地方税务局，西藏、宁夏、青海省（自治区）国家税务局，新疆生产建设兵团财务局：

　　经研究，现就房改房用地未办理土地使用权过户期间的城镇土地使用税政策通知如下：

　　应税单位按照国家住房制度改革有关规定，将住房出售给职工并按规定进行核销账务处理后，住房用地在未办理土地使用权过户期间的城镇土地使用税征免，比照各省、自治区、直辖市对个人所有住房用地的现行政策执行。

财政部　国家税务总局
2013年8月2日

23. 国家税务总局关于通过招拍挂方式取得土地缴纳城镇土地使用税问题的公告

国家税务总局公告2014年第74号

　　对以招标、拍卖、挂牌方式取得土地的城镇土地使用税问题公告如下：

　　通过招标、拍卖、挂牌方式取得的建设用地，不属于新征用的耕地，纳税人应按照《财政部　国家税务总局关于房产税 城镇土地使用税有关政策的通知》（财税〔2006〕186号）第二条规定，从合同约定交付土地时间的次月起缴纳城镇土地使用税；合同未约定交付土地时间的，从合同签订的次月起缴纳城镇土地使用税。

　　本公告自发布之日起施行。

　　特此公告。

国家税务总局
2014年12月31日

24. 关于《国家税务总局关于通过招拍挂方式取得土地缴纳城镇土地使用税问题的公告》的解读

为便于理解《国家税务总局关于通过招拍挂方式取得土地缴纳城镇土地使用税问题的公告》内容，现将公告内容解读如下：

城镇土地使用税暂行条例第九条第一款规定：新征用的耕地，自批准征用之日起满一年时开始缴纳土地使用税。这是基于二十世纪八十年代由土地使用人直接征地的情形所做的规定。随着我国土地使用制度改革的深化和土地管理方式的逐步规范，目前土地出让的主要方式是，由地方土地储备中心征用土地，经过前期开发，然后以招标、拍卖、挂牌等方式出让给土地使用人。因此，财税〔2006〕186号文件规定：以出让或转让方式有偿取得土地使用权的，应由受让方从合同约定交付土地时间的次月起缴纳城镇土地使用税；合同未约定交付土地时间的，由受让方从合同签订的次月起缴纳城镇土地使用税。

目前，地方土地储备中心征用耕地后，对应缴纳的耕地占用税有两种处理方式，一种方式是由地方土地储备中心缴纳，作为土地开发成本费用的一部分，体现在招拍挂的价格当中；另一种方式是由受让土地者缴纳耕地占用税。对后一种情形，需要进一步明确纳税义务发生时间的政策适用问题。

根据《中华人民共和国土地管理法》和《国务院关于促进节约集约用地的通知》（国发〔2008〕3号）的有关规定，未利用的土地出让前，应当完成必要的前期开发，经过前期开发的土地，才能依法由市、县人民政府国土资源部门统一组织出让。因此，通过招拍挂方式取得的土地都是建设用地，不属于直接取得耕地，无论耕地占用税以何种方式缴纳，都应当适用以出让或转让方式有偿取得土地使用权的纳税义务发生时间的政策规定。

因此，公告明确规定：通过招标、拍卖、挂牌方式取得的建设用地，不属于新征用的耕地，纳税人均应按照《财政部 国家税务总局关于房产税 城镇土地使用税有关政策的通知》（财税〔2006〕186号）第二条规定，从合同约定交付土地时间的次月起缴纳城镇土地使用税；合同未约定交付土地时间的，从合同签订的次月起缴纳城镇土地使用税。

25. 财政部 国家税务总局关于石油天然气生产企业城镇土地使用税政策的通知

财税〔2015〕76号

各省、自治区、直辖市、计划单列市财政厅（局）、地方税务局，西藏、宁夏自治区国家税务局，新疆生产建设兵团财务局：

经研究，现就石油天然气（含页岩气、煤层气）生产企业用地城镇土地使用税政策通知如下：

一、下列石油天然气生产建设用地暂免征收城镇土地使用税：

1. 地质勘探、钻井、井下作业、油气田地面工程等施工临时用地；

2. 企业厂区以外的铁路专用线、公路及输油（气、水）管道用地；
3. 油气长输管线用地。

二、在城市、县城、建制镇以外工矿区内的消防、防洪排涝、防风、防沙设施用地，暂免征收城镇土地使用税。

三、享受上述税收优惠的用地，用于非税收优惠用途的，不得享受本通知规定的税收优惠。

四、除上述第一条、第二条列举免税的土地外，其他油气生产及办公、生活区用地，依照规定征收城镇土地使用税。

五、地方人民政府应按照城镇土地使用税有关规定，确定工矿区范围。对在工矿区范围内的油气生产、办公、生活用地，其税额标准不得高于相邻的县城、建制镇的适用税额标准。

六、石油天然气生产企业应按照有关税收减免管理规定向主管税务机关备案免税土地情况。

七、本通知自2015年7月1日起执行。原国家税务局《关于对中国石油天然气总公司所属单位用地征免土地使用税问题的通知》[（89）国税地字第088号]、《关于对中国海洋石油总公司及其所属公司用地征免土地使用税问题的规定》[（90）国税油发003号]同时废止。

对（89）国税地字第088号和（90）国税油发003号文件规定免税，但按本通知规定应当征税的土地，自2015年7月1日至2016年12月31日，按应纳税额减半征收城镇土地使用税；自2017年1月1日起，全额征收城镇土地使用税。

财政部　国家税务总局
2015年6月29日

26. 财政部　国家税务总局关于公共租赁住房税收优惠政策的通知

财税〔2015〕139号

各省、自治区、直辖市、计划单列市财政厅（局）、地方税务局，西藏、宁夏、青海省（自治区）国家税务局，新疆生产建设兵团财务局：

根据《国务院办公厅关于保障性安居工程建设和管理的指导意见》（国办发〔2011〕45号）和住房城乡建设部、财政部、国家税务总局等部门《关于加快发展公共租赁住房的指导意见》（建保〔2010〕87号）等文件精神，决定继续对公共租赁住房建设和运营给予税收优惠。现将有关政策通知如下：

一、对公共租赁住房建设期间用地及公共租赁住房建成后占地免征城镇土地使用税。在其他住房项目中配套建设公共租赁住房，依据政府部门出具的相关材料，按公共租赁住房建筑面积占总建筑面积的比例免征建设、管理公共租赁住房涉及的城镇土地使用税。

……

八、享受上述税收优惠政策的公共租赁住房是指纳入省、自治区、直辖市、计划单列市人民政府及新疆生产建设兵团批准的公共租赁住房发展规划和年度计划，并按照《关于加快发展公共租赁住房的指导意见》（建保〔2010〕87号）和市、县人民政府制定的具体管理办法进行管理的公共租赁住房。

九、本通知执行期限为 2016 年 1 月 1 日至 2018 年 12 月 31 日。

财政部　国家税务总局
2015 年 12 月 30 日

27. 财政部　国家税务总局关于科技企业孵化器税收政策的通知

财税〔2016〕89 号

各省、自治区、直辖市、计划单列市财政厅（局）、国家税务局、地方税务局，新疆生产建设兵团财务局：

经国务院批准，现就科技企业孵化器（含众创空间，以下简称孵化器）有关税收政策通知如下：

一、自 2016 年 1 月 1 日至 2018 年 12 月 31 日，对符合条件的孵化器自用以及无偿或通过出租等方式提供给孵化企业使用的房产、土地，免征房产税和城镇土地使用税；自 2016 年 1 月 1 日至 2016 年 4 月 30 日，对其向孵化企业出租场地、房屋以及提供孵化服务的收入，免征营业税；在营业税改征增值税试点期间，对其向孵化企业出租场地、房屋以及提供孵化服务的收入，免征增值税。

二、符合非营利组织条件的孵化器的收入，按照企业所得税法及其实施条例和有关税收政策规定享受企业所得税优惠政策。

三、享受本通知规定的房产税、城镇土地使用税以及营业税、增值税优惠政策的孵化器，应同时符合以下条件：

（一）孵化器需符合国家级科技企业孵化器条件。国务院科技行政主管部门负责发布国家级科技企业孵化器名单。

（二）孵化器应将面向孵化企业出租场地、房屋以及提供孵化服务的业务收入在财务上单独核算。

（三）孵化器提供给孵化企业使用的场地面积（含公共服务场地）应占孵化器可自主支配场地面积的 75% 以上（含 75%）。孵化企业数量应占孵化器内企业总数量的 75% 以上（含 75%）。

公共服务场地是指孵化器提供给孵化企业共享的活动场所，包括公共餐厅、接待室、会议室、展示室、活动室、技术检测室和图书馆等非营利性配套服务场地。

四、本通知所称"孵化企业"应当同时符合以下条件：

（一）企业注册地和主要研发、办公场所必须在孵化器的孵化场地内。

（二）新注册企业或申请进入孵化器前企业成立时间不超过 2 年。

（三）企业在孵化器内孵化的时间不超过 48 个月。纳入"创新人才推进计划"及"海外高层次人才引进计划"的人才或从事生物医药、集成电路设计、现代农业等特殊领域的创业企业，孵化时间不超过 60 个月。

（四）符合《中小企业划型标准规定》所规定的小型、微型企业划型标准。

（五）单一在孵企业入驻时使用的孵化场地面积不大于 1 000 平方米。从事航空航天等特殊领域的在孵企业,不大于3 000平方米。

(六)企业产品(服务)属于科学技术部、财政部、国家税务总局印发的《国家重点支持的高新技术领域》规定的范围。

五、本通知所称"孵化服务"是指为孵化企业提供的属于营业税"服务业"税目中"代理业""租赁业"和"其他服务业"中的咨询和技术服务范围内的服务,改征增值税后是指为孵化企业提供的"经纪代理""经营租赁""研发和技术""信息技术"和"鉴证咨询"等服务。

六、省级科技行政主管部门负责定期核实孵化器是否符合本通知规定的各项条件,并报国务院科技行政主管部门审核确认。国务院科技行政主管部门审核确认后向纳税人出具证明材料,列明用于孵化的房产和土地的地址、范围、面积等具体信息,并发送给国务院税务主管部门。

纳税人持相应证明材料向主管税务机关备案,主管税务机关按照《税收减免管理办法》等有关规定,以及国务院科技行政主管部门发布的符合本通知规定条件的孵化器名单信息,办理税收减免。

请遵照执行。

财政部　国家税务总局
2016年8月11日

28. 财政部　国家税务总局关于供热企业增值税　房产税　城镇土地使用税优惠政策的通知

财税〔2016〕94号

北京、天津、河北、山西、内蒙古、辽宁、大连、吉林、黑龙江、山东、青岛、河南、陕西、甘肃、宁夏、新疆、青海省(自治区、直辖市、计划单列市)财政厅(局)、国家税务局、地方税务局,新疆生产建设兵团财务局:

为保障居民供热采暖,经国务院批准,现将"三北"地区供热企业(以下简称供热企业)增值税、房产税、城镇土地使用税政策通知如下:

……

二、自2016年1月1日至2018年12月31日,对向居民供热而收取采暖费的供热企业,为居民供热所使用的厂房及土地免征房产税、城镇土地使用税;对供热企业其他厂房及土地,应当按规定征收房产税、城镇土地使用税。

对专业供热企业,按其向居民供热取得的采暖费收入占全部采暖费收入的比例计算免征的房产税、城镇土地使用税。

对兼营供热企业,视其供热所使用的厂房及土地与其他生产经营活动所使用的厂房及土地是否可以区分,按照不同方法计算免征的房产税、城镇土地使用税。可以区分的,对其供热所使用厂房及土地,按向居民供热取得的采暖费收入占全部采暖费收入的比例计算减免税。难以区分的,对其全部厂房及土地,按向居民供热取得的采暖费收入占其营业收入的比例计算减免税。

对自供热单位，按向居民供热建筑面积占总供热建筑面积的比例计算免征供热所使用的厂房及土地的房产税、城镇土地使用税。

三、本通知所称供热企业，是指热力产品生产企业和热力产品经营企业。热力产品生产企业包括专业供热企业、兼营供热企业和自供热单位。

四、本通知所称"三北"地区，是指北京市、天津市、河北省、山西省、内蒙古自治区、辽宁省、大连市、吉林省、黑龙江省、山东省、青岛市、河南省、陕西省、甘肃省、青海省、宁夏回族自治区和新疆维吾尔自治区。

财政部　国家税务总局
2016年8月24日

29. 财政部　国家税务总局关于国家大学科技园税收政策的通知

财税〔2016〕98号

各省、自治区、直辖市、计划单列市财政厅（局）、国家税务局、地方税务局，新疆生产建设兵团财务局：

经国务院批准，现就国家大学科技园（以下简称科技园）有关税收政策通知如下：

一、自2016年1月1日至2018年12月31日，对符合条件的科技园自用以及无偿或通过出租等方式提供给孵化企业使用的房产、土地，免征房产税和城镇土地使用税；自2016年1月1日至2016年4月30日，对其向孵化企业出租场地、房屋以及提供孵化服务的收入，免征营业税；在营业税改征增值税试点期间，对其向孵化企业出租场地、房屋以及提供孵化服务的收入，免征增值税。

二、符合非营利组织条件的科技园的收入，按照企业所得税法及其实施条例和有关税收政策规定享受企业所得税优惠政策。

三、享受本通知规定的房产税、城镇土地使用税以及营业税、增值税优惠政策的科技园，应当同时符合以下条件：

（一）科技园符合国家大学科技园条件。国务院科技和教育行政主管部门负责发布国家大学科技园名单。

（二）科技园将面向孵化企业出租场地、房屋以及提供孵化服务的业务收入在财务上单独核算。

（三）科技园提供给孵化企业使用的场地面积（含公共服务场地）占科技园可自主支配场地面积的60%以上（含60%），孵化企业数量占科技园内企业总数量的75%以上（含75%）。

公共服务场地是指科技园提供给孵化企业共享的活动场所，包括公共餐厅、接待室、会议室、展示室、活动室、技术检测室和图书馆等非营利性配套服务场地。

四、本通知所称"孵化企业"应当同时符合以下条件：

（一）企业注册地及主要研发、办公场所在科技园的工作场地内。

（二）新注册企业或申请进入科技园前企业成立时间不超过3年。

（三）企业在科技园内孵化的时间不超过48个月。海外高层次创业人才或从事生物医药、集成电路设计等特殊领域的创业企业，孵化时间不超过60个月。

（四）符合《中小企业划型标准规定》所规定的小型、微型企业划型标准。

（五）单一在孵企业使用的孵化场地面积不超过 1 000 平方米。从事航空航天、现代农业等特殊领域的单一在孵企业，不超过 3 000 平方米。

（六）企业产品（服务）属于科学技术部、财政部、国家税务总局印发的《国家重点支持的高新技术领域》规定的范围。

五、本通知所称"孵化服务"是指为孵化企业提供的属于营业税"服务业"税目中"代理业""租赁业"和"其他服务业"中的咨询和技术服务范围内的服务，改征增值税后是指为孵化企业提供的"经纪代理""经营租赁""研发和技术""信息技术"和"鉴证咨询"等服务。

六、国务院科技和教育行政主管部门负责组织对科技园是否符合本通知规定的各项条件定期进行审核确认，并向纳税人出具证明材料，列明纳税人用于孵化的房产和土地的地址、范围、面积等具体信息，并发送给国务院税务主管部门。

纳税人持相应证明材料向主管税务机关备案，主管税务机关按照《税收减免管理办法》等有关规定，以及国务院科技和教育行政主管部门发布的符合本通知规定条件的科技园名单信息，办理税收减免。

财政部　国家税务总局
2016 年 9 月 5 日

30. 财政部　税务总局关于承租集体土地城镇土地使用税有关政策的通知

财税〔2017〕29 号

各省、自治区、直辖市、计划单列市财政厅（局）、地方税务局，西藏、宁夏回族自治区国家税务局，新疆生产建设兵团财务局：

经研究，现将承租集体土地城镇土地使用税有关政策通知如下：

在城镇土地使用税征税范围内，承租集体所有建设用地的，由直接从集体经济组织承租土地的单位和个人，缴纳城镇土地使用税。

财政部　税务总局
2017 年 3 月 31 日

31. 财政部　税务总局关于继续实施物流企业大宗商品仓储设施用地城镇土地使用税优惠政策的通知

财税〔2017〕33 号

各省、自治区、直辖市、计划单列市财政厅（局）、地方税务局，西藏、宁夏回族自治区国

家税务局,新疆生产建设兵团财务局:

为进一步促进物流业健康发展,现就物流企业大宗商品仓储设施用地城镇土地使用税政策通知如下:

一、自2017年1月1日起至2019年12月31日止,对物流企业自有的(包括自用和出租)大宗商品仓储设施用地,减按所属土地等级适用税额标准的50%计征城镇土地使用税。

二、本通知所称物流企业,是指至少从事仓储或运输一种经营业务,为工农业生产、流通、进出口和居民生活提供仓储、配送等第三方物流服务,实行独立核算、独立承担民事责任,并在工商部门注册登记为物流、仓储或运输的专业物流企业。

三、本通知所称大宗商品仓储设施,是指同一仓储设施占地面积在6 000平方米及以上,且主要储存粮食、棉花、油料、糖料、蔬菜、水果、肉类、水产品、化肥、农药、种子、饲料等农产品和农业生产资料,煤炭、焦炭、矿砂、非金属矿产品、原油、成品油、化工原料、木材、橡胶、纸浆及纸制品、钢材、水泥、有色金属、建材、塑料、纺织原料等矿产品和工业原材料的仓储设施。

仓储设施用地,包括仓库库区内的各类仓房(含配送中心)、油罐(池)、货场、晒场(堆场)、罩棚等储存设施和铁路专用线、码头、道路、装卸搬运区域等物流作业配套设施的用地。

四、物流企业的办公、生活区用地及其他非直接从事大宗商品仓储的用地,不属于本通知规定的优惠范围,应按规定征收城镇土地使用税。

五、非物流企业的内部仓库,不属于本通知规定的优惠范围,应按规定征收城镇土地使用税。

六、本通知印发之日前已征的应予减免的税款,在纳税人以后应缴税款中抵减或者予以退还。

七、符合上述减税条件的物流企业需持相关材料向主管税务机关办理备案手续。

请遵照执行。

财政部 税务总局
2017年4月26日

32. 财政部 税务总局关于物流企业承租用于大宗商品仓储设施的土地城镇土地使用税优惠政策的通知

财税〔2018〕62号

各省、自治区、直辖市、计划单列市财政厅(局)、地方税务局,西藏、宁夏回族自治区国家税务局,新疆生产建设兵团财政局:

为促进物流业健康发展,现对物流企业承租用于大宗商品仓储设施的土地城镇土地使用税政策通知如下:

自2018年5月1日起至2019年12月31日止,对物流企业承租用于大宗商品仓储设施的土地,减按所属土地等级适用税额标准的50%计征城镇土地使用税。

符合减税条件的纳税人需持相关材料向主管税务机关办理备案手续。

本通知所称的物流企业、大宗商品仓储设施范围及其他未尽事项,按照《财政部 税务总局关于继续实施物流企业大宗商品仓储设施用地城镇土地使用税优惠政策的通知》（财税〔2017〕33号）执行。

请遵照执行。

财政部　税务总局
2018年6月1日

33. 财政部　税务总局关于去产能和调结构房产税城镇土地使用税政策的通知

财税〔2018〕107号

各省、自治区、直辖市、计划单列市财政厅（局），国家税务总局各省、自治区、直辖市、计划单列市税务局，新疆生产建设兵团财政局：

为推进去产能、调结构，促进产业转型升级，现将有关房产税、城镇土地使用税政策明确如下：

一、对按照去产能和调结构政策要求停产停业、关闭的企业，自停产停业次月起，免征房产税、城镇土地使用税。企业享受免税政策的期限累计不得超过两年。

二、按照去产能和调结构政策要求停产停业、关闭的中央企业名单由国务院国有资产监督管理部门认定发布，其他企业名单由省、自治区、直辖市人民政府确定的去产能、调结构主管部门认定发布。认定部门应当及时将认定发布的企业名单（含停产停业、关闭时间）抄送同级财政和税务部门。

各级认定部门应当每年核查名单内企业情况，将恢复生产经营、终止关闭注销程序的企业名单及时通知财政和税务部门。

三、企业享受本通知规定的免税政策，应按规定进行减免税申报，并将房产土地权属资料、房产原值资料等留存备查。

四、本通知自2018年10月1日至2020年12月31日执行。本通知发布前，企业按照去产能和调结构政策要求停产停业、关闭但涉及的房产税、城镇土地使用税尚未处理的，可按本通知执行。

财政部　税务总局
2018年9月30日

34. 财政部　税务总局关于公共租赁住房税收优惠政策的公告

财政部　税务总局公告2019年第61号

为继续支持公共租赁住房（以下称公租房）建设和运营，现将有关税收优惠政策公告如下：

一、对公租房建设期间用地及公租房建成后占地，免征城镇土地使用税。在其他住房项目中配套建设公租房，按公租房建筑面积占总建筑面积的比例免征建设、管理公租房涉及的城镇土地使用税。

二、对公租房经营管理单位免征建设、管理公租房涉及的印花税。在其他住房项目中配套建设公租房，按公租房建筑面积占总建筑面积的比例免征建设、管理公租房涉及的印花税。

三、对公租房经营管理单位购买住房作为公租房，免征契税、印花税；对公租房租赁双方免征签订租赁协议涉及的印花税。

四、对企事业单位、社会团体以及其他组织转让旧房作为公租房房源，且增值额未超过扣除项目金额20%的，免征土地增值税。

五、企事业单位、社会团体以及其他组织捐赠住房作为公租房，符合税收法律法规规定的，对其公益性捐赠支出在年度利润总额12%以内的部分，准予在计算应纳税所得额时扣除，超过年度利润总额12%的部分，准予结转以后三年内在计算应纳税所得额时扣除。

个人捐赠住房作为公租房，符合税收法律法规规定的，对其公益性捐赠支出未超过其申报的应纳税所得额30%的部分，准予从其应纳税所得额中扣除。

六、对符合地方政府规定条件的城镇住房保障家庭从地方政府领取的住房租赁补贴，免征个人所得税。

七、对公租房免征房产税。对经营公租房所取得的租金收入，免征增值税。公租房经营管理单位应单独核算公租房租金收入，未单独核算的，不得享受免征增值税、房产税优惠政策。

八、享受上述税收优惠政策的公租房是指纳入省、自治区、直辖市、计划单列市人民政府及新疆生产建设兵团批准的公租房发展规划和年度计划，或者市、县人民政府批准建设（筹集），并按照《关于加快发展公共租赁住房的指导意见》（建保〔2010〕87号）和市、县人民政府制定的具体管理办法进行管理的公租房。

九、纳税人享受本公告规定的优惠政策，应按规定进行免税申报，并将不动产权属证明、载有房产原值的相关材料、纳入公租房及用地管理的相关材料、配套建设管理公租房相关材料、购买住房作为公租房相关材料、公租房租赁协议等留存备查。

十、本公告执行期限为2019年1月1日至2020年12月31日。

财政部　税务总局
2019年4月15日

35.财政部　税务总局关于继续实施物流企业大宗商品仓储设施用地城镇土地使用税优惠政策的公告

财政部　税务总局公告2020年第16号

为进一步促进物流业健康发展，现就物流企业大宗商品仓储设施用地城镇土地使用税政策公告如下：

一、自2020年1月1日起至2022年12月31日止，对物流企业自有（包括自用和出租）

或承租的大宗商品仓储设施用地,减按所属土地等级适用税额标准的50%计征城镇土地使用税。

二、本公告所称物流企业,是指至少从事仓储或运输一种经营业务,为工农业生产、流通、进出口和居民生活提供仓储、配送等第三方物流服务,实行独立核算、独立承担民事责任,并在工商部门注册登记为物流、仓储或运输的专业物流企业。

本公告所称大宗商品仓储设施,是指同一仓储设施占地面积在6 000平方米及以上,且主要储存粮食、棉花、油料、糖料、蔬菜、水果、肉类、水产品、化肥、农药、种子、饲料等农产品和农业生产资料,煤炭、焦炭、矿砂、非金属矿产品、原油、成品油、化工原料、木材、橡胶、纸浆及纸制品、钢材、水泥、有色金属、建材、塑料、纺织原料等矿产品和工业原材料的仓储设施。

本公告所称仓储设施用地,包括仓库库区内的各类仓房(含配送中心)、油罐(池)、货场、晒场(堆场)、罩棚等储存设施和铁路专用线、码头、道路、装卸搬运区域等物流作业配套设施的用地。

三、物流企业的办公、生活区用地及其他非直接用于大宗商品仓储的土地,不属于本公告规定的减税范围,应按规定征收城镇土地使用税。

四、本公告印发之日前已缴纳的应予减征的税款,在纳税人以后应缴税款中抵减或者予以退还。

五、纳税人享受本公告规定的减税政策,应按规定进行减免税申报,并将不动产权属证明、土地用途证明、租赁协议等资料留存备查。

财政部　税务总局
2020年3月13日

第十三章　中华人民共和国耕地占用税法

1. 中华人民共和国耕地占用税法

（2018年12月29日第十三届全国人民代表大会常务委员会第七次会议通过）

第一条　为了合理利用土地资源，加强土地管理，保护耕地，制定本法。

第二条　在中华人民共和国境内占用耕地建设建筑物、构筑物或者从事非农业建设的单位和个人，为耕地占用税的纳税人，应当依照本法规定缴纳耕地占用税。

占用耕地建设农田水利设施的，不缴纳耕地占用税。

本法所称耕地，是指用于种植农作物的土地。

第三条　耕地占用税以纳税人实际占用的耕地面积为计税依据，按照规定的适用税额一次性征收，应纳税额为纳税人实际占用的耕地面积（平方米）乘以适用税额。

第四条　耕地占用税的税额如下：

（一）人均耕地不超过一亩的地区（以县、自治县、不设区的市、市辖区为单位，下同），每平方米为十元至五十元；

（二）人均耕地超过一亩但不超过二亩的地区，每平方米为八元至四十元；

（三）人均耕地超过二亩但不超过三亩的地区，每平方米为六元至三十元；

（四）人均耕地超过三亩的地区，每平方米为五元至二十五元。

各地区耕地占用税的适用税额，由省、自治区、直辖市人民政府根据人均耕地面积和经济发展等情况，在前款规定的税额幅度内提出，报同级人民代表大会常务委员会决定，并报全国人民代表大会常务委员会和国务院备案。各省、自治区、直辖市耕地占用税适用税额的平均水平，不得低于本法所附《各省、自治区、直辖市耕地占用税平均税额表》规定的平均税额。

第五条　在人均耕地低于零点五亩的地区，省、自治区、直辖市可以根据当地经济发展情况，适当提高耕地占用税的适用税额，但提高的部分不得超过本法第四条第二款确定的适用税额的百分之五十。具体适用税额按照本法第四条第二款规定的程序确定。

第六条　占用基本农田的，应当按照本法第四条第二款或者第五条确定的当地适用税额，加按百分之一百五十征收。

第七条　军事设施、学校、幼儿园、社会福利机构、医疗机构占用耕地，免征耕地占用税。

铁路线路、公路线路、飞机场跑道、停机坪、港口、航道、水利工程占用耕地，减按每平方米二元的税额征收耕地占用税。

农村居民在规定用地标准以内占用耕地新建自用住宅，按照当地适用税额减半征收耕地占用税；其中农村居民经批准搬迁，新建自用住宅占用耕地不超过原宅基地面积的部分，免征耕地占用税。

农村烈士遗属、因公牺牲军人遗属、残疾军人以及符合农村最低生活保障条件的农村居民，在规定用地标准以内新建自用住宅，免征耕地占用税。

根据国民经济和社会发展的需要，国务院可以规定免征或者减征耕地占用税的其他情形，报全国人民代表大会常务委员会备案。

第八条 依照本法第七条第一款、第二款规定免征或者减征耕地占用税后，纳税人改变原占地用途，不再属于免征或者减征耕地占用税情形的，应当按照当地适用税额补缴耕地占用税。

第九条 耕地占用税由税务机关负责征收。

第十条 耕地占用税的纳税义务发生时间为纳税人收到自然资源主管部门办理占用耕地手续的书面通知的当日。纳税人应当自纳税义务发生之日起三十日内申报缴纳耕地占用税。

自然资源主管部门凭耕地占用税完税凭证或者免税凭证和其他有关文件发放建设用地批准书。

第十一条 纳税人因建设项目施工或者地质勘查临时占用耕地，应当依照本法的规定缴纳耕地占用税。纳税人在批准临时占用耕地期满之日起一年内依法复垦，恢复种植条件的，全额退还已经缴纳的耕地占用税。

第十二条 占用园地、林地、草地、农田水利用地、养殖水面、渔业水域滩涂以及其他农用地建设建筑物、构筑物或者从事非农业建设的，依照本法的规定缴纳耕地占用税。

占用前款规定的农用地的，适用税额可以适当低于本地区按照本法第四条第二款确定的适用税额，但降低的部分不得超过百分之五十。具体适用税额由省、自治区、直辖市人民政府提出，报同级人民代表大会常务委员会决定，并报全国人民代表大会常务委员会和国务院备案。

占用本条第一款规定的农用地建设直接为农业生产服务的生产设施的，不缴纳耕地占用税。

第十三条 税务机关应当与相关部门建立耕地占用税涉税信息共享机制和工作配合机制。县级以上地方人民政府自然资源、农业农村、水利等相关部门应当定期向税务机关提供农用地转用、临时占地等信息，协助税务机关加强耕地占用税征收管理。

税务机关发现纳税人的纳税申报数据资料异常或者纳税人未按照规定期限申报纳税的，可以提请相关部门进行复核，相关部门应当自收到税务机关复核申请之日起三十日内向税务机关出具复核意见。

第十四条 耕地占用税的征收管理，依照本法和《中华人民共和国税收征收管理法》的规定执行。

第十五条 纳税人、税务机关及其工作人员违反本法规定的，依照《中华人民共和国税收征收管理法》和有关法律法规的规定追究法律责任。

第十六条 本法自 2019 年 9 月 1 日起施行。2007 年 12 月 1 日国务院公布的《中华人民共和国耕地占用税暂行条例》同时废止。

附：

各省、自治区、直辖市耕地占用税平均税额表

省、自治区、直辖市	平均税额（元／平方米）
上海	45

（续表）

省、自治区、直辖市	平均税额（元/平方米）
北京	40
天津	35
江苏、浙江、福建、广东	30
辽宁、湖北、湖南	25
河北、安徽、江西、山东、河南、重庆、四川	22.5
广西、海南、贵州、云南、陕西	20
山西、吉林、黑龙江	17.5
内蒙古、西藏、甘肃、青海、宁夏、新疆	12.5

2. 财政部 税务总局 自然资源部 农业农村部 生态环境部关于发布《中华人民共和国耕地占用税法实施办法》的公告

财政部公告2019年第81号

为贯彻落实《中华人民共和国耕地占用税法》，财政部、税务总局、自然资源部、农业农村部、生态环境部制定了《中华人民共和国耕地占用税法实施办法》，现予以发布，自2019年9月1日起施行。

附件：中华人民共和国耕地占用税法实施办法。

财政部 税务总局 自然资源部
农业农村部 生态环境部
2019年8月29日

附件：

中华人民共和国耕地占用税法实施办法

第一条 为了贯彻实施《中华人民共和国耕地占用税法》（以下简称税法），制定本办法。

第二条 经批准占用耕地的，纳税人为农用地转用审批文件中标明的建设用地人；农用地转用审批文件中未标明建设用地人的，纳税人为用地申请人，其中用地申请人为各级人民政府的，由同级土地储备中心、自然资源主管部门或政府委托的其他部门、单位履行耕地占用税申报纳税义务。

未经批准占用耕地的，纳税人为实际用地人。

第三条 实际占用的耕地面积，包括经批准占用的耕地面积和未经批准占用的耕地面积。

第四条 基本农田，是指依据《基本农田保护条例》划定的基本农田保护区范围内的耕地。

第五条 免税的军事设施，具体范围为《中华人民共和国军事设施保护法》规定的军事设施。

第六条 免税的学校，具体范围包括县级以上人民政府教育行政部门批准成立的大学、中学、小学，学历性职业教育学校和特殊教育学校，以及经省级人民政府或其人力资源社会保障行政部门批准成立的技工院校。

学校内经营性场所和教职工住房占用耕地的，按照当地适用税额缴纳耕地占用税。

第七条 免税的幼儿园，具体范围限于县级以上人民政府教育行政部门批准成立的幼儿园内专门用于幼儿保育、教育的场所。

第八条 免税的社会福利机构，具体范围限于依法登记的养老服务机构、残疾人服务机构、儿童福利机构、救助管理机构、未成年人救助保护机构内，专门为老年人、残疾人、未成年人、生活无着的流浪乞讨人员提供养护、康复、托管等服务的场所。

第九条 免税的医疗机构，具体范围限于县级以上人民政府卫生健康行政部门批准设立的医疗机构内专门从事疾病诊断、治疗活动的场所及其配套设施。

医疗机构内职工住房占用耕地的，按照当地适用税额缴纳耕地占用税。

第十条 减税的铁路线路，具体范围限于铁路路基、桥梁、涵洞、隧道及其按照规定两侧留地、防火隔离带。

专用铁路和铁路专用线占用耕地的，按照当地适用税额缴纳耕地占用税。

第十一条 减税的公路线路，具体范围限于经批准建设的国道、省道、县道、乡道和属于农村公路的村道的主体工程以及两侧边沟或者截水沟。

专用公路和城区内机动车道占用耕地的，按照当地适用税额缴纳耕地占用税。

第十二条 减税的飞机场跑道、停机坪，具体范围限于经批准建设的民用机场专门用于民用航空器起降、滑行、停放的场所。

第十三条 减税的港口，具体范围限于经批准建设的港口内供船舶进出、停靠以及旅客上下、货物装卸的场所。

第十四条 减税的航道，具体范围限于在江、河、湖泊、港湾等水域内供船舶安全航行的通道。

第十五条 减税的水利工程，具体范围限于经县级以上人民政府水行政主管部门批准建设的防洪、排涝、灌溉、引（供）水、滩涂治理、水土保持、水资源保护等各类工程及其配套和附属工程的建筑物、构筑物占压地和经批准的管理范围用地。

第十六条 纳税人符合税法第七条规定情形，享受免征或者减征耕地占用税的，应当留存相关证明资料备查。

第十七条 根据税法第八条的规定，纳税人改变原占地用途，不再属于免征或减征情形的，应自改变用途之日起30日内申报补缴税款，补缴税款按改变用途的实际占用耕地面积和改变用途时当地适用税额计算。

第十八条 临时占用耕地，是指经自然资源主管部门批准，在一般不超过2年内临时使用耕地并且没有修建永久性建筑物的行为。

依法复垦应由自然资源主管部门会同有关行业管理部门认定并出具验收合格确认书。

第十九条 因挖损、采矿塌陷、压占、污染等损毁耕地属于税法所称的非农业建设，应依照税法规定缴纳耕地占用税；自自然资源、农业农村等相关部门认定损毁耕地之日起3年内依法复垦或修复，恢复种植条件的，比照税法第十一条规定办理退税。

第二十条 园地,包括果园、茶园、橡胶园、其他园地。

前款的其他园地包括种植桑树、可可、咖啡、油棕、胡椒、药材等其他多年生作物的园地。

第二十一条 林地,包括乔木林地、竹林地、红树林地、森林沼泽、灌木林地、灌丛沼泽、其他林地,不包括城镇村庄范围内的绿化林木用地,铁路、公路征地范围内的林木用地,以及河流、沟渠的护堤林用地。

前款的其他林地包括疏林地、未成林地、迹地、苗圃等林地。

第二十二条 草地,包括天然牧草地、沼泽草地、人工牧草地,以及用于农业生产并已由相关行政主管部门发放使用权证的草地。

第二十三条 农田水利用地,包括农田排灌沟渠及相应附属设施用地。

第二十四条 养殖水面,包括人工开挖或者天然形成的用于水产养殖的河流水面、湖泊水面、水库水面、坑塘水面及相应附属设施用地。

第二十五条 渔业水域滩涂,包括专门用于种植或者养殖水生动植物的海水潮浸地带和滩地,以及用于种植芦苇并定期进行人工养护管理的苇田。

第二十六条 直接为农业生产服务的生产设施,是指直接为农业生产服务而建设的建筑物和构筑物。具体包括:储存农用机具和种子、苗木、木材等农业产品的仓储设施;培育、生产种子、种苗的设施;畜禽养殖设施;木材集材道、运材道;农业科研、试验、示范基地;野生动植物保护、护林、森林病虫害防治、森林防火、木材检疫的设施;专为农业生产服务的灌溉排水、供水、供电、供热、供气、通讯基础设施;农业生产者从事农业生产必需的食宿和管理设施;其他直接为农业生产服务的生产设施。

第二十七条 未经批准占用耕地的,耕地占用税纳税义务发生时间为自然资源主管部门认定的纳税人实际占用耕地的当日。

因挖损、采矿塌陷、压占、污染等损毁耕地的纳税义务发生时间为自然资源、农业农村等相关部门认定损毁耕地的当日。

第二十八条 纳税人占用耕地,应当在耕地所在地申报纳税。

第二十九条 在农用地转用环节,用地申请人能证明建设用地人符合税法第七条第一款规定的免税情形的,免征用地申请人的耕地占用税;在供地环节,建设用地人使用耕地用途符合税法第七条第一款规定的免税情形的,由用地申请人和建设用地人共同申请,按退税管理的规定退还用地申请人已经缴纳的耕地占用税。

第三十条 县级以上地方人民政府自然资源、农业农村、水利、生态环境等相关部门向税务机关提供的农用地转用、临时占地等信息,包括农用地转用信息、城市和村庄集镇按批次建设用地转而未供信息、经批准临时占地信息、改变原占地用途信息、未批先占农用地查处信息、土地损毁信息、土壤污染信息、土地复垦信息、草场使用和渔业养殖权证发放信息等。

各省、自治区、直辖市人民政府应当建立健全本地区跨部门耕地占用税部门协作和信息交换工作机制。

第三十一条 纳税人占地类型、占地面积和占地时间等纳税申报数据材料以自然资源等相关部门提供的相关材料为准;未提供相关材料或者材料信息不完整的,经主管税务机关提出申请,由自然资源等相关部门自收到申请之日起30日内出具认定意见。

第三十二条 纳税人的纳税申报数据资料异常或者纳税人未按照规定期限申报纳税的,包括下列情形:

（一）纳税人改变原占地用途，不再属于免征或者减征耕地占用税情形，未按照规定进行申报的；

（二）纳税人已申请用地但尚未获得批准先行占地开工，未按照规定进行申报的；

（三）纳税人实际占用耕地面积大于批准占用耕地面积，未按照规定进行申报的；

（四）纳税人未履行报批程序擅自占用耕地，未按照规定进行申报的；

（五）其他应提请相关部门复核的情形。

第三十三条　本办法自 2019 年 9 月 1 日起施行。

3. 国家税务总局关于耕地占用税征收管理有关事项的公告

国家税务总局公告 2019 年第 30 号

为落实《中华人民共和国耕地占用税法》（以下简称《耕地占用税法》）及《中华人民共和国耕地占用税法实施办法》（以下简称《实施办法》），规范耕地占用税征收管理，现就有关事项公告如下：

一、耕地占用税以纳税人实际占用的属于耕地占用税征税范围的土地（以下简称"应税土地"）面积为计税依据，按应税土地当地适用税额计税，实行一次性征收。

耕地占用税计算公式为：应纳税额＝应税土地面积 × 适用税额。

应税土地面积包括经批准占用面积和未经批准占用面积，以平方米为单位。

当地适用税额是指省、自治区、直辖市人民代表大会常务委员会决定的应税土地所在地县级行政区的现行适用税额。

二、按照《耕地占用税法》第六条规定，加按百分之一百五十征收耕地占用税的计算公式为：应纳税额＝应税土地面积 × 适用税额 × 百分之一百五十。

三、按照《耕地占用税法》及《实施办法》的规定，免征、减征耕地占用税的部分项目按以下口径执行：

（一）免税的军事设施，是指《中华人民共和国军事设施保护法》第二条所列建筑物、场地和设备。具体包括：指挥机关，地面和地下的指挥工程、作战工程；军用机场、港口、码头；营区、训练场、试验场；军用洞库、仓库；军用通信、侦察、导航、观测台站，测量、导航、助航标志；军用公路、铁路专用线，军用通信、输电线路，军用输油、输水管道；边防、海防管控设施；国务院和中央军事委员会规定的其他军事设施。

（二）免税的社会福利机构，是指依法登记的养老服务机构、残疾人服务机构、儿童福利机构及救助管理机构、未成年人救助保护机构内专门为老年人、残疾人、未成年人及生活无着的流浪乞讨人员提供养护、康复、托管等服务的场所。

养老服务机构，是指为老年人提供养护、康复、托管等服务的老年人社会福利机构。具体包括老年社会福利院、养老院（或老人院）、老年公寓、护老院、护养院、敬老院、托老所、老年人服务中心等。

残疾人服务机构，是指为残疾人提供养护、康复、托管等服务的社会福利机构。具体包括为肢体、智力、视力、听力、语言、精神方面有残疾的人员提供康复和功能补偿的辅助器具，进行康复治疗、康复训练、承担教育、养护和托管服务的社会福利机构。

儿童福利机构，是指为孤、弃、残儿童提供养护、康复、医疗、教育、托管等服务的儿童社会福利服务机构。具体包括儿童福利院、社会福利院、SOS儿童村、孤儿学校、残疾儿童康复中心、社区特教班等。

社会救助机构，是指为生活无着的流浪乞讨人员提供寻亲、医疗、未成年人教育、离站等服务的救助管理机构。具体包括县级以上人民政府设立的救助管理站、未成年人救助保护中心等专门机构。

（三）免税的医疗机构，是指县级以上人民政府卫生健康行政部门批准设立的医疗机构内专门从事疾病诊断、治疗活动的场所及其配套设施。

（四）减税的公路线路，是指经批准建设的国道、省道、县道、乡道和属于农村公路的村道的主体工程以及两侧边沟或者截水沟。具体包括高速公路、一级公路、二级公路、三级公路、四级公路和等外公路的主体工程及两侧边沟或者截水沟。

四、根据《耕地占用税法》第八条的规定，纳税人改变原占地用途，需要补缴耕地占用税的，其纳税义务发生时间为改变用途当日，具体为：经批准改变用途的，纳税义务发生时间为纳税人收到批准文件的当日；未经批准改变用途的，纳税义务发生时间为自然资源主管部门认定纳税人改变原占地用途的当日。

五、未经批准占用应税土地的纳税人，其纳税义务发生时间为自然资源主管部门认定其实际占地的当日。

六、耕地占用税实行全国统一的纳税申报表（见附件）。

七、耕地占用税纳税人依法纳税申报时，应填报《耕地占用税纳税申报表》，同时依占用应税土地的不同情形分别提交下列材料：

（一）农用地转用审批文件复印件；

（二）临时占用耕地批准文件复印件；

（三）未经批准占用应税土地的，应提供实际占地的相关证明材料复印件。

其中第（一）项和第（二）项，纳税人提交的批准文书信息能够通过政府信息共享获取的，纳税人只需要提供上述材料的名称、文号、编码等信息供查询验证，不再提交材料复印件。

八、主管税务机关接收纳税人申报资料后，应审核资料是否齐全、是否符合法定形式、填写内容是否完整、项目间逻辑关系是否相符。审核无误的即时受理；审核发现问题的当场一次性告知应补正资料或不予受理原因。

九、耕地占用税减免优惠实行"自行判别、申报享受、有关资料留存备查"办理方式。纳税人根据政策规定自行判断是否符合优惠条件，符合条件的，纳税人申报享受税收优惠，并将有关资料留存备查。纳税人对留存材料的真实性和合法性承担法律责任。

符合耕地占用税减免条件的纳税人，应留存下列材料：

（一）军事设施占用应税土地的证明材料；

（二）学校、幼儿园、社会福利机构、医疗机构占用应税土地的证明材料；

（三）铁路线路、公路线路、飞机场跑道、停机坪、港口、航道、水利工程占用应税土地的证明材料；

（四）农村居民建房占用土地及其他相关证明材料；

（五）其他减免耕地占用税情形的证明材料。

十、纳税人符合《耕地占用税法》第十一条、《实施办法》第十九条的规定申请退税的，纳税人应提供身份证明查验，并提交以下材料复印件：

（一）税收缴款书、税收完税证明；

（二）复垦验收合格确认书。

十一、纳税人、建设用地人符合《实施办法》第二十九条规定共同申请退税的，纳税人、建设用地人应提供身份证明查验，并提交以下材料复印件：

（一）纳税人应提交税收缴款书、税收完税证明；

（二）建设用地人应提交使用耕地用途符合免税规定的证明材料。

十二、本公告自2019年9月1日起施行。《国家税务总局关于农业税、牧业税、耕地占用税、契税征收管理暂参照〈中华人民共和国税收征收管理法〉执行的通知》（国税发〔2001〕110号）、《国家税务总局关于耕地占用税征收管理有关问题的通知》（国税发〔2007〕129号）、《国家税务总局关于发布〈耕地占用税管理规程（试行）〉的公告》（国家税务总局公告2016年第2号发布，国家税务总局公告2018年第31号修改）同时废止。

附件：耕地占用税纳税申报表（略）。

【注释】《耕地占用税纳税申报表》废止，参见《国家税务总局关于简并税费申报有关事项的公告》（国家税务总局公告2021年第9号）。

国家税务总局
2019年8月30日

4. 关于《国家税务总局关于耕地占用税征收管理有关事项的公告》的解读

一、制定《公告》背景

为落实《中华人民共和国耕地占用税法》（以下简称《耕地占用税法》）及《中华人民共和国耕地占用税法实施办法》（以下简称《实施办法》），按照党中央、国务院关于深化"放管服"改革、优化税收营商环境的部署，税务总局起草了《关于耕地占用税征收管理有关事项的公告》（以下简称《公告》），以明确耕地占用税若干征管事项，便于基层税务机关和纳税人操作，确保耕地占用税法顺利实施。

二、制定《公告》的指导思想

以便利纳税人理解、便于基层执行为出发点和落脚点，以准确理解掌握相关政策为要求，以规范征收管理、优化办税流程、加强信息管税为路径，细化明确征收管理措施，简化办税资料，提升纳税服务水平，在耕地占用税申报征收、减免退税管理方面为纳税人和基层税务人员提供更加明确的政策依据与操作指引。

三、《公告》主要内容

公告共十二条，内容包括耕地占用税计税公式、减免税具体内容、税收减免退补税办理、纳税申报表及申报资料提交、减免税后续管理和拟废止的规范性文件等。

（一）明确计税公式，便利纳税人申报计税。

（二）细化减免税具体内容，便利纳税人理解、便于基层执行。依据《耕地占用税法》及《实施办法》的规定，进一步明确减免税具体包括内容，纳税人可以对照占地项目与占地用途，办理申报减免，提高申报减免税准确性，减少误判。

(三) 优化纳税申报表，缩短办税时间。优化申报数据项，一张申报表解决了过去需要填报多张申报表的问题，节约办税时间。

(四) 简化办税资料，优化办税流程。精简办税资料，明确减免退税办税路径，明确减免税采取"自行判别、申报享受、有关资料留存备查"的办理方式。

四、施行时间

《公告》自 2019 年 9 月 1 日起施行。

第十四章 中华人民共和国房产税法

1. 中华人民共和国房产税暂行条例

(1986年9月15日国务院发布 根据2011年1月8日《国务院关于废止和修改部分行政法规的决定》修订)

第一条 房产税在城市、县城、建制镇和工矿区征收。

【注释】相关规定包括：《关于房产税若干具体问题的解释和暂行规定》（财税地〔1986〕8号）、《财政部 税务总局关于对外籍人员、华侨、港、澳、台同胞拥有的房产如何征收房产税问题的批复》（财税外〔1987〕230号）、《国家税务总局关于邮政企业征免房产税、土地使用税问题的函》（国税函〔2001〕379号）、《国家税务总局关于调整房产税和土地使用税具体征税范围解释规定的通知》（国税发〔1999〕44号）、《国家税务总局关于房产税 城镇土地使用税有关政策规定的通知》（国税发〔2003〕89号）。

第二条 房产税由产权所有人缴纳。产权属于全民所有的，由经营管理的单位缴纳。产权出典的，由承典人缴纳。产权所有人、承典人不在房产所在地的，或者产权未确定及租典纠纷未解决的，由房产代管人或者使用人缴纳。

前款列举的产权所有人、经营管理单位、承典人、房产代管人或者使用人，统称为纳税义务人（以下简称纳税人）。

【注释】相关规定包括：《关于房产税若干具体问题的解释和暂行规定》（财税地〔1986〕8号）、《财政部关于对银行、保险系统征免房产税的通知》（财税〔1987〕36号）。

第三条 房产税依照房产原值一次减除10%至30%后的余值计算缴纳。具体减除幅度，由省、自治区、直辖市人民政府规定。

没有房产原值作为依据的，由房产所在地税务机关参考同类房产核定。

房产出租的，以房产租金收入为房产税的计税依据。

【注释】相关规定包括：《关于房产税若干具体问题的解释和暂行规定》（财税地〔1986〕8号）、《财政部 国家税务总局关于清产核资企业有关税收问题的通知》（财税〔1996〕69号）、《财政部 国家税务总局关于调整住房租赁市场税收政策的通知》（财税〔2000〕125号）、《国家税务总局关于进一步明确房屋附属设备和配套设施计征房产税有关问题的通知》（国税发〔2005〕173号）、《财政部 国家税务总局关于具备房屋功能的地下建筑征收房产税的通知》（财税〔2005〕181号）、《财政部 国家税务总局关于房产税 城镇土地使用税有关政策的通知》（财税〔2006〕186号）。

第四条 房产税的税率，依照房产余值计算缴纳的，税率为1.2%；依照房产租金收入计算缴纳的，税率为12%。

【注释】相关规定包括：《国家税务局关于安徽省若干房产税业务问题的批复》（国税函发〔1993〕368号）。

第五条 下列房产免纳房产税：

一、国家机关、人民团体、军队自用的房产；

二、由国家财政部门拨付事业经费的单位自用的房产；

三、宗教寺庙、公园、名胜古迹自用的房产；

四、个人所有非营业用的房产；

五、经财政部批准免税的其他房产。

【注释】相关规定包括：《关于房产税若干具体问题的解释和暂行规定》（财税地〔1986〕8号）、《财政部　税务总局关于对房管部门经租的居民住房暂缓征收房产税的通知》（财税地〔1987〕30号）、《国家税务局对关于中、小学校办企业征免房产税、土地使用税问题的请示的批复》（国税地〔1989〕81号）、《国家税务总局关于地质矿产部所属地勘单位征税问题的通知》（国税函发〔1995〕453号）、《国家税务总局关于地质矿产部所属地勘单位征税问题的补充通知》（国税函发〔1996〕656号）、《财政部　国家税务总局关于血站有关税收问题的通知》（财税〔1999〕264号）、《财政部　国家税务总局关于医疗卫生机构有关税收政策的通知》（财税〔2000〕42号）、《财政部　国家税务总局关于对老年服务机构有关税收政策问题的通知》（财税〔2000〕97号）、《财政部　国家税务总局关于非营利性科研机构税收政策的通知》（财税〔2001〕5号）、《国家税务总局关于中国人民银行总行所属分支机构免征房产税 城镇土地使用税的通知》（国税函〔2001〕770号）、《财政部　国家税务总局关于调整铁路系统房产税 城镇土地使用税政策的通知》（财税〔2003〕149号）、《财政部　国家税务总局关于教育税收政策的通知》（财税〔2004〕39号）、《财政部　国家税务总局关于明确免征房产税 城镇土地使用税的铁路运输企业范围及有关问题的通知》（财税〔2004〕36号）、《国家税务总局关于房产税部分行政审批项目取消后加强后续管理工作的通知》（国税函〔2004〕839号）、《财政部　国家税务总局关于暂免征收军队空余房产租赁收入营业税房产税的通知》（财税〔2004〕123号）。

第六条 除本条例第五条规定者外，纳税人纳税确有困难的，可由省、自治区、直辖市人民政府确定，定期减征或者免征房产税。

【注释】相关规定包括：《财政部　税务总局关于房产税和车船使用税几个业务问题的解释与规定》（财税地〔1987〕3号）、《财政部　税务总局关于对房管部门经租的居民住房暂缓征收房产税的通知》（财税地〔1987〕30号）、《国家税务局关于邮电部门所属企业恢复征收房产税问题的通知》（国税发〔1991〕36号）。

第七条 房产税按年征收、分期缴纳。纳税期限由省、自治区、直辖市人民政府规定。

【注释】相关规定包括：《国家税务总局关于房产税 城镇土地使用税有关政策规定的通知》（国税发〔2003〕89号）。

第八条 房产税的征收管理，依照《中华人民共和国税收征收管理法》的规定办理。

第九条 房产税由房产所在地的税务机关征收。

【注释】相关规定包括：《关于房产税若干具体问题的解释和暂行规定》（财税地〔1986〕8号）。

第十条 本条例由财政部负责解释；施行细则由省、自治区、直辖市人民政府制定，抄送财政部备案。

第十一条 本条例自1986年10月1日起施行。

2. 财政部　税务总局关于检发《关于房产税若干具体问题的解释和暂行规定》《关于车船使用税若干具体问题的解释和暂行规定》的通知

财税地〔1986〕8号

各省、自治区、直辖市税务局，重庆、武汉、沈阳、大连、哈尔滨、西安、广州税务局，加发南京市税务局，海洋石油税务局各分局：

《中华人民共和国房产税暂行条例》和《中华人民共和国车船使用税暂行条例》已经发布。为了便于各地贯彻执行，总局在征求各地意见的基础上，对这两个条例作了一些解释和规定，现将《关于房产税若干具体问题的解释和暂行规定》《关于车船使用税若干具体问题的解释和暂行规定》发给你们，请结合本地的实际情况，一并研究贯彻执行。执行中有什么问题，请及时报告总局。

财政部　税务总局
1986年9月25日

3. 关于房产税若干具体问题的解释和暂行规定

一、关于城市、县城、建制镇、工矿区的解释。

城市是指经国务院批准设立的市。

县城是指未设立建制镇的县人民政府所在地。

建制镇是指经省、自治区、直辖市人民政府批准设立的建制镇。

工矿区是指工商业比较发达，人口比较集中，符合国务院规定的建制镇标准，但尚未设立镇建制的大中型工矿企业所在地。开征房产税的工矿区须经省、自治区、直辖市人民政府批准。

二、关于城市、建制镇征税范围的解释。

城市的征税范围为市区、郊区和市辖县县城。不包括农村。

建制镇的征税范围为镇人民政府所在地。不包括所辖的行政村。

三、关于"人民团体"的解释。

"人民团体"是指经国务院授权的政府部门批准设立或登记备案并由国家拨付行政事业费的各种社会团体。

四、关于"由国家财政部门拨付事业经费的单位"，是否包括由国家财政部门拨付事业经费，实行差额预算管理的事业单位？

实行差额预算管理的事业单位，虽然有一定的收入，但收入不够本身经费开支的部分，还要由国家财政部门拨付经费补助。因此，对实行差额预算管理的事业单位，也属于是由国家财政部门拨付事业经费的单位，对其本身自用的房产免征房产税。

五、关于由国家财政部门拨付事业经费的单位，其经费来源实行自收自支后，有无减免税优待？

……

六、关于免税单位自用房产的解释。

国家机关、人民团体、军队自用的房产，是指这些单位本身的办公用房和公务用房。

事业单位自用的房产，是指这些单位本身的业务用房。

宗教寺庙自用的房产，是指举行宗教仪式等的房屋和宗教人员使用的生活用房屋。

公园、名胜古迹自用的房产，是指供公共参观游览的房屋及其管理单位的办公用房屋。

上述免税单位出租的房产以及非本身业务用的生产、营业用房产不属于免税范围，应征收房产税。

七、关于纳税单位和个人无租使用其他单位的房产，如何征收房产税？

……

八、关于房产不在一地的纳税人，如何确定纳税地点？

房产税暂行条例第九条规定，"房产税由房产所在地的税务机关征收。"房产不在一地的纳税人，应按房产的坐落地点，分别向房产所在地的税务机关缴纳房产税。

九、关于在开征地区范围之外的工厂、仓库，可否征收房产税？

根据房产税暂行条例的规定，不在开征地区范围之内的工厂、仓库，不应征收房产税。

十、关于企业办的各类学校、医院、托儿所、幼儿园自用的房产，可否免征房产税？

企业办的各类学校、医院、托儿所、幼儿园自用的房产，可以比照由国家财政部门拨付事业经费的单位自用的房产，免征房产税。

十一、关于作营业用的地下人防设施，应否征收房产税？

……

十二、关于个人所有的房产用于出租的，应否征收房产税？

个人出租的房产，不分用途，均应征收房产税。

十三、关于个人所有的居住房屋，可否由当地核定面积标准，就超过面积标准的部分征收房产税？

根据房产税暂行条例规定，个人所有的非营业用的房产免征房产税。因此，对个人所有的居住用房，不分面积多少，均免征房产税。

十四、关于个人所有的出租房屋，是按房产余值计算缴纳房产税还是按房产租金收入计算缴纳房产税？

根据房产税暂行条例规定，房产出租的，以房产租金收入为房产税的计税依据。因此，个人出租房屋，应按房屋租金收入征税。

十五、关于房产原值如何确定？

……

十六、关于毁损不堪居住的房屋和危险房屋，可否免征房产税？

经有关部门鉴定，对毁损不堪居住的房屋和危险房屋，在停止使用后，可免征房产税。

十七、关于依照房产原值一次减除10%至30%后的余值计算缴纳房产税，其减除幅度，可否按照房屋的新旧程度分别确定？对有些房屋的减除幅度，可否超过这个规定？

根据房产税暂行条例规定，具体减除幅度以及是否区别房屋新旧程度分别确定减除幅度，由省、自治区、直辖市人民政府规定，减除幅度只能在10%至30%以内。

十八、关于对微利企业和亏损企业的房产，可否免征房产税？

……

十九、关于新建的房屋如何征税？

纳税人自建的房屋，自建成之次月起征收房产税。

纳税人委托施工企业建设的房屋，从办理验收手续之次月起征收房产税。

纳税人在办理验收手续前已使用或出租、出借的新建房屋，应按规定征收房产税。

二十、关于企业停产、撤销后应否停征房产税？

……

二十一、关于基建工地的临时性房屋，应否征收房产税？

凡是在基建工地为基建工地服务的各种工棚、材料棚、休息棚和办公室、食堂、茶炉房、汽车房等临时性房屋，不论是施工企业自行建造还是由基建单位出资建造交施工企业使用的，在施工期间，一律免征房产税。但是，如果在基建工程结束以后，施工企业将这种临时性房屋交还或者估价转让给基建单位的，应当从基建单位接收的次月起，依照规定征收房产税。

二十二、关于公园、名胜古迹中附设的营业单位使用或出租的房产，应否征收房产税？

公园、名胜古迹中附设的营业单位，如影剧院、饮食部、茶社、照相馆等所使用的房产及出租的房产，应征收房产税。

二十三、关于房产出租，由承租人修理，不支付房租，应否征收房产税？

承租人使用房产，以支付修理费抵交房产租金，仍应由房产的产权所有人依照规定缴纳房产税。

二十四、关于房屋大修停用期间，可否免征房产税？

房屋大修停用在半年以上的，经纳税人申请，在大修期间可免征房产税。

二十五、关于纳税单位与免税单位共同使用的房屋，如何征收房产税？

纳税单位与免税单位共同使用的房屋，按各自使用的部分划分，分别征收或免征房产税。

【注释】对《房产税暂行条例》第一、第二、第三、第五、第九条进行了解释。《财政部 国家税务总局关于调整房产税有关减免税政策的通知》（财税〔2004〕140号）对本规定进行了修正。条款失效：第十一条失效，参见《财政部 国家税务总局关于具备房屋功能的地下建筑征收房产税的通知》（财税〔2005〕181号）；第七条失效，参见《财政部 国家税务总局关于房产税城镇土地使用税有关问题的通知》（财税〔2009〕128号）；第五条、第七条、第十一条、第十五条、第十八条、第二十条废止，第二十四条"税务机关审核"的内容废止，参见《国家税务总局关于公布全文失效废止部分条款失效废止的税收规范性文件目录的公告》（国家税务总局公告2011年第2号）。

4. 财政部　税务总局关于房产税和车船使用税几个业务问题的解释与规定

财税地〔1987〕3号

总局（86）财税地字第008号《关于检发〈关于房产税若干具体问题的解释和暂行规定〉、〈关于车船使用税若干具体问题的解释和暂行规定〉的通知》下发后，各地在贯彻执行中又陆续提出一些需要明确的问题。经研究，现作如下解释和规定：

一、关于"房产"的解释

"房产"是以房屋形态表现的财产。房屋是指有屋面和围护结构（有墙或两边有柱），能够遮风避雨，可供人们在其中生产、工作、学习、娱乐、居住或储藏物资的场所。

独立于房屋之外的建筑物，如围墙、烟囱、水塔、变电塔、油池油柜、酒窖菜窖、酒精池、糖蜜池、室外游泳池、玻璃暖房、砖瓦石灰窑以及各种油气罐等，不属于房产。

根据总局（86）财税地字第008号文规定，"房产原值是指纳税人按照会计制度规定，在账簿、固定资产、科目中记载的房屋原价。"因此，凡按会计制度规定在账簿中记载有房屋原价的，即应以房屋原价按规定减除一定比例后作为房产余值计征房产税；没有记载房屋原价的，按照上述原则，并参照同类房屋，确定房产原值，计征房产税。

二、关于房屋附属设备的解释

房产原值应包括与房屋不可分割的各种附属设备或一般不单独计算价值的配套设施。主要有：暖气、卫生、通风、照明、煤气等设备；各种管线，如蒸气、压缩空气、石油、给水排水等管道及电力、电讯、电缆导线；电梯、升降机、过道、晒台等。

属于房屋附属设备的水管、下水道、暖气管、煤气管等从最近的探视井或三通管算起。电灯网、照明线从进线盒连接管算起。

三、关于工商行政管理部门的集贸市场用房征收房产税的规定

工商行政管理部门的集贸市场用房，不属于工商部门自用的房产，按规定应征收房产税。但为了促进集贸市场的发展，省、自治区、直辖市可根据具体情况暂给予减税或免税照顾。

……

【注释】对《房产税暂行条例》第三条、第六条进行了解释。第四条、第五条失效，参见《国家税务总局关于公布全文失效废止　部分条款失效废止的税收规范性文件目录的公告》（国家税务总局公告2011年第2号）。

5. 国家税务总局关于调整房产税和土地使用税具体征税范围解释规定的通知

国税发〔1999〕44号

各省、自治区、直辖市和计划单列市地方税务局：

近接一些地区反映，原财政部 税务总局印发的《关于房产税若干具体问题的解释和暂行规定》（财税地字〔1986〕8号）与原国家税务局印发的《关于土地使用税若干具体问题的解释和暂行规定》（国税地字〔1988〕15号），有关房产税与土地使用税的具体征税范围的解释不尽一致，并且经济发展及城镇建设已发生很大变化，在实际执行中，不便于操作，经研究，现进一步解释和规定如下：

一、房产税、土地使用税在城市、县城、建制镇和工矿区征收，各地在遵照执行。

二、关于建制镇具体征税范围，由各省、自治区、直辖市税务局提出方案，经省、自治区、直辖市人民政府确定批准后执行，并报国家税务总局备案。对农林牧渔业用地和农民居住用房屋及土地，不征收房产税和土地使用税。

【注释】对《房产税暂行条例》第一条进行了解释。

国家税务总局
1999年3月12日

6. 财政部　国家税务总局关于医疗卫生机构有关税收政策的通知

财税〔2000〕42号

各省、自治区、直辖市、计划单列市财政厅（局）、国家税务局、地方税务局：

为了贯彻落实《国务院办公厅转发国务院体改办等部门关于城镇医药卫生体制改革指导意见的通知》（国办发〔2000〕16号），促进我国医疗卫生事业的发展，经国务院批准，现将医疗卫生机构有关税收政策通知如下：

一、关于非营利性医疗机构的税收政策

（一）对非营利性医疗机构按照国家规定的价格取得的医疗服务收入，免征各项税收。不按照国家规定价格取得的医疗服务收入不得享受这项政策。

医疗服务是指医疗服务机构对患者进行检查、诊断、治疗、康复和提供预防保健、接生、计划生育方面的服务，以及与这些服务有关的提供药品、医用材料器具、救护车、病房住宿和伙食的业务（下同）。

（二）对非营利性医疗机构从事非医疗服务取得的收入，如租赁收入、财产转让收入、培训收入、对外投资收入等应按规定征收各项税收。非营利性医疗机构将取得的非医疗服务收入，直接用于改善医疗卫生服务条件的部分，经税务部门审核批准可抵扣其应纳税所得额，就其余额征收企业所得税。

（三）对非营利性医疗机构自产自用的制剂，免征增值税。

（四）非营利性医疗机构的药房分离为独立的药品零售企业，应按规定征收各项税收。

（五）对非营利性医疗机构自用的房产、土地、车船，免征房产税、城镇土地使用税和车船使用税。

二、关于营利性医疗机构的税收政策

（一）对营利性医疗机构取得的收入，按规定征收各项税收。但为了支持营利性医疗机构的发展，对营利性医疗机构取得的收入，直接用于改善医疗卫生条件的，自其取得执业

登记之日起,3年内给予下列优惠:对其取得的医疗服务收入免征营业税;对其自产自用的制剂免征增值税;对营利性医疗机构自用的房产、土地、车船免征房产税、城镇土地使用税和车船使用税。3年免税期满后恢复征税。

(二)对营利性医疗机构的药房分离为独立的药品零售企业,应按规定征收各项税收。

三、关于疾病控制机构和妇幼保健机构等卫生机构的税收政策

(一)对疾病控制机构和妇幼保健机构等卫生机构按照国家规定的价格取得的卫生服务收入(含疫苗接种和调拨、销售收入),免征各项税收。不按照国家规定的价格取得的卫生服务收入不得享受这项政策。对疾病控制机构和妇幼保健等卫生机构取得的其他经营收入如直接用于改善本卫生机构卫生服务条件的,经税务部门审核批准可抵扣其应纳税所得额,就其余额征收企业所得税。

(二)对疾病控制机构和妇幼保健机构等卫生机构自用的房产、土地、车船,免征房产税、城镇土地使用税和车船使用税。

医疗机构需要书面向卫生行政主管部门申明其性质,按《医疗机构管理条例》进行设置审批和登记注册,并由接受其登记注册的卫生行政部门核定,在执业登记中注明"非营利性医疗机构"和"营利性医疗机构"。

上述医疗机构具体包括:各级各类医院、门诊部(所)、社区卫生服务中心(站)、急救中心(站)、城乡卫生院、护理院(所)、疗养院、临床检验中心等。上述疾病控制、妇幼保健等卫生机构具体包括:各级政府及有关部门举办的卫生防疫站(疾病控制中心)、各种专科疾病防治站(所),各级政府举办的妇幼保健所(站)、母婴保健机构、儿童保健机构等,各级政府举办的血站(血液中心)。

本通知自发布之日起执行。

【注释】对《房产税暂行条例》第五条进行了解释。有关营业税规定失效,参见《财政部 国家税务总局关于公布若干废止和失效的营业税规范性文件的通知》(财税〔2009〕61号)。

财政部 国家税务总局
2000年7月10日

7. 财政部 国家税务总局关于对老年服务机构有关税收政策问题的通知

财税〔2000〕97号

各省、自治区、直辖市、计划单列市财政厅(局)、国家税务局、地方税务局:

为贯彻中共中央、国务院《关于加强老龄工作的决定》(中发〔2000〕13号)精神,现对政府部门和社会力量兴办的老年服务机构有关税收政策问题通知如下:

一、对政府部门和企事业单位、社会团体以及个人等社会力量投资兴办的福利性、非营利性的老年服务机构,暂免征收企业所得税,以及老年服务机构自用房产、土地、车船的房产税、城镇土地使用税、车船使用税。

二、对企事业单位、社会团体和个人等社会力量，通过非营利性的社会团体和政府部门向福利性、非营利性的老年服务机构的捐赠，在缴纳企业所得税和个人所得税前准予全额扣除。

三、本通知所称老年服务机构，是指专门为老年人提供生活照料、文化、护理、健身等多方面服务的福利性、非营利性的机构，主要包括：老年社会福利院、敬老院（养老院）、老年服务中心、老年公寓（含老年护理院、康复中心、托老所）等。

本通知自 2000 年 10 月 1 日起执行。

【注释】对《房产税暂行条例》第五条进行了解释。

财政部　国家税务总局
2000 年 11 月 24 日

8. 财政部　国家税务总局关于调整住房租赁市场税收政策的通知

财税〔2000〕125 号

各省、自治区、直辖市、计划单列市财政厅（局），国家税务局，地方税务局，新疆生产建设兵团：

为了配合国家住房制度改革，支持住房租赁市场的健康发展，经国务院批准，现对住房租赁市场有关税收政策问题通知如下：

一、对按政府规定价格出租的公有住房和廉租住房，包括企业和自收自支事业单位向职工出租的单位自有住房；房管部门向居民出租的公有住房；落实私房政策中带户发还产权并以政府规定租金标准向居民出租的私有住房等，暂免征收房产税、营业税。

二、对个人按市场价格出租的居民住房，其应缴纳的营业税暂减按 3% 的税率征收，房产税暂减按 4% 的税率征收。

三、对个人出租房屋取得的所得暂减按 10% 的税率征收个人所得税。

本通知自 2001 年 1 月 1 日起执行。凡与本通知规定不符的税收政策，一律改按本通知的规定执行。

【注释】对《房产税暂行条例》第三条进行了解释。

财政部　国家税务总局
2000 年 12 月 7 日

9. 财政部　国家税务总局关于非营利性科研机构税收政策的通知

财税〔2001〕5 号

各省、自治区、直辖市、计划单列市财政厅（局）、国家税务局、地方税务局：

为了贯彻落实《国务院办公厅转发科技部等部门关于非营利性科研机构管理的若干意见（试行）的通知》（国办发〔2000〕78号），鼓励社会公益类科研事业的发展，经国务院批准，现对非营利性科研机构有关税收政策明确如下：

一、非营利性科研机构要以推动科技进步为宗旨，不以营利为目的，主要从事应用基础研究或向社会提供公共服务。非营利性科研机构的认定标准，由科技部会同财政部、中编办、国家税务总局另行制定。非营利性科研机构需要书面向科技行政主管部门申明其性质，按规定进行设置审批和登记注册，并由接受其登记注册的科技行政部门核定，在执业登记中注明"非营利性科研机构"。

二、非营利性科研机构享受如下税收优惠政策：

1. 非营利性科研机构从事技术开发、技术转让业务和与之相关的技术咨询、技术服务所得的收入，按有关规定免征营业税和企业所得税。

2. 非营利性科研机构从事与其科研业务无关的其他服务所取得的收入，如租赁收入、财产转让收入、对外投资收入等，应当按规定征收各项税收；非营利性科研机构从事上述非主营业务收入用于改善研究开发条件的投资部分，经税务部门审核批准可抵扣其应纳税所得额，就其余额征收企业所得税。

3. 非营利性科研机构自用的房产、土地，免征房产税、城镇土地使用税。

4. 社会力量对非关联的非营利性科研机构的新产品、新技术、新工艺所发生的研究开发经费资助，经主管税务机关审核确定，其资助支出可以全额在当年度应纳税所得额中扣除。当年度应纳税所得额不足抵扣的，不得结转抵扣。

三、对非营利性科研机构实行年度检查制度，凡不符合条件的，应取消其免税资格，并按规定补缴当年已免税款。

本通知自2001年1月1日起执行。具体执行办法由国家税务总局另行制定。

【注释】对《房产税暂行条例》第五条进行了解释。

财政部　国家税务总局
2001年2月9日

10. 财政部　国家税务总局关于调整铁路系统房产税　城镇土地使用税政策的通知

财税〔2003〕149号

各省、自治区、直辖市、计划单列市财政厅（局）、地方税务局，新疆生产建设兵团财务局：

根据铁路运输体制改革和铁路系统的实际情况，经国务院批准，现对铁路系统有关房产税、城镇土地使用税税收政策通知如下：

一、铁道部所属铁路运输企业自用的房产、土地继续免征房产税和城镇土地使用税。

二、对铁路运输体制改革后，从铁路系统分离出来并实行独立核算、自负盈亏的企业，包括铁道部所属原执行经济承包方案的工业、供销、建筑施工企业；中国铁路工程总公司、中国铁道建筑工程总公司、中国铁路通信信号总公司、中国土木建筑工程总公司、中国北方机车车辆工业集团公司、中国南方机车车辆工业集团公司；以及铁道部所属自行解决工交事业费的单位，自2003年1月1日起恢复征收房产税、城镇土地使用税。

三、铁道部所属其他企业、单位的房产和土地，继续按税法规定征收房产税和城镇土地使用税。

【注释】对《房产税暂行条例》第五条进行了解释。

财政部　国家税务总局
2003年7月11日

11. 国家税务总局关于房产税　城镇土地使用税有关政策规定的通知

国税发〔2003〕89号

各省、自治区、直辖市和计划单列市地方税务局，局内各单位：

随着我国房地产市场的迅猛发展，涉及房地产税收的政策问题日益增多，经调查研究和广泛听取各方面的意见，现对房产税、城镇土地使用税有关政策问题明确如下：

一、关于房地产开发企业开发的商品房征免房产税问题鉴于房地产开发企业开发的商品房在出售前，对房地产开发企业而言是一种产品，因此，对房地产开发企业建造的商品房，在售出前，不征收房产税；但对售出前房地产开发企业已使用或出租、出借的商品房应按规定征收房产税。

二、关于确定房产税、城镇土地使用税纳税义务发生时间问题

（一）购置新建商品房，自房屋交付使用之次月起计征房产税和城镇土地使用税。

（二）购置存量房，自办理房屋权属转移、变更登记手续，房地产权属登记机关签发房屋权属证书之次月起计征房产税和城镇土地使用税。

（三）出租、出借房产，自交付出租、出借房产之次月起计征房产税和城镇土地使用税。

（四）房地产开发企业自用、出租、出借本企业建造的商品房，自房屋使用或交付之次月起计征房产税和城镇土地使用税。

【注释】对《房产税暂行条例》第一条、第七条进行了解释。条款失效，第二条第四款中有关房地产开发企业城镇土地使用税纳税义务发生时间的规定废止，参见《国家税务总局关于公布全文失效废止　部分条款失效废止的税收规范性文件目录的公告》（国家税务总局公告2011年第2号）。

国家税务总局
2003年7月15日

12. 财政部　国家税务总局关于教育税收政策的通知

财税〔2004〕39号

各省、自治区、直辖市、计划单列市财政厅（局）、国家税务局、地方税务局，新疆生产建设兵团财务局：

为了进一步促进教育事业发展，经国务院批准，现将有关教育的税收政策通知如下：

……

二、关于房产税、城镇土地使用税、印花税

对国家拨付事业经费和企业办的各类学校、托儿所、幼儿园自用的房产、土地，免征房产税、城镇土地使用税；对财产所有人将财产赠给学校所立的书据，免征印花税。

……

六、本通知自2004年1月1日起执行，此前规定与本通知不符的，以本通知为准。

【注释】对《房产税暂行条例》第五条进行了解释。第三条第2项废止，参见《财政部　税务总局关于契税法实施后有关优惠政策衔接问题的公告》（财政部　税务总局公告2021年第29号）。 第一条第5至10项废止，参见《财政部　国家税务总局关于企业所得税若干优惠政策的通知》（财税〔2008〕1号）。

财政部　国家税务总局
2004年2月5日

13. 财政部　国家税务总局关于明确免征房产税　城镇土地使用税的铁路运输企业范围及有关问题的通知

财税〔2004〕36号

各省、自治区、直辖市、计划单列市财政厅（局）、地方税务局，新疆生产建设兵团财务局：

为更好地贯彻执行《财政部　国家税务总局关于调整铁路系统房产税 城镇土地使用税政策的通知》（财税〔2003〕149号），经研究，现就有关免征房产税和城镇土地使用税的铁路运输企业范围和有关问题通知如下：

……

二、地方铁路运输企业自用的房产、土地应缴纳的房产税、城镇土地使用税比照铁道部所属铁路运输企业的政策执行。

……

【注释】对《房产税暂行条例》第五条进行了解释。第一条废止,参见《财政部 国家税务总局关于明确免征房产税 城镇土地使用税的铁路运输企业范围的补充通知》(财税〔2006〕17号)。

财政部 国家税务总局
二〇〇四年二月十七日

14. 财政部 国家税务总局关于调整房产税有关减免税政策的通知

财税〔2004〕140号

各省、自治区、直辖市、计划单列市财政厅(局)、地方税务局,新疆生产建设兵团财务局:
　　为了规范税收政策,进一步加强房产税的征收管理,经研究决定,对《财政部 税务总局关于房产税若干具体问题的解释和暂行规定》(财税地字〔1986〕第008号)的部分内容作适当修改,即:废止第十八条关于对微利企业和亏损企业的房产"可由地方根据实际情况在一定期限内暂免征收房产税"和第二十条"企业停产、撤销后,对他们原有的房产闲置不用的,经省、自治区、直辖市税务局批准可暂不征收房产税"的规定。
　　【注释】对《财政部 税务总局关于房产税若干具体问题的解释和暂行规定》(财税地字〔1986〕第008号)进行了修正。

财政部 国家税务总局
二〇〇四年八月十九日

15. 财政部 国家税务总局关于具备房屋功能的地下建筑征收房产税的通知

财税〔2005〕181号

各省、自治区、直辖市、计划单列市财政厅(局)、地方税务局,新疆生产建设兵团财务局:
　　为了统一税收政策,规范税收管理,现将具备房屋功能的地下建筑的房产税政策明确如下:
　　一、凡在房产税征收范围内的具备房屋功能的地下建筑,包括与地上房屋相连的地下建筑以及完全建在地面以下的建筑、地下人防设施等,均应当依照有关规定征收房产税。
　　上述具备房屋功能的地下建筑是指有屋面和维护结构,能够遮风避雨,可供人们在其中生产、经营、工作、学习、娱乐、居住或储藏物资的场所。
　　二、自用的地下建筑,按以下方式计税:

1. 工业用途房产，以房屋原价的50%～60%作为应税房产原值。

应纳房产税的税额＝应税房产原值×[1-（10%-30%）]×1.2%

2. 商业和其他用途房产，以房屋原价的70%—80%作为应税房产原值。

应纳房产税的税额＝应税房产原值×[1-（10%-30%）]×1.2%

房屋原价折算为应税房产原值的具体比例，由各省、自治区、直辖市和计划单列市财政和地方税务部门在上述幅度内自行确定。

3. 对于与地上房屋相连的地下建筑，如房屋的地下室、地下停车场、商场的地下部分等，应将地下部分与地上房屋视为一个整体按照地上房屋建筑的有关规定计算征收房产税。

三、出租的地下建筑，按照出租地上房屋建筑的有关规定计算征收房产税。

四、本通知自2006年1月1日起执行，《财政部 税务总局关于房产税若干具体问题的解释和暂行规定》[（86）财税地字第008号]第十一条同时废止。

【注释】对《房产税暂行条例》第三条进行了解释。

财政部　国家税务总局
二〇〇五年十二月二十三日

16. 财政部　国家税务总局关于明确免征房产税　城镇土地使用税的铁路运输企业范围的补充通知

财税〔2006〕17号

各省、自治区、直辖市、计划单列市财政厅（局）、地方税务局，新疆生产建设兵团财务局：

根据铁路运输体制改革情况，现将享受免征房产税、城镇土地使用税政策的铁道部所属铁路运输企业的范围补充通知如下：

一、享受免征房产税、城镇土地使用税优惠政策的铁道部所属铁路运输企业是指铁路局及国有铁路运输控股公司（含广铁〈集团〉公司、青藏铁路公司、大秦铁路股份有限公司、广深铁路股份有限公司等，具体包括客货、编组站、车务、机务、工务、电务、水电、供电、列车、客运、车辆段）、铁路办事处、中铁集装箱运输有限责任公司、中铁特货运输有限责任公司、中铁快运股份有限公司。

二、本通知自发文之日起执行。《财政部　国家税务总局关于明确免征房产税 城镇土地使用税的铁路运输企业范围及有关问题的通知》（财税〔2004〕36号）第一条停止执行。此前已征税款不予退还，未征税款不再补征。

【注释】对《财政部　国家税务总局关于明确免征房产税 城镇土地使用税的铁路运输企业范围及有关问题的通知》（财税〔2004〕36号）进行了解释。

财政部　国家税务总局
二〇〇六年三月八日

17. 财政部 国家税务总局关于房产税 城镇土地使用税有关政策的通知

财税〔2006〕186号

各省、自治区、直辖市、计划单列市财政厅（局）、地方税务局，新疆生产建设兵团财务局：

经研究，现对房产税、城镇土地使用税有关政策明确如下：

一、关于居民住宅区内业主共有的经营性房产缴纳房产税问题

对居民住宅区内业主共有的经营性房产，由实际经营（包括自营和出租）的代管人或使用人缴纳房产税。其中自营的，依照房产原值减除10%至30%后的余值计征，没有房产原值或不能将业主共有房产与其他房产的原值准确划分开的，由房产所在地地方税务机关参照同类房产核定房产原值；出租的，依照租金收入计征。

……

五、本通知自2007年1月1日起执行。

【注释】对《房产税暂行条例》第三条进行了解释。

财政部 国家税务总局
二〇〇六年十二月二十五日

18. 财政部 国家税务总局关于房产税 城镇土地使用税有关问题的通知

财税〔2009〕128号

各省、自治区、直辖市、计划单列市财政厅（局）、地方税务局，西藏、宁夏、青海省（自治区）国家税务局，新疆生产建设兵团财务局：

为完善房产税、城镇土地使用税政策，堵塞税收征管漏洞，现将房产税、城镇土地使用税有关问题明确如下：

一、关于无租使用其他单位房产的房产税问题

无租使用其他单位房产的应税单位和个人，依照房产余值代缴纳房产税。

二、关于出典房产的房产税问题

产权出典的房产，由承典人依照房产余值缴纳房产税。

三、关于融资租赁房产的房产税问题

融资租赁的房产，由承租人自融资租赁合同约定开始日的次月起依照房产余值缴纳房产税。合同未约定开始日的，由承租人自合同签订的次月起依照房产余值缴纳房产税。

四、关于地下建筑用地的城镇土地使用税问题

对在城镇土地使用税征税范围内单独建造的地下建筑用地，按规定征收城镇土地使用税。其中，已取得地下土地使用权证的，按土地使用权证确认的土地面积计算应征税款；未取得地下土地使用权证或地下土地使用权证上未标明土地面积的，按地下建筑垂直投影面积计算应征税款。

对上述地下建筑用地暂按应征税款的50%征收城镇土地使用税。

五、本通知自2009年12月1日起执行。《财政部 税务总局关于房产税若干具体问题的解释和暂行规定》[（86）财税地字第008号]第七条、《国家税务总局关于安徽省若干房产税业务问题的批复》（国税函发〔1993〕368号）第二条同时废止。

财政部 国家税务总局
二〇〇九年十一月二十二日

19. 财政部 国家税务总局关于安置残疾人就业单位城镇土地使用税等政策的通知

财税〔2010〕121号

各省、自治区、直辖市、计划单列市财政厅（局）、地方税务局，西藏、青海、宁夏省（自治区）国家税务局，新疆生产建设兵团财务局：

经研究，现将安置残疾人就业单位城镇土地使用税等政策通知如下：

一、关于安置残疾人就业单位的城镇土地使用税问题

对在一个纳税年度内月平均实际安置残疾人就业人数占单位在职职工总数的比例高于25%（含25%）且实际安置残疾人人数高于10人（含10人）的单位，可减征或免征该年度城镇土地使用税。具体减免税比例及管理办法由省、自治区、直辖市财税主管部门确定。

《国家税务局关于土地使用税若干具体问题的解释和暂行规定》（国税地字〔1988〕15号）第十八条第四项同时废止。

二、关于出租房产免收租金期间房产税问题

对出租房产，租赁双方签订的租赁合同约定有免收租金期限的，免收租金期间由产权所有人按照房产原值缴纳房产税。

三、关于将地价计入房产原值征收房产税问题

对按照房产原值计税的房产，无论会计上如何核算，房产原值均应包含地价，包括为取得土地使用权支付的价款、开发土地发生的成本费用等。宗地容积率低于0.5的，按房产建筑面积的2倍计算土地面积并据此确定计入房产原值的地价。

本通知自发文之日起执行。此前规定与本通知不一致的，按本通知执行。各地财税部门要加强对政策执行情况的跟踪了解，对执行中发现的问题，及时上报财政部和国家税务总局。

财政部 国家税务总局
二〇一〇年十二月二十一日

20. 财政部 国家税务总局关于体育场馆房产税和城镇土地使用税政策的通知

财税〔2015〕130号

各省、自治区、直辖市、计划单列市财政厅（局）、地方税务局，西藏、宁夏、青海省（自治区）国家税务局，新疆生产建设兵团财务局：

为贯彻落实《国务院关于加快发展体育产业促进体育消费的若干意见》（国发〔2014〕46号），现将体育场馆自用的房产和土地有关房产税和城镇土地使用税政策通知如下：

一、国家机关、军队、人民团体、财政补助事业单位、居民委员会、村民委员会拥有的体育场馆，用于体育活动的房产、土地，免征房产税和城镇土地使用税。

二、经费自理事业单位、体育社会团体、体育基金会、体育类民办非企业单位拥有并运营管理的体育场馆，同时符合下列条件的，其用于体育活动的房产、土地，免征房产税和城镇土地使用税：

（一）向社会开放，用于满足公众体育活动需要；

（二）体育场馆取得的收入主要用于场馆的维护、管理和事业发展；

（三）拥有体育场馆的体育社会团体、体育基金会及体育类民办非企业单位，除当年新设立或登记的以外，前一年度登记管理机关的检查结论为"合格"。

三、企业拥有并运营管理的大型体育场馆，其用于体育活动的房产、土地，减半征收房产税和城镇土地使用税。

四、本通知所称体育场馆，是指用于运动训练、运动竞赛及身体锻炼的专业性场所。

本通知所称大型体育场馆，是指由各级人民政府或社会力量投资建设、向公众开放、达到《体育建筑设计规范》（JGJ31-2003）有关规模规定的体育场（观众座位数20 000座及以上）、体育馆（观众座位数3 000座及以上）、游泳馆、跳水馆（观众座位数1 500座及以上）等体育建筑。

五、本通知所称用于体育活动的房产、土地，是指运动场地、看台、辅助用房（包括观众用房、运动员用房、竞赛管理用房、新闻媒介用房、广播电视用房、技术设备用房和场馆运营用房等）及占地，以及场馆配套设施（包括通道、道路、广场、绿化等）。

六、享受上述税收优惠体育场馆的运动场地用于体育活动的天数不得低于全年自然天数的70%。

体育场馆辅助用房及配套设施用于非体育活动的部分，不得享受上述税收优惠。

七、高尔夫球、马术、汽车、卡丁车、摩托车的比赛场、训练场、练习场，除另有规定外，不得享受房产税、城镇土地使用税优惠政策。各省、自治区、直辖市财政、税务部门可根据本地区情况适时增加不得享受优惠体育场馆的类型。

八、符合上述减免税条件的纳税人，应当按照税收减免管理规定，持相关材料向主管税务机关办理减免税备案手续。

九、本通知自2016年1月1日起执行。此前规定与本通知规定不一致的，按本通知执行。

请遵照执行。

财政部　国家税务总局
2015年12月17日

21. 财政部　国家税务总局关于公共租赁住房税收优惠政策的通知

财税〔2015〕139号

各省、自治区、直辖市、计划单列市财政厅（局）、地方税务局，西藏、宁夏、青海省（自治区）国家税务局，新疆生产建设兵团财务局：

根据《国务院办公厅关于保障性安居工程建设和管理的指导意见》（国办发〔2011〕45号）和住房城乡建设部、财政部、国家税务总局等部门《关于加快发展公共租赁住房的指导意见》（建保〔2010〕87号）等文件精神，决定继续对公共租赁住房建设和运营给予税收优惠。现将有关政策通知如下：

……

七、对公共租赁住房免征房产税。对经营公共租赁住房所取得的租金收入，免征营业税。公共租赁住房经营管理单位应单独核算公共租赁住房租金收入，未单独核算的，不得享受免征营业税、房产税优惠政策。

八、享受上述税收优惠政策的公共租赁住房是指纳入省、自治区、直辖市、计划单列市人民政府及新疆生产建设兵团批准的公共租赁住房发展规划和年度计划，并按照《关于加快发展公共租赁住房的指导意见》（建保〔2010〕87号）和市、县人民政府制定的具体管理办法进行管理的公共租赁住房。

九、本通知执行期限为2016年1月1日至2018年12月31日。

财政部　国家税务总局
2015年12月30日

22. 财政部　国家税务总局关于营改增后契税　房产税　土地增值税　个人所得税计税依据问题的通知

财税〔2016〕43号

各省、自治区、直辖市、计划单列市财政厅（局）、地方税务局，西藏、宁夏、青海省（自治区）国家税务局，新疆生产建设兵团财务局：

经研究，现将营业税改征增值税后契税、房产税、土地增值税、个人所得税计税依据有关问题明确如下：
……
二、房产出租的，计征房产税的租金收入不含增值税。
……
五、免征增值税的，确定计税依据时，成交价格、租金收入、转让房地产取得的收入不扣减增值税额。
六、在计征上述税种时，税务机关核定的计税价格或收入不含增值税。
本通知自2016年5月1日起执行。

财政部　国家税务总局
2016年4月25日

23. 财政部　税务总局关于继续实行农产品批发市场　农贸市场房产税　城镇土地使用税优惠政策的通知

财税〔2019〕12号

各省、自治区、直辖市、计划单列市财政厅（局）、国家税务总局各省、自治区、直辖市、计划单列市税务局，新疆生产建设兵团财政局：

为进一步支持农产品流通体系建设，决定继续对农产品批发市场、农贸市场给予房产税和城镇土地使用税优惠。现将有关政策通知如下：

一、自2019年1月1日至2021年12月31日，对农产品批发市场、农贸市场（包括自有和承租，下同）专门用于经营农产品的房产、土地，暂免征收房产税和城镇土地使用税。对同时经营其他产品的农产品批发市场和农贸市场使用的房产、土地，按其他产品与农产品交易场地面积的比例确定征免房产税和城镇土地使用税。

二、农产品批发市场和农贸市场，是指经工商登记注册，供买卖双方进行农产品及其初加工品现货批发或零售交易的场所。农产品包括粮油、肉禽蛋、蔬菜、干鲜果品、水产品、调味品、棉麻、活畜、可食用的林产品以及由省、自治区、直辖市财税部门确定的其他可食用的农产品。

三、享受上述税收优惠的房产、土地，是指农产品批发市场、农贸市场直接为农产品交易提供服务的房产、土地。农产品批发市场、农贸市场的行政办公区、生活区，以及商业餐饮娱乐等非直接为农产品交易提供服务的房产、土地，不属于本通知规定的优惠范围，应按规定征收房产税和城镇土地使用税。

四、企业享受本通知规定的免税政策，应按规定进行免税申报，并将不动产权属证明、载有房产原值的相关材料、租赁协议、房产土地用途证明等资料留存备查。

财政部　税务总局
2019年1月9日

24. 财政部 税务总局关于高校学生公寓房产税 印花税政策的通知

财税〔2019〕14号

各省、自治区、直辖市、计划单列市财政厅（局），国家税务总局各省、自治区、直辖市、计划单列市税务局，新疆生产建设兵团财政局：

为支持高校办学，优化高校后勤保障服务，现就高校学生公寓房产税和印花税政策通知如下：

一、对高校学生公寓免征房产税。

二、对与高校学生签订的高校学生公寓租赁合同，免征印花税。

三、本通知所称高校学生公寓，是指为高校学生提供住宿服务，按照国家规定的收费标准收取住宿费的学生公寓。

四、企业享受本通知规定的免税政策，应按规定进行免税申报，并将不动产权属证明、载有房产原值的相关材料、房产用途证明、租赁合同等资料留存备查。

五、本通知自2019年1月1日至2021年12月31日执行。

财政部 税务总局
2019年1月31日

第十五章　中华人民共和国契税法

1. 中华人民共和国契税法

（2020年8月11日第十三届全国人民代表大会常务委员会第二十一次会议通过）

第一条　在中华人民共和国境内转移土地、房屋权属，承受的单位和个人为契税的纳税人，应当依照本法规定缴纳契税。

第二条　本法所称转移土地、房屋权属，是指下列行为：

（一）土地使用权出让；

（二）土地使用权转让，包括出售、赠与、互换；

（三）房屋买卖、赠与、互换。

前款第二项土地使用权转让，不包括土地承包经营权和土地经营权的转移。

以作价投资（入股）、偿还债务、划转、奖励等方式转移土地、房屋权属的，应当依照本法规定征收契税。

第三条　契税税率为百分之三至百分之五。

契税的具体适用税率，由省、自治区、直辖市人民政府在前款规定的税率幅度内提出，报同级人民代表大会常务委员会决定，并报全国人民代表大会常务委员会和国务院备案。

省、自治区、直辖市可以依照前款规定的程序对不同主体、不同地区、不同类型的住房的权属转移确定差别税率。

第四条　契税的计税依据：

（一）土地使用权出让、出售，房屋买卖，为土地、房屋权属转移合同确定的成交价格，包括应交付的货币以及实物、其他经济利益对应的价款；

（二）土地使用权互换、房屋互换，为所互换的土地使用权、房屋价格的差额；

（三）土地使用权赠与、房屋赠与以及其他没有价格的转移土地、房屋权属行为，为税务机关参照土地使用权出售、房屋买卖的市场价格依法核定的价格。

纳税人申报的成交价格、互换价格差额明显偏低且无正当理由的，由税务机关依照《中华人民共和国税收征收管理法》的规定核定。

第五条　契税的应纳税额按照计税依据乘以具体适用税率计算。

第六条　有下列情形之一的，免征契税：

（一）国家机关、事业单位、社会团体、军事单位承受土地、房屋权属用于办公、教学、医疗、科研、军事设施；

（二）非营利性的学校、医疗机构、社会福利机构承受土地、房屋权属用于办公、教学、医疗、科研、养老、救助；

（三）承受荒山、荒地、荒滩土地使用权用于农、林、牧、渔业生产；

（四）婚姻关系存续期间夫妻之间变更土地、房屋权属；

（五）法定继承人通过继承承受土地、房屋权属；

（六）依照法律规定应当予以免税的外国驻华使馆、领事馆和国际组织驻华代表机构承受土地、房屋权属。

根据国民经济和社会发展的需要，国务院对居民住房需求保障、企业改制重组、灾后重建等情形可以规定免征或者减征契税，报全国人民代表大会常务委员会备案。

第七条 省、自治区、直辖市可以决定对下列情形免征或者减征契税：

（一）因土地、房屋被县级以上人民政府征收、征用，重新承受土地、房屋权属；

（二）因不可抗力灭失住房，重新承受住房权属。

前款规定的免征或者减征契税的具体办法，由省、自治区、直辖市人民政府提出，报同级人民代表大会常务委员会决定，并报全国人民代表大会常务委员会和国务院备案。

第八条 纳税人改变有关土地、房屋的用途，或者有其他不再属于本法第六条规定的免征、减征契税情形的，应当缴纳已经免征、减征的税款。

第九条 契税的纳税义务发生时间，为纳税人签订土地、房屋权属转移合同的当日，或者纳税人取得其他具有土地、房屋权属转移合同性质凭证的当日。

第十条 纳税人应当在依法办理土地、房屋权属登记手续前申报缴纳契税。

第十一条 纳税人办理纳税事宜后，税务机关应当开具契税完税凭证。纳税人办理土地、房屋权属登记，不动产登记机构应当查验契税完税、减免税凭证或者有关信息。未按照规定缴纳契税的，不动产登记机构不予办理土地、房屋权属登记。

第十二条 在依法办理土地、房屋权属登记前，权属转移合同、权属转移合同性质凭证不生效、无效、被撤销或者被解除的，纳税人可以向税务机关申请退还已缴纳的税款，税务机关应当依法办理。

第十三条 税务机关应当与相关部门建立契税涉税信息共享和工作配合机制。自然资源、住房城乡建设、民政、公安等相关部门应当及时向税务机关提供与转移土地、房屋权属有关的信息，协助税务机关加强契税征收管理。

税务机关及其工作人员对税收征收管理过程中知悉的纳税人的个人信息，应当依法予以保密，不得泄露或者非法向他人提供。

第十四条 契税由土地、房屋所在地的税务机关依照本法和《中华人民共和国税收征收管理法》的规定征收管理。

第十五条 纳税人、税务机关及其工作人员违反本法规定的，依照《中华人民共和国税收征收管理法》和有关法律法规的规定追究法律责任。

第十六条 本法自2021年9月1日起施行。1997年7月7日国务院发布的《中华人民共和国契税暂行条例》同时废止。

2. 国家税务总局 国家土地管理局关于契税征收管理有关问题的通知

国税发〔1998〕31号

各省、自治区、直辖市和计划单列市财政厅（局）、地方税务局、土地（国土）管理局（厅）：

为了加强契税征收机关与土地管理部门的工作配合，做好契税征收管理工作，根据《中华人民共和国契税暂行条例》《中华人民共和国契税暂行条例细则》和《中华人民共和国土地管理法》《中华人民共和国城市房地产管理法》等法律、法规规定，现就契税征收管理中

的有关问题通知如下:

一、各级契税征收机关应当结合当地实际情况,建立一套完善的契税征收管理制度。各级土地管理部门要予以积极支持和配合,协助当地契税征收机关做好契税的征收管理工作。

二、土地管理部门和契税征收机关要共同做好契税征收管理与土地使用权的权属管理的衔接工作。

土地管理部门在受理土地变更登记申请后,对土地权属及变更事项进行审核,对符合变更登记规定的,要求当事人出示契税完税凭证或免税证明。对未取得契税完税凭证或免税证明的,土地管理部门不予办理土地变更登记手续。

三、契税征收机关可向土地管理部门查询所需土地使用权权属及出让、转让时间、成交价格及已公布的土地基准地价等与征收契税有关的资料。土地管理部门应当向契税征收机关提供所需的资料。契税征收机关应对在土地管理部门查询的资料严格保密,未经允许,不得转让或公开引用。

契税征收机关应向土地管理部门提供所需已办理契税完税或免税手续的房地产交易情况。

四、土地管理部门在土地证书的定期查验时,可联合契税征收机关对契税完税情况进行检查。对检查中发现的逃避纳税和不办理土地变更登记手续的,应责令其完税和办理土地变更登记手续,并依照有关规定进行处理。

对于需要按评估价格计征契税的,应当委托具备土地评估资格的评估机构进行有关的评估,以规范房地产市场交易行为,确保国家税收不受损失。

【注释】对《契税暂行条例》第十一条进行了解释。

国家税务总局　国家土地管理局
1998年3月9日

3. 财政部　国家税务总局关于教育税收政策的通知

财税〔2004〕39号

各省、自治区、直辖市、计划单列市财政厅(局)、国家税务局、地方税务局,新疆生产建设兵团财务局:

为了进一步促进教育事业发展,经国务院批准,现将有关教育的税收政策通知如下:
……

三、关于耕地占用税、契税、农业税和农业特产税

1. 对学校、幼儿园经批准征用的耕地,免征耕地占用税。享受免税的学校用地的具体范围是:全日制大、中、小学校(包括部门、企业办的学校)的教学用房、实验室、操场、图书馆、办公室及师生员工食堂宿舍用地。学校从事非农业生产经营占用的耕地,不予免税。职工夜校、学习班、培训中心、函授学校等不在免税之列。

2. 国家机关、事业单位、社会团体、军事单位承受土地房屋权属用于教学、科研的,免征契税。用于教学的,是指教室(教学楼)以及其他直接用于教学的土地、房屋。用于科研的,是指科学实验的场所以及其他直接用于科研的土地、房屋。对县级以上人民政府教育行政主管部门或劳动行政主管部门审批并颁发办学许可证,由企业事业组织、社会团体及其他社会和公民个人利用非国家财政性教育经费面向社会举办的学校及教育机构,其承受的土

地、房屋权属用于教学的，免征契税。

3. 对农业院校进行科学实验的土地免征农业税。对农业院校进行科学实验所取得的农业特产品收入，在实验期间免征农业特产税。

……

六、本通知自 2004 年 1 月 1 日起执行，此前规定与本通知不符的，以本通知为准。

【注释】对《契税暂行条例》第六条进行了解释。第三条第 2 项废止，参见《财政部 税务总局关于契税法实施后有关优惠政策衔接问题的公告》（财政部 税务总局公告 2021 年第 29 号）。 第一条第 5 至 10 项废止，参见《财政部 国家税务总局关于企业所得税若干优惠政策的通知》（财税〔2008〕1 号）。

财政部　国家税务总局

2004 年 2 月 5 日

4. 国家税务总局关于免征土地出让金出让国有土地使用权征收契税的批复

国税函〔2005〕436 号

北京市地方税务局：

你局《关于对政府以零地价方式出让国有土地使用权征收契税问题的请示》（京地税地〔2005〕166 号）收悉，批复如下：

根据《中华人民共和国契税暂行条例》及其细则的有关规定，对承受国有土地使用权所应支付的土地出让金，要计征契税。不得因减免土地出让金，而减免契税。

【注释】对《契税暂行条例》第六条进行了解释。

国家税务总局

2005 年 5 月 11 日

5. 国家税务总局关于房地产税收政策执行中几个具体问题的通知

国税发〔2005〕172 号

各省、自治区、直辖市和计划单列市财政厅（局）、地方税务局，扬州税务进修学院，局内各单位：

根据《国家税务总局财政部建设部关于加强房地产税收管理的通知》（国税发〔2005〕89 号）（以下简称《通知》）的精神，经商财政部、建设部，现就各地在贯彻落实《通知》中的几个具体政策问题明确如下：

一、《通知》第三条第二款中规定的"成交价格"是指住房持有人对外销售房屋的成交价格。

二、《通知》第三条第四款中规定的"契税完税证明上注明的时间"是指契税完税证明上注明的填发日期。

三、纳税人申报时，同时出具房屋产权证和契税完税证明且二者所注明的时间不一致的，按照"孰先"的原则确定购买房屋的时间。即房屋产权证上注明的时间早于契税完税证明上注明的时间的，以房屋产权证注明的时间为购买房屋的时间；契税完税证明上注明的时间早于房屋产权证上注明的时间的，以契税完税证明上注明的时间为购买房屋的时间。

四、个人将通过受赠、继承、离婚财产分割等非购买形式取得的住房对外销售的行为，也适用《通知》的有关规定。其购房时间按发生受赠、继承、离婚财产分割行为前的购房时间确定，其购房价格按发生受赠、继承、离婚财产分割行为前的购房原价确定。个人需持其通过受赠、继承、离婚财产分割等非购买形式取得住房的合法、有效法律证明文书，到税务部门办理相关手续。

五、根据国家房改政策购买的公有住房，以购房合同的生效时间、房款收据的开具日期或房屋产权证上注明的时间，按照"孰先"的原则确定购买房屋的时间。

六、享受税收优惠政策普通住房的面积标准是指地方政府按国办发〔2005〕26号文件规定确定并公布的普通住房建筑面积标准。对于以套内面积进行计量的，应换算成建筑面积，判断该房屋是否符合普通住房标准。

国家税务总局
2005年10月20日

6. 财政部 国家税务总局住房和城乡建设部关于调整房地产交易环节契税个人所得税优惠政策的通知

财税〔2010〕94号

各省、自治区、直辖市、计划单列市财政厅（局）、地方税务局、住房城乡建设厅（建委、房地局）、西藏、宁夏、青海省（自治区）国税局，新疆生产建设兵团财务局、建设局：

经国务院批准，现就调整房地产交易环节契税、个人所得税有关优惠政策通知如下：

一、关于契税政策

（一）对个人购买普通住房，且该住房属于家庭（成员范围包括购房人、配偶以及未成年子女，下同）唯一住房的，减半征收契税。对个人购买90平方米及以下普通住房，且该住房属于家庭唯一住房的，减按1%税率征收契税。

征收机关应查询纳税人契税纳税记录；无记录或有记录但有疑义的，根据纳税人的申请或授权，由房地产主管部门通过房屋登记信息系统查询纳税人家庭住房登记记录，并出具书面查询结果。如因当地暂不具备查询条件而不能提供家庭住房登记查询结果的，纳税人应向征收机关提交家庭住房实有套数书面诚信保证。诚信保证不实的，属于虚假纳税申报，按照《中华人民共和国税收征收管理法》的有关规定处理。

具体操作办法由各省、自治区、直辖市财政、税务、房地产主管部门共同制定。

（二）个人购买的普通住房，凡不符合上述规定的，不得享受上述优惠政策。

二、关于个人所得税政策

对出售自有住房并在1年内重新购房的纳税人不再减免个人所得税。

本通知自2010年10月1日起执行。《财政部 国家税务总局关于调整房地产市场若干税收政策的通知》（财税字〔1999〕210号）第一条有关契税的规定、《财政部 国家税务总局关于调整房地产交易环节税收政策的通知》（财税〔2008〕137号）第一条、《财政部 国家税务总局 建设部关于个人出售住房所得征收个人所得税有关问题的通知》（财税字〔1999〕278号）第三条同时废止。

财政部 国家税务总局 住房和城乡建设部
二〇一〇年九月二十九日

7. 财政部 国家税务总局关于企业以售后回租方式进行融资等有关契税政策的通知

财税〔2012〕82号

各省、自治区、直辖市、计划单列市财政厅（局）、地方税务局，西藏、宁夏、青海省（自治区）国家税务局，新疆生产建设兵团财务局：

经研究，现就近期各地反映的契税政策执行中若干问题通知如下：

一、对金融租赁公司开展售后回租业务，承受承租人房屋、土地权属的，照章征税。对售后回租合同期满，承租人回购原房屋、土地权属的，免征契税。

……

【注释】第二条、第三条、第四条废止，参见《财政部 税务总局关于契税法实施后有关优惠政策衔接问题的公告》（财政部 税务总局公告2021年第29号）。

五、单位、个人以房屋、土地以外的资产增资，相应扩大其在被投资公司的股权持有比例，无论被投资公司是否变更工商登记，其房屋、土地权属不发生转移，不征收契税。

六、个体工商户的经营者将其个人名下的房屋、土地权属转移至个体工商户名下，或个体工商户将其名下的房屋、土地权属转回原经营者个人名下，免征契税。

合伙企业的合伙人将其名下的房屋、土地权属转移至合伙企业名下，或合伙企业将其名下的房屋、土地权属转回原合伙人名下，免征契税。

本通知自发文之日起执行。《财政部 国家税务总局关于城镇房屋拆迁有关税收政策的通知》（财税〔2005〕45号）第二条同时废止。

财政部 国家税务总局
2012年12月6日

8. 国家税务总局关于契税纳税申报有关问题的公告

国家税务总局公告 2015 年第 67 号

根据房地产权属转移契税征管中遇到的实际情况，现将下列情形契税纳税申报有关问题公告如下：

一、根据人民法院、仲裁委员会的生效法律文书发生土地、房屋权属转移，纳税人不能取得销售不动产发票的，可持人民法院执行裁定书原件及相关材料办理契税纳税申报，税务机关应予受理。

二、购买新建商品房的纳税人在办理契税纳税申报时，由于销售新建商品房的房地产开发企业已办理注销税务登记或者被税务机关列为非正常户等原因，致使纳税人不能取得销售不动产发票的，税务机关在核实有关情况后应予受理。

三、本公告自公布之日起施行。

特此公告。

国家税务总局
2015 年 9 月 25 日

9. 财政部 国家税务总局关于公共租赁住房税收优惠政策的通知

财税〔2015〕139 号

各省、自治区、直辖市、计划单列市财政厅（局）、地方税务局，西藏、宁夏、青海省（自治区）国家税务局，新疆生产建设兵团财务局：

根据《国务院办公厅关于保障性安居工程建设和管理的指导意见》（国办发〔2011〕45 号）和住房城乡建设部、财政部、国家税务总局等部门《关于加快发展公共租赁住房的指导意见》（建保〔2010〕87 号）等文件精神，决定继续对公共租赁住房建设和运营给予税收优惠。现将有关政策通知如下：

……

三、对公共租赁住房经营管理单位购买住房作为公共租赁住房，免征契税、印花税；对公共租赁住房租赁双方免征签订租赁协议涉及的印花税。

……

八、享受上述税收优惠政策的公共租赁住房是指纳入省、自治区、直辖市、计划单列市人民政府及新疆生产建设兵团批准的公共租赁住房发展规划和年度计划，并按照《关于加快发展公共租赁住房的指导意见》（建保〔2010〕87 号）和市、县人民政府制定的具体管理办法进行管理的公共租赁住房。

九、本通知执行期限为 2016 年 1 月 1 日至 2018 年 12 月 31 日。

财政部　国家税务总局
2015 年 12 月 30 日

10. 财政部　国家税务总局　住房城乡建设部关于调整房地产交易环节契税　营业税优惠政策的通知

财税〔2016〕23 号

各省、自治区、直辖市、计划单列市财政厅（局）、地方税务局、住房城乡建设厅（建委、房地局），西藏、宁夏、青海省（自治区）国家税务局，新疆生产建设兵团财务局、建设局：

根据国务院有关部署，现就调整房地产交易环节契税、营业税优惠政策通知如下：

一、关于契税政策

（一）对个人购买家庭唯一住房（家庭成员范围包括购房人、配偶以及未成年子女，下同），面积为 90 平方米及以下的，减按 1% 的税率征收契税；面积为 90 平方米以上的，减按 1.5% 的税率征收契税。

（二）对个人购买家庭第二套改善性住房，面积为 90 平方米及以下的，减按 1% 的税率征收契税；面积为 90 平方米以上的，减按 2% 的税率征收契税。

家庭第二套改善性住房是指已拥有一套住房的家庭，购买的家庭第二套住房。

（三）纳税人申请享受税收优惠的，根据纳税人的申请或授权，由购房所在地的房地产主管部门出具纳税人家庭住房情况书面查询结果，并将查询结果和相关住房信息及时传递给税务机关。暂不具备查询条件而不能提供家庭住房查询结果的，纳税人应向税务机关提交家庭住房实有套数书面诚信保证，诚信保证不实的，属于虚假纳税申报，按照《中华人民共和国税收征收管理法》的有关规定处理，并将不诚信记录纳入个人征信系统。

按照便民、高效原则，房地产主管部门应按规定及时出具纳税人家庭住房情况书面查询结果，税务机关应对纳税人提出的税收优惠申请限时办结。

（四）具体操作办法由各省、自治区、直辖市财政、税务、房地产主管部门共同制定。

二、关于营业税政策

个人将购买不足 2 年的住房对外销售的，全额征收营业税；个人将购买 2 年以上（含 2 年）的住房对外销售的，免征营业税。

办理免税的具体程序、购买房屋的时间、开具发票、非购买形式取得住房行为及其他相关税收管理规定，按照《国务院办公厅转发建设部等部门关于做好稳定住房价格工作意见的通知》（国办发〔2005〕26 号）、《国家税务总局 财政部 建设部关于加强房地产税收管理的通知》（国税发〔2005〕89 号）和《国家税务总局关于房地产税收政策执行中几个具体问题的通知》（国税发〔2005〕172 号）的有关规定执行。

三、关于实施范围

北京市、上海市、广州市、深圳市暂不实施本通知第一条第二项契税优惠政策及第二条营业税优惠政策，上述城市个人住房转让营业税政策仍按照《财政部　国家税务总局关于调整个人住房转让营业税政策的通知》（财税〔2015〕39号）执行。

上述城市以外的其他地区适用本通知全部规定。

本通知自2016年2月22日起执行。

财政部　国家税务总局　住房城乡建设部
2016年2月17日

11. 财政部　国家税务总局关于营改增后契税　房产税　土地增值税　个人所得税计税依据问题的通知

财税〔2016〕43号

各省、自治区、直辖市、计划单列市财政厅（局）、地方税务局，西藏、宁夏、青海省（自治区）国家税务局，新疆生产建设兵团财务局：

经研究，现将营业税改征增值税后契税、房产税、土地增值税、个人所得税计税依据有关问题明确如下：

一、计征契税的成交价格不含增值税。

……

五、免征增值税的，确定计税依据时，成交价格、租金收入、转让房地产取得的收入不扣减增值税额。

六、在计征上述税种时，税务机关核定的计税价格或收入不含增值税。

本通知自2016年5月1日起执行。

财政部　国家税务总局
2016年4月25日

12. 财政部　税务总局关于支持农村集体产权制度改革有关税收政策的通知

财税〔2017〕55号

各省、自治区、直辖市、计划单列市财政厅（局）、地方税务局，西藏、宁夏回族自治区国家税务局，新疆生产建设兵团财务局：

为落实中共中央、国务院《关于稳步推进农村集体产权制度改革的意见》要求，支持农村集体产权制度改革，现就有关契税、印花税政策通知如下：

一、对进行股份合作制改革后的农村集体经济组织承受原集体经济组织的土地、房屋权属，免征契税。

二、对农村集体经济组织以及代行集体经济组织职能的村民委员会、村民小组进行清产核资收回集体资产而承受土地、房屋权属，免征契税。

对因农村集体经济组织以及代行集体经济组织职能的村民委员会、村民小组进行清产核资收回集体资产而签订的产权转移书据，免征印花税。

三、对农村集体土地所有权、宅基地和集体建设用地使用权及地上房屋确权登记，不征收契税。

四、本通知自2017年1月1日起执行。

财政部　税务总局
2017年6月22日

13.财政部　税务总局关于继续实行农村饮水安全工程税收优惠政策的公告

财政部　税务总局公告2019年第67号

为确保如期打赢农村饮水安全脱贫攻坚战，支持农村饮水安全工程（以下称饮水工程）巩固提升，现将饮水工程建设、运营的有关税收优惠政策公告如下：

一、对饮水工程运营管理单位为建设饮水工程而承受土地使用权，免征契税。

二、对饮水工程运营管理单位为建设饮水工程取得土地使用权而签订的产权转移书据，以及与施工单位签订的建设工程承包合同，免征印花税。

三、对饮水工程运营管理单位自用的生产、办公用房产、土地，免征房产税、城镇土地使用税。

四、对饮水工程运营管理单位向农村居民提供生活用水取得的自来水销售收入，免征增值税。

五、对饮水工程运营管理单位从事《公共基础设施项目企业所得税优惠目录》规定的饮水工程新建项目投资经营的所得，自项目取得第一笔生产经营收入所属纳税年度起，第一年至第三年免征企业所得税，第四年至第六年减半征收企业所得税。

六、本公告所称饮水工程，是指为农村居民提供生活用水而建设的供水工程设施。本公告所称饮水工程运营管理单位，是指负责饮水工程运营管理的自来水公司、供水公司、供水（总）站（厂、中心）、村集体、农民用水合作组织等单位。

对于既向城镇居民供水，又向农村居民供水的饮水工程运营管理单位，依据向农村居民供水收入占总供水收入的比例免征增值税；依据向农村居民供水量占总供水量的比例免征契税、印花税、房产税和城镇土地使用税。无法提供具体比例或所提供数据不实的，不得享受上述税收优惠政策。

七、符合上述条件的饮水工程运营管理单位自行申报享受减免税优惠，相关材料留存备查。

八、上述政策（第五条除外）自2019年1月1日至2020年12月31日执行。

财政部　税务总局
2019年4月15日

14. 财政部　税务总局关于继续执行企业事业单位改制重组有关契税政策的公告

财政部　税务总局公告 2021 年第 17 号

为支持企业、事业单位改制重组，优化市场环境，现就继续执行有关契税政策公告如下：

一、企业改制

企业按照《中华人民共和国公司法》有关规定整体改制，包括非公司制企业改制为有限责任公司或股份有限公司，有限责任公司变更为股份有限公司，股份有限公司变更为有限责任公司，原企业投资主体存续并在改制（变更）后的公司中所持股权（股份）比例超过 75%，且改制（变更）后公司承继原企业权利、义务的，对改制（变更）后公司承受原企业土地、房屋权属，免征契税。

二、事业单位改制

事业单位按照国家有关规定改制为企业，原投资主体存续并在改制后企业中出资（股权、股份）比例超过 50% 的，对改制后企业承受原事业单位土地、房屋权属，免征契税。

三、公司合并

两个或两个以上的公司，依照法律规定、合同约定，合并为一个公司，且原投资主体存续的，对合并后公司承受原合并各方土地、房屋权属，免征契税。

四、公司分立

公司依照法律规定、合同约定分立为两个或两个以上与原公司投资主体相同的公司，对分立后公司承受原公司土地、房屋权属，免征契税。

五、企业破产

企业依照有关法律法规规定实施破产，债权人（包括破产企业职工）承受破产企业抵偿债务的土地、房屋权属，免征契税；对非债权人承受破产企业土地、房屋权属，凡按照《中华人民共和国劳动法》等国家有关法律法规政策妥善安置原企业全部职工规定，与原企业全部职工签订服务年限不少于三年的劳动用工合同的，对其承受所购企业土地、房屋权属，免征契税；与原企业超过 30% 的职工签订服务年限不少于三年的劳动用工合同的，减半征收契税。

六、资产划转

对承受县级以上人民政府或国有资产管理部门按规定进行行政性调整、划转国有土地、房屋权属的单位，免征契税。

同一投资主体内部所属企业之间土地、房屋权属的划转，包括母公司与其全资子公司之间，同一公司所属全资子公司之间，同一自然人与其设立的个人独资企业、一人有限公司之间土地、房屋权属的划转，免征契税。

母公司以土地、房屋权属向其全资子公司增资，视同划转，免征契税。

七、债权转股权

经国务院批准实施债权转股权的企业，对债权转股权后新设立的公司承受原企业的土地、房屋权属，免征契税。

八、划拨用地出让或作价出资

以出让方式或国家作价出资（入股）方式承受原改制重组企业、事业单位划拨用地的，不属上述规定的免税范围，对承受方应按规定征收契税。

九、公司股权（股份）转让

在股权（股份）转让中，单位、个人承受公司股权（股份），公司土地、房屋权属不发生转移，不征收契税。

十、有关用语含义

本公告所称企业、公司，是指依照我国有关法律法规设立并在中国境内注册的企业、公司。

本公告所称投资主体存续，是指原改制重组企业、事业单位的出资人必须存在于改制重组后的企业，出资人的出资比例可以发生变动。

本公告所称投资主体相同，是指公司分立前后出资人不发生变动，出资人的出资比例可以发生变动。

十一、本公告自 2021 年 1 月 1 日起至 2023 年 12 月 31 日执行。自执行之日起，企业、事业单位在改制重组过程中，符合本公告规定但已缴纳契税的，可申请退税；涉及的契税尚未处理且符合本公告规定的，可按本公告执行。

财政部　税务总局
2021 年 4 月 26 日

15. 财政部　税务总局关于贯彻实施契税法若干事项执行口径的公告

财政部　税务总局公告 2021 年第 23 号

为贯彻落实《中华人民共和国契税法》，现将契税若干事项执行口径公告如下：

一、关于土地、房屋权属转移

（一）征收契税的土地、房屋权属，具体为土地使用权、房屋所有权。

（二）下列情形发生土地、房屋权属转移的，承受方应当依法缴纳契税：

1. 因共有不动产份额变化的；
2. 因共有人增加或者减少的；
3. 因人民法院、仲裁委员会的生效法律文书或者监察机关出具的监察文书等因素，发生土地、房屋权属转移的。

二、关于若干计税依据的具体情形

（一）以划拨方式取得的土地使用权，经批准改为出让方式重新取得该土地使用权的，应由该土地使用权人以补缴的土地出让价款为计税依据缴纳契税。

（二）先以划拨方式取得土地使用权，后经批准转让房地产，划拨土地性质改为出让的，承受方应分别以补缴的土地出让价款和房地产权属转移合同确定的成交价格为计税依据缴纳契税。

（三）先以划拨方式取得土地使用权，后经批准转让房地产，划拨土地性质未发生改变的，承受方应以房地产权属转移合同确定的成交价格为计税依据缴纳契税。

（四）土地使用权及所附建筑物、构筑物等（包括在建的房屋、其他建筑物、构筑物和其他附着物）转让的，计税依据为承受方应交付的总价款。

（五）土地使用权出让的，计税依据包括土地出让金、土地补偿费、安置补助费、地上附着物和青苗补偿费、征收补偿费、城市基础设施配套费、实物配建房屋等应交付的货币以及实物、其他经济利益对应的价款。

（六）房屋附属设施（包括停车位、机动车库、非机动车库、顶层阁楼、储藏室及其他房屋附属设施）与房屋为同一不动产单元的，计税依据为承受方应交付的总价款，并适用与房屋相同的税率；房屋附属设施与房屋为不同不动产单元的，计税依据为转移合同确定的成交价格，并按当地确定的适用税率计税。

（七）承受已装修房屋的，应将包括装修费用在内的费用计入承受方应交付的总价款。

（八）土地使用权互换、房屋互换，互换价格相等的，互换双方计税依据为零；互换价格不相等的，以其差额为计税依据，由支付差额的一方缴纳契税。

（九）契税的计税依据不包括增值税。

三、关于免税的具体情形

（一）享受契税免税优惠的非营利性的学校、医疗机构、社会福利机构，限于上述三类单位中依法登记为事业单位、社会团体、基金会、社会服务机构等的非营利法人和非营利组织。其中：

1. 学校的具体范围为经县级以上人民政府或者其教育行政部门批准成立的大学、中学、小学、幼儿园，实施学历教育的职业教育学校、特殊教育学校、专门学校，以及经省级人民政府或者其人力资源社会保障行政部门批准成立的技工院校。

2. 医疗机构的具体范围为经县级以上人民政府卫生健康行政部门批准或者备案设立的医疗机构。

3. 社会福利机构的具体范围为依法登记的养老服务机构、残疾人服务机构、儿童福利机构、救助管理机构、未成年人救助保护机构。

（二）享受契税免税优惠的土地、房屋用途具体如下：

1. 用于办公的，限于办公室（楼）以及其他直接用于办公的土地、房屋；
2. 用于教学的，限于教室（教学楼）以及其他直接用于教学的土地、房屋；
3. 用于医疗的，限于门诊部以及其他直接用于医疗的土地、房屋；
4. 用于科研的，限于科学试验的场所以及其他直接用于科研的土地、房屋；
5. 用于军事设施的，限于直接用于《中华人民共和国军事设施保护法》规定的军事设施的土地、房屋；
6. 用于养老的，限于直接用于为老年人提供养护、康复、托管等服务的土地、房屋；
7. 用于救助的，限于直接为残疾人、未成年人、生活无着的流浪乞讨人员提供养护、康复、托管等服务的土地、房屋。

（三）纳税人符合减征或者免征契税规定的，应当按照规定进行申报。

四、关于纳税义务发生时间的具体情形

（一）因人民法院、仲裁委员会的生效法律文书或者监察机关出具的监察文书等发生土地、房屋权属转移的，纳税义务发生时间为法律文书等生效当日。

（二）因改变土地、房屋用途等情形应当缴纳已经减征、免征契税的，纳税义务发生时间为改变有关土地、房屋用途等情形的当日。

（三）因改变土地性质、容积率等土地使用条件需补缴土地出让价款，应当缴纳契税的，纳税义务发生时间为改变土地使用条件当日。

发生上述情形，按规定不再需要办理土地、房屋权属登记的，纳税人应自纳税义务发生之日起90日内申报缴纳契税。

五、关于纳税凭证、纳税信息和退税

（一）具有土地、房屋权属转移合同性质的凭证包括契约、协议、合约、单据、确认书以及其他凭证。

（二）不动产登记机构在办理土地、房屋权属登记时，应当依法查验土地、房屋的契税完税、减免税、不征税等涉税凭证或者有关信息。

（三）税务机关应当与相关部门建立契税涉税信息共享和工作配合机制。具体转移土地、房屋权属有关的信息包括：自然资源部门的土地出让、转让、征收补偿、不动产权属登记等信息，住房城乡建设部门的房屋交易等信息，民政部门的婚姻登记、社会组织登记等信息，公安部门的户籍人口基本信息。

（四）纳税人缴纳契税后发生下列情形，可依照有关法律法规申请退税：

1. 因人民法院判决或者仲裁委员会裁决导致土地、房屋权属转移行为无效、被撤销或者被解除，且土地、房屋权属变更至原权利人的；

2. 在出让土地使用权交付时，因容积率调整或实际交付面积小于合同约定面积需退还土地出让价款的；

3. 在新建商品房交付时，因实际交付面积小于合同约定面积需返还房价款的。

六、其他

本公告自2021年9月1日起施行。《财政部 国家税务总局关于契税征收中几个问题的批复》（财税字〔1998〕96号）、《财政部 国家税务总局对河南省财政厅〈关于契税有关政策问题的请示〉的批复》（财税〔2000〕14号）、《财政部 国家税务总局关于房屋附属设施有关契税政策的批复》（财税〔2004〕126号）、《财政部 国家税务总局关于土地使用权转让契税计税依据的批复》（财税〔2007〕162号）、《财政部 国家税务总局关于企业改制过程中以国家作价出资（入股）方式转移国有土地使用权有关契税问题的通知》（财税〔2008〕129号）、《财政部 国家税务总局关于购房人办理退房有关契税问题的通知》（财税〔2011〕32号）同时废止。

财政部 税务总局
2021年6月30日

16. 财政部 税务总局关于契税法实施后有关优惠政策衔接问题的公告

财政部 税务总局公告2021年第29号

为贯彻落实《中华人民共和国契税法》，现将税法实施后继续执行的契税优惠政策公告如下：

一、夫妻因离婚分割共同财产发生土地、房屋权属变更的，免征契税。

二、城镇职工按规定第一次购买公有住房的，免征契税。

公有制单位为解决职工住房而采取集资建房方式建成的普通住房或由单位购买的普通商品住房，经县级以上地方人民政府房改部门批准、按照国家房改政策出售给本单位职工的，如属职工首次购买住房，比照公有住房免征契税。

已购公有住房经补缴土地出让价款成为完全产权住房的，免征契税。

三、外国银行分行按照《中华人民共和国外资银行管理条例》等相关规定改制为外商独资银行（或其分行），改制后的外商独资银行（或其分行）承受原外国银行分行的房屋权属的，免征契税。

四、除上述政策外，其他继续执行的契税优惠政策按原文件规定执行。涉及的文件及条款见附件1。

五、本公告自2021年9月1日起执行。附件2中所列文件及条款规定的契税优惠政策同时废止。附件3中所列文件及条款规定的契税优惠政策失效。

特此公告。

附件：1. 继续执行的契税优惠政策文件及条款目录（略）。
2. 废止的契税优惠政策文件及条款目录（略）。
3. 失效的契税优惠政策文件及条款目录（略）。

财政部　税务总局
2021年8月27日

第四编

行为税法

第十六章　中华人民共和国印花税法

1. 中华人民共和国印花税法

（2021年6月10日第十三届全国人民代表大会常务委员会第二十九次会议通过）

第一条　在中华人民共和国境内书立应税凭证、进行证券交易的单位和个人，为印花税的纳税人，应当依照本法规定缴纳印花税。

在中华人民共和国境外书立在境内使用的应税凭证的单位和个人，应当依照本法规定缴纳印花税。

第二条　本法所称应税凭证，是指本法所附《印花税税目税率表》列明的合同、产权转移书据和营业账簿。

第三条　本法所称证券交易，是指转让在依法设立的证券交易所、国务院批准的其他全国性证券交易场所交易的股票和以股票为基础的存托凭证。

证券交易印花税对证券交易的出让方征收，不对受让方征收。

第四条　印花税的税目、税率，依照本法所附《印花税税目税率表》执行。

第五条　印花税的计税依据如下：

（一）应税合同的计税依据，为合同所列的金额，不包括列明的增值税税款；

（二）应税产权转移书据的计税依据，为产权转移书据所列的金额，不包括列明的增值税税款；

（三）应税营业账簿的计税依据，为账簿记载的实收资本（股本）、资本公积合计金额；

（四）证券交易的计税依据，为成交金额。

第六条　应税合同、产权转移书据未列明金额的，印花税的计税依据按照实际结算的金额确定。

计税依据按照前款规定仍不能确定的，按照书立合同、产权转移书据时的市场价格确定；依法应当执行政府定价或者政府指导价的，按照国家有关规定确定。

第七条　证券交易无转让价格的，按照办理过户登记手续时该证券前一个交易日收盘价计算确定计税依据；无收盘价的，按照证券面值计算确定计税依据。

第八条　印花税的应纳税额按照计税依据乘以适用税率计算。

第九条　同一应税凭证载有两个以上税目事项并分别列明金额的，按照各自适用的税目税率分别计算应纳税额；未分别列明金额的，从高适用税率。

第十条　同一应税凭证由两方以上当事人书立的，按照各自涉及的金额分别计算应纳税额。

第十一条　已缴纳印花税的营业账簿，以后年度记载的实收资本（股本）、资本公积合计金额比已缴纳印花税的实收资本（股本）、资本公积合计金额增加的，按照增加部分计算应纳税额。

第十二条　下列凭证免征印花税：

（一）应税凭证的副本或者抄本；

（二）依照法律规定应当予以免税的外国驻华使馆、领事馆和国际组织驻华代表机构为获得馆舍书立的应税凭证；

（三）中国人民解放军、中国人民武装警察部队书立的应税凭证；

（四）农民、家庭农场、农民专业合作社、农村集体经济组织、村民委员会购买农业生产资料或者销售农产品书立的买卖合同和农业保险合同；

（五）无息或者贴息借款合同、国际金融组织向中国提供优惠贷款书立的借款合同；

（六）财产所有权人将财产赠与政府、学校、社会福利机构、慈善组织书立的产权转移书据；

（七）非营利性医疗卫生机构采购药品或者卫生材料书立的买卖合同；

（八）个人与电子商务经营者订立的电子订单。

根据国民经济和社会发展的需要，国务院对居民住房需求保障、企业改制重组、破产、支持小型微型企业发展等情形可以规定减征或者免征印花税，报全国人民代表大会常务委员会备案。

第十三条 纳税人为单位的，应当向其机构所在地的主管税务机关申报缴纳印花税；纳税人为个人的，应当向应税凭证书立地或者纳税人居住地的主管税务机关申报缴纳印花税。

不动产产权发生转移的，纳税人应当向不动产所在地的主管税务机关申报缴纳印花税。

第十四条 纳税人为境外单位或者个人，在境内有代理人的，以其境内代理人为扣缴义务人；在境内没有代理人的，由纳税人自行申报缴纳印花税，具体办法由国务院税务主管部门规定。

证券登记结算机构为证券交易印花税的扣缴义务人，应当向其机构所在地的主管税务机关申报解缴税款以及银行结算的利息。

第十五条 印花税的纳税义务发生时间为纳税人书立应税凭证或者完成证券交易的当日。

证券交易印花税扣缴义务发生时间为证券交易完成的当日。

第十六条 印花税按季、按年或者按次计征。实行按季、按年计征的，纳税人应当自季度、年度终了之日起十五日内申报缴纳税款；实行按次计征的，纳税人应当自纳税义务发生之日起十五日内申报缴纳税款。

证券交易印花税按周解缴。证券交易印花税扣缴义务人应当自每周终了之日起五日内申报解缴税款以及银行结算的利息。

第十七条 印花税可以采用粘贴印花税票或者由税务机关依法开具其他完税凭证的方式缴纳。

印花税票粘贴在应税凭证上的，由纳税人在每枚税票的骑缝处盖戳注销或者画销。

印花税票由国务院税务主管部门监制。

第十八条 印花税由税务机关依照本法和《中华人民共和国税收征收管理法》的规定征收管理。

第十九条 纳税人、扣缴义务人和税务机关及其工作人员违反本法规定的，依照《中华人民共和国税收征收管理法》和有关法律、行政法规的规定追究法律责任。

第二十条 本法自2022年7月1日起施行。1988年8月6日国务院发布的《中华人民共和国印花税暂行条例》同时废止。

附件：

印花税税目税率表

税目		税率	备注
合同（指书面合同）	借款合同	借款金额的万分之零点五	指银行业金融机构、经国务院银行业监督管理机构批准设立的其他金融机构与借款人（不包括同业拆借）的借款合同
	融资租赁合同	租金的万分之零点五	
	买卖合同	价款的万分之三	指动产买卖合同（不包括个人书立的动产买卖合同）
	承揽合同	报酬的万分之三	
	建设工程合同	价款的万分之三	
	运输合同	运输费用的万分之三	指货运合同和多式联运合同（不包括管道运输合同）
	技术合同	价款、报酬或者使用费的万分之三	不包括专利权、专有技术使用权转让书据
	租赁合同	租金的千分之一	
	保管合同	保管费的千分之一	
	仓储合同	仓储费的千分之一	
	财产保险合同	保险费的千分之一	不包括再保险合同
产权转移书据	土地使用权出让书据	价款的万分之五	转让包括买卖（出售）、继承、赠与、互换、分割
	土地使用权、房屋等建筑物和构筑物所有权转让书据（不包括土地承包经营权和土地经营权转移）	价款的万分之五	
	股权转让书据（不包括应缴纳证券交易印花税的）	价款的万分之五	
	商标专用权、著作权、专利权、专有技术使用权转让书据	价款的万分之三	
营业账簿		实收资本（股本）、资本公积合计金额的万分之二点五	
证券交易		成交金额的千分之一	

2. 财政部 国家税务总局关于证券投资基金税收问题的通知

财税〔1998〕55号

省、自治区、直辖市、计划单列市财政厅（局）、国家税务局、地方税务局，财政部驻各省、自治区、直辖市、计划单列市财政监察专员办事处，新疆生产建设兵团：

为了有利于证券投资基金制度的建立，促进证券市场的健康发展，经国务院批准，现对中国证监会新批准设立的封闭式证券投资基金（以下简称基金）的税收问题通知如下：

……

二、关于印花税问题

1. 基金管理人运用基金买卖股票按照4‰的税率征收印花税。
2. 对投资者（包括个人和企业，下同）买卖基金单位，在1999年底前暂不征收印花税。

……

五、本通知从1998年3月1日起实施。

【注释】对《印花税暂行条例》所附印花税税目税率表进行了解释。第一条第二、第三项失效，参见《财政部 国家税务总局关于公布若干废止和失效的营业税规范性文件的通知》（财税〔2009〕61号）。

财政部 税务总局
1998年8月6日

3. 财政部 国家税务总局关于开放式证券投资基金有关税收问题的通知

财税〔2002〕128号

各省、自治区、直辖市、计划单列市财政厅（局）、国家税务局、地方税务局，新疆生产建设兵团财务局：

为支持和积极培育机构投资者，充分利用开放式基金手段，进一步拓宽社会投资渠道，促进证券市场的健康、稳定发展，经国务院批准，现对中国证监会批准设立的开放式证券投资基金（以下简称基金）的税收问题通知如下：

……

三、关于印花税问题

1. 基金管理人运用基金买卖股票按照2‰的税率征收印花税。
2. 对投资者申购和赎回基金单位，暂不征收印花税。

四、对基金管理人、基金托管人、基金代销机构从事基金管理活动取得的收入，依照税法的有关规定征收营业税、企业所得税以及其他相关税收。

【注释】对《印花税暂行条例》所附印花税税目税率表进行了解释。第一条第三项失效，参见《财政部　国家税务总局关于公布若干废止和失效的营业税规范性文件的通知》（财税〔2009〕61号）。

财政部　税务总局
2002年8月22日

4. 财政部　国家税务总局关于企业改制过程中有关印花税政策的通知

财税〔2003〕183号

各省、自治区、直辖市、计划单列市财政厅（局）、地方税务局，新疆生产建设兵团财务局：

为贯彻落实国务院关于支持企业改制的指示精神，规范企业改制过程中有关税收政策，现就经县级以上人民政府及企业主管部门批准改制的企业，在改制过程中涉及的印花税政策通知如下：

一、关于资金账簿的印花税

（一）实行公司制改造的企业在改制过程中成立的新企业（重新办理法人登记的），其新启用的资金账簿记载的资金或因企业建立资本纽带关系而增加的资金，凡原已贴花的部分可不再贴花，未贴花的部分和以后新增加的资金按规定贴花。

公司制改造包括国有企业依《公司法》整体改造成国有独资有限责任公司；企业通过增资扩股或者转让部分产权，实现他人对企业的参股，将企业改造成有限责任公司或股份有限公司；企业以其部分财产和相应债务与他人组建新公司；企业将债务留在原企业，而以其优质财产与他人组建的新公司。

（二）以合并或分立方式成立的新企业，其新启用的资金账簿记载的资金，凡原已贴花的部分可不再贴花，未贴花的部分和以后新增加的资金按规定贴花。

合并包括吸收合并和新设合并。分立包括存续分立和新设分立。

（三）企业债权转股权新增加的资金按规定贴花。

（四）企业改制中经评估增加的资金按规定贴花。

（五）企业其他会计科目记载的资金转为实收资本或资本公积的资金按规定贴花。

二、关于各类应税合同的印花税

企业改制前签订但尚未履行完的各类应税合同，改制后需要变更执行主体的，对仅改变执行主体、其余条款未作变动且改制前已贴花的，不再贴花。

三、关于产权转移书据的印花税

企业因改制签订的产权转移书据免予贴花。

【注释】对《印花税暂行条例》第四条进行了解释。对《印花税暂行条例实施细则》第八条进行了解释。

财政部　税务总局
2003年12月8日

5. 国家税务总局关于办理上市公司国有股权无偿转让暂不征收证券（股票）交易印花税有关审批事项的通知

国税函〔2004〕941号

上海市国家税务局，深圳市国家税务局：

根据有利于加强税收管理和方便纳税人的原则，现将《国务院关于第三批取消和调整行政审批项目的决定》（国发〔2004〕16号）中列入下放管理层级的"上市公司国有股权无偿转让免征证券（股票）交易印花税的审批项目"实施后，有关政策和审批管理问题通知如下：

一、对经国务院和省级人民政府决定或批准进行的国有（含国有控股）企业改组改制而发生的上市公司国有股权无偿转让行为，暂不征收证券（股票）交易印花税。对不属于上述情况的上市公司国有股权无偿转让行为，仍应征收证券（股票）交易印花税。

二、凡符合暂不征收证券（股票）交易印花税条件的上市公司国有股权无偿转让行为，由转让方或受让方按本通知附件《关于上市公司国有股权无偿转让暂不征收证券（股票）交易印花税申报文件的规定》的要求，报中国证券登记结算有限责任公司备案。

……

【注释】《国家税务总局关于修改部分税收规范性文件的公告》（国家税务总局公告2018年第31号）对本文进行了修改，删除第二条、第三条。

五、本规定自2004年7月1日起执行。《国家税务总局关于上市公司国有股权无偿转让征收证券（股票）交易印花税问题的通知》（国税发〔1999〕124号）同时废止。

附件：关于上市公司国有股权无偿转让暂不征收证券（股票）交易印花税申报文件的规定。

国家税务总局
2004年8月2日

附件：

关于上市公司国有股权无偿转让暂不征收证券（股票）交易印花税申报文件的规定

对上市公司国有股权无偿转让符合本通知第一条规定范围，需要明确暂不征收证券（股票）交易印花税的，须由转让方或受让方按下列要求向上市公司挂牌交易所所在地的中国证券登记结算有限责任公司备案，具体内容包括：

一、转让方名称、地址、隶属关系、经济性质。

二、受让方名称、地址、隶属关系、经济性质。

三、转让股权的股数和金额、转让形式、批准部门，以及申请暂不征收证券（股票）交易印花税的理由。

四、备案时应附下列证明文件和材料：
（一）国务院及其授权部门或者省级人民政府关于上市公司国有股权无偿转让的批准文件。
（二）上市公司国有股权无偿转让的可行性研究报告。
（三）受让方的章程。
（四）受让方《企业法人营业执照》副本复印件。
（五）向社会公布的上市公司国有股权无偿转让事宜的预案公告复印件。

【注释】对《印花税暂行条例》第二、第四条进行了解释。

6. 财政部 国家税务总局关于证券投资者保护基金有关印花税政策的通知

财税〔2006〕104号

各省、自治区、直辖市、计划单列市财政厅（局）、地方税务局，新疆生产建设兵团财务局：

经国务院批准，现对证券投资者保护基金有限责任公司（以下简称保护基金公司）及其管理的证券投资者保护基金（以下简称保护基金）的有关印花税政策通知如下：

一、对保护基金公司新设立的资金账簿免征印花税。

二、对保护基金公司与中国人民银行签订的再贷款合同、与证券公司行政清算机构签订的借款合同，免征印花税。

三、对保护基金公司接收被处置证券公司财产签订的产权转移书据，免征印花税。

四、对保护基金公司以保护基金自有财产和接收的受偿资产与保险公司签订的财产保险合同，免征印花税。

五、对与保护基金公司签订上述应税合同或产权转移书据的其他当事人照章征收印花税。

【注释】对《印花税暂行条例》第四条进行了解释。

国家税务总局 铁道部
2006年7月27日

7. 财政部 国家税务总局关于调整房地产交易环节税收政策的通知

财税〔2008〕137号

各省、自治区、直辖市、计划单列市财政厅（局）、地方税务局，新疆生产建设兵团财务局：

为适当减轻个人住房交易的税收负担，支持居民首次购买普通住房，经国务院批准，现就房地产交易环节有关税收政策问题通知如下：

一、……

【注释】第一条失效，参见《财政部 国家税务总局 住房和城乡建设部关于调整房地产交易环节契税 个人所得税优惠政策的通知》（财税〔2010〕94号）。

二、对个人销售或购买住房暂免征收印花税。

三、对个人销售住房暂免征收土地增值税。

本通知自2008年11月1日起实施。

财政部　国家税务总局
二〇〇八年十月二十二日

8. 财政部　国家税务总局关于支持公共租赁住房建设和运营有关税收优惠政策的通知

财税〔2010〕88号

各省、自治区、直辖市、计划单列市财政厅（局）、地方税务局，西藏、宁夏、青海省（自治区）国家税务局，新疆生产建设兵团财务局：

根据国务院办公厅《关于促进房地产市场平稳健康发展的通知》（国办发〔2010〕4号）、《国务院关于坚决遏制部分城市房价过快上涨的通知》（国发〔2010〕10号）和住房城乡建设部等七部门《关于加快发展公共租赁住房的指导意见》（建保〔2010〕87号）精神，现对公共租赁住房（以下简称公租房）建设和运营有关税收政策通知如下：

一、对公租房建设期间用地及公租房建成后占地免征城镇土地使用税。在其他住房项目中配套建设公租房，依据政府部门出具的相关材料，可按公租房建筑面积占总建筑面积的比例免征建造、管理公租房涉及的城镇土地使用税。

二、对公租房经营管理单位建造公租房涉及的印花税予以免征。在其他住房项目中配套建设公租房，依据政府部门出具的相关材料，可按公租房建筑面积占总建筑面积的比例免征建造、管理公租房涉及的印花税。

三、对公租房经营管理单位购买住房作为公租房，免征契税、印花税；对公租房租赁双方签订租赁协议涉及的印花税予以免征。

四、对企事业单位、社会团体以及其他组织转让旧房作为公租房房源，且增值额未超过扣除项目金额20%的，免征土地增值税。

五、企事业单位、社会团体以及其他组织捐赠住房作为公租房，符合税收法律法规规定的，捐赠支出在年度利润总额12%以内的部分，准予在计算应纳税所得额时扣除。

六、对经营公租房所取得的租金收入，免征营业税、房产税。公租房租金收入与其他住房经营收入应单独核算，未单独核算的，不得享受免征营业税、房产税优惠政策。

七、享受上述税收优惠政策的公租房是指纳入省、自治区、直辖市、计划单列市人民政府及新疆生产建设兵团批准的公租房发展规划和年度计划，以及按照建保〔2010〕87号文件和市、县人民政府制定的具体管理办法进行管理的公租房。不同时符合上述条件的公租房不得享受上述税收优惠政策。

八、上述政策自发文之日起执行,执行期限暂定三年,政策到期后将根据公租房建设和运营情况对有关内容加以完善。

财政部　国家税务总局
二〇一〇年九月二十七日

9. 财政部　国家税务总局关于飞机租赁企业有关印花税政策的通知

财税〔2014〕18号

各省、自治区、直辖市、计划单列市财政厅(局)、地方税务局,西藏、宁夏、青海省(自治区)国家税务局,新疆生产建设兵团财务局:

为落实《国务院办公厅关于加快飞机租赁业发展的意见》(国办发〔2013〕108号)的有关精神,促进飞机租赁业健康发展,现将有关印花税政策通知如下:

自2014年1月1日起至2018年12月31日止,暂免征收飞机租赁企业购机环节购销合同印花税。

财政部　国家税务总局
2014年3月3日

10. 财政部　国家税务总局关于转让优先股有关证券（股票）交易印花税政策的通知

财税〔2014〕46号

北京市、上海市、深圳市财政局、国家税务局:

为落实国务院《关于开展优先股试点的指导意见》(国发〔2013〕46号)精神,现将转让优先股有关证券(股票)交易印花税政策明确如下:

在上海证券交易所、深圳证券交易所、全国中小企业股份转让系统买卖、继承、赠与优先股所书立的股权转让书据,均依书立时实际成交金额,由出让方按1‰的税率计算缴纳证券(股票)交易印花税。

本通知自2014年6月1日起执行。

财政部　国家税务总局
2014年5月27日

11. 财政部　国家税务总局关于融资租赁合同有关印花税政策的通知

财税〔2015〕144号

各省、自治区、直辖市、计划单列市财政厅（局）、地方税务局，西藏、宁夏回族自治区国家税务局，新疆生产建设兵团财务局：

根据《国务院办公厅关于加快融资租赁业发展的指导意见》（国办发〔2015〕68号）有关规定，为促进融资租赁业健康发展，公平税负，现就融资租赁合同有关印花税政策通知如下：

一、对开展融资租赁业务签订的融资租赁合同（含融资性售后回租），统一按照其所载明的租金总额依照"借款合同"税目，按万分之零点五的税率计税贴花。

二、在融资性售后回租业务中，对承租人、出租人因出售租赁资产及购回租赁资产所签订的合同，不征收印花税。

三、本通知自印发之日起执行。此前未处理的事项，按照本通知规定执行。

请遵照执行。

财政部　国家税务总局
2015年12月24日

12. 财政部　国家税务总局关于公共租赁住房税收优惠政策的通知

财税〔2015〕139号

各省、自治区、直辖市、计划单列市财政厅（局）、地方税务局，西藏、宁夏、青海省（自治区）国家税务局，新疆生产建设兵团财务局：

根据《国务院办公厅关于保障性安居工程建设和管理的指导意见》（国办发〔2011〕45号）和住房城乡建设部、财政部、国家税务总局等部门《关于加快发展公共租赁住房的指导意见》（建保〔2010〕87号）等文件精神，决定继续对公共租赁住房建设和运营给予税收优惠。现将有关政策通知如下：

……

二、对公共租赁住房经营管理单位免征建设、管理公共租赁住房涉及的印花税。在其他住房项目中配套建设公共租赁住房，依据政府部门出具的相关材料，按公共租赁住房建筑面积占总建筑面积的比例免征建设、管理公共租赁住房涉及的印花税。

三、对公共租赁住房经营管理单位购买住房作为公共租赁住房，免征契税、印花税；对公共租赁住房租赁双方免征签订租赁协议涉及的印花税。

……

八、享受上述税收优惠政策的公共租赁住房是指纳入省、自治区、直辖市、计划单列市人民政府及新疆生产建设兵团批准的公共租赁住房发展规划和年度计划，并按照《关于加快发展公共租赁住房的指导意见》（建保〔2010〕87号）和市、县人民政府制定的具体管理办法进行管理的公共租赁住房。

九、本通知执行期限为2016年1月1日至2018年12月31日。

财政部　国家税务总局
2015年12月30日

13. 财政部　国家税务总局关于继续执行高校学生公寓和食堂有关税收政策的通知

财税〔2016〕82号

各省、自治区、直辖市、计划单列市财政厅（局）、国家税务局、地方税务局，新疆生产建设兵团财务局：

经国务院批准，现对继续执行高校学生公寓和食堂的有关税收政策通知如下：

一、自2016年1月1日至2018年12月31日，对高校学生公寓免征房产税；对与高校学生签订的高校学生公寓租赁合同，免征印花税。

……

四、本通知所述"高校学生公寓"，是指为高校学生提供住宿服务，按照国家规定的收费标准收取住宿费的学生公寓。

"高校学生食堂"，是指依照《学校食堂与学生集体用餐卫生管理规定》（教育部令第14号）管理的高校学生食堂。

五、文到之日前，已征的按照本通知规定应予免征的房产税和印花税，分别从纳税人以后应缴纳的房产税和印花税中抵减或者予以退还；已征的应予免征的营业税，予以退还；已征的应予免征的增值税，可抵减纳税人以后月份应缴纳的增值税或予以退还。

财政部　国家税务总局
2016年7月25日

14. 财政部 税务总局 证监会关于创新企业境内发行存托凭证试点阶段有关税收政策的公告

财政部 税务总局 证监会公告2019年第52号

为支持实施创新驱动发展战略，现将创新企业境内发行存托凭证（以下称创新企业CDR）试点阶段涉及的有关税收政策公告如下：

一、个人所得税政策

1. 自试点开始之日起，对个人投资者转让创新企业CDR取得的差价所得，三年（36个月，下同）内暂免征收个人所得税。

2. 自试点开始之日起，对个人投资者持有创新企业CDR取得的股息红利所得，三年内实施股息红利差别化个人所得税政策，具体参照《财政部 国家税务总局 证监会关于实施上市公司股息红利差别化个人所得税政策有关问题的通知》（财税〔2012〕85号）、《财政部 国家税务总局 证监会关于上市公司股息红利差别化个人所得税政策有关问题的通知》（财税〔2015〕101号）的相关规定执行，由创新企业在其境内的存托机构代扣代缴税款，并向存托机构所在地税务机关办理全员全额明细申报。对于个人投资者取得的股息红利在境外已缴纳的税款，可按照个人所得税法以及双边税收协定（安排）的相关规定予以抵免。

二、企业所得税政策

1. 对企业投资者转让创新企业CDR取得的差价所得和持有创新企业CDR取得的股息红利所得，按转让股票差价所得和持有股票的股息红利所得政策规定征免企业所得税。

2. 对公募证券投资基金（封闭式证券投资基金、开放式证券投资基金）转让创新企业CDR取得的差价所得和持有创新企业CDR取得的股息红利所得，按公募证券投资基金税收政策规定暂不征收企业所得税。

3. 对合格境外机构投资者（QFII）、人民币合格境外机构投资者（RQFII）转让创新企业CDR取得的差价所得和持有创新企业CDR取得的股息红利所得，视同转让或持有据以发行创新企业CDR的基础股票取得的权益性资产转让所得和股息红利所得征免企业所得税。

三、增值税政策

1. 对个人投资者转让创新企业CDR取得的差价收入，暂免征收增值税。

2. 对单位投资者转让创新企业CDR取得的差价收入，按金融商品转让政策规定征免增值税。

3. 自试点开始之日起，对公募证券投资基金（封闭式证券投资基金、开放式证券投资基金）管理人运营基金过程中转让创新企业CDR取得的差价收入，三年内暂免征收增值税。

4. 对合格境外机构投资者（QFII）、人民币合格境外机构投资者（RQFII）委托境内公司转让创新企业CDR取得的差价收入，暂免征收增值税。

四、印花税政策

自试点开始之日起三年内，在上海证券交易所、深圳证券交易所转让创新企业CDR，按照实际成交金额,由出让方按 1‰的税率缴纳证券交易印花税。

五、其他相关事项

1. 本公告所称创新企业 CDR,是指符合《国务院办公厅转发证监会关于开展创新企业境内发行股票或存托凭证试点若干意见的通知》(国办发〔2018〕21 号)规定的试点企业,以境外股票为基础证券,由存托人签发并在中国境内发行,代表境外基础证券权益的证券。

2. 本公告所称试点开始之日,是指首只创新企业 CDR 取得国务院证券监督管理机构的发行批文之日。

财政部　税务总局　证监会
2019 年 4 月 3 日

15. 财政部　税务总局关于部分国家储备商品有关税收政策的公告

财政部　税务总局公告 2019 年第 77 号

为支持国家商品储备业务发展,现将部分商品储备政策性业务(以下简称商品储备业务)税收政策公告如下:

一、对商品储备管理公司及其直属库资金账簿免征印花税;对其承担商品储备业务过程中书立的购销合同免征印花税,对合同其他各方当事人应缴纳的印花税照章征收。

二、对商品储备管理公司及其直属库自用的承担商品储备业务的房产、土地,免征房产税、城镇土地使用税。

三、本公告所称商品储备管理公司及其直属库,是指接受县级以上政府有关部门委托,承担粮(含大豆)、食用油、棉、糖、肉 5 种商品储备任务,取得财政储备经费或者补贴的商品储备企业。

四、承担中央政府有关部门委托商品储备业务的储备管理公司及其直属库,包括中国储备粮管理集团有限公司及其分公司、直属库,以及华商储备商品管理中心有限公司及其管理的国家储备糖库、国家储备肉库。

承担地方政府有关部门委托商品储备业务的储备管理公司及其直属库,由省、自治区、直辖市财政、税务部门会同有关部门明确或者制定具体管理办法,并报省、自治区、直辖市人民政府批准。

五、企业享受本公告规定的免税政策,应按规定进行免税申报,并将不动产权属证明、房产原值、承担商品储备业务情况、储备库建设规划等资料留存备查。

六、本公告执行时间为 2019 年 1 月 1 日至 2021 年 12 月 31 日。2019 年 1 月 1 日以后已缴上述应予免税的款项,从企业应纳的相应税款中抵扣或者予以退税。

财政部　税务总局
2019 年 6 月 28 日

16. 财政部 税务总局关于延续执行部分国家商品储备税收优惠政策的公告

财政部 税务总局公告 2022 年第 8 号

为支持国家商品储备，现将延续执行部分商品储备税收优惠政策有关事项公告如下：

一、对商品储备管理公司及其直属库资金账簿免征印花税；对其承担商品储备业务过程中书立的购销合同免征印花税，对合同其他各方当事人应缴纳的印花税照章征收。

二、对商品储备管理公司及其直属库自用的承担商品储备业务的房产、土地，免征房产税、城镇土地使用税。

三、本公告所称商品储备管理公司及其直属库，是指接受县级以上人民政府有关部门委托，承担粮（含大豆）、食用油、棉、糖、肉 5 种商品储备任务，取得财政储备经费或者补贴的商品储备企业。

四、承担中央政府有关部门委托商品储备业务的储备管理公司及其直属库，包括中国储备粮管理集团有限公司及其分公司、直属库，华商储备商品管理中心有限公司及其管理的国家储备糖库、国家储备肉库。

承担地方政府有关部门委托商品储备业务的储备管理公司及其直属库，由省、自治区、直辖市财政、税务部门会同有关部门明确或者制定具体管理办法，并报省、自治区、直辖市人民政府批准。

五、企业享受本公告规定的免税政策，应按规定进行免税申报，并将不动产权属证明、房产原值、承担商品储备业务情况、储备库建设规划等资料留存备查。

六、本公告执行期限为 2022 年 1 月 1 日至 2023 年 12 月 31 日。2022 年 1 月 1 日以后已缴上述应予免税的款项，从企业应纳的相应税款中抵扣或者予以退税。

特此公告。

财政部 税务总局
2022 年 2 月 21 日

17. 财政部 税务总局关于印花税若干事项政策执行口径的公告

财政部 税务总局公告 2022 年第 22 号

为贯彻落实《中华人民共和国印花税法》，现将印花税若干事项政策执行口径公告如下：

一、关于纳税人的具体情形

（一）书立应税凭证的纳税人，为对应税凭证有直接权利义务关系的单位和个人。

（二）采用委托贷款方式书立的借款合同纳税人，为受托人和借款人，不包括委托人。

（三）按买卖合同或者产权转移书据税目缴纳印花税的拍卖成交确认书纳税人，为拍卖标的的产权人和买受人，不包括拍卖人。

二、关于应税凭证的具体情形

（一）在中华人民共和国境外书立在境内使用的应税凭证，应当按规定缴纳印花税。包括以下几种情形：

1. 应税凭证的标的为不动产的，该不动产在境内；

2. 应税凭证的标的为股权的，该股权为中国居民企业的股权；

3. 应税凭证的标的为动产或者商标专用权、著作权、专利权、专有技术使用权的，其销售方或者购买方在境内，但不包括境外单位或者个人向境内单位或者个人销售完全在境外使用的动产或者商标专用权、著作权、专利权、专有技术使用权；

4. 应税凭证的标的为服务的，其提供方或者接受方在境内，但不包括境外单位或者个人向境内单位或者个人提供完全在境外发生的服务。

（二）企业之间书立的确定买卖关系、明确买卖双方权利义务的订单、要货单等单据，且未另外书立买卖合同的，应当按规定缴纳印花税。

（三）发电厂与电网之间、电网与电网之间书立的购售电合同，应当按买卖合同税目缴纳印花税。

（四）下列情形的凭证，不属于印花税征收范围：

1. 人民法院的生效法律文书，仲裁机构的仲裁文书，监察机关的监察文书。

2. 县级以上人民政府及其所属部门按照行政管理权限征收、收回或者补偿安置房地产书立的合同、协议或者行政类文书。

3. 总公司与分公司、分公司与分公司之间书立的作为执行计划使用的凭证。

三、关于计税依据、补税和退税的具体情形

（一）同一应税合同、应税产权转移书据中涉及两方以上纳税人，且未列明纳税人各自涉及金额的，以纳税人平均分摊的应税凭证所列金额（不包括列明的增值税税款）确定计税依据。

（二）应税合同、应税产权转移书据所列的金额与实际结算金额不一致，不变更应税凭证所列金额的，以所列金额为计税依据；变更应税凭证所列金额的，以变更后的所列金额为计税依据。已缴纳印花税的应税凭证，变更后所列金额增加的，纳税人应当就增加部分的金额补缴印花税；变更后所列金额减少的，纳税人可以就减少部分的金额向税务机关申请退还或者抵缴印花税。

（三）纳税人因应税凭证列明的增值税税款计算错误导致应税凭证的计税依据减少或者增加的，纳税人应当按规定调整应税凭证列明的增值税税款，重新确定应税凭证计税依据。已缴纳印花税的应税凭证，调整后计税依据增加的，纳税人应当就增加部分的金额补缴印花税；调整后计税依据减少的，纳税人可以就减少部分的金额向税务机关申请退还或者抵缴印花税。

（四）纳税人转让股权的印花税计税依据，按照产权转移书据所列的金额（不包括列明的认缴后尚未实际出资权益部分）确定。

（五）应税凭证金额为人民币以外的货币的，应当按照凭证书立当日的人民币汇率中

间价折合人民币确定计税依据。

（六）境内的货物多式联运，采用在起运地统一结算全程运费的，以全程运费作为运输合同的计税依据，由起运地运费结算双方缴纳印花税；采用分程结算运费的，以分程的运费作为计税依据，分别由办理运费结算的各方缴纳印花税。

（七）未履行的应税合同、产权转移书据，已缴纳的印花税不予退还及抵缴税款。

（八）纳税人多贴的印花税票，不予退税及抵缴税款。

四、关于免税的具体情形

（一）对应税凭证适用印花税减免优惠的，书立该应税凭证的纳税人均可享受印花税减免政策，明确特定纳税人适用印花税减免优惠的除外。

（二）享受印花税免税优惠的家庭农场，具体范围为以家庭为基本经营单元，以农场生产经营为主业，以农场经营收入为家庭主要收入来源，从事农业规模化、标准化、集约化生产经营，纳入全国家庭农场名录系统的家庭农场。

（三）享受印花税免税优惠的学校，具体范围为经县级以上人民政府或者其教育行政部门批准成立的大学、中学、小学、幼儿园，实施学历教育的职业教育学校、特殊教育学校、专门学校，以及经省级人民政府或者其人力资源社会保障行政部门批准成立的技工院校。

（四）享受印花税免税优惠的社会福利机构，具体范围为依法登记的养老服务机构、残疾人服务机构、儿童福利机构、救助管理机构、未成年人救助保护机构。

（五）享受印花税免税优惠的慈善组织，具体范围为依法设立、符合《中华人民共和国慈善法》规定，以面向社会开展慈善活动为宗旨的非营利性组织。

（六）享受印花税免税优惠的非营利性医疗卫生机构，具体范围为经县级以上人民政府卫生健康行政部门批准或者备案设立的非营利性医疗卫生机构。

（七）享受印花税免税优惠的电子商务经营者，具体范围按《中华人民共和国电子商务法》有关规定执行。

本公告自 2022 年 7 月 1 日起施行。

财政部　税务总局
2022 年 6 月 12 日

18. 财政部　税务总局关于印花税法实施后有关优惠政策衔接问题的公告

财政部　税务总局公告 2022 年第 23 号

为贯彻落实《中华人民共和国印花税法》，现将税法实施后有关印花税优惠政策衔接问题公告如下：

一、继续执行本公告附件 1 中所列文件及相关条款规定的印花税优惠政策。

二、本公告附件 2 中所列文件及相关条款规定的印花税优惠政策予以废止。相关政策废止后，符合印花税法第十二条规定的免税情形的，纳税人可依法享受相关印花税优惠。

三、本公告附件 3 中所列文件及相关条款规定的印花税优惠政策予以失效。

四、本公告自 2022 年 7 月 1 日起施行。

特此公告。

附件：1. 继续执行的印花税优惠政策文件及条款目录（略）。

2. 废止的印花税优惠政策文件及条款目录（略）。

3. 失效的印花税优惠政策文件及条款目录（略）。

财政部　税务总局

2022 年 6 月 27 日

19. 国家税务总局关于实施《中华人民共和国印花税法》等有关事项的公告

国家税务总局公告 2022 年第 14 号

为落实《中华人民共和国印花税法》（以下简称印花税法），贯彻中办、国办印发的《关于进一步深化税收征管改革的意见》，现就印花税征收管理和纳税服务有关事项及优化土地增值税优惠事项办理方式问题公告如下：

一、印花税征收管理和纳税服务有关事项

（一）纳税人应当根据书立印花税应税合同、产权转移书据和营业账簿情况，填写《印花税税源明细表》（附件 1），进行财产行为税综合申报。

（二）应税合同、产权转移书据未列明金额，在后续实际结算时确定金额的，纳税人应当于书立应税合同、产权转移书据的首个纳税申报期申报应税合同、产权转移书据书立情况，在实际结算后下一个纳税申报期，以实际结算金额计算申报缴纳印花税。

（三）印花税按季、按年或者按次计征。应税合同、产权转移书据印花税可以按季或者按次申报缴纳，应税营业账簿印花税可以按年或者按次申报缴纳，具体纳税期限由各省、自治区、直辖市、计划单列市税务局结合征管实际确定。

境外单位或者个人的应税凭证印花税可以按季、按年或者按次申报缴纳，具体纳税期限由各省、自治区、直辖市、计划单列市税务局结合征管实际确定。

（四）纳税人为境外单位或者个人，在境内有代理人的，以其境内代理人为扣缴义务人。境外单位或者个人的境内代理人应当按规定扣缴印花税，向境内代理人机构所在地（居住地）主管税务机关申报解缴税款。

纳税人为境外单位或者个人，在境内没有代理人的，纳税人应当自行申报缴纳印花税。境外单位或者个人可以向资产交付地、境内服务提供方或者接受方所在地（居住地）、书立应税凭证境内书立人所在地（居住地）主管税务机关申报缴纳；涉及不动产产权转移的，应当向不动产所在地主管税务机关申报缴纳。

（五）印花税法实施后，纳税人享受印花税优惠政策，继续实行"自行判别、申报享受、

有关资料留存备查"的办理方式。纳税人对留存备查资料的真实性、完整性和合法性承担法律责任。

（六）税务机关要优化印花税纳税服务。加强培训辅导，重点抓好基层税务管理人员、一线窗口人员和12366话务人员的学习和培训，分类做好纳税人宣传辅导，促进纳税人规范印花税应税凭证管理。坚持问题导向，聚焦纳税人和基层税务人员在税法实施过程中反馈的意见建议，及时完善征管系统和办税流程，不断提升纳税人获得感。

二、优化土地增值税优惠事项办理方式

（一）土地增值税原备案类优惠政策，实行纳税人"自行判别、申报享受、有关资料留存备查"的办理方式。纳税人在土地增值税纳税申报时按规定填写申报表相应减免税栏次即可享受，相关政策规定的材料留存备查。纳税人对留存备查资料的真实性、完整性和合法性承担法律责任。

（二）税务机关应当加强土地增值税纳税辅导工作，畅通政策问题答复渠道，为纳税人及时、准确办理税收优惠事项提供支持和帮助。

本公告自2022年7月1日起施行。《全文废止和部分条款废止的印花税文件目录》（附件2）所列文件或条款同时废止。

特此公告。

附件：1.印花税税源明细表（略）。

2.全文废止和部分条款废止的印花税文件目录（略）。

国家税务总局
2022年6月28日

第十七章 中华人民共和国环境保护税法

1. 中华人民共和国环境保护税法

（2016年12月25日第十二届全国人民代表大会常务委员会第二十五次会议通过 根据2018年10月26日第十三届全国人民代表大会常务委员会第六次会议《关于修改〈中华人民共和国野生动物保护法〉等十五部法律的决定》修正）

目 录

第一章 总则
第二章 计税依据和应纳税额
第三章 税收减免
第四章 征收管理
第五章 附则

第一章 总 则

第一条 为了保护和改善环境，减少污染物排放，推进生态文明建设，制定本法。

第二条 在中华人民共和国领域和中华人民共和国管辖的其他海域，直接向环境排放应税污染物的企业事业单位和其他生产经营者为环境保护税的纳税人，应当依照本法规定缴纳环境保护税。

第三条 本法所称应税污染物，是指本法所附《环境保护税税目税额表》《应税污染物和当量值表》规定的大气污染物、水污染物、固体废物和噪声。

第四条 有下列情形之一的，不属于直接向环境排放污染物，不缴纳相应污染物的环境保护税：

（一）企业事业单位和其他生产经营者向依法设立的污水集中处理、生活垃圾集中处理场所排放应税污染物的；

（二）企业事业单位和其他生产经营者在符合国家和地方环境保护标准的设施、场所贮存或者处置固体废物的。

第五条 依法设立的城乡污水集中处理、生活垃圾集中处理场所超过国家和地方规定的排放标准向环境排放应税污染物的，应当缴纳环境保护税。

企业事业单位和其他生产经营者贮存或者处置固体废物不符合国家和地方环境保护标准的，应当缴纳环境保护税。

第六条 环境保护税的税目、税额，依照本法所附《环境保护税税目税额表》执行。

应税大气污染物和水污染物的具体适用税额的确定和调整，由省、自治区、直辖市人民政府统筹考虑本地区环境承载能力、污染物排放现状和经济社会生态发展目标要求，在本法所附《环境保护税税目税额表》规定的税额幅度内提出，报同级人民代表大会常务委员会决定，并报全国人民代表大会常务委员会和国务院备案。

第二章 计税依据和应纳税额

第七条 应税污染物的计税依据，按照下列方法确定：

（一）应税大气污染物按照污染物排放量折合的污染当量数确定；

（二）应税水污染物按照污染物排放量折合的污染当量数确定；

（三）应税固体废物按照固体废物的排放量确定；

（四）应税噪声按照超过国家规定标准的分贝数确定。

第八条 应税大气污染物、水污染物的污染当量数，以该污染物的排放量除以该污染物的污染当量值计算。每种应税大气污染物、水污染物的具体污染当量值，依照本法所附《应税污染物和当量值表》执行。

第九条 每一排放口或者没有排放口的应税大气污染物，按照污染当量数从大到小排序，对前三项污染物征收环境保护税。

每一排放口的应税水污染物，按照本法所附《应税污染物和当量值表》，区分第一类水污染物和其他类水污染物，按照污染当量数从大到小排序，对第一类水污染物按照前五项征收环境保护税，对其他类水污染物按照前三项征收环境保护税。

省、自治区、直辖市人民政府根据本地区污染物减排的特殊需要，可以增加同一排放口征收环境保护税的应税污染物项目数，报同级人民代表大会常务委员会决定，并报全国人民代表大会常务委员会和国务院备案。

第十条 应税大气污染物、水污染物、固体废物的排放量和噪声的分贝数，按照下列方法和顺序计算：

（一）纳税人安装使用符合国家规定和监测规范的污染物自动监测设备的，按照污染物自动监测数据计算；

（二）纳税人未安装使用污染物自动监测设备的，按照监测机构出具的符合国家有关规定和监测规范的监测数据计算；

（三）因排放污染物种类多等原因不具备监测条件的，按照国务院生态环境主管部门规定的排污系数、物料衡算方法计算；

（四）不能按照本条第一项至第三项规定的方法计算的，按照省、自治区、直辖市人民政府生态环境主管部门规定的抽样测算的方法核定计算。

第十一条 环境保护税应纳税额按照下列方法计算：

（一）应税大气污染物的应纳税额为污染当量数乘以具体适用税额；

（二）应税水污染物的应纳税额为污染当量数乘以具体适用税额；

（三）应税固体废物的应纳税额为固体废物排放量乘以具体适用税额；

（四）应税噪声的应纳税额为超过国家规定标准的分贝数对应的具体适用税额。

第三章 税 收 减 免

第十二条 下列情形，暂予免征环境保护税：

（一）农业生产（不包括规模化养殖）排放应税污染物的；

（二）机动车、铁路机车、非道路移动机械、船舶和航空器等流动污染源排放应税污染物的；

（三）依法设立的城乡污水集中处理、生活垃圾集中处理场所排放相应应税污染物，不超过国家和地方规定的排放标准的；

（四）纳税人综合利用的固体废物，符合国家和地方环境保护标准的；

（五）国务院批准免税的其他情形。

前款第五项免税规定，由国务院报全国人民代表大会常务委员会备案。

第十三条 纳税人排放应税大气污染物或者水污染物的浓度值低于国家和地方规定的污染物排放标准百分之三十的，减按百分之七十五征收环境保护税。纳税人排放应税大气污染物或者水污染物的浓度值低于国家和地方规定的污染物排放标准百分之五十的，减按百分之五十征收环境保护税。

第四章 征收管理

第十四条 环境保护税由税务机关依照《中华人民共和国税收征收管理法》和本法的有关规定征收管理。

生态环境主管部门依照本法和有关环境保护法律法规的规定负责对污染物的监测管理。

县级以上地方人民政府应当建立税务机关、生态环境主管部门和其他相关单位分工协作工作机制，加强环境保护税征收管理，保障税款及时足额入库。

第十五条 生态环境主管部门和税务机关应当建立涉税信息共享平台和工作配合机制。

生态环境主管部门应当将排污单位的排污许可、污染物排放数据、环境违法和受行政处罚情况等环境保护相关信息，定期交送税务机关。

税务机关应当将纳税人的纳税申报、税款入库、减免税额、欠缴税款以及风险疑点等环境保护税涉税信息，定期交送生态环境主管部门。

第十六条 纳税义务发生时间为纳税人排放应税污染物的当日。

第十七条 纳税人应当向应税污染物排放地的税务机关申报缴纳环境保护税。

第十八条 环境保护税按月计算，按季申报缴纳。不能按固定期限计算缴纳的，可以按次申报缴纳。

纳税人申报缴纳时，应当向税务机关报送所排放应税污染物的种类、数量，大气污染物、水污染物的浓度值，以及税务机关根据实际需要要求纳税人报送的其他纳税资料。

第十九条 纳税人按季申报缴纳的，应当自季度终了之日起十五日内，向税务机关办理纳税申报并缴纳税款。纳税人按次申报缴纳的，应当自纳税义务发生之日起十五日内，向税务机关办理纳税申报并缴纳税款。

纳税人应当依法如实办理纳税申报，对申报的真实性和完整性承担责任。

第二十条 税务机关应当将纳税人的纳税申报数据资料与生态环境主管部门交送的相关数据资料进行比对。

税务机关发现纳税人的纳税申报数据资料异常或者纳税人未按照规定期限办理纳税申报的，可以提请生态环境主管部门进行复核，生态环境主管部门应当自收到税务机关的数据资料之日起十五日内向税务机关出具复核意见。税务机关应当按照生态环境主管部门复核的数据资料调整纳税人的应纳税额。

第二十一条 依照本法第十条第四项的规定核定计算污染物排放量的，由税务机关会同生态环境主管部门核定污染物排放种类、数量和应纳税额。

第二十二条 纳税人从事海洋工程向中华人民共和国管辖海域排放应税大气污染物、水污染物或者固体废物，申报缴纳环境保护税的具体办法，由国务院税务主管部门会同国务院生态环境主管部门规定。

第二十三条 纳税人和税务机关、生态环境主管部门及其工作人员违反本法规定的，依照《中华人民共和国税收征收管理法》《中华人民共和国环境保护法》和有关法律法规的规定追究法律责任。

第二十四条 各级人民政府应当鼓励纳税人加大环境保护建设投入,对纳税人用于污染物自动监测设备的投资予以资金和政策支持。

第五章 附 则

第二十五条 本法下列用语的含义:

(一)污染当量,是指根据污染物或者污染排放活动对环境的有害程度以及处理的技术经济性,衡量不同污染物对环境污染的综合性指标或者计量单位。同一介质相同污染当量的不同污染物,其污染程度基本相当。

(二)排污系数,是指在正常技术经济和管理条件下,生产单位产品所应排放的污染物量的统计平均值。

(三)物料衡算,是指根据物质质量守恒原理对生产过程中使用的原料、生产的产品和产生的废物等进行测算的一种方法。

第二十六条 直接向环境排放应税污染物的企业事业单位和其他生产经营者,除依照本法规定缴纳环境保护税外,应当对所造成的损害依法承担责任。

第二十七条 自本法施行之日起,依照本法规定征收环境保护税,不再征收排污费。

第二十八条 本法自2018年1月1日起施行。

附表一:

环境保护税税目税额表

税目		计税单位	税额
大气污染物		每污染当量	1.2元至12元
水污染物		每污染当量	1.4元至14元
固体废物	煤矸石	每吨	5元
	尾矿	每吨	15元
	危险废物	每吨	1 000元
	冶炼渣、粉煤灰、炉渣、其他固体废物(含半固态、液态废物)	每吨	25元
噪声	工业噪声	超标1~3分贝	每月350元
		超标4~6分贝	每月700元
		超标7~9分贝	每月1 400元
		超标10~12分贝	每月2 800元
		超标13~15分贝	每月5 600元
		超标16分贝以上	每月11 200元

附表二:

应税污染物和当量值表

一、第一类水污染物的污染当量值

污染物	污染当量值(千克)
1.总汞	0.000 5
2.总镉	0.005

（续表）

污染物	污染当量值（千克）
3. 总铬	0.04
4. 六价铬	0.02
5. 总砷	0.02
6. 总铅	0.025
7. 总镍	0.025
8. 苯并（a）芘	0.000 000 3
9. 总铍	0.01
10. 总银	0.02

二、第二类水污染物的污染当量值

污染物	污染当量值（千克）
11. 悬浮物（SS）	4
12. 生化需氧量（BOD₅）	0.5
13. 化学需氧量（CODcr）	1
14. 总有机碳（TOC）	0.49
15. 石油类	0.1
16. 动植物油	0.16
17. 挥发酚	0.08
18. 总氰化物	0.05
19. 硫化物	0.125
20. 氨氮	0.8
21. 氟化物	0.5
22. 甲醛	0.125
23. 苯胺类	0.2
24. 硝基苯类	0.2
25. 阴离子表面活性剂（LAS）	0.2
26. 总铜	0.1
27. 总锌	0.2
28. 总锰	0.2
29. 彩色显影剂（CD－2）	0.2
30. 总磷	0.25
31. 单质磷（以P计）	0.05
32. 有机磷农药（以P计）	0.05
33. 乐果	0.05
34. 甲基对硫磷	0.05
35. 马拉硫磷	0.05
36. 对硫磷	0.05
37. 五氯酚及五氯酚钠（以五氯酚计）	0.25
38. 三氯甲烷	0.04

（续表）

污染物	污染当量值（千克）
39. 可吸附有机卤化物（AOX）（以Cl计）	0.25
40. 四氯化碳	0.04
41. 三氯乙烯	0.04
42. 四氯乙烯	0.04
43. 苯	0.02
44. 甲苯	0.02
45. 乙苯	0.02
46. 邻—二甲苯	0.02
47. 对—二甲苯	0.02
48. 间—二甲苯	0.02
49. 氯苯	0.02
50. 邻二氯苯	0.02
51. 对二氯苯	0.02
52. 对硝基氯苯	0.02
53. 2,4—二硝基氯苯	0.02
54. 苯酚	0.02
55. 间—甲酚	0.02
56. 2,4—二氯酚	0.02
57. 2,4,6—三氯酚	0.02
58. 邻苯二甲酸二丁酯	0.02
59. 邻苯二甲酸二辛酯	0.02
60. 丙烯氰	0.125
61. 总硒	0.02

三、pH值、色度、大肠菌群数、余氯量水污染物污染当量值

污染物		污染当量值	备注
1.pH值	1.0—1,13—14 2.1—2,12—13 3.2—3,11—12 4.3—4,10—11 5.4—5,9—10 6.5—6	0.06 吨污水 0.125 吨污水 0.25 吨污水 0.5 吨污水 1 吨污水 5 吨污水	pH值5—6指大于等于5，小于6；pH值9—10指大于9，小于等于10，其余类推。
2. 色度		5 吨水·倍	
3. 大肠菌群数（超标）		3.3 吨污水	大肠菌群数和余氯量只征收一项。
4. 余氯量（用氯消毒的医疗废水）		3.3 吨污水	

四、禽畜养殖业、小型企业和第三产业水污染物污染当量值

（本表仅适用于计算无法进行实际监测或者物料衡算的禽畜养殖业、小型企业和第三产业等小型排污者的水污染物污染当量值）

类型		污染当量值	备注
禽畜养殖场	1. 牛	0.1 头	仅对存栏规模大于 50 头牛、500 头猪、5 000 羽鸡鸭等的禽畜养殖场征收。
	2. 猪	1 头	
	3. 鸡、鸭等家禽	30 羽	
4. 小型企业		1.8 吨污水	
5. 饮食娱乐服务业		0.5 吨污水	
6. 医院	消毒	0.14 床	医院病床数大于 20 张的按照本表计算污染当量数
		2.8 吨污水	
	不消毒	0.07 床	
		1.4 吨污水	

五、大气污染物污染当量值

污染物	污染当量值（千克）
1. 二氧化硫	0.95
2. 氮氧化物	0.95
3. 一氧化碳	16.7
4. 氯气	0.34
5. 氯化氢	10.75
6. 氟化物	0.87
7. 氰化氢	0.005
8. 硫酸雾	0.6
9. 铬酸雾	0.000 7
10. 汞及其化合物	0.000 1
11. 一般性粉尘	4
12. 石棉尘	0.53
13. 玻璃棉尘	2.13
14. 炭黑尘	0.59
15. 铅及其化合物	0.02
16. 镉及其化合物	0.03
17. 铍及其化合物	0.000 4
18. 镍及其化合物	0.13
19. 锡及其化合物	0.27
20. 烟尘	2.18
21. 苯	0.05
22. 甲苯	0.18

（续表）

污染物	污染当量值（千克）
23. 二甲苯	0.27
24. 苯并（a）芘	0.000 002
25. 甲醛	0.09
26. 乙醛	0.45
27. 丙烯醛	0.06
28. 甲醇	0.67
29. 酚类	0.35
30. 沥青烟	0.19
31. 苯胺类	0.21
32. 氯苯类	0.72
33. 硝基苯	0.17
34. 丙烯腈	0.22
35. 氯乙烯	0.55
36. 光气	0.04
37. 硫化氢	0.29
38. 氨	9.09
39. 三甲胺	0.32
40. 甲硫醇	0.04
41. 甲硫醚	0.28
42. 二甲二硫	0.28
43. 苯乙烯	25
44. 二硫化碳	20

2. 中华人民共和国环境保护税法实施条例

（2017年12月25日国务院令第693号公布）

第一章 总 则

第一条 根据《中华人民共和国环境保护税法》（以下简称环境保护税法），制定本条例。

第二条 环境保护税法所附《环境保护税税目税额表》所称其他固体废物的具体范围，依照环境保护税法第六条第二款规定的程序确定。

第三条 环境保护税法第五条第一款、第十二条第一款第三项规定的城乡污水集中处理场所，是指为社会公众提供生活污水处理服务的场所，不包括为工业园区、开发区等工业聚集区域内的企业事业单位和其他生产经营者提供污水处理服务的场所，以及企业事业单位和其他生产经营者自建自用的污水处理场所。

第四条 达到省级人民政府确定的规模标准并且有污染物排放口的畜禽养殖场，应当依法缴纳环境保护税；依法对畜禽养殖废弃物进行综合利用和无害化处理的，不属于直接向环境排放污染物，不缴纳环境保护税。

第二章 计税依据

第五条 应税固体废物的计税依据，按照固体废物的排放量确定。固体废物的排放量为当期应税固体废物的产生量减去当期应税固体废物的贮存量、处置量、综合利用量的余额。

前款规定的固体废物的贮存量、处置量，是指在符合国家和地方环境保护标准的设施、场所贮存或者处置的固体废物数量；固体废物的综合利用量，是指按照国务院发展改革、工业和信息化主管部门关于资源综合利用要求以及国家和地方环境保护标准进行综合利用的固体废物数量。

第六条 纳税人有下列情形之一的，以其当期应税固体废物的产生量作为固体废物的排放量：

（一）非法倾倒应税固体废物；

（二）进行虚假纳税申报。

第七条 应税大气污染物、水污染物的计税依据，按照污染物排放量折合的污染当量数确定。

纳税人有下列情形之一的，以其当期应税大气污染物、水污染物的产生量作为污染物的排放量：

（一）未依法安装使用污染物自动监测设备或者未将污染物自动监测设备与环境保护主管部门的监控设备联网；

（二）损毁或者擅自移动、改变污染物自动监测设备；

（三）篡改、伪造污染物监测数据；

（四）通过暗管、渗井、渗坑、灌注或者稀释排放以及不正常运行防治污染设施等方式违法排放应税污染物；

（五）进行虚假纳税申报。

第八条 从两个以上排放口排放应税污染物的，对每一排放口排放的应税污染物分别计算征收环境保护税；纳税人持有排污许可证的，其污染物排放口按照排污许可证载明的污染物排放口确定。

第九条 属于环境保护税法第十条第二项规定情形的纳税人，自行对污染物进行监测所获取的监测数据，符合国家有关规定和监测规范的，视同环境保护税法第十条第二项规定的监测机构出具的监测数据。

第三章 税收减免

第十条 环境保护税法第十三条所称应税大气污染物或者水污染物的浓度值，是指纳税人安装使用的污染物自动监测设备当月自动监测的应税大气污染物浓度值的小时平均值再平均所得数值或者应税水污染物浓度值的日平均值再平均所得数值，或者监测机构当月监测的应税大气污染物、水污染物浓度值的平均值。

依照环境保护税法第十三条的规定减征环境保护税的，前款规定的应税大气污染物浓度值的小时平均值或者应税水污染物浓度值的日平均值，以及监测机构当月每次监测的应税大气污染物、水污染物的浓度值，均不得超过国家和地方规定的污染物排放标准。

第十一条 依照环境保护税法第十三条的规定减征环境保护税的，应当对每一排放口排放的不同应税污染物分别计算。

第四章 征收管理

第十二条 税务机关依法履行环境保护税纳税申报受理、涉税信息比对、组织税款入库等职责。

环境保护主管部门依法负责应税污染物监测管理，制定和完善污染物监测规范。

第十三条 县级以上地方人民政府应当加强对环境保护税征收管理工作的领导，及时协调、解决环境保护税征收管理工作中的重大问题。

第十四条 国务院税务、环境保护主管部门制定涉税信息共享平台技术标准以及数据采集、存储、传输、查询和使用规范。

第十五条 环境保护主管部门应当通过涉税信息共享平台向税务机关交送在环境保护监督管理中获取的下列信息：

（一）排污单位的名称、统一社会信用代码以及污染物排放口、排放污染物种类等基本信息；

（二）排污单位的污染物排放数据（包括污染物排放量以及大气污染物、水污染物的浓度值等数据）；

（三）排污单位环境违法和受行政处罚情况；

（四）对税务机关提请复核的纳税人的纳税申报数据资料异常或者纳税人未按照规定期限办理纳税申报的复核意见；

（五）与税务机关商定交送的其他信息。

第十六条 税务机关应当通过涉税信息共享平台向环境保护主管部门交送下列环境保护税涉税信息：

（一）纳税人基本信息；

（二）纳税申报信息；

（三）税款入库、减免税额、欠缴税款以及风险疑点等信息；

（四）纳税人涉税违法和受行政处罚情况；

（五）纳税人的纳税申报数据资料异常或者纳税人未按照规定期限办理纳税申报的信息；

（六）与环境保护主管部门商定交送的其他信息。

第十七条 环境保护税法第十七条所称应税污染物排放地是指：

（一）应税大气污染物、水污染物排放口所在地；

（二）应税固体废物产生地；

（三）应税噪声产生地。

第十八条 纳税人跨区域排放应税污染物，税务机关对税收征收管辖有争议的，由争议各方按照有利于征收管理的原则协商解决；不能协商一致的，报请共同的上级税务机关决定。

第十九条 税务机关应当依据环境保护主管部门交送的排污单位信息进行纳税人识别。在环境保护主管部门交送的排污单位信息中没有对应信息的纳税人，由税务机关在纳税人首次办理环境保护税纳税申报时进行纳税人识别，并将相关信息交送环境保护主管部门。

第二十条 环境保护主管部门发现纳税人申报的应税污染物排放信息或者适用的排污系数、物料衡算方法有误的，应当通知税务机关处理。

第二十一条 纳税人申报的污染物排放数据与环境保护主管部门交送的相关数据不一致的，按照环境保护主管部门交送的数据确定应税污染物的计税依据。

第二十二条 环境保护税法第二十条第二款所称纳税人的纳税申报数据资料异常，包括但不限于下列情形：

（一）纳税人当期申报的应税污染物排放量与上一年同期相比明显偏低，且无正当理由；

（二）纳税人单位产品污染物排放量与同类型纳税人相比明显偏低，且无正当理由。

第二十三条 税务机关、环境保护主管部门应当无偿为纳税人提供与缴纳环境保护税有关的辅导、培训和咨询服务。

第二十四条 税务机关依法实施环境保护税的税务检查，环境保护主管部门予以配合。

第二十五条 纳税人应当按照税收征收管理的有关规定，妥善保管应税污染物监测和管理的有关资料。

第五章 附 则

第二十六条 本条例自 2018 年 1 月 1 日起施行。2003 年 1 月 2 日国务院公布的《排污费征收使用管理条例》同时废止。

3. 国家税务总局 国家海洋局关于发布《海洋工程环境保护税申报征收办法》的公告

国家税务总局公告 2017 年第 50 号

现将国家税务总局、国家海洋局制定的《海洋工程环境保护税申报征收办法》予以发布，自 2018 年 1 月 1 日起施行，请遵照执行。

特此公告。

国家税务总局 国家海洋局
2017 年 12 月 27 日

海洋工程环境保护税申报征收办法

第一条 为规范海洋工程环境保护税征收管理，根据《中华人民共和国环境保护税法》（以下简称《环境保护税法》）、《中华人民共和国税收征收管理法》及《中华人民共和国海洋环境保护法》，制定本办法。

第二条 本办法适用于在中华人民共和国内水、领海、毗连区、专属经济区、大陆架以及中华人民共和国管辖的其他海域内从事海洋石油、天然气勘探开发生产等作业活动，并向海洋环境排放应税污染物的企业事业单位和其他生产经营者（以下简称纳税人）。

第三条　本办法所称应税污染物，是指大气污染物、水污染物和固体废物。纳税人排放应税污染物，按照下列方法计征环境保护税：

（一）大气污染物。对向海洋环境排放大气污染物的，按照每一排放口或者没有排放口的应税污染物排放量折合的污染当量数从大到小排序后的前三项污染物计征。

（二）水污染物。对向海洋水体排放生产污水和机舱污水、钻井泥浆（包括水基泥浆和无毒复合泥浆，下同）和钻屑及生活污水的，按照应税污染物排放量折合的污染当量数计征。其中，生产污水和机舱污水，按照生产污水和机舱污水中石油类污染物排放量折合的污染当量数计征；钻井泥浆和钻屑按照泥浆和钻屑中石油类、总镉、总汞的污染物排放量折合的污染当量数计征；生活污水按照生活污水中化学需氧量（COD_{cr}）排放量折合的污染当量数计征。

（三）固体废物。对向海洋水体排放生活垃圾的，按照排放量计征。

第四条　海洋工程环境保护税的具体适用税额按照负责征收环境保护税的海洋石油税务（收）管理分局所在地适用的税额标准执行。

生活垃圾按照环境保护税法"其他固体废物"税额标准执行。

第五条　海洋工程环境保护税应纳税额按照下列方法计算：

（一）应税大气污染物的应纳税额为污染当量数乘以具体适用税额。

（二）应税水污染物的应纳税额为污染当量数乘以具体适用税额。

（三）应税固体废物的应纳税额为固体废物排放量乘以具体适用税额。

第六条　海洋工程环境保护税由纳税人所属海洋石油税务（收）管理分局负责征收。纳税人同属两个海洋石油税务（收）管理分局管理的，由国家税务总局确定征收机关。

第七条　海洋工程环境保护税实行按月计算，按季申报缴纳。纳税人应当自季度终了之日起15日内，向税务机关办理纳税申报并缴纳税款。

不能按固定期限计算缴纳的，可以按次申报缴纳。纳税人应当自纳税义务发生之日起15日内，向税务机关办理纳税申报并缴纳税款。

第八条　纳税人应根据排污许可有关规定，向税务机关如实填报纳税人及排放应税污染物的基本信息。纳税人基本信息发生变更的，应及时到税务机关办理变更手续。

纳税人应当按照税收征收管理有关规定，妥善保存应税污染物的监测资料以及税务机关要求留存备查的其他涉税资料。

第九条　海洋行政主管部门和税务机关应当建立涉税信息共享和协作机制。

海洋行政主管部门应当将纳税人的基本信息、污染物排放数据、污染物样品检测校验结果、处理处罚等海洋工程环境保护涉税信息，定期交送税务机关。

税务机关应当将纳税人的纳税申报数据、异常申报情况等环境保护税涉税信息，定期交送海洋行政主管部门。

第十条　国家海洋行政主管部门应当建立健全污染物监测规范，加强应税污染物排放的监测管理。

第十一条　纳税人应当使用符合国家环境监测、计量认证规定和技术规范的污染物流量自动监控仪器对大气污染物和水污染物的排放进行计量，其计量数据作为应税污染物排放数量的依据。

纳税人对生活垃圾排放量应当建立台账管理，留存备查。

第十二条　从事海洋石油勘探开发生产的纳税人，应当按规定对生产污水和机舱污水的含油量进行检测，并使用化学需氧量（COD_{cr}）自动检测仪对生活污水的化学需氧量（COD_{cr}）进行检测。其检测值作为计算应税污染物排放量的依据。

第十三条 纳税人应当留取钻井泥浆和钻屑的排放样品，按规定定期进行污染物含量检测，其检测值作为计算应税污染物排放量的依据。

第十四条 纳税人运回陆域处理的海洋工程应税污染物，应当按照《环境保护税法》及其相关规定，向污染物排放地税务机关申报缴纳环境保护税。

第十五条 本办法自2018年1月1日起施行。《国家海洋局关于印发〈海洋工程排污费征收标准实施办法〉的通知》（国海环字〔2003〕214号）同时废止。

4. 财政部 税务总局 生态环境部关于环境保护税有关问题的通知

财税〔2018〕23号

各省、自治区、直辖市、计划单列市财政厅（局）、国家税务局、地方税务局、环境保护厅（局）：

根据《中华人民共和国环境保护税法》及其实施条例的规定，现就环境保护税征收有关问题通知如下：

一、关于应税大气污染物和水污染物排放量的监测计算问题

纳税人委托监测机构对应税大气污染物和水污染物排放量进行监测时，其当月同一个排放口排放的同一种污染物有多个监测数据的，应税大气污染物按照监测数据的平均值计算应税污染物的排放量；应税水污染物按照监测数据以流量为权的加权平均值计算应税污染物的排放量。在环境保护主管部门规定的监测时限内当月无监测数据的，可以跨月沿用最近一次的监测数据计算应税污染物排放量。纳入排污许可管理行业的纳税人，其应税污染物排放量的监测计算方法按照排污许可管理要求执行。

因排放污染物种类多等原因不具备监测条件的，纳税人应当按照《关于发布计算污染物排放量的排污系数和物料衡算方法的公告》（原环境保护部公告2017第81号）的规定计算应税污染物排放量。其中，相关行业适用的排污系数方法中产排污系数为区间值的，纳税人结合实际情况确定具体适用的产排污系数值；纳入排污许可管理行业的纳税人按照排污许可证的规定确定。生态环境部尚未规定适用排污系数、物料衡算方法的，暂由纳税人参照缴纳排污费时依据的排污系数、物料衡算方法及抽样测算方法计算应税污染物的排放量。

二、关于应税水污染物污染当量数的计算问题

应税水污染物的污染当量数，以该污染物的排放量除以该污染物的污染当量值计算。其中，色度的污染当量数，以污水排放量乘以色度超标倍数再除以适用的污染当量值计算。畜禽养殖业水污染物的污染当量数，以该畜禽养殖场的月均存栏量除以适用的污染当量值计算。畜禽养殖场的月均存栏量按照月初存栏量和月末存栏量的平均数计算。

三、关于应税固体废物排放量计算和纳税申报问题

应税固体废物的排放量为当期应税固体废物的产生量减去当期应税固体废物贮存量、处置量、综合利用量的余额。纳税人应当准确计量应税固体废物的贮存量、处置量和综合利用量，未准确计量的，不得从其应税固体废物的产生量中减去。纳税人依法将应税固体废物转移至其他单位和个人进行贮存、处置或者综合利用的，固体废物的转移量相应计入其当期应税固体废物的贮存量、处置量或者综合利用量；纳税人接收的应税固体废物转移量，不计入其当期应税固体废物的产生量。纳税人对应税固体废物进行综合利用的，应当符合工业和

信息化部制定的工业固体废物综合利用评价管理规范。

纳税人申报纳税时,应当向税务机关报送应税固体废物的产生量、贮存量、处置量和综合利用量,同时报送能够证明固体废物流向和数量的纳税资料,包括固体废物处置利用委托合同、受委托方资质证明、固体废物转移联单、危险废物管理台账复印件等。有关纳税资料已在环境保护税基础信息采集表中采集且未发生变化的,纳税人不再报送。纳税人应当参照危险废物台账管理要求,建立其他应税固体废物管理台账,如实记录产生固体废物的种类、数量、流向以及贮存、处置、综合利用、接收转入等信息,并将应税固体废物管理台账和相关资料留存备查。

四、关于应税噪声应纳税额的计算问题

应税噪声的应纳税额为超过国家规定标准分贝数对应的具体适用税额。噪声超标分贝数不是整数值的,按四舍五入取整。一个单位的同一监测点当月有多个监测数据超标的,以最高一次超标声级计算应纳税额。声源一个月内累计昼间超标不足15昼或者累计夜间超标不足15夜的,分别减半计算应纳税额。

财政部　税务总局　生态环境部
2018 年 3 月 30 日

5. 财政部　税务总局　生态环境部关于明确环境保护税应税污染物适用等有关问题的通知

财税〔2018〕117 号

各省、自治区、直辖市、计划单列市财政厅(局)、环境保护厅(局),国家税务总局各省、自治区、直辖市、计划单列市税务局,新疆生产建设兵团财政局、环境保护局:

为保障《中华人民共和国环境保护税法》及其实施条例有效实施,现就环境保护税征收有关问题通知如下:

一、关于应税污染物适用问题

燃烧产生废气中的颗粒物,按照烟尘征收环境保护税。排放的扬尘、工业粉尘等颗粒物,除可以确定为烟尘、石棉尘、玻璃棉尘、炭黑尘的外,按照一般性粉尘征收环境保护税。

二、关于税收减免适用问题

依法设立的生活垃圾焚烧发电厂、生活垃圾填埋场、生活垃圾堆肥厂,属于生活垃圾集中处理场所,其排放应税污染物不超过国家和地方规定的排放标准的,依法予以免征环境保护税。纳税人任何一个排放口排放应税大气污染物、水污染物的浓度值,以及没有排放口排放应税大气污染物的浓度值,超过国家和地方规定的污染物排放标准的,依法不予减征环境保护税。

三、关于应税污染物排放量的监测计算问题

(一)纳税人按照规定须安装污染物自动监测设备并与生态环境主管部门联网的,当自动监测设备发生故障、设备维护、启停炉、停运等状态时,应当按照相关法律法规和《固定污染源烟气(SO_2、NO_x、颗粒物)排放连续监测技术规范》(HJ75-2017)、《水污染源在线监测系统数据有效性判别技术规范》(HJ/T 356-2007)等规定,对数据状态进行标记,

以及对数据缺失、无效时段的污染物排放量进行修约和替代处理，并按标记、处理后的自动监测数据计算应税污染物排放量。相关纳税人当月不能提供符合国家规定和监测规范的自动监测数据的，应当按照排污系数、物料衡算方法计算应税污染物排放量。纳入排污许可管理行业的纳税人，其应税污染物排放量的监测计算方法按照排污许可管理要求执行。

纳税人主动安装使用符合国家规定和监测规范的污染物自动监测设备，但未与生态环境主管部门联网的，可以按照自动监测数据计算应税污染物排放量；不能提供符合国家规定和监测规范的自动监测数据的，应当按照监测机构出具的符合监测规范的监测数据或者排污系数、物料衡算方法计算应税污染物排放量。

（二）纳税人委托监测机构监测应税污染物排放量的，应当按照国家有关规定制定监测方案，并将监测数据资料及时报送生态环境主管部门。监测机构实施的监测项目、方法、时限和频次应当符合国家有关规定和监测规范要求。监测机构出具的监测报告应当包括应税水污染物种类、浓度值和污水流量；应税大气污染物种类、浓度值、排放速率和烟气量；执行的污染物排放标准和排放浓度限值等信息。监测机构对监测数据的真实性、合法性负责，凡发现监测数据弄虚作假的，依照相关法律法规的规定追究法律责任。

纳税人采用委托监测方式，在规定监测时限内当月无监测数据的，可以沿用最近一次的监测数据计算应税污染物排放量，但不得跨季度沿用监测数据。纳税人采用监测机构出具的监测数据申报减免环境保护税的，应当取得申报当月的监测数据；当月无监测数据的，不予减免环境保护税。有关污染物监测浓度值低于生态环境主管部门规定的污染物检出限的，除有特殊管理要求外，视同该污染物排放量为零。生态环境主管部门、计量主管部门发现委托监测数据失真或者弄虚作假的，税务机关应当按照同一纳税期内的监督性监测数据或者排污系数、物料衡算方法计算应税污染物排放量。

（三）在建筑施工、货物装卸和堆存过程中无组织排放应税大气污染物的，按照生态环境部规定的排污系数、物料衡算方法计算应税污染物排放量；不能按照生态环境部规定的排污系数、物料衡算方法计算的，按照省、自治区、直辖市生态环境主管部门规定的抽样测算的方法核定计算应税污染物排放量。

（四）纳税人因环境违法行为受到行政处罚的，应当依据相关法律法规和处罚信息计算违法行为所属期的应税污染物排放量。生态环境主管部门发现纳税人申报信息有误的，应当通知税务机关处理。

四、关于环境保护税征管协作配合问题

各级税务、生态环境主管部门要加快建设和完善涉税信息共享平台，进一步规范涉税信息交换的数据项、交换频率和数据格式，并提高涉税信息交换的及时性、准确性，保障环境保护税征管工作运转顺畅。

财政部　税务总局　生态环境部
2018 年 10 月 25 日

第十八章 中华人民共和国船舶吨税法

中华人民共和国船舶吨税法

（2017年12月27日第十二届全国人民代表大会常务委员会第三十一次会议通过　根据2018年10月26日第十三届全国人民代表大会常务委员会《关于修改〈中华人民共和国野生动物保护法〉等十五部法律的决定》修订）

第一条　自中华人民共和国境外港口进入境内港口的船舶（以下称应税船舶），应当依照本法缴纳船舶吨税（以下简称吨税）。

第二条　吨税的税目、税率依照本法所附的《吨税税目税率表》执行。

第三条　吨税设置优惠税率和普通税率。

中华人民共和国籍的应税船舶，船籍国（地区）与中华人民共和国签订含有相互给予船舶税费最惠国待遇条款的条约或者协定的应税船舶，适用优惠税率。

其他应税船舶，适用普通税率。

第四条　吨税按照船舶净吨位和吨税执照期限征收。

应税船舶负责人在每次申报纳税时，可以按照《吨税税目税率表》选择申领一种期限的吨税执照。

第五条　吨税的应纳税额按照船舶净吨位乘以适用税率计算。

第六条　吨税由海关负责征收。海关征收吨税应当制发缴款凭证。

应税船舶负责人缴纳吨税或者提供担保后，海关按照其申领的执照期限填发吨税执照。

第七条　应税船舶在进入港口办理入境手续时，应当向海关申报纳税领取吨税执照，或者交验吨税执照（或者申请核验吨税执照电子信息）。应税船舶在离开港口办理出境手续时，应当交验吨税执照（或者申请核验吨税执照电子信息）。

应税船舶负责人申领吨税执照时，应当向海关提供下列文件：

（一）船舶国籍证书或者海事部门签发的船舶国籍证书收存证明；

（二）船舶吨位证明。

应税船舶因不可抗力在未设立海关地点停泊的，船舶负责人应当立即向附近海关报告，并在不可抗力原因消除后，依照本法规定向海关申报纳税。

第八条　吨税纳税义务发生时间为应税船舶进入港口的当日。

应税船舶在吨税执照期满后尚未离开港口的，应当申领新的吨税执照，自上一次执照期满的次日起续缴吨税。

第九条　下列船舶免征吨税：

（一）应纳税额在人民币五十元以下的船舶；

（二）自境外以购买、受赠、继承等方式取得船舶所有权的初次进口到港的空载船舶；

（三）吨税执照期满后二十四小时内不上下客货的船舶；

（四）非机动船舶（不包括非机动驳船）；

（五）捕捞、养殖渔船；

（六）避难、防疫隔离、修理、改造、终止运营或者拆解，并不上下客货的船舶；

（七）军队、武装警察部队专用或者征用的船舶；

（八）警用船舶；

（九）依照法律规定应当予以免税的外国驻华使领馆、国际组织驻华代表机构及其有关人员的船舶；

（十）国务院规定的其他船舶。

前款第十项免税规定，由国务院报全国人民代表大会常务委员会备案。

第十条 在吨税执照期限内，应税船舶发生下列情形之一的，海关按照实际发生的天数批注延长吨税执照期限：

（一）避难、防疫隔离、修理、改造，并不上下客货；

（二）军队、武装警察部队征用。

第十一条 符合本法第九条第一款第五项至第九项、第十条规定的船舶，应当提供海事部门、渔业船舶管理部门或者出入境检验检疫部门等部门、机构出具的具有法律效力的证明文件或者使用关系证明文件，申明免税或者延长吨税执照期限的依据和理由。

第十二条 应税船舶负责人应当自海关填发吨税缴款凭证之日起十五日内缴清税款。未按期缴清税款的，自滞纳税款之日起至缴清税款之日止，按日加收滞纳税款万分之五的税款滞纳金。

第十三条 应税船舶到达港口前，经海关核准先行申报并办结出入境手续的，应税船舶负责人应当向海关提供与其依法履行吨税缴纳义务相适应的担保；应税船舶到达港口后，依照本法规定向海关申报纳税。

下列财产、权利可以用于担保：

（一）人民币、可自由兑换货币；

（二）汇票、本票、支票、债券、存单；

（三）银行、非银行金融机构的保函；

（四）海关依法认可的其他财产、权利。

第十四条 应税船舶在吨税执照期限内，因修理、改造导致净吨位变化的，吨税执照继续有效。应税船舶办理出入境手续时，应当提供船舶经过修理、改造的证明文件。

第十五条 应税船舶在吨税执照期限内，因税目税率调整或者船籍改变而导致适用税率变化的，吨税执照继续有效。

因船籍改变而导致适用税率变化的，应税船舶在办理出入境手续时，应当提供船籍改变的证明文件。

第十六条 吨税执照在期满前毁损或者遗失的，应当向原发照海关书面申请核发吨税执照副本，不再补税。

第十七条 海关发现少征或者漏征税款的，应当自应税船舶应当缴纳税款之日起一年内，补征税款。但因应税船舶违反规定造成少征或者漏征税款的，海关可以自应当缴纳税款之日起三年内追征税款，并自应当缴纳税款之日起按日加征少征或者漏征税款万分之五的税款滞纳金。

海关发现多征税款的，应当在二十四小时内通知应税船舶办理退还手续，并加算银行同期活期存款利息。

应税船舶发现多缴税款的，可以自缴纳税款之日起三年内以书面形式要求海关退还多缴的税款并加算银行同期活期存款利息；海关应当自受理退税申请之日起三十日内查实并通知应税船舶办理退还手续。

应税船舶应当自收到本条第二款、第三款规定的通知之日起三个月内办理有关退还手续。

第十八条 应税船舶有下列行为之一的，由海关责令限期改正，处二千元以上三万元以下的罚款；不缴或者少缴应纳税款的，处不缴或者少缴税款百分之五十以上五倍以下的罚款，但罚款不得低于二千元：

（一）未按照规定申报纳税、领取吨税执照；

（二）未按照规定交验吨税执照（或者申请核验吨税执照电子信息）以及提供其他证明文件。

第十九条 吨税税款、税款滞纳金、罚款以人民币计算。

第二十条 吨税的征收，本法未作规定的，依照有关税收征收管理的法律、行政法规的规定执行。

第二十一条 本法及所附《吨税税目税率表》下列用语的含义：

净吨位，是指由船籍国（地区）政府签发或者授权签发的船舶吨位证明书上标明的净吨位。

非机动船舶，是指自身没有动力装置，依靠外力驱动的船舶。

非机动驳船，是指在船舶登记机关登记为驳船的非机动船舶。

捕捞、养殖渔船，是指在中华人民共和国渔业船舶管理部门登记为捕捞船或者养殖船的船舶。

拖船，是指专门用于拖（推）动运输船舶的专业作业船舶。

吨税执照期限，是指按照公历年、日计算的期间。

第二十二条 本法自2018年7月1日起施行。2011年12月5日国务院公布的《中华人民共和国船舶吨税暂行条例》同时废止。

第五编

税收征管法

第十九章　中华人民共和国税收征管法

1. 中华人民共和国税收征收管理法

（1992年9月4日第七届全国人民代表大会常务委员会第二十七次会议通过　根据1995年2月28日第八届全国人民代表大会常务委员会第十二次会议《关于修改〈中华人民共和国税收征收管理法〉的决定》第一次修正　2001年4月28日第九届全国人民代表大会常务委员会第二十一次会议修订　根据2013年6月29日第十二届全国人民代表大会常务委员会第三次会议《关于修改〈中华人民共和国文物保护法〉等十二部法律的决定》第二次修正　根据2015年4月24日第十二届全国人民代表大会常务委员会第十四次会议《关于修改〈中华人民共和国港口法〉等七部法律的决定》第三次修正）

目录

第一章　总则
第二章　税务管理
　第一节　税务登记
　第二节　账簿、凭证管理
　第三节　纳税申报
第三章　税款征收
第四章　税务检查
第五章　法律责任
第六章　附则

第一章　总　　则

第一条　为了加强税收征收管理，规范税收征收和缴纳行为，保障国家税收收入，保护纳税人的合法权益，促进经济和社会发展，制定本法。

第二条　凡依法由税务机关征收的各种税收的征收管理，均适用本法。

第三条　税收的开征、停征以及减税、免税、退税、补税，依照法律的规定执行；法律授权国务院规定的，依照国务院制定的行政法规的规定执行。

任何机关、单位和个人不得违反法律、行政法规的规定，擅自作出税收开征、停征以及减税、免税、退税、补税和其他同税收法律、行政法规相抵触的决定。

第四条　法律、行政法规规定负有纳税义务的单位和个人为纳税人。

法律、行政法规规定负有代扣代缴、代收代缴税款义务的单位和个人为扣缴义务人。

纳税人、扣缴义务人必须依照法律、行政法规的规定缴纳税款、代扣代缴、代收代缴税款。

第五条　国务院税务主管部门主管全国税收征收管理工作。各地国家税务局和地方税务局应当按照国务院规定的税收征收管理范围分别进行征收管理。

地方各级人民政府应当依法加强对本行政区域内税收征收管理工作的领导或者协调，支持税务机关依法执行职务，依照法定税率计算税额，依法征收税款。

各有关部门和单位应当支持、协助税务机关依法执行职务。

税务机关依法执行职务，任何单位和个人不得阻挠。

【注释】相关规定包括：《国家税务总局关于印发〈纳税评估管理办法（试行）〉的通知》（国税发〔2005〕43号）、《国家税务总局关于人民法院强制执行被执行人财产有关税收问题的复函》（国税函〔2005〕869号）。

第六条 国家有计划地用现代信息技术装备各级税务机关，加强税收征收管理信息系统的现代化建设，建立、健全税务机关与政府其他管理机关的信息共享制度。

纳税人、扣缴义务人和其他有关单位应当按照国家有关规定如实向税务机关提供与纳税和代扣代缴、代收代缴税款有关的信息。

第七条 税务机关应当广泛宣传税收法律、行政法规，普及纳税知识，无偿地为纳税人提供纳税咨询服务。

【注释】相关规定包括：《国家税务总局关于印发〈纳税服务工作规范（试行）〉的通知》（国税发〔2005〕165号）。

第八条 纳税人、扣缴义务人有权向税务机关了解国家税收法律、行政法规的规定以及与纳税程序有关的情况。

纳税人、扣缴义务人有权要求税务机关为纳税人、扣缴义务人的情况保密。税务机关应当依法为纳税人、扣缴义务人的情况保密。

纳税人依法享有申请减税、免税、退税的权利。

纳税人、扣缴义务人对税务机关所作出的决定，享有陈述权、申辩权；依法享有申请行政复议、提起行政诉讼、请求国家赔偿等权利。

纳税人、扣缴义务人有权控告和检举税务机关、税务人员的违法违纪行为。

【注释】相关规定包括：《税务行政复议规则》（国家税务总局令第21号）。

第九条 税务机关应当加强队伍建设，提高税务人员的政治业务素质。

税务机关、税务人员必须秉公执法、忠于职守、清正廉洁、礼貌待人、文明服务，尊重和保护纳税人、扣缴义务人的权利，依法接受监督。

税务人员不得索贿受贿、徇私舞弊、玩忽职守、不征或者少征应征税款；不得滥用职权多征税款或者故意刁难纳税人和扣缴义务人。

【注释】相关规定包括：《国家税务总局关于加强纳税服务工作的通知》（国税发〔2003〕38号）、《国家税务总局关于印发〈税收管理员制度（试行）〉的通知》（国税发〔2005〕40号）、《国家税务总局关于印发〈纳税服务工作规范（试行）〉的通知》（国税发〔2005〕165号）。

第十条 各级税务机关应当建立、健全内部制约和监督管理制度。

上级税务机关应当对下级税务机关的执法活动依法进行监督。

各级税务机关应当对其工作人员执行法律、行政法规和廉洁自律准则的情况进行监督检查。

第十一条 税务机关负责征收、管理、稽查、行政复议的人员的职责应当明确，并相互分离、相互制约。

【注释】相关规定包括：《税务行政复议规则》（国家税务总局令第21号）。

第十二条 税务人员征收税款和查处税收违法案件，与纳税人、扣缴义务人或者税收违法案件有利害关系的，应当回避。

第十三条 任何单位和个人都有权检举违反税收法律、行政法规的行为。收到检举的机关和负责查处的机关应当为检举人保密。税务机关应当按照规定给予奖励。

【注释】相关规定包括：《国家税务总局关于印发〈税务违法案件举报奖励办法〉的通知》（国税发〔1998〕211号）。

第十四条 本法所称税务机关是指各级税务局、税务分局、税务所和按照国务院规定设立的并向社会公告的税务机构。

【注释】相关规定包括：《国家税务总局关于稽查局有关执法权限的批复》（国税函〔2003〕561号）、《国家税务总局关于印发〈国家税务总局关于进一步规范国家税务局系统机构设置的意见〉的通知》（国税发〔2003〕128号）。

第二章 税务管理

第一节 税务登记

第十五条 企业，企业在外地设立的分支机构和从事生产、经营的场所，个体工商户和从事生产、经营的事业单位（以下统称从事生产、经营的纳税人）自领取营业执照之日起三十日内，持有关证件，向税务机关申报办理税务登记。税务机关应当于收到申报的当日办理登记并发给税务登记证件。

工商行政管理机关应当将办理登记注册、核发营业执照的情况，定期向税务机关通报。

本条第一款规定以外的纳税人办理税务登记和扣缴义务人办理扣缴税款登记的范围和办法，由国务院规定。

【注释】相关规定包括：《税务登记管理办法》（国家税务总局令第7号）、《国家税务总局关于国家税务局与地方税务局联合办理税务登记有关问题的通知》（国税发〔2004〕57号）、《国家税务总局关于印发〈纳税人财务会计报表报送管理办法〉的通知》（国税发〔2005〕20号）、《国家税务总局关于明确从事代理海关报关业务的中介机构办理税务登记有关问题的通知》（国税函〔2005〕353号）。

第十六条 从事生产、经营的纳税人，税务登记内容发生变化的，自工商行政管理机关办理变更登记之日起三十日内或者在向工商行政管理机关申请办理注销登记之前，持有关证件向税务机关申报办理变更或者注销税务登记。

【注释】相关规定包括：《税务登记管理办法》（国家税务总局令第7号）、《国家税务总局关于完善税务登记管理若干问题的通知》（国税发〔2006〕37号）。

第十七条 从事生产、经营的纳税人应当按照国家有关规定，持税务登记证件，在银行或者其他金融机构开立基本存款账户和其他存款账户，并将其全部账号向税务机关报告。

银行和其他金融机构应当在从事生产、经营的纳税人的账户中登录税务登记证件号码，并在税务登记证件中登录从事生产、经营的纳税人的账户账号。

税务机关依法查询从事生产、经营的纳税人开立账户的情况时，有关银行和其他金融机构应当予以协助。

【注释】相关规定包括：《税务登记管理办法》（国家税务总局令第7号）。

第十八条 纳税人按照国务院税务主管部门的规定使用税务登记证件。税务登记证件不得转借、涂改、损毁、买卖或者伪造。

【注释】相关规定包括：《税务登记管理办法》（国家税务总局令第7号）。

第二节 账簿、凭证管理

第十九条 纳税人、扣缴义务人按照有关法律、行政法规和国务院财政、税务主管部门的规定设置账簿，根据合法、有效凭证记账，进行核算。

第二十条 从事生产、经营的纳税人的财务、会计制度或者财务、会计处理办法和会计核算软件，应当报送税务机关备案。

纳税人、扣缴义务人的财务、会计制度或者财务、会计处理办法与国务院或者国务院财政、税务主管部门有关税收的规定抵触的，依照国务院或者国务院财政、税务主管部门有关税收的规定计算应纳税款、代扣代缴和代收代缴税款。

第二十一条 税务机关是发票的主管机关，负责发票印制、领购、开具、取得、保管、缴销的管理和监督。

单位、个人在购销商品、提供或者接受经营服务以及从事其他经营活动中，应当按照规定开具、使用、取得发票。

发票的管理办法由国务院规定。

【注释】相关规定包括：《中华人民共和国发票管理办法》（国函〔1993〕174号）、《国家税务总局铁道部关于规范铁路客运餐车发票使用管理的通知》（国税发〔2005〕198号）。

第二十二条 增值税专用发票由国务院税务主管部门指定的企业印制；其他发票，按照国务院税务主管部门的规定，分别由省、自治区、直辖市国家税务局、地方税务局指定企业印制。

未经前款规定的税务机关指定，不得印制发票。

第二十三条 国家根据税收征收管理的需要，积极推广使用税控装置。纳税人应当按照规定安装、使用税控装置，不得损毁或者擅自改动税控装置。

第二十四条 从事生产、经营的纳税人、扣缴义务人必须按照国务院财政、税务主管部门规定的保管期限保管账簿、记账凭证、完税凭证及其他有关资料。

账簿、记账凭证、完税凭证及其他有关资料不得伪造、变造或者擅自损毁。

第三节 纳税申报

第二十五条 纳税人必须依照法律、行政法规规定或者税务机关依照法律、行政法规的规定确定的申报期限、申报内容如实办理纳税申报，报送纳税申报表、财务会计报表以及税务机关根据实际需要要求纳税人报送的其他纳税资料。

扣缴义务人必须依照法律、行政法规规定或者税务机关依照法律、行政法规的规定确定的申报期限、申报内容如实报送代扣代缴、代收代缴税款报告表以及税务机关根据实际需要要求扣缴义务人报送的其他有关资料。

【注释】相关规定包括：《国家税务总局关于印发〈纳税人财务会计报表报送管理办法〉的通知》（国税发〔2005〕20号）。

第二十六条 纳税人、扣缴义务人可以直接到税务机关办理纳税申报或者报送代扣代缴、代收代缴税款报告表，也可以按照规定采取邮寄、数据电文或者其他方式办理上述申报、报送事项。

【注释】相关规定包括：《国家税务总局邮电部关于印发〈邮寄纳税申报办法〉的通知》（国税发〔1997〕147号）。

第二十七条 纳税人、扣缴义务人不能按期办理纳税申报或者报送代扣代缴、代收代缴税款报告表的，经税务机关核准，可以延期申报。

经核准延期办理前款规定的申报、报送事项的，应当在纳税期内按照上期实际缴纳的税额或者税务机关核定的税额预缴税款，并在核准的延期内办理税款结算。

【注释】相关规定包括：《欠税公告办法（试行）》（国家税务总局令第9号）、《国家税务总局关于延期申报预缴税款滞纳金问题的批复》（国税函〔2007〕753号）。

第三章 税款征收

第二十八条 税务机关依照法律、行政法规的规定征收税款，不得违反法律、行政法规的规定开征、停征、多征、少征、提前征收、延缓征收或者摊派税款。

农业税应纳税额按照法律、行政法规的规定核定。

第二十九条 除税务机关、税务人员以及经税务机关依照法律、行政法规委托的单位和人员外，任何单位和个人不得进行税款征收活动。

第三十条 扣缴义务人依照法律、行政法规的规定履行代扣、代收税款的义务。对法律、行政法规没有规定负有代扣、代收税款义务的单位和个人，税务机关不得要求其履行代扣、代收税款义务。

扣缴义务人依法履行代扣、代收税款义务时，纳税人不得拒绝。纳税人拒绝的，扣缴义务人应当及时报告税务机关处理。

税务机关按照规定付给扣缴义务人代扣、代收手续费。

第三十一条 纳税人、扣缴义务人按照法律、行政法规规定或者税务机关依照法律、行政法规的规定确定的期限，缴纳或者解缴税款。

纳税人因有特殊困难，不能按期缴纳税款的，经省、自治区、直辖市国家税务局、地方税务局批准，可以延期缴纳税款，但是最长不得超过三个月。

第三十二条 纳税人未按照规定期限缴纳税款的，扣缴义务人未按照规定期限解缴税款的，税务机关除责令限期缴纳外，从滞纳税款之日起，按日加收滞纳税款万分之五的滞纳金。

【注释】相关规定包括：《国家税务总局关于延期申报预缴税款滞纳金问题的批复》（国税函〔2007〕753号）、《国家税务总局关于纳税人善意取得虚开增值税专用发票已抵扣税款加收滞纳金问题的批复》（国税函〔2007〕1240号）。

第三十三条 纳税人依照法律、行政法规的规定办理减税、免税。

地方各级人民政府、各级人民政府主管部门、单位和个人违反法律、行政法规规定，擅自作出的减税、免税决定无效，税务机关不得执行，并向上级税务机关报告。

第三十四条 税务机关征收税款时，必须给纳税人开具完税凭证。扣缴义务人代扣、代收税款时，纳税人要求扣缴义务人开具代扣、代收税款凭证的，扣缴义务人应当开具。

第三十五条 纳税人有下列情形之一的，税务机关有权核定其应纳税额：

（一）依照法律、行政法规的规定可以不设置账簿的；

（二）依照法律、行政法规的规定应当设置但未设置账簿的；

（三）擅自销毁账簿或者拒不提供纳税资料的；

（四）虽设置账簿，但账目混乱或者成本资料、收入凭证、费用凭证残缺不全，难以查账的；

（五）发生纳税义务，未按照规定的期限办理纳税申报，经税务机关责令限期申报，逾期仍不申报的；

（六）纳税人申报的计税依据明显偏低，又无正当理由的。

税务机关核定应纳税额的具体程序和方法由国务院税务主管部门规定。

【注释】相关规定包括：《国家税务总局关于贯彻〈中华人民共和国税收征收管理法〉及其实施细则若干具体问题的通知》（国税发〔2003〕47号）、《欠税公告办法（试行）》（国家税务总局令第9号）、《国家税务总局关于印发〈集贸市场税收分类管理办法〉的通知》（国税发〔2004〕154号）。

第三十六条 企业或者外国企业在中国境内设立的从事生产、经营的机构、场所与其关联企业之间的业务往来，应当按照独立企业之间的业务往来收取或者支付价款、费用；不按照独立企业之间的业务往来收取或者支付价款、费用，而减少其应纳税的收入或者所得额的，税务机关有权进行合理调整。

第三十七条 对未按照规定办理税务登记的从事生产、经营的纳税人以及临时从事经营的纳税人，由税务机关核定其应纳税额，责令缴纳；不缴纳的，税务机关可以扣押其价值相当于应纳税款的商品、货物。扣押后缴纳应纳税款的，税务机关必须立即解除扣押，并归还所扣押的商品、货物；扣押后仍不缴纳应纳税款的，经县以上税务局（分局）局长批准，依法拍卖或者变卖所扣押的商品、货物，以拍卖或者变卖所得抵缴税款。

第三十八条 税务机关有根据认为从事生产、经营的纳税人有逃避纳税义务行为的，可以在规定的纳税期之前，责令限期缴纳应纳税款；在限期内发现纳税人有明显的转移、隐匿其应纳税的商品、货物以及其他财产或者应纳税的收入的迹象的，税务机关可以责成纳税人提供纳税担保。如果纳税人不能提供纳税担保，经县以上税务局（分局）局长批准，税务机关可以采取下列税收保全措施：

（一）书面通知纳税人开户银行或者其他金融机构冻结纳税人的金额相当于应纳税款的存款；

（二）扣押、查封纳税人的价值相当于应纳税款的商品、货物或者其他财产。

纳税人在前款规定的限期内缴纳税款的，税务机关必须立即解除税收保全措施；限期期满仍未缴纳税款的，经县以上税务局（分局）局长批准，税务机关可以书面通知纳税人开户银行或者其他金融机构从其冻结的存款中扣缴税款，或者依法拍卖或者变卖所扣押、查封的商品、货物或者其他财产，以拍卖或者变卖所得抵缴税款。

个人及其所扶养家属维持生活必需的住房和用品，不在税收保全措施的范围之内。

第三十九条 纳税人在限期内已缴纳税款，税务机关未立即解除税收保全措施，使纳税人的合法利益遭受损失的，税务机关应当承担赔偿责任。

第四十条 从事生产、经营的纳税人、扣缴义务人未按照规定的期限缴纳或者解缴税款，纳税担保人未按照规定的期限缴纳所担保的税款，由税务机关责令限期缴纳，逾期仍未缴纳的，经县以上税务局（分局）局长批准，税务机关可以采取下列强制执行措施：

（一）书面通知其开户银行或者其他金融机构从其存款中扣缴税款；

（二）扣押、查封、依法拍卖或者变卖其价值相当于应纳税款的商品、货物或者其他财产，以拍卖或者变卖所得抵缴税款。

税务机关采取强制执行措施时，对前款所列纳税人、扣缴义务人、纳税担保人未缴纳的滞纳金同时强制执行。

个人及其所扶养家属维持生活必需的住房和用品，不在强制执行措施的范围之内。

【注释】相关规定包括：《国家税务总局关于贯彻〈中华人民共和国税收征收管理法〉及其实施细则若干具体问题的通知》（国税发〔2003〕47号）。

第四十一条 本法第三十七条、第三十八条、第四十条规定的采取税收保全措施、强制执行措施的权力,不得由法定的税务机关以外的单位和个人行使。

第四十二条 税务机关采取税收保全措施和强制执行措施必须依照法定权限和法定程序,不得查封、扣押纳税人个人及其所扶养家属维持生活必需的住房和用品。

第四十三条 税务机关滥用职权违法采取税收保全措施、强制执行措施,或者采取税收保全措施、强制执行措施不当,使纳税人、扣缴义务人或者纳税担保人的合法权益遭受损失的,应当依法承担赔偿责任。

第四十四条 欠缴税款的纳税人或者他的法定代表人需要出境的,应当在出境前向税务机关结清应纳税款、滞纳金或者提供担保。未结清税款、滞纳金,又不提供担保的,税务机关可以通知出境管理机关阻止其出境。

第四十五条 税务机关征收税款,税收优先于无担保债权,法律另有规定的除外;纳税人欠缴的税款发生在纳税人以其财产设定抵押、质押或者纳税人的财产被留置之前的,税收应当先于抵押权、质权、留置权执行。

纳税人欠缴税款,同时又被行政机关决定处以罚款、没收违法所得的,税收优先于罚款、没收违法所得。

税务机关应当对纳税人欠缴税款的情况定期予以公告。【**注释**】相关规定包括:《国家税务总局关于贯彻〈中华人民共和国税收征收管理法〉及其实施细则若干具体问题的通知》(国税发〔2003〕47号)、《欠税公告办法(试行)》(国家税务总局令第9号)、《国家税务总局关于人民法院强制执行被执行人财产有关税收问题的复函》(国税函〔2005〕869号)。

第四十六条 纳税人有欠税情形而以其财产设定抵押、质押的,应当向抵押权人、质权人说明其欠税情况。抵押权人、质权人可以请求税务机关提供有关的欠税情况。

第四十七条 税务机关扣押商品、货物或者其他财产时,必须开付收据;查封商品、货物或者其他财产时,必须开付清单。

第四十八条 纳税人有合并、分立情形的,应当向税务机关报告,并依法缴清税款。纳税人合并时未缴清税款的,应当由合并后的纳税人继续履行未履行的纳税义务;纳税人分立时未缴清税款的,分立后的纳税人对未履行的纳税义务应当承担连带责任。

第四十九条 欠缴税款数额较大的纳税人在处分其不动产或者大额资产之前,应当向税务机关报告。

第五十条 欠缴税款的纳税人因怠于行使到期债权,或者放弃到期债权,或者无偿转让财产,或者以明显不合理的低价转让财产而受让人知道该情形,对国家税收造成损害的,税务机关可以依照合同法第七十三条、第七十四条的规定行使代位权、撤销权。

税务机关依照前款规定行使代位权、撤销权的,不免除欠缴税款的纳税人尚未履行的纳税义务和应承担的法律责任。

第五十一条 纳税人超过应纳税额缴纳的税款,税务机关发现后应当立即退还;纳税人自结算缴纳税款之日起三年内发现的,可以向税务机关要求退还多缴的税款并加算银行同期存款利息,税务机关及时查实后应当立即退还;涉及从国库中退库的,依照法律、行政法规有关国库管理的规定退还。

【**注释**】相关规定包括:《税收减免管理办法(试行)》(国税发〔2005〕129号)。

第五十二条 因税务机关的责任,致使纳税人、扣缴义务人未缴或者少缴税款的,税务机关在三年内可以要求纳税人、扣缴义务人补缴税款,但是不得加收滞纳金。

因纳税人、扣缴义务人计算错误等失误,未缴或者少缴税款的,税务机关在三年内可以追征税款、滞纳金；有特殊情况的，追征期可以延长到五年。

对偷税、抗税、骗税的，税务机关追征其未缴或者少缴的税款、滞纳金或者所骗取的税款，不受前款规定期限的限制。

【注释】 相关规定包括：《税收减免管理办法（试行）》（国税发〔2005〕129号）、《国家税务总局关于欠税追缴期限有关问题的批复》（国税函〔2005〕813号）。

第五十三条 国家税务局和地方税务局应当按照国家规定的税收征收管理范围和税款入库预算级次，将征收的税款缴入国库。

对审计机关、财政机关依法查出的税收违法行为，税务机关应当根据有关机关的决定、意见书，依法将应收的税款、滞纳金按照税款入库预算级次缴入国库，并将结果及时回复有关机关。

第四章 税务检查

第五十四条 税务机关有权进行下列税务检查：

（一）检查纳税人的账簿、记账凭证、报表和有关资料，检查扣缴义务人代扣代缴、代收代缴税款账簿、记账凭证和有关资料；

（二）到纳税人的生产、经营场所和货物存放地检查纳税人应纳税的商品、货物或者其他财产，检查扣缴义务人与代扣代缴、代收代缴税款有关的经营情况；

（三）责成纳税人、扣缴义务人提供与纳税或者代扣代缴、代收代缴税款有关的文件、证明材料和有关资料；

（四）询问纳税人、扣缴义务人与纳税或者代扣代缴、代收代缴税款有关的问题和情况；

（五）到车站、码头、机场、邮政企业及其分支机构检查纳税人托运、邮寄应纳税商品、货物或者其他财产的有关单据、凭证和有关资料；

（六）经县以上税务局（分局）局长批准，凭全国统一格式的检查存款账户许可证明，查询从事生产、经营的纳税人、扣缴义务人在银行或者其他金融机构的存款账户。税务机关在调查税收违法案件时，经设区的市、自治州以上税务局（分局）局长批准，可以查询案件涉嫌人员的储蓄存款。税务机关查询所获得的资料，不得用于税收以外的用途。

【注释】 相关规定包括：《国家税务总局关于印发〈税务稽查案件复查暂行办法〉的通知》（国税发〔2000〕54号）、《国家税务总局关于印发〈税务稽查业务公开制度（试行）〉的通知》（国税发〔2000〕163号）、《国家税务总局关于协税员不得核发〈税务检查证〉的批复》（国税函〔2001〕41号）、《国家税务总局关于贯彻〈中华人民共和国税收征收管理法〉及其实施细则若干具体问题的通知》（国税发〔2003〕47号）、《国家税务总局关于印发〈税务检查证管理暂行办法〉的通知》（国税发〔2005〕154号）。

第五十五条 税务机关对从事生产、经营的纳税人以前纳税期的纳税情况依法进行税务检查时，发现纳税人有逃避纳税义务行为，并有明显的转移、隐匿其应纳税的商品、货物以及其他财产或者应纳税的收入的迹象的，可以按照本法规定的批准权限采取税收保全措施或者强制执行措施。

【注释】 相关规定包括：《国家税务总局关于印发〈税务检查证管理暂行办法〉的通知》（国税发〔2005〕154号）。

第五十六条 纳税人、扣缴义务人必须接受税务机关依法进行的税务检查，如实反映情况，提供有关资料，不得拒绝、隐瞒。

【注释】 相关规定包括：《国家税务总局关于印发〈涉外企业联合税务审计暂行办法〉的通知》（国税发〔2004〕38号）、《国家税务总局关于印发〈税务检查证管理暂行办法的通知》(国税发〔2005〕154号)。

第五十七条 税务机关依法进行税务检查时，有权向有关单位和个人调查纳税人、扣缴义务人和其他当事人与纳税或者代扣代缴、代收代缴税款有关的情况，有关单位和个人有义务向税务机关如实提供有关资料及证明材料。

【注释】相关规定包括：《国家税务总局关于印发〈税务检查证管理暂行办法〉的通知》(国税发〔2005〕154号)。

第五十八条 税务机关调查税务违法案件时，对与案件有关的情况和资料，可以记录、录音、录像、照相和复制。

【注释】相关规定包括：《国家税务总局关于印发〈税收执法检查规则〉的通知》(国税发〔2004〕126号)、《国家税务总局关于印发〈税务检查证管理暂行办法〉的通知》(国税发〔2005〕154号)。

第五十九条 税务机关派出的人员进行税务检查时，应当出示税务检查证和税务检查通知书，并有责任为被检查人保守秘密；未出示税务检查证和税务检查通知书的，被检查人有权拒绝检查。

【注释】相关规定包括：《国家税务总局关于印发〈税收执法检查规则〉的通知》(国税发〔2004〕126号)、《国家税务总局关于印发〈税务检查证管理暂行办法〉的通知》(国税发〔2005〕154号)。

第五章 法 律 责 任

第六十条 纳税人有下列行为之一的，由税务机关责令限期改正，可以处二千元以下的罚款；情节严重的，处二千元以上一万元以下的罚款：

(一)未按照规定的期限申报办理税务登记、变更或者注销登记的；

(二)未按照规定设置、保管账簿或者保管记账凭证和有关资料的；

(三)未按照规定将财务、会计制度或者财务、会计处理办法和会计核算软件报送税务机关备查的；

(四)未按照规定将其全部银行账号向税务机关报告的；

(五)未按照规定安装、使用税控装置，或者损毁或者擅自改动税控装置的。

纳税人不办理税务登记的，由税务机关责令限期改正；逾期不改正的，经税务机关提请，由工商行政管理机关吊销其营业执照。

纳税人未按照规定使用税务登记证件，或者转借、涂改、损毁、买卖、伪造税务登记证件的，处二千元以上一万元以下的罚款；情节严重的，处一万元以上五万元以下的罚款。

【注释】相关规定包括：《国家税务总局关于贯彻〈中华人民共和国税收征收管理法〉及其实施细则若干具体问题的通知》(国税发〔2003〕47号)。

第六十一条 扣缴义务人未按照规定设置、保管代扣代缴、代收代缴税款账簿或者保管代扣代缴、代收代缴税款记账凭证及有关资料的，由税务机关责令限期改正，可以处二千元以下的罚款；情节严重的，处二千元以上五千元以下的罚款。

第六十二条 纳税人未按照规定的期限办理纳税申报和报送纳税资料的，或者扣缴义务人未按照规定的期限向税务机关报送代扣代缴、代收代缴税款报告表和有关资料的，由税务机关责令限期改正，可以处二千元以下的罚款；情节严重的，可以处二千元以上一万元以下的罚款。

【注释】相关规定包括：《国家税务总局关于印发〈纳税人财务会计报表报送管理办法〉

的通知》（国税发〔2005〕20号）。

第六十三条 纳税人伪造、变造、隐匿、擅自销毁账簿、记账凭证，或者在账簿上多列支出或者不列、少列收入，或者经税务机关通知申报而拒不申报或者进行虚假的纳税申报，不缴或者少缴应纳税款的，是偷税。对纳税人偷税的，由税务机关追缴其不缴或者少缴的税款、滞纳金，并处不缴或者少缴的税款百分之五十以上五倍以下的罚款；构成犯罪的，依法追究刑事责任。

扣缴义务人采取前款所列手段，不缴或者少缴已扣、已收税款，由税务机关追缴其不缴或者少缴的税款、滞纳金，并处不缴或者少缴的税款百分之五十以上五倍以下的罚款；构成犯罪的，依法追究刑事责任。

第六十四条 纳税人、扣缴义务人编造虚假计税依据的，由税务机关责令限期改正，并处五万元以下的罚款。

纳税人不进行纳税申报，不缴或者少缴应纳税款的，由税务机关追缴其不缴或者少缴的税款、滞纳金，并处不缴或者少缴的税款百分之五十以上五倍以下的罚款。

第六十五条 纳税人欠缴应纳税款，采取转移或者隐匿财产的手段，妨碍税务机关追缴欠缴的税款的，由税务机关追缴欠缴的税款、滞纳金，并处欠缴税款百分之五十以上五倍以下的罚款；构成犯罪的，依法追究刑事责任。

第六十六条 以假报出口或者其他欺骗手段，骗取国家出口退税款，由税务机关追缴其骗取的退税款，并处骗取税款一倍以上五倍以下的罚款；构成犯罪的，依法追究刑事责任。

对骗取国家出口退税款的，税务机关可以在规定期间内停止为其办理出口退税。

第六十七条 以暴力、威胁方法拒不缴纳税款的，是抗税，除由税务机关追缴其拒缴的税款、滞纳金外，依法追究刑事责任。情节轻微，未构成犯罪的，由税务机关追缴其拒缴的税款、滞纳金，并处拒缴税款一倍以上五倍以下的罚款。

第六十八条 纳税人、扣缴义务人在规定期限内不缴或者少缴应纳或者应解缴的税款，经税务机关责令限期缴纳，逾期仍未缴纳的，税务机关除依照本法第四十条的规定采取强制执行措施追缴其不缴或者少缴的税款外，可以处不缴或者少缴的税款百分之五十以上五倍以下的罚款。

第六十九条 扣缴义务人应扣未扣、应收而不收税款的，由税务机关向纳税人追缴税款，对扣缴义务人处应扣未扣、应收未收税款百分之五十以上三倍以下的罚款。

第七十条 纳税人、扣缴义务人逃避、拒绝或者以其他方式阻挠税务机关检查的，由税务机关责令改正，可以处一万元以下的罚款；情节严重的，处一万元以上五万元以下的罚款。

【注释】相关规定包括：《国家税务总局关于印发〈纳税人财务会计报表报送管理办法〉的通知》（国税发〔2005〕20号）。

第七十一条 违反本法第二十二条规定，非法印制发票的，由税务机关销毁非法印制的发票，没收违法所得和作案工具，并处一万元以上五万元以下的罚款；构成犯罪的，依法追究刑事责任。

第七十二条 从事生产、经营的纳税人、扣缴义务人有本法规定的税收违法行为，拒不接受税务机关处理的，税务机关可以收缴其发票或者停止向其发售发票。

第七十三条 纳税人、扣缴义务人的开户银行或者其他金融机构拒绝接受税务机关依法检查纳税人、扣缴义务人存款账户，或者拒绝执行税务机关作出的冻结存款或者扣缴税款的决定，或者在接到税务机关的书面通知后帮助纳税人、扣缴义务人转移存款，造成税款流失的，由税务机关处十万元以上五十万元以下的罚款，对直接负责的主管人员和其他直接责任人员处一千元以上一万元以下的罚款。

第七十四条 本法规定的行政处罚,罚款额在二千元以下的,可以由税务所决定。

第七十五条 税务机关和司法机关的涉税罚没收入,应当按照税款入库预算级次上缴国库。

第七十六条 税务机关违反规定擅自改变税收征收管理范围和税款入库预算级次的,责令限期改正,对直接负责的主管人员和其他直接责任人员依法给予降级或者撤职的行政处分。

第七十七条 纳税人、扣缴义务人有本法第六十三条、第六十五条、第六十六条、第六十七条、第七十一条规定的行为涉嫌犯罪的,税务机关应当依法移交司法机关追究刑事责任。

税务人员徇私舞弊,对依法应当移交司法机关追究刑事责任的不移交,情节严重的,依法追究刑事责任。

第七十八条 未经税务机关依法委托征收税款的,责令退还收取的财物,依法给予行政处分或者行政处罚;致使他人合法权益受到损失的,依法承担赔偿责任;构成犯罪的,依法追究刑事责任。

第七十九条 税务机关、税务人员查封、扣押纳税人个人及其所扶养家属维持生活必需的住房和用品的,责令退还,依法给予行政处分;构成犯罪的,依法追究刑事责任。

第八十条 税务人员与纳税人、扣缴义务人勾结,唆使或者协助纳税人、扣缴义务人有本法第六十三条、第六十五条、第六十六条规定的行为,构成犯罪的,依法追究刑事责任;尚不构成犯罪的,依法给予行政处分。

第八十一条 税务人员利用职务上的便利,收受或者索取纳税人、扣缴义务人财物或者谋取其他不正当利益,构成犯罪的,依法追究刑事责任;尚不构成犯罪的,依法给予行政处分。

第八十二条 税务人员徇私舞弊或者玩忽职守,不征或者少征应征税款,致使国家税收遭受重大损失,构成犯罪的,依法追究刑事责任;尚不构成犯罪的,依法给予行政处分。

税务人员滥用职权,故意刁难纳税人、扣缴义务人的,调离税收工作岗位,并依法给予行政处分。

税务人员对控告、检举税收违法违纪行为的纳税人、扣缴义务人以及其他检举人进行打击报复的,依法给予行政处分;构成犯罪的,依法追究刑事责任。

税务人员违反法律、行政法规的规定,故意高估或者低估农业税计税产量,致使多征或者少征税款,侵犯农民合法权益或者损害国家利益,构成犯罪的,依法追究刑事责任;尚不构成犯罪的,依法给予行政处分。

第八十三条 违反法律、行政和法规的规定提前征收、延缓征收或者摊派税款的,由其上级机关或者行政监察机关责令改正,对直接负责的主管人员和其他直接责任人员依法给予行政处分。

第八十四条 违反法律、行政法规的规定,擅自作出税收的开征、停征或者减税、免税、退税、补税以及其他同税收法律、行政法规相抵触的决定的,除依照本法规定撤销其擅自作出的决定外,补征应征未征税款,退还不应征收而征收的税款,并由上级机关追究直接负责的主管人员和其他直接责任人员的行政责任;构成犯罪的,依法追究刑事责任。

【注释】相关规定包括:《国家税务总局关于印发〈税收减免管理办法(试行)〉的通知》(国税发〔2005〕129号)。

第八十五条 税务人员在征收税款或者查处税收违法案件时,未按照本法规定进行回避的,对直接负责的主管人员和其他直接责任人员,依法给予行政处分。

第八十六条 违反税收法律、行政法规应当给予行政处罚的行为,在五年内未被发现的,不再给予行政处罚。

第八十七条 未按照本法规定为纳税人、扣缴义务人、检举人保密的，对直接负责的主管人员和其他直接责任人员，由所在单位或者有关单位依法给予行政处分。

第八十八条 纳税人、扣缴义务人、纳税担保人同税务机关在纳税上发生争议时，必须先依照税务机关的纳税决定缴纳或者解缴税款及滞纳金或者提供相应的担保，然后可以依法申请行政复议；对行政复议决定不服的，可以依法向人民法院起诉。

当事人对税务机关的处罚决定、强制执行措施或者税收保全措施不服的，可以依法申请行政复议，也可以依法向人民法院起诉。

当事人对税务机关的处罚决定逾期不申请行政复议也不向人民法院起诉、又不履行的，作出处罚决定的税务机关可以采取本法第四十条规定的强制执行措施，或者申请人民法院强制执行。

【注释】相关规定包括：《国家税务总局关于纳税人不服交通部门代征车辆购置税行为行政复议管辖问题的通知》（国税函〔2001〕233号）、《国家税务总局关于涉税案件在刑事审判期间是否应当中止税务行政复议问题的批复》（国税函〔2002〕130号）、《税务行政复议规则》（国家税务总局令第21号）。

第六章 附 则

第八十九条 纳税人、扣缴义务人可以委托税务代理人代为办理税务事宜。

【注释】相关规定包括：《人事部国家税务总局关于印发〈注册税务师资格制度暂行规定〉的通知》（人发〔1996〕116号）、《国家税务总局关于印发〈注册税务师注册管理暂行办法〉的通知》（国税发〔1999〕79号）。

第九十条 耕地占用税、契税、农业税、牧业税征收管理的具体办法，由国务院另行制定。

关税及海关代征税收的征收管理，依照法律、行政法规的有关规定执行。

【注释】相关规定包括：《国家税务总局关于农业税、牧业税、耕地占用税、契税征收管理暂参照〈中华人民共和国税收征收管理法〉执行的通知》（国税发〔2001〕110号）。

第九十一条 中华人民共和国同外国缔结的有关税收的条约、协定同本法有不同规定的，依照条约、协定的规定办理。

第九十二条 本法施行前颁布的税收法律与本法有不同规定的，适用本法规定。

第九十三条 国务院根据本法制定实施细则。

第九十四条 本法自2001年5月1日起施行。

2. 中华人民共和国税收征收管理法实施细则

（2002年9月7日中华人民共和国国务院令第362号公布 根据2012年11月9日《国务院关于修改和废止部分行政法规的决定》第一次修订 根据2013年7月18日《国务院关于废止和修改部分行政法规的决定》第二次修订 根据2016年2月6日《国务院关于修改部分行政法规的决定》第三次修订）

第一章 总 则

第一条 根据《中华人民共和国税收征收管理法》（以下简称税收征管法）的规定，

制定本细则。

第二条 凡依法由税务机关征收的各种税收的征收管理，均适用税收征管法及本细则；税收征管法及本细则没有规定的，依照其他有关税收法律、行政法规的规定执行。

第三条 任何部门、单位和个人作出的与税收法律、行政法规相抵触的决定一律无效，税务机关不得执行，并应当向上级税务机关报告。

纳税人应当依照税收法律、行政法规的规定履行纳税义务；其签订的合同、协议等与税收法律、行政法规相抵触的，一律无效。

第四条 国家税务总局负责制定全国税务系统信息化建设的总体规划、技术标准、技术方案与实施办法；各级税务机关应当按照国家税务总局的总体规划、技术标准、技术方案与实施办法，做好本地区税务系统信息化建设的具体工作。

地方各级人民政府应当积极支持税务系统信息化建设，并组织有关部门实现相关信息的共享。

第五条 税收征管法第八条所称为纳税人、扣缴义务人保密的情况，是指纳税人、扣缴义务人的商业秘密及个人隐私。纳税人、扣缴义务人的税收违法行为不属于保密范围。

【注释】相关规定包括：《国家税务总局关于国家税务局与地方税务局联合办理税务登记有关问题的通知》（国税发〔2004〕57号）。

第六条 国家税务总局应当制定税务人员行为准则和服务规范。

上级税务机关发现下级税务机关的税收违法行为，应当及时予以纠正；下级税务机关应当按照上级税务机关的决定及时改正。

下级税务机关发现上级税务机关的税收违法行为，应当向上级税务机关或者有关部门报告。

【注释】相关规定包括：《国家税务总局关于印发〈纳税服务工作规范（试行）〉的通知》（国税发〔2005〕165号）。

第七条 税务机关根据检举人的贡献大小给予相应的奖励，奖励所需资金列入税务部门年度预算，单项核定。奖励资金具体使用办法以及奖励标准，由国家税务总局会同财政部制定。

【注释】相关规定包括：《国家税务总局关于印发〈税务违法案件举报奖励办法〉的通知》（国税发〔1998〕211号）。

第八条 税务人员在核定应纳税额、调整税收定额、进行税务检查、实施税务行政处罚、办理税务行政复议时，与纳税人、扣缴义务人或者其法定代表人、直接责任人有下列关系之一的，应当回避：

（一）夫妻关系；

（二）直系血亲关系；

（三）三代以内旁系血亲关系；

（四）近姻亲关系；

（五）可能影响公正执法的其他利害关系。

【注释】相关规定包括：《国家税务总局税务行政复议规则》（国家税务总局令第21号）。

第九条 税收征管法第十四条所称按照国务院规定设立的并向社会公告的税务机构，是指省以下税务局的稽查局。稽查局专司偷税、逃避追缴欠税、骗税、抗税案件的查处。

国家税务总局应当明确划分税务局和稽查局的职责，避免职责交叉。

【注释】相关规定包括：《国家税务总局关于稽查局有关执法权限的批复》（国税函

〔2003〕561号）、《国家税务总局关于印发〈国家税务总局关于进一步规范国家税务局系统机构设置的意见〉的通知》（国税发〔2003〕128号）。

第二章 税 务 登 记

第十条 国家税务局、地方税务局对同一纳税人的税务登记应当采用同一代码，信息共享。

税务登记的具体办法由国家税务总局制定。

【注释】相关规定包括：《国家税务总局关于贯彻〈中华人民共和国税收征收管理法〉及其实施细则若干具体问题的通知》（国税发〔2003〕47号）、《税务登记管理办法》（国家税务总局令第7号）。

第十一条 各级工商行政管理机关应当向同级国家税务局和地方税务局定期通报办理开业、变更、注销登记以及吊销营业执照的情况。

通报的具体办法由国家税务总局和国家工商行政管理总局联合制定。

【注释】相关规定包括：《税务登记管理办法》（国家税务总局令第7号）。

第十二条 从事生产、经营的纳税人应当自领取营业执照之日起30日内，向生产、经营地或者纳税义务发生地的主管税务机关申报办理税务登记，如实填写税务登记表，并按照税务机关的要求提供有关证件、资料。

前款规定以外的纳税人，除国家机关和个人外，应当自纳税义务发生之日起30日内，持有关证件向所在地的主管税务机关申报办理税务登记。

个人所得税的纳税人办理税务登记的办法由国务院另行规定。

税务登记证件的式样，由国家税务总局制定。

【注释】相关规定包括：《税务登记管理办法》（国家税务总局令第7号）。

第十三条 扣缴义务人应当自扣缴义务发生之日起30日内，向所在地的主管税务机关申报办理扣缴税款登记，领取扣缴税款登记证件；税务机关对已办理税务登记的扣缴义务人，可以只在其税务登记证件上登记扣缴税款事项，不再发给扣缴税款登记证件。

【注释】相关规定包括：《税务登记管理办法》（国家税务总局令第7号）、《国家税务总局关于完善税务登记管理若干问题的通知》（国税发〔2006〕37号）。

第十四条 纳税人税务登记内容发生变化的，应当自工商行政管理机关或者其他机关办理变更登记之日起30日内，持有关证件向原税务登记机关申报办理变更税务登记。

纳税人税务登记内容发生变化，不需要到工商行政管理机关或者其他机关办理变更登记的，应当自发生变化之日起30日内，持有关证件向原税务登记机关申报办理变更税务登记。

【注释】相关规定包括：《税务登记管理办法》（国家税务总局令第7号）。

第十五条 纳税人发生解散、破产、撤销以及其他情形，依法终止纳税义务的，应当在向工商行政管理机关或者其他机关办理注销登记前，持有关证件向原税务登记机关申报办理注销税务登记；按照规定不需要在工商行政管理机关或者其他机关办理注册登记的，应当自有关机关批准或者宣告终止之日起15日内，持有关证件向原税务登记机关申报办理注销税务登记。

纳税人因住所、经营地点变动，涉及改变税务登记机关的，应当在向工商行政管理机关或者其他机关申请办理变更或者注销登记前或者住所、经营地点变动前，向原税务登记机关申报办理注销税务登记，并在30日内向迁达地税务机关申报办理税务登记。

纳税人被工商行政管理机关吊销营业执照或者被其他机关予以撤销登记的，应当自营业执照被吊销或者被撤销登记之日起 15 日内,向原税务登记机关申报办理注销税务登记。

【注释】相关规定包括:《税务登记管理办法》(国家税务总局令第 7 号)。

第十六条 纳税人在办理注销税务登记前,应当向税务机关结清应纳税款、滞纳金、罚款,缴销发票、税务登记证件和其他税务证件。

【注释】相关规定包括:《税务登记管理办法》(国家税务总局令第 7 号)。

第十七条 从事生产、经营的纳税人应当自开立基本存款账户或者其他存款账户之日起 15 日内,向主管税务机关书面报告其全部账号;发生变化的,应当自变化之日起 15 日内,向主管税务机关书面报告。

【注释】相关规定包括:《税务登记管理办法》(国家税务总局令第 7 号)。

第十八条 除按照规定不需要发给税务登记证件的外,纳税人办理下列事项时,必须持税务登记证件:

(一)开立银行账户;

(二)申请减税、免税、退税;

(三)申请办理延期申报、延期缴纳税款;

(四)领购发票;

(五)申请开具外出经营活动税收管理证明;

(六)办理停业、歇业;

(七)其他有关税务事项。

【注释】相关规定包括:《税务登记管理办法》(国家税务总局令第 7 号)。

第十九条 税务机关对税务登记证件实行定期验证和换证制度。纳税人应当在规定的期限内持有关证件到主管税务机关办理验证或者换证手续。

【注释】相关规定包括:《税务登记管理办法》(国家税务总局令第 7 号)。

第二十条 纳税人应当将税务登记证件正本在其生产、经营场所或者办公场所公开悬挂,接受税务机关检查。

【注释】相关规定包括:《税务登记管理办法》(国家税务总局令第 7 号)。

纳税人遗失税务登记证件的,应当在 15 日内书面报告主管税务机关,并登报声明作废。

第二十一条 从事生产、经营的纳税人到外县(市)临时从事生产、经营活动的,应当持税务登记证副本和所在地税务机关填开的外出经营活动税收管理证明,向营业地税务机关报验登记,接受税务管理。

从事生产、经营的纳税人外出经营,在同一地累计超过 180 天的,应当在营业地办理税务登记手续。

【注释】相关规定包括:《国家税务总局关于贯彻〈中华人民共和国税收征收管理法〉及其实施细则若干具体问题的通知》(国税发〔2003〕47 号)、《税务登记管理办法》(国家税务总局令第 7 号)。

第三章 账簿、凭证管理

第二十二条 从事生产、经营的纳税人应当自领取营业执照或者发生纳税义务之日起 15 日内,按照国家有关规定设置账簿。

前款所称账簿,是指总账、明细账、日记账以及其他辅助性账簿。总账、日记账应当采用订本式。

第二十三条 生产、经营规模小又确无建账能力的纳税人,可以聘请经批准从事会计代理记账业务的专业机构或者财会人员代为建账和办理账务。

第二十四条 从事生产、经营的纳税人应当自领取税务登记证件之日起15日内，将其财务、会计制度或者财务、会计处理办法报送主管税务机关备案。

纳税人使用计算机记账的，应当在使用前将会计电算化系统的会计核算软件、使用说明书及有关资料报送主管税务机关备案。

纳税人建立的会计电算化系统应当符合国家有关规定，并能正确、完整核算其收入或者所得。

第二十五条 扣缴义务人应当自税收法律、行政法规规定的扣缴义务发生之日起10日内，按照所代扣、代收的税种，分别设置代扣代缴、代收代缴税款账簿。

第二十六条 纳税人、扣缴义务人会计制度健全，能够通过计算机正确、完整计算其收入和所得或者代扣代缴、代收代缴税款情况的，其计算机输出的完整的书面会计记录，可视同会计账簿。

纳税人、扣缴义务人会计制度不健全，不能通过计算机正确、完整计算其收入和所得或者代扣代缴、代收代缴税款情况的，应当建立总账及与纳税或者代扣代缴、代收代缴税款有关的其他账簿。

第二十七条 账簿、会计凭证和报表，应当使用中文。民族自治地方可以同时使用当地通用的一种民族文字。外商投资企业和外国企业可以同时使用一种外国文字。

第二十八条 纳税人应当按照税务机关的要求安装、使用税控装置，并按照税务机关的规定报送有关数据和资料。

税控装置推广应用的管理办法由国家税务总局另行制定，报国务院批准后实施。

第二十九条 账簿、记账凭证、报表、完税凭证、发票、出口凭证以及其他有关涉税资料应当合法、真实、完整。

账簿、记账凭证、报表、完税凭证、发票、出口凭证以及其他有关涉税资料应当保存10年；但是，法律、行政法规另有规定的除外。

第四章 纳税申报

第三十条 税务机关应当建立、健全纳税人自行申报纳税制度。经税务机关批准，纳税人、扣缴义务人可以采取邮寄、数据电文方式办理纳税申报或者报送代扣代缴、代收代缴税款报告表。

数据电文方式，是指税务机关确定的电话语音、电子数据交换和网络传输等电子方式。

【注释】相关规定包括：《国家税务总局邮电部关于印发〈邮寄纳税申报办法〉的通知》（国税发〔1997〕147号）。

第三十一条 纳税人采取邮寄方式办理纳税申报的，应当使用统一的纳税申报专用信封，并以邮政部门收据作为申报凭据。邮寄申报以寄出的邮戳日期为实际申报日期。

纳税人采取电子方式办理纳税申报的，应当按照税务机关规定的期限和要求保存有关资料，并定期书面报送主管税务机关。

【注释】相关规定包括：《国家税务总局邮电部关于印发〈邮寄纳税申报办法〉的通知》（国税发〔1997〕147号）。

第三十二条 纳税人在纳税期内没有应纳税款的，也应当按照规定办理纳税申报。

纳税人享受减税、免税待遇的，在减税、免税期间应当按照规定办理纳税申报。

第三十三条 纳税人、扣缴义务人的纳税申报或者代扣代缴、代收代缴税款报告表的主要内容包括：税种、税目，应纳税项目或者应代扣代缴、代收代缴税款项目，计税依据，扣除项目及标准，适用税率或者单位税额，应退税项目及税额、应减免税项目及税额，应纳税额或者应代扣代缴、代收代缴税额，税款所属期限、延期缴纳税款、欠税、滞纳金等。

第三十四条　纳税人办理纳税申报时，应当如实填写纳税申报表，并根据不同的情况相应报送下列有关证件、资料：

（一）财务会计报表及其说明材料；

（二）与纳税有关的合同、协议书及凭证；

（三）税控装置的电子报税资料；

（四）外出经营活动税收管理证明和异地完税凭证；

（五）境内或者境外公证机构出具的有关证明文件；

（六）税务机关规定应当报送的其他有关证件、资料。

第三十五条　扣缴义务人办理代扣代缴、代收代缴税款报告时，应当如实填写代扣代缴、代收代缴税款报告表，并报送代扣代缴、代收代缴税款的合法凭证以及税务机关规定的其他有关证件、资料。

第三十六条　实行定期定额缴纳税款的纳税人，可以实行简易申报、简并征期等申报纳税方式。

【注释】相关规定包括：《国家税务总局关于贯彻〈中华人民共和国税收征收管理法〉及其实施细则若干具体问题的通知》（国税发〔2003〕47号）、《国家税务总局个体工商户税收定期定额征收管理办法》（国家税务总局令第16号）。

第三十七条　纳税人、扣缴义务人按照规定的期限办理纳税申报或者报送代扣代缴、代收代缴税款报告表确有困难，需要延期的，应当在规定的期限内向税务机关提出书面延期申请，经税务机关核准，在核准的期限内办理。

纳税人、扣缴义务人因不可抗力，不能按期办理纳税申报或者报送代扣代缴、代收代缴税款报告表的，可以延期办理；但是，应当在不可抗力情形消除后立即向税务机关报告。税务机关应当查明事实，予以核准。

第五章　税款征收

第三十八条　税务机关应当加强对税款征收的管理，建立、健全责任制度。

税务机关根据保证国家税款及时足额入库、方便纳税人、降低税收成本的原则，确定税款征收的方式。

税务机关应当加强对纳税人出口退税的管理，具体管理办法由国家税务总局会同国务院有关部门制定。

第三十九条　税务机关应当将各种税收的税款、滞纳金、罚款，按照国家规定的预算科目和预算级次及时缴入国库，税务机关不得占压、挪用、截留，不得缴入国库以外或者国家规定的税款账户以外的任何账户。

已缴入国库的税款、滞纳金、罚款，任何单位和个人不得擅自变更预算科目和预算级次。

第四十条　税务机关应当根据方便、快捷、安全的原则，积极推广使用支票、银行卡、电子结算方式缴纳税款。

第四十一条　纳税人有下列情形之一的，属于税收征管法第三十一条所称特殊困难：

（一）因不可抗力，导致纳税人发生较大损失，正常生产经营活动受到较大影响的；

（二）当期货币资金在扣除应付职工工资、社会保险费后，不足以缴纳税款的。

计划单列市国家税务局、地方税务局可以参照税收征管法第三十一条第二款的批准权限，审批纳税人延期缴纳税款。

【注释】 相关规定包括：《国家税务总局关于延期缴纳税款有关问题的通知》（国税函〔2004〕1406号）。

第四十二条 纳税人需要延期缴纳税款的，应当在缴纳税款期限届满前提出申请，并报送下列材料：申请延期缴纳税款报告，当期货币资金余额情况及所有银行存款账户的对账单，资产负债表，应付职工工资和社会保险费等税务机关要求提供的支出预算。

税务机关应当自收到申请延期缴纳税款报告之日起20日内作出批准或者不予批准的决定；不予批准的，从缴纳税款期限届满之日起加收滞纳金。

第四十三条 享受减税、免税优惠的纳税人，减税、免税期满，应当自期满次日起恢复纳税；减税、免税条件发生变化的，应当在纳税申报时向税务机关报告；不再符合减税、免税条件的，应当依法履行纳税义务；未依法纳税的，税务机关应当予以追缴。

第四十四条 税务机关根据有利于税收控管和方便纳税的原则，可以按照国家有关规定委托有关单位和人员代征零星分散和异地缴纳的税收，并发给委托代征证书。受托单位和人员按照代征证书的要求，以税务机关的名义依法征收税款，纳税人不得拒绝；纳税人拒绝的，受托代征单位和人员应当及时报告税务机关。

第四十五条 税收征管法第三十四条所称完税凭证，是指各种完税证、缴款书、印花税票、扣（收）税凭证以及其他完税证明。

未经税务机关指定，任何单位、个人不得印制完税凭证。完税凭证不得转借、倒卖、变造或者伪造。

完税凭证的式样及管理办法由国家税务总局制定。

第四十六条 税务机关收到税款后，应当向纳税人开具完税凭证。纳税人通过银行缴纳税款的，税务机关可以委托银行开具完税凭证。

第四十七条 纳税人有税收征管法第三十五条或者第三十七条所列情形之一的，税务机关有权采用下列任何一种方法核定其应纳税额：

（一）参照当地同类行业或者类似行业中经营规模和收入水平相近的纳税人的税负水平核定；

（二）按照营业收入或者成本加合理的费用和利润的方法核定；

（三）按照耗用的原材料、燃料、动力等推算或者测算核定；

（四）按照其他合理方法核定。

采用前款所列一种方法不足以正确核定应纳税额时，可以同时采用两种以上的方法核定。

纳税人对税务机关采取本条规定的方法核定的应纳税额有异议的，应当提供相关证据，经税务机关认定后，调整应纳税额。

【注释】 相关规定包括：《国家税务总局关于贯彻〈中华人民共和国税收征收管理法〉及其实施细则若干具体问题的通知》（国税发〔2003〕47号）。

第四十八条 税务机关负责纳税人纳税信誉等级评定工作。纳税人纳税信誉等级的评定办法由国家税务总局制定。

第四十九条 承包人或者承租人有独立的生产经营权，在财务上独立核算，并定期向发包人或者出租人上缴承包费或者租金的，承包人或者承租人应当就其生产、经营收入和所得纳税，并接受税务管理；但是，法律、行政法规另有规定的除外。

发包人或者出租人应当自发包或者出租之日起30日内将承包人或者承租人的有关情况向主管税务机关报告。发包人或者出租人不报告的,发包人或者出租人与承包人或者承租人承担纳税连带责任。

【注释】相关规定包括:《国家税务总局关于印发〈集贸市场税收分类管理办法〉的通知》(国税发〔2004〕154号)。

第五十条 纳税人有解散、撤销、破产情形的,在清算前应当向其主管税务机关报告;未结清税款的,由其主管税务机关参加清算。

第五十一条 税收征管法第三十六条所称关联企业,是指有下列关系之一的公司、企业和其他经济组织:

(一)在资金、经营、购销等方面,存在直接或者间接的拥有或者控制关系;

(二)直接或者间接地同为第三者所拥有或者控制;

(三)在利益上具有相关联的其他关系。

纳税人有义务就其与关联企业之间的业务往来,向当地税务机关提供有关的价格、费用标准等资料。具体办法由国家税务总局制定。

第五十二条 税收征管法第三十六条所称独立企业之间的业务往来,是指没有关联关系的企业之间按照公平成交价格和营业常规所进行的业务往来。

第五十三条 纳税人可以向主管税务机关提出与其关联企业之间业务往来的定价原则和计算方法,主管税务机关审核、批准后,与纳税人预先约定有关定价事项,监督纳税人执行。

第五十四条 纳税人与其关联企业之间的业务往来有下列情形之一的,税务机关可以调整其应纳税额:

(一)购销业务未按照独立企业之间的业务往来作价;

(二)融通资金所支付或者收取的利息超过或者低于没有关联关系的企业之间所能同意的数额,或者利率超过或者低于同类业务的正常利率;

(三)提供劳务,未按照独立企业之间业务往来收取或者支付劳务费用;

(四)转让财产、提供财产使用权等业务往来,未按照独立企业之间业务往来作价或者收取、支付费用;

(五)未按照独立企业之间业务往来作价的其他情形。

第五十五条 纳税人有本细则第五十四条所列情形之一的,税务机关可以按照下列方法调整计税收入额或者所得额:

(一)按照独立企业之间进行的相同或者类似业务活动的价格;

(二)按照再销售给无关联关系的第三者的价格所应取得的收入和利润水平;

(三)按照成本加合理的费用和利润;

(四)按照其他合理的方法。

第五十六条 纳税人与其关联企业未按照独立企业之间的业务往来支付价款、费用的,税务机关自该业务往来发生的纳税年度起3年内进行调整;有特殊情况的,可以自该业务往来发生的纳税年度起10年内进行调整。

【注释】相关规定包括:《国家税务总局关于贯彻〈中华人民共和国税收征收管理法〉及其实施细则若干具体问题的通知》(国税发〔2003〕47号)。

第五十七条 税收征管法第三十七条所称未按照规定办理税务登记从事生产、经营的纳税人,包括到外县(市)从事生产、经营而未向营业地税务机关报验登记的纳税人。

第五十八条 税务机关依照税收征管法第三十七条的规定,扣押纳税人商品、货物的,纳税人应当自扣押之日起15日内缴纳税款。

对扣押的鲜活、易腐烂变质或者易失效的商品、货物，税务机关根据被扣押物品的保质期，可以缩短前款规定的扣押期限。

第五十九条 税收征管法第三十八条、第四十条所称其他财产，包括纳税人的房地产、现金、有价证券等不动产和动产。

机动车辆、金银饰品、古玩字画、豪华住宅或者一处以外的住房不属于税收征管法第三十八条、第四十条、第四十二条所称个人及其所扶养家属维持生活必需的住房和用品。

税务机关对单价5 000元以下的其他生活用品，不采取税收保全措施和强制执行措施。

第六十条 税收征管法第三十八条、第四十条、第四十二条所称个人所扶养家属，是指与纳税人共同居住生活的配偶、直系亲属以及无生活来源并由纳税人扶养的其他亲属。

第六十一条 税收征管法第三十八条、第八十八条所称担保，包括经税务机关认可的纳税保证人为纳税人提供的纳税保证，以及纳税人或者第三人以其未设置或者未全部设置担保物权的财产提供的担保。

纳税保证人，是指在中国境内具有纳税担保能力的自然人、法人或者其他经济组织。

法律、行政法规规定的没有担保资格的单位和个人，不得作为纳税担保人。

第六十二条 纳税担保人同意为纳税人提供纳税担保的，应当填写纳税担保书，写明担保对象、担保范围、担保期限和担保责任以及其他有关事项。担保书须经纳税人、纳税担保人签字盖章并经税务机关同意，方为有效。

纳税人或者第三人以其财产提供纳税担保的，应当填写财产清单，并写明财产价值以及其他有关事项。纳税担保财产清单须经纳税人、第三人签字盖章并经税务机关确认，方为有效。

第六十三条 税务机关执行扣押、查封商品、货物或者其他财产时，应当由两名以上税务人员执行，并通知被执行人。被执行人是自然人的，应当通知被执行人本人或者其成年家属到场；被执行人是法人或者其他组织的，应当通知其法定代表人或者主要负责人到场；拒不到场的，不影响执行。

第六十四条 税务机关执行税收征管法第三十七条、第三十八条、第四十条的规定，扣押、查封价值相当于应纳税款的商品、货物或者其他财产时，参照同类商品的市场价、出厂价或者评估价估算。

税务机关按照前款方法确定应扣押、查封的商品、货物或者其他财产的价值时，还应当包括滞纳金和拍卖、变卖所发生的费用。

第六十五条 对价值超过应纳税额且不可分割的商品、货物或者其他财产，税务机关在纳税人、扣缴义务人或者纳税担保人无其他可供强制执行的财产的情况下，可以整体扣押、查封、拍卖。

第六十六条 税务机关执行税收征管法第三十七条、第三十八条、第四十条的规定，实施扣押、查封时，对有产权证件的动产或者不动产，税务机关可以责令当事人将产权证件交税务机关保管，同时可以向有关机关发出协助执行通知书，有关机关在扣押、查封期间不再办理该动产或者不动产的过户手续。

第六十七条 对查封的商品、货物或者其他财产，税务机关可以指令被执行人负责保管，保管责任由被执行人承担。

继续使用被查封的财产不会减少其价值的，税务机关可以允许被执行人继续使用；因被执行人保管或者使用的过错造成的损失，由被执行人承担。

第六十八条　纳税人在税务机关采取税收保全措施后,按照税务机关规定的期限缴纳税款的,税务机关应当自收到税款或者银行转回的完税凭证之日起1日内解除税收保全。

第六十九条　税务机关将扣押、查封的商品、货物或者其他财产变价抵缴税款时,应当交由依法成立的拍卖机构拍卖;无法委托拍卖或者不适于拍卖的,可以交由当地商业企业代为销售,也可以责令纳税人限期处理;无法委托商业企业销售,纳税人也无法处理的,可以由税务机关变价处理,具体办法由国家税务总局规定。国家禁止自由买卖的商品,应当交由有关单位按照国家规定的价格收购。

拍卖或者变卖所得抵缴税款、滞纳金、罚款以及拍卖、变卖等费用后,剩余部分应当在3日内退还被执行人。

第七十条　税收征管法第三十九条、第四十三条所称损失,是指因税务机关的责任,使纳税人、扣缴义务人或者纳税担保人的合法利益遭受的直接损失。

第七十一条　税收征管法所称其他金融机构,是指信托投资公司、信用合作社、邮政储蓄机构以及经中国人民银行、中国证券监督管理委员会等批准设立的其他金融机构。

第七十二条　税收征管法所称存款,包括独资企业投资人、合伙企业合伙人、个体工商户的储蓄存款以及股东资金账户中的资金等。

第七十三条　从事生产、经营的纳税人、扣缴义务人未按照规定的期限缴纳或者解缴税款的,纳税担保人未按照规定的期限缴纳所担保的税款的,由税务机关发出限期缴纳税款通知书,责令缴纳或者解缴税款的最长期限不得超过15日。

第七十四条　欠缴税款的纳税人或者其法定代表人在出境前未按照规定结清应纳税款、滞纳金或者提供纳税担保的,税务机关可以通知出入境管理机关阻止其出境。阻止出境的具体办法,由国家税务总局会同公安部制定。

第七十五条　税收征管法第三十二条规定的加收滞纳金的起止时间,为法律、行政法规规定或者税务机关依照法律、行政法规的规定确定的税款缴纳期限届满次日起至纳税人、扣缴义务人实际缴纳或者解缴税款之日止。

第七十六条　县级以上各级税务机关应当将纳税人的欠税情况,在办税场所或者广播、电视、报纸、期刊、网络等新闻媒体上定期公告。

对纳税人欠缴税款的情况实行定期公告的办法,由国家税务总局制定。

【注释】相关规定包括:《欠税公告办法(试行)》(国家税务总局令第9号)。

第七十七条　税收征管法第四十九条所称欠缴税款数额较大,是指欠缴税款5万元以上。

第七十八条　税务机关发现纳税人多缴税款的,应当自发现之日起10日内办理退还手续;纳税人发现多缴税款,要求退还的,税务机关应当自接到纳税人退还申请之日起30日内查实并办理退还手续。

税收征管法第五十一条规定的加算银行同期存款利息的多缴税款退税,不包括依法预缴税款形成的结算退税、出口退税和各种减免退税。

退税利息按照税务机关办理退税手续当天中国人民银行规定的活期存款利率计算。

第七十九条　当纳税人既有应退税款又有欠缴税款的,税务机关可以将应退税款和利息先抵扣欠缴税款;抵扣后有余额的,退还纳税人。

第八十条　税收征管法第五十二条所称税务机关的责任,是指税务机关适用税收法律、行政法规不当或者执法行为违法。

第八十一条　税收征管法第五十二条所称纳税人、扣缴义务人计算错误等失误,是指非主观故意的计算公式运用错误以及明显的笔误。

第八十二条 税收征管法第五十二条所称特殊情况，是指纳税人或者扣缴义务人因计算错误等失误，未缴或者少缴、未扣或者少扣、未收或者少收税款，累计数额在 10 万元以上的。

第八十三条 税收征管法第五十二条规定的补缴和追征税款、滞纳金的期限，自纳税人、扣缴义务人应缴未缴或者少缴税款之日起计算。

第八十四条 审计机关、财政机关依法进行审计、检查时，对税务机关的税收违法行为作出的决定，税务机关应当执行；发现被审计、检查单位有税收违法行为的，向被审计、检查单位下达决定、意见书，责成被审计、检查单位向税务机关缴纳应当缴纳的税款、滞纳金。税务机关应当根据有关机关的决定、意见书，依照税收法律、行政法规的规定，将应收的税款、滞纳金按照国家规定的税收征收管理范围和税款入库预算级次缴入国库。

税务机关应当自收到审计机关、财政机关的决定、意见书之日起 30 日内将执行情况书面回复审计机关、财政机关。

有关机关不得将其履行职责过程中发现的税款、滞纳金自行征收入库或者以其他款项的名义自行处理、占压。

第六章 税务检查

第八十五条 税务机关应当建立科学的检查制度，统筹安排检查工作，严格控制对纳税人、扣缴义务人的检查次数。

税务机关应当制定合理的税务稽查工作规程，负责选案、检查、审理、执行的人员的职责应当明确，并相互分离、相互制约，规范选案程序和检查行为。

税务检查工作的具体办法，由国家税务总局制定。

【注释】相关规定包括：《国家税务总局关于印发〈涉外企业联合税务审计暂行办法〉的通知》（国税发〔2004〕38 号）。

第八十六条 税务机关行使税收征管法第五十四条第（一）项职权时，可以在纳税人、扣缴义务人的业务场所进行；必要时，经县以上税务局（分局）局长批准，可以将纳税人、扣缴义务人以前会计年度的账簿、记账凭证、报表和其他有关资料调回税务机关检查，但是税务机关必须向纳税人、扣缴义务人开付清单，并在 3 个月内完整退还；有特殊情况的，经设区的市、自治州以上税务局局长批准，税务机关可以将纳税人、扣缴义务人当年的账簿、记账凭证、报表和其他有关资料调回检查，但是税务机关必须在 30 日内退还。

第八十七条 税务机关行使税收征管法第五十四条第（六）项职权时，应当指定专人负责，凭全国统一格式的检查存款账户许可证明进行，并有责任为被检查人保守秘密。

检查存款账户许可证明，由国家税务总局制定。

税务机关查询的内容，包括纳税人存款账户余额和资金往来情况。

第八十八条 依照税收征管法第五十五条规定，税务机关采取税收保全措施的期限一般不得超过 6 个月；重大案件需要延长的，应当报国家税务总局批准。

第八十九条 税务机关和税务人员应当依照税收征管法及本细则的规定行使税务检查职权。

税务人员进行税务检查时，应当出示税务检查证和税务检查通知书；无税务检查证和税务检查通知书的，纳税人、扣缴义务人及其他当事人有权拒绝检查。税务机关对集贸市场及集中经营业户进行检查时，可以使用统一的税务检查通知书。

税务检查证和税务检查通知书的式样、使用和管理的具体办法，由国家税务总局制定。

第七章　法律责任

第九十条　纳税人未按照规定办理税务登记证件验证或者换证手续的，由税务机关责令限期改正，可以处2 000元以下的罚款；情节严重的，处2 000元以上1万元以下的罚款。

第九十一条　非法印制、转借、倒卖、变造或者伪造完税凭证的，由税务机关责令改正，处2 000元以上1万元以下的罚款；情节严重的，处1万元以上5万元以下的罚款；构成犯罪的，依法追究刑事责任。

第九十二条　银行和其他金融机构未依照税收征管法的规定在从事生产、经营的纳税人的账户中登录税务登记证件号码，或者未按规定在税务登记证件中登录从事生产、经营的纳税人的账户账号的，由税务机关责令其限期改正，处2 000元以上2万元以下的罚款；情节严重的，处2万元以上5万元以下的罚款。

第九十三条　为纳税人、扣缴义务人非法提供银行账户、发票、证明或者其他方便，导致未缴、少缴税款或者骗取国家出口退税款的，税务机关除没收其违法所得外，可以处未缴、少缴或者骗取的税款1倍以下的罚款。

【注释】相关规定包括：《国家税务总局关于印发〈税收减免管理办法（试行）〉的通知》（国税发〔2005〕129号）。

第九十四条　纳税人拒绝代扣、代收税款的，扣缴义务人应当向税务机关报告，由税务机关直接向纳税人追缴税款、滞纳金；纳税人拒不缴纳的，依照税收征管法第六十八条的规定执行。

第九十五条　税务机关依照税收征管法第五十四条第（五）项的规定，到车站、码头、机场、邮政企业及其分支机构检查纳税人有关情况时，有关单位拒绝的，由税务机关责令改正，可以处1万元以下的罚款；情节严重的，处1万元以上5万元以下的罚款。

第九十六条　纳税人、扣缴义务人有下列情形之一的，依照税收征管法第七十条的规定处罚：

（一）提供虚假资料，不如实反映情况，或者拒绝提供有关资料的；

（二）拒绝或者阻止税务机关记录、录音、录像、照相和复制与案件有关的情况和资料的；

（三）在检查期间，纳税人、扣缴义务人转移、隐匿、销毁有关资料的；

（四）有不依法接受税务检查的其他情形的。

第九十七条　税务人员私分扣押、查封的商品、货物或者其他财产，情节严重，构成犯罪的，依法追究刑事责任；尚不构成犯罪的，依法给予行政处分。

第九十八条　税务代理人违反税收法律、行政法规，造成纳税人未缴或者少缴税款的，除由纳税人缴纳或者补缴应纳税款、滞纳金外，对税务代理人处纳税人未缴或者少缴税款50%以上3倍以下的罚款。

第九十九条　税务机关对纳税人、扣缴义务人及其他当事人处以罚款或者没收违法所得时，应当开付罚没凭证；未开付罚没凭证的，纳税人、扣缴义务人以及其他当事人有权拒绝给付。

第一百条　税收征管法第八十八条规定的纳税争议，是指纳税人、扣缴义务人、纳税担保人对税务机关确定纳税主体、征税对象、征税范围、减税、免税及退税、适用税率、计税依据、纳税环节、纳税期限、纳税地点以及税款征收方式等具体行政行为有异议而发生的争议。

第八章　文书送达

第一百零一条　税务机关送达税务文书，应当直接送交受送达人。

受送达人是公民的，应当由本人直接签收；本人不在的，交其同住成年家属签收。

受送达人是法人或者其他组织的，应当由法人的法定代表人、其他组织的主要负责人或者该法人、组织的财务负责人、负责收件的人签收。受送达人有代理人的，可以送交其代理人签收。

第一百零二条 送达税务文书应当有送达回证，并由受送达人或者本细则规定的其他签收人在送达回证上记明收到日期，签名或者盖章，即为送达。

第一百零三条 受送达人或者本细则规定的其他签收人拒绝签收税务文书的，送达人应当在送达回证上记明拒收理由和日期，并由送达人和见证人签名或者盖章，将税务文书留在受送达人处，即视为送达。

第一百零四条 直接送达税务文书有困难的，可以委托其他有关机关或者其他单位代为送达，或者邮寄送达。

第一百零五条 直接或者委托送达税务文书的，以签收人或者见证人在送达回证上的签收或者注明的收件日期为送达日期；邮寄送达的，以挂号函件回执上注明的收件日期为送达日期，并视为已送达。

第一百零六条 有下列情形之一的，税务机关可以公告送达税务文书，自公告之日起满30日，即视为送达：

（一）同一送达事项的受送达人众多；

（二）采用本章规定的其他送达方式无法送达。

第一百零七条 税务文书的格式由国家税务总局制定。本细则所称税务文书，包括：

（一）税务事项通知书；

（二）责令限期改正通知书；

（三）税收保全措施决定书；

（四）税收强制执行决定书；

（五）税务检查通知书；

（六）税务处理决定书；

（七）税务行政处罚决定书；

（八）行政复议决定书；

（九）其他税务文书。

【注释】相关规定包括：《税务行政复议规则》（国家税务总局令第21号）。

第九章 附　　则

第一百零八条 税收征管法及本细则所称"以上""以下""日内""届满"均含本数。

第一百零九条 税收征管法及本细则所规定期限的最后一日是法定休假日的，以休假日期满的次日为期限的最后一日；在期限内有连续3日以上法定休假日的，按休假日天数顺延。

第一百一十条 税收征管法第三十条第三款规定的代扣、代收手续费，纳入预算管理，由税务机关依照法律、行政法规的规定付给扣缴义务人。

第一百一十一条 纳税人、扣缴义务人委托税务代理人代为办理税务事宜的办法，由国家税务总局规定。

第一百一十二条 耕地占用税、契税、农业税、牧业税的征收管理，按照国务院的有关规定执行。

第一百一十三条 本细则自2002年10月15日起施行。1993年8月4日国务院发布的《中华人民共和国税收征收管理法实施细则》同时废止。

3. 中华人民共和国发票管理办法

(1993年12月12日国务院批准 1993年12月23日财政部令第6号发布 根据2010年12月20日《国务院关于修改〈中华人民共和国发票管理办法〉的决定》第一次修订 根据2019年3月2日《国务院关于修改部分行政法规的决定》第二次修订)

第一章 总 则

第一条 为了加强发票管理和财务监督,保障国家税收收入,维护经济秩序,根据《中华人民共和国税收征收管理法》,制定本办法。

第二条 在中华人民共和国境内印制、领购、开具、取得、保管、缴销发票的单位和个人(以下称印制、使用发票的单位和个人),必须遵守本办法。

第三条 本办法所称发票,是指在购销商品、提供或者接受服务以及从事其他经营活动中,开具、收取的收付款凭证。

第四条 国务院税务主管部门统一负责全国的发票管理工作。省、自治区、直辖市税务机关依据职责做好本行政区域内的发票管理工作。

财政、审计、市场监督管理、公安等有关部门在各自的职责范围内,配合税务机关做好发票管理工作。

第五条 发票的种类、联次、内容以及使用范围由国务院税务主管部门规定。

第六条 对违反发票管理法规的行为,任何单位和个人可以举报。税务机关应当为检举人保密,并酌情给予奖励。

第二章 发票的印制

第七条 增值税专用发票由国务院税务主管部门确定的企业印制;其他发票,按照国务院税务主管部门的规定,由省、自治区、直辖市税务机关确定的企业印制。禁止私自印制、伪造、变造发票。

第八条 印制发票的企业应当具备下列条件:

(一)取得印刷经营许可证和营业执照;

(二)设备、技术水平能够满足印制发票的需要;

(三)有健全的财务制度和严格的质量监督、安全管理、保密制度。

税务机关应当以招标方式确定印制发票的企业,并发给发票准印证。

第九条 印制发票应当使用国务院税务主管部门确定的全国统一的发票防伪专用品。禁止非法制造发票防伪专用品。

第十条 发票应当套印全国统一发票监制章。全国统一发票监制章的式样和发票版面印刷的要求,由国务院税务主管部门规定。发票监制章由省、自治区、直辖市税务机关制作。禁止伪造发票监制章。

发票实行不定期换版制度。

第十一条 印制发票的企业按照税务机关的统一规定,建立发票印制管理制度和保管措施。

发票监制章和发票防伪专用品的使用和管理实行专人负责制度。

第十二条 印制发票的企业必须按照税务机关批准的式样和数量印制发票。

第十三条 发票应当使用中文印制。民族自治地方的发票,可以加印当地一种通用的民族文字。有实际需要的,也可以同时使用中外两种文字印制。

第十四条 各省、自治区、直辖市内的单位和个人使用的发票,除增值税专用发票外,应当在本省、自治区、直辖市内印制;确有必要到外省、自治区、直辖市印制的,应当由省、自治区、直辖市税务机关商印制地省、自治区、直辖市税务机关同意,由印制地省、自治区、直辖市税务机关确定的企业印制。

禁止在境外印制发票。

第三章 发票的领购

第十五条 需要领购发票的单位和个人,应当持税务登记证件、经办人身份证明、按照国务院税务主管部门规定式样制作的发票专用章的印模,向主管税务机关办理发票领购手续。主管税务机关根据领购单位和个人的经营范围和规模,确认领购发票的种类、数量以及领购方式,在5个工作日内发给发票领购簿。

单位和个人领购发票时,应当按照税务机关的规定报告发票使用情况,税务机关应当按照规定进行查验。

第十六条 需要临时使用发票的单位和个人,可以凭购销商品、提供或者接受服务以及从事其他经营活动的书面证明、经办人身份证明,直接向经营地税务机关申请代开发票。依照税收法律、行政法规规定应当缴纳税款的,税务机关应当先征收税款,再开具发票。税务机关根据发票管理的需要,可以按照国务院税务主管部门的规定委托其他单位代开发票。

禁止非法代开发票。

第十七条 临时到本省、自治区、直辖市以外从事经营活动的单位或者个人,应当凭所在地税务机关的证明,向经营地税务机关领购经营地的发票。

临时在本省、自治区、直辖市以内跨市、县从事经营活动领购发票的办法,由省、自治区、直辖市税务机关规定。

第十八条 税务机关对外省、自治区、直辖市来本辖区从事临时经营活动的单位和个人领购发票的,可以要求其提供保证人或者根据所领购发票的票面限额以及数量交纳不超过1万元的保证金,并限期缴销发票。

按期缴销发票的,解除保证人的担保义务或者退还保证金;未按期缴销发票的,由保证人或者以保证金承担法律责任。

税务机关收取保证金应当开具资金往来结算票据。

第四章 发票的开具和保管

第十九条 销售商品、提供服务以及从事其他经营活动的单位和个人,对外发生经营业务收取款项,收款方应当向付款方开具发票;特殊情况下,由付款方向收款方开具发票。

第二十条 所有单位和从事生产、经营活动的个人在购买商品、接受服务以及从事其他经营活动支付款项,应当向收款方取得发票。取得发票时,不得要求变更品名和金额。

第二十一条 不符合规定的发票,不得作为财务报销凭证,任何单位和个人有权拒收。

第二十二条 开具发票应当按照规定的时限、顺序、栏目,全部联次一次性如实开具,并加盖发票专用章。

任何单位和个人不得有下列虚开发票行为:

(一)为他人、为自己开具与实际经营业务情况不符的发票;

(二)让他人为自己开具与实际经营业务情况不符的发票;

(三)介绍他人开具与实际经营业务情况不符的发票。

第二十三条 安装税控装置的单位和个人,应当按照规定使用税控装置开具发票,并按期向主管税务机关报送开具发票的数据。

使用非税控电子器具开具发票的,应当将非税控电子器具使用的软件程序说明资料报主管税务机关备案,并按照规定保存、报送开具发票的数据。

国家推广使用网络发票管理系统开具发票,具体管理办法由国务院税务主管部门制定。

第二十四条 任何单位和个人应当按照发票管理规定使用发票,不得有下列行为:

(一)转借、转让、介绍他人转让发票、发票监制章和发票防伪专用品;

(二)知道或者应当知道是私自印制、伪造、变造、非法取得或者废止的发票而受让、开具、存放、携带、邮寄、运输;

(三)拆本使用发票;

(四)扩大发票使用范围;

(五)以其他凭证代替发票使用。

税务机关应当提供查询发票真伪的便捷渠道。

第二十五条 除国务院税务主管部门规定的特殊情形外,发票限于领购单位和个人在本省、自治区、直辖市内开具。

省、自治区、直辖市税务机关可以规定跨市、县开具发票的办法。

第二十六条 除国务院税务主管部门规定的特殊情形外,任何单位和个人不得跨规定的使用区域携带、邮寄、运输空白发票。

禁止携带、邮寄或者运输空白发票出入境。

第二十七条 开具发票的单位和个人应当建立发票使用登记制度,设置发票登记簿,并定期向主管税务机关报告发票使用情况。

第二十八条 开具发票的单位和个人应当在办理变更或者注销税务登记的同时,办理发票和发票领购簿的变更、缴销手续。

第二十九条 开具发票的单位和个人应当按照税务机关的规定存放和保管发票,不得擅自损毁。已经开具的发票存根联和发票登记簿,应当保存5年。保存期满,报经税务机关查验后销毁。

第五章 发票的检查

第三十条 税务机关在发票管理中有权进行下列检查:

(一)检查印制、领购、开具、取得、保管和缴销发票的情况;

(二)调出发票查验;

(三)查阅、复制与发票有关的凭证、资料;

(四)向当事各方询问与发票有关的问题和情况;

(五)在查处发票案件时,对与案件有关的情况和资料,可以记录、录音、录像、照相和复制。

第三十一条 印制、使用发票的单位和个人,必须接受税务机关依法检查,如实反映情况,提供有关资料,不得拒绝、隐瞒。

税务人员进行检查时,应当出示税务检查证。

第三十二条 税务机关需要将已开具的发票调出查验时,应当向被查验的单位和个人开具发票换票证。发票换票证与所调出查验的发票有同等的效力。被调出查验发票的单位和个人不得拒绝接受。

税务机关需要将空白发票调出查验时,应当开具收据;经查无问题的,应当及时返还。

第三十三条 单位和个人从中国境外取得的与纳税有关的发票或者凭证,税务机关在纳税审查时有疑义的,可以要求其提供境外公证机构或者注册会计师的确认证明,经税务机关审核认可后,方可作为记账核算的凭证。

第三十四条 税务机关在发票检查中需要核对发票存根联与发票联填写情况时,可以向持有发票或者发票存根联的单位发出发票填写情况核对卡,有关单位应当如实填写,按期报回。

第六章 罚 则

第三十五条 违反本办法的规定,有下列情形之一的,由税务机关责令改正,可以处1万元以下的罚款;有违法所得的予以没收:

(一)应当开具而未开具发票,或者未按照规定的时限、顺序、栏目,全部联次一次性开具发票,或者未加盖发票专用章的;

(二)使用税控装置开具发票,未按期向主管税务机关报送开具发票的数据的;

(三)使用非税控电子器具开具发票,未将非税控电子器具使用的软件程序说明资料报主管税务机关备案,或者未按照规定保存、报送开具发票的数据的;

(四)拆本使用发票的;

(五)扩大发票使用范围的;

(六)以其他凭证代替发票使用的;

(七)跨规定区域开具发票的;

(八)未按照规定缴销发票的;

(九)未按照规定存放和保管发票的。

第三十六条 跨规定的使用区域携带、邮寄、运输空白发票,以及携带、邮寄或者运输空白发票出入境的,由税务机关责令改正,可以处1万元以下的罚款;情节严重的,处1万元以上3万元以下的罚款;有违法所得的予以没收。

丢失发票或者擅自损毁发票的,依照前款规定处罚。

第三十七条 违反本办法第二十二条第二款的规定虚开发票的,由税务机关没收违法所得;虚开金额在1万元以下的,可以并处5万元以下的罚款;虚开金额超过1万元的,并处5万元以上50万元以下的罚款;构成犯罪的,依法追究刑事责任。

非法代开发票的,依照前款规定处罚。

第三十八条 私自印制、伪造、变造发票,非法制造发票防伪专用品,伪造发票监制章的,由税务机关没收违法所得,没收、销毁作案工具和非法物品,并处1万元以上5万元以下的罚款;情节严重的,并处5万元以上50万元以下的罚款;对印制发票的企业,可以并处吊销发票准印证;构成犯罪的,依法追究刑事责任。

前款规定的处罚,《中华人民共和国税收征收管理法》有规定的,依照其规定执行。

第三十九条 有下列情形之一的,由税务机关处1万元以上5万元以下的罚款;情节严重的,处5万元以上50万元以下的罚款;有违法所得的予以没收:

(一)转借、转让、介绍他人转让发票、发票监制章和发票防伪专用品的;

(二)知道或者应当知道是私自印制、伪造、变造、非法取得或者废止的发票而受让、开具、存放、携带、邮寄、运输的。

第四十条 对违反发票管理规定2次以上或者情节严重的单位和个人,税务机关可以向社会公告。

第四十一条 违反发票管理法规,导致其他单位或者个人未缴、少缴或者骗取税款的,由税务机关没收违法所得,可以并处未缴、少缴或者骗取的税款1倍以下的罚款。

第四十二条 当事人对税务机关的处罚决定不服的,可以依法申请行政复议或者向人民法院提起行政诉讼。

第四十三条 税务人员利用职权之便,故意刁难印制、使用发票的单位和个人,或者有违反发票管理法规行为的,依照国家有关规定给予处分;构成犯罪的,依法追究刑事责任。

第七章 附 则

第四十四条 国务院税务主管部门可以根据有关行业特殊的经营方式和业务需求,会同国务院有关主管部门制定该行业的发票管理办法。

国务院税务主管部门可以根据增值税专用发票管理的特殊需要,制定增值税专用发票的具体管理办法。

第四十五条 本办法自发布之日起施行。财政部1986年发布的《全国发票管理暂行办法》和原国家税务局1991年发布的《关于对外商投资企业和外国企业发票管理的暂行规定》同时废止。

【注释】对《税收征收管理法》第二十一条进行了解释。

4. 税务行政处罚听证程序实施办法(试行)

国税发〔1996〕190号

第一条 为了规范税务行政处罚听证程序的实施,保护公民、法人和其他组织的合法权益,根据《中华人民共和国行政处罚法》,制定本实施办法。

第二条 税务行政处罚的听证,遵循合法、公正、公开、及时和便民的原则。

第三条 税务机关对公民作出2 000元以上(含本数)罚款或者对法人或者其他组织作出1万元以上(含本数)罚款的行政处罚之前,应当向当事人送达《税务行政处罚事项告知书》,告知当事人已经查明的违法事实、证据、行政处罚的法律依据和拟将给予的行政处罚,并告知有要求举行听证的权利。

第四条 要求听证的当事人,应当在《税务行政处罚事项告知书》送达后3日内向税务机关书面提出听证;逾期不提出的,视为放弃听证权利。

当事人要求听证的,税务机关应当组织听证。

第五条 税务机关应当在收到当事人听证要求后15日内举行听证,并在举行听证的7日前将《税务行政处罚听证通知书》送达当事人,通知当事人举行听证的时间、地点、听证主持人的姓名及有关事项。

当事人由于不可抗力或者其他特殊情况而耽误提出听证期限的,在障碍消除后5日以内,可以申请延长期限。申请是否准许,由组织听证的税务机关决定。

第六条 当事人提出听证后,税务机关发现自己拟作的行政处罚决定对事实认定有错误或者偏差,应当予以改变,并及时向当事人说明。

第七条 税务行政处罚的听证,由税务机关负责人指定的非本案调查机构的人员主持,当事人、本案调查人员及其他有关人员参加。

听证主持人应当依法行使职权,不受任何组织和个人的干涉。

第八条 当事人可以亲自参加听证,也可以委托一至二人代理。当事人委托代理人参加听证的,应当向其代理人出具代理委托书。代理委托书应当注明有关事项,并经税务机关或者听证主持人审核确认。

第九条 当事人认为听证主持人与本案有直接利害关系的,有权申请回避。回避申请,应当在举行听证的3日前向税务机关提出,并说明理由。

听证主持人是本案当事人的近亲属,或者认为自己与本案有直接利害关系或其他关系可能影响公正听证的,应当自行提出回避。

第十条 听证主持人的回避,由组织听证的税务机关负责人决定。

对驳回申请回避的决定,当事人可以申请复核一次。

第十一条 税务行政处罚听证应当公开进行。但是涉及国家秘密、商业秘密或者个人隐私的,听证不公开进行。

对公开听证的案件,应当先期公告当事人和本案调查人员的姓名、案由和听证的时间、地点。

公开进行的听证,应当允许群众旁听。经听证主持人许可,旁听群众可以发表意见。

对不公开听证的案件,应当宣布不公开听证的理由。

第十二条 当事人或者其代理人应当按照税务机关的通知参加听证,无正当理由不参加的,视为放弃听证权利。听证应当予以终止。

本案调查人员有前款规定情形的,不影响听证的进行。

第十三条 听证开始时,听证主持人应当首先声明并出示税务机关负责人授权主持听证的决定,然后查明当事人或者其代理人、本案调查人员、证人及其他有关人员是否到场,宣布案由;宣布听证会的组成人员名单;告知当事人有关的权利义务。记录员宣读听证会场纪律。

第十四条 听证过程中,由本案调查人员就当事人的违法行为予以指控,并出示事实证据材料,提出行政处罚建议。当事人或者其代理人可以就所指控的事实及相关问题进行申辩和质证。

听证主持人可以对本案所及事实进行询问,保障控辩双方充分陈述事实,发表意见,并就各自出示的证据的合法性、真实性进行辩论。辩论先由本案调查人员发言,再由当事人或者其代理人答辩,然后双方相互辩论。

辩论终结,听证主持人可以再就本案的事实、证据及有关问题向当事人或者其代理人、本案调查人员征求意见。当事人或者其代理人有最后陈述的权利。

第十五条 听证主持人认为证据有疑问无法听证辨明,可能影响税务行政处罚的准确公正的，可以宣布中止听证，由本案调查人员对证据进行调查核实后再行听证。

当事人或者其代理人可以申请对有关证据进行重新核实，或者提出延期听证；是否准许，由听证主持人或者税务机关作出决定。

第十六条　听证过程中，当事人或者其代理人放弃申辩和质证权利，声明退出听证会；或者不经听证主持人许可擅自退出听证会的，听证主持人可以宣布听证终止。

第十七条　听证过程中，当事人或者其代理人、本案调查人员、证人及其他人员违反听证秩序，听证主持人应当警告制止；对不听制止的，可以责令其退出听证会场。

当事人或者其代理人有前款规定严重行为致使听证无法进行的，听证主持人或者税务机关可以终止听证。

第十八条　听证的全部活动，应当由记录员写成笔录，经听证主持人审阅并由听证主持人和记录员签名后，封卷上交税务机关负责人审阅。

听证笔录应交当事人或者其代理人、本案调查人员、证人及其他有关人员阅读或者向他们宣读，他们认为有遗漏或者有差错的，可以请求补充或者改正。他们在承认没有错误后，应当签字或者盖章。拒绝签名或者盖章的，记明情况附卷。

第十九条　听证结束后，听证主持人应当将听证情况和处理意见报告税务机关负责人。

第二十条　对应当进行听证的案件，税务机关不组织听证，行政处罚决定不能成立；当事人放弃听证权利或者被正当取消听证权利的除外。

第二十一条　听证费用由组织听证的税务机关支付，不得由要求听证的当事人承担或者变相承担。

第二十二条　本实施办法由国家税务总局负责解释。

第二十三条　本实施办法自1996年10月1日起施行。

附：《税务行政处罚听证通知书》格式

×××税务局税务行政处罚听证通知书

（　　　）税字第号

（＿＿＿＿＿＿纳税人识别号：　　　　　　）：

根据你提出的听证要求，定于＿＿＿年＿＿＿月＿＿＿日在＿＿＿＿＿＿举行听证，请准时参加。

本次听证拟由＿＿＿＿＿主持。你如认为主持人与本案有直接利害关系需要申请回避的，请于举行听证的三日前提出，并说明理由。

税务机关（章）

＿＿＿＿年＿＿＿＿月＿＿＿＿日

5. 检举纳税人税收违法行为奖励暂行办法

国家税务总局　财政部令第18号

第一条　为了鼓励检举税收违法行为，根据《中华人民共和国税收征收管理法》及其实施细则有关规定，制定本办法。

第二条　本办法所称税收违法行为，是指纳税人、扣缴义务人的税收违法行为以及本办法列举的其他税收违法行为。

检举税收违法行为是单位和个人的自愿行为。

第三条　对单位和个人实名向税务机关检举税收违法行为并经查实的，税务机关根据其贡献大小依照本办法给予奖励。但有下列情形之一的，不予奖励：

（一）匿名检举税收违法行为，或者检举人无法证实其真实身份的；

（二）检举人不能提供税收违法行为线索，或者采取盗窃、欺诈或者法律、行政法规禁止的其他手段获取税收违法行为证据的；

（三）检举内容含糊不清、缺乏事实根据的；

（四）检举人提供的线索与税务机关查处的税收违法行为无关的；

（五）检举的税收违法行为税务机关已经发现或者正在查处的；

（六）有税收违法行为的单位和个人在被检举前已经向税务机关报告其税收违法行为的；

（七）国家机关工作人员利用工作便利获取信息用以检举税收违法行为的；

（八）检举人从国家机关或者国家机关工作人员处获取税收违法行为信息检举的；

（九）国家税务总局规定不予奖励的其他情形。

第四条　国家税务局系统检举奖励资金从财政部向国家税务总局拨付的税务稽查办案专项经费中据实列支，地方税务局系统检举奖励资金从省、自治区、直辖市和计划单列市财政厅（局）向同级地方税务局拨付的税务稽查办案专项经费中据实列支。

检举奖励资金的拨付，按照财政国库管理制度的有关规定执行。

第五条　检举奖励资金由稽查局、主管税务局财务部门共同负责管理，稽查局使用，主管税务局财务部门负责支付和监督。

省、自治区、直辖市和计划单列市国家税务局、地方税务局应当对检举奖励资金使用情况编写年度报告，于次年3月底前报告国家税务总局。地方税务局检举奖励资金使用情况同时通报同级财政厅（局）。

第六条　检举的税收违法行为经税务机关立案查实处理并依法将税款收缴入库后，根据本案检举时效、检举材料中提供的线索和证据详实程度、检举内容与查实内容相符程度以及收缴入库的税款数额，按照以下标准对本案检举人计发奖金：

（一）收缴入库税款数额在1亿元以上的，给予10万元以下的奖金；

（二）收缴入库税款数额在5 000万元以上不足1亿元的，给予6万元以下的奖金；

（三）收缴入库税款数额在1 000万元以上不足5 000万元的，给予4万元以下的奖金；

（四）收缴入库税款数额在500万元以上不足1 000万元的，给予2万元以下的奖金；

（五）收缴入库税款数额在100万元以上不足500万元的，给予1万元以下的奖金；

（六）收缴入库税款数额在100万元以下的，给予5000元以下的奖金。

第七条 被检举人以增值税留抵税额或者多缴、应退的其他税款抵缴被查处的应纳税款，视同税款已经收缴入库。

检举的税收违法行为经查实处理后没有应纳税款的，按照收缴入库罚款数额依照本办法第六条规定的标准计发奖金。

因被检举人破产或者存有符合法律、行政法规规定终止执行的条件，致使无法将税款或者罚款全额收缴入库的，按已经收缴入库税款或者罚款数额依照本办法规定的标准计发奖金。

第八条 检举虚开增值税专用发票以及其他可用于骗取出口退税、抵扣税款发票行为的，根据立案查实虚开发票填开的税额按照本办法第六条规定的标准计发奖金。

第九条 检举伪造、变造、倒卖、盗窃、骗取增值税专用发票以及可用于骗取出口退税、抵扣税款的其他发票行为的，按照以下标准对检举人计发奖金：

（一）查获伪造、变造、倒卖、盗窃、骗取上述发票10 000份以上的，给予10万元以下的奖金；

（二）查获伪造、变造、倒卖、盗窃、骗取上述发票6 000份以上不足10 000份的，给予6万元以下的奖金；

（三）查获伪造、变造、倒卖、盗窃、骗取上述发票3 000份以上不足6 000份的，给予4万元以下的奖金；

（四）查获伪造、变造、倒卖、盗窃、骗取上述发票1 000份以上不足3 000份的，给予2万元以下的奖金；

（五）查获伪造、变造、倒卖、盗窃、骗取上述发票100份以上不足1 000份的，给予1万元以下的奖金；

（六）查获伪造、变造、倒卖、盗窃、骗取上述发票不足100份的，给予5 000元以下的奖金；

查获伪造、变造、倒卖、盗窃、骗取前款所述以外其他发票的，最高给予5万元以下的奖金；检举奖金具体数额标准及批准权限，由各省、自治区、直辖市和计划单列市税务局根据本办法规定并结合本地实际情况确定。

第十条 检举非法印制、转借、倒卖、变造或者伪造完税凭证行为的，按照以下标准对检举人计发奖金：

（一）查获非法印制、转借、倒卖、变造或者伪造完税凭证100份以上或者票面填开税款金额50万元以上的，给予1万元以下的奖金；

（二）查获非法印制、转借、倒卖、变造或者伪造完税凭证50份以上不足100份或者票面填开税款金额20万元以上不足50万元的，给予5 000元以下的奖金；

（三）查获非法印制、转借、倒卖、变造或者伪造完税凭证不足50份或者票面填开税款金额20万元以下的，给予2 000元以下的奖金。

第十一条 被检举人的税收违法行为被国家税务局、地方税务局查处的，合计国家税务局、地方税务局收缴入库的税款数额，按照本办法第六条规定的标准计算检举奖金总额，由国家税务局、地方税务局根据各自收缴入库的税款数额比例分担奖金数额，分别兑付；国家税务局、地方税务局计发的检举奖金合计数额不得超过10万元。

第十二条 同一案件具有适用本办法第六条、第七条、第八条、第九条、第十条规定的两种或者两种以上奖励标准情形的，分别计算检举奖金数额，但检举奖金合计数额不得超过10万元。

第十三条 同一税收违法行为被两个或者两个以上检举人分别检举的，奖励符合本办法规定的最先检举人。检举次序以负责查处的税务机关受理检举的登记时间为准。

最先检举人以外的其他检举人提供的证据对查明税收违法行为有直接作用的，可以酌情给予奖励。

对前两款规定的检举人计发的奖金合计数额不得超过 10 万元。

第十四条 检举税收违法行为的检举人，可以向税务机关申请检举奖金。

检举奖金由负责查处税收违法行为的税务机关支付。

第十五条 税务机关对检举的税收违法行为经立案查实处理并依法将税款或者罚款收缴入库后，由税收违法案件举报中心根据检举人书面申请及其贡献大小，制作《检举纳税人税收违法行为奖励审批表》，提出奖励对象和奖励金额建议，按照规定权限和程序审批后，向检举人发出《检举纳税人税收违法行为领奖通知书》，通知检举人到指定地点办理领奖手续。《检举纳税人税收违法行为奖励审批表》由税收违法案件举报中心作为密件存档。

税收违法案件举报中心填写《检举纳税人税收违法行为奖金领款财务凭证》，向财务机构领取检举奖金。财务凭证只注明案件编号、案件名称、被检举人名称、检举奖金数额及审批人、领款人的签名，不填写检举内容和检举人身份、名称。

第十六条 检举人应当在接到领奖通知书之日起 90 日内，持本人身份证或者其他有效证件，到指定地点领取奖金。检举人逾期不领取奖金，视同放弃奖金。

联名检举同一税收违法行为的，奖金由第一署名人领取，并与其他署名人协商分配。

第十七条 检举人或者联名检举的第一署名人不能亲自到税务机关指定的地点领取奖金的，可以委托他人代行领取；代领人应当持委托人的授权委托书、身份证或者其他有效证件以及代领人的身份证或者其他有效证件，办理领取奖金手续。

检举人是单位的，可以委托本单位工作人员代行领取奖金，代领人应当持委托人的授权委托书和代领人的身份证、工作证到税务机关指定的地点办理领取奖金手续。

第十八条 检举人或者代领人领取奖金时，应当在《检举纳税人税收违法行为奖金付款专用凭证》上签名，并注明身份证或者其他有效证件的号码及填发单位。

《检举纳税人税收违法行为奖金付款专用凭证》和委托人的授权委托书由税收违法案件举报中心作为密件存档。

第十九条 税收违法案件举报中心发放检举奖金时，可应检举人的要求，简要告知其所检举的税收违法行为的查处情况，但不得告知其检举线索以外的税收违法行为查处情况，不得提供税务处理（处罚）决定书及有关案情材料。

检举的税收违法行为查结前，税务机关不得将具体查处情况告知检举人。

第二十条 税务机关支付检举奖金时应当严格审核。对玩忽职守、徇私舞弊致使奖金被骗取的，除追缴奖金外，依法追究有关人员责任。

第二十一条 对有特别突出贡献的检举人，税务机关除给予物质奖励外，可以给予相应的精神奖励，但公开表彰宣传应当事先征得检举人的书面同意。

第二十二条 各省、自治区、直辖市和计划单列市国家税务局根据本办法制定具体规定。

各省、自治区、直辖市和计划单列市地方税务局会同同级财政厅（局）根据本办法制定具体规定。

第二十三条 《检举纳税人税收违法行为奖励审批表》《检举纳税人税收违法行为领奖通知书》《检举纳税人税收违法行为奖金领款财务凭证》《检举纳税人税收违法行为奖金付款专用凭证》的格式，由国家税务总局制定。

第二十四条　本办法所称"以上""以下"均含本数。

第二十五条　本办法由国家税务总局和财政部负责解释。

第二十六条　本办法自2007年3月1日起施行。国家税务总局1998年12月15日印发的《税务违法案件举报奖励办法》同时废止。

6. 欠税公告办法（试行）

国家税务总局令第9号

第一条　为了规范税务机关的欠税公告行为，督促纳税人自觉缴纳欠税，防止新的欠税的发生，保证国家税款的及时足额入库，根据《中华人民共和国税收征收管理法》（以下简称《税收征管法》）及其实施细则的规定，制定本办法。

第二条　本办法所称公告机关为县以上（含县）税务局。

第三条　本办法所称欠税是指纳税人超过税收法律、行政法规规定的期限或者纳税人超过税务机关依照税收法律、行政法规规定确定的纳税期限（以下简称税款缴纳期限）未缴纳的税款，包括：

（一）办理纳税申报后，纳税人未在税款缴纳期限内缴纳的税款；

（二）经批准延期缴纳的税款期限已满，纳税人未在税款缴纳期限内缴纳的税款；

（三）税务检查已查定纳税人的应补税额，纳税人未在税款缴纳期限内缴纳的税款；

（四）税务机关根据《税收征管法》第二十七条、第三十五条核定纳税人的应纳税额，纳税人未在税款缴纳期限内缴纳的税款；

（五）纳税人的其他未在税款缴纳期限内缴纳的税款。

税务机关对前款规定的欠税数额应当及时核实。

本办法公告的欠税不包括滞纳金和罚款。

第四条　公告机关应当按期在办税场所或者广播、电视、报纸、期刊、网络等新闻媒体上公告纳税人的欠缴税款情况。

（一）企业或单位欠税的，每季公告一次；

（二）个体工商户和其他个人欠税的，每半年公告一次；

（三）走逃、失踪的纳税户以及其他经税务机关查无下落的非正常户欠税的，随时公告。

第五条　欠税公告内容如下：

（一）企业或单位欠税的，公告企业或单位的名称、纳税人识别号、法定代表人或负责人姓名、居民身份证或其他有效身份证件号码、经营地点、欠税税种、欠税余额和当期新发生的欠税金额；

（二）个体工商户欠税的，公告业户名称、业主姓名、纳税人识别号、居民身份证或其他有效身份证件号码、经营地点、欠税税种、欠税余额和当期新发生的欠税金额；

（三）个人（不含个体工商户）欠税的，公告其姓名、居民身份证或其他有效身份证件号码、欠税税种、欠税余额和当期新发生的欠税金额。

第六条　企业、单位纳税人欠缴税款200万元以下（不含200万元），个体工商户和其他个人欠缴税款10万元以下（不含10万元）的由县级税务局（分局）在办税服务厅公告。

企业、单位纳税人欠缴税款200万元以上（含200万元），个体工商户和其他个人欠缴税款10万元以上（含10万元）的，由地（市）级税务局（分局）公告。

对走逃、失踪的纳税户以及其他经税务机关查无下落的纳税人欠税的，由各省、自治区、直辖市和计划单列市税务局公告。

第七条　对按本办法规定需要由上级公告机关公告的纳税人欠税信息，下级公告机关应及时上报。具体的时间和要求由各省、自治区、直辖市和计划单列市税务局确定。

第八条　公告机关在欠税公告前，应当深入细致地对纳税人欠税情况进行确认，重点要就欠税统计清单数据与纳税人分户台账记载数据、账簿记载书面数据与信息系统记录电子数据逐一进行核对，确保公告数据的真实、准确。

第九条　欠税一经确定，公告机关应当以正式文书的形式签发公告决定，向社会公告。

欠税公告的数额实行欠税余额和新增欠税相结合的办法，对纳税人的以下欠税，税务机关可不公告：

一、已宣告破产，经法定清算后，依法注销其法人资格的企业欠税；
二、被责令撤销、关闭，经法定清算后，被依法注销或吊销其法人资格的企业欠税；
三、已经连续停止生产经营一年（按日历日期计算）以上的企业欠税；
四、失踪两年以上的纳税人的欠税。

公告决定应当列为税收征管资料档案，妥善保存。

第十条　公告机关公告纳税人欠税情况不得超出本办法规定的范围，并应依照《税收征管法》及其实施细则的规定对纳税人的有关情况进行保密。

第十一条　欠税发生后，除依照本办法公告外，税务机关应当依法催缴并严格按日计算加收滞纳金，直至采取税收保全、税收强制执行措施清缴欠税。任何单位和个人不得以欠税公告代替税收保全、税收强制执行等法定措施的实施，干扰清缴欠税。各级公告机关应指定部门负责欠税公告工作，并明确其他有关职能部门的相关责任，加强欠税管理。

第十二条　公告机关应公告不公告或者应上报不上报，给国家税款造成损失的，上级税务机关除责令其改正外，应按《国家公务员暂行条例》和《人事部关于国家公务员纪律惩戒有关问题的通知》规定，对直接责任人员予以处理。

第十三条　扣缴义务人、纳税担保人的欠税公告参照本办法的规定执行。

第十四条　各省、自治区、直辖市和计划单列市税务局可以根据本办法制定具体实施细则。

第十五条　本办法由国家税务总局负责解释。

第十六条　本办法自二〇〇五年元月一日起施行。

【注释】对《税收征收管理法》第二十七、第三十五、第四十五条进行了解释。对《税收征收管理法实施细则》第七十六条进行了解释。

7. 国家税务总局关于延期缴纳税款有关问题的通知

国税函〔2004〕1406号

各省、自治区、直辖市和计划单列市国家税务局、地方税务局，扬州税务进修学院，局内各单位：

为进一步加强延期缴纳税款的审批管理，维护国家的税收权益，现对有关问题明确如下：

《中华人民共和国税收征收管理法实施细则》第四十一条规定纳税人"当期货币资金在扣除应付职工工资、社会保险费后，不足以缴纳税款的"，经批准可延期缴纳税款。此条规定中的"当期货币资金"是指纳税人申请延期缴纳税款之日的资金余额，其中不含国家法律和行政法规明确规定企业不可动用的资金；"应付职工工资"是指当期计提数。

【注释】对《税收征收管理法实施细则》第四十一条进行了解释。

国家税务总局
2004年12月22日

8. 国家税务总局关于纳税人权利与义务的公告

国家税务总局公告 2009 年第 1 号

为便于您全面了解纳税过程中所享有的权利和应尽的义务，帮助您及时、准确地完成纳税事宜，促进您与我们在税收征纳过程中的合作（"您"指纳税人或扣缴义务人，"我们"指税务机关或税务人员。下同），根据《中华人民共和国税收征收管理法》及其实施细则和相关税收法律、行政法规的规定，现就您的权利和义务告知如下：

您的权利

您在履行纳税义务过程中，依法享有下列权利：

一、知情权

您有权向我们了解国家税收法律、行政法规的规定以及与纳税程序有关的情况，包括：现行税收法律、行政法规和税收政策规定；办理税收事项的时间、方式、步骤以及需要提交的资料；应纳税额核定及其他税务行政处理决定的法律依据、事实依据和计算方法；与我们在纳税、处罚和采取强制执行措施时发生争议或纠纷时，您可以采取的法律救济途径及需要满足的条件。

二、保密权

您有权要求我们为您的情况保密。我们将依法为您的商业秘密和个人隐私保密，主要包括您的技术信息、经营信息和您、主要投资人以及经营者不愿公开的个人事项。上述事项，如无法律、行政法规明确规定或者您的许可，我们将不会对外部门、社会公众和其他个人提供。但根据法律规定，税收违法行为信息不属于保密范围。

三、税收监督权

您对我们违反税收法律、行政法规的行为，如税务人员索贿受贿、徇私舞弊、玩忽职守，不征或者少征应征税款，滥用职权多征税款或者故意刁难等，可以进行检举和控告。同时，您对其他纳税人的税收违法行为也有权进行检举。

四、纳税申报方式选择权

您可以直接到办税服务厅办理纳税申报或者报送代扣代缴、代收代缴税款报告表，也可以按照规定采取邮寄、数据电文或者其他方式办理上述申报、报送事项。但采取邮寄或数据电文方式办理上述申报、报送事项的，需经您的主管税务机关批准。

您如采取邮寄方式办理纳税申报，应当使用统一的纳税申报专用信封，并以邮政部门收据作为申报凭据。邮寄申报以寄出的邮戳日期为实际申报日期。

数据电文方式是指我们确定的电话语音、电子数据交换和网络传输等电子方式。您如采用电子方式办理纳税申报，应当按照我们规定的期限和要求保存有关资料，并定期书面报送给我们。

五、申请延期申报权

您如不能按期办理纳税申报或者报送代扣代缴、代收代缴税款报告表，应当在规定的期限内向我们提出书面延期申请，经核准，可在核准的期限内办理。经核准延期办理申报、报送事项的，应当在税法规定的纳税期内按照上期实际缴纳的税额或者我们核定的税额预缴税款，并在核准的延期内办理税款结算。

六、申请延期缴纳税款权

如您因有特殊困难，不能按期缴纳税款的，经省、自治区、直辖市税务局批准，可以延期缴纳税款，但是最长不得超过三个月。计划单列市税务局可以参照省级税务机关的批准权限，审批您的延期缴纳税款申请。

您满足以下任何一个条件，均可以申请延期缴纳税款：一是因不可抗力，导致您发生较大损失，正常生产经营活动受到较大影响的；二是当期货币资金在扣除应付职工工资、社会保险费后，不足以缴纳税款的。

七、申请退还多缴税款权

对您超过应纳税额缴纳的税款，我们发现后，将自发现之日起10日内办理退还手续；如您自结算缴纳税款之日起三年内发现的，可以向我们要求退还多缴的税款并加算银行同期存款利息。我们将自接到您退还申请之日起30日内查实并办理退还手续，涉及从国库中退库的，依照法律、行政法规有关国库管理的规定退还。

八、依法享受税收优惠权

您可以依照法律、行政法规的规定书面申请减税、免税。减税、免税的申请须经法律、行政法规规定的减税、免税审查批准机关审批。减税、免税期满，应当自期满次日起恢复纳税。减税、免税条件发生变化的，应当自发生变化之日起15日内向我们报告；不再符合减税、免税条件的，应当依法履行纳税义务。

如您享受的税收优惠需要备案的，应当按照税收法律、行政法规和有关政策规定，及时办理事前或事后备案。

九、委托税务代理权

您有权就以下事项委托税务代理人代为办理：办理、变更或者注销税务登记、除增值税专用发票外的发票领购手续、纳税申报或扣缴税款报告、税款缴纳和申请退税、制作涉税文书、审查纳税情况、建账建制、办理财务、税务咨询、申请税务行政复议、提起税务行政诉讼以及国家税务总局规定的其他业务。

十、陈述与申辩权

您对我们作出的决定，享有陈述权、申辩权。如果您有充分的证据证明自己的行为合法，我们就不得对您实施行政处罚；即使您的陈述或申辩不充分合理，我们也会向您解释实施行政处罚的原因。我们不会因您的申辩而加重处罚。

十一、对未出示税务检查证和税务检查通知书的拒绝检查权

我们派出的人员进行税务检查时，应当向您出示税务检查证和税务检查通知书；对未

出示税务检查证和税务检查通知书的，您有权拒绝检查。
十二、税收法律救济权
您对我们作出的决定，依法享有申请行政复议、提起行政诉讼、请求国家赔偿等权利。

您纳税担保人同我们在纳税上发生争议时，必须先依照我们的纳税决定缴纳或者解缴税款及滞纳金或者提供相应的担保，然后可以依法申请行政复议；对行政复议决定不服的，可以依法向人民法院起诉。如您对我们的处罚决定、强制执行措施或者税收保全措施不服的，可以依法申请行政复议，也可以依法向人民法院起诉。

当我们的职务违法行为给您和其他税务当事人的合法权益造成侵害时，您和其他税务当事人可以要求税务行政赔偿。主要包括：一是您在限期内已缴纳税款，我们未立即解除税收保全措施，使您的合法权益遭受损失的；二是我们滥用职权违法采取税收保全措施、强制执行措施或者采取税收保全措施、强制执行措施不当，使您或者纳税担保人的合法权益遭受损失的。

十三、依法要求听证的权利
对您作出规定金额以上罚款的行政处罚之前，我们会向您送达《税务行政处罚事项告知书》，告知您已经查明的违法事实、证据、行政处罚的法律依据和拟将给予的行政处罚。对此，您有权要求举行听证。我们将应您的要求组织听证。如您认为我们指定的听证主持人与本案有直接利害关系，您有权申请主持人回避。

对应当进行听证的案件，我们不组织听证，行政处罚决定不能成立。但您放弃听证权利或者被正当取消听证权利的除外。

十四、索取有关税收凭证的权利
我们征收税款时，必须给您开具完税凭证。扣缴义务人代扣、代收税款时，纳税人要求扣缴义务人开具代扣、代收税款凭证时，扣缴义务人应当开具。

我们扣押商品、货物或者其他财产时，必须开付收据；查封商品、货物或者其他财产时，必须开付清单。

您的义务

依照宪法、税收法律和行政法规的规定，您在纳税过程中负有以下义务：
一、依法进行税务登记的义务
您应当自领取营业执照之日起 30 日内，持有关证件，向我们申报办理税务登记。税务登记主要包括领取营业执照后的设立登记、税务登记内容发生变化后的变更登记、依法申请停业、复业登记、依法终止纳税义务的注销登记等。

在各类税务登记管理中，您应该根据我们的规定分别提交相关资料，及时办理。同时，您应当按照我们的规定使用税务登记证件。税务登记证件不得转借、涂改、损毁、买卖或者伪造。

二、依法设置账簿、保管账簿和有关资料以及依法开具、使用、取得和保管发票的义务
您应当按照有关法律、行政法规和国务院财政、税务主管部门的规定设置账簿，根据合法、有效凭证记账，进行核算；从事生产、经营的，必须按照国务院财政、税务主管部门规定的保管期限保管账簿、记账凭证、完税凭证及其他有关资料；账簿、记账凭证、完税凭证及其他有关资料不得伪造、变造或者擅自损毁。

此外，您在购销商品、提供或者接受经营服务以及从事其他经营活动中，应当依法开具、使用、取得和保管发票。

三、财务会计制度和会计核算软件备案的义务

您的财务、会计制度或者财务、会计处理办法和会计核算软件，应当报送我们备案。您的财务、会计制度或者财务、会计处理办法与国务院或者国务院财政、税务主管部门有关税收的规定抵触的，应依照国务院或者国务院财政、税务主管部门有关税收的规定计算应纳税款、代扣代缴和代收代缴税款。

四、按照规定安装、使用税控装置的义务

国家根据税收征收管理的需要，积极推广使用税控装置。您应当按照规定安装、使用税控装置，不得损毁或者擅自改动税控装置。如您未按规定安装、使用税控装置，或者损毁或者擅自改动税控装置的，我们将责令您限期改正，并可根据情节轻重处以规定数额内的罚款。

五、按时、如实申报的义务

您必须依照法律、行政法规规定或者我们依照法律、行政法规的规定确定的申报期限、申报内容如实办理纳税申报，报送纳税申报表、财务会计报表以及我们根据实际需要要求您报送的其他纳税资料。

作为扣缴义务人，您必须依照法律、行政法规规定或者我们依照法律、行政法规的规定确定的申报期限、申报内容如实报送代扣代缴、代收代缴税款报告表以及我们根据实际需要要求您报送的其他有关资料。

您即使在纳税期内没有应纳税款，也应当按照规定办理纳税申报。享受减税、免税待遇的，在减税、免税期间应当按照规定办理纳税申报。

六、按时缴纳税款的义务

您应当按照法律、行政法规规定或者我们依照法律、行政法规的规定确定的期限，缴纳或者解缴税款。

未按照规定期限缴纳税款或者未按照规定期限解缴税款的，我们除责令限期缴纳外，从滞纳税款之日起，按日加收滞纳税款万分之五的滞纳金。

七、代扣、代收税款的义务

如您按照法律、行政法规规定负有代扣代缴、代收代缴税款义务，必须依照法律、行政法规的规定履行代扣、代收税款的义务。您依法履行代扣、代收税款义务时，纳税人不得拒绝。纳税人拒绝的，您应当及时报告我们处理。

八、接受依法检查的义务

您有接受我们依法进行税务检查的义务，应主动配合我们按法定程序进行的税务检查，如实地向我们反映自己的生产经营情况和执行财务制度的情况，并按有关规定提供报表和资料，不得隐瞒和弄虚作假，不能阻挠、刁难我们的检查和监督。

九、及时提供信息的义务

您除通过税务登记和纳税申报向我们提供与纳税有关的信息外，还应及时提供其他信息。如您有歇业、经营情况变化、遭受各种灾害等特殊情况的，应及时向我们说明，以便我们依法妥善处理。

十、报告其他涉税信息的义务

为了保障国家税收能够及时、足额征收入库，税收法律还规定了您有义务向我们报告如下涉税信息：

1. 您有义务就您与关联企业之间的业务往来,向当地税务机关提供有关的价格、费用标准等资料。

您有欠税情形而以财产设定抵押、质押的,应当向抵押权人、质权人说明您的欠税情况。

2. 企业合并、分立的报告义务。您有合并、分立情形的,应当向我们报告,并依法缴清税款。合并时未缴清税款的,应当由合并后的纳税人继续履行未履行的纳税义务;分立时未缴清税款的,分立后的纳税人对未履行的纳税义务应当承担连带责任。

3. 报告全部账号的义务。如您从事生产、经营,应当按照国家有关规定,持税务登记证件,在银行或者其他金融机构开立基本存款账户和其他存款账户,并自开立基本存款账户或者其他存款账户之日起15日内,向您的主管税务机关书面报告全部账号;发生变化的,应当自变化之日起15日内,向您的主管税务机关书面报告。

4. 处分大额财产报告的义务。如您的欠缴税款数额在5万元以上,您在处分不动产或者大额资产之前,应当向我们报告。

特此公告。

国家税务总局
2009年11月6日

9. 国家税务总局关于修改《税务行政复议规则》的决定

国家税务总局令第39号

《国家税务总局关于修改〈税务行政复议规则〉的决定》,已经2015年12月17日国家税务总局2015年度第2次局务会议审议通过,现予公布,自2016年2月1日起施行。

国家税务总局局长:王军
2015年12月28日

国家税务总局关于修改《税务行政复议规则》的决定

国家税务总局决定对《税务行政复议规则》作如下修改:

一、将第十九条第一款第一项修改为:"(一)对计划单列市国家税务局的具体行政行为不服的,向国家税务总局申请行政复议;对计划单列市地方税务局的具体行政行为不服的,可以选择向省地方税务局或者本级人民政府申请行政复议。"

二、将第五十二条修改为:"行政复议证据包括以下类别:

(一)书证;

(二)物证;

(三)视听资料;

(四)电子数据;

(五)证人证言;

(六)当事人的陈述;

（七）鉴定意见；

（八）勘验笔录、现场笔录。"

三、第八十六条增加一款，作为第二款："行政复议审理期限在和解、调解期间中止计算。"

本决定自2016年2月1日起施行。

《税务行政复议规则》根据本决定作相应修改，重新公布。

税务行政复议规则

（2010年2月10日国家税务总局令第21号公布　根据2015年12月28日《国家税务总局关于修改〈税务行政复议规则〉的决定》修正）

第一章　总　　则

第一条　为了进一步发挥行政复议解决税务行政争议的作用，保护公民、法人和其他组织的合法权益，监督和保障税务机关依法行使职权，根据《中华人民共和国行政复议法》（以下简称行政复议法）、《中华人民共和国税收征收管理法》和《中华人民共和国行政复议法实施条例》（以下简称行政复议法实施条例），结合税收工作实际，制定本规则。

第二条　公民、法人和其他组织（以下简称申请人）认为税务机关的具体行政行为侵犯其合法权益，向税务行政复议机关申请行政复议，税务行政复议机关办理行政复议事项，适用本规则。

第三条　本规则所称税务行政复议机关（以下简称行政复议机关），指依法受理行政复议申请、对具体行政行为进行审查并作出行政复议决定的税务机关。

第四条　行政复议应当遵循合法、公正、公开、及时和便民的原则。

行政复议机关应当树立依法行政观念，强化责任意识和服务意识，认真履行行政复议职责，坚持有错必纠，确保法律正确实施。

第五条　行政复议机关在申请人的行政复议请求范围内，不得作出对申请人更为不利的行政复议决定。

第六条　申请人对行政复议决定不服的，可以依法向人民法院提起行政诉讼。

第七条　行政复议机关受理行政复议申请，不得向申请人收取任何费用。

第八条　各级税务机关行政首长是行政复议工作第一责任人，应当切实履行职责，加强对行政复议工作的组织领导。

第九条　行政复议机关应当为申请人、第三人查阅案卷资料、接受询问、调解、听证等提供专门场所和其他必要条件。

第十条　各级税务机关应当加大对行政复议工作的基础投入，推进行政复议工作信息化建设，配备调查取证所需的照相、录音、录像和办案所需的电脑、扫描、投影、传真、复印等设备，保障办案交通工具和相应经费。

第二章　税务行政复议机构和人员

第十一条　各级行政复议机关负责法制工作的机构（以下简称行政复议机构）依法办理行政复议事项，履行下列职责：

（一）受理行政复议申请。

（二）向有关组织和人员调查取证，查阅文件和资料。

（三）审查申请行政复议的具体行政行为是否合法和适当，起草行政复议决定。

（四）处理或者转送对本规则第十五条所列有关规定的审查申请。

（五）对被申请人违反行政复议法及其实施条例和本规则规定的行为，依照规定的权限和程序向相关部门提出处理建议。

（六）研究行政复议工作中发现的问题，及时向有关机关或者部门提出改进建议，重大问题及时向行政复议机关报告。

（七）指导和监督下级税务机关的行政复议工作。

（八）办理或者组织办理行政诉讼案件应诉事项。

（九）办理行政复议案件的赔偿事项。

（十）办理行政复议、诉讼、赔偿等案件的统计、报告、归档工作和重大行政复议决定备案事项。

（十一）其他与行政复议工作有关的事项。

第十二条 各级行政复议机关可以成立行政复议委员会，研究重大、疑难案件，提出处理建议。

行政复议委员会可以邀请本机关以外的具有相关专业知识的人员参加。

第十三条 行政复议工作人员应当具备与履行行政复议职责相适应的品行、专业知识和业务能力，并取得行政复议法实施条例规定的资格。

第三章 税务行政复议范围

第十四条 行政复议机关受理申请人对税务机关下列具体行政行为不服提出的行政复议申请：

（一）征税行为，包括确认纳税主体、征税对象、征税范围、减税、免税、退税、抵扣税款、适用税率、计税依据、纳税环节、纳税期限、纳税地点和税款征收方式等具体行政行为，征收税款、加收滞纳金，扣缴义务人、受税务机关委托的单位和个人作出的代扣代缴、代收代缴、代征行为等。

（二）行政许可、行政审批行为。

（三）发票管理行为，包括发售、收缴、代开发票等。

（四）税收保全措施、强制执行措施。

（五）行政处罚行为：

1. 罚款；

2. 没收财物和违法所得；

3. 停止出口退税权。

（六）不依法履行下列职责的行为：

1. 颁发税务登记；

2. 开具、出具完税凭证、外出经营活动税收管理证明；

3. 行政赔偿；

4. 行政奖励；

5. 其他不依法履行职责的行为。

（七）资格认定行为。

（八）不依法确认纳税担保行为。

（九）政府信息公开工作中的具体行政行为。

（十）纳税信用等级评定行为。

（十一）通知出入境管理机关阻止出境行为。

（十二）其他具体行政行为。

第十五条 申请人认为税务机关的具体行政行为所依据的下列规定不合法，对具体行政行为申请行政复议时，可以一并向行政复议机关提出对有关规定的审查申请；申请人对具体行政行为提出行政复议申请时不知道该具体行政行为所依据的规定的，可以在行政复议机关作出行政复议决定以前提出对该规定的审查申请：

（一）国家税务总局和国务院其他部门的规定。

（二）其他各级税务机关的规定。

（三）地方各级人民政府的规定。

（四）地方人民政府工作部门的规定。

前款中的规定不包括规章。

第四章 税务行政复议管辖

第十六条 对各级国家税务局的具体行政行为不服的，向其上一级国家税务局申请行政复议。

第十七条 对各级地方税务局的具体行政行为不服的，可以选择向其上一级地方税务局或者该税务局的本级人民政府申请行政复议。

省、自治区、直辖市人民代表大会及其常务委员会、人民政府对地方税务局的行政复议管辖另有规定的，从其规定。

第十八条 对国家税务总局的具体行政行为不服的，向国家税务总局申请行政复议。对行政复议决定不服，申请人可以向人民法院提起行政诉讼，也可以向国务院申请裁决。国务院的裁决为最终裁决。

第十九条 对下列税务机关的具体行政行为不服的，按照下列规定申请行政复议：

（一）对计划单列市国家税务局的具体行政行为不服的，向国家税务总局申请行政复议；对计划单列市地方税务局的具体行政行为不服的，可以选择向省地方税务局或者本级人民政府申请行政复议。

（二）对税务所（分局）、各级税务局的稽查局的具体行政行为不服的，向其所属税务局申请行政复议。

（三）对两个以上税务机关共同作出的具体行政行为不服的，向共同上一级税务机关申请行政复议；对税务机关与其他行政机关共同作出的具体行政行为不服的，向其共同上一级行政机关申请行政复议。

（四）对被撤销的税务机关在撤销以前所作出的具体行政行为不服的，向继续行使其职权的税务机关的上一级税务机关申请行政复议。

（五）对税务机关作出逾期不缴纳罚款加处罚款的决定不服的，向作出行政处罚决定的税务机关申请行政复议。但是对已处罚款和加处罚款都不服的，一并向作出行政处罚决定的税务机关的上一级税务机关申请行政复议。

有前款（二）（三）（四）（五）项所列情形之一的，申请人也可以向具体行政行为发生地的县级地方人民政府提交行政复议申请，由接受申请的县级地方人民政府依法转送。

第五章　税务行政复议申请人和被申请人

第二十条　合伙企业申请行政复议的，应当以工商行政管理机关核准登记的企业为申请人，由执行合伙事务的合伙人代表该企业参加行政复议；其他合伙组织申请行政复议的，由合伙人共同申请行政复议。

前款规定以外的不具备法人资格的其他组织申请行政复议的，由该组织的主要负责人代表该组织参加行政复议；没有主要负责人的，由共同推选的其他成员代表该组织参加行政复议。

第二十一条　股份制企业的股东大会、股东代表大会、董事会认为税务具体行政行为侵犯企业合法权益的，可以以企业的名义申请行政复议。

第二十二条　有权申请行政复议的公民死亡的，其近亲属可以申请行政复议；有权申请行政复议的公民为无行为能力人或者限制行为能力人，其法定代理人可以代理申请行政复议。

有权申请行政复议的法人或者其他组织发生合并、分立或终止的，承受其权利义务的法人或者其他组织可以申请行政复议。

第二十三条　行政复议期间，行政复议机关认为申请人以外的公民、法人或者其他组织与被审查的具体行政行为有利害关系的，可以通知其作为第三人参加行政复议。

行政复议期间，申请人以外的公民、法人或者其他组织与被审查的税务具体行政行为有利害关系的，可以向行政复议机关申请作为第三人参加行政复议。

第三人不参加行政复议，不影响行政复议案件的审理。

第二十四条　非具体行政行为的行政管理相对人，但其权利直接被该具体行政行为所剥夺、限制或者被赋予义务的公民、法人或其他组织，在行政管理相对人没有申请行政复议时，可以单独申请行政复议。

第二十五条　同一行政复议案件申请人超过5人的，应当推选1至5名代表参加行政复议。

第二十六条　申请人对具体行政行为不服申请行政复议的，作出该具体行政行为的税务机关为被申请人。

第二十七条　申请人对扣缴义务人的扣缴税款行为不服的，主管该扣缴义务人的税务机关为被申请人；对税务机关委托的单位和个人的代征行为不服的，委托税务机关为被申请人。

第二十八条　税务机关与法律、法规授权的组织以共同的名义作出具体行政行为的，税务机关和法律、法规授权的组织为共同被申请人。

税务机关与其他组织以共同名义作出具体行政行为的，税务机关为被申请人。

第二十九条　税务机关依照法律、法规和规章规定，经上级税务机关批准作出具体行政行为的，批准机关为被申请人。

申请人对经重大税务案件审理程序作出的决定不服的，审理委员会所在税务机关为被申请人。

第三十条　税务机关设立的派出机构、内设机构或者其他组织，未经法律、法规授权，以自己名义对外作出具体行政行为的，税务机关为被申请人。

第三十一条　申请人、第三人可以委托1至2名代理人参加行政复议。申请人、第三人委托代理人的，应当向行政复议机构提交授权委托书。授权委托书应当载明委托事项、权限和期限。公民在特殊情况下无法书面委托的，可以口头委托。口头委托的，行政复议机构应当核实并记录在卷。申请人、第三人解除或者变更委托的,应当书面告知行政复议机构。

被申请人不得委托本机关以外人员参加行政复议。

第六章 税务行政复议申请

第三十二条 申请人可以在知道税务机关作出具体行政行为之日起 60 日内提出行政复议申请。

因不可抗力或者被申请人设置障碍等原因耽误法定申请期限的,申请期限的计算应当扣除被耽误时间。

第三十三条 申请人对本规则第十四条第(一)项规定的行为不服的,应当先向行政复议机关申请行政复议;对行政复议决定不服的,可以向人民法院提起行政诉讼。

申请人按照前款规定申请行政复议的,必须依照税务机关根据法律、法规确定的税额、期限,先行缴纳或者解缴税款和滞纳金,或者提供相应的担保,才可以在缴清税款和滞纳金以后或者所提供的担保得到作出具体行政行为的税务机关确认之日起 60 日内提出行政复议申请。

申请人提供担保的方式包括保证、抵押和质押。作出具体行政行为的税务机关应当对保证人的资格、资信进行审查,对不具备法律规定资格或者没有能力保证的,有权拒绝。作出具体行政行为的税务机关应当对抵押人、出质人提供的抵押担保、质押担保进行审查,对不符合法律规定的抵押担保、质押担保,不予确认。

第三十四条 申请人对本规则第十四条第(一)项规定以外的其他具体行政行为不服,可以申请行政复议,也可以直接向人民法院提起行政诉讼。

申请人对税务机关作出逾期不缴纳罚款加处罚款的决定不服的,应当先缴纳罚款和加处罚款,再申请行政复议。

第三十五条 本规则第三十二条第一款规定的行政复议申请期限的计算,依照下列规定办理:

(一)当场作出具体行政行为的,自具体行政行为作出之日起计算。

(二)载明具体行政行为的法律文书直接送达的,自受送达人签收之日起计算。

(三)载明具体行政行为的法律文书邮寄送达的,自受送达人在邮件签收单上签收之日起计算;没有邮件签收单的,自受送达人在送达回执上签名之日起计算。

(四)具体行政行为依法通过公告形式告知受送达人的,自公告规定的期限届满之日起计算。

(五)税务机关作出具体行政行为时未告知申请人,事后补充告知的,自该申请人收到税务机关补充告知的通知之日起计算。

(六)被申请人能够证明申请人知道具体行政行为的,自证据材料证明其知道具体行政行为之日起计算。

税务机关作出具体行政行为,依法应当向申请人送达法律文书而未送达的,视为该申请人不知道该具体行政行为。

第三十六条 申请人依照行政复议法第六条第(八)项、第(九)项、第(十)项的规定申请税务机关履行法定职责,税务机关未履行的,行政复议申请期限依照下列规定计算:

(一)有履行期限规定的,自履行期限届满之日起计算。

(二)没有履行期限规定的,自税务机关收到申请满 60 日起计算。

第三十七条　税务机关作出的具体行政行为对申请人的权利、义务可能产生不利影响的，应当告知其申请行政复议的权利、行政复议机关和行政复议申请期限。

第三十八条　申请人书面申请行政复议的，可以采取当面递交、邮寄或者传真等方式提出行政复议申请。

有条件的行政复议机关可以接受以电子邮件形式提出的行政复议申请。

对以传真、电子邮件形式提出行政复议申请的，行政复议机关应当审核确认申请人的身份、复议事项。

第三十九条　申请人书面申请行政复议的，应当在行政复议申请书中载明下列事项：

（一）申请人的基本情况，包括公民的姓名、性别、出生年月、身份证件号码、工作单位、住所、邮政编码、联系电话；法人或者其他组织的名称、住所、邮政编码、联系电话和法定代表人或者主要负责人的姓名、职务。

（二）被申请人的名称。

（三）行政复议请求、申请行政复议的主要事实和理由。

（四）申请人的签名或者盖章。

（五）申请行政复议的日期。

第四十条　申请人口头申请行政复议的，行政复议机构应当依照本规则第三十九条规定的事项，当场制作行政复议申请笔录，交申请人核对或者向申请人宣读，并由申请人确认。

第四十一条　有下列情形之一的，申请人应当提供证明材料：

（一）认为被申请人不履行法定职责的，提供要求被申请人履行法定职责而被申请人未履行的证明材料。

（二）申请行政复议时一并提出行政赔偿请求的，提供受具体行政行为侵害而造成损害的证明材料。

（三）法律、法规规定需要申请人提供证据材料的其他情形。

第四十二条　申请人提出行政复议申请时错列被申请人的，行政复议机关应当告知申请人变更被申请人。申请人不变更被申请人的，行政复议机关不予受理，或者驳回行政复议申请。

第四十三条　申请人向行政复议机关申请行政复议，行政复议机关已经受理的，在法定行政复议期限内申请人不得向人民法院提起行政诉讼；申请人向人民法院提起行政诉讼，人民法院已经依法受理的，不得申请行政复议。

第七章　税务行政复议受理

第四十四条　行政复议申请符合下列规定的，行政复议机关应当受理：

（一）属于本规则规定的行政复议范围。

（二）在法定申请期限内提出。

（三）有明确的申请人和符合规定的被申请人。

（四）申请人与具体行政行为有利害关系。

（五）有具体的行政复议请求和理由。

（六）符合本规则第三十三条和第三十四条规定的条件。

（七）属于收到行政复议申请的行政复议机关的职责范围。

（八）其他行政复议机关尚未受理同一行政复议申请，人民法院尚未受理同一主体就同一事实提起的行政诉讼。

第四十五条 行政复议机关收到行政复议申请以后,应当在5日内审查,决定是否受理。对不符合本规则规定的行政复议申请,决定不予受理,并书面告知申请人。

对不属于本机关受理的行政复议申请,应当告知申请人向有关行政复议机关提出。

行政复议机关收到行政复议申请以后未按照前款规定期限审查并作出不予受理决定的,视为受理。

第四十六条 对符合规定的行政复议申请,自行政复议机构收到之日起即为受理;受理行政复议申请,应当书面告知申请人。

第四十七条 行政复议申请材料不齐全、表述不清楚的,行政复议机构可以自收到该行政复议申请之日起5日内书面通知申请人补正。补正通知应当载明需要补正的事项和合理的补正期限。无正当理由逾期不补正的,视为申请人放弃行政复议申请。

补正申请材料所用时间不计入行政复议审理期限。

第四十八条 上级税务机关认为行政复议机关不予受理行政复议申请的理由不成立的,可以督促其受理;经督促仍然不受理的,责令其限期受理。

上级税务机关认为行政复议申请不符合法定受理条件的,应当告知申请人。

第四十九条 上级税务机关认为有必要的,可以直接受理或者提审由下级税务机关管辖的行政复议案件。

第五十条 对应当先向行政复议机关申请行政复议,对行政复议决定不服再向人民法院提起行政诉讼的具体行政行为,行政复议机关决定不予受理或者受理以后超过行政复议期限不作答复的,申请人可以自收到不予受理决定书之日起或者行政复议期满之日起15日内,依法向人民法院提起行政诉讼。

依照本规则第八十三条规定延长行政复议期限的,以延长以后的时间为行政复议期满时间。

第五十一条 行政复议期间具体行政行为不停止执行;但是有下列情形之一的,可以停止执行:

(一)被申请人认为需要停止执行的。

(二)行政复议机关认为需要停止执行的。

(三)申请人申请停止执行,行政复议机关认为其要求合理,决定停止执行的。

(四)法律规定停止执行的。

第八章 税务行政复议证据

第五十二条 行政复议证据包括以下类别:

(一)书证;

(二)物证;

(三)视听资料;

(四)电子数据;

(五)证人证言;

(六)当事人的陈述;

(七)鉴定意见;

(八)勘验笔录、现场笔录。

第五十三条 在行政复议中,被申请人对其作出的具体行政行为负有举证责任。

第五十四条 行政复议机关应当依法全面审查相关证据。行政复议机关审查行政复议案件,应当以证据证明的案件事实为依据。定案证据应当具有合法性、真实性和关联性。

第五十五条 行政复议机关应当根据案件的具体情况，从以下方面审查证据的合法性：

（一）证据是否符合法定形式。

（二）证据的取得是否符合法律、法规、规章和司法解释的规定。

（三）是否有影响证据效力的其他违法情形。

第五十六条 行政复议机关应当根据案件的具体情况，从以下方面审查证据的真实性：

（一）证据形成的原因。

（二）发现证据时的环境。

（三）证据是否为原件、原物，复制件、复制品与原件、原物是否相符。

（四）提供证据的人或者证人与行政复议参加人是否具有利害关系。

（五）影响证据真实性的其他因素。

第五十七条 行政复议机关应当根据案件的具体情况，从以下方面审查证据的关联性：

（一）证据与待证事实是否具有证明关系。

（二）证据与待证事实的关联程度。

（三）影响证据关联性的其他因素。

第五十八条 下列证据材料不得作为定案依据：

（一）违反法定程序收集的证据材料。

（二）以偷拍、偷录和窃听等手段获取侵害他人合法权益的证据材料。

（三）以利诱、欺诈、胁迫和暴力等不正当手段获取的证据材料。

（四）无正当事由超出举证期限提供的证据材料。

（五）无正当理由拒不提供原件、原物，又无其他证据印证，且对方不予认可的证据的复制件、复制品。

（六）无法辨明真伪的证据材料。

（七）不能正确表达意志的证人提供的证言。

（八）不具备合法性、真实性的其他证据材料。

行政复议机构依据本规则第十一条第（二）项规定的职责所取得的有关材料，不得作为支持被申请人具体行政行为的证据。

第五十九条 在行政复议过程中，被申请人不得自行向申请人和其他有关组织或者个人收集证据。

第六十条 行政复议机构认为必要时，可以调查取证。

行政复议工作人员向有关组织和人员调查取证时，可以查阅、复制和调取有关文件和资料，向有关人员询问。调查取证时，行政复议工作人员不得少于2人，并应当向当事人和有关人员出示证件。被调查单位和人员应当配合行政复议工作人员的工作，不得拒绝、阻挠。

需要现场勘验的，现场勘验所用时间不计入行政复议审理期限。

第六十一条 申请人和第三人可以查阅被申请人提出的书面答复、作出具体行政行为的证据、依据和其他有关材料，除涉及国家秘密、商业秘密或者个人隐私外，行政复议机关不得拒绝。

第九章 税务行政复议审查和决定

第六十二条 行政复议机构应当自受理行政复议申请之日起7日内，将行政复议申请书副本或者行政复议申请笔录复印件发送被申请人。被申请人应当自收到申请书副本或者申请笔录复印件之日起10日内提出书面答复，并提交当初作出具体行政行为的证据、依据和其他有关材料。

对国家税务总局的具体行政行为不服申请行政复议的案件,由原承办具体行政行为的相关机构向行政复议机构提出书面答复,并提交当初作出具体行政行为的证据、依据和其他有关材料。

第六十三条 行政复议机构审理行政复议案件,应当由2名以上行政复议工作人员参加。

第六十四条 行政复议原则上采用书面审查的办法,但是申请人提出要求或者行政复议机构认为有必要时,应当听取申请人、被申请人和第三人的意见,并可以向有关组织和人员调查了解情况。

第六十五条 对重大、复杂的案件,申请人提出要求或者行政复议机构认为必要时,可以采取听证的方式审理。

第六十六条 行政复议机构决定举行听证的,应当将举行听证的时间、地点和具体要求等事项通知申请人、被申请人和第三人。

第三人不参加听证的,不影响听证的举行。

第六十七条 听证应当公开举行,但是涉及国家秘密、商业秘密或者个人隐私的除外。

第六十八条 行政复议听证人员不得少于2人,听证主持人由行政复议机构指定。

第六十九条 听证应当制作笔录。申请人、被申请人和第三人应当确认听证笔录内容。行政复议听证笔录应当附卷,作为行政复议机构审理案件的依据之一。

第七十条 行政复议机关应当全面审查被申请人的具体行政行为所依据的事实证据、法律程序、法律依据和设定的权利义务内容的合法性、适当性。

第七十一条 申请人在行政复议决定作出以前撤回行政复议申请的,经行政复议机构同意,可以撤回。

申请人撤回行政复议申请的,不得再以同一事实和理由提出行政复议申请。但是,申请人能够证明撤回行政复议申请违背其真实意思表示的除外。

第七十二条 行政复议期间被申请人改变原具体行政行为的,不影响行政复议案件的审理。但是,申请人依法撤回行政复议申请的除外。

第七十三条 申请人在申请行政复议时,依据本规则第十五条规定一并提出对有关规定的审查申请的,行政复议机关对该规定有权处理的,应当在30日内依法处理;无权处理的,应当在7日内按照法定程序逐级转送有权处理的行政机关依法处理,有权处理的行政机关应当在60日内依法处理。处理期间,中止对具体行政行为的审查。

第七十四条 行政复议机关审查被申请人的具体行政行为时,认为其依据不合法,本机关有权处理的,应当在30日内依法处理;无权处理的,应当在7日内按照法定程序逐级转送有权处理的国家机关依法处理。处理期间,中止对具体行政行为的审查。

第七十五条 行政复议机构应当对被申请人的具体行政行为提出审查意见,经行政复议机关负责人批准,按照下列规定作出行政复议决定:

(一)具体行政行为认定事实清楚,证据确凿,适用依据正确,程序合法,内容适当的,决定维持。

(二)被申请人不履行法定职责的,决定其在一定期限内履行。

(三)具体行政行为有下列情形之一的,决定撤销、变更或者确认该具体行政行为违法;决定撤销或者确认该具体行政行为违法的,可以责令被申请人在一定期限内重新作出具体行政行为:

1. 主要事实不清、证据不足的;

2. 适用依据错误的；

3. 违反法定程序的；

4. 超越职权或者滥用职权的；

5. 具体行政行为明显不当的。

（四）被申请人不按照本规则第六十二条的规定提出书面答复，提交当初作出具体行政行为的证据、依据和其他有关材料的，视为该具体行政行为没有证据、依据，决定撤销该具体行政行为。

第七十六条　行政复议机关责令被申请人重新作出具体行政行为的，被申请人不得以同一事实和理由作出与原具体行政行为相同或者基本相同的具体行政行为；但是行政复议机关以原具体行政行为违反法定程序决定撤销的，被申请人重新作出具体行政行为的除外。

行政复议机关责令被申请人重新作出具体行政行为的，被申请人不得作出对申请人更为不利的决定；但是行政复议机关以原具体行政行为主要事实不清、证据不足或适用依据错误决定撤销的，被申请人重新作出具体行政行为的除外。

第七十七条　有下列情形之一的，行政复议机关可以决定变更：

（一）认定事实清楚，证据确凿，程序合法，但是明显不当或者适用依据错误的。

（二）认定事实不清，证据不足，但是经行政复议机关审理查明事实清楚，证据确凿的。

第七十八条　有下列情形之一的，行政复议机关应当决定驳回行政复议申请：

（一）申请人认为税务机关不履行法定职责申请行政复议，行政复议机关受理以后发现该税务机关没有相应法定职责或者在受理以前已经履行法定职责的。

（二）受理行政复议申请后，发现该行政复议申请不符合行政复议法及其实施条例和本规则规定的受理条件的。

上级税务机关认为行政复议机关驳回行政复议申请的理由不成立的，应当责令限期恢复受理。行政复议机关审理行政复议申请期限的计算应当扣除因驳回耽误的时间。

第七十九条　行政复议期间，有下列情形之一的，行政复议中止：

（一）作为申请人的公民死亡，其近亲属尚未确定是否参加行政复议的。

（二）作为申请人的公民丧失参加行政复议的能力，尚未确定法定代理人参加行政复议的。

（三）作为申请人的法人或者其他组织终止，尚未确定权利义务承受人的。

（四）作为申请人的公民下落不明或者被宣告失踪的。

（五）申请人、被申请人因不可抗力，不能参加行政复议的。

（六）行政复议机关因不可抗力原因暂时不能履行工作职责的。

（七）案件涉及法律适用问题，需要有权机关作出解释或者确认的。

（八）案件审理需要以其他案件的审理结果为依据，而其他案件尚未审结的。

（九）其他需要中止行政复议的情形。

行政复议中止的原因消除以后，应当及时恢复行政复议案件的审理。

行政复议机构中止、恢复行政复议案件的审理，应当告知申请人、被申请人、第三人。

第八十条　行政复议期间，有下列情形之一的，行政复议终止：

（一）申请人要求撤回行政复议申请，行政复议机构准予撤回的。

（二）作为申请人的公民死亡，没有近亲属，或者其近亲属放弃行政复议权利的。

（三）作为申请人的法人或者其他组织终止，其权利义务的承受人放弃行政复议权利的。

（四）申请人与被申请人依照本规则第八十七条的规定，经行政复议机构准许达成和解的。

（五）行政复议申请受理以后，发现其他行政复议机关已经先于本机关受理，或者人民法院已经受理的。

依照本规则第七十九条第一款第（一）项、第（二）项、第（三）项规定中止行政复议，满60日行政复议中止的原因未消除的，行政复议终止。

第八十一条 行政复议机关责令被申请人重新作出具体行政行为的，被申请人应当在60日内重新作出具体行政行为；情况复杂，不能在规定期限内重新作出具体行政行为的，经行政复议机关批准，可以适当延期，但是延期不得超过30日。

公民、法人或者其他组织对被申请人重新作出的具体行政行为不服，可以依法申请行政复议，或者提起行政诉讼。

第八十二条 申请人在申请行政复议时可以一并提出行政赔偿请求，行政复议机关对符合国家赔偿法的规定应当赔偿的，在决定撤销、变更具体行政行为或者确认具体行政行为违法时，应当同时决定被申请人依法赔偿。

申请人在申请行政复议时没有提出行政赔偿请求的，行政复议机关在依法决定撤销、变更原具体行政行为确定的税款、滞纳金、罚款和对财产的扣押、查封等强制措施时，应当同时责令被申请人退还税款、滞纳金和罚款，解除对财产的扣押、查封等强制措施，或者赔偿相应的价款。

第八十三条 行政复议机关应当自受理申请之日起60日内作出行政复议决定。情况复杂，不能在规定期限内作出行政复议决定的，经行政复议机关负责人批准，可以适当延期，并告知申请人和被申请人；但是延期不得超过30日。

行政复议机关作出行政复议决定，应当制作行政复议决定书，并加盖行政复议机关印章。

行政复议决定书一经送达，即发生法律效力。

第八十四条 被申请人应当履行行政复议决定。

被申请人不履行、无正当理由拖延履行行政复议决定的，行政复议机关或者有关上级税务机关应当责令其限期履行。

第八十五条 申请人、第三人逾期不起诉又不履行行政复议决定的，或者不履行最终裁决的行政复议决定的，按照下列规定分别处理：

（一）维持具体行政行为的行政复议决定，由作出具体行政行为的税务机关依法强制执行，或者申请人民法院强制执行。

（二）变更具体行政行为的行政复议决定，由行政复议机关依法强制执行，或者申请人民法院强制执行。

第十章 税务行政复议和解与调解

第八十六条 对下列行政复议事项，按照自愿、合法的原则，申请人和被申请人在行政复议机关作出行政复议决定以前可以达成和解，行政复议机关也可以调解：

（一）行使自由裁量权作出的具体行政行为，如行政处罚、核定税额、确定应税所得率等。

（二）行政赔偿。

（三）行政奖励。

（四）存在其他合理性问题的具体行政行为。

行政复议审理期限在和解、调解期间中止计算。

第八十七条 申请人和被申请人达成和解的，应当向行政复议机构提交书面和解协议。

和解内容不损害社会公共利益和他人合法权益的，行政复议机构应当准许。

第八十八条　经行政复议机构准许和解终止行政复议的，申请人不得以同一事实和理由再次申请行政复议。

第八十九条　调解应当符合下列要求：
（一）尊重申请人和被申请人的意愿。
（二）在查明案件事实的基础上进行。
（三）遵循客观、公正和合理原则。
（四）不得损害社会公共利益和他人合法权益。

第九十条　行政复议机关按照下列程序调解：
（一）征得申请人和被申请人同意。
（二）听取申请人和被申请人的意见。
（三）提出调解方案。
（四）达成调解协议。
（五）制作行政复议调解书。

第九十一条　行政复议调解书应当载明行政复议请求、事实、理由和调解结果，并加盖行政复议机关印章。行政复议调解书经双方当事人签字，即具有法律效力。

调解未达成协议，或者行政复议调解书不生效的，行政复议机关应当及时作出行政复议决定。

第九十二条　申请人不履行行政复议调解书的，由被申请人依法强制执行，或者申请人民法院强制执行。

第十一章　税务行政复议指导和监督

第九十三条　各级税务复议机关应当加强对履行行政复议职责的监督。行政复议机构负责对行政复议工作进行系统督促、指导。

第九十四条　各级税务机关应当建立健全行政复议工作责任制，将行政复议工作纳入本单位目标责任制。

第九十五条　各级税务机关应当按照职责权限，通过定期组织检查、抽查等方式，检查下级税务机关的行政复议工作，并及时向有关方面反馈检查结果。

第九十六条　行政复议期间行政复议机关发现被申请人和其他下级税务机关的相关行政行为违法或者需要做好善后工作的，可以制作行政复议意见书。有关机关应当自收到行政复议意见书之日起60日内将纠正相关行政违法行为或者做好善后工作的情况报告行政复议机关。

行政复议期间行政复议机构发现法律、法规和规章实施中带有普遍性的问题，可以制作行政复议建议书，向有关机关提出完善制度和改进行政执法的建议。

第九十七条　省以下各级税务机关应当定期向上一级税务机关提交行政复议、应诉、赔偿统计表和分析报告，及时将重大行政复议决定报上一级行政复议机关备案。

第九十八条　行政复议机构应当按照规定将行政复议案件资料立卷归档。

行政复议案卷应当按照行政复议申请分别装订立卷，一案一卷，统一编号，做到目录清晰、资料齐全、分类规范、装订整齐。

第九十九条　行政复议机构应当定期组织行政复议工作人员业务培训和工作交流，提高行政复议工作人员的专业素质。

第一百条 行政复议机关应当定期总结行政复议工作。对行政复议工作中做出显著成绩的单位和个人,依照有关规定表彰和奖励。

第十二章 附 则

第一百零一条 行政复议机关、行政复议机关工作人员和被申请人在税务行政复议活动中,违反行政复议法及其实施条例和本规则规定的,应当依法处理。

第一百零二条 外国人、无国籍人、外国组织在中华人民共和国境内向税务机关申请行政复议,适用本规则。

第一百零三条 行政复议机关在行政复议工作中可以使用行政复议专用章。行政复议专用章与行政复议机关印章在行政复议中具有同等效力。

第一百零四条 行政复议期间的计算和行政复议文书的送达,依照民事诉讼法关于期间、送达的规定执行。

本规则关于行政复议期间有关"5日""7日"的规定指工作日,不包括法定节假日。

第一百零五条 本规则自2010年4月1日起施行,2004年2月24日国家税务总局公布的《税务行政复议规则(暂行)》(国家税务总局令第8号)同时废止。

10. 国家税务总局关于印发《重大税收违法案件督办管理暂行办法》的通知

国税发〔2010〕103号

各省、自治区、直辖市和计划单列市国家税务局、地方税务局:

现将《重大税收违法案件督办管理暂行办法》印发给你们,请认真遵照执行。执行中如有问题,请及时报告国家税务总局(稽查局)。

附件:《重大税收违法案件督办管理暂行办法》相关税务文书式样(略)。

国家税务总局
二〇一〇年十一月一日

重大税收违法案件督办管理暂行办法

第一条 为了规范重大税收违法案件督办管理,根据《中华人民共和国税收征收管理法》有关规定,制定本办法。

第二条 上级税务局可以根据税收违法案件性质、涉案数额、复杂程度、查处难度以及社会影响等情况,督办管辖区域内发生的重大税收违法案件。

对跨越多个地区且案情特别复杂的重大税收违法案件,本级税务局查处确有困难的,可以报请上级税务局督办,并提出具体查处方案及相关建议。

重大税收违法案件具体督办事项由稽查局实施。

第三条 国家税务总局督办的重大税收违法案件主要包括：
（一）国务院等上级机关、上级领导批办的案件；
（二）国家税务总局领导批办的案件；
（三）在全国或者省、自治区、直辖市范围内有重大影响的案件；
（四）税收违法数额特别巨大、情节特别严重的案件；
（五）国家税务总局认为需要督办的其他案件。

省、自治区、直辖市和计划单列市国家税务局、地方税务局督办重大税收违法案件的范围和标准，由本级国家税务局、地方税务局根据本地实际情况分别确定。

第四条 省、自治区、直辖市和计划单列市国家税务局、地方税务局依照国家税务总局规定的范围、标准、时限向国家税务总局报告税收违法案件，国家税务总局根据案情复杂程度和查处工作需要确定督办案件。

省以下重大税收违法案件报告的范围和标准，由省、自治区、直辖市和计划单列市国家税务局、地方税务局根据本地实际情况分别确定。

第五条 对需要督办的重大税收违法案件，督办税务局（以下简称督办机关）所属稽查局填写《重大税收违法案件督办立项审批表》，提出拟办意见。拟办意见主要包括承办案件的税务局（以下简称承办机关）及所属稽查局、承办时限和工作要求等，经督办机关领导审批或者督办机关授权所属稽查局局长审批后，向承办机关发出《重大税收违法案件督办函》，要求承办机关在确定的期限内查证事实，并作出税务处理、处罚决定。

需要多个地区税务机关共同查处的督办案件，督办机关应当明确主办机关和协办机关，或者按照管辖职责确定涉案重点事项查处工作任务。协办机关应当积极协助主办机关查处督办案件，及时查证并提供相关证据材料。对主办机关请求协助查证的事项，协办机关应当及时准确反馈情况，不得敷衍塞责或者懈怠应付。

督办案件同时涉及国家税务局、地方税务局管辖的税收事项，国家税务局、地方税务局分别依照职责查处，并相互通报相关情况；必要时可以联合办案，分别作出税务处理、处罚决定。

第六条 督办案件未经督办机关批准，承办机关不得擅自转给下级税务机关或者其他机关查处。

对因督办案件情况发生变化，不需要继续督办的，督办机关可以撤销督办，并向承办机关发出《重大税收违法案件撤销督办函》。

第七条 承办机关应当在接到督办机关《重大税收违法案件督办函》后7个工作日内按照《税务稽查工作规程》规定立案，在10个工作日内制订具体查处方案，并组织实施检查。

承办机关具体查处方案应当报送督办机关备案；督办机关要求承办机关在实施检查前报告具体查处方案的，承办机关应当按照要求报告，经督办机关同意后实施检查。

督办机关督办前承办机关已经立案的，承办机关不停止实施检查，但应当将具体查处方案及相关情况报告督办机关；督办机关要求调整具体查处方案的，承办机关应当调整。

第八条 承办机关应当按照《重大税收违法案件督办函》要求填写《重大税收违法案件情况报告表》，每30日向督办机关报告一次案件查处进展情况；《重大税收违法案件督办函》有确定报告时限的，按照确定时限报告；案件查处有重大进展或者遇到紧急情形的，应当及时报告；案件查处没有进展或者进展缓慢的，应当说明原因，并明确提出下一步查处工作安排。

对有《税务稽查工作规程》第四十四条规定的中止检查情形或者第七十条规定的中止

执行情形的,承办机关应当报请督办机关批准后中止检查或者中止执行。中止期间可以暂不填报《重大税收违法案件情况报告表》;中止检查或者中止执行情形消失后,承办机关应当及时恢复检查或者执行,并依照前款规定填报《重大税收违法案件情况报告表》。

第九条 督办机关应当指导、协调督办案件查处,可以根据工作需要派员前往案发地区督促检查或者参与办案,随时了解案件查处进展情况以及存在问题。

督办机关稽查局应当确定督办案件的主要责任部门和责任人员。主要责任部门应当及时跟踪监控案件查处过程,根据承办机关案件查处进度、处理结果和督促检查情况,向稽查局领导报告督办案件查处进展情况;案情重大或者上级机关、上级领导批办的重要案件,应当及时向督办机关领导报告查处情况。

第十条 承办机关可以就督办案件向相关地区同级税务机关发出《税收违法案件协查函》,提出具体协查要求和回复时限,相关地区同级税务机关应当及时回复协查结果,提供明确的协查结论和相关证据资料。案情重大复杂的,承办机关可以报请督办机关组织协查。

第十一条 承办机关稽查局应当严格依照《税务稽查工作规程》相关规定对督办案件实施检查和审理,并报请承办机关集体审理。

承办机关稽查局应当根据审理认定的结果,拟制《重大税收违法案件拟处理意见报告》,经承办机关领导审核后报送督办机关。

在查处督办案件中,遇有法律、行政法规、规章或者其他规范性文件的疑义问题,承办机关稽查局应当征询同级法规、税政、征管、监察等相关部门意见;相关部门无法确定的,应当依照规定请示上级税务机关或者咨询有权解释的其他机关。

第十二条 《重大税收违法案件拟处理意见报告》应当包括以下主要内容:

(一)案件基本情况;
(二)检查时段和范围;
(三)检查方法和措施;
(四)检查人员查明的事实及相关证据材料;
(五)相关部门和当事人的意见;
(六)审理认定的事实及相关证据材料;
(七)拟税务处理、处罚意见及依据;
(八)其他相关事项说明。

对督办案件定性处理具有关键决定作用的重要证据,应当附报制作证据说明,写明证据目录、名称、内容、证明对象等事项。

第十三条 对承办机关《重大税收违法案件拟处理意见报告》,督办机关应当在接到之日起15日内审查;如有本办法第十一条第三款规定情形的,审查期限可以适当延长。督办机关对承办机关提出的定性处理意见没有表示异议的,承办机关依法作出《税务处理决定书》《税务行政处罚决定书》《税务稽查结论》《不予税务行政处罚决定书》,送达当事人执行。

督办机关审查认为承办机关《重大税收违法案件拟处理意见报告》认定的案件事实不清、证据不足、违反法定程序或者拟税务处理、处罚意见依据错误的,通知承办机关说明情况或者补充检查。

第十四条 对督办案件中涉嫌犯罪的税收违法行为,承办机关填制《涉嫌犯罪案件移送书》,依照规定程序和权限批准后,依法移送司法机关。对移送司法机关的案件,承办机关应当随时关注司法处理进展情况,并及时报告督办机关。

第十五条　承办机关应当在 90 日内查证督办案件事实并依法作出税务处理、处罚决定；督办机关确定查处期限的，承办机关应当严格按照确定的期限查处；案情复杂确实无法按时查处，应当在查处期限届满前 10 日内向督办机关申请延期查处，提出延长查处期限和理由，经批准后延期查处。

第十六条　对承办机关超过规定期限未填报《重大税收违法案件情况报告表》，或者未查处督办案件且未按照规定提出延期查处申请的，督办机关应当向其发出《重大税收违法案件催办函》进行催办，并责令说明情况和理由。

承办机关对督办案件查处不力的，督办机关可以召集承办机关分管稽查的税务局领导或者稽查局局长汇报；必要时督办机关可以直接组织查处。

第十七条　督办案件有下列情形之一的，可以认定为结案：

（一）税收违法事实已经查证清楚，并依法作出《税务处理决定书》《税务行政处罚决定书》，税款、滞纳金、罚款等税收款项追缴入库，纳税人或者其他当事人在法定期限内没有申请行政复议或者提起行政诉讼的；

（二）查明税收违法事实不存在或者情节轻微，依法作出《税务稽查结论》或者《不予税务行政处罚决定书》，纳税人或者其他当事人在法定期限内没有申请行政复议或者提起行政诉讼的；

（三）纳税人或者其他当事人对税务机关处理、处罚决定或者强制执行措施申请行政复议或者提起行政诉讼，行政复议决定或者人民法院判决、裁定生效并执行完毕的；

（四）符合《税务稽查工作规程》第四十五条规定的终结检查情形的；

（五）符合《税务稽查工作规程》第七十一条规定的终结执行情形的；

（六）法律、行政法规或者国家税务总局规定的其他情形的。

税务机关依照法定职权确实无法查证全部或者部分税收违法行为，但有根据认为其涉嫌犯罪并依法移送司法机关处理的，以司法程序终结为结案。

第十八条　承办机关应当在督办案件结案之日起 10 个工作日内向督办机关报送《重大税收违法案件结案报告》。

《重大税收违法案件结案报告》应当包括案件来源、案件查处情况、税务处理、处罚决定内容、案件执行情况等内容。督办机关要求附列《税务处理决定书》《税务行政处罚决定书》《税务稽查结论》《不予税务行政处罚决定书》《执行报告》、税款、滞纳金、罚款等税收款项入库凭证以及案件终结检查、终结执行审批文书等资料复印件的，应当附列。

第十九条　查处督办案件实行工作责任制。承办机关主要领导承担领导责任；承办机关分管稽查的领导承担监管责任；承办机关稽查局局长承担执行责任；稽查局分管案件的领导和具体承办部门负责人以及承办人员按照各自分工职责承担相应的责任。

对督办案件重要线索、证据不及时调查收集，或者故意隐瞒案情、转移、藏匿、毁灭证据，或者因工作懈怠、泄露案情致使相关证据被转移、藏匿、毁灭，或者相关财产被转移、藏匿，或者有其他徇私舞弊、玩忽职守、滥用职权行为，应当承担纪律责任的，依法给予行政处分；涉嫌犯罪的，应当依法移送司法机关处理。

第二十条　承办机关及承办人员和协办机关及协办人员在查处督办案件中成绩突出的，可以给予表彰；承办、协办不力的，给予通报批评。

第二十一条　本办法相关税务文书式样由国家税务总局制定。

第二十二条　本办法从 2011 年 1 月 1 日起执行。2001 年 7 月 30 日印发的《国家税务总局关于实行重大税收违法案件督办制度的通知》（国税发〔2001〕87号）同时废止。

附件：《重大税收违法案件督办管理暂行办法》相关税务文书式样目录表（略）。

11. 国家税务总局关于修改《中华人民共和国发票管理办法实施细则》的决定

国家税务总局令第37号

《国家税务总局关于修改〈中华人民共和国发票管理办法实施细则〉的决定》已经2014年12月19日国家税务总局2014年度第4次局务会议审议通过，现予公布，自2015年3月1日起施行。

国家税务总局局长：王军
2014年12月27日

国家税务总局关于修改《中华人民共和国发票管理办法实施细则》的决定

为贯彻落实转变政府职能、深化行政审批制度改革精神，根据《国务院关于取消和下放一批行政审批项目等事项的决定》（国发〔2013〕19号），国家税务总局决定对《中华人民共和国发票管理办法实施细则》作如下修改：

第五条 修改为："用票单位可以书面向税务机关要求使用印有本单位名称的发票，税务机关依据《办法》第十五条的规定，确认印有该单位名称发票的种类和数量。"

本决定自2015年3月1日起施行。《中华人民共和国发票管理办法实施细则》根据本决定作相应的修改，重新公布。

中华人民共和国发票管理办法实施细则

（2011年2月14日国家税务总局令第25号公布 根据2014年12月27日《国家税务总局关于修改〈中华人民共和国发票管理办法实施细则〉的决定》修正 根据2019年7月24日《国家税务总局关于公布取消一批税务证明事项以及废止和修改部分规章规范性文件的决定》第二次修正）

第一章 总　则

第一条 根据《中华人民共和国发票管理办法》（以下简称《办法》）规定，制定本实施细则。

第二条 在全国范围内统一式样的发票，由国家税务总局确定。

在省、自治区、直辖市范围内统一式样的发票，由省、自治区、直辖市国家税务局、地方税务局（以下简称省税务机关）确定。

第三条 发票的基本联次包括存根联、发票联、记账联。存根联由收款方或开票方留存备查；发票联由付款方或受票方作为付款原始凭证；记账联由收款方或开票方作为记账原始凭证。

省以上税务机关可根据发票管理情况以及纳税人经营业务需要，增减除发票联以外的其他联次，并确定其用途。

第四条 发票的基本内容包括：发票的名称、发票代码和号码、联次及用途、客户名称、开户银行及账号、商品名称或经营项目、计量单位、数量、单价、大小写金额、开票人、开票日期、开票单位（个人）名称（章）等。

省以上税务机关可根据经济活动以及发票管理需要，确定发票的具体内容。

第五条 用票单位可以书面向税务机关要求使用印有本单位名称的发票，税务机关依据《办法》第十五条的规定，确认印有该单位名称发票的种类和数量。

第二章 发票的印制

第六条 发票准印证由国家税务总局统一监制，省税务机关核发。

税务机关应当对印制发票企业实施监督管理，对不符合条件的，应当取消其印制发票的资格。

第七条 全国统一的发票防伪措施由国家税务总局确定，省税务机关可以根据需要增加本地区的发票防伪措施，并向国家税务总局备案。

发票防伪专用品应当按照规定专库保管，不得丢失。次品、废品应当在税务机关监督下集中销毁。

第八条 全国统一发票监制章是税务机关管理发票的法定标志，其形状、规格、内容、印色由国家税务总局规定。

第九条 全国范围内发票换版由国家税务总局确定；省、自治区、直辖市范围内发票换版由省税务机关确定。

发票换版时，应当进行公告。

第十条 监制发票的税务机关根据需要下达发票印制通知书，被指定的印制企业必须按照要求印制。

发票印制通知书应当载明印制发票企业名称、用票单位名称、发票名称、发票代码、种类、联次、规格、印色、印制数量、起止号码、交货时间、地点等内容。

第十一条 印制发票企业印制完毕的成品应当按照规定验收后专库保管，不得丢失。废品应当及时销毁。

第三章 发票的领购

第十二条 《办法》第十五条所称经办人身份证明是指经办人的居民身份证、护照或者其他能证明经办人身份的证件。

第十三条 《办法》第十五条所称发票专用章是指用票单位和个人在其开具发票时加盖的有其名称、税务登记号、发票专用章字样的印章。

发票专用章式样由国家税务总局确定。

第十四条 税务机关对领购发票单位和个人提供的发票专用章的印模应当留存备查。

第十五条 《办法》第十五条所称领购方式是指批量供应、交旧购新或者验旧购新等方式。

第十六条 《办法》第十五条所称发票领购簿的内容应当包括用票单位和个人的名称、所属行业、购票方式、核准购票种类、开票限额、发票名称、领购日期、准购数量、起止号码、违章记录、领购人签字（盖章）、核发税务机关（章）等内容。

第十七条 《办法》第十五条所称发票使用情况是指发票领用存情况及相关开票数据。

第十八条 税务机关在发售发票时，应当按照核准的收费标准收取工本管理费，并向购票单位和个人开具收据。发票工本费征缴办法按照国家有关规定执行。

第十九条 《办法》第十六条所称书面证明是指有关业务合同、协议或者税务机关认可的其他资料。

第二十条 税务机关应当与受托代开发票的单位签订协议，明确代开发票的种类、对象、内容和相关责任等内容。

第二十一条 《办法》第十八条所称保证人，是指在中国境内具有担保能力的公民、法人或者其他经济组织。

保证人同意为领购发票的单位和个人提供担保的，应当填写担保书。担保书内容包括：担保对象、范围、期限和责任以及其他有关事项。

担保书须经购票人、保证人和税务机关签字盖章后方为有效。

第二十二条 《办法》第十八条第二款所称由保证人或者以保证金承担法律责任，是指由保证人缴纳罚款或者以保证金缴纳罚款。

第二十三条 提供保证人或者交纳保证金的具体范围由省税务机关规定。

第四章　发票的开具和保管

第二十四条 《办法》第十九条所称特殊情况下，由付款方向收款方开具发票，是指下列情况：

（一）收购单位和扣缴义务人支付个人款项时；

（二）国家税务总局认为其他需要由付款方向收款方开具发票的。

第二十五条 向消费者个人零售小额商品或者提供零星服务的，是否可免予逐笔开具发票，由省税务机关确定。

第二十六条 填开发票的单位和个人必须在发生经营业务确认营业收入时开具发票。未发生经营业务一律不准开具发票。

第二十七条 开具发票后，如发生销货退回需开红字发票的，必须收回原发票并注明"作废"字样或取得对方有效证明。

开具发票后，如发生销售折让的，必须在收回原发票并注明"作废"字样后重新开具销售发票或取得对方有效证明后开具红字发票。

第二十八条 单位和个人在开具发票时，必须做到按照号码顺序填开，填写项目齐全，内容真实，字迹清楚，全部联次一次打印，内容完全一致，并在发票联和抵扣联加盖发票专用章。

第二十九条 开具发票应当使用中文。民族自治地方可以同时使用当地通用的一种民族文字。

第三十条 《办法》第二十六条所称规定的使用区域是指国家税务总局和省税务机关规定的区域。

第三十一条 使用发票的单位和个人应当妥善保管发票。发生发票丢失情形时，应当于发现丢失当日书面报告税务机关。

第五章 发 票 的 检 查

第三十二条 《办法》第三十二条所称发票换票证仅限于在本县（市）范围内使用。需要调出外县（市）的发票查验时，应当提请该县（市）税务机关调取发票。

第三十三条 用票单位和个人有权申请税务机关对发票的真伪进行鉴别。收到申请的税务机关应当受理并负责鉴别发票的真伪；鉴别有困难的，可以提请发票监制税务机关协助鉴别。

在伪造、变造现场以及买卖地、存放地查获的发票，由当地税务机关鉴别。

第六章 罚 则

第三十四条 税务机关对违反发票管理法规的行为进行处罚，应当将行政处罚决定书面通知当事人；对违反发票管理法规的案件，应当立案查处。

对违反发票管理法规的行政处罚，由县以上税务机关决定；罚款额在2 000元以下的，可由税务所决定。

第三十五条 《办法》第四十条所称的公告是指，税务机关应当在办税场所或者广播、电视、报纸、期刊、网络等新闻媒体上公告纳税人发票违法的情况。公告内容包括：纳税人名称、纳税人识别号、经营地点、违反发票管理法规的具体情况。

第三十六条 对违反发票管理法规情节严重构成犯罪的，税务机关应当依法移送司法机关处理。

第七章 附 则

第三十七条 《办法》和本实施细则所称"以上""以下"均含本数。

第三十八条 本实施细则自2011年2月1日起施行。

12. 国家税务总局关于印发《税收个案批复工作规程（试行）》的通知

国税发〔2012〕14号

各省、自治区、直辖市和计划单列市国家税务局、地方税务局，局内各单位：

现将国家税务总局制定的《税收个案批复工作规程（试行）》印发给你们，请认真执行。各单位在执行中遇到的问题及提出的建议，请及时报国家税务总局。

国家税务总局
二〇一二年二月十日

税收个案批复工作规程（试行）

第一条 为提高税务行政决策的科学化、民主化，落实政务公开要求，强化内部监控制约机制，规范税收个案批复工作，制定本规程。

第二条 本规程所称税收个案批复，是指税务机关针对特定税务行政相对人的特定事项如何适用税收法律、法规、规章或规范性文件所做的批复。

第三条 税务机关作出税收个案批复均适用本规程。

凡税收法律、法规规定的对税务行政相对人的许可、审批事项，不属于本规程适用范围。

第四条 税收个案拟明确的事项需要普遍适用的，应当按照《税收规范性文件制定管理办法》制定税收规范性文件。

第五条 税收个案批复必须以税务机关的名义作出。下级税务机关不得执行以上级税务机关内设机构名义作出的税收个案批复。

第六条 办理税收个案批复，应当符合法律规定，注重内部分工制约，坚持公开、公平、公正、统一的原则。

第七条 有下列情形之一的，不得作出税收个案批复：

（一）超越本机关法定权限的；

（二）与上位法相抵触的；

（三）对其他类似情形的税务行政相对人显失公平的。

第八条 税收个案批复事项一般应由税务行政相对人的主管税务机关提出，并逐级报送有权作出批复的税务机关。

上级机关交办、本机关领导批办、相关部门转办、纳税人直接提出申请，拟作出批复的，应当逐级发送至税务行政相对人的主管税务机关调查核实，提出处理意见后，逐级报送有权作出批复的税务机关。必要时，拟批复机关可以补充调查核实。

第九条 税收个案批复事项，应当由办公厅（室）统一负责登记、按照部门职责分发主办业务部门。

各业务部门直接收到的税收个案批复事项，应当首先转送办公厅（室）统一登记。未经办公厅（室）登记、分发的税收个案批复事项，不得办理。

第十条 主办业务部门收到办公厅（室）分发的税收个案批复事项后，应当登记并明确主办人员。按照本规程第八条第二款规定，需要转送主管税务机关调查核实的，主办业务部门应当按规定转送主管税务机关处理。

第十一条 主办业务部门认为不应作出税收个案批复的，应当书面说明理由，经本部门负责人批准后，报办公厅（室）备案。

第十二条 主办业务部门拟作出税收个案批复的，应将批复文本送交负有税收执法监督检查职能的部门及其他相关业务部门会签。会签时应一并提供起草说明及其他相关材料。起草说明应包括申请事项、调查核实情况、征求其他相关机关意见情况、批复的必要性及依据、对其他税务行政相对人的影响等内容。

第十三条 会签后，主办业务部门应将全部案卷材料送交政策法规部门进行合法性审查。

第十四条 对会签、审查中存在不同意见且经过协商难以达成一致的，主办业务部门应将各方意见及相关材料报主管局领导裁定。

第十五条 经会签、审查无异议，或主管局领导裁定同意批复的，主办业务部门应当自收到会签、审查或领导裁定意见之日起5个工作日内，按照公文处理程序送办公厅（室）核稿。

第十六条 未经负有税收执法监督检查职能的部门会签和政策法规部门合法性审查的税收个案批复，办公厅（室）不予核稿，局领导不予签发。

第十七条 除涉及国家秘密外，税收个案批复应当自作出之日起30日内，由批复机关的办公厅（室）在本级政府公报、税务机关公报、本辖区范围内公开发行的报纸或本级政府网站、本税务机关网站上公布。

不具备前款规定公布条件的税务机关,应当自税收个案批复作出之日起5个工作日内,在办税服务场所或公共场所通过公告栏等形式,公布其作出的税收个案批复。

第十八条 税收个案批复应当抄送监察部门。

第十九条 省以下税务机关应当于税收个案批复作出之日起30日内报送上一级税务机关负有税收执法监督检查职能的部门备案。

负有税收执法监督检查职能的部门应将税收个案批复分送主管业务部门、政策法规部门以及其他相关业务部门审核。

第二十条 主办业务部门应当按档案管理规定将税收个案批复材料整理归档。

第二十一条 本规程前述条款没有规定时限的,按照下列规定办理:

(一)上下级税务机关送出材料均不得超过5个工作日;

(二)各部门会签、审查均不得超过10个工作日;

(三)主管税务机关调查核实不得超过30日。

征求其他相关机关意见的时间不计算在本规程规定的时限内。

情况复杂或者社会影响巨大的案件,可适当延长时限。

第二十二条 违反本规程规定办理税收个案批复的,按照有关规定追究责任。

第二十三条 本规程自2012年3月1日起施行。

13. 税收票证管理办法

(2013年1月25日国家税务总局第1次局务会议审议通过 根据2019年7月24日《国家税务总局关于公布取消一批税务证明事项以及废止和修改部分规章规范性文件的决定》修正)

第一章 总 则

第一条 为了规范税收票证管理工作,保证国家税收收入的安全完整,维护纳税人合法权益,适应税收信息化发展需要,根据《中华人民共和国税收征收管理法》及其实施细则等法律法规,制定本办法。

第二条 税务机关、税务人员、纳税人、扣缴义务人、代征代售人和税收票证印制企业在中华人民共和国境内印制、使用、管理税收票证,适用本办法。

第三条 本办法所称税收票证,是指税务机关、扣缴义务人依照法律法规,代征代售人按照委托协议,征收税款、基金、费、滞纳金、罚没款等各项收入(以下统称税款)的过程中,开具的收款、退款和缴库凭证。税收票证是纳税人实际缴纳税款或者收取退还税款的法定证明。

税收票证包括纸质形式和数据电文形式。数据电文税收票证是指通过横向联网电子缴税系统办理税款的征收缴库、退库时,向银行、国库发送的电子缴款、退款信息。

第四条 国家积极推广以横向联网电子缴税系统为依托的数据电文税收票证的使用工作。

第五条 税务机关、代征代售人征收税款时应当开具税收票证。通过横向联网电子缴税系统完成税款的缴纳或者退还后,纳税人需要纸质税收票证的,税务机关应当开具。

扣缴义务人代扣代收税款时，纳税人要求扣缴义务人开具税收票证的，扣缴义务人应当开具。

第六条 税收票证的基本要素包括：税收票证号码、征收单位名称、开具日期、纳税人名称、纳税人识别号、税种（费、基金、罚没款）、金额、所属时期等。

第七条 纸质税收票证的基本联次包括收据联、存根联、报查联。收据联交纳税人作完税凭证；存根联由税务机关、扣缴义务人、代征代售人留存；报查联由税务机关做会计凭证或备查。

省、自治区、直辖市和计划单列市（以下简称省）税务机关可以根据税收票证管理情况，确定除收据联以外的税收票证启用联次。

第八条 国家税务总局统一负责全国的税收票证管理工作。其职责包括：

（一）设计和确定税收票证的种类、适用范围、联次、内容、式样及规格；

（二）设计和确定税收票证专用章戳的种类、适用范围、式样及规格；

（三）印制、保管、发运需要全国统一印制的税收票证，刻制需要全国统一制发的税收票证专用章戳；

（四）确定税收票证管理的机构、岗位和职责；

（五）组织、指导和推广税收票证信息化工作；

（六）组织全国税收票证检查工作；

（七）其他全国性的税收票证管理工作。

第九条 省以下税务机关应当依照本办法做好本行政区域内的税收票证管理工作。其职责包括：

（一）负责本级权限范围内的税收票证印制、领发、保管、开具、作废、结报缴销、停用、交回、损失核销、移交、核算、归档、审核、检查、销毁等工作；

（二）指导和监督下级税务机关、扣缴义务人、代征代售人、自行填开税收票证的纳税人税收票证管理工作；

（三）组织、指导、具体实施税收票证信息化工作；

（四）组织税收票证检查工作；

（五）其他税收票证管理工作。

第十条 扣缴义务人和代征代售人在代扣代缴、代收代缴、代征税款以及代售印花税票过程中应当做好税收票证的管理工作。其职责包括：

（一）妥善保管从税务机关领取的税收票证，并按照税务机关要求建立、报送和保管税收票证账簿及有关资料；

（二）为纳税人开具并交付税收票证；

（三）按时解缴税款、结报缴销税收票证；

（四）其他税收票证管理工作。

第十一条 各级税务机关的收入规划核算部门主管税收票证管理工作。

国家税务总局收入规划核算司设立主管税收票证管理工作的机构；省、市（不含县级市，下同）、县税务机关收入规划核算部门应当设置税收票证管理岗位并配备专职税收票证管理人员；直接向税务机关税收票证开具人员、扣缴义务人、代征代售人、自行填开税收票证的纳税人发放税收票证并办理结报缴销等工作的征收分局、税务所、办税服务厅等机构（以下简称基层税务机关）应当设置税收票证管理岗位，由税收会计负责税收票证管理工作。税收票证管理岗位和税收票证开具（含印花税票销售）岗位应当分设，不得一人多岗。

扣缴义务人、代征代售人、自行填开税收票证的纳税人应当由专人负责税收票证管理工作。

第二章 种类和适用范围

第十二条 税收票证包括税收缴款书、税收收入退还书、税收完税证明、出口货物劳务专用税收票证、印花税专用税收票证以及国家税务总局规定的其他税收票证。

第十三条 税收缴款书是纳税人据以缴纳税款，税务机关、扣缴义务人以及代征代售人据以征收、汇总税款的税收票证。具体包括：

（一）《税收缴款书（银行经收专用）》。由纳税人、税务机关、扣缴义务人、代征代售人向银行传递，通过银行划缴税款（出口货物劳务增值税、消费税除外）到国库时使用的纸质税收票证。其适用范围是：

1. 纳税人自行填开或税务机关开具，纳税人据以在银行柜面办理缴税（转账或现金），由银行将税款缴入国库；

2. 税务机关收取现金税款、扣缴义务人扣缴税款、代征代售人代征税款后开具，据以在银行柜面办理税款汇总缴入国库；

3. 税务机关开具，据以办理"待缴库税款"账户款项缴入国库。

（二）《税收缴款书（税务收现专用）》。纳税人以现金、刷卡（未通过横向联网电子缴税系统）方式向税务机关缴纳税款时，由税务机关开具并交付纳税人的纸质税收票证。代征人代征税款时，也应开具本缴款书并交付纳税人。为方便流动性零散税收的征收管理，本缴款书可以在票面印有固定金额，具体面额种类由各省税务机关确定，但是，单种面额不得超过一百元。

（三）《税收缴款书（代扣代收专用）》。扣缴义务人依法履行税款代扣代缴、代收代缴义务时开具并交付纳税人的纸质税收票证。扣缴义务人代扣代收税款后，已经向纳税人开具了税法规定或国家税务总局认可的记载完税情况的其他凭证的，可不再开具本缴款书。

（四）《税收电子缴款书》。税务机关将纳税人、扣缴义务人、代征代售人的电子缴款信息通过横向联网电子缴税系统发送给银行，银行据以划缴税款到国库时，由税收征管系统生成的数据电文形式的税收票证。

第十四条 税收收入退还书是税务机关依法为纳税人从国库办理退税时使用的税收票证。具体包括：

（一）《税收收入退还书》。税务机关向国库传递，依法为纳税人从国库办理退税时使用的纸质税收票证。

（二）《税收收入电子退还书》。税务机关通过横向联网电子缴税系统依法为纳税人从国库办理退税时，由税收征管系统生成的数据电文形式的税收票证。

税收收入退还书应当由县以上税务机关税收会计开具并向国库传递或发送。

第十五条 出口货物劳务专用税收票证是由税务机关开具，专门用于纳税人缴纳出口货物劳务增值税、消费税或者证明该纳税人再销售给其他出口企业的货物已缴纳增值税、消费税的纸质税收票证。具体包括：

（一）《税收缴款书（出口货物劳务专用）》。由税务机关开具，专门用于纳税人缴纳出口货物劳务增值税、消费税时使用的纸质税收票证。纳税人以银行经收方式、税务收现方式，或者通过横向联网电子缴税系统缴纳出口货物劳务增值税、消费税时，均使用本缴款书。纳税人缴纳随出口货物劳务增值税、消费税附征的其他税款时，税务机关应当根据缴款方式,使用其他种类的缴款书,不得使用本缴款书。

(二)《出口货物完税分割单》。已经缴纳出口货物增值税、消费税的纳税人将购进货物再销售给其他出口企业时,为证明所售货物完税情况,便于其他出口企业办理出口退税,到税务机关换开的纸质税收票证。

第十六条 印花税专用税收票证是税务机关或印花税票代售人在征收印花税时向纳税人交付、开具的纸质税收票证。具体包括:

(一)印花税票。印有固定金额,专门用于征收印花税的有价证券。纳税人缴纳印花税,可以购买印花税票贴花缴纳,也可以开具税收缴款书缴纳。采用开具税收缴款书缴纳的,应当将纸质税收缴款书或税收完税证明粘贴在应税凭证上,或者由税务机关在应税凭证上加盖印花税收讫专用章。

(二)《印花税票销售凭证》。税务机关和印花税票代售人销售印花税票时一并开具的专供购买方报销的纸质凭证。

第十七条 税收完税证明是税务机关为证明纳税人已经缴纳税款或者已经退还纳税人税款而开具的纸质税收票证。其适用范围是:

(一)纳税人、扣缴义务人、代征代售人通过横向联网电子缴税系统划缴税款到国库(经收处)后或收到从国库退还的税款后,当场或事后需要取得税收票证的;

(二)扣缴义务人代扣代收税款后,已经向纳税人开具税法规定或国家税务总局认可的记载完税情况的其他凭证,纳税人需要换开正式完税凭证的;

(三)纳税人遗失已完税的各种税收票证(《出口货物完税分割单》、印花税票和《印花税票销售凭证》除外),需要重新开具的;

(四)对纳税人特定期间完税情况出具证明的;

(五)国家税务总局规定的其他需要为纳税人开具完税凭证情形。

税务机关在确保纳税人缴、退税信息全面、准确、完整的条件下,可以开展前款第四项规定的税收完税证明开具工作,具体开具办法由各省税务机关确定。

第十八条 税收票证专用章戳是指税务机关印制税收票证和征、退税款时使用的各种专用章戳,具体包括:

(一)税收票证监制章。套印在税收票证上,用以表明税收票证制定单位和税收票证印制合法性的一种章戳。

(二)征税专用章。税务机关办理税款征收业务,开具税收缴款书、税收完税证明、《印花税销售凭证》等征收凭证时使用的征收业务专用公章。

(三)退库专用章。税务机关办理税款退库业务,开具《税收收入退还书》等退库凭证时使用的,在国库预留印鉴的退库业务专用公章。

(四)印花税收讫专用章。以开具税收缴款书代替贴花缴纳印花税时,加盖在应税凭证上,用以证明应税凭证已完税的专用章戳。

(五)国家税务总局规定的其他税收票证专用章戳。

第十九条 《税收缴款书(税务收现专用)》《税收缴款书(代扣代收专用)》《税收缴款书(出口货物劳务专用)》《出口货物完税分割单》、印花税票和税收完税证明应当视同现金进行严格管理。

第二十条 税收票证应当按规定的适用范围填开,不得混用。

第二十一条 国家税务总局增设或简并税收票证及税收票证专用章戳种类,应当及时向社会公告。

第三章 设 计 和 印 制

第二十二条 税收票证及税收票证专用章戳按照税收征收管理和国家预算管理的基本要求设计,具体式样另行制发。

第二十三条 税收票证实行分级印制管理。

《税收缴款书(出口货物劳务专用)》《出口货物完税分割单》、印花税票以及其他需要全国统一印制的税收票证由国家税务总局确定的企业印制;其他税收票证,按照国家税务总局规定的式样和要求,由各省税务机关确定的企业集中统一印制。

禁止私自印制、倒卖、变造、伪造税收票证。

第二十四条 印制税收票证的企业应当具备下列条件:

(一)取得印刷经营许可证和营业执照;

(二)设备、技术水平能够满足印制税收票证的需要;

(三)有健全的财务制度和严格的质量监督、安全管理、保密制度;

(四)有安全、良好的保管场地和设施。

印制税收票证的企业应当按照税务机关提供的式样、数量等要求印制税收票证,建立税收票证印制管理制度。

税收票证印制合同终止后,税收票证的印制企业应当将有关资料交还委托印制的税务机关,不得保留或提供给其他单位及个人。

第二十五条 税收票证应当套印税收票证监制章。

税收票证监制章由国家税务总局统一制发各省税务机关。

第二十六条 除税收票证监制章外,其他税收票证专用章戳的具体刻制权限由各省税务机关确定。刻制的税收票证专用章戳应当在市以上税务机关留底归档。

第二十七条 税收票证应当使用中文印制。民族自治地方的税收票证,可以加印当地一种通用的民族文字。

第二十八条 负责税收票证印制的税务机关应当对印制完成的税收票证质量、数量进行查验。查验无误的,办理税收票证的印制入库手续;查验不合格的,对不合格税收票证监督销毁。

第四章 使 用

第二十九条 上、下级税务机关之间,税务机关税收票证开具人员、扣缴义务人、代征代售人、自行填开税收票证的纳税人与税收票证管理人员之间,应当建立税收票证及税收票证专用章戳的领发登记制度,办理领发手续,共同清点、确认领发种类、数量和号码。

税收票证的运输应当确保安全、保密。

数据电文税收票证由税收征管系统自动生成税收票证号码,分配给税收票证开具人员,视同发放。数据电文税收票证不得重复发放、重复开具。

第三十条 税收票证管理人员向税务机关税收票证开具人员、扣缴义务人和代征代售人发放视同现金管理的税收票证时,应当拆包发放,并且一般不得超过一个月的用量。

视同现金管理的税收票证未按照本办法第三十九条规定办理结报的,不得继续发放同一种类的税收票证。

其他种类的税收票证,应当根据领用人的具体使用情况,适度发放。

第三十一条 税务机关、扣缴义务人、代征代售人、自行填开税收票证的纳税人应当妥善保管纸质税收票证及税收票证专用章戳。县以上税务机关应当设置具备安全条件的税收票证专用库房；基层税务机关、扣缴义务人、代征代售人和自行填开税收票证的纳税人应当配备税收票证保险专用箱柜。确有必要外出征收税款的，税收票证及税收票证专用章戳应当随身携带，严防丢失。

第三十二条 税务机关对结存的税收票证应当定期进行盘点，发现结存税收票证实物与账簿记录数量不符的，应当及时查明原因并报告上级或所属税务机关。

第三十三条 税收收入退还书开具人员不得同时从事退库专用章保管或《税收收入电子退还书》复核授权工作。印花税票销售人员不得同时从事印花税讫专用章保管工作。外出征收税款的，税收票证开具人员不得同时从事现金收款工作。

第三十四条 税收票证应当分纳税人开具；同一份税收票证上，税种（费、基金、罚没款）、税目、预算科目、预算级次、所属时期不同的，应当分行填列。

第三十五条 税收票证栏目内容应当填写齐全、清晰、真实、规范，不得漏填、简写、省略、涂改、挖补、编造；多联式税收票证应当一次全份开具。

第三十六条 因开具错误作废的纸质税收票证，应当在各联注明"作废"字样、作废原因和重新开具的税收票证字轨及号码。《税收缴款书（税务收现专用）》《税收缴款书（代扣代收专用）》、税收完税证明应当全份保存；其他税收票证的纳税人所持联次或银行流转联次无法收回的，应当注明原因，并将纳税人出具的情况说明或银行文书代替相关联次一并保存。开具作废的税收票证应当按期与已填用的税收票证一起办理结报缴销手续，不得自行销毁。

税务机关开具税收票证后，纳税人向银行办理缴税前丢失的，税务机关参照前款规定处理。

数据电文税收票证作废的，应当在税收征管系统中予以标识；已经作废的数据电文税收票证号码不得再次使用。

第三十七条 纸质税收票证各联次各种章戳应当加盖齐全。

章戳不得套印，国家税务总局另有规定的除外。

第三十八条 税务机关税收票证开具人员、扣缴义务人、代征代售人、自行填开税收票证的纳税人与税收票证管理人员之间，基层税务机关与上级或所属税务机关之间，应当办理税收票款结报缴销手续。

税务机关税收票证开具人员、扣缴义务人、代征代售人向税收票证管理人员结报缴销视同现金管理的税收票证时，应当将已开具税收票证的存根联、报查联等联次，连同作废税收票证、需交回的税收票证及未开具的税收票证（含未销售印花税票）一并办理结报缴销手续；已开具税收票证只设一联的，税收票证管理人员应当查验其开具情况的电子记录。

其他各种税收票证结报缴销手续的具体要求，由各省税务机关确定。

第三十九条 税收票款应当按照规定的时限办理结报缴销。税务机关税收票证开具人员、代征代售人开具税收票证（含销售印花税票）收取现金税款时，办理结报缴销手续的时限要求是：

（一）当地设有国库经收处的，应于收取税款的当日或次日办理税收票款的结报缴销；

（二）当地未设国库经收处和代征代售人收取现金税款的，由各省税务机关确定办理税收票款结报缴销的期限和额度，并以期限或额度条件先满足之日为准。

扣缴义务人代扣代收税款的，应按税法规定的税款解缴期限一并办理结报缴销。

其他各种税收票证的结报缴销时限、基层税务机关向上级或所属税务机关缴销税收票证的时限，由各省税务机关确定。

第四十条 领发、开具税收票证时，发现多出、短少、污损、残破、错号、印刷字迹不清及联数不全等印制质量不合格情况的，应当查明字轨、号码、数量，清点登记，妥善保管。

全包、全本印制质量不合格的，按照本办法第五十一条规定销毁；全份印制质量不合格的，按开具作废处理。

第四十一条　由于税收政策变动或式样改变等原因，国家税务总局规定停用的税收票证及税收票证专用章戳，应由县以上税务机关集中清理，核对字轨、号码和数量，造册登记，按照本办法第五十一条规定销毁。

第四十二条　未开具税收票证（含未销售印花税票）发生毁损或丢失、被盗、被抢等损失的，受损单位应当及时组织清点核查，并由各级税务机关按照权限进行损失核销审批。《税收缴款书（出口货物劳务专用）》《出口货物完税分割单》、印花税票发生损失的，由省税务机关审批核销；《税收缴款书（税务收现专用）》《税收缴款书（代扣代收专用）》、税收完税证明发生损失的，由市税务机关审批核销；其他各种税收票证发生损失的，由县税务机关审批核销。

毁损残票和追回的税收票证按照本办法第五十一条规定销毁。

第四十三条　视同现金管理的未开具税收票证（含未销售印花税票）丢失、被盗、被抢的，受损税务机关应当查明损失税收票证的字轨、号码和数量，立即向当地公安机关报案并报告上级或所属税务机关；经查不能追回的税收票证，除印花税票外，应当及时在办税场所和广播、电视、报纸、期刊、网络等新闻媒体上公告作废。

受损单位为扣缴义务人、代征代售人或税收票证印制企业的，扣缴义务人、代征代售人或税收票证印制企业应当立即报告基层税务机关或委托印制的税务机关，由税务机关按前款规定办理。

对丢失印花税票和印有固定金额的《税收缴款书（税务收现专用）》负有责任的相关人员，税务机关应当要求其按照面额赔偿；对丢失其他视同现金管理的税收票证负有责任的相关人员，税务机关应当要求其适当赔偿。

第四十四条　税收票证专用章戳丢失、被盗、被抢的，受损税务机关应当立即向当地公安机关报案并逐级报告刻制税收票证专用章戳的税务机关；退库专用章丢失、被盗、被抢的，应当同时通知国库部门。重新刻制的税收票证专用章戳应当及时办理留底归档或预留印鉴手续。

毁损和损失追回的税收票证专用章戳按照本办法第五十一条规定销毁。

第四十五条　由于印制质量不合格、停用、毁损、损失追回、领发错误，或者扣缴义务人和代征代售人终止税款征收业务、纳税人停止自行填开税收票证等原因，税收票证及税收票证专用章戳需要交回的，税收票证管理人员应当清点、核对字轨、号码和数量，及时上交至发放或有权销毁税收票证及税收票证专用章戳的税务机关。

第四十六条　纳税人遗失已完税税收票证需要税务机关另行提供的，如税款经核实确已缴纳入库或从国库退还的，税务机关应当开具税收完税证明或提供原完税税收票证复印件。

第五章　监督管理

第四十七条　税务机关税收票证开具人员、税收票证管理人员工作变动离岗前，应当办理税收票证、税收票证专用章戳、账簿以及其他税收票证资料的移交。移交时应当有专人监交，监交人、移交人、接管人三方共同签章，票清离岗。

第四十八条　税务机关应当按税收票证种类、领用单位设置税收票证账簿，对各种税收票证的印制、领发、用存、作废、结报缴销、停用、损失、销毁的数量、号码进行及时登记和核算，定期结账。

第四十九条 基层税务机关的税收票证管理人员应当按日对已结报缴销税收票证的完整性、准确性和税收票证管理的规范性进行审核;基层税务机关的上级或所属税务机关税收票证管理人员对基层税务机关缴销的税收票证,应当定期进行复审。

第五十条 税务机关应当及时对已经开具、作废的税收票证、账簿以及其他税收票证资料进行归档保存。

纸质税收票证、账簿以及其他税收票证资料,应当整理装订成册,保存期限五年;作为会计凭证的纸质税收票证保存期限十五年。

数据电文税收票证、账簿以及其他税收票证资料,应当通过光盘等介质进行存储,确保数据电文税收票证信息的安全、完整,保存时间和具体办法另行制定。

第五十一条 未填用的《税收缴款书(出口货物劳务专用)》《出口货物完税分割单》、印花税票需要销毁的,应当由两人以上共同清点,编制销毁清册,逐级上缴省税务机关销毁;未填用的《税收缴款书(税务收现专用)》《税收缴款书(代扣代收专用)》、税收完税证明需要销毁的,应当由两人以上共同清点,编制销毁清册,报经市税务机关批准,指派专人到县税务机关复核并监督销毁;其他各种税收票证、账簿和税收票证资料需要销毁的,由税收票证主管人员清点并编制销毁清册,报经县或市税务机关批准,由两人以上监督销毁;税收票证专用章戳需要销毁的,由刻制税收票证专用章戳的税务机关销毁。

第五十二条 税务机关应当定期对本级及下级税务机关、税收票证印制企业、扣缴义务人、代征代售人、自行填开税收票证的纳税人税收票证及税收票证专用章戳管理工作进行检查。

第五十三条 税务机关工作人员违反本办法的,应当根据情节轻重,给予批评教育、责令做出检查、诫勉谈话或调整工作岗位处理;构成违纪的,依照《中华人民共和国公务员法》《行政机关公务员处分条例》等法律法规给予处分;涉嫌犯罪的,移送司法机关。

第五十四条 扣缴义务人未按照本办法及有关规定保管、报送代扣代缴、代收代缴税收票证及有关资料的,按照《中华人民共和国税收征收管理法》及相关规定进行处理。

扣缴义务人未按照本办法开具税收票证的,可以根据情节轻重,处以一千元以下的罚款。

第五十五条 税务机关与代征代售人、税收票证印制企业签订代征代售合同、税收票证印制合同时,应当就违反本办法及相关规定的责任进行约定,并按约定及其他有关规定追究责任;涉嫌犯罪的,移送司法机关。

第五十六条 自行填开税收票证的纳税人违反本办法及相关规定的,税务机关应当停止其税收票证的领用和自行填开,并限期缴销全部税收票证;情节严重的,可以处以一千元以下的罚款。

第五十七条 非法印制、转借、倒卖、变造或者伪造税收票证的,依照《中华人民共和国税收征收管理法实施细则》的规定进行处理;伪造、变造、买卖、盗窃、抢夺、毁灭税收票证专用章戳的,移送司法机关。

第六章 附 则

第五十八条 各级政府部门委托税务机关征收的各种基金、费可以使用税收票证。

第五十九条 本办法第六条、第七条、第二十五条、第三十六条、第三十七条、第四十六条所称税收票证,不包括印花税票。

第六十条 本办法所称银行,是指经收预算收入的银行、信用社。

第六十一条 各省税务机关应当根据本办法制定具体规定,并报国家税务总局备案。

第六十二条　本办法自2014年1月1日起施行。1998年3月10日国家税务总局发布的《税收票证管理办法》（国税发〔1998〕32号）同时废止。

14. 网络发票管理办法

国家税务总局令第30号

第一条　为加强普通发票管理，保障国家税收收入，规范网络发票的开具和使用，根据《中华人民共和国发票管理办法》规定，制定本办法。

第二条　在中华人民共和国境内使用网络发票管理系统开具发票的单位和个人办理网络发票管理系统的开户登记、网上领取发票手续、在线开具、传输、查验和缴销等事项，适用本办法。

第三条　本办法所称网络发票是指符合国家税务总局统一标准并通过国家税务总局及省、自治区、直辖市税务局公布的网络发票管理系统开具的发票。

国家积极推广使用网络发票管理系统开具发票。

第四条　税务机关应加强网络发票的管理，确保网络发票的安全、唯一、便利，并提供便捷的网络发票信息查询渠道；应通过应用网络发票数据分析，提高信息管税水平。

第五条　税务机关应根据开具发票的单位和个人的经营情况，核定其在线开具网络发票的种类、行业类别、开票限额等内容。

开具发票的单位和个人需要变更网络发票核定内容的，可向税务机关提出书面申请，经税务机关确认，予以变更。

第六条　开具发票的单位和个人开具网络发票应登录网络发票管理系统，如实完整填写发票的相关内容及数据，确认保存后打印发票。

开具发票的单位和个人在线开具的网络发票，经系统自动保存数据后即完成开票信息的确认、查验。

第七条　单位和个人取得网络发票时，应及时查询验证网络发票信息的真实性、完整性，对不符合规定的发票，不得作为财务报销凭证，任何单位和个人有权拒收。

第八条　开具发票的单位和个人需要开具红字发票的，必须收回原网络发票全部联次或取得受票方出具的有效证明，通过网络发票管理系统开具金额为负数的红字网络发票。

第九条　开具发票的单位和个人作废开具的网络发票，应收回原网络发票全部联次，注明"作废"，并在网络发票管理系统中进行发票作废处理。

第十条　开具发票的单位和个人应当在办理变更或者注销税务登记的同时，办理网络发票管理系统的用户变更、注销手续并缴销空白发票。

第十一条　税务机关根据发票管理的需要，可以按照国家税务总局的规定委托其他单位通过网络发票管理系统代开网络发票。

税务机关应当与受托代开发票的单位签订协议，明确代开网络发票的种类、对象、内容和相关责任等内容。

第十二条　开具发票的单位和个人必须如实在线开具网络发票，不得利用网络发票进行转借、转让、虚开发票及其他违法活动。

第十三条 开具发票的单位和个人在网络出现故障,无法在线开具发票时,可离线开具发票。

开具发票后,不得改动开票信息,并于 48 小时内上传开票信息。

第十四条 开具发票的单位和个人违反本办法规定的,按照《中华人民共和国发票管理办法》有关规定处理。

第十五条 省以上税务机关在确保网络发票电子信息正确生成、可靠存储、查询验证、安全唯一等条件的情况下,可以试行电子发票。

第十六条 本办法自 2013 年 4 月 1 日起施行。

国家税务总局关于发布《国家税务总局定点联系企业名册管理办法》的公告

国家税务总局公告 2013 年第 18 号

为加强国家税务总局定点联系企业名册管理,根据《中华人民共和国税收征收管理法》及其实施细则、《国家税务总局关于印发〈国家税务总局大企业税收服务和管理规程(试行)〉的通知》(国税发〔2011〕71 号)等文件的精神,国家税务总局制定了《国家税务总局定点联系企业名册管理办法》。现予发布,自 2013 年 9 月 1 日起施行。

特此公告。

国家税务总局

2013 年 4 月 22 日

15. 国家税务总局关于发布《委托代征管理办法》的公告

国家税务总局公告 2013 年第 24 号

根据《中华人民共和国税收征收管理法》及实施细则和《中华人民共和国发票管理办法》的规定,现将国家税务总局制定的《委托代征管理办法》予以发布,自 2013 年 7 月 1 日起施行。

特此公告。

国家税务总局

2013 年 5 月 10 日

委托代征管理办法

第一章 总 则

第一条 为加强税收委托代征管理,规范委托代征行为,降低征纳成本,根据《中华人民共和国税收征收管理法》《中华人民共和国税收征收管理法实施细则》《合同法》及《中华人民共和国发票管理办法》的有关规定,制定本办法。

第二条 本办法所称委托代征,是指税务机关根据《中华人民共和国税收征收管理法实施细则》有利于税收控管和方便纳税的要求,按照双方自愿、简便征收、强化管理、依法委托的原则和国家有关规定,委托有关单位和人员代征零星、分散和异地缴纳的税收的行为。

第三条 本办法所称税务机关，是指县以上（含本级）税局。

本办法所称代征人，是指依法接受税务机关委托、行使代征税款权利并承担《委托代征协议书》规定义务的单位或人员。

第二章 委托代征的范围和条件

第四条 委托代征范围由税务机关根据《中华人民共和国税收征收管理法实施细则》关于加强税收控管、方便纳税的规定，结合当地税源管理的实际情况确定。税务机关不得将法律、行政法规已确定的代扣代缴、代收代缴税收，委托他人代征。

第五条 税务机关确定的代征人，应当与纳税人有下列关系之一：

（一）与纳税人有管理关系；

（二）与纳税人有经济业务往来；

（三）与纳税人有地缘关系；

（四）有利于税收控管和方便纳税人的其他关系。

第六条 代征人为行政、事业、企业单位及其他社会组织的，应当同时具备下列条件：

（一）有固定的工作场所；

（二）内部管理制度规范，财务制度健全；

（三）有熟悉相关税收法律、法规的工作人员，能依法履行税收代征工作；

（四）税务机关根据委托代征事项和税收管理要求确定的其他条件。

第七条 代征税款人员，应当同时具备下列条件：

（一）具备中国国籍，遵纪守法，无严重违法行为及犯罪记录，具有完全民事行为能力；

（二）具备与完成代征税款工作要求相适应的税收业务知识和操作技能；

（三）税务机关根据委托代征管理要求确定的其他条件。

第八条 税务机关可以与代征人签订代开发票书面协议并委托代征人代开普通发票。代开发票书面协议的主要内容应当包括代开的普通发票种类、对象、内容和相关责任。

代开发票书面协议由各省、自治区、直辖市和计划单列市自行制定。

第九条 代征人不得将其受托代征税款事项再行委托其他单位、组织或人员办理。

第三章 委托代征协议的生效和终止

第十条 税务机关应当与代征人签订《委托代征协议书》，明确委托代征相关事宜。《委托代征协议书》包括以下内容：

（一）税务机关和代征人的名称、联系电话，代征人为行政、事业、企业单位及其他社会组织的，应包括法定代表人或负责人姓名、居民身份证号码和地址；代征人为自然人的，应包括姓名、居民身份证号码和户口所在地、现居住地址；

（二）委托代征范围和期限；

（三）委托代征的税种及附加、计税依据及税率；

（四）票、款结报缴销期限和额度；

（五）税务机关和代征人双方的权利、义务和责任；

（六）代征手续费标准；

（七）违约责任；

（八）其他有关事项。

代征人为行政、事业、企业单位及其他社会组织的，《委托代征协议书》自双方的法定代表人或法定代理人签字并加盖公章后生效；代征人为自然人的，《委托代征协议书》自代征人及税务机关的法定代表人签字并加盖税务机关公章后生效。

第十一条 《委托代征协议书》签订后，税务机关应当向代征人发放《委托代征证书》，并在广播、电视、报纸、期刊、网络等新闻媒体或者代征范围内纳税人相对集中的场所，公告代征人的委托代征资格和《委托代征协议书》中的以下内容：

（一）税务机关和代征人的名称、联系电话，代征人为行政、事业、企业单位及其他社会组织的，应包括法定代表人或负责人姓名和地址；代征人为自然人的，应包括姓名、户口所在地、现居住地址；

（二）委托代征的范围和期限；

（三）委托代征的税种及附加、计税依据及税率；

（四）税务机关确定的其他需要公告的事项。

第十二条 《委托代征协议书》有效期最长不得超过3年。有效期满需要继续委托代征的，应当重新签订《委托代征协议书》。

《委托代征协议书》签订后，税务机关应当向代征人提供受托代征税款所需的税收票证、报表。

第十三条 有下列情形之一的，税务机关可以向代征人发出《终止委托代征协议通知书》，提前终止委托代征协议：

（一）因国家税收法律、行政法规、规章等规定发生重大变化，需要终止协议的；

（二）税务机关被撤销主体资格的；

（三）因代征人发生合并、分立、解散、破产、撤销或者因不可抗力发生等情形，需要终止协议的；

（四）代征人有弄虚作假、故意不履行义务、严重违反税收法律法规的行为，或者有其他严重违反协议的行为；

（五）税务机关认为需要终止协议的其他情形。

第十四条 终止委托代征协议的，代征人应自委托代征协议终止之日起5个工作日内，向税务机关结清代征税款，缴销代征业务所需的税收票证和发票；税务机关应当收回《委托代征证书》，结清代征手续费。

第十五条 代征人在委托代征协议期限届满之前提出终止协议的，应当提前20个工作日向税务机关申请，经税务机关确认后按照本办法第十四条的规定办理相关手续。

第十六条 税务机关应当自委托代征协议终止之日起10个工作日内，在广播、电视、报纸、期刊、网络等新闻媒体或者代征范围内纳税人相对集中的场所，公告代征人委托代征资格终止和本办法第十一条规定需要公告的《委托代征协议书》主要内容。

第四章　委托代征管理职责

第十七条 税收委托代征工作中，税务机关应当监督、管理、检查委托代征业务，履行以下职责：

（一）审查代征人资格，确定、登记代征人的相关信息；

（二）填制、发放、收回、缴销《委托代征证书》；

（三）确定委托代征的具体范围、税种及附加、计税依据、税率等；

（四）核定和调整代征人代征的个体工商户定额，并通知纳税人和代征人执行；

（五）定期核查代征人的管户信息，了解代征户籍变化情

（六）采集委托代征的征收信息、纳税人欠税信息、税收票证管理情况等信息；

（七）辅导和培训代征人；

（八）在有关规定确定的代征手续费比率范围内，按照手续费与代征人征收成本相匹配的原则，确定具体支付标准，办理手续费支付手续；

（九）督促代征人按时解缴代征税款，并对代征情况进行定期检查；

（十）其他管理职责。

第十八条 税收委托代征工作中，代征人应当履行以下职责：

（一）根据税务机关确定的代征范围、核定税额或计税依据、税率代征税款，并按规定及时解缴入库；

（二）按照税务机关有关规定领取、保管、开具、结报缴销税收票证、发票，确保税收票证和发票安全；

（三）代征税款时，向纳税人开具税收票证；

（四）建立代征税款账簿，逐户登记代征税种税目、税款金额及税款所属期等内容；

（五）在税款解缴期内向税务机关报送《代征代扣税款结报单》，以及受托代征税款的纳税人当期已纳税、逾期未纳税、管户变化等相关情况；

（六）对拒绝代征人依法代征税款的纳税人，自其拒绝之时起24小时内报告税务机关；

（七）在代征税款工作中获知纳税人商业秘密和个人隐私的，应当依法为纳税人保密。

第十九条 代征人不得对纳税人实施税款核定、税收保全和税收强制执行措施，不得对纳税人进行行政处罚。

第二十条 代征人应根据《委托代征协议书》的规定向税务机关申请代征税款手续费，不得从代征税款中直接扣取代征税款手续费。

第五章 法 律 责 任

第二十一条 代征人在《委托代征协议书》授权范围内的代征税款行为引起纳税人的争议或法律纠纷的，由税务机关解决并承担相应法律责任；税务机关拥有事后向代征人追究法律责任的权利。

第二十二条 因代征人责任未征或少征税款的，税务机关应向纳税人追缴税款，并可按《委托代征协议书》的约定向代征人按日加收未征少征税款万分之五的违约金，但代征人将纳税人拒绝缴纳等情况自纳税人拒绝之时起24小时内报告税务机关的除外。代征人违规多征税款的，由税务机关承担相应的法律责任，并责令代征人立即退还，税款已入库的，由税务机关按规定办理退库手续；代征人违规多征税款致使纳税人合法权益受到损失的，由税务机关赔偿，税务机关拥有事后向代征人追偿的权利。

代征人违规多征税款而多取得代征手续费的，应当及时退回。

第二十三条 代征人造成印有固定金额的税收票证损失的，应当按照票面金额赔偿，未按规定领取、保管、开具、结报缴销税收票证的，税务机关应当根据情节轻重，适当扣减代征手续费。

第二十四条 代征人未按规定期限解缴税款的，由税务机关责令限期解缴，并可从税款滞纳之日起按日加收未解缴税款万分之五的违约金。

第二十五条 税务机关工作人员玩忽职守，不按照规定对代征人履行管理职责，给委托代征工作造成损害的，按规定追究相关人员的责任。

第二十六条 违反《委托代征协议书》其他有关规定的，按照协议约定处理。

第二十七条 纳税人对委托代征行为不服，可依法申请税务行政复议。

第六章 附 则

第二十八条 各省、自治区、直辖市和计划单列市税务机关根据本地实际情况制定具体实施办法。

第二十九条 税务机关可以比照本办法的规定，对代售印花税票者进行管理。

第三十条 本办法自 2013 年 7 月 1 日起施行。

附件：1. 委托代征协议书（略）。
　　　2. 委托代征协议书使用说明（略）。
　　　3. 终止委托代征协议通知书（略）。
　　　4. 委托代征证书（略）。

16. 国家税务总局关于印发《税收违法案件发票协查管理办法（试行）》的通知

税总发〔2013〕66 号

各省、自治区、直辖市和计划单列市国家税务局、地方税务局：

为进一步规范税收违法案件发票协查工作，提高协查质量和效率，在充分调研和广泛征求意见的基础上，税务总局制定了《税收违法案件发票协查管理办法（试行）》，现印发你们，请认真贯彻执行。对执行过程中遇到的情况和问题，请及时反馈税务总局（稽查局）。

附件：1. 关于 ×× 案件的协查函（略）。
　　　2. 关于 ×× 案件的协查回复函（略）。

国家税务总局
2013 年 6 月 19 日

税收违法案件发票协查管理办法（试行）

第一章 总 则

第一条 为了规范税收违法案件发票协查工作，提高协查管理工作效率，根据《中华人民共和国税收征收管理法》《中华人民共和国发票管理办法》及相关法律法规，制订本办法。

第二条 税收违法案件发票协查是指查办税收违法案件的税务局稽查局（以下简称委托方）将需异地调查取证的发票委托有管辖权的税务局稽查局（以下简称受托方），开展调查取证的相关活动。

第三条 协查工作遵循合法、真实、相关和效率的原则。

第四条 税务局稽查局负责实施税收违法案件发票的协查。

第五条 国家税务总局应当逐步推进税收违法案件发票协查信息化，将税收违法案件发票协查全面纳入协查信息管理系统进行管理。

第二章 委托协查

第六条 委托方对税收违法案件中需调查取证的发票采取发函或者派人参与的方式进行协查。

发函是指委托方向受托方发出《税收违法案件协查函》，包括寄送纸质协查函和通过协查信息管理系统发出协查函。纸质协查函原则上采取同级发函的方式进行。

派人参与是指重大案件或者有特殊要求的案件，委托方可派人参与受托方的调查取证，提出取证要求。

第七条 委托方根据案件查办情况，确定协查对象，需要发起委托协查的，向受托方发出《税收违法案件协查函》。

《税收违法案件协查函》内容包括：委托方案件名称、基本案情、涉案发票记载的信息、已掌握的疑点或者线索、作案手法、提出有针对性的取证要求、回复期限、组卷及寄送要求、联系人和联系方式等。

第八条 国家税务总局督办案件的发票协查应当按照《重大税收违法案件督办管理暂行办法》有关规定执行，并在协查函中予以说明，注明督办函号。

第九条 已确定虚开发票案件的协查，委托方应当按照受托方一户一函的形式出具《已证实虚开通知单》及相关证据资料，并在所附发票清单上逐页加盖公章，随同《税收违法案件协查函》寄送受托方。

通过协查信息管理系统发起已确定虚开发票案件协查函的，委托方应当在发送委托协查信息后5个工作日内寄送《已证实虚开通知单》以及相关证据资料。

第十条 委托方收到协查回函后，根据协查回函信息依法对被查对象进行查处。

第十一条 委托方派人协查方式进行协查的，应当向受托方通报情况、沟通案情，派出人员需携带加盖本单位公章的《介绍信》和《税收违法案件协查函》《税务检查证》以及相关身份证明，参与受托方的调查取证，提出取证要求。

第十二条 委托方应当及时登记《委托协查台账》，跟踪协查函的发出、回复和处理情况。

《委托协查台账》包括以下内容：

（一）函件发出日期，派人协查日期；

（二）函件名称、编号或者文号、是否督办；

（三）涉及企业名称、资料种类、数量；

（四）是否立案；

（五）负责检查的人员；

（六）协查回函情况、回函日期；

（七）案卷号和归档地；

（八）其他。

第三章 受托协查

第十三条 受托方收到《税收违法案件协查函》后，应当根据协查请求，依照法定权限和程序调查，并按照要求及期限回函。

第十四条 《税收违法案件协查函》涉及的协查对象不属于受托方管辖范围的，受托方应当在收函之日起5个工作日内，出具本辖区县（区）级主管税务机关证明材料，并将《税收违法案件协查函》退回委托方。

第十五条 有下列情形之一的，受托方应当按照《税务稽查工作规程》有关规定立案检查：

（一）委托方已开具《已证实虚开通知单》的；

（二）委托方提供的证据资料证明协查对象有税收违法嫌疑的；

（三）受托方检查发现协查对象有税收违法嫌疑的；

（四）上级税务局稽查局要求立案检查的；

第十六条 国家税务总局督办的案件，受托方在回函期限前不能完成检查工作的，可以逐级上报国家税务总局申请延期，在得到国家税务总局同意后，在延期期限内给予回复。

申请延期应当说明延期理由、延期期限以及与委托方沟通的情况。

第十七条 受托方需要取得协查对象的税务登记、变更、注销、失控或者查无企业、发票领用、发票鉴定、纳税申报、抵扣税款、免税、出口退税等征管资料和证明材料的，应当向其县（区）级主管税务机关提出要求。县（区）级主管税务机关应当在5个工作日内提供相关资料并出具相应的证明材料。

第十八条 受托方应当依据调查取证所掌握的情况及所获取的证据材料，向委托方出具《税收违法案件协查回复函》。

《税收违法案件协查回复函》的内容包括：

（一）协查来源；

（二）涉案企业的基本情况及协查发票记载的信息；

（三）协查取证要求的说明；

（四）协查结论或者协查结果；

（五）税务处理和税务行政处罚事项；

（六）其他应予说明的事项。

第十九条 受托方应当对取得的证据材料，连同相关文书一并作为协查案卷立卷存档；同时根据委托方协查函委托的事项，将相关证据材料及文书复制，注明"与原件核对无误"，注明原件存放处，并加盖本单位印章后一并寄送委托方。

受托方通过协查信息管理系统收到的协查函，应当通过协查信息管理系统进行函复。经检查有问题的以及委托方要求寄送取证材料的，应当在回复协查结果后5个工作日内将相关证据材料及文书复制，注明"与原件核对无误"，注明原件存放处，并加盖本单位印章后一并寄送委托方。

第二十条 受托方应当在收到协查函后60日内回函。

通过协查信息管理系统发出的协查函，受托方应当在收到协查函后30日内回函。

国家税务总局对协查回函期限有特殊要求的，应当按照相关要求办理。

第二十一条 受托方应当登记《受托协查台账》，及时掌握协查工作安排、回复、处理情况。

《受托协查台账》包括以下内容：

（一）函件收到日期，来人协查日期；

（二）函件名称、编号或者文号、是否督办；

（三）涉及企业名称、资料种类、数量；

（四）是否立案；

（五）负责检查的人员；

（六）协查复函情况、复函日期；

（七）案卷号和归档地；
（八）其他。

第四章　协查管理

第二十二条　地市级以上税务局稽查局应当定期对本辖区协查台账进行统计汇总，全面掌握本辖区协查情况，督促指导下级协查工作。

第二十三条　上级税务局稽查局对下级税务局稽查局的协查质量和效率进行考核，包括受托方按期回复情况、委托方选票针对性、协查函和回复函的信息完整性等。

第二十四条　稽查机构设置发生撤销、合并、增设的，应当及时向上一级税务局稽查局提出与本稽查机构对应的协查信息管理系统节点的变更申请，并逐级上报国家税务总局备案。

第二十五条　税务违法案件发票协查资料按照《税务稽查工作规程》的规定归档。

第五章　附　　则

第二十六条　本办法适用于各级税务机关。

第二十七条　各级税务局可以依据本办法对辖区内税务违法案件发票协查工作制定考核制度和奖惩实施办法。

第二十八条　本办法所称以上、日内，包括本数（级）。

第二十九条　本办法自发布之日起施行。2008年5月14日印发的《国家税务总局关于印发〈增值税抵扣凭证协查管理办法〉的通知》（国税发〔2008〕51号）同时废止。

17. 国家税务总局关于服务贸易等项目对外支付税务备案有关问题的公告

国家税务总局　国家外汇管理局公告2013年第40号

为便利对外支付和加强跨境税源管理，现就服务贸易等项目对外支付税务备案有关问题公告如下：

一、境内机构和个人向境外单笔支付等值5万美元以上（不含等值5万美元，下同）下列外汇资金，除本公告第三条规定的情形外，均应向所在地主管税务机关进行税务备案：

（一）境外机构或个人从境内获得的包括运输、旅游、通信、建筑安装及劳务承包、保险服务、金融服务、计算机和信息服务、专有权利使用和特许、体育文化和娱乐服务、其他商业服务、政府服务等服务贸易收入；

（二）境外个人在境内的工作报酬，境外机构或个人从境内获得的股息、红利、利润、直接债务利息、担保费以及非资本转移的捐赠、赔偿、税收、偶然性所得等收益和经常转移收入；

（三）境外机构或个人从境内获得的融资租赁租金、不动产的转让收入、股权转让所得以及外国投资者其他合法所得。

……

二、境内机构和个人（以下称备案人）在办理对外支付税务备案时，应向主管税务机关提交加盖公章的合同（协议）或相关交易凭证复印件（外文文本应同时附送中文译本），并填报《服务贸易等项目对外支付税务备案表》（一式两份，以下简称《备案表》，见附件1）。

……

三、境内机构和个人对外支付下列外汇资金，无需办理和提交《备案表》：

（一）境内机构在境外发生的差旅、会议、商品展销等各项费用；

（二）境内机构在境外代表机构的办公经费，以及境内机构在境外承包工程的工程款；

（三）境内机构发生在境外的进出口贸易佣金、保险费、赔偿款；

（四）进口贸易项下境外机构获得的国际运输费用；

（五）保险项下保费、保险金等相关费用；

（六）从事运输或远洋渔业的境内机构在境外发生的修理、油料、港杂等各项费用；

（七）境内旅行社从事出境旅游业务的团费以及代订、代办的住宿、交通等相关费用；

（八）亚洲开发银行和世界银行集团下属的国际金融公司从我国取得的所得或收入，包括投资合营企业分得的利润和转让股份所得、在华财产（含房产）出租或转让收入以及贷款给我国境内机构取得的利息；

（九）外国政府和国际金融组织向我国提供的外国政府（转）贷款［含外国政府混合（转）贷款］和国际金融组织贷款项下的利息。本项所称国际金融组织是指国际货币基金组织、世界银行集团、国际开发协会、国际农业发展基金组织、欧洲投资银行等；

（十）外汇指定银行或财务公司自身对外融资如境外借款、境外同业拆借、海外代付以及其他债务等项下的利息；

（十一）我国省级以上国家机关对外无偿捐赠援助资金；

（十二）境内证券公司或登记结算公司向境外机构或境外个人支付其依法获得的股息、红利、利息收入及有价证券卖出所得收益；

（十三）境内个人境外留学、旅游、探亲等因私用汇；

（十四）境内机构和个人办理服务贸易、收益和经常转移项下退汇；

（十五）国家规定的其他情形。

四、境外个人办理服务贸易、收益和经常转移项下对外支付，应按照个人外汇管理的相关规定办理。

……

九、主管税务机关审查发现对外支付项目未按规定缴纳税款的，应书面告知纳税人或扣缴义务人履行申报纳税或源泉扣缴义务，依法追缴税款，按照税收法律法规的有关规定实施处罚。

……

十一、各级税务部门、外汇管理部门应当密切配合，加强信息交换工作。执行过程中如发现问题，应及时向上级部门反馈。

十二、本公告自2013年9月1日起施行。《国家税务总局 国家外汇管理局关于加强外国公司船舶运输收入税收管理及国际海运业对外支付管理的通知》（国税发〔2001〕139号）、《国家税务总局 国家外汇管理局关于加强外国公司船舶运输收入税收管理及国际海运业对外支付管理的补充通知》（国税发〔2002〕107号）、《国家税务总局 国家外汇管理局关于境内机构及个人对外支付技术转让费不再提交营业税税务凭证的通知》（国税发〔2005〕28号）、《国家外汇管理局 国家税务总局关于服务贸易等项目对外支付提交税务证明有关问题的通知》（汇发〔2008〕64号）、《国家税务总局关于印发〈服务贸易等项目对外支付出具税务证明管理办法〉的通知》（国税发〔2008〕122号）、《国家外汇管理局关于转发国家税务总局服务贸易等项目对外支付出具税务证明管理办法的通知》（汇发〔2009〕1号）、《国家外汇管理局 国家税务总局关于进一步明确服务贸易等项目对外支付提交税务证明有关问题的通知》（汇发〔2009〕52号）和《国家税务总局关于修改〈服务贸易等项目对外支付出具税务证明申请表〉的公告》（国家税务总局公告2012年第54号）同时废止。

特此公告。

附件：1. 服务贸易等项目对外支付税务备案表（略）。
　　　2. 服务贸易等项目对外支付备案情况年度统计表（略）。

【注释】《国家税务总局关于修改部分税收规范性文件的公告》（国家税务总局公告2018年第31号）对本文进行了修改。 本文第一条第二款、第二条第二款、第五条、第六条、第七条、第八条、第十条和附件2废止，参见《国家税务总局 国家外汇管理局关于服务贸易等项目对外支付税务备案有关问题的补充公告》（国家税务总局 国家外汇管理局公告2021年第19号）。

国家税务总局　国家外汇管理局
2013年7月9日

18. 国家税务总局关于应退税款抵扣欠缴税款有关问题的公告

国家税务总局公告2013年第54号

近期地方反映，对于《中华人民共和国税收征收管理法实施细则》第79条关于应退税款抵扣欠缴税款（以下简称以退抵欠）的规定是否属于强制执行措施有不同理解。为了全面准确贯彻强制执行措施和以退抵欠的规定，根据《中华人民共和国税收征收管理法》（以下简称税收征管法）及其实施细则的有关规定，现将应退税款抵扣欠缴税款有关问题公告如下：

税收征管法第40条规定，税收强制执行措施是指对经税务机关责令限期缴纳税款逾期仍不缴纳的情形，税务机关采取书面通知其开户银行或者其他金融机构从其存款中扣缴税款；扣押、查封、依法拍卖或者变卖其价值相当于应纳税款的商品、货物或者其他财产，以拍卖或者变卖所得抵缴税款的行为。

以退抵欠是税务机关计算确定纳税人应纳税义务的一项税款结算制度，不涉及从存款中扣缴税款和扣押、查封、拍卖、变卖强制行为。以退抵欠确定后有余额的退还纳税人；不足部分，责令纳税人继续缴纳。以退抵欠之后纳税人仍有欠税，经责令缴纳仍不缴纳的，税务机关采取强制执行措施，为行政强制执行。以退抵欠不属于行政强制执行。

特此公告。

国家税务总局
2013年9月16日

19. 国家税务总局关于发布《纳税信用管理办法（试行）》的公告

国家税务总局公告 2014 年第 40 号

现将《纳税信用管理办法（试行）》予以发布，自 2014 年 10 月 1 日起施行。
特此公告。

国家税务总局
2014 年 7 月 4 日

纳税信用管理办法（试行）

第一章 总　　则

第一条　为规范纳税信用管理，促进纳税人诚信自律，提高税法遵从度，推进社会信用体系建设，根据《中华人民共和国税收征收管理法》及其实施细则、《国务院关于促进市场公平竞争维护市场正常秩序的若干意见》（国发〔2014〕20 号）和《国务院关于印发社会信用体系建设规划纲要（2014—2020 年）的通知》（国发〔2014〕21 号），制定本办法。

第二条　本办法所称纳税信用管理，是指税务机关对纳税人的纳税信用信息开展的采集、评价、确定、发布和应用等活动。

第三条　本办法适用于已办理税务登记，从事生产、经营并适用查账征收的企业纳税人（以下简称纳税人）。

扣缴义务人、自然人纳税信用管理办法由国家税务总局另行规定。

个体工商户和其他类型纳税人的纳税信用管理办法由省税务机关制定。

第四条　国家税务总局主管全国纳税信用管理工作。省以下税务机关负责所辖地区纳税信用管理工作的组织和实施。

第五条　纳税信用管理遵循客观公正、标准统一、分级分类、动态调整的原则。

第六条　国家税务总局推行纳税信用管理工作的信息化，规范统一纳税信用管理。

……

【注释】第七条废止，参见《国家税务总局关于公布全文失效废止和部分条款失效废止的税收规范性文件目录的公告》（国家税务总局公告 2018 年第 33 号）。

第八条　税务机关积极参与社会信用体系建设，与相关部门建立信用信息共建共享机制，推动纳税信用与其他社会信用联动管理。

第二章　纳税信用信息采集

第九条　纳税信用信息采集是指税务机关对纳税人纳税信用信息的记录和收集。

第十条　纳税信用信息包括纳税人信用历史信息、税务内部信息、外部信息。

纳税人信用历史信息包括基本信息和评价年度之前的纳税信用记录，以及相关部门评定的优良信用记录和不良信用记录。

税务内部信息包括经常性指标信息和非经常性指标信息。经常性指标信息是指涉税申报信息、税（费）款缴纳信息、发票与税控器具信息、登记与账簿信息等纳税人在评价年度内经常产生的指标信息；非经常性指标信息是指税务检查信息等纳税人在评价年度内不经常产生的指标信息。

外部信息包括外部参考信息和外部评价信息。外部参考信息包括评价年度相关部门评定的优良信用记录和不良信用记录；外部评价信息是指从相关部门取得的影响纳税人纳税信用评价的指标信息。

第十一条 纳税信用信息采集工作由国家税务总局和省税务机关组织实施，按月采集。

第十二条 本办法第十条第二款纳税人信用历史信息中的基本信息由税务机关从税务管理系统中采集，税务管理系统中暂缺的信息由税务机关通过纳税人申报采集；评价年度之前的纳税信用记录，以及相关部门评定的优良信用记录和不良信用记录，从税收管理记录、国家统一信用信息平台等渠道中采集。

第十三条 本办法第十条第三款税务内部信息从税务管理系统中采集。

第十四条 本办法第十条第四款外部信息主要通过税务管理系统、国家统一信用信息平台、相关部门官方网站、新闻媒体或者媒介等渠道采集。通过新闻媒体或者媒介采集的信息应核实后使用。

第三章　纳税信用评价

第十五条 纳税信用评价采取年度评价指标得分和直接判级方式。评价指标包括税务内部信息和外部评价信息。

年度评价指标得分采取扣分方式。纳税人评价年度内经常性指标和非经常性指标信息齐全的，从100分起评；非经常性指标缺失的，从90分起评。

直接判级适用于有严重失信行为的纳税人。

纳税信用评价指标由国家税务总局另行规定。

第十六条 外部参考信息在年度纳税信用评价结果中记录，与纳税信用评价信息形成联动机制。

第十七条 纳税信用评价周期为一个纳税年度，有下列情形之一的纳税人，不参加本期的评价：

（一）纳入纳税信用管理时间不满一个评价年度的；

……

（三）因涉嫌税收违法被立案查处尚未结案的；

（四）被审计、财政部门依法查出税收违法行为，税务机关正在依法处理，尚未办结的；

（五）已申请税务行政复议、提起行政诉讼尚未结案的；

（六）其他不应参加本期评价的情形。

【注释】第十七条第二项废止，参见《国家税务总局关于纳税信用评价有关事项的公告》（国家税务总局公告2018年第8号）。

第十八条 纳税信用级别设A、B、C、D四级。A级纳税信用为年度评价指标得分90分以上的；B级纳税信用为年度评价指标得分70分以上不满90分的；C级纳税信用为年度评价指标得分40分以上不满70分的；D级纳税信用为年度评价指标得分不满40分或者直接判级确定的。

第十九条 有下列情形之一的纳税人，本评价年度不能评为 A 级：

（一）实际生产经营期不满 3 年的；

（二）上一评价年度纳税信用评价结果为 D 级的；

（三）非正常原因一个评价年度内增值税或营业税连续 3 个月或者累计 6 个月零申报、负申报的；

（四）不能按照国家统一的会计制度规定设置账簿，并根据合法、有效凭证核算，向税务机关提供准确税务资料的。

第二十条 有下列情形之一的纳税人，本评价年度直接判为 D 级：

（一）存在逃避缴纳税款、逃避追缴欠税、骗取出口退税、虚开增值税专用发票等行为，经判决构成涉税犯罪的；

（二）存在前项所列行为，未构成犯罪，但偷税（逃避缴纳税款）金额 10 万元以上且占各税种应纳税总额 10% 以上，或者存在逃避追缴欠税、骗取出口退税、虚开增值税专用发票等税收违法行为，已缴纳税款、滞纳金、罚款的；

（三）在规定期限内未按税务机关处理结论缴纳或者足额缴纳税款、滞纳金和罚款的；

（四）以暴力、威胁方法拒不缴纳税款或者拒绝、阻挠税务机关依法实施税务稽查执法行为的；

（五）存在违反增值税发票管理规定或者违反其他发票管理规定的行为，导致其他单位或者个人未缴、少缴或者骗取税款的；

（六）提供虚假申报材料享受税收优惠政策的；

（七）骗取国家出口退税款，被停止出口退（免）税资格未到期的；

（八）有非正常户记录或者由非正常户直接责任人员注册登记或者负责经营的；

（九）由 D 级纳税人的直接责任人员注册登记或者负责经营的；

（十）存在税务机关依法认定的其他严重失信情形的。

第二十一条 纳税人有下列情形的，不影响其纳税信用评价：

（一）由于税务机关原因或者不可抗力，造成纳税人未能及时履行纳税义务的；

（二）非主观故意的计算公式运用错误以及明显的笔误造成未缴或者少缴税款的；

（三）国家税务总局认定的其他不影响纳税信用评价的情形。

第四章 纳税信用评价结果的确定和发布

第二十二条 纳税信用评价结果的确定和发布遵循谁评价、谁确定、谁发布的原则。

第二十三条 税务机关每年 4 月确定上一年度纳税信用评价结果，并为纳税人提供自我查询服务。

第二十四条 纳税人对纳税信用评价结果有异议的，可以书面向作出评价的税务机关申请复评。作出评价的税务机关应按本办法第三章规定进行复核。

第二十五条 税务机关对纳税人的纳税信用级别实行动态调整。

因税务检查等发现纳税人以前评价年度需扣减信用评价指标得分或者直接判级的，税务机关应按本办法第三章规定调整其以前年度纳税信用评价结果和记录。

纳税人因第十七条第三、四、五项所列情形解除而向税务机关申请补充纳税信用评价的，税务机关应按本办法第三章规定处理。

第二十六条 纳税人信用评价状态变化时，税务机关可采取适当方式通知、提醒纳税人。

第二十七条　税务机关对纳税信用评价结果，按分级分类原则，依法有序开放：

（一）主动公开A级纳税人名单及相关信息；

（二）根据社会信用体系建设需要，以及与相关部门信用信息共建共享合作备忘录、协议等规定，逐步开放B、C、D级纳税人名单及相关信息；

（三）定期或者不定期公布重大税收违法案件信息。具体办法由国家税务总局另行规定。

第五章　纳税信用评价结果的应用

第二十八条　税务机关按照守信激励，失信惩戒的原则，对不同信用级别的纳税人实施分类服务和管理。

第二十九条　对纳税信用评价为A级的纳税人，税务机关予以下列激励措施：

（一）主动向社会公告年度A级纳税人名单；

（二）一般纳税人可单次领取3个月的增值税发票用量，需要调整增值税发票用量时即时办理；

（三）普通发票按需领用；

（四）连续3年被评为A级信用级别（简称3连A）的纳税人，除享受以上措施外，还可以由税务机关提供绿色通道或专门人员帮助办理涉税事项；

（五）税务机关与相关部门实施的联合激励措施，以及结合当地实际情况采取的其他激励措施。

第三十条　对纳税信用评价为B级的纳税人，税务机关实施正常管理，适时进行税收政策和管理规定的辅导，并视信用评价状态变化趋势选择性地提供本办法第二十九条的激励措施。

第三十一条　对纳税信用评价为C级的纳税人，税务机关应依法从严管理，并视信用评价状态变化趋势选择性地采取本办法第三十二条的管理措施。

第三十二条　对纳税信用评价为D级的纳税人，税务机关应采取以下措施：

（一）按照本办法第二十七条的规定，公开D级纳税人及其直接责任人员名单，对直接责任人员注册登记或者负责经营的其他纳税人纳税信用直接判为D级；

（二）增值税专用发票领用按辅导期一般纳税人政策办理，普通发票的领用实行交（验）旧供新、严格限量供应；

（三）加强出口退税审核；

（四）加强纳税评估，严格审核其报送的各种资料；

（五）列入重点监控对象，提高监督检查频次，发现税收违法违规行为的，不得适用规定处罚幅度内的最低标准；

（六）将纳税信用评价结果通报相关部门，建议在经营、投融资、取得政府供应土地、进出口、出入境、注册新公司、工程招投标、政府采购、获得荣誉、安全许可、生产许可、从业任职资格、资质审核等方面予以限制或禁止；

（七）D级评价保留2年，第三年纳税信用不得评价为A级；

（八）税务机关与相关部门实施的联合惩戒措施，以及结合实际情况依法采取的其他严格管理措施。

第六章　附　　则

第三十三条　省税务机关可以根据本办法制定具体实施办法。

第三十四条 本办法自 2014 年 10 月 1 日起施行。2003 年 7 月 17 日国家税务总局发布的《纳税信用等级评定管理试行办法》(国税发〔2003〕92 号)同时废止。

20. 国家税务总局关于印发《税务稽查案卷管理暂行办法》和《税务稽查案卷电子文件管理参考规范》的通知

税总发〔2014〕127 号

各省、自治区、直辖市和计划单列市国家税务局、地方税务局:

现将《税务稽查案卷管理暂行办法》和《税务稽查案卷电子文件管理参考规范》印发给你们,请认真遵照执行。执行中遇到的问题,请及时报告国家税务总局(稽查局)。

国家税务总局
2014 年 10 月 23 日

税务稽查案卷管理暂行办法

第一章 总 则

第一条 为了规范税务稽查案卷管理,加强执法控制监督,根据《中华人民共和国税收征收管理法》《中华人民共和国档案法》有关规定,制定本办法。

第二条 税务稽查案卷是指税务局及其稽查局在依法履行税务稽查职责过程中取得或者形成的,具有保存价值的文字、图表、声像以及电子数据等形式的过程记录。案卷类别划分为:

(一)税务稽查立案查处类(以下简称立案查处类);

(二)承办税收违法案件异地协助类(以下简称承办异地协助类);

(三)重大税收违法案件督办类(以下简称重案督办类);

(四)国家税务总局和省、自治区、直辖市、计划单列市国家税务局、地方税务局规定的其他类别。

第三条 税务局稽查局(以下简称稽查局)应当在税务局档案管理部门监督和指导下,做好税务稽查案卷立卷、收集、整理、归档、保管、利用等管理工作。

第四条 税务稽查案卷应当完整、准确、客观、规范,方便利用,防止损毁、丢失和泄密。

第二章 立卷及文件材料收集

第五条 对确定税务稽查的对象和事项,稽查局应当建立税务稽查案卷,将稽查选案、检查、审理、执行等相关工作情况记录纳入案卷管理。

税务稽查事项办理过程中取得或者形成的证据材料、相关文书、文件以及其他记录等材料(以下简称文件材料),应当装入临时税务稽查案卷,填写文件材料交接清单。文件材料交接清单应当编写目录,注明序号。

第六条 立案查处类税务稽查案卷应当包括下列文件材料：

（一）选案环节相关文件材料，如税务稽查立案审批表、税收违法案件交办函等；

（二）检查环节相关文件材料，如税务稽查报告、纳税人自查报告材料、税务稽查工作底稿、当事人陈述申辩材料、现场笔录、勘验笔录、书证、物证、视听资料、证人证言、电子数据等；

（三）审理环节相关文件材料，如税务稽查审理报告、税务行政处罚事项告知书、听证材料、税务处理决定书、税务行政处罚决定书、税务稽查结论等；

（四）执行环节相关文件材料，如税务稽查执行报告、延期或者分期缴纳罚款申请审批表、查补税收款项完税凭证等；

（五）其他应当归入立案查处类案卷的文件材料。

稽查局选案部门在选案时，根据税务稽查对象，建立立案查处类税务稽查案卷；选案、检查、审理、执行部门分别收集本环节相关文件材料，并按照规定移交下一工作环节；审理部门在结案后60日内整理、装订、归档。

第七条 承办异地协助类税务稽查案卷应当包括下列文件材料：

（一）异地协助事项接受的相关文件材料，如税收违法案件协查函等；

（二）异地协助事项办理的相关文件材料，如税务检查通知书、现场笔录、书证、视听资料、证人证言等；

（三）异地协助事项办结的相关文件材料，如税收违法案件协查回复函等；

（四）其他应当归入承办异地协助类案卷的文件材料。

承办异地协助事项的稽查局（以下简称协助方稽查局）承办具体事项的部门，根据协助事项涉及的对象，建立承办异地协助类税务稽查案卷，收集相关文件材料，在异地协助事项办结后60日内整理、装订、归档。

协助方稽查局发现协助事项涉嫌税收违法行为需要立案查处的，承办具体事项的部门应当将承办异地协助类税务稽查案卷移交选案部门，立案后并入立案查处类案卷管理。

协助方稽查局应当将取得的证据材料原件保留在税务稽查案卷中，并向请求异地协助的稽查局提供复制件，注明"与原件核对无误"，加盖公章证明原件出处和存处。

第八条 重案督办类税务稽查案卷应当包括下列文件材料：

（一）督办立项的相关文件材料，如重大税收违法案件督办立项审批表等；

（二）督办办理的相关文件材料，如重大税收违法案件督办函、重大税收违法案件情况报告表、重大税收违法案件拟处理意见报告、重大税收违法案件催办函等；

（三）督办办结的相关文件材料，如重大税收违法案件结案报告等；

（四）其他应当归入重案督办类案卷的文件材料。

督办税务局所属稽查局具体承担督办事项的部门，根据督办的重大税收违法案件，建立重案督办类税务稽查案卷，收集相关文件材料，在督办事项办结后60日内整理、装订、归档。

督办税务局及其稽查局认为督办的重大税收违法案件依法需要由本机关直接查处的，具体承担督办事项的部门应当将重案督办类税务稽查案卷移交选案部门，立案后并入立案查处类案卷管理。

第九条 税务稽查事项发生行政复议、行政诉讼、国家赔偿诉讼、民事诉讼、刑事诉讼的，收集的复议、诉讼相关文件材料应当归入相关税务稽查案卷。

第十条 税务稽查案卷文件材料有发文稿纸、文件处理单的，应当与文件材料正本、定稿一并收集。会同相关部门召开会议、发文所形成的文件材料，应当收集原件；无法收集原件的，收集复制件或者注明原件主要内容及制作单位。

第十一条 税务局及其稽查局相关部门应当按照税务稽查案卷文件材料交接清单所列项目，对上一工作环节移交的全部文件材料进行清点，填写文件材料交接签收单，办理交接手续。

第三章　整理及装订归档

第十二条 稽查局相关部门和人员应当在税务稽查事项办结后，及时对税务稽查案卷进行整理、装订、归档，做到分类规范、目录清晰、资料齐全、编号统一、装订整齐、归档及时。

第十三条 装订成册的立案查处类税务稽查案卷有不宜对外公开内容的，应当分为正卷、副卷。正卷主要列入各类证据材料、税收执法文书正本以及可以对外公开的相关审批文书等证明定性处理处罚合法性、合理性的文件材料。副卷主要列入检举相关材料、案件讨论记录、法定秘密材料、结论性文书原稿、审批稿以及不宜对外公开的税务稽查报告、税务稽查审理报告等内部管理文书、对案件最终定性处理处罚不具有直接影响但反映税务稽查执法过程的文件材料。

税务稽查案卷副卷作为密卷或者内部档案管理；作为密卷管理的，密级以卷内文件材料最高密级确定。

第一款规定以外的其他税务稽查案卷可以不分正卷、副卷，但其中有不宜对外公开内容的，按照副卷管理，并在案卷封面上标明；无不宜对外公开内容的，按照正卷管理，并在案卷封面上标明。

第十四条 税务稽查案卷及其相关文件材料的密级、保密期限、解密条件、知悉范围等依照国家保密规定确定。

第十五条 装订成册的税务稽查案卷卷内文件材料应当按照以下规则组合排列：

（一）立案查处类案卷正卷中的结论性文书及其送达回证排列在最前面，其他文书材料及副卷文书材料按照工作流程顺序排列；

（二）承办异地协助类、重案督办类等案卷文件材料按照工作流程顺序排列；

（三）证据材料按照所反映的问题特征分类，每类证据主证材料排列在前，旁证材料附列其后；

（四）其他文件材料按照其取得或者形成的时间顺序，并结合其重要程度进行排列。

税务稽查案卷卷内每份或者每组文件材料的排列规则：正文在前，附件在后；批复在前，请示在后；批示在前，报告在后；税收执法文书在前，送达回证在后；重要文件材料在前，其他文件材料在后；汇总性文件材料在前，基础性文件材料在后；定稿在前，修改稿在后。

第十六条 装订成册的税务稽查案卷由案卷封面、卷内文件材料目录、卷内文件材料、卷内文件材料备考表、封底组成。

装订成册的税务稽查案卷封面项目包括：案件名称、纳税人识别号、案件来源、案卷类别、案件编号、立案立项日期、办结日期、立卷日期、保管期限、密级等。

装订成册的税务稽查案卷卷内文件材料目录项目包括：文件材料名称、文号、序号、页号、页数、日期、备注、责任者。

装订成册的税务稽查案卷卷内文件材料备考表项目包括：本卷情况说明、立卷人、检查人、立卷时间。

第十七条 税务稽查案卷卷内文件材料经过系统整理排列后，应当用阿拉伯数字逐页编注页码，正面编注在右上角，背面编注在左上角，空白页不编注页码。卷内每份文件材料的原页码原样不变。案卷封面、卷内文件材料目录、卷内文件材料备考表、封底不编注页码。

装订成册的税务稽查案卷不得擅自增添或者抽取文件材料；确需增减文件材料的，应当由案卷保管人员在备考表中注明。增添的文件材料，可以插入与之直接相关的文件材料处，或者放在卷内文件材料之后，并相应追加填写目录。

第十八条　装订成册的税务稽查案卷可以采用硬卷皮装订保存，或者采用软卷皮装订并装入卷盒保存。

硬卷皮由封面、封底、卷脊构成。

采用软卷皮装订的税务稽查案卷，应当按照案卷编号依序装入卷盒保存。卷盒由封面和卷脊构成，卷脊项目包括全宗名称、目录号、年度、起止卷号。

税务稽查案卷文件材料过多的，应当按照顺序分册装订，各册分别从第一页起编注页码。

税务稽查案卷卷皮、卷盒尺寸规格应当符合国家规定标准。

第十九条　装订税务稽查案卷，应当检查卷内文件材料是否齐全、规范整洁，排列顺序是否符合规则，编注页码是否正确，卷内文件材料名称、数量与目录是否一致等。

第二十条　装订税务稽查案卷，应当剔除下列文件材料：

（一）没有证明或者参考价值的信封、工作材料；

（二）内容完全相同的重份文件材料；

（三）其他与卷内记录事项无关、确无保存必要的文件材料。

对前款所列的文件材料是否剔除存在疑问的，由相关部门甄别后提出意见，由稽查局领导或者税务局档案管理部门负责人审核确定。

第二十一条　装订税务稽查案卷，应当注意以下事项：

（一）文书破损的，应当进行修复或者复制，原件在前，复制件在后；

（二）卷内有不可替代的容易褪色、消失的字迹等证据材料或者其他不利于长期保管的文件材料的，应当进行复制，原件在前，复制件在后；

（三）文件材料小于A4纸或者装订后影响字迹的，应当加贴衬纸；横向粘贴的，字头应当朝向左边；票据应当码平粘贴；

（四）文件材料大于A4纸的，右边与下边应当对齐，采取从里向外、从上往下的方式折叠；

（五）需要附卷保存的信封，应当打开展平后加贴衬纸或者复制留存，邮票不得撕揭；

（六）文件材料上的金属物应当剔除；

（七）排除可能影响案卷装订保管、损坏卷内文件材料的其他事项。

第二十二条　可以随税务稽查案卷保存的物证，应当归入案卷；无法装订的，装入证物袋，标注证物名称、数量、特征、来源等相关信息，用封条粘贴，放到备考表与封底之间。不能随卷保存的物证，应当另处存放，并与案卷相互标注相关信息。不宜保存的物证，应当拍照装订归卷，实物经所属税务局主管稽查工作的局领导批准后销毁或者作其他适当处理。

第二十三条　税务稽查案卷装订后，应当在卷底装订线结扣处粘贴封志，并加盖骑缝章。

第二十四条　装订成册的税务稽查案卷保管期限：

（一）立案查处类中重大偷逃骗抗税、虚开发票等税收违法案件的案卷，保管期限为永久；

（二）立案查处类中一般偷逃骗抗税、虚开发票等税收违法案件的案卷，保管期限为30年；

（三）其他立案查处类案卷，保管期限为10年；

（四）承办异地协助类案卷保管期限参照前三项确定；

（五）重案督办类案卷保管期限根据所督办的案件确定；

（六）其他类别案卷保管期限依照国家税务总局或者省、自治区、直辖市、计划单列市国家税务局、地方税务局规定确定，或者根据所办事项具体情况适当确定。

保管期限从案卷装订成册次年 1 月 1 日起计算。

第一款第一项所列的重大税收违法案件标准，由国家税务总局或者省、自治区、直辖市、计划单列市国家税务局、地方税务局确定。

第二十五条 稽查局对装订成册的税务稽查案卷应当集中保管，并指定专人管理。案卷保管人员对保管的案卷应当严格查验，对不合格的案卷，应当退回相关部门重新整理。

稽查局撤销或者稽查局不具备长期档案保管条件的，应当将税务稽查案卷移交承继其职能的机构保管或者移交所属税务局档案管理部门保管。案卷移交时，应当填写档案交接文据，办理交接手续。

第二十六条 稽查局应当定期清理所保管的税务稽查案卷，对已到期的案卷进行鉴定，对仍有保存价值的，应当延长保管期限；对无继续保存价值的，应当依照档案管理规定的权限和程序审批后销毁。

税务局档案管理部门保管的税务稽查案卷的清理、鉴定、销毁，由档案管理部门会同稽查局审核报税务局领导审批后进行。

第二十七条 任何单位和个人不得擅自销毁、转移、藏匿、伪造、变造、篡改、损毁税务稽查案卷及其文件材料，不得将案卷及其文件材料转让他人或者据为己有。

第四章　电子文件管理

第二十八条 税务稽查案卷电子文件与纸质文件材料的收集、整理、归档应当同步进行。

前款所称税务稽查案卷电子文件，是指税务局及其稽查局在依法履行税务稽查职责过程中，通过计算机等电子设备取得、形成、处理、传输、存储的文字、图表、图像、音频、视频等文件，包括税收执法文书和内部管理文书的电子文本、电子数据、数码照片等。

第二十九条 税务稽查案卷电子文件管理应当遵循以下规则：

（一）统筹规划，统一标准，集中保存，规范管理；

（二）对电子文件取得、形成、处理、传输、存储、利用、销毁等实行全过程管理，确保电子文件始终处于受控状态；

（三）方便利用，提供分层次、分类别共享应用；

（四）依照国家规定标准，采取有效技术手段和管理措施，确保电子文件信息安全。

第三十条 取得或者形成的税务稽查案卷电子文件，应当具备国家规定的原件形式，并符合以下要求：

（一）能够有效表现所记载的内容并可供调取查用；

（二）采用符合国家规定标准的文件存储格式，确保能够长期有效读取；

（三）能够保证电子文件及其元数据自形成起完整无缺、来源可靠，未被非法更改；

（四）在信息交换、存储和显示过程中发生的形式变化不影响电子文件内容真实、完整。

涉密电子文件的原件形式应当符合国家保密规定。

第三十一条 税务稽查过程中取得或者形成的税务稽查案卷电子文件，应当符合以下要求：

（一）从税务稽查对象取得的作为证据的电子文件，应当保持文件原貌，及时封存；

（二）检查人员制作的电子文件，应当注明电子文件的形成背景、证明对象、格式、大小、制作人等；

（三）数据分析过程中产生的电子文件，应当注明数据分析的数据源、数据分析和处理方法、数据处理过程以及数据分析结论。

第三十二条 税务稽查案卷电子文件归档应当符合以下要求：

（一）与相对应的纸质案卷的归档期限相同；

（二）不得低于相对应的纸质案卷保管期限；

（三）电子文件及其元数据应当同时归档；

（四）可以随案卷保存的录音带、录像带、光盘等载体，应当在装具上标注相关信息；

（五）已经真实性、完整性、有效性鉴定、检测，并由相关责任人确认；

（六）具有永久保存价值或者其他重要价值的电子文件，应当转换为纸质文件或者缩微品同时归档；

（七）冲印的数码照片，应当标注照片相关信息；

（八）采用技术手段加密的电子文件应当解密后归档，压缩的电子文件应当解压缩后归档；

（九）准确划分密级；

（十）涉密电子文件应当使用符合国家保密规定的载体存储，并按照保密要求进行管理和使用。

第三十三条 通过税收管理信息系统审批运转、对税务定性处理处罚具有直接决定作用的电子文件，应当连同审批单打印成纸质文件材料，归入相对应的纸质税务稽查案卷；无可靠电子签名的纸质文件材料，由相关人员手写补充签名；确有特殊情况无法手写补充签名的，应当注明缘由。

第三十四条 税务稽查案卷电子文件归档可以采用在线或者离线存储。在线存储应当使用专用存储服务器，实行电子文件在线管理；离线存储可以选择使用只读光盘、一次写光盘、磁带、可擦写光盘、硬磁盘等耐久性好的载体，不得使用软磁盘作为归档电子文件长期保存的载体。

第三十五条 税务稽查案卷电子文件管理相关事项，参照国家税务总局《税务稽查案卷电子文件管理参考规范》。

第五章 数字化处理

第三十六条 税务机关应当积极创造条件，逐步实现税务稽查案卷数字化。

税务稽查案卷数字化，是指采用扫描仪或者数码相机等数码设备对纸质案卷文件材料进行数字化加工，将其转化为存储在磁带、磁盘、光盘等载体上且能被计算机识别的数字图像或者数字文本，并与案卷已有电子文件融合起来的处理过程。

第三十七条 税务稽查案卷数字化，可以在案卷文件材料整理装订时同步进行，也可以在案卷归档后集中进行。

税务稽查案卷数字化，由稽查局、档案管理部门、电子税务管理部门依照国家纸质档案数字化有关规定实施。

第三十八条 税务稽查案卷数字化应当符合以下要求：

（一）纸质案卷电子版本应当与原纸质案卷保持一致，不一致的应当注明原因和处理方法；

（二）对纸质案卷文件材料从封面至封底进行完整数字化，确实不能数字化的文件材料，应当登记备查；

（三）对纸质案卷数字化直接产生的图像文件应当采用通用格式；

（四）扫描色彩模式通常采用黑白二值模式扫描；对材料中有多色文字、红头、印章、插有照片图片、字迹清晰度较差等采用黑白扫描模式扫描无法清晰辨识的页面，应当采用彩色扫描模式扫描；

（五）需要进行文字识别的文件材料，扫描分辨率应当达到相应率值；

（六）符合国家相关保密规定。

第三十九条 税务稽查案卷数字化过程中，可以为原纸质案卷逐册加贴与税收管理信息系统相关联的条形码、二维码、无线射频等机读标签。

第六章 利 用

第四十条 税务稽查对象出示有效身份证明，可以查阅、复制涉及自身的税务稽查案卷正卷相关文件材料。

代理人出示税务稽查对象授权委托书及双方有效身份证明，可以查阅、复制涉及税务稽查对象自身的税务稽查案卷正卷相关文件材料。

第四十一条 税务机关相关部门可以查阅、借阅本级税务机关与其工作相关的税务稽查案卷文件材料。

上级税务机关可以查阅、调阅下级税务机关税务稽查案卷相关文件材料。

经税务稽查案卷所在税务机关审核同意，同级税务机关之间可以查阅、复制案卷正卷相关文件材料，下级税务机关可以查阅、复制上级税务机关案卷正卷相关文件材料。

第四十二条 司法、执法、纪检监察机关依照法定职权和程序查阅、调阅税务稽查案卷文件材料的，从其相关法律、法规规定。

其他单位因工作需要，出示单位有效证明和经办人员有效身份证明，经税务稽查案卷所在税务机关审核同意，可以查阅、复制案卷正卷相关文件材料。

第四十三条 查阅、借阅、调阅、复制税务稽查案卷文件材料，应当按照规定办理相关手续。

复制的税务稽查案卷文件材料，案卷保管部门可以加盖印章证明出处或者存处。

借阅、调阅税务稽查案卷文件材料时，应当确定归还期限；借阅、调阅、归还案卷时，应当由借阅、调阅经办人员和案卷保管人员共同对案卷相关文件材料进行清点并签字确认。

第四十四条 涉及国家秘密、工作秘密、商业秘密、个人隐私和可能造成不良社会影响、后果的税务稽查案卷文件材料，以及尚未装订归档的案卷文件材料，在提供利用前应当由税务局及其稽查局相关部门进行审核，严格限制利用范围。利用涉密文件材料，应当按照规定报有权机关和领导批准，并按照规定程序办理有关手续。

具体税务稽查执法行为涉及法律、行政法规和国务院规定应当信息公开的事项，从其相关规定。

第四十五条 对查阅、借阅、调阅、复制的税务稽查案卷文件材料，不得涂改、圈划、抽换、批注、污损、折皱；不得将所借阅、调阅的案卷文件材料转借其他单位或者个人；不得擅自将查阅、借阅、调阅的案卷文件材料内容告知其他单位或者个人；不得泄露案卷涉及国家秘密、工作秘密、商业秘密、个人隐私的内容和事项。

发现被查阅、借阅、调阅、复制的税务稽查案卷文件材料有短缺、涂改、抽换、污损等情况的，案卷保管人员应当及时报告并追查。

第四十六条 税务稽查案卷电子文件与纸质案卷电子版本的利用，依照纸质案卷利用有关规定办理。

具备条件的税务机关，应当优先将税务稽查案卷电子文件与纸质案卷电子版本提供利用。案卷电子文件与纸质案卷电子版本能够满足利用需要的，一般不提供纸质案卷。

提供利用税务稽查案卷电子文件与纸质案卷电子版本，可以采取在线阅览、数据传输、打印输出等方式。

税务稽查案卷电子文件与纸质案卷电子版本经打印输出的，一般应当覆有表明其为复制件的水印，案卷保管部门可以加盖印章证明出处或者存处。

第四十七条 税务稽查案卷电子文件封存载体不得外借。

利用税务稽查案卷电子文件，应当使用拷贝件。

任何单位或者个人不得擅自拷贝税务稽查案卷电子文件。

第四十八条 具有文献价值的税务稽查案卷电子文件和纸质案卷电子版本，由税务局档案管理部门负责人和稽查局局长签报所属税务局主管领导批准，可以永久保存，不与其相对应的纸质案卷同步销毁。

第四十九条 国家税务总局依托税收管理信息系统，逐步建立全国统一的税务稽查案卷查阅服务平台，争取实现案卷远程异地查阅。

第七章 奖 惩

第五十条 对税务稽查案卷管理工作成绩突出的单位或者个人，应当给予奖励。

第五十一条 对违反税务稽查案卷管理及档案管理规定的单位和个人，依照有关规定追究责任。

第八章 附 则

第五十二条 本办法所称结案，参照国家税务总局《重大税收违法案件督办管理暂行办法》有关结案规定执行。

第五十三条 国家税务总局和省、自治区、直辖市、计划单列市国家税务局、地方税务局规定的其他类别税务稽查案卷文件材料处理方法，参照本办法有关规定确定。

第五十四条 税务稽查案卷管理基本文书式样，由国家税务总局制定。

第五十五条 国家税务总局以前有关规定与本办法规定不一致的，依照本办法规定执行。

第五十六条 本办法自2015年1月1日起执行。

附件：1. 税务稽查案卷文件材料排列顺序（略）。
 2. 税务稽查案卷管理基本文书式样（略）。

税务稽查案卷电子文件管理参考规范

第一条 为了指导税务稽查案卷电子文件安全规范管理，根据《中华人民共和国税收征收管理法》《中华人民共和国档案法》有关规定，制定本规范。

第二条 本规范是指引税务稽查案卷电子文件管理的一般路径和基本方法，本规范未涉及或者未作说明的相关事项，依照国家有关规定执行。

第三条 收集税务稽查案卷电子文件，应当符合以下要求：

（一）收集电子文件应当同时制作记录每份电子文件的元数据、背景信息的电子文件登记表；

（二）收集的电子文件同时存在相对应的纸质或者其他载体形式的文件的，应当在内容、相关说明及描述上保持一致；

（三）收集具有永久保存价值的文本或者图形形式的电子文件，应当制成纸质文件或者缩微品等；

（四）收集只有电子签名的电子文件，应当尽量同时收集具有法律效力的非电子签名；

（五）收集记录重要文件的修改过程和办理情况、有查考价值的电子文件，应当同时收集电子文件及其电子版本的定稿；

（六）收集在网络系统中处于流转状态、暂时无法确定其保管责任的电子文件，应当采取捕获措施，集中暂存在符合安全要求的电子文件存储器中，以防散失；

（七）收集使用文字处理技术形成的文本电子文件，应当采用文字型电子文件通用的 XML、RTF、TXT 格式，并注明文件存储格式、文字处理工具等，必要时应当同时保留文字处理工具软件；

（八）收集使用扫描仪、数码相机等设备获得的图像电子文件，应当采用扫描型电子文件通用的 JPEG、TIFF 格式；采用非通用文件格式的，收集时应当将其转换成通用格式；无法转换的，应当将相关软件一并收集；

（九）收集使用数码相机拍摄的照片，反映重要内容的，应当冲洗出纸质照片，与数码照片一并归档；反映一般内容的，可只归档数码照片；

（十）收集使用计算机辅助设计或者绘图等设备获得的图形电子文件，应当注明其软硬件环境和相关数据；

（十一）收集使用视频或者多媒体设备获得的电子文件以及使用超媒体链接技术制作的电子文件，应当采用视频和多媒体电子文件通用的 MPEG、AVI 格式；采用非通用文件格式的，应当同时收集其非通用格式的压缩算法和相关软件；

（十二）收集使用音频设备获得的声音文件，应当采用音频电子文件通用的 WAV、MP3 格式，并同时收集其属性标识、参数和非通用格式的相关软件；

（十三）收集使用通用软件产生的电子文件，应当同时收集其软件型号、名称、版本号和相关参数手册、说明资料等；

（十四）收集使用专用软件产生的电子文件，应当转换成通用型电子文件；确实不能转换的，应当连同专用软件一同收集；

（十五）收集套用统一模板的电子文件，在保证能够恢复原形态的情况下，其内容信息可脱离套用模板进行存储，被套用模板作为电子文件的元数据保存；

（十六）收集电子文件一般不加密；加密的，应当将密钥同时归档；

（十七）计算机系统运行和信息处理过程中涉及的与电子文件处理有关的参数、管理数据等，应当与电子文件一并收集。

第四条 税务稽查案卷电子文件可以采用在线或者离线存储。在线存储应当使用专用存储服务器，实行电子文件在线管理。离线存储应当符合以下要求：

（一）可以选择使用只读光盘、一次写光盘、磁带、可擦写光盘、硬磁盘等耐久性好的载体，一式两套，一套封存保管，一套供查阅使用；有条件的，可另制作一套异处保存；

（二）加密电子文件，应当在解密后再制作拷贝；

（三）不允许使用软磁盘作为归档电子文件长期保存的载体；取得证据原件为软磁盘的，应当将软磁盘中数据拷贝到耐久性好的载体，并将软磁盘原件与拷贝后的载体一并归档；

（四）电子文件存储载体或者装具上应当有标签，标签上应当注明相对应的案卷全宗号、载体序号、类别号、密级、保管期限、存入日期等；需要在光盘标签面书写的，应当使用光盘标签笔；需要通过光盘打印标签的，应当通过计算机排版后，使用能够支持光盘盘面打印的打印机打印。

第五条　保管税务稽查案卷电子文件离线存储载体，应当符合下列条件：

（一）载体应当作防写处理，避免擦、划、触摸记录涂层；

（二）单片载体应当装盒，竖立存放，避免挤压；

（三）存放时应当远离强磁场、强热源，与有害气体隔离；

（四）环境温度及相对湿度应当适宜。

第六条　税务稽查案卷电子文件的利用，依照国家税务总局《税务稽查案卷管理暂行办法》有关规定办理。

第七条　传递、保管、利用、销毁税务稽查案卷电子文件，应当严格遵守国家保密规定，采取相应的安全保密措施。

第八条　本规范应当根据信息技术发展和税务稽查案卷管理实际需要适时修订调整。

21. 国家税务总局关于修改《重大税务案件审理办法》的决定

国家税务总局令第 51 号

《国家税务总局关于修改〈重大税务案件审理办法〉的决定》，已经 2021 年 5 月 11 日国家税务总局 2021 年度第 1 次局务会议审议通过，现予公布，自 2021 年 8 月 1 日起施行。

国家税务总局局长：王军
2021 年 6 月 7 日

国家税务总局关于修改《重大税务案件审理办法》的决定

为进一步提高重大税务案件审理质量，更好地保护纳税人缴费人合法权益，根据《中华人民共和国行政处罚法》等法律、行政法规有关规定，国家税务总局决定对《重大税务案件审理办法》作如下修改：

一、将第一条修改为："为贯彻落实中共中央办公厅、国务院办公厅印发的《关于进一步深化税收征管改革的意见》，推进税务机关科学民主决策，强化内部权力制约，优化税务执法方式，严格规范执法行为，推进科学精确执法，保护纳税人缴费人等税务行政相对人合法权益，根据《中华人民共和国行政处罚法》《中华人民共和国税收征收管理法》，制定本办法。"

二、将第四条修改为："参与重大税务案件审理的人员应当严格遵守国家保密规定和工作纪律，依法为纳税人缴费人等税务行政相对人的商业秘密、个人隐私和个人信息保密。"

三、将第十一条修改为:"本办法所称重大税务案件包括:

(一)重大税务行政处罚案件,具体标准由各省、自治区、直辖市和计划单列市税务局根据本地情况自行制定,报国家税务总局备案;

(二)根据《重大税收违法案件督办管理暂行办法》督办的案件;

(三)应监察、司法机关要求出具认定意见的案件;

(四)拟移送公安机关处理的案件;

(五)审理委员会成员单位认为案情重大、复杂,需要审理的案件;

(六)其他需要审理委员会审理的案件。

有下列情形之一的案件,不属于重大税务案件审理范围:

(一)公安机关已就税收违法行为立案的;

(二)公安机关尚未就税收违法行为立案,但被查对象为走逃(失联)企业,并且涉嫌犯罪的;

(三)国家税务总局规定的其他情形。"

四、将第十二条修改为:"本办法第十一条第一款第三项规定的案件经审理委员会审理后,应当将拟处理意见报上一级税务局审理委员会备案。备案5日后可以作出决定。"

五、将第十四条第二款修改为:"当事人按照法律、法规、规章有关规定要求听证的,由稽查局组织听证。"

六、将第十八条第二款修改为:"补充调查、请示上级机关或征求有权机关意见、拟处理意见报上一级税务局审理委员会备案的时间不计入审理期限。"

七、增加一条,作为第二十六条:"审理过程中,稽查局发现本办法第十一条第二款规定情形的,书面告知审理委员会办公室。审理委员会办公室报请审理委员会主任或其授权的副主任批准,可以终止审理。"

八、将第三十七条改为第三十八条,第二款修改为:"需要归档的重大税务案件审理案卷包括税务稽查报告、税务稽查审理报告以及有关文书。"

九、将第四十一条改为第四十二条,修改为:"本办法规定期限的最后一日为法定休假日的,以休假日期满的次日为期限的最后一日;在期限内有连续3日以上法定休假日的,按休假日天数顺延。

本办法有关'5日'的规定指工作日,不包括法定休假日。"

十、删除附件《重大税务案件审理文书范本》。

此外,对条文顺序作相应调整。

本决定自2021年8月1日起施行。

《重大税务案件审理办法》根据本决定作相应修改,重新公布。

重大税务案件审理办法

(2014年12月2日国家税务总局令第34号公布 根据2021年6月7日国家税务总局令第51号修正)

第一章 总则

第一条 为贯彻落实中共中央办公厅、国务院办公厅印发的《关于进一步深化税收征管改革的意见》,推进税务机关科学民主决策,强化内部权力制约,优化税务执法方式,严格规范执法行为,推进科学精确执法,保护纳税人缴费人等税务行政相对人合法权益,根据《中华人民共和国行政处罚法》《中华人民共和国税收征收管理法》,制定本办法。

第二条 省以下各级税务局开展重大税务案件审理工作适用本办法。

第三条 重大税务案件审理应当以事实为根据、以法律为准绳,遵循合法、合理、公平、公正、效率的原则,注重法律效果和社会效果相统一。

第四条 参与重大税务案件审理的人员应当严格遵守国家保密规定和工作纪律,依法为纳税人缴费人等税务行政相对人的商业秘密、个人隐私和个人信息保密。

第二章 审理机构和职责

第五条 省以下各级税务局设立重大税务案件审理委员会(以下简称审理委员会)。

审理委员会由主任、副主任和成员单位组成,实行主任负责制。

审理委员会主任由税务局局长担任,副主任由税务局其他领导担任。审理委员会成员单位包括政策法规、税政业务、纳税服务、征管科技、大企业税收管理、税务稽查、督察内审部门。各级税务局可以根据实际需要,增加其他与案件审理有关的部门作为成员单位。

第六条 审理委员会履行下列职责:

(一)拟定本机关审理委员会工作规程、议事规则等制度;

(二)审理重大税务案件;

(三)指导监督下级税务局重大税务案件审理工作。

第七条 审理委员会下设办公室,办公室设在政策法规部门,办公室主任由政策法规部门负责人兼任。

第八条 审理委员会办公室履行下列职责:

(一)组织实施重大税务案件审理工作;

(二)提出初审意见;

(三)制作审理会议纪要和审理意见书;

(四)办理重大税务案件审理工作的统计、报告、案卷归档;

(五)承担审理委员会交办的其他工作。

第九条 审理委员会成员单位根据部门职责参加案件审理,提出审理意见。

稽查局负责提交重大税务案件证据材料、拟作税务处理处罚意见、举行听证。

稽查局对其提交的案件材料的真实性、合法性、准确性负责。

第十条 参与重大税务案件审理的人员有法律法规规定的回避情形的,应当回避。

重大税务案件审理参与人员的回避,由其所在部门的负责人决定;审理委员会成员单位负责人的回避,由审理委员会主任或其授权的副主任决定。

第三章 审理范围

第十一条 本办法所称重大税务案件包括:

(一)重大税务行政处罚案件,具体标准由各省、自治区、直辖市和计划单列市税务局根据本地情况自行制定,报国家税务总局备案;

(二)根据《重大税收违法案件督办管理暂行办法》督办的案件;

(三)应监察、司法机关要求出具认定意见的案件;

(四)拟移送公安机关处理的案件;

(五)审理委员会成员单位认为案情重大、复杂,需要审理的案件;

(六)其他需要审理委员会审理的案件。

有下列情形之一的案件，不属于重大税务案件审理范围：

（一）公安机关已就税收违法行为立案的；

（二）公安机关尚未就税收违法行为立案，但被查对象为走逃（失联）企业，并且涉嫌犯罪的；

（三）国家税务总局规定的其他情形。

第十二条　本办法第十一条第一款第三项规定的案件经审理委员会审理后，应当将拟处理意见报上一级税务局审理委员会备案。备案5日后可以作出决定。

第十三条　稽查局应当在每季度终了后5日内将稽查案件审理情况备案表送审理委员会办公室备案。

第四章　提请和受理

第十四条　稽查局应当在内部审理程序终结后5日内，将重大税务案件提请审理委员会审理。

当事人按照法律、法规、规章有关规定要求听证的，由稽查局组织听证。

第十五条　稽查局提请审理委员会审理案件，应当提交以下案件材料：

（一）重大税务案件审理案卷交接单；

（二）重大税务案件审理提请书；

（三）税务稽查报告；

（四）税务稽查审理报告；

（五）听证材料；

（六）相关证据材料。

重大税务案件审理提请书应当写明拟处理意见，所认定的案件事实应当标明证据指向。证据材料应当制作证据目录。

稽查局应当完整移交证据目录所列全部证据材料，不能当场移交的应当注明存放地点。

第十六条　审理委员会办公室收到稽查局提请审理的案件材料后，应当在重大税务案件审理案卷交接单上注明接收部门和收到日期，并由接收人签名。

对于证据目录中列举的不能当场移交的证据材料，必要时，接收人在签收前可以到证据存放地点现场查验。

第十七条　审理委员会办公室收到稽查局提请审理的案件材料后，应当在5日内进行审核。

根据审核结果，审理委员会办公室提出处理意见，报审理委员会主任或其授权的副主任批准：

（一）提请审理的案件属于本办法规定的审理范围，提交了本办法第十五条规定的材料的，建议受理；

（二）提请审理的案件属于本办法规定的审理范围，但未按照本办法第十五条的规定提交相关材料的，建议补正材料；

（三）提请审理的案件不属于本办法规定的审理范围的，建议不予受理。

第五章　审理程序

第一节　一般规定

第十八条　重大税务案件应当自批准受理之日起30日内作出审理决定，不能在规定期限内作出审理决定的，经审理委员会主任或其授权的副主任批准，可以适当延长，但延长期限最多不超过 15 日。

补充调查、请示上级机关或征求有权机关意见、拟处理意见报上一级税务局审理委员会备案的时间不计入审理期限。

第十九条　审理委员会审理重大税务案件，应当重点审查：

（一）案件事实是否清楚；

（二）证据是否充分、确凿；

（三）执法程序是否合法；

（四）适用法律是否正确；

（五）案件定性是否准确；

（六）拟处理意见是否合法适当。

第二十条　审理委员会成员单位应当认真履行职责，根据本办法第十九条的规定提出审理意见，所出具的审理意见应当详细阐述理由、列明法律依据。

审理委员会成员单位审理案件，可以到审理委员会办公室或证据存放地查阅案卷材料，向稽查局了解案件有关情况。

第二十一条　重大税务案件审理采取书面审理和会议审理相结合的方式。

第二节　书面审理

第二十二条　审理委员会办公室自批准受理重大税务案件之日起 5 日内，将重大税务案件审理提请书及必要的案件材料分送审理委员会成员单位。

第二十三条　审理委员会成员单位自收到审理委员会办公室分送的案件材料之日起 10 日内，提出书面审理意见送审理委员会办公室。

第二十四条　审理委员会成员单位认为案件事实不清、证据不足，需要补充调查的，应当在书面审理意见中列明需要补充调查的问题并说明理由。

审理委员会办公室应当召集提请补充调查的成员单位和稽查局进行协调，确需补充调查的，由审理委员会办公室报审理委员会主任或其授权的副主任批准，将案件材料退回稽查局补充调查。

第二十五条　稽查局补充调查不应超过 30 日，有特殊情况的，经稽查局局长批准可以适当延长，但延长期限最多不超过 30 日。

稽查局完成补充调查后，应当按照本办法第十五条、第十六条的规定重新提交案件材料、办理交接手续。

稽查局不能在规定期限内完成补充调查的，或者补充调查后仍然事实不清、证据不足的，由审理委员会办公室报请审理委员会主任或其授权的副主任批准，终止审理。

第二十六条　审理过程中，稽查局发现本办法第十一条第二款规定情形的，书面告知审理委员会办公室。审理委员会办公室报请审理委员会主任或其授权的副主任批准，可以终止审理。

第二十七条　审理委员会成员单位认为案件事实清楚、证据确凿，但法律依据不明确或者需要处理的相关事项超出本机关权限的，按规定程序请示上级税务机关或者征求有权机关意见。

第二十八条　审理委员会成员单位书面审理意见一致，或者经审理委员会办公室协调后达成一致意见的，由审理委员会办公室起草审理意见书，报审理委员会主任批准。

第三节 会议审理

第二十九条 审理委员会成员单位书面审理意见存在较大分歧，经审理委员会办公室协调仍不能达成一致意见的，由审理委员会办公室向审理委员会主任或其授权的副主任报告，提请审理委员会会议审理。

第三十条 审理委员会办公室提请会议审理的报告，应当说明成员单位意见分歧、审理委员会办公室协调情况和初审意见。

审理委员会办公室应当将会议审理时间和地点提前通知审理委员会主任、副主任和成员单位，并分送案件材料。

第三十一条 成员单位应当派员参加会议，三分之二以上成员单位到会方可开会。审理委员会办公室以及其他与案件相关的成员单位应当出席会议。

案件调查人员、审理委员会办公室承办人员应当列席会议。必要时，审理委员会可要求调查对象所在地主管税务机关参加会议。

第三十二条 审理委员会会议由审理委员会主任或其授权的副主任主持。首先由稽查局汇报案情及拟处理意见。审理委员会办公室汇报初审意见后，各成员单位发表意见并陈述理由。

审理委员会办公室应当做好会议记录。

第三十三条 经审理委员会会议审理，根据不同情况，作出以下处理：

（一）案件事实清楚、证据确凿、程序合法、法律依据明确的，依法确定审理意见；

（二）案件事实不清、证据不足的，由稽查局对案件重新调查；

（三）案件执法程序违法的，由稽查局对案件重新处理；

（四）案件适用法律依据不明确，或者需要处理的有关事项超出本机关权限的，按规定程序请示上级机关或征求有权机关的意见。

第三十四条 审理委员会办公室根据会议审理情况制作审理纪要和审理意见书。

审理纪要由审理委员会主任或其授权的副主任签发。会议参加人员有保留意见或者特殊声明的，应当在审理纪要中载明。

审理意见书由审理委员会主任签发。

第六章 执行和监督

第三十五条 稽查局应当按照重大税务案件审理意见书制作税务处理处罚决定等相关文书，加盖稽查局印章后送达执行。

文书送达后5日内，由稽查局送审理委员会办公室备案。

第三十六条 重大税务案件审理程序终结后，审理委员会办公室应当将相关证据材料退回稽查局。

第三十七条 各级税务局督察内审部门应当加强对重大税务案件审理工作的监督。

第三十八条 审理委员会办公室应当加强重大税务案件审理案卷的归档管理，按照受理案件的顺序统一编号，做到一案一卷、资料齐全、卷面整洁、装订整齐。

需要归档的重大税务案件审理案卷包括税务稽查报告、税务稽查审理报告以及有关文书。

第三十九条 各省、自治区、直辖市和计划单列市税务局应当于每年1月31日之前，将本辖区上年度重大税务案件审理工作开展情况和重大税务案件审理统计表报送国家税务总局。

第七章 附则

第四十条 各级税务局办理的其他案件,需要移送审理委员会审理的,参照本办法执行。特别纳税调整案件按照有关规定执行。

第四十一条 各级税务局在重大税务案件审理工作中可以使用重大税务案件审理专用章。

第四十二条 本办法规定期限的最后一日为法定休假日的,以休假日期满的次日为期限的最后一日;在期限内有连续3日以上法定休假日的,按休假日天数顺延。

本办法有关"5日"的规定指工作日,不包括法定休假日。

第四十三条 各级税务局应当按照国家税务总局的规划和要求,积极推动重大税务案件审理信息化建设。

第四十四条 各级税务局应当加大对重大税务案件审理工作的基础投入,保障审理人员和经费,配备办案所需的录音录像、文字处理、通讯等设备,推进重大税务案件审理规范化建设。

第四十五条 各省、自治区、直辖市和计划单列市税务局可以依照本办法制定具体实施办法。

第四十六条 本办法自2015年2月1日起施行。《国家税务总局关于印发〈重大税务案件审理办法(试行)〉的通知》(国税发〔2001〕21号)同时废止。

22. 国家税务总局关于完善纳税信用管理有关事项的公告

国家税务总局公告2016年第9号

根据《深化国税、地税征管体制改革方案》关于建立促进诚信纳税机制的要求,税务总局对《纳税信用管理办法(试行)》(国家税务总局公告2014年第40号发布,以下简称《管理办法》)和《纳税信用评价指标和评价方式(试行)》(国家税务总局公告2014年第48号发布,以下简称《指标和评价》)有关内容进行了调整完善,现将有关事项公告如下:

一、关于税务机关对纳税人的纳税信用级别实行动态调整的方法和程序

(一)因税务检查等发现纳税人以前评价年度存在直接判为D级情形的,主管税务机关应调整其相应评价年度纳税信用级别为D级,并记录动态调整信息(附件1),该D级评价不保留至下一年度。对税务检查等发现纳税人以前评价年度存在需扣减纳税信用评价指标得分情形的,主管税务机关暂不调整其相应年度纳税信用评价结果和记录。

(二)主管税务机关按月开展纳税信用级别动态调整工作,并为纳税人提供动态调整信息的自我查询服务。

(三)主管税务机关完成动态调整工作后,于次月初5个工作日内将动态调整情况层报至省税务机关备案,并发布A级纳税人变动情况通告。省税务机关据此更新税务网站公布的纳税信用评价信息,于每月上旬将A级纳税人变动情况汇总报送税务总局(纳税服务司)。

(四)纳税信用年度评价结果发布前,主管税务机关发现纳税人在评价年度存在动态调整情形的,应调整后再发布评价结果。

二、关于税务机关对纳税信用评价状态发生变化的纳税人通知、提醒方式

纳税信用评价状态发生变化是指,纳税信用评价年度之中,纳税人的信用评价指标出现扣分且将影响评价级别下降的情形。

税务机关按月采集纳税信用评价信息时,发现纳税人出现上述情形的,可通过邮件、短信、微信等方式,通知、提醒纳税人,并视纳税信用评价状态变化趋势采取相应的服务和管理措施,促进纳税人诚信自律,提高税法遵从度。

三、关于部分评价指标扣分标准的优化调整

《指标和评价》中部分评价指标描述和扣分标准的优化调整情况详见附件2。此前规定与本公告附件2不一致的,按本公告执行。

本公告自2016年3月1日起施行。

特此公告。

附件:1.＿＿＿年度纳税信用级别动态调整信息(略)。
　　　2.纳税信用评价指标和评价方式(试行)调整表(略)。

国家税务总局
2016年2月16日

23.国家税务总局关于印发《税务稽查案源管理办法(试行)》的通知

税总发〔2016〕71号

各省、自治区、直辖市和计划单列市国家税务局、地方税务局,税务干部进修学院:

为落实《深化国税、地税征管体制改革方案》关于"制定针对高风险纳税人定向稽查制度"和"建立健全案源管理制度"的要求,现将国家税务总局制定的《税务稽查案源管理办法(试行)》印发给你们,请遵照执行。执行中遇有问题和有关建议,请及时反馈至国家税务总局(稽查局)。

附件:1.税务稽查案源审批表(略)。
　　　2.案源信息退回(补正)函(略)。
　　　3.税务稽查调查核实(包括协查)任务通知书(略)。
　　　4.税务稽查调查核实(包括协查)报告(略)。
　　　5.税务稽查案源清册(略)。
　　　6.税务稽查案源撤销审批表(略)。
　　　7.案源处理结果反馈单(略)。

国家税务总局
2016年5月19日

税务稽查案源管理办法(试行)

第一章　总　　则

第一条　为规范税务稽查案源管理,提高税务稽查质效,推进税务稽查体制机制改革,根据《中华人民共和国税收征收管理法》及其实施细则等相关规定制定本办法。

第二条 本办法适用于国家税务总局及省、市、县国家税务局、地方税务局（以下统称税务局）。

第三条 本办法所称税务稽查案源（以下统称案源）即税收违法案件的来源，是指经过收集、分析、判断、处理等程序形成的涉嫌偷税（逃避缴纳税款）、逃避追缴欠税、骗税、抗税、虚开发票等税收违法行为的相关数据、信息和线索。

第四条 本办法所称税务稽查案源管理，是指税务局稽查局（以下简称稽查局）按照规定程序，对各类涉税数据、信息和线索进行收集、处理、立案、反馈的管理过程。

案源管理的具体流程主要包括：案源信息的收集、案源的分类处理、案源的立案分配和处理结果的使用。

第五条 案源管理应当遵循依法依规、风险导向、统筹协调、分类分级、动态管理的原则。

第六条 税务局应当以风险管理为导向，以税收大数据为支撑，以风险推送、外部转办、稽查自选为重点，以打击偷税（逃避缴纳税款）、逃避追缴欠税、骗税、抗税、虚开发票等税收违法行为为目标，注重处理结果的分析反馈和增值使用，形成风险闭环式案源管理的新格局。

第七条 案源由稽查局归口管理。

上级稽查局对下级稽查局的案源管理工作进行指导和监督。

下级稽查局确定的案源属于上级稽查局重点稽查对象名录范围的，应当报上级稽查局审批。

实施案源集中管理的地区，由上级稽查局审批确定下级稽查局选取的案源。

第八条 各级税务机关应当不断提高案源管理信息化水平，高效采集、有效整合税收征管数据与社会公共数据，保障案源信息的及时性、有效性和准确性。

第九条 国家税务局、地方税务局应当加强案源管理工作的联系与协作，建立健全国税、地税案源管理合作机制，实现涉税数据、信息和线索共建共享、互联互通。

第二章 案源信息

第十条 案源信息是指税务局在税收管理中形成的，以及外部相关单位、部门或者个人提供的纳税人、扣缴义务人和其他涉税当事人（以下简称纳税人）的税收数据、信息和违法行为线索。

第十一条 案源信息的内容具体包括：

（一）纳税人自行申报的税收数据和信息，以及税务局在税收管理过程中形成的税务登记、发票使用、税收优惠、资格认定、出口退税、企业财务报表等涉税数据和信息；

（二）税务局风险管理等部门在风险分析和识别工作中发现并推送的高风险纳税人风险信息；

（三）上级党委、政府、纪检监察等单位和上级税务机关（以下统称上级机关）通过督办函、交办函等形式下发的督办、交办任务提供的税收违法线索；

（四）检举人提供的税收违法线索；

（五）受托协查事项形成的税收违法线索；

（六）公安、检察、审计、纪检监察等外部单位以及税务局督察内审、纪检监察等部门提供的税收违法线索；

（七）专项情报交换、自动情报交换和自发情报交换等过程中形成的国际税收情报信息；

（八）稽查局执法过程中形成的案件线索、处理处罚等税务稽查数据；

（九）政府部门和社会组织共享的涉税信息以及税务局收集的社会公共信息等第三方信息；

（十）其他涉税数据、信息和税收违法线索。

第十二条 稽查局应当拓展信息来源渠道，按规定收集和整理案源信息。

（一）稽查局案源部门（以下简称案源部门）负责以下事项：

1. 接收风险管理等部门推送的高风险纳税人风险信息，税务局内、外部相关单位和部门提供的税收违法线索，并确认案源信息来源部门的工作和时限要求；

2. 接收督办、交办线索，并明确督办、交办事项的工作和时限要求；

3. 收集和整理纳税人自行申报信息、税收管理数据、税务稽查数据、国际税收情报信息和第三方信息等涉税数据、信息，并按照稽查任务和计划，提取选案所需的案源信息。

（二）稽查局举报受理部门（以下简称举报受理部门）负责接收书信、来访、互联网、传真等形式的检举线索。12366纳税服务热线举报专岗负责接收的电话形式的检举线索，应填制举报工单后移交举报受理部门进一步处理。

（三）稽查局协查部门（以下简称协查部门）负责接收协查信息管理系统发函、不通过协查系统发起的纸质发函、实地协查等形式的协查线索，并按照《税收违法案件协查函》的内容登记案源信息。

第十三条 案源信息以纳税人识别号为标识，一户一档建立案源信息档案。案源信息档案包括基本信息、分类信息、异常信息、共享信息和必要的信息标识等。

第十四条 稽查局应当对案源信息进行分类处理，建立案源信息库；同时按照随机抽查工作要求，在案源信息档案中分级标识重点稽查对象，作为建立税务稽查随机抽查对象名录库的重要信息来源。

第三章　案源类型

第十五条 根据案源信息的来源不同，将案源分为九种类型：

（一）推送案源，是指根据风险管理等部门按照风险管理工作流程推送的高风险纳税人风险信息分析选取的案源；

（二）督办案源，是指根据上级机关以督办函等形式下达的，有明确工作和时限要求的特定纳税人税收违法线索或者工作任务确认的案源；

（三）交办案源，是指根据上级机关以交办函等形式交办的特定纳税人税收违法线索或者工作任务确认的案源；

（四）安排案源，是指根据上级税务局安排的随机抽查计划和打击偷税（逃避缴纳税款）、逃避追缴欠税、骗税、抗税、虚开发票等稽查任务，对案源信息进行分析选取的案源；

（五）自选案源，是指根据本级税务局制定的随机抽查和打击偷税（逃避缴纳税款）、逃避追缴欠税、骗税、抗税、虚开发票等稽查任务，对案源信息进行分析选取的案源；

（六）检举案源，是指对检举线索进行识别判断确认的案源；

（七）协查案源，是指对协查线索进行识别判断确认的案源；

（八）转办案源，是指对公安、检察、审计、纪检监察等外部单位以及税务局督察内审、纪检监察等部门提供的税收违法线索进行识别判断确认的案源；

（九）其他案源，是指对税务稽查部门自行收集或者税务局内、外部相关单位和部门提供的其他税收违法线索进行识别判断确认的案源。

第十六条 督办案源、交办案源、转办案源、检举案源和协查案源由于来源渠道特殊，统称为特殊案源。

对特殊案源应当由稽查局指定专人负责管理，严格遵守保密纪律，依法依规进行处理。

第四章 案源处理

第十七条 案源处理是指案源部门对收集的案源信息进行识别和判断，根据案源类型、纳税人状态、线索清晰程度、税收风险等级等因素，进行退回或者补正、移交税务局相关部门、暂存待查、调查核实（包括协查）、立案检查等分类处理的过程。

第十八条 案源部门对案源信息进行识别判断，提出拟处理意见，填写《税务稽查案源审批表》（见附件1），经稽查局负责人批准后处理。

第十九条 推送和转办的案源信息符合下列情形之一的，案源部门制作《案源信息退回（补正）函》（见附件2），退回信息来源部门或者要求信息来源部门补充资料：

（一）纳税人不属于管辖范围，纳税人状态为非正常或者注销的，可以作退回处理；

（二）案源信息数据有误、未提供必要数据资料或者其他导致无法进一步处理的情形，可以作退回处理或者要求补充资料；

（三）税收违法线索不清晰或者资料不完整，要求补充资料不能补充资料的，可以作退回处理；

（四）其他需要退回信息来源部门或者要求补充资料的情形。

第二十条 符合下列情形之一的，案源部门制作《转办函》，移交税务局相关部门处理：

（一）检举、转办等案源信息涉及发票违法等事项，通过日常税务管理能够纠正的，经税务局负责人批准移交相关部门处理；

（二）协查事项需要提供纳税人查无此户、非正常、注销等状态证明或者提取征管资料、鉴定发票等事项，经稽查局负责人批准移交相关部门配合取证；

（三）案源信息涉及特别纳税调整事项的，经税务局负责人批准移交反避税部门处理；

（四）其他需要移交相关部门配合工作的事项。

第二十一条 符合下列情形之一的，作暂存待查处理：

（一）纳税人状态为非正常或者注销的督办、交办案源信息，经督办、交办部门同意可以作暂存待查处理；

（二）纳税人状态为非正常、注销或者税收违法线索不清晰的检举案源信息可以作暂存待查处理；

（三）纳税人走逃而无法开展检查的可以作暂存待查处理；

（四）其他不宜开展检查又无法退回的情形。

第二十二条 符合下列情形之一的特殊案源，经稽查局负责人批准进行调查核实（包括协查）：

（一）督办、交办的工作任务只涉及协助取证等事项，通过调查核实（包括协查）可以完成，经督办、交办部门同意的；

（二）检举案源信息线索较明确但缺少必要证明资料，举报受理部门认为需要通过调查核实（包括协查）确认的；

（三）协查案源信息不符合《税收违法案件发票协查管理办法（试行）》规定的直接立案条件的，应当根据协查要求及时安排调查核实（包括协查）；

（四）其他特殊案源信息，存在一定疑点线索但缺少必要证明资料，需要通过进一步调查核实（包括协查）确认的；

需要调查核实（包括协查）的，应由案源部门或者举报受理部门或者协查部门制作《税务稽查调查核实（包括协查）任务通知书》（见附件3），转送稽查局检查部门（以下简称检查部门），检查部门制作《税务检查通知书（检通二）》进行调查核实（包括协查）。检查部门应当按照有关要求根据调查核实结果制作《税务稽查调查核实（包括协查）报告》（见附件4）反馈安排调查核实（包括协查）任务的部门。

第二十三条 符合下列情形之一的，确认为需要立案检查的案源：
（一）督办、交办事项明确要求立案检查的案源；
（二）案源部门接收并确认的高风险纳税人风险信息案源，以及按照稽查任务和计划要求安排和自选的案源；
（三）举报受理部门受理的检举内容详细、线索清楚的案源；
（四）协查部门接收的协查案源信息涉及的纳税人状态正常，且存在下列情形之一的案源：委托方已开具《已证实虚开通知单》并提供相关证据的；委托方提供的证据资料能够证明协查对象存在税收违法嫌疑的；协查证实协查对象存在税收违法行为的；
（五）转办案源涉及的纳税人状态正常，且税收违法线索清晰的案源；
（六）经过调查核实（包括协查）发现纳税人存在税收违法行为的案源；
（七）其他经过识别判断后应当立案的案源；
（八）上级稽查局要求立案检查的案源。

第五章 案源分配

第二十四条 稽查局应当建立案源管理集体审议会议制度，负责重点稽查对象和批量案源立案或者撤销的审批，并制定集体审议案源的标准。

对达到集体审议标准的重点稽查对象和批量案源立案或者撤销案源的审批，由稽查局负责人主持召开案源管理集体审议会议，稽查局相关部门负责人参加。

第二十五条 需要立案检查的案源，由案源部门制作《税务稽查立案审批表》，经稽查局负责人批准或者案源管理集体审议会议审议决定立案。

同一批次立案户数较多的，可附《税务稽查案源清册》（见附件5）。

第二十六条 案源立案的优先原则：
（一）督办案源优先于其他案源；
（二）重要或者紧急的案源，优先于一般案源；
（三）实名检举案源优先于匿名检举案源。

第二十七条 涉及国税、地税共同管辖的案源，符合下列情形的应当共同立案：
（一）上级机关要求开展联合稽查的；
（二）共同管辖的重点稽查对象；
（三）通过联合随机抽查选取的；
（四）共同获得具体税收违法线索的；
（五）除以上情形之外，经国税、地税协商一致，需要共同立案的。

第二十八条 案源部门对立案的案源，应当合理地分配到检查部门，实施检查。
（一）稽查层级与管理对象相匹配。对纳入全国、省级和市级重点稽查对象名录库的案源，按照分级管理的原则，由国家税务总局和省、市税务局稽查局分别组织或者实施检查。
（二）执法主体与案件性质相匹配。按照案源的涉税违法数额大小、情节轻重、案情复杂程度、涉案地区多少、社会影响情况等因素，分别由国家税务总局和省、市、县税务局稽查局组织或者实施检查。

本级稽查局查处确有困难的案源，可以报请上级稽查局督办。上级机关下发的督办案源未经批准，本级稽查局不得转给下级稽查局查处。

（三）稽查力量与检查任务相匹配。案情复杂的案源可以采取"项目式管理、团队化作业"的形式组织检查。

（四）办案能力与案源特点相匹配。根据案源所属行业和税收违法类型等特点，合理搭配检查人员力量或者采取竞标等形式选派检查人员。

第二十九条　案源分配计划经批准后，案源部门制作《税务稽查任务通知书》，附《税务稽查项目书》，列明检查所属期、检查疑点、检查时限和要求等内容，连同相关资料一并移交检查部门。

第三十条　符合下列情形之一的，提请撤销案源的部门填写《税务稽查案源撤销审批表》（见附件6），经稽查局负责人批准或者案源管理集体审议会议决定，可以撤销案源：

（一）案源登记有误或者案源重复的；

（二）多个部门同时入户，经所属税务局负责人决定稽查局停止实施检查的；

（三）不符合上级政策规定或者上级机关要求撤销案源的。

第六章　结果使用

第三十一条　稽查局应当按照风险管理要求，对案源处理结果进行跟踪反馈和统计分析，实现案源闭环管理。

第三十二条　稽查局相关部门应当及时将案源处理结果填写《案源处理结果反馈单》（见附件7），归集到案源部门。

（一）未立案的，由案源部门记录未立案理由；

（二）中止、终结检查的，由检查部门反馈并附阶段性检查情况和中止、终结理由；

（三）中止、终结执行的，由执行部门反馈并附中止、终结理由、《税务处理决定书》《税务行政处罚决定书》及相关资料；

（四）执行完毕的，由执行部门反馈并附《税务处理决定书》《税务行政处罚决定书》《税收缴款书》及相关资料。

第三十三条　案源部门接到案源处理结果，应当及时处理，并填写《案源处理结果反馈单》。

（一）推送案源，按照风险管理工作流程的要求向风险管理等部门反馈处理结果，对于高风险应对任务中反映出的行业性、地域性或者特定类型纳税人的共性税收风险特征，及时提交风险管理等部门；

（二）督办案源、交办案源和转办案源，根据案源来源部门要求就需核实的税收违法线索检查情况进行反馈；

（三）自选案源和安排案源，汇总检查情况并定期上报稽查局负责人；

（四）检举案源和协查案源，将检查情况反馈给举报受理部门或者协查部门，由举报受理部门或者协查部门反馈给实名检举人或者协查委托方。

第三十四条　按反馈对象的不同，《案源处理结果反馈单》的审批要求如下：

（一）反馈稽查局相关部门、实名检举人和协查委托方的，分别由案源部门、举报受理部门和协查部门负责人批准；

（二）反馈税务局其他部门的，由稽查局负责人批准；

（三）反馈税务局外部单位的，由税务局负责人批准。

第三十五条　稽查局未立案检查的推送案源，反馈后推送部门仍认为需要立案检查的，经税务局负责人批准，由稽查局按交办案源程序立案检查。

第三十六条　确因案情复杂无法按期查结反馈的，应当向信息来源部门说明情况。

第三十七条　案源部门负责按照年度工作任务和计划的要求，从案源信息的收集、案源的分类处理和立案分配、案源处理结果的使用等方面，对立案检查案源的分布区域、所属行业、企业规模、经济性质、税收违法类型、查补入库税额等情况定期进行统计分析。

第三十八条 稽查局要通过对稽查结果的统计分析和典型案例剖析，查找税收管理薄弱环节，并就完善税收政策和加强管理等方面提出意见和建议。

第七章 附 则

第三十九条 案源管理工作适用保密条款的，应当依照《中华人民共和国保守国家秘密法》《中华人民共和国税收征收管理法》《中华人民共和国税收征收管理法实施细则》《国家税务机关系统保密工作规则》《税收违法行为检举管理办法》《税务稽查案件协查管理办法（试行）》等有关规定执行。

第四十条 本办法所称税务局负责人，是指税务局局长或者经税务局局长授权的税务局领导。

本办法所称稽查局负责人，是指稽查局局长或者经稽查局局长授权的稽查局领导。

第四十一条 各省、自治区、直辖市和计划单列市国家税务局、地方税务局可根据本办法制定具体实施规定。

第四十二条 本办法由国家税务总局负责解释。

第四十三条 本办法自2016年7月1日起施行。

24. 国家税务总局关于发布《涉税专业服务监管办法（试行）》的公告

国家税务总局公告2017年第13号

为深入贯彻落实国务院"放管服"改革部署要求，规范涉税专业服务，维护国家税收利益和纳税人合法权益，依据《中华人民共和国税收征收管理法》及其实施细则和国务院有关决定，国家税务总局制定了《涉税专业服务监管办法（试行）》，现予以发布，自2017年9月1日起施行。

特此公告。

国家税务总局
2017年5月5日

涉税专业服务监管办法（试行）

（2017年5月5日国家税务总局公告2017年第13号发布 根据2019年12月27日《国家税务总局关于进一步完善涉税专业服务监管制度有关事项的公告》修正）

第一条 为贯彻落实国务院简政放权、放管结合、优化服务工作要求，维护国家税收利益，保护纳税人合法权益，规范涉税专业服务，依据《中华人民共和国税收征收管理法》及其实施细则和国务院有关决定，制定本办法。

第二条 税务机关对涉税专业服务机构在中华人民共和国境内从事涉税专业服务进行

监管。

第三条 涉税专业服务是指涉税专业服务机构接受委托，利用专业知识和技能，就涉税事项向委托人提供的税务代理等服务。

第四条 涉税专业服务机构是指税务师事务所和从事涉税专业服务的会计师事务所、律师事务所、代理记账机构、税务代理公司、财税类咨询公司等机构。

第五条 涉税专业服务机构可以从事下列涉税业务：

（一）纳税申报代理。对纳税人、扣缴义务人提供的资料进行归集和专业判断，代理纳税人、扣缴义务人进行纳税申报准备和签署纳税申报表、扣缴税款报告表以及相关文件。

（二）一般税务咨询。对纳税人、扣缴义务人的日常办税事项提供税务咨询服务。

（三）专业税务顾问。对纳税人、扣缴义务人的涉税事项提供长期的专业税务顾问服务。

（四）税收策划。对纳税人、扣缴义务人的经营和投资活动提供符合税收法律法规及相关规定的纳税计划、纳税方案。

（五）涉税鉴证。按照法律、法规以及依据法律、法规制定的相关规定要求，对涉税事项真实性和合法性出具鉴定和证明。

（六）纳税情况审查。接受行政机关、司法机关委托，依法对企业纳税情况进行审查，作出专业结论。

（七）其他税务事项代理。接受纳税人、扣缴义务人的委托，代理建账记账、发票领用、减免退税申请等税务事项。

（八）其他涉税服务。

前款第三项至第六项涉税业务，应当由具有税务师事务所、会计师事务所、律师事务所资质的涉税专业服务机构从事，相关文书应由税务师、注册会计师、律师签字，并承担相应的责任。

第六条 涉税专业服务机构从事涉税业务，应当遵守税收法律、法规及相关税收规定，遵循涉税专业服务业务规范。

涉税专业服务机构为委托人出具的各类涉税报告和文书，由双方留存备查，其中，税收法律、法规及国家税务总局规定报送的，应当向税务机关报送。

第七条 税务机关应当对税务师事务所实施行政登记管理。未经行政登记不得使用"税务师事务所"名称，不能享有税务师事务所的合法权益。

税务师事务所合伙人或者股东由税务师、注册会计师、律师担任，税务师占比应高于百分之五十，国家税务总局另有规定的除外。

税务师事务所办理商事登记后，应当向省税务机关办理行政登记。省税务机关准予行政登记的，颁发《税务师事务所行政登记证书》，并将相关资料报送国家税务总局，抄送省税务师行业协会。不予行政登记的，书面通知申请人，说明不予行政登记的理由。

税务师事务所行政登记流程（规范）另行制定。

从事涉税专业服务的会计师事务所和律师事务所，依法取得会计师事务所执业证书或律师事务所执业许可证，视同行政登记。

第八条 税务机关对涉税专业服务机构及其从事涉税服务人员进行实名制管理。

税务机关依托金税三期应用系统，建立涉税专业服务管理信息库。综合运用从金税三期核心征管系统采集的涉税专业服务机构的基本信息、涉税专业服务机构报送的人员信息和经纳税人（扣缴义务人）确认的实名办税（自有办税人员和涉税专业服务机构代理办税人员）信息，建立对涉税专业服务机构及其从事涉税服务人员的分类管理，确立涉税专业服务机构及其从事涉税服务人员与纳税人（扣缴义务人）的代理关系，区分纳税人自有办税人员和涉税专业服务机构代理办税人员，实现对涉税专业服务机构及其从事涉税服务人员和纳税人（扣缴义务人）的全面动态实名信息管理。

涉税专业服务机构应当向税务机关提供机构和从事涉税服务人员的姓名、身份证号、专业资格证书编号、业务委托协议等实名信息。

第九条 税务机关应当建立业务信息采集制度，利用现有的信息化平台分类采集业务信息，加强内部信息共享，提高分析利用水平。

涉税专业服务机构应当以年度报告形式，向税务机关报送从事涉税专业服务的总体情况。

税务师事务所、会计师事务所、律师事务所从事专业税务顾问、税收策划、涉税鉴证、纳税情况审查业务，应当向税务机关单独报送相关业务信息。

【注释】 修改第九条第三款，参见《国家税务总局关于进一步完善涉税专业服务监管制度有关事项的公告》（国家税务总局公告2019年第43号）。

第十条 税务机关对涉税专业服务机构从事涉税专业服务的执业情况进行检查，根据举报、投诉情况进行调查。

第十一条 税务机关应当建立信用评价管理制度，对涉税专业服务机构从事涉税专业服务情况进行信用评价，对其从事涉税服务人员进行信用记录。

税务机关应以涉税专业服务机构的纳税信用为基础，结合委托人纳税信用、纳税人评价、税务机关评价、实名办税、业务规模、服务质量、执业质量检查、业务信息质量等情况，建立科学合理的信用评价指标体系，进行信用等级评价或信用记录，具体办法另行制定。

第十二条 税务机关应当加强对税务师行业协会的监督指导，与其他相关行业协会建立工作联系制度。

税务机关可以委托行业协会对涉税专业服务机构从事涉税专业服务的执业质量进行评价。

全国税务师行业协会负责拟制涉税专业服务业务规范（准则、规则），报国家税务总局批准后施行。

第十三条 税务机关应当在门户网站、电子税务局和办税服务场所公告纳入监管的涉税专业服务机构名单及其信用情况，同时公告未经行政登记的税务师事务所名单。

第十四条 涉税专业服务机构及其涉税服务人员有下列情形之一的，由税务机关责令限期改正或予以约谈；逾期不改正的，由税务机关降低信用等级或纳入信用记录，暂停受理所代理的涉税业务（暂停时间不超过六个月）；情节严重的，由税务机关纳入涉税服务失信名录，予以公告并向社会信用平台推送，其所代理的涉税业务，税务机关不予受理：

（一）使用税务师事务所名称未办理行政登记的；

（二）未按照办税实名制要求提供涉税专业服务机构和从事涉税服务人员实名信息的；

（三）未按照业务信息采集要求报送从事涉税专业服务有关情况的；

（四）报送信息与实际不符的；

（五）拒不配合税务机关检查、调查的；

（六）其他违反税务机关监管规定的行为。

税务师事务所有前款第一项情形且逾期不改正的，省税务机关应当提请工商部门吊销其营业执照。

第十五条 涉税专业服务机构及其涉税服务人员有下列情形之一的，由税务机关列为重点监管对象，降低信用等级或纳入信用记录，暂停受理所代理的涉税业务（暂停时间不超过六个月）；情节较重的，由税务机关纳入涉税服务失信名录，予以公告并向社会信用平台推送，其所代理的涉税业务，税务机关不予受理；情节严重的，其中，税务师事务所由省税务机关宣布《税务师事务所行政登记证书》无效，提请工商部门吊销其营业执照，提请全国税务师行业协会取消税务师职业资格证书登记、收回其职业资格证书并向社会公告，其他涉税服务机构及其从事涉税服务人员由税务机关提请其他行业主管部门及行业协会予以相应处理：

（一）违反税收法律、行政法规，造成委托人未缴或者少缴税款，按照《中华人民共和国税收征收管理法》及其实施细则相关规定被处罚的；

（二）未按涉税专业服务相关业务规范执业，出具虚假意见的；

（三）采取隐瞒、欺诈、贿赂、串通、回扣等不正当竞争手段承揽业务，损害委托人或他人利益的；

（四）利用服务之便，谋取不正当利益的；

（五）以税务机关和税务人员的名义敲诈纳税人、扣缴义务人的；

（六）向税务机关工作人员行贿或者指使、诱导委托人行贿的；

（七）其他违反税收法律法规的行为。

第十六条 税务机关应当为涉税专业服务机构提供便捷的服务，依托信息化平台为信用等级高的涉税专业服务机构开展批量纳税申报、信息报送等业务提供便利化服务。

第十七条 税务机关所需的涉税专业服务，应当通过政府采购方式购买。

税务机关和税务人员不得参与或违规干预涉税专业服务机构经营活动。

第十八条 税务师行业协会应当加强税务师行业自律管理，提高服务能力、强化培训服务，促进转型升级和行业健康发展。

税务师事务所自愿加入税务师行业协会。从事涉税专业服务的会计师事务所、律师事务所、代理记账机构除加入各自行业协会接受行业自律管理外，可自愿加入税务师行业协会税务代理人分会；鼓励其他没有加入任何行业协会的涉税专业服务机构自愿加入税务师行业协会税务代理人分会。

第十九条 各省税务机关依据本办法，结合本地实际，制定涉税专业服务机构从事涉税专业服务的具体实施办法。

第二十条 本办法自2017年9月1日起施行。

25. 关于《涉税专业服务监管办法（试行）》的解读

为贯彻落实国务院"放管服"改革要求，规范涉税专业服务，依据《中华人民共和国税收征收管理法》及其实施细则和国务院有关决定，国家税务总局在充分调研论证的基础上，制定发布了《涉税专业服务监管办法（试行）》（以下简称《办法》）。现将《办法》解读如下：

一、《办法》出台的主要意义是什么？

一是为贯彻落实国务院简政放权、放管结合、优化服务工作要求，税务机关将全面开放涉税专业服务市场，建立健全监管制度，优化服务措施，不断提高监管水平，《办法》出台有利于促进涉税专业服务规范发展，维护国家税收利益，保护纳税人合法权益。二是贯彻落实中办、国办印发的《深化国税、地税征管体制改革方案》要求，《办法》出台将为涉税专业服务机构在优化纳税服务、提高征管效能等方面充分发挥作用，提供制度保障。三是为贯彻落实国务院行政审批制度改革要求，取消税务师事务所设立审批后，《办法》出台将在制度上明确税务师事务所行政登记制度，有利于促进税务师行业转型升级健康发展。

二、什么是涉税专业服务？

涉税专业服务是指涉税专业服务机构接受委托，利用专业知识和技能，就涉税事项向委托人提供的税务代理等服务。涉税专业服务包括：（一）纳税申报代理；（二）一般税务咨询；（三）专业税务顾问；（四）税收策划；（五）涉税鉴证；（六）纳税情况审查；（七）其他税务事项代理；（八）其他涉税服务。其中，第三项至第六项，即专业税务顾问、税收策划、涉税鉴证和纳税情况审查四项业务，应当由具有税务师事务所、会计师事务所、律师事务所资质的涉税专业服务机构从事；第一项"纳税申报代理"和第七项"其他税务事项代理"涵盖《全国税务机关纳税服务规范（2.3版）》列举的所有办税事项，共6大类192项。这些由纳税人、扣缴义务人办理的税务事项均可由涉税专业服务机构代为办理，向所有涉税专业服务机构开放。

三、涉税专业服务机构包括哪些？

涉税专业服务机构包括税务师事务所和从事涉税专业服务的会计师事务所、律师事务所、代理记账机构、税务代理公司、财税类咨询公司等机构。

四、税务机关对涉税专业服务机构采取的监管措施有哪些？

税务机关建立行政登记、实名制管理、业务信息采集、检查和调查、信用评价、公告与推送等制度，同时加强对税务师行业协会的监督指导，建立与其他相关行业协会的工作联系制度，推动行业协会加强自律管理，形成较为完整的涉税专业服务监管制度体系。

五、为什么要实施行政登记管理？

根据国务院第91次常务会议将"税务师事务所设立审批"调整为"具有行政登记性质的事项"的决定，税务机关应当对税务师事务所实施行政登记管理。从事涉税专业服务的会计师事务所和律师事务所，依法取得会计师事务所执业证书或律师事务所执业许可证，视同行政登记，不需要单独向税务机关办理行政登记。

六、税务机关如何对涉税专业服务机构进行实名制管理？

税务机关依托金税三期应用系统，建立涉税专业服务管理信息库。通过采集信息，建立对涉税专业服务机构及其从事涉税服务人员的分类管理，确立涉税专业服务机构及其从事涉税服务人员与纳税人（扣缴义务人）的代理关系，区分纳税人自有办税人员和涉税专业服务机构代理办税人员，实现对涉税专业服务机构及其从事涉税服务人员和纳税人（扣缴义务人）的全面动态实名信息管理。

七、《办法》规定的公告渠道有哪些？公告内容是什么？

公告渠道主要有：税务机关门户网站、电子税务局和办税服务场所。公告内容是纳入监管的涉税专业服务机构的名称、法定代表人或负责人、经营地址、联系方式等基本信息，以及动态更新的信用等级状况，同时公告未经行政登记的税务师事务所名单。

八、对违反法律法规及相关规定的涉税专业服务机构及其涉税服务人员，税务机关如何处理？

税务机关视情节轻重，对违反法律法规及相关规定的涉税专业服务机构及其涉税服务人员采取以下处理措施：责令限期改正或予以约谈；列为重点监管对象；降低信用等级或纳入信用记录；暂停受理或不予受理其所代理的涉税业务；纳入涉税服务失信名录；予以公告并向社会信用平台推送。此外，对税务师事务所还可以宣布《税务师事务所行政登记证书》无效，提请工商部门吊销其营业执照，提请全国税务师行业协会取消税务师职业资格证书登记、收回其职业资格证书并向社会公告；对其他涉税专业服务机构及其涉税服务人员还可由税务机关提请其他行业主管部门及行业协会予以相应处理。

九、涉税专业服务机构需要加入税务师行业协会接受行业自律管理吗？

按照自愿原则，税务师事务所可自愿加入税务师行业协会。从事涉税专业服务的会计师事务所、律师事务所、代理记账机构可自愿加入税务师行业协会税务代理人分会；鼓励其他没有加入任何行业协会的涉税专业服务机构自愿加入税务师行业协会税务代理人分会。加入税务师行业协会的涉税专业服务机构，应当接受税务师行业协会的自律管理，享有税务师行业协会提供的相关服务。

26. 国家税务总局 财政部 中国人民银行 中国银行业监督管理委员会 中国证券监督管理委员会 中国保险监督管理委员会关于发布《非居民金融账户涉税信息尽职调查管理办法》的公告

国家税务总局 财政部 中国人民银行 中国银行业监督管理委员会
中国证券监督管理委员会 中国保险监督管理委员会公告2017年第14号

为了履行金融账户涉税信息自动交换国际义务，规范金融机构对非居民金融账户涉税信息的尽职调查行为，国家税务总局、财政部、中国人民银行、中国银行业监督管理委员会、中国证券监督管理委员会、中国保险监督管理委员会制定了《非居民金融账户涉税信息尽职调查管理办法》，现予发布，自2017年7月1日起施行。

特此公告。

附件：1. 个人税收居民身份声明文件（样表）（略）。
2. 机构税收居民身份声明文件（样表）（略）。
3. 控制人税收居民身份声明文件（样表）（略）。

国家税务总局 财政部 人民银行
银监会 证监会 保监会
2017年5月9日

非居民金融账户涉税信息尽职调查管理办法

第一章 总 则

第一条 为了履行《多边税收征管互助公约》和《金融账户涉税信息自动交换多边主管当局间协议》规定的义务，规范金融机构对非居民金融账户涉税信息的尽职调查行为，根据《中华人民共和国税收征收管理法》《中华人民共和国反洗钱法》等法律、法规的规定，制定本办法。

第二条 依法在中华人民共和国境内设立的金融机构开展非居民金融账户涉税信息尽职调查工作，适用本办法。

第三条 金融机构应当遵循诚实信用、谨慎勤勉的原则，针对不同类型账户，按照本办法规定，了解账户持有人或者有关控制人的税收居民身份，识别非居民金融账户，收集并报送账户相关信息。

第四条 金融机构应当建立完整的非居民金融账户尽职调查管理制度，设计合理的业务流程和操作规范，并定期对本办法执行落实情况进行评估，妥善保管尽职调查过程中收集的资料，严格进行信息保密。金融机构应当对其分支机构执行本办法规定的尽职调查工作作出统一要求并进行监督管理。

金融机构应当向账户持有人充分说明本机构需履行的信息收集和报送义务，不得明示、暗示或者帮助账户持有人隐匿身份信息，不得协助账户持有人隐匿资产。

第五条 账户持有人应当配合金融机构的尽职调查工作，真实、及时、准确、完整地向金融机构提供本办法规定的相关信息，并承担未遵守本办法规定的责任和风险。

第二章 基 本 定 义

第六条 本办法所称金融机构，包括存款机构、托管机构、投资机构、特定的保险机构及其分支机构：

（一）存款机构是指在日常经营活动中吸收存款的机构；

（二）托管机构是指近三个会计年度总收入的百分之二十以上来源于为客户持有金融资产的机构，机构成立不满三年的，按机构存续期间计算；

（三）投资机构是指符合以下条件之一的机构：

1. 近三个会计年度总收入的百分之五十以上来源于为客户投资、运作金融资产的机构，机构成立不满三年的，按机构存续期间计算；

2. 近三个会计年度总收入的百分之五十以上来源于投资、再投资或者买卖金融资产，且由存款机构、托管机构、特定的保险机构或者本项第1目所述投资机构进行管理并作出投资决策的机构，机构成立不满三年的，按机构存续期间计算；

3. 证券投资基金、私募投资基金等以投资、再投资或者买卖金融资产为目的而设立的投资实体。

（四）特定的保险机构是指开展有现金价值的保险或者年金业务的机构。本办法所称保险机构是指上一公历年度内，保险、再保险和年金合同的收入占总收入比重百分之五十以上的机构，或者在上一公历年度末拥有的保险、再保险和年金合同的资产占总资产比重百分之五十以上的机构。

本办法所称金融资产包括证券、合伙权益、大宗商品、掉期、保险合同、年金合同或者上述资产的权益，前述权益包括期货、远期合约或者期权。金融资产不包括实物商品或者不动产非债直接权益。

第七条 下列机构属于本办法第六条规定的金融机构：

（一）商业银行、农村信用合作社等吸收公众存款的金融机构以及政策性银行；

（二）证券公司；

（三）期货公司；

（四）证券投资基金管理公司、私募基金管理公司、从事私募基金管理业务的合伙企业；

（五）开展有现金价值的保险或者年金业务的保险公司、保险资产管理公司；

（六）信托公司；
（七）其他符合条件的机构。

第八条 下列机构不属于本办法第六条规定的金融机构：
（一）金融资产管理公司；
（二）财务公司；
（三）金融租赁公司；
（四）汽车金融公司；
（五）消费金融公司；
（六）货币经纪公司；
（七）证券登记结算机构；
（八）其他不符合条件的机构。

第九条 本办法所称金融账户包括：
（一）存款账户，是指开展具有存款性质业务而形成的账户，包括活期存款、定期存款、旅行支票、带有预存功能的信用卡等。
（二）托管账户，是指开展为他人持有金融资产业务而形成的账户，包括代理客户买卖金融资产的业务以及接受客户委托、为客户管理受托资产的业务：
1. 代理客户买卖金融资产的业务包括证券经纪业务、期货经纪业务、代理客户开展贵金属、国债业务或者其他类似业务；
2. 接受客户委托、为客户管理受托资产的业务包括金融机构发起、设立或者管理不具有独立法人资格的理财产品、基金、信托计划、专户/集合类资产管理计划或者其他金融投资产品。
（三）其他账户，是指符合以下条件之一的账户：
1. 投资机构的股权或者债权权益，包括私募投资基金的合伙权益和信托的受益权；
2. 具有现金价值的保险合同或者年金合同。

第十条 本办法所称非居民是指中国税收居民以外的个人和企业（包括其他组织），但不包括政府机构、国际组织、中央银行、金融机构或者在证券市场上市交易的公司及其关联机构。前述证券市场是指被所在地政府认可和监管的证券市场。中国税收居民是指中国税法规定的居民企业或者居民个人。

本办法所称非居民金融账户是指在我国境内的金融机构开立或者保有的、由非居民或者有非居民控制人的消极非金融机构持有的金融账户。金融机构应当在识别出非居民金融账户之日起将其归入非居民金融账户进行管理。

账户持有人同时构成中国税收居民和其他国家（地区）税收居民的，金融机构应当按照本办法规定收集并报送其账户信息。

第十一条 本办法所称账户持有人是指由金融机构登记或者确认为账户所有者的个人或者机构，不包括代理人、名义持有人、授权签字人等为他人利益而持有账户的个人或者机构。

现金价值保险合同或者年金合同的账户持有人是指任何有权获得现金价值或者变更合同受益人的个人或者机构，不存在前述个人或者机构的，则为合同所有者以及根据合同条款对支付款项拥有既得权利的个人或者机构。现金价值保险合同或者年金合同到期时，账户持有人包括根据合同规定有权领取款项的个人或者机构。

第十二条 本办法所称消极非金融机构是指符合下列条件之一的机构：
（一）上一公历年度内，股息、利息、租金、特许权使用费收入等不属于积极经营活动的收入，以及据以产生前述收入的金融资产的转让收入占总收入比重百分之五十以上的非金融机构；

（二）上一公历年度末，拥有可以产生本款第一项所述收入的金融资产占总资产比重百分之五十以上的非金融机构；

（三）税收居民国（地区）不实施金融账户涉税信息自动交换标准的投资机构。

下列非金融机构不属于消极非金融机构：

（一）上市公司及其关联机构；

（二）政府机构或者履行公共服务职能的机构；

（三）仅为了持有非金融机构股权或者向其提供融资和服务而设立的控股公司；

（四）成立时间不足二十四个月且尚未开展业务的企业；

（五）正处于资产清算或者重组过程中的企业；

（六）仅与本集团（该集团内机构均为非金融机构）内关联机构开展融资或者对冲交易的企业；

（七）非营利组织。

第十三条 本办法所称控制人是指对某一机构实施控制的个人。

公司的控制人按照以下规则依次判定：

（一）直接或者间接拥有超过百分之二十五公司股权或者表决权的个人；

（二）通过人事、财务等其他方式对公司进行控制的个人；

（三）公司的高级管理人员。

合伙企业的控制人是拥有超过百分之二十五合伙权益的个人。

信托的控制人是指信托的委托人、受托人、受益人以及其他对信托实施最终有效控制的个人。

基金的控制人是指拥有超过百分之二十五权益份额或者其他对基金进行控制的个人。

第十四条 本办法所称关联机构是指一个机构控制另一个机构，或者两个机构受到共同控制，则该两个机构互为关联机构。

前款所称控制是指直接或者间接拥有机构百分之五十以上的股权和表决权。

第十五条 本办法所称金融账户包括存量账户和新开账户。

存量账户是指符合下列条件之一的账户，包括存量个人账户和存量机构账户：

（一）截至 2017 年 6 月 30 日由金融机构保有的、由个人或者机构持有的金融账户；

（二）2017 年 7 月 1 日（含当日，下同）以后开立并同时符合下列条件的金融账户：

1. 账户持有人已在同一金融机构开立了本款第一项所述账户的；

2. 上述金融机构在确定账户加总余额时将本款第二项所述账户与本款第一项所述账户视为同一账户的；

3. 金融机构已经对本款第一项所述账户进行反洗钱客户身份识别的；

4. 账户开立时，账户持有人无需提供除本办法要求以外的其他信息的。

存量个人账户包括低净值账户和高净值账户，低净值账户是指截至 2017 年 6 月 30 日账户加总余额不超过相当于一百万美元（简称"一百万美元"，下同）的账户，高净值账户是指截至 2017 年 6 月 30 日账户加总余额超过一百万美元的账户。

新开账户是指 2017 年 7 月 1 日以后在金融机构开立的，除第二款第二项规定账户外，由个人或者机构持有的金融账户，包括新开个人账户和新开机构账户。

第十六条 本办法所称账户加总余额是指账户持有人在同一金融机构及其关联机构所

持有的全部金融账户余额或者资产的价值之和。

金融机构需加总的账户限于通过计算机系统中客户号、纳税人识别号等关键数据项能够识别的所有金融账户。

联名账户的每一个账户持有人，在加总余额时应当计算该联名账户的全部余额。

在确定是否为高净值账户时，客户经理知道或者应当知道在其供职的金融机构内几个账户直接或者间接由同一个人拥有或者控制的，应当对这些账户进行加总。

前款所称客户经理是指由金融机构指定、与特定客户有直接联系，根据客户需求向客户介绍、推荐或者提供相关金融产品、服务或者提供其他协助的人员，但不包括符合前述条件，仅由于偶然性原因为客户提供上述服务的人员。

金融机构在计算账户加总余额时，账户币种为非美元的，应当按照计算日当日中国人民银行公布的外汇中间价折合为美元计算。折合美元时，可以根据原币种金额折算，也可以根据该金融机构记账本位币所记录的金额进行折算。

第十七条 本办法所称非居民标识是指金融机构用于检索判断存量个人账户持有人是否为非居民个人的有关要素，具体包括：

（一）账户持有人的境外身份证明；

（二）账户持有人的境外现居地址或者邮寄地址，包括邮政信箱；

（三）账户持有人的境外电话号码，且没有我国境内电话号码；

（四）存款账户以外的账户向境外账户定期转账的指令；

（五）账户代理人或者授权签字人的境外地址；

（六）境外的转交地址或者留交地址，并且是唯一地址。转交地址是指账户持有人要求将其相关信函寄给转交人的地址，转交人收到信函后再交给账户持有人。留交地址是指账户持有人要求将其相关信函暂时存放的地址。

第十八条 本办法所称证明材料是指：

（一）由政府出具的税收居民身份证明；

（二）由政府出具的含有个人姓名且通常用于身份识别的有效身份证明，或者由政府出具的含有机构名称以及主要办公地址或者注册成立地址等信息的官方文件。

第三章　个人账户尽职调查

第十九条 金融机构应当按照以下规定，对新开个人账户开展尽职调查：

（一）个人开立账户时，金融机构应当获取由账户持有人签署的税收居民身份声明文件（以下简称"声明文件"），识别账户持有人是否为非居民个人。金融机构通过本机构电子渠道接收个人账户开户申请时，应当要求账户持有人提供电子声明文件。声明文件应当作为开户资料的一部分，声明文件相关信息可并入开户申请书中。个人代理他人开立金融账户以及单位代理个人开立金融账户时，经账户持有人书面授权后可由代理人签署声明文件。

（二）金融机构应当根据开户资料（包括通过反洗钱客户身份识别程序收集的资料），对声明文件的合理性进行审核，主要确认填写信息是否与其他信息存在明显矛盾。金融机构认为声明文件存在不合理信息时，应当要求账户持有人提供有效声明文件或者进行解释。不提供有效声明文件或者合理解释的，不得开立账户。

（三）识别为非居民个人的，金融机构应当收集并记录报送所需信息。

（四）金融机构知道或者应当知道新开个人账户情况发生变化导致原有声明文件信息不准确或者不可靠的，应当要求账户持有人提供有效声明文件。账户持有人自被要求提供之日起九十日内未能提供声明文件的，金融机构应当将其账户视为非居民账户管理。

第二十条 金融机构应当于2018年12月31日前选择以下方式完成对存量个人低净值账户的尽职调查：

（一）对于在现有客户资料（包括通过反洗钱客户身份识别程序收集的资料，下同）中留有地址，且有证明材料证明是居住地址或者地址位于现居国家（地区）的账户持有人，可以根据账户持有人的地址确定是否为非居民个人。邮寄无法送达的，不得将客户资料所留地址视为现居地址。

（二）利用现有信息系统开展电子记录检索，识别账户是否存在任一非居民标识。

现有客户资料中没有现居地址信息的，或者账户情况发生变化导致现居地址证明材料不再准确的，金融机构应当采用前款第二项方式开展尽职调查。

第二十一条 金融机构应当在2017年12月31日前对存量个人高净值账户依次完成以下尽职调查程序：

（一）开展电子记录检索和纸质记录检索，识别账户是否存在任一非居民标识。应当检索的纸质记录包括过去五年中获取的、与账户有关的全部纸质资料。

金融机构利用现有信息系统可电子检索出全部非居民标识字段信息的，可以不开展纸质记录检索。

（二）询问客户经理其客户是否为非居民个人。

第二十二条 对于存量个人低净值账户，2017年6月30日之后任一公历年度末账户加总余额超过一百万美元时，金融机构应当在次年12月31日前，按照本办法第二十一条规定程序完成对账户的尽职调查。

第二十三条 对发现存在非居民标识的存量个人账户，金融机构可以通过现有客户资料确认账户持有人为非居民个人的，应当收集并记录报送所需信息。无法确认的，应当要求账户持有人提供声明文件。声明为中国税收居民个人的，金融机构应当要求其提供相应证明材料；声明为非居民个人的，金融机构应当收集并记录报送所需信息。账户持有人自被要求提供之日起九十日内未能提供声明文件的，金融机构应当将其账户视为非居民账户管理。

对未发现存在非居民标识的存量个人账户，金融机构无需作进一步处理，但应当建立持续监控机制。当账户情况变化出现非居民标识时，应当执行前款规定程序。

第二十四条 对于现金价值保险合同或者年金合同，金融机构知道或者应当知道获得死亡保险金的受益人为非居民个人的，应当将其账户视为非居民账户管理。

第四章 机构账户尽职调查

第二十五条 金融机构应当按照以下规定，对新开机构账户开展尽职调查：

（一）机构开立账户时，金融机构应当获取由该机构授权人签署的声明文件，识别账户持有人是否为非居民企业和消极非金融机构。声明文件应当作为开户资料的一部分，声明文件相关信息可并入开户申请书中。

（二）金融机构应当根据开户资料（包括通过反洗钱客户身份识别程序收集的资料）或者公开信息对声明文件的合理性进行审核，主要确认填写信息是否与其他信息存在明显矛盾。金融机构认为声明文件存在不合理信息时，应当要求账户持有人提供有效声明文件或者进行解释。不提供有效声明文件或者合理解释的，不得开立账户。

（三）识别为非居民企业的，金融机构应当收集并记录报送所需信息。合伙企业等机构声明不具有税收居民身份的，金融机构可按照其实际管理机构所在地确定其税收居民国

（地区）。

（四）识别为消极非金融机构的，金融机构应当依据反洗钱客户身份识别程序收集的资料识别其控制人，并且获取机构授权人或者控制人签署的声明文件，识别控制人是否为非居民个人。识别为有非居民控制人的消极非金融机构的，金融机构应当收集并记录消极非金融机构及其控制人相关信息。

账户持有人为非居民企业的，也应当进一步识别其是否同时为有非居民控制人的消极非金融机构。

（五）金融机构知道或者应当知道新开机构账户情况发生变化导致原有声明文件信息不准确或者不可靠的，应当要求机构授权人提供有效声明文件。机构授权人自被要求提供之日起九十日内未能提供声明文件的，金融机构应当将其账户视为非居民账户管理。

第二十六条 金融机构应当根据现有客户资料或者境外机构境内外汇账户标识，识别存量机构账户持有人是否为非居民企业。

除通过机构授权人签署的声明文件或者公开信息能确认为中国税收居民企业的外，上述信息表明该机构为非居民企业的，应当识别为非居民企业。

识别为非居民企业的，金融机构应当收集并记录报送所需信息。

第二十七条 金融机构应当识别存量机构账户持有人是否为消极非金融机构。通过现有客户资料或者公开信息确认不是消极非金融机构的，无需进一步处理。无法确认的，金融机构应当获取由机构授权人签署的声明文件。声明为消极非金融机构的，应当按照第二款规定进一步识别其控制人。无法获取声明文件的，金融机构应当将账户持有人视为消极非金融机构。

识别为消极非金融机构并且截至2017年6月30日账户加总余额超过一百万美元的，金融机构应当获取由机构控制人或者授权人签署的声明文件，识别控制人是否为非居民个人。无法获取声明文件的，金融机构应当针对控制人开展非居民标识检索，识别其是否为非居民个人。账户加总余额不超过一百万美元的，金融机构可以根据现有客户资料识别消极非金融机构控制人是否为非居民个人。根据现有客户资料无法识别的，金融机构可以不收集控制人相关信息。

识别为有非居民控制人的消极非金融机构的，金融机构应当收集并记录消极非金融机构及其控制人相关信息。

第二十八条 截至2017年6月30日账户加总余额超过二十五万美元的存量机构账户，金融机构应当在2018年12月31日前完成对账户的尽职调查。

截至2017年6月30日账户加总余额不超过二十五万美元的存量机构账户，金融机构无需开展尽职调查。但当之后任一公历年度末账户加总余额超过二十五万美元时，金融机构应当在次年12月31日前，按照本办法第二十六条和第二十七条规定完成对账户的尽职调查。

第五章 其他合规要求

第二十九条 金融机构可以根据自身业务需要，将新开账户的尽职调查程序适用于存量账户。

第三十条 金融机构委托其他机构向客户销售金融产品的，代销机构应当配合委托机构开展本办法所要求的尽职调查工作，并向委托机构提供本办法要求的信息。

第三十一条 金融机构可以委托第三方开展尽职调查，但相关责任仍应当由金融机构承担。基金、信托等属于投资机构的，可以分别由基金管理公司、信托公司作为第三方完成尽职调查相关工作。

第三十二条 金融机构应当建立账户持有人信息变化监控机制，包括要求账户持有人在本办法规定的相关信息变化之日起三十日内告知金融机构。金融机构在知道或者应当知道账户持有人相关信息发生变化之日起九十日内或者本年度12月31日前根据有关尽职调查程序重新识别账户持有人或者有关控制人是否为非居民。

第三十三条 对下列账户无需开展尽职调查：

（一）同时符合下列条件的退休金账户：

1. 受政府监管；
2. 享受税收优惠；
3. 向税务机关申报账户相关信息；
4. 达到规定的退休年龄等条件时才可取款；
5. 每年缴款不超过五万美元，或者终身缴款不超过一百万美元。

（二）同时符合下列条件的社会保障类账户：

1. 受政府监管；
2. 享受税收优惠；
3. 取款应当与账户设立的目的相关，包括医疗等；
4. 每年缴款不超过五万美元。

（三）同时符合下列条件的定期人寿保险合同：

1. 在合同存续期内或者在被保险人年满九十岁之前（以较短者为准），至少按年度支付保费，且保费不随时间递减；
2. 在不终止合同的情况下，任何人均无法获取保险价值；
3. 合同解除或者终止时，应付金额（不包括死亡抚恤金）在扣除合同存续期间相关支出后，不得超过为该合同累计支付的保费总额；
4. 合同不得通过有价方式转让。

（四）为下列事项而开立的账户：

1. 法院裁定或者判决；
2. 不动产或者动产的销售、交易或者租赁；
3. 不动产抵押贷款情况下，预留部分款项便于支付与不动产相关的税款或者保险；
4. 专为支付税款。

（五）同时符合下列条件的存款账户：

1. 因信用卡超额还款或者其他还款而形成，且超额款项不会立即返还账户持有人；
2. 禁止账户持有人超额还款五万美元以上，或者账户持有人超额还款五万美元以上的款项应当在六十日内返还账户持有人。

（六）上一公历年度余额不超过一千美元的休眠账户。休眠账户是满足下列条件之一的账户（不包括年金合同）：

1. 过去三个公历年度中，账户持有人未向金融机构发起任何与账户相关的交易；
2. 过去六个公历年度中，账户持有人未与金融机构沟通任何与账户相关的事宜；
3. 对于具有现金价值的保险合同，在过去六个公历年度中，账户持有人未与金融机构沟通任何与账户相关的事宜。

（七）由我国政府机关、事业单位、军队、武警部队、居民委员会、村民委员会、社区委员会、社会团体等单位持有的账户；由军人（武装警察）持军人（武装警察）身份证件开立的账户。

（八）政策性银行为执行政府决定开立的账户。

（九）保险公司之间的补偿再保险合同。

第三十四条 金融机构应当妥善保管本办法执行过程中收集的资料，保存期限为自报送期末起至少五年。相关资料可以以电子形式保存，但应当确保能够按照相关行业监督管理部门和国家税务总局的要求提供纸质版本。

第三十五条 金融机构应当汇总报送境内分支机构的下列非居民账户信息，并注明报送信息的金融机构名称、地址以及纳税人识别号：

（一）个人账户持有人的姓名、现居地址、税收居民国（地区）、居民国（地区）纳税人识别号、出生地、出生日期；机构账户持有人的名称、地址、税收居民国（地区）、居民国（地区）纳税人识别号；机构账户持有人是有非居民控制人的消极非金融机构的，还应当报送非居民控制人的姓名、现居地址、税收居民国（地区）、居民国（地区）纳税人识别号、出生地、出生日期。

（二）账号或者类似信息。

（三）公历年度末单个非居民账户的余额或者净值（包括具有现金价值的保险合同或者年金合同的现金价值或者退保价值）。账户在本年度内注销的，余额为零，同时应当注明账户已注销。

（四）存款账户，报送公历年度内收到或者计入该账户的利息总额。

（五）托管账户，报送公历年度内收到或者计入该账户的利息总额、股息总额以及其他因被托管资产而收到或者计入该账户的收入总额。报送信息的金融机构为代理人、中间人或者名义持有人的，报送因销售或者赎回金融资产而收到或者计入该托管账户的收入总额。

（六）其他账户，报送公历年度内收到或者计入该账户的收入总额，包括赎回款项的总额。

（七）国家税务总局要求报送的其他信息。

上述信息中涉及金额的，应当按原币种报送并且标注原币种名称。

对于存量账户，金融机构现有客户资料中没有居民国（地区）纳税人识别号、出生日期或者出生地信息的，无需报送上述信息。但是，金融机构应当在上述账户被认定为非居民账户的次年12月31日前，积极采取措施，获取上述信息。

非居民账户持有人无居民国（地区）纳税人识别号的，金融机构无需收集并报送纳税人识别号信息。

第三十六条 金融机构应当于2017年12月31日前登录国家税务总局网站办理注册登记，并且于每年5月31日前按要求报送第三十五条所述信息。

第六章 监督管理

第三十七条 金融机构应当建立实施监控机制，按年度评估本办法执行情况，及时发现问题、进行整改，并于次年6月30日前向相关行业监督管理部门和国家税务总局书面报告。

第三十八条 金融机构有下列情形之一的，由国家税务总局责令其限期改正：

（一）未按照本办法规定开展尽职调查的；

（二）未按照本办法建立实施监控机制的；

(三) 故意错报、漏报账户持有人信息的；
(四) 帮助账户持有人隐藏真实信息或者伪造信息的；
(五) 其他违反本办法规定的。

逾期不改正的，税务机关将记录相关纳税信用信息，并用于纳税信用评价。有关违规情形通报相关金融主管部门。

第三十九条 对于金融机构的严重违规行为，有关金融主管部门可以采取下列措施：
(一) 责令金融机构停业整顿或者吊销其经营许可证；
(二) 取消金融机构直接负责的董事、高级管理人员和其他直接责任人员的任职资格、禁止其从事有关金融行业的工作；
(三) 责令金融机构对直接负责的董事、高级管理人员和其他直接责任人给予纪律处分。

第四十条 对于账户持有人的严重违规行为，有关金融主管部门依据相关法律、法规进行处罚，涉嫌犯罪的，移送司法机关进行处理。

第七章 附 则

第四十一条 本办法施行前我国与相关国家（地区）已经就非居民金融账户涉税信息尽职调查事项商签双边协定的，有关要求另行规定。

第四十二条 国家税务总局与有关金融主管部门建立涉税信息共享机制，保障国家税务总局及时获取本办法规定的信息。非居民金融账户涉税信息报送要求另行规定。

第四十三条 本办法所称"以上""以下"均含本数，"不满""超过"均不含本数。

第四十四条 本办法自 2017 年 7 月 1 日起施行。

27. 关于《非居民金融账户涉税信息尽职调查管理办法》的解读

为了履行金融账户涉税信息自动交换国际义务，规范金融机构对非居民金融账户涉税信息尽职调查行为，国家税务总局、财政部、中国人民银行、中国银行业监督管理委员会、中国证券监督管理委员会、中国保险监督管理委员会制定了《非居民金融账户涉税信息尽职调查管理办法》（以下简称《管理办法》）。现就《管理办法》有关内容解读如下：

一、《管理办法》出台的背景是什么？

受二十国集团（G20）委托，经济合作与发展组织（OECD）于 2014 年 7 月发布金融账户涉税信息自动交换标准（以下简称"标准"），获得当年 G20 布里斯班峰会的核准，为各国加强国际税收合作、打击跨境逃避税提供了强有力的信息工具。在 G20 的大力推动下，目前已有 100 个国家（地区）承诺实施"标准"。

经国务院批准，我国向 G20 承诺实施"标准"，首次对外交换信息的时间为 2018 年 9 月。2015 年 7 月，《多边税收征管互助公约》由十二届全国人大常委会第十五次会议批准，于 2016 年 2 月对我国生效，为我国实施"标准"奠定了多边法律基础。2015 年 12 月，国家税务总局签署了《金融账户涉税信息自动交换多边主管当局间协议》，为我国与其他国家（地区）间相互交换金融账户涉税信息提供了操作层面的依据。

本次发布的《管理办法》旨在将国际通用的"标准"转化成适应我国国情的具体要求，为我国实施"标准"提供法律依据和操作指引，既是我国积极推动"标准"实施的重要举措，也是我国履行国际承诺的具体体现。

二、"标准"的主要内容是什么？

"标准"由主管当局间协议和统一报告标准两部分内容组成。主管当局间协议是规范各国（地区）税务主管当局之间开展金融账户涉税信息自动交换的操作性文件。统一报告标准规定了金融机构识别、收集和报送非居民个人和机构账户信息的相关要求和程序。

根据"标准"开展金融账户涉税信息自动交换，首先由一国（地区）金融机构通过尽职调查程序识别另一国（地区）税收居民个人和企业在该金融机构开立的账户，按年向金融机构所在国（地区）主管部门报送账户持有人名称、纳税人识别号、地址、账号、账户余额或价值、利息、股息以及出售金融资产（不包括实物资产）的收入等信息，再由该国（地区）税务主管当局与账户持有人的居民国税务主管当局开展信息交换，最终为各国（地区）进行跨境税源监管提供信息支持。具体过程如下图所示：

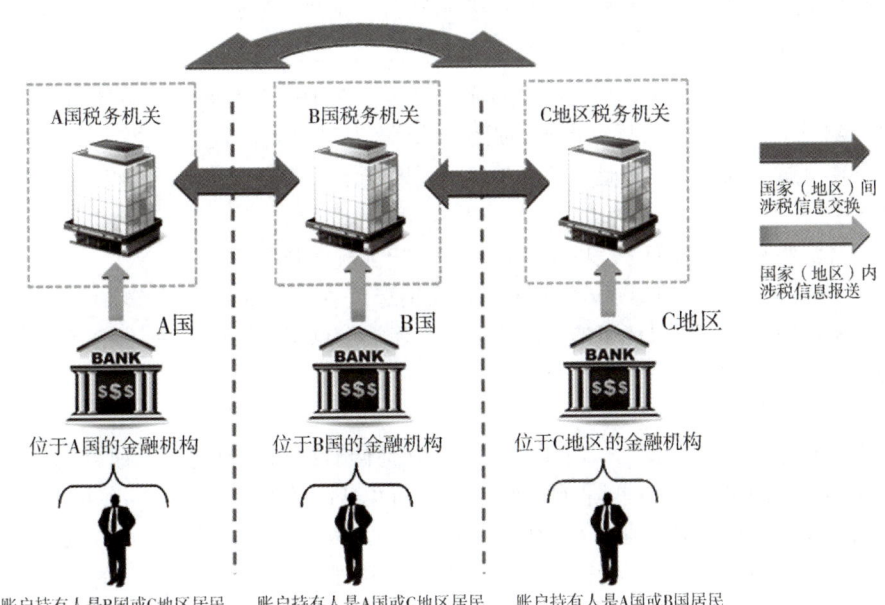

三、"标准"与美国的《海外账户税收合规法案》是什么关系？

2010年，美国颁布《海外账户税收合规法案》（FATCA），要求外国金融机构向美国国内收入局报告美国税收居民（包括美国公民、绿卡持有者）账户的信息，否则外国金融机构在接收来源于美国的特定收入时将被扣缴30%的惩罚性预提所得税。FATCA主要采用双边信息交换机制，即美国与其他国家（地区）根据双边政府间协定开展信息交换。

"标准"是以FATCA政府间协定为蓝本设计的多边信息交换机制，可以说是全球版的FATCA。"标准"与FATCA内容上大体相同，但是在细节上存在一些差异，包括报送对象、个人账户的尽职调查门槛、免予报送信息的金融机构类别、处罚措施等。《管理办法》旨在识别"标准"所要求的非居民账户，并不适用于FATCA所要求的美国税收居民账户。鉴于我国政府正与美国政府积极商谈有关FATCA政府间协定事宜，金融机构可以考虑在操作层面将"标准"与FATCA统筹，包括根据自身业务需求将两者的声明文件进行整合等。

四、有哪些国家（地区）已经承诺实施"标准"？

2017年首次交换信息的国家（地区）共50个
安圭拉、阿根廷、比利时、百慕大、英属维尔京群岛、保加利亚、开曼群岛、哥伦比亚、克罗地亚、塞浦路斯、捷克、丹麦、爱沙尼亚、法罗群岛、芬兰、法国、德国、直布罗陀、希腊、格陵兰、根西岛、匈牙利、冰岛、印度、爱尔兰、马恩岛、意大利、泽西岛、韩国、拉脱维亚、列支敦士登、立陶宛、卢森堡、马耳他、墨西哥、蒙特塞拉特、荷兰、挪威、波兰、葡萄牙、罗马尼亚、圣马力诺、塞舌尔、斯洛伐克、斯洛文尼亚、南非、西班牙、瑞典、特克斯和凯科斯群岛、英国
2018年首次交换信息的国家（地区）共50个
安道尔、安提瓜和巴布达、阿鲁巴、澳大利亚、奥地利、巴哈马、巴林、巴巴多斯、伯利兹、巴西、文莱达鲁萨兰国、加拿大、智利、中国、库克群岛、哥斯达黎加、库拉索岛、多米尼克、加纳、格林纳达、中国香港、印度尼西亚、以色列、日本、科威特、黎巴嫩、马绍尔群岛、中国澳门、马来西亚、毛里求斯、摩纳哥、瑙鲁、新西兰、纽埃、巴拿马、卡塔尔、俄罗斯、圣基茨和尼维斯、萨摩亚、圣卢西亚、圣文森特和格林纳丁斯、沙特阿拉伯、新加坡、圣马丁、瑞士、特立尼达和多巴哥、土耳其、阿拉伯联合酋长国、乌拉圭、瓦努阿图

预计未来将有更多国家（地区）承诺实施"标准"。对于一直不承诺实施"标准"的国家（地区），国际社会可能采取联合反制措施，促使其承诺实施"标准"，提高税收透明度。长远来看，"标准"在全球范围内的实施是大势所趋，金融账户涉税信息自动交换终将覆盖绝大部分国家（地区）。

五、我国将与哪些国家（地区）交换金融账户涉税信息？

已承诺实施"标准"的国家（地区）相互挑选信息交换伙伴，双方均有意向的则可建立伙伴关系。中国将与尽可能多的国家（地区）建立信息交换伙伴关系。相关情况见国家税务总局网站。

六、制定《管理办法》的原则是什么？

一是严格遵循国际标准。"标准"由OECD会同G20成员制定，已成为税收透明度国际新标准。为了构建良好的国际税收征管秩序，避免各国（地区）具体实施水平参差不齐的情况，国际社会要求各国（地区）在国内法转化过程中严格遵循"标准"的规定，并且将对各国国内法制定和执行情况进行国际审议。因此，《管理办法》按照"标准"的主要内容制定，规定了我国境内金融机构识别非居民账户并收集相关信息的原则和程序，包括对基本定义的解释、个人账户与机构账户的尽职调查程序、金融机构需收集和报送的信息范围等。

二是充分考虑国内实际。考虑到《管理办法》的内容涉及金融机构的日常合规工作和金融机构客户的切身体验，《管理办法》数次通过金融主管部门广泛征求金融业界意见，并于2016年10月在国家税务总局网站上向社会公开征求意见。本着兼顾国际、国内两方面需求的原则，《管理办法》在"标准"允许范围内尽量考虑了国内各方诉求，从而减轻金融机构合规负担和对客户体验的影响。

七、《管理办法》对社会公众有何影响？

《管理办法》对社会公众影响较小，主要对在金融机构开立新账户的部分个人和机构有一定影响。从2017年7月1日起，个人和机构在金融机构新开立账户，包括在商业银行开立存款账户、在保险公司购买商业保险，需按照金融机构要求在开户申请书或额外的声明文件里声明其税收居民身份。由于在我国境内金融机构开立账户的个人和机构绝大部分为中国税收居民，填写声明文件时仅需勾选"中国税收居民"即可，开户体验影响不大。如果上述个人和机构前期已经开立了账户，2017年7月1日之后在同一金融机构开立新账户时，大部分情况下无需进行税收居民身份声明，其税收居民身份由金融机构根据留存资料来确认。

对于2017年7月1日之前已经开立的账户,金融机构根据留存资料确认账户持有人的税收居民身份,极少数不能确认的需要个人和机构配合提供材料。

八、《管理办法》对哪些人影响较大?

《管理办法》主要对在中国境内开立账户的非居民或者有非居民控制人的消极非金融机构影响较大。这里所称非居民,是指中国税收居民以外的个人和企业(包括其他组织),但不包括政府机构、国际组织、中央银行、金融机构或者在所在地政府认可和监管的证券市场上市交易的公司及其关联机构。

非居民或者有非居民控制人的消极非金融机构在开立金融账户时,需要详细填写账户持有人或控制人的税收居民身份声明文件,包括姓名(名称)、现居地址、税收居民国(地区)、居民国(地区)纳税人识别号、出生地、出生日期等信息,并应确保信息真实、准确。

上述信息报送到相关部门后,由国家税务总局按照我国对外签订的协议交换给账户持有人居民国税务主管当局。

九、什么是消极非金融机构?

如果一家非金融机构取得的大部分收入是股息、利息、租金、特许权使用费等消极经营活动收入,则该机构属于消极非金融机构,例如设立在某避税地、仅持有子公司股权的中间控股公司。由于消极非金融机构容易被当作跨境逃避税的工具,金融机构需要识别出这些机构及其背后的实际控制人。如果消极非金融机构的控制人是非居民,金融机构则需要收集并报送控制人相关信息。

十、账户持有人为什么需要填写税收居民身份声明文件?

《管理办法》采用的是税收居民概念,与居住管理法规中的居民概念不同。税收居民身份认定标准比较复杂,无法通过普通的居民身份证件直接判定,因此需要开立账户的个人和机构自行声明其税收居民身份。开立账户的个人和机构应配合金融机构的尽职调查工作,真实、及时、准确、完整地填写税收居民身份声明文件,提供《管理办法》规定的相关材料,并承担因未遵守规定而引发的法律责任和风险。

十一、账户持有人如何判断自己的税收居民身份?

各国(地区)国内法有关税收居民身份的认定标准并不一致。对于个人而言,通常同时采用住所(居所)标准和停留时间标准,纳税人只要符合其中之一即可构成该国(地区)的税收居民;对于企业而言,通常采用注册地标准和管理机构所在地标准。

以我国为例。根据我国税法,中国税收居民个人是指在中国境内有住所,或者无住所而在境内居住满一年的个人(在中国境内有住所是指因户籍、家庭、经济利益关系而在中国境内习惯性居住);中国税收居民企业是指依法在中国境内成立,或者依照外国(地区)法律成立,但实际管理机构在中国境内的企业(包括其他组织)。

账户持有人要根据自身实际情况,结合相关国家(地区)税收居民身份认定规则,对自己的税收居民身份进行综合判断。国家税务总局网站将公布相关资料供金融机构和账户持有人参考(http://www.chinatax.gov.cn/aeoi_index.html)。账户持有人也可咨询专业税务顾问来判定自己的税收居民身份。

十二、中国税收居民个人的账户信息将被报送和交换吗?

账户持有人为中国税收居民个人的,金融机构不会收集和报送相关账户信息,也不会交换给其他国家(地区)。账户持有人同时构成中国税收居民和其他国家(地区)税收居民的,其中国境内的账户信息将会交换给相应税收居民国(地区)的税务当局,其境外的账户信息交换给国家税务总局。

十三、《管理办法》所称尽职调查是指什么？

《管理办法》所称尽职调查，并非一般意义上的调查，而是指金融机构按照规定的程序，了解账户持有人或者有关控制人的税收居民身份，识别非居民金融账户，收集并记录相关账户信息。一直以来，金融机构在相关主管部门的要求下，为了反洗钱目的已经开展了类似客户身份识别工作，为执行《管理办法》奠定了基础。

十四、哪些金融机构需要按照《管理办法》开展尽职调查？

《管理办法》所定义的金融机构与通常经济生活中理解的金融机构不一样。例如，某公司按照国民经济行业分类属于"金融业"，但并不一定属于《管理办法》所称金融机构。

依法在我国境内设立的存款机构、托管机构、投资机构和特定的保险机构等金融机构，需要按照《管理办法》的规定开展尽职调查。相关定义在《管理办法》中均有具体解释和列举。

金融资产管理公司、财务公司、金融租赁公司、汽车金融公司、消费金融公司、货币经纪公司、证券登记结算机构以及其他不符合条件的机构，不属于《管理办法》规定的金融机构，因此不需要开展尽职调查。

十五、哪些账户在《管理办法》规定的尽职调查范围之内？

从2017年7月1日起，我国境内金融机构将对存款账户、托管账户、投资机构的股权权益或债权权益以及具有现金价值的保险合同或年金合同开展尽职调查。这些账户不论金额大小，都应通过尽职调查识别账户持有人是否为非居民。

在实践中，某些金融账户被用来跨国逃避税的风险较低，因此，《管理办法》参照国际标准也规定了一些免予尽职调查的账户，例如符合条件的退休金账户、社会保障类账户、定期人寿保险合同、休眠账户以及其他符合条件的账户等。相关条件在《管理办法》中均有具体规定。

十六、所有类别账户的尽职调查程序一样吗？

《管理办法》将账户分为个人和机构两类账户，每类账户又分为新开账户和存量账户。不同类别账户的尽职调查要求和程序有所不同。简单来说，新开账户尽职调查要求相对严格，需要开户人提供其税收居民身份声明文件，金融机构根据开户资料进行合理性审核。存量账户尽职调查程序相对简易，金融机构主要依据留存资料进行检索。有条件的金融机构可以选择将新开账户尽职调查要求适用于存量账户。具体要求详见下表：

账户类别			描述	尽职调查程序	时间要求
个人	新开		2017年7月1日以后开立	声明文件＋合理性审核	2017年7月1日开始
	存量	低净值	截至2017年6月30日账户加总余额≤100万美元	检索留存资料（电子）	2018年12月31日完成
		高净值	截至2017年6月30日账户加总余额＞100万美元	检索留存资料（电子＋纸质）＋询问客户经理	2017年12月31日完成
机构	新开		2017年7月1日以后开立	声明文件＋合理性审核	2017年7月1日开始
	存量	小额	截至2017年6月30日账户加总余额≤25万美元	无需处理	无
		其他	截至2017年6月30日账户加总余额＞25万美元	检索留存资料＋部分账户声明文件	2018年12月31日完成

十七、金融机构需要做好哪些执行准备工作？

为执行《管理办法》，金融机构应建立完整的非居民金融账户尽职调查管理制度，设计合理的业务流程和操作规范，并完成相关信息系统的开发和改造。金融机构还需加强对本机构相关岗位工作人员的培训，使其具备开展非居民金融账户尽职调查的意识和能力。此外，金融机构还可以通过印制宣传资料等形式对客户进行宣传，使其了解《管理办法》的相关背景，配合金融机构完成尽职调查工作。

需要注意的是，金融机构应于2017年12月31日前登录国家税务总局网站（http://www.chinatax.gov.cn/aeoi_index.html）办理注册登记，为下一步信息报送做好准备。

十八、金融机构可以委托其他机构履行尽职调查义务吗？

金融机构可以委托第三方履行尽职调查义务，但相关责任仍由金融机构承担。基金、信托等属于投资机构的，可以分别由基金管理公司、信托公司作为第三方完成尽职调查相关工作。金融机构委托其他机构向客户销售金融产品的，代销机构应当配合委托机构开展尽职调查，并向委托机构提供信息用于报送。为了保证实施效果，金融机构应当妥善保管尽职调查过程中收集的资料，保存期限至少五年。

十九、《管理办法》后续配套措施有哪些？

相关部门将制定配套的金融机构信息报送规定，明确报送渠道、格式和相关技术规范，以便于金融机构将通过尽职调查收集的信息报送给相关部门。

为方便金融机构和社会公众深入了解有关金融账户涉税信息自动交换的内容，国家税务总局网站上将开设专题网页（http://www.chinatax.gov.cn/aeoi_index.html），集中发布参考资料，包括各国税收居民身份认定规则、纳税人识别号编码规则、常见问题等，供金融机构和社会公众学习参考。

二十、客户隐私会泄露吗？

金融机构收集和报送非居民账户信息，不会造成客户信息泄露。一是《管理办法》规定金融机构应对客户信息严格保密。二是金融机构有义务向客户充分说明其需履行的信息收集和报送义务，不会在客户不知情的情况下收集账户信息。三是相关部门应按规定对客户信息进行保密。四是两国税务主管当局间通过经安全加密的统一传输系统开展信息交换。五是金融机构报送的客户信息原则上仅用于税收征管目的。

二十一、信息交换是否意味着增加纳税人的税收负担？

金融账户涉税信息自动交换是各国（地区）之间加强跨境税源管理的一种手段，不会增加纳税人本应履行的纳税义务。交换的信息是来源于境外的第三方信息，主要用于各国开展风险评估，并非直接用于征税。对评估列为高风险的纳税人，税务机关将有针对性地开展税务检查并采取相应后续管理措施。依法诚信申报纳税的纳税人无须担心因信息交换而增加税收负担。

二十二、对海外华侨华人有何影响？

在我国境内金融机构新开立账户的华侨华人，应在开户时向金融机构提供个人税收居民身份声明文件。已经在我国境内金融机构开立账户的华侨华人，如果该账户存在境外地址、电话等非居民标识，账户持有人需配合金融机构确认其是否为非居民。对于确认为非居民的华侨华人，金融机构将收集并报送账户信息，由国家税务总局交换给税收居民国税务主管当局；确认为中国税收居民的，相关账户信息将不会收集和交换。

在我国境外有金融账户的华侨华人，如果所在国（地区）也实施了"标准"，华侨华人需配合当地金融机构确认其税收居民身份。确认为中国税收居民的华侨华人，所在国（地区)税务主管当局将向国家税务总局提供相关账户信息;确认为所在国(地区)税收居民的,相关账户信息将不会报回国内。

如果华侨华人所在国(地区)不实施"标准",其本人大部分情况下不会受到任何影响。但是,如果其本人是所在地某投资机构的控制人,那么该投资机构在实施"标准"的国家(地区)开立账户时,对方金融机构将收集控制人的信息,也就是其本人信息。

二十三、我国居民个人在境外开立账户有何注意事项?

在已承诺实施"标准"的国家(地区)设立的金融机构,都需要识别非居民账户,并向所在地税务当局报送账户相关信息。我国税收居民个人在这些国家(地区)开立金融账户时,需要提供税收居民身份信息,包括我国纳税人识别号。根据我国相关规定,对于以中国居民身份证为有效身份证明的个人,其纳税人识别号为其居民身份证号码。由于金融机构可能需要核验账户持有人相关证件,我国居民个人在境外开立账户请带好本人居民身份证。对于以外国护照等其他证件作为有效身份证明的个人,其纳税人识别号规则请参见国家税务总局网站(http://www.chinatax.gov.cn/aeoi_index.html)。

28.国家税务总局关于发布《税务师事务所行政登记规程(试行)》的公告

国家税务总局公告 2017 年第 31 号

现将国家税务总局制定的《税务师事务所行政登记规程(试行)》予以发布,自 2017 年 9 月 1 日起施行。

特此公告。

附件:1.税务师事务所行政登记证书(式样)
   2.税务师事务所行政登记表
   3.税务师事务所行政登记不予登记通知书
   4.税务师事务所变更/终止行政登记表

国家税务总局
2017 年 8 月 4 日

税务师事务所行政登记规程(试行)

第一条 为了规范税务师事务所行政登记,促进税务师行业健康发展,依据国务院有关决定和《涉税专业服务监管办法(试行)》,制定本规程。

第二条 税务师事务所行政登记,是指税务机关对在商事登记名称中含有"税务师事务所"字样的行政相对人进行书面记载的行政行为。

未经行政登记不得使用"税务师事务所"名称,不能享有税务师事务所的合法权益。

第三条 税务机关按照本规程规定,遵循公开、便捷原则,对符合条件的行政相对人予以行政登记，颁发《税务师事务所行政登记证书》（以下简称《登记证书》，见附件1）。《登记证书》式样由国家税务总局确定。

第四条 国家税务总局负责制定税务师事务所行政登记管理制度并监督实施。

省、自治区、直辖市和计划单列市税务机关（以下简称省税务机关）负责本地区税务师事务所行政登记。

第五条 税务师事务所采取合伙制或者有限责任制组织形式的，除国家税务总局另有规定外，应当具备下列条件：

（一）合伙人或者股东由税务师、注册会计师、律师担任，其中税务师占比应高于百分之五十；

（二）有限责任制税务师事务所的法定代表人由股东担任；

（三）税务师、注册会计师、律师不能同时在两家以上的税务师事务所担任合伙人、股东或者从业；

（四）税务师事务所字号不得与已经行政登记的税务师事务所字号重复。

合伙制税务师事务所分为普通合伙税务师事务所和特殊普通合伙税务师事务所。

第六条 行政相对人办理税务师事务所行政登记，应当自取得营业执照之日起20个工作日内向所在地省税务机关提交下列材料：

（一）《税务师事务所行政登记表》（附件2）；

（二）营业执照复印件；

（三）国家税务总局规定的其他材料。

第七条 行政相对人提交材料齐全、符合法定形式的，省税务机关即时受理；材料不齐全或者不符合法定形式的，一次性告知需要补正的全部材料。

省税务机关自受理材料之日起20个工作日内办理税务师事务所行政登记。符合行政登记条件的，将税务师事务所名称、合伙人或者股东、执行事务合伙人或者法定代表人、职业资格人员等有关信息在门户网站公示，公示期不得少于5个工作日。公示期满无异议或者公示期内有异议、但经调查异议不实的，予以行政登记，颁发纸质《登记证书》或者电子证书，证书编号使用统一社会信用代码。省税务机关在门户网站、电子税务局和办税服务场所对取得《登记证书》的税务师事务所的相关信息进行公告，同时将《税务师事务所行政登记表》报送国家税务总局，抄送省税务师行业协会。

不符合行政登记条件或者公示期内有异议、经调查确不符合行政登记条件的，出具《税务师事务所行政登记不予登记通知书》（以下简称《不予登记通知书》，见附件3）并公告，同时将有关材料抄送工商行政管理部门。

第八条 税务师事务所的名称、组织形式、经营场所、合伙人或者股东、执行事务合伙人或者法定代表人等事项发生变更的，应当自办理工商变更之日起20个工作日内办理变更行政登记，向所在地省税务机关提交下列材料：

（一）《税务师事务所变更/终止行政登记表》（附件4）；

（二）原《登记证书》；

（三）变更后的营业执照复印件；

（四）国家税务总局规定的其他材料。

第九条 行政相对人提交材料齐全、符合法定形式的，省税务机关即时受理；材料不齐全或者不符合法定形式的，一次性告知需要补正的全部材料。

省税务机关自受理材料之日起15个工作日内办理税务师事务所变更行政登记。符合行政登记条件的,对《登记证书》记载事项发生变更的税务师事务所换发《登记证书》。省税务机关在门户网站、电子税务局和办税服务场所对税务师事务所变更情况进行公告,同时将《税务师事务所变更/终止行政登记表》报送国家税务总局,抄送省税务师行业协会。

不符合变更行政登记条件的,出具《不予登记通知书》并公告,同时将有关材料抄送工商行政管理部门。

第十条 税务师事务所注销工商登记前,应当办理终止行政登记,向所在地省税务机关提交下列材料:

(一)《税务师事务所变更/终止行政登记表》;

(二)《登记证书》。

税务师事务所注销工商登记前未办理终止行政登记的,省税务机关公告宣布行政登记失效。

第十一条 行政相对人提交材料齐全、符合法定形式的,省税务机关即时受理;材料不齐全或者不符合法定形式的,一次性告知需要补正的全部材料。

终止情形属实的,予以终止行政登记。省税务机关在门户网站、电子税务局和办税服务场所对税务师事务所终止情况进行公告,同时将《税务师事务所变更/终止行政登记表》报送国家税务总局,抄送省税务师行业协会。

第十二条 省税务机关对以欺骗、贿赂等不正当手段取得《登记证书》的,宣布行政登记无效并公告。

第十三条 国家税务总局发现税务师事务所行政登记不当的,责令省税务机关纠正。

第十四条 税务师事务所组织形式创新相关试点工作由国家税务总局研究推进。

第十五条 本规程施行前经行政审批设立的税务师事务所,由所在地省税务机关办理行政登记,换发《登记证书》,具体时间由各省税务机关确定。

第十六条 税务师事务所分所的负责人应当由总所的合伙人或者股东担任。税务师事务所分所的行政登记参照本规程第六条至第十一条规定办理。

第十七条 各省税务机关可在本规程规定的基础上,结合本地实际,制定具体的操作办法并报国家税务总局备案。

第十八条 本规程自2017年9月1日起施行。

29. 关于《税务师事务所行政登记规程(试行)》的解读

为深入贯彻落实国务院行政审批制度改革任务和"放管服"改革部署要求,规范税务师事务所管理,维护国家税收利益和纳税人合法权益,国家税务总局以公告形式制定并发布了《税务师事务所行政登记规程(试行)》(以下简称《规程》)。《规程》属于税收规范性文件。现将《规程》解读如下:

一、《规程》的定位是什么?

2017年5月10日,国家税务总局发布了《涉税专业服务监管办法(试行)》(国家税务总局公告2017年第13号发布,以下简称《监管办法》)。《监管办法》首次在制度层面上全面开放涉税专业服务市场,并综合运用行政登记、实名制管理、业务信息采集、检查调查、公告与推送、信用评价等多种监管措施,形成较为完整的监管制度体系。根据《监管办法》

第七条规定，税务机关应当对税务师事务所实施行政登记管理。从事涉税专业服务的会计师事务所和律师事务所，依法取得会计师事务所执业证书或律师事务所执业许可证，视同行政登记。

行政登记是涉税专业服务监管的基础手段之一，通过行政登记采集信息，摸清税务师事务所和从事涉税专业服务的会计师事务所、律师事务所的情况，全面掌握基础数据，是有效开展涉税专业服务监管的重要前提。

税务师事务所是重要的涉税专业服务主体。《规程》规定了税务师事务所行政登记的基本条件、办理行政登记需要提交的资料、税务机关的办理程序和步骤、行政相对人的权利等主要内容，是涉税专业服务监管制度体系的重要组成部分。今后国家税务总局还将陆续下发《监管办法》其他配套管理制度，逐步形成完备的涉税专业服务监管制度体系。

二、《规程》出台的意义是什么？

一是落实国务院行政审批制度改革任务，解决税务师事务所主体问题。2015年，国务院审改办根据国务院第91次常务会议审议通过的非行政许可审批事项清理工作意见，将"税务师事务所设立审批"调整为"具有行政登记性质"的其他权力事项。《规程》出台后，税务机关将依据《规程》启动税务师事务所行政登记工作。

二是贯彻落实国务院"放管服"改革要求。首先，《规程》明确规定税务师事务所股东或合伙人向注册会计师和律师开放；其次，《规程》对税务师事务所出资额（注册资本）、合伙人或者股东的人数、年龄、从业经历，从业人员的人数、职业资格等均不做要求，仅就税务师事务所的组织形式做出了规定；再次，按照《规程》规定，行政相对人办理税务师事务所行政登记仅须向税务机关提交1张表格，简化了报送资料，极大地便利了行政相对人。

三、什么是税务师事务所行政登记？

税务师事务所行政登记是税务机关对税务师事务所主体设立实施行政登记管理，是对在商事登记名称中含有"税务师事务所"字样的行政相对人进行书面记载的行政行为。

未经行政登记不得使用"税务师事务所"名称，不能享有税务师事务所的合法权益。

四、在哪一级税务机关办理税务师事务所行政登记？

由省、自治区、直辖市和计划单列市税务机关负责受理本地区税务师事务所行政登记。

五、经税务机关行政审批设立的税务师事务所，是否需要办理行政登记？

《规程》施行前经行政审批设立的税务师事务所，由所在地省税务机关办理行政登记，换发《税务师事务所行政登记证书》，具体时间由各省税务机关确定。

30. 国家税务总局关于创新跨区域涉税事项报验管理制度的通知

税总发〔2017〕103号

各省、自治区、直辖市和计划单列市国家税务局、地方税务局：

根据《国家税务总局关于进一步深化税务系统"放管服"改革 优化税收环境的若干意见》（税总发〔2017〕101号）要求，切实减轻纳税人办税负担，提高税收征管效率，现就创新跨区域涉税事项报验管理制度，优化办理流程等有关事项通知如下：

一、外出经营活动税收管理的更名与创新

（一）将"外出经营活动税收管理"更名为"跨区域涉税事项报验管理"。外出经营活动税收管理作为现行税收征管的一项基本制度，是税收征管法实施细则和增值税暂行条例规定的法定事项，也是落实现行财政分配体制、解决跨区域经营纳税人的税收收入及征管职责在机构所在地与经营地之间划分问题的管理方式，对维持税收属地入库原则、防止漏征漏管和重复征收具有重要作用。按照该项制度的管理实质，将其更名为"跨区域涉税事项报验管理"。

（二）纳税人跨区域经营前不再开具相关证明，改为填报《跨区域涉税事项报告表》。纳税人跨省（自治区、直辖市和计划单列市）临时从事生产经营活动的，不再开具《外出经营活动税收管理证明》，改向机构所在地的税务机关填报《跨区域涉税事项报告表》（附件1）。纳税人在省（自治区、直辖市和计划单列市）内跨县（市）临时从事生产经营活动的，是否实施跨区域涉税事项报验管理由各省（自治区、直辖市和计划单列市）税务机关自行确定。

（三）取消跨区域涉税事项报验管理的固定有效期。税务机关不再按照180天设置报验管理的固定有效期，改按跨区域经营合同执行期限作为有效期限。合同延期的，纳税人可向经营地或机构所在地的税务机关办理报验管理有效期限延期手续。

（四）实行跨区域涉税事项报验管理信息电子化。跨区域报验管理事项的报告、报验、延期、反馈等信息，通过信息系统在机构所在地和经营地的税务机关之间传递，机构所在地的税务机关、税务机关之间，经营地的税务机关、税务机关之间均要实时共享相关信息。

二、跨区域涉税事项报告、报验及反馈

（一）《跨区域涉税事项报告表》填报。

具备网上办税条件的，纳税人可通过网上办税系统，自主填报《跨区域涉税事项报告表》。不具备网上办税条件的，纳税人向主管税务机关（办税服务厅）填报《跨区域涉税事项报告表》，并出示加载统一社会信用代码的营业执照副本（未换照的出示税务登记证副本），或加盖纳税人公章的副本复印件（以下统称"税务登记证件"）；已实行实名办税的纳税人只需填报《跨区域涉税事项报告表》。

（二）跨区域涉税事项报验。

跨区域涉税事项由纳税人首次在经营地办理涉税事宜时，向经营地的税务机关报验。纳税人报验跨区域涉税事项时，应当出示税务登记证件。

（三）跨区域涉税事项信息反馈。

纳税人跨区域经营活动结束后，应当结清经营地的税务机关、税务机关的应纳税款以及其他涉税事项，向经营地的税务机关填报《经营地涉税事项反馈表》（附件2）。

经营地的税务机关核对《经营地涉税事项反馈表》后，将相关信息推送经营地的税务机关核对（2个工作日内完成核对并回复，实行联合办税的即时回复），税务机关同意办结的，经营地的税务机关应当及时将相关信息反馈给机构所在地的税务机关。纳税人不需要另行向机构所在地的税务机关反馈。

（四）跨区域涉税事项反馈信息的处理。

机构所在地的税务机关要设置专岗，负责接收经营地的税务机关反馈信息，及时以适当方式告知纳税人，并适时对纳税人已抵减税款、在经营地已预缴税款和应预缴税款进行分析、比对，发现疑点的，及时推送至风险管理部门或者稽查部门组织应对。

三、落实工作要求

（一）各级税务机关要高度重视，充分认识跨区域涉税事项报验管理的重要意义。该

项制度创新是落实国务院"放管服"改革要求的重要举措,是转变税收管理理念和管理方式的重要内容。该项工作的顺利推进,既有利于提高纳税人的办税便利化程度,也有利于促进经营地和机构所在地税务机关、税务机关协同开展事中事后管理。

(二)各地税务机关要主动向当地政府汇报,向政府有关部门做好宣传解释工作,配合做好相关新旧制度的衔接。各地税务机关之间要加强沟通联系和协同配合,形成工作合力,采取切实有效措施解决工作中出现的问题,确保优化流程、精简资料等措施落到实处、取得实效,让纳税人真正享受到改革的红利。

(三)各地税务机关要建立分管局领导为责任人、各部门分工协作的工作机制。信息化管理部门要按照新制度要求,优化和完善网上办税系统,保障跨区域涉税事项报验在线办理,顺畅运行。纳税服务部门要做好办税服务厅人员培训,并充分利用办税服务厅宣传栏、12366纳税服务热线、税务机关门户网站等渠道开展对纳税人的宣传辅导工作;其他部门要依照自身职责做好相关配合工作。

(四)税务总局已于2017年上半年在京津冀、长江经济带试点相关管理制度,其他省税务机关可以借鉴试点地区的经验做法,进一步优化工作方案、细化工作措施,确保跨区域涉税事项报验管理工作的顺利推进。

本规定自2017年9月30日起试行,10月30日起正式实施。2017年10月30日前已办理《外出经营活动税收管理证明》业务的仍按照《国家税务总局关于优化〈外出经营活动税收管理证明〉相关制度和办理程序的意见》(税总发〔2016〕106号)执行。

附件:1.跨区域涉税事项报告表(略)。
   2.经营地涉税事项反馈表(略)。

国家税务总局
2017年9月15日

31. 国家税务总局关于发布《涉税专业服务信息公告与推送办法(试行)》的公告

国家税务总局公告2017年第42号

现将国家税务总局制定的《涉税专业服务信息公告与推送办法(试行)》予以发布,自2017年12月1日起施行。

特此公告。

国家税务总局
2017年11月22日

涉税专业服务信息公告与推送办法(试行)

第一条 为加强涉税专业服务信息的运用管理,发挥涉税专业服务机构在优化纳税服务、提高征管效能等方面的积极作用,依据《涉税专业服务监管办法(试行)》(国家税务总局公告 2017 年第 13 号发布），制定本办法。

第二条 本办法所称涉税专业服务机构包括：

（一）税务师事务所；

（二）依法取得执业许可且从事涉税专业服务的会计师事务所和律师事务所；

（三）经商事登记且从事涉税专业服务的代理记账机构、税务代理公司、财税类咨询公司等其他机构。

第三条 省税务机关通过门户网站、电子税务局和办税服务场所公告涉税专业服务信息，负责向社会信用平台和行业主管部门、行业协会、工商、海关等其他部门推送涉税专业服务信息。

税务机关纳税服务部门负责向税务机关内部风险控制、征收管理、税务稽查、税政管理、税法宣传、税务师管理等部门，及涉税专业服务机构及其委托人推送涉税专业服务信息。

第四条 涉税专业服务信息公告内容：

（一）纳入实名制管理的涉税专业服务机构名单及其信用状况公告内容：涉税专业服务机构名称、统一社会信用代码、法定代表人（或单位负责人）姓名、地址、联系电话、信用积分情况等基本信息；

（二）未经行政登记的税务师事务所名单公告内容：机构名称、统一社会信用代码、法定代表人（或单位负责人）姓名、地址、联系电话、商事登记日期等基本信息；

（三）涉税专业服务机构失信名录公告内容：涉税专业服务机构名称、统一社会信用代码、法定代表人（或单位负责人）姓名、地址、联系电话、失信行为、认定日期等基本信息；

（四）从事涉税服务人员失信名录公告内容：姓名、身份证件号码（隐去出生年、月、日号码段）、职业资格证书名称及编号、所属涉税专业服务机构名称、失信行为、认定日期等基本信息。

第五条 省税务机关通过门户网站、电子税务局和办税服务场所发布公告，于每月10 日前对公告内容进行动态调整。

第六条 涉税专业服务信息推送内容：

（一）纳入实名制管理的涉税专业服务机构信用状况推送内容：涉税专业服务机构名称、统一社会信用代码、法定代表人（或单位负责人）姓名、地址、联系电话、信用积分情况等基本信息；

（二）未纳入实名制管理的涉税专业服务机构信息推送内容：机构名称、统一社会信用代码、法定代表人（或单位负责人）姓名、地址、联系电话、商事登记日期等基本信息；

（三）涉税专业服务机构失信名录推送内容：涉税专业服务机构名称、统一社会信用代码、法定代表人（或单位负责人）姓名、地址、联系电话、失信行为、认定日期等基本信息；

（四）从事涉税服务人员失信名录推送内容：姓名、身份证件号码（隐去出生年、月、日号码段）、职业资格证书名称及编号、所属涉税专业服务机构名称、失信行为、认定日期等基本信息；

（五）涉税专业服务风险信息推送内容：涉税专业服务机构名称、统一社会信用代码、法定代表人（或单位负责人）姓名、地址、联系电话、风险评估情况等基本信息。

第七条 税务机关运用以金税三期核心征管系统为基础、以网上办税服务系统为支撑的信息化平台，进行信息推送。

第八条　税务机关对涉税专业服务机构和从事涉税服务人员违反《涉税专业服务监管办法（试行）》第十四条、第十五条规定的情形进行分类处理。属于严重违法违规情形的，纳入涉税服务失信名录。

税务机关在将涉税专业服务机构和从事涉税服务人员列入涉税服务失信名录前，应当依法对其行为是否确属严重违法违规的情形进行核实，确认无误后向当事人送达告知书，告知当事人将其列入涉税服务失信名录的事实、理由和依据。当事人无异议的，列入涉税服务失信名录；当事人有异议且提出申辩理由、证据的，税务机关应当进行复核后予以确定。

第九条　省税务机关将涉税服务失信名录向财政、司法等行业主管部门和所属行业协会推送，提请予以相应处理和行业自律管理。

第十条　省税务机关按照本省社会信用平台管理要求，定期将涉税服务失信名录向社会信用平台推送，对失信行为实行联合惩戒。

第十一条　省税务机关将信用等级高的涉税专业服务机构和信用记录好的从事涉税服务人员信息向财政、司法等行业主管部门和所属行业协会，以及工商、海关等需要涉税专业服务信息的政府部门推送，实行联合激励。

第十二条　税务机关纳税服务部门将纳入实名制管理的涉税专业服务机构和人员的信用状况、涉税专业服务风险信息、涉税专业服务机构与纳税人的委托代理情况、涉税专业服务机构从事涉税专业服务情况等信息以及未纳入实名制管理的涉税专业服务机构信息向内部风险控制、征收管理、税政管理等部门推送，对风险高的涉税专业服务机构和人员进行风险预警、启动调查评估。

第十三条　税务机关纳税服务部门将涉税专业服务机构及委托方纳税人涉嫌偷税（逃避缴纳税款）、逃避追缴欠税、骗取国家退税款、虚开发票等违法信息向税务稽查部门推送。

第十四条　税务机关纳税服务部门将信用等级高的涉税专业服务机构和信用记录好的从事涉税服务人员信息向征收管理、税政管理、税法宣传等部门推送，对其提供便利化纳税服务，简化涉税业务办理流程，引导其参与税务机关税法宣传和政策辅导。

第十五条　税务机关纳税服务部门将纳入实名制管理的涉税专业服务机构和人员的信用状况、涉税专业服务风险信息、违规行为和遵守行业协会自律情况等信息以及未纳入实名制管理的涉税专业服务机构信息向其委托人定期推送，为其委托人提供参考信息。

第十六条　税务机关纳税服务部门将纳入实名制管理的涉税专业服务机构和人员的信用状况、涉税专业服务风险信息、违规行为等信息向涉税专业服务机构推送，对涉税专业服务机构进行风险提示或预警，引导其规范、健康发展。

第十七条　各省税务机关可以依据本办法，结合本地实际，制定具体实施办法。

第十八条　本办法自 2017 年 12 月 1 日起施行。

关于《涉税专业服务信息公告与推送办法（试行）》的解读

依据《涉税专业服务监管办法（试行）》（国家税务总局公告 2017 年第 13 号发布），国家税务总局制定了《涉税专业服务信息公告与推送办法（试行）》（以下简称《办法》）。现将《办法》解读如下：

一、《办法》的定位是什么？

2017 年 5 月 5 日，国家税务总局发布了《涉税专业服务监管办法（试行）》，首次在制度层面上全面开放涉税专业服务市场，并综合运用行政登记、实名制管理、业务信息采集、检查调查、公告与推送、信用评价等多种监管措施，形成事中留痕、事后评价的监管制度体系。涉税专业服务信息公告与推送是税务机关对涉税专业服务进行监管的重要措施，《办法》是《涉税专业服务监管办法（试行）》的配套制度之一，是涉税专业服务监管制度体系的重要组成部分。

二、涉税专业服务信息公告与推送的作用是什么？

涉税专业服务监管体系是一个有机整体，公告与推送是整个监管体系中的重要环节。通过公告与推送涉税专业服务信息，对行政登记、实名制管理、业务信息采集、检查调查等各环节产生的信息进行集成应用，扩大信息应用范围，充分发挥信息的应用价值，促进涉税专业服务机构和从事涉税服务人员依法诚信执业，从而更好地发挥涉税专业服务在优化纳税服务、提高征管效能等方面的积极作用，维护国家税收利益和纳税人合法权益。一是使纳税人和社会公众了解涉税专业服务机构和从事涉税服务人员的相关信息，扩大纳税人选择范围，减少信息不对称，使纳税人可以随心选、放心用，间接督促涉税专业服务机构和从事涉税服务人员提高执业质量；二是实现涉税专业服务机构和从事涉税服务人员与纳税人信息的联动管理，有利于进一步加强风险防控，实施分级分类管理，打造数据管税格局；三是实现税务机关与外部其他部门和行业协会的信息共享，推进联合激励和联合惩戒，促进社会共治。

三、《办法》所称涉税专业服务机构包括哪些？

《办法》所称涉税专业服务机构包括：税务师事务所；依法取得执业许可且从事涉税专业服务的会计师事务所和律师事务所；经商事登记且从事涉税专业服务的代理记账机构、税务代理公司、财税类咨询公司等其他机构。

四、涉税专业服务信息公告与推送和涉税专业服务信用评价管理的关系是什么？

一方面，涉税专业服务信用评价管理是涉税专业服务信息公告与推送的前提和基础，是公告与推送的重要信息来源；另一方面，涉税专业服务信息公告与推送是涉税专业服务信用评价管理的重要环节，只有通过公告与推送才能实现信用评价结果的运用，涉税专业服务信用评价管理才能真正落到实处。

五、《办法》如何实施？

根据涉税专业服务监管体系建设整体规划安排，《办法》分两步实施：在《涉税专业服务信用评价管理办法（试行）》实施前，只公告和推送纳入实名制管理的涉税专业服务机构名单、未纳入实名制管理的涉税专业服务机构信息、未经行政登记的税务师事务所名单和涉税专业服务风险信息；待《涉税专业服务信用评价管理办法（试行）》实施后，适时在公告和推送范围中增加纳入实名制管理的涉税专业服务机构信用状况和涉税服务失信名录等内容，逐步完善涉税专业服务监管措施，构建以信用管理为核心的涉税专业服务监管体系。

32. 国家税务总局关于印发《税务行政应诉工作规程》的通知

税总发〔2017〕135号

各省、自治区、直辖市和计划单列市国家税务局、地方税务局，局内各单位：

现将税务总局制定的《税务行政应诉工作规程》印发给你们，请遵照执行。执行中遇到有关问题和重要情况，请及时向税务总局（政策法规司）报告。

附件：供参考税务行政应诉文书格式（略）。

国家税务总局
2017 年 11 月 29 日

税务行政应诉工作规程

第一章 总 则

第一条 为了规范税务机关行政应诉行为，提高行政应诉水平，促进依法行政，维护国家税收利益，根据《中华人民共和国行政诉讼法》《中华人民共和国税收征收管理法》以及《国务院办公厅关于加强和改进行政应诉工作的意见》（国办发〔2016〕54 号）、《国家税务总局关于进一步加强和改进税务行政应诉工作的实施意见》（税总发〔2017〕110 号）等相关规定，制定本规程。

第二条 税务行政应诉是指公民、法人或者其他组织认为税务机关的行政行为侵犯其合法权益，依法向人民法院提起诉讼，或者人民检察院依法提起税务行政公益诉讼，税务机关依法参加诉讼的活动。

第三条 税务机关应当充分行使诉讼权利、履行诉讼义务，尊重公民、法人或者其他组织的诉讼权利，自觉接受司法监督，不得干预、阻碍人民法院受理和审理税务行政诉讼案件。

第四条 各级税务机关的主要负责人是本机关行政应诉工作的第一责任人，应当积极出庭应诉。

第五条 各级税务机关应当建立职责明晰、集成高效、运转顺畅的行政应诉工作机制，充分发挥法制工作机构在行政应诉工作中的组织、协调、指导作用，强化被诉行政行为承办机构的应诉责任。

第六条 复议机关和作出原行政行为税务机关作为共同被告的，复议机关统筹行政应诉工作，作出原行政行为税务机关应当协同配合做好有关工作。

第七条 各级税务机关的行政应诉工作适用本规程。

各级税务机关作为第三人参加行政诉讼的，参照本规程相关规定执行。

税务分局、税务所和按照国务院规定设立并向社会公告的税务机构作为行政诉讼被告的，上级税务机关应当予以指导。

第二章 机构与职能

第八条 各级税务局应当成立税务行政应诉工作领导小组（以下简称领导小组），加强对行政应诉工作的领导。领导小组可以与税务行政复议委员会合署办公。

领导小组应当及时研究解决行政应诉工作中的重大问题，为行政应诉工作提供必要的组织保障和工作条件，确保依法、及时、全面履行行政应诉工作职责。

第九条 涉及下列重大事项的，税务行政应诉工作应当提交领导小组集体研究确定：

（一）涉及重大公共利益的；

（二）社会关注度高的；

（三）可能引发群体性事件的；

（四）其他重大事项。

第十条 法制工作机构应当在收到应诉通知书和起诉状副本之日起2日内牵头组建行政应诉工作小组（以下简称工作小组）。

工作小组负责行政应诉具体工作，其成员应当由被诉行政行为承办机构和法制工作机构组成。有关问题需要领导小组审定的，由法制工作机构呈报领导小组。

公职律师、法律顾问根据需要参与相关应诉工作。

第三章　应诉准备

第十一条 负责收发信件的机构应当于收到应诉通知书和起诉状副本等涉诉材料当日转送法制工作机构。

第十二条 法制工作机构收到材料后，应当对案件的案号、案由、当事人、立案人民法院、收文日期、答辩期限等进行登记，并将起诉状副本分送工作小组成员。

第十三条 被诉行政行为承办机构应当积极参与行政应诉工作，并在收到起诉状副本之日起5日内，向工作小组提交作出行政行为的全部证据和依据，并提交书面意见，结合相关证据和依据说明作出行政行为的全部过程。

证据应当提交原件并办理移交手续。证据应当按照时间顺序或者办理流程进行编号排列，并编制目录。案件办理完结后，证据原件应当退回被诉行政行为承办机构。

法制工作机构负责处理工作小组的其他事务。

第十四条 工作小组应当审查原告的起诉状，认为案件管辖不符合法律、法规和司法解释规定的，可以提出建议，经领导小组审定后以税务机关的名义向人民法院提出管辖异议。管辖异议应当在税务机关收到应诉通知书和起诉状副本之日起10日内以书面形式提出。

第十五条 经审查发现下列情形之一的，应当在答辩状中写明，提请人民法院裁定驳回原告的起诉：

（一）原告无诉讼主体资格；
（二）没有明确的被告或者错列被告；
（三）没有具体的诉讼请求或者事实根据；
（四）不属于人民法院受案范围或者受诉人民法院管辖；
（五）超过法定起诉期限且无正当理由；
（六）未按照法律规定由法定代理人、指定代理人、代表人为诉讼行为；
（七）未按照法律、法规规定先向行政机关申请复议；
（八）重复起诉；
（九）撤回起诉后无正当理由再行起诉；
（十）行政行为对其合法权益明显不产生实际影响；
（十一）诉讼标的已为生效裁判所羁束；
（十二）不符合其他法定起诉条件。

第十六条 工作小组应当及时拟定答辩状、证据清单、法律依据以及授权委托书，报领导小组审定。

第十七条 答辩状应当清晰明了，从实体和程序两个方面说明行政行为的合法性和合理性。

答辩状主要包括以下内容：

（一）答辩人以及被答辩人的基本信息；
（二）明确的答辩请求；

（三）被诉行政行为的名称、文号、内容、作出的行政机关、作出的时间以及送达情况；
（四）主体资格以及依据；
（五）执法程序以及依据；
（六）认定的事实以及证据；
（七）适用依据的名称以及条款；
（八）其他有关的问题或者事实。

第十八条　证据清单应当载明证据的编号、名称、来源、内容、证明目的，并列明案号、举证人和举证时间。

第十九条　授权委托书应当载明委托代理人的基本信息、委托事项、代理权限和代理期限。

委托代理人应当包括法制工作机构的工作人员或者律师，以及被诉行政行为承办机构的工作人员。

第二十条　税务机关应当自收到应诉通知书和起诉状副本之日起15日内，将据以作出被诉行政行为的全部证据和所依据的规范性文件，连同答辩状、证据清单、法律依据、授权委托书、法定代表人身份证明及其他诉讼材料一并递交人民法院。

答辩状、证据清单、授权委托书及法定代表人身份证明应当加盖税务机关印章，授权委托书还应当加盖法定代表人签名章或者由法定代表人签字。

第二十一条　共同被告案件，作出原行政行为税务机关和复议机关对原行政行为的合法性共同承担举证责任。作出原行政行为税务机关对原行政行为的合法性进行举证，复议机关对复议程序的合法性进行举证。

第二十二条　税务机关因不可抗力等正当事由不能按期举证的，以及原告或者第三人提出了其在行政处理程序中没有提出的理由或者证据的，应当分别在举证期限内向人民法院提出延期提供证据或者补充证据的书面申请。

第二十三条　人民法院要求提供或者补充证据的，税务机关应当按要求提交证据。

第二十四条　税务机关发现证据可能灭失或者以后难以取得的，可以向人民法院申请保全证据。

第二十五条　工作小组在开庭审理前应当组织召开庭前准备会议，研究拟定质证意见、法庭辩论提纲和最后陈述，并对可能出现的突发状况准备应急预案。对行政赔偿、补偿及税务机关行使法律、法规规定的自由裁量权的案件，还应当做好是否接受调解的预案并报领导小组审定。

第四章　出庭应诉

第二十六条　税务机关的出庭应诉人员包括负责人和委托代理人。

第二十七条　主要负责人不能出庭的，由分管被诉行政行为承办机构的负责人出庭应诉。分管被诉行政行为承办机构的负责人也不能出庭的，主要负责人指定其他负责人出庭应诉。

负责人不能出庭应诉的，应当委托本机关相应的工作人员出庭。

第二十八条　涉及重大事项的案件及人民法院书面建议负责人出庭应诉的案件，税务机关负责人应当出庭应诉。

对于因纳税发生的案件，地市级税务局负责人应当出庭应诉。县级税务局和县级以下税务机构负责人对所有案件均应当出庭应诉。

第二十九条 人民法院书面建议负责人出庭应诉，但负责人不能出庭应诉的，税务机关应事先向人民法院反映情况，并按照人民法院的要求出具书面说明。

第三十条 税务机关应当按照人民法院通知按时出庭，因特殊情况不能按时出庭的，应当向人民法院申请延期开庭。

税务机关收到人民法院的传票时距离开庭时间不足3日的，可以申请人民法院变更开庭时间。

第三十一条 税务机关认为审判人员以及书记员、翻译人员、鉴定人、勘验人与本案有利害关系或者其他关系，可能影响公正审判的，应当申请回避。

申请回避一般应当在案件开庭审理前提出，回避事由在案件开庭审理后知道的，也可以在法庭辩论终结前提出。申请回避可以口头提出，也可以书面提出。

第三十二条 诉讼期间，税务机关认为需要停止执行行政行为的，应当向人民法院说明，由人民法院裁定停止执行。

第三十三条 税务机关对人民法院作出的回避决定、停止执行裁定以及先予执行的裁定不服的，可以向作出决定或者裁定的人民法院申请复议一次。

第三十四条 发现对方出庭人员并非当事人本人或者其法定代理人，且未办理委托代理手续等情形，税务机关可以向法庭提出异议。

第三十五条 在法庭调查过程中，税务机关应当根据法庭询问，以答辩状的内容为基础进行陈述。

第三十六条 在举证过程中，税务机关应当出示证据材料，说明证据的名称、来源、内容和证明目的。

第三十七条 在质证过程中，税务机关应当从以下三个方面对其余各方当事人提交的证据发表质证意见：

（一）对证据关联性的质证。

证据与被诉行政行为是否具有法律、事实上的关系。

（二）对证据合法性的质证：

1. 证据的来源是否合法；
2. 证据的形式是否合法；
3. 是否存在影响证据效力的其他违法情形。

（三）对证据真实性的质证：

1. 证据的内容是否真实；
2. 证据是否为原件、原物，复印件、复制件与原件、原物是否一致；
3. 提供证据的主体或者证人与当事人是否具有利害关系；
4. 是否存在影响证据真实性的其他情形。

税务机关应当发表结论性意见，明确是否认可其余各方当事人提交证据的证明目的。

经法庭许可，税务机关可以向证人、鉴定人、勘验人发问，可以申请重新鉴定、调查或者勘验。

第三十八条 在法庭辩论中，税务机关应当在法庭主导下，从以下方面发表辩论意见：

（一）是否认可法庭总结、归纳的争议焦点问题；

（二）围绕案件事实、证据效力、适用依据和程序规范等争议焦点问题，阐明作出行政行为的合法性与合理性；

（三）反驳对方当事人关于争议焦点问题的意见。

如果发现案件事实尚未查清的，税务机关可以申请恢复法庭调查。

第三十九条 税务机关应当做好最后陈述，坚持答辩意见，请求人民法院依法裁判。

第四十条 对于人民法院依法主持调解的案件，税务机关应当按照调解预案向法庭表明是否接受调解。

第四十一条 税务机关出庭应诉人员应当核对庭审笔录并签字确认，有异议的及时向法庭提出，并在法庭许可后进行更正。

第四十二条 原告无正当理由，超过法定期限改变诉讼请求、提出新的诉讼理由和事实、提交新的重要证据依据，税务机关应当提出异议并根据应急预案妥善处理。

第四十三条 在接受调解的案件中，工作小组应当结合原告提出的调解方案、人民法院的调解建议拟定调解方案，并报领导小组审定。

第四十四条 在行政诉讼过程中发现本机关作出的行政行为确有错误的，工作小组应当提出建议。经领导小组审定后，税务机关可以在人民法院对案件宣告判决或者作出裁定前，按照法定程序改变其所作的行政行为，并书面告知人民法院和其他各方当事人。

第五章 上诉与申诉

第四十五条 对上诉案件或者再审案件，税务机关应当结合具体情况，参照本规程第三章、第四章的规定办理。

第四十六条 对人民法院作出的一审判决及管辖异议裁定是否提起上诉，工作小组应当提出建议并报领导小组审定。

税务机关决定上诉的，应当在收到人民法院判决书之日起 15 日内或者收到裁定书之日起 10 日内向上一级人民法院提起上诉。上诉状应当向一审人民法院提交。

第四十七条 上诉状应当包括以下内容：

（一）上诉人与被上诉人的基本信息；

（二）一审人民法院名称、案号和案由；

（三）明确的上诉请求；

（四）提起上诉的事实和理由。

第四十八条 对已经发生法律效力的判决、裁定或者调解书，工作小组认为确有错误的，应当就是否申请再审提出建议并报领导小组审定。

税务机关决定申请再审的，应当在法定期限内向上一级人民法院提出。

第四十九条 在上诉或申诉案件中，原告或者第三人提出新的事实、理由、证据或者依据的，工作小组应当核实并撰写答辩状。

第五十条 工作小组发现有下列情形之一的，应当就是否申请抗诉或者申请向人民法院发送检察建议提出建议，并报领导小组审定：

（一）人民法院驳回再审申请的；

（二）人民法院逾期未对再审申请作出裁定的；

（三）再审判决、裁定有明显错误的。

税务机关决定申请抗诉或者申请向人民法院发送检察建议的，应当依法向人民检察院提出。

第五十一条 工作小组在收到生效判决、裁定或者调解书之后，应当及时向领导小组报告应诉工作情况和诉讼结果，结合案件具体情况提出意见和建议，并将裁判文书转交被诉行政行为承办机构。

对于败诉的案件，工作小组还应当形成分析报告，对败诉的原因进行分析，提出后续整改措施，并由法制工作机构报送上一级税务机关法制工作机构，同时抄送上一级税务机关相关业务工作机构。

第六章 履行与执行

第五十二条 税务机关要依法自觉履行人民法院生效判决、裁定和调解，不得拒绝履行或者拖延履行。被诉行政行为承办机构负责具体执行。

对人民法院作出的责令重新作出行政行为的判决，税务机关应当在法定期限或者人民法院指定的期限内重新作出，除原行政行为因程序违法或者法律适用问题被人民法院判决撤销的情形外，不得以同一事实和理由作出与原行政行为基本相同的行政行为。

第五十三条 原告拒不执行生效判决、裁定或者调解的，税务机关应当依法强制执行，或者向人民法院申请强制执行。

第五十四条 对人民法院提出的司法建议或者人民检察院提出的检察建议，税务机关要认真研究并按照要求作出书面回复，确有问题的要加以整改。

第七章 附 则

第五十五条 法制工作机构应当在行政诉讼活动全部结束后 30 日内，将案件的卷宗材料装订成册，并按相关规定归档保管。

案件卷宗应一案一卷，按诉讼流程或者时间先后顺序排列诉讼材料并编制目录清单。

第五十六条 法制工作机构应当在行政诉讼活动全部结束后 10 日内，将案件的有关情况和生效裁判文书报送上一级税务机关法制工作机构。

法制工作机构应当按照上级税务机关要求的形式和期限报送当年的税务行政诉讼案件统计表和年度分析报告。

第五十七条 法制工作机构应当会同相关机构开展集中培训、旁听庭审、模拟法庭和案例研讨等活动，提高税务机关及其工作人员的依法行政水平和行政应诉能力。

第五十八条 需要缴纳诉讼费用的，由相关机构会同法制工作机构办理。

第五十九条 各级税务机关应当将行政应诉工作纳入绩效考核范围。

第六十条 本规程中的日期均指自然日。

第六十一条 本规程由国家税务总局负责解释。

第六十二条 本规程自 2018 年 1 月 1 日起施行。1995 年制发的《税务行政应诉工作规程（试行）》（国税发〔1995〕9 号文件印发）同时废止。

33.国家税务总局关于增值税普通发票管理有关事项的公告

国家税务总局公告 2017 年第 44 号

为进一步规范增值税发票管理，优化纳税服务，满足纳税人发票使用需要，现将增值税发票管理有关事项公告如下：

一、调整增值税普通发票（折叠票）发票代码

增值税普通发票（折叠票）的发票代码调整为12位，编码规则：第1位为0，第2-5位代表省、自治区、直辖市和计划单列市，第6-7位代表年度，第8-10位代表批次，第11-12位代表票种和联次，其中04代表二联增值税普通发票（折叠票）、05代表五联增值税普通发票（折叠票）。

税务机关库存和纳税人尚未使用的发票代码为10位的增值税普通发票（折叠票）可以继续使用。

二、印有本单位名称的增值税普通发票（折叠票）

（一）纳税人可按照《中华人民共和国发票管理办法》及其实施细则规定，书面向税务机关要求使用印有本单位名称的增值税普通发票（折叠票），税务机关按规定确认印有该单位名称发票的种类和数量。纳税人通过增值税发票管理新系统开具印有本单位名称的增值税普通发票（折叠票）。

（二）印有本单位名称的增值税普通发票（折叠票），由税务总局统一招标采购的增值税普通发票（折叠票）中标厂商印制，其式样、规格、联次和防伪措施等与税务机关统一印制的增值税普通发票（折叠票）一致，并加印企业发票专用章。

（三）印有本单位名称的增值税普通发票（折叠票）的发票代码按照本公告第一条规定的编码规则编制。发票代码的第8-10位代表批次，由省税务机关在501-999范围内统一编制。

（四）使用印有本单位名称的增值税普通发票（折叠票）的企业，按照《国家税务总局 财政部关于冠名发票印制费结算问题的通知》（税总发〔2013〕53号）规定，与发票印制企业直接结算印制费用。

本公告自2018年1月1日起施行，《国家税务总局关于启用增值税普通发票有关问题的通知》（国税发明电〔2005〕34号）第一条第二款、《国家税务总局关于启用新版增值税发票有关问题的公告》（国家税务总局公告2014年第43号）第一条同时废止。

特此公告。

国家税务总局
2017年12月5日

34. 关于《国家税务总局关于增值税普通发票管理有关事项的公告》的解读

一、发布本公告的背景是什么？

近年来增值税普通发票的种类和使用量增加，10位发票代码难以满足纳税人需要。增值税电子普通发票和增值税普通发票（卷票）的发票代码均为12位，税务总局决定，将增值税普通发票（折叠票）的发票代码也调整为12位。为了明确增值税普通发票（折叠票）12位发票代码的编码规则和使用印有本单位名称的增值税普通发票（折叠票）有关问题，发布本公告。

二、调整后增值税普通发票（折叠票）的发票代码编码规则是什么？

增值税普通发票（折叠票）的发票代码调整为12位，编码规则：第1位为0，第2-5位代表省、自治区、直辖市和计划单列市，第6-7位代表年度，第8-10位代表批次，第

11-12 位代表票种和联次,其中 04 代表二联增值税普通发票(折叠票)、05 代表五联增值税普通发票(折叠票)。

三、以前印制的增值税普通发票(折叠票)能否继续使用?

税务机关库存和纳税人尚未使用的发票代码为 10 位的增值税普通发票(折叠票)可以继续使用。

四、纳税人是否可以使用印有本单位名称的增值税普通发票(折叠票)?

为了方便纳税人发票使用,公告明确,纳税人可按照《中华人民共和国发票管理办法》及其实施细则规定,使用印有本单位名称的增值税普通发票(折叠票),通过增值税发票管理新系统开具。

五、本公告自何时起施行?

本公告自 2018 年 1 月 1 日起施行。

35. 国家税务总局关于税务师事务所行政登记有关问题的公告

国家税务总局公告 2018 年第 4 号

为贯彻党的十九大关于深化商事制度改革、放宽服务业准入限制的要求,深化税务系统"放管服"改革,维护国家税收利益,保护纳税人合法权益,促进税务师事务所转型升级,依据《税务师事务所行政登记规程(试行)》(国家税务总局公告 2017 年第 31 号发布)第十四条规定,现就税务师事务所行政登记有关问题公告如下:

一、符合以下条件的税务师事务所,可以担任税务师事务所的合伙人或者股东:

(一)执行事务合伙人或者法定代表人由税务师担任;

(二)前 3 年内未因涉税专业服务行为受到税务行政处罚;

(三)法律行政法规和国家税务总局规定的其他条件。

二、符合以下条件的从事涉税专业服务的科技、咨询公司,可以担任税务师事务所的合伙人或者股东:

(一)由税务师或者税务师事务所的合伙人(股东)发起设立,法定代表人由税务师担任;

(二)前 3 年内未因涉税专业服务行为受到税务行政处罚;

(三)法律行政法规和国家税务总局规定的其他条件。

三、本公告自 2018 年 3 月 1 日起施行。

特此公告。

国家税务总局
2018 年 1 月 12 日

36. 关于《国家税务总局关于税务师事务所行政登记有关问题的公告》的解读

为贯彻党的十九大关于深化商事制度改革、放宽服务业准入限制的要求,促进税务师事务所业务创新、技术创新、转型升级和规范、健康发展，依据《税务师事务所行政登记规程（试行）》（国家税务总局公告2017年第31号发布）第十四条规定，国家税务总局研究制定了《国家税务总局关于税务师事务所行政登记有关问题的公告》（以下简称《公告》），《公告》属于规范性文件。现将《公告》解读如下：

一、《公告》的定位是什么？

《税务师事务所行政登记规程（试行）》规定了税务师事务所行政登记的基本条件、办理行政登记需要提交的资料、税务机关的办理程序和步骤、行政相对人的权利等主要内容，同时明确税务师事务所组织形式创新相关试点工作由国家税务总局研究推进。《公告》是研究推进税务师事务所组织形式创新相关试点工作的具体内容。

二、《公告》出台的意义是什么？

一是贯彻党的十九大关于深化商事制度改革、放宽服务业准入限制的要求和国务院简政放权、放管结合、优化服务的要求的具体体现。

二是研究推进税务师事务所组织形式创新，由税务师事务所和从事涉税专业服务的科技、咨询公司担任税务师事务所的合伙人或者股东，有利于促进税务师事务所业务创新、技术创新、转型升级和规范、健康发展，维护国家税收利益，保护纳税人合法权益。

三、从事涉税专业服务的科技、咨询公司的范围是什么？

主要业务范围是从事涉税专业服务科技产品的技术开发、技术咨询、技术服务的科技公司和从事《涉税专业服务监管办法（试行）》（国家税务总局公告2017年第13号发布）规定的涉税业务的咨询公司。

四、税务师事务所和从事涉税专业服务的科技、咨询公司担任税务师事务所合伙人或者股东的，如何办理行政登记？

税务师事务所组织形式创新相关试点工作由国家税务总局研究推进，各省、自治区、直辖市和计划单列市税务机关按照《税务师事务所行政登记规程（试行）》的规定办理行政登记。

37. 国家税务总局关于纳税信用评价有关事项的公告

国家税务总局公告2018年第8号

随着纳税信用体系建设不断推进，纳税信用的社会价值和社会影响力日益增强，成为纳税人参与市场竞争的重要资产。为进一步落实国务院"放管服"改革精神，优化税收营商环境，鼓励"大众创业、万众创新"，根据《中华人民共和国税收征收管理法》和《国务院关于印发社会信用体系建设规划纲要（2014—2020年）的通知》（国发〔2014〕21号），现就进一步完善纳税信用评价的有关事项公告如下：

一、新增下列企业参与纳税信用评价：

（一）从首次在税务机关办理涉税事宜之日起时间不满一个评价年度的企业（以下简称新设立企业）。评价年度是指公历年度，即1月1日至12月31日。

（二）评价年度内无生产经营业务收入的企业。

（三）适用企业所得税核定征收办法的企业。

二、本公告第一条所列企业的纳税信用评价时限如下：

（一）新设立企业在2018年4月1日以前已办理涉税事宜的，税务机关应在2018年4月

30 日前对其纳税信用进行评价;从 2018 年 4 月 1 日起,对首次在税务机关办理涉税事宜的新设立企业,税务机关应及时进行纳税信用评价。

(二)评价年度内无生产经营业务收入的企业和适用企业所得税核定征收办法的企业,税务机关在每一评价年度结束后,按照《纳税信用管理办法(试行)》(国家税务总局公告 2014 年第 40 号发布,以下简称《信用管理办法》)规定的时限进行纳税信用评价。

三、增设 M 级纳税信用级别,纳税信用级别由 A、B、C、D 四级变更为 A、B、M、C、D 五级。未发生《信用管理办法》第二十条所列失信行为的下列企业适用 M 级纳税信用:

(一)新设立企业。

(二)评价年度内无生产经营业务收入且年度评价指标得分 70 分以上的企业。

四、对纳税信用评价为 M 级的企业,税务机关实行下列激励措施:

……

【注释】第四条第一项废止,参见《国家税务总局关于扩大小规模纳税人自行开具增值税专用发票试点范围等事项的公告》国家税务总局公告 2019 年第 8 号。

(二)税务机关适时进行税收政策和管理规定的辅导。

五、企业(包括新设立企业)发生《信用管理办法》第二十条所列失信行为的,税务机关应及时对其纳税信用级别进行调整,并以适当的方式告知。

六、除上述规定外,纳税信用管理的其他事项按照《信用管理办法》规定执行。

七、本公告自 2018 年 4 月 1 日起施行,《信用管理办法》第十七条第二项同时废止。

特此公告。

国家税务总局
2018 年 2 月 1 日

38. 关于《国家税务总局关于纳税信用评价有关事项的公告》的解读

一、公告背景

自 2014 年 7 月,税务总局发布《国家税务总局关于发布〈纳税信用管理办法(试行)〉的公告》(国家税务总局公告 2014 年第 40 号,以下简称《信用管理办法》)以来,税务系统已连续开展 2014、2015 年和 2016 三个年度的纳税信用评价,按规定参与纳税信用评价的企业获得了相应的纳税信用级别。随着我国信用体系建设不断推进,企业的信用状况已在招投标、融资等领域得到广泛利用,成为企业参与市场竞争的必要条件,纳税信用已成为企业参与市场竞争的重要资产。但按照现行规定,新设立企业、全年没有营业收入的企业以及适用企业所得税核定征收办法的企业尚未纳入纳税信用评价范围,这些企业要求参与纳税信用评价的呼声越来越高。

为回应广大纳税人的关切,进一步落实国务院"放管服"改革精神,优化税收营商环境,鼓励"大众创业、万众创新",根据《中华人民共和国税收征收管理法》和《国务院关于印发社会信用体系建设规划纲要(2014—2020 年)的通知》(国发〔2014〕21 号),税务总局制发本公告,将新设立企业、全年没有营业收入的企业以及适用企业所得税核定征收办法的企业纳入纳税信用评价范围,为其增添信用资产。

二、公告主要内容

（一）完善纳税信用评价范围的制度

本公告明确，《信用管理办法》中未纳入纳税信用评价范围的3类企业将参加纳税信用评价：

一是新设立企业，指从首次在税务机关办理涉税事宜之日起时间不满一个评价年度的企业，本公告中的评价年度是指公历年度，即1月1日至12月31日。

二是评价年度内无生产经营业务收入的企业。

三是适用企业所得税核定征收办法的企业。

（二）明确了上述企业纳税信用的评价时限。

1. 新设立企业在2018年4月1日以前已办理涉税事宜的，税务机关应在2018年4月30日前对其纳税信用进行评价；从2018年4月1日起，对首次在税务机关办理涉税事宜的新设立企业，税务机关应及时进行纳税信用评价。

2. 评价年度内无生产经营业务收入的企业和适用企业所得税核定征收办法的企业，税务机关在每一评价年度结束后，按照《信用管理办法》规定的时限进行纳税信用评价。目前《信用管理办法》规定，税务机关在评价年度下一年的4月份对这些企业进行纳税信用评价，并发布评价结果。

（三）增设M级纳税信用级别和适用范围。

增设M级纳税信用级别，纳税信用级别由A、B、C、D四级变更为A、B、M、C、D五级。M级纳税信用适用未发生《信用管理办法》第二十条所列失信行为的新设立企业和评价年度内无生产经营业务收入且年度评价指标得分70分以上的企业。

（四）明确纳税信用M级企业适用的激励措施。

本公告明确对M级企业赋予两项激励措施：一是可在网上勾选认证增值税专用发票，不用再前往办税服务厅办理增值税发票认证；二是税务机关加大服务力度，适时进行税收政策和管理规定的辅导。

（五）完善纳税信用动态调整机制。

为及时反映企业纳税信用状况，本公告明确：无论是新参加纳税信用评价的企业，还是原来已参加纳税信用评价的企业，如果发生《信用管理办法》第二十条所列失信行为的，税务机关应及时对其纳税信用级别进行调整，并以适当的方式告知。

三、公告的施行

本公告自2018年4月1日起施行。

39. 国家税务总局关于发布《办税事项"最多跑一次"清单》的公告

国家税务总局公告2018年第12号

为贯彻落实国务院深化"放管服"改革的决策部署，进一步方便纳税人办理税收业务，优化税收营商环境，按照《国家税务总局关于进一步深化税务系统"放管服"改革 优化税收环境的若干意见》（税总发〔2017〕101号）的总体安排，税务总局编制了《办税事项"最多跑一次"清单》（以下简称《清单》），现予以发布，并就有关问题公告如下：

一、办税事项"最多跑一次",是指纳税人办理《清单》范围内事项,在资料完整且符合法定受理条件的前提下,最多只需要到税务机关跑一次。

二、对《清单》所列办税事项,各地税务机关应全面实现"最多跑一次"。各省税务机关可通过推行网上办税、邮寄配送、上门办税等多种方式,在税务总局《清单》的基础上增列"最多跑一次"办税事项,形成本省税务局的办税事项"最多跑一次"清单并向社会公告实施。

三、各地税务机关在推行"最多跑一次"改革的同时,应积极落实税务总局深化"放管服"的要求,大力推进网上办税,努力实现办税"不用跑"。

四、省税务机关要针对"最多跑一次"办税事项的报送资料、办理条件、办理时限、办理方式及流程等编制办税指南并进行公示和宣传,便于纳税人掌握,顺利推进办税事项"最多跑一次"改革。

五、税务总局将根据政策变化适时调整《清单》,在国家税务总局官方网站公布。

六、本公告自2018年4月1日起施行。

特此公告。

附件:办税事项"最多跑一次"清单(略)。

【注释】《国家税务总局关于修改部分税收规范性文件的公告》(国家税务总局公告2018年第31号)对本文进行了修改。

国家税务总局
2018年2月23日

40. 国家税务总局关于税务机构改革有关事项的公告

国家税务总局公告2018年第32号

根据国税地税征管体制改革工作部署,省、市、县三级新税务机构将逐步分级挂牌。为确保税务机构改革后各项税收工作平稳有序运行,现就各级新税务机构挂牌后有关事项公告如下:

一、新税务机构挂牌后启用新的行政、业务印章,以新机构名称开展工作,原国税、税务机关的行政、业务印章停止使用。相关证书、文书、表单等启用新的名称、局轨、字轨和编号。

二、新税务机构挂牌后,原国税、税务机关税费征管的职责和工作由继续行使其职权的新机构承继,尚未办结的事项由继续行使其职权的新机构办理,已作出的行政决定、出具的执法文书、签订的各类协议继续有效。纳税人、扣缴义务人以及其他行政相对人已取得的相关证件、资格、证明效力不变。

三、原国税、税务机关承担的税费征收、行政许可、减免退税、税务检查、行政处罚、投诉举报、争议处理、信息公开等事项,在新的规定发布施行前,暂按原规定办理。行政相对人等对新税务机构的具体行政行为不服申请行政复议的,依法向其上一级税务机关提出行政复议申请。

四、纳税人在综合性办税服务厅、网上办税系统可统一办理原国税、地税业务,实行"一厅通办""一网通办""主税附加税一次办"。12366纳税服务热线不再区分国税、地税业务,实现涉税业务"一键咨询"。

五、纳税人、扣缴义务人按规定需要向原国税、税务机关分别报送资料的,相同资料只需提供一套;按规定需要在原国税、税务机关分别办理的事项,同一事项只需申请一次。

六、新税务机构挂牌后,启用新的税收票证式样和发票监制章。挂牌前已由各省税务机关统一印制的税收票证和原各省税务机关已监制的发票在 2018 年 12 月 31 日前可以继续使用,由国家税务总局统一印制的税收票证在 2018 年 12 月 31 日后继续使用。纳税人在用税控设备可以延续使用。

七、新税务机构挂牌后,启用新的税务检查证件。原各省国税、税务机关制发的有效期内的税务检查证件在 2018 年 12 月 31 日前可以继续使用。

特此公告。

国家税务总局
2018 年 6 月 15 日

41. 关于《国家税务总局关于税务机构改革有关事项的公告》的解读

一、《国家税务总局关于税务机构改革有关事项的公告》(以下简称《公告》)出台的背景是什么?

根据党中央、国务院关于国税地税征管体制改革方案,目前税务机构改革正在紧锣密鼓地向前推进。按照工作部署,省、市、县新税务机构将依次完成挂牌工作。为了保障机构改革平稳有序开展,税务总局制发《公告》,明确了改革中涉及的有关事项。

二、制发《公告》时有哪些考虑?

为了保障机构改革平稳有序开展,让改革成果尽早惠及所有纳税人,进一步深化税收领域"放管服"改革,提升纳税人改革获得感,我们基于尽量减少对纳税人影响,促进纳税人办税体验的不断提升,保证征纳双方权利义务的延续性与确定性的角度考虑,制发了《公告》。

三、《公告》的生效日期以及适用对象?

根据国税地税征管体制改革工作部署,省、市、县三级新税务机构将分级挂牌。《公告》是对新税务机构挂牌后的有关事项的明确,每一级新税务机构挂牌后即适用《公告》。如,省税务机关挂牌后,新的省税务机关就要按照《公告》规定执行,此时市、县税务机关尚未挂牌,因而暂不适用《公告》。市、县税务机关挂牌时,适用规则类推。

四、新税务机构挂牌后,税务行政执法主体如何变化?

新税务机构挂牌即意味着税收执法主体发生改变。《公告》明确挂牌后要以新税务机构名称开展工作,具体体现在两个方面:一是新税务机构要启用新的行政、业务印章,原国税、税务机关的行政、业务印章停止使用;二是新税务机构涉及的相关证书、文书、表单等要启用新的名称、局轨、字轨和编号。

五、新税务机构挂牌后税收业务如何衔接?

新税务机构挂牌后,将承继原国税、税务机关税费征管的职责和相关工作。具体体现在三个方面:

(一)原国税、税务机关已作出的行政决定、出具的执法文书以及签订的各类协议继续有效。以委托代征工作为例,县国税、税务机关与代征单位签订的委托代征协议,在县新税务机构挂牌后该协议仍处于有效期的,则该委托代征协议可以依法继续有效。

(二)原国税、税务机关已受理但尚未办结的事项,由新税务机构继续办理。以延期缴纳税款业务为例,省国税或税务机关在挂牌前受理了纳税人延期缴纳税款申请的,挂牌后,由新的省税务机构为纳税人继续办理。

(三)纳税人、扣缴义务人以及其他行政相对人已取得的相关税务证件、资格、证明继续有效。

六、新税务机构如何为纳税人办理税收业务?

挂牌后,原国税、地税的金税三期核心征管子系统仍需要并行一段时间,为确保相关涉税事项能够有序运转,《公告》明确,新税务机构对税费征收、行政许可、减免退税、税务检查、行政处罚、投诉举报、争议处理、信息公开等涉税事项,在新的规定发布施行前,暂按原规定办理,但统一以新机构名称对外开展工作。

七、对新税务机构的行政行为不服的,如何申请行政复议?

行政相对人等对新税务机构的具体行政行为不服申请行政复议的,依法向其上一级税务机关提出行政复议申请。

八、如何理解"相同资料只需提供一套""同一事项只需申请一次"?

新税务机构对税费征收等事项暂按原规定办理,纳税人办理原国税、地税同一税收业务事项,如财务会计制度及核算软件备案、合并分立情况报告等,可能出现重复报送、多头办理的问题。为解决该问题,《公告》明确,纳税人在新税务机构办理涉税事宜时,相同资料只需提供一套,同一涉税事项只需申请一次。

九、纳税人领用的发票和在用税控设备在挂牌后能否继续使用?

新税务机构挂牌后会启用新的发票监制章。挂牌前各省税务机关已监制的发票,如通用机打发票、通用手工发票、通用定额发票、增值税电子普通发票等,在2018年12月31日前可以继续使用。纳税人在用税控设备可以延续使用,不需要重新购买。

十、税务机关已印制的税收票证在挂牌后能否继续使用?

新税务机构挂牌后会启用新的税收票证式样。挂牌前已由各省税务机关统一印制的税收票证在2018年12月31日前可以继续使用。需要说明的,税务总局统一印制的税收票证不存在挂牌前后变化的问题,因此《公告》明确,由税务总局统一印制的税收票证,在2018年12月31日后仍然继续使用。

十一、税务机关已制发的税务检查证件在挂牌后能否继续使用?

新税务机构挂牌后会启用新的税务检查证件。原各省国税、税务机关制发的尚在有效期内的税务检查证件,在2018年12月31日前可以继续使用。

42. 国家税务总局关于修订个体工商户定额信息采集相关文书的公告

国家税务总局公告2018年第36号

为适应税务机构改革需要,国家税务总局对个体工商户定额信息采集相关文书进行了修订,现公告如下:

一、对实行定期定额征收方式的商业、工业生产及来料加工业、修理修配业的个体工商户，税务机关在采集纳税人信息时应分别使用修订后的《个体工商户定额信息采集表（商业）》《个体工商户定额信息采集表（工业生产及来料加工业）》《个体工商户定额信息采集表（修理修配业）》（见附件）。

二、本公告自2018年7月5日起施行。国税机构和地税机构合并前，仍按照《国家税务总局关于印发个体工商户税收定期定额征收管理文书的通知》（国税函〔2006〕1199号）的规定执行。

特此公告。

附件：1. 个体工商户定额信息采集表（商业）（略）。
　　　2. 个体工商户定额信息采集表（工业生产及来料加工业）（略）。
　　　3. 个体工商户定额信息采集表（修理修配业）（略）。

国家税务总局

2018年6月26日

43. 关于《国家税务总局关于修订个体工商户定额信息采集相关文书的公告》的解读

为适应税务机构改革要求，确保个体工商户定期定额征收工作平稳有序推进，国家税务总局发布了《关于修订个体工商户税收定期定额征收管理文书的公告》（国家税务总局公告2018年第36号，以下简称《公告》）。现就有关问题解读如下：

一、发布《公告》的背景是什么？

按照《国家税务总局关于印发个体工商户税收定期定额征收管理文书的通知》（国税函〔2006〕1199号）规定，商业、工业生产及来料加工业、修理修配业中实行定期定额征收方式的个体工商户，税务机关在采集其信息时分别填写《个体工商户定额信息采集表（商业）》《个体工商户定额信息采集表（工业生产及来料加工业）》《个体工商户定额信息采集表（修理修配业）》。上述文书中均含有"国税月核定税额"信息项，在新税务机构挂牌后，信息采集时无需再填写"国税月核定税额"，亟须对这3个文书进行修改。

二、《公告》的主要内容是什么？

《公告》明确了税务机关采集商业、工业生产及来料加工业、修理修配业中实行定期定额征收方式的个体工商户信息时，分别使用修订后的《个体工商户定额信息采集表（商业）》《个体工商户定额信息采集表（工业生产及来料加工业）》《个体工商户定额信息采集表（修理修配业）》，新的文书在原有基础上删除了"国税月核定税额"信息项，并对部分文字表述作了调整。

三、《公告》什么时候开始施行？

《公告》自2018年7月5日起施行。国税、地税机构合并前，部分税务机关需要使用修订后的文书的，按照《国家税务总局关于印发个体工商户税收定期定额征收管理文书的通知》（国税函〔2006〕1199号）的规定执行。

44. 国家税务总局关于明确跨区域涉税事项报验管理相关问题的公告

国家税务总局公告2018年第38号

为了适应国税地税征管体制改革需要,现就新税务机构挂牌后跨区域涉税事项报验管理有关事项公告如下:

一、纳税人跨省(自治区、直辖市和计划单列市)临时从事生产经营活动的,向机构所在地的税务机关填报《跨区域涉税事项报告表》(附件1)。

二、纳税人跨区域经营合同延期的,可以向经营地或机构所在地的税务机关办理报验管理有效期限延期手续。

三、跨区域报验管理事项的报告、报验、延期、反馈等信息,通过信息系统在机构所在地和经营地的税务机关之间传递,实时共享。

四、纳税人首次在经营地办理涉税事宜时,向经营地的税务机关报验跨区域涉税事项。

五、纳税人跨区域经营活动结束后,应当结清经营地税务机关的应纳税款以及其他涉税事项,向经营地的税务机关填报《经营地涉税事项反馈表》(附件2)。

经营地的税务机关核对《经营地涉税事项反馈表》后,及时将相关信息反馈给机构所在地的税务机关。纳税人不需要另行向机构所在地的税务机关反馈。

六、机构所在地的税务机关要设置专岗,负责接收经营地的税务机关反馈信息,及时以适当方式告知纳税人,并适时对纳税人已抵减税款、在经营地已预缴税款和应预缴税款进行分析、比对,发现疑点的,及时推送至风险管理部门或者稽查部门组织应对。

七、本公告自2018年7月5日起施行。国税机构和地税机构合并前,上述事项仍按照《国家税务总局关于创新跨区域涉税事项报验管理制度的通知》(税总发〔2017〕103号)的规定执行。

特此公告。

附件:1. 跨区域涉税事项报告表(略)。
2. 经营地涉税事项反馈表(略)。

国家税务总局
2018年7月4日

45. 关于《国家税务总局关于明确跨区域涉税事项报验管理相关问题的公告》的解读

为了适应税务机构改革需要,确保新税务机构挂牌后跨区域涉税事项报验管理工作平稳运行,国家税务总局制发了《关于明确跨区域涉税事项报验管理相关问题的公告》(以下简称《公告》)。现解读如下:

一、《公告》制发的背景是什么?

为了切实减轻纳税人负担,提高税收征管效率,2017年9月,国家税务总局制发了《关于创新跨区域涉税事项报验管理制度的通知》（税总发〔2017〕103号，以下简称103号文），将"外出经营活动税收管理"更名为"跨区域涉税事项报验管理"，创新相关制度，明确纳税人机构所在地的国税、税务机关和经营地的国税、税务机关的工作职责和要求。

按照国税地税征管体制改革要求，省及省以下国税、地税合并为新的税务机构。103号文中关于"两地四局"的工作职责也应当相应调整和明确。为了确保新税务机构挂牌后跨区域涉税事项报验管理工作平稳运行，国家税务总局制发了《公告》。

二、《公告》与103号文相比有哪些变化？

《公告》对103号文中涉及国税、地税的内容进行了调整和明确，总体制度架构没有改变，其他有关事项仍适用103号文的规定。《公告》对103号文的调整主要在以下七个方面：

一是纳税人跨区域涉税事项报告、报验、延期、反馈等各环节信息，通过信息系统在机构所在地和经营地的税务机关之间传递（103号文规定通过信息系统在机构所在地国税、税务机关和经营地国税、税务机关传递）；

二是纳税人跨区域经营前履行报告义务时，向机构所在地的税务机关填报报告表（103号文规定向机构所在地的税务机关填报）；

三是纳税人跨区域经营报验时，向经营地的税务机关办理（103号文规定向经营地的税务机关报验）；

四是纳税人跨区域经营延期时，向经营地或机构所在地的税务机关办理（103号文规定向经营地或机构所在地的税务机关办理）；

五是纳税人跨区域经营结束时，向经营地的税务机关填报反馈表，经营地的税务机关核对后反馈给机构所在地的税务机关（103号文规定纳税人向经营地的税务机关填报，经营地的税务机关核对后推送至经营地的税务机关，税务机关同意办结的，经营地的税务机关将相关信息反馈给机构所在地的税务机关）；

六是后续管理中，机构所在地的税务机关要设置专岗，负责接收经营地的税务机关反馈信息（103号文规定机构所在地的税务机关要设置专岗，负责接收经营地的税务机关反馈信息）；

七是结合上述变化，同步修改了《跨区域涉税事项报告表》和《经营地涉税事项反馈表》两个附件。

三、《公告》自什么时候开始施行？

《公告》自2018年7月5日起施行。由于省、市、县新税务机构分级逐步挂牌，国税机构和地税机构合并前，跨区域涉税事项报验管理相关工作仍按照103号文的规定执行。

四、《公告》与103号文的适用关系？

《公告》仅对103号文中涉及国税、地税的内容进行了调整和明确。除《公告》规定内容外，其他有关事项仍适用103号文的规定。

46. 国家税务总局关于发布《税务检查证管理办法》的公告

国家税务总局公告2018年第44号

为落实国税地税征管体制改革工作要求，加强税务检查证管理，规范税务执法行为，国家税务总局制定了《税务检查证管理办法》，现予以公布。

本公告自 2019 年 1 月 1 日起实施，同时启用新的税务检查证。

特此公告。

国家税务总局
2018 年 8 月 7 日

税务检查证管理办法

第一章 总 则

第一条 为加强税务检查证管理，规范税务执法行为，保护纳税人、扣缴义务人及其他当事人合法权益，根据《中华人民共和国税收征收管理法》等相关规定，制定本办法。

第二条 税务检查证是具有法定执法权限的税务人员，对纳税人、扣缴义务人及其他当事人进行检查时，证明其执法身份、职责权限和执法范围的专用证件。

税务检查证的名称为《中华人民共和国税务检查证》。

第三条 国家税务总局负责制定、发布税务检查证式样和技术标准。

第四条 国家税务总局负责适用全国范围税务检查证的审批、制作、发放、监督管理工作。

国家税务总局各省、自治区、直辖市、计划单列市税务局（以下简称省税务局）负责适用本辖区税务检查证的审批、制作、发放、监督管理工作。

国家税务总局和省税务局应当严格控制税务检查证的发放。

第五条 税务检查证分为稽查部门专用税务检查证和征收管理部门专用税务检查证。

稽查部门专用税务检查证，适用于稽查人员开展稽查工作，由稽查部门归口管理。

征收管理部门专用税务检查证，适用于征收、管理人员开展日常检查工作，由征收管理部门归口管理。

第六条 税务检查证实行信息化管理。

省税务局应当在税收征管信息系统中的税务检查证管理模块内及时完善、更新持证人员相关信息，提供税务检查证互联网验证服务。

第二章 证件式样

第七条 税务检查证由专用皮夹和内卡组成。

第八条 税务检查证的皮夹式样如下：

（一）稽查部门专用税务检查证皮夹为竖式黑色皮质，征收管理部门专用税务检查证皮夹为竖式咖啡色皮质；

（二）皮夹外部正面镂刻税徽图案、"中华人民共和国税务检查证"字样，背面镂刻"CHINA TAXATION"字样；

（三）皮夹内部上端镶嵌税徽一枚和"中国税务"四字，下端放置内卡。

第九条 税务检查证内卡应当载明下列事项：持证人的姓名、照片、工作单位、证号、二维码、检查范围、检查职责、税务检查证专用印章、有效期限。

内卡需内置芯片，存储持证人员上述信息。

第十条 税务检查证的皮夹和内卡文字均使用中文。民族自治区可以同时使用当地通用的一种民族文字。

第三章　证件申领和核发

第十一条　税务人员因岗位职责需要办理税务检查证时，由其所在单位税务检查证主管部门核实基础信息后，填报税务检查证申请。

首次申领税务检查证的，应当取得税务执法资格。

第十二条　国家税务总局及省税务局税务检查证主管部门负责审批办证申请。

第十三条　审批通过后，国家税务总局及省税务局税务检查证主管部门印制《中华人民共和国税务检查证》，由申请人员所在单位税务检查证主管部门负责具体发放工作。

第十四条　税务人员到所在单位管辖区域以外临时执行检查公务的，由国家税务总局或者执行公务所在地省税务局税务检查证主管部门核发相应有效期限的临时税务检查证。

临时税务检查证有效期限不得超过一年，临时公务执行完毕后应当及时缴销。

第四章　证件使用

第十五条　税务人员进行检查时，应当出示税务检查证和税务检查通知书，可以以文字或音像形式记录出示情况。

第十六条　税务人员出示税务检查证时，可以告知被检查人或其他当事人通过扫描二维码查验持证人身份。

第十七条　税务人员应当严格依法行使税务检查职权，并为被检查人或其他当事人保守秘密。

第十八条　税务检查证只限于持证人本人使用，不得转借、转让或涂改。

第十九条　持证人应当妥善保管税务检查证，防止遗失、损毁。

税务检查证遗失的，持证人应当作出书面情况说明，并在税务检查证所注明的管辖区域内公开发行的报纸或者政府网站、税务机关网站发布公告后，再申请补发。

税务检查证严重损毁、无法使用的，持证人可以申请换发，并在办理换发手续时交回原证件。

第五章　监督管理

第二十条　税务检查证实行定期审验制度，每两年审验一次。临时税务检查证不在审验范围。

第二十一条　国家税务总局及省税务局税务检查证主管部门统一组织审验工作，持证人所在单位税务检查证主管部门负责具体实施，并及时报送审验情况。

第二十二条　通过比对内卡芯片信息与税务检查证管理模块中所载持证人信息进行审验，一致的为审验通过。

第二十三条　税务检查证审验不通过的，持证人所在单位税务检查证主管部门应当及时变更、清理相关信息。

第二十四条　持证人因调动、辞退、辞职、退休或者岗位调整等原因不再从事税务检查工作的，由持证人所在单位税务检查证主管部门在工作变动前收缴其税务检查证。

持证人因涉嫌违法违纪被立案审查、尚未作出结论的，应当暂时收缴其税务检查证。

第二十五条　收回的税务检查证应当由发放证件机关定期销毁。

第六章　附　　则

第二十六条　本办法自2019年1月1日起施行。《国家税务总局关于印发〈税务检查证管理暂行办法〉的通知》(国税发〔2005〕154号,国家税务总局公告2018年第31号修改)同时废止。

47. 关于《国家税务总局关于发布〈税务检查证管理办法〉的公告》的解读

近日,国家税务总局发布了《税务检查证管理办法》(以下简称《办法》)。现解读如下:

一、《办法》的出台背景

根据国税地税征管体制改革工作部署,为确保税务机构合并后税务检查工作顺利开展,进一步规范税务检查,统一税务检查证件管理,税务总局制发了《办法》。

二、税务检查证件的申领、核发主体

本《办法》对税务检查证采取分级管理。税务人员因岗位职责需要办理税务检查证时,由其所在单位税务检查证主管部门核实基础信息后,填报税务检查证申请,国家税务总局及省税务局税务检查证主管部门负责审批办证申请、税务检查证印制工作。

三、税务检查证件的使用要求

税务人员进行检查时,应当出示税务检查证和税务检查通知书,严格依法行使检查职权,并为被检查人或其他当事人保守秘密。税务检查证只限于持证人本人使用,不得转借、转让或涂改。

四、税务检查证件的换发

《办法》取消"税务检查证每五年统一更换一次"的规定,明确了税务检查证换发情形,即税务检查证严重损毁、无法使用的,持证人可以申请换发,并在办理换发手续时交回原证件。

五、税务检查证件的定期审验

除临时税务检查证外,对税务检查证实行定期审验制度,每两年审验一次,由国家税务总局及省税务局税务检查证主管部门统一组织审验工作。

六、《办法》的施行时间

本《办法》自2019年1月1日起施行,同时启用新式样的税务检查证。原各省国税、税务机关制发的尚在有效期内的税务检查证件,在2018年12月31日前可以继续使用。

48. 国家税务总局关于进一步优化办理企业税务注销程序的通知

税总发〔2018〕149号

国家税务总局各省、自治区、直辖市和计划单列市税务局,国家税务总局驻各地特派员办事处:

为深入贯彻落实党中央、国务院关于优化营商环境、深化"放管服"改革要求,进一步优化办理企业税务注销程序,现就有关事项通知如下:

一、实行清税证明免办服务

对向市场监管部门申请简易注销的纳税人，符合下列情形之一的，可免予到税务机关办理清税证明，直接向市场监管部门申请办理注销登记。

（一）未办理过涉税事宜的；

（二）办理过涉税事宜但未领用发票、无欠税（滞纳金）及罚款的。

二、优化税务注销即办服务

对向市场监管部门申请一般注销的纳税人，税务机关在为其办理税务注销时，进一步落实限时办结规定。对未处于税务检查状态、无欠税（滞纳金）及罚款、已缴销增值税专用发票及税控专用设备，且符合下列情形之一的纳税人，优化即时办结服务，采取"承诺制"容缺办理，即：纳税人在办理税务注销时，若资料不齐，可在其作出承诺后，税务机关即时出具清税文书。

（一）纳税信用级别为 A 级和 B 级的纳税人；

（二）控股母公司纳税信用级别为 A 级的 M 级纳税人；

（三）省级人民政府引进人才或经省级以上行业协会等机构认定的行业领军人才等创办的企业；

（四）未纳入纳税信用级别评价的定期定额个体工商户；

（五）未达到增值税纳税起征点的纳税人。

纳税人应按承诺的时限补齐资料并办结相关事项。若未履行承诺的，税务机关将对其法定代表人、财务负责人纳入纳税信用 D 级管理。

三、简化税务注销办理的资料和流程

（一）简化资料。对已实行实名办税的纳税人，免予提供税务登记证件和个人身份证件。

（二）开设专门窗口。在办税服务厅设置注销业务专门服务窗口，并根据情况及时增加专门服务窗口数量。

（三）提供"套餐式"服务。整合税务注销前置事项，实行"一窗受理、内部流转、限时办结、窗口出件"的"套餐式"服务模式。

（四）强化"首问责任制"和"一次性告知"。纳税人到办税服务厅办理税务注销时，首次接待的税务人员应负责问清情况，区分事项和复杂程度，分类出具需要办理的事项告知书，并做好沟通和辅导工作。

（五）优化内部工作流程和岗责分配。对纳税人办理注销业务涉及多事项的，要创新工作方式，简并优化流程、岗责，实现联动、限时处理。

四、工作要求

（一）提高认识，迅速落实。

进一步优化办理企业税务注销程序，是积极落实党中央、国务院关于优化营商环境、深化"放管服"改革要求的重要举措。各级税务机关要提高认识，深刻领会其重要意义。同时，也应清醒认识到，税务注销是税收征收管理的最后一个环节，事关国家税收安全。尤其是在当前虚开增值税发票等涉税违法案件高发的态势下，应防止不法分子钻制度空子、造成税收流失。

各级税务机关应由主要领导负总责，结合实际抓紧制定实施方案，细化措施办法，明确责任分工，强力协调推进，确保通知要求能够迅速有序落地。

（二）加强培训，广泛宣传。

各级税务机关应加强对工作人员，尤其是一线办税人员的专项业务培训，确保相关人员全面了解改革的具体措施，熟练掌握工作流程和办理要求。

各级税务机关要切实加强对纳税人的宣传辅导，通过税务网站、纳税人学堂、办税服务厅等多渠道、多角度开展解读和宣传辅导，回应纳税人和社会关切，确保纳税人享受改革红利。

（三）跟踪问效，强化督导。

各级税务机关应采取多种形式，对基层改革落实情况进行督察。要及时总结创新经验或提出合理化建议，并及时上报税务总局。

税务总局将对各地税务机关改革措施落实情况进行督察督导，对纳税人实际办税感受进行走访调研、组织明察暗访，并将结果纳入绩效考评。对工作落实不力、纳税人反映强烈的问题，一经核实，将依法依规追究相关领导及人员的责任。

本通知自 2018 年 10 月 1 日起执行。

国家税务总局
2018 年 9 月 18 日

49. 国家税务总局关于发布《从事涉税服务人员个人信用积分指标体系及积分记录规则》的公告

国家税务总局公告 2018 年第 50 号

根据《涉税专业服务监管办法（试行）》（国家税务总局公告 2017 年第 13 号发布）和《涉税专业服务信用评价管理办法（试行）》（国家税务总局公告 2017 年第 48 号发布），国家税务总局制定了《从事涉税服务人员个人信用积分指标体系及积分记录规则》，现予发布。

本公告所称从事涉税服务人员，是指在涉税专业服务机构内从事涉税服务，并纳入税务机关实名制管理的个人。

本公告自 2019 年 1 月 1 日起施行。国家税务总局将根据实施情况，适时调整《从事涉税服务人员个人信用积分指标体系及积分记录规则》并予公布。

特此公告。

附件：从事涉税服务人员个人信用积分指标体系及积分记录规则（略）。

国家税务总局
2018 年 10 月 25 日

50. 国家税务总局关于自然人纳税人识别号有关事项的公告

国家税务总局公告 2018 年第 59 号

根据新修改的《中华人民共和国个人所得税法》，为便利纳税人办理涉税业务，现就自然人纳税人识别号有关事项公告如下：

一、自然人纳税人识别号,是自然人纳税人办理各类涉税事项的唯一代码标识。

二、有中国公民身份号码的,以其中国公民身份号码作为纳税人识别号;没有中国公民身份号码的,由税务机关赋予其纳税人识别号。

三、纳税人首次办理涉税事项时,应当向税务机关或者扣缴义务人出示有效身份证件,并报送相关基础信息。

四、税务机关应当在赋予自然人纳税人识别号后告知或者通过扣缴义务人告知纳税人其纳税人识别号,并为自然人纳税人查询本人纳税人识别号提供便利。

五、自然人纳税人办理纳税申报、税款缴纳、申请退税、开具完税凭证、纳税查询等涉税事项时应当向税务机关或扣缴义务人提供纳税人识别号。

六、本公告所称"有效身份证件",是指:

(一)纳税人为中国公民且持有有效《中华人民共和国居民身份证》(以下简称"居民身份证")的,为居民身份证。

(二)纳税人为华侨且没有居民身份证的,为有效的《中华人民共和国护照》和华侨身份证明。

(三)纳税人为港澳居民的,为有效的《港澳居民来往内地通行证》或《中华人民共和国港澳居民居住证》。

(四)纳税人为台湾居民的,为有效的《台湾居民来往大陆通行证》或《中华人民共和国台湾居民居住证》。

(五)纳税人为持有有效《中华人民共和国外国人永久居留身份证》(以下简称永久居留证)的外籍个人的,为永久居留证和外国护照;未持有永久居留证但持有有效《中华人民共和国外国人工作许可证》(以下简称工作许可证)的,为工作许可证和外国护照;其他外籍个人,为有效的外国护照。

本公告自 2019 年 1 月 1 日起施行。

特此公告。

国家税务总局
2018 年 12 月 17 日

51. 关于《国家税务总局关于自然人纳税人识别号有关事项的公告》的解读

为贯彻落实新修改的《中华人民共和国个人所得税法》,国家税务总局发布了《关于自然人纳税人识别号有关事项的公告》(以下简称《公告》),现将有关内容解读如下:

一、发布《公告》的背景

自然人纳税人识别号是自然人纳税人办理各类涉税事项的唯一代码标识,也是税务机关开展征管工作的基础。为进一步梳理办事流程,明确事项要求,全面提升纳税服务质量,在充分征求各方的意见建议的基础上,国家税务总局制定了《国家税务总局关于自然人纳税人识别号有关事项的公告》。

二、《公告》的具体事项

《公告》围绕有无中国公民身份号码的两种情形,对不同身份纳税人所对应的有效身

份证件作出了具体说明,同时对纳税人识别号的用途、办理的途径以及《公告》的实施时间进行了明确,具体如下:

(一)明确了自然人纳税人识别号是自然人纳税人办理各类涉税事项的唯一代码标识。

(二)明确了自然人纳税人办理纳税人识别号的时间、渠道及所需资料。即在首次办理涉税事项时,纳税人应向税务机关或扣缴义务人提供有效身份证件及相关信息。

(三)明确了税务机关应当在赋予自然人纳税人识别号后告知或者通过扣缴义务人告知纳税人其纳税人识别号,并为自然人纳税人查询本人纳税人识别号提供便利。

(四)列举了纳税人识别号的具体用途。如自然人纳税人用以办理纳税申报、税款缴纳、申请退税、开具完税凭证、纳税查询等涉税事项。

(五)根据不同的身份类型对"有效身份证件"做了具体阐述。如持有《中华人民共和国居民身份证》的中国公民,其有效身份证件为居民身份证;没有《中华人民共和国居民身份证》的华侨,其有效身份证件为有效的《中华人民共和国护照》和华侨身份证明;港澳居民,其有效身份证件为《港澳居民来往内地通行证》或《中华人民共和国港澳居民居住证》;台湾居民,其有效身份证件为《台湾居民来往大陆通行证》或《中华人民共和国台湾居民居住证》,同时又明确了存在多种有效身份证件的情况下,应提供有效身份证件的优先层级,如纳税人为外籍个人且持有有效的《中华人民共和国外国人永久居留身份证》(以下简称永久居留证)的,为永久居留证和外国护照;未持有永久居留证但持有有效的《中华人民共和国外国人工作许可证》(以下简称工作许可证)的自然人,为工作许可证和外国护照;其他外籍自然人,为外国护照。

三、《公告》施行时间

本公告自 2019 年 1 月 1 日起施行。

52. 国家税务总局关于修改《税务部门规章制定实施办法》的决定

国家税务总局令第 45 号

《国家税务总局关于修改〈税务部门规章制定实施办法〉的决定》,已经 2018 年 12 月 29 日国家税务总局 2018 年度第 3 次局务会议审议通过,现予公布,自 2019 年 3 月 1 日起施行。

国家税务总局局长:王军

2019 年 1 月 23 日

国家税务总局关于修改《税务部门规章制定实施办法》的决定

国家税务总局决定对《税务部门规章制定实施办法》作如下修改:

一、将第二条修改为:"国家税务总局根据法律和国务院的行政法规、决定、命令,在权限范围内制定对税务机关和税务行政相对人具有普遍约束力的税务规章。

税务规章以国家税务总局令公布。"

二、增加一条,作为第三条:"税务规章的立项、起草、审查、决定、公布、解释、修改和废止,适用本办法。"

三、增加一条，作为第四条："制定税务规章，应当贯彻落实党的路线方针政策和决策部署，体现全面深化改革、全面依法治国精神，符合社会主义核心价值观的要求。

制定政治方面法律的配套税务规章和制定对经济社会有重大影响的税务规章，在提交局务会议审议前应当向国家税务总局党委报告。

按照规定应当向党中央、国务院报告的重要税务规章，依照有关程序办理。"

四、将第三条改为第五条，第一款修改为："制定税务规章，应当符合上位法的规定，体现职权与责任相统一的原则，切实保障税务行政相对人的合法权益。"

增加一款，作为第二款"没有法律或者国务院的行政法规、决定、命令的依据，税务规章不得设定减损税务行政相对人权利或者增加其义务的规范，不得增加本部门的权力或者减少本部门的法定职责。"

五、增加一条，作为第十条："国家税务总局可以向社会公开征集税务规章制定项目建议。

国家税务总局各省、自治区、直辖市和计划单列市税务局以及国家税务总局驻各地特派员办事处，可以向国家税务总局提出税务规章制定项目建议，项目建议应当包括制定税务规章的依据、必要性、所要解决的主要问题等说明。"

六、增加一条，作为第十一条："国家税务总局政策法规司（以下简称政策法规司）会同相关司局对立项申请和税务规章制定项目建议进行评估论证，拟订年度税务规章制定计划，报局务会议批准后向社会公布。

年度税务规章制定计划需要调整的，应当经局务会议批准。"

七、增加一条，作为第十三条："起草税务规章，应当深入调查研究，广泛听取相关司局、基层税务机关和社会公众的意见；相关内容与其他部门关系紧密的，应当征求其他部门的意见。

除依法需要保密的外，起草司局应当将税务规章征求意见稿及其说明向社会公开征求意见，期限一般不少于30日。依法需要听证的，起草司局应当举行听证会。

起草专业性较强的税务规章，可以吸收相关领域的专家参与，或者委托有关专家、教学科研单位、社会组织起草。"

八、将第九条改为第十四条，修改为："起草司局形成税务规章送审稿后，应当连同下列材料，一并送政策法规司审查：

（一）起草说明，包括制定税务规章的必要性、规定的主要措施、有关方面的意见及协调处理情况等；

（二）作为制定依据的法律，国务院的行政法规、决定、命令；

（三）其他相关材料，如听证会笔录、调研报告等。"

增加一款，作为第二款："按照规定应当对送审稿进行公平竞争审查的，起草司局应当提供相关审查材料。"

九、将第十条改为第十五条，第一款修改为："政策法规司应当从以下方面对税务规章送审稿进行审查：

（一）是否符合本办法第四条至第八条、第十三条的规定；

（二）是否与其他税务规章协调、衔接；

（三）是否正确处理各方面对税务规章送审稿主要问题的意见；

（四）是否符合立法技术要求；

（五）其他需要审查的内容。"

十、增加一条，作为第十六条："政策法规司按照世界贸易组织规则，对送审稿进行合规性评估。"

十一、将第十条第二款改为第十七条，修改为："税务规章送审稿有下列情形之一的，政策法规司应当退回起草司局：

（一）制定税务规章的基本条件尚不成熟或者发生重大变化的；

（二）有关司局或者其他部门对税务规章送审稿规定的主要制度存在较大争议，起草司局未进行充分协商达成一致的；

（三）未按照本办法有关规定公开征求意见的；

（四）未按照本办法第十四条规定报送相关审查材料的。"

十二、增加一条，作为第十八条："政策法规司应当按照规定，对税务规章送审稿涉及的主要问题深入调查研究、广泛听取意见；涉及重大利益调整的，应当开展论证咨询。

出现较大争议的，政策法规司应当进行协调，力求达成一致。不能达成一致的，政策法规司应当将主要问题、各方意见及时报局领导决定。"

十三、将第十条第三款改为第十九条，修改为："政策法规司应当认真研究各方面意见，会同起草司局对税务规章送审稿进行修改，形成税务规章草案和草案说明，报局务会议审议。"

十四、删去第十一条。

十五、将第十二条改为第二十条，修改为："税务规章草案经局务会议审议通过后，政策法规司应当根据局务会议审议意见进行修改，形成草案修改稿，报请局长签署国家税务总局令公布。"

十六、增加一条，作为第二十三条："税务规章应当自公布之日起30日后施行；但是，公布后不立即施行将有碍施行的，可以自公布之日起施行。"

十七、增加一条，作为第二十四条："税务规章由国家税务总局解释。

税务规章有下列情形之一的，国家税务总局应当及时作出解释：

（一）税务规章的规定需要进一步明确具体含义的；

（二）税务规章制定后出现新的情况，需要明确适用规章依据的。"

十八、增加一条，作为第二十五条："税务规章解释文本由主管司局负责起草，政策法规司参照规章送审稿审查程序提出意见，报局长批准后以公告形式公布。

税务规章的解释与税务规章具有同等效力。"

十九、增加一条，作为第二十七条："国家税务总局应当根据全面深化改革、经济社会发展需要以及上位法规定，及时组织开展税务规章清理工作。对不适应全面深化改革和经济社会发展要求、不符合上位法规定的税务规章，应当及时修改或者废止。"

二十、增加一条，作为第二十八条："国家税务总局可以根据需要，开展税务规章立法后评估，并把评估结果作为修改、废止税务规章的重要参考，具体工作由主管司局实施。"

此外，对条文顺序和个别文字作相应调整和修改。

本决定自2019年3月1日起施行。

《税务部门规章制定实施办法》根据本决定作相应修改，重新公布。

税务部门规章制定实施办法

（2002年2月1日国家税务总局令第1号公布　根据2019年1月23日国家税务总局令第45号修正）

第一条　为了规范税务部门规章（以下简称税务规章）制定工作，根据《中华人民共和国立法法》和《规章制定程序条例》，制定本办法。

第二条 国家税务总局根据法律和国务院的行政法规、决定、命令，在权限范围内制定对税务机关和税务行政相对人具有普遍约束力的税务规章。

税务规章以国家税务总局令公布。

第三条 税务规章的立项、起草、审查、决定、公布、解释、修改和废止，适用本办法。

第四条 制定税务规章，应当贯彻落实党的路线方针政策和决策部署，体现全面深化改革、全面依法治国精神，符合社会主义核心价值观的要求。

制定政治方面法律的配套税务规章和制定对经济社会有重大影响的税务规章，在提交局务会议审议前应当向国家税务总局党委报告。

按照规定应当向党中央、国务院报告的重要税务规章，依照有关程序办理。

第五条 制定税务规章，应当符合上位法的规定，体现职权与责任相统一的原则，切实保障税务行政相对人的合法权益。

没有法律或者国务院的行政法规、决定、命令的依据，税务规章不得设定减损税务行政相对人权利或者增加其义务的规范，不得增加本部门的权力或者减少本部门的法定职责。

税务规章不得溯及既往，但是为了更好地保护税务行政相对人权益而作出的特别规定除外。

第六条 税务规章的名称一般称"办法""规定""规程""规则""决定"或者"实施细则"，不得称"条例"。

第七条 税务规章应当根据需要，明确制定目的、依据、适用范围、主体、权利义务、具体规范、操作程序、法律责任、施行日期等。

税务规章用语应当准确、简洁，避免产生歧义；内容应当明确、具体，具有可操作性。

第八条 税务规章应当采用条文式。

税务规章内容复杂的，可以根据需要分章、节、条、款、项、目。章、节、条的序号用中文数字依次表述，款不编序号，项的序号用中文数字加括号依次表述，目的序号用阿拉伯数字依次表述。

第九条 国家税务总局各司局及其他机构（以下统称司局）认为需要制定税务规章的，应当于每年第一季度报请立项。

立项申请应当对制定税务规章的目的、依据、必要性、所要解决的主要问题、拟确立的主要制度等作出说明。

第十条 国家税务总局可以向社会公开征集税务规章制定项目建议。

国家税务总局各省、自治区、直辖市和计划单列市税务局以及国家税务总局驻各地特派员办事处，可以向国家税务总局提出税务规章制定项目建议，项目建议应当包括制定税务规章的依据、必要性、所要解决的主要问题等说明。

第十一条 国家税务总局政策法规司（以下称政策法规司）会同相关司局对立项申请和税务规章制定项目建议进行评估论证，拟订年度税务规章制定计划，报局务会议批准后向社会公布。

年度税务规章制定计划需要调整的，应当经局务会议批准。

第十二条 税务规章由主管司局负责起草。

税务规章内容涉及两个以上司局的，由局长指定的司局负责起草。

第十三条 起草税务规章，应当深入调查研究，广泛听取相关司局、基层税务机关和社会公众的意见；相关内容与其他部门关系紧密的，应当征求其他部门的意见。

除依法需要保密的外，起草司局应当将税务规章征求意见稿及其说明向社会公开征求意见，期限一般不少于30日。依法需要听证的，起草司局应当举行听证会。

起草专业性较强的税务规章，可以吸收相关领域的专家参与，或者委托有关专家、教学科研单位、社会组织起草。

第十四条 起草司局形成税务规章送审稿后，应当连同下列材料，一并送政策法规司审查：

（一）起草说明，包括制定税务规章的必要性、规定的主要措施、有关方面的意见及协调处理情况等；

（二）作为制定依据的法律，国务院的行政法规、决定、命令；

（三）其他相关材料，如听证会笔录、调研报告等。

按照规定应当对送审稿进行公平竞争审查的，起草司局应当提供相关审查材料。

第十五条 政策法规司应当从以下方面对税务规章送审稿进行审查：

（一）是否符合本办法第四条至第八条、第十三条的规定；

（二）是否与其他税务规章协调、衔接；

（三）是否正确处理各方面对税务规章送审稿主要问题的意见；

（四）是否符合立法技术要求；

（五）其他需要审查的内容。

第十六条 政策法规司按照世界贸易组织规则，对送审稿进行合规性评估。

第十七条 税务规章送审稿有下列情形之一的，政策法规司应当退回起草司局：

（一）制定税务规章的基本条件尚不成熟或者发生重大变化的；

（二）有关司局或者其他部门对税务规章送审稿规定的主要制度存在较大争议，起草司局未进行充分协商达成一致的；

（三）未按照本办法有关规定公开征求意见的；

（四）未按照本办法第十四条规定报送相关审查材料的。

第十八条 政策法规司应当按照规定，对税务规章送审稿涉及的主要问题深入调查研究、广泛听取意见；涉及重大利益调整的，应当开展论证咨询。

出现较大争议的，政策法规司应当进行协调，力求达成一致。不能达成一致的，政策法规司应当将主要问题、各方意见及时报局领导决定。

第十九条 政策法规司应当认真研究各方面意见，会同起草司局对税务规章送审稿进行修改，形成税务规章草案和草案说明，报局务会议审议。

第二十条 税务规章草案经局务会议审议通过后，政策法规司应当根据局务会议审议意见进行修改，形成草案修改稿，报请局长签署国家税务总局令公布。

第二十一条 由国家税务总局主办与国务院其他部门联合制定税务规章的，依照本办法的规定执行。

依照前款规定联合制定的税务规章，由局长和其他部门首长共同署名，并以国家税务总局令公布。

第二十二条 税务规章签署公布后，应当及时在《国家税务总局公报》、国家税务总局网站以及《中国税务报》上刊载。

在《国家税务总局公报》上刊登的税务规章文本为标准文本。

《国家税务总局公报》的编纂和有关税务规章公告事宜，由办公厅和政策法规司负责实施。

第二十三条 税务规章应当自公布之日起30日后施行；但是，公布后不立即施行将有碍施行的，可以自公布之日起施行。

第二十四条　税务规章由国家税务总局解释。

税务规章有下列情形之一的，国家税务总局应当及时作出解释：

（一）税务规章的规定需要进一步明确具体含义的；

（二）税务规章制定后出现新的情况，需要明确适用规章依据的。

第二十五条　税务规章解释文本由主管司局负责起草，政策法规司参照规章送审稿审查程序提出意见，报局长批准后以公告形式公布。

税务规章的解释与税务规章具有同等效力。

第二十六条　税务规章应当自公布之日起30日内报国务院备案，具体工作由政策法规司实施。

第二十七条　国家税务总局应当根据全面深化改革、经济社会发展需要以及上位法规定，及时组织开展税务规章清理工作。对不适应全面深化改革和经济社会发展要求、不符合上位法规定的税务规章，应当及时修改或者废止。

第二十八条　国家税务总局可以根据需要，开展税务规章立法后评估，并把评估结果作为修改、废止税务规章的重要参考，具体工作由主管司局实施。

第二十九条　编辑出版有关税务规章汇编，由政策法规司依照国务院《法规汇编编辑出版管理规定》的有关规定执行。

第三十条　国家税务总局负责草拟法律、行政法规代拟稿的，参照本办法办理。

第三十一条　本办法自2002年3月1日起施行。

53.国家税务总局关于调整《中国税收居民身份证明》有关事项的公告

国家税务总局公告2019年第17号

根据《中华人民共和国个人所得税法》及其实施条例等相关法律法规，为配合个人所得税改革，国家税务总局决定调整《中国税收居民身份证明》（以下简称《税收居民证明》，见附件1）开具部分事项。现就有关事项公告如下：

一、申请人应向主管其所得税的县税务局（以下称主管税务机关）申请开具《税收居民证明》。中国居民企业的境内、境外分支机构应由其中国总机构向总机构主管税务机关申请。合伙企业应当以其中国居民合伙人作为申请人，向中国居民合伙人主管税务机关申请。

二、申请人申请开具《税收居民证明》应向主管税务机关提交以下资料：

（一）《中国税收居民身份证明》申请表（附件2）；

（二）与拟享受税收协定待遇收入有关的合同、协议、董事会或者股东会决议、相关支付凭证等证明资料；

（三）申请人为个人且在中国境内有住所的，提供因户籍、家庭、经济利益关系而在中国境内习惯性居住的证明材料，包括申请人身份信息、住所情况说明等资料；

（四）申请人为个人且在中国境内无住所，而一个纳税年度内在中国境内居住累计满183天的，提供在中国境内实际居住时间的证明材料，包括出入境信息等资料；

（五）境内、境外分支机构通过其总机构提出申请时，还需提供总分机构的登记注册情况；

（六）合伙企业的中国居民合伙人作为申请人提出申请时，还需提供合伙企业登记注册情况。

上述填报或提供的资料应提交中文文本，相关资料原件为外文文本的，应当同时提供中文译本。申请人向主管税务机关提交上述资料的复印件时，应在复印件上加盖申请人印章或签字，主管税务机关核验原件后留存复印件。

三、本公告自2019年5月1日起施行。《国家税务总局关于开具〈中国税收居民身份证明〉有关事项的公告》（国家税务总局公告2016年第40号发布，国家税务总局公告2018年第31号修改）第二条、第四条和附件1、附件2同时废止。

附件：1. 中国税收居民身份证明（略）。
2.《中国税收居民身份证明》申请表（略）。

国家税务总局
2019年4月1日

54. 国家税务总局关于修订《纳税服务投诉管理办法》的公告

国家税务总局公告2019年第27号

为认真贯彻党中央、国务院关于深化"放管服"改革、优化营商环境的部署，进一步规范纳税服务投诉管理，提高投诉办理效率，维护纳税人（含缴费人、扣缴义务人和其他当事人）的合法权益，国家税务总局修订了《纳税服务投诉管理办法》，现予以发布，自2019年8月1日起施行。

特此公告。

国家税务总局
2019年6月26日

纳税服务投诉管理办法

第一章 总 则

第一条 为保护纳税人（含缴费人、扣缴义务人和其他当事人，下同）的合法权益，规范纳税服务（含社会保险费和非税收入征缴服务，下同）投诉管理工作，构建和谐的税收征纳关系，根据《中华人民共和国税收征收管理法》及相关税收法律法规，制定本办法。

第二条 纳税人认为税务机关及其工作人员在履行纳税服务职责过程中未提供规范、文明的纳税服务或者有其他侵犯其合法权益的情形，向税务机关进行投诉，税务机关办理纳税人投诉事项，适用本办法。

第三条 对依法应当通过税务行政复议、诉讼、举报等途径解决的事项，依照有关法律、法规、规章及规范性文件的规定办理。

第四条 纳税服务投诉管理工作遵循依法公正、规范高效、属地管理、分级负责的原则。

第五条 纳税人进行纳税服务投诉需遵从税收法律、法规、规章、规范性文件，并客观、真实地反映相关情况，不得隐瞒、捏造、歪曲事实，不得侵害他人合法权益。

第六条 税务机关及其工作人员在办理纳税服务投诉事项时，不得徇私、偏袒，不得打击、报复，并应当对投诉人信息保密。

第七条 各级税务机关的纳税服务部门是纳税服务投诉的主管部门，负责纳税服务投诉的接收、受理、调查、处理、反馈等事项。需要其他部门配合的，由纳税服务部门进行统筹协调。

第八条 各级税务机关应当配备专职人员从事纳税服务投诉管理工作，保障纳税服务投诉工作的顺利开展。

第二章 纳税服务投诉范围

第九条 本办法所称纳税服务投诉包括：

（一）纳税人对税务机关工作人员服务言行进行的投诉；

（二）纳税人对税务机关及其工作人员服务质效进行的投诉；

（三）纳税人对税务机关及其工作人员在履行纳税服务职责过程中侵害其合法权益的行为进行的其他投诉。

第十条 对服务言行的投诉，是指纳税人认为税务机关工作人员在履行纳税服务职责过程中服务言行不符合文明服务规范要求而进行的投诉。具体包括：

（一）税务机关工作人员服务用语不符合文明服务规范要求的；

（二）税务机关工作人员行为举止不符合文明服务规范要求的。

第十一条 对服务质效的投诉，是指纳税人认为税务机关及其工作人员在履行纳税服务职责过程中未能提供优质便捷的服务而进行的投诉。具体包括：

（一）税务机关及其工作人员未准确掌握税收法律法规等相关规定，导致纳税人应享受未享受税收优惠政策的；

（二）税务机关及其工作人员未按规定落实首问责任、一次性告知、限时办结、办税公开等纳税服务制度的；

（三）税务机关及其工作人员未按办税事项"最多跑一次"服务承诺办理涉税业务的；

（四）税务机关未能向纳税人提供便利化办税渠道的；

（五）税务机关及其工作人员擅自要求纳税人提供规定以外资料的；

（六）税务机关及其工作人员违反规定强制要求纳税人出具涉税鉴证报告，违背纳税人意愿强制代理、指定代理的。

第十二条 侵害纳税人合法权益的其他投诉，是指纳税人认为税务机关及其工作人员在履行纳税服务职责过程中未依法执行税收法律法规等相关规定，侵害纳税人的合法权益而进行的其他投诉。

第十三条 投诉内容存在以下情形的，不属于本办法所称纳税服务投诉的范围：

（一）违反法律、法规、规章有关规定的；

（二）针对法律、法规、规章和规范性文件规定进行投诉的；

（三）超出税务机关法定职责和权限的；

（四）不属于本办法投诉范围的其他情形。

第三章 提交与受理

第十四条 纳税人可以通过网络、电话、信函或者当面等方式提出投诉。

第十五条 纳税人对纳税服务的投诉，可以向本级税务机关提交，也可以向其上级税务机关提交。

第十六条 纳税人进行纳税服务投诉原则上以实名提出。

第十七条 纳税人进行实名投诉，应当列明下列事项：

（一）投诉人的姓名（名称）、有效联系方式；

（二）被投诉单位名称或者被投诉个人的相关信息及其所属单位；

（三）投诉请求、主要事实、理由。

纳税人通过电话或者当面方式提出投诉的，税务机关在告知纳税人的情况下可以对投诉内容进行录音或者录像。

第十八条 已就具体行政行为申请税务行政复议或者提起税务行政诉讼，但具体行政行为存在不符合文明规范言行问题的，可就该问题单独向税务机关进行投诉。

第十九条 纳税服务投诉符合本办法规定的投诉范围且属于下列情形的，税务机关应当受理：

（一）纳税人进行实名投诉，且投诉材料符合本办法第十七条要求；

（二）纳税人虽进行匿名投诉，但投诉的事实清楚、理由充分，有明确的被投诉人，投诉内容具有典型性。

第二十条 属于下列情形，税务机关不予受理：

（一）对税务机关已经处理完毕且经上级税务机关复核的相同投诉事项再次投诉的；

（二）对税务机关依法、依规受理，且正在办理的服务投诉再次投诉的；

（三）不属于本办法投诉范围的其他情形。

第二十一条 税务机关收到投诉后应于1个工作日内决定是否受理，并按照"谁主管、谁负责"的原则办理或转办。

第二十二条 对于不予受理的实名投诉，税务机关应当以适当形式告知投诉人，并说明理由。逾期未告知的，视同自收到投诉后1个工作日内受理。

第二十三条 上级税务机关认为下级税务机关应当受理投诉而不受理或者不予受理的理由不成立的，可以责令其受理。

上级税务机关认为有必要的，可以直接受理应由下级税务机关受理的纳税服务投诉。

第二十四条 纳税人的同一投诉事项涉及两个以上税务机关的，应当由首诉税务机关牵头协调处理。首诉税务机关协调不成功的，应当向上级税务机关申请协调处理。

第二十五条 纳税人就同一事项通过不同渠道分别投诉的，税务机关接收后可合并办理。

第二十六条 税务机关应当建立纳税服务投诉事项登记制度，记录投诉时间、投诉人、被投诉人、联系方式、投诉内容、受理情况以及办理结果等有关内容。

第二十七条 各级税务机关应当向纳税人公开负责纳税服务投诉机构的通讯地址、投诉电话、税务网站和其他便利投诉的事项。

第四章 调查与处理

第二十八条 税务机关调查处理投诉事项，应依法依规、实事求是、注重调解，化解征纳争议。

第二十九条 税务机关调查人员与投诉事项或者投诉人、被投诉人有利害关系的，应当回避。

第三十条 调查纳税服务投诉事项,应当由两名以上工作人员参加。一般流程为:

(一)核实情况。查阅文件资料,调取证据,听取双方陈述事实和理由,必要时可向其他组织和人员调查或实地核查;

(二)沟通调解。与投诉人、被投诉人确认基本事实,强化沟通,化解矛盾,促进双方就处理意见形成共识;

(三)提出意见。依照有关法律、法规、规章及其他有关规定提出处理意见。

第三十一条 税务机关对各类服务投诉应限期办结。对服务言行类投诉,自受理之日起5个工作日内办结;服务质效类、其他侵害纳税人合法权益类投诉,自受理之日起10个工作日内办结。

第三十二条 属于下列情形的,税务机关应快速处理,自受理之日起3个工作日内办结。

(一)本办法第十一条第一项所规定的情形;

(二)自然人纳税人提出的个人所得税服务投诉;

(三)自然人缴费人提出的社会保险费和非税收入征缴服务投诉;

(四)涉及其他重大政策落实的服务投诉。

第三十三条 服务投诉因情况复杂不能按期办结的,经受理税务机关纳税服务部门负责人批准,可适当延长办理期限,最长不得超过10个工作日,同时向转办部门进行说明并向投诉人做好解释。

第三十四条 属于下列情形的,税务机关可即时处理:

(一)纳税人当场提出投诉,事实简单、清楚,不需要进行调查的;

(二)一定时期内集中发生的同一投诉事项且已有明确处理意见的。

第三十五条 纳税人当场投诉事实成立的,被投诉人应当立即停止或者改正被投诉的行为,并向纳税人赔礼道歉,税务机关应当视情节轻重给予被投诉人相应处理;投诉事实不成立的,处理投诉事项的税务机关工作人员应当向纳税人说明理由。

第三十六条 调查过程中发生下列情形之一的,应当终结调查,并向纳税人说明理由:

(一)投诉事实经查不属于纳税服务投诉事项的;

(二)投诉内容不具体,无法联系投诉人或者投诉人拒不配合调查,导致无法调查核实的;

(三)投诉人自行撤销投诉,经核实确实不需要进一步调查的;

(四)已经处理反馈的投诉事项,投诉人就同一事项再次投诉,没有提供新证据的;

(五)调查过程中发现不属于税务机关职责范围的。

第三十七条 税务机关根据调查核实的情况,对纳税人投诉的事项分别作出如下处理:

(一)投诉情况属实的,责令被投诉人限期改正,并视情节轻重分别给予被投诉人相应的处理;

(二)投诉情况不属实的,向投诉人说明理由。

第三十八条 税务机关应在规定时限内将处理结果以适当形式向投诉人反馈。

反馈时应告知投诉人投诉是否属实,对投诉人权益造成损害的行为是否终止或改正;不属实的投诉应说明理由。

第三十九条 投诉人对税务机关反馈的处理情况有异议的,税务机关应当决定是否开展补充调查以及是否重新作出处理结果。

第四十条 投诉人认为处理结果显失公正的,可向上级税务机关提出复核申请。上级税务机关自受理之日起,10个工作日内作出复核意见。

第四十一条 税务机关及其工作人员阻拦、限制投诉人投诉或者打击报复投诉人的,由其上级机关依法依规追究责任。

第四十二条 投诉人捏造事实、恶意投诉,或者干扰和影响正常工作秩序,对税务机关、税务人员造成负面影响的,投诉人应依法承担相应责任。

第五章 指导与监督

第四十三条 上级税务机关应当加强对下级税务机关纳税服务投诉工作的指导与监督,督促及时、规范处理。

第四十四条 各级税务机关对于办理纳税服务投诉过程中发现的有关税收制度或者行政执法中存在的普遍性问题,应当向有关部门提出合理化建议。

第四十五条 各级税务机关应当积极依托信息化手段,规范流程、强化监督,不断提高纳税服务投诉处理质效。

第六章 附 则

第四十六条 国家税务总局各省、自治区、直辖市和计划单列市税务局可以根据本办法制定具体的实施办法。

第四十七条 本办法自2019年8月1日起施行。《国家税务总局关于修订〈纳税服务投诉管理办法〉的公告》(国家税务总局公告2015年第49号,国家税务总局公告2018年第31号修改)同时废止。

55.关于《国家税务总局关于修订〈纳税服务投诉管理办法〉的公告》的解读

一、修订《办法》的背景

《纳税服务投诉管理办法》(税务总局公告2015年第49号发布,以下简称旧《办法》)自2015年修订以来,有效指导了各级税务机关受理纳税人投诉,切实维护了纳税人合法权益。近年来,党中央、国务院深化国税地税征管体制改革、推进"放管服"改革、税制改革、减税降费等重大决策部署,对纳税服务投诉管理提速增效提出了新的要求。进一步规范纳税服务投诉管理,提高投诉办理效率,才能更好地解决纳税人和缴费人最关心、最直接、最现实的问题。这也是各级税务机关开展"不忘初心、牢记使命"主题教育,需要认真落实的重要举措。为此,税务总局对旧《办法》进行了修订,发布了《关于修订〈纳税服务投诉管理办法〉的公告》,努力以税务人的"辛苦指数"换取纳税人和缴费人的"满意指数"。

二、修订的主要考虑

修订旧《办法》主要有以下考虑:一是紧扣"不忘初心、牢记使命"主题教育要求,为民服务解难题。坚持问题导向,立行立改,针对纳税人集中反映投诉管理中的问题,对旧《办法》进行修改。二是着眼新形势新要求,丰富内容。按照深化国税地税征管体制改革后税务部门职责分工,完善了投诉主体,同时增加了复核环节,拓宽了纳税人有效维权渠道。三是响应纳税人诉求,保障权益。针对纳税人反映多的办理时限长、办理复杂等问题,进一步压缩投诉办理时限和优化办理流程,并建立了快速处理机制,最大程度保障纳税人合法权益。四是整合现行规定,方便了纳税人,规范了税务人。梳理整合散落在不同文件中的小型微利企业税收优惠政策落实投诉快速处理、个人所得税纳税服务投诉等规定，既方便纳税人，又便于基层税务机关规范和执行。

三、修订的主要内容

（一）扩展了投诉主体。为适应国税地税征管体制改革，社会保险费、非税收入征管职责划转税务部门的工作要求，修订后的《办法》将缴费人纳入纳税服务投诉人的范畴。

（二）明晰了业务边界。修订后的《办法》重新梳理了纳税服务投诉的受理范围，进一步厘清了纳税服务投诉和举报的边界。

（三）明确了受理范围。对照《纳税人权利与义务公告》有关纳税人合法权利的规定，结合《全国税务机关纳税服务规范》《纳税人办税指南》，修订后的《办法》进一步优化了投诉的受理范围和分类：一是将对"服务态度"的投诉，修订为对"服务言行"的投诉，以进一步明确投诉内容；二是对服务质效投诉和侵害纳税人权益投诉的内容进行了重新归类和描述，使之与税务系统深化"放管服"工作更加契合，内容更加详细具体，便于各地税务机关执行。

（四）压缩了处理时限。一是将各类办理时限全部压缩了50%：受理审查环节由2个工作日压缩为1个工作日，服务质效、权益保护类投诉的办理时限从20个工作日压缩到10个工作日，服务言行类投诉的办理时限将原来的服务态度类的10个工作日压缩至5个工作日；二是细化了投诉的简易程序，对现场投诉、一定时期内集中发生的同一投诉事项且已有明确处理意见的情形，均适用简易程序，采取即时办结，进一步提速投诉处理。

（五）建立了快速处理机制。近年来，为落实党中央、国务院决策部署，税务总局出台了小型微利企业税收优惠政策落实投诉快速处理机制、加强个人所得税纳税服务投诉管理等规定，为最大程度保障纳税人合法权益，本次修订对现行有效的投诉事项进行了整合，便于基层税务机关执行。同时考虑到改革的前瞻性，快速处理机制同样适用于自然人提出的社会保险费和非税收入征缴服务投诉，更好满足自然人表达诉求更多元、更迫切要求。

（六）规范了投诉处理流程。一是接收和受理方面，对纳税人就同一事项通过不同渠道重复投诉的，规定了税务机关可合并办理。对纳税人反复投诉而没有新证据的情形，规定了税务机关终结调查的程序；二是规范调查核实程序，明确了核实情况、沟通调解、提出意见等基本流程规定；三是进一步明确了投诉处理及反馈的要求，对税务机关作出处理决定，实施结果反馈进行了规范。

（七）增加了复核环节。近年来，针对纳税人对投诉处理结果有异议的情形，旧《办法》没有明确救济途径，导致纳税人缠诉问题有所增加。本次修订将上级税务机关复核作为救济渠道，投诉人认为投诉处理结果显失公正的，可以向上级税务机关申请复核，既完善了纳税人有效维权渠道，又可以通过复核机制的实施，加强上级机关对下级单位投诉处理的监督管理。

56. 国家税务总局关于纳税信用修复有关事项的公告

国家税务总局公告2019年第37号

为鼓励和引导纳税人增强依法诚信纳税意识，主动纠正纳税失信行为，根据《国务院办公厅关于加快推进社会信用体系建设构建以信用为基础的新型监管机制的指导意见》（国办发〔2019〕35号），现就纳税信用修复有关事项公告如下：

一、纳入纳税信用管理的企业纳税人，符合下列条件之一的，可在规定期限内向主管税务机关申请纳税信用修复。

（一）纳税人发生未按法定期限办理纳税申报、税款缴纳、资料备案等事项且已补办的。

（二）未按税务机关处理结论缴纳或者足额缴纳税款、滞纳金和罚款，未构成犯罪，纳税信用级别被直接判为D级的纳税人，在税务机关处理结论明确的期限期满后60日内足额缴纳、补缴的。

（三）纳税人履行相应法律义务并由税务机关依法解除非正常户状态的。

《纳税信用修复范围及标准》见附件1。

二、符合本公告第一条第（一）项所列条件且失信行为已纳入纳税信用评价的，纳税人可在失信行为被税务机关列入失信记录的次年年底前向主管税务机关提出信用修复申请，税务机关按照《纳税信用修复范围及标准》调整该项纳税信用评价指标分值，重新评价纳税人的纳税信用级别；符合本公告第一条第（一）项所列条件但失信行为尚未纳入纳税信用评价的，纳税人无需提出申请，税务机关按照《纳税信用修复范围及标准》调整纳税人该项纳税信用评价指标分值并进行纳税信用评价。

符合本公告第一条第（二）项、第（三）项所列条件的，纳税人可在纳税信用被直接判为D级的次年年底前向主管税务机关提出申请，税务机关根据纳税人失信行为纠正情况调整该项纳税信用评价指标的状态，重新评价纳税人的纳税信用级别，但不得评价为A级。

非正常户失信行为纳税信用修复一个纳税年度内只能申请一次。纳税年度自公历1月1日起至12月31日止。

纳税信用修复后纳税信用级别不再为D级的纳税人，其直接责任人注册登记或者负责经营的其他纳税人之前被关联为D级的，可向主管税务机关申请解除纳税信用D级关联。

三、需向主管税务机关提出纳税信用修复申请的纳税人应填报《纳税信用修复申请表》（附件2），并对纠正失信行为的真实性作出承诺。

税务机关发现纳税人虚假承诺的，撤销相应的纳税信用修复，并按照《纳税信用评价指标和评价方式（试行）调整表》（附件3）予以扣分。

四、主管税务机关自受理纳税信用修复申请之日起15个工作日内完成审核，并向纳税人反馈信用修复结果。

五、纳税信用修复完成后，纳税人按照修复后的纳税信用级别适用相应的税收政策和管理服务措施，之前已适用的税收政策和管理服务措施不作追溯调整。

六、本公告自2020年1月1日起施行。

附件：1. 纳税信用修复范围及标准（略）。
2. 纳税信用修复申请表（略）。
3. 纳税信用评价指标和评价方式（试行）调整表（略）。

国家税务总局
2019年11月7日

57. 关于《国家税务总局关于纳税信用修复有关事项的公告》的解读

为贯彻落实《国务院办公厅关于加快推进社会信用体系建设构建以信用为基础的新型监管机制的指导意见》（国办发〔2019〕35号），鼓励和引导纳税人增强依法诚信纳税意识，主动纠正纳税失信行为，税务总局发布了《国家税务总局关于纳税信用修复有关事项的公告》（以下称《公告》），对开展纳税信用修复的相关问题进行了明确。现就《公告》的主要内容解读如下：

一、《公告》背景

自2014年《纳税信用管理办法（试行）》（国家税务总局公告2014年第40号发布）和《纳税信用评价指标和评价方式（试行）》（国家税务总局公告2014年第48号发布，国家税务总局公告2016年第9号、2018年第31号修改）实施以来，守信激励、失信惩戒的纳税信用管理体系初步构建，纳税信用应用场景不断拓展，良好的纳税信用状况可以为纳税人带来许多实惠，反之则会受到多种限制，越来越多纳税人希望能够通过主动纠错的方式尽快修复自身信用，减少信用损失。与此同时，2019年7月，国务院办公厅印发《关于加快推进社会信用体系建设构建以信用为基础的新型监管机制的指导意见》（国办发〔2019〕35号），提出要探索建立信用修复机制，失信市场主体在规定期限内纠正失信行为、消除不良影响的，可通过作出信用承诺、完成信用整改等方式开展信用修复。为此，结合往年纳税信用评价情况，经过反复调研、座谈、征求纳税人意见建议，税务总局研究制定了《公告》，对纳入纳税信用管理的企业纳税人实施纳税信用修复。

二、关于可申请纳税信用修复的情形

信用修复不是简单的"洗白记录"，也不是简单的"退出惩戒"。按照有限度修复的原则，《公告》第一条明确了19种情节轻微或未造成严重社会影响的纳税信用失信行为，及相应的修复条件，共包括15项未按规定期限办理纳税申报、税款缴纳、资料备案等事项和4项直接判D级情形。从往年纳税信用评价情况看，上述情形扣分频次较高、涉及纳税人范围较大，《公告》实施后，符合条件的纳税人可向税务机关申请纳税信用修复。

三、关于纳税信用修复的条件和标准

开展纳税信用修复以纠正失信行为为前提。纳税人应在规定期限内纠正失信行为方可申请纳税信用修复，具体情形对应的修复标准详见《纳税信用修复范围及标准》。

（一）纳税人发生未按法定期限办理纳税申报、税款缴纳、资料备案等事项且已补办的，加分分值根据补办时间与失信行为被税务机关列入失信记录的时间间隔确定，在30日内、本年内、次年内纠正的，分别能挽回80%、40%、20%的扣分损失。对于未按规定期限申报或缴纳已申报的税款等事项，若涉及税款金额不超过1 000元且纳税人能在失信行为被记录的30日内及时补办的，则补回100%的扣分分值。

（二）未按税务机关处理结论缴纳或者足额缴纳税款、滞纳金和罚款，未构成犯罪，纳税信用级别被直接判为D级的纳税人，应在税务机关处理结论明确的期限期满后60日内足额缴纳、补缴税款、滞纳金和罚款，方能申请纳税信用修复。

（三）非正常户纳税人应履行相应法律义务，经税务机关依法解除非正常状态，方能申请纳税信用修复。非正常户失信行为纳税信用修复一个纳税年度内只能申请一次。纳税年

度自公历 1 月 1 日起至 12 月 31 日止。

四、关于纳税信用修复的时限和程序

（一）对于符合《公告》第一条第（一）项所列条件且失信行为已纳入纳税信用评价的，纳税人可在失信行为被税务机关列入失信记录的次年年底前向主管税务机关提出信用修复申请。失信行为尚未纳入纳税信用评价的，纳税人无需提出申请，由税务机关按照《纳税信用修复范围及修复标准》对纳税人该项纳税信用评价指标分值进行调整，并按照规定做好后续的纳税信用评价。上述"纳入纳税信用评价"是指税务机关已启动相应年度的纳税信用评价工作，相关失信行为的扣分情况已记入年度纳税信用评价指标得分。

（二）对于符合本公告第一条第（二）（三）项所列条件的，纳税人可在纳税信用被直接判为 D 级的次年年底前向主管税务机关提出申请。税务机关根据纳税人失信行为纠正情况对该项纳税信用评价指标的状态进行调整，并重新评价纳税人纳税信用级别，但不得评价为 A 级。

（三）纳税信用修复后纳税信用不再为 D 级的纳税人，其直接责任人注册登记或负责经营的其他纳税人被关联为 D 级的，可向主管税务机关申请解除纳税信用 D 级关联。

（四）申请纳税信用修复的纳税人向主管税务机关提交《纳税信用修复申请表》，并对纠正失信行为的真实性作出承诺。主管税务机关自受理纳税信用修复申请之日起 15 个工作日内完成审核，并向纳税人反馈信用修复结果。

五、关于纳税信用修复结果

修复指标调整将与相应扣分及直接判级指标一一对应。对于修复后涉及纳税信用级别调整的，税务机关也将记录评价结果调整情况。纳税信用修复完成后，纳税人按照修复后的纳税信用级别适用相应的税收政策和管理服务措施，之前已适用的税收政策和管理服务措施不作追溯调整。税务机关发现纳税人未履行信用修复承诺，通过提交虚假材料申请纳税信用修复的，在核实后撤销已完成的纳税信用修复，并在纳税信用年度评价中按次扣 5 分。

六、关于纳税信用修复和纳税信用复评的关系

纳税信用修复适用于纳税人发生了失信行为并且主动纠正、消除不良影响后向税务机关申请恢复其纳税信用的情形。纳税信用复评适用于纳税人对纳税信用评价结果有异议，认为部分纳税信用指标扣分或直接判级有误或属于非自身原因导致，而采取的一种维护自身权益的行为。纳税信用修复的前提是纳税人对税务机关作出的年度评价结果无异议，如有异议，应先进行纳税信用复评后再申请纳税信用修复。

七、公告的施行

本公告自 2020 年 1 月 1 日起施行。

58. 税收违法行为检举管理办法

国家税务总局令第 49 号

第一章 总　则

第一条　为了保障单位、个人依法检举纳税人、扣缴义务人违反税收法律、行政法规行为的权利，规范检举秩序，根据《中华人民共和国税收征收管理法》及其实施细则的有关规定，制定本办法。

第二条 本办法所称检举，是指单位、个人采用书信、电话、传真、网络、来访等形式，向税务机关提供纳税人、扣缴义务人税收违法行为线索的行为。

采用前款所述的形式，检举税收违法行为的单位、个人称检举人；被检举的纳税人、扣缴义务人称被检举人。

检举人可以实名检举，也可以匿名检举。

第三条 本办法所称税收违法行为，是指涉嫌偷税（逃避缴纳税款）、逃避追缴欠税、骗税，虚开、伪造、变造发票，以及其他与逃避缴纳税款相关的税收违法行为。

第四条 检举管理工作坚持依法依规、分级分类、属地管理、严格保密的原则。

第五条 市（地、州、盟）以上税务局稽查局设立税收违法案件举报中心。国家税务总局稽查局税收违法案件举报中心负责接收税收违法行为检举，督促、指导、协调处理重要检举事项；省、自治区、直辖市、计划单列市和市（地、州、盟）税务局稽查局税收违法案件举报中心负责税收违法行为检举的接收、受理、处理和管理；各级跨区域稽查局和县税务局应当指定行使税收违法案件举报中心职能的部门，负责税收违法行为检举的接收，并按规定职责处理。

本办法所称举报中心是指前款所称的税收违法案件举报中心和指定行使税收违法案件举报中心职能的部门。举报中心应当对外挂标识牌。

第六条 税务机关应当向社会公布举报中心的电话（传真）号码、通讯地址、邮政编码、网络检举途径，设立检举接待场所和检举箱。

税务机关同时通过12366纳税服务热线接收税收违法行为检举。

第七条 税务机关应当与公安、司法、纪检监察和信访等单位加强联系和合作，做好检举管理工作。

第八条 检举税收违法行为是检举人的自愿行为，检举人因检举而产生的支出应当由其自行承担。

第九条 检举人在检举过程中应当遵守法律、行政法规等规定；应当对其所提供检举材料的真实性负责，不得捏造、歪曲事实，不得诬告、陷害他人；不得损害国家、社会、集体的利益和其他公民的合法权益。

第二章 检举事项的接收与受理

第十条 检举人检举税收违法行为应当提供被检举人的名称（姓名）、地址（住所）和税收违法行为线索；尽可能提供被检举人统一社会信用代码（身份证件号码）、法定代表人、实际控制人信息和其他相关证明资料。

鼓励检举人提供书面检举材料。

第十一条 举报中心接收实名检举，应当准确登记实名检举人信息。

检举人以个人名义实名检举应当由本人提出；以单位名义实名检举应当委托本单位工作人员提出。

多人联名进行实名检举的，应当确定第一联系人；未确定的，以检举材料的第一署名人为第一联系人。

第十二条 12366纳税服务热线接收电话检举后，应当按照以下分类转交相关部门：

（一）符合本办法第三条规定的检举事项，应当及时转交举报中心；

（二）对应开具而未开具发票、未申报办理税务登记及其他轻微税收违法行为的检举事项，按照有关规定直接转交被检举人主管税务机关相关业务部门处理；

（三）其他检举事项转交有处理权的单位或者部门。

税务机关的其他单位或者部门接到符合本办法第三条规定的检举材料后，应当及时转交举报中心。

第十三条 以来访形式实名检举的，检举人应当提供营业执照、居民身份证等有效身份证件的原件和复印件。

以来信、网络、传真形式实名检举的，检举人应当提供营业执照、居民身份证等有效身份证件的复印件。

以电话形式要求实名检举的，税务机关应当告知检举人采取本条第一款、第二款的形式进行检举。

检举人未采取本条第一款、第二款的形式进行检举的，视同匿名检举。

举报中心可以应来访的实名检举人要求出具接收回执；对多人联名进行实名来访检举的，向其确定的第一联系人或者第一署名人出具接收回执。

第十四条 来访检举应当到税务机关设立的检举接待场所；多人来访提出相同检举事项的，应当推选代表，代表人数应当在3人以内。

第十五条 接收来访口头检举，应当准确记录检举事项，交检举人阅读或者向检举人宣读确认。实名检举的，由检举人签名或者盖章；匿名检举的，应当记录在案。

接收电话检举，应当细心接听、询问清楚、准确记录。

接收电话、来访检举，经告知检举人后可以录音、录像。

接收书信、传真等书面形式检举，应当保持检举材料的完整，及时登记处理。

第十六条 税务机关应当合理设置检举接待场所。检举接待场所应当与办公区域适当分开，配备使用必要的录音、录像等监控设施，保证监控设施对接待场所全覆盖并正常运行。

第十七条 举报中心对接收的检举事项，应当及时审查，有下列情形之一的，不予受理：

（一）无法确定被检举对象，或者不能提供税收违法行为线索的；

（二）检举事项已经或者依法应当通过诉讼、仲裁、行政复议以及其他法定途径解决的；

（三）对已经查结的同一检举事项再次检举，没有提供新的有效线索的。

除前款规定外，举报中心自接收检举事项之日起即为受理。

举报中心可以应实名检举人要求，视情况采取口头或者书面方式解释不予受理原因。

国家税务总局稽查局举报中心对本级收到的检举事项应当进行甄别。对本办法第三条规定以外的检举事项，转送有处理权的单位或者部门；对本办法第三条规定范围内的检举事项，按属地管理原则转送相关举报中心，由该举报中心审查并决定是否受理。国家税务总局稽查局举报中心应当定期向相关举报中心了解所转送检举事项的受理情况，对应受理未受理的应予以督办。

第十八条 未设立稽查局的县税务局受理的检举事项，符合本办法第三条规定的，提交上一级税务局稽查局举报中心统一处理。

各级跨区域稽查局受理的检举事项，符合本办法第三条规定的，提交同级税务局稽查局备案后处理。

第十九条 检举事项管辖有争议的，由争议各方本着有利于案件查处的原则协商解决；不能协商一致的，报请共同的上一级税务机关协调或者决定。

第三章 检举事项的处理

第二十条 检举事项受理后，应当分级分类，按照以下方式处理：

（一）检举内容详细、税收违法行为线索清楚、证明资料充分的，由稽查局立案检查。

（二）检举内容与线索较明确但缺少必要证明资料，有可能存在税收违法行为的，由稽查局调查核实。发现存在税收违法行为的，立案检查；未发现的，作查结处理。

（三）检举对象明确，但其他检举事项不完整或者内容不清、线索不明的，可以暂存待查，待检举人将情况补充完整以后，再进行处理。

（四）已经受理尚未查结的检举事项，再次检举的，可以合并处理。

（五）本办法第三条规定以外的检举事项，转交有处理权的单位或者部门。

第二十一条 举报中心可以税务机关或者以自己的名义向下级税务机关督办、交办检举事项。

第二十二条 举报中心应当在检举事项受理之日起十五个工作日内完成分级分类处理，特殊情况除外。

查处部门应当在收到举报中心转来的检举材料之日起三个月内办理完毕；案情复杂无法在期限内办理完毕的，可以延期。

第二十三条 税务局稽查局对督办案件的处理结果应当认真审查。对于事实不清、处理不当的，应当通知承办机关补充调查或者重新调查，依法处理。

第四章 检举事项的管理

第二十四条 举报中心应当严格管理检举材料，逐件登记已受理检举事项的主要内容、办理情况和检举人、被检举人的基本情况。

第二十五条 已接收的检举材料原则上不予退还。不予受理的检举材料，登记检举事项的基本信息和不予受理原因后，经本级稽查局负责人批准可以销毁。

第二十六条 暂存待查的检举材料，若在受理之日起两年内未收到有价值的补充材料，可以销毁。

第二十七条 督办案件的检举材料应当专门管理，并按照规定办理督办案件材料的转送、报告等具体事项。

第二十八条 检举材料的保管和整理，应当按照档案管理的有关规定办理。

第二十九条 举报中心每年度对检举案件和有关事项的数量、类别及办理情况等进行汇总分析，形成年度分析报告，并按规定报送。

第五章 检举人的答复和奖励

第三十条 实名检举人可以要求答复检举事项的处理情况与查处结果。

实名检举人要求答复处理情况时，应当配合核对身份；要求答复查处结果时，应当出示检举时所提供的有效身份证件。

举报中心可以视具体情况采取口头或者书面方式答复实名检举人。

第三十一条 实名检举事项的处理情况，由作出处理行为的税务机关的举报中心答复。

将检举事项督办、交办、提交或者转交的，应当告知去向；暂存待查的，应当建议检举人补充资料。

第三十二条 实名检举事项的查处结果，由负责查处的税务机关的举报中心答复。

实名检举人要求答复检举事项查处结果的，检举事项查结以后，举报中心可以将与检举线索有关的查处结果简要告知检举人，但不得告知其检举线索以外的税收违法行为的查处情况，不得提供执法文书及有关案情资料。

第三十三条 12366纳税服务热线接收检举事项并转交举报中心或者相关业务部门后,可以应检举人要求将举报中心或者相关业务部门反馈的受理情况告知检举人。

第三十四条 检举事项经查证属实,为国家挽回或者减少损失的,按照财政部和国家税务总局的有关规定对实名检举人给予相应奖励。

第六章 权利保护

第三十五条 检举人不愿提供个人信息或者不愿公开检举行为的,税务机关应当予以尊重和保密。

第三十六条 税务机关应当在职责范围内依法保护检举人、被检举人的合法权益。

第三十七条 税务机关工作人员与检举事项或者检举人、被检举人有直接利害关系的,应当回避。

检举人有正当理由并且有证据证明税务机关工作人员应当回避的,经本级税务机关负责人或者稽查局负责人批准以后,予以回避。

第三十八条 税务机关工作人员必须严格遵守以下保密规定:

(一)检举事项的受理、登记、处理及查处,应当依照国家有关法律、行政法规等规定严格保密,并建立健全工作责任制,不得私自摘抄、复制、扣压、销毁检举材料;

(二)严禁泄露检举人的姓名、身份、单位、地址、联系方式等情况,严禁将检举情况透露给被检举人及与案件查处无关的人员;

(三)调查核实情况和立案检查时不得出示检举信原件或者复印件,不得暴露检举人的有关信息,对匿名的检举书信及材料,除特殊情况以外,不得鉴定笔迹;

(四)宣传报道和奖励检举有功人员,未经检举人书面同意,不得公开检举人的姓名、身份、单位、地址、联系方式等情况。

第七章 法律责任

第三十九条 税务机关工作人员违反本办法规定,将检举人的检举材料或者有关情况提供给被检举人或者与案件查处无关人员的,依法给予行政处分。

第四十条 税务机关工作人员打击报复检举人的,视情节和后果,依法给予行政处分;涉嫌犯罪的,移送司法机关依法处理。

第四十一条 税务机关工作人员不履行职责、玩忽职守、徇私舞弊,给检举工作造成损失的,应当给予批评教育;情节严重的,依法给予行政处分并调离工作岗位;涉嫌犯罪的,移送司法机关依法处理。

第四十二条 税收违法检举案件中涉及税务机关或者税务人员违纪违法问题的,应当按照规定移送有关部门依纪依法处理。

第四十三条 检举人违反本办法第九条规定的,税务机关工作人员应当对检举人进行劝阻、批评和教育;经劝阻、批评和教育无效的,可以联系有关部门依法处理。

第八章 附 则

第四十四条 本办法所称的检举事项查结,是指检举案件的结论性文书生效,或者检举事项经调查核实后未发现税收违法行为。

第四十五条 国家税务总局各省、自治区、直辖市和计划单列市税务局可以根据本办法制定具体的实施办法。

第四十六条　本办法自 2020 年 1 月 1 日起施行。《税收违法行为检举管理办法》（国家税务总局令第 24 号公布）同时废止。

59. 关于《税收违法行为检举管理办法》的解读

《税收违法行为检举管理办法》（以下简称《办法》）已经国家税务总局局务会议审议通过，现就《办法》的有关内容解读如下：

一、修订的背景

为深入贯彻党的十九届四中全会精神，进一步深化税收领域"放管服"改革，完善税务稽查制度体系，针对原《办法》实施过程中遇到的新情况、新问题，国家税务总局对原《办法》进行修订。

二、重点修订内容

（一）增加便利检举人的举措。《办法》规定检举人可采取书信、电话、传真、网络、来访等形式检举，可通过各级跨区域稽查局和县税务局承担举报中心职能的部门检举，并明确 12366 纳税服务热线接收电话检举职责。

（二）强化约束税务人的规定。《办法》进一步明确检举管理工作流程，提出举报事项办理时限，同时规范检举答复工作，对答复主体、内容、流程与权责作了具体要求。

（三）适应国税地税征管体制改革需要，增加促进税务机关检举管理工作"事合"的具体措施。针对国税地税机构合并和稽查改革后机构设置变化，《办法》明确各级跨区域稽查局和县税务局应当指定部门行使举报中心职能，规定跨区域稽查局受理检举事项的处置要求，明确争议处置程序。

三、《办法》执行时间

本办法自 2020 年 1 月 1 日起施行，《税收违法行为检举管理办法》（国家税务总局令第 24 号公布）同时废止。

60. 国家税务总局关于发布《税务文书电子送达规定（试行）》的公告

国家税务总局公告 2019 年第 39 号

为深入贯彻党的十九届四中全会精神，落实"放管服"改革要求，优化税务执法方式，进一步便利纳税人办税，国家税务总局制定了《税务文书电子送达规定(试行)》，现予以发布，自 2020 年 4 月 1 日起施行。

附件：税务文书电子送达确认书（略）。

国家税务总局
2019 年 12 月 3 日

税务文书电子送达规定（试行）

第一条 为进一步便利纳税人办税，保护纳税人合法权益，提高税收征管效率，减轻征纳双方负担，根据《中华人民共和国税收征收管理法》及其实施细则、国家电子政务等有关制度规定，结合税务文书送达工作实际，制定本规定。

第二条 本规定所称电子送达，是指税务机关通过电子税务局等特定系统（以下简称特定系统）向纳税人、扣缴义务人（以下简称受送达人）送达电子版式税务文书。

第三条 经受送达人同意，税务机关可以采用电子送达方式送达税务文书。

电子送达与其他送达方式具有同等法律效力。受送达人可以据此办理涉税事宜，行使权利、履行义务。

第四条 受送达人同意采用电子送达的，签订《税务文书电子送达确认书》。《税务文书电子送达确认书》包括电子送达的文书范围、效力、渠道和其他需要明确的事项。

受送达人可以登录特定系统直接签订电子版《税务文书电子送达确认书》，也可以到税务机关办税服务厅签订纸质版《税务文书电子送达确认书》，由税务机关及时录入相关系统。

第五条 税务机关采用电子送达方式送达税务文书的，以电子版式税务文书到达特定系统受送达人端的日期为送达日期，特定系统自动记录送达情况。

第六条 税务机关向受送达人送达电子版式税务文书后，通过电话、短信等方式发送提醒信息。提醒服务不影响电子文书送达的效力。

受送达人及时登录特定系统查阅电子版式税务文书。

第七条 受送达人需要纸质税务文书的，可以通过特定系统自行打印，也可以到税务机关办税服务厅打印。

第八条 税务处理决定书、税务行政处罚决定书（不含简易程序处罚）、税收保全措施决定书、税收强制执行决定书、阻止出境决定书以及税务稽查、税务行政复议过程中使用的税务文书等暂不适用本规定。

第九条 本规定自 2020 年 4 月 1 日起施行。

61. 关于《国家税务总局关于发布〈税务文书电子送达规定（试行）〉的公告》的解读

根据《中华人民共和国税收征收管理法》及其实施细则、国家电子政务等有关制度规定，国家税务总局制定了《关于发布〈税务文书电子送达规定（试行）〉的公告》（以下简称《公告》）。现解读如下：

一、什么是电子送达？

电子送达是指税务机关通过电子税务局等特定系统（以下简称特定系统）向纳税人、扣缴义务人（以下简称受送达人）送达电子版式税务文书。

二、为什么规定电子送达？

税务文书送达是保障税务机关依法行政、保护纳税人合法权益的重要组成部分。长期以来，税务机关高度重视税务文书送达工作，不断完善相关制度，规范文书送达行为。但随着经济社会发展和技术创新，传统文书送达方式不能更好方便纳税人办税，例如，纳税人网上办理涉税事项涉及税务文书的，还需要税务机关送达或者纳税人到税务机关领取纸质税务文书，影响纳税人的网上办税体验。又如，传统的文书送达方式时间较长，纳税人难以尽快知道文书内容，不能尽快行使相关权利、履行相关义务。

为进一步便利纳税人办税，更好保护纳税人合法权益，提高税收征管效率，减轻征纳双方负担，在吸收纳税人意见及总结部分地区试点经验的基础上，经深入研究论证，税务总局制定《公告》，明确税务文书电子送达相关规定。

三、《公告》的主要内容有哪些？

《公告》对税务文书电子送达主要规定了五部分内容：一是明确送达效力，规定电子送达与其他送达方式具有同等法律效力，以及电子送达对受送达人权利义务的影响；二是遵循自愿原则，规定电子送达以受送达人同意为前提，受送达人同意电子送达的签订《税务文书电子送达确认书》，税务机关提供线上、线下多种签订途径；三是明确送达路径，税务机关通过特定系统送达电子版式税务文书；四是规范送达操作，规定送达完成标准、系统自动记录、信息提醒服务等内容；五是限定文书范围。

四、电子送达的效力如何？

《公告》第三条明确电子送达与其他送达方式具有同等法律效力。具体表现在两个方面：

一是对受送达人而言，受送达人可以凭税务机关送达的电子版式税务文书办理涉税事宜，行使权利、履行义务。例如，受送达人通过电子税务局办理"增值税专用发票（增值税税控系统）最高开票限额审批"业务时，税务机关出具的文书可能有《补正税务行政许可材料告知书》《税务行政许可受理通知书》《准予税务行政许可决定书》等。依照本《公告》，税务机关通过电子税务局送达这些电子版式税务文书，与其他方式送达的文书具有同等法律效力，受送达人可根据该文书办理涉税事宜，税务机关受该文书约束；对文书内容不服的，可以依法申请税务行政复议或者提起行政诉讼。

二是对税务机关而言，经受送达人同意，税务机关送达税务文书可以采用电子送达方式。但并非只要受送达人签订了《税务文书电子送达确认书》，税务机关就只能对其进行电子送达。税务机关在送达具体税务文书时可以根据受送达人情况进行判断，例如，受送达人正在税务机关办理涉税事宜，税务机关可以选择将税务文书直接送达其本人，而不是必须要采取电子送达方式。

五、《公告》如何体现纳税人的自愿原则？

为了充分尊重受送达人意愿，《公告》第四条规定税务机关在经受送达人同意后对其电子送达。受送达人是否同意，以是否签订《税务文书电子送达确认书》判断。即：受送达人签订了《税务文书电子送达确认书》的，表明其同意接受电子送达方式，税务机关可以对其进行电子送达；受送达人不同意签订《税务文书送达确认书》的，税务机关以其他送达方式送达税务文书。

六、受送达人如何签订《税务文书电子送达确认书》？

为方便受送达人办理，《公告》第四条规定了线上、线下两种方式：一是线上签订，受送达人登录特定系统时，系统会自动弹出电子版《税务文书电子送达确认书》，受送达人根据系统提示确认即可；二是线下签订，税务机关办税服务厅提供纸质《税务文书电子送达确认书》，受送达人签章确认即可，由税务机关将其录入相关系统。

七、税务机关如何进行电子送达？

参照《中华人民共和国民事诉讼法》等规定，《公告》第五条明确税务机关电子送达，以电子版式税务文书到达特定系统受送达人端的日期为送达日期，特定系统将送达情况自动予以记录。

为了方便纳税人及早知晓送达的电子版式税务文书，《公告》第六条规定税务机关在电子送达后，通过电话、短信等方式提醒受送达人，具体方式由各地税务机关根据本地信息化条件等情况确定。同时，《公告》第六条也对受送达人提出了要求，即受送达人应当及时登录特定系统查阅电子版式税务文书。

八、哪些文书不适用电子送达？

《公告》第八条明确了哪些税务文书不适用电子送达方式，具体包括：一是从文书种类上，税务处理决定书、税务行政处罚决定书（不含简易程序处罚）、税收保全措施决定书、税收强制执行决定书、阻止出境决定书等文书暂不适用电子送达；二是从执法类型上，税务稽查、税务行政复议等过程中使用的税务文书暂不适用电子送达。

九、《公告》什么时候开始施行？

《公告》自 2020 年 4 月 1 日起施行。

62. 国家税务总局关于开具《无欠税证明》有关事项的公告

国家税务总局公告 2019 年第 47 号

为深入贯彻党的十九届四中全会精神，持续推进税收领域"放管服"改革，积极回应市场主体需求，切实服务和便利纳税人，国家税务总局决定向纳税人提供《无欠税证明》开具服务，现将有关事项公告如下：

一、《无欠税证明》是指税务机关依纳税人申请，根据税收征管信息系统所记载的信息，为纳税人开具的表明其不存在欠税情形的证明。

二、本公告所称"不存在欠税情形"，是指纳税人在税收征管信息系统中，不存在应申报未申报记录且无下列应缴未缴的税款：

（一）办理纳税申报后，纳税人未在税款缴纳期限内缴纳的税款；

（二）经批准延期缴纳的税款期限已满，纳税人未在税款缴纳期限内缴纳的税款；

（三）税务机关检查已查定纳税人的应补税额，纳税人未缴纳的税款；

（四）税务机关根据《中华人民共和国税收征收管理法》第二十七条、第三十五条核定纳税人的应纳税额，纳税人未在税款缴纳期限内缴纳的税款；

（五）纳税人的其他未在税款缴纳期限内缴纳的税款。

三、纳税人因境外投标、企业上市等需要，确需开具《无欠税证明》的，可以向主管税务机关申请办理。

四、已实行实名办税的纳税人到主管税务机关申请开具《无欠税证明》的，办税人员持有效身份证件直接申请开具，无需提供登记证照副本或税务登记证副本。

未办理实名办税的纳税人到主管税务机关申请开具《无欠税证明》的，区分以下情况提供相关有效证件：

（一）单位纳税人和个体工商户，提供市场监管部门或其他登记机关发放的登记证照副本或税务登记证副本，以及经办人有效身份证件；

（二）自然人纳税人，提供本人有效身份证件；委托他人代为申请开具的，还需一并提供委托书、委托人及受托人有效身份证件。

五、对申请开具《无欠税证明》的纳税人,证件齐全的,主管税务机关应当受理其申请。经查询税收征管信息系统,符合开具条件的,主管税务机关应当即时开具《无欠税证明》;不符合开具条件的,不予开具并向纳税人告知未办结涉税事宜。

六、纳税人办结相关涉税事宜后,符合开具条件的,主管税务机关应当即时开具《无欠税证明》。

七、本公告自 2020 年 3 月 1 日起施行。

特此公告。

附件:无欠税证明(略)。

国家税务总局
2019 年 12 月 6 日

63. 关于《国家税务总局关于开具〈无欠税证明〉有关事项的公告》的解读

近日,国家税务总局制发了《关于开具〈无欠税证明〉有关事项的公告》(以下简称《公告》)。现将《公告》解读如下:

一、关于《公告》的制发目的

为进一步落实"放管服"改革要求,推动优化营商环境,解决包括"走出去"企业在内确有开具《无欠税证明》需要的纳税人实际诉求,税务总局制发《公告》,以规范性文件的形式规定开具《无欠税证明》有关事项并明确相关业务流程。

二、关于"无欠税情形"的适用范围

《公告》对"无欠税情形"的界定是在《欠税公告办法(试行)》第三条规定情形的基础上结合本《公告》的制发目的,进一步调整后作出的,即纳税人在税收征管信息系统中,不存在应申报未申报记录且无下列应缴未缴的税款:一是办理纳税申报后,纳税人未在税款缴纳期限内缴纳的税款;二是经批准延期缴纳的税款期限已满,纳税人未在税款缴纳期限内缴纳的税款;三是税务检查已查定纳税人的应补税额,纳税人未缴纳的税款;四是税务机关根据《中华人民共和国税收征收管理法》第二十七条、第三十五条核定纳税人的应纳税额,纳税人未在税款缴纳期限内缴纳的税款;五是纳税人的其他未在税款缴纳期限内缴纳的税款,包括作为扣缴义务人或纳税担保人未按期缴纳的税款。

三、关于《无欠税证明》的申请条件

《无欠税证明》开具为依申请事项,纳税人因企业上市、境外投标等需要,确需开具《无欠税证明》的,均可以向主管税务机关申请办理。开具《无欠税证明》作为税务机关为确有实际需求的纳税人提供的一项服务事项,其他行政部门和社会组织不能因为税务机关出台该项服务举措,在不必须提供该项证明的前提下额外增加资料报送的要求,增加纳税人的办事负担。

四、关于《无欠税证明》的开具流程

一是纳税人申请。对已实行实名办税的纳税人,办税人员持有效身份证件直接向主管税务机关申请办理,无需提供登记证照副本或税务登记证副本;对未办理实名办税的纳税人,

持有效身份证件等证明材料向主管税务机关申请办理。

二是主管税务机关开具。主管税务机关对证件齐全的纳税人受理其申请,并通过税收征管信息系统进行无欠税情形的查询,对于符合开具条件的,应当即时开具《无欠税证明》。

三是不符合开具条件的处理。对于不符合开具条件的纳税人,税务机关不予开具并向纳税人提供《税务事项通知书》(开具无欠税证明未尽事宜通知),纳税人办结相关涉税事宜后,符合开具条件的,主管税务机关可以为其开具《无欠税证明》。

五、关于证明截至时点的说明

由于开具《无欠税证明》前需要获取纳税人在全国范围内的申报和缴税情况,数据库在归集全国范围内数据时会有N(N≤3)天的延迟,《无欠税证明》是根据系统提供数据服务时点的无欠税信息开具的,因此,会存在申请开具日期和证明截止时间不一致的情况,后期我们会根据技术平台的提升进一步缩短延迟时间。

六、关于《无欠税证明》的效力说明

《无欠税证明》是税务机关根据税收征管信息系统记载信息出具,仅证明截至开具时间节点,纳税人在税收征管信息系统中不存在欠税情形。纳税人如申报不实,税务机关仍然要依法追缴税款。

64. 国家税务总局关于税收征管若干事项的公告

国家税务总局公告 2019 年第 48 号

为深入贯彻党的十九届四中全会和中央经济工作会议精神,进一步优化税务执法方式,改善税收营商环境,支持企业发展壮大,现就税收征管若干事项公告如下:

一、关于欠税滞纳金加收问题

(一)对纳税人、扣缴义务人、纳税担保人应缴纳的欠税及滞纳金不再要求同时缴纳,可以先行缴纳欠税,再依法缴纳滞纳金。

(二)本条所称欠税,是指依照《欠税公告办法(试行)》(国家税务总局令第9号公布,第44号修改)第三条、第十三条规定认定的,纳税人、扣缴义务人、纳税担保人超过税收法律、行政法规规定的期限或者超过税务机关依照税收法律、行政法规规定确定的纳税期限未缴纳的税款。

二、关于临时税务登记问题

从事生产、经营的个人应办而未办营业执照,但发生纳税义务的,可以按规定申请办理临时税务登记。

三、关于非正常户的认定与解除

(一)已办理税务登记的纳税人未按照规定的期限进行纳税申报,税务机关依法责令其限期改正。纳税人逾期不改正的,税务机关可以按照《中华人民共和国税收征收管理法》(以下简称税收征管法)第七十二条规定处理。

纳税人负有纳税申报义务,但连续三个月所有税种均未进行纳税申报的,税收征管系统自动将其认定为非正常户,并停止其发票领用簿和发票的使用。

(二)对欠税的非正常户,税务机关依照税收征管法及其实施细则的规定追征税款及滞纳金。

(三)已认定为非正常户的纳税人,就其逾期未申报行为接受处罚、缴纳罚款,并补办纳税申报的,税收征管系统自动解除非正常状态,无需纳税人专门申请解除。

四、关于企业破产清算程序中的税收征管问题

(一)税务机关在人民法院公告的债权申报期限内,向管理人申报企业所欠税款(含教育费附加、地方教育附加,下同)、滞纳金及罚款。因特别纳税调整产生的利息,也应一并申报。

企业所欠税款、滞纳金、罚款,以及因特别纳税调整产生的利息,以人民法院裁定受理破产申请之日为截止日计算确定。

(二)在人民法院裁定受理破产申请之日至企业注销之日期间,企业应当接受税务机关的税务管理,履行税法规定的相关义务。破产程序中如发生应税情形,应按规定申报纳税。

从人民法院指定管理人之日起,管理人可以按照《中华人民共和国企业破产法》(以下简称企业破产法)第二十五条规定,以企业名义办理纳税申报等涉税事宜。

企业因继续履行合同、生产经营或处置财产需要开具发票的,管理人可以以企业名义按规定申领开具发票或者代开发票。

(三)企业所欠税款、滞纳金、因特别纳税调整产生的利息,税务机关按照企业破产法相关规定进行申报,其中,企业所欠的滞纳金、因特别纳税调整产生的利息按照普通破产债权申报。

五、本公告自 2020 年 3 月 1 日起施行。《欠缴税金核算管理暂行办法》(国税发〔2000〕193 号印发)第十六条、《国家税务总局关于进一步加强欠税管理工作的通知》(国税发〔2004〕66 号)第三条第(三)项、《国家税务总局关于进一步完善税务登记管理有关问题的公告》(国家税务总局公告 2011 年第 21 号)第二条第一款同时废止。

特此公告。

国家税务总局
2019 年 12 月 12 日

65. 关于《国家税务总局关于税收征管若干事项的公告》的解读

近日,税务总局发布了《关于税收征管若干事项的公告》(以下简称《公告》)。现解读如下:

一、为什么出台《公告》?

为深入贯彻党的十九届四中全会和中央经济工作会议精神,进一步优化税务执法方式,改善税收营商环境,支持企业发展壮大,税务总局对纳税人反映强烈的堵点痛点难点问题进行深入调研,经研究论证并广泛征求相关方面意见建议,税务总局制发了《公告》,明确部分税收征管事项,回应纳税人和社会关切。

二、《公告》主要内容是什么?

《公告》以问题为导向,对纳税人反映强烈的问题逐一明确,主要有四部分内容:一是取消欠税与滞纳金的"配比"缴纳要求;二是明确临时税务登记有关问题;三是优化非正常户的认定和解除程序;四是明确企业破产清算程序中的基本征管事项。

三、纳税人缴纳欠税及滞纳金时，是否必须一并缴纳？

按照规定，纳税人缴纳欠税时必须以"配比"的办法同时清缴税款和相应的滞纳金，不得将欠税和滞纳金分离处理。例如，A 公司产生欠税 200 万、滞纳金 40 万，若 A 公司筹集 120 万用于清缴欠税，根据"配比"要求，此 120 万中用以缴纳税款的部分为 100 万、用以缴纳滞纳金的部分为 20 万。此次"清欠"后，A 公司还有欠税 100 万、滞纳金 20 万，并按 100 万欠税为基数继续按日加收 0.5‰的滞纳金。

为此，《公告》对纳税人、扣缴义务人、纳税担保人应缴纳的欠税及滞纳金不再要求同时缴纳，可以先行缴纳欠税，再依法缴纳滞纳金。按照《公告》规定，上例中 A 公司可以先将 120 万全部用以缴纳税款，这样"清欠"后 A 公司还有欠税 80 万、滞纳金 40 万，并按 80 万为基数继续按日加收 0.5‰的滞纳金。

四、从事生产、经营的个人应办而未办营业执照，但发生纳税义务的，是否可以办理临时税务登记？

为便利从事生产、经营的个人及时办理税款缴纳等涉税事宜，《公告》明确从事生产、经营的个人应办而未办营业执照，但发生纳税义务的，可以按规定办理临时税务登记。

五、税务机关如何认定非正常户？

按照税收征管法第六十二条、第七十二条等规定，已办理税务登记的纳税人未按照规定的期限进行纳税申报，税务机关责令限期改正；纳税人逾期不改正的，税务机关可以收缴其发票或者停止向其发售发票。《公告》在对现行规定进行重申和明确基础上，优化了非正常户认定流程：

一是增加认定期限条件，严格认定要求。对负有纳税申报义务，但连续三个月所有税种均未进行纳税申报的纳税人，税务机关才可以认定为非正常户。也即，只要纳税人在此期间有一笔申报记录，税务机关就不得将其认定为非正常户。这和原政策下一个申报期（多为一个月）相比延长了时限并予统一和明确，有利于保护纳税人的权益，特别是对由于疏忽未及时办理纳税申报的纳税人给予"容错纠错"机会。

二是取消实地核查环节，实现系统自动认定。依法自行申报是纳税人的法定义务，《公告》进一步优化税务执法方式，还责权于纳税人，取消实地核查环节，以释放基层征管资源，将更多资源投入到加强税收监管和优化纳税服务中去，更好维护守法纳税人权益。

同时，《公告》明确，对欠税的非正常户，税务机关依照税收征管法及其实施细则的规定追征税款及滞纳金。

六、纳税人如何解除非正常状态？

《公告》取消了"非正常户解除"业务。已认定为非正常户的纳税人，只要就其逾期未申报行为接受处罚、缴纳罚款，并补办了纳税申报的，税收征管系统自动解除非正常状态，无需纳税人专门申请解除。对原税收业务作出两项优化：

一是在解除前的事项处理上，《公告》仅要求纳税人接受处罚缴纳罚款、补办申报。对缴纳补办申报产生的税款和之前产生的欠税，不作前置要求，更好方便纳税人办税；

二是在非正常状态解除上，实现系统自动解除。原政策下，纳税人需提供情况说明和解除非正常状态的理由，有的税务机关还就其非正常状态期间经营情况进行调查。《公告》取消"非正常户解除"业务，通过系统自动实现，不需要纳税人专门办理。

七、在破产清算程序中，税务机关如何申报税收债权？

根据企业破产法及最高人民法院相关司法解释规定，《公告》从以下四个方面进行了明确：

一是申报的税收债权范围，包括企业所欠税款（含教育费附加、地方教育附加，下同）、滞纳金、罚款,以及因特别纳税调整产生的利息。

二是税收债权金额的计算,企业欠缴税款、滞纳金、罚款,以及因特别纳税调整产生的利息,以人民法院裁定受理破产申请之日为截止日计算确定。

三是税务机关按照企业破产法相关规定申报。根据税收征管法第四十五条,税收优先于欠缴税款发生之后的担保债权;企业破产法中,有担保的债权优先受偿,剩余财产在优先清偿破产费用和共益债务后,再按规定顺序清偿。为更好保护其他债权人利益,促进市场经济发展,《公告》明确税务机关按照企业破产法相关规定进行申报。

四是滞纳金、因特别纳税调整产生的利息按照普通债权申报。根据企业破产法及《最高人民法院关于税务机关就破产企业欠缴税款产生的滞纳金提起的债权确认之诉应否受理问题的批复》(法释〔2012〕9号),破产企业在破产案件受理前因欠缴税款产生的滞纳金属于普通破产债权,与其他普通债权处于同等地位,按照比例进行分配受偿。为进一步方便破产企业、管理人、基层税务机关执行操作,《公告》明确税务机关申报的滞纳金、因特别纳税调整产生的利息按照普通破产债权申报。

八、在破产清算程序中,破产企业有哪些涉税义务,管理人可以从事哪些事项?

破产清算期间,企业会有继续履行合同、生产经营或者处置财产等行为,这些行为常涉及发票开具需求,也可能产生增值税、印花税、土地增值税等税收,《公告》明确了两个问题:

一是对新产生的税收,破产企业应依法缴纳。《公告》规定,在人民法院裁定受理破产申请之日至企业注销之日期间,企业应当接受税务机关的税务管理,履行税法规定的相关义务。破产程序中如发生应税情形,应按规定申报纳税。

二是明确管理人可以破产企业名义办理纳税申报等涉税事宜,申领开具发票或者代开发票。《公告》规定,从人民法院指定管理人之日起,管理人可以按照企业破产法第二十五条规定,以企业名义办理纳税申报等涉税事宜。企业因继续履行合同、生产经营或处置财产需要开具发票的,管理人可以以企业名义按规定申领开具发票或者代开发票。

九、《公告》什么时候施行?

《公告》自2020年3月1日起施行。

66.国家税务总局关于进一步完善涉税专业服务监管制度有关事项的公告

国家税务总局公告2019年第43号

为深入贯彻落实国务院"放管服"改革要求,优化税收营商环境,现就进一步完善涉税专业服务监管制度有关事项公告如下:

一、简化涉税专业服务信息采集

(一)减少涉税专业服务信息采集项目。不再要求涉税专业服务机构报送"协议金额""服务协议摘要""涉及委托人税款金额""业务报告摘要"信息。

(二)延长专项业务报告信息采集时限。将税务师事务所、会计师事务所、律师事务所报送专项业务报告信息的时限,由完成业务的次月底前,调整为次年3月31日前。

(三)放宽从事涉税服务人员信息报送要求。涉税专业服务机构可以根据自身业务特点,确定本机构报送"从事涉税服务人员基本信息"的具体人员范围。

（四）优化业务分类填报口径。涉税专业服务机构难以区分"一般税务咨询""专业税务顾问"和"税收策划"三类涉税业务的，可按"一般税务咨询"填报；对于实际提供纳税申报服务而不签署纳税申报表的，可按"一般税务咨询"填报。

（五）增加总分机构涉税专业服务信息报送选择。涉税专业服务机构跨地区设立不具有法人资格分支机构（包括分所和分公司）的，可选择由总机构向所在地主管税务机关汇总报送分支机构涉税专业服务信息，也可选择由分支机构自行向所在地主管税务机关报送涉税专业服务信息。

二、完善涉税专业服务信用复核机制

（一）涉税专业服务机构和从事涉税服务人员，对信用积分、信用等级和执业负面记录有异议的，可在信用记录产生或结果确定后12个月内，向税务机关申请复核。

税务机关应当按照包容审慎原则，于30个工作日内完成复核工作，作出复核结论，并提供查询服务。

（二）涉税专业服务机构和从事涉税服务人员对税务机关拟将其列入涉税服务失信名录有异议的，应当自收到《税务事项通知书》之日起10个工作日内提出申辩理由，向税务机关申请复核。

税务机关应当按照包容审慎原则，于10个工作日内完成复核工作，作出复核结论，并提供查询服务。

（三）税务机关应当为涉税专业服务机构和从事涉税服务人员申请复核提供电子税务局等便利化途径。

三、规范涉税专业服务约谈

涉税专业服务机构及其从事涉税服务人员存在《涉税专业服务监管办法（试行）》（国家税务总局公告2017年第13号发布，2019年第43号修改）第十四条所列情形，税务机关需要采取约谈方式的，应当事先向当事人送达《税务事项通知书》，通知当事人约谈的时间、地点和事由。当事人到达约谈场所后，应当由两名以上税务人员同时在场进行约谈。约谈人员应当对约谈过程做好记录，可视情况进行音像记录。

四、有关要求

涉税专业服务机构和从事涉税服务人员应当严格遵守税收法律法规及《涉税专业服务监管办法（试行）》的规定，不得借税收改革巧立名目乱收费，不得利用所掌握的涉税信息谋取不当经济利益，不得在办税服务厅招揽业务影响办税秩序，不得以税务机关的名义招揽生意，损害纳税人合法权益。

税务机关应当严格落实涉税专业服务监管责任，及时调查处理关于涉税专业服务的投诉举报。对扰乱个人所得税汇算等税收改革秩序经核实的，采取降低信用等级或纳入信用记录，暂停受理所代理的涉税业务等措施，进行严肃处理。

五、实施时间

本公告第一条第（一）项至第（四）项、第四条自2020年1月1日起施行，相应修改《涉税专业服务监管办法（试行）》（国家税务总局公告2017年第13号发布）第九条第三款，《国家税务总局关于采集涉税专业服务基本信息和业务信息有关事项的公告》（国家税务总局公告2017年第49号）第二条第二款及附件2《涉税专业服务协议要素信息采集表》的填表说明、附件3《年度涉税专业服务总体情况表》的填表说明和附件4《专项业务报告要素信息采集表》的填表说明，以及《涉税专业服务信用评价管理办法（试行）》（国家税务总局公告2017年第48号发布）附件《涉税专业服务机构信用积分指标体系及积分规则》中070301、070302指标的积分/扣分标准和积分/扣分规则说明。本公告第一条第（五）项、

第二条、第三条自2020年4月1日起施行。《涉税专业服务信用评价管理办法（试行）》（国家税务总局公告2017年第48号发布）第十五条第一款、第二款同时废止。

修改后的上述规范性文件根据本公告重新发布（附件1、附件2、附件3）。

特此公告。

附件：1. 涉税专业服务监管办法（试行）（略）。
   2. 国家税务总局关于采集涉税专业服务基本信息和业务信息有关事项的公告（略）。
   3. 涉税专业服务信用评价管理办法（试行）（略）。

国家税务总局

2019年12月27日

67. 关于《国家税务总局关于进一步完善涉税专业服务监管制度有关事项的公告》的解读

为深入贯彻落实国务院"放管服"改革要求，优化税收营商环境，国家税务总局发布了《关于进一步完善涉税专业服务监管制度有关事项的公告》（以下简称《公告》）。现解读如下：

一、《公告》出台的背景是什么？

自2017年《涉税专业服务监管办法（试行）》（国家税务总局公告2017年第13号发布）、《涉税专业服务信用评价管理办法（试行）》（国家税务总局公告2017年第48号发布）、《国家税务总局关于采集涉税专业服务基本信息和业务信息有关事项的公告》（国家税务总局公告2017年第49号）等文件发布施行以来，以实名制为基础，信用评价管理为核心的涉税专业服务监管体系初步形成。

为贯彻落实税务系统深化"放管服"改革，优化税收营商环境有关要求，税务总局在总结监管机制运行成效，广泛征求涉税专业服务机构和行业协会意见的基础上，对涉税专业服务信息采集、信用复核、约谈等制度进一步简化、修改和完善，现通过《公告》予以发布。

二、《公告》的主要内容有哪些？

《公告》主要包括四部分内容：

一是简化涉税专业服务信息采集，包括减少涉税专业服务信息采集项目、延长专项业务报告信息采集时限、放宽从事涉税服务人员信息报送要求、优化业务分类填报口径、增加总分机构涉税专业服务信息报送选择等5项措施，并对涉及的规范性文件进行了相应修改。

二是完善涉税专业服务信用复核机制，在《涉税专业服务信用评价管理办法（试行）》相关规定的基础上，进一步明确了涉税专业服务信用复核的途径、办理时限和流程。

三是规范涉税专业服务约谈，在《涉税专业服务监管办法（试行）》第十四条规定的基础上，进一步明确了税务机关开展约谈的程序和有关要求。

四是要求涉税专业服务机构和从事涉税服务人员应当严格遵守税收法律法规及《涉税专业服务监管办法（试行）》的规定；税务机关要认真落实涉税专业服务监管责任，及时调查处理有关涉税专业服务的投诉举报。

三、《公告》在简化涉税专业服务信息采集方面规定了哪些措施？

一是减少涉税专业服务信息采集项目。不再要求涉税专业服务机构报送"协议金额""服务协议摘要""涉及委托人税款金额""业务报告摘要"信息。

二是延长专项业务报告信息采集时限。将税务师事务所、会计师事务所、律师事务所报送专项业务报告信息的时限,由完成业务的次月底前调整为次年3月31日前。

三是放宽从事涉税服务人员信息报送要求。涉税专业服务机构可以根据自身业务特点,确定本机构报送"从事涉税服务人员基本信息"的具体人员范围。

四是优化业务分类填报口径。涉税专业服务机构难以区分"一般税务咨询""专业税务顾问"和"税收策划"三类业务的,可按"一般税务咨询"填报;对于实际提供纳税申报服务而不签署纳税申报表的,可按"一般税务咨询"填报。

五是增加总分机构涉税专业服务信息报送选择。涉税专业服务机构跨地区设立不具有法人资格分支机构(包括分所和分公司)的,可选择由总机构向所在地主管税务机关汇总报送分支机构涉税专业服务信息,也可选择由分支机构自行向所在地主管税务机关报送涉税专业服务信息。

四、《公告》对《涉税专业服务机构信用积分指标体系及积分规则》哪些方面进行了优化?

修订后的《涉税专业服务机构信用积分指标体系及积分规则》对部分指标积分规则进行了优化,如对070301"未按时报送四项业务信息"指标、070302"报送信息与实际不符的"指标设置扣分上限,同时将070301指标积分规则由按次扣分修改为按比例扣分。

五、涉税专业服务机构和从事涉税服务人员在哪种情形下可以申请信用复核?

涉税专业服务机构和从事涉税服务人员在两种情形下可以向税务机关申请信用复核:一是对信用积分、信用等级和执业负面记录有异议;二是对税务机关拟将其列入涉税服务失信名录有异议。

六、涉税专业服务机构及其从事涉税服务人员存在《涉税专业服务监管办法(试行)》第十四条所列情形,税务机关采取约谈方式的,应当如何开展?

涉税专业服务机构及其从事涉税服务人员存在《涉税专业服务监管办法(试行)》第十四条所列情形,税务机关采取约谈方式的,应当事先向当事人送达《税务事项通知书》,通知当事人约谈的时间、地点和事由。当事人到达约谈场所后,由两名以上税务人员同时在场进行约谈。约谈人员应当对约谈过程做好记录,可视情况进行音像记录。

七、税务机关对涉税专业服务信息采集、信用评价等制度还将开展哪些方面的工作?

税务总局将持续跟踪《公告》实施情况,广泛听取涉税专业服务机构和行业协会意见,深入开展调查研究,根据实际情况适时优化完善涉税专业服务机构信用积分指标体系。探索对机构执业质量、执业规范进行科学评价,精简所需报送信息,研究对"委托人纳税信用"等指标的优化调整,营造公平竞争的市场环境,全面提升涉税专业服务质量。

68. 国家税务总局办公厅关于印发《税务机关政府信息公开申请办理规范》的通知

税总办发〔2020〕35号

国家税务总局各省、自治区、直辖市和计划单列市税务局,国家税务总局驻各地特派员办事处:

现将《税务机关政府信息公开申请办理规范》印发给你们,请遵照执行。

附件:1.税务机关政府信息公开申请答复文书式样标准(略)。
   2.税务机关政府信息公开申请答复文书参考模板(略)。

国家税务总局办公厅
2020 年 7 月 28 日

税务机关政府信息公开申请办理规范

为规范省及省以下税务机关政府信息公开申请办理答复工作,充分保障公民、法人和其他组织知情权,根据《中华人民共和国政府信息公开条例》(以下简称《条例》),制定本规范。

一、政府信息公开申请的提出

公民、法人或者其他组织可以采取当面申请、邮寄申请、互联网在线平台申请等方式提出政府信息公开申请,并在政府信息公开申请表中准确详实填写申请人信息、所需政府信息事项内容、信息获取方式等。税务机关应在政府信息公开指南中列明申请渠道和有关要求。

(一)当面申请。申请人可以携带有效身份证明或者证明文件,直接到税务机关政府信息公开工作机构(以下简称信息公开机构)当面提出申请。申请人采用书面形式确有困难的,可以口头提出,由信息公开机构代为填写政府信息公开申请表,并由申请人签字确认。

(二)邮寄申请。申请人自行下载并填写政府信息公开申请表,连同有效身份证明或者证明文件复印件,邮寄到信息公开机构。在信封上应注明"政府信息公开申请"字样。

(三)互联网在线申请。申请人可以登录税务网站,在线填写提交政府信息公开申请表。信息公开机构应当安排工作人员工作日及时查看并处置在线申请。

二、政府信息公开申请的登记

税务机关信息公开机构应当建立台账,对收到的政府信息公开申请及办理情况逐一记载。应登记的内容主要包括:

(一)收到申请的时间。主要包括以下四种情形:

1.申请人当面提交政府信息公开申请的,信息公开机构应向申请人出具登记回执,以申请人提交之日为收到申请之日;

2.申请人以特快专递、挂号信等需要签收的邮寄方式提交政府信息公开申请的,以税务机关签收之日为收到申请之日;

3.申请人以平常信函等无需签收的邮寄方式提交政府信息公开申请的,信息公开机构应当于收到申请的当日与申请人进行确认,以确认之日为收到申请之日;

4.申请人通过互联网在线提交政府信息公开申请的,信息公开机构应当于收到申请的当日与申请人进行确认,以确认之日为收到申请之日。

上述所称"确认",是指信息公开机构通过电话或者申请人提供的其他联系方式,向申请人告知税务机关已收到其政府信息公开申请。

(二)申请情况。申请情况主要包括申请人信息、申请渠道、申请公开的内容、信息获取的方式等,其中申请人情况分以下两种情况进行登记:

1.申请人是公民的,应登记申请人姓名、身份证号码、联系电话、通信地址、邮政编码等。

2.申请人是法人或者其他组织的,应登记申请人名称、性质(按工商企业、科研机构、社会公益组织、法律服务机构、其他等划分)、统一社会信用代码、通信地址、邮政编码、联系电话、联系人姓名。

（三）办理情况。主要登记办理的过程及进展等情况，包括补正、征求意见、答复、送达等情况。

（四）复议诉讼情况。主要包括申请人提出行政复议、行政诉讼及相关进展、结果等情况。

三、政府信息公开申请的审核

收到政府信息公开申请后，信息公开机构应当对申请内容进行审核。申请内容不符合规定要求的，应及时告知申请人进行补正。

（一）应当补正的情形

1. 未提供申请人的姓名或者名称、身份证明、联系方式的；

2. 申请公开的政府信息的名称、文号或者其他特征性描述不明确或有歧义的；

3. 申请公开的政府信息的形式要求不明确的，包括未明确获取信息的方式、途径等。

（二）补正告知的方式。需要申请人补正的，信息公开机构应当在收到申请之日起7个工作日内一次性告知申请人补正事项、合理补正期限、逾期不补正的后果。

1. 申请人要求邮寄送达但未提供联系方式、邮寄地址的，税务机关应告知申请人提供。因申请人未提供联系方式或者邮寄地址而无法告知其补正的，对其申请予以登记备查，自恢复与申请人的联系之日起，启动政府信息公开申请处理程序。

2. 申请人未提供身份证明的，税务机关应告知申请人提供。如果申请人的身份影响到对相关政府信息公开的判断，或者可能存在冒用身份等情况，信息公开机构可以对申请人的身份证明进行核实。身份证明存在问题的，可以与申请人进一步沟通，或者启动补正程序请申请人提供正确的身份证明。

3. 申请人申请的政府信息特征性描述无法指向特定信息、理解有歧义，或者涉及咨询事项的，税务机关应当告知申请人作出更改、补充，并对需要补正的理由和内容作出辅导与释明。

4. 申请人未明确政府信息获取方式和途径的，税务机关可要求申请人予以明确。

（三）补正结果

1. 补正原则上不超过一次。申请人补正后仍无法明确申请内容的，税务机关应当通过与申请人当面或者电话沟通等方式明确其所需获取的政府信息；经沟通，税务机关认为申请内容仍不明确的，可以根据客观事实作出无法提供的决定。

2. 补正期限一般不超过15个工作日。申请人无正当理由，逾期不补正的，视为放弃申请，税务机关不再处理该政府信息公开申请。

3. 答复期限自税务机关收到申请人补正材料之日起计算。

（四）撤回申请。申请人自愿撤回政府信息公开申请的，税务机关自收到撤回申请之日起不再处理其政府信息公开申请，信息公开机构作结案登记，并留存申请人撤回申请等相关材料。

四、政府信息公开申请的办理

（一）信息公开机构直接办理。对于政府信息公开申请内容明确，信息公开机构能够直接办理的，可自行起草政府信息公开申请答复文书。

（二）交承办部门办理。信息公开机构认为需要交本机关相关部门办理的，根据申请内容确定具体承办部门，填写《政府信息公开申请办理审批表》及交办单，经信息公开机构负责人签批后，将政府信息公开申请交承办部门办理。

承办部门应当在信息公开机构明确的期限内提出予以公开、不予公开、部分公开、无法提供、不予处理等办理意见并说明理由，经部门主要负责人签批后反馈信息公开机构；涉及多个部门的，由牵头承办部门协调办理。需要补正或者征求第三方及其他行政机关意见的，按以下规定办理：

1. 承办部门收到信息公开机构转办的政府信息公开申请后，认为申请内容不明确，需要补正的，应当在收到申请的当日提出补正建议，并将政府信息公开申请退回信息公开机构。

2. 申请公开的政府信息涉及商业秘密、个人隐私，公开后可能损害第三方利益的，承办部门应提请信息公开机构书面征求第三方意见。第三方应当自收到征求意见书之日起15个工作日内提出意见。第三方逾期未提出意见的，由承办部门依照《条例》决定是否公开，决定公开的，应将公开的政府信息内容和理由书面告知该第三方。

3. 申请公开的政府信息由本税务机关牵头、其他行政机关参与制作的，承办部门应提请信息公开机构书面征求其他行政机关意见。

4. 承办部门认为在本机关收到申请之日起20个工作日内不能作出答复，需要延长答复期限的，应当报经信息公开机构负责人同意后告知申请人，延长的期限不得超过20个工作日。征求第三方和其他行政机关意见所需时间不计算在前述期限内。

五、政府信息公开申请的答复

各级税务机关应对政府信息公开申请作出最终处理决定、制作相应法律文书并送达申请人。答复文书分为答复书和告知书，应当具备以下要素：标题、文号、申请人姓名（名称）、申请事实、法律依据、处理决定、申请人复议诉讼的权利和期限、答复主体、答复日期及印章。

（一）起草答复文书。信息公开机构应当自行或者按照承办部门意见起草政府信息公开答复文书。答复书主要分为予以公开、不予公开、部分公开、无法提供、不予处理等五种类型，具体如下：

1. 予以公开类

（1）申请人所申请的政府信息已经主动公开的，税务机关告知其获取方式和途径；

（2）申请人所申请公开信息可以公开的，税务机关向其提供该政府信息；

（3）申请人所申请的政府信息尚未公开，但是税务机关能够确定主动公开时间的，可以告知申请人获取该政府信息的方式、途径和时间。

2. 不予公开类

（1）依法确定为国家秘密的政府信息；

（2）法律、行政法规禁止公开的政府信息；

（3）公开后可能危及国家安全、公共安全、经济安全、社会稳定的政府信息。对可能涉及国家安全、公共安全、经济安全和社会稳定的申请，应加强相关部门间的协商会商，依据有关法律法规，对信息是否应该公开、公开后可能带来的影响等进行综合分析，研究提出处理意见，并留存相关审核材料等证据；

（4）涉及商业秘密、个人隐私等公开会对第三方合法权益造成损害的政府信息，但第三方同意公开或者税务机关认为不公开会对公共利益造成重大影响的除外；

（5）税务机关的内部事务信息，包括人事管理、后勤管理、内部工作流程等方面的信息，可以不予公开；

（6）税务机关在履行行政管理职能过程中形成的讨论记录、过程稿、磋商信函、请示报告等过程性信息，可以不予公开，但法律、法规、规章规定应当公开的除外；

（7）税务机关在行政征收、行政处罚、行政许可、行政检查、行政强制、行政奖励、行政确认以及行政复议等工作中形成的行政执法案卷信息，可以不予公开，但法律、法规、规章规定应当公开的除外。

3. 部分公开类

申请公开的信息中含有不应当公开或者不属于政府信息的内容，但是能够作区分处理的，税务机关应当向申请人提供可以公开的政府信息内容，并对不予公开的内容说明理由。

4. 无法提供类

（1）对申请人所申请获取的政府信息，税务机关应当认真查找、检索，确认申请信息是否存在。经检索查找，税务机关未制作、获取相关信息或者已制作或获取相关信息，但由于超过保管期限、依法销毁、资料灭失等原因，税务机关客观上无法提供的，可以告知申请人该政府信息不存在；

（2）申请公开的信息属于其他行政机关职责范围、本机关不掌握的，可告知申请人并说明理由；能够确定负责公开该政府信息的行政机关的，告知申请人该行政机关的名称、联系方式；

（3）税务机关没有现成信息，需要对现有政府信息进行加工、分析的，税务机关可以不予提供；

（4）申请人补正后申请内容仍不明确的，税务机关可以告知申请人无法提供。

5. 不予处理类

（1）申请人以政府信息公开申请的形式进行信访、投诉、举报等活动的，税务机关应当告知申请人不作为政府信息公开申请处理，并告知进行信访、投诉、举报等活动的渠道；

（2）税务机关已就申请人提出的政府信息公开申请作出答复、申请人重复申请公开相同政府信息的，告知申请人不予重复处理；

（3）申请人提出的申请内容为要求税务机关提供政府公报、报刊、书籍等公开出版物的，税务机关可以告知其获取的途径；

（4）申请人申请公开政府信息的数量、频次明显超过合理范围，税务机关可以要求申请人说明理由。税务机关认为申请理由不合理的，告知申请人不予处理；

（5）申请人要求对已获取的政府信息进行确认或者重新出具的，税务机关可以不予处理。申请人要求税务机关更正与其自身相关的不准确政府信息记录，有权更正的税务机关审核属实的，应当予以更正并告知申请人；不属于本税务机关职能范围的，税务机关告知申请人向有权更正的行政机关提出，或者转送有权更正的行政机关处理并告知申请人；

（6）所申请公开信息属于工商、不动产登记资料等信息，有关法律、行政法规对信息的获取有特别规定的，告知申请人依照有关法律、行政法规的规定办理；

（7）申请人申请的信息属于党务信息的，税务机关可以不予处理，并告知申请人按照《中国共产党党务公开条例（试行）》有关规定办理。

（二）法规部门审核。法规部门对信息公开机构起草的答复文书进行审核，并及时反馈审核意见。

（三）报批。信息公开机构根据法规部门审核意见修改答复文书，并报本机关分管领导批准后，作出答复决定；涉及关键信息、敏感信息的，应报本机关主要领导批准。

符合下列情形之一的，应召开本机关政务公开工作领导小组会议作出处理决定：申请人申请的数量、频次明显超过合理范围，税务机关要求申请人说明理由且认为申请理由不合理的；第三方不同意公开，税务机关决定予以公开的；认为公开政府信息可能危及国家安全、公共安全、经济安全和社会稳定的，税务机关决定不予公开的。

（四）送达

1. 送达方式。税务机关依申请公开政府信息，应当根据申请人的要求及税务机关保存政府信息的实际情况，确定提供政府信息的具体形式，主要有当面提供、邮政寄送或者通过互联网在线申请平台发送三种形式。按照申请人要求的形式提供政府信息，可能危及政府信息载体安全或者公开成本过高的，可以通过电子文档以及其他适当形式提供，或者安排申请人查阅、抄录相关政府信息；

2. 送达时间。邮寄送达的，应通过邮政快递或者挂号方式，以邮政企业收寄并加盖邮戳日期为答复时间；通过互联网在线申请平台送达的，应将答复文书扫描上传并将相关政府信息作为附件一并发送，网络系统发出文书的日期为答复时间；当面送达的，申请人签收的日期为答复时间。

六、政府信息公开申请资料的整理保管

（一）应当整理保管的资料。办理政府信息公开申请工作中产生的下列资料，应当由信息公开机构按件整理保管：政府信息公开申请表原件，申请人身份证明或者证明文件复印件，办理过程中形成的运转单、审批表，对申请人作出的告知书、答复书，向其他行政机关及第三方发出的征求意见函，其他行政机关及第三方意见，邮寄单据和相关签收单据以及应当保管的其他材料。

（二）保管期限。办理政府信息公开申请过程中产生的档案材料保管 5 年后，经分析研判无保存价值的，由信息公开机构负责人批准，可予销毁。因政府信息公开发生行政复议、行政诉讼以及具有查考利用价值的重要材料，按年度向机关档案管理部门移交归档。

七、附注

本规范所称税务机关，是指省和省以下税务局及经省税务局确定负责与所履行行政管理职能有关的政府信息公开工作的派出机构、内设机构。

69. 国家税务总局关于纳税信用管理有关事项的公告

国家税务总局公告 2020 年第 15 号

为深入贯彻落实国务院"放管服"改革精神，优化税收营商环境，完善纳税信用体系，根据《中华人民共和国税收征收管理法实施细则》和《国务院关于印发社会信用体系建设规划纲要（2014—2020 年）的通知》（国发〔2014〕21 号），现就纳税信用管理有关事项公告如下：

一、非独立核算分支机构可自愿参与纳税信用评价。本公告所称非独立核算分支机构是指由企业纳税人设立，已在税务机关完成登记信息确认且核算方式为非独立核算的分支机构。

非独立核算分支机构参评后，2019 年度之前的纳税信用级别不再评价，在机构存续期间适用国家税务总局纳税信用管理相关规定。

二、自开展 2020 年度评价时起，调整纳税信用评价计分方法中的起评分规则。近三个评价年度内存在非经常性指标信息的，从 100 分起评；近三个评价年度内没有非经常性指标信息的，从 90 分起评。

三、自开展 2019 年度评价时起，调整税务机关对 D 级纳税人采取的信用管理措施。对于因评价指标得分评为 D 级的纳税人，次年由直接保留 D 级评价调整为评价时加扣 11 分；税务机关应按照本条前述规定在 2020 年 11 月 30 日前调整其 2019 年度纳税信用级别，

2019 年度以前的纳税信用级别不作追溯调整。对于因直接判级评为 D 级的纳税人，维持 D 级评价保留 2 年、第三年纳税信用不得评价为 A 级。

四、纳税人对指标评价情况有异议的，可在评价年度次年 3 月份填写《纳税信用复评（核）申请表》，向主管税务机关提出复核，主管税务机关在开展年度评价时审核调整，并随评价结果向纳税人提供复核情况的自我查询服务。

五、本公告自 2020 年 11 月 1 日起施行。《纳税信用管理办法（试行）》（国家税务总局公告 2014 年第 40 号发布）第十五条第二款、第三十二条第七项，《国家税务总局关于明确纳税信用管理若干业务口径的公告》（2015 年第 85 号，2018 年第 31 号修改）第三条第一款、第七条第一项，《国家税务总局关于明确纳税信用补评和复评事项的公告》（2015 年第 46 号，2018 年第 31 号修改）所附《纳税信用复评申请表》同时废止。

特此公告。

附件：纳税信用复评（核）申请表（略）。

国家税务总局
2020 年 9 月 13 日

70. 关于《国家税务总局关于纳税信用管理有关事项的公告》的解读

为深入贯彻落实国务院"放管服"改革精神，优化税收营商环境，完善纳税信用体系，根据《中华人民共和国税收征收管理法实施细则》和《国务院关于印发社会信用体系建设规划纲要（2014–2020 年）的通知》（国发〔2014〕21 号，以下简称《规划纲要》）的相关要求，税务总局发布了《关于纳税信用管理有关事项的公告》（以下简称《公告》）。现就《公告》主要内容解读如下：

一、《公告》制发背景

2014 年以来，根据《规划纲要》要求，税务总局相继印发了一系列纳税信用管理规范性文件，形成了涵盖信息采集、级别评价、动态调整、结果应用、异议处理、信用修复等环节较为完备的纳税信用制度体系。税务部门每年依据评价指标体系，对纳税人纳税信用状况进行评价，对不同信用级别的纳税人实施分类服务与管理。为进一步完善纳税信用体系，优化服务举措，结合往年纳税信用评价情况和纳税人的意见建议，经过反复调研论证，税务总局制定了《公告》，推出"两增加，两调整"的完善措施，即增加非独立核算分支机构自愿参与纳税信用评价、增加纳税信用评价前指标复核机制，满足纳税人合理需求；调整纳税信用起评分的适用规则、调整 D 级评价保留 2 年的措施，适当放宽有关标准。通过以上措施帮助纳税人积累信用资产，促进税法遵从，优化营商环境。

二、关于非独立核算分支机构自愿参与纳税信用评价

非独立核算分支机构作为独立核算企业的一个部门，之前未作为独立的纳税主体参与纳税信用评价。随着纳税信用评价结果的应用范围越来越广，部分非独立核算分支机构需要获得纳税信用评价级别的愿望较强。为深入贯彻落实"放管服"改革精神，积极回应纳税人诉求，《公告》明确非独立核算分支机构可以根据自身情况，自愿参与纳税信用评价。具体方式是，非独立核算分支机构可通过向主管税务机关提交《纳税信用补评申请表》（《国家

税务总局关于明确纳税信用补评和复评事项的公告》（2015年第46号）所附），自愿参与纳税信用评价。为保持纳税信用评价的连续性，保障社会相关主体运用纳税信用评价结果的可靠性，非独立核算分支机构参与纳税信用评价后，在其存续期间将与其他正常参评企业一样，适用纳税信用管理相关规定。

三、关于调整纳税信用评价起评分规则

原纳税信用评价计分方法中的起评分规定是：在一个评价年度内，经常性指标和非经常性指标信息齐全的，从100分起评；非经常性指标缺失的，从90分起评。非经常性指标缺失是指：在一个评价年度内，纳税人没有税务机关组织的纳税评估、大企业税务审计、反避税调查或税务稽查等记录。为提高纳税人评为A级、B级的概率，《公告》将一个评价年度内接受过税务机关相关检查从100分起评，调整为只要在近三个评价年度内接受过税务机关相关检查的，即可从100分起评，从而大幅增加100分起评的企业数量。该规则将从开展2020年度评价起适用，以往年度已做出的评价结果不作追溯调整。

四、关于调整纳税信用D级评价保留规则

税务机关按照守信激励，失信惩戒的原则，对不同信用级别的纳税人实施分类服务和管理。其中，对D级纳税人，税务机关应采取的措施中包括D级评价保留2年，第三年不得评价为A级。为更好保护和激发市场主体活力，《公告》适当放宽D级评价保留2年的信用管理措施：对于因年度指标得分不满40分被评为D级的纳税人，次年由直接保留D级评价调整为评价时加扣11分；对于直接判级的D级纳税人，维持D级评价保留两年、第三年不得评为A级。直接判级是指发生《纳税信用管理办法（试行）》（国家税务总局公告2014年第40号发布）第二十条所列严重失信行为被直接判为D级。

按照上述调整，第一年因指标得分较低被评为D级的企业，若次年遵从状况改善，纳税信用将不再被评为D级。以适当"扣分"代替"保留2年D级"，既贯彻了失信惩戒的原则，也更有助于激励纳税人积极主动改善自身信用状况。为支持企业及早改善纳税信用状况，对2019年度评价中已保留为D级的企业，各省税务机关应于2020年11月底前，主动调整其2019年度级别，之前年度已评出的级别不作追溯调整。2020年度及以后年度评价时直接适用该规则。

五、关于指标评价情况复核

为优化纳税服务举措，在提供纳税信用评价结果复评的基础上，《公告》增加了纳税信用指标评价情况的复核机制，即在纳税信用评价结果发布前，纳税人对指标评价情况有异议的，可在评价年度次年3月份填写《纳税信用复评（核）申请表》，向主管税务机关提出复核申请，主管税务机关将在4月份确定评价结果时一并审核调整，并按时发布评价结果和提供纳税人复核情况的自我查询服务。

71. 国家税务总局关于在新办纳税人中实行增值税专用发票电子化有关事项的公告

国家税务总局公告2020年第22号

为全面落实《优化营商环境条例》，深化税收领域"放管服"改革，加大推广使用电子

发票的力度，国家税务总局决定在前期宁波、石家庄和杭州等3个地区试点的基础上，在全国新设立登记的纳税人（以下简称新办纳税人）中实行增值税专用发票电子化（以下简称专票电子化）。现将有关事项公告如下：

一、自2020年12月21日起，在天津、河北、上海、江苏、浙江、安徽、广东、重庆、四川、宁波和深圳等11个地区的新办纳税人中实行专票电子化，受票方范围为全国。其中，宁波、石家庄和杭州等3个地区已试点纳税人开具增值税电子专用发票（以下简称电子专票）的受票方范围扩至全国。

自2021年1月21日起，在北京、山西、内蒙古、辽宁、吉林、黑龙江、福建、江西、山东、河南、湖北、湖南、广西、海南、贵州、云南、西藏、陕西、甘肃、青海、宁夏、新疆、大连、厦门和青岛等25个地区的新办纳税人中实行专票电子化，受票方范围为全国。

实行专票电子化的新办纳税人具体范围由国家税务总局各省、自治区、直辖市和计划单列市税务局（以下简称各省税务局）确定。

二、电子专票由各省税务局监制，采用电子签名代替发票专用章，属于增值税专用发票，其法律效力、基本用途、基本使用规定等与增值税纸质专用发票（以下简称纸质专票）相同。电子专票票样见附件。

三、电子专票的发票代码为12位，编码规则：第1位为0，第2—第5位代表省、自治区、直辖市和计划单列市，第6—第7位代表年度，第8—第10位代表批次，第11—第12位为13。发票号码为8位，按年度、分批次编制。

四、自各地专票电子化实行之日起，本地区需要开具增值税纸质普通发票、增值税电子普通发票（以下简称电子普票）、纸质专票、电子专票、纸质机动车销售统一发票和纸质二手车销售统一发票的新办纳税人，统一领取税务UKey开具发票。税务机关向新办纳税人免费发放税务UKey，并依托增值税电子发票公共服务平台，为纳税人提供免费的电子专票开具服务。

五、税务机关按照电子专票和纸质专票的合计数，为纳税人核定增值税专用发票领用数量。电子专票和纸质专票的增值税专用发票（增值税税控系统）最高开票限额应当相同。

六、纳税人开具增值税专用发票时，既可以开具电子专票，也可以开具纸质专票。受票方索取纸质专票的，开票方应当开具纸质专票。

七、纳税人开具电子专票后，发生销货退回、开票有误、应税服务中止、销售折让等情形，需要开具红字电子专票的，按照以下规定执行：

（一）购买方已将电子专票用于申报抵扣的，由购买方在增值税发票管理系统（以下简称发票管理系统）中填开并上传《开具红字增值税专用发票信息表》（以下简称《信息表》），填开《信息表》时不填写相对应的蓝字电子专票信息。

购买方未将电子专票用于申报抵扣的，由销售方在发票管理系统中填开并上传《信息表》，填开《信息表》时应填写相对应的蓝字电子专票信息。

（二）税务机关通过网络接收纳税人上传的《信息表》，系统自动校验通过后，生成带有"红字发票信息表编号"的《信息表》，并将信息同步至纳税人端系统中。

（三）销售方凭税务机关系统校验通过的《信息表》开具红字电子专票，在发票管理系统中以销项负数开具。红字电子专票应与《信息表》一一对应。

（四）购买方已将电子专票用于申报抵扣的，应当暂依《信息表》所列增值税税额从当期进项税额中转出，待取得销售方开具的红字电子专票后，与《信息表》一并作为记账凭证。

八、受票方取得电子专票用于申报抵扣增值税进项税额或申请出口退税、代办退税的，应当登录增值税发票综合服务平台确认发票用途,登录地址由各省税务局确定并公布。

九、单位和个人可以通过全国增值税发票查验平台(https://inv-veri.chinatax.gov.cn)对电子专票信息进行查验;可以通过全国增值税发票查验平台下载增值税电子发票版式文件阅读器,查阅电子专票并验证电子签名有效性。

十、纳税人以电子发票(含电子专票和电子普票)报销入账归档的,按照《财政部 国家档案局关于规范电子会计凭证报销入账归档的通知》(财会〔2020〕6号)的规定执行。

十一、本公告自2020年12月21日起施行。

特此公告。

附件:增值税电子专用发票(票样)(略)。

国家税务总局
2020年12月20日

72. 关于《国家税务总局关于在新办纳税人中实行增值税专用发票电子化有关事项的公告》的解读

为全面落实《优化营商环境条例》,深化税收领域"放管服"改革,加大推广使用电子发票的力度,税务总局制发了《国家税务总局关于在新办纳税人中实行增值税专用发票电子化有关事项的公告》(以下简称《公告》)。现解读如下:

一、在新办纳税人中实行增值税专用发票电子化的背景是什么?

为适应经济社会发展和税收现代化建设需要,税务总局自2015年起分步推行了增值税电子普通发票(以下简称电子普票)。电子普票推行后,因开具便捷、保管便利、查验及时、节约成本等优点,受到越来越多的纳税人欢迎。

为贯彻落实国务院关于加快电子发票推广应用的部署安排,税务总局本着积极稳妥的原则,决定采用先在部分地区新设立登记的纳税人(以下简称新办纳税人)中实行增值税专用发票电子化(以下简称专票电子化),此后逐步扩大地区和纳税人范围的工作策略。一是先在新办纳税人中实行专票电子化,在完善系统、积累经验的基础上,下一步再考虑在其他纳税人中实行专票电子化。二是对于新办纳税人,从2020年9月1日起先逐步在宁波、石家庄和杭州开展专票电子化试点,在此基础上再分两步在全国实行:第一步,自2020年12月21日起,在天津等11个地区的新办纳税人中实行专票电子化,受票方范围为全国;第二步,自2021年1月21日起,在北京等25个地区的新办纳税人中实行专票电子化,受票方范围为全国。

二、前期已纳入试点的纳税人,开具电子专票的受票方范围有何变化?

根据《公告》和前期试点地区发布的相关政策规定,宁波、石家庄、杭州等3个地区已纳入试点的纳税人,开具增值税电子专用发票(以下简称电子专票)的受票方范围,在2020年12月20日(含)前仅限于规定地区,自2020年12月21日起扩至全国。上述地区2020年12月21日起实行专票电子化的新办纳税人,开具电子专票的受票方范围为全国。

三、电子专票具备哪些优点?

电子专票属于增值税专用发票,其法律效力、基本用途、基本使用规定等与增值税纸质专用发票(以下简称纸质专票)相同。与纸质专票相比,电子专票具有以下几方面优点:

一是发票样式更简洁。电子专票进一步简化发票票面样式，采用电子签名代替原发票专用章，将"货物或应税劳务、服务名称"栏次名称简化为"项目名称"，取消了原"销售方：（章）"栏次，使电子专票的开具更加简便。

二是领用方式更快捷。纳税人可以选择办税服务厅、电子税务局等渠道领用电子专票。通过网上申领方式领用电子专票，纳税人可以实现"即领即用"。

三是远程交付更便利。纳税人可以通过电子邮箱、二维码等方式交付电子专票，与纸质专票现场交付、邮寄交付等方式相比，发票交付的速度更快。

四是财务管理更高效。电子专票属于电子会计凭证，纳税人可以便捷获取数字化的票面明细信息，并据此提升财务管理水平。同时，纳税人可以通过全国增值税发票查验平台（https://inv-veri.chinatax.gov.cn）下载增值税电子发票版式文件阅读器，查阅电子专票并验证电子签名有效性，降低接收假发票的风险。

五是存储保管更经济。电子专票采用信息化存储方式，与纸质专票相比，无需专门场所存放，也可以大幅降低后续人工管理的成本。此外，纳税人还可以从税务部门提供的免费渠道重新下载电子专票，防范发票丢失和损毁风险。

六是社会效益更显著。电子专票交付快捷，有利于交易双方加快结算速度，缩短回款周期，提升资金使用效率。同时，电子专票的推出，还有利于推动企业财务核算电子化的进一步普及，进而对整个经济社会的数字化建设产生积极影响。

四、电子专票为何采用电子签名代替原纸质发票上的发票专用章？

《中华人民共和国电子签名法》第十四条规定，可靠的电子签名与手写签名或者盖章具有同等的法律效力。为更好适应发票电子化改革需要，电子专票采用电子签名代替原发票专用章，纳税人可以通过全国增值税发票查验平台下载增值税电子发票版式文件阅读器，查阅电子专票并验证电子签名的有效性。

五、在新办纳税人中实行专票电子化，税务部门同步推出了哪些便利纳税人的举措？

税务部门紧紧围绕推进办税缴费便利化改革和提升纳税人获得感，不断优化发票服务方式，以专票电子化为契机，创新推出了五条便利化举措：

一是开票设备免费领取。需要开具增值税纸质普通发票（以下简称纸质普票）、电子普票、纸质专票、电子专票、纸质机动车销售统一发票（以下简称纸质机动车发票）和纸质二手车销售统一发票（以下简称纸质二手车发票）的新办纳税人，统一领取税务 UKey 开具发票。税务机关向新办纳税人免费发放税务 UKey。

二是电子专票免费开具。税务部门依托增值税电子发票公共服务平台，为纳税人提供免费的电子专票开具服务，纳税人通过该平台开具电子专票无需支付相关费用。

三是首票服务便捷享受。税务部门对首次开具、首次接收电子专票的纳税人实行"首票服务制"，通过线上线下多种方式，帮助纳税人及时全面掌握政策规定和操作要点。

四是发票状态及时告知。税务部门对增值税发票综合服务平台进行了优化升级，纳税人可以通过该平台及时掌握所取得的电子专票领用、开具、用途确认等流转状态以及正常、红冲、异常等管理状态信息。这一举措有助于纳税人全面了解电子专票的全流程信息，减少购销双方信息不对称或滞后而产生的发票涉税风险，有效保障纳税人权益。

五是发票信息批量下载。纳税人可以通过增值税发票综合服务平台，批量下载所取得的纸质普票、电子普票、纸质专票、电子专票、纸质机动车发票和纸质二手车发票等发票的明细信息。这既为纳税人实现报销入账归档电子化提供了完整准确的发票基础数据，也有利于纳税人改进内部管理，防范电子发票重复报销入账风险。此外，发票电子信息的便捷获取和拓展应用，还将有助于纳税人更好地开展财务分析，强化资金和供应链管理，为企业提升经营决策水平提供帮助。

随着专票电子化工作的推进，税务部门还将推出更多创新服务举措，为纳税人提供更便捷、更高效、更舒心的办税体验。

六、实行专票电子化的新办纳税人领取税务 UKey 后，可以开具哪些种类的发票？

实行专票电子化的新办纳税人领取税务 UKey 并核定对应票种后，可以开具纸质普票、电子普票、纸质专票、电子专票、纸质机动车发票和纸质二手车发票。

七、实行专票电子化的新办纳税人在核定电子专票时有什么具体要求？

按照《国家税务总局关于新办纳税人首次申领增值税发票有关事项的公告》（2018 年第 29 号）规定，税务机关为首次申领增值税发票的新办纳税人办理发票票种核定，增值税专用发票最高开票限额不超过 10 万元，每月最高领用数量不超过 25 份。各省税务机关可以在此范围内结合纳税人税收风险程度，自行确定新办纳税人首次申领增值税发票票种核定标准。

电子专票和纸质专票同属增值税专用发票。税务机关核定的增值税专用发票最高开票限额，同时适用于纳税人所领用的电子专票和纸质专票，两者保持一致。实行专票电子化的新办纳税人，可以在税务机关核定的增值税专用发票每月最高领用数量内，根据自身需要分别确定电子专票和纸质专票的领用数量。

实行专票电子化的新办纳税人，在税务机关核定增值税专用发票最高开票限额和领用数量后，可以根据生产经营需要申请"增版增量"。

八、实行专票电子化的新办纳税人领取税务 UKey 后，是不是电子专票和纸质专票都可以开具？

实行专票电子化的新办纳税人领取税务 UKey 后，既可以开具电子专票，也可以开具纸质专票。部分受票方因自身管理需要，可能仍需使用纸质专票，为保障受票方权益，其在索取纸质专票时，开票方应当开具纸质专票。

九、纳税人应当如何开具红字电子专票？

纳税人开具电子专票后，发生销货退回、开票有误、应税服务中止、销售折让等情形，可以开具红字电子专票。相较于红字纸质专票开具流程，纳税人在开具红字电子专票时，无需追回已经开具的蓝字电子专票，具有简便易行好操作的优点。具体来说，开具红字电子专票的流程主要可以分为三个步骤。

第一步是购买方或销售方纳税人在增值税发票管理系统（以下简称发票管理系统）中填开《开具红字增值税专用发票信息表》（以下简称《信息表》）。根据购买方是否已将电子专票用于申报抵扣，开具《信息表》的方式分为两类。第一类是购买方开具《信息表》。如果购买方已将电子专票用于申报抵扣，则由购买方在发票管理系统中填开并上传《信息表》，在这种情况下，《信息表》中不需要填写相对应的蓝字电子专票信息。第二类是销售方开具《信息表》。如果购买方未将电子专票用于申报抵扣，则由销售方在发票管理系统中填开并上传《信息表》，在这种情况下，《信息表》中需要填写相对应的蓝字电子专票信息。

第二步是税务机关信息系统自动校验。税务机关通过网络接收纳税人上传的《信息表》，系统自动校验通过后，生成带有"红字发票信息表编号"的《信息表》，并将信息同步至纳税人端系统中。

第三步是销售方纳税人开具红字电子专票。销售方在发票管理系统中查询到已经校验通过的《信息表》后，便可开具红字电子专票。红字电子专票应与《信息表》一一对应。

需要说明的是，对于购买方已将电子专票用于申报抵扣的情形，因购买方开具《信息表》与销售方开具红字电子专票可能存在一定时间差，购买方应当暂依《信息表》所列增值税税额从当期进项税额中转出，待取得销售方开具的红字电子专票后，与《信息表》一并作为记账凭证。

十、纳税人以电子发票报销入账归档的，应当注意哪些事项？

纳税人以电子发票（含电子专票和电子普票）报销入账归档的，应当按照《财政部 国家档案局关于规范电子会计凭证报销入账归档的通知》（财会〔2020〕6号，以下简称《通知》）的相关规定执行。

第一，纳税人可以根据《通知》第三条的规定，仅使用电子发票进行报销入账归档。

第二，电子发票与纸质发票具有同等法律效力，按照《通知》第五条的规定，纳税人取得的电子发票，可不再另以纸质形式保存。

第三，纳税人如果需要以电子发票的纸质打印件作为报销入账归档依据的，应当根据《通知》第四条的规定，同时保存打印该纸质件的电子发票。

十一、受票方丢失已开具的电子专票后应当如何处理？

受票方如丢失或损毁已开具的电子专票，可以根据发票代码、发票号码、开票日期、开具金额（不含税）等信息，在全国增值税发票查验平台查验通过后，下载电子专票。如不掌握相关信息，也可以向开票方重新索取原电子专票。

73. 国家税务总局 工业和信息化部 公安部关于发布《机动车发票使用办法》的公告

国家税务总局 工业和信息化部 公安部公告2020年第23号

为深入贯彻落实国务院"放管服"改革要求，规范机动车行业发票使用行为，营造公平公正有序的营商环境，国家税务总局、工业和信息化部、公安部联合制定了《机动车发票使用办法》，现予以发布，自2021年5月1日起试行，2021年7月1日起正式施行。

特此公告。

附件：机动车销售统一发票票样（略）。

国家税务总局
工业和信息化部
公安部
2020年12月28日

机动车发票使用办法

第一条 为了加强机动车发票管理和服务，规范机动车发票使用行为，根据《中华人民共和国税收征收管理法》及其实施细则、《中华人民共和国发票管理办法》及其实施细则，制定本办法。

第二条 本办法所称机动车发票是指销售机动车（不包括二手车）的单位和个人（以下简称"销售方"）通过增值税发票管理系统开票软件中机动车发票开具模块所开具的增值

税专用发票和机动车销售统一发票（包括纸质发票、电子发票）。增值税发票管理系统开票软件自动在增值税专用发票左上角打印"机动车"字样。

机动车发票均应通过增值税发票管理系统开票软件在线开具。按照有关规定不使用网络办税或不具备网络条件的特定纳税人，可以离线开具机动车发票。

第三条 开通机动车发票开具模块的销售方分为机动车生产企业、机动车授权经销企业、其他机动车贸易商三种类型。

机动车生产企业包括国内机动车生产企业及进口机动车生产企业驻我国办事机构或总授权代理机构；机动车授权经销企业是指经机动车生产企业授权，且同时具备整车销售、零配件销售、售后维修服务等经营业务的机动车经销企业；其他机动车贸易商，是指除上述两类企业以外的机动车销售单位和个人。

对于已开通机动车发票开具模块的销售方，税务机关可以根据其实际生产经营情况调整划分类型。

第四条 主管税务机关对机动车发票实行分类分级规范管理，提升办税效率，加强后续服务和监管。

（一）对使用机动车发票开具模块的销售方，需要调整机动车发票用量的，可以按需要即时办理。对于同时存在其他经营业务申领发票的，仍应按现行有关规定执行。

（二）对经税务总局、省税务局大数据分析发现的税收风险程度较高的纳税人，严格控制其发票领用数量和最高开票限额，并加强事中事后监管。

第五条 主管税务机关可以结合销售方取得机动车的相关凭据判断其经营规模，并动态调整机动车发票领用数量。

取得机动车的相关凭据包括：

（一）增值税专用发票；

（二）海关进口增值税专用缴款书；

（三）货物进口证明书；

（四）机动车整车出厂合格证；

（五）法院判决书、裁定书、调解书，以及仲裁裁决书、调解书，公证债权文书；

（六）国家税务总局规定的其他凭证。

第六条 销售方应当按照销售符合国家机动车管理部门车辆参数、安全等技术指标规定的车辆所取得的全部价款如实开具机动车发票。

向消费者销售机动车，销售方应当开具机动车销售统一发票；其他销售机动车行为，销售方应当开具增值税专用发票。

第七条 销售方使用机动车发票开具模块时，应遵循以下规则：

（一）国内机动车生产企业销售本企业生产的机动车、进口机动车生产企业驻我国办事机构或总授权代理机构和从事机动车进口的其他机动车贸易商销售本企业进口的机动车，应通过增值税发票管理系统和机动车合格证管理系统，依据车辆识别代号/车架号将机动车发票开具信息与国产机动车合格证电子信息或车辆电子信息（以下统称车辆电子信息）进行关联匹配。

（二）销售方购进机动车直接对外销售，应当通过机动车发票开具模块获取购进机动车的车辆识别代号/车架号等信息后，方可开具对应的机动车发票。

第八条 销售机动车开具增值税专用发票时，应遵循以下规则：

（一）正确选择机动车的商品和服务税收分类编码。

（二）增值税专用发票"规格型号"栏应填写机动车车辆识别代号/车架号，"单位"栏应选择"辆"，"单价"栏应填写对应机动车的不含增值税价格。汇总开具增值税专用发票，应通过机动车发票开具模块开具《销售货物或应税劳务、服务清单》，其中的规格型号、单位、单价等栏次也应按照上述增值税专用发票的填写要求填开。国内机动车生产企业若不能按上述规定填写"规格型号"栏的，应当在增值税专用发票（包括《销售货物或应税劳务、服务清单》）上，将相同车辆配置序列号、相同单价的机动车，按照同一行次汇总填列的规则开具发票。

（三）销售方销售机动车开具增值税专用发票后，发生销货退回、开票有误、销售折让等情形，应当凭增值税发票管理系统校验通过的《开具红字增值税专用发票信息表》开具红字增值税专用发票。发生销货退回、开票有误的，在"规格型号"栏填写机动车车辆识别代号/车架号；发生销售折让的，"规格型号"栏不填写机动车车辆识别代号/车架号。

第九条 销售机动车开具机动车销售统一发票时，应遵循以下规则：

（一）按照"一车一票"原则开具机动车销售统一发票，即一辆机动车只能开具一张机动车销售统一发票，一张机动车销售统一发票只能填写一辆机动车的车辆识别代号/车架号。

（二）机动车销售统一发票的"纳税人识别号/统一社会信用代码/身份证明号码"栏，销售方根据消费者实际情况填写。如消费者需要抵扣增值税，则该栏必须填写消费者的统一社会信用代码或纳税人识别号，如消费者为个人则应填写个人身份证明号码。

（三）开具纸质机动车销售统一发票后，如发生销货退回或开具有误的，销售方应开具红字发票，红字发票内容应与原蓝字发票一一对应，并按以下流程操作：

1.销售方开具红字发票时，应当收回消费者所持有的机动车销售统一发票全部联次。如消费者已办理车辆购置税纳税申报的，不需退回报税联；如消费者已办理机动车注册登记的，不需退回注册登记联；如消费者为增值税一般纳税人且已抵扣增值税的，不需退回抵扣联。

2.消费者已经办理机动车注册登记的，销售方应当留存公安机关出具的机动车注销证明复印件；如消费者无法取得机动车注销证明，销售方应留存机动车生产企业或者机动车经销企业出具的退车证明或者相关情况说明。

（四）消费者丢失机动车销售统一发票，无法办理车辆购置税纳税申报或者机动车注册登记的，应向销售方申请重新开具机动车销售统一发票；销售方核对消费者相关信息后，先开具红字发票，再重新开具与原蓝字发票存根联内容一致的机动车销售统一发票。

（五）机动车销售统一发票打印内容出现压线或者出格的，若内容清晰完整，无需退还重新开具。

第十条 已办理车辆购置税纳税申报的机动车，不得更改车辆电子信息；未办理车辆购置税纳税申报的机动车，可以按照机动车出厂合格证相关管理规定修改车辆电子信息，但销售方所开具的机动车销售统一发票内容应与修改后的车辆电子信息一致。

第十一条 税务部门与工信部门应加强对车辆电子信息的管理。省税务机关应当将机动车销售统一发票电子信息实时传输至同级公安机关，公安机关应当将机动车登记核查信息反馈税务部门。

第十二条 销售方未按规定开具机动车发票的，按照《中华人民共和国税收征收管理法》《中华人民共和国发票管理办法》等法律法规的规定处理。

第十三条 本办法自2021年5月1日起试行，2021年7月1日起正式施行。自本办法试行之日起制造的机动车，销售方应按本办法规定开具机动车发票。制造日期按照国产机动车的制造日期或者进口机动车的进口日期确定。

第十四条 《国家税务总局关于消费者丢失机动车销售发票处理问题的批复》（国税函〔2006〕227号）、《国家税务总局关于使用新版机动车销售统一发票有关问题的通知》（国税函〔2006〕479号）第五条、《国家税务总局关于机动车电子信息采集和最低计税价格核定有关事项的公告》（2013年第36号）、《国家税务总局关于调整机动车销售统一发票票面内容的公告》（2014年第27号）第一条第一项和第二项，自本办法试行之日起废止。

74.关于《机动车发票使用办法》的解读

一、《机动车发票使用办法》的出台背景

机动车发票低开虚开的问题由来已久，特别是机动车销售统一发票纳入增值税抵扣凭证以来，虚开机动车销售统一发票的案件时有发生，扰乱了机动车行业管理秩序，严重侵害守法纳税人和消费者的合法权益。为进一步规范机动车生产、批发、零售全流程的发票使用行为，为纳税人提供便利化的开票服务，方便消费者使用机动车发票，营造公平公正有序的营商环境，税务总局、工业和信息化部、公安部共同制定了《机动车发票使用办法》（以下简称《办法》），自2021年5月1日起试行，7月1日起正式施行。

二、《办法》适用什么情形？机动车发票包含哪些发票种类？

《办法》适用于单位和个人销售机动车（不包括二手车，下同）开具增值税专用发票或者机动车销售统一发票的情形。

机动车发票是指单位和个人销售机动车时通过增值税发票管理系统开票软件中机动车发票开具模块所开具的增值税专用发票和机动车销售统一发票。此外还需注意，销售不属于机动车的其他商品不应开具机动车发票，不适用本办法规定。

三、机动车销售方分为几种类型？如何区别？

考虑到机动车销售方式和渠道的各自特点，税务机关根据企业实际生产经营情况将机动车的销售方分为三种类型，即：机动车生产企业、机动车授权经销企业、其他机动车贸易商，实行分类分级管理。

机动车生产企业包括国内机动车生产企业及进口机动车生产企业驻我国办事机构或总授权代理机构，如在国内从事汽车整车制造的企业属于国内机动车生产企业，某国外品牌（中国）汽车销售有限公司属于进口机动车生产企业驻我国办事机构或总授权代理机构；机动车授权经销企业是指经机动车生产企业授权，且同时具备整车销售、零配件销售、售后维修服务等经营业务的机动车经销企业，如某品牌汽车4S店等；其他机动车贸易商，是指除上述两类企业以外的机动车销售单位和个人，如摩托车个体经销处。

四、在机动车发票使用方面有什么新的便民措施？

一是，为了最大限度为企业服务，税务机关在发票领用方面实施动态管理。主管税务机关结合销售方生产经营情况和取得机动车的相关凭据判断其经营规模，动态调整机动车发票领用数量，满足企业经营中对发票的需求。

二是，企业在销售机动车时，能够读取到增值税发票管理系统中已购进机动车的车辆电子信息并开具发票，可以提升机动车发票开具的便捷性和准确性。

五、在日常开具和使用机动车发票时要注意哪些事项？

为了切实维护机动车购销双方的合法权益，在发票开具和使用方面要遵循以下几点要求：

第一，机动车销售方按照"一车一票"原则开具机动车销售统一发票。例如，销售方

向消费者销售单价为 200 万元的机动车时，销售一辆机动车开具发票时仅能开具一张总价款为 200 万元的机动车销售统一发票，而不能分拆价款开具两张及两张以上机动车销售统一发票。

第二，销售方应当按照销售符合国家机动车管理部门车辆参数、安全等技术指标规定的车辆所取得的全部价款如实开具机动车发票。这里所说的国家机动车管理部门车辆参数、安全等技术指标通常是指工信部门发布的《道路机动车辆生产企业及产品公告》中列明的符合出厂技术条件的车辆参数、安全等指标。

第三，销售方根据不同情形，使用不同种类的机动车发票。购买方购进机动车自用的，销售方应当开具机动车销售统一发票；购买方购进机动车用于销售的，销售方应当开具增值税专用发票。例如：某汽车 4S 店将库存车辆销售给消费者，应当开具机动车销售统一发票，而该 4S 店将库存车辆调配至集团公司下属的其他 4S 店用于其对外销售的，则应当开具增值税专用发票。

六、《办法》实施后，增值税发票管理系统机动车发票开具模块操作方面会有什么新的变化？

（一）国内机动车生产企业、进口机动车生产企业驻我国办事机构或总授权代理机构和从事机动车进口的其他机动车贸易商生产或进口机动车后，应按照现行规定向工信部门上传国产机动车合格证信息或进口车辆电子信息（统称车辆电子信息）。上述企业销售本企业生产或者进口的机动车，应通过增值税发票管理系统和机动车合格证管理系统，依据车辆识别代号/车架号将机动车发票开具信息与车辆电子信息进行关联匹配。若上述企业开具的发票信息未关联车辆电子信息，会影响受票方继续开具对应的机动车发票。

（二）进口机动车生产企业驻我国办事机构或总授权代理机构和从事机动车进口的其他机动车贸易商录入并上传进口车辆电子信息；销售方销售本企业进口的机动车，应直接调用车辆电子信息开具机动车发票，实现进口机动车销售价格等信息与车辆电子信息关联。

（三）机动车授权经销企业和其他机动车贸易商销售机动车开具发票时，直接录入车辆识别代号/车架号或者扫描合格证二维码，读取增值税发票系统中已购进机动车的车辆电子信息并开具发票。若读取不到已购进机动车的车辆电子信息，将无法正常开具发票。

七、机动车销售统一发票开票有误或者发生销售退回情形，销售方开具红字发票有何规定？

（一）销售方开具红字发票时，应当收回消费者所持有的纸质机动车销售统一发票。如消费者已办理车辆购置税纳税申报的，不需退回报税联；如消费者已办理机动车注册登记的，不需退回注册登记联；如消费者为增值税一般纳税人且已抵扣增值税的，不需退回抵扣联。

例1：5月31日，张先生在某汽车 4S 店购买一台新车，取得 4S 店开具的机动车销售统一发票。由于工作人员的疏忽将张先生的身份证号码录入错误，如果在缴纳车辆购置税前发现发票开具错误，张先生应将其所持机动车销售统一发票全部联次退回 4S 店，4S 店应按原蓝字发票信息开具红字发票后，再重新开具正确的蓝字发票。如果张先生已缴纳车辆购置税，在办理车辆注册登记时发现开票有误，应将其所持的机动车销售统一发票的发票联、注册登记联退回 4S 店，4S 店应先开具红字发票，再重新开具正确的蓝字发票。

例2：某增值税一般纳税人购买车辆，在申报缴纳车辆购置税前发现发票开具错误，如该纳税人已抵扣增值税，在申请开具红字发票时，应将其所持的机动车销售统一发票的发票联、报税联、注册登记联退还给 4S 店。4S 店先开具红字发票，再重新开具正确的蓝字发票。

八、销售机动车开具增值税专用发票，有哪些注意事项？

使用增值税发票管理系统机动车发票开具模块开具增值税专用发票，要注意以下几点：

第一，正确选择机动车类商品和服务税收分类编码。销售材料、配件、维修、保养、装饰等非机动车整车销售业务,均不通过该模块开具发票。

第二,增值税专用发票"规格型号"栏应填写机动车车辆识别代号/车架号,"单位"栏应选择"辆"。若汇总开具增值税专用发票,则应通过增值税发票系统开票软件开具《销售货物或应税劳务、服务清单》。

第三,销售机动车需开具红字增值税专用发票的,如果仅涉及销售折扣、销售折让的,《开具红字增值税专用发票信息表》中"规格型号"栏不填写车辆识别代号/车架号。

九、国内机动车生产企业如何适用《办法》第八条第(二)项关于增值税专用发票"规格型号"栏的规定?

国内机动车生产企业若不能在"规格型号"栏逐行填写车辆识别代号/车架号的,"规格型号"栏可以为空,但应在增值税专用发票(包括《销售货物或应税劳务、服务清单》)上,将相同车辆配置序列号、相同单价的机动车,按照同一行次汇总填列的规则开具发票。

因为国内机动车生产企业在销售机动车开具增值税专用发票后需按照《办法》第七条的规定将发票开具信息与对应的国产机动车合格证电子信息进行关联匹配,已经能够确保下游企业正常读取购进机动车信息并开具机动车发票。所以,国内机动车生产企业在开具增值税专用发票时可以不逐行填写车辆识别代号/车架号。

税务部门和工信部门鼓励具备条件的国内机动车生产企业在开具增值税专用发票时逐行填写车辆识别代号/车架号,提升下游企业获取购进机动车信息的效率。

十、《办法》实施后,对制造日期为2021年5月1日之前的机动车,如果没有取得车辆信息,还能销售吗?如何开具发票?

《办法》于2021年5月1日起试行。对于企业所销售机动车制造日期在2021年5月1日之前的,销售方可按《办法》实施前的规定开具机动车发票。例如,2021年6月1日销售2021年4月生产的机动车,按照《办法》实施前的规定开具机动车发票。

75. 国家税务总局关于发布《税务行政处罚"首违不罚"事项清单》的公告

国家税务总局公告2021年第6号

为贯彻落实中共中央办公厅、国务院办公厅《关于进一步深化税收征管改革的意见》、国务院常务会有关部署,深入开展2021年"我为纳税人缴费人办实事暨便民办税春风行动",推进税务领域"放管服"改革,更好服务市场主体,根据《中华人民共和国行政处罚法》《中华人民共和国税收征收管理法》及其实施细则等法律法规,国家税务总局制定了《税务行政处罚"首违不罚"事项清单》。对于首次发生清单中所列事项且危害后果轻微,在税务机关发现前主动改正或者在税务机关责令限期改正的期限内改正的,不予行政处罚。税务机关应当对当事人加强税法宣传和辅导。

现将《税务行政处罚"首违不罚"事项清单》予以发布,自2021年4月1日起施行。

特此公告。

国家税务总局
2021年3月31日

税务行政处罚"首违不罚"事项清单

对于首次发生下列清单中所列事项且危害后果轻微,在税务机关发现前主动改正或者在税务机关责令限期改正的期限内改正的,不予行政处罚。

序号	事项
1	纳税人未按照税收征收管理法及实施细则等有关规定将其全部银行账号向税务机关报送
2	纳税人未按照税收征收管理法及实施细则等有关规定设置、保管账簿或者保管记账凭证和有关资料
3	纳税人未按照税收征收管理法及实施细则等有关规定的期限办理纳税申报和报送纳税资料
4	纳税人使用税控装置开具发票,未按照税收征收管理法及实施细则、发票管理办法等有关规定的期限向主管税务机关报送开具发票的数据且没有违法所得
5	纳税人未按照税收征收管理法及实施细则、发票管理办法等有关规定取得发票,以其他凭证代替发票使用且没有违法所得
6	纳税人未按照税收征收管理法及实施细则、发票管理办法等有关规定缴销发票且没有违法所得
7	扣缴义务人未按照税收征收管理法及实施细则等有关规定设置、保管代扣代缴、代收代缴税款账簿或者保管代扣代缴、代收代缴税款记账凭证及有关资料
8	扣缴义务人未按照税收征收管理法及实施细则等有关规定的期限报送代扣代缴、代收代缴税款有关资料
9	扣缴义务人未按照《税收票证管理办法》的规定开具税收票证
10	境内机构或个人向非居民发包工程作业或劳务项目,未按照《非居民承包工程作业和提供劳务税收管理暂行办法》的规定向主管税务机关报告有关事项

76. 国家税务总局 国家外汇管理局关于服务贸易等项目对外支付税务备案有关问题的补充公告

国家税务总局 国家外汇管理局公告 2021 年第 19 号

为深入贯彻落实中办、国办印发的《关于进一步深化税收征管改革的意见》,促进深化"放管服"改革,打造市场化法治化国际化营商环境,促进贸易投资自由化便利化,切实为群众办实事,现对《国家税务总局 国家外汇管理局关于服务贸易等项目对外支付税务备案有关问题的公告》(国家税务总局 国家外汇管理局公告 2013 年第 40 号发布,国家税务总局公告 2018 年第 31 号修改)补充公告如下:

一、境内机构和个人(以下称备案人)对同一笔合同需要多次对外支付的,仅需在首次付汇前办理税务备案。

二、下列事项无需办理税务备案:

(一)外国投资者以境内直接投资合法所得在境内再投资;

（二）财政预算内机关、事业单位、社会团体非贸易非经营性付汇业务。

三、备案人可以通过以下方式获取和填报《服务贸易等项目对外支付税务备案表》（以下简称《备案表》）：

（一）通过电子税务局等在线方式填报；

（二）从各省、自治区、直辖市和计划单列市税务局官方网站下载并填报；

（三）在主管税务机关办税服务厅领取并填报。

四、备案人选择在电子税务局等在线方式办理备案的，应完整、如实填写《备案表》并提交相关资料。备案人完成备案后，可凭《备案表》编号和验证码，按照外汇管理相关规定，到银行办理付汇手续。

五、备案人选择在办税服务厅办理备案的，对于提交资料齐全、《备案表》填写完整的，主管税务机关无需当场进行纳税事项审核，应在系统录入《备案表》信息、生成《备案表》编号和验证码。备案人可凭《备案表》编号和验证码，按照外汇管理相关规定，到银行办理付汇手续。

六、本公告自发布之日起施行。《国家税务总局　国家外汇管理局关于服务贸易等项目对外支付税务备案有关问题的公告》（国家税务总局　国家外汇管理局公告2013年第40号发布，国家税务总局公告2018年第31号修改）第一条第二款、第二条第二款、第五条、第六条、第七条、第八条、第十条和附件2同时废止。

特此公告。

国家税务总局　国家外汇管理局
2021 年 6 月 29 日

77. 国家税务总局关于部分税务证明事项实行告知承诺制进一步优化纳税服务的公告

国家税务总局公告 2021 年第 21 号

为深入贯彻党中央、国务院关于持续开展"减证便民"行动重大决策部署，落实中办、国办印发的《关于进一步深化税收征管改革的意见》和国办印发的《关于全面推行证明事项和涉企经营许可事项告知承诺制的指导意见》，持续深化"放管服"改革，优化税收营商环境，根据2021年"我为纳税人缴费人办实事暨便民办税春风行动"安排，结合深入开展党史学习教育，国家税务总局决定对部分税务证明事项实行告知承诺制。现公告如下：

一、实行范围

自2021年7月1日起，在全国范围内对6项税务证明事项（附件1）实行告知承诺制。

二、承诺方式

对实行告知承诺制的税务证明事项，纳税人可以自主选择是否适用告知承诺制办理。

选择适用告知承诺制办理的，税务机关以书面形式（含电子文本）将证明义务、证明内容、承诺方式以及不实承诺的法律责任一次性告知纳税人，纳税人书面承诺已经符合告知的相关要求并愿意承担不实承诺的法律责任，税务机关不再索要该事项需要的证明材料，并依据纳税人书面承诺办理相关税务事项。

纳税人不选择适用告知承诺制的,应当提供该事项需要的证明材料。

三、法律责任

纳税人对承诺的真实性承担法律责任。税务机关在事中核查时发现核查情况与纳税人承诺不一致的,应要求纳税人提供相关佐证材料后再予办理。对在事中事后核查或者日常监管中发现承诺不实的,税务机关依法责令限期改正、进行处理处罚,并按照有关规定作出虚假承诺行为认定;涉嫌犯罪的,依法移送司法机关追究刑事责任。

四、不适用告知承诺制的情形

对重大税收违法失信案件当事人不适用告知承诺制,重大税收违法失信案件当事人履行相关法定义务,经实施检查的税务机关确认,在公布期届满后可以适用告知承诺制;其他纳税人存在曾作出虚假承诺情形的,在纠正违法违规行为或者履行相关法定义务之前不适用告知承诺制。

五、工作要求

税务机关通过办税服务场所和官方网站等渠道公布实行告知承诺制的税务证明事项目录及告知承诺书格式文本(附件2),方便纳税人查阅、索取或下载。

各级税务机关要加强推行和落实税务证明事项告知承诺制的督促检查,对纳税人反映的制度执行不到位等突出问题进行重点检查。

六、本公告自2021年7月1日起施行。

特此公告。

附件:1. 实行告知承诺制的税务证明事项目录(略)。
   2. 告知承诺书格式文本(略)。

国家税务总局

2021年6月30日

78. 国家税务总局关于公布全文和部分条款失效废止的税务规范性文件目录的公告

国家税务总局公告2021年第22号

为贯彻落实中办、国办印发的《关于进一步深化税收征管改革的意见》,优化税收营商环境,规范税务执法,国家税务总局对税务规范性文件进行了清理。现将《全文和部分条款失效废止的税务规范性文件目录》予以公布。

特此公告。

附件:全文和部分条款失效废止的税务规范性文件目录(略)。

国家税务总局

2021年7月9日

79. 税务稽查案件办理程序规定

国家税务总局令第 52 号

第一章 总 则

第一条 为了贯彻落实中共中央办公厅、国务院办公厅印发的《关于进一步深化税收征管改革的意见》，保障税收法律、行政法规的贯彻实施，规范税务稽查案件办理程序，强化监督制约机制，保护纳税人、扣缴义务人和其他涉税当事人合法权益，根据《中华人民共和国税收征收管理法》（以下简称税收征管法）、《中华人民共和国税收征收管理法实施细则》（以下简称税收征管法实施细则）等法律、行政法规，制定本规定。

第二条 稽查局办理税务稽查案件适用本规定。

第三条 办理税务稽查案件应当以事实为根据，以法律为准绳，坚持公平、公正、公开、效率的原则。

第四条 税务稽查由稽查局依法实施。稽查局主要职责是依法对纳税人、扣缴义务人和其他涉税当事人履行纳税义务、扣缴义务情况及涉税事项进行检查处理，以及围绕检查处理开展的其他相关工作。稽查局具体职责由国家税务总局依照税收征管法、税收征管法实施细则和国家有关规定确定。

第五条 稽查局办理税务稽查案件时，实行选案、检查、审理、执行分工制约原则。

第六条 稽查局应当在税务局向社会公告的范围内实施税务稽查。上级税务机关可以根据案件办理的需要指定管辖。

税收法律、行政法规和国家税务总局规章对税务稽查管辖另有规定的，从其规定。

第七条 税务稽查管辖有争议的，由争议各方本着有利于案件办理的原则逐级协商解决；不能协商一致的，报请共同的上级税务机关决定。

第八条 税务稽查人员具有税收征管法实施细则规定回避情形的，应当回避。

被查对象申请税务稽查人员回避或者税务稽查人员自行申请回避的，由稽查局局长依法决定是否回避。稽查局局长发现税务稽查人员具有规定回避情形的，应当要求其回避。稽查局局长的回避，由税务局局长依法审查决定。

第九条 税务稽查人员对实施税务稽查过程中知悉的国家秘密、商业秘密或者个人隐私、个人信息，应当依法予以保密。

纳税人、扣缴义务人和其他涉税当事人的税收违法行为不属于保密范围。

第十条 税务稽查人员应当遵守工作纪律，恪守职业道德，不得有下列行为：

（一）违反法定程序、超越权限行使职权；

（二）利用职权为自己或者他人牟取利益；

（三）玩忽职守，不履行法定义务；

（四）泄露国家秘密、工作秘密，向被查对象通风报信、泄露案情；

（五）弄虚作假，故意夸大或者隐瞒案情；

（六）接受被查对象的请客送礼等影响公正执行公务的行为；

（七）其他违法违纪行为。

税务稽查人员在执法办案中滥用职权、玩忽职守、徇私舞弊的，依照有关规定严肃处理；涉嫌犯罪的，依法移送司法机关处理。

第十一条 税务稽查案件办理应当通过文字、音像等形式，对案件办理的启动、调查取证、审核、决定、送达、执行等进行全过程记录。

第二章 选 案

第十二条 稽查局应当加强稽查案源管理，全面收集整理案源信息，合理、准确地选择待查对象。案源管理依照国家税务总局有关规定执行。

第十三条 待查对象确定后，经稽查局局长批准实施立案检查。

必要时，依照法律法规的规定，稽查局可以在立案前进行检查。

第十四条 稽查局应当统筹安排检查工作，严格控制对纳税人、扣缴义务人的检查次数。

第三章 检 查

第十五条 检查前，稽查局应当告知被查对象检查时间、需要准备的资料等，但预先通知有碍检查的除外。

检查应当由两名以上具有执法资格的检查人员共同实施，并向被查对象出示税务检查证件、出示或者送达税务检查通知书，告知其权利和义务。

第十六条 检查应当依照法定权限和程序，采取实地检查、调取账簿资料、询问、查询存款账户或者储蓄存款、异地协查等方法。

对采用电子信息系统进行管理和核算的被查对象，检查人员可以要求其打开该电子信息系统，或者提供与原始电子数据、电子信息系统技术资料一致的复制件。被查对象拒不打开或者拒不提供的，经稽查局局长批准，可以采用适当的技术手段对该电子信息系统进行直接检查，或者提取、复制电子数据进行检查，但所采用的技术手段不得破坏该电子信息系统原始电子数据，或者影响该电子信息系统正常运行。

第十七条 检查应当依照法定权限和程序收集证据材料。收集的证据必须经查证属实，并与证明事项相关联。

不得以下列方式收集、获取证据材料：

（一）严重违反法定程序收集；

（二）以违反法律强制性规定的手段获取且侵害他人合法权益；

（三）以利诱、欺诈、胁迫、暴力等手段获取。

第十八条 调取账簿、记账凭证、报表和其他有关资料时，应当向被查对象出具调取账簿资料通知书，并填写调取账簿资料清单交其核对后签章确认。

调取纳税人、扣缴义务人以前会计年度的账簿、记账凭证、报表和其他有关资料的，应当经县以上税务局局长批准，并在3个月内完整退还；调取纳税人、扣缴义务人当年的账簿、记账凭证、报表和其他有关资料的，应当经设区的市、自治州以上税务局局长批准，并在30日内退还。

退还账簿资料时，应当由被查对象核对调取账簿资料清单，并签章确认。

第十九条 需要提取证据材料原件的，应当向当事人出具提取证据专用收据，由当事人核对后签章确认。对需要退还的证据材料原件，检查结束后应当及时退还，并履行相关签收手续。需要将已开具的纸质发票调出查验时，应当向被查验的单位或者个人开具发票换票证；需要将空白纸质发票调出查验时，应当向被查验的单位或者个人开具调验空白发票收据。经查无问题的，应当及时退还，并履行相关签收手续。

提取证据材料复制件的，应当由当事人或者原件保存单位（个人）在复制件上注明"与原件核对无误"及原件存放地点，并签章。

第二十条 询问应当由两名以上检查人员实施。除在被查对象生产、经营、办公场所询问外，应当向被询问人送达询问通知书。

询问时应当告知被询问人有关权利义务。询问笔录应当交被询问人核对或者向其宣读；询问笔录有修改的，应当由被询问人在改动处捺指印；核对无误后，由被询问人在尾页结束处写明"以上笔录我看过（或者向我宣读过），与我说的相符"，并逐页签章、捺指印。被询问人拒绝在询问笔录上签章、捺指印的，检查人员应当在笔录上注明。

第二十一条 当事人、证人可以采取书面或者口头方式陈述或者提供证言。当事人、证人口头陈述或者提供证言的，检查人员应当以笔录、录音、录像等形式进行记录。笔录可以手写或者使用计算机记录并打印，由当事人或者证人逐页签章、捺指印。

当事人、证人口头提出变更陈述或者证言的，检查人员应当就变更部分重新制作笔录，注明原因，由当事人或者证人逐页签章、捺指印。当事人、证人变更书面陈述或者证言的，变更前的笔录不予退回。

第二十二条 制作录音、录像等视听资料的，应当注明制作方法、制作时间、制作人和证明对象等内容。

调取视听资料时，应当调取有关资料的原始载体；难以调取原始载体的，可以调取复制件，但应当说明复制方法、人员、时间和原件存放处等事项。

对声音资料，应当附有该声音内容的文字记录；对图像资料，应当附有必要的文字说明。

第二十三条 以电子数据的内容证明案件事实的，检查人员可以要求当事人将电子数据打印成纸质资料，在纸质资料上注明数据出处、打印场所、打印时间或者提供时间，注明"与电子数据核对无误"，并由当事人签章。

需要以有形载体形式固定电子数据的，检查人员应当与提供电子数据的个人、单位的法定代表人或者财务负责人或者经单位授权的其他人员一起将电子数据复制到存储介质上并封存，同时在封存包装物上注明制作方法、制作时间、制作人、文件格式及大小等，注明"与原始载体记载的电子数据核对无误"，并由电子数据提供人签章。

收集、提取电子数据，检查人员应当制作现场笔录，注明电子数据的来源、事由、证明目的或者对象，提取时间、地点、方法、过程，原始存储介质的存放地点以及对电子数据存储介质的签封情况等。进行数据压缩的，应当在笔录中注明压缩方法和完整性校验值。

第二十四条 检查人员实地调查取证时，可以制作现场笔录、勘验笔录，对实地调查取证情况予以记录。

制作现场笔录、勘验笔录，应当载明时间、地点和事件等内容，并由检查人员签名和当事人签章。

当事人经通知不到场或者拒绝在现场笔录、勘验笔录上签章的，检查人员应当在笔录上注明原因；如有其他人员在场，可以由其签章证明。

第二十五条 检查人员异地调查取证的，当地税务机关应当予以协助；发函委托相关稽查局调查取证，必要时可以派人参与受托地稽查局的调查取证，受托地稽查局应当根据协查请求，依照法定权限和程序调查。

需要取得境外资料的，稽查局可以提请国际税收管理部门依照有关规定程序获取。

第二十六条 查询从事生产、经营的纳税人、扣缴义务人存款账户,应当经县以上税务局局长批准,凭检查存款账户许可证明向相关银行或者其他金融机构查询。

查询案件涉嫌人员储蓄存款的,应当经设区的市、自治州以上税务局局长批准,凭检查存款账户许可证明向相关银行或者其他金融机构查询。

第二十七条 被查对象有下列情形之一的,依照税收征管法和税收征管法实施细则有关逃避、拒绝或者以其他方式阻挠税务检查的规定处理:

(一)提供虚假资料,不如实反映情况,或者拒绝提供有关资料的;

(二)拒绝或者阻止税务机关记录、录音、录像、照相和复制与案件有关的情况和资料的;

(三)在检查期间转移、隐匿、销毁有关资料的;

(四)有不依法接受税务检查的其他情形的。

第二十八条 税务机关有根据认为从事生产、经营的纳税人有逃避纳税义务行为,可以在规定的纳税期之前,责令限期缴纳应纳税款;在限期内发现纳税人有明显的转移、隐匿其应纳税的商品、货物以及其他财产或者应纳税收入迹象的,可以责成纳税人提供纳税担保。如果纳税人不能提供纳税担保,经县以上税务局局长批准,可以依法采取税收强制措施。

检查从事生产、经营的纳税人以前纳税期的纳税情况时,发现纳税人有逃避纳税义务行为,并有明显的转移、隐匿其应纳税的商品、货物以及其他财产或者应纳税收入迹象的,经县以上税务局局长批准,可以依法采取税收强制措施。

第二十九条 稽查局采取税收强制措施时,应当向纳税人、扣缴义务人、纳税担保人交付税收强制措施决定书,告知其采取税收强制措施的内容、理由、依据以及依法享有的权利、救济途径,并履行法律、法规规定的其他程序。

采取冻结纳税人在开户银行或者其他金融机构的存款措施时,应当向纳税人开户银行或者其他金融机构交付冻结存款通知书,冻结其相当于应纳税款的存款;并于作出冻结决定之日起3个工作日内,向纳税人交付冻结决定书。

采取查封、扣押商品、货物或者其他财产措施时,应当向纳税人、扣缴义务人、纳税担保人当场交付查封、扣押决定书,填写查封商品、货物或者其他财产清单或者出具扣押商品、货物或者其他财产专用收据,由当事人核对后签章。查封清单、扣押收据一式二份,由当事人和稽查局分别保存。

采取查封、扣押有产权证件的动产或者不动产措施时,应当依法向有关单位送达税务协助执行通知书,通知其在查封、扣押期间不再办理该动产或者不动产的过户手续。

第三十条 按照本规定第二十八条第二款采取查封、扣押措施的,期限一般不得超过6个月;重大案件有下列情形之一,需要延长期限的,应当报国家税务总局批准:

(一)案情复杂,在查封、扣押期限内确实难以查明案件事实的;

(二)被查对象转移、隐匿、销毁账簿、记账凭证或者其他证据材料的;

(三)被查对象拒不提供相关情况或者以其他方式拒绝、阻挠检查的;

(四)解除查封、扣押措施可能使纳税人转移、隐匿、损毁或者违法处置财产,从而导致税款无法追缴的。

除前款规定情形外采取查封、扣押、冻结措施的,期限不得超过30日;情况复杂的,经县以上税务局局长批准,可以延长,但是延长期限不得超过30日。

第三十一条 有下列情形之一的,应当依法及时解除税收强制措施:

(一)纳税人已按履行期限缴纳税款、扣缴义务人已按履行期限解缴税款、纳税担保人已按履行期限缴纳所担保税款的；

（二）税收强制措施被复议机关决定撤销的；

（三）税收强制措施被人民法院判决撤销的；

（四）其他法定应当解除税收强制措施的。

第三十二条 解除税收强制措施时，应当向纳税人、扣缴义务人、纳税担保人送达解除税收强制措施决定书，告知其解除税收强制措施的时间、内容和依据，并通知其在规定时间内办理解除税收强制措施的有关事宜：

（一）采取冻结存款措施的，应当向冻结存款的纳税人开户银行或者其他金融机构送达解除冻结存款通知书，解除冻结；

（二）采取查封商品、货物或者其他财产措施的，应当解除查封并收回查封商品、货物或者其他财产清单；

（三）采取扣押商品、货物或者其他财产措施的，应当予以返还并收回扣押商品、货物或者其他财产专用收据。

税收强制措施涉及协助执行单位的，应当向协助执行单位送达税务协助执行通知书，通知解除税收强制措施相关事项。

第三十三条 有下列情形之一，致使检查暂时无法进行的，经稽查局局长批准后，中止检查：

（一）当事人被有关机关依法限制人身自由的；

（二）账簿、记账凭证及有关资料被其他国家机关依法调取且尚未归还的；

（三）与税收违法行为直接相关的事实需要人民法院或者其他国家机关确认的；

（四）法律、行政法规或者国家税务总局规定的其他可以中止检查的。

中止检查的情形消失，经稽查局局长批准后，恢复检查。

第三十四条 有下列情形之一，致使检查确实无法进行的，经稽查局局长批准后，终结检查：

（一）被查对象死亡或者被依法宣告死亡或者依法注销，且有证据表明无财产可抵缴税款或者无法定税收义务承担主体的；

（二）被查对象税收违法行为均已超过法定追究期限的；

（三）法律、行政法规或者国家税务总局规定的其他可以终结检查的。

第三十五条 检查结束前，检查人员可以将发现的税收违法事实和依据告知被查对象。

被查对象对违法事实和依据有异议的，应当在限期内提供说明及证据材料。被查对象口头说明的，检查人员应当制作笔录，由当事人签章。

第四章 审 理

第三十六条 检查结束后，稽查局应当对案件进行审理。符合重大税务案件标准的，稽查局审理后提请税务局重大税务案件审理委员会审理。

重大税务案件审理依照国家税务总局有关规定执行。

第三十七条 案件审理应当着重审核以下内容：

（一）执法主体是否正确；

（二）被查对象是否准确；

（三）税收违法事实是否清楚，证据是否充分，数据是否准确，资料是否齐全；

（四）适用法律、行政法规、规章及其他规范性文件是否适当，定性是否正确；

（五）是否符合法定程序；
（六）是否超越或者滥用职权；
（七）税务处理、处罚建议是否适当；
（八）其他应当审核确认的事项或者问题。

第三十八条 有下列情形之一的，应当补正或者补充调查：
（一）被查对象认定错误的；
（二）税收违法事实不清、证据不足的；
（三）不符合法定程序的；
（四）税务文书不规范、不完整的；
（五）其他需要补正或者补充调查的。

第三十九条 拟对被查对象或者其他涉税当事人作出税务行政处罚的，应当向其送达税务行政处罚事项告知书，告知其依法享有陈述、申辩及要求听证的权利。税务行政处罚事项告知书应当包括以下内容：
（一）被查对象或者其他涉税当事人姓名或者名称、有效身份证件号码或者统一社会信用代码、地址。没有统一社会信用代码的，以税务机关赋予的纳税人识别号代替；
（二）认定的税收违法事实和性质；
（三）适用的法律、行政法规、规章及其他规范性文件；
（四）拟作出的税务行政处罚；
（五）当事人依法享有的权利；
（六）告知书的文号、制作日期、税务机关名称及印章；
（七）其他相关事项。

第四十条 被查对象或者其他涉税当事人可以书面或者口头提出陈述、申辩意见。对当事人口头提出陈述、申辩意见，应当制作陈述申辩笔录，如实记录，由陈述人、申辩人签章。

应当充分听取当事人的陈述、申辩意见；经复核，当事人提出的事实、理由或者证据成立的，应当采纳。

第四十一条 被查对象或者其他涉税当事人按照法律、法规、规章要求听证的，应当依法组织听证。

听证依照国家税务总局有关规定执行。

第四十二条 经审理，区分下列情形分别作出处理：
（一）有税收违法行为，应当作出税务处理决定的，制作税务处理决定书；
（二）有税收违法行为，应当作出税务行政处罚决定的，制作税务行政处罚决定书；
（三）税收违法行为轻微，依法可以不予税务行政处罚的，制作不予税务行政处罚决定书；
（四）没有税收违法行为的，制作税务稽查结论。

税务处理决定书、税务行政处罚决定书、不予税务行政处罚决定书、税务稽查结论引用的法律、行政法规、规章及其他规范性文件，应当注明文件全称、文号和有关条款。

第四十三条 税务处理决定书应当包括以下主要内容：
（一）被查对象姓名或者名称、有效身份证件号码或者统一社会信用代码、地址。没有统一社会信用代码的，以税务机关赋予的纳税人识别号代替；
（二）检查范围和内容；
（三）税收违法事实及所属期间；

（四）处理决定及依据；
（五）税款金额、缴纳期限及地点；
（六）税款滞纳时间、滞纳金计算方法、缴纳期限及地点；
（七）被查对象不按期履行处理决定应当承担的责任；
（八）申请行政复议或者提起行政诉讼的途径和期限；
（九）处理决定书的文号、制作日期、税务机关名称及印章。

第四十四条 税务行政处罚决定书应当包括以下主要内容：
（一）被查对象或者其他涉税当事人姓名或者名称、有效身份证件号码或者统一社会信用代码、地址。没有统一社会信用代码的，以税务机关赋予的纳税人识别号代替；
（二）检查范围和内容；
（三）税收违法事实、证据及所属期间；
（四）行政处罚种类和依据；
（五）行政处罚履行方式、期限和地点；
（六）当事人不按期履行行政处罚决定应当承担的责任；
（七）申请行政复议或者提起行政诉讼的途径和期限；
（八）行政处罚决定书的文号、制作日期、税务机关名称及印章。

税务行政处罚决定应当依法公开。公开的行政处罚决定被依法变更、撤销、确认违法或者确认无效的，应当在3个工作日内撤回原行政处罚决定信息并公开说明理由。

第四十五条 不予税务行政处罚决定书应当包括以下主要内容：
（一）被查对象或者其他涉税当事人姓名或者名称、有效身份证件号码或者统一社会信用代码、地址。没有统一社会信用代码的，以税务机关赋予的纳税人识别号代替；
（二）检查范围和内容；
（三）税收违法事实及所属期间；
（四）不予税务行政处罚的理由及依据；
（五）申请行政复议或者提起行政诉讼的途径和期限；
（六）不予行政处罚决定书的文号、制作日期、税务机关名称及印章。

第四十六条 税务稽查结论应当包括以下主要内容：
（一）被查对象姓名或者名称、有效身份证件号码或者统一社会信用代码、地址。没有统一社会信用代码的，以税务机关赋予的纳税人识别号代替；
（二）检查范围和内容；
（三）检查时间和检查所属期间；
（四）检查结论；
（五）结论的文号、制作日期、税务机关名称及印章。

第四十七条 稽查局应当自立案之日起90日内作出行政处理、处罚决定或者无税收违法行为结论。案情复杂需要延期的，经税务局局长批准，可以延长不超过90日；特殊情况或者发生不可抗力需要继续延期的，应当经上一级税务局分管副局长批准，并确定合理的延长期限。但下列时间不计算在内：
（一）中止检查的时间；
（二）请示上级机关或者征求有权机关意见的时间；
（三）提请重大税务案件审理的时间；
（四）因其他方式无法送达，公告送达文书的时间；

（五）组织听证的时间；

（六）纳税人、扣缴义务人超期提供资料的时间；

（七）移送司法机关后，税务机关需根据司法文书决定是否处罚的案件，从司法机关接受移送到司法文书生效的时间。

第四十八条 税收违法行为涉嫌犯罪的，填制涉嫌犯罪案件移送书，经税务局局长批准后，依法移送公安机关，并附送以下资料：

（一）涉嫌犯罪案件情况的调查报告；

（二）涉嫌犯罪的主要证据材料复制件；

（三）其他有关涉嫌犯罪的材料。

第五章 执 行

第四十九条 稽查局应当依法及时送达税务处理决定书、税务行政处罚决定书、不予税务行政处罚决定书、税务稽查结论等税务文书。

第五十条 具有下列情形之一的，经县以上税务局局长批准，稽查局可以依法强制执行，或者依法申请人民法院强制执行：

（一）纳税人、扣缴义务人未按照规定的期限缴纳或者解缴税款、滞纳金，责令限期缴纳逾期仍未缴纳的；

（二）经稽查局确认的纳税担保人未按照规定的期限缴纳所担保的税款、滞纳金，责令限期缴纳逾期仍未缴纳的；

（三）当事人对处罚决定逾期不申请行政复议也不向人民法院起诉、又不履行的；

（四）其他可以依法强制执行的。

第五十一条 当事人确有经济困难，需要延期或者分期缴纳罚款的，可向稽查局提出申请，经税务局局长批准后，可以暂缓或者分期缴纳。

第五十二条 作出强制执行决定前，应当制作并送达催告文书，催告当事人履行义务，听取当事人陈述、申辩意见。经催告，当事人逾期仍不履行行政决定，且无正当理由的，经县以上税务局局长批准，实施强制执行。

实施强制执行时，应当向被执行人送达强制执行决定书，告知其实施强制执行的内容、理由及依据，并告知其享有依法申请行政复议或者提起行政诉讼的权利。

催告期间，对有证据证明有转移或者隐匿财物迹象的，可以作出立即强制执行决定。

第五十三条 稽查局采取从被执行人开户银行或者其他金融机构的存款中扣缴税款、滞纳金、罚款措施时，应当向被执行人开户银行或者其他金融机构送达扣缴税收款项通知书，依法扣缴税款、滞纳金、罚款，并及时将有关凭证送达被执行人。

第五十四条 拍卖、变卖被执行人商品、货物或者其他财产，以拍卖、变卖所得抵缴税款、滞纳金、罚款的，在拍卖、变卖前应当依法进行查封、扣押。

稽查局拍卖、变卖被执行人商品、货物或者其他财产前，应当制作拍卖/变卖抵税财物决定书，经县以上税务局局长批准后送达被执行人，予以拍卖或者变卖。

拍卖或者变卖实现后，应当在结算并收取价款后3个工作日内，办理税款、滞纳金、罚款的入库手续，并制作拍卖/变卖结果通知书，附拍卖/变卖查封、扣押的商品、货物或者其他财产清单，经稽查局局长审核后，送达被执行人。

以拍卖或者变卖所得抵缴税款、滞纳金、罚款和拍卖、变卖等费用后，尚有剩余的财产或者无法进行拍卖、变卖的财产的，应当制作返还商品、货物或者其他财产通知书，附返还商品、货物或者其他财产清单,送达被执行人,并自办理税款、滞纳金、罚款入库手续之日起 3 个工作日内退还被执行人。

第五十五条 执行过程中发现涉嫌犯罪的,依照本规定第四十八条处理。

第五十六条 执行过程中发现有下列情形之一的,经稽查局局长批准后,中止执行:

(一)当事人死亡或者被依法宣告死亡,尚未确定可执行财产的;

(二)当事人进入破产清算程序尚未终结的;

(三)可执行财产被司法机关或者其他国家机关依法查封、扣押、冻结,致使执行暂时无法进行的;

(四)可供执行的标的物需要人民法院或者仲裁机构确定权属的;

(五)法律、行政法规和国家税务总局规定其他可以中止执行的。

中止执行情形消失后,经稽查局局长批准,恢复执行。

第五十七条 当事人确无财产可供抵缴税款、滞纳金、罚款或者依照破产清算程序确实无法清缴税款、滞纳金、罚款,或者有其他法定终结执行情形的,经税务局局长批准后,终结执行。

第五十八条 税务处理决定书、税务行政处罚决定书等决定性文书送达后,有下列情形之一的,稽查局可以依法重新作出:

(一)决定性文书被人民法院判决撤销的;

(二)决定性文书被行政复议机关决定撤销的;

(三)税务机关认为需要变更或者撤销原决定性文书的;

(四)其他依法需要变更或者撤销原决定性文书的。

第六章 附　则

第五十九条 本规定相关税务文书的式样,由国家税务总局规定。

第六十条 本规定所称签章,区分以下情况确定:

(一)属于法人或者其他组织的,由相关人员签名,加盖单位印章并注明日期;

(二)属于个人的,由个人签名并注明日期。

本规定所称"以上""日内",均含本数。

第六十一条 本规定自 2021 年 8 月 11 日起施行。《税务稽查工作规程》(国税发〔2009〕157 号印发,国家税务总局公告 2018 年第 31 号修改)同时废止。

80.国家税务总局关于修订部分税务执法文书的公告

国家税务总局公告 2021 年第 23 号

为贯彻落实中办、国办印发的《关于进一步深化税收征管改革的意见》,严格规范税务执法行为,并与新修订实施的《中华人民共和国行政处罚法》等法律规定相衔接,国家税务总局修订了部分税务执法文书,现将修订后的税务执法文书式样予以公布。

本公告自 2021 年 8 月 11 日起施行。《国家税务总局关于印发全国统一税收执法文书式样的通知》(国税发〔2005〕179 号)、《国家税务总局关于发布〈税务稽查执法文书式样〉

的公告》（2012年第2号）、《国家税务总局关于发布〈社会保险费及其他基金规费文书式样〉的公告》（2015年第98号）、《国家税务总局关于修订税务行政处罚（简易）执法文书的公告》（2017年第33号）中附件对应的文书同时废止。

特此公告。

附件：修订后的税务执法文书式样（略）。

国家税务总局
2021年7月16日

81. 国家税务总局关于单边预约定价安排适用简易程序有关事项的公告

国家税务总局公告2021年第24号

为贯彻落实中办、国办印发的《关于进一步深化税收征管改革的意见》，深化税务领域"放管服"改革，优化营商环境，促进税企合作，提高对跨境投资者的个性化服务水平和税收确定性，根据《中华人民共和国企业所得税法》及其实施条例、《中华人民共和国税收征收管理法》及其实施细则的有关规定，现就单边预约定价安排适用简易程序有关事项公告如下：

一、企业按照《国家税务总局关于完善预约定价安排管理有关事项的公告》（2016年第64号，以下简称64号公告）的有关规定申请单边预约定价安排，符合本公告要求的，可以适用简易程序。

二、简易程序包括申请评估、协商签署和监控执行3个阶段。

三、企业在主管税务机关向其送达受理申请的《税务事项通知书》之日所属纳税年度前3个年度，每年度发生的关联交易金额4000万元人民币以上，并符合下列条件之一的，可以申请适用简易程序。

（一）已向主管税务机关提供拟提交申请所属年度前3个纳税年度的、符合《国家税务总局关于完善关联申报和同期资料管理有关事项的公告》（2016年第42号）规定的同期资料；

（二）自企业提交申请之日所属纳税年度前10个年度内，曾执行预约定价安排，且执行结果符合安排要求的；

（三）自企业提交申请之日所属纳税年度前10个年度内，曾受到税务机关特别纳税调查调整且结案的。

四、企业应当向主管税务机关提出适用简易程序的申请，主管税务机关分析评估后，决定是否受理。

（一）企业有申请意向的，应当向主管税务机关提交《单边预约定价安排简易程序申请书》（附件），并附送申请报告。申请报告包括以下内容：

1. 单边预约定价安排涉及的关联方及关联交易；

2. 单边预约定价安排的适用年度；

3. 单边预约定价安排是否追溯适用以前年度；

4. 企业及其所属企业集团的组织结构和管理架构；

5. 企业最近3至5个纳税年度生产经营情况、财务会计报告、审计报告、同期资料等；

6. 单边预约定价安排涉及各关联方功能和风险的说明，包括功能和风险划分所依据的机构、人员、费用、资产等；

7. 单边预约定价安排使用的定价原则和计算方法，以及支持这一定价原则和计算方法的功能风险分析、可比性分析和假设条件等；

8. 价值链或者供应链分析，以及对成本节约、市场溢价等地域特殊优势的考虑；

9. 市场情况的说明，包括行业发展趋势和竞争环境等；

10. 单边预约定价安排适用期间的年度经营规模、经营效益预测以及经营规划等；

11. 对单边预约定价安排有影响的境内、外行业相关法律、法规；

12. 符合本公告第三条的有关情况；

13. 其他需要说明的情况。

（二）有下列情形之一的，主管税务机关不予受理企业提交的申请：

1. 税务机关已经对企业实施特别纳税调整立案调查或者其他涉税案件调查，且尚未结案；

2. 未按照有关规定填报年度关联业务往来报告表，且不按时更正；

3. 未按照有关规定准备、保存和提供同期资料；

4. 未按照本公告要求提供相关资料或者提供的资料不符合税务机关要求，且不按时补正或者更正；

5. 拒不配合税务机关进行功能和风险实地访谈。

（三）主管税务机关收到企业申请后，应当开展分析评估，进行功能和风险实地访谈，并于收到企业申请之日起90日内向企业送达《税务事项通知书》，告知其是否受理；不予受理的，说明理由。

五、主管税务机关受理企业申请后，应当与企业就其关联交易是否符合独立交易原则进行协商，并于向企业送达受理申请的《税务事项通知书》之日起6个月内协商完毕。协商期间，主管税务机关可以要求企业补充提交相关资料，企业补充提交资料时间不计入上述6个月内。

（一）主管税务机关与企业协商一致的，应当拟定单边预约定价安排文本。双方的法定代表人或法定代表人授权的代表签署单边预约定价安排。

（二）主管税务机关不能与企业协商一致的，应当向企业送达终止简易程序的《税务事项通知书》。企业可以按照64号公告的规定，重新申请单边预约定价安排。已经提交过的资料，无需重复提交。

六、税务机关应当按照64号公告的要求，做好单边预约定价安排的监控执行工作。

单边预约定价安排执行期间，企业发生影响单边预约定价安排的实质性变化，导致终止执行的，可以按照本公告的规定，重新申请单边预约定价安排。

七、单边预约定价安排适用于主管税务机关向企业送达受理申请的《税务事项通知书》之日所属纳税年度起3至5个年度的关联交易。

八、同时涉及两个或者两个以上省、自治区、直辖市和计划单列市税务机关的单边预约定价安排，暂不适用简易程序。

九、本公告未作具体规定的其他单边预约定价安排事项，按照64号公告的规定执行。

十、本公告自2021年9月1日起施行。

特此公告。

附件：单边预约定价安排简易程序申请书（略）。

国家税务总局
2021 年 7 月 26 日

82. 国家税务总局　财政部关于制造业中小微企业延缓缴纳 2021 年第四季度部分税费有关事项的公告

国家税务总局公告 2021 年第 30 号

为贯彻落实党中央、国务院决策部署，支持制造业中小微企业发展，促进工业经济平稳运行，现就制造业中小微企业（含个人独资企业、合伙企业、个体工商户，下同）延缓缴纳 2021 年第四季度部分税费有关事项公告如下：

一、本公告所称制造业中小微企业是指国民经济行业分类中行业门类为制造业，且年销售额 2 000 万元以上（含 2 000 万元）4 亿元以下（不含 4 亿元）的企业（以下称制造业中型企业）和年销售额 2 000 万元以下（不含 2 000 万元）的企业（以下称制造业小微企业）。

销售额是指应征增值税销售额，包括纳税申报销售额、稽查查补销售额、纳税评估调整销售额。适用增值税差额征税政策的，以差额后的销售额确定。

二、本公告所称制造业中小微企业年销售额按以下方式确定：

截至 2021 年 9 月 30 日成立满一年的企业，按照所属期为 2020 年 10 月至 2021 年 9 月的销售额确定；

截至 2021 年 9 月 30 日成立不满一年的企业，按照所属期截至 2021 年 9 月 30 日的销售额 / 实际经营月份 ×12 个月的销售额确定；

2021 年 10 月 1 日及以后成立的企业，按照首个申报期销售额 / 实际经营月份 ×12 个月的销售额确定。

三、延缓缴纳的税费包括所属期为 2021 年 10 月、11 月、12 月（按月缴纳）或者 2021 年第四季度（按季缴纳）的企业所得税、个人所得税（代扣代缴除外）、国内增值税、国内消费税及附征的城市维护建设税、教育费附加、地方教育附加，不包括向税务机关申请代开发票时缴纳的税费。

四、符合本公告规定条件的制造业中小微企业，在依法办理纳税申报后，制造业中型企业可以延缓缴纳本公告第三条规定的各项税费金额的 50%，制造业小微企业可以延缓缴纳本公告第三条规定的全部税费。延缓的期限为 3 个月。延缓期限届满，纳税人应依法缴纳缓缴的税费。

五、纳税人不符合本公告规定条件，骗取享受缓税政策的，税务机关将依照《中华人民共和国税收征收管理法》及其实施细则等有关规定处理。

六、本公告规定条件的制造业中小微企业，符合《中华人民共和国税收征收管理法》及其实施细则规定可以申请延期缴纳税款的，仍然可以依法申请办理延期缴纳税款。

七、本公告自 2021 年 11 月 1 日起施行。

特此公告。

国家税务总局　财政部
2021 年 10 月 29 日

关于《国家税务总局　财政部关于制造业中小微企业延缓缴纳 2021 年第四季度部分税费有关事项的公告》的解读

一、《公告》是在什么背景下出台的？

为贯彻落实党中央、国务院决策部署，支持制造业中小微企业发展，促进工业经济平稳运行，稳定市场预期和就业，税务总局联合财政部出台本《公告》，明确制造业中小微企业延缓缴纳 2021 年第四季度部分税费有关事项。

二、《公告》规定制造业中小微企业包括哪些？

《公告》所称制造业中小微企业是指国民经济行业分类中行业门类为制造业，且年销售额 2 000 万元以上（含 2 000 万元）4 亿元以下（不含 4 亿元）的企业和年销售额 2 000 万元以下（不含 2 000 万元）的企业。

《公告》所称制造业中小微企业含个人独资企业、合伙企业、个体工商户。

三、《公告》规定的销售额是指什么？

销售额是指应征增值税销售额，包括纳税申报销售额、稽查查补销售额、纳税评估调整销售额。适用增值税差额征税政策的，以差额后的销售额确定。

举例 1： 纳税人 A 是一家制造业企业，成立于 2018 年 9 月，属于增值税一般纳税人，不适用增值税差额征税政策，按照《公告》规定，其 2020 年 10 月至 2021 年 9 月的应征增值税销售额为属期内《增值税及附加税费申报表（一般纳税人适用）》第 1 行"按适用税率计税销售额"、第 5 行"按简易办法计税销售额"、第 7 行"免、抵、退办法出口销售额"、第 8 行"免税销售额"的"一般项目"和"即征即退项目"合计数。

举例 2： 纳税人 B 是一家制造业企业，成立于 2019 年 12 月，属于增值税一般纳税人，其同时还兼营建筑服务（适用征收率 3%），建筑服务业务适用增值税差额征税政策，其应征增值税销售额应扣除差额征税部分。按照《公告》规定，其 2020 年 10 月至 2021 年 9 月的应征增值税销售额，在按照举例 1 从《增值税及附加税费申报表（一般纳税人适用）》计算出差额前销售额后，还需要根据属期内《增值税及附加税费申报表附列资料（三）（服务、不动产和无形资产扣除项目明细）》第 5 列"本期实际扣除金额"以及相关行次税率或征收率计算扣除额，计算差额为销售额，即：应征增值税销售额＝差额前销售额－扣除额。本例中，扣除额＝第 6 行本期实际扣除金额 /(1＋3%)。

举例 3： 纳税人 C 是一家制造业企业，成立于 2019 年 1 月，属于小规模纳税人，同时兼营产品设计服务。由于纳税人 C 属于小规模纳税人，因此无论其是否适用增值税差额征税政策，按照《公告》规定，其 2020 年 10 月至 2021 年 9 月的应征增值税销售额均按照以下公式确定：

应征增值税销售额＝《增值税及附加税费申报表（小规模纳税人适用）》中第 1 栏"应征增值税不含税销售额（3% 征收率）"＋第 4 栏"应征增值税不含税销售额（5% 征收率）"＋第 7 栏"销售使用过的固定资产不含税销售额"＋第 9 栏"免税销售额"＋第 13 栏"出口免税销售额""货物及劳务"和"服务、不动产和无形资产"的合计数。

四、《公告》规定的年销售额如何确定?

（一）截至2021年9月30日成立满一年的企业，按照所属期为2020年10月至2021年9月的销售额确定。

举例4： 纳税人D于2019年12月20日成立，截至2021年9月30日成立满一年，其2020年10月至2021年9月销售额为1 000万元，则《公告》所称年销售额为1 000万元。

（二）截至2021年9月30日成立不满一年的企业，按照所属期截至2021年9月30日的销售额/实际经营月份×12个月的销售额确定。

举例5： 纳税人E于2021年4月28日成立，截至2021年9月30日成立不满一年，其实际经营月份6个月，总销售额为1 200万元，则《公告》所称年销售额为1 200万元/6×12=2 400万元。

（三）2021年10月1日及以后成立的企业，按照首个申报期销售额/实际经营月份×12个月的销售额确定。

举例6： 纳税人F于2021年11月2日成立，若按月申报，首个申报期为12月，销售额为100万元，其实际经营1个月，则《公告》所称年销售额为100万元/1×12=1 200万元。若按季申报，首个申报期为2022年1月，销售额为300万元，其实际经营2个月，则《公告》所称年销售额为300万元/2×12=1 800万元。

五、《公告》规定的延缓缴纳2021年第四季度部分税费包括哪些?

延缓缴纳的税费包括所属期为2021年10月、11月、12月（按月缴纳）或者2021年第四季度（按季缴纳），即纳税人应当依法于2021年11月、12月及2022年1月申报期内申报的企业所得税、个人所得税（代扣代缴除外）、国内增值税、国内消费税及附征的城市维护建设税、教育费附加、地方教育附加，不包括向税务机关申请代开发票时缴纳的税费。

六、《公告》规定的制造业中小微企业如何延缓缴纳税款?

符合《公告》规定条件的制造业中型企业，可以延缓缴纳《公告》第三条规定的各项税费金额的50%，符合《公告》规定条件的制造业小微企业，可以延缓缴纳《公告》第三条规定的全部税费。延缓的期限为3个月。延缓期限届满，纳税人应依法缴纳缓缴的税费。为了便利纳税人享受该优惠政策，税务部门对电子税务局（含自然人电子税务局，下同）进行了优化。

举例7： 纳税人G属于《公告》规定的制造业中型企业，且按月缴纳相关税费，在2021年11月申报期结束前，登录电子税务局依法申报10月相关税费后，界面自动弹出是否延缓缴纳《公告》规定各项税费金额50%的提示。纳税人需进行确认，确认不缓缴的，纳税人在该界面填写理由，并依法缴纳相关税费；确认缓缴的，界面跳转进入缴款界面并缴纳应缴税费金额的50%，剩余部分缴纳期限自动延长3个月，在2022年2月申报期内申报缴纳2022年1月相关税费时一并缴纳。若纳税人G按季缴纳相关税费，在2022年1月申报期结束前依法申报2021年第四季度相关税费后，确认延缓缴纳的操作流程同按月缴纳的纳税人，缓缴的税费在2022年4月申报期内申报缴纳2022年第一季度相关税费时一并缴纳。

举例8： 纳税人H属于《公告》规定的制造业小微企业，且按季缴纳相关税费，在2022年1月申报期结束前，登录电子税务局依法申报2021年第四季度相关税费后，界面自动弹出是否延缓缴纳《公告》规定各项税费的提示。纳税人需进行确认，确认不缓缴的，纳税人在该界面填写理由，并依法缴纳相关税费；确认缓缴的，《公告》规定的相关税费延缓缴纳，期限为3个月，缓缴的税费在2022年4月申报期内申报缴纳2022年第一季度相关税费时一并缴纳。若纳税人H按月缴纳税费，在2022年1月申报期结束前申报2021年12月相关税费后，确认延缓缴纳的操作流程同按季缴纳的纳税人，缓缴的税费在2022年4月申报期内申报缴纳2022年3月相关税费时一并缴纳。

举例9：纳税人I是年销售额30万元的制造业个体工商户，且实行简易申报、按季缴纳，纳税人无需确认，2022年1月暂不划扣其2021年第四季度应缴纳的个人所得税（代扣代缴除外）、增值税、消费税及附征的城市维护建设税、教育费附加、地方教育附加。相关税费延缓缴纳3个月，缓缴的税费在2022年4月划扣2022年第一季度应缴税费时一并划扣。

七、《公告》规定的制造业小微企业是否可以依法申请办理延期缴纳税款？

《公告》规定的制造业中小微企业，符合税收征管法及其实施细则规定可以申请延期缴纳税款的，仍然可以依法申请办理延期缴纳税款。

举例10：纳税人J为制造业企业，年销售额为3 000万元，且按月缴纳，其2021年11月申报期需申报缴纳所属期为10月份的企业所得税等税款共50万元，但其当期货币资金在扣除应付职工工资、社会保险费后，只剩1万元。纳税人J可以依照税收征管法及其实施细则的规定，就其应缴全部税款申请延期缴纳税款，不受《公告》规定的限制。

八、纳税人享受缓税政策是否影响其办理所得税汇算清缴？

纳税人符合《公告》规定条件，选择适用缓税政策的，其缓缴的税款视同"已预缴税款"，正常参与所得税汇算清缴补退税的计算。同时，纳税人应当按照享受缓缴政策确定的缴税期限缴纳缓缴税款。

举例11：纳税人K是年销售额100万元的制造业个体工商户，实行查账征收、按季申报经营所得个人所得税，且在2022年1月申报期内选择将2021年第四季度应当预缴的个人所得税全部延缓到4月申报期内缴纳。如果纳税人K因为补充享受专项附加扣除等原因，需要在2022年3月31日前办理2021年经营所得汇算清缴退税，则纳税人可以正常办理汇算清缴退税，不受纳税人享受缓缴2021年第四季度税款政策的影响。同时，纳税人应当在4月申报期内缴纳享受缓缴政策的税款。

九、《公告》何时开始施行？

《公告》自2021年11月1日起施行。

83.国家税务总局关于纳税信用评价与修复有关事项的公告

国家税务总局公告2021年第31号

为贯彻落实中办、国办印发的《关于进一步深化税收征管改革的意见》，深入开展2021年"我为纳税人缴费人办实事暨便民办税春风行动"，推进税务领域"放管服"改革，优化税收营商环境，引导纳税人及时纠正违规失信行为、消除不良影响，根据《国务院办公厅关于进一步完善失信约束制度 构建诚信建设长效机制的指导意见》（国办发〔2020〕49号）等文件要求，现就纳税信用评价与修复有关事项公告如下：

一、符合下列条件之一的纳税人，可向主管税务机关申请纳税信用修复：

（一）破产企业或其管理人在重整或和解程序中，已依法缴纳税款、滞纳金、罚款，并纠正相关纳税信用失信行为的。

（二）因确定为重大税收违法失信主体，纳税信用直接判为D级的纳税人，失信主体信息已按照国家税务总局相关规定不予公布或停止公布,申请前连续 12 个月没有新增纳税信用失信行为记录的。

(三)由纳税信用 D 级纳税人的直接责任人员注册登记或者负责经营,纳税信用关联评价为 D 级的纳税人,申请前连续 6 个月没有新增纳税信用失信行为记录的。

(四)因其他失信行为纳税信用直接判为 D 级的纳税人,已纠正纳税信用失信行为、履行税收法律责任,申请前连续 12 个月没有新增纳税信用失信行为记录的。

(五)因上一年度纳税信用直接判为 D 级,本年度纳税信用保留为 D 级的纳税人,已纠正纳税信用失信行为、履行税收法律责任或失信主体信息已按照国家税务总局相关规定不予公布或停止公布,申请前连续 12 个月没有新增纳税信用失信行为记录的。

二、符合《国家税务总局关于纳税信用修复有关事项的公告》(2019 年第 37 号)所列条件的纳税人,其纳税信用级别及失信行为的修复仍从其规定。

三、符合本公告所列条件的纳税人,可填写《纳税信用修复申请表》(附件 1),对当前的纳税信用评价结果向主管税务机关申请纳税信用修复。税务机关核实纳税人纳税信用状况,按照《纳税信用修复范围及标准》(附件 2)调整相应纳税信用评价指标状态,根据纳税信用评价相关规定,重新评价纳税人的纳税信用级别。

申请破产重整企业纳税信用修复的,应同步提供人民法院批准的重整计划或认可的和解协议,其破产重整前发生的相关失信行为,可按照《纳税信用修复范围及标准》中破产重整企业适用的修复标准开展修复。

四、自 2021 年度纳税信用评价起,税务机关按照"首违不罚"相关规定对纳税人不予行政处罚的,相关记录不纳入纳税信用评价。

五、本公告自 2022 年 1 月 1 日起施行。《国家税务总局关于明确纳税信用管理若干业务口径的公告》(2015 年第 85 号,2018 年第 31 号修改)第六条第(十)项、《国家税务总局关于纳税信用修复有关事项的公告》(2019 年第 37 号)所附《纳税信用修复申请表》《纳税信用修复范围及标准》同时废止。

特此公告。

附件:1. 纳税信用修复申请表(略)。
   2. 纳税信用修复范围及标准(略)。

国家税务总局
2021 年 11 月 15 日

84. 关于《国家税务总局关于纳税信用评价与修复有关事项的公告》的政策解读

为贯彻落实中办、国办印发的《关于进一步深化税收征管改革的意见》,深入开展 2021 年"我为纳税人缴费人办实事暨便民办税春风行动",推进税务领域"放管服"改革,优化营商环境,引导纳税人及时纠正违规失信行为、消除不良影响,根据《国务院办公厅关于进一步完善失信约束制度 构建诚信建设长效机制的指导意见》(国办发〔2020〕49 号,以下简称《指导意见》)等文件要求,税务总局发布了《关于纳税信用评价与修复有关事项的公告》（以下简称《公告》）。现就《公告》主要内容解读如下：

一、《公告》制发背景

根据党中央、国务院关于社会信用体系建设要求，近年来，税务系统持续推进纳税信用建设，良好的纳税信用已经成为纳税人的重要"资产"，受到越来越多的重视。为帮助纳税人更好地积累纳税信用，2019年税务总局印发《关于纳税信用修复有关事项的公告》（国家税务总局公告2019年第37号，以下简称《修复公告》），鼓励和引导纳税人增强依法诚信纳税意识，主动纠正纳税失信行为，及时挽回信用损失，得到了广大纳税人欢迎。在此基础上，税务总局进一步研究制定了《公告》，继续扩大纳税信用修复范围、加大对破产重整企业纳税信用修复支持力度、有效衔接纳税信用评价与"首违不罚"制度，有力落实《指导意见》以及国家发展改革委、税务总局等13个部门联合印发的《关于推动和保障管理人在破产程序中依法履职 进一步优化营商环境的意见》（发改财金规〔2021〕274号，以下简称《优化营商环境意见》）等文件要求，更好激发市场主体活力。

二、关于扩大纳税信用修复范围

（一）关于纳税信用修复情形。《公告》所指纳税信用修复是对纳税信用评价指标和级别的修复。此前《修复公告》已对19种发生频次高但情节轻微或未造成严重社会影响的纳税信用失信行为，明确了相应的修复条件和修复标准，各纳税信用级别纳税人符合条件的，均可提出纳税信用修复申请，及时挽回自身的信用损失。在此基础上，《公告》新增了对严重失信行为和破产重整企业的纳税信用修复情形。对于符合《公告》第一条所列五种情形的企业，满足已纠正纳税信用失信行为、履行税收法律责任或重大税收违法失信主体信息不予公布或停止公布，保持6个月或12个月在税务管理系统中没有新增纳税信用失信行为记录等条件后，可向主管税务机关申请纳税信用修复。其中，没有新增纳税信用失信行为记录的时间从企业纳税信用直接判为D级起开始计算，企业纳税信用直接判为D级后再次出现其他失信行为记录的，该时间需重新计算。符合《修复公告》所列条件的纳税人，其纳税信用级别及失信行为的修复仍从其规定。

（二）关于纳税信用修复程序。《公告》明确，企业符合纳税信用修复条件，可填写《纳税信用修复申请表》，对当前的纳税信用评价结果向主管税务机关申请纳税信用修复。其中，当前的纳税信用评价结果是指税务机关按照年度评价指标得分或直接判级方式确定的最新的纳税信用级别。主管税务机关受理纳税信用修复申请后，将根据《纳税信用修复范围及标准》对企业纳税信用评价指标的分值或状态进行调整，重新评价其纳税信用级别，并反馈纳税信用修复结果。完成纳税信用修复后，纳税信用级别不为D级的，不再受D级评价保留两年的限制，并按照修复后的纳税信用级别适用相应的税收政策和管理服务措施，之前已适用的税收政策和管理服务措施不作追溯调整。

三、关于支持破产重整企业纳税信用修复

2021年2月，经国务院同意，国家发展改革委、税务总局等13个部门联合印发了《优化营商环境意见》，明确了在重整或和解程序中，税务机关依法受偿后，管理人或破产企业可以向税务机关提出纳税信用修复申请，税务机关根据人民法院出具的批准重整计划或认可和解协议的裁定书评价其纳税信用级别。《公告》贯彻落实《优化营商环境意见》精神，细化了破产重整企业开展纳税信用修复适用的修复标准，进一步加大对破产重整企业纳税信用修复支持力度，帮助企业尽快走出困境。破产重整企业在重整或和解程序中，已依法缴纳税款、滞纳金、罚款，并纠正相关纳税信用失信行为后，可对当前的纳税信用评价结果向主管税务机关申请纳税信用修复。其中，对于未按法定期限办理纳税申报、资料备案等事项，

符合条件的破产重整企业申请纳税信用修复时，统一按照"30日内纠正"对应的修复标准进行加分；对于部分纳税信用直接判为D级的严重失信行为，符合条件的破产重整企业申请纳税信用修复时，不受申请前连续12个月没有新增纳税信用失信行为记录的条件限制。相关指标已在《纳税信用修复范围及标准》中用※进行标注。

四、关于衔接"首违不罚"制度

"首违不罚"体现了对纳税人轻微违规行为的容错原则，为保持相关政策规定的衔接，《公告》明确自2021年度纳税信用评价起，税务机关按照"首违不罚"相关规定对纳税人不予行政处罚的，相关记录不纳入纳税信用评价。

五、公告的施行

本公告自2022年1月1日起施行。

85. 关于《国家税务总局关于修改〈税务规范性文件制定管理办法〉的决定》的解读

近日，国家税务总局公布了《关于修改〈税务规范性文件制定管理办法〉的决定》（国家税务总局令第53号），现就有关事项解读如下：

一、修改《税务规范性文件制定管理办法》的背景

为深入贯彻落实中办、国办印发的《关于进一步深化税收征管改革的意见》（以下简称《意见》），结合开展党史学习教育，严格规范税务执法行为，维护纳税人缴费人合法权益，根据2021年"我为纳税人缴费人办实事暨便民办税春风行动"关于建立税务规范性文件权益性审核机制的安排，税务总局组织对《税务规范性文件制定管理办法》（国家税务总局令第41号公布，第50号修改，以下简称《文件办法》）进行了修改。2021年9月，中央宣传部等四部门印发《关于建立社会主义核心价值观入法入规协调机制的意见（试行）》，为结合实际认真贯彻落实相关要求，对《文件办法》相关条款进行修改。

二、修改的必要性

习近平总书记强调，推进全面依法治国，根本目的是依法保障人民权益。建立税务规范性文件权益性审核机制，对严格规范税务执法行为、维护纳税人缴费人合法权益、营造良好税收营商环境有重要意义。

（一）建立税务规范性文件权益性审核机制，是税务部门践行以人民为中心的发展思想，全心全意服务纳税人缴费人的必然要求。税务部门贯彻落实以人民为中心的发展思想，就是要把服务纳税人缴费人作为中心，维护好纳税人缴费人合法权益。2021年以来，税务总局扎实推进党史学习教育，在"我为纳税人缴费人办实事暨便民办税春风行动"中，明确提出建立税务规范性文件权益性审核机制，这将使纳税人缴费人权益保护工作贯穿政策措施制定、执行、监督全过程，更好维护纳税人缴费人合法权益。

（二）建立税务规范性文件权益性审核机制，是全面落实《意见》的具体体现。制定税务规范性文件是税务机关执行税收法律法规的重要方式，对行政相对人权益有重大影响。《意见》对严格规范税务执法行为、减轻办税缴费负担、维护纳税人缴费人合法权益提出了一系列明确要求。建立规范性文件权益性审核机制，就是推动《意见》有关任务落实落地，维护纳税人缴费人合法权益的具体举措。

（三）建立税务规范性文件权益性审核机制，是持续深化税务系统"放管服"改革、优化税收营商环境的重要举措。为深入贯彻党中央、国务院深化"放管服"改革、优化营商环境决策部署，税务部门持续减少审批事项和精简流程资料，构建"信用＋风险"新型动态监管机制，推进纳税缴费便利化改革等，得到纳税人缴费人普遍好评。建立税务规范性文件权益性审核机制，从保护纳税人缴费人权益视角对业务办理流程、报送资料以及管理要求等方面进行审核，将有利于巩固和完善税务系统"放管服"改革成果，推动税收营商环境持续优化。

三、修改的主要内容

（一）明确制定税务规范性文件要充分体现社会主义核心价值观的内容和要求。《文件办法》第四条规定"制定税务规范性文件，应当充分体现社会主义核心价值观的内容和要求，坚持科学、民主、公开、统一的原则，符合法律、法规、规章以及上级税务规范性文件的规定，遵循本办法规定的制定规则和制定程序。"

（二）明确各级税务机关纳税服务部门具体负责权益性审核。《文件办法》第十六条规定"各级税务机关从事纳税服务和政策法规工作的部门或者人员（以下统称纳税服务部门、政策法规部门）负责对税务规范性文件进行审查，包括权益性审核、合法性审核、世界贸易组织规则合规性评估。其中纳税服务部门负责权益性审核；政策法规部门负责合法性审核和世界贸易组织规则合规性评估。未经纳税服务部门和政策法规部门审查的税务规范性文件，办公厅（室）不予核稿，制定机关负责人不予签发。"

（三）做好权益性审核与合法性审核的衔接。结合目前的公文处理流程，明确税务规范性文件送审稿由起草部门先根据规定会签相关部门，再依次送交纳税服务部门和政策法规部门审查。（《文件办法》第十九条）

（四）规定权益性审核的具体事项和处理方式。纳税服务部门权益性审核的事项包括：1.是否无法律法规依据减损税务行政相对人的合法权利和利益，或者增加其义务，主要涉及业务办理环节、报送资料、管理事项等方面；2.是否存在泄露税务行政相对人税费保密信息风险。此外，对审核中发现的明显不适当的规定，纳税服务部门可以提出删除或者修改的建议。（《文件办法》第二十二条）

纳税服务部门进行权益性审核，根据不同情况提出审核意见：1.认为送审稿不存在无法律法规依据减损税务行政相对人权益或者增加其负担的情形的，提出审核通过意见；2.认为送审稿减损税务行政相对人权益或者增加其负担的理由不充分，经协商不能达成一致意见的，提出书面审核意见并退回起草部门。（《文件办法》第二十三条）

（五）将省以下税务机关代地方人大及其常委会、政府起草涉及税务行政相对人权利义务的文件，以及其他机关牵头与税务机关联合制定的规范性文件也纳入权益性审核范围。考虑到上述文件涉及相对人权利义务，因此有必要将其纳入权益性审核范围。（《文件办法》第二十九条）

（六）明确备案审查包括权益性审核并细化相关部门的具体职责。明确上级税务机关的政策法规部门负责税务规范性文件备案登记、合法性审核和世界贸易组织规则合规性评估，会同纳税服务部门负责督促整改和考核工作；纳税服务部门负责税务规范性文件权益性审核工作；业务主管部门承担其职能范围内的税务规范性文件审查工作，并按照规定时限向政策法规部门送交审查意见。（《文件办法》第三十六条）

86. 重大税收违法失信主体信息公布管理办法

国家税务总局令第 54 号

《重大税收违法失信主体信息公布管理办法》，已经 2021 年 12 月 27 日国家税务总局 2021 年度第 3 次局务会议审议通过，现予公布，自 2022 年 2 月 1 日起施行。

国家税务总局局长：王军

2021 年 12 月 31 日

重大税收违法失信主体信息公布管理办法

第一章 总 则

第一条 为了贯彻落实中共中央办公厅、国务院办公厅印发的《关于进一步深化税收征管改革的意见》，维护正常税收征收管理秩序，惩戒重大税收违法失信行为，保障税务行政相对人合法权益，促进依法诚信纳税，推进社会信用体系建设，根据《中华人民共和国税收征收管理法》《优化营商环境条例》等相关法律法规，制定本办法。

第二条 税务机关依照本办法的规定，确定重大税收违法失信主体，向社会公布失信信息，并将信息通报相关部门实施监管和联合惩戒。

第三条 重大税收违法失信主体信息公布管理应当遵循依法行政、公平公正、统一规范、审慎适当的原则。

第四条 各级税务机关应当依法保护税务行政相对人合法权益，对重大税收违法失信主体信息公布管理工作中知悉的国家秘密、商业秘密或者个人隐私、个人信息，应当依法予以保密。

第五条 税务机关工作人员在重大税收违法失信主体信息公布管理工作中，滥用职权、玩忽职守、徇私舞弊的，依照有关规定严肃处理；涉嫌犯罪的，依法移送司法机关。

第二章 失信主体的确定

第六条 本办法所称"重大税收违法失信主体"（以下简称失信主体）是指有下列情形之一的纳税人、扣缴义务人或者其他涉税当事人（以下简称当事人）：

（一）伪造、变造、隐匿、擅自销毁账簿、记账凭证，或者在账簿上多列支出或者不列、少列收入，或者经税务机关通知申报而拒不申报或者进行虚假的纳税申报，不缴或者少缴应纳税款 100 万元以上，且任一年度不缴或者少缴应纳税款占当年各税种应纳税总额 10% 以上的，或者采取前述手段，不缴或者少缴已扣、已收税款，数额在 100 万元以上的；

（二）欠缴应纳税款，采取转移或者隐匿财产的手段，妨碍税务机关追缴欠缴的税款，欠缴税款金额 100 万元以上的；

（三）骗取国家出口退税款的；

（四）以暴力、威胁方法拒不缴纳税款的；

（五）虚开增值税专用发票或者虚开用于骗取出口退税、抵扣税款的其他发票的；

（六）虚开增值税普通发票100份以上或者金额400万元以上的；

（七）私自印制、伪造、变造发票，非法制造发票防伪专用品，伪造发票监制章的；

（八）具有偷税、逃避追缴欠税、骗取出口退税、抗税、虚开发票等行为，在稽查案件执行完毕前，不履行税收义务并脱离税务机关监管，经税务机关检查确认走逃（失联）的；

（九）为纳税人、扣缴义务人非法提供银行账户、发票、证明或者其他方便，导致未缴、少缴税款100万元以上或者骗取国家出口退税款的；

（十）税务代理人违反税收法律、行政法规造成纳税人未缴或者少缴税款100万元以上的；

（十一）其他性质恶劣、情节严重、社会危害性较大的税收违法行为。

第七条 税务机关对当事人依法作出《税务行政处罚决定书》，当事人在法定期限内未申请行政复议、未提起行政诉讼，或者申请行政复议，行政复议机关作出行政复议决定后，在法定期限内未提起行政诉讼，或者人民法院对税务行政处罚决定或行政复议决定作出生效判决、裁定后，有本办法第六条规定情形之一的，税务机关确定其为失信主体。

对移送公安机关的当事人，税务机关在移送时已依法作出《税务处理决定书》，未作出《税务行政处罚决定书》的，当事人在法定期限内未申请行政复议、未提起行政诉讼，或者申请行政复议，行政复议机关作出行政复议决定后，在法定期限内未提起行政诉讼，或者人民法院对税务处理决定或行政复议决定作出生效判决、裁定后，有本办法第六条规定情形之一的，税务机关确定其为失信主体。

第八条 税务机关应当在作出确定失信主体决定前向当事人送达告知文书，告知其依法享有陈述、申辩的权利。告知文书应当包括以下内容：

（一）当事人姓名或者名称、有效身份证件号码或者统一社会信用代码、地址。没有统一社会信用代码的，以税务机关赋予的纳税人识别号代替；

（二）拟确定为失信主体的事由、依据；

（三）拟向社会公布的失信信息；

（四）拟通知相关部门采取失信惩戒措施提示；

（五）当事人依法享有的相关权利；

（六）其他相关事项。

对纳入纳税信用评价范围的当事人，还应当告知其拟适用D级纳税人管理措施。

第九条 当事人在税务机关告知后5日内，可以书面或者口头提出陈述、申辩意见。当事人口头提出陈述、申辩意见的，税务机关应当制作陈述申辩笔录，并由当事人签章。

税务机关应当充分听取当事人陈述、申辩意见，对当事人提出的事实、理由和证据进行复核。当事人提出的事实、理由或者证据成立的，应当采纳。

第十条 经设区的市、自治州以上税务局局长或者其授权的税务局领导批准，税务机关在本办法第七条规定的申请行政复议或提起行政诉讼期限届满，或者行政复议决定、人民法院判决或裁定生效后，于30日内制作失信主体确定文书，并依法送达当事人。失信主体确定文书应当包括以下内容：

（一）当事人姓名或者名称、有效身份证件号码或者统一社会信用代码、地址。没有统一社会信用代码的，以税务机关赋予的纳税人识别号代替；

（二）确定为失信主体的事由、依据；

（三）向社会公布的失信信息提示；

（四）相关部门采取失信惩戒措施提示；

（五）当事人依法享有的相关权利；

（六）其他相关事项。

对纳入纳税信用评价范围的当事人，还应当包括适用 D 级纳税人管理措施提示。

本条第一款规定的时限不包括因其他方式无法送达，公告送达告知文书和确定文书的时间。

第三章　信息公布

第十一条　税务机关应当在失信主体确定文书送达后的次月 15 日内，向社会公布下列信息：

（一）失信主体基本情况；

（二）失信主体的主要税收违法事实；

（三）税务处理、税务行政处罚决定及法律依据；

（四）确定失信主体的税务机关；

（五）法律、行政法规规定应当公布的其他信息。

对依法确定为国家秘密的信息，法律、行政法规禁止公开的信息，以及公开后可能危及国家安全、公共安全、经济安全、社会稳定的信息，税务机关不予公开。

第十二条　税务机关按照本办法第十一条第一款第一项规定向社会公布失信主体基本情况。失信主体为法人或者其他组织的，公布其名称、统一社会信用代码（纳税人识别号）、注册地址以及违法行为发生时的法定代表人、负责人或经人民法院生效裁判确定的实际责任人的姓名、性别及身份证件号码（隐去出生年、月、日号码段）；失信主体为自然人的，公布其姓名、性别、身份证件号码（隐去出生年、月、日号码段）。

经人民法院生效裁判确定的实际责任人，与违法行为发生时的法定代表人或者负责人不一致的，除有证据证明法定代表人或者负责人有涉案行为外，税务机关只向社会公布实际责任人信息。

第十三条　税务机关应当通过国家税务总局各省、自治区、直辖市、计划单列市税务局网站向社会公布失信主体信息，根据本地区实际情况，也可以通过税务机关公告栏、报纸、广播、电视、网络媒体等途径以及新闻发布会等形式向社会公布。

国家税务总局归集各地税务机关确定的失信主体信息，并提供至"信用中国"网站进行公开。

第十四条　属于本办法第六条第一项、第二项规定情形的失信主体，在失信信息公布前按照《税务处理决定书》《税务行政处罚决定书》缴清税款、滞纳金和罚款的，经税务机关确认，不向社会公布其相关信息。

属于本办法第六条第八项规定情形的失信主体，具有偷税、逃避追缴欠税行为的，按照前款规定处理。

第十五条　税务机关对按本办法规定确定的失信主体，纳入纳税信用评价范围的，按照纳税信用管理规定，将其纳税信用级别判为 D 级，适用相应的 D 级纳税人管理措施。

第十六条　对按本办法第十一条第一款规定向社会公布信息的失信主体，税务机关将失信信息提供给相关部门，由相关部门依法依规采取失信惩戒措施。

第十七条　失信主体信息自公布之日起满 3 年的，税务机关在 5 日内停止信息公布。

第四章　提前停止公布

第十八条　失信信息公布期间，符合下列条件之一的，失信主体或者其破产管理人可以向作出确定失信主体决定的税务机关申请提前停止公布失信信息：

（一）按照《税务处理决定书》《税务行政处罚决定书》缴清（退）税款、滞纳金、罚款，且失信主体失信信息公布满六个月的；

（二）失信主体破产，人民法院出具批准重整计划或认可和解协议的裁定书，税务机关依法受偿的；

（三）在发生重大自然灾害、公共卫生、社会安全等突发事件期间，因参与应急抢险救灾、疫情防控、重大项目建设或者履行社会责任作出突出贡献的。

第十九条 按本办法第十八条第一项规定申请提前停止公布的，申请人应当提交停止公布失信信息申请表、诚信纳税承诺书。

按本办法第十八条第二项规定申请提前停止公布的，申请人应当提交停止公布失信信息申请表、人民法院出具的批准重整计划或认可和解协议的裁定书。

按本办法第十八条第三项规定申请提前停止公布的，申请人应当提交停止公布失信信息申请表、诚信纳税承诺书以及省、自治区、直辖市、计划单列市人民政府出具的有关材料。

第二十条 税务机关应当自收到申请之日起2日内作出是否受理的决定。申请材料齐全、符合法定形式的，应当予以受理，并告知申请人。不予受理的，应当告知申请人，并说明理由。

第二十一条 受理申请后，税务机关应当及时审核。符合本办法第十八条第一项规定条件的，经设区的市、自治州以上税务局局长或者其授权的税务局领导批准，准予提前停止公布；符合本办法第十八条第二项、第三项规定条件的，经省、自治区、直辖市、计划单列市税务局局长或者其授权的税务局领导批准，准予提前停止公布。

税务机关应当自受理之日起15日内作出是否予以提前停止公布的决定，并告知申请人。对不予提前停止公布的，应当说明理由。

第二十二条 失信主体有下列情形之一的，不予提前停止公布：

（一）被确定为失信主体后，因发生偷税、逃避追缴欠税、骗取出口退税、抗税、虚开发票等税收违法行为受到税务处理或者行政处罚的；

（二）五年内被确定为失信主体两次以上的。

申请人按本办法第十八条第二项规定申请提前停止公布的，不受前款规定限制。

第二十三条 税务机关作出准予提前停止公布决定的，应当在5日内停止信息公布。

第二十四条 税务机关可以组织申请提前停止公布的失信主体法定代表人、财务负责人等参加信用培训，开展依法诚信纳税教育。信用培训不得收取任何费用。

第五章 附　　则

第二十五条 本办法规定的期间以日计算的，是指工作日，不含法定休假日；期间以年、月计算的，到期月的对应日为期间的最后一日；没有对应日的，月末日为期间的最后一日。期间开始的当日不计算在期间内。

本办法所称"以上、日内"，包含本数（级）。

第二十六条 国家税务总局各省、自治区、直辖市、计划单列市税务局可以依照本办法制定具体实施办法。

第二十七条 本办法自2022年2月1日起施行。《国家税务总局关于发布〈重大税收违法失信案件信息公布办法〉的公告》（2018年第54号）同时废止。

87. 关于《重大税收违法失信主体信息公布管理办法》的解读

近日，国家税务总局公布了《重大税收违法失信主体信息公布管理办法》（国家税务总局令第 54 号），现就有关事项解读如下：

一、修订背景

为贯彻中共中央办公厅、国务院办公厅《关于进一步深化税收征管改革的意见》和《国务院办公厅关于进一步完善失信约束制度构建诚信建设长效机制的指导意见》（国办发〔2020〕49 号），深入推进重大税收违法失信案件管理工作，规范管理流程，约束行政权力，切实保护行政相对人合法权益，更好发挥税务诚信机制在激发市场活力、营造良好营商环境等方面职能作用，税务总局对《重大税收违法失信案件信息公布办法》（国家税务总局公告 2018 年第 54 号，以下简称原办法）进行了修订，并更名为《重大税收违法失信主体信息公布管理办法》，以部门规章的形式发布施行。

2014 年，税务总局制定《重大税收违法案件信息公布办法（试行）》，2016 年和 2018 年，税务总局对该办法进行了两次修订。实施以来，原办法在震慑税收违法行为和引导依法诚信纳税方面发挥了重要作用，取得了良好的效果。近年来，国务院对完善失信约束制度构建诚信建设长效机制作出新部署、提出新要求，原办法在失信主体确定、修复程序规范等方面存在一些不足，有必要进行修订完善。

二、修订原则

（一）切实强化权利保障。把保障当事人合法权益贯穿于失信信息公布工作全过程。事前保障知情权，规定在作出确定失信主体的决定前，告知当事人相关事由、依据、拟采取的失信惩戒措施及依法享有的权利；事中保障异议权，及时复核当事人提出的陈述、申辩意见；事后保障提前停止公布失信信息的申请权，及时受理审核并告知审核结果。

（二）严格约束执法行为。全面规范失信主体确定、失信惩戒和提前停止公布失信信息工作的相关执法程序，明确各级税务机关的职权，细化失信主体确定、信息公布、信用修复等环节工作流程，确保相关工作在法治轨道内运行。

（三）着重解决实际问题。着重解决原办法施行中存在的问题，如：适当提高部分纳入失信主体的违法行为涉及金额标准，做到过罚相当；适应税收征管新形势，将违法的税务代理人、协助偷骗税的相关当事人等纳入失信主体。

三、修订的重点内容

本办法分五章（总则、失信主体的确定、信息公布、提前停止公布、附则）共二十七条。主要修订内容包括：

（一）在立法宗旨中增加"保障税务行政相对人合法权益"的表述。在第一条中将"保障税务行政相对人合法权益"作为立法宗旨之一，充分贯彻落实《关于进一步深化税收征管改革的意见》提出的维护纳税人缴费人合法权益的要求。

（二）增加对失信主体个人信息的保护。按照《优化营商环境条例》要求，在第四条明确税务机关对失信主体信息公布管理工作中知悉的商业秘密、个人隐私及个人信息依法保密。

（三）明确失信主体的确定标准。充分考虑失信主体确定的一致性、合理性，在第六条关于失信主体确定标准规定中，把逃避追缴欠税金额由 10 万元提高至 100 万元以上，把虚开增值税普通发票金额提高至 400 万元以上。同时，把不缴或少缴已扣、已收税款且数额在 100 万元以上的扣缴义务人，为纳税人、扣缴义务人非法提供便利导致未缴、少缴税款 100 万元以上或者骗取国家出口退税款的涉税当事人，以及造成纳税人未缴或者少缴税款 100 万元以上的税务代理人等四类税收违法主体纳入失信主体范围。

（四）明确保障当事人知情权和陈述申辩权的相关规定。在第八条规定税务机关应当在确定失信主体前告知当事人享有的法定权利，在第九条增加及时复核当事人陈述申辩意见的规定，保障当事人合法权益。

（五）增加确定失信主体和公布失信主体信息的时限规定。在第十条明确税务机关在相关期限届满或者相关文书生效后 30 日内制作失信主体确定文书，在第十一条规定税务机关应当在失信主体确定文书送达后次月 15 日内，向社会公布失信信息。

（六）增加不予公开失信主体的情形。在第十一条规定公开失信主体的例外情形，即依法确定为国家秘密的信息，法律、行政法规禁止公开的信息，以及公开后可能危及国家安全、公共安全、经济安全、社会稳定的信息，税务机关不予公开。

（七）进一步规范向社会公布的失信信息。为保障税务行政相对人合法权益，在第十二条明确只公布违法行为发生时的法定代表人、负责人或实际责任人，不再公布对重大税收违法失信案件负有直接责任的涉税专业服务机构和从业人员的基本信息。

（八）明确规定申请提前停止公布的条件。为鼓励失信主体主动纠正违法行为、积极承担社会责任、重塑良好信用，在第十八条明确规定符合三类条件的失信主体，可以向税务机关申请提前停止公布失信信息。

（九）明确申请提前停止公布应提交的材料。为减轻当事人办税负担，按照必要性原则，在第十九条明确了不同情形下当事人申请提前停止公布应提交的材料。

（十）严格提前停止公布的审批程序。在第二十条、第二十一条、第二十三条明确符合规定条件的失信主体申请提前停止公布的，税务机关经报规定层级的局领导审批，审批通过的，应当在受理后 15 日内作出准予停止公布决定，并在 5 日内停止公布。

（十一）增加不予提前停止公布的情形。为体现"宽严相济""过惩相当"，在第二十二条明确对五年内被确定为失信主体两次以上和被确定为失信主体后因发生偷逃骗抗、虚开发票等税收违法行为受到处理处罚的，不予提前停止公布。

（十二）增加信用培训的规定。在第二十四条规定税务机关对申请提前停止公布的失信主体，可以组织其法定代表人、财务负责人等参加信用培训，强化对失信主体的正面引导。

88.国家税务总局关于全面实行税务行政许可事项清单管理的公告

国家税务总局公告 2022 年第 19 号

为进一步落实党中央、国务院关于优化营商环境的决策部署，深入开展"我为纳税人缴费人办实事暨便民办税春风行动"，根据《国务院办公厅关于全面实行行政许可事项清单管理的通知》（国办发〔2022〕2 号，以下简称《通知》）精神和要求，现就全面实行税务行政许可事项清单管理有关工作公告如下：

一、依法编制行政许可事项清单

（一）统一编制清单。税务总局根据国务院审定的行政许可事项清单，发布全国统一实施的税务行政许可事项清单（以下简称清单），纳入全国行政许可管理系统管理。省及省以下税务机关一律不得在清单外实施税务行政许可。

2022年，税务总局根据《通知》附件《法律、行政法规、国务院决定设定的行政许可事项清单（2022年版）》，发布《税务行政许可事项清单（2022年版）》，编列"增值税防伪税控系统最高开票限额审批"1项税务行政许可事项。《国家税务总局关于进一步简化税务行政许可事项办理程序的公告》（2019年第34号）发布的"对纳税人延期缴纳税款的核准""对纳税人延期申报的核准""对纳税人变更纳税定额的核准""对采取实际利润额预缴以外的其他企业所得税预缴方式的核定""企业印制发票审批"等5个事项不再作为行政许可事项管理，依照有关法律、行政法规规定实施，具体办理程序另行公告。

（二）及时动态调整清单。税务总局起草的法律、行政法规拟新设或者调整税务行政许可的，承办司局应当充分研究论证并在起草说明中专门作出说明，按规定报送审查。税务行政许可正式实施前，税务总局向国务院审改办提出调整清单的申请，并部署税务行政许可实施机关做好实施前准备。因深化行政审批制度改革需要动态调整清单的，参照上述程序办理。

（三）做好有关清单衔接。市场准入负面清单、政务服务事项基本目录、"互联网＋监管"事项清单等涉及的税务行政许可事项，要严格与清单保持一致并做好衔接。清单调整的，要适时调整有关清单或者及时向有关清单编制牵头部门提出调整意见。

二、严格依照清单实施税务行政许可

（一）科学制定行政许可实施规范。税务总局对税务行政许可事项制定全国统一的实施规范，明确许可条件、申请材料、审批程序、审批时限等内容，并向社会公布。同时按照税务行政许可标准化、规范化、便利化要求，持续推动减环节、减材料、减时限，适时优化调整实施规范。

（二）依法依规实施税务行政许可。税务总局根据清单和实施规范编写统一格式的办事指南。各省、自治区、直辖市和计划单列市税务局（以下简称各省税务局）根据审批工作的需要，可以在统一格式办事指南基础上细化编制符合本省实际的办事指南，但须在本省范围内保持统一和规范。办事指南通过办税服务厅、税务网站等向社会公布，一经公布必须严格遵照执行，不得增加许可条件、申请材料、中介服务、审批环节、收费、数量限制等。各省税务局可以在实施规范基础上进一步压缩税务行政许可事项承诺办结时限，并确保税务行政许可事项办结"零超时"。

（三）严肃清查整治变相许可。各级税务机关要严格落实清单之外一律不得违法实施行政许可的要求，大力清理整治变相许可。在清单之外，以备案、证明、目录、计划、规划、指定、认证、年检等名义，要求税务行政相对人经申请获批后方可从事特定活动的，应当认定为变相许可，要通过停止实施、调整实施方式、完善设定依据等予以纠正。

三、加强事前事中事后全链条监管

（一）明确监管主体和监管重点。税务行政许可实施机关是税务行政许可事项监管主体，要充分评估税务行政许可事项实际情况和风险隐患，科学划分风险等级，明确监管重点环节，实施有针对性、差异化的监管政策，提升监管的精准性和有效性。与税务行政许可事项对应的监管事项，要纳入"互联网＋监管"平台监管事项动态管理系统。

（二）结合清单完善监管规则标准。税务总局制定并公布全国统一、简明易行、科学合理的税务行政许可事项监管规则和标准，各省税务局可以结合本地实际，进一步细化监管规则和标准。对取消下放的税务行政许可事项，要进一步明确监管层级、监管部门、监管规则和标准，对履职不到位的要问责，坚决杜绝一放了之、只批不管等问题。

四、做好清单实施保障

（一）加强组织领导。各级税务机关要高度重视行政许可事项清单管理工作，加强统筹协调，及时研究解决清单管理和行政许可实施中的重大问题，推动工作落地落实。

（二）主动接受监督。加强对清单实施情况的动态评估和全面监督，畅通投诉举报渠道，依托"12366纳税缴费服务热线"、"12345政务服务便民热线"、政务服务"好差评"系统、税务网站等接受社会监督。

（三）探索清单多元化应用。依托全国行政许可管理系统，公布税务行政许可事项的线上线下办理渠道，逐步完善清单事项检索、办事指南查询、网上办理导流、疑难问题咨询、投诉举报留言等服务功能，方便企业群众办理行政许可和开展监督。鼓励各地税务机关创新清单应用场景，提升纳税人缴费人获得感和满意度。

本公告自2022年11月1日起施行，《国家税务总局关于公开行政审批事项等相关工作的公告》（2014年第10号）、《国家税务总局关于公布税务行政许可事项目录的公告》（2015年第87号）、《国家税务总局关于规范行政审批行为改进行政审批有关工作的意见》（税总发〔2015〕142号）、《国家税务总局关于更新税务行政许可事项目录的公告》（2016年第10号发布，2018年第31号修改）、《国家税务总局关于税务行政许可若干问题的公告》（2016年第11号）、《国家税务总局关于简化税务行政许可事项办理程序的公告》（2017年第21号发布，2018年第31号、第67号修改）、《国家税务总局关于进一步简化税务行政许可事项办理程序的公告》（2019年第34号）同时废止。

特此公告。

附件：1. 税务行政许可事项清单（2022年版）（略）。

2. 税务行政许可文书样式（略）。

3. 增值税防伪税控系统最高开票限额审批实施规定（略）。

国家税务总局
2022年9月28日

电子目录

（上册）

第一章　统驭性会计法规 ……………………………………………… 001

1. 关于加强国家统一的会计制度贯彻实施工作的指导意见 ………… 001
2. 中华人民共和国外商投资法（2019年颁布） …………………… 003
3. 中华人民共和国外商投资法实施条例（2019年颁布） ………… 007

第二章　综合性会计基础工作管理法规 ……………………………… 013

1. 会计基础工作规范（2019年修订） ……………………………… 013
2. 人民币银行结算账户管理办法（2020年修订） ………………… 023
3. 人民币银行结算账户管理办法实施细则（2005年颁布） ……… 032
3. 发票管理办法（2019年修订） …………………………………… 037
4. 中华人民共和国发票管理办法实施细则（2018年修正） ……… 041

第三章　综合性会计电算化管理相关法规 …………………………… 045

电子商业汇票业务管理办法（2009年颁布） ………………………… 045

第四章　会计人员管理法规 …………………………………………… 053

1. 关于对会计领域违法失信相关责任主体实施联合惩戒的合作备忘录
　　（2018年颁布） ………………………………………………… 053
2. 总会计师条例（2011年修正） …………………………………… 072
3. 代理记账行业协会管理办法（2018年颁布） …………………… 074

第五章　企业会计准则解释 …………………………………………… 077

1. 企业会计准则解释第1号（2007年颁布） ……………………… 077

2. 企业会计准则解释第 2 号（2008 年颁布） ... 079
3. 企业会计准则解释第 3 号（2009 年颁布） ... 081
4. 企业会计准则解释第 4 号（2010 年颁布） ... 084
5. 企业会计准则解释第 5 号（2012 年颁布） ... 086
6. 企业会计准则解释第 6 号（2014 年颁布） ... 088
7. 企业会计准则解释第 7 号（2015 年颁布） ... 089
8. 企业会计准则解释第 8 号（2015 年颁布） ... 092
9. 企业会计准则解释第 9 号——关于权益法下有关投资净损失的会计处理
  （2017 年颁布） ... 094
10. 企业会计准则解释第 10 号——关于以使用固定资产产生的收入为基础的
  折旧方法（2017 年颁布） ... 095
11. 企业会计准则解释第 11 号——关于以使用无形资产产生的收入为基础的
  摊销方法（2017 年颁布） ... 096
12. 企业会计准则解释第 12 号——关于关键管理人员服务的提供方与接受方
  是否为关联方（2017 年颁布） ... 097
13. 企业会计准则解释第 13 号（2019 年颁布） ... 097
14. 企业会计准则解释第 14 号（2021 年颁布） ... 099
15. 企业会计准则解释第 15 号（2021 年颁布） ... 102
16. 企业会计准则解释第 16 号（2022 年颁布） ... 104

第六章　企业会计准则配套核算法规 ... 107

1. 企业财务会计报告条例（2000 年颁布） ... 107
2. 监管规则适用指引——会计类第 1 号（2020 年颁布） ... 112
3. 监管规则适用指引——会计类第 2 号（2021 年颁布） ... 127
4. 金融负债与权益工具的区分及相关会计处理规定（2014 年颁布） ... 132
5. 商品期货套期业务会计处理暂行规定（2015 年颁布） ... 140
6. 增值税会计处理规定（2016 年颁布） ... 147
7. 企业破产清算有关会计处理规定（2016 年规定） ... 152
8. 永续债相关会计处理的规定（2019 年修订） ... 157
9. 关于修订印发 2019 年度一般企业财务报表格式的通知（2019 年颁布） ... 159
10. 关于修订印发合并财务报表格式（2019 版）的通知（2019 年颁布） ... 179
11. 关于修订印发 2023 年度保险公司财务报表格式的通知（2022 年颁布） ... 190
12. 碳排放权交易有关会计处理暂行规定（2019 年修订） ... 200

13. 财政部　银保监会关于进一步贯彻落实新金融工具相关会计准则的
　　通知（2020年颁布） ·· 201
14. 财政部会计司发布会计准则实施问答（2020年颁布） ··························· 204
15. 住宅专项维修资金会计核算办法（2020年颁布） ································· 205
16. 新冠肺炎疫情相关租金减让会计处理规定（2020年颁布） ····················· 217
17. 关于适用《新冠肺炎疫情相关租金减让会计处理规定》相关问题的
　　通知（2022年颁布） ·· 219
18. 律师事务所相关业务会计处理规定（2021年颁布） ······························ 220
19. 财政部关于划转部分国有资本充实社保基金后企业增资财务处理有关
　　事项的通知（2021年颁布） ··· 222
20. 企业安全生产费用提取和使用管理办法（2022年颁布） ······················· 223
21. 资产管理产品相关会计处理规定（2022年颁布） ································ 236

第七章　企业成本核算会计法规 ·· 254
1. 企业产品成本核算制度（试行）（2013年颁布） ····································· 254
2. 企业产品成本核算制度——石油石化行业（2014年颁布） ······················· 260
3. 企业产品成本核算制度——钢铁行业（2015年颁布） ····························· 269
4. 企业产品成本核算制度——煤炭行业（2016年颁布） ····························· 273
5. 企业产品成本核算制度——电网经营行业（2018年颁布） ······················· 277
6. 企业产品成本核算制度——油气管网行业（2021年颁布） ······················· 280

第八章　管理会计指引体系 ··· 284
1. 管理会计基本指引（2016年颁布） ·· 284
2. 管理会计应用指引第100号——战略管理（2017年颁布） ························ 286
3. 管理会计应用指引第101号——战略地图（2017年颁布） ························ 288
4. 管理会计应用指引第200号——预算管理（2017年颁布） ························ 291
5. 管理会计应用指引第201号——滚动预算（2017年颁布） ························ 293
6. 管理会计应用指引第202号——零基预算（2018年颁布） ························ 295
7. 管理会计应用指引第203号——弹性预算（2018年颁布） ························ 296
8. 管理会计应用指引第204号——作业预算（2018年颁布） ························ 297
9. 管理会计应用指引第300号——成本管理（2017年颁布） ························ 299
10. 管理会计应用指引第301号——目标成本法（2017年颁布） ···················· 301
11. 管理会计应用指引第302号——标准成本法（2017年颁布） ···················· 303

12. 管理会计应用指引第303号——变动成本法（2017年颁布）·················· 306
13. 管理会计应用指引第304号——作业成本法（2017年颁布）·················· 309
14. 管理会计应用指引第400号——营运管理（2017年颁布）···················· 313
15. 管理会计应用指引第401号——本量利分析（2017年颁布）·················· 316
16. 管理会计应用指引第402号——敏感性分析（2017年颁布）·················· 318
17. 管理会计应用指引第403号——边际分析（2017年颁布）···················· 320
18. 管理会计应用指引第404号——内部转移定价（2018年颁布）················ 323
19. 管理会计应用指引第405号——多维度盈利能力分析（2018年颁布）·········· 325
20. 管理会计应用指引第500号——投融资管理（2017年颁布）·················· 328
21. 管理会计应用指引第501号——贴现现金流法（2017年颁布）················ 330
22. 管理会计应用指引第502号——项目管理（2017年颁布）···················· 333
23. 管理会计应用指引第503号——情景分析（2017年颁布）···················· 337
24. 管理会计应用指引第504号——约束资源优化（2017年颁布）················ 338
25. 管理会计应用指引第600号——绩效管理（2017年颁布）···················· 340
26. 管理会计应用指引第601号——关键绩效指标法（2017年颁布）·············· 343
27. 管理会计应用指引第602号——经济增加值法（2017年颁布）················ 347
28. 管理会计应用指引第603号——平衡计分卡（2017年颁布）·················· 350
29. 管理会计应用指引第604号——绩效棱柱模型（2018年颁布）················ 356
30. 管理会计应用指引第700号——风险管理（2018年颁布）···················· 358
31. 管理会计应用指引第701号——风险矩阵（2018年颁布）···················· 360
32. 管理会计应用指引第702号——风险清单（2018年颁布）···················· 362
33. 管理会计应用指引第801号——企业管理会计报告（2017年颁布）············ 366
34. 管理会计应用指引第802号——管理会计信息系统（2017年颁布）············ 369
35. 管理会计应用指引第803号——行政事业单位（2018年颁布）················ 375
36. 财政部关于全面推进管理会计体系建设的指导意见（2014年颁布）·········· 378

第九章　企业财务管理与绩效评价相关法规·································· 381

1. 关于中央企业加快建设世界一流财务管理体系的指导意见
  （2022年颁布）··· 381
2. 企业国有资本与财务管理暂行办法（2001年颁布）······················ 386
3. 中央企业国有资本收益收取管理暂行办法（2007年颁布）················ 391
4. 企业财务通则（2006年修订）·· 393
5. 中央企业综合绩效评价实施细则（2006年颁布）························ 401

6. 中央国有资本经营预算编报办法（2017年修订）……408
7. 中央企业财务预算管理暂行办法（2007年颁布）……411
8. 中央国有资本经营预算管理暂行办法（2016年颁布）……416
9. 中央企业负责人经营业绩考核办法（2019年修订）……418
10. 关于加强中央企业商誉管理的通知（2022年颁布）……423
11. 关于进一步加强国有金融企业财务管理的通知（2022年颁布）……426
12. 金融企业绩效评价办法（2016年颁布）……430
13. 商业银行绩效评价办法（2020年颁布）……446
14. 商业保险公司绩效评价办法（2022年颁布）……450
15. 国有科技型企业股权和分红激励暂行办法（2016年颁布）……455
16. 降低实体经济企业成本工作方案（2016年颁布）……461

第十章 企业会计信息化相关法规……468

1. 企业会计信息化工作规范（2013年颁布）……468
2. 企业会计准则通用分类标准编报规则（2015年颁布）……471

第十一章 企业投资及监管相关法规……479

1. 企业国有资产监督管理暂行条例（2019年颁布）……479
2. 企业投资项目事中事后监管办法（2018年颁布）……483
3. 企业境外投资管理办法（2017年颁布）……486
4. 国有金融资本出资人职责暂行规定（2019年颁布）……493

第十二章 财政部等五部委颁布的内部控制相关法规……498

1. 企业内部控制基本规范（2008年颁布）……498
2. 企业内部控制应用指引第1号——组织架构（2010年颁布）……503
3. 企业内部控制应用指引第2号——发展战略（2010年颁布）……505
4. 企业内部控制应用指引第3号——人力资源（2010年颁布）……506
5. 企业内部控制应用指引第4号——社会责任（2010年颁布）……507
6. 企业内部控制应用指引第5号——企业文化（2010年颁布）……509
7. 企业内部控制应用指引第6号——资金活动（2010年颁布）……510
8. 企业内部控制应用指引第7号——采购业务（2010年颁布）……513
9. 企业内部控制应用指引第8号——资产管理（2010年颁布）……515
10. 企业内部控制应用指引第9号——销售业务（2010年颁布）……517
11. 企业内部控制应用指引第10号——研究与开发（2010年颁布）……518
12. 企业内部控制应用指引第11号——工程项目（2010年颁布）……520

13. 企业内部控制应用指引第 12 号——担保业务（2010 年颁布） ……… 523

14. 企业内部控制应用指引第 13 号——业务外包（2010 年颁布） ……… 525

15. 企业内部控制应用指引第 14 号——财务报告（2010 年颁布） ……… 526

16. 企业内部控制应用指引第 15 号——全面预算（2010 年颁布） ……… 528

17. 企业内部控制应用指引第 16 号——合同管理（2010 年颁布） ……… 530

18. 企业内部控制应用指引第 17 号——内部信息传递（2010 年颁布） … 532

19. 企业内部控制应用指引第 18 号——信息系统（2010 年颁布） ……… 533

20. 企业内部控制评价指引（2010 年颁布） ……………………………… 535

21. 企业内部控制审计指引（2010 年颁布） ……………………………… 537

22. 关于进一步深化法治央企建设的意见（2021 年颁布） ………………… 542

第十三章　企业内部控制相关法规 ………………………………………… 546

1. 企业内部控制规范体系实施中相关问题解释第 1 号（2012 年颁布） … 546

2. 企业内部控制规范体系实施中相关问题解释第 2 号（2012 年颁布） … 551

3. 关于加强中央企业内部控制体系建设与监督工作的实施意见（2019 年颁布） … 554

第十四章　上市公司通用性会计法规 ……………………………………… 558

1. 证券期货规章制定程序规定（2020 年修订） ………………………… 558

2. 关于修改部分证券期货规章的决定（2021 年颁布） ………………… 562

3. 关于修改《首次公开发行股票并上市管理办法》的决定（2020 年颁布） ……… 584

4. 证券发行上市保荐业务管理办法（2020 年修订） …………………… 590

5. 合格境外机构投资者和人民币合格境外机构投资者境内证券期货投资
　管理办法（2020 年颁布） …………………………………………… 601

6. 公开募集证券投资基金销售机构监督管理办法（2020 年颁布） …… 604

7. 期货公司监督管理办法（2019 年颁布） ……………………………… 614

8. 期货公司分类监管规定（2019 修订） ………………………………… 632

第十五章　证券期货法规 …………………………………………………… 641

1. 上市公司治理准则（2018 年修订） …………………………………… 641

2. 关于修改部分证券期货规章的决定（2020 年颁布） ………………… 649

3. 关于修改《上市公司证券发行管理办法》的决定（2020 年颁布） … 749

4. 科创板首次公开发行股票注册管理办法（试行）（2020 年颁布） …… 758

5. 科创板上市公司持续监管办法（试行）（2019 年颁布） ……………… 767

6. 科创板上市公司重大资产重组特别规定（2019年颁布） ······ 771
7. 关于在上海证券交易所设立科创板并试点注册制的实施意见
   （2019年修订） ······ 772
8. 上海证券交易所科创板股票交易特别规定（2019年颁布） ······ 775
9. 上海证券交易所科创板股票盘后固定价格交易指引（2019年颁布） ······ 779
10. 上海证券交易所科创板上市公司重大资产重组审核规则
    （2019年颁布） ······ 780
11. 科创板证券上市公告书内容与格式指引（2019年修订） ······ 792
12. 公开募集证券投资基金投资信用衍生品指引（2019年颁布） ······ 800
13. 关于修订《深圳证券交易所交易规则》第3.1.4条的通知
    （2019年发布） ······ 801
14. 上市公司重大资产重组管理办法（2020年修订） ······ 802
15. 关于上市公司内幕信息知情人登记管理制度的规定（2021年颁布） ······ 814
16. 公开发行证券的公司信息披露内容与格式准则第2号——年度报告的
    内容与格式（2021年修订） ······ 816
17. 公开发行证券的公司信息披露内容与格式准则第3号——半年度报告的
    内容与格式（2021年修订） ······ 838
18. 上市公司现场检查规则（2022年颁布） ······ 852
19. 上市公司监管指引第3号——上市公司现金分红（2022年修订） ······ 855
20. 上市公司独立董事规则（2022年颁布） ······ 857

第十六章　政府综合财务报告相关法规 ······ 861

1. 政府财务报告编制办法（试行）（2019年修订） ······ 861
2. 政府部门财务报告编制操作指南（试行）（2019年修订） ······ 866
2. 政府综合财务报告编制操作指南（试行）（2019年修订） ······ 912
3. 关于进一步明确政府部门财务报告编制合并范围的通知（2021年颁布） ······ 980

第十七章　民间非营利组织会计相关法规 ······ 982

1. 事业单位成本核算具体指引——科学事业单位（2022年颁布） ······ 982
2. 事业单位成本核算具体指引——高等学校（2022年颁布） ······ 990

第十八章　民间非营利组织会计相关法规 ······ 998

1. 民间非营利组织会计制度（2004年颁布） ······ 998

2.《民间非营利组织会计制度》若干问题的解释（2020年颁布） ········· 1011

第十九章　农村集体及农民专业合作社会计相关法规 ········· 1015
1. 农村集体经济组织财务制度（2021年颁布） ········· 1015
2. 关于印发《农民专业合作社财务制度》的通知（2022年颁布） ········· 1018
3. 关于印发《农民专业合作社会计制度》的通知（2021年颁布） ········· 1023
4. 关于印发《农民专业合作社新旧会计制度有关衔接问题的处理规定》的
   通知（2021年颁布） ········· 1060

第二十章　其他行政事业单位会计核算与管理制度 ········· 1066
1. 财政总预算会计制度（2015年颁布） ········· 1066
2. 社会保险基金会计制度（2017年颁布） ········· 1109
3. 关于印发《道路交通事故社会救助基金会计核算办法》的通知
   （2022年颁布） ········· 1145
4. 关于印发《中央专项彩票公益金支持大学生创新创业教育项目资金管理
   办法》的通知（2022年颁布） ········· 1157

第二十一章　政府采购相关法规 ········· 1160
1. 政府采购需求管理办法（2021年颁布） ········· 1160
2. 关于在政府采购活动中落实平等对待内外资企业有关政策的通知
   （2021年颁布） ········· 1165
3. 关于做好政府采购框架协议采购工作有关问题的通知（2022年颁布） ········· 1165

第二十二章　行政事业单位预算与绩效管理相关法规 ········· 1168
1. 预算绩效评价共性指标体系框架（2013年修订） ········· 1168
2. 中央部门预算绩效目标管理办法（2015年修订） ········· 1179
3. 中央级科研事业单位绩效评价暂行办法（2017年颁布） ········· 1198
4. 财政管理工作绩效考核与激励办法（2018年修订） ········· 1202
5. 地方财政预算执行支出进度考核办法（2018年颁布） ········· 1205

第二十三章　行政事业单位日常公用经费管理法规 ········· 1207
1. 中央和国家机关会议费管理办法（2016年颁布） ········· 1207
2. 党政机关办公用房管理办法（2017年颁布） ········· 1211
3. 党政机关公务用车管理办法（2017年颁布） ········· 1216

4. 党政机关会议定点管理办法（2015年颁布） …………………………………… 1220

5. 关于调整中央和国家机关差旅住宿费标准等有关问题的通知
  （2015年颁布） ……………………………………………………………………… 1222

6. 关于规范差旅伙食费和市内交通费收交管理有关事项的通知
  （2019年颁布） ……………………………………………………………………… 1223

第二十四章　行政事业单位资产管理相关法规 ……………………………………… 1224

1. 行政单位国有资产管理暂行办法（2006年颁布） ……………………………… 1224
2. 中央行政事业单位国有资产配置管理办法（2018年颁布） …………………… 1228
3. 地方行政单位国有资产处置管理暂行办法（2014年颁布） …………………… 1231
4. 行政事业单位资产清查核实管理办法（2016年颁布） ………………………… 1234

第二十五章　基本建设财务相关法规 ………………………………………………… 1247

基本建设项目竣工财务决算管理暂行办法（2016年颁布） ……………………… 1247

第二十六章　国家审计综合性法规 …………………………………………………… 1250

1. 关于实行审计全覆盖的实施意见（2015年颁布） ……………………………… 1250
2. 中央预算执行情况审计监督暂行办法（1995年颁布） ………………………… 1252

第二十七章　政府会计制度——行政事业单位会计科目和报表（2017年颁布） … 1254

1. 第一部分　总说明 …………………………………………………………………… 1254
2. 第二部分　会计科目名称和编号 …………………………………………………… 1255
3. 第三部分　会计科目使用说明 ……………………………………………………… 1259
4. 第四部分　报表格式 ………………………………………………………………… 1323
5. 第五部分　报表编制说明 …………………………………………………………… 1331
6. 附录：主要业务和事项账务处理举例 ……………………………………………… 1355

第二十八章　政府会计准则指南与解释 ……………………………………………… 1433

1. 《政府会计准则第3号——固定资产》应用指南（2017年颁布） …………… 1433
2. 《政府会计准则第10号——政府和社会资本合作项目合同》应用指南
  （2020年颁布） ……………………………………………………………………… 1435
3. 政府会计准则制度解释第1号（2019年颁布） ………………………………… 1441
4. 政府会计准则制度解释第2号（2019年颁布） ………………………………… 1445

5. 政府会计准则制度解释第 3 号（2020 年颁布）……………………… 1450
6. 政府会计准则制度解释第 4 号（2021 年颁布）……………………… 1453
7. 政府会计准则制度解释第 5 号（2022 年颁布）……………………… 1458
8. 关于进一步加强市政基础设施政府会计核算的通知（2022 年颁布）…… 1460

第二十九章 注册会计师审计相关法规（2016 年修订） …………… 1476

1. 中国注册会计师鉴证业务基本准则（2022 年修订）………………… 1476
2. 中国注册会计师审计准则第 1101 号——注册会计师的总体目标和审计
   工作的基本要求（2022 年修订）……………………………………… 1484
3. 中国注册会计师审计准则第 1111 号——就审计业务约定条款达成一致
   意见（2022 年修订）…………………………………………………… 1488
4. 中国注册会计师审计准则第 1121 号——对财务报表审计实施的质量
   控制（2020 年修订）…………………………………………………… 1490
5. 中国注册会计师审计准则第 1131 号——审计工作底稿（2022 年修订）…… 1496
6. 中国注册会计师审计准则第 1141 号——财务报表审计中与舞弊相关的
   责任（2022 年修订）…………………………………………………… 1499
7. 中国注册会计师审计准则第 1142 号——财务报表审计中对法律法规的
   考虑（2022 年修订）…………………………………………………… 1505
8. 中国注册会计师审计准则第 1151 号——与治理层的沟通（2022 年修订）…… 1509
9. 中国注册会计师审计准则第 1152 号——向治理层和管理层通报内部
   控制缺陷（2022 年修订）……………………………………………… 1512
10. 中国注册会计师审计准则第 1153 号——前任注册会计师和后任注册会计
    师的沟通（2010 年修订）……………………………………………… 1514
11. 中国注册会计师审计准则第 1201 号——计划审计工作（2022 年修订）…… 1516
12. 中国注册会计师审计准则第 1211 号——重大错报风险的识别和评估
    （2022 年修订）………………………………………………………… 1517
13. 中国注册会计师审计准则第 1221 号——计划和执行审计工作时的
    重要性（2019 年修订）………………………………………………… 1523
14. 中国注册会计师审计准则第 1231 号——针对评估的重大错报风险采取的
    应对措施（2022 年修订）……………………………………………… 1525
15. 中国注册会计师审计准则第 1241 号——对被审计单位使用服务机构的
    考虑（2022 年修订）…………………………………………………… 1528

16. 中国注册会计师审计准则第1251号——评价审计过程中识别出的错报（2022年修订） ………………………………………………… 1532
17. 中国注册会计师审计准则第1301号——审计证据（2022年修订） ………… 1534
18. 中国注册会计师审计准则第1311号——对存货、诉讼和索赔、分部信息等特定项目获取审计证据的具体考虑（2019年修订） ……… 1536
19. 中国注册会计师审计准则第1312号——函证（2010年修订） ……………… 1538
20. 中国注册会计师审计准则第1313号——分析程序（2022年修订） ………… 1540
21. 中国注册会计师审计准则第1314号——审计抽样（2010年修订） ………… 1542
22. 中国注册会计师审计准则第1321号——会计估计和相关披露的审计（2022年修订） ……………………………………………………… 1544
23. 中国注册会计师审计准则第1323号——关联方（2022年修订） …………… 1549
24. 中国注册会计师审计准则第1324号——持续经营（2022年修订） ………… 1553
25. 中国注册会计师审计准则第1311号——对存货、诉讼和索赔、分部信息等特定项目获取审计证据的具体考虑（2019年修订） ……… 1556
26. 中国注册会计师审计准则第1331号——首次审计业务涉及的期初余额（2022年修订） ……………………………………………………… 1558
27. 中国注册会计师审计准则第1332号——期后事项（2016年修订） ………… 1560
28. 中国注册会计师审计准则第1341号——书面声明（2022年修订） ………… 1563
29. 中国注册会计师审计准则第1401号——对集团财务报表审计的特殊考虑（2022年修订） ………………………………………………… 1565
30. 中国注册会计师审计准则第1411号——利用内部审计人员的工作（2022年修订） ……………………………………………………… 1573
31. 中国注册会计师审计准则第1421号——利用专家的工作（2022年修订） ……………………………………………………………… 1578
32. 中国注册会计师审计准则第1501号——对财务报表形成审计意见和出具审计报告（2022年修订） …………………………………… 1580
33. 中国注册会计师审计准则第1502号——在审计报告中发表非无保留意见（2019年修订） ……………………………………………… 1586
34. 中国注册会计师审计准则第1503号——在审计报告中增加强调事项段和其他事项段（2022年修订） ……………………………… 1589
35. 中国注册会计师审计准则第1504号——在审计报告中沟通关键审计事项（2016年颁布） ……………………………………………… 1592
36. 中国注册会计师审计准则第1511号——比较信息：对应数据和比较

财务报表（2019年修订） 1594

37. 中国注册会计师审计准则第1601号——审计特殊目的财务报表的特殊
考虑（2022年修订） 1596

38. 中国注册会计师审计准则第1602号——验资（2006年发布） 1598

39. 中国注册会计师审计准则第1603号——审计单一财务报表和财务报表
特定要素的特殊考虑（2021年修订） 1601

40. 中国注册会计师审计准则第1604号——对简要财务报表出具报告的业务
（2021年修订） 1604

41. 中国注册会计师审计准则第1611号——商业银行财务报表审计
（2006年发布） 1608

42. 中国注册会计师审计准则第1612号——银行间函证程序
（2006年发布） 1615

43. 中国注册会计师审计准则第1613号——与银行监管机构的关系
（2006年发布） 1617

44. 中国注册会计师审计准则第1631号——财务报表审计中对环境事项的
考虑（2022年修订） 1621

45. 中国注册会计师审计准则第1632号——衍生金融工具的审计
（2006年发布） 1626

46. 中国注册会计师审计准则第1633号——电子商务对财务报表审计的
影响（2022修订） 1635

47. 中国注册会计师审阅准则第2101号——财务报表审阅（2006年发布） ... 1640

48. 中国注册会计师其他鉴证业务准则第3101号——历史财务信息审计或
审阅以外的鉴证业务（2006年发布） 1645

49. 中国注册会计师其他鉴证业务准则第3111号——预测性财务信息的审核
（2006年发布） 1653

50. 中国注册会计师相关服务准则第4101号——对财务信息执行商定程序
（2006年发布） 1658

51. 中国注册会计师相关服务准则第4111号——代编财务信息
（2006发布） 1660

52. 会计师事务所质量管理准则第5101号——业务质量管理
（2020年修订） 1663

53. 会计师事务所质量管理准则第5102号——项目质量复核
（2020年颁布） 1678

第三十章　注册会计师审计准则解答及最新相关法规⋯⋯⋯⋯⋯⋯⋯⋯⋯⋯⋯⋯⋯1683

1. 中国注册会计师审计准则问题解答第1号——职业怀疑（2019年修订）⋯⋯⋯1683
2. 中国注册会计师审计准则问题解答第2号——函证（2019年修订）⋯⋯⋯⋯1694
3. 中国注册会计师审计准则问题解答第3号——存货监盘（2013年颁布）⋯⋯⋯1702
4. 中国注册会计师审计准则问题解答第4号——收入确认（2019年修订）⋯⋯⋯1707
5. 中国注册会计师审计准则问题解答第5号——重大非常规交易
   （2013年颁布）⋯⋯⋯⋯⋯⋯⋯⋯⋯⋯⋯⋯⋯⋯⋯⋯⋯⋯⋯⋯⋯⋯⋯⋯⋯1716
6. 中国注册会计师审计准则问题解答第6号——关联方（2019年修订）⋯⋯⋯1720
7. 中国注册会计师审计准则问题解答第7号——会计分录测试
   （2014年颁布）⋯⋯⋯⋯⋯⋯⋯⋯⋯⋯⋯⋯⋯⋯⋯⋯⋯⋯⋯⋯⋯⋯⋯⋯⋯1728
8. 中国注册会计师审计准则问题解答第8号——重要性及评价错报报
   （2014年颁布）⋯⋯⋯⋯⋯⋯⋯⋯⋯⋯⋯⋯⋯⋯⋯⋯⋯⋯⋯⋯⋯⋯⋯⋯⋯1732
9. 中国注册会计师审计准则问题解答第9号——项目质量控制复核
   （2014年颁布）⋯⋯⋯⋯⋯⋯⋯⋯⋯⋯⋯⋯⋯⋯⋯⋯⋯⋯⋯⋯⋯⋯⋯⋯⋯1736
10. 中国注册会计师审计准则问题解答第10号——集团财务报表审计
    （2014年颁布）⋯⋯⋯⋯⋯⋯⋯⋯⋯⋯⋯⋯⋯⋯⋯⋯⋯⋯⋯⋯⋯⋯⋯⋯⋯1739
11. 中国注册会计师审计准则问题解答第11号——会计估计
    （2014年颁布）⋯⋯⋯⋯⋯⋯⋯⋯⋯⋯⋯⋯⋯⋯⋯⋯⋯⋯⋯⋯⋯⋯⋯⋯⋯1742
12. 中国注册会计师审计准则问题解答第12号——货币资金审计
    （2019年修订）⋯⋯⋯⋯⋯⋯⋯⋯⋯⋯⋯⋯⋯⋯⋯⋯⋯⋯⋯⋯⋯⋯⋯⋯⋯1748
13. 中国注册会计师审计准则问题解答第13号——持续经营
    （2014年颁布）⋯⋯⋯⋯⋯⋯⋯⋯⋯⋯⋯⋯⋯⋯⋯⋯⋯⋯⋯⋯⋯⋯⋯⋯⋯1754
14. 中国注册会计师审计准则问题解答第14号——关键审计事项
    （2018年颁布）⋯⋯⋯⋯⋯⋯⋯⋯⋯⋯⋯⋯⋯⋯⋯⋯⋯⋯⋯⋯⋯⋯⋯⋯⋯1756
15. 中国注册会计师审计准则问题解答第15号——其他信息
    （2018年颁布）⋯⋯⋯⋯⋯⋯⋯⋯⋯⋯⋯⋯⋯⋯⋯⋯⋯⋯⋯⋯⋯⋯⋯⋯⋯1758
16. 中国注册会计师审计准则问题解答第16号——审计报告中的非无保留
    意见（2021年颁布）⋯⋯⋯⋯⋯⋯⋯⋯⋯⋯⋯⋯⋯⋯⋯⋯⋯⋯⋯⋯⋯⋯⋯1758

第三十一章　注册会计师职业道德守则⋯⋯⋯⋯⋯⋯⋯⋯⋯⋯⋯⋯⋯⋯⋯⋯⋯1766

1. 中国注册会计师职业道德守则第1号——职业道德基本原则
   （2020年修订）⋯⋯⋯⋯⋯⋯⋯⋯⋯⋯⋯⋯⋯⋯⋯⋯⋯⋯⋯⋯⋯⋯⋯⋯⋯1766

2. 中国注册会计师职业道德守则第2号——职业道德概念框架
（2020年修订） ………………………………………………………… 1771

3. 中国注册会计师职业道德守则第3号——提供专业服务的具体要求
（2020年修订） ………………………………………………………… 1776

4. 中国注册会计师职业道德守则第4号——审计和审阅业务对独立性的要求
（2020年修订） ………………………………………………………… 1794

5. 中国注册会计师职业道德守则第5号——其他鉴证业务对独立性的要求
（2020年修订） ………………………………………………………… 1828

6. 中国注册会计师职业道德守则术语表（2020年修订） ………………… 1843

7. 中国注册会计师协会非执业会员职业道德守则（2020年修订） ……… 1846

8. 中国注册会计师协会非执业会员职业道德守则术语表（2020年修订） ……… 1865

第三十二章　其他注册会计师管理法规 …………………………………… 1866

1. 关于印发《会计师事务所一体化管理办法》的通知（2022年颁布） …… 1866

2. 关于加强会计师事务所执业管理 切实提高审计质量的实施意见
（2020年颁布） ………………………………………………………… 1869

3. 会计师事务所从事证券服务业务备案管理办法（2020年颁布） ……… 1871

4. 中国注册会计师协会关于在新冠肺炎疫情下执行审计工作的指导意见
（2020年颁布） ………………………………………………………… 1878

5. 银行函证及回函工作操作指引（2020年颁布） ………………………… 1887

6. 关于推进会计师事务所函证数字化相关工作的指导意见（2020年颁布） …… 1908

7. 国务院办公厅关于进一步规范财务审计秩序促进注册会计师行业健康发展
的意见（2021颁布） …………………………………………………… 1911

8. 中国注册会计师协会会员执业违规行为惩戒办法（2021年修订） …… 1914

9. 中国注册会计师协会执业质量检查人员管理办法（2021年修订） …… 1919

10. 中国注册会计师协会惩戒委员会工作规则（2021年修订） …………… 1926

11. 中国注册会计师协会申诉委员会工作规则（2021年修订） …………… 1927

12. 关于印发《会计师事务所监督检查办法》的通知（2022年颁布） …… 1929

13. 上市公司年报审计监管工作规程（2021年修订） ……………………… 1933

14. 监管规则适用指引——审计类第1号（2021年颁布） ………………… 1935

15. 中国注册会计师协会关于印发《关于地方注协开展会计师事务所综合
评价工作的指导意见》的通知（2022年颁布） ……………………… 1938

16. 中国注册会计师继续教育制度（2021年修订） ………………………… 1940

17. 中国注册会计师协会非执业会员继续教育制度（2021年修订）……………… 1945
18. 中国注册会计师行业人才胜任能力指南（2022年颁布）…………………… 1951
19. 注册会计师转所规定（2022年修订）………………………………………… 1992

第三十三章 内部审计相关法规…………………………………………………… 1997
1. 内部审计质量评估机构管理暂行办法（2012年颁布）……………………… 1997
2. 内部审计质量评估办法（2014年颁布）……………………………………… 1998
3. 商业银行内部审计指引（2016年颁布）……………………………………… 1999

（下册）

第一章 中华人民共和国个人所得税法 ··········· 001

1. 国家税务总局关于印发《征收个人所得税若干问题的规定》的通知 ··········· 001
2. 财政部 国家税务总局关于个人所得税若干政策问题的通知 ··········· 005
3. 财政部 国家税务总局关于发给见义勇为者的奖金免征个人所得税问题的通知 ··········· 006
4. 财政部 国家税务总局关于误餐补助范围确定问题的通知 ··········· 007
5. 国家税务总局关于雇主为其雇员负担个人所得税税款计征问题的通知 ··········· 007
6. 国家税务总局关于个人举办各类学习班取得的收入征收个人所得税问题的批复 ··········· 008
7. 国家税务总局关于外商投资企业的董事担任直接管理职务征收个人所得税问题的通知 ··········· 009
8. 国家税务总局关于外籍个人取得有关补贴征免个人所得税执行问题的通知 ··········· 010
9. 财政部 国家税务总局关于个人提供非有形商品推销、代理等服务活动取得收入征收营业税和个人所得税有关问题的通知 ··········· 010
10. 财政部 国家税务总局关于住房公积金医疗保险金、养老保险金征收个人所得税问题的通知 ··········· 011
11. 国家税务总局关于股份制企业转增股本和派发红股征免个人所得税的通知 ··········· 012
12. 财政部 国家税务总局关于个人转让股票所得继续暂免征收个人所得税的通知 ··········· 012
13. 财政部 国家税务总局关于个人取得体育彩票中奖所得征免个人所得税问题的通知 ··········· 013
14. 国家税务总局关于盈余公积金转增注册资本征收个人所得税问题的批复 ··········· 013
15. 国家税务总局关于生活补助费范围确定问题的通知 ··········· 014
16. 国家税务总局关于个人所得税有关政策问题的通知 ··········· 014
17. 财政部 国家税务总局 建设部关于个人出售住房所得征收个人所得税有关问题的通知 ··········· 015

18. 国家税务总局关于企业改组改制过程中个人取得的量化资产征收个人所得税问题的通知 ………………………………………………………………………… 016

19. 国家税务总局关于律师事务所从业人员取得收入征收个人所得税有关业务问题的通知 ……………………………………………………………………… 017

20. 财政部 国家税务总局关于印发《关于个人独资企业和合伙企业投资者征收个人所得税的规定》的通知 ………………………………………………… 018

21. 财政部 国家税务总局关于调整住房租赁市场税收政策的通知 …………… 022

22. 国家税务总局关于外籍个人取得的探亲费免征个人所得税有关执行标准问题的通知 …………………………………………………………………………… 023

23. 国家税务总局关于联想集团改制员工取得的用于购买企业国有股权的劳动分红征收个人所得税问题的批复 ……………………………………………… 023

24. 国家税务总局关于个人所得税若干业务问题的批复 ………………………… 024

25. 国家税务总局关于个人所得税若干政策问题的批复 ………………………… 025

26. 财政部 国家税务总局关于医疗机构有关个人所得税政策问题的通知 …… 026

27. 财政部 国家税务总局关于规范个人投资者个人所得税征收管理的通知 … 027

28. 财政部 国家税务总局关于企业以免费旅游方式提供对营销人员个人奖励有关个人所得税政策的通知 ……………………………………………………… 027

29. 国家税务总局关于纳税人收回转让的股权征收个人所得税问题的批复 …… 028

30. 财政部 国家税务总局关于个人股票期权所得征收个人所得税问题的通知 … 029

31. 国家税务总局关于个人兼职和退休人员再任职取得收入如何计算征收个人所得税问题的批复 ……………………………………………………………… 031

32. 财政部 国家税务总局关于个人所得税有关问题的批复 …………………… 031

33. 国家税务总局关于个人因购买和处置债权取得所得征收个人所得税问题的批复 … 032

34. 国家税务总局关于纳税人取得不含税全年一次性奖金收入计征个人所得税问题的批复 ………………………………………………………………………… 032

35. 国家税务总局关于酒店产权式经营业主税收问题的批复 …………………… 033

36. 财政部 国家税务总局关于基本养老保险费 基本医疗保险费 失业保险费 住房公积金有关个人所得税政策的通知 ……………………………………… 034

37. 国家税务总局关于个人住房转让所得征收个人所得税有关问题的通知 …… 035

38. 国家税务总局关于个人股权转让过程中取得违约金收入征收个人所得税问题的批复 ………………………………………………………………………… 037

39. 财政部 国家税务总局关于单位低价向职工售房有关个人所得税问题的通知 … 037

40. 财政部 国家税务总局关于个人取得有奖发票奖金征免个人所得税问题的
通知 ··· 038

41. 国家税务总局关于加强和规范个人取得拍卖收入征收个人所得税有关问题的
通知 ··· 039

42. 国家税务总局关于个人取得房屋拍卖收入征收个人所得税问题的批复 ········· 040

43. 财政部 国家税务总局关于生育津贴和生育医疗费有关个人所得税政策的
通知 ··· 041

44. 财政部 国家税务总局关于企业为个人购买房屋或其他财产征收个人所得税
问题的批复 ·· 041

45. 国家税务总局关于离退休人员取得单位发放离退休工资以外奖金补贴征收
个人所得税的批复 ··· 042

46. 国家税务总局关于个人通过网络买卖虚拟货币取得收入征收个人所得税
问题的批复 ·· 042

47. 财政部 国家税务总局关于合伙企业合伙人所得税问题的通知 ····················· 043

48. 财政部 国家税务总局关于股票增值权所得和限制性股票所得征收个人
所得税有关问题的通知 ··· 044

49. 财政部 国家税务总局关于个人无偿受赠房屋有关个人所得税问题的通知 ····· 044

50. 国家税务总局关于明确个人所得税若干政策执行问题的通知 ······················ 046

51. 国家税务总局关于股权激励有关个人所得税问题的通知 ···························· 047

52. 国家税务总局关于个人转租房屋取得收入征收个人所得税问题的通知 ········· 049

53. 财政部 国家税务总局 证监会关于个人转让上市公司限售股所得征收个人
所得税有关问题的通知 ··· 049

54. 国家税务总局关于限售股转让所得个人所得税征缴有关问题的通知 ············ 051

55. 财政部 国家税务总局住房和城乡建设部关于调整房地产交易环节契税个人
所得税优惠政策的通知 ··· 052

56. 财政部 国家税务总局关于个人独资企业和合伙企业投资者取得种植业养殖业
饲养业捕捞业所得有关个人所得税问题的批复 ··· 053

57. 财政部 国家税务总局 证监会关于个人转让上市公司限售股所得征收个人
所得税有关问题的补充通知 ·· 054

58. 国家税务总局关于个人提前退休取得补贴收入个人所得税问题的公告 ········· 056

59. 财政部 国家税务总局关于企业促销展业赠送礼品有关个人所得税问题的
通知 ··· 057

60. 财政部 人力资源社会保障部 国家税务总局关于企业年金、职业年金个人所得税有关问题的通知 ·· 058

61. 财政部 国家税务总局关于将国家自主创新示范区有关税收试点政策推广到全国范围实施的通知 ·· 059

62. 国家税务总局关于进一步简化和规范个人无偿赠与或受赠不动产免征营业税、个人所得税所需证明资料的公告 ·· 061

63. 国家税务总局关于个人转让住房享受税收优惠政策判定购房时间问题的公告 ··· 062

64. 财政部 税务总局 人力资源社会保障部 中国银行保险 监督管理委员会 证监会关于开展个人税收递延型商业养老保险试点的通知 ······················· 063

65. 财政部 税务总局关于创业投资企业和天使投资个人有关税收政策的通知 ····· 066

66. 财政部 税务总局 证监会关于继续执行内地与香港基金互认有关个人所得税政策的通知 ·· 068

第二章 中华人民共和国企业所得税法 ·· 069

1. 国家税务总局关于下发协定股息税率情况一览表的通知 ································ 069
2. 国家税务总局关于企业所得税预缴问题的通知 ··· 070
3. 财政部 国家税务总局关于企业所得税若干优惠政策的通知 ··························· 071
4. 国家税务总局关于印发《企业所得税核定征收办法（试行）》的通知 ············ 073
5. 国家税务总局关于外国企业所得税纳税年度有关问题的通知 ·························· 076
6. 国家税务总局关于母子公司间提供服务支付费用有关企业所得税处理问题的通知 ·· 076
7. 财政部 国家税务总局关于企业关联方利息支出税前扣除标准有关税收政策问题的通知 ·· 077
8. 关于企业处置资产所得税处理问题的通知 ·· 078
9. 国家税务总局关于确认企业所得税收入若干问题的通知 ································ 078
10. 国家税务总局关于中国居民企业向境外 H 股非居民企业股东派发股息代扣代缴企业所得税有关问题的通知 ·· 080
11. 国家税务总局关于企业工资薪金及职工福利费扣除问题的通知 ····················· 081
12. 国家税务总局关于印发《特别纳税调整实施办法（试行）》的通知 ··············· 082
13. 国家税务总局关于简化判定中国居民股东控制外国企业所在国实际税负的通知 ·· 100
14. 国家税务总局关于中国居民企业向 QFII 支付股息、红利、利息代扣代缴企业所得税有关问题的通知 ·· 100

15. 国家税务总局关于印发《非居民企业所得税汇算清缴管理办法》的通知 ……… 101
16. 国家税务总局关于企业所得税若干税务事项衔接问题的通知 …………………… 103
17. 财政部 国家税务总局关于企业手续费及佣金支出税前扣除政策的通知 ……… 104
18. 财政部 国家税务总局关于企业资产损失税前扣除政策的通知 ………………… 105
19. 国家税务总局关于企业固定资产加速折旧所得税处理有关问题的通知 ………… 107
20. 国家税务总局关于企业所得税执行中若干税务处理问题的通知 ………………… 109
21. 国家税务总局关于境外注册中资控股企业依据实际管理机构标准认定为居民
    企业有关问题的通知 …………………………………………………………………… 110
22. 财政部 国家税务总局关于执行企业所得税优惠政策若干问题的通知 ………… 111
23. 国家税务总局关于技术转让所得减免企业所得税有关问题的通知 ……………… 113
24. 财政部 国家税务总局关于安置残疾人员就业有关企业所得税优惠政策问题的
    通知 ……………………………………………………………………………………… 114
25. 财政部 国家税务总局关于企业重组业务企业所得税处理若干问题的通知 …… 115
26. 国家税务总局关于实施创业投资企业所得税优惠问题的通知 …………………… 119
27. 财政部 国家税务总局关于企业清算业务企业所得税处理若干问题的通知 …… 120
28. 财政部 国家税务总局关于补充养老保险费、补充医疗保险费有关企业
    所得税政策问题的通知 ………………………………………………………………… 121
29. 国家税务总局关于企业投资者投资未到位而发生的利息支出企业所得税前
    扣除问题的批复 ………………………………………………………………………… 121
30. 国家税务总局关于保险公司再保险业务赔款支出税前扣除问题的通知 ………… 122
31. 财政部 国家税务总局关于专项用途财政性资金有关企业所得税处理问题的
    通知 ……………………………………………………………………………………… 123
32. 国家税务总局关于企业所得税核定征收若干问题的通知 ………………………… 123
33. 财政部 国家税务总局关于扶持动漫产业发展有关税收政策问题的通知 ……… 124
34. 财政部 国家税务总局关于非营利组织企业所得税免税收入问题的通知 ……… 125
35. 财政部 国家税务总局关于企业境外所得税收抵免有关问题的通知 …………… 126
36. 国家税务总局关于企业向自然人借款的利息支出企业所得税税前扣除问题的
    通知 ……………………………………………………………………………………… 129
37. 国家税务总局关于贯彻落实企业所得税法若干税收问题的通知 ………………… 130
38. 国家税务总局关于跨地区经营建筑企业所得税征收管理问题的通知 …………… 131
39. 国家税务总局关于房地产开发企业开发产品完工条件确认问题的通知 ………… 132
40. 国家税务总局关于环境保护节能节水安全生产等专用设备投资抵免企业所得税
    有关问题的通知 ………………………………………………………………………… 133

41. 国家税务总局关于境外分行取得来源于境内利息所得扣缴企业所得税问题的通知 …… 133

42. 国家税务总局关于"公司＋农户"经营模式企业所得税优惠问题的公告 …… 134

43. 国家税务总局关于查增应纳税所得额弥补以前年度亏损处理问题的公告 …… 134

44. 国家税务总局关于金融企业贷款利息收入确认问题的公告 …… 135

45. 财政部 国家税务总局关于促进节能服务产业发展增值税、营业税和企业所得税政策问题的通知 …… 135

46. 财政部 国家税务总局关于居民企业技术转让有关企业所得税政策问题的通知 …… 137

47. 财政部 国家税务总局关于高新技术企业境外所得适用税率及税收抵免问题的通知 …… 138

48. 财政部 海关总署 国家税务总局关于深入实施西部大开发战略有关税收政策问题的通知 …… 138

49. 财政部 国家税务总局关于专项用途财政性资金企业所得税处理问题的通知 …… 139

50. 财政部 国家税务总局 民政部关于生产和装配伤残人员专门用品企业免征企业所得税的通知 …… 140

51. 国家税务总局关于深入实施西部大开发战略有关企业所得税问题的公告 …… 141

52. 财政部 国家税务总局关于进一步鼓励软件产业和集成电路产业发展企业所得税政策的通知 …… 143

53. 财政部 海关总署 国家税务总局关于赣州市执行西部大开发税收政策问题的通知 …… 146

54. 国家税务总局关于非居民企业派遣人员在中国境内提供劳务征收企业所得税有关问题的公告 …… 146

55. 国家税务总局关于企业维简费支出企业所得税税前扣除问题的公告 …… 148

56. 国家税务总局关于非居民企业股权转让适用特殊性税务处理有关问题的公告 …… 148

57. 财政部 国家税务总局 证监会关于QFII和RQFII取得中国境内的股票等权益性投资资产转让所得暂免征收企业所得税问题的通知 …… 150

58. 财政部 国家税务总局关于延续并完善支持农村金融发展有关税收政策的通知 …… 150

59. 财政部 国家税务总局关于金融企业涉农贷款和中小企业贷款损失准备金税前扣除有关问题的通知 …… 151

60. 国家税务总局关于非居民企业间接转让财产企业所得税若干问题的公告 …… 152

61. 国家税务总局关于修改《非居民企业所得税核定征收管理办法》等文件的
    公告 ······ 159
62. 国家税务总局关于金融企业涉农贷款和中小企业贷款损失税前扣除问题的
    公告 ······ 160
63. 国家税务总局关于规范成本分摊协议管理的公告 ······ 162
64. 财政部 国家税务总局关于公共租赁住房税收优惠政策的通知 ······ 162
65. 财政部 国家税务总局关于继续实行农村饮水安全工程建设运营税收优惠
    政策的通知 ······ 163
66. 财政部 国家税务总局关于银行业金融机构存款保险保费企业所得税税前扣
    除有关政策问题的通知 ······ 164
67. 财政部 国家税务总局 商务部 科技部 国家发展改革委关于在服务
    贸易创新发展试点地区推广技术先进型服务企业所得税优惠政策的通知 ······ 164
68. 财政部 国家税务总局关于落实降低企业杠杆率税收支持政策的通知 ······ 165
69. 国家税务总局关于修订企业所得税2个规范性文件的公告 ······ 166
70. 关于《国家税务总局关于修订企业所得税2个规范性文件的公告》的解读 ······ 167
71. 财政部 国家税务总局关于中小企业融资（信用）担保机构有关准备金
    企业所得税税前扣除政策的通知 ······ 167
72. 国家税务总局关于发布《特别纳税调查调整及相互协商程序管理办法》
    的公告 ······ 168
73. 关于《国家税务总局关于发布〈特别纳税调查调整及相互协商程序管理
    办法〉的公告》的解读 ······ 179
74. 财政部 税务总局 科技部关于提高科技型中小企业研究开发费用税前
    加计扣除比例的通知 ······ 181
75. 国家税务总局关于提高科技型中小企业研究开发费用税前加计扣除比例
    有关问题的公告 ······ 182
76. 财政部 税务总局关于延续支持农村金融发展有关税收政策的通知 ······ 184
77. 财政部 税务总局关于完善企业境外所得税收抵免政策问题的通知 ······ 185
78. 财政部 税务总局关于设备、器具扣除有关企业所得税政策的通知 ······ 186
79. 财政部 税务总局关于延长高新技术企业和科技型中小企业亏损结转年限的
    通知 ······ 186
80. 财政部 税务总局 科技部关于提高研究开发费用税前加计扣除比例的通知 ······ 187
81. 财政部 税务总局 民政部关于公益性捐赠税前扣除资格有关问题的补充
    通知 ······ 188

82. 财政部　税务总局关于境外机构投资境内债券市场企业所得税、增值税政策的通知 …………………………………………………………………… 188

第三章　中华人民共和国增值税法 ………………………………………… 189

1. 增值税部分货物征税范围注释 …………………………………………… 189
2. 增值税若干具体问题的规定 ……………………………………………… 192
3. 财政部　国家税务总局关于增值税、营业税若干政策规定的通知 …… 193
4. 国家税务总局关于增值税若干征收问题的通知 ………………………… 194
5. 国家税务总局关于增值税几个业务问题的通知 ………………………… 195
6. 财政部　国家税务总局关于增值税几个税收政策问题的通知 ………… 196
7. 国家税务总局关于印发《增值税问题解答（之一）》的通知 ………… 196
8. 财政部　国家税务总局关于金银首饰等货物征收增值税问题的通知 … 198
9. 国家税务总局关于纳税人取得虚开的增值税专用发票处理问题的通知 … 198
10. 财政部　国家税务总局关于连锁经营企业增值税纳税地点问题的通知 … 199
11. 国家税务总局关于增值税一般纳税人发生偷税行为如何确定偷税数额和补税罚款的通知 ……………………………………………………………… 200
12. 国家税务总局关于企业所属机构间移送货物征收增值税问题的通知 … 201
13. 财政部　国家税务总局关于血站有关税收问题的通知 ………………… 202
14. 国家税务总局关于修改《国家税务总局关于增值税一般纳税人发生偷税行为如何确定偷税数额和补税罚款的通知》的通知 ………………… 202
15. 财政部　国家税务总局关于医疗卫生机构有关税收政策的通知 ……… 203
16. 国家税务总局关于融资租赁业务征收流转税问题的通知 ……………… 204
17. 财政部　国家税务总局关于飞机维修增值税问题的通知 ……………… 204
18. 国家税务总局关于出版物广告收入有关增值税问题的通知 …………… 205
19. 国家税务总局关于白银生产环节征收增值税的通知 …………………… 205
20. 国家税务总局关于《国家税务总局关于纳税人取得虚开的增值税专用发票处理问题的通知》的补充通知 …………………………………… 206
21. 国家税务总局关于纳税人善意取得虚开的增值税专用发票处理问题的通知 … 206
22. 国家税务总局关于增值税若干税收政策问题的批复 …………………… 207
23. 国家税务总局关于增值税一般纳税人平销行为征收增值税问题的批复 … 208
24. 成品油零售加油站增值税征收管理办法 ………………………………… 208
25. 国家税务总局关于增值税一般纳税人期货交易进项税额抵扣问题的通知 …… 210
26. 财政部　国家税务总局关于黄金税收政策问题的通知 ………………… 211

27. 国家税务总局关于企业改制中资产评估减值发生的流动资产损失进项税额抵扣问题的批复 ……………………………………………………………………… 212
28. 财政部 国家税务总局关于连锁经营企业有关税收问题的通知 ……………… 212
29. 国家税务总局关于重新修订《增值税一般纳税人纳税申报办法》的通知 …… 213
30. 国家税务总局关于饲用鱼油产品免征增值税的批复 …………………………… 215
31. 国家税务总局关于债转股企业实物投资免征增值税政策有关问题的批复 …… 216
32. 国家税务总局关于血液制品增值税政策的批复 ………………………………… 216
33. 财政部 海关总署 国家税务总局关于印发《关于进口货物进口环节海关代征税收政策问题的规定》的通知 ……………………………………………………… 216
34. 国家税务总局关于对福建雪津啤酒有限公司收取经营保证金征收增值税问题的批复 ……………………………………………………………………………… 218
35. 国家税务总局关于增值税进项留抵税额抵减增值税欠税有关处理事项的通知 … 218
36. 财政部 国家税务总局关于增值税若干政策的通知 …………………………… 219
37. 国家税务总局关于金融机构开展个人实物黄金交易业务增值税有关问题的通知 … 221
38. 国家税务总局关于增值税一般纳税人期货交易有关增值税问题的通知 ……… 222
39. 财政部 海关总署 国家税务总局关于调整钻石及上海钻石交易所有关税收政策的通知 ……………………………………………………………………… 223
40. 国家税务总局关于燃油电厂取得发电补贴有关增值税政策的通知 …………… 224
41. 国家税务总局关于纳税人折扣折让行为开具红字增值税专用发票问题的通知 … 224
42. 财政部 国家税务总局关于加快煤层气抽采有关税收政策问题的通知 ……… 225
43. 国家税务总局关于纳税人进口货物增值税进项税额抵扣有关问题的通知 …… 226
44. 财政部 国家税务总局关于黄金期货交易有关税收政策的通知 ……………… 226
45. 国家税务总局关于林木销售和管护征收流转税问题的通知 …………………… 227
46. 财政部 国家税务总局关于核电行业税收政策有关问题的通知 ……………… 227
47. 财政部 国家税务总局关于有机肥产品免征增值税的通知 …………………… 228
48. 财政部 国家税务总局关于农民专业合作社有关税收政策的通知 …………… 229
49. 财政部 国家税务总局关于提高劳动密集型产品等商品增值税出口退税率的通知 ……………………………………………………………………………… 230
50. 国家税务总局关于部分货物适用增值税低税率和简易办法征收增值税政策的通知 ……………………………………………………………………………… 231
51. 国家税务总局关于增值税简易征收政策有关管理问题的通知 ………………… 233
52. 国家税务总局关于供应非临床用血增值税政策问题的批复 …………………… 234
53. 财政部 国家税务总局关于油气田企业增值税问题的补充通知 ……………… 234

54. 国家税务总局关于折扣额抵减增值税应税销售额问题通知 ………………………… 235
55. 财政部 国家税务总局关于促进节能服务产业发展增值税、营业税和企业所得税政策问题的通知 …………………………………………………………………………… 236
56. 财政部 国家税务总局关于收购烟叶支付的价外补贴进项税额抵扣问题的通知 …………………………………………………………………………………………… 237
57. 国家税务总局关于废止逾期增值税扣税凭证一律不得抵扣规定的公告 …………… 238
58. 财政部 国家税务总局关于软件产品增值税政策的通知 ……………………………… 238
59. 财政部 国家税务总局关于调整完善资源综合利用产品及劳务增值税政策的通知 …………………………………………………………………………………………… 240
60. 财政部 国家税务总局关于免征蔬菜流通环节增值税有关问题的通知 …………… 244
61. 财政部 国家税务总局关于免征部分鲜活肉蛋产品流通环节增值税政策的通知 …………………………………………………………………………………………… 244
62. 国家税务总局关于纳税人采取"公司+农户"经营模式销售畜禽有关增值税问题的公告 ……………………………………………………………………………………… 245
63. 财政部 国家税务总局关于享受资源综合利用增值税优惠政策的纳税人执行污染物排放标准有关问题的通知 …………………………………………………… 245
64. 财政部 国家税务总局关于扩大农产品增值税进项税额核定扣除试点行业范围的通知 …………………………………………………………………………………… 247
65. 财政部 国家税务总局关于光伏发电增值税政策的通知 ……………………………… 247
66. 国家税务总局关于纳税人无偿赠送煤矸石征收增值税问题的公告 ………………… 247
67. 财政部 国家税务总局关于大型水电企业增值税政策的通知 ………………………… 248
68. 财政部 海关总署 国家税务总局关于租赁企业进口飞机有关税收政策的通知 …………………………………………………………………………………………… 249
69. 财政部 国家发展改革委 国土资源部 住房和城乡建设部 中国人民银行 国家税务总局 新闻出版广电总局关于支持电影发展若干经济政策的通知 …… 249
70. 财政部 海关总署 国家税务总局关于横琴 平潭开发有关增值税和消费税政策的通知 …………………………………………………………………………………… 251
71. 财政部 国家税务总局关于简并增值税征收率政策的通知 …………………………… 253
72. 关于《国家税务总局关于发布〈融资租赁货物出口退税管理办法〉的公告》的解读 …………………………………………………………………………………………… 253
73. 财政部 国家税务总局关于以贵金属和宝石为主要原材料的货物出口退税政策的通知 …………………………………………………………………………………… 254
74. 国家税务总局关于牡丹籽油增值税适用税率问题的公告 …………………………… 255

75. 财政部　国家税务总局关于创新药后续免费使用有关增值税政策的通知 …… 255
76. 财政部　国家税务总局关于原油和铁矿石期货保税交割业务增值税政策的
    通知 …… 256
77. 财政部　国家税务总局关于印发《资源综合利用产品和劳务增值税优惠
    目录》的通知 …… 256
78. 财政部　海关总署　国家税务总局关于对化肥恢复征收增值税政策的通知 …… 258
79. 财政部　国家税务总局关于对化肥恢复征收增值税政策的补充通知 …… 258
80. 国家税务总局关于动物尸体降解处理机蔬菜清洗机增值税适用税率问题的
    公告 …… 259
81. 财政部　国家税务总局关于煤炭采掘企业增值税进项税额抵扣有关事项的
    通知 …… 259
82. 财政部　国家税务总局关于全面推开营业税改征增值税试点的通知 …… 260
83. 财政部　国家税务总局关于进一步明确全面推开营改增试点金融业有关政策的
    通知 …… 294
84. 财政部　国家税务总局关于进一步明确全面推开营改增试点有关劳务派遣服务、
    收费公路通行费抵扣等政策的通知 …… 295
85. 财政部　国家税务总局关于促进残疾人就业增值税优惠政策的通知 …… 297
86. 国家税务总局关于发布《促进残疾人就业增值税优惠政策管理办法》的公告 …… 298
87. 财政部　国家税务总局关于进一步明确全面推开营改增试点有关再保险、不动产
    租赁和非学历教育等政策的通知 …… 300
88. 财政部　国家税务总局关于金融机构同业往来等增值税政策的补充通知 …… 301
89. 财政部　国家税务总局关于继续执行光伏发电增值税政策的通知 …… 302
90. 财政部　国家税务总局关于继续执行高校学生公寓和食堂有关税收政策的
    通知 …… 303
91. 财政部　海关总署　国家税务总局关于融资租赁货物出口退税政策有关问题的
    通知 …… 303
92. 财政部　国家税务总局关于科技企业孵化器税收政策的通知 …… 304
93. 国家税务总局关于优化完善增值税发票选择确认平台功能及系统维护有关事项的
    公告 …… 305
94. 财政部　国家税务总局关于供热企业增值税　房产税城镇土地使用税优惠政策的
    通知 …… 306
95. 财政部　国家税务总局关于延续免征国产抗艾滋病病毒药品增值税政策的通知 …… 306
96. 财政部　国家税务总局关于国家大学科技园税收政策的通知 …… 307

97. 财政部 国家税务总局关于大型客机和新支线飞机增值税政策的通知 ……… 309
98. 财政部 国家税务总局关于明确金融 房地产开发教育辅助服务等增值税政策的通知 ……… 309
99. 财政部 国家税务总局关于资管产品增值税政策有关问题的补充通知 ……… 311
100. 财政部 税务总局关于继续执行新疆国际大巴扎项目增值税政策的通知 …… 312
101. 国家税务总局关于水资源费改税后城镇公共供水企业增值税发票开具问题的公告 ……… 312
102. 财政部 税务总局关于简并增值税税率有关政策的通知 ……… 313
103. 财政部 税务总局关于资管产品增值税有关问题的通知 ……… 314
104. 财政部 税务总局关于建筑服务等营改增试点政策的通知 ……… 315
105. 财政部 税务总局关于支持小微企业融资有关税收政策的通知 ……… 316
106. 国家税务总局关于《增值税纳税申报比对管理操作规程（试行）》执行有关事项的通知 ……… 317
107. 财政部 税务总局关于调整增值税税率的通知 ……… 317
108. 财政部 税务总局关于统一增值税小规模纳税人标准的通知 ……… 318
109. 财政部 税务总局关于延续动漫产业增值税政策的通知 ……… 319
110. 国家税务总局关于大连商品交易所铁矿石期货保税交割业务增值税管理问题的公告 ……… 319
111. 财政部 海关总署 税务总局 国家药品监督管理局关于抗癌药品增值税政策的通知 ……… 320
112. 财政部 税务总局关于金融机构小微企业贷款利息收入免征增值税政策的通知 ……… 321
113. 财政部 税务总局关于全国社会保障基金有关投资业务税收政策的通知 ……… 322
114. 财政部 税务总局关于中国邮政储蓄银行三农金融事业部涉农贷款增值税政策的通知 ……… 323
115. 财政部 税务总局关于基本养老保险基金有关投资业务税收政策的通知 ……… 323
116. 财政部 税务总局 海关总署关于第七届世界军人运动会税收政策的通知 …… 324
117. 财政部 税务总局关于调整铁路和航空运输企业汇总缴纳增值税总分机构名单的通知 ……… 325
118. 财政部 税务总局关于冬奥会和冬残奥会企业赞助有关增值税政策的通知 …… 326
119. 财政部 税务总局 人力资源社会保障部 国务院扶贫办关于进一步支持和促进重点群体创业就业有关税收政策的通知 ……… 327
120. 财政部 税务总局 退役军人部关于进一步扶持自主就业退役士兵创业就业

有关税收政策的通知 ·· 328

121. 财政部　税务总局关于明确养老机构免征增值税等政策的通知 ·············· 330

122. 国家税务总局关于扩大小规模纳税人自行开具增值税专用发票试点范围等
事项的公告 ·· 331

123. 国家税务总局关于调整增值税专用发票防伪措施有关事项的公告 ·············· 332

124. 关于《国家税务总局关于调整增值税专用发票防伪措施有关事项的公告》的
解读 ·· 332

125. 财政部　税务总局关于继续实施支持文化企业发展增值税政策的通知 ········· 333

126. 财政部　海关总署　税务总局　药监局关于罕见病药品增值税政策的通知 ··· 334

127. 财政部　税务总局关于延续供热企业增值税　房产税　城镇土地使用税优惠
政策的通知 ·· 334

128. 财政部　税务总局　人民银行关于调整完善增值税留抵退税地方分担机制及
预算管理有关事项的通知 ·· 335

第四章　中华人民共和国消费税法 ·· 338

1. 国家税务总局关于用外购和委托加工收回的应税消费品连续生产应税消费品
征收消费税问题的通知 ·· 338

2. 财政部　国家税务总局关于酒类产品包装物押金征税问题的通知 ·············· 339

3. 国家税务总局关于消费税若干征税问题的通知 ································ 339

4. 国家税务总局关于酒类产品消费税政策问题的通知 ···························· 340

5. 国家税务总局关于取消金银首饰消费税纳税人认定行政审批后有关问题的
通知 ·· 341

6. 财政部　国家税务总局关于明确啤酒包装物押金消费税政策的通知 ············ 342

7. 财政部　国家税务总局关于调整和完善消费税政策的通知 ···················· 342

8. 财政部　国家税务总局关于消费税若干具体政策的通知 ······················ 346

9. 国家税务总局关于沙滩车等车辆征收消费税问题的批复 ······················ 347

10. 财政部　国家税务总局关于调整乘用车消费税政策的通知 ···················· 347

11. 财政部　国家税务总局关于对成品油生产企业生产自用油免征消费税的通知 ··· 348

12. 财政部　国家税务总局关于对油（气）田企业生产自用成品油先征后返
消费税的通知 ·· 348

13. 财政部　中国人民银行　国家税务总局关于延续执行部分石脑油燃料油消费税
政策的通知 ·· 349

14. 财政部　国家税务总局关于以外购或委托加工汽、柴油连续生产汽、柴油允许抵扣消费税政策问题的通知 ………………………………………………… 350
15. 财政部　国家税务总局关于继续提高成品油消费税的通知 ……………… 351
16. 财政部　国家税务总局关于对电池涂料征收消费税的通知 ……………… 351
17. 国家税务总局关于电池、涂料消费税征收管理有关问题的公告 ………… 352
18. 关于《国家税务总局关于电池涂料消费税征收管理有关问题的公告》的解读 … 353
19. 财政部　国家税务总局关于调整卷烟消费税的通知 ……………………… 353
20. 国家税务总局关于卷烟消费税政策调整后纳税申报有关问题的公告 …… 354
21. 财政部　国家税务总局关于对利用废弃的动植物油生产纯生物柴油免征消费税政策执行中有关问题的通知 …………………………………………… 355
22. 财政部　国家税务总局关于调整化妆品消费税政策的通知 ……………… 355
23. 财政部　国家税务总局关于调整化妆品进口环节消费税的通知 ………… 355
24. 财政部　国家税务总局关于对超豪华小汽车加征消费税有关事项的通知 … 356
25. 财政部　国家税务总局关于调整小汽车进口环节消费税的通知 ………… 357

第五章　中华人民共和国关税与进出口税法 ……………………………………… 361

1. 财政部　国家税务总局关于"十三五"期间进口种子种源税收政策的通知 …… 361
2. 财政部　海关总署　国家税务总局关于扩大内销选择性征收关税政策试点的通知 …………………………………………………………………………… 362
3. 财政部　海关总署　国家税务总局关于动漫企业进口动漫开发生产用品税收政策的通知 ……………………………………………………………… 362

第六章　中华人民共和国城市维护建设税法 ……………………………………… 365

1. 国家税务总局关于国家税务局为小规模纳税人代开发票及税款征收有关问题的通知 …………………………………………………………………… 365
2. 国家税务总局关于撤县建市城市维护建设税适用税率问题的批复 ……… 366
3. 国家税务总局关于撤县建市城市维护建设税具体适用税率的批复 ……… 366

第七章　中华人民共和国资源税法 ………………………………………………… 367

财政部　国家税务总局关于实施稀土、钨、钼资源税从价计征改革的通知 …… 367

第八章　中华人民共和国车辆购置税法 …………………………………………… 370

财政部　国家税务总局关于城市公交企业购置公共汽电车辆免征车辆购置税的通知 ……………………………………………………………………………… 370

第九章　中华人民共和国土地增值税法 ······ 371
1. 国家税务总局关于未办理土地使用权证转让土地有关税收问题的批复 ······ 371
2. 国家税务总局关于纳税人转让加油站房地产有关土地增值税计税收入确认问题的批复 ······ 371

第十章　中华人民共和国城镇土地使用税法 ······ 373
1. 国家税务局关于对交通部门的港口用地征免土地使用税问题的规定 ······ 373
2. 国家税务局关于对盐场、盐矿征免城镇土地使用税问题的通知 ······ 373
3. 国家税务局关于建材企业的采石场、排土场等用地征免土地使用税问题的批复 ······ 374
4. 财政部　国家税务总局关于非营利性科研机构税收政策的通知 ······ 374
5. 国家税务总局关于外商投资企业和外国企业征收城镇土地使用税问题的批复 ······ 375
6. 财政部　国家税务总局关于安置残疾人就业单位城镇土地使用税等政策的通知 ······ 375

第十一章　中华人民共和国房产税法 ······ 377
1. 国家税务总局关于进一步明确房屋附属设备和配套设施计征房产税有关问题的通知 ······ 377
2. 财政部　国家税务总局关于加油站罩棚房产税问题的通知 ······ 377
3. 中华人民共和国国务院令第546号 ······ 378
4. 财政部　国家税务总局关于国家大学科技园税收政策的通知 ······ 378

第十二章　中华人民共和国契税法 ······ 380
1. 国家税务总局关于未办理土地使用权证转让土地有关税收问题的批复 ······ 380
2. 财政部　国家税务总局关于调整房地产交易环节税收政策的通知 ······ 380
3. 国家税务总局关于简化契税办理流程取消（无）婚姻登记记录证明的公告 ······ 381
4. 国家税务总局地方税管理司关于改变保险合同计税依据适用范围的批复 ······ 381

第十三章　中华人民共和国印花税法 ······ 383
国家税务总局关于两项证券（股票）交易印花税非行政许可审批取消后有关管理问题的公告 ······ 383

第十四章　中华人民共和国税收征管法 ······ 384

1. 国家税务总局关于稽查局有关执法权限的批复 ······ 384
2. 国家税务总局关于欠税追缴期限有关问题的批复 ······ 384
3. 国家税务总局关于人民法院强制执行被执行人财产有关税收问题的复函 ······ 385
4. 国家税务总局关于延期申报预缴税款滞纳金问题的批复 ······ 385
5. 国家税务总局关于税收优先权包括滞纳金问题的批复 ······ 386
6. 国家税务总局关于规范税务行政裁量权工作的指导意见 ······ 386
7. 税收违法违纪行为处分规定 ······ 389
8. 国家税务总局关于界定超标准小规模纳税人偷税数额的批复 ······ 392
9. 国家税务总局关于北京聚菱燕塑料有限公司偷税案件复核意见的批复 ······ 393